W0051555

Griechenland

Korina Miller

Kate Armstrong, Michael Stamatios Clark, Chris Deliso,
Des Hannigan, Victoria Kyriakopoulos

SKOPJE

EHEMALIGE JUGOSLAWISCHE
REPUBLIK MAZEDONIEN

THESSALONIKI (S. 324)
Die zweitgrößte Stadt
Griechenlands ist dynamisch und
bietet großartige Kultur und
ausschweifendes Nachtleben

CHALKIDIKI (S. 342)
Abwechslungsreiche Landschaft,
großartige Weingüter, abgeschiedene Strände und die heilige
Gemeinschaft am Berg Athos

ADRIA

Durres

TIRANA

ALBANIEN

Prilep

Bitola

MAKEDONIEN

Serres

Kilkis

Berat

Korça

Florina

Edessa

Veria

Thessaloniki

Vlora

Prespa-
Seen

Kotas

Kastoria

Vergina

Chalkidiki

Gerakini

Golf von
Kassandra

Lecce

ITALIEN

Otranto

METEORA (S. 312)
Klöster auf atemberaubenden
Felsen sind Griechenlands er-
staunlichste und erbaulichste
Sehenswürdigkeit

Grammos
(2520 m)

Kozani

Olymp
(2918 m)

Halbinsel
Kassandra

40°N

Erikousa

Konitsa

Smolikas
(2637 m)

Gamila
(2497 m)

Ossa
(1978 m)

ALONNISOS (S. 764)
Die reinen Gewässer im
Meeresnationalpark von
Alonnisos beheimaten viele
geschützte Arten

Pelekas

Korfu-
Stadt

Ioannina

Metsovo

Kalambaka

Meteora

Larisa

Volos

Halbinsel
Pelion

KORFU (S. 779)
Griechenlands grüne Insel erinnert
an Jahrhunderte historischer
Einflüsse und ist ein modernes
Ferienparadies

Korfu

EPIROS

Igoumenitsa

Trikala

Karditsa

THESSALIEN

Farsala

Alonnisos

Skiathos

Skopelos

Paxi

Parga

Arta

Antipaxi

IONISCHES
MEER

IONISCHE
INSELN

Preveza

Amfilohia

Karpenisi

Lamia

Loutra
Edipsou

Strofylia

Lefkada-
Stadt

Iti
(2125 m)

Kremasta-
See

Lefkada

Mytikas

Agrinio

STEREA
ELLADA

Parnassos
(2457 m)

Antikes
Delphi

AKROPOLIS (S. 132)
Das berühmteste Bauwerk
des antiken Griechenland

DELPHI (S. 275)
Das berühmte Orakel war der Nabel
der antiken Welt und beeinflusste den
Lauf der griechischen Geschichte

Ithaki

Nafpaktos

Delphi

Livadia

Chalkida

Kefallonia

Messolongi

Golf von
Patras

Patras

Diakofto

Golf von
Korinth

Perahora

Thiva
(Theben)

Parnitha
(1413 m)

ATTIKA

ATHEN

Sami

Argostoli

Derveni

Xylokastro

Loutraki

Rafina

Kyllini

Agios
Nikolaos

Amaliada

Kalavryta

Korinth

Piräus

Salamina

Saronischer
Golf

Zakynthos

Zakynthos-
Stadt

Olympia

Pyrgos

Mykene

Nafplio

Ägina

Poros

DIAKOFTO (S. 199)
Eine dramatische Fahrt mit der
Zahnradbahn durch die Voura-
kos-Schlucht nach Kalavryta

Andritsena

Tripoli

Argos

Megalopoli

Spetses

Hydra-Stadt

Hydra

Kyparissia

PELOPONNES

Leonidio

SARONISCHE
INSELN

DIE MANI (S. 240)
Das abgelegene Juwel auf dem
Peloponnes beeindruckt mit
maniotischer Geschichte und
beeindruckender Architektur

Kalamata

Sparta

Geraki

HYDRA (S. 416)
Generationen von Seefahrern
haben eine der schönsten
Inselhauptstädte Europas
geschaffen

Pylos

Methoni

Kardamyli

Koroni

Areopoli

Gythio

Lakonische
Mani

Gerolimenas

Lakonischer
Golf

Neapoli

MYRTOISCHES
MEER

Elafonisi

36°N

Kythira

MITTELMEER

Antikythira

Halbinsel
Rodopos

Halbinsel
Gramvousa

20°E

22°E

Kissamos

Paleochora

HÖHEN

3000m
2000m
1000m
500m
0

LEGENDE

Autobahn
Hauptstraße
Eisenbahn

0   80 km

FOURNI-INSELN (S. 685)
Der Archipel lockt mit sanft-hügeligen Inseln, langen Sonnenuntergängen – und dem besten Hummer in Griechenland

PATMOS (S. 663)
Hier schrieb Johannes seine Offenbarung – heute offenbart sich hier eine relaxte Insel

KOS (S. 639)
Mit dem Fahrrad geht's zu langen, puderweichen Stränden zwischen üppigen Landschaften und azurblauem Wasser

SANTORIN (S. 489)
Weltberühmte Insel, auf der sich ausschweifendes Nachtleben mit griechischer Kultur und atemberaubender Landschaft vereint

KNOSSOS (S. 539)
In Kretas erstaunlichem minoischen Palast lebte einst König Minos' mythischer Minotaurus

PLAKIAS (S. 550)
Abgelegener Ferienort im Süden mit versteckten Stränden und tollen Wanderwegen in Olivenhainen

Unterwegs

KORINA MILLER **HAUPTAUTORIN**

Es ist sehr still. Das Einzige, was ich höre, ist das Zischen und Knacken des Kraters, in dem ich tief unten stehe. Es ist frühmorgens, wir sind alleine. Um mich herum die Mondlandschaft des Vulkans Nisyros (S. 634), dessen Caldera bis zu der üppigen Landschaft reicht, die sich bis zur Küste hinunter erstreckt. Wunderschön, wie aus einer anderen Welt und – das lässt sich nicht abstreiten – ziemlich geruchsintensiv.

KATE ARMSTRONG Wer behauptet, dass wir Autoren für unsere Leser nicht bis ans Ende der Welt gehen? Hier bin ich am Kap Tenaro (S. 244), Griechenlands südlichstem Punkt. Der Leuchtturm am Kap Tenaro steht in einer historisch reichen Gegend der herrlichen Halbinsel Mani. Bei der Wanderung hierher – auf einem steinigen Weg – mit Blick auf römische Ruinen, Buchten und das Meer, fühlt man sich tatsächlich wie am Ende der Welt.

MICHAEL STAMATIOS CLARK

Als ich die Oase des Serpentin-Gartens (S. 306) in Tsangarada auf der Halbinsel Pelion auf einem steinigen Waldweg erreicht hatte, entdeckte ich einen Hang mit Grün- und Blütenpflanzen, wo meine Ankunft eine Entenfamilie aufscheuchte. Wir arrangierten uns aber, und so fand ich an einem heißen Sommertag etwas Schatten.

CHRIS DELISO Kaum jemand ist kultiger als Georgios der Ältere. Mit langem Bart und einem Stock aus Olivenholz brach der ganz in Schwarz gekleidete Mann am Busbahnhof von Rethymnon über mich herein und begrub mich unter 700 Jahren kretischer Geschichte und einer Dunstwolke aus Kretas Raki. Nach einer Viertelstunde war die Geschichtsstunde beendet, die anderen Touristen und alle Möchtegern-Invasorennachfolger Kretas hatten sich still und leise verdrückt.

VICTORIA KYRIAKOPOULOS Wo soll diese Kneipe sein? An Infos über neue Kneipen, Restaurants und die aktuellsten Diskos in Athen (S. 168) zu kommen ist Knochenarbeit und mit ernsthaften Nachforschungen und viel Lauferei verbunden. Erkundet man Athen zu Fuß, erlebt man immer Überraschungen und wird oft mit der Entdeckung neuer Lokale belohnt.

DES HANNIGAN Eine Akropolis ist immer sehenswert – und das gilt nicht nur für die alten Steinhaufen in Athen! Dies ist die mykenische Akropolis Koukounaries (S. 460) in der Nähe von Naoussa auf der Insel Paros. Unschlagbarer Aussichtspunkt, genügend alte Steine, um die Fantasie anzuregen und kaum eine Menschenseele. Also schön Zeit lassen.

Autorenporträts stehen auf S. 892

Highlights

Wir sind quer durch Griechenland gereist auf der Suche nach den ultimativen Reisezielen. Wir besuchten jahrhundertealte Sehenswürdigkeiten, die nichts von ihrer Attraktivität verloren haben – antike Ruinen, puderweiche Strände, charismatische Städte und Dörfer mit weiß ge- kalkten Häusern, fast vergessene Inseln; haben Bootsfahrten durch Wildschutzgebiete unter- nommen oder sind durch die Labyrinthe mittelalterlicher Gassen spaziert. Jeder wird seine eigenen verborgenen Schätze finden, unsere Autoren wollen mit ihren Highlights nur den Ap- petit anregen. Wir freuen uns auf Top-Tipps unserer Leser unter lonelyplanet.com/greece.

KRZYSZTOF DYDYNSKI

1 ATHEN

Griechenlands geschäftiger Hauptstadt Athen (S. 113) gelingt es, völlig übersättigte Besucher noch zu überraschen. Das historische Zentrum unterhalb der herrlichen Akropolis ist einerseits ein Freilichtmu- seum, andererseits eine Art Open-Air-Lounge voller Cafés, Kneipen und Restaurants, wo insbesondere nachts Partystimmung herrscht. Wo sonst kann man sommers wie winters eine so unorganisierte, aber beglückende Mischung aus Kultur und Geschichte, Stadtdschungel und städtischem Schick, unermüd- licher Energie und genusssüchtiger Lebensweise finden?

Victoria Kyriakopoulos

METEORA

Unvergesslich bleibt der erste Blick auf das herrliche Meteora (S. 312) – man sieht hoch in den Himmel aufragende Felssäulen und eine Handvoll Klöster auf den Gipfeln (einige stammen aus dem 14. Jh.). Die Strickleitern, auf denen die Mönche früher nach oben kletterten, wurden längst durch Stufen ersetzt, die man in den Fels gehauen hat. Heute locken diese spektakulären Steintürme Felskletterer aus aller Welt an.

Michael Stamatios Clark

2

ANDREW BAIN

SANTORIN

Santorin (S. 489) ist Spitzenreiter im Griechenlandtourismus – sensationell, bezaubernd und duldsam. Ich liebe den Glamour dieser Insel und die neugierigen und erwartungsvollen Touristenmassen. Vor allem aber liebe ich die örtliche Bevölkerung, der es gelingt, an einigen ruhigen Ecken auf der Insel die griechische Lebensart zu bewahren.

Des Hannigan

CRAIG PERSHOUSE

3

4

TREVOR CREIGHTON

CHORA SFAKION

Im Hafendorf Chora Sfakion (S. 566), ehrenhalber in den Rang der Hauptstadt des Ödlands im Süden Kretas erhoben, tummeln sich viele interessante Menschen. Hier kann man ein paar ruhige Tage verbringen mit Schwimmen und Bootsfahrten. Man genießt leckere Fischgerichte und lauscht dabei der traditionellen Musik und örtlichen Legenden, die von Sfakias Unabhängigkeitswillen berichten.

Chris Deliso

GEORGE TSAFOS

CHRIS DELISO

JOHN ELK III

SAMOS

Samos (S. 687) mit seinem süßen Rotwein, verborgenen Sandbuchten, ruhigen Bergdörfern und antiken Stätten ist sehr anziehend. Zugleich ist es die nordostägäische Insel, auf der man die schrillsten, schicken jungen Partygänger trifft, die bis spätnachts in Kneipen mit Blick auf das erleuchtete Meer unterwegs sind.

Chris Deliso

6

5

OLYMPIA

Hier kann man auf die Geister des Ringkämpfers Milon von Kroton und des Faustkämpfer Diagoras von Rhodos treffen. In Olympia (S. 259) verschmelzen Vergangenheit und Gegenwart auf wundersame Art. Beim Betreten des Stadions von Olympia glaubt man, Tausende Zuschauer jubeln zu hören – ein surreales Erlebnis, das für Gänsehaut sorgt. Man sollte früh kommen, um dem Gedränge der sehr realen Menschenmassen zu entgehen.

Kate Armstrong

7

ANGELOKASTRO

Die Ruine der Festung von Angelokastro (S. 791) an der Westküste Korfus erhebt sich über alles – auch über die Menschenmengen. Sie befindet sich auf einem Felssporn, von dem aus auf der einen Seite das Ionische Meer, auf der anderen eine Landschaft mit Olivenbäumen und Zypressen zu sehen ist. Ich komme oft hierher, nicht zur Recherche, sondern weil ich gerne hier bin. Die Festung wurde aller Wahrscheinlichkeit nach von den byzantinischen Herrschern in Korfu um das 11. Jh. erbaut. Drei Mal konnte sie osmanische Angriffe abwehren. Steil geht der Weg zu den Ruinen hinauf – das antike Kerkyra zu Füßen. Gut möglich, dass dieser Ort schon lange vor den Byzantinern ein Zufluchtsort war.

Des Hannigan

DAS ANTIKE DELPHI

Es lohnt sich, früh am Morgen hierher zu kommen, um den Sonnenaufgang über dem Heiligtum der Athene (S. 278) in Delphi zu erleben, dem Zentrum der antiken griechischen Welt. Von dem Heiligtum sind nur drei Säulen erhalten, doch sie reichen aus, um die Fantasie zu beflügeln. In der Nähe schlängelt sich die Heilige Straße hinter dem Apollon-Tempel (S. 276) vorbei, wo einst das Orakel von Delphi prophezeite, Armeen in den Kampf schickte und Liebende in Verzückung geraten ließ.

Michael Stamatios Clark

8

NOBORU KOMINE

KALYMNOS

Kalymnos (S. 651) bietet von allem das Beste. Hier mischen sich Touristen in das Gewühl der Straßen und des Hafens, während einheimische Schwammtaucher ihre Tagesbeute prüfen und Teenager auf ihren Mopeds vorbeisausen. Man kann auch mit einem Fischerboot zu der Insel Telendos (S. 657) übersetzen, wo die Zeit stillzustehen scheint und Touristen den Sonnenuntergang genießen.

Korina Miller

ISTOCK / STEPHEN FRENCH

WAYNE WALTON

9

10

PARGA

Parga (S. 401), die Krönung der Epirotischen Riviera, wird flankiert von Sandstränden und Olivenhainen und gekrönt von einer venezianischen Burg. Trotz der Menschenmengen im Sommer sorgen die Seitensträßchen mit schlafenden Katzen, plaudernden Alten und spielenden Kindern für authentisches Flair. Von Parga aus sind antike Stätten und einige ionische Inseln gut erreichbar, weshalb sich die Stadt mit ihren stimmungsvollen Hotels und Restaurants als Ausgangspunkt für Erkundungen eignet. Noch heute ist der italienische Charme des einstigen Epiros spürbar.

Chris Deliso

CHRIS CHRIST...

12 ÄGINA

Ägina (S. 407) im Saronischen Golf wirkt kaum wie eine Insel. In den Seitenstraßen der Stadt, die mit der Fähre etwa eine halbe Stunde vom Kai in Piräus entfernt liegt, herrscht rege Betriebsamkeit und eine heitere unglamouröse und untouristische Atmosphäre. Diese Insel ist reich an griechischer Geschichte und Tradition. Höhepunkte sind der Aphaia-Tempel aus dem 5. Jh. v. Chr. (S. 411) und der Apollon-Tempel (S. 409). Am meisten fasziniert mich Paleochora (S. 411), ein abfallender Felshang mit über 30 Kapellen, von denen mehrere inzwischen restauriert wurden. Man kehrt mit einem Lächeln in Äginas fröhliches Chaos zurück.

Des Hannigan

©MOM/P.DENDRINOS

11 MEERES-NATIONALPARK ALONNISOS

Das kristallblaue Wasser in diesem Meerespark (S. 765) gilt als das makelloseste Griechenlands. Auf vielen der kleinsten Inselchen ist der Zutritt für Besucher verboten, um den empfindlichen Lebensraum von Tieren, wie der bedrohten Mittelmeer-Mönchsrobbe und des Eleonorenfalken, zu schützen. Der leutselige Kapitän unseres Bootes beeindruckt die Besucher durch sein Wissen und seine Achtung vor dem Meeresleben. Das trägt ihm eine Aufstockung seiner Lunch- und Weinvorräte ein.

Michael Stamatios Clark

GEORGE T...

13 DIE MANI

Zwar kann die Mani (S. 240) nicht mehr als „entlegen" oder „wenig besucht" gelten, doch hat sie sich einen einzigartigen Zauber bewahrt. Jahrhundertelang befehdeten sich hier Familien, was sehr zum speziellen Erscheinungsbild dieser Landschaft mit ihrem historischen und kulturellen Erbe beigetragen hat. Hier gibt es alles von zerklüfteten felsigen Höhen bis hin zu üppigen Oasen, von kleinen Fischtavernen bis zu bombensicheren Turmhäusern. Dieser Landstrich auf dem Peloponnes sollte mit Muße erkundet werden. Die Manioten sind ein stolzes Volk, was sich in ihrer Küche und ihrer Gastfreundlichkeit widerspiegelt.

Kate Armstrong

PREVELI-STRAND

Zum Preveli-Strand (S. 552) gehört einer von Griechenlands sandigen Küstenabschnitten, die man sofort erkennt. Der Preveli-Strand, der von einem Süßwasserfluss zweigeteilt und von Klippen mit Brandungshöhlen flankiert wird, ist ein idealer Platz, um unter dem Blick des herrlichen Klosters in Gesellschaft Sonne zu tanken.

Chris Deliso

15

CHRIS CHRISTO

HALBINSEL PELION

Die Halbinsel Pelion (S. 300) wird von Kopfsteinstraßen durchzogen, die die Bergdörfer mit den Buchten an der Ostküste, wie dieser hier in Damouhari (S. 306), verbinden. Die Wege sind gut markiert, und unterwegs begegnet man kleinen Ziegenherden genauso häufig wie Autos oder Motorrädern. Der Pfad endet fast immer in der Nähe einer Taverne oder *ouzerie* (Lokal, in dem Ouzo und Vorspeisen serviert werden).

Michael Stamatios Clark

16

MICHAEL STAMATIOS CLARK

WAYNE WALTON

14

ALTSTADT VON RHODOS

Es ist ein Muss, sich in der Altstadt von Rhodos (S. 595) zu verlaufen, denn nur so entkommt man der Menschenmenge und kann kreuz und quer durch die verschlungenen Kopfsteinpflastergassen flanieren, durch Torbögen und über Plätze. In diesen verborgenen Winkeln liegt die eigentliche Schönheit der Altstadt, dort erhält die Fantasie Flügel und entschwebt ins Mittelalter. *Korina Miller*

EGMONT STRIGL/ALAMY

HANIA

Die alte venezianische Hafenstadt Hania (S. 554) besticht durch ein pastellfarbenes Hafenviertel mit stimmungsvoller Altstadt voller verwinkelter Gassen mit hübschen Pensionen und Restaurants.
Chris Deliso

18

17

SAMOTHRAKI

Die exotische Insel Samothraki (S. 730) umgibt eine Aura von Spiritualität, was bereits die Thraker bemerkten, als sie hier um 1000 v. Chr. ihr Heiligtum der großen Götter errichteten – eine von Griechenlands archäologischen Top-Stätten. Die Dschungelinsel bleibt mit ihrem gebirgigen Landesinneren, dem Fluss, den Gezeitentümpeln und Wasserfällen ein Geheimtipp. Einfach am Strand campieren, auf einer Gitarre klimpern und richtig abhängen.
Chris Deliso

GEORGE TSA

19

VORSTELLUNG IM ODEON DES HERODES ATTICUS

Nur wenige Theater der Welt lassen Geschichte so greifbar werden und wirken so Ehrfurcht gebietend wie dieses. Man sitzt auf den abgenutzten Marmorstufen des antiken Amphitheaters (S. 137) mit der angestrahlten Akropolis als Kulisse und genießt ein antikes Drama, modernes griechisches Theater oder eine Aufführung der weltberühmten Ballett-Truppe.
Victoria Kyriakopoulos

Inhalt

Regionalkarten

Nordgriechenland
S. 321

Zentralgriechenland
S. 272

Ionische
Inseln
S. 777

Euböa &
die Sporaden
S. 745

Nordostägaische
Inseln
S. 675

Athen &
Attika
S. 113

Peloponnes
S. 190

Saronische
Inseln
S. 406

Kykladen
S. 426

Dodekanes
S. 588

Kreta
S. 525

Reiseziel Griechenland

Was zieht so viele von uns nach Griechenland? Vielleicht sind es die endlosen Kilometer aquamarinblauer Küste, an der sich einige der saubersten Strände Europas befinden. Oder es sind die antiken Sehenswürdigkeiten, von denen man immer wieder gehört hat, und die man nun mit eigenen Augen sehen möchte. Möglicherweise ist es aber auch das gemütliche Inselleben, wo ein Tag wie der andere abläuft, oder es locken die Möglichkeiten des gebirgigen Geländes, die den Adrenalinspiegel in die Höhe treiben. Es lässt sich gut nachvollziehen, warum so viele Mythen von Göttern und Riesen in dieser weitläufigen und abwechslungsreichen Landschaft mit ihrem weiten Himmel und dem mit Inseln gespickten Meer entstanden sind. Griechenland ist auch der Geburtsort des Dramas und der Demokratie, der westlichen Wissenschaft und der Medizin. In vielerlei Hinsicht, so hat einmal jemand gesagt, sind wir alle Söhne und Töchter des antiken Griechenlands. Vielleicht zieht es uns also einfach nur nach Hause.

Dort angekommen ist es nicht allzu schwierig, das Griechenland zu finden, das man sich erhofft hat, ob es nun die pulsierenden Nachtclubs von Mykonos oder die Feierlichkeit von Meteora, die Erhabenheit von Delphi oder die Urtümlichkeit von Metsovo, die zerklüfteten Hügel Kretas oder die üppigen Wildblumen im Frühling sind. Rasch wird man vertraut mit der Melancholie der *rembetika* (Blues-Songs), dem intensiven Geruch und Geschmack des hausgemachten Tsatsiki und der Fähigkeit antiker Sehenswürdigkeiten, eine Fantasie in einem freizusetzen, von deren Existenz man bisher gar nichts wusste.

So werden antike Sehenswürdigkeiten zwar auf vielen Touristenrouten einen bevorzugten Platz einnehmen, aber die Griechen sind bestimmt nicht in der Vergangenheit verhaftet. Sicher ist es einfach, entlegene traditionelle Dörfer zu finden mit glänzenden weißen Gebäuden und umherziehenden Eseln und Ziegen, aber die Hirten werden höchstwahrscheinlich mit einem Handy telefonieren, um sich in der örtlichen Trendkneipe zu verabreden. Athen hat bezüglich Stil und Rafinesse alles fest im Griff und kann es mit jeder anderen europäischen Hauptstadt aufnehmen. Die moderne griechische Kunstszene ist unverbraucht und dynamisch, die politische Szene absolut leidenschaftlich. Griechenland ist eine Nation, die den Wandel begrüßt und sogar darauf besteht – ob es sich nun um die nicht aufzuhaltende Stadterneuerung in Athen handelt oder um die Internetcafés, die selbst auf der kleinsten Insel zu finden sind, oder um moderne, eindrucksvolle Museen, die überall im Land aus dem Boden schießen. Es gibt nur wenige Kulturen, die die Vergangenheit so liebevoll annehmen und gleichzeitig die Zukunft mit offenen Armen empfangen.

Wie in jedem anderen Land geht auch in Griechenland nicht immer alles glatt. Auftauchende Probleme werden mit starkem Willen diskutiert und behandelt, wie sich an den heißen Debatten vor jedem örtlichen *kafeneio* (Kaffeehaus) beobachten lässt. Die letzten drei Jahrzehnte zunehmenden Wohlstands und besserer Lebensstandards gingen Hand in Hand mit zunehmender Arbeitslosigkeit, wachsender öffentlicher Verschuldung und einer Kreditklemme, die viele Griechen desillusionierte und wütend machte. Die Vorschläge der Regierung zur Renten- und Arbeitsmarktreform, Privatisierungspläne und mutmaßliche Korruption veranlassten viele Griechen, zu massiven Streiks und Protesten auf die Straße zu gehen.

KURZINFOS

Bevölkerung insgesamt:
11,19 Mio.

Frauenanteil: 50 %

Lebenserwartung:
80 Jahre

Einwohner pro km²: 85

Touristen: 18,8 Mio.
jährlich

BIP: 326 Mrd. US$

Durchschnittliches Jahreseinkommen pro Kopf:
30 050 US$

Inflationsrate: 2,6 %

Arbeitslosenrate: 9,3 %

Auslandsschulden: 92,19
Mrd. US$

Seit den frühen 1970er-Jahren gehören Streitereien zwischen Jugendlichen und der Polizei zum griechischen Alltag. Die zunehmende Jugendarbeitslosigkeit und rückläufige Mobilität waren Zündstoff für die Jugendbewegung. Die Demonstrationen im Dezember 2008 führten zum Tod eines 15jährigen, der im Studentenviertel Exarhia von der Athener Polizei erschossen wurde. Die Nachricht von der Erschießung verbreitete sich rasch (überwiegend per SMS, Facebook und Twitter), woraufhin Hunderte Jugendliche zu einem gesellschaftlichen Aufstand auf die Straße gingen, der Tage dauerte und die Regierung zu stürzen drohte.

Die gewaltigen Brände 2007 riefen ebenfalls Unmut über die Regierung und ihren Umgang (oder Nicht-Umgang) mit dem Problem hervor. Heute findet man Studentengruppen, Umweltverbände und Einheimische, die sich mit Einwanderern zusammengetan haben und an der Wiederaufforstung des Landes arbeiten. Die Griechen entwickeln allgemein ein wachsendes Bewusstsein für die Umweltzerstörung, sie verlangen ein Verbot einer ausufernden Entwicklung und mehr Recycling-Möglichkeiten. Für die Griechen sind der Klimawandel, die zurückgehenden Wasservorräte und das Ansteigen der Meeresspiegel sehr reale Bedrohungen. Die Debatten verfangen sich jedoch häufig in den unterschiedlichen Interessen von Einheimischen und Bauunternehmern oder scheitern an heimlichen Abmachungen mit örtlichen Regierungen.

Global betrachtet ist Griechenland in den letzten Jahren zu einer wirklich multikulturellen Nation geworden, auch das Pro und Kontra dieser Entwicklung ist ein heißes Diskussionsthema. Griechenland, das früher einmal ein Auswanderungsland war, aus dem Tausende nach Nordamerika und Australien emigrierten, wurde später ein beliebter Zufluchtsort für Aussteiger und erlebt heute den gewaltigen Zustrom illegaler Migranten aus Afghanistan, dem Irak und aus Afrika, die über die Türkei ins Land kommen. Inseln wie Samos haben damit zu kämpfen, ganze Bootsladungen voller Migranten unterzubringen, wobei seitens der internationalen Gemeinschaft zunehmend Kritik über die schlechten Bedingungen und die schlechte Behandlung von Flüchtlingen und Einwanderern in Griechenland laut wird. Das Land hat innerhalb Europas die niedrigste Akzeptanzrate von Asylanträgen (2008 wurden nur 379 von 20 000 Anträgen angenommen), so dass viele illegale Einwanderer und Flüchtlinge einfach in Griechenlands Schattenwirtschaft verschwinden oder versuchen, ein anderes europäisches Land zu erreichen. Andere bleiben in Barackensiedlungen und Abschiebelagern hängen.

Alles Dinge, die früher in dichten Rauchwolken im örtlichen *kafeneio* diskutiert worden wären. Nun trat aber im Juli 2009 in Griechenland ein ähnliches Rauchverbot in Kraft, wie es schon in anderen europäischen Ländern besteht, wodurch alle öffentlichen Örtlichkeiten rauchfrei werden sollen. Die Griechen gehören allerdings zu den stärksten Rauchern innerhalb Europas, weshalb es interessant wird zu beobachten, wie gut sich dieses Gesetz durchsetzen lässt, insbesondere in kleinen Dörfern, auf entlegenen Inseln und in Partyhochburgen. Man kann wohl davon ausgehen, dass weiterhin die Mehrheit bestimmen wird.

Trotz solcher leidenschaftlicher Diskussionen und Meinungsverschiedenheiten ist Griechenland im Wesentlichen ein gelassenes Land. Wer bei einem scheinbar endlosen Kaffee im Lokal sitzt, am Ufer flaniert, sich am Strand niederlässt und in aller Ruhe seine Mahlzeiten genießt, passt genau ins Bild. Die Griechen verstehen es, das Leben zu genießen und gelten als eines der gastfreundlichsten Völker der Welt. Ihre Großzügigkeit und Herzenswärme sind so echt wie der weiche Sand zwischen den Zehen und die Wärme der ägäischen Sonne.

Bevor es losgeht

REISEZEIT

Die besten Reisezeiten für Griechenland sind Frühling und Herbst, insbesondere die Monate Mai, Juni, September und Oktober. Im Winter hält ein Großteil der touristischen Infrastrukturen Winterschlaf, vor allem auf den Inseln (an einigen Orten kann es ein echtes Problem werden, ein offenes Hotel oder Restaurant zu finden). Einige kleinere Inseln machen im Winter komplett dicht, denn die Inselbewohner ziehen für einige Monate in ihre Wohnungen auf dem Festland. Viele Hotels, saisonal geöffnete Cafés und Restaurants schließen ihre Pforten von Ende Oktober bis Mitte April. Bus- und Fährverbindungen werden drastisch reduziert oder ganz eingestellt.

Zum orthodoxen Osterfest (in der Regel im April, s. S. 24) werden die Spinnweben entfernt, denn die ersten Touristen kommen. Zwischen Ostern und Mitte Juni ist die beste Reisezeit, denn an den meisten Orten ist es angenehm warm, Strände und antike Stätten sind noch nicht überlaufen, die öffentlichen Verkehrsmittel verkehren nahezu nach Sommerfahrplan und bei den Unterkünften hat man noch eine breite Auswahl.

Die Hochsaison dauert von Mitte Juni bis Ende August, alles läuft in diesen Monaten auf vollen Touren, und es ist die Zeit der meisten Festivals. Es ist nun sehr heiß – im Juli und August kann das Quecksilber fast überall im Land auf 40 °C im Schatten steigen. Die meisten Strände sind überfüllt, viele antike Stätten werden von Reisegruppen überschwemmt und an einigen Orten sind alle Unterkünfte ausgebucht. Ende September geht die Hochsaison zu Ende und bis Ende Oktober herrschen noch einmal ideale Bedingungen.

Siehe Klimatabellen (S. 827) für weitere Informationen.

Im November verabschiedet sich der endlos blaue Sommerhimmel. November bis Februar sind die feuchtesten Monate und es kann erstaunlich kalt werden. Auf dem Festland und in den Bergen von Euböa und Kreta ist Schnee keine Seltenheit, selbst in Athen schneit es gelegentlich. Es gibt aber auch viele Sonnentage und einige Reisende, die die Ruhe in dieser Jahreszeit schätzen.

AN ALLES GEDACHT?

Bei Hitze fühlt sich das Reisgepäck doppelt so schwer an. Unter der Sonne Griechenlands trocknen die Klamotten zudem superschnell, daher wirklich nur das Nötigste mitnehmen:

- Ein paar Taschenbücher oder ein Kartenspiel, um sich die Zeit auf der Fähre zu vertreiben.
- Sonnenhut, Sonnenbrille und Sonnenschutzmittel – im heißen Klima Griechenlands ein Muss.
- Aufblasbares Nackenkissen und Schlafbrille – für lange Bus- und Bahnfahrten.
- Einen Sprachführer – für die Kommunikation mit den Einheimischen.
- CDs – geradezu lebensrettend, wenn man in einer entlegenen Gegend mit dem Leihwagen unterwegs ist.
- Badesachen im Tagesgepäck – für unerwartete Buchten und Strände.
- Feste, rutschfeste Schuhe – bei vielen Sehenswürdigkeiten, in historischen Städten und Dörfern sind die Wege steinig und rutschig.
- Eine Vorliebe für Tintenfisch – er steht praktisch auf jeder Insel auf der Speisekarte.
- Insektenschutzmittel – um Mücken und Sandflöhe fern zu halten.

PREISE

Seit der Einführung des Euro 2002 sind die Preise stark gestiegen und obgleich sich dieser Höhenflug etwas abzuschwächen scheint, ist Griechenland nicht mehr das preiswerte Land von früher. Während man in unscheinbaren Restaurants weiterhin deftige Mahlzeiten für wenig Geld bekommt, ist das Essen in etwas gehobeneren Restaurants zu einem kostspieligen Vergnügen geworden. Auch die Übernachtungspreise sind explodiert. Daher sind viele Budgetunterkünfte ihren Preis nicht mehr wirklich wert, während zahlreiche Mittelklasseoptionen interessanter erscheinen.

Ein Einzelreisender braucht pro Tag mindestens 50 €. Darin eingerechnet sind Busfahrten, Übernachtung in der Jugendherberge oder auf dem Campingplatz und nur hin und wieder ein Essen im Restaurant oder eine Fahrt mit der Fähre. Wer ein Zimmer für sich alleine haben und auswärts essen, herumreisen und Sehenswürdigkeiten besichtigen möchte, muss 100 € pro Tag einplanen. Für komfortable Zimmer und regelmäßige Restaurantbesuche liegt der Tagesbedarf eher bei 150 €. Diese Angaben gelten für Einzelreisende in der Hochsaison (Mitte Juni bis Ende August). Wer sich ein Zimmer mit jemandem teilen kann, kommt günstiger weg.

Deutlich länger reicht das Geld in den ruhigeren Monaten Mai bis Mitte Juni und September/Oktober. Vor allem auf den Inseln sind Übernachtungen außerhalb der Hochsaison deutlich billiger. Wer ein paar Tage bleibt, kann sogar noch bessere Preise aushandeln. Familien können viel Geld sparen, wenn sie als Selbstversorger in einer Ferienwohnung unterkommen und Essen und Trinken im Supermarkt oder auf dem örtlichen Markt einkaufen. Auch das Reisen per Schiff kann Geld sparen, da Kinder unter fünf Jahren kostenlos fahren und man oft eine Übernachtung sparen kann.

Die im Buch angegebenen Preise gelten für die Hochsaison von Mitte Juni bis Ende August.

UMWELTVERTRÄGLICH REISEN

Wie bei vielen Reisezielen in Europa wird in Griechenland jedes Jahr die Umwelt durch den gewaltigen Touristenzustrom bis an ihre Grenzen belastet. Dieses Gesamtbild mag für den Einzelreisenden erdrückend wirken (S. 110), doch es gibt eine Menge, was jeder tun kann, um diese Einflüsse zu mildern, ohne auf seine Urlaubsfreuden verzichten zu müssen.

Wer einen Kurzurlaub plant, kann leider meist nicht das Flugzeug und den damit verbundenen Kohlenstoffausstoß meiden (s. S. 838), mit etwas mehr Zeit hat man aber die Option, Griechenland vom übrigen Europa aus per Bahn und/oder Schiff zu erreichen. Verschiedene Möglichkeiten sind ab S. 837 zu finden. Das Erlebnis einer Fernreise per Bahn kann ein Highlight des Trips werden.

Als nächstes kommt die Reisezeit auf den Prüfstand. Ein Besuch Griechenlands in der Nebensaison – Frühling oder Herbst – bietet erträglichere Temperaturen und belastet wertvolle Ressourcen wie Nahrung und Wasser weniger. Dies gilt vor allem für die Inseln.

Vor Ort wirkt sich die Fortbewegungsart unterschiedlich auf die Umwelt aus. Nicht jeder (oder besser gesagt: die Wenigsten) haben den Willen und die Kondition, das bergige heiße Land mit dem Fahrrad anzugehen, man kann sich aber für Regionalbusse und -züge anstelle von Flugzeug oder Leihwagen entscheiden oder für schnelle, spritsparende Fähren anstelle langsamer Spritfresser. Wir haben alle Informationen gesammelt, die nötig sind, um den Nahverkehr zu nutzen, Details sind auf S. 842 und S. 850 zu finden.

WAS KOSTET WIE VIEL?

Ortsgespräch: 0,20 € pro Min.

Grundgebühr Taxi: 4 €

Tasse Kaffee: 2 €

Stadtbus-Ticket: 1 €

Griechischer Salat: 6 €

TOP 10

GRÜNE ZIELE

Grün ist nicht gleichbedeutend mit Komposttoilette und Urlaub ohne Dusche. Hier nennen wir einige ausgezeichnete Möglichkeiten, den Urlaub zu genießen und gleichzeitig etwas für die Umwelt zu tun.

1 Milia (S. 572) – Öko-Unterkünfte in den Bergen
2 Nationaler Meerespark Alonnisos (S. 765) – Reservat der Mittelmeer-Mönchsrobbe
3 Serpentin-Garten (S. 306) – bei nachhaltiger Landwirtschaft helfen
4 Tilos (S. 630) – seltene Vogelarten
5 Octopus Sea Trips (S. 462) – umweltfreundliche Aktivitäten für die ganze Familie
6 Hydra (S. 416) – frei von Autos und Motorrollern

7 Thrassa Eco-Tourism Guesthouse (S. 379) – Bio-Essen und ökologisch verträgliche Outdoor-Aktivitäten
8 Masticulture Ökotourismus (S. 705) – traditioneller Anbau von Mastixstäuchern, Olivenbäumen und Wein
9 feel ingreece (S. 772) – Einblicke in das Leben von Wildponys gewinnen
10 2407 Aktivitäten in den Bergen (S. 246) – ein Fahrrad besteigen und das Taygetos-Gebirge samt Umgebung erkunden

FILMKULISSE GRIECHENLAND

Griechische Landschaft genießen in einigen hochgelobten Filmen.

1 *Mediterraneo* (1991) – mit einem Oscar ausgezeichnete Komödie über italienische Soldaten, die im Zweiten Weltkrieg auf der winzigen Insel Kastellorizo festsitzen.
2 *In tödlicher Mission* (1981) – Roger Moore als Geheimagent unterwegs in Griechenland
3 *Corellis Mandoline* (2001) – das Buch ist besser, aber der Film zeigt tolle Ansichten von Kefallonia
4 *Die Kanonen von Navarone* (1961) – kultiger Kriegsfilm mit Anthony Quinn und Gregory Peck, spielt auf Rhodos
5 *Mamma Mia* (2008) – diese Musikfilmkomödie, die mit ABBA-Songs unterlegt ist, hat die Welt im Sturm erobert. Der Film spielt auf Skopelos, der Halbinsel Pelion und auf Skiathos

6 *Alexis Sorbas* (1964) – Anthony Quinns Darstellung eines überspannten englischen Schriftstellers, der in Kreta die Liebe entdeckt. Die berühmte Tanzszene am Strand wurde in Stavros bei Hania gedreht.
7 *Sonntags… nie!* (1960) – Griechenlands Top-Star Melina Mercouri wurde für ihre Rolle als Prostituierte in Piräus für den Oscar nominiert
8 *Lara Croft Tomb Raider* (2001–02) – Lara Croft tauchte vor Santorin
9 *Shirley Valentine* (1989) – die klassische Fantasy-Romanze spielt in Mykonos
10 *My Big Fat Greek Summer* (2009) – Nia Vardalos ist mit ihrem Reisebus in der Umgebung von Athen und auf dem Peloponnes unterwegs

ADRENALIN-KICKS

Griechenland bietet mehr Möglichkeiten, als nur faul am Strand zu liegen.

1 In der Louisos-Schlucht durch Bergdörfer wandern (S. 225)
2 Felsklettern in Küstenklippen (S 655)
3 Tauchen in klaren Gewässern (S 757)
4 Kitesurfen mit der Weltelite (S 617)
5 Steile Felsgipfel besteigen (S 314)
6 Auf idyllischen Kopfstein-Maultierpfaden zu Fuß unterwegs (S 301)

7 Die Tiefen eines Vulkankraters erwandern (S.638)
8 Über Wildblumenwiesen spazieren (S 763)
9 Im unberührten Pindosgebirge durch die Stein- und Schieferdörfer der zauberhaften Zagorohoria-Region wandern (S. 391)
10 Schwimmen am halbtropischen rosa Sandstrand von Elafonisi (S 572)

Wasserknappheit ist in einem Großteil Griechenlands ein ernsthaftes Problem, etliche Inseln verfügen über keine eigene Quelle. Man kann nicht völlig auf den Kauf von Flaschenwasser verzichten. Auf einigen entlegenen und kleineren Inseln eignet sich das Leitungswasser nicht als sicheres Trinkwasser (es sei denn, man kocht es ab oder reinigt es). Am besten vor Ort nachfragen. Beim Kauf von Flaschenwasser griechische Marken wählen (die es überall gibt) anstelle von europäischen Marken, die einen weiten Transportweg und daher einen größeren Kohlenstoff-Fußabdruck haben. Der Wasserverbrauch lässt sich auch reduzieren, indem man im Hotel nicht täglich neue Handtücher verlangt und nur kurz duscht.

Die Schlagworte „Biologisch" und „grün" gewinnen in Griechenland zunehmend an Beliebtheit. Aufgrund des Ausbaus des ländlichen Tourismus stehen mehr Optionen für Übernachtungen an lokalen, umweltfreundlichen Orten zur Verfügung. Auch die Recycling-Möglichkeiten und das Angebot an biologischen Lebensmitteln sind auf dem Vormarsch, und es werden mehr geführte Aktivitäten angeboten wie Wandern und Radfahren. Da die griechische Küche überwiegend auf regionalen Produkten basiert, schließen sich Restaurantbesitzer der ökologischen Bewegung an und werben für ihre Gerichte mit Zutaten aus heimischer Produktion, die in vielen Fällen biologisch angebaut werden. In den Geschäften werden zudem vor Ort erzeugte biologische Kräuter, Honig, Seife und andere Produkte als Souvenirs verkauft, durch deren Erwerb man zugleich die örtliche Wirtschaft unterstützen und die Umwelt schützen kann. Viele dieser grüneren Optionen sind in unserem Greendex im Anhang aufgeführt.

REISELEKTÜRE

Reiseberichte können eine bedeutende Inspirationsquelle sein für alle, die auf den Spuren der Autoren wandeln möchten.

92 Acharnon Street (John Lucas; 2007) Einblicke in das moderne Griechenland aus dem Blickwinkel eines englischen Gastprofessors an der Universität Athen. Das Buch reflektiert die Veränderungen in den 80er-Jahren und behandelt Politik und Dichtkunst (auf Englisch).

Eurydice Street: A Place In Athens (Sofka Zinovieff; 2004) Fesselnde Geschichte einer Expat in Athen. Das Buch behandelt Brauchtum, Etikette, Kultur und moderne Geschichte. Es wird von Griechen empfohlen, weil es die moderne griechische Kultur sehr genau beschreibt (auf Englisch).

Falling for Icarus: A Journey Among the Cretans (Rory MacLean; 2004) Die Kretareise des Autors, der sich dort den Traum erfüllen wollte, eine eigene Flugmaschine zu bauen und zu fliegen. Der Text ist geprägt von Geschichtlichem, Mythen und Darstellungen des Dorflebens (auf Englisch).

It's All Greek to Me! (John Mole; 2004) Der humorvolle und bejubelte Bericht einer englischen Familie, die eine Steinruine auf Euböa in ein bewohnbares Haus verwandelt, einschließlich ihrer haarsträubenden Anpassungsversuche (auf Englisch).

Meine Familie und anderes Getier (Gerald Durrell; 1977) Klassische witzige Geschichte einer Kindheit auf Korfu, erzählt von einem heute berühmten Naturforscher und Naturschützer. Es überrascht nicht, dass Flora und Fauna dabei nicht zu kurz kommen.

Der Koloss von Maroussi (Henry Miller; 1940) Nur wenige Schriftsteller erreichten die Begeisterung, die aus dieser klassischen Erzählung spricht. Millers Leidenschaft lässt niemals nach, wenn er von einem Abenteuer zum nächsten springt.

INFOS IM INTERNET

Zahlreiche Internetseiten bieten Infos über Griechenland.

EOT (Griechische Zentrale für Fremdenverkehr; www.gnto.gr) Kurze prägnante Touristeninformationen (auf Deutsch).

Greece Online (www.greece-on-line.gr) Interaktive Karte, auf die Strände, Museen, Skisportorte, Flughäfen etc. lokalisiert werden können (Griechisch und Englisch).

Greek Travel Pages (www.gtp.gr) Informationen aus einer Hand mit Fahrplänen der Fähren, Unterkunftsverzeichnissen und Einzelheiten zu den Reisezielen (Griechisch und Englisch).

Lonely Planet (www.lonelyplanet.com) Aktuellste Informationen und die Möglichkeit, vor der Abreise Fragen zu stellen oder nach der Rückkehr Tipps zu geben.

Kulturministerium (www.culture.gr) Angaben zu Veranstaltungen, Sehenswürdigkeiten, Galerien, Denkmälern und Museen (auf Englisch).

Travel Guide to Greece (www.greektravel.com) Matt Barretts umfassende Seite für Griechenlandreisen (auf Englisch).

Griechische Zentrale für Fremdenverkehr (www.gnto.gr) Ausführliche und kompetente Touristeninformation (auf Deutsch).

Fähren (www.greekferries.gr) Aktuelle Infos über internationale und griechische Fähren (auf Deutsch)

Festkalender

Die Teilnahme an einem griechischen Fest oder Event wird leicht zu einem Highlight der Reise, denn sie sind stimmungs- und freudenvoll, und häufig dienen sie als Vorwand für eine fette Party. Nachfolgend einige der wichtigsten Events. Es gibt zudem zahllose religiöse Feste, die von Städten und ganzen Inseln mit großer Begeisterung gefeiert werden. Vor Ort nachfragen oder in den Kapiteln zu den einzelnen Orten nachlesen.

JANUAR

FEST DES HL. BASILIUS (AGIOS VASILIOS) 1. Jan
Nach einem Gottesdienst werden Geschenke ausgetauscht, man singt, tanzt und feiert. Der goldfarben glasierte Neujahrskuchen (vasilopita) wird angeschnitten und wer das Stück mit der Geldmünze erwischt, darf für sich ein glückliches Jahr erwarten.

EPIPHANIAS (SEGNUNG DER GEWÄSSER) 6. Jan.
Der Tag, an dem Christus von Johannes dem Täufer getauft wurde, wird in ganz Griechenland gefeiert. Das Meer, die Seen und die Flüsse werden gesegnet, die größte Feier findet in Piräus (S. 182) statt.

GYNAIKOKRATIA (FRAUENHERRSCHAFT) 8. Jan.
In den Dörfern der Präfekturen Rodopi, Kilkis und Seres in Nordgriechenland werden für einen Tag die Rollen getauscht. Die Frauen lassen es sich in den kafeneia (Kaffeehäusern) gut gehen, während die Männer die Hausarbeit erledigen.

KARNEVAL VON PATRAS Mitte Jan.–Anfang März
Diese Veranstaltung in Patras (S. 196) auf dem Peloponnes mit vielen kleineren Events endet mit einem wilden Wochenende mit Kostüm-Umzügen, farbenfrohen Festzugswagen und Feierlichkeiten Ende Februar oder Anfang März. Einzelheiten unter www.carnivalpatras.gr

FEBRUAR

KARNEVAL 3 Wochen vor der Fastenzeit
Der Karneval vor der österlichen Fastenzeit kennt viele regionale Unterschiede, vorherrschend sind jedoch immer ausgefallene Kostüme, Feiern, traditionelle Tänze und allgemeine Belustigung. Der Karneval von Patras (oben) ist der größte, der bizarrste wird auf Skyros (S. 773) gefeiert.

ROSENMONTAG Montag vor Aschermittwoch
In Griechenland der erste Tag der österlichen Fastenzeit (Kathara Deftera). Die Griechen fahren überall im Land in die Berge, picknicken gemeinsam und lassen Drachen steigen.

MÄRZ

UNABHÄNGIGKEITSTAG 25. März
Der Jahrestag, an dem die griechische Flagge von den Unterstützern der Unabhängigkeit in Moni Agias Lavras gehisst wurde, wird mit Paraden und Tänzen gefeiert. Dieser revolutionäre Akt markierte den Beginn des Unabhängigkeitskrieges.

APRIL

ORTHODOXES OSTERFEST 40 Tage nach Beginn der Fastenzeit
Die österliche Fastenzeit endet am Ostersonntag mit dem Aufschlagen der rot gefärbten Ostereier und einem Fest, bei dem getanzt wird. Es ist der wichtigste Feiertag der griechisch-orthodoxen Kirche. Besonders eindrucksvoll ist das Fest im Johanneskloster auf der Insel Patmos (S. 663), die zum Dodekanes gehört.

FEST DES HL. GEORG 23. April oder 1. Dienstag nach Ostern
Der Festtag des hl. Georg, dem Schutzpatron Griechenlands und der Hirten, wird an mehreren Orten gefeiert, besonders ausgelassen jedoch in Arachova (S. 283) bei Delphi in Zentralgriechenland. Es wird fröhlich getanzt und gefeiert.

MAI

MAIFEIERTAG 1. Mai
An diesem Feiertag strömen die Stadtbewohner aufs Land. Bei einem Picknick werden Wildblumen gepflückt und zu Kränzen geflochten, mit denen man die Häuser schmückt.

ANASTENARIA 21. Mai
Diese rituellen Feuertänze finden im Dorf Langadas bei Thessaloniki statt. Die Dorfbewohner halten Ikonen in den Händen und tanzen barfuß über glühende Kohlen.

JUNI

MARINEWOCHE Anfang Juni
Fischerdörfer und Fischerhäfen im ganzen Land
feiern ihre lange Beziehung zum Meer mit historischen Szenen und Festen.

NAFPLION-FESTIVAL Mitte Juni
Einer der Veranstaltungsorte für die Konzerte des
Festivals klassischer Musik auf dem Peloponnes,
bei dem griechische und internationale Künstler
auftreten, ist die Festung Palamidi (S. 216). Details
unter www.nafplionfestival.gr

FEST JOHANNES' DES TÄUFERS 24. Juni
Bei diesem vielerorts gefeierten Fest verbrennen
die Griechen die Blumenkränze vom Maifeiertag
bei Freudenfeuern.

ROCKWAVE-FESTIVAL Ende Juni
Das Festival (S. 157) mit überwiegend internationalen Künstlern (wie Moby, The Killers und Mötley
Crüe) und großen Menschenmassen findet auf
einem riesigen Parkgelände am Rande Athens
statt. Weitere Infos unter www.rockwavefestival.gr

HELLENIC-FESTIVAL Juni–Aug.
Beim herausragendsten griechischen Sommerfes-
tival werden nationale und internationale Musik-,
Tanz- und Theateraufführungen im Odeon des Herodes Atticus (S. 137) in Athen und im weltbe-
kannten Theater von Epidauros (S. 221) bei Nafplio auf dem Peloponnes präsentiert.

JULI

WEIN- & KULTURFESTIVAL Anf. Juli–Ende Aug.
Das Fest findet in Euböas Küstenstadt Karystos
statt (S. 751) mit Theater, traditionellem Tanz,
Musik und Kunstausstellungen. Zum Abschluss
gibt's eine Weinprobe mit allen erdenklichen einheimischen Weinsorten.

FOLEGANDROS-FESTIVAL Ende Juli
Bei dem einwöchigen Festival (S. 507) gibt es
Musik und Feste in einer Reihe von Veranstaltungsorten rund um die schöne alte *chora* (Hauptstadt) der Insel.

SPEED WORLD CUP Juli oder Aug.
Kitesurfer aus aller Welt kommen nach Karpathos
(S. 617) wegen der ausgezeichneten Bedingungen, die dort herrschen, und dem hohen Preis-
geld. Die Veranstaltungsdaten ändern sich von
Jahr zu Jahr, Genaueres ist zu finden unter www.
speedworldcup.com

AUGUST

AUGUST MOON FESTIVAL Vollmond
Der Vollmond wird mit Musikveranstaltungen an
historischen Stätten wie der Akropolis (S. 132) in
Athen und an anderen Orten im ganzen Land gefeiert. Details der örtlichen Presse entnehmen.

MARIÄ HIMMELFAHRT 15. Aug.
Der Himmelfahrtstag wird mit Familientreffen gefeiert, die gesamte Nation scheint rund um diesen

HÖCHSTER FEIERTAG

Weihnachten und Geburtstage kann man getrost vergessen. In Griechenland ist Ostern das wichtigste Fest des Jahres. Die Auferstehung Jesu wird von den Gemeinden voller Freude gefeiert. Das
Fest beginnt am Abend des Karfreitag mit der bewegenden Prozession *perifora epitafiou*, bei der
eine verhüllte Bahre (sie stellt die Totenbahre Christi dar) bei Kerzenlicht durch die Straßen getragen wird. Besonders eindrucksvoll ist die Prozession, die in Athen auf den Stadtberg Lykavittos
(S. 148) zur Kapelle des hl. Georg (Agios Georgios) führt. Wer am Karfreitag frühmorgens eine Kirche
besucht, sieht dort häufig eine mit zahllosen Blumen geschmückte Bahre.
Die Auferstehungsmesse beginnt Samstagnacht um 23 Uhr. Um Mitternacht werden in den brechend vollen Kirchen die Lichter gelöscht, um Christus' Gang durch die Unterwelt zu symbolisieren.
Die folgende Zeremonie des Kerzenanzündens ist der wichtigste Augenblick im orthodoxen Jahres-
ablauf, da sie die Auferstehung symbolisiert. Es ist ein ergreifender und durch seine Schönheit faszinierender Moment. Die Zeremonie endet mit einer Kerzenprozession durch die Straßen und einem
Feuerwerk, das die Geräusche des vom Grab Jesu wegrollenden Felsbrockens darstellt.
Die österliche Fastenzeit endet am Ostersonntag mit dem Aufschlagen der rot gefärbten Ostereier, deren Farbe das Blut Christi symbolisiert – das Ei selbst steht für das neue Leben, das den Menschen durch Christi Auferstehung nach seinem Tod am Kreuz geschenkt wird. Nachmittags wird
im Freien bei Lammbraten gefeiert, gefolgt von griechischem Tanz. Der Tagesgruß lautet: *„Hristos
anesti"* (Christ ist auferstanden), worauf geantwortet wird mit: *„Alithos anesti"* (wahrlich, er ist auferstanden).

NUR SCHALL UND RAUCH?

Der griechische Kalender ist angefüllt mit kirchlichen Festen. Traditionell ist jeder Tag des Jahres einem Heiligen oder Märtyrer gewidmet. Griechische Christen feiern eher den Tag ihres Namenspatrons als ihren Geburtstag. Am Namenstag grüßt man den Jubilar mit *hronia polla* (Glück und Erfolg), und wenn man an diesem Tag jemanden besucht oder trifft, überreicht man ein kleines Geschenk. Auch Inseln und Städte feiern den Tag ihres Namenspatrons mit Gottesdiensten in historischen Kapellen, mit Feierlichkeiten und häufig auch mit Tanz.

Tag unterwegs zu sein. Tausende pilgern auf die Insel Tinos zu der wundertätigen Ikone Panagia Evangelistria (S. 434).

SEPTEMBER

GENNISIS TIS PANAGIAS   8. Sept.
Der Geburtstag der Jungfrau Maria wird in ganz Griechenland mit Gottesdiensten und Feierlichkeiten begangen.

KREUZESERHÖHUNG   14. Sept.
Das Fest wird in ganz Griechenland mit Prozessionen und Lobliedern gefeiert.

OKTOBER–NOVEMBER

**FEST DES HL. DIMITRIOS
(AGIOS DIMITRIOS)**   26. Okt.
Der Festtag zu Ehren des hl. Dimitrios wird in Thessaloniki (S. 334) mit Wein und ausgelassenen Feiern begangen.

OCHI-(NEIN)-TAG   28. Okt.
An Metaxas' Weigerung, Mussolinis Truppen im Zweiten Weltkrieg den Durchmarsch durch Griechenland zu erlauben, wird mit Gedenkgottesdiensten, Paraden, Festlichkeiten und Tanz erinnert.

**INTERNATIONALES FILMFESTIVAL
THESSALONIKI**   Mitte Nov.
Rund 150 Filme werden innerhalb von zehn Tagen in der Stadt gezeigt. Einzelheiten unter www.filmfestival.gr

DEZEMBER

WEIHNACHTEN   25. Dez.
Die Weihnachtsfeiertage werden mit Gottesdiensten und Festlichkeiten begangen, inzwischen zusätzlich auch mit „westlichen" Elementen wie Weihnachtsbäumen, Weihnachtsdeko und Geschenken.

Reiserouten

KLASSISCHE ROUTEN

RUNDREISE DURCH DIE KYKLADEN   Zwei Wochen/von Athen bis Athen

Die Kykladen sind die beliebtesten und bekanntesten griechischen Inseln.
Die Reise beginnt mit ein paar Tagen Sightseeing in **Athen** (S. 114), bevor
man in **Rafina** (S. 188) eine Fähre besteigt. Der erste Anlaufhafen ist das
noble **Andros** (S. 427) mit schönen Stränden und Kunstgalerien. Weiter
geht's auf die Insel **Tinos** (S. 432), für viele orthodoxe Christen ein Wall-
fahrtsziel. Es folgt die schicke Insel **Mykonos** (S. 442), berühmt für ihre
Kneipen und Strände, zudem Ausgangspunkt für Fahrten zur heiligen
Insel **Delos** (S. 452). **Naxos** (S. 464), die fruchtbarste Insel der Kykladen, ist
ein Paradies für Wanderer. Keinesfalls versäumen sollte man die steilen
Klippen der Caldera des Vulkans auf **Santorin** (Thira; S. 489), die bei
einem der gewaltigsten Vulkanausbrüche entstand, der je verzeichnet
wurde. Vor der Rückreise lohnen sich ein paar Tage Party auf der Insel **Ios**
(S. 484); zur Erholung geht's auf das benachbarte **Paros** (S. 455) mit schönen Stränden und einem etwas gemäßigteren Nachtleben. Mit der wöchentlich verkehrenden Fähre geht's in Richtung Westen auf das beschauliche **Sifnos** (S. 513) mit Olivenhainen, Oleanderbüschen, Mandeln
und Kriechwacholdern. Abschließend wird die Insel **Kythnos** (S. 519) besucht, bevor sich die Fähre wieder unter die Athener Yachten mischt.

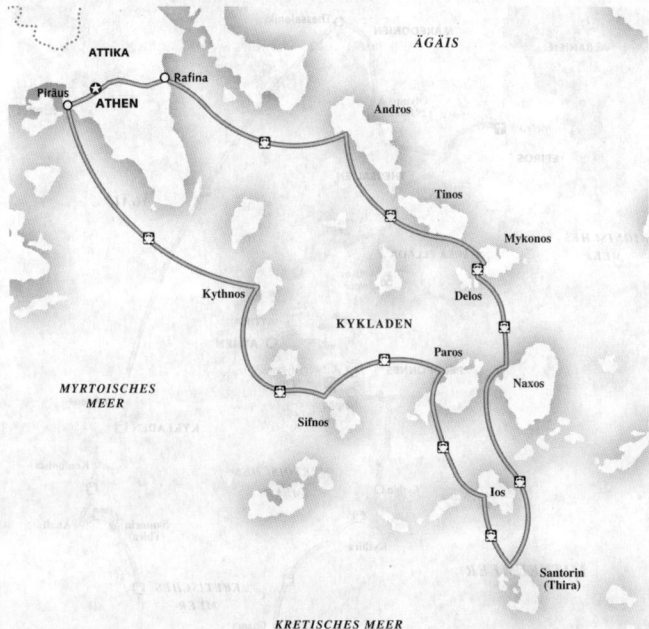

ATTIKA

ÄGÄIS

Piräus

Rafina

ATHEN

Andros

Tinos

Mykonos

Kythnos

Delos

KYKLADEN

Paros

Naxos

MYRTOISCHES
MEER

Sifnos

Ios

Santorin
(Thira)

KRETISCHES MEER

Diese Rundtour
südöstlich von
Athen ist mehrere
Hundert Kilometer
lang. Sie führt zu
den Kostbarkeiten
der Kykladen und
wieder zurück nach
Athen.

DIE GROSSE TOUR
Ein Monat/von Athen ins antike Delphi

Ein Monat reicht aus, um die gewaltige Vielfalt an antiken wie modernen Attraktionen Griechenlands kennen zu lernen.

Aus dem quirligen **Athen** (S.114) geht's in die hübsche venezianische Stadt **Nafplio** (S.213) auf dem Peloponnes. Nafplio, die erste Hauptstadt des unabhängigen Griechenlands, ist die perfekte Ausgangsbasis für Tagesausflüge ins **antike Mykene** (S.210) und zum **Theater von Epidauros** (S.221). Von hier geht's Richtung Süden in das Fischerstädtchen **Gythio** (S.228), wo die Fähren nach **Kissamos** (S.574) auf Kreta ablegen. Unterwegs kann man einen Zwischenstopp auf der unberührten Insel **Kythira** (S.265) einlegen. Es lohnt sich, während der Reise entlang der Nordküste Kretas zur Hauptstadt **Iraklion** (S.529) und den Ruinen von **Knossos** (S.539) auch die Hafenstädte **Chania** (S.554) oder **Rethymnon** (S.544) zu besuchen. Von Iraklion nach **Santorin** (Thira; S.489) übersetzen und weiter Richtung Norden von Insel zu Insel hüpfen. Wer gerne am Strand liegt, kann ein paar Tage auf einer der kleineren Inseln wie **Anafi** (S.502) oder **Koufonisia** (S.477) abhängen, bevor er sich in **Mykonos** (S.442) ins Nachtleben stürzt. Von dort gehen wöchentlich Flüge in die Weltstadt **Thessaloniki** (S.324) in Nordgriechenland. Thessaloniki ist für viele Reisende eine Überraschung, eine kultivierte Stadt mit römischer und byzantinischer Architektur und einem ausgeprägten Nachtleben. Auf dem Weg zu den Felsenklöstern von **Meteora** (S.312), wo Mönche als Eremiten leben, werden Wanderer sicher den **Olymp** (S.357) besteigen wollen. Die letzte Etappe der Reise ist das **antike Delphi** (S.276), wo früher das geheimnisvolle Orakel beheimatet war. Die Stätte ist in der griechischen Geschichte tief verwurzelt; hier ist der richtige Ort, um sich zu fragen, wo es als nächstes hingehen soll.

Für diesen langen und abenteuerlichen Trip, der über den Peloponnes, Kreta, die Kykladen und durch Nord- und Mittelgriechenland zurück aufs Festland führt, sollte ein Monat eingeplant werden.

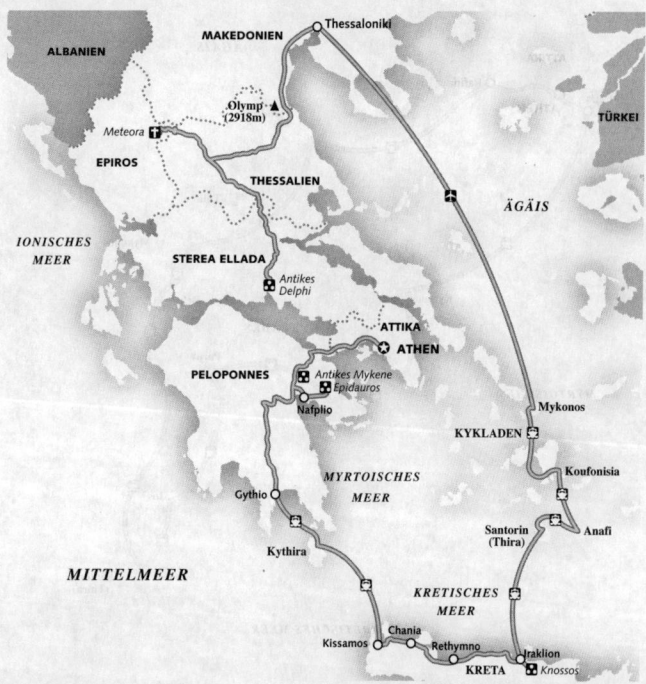

ÜBERS FESTLAND   Zwei Wochen/von Igumenitsa nach Athen

Wer mit dem eigenen Auto von Italien nach Griechenland übersetzt, findet in Igumenitsa einen guten Ausgangspunkt für die Erkundung der Naturwunder und historischen Highlights des Festlandes.

Es lohnt nicht, in **Igumenitsa** (S. 404), dem geschäftigen Anlaufhafen im äußersten Nordwesten Griechenlands, länger zu verweilen. Besser gleich **Ioannina** (S. 386) jenseits des Gebirges ansteuern, das an einem faszinierenden Seeufer mit osmanischen Monumenten liegt und interessantes kulturelles Leben bietet. Sehenswert sind auch die **Zagoria-Dörfer** (S. 391) im Norden. Durch das Pindos-Gebirge geht's auf der weniger stark befahrenen Nordroute weiter nach **Kastoria** (S. 366), einer hübschen, am See gelegenen Stadt, von dort an die **Prespa-Seen** (S. 363), wo eine ruhige Wasser- und Gebirgslandschaft vorherrscht. Nach einem Besuch der Künstlerstadt **Florina** (S. 361) bietet es sich an, kreuz und quer durch das westliche Makedonien zu fahren mit Übernachtung in **Edessa** (S. 360), das für seine Wasserfälle bekannt ist. Genügend Zeit für das geschäftige **Thessaloniki** (S. 324) einplanen, bevor es auf einer 90-minütigen Fahrt Richtung Süden zur Wohnstatt der Götter auf den **Olymp** (S. 357) geht. Durch das **Tembi-Tal** (S. 357) erreicht man die weiten Ebenen Thessaliens, wo Mönche auf der Spitze von Felsnadeln die atemberaubenden Klöster von **Meteora** (S. 312) erbauten. Richtung Süden führt die Route durch Ackerflächen und Bergland bei **Lamia** (S. 291) wieder ans Meer. Nicht weit von hier behauptete sich der antike Held Leonidas bei den **Thermopylen** (S. 292) gegen die Perser. Heute führt von hier eine Schnellstraße nach Athen, unterwegs ist ein Abstecher nach **Theben** (S. 273) möglich. Von dort empfiehlt sich die weniger befahrene Bergstraße über Erythres nach **Athen** (S. 114).

Diese 1000 km lange Tour führt in die atemberaubenden Landschaften im Norden, aber auch nach Meteora, der meist besuchten Attraktion in Mittelgriechenland. Nach Athen kommt man auf weniger bekannten Strecken.

UNBEKANNTERE ROUTEN

INSELTOUR IM OSTEN   Drei Wochen/von Rhodos nach Alexandroupolis

Die Route führt Inselhüpfer von Rhodos Richtung Norden zu den Inseln des Dodekanes und der nordöstlichen Ägäis bis nach Alexandroupolis.

Für **Rhodos** (S. 590) braucht man ein paar Tage, um die stimmungsvolle Altstadt zu erkunden und die spektakuläre **Akropolis von Lindos** (S. 605) zu besichtigen, bevor es weitergeht nach **Tilos** (S. 630). Diese relaxte Insel hat sich den verheerenden Auswirkungen des Fortschritts entzogen und ist ein Paradies für Wanderer. Nächste Station ist die Insel **Nisyros** (S. 634) mit ihrem atemberaubenden Vulkan und einer üppigen Pflanzenwelt. Nach einem kurzen Zwischenstopp auf **Kos** (S. 639), wo lange Sandstrände zum Faulenzen einladen, wird die Fähre nach **Patmos** (S. 663) bestiegen. Diese Insel inspirierte den Apostel Johannes zur Niederschrift der *Offenbarung.* Von Patmos gibt es gute Verbindungen zur besonders relaxten Insel **Ikaria** (S. 677), wo man an einigen der schönsten ägäischen Stränden faulenzen kann, bevor die Reise weitergeht nach **Chios** (S. 697) und den sagenhaften Mastix-Dörfern im Süden der Insel. Der nächste Zwischenstopp ist **Lesbos** (Mytilini; S. 712), wo die Dichterin Sappho geboren wurde. Hier werden aber auch der beste Ouzo Griechenlands und eines der wohl besten Olivenöle des Landes produziert. **Limnos** (S. 725) ist kaum mehr als eine Zwischenstation auf dem Weg Richtung Norden nach **Samothraki** (S. 730), wo sich das Heiligtum der großen Götter befindet. Letztes Reiseziel ist der thrakische Hafen **Alexandroupolis** (S. 375); von dort bestehen gute Verbindungen nach Thessaloniki und Athen.

Dieser geruhsame, 800 km lange Trip, der im äußersten Süden Griechenlands beginnt, führt durch den Dodekanes zu den nordostägäischen Inseln. Unterwegs kommt man an viele Strände und durchquert atemberaubende Landschaften.

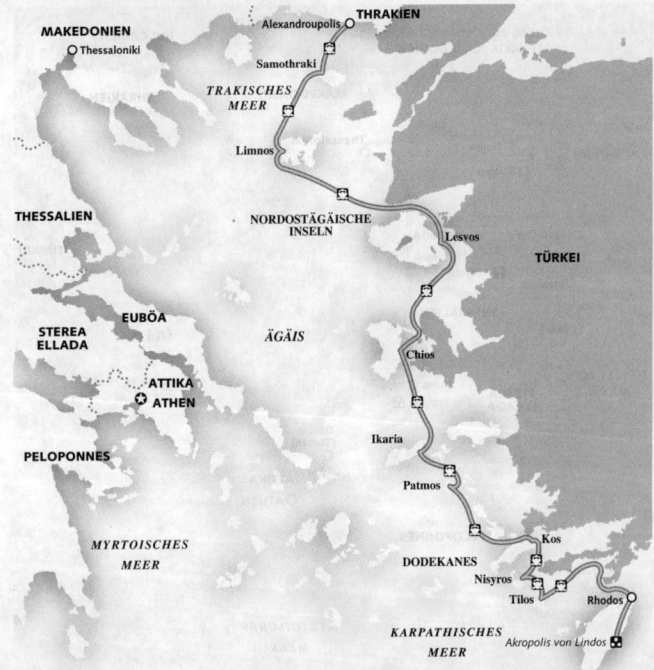

DEN PELOPONNES ERKUNDEN   Zwei Wochen/von Athen nach Athen

Diese Route kombiniert das Inselleben mit den antiken Sehenswürdigkeiten und Dörfern der Halbinsel Peloponnes. Es ist zwar nur ein Katzensprung von Athen, doch scheinen Welten dazwischen zu liegen.

Mit der Fähre geht's von **Athen** (S. 114) nach Methana und weiter zum antiken Theater von **Epidauros** (S. 221), wo man unter Sternenhimmel einige klassische Theaterstücke genießen kann. Nächstes Ziel ist **Nafplio** (S. 213) mit Villen, Museen und einem quirligen Hafen. Von hier sind Tagestouren zur Akropolis in **Tiryns** (S. 220) und zur Zitadelle von **Mykene** (S. 210) möglich. Westlich von Nafplio lädt oben auf einem Hügel das mittelalterliche Dorf **Dimitsana** (S. 226) zum Wandern ein. Ein Abstecher Richtung Norden führt zum Heiligtum des **antiken Olympia** (S. 260), das Schauplatz der ersten Olympischen Spiele war. Südlich von Dimitsana liegt die antike Festungsstadt **Mystras** (S. 232), deren massive Ruinen einst das letzte Bollwerk des Byzantinischen Reiches waren und heute Weltkulturerbe sind. Wer sich die Beine vertreten möchte, wendet sich südlich in die zerklüftete und entlegene **Mani** (S. 240). Hier lassen sich das Taygetos-Gebirge und winzige Buchten entdecken. Einer der südlichsten Punkte des europäischen Festlandes ist das **Kap Tenaro** (S. 244), das Homer in seiner „Ilias" erwähnte. An der Küste entlang Richtung Osten erreicht man **Monemvasia** (S. 235), Griechenlands Antwort auf den Mont St. Michel in Frankreich. Um die Kopfsteingassen zu erkunden und sich innerhalb der Stadtmauern eine Unterkunft zu suchen, braucht es mindestens einen Tag. Eine kurze Fahrt Richtung Süden führt nach Neapoli, dort kann man eine Fähre zur Insel **Kythira** (S. 265) besteigen, die mit schönen Stränden und winzigen Dörfern lockt. Von hier gibt es Fähren zurück nach Athen.

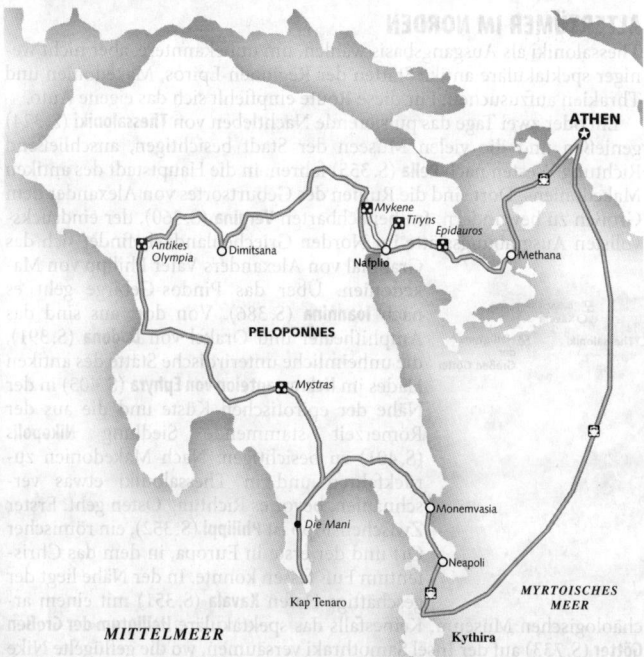

Bei dieser 900 km langen Tour über die Halbinsel Peloponnes werden einige der schönsten mittelalterlichen Städte und historischen Sehenswürdigkeiten Griechenlands besucht. Die dramatische Landschaft ist zudem ein Wanderparadies.

MASSGESCHNEIDERTE TOUREN

ACTION PUR

Passend für alle aktiven Traveller. Los geht's mit Fliegenfischen am Aoos bei **Konitsa** (S. 397) in Epiros. Nach einem Mittagessen mit fangfrischer Forelle lohnt eine Wanderung durch die **Vikos-Schlucht** (S. 395), eventuell gefolgt von einer Bergtour zum **Drakolimni** (Drachensee; S. 393). Nun das Gepäck weiter nach Süden transportieren und auf der Insel Lefkada in **Vasiliki** (S. 800) Windsurfen probieren. Nach einer Verschnaufpause südlich über den Golf von Korinth in den tiefen Südwesten des Peloponnes nach **Karitena** (S. 224) weiterziehen. Dort gibt es Möglichkeiten für Wildwasser-Rafting, man kann mit einem Hot-Dog-Kanu einen wilden Fluss befahren oder wandern. Mit einer langsamen Fähre vom südlichen Peloponnes erreicht man **Kreta** (S. 525), wo es zu Fuß weitergeht. Der Europäische Fernwanderweg E4 (S. 558) führt durch die spektakuläre **Samaria-Schlucht** (S. 564).

Für diese anspruchsvolle Plackerei sollte eine gute Woche eingeplant werden. Nun nach **Rhodos** (S. 590) übersetzen, dort finden sich ideale Möglichkeiten zum Sporttauchen. Sind die Meerestiefen ausreichend erkundet, saust man zum Kitesurfen hinüber nach **Mikri Vigla** (S. 471) auf Naxos. Doch nicht etwa schon ausgepowert?

ALTERTÜMER IM NORDEN

Thessaloniki als Ausgangsbasis wählen, um unbekanntere, aber nicht weniger spektakuläre antike Stätten der Regionen Epiros, Makedonien und Thrakien aufzusuchen. Für diese Route empfiehlt sich das eigene Auto.

Ein oder zwei Tage das pulsierende Nachtleben von **Thessaloniki** (S. 324) genießen und die vielen Museen der Stadt besichtigen, anschließend Richtung Westen nach **Pella** (S. 355) fahren, in die Hauptstadt des antiken Makedoniens. Dort sind die Ruinen des Geburtsortes von Alexander dem Großen zu bewundern. Im benachbarten **Vergina** (S. 360), der eindrucksvollsten Ausgrabungsstätte im Norden Griechenlands, befindet sich das

Grabmal von Alexanders Vater Philipp von Makedonien. Über das Pindos-Gebirge geht es nach **Ioannina** (S. 386). Von dort aus sind das Amphitheater und Orakel von **Dodona** (S. 391), die unheimliche unterirdische Stätte des antiken Hades im **Nekromanteion von Ephyra** (S. 403) in der Nähe der epirotischen Küste und die aus der Römerzeit stammende Siedlung **Nikopolis** (S. 401) zu besichtigen. Nach Makedonien zurückfahren und in Thessaloniki etwas verschnaufen, bevor es Richtung Osten geht. Erster Zwischenstopp ist **Philippi** (S. 352), ein römischer Ort und der erste in Europa, in dem das Christentum Fuß fassen konnte. In der Nähe liegt der geschäftige Hafen **Kavala** (S. 351) mit einem archäologischen Museum. Keinesfalls das spektakuläre **Heiligtum der Großen Götter** (S. 733) auf der Insel Samothraki versäumen, wo die geflügelte Nike von Samothraki gefunden wurde, die heute im Louvre in Paris steht.

Geschichte

URGESCHICHTE

Die Entdeckung eines steinzeitlichen Schädels in einer Höhle auf der makedonischen Halbinsel Chalkidike bestätigte, dass es in Griechenland bereits vor 700 000 Jahren Menschen gab. Im Pindos-Gebirge fand man Knochen und Werkzeuge aus der Altsteinzeit (um 6500 v. Chr.).

In der Jungsteinzeit (7000–3000 v. Chr.) gab es erste ländliche Gemeinden, vor allem in der fruchtbaren Gegend des heutigen Thessalien. Dieses gut organisierte Volk baute Gerste und Weizen an, züchtete Schafe und Ziegen und stellte aus Ton Töpfe, Vasen und stilisierte Idole her, um sie anzubeten.

3000 v. Chr. besaßen die Siedlungen Straßen, Plätze und Häuser aus Lehmziegeln. Die Dörfer waren um einen palastartigen Bau angeordnet, der dem Stammesführer gehörte. Die am vollständigsten erhaltenen jungsteinzeitlichen Siedlungen in Griechenland sind Dimini (von 4000 bis 1200 v. Chr. bewohnt) und Sesklo bei Volos.

Um 3000 v. Chr. führten indoeuropäische Migranten die Bronzeverarbeitung in Griechenland ein, dies war der Beginn dreier bemerkenswerter Kulturen: der kykladischen, der minoischen und der mykenischen Kultur.

Die Geschichte des antiken Griechenland ist die perfekte Einführung in die ältere Geschichte Griechenlands und enthält drei klassische Texte von bedeutenden Historikern: Oswyn Murray, John K. Davies und Frank W. Welbank.

KÜNSTLERISCHES & KULTURELLES VERMÄCHTNIS
Antike Kulturen
KYKLADISCHE KULTUR

Die kykladische Kultur hatte ihr Zentrum auf den Kykladen und umfasste eine Gruppe kleiner Inselgemeinden, die sich hauptsächlich mit jungsteinzeitlichen Landwirtschaftsmethoden und Fischfang befassten. Ihre Gesellschaft entwickelte jedoch eine besondere künstlerische Veranlagung.

Das eindrucksvollste Vermächtnis dieser Kultur sind Statuetten aus parischem Marmor – die berühmten kykladischen Figurinen, Darstellungen der großen Mutter (eine frühe Kultform, weitere Einzelheiten s. S. 36). Außerdem sind aus dieser Zeit Werkzeuge und Waffen aus Bronze und Obsidian, Goldschmuck sowie Stein- und Keramikgefäße erhalten. Kykladische Bildhauer sind auch für ihre eindrucksvollen, lebensgroßen *kouroi* (Marmorstatuen) aus der archaischen Periode bekannt.

Wissenschaftler unterteilen die Kykladenkultur in drei Epochen: die frühe (3000–2000 v. Chr.), die mittlere (2000–1500 v. Chr.) und die späte (1500–1100 v. Chr.) Kykladenkultur.

MINOISCHE KULTUR

Die Minoer – benannt nach König Minos, dem mythologischen König von Kreta – entwickelten die erste Hochkultur Europas unter dem Ein-

ZEITACHSE

7000–3000 v. Chr.	3000–1100 v. Chr.	1700–1550 v. Chr.
4000 Jahre lang führen die ersten Bewohner der griechischen Halbinsel ein einfaches bäuerliches Leben. Sie bearbeiten das Feld und hüten Vieh. Erste Gemeinden mit Häusern und Straßen tauchen um 3000 v. Chr. auf.	Die Entdeckung einer starken Legierung aus Kupfer und Zinn führt in die Bronzezeit. Der Handel legt zu und der wachsende Wohlstand lässt die kykladische und die minoische, später die mykenische Kultur entstehen.	Der katastrophale Vulkanausbruch von Santorin war eine der gewaltigsten Eruptionen, die geschichtlich verzeichnet sind. Er löste im gesamten Mittelmeer einen Tsunami aus, den Wissenschaftler mitverantwortlich für den Untergang der minoischen Kultur machen.

fluss zweier großer Kulturen des Mittleren Ostens: der mesopotamischen und der ägyptischen Kultur.

Ihre Blütezeit erreichte die minoische Kultur in ihrer mittleren Periode. Um 2000 v. Chr. entstanden die großen Palastanlagen von Knossos, Phaistos, Malia und Zakros. Sie markierten einen deutlichen Bruch mit dem jungsteinzeitlichen Dorfleben. In diesen großen Palästen auf Kreta wurden Beweise für eine hochentwickelte Gesellschaft, glanzvolle Architektur und wunderbar detailgetreue Fresken ausgegraben. Es gab eine hoch entwickelte Landwirtschaft, ein ausgedehntes Bewässerungssystem und fortschrittliche hydraulische Kanalisationssysteme (die bereits Belüftungsschächte verwendeten).

Die aufkommende Bronze befähigte die Minoer zum Bau großer Schiffe, so dass sie eine mächtige *Thalassokratie* (blühenden maritimen Handel) errichten konnten. Als versierte Seefahrer exportierten sie ihre Waren nach Kleinasien (Westen der heutigen Türkei), Europa und Nordafrika sowie auf das griechische Festland. Äußerst geschickt fertigten sie Töpferwaren und Metallarbeiten von großer Schönheit an.

Wissenschaftler diskutieren noch immer über die Abfolge von Ereignissen, die letztendlich zum Niedergang der Minoer führten. Es gibt wissenschaftliche Indizien dafür, dass die Zivilisation durch einen gewaltigen Tsunami und einen Ascheregen nach dem verheerenden Ausbruch eines Vulkans um 1500 v. Chr. auf Santorin stark in Mitleidenschaft gezogen wurde. Es wird auch behauptet, ein zweites kräftiges Erdbeben ein Jahrhundert später habe die Gesellschaft dezimiert. Andere wiederum machen die eindringenden Mykener verantwortlich.

Die meisten Archäologen unterteilen die minoische Kultur in drei Epochen: die frühe (3000–2100 v. Chr.), die mittlere (2100–1500 v. Chr.) und die späte (1500–1100 v. Chr.) minoische Kultur.

MYKENISCHE KULTUR

Der Niedergang der minoischen Kultur fiel zeitlich mit dem Aufstieg der ersten Hochkultur auf dem griechischen Festland zusammen: die mykenische Kultur (1600–1100 v. Chr.) erlebte ihre Glanzzeit zwischen 1500 und 1200 v. Chr. Die Kultur wurde nach der antiken Stadt Mykene benannt, wird aber gelegentlich auch als achäische Kultur bezeichnet nach dem indoeuropäischen Zweig von Migranten, die sich auf dem griechischen Festland niedergelassen hatten und viele Elemente der minoischen Kultur übernahmen.

Die mykenische Gesellschaft war durch unabhängige Stadtstaaten wie Korinth, Pylos, Tiryns und, am mächtigsten von allen, Mykene gekennzeichnet. Einflussreiche Monarchen herrschten in imposanten, stark befestigten Palästen innerhalb massiver Mauern auf Bergspitzen, die sich gut verteidigen ließen. Die Mykener schmückten ihre Paläste mit Fresken und dokumentierten ihre Handelsgeschäfte auf Tafeln in Linear B-Schrift (einer griechischen Schriftform, die 500 Jahre älter war als das von Homer verwendete ionische Griechisch). Ihr eindrucksvollstes Vermächtnis sind

The Man Who Deciphered Linear B von Andrew Robinson erzählt die faszinierende Geschichte von Michael Ventris, dem jungen Genie, das 1952 den Code knackte und damit eines der größten sprachlichen Rätsel der Archäologie löste (in Englisch).

1500–1200 v. Chr.	1200–800 v. Chr.	800–700 v. Chr.
Die strenge, autoritäre mykenische Kultur auf dem Peloponnesischen Festland übernimmt viele Elemente der kretischen und kykladischen Kulturen. Vorherrschend ist in der mykenischen Kultur die Goldschmiedekunst.	Die dorischen Volksstämme leiten in Bezug auf den internationalen Handel eine 400-jährige finstere Periode ein. Dafür zeichnen sie sich durch den Gebrauch von Eisenwaffen und Kunstschmiedearbeiten in der Architektur aus und entwickeln bemerkenswerte geometrische Muster auf ihren Töpferwaren.	In dieser Zeit schreibt Homer die Ilias und die Odyssee. Die beiden Vers-Epen sind Griechenlands erste literarische Werke und werden noch immer für ihre dichterische Genialität gelobt.

jedoch die herrlichen Goldmasken, der kunstvolle Schmuck und die Metallornamente. Die schönsten Objekte werden im Archäologischen Nationalmuseum in Athen (S. 143) gezeigt.

Der Zusammenbruch der mykenischen Kultur erfolgte um 1200 v. Chr. und wird häufig dem Einfall der Dorer zugeschrieben (s. geometrisches Zeitalter). Wissenschaftler prüfen jedoch weiterhin die Theorie, wonach Naturkatastrophen ursächlich gewesen sein könnten.

Geometrisches Zeitalter

Die Dorer waren ein altes hellenisches Volk, das sich im 8. Jh. v. Chr. auf dem Peloponnes angesiedelt hatte. Ihre Herkunft ist bis heute ungewiss: Im Allgemeinen wird davon ausgegangen, dass sie aus Epiros oder aus dem Norden Makedoniens stammten, einige Historiker behaupten jedoch, sie seien lediglich aus dieser Richtung gekommen, weil sie von den Mykenern in Zentralgriechenland aus Doris vertrieben worden waren.

Im 11. oder 12. Jh. v. Chr. schwärmte dieses kriegerische Volk aus, um einen Großteil des Festlands zu besetzen, die Kontrolle über die mykenischen Königreiche zu übernehmen und ihre Bewohner zu Sklaven zu machen. Die Dorer waren die Vorboten für einen traumatischen Bruch mit der Vergangenheit, die Periode der folgenden 400 Jahre wird häufig als Griechenlands „finsteres Zeitalter" bezeichnet. Sie übten jedoch nicht nur negativen Einfluss aus. So brachten sie das Eisen mit und entwickelten einen neuen Stil bei den Töpferwaren, die mit erstaunlichen geometrischen Mustern verziert wurden. Kunsthistoriker konnten sich jedoch noch nicht darauf einigen, ob es sich dabei lediglich um Verbesserungen kunstvoller orientalischer Formen und Muster handelte, die von den Ioniern in Attika perfektioniert wurden. Die Dorer führten auch die polytheistische Religion (S. 36) ein, eine Kombination aus heidnischem Glauben und östlicher Mythologie.

Archaische Zeit

Während der archaischen Zeit um 1000–800 v. Chr. entwickelte sich die griechische Kultur rasch; viele Fortschritte in Literatur, Bildhauerei, Theater, Architektur und intellektuellen Disziplinen begannen in dieser Zeit. Dieser Aufschwung überschnitt sich mit der klassischen Zeit (beide Zeitalter werden häufig als hellenistische Zeit klassifiziert). Zu den Fortschritten gehörten das griechische Alphabet (es war phönizischen Ursprungs, die Griechen führten aber die Vokale in die Schrift ein) und Homers Verse (sie sorgten für das verbindende Gefühl einer gemeinsamen mykenischen Vergangenheit), die Olympischen Spiele (S. 39) wurden ins Leben gerufen und zentrale Heiligtümer wie Delphi gegründet (ein neutraler Begegnungsort für Verhandlungen und Versöhnungszeremonien). Diese verbindenden Elemente vermittelten den Griechen erstmals ein Gefühl

Das Griechische ist Europas älteste Schriftsprache und nach dem Chinesischen weltweit die zweitälteste geschriebene Sprache. Es lässt sich auf die Linear-B-Schrift der Minoer und Mykener zurückverfolgen. Weitere Infos zu Linear B unter www.ancientscripts.com/linearb.html

800–650 v. Chr.	700–500 v. Chr.	594 v. Chr.
In der archaischen Zeit entstehen mit dem Aufstieg der Dorer unabhängige Stadtstaaten. Diese Ministaaten werden von Adligen regiert, gelegentlich übernehmen Tyrannen gewaltsam die Macht. Das griechische Alphabet entwickelt sich aus der phönizischen Schrift.	Die Spartaner, die sich um 1000 v. Chr. auf dem Peloponnes entwickelten, beginnen eine wichtige Rolle in der griechischen Geschichte zu spielen. Rund 200 Jahre lang sind sie politisch und militärisch bestimmend.	Solon, ein herrschender Aristokrat in Athen, führt bei seinen Bürgern die Regeln des Fair Play ein. Seine radikalen Reformen – er begründet sozusagen die Menschenrechte und politische Rechte – gelten als erster Schritt zu einer echten Demokratie.

VOM HEIDENTUM ZUM MONOTHEISMUS

Früher Kult

Erste griechische Kulte sind in der Vorzeit zu finden (ca. 3000 v. Chr.). Später konzentrierte sich die Verehrung hauptsächlich auf zwölf Haupt- und Nebengötter – im Wesentlichen ein Potpourri aus verschiedenen heidnischen Gottheiten, Göttinnen, Glaubenssystemen und Fruchtbarkeitskulten indigener Volksstämme und Siedler. Erhalten geblieben sind Terracotta-(oder Stein-)Statuetten der großen Mutter (Erdgöttin), die man in frühen griechischen Grabstätten und Heiligtümern fand, Abbildungen auf Fragmenten von Fresken oder Goldobjekten und Namenslisten von Göttern, die man auf Tontafeln fand.

Bei den Dorern verzichtete man später auf die Fruchtbarkeitsgöttinnen und übernahm die mykenischen Götter Poseidon, Zeus und Apollon. Später wurden neue Gottheiten wie Aphrodite (ursprünglich aus Asien) eingeführt und bereiteten dem griechischen Pantheon den Weg, wie er in der griechischen Mythologie (s. S. 58) und allgemeinen hellenischen Texten verkörpert wird.

Christentum

Der hl. Paulus besuchte Griechenland im 1. Jh. n. Chr. mehrfach und bekehrte viele Menschen zum Christentum. Endgültige Verbreitung fand das Christentum in diesem Teil der Welt mit der Bekehrung des römischen Kaisers und dem Aufstieg Konstantinopels und des byzantinischen Reichs, in dem sich hellenische Kultur und Christentum vermischten.

394 wurde das Christentum unter Kaiser Theodosius I. offizielle Staatsreligion. Er verbot die Verehrung aller griechischen (und römischen) Götter, die nun als heidnisch gebrandmarkt wurden. Nun mussten alle heidnischen Tempel, wie die in Delphi und Olympia und der Athener Parthenon, geschlossen werden – viele wurden in christliche Kirchen umfunktioniert – und alle öffentlichen heidnischen Aktivitäten wurden verboten oder ausgesetzt, dies betraf sogar die Olympischen Spiele. Athen blieb bis 529 ein wichtiges Kulturzentrum, anschließend untersagte Kaiser Justinian die Lehre der klassischen Philosophie zu Gunsten der christlichen Theologie, die nun als höchste Form intellektueller Bestrebungen galt.

Griechisch-orthodoxe Kirche

Zwar fiel Konstantinopel 1453 unter türkisch-osmanische Herrschaft, die islamische Lehre tolerierte jedoch den byzantinisch-orthodoxen Glauben, den die Türken als weltliche Verwaltungsbehörde auswiesen. Da die Exarchen (orthodoxe Bischöfe) die spirituelle Autorität über das griechische Volk behielten, konnte die Kirche paradoxerweise zum Hüter der griechischen Identität werden, indem sie die Verbindungen zu Tradition, Kultur und Sprache pflegte. (Die politischen und wirtschaftlichen Vorteile bei einem Übertritt zum Islam waren jedoch gewaltig, so dass die Menschen massenweise konvertierten).

Noch heute gibt es in Griechenland nicht dieselbe strikte Trennung von Kirche und Staat wie in vielen anderen westlichen Ländern. Die Kirche äußert lautstark ihren heftigen Widerstand gegenüber nicht-orthodoxen Bezeichnungen und besitzt noch immer einen starken Einfluss auf die öffentliche Ordnung (z. B. wurde die Kremation in Griechenland nach jahrelangen Diskussionen erst kürzlich legalisiert). Weitere Details über die Religion s. S. 67.

490 v. Chr.	480 v. Chr.	479 v. Chr.
Athen erregt den Zorn der fernen Perser, indem es Aufstände auf persischen Gebieten unterstützt. Um sich zu rächen, entsendet der Perserkönig Dareios ein Heer, das den Griechen eine Lektion erteilen soll, bei Marathon jedoch besiegt wird.	Dareios' Sohn und Thronfolger Xerxes trachtet nach Rache für die Niederlage von Marathon. Das gewaltige Heer, das Griechenland vernichten soll, besiegt Leonidas bei den Thermopylen und plündert Athen, wird vor Salamis auf See jedoch in die Flucht geschlagen.	Die Griechen zahlen Xerxes ihre Niederlage an Land zurück, indem das persische Heer von Mardonius in der entscheidenden Schlacht von Plataiä unter dem spartanischen Heerführer Pausanias besiegen. Damit sind die Perserkriege endgültig beendet.

nationaler Identität. Es gab nun Plattformen, auf denen sie ihre Meinung äußern und regionale politische Strategien bestimmen konnten.

Um 800 v. Chr. bekam Griechenland eine neue gesellschaftliche und politische Struktur. Die Dorer hatten sich zu einer Klasse adliger Landbesitzer entwickelt und Griechenland war in eine Reihe unabhängiger Stadtstaaten aufgeteilt worden. Die mächtigsten waren Argos, Athen, Korinth, Elis, Sparta und Theben.

Die Stadtstaaten strebten nach Autonomie, und die meisten schafften die Monarchie zu Gunsten einer Adelsherrschaft ab. An der Spitze stand in der Regel ein *archon* (führender Amtsträger), der auf der Basis eines Grundkonsenses regierte. Häufig waren die Aristokraten bei der Bevölkerung wegen ihrer ererbten Privilegien unbeliebt, in einigen Stadtstaaten rissen daher Tyrannen die Herrschaft an sich (sie erbten ihre Stellung nicht, sondern eroberten sie). Während der Begriff heute einen negativen Beigeschmack hat, galten Tyrannen in der Antike häufig als Verfechter der Interessen des einfachen Volkes. Damit folgten sie dem Beispiel von Kypselos, der als erster Tyrann von Korinth um 650 v. Chr. diese Praxis eingeführt hatte. Kypselos gelang es, die Macht der Aristokratie zu brechen und eine Reihe von Gesetzen einzuführen, die den Reichtum umverteilten und der Stadtbevölkerung wieder die Kontrolle über ihr Land gaben.

> Vor Kurzem entdeckten Wissenschaftler ein astronomisches Gerät aus Bronze und Holz, den Mechanismus von Antikythera. Damit konnte man in der Antike den Vierjahreszyklus der Olympiade anzeigen.

Demokratie

Der Seefahrer-Stadtstaat Athen war hingegen noch fest in der Hand des Adels, als Solon 594 v. Chr. in das Amt des *archon* berufen wurde. Er sollte die zunehmenden Spannungen zwischen Besitzenden und Besitzlosen entschärfen. Er verfügte einen Erlass aller Schulden und die Freilassung aller, die wegen Schulden in Sklaverei geraten waren. Zudem erklärte Solon alle freien Athener als gleichberechtigt, schaffte Erbprivilegien ab und ordnete die politische Macht neu. Die Bürger wurden nach ihrem Besitz in vier Klassen eingeteilt. Nur die ersten beiden Klassen waren wählbar, jedoch konnten alle vier Klassen Magistraten wählen und über Gesetze abstimmen. Somit bildeten sie die Basis einer Regierungsform, die sich überwiegend auf eine Bürgervertretung stützte. Solons Reformen gelten als Vorläufer des ideologischen Demokratiemodells, das den meisten heutigen Rechtssystemen im Westen zu Grunde liegt.

Die klassische Zeit

Während Griechenlands goldenem Zeitalter vom 6. bis 4. Jh. v. Chr., erfreuten sich viele der Stadtstaaten fortschreitender Wirtschaftsreformen, politischer Erfolge und vermehrter kultureller Kreativität. Die Historiker Herodot und Thukydides dokumentierten die Politik und schrieben über bedeutsame Ereignisse der Zeit. Auch Literatur und Theater erlebten eine

> Homers Klassiker „Ilias" erzählt in poetischen Worten eine mythische Episode aus dem Trojanischen Krieg. In der „Odyssee" erzählt der Dichter die unglaublichen Abenteuer, die Odysseus und seinen Gefährten auf ihrer Heimreise nach dem Trojanischen Krieg erlebt haben sollen.

477 v. Chr.	461–32 v. Chr.	431–21 v. Chr.
Zur Sicherung ihres entstehenden Reiches bilden die Athener eine politische und militärische Allianz, den Attischen Seebund. Viele Stadtstaaten und Inseln treten dem Bund bei.	Der neue Führer Athens, Perikles, verlegt das Machtzentrum von Delos nach Athen und finanziert gewaltige Bauwerke mit Mitteln aus dem Attischen Seebund. Dazu gehört als dauerhaftes Vermächtnis auch der herrliche Parthenon.	Die militärische Macht Spartas kollidiert mit den geschäftlichen und künstlerischen Einflüssen Athens in einer Allianz mit Kerkyra (Korfu). Der Streit entwickelt sich zu einem gründlichen Zermürbungskrieg. Dabei verbarrikadiert sich Athen und über den Peloponnes wird eine Blockade verhängt.

DIE SPARTANER

In der Schlacht bei den Thermopylen im Jahr 480 v. Chr., die als eine der berühmtesten Schlachten der Geschichte zu bezeichnen ist, hielt ein verhältnismäßig winziges Herr von ein paar hundert Soldaten ein komplettes Perserheer in Schach. Jeder einzelne der tapferen Krieger ließ bei dieser ungleichen Schlacht sein Leben. Welche Art Soldaten konnte eine derartig selbstlose Tapferkeit an den Tag legen? Spartaner natürlich.

Bewundert und gefürchtet wurden die kämpferischen Spartaner von ihren griechischen Gefährten. Voller Ehrfurcht betrachtete man sie wegen ihrer grimmigen und aufopfernden kriegerischen Überlegenheit. Diszipliniert marschierten sie in geschlossener Schlachtreihe im Gleichschritt in den Kampf und lebten (oder in vielen Fällen starben) nach dem Motto „kehre mit oder auf deinem Schild zurück".

Sie waren das Produkt einer strengen Ideologie: Jeder Spartiate (in der Regel männliche Vollbürger) war definitionsgemäß Soldat (Hoplit), dessen Ausbildung praktisch bei der Geburt begann. Schwache Rekruten wurden frühzeitig ausgesondert – ein Bürgerkomitee entschied darüber, welches neugeborene Baby den Anforderungen nicht genügte (es wurde dann zum Sterben auf einem Berggipfel ausgesetzt).

Die überlebenden Kinder mussten ab dem Alter von sieben Jahren 13 Jahre lang hart trainieren, um höchste körperliche Fitness zu erreichen. Zudem mussten sie zur Abhärtung an institutionalisierten Prügel-„Wettbewerben" teilnehmen.

Alle Hopliten waren bis zum Alter von 60 Jahren zum Militärdienst verpflichtet, sie lebten bis sie 30 Jahre alt waren in Baracken (auch wenn sie verheiratet waren) und mussten ihre Mahlzeiten in der _phiditia_ (Kantine) einnehmen. Schande und häufig sogar der Tod erwartete jeden Feigling und alle, die dem strengen Schlachtenkodex nicht gerecht wurden.

Dabei hatten die Spartiaten noch Glück. Die Heloten, Spartas Sklaven, waren völlig rechtlos und jeder, der irgendeines Vergehens verdächtigt wurde, konnte von Spartas Geheimpolizei gejagt und ermordet werden.

Nach den Peloponnesischen Kriegen (bei denen Sparta letztendlich siegte) kam es zu einem Vorfall, der die Geringschätzung der Spartiaten für die Heloten zeigte (es ist zugleich ein Hinweis auf ihre galoppierende Paranoia). Wegen der schwindenden Anzahl Spartiaten mussten nun auch die niederen Ränge kämpfen. Von ihren Herren wurden 2000 der tapfersten Heloten ausgewählt. Sie rechneten damit, nun zu Vollbürgern erklärt zu werden, fielen stattdessen jedoch einer Massenexekution zum Opfer.

Dieses autoritäre System, das eine Truppe motivieren konnte, mit völliger Gelassenheit unter einem Pfeilhagel sitzen zu bleiben, wurde von einigen griechischen Denkern zwar durchaus bewundert, insbesondere von Platon (wenn auch aus der Sicherheit einer entspannten Demokratie heraus), unterdrückte jedoch notwendigerweise jegliche persönliche Initiative und die Einführung neuer Gedanken.

Diese geistige Unbeweglichkeit und dieser Mangel an Innovation trugen zusammen mit den aufreibenden Peloponnesischen Kriegen zum Niedergang Spartas bei, das mit seiner Überlegenheit nicht so recht etwas anzufangen wusste. Die Schlacht bei Leuktra 371 v. Chr. war die erste größere Niederlage für die Spartaner in einer offenen Schlacht und markierte den beginnenden Zusammenbruch ihrer Macht.

Ein zweiter Krieg zwischen Sparta und Athen bricht aus und beendet den achtjährigen Waffenstillstand. Auslöser ist die Kolonie Sizilien. Die Spartaner beenden die Belagerung durch die Athener, Sparta hat nun die totale Vorherrschaft.

Sokrates steht vor Gericht, man wirft ihm vor, die Jugend mit seinen pädagogischen Reden zu verderben. Eine Gruppe von Geschworenen verurteilt ihn zum Tode. Anstatt sich zum freiwilligen Exil zu entziehen, greift Sokrates trotzig zum Schierlingsbecher.

Der kleine Stadtstaat Theben wird immer mächtiger und fügt sogar Sparta in der an Land ausgetragenen Schlacht bei Leuktra eine Niederlage bei. Eine Allianz zwischen Sparta und Athen beendet jedoch neun Jahre später die Vorherrschaft Thebens.

DAS OLYMPISCHE ORIGINAL

Die Olympische Tradition nahm um das 11. Jh. v. Chr. ihren Anfang. Sie war ein Tribut an die griechischen Götter in Form von Wettkämpfen. Anfangs nahmen daran angesehene Männer – und Frauen – teil, die sich vor den Priestern des Heiligtums versammelten und einen feierlichen Eid ablegten. Im 8. Jh. kamen die nun zahlreicheren Teilnehmer aus einem umfangreichen Bund von Stadtstaaten und die Festspiele hatten sich zu einem großen Ereignis nur für Männer gewandelt. Sie fanden fünf Tage lang in Olympia (S. 259) statt.

Für die Dauer der Spiele war Waffenruhe vorgeschrieben. Große Zuschauermengen säumten die Bahnen, wo die Teilnehmer um einen ehrenhaften (und zeitweise unehrenhaften) Sieg wetteiferten. Die Disziplinen waren Leichtathletik, Wagenrennen, Ringen und Boxen. Drei Jahrtausende später haben sich Umfang und Rahmen der Spiele zwar beträchtlich erweitert, das Grundformat ist im Wesentlichen jedoch unverändert geblieben.

Blütezeit unter bekannten Persönlichkeiten wie Aischylos, Euripides und Sophokles, die Tragödien für das Theater verfassten und Aristophanes, der mit seinen Komödien zu politischer Satire anregte. Noch heute beeinflussen ihre Werke die westliche Kultur. Insbesondere Athen stand im Zenith seiner Macht, nachdem die Gebietsstreitereien mit Sparta und den Persern (s. Die Perserkriege, S. 40) beigelegt waren.

Nach der Niederlage der Perser zogen sich die disziplinierten Spartaner auf den Peloponnes zurück, während die Athener sich in der Rolle der Befreier sonnten. Im Jahr 477 v. Chr. gründeten sie den Attischen Seebund, der auf Delos seinen Stützpunkt hatte. Er sollte die noch von Persien besetzten Stadtstaaten befreien und vor weiteren persischen Angriffen schützen. Der Allianz schlossen sich viele ägäische Inseln und einige ionische Stadtstaaten Kleinasiens an. Alle Mitglieder mussten Athen Treue schwören und einen Jahresbeitrag an Schiffen (später nur noch Geld) leisten, widerspenstige Mitglieder des Bundes wurden von Athen bestraft. So verwandelte sich der Bund tatsächlich in ein Athenisches Imperium.

Als Perikles 461 v. Chr. die Führung Athens übernahm, überführte er die Seebundkasse von Delos auf die Akropolis nach Athen. Mit den Geldern ließ er neue Gebäude und größere Tempel auf der Akropolis erbauen, ersetzte die von Persern zerstörten Bauwerke und verband Athen durch lange parallele Befestigungsmauern, die künftigen Angriffen standhalten sollten, mit dem Hafen von Piräus.

Athens elegante Tempel und Denkmäler aus dieser Zeit wie der Parthenon (S. 135) und das Erechtheion (S. 135) waren der Inbegriff architektonischen Glanzes, aber auch dauerhafte Symbole der Macht. Auch andernorts baute man viele kunstvolle Tempel wie den Zeustempel (S. 261) in Olympia und den Poseidontempel (S. 185) am Kap Sounion. Bildhauer

Auf der Internetseite www.meinebibliothek. de/Geschichte/Griechenland/griechenland.html finden sich viele Infos über das antike Griechenland.

359 v. Chr.	336 v. Chr.	334–323 v. Chr.
Im Norden wächst mit Makedonien eine neue Macht heran, als König Philipp II. in dem entstandenen Machtvakuum aktiv wird. Er strebt eine Allianz mit Sparta und Athen an und verspricht ihnen, einen Krieg gegen die Perser zu führen.	Philipps Sohn Alexander übernimmt die Führung in Makedonien, nachdem sein Vater ermordet wurde. Schon kurze Zeit später beginnt er den Feldzug gegen Persien, den sein Vater geplant hatte.	Alexander der Große macht sich auf, die gesamte bekannte Welt zu erobern. Erstes Opfer wird Theben, gefolgt von den Persern, den Ägyptern und schließlich den Völkern des heutigen Zentralasiens. Er stirbt 323 v. Chr.

entwickelten in dieser klassischen Zeit einen naturgetreuen ästhetischen Stil bei Marmorwerken und im Bronzeguss. Perikles gab dem Athener Bildhauer Pheidias den Auftrag für die Marmorfriese am Parthenon, welche die Jahrhunderte überdauern sollten.

Nachdem Athen nun die Ägäis sicher unter die Fittiche genommen hatte, warf es begehrliche Blicke Richtung Westen. Die Expansionsbestrebungen sorgten für einen Konflikt mit dem von Sparta beherrschten Peloponnesischen Bund. Eine Reihe von Plänkeleien und Provokationen führte zu den Peloponnesischen Kriegen (S. 41).

Die Historien, im 5. Jh. v. Chr. von Herodot geschrieben, berichten über die Konflikte zwischen den antiken griechischen Stadtstaaten und Persien. Das Werk gilt als die erste schriftliche Schilderung historischer Ereignisse überhaupt.

Hellenistische Zeit

In dem Jahrhundert, das auf die Peloponnesischen Kriege folgte, gerieten die kampfmüden Stadtstaaten unter die Herrschaft von König Philipp II. von Makedonien, aber erst sein junger Sohn und Nachfolger Alexander der Große (S. 43) sollte die hellenistische Idee auf ein gewaltiges Reich ausdehnen.

Alexanders Expansionsfeldzüge zielten darauf ab, die Griechen zu einen und die griechische Sprache und Kultur in dem vergrößerten Reich zu verbreiten. Die Stadtstaaten fühlten sich durch den Autonomieverlust unter dem Monarchen jedoch entmachtet. Die Griechen nahmen sich nun als Teil eines größeren Reiches wahr, und diese Vorstellung kennzeichnete die hellenistische Gesellschaft. Zeitgenössische Kunst, Theater, Bildhauerei und Philosophie spiegelten dieses wachsende Bewusstsein einer neu definierten griechischen Identität wider.

Selbst unter der Römerherrschaft (S. 44) blühte der Hellenismus weiter. Als römische Provinz Achaea erlebte Griechenland eine beispiellose Friedensperiode von annähernd 300 Jahren, bekannt als Pax Romana. Die Römer hatten die griechische Kunst, Literatur und Philosophie schon immer bewundert, adlige Römer schickten ihre Kinder gerne auf die zahlreichen Schulen Athens. Die Römer übernahmen tatsächlich die meisten Aspekte der hellenistischen Kultur und verbreiteten deren Traditionen im gesamten Reich.

Die Römer bezeichneten die Hellenen erstmals als Griechen, abgeleitet von dem Wort *graikos* – dem Namen eines prähistorischen Volksstamms.

KRIEG & EROBERUNG
Die Perserkriege

Der *Prozess gegen Sokrates* von I.F. Stone prüft im Licht heutiger Ermittlungen Platons Version der Ereignisse um Leben und Tod des Philosophen Sokrates.

Athens rasches Wachstum zu einem großen Stadtstaat bedeutete unter anderem, dass die Stadt auf Lebensmittelimporte vom Schwarzen Meer angewiesen war. Die Expansion des persischen Reichs Richtung Westen bedrohte die strategisch wichtigen küstennahen Handelsrouten durch Kleinasien. Athens Unterstützung für einen Aufstand in den persischen Kolonien Kleinasiens verstärkte den Drang Persiens, die Stadt zu vernich-

168 v. Chr.–224 n. Chr.	324	394
Die römische Expansion erstreckt sich unvermeidlich auch auf griechisches Territorium. Als erstes wird 168 v. Chr. Makedonien bei Pydna besiegt, schließlich erobern die Römer auch das Festland und führen die Pax Romana ein. Dieser Friede hält 300 Jahre.	Mit der Invasion der Goten in Griechenland im Jahr 250 geht die Pax Romana ihrem Ende entgegen, 324 wird die Hauptstadt des Reichs nach Konstantinopel verlegt. Das Christentum gewinnt an Boden.	Das Christentum wird offizielle Staatsreligion. Die Anbetung heidnischer griechischer und römischer Götter wird verboten. Die christliche Theologie löst die klassische Philosophie ab.

ten. Der Perserkönig Dareios brauchte fünf Jahre, um den Aufstand niederzuschlagen und war zum Sieg entschlossen. 490 v.Chr. erreichte ein
25 000 Mann starkes persisches Heer Attika, wurde jedoch durch geschickte Manöver einer 10 000 Mann starken Athener Streitmacht in der
Schlacht von Marathon besiegt.

Als Dareios 485 v.Chr. starb, führte sein Sohn Xerxes den Versuch weiter, Griechenland zu erobern. 480 v.Chr. sammelte Xerxes Männer aus
jeder Nation seines Reiches und startete eine massive, gut koordinierte
Invasion zu Land und zur See. Vertreter von etwa 30 Stadtstaaten kamen
in Korinth zusammen, um eine Verteidigungsstrategie zu entwickeln (andere Stadtstaaten wie Delphi schlugen sich auf die Seite der Perser). Dieser Hellenische Bund einigte sich auf eine kombinierte Streitmacht aus
Heer und Kriegsflotte unter der Befehlsgewalt Spartas, die Strategie sollte
der Athener Themistokles liefern. Leonidas, der König von Sparta, führte
das Heer zu den Thermopylen. Dieser Pass in der Nähe des heutigen
Lamia war der Hauptzugangsweg aus dem Norden nach Mittelgriechenland. Trotz der zahlenmäßig deutlichen Unterlegenheit der Griechen war
dieser Engpass leicht zu verteidigen – bis ein Verräter den Persern einen
anderen Weg über das Gebirge zeigte, von wo aus sie die Griechen angriffen. Diese mussten den Rückzug antreten, aber Leonidas kämpfte
zusammen mit 300 Mann seiner spartanischen Elitetruppe in einem hel-
denhaften letzten Gefecht bis in den Tod.

Die Spartaner und ihre Peloponnesischen Verbündeten zogen sich auf
ihre zweite Verteidigungslinie zurück, einen Erdwall über den Isthmus
von Korinth, während die Perser gegen Athen vorrückten. Themistokles
befahl der Bevölkerung, aus der Stadt zu fliehen, Frauen und Kinder sollten in Salamis (heute Salamina) Zuflucht suchen, die Männer zur See mit
Athens Flotte, während die Perser Athen bis auf die Grundmauern zerstörten. Die persische Seeschlacht war hingegen kein Erfolg. Durch ge-
schicktes Manövrieren lockten die griechischen Kriegsschiffe die größeren persischen Schiffe in die engen Gewässer vor Salamis, wo die
kleineren, wendigeren Schiffe der Griechen im Vorteil waren. Xerxes
kehrte entrüstet nach Persien zurück und überließ es seinem General
Mardonius, Griechenland zu unterwerfen. Es kam allerdings anders: Ein
Jahr später schlugen die Griechen unter dem spartanischen Feldherrn
Pausanias das persische Heer in der Schlacht von Plataiä vernichtend.

Die Peloponnesischen Kriege

Der Peloponnesische Bund war im Wesentlichen ein militärischer Zusammenschluss unter Führung Spartas, der die politische Herrschaft über
die Peloponnesische Region aufrecht erhielt. Athens wachsender Imperialismus bedrohte Spartas Hegemonie. Der sich daraus ergebende Kampf
dauerte beinahe 30 Jahre.

In *Der Peloponnesische
Krieg* liefert Thukydides
einen historischen Bericht
über die Auseinander-
setzungen und Kriege
zwischen Athen und
Sparta.

529	380–1453	1204
Athens' kultureller Einfluss erfährt einen tödlichen Schlag, als Kaiser Justinian die Lehre der klassischen Philosophie zu Gunsten der christlichen Theologie verbietet, die nun als höchste Form intellektuellen Strebens gilt.	Griechisch wird die alleinige Amtssprache des byzantinischen Reiches, einem griechisch dominierten Großreich im östlichen Mittelmeerraum, dessen Zentrum Konstantinopel ist.	Plündernde fränkische Kreuzfahrer brandschatzen Konstantinopel. Die Kreuzfahrer nutzen den religiösen Eifer für ihre eigenen Interessen und versetzen Konstantinopel einen Schlag, der seinen allmählichen Niedergang einläutet.

ERSTER PELOPONNESISCHER KRIEG

Einer der Hauptauslöser des Ersten Peloponnesischen Krieges (431–421 v. Chr.) war der Vorfall um Kerkyra, bei dem Athen Kerkyra (heute Korfu) in einem Streit mit seiner Mutterstadt Korinth unterstützte. Korinth rief Sparta zu Hilfe und die Spartaner, deren Macht weitgehend von Korinths Wohlstand und Loyalität abhing, eilten pflichtschuldig herbei.

Die Athener wussten, dass sie die Spartaner an Land nicht besiegen konnten, daher gaben sie Attika auf und zogen sich hinter seine mächtigen Mauern zurück. Sie setzten auf ihre Kriegsflotte, um durch eine Blockade des Peloponnes Druck auf Sparta auszuüben. Athen litt schwer unter der Belagerung; in der völlig überfüllten Stadt brach eine Seuche aus, die ein Drittel der Bevölkerung – einschließlich Perikles – dahinraffte, aber die Verteidigung hielt stand. Die Blockade des Peloponnes zeigte schließlich Wirkung und die beiden Städte handelten ohne wirkliche Überzeugung einen Waffenstillstand aus.

ZWEITER PELOPONNESISCHER KRIEG

Die Waffenruhe hielt bis 413 v. Chr., als die Spartaner der sizilianischen Stadt Syrakus zu Hilfe kamen, die seit drei Jahren von den Athenern belagert wurde. Die Spartaner beendeten die Belagerung und vernichteten bei dieser Gelegenheit gleich Flotte und Heer der Athener.

Trotzdem kämpften die Athener weitere neun Jahre, bis sie sich 404 v. Chr. schließlich Sparta ergaben. Korinth drängte dazu, Athen vollständig zu zerstören, die Spartaner fühlten sich jedoch moralisch verpflichtet, die Stadt zu verschonen, die Griechenland vor den Persern gerettet hatte. Stattdessen legten sie die Stadt lahm, indem sie ihre Flotte konfiszierten, den Attischen Seebund auflösten und die Mauern zwischen der Stadt und Piräus schleiften.

Der Aufstieg Makedoniens

Philipp II. stellte den Philosophen Aristoteles als Hauslehrer für den jugendlichen Alexander an, den Homers Ilias stark beeindruckte. Zeit seines Lebens hatte Alexander großes Interesse an Kunst und Kultur.

Nunmehr fädelten die Griechen ihren eigenen Niedergang ein. Sparta begann einen zum Scheitern verurteilten Feldzug, um die Städte Kleinasiens von den Persern zurückzuerobern. Damit kamen die Perser in griechische Angelegenheiten erneut ins Spiel und fanden willige Verbündete in Athen und dem zunehmend mächtig werdenden Theben. Die Rivalität zwischen Sparta und Theben gipfelte in der entscheidenden Schlacht bei Leuktra 371 v. Chr., in der Theben unter Führung von Epaminondas Sparta die erste Niederlage in einer offenen Landschlacht beibrachte. Spartas Einfluss brach zusammen und Theben füllte dieses Vakuum. In einer überraschenden Kehrtwende verbündete Athen sich nun mit Sparta, und mit vereinten Kräften trafen sie 362 v. Chr. bei Mantinea auf dem Peloponnes auf das Heer Thebens. Theben gewann die Schlacht, Epaminon-

1209	1453	1460
Gottfried von Villehardouin teilt den Peloponnes in Lehen auf. Er bereitet den Weg für seinen Neffen, ebenfalls einen Gottfried, der sich selbst zum Prinzen von Morea ernennt (wie der Peloponnes im Mittelalter hieß).	Griechenland wird Herrschaftsgebiet der osmanischen Türken, nachdem diese Konstantinopel (heute Istanbul) unter ihre Kontrolle gebracht haben und damit die Totenglocke für das Byzantinische Reich läuten.	1460 fällt Morea (der Peloponnes) an die Türken. Es folgen Jahrhunderte von Machtkämpfen zwischen Türken und Venezianern.

das kam dabei jedoch ums Leben und ohne ihn zerfiel Thebens Macht rasch.

Der politische Einfluss der größten Stadtstaaten war nun allerdings signifikant ausgehöhlt. Auf Grund ihrer schwindenden Stärke waren sie nicht in der Lage, die neue Macht im Norden zu bekämpfen: Makedonien – geographisch die moderne Präfektur *(nomós)* Makedonien – die unter ihrem Monarchen Philipp II. an Stärke gewann.

338 v. Chr. marschierte Philipp II. in Griechenland ein und schlug das vereinte Heer von Athenern und Thebanern in der Schlacht von Chaironeia. In einer Aktion, die den Anfang vom Ende der autonomen Stadtstaaten bedeutete, rief Philipp in Korinth alle Stadtstaaten (mit Ausnahme von Sparta, das sich widersetzte) zusammen und überzeugte sie davon, Makedonien die Treue zu schwören, indem er ihnen einen Feldzug gegen Persien versprach. Bevor der Monarch diesen ehrgeizigen Plan jedoch in die Tat umsetzen konnte, wurde er 336 v. Chr. von einem makedonischen Adligen ermordet. Nun wurde sein 20-jähriger Sohn Alexander König.

Alexander der Große

Der Tod Philipps II. war das Signal für Aufstände überall im entstehenden Reich, Alexander verlor jedoch keine Zeit, sie niederzuschlagen und statuierte an Theben ein Exempel, indem er es dem Erdboden gleichmachte. Nachdem er die Ordnung wiederhergestellt hatte, wandte er seine Aufmerksamkeit dem Perserreich zu und marschierte 334 v. Chr. mit seinem 40 000 Mann starken Heer in Kleinasien ein.

Nach einigen blutigen Schlachten gegen die Perser, insbesondere bei Issus (333 v. Chr.), gelang es Alexander, Syrien, Palästina und Ägypten zu erobern – wo er zum Pharao ausgerufen wurde und die Stadt Alexandria gründete. Anschließend verfolgte er den Perserkönig Dareios III., dessen Heer er 331 v. Chr. besiegte. Alexander dehnte sein Reich noch weiter nach Osten aus auf das heutige Usbekistan, nach Balkh in Afghanistan und nach Nordindien. Er hatte von den Ehrgeiz, die ganze Welt zu erobern, die seiner Meinung nach am Meer hinter Indien endete. Seine Soldaten waren jedoch kriegsmüde und zwangen ihn 324 v. Chr., nach Mesopotamien zurückzukehren, wo er sich in Babylon niederließ. Im folgenden Jahr wurde er im Alter von 33 Jahren plötzlich krank und starb. Seine Feldherren stürzten sich wie die Geier auf sein Reich und als sich die Wogen geglättet hatten, war Alexanders Reich in unabhängige Königreiche zerstückelt.

Makedonien verlor die Kontrolle über die griechischen Stadtstaaten im Süden. Diese schlossen sich zum Ätolischen Bund mit Zentrum in Delphi bzw. zum Achäischen Bund auf dem Peloponnes zusammen. Athen und Sparta traten keinem dieser Bündnisse bei.

1684–87	1768–1792	1814
Die Venezianer vertreiben die Türken in einem Feldzug vom Peloponnes. Dabei kommen venezianische Truppen bis Athen.	Katharina die Große von Russland vertreibt die Türken von der Schwarzmeerküste und gibt mehreren Städten alte griechische Namen. Sie bietet den Griechen finanzielle Anreize und freies Land, um die Region zu besiedeln. Viele Griechen nehmen das Angebot an.	Die geheime hellenische Unabhängigkeitsorganisation Filiki Eteria (Freundesgesellschaft) wird in Odessa an der Schwarzmeerküste gegründet. Ihr Einfluss erfasst ganz Griechenland.

FREMDE HERRSCHAFT
Römische Zeit

Während Alexander der Große an der Ausdehnung seines riesigen Reichs nach Osten arbeitete, dehnten die Römer ihres Richtung Westen aus und machten Anstalten, nach Griechenland vorzudringen. Nach mehreren ergebnislosen Kampfhandlungen besiegten sie Makedonien 168 v. Chr. in der Schlacht von Pydna.

Der Achäische Bund wurde 146 v. Chr. besiegt, der römische Konsul Mummius statuierte ein Exempel an den widerspenstigen Korinthern und zerstörte ihre Stadt. 86 v. Chr. beteiligte Athen sich an einem erfolglosen Aufstand gegen die Römer in Kleinasien unter Führung des Königs der Schwarzmeerregion, Mithridates VI. Als Vergeltung fiel der römische Staatsmann Sulla in Athen ein und nahm die wertvollsten Skulpturen mit. Griechenland wurde nun zur römischen Provinz Achaea. Einige griechische Großstädte, die offiziell unter der Schutzherrschaft Roms standen, erhielten die Freiheit, sich bis zu einem gewissen Grad selbst zu verwalten. Da die Römer die griechische Kultur verehrten, behielt Athen seinen Status als Zentrum des Wissens bei. Unter mehreren römischen Kaisern wie Augustus, Nero und Hadrian erlebte Griechenland eine relativ friedliche Periode, die Pax Romana (s. S.40), die bis Mitte des 3. Jh. n. Chr. anhielt.

> „Einige griechische Großstädte, die offiziell unter der Schutzherrschaft Roms standen, erhielten die Freiheit, sich bis zu einem gewissen Grad selbst zu verwalten."

Byzantinisches Reich & Kreuzzüge

250 n. Chr. begann die Pax Romana zu bröckeln als die Goten in Griechenland einfielen. Sie waren die ersten einer ganzen Reihe von Invasoren im Zuge der großen Völkerwanderung der Westgoten und später der Ostgoten aus dem Zentralbalkan.

In dem Bemühen, den Konflikt in der Region zu lösen, verlegte der römische Kaiser Konstantin I., der zum Christentum konvertiert war, 324 n. Chr. die Hauptstadt des Reiches von Rom nach Byzanz, einer Stadt am Westufer des Bosporus und benannte sie in Konstantinopel um (heute Istanbul). Damit war der Untergang Roms besiegelt, Konstantinopel im Osten gewann dagegen als christliche Hauptstadt immer mehr an Reichtum und Bedeutung (s. Kasten S. 36). In den folgenden Jahrhunderten sah sich das byzantinische Griechenland ständigem Druck seitens der Perser und Araber ausgesetzt, konnte seine Machtposition in der Region jedoch halten.

Ironie der Geschichte: Der Niedergang des byzantinischen Reichs wurde ausgerechnet durch christliche Glaubensbrüder aus dem Westen beschleunigt – durch die fränkischen Kreuzfahrer. Die erklärte Mission der Kreuzzüge lautete, das Heilige Land von den Muslimen zu befreien, tatsächlich jedoch wurden die Kreuzfahrer ebenso von Habgier wie von religiösem Eifer getrieben. Die ersten drei Kreuzzüge verliefen ohne Aus-

1821	1822–29	1827
Am 25. März gibt Bischof Germanos von Patras (ein Mitglied der Filiki Eteria) das Zeichen für den Beginn des Unabhängigkeitskrieges auf dem Festland. In Griechenland wird dieser Tag seither als Nationalfeiertag gefeiert.	Am 13. Januar 1822 wird in Epidauros die Unabhängigkeit ausgerufen, der Kampf geht jedoch noch sieben Jahre weiter. Schließlich kapitulieren die Osmanen und nehmen den Frieden von Adrianopel an.	Britische, französische und russische Streitkräfte versenken die vereinigte türkisch-ägyptische Seeflotte in der Schlacht von Navarino (bei Pylos auf dem Peloponnes). Dies ist ein entscheidendes Gefecht im Unabhängigkeitskrieg.

wirkungen auf die Region. Der Führer des vierten Kreuzzugs (im frühen 13. Jh.) befand jedoch, dass Konstantinopel reichere Beute versprach als Jerusalem und schloss einen Handel mit Venedig, das die Kreuzzüge finanziell unterstützte.

1204 wurde Konstantinopel geplündert und ein Großteil des Byzantinischen Reichs in Lehen aufgeteilt, die von selbst ernannten „lateinischen" (überwiegend fränkischen oder westgermanischen) Fürsten regiert wurden. Die Venezianer hatten unterdessen ebenfalls einen Fuß in der Tür zu Griechenland. In den folgenden Jahrhunderten eroberten sie alle wichtigen griechischen Häfen wie Methoni, Koroni und Monemvasia auf dem Peloponnes (damals als Morea bezeichnet) sowie die Insel Kreta und entwickelten sich zu einer der wohlhabendsten und mächtigsten Handelsstädte im Mittelmeerraum.

Trotz dieser bedauerlichen Umstände war Byzanz noch nicht am Ende. 1259 eroberte der byzantinische Kaiser Michael VIII. Paläologos den Peloponnes zurück und wählte die Stadt Mistra zu seinem Hauptsitz. Die Stadt zog viele bedeutende byzantinische Künstler, Baumeister, Denker und Philosophen an. Zum letzten Mal erblühte die byzantinische Kreativität. 1261 konnte Michael VIII. Konstantinopel zurückerobern, zu diesem Zeitpunkt war Byzanz jedoch nur noch ein Schatten seiner selbst.

Osmanische Herrschaft

Schon bald drohte Konstantinopel aus dem Osten eine deutlich größere Gefahr. Die Seldschuken, ein Volksstamm aus Zentralasien, waren Mitte des 11. Jhs. erstmals in den östlichen Randgebieten des Reichs aufgetaucht. Die Osmanen (Anhänger Osmans, der von 1289 bis 1326 regierte) lösten die Seldschuken als vorherrschenden türkischen Volksstamm ab. Die muslimischen Osmanen dehnten die von ihnen kontrollierten Gebiete rasch aus und bedrängten das Byzantinische Reich Mitte des 15. Jh. von allen Seiten.

Am 29. Mai 1453 fiel Konstantinopel unter die Herrschaft der türkischen Osmanen (von den Griechen als *turkokratia* bezeichnet). Griechenland wurde einmal mehr zum Schlachtfeld, dieses Mal kämpften Türken und Venezianer um die Vorherrschaft. Mit Ausnahme der Ionischen Inseln (wo die Venezianer die Kontrolle behielten) wurde Griechenland dem Osmanischen Reich einverleibt.

Die osmanische Macht stand unter Sultan Süleiman dem Prächtigen im Zenit, der von 1520 bis 1566 regierte. Sein Nachfolger Selim der Säufer konnte dem Reich 1570 noch Zypern hinzufügen, sein Tod 1574 markierte jedoch das Ende einer nennenswerten territorialen Expansion. Zwar wurde 1669 nach 25-jährigem Kampf noch Kreta erobert, die unfähigen Sultane Ende des 16. Jhs. und im 17. Jh. sorgten jedoch für einen beständigen Niedergang des Reichs.

In Griechenland steht die älteste Moschee Europas. Die Moschee von Didymoticho (S. 380) wurde von dem osmanischen Sultan Beyazit I. Ende des 14. Jhs. erbaut.

1827–31	1833	1862–63
Ioannis Kapodistrias wird Ministerpräsident einer frischgebackenen Regierung mit der Hauptstadt Nafplio auf dem Peloponnes. Wachsende Unzufriedenheit führt später zu seiner Ermordung.	Das Staatenbündnis aus Großbritannien, Frankreich und Russland beschließt die Einführung einer Monarchie in Griechenland. Prinz Otto von Bayern wird als erster Monarch des modernen Staates nach Griechenland entsandt.	Die Monarchie wird gestürzt und König Otto in einem unblutigen Putsch abgesetzt. Die Briten geben die Ionischen Inseln, die seit 1815 britisches Protektorat waren, an Griechenland zurück. Es ist ein Versuch, Griechenlands Expansionsdrang einzudämmen.

Venedig vertrieb die Türken in einem drei Jahre dauernden Feldzug (1684–87) vom Peloponnes; die Venezianer rückten dabei bis Athen vor. Bei diesem Feldzug beschoss die venezianische Artillerie Schießpulver, das in der Akropolis gelagert war, und fügte damit dem Parthenon schwere Schäden zu.

1715 übernahmen die Osmanen erneut die Herrschaft, erreichten jedoch nie mehr ihre frühere Macht. Ende des 18. Jhs. gab es überall in Griechenland Gebiete, in denen türkische Beamte und Adlige autonom regierten und die dem Sultan von Konstantinopel unverbindliche Loyalität signalisierten. Unter der lockeren Führung des Sultans hatten auch einige Griechen an Einfluss gewonnen oder genossen Privilegien. Es waren einflussreiche Geistliche, wohlhabende Kaufleute, Landbesitzer oder Gouverneure, die über griechische Bauern in der Provinz regierten. Es gab jedoch auch eine stetig wachsende Gruppe von Griechen, die nach Befreiung strebten. Zu ihnen gehörten viele intellektuelle Auslandsgriechen.

Russland setzte sich für die Befreiung der christlichen Brüder im Süden ein und entsandte russische Agenten, die 1770 auf dem Peloponnes und 1786 in Epiros Aufstände schüren sollten. Beide Aufstände wurden schonungslos niedergeschlagen – der Aufstand in Epiros von Ali Pascha (1741–1822), dem osmanischen Gouverneur von Ioannina. Er nutzte zugleich die Gelegenheit, seine eigene Macht gegenüber dem Sultan auszubauen.

Der Dichter Lord Byron gehörte zu der großen Gruppe philhellenischer Freiwilliger, die aktiv für die Unabhängigkeit Griechenlands kämpften. Byrons Kriegseinsatz endete 1824 mit seinem Tod.

UNABHÄNGIGKEIT

1814 gründeten die Kaufleute Athanasios Tsakaloff, Emmanuel Xanthos und Nikolaos Skoufas die erste Unabhängigkeitspartei Griechenlands, Filiki Eteria (Freundesgesellschaft). Die Botschaft dieser Untergrundorganisation verbreitete sich rasch. Die Anhänger der Bewegung hielten Waffengewalt für das einzig wirksame Mittel zur Befreiung und unterstützten Griechenlands Freiheitskämpfer mit großzügigen finanziellen Zuwendungen.

Die 1820 von Ali Pascha angezettelte Rebellion gegen den Sultan gab den Griechen den benötigten Anstoß. Am 25. März 1821 begannen die Griechen den Unabhängigkeitskrieg. Aufstände brachen fast gleichzeitig in den meisten Teilen Griechenlands und auf den besetzten Inseln aus. Die Kämpfe waren grausam, auf beiden Seiten kam es zu Gräueltaten. Auf dem Peloponnes wurden nach der Einnahme der Stadt Tripolitsa (heute Tripolis) 12 000 türkische Einwohner ermordet, während die Türken sich mit Massakern in Kleinasien rächten, vor allem auf der Insel Chios.

Die Kämpfe eskalierten. Innerhalb eines Jahres eroberten die Griechen die Festungen Monemvasia, Navarino (heute Pylos) und Nauplia (heute

1863–64	1883	1896
Den Briten gelingt es, Prinz Wilhelm von Dänemark auf den griechischen Thron zu setzen, der später als König Georg I. gekrönt wird. Seine 50-jährige Regierungszeit beginnt 1864 mit einer neuen Verfassung.	Griechenland vollendet den Bau des Kanals von Korinth durch die Landenge von Korinth. Diese technische Meisterleistung eröffnet eine Verbindung zwischen dem Ägäischen und dem Ionischen Meer.	Die Veranstaltung der ersten Olympischen Spiele der Neuzeit in Athen markiert Griechenlands Erwachsenwerden. Die Sieger erhalten eine Silbermedaille und einen Olivenkranz, die Zweit- und Drittplatzierten eine Bronzemedaille bzw. einen Lorbeerzweig.

FRAUENPOWER

Schon immer haben griechische Frauen eine wichtige Rolle in Griechenlands Freiheitsbewegungen gespielt. Laskarina Bouboulina (1771–1825), eine berühmte Seefahrerin, war eine dieser Frauen. Sie wurde Mitglied der Filiki Eteria (Freundesgesellschaft), einer bedeutenden Organisation, die nach Unabhängigkeit von der osmanischen Herrschaft strebte. Bouboulina stammte von der Insel Hydra und ließ sich später auf Spetses nieder. Dort gab sie den Bau mehrerer Kriegsschiffe in Auftrag, die sie als Lady Admiral in bedeutenden Seeblockaden befehligte (das berühmteste dieser Schiffe war die *Agamemnon*). Sie unterhielt die Crews ihrer Schiffe sowie ein kleines Heer von Soldaten und versorgte die Revolutionäre mit Essen, Waffen und Munition. Hierzu nutzte sie ihre Schiffe als Transportmittel. Ihre Mitwirkung bei Operationen zur See war für die Freiheitsbewegung eine bedeutende Hilfe. Politische Interessengruppen innerhalb der Regierung sorgten nach dem Krieg jedoch für ihre Inhaftierung und nachfolgende Verbannung nach Spetses, wo sie starb.

Heute wird sie als Nationalheldin verehrt, überall in Griechenland tragen Straßen ihren Namen und die frühere Ein-Drachme-Münze trug ihr Bild. Ihre Ururenkelin Lela Karagiannis nahm im Zweiten Weltkrieg ebenfalls am Widerstandskampf teil. In Spetses-Stadt stehen zu Ehren beider Frauen Standbilder. Bouboulinas Haus ist heute ein Privatmuseum (s. S.423).

Nafplio) auf dem Peloponnes sowie Mesolongi, Athen und Theben. Am 13. Januar 1822 riefen sie in Epidauros die Unabhängigkeit Griechenlands aus.

Regionale Meinungsverschiedenheiten über die Nationalregierung eskalierten zwei Mal zu Bürgerkriegen (in den Jahren 1824 und 1825). Daraus zogen die Osmanen ihren Vorteil und im Jahr 1827 hatten die Türken (mit ägyptischer Verstärkung) einen Großteil des Peloponnes sowie Mesolongi und Athen zurückerobert. Nun intervenierten die Westmächte und im Oktober des Jahres 1827 versenkte eine Seeflotte mit russischer, französischer und britischer Beteiligung die türkisch-ägyptische Flotte in der Schlacht von Navarino. Gegen alle Erwartungen rief Sultan Mahmud II. einen heiligen Krieg aus, was Russland dazu veranlasste, Truppen auf den Balkan zu entsenden, um die osmanische Armee in ein Gefecht zu verwickeln. Die Kämpfe setzten sich bis zum Jahr 1829 fort. Als russische Truppen Konstantinopel bedrohten, gestand der Sultan im Frieden von Adrianopel Griechenland die Unabhängigkeit zu (offiziell anerkannt wurde sie 1830).

Eugène Delacroix' Ölbild *Das Massaker von Chios* (1824) wurde von den Ereignissen in Kleinasien während Griechenlands Unabhängigkeitskampf 1821 inspiriert. Das Gemälde hängt im Louvre in Paris.

DIE MODERNE GRIECHISCHE NATION

Die Griechen bauten unterdessen eifrig den unabhängigen Staat auf, den sie mehrere Jahre zuvor ausgerufen hatten. Im April 1827 wählten sie Ioannis Kapodistrias zum ersten Präsidenten der Republik. Er stammte aus Korfu und war unter dem russischen Zar Alexander I. Diplomat gewesen. Hauptstadt wurde Nafplio auf dem Peloponnes.

1912–13	1914	1919–23
Die Balkankriege brechen aus. Griechenland und Serbien kämpfen anfangs an der Seite Bulgariens gegen die Türken um Gebiete in Makedonien. Später kämpfen Griechenland und Serbien um dasselbe Gebiet, dieses Mal jedoch gegen Bulgarien. Griechenlands Territorium wird größer.	Bei Ausbruch des Ersten Weltkrieges ist Griechenland zunächst neutral. Schließlich verbündet es sich jedoch mit den Alliierten gegen Deutschland und die Türkei, da ihm als Gegenleistung Land in Kleinasien versprochen wird.	Griechenland verfolgt die „Große Idee", um ehemalige hellenische Regionen einschließlich in Kleinasien zu vereinen.

„Nachdem König Otto die Hauptstadt 1834 nach Athen verlegt hatte, erwies er sich als aggressiver Herrscher, der die Veteranen des Unabhängigkeitskrieges verprellte, indem er die angesehendsten Ämter unter den Angehörigen des bayerischen Hofs verteilte."

In den griechischen Reihen bestand jedoch viel Uneinigkeit. Kapodistrias wurde 1831 ermordet, nachdem er die Inhaftierung eines Fürsten von Mani befohlen hatte. Damit hatte er der wachsenden Unzufriedenheit und Rebellion unter den vielen Parteien (einschließlich einiger Führer der Unabhängigkeitsbewegung) entgegenwirken wollen, die im neuen Staat an Macht verloren hatten.

In der folgenden Anarchie erklärten Großbritannien, Frankreich und Russland Griechenland zur Monarchie. Auf den Thron setzten sie einen Nicht-Griechen, den 17-jährigen Prinzen Otto von Bayern, der im Januar 1833 in Nafplio eintraf. Das neue Königreich (gegründet durch das Londoner Abkommen von 1832) umfasste den Peloponnes, Zentralgriechenland (Sterea Ellada), die Kykladen und die Sporaden.

Nachdem König Otto die Hauptstadt 1834 nach Athen verlegt hatte, erwies er sich als aggressiver Herrscher, der die Veteranen des Unabhängigkeitskrieges verprellte, indem er die angesehendsten Ämter unter den Angehörigen des bayerischen Hofs verteilte. Nach einer durch Demonstrationen erzwungenen Nationalversammlung wurde eine neue Verfassung erarbeitet, die vorsah, dass Ottos Freunde ihre Ämter aufgeben mussten und durch Freiheitskämpfer des Unabhängigkeitskrieges ersetzt wurden. Bis Ende der 1850er Jahre verdrängte jedoch eine neue Generation von Akademikern (die Universität von Athen wurde 1837 gegründet) die meisten getreuen Anhänger des Unabhängigkeitskrieges.

Die Große Idee

Griechenlands Außenpolitik (als „Große Idee" tituliert) wollte die Souveränität über die zerstreute griechische Bevölkerung durchsetzen. Vor dem Hintergrund des Krimkrieges wurden Briten und Franzosen bei der Aussicht auf ein Bündnis Griechenlands und Russlands gegen die Osmanen (hinsichtlich ihrer eigenen Interessen) nervös, insbesondere nachdem Otto 1862 in einem unblutigen Putsch abgesetzt worden war.

Im Jahr 1815 hatten die Briten nach einem politischen Ping-Pong-Spiel zwischen Venezianern, Russen und Franzosen die Oberherrschaft über die Ionischen Inseln erhalten. Die Briten sorgten für eine verbesserte Infrastruktur auf den Inseln und viele Einheimische übernahmen britische Bräuche (wie den Nachmittagstee und das Cricket-Spiel). Durch die Unabhängigkeit Griechenlands gerieten die Briten jedoch unter Druck, der griechischen Nation ihre Eigenständigkeit zu geben, so dass sie die Inseln 1864 verließen. Gleichzeitig verhalfen die Briten dem jungen Prinzen William von Dänemark auf den griechischen Thron. 1863 wurde er zum König gekrönt und regierte als König Georg I. Seine 50-jährige Regierungszeit brachte dem Land endlich eine gewisse Stabilität. Sie begann 1864 mit einer neuen Verfassung, die demokratisch gewählte Vertreter an die Macht brachte.

1923	1924–34	1935
Die „Große Idee" kann nicht umgesetzt werden, stattdessen kommt es 1923 zu einem Bevölerungsaustausch zwischen Griechenland und der Türkei. Dieser wird häufig als die kleinasiatische Katastrophe bezeichnet.	In Griechenland wird die Republik ausgerufen und König Georg II. verlässt das Land. Die Große Depression vereitelt eine Rückkehr zur Stabilität. Monarchisten und Parlamentarier unter Venizelos rangeln um die Macht im Land.	Die Monarchie wird wieder eingeführt, König Georg II. kehrt auf den Thron zurück. Der rechte General Ioannis Metaxas erhält den Posten des Ministerpräsidenten und führt diktatorische Regierungsformen ein.

1881 erhielt Griechenland nach einem Krieg zwischen Russland und der Türkei Thessalien und einen Teil von Epiros. Im Jahr 1897 scheiterte Griechenland jedoch kläglich bei dem Versuch, die Türkei im Norden anzugreifen, um eine *enosis* (Vereinigung) mit Kreta zu erreichen (das sich hartnäckig für die Befreiung von den Osmanen eingesetzt hatte). Der Versuch verbrauchte viel von den Ressourcen des Landes, und nur die rechtzeitige diplomatische Intervention der Großmächte verhinderte, dass die türkische Armee Athen einnahm.

Man stellte Kreta unter internationale Verwaltung, schrittweise wurde die Regierung der Insel jedoch den Griechen übertragen und 1905 verkündete der Präsident der kretischen Nationalversammlung, Eleftherios Venizelos, Kretas Vereinigung mit Griechenland. Völkerrechtlich anerkannt wurde sie allerdings erst 1913. Venizelos wurde 1910 Ministerpräsident Griechenlands und war der führende Politiker des Landes, bis er 1933 aufgrund seiner republikanischen Tendenzen zurücktreten musste.

Die Balkankriege

Obgleich das Osmanische Reich Anfang des 20. Jhs. in den letzten Zügen lag, hatte es Makedonien noch halten können. Die neu gegründeten Balkanstaaten Serbien und Bulgarien sowie Griechenland waren jedoch ebenfalls äußerst interessiert an Makedonien, was zum Ausbruch der Balkankriege (1912 und 1913) führte. Das Ergebnis war der Friede von Bukarest (August 1913), der Griechenland erhebliche Gebietsgewinne und damit fruchtbares Ackerland eintrug. Seine Grenzen umfassten nun den südlichen Teil Makedoniens (einschließlich Thessaloniki, dem lebenswichtigen Kulturzentrum in strategisch günstiger Lage auf den balkanischen Handelsrouten), Teile Thrakiens, ein weiteres Stück von Epiros und die nordostägäischen Inseln, zudem wurde die Vereinigung mit Kreta anerkannt.

Der Erste Weltkrieg & Smyrna

Im März 1913 ermordete ein Geisteskranker König Georg und sein Sohn Konstantin bestieg den Thron. König Konstantin, der mit der Schwester des deutschen Kaisers verheiratet war, bestand bei Ausbruch des Ersten Weltkrieges im August 1914 auf der Neutralität Griechenlands. Je länger sich der Krieg hinzog, desto mehr Druck übten die Alliierten (Großbritannien, Frankreich und Russland) auf Griechenland aus, das sich mit ihnen gegen Deutschland und die Türkei verbünden sollte. Als Gegenleistung versprachen sie Zugeständnisse in Kleinasien. Ministerpräsident Venizelos favorisierte den Wunsch der Alliierten und stand damit im Gegensatz zum König. Der König verließ Griechenland im Juni 1917. Nachfolger wurde sein zweitgeborener Sohn Alexander, der den Wünschen der Alliierten zugänglicher gegenüberstand.

Prinz Philip, Herzog von Edinburgh, gehört zur ehemaligen griechischen Königsfamilie – geboren wurde er 1921 als Prinz Philippos von Griechenland und Dänemark auf Korfu. Der ehemalige König Konstantin von Griechenland ist der Pate von Prinz William und ein Cousin dritten Grades von Prinz Charles.

1940	1941–44	1944–49
Am 28. Oktober lässt Metaxas mit der berühmten kurzen Antwort die Italiener mit ihrer Anfrage abblitzen, zu Beginn des Zweiten Weltkrieges durch Griechenland ziehen zu dürfen. Die Italiener marschieren in Griechenland ein, werden jedoch nach Albanien zurückgedrängt.	Deutsche Truppen marschieren in Griechenland ein und besetzen das Land. Monarchisten, Republikaner und Kommunisten bilden Widerstandsgruppen, die trotz interner Machtkämpfe die Deutschen nach drei Jahren aus dem Land drängen.	Nach dem Ende des Zweiten Weltkrieges bricht in Griechenland der Bürgerkrieg aus, in dem Monarchisten gegen Kommunisten kämpfen. Die Monarchisten gewinnen 1946, der Bürgerkrieg hat jedoch seinen Tribut gefordert und viele Griechen emigrieren auf der Suche nach einem besseren Leben.

Die griechischen Truppen kämpften hervorragend auf Seiten der Alliierten. Als der Krieg 1918 endete, blieb das versprochene Land in Kleinasien jedoch aus. Daraufhin wurde Venizelos diplomatisch tätig, um die Sache voranzubringen. Mit Duldung der Alliierten landeten im Mai 1919 Truppen in Smyrna (heute Izmir in der Türkei) unter dem Vorwand, die halbe Million Griechen zu schützen, die in der Stadt lebten. Die Besetzung von Smyrna löste jedoch innere Feindseligkeiten aus und entfachte eine Reihe blutiger Repressalien gegen die einheimische muslimische Bevölkerung. Nachdem Venizelos nun in Kleinasien über einen scheinbar brauchbaren Stützpunkt verfügte, gab er seinen Truppen den Befehl zum Vorrücken. Im September 1921 hatten sie Ankara erreicht. An diesem Punkt ließ Venizelos Unterstützung aus dem Ausland nach und türkische Streitkräfte unter Mustafa Kemal (dem späteren Atatürk) stoppten die Offensive. Die griechische Armee zog sich zurück, Smyrna fiel 1922 und zehntausende der griechischen Einwohner starben.

Der Krieg endete im Juli 1923 mit dem Frieden von Lausanne. Die Türkei erhielt Ostthrakien und die Inseln Imros und Tenedos, Italien behielt den Dodekanes (den es im Jahr 1912 vorübergehend übernommen hatte und bis 1947 behalten sollte).

Der Friedensvertrag verlangte außerdem einen Bevölkerungsaustausch zwischen Griechenland und der Türkei, um zukünftigen Auseinandersetzungen vorzubeugen. Etwa 1,5 Mio. Griechen verließen die Türkei und etwa 400 000 Türken verließen Griechenland. Der Austausch belastete die griechische Wirtschaft gewaltig und löste bei den Betroffenen, die große Not litten, Bitterkeit aus. Viele Griechen mussten ein privilegiertes Leben in Kleinasien gegen ein Leben in extremer Armut in den entstehenden Elendsvierteln von Athen und Thessaloniki eintauschen.

Die Republik Griechenland 1924–35

Die Ankunft der griechischen Flüchtlinge aus der Türkei fiel mit einer selbst für griechische Verhältnisse beispiellosen politischen Instabilität zusammen und verschlimmerte diese noch weiter. Im Oktober 1920 starb König Alexander an einem Affenbiss, und sein Vater Konstantin bestieg erneut den Thron. Die politische Krise verschärfte sich jedoch und Konstantin dankte nach dem Fall von Smyrna erneut ab. Abgelöst wurde er von seinem ältesten Sohn, Georg II. Dieser war der Gruppe von Offizieren nicht gewachsen, die nach dem Krieg nach Macht strebten. Im März 1924 wurde mitten in einer Reihe von Putschen und Gegenputschen die Republik ausgerufen.

Mit Venizelos Rückkehr an die Macht 1928 wurde eine gewisse Stabilität erreicht. Er verfolgte eine Politik der Wirtschafts- und Bildungsreformen, die Große Depression verhinderte jedoch echte Fortschritte. Seine antiroyalistische Liberale Partei sah sich einer zunehmenden Herausfor-

1967–74	1973	1974
Rechte und linke Gruppen im Land streiten weiterhin und provozieren im April 1967 einen rechten Militärputsch durch Obristen, die eine Militärjunta einführen. Sie verhängen das Kriegsrecht und schaffen viele Grundrechte ab.	Am 17. November rammen Panzer die Tore des Polytechnikums in Athen und Truppen stürmen das Universitätsgebäude, um einen Studentenprotest gegen die Junta niederzuschlagen. Mehr als 20 Studenten sterben.	Ein verpfuschter Plan, Zypern und Griechenland zu vereinen, veranlasst türkische Truppen zum Einmarsch auf Zypern und führt zum Sturz der Militärjunta.

derung durch die monarchistische Volkspartei gegenüber, die im März 1933 dann auch bei den Wahlen siegte. Die neue Regierung bereitete die Wiedereinführung der Monarchie vor, als Venizelos und seine Anhänger im März 1935 einen erfolglosen Putschversuch unternahmen. Venizelos ging nach Paris ins Exil, wo er ein Jahr später starb. Im November 1935 bestieg König Georg II. (nach einer wahrscheinlich manipulierten Volksabstimmung) erneut den Thron. Er ernannte General Ioannis Metaxas vom rechten Flügel zum Ministerpräsidenten. Unter dem Vorwand, einen kommunistisch-republikanischen Staatsstreich zu verhindern, ließ Metaxas sich mit dem Einverständnis des Königs diktatorische Machtbefugnisse einräumen.

Der Zweite Weltkrieg

Metaxas verfolgte die grandiose Vision, eine utopische, dritte griechische Hochkultur zu erschaffen. Sie sollte auf der glorreichen antiken und byzantinischen Vergangenheit des Landes basieren. Was dabei herauskam, glich jedoch eher einer griechischen Version des Dritten Reiches. Seine Gegner schickte er ins Exil oder steckte sie ins Gefängnis; er verbot die Gewerkschaften und die kürzlich gegründete Kommunistische Partei Griechenlands (Kommounistiko Komma Elladas, KKE), verhängte Pressezensur und baute eine Geheimpolizei und eine Jugendbewegung nach faschistischem Muster auf. Am bekanntesten wurde Metaxas jedoch durch sein *ohi* (Nein) zu Mussolinis Aufforderung, den Italienern Anfang des Zweiten Weltkriegs den Durchzug durch Griechenland zu erlauben. Damit behielt er Griechenlands strikte Neutralitätspolitik bei. Die Italiener marschierten in Griechenland ein, wurden von den Griechen jedoch nach Albanien zurückgedrängt.

Eine Voraussetzung für Hitlers Plan, in die Sowjetunion einzumarschieren, war eine sichere Südflanke auf dem Balkan. Als den Briten dies klar wurde, baten sie Metaxas um die Erlaubnis, Truppen in Griechenland zu stationieren. Er gab ihnen die gleiche Antwort wie den Italienern. Nachdem er im Januar 1941 plötzlich gestorben war, ersetzte der König ihn durch den zögerlichen Alexandros Koryzis, der die Landung der Briten in Griechenland erlaubte. Als deutsche Truppen am 6. April 1941 in Griechenland einmarschierten, beging Koryzis Selbstmord. Die Nazis waren den griechischen, britischen, australischen und neuseeländischen Verteidigungstruppen zahlenmäßig weit überlegen und hatten innerhalb weniger Wochen das gesamte Land besetzt. Die Zivilbevölkerung litt entsetzlich während der Besatzung, Viele verhungerten. Die Nazis trieben mehr als die Hälfte der jüdischen Bevölkerung zusammen und transportierte sie in Vernichtungslager.

Es bildeten sich zahlreiche Widerstandsbewegungen. Die drei größten waren ELAS (Ellinikos Laikos Apeleftherotikos Stratos), EAM (Ethnikon

Am 25. November 1942 sprengte ein Zusammenschluss griechischer Widerstandsgruppen mit Unterstützung der Briten die Gorgopotamos-Eisenbahnbrücke bei Lamia in Mittelgriechenland (Sterea Ellada) in die Luft und sabotierte damit wochenlang die deutschen Versorgungsrouten.

1974	1974	1981
Die parlamentarische Demokratie wird wieder in Griechenland eingeführt. Zu den Wahlen im November wird auch die Kommunistische Partei zugelassen.	In einem Referendum im Dezember des Jahres 1974 fordern 70 % der Wähler die Abschaffung der konstitutionellen Monarchie in Griechenland, was schließlich eine neue Verfassung zur Folge hat.	Griechenland wird Mitglied der Europäischen Union. Dadurch werden Handelsbarrieren abgebaut und erstmals öffnet sich die griechische Wirtschaft dem Welthandel. Dadurch wächst die Wirtschaft rasch.

Apeleftherotikon Metopon) und EDES (Ethnikos Dimokratikos Ellinikos Syndesmos). ELAS wurde zwar von Kommunisten gegründet, aber nicht alle Mitglieder waren linksgerichtet. EAM bestand aus stalinistischen Mitgliedern der Kommunistischen Partei Griechenlands (KKE), die in den 1930er-Jahren in Moskau gelebt hatten und das Ziel verfolgten, nach dem Krieg ein kommunistisches Griechenland aufzubauen. EDES sammelte die rechten und monarchistischen Widerstandskämpfer. Diese Gruppen kämpften untereinander ebenso hasserfüllt wie gegen die Deutschen. Für die griechische Zivilbevölkerung hatte dies häufig verheerende Folgen.

Im Oktober 1944 begannen die Deutschen ihren Rückzug aus Griechenland, was die kommunistischen und monarchistischen Widerstandsgruppen nicht daran hinderte, sich gegenseitig weiter zu bekämpfen.

Bürgerkrieg

Ende 1944 kam es zwischen den polarisierenden Royalisten, Republikanern und Kommunisten zu starken innerparteilichen Spannungen und einem heftigen Machtkampf. Die von Großbritannien unterstützte provisorische Regierung war in einer unhaltbaren Lage: Die Linke drohte mit einem Putsch, und Großbritannien drängte dazu, die Kommunisten daran zu hindern, ihren Einfluss auf die Verwaltung, den sie während der deutschen Besatzung gewonnen hatten, weiter auszubauen. Die Briten wollten damit ihre Hoffnungen auf eine Wiedereinführung der griechischen Monarchie stärken.

Am 3. Dezember 1944 schoss die Polizei auf dem Syntagmaplatz in Athen auf die Teilnehmer einer kommunistischen Demonstration, wobei mehrere Demonstranten getötet wurden. Die folgenden sechs Wochen, in denen sich Linke und Rechte bekämpften, wurden als *dekemvriana* (Dezember-Ereignisse) bekannt und markierten die erste Runde des griechischen Bürgerkrieges. Britische Truppen verhinderten durch ihr Eingreifen einen Sieg der verbündeten ELAS/EAM.

Im Februar 1945 scheiterten offizielle Verhandlungen zwischen der Regierung und den Kommunisten und die Spannungen hielten weiter an. Viele Privatpersonen jeder politischen Richtung litten unter heftigen Repressalien seitens linksgerichteter Gruppen, der Armee oder skrupelloser rechtsgerichteter Ordnungshüter, die politische Gegner einschüchterten und mit Gewalt bedrohten. Die Royalisten gewannen die Wahlen vom März 1946 (die Kommunisten hatten sie erfolglos boykottiert) und ein Volksentscheid, der höchstwahrscheinlich manipuliert wurde, brachte im September Georg II. zurück auf den Thron.

Im Oktober wurde die linke Demokratische Armee Griechenlands (DSE) gegründet, um den Kampf gegen die Monarchie und ihre britischen Unterstützer wieder aufzunehmen. Unter der Führung von Markos

1981–90	1990–93	1992
Griechenland wählt seine erste sozialistische Regierung (PASOK) unter der Führung von Andreas Papandreou. Das Glück dauert neun Jahre. Letztlich kommen wieder die Konservativen an die Macht.	Mit nur einer Stimme Mehrheit wird der Kandidat der konservativen Nea Dimokratia, Konstantinos Mitsotakis, zum Minispräsidenten gewählt. 1993 gewinnt Papandreous PASOK jedoch wieder die parlamentarische Mehrheit zurück.	Mit der ehemaligen Jugoslawischen Republik Mazedonien kommt es zum Streit, da Griechenland den Namen Mazedonien bzw. Makedonien für eine griechische Region beansprucht.

Vafiadis besetzte die DSE rasch breite Landstreifen entlang der griechischen Nordgrenze zu Albanien und Jugoslawien.

1947 griffen die USA ein, und der Bürgerkrieg entwickelte sich zu einer Kulisse für den neuen Kalten Krieg. Der Kommunismus wurde verboten und die Regierung führte ihr berüchtigtes Zertifikat für politische Zuverlässigkeit ein, das erst 1962 abgeschafft wurde. Das Zertifikat bestätigte, dass der Inhaber kein Sympathisant der Linken war. Ohne dieses Zertifikat konnten die Griechen nicht wählen und es war praktisch unmöglich für sie, Arbeit zu bekommen. Die Hilfe der USA verbesserte die Lage vor Ort kaum. Die DSE wurde weiterhin von Norden her versorgt, von Jugoslawien, Bulgarien und über die Balkanstaaten indirekt auch von der Sowjetunion. Ende 1947 hatte die DSE große Gebiete des Festlands sowie Teile der Inseln Kreta, Chios und Lesbos unter Kontrolle.

1949 begann sich das Blatt zu wenden, als die Streitkräfte der Zentralregierung die DSE vom Peloponnes vertrieben. In den Bergen bei Epiros gingen die Kämpfe noch bis Oktober 1949 weiter, bis Jugoslawien sich mit der Sowjetunion entzweite und der DSE den Nachschub abschnitt.

Griechenland ging aus dem Bürgerkrieg zerschlagen und wirtschaftlich gebrochen hervor. In den drei Jahren des erbitterten Bürgerkrieges waren mehr Griechen ums Leben gekommen als im Zweiten Weltkrieg, und eine Viertelmillion Menschen waren obdachlos geworden.

Die Verzweiflung löste einen Massenexodus aus. Annähernd eine Million Griechen verließen das Land auf der Suche nach einem besseren Leben. Die meisten gingen nach Australien, Kanada oder in die USA.

Wiederaufbau & Zypernfrage

Nach einer Reihe nicht funktionsfähiger Koalitionen wurde 1952 das Wahlsystem in ein Mehrheitswahlrecht geändert. Kommunisten waren damit von künftigen Regierungen ausgeschlossen. Die Wahl vom November 1952 war ein Sieg für die rechte Sammlungspartei Ellinikos Synagermos unter Führung von General Alexander Papagos, einem ehemaligen Feldmarschall des Bürgerkrieges. General Papagos blieb bis zu seinem Tod 1955 an der Macht und wurde von Konstantinos Karamanlis abgelöst.

Griechenland trat 1952 der NATO bei. 1953 erlaubte es den USA, Militärstützpunkte in Griechenland zu errichten. Die USA, die entschlossen waren, die antikommunistische Regierung weiter zu unterstützen, gewährten großzügige wirtschaftliche und militärische Hilfen.

Zypern rückte ins Zentrum der griechischen Außenpolitik. Seit den 1930er-Jahren hatten griechische Zyprioten (die vier Fünftel der Inselbevölkerung ausmachten) eine Vereinigung mit Griechenland gefordert, die Türkei erhob jedoch ebenfalls Anspruch auf die Insel, seit sie 1878 britisches Protektorat geworden war (ab 1925 britische Kronkolonie). Die

Frauen übten ihr Wahlrecht erstmals bei den Parlamentswahlen 1956 aus (es war 1952 vom Parlament gebilligt worden). Lina Tsaldari war die erste Frau, die als Sozialministerin einen Kabinettsposten erhielt.

1996	1999	2004
Konstantinos Simitis tritt als Ministerpräsident die Nachfolge des verstorbenen Papandreou an. Er bleibt bis 2004 im Amt, und schlägt während seiner Regierungszeit einen marktwirtschaftlich orientierten Kurs ein.	In der Türkei und in Griechenland ereignen sich innerhalb weniger Wochen starke Erdbeben mit hunderten von Toten. Beide Länder reagieren auf das jeweilige Unglück mit gegenseitigen Hilfeleistungen und Unterstützung, was zu einer Verbesserung der diplomatischen Beziehungen führt.	Griechenland richtet erfolgreich die 28. Olympischen Sommerspiele aus und widerlegt die Gerüchte im Vorfeld, mit den Vorbereitungen nicht rechtzeitig fertig zu werden. Griechenland gewinnt die Fußballeuropameisterschaft.

öffentliche Meinung in Griechenland befürwortete mit überwältigender Mehrheit eine Vereinigung, Großbritannien und die USA lehnten sie aus strategischen Gründen ab.

1956 startete die rechte, griechisch-zyprische militärische Widerstandsorganisation (EOKA) einen bewaffneten Kampf gegen die Briten. Nach eingehenden Verhandlungen einigten Großbritannien, Griechenland und die Türkei sich 1959 schließlich auf eine Kompromisslösung. Zypern sollte im folgenden August eine unabhängige Republik werden mit dem griechisch-zyprischen Erzbischof Makarios als Präsident und dem Türken Faisal Kükük als Vizepräsident. Diese Veränderungen trugen nur wenig dazu bei, beide Seiten zu beruhigen. Die EOKA beschloss, weiter zu kämpfen und die türkischen Zyprioten forderten sogar eine Teilung der Insel.

In Griechenland gründete Georgios Papandreou, ein ehemaliger Anhänger von Venizelos, 1958 die Massenpartei EK (Zentrumsunion). Bei den Wahlen 1961 kam jedoch zum dritten Mal in Folge die ERE (Nationalradikale Union), wie Karamanlis die griechische Sammlungspartei neu getauft hatte, an die Macht. Papandreou warf der ERE Wahlfälschung vor, die darauf folgenden politischen Unruhen gipfelten im Mai 1963 in der Ermordung von Grigoris Lambrakis, dem Abgeordneten der kommunistischen EDA (Vereinigte Demokratische Linke). Karamanlis war alldem nicht gewachsen, er trat zurück und ging nach Paris.

Im Februar 1964 kam die EK schließlich an die Macht und Papandreou leitete unverzüglich eine Reihe radikaler Veränderungen ein. Er ließ politische Gefangene frei, erlaubte Exilanten die Rückkehr nach Griechenland, senkte die Einkommensteuer und den Verteidigungsetat und erhöhte die Ausgaben für Soziales und Bildung.

Obristen, Monarchen & Demokratie

Papandreous Toleranz gegenüber der Linken war den griechischen Rechten ein Dorn im Auge, daher putschte eine Gruppe von Offizieren unter Führung von Georgios Papadopoulos und Stylianos Pattakos am 21. April 1967. Sie richteten eine Militärjunta ein, Papadopoulos wurde Ministerpräsident. König Konstantin versuchte im Dezember einen erfolglosen Gegenputsch und floh anschließend erst nach Rom, später nach London.

Die Obristen verhängten das Kriegsrecht, verboten sämtliche politischen Parteien und Gewerkschaften, führten die Zensur ein und inhaftierten, folterten und verbannten tausende Dissidenten. Im Juni 1972 erklärte Papadopoulos Griechenland zur Republik und ernannte sich selbst zum Präsidenten.

Am 17. November 1973 stürmten Panzer ein Gebäude des Polytechnikums in Athen, um eine Besetzung durch Studenten zu beenden, die zu

Der politische Mord 1963 an Grigoris Lambrakis wird in Vassilis Vassilikos' Roman Z beschrieben (nur antiquarisch). Das Buch wurde später preisgekrönt verfilmt.

2007	2007	2008
Ausgedehnte Waldbrände verwüsten große Gebiete im Westen des Peloponnes sowie Teile von Euböa und Epiros. Sie verursachen die schlimmste ökologische Katastrophe der letzten Jahrzehnte. Tausende werden obdachlos, 66 Menschen sterben.	Im September finden Parlamentswahlen statt. Kostas Karamanlis wird zu einer zweiten Amtszeit wiedergewählt.	Die Polizei erschießt in Athen einen 15-Jährigen bei Auseinandersetzungen zwischen der Polizei und Jugendlichen. Dieser Vorfall löst landesweit Krawalle aus.

einem Aufstand gegen die von den USA unterstützte Junta aufriefen. Die Zahl der Todesopfer ist noch immer umstritten (die Rede war von 20 getöteten und hunderten verletzter Studenten), der Vorfall läutete jedoch das Ende der Junta ein.

Kurze Zeit später setzte der Leiter der militärischen Sicherheitspolizei Dimitrios Ioannidis Papadopoulos ab. Im Juli 1974 unternahm Ioannidis den Versuch, Griechenland mit Zypern zu vereinen, und wollte hierzu die Regierung von Makarios in Zypern stürzen. Makarios bekam jedoch Wind von dem Plan, ihn zu ermorden, und entkam. Die Junta ernannte an seiner Stelle den Extremisten Nikos Sampson (einen ehemaligen EOKA-Führer) zum Präsidenten. Daraufhin entsandte die Türkei Truppen, die schließlich den Norden Zyperns besetzten, die Insel teilten und etwa 200 000 griechische Zyprioten vertrieben, die sich im Süden der Insel in Sicherheit brachten (über 1500 Zyprioten gelten als vermisst).

Die Militärjunta brach zusammen. Karamanlis wurde aus Paris zurückbeordert und seine Partei Neue Demokratie (ND) ging aus den Wahlen im November 1974 als überlegener Sieger gegen die neu gegründete Panhellenische Sozialistische Union (PASOK) unter Führung von Andreas Papandreou (Sohn von Georgios) hervor. Bei einer Volksabstimmung sprachen sich 69 % gegen eine Wiedereinführung der Monarchie aus und das Verbot der kommunistischen Partei wurde aufgehoben. (Die verbannte ehemalige Königsfamilie lebt weiterhin in London und verwendet ihre königlichen Titel. Ein Streit zwischen dem ehemaligen König Konstantin und der Regierung über das Vermögen der Familie wurde 2002 beigelegt. Inzwischen halten sich Mitglieder der Königsfamilie häufig als Privatbürger in Griechenland auf).

Einen guten Einblick in den Militärputsch von 1967 gibt Andreas Papandreous Bericht in *Griechische Tragödie. Von der Demokratie zur Militärdiktatur.*

Die 1980er- & 1990er-Jahre

Als Griechenland 1981 das 10. Mitglied der EU wurde, war es das kleinste und ärmste Mitgliedsland. Im Oktober 1981 gewann Andreas Papandreous Partei PASOK die Wahlen und stellte Griechenlands erste sozialistische Regierung. Die PASOK regierte annähernd zwei Jahrzehnte (mit Ausnahme von 1990–93). Sie hatte ehrgeizige Sozialreformen versprochen, wollte die US-Luftwaffenstützpunkte schließen und sich aus der NATO zurückziehen. Die US-Militärpräsenz wurde reduziert, die Arbeitslosigkeit blieb jedoch hoch und es gab nur sehr begrenzte Reformen im Bildungs- und Sozialwesen. In Frauenfragen sah es besser aus: Die Aussteuerpflicht wurde abgeschafft, Abtreibungen wurden legalisiert und standesamtliche Eheschließungen und Scheidungen eingeführt.

Ein Wirtschaftsskandal, eine Reihe von Generalstreiks und politische Grundsatzdebatten über das Bildungssystem des Landes fügten der PASOK Schaden zu. 1990 führte Konstantinos Mitsotakis die ND (Neue Demokratie) wieder zurück an die Macht. Um die Wirtschaftsprobleme

2009	2009	2009
Aus den Wahlen zum Europaparlament Anfang Juni geht die PASOK als Sieger hervor. Giorgos Papakonstantinou steht an der Spitze der 22 griechischen Abgeordneten des Europaparlaments.	Am 20. Juni wird das viel bejubelte neue Akropolis-Museum offiziell eingeweiht. Eine PR-Kampagne kämpft weiterhin für die Rückgabe der Marmorskulpturen des Parthenon aus dem Britischen Museum in London.	In Griechenland kommen Bedenken über die Absicht der Türkei auf, vor den Küsten von Kastellorizo und Zypern nach Öl und Erdgas zu suchen. Die diplomatischen Spannungen verstärken sich, als Einheimische türkische Jets, die mehrere Inseln in der Ostägäis im Tiefflug überfliegen, mit Laserpointern blenden.

des Landes – hohe Inflation und hohe Staatsausgaben – in den Griff zu bekommen, beschloss die Regierung Sparmaßnahmen; dazu gehörten eine Nullrunde für den öffentlichen Dienst und eine drastische Erhöhung der Abgaben und Gebühren für öffentliche Versorgungsleistungen und Basisdienstleistungen.

Ende 1992 wurden Korruptionsvorwürfe gegen die Regierung laut. Mitte 1993 hatten viele Anhänger von Mitsotakis die ND verlassen und sich der neuen Partei Politischer Frühling angeschlossen. Die ND verlor ihre Mehrheit im Parlament und vorgezogene Wahlen im Oktober brachten Andreas Papandreous Partei PASOK zurück an die Macht.

Anfang 1996 trat Papandreou aus Gesundheitsgründen zurück und starb am 26. Juni. Nach seinem Rückzug kam es zu einer drastischen Richtungsänderung in der PASOK. Die Partei gab Papandreous linksgerichtete Politik auf und wählte den erfahrenen Wirtschaftswissenschaftler und Juristen Kostas Simitis zum neuen Ministerpräsidenten. Bei den Wahlen im Oktober 1996 erreichte er eine komfortable Mehrheit.

> „Im neuen Jahrtausend stieg der Lebensstandard und Milliarden Euro flossen in große Infrastruktur-Projekte in ganz Griechenland."

Das 21. Jahrhundert

Die Regierung Simitis konzentrierte sich fast ausschließlich auf eine weitere Integration in Europa. Das bedeutete generell weitere Steuerreformen und Sparmaßnahmen. 2004 verlor die PASOK an Popularität und Giorgos Papandreou löste Simitis als Parteivorsitzenden ab. Als die Partei Neue Demokratie (ND) im März 2004 die allgemeinen Wahlen gewann, kam es in Griechenland unter Kostas Karamanlis als Ministerpräsident zu einem Kurswechsel.

Im neuen Jahrtausend stieg der Lebensstandard und Milliarden Euro flossen in umfangreiche Infrastruktur-Projekte in ganz Griechenland. Dazu gehörte auch die Sanierung Athens – angespornt vor allem durch die Gastgeberrolle für die Olympischen Spiele 2004. Steigende Arbeitslosigkeit, hochschießende öffentliche Verschuldung, steigende Inflation und erschwerte Verbraucherdarlehen forderten jedoch ihren Tribut. Die öffentliche Meinung richtete sich 2007 zunehmend gegen Karamanlis' Regierung, die scharf für das Katastrophenmanagement bei den schweren Waldbränden im Sommer kritisiert wurde, die für großflächige Zerstörungen in ganz Griechenland sorgten. Nach vorgezogenen Neuwahlen im September 2007 stellten die Konservativen trotzdem wieder die Regierung, wenn auch mit einer knapperen Mehrheit.

Eine Reihe massiver Generalstreiks und Blockaden in den letzten Jahren zeigte die wachsende Unzufriedenheit der Wähler. Hunderttausende haben gegen die radikalen Arbeits- und Rentenreformen und die Privatisierungspläne protestiert, die nach Ansicht von Analytikern die öffentliche Verschuldung eindämmen könnten. Die Opposition gegen die Regierung erreichte im Dezember 2008 ihren Höhepunkt, als Randalierer

2009	2009	2009–10
Kostas Karamanlis verlangt vorgezogene Parlamentswahlen. Die sozialistische Partei PASOK unter Giorgos Papandreou gewinnt die Oktoberwahlen haushoch gegen die Konservativen.	Griechenland leidet sehr unter der internationalen Finanzkrise. Gegen Ende des Jahres müssen die Angaben über die Neuverschuldung des Landes deutlich nach oben korrigiert werden, und die Kreditwürdigkeit des hoch verschuldeten Staates wird zunehmend in Frage gestellt.	Die Regierung sieht sich gezwungen, der Krise mit massiven Sparmaßnahmen zu begegnen. Gegen die Zumutungen, die das Sparprogramm mit sich bringt, wird teilweise heftig demonstriert.

durch das ganze Land zogen. Angeführt wurden sie von Jugendlichen, die empört waren über die Erschießung eines 15-Jährigen durch die Polizei in Athen nach einer angeblichen Auseinandersetzung zwischen der Polizei und einer Gruppe von Teenagern. Die Jugendlichen warfen mit Steinen und Brandsätzen auf die Bereitschaftspolizei, die mit Tränengas antwortete. Mit wachsender Besorgnis wird das politische Gerangel in einer laufenden Untersuchung über angebliche Korruptionsfälle bei Politikern beider politischer Seiten in Zusammenhang mit der Siemens Hellas-Gruppe beobachtet. Bereits zuvor gab es eine andere umstrittene Angelegenheit. Dabei ging es um einen Gebietsaustausch zwischen einem Kloster und der Regierung, wobei einige Kommentatoren davon ausgehen, dass das Kloster dabei zu Lasten der Steuerzahler deutlich besser wegkam. Bei den Parlamentswahlen im Oktober 2009, nach der Halbzeit von Karamanlis' Amtszeit, gewann die PASOK erdrutschartig gegen die Konservativen und konnte wieder die Regierungsverantwortung übernehmen.

Griechenland sieht sich weiterhin der Herausforderung gegenüber, das zeitweise aggressive Verhältnis zu seinem Nachbarn auf dem Balkan, der ehemaligen jugoslawischen Republik Mazedonien zu verbessern. Es bestehen Meinungsverschiedenheiten über die Verwendung der Bezeichnung Mazedonien, ein Thema, über das beide Länder mit UN-Vermittlung verhandeln. Die Beziehungen zur Türkei sind inzwischen freundschaftlicher. Griechenland unterstützt die Bemühungen der Türkei um einen EU-Beitritt und drängt zu gemeinsamem Handeln beider Länder beim Umgang mit illegalen Einwanderern über Griechenlands Grenzen. Allerdings hat Griechenland höchste Bedenken geäußert, als die Türkei ihre Absicht erklärte, in der Ostägäis nach Öl und Gas zu suchen. Dieses Ansinnen hat zu diplomatischen Spannungen geführt.

2009–10	2010	2010
Die Situation Griechenlands beschäftigt die europäische Währungsunion. Die Fragen, wie man mit dem hochverschuldeten Euro-Land umgehen soll, und welche Folgen eine Staatspleite für den Rest der EU hätte, werden heftig diskutiert.	Bei der ersten Emission von Staatsanleihen im neuen Jahr gelingt es Griechenland, die Papiere am Markt zu platzieren und so an frisches Geld zu kommen. Der Erfolg ist jedoch teuer erkauft, denn die Staatsanleihen sind extrem hoch verzinst.	Experten sind sich einig, dass Griechenland dringend seinen Haushalt konsolidieren und einen strikten Sparkurs einschlagen muss. Die EU fordert den Mitgliedsstaat auf, die derzeitige Neuverschuldung von 13 % des BIPs bis 2012 auf die erlaubten 3 % zu senken.

Ein Who's who des antiken griechischen Pantheons

Richard Waters

Das Leben im antiken Griechenland drehte sich um die Verehrung von zwölf Hauptgöttern und -göttinnen. Auch wer heute, 2500 Jahre später, Griechenland besucht, sollte sie nicht links liegen lassen. Ist es doch nett, sich Poseidon vorzustellen, wie er mit seinem Lieblingskraken in den blauen Tiefen der Ägäis schlummert, oder in den Wäldern den Kiefernduft zu schnuppern und zwischen dem Zirpen der Zikaden auf Pans Flöte zu lauschen. Der olympische Pantheon trug so menschliche Züge – ob nun Zeus mit seiner schamlosen Lüsternheit oder Dionysos mit seinen feuchtfröhlichen Gelagen – dass die griechischen Götter sogar die Invasion der Römer überlebten, die sie mit Begeisterung umtauften und gleich selbst anbeteten. Nachfolgend die Götter in ihrer Rangordnung (in Klammern jeweils der römische Name).

> „Das Leben im antiken Griechenland drehte sich um die Verehrung von zwölf Hauptgöttern und -göttinnen."

ZEUS (JUPITER)

Der schwergewichtige Champion auf dem Olymp, der Herr des Himmels und ein Meister der Verkleidung, wenn es darum ging, bei den Sterblichen hübsche Mädchen zu verführen. Zu seinem Kostümfundus gehörten Goldregen, Stier, Adler und Schwan.

POSEIDON (NEPTUN)

Gott der Meere, Herr der Nebel und jüngerer Bruder von Zeus. Er residierte in einem kristallenen Palast unter Wasser.

HERA (JUNO)

Die Himmelskönigin, Schutzgöttin der Frauen und der Familie, war die zänkische Ehefrau (und gleichzeitig Schwester) des Zeus. Sie gilt als Musterexemplar der eifersüchtigen und herrschsüchtigen Ehefrau.

HADES (PLUTO)

Als Gott des Todes herrschte er in der Unterwelt. Dorthin ließ er die Verstorbenen durch seinen Fährmann Charon bringen. Schlimme Missetäter mussten im Tartaros Qualen leiden, während Helden im Elysium die ewige Ruhe genießen durften.

ATHENE (MINERVA)

Göttin der Weisheit, des Krieges, der Wissenschaft und Schutzgöttin Athens. Athene war der Gegenpol zu Ares (s. S. 59). Sie war bedächtig und zog die Diplomatie dem Krieg vor. Herakles, Jason (der berühmte Jason mit den Argonauten) und Perseus standen unter ihrem Schutz.

APHRODITE (VENUS)

Göttin der Liebe und der Schönheit. Die gut gebaute Dame in der Muschel soll aus dem Schaum der Wellen geboren worden sein. Wenn sie nicht gerade ihrem unglücklichen Gatten Hephaistos Hörner aufsetzte, entflammte sie gemeinsam mit ihrem engelsgleichen Sohn Eros (Cupido) die Herzen der Menschen und sorgte damit für Ärger (Stichwort: Trojanischer Krieg).

APOLLON (PHOEBUS)

Gott der Musik, der Künste, der Weissagung und des Lichts – zudem ein meisterlicher Bogenschütze. Apollons ruhige Hand lenkte den Pfeil von Paris auf Achilles' einzigen Schwachpunkt – seine Ferse – und tötete ihn.

ARTEMIS (DIANA)

Göttin der Jagd und Zwillingsschwester von Apollon. Ironischerweise war sie auch die Schutzgöttin der Wildtiere. Sie gab sich abwechselnd boshaft und edelmütig und war eng mit der finsteren Hekate verbunden, der Schutzgöttin der Hexen.

ARES (MARS)

Kriegsgott. Zeus mochte diesen Sohn am wenigsten. Kein Wunder, dass Ares von den kriegslustigen Spartanern angebetet wurde. Heute würde er sich vermutlich zwischen Hooligans wohl fühlen.

HERMES (MERKUR)

Götterbote und Schutzheiliger der Reisenden. Er ist der gut Aussehende mit Flügeln am Hut und an den Sandalen. Er war immer zur Stelle, wenn es darum ging, wegen der Affären seines Vaters Zeus mal wieder die Wogen zu glätten.

HEPHAISTOS (VULKAN)

Gott der Handwerker, der Schmiede und des Feuers. Dieser missgebildete und häufig verspottete Sohn von Zeus schuf aus Lehm die erste Frau auf der Erde. Es war Pandora, die eine Strafe für die Menschen werden sollte. In ihrer Büchse brachte sie die Laster und Plagen der Menschheit mit.

HESTIA (VESTA)

Göttin des Herdes. Sie wachte über die öffentlichen Feuerstellen in den Städten. Dort konnten die griechischen Bürger ihre Fackeln entzünden. Sie blieb unverheiratet und jungfräulich.

OH DIESE MYTHEN!

> „Die griechische Mythologie hält einige der großartigsten Storys der Welt parat."

Die griechische Mythologie hält einige der großartigsten Storys der Welt parat. Der folgende Kurztrip durch die Mythologie liefert genügend Infos, um Mitreisende mit klassischer Bildung zu verblüffen!

HERAKLES (HERKULES)

Der berühmteste und netteste Held des antiken Griechenlands. Der bärtige Recke hatte versehentlich seine Familie umgebracht (weil Hera ihn mit Wahnsinn geschlagen hatte) und musste nun zur Strafe zwölf Aufgaben erfüllen: Er musste den nemäischen Löwen erlegen und die Hydra von Lerna (s. S. 60) töten, die kerynitische Hirschkuh und den erymanthischen Eber einfangen, die Rinderställe des Augias in einem Tag ausmisten, die stymphalischen Vögel ausrotten, den kretischen Stier einfangen, die menschenfressenden Rosse des Diomedes zähmen und stehlen, den Gürtel der Hippolyte holen, die Rinderherde von Geryon rauben, die Äpfel der Hesperiden stehlen und den Höllenhund Zerberus einfangen (s. S. 60).

DIE TOP FIVE DER MYTHOLOGISCHEN GESCHÖPFE

- **Medusa:** Mit dem Kopf geht man nicht zum Friseur. Die einst schöne Medusa wurde von den Göttern aus Eifersucht mit einem schrecklichen Aussehen bestraft. Sogar der Anblick ihres abgeschlagenen Kopfes war noch tödlich.

- **Zyklopen:** Einäugige Riesen. Odysseus war mit seinen Gefährten in der Höhle eines solchen Zyklopen, Polyphemus, vorübergehend gefangen.

- **Zerberus:** Der dreiköpfige Höllenhund. Er bewachte den Eingang zur Unterwelt – an seinem wachsamen Blick kam niemand vorbei.

- **Minotaurus:** Dieses Geschöpf – halb Mensch, halb Stier – lebte in einem unterirdischen Labyrinth und wurde durch gelegentliche Häppchen Menschenfleisch besänftigt.

- **Hydra:** Schlug man einen ihrer neun Köpfe ab, wuchsen zwei neue nach. Herakles löste das Problem, indem er die Hälse mit einer Fackel abbrannte.

THESEUS

Der athenische Held meldete sich freiwillig als eines der Opfer für den Minotaurus. Diesem Sohn von König Minos von Kreta (s. auch Kasten oben), einem Ungeheuer mit dem Kopf eines Stieres und dem Körper eines Menschen, mussten jedes Jahr sieben Männer und Jungfrauen geopfert werden. Nachdem Theseus in dem Furcht einflößenden Labyrinth (aus dem noch nie jemand zurückgekehrt war) das Ungeheuer getötet hatte, folgte er dem Faden zurück, den er in einem Knäuel von Prinzessin Ariadne (die dank eines Pfeils von Aphrodite in ihn verliebt war) erhalten und auf dem Hinweg abgespult hatte.

IKARUS

Gemeinsam mit seinem Vater Dädalus, einem hervorragenden Erfinder, hob Ikarus von Kretas Klippen ab, denn beide wurden von König Minos und seinen Truppen verfolgt. Sein Vater hatte ihm eingeschärft, mit den Flügeln aus Federn und Wachs nicht zu nah an die Mittagssonne zu fliegen. Aber wie Jungen nun mal sind, hielt Ikarus sich wohl für die Möwe Jonathan... das Wachs schmolz, die Federn lösten sich und der Vogel-Junge ertrank. Und die Moral von der Geschichte: Besser doch auf den Vater hören.

PERSEUS

Perseus sollte die scheinbar unmögliche Aufgabe erfüllen, die Gorgone Medusa (s. Kasten oben) zu töten. Ihr Kopf mit den Schlangenhaaren verwandelte einen Menschen, der ihr ins Gesicht schaute, zu Stein. Ausgerüstet mit einer Tarnkappe und geflügelten Sandalen von Hermes, nutzte Perseus seinen spiegelnden Schild, um Medusa nicht ansehen zu müssen. Nachdem er ihr den Kopf abgeschnitten hatte, verbarg er ihn in einem Beutel. Um Prinzessin Andromeda im letzten Moment zu retten, die an einen Fels gebunden war, um einem Seeungeheuer geopfert zu werden, brauchte er Medusas Kopf nur kurz aus dem Beutel ziehen. Das Seeungeheuer wurde zu Stein und Perseus bekam das Mädchen.

ÖDIPUS

Niemand entkommt seinem Schicksal... Ödipus, der nach seiner Geburt ausgesetzt worden war und den der König von Korinth an Kindes statt angenommen hatte, erfuhr vom Orakel in Delphi, dass er eines Tages seinen Vater erschlagen und seine Mutter heiraten würde. Daraufhin beschloss er, nie mehr nach Korinth zurückzukehren und machte sich auf nach Theben. Unterwegs tötete er einen unverschämten Fremden. In Theben stellte er fest, dass die Stadt von einer mörderischen Sphinx (einem geflügelten Löwen mit einem Frauenkopf) heimgesucht wurde. Dieses Geschöpf stellte nichts ahnenden Reisenden und Stadtbewohnern ein Rätsel. Konnten sie es nicht lösen, wurden sie auf dem Fels zerschmettert. Ödipus gelang es, das Rätsel zu lösen, er erledigte dadurch die Sphinx und erhielt zur Belohnung die Königin von Theben zur Frau. Als Ödipus Jahre später entdeckte, dass der Fremde, den er getötet hatte, sein Vater gewesen war und dass seine Frau tatsächlich auch seine Mutter war, stach er sich die Augen aus und ging in die Verbannung.

Kultur

DIE GRIECHISCHE MENTALITÄT

Die Griechen haben lange im Schatten des glanzvollen kulturellen und künstlerischen Erbes ihrer antiken Vorfahren gelebt. Geht man davon aus, dass ein Land seine Geschichte als Bürde empfindet, dann hat die griechische Psyche schwer zu tragen an ihrem Gepäck: Jahrhunderte der Fremdherrschaft, Kolonisation, Krieg, politische Unruhen, Isolation, Armut und Massenemigration. Das exotische Image aus den 1960er-Jahren, das Griechenland als eine Nation sorgloser, nach Vergnügen strebender Menschen nach dem Muster des Alexis Sorbas darstellt, mag zwar die Belastbarkeit und Geisteshaltung der Griechen widerspiegeln, wird dem komplexen griechischen Charakter aber nicht gerecht.

Die Griechen sind zweifellos leidenschaftlich, absolut eigenständig und stolz auf ihr Erbe. Dank ihrer Ahnen fühlen sie sich kulturell überlegen, sind sich ihrer heutigen Position am Ende der Skala im modernen Europa jedoch durchaus bewusst. Daher konzentrieren sie sich auf die Gestaltung einer erfolgreichen Zukunft.

Seit Griechenland 1981 fast überstürzt als das kleinste und ärmste Land der Staatengemeinschaft der EU beitrat, haben die Griechen darum gekämpft, die radikalen und raschen sozialen Veränderungen, Modernisierungen und Wirtschaftsreformen zu bewältigen, die das Land noch immer beschäftigen.

Der nachhaltige Erfolg der Olympischen Sommerspiele im Jahr 2004 in Athen wurde zu einem wichtigen Wendepunkt. Die Griechen werden seither anders wahrgenommen, sie gelten innerhalb Europas nicht mehr als provinziell. Moral und Nationalstolz wurden zudem durch den Sieg der Griechen bei der Fußball-Europameisterschaft im selben Jahr gestärkt.

Freiheit und Selbstbestimmung sind in Griechenland noch relativ jung. Heute steht die Belastbarkeit der Kultur und der Traditionen Griechenlands auf dem Prüfstand, da die Globalisierung, die Kräfte des freien Marktes und radikaler gesellschaftlicher Wandel das Land verändern. Die junge griechische Generation muss lernen, aufgrund der technischen Fortschritte mit einem massiven Generationenkonflikt umzugehen. Mehrsprachig aufwachsende Kinder beschäftigen sich mit Handy-Spielen, während ihre des Schreibens und Lesens unkundigen Großväter noch auf Maultieren reiten. Der gewaltige Wandel von einer weitgehend armen, durch Landwirtschaft geprägten Gesellschaft zu einem zunehmend hoch entwickelten städtischen Leben führt dazu, dass die Griechen auch ihre kulturellen und religiösen Sitten neu ausbalancieren müssen. Die jüngere griechische Generation ist mehrsprachig, gebildet, weniger engstirnig und zunehmend weit gereist. Sie lebt heute in einer wohlhabenderen und deutlich stärker multikulturellen Gesellschaft.

Da die Griechen sich immer wieder neu erfinden müssen, weist die griechische Mentalität einige faszinierende Paradoxa auf.

Die Griechen sind mit unbestreitbarer Lebensfreude gesegnet. Vorausplanen ist hingegen nicht ihr Ding, so dass Spontaneität ein erfrischender Aspekt des gesellschaftlichen Lebens ist. Gerne stellen sie ihren neu erreichten Wohlstand zur Schau, tragen Markenklamotten und fahren protzige Autos. Auch für Ausschweifungen sind sie immer zu haben, insbesondere wenn es um Ausgaben für ihre Unterhaltung geht. So versuchen die kettenrauchenden, am Handy hängenden Griechen mit ihrem

Götter, Helden, Philosophen: Geschichte und Kultur der alten Griechen (2003) der beiden Archäologen John Camp und Elizabeth Fisher liefert breit gefächerte und gründliche Informationen über den anhaltenden Einfluss der alten Griechen auf Politik, Philosophie, Theater, Kunst, Medizin und Architektur.

Die Griechen gehören zu den intensivsten Handy-Nutzern der Welt. Die Zahl angemeldeter Handys liegt mit über 11,9 Mio. sogar über der geschätzten Bevölkerungszahl von 11,2 Mio. Menschen.

übersteigerten Konsumverhalten in vielerlei Hinsicht die verlorene Zeit aufzuholen.

Die Griechen genießen seit langem den Ruf, loyale Freunde und großzügige Gastgeber zu sein. Sie sind stolz auf *filotimo* (Würde und Ehrgefühl) und *filoxenia* (Gastfreundschaft), die auch im ärmsten Haushalt gepflegt werden.

Auf dem Dienstleistungssektor scheinen diese Tugenden jedoch unterzugehen. Dort legen mürrische öffentliche Angestellte einen deutlichen Mangel an Interesse für den Dienst am Kunden an den Tag. Das übergeordnete Wohl spielt hinter persönlichen Interesse häufig nur die zweite Geige und das Gefühl für eine Kollektivverantwortung beispielsweise in Bezug auf Umweltfragen ist sehr gering ausgeprägt. Den Stolz, den Griechen für ihr Heim empfinden, dehnen sie nur selten auf den öffentlichen Raum aus.

Den Griechen ist ein gewisser Argwohn gegenüber der Autorität geblieben und sie haben wenig Respekt vor dem Staat. Ihre persönliche Freiheit und ihre demokratischen Rechte gehen ihnen über alles. Die Big Brother-Tendenzen in einigen überreglementierten westlichen Ländern sind den Griechen ein Gräuel (2009 hat Griechenland die Street-View-Funktion von Google Earth verboten, nachdem es einen Aufschrei wegen dieses Eingriffs in die Privatsphäre gab). Diese angeborene Aufsässigkeit bedeutet, dass Regeln und Vorschriften üblicherweise ignoriert werden. Viele Touristen können kaum glauben, dass es hier überhaupt so etwas wie Verkehrsregeln gibt. Trotz saftiger Bußgelder gilt das Anlegen des Sicherheitsgurtes als Belästigung, erfinderisches und rücksichtsloses Parken ist die Norm, gefährliches Überholen weit verbreitet. Häufig sieht man Motorradfahrer, die ihren Helm über dem Arm hängen haben, während sie mit dem Handy telefonieren. Das 2009 eingeführte Rauchverbot wird ein Härtetest für die Nation werden – einige Berichterstatter haben es als den „zweiten Bürgerkrieg" angekündigt.

Protektion spielt in allen Gesellschaftsschichten eine wichtige Rolle, Vetternwirtschaft wird allgemein akzeptiert, sie gilt als Nebenprodukt der Tatsache, dass man zum Überleben auf persönliche Netzwerke zurückgreifen muss. Noch immer ist es so gut wie unmöglich, bei der aufgeblähten griechischen Bürokratie weiterzukommen (oder auch einen Job zu bekommen) ohne *meson* (die Hilfe eines Freundes oder Familienmitglieds im System). Die Griechen sind wahre Meister darin, das System zu umgehen. Dabei legen sie eine schon fast bewundernswerte Dreistigkeit oder *poniria* (Gerissenheit) an den Tag. Korruption stellt die ernstere Form dieser Haltung dar. Der berühmt-berüchtigte *fakelaki* (ein kleiner Briefumschlag mit Bargeld) ist und bleibt das übliche Mittel, den

> Die Griechen sind innerhalb der EU die stärksten Raucher: 37,6 % der über 15-Jährigen sind starke Raucher, Frauen rauchen genauso viel wie Männer. 2009 wurde das Rauchverbot optimistisch auf Restaurants, Bars und Nachtclubs ausgedehnt.

GUTE WÜNSCHE

Gute Wünsche gehören zu den liebenswerten Besonderheiten des griechischen Alltags. Griechen scheinen für jede Gelegenheit den passenden Wunsch parat zu haben, das mag ein Zeichen von Aberglaube oder von einem Übermaß an Wohlwollen sein. So wünschen sie nicht nur *kali orexi (guten Appetit)*, sondern auch *kali honepsi* (gute Verdauung) und *kali xekourasi* (gute Erholungspause) oder *kali diaskedasi* (gute Unterhaltung). Am ersten Tag der Woche heißt es *kali evdomada* (eine gute Woche), Monat für Monat *kalo mina* (einen guten Monat), während man zu Sommerbeginn *kalo kalokeri* (einen guten Sommer) und am Ende des Sommerurlaubs *kalo himona* (einen guten Winter) wünscht. Beim Einkaufen heißt es *kaloriziko* (viel Glück), für eine neue Aufgabe wünscht man *kales doulies* (gutes Gelingen). Vor neuen Herausforderungen hört man *kali dynami* (viel Kraft) und so gibt es für jede Gelegenheit die Kombinationsmöglichkeit mit *kalo*.

bürokratischen Weg abzukürzen, sei es, um auf dem OP-Plan einen Platz weiter nach vorne zu kommen, Unstimmigkeiten mit dem Finanzamt zu regeln oder eine Baugenehmigung zu erhalten. Die Antikorruptionsorganisation Transparency International platziert Griechenland unter den korruptesten Ländern Europas.

Griechenland gehört gleichermaßen zum Mittelmeer wie zum Balkan und lange Zeit hat das Land einen Spagat zwischen Ost und West vollführt. Es überrascht daher nicht, dass sich die griechische Mentalität von der im übrigen Europa deutlich unterscheidet. Die meisten Griechen sind unverblümt und streitlustig. Bei Neuigkeiten, Klatsch und politischen Diskussionen blühen sie geradezu auf, doch während sie gnadenlos über Regierung und Gesellschaft herziehen, reagieren sie allergisch auf Kritik von außen und können einen leidenschaftlichen Nationalstolz an den Tag legen. Für Griechen gilt das Motto „arbeiten um zu leben" und sie sind stolz darauf, das Leben genießen zu können. Sie sind ausgesprochen gesellig, gehen regelmäßig auswärts essen und füllen die unzähligen Cafés und Kneipen des Landes. Sie sind meist als Gruppe unterwegs, als Familie oder *parea* (Freundeskreis). Einsamkeit wird weder geschätzt noch gesucht.

Anders als in vielen anderen westlichen Kulturen, wo die Menschen den Augenkontakt mit Fremden eher meiden, finden Griechen nichts dabei, die Menschen um sich herum anzustarren und unverhohlen zu beobachten (und gerne auch zu kommentieren). Von Fragen zum Privatleben, wie der Frage, warum jemand keine Kinder hat, bis zu der Frage, wie viel jemand verdient oder was er für sein Haus oder seine Schuhe bezahlt hat, gibt es nur sehr wenige Tabuthemen. Bevor sie sich auf politischen Smalltalk einlassen, berichten sie lieber über ihre kleinen Sorgen und Wehwehchen.

Griechen kommen regelmäßig zu spät und sind wahre Meister darin, alles in letzter Minute zu erledigen, wie die Olympischen Spiele im Jahr 2004 wieder einmal gezeigt haben. Kommt jemand pünktlich zu einer Verabredung, sagt man, er verhalte sich „englisch". Man kann leicht den Eindruck gewinnen, dass den Griechen Pflichtgefühl zuwider ist. Möglicherweise ist dies eine Reaktion auf die jahrhundertelange Fremdherrschaft.

Griechen sind sehr ethnozentrisch, Anti-Amerikanismus inbegriffen. Abgesehen davon, dass sie die amerikanische Vormachtstellung generell ablehnen, wird diese Haltung durch die von vielen als unzulässig beurteilte Einmischung der USA in die griechischen Angelegenheiten während des Bürgerkriegs (S. 52) begründet sowie durch die mutmaßliche Beteiligung der CIA bei der Machtübernahme der Militärs 1967, das Desinteresse der USA an der Zypernfrage und deren Interventionen im Mittleren Osten und auf dem Balkan. Die Protesthaltung nimmt teils irrationale anti-amerikanische Züge an, kann sich jedoch in so harmlosen passiv-aggressiven Aktionen äußern, wie beispielsweise kein Coca-Cola auszuschenken.

Das gängige Klischee vom griechischen Mann als Muttersöhnchen ist nicht völlig aus der Luft gegriffen, hingegen haben AIDS und die sexuelle Befreiung der griechischen Frauen den berühmt-berüchtigten griechischen Lover und den *kamaki* (eigentlich ein Dreizack zum Fischen – im übertragenen Sinn wird damit ein früher weit verbreiteter Typus des griechischen Mannes bezeichnet, der versuchte, sich eine ausländische Frau zu „angeln") weitgehend aussterben lassen. In den 1970er- und 1980er-Jahren machten diese Männer die griechischen Inseln noch zu einem Magnet für allein reisende Touristinnen à la *Shirley Valentine*.

Die Griechen haben eine eigene Körpersprache – ein Kopfschütteln bedeutet „Ja", während ein kurzes Heben von Kopf (oder Augenbrauen) „Nein" signalisiert, häufig begleitet von einem Schnalzgeräusch mit der Zunge („ts").

EINFACH GUT LEBEN

Griechenland ist eines der freundlichsten, sichersten und entspanntesten Länder Europas. Abends sieht man vor allem im Sommer Menschen jeden Alters bei ihrem Abendspaziergang *(volta)* auf der Uferpromenade oder durch die Stadt. Sie haben sich fein gemacht und sind dank ihrer Nachmittagssiesta (eine heute aussterbende Einrichtung) erholt. Restaurants, Cafés, Theater, Kinos, Kneipen und Lokale mit Livemusik scheinen aufzublühen und das quirlige Straßenleben Athens und der meisten größeren Städte verblüfft viele Besucher. Selbst Kinder sind spätabends noch auf der Straße zu sehen; sie sind mit ihren Eltern unterwegs oder spielen in deren Nähe.

Die Sommerferien sind das Highlight des Jahres. Bis Mitte August macht das Land weitgehend dicht. Die meisten reisen auf eine der Inseln, an einen Strand oder in ihr Heimatdorf. Ein typisches Gesprächsthema der Griechen untereinander ist, wie oft sie im Sommer beim Baden waren.

Manches ist geblieben wie es war, der Lebensstandard der durchschnittlichen Griechen hat sich jedoch vor allem in den beiden letzten Jahrzehnten komplett verändert. Die Griechen sind sichtlich wohlhabender geworden. Davon zeugt die neue Generation Athener Yuppies, die sich in hippen Designerklamotten kleiden, mit den aktuellsten Handys telefonieren und die neuesten Autos fahren. Vermögende Landwirte sind mit dem neuesten Allrad-Autos unterwegs, und sogar Schafhirten sind mit Handys ausgestattet. Inzwischen gehen immer mehr Griechen auf Reisen und studieren im Ausland. Die griechischen Kinder sind inzwischen die dicksten der EU und viele Teenager sind süchtig nach Internetspielen.

Der hohe Anteil an Immobilieneigentümern und die Familiennetzwerke erklären zusammen mit einem zehnjährigen Wirtschaftsboom weitgehend das Aufkommen eines solchen Lebensstils, der jedoch in keinem Verhältnis zum Durchschnittseinkommen steht. Das griechische Einkommensniveau gehört zu den niedrigsten innerhalb der EU, die Lebenshaltungskosten sind vor allem seit Einführung des Euro im Jahr 2002 drastisch gestiegen.

Nach einem zehnjährigen Wirtschaftsboom rutschte Griechenland 2009 in eine Rezession (obwohl oder gerade weil das Land durch einen Schwarzmarkt gestützt wurde, den verschiedene Studien auf bis zu 30 % des BIP schätzten). Auch die griechischen Haushalte lebten über ihre Verhältnisse, der Gebrauch von Kreditkarten, Darlehen und *dosis* (Ratenzahlungen) stieg gewaltig an.

Die Akademikerjugend aus dem Mittelstand, die nach dem durchschnittlichen Monatseinkommen von Hochschulabsolventen als 700-€-Generation bezeichnet wird, ist immer noch stark von der Familie abhängig. Diese jungen Leute sind schwer enttäuscht von ihren schlechten Berufsaussichten, da sie das Gefühl der unbegrenzten Möglichkeiten verloren haben, das im Zusammenhang mit den Olympischen Spielen im Jahr 2004 entstanden war. Die Ernüchterung der Jugend hat zusammen mit der allgemeinen politischen Unzufriedenheit zu einem großen Teil die sozialen Unruhen und Krawalle genährt, die ausbrachen, nachdem die Polizei im Dezember des Jahres 2008 einen autonomen Teenager erschossen hatte.

Es sind gewaltige Unterschiede im Lebensstandard und ein starkes Stadt-Land-Gefälle zu verzeichnen. Die Zahl der Junkies, Obdachlosen und Bettler auf den Straßen Athens und anderer Großstädte ist ebenfalls spürbar gestiegen.

Alle Männer zwischen 19 und 50 Jahren müssen einen 12-monatigen Militärdienst leisten. Frauen sind in der griechischen Armee zugelassen, aber nicht verpflichtet und nehmen die Möglichkeit eher selten in Anspruch.

MENSCHEN & GESELLSCHAFT

Griechenland hatte 2009 schätzungsweise 11,2 Mio. Einwohner, ein Drittel davon lebte in der Metropolregion Athen. Griechenland ist heute eine überwiegend städtische Gesellschaft, über zwei Drittel der Bevölkerung lebt in Städten, weniger als 15 % auf den Inseln.

Immerhin konnten regionale Förderprogramme, Dezentralisation und die verbesserte Lage vieler ländlicher Gemeinden die Flut der Zuwanderer nach Athen etwas eindämmen (für Migranten gilt dies allerdings nicht). Junge Griechen bleiben inzwischen recht gerne in aufstrebenden Provinzzentren wie Larissa, Iraklion oder Ioannina und auch aus dem überbevölkerten Athen zieht es einige hinaus in die Provinz. Die griechische Gesellschaft altert und die Geburtenrate sinkt, Kinderreichtum gehört inzwischen der Vergangenheit an.

Den größten Anteil an Griechenlands Bevölkerungswachstum hatten seit 1991 die Migranten. In Griechenland leben schätzungsweise 1,5 Mio. Migranten legal, illegal oder mit ungeklärtem Status. Einwanderer stellen schätzungsweise ein Fünftel der Arbeitskräfte. Griechenlands mangelhafte Organisation der Einwanderung und die äußerst schleppenden Asylverfahren werden mit dem gewaltigen Ansturm neuer Migranten nicht fertig, was immer wieder zu internationaler Kritik Anlass gibt.

Griechenlands entlegene Inseln haben einen verstärkten Zustrom von Neuankömmlingen erlebt (Wirtschaftsmigranten und Asylbewerber). Diese signifikante Zunahme verursacht große soziale Probleme insbesondere auf kleineren Inseln, die diese Menge an Ankömmlingen, die teilweise die einheimische Bevölkerung zahlenmäßig übersteigen, nicht bewältigen können.

> „Die Großfamilie spielt im Alltag eine wichtige Rolle. Häufig versorgen Großeltern die Enkel, während deren Eltern arbeiten oder ausgehen."

Familienleben

Die griechische Gesellschaft wird stark durch die Familie geprägt. Junge Griechen ziehen in der Regel erst zu Hause aus, wenn sie selbst heiraten, es sei denn, sie besuchen eine Universität oder arbeiten in einer anderen Stadt. Bei qualifizierten Berufstätigen, und da heute generell später geheiratet wird, ändert sich die Situation allmählich, Arbeiter der Niedriglohngruppen bleiben ihren Familien hingegen weiterhin lange erhalten.

Eltern bemühen sich, ihren Kindern zur Hochzeit ein Haus zu schenken oder sie bauen ein Stockwerk auf ihr eigenes Haus (daher sieht man so viele unfertige Häuser).

Die Großfamilie spielt im Alltag eine wichtige Rolle. Häufig versorgen Großeltern die Enkel, während deren Eltern arbeiten oder ausgehen. Im Gegenzug kümmern die Kinder sich später um ihre alten Eltern, statt sie in ein Pflegeheim zu geben. Dies wird in Dörfern zunehmend schwierig. Dort werden für die Versorgung der alten Eltern vielfach Frauen aus dem Ausland geholt.

Griechen legen großen Wert auf Bildung, die ältere Generation möchte ihren Kindern die Möglichkeiten bieten, die ihr selbst verwehrt blieben. Griechenland stellt in der EU die höchste Zahl von Auslandsstudenten. Viele von ihnen sind nach dem Studium allerdings überqualifiziert und werden arbeitslos.

Obwohl die Mehrheit der Griechen ihre Heimatdörfer verlassen hat und in Städten oder im Ausland lebt, bleibt eine starke Bindung an die Heimat erhalten. Selbst in den entlegensten Dörfern herrscht munteres Treiben in den Ferien, bei Wahlen oder wenn immer sich ein Vorwand bietet, nach Hause zu fahren. Eine der ersten Fragen, die Griechen einem Fremden stellen, ist die Frage, aus welcher Region Griechenlands er stammt.

Die griechische Kirche widersetzt sich vehement der Ehe von Homosexuellen. 2008 erfuhr die Öffentlichkeit von einem Versuch, ein Schlupfloch im Zivilrecht auszunutzen (in der Fassung von 1982 stand dort nicht ausdrücklich, dass Ehepartner ein Mann und eine Frau sein müssen). Diese Ehe wurde später von einem griechischen Gericht annulliert.

Multikulti

Griechenland war immer eine sehr homogene Gesellschaft. Es ist noch gar nicht lange her, dass dort der Begriff multikulturell für regionale Unterschiede galt. Die verschiedenen *xenoi* (Ausländer), die in Griechenland lebten, waren überwiegend vereinzelte Hellenophile oder – vor allem auf den Inseln – ausländische Frauen, die einen Griechen geheiratet hatten.

Durch den Zustrom von Wirtschaftsmigranten wird Griechenland unbeabsichtigt eine multikulturelle Gesellschaft. In entlegenen Dörfern kümmern sich bulgarische Frauen um Senioren, auf den Inseln arbeiten Polen als Küchenhilfen, bei den Schwerarbeitern sind Albaner in der Überzahl, überall in Griechenland schießen chinesische Firmen aus dem Boden, afrikanische Straßenhändler verkaufen gefälschte Designertaschen und CDs auf der Straße und am Wochenende treffen sich Pakistani zu einem Kricketmatch auf Athener Parkplätzen.

Migration und Multikulturalismus stellen sowohl die Gesellschaft als auch den Staat vor große Herausforderungen, denn beide waren ungenügend auf einen solchen Zustrom vorbereitet (s. Kasten S. 69). Wirtschaftsmigranten leben am Rande der Gesellschaft, da sie jedoch die griechische Staatsbürgerschaft anstreben und versuchen, sich in die Gesellschaft zu integrieren, werden gesellschaftliche Toleranz, Vorurteile, Fremdenfeindlichkeit und griechische Identität und Nationalgefühl auf die Probe gestellt.

Albaner stellen etwa zwei Drittel der Migranten. Sie sind in der Landwirtschaft, im Baugewerbe sowie bei untergeordneten Tätigkeiten und bei Haushaltsarbeiten, die Griechen nicht mehr selber ausführen wollen, wirtschaftlich unverzichtbar geworden. Überall in Griechenland haben sich Albaner mit ihren Familien niedergelassen, bleiben jedoch weitgehend stigmatisiert.

Zu den Neuankömmlingen zählen über 150 000 Menschen griechischer Abstammung aus der früheren Sowjetunion und aus den Balkanstaaten, die nach dem Fall des Kommunismus nach Griechenland kamen.

Gemischte Hochzeiten werden insbesondere auf dem Land häufiger, wo osteuropäische Frauen die Lücke füllen, die griechische Frauen hinterlassen, die es in die Städte zieht. Noch ist es ein langer Weg, bis die Migranten in die Gesellschaft integriert sein werden, den Griechen ist aber klar, dass ohne sie die griechische Wirtschaft zusammenbrechen würde. Das Problem illegaler Einwanderung nach Griechenland hat einwandererfeindliche Bündnisse extrem rechter Randgruppen entstehen lassen.

Die einzige anerkannte ethnische Minderheit in Griechenland waren bis vor Kurzem die 300 000 Muslime in Westthrakien (meist ethnische Türken, die vom Bevölkerungsaustausch 1923 ausgenommen blieben). Obwohl sie in Griechenland geboren wurden, haben sie es nicht leicht.

Einige wenige Wlachen und Sarakatsanen führen in Epiros noch ein halbnomadisches Leben als Wanderschäfer. Überall in Griechenland trifft man auf Roma, insbesondere in Makedonien, Thrakien und Thessalien.

Religion & Identität

Der orthodoxe Glaube ist die offizielle und vorherrschende Religion in Griechenland und ein Schlüssel zur Identität, zum Selbstverständnis und

DIE GROSSE SPALTUNG

Griechenland war eines der ersten Länder in Europa, in denen das Christentum auftauchte. Der Apostel Paulus soll 49 n. Chr. in der makedonischen Stadt Philippi erstmals das Evangelium verkündet haben. Später predigte er auch in Athen, Thessaloniki und Korinth. Nachdem Konstantin der Große das Christentum 313 n. Chr. offiziell anerkannte (eine Vision des Kreuzes hatte ihn bekehrt), verlegte er 330 n. Chr. die Hauptstadt des Römischen Reiches nach Byzanz (heute Istanbul).

Im 8. Jh. n. Chr. kam es zwischen dem Papst in Rom und dem Patriarchen des hellenisierten oströmischen Reiches zu Meinungsverschiedenheiten und zunehmender Rivalität. Ein Streitpunkt betraf den Wortlaut des Glaubensbekenntnisses. Darin hieß es „Wir glauben an den Heiligen Geist… der aus dem Vater hervorgeht". Rom hatte noch hinzugefügt „und aus dem Sohn". Meinungsverschiedenheiten gab es auch darüber, dass Rom von Priestern den Zölibat verlangte, während orthodoxe Priester vor ihrer Ordination heiraten durften. Die orthodoxe Kirche wiederum verbot Wein und Öl während der Fastenzeit.

Schließlich wurden die Gegensätze unüberbrückbar und nach dem großen Schisma 1054 n. Chr. gingen der Papst und der Patriarch getrennte Wege als römisch-katholische Kirche einerseits und orthodoxe Kirche andererseits (orthodox bedeutet „rechtgläubig").

Die griechisch-orthodoxe Kirche ist eng verwandt mit der russisch-orthodoxen Kirche. Gemeinsam bilden sie die drittgrößte Kirche des Christentums.

Das Neue Testament wurde um 350 n. Chr. zuerst auf Griechisch verfasst. Erst 1522 erschien die deutsche Übersetzung von Martin Luther.

zur Kultur der Griechen. Nach vorherrschender Meinung ist jeder Grieche orthodoxen Glaubens. Obwohl die jüngere Generation in der Regel nicht gläubig ist und nicht regelmäßig in die Kirche geht, halten die meisten die Rituale ein und betrachten den Glauben als Teil ihrer Identität. 94 bis 97 % der griechischen Bevölkerung gehören zumindest auf dem Papier der griechisch-orthodoxen Kirche an, wobei sich diese Zahlen durch die Migranten zu ändern beginnen.

Während der aufeinander folgenden Fremdherrschaften sorgte in erster Linie die Kirche für den Erhalt der griechischen Kultur, Sprache und Tradition und trug dazu bei, das Zusammengehörigkeitsgefühl zu erhalten. Unter der osmanischen Herrschaft war die Religion das Hauptkriterium, das einen Griechen definierte. Noch immer hat die Kirche in Griechenland einen bedeutenden sozialen, politischen und wirtschaftlichen Einfluss, da hier nicht die gleiche Form der Trennung von Kirche und Staat besteht, wie sie in anderen westlichen Ländern üblich ist (Priester werden hier zum Beispiel vom Staat bezahlt). Bis vor Kurzem gehörte Griechenland noch zu den wenigen europäischen Ländern, in denen die Religionszugehörigkeit im Personalausweis angegeben wurde. Nicht-orthodoxe Griechen haben es beim Zivil- oder Militärdienst teilweise noch immer schwer. Standesamtliche Hochzeiten sind erst seit Anfang der 1980er-Jahre anerkannt, und die Einäscherung wurde erst kürzlich nach heftigen allgemeinen Diskussionen legalisiert.

„Noch immer hat die Kirche in Griechenland einen bedeutenden sozialen, politischen und wirtschaftlichen Einfluss."

Im Mittelpunkt des griechischen Kalenders stehen die kirchlichen Feiertage und Feste. Der Namenstag wird in Griechenland mehr gefeiert als der Geburtstag und die Taufe ist ein wichtiger Ritus. Die meisten Griechen werden nach Heiligen benannt, dies gilt aber auch für Boote, Vororte und Bahnhöfe.

Es fällt auf, dass sich Taxifahrer, Motorradfahrer und Fahrgäste öffentlicher Verkehrsmittel bekreuzigen, wenn sie an einer Kirche vorbeikommen. Viele Griechen gehen in die Kirche und zünden eine Kerze für den zuständigen Heiligen an, wenn sie Probleme haben. Über das Land verteilt stehen hunderte winziger Kirchen, die überwiegend von Familien erbaut und einem besonderen Heiligen geweiht wurden. Die kleinen Ikonostasen oder Kapellen, die man immer wieder am Straßenrand sieht, sind entweder Bildstöcke für Unfallopfer oder wurden zu Ehren eines Heiligen aufgestellt. Wer eine Kirche oder ein Kloster besichtigen möchte, sollte immer auf angemessene Kleidung achten: Die Arme sollten bedeckt sein, Frauen sollten zudem nicht kniefrei gekleidet sein und Männer lange Hosen tragen.

Die griechische Verfassung garantiert die Religionsfreiheit, die einzigen anderen Religionen, die in Griechenland offiziell anerkannt wurden, sind jedoch Judentum und Islam, auch wenn von den griechischen Zeugen Jehovas bis zu den Scientologen so ziemlich alles vertreten ist. Nicht-Orthodoxe werden zwar toleriert, haben jedoch immer wieder mit rechtlichen und administrativen Hindernissen zu kämpfen.

Nach der jüngsten Einwanderungswelle ist die muslimische Bevölkerung in Athen deutlich gestiegen. In der Stadt gibt es mehrere provisorische Moscheen. Der Bau einer offiziellen Moschee wurde offiziell zwar genehmigt (sowohl die Regierung als auch die offizielle Kirchenleitung unterstützen ihn), bleibt jedoch umstritten und verzögert sich immer wieder.

Über 500 000 Katholiken, ursprünglich überwiegend genuesischen und fränkischen Ursprungs, leben auf den Kykladen, insbesondere auf Syros, wo sie 40 % der Bevölkerung ausmachen. Unter den Katholiken Athens stellen Polen und Filipinos den größten Anteil.

Etwa 5000 Juden sind in Griechenland ansässig. Es finden sich kleine jüdische Gemeinden in Ioannina, Larissa, Chalkida und Rhodos (bereits seit der Römerzeit) und Thessaloniki, Kavala und Didymoticho (zumeist Nachkommen der im 15. Jh. aus Spanien und Portugal vertriebenen Juden). Im Jahr 1941 deportierten die Nationalsozialisten 46 000 Juden (90 %) aus Thessaloniki nach Auschwitz. Die meisten von ihnen kehrten nicht zurück.

In den letzten Jahren ist ein wiederauflebendes Interesse für die polytheistische Religion der antiken griechischen Götter festzustellen. Randgruppen, die sich für eine Rückkehr zum Vielgötterglauben einsetzen, verkündeten 2006 einen Sieg, nachdem ein griechisches Gericht die Gruppe Ellinais als „kulturelle Vereinigung mit religiöser Zielsetzung" anerkannt hatte. Im 4. Jh. n. Chr. hatte der römische Staat jede Form heidnischer Anbetung verboten, die griechisch-orthodoxe Kirche hatte sich später ebenfalls davon distanziert.

DIE GRIECHISCHE DIASPORA

Bis vor Kurzem war Griechenland noch ein Auswanderungsland. Über 5 Mio. gebürtige Griechen leben in 140 Ländern der Erde. Die größten Auswanderungswellen gab es in den 15 Jahren vor Beginn der Balkankriege, nach der Vertreibung aus Kleinasien 1922 und in der Nachkriegszeit in den 1950er- und 1960er-Jahren.

Die größten griechischen Gemeinden im Ausland leben mit schätzungsweise 3 Mio. Einwohnern in den USA und in Kanada. Melbourne in Australien beansprucht für sich, den drittgrößten Griechisch sprechenden Bevölkerungsanteil der Welt (300 000) nach Athen und Thessaloniki zu haben.

Heimweh und Bindungen an das Heimatland sind stark geblieben. Den Jahresurlaub verbringen sehr viele Auslandsgriechen oder Griechischstämmige in Griechenland oder sie kehren als Rentner dorthin zurück. Sie haben in Griechenland Besitz und sind in das politische und kulturelle Leben des Landes eingebunden. Es gibt außerdem einen ständigen Rückstrom junger Griechen der zweiten und dritten Generation.

Der griechische Staat fördert die griechische Sprache, Kultur und Religion im Ausland und finanziert einen Weltrat der Auslandsgriechen. Es gibt auch umstrittene Bewegungen, deren Ziel es ist, Auslandsgriechen das Wahlrecht zu erteilen.

Frauen in der Gesellschaft

Griechische Frauen nehmen einen merkwürdigen Platz in der griechischen Gesellschaft ein und die Beziehung zwischen Mann und Frau führt zu einigen interessanten Paradoxa. Obgleich in Griechenland vielfach Machismus zu beobachten ist, ist die Gesellschaft stark matriarchalisch geprägt. Männer erwecken gerne den Eindruck, die Hosen anzuhaben, tatsächlich sind es jedoch häufig die Frauen, die zu Hause und in Familienbetrieben den Laden schmeißen.

Trotz sexueller Befreiung, bessere Bildungsmöglichkeiten und größerer Beteiligung an der Arbeitswelt, sind „Mutter" und „Lustobjekt" noch immer die vorherrschenden Rollenmodelle und Klischees, die von griechischen Frauen gerne übernommen werden. Chauvinismus und Sexismus scheinen in der Gesellschaft fest verwurzelt und weitgehend akzeptiert zu sein, auch wenn einige unaufdringliche Frauengruppen für Gleichberechtigung kämpfen.

Seit den 1980er-Jahren haben sich die alten Ansichten über die „passende Rolle" der Frauen einschneidend verändert, nachdem das Mitgiftgesetz abgeschafft, die rechtliche Gleichstellung der Frauen offiziell anerkannt und die Scheidung erleichtert wurde.

Zwar gibt es für Mütter im öffentlichen Dienst viele Vergünstigungen (so dürfen sie den Arbeitsplatz früher verlassen, um ihre Kinder von der Schule abzuholen, und Frauen mit Kindern dürfen früher in Rente gehen), in der Regel haben es griechische Frauen jedoch in der von Männern dominierten Arbeitswelt schwer. Im EU- und im internationalen Vergleich sind Frauen in der griechischen Arbeitswelt signifikant unterrepräsentiert, sie verdienen häufig weniger als die Männer und es gelingt ihnen seltener, die Karriereleiter zu erklimmen.

Es finden sich zwar kompetente Frauen in führenden Positionen in Wirtschaft und Regierung, diese sind aber häufig die Frauen oder Töchter bekannter oder wohlhabender Männer. Frauen haben in Griechenland erst seit dem Jahr 1952 das Wahlrecht und besetzen lediglich 16% der Parlamentssitze.

In den konservativen Städten und Dörfern der Provinz sind die Frauen noch stärker auf ihre traditionelle Rolle festgelegt, dabei spielen die landwirtschaftlichen Kooperativen der Frauen eine führende Rolle in der regionalen Wirtschaft und beim Erhalt des kulinarischen und kulturellen Erbes. Griechische Frauen (zumindest in der älteren Generation) sind bekanntermaßen sehr häuslich und stolz auf ihre Kochkünste. Es kommt noch relativ selten vor, dass Männer sich an der Hausarbeit beteiligen oder kochen, die Jungen werden von vorne bis hinten bedient, Mädchen hingegen müssen schon in jungen Jahren im Haushalt helfen. Die neue Generation blondierter Athener Frauen trifft man allerdings eher im Fitness-Studio oder Schönheitssalon als in der Küche an.

Politik & Medienzirkus

Griechen lieben ihre Zeitungen und sind wild auf alle Arten von Nachrichten und politischen Meldungen. Häufig sieht man Männer vor einem *periptera* (Zeitungskiosk) stehen und die Schlagzeilen der ausgestellten Tageszeitungen studieren. In Griechenland gibt es gemessen an der Einwohnerzahl unverhältnismäßig viele Zeitungen und TV-Sender – 30 nationale Tageszeitungen (darunter 10 Sportzeitungen) und sieben nationale Fernsehsender. Wie die meisten Griechen sind auch die Zeitungen überwiegend freimütig parteiisch und repräsentieren das ganze Spektrum politischer Ansichten von konservativ bis kommunistisch. Dabei ist die Grenze zwischen Nachricht und Stellungnahme häufig fließend und

> „Männer erwecken gerne den Eindruck, die Hosen anzuhaben, tatsächlich sind es jedoch häufig die Frauen, die zu Hause und in Familienbetrieben den Laden schmeißen"

Kommentaren und Hetzreden wird mehr Platz eingeräumt als der reinen Berichterstattung.

Die Zahl der Zeitungsleser ist jedoch drastisch gesunken, seit 1989 die ersten privaten Fernseh- und Radiostationen auf Sendung gingen. Die Zeitungen und Magazine haben mit Gimmicks, Preisausschreiben, Beilagen, kostenlosen DVDs und Geschenken zurückgeschlagen. Die schlechten Wirtschaftsprognosen haben jedoch 2009 ihr erstes Opfer gefordert: die Tageszeitung *Eleftheros Typos* verschwand nach 26 Jahren von der Bildfläche.

Außer von den relativ objektiv berichtenden öffentlichen Sendern werden TV-Nachrichten ausgesprochen sensationslüstern und provinziell aufgemacht. Die meiste Sendezeit wird mit Inlandsnachrichten, Skandalen und Skandälchen gefüllt. Reißerische Musik, wiederholte Filmeinspielungen und mehrere Bildschirme, auf denen (in der Regel gleichzeitig) TV-Sprecher in Aktion sind, gehören typischerweise dazu.

Aufgrund der Parteilichkeit der Zeitungen und der sensationslüsternen Nachrichtenaufbereitung im Fernsehen, haben die Medieninhaber des Landes einen außerordentlich großen Einfluss auf die öffentliche Meinung. Der gesamte Medienbereich ist im Besitz einer Handvoll führender Unternehmer, und immer wieder ist die Rede von Verflechtungen (*diaplekomena*) zwischen Medieninhabern, Journalisten, Großkonzernen und der Regierung.

> Im Jahr 2009 unterlagen Einwohner der Insel Lesbos vor einem griechischen Gericht mit dem Versuch, homosexuellen Frauen aus aller Welt zu untersagen, den Begriff „Lesbierin" für sich zu nutzen. Der Begriff geht auf die berühmte Dichterin (und lesbische Ikone) Sappho zurück, die auf der Insel gelebt hatte.

KUNST & KULTUR
Theater

Das griechische Schauspiel reicht zurück bis zu den Wettbewerben, die im 6. Jh. v. Chr. in Athen im antiken Theater von Dionysos bei den jährlichen Dionysien ausgetragen wurden. Während eines dieser Wettbewerbe trat Thespis aus dem Ensemble hervor und gab eine Solovorstellung, die als erste echte Theatervorführung gilt – daher stammt der englische Begriff „Thespian" für eine Mimen.

Aischylos (ca. 525–456 v. Chr.) gilt als der „Vater der Tragödie". Sein bekanntestes Werk ist die Trilogie Orestie. Sophokles (ca. 496–406 v. Chr.), der als größter Tragödiendichter gilt, soll mehr als 100 Stücke geschrieben haben, von denen nur sieben erhalten sind. Dazu gehören *Antigone, Elektra* und sein berühmtestes Stück *König Ödipus*. Sophokles, der in seinen Stücken mit komplizierter Handlung hauptsächlich mythologische Themen behandelte, gewann bei den Dionysien 18 Mal den ersten Preis.

Euripides (ca. 485–406 v. Chr.), dessen bekannteste Werke *Medea, Andromache, Orestes* und *Die Bakchen* sind, war populärer als Aischylos oder Sophokles, denn das Publikum fand seine Stücke spannender. Er schrieb 80 Theaterstücke, von denen noch 19 erhalten sind (wobei seine Autorenschaft bei *Rhesos* umstritten ist).

Aristophanes (ca. 427–387 v. Chr.) schrieb – oft deftige – Komödien, die sich mit aktuellen Themen befassten: In *Die Wespen* macht er sich über die Athener lustig, die wegen Nichtigkeiten Prozesse führten. In *Die Vögel* zieht er über die Leichtgläubigkeit der Athener her und in *Der Reichtum* geht es um die ungerechte Verteilung des Reichtums.

Stücke der antiken griechischen Dramatiker kann man bei den Festspielen von Athen und Epidauros (S. 156), an verschiedenen anderen historischen Schauplätzen und bei Festspielen im ganzen Land sehen. Das Schauspiel nimmt in der Kunst und Kultur Griechenlands noch immer eine hervorragende Stellung ein. Athen unterhält im Winter eine lebendige Theaterszene. Über 200 Theater führen verschiedenste Stücke von

---

ENTSPANNT EUCH

Überall sieht man griechische Männer, die diese entspannenden „Sorgenperlen" befummeln, liebkosen oder meisterlich damit spielen. Die Ketten haben nicht nur eine lange Tradition, sondern sind auch ein modisches Statement. Über den Ursprung dieser *kombologia (Singular: komboloi)* gibt es viele Theorien – eine davon besagt, dass die Griechen anfangs mit islamischen Rosenkranzperlen improvisierten, um die religiösen Sitten ihrer Feinde zu verhöhnen. Einer anderen Theorie zufolge leiten sie sich von den Rosenkränzen orthodoxer Mönche ab. *Kombologia* wurden traditionell aus Bernstein gefertigt, aber auch Koralle, handgefertigte Perlen, Halbedelsteine und Kunstharz wurden vielfach verwendet. Die meisten dieser Ketten, die man in Souvenirläden sieht, sind aus Plastik, es gibt aber auch alte *kombologia*, die als Sammlerstücke über 10 000 € wert sind.

Sophokles bis Beckett auf, aber auch volkstümliche Klamaukkomödien und politische Satire (in griechischer Sprache).

Die hervorragendsten modernen Dramatiker Griechenlands sind der Vater des Nachkriegstheaters Iakovos Kambanellis, Yiorgos Skourtis und Pavlos Matessis, deren Stücke auch in andere Sprachen übersetzt und im Ausland aufgeführt wurden.

Literatur
VON HOMER BIS SORBAS

Der erste und größte griechische Schriftsteller der Antike war Homer. In der Ilias und der Odyssee erzählte er die Geschichte des Trojanischen Krieges und die daran anschließenden Irrfahrten des Odysseus. Über Homers Leben ist nichts bekannt. Man weiß weder wo und wann er lebte noch ob er tatsächlich blind war. Der Historiker Herodot ging davon aus, dass Homer im 9. Jh. v. Chr. lebte; bisher konnten Wissenschaftler dies weder bestätigen noch widerlegen.

Herodot (5. Jh. v. Chr.) schrieb das erste historische Werk über die westliche Zivilisation. Sein äußerst subjektiver Bericht über die Perserkriege trug ihm jedoch neben der Bezeichnung „Vater der Geschichtsschreibung" auch den Titel „Vater der Lügen" ein. Der Historiker Thukydides (5. Jh. v. Chr.) berichtete objektiver, dafür aber mit einer sehr moralischen Grundhaltung. Er berichtete über den Peloponnesischen Krieg und schrieb darin den berühmten *Melierdialog*, der vor der Belagerung von Melos zwischen den Athenern und den Meliern geführt wurde.

Pindar (ca. 518–438 v. Chr.) gilt als herausragender Lyriker des antiken Griechenlands. Er durfte seine Oden bei den Olympischen Spielen vortragen. Die schönste Liebeslyrik stammte von Sappho (6. Jh. v. Chr.) und Alkäus (5. Jh. v. Chr.), die beide auf der Insel Lesbos lebten. Auf Sapphos poetische Darstellung ihrer Liebe zu Frauen geht der Begriff „lesbisch" zurück.

Dionysios Solomos (1798–1857) und Andreas Kalvos (1796–1869), beide auf der Insel Zakynthos geboren, gelten als die ersten modernen Dichter Griechenlands. Solomos' *Hymne an die Freiheit* wurde die Nationalhymne Griechenlands. Weitere bekannte Schriftsteller und Dichter waren Alexandros Papadiamantis (1851–1911) von der Insel Skyros und Kostis Palamas (1859–1943).

Griechenlands bekannteste Schriftsteller des 20. Jhs. sind Giorgos Seferis (1900–71), der 1963 mit dem Literatur-Nobelpreis ausgezeichnet wurde, und Odysseas Elytis (1911–96), der diesen Preis 1979 erhielt.

Der am meisten gefeierte Autor des frühen 20. Jhs. war Nikos Kazantzakis (1883–1957), dessen unorthodoxe religiöse Ansichten für Aufruhr sorgten. Viele seiner Werke liegen auch in deutscher Übersetzung vor. In

Gedichte des Nobelpreisträgers Giorgos Seferis wurden von Christian Enzensberger ins Deutsche übertragen (Poesie, Frankfurt 2005).

zwei seiner besten Werke schildert er tragische Schicksale und fast übermenschliche Charaktere wie den großartigen Titelhelden in *Alexis Sorbas*
und die Qualen von Kapitän Michalis in *Freiheit oder Tod*.

Ein weiterer bedeutender Prosaschriftsteller war Stratis Myrivilis
(1892–1969). Zu seinen Werken zählen *Das Leben im Grabe, Vassilis Ar-
vanitis* und *Die Madonna mit dem Fischleib*.

ZEITGENÖSSISCHE AUTOREN

Griechenland besitzt eine florierende Verlagsszene, zu der auch viele
kleine unabhängige Verlage gehören. Jährlich kommen rund 7500 neue
Titel auf den Markt, darunter 1700 Werke griechischer Autoren. Leider
werden nur sehr wenige der zeitgenössischen Romane ins Deutsche übersetzt.

Zu den führenden griechischen Schriftstellern, deren Werke teilweise
übersetzt wurden, gehören Thanassis Valtinos, Rhea Galanaki, Ziranna
Ziteli und Ersi Sotiropoulos, der 1999 den hoch gelobten Roman *Bittere
Orangen* schrieb. Von dem Dramatiker Kostas Mourselas stammt der
Bestseller-Roman *Rot gefärbtes Haar,* der als Vorlage für eine beliebte
TV-Serie diente. Der erste Roman der Cartoonistin und Drehbuchauto-
rin Ioanna Karystiani, *Die Frauen von Andros,* wurde mit dem griechi-
schen Staatspreis für Literatur ausgezeichnet.

Apostolos Doxiadis schrieb den internationalen Bestseller *Onkel Petros
und die Goldbachsche Vermutung* (2000), der preisgekrönte Kinderbuch-
autor und Kriminologe Eugene Trivizas veröffentlichte über 100 Bücher,
darunter den internationalen Bestseller *Die drei kleinen Wölfe und das
große böse Schwein*.

Zu den zeitgenössischen griechischen Werken, die ins Deutsche übersetzt wurden, zählen *Grüß mir die Erde, die uns beide geboren hat* von
Dido Sotiriou, *Die schwimmende Stadt* von Maro Douka, *Die Nostalgie
der Drachen* von Dimosthenis Kourtovik, Krimis von Petros Markaris, die
im Milieu Athens spielen, *Zaide oder Das Kamel im Schnee* von Alexis
Panselinos, *Das Leben des Ismail Ferik Pascha* von Rhea Galanaki, *Kleine
Gemeinheiten* und *Der Irrgarten* von Panos Karnezis oder *Die Bleistiftfab-
rik* und *Der unterirdische Himmel* von Soti Triantafillou (die 2001 ihren
Roman *Poor Margo* auf Englisch schrieb) sowie die zweisprachige Ausgabe (griechisch/deutsch) des Gedichtbands *Der Engel der Geschichte* von
Charis Vlavianos.

Bildende Künste

MALEREI

Kunsthistoriker können sich über die Entwicklung der griechischen Malerei fast nur anhand der Verzierungen auf Terracotta-Gefäßen ein Bild
machen, da es kaum archäologische Funde gibt.

Zu den wenigen Ausnahmen gehören die berühmten Fresken, die auf
Santorin ausgegraben wurden und heute im Archäologischen Nationalmuseum (S. 143) in Athen ausgestellt werden. Die Bilder entstanden in
Fresco-Technik mit gelben, blauen, roten und schwarzen Pigmenten, einige Details wurden erst später hinzugefügt, nachdem der Putz getrocknet war. Stilistisch sind sie mit der Malerei im minoischen Kreta vergleichbar.

Voll zur Geltung kam die griechische Malerei erst in der byzantinischen Zeit. Byzantinische Kirchen wurden in der Regel mit Fresken auf
dunkelblauem Hintergrund bemalt. In der Kuppel befand sich zumeist
ein Brustbild von Christus, auf den vier Hängezwickeln (Pendentifs)
waren die vier Evangelisten dargestellt und in der Apsis Maria mit dem

Mit Petros Markaris' ausgezeichneten Kriminalromanen und seinem Kommissar Kostas Charitos kann man einfach abtauchen in die dunklen Seiten des modernen Athen, z. B. mit *Der Großaktionär* (2008) oder *Balkan Blues* (2007).

Onkel Petros und die Goldbachsche Vermutung von Apostolos Doxiadis ist eine seltsame Mischung aus Familiendrama und mathematischer Theorie. Erzählt wird die Geschichte eines Mathe-Genies und seines Versuchs, ein Problem zu lösen, dass den größten Denkern der Welt trotzte.

Der Greek Bookstore Erato bietet griechische Bücher und Interviews mit verschiedenen Autoren auf seiner Website www.greek-book.de

EL GRECO

Ein Genie der Renaissance, El Greco (auf Spanisch „Der Grieche"), stammte aus Kreta und hieß eigentlich Dominikos Theotokopoulos. Er erhielt eine Ausbildung in spätbyzantinischer Freskenmalerei zu einer Zeit, als Kreta ein wichtiges Kunstzentrum war. Viele Maler waren auf der Flucht aus Konstantinopel, das unter osmanischer Herrschaft stand, nach Kreta gekommen.

Mit Anfang 20 ging El Greco nach Venedig, fand aber erst 1577 in Spanien seinen eigenen Stil. Seine höchst emotionalen Werke kamen bei den Spaniern gut an. Bis zu seinem Tod 1614 lebte er in Toledo. Sein Kampf für Kunst und Freiheit war Thema einer 7 Mio. € teuren Filmbiografie *El Greco* (2007).

In Griechenland sind nur eine Handvoll von El Grecos Werken zu sehen. Die Bilder *Das Engelkonzert*, *Grablegung Christi* und *Der heilige Petrus* hängen in der Nationalgalerie in Athen (S. 147), zwei weitere signierte Werke im Benaki-Museum (S. 145). Das Historische Museum von Iraklion auf Kreta (S. 532) besitzt El Grecos *Blick auf den Sinai*, *Das Katharinenkloster* und *Taufe Jesu*.

Kind. Dargestellt wurden auch Szenen aus dem Leben Christi (Verkündigung, Geburt, Taufe, Einzug in Jerusalem, Kreuzigung und Auferstehung) sowie verschiedene Heilige. In späteren Jahrhunderten beinhalten die Szenen in den Kirchen und auf den Ikonen genauere Schilderungen mit Szenen aus dem Leben der Jungfrau Maria und den Wundern Christi. Die „Kretische Schule" der Ikonenmalerei wurde durch die italienische Renaissance und durch Künstler beeinflusst, die nach dem Fall Konstantinopels nach Kreta flohen. In diesem Malstil verbinden sich technische Brillanz und Dramatik.

Unter der osmanischen Herrschaft gab es keine nennenswerte künstlerische Produktivität. Die moderne Kunst per se nahm ihren Anfang mit der Unabhängigkeit Griechenlands, als die Malerei sich weltlicheren Themen öffnete. Die Künstler spezialisierten sich auf Porträts, Themen aus der Seefahrt und Darstellungen aus dem Unabhängigkeitskrieg. Zu den bedeutenden Malern des 19. Jhs. gehörten Dionysios Tsokos, Theodoros Vryzakis, Nikiforos Lytras und Nikolaus Gysis, ein führender Vertreter der Münchner Schule (die damals von vielen griechischen Künstlern besucht wurde). Lytras' *Der ungehorsame Enkel* erreichte mit 1 Mio. Euro bei einer Auktion in London 2006 einen Rekordpreis für ein griechisches Gemälde.

Ab den ersten Jahrzehnten des 20. Jhs. traten Künstler wie Konstantinos Parthenis, Fotis Kontoglou, Konstantinos Kaleas und später der Expressionist Georgios Bouzianis das Erbe an und banden verschiedene Entwicklungen der modernen Kunst in ihre Werke ein.

Bedeutende Vertreter der 1930er-Generation waren der Kubist Nikos Hatzikyriakos-Ghikas, der Surrealist Nikos Engonopoulos, Yiannis Tsarouhis und Panayiotis Tetsis. Weitere führende Künstler des 20. Jhs. waren Yannis Moralis, Dimitris Mytaras, Yannis Tsoklis und die abstrakten Künstler Yannis Gaitis und Alekos Fassianos.

Viele international bekannte griechische Künstler leben im Ausland. Der Papierkünstler Pavlos und der Meister der kinetischen Kunst Takis leben in Paris, der für seine Neoninstallationen bekannte Künstler Stephen Antonakos und die Bildhauerin/Malerin Chryssa in New York.

Athens Szene für Gegenwartskunst (S. 146) boomt. Regelmäßig stellen einheimische und internationale Künstler in einer Reihe von Galerien aus, die sich hauptsächlich auf die Viertel Psyrri, Kolonaki und Metaxourgio konzentrieren. In der früheren Brauerei Fix in Athen entsteht derzeit ein mit Spannung erwartetes neues Museum für Gegenwartskunst (S. 147). Die umfangreichsten Sammlungen mit Kunst des 20. Jhs. sind in

Einen umfassenden Überblick über Kunst, kulturelle Events und Ausstellungen in ganz Griechenland bietet die Internetseite www. elculture.gr (auf Englisch).

der Nationalen Gemäldegalerie (S. 147) in Athen und in der Kunstgalerie
Rhodos zu sehen. Auch in den Metrostationen in Athen können Werke
führender zeitgenössischer Künstler bewundert werden.

BILDHAUEREI
Die außergewöhnlichen Skulpturen des antiken Griechenlands nehmen
wegen ihrer kraftvollen und schönen Formen in den Sammlungen großer
Museen in aller Welt Ehrenplätze ein.

Einige prähistorische griechische Skulpturen wurden erst kürzlich entdeckt. Besonders bemerkenswert sind die markanten Figurinen, die Mitte
des 3. Jahrtausends v. Chr. auf den Kykladen aus dem hochwertigen Marmor von Paros und Naxos entstanden. Von ihren urtümlichen und kraftvollen Formen wurden seither viele Künstler beeinflusst.

Die Marmorskulpturen der archaischen Zeit zeigen deutlich ägyptische
Einflüsse. Sie sind echte Vorläufer der berühmten Skulpturen der griechischen Klassik. In dieser Periode wandten sich die Künstler von ihren asiatischen Vorbildern ab und fingen an, statt flacher und stilisierter Figuren,
naturgetreue menschliche Körper nachzubilden. Erstmals in der Geschichte wurde der komplexe Mechanismus des menschlichen Körpers
bildhauerisch dargestellt. Bei ihren Versuchen, die Darstellung des nackten und des bekleideten Körpers zu meistern, konzentrierten sich die damaligen Bildhauer auf *kouroi* (Statuen unbekleideter junger Männer) in
streng symmetrischer Haltung und mit rätselhaftem Lächeln. Viele dieser
großartigen *kouroi* und, als weibliche Entsprechung, mit kunstvoll dra-
pierten Gewändern bekleidete *koren* sind im Archäologischen Nationalmuseum (S. 143) und im Akropolis-Museum (S. 137) in Athen zu bewundern.

Die Skulpturen der klassischen Zeit zeugen von einer besonderen Begeisterung für den menschlichen Körper und den Faltenwurf der Gewänder. Leider sind aus dieser Zeit nur wenige Originalwerke erhalten geblieben. Die meisten freistehenden klassischen Skulpturen, von denen antike
Schriftsteller berichten, waren aus Bronze. Von ihnen sind nur Marmor-
kopien erhalten, die von den Römern angefertigt wurden.

In der hellenistischen Zeit strebten die Künstler weiter nach einer völlig naturgetreuen Darstellung. Im Gegensatz zu den ernsten Vorläufer-
werken der archaischen und klassischen Zeit, wirken diese Skulpturen lebendig, fast theatralisch. Spätere Künstler wie Michelangelo bewunderten
diese Werke. Er war in der Renaissance einer der Ersten, die diese griechische Kunst wiederentdeckten und schätzten. Das Ende der hellenistischen Zeit läutete auch den Niedergang der herausragenden Stellung der
griechischen Bildhauerkunst ein. Diese übernahmen nun die Römer als
würdige Nachfolger. In Griechenland erfuhr die Bildhauerei nie mehr
eine echte Erneuerung.

Zwei führende moderne Bildhauer Griechenlands von der Insel Tinos,
wo die Marmor-Bildhauerei noch Bestand hat, sind Dimitrios Filippotis
und Yannoulis Halepas. Jannis Kounellis ist ein Pionier der Arte Povera-
Bewegung, Giorgos Zongolopoulos ist hingegen vor allem für seine
Schirm-Installationen bekannt.

Werke moderner griechischer und internationaler Bildhauer sind in
der Nationalen Glyptothek (S. 147) in Athen zu sehen.

KERAMIK
Die bemalten Terracotta-Gefäße des antiken Griechenlands, die bei Ausgrabungen entdeckt wurden, nachdem sie überall in Griechenland jahr-
tausendelang unter der Erde geruht hatten, haben es ermöglicht, dass die

John Griffiths Pedley gibt
in seinem Werk
*Griechische Kunst und
Archäologie* eine sehr
gute Einführung in die
Entwicklung von
Griechenlands Kunst und
Kultur.

Tradition der antiken Bildkunst wenigstens in begrenztem Ausmaß noch heute bewundert werden kann.

Die Töpferkunst ist seit der Steinzeit bekannt und gehört damit zu den ältesten Kunstformen. Für die ersten Vasen legte man Tonwürste und -klumpen übereinander; die Töpferscheibe wurde um 2000 v.Chr. eingeführt und von minoischen und mykenischen Künstlern mit großem Geschick genutzt.

Typisch für die minoische Keramik sind Schnabelgefäße mit hohem Schwerpunkt. Verziert sind sie mit fließenden Mustern aus Spiralen, Meeres- oder Pflanzenmotiven. Die Verzierung erfolgte als weiße Schlickermalerei (mit einer dickflüssigen Tonsuspension) oder mit einem Schlicker (Tonbrei), der sich nach dem Brennen in Grauschwarz oder gedecktes Rot verwandelte. Im Archäologischen Museum von Iraklion (S. 531) ist eine Fülle an minoischen Keramikgefäßen zu sehen.

Kennzeichnend für die mykenische Keramik sind langstielige Kelche und Kugelvasen, deren Henkel an Steigbügel erinnern. Die dekorativen Motive sind ähnlich wie bei der minoischen Keramik, aber weniger fließend.

Im 10. Jh. v.Chr. wurde der protogeometrische Stil eingeführt. Die Verzierung der großen Gefäße bestand aus schwarzbraunen Linien, die waagerecht um das Gefäß verliefen, aus gestrichelten Dreiecken und mit dem Zirkel gezogenen Kreisen. Darauf folgte in der geometrischen Zeit eine neue Gefäßform mit üppigeren Dekorationen. Die Muster wurden mit brauner Glasurfarbe auf die helle Tonfläche gemalt, die unbemalten Flächen wurden mit derselben dunklen Glasur überzogen. Gelegentlich wurde etwas Weiß hinzugefügt. Im frühen 8. Jh. v.Chr. tauchten die ersten figürlichen Dekorationen auf. Sie markierten die Einführung der fundamentalsten Gestaltungselemente der folgenden klassischen Epoche – die Darstellung von Göttern, Menschen und Tieren.

Im 7. Jh. v.Chr. stellte man in Korinth Keramik her, die mit weißem und purpurrotem Schlicker verziert wurde. Die Dekoration der Gefäße zeigte häufig Friese mit Löwen, Ziegen und Schwänen vor einem mit Rosetten verzierten Hintergrund. Im 6. Jh. v.Chr. verwendeten die Künstler in Athen roten Ton mit hohem Eisengehalt. Aus diesem Ton stellten sie einen dickflüssigen Brei her, durch den die Oberfläche der Gefäße einen glänzenden schwarzen Überzug erhielt. Er bildete einen schönen Kontrast zu dem Rot und wurde durch etwas Weiß und Purpurrot aufgelockert. Attische Gefäße galten als sehr hochwertig und wurden in dieser Zeit nach ganz Griechenland ausgeführt. Heute schmücken sie die Sammlungen internationaler Museen.

In den Souvenirläden des Landes werden Reproduktionen von Keramik aller Stilrichtungen angeboten. Einige heutige Keramiker arbeiten mit alten Brenn- und Maltechniken. Auf der Insel Kreta wird noch Keramik im minoischen Stil produziert. Auf der Insel Sifnos wird noch die eigenständige Keramiktradition gepflegt. Traditionelle Töpferwerkstätten findet man auch in Maroussi, einem Vorort im Norden Athens. In diesem Ort befand sich früher ein bedeutendes Keramikzentrum Griechenlands.

Die griechische *bouzouki tetrahordo* (mit vier Doppelsaiten) fand in den 1960er-Jahren Eingang in die irische Volksmusik und brachte als Abkömmling die irische Bouzouki hervor.

Musik

Griechenlands bedeutende und beständige Musiktradition reicht bis mindestens 2000 v.Chr. zurück. Aus dieser Zeit fand man kykladische Statuetten, die Musikinstrumente halten, die Harfen und Flöten ähneln. Musikinstrumente des antiken Griechenlands waren Lyra, Laute, *piktis* (Flöten), *kroupeza* (Schlaginstrument), *kithara* (gitarrenähnliches Saiteninstrument), *aulos* (Blasinstrument), *barbitos* (Saiteninstrument) und *magadis* (ähnlich einer Harfe).

Die sechs- oder achtsaitige Bouzouki, das Langhals-Lauteninstrument, das aus der zeitgenössischen griechischen Musik heute nicht mehr wegzudenken ist, ist ein relativer Newcomer aus dem 20. Jh. Die *baglama* ist eine Miniatur-Version der Bouzouki und wird zum *rembetiko* (griechischer Blues) gespielt, die *tzoura* ist ein Mittelding zwischen beiden.

Die gezupften Saiten des bauchigen *outi* (Oud), der scharfe Klang der kretischen *lyra* (Lyra), das kurze Klopfen der *toumberleki* (Trommel), *mandoline* und *gaida* (Sackpfeife) zeugen von der breiten Palette von Musikinstrumenten, die viele Merkmale mit Instrumenten teilen, die im gesamten Mittleren Osten verbreitet sind, wie die beiden flachen, einem Hackbrett ähnelnden Saiteninstrumente *santouri* und *kanonaki*.

> *Rembetika: Musik einer griechischen Subkultur: Lieder von Liebe, Haschisch und vom Überleben* von Gail Holst und Ilias Petropoulos liefert eine sehr gute Darstellung dieser Musikform.

TRADITIONELLE MUSIK

Jede griechische Region hat ihre eigene musikalische Tradition. Die regionale Volksmusik ist unterteilt in *nisiotika* (die leichtere und fröhliche Musik der Inseln) und die eher bodenständige *dimotika* des Festlands. Hierbei spielt die *klarino* (Klarinette) eine wichtige Rolle. Die Texte erzählen von schweren Zeiten, vom Krieg und vom Landleben. Die Musik Kretas – in der Szene der Weltmusik eine eigenständige Gattung – ist eine besonders dynamische Form der traditionellen Musik, die vor Ort gepflegt wird. Volksmusikkünstler treten regelmäßig auf und spielen immer wieder neue Aufnahmen ein. Im Sommer kann man überall in Griechenland bei *panigiria* (Open-air-Festivals) Volksmusik hören.

Byzantinische Musik hört man heute hauptsächlich noch in griechischen Kirchen. Allerdings stehen byzantinische Kirchenlieder, von denen

---

MUSIKALISCHES ERBE

Georgios Xylouris wuchs mit Musik auf – sein 1980 verstorbener Vater war der legendäre kretische Sänger und *lyra*-Spieler Nikos Xylouris – die Musik blieb seine Leidenschaft.

„Griechenland hat eine sehr reiche musikalische Tradition, Musik ist die wichtigste kulturelle Ausdrucksform", sagt er. „Wir singen und spielen zu jedem Anlass, fröhlich oder traurig, vom Liebeslied bis zum improvisierten Klagegesang der Frauen."

In den unterschiedlichen musikalischen Traditionen, die in Griechenland zu finden sind, spiegelt sich die Art wider, wie die Menschen leben, ihre Umwelt und die Geschichte ihrer Region. Traditionelle Volksmusik ist die Musik der ländlichen Regionen, *laiko* (städtische Volksmusik) und *entehni mousiki* (künstlerische Musik) hingegen die Musik der Städte.

In einigen Teilen Griechenlands hat die traditionelle Musik nur noch musealen Charakter, hier entsteht nichts Neues, andererseits, so Xylouris, gibt es auf Kreta Orte, wo die traditionelle Musik noch sehr lebendig ist und weiter gedeiht.

„Auf Kreta liegt den Menschen die Musik im Blut. Ein Grund, warum die Musik hier noch lebendig ist, ist die Entstehung immer neuer Liedtexte, weil die *mantinadhes* (Reimpaare) hier so beliebt sind. Neue Texte tragen dazu bei, dass auch neue Musik geschrieben wird."

In den letzten 15 Jahren war zu beobachten, dass es wieder mehr traditionelle Musik gibt und auch wieder junge Musiker, die traditionelle Instrumente wie *lyra* oder *kanonaki* (eine Art Hackbrett) erlernen. Inzwischen werden traditionelle Musik und Instrumente in der griechischen Musik vielfach berücksichtigt und die lokale Musikszene ist sehr lebendig.

„Im Winter gibt es in Athen viele Veranstaltungsorte für Live-Musik, wo man jeden Abend zeitgenössische Musik in ständig wechselnden Formationen hören kann. Im Sommer veranstaltet praktisch jede griechische Stadt Festivals und Konzerte."

Georgios Xylouris betreibt ein auf griechische Musik spezialisiertes Geschäft in Athen (S. 175) und präsentiert eine Radiosendung über das gesamte Spektrum griechischer Musik.

REMBETIKO

Rembetiko wird oft als der „griechische Blues" bezeichnet, da seine Wurzeln in der städtischen Volksmusik liegen. Die Texte handeln von Herzschmerz, Elend, Drogen, Verbrechen und den düsteren Seiten des Stadtlebens. Die Herkunft des Begriffs *rembetiko* ist ebenso heftig umstritten wie seine Transliteration. Sicher hingegen ist, dass sich in Rhythmus und Melodien verschiedene Einflüsse mit byzantinischen und altgriechischen Wurzeln vermischen.

Zwei Stilrichtungen charakterisieren die heute allgemein als rembetiko bekannte Musik. Die erste tauchte Mitte bis Ende des 19. Jhs. in den blühenden Hafenstädten Smyrna und Konstantinopel mit ihrem hohen griechischen Bevölkerungsanteil sowie in Thessaloniki, Volos, Syros und Athen auf. Sie war als smyrneika oder Café-Aman-Musik bekannt. Die Singstimme hatte hierbei einen wichtigen Part mit eindringlichen *amanedes* (Gesangsimprovisationen); gelegentlich wurden türkische Texte verwendet, der Gesamteindruck war eher orientalisch. Vorherrschende Instrumente waren Geige, *outi* (Oud), Gitarre, Mandoline, *kanonaki* und *santouri* (beide dem Hackbrett ähnlich).

In Piräus war *rembetiko* die Musik der Unterschichten, hier spielte man vor allem auf bouzouki und baglama (Mini-Version der Bouzouki). Als der Flüchtlingsstrom aus Kleinasien nach dem Bevölkerungsaustausch 1922 in Piräus hängen blieb (viele wanderten auch nach Amerika aus, wo in den 1920er-Jahren die ersten rembetiko-Aufnahmen entstanden), wurde rembetiko die Musik der Armenviertel. Die Texte handelten von den trostlosen Seiten ihres Lebens, von Slums, Haschisch-Höhlen und Gefängnissen, sie verströmten Trotz und Heimweh und waren Wehklagen. Markos Vamvakaris, der als bester *rembetis* (rembetiko-Musiker) gilt, wurde Anfang der 1930er-Jahre mit der ersten Bouzouki-Gruppe bekannt, die ihre Platten in den Columbia-Studios in Athen aufnahm. Er revolutionierte den Sound der volkstümlichen griechischen Musik.

Hauptperson in *rembetiko*-Songs waren häufig die *manges*, elegant gekleidete (häufig Haschisch rauchende und ein Messer tragende) gerissene Nichtsnutze, die ihre Abende singend und tanzend in den *tekedhes* (den Haschisch-Höhlen, die viele Liedtexte inspirierten) verbrachten.

Haschischrauchen war zwar verboten, das Verbot wurde jedoch selten durchgesetzt. Erst Metaxas räumte 1936 auf. Er versuchte, die Subkultur zu vernichten durch Zensur, Polizeischikane, Razzien in tekedhes und die Festnahme von Leuten, die mit einer bouzouki erwischt wurden. Bald traten viele Künstler nicht mehr auf und machten keine Plattenaufnahmen mehr, die Musik lebte im Untergrund jedoch weiter.

Nach dem Zweiten Weltkrieg tauchte eine neue Generation von *rembetiko*-Interpreten und -Komponisten auf wie Vasilis Tsitsanis, Apostolos Kaldaras, Yiannis Papaioannou, Giorgos Mitsakis und Apostolos Hatzihristou, aber auch eine der bedeutendsten *rembetiko*-Sängerinnen, Sotiria Bellou. Ihre Musik verwandelte sich später in die unbeschwertere *laiko* (städtische Volksmusik), deren Texte sich mehr mit sozialen Themen und Gefühlen befassten. Sie wurde in größeren Clubs mit elektronischem Orchester gespielt und verlor das Besondere der ursprünglichen Musik.

Unter der Militärjunta machten die antiautoritären Themen des rembetiko die Musik unter politisch Verbannten und linken Aktivisten populär.

Ende der 1970er- und Anfang der 1980er-Jahre lebte das Interesse für den echten *rembetiko* wieder auf – vor allem unter Studenten und Intellektuellen. Die Musik ist auch heute noch populär.

die Volksmusik beeinflusst wurde, auch bei Chorkonzerten in Griechenland und im Ausland auf dem Programm.

Die Musik Griechenlands war immer ein Spiegel der Geschichte und Politik des Landes. Als die Unabhängigkeit erreicht war, hatte das griechische Bürgertum für die traditionelle Volksmusik nicht mehr viel übrig. Man schaute eher auf Europa mit seiner klassischen Musik und den Opern, statt die östlichen „bäuerlichen" Wurzeln zu pflegen.

In den 1920er-Jahren erreichte die Underground-Musik *rembetiko* (s. Kasten S. 78) Popularität und wurde nach dem Zweiten Weltkrieg sogar zu einer Mainstream-Richtung.

In den 1950er- und 1960er-Jahren übernahm ein populärer Ableger des *rembetiko*, der *laiko* (städtische Volksmusik) die Führung; die Athener

Clubs wurden größer, glänzender und kommerzieller. Der verstorbene Stelios Kazantzidis und Grigoris Bithikotsis waren die großen Sänger dieser Zeit.

In dieser Periode tauchte ein weiterer Musikstil auf, die *entechni mousiki* oder „künstlerische" Musik. Sie ist mit zwei hervorragenden Komponisten verbunden – dem klassisch ausgebildeten Mikis Theodorakis und Manos Hatzidakis, die sich des *rembetiko* und Instrumenten wie der Bouzouki bedienten, sie jedoch symphonischer arrangierten. Indem sie Texte von Seferis, Elytis, Ritsos und Kavadias zu populären Hits vertonten, brachten sie der breiten Masse die Poesie näher.

Der Komponist Yannis Markopoulos setzte diese neue Welle fort, indem er ländliche Volksmusik und traditionelle Instrumente wie *lyra, santouri*, Violine und *kanonaki* in die Popmusik einbaute und Volksmusiksänger wie den legendären Nikos Xylouris aus Kreta groß herausbrachte.

Während der Militärjunta wurde die Musik von Theodorakis und Markopoulos eine politische Ausdrucksform (die Musik von Theodorakis wurde verboten, er selbst kam ins Gefängnis). Theodorakis ist zwar einer der produktivsten Komponisten Griechenlands, zu seinem Leidwesen ist er im Ausland jedoch vor allem für seine Filmmusik zu Alexis Sorbas bekannt.

MODERNE & POPMUSIK

Heute sind in Griechenland noch immer die verschiedenen musikalischen Stilrichtungen zu hören, wobei die führenden Interpreten früher oder später in ihrer Karriere irgendwann einmal auf *rembetiko, laiko* und die regionale Musik zurückgreifen. Vergleichsweise wenige griechische Interpreten sind internationale Stars geworden – am bekanntesten sind noch immer die Ikone der 1970er-Jahre, Nana Mouskouri, und der Kaftan tragende Demis Roussos.

Der griechische Musikveteran Giorgos Dalaras hat das gesamte Spektrum griechischer Musik abgedeckt und mit Künstlern aus Lateinamerika und vom Balkan ebenso zusammengearbeitet wie mit Sting. Dionysis Savvopoulos ist hingegen als der griechische Bob Dylan bekannt. Zu den herausragenden Interpretinnen griechischer Musik zählen Haris Alexiou, Glykeria, Dimitra Galani und Eleftheria Arvanitaki.

Die moderne griechische Musik enthält Elemente von Folk Rock, Heavy Metal, Rap und elektronischer Dancefloor-Musik, außerdem jede Menge Musik, die sich keiner Kategorie zuordnen lässt, was für eine ausgeprägte Underground-Musikszene spricht. Die Pop-Rockband Raining Pleasure versucht, mit englischen Texten auf dem europäischen Markt Fuß zu fassen.

Herausragende Künstler der neuen Generation sind der in Zypern geborene „moderne Troubadour" Alkinoos Ioannides (sein Markenzeichen sind Rock-Songs und -Balladen, die von der Volksmusik beeinflusst sind) und die Sänger und Songwriter Thanasis Papakonstantinou, Dimitris Zervoudakis und Miltiadis Pashalidis.

In der Weltmusik-Szene haben sich die gefeierte Sängerin Savina Yannatou zusammen mit Kristi Stassinopoulou und Mode Plagal im Ethno-Jazzrock einen Namen gemacht. Weitere bemerkenswerte Musiker sind die Band Hainides und der Gitarrist Achilleas Persidis.

Griechenlands Antwort auf Madonna heißt Anna Vissi. Die Jugend entschied sich für Pop-Idol Michalis Hatzigiannis und die griechisch-schwedische Sängerin Elena, die im Jahr 2005 erstmals für einen Sieg Griechenlands beim Eurovision Song Contest sorgte (eine Wiederholung

Die umfassende Internetseite www.rebetiko.gr bietet eine ausführliche Diskografie und Datenbank mit über 2500 Songs. Matt Barrett stellt auf www.greektravel.com/music/index.html die Geschichte und die wichtigsten Interpreten der modernen griechischen Musik vor.

MUSIKEMPFEHLUNGEN

40 Hronia Tsitsanis Originalaufnahmen der Klassiker von Vasilis Tsitsanis mit einigen der besten griechischen Sänger.

Anthologio Eine musikalische Reise mit Griechenlands wundervoller Sängerin Haris Alexiou und ihren unvergesslichen Hits aus den Jahren 1975 bis 2003.

Auti I Nyhta Menei Doppel-CD mit einigen der besten Songs von Stelios Kazantzidis, der Stimme einer Epoche.

Dinata (2008) Eine Zusammenstellung der besten Songs der Sängerin Eleftheria Arvanitaki von 1986 bis 2007.

Hatzidakis at the Roman Agora Doppel-CD mit Werken von Manos Hatzidakis aus den Jahren 1947 bis 1985 sowie seine zeitlosen klassischen Aufnahmen.

Itane Mia Fora Zwei CDs mit einem breiten Spektrum der Musik von Kretas Lieblingssohn Nikos Xylouris.

Me Ton Grigori Eine Anthologie von Grigoris Bithikotsis, einer der besten griechischen Stimmen, mit Songs aus allen Bereichen der griechischen Musik.

Mode Plagal III (2001) Das dritte Album gleichen Namens von dieser modernen Ethno-Jazzrock-Band unter Mitwirkung einiger hervorragender Sängerinnen wie Savina Yiannatou, Eleni Tsaligopoulou, Theodora Tsatsou und Jota Vei.

Neroponti (2009) Das neueste Album von Alkinoos Ioannidis.

Stin Agora Tou Kosmou (1993) Das Album, das Alkinoos Ioannidis bekannt machte.

Ta Rembetika Ausgezeichnete Zusammenstellung auf zwei CDs von rembetiko-Originalaufnahmen des griechischen Rundfunks mit den führenden Vertretern dieses Genres.

The Very Best of Mikis Theodorakis Drei CDs als Sonderausgabe mit den besten Werken des Komponisten aus den Jahren 1960 bis 2000.

The Very Best of Stavros Xarhakos Gute Zusammenstellung von Werken dieses Komponisten, gesungen von wunderbaren griechischen Sängern wie Xylouris und Bithikotsis.

To Hamogelo tis Tzokontas Manos Hatzidakis' zeitlose klassische Aufnahmen.

dieser Heldentat gelang dem umschwärmten Sakis Rouvas bei seinen beiden Versuchen leider nicht). Zu den herausragenden *laiko*-Interpreten gehören Yiannis Ploutarhos und Antonis Remos, während Despina Vandi gleich einer Sirene in den USA die Dance Charts erobert hat.

Im Sommer kann man Griechenlands Top-Interpreten überall im Land bei Open-air-Konzerten erleben, im Winter treten sie in Athen und Thessaloniki in verschiedenen Clubs auf. Die beliebten Nightclubs, die *bouzoukia,* sind schicke, teure Lokale im Varieté-Stil. Dort ist die *bouzouki* (eine Art Langhalslaute) Königin. Keine zu hohen musikalischen Erwartungen sollte man in einigen zweitklassigen Clubs mitbringen, die als *skyladhika* oder „Hundehütten" bezeichnet werden – anscheinend, weil der Gesang dort eher an Hundegejaule erinnert.

KLASSISCHE MUSIK

Für ein Land ohne gewichtige klassisch-westliche Tradition hat Griechenland eine erstaunlich eindrucksvolle Reihe von Solisten und Dirigenten hervorgebracht, von denen viele im Ausland lebten.

Die Sopranistinnen Elena Kelessidi und Irini Tsirakidou traten in die Fußstapfen der griechischen Operndiva Maria Callas. Griechenlands bekanntester Dirigent war der Komponist Dimitris Mitropoulos, der in den 1950er-Jahren die New Yorker Philharmoniker leitete, heute ist Loukas Karytinos Griechenlands herausragender Dirigent. Zu den bekanntesten griechischen Komponisten gehören Stavros Xarhakos und der verstorbene Yannis Xenakis. International bekannt sind die Mezzosopranistin Agnes Baltsa und der gefeierte Pianist Dimitris Sgouros, der Tenor Mario Frangoulis gilt als Griechenlands Andrea Bocelli.

Der Komponist Vangelis Papathanasiou ist vor allem für seine Filmmusiken bekannt. Von ihm stammt die Musik zu dem Oscar-gekrönten

Film *Die Stunde des Siegers*, zu *Blade Runner* und in jüngerer Zeit zu *Alexander*. Stamatis Spanoudakis schrieb den ausgezeichneten Soundtrack für den Film *Bräute*, auch Evanthia Remboutsika *(Zimt und Koriander)* und Eleni Karaindrou *(Die Erde weint)* schrieben preisgekrönte Filmmusiken.

Tanz

Seit Beginn der hellenistischen Zeit gehört der Tanz zum gesellschaftlichen Leben Griechenlands. Einige Volkstänze gehen noch auf rituelle Tempeltänze des antiken Griechenlands zurück. Der *syrtos* ist auf antiken griechischen Vasen abgebildet und auch Homer erwähnt in seinen Werken einige Tänze. Viele griechische Volkstänze sind Kreistänze. In der Antike bildeten die Tänzer einen Kreis, um schlechte Einflüsse abzuhalten oder sie tanzten um einen Altar, einen Baum, eine Figur oder einen Gegenstand. Tanzen gehörte sogar zur Ausbildung der Krieger. In Zeiten von Fremdherrschaft war der Tanz ein Ausdrucksmittel des Widerstands und eine Möglichkeit, fit zu bleiben.

Häufig spiegelt der Tanz-Stil das Klima der jeweiligen Region oder die Stimmung der Tänzer wider, Tanzen ist ein Mittel, Trauer oder Freude auszudrücken.

Der würdevolle *tsamikos* von Epiros wird langsam und gemessen getanzt, damit drückt er die Kälte und das häufig abgeschiedene Leben in den Bergen aus. Im Gegensatz dazu sind die Tänze der Pontos-Griechen kraftvolle, kriegerische Tänze wie der *kotsari*, in dem sich die jahrelangen Auseinandersetzungen mit den türkischen Nachbarn widerspiegeln. Auf Kreta gibt es den anmutigen langsamen *syrtos*, den schnellen triumphalen *maleviziotiko* und den dynamischen *pentozali*, von dem es eine langsame und eine schnelle Version gibt. Dabei kann der Haupttänzer mit hohen Tritten in die Luft und Sprüngen Eindruck schinden.

Auf den heiter-beschwingten Inseln entstanden leichte Sprungtänze wie der *ballos* und der *syrtos*, während der anmutige und sehr bekannte *kalamatianos* (ursprünglich aus Kalamata) die stolze Tradition des Peloponnes zeigt. Der so genannte „Sorbas-Tanz" oder *syrtaki* ist ein Kunsttanz für zwei oder drei Männer oder Frauen, die ihren Nebentänzern die Arme auf die Schultern legen. In der modernen Variante wird er im Kreis in zunehmend schnellem Tempo getanzt.

Bis vor Kurzem tanzten Frauen und Männer noch getrennt oder nutzten Tücher, um Hautkontakt zu vermeiden. Sie hatten ihre jeweils eigenen Tänze, nur Werbungstänze wie der *sousta* wurden gemeinsam getanzt.

Der häufig spektakuläre Solotanz eines Mannes, der *zeimbekiko*, mit wirbelnden und meditativen Improvisationen hat seine Wurzeln im *rembetiko*. Er wurde häufig in betrunkenem Zustand oder unter dem Einfluss von Haschisch getanzt. Frauen tanzen den sinnlichen *tsifteteli*, der mit seinen anmutigen, schlängelnden, sehr weiblichen Bewegungen auf den Bauchtanz aus dem Mittleren Osten zurückgeht.

Die besten Vorführungen traditioneller Tänze sieht man auf Festivals überall in Griechenland und im Dora Stratou Tanztheater in Athen (S. 170).

Der moderne Tanz gewinnt in Griechenland an Boden. Die besten einheimischen Tanztruppen sind unter den internationalen Teilnehmern beim renommierten Internationalen Tanzfestival in Kalamata und im Internationalen Tanzfestival in Athen vertreten (S. 157). Der hoch gelobte Choreograph Dimitris Papaioannou war künstlerischer Leiter der Eröffnungs- und Abschlussfeiern bei den Olympischen Spielen 2004 in Athen.

Der *syrtaki*, den Anthony Quinn in der Schlussszene von Alexis Sorbas unsterblich machte, war ein von ihm improvisierter Tanz, weil er sich am Tag vor der Aufnahme sein Bein verletzt hatte und die ursprünglich vorgesehenen traditionellen Schritte und Sprünge nicht ausführen konnte.

Der unvergessliche Track zum Vorspann des Films *Pulp Fiction* (1994) basiert auf einer Version von Misirlou durch den legendären König der Surfgitarre Dick Dale aus den 1960er-Jahren. Das Stück war ursprünglich um 1930 von einer griechischen *rembetiko*-Band aufgenommen worden.

Kino

Nach dem Ende des Bürgerkriegs erlebte der Kinofilm in Griechenland einen Aufschwung und erreichte seine Blütezeit in den 1950ern und Anfang der 1960er-Jahre. Das einheimische Publikum strömte schwarenweise ins Kino, um die vielen Komödien, Melodramen und Musicals zu sehen, die von den großen griechischen Filmstudios produziert wurden. In den 1950er-Jahren waren auch so bedeutende Regisseure wie Michael Cacoyiannis (mit den Klassikern *Alexis Sorbas* und *Stella*) und Nikos Koundouros tätig, während in den 1960er-Jahren eher soziale Themen verarbeitet wurden.

Nach dieser Glanzzeit geriet die griechische Filmindustrie jedoch in eine Flaute. Gründe dafür waren der Niedergang der Filmstudios, nachdem das Fernsehen aufkam, Geldmangel und die staatliche Filmpolitik. Die Filmproduktion ging dramatisch zurück – während in der besten Zeit 1967-68 pro Jahr 118 Filme gedreht wurden, waren es ab Ende der 1980er-Jahre nur noch 15 bis 20 Filme pro Jahr.

Das Problem verschärfte sich noch durch Filmemacher, die Drehbuchautor, Regisseur und Produzent gleichzeitig waren, aber auch durch die Art der produzierten Filme. Der „neue griechische Film" der 1970er- und 1980er-Jahre zeigte langatmige intellektuelle Geschichten, die mit Symbolismus überfrachtet und generell zu avantgardistisch waren, um der breiten Masse zu gefallen.

Der wichtigste Vertreter dieser Schule war der preisgekrönte Filmregisseur Theodoros Angelopoulos, der im Jahr 1998 die Goldene Palme von Cannes für seinen Film *Die Ewigkeit und ein Tag* gewann. Angelopoulos, bekannt für seine langen Einstellungen und langsamen Kameraschwenks, gilt als einer der wenigen noch verbliebenen Autorenfilmer. Der Regisseur wurde international sehr gelobt für Filme wie das Epos *Der große Alexander* (1980), *Die Wanderschauspieler* (1975), *Landschaft im Nebel* (1988) und *Der Blick des Odysseus* (1995) mit Harvey Keitel in der Hauptrolle.

International bekannt ist auch der in Paris lebende griechische Filmregisseur Costa-Gavras. Er machte sich einen Namen mit *Z*, der im Jahr 1969 einen Oscar gewann. Dieser Politthriller basiert auf der Ermordung des kommunistischen Abgeordneten Grigoris Lambrakis in Thessaloniki durch Rechtsextreme. Zu seinen neueren Filmen gehören *Der Stellvertreter* (2003), *Die Axt* (2005) und *Eden is West* (2009).

In den 1990er-Jahren veränderte sich der Stil. Einer neuen Generation von Filmregisseuren gelangen mit leichteren Gesellschaftssatiren und neuen Themen sowie einem zeitgemäßeren Stil und Tempo bescheidene kommerzielle Erfolge. Zu nennen sind in diesem Zusammenhang Sotiris Goritsas' *Balkanisateur* (1997), Olga Maleas *Orgasmus der Kuh* (1996) und *Der diskrete Charme der Männer* (1999), Nikos Perakis' *Weibergesellschaft* (1999) und der Komödienhit *Safe Sex* (2000) unter Regie von Thanasis Reppas und Michalis Papathanasiou.

Seit Alexis Sorbas ist Griechenland jedoch kein internationaler Kinohit mehr gelungen, außerhalb von Filmfestivals fanden die Filme im Ausland kaum Beachtung. Die ersten Filme, die nach vielen Jahren außerhalb Griechenlands großen Erfolg hatten, waren Tasos Boulmetis' *Zimt und Koriander* (*Politiki Kouzina;* 2003) und Pantelis Voulgaris' Kinohit aus dem Jahr 2004, *Bräute* (*Nyfes*), der von Martin Scorsese produziert wurde. Perakis' chauvinistische, aber sehr lustige Komödie von 2005, *Sirenen der Ägäis*, war in Griechenland ein großer Erfolg, ebenso wie der High-budget-Film *El Greco* (2007) und Maleas Komödie *First Time Godfather* (2007).

Costas Ferris' gefeierter Film *Rembetiko* (1983) basiert auf dem Leben von Marika Ninou. Sie war ein Flüchtling aus Smyrna und wurde eine der maßgeblichen *rembetiko*-Sängerinnen in Piräus.

Pantelis Voulgaris' gefeierter Film *Bräute* (2004) verfolgt das Schicksal einer von 700 griechischen Bräuten, die in den 1920er-Jahren auf der SS Alexander in ein unbekanntes Leben nach Amerika reisten zu Ehemännern, die sie per Post bestellt hatten.

Die jüngste Generation griechischer Filmemacher findet internationale Beachtung mit Filmen, die das Leben im heutigen Griechenland schonungslos, genau und ehrlich zeigen, nicht mehr idealisiert und romantisierend wie in der Vergangenheit. Sehenswert sind Filme von Konstantinos Giannaris, dessen provokanter Dokumentarstil wie in *Am Rande der Stadt* und in seinem neuesten Film *Omiros-Hostage* bei Publikum und Kritik auf geteiltes Echo stößt. Dennis Iliadis drehte seinen ersten amerikanischen Film, *Last House on the Left* (2009), ein Remake des klassischen Horrorfilms, nach seinem Film *Hardcore* von 2004 über junge Prostituierte in Athen. Autor und Regisseur Yorgos Lanthimos erhielt 2009 in Cannes den Nachwuchspreis (in der Sektion „Un Certain Regard") für sein Drama *Hundejahre (Kynodonta)*. Damit holte sich Griechenland nach zehn Jahren erstmals wieder einen Preis bei diesem Filmfestival.

Das wichtigste Filmereignis in Griechenland ist das jährlich im November stattfindende Internationale Filmfestival in Thessaloniki (S. 334), das seit 50 Jahren veranstaltet wird.

Fernsehen

Das griechische Fernsehen bietet einen Wust an Programmen von pathetischen Comedyserien über Talkshows und Soap-Operas bis zur griechischen Version von Reality-TV, Gameshows und Talentshows wie *Fame Story* und *Greece Has Got Talent*, der griechischen Version von DSDS. Zur Hauptsendezeit sind vor allem Nachrichtensendungen und im Inland produzierte Shows zu sehen. In rein griechische TV-Serien wird dabei viel Geld investiert, auch wenn in den letzten Jahren viele ausländische Sendungen adaptiert wurden (wie *Die Nanny*).

Die beliebten Komödien sind in der Regel ziemlich übertrieben und laut. Allerdings gab es in den letzten Jahren auch einige sehr gute Fernsehspiele über soziale Themen wie Einwanderung, alleinerziehende Mütter und das Landleben in Griechenland. Die beliebteste Show 2009 war die satirische Nachrichtensendung des Schauspielers und Komikers Lakis Lazopoulos, *Al Tsantiri News*.

Im Fernsehen werden die herrschenden Klischees und Vorurteile, die Einstellung gegenüber der Rolle der Geschlechter und die Sexualmoral widergespiegelt. Häufig werden junge Frauen porträtiert, die mit sehr viel älteren Männern liiert sind, während Komödien wie *Sieben tödliche Schwiegermütter* altbekannte Klischees aufgreifen. Die abendliche Wettervorhersage der schrillen Wetterfee Petroula ist ein umwerfendes neueres Angebot im griechischen Fernsehen (und ein Hit auf YouTube).

SPORT

Fußball ist der beliebteste Publikumssport in Griechenland, gefolgt von Basketball und Volleyball. Nach dem überraschenden Sieg bei der Fußballeuropameisterschaft 2004 war Griechenland für kurze Zeit europäischer Doppel-Champion im Fußball und im Basketball (Sieger 2005). Darauf folgte der durchschlagende Erfolg bei den Olympischen (Heim-) Spielen 2004 in Athen. Seither ist in Griechenland auf im Bereich des Sports jedoch wenig von internationaler Bedeutung geschehen.

Die erste Fußball-Liga wird von den Glamour-Vereinen Olympiakos Piräus und Panathinaikos Athen beherrscht. Gelegentlich gelingt es Clubs wie AEK Athen und PAOK Thessaloniki diese Vorherrschaft zu brechen. Olympiakos dominiert im Inland, 2009 gewann der Club die Griechische Meisterschaft zum fünften Mal in Folge und erreichte seinen 14. Doppelsieg nach einem spektakulären Stand von 15:14 im Elfmeterschießen gegen AEK.

> „Fußball ist der beliebteste Publikumssport in Griechenland."

Die griechischen Fußballteams konnten in den letzten Jahren einige internationale Topspieler gewinnen. Hooligans und Ausschreitungen bei Fußballspielen haben jedoch die Zuschauerzahlen sinken lassen. Normalerweise ist Griechenland mit zwei Teams in der europäischen Champions League vertreten, steht aber im Schatten der gewichtigsten europäischen Fußballclubs.

Dagegen ist Griechenland eine der stärksten europäischen Nationen im Basketball; dieser Sport erlebt ein neues goldenes Zeitalter. Erstmals so richtig populär wurde Basketball, nachdem das griechische Team 1987 die Europameisterschaft gewonnen hatte. Damals überholte Basketball sogar den Fußball an Beliebtheit, da reiche Geschäftsleute die großen Clubs kauften und viel Geld in die Übertragungsrechte steckten. Panathinaikos, Olympiakos und AEK liegen auch im griechischen Basketball vorne. Panathinaikos gewann 2009 das fünfte Mal die Euroleague, während Olympiakos, AEK, Aris und PAOK ebenfalls europäische Titel holten. Die Vorzeichen für Griechenlands Basketball-Zukunft stehen gut, nachdem Griechenland kürzlich bei der Basketball-Europameisterschaft der U-20 siegreich war.

Griechenlands Interesse für andere Sportarten nahm während der Olympiade in Athen zu, wo griechische Sportler den Rekord von 16 Medaillen gewannen. Die griechische Medaillenliste in Beijing erreichte nur ein Viertel davon, zudem wurden die Spiele von einem Doping-Skandal überschattet. Die meisten Angehörigen des Gewichteberteams und mehrere andere Sportler wurden in der Folge gesperrt (was Griechenland zur Einführung strengerer Antidoping-Gesetze zwingt).

Seit 2004 fanden in einigen von Athens olympischen Weltklasse-Stadien internationale Sportveranstaltungen und Leichtathletikwettbewerbe statt. Die meisten Stadien warten jedoch noch auf ihre neue Bestimmung, viele sollen in Unterhaltungskomplexe umfunktioniert werden.

2009 fanden die zweiten Athens Open im Tennis statt, für 2013 stehen in Volos und Larissa die 17. Mittelmeerspiele auf dem Programm.

Essen & Trinken

Die griechische Küche erlebt seit geraumer Zeit eine willkommene Renaissance, denn das Interesse an Traditionskost ist wieder gewachsen. Dabei liegt der Schwerpunkt auf den Erzeugnissen aus der Region bzw. der dort angesagten Esskultur – allerdings kochen auf diese Art und Weise zu Hause nur noch die wenigsten Leute. Für Reisende ist das eine gute Nachricht, denn sie hatten schon lange den Verdacht, dass das in den durchschnittlichen Touristenlokalen aufgetischte Essen nur noch wenig Ähnlichkeit hat mit dem, was bei Griechen daheim gegessen wird. Damit taten sie aber der griechischen Küche unrecht.

Zu den genussvollsten Reiseerlebnissen in Griechenland gehörte schon immer die Erkundung regionaler Spezialitäten und kulinarischer Variationen. Denn die griechische Küche hat noch weit mehr zu bieten als die *mousakas* (S. 89) oder Fleisch und Fisch vom Holzkohlengrill (zugegebenermaßen bereiten das die Griechen aber ausgesprochen gut zu!).

Der kulinarischen Tradition nach gehen viele Gerichte auf Sitten und Gebräuche einzelner Regionen zurück, wie z. B. auf das Essen in Bergdörfern, die Inselküche, die exotischen Geschmacksnoten aus Kleinasien und die Einflüsse der verschiedenen Invasoren und Handelspartner im Verlauf der Geschichte. Die rustikale griechische Küche spiegelt den Überfluss des Landes wie auch die Vielfalt seiner Topografie und den Reichtum seiner Vorräte wider, die schon in harten Zeiten das Überleben gesichert haben. Die Griechen sind gut in der Zubereitung köstlicher Mahlzeiten aus frischen, einfachen Zutaten, und darüber hinaus ist das native Olivenöl der Grund dafür, warum viele vegetarische Gerichte und Gemüse so gut schmecken.

Die Griechen sind echte Pedanten, was frische Erzeugnisse betrifft. Dafür fahren sie oft auch große Entfernungen, nur um in einem entlegenen Fischerdorf oder in einer Dorftaverne authentisch zu speisen, in einem Lokal, wo das Fleisch und das Gemüse aus eigenem Anbau kommen. Frisches Gemüse der Saison kaufen sie immer noch direkt auf Wochenmärkten ein und nicht in Supermärkten.

Die neue Generation griechischer Köche experimentiert mit moderner griechischer Küche, die auf traditionellen Rezepten und auf regionalen Feinschmeckergenüssen beruht. Alles in allem ist die Restaurantszene in Griechenland vielfältiger denn je, sei es durch die internationale Ausrichtung oder durch die ethnische Küche in Athen, auf den größeren Inseln und in den größeren Städten.

Ob man nun an einem wackeligen Tisch bei frischer Meeresbrise speist oder ein stilvolles, griechisches Essen moderner Art mit feinem Wein in Athen genießt oder in einem Bergdorf Ziegenfleisch im Sud – beim Auswärtsessen in Griechenland geht es nie ganz allein ums Essen, sondern um das Genießen mit allen Sinnen.

GRIECHISCHE KÜCHE

Die traditionelle griechische Küche basiert im Wesentlichen auf frischen Zutaten bzw. saisonabhängigen Erzeugnissen aus heimischen Landen. Die Zubereitung ist in der Regel einfach und ohne Schnickschnack, so dass die reichen mediterranen Aromen voll zur Geltung kommen.

In der Regel sind griechische Gerichte ganz einfach nur mit Salz, Pfeffer, Zitronensaft und herrlich duftendem griechischem Oregano gewürzt. Gängige Gewürze sind außerdem Petersilie, Knoblauch und Dill, und in

Wer wirklich griechisch kochen möchte, braucht das in englischer Sprache erschienene Kochbuch *The Glorious Foods of Greece* von Diane Kochilas; es verschafft einen tiefen Einblick in die regionale Küche, verwoben mit geschichtlichem Hintergrundwissen, persönlichen Anekdoten und fantastischen Rezepten.

Die Griechen verbrauchen mehr Speiseöl pro Kopf als jedes andere Volk: 30 Liter jährlich! Griechenland ist der drittgrößte Hersteller von Oliven und Olivenöl (über 80 % davon ist natives Olivenöl extra, in Italien sind es dagegen nur 45 %), jedoch wird das qualitativ höchstwertige meist nach Italien exportiert, wo es gemischt und als italienisches Olivenöl verkauft wird.

KÄSE, KÄSE, KÄSE …

Die Griechen sind weltweit Nummer eins im Prokopfverbrauch von Käse, denn sie bringen es auf ca. 25 kg pro Person jährlich – und verbrauchen damit mehr als die Franzosen und Italiener. Käse dient sowohl zur Zubereitung deftiger wie auch süßer Gerichte, begleitet aber auch die meisten Mahlzeiten. Griechenland produziert viele verschiedene Arten von Käse mit unendlich vielen Geschmacksvariationen, entsprechend dem jeweiligen Mikroklima. Einige griechische Käsesorten tragen eine besondere Herkunftsbezeichnung. Der meiste Käse wird aus der Milch der 16 Mio. Ziegen und Schafe des Landes hergestellt.

Feta, der griechische Nationalkäse, wird schon seit ca. 6000 Jahren aus Schafs- oder Ziegenmilch produziert. Nur in Griechenland hergestellter Feta darf sich auch so nennen. Diese EU-Richtlinie gilt letztendlich weltweit.

Graviera, ein nussiger, milder Gruyère-ähnlicher Schafsmilchkäse wird überall in Griechenland hergestellt, ist jedoch eine Spezialität aus Kreta, wo der Käse langsam in Kellergewölben oder Steinhütten *(mitata)* heranreift; auch auf Naxos und Tinos wird er produziert.

Weitere ausgezeichnete Käsesorten sind beispielsweise *kaseri*, ähnlich dem Provolone (Knetkäse), die Ricotta-ähnliche Käsemolke *myzithra*, und der sahnig-cremige *manouri* aus dem Norden. *Myzithra* wird auch für Nudeln getrocknet, gehärtet und gerieben. *Anthotyro*, eine weiche, ungesalzene Käsemolke mit wenig Fett ähnelt dem *myzithra;* der saure Hartkäse *xynomyzithra* hingegen stammt aus Kreta.

Andere hochwertige regionale Käsesorten sind *galotiri* und *katiki*, würzige heller Streichkäse aus Epirus und Thessalien; *ladotyri* ist ein harter goldener Käse aus Mytilini, eingelegt und in Olivenöl haltbar gemacht; dann gibt es da noch den halbweichen, geräucherten *metsovone* aus Epirou und *mastelo* aus Chios.

Der beliebte, in der Bratpfanne zubereitete *saganaki* wird aus festen, scharfen Käsesorten hergestellt, wie etwa *kefalotyri* oder *kefalograviera*, während sich *formaella* aus Arahova hervorragend zum Grillen eignet.

manchen Regionen wird zudem mit Zimt, Gewürznelken oder Kümmel nachgeholfen.

Olivenöl ist in Griechenland zweifelsohne das Lebenselixier schlechthin, insbesondere das für den Handel produzierte native Olivenöl aus familiengeführten Plantagen quer durchs Land. Das beste und meiste Olivenöl ist auf der südlichen Halbinsel Peloponnes und auf den Inseln Kreta, Lesbos und Korfu erhältlich.

Gemüse, Hülsenfrüchte und grüne Salate – Schlüsselelemente der gesunden mediterranen Kost – sind fester Bestandteil der griechischen Kochkunst; ihr Geschmack wird durch die häufige Verwendung von Olivenöl und Kräutern noch verfeinert. Bohnen und Hülsenfrüchte bilden im Winter die Grundlage für viele Speisen.

Der Verzehr von Fleisch war früher einmal besonderen Gelegenheiten vorbehalten. Heute kommt Fleisch dagegen öfter auf den Tisch, z. B. zusammen mit Gemüseeintöpfen oder gegartem Gemüse wie grüne Bohnen. Dabei überwiegen Gerichte mit Lamm- und Schweinefleisch, manchmal auch Zicklein. Rind (meist importiert) und Hühnchen finden breite Verwendung, oft als Bestandteil von Eintöpfen mit Tomaten *(kokkinisto)* oder für besondere Gerichte mit *kokoderas* (Hähnchen oder Gockel). Zu Hause werden Lamm und Hühnchen normalerweise mit Zitrone und Oregano zubereitet und zusammen mit Kartoffeln im Ofen gebacken. Schweinefleisch wird gewöhnlich für *gyros* verwendet (Fleisch vom Drehspieß, geschnetzelt mit Pita-Brot gegessen) oder für Souvlaki. Kaninchen wird köstlich gegart in einem *stifadho* (süßlicher Eintopf mit Tomate und Zwiebeln). Fast jedes Körperteil eines Tieres wird verarbeitet – angefangen bei der Delikatesse *ameletita* (wortwörtlich „die unausge-

In Griechenland gibt es über 300 essbare *horta* (wilde Kräuter), allerdings stirbt das Wissen um die gesamte Palette von essbaren Pflanzen und Kräutern langsam aus. Kräuter aus den Bergen, die selten vorkommen und schwierig zu finden sind, haben auch ihren Preis.

sprochenen") wie z. B. gebratene Schafhoden, bis hin zu *kokoderetsi* (scharfe, am Spieß gebratene Fleischabfälle, eingewickelt in Gedärmen) und *patsas* (Kuttelsuppe) als Hausmittel für einen Kater nach dem großen Besäufnis.

Fisch war lange Zeit ein wesentlicher Bestandteil der griechischen Küche. Da Fische aus dem Mittelmeer und aus der Ägäis bereits recht viel Eigengeschmack mitbringen, können sie mit einem minimalen Aufwand zubereitet werden – am besten schmecken sie gegrillt im ganzen Stück und beträufelt mit *ladholemono* (Zitronenöldressing). Kleinere Fische wie etwa *barbouni* (Rotbarbe) und *maridha* (Heringe) werden nur leicht angebraten.

Der allgegenwärtige griechische Salat (*hoderiatiki*, auf Deutsch „Dorfsalat") ist *der* Sommersalat schlechthin, mit frischen Tomaten, Gurke, Zwiebeln, Feta und Oliven (manchmal garniert mit Portulak, Paprika oder Kapern). Andere beliebte Sommergerichte sind z. B. *yemista* (Tomaten und Saisongemüse, gefüllt mit Reis und Kräutern). Zu anderen Jahreszeiten werden Kopfsalat und Kohl zu Salat verarbeitet. Aus *hoderta* (wildes Gemüse oder aus landwirtschaftlichem Anbau) entstehen wunderbare Salate, einige werden kalt, andere warm serviert, mit Olivenöl und Zitrone abgeschmeckt.

Schmackhafte Süßspeisen werden mit vielerlei verschiedenen Käsesorten zubereitet und sind praktisch an jedem Tisch zu finden (s. Kasten links). Griechischer Joghurt hat meist einen scharfen Beigeschmack und eine feste Konsistenz –normalerweise basiert er auf geruchsintensiver und nährstoffreicher Schafsmilch, eignet sich also auch bestens fürs Frühstück, zusammen mit dickflüssigem, aromatischem Honig, Walnüssen und Obst. Ein Grundnahrungsmittel der griechischen Kost ist *pita* (Fladenbrot oder Pastete), das es in unzähligen Varianten gibt und je nach Region mit anderen Füllungen. Die bekannteste Variante ist das *tyropita* (Käse-Pita) und das *spanakopita* (Spinat-Pita). Zu den typischen griechischen Nudelgerichten gehören *pastitsio* (deftiger Auflauf mit Maccaroni und Fleisch) und das herzhafte *youvetsi*, lang geschmortes Lamm oder Rind in Tomatensauce mit *kritharaki* (Hirse oder reisähnliche Nocken).

Brot wird obligatorisch zu jeder Mahlzeit gereicht und ersetzt traditionellerweise Messer und Gabel, um den Teller wirklich ganz leer zu essen. Am häufigsten wird *hoderiatiko* gegessen, ein Weißbrot mit Kruste.

Der gefeierte Londoner Koch Theodore Kyriakou segelte auf der Suche nach Rezepten zu den griechischen Inseln für *A Culinary Voyage Around the Greek Islands*, einer gelungenen Fortsetzung von *The Real Greek at Home* und *Real Greek Food*, das auch auf Deutsch unter dem Titel *Die echte griechische Küche* erschienen ist.

ESSEN GEHEN

Essen im Restaurant mit Familie und Freunden ist ein wesentlicher Bestandteil des gesellschaftlichen Lebens und die Griechen essen auch regelmäßig außer Haus, unabhängig von ihrem sozialen Status. Bei dieser Gelegenheit geht es immer drunter und drüber, weswegen die meisten Leute lieber in eine Taverne gehen, wo es informell zugeht und wo man sich normalerweise verschiedene Gerichte teilt. Aus diesem Grund werden Fleisch und Fisch auch oft kiloweise und nicht portionsweise verkauft. Die Griechen sind verrückt nach frischen Zutate; besonders lieben sie Meeresfrüchte.

In den meisten Restaurants zahlt man extra fürs Brot und für kleine Dips oder Häppchen, die gleich nach Eintreffen der Gäste auf den Tisch gestellt werden. Wenn Tiefgefrorenes verwendet wird, insbesondere bei Meeresfrüchten, sind die entsprechenden Gerichte auf der Speisekarte mit einem Sternchen versehen. Der Bedienungsaufschlag ist im Preis inbegriffen, aber es ist auch üblich, ein kleines Trinkgeld zu geben.

Bei der Auswahl eines Restaurants sollte man darauf achten, dass auch die Einheimischen dort essen; offensichtliche Touristenfallen sollte man besser meiden. Immer dort, wo die Reklame am Grellsten ist und Kundenfänger vor der Tür stehen, ist größte Vorsicht geboten! Auf Empfehlungen, die von Hotels ausgesprochen werden, sollte auch nicht immer allzu viel gegeben werden, da einige mit bestimmten Restaurants eine Abmachung getroffen haben oder womöglich ein Speiselokal vorschlagen, das einem Verwandten gehört.

Man sollte versuchen, sich an die üblichen Essenszeiten zu halten – ein Restaurant, das um 19 Uhr noch leer ist, kann um 23 Uhr womöglich brechend voll sein (mehr Einzelheiten zur Esskultur S. 92).

Während es jede Menge stilvolle Restaurants mit gehobenem Anspruch in inspirierender Kulisse gibt, wird man einige der denkwürdigsten kulinarische Erlebnisse an unerwarteten Plätzen haben, wo kein so großes Tohuwabohu herrscht, dafür aber viel Ambiente. Leute, die alleine zum Essen ausgehen, sind nach wie vor ein seltsames Phänomen, jedoch werden sie auch mit aller Sorgfalt bedient. Die meisten Tavernen sind durchgehend geöffnet, allerdings machen viele hochkarätige Restaurants erst abends auf.

Mezedhes & Vorspeisen

Die Griechen teilen sich gerne eine ganze Palette an *mezedhes* (Appetithäppchen) und machen auch oft eine ganze Mahlzeit daraus (bzw. nehmen ein Hauptgericht oder zwei hinterher). Zu den am weitesten verbreiteten Vorspeisen gehören Dips wie etwa *taramasalata* (Fischrogen), *tzatziki* (Joghurt, Gurke und Knoblauch) und *melitzanosalata* (Auberginen), *keftedhes* (Fleischbällchen), *loukaniko* (Würstchen) und *saganaki* (Käse aus der Bratpfanne).

Vegetarische *mezedhes* sind mit Reis gefüllte *dolmadhes* bzw. Weinblätter (s. S. 102), gut angebratene Zucchini- oder Auberginenscheiben und *yigantes* (Limabohnen in Tomaten- und Kräutersauce). Die Zykladen haben sich auf eine Reihe frittierter Gemüsegerichte spezialisiert wie

---

WOHIN ZUM ESSEN?

Bar-Restaurant Ein eher städtisches, neueres Gastronomiekonzept jüngeren Datums; nach 23 Uhr wird's hier unglaublich laut.

Estiatorio Ein Restaurant mit ähnlichen Gerichten wie in einer Taverne oder *mayireio* (unten), jedoch wesentlich teurer; allerdings mit einer schöneren Kulisse und einem formellen Service. Heutzutage kann ein *estiatorio* durchaus mithalten mit einem anspruchsvollen Restaurant, das internationale Küche serviert.

Kafeneio Eine der ältesten Institutionen, ein *kafeneio* (Kaffeehaus) bietet nichts weiter als griechischen Kaffee, Schnaps und Liköre (allerdings gibt es in Dörfern auf dem Land evtl. auch was zum Essen); es ist nach wie vor weitestgehend eine Männerdomäne.

Mayireio hat sich auf Eintöpfe, Geschmortes und Aufläufe nach traditioneller Art spezialisiert (bekannt als *mayirefta*).

Mezedhopoleio bietet jede Menge kleinerer Platten mit *mezedhes* (Appetithäppchen).

Ouzerie serviert traditionellerweise zur Ouzo-Runde Tellerchen mit *mezedhes*. Das Pendant auf Kreta heißt *rakadhiko* (dort gibt es statt Ouzo Raki), während man im Norden die so genannten *tsipouradhika* findet (dort wird *tsipouro* getrunken, eine Variation des griechischen Feuerwassers; s. auch *Tsipouradhika* S. 299).

Psarotaverna Taverne oder Restaurant, das sich auf Fisch und Meeresfrüchte spezialisiert hat.

Psistaria Taverne, in der es Fleisch vom Holzofengrill oder am Spieß gibt.

Taverna Familienbetrieb, in dem es ganz besonders einfach und lässig (und auch kinderfreundlich) zugeht und wo der Ober mit Brot und Besteck an den Tisch kommt; zum Essen gibt's üblicherweise Wein aus dem Fass, Papierservietten und die ganz gewöhnlichen Standardmenüs.

Zaharoplasteio Eine Kreuzung zwischen Patisserie und Café (einige machen jedoch nur Sachen zum Mitnehmen oder Geschenke).

FRISCHER FISCH

Eine der denkwürdigsten kulinarischen Erlebnisse in Griechenland ist ein einfacher, gegrillter Fisch, der von griechischen Fischern frisch aus dem Wasser gefischt wird und idealerweise direkt am Meer verspeist wird. Heutzutage ist jedoch aufgrund der Überfischung der Gewässer frischer Fisch aus dem Meer fast schon Luxus geworden. Vor Ort wird schon lange nicht mehr genug gefangen, um jeden Sommer die Heerscharen an Touristen zu verköstigen. Der Fisch könnte also genauso gut aus dem Senegal oder aus einer Fischzucht kommen, doch bleibt es in einigen Restaurants beim gleichen Preis. Viele Tavernen auf den Inseln geben auch ganz offen zu, dass sie keinen Fisch auf der Speiskarte haben, weil die Fischer vor Ort keine gefangen haben.

Die meisten Restaurants markieren jedoch die Gerichte auf der Speisekarte mit einem Sternchen oder einem abgekürzten „kat", wenn der Fisch bzw. die Meeresfrüchte tiefgefroren sind, manchmal allerdings nur auf der griechischen Speisekarte. Wer sicher gehen will, bestellt besser die kleineren Fische – hier ist die Wahrscheinlichkeit höher, dass sie wirklich aus heimischen Gewässern kommen und frisch sind.

Fisch wird normalerweise nicht als Vorspeise, kann jedoch für sich selber auswählt (das Fleisch sollte noch fest sein und die Augen glänzen). Das Gewicht sollte man im Rohzustand überprüfen, damit man sich auf die Höhe der Rechnung einstellen kann. Der Preis für frischen Fisch beginnt bei ca. 50 EUR pro Kilo.

Siehe Essglossar (S. 104) mit den gängigen Fischarten.

---

etwa *kolokythokeftedhes* (mit Zucchini), *revythokeftedhes* (mit Kichererbsen) oder *domatokeftedhes* (mit Tomate).

Typische Vorspeisen mit Meeresfrüchten sind eingelegte oder gegrillte *ohtapodi* (Oktopus), marinierte *gavros* (Sardellen), *lakerda* (gepökelter Fisch), Miesmuscheln oder Garnele *saganaki* (gewöhnlich gebraten mit Tomatensauce und Käse), knusprig gebratene Kalmare und gebratene *maridha*.

Suppe gilt normalerweise nicht als Vorspeise, kann jedoch für sich schon eine ganze, herzhafte Mahlzeit ersetzen. Manchmal trifft man auf hausgemachte Suppen wie etwa das Nationalgericht *fasolada* (Bohnensuppe), *fakes* (Linsen) oder Hühnchensuppe mit Reis und *avgolemono* (Ei und Zitrone). In Inseltavernen findet man dann eher eine *psarosoupa* (Fischsuppe) mit Gemüse oder *kakavia* (eine Art Bouillabaisse mit jeder Menge unterschiedlichen Fischarten und Meeresfrüchten; individuell auf Bestellung).

Hauptgerichte

Tavernen bieten normalerweise eine Auswahl an Eintöpfen, Aufläufen und *mayirefta* (fertige Mahlzeiten aus dem Ofen) und individuell auf Bestellung zubereitetes Essen *(tis oderas)* wie etwa gegrilltes Fleisch. *Mayirefta* werden üblicherweise früh zubereitet und kühl gestellt. Dadurch zieht das Aroma richtig durch (sie werden oft lauwarm serviert, wobei viele Restaurants auch in den Mikrowelle aufwärmen).

Die am häufigsten angebotenen *mayirefta* sind die *mousaka* (Auberginen oder Zucchini-Schichten mit Hackfleisch und Kartoffeln, alles mit Käsesauce überbacken), *boureki* (Auflauf mit Käse, Zucchini und Kartoffeln), *pastitsio* und *yemista*. Weitere schmackhafte Gerichte sind Kaninchen oder Rind *stifadho* und *soutzoukakia* (scharfe Fleischbällchen in Tomatensauce).

Besonders gut schmeckt das Fleisch vom Holzkohlengrill – meist sind das *paidakia* (Lammkoteletts) und *brizoles* (Schweinekoteletts) – das in der Regel in Kilogramm bestellt wird. Restaurants servieren eher souvlaki auf Fleischspießen als gyros.

Vefa's Kitchen ist mit seinen 750 Seiten die Bibel der griechischen Küche. Die TV-Köchin Vefa Alexiadou hat für dieses außerordentliche Kochbuch 650 Rezepte zusammengestellt, darunter einige von international geschätzten griechischen Köchen.

Hauptgerichte mit Meeresfrüchten sind beispielsweise Oktopus in Wein mit Maccaroni, gegrillter *soupies* (Sepia), Kalmare, gefüllt mit Käse und Kräutern oder Reis, und gesalzene Kabeljaufilets aus der Bratpfanne mit *skoderdalia* (ein unwiderstehlicher Knoblauch- und Kartoffeldip).

Süßigkeiten & Desserts

Die Griechen servieren zum Nachtisch eher Obst als Süßspeisen, doch mangelt es der griechischen Küche nicht an köstlichen Süßigkeiten und Kuchen; das beweist auch die Tatsache, dass immer mehr *zaharoplasteia* (Süßwarengeschäfte) aus dem Boden schießen. Süßigkeiten werden Gästen zum Kaffee gereicht oder als Mitbringsel bei Einladungen gerne verschenkt.

Zu den traditionellen Süßigkeiten gehören *baklava*, *loukoumadhes* (Krapfenbällchen, serviert mit Honig und Zimt), *kataïfi* (gehackte Nüsse in zartem Blätterteigmantel), *rizogalo* (Reispudding) und *galaktoboureko* (Gebäck, gefüllt mit Vanillecreme). Dodoni und Kayak sind ausgezeichnete griechische Eismarken und es lohnt sich, nach Eisdielen Ausschau zu halten, die *politiko pagoto* (Eiscreme à la Konstantinopel) verkaufen. Zur Tradition gehören auch die in Sirup eingelegten *ghlika kutalyu* (Obst zum Löffeln), serviert auf winzigen Tellern als Willkommensgruß; das Mus schmeckt aber auch zu Joghurt oder Eis.

REGIONALE SPEZIALITÄTEN

Während man die Standardgerichte überall in Griechenland findet, lohnt es sich, diverse regionale Variationen und Spezialitäten herauszupicken. In einigen Gegenden stößt man auf Gerichte, von denen in anderen Gegenden noch nie jemand etwas gehört hat wie etwa *kavourma*, der geräucherte Wasserbüffel, der rund um Serres verarbeitet wird, oder Pita-Brote mit Nesseln im Norden des Landes. Die jeweilige lokale Küche steht auf jeden Fall unter dem Einfluss regionaler Erzeugnisse, angefangen beim ölhaltigen Essen auf Peloponnes bis hin zum roten Paprika in Florina, den Riesenbohnen von Prespa im Norden und dem gesammelten wilden Gemüse sowie den Kräutern, die auf den kargen Zykladen wachsen.

Die Küche im nördlichen Griechenland steht unter dem Einfluss orientalischer Aromen, die von Flüchtlingen aus Kleinasien mitgebracht wurden; sie verwendet weniger Olivenöl, aber mehr Paprika und Gewürze als im restlichen Land. Thessaloniki mit seiner mezes-Kultur (Vorspeisen) hatte lange Zeit die Oberhand in Athens Gastronomie, während die Küstenstädte im Norden wie Volos bekannt sind für ihre mezedhes aus Fisch und Meeresfrüchten. Dazu gehörten z. B. frittierte Miesmuscheln oder Miesmuschelpilau. Zu den Spezialitäten von Ioannina gehören Langusten, Froschschenkel und *kokoderesti*, während die Region Epirus eines der Epizentren der Käseherstellung in Griechenland ist.

Die Halbinsel Peloponnes ist für einfachere Eintöpfe bekannt, die reich an Kräutern sind. Da der Peloponnes und Kreta das meiste Olivenöl produzieren, überrascht es nicht, dass dort auch die größte Vielfalt an *ladhera* (Gemüseaufläufe oder -eintöpfe mit jeder Menge Olivenöl) auf den Tisch kommt.

Die Küche auf den Ionischen Inseln (die nie unter türkischer Herrschaft standen) ist von Italien geprägt. Das merkt man an Gerichten wie etwa *sofrito*, gegrilltem Fleisch mit Knoblauch und Weinsauce.

Zu den Spezialitäten aus Kreta gehören stachelige wilde Artischocken, *soupies*, mit wildem Fenchel oder *hoderta*, *hohlii* (Schnecken) und *dakos* (befeuchteter Zwieback mit Tomate, Olivenöl und Käse). *Volvoi* (bittere Knollen) werden auf Kreta und auch anderswo eingelegt.

Die größte Sammlung griechischer Rezepte im Internet findet man unter www.griechisch-recipe.com oder www.gourmed.com, oder auf YouTube mit Rezepten aus Diane Kochilas' beliebtem „Greek Food TV".

Der Film Zimt & Koriander (Politiki Kouzina) von Tassos Boulmetis (2003) ist eine bittersüße Geschichte über griechische Flüchtlinge aus der Türkei, erzählt durch die Brille eines Jungen, der eine tiefe Leidenschaft fürs Essen hegt.

MADE IN GREECE

Feta erwarb als erstes griechische Produkt einen Sonderstatus mit geschütztem Namen, ähnlich wie Parmaschinken und Champagner, doch auch einige andere Erzeugnisse werden offiziell als griechisch anerkannt, darunter *ouzo, tsipouro* (dem *ouzo* ähnlich) und *tsikoudia* (s. S. 103).

Eines der seltsamsten griechischen Produkte ist Mastix, eine Art aromatisierter Harz von Harzbäumen, die nur auf der Insel Chios wachsen. Viele Leute bringen diesen mit einem Kaugummi, mit Likör oder einem klebrig-weißen Fondant in Verbindung, das in einem Glas Wasser serviert wird, allerdings dient Mastix auch zum Abschmecken von Gebäck und anderen Gerichten. Der medizinische Effekt kommt durch Hautpflege- und Pharmaprodukte zum Tragen.

Griechenland gehört auch zu den größten Herstellern von rotem Safran in Bioqualität – *krokos kozanis* wird in den Dörfern rund um die nördliche Stadt Kozani angebaut, einem der wenigen Gebiete auf der ganzen Welt, die sich für den Anbau von qualitativ hochwertigen Safran eignen.

Eine weitere heimische Delikatesse ist *avgotaraho*, ein ausgezeichneter Fischrogen (normalerweise sind es die Laicheier der Graubarbe) aus Messolongi an der Westküste, der in Bienenwachs haltbar gemacht wird.

Santorin und die Zykladen sind berühmt für ihre *fava* (Erbsenpüree, teils mit Zitronensaft, teils mit fein geschnittenen roten Zwiebeln), an der Sonne getrockneten Tomaten und wilden Kapern. Auf Sifnos wird ein *revithadha* (lokaler Kichererbseneintopf) über Nacht in einem eigens dafür geformten Tontopf geschmort.

Überall in Griechenland findet man ausgezeichnet gepökeltes Fleisch, angefangen bei essigsaurem *apaki* (Kreta), in Olivenöl eingelegtes *pasto* (die Mani) und Spezialitäten wie *louza* (auf Tinos und Mykonos) und *siglino* (Kreta und Halbinsel Peloponnes).

Man halte auch Ausschau nach regionalen Süßigkeiten, wie *amygdhalota* (Süßigkeiten mit Mandeln) aus Undros, und den beliebten *bougatsa* (cremige Grieß/Vanillepudding im Teigmantel, gebacken und mit Zuckerguss überzogen) aus Thessaloniki.

Auf die Schnelle

Souvlaki gehört nach wie vor zu den beliebtesten Happen zwischendurch, sowohl in Form eines *gyros* als auch vom Spieß, in Pita-Brot mit Tomate, Zwiebel und einer Ladung *tzatziki*. *Tyropites* (Käsepasteten) und *spanakopites* (Spinatpasteten) gibt es in jeder Bäckerei und in jedem Imbiss. Ein weiterer Knüller im Straßenverkauf ist *koulouri* (rundes, frisches Brot, ähnlich einer Brezel, mit Sesamsamen). In allen größeren Städten gibt es jede Menge *fastfoudadika* (Burger und Fastfood-Ketten).

VEGETARIER & VEGANER

Die Vorliebe für Gemüse in der griechischen Küche ist ein Erbe aus mageren Zeiten und aus der Fastenzeit, in der nach orthodoxem Glauben traditionell auf Fleisch verzichtet wird. Dadurch schmeckt Vegetarisches in Griechenland besser und ist auch leichter zu bekommen als anderswo.

Ladhera ist die Hauptsäule der religiösen Fastenzeit. Man halte Ausschau nach beliebten vegetarischen Gerichten wie *fasolakia yiahni* (grüner Bohneneintopf), *bamies* (gefüllte Okraschoten) und *briam* (überbackener Gemüseauflauf). Artischocken und Auberginen sind weit verbreitet, und Weinblätter oder *dolmadhes* aus Kohlblättern und *anthoi* (gefüllte Zucchini-Blüten) sind Standardgerichte. Bohnen und Hülsenfrüchte finden fast überall Verwendung, und oft findet man auch Gerichte wie *yigantes* auf der Speisekarte. Unter den essbaren Wildkräutern sind die *vlita* (Amaranth) die süßesten, aber auch andere häufig vorkom-

Die gesunde mediterrane Küche droht, einem neuen Lebensstil zum Opfer zu fallen, denn Fast- und Junk-Food sind überall im Vormarsch, so auch in Griechenland, wo es laut Statistik die höchsten Übergewichtsraten der EU gibt.

ETIKETTE

■ Immer nach der regionalen Spezialität der jeweiligen Gegend fragen.

■ Einfach in die Küche gehen und in den Kochtopf schauen, um die Mahlzeit auszuwählen.

■ Den Fisch selbst auswählen und abwiegen lassen.

■ Nicht auf das Bezahlen der Zeche bestehen, wenn man eingeladen wurde – das wäre eine Beleidigung für den Gastgeber.

■ Kaffee oder Drinks nicht ablehnen – denn das ist eine Geste der Gastfreundschaft und des guten Willens.

mende Pflanzenarten, wie wilder Rettich, Löwenzahn, Brennnesseln und Sauerampfer, werden zubereitet.

FESTESSEN

Religiöse Rituale und Kulturfestivals bringen unweigerlich Feierlichkeiten mit sich und verfügen oft über ihre eigenen Spezialitäten. Jeder Leckerbissen hat dann symbolische Bedeutung, angefangen bei den Weihnachtsplätzchen bis hin zum Osterlamm am Spieß. Sogar die 40-tägige Fastenzeit hat ihre kulinarischen Attraktionen mit besonderen Gerichten ohne Fleisch bzw. ohne Molkereiprodukte (oder sogar ohne Öl, für die, die sich ganz strikt an die Bibel halten).

Rotgefärbte, hart gekochte Eier sind ein fester Bestandteil des Osterfests, sowohl zum rituellen gegenseitigen Aneinanderschlagen als auch zum Verzieren von *tsoureki* (ein Brioche-ähnliches Brot mit Zuckerguss) und *mahlepi* (Steinweichsel). Nach der Wiederauferstehungsmesse am Samstagabend gibt es ein Abendessen mit *mayiritsa* (Suppe aus Fleischresten), während am Ostersonntag überall im ganzen Land ganze Lämmer am Spieß gebraten werden.

Weihnachten wird eher bescheiden gefeiert, mit Schweinefleisch, dem traditionellen Gericht für den ersten Weihnachtsfeiertag. Am Silvesterabend wird ein Kuchen mit goldener Glasur namens *vasilopita* (mit einer Münze drin) angeschnitten. Wer die Glücksmünze erwischt, den erwartet ein erfolgreiches neues Jahr.

Zu den Süßigkeiten der Fastenzeit gehört die Süßwarenspezialität *halva*, teils nach makedonischer Art aus *tahini* (in Feinkostläden en bloc verkauft), teils als Grießbreigugelhupf, ein Dessert, das oft nach einer Mahlzeit in Tavernen serviert wird.

In Gegenden, die von Landwirtschaft geprägt sind, wird eine Reihe von Erntedankfesten gefeiert, die ganz bestimmten Erzeugnissen gewidmet sind wie z. B. das Auberginenfest (s. S. 227) in Leonidio auf der Halbinsel Peloponnes (mit einer ganz bestimmten purpurfarbenen Auberginensorte, die nur in dieser Region angebaut wird) oder das Fistiki-Fest auf der Insel Ägina (S. 409), wo sich die herausragende Pistazienindustrie selbst feiert.

ESSKULTUR

Gastfreundschaft ist das A und O der griechischen Kultur, angefangen beim gewöhnlichen Glas Wasser, das gleich nach Ankunft serviert wird bis hin zum Obst nach der Mahlzeit. Die Mahlzeiten werden normalerweise in der Mitte des Tisches platziert und unter allen aufgeteilt, sodass

Culinaria Griechenland, herausgegeben von Marianthi Milona, ist ein hervorragender, schwerer Bildband, der die griechische Küche erforscht. Das reich bebilderte Buch enthält nicht nur Rezepte, sondern auch Wissenswertes über das Land selbst. Außerdem ist es ein guter Leitfaden für griechische Produkte und Weine.

Fortsetzung auf Seite 101

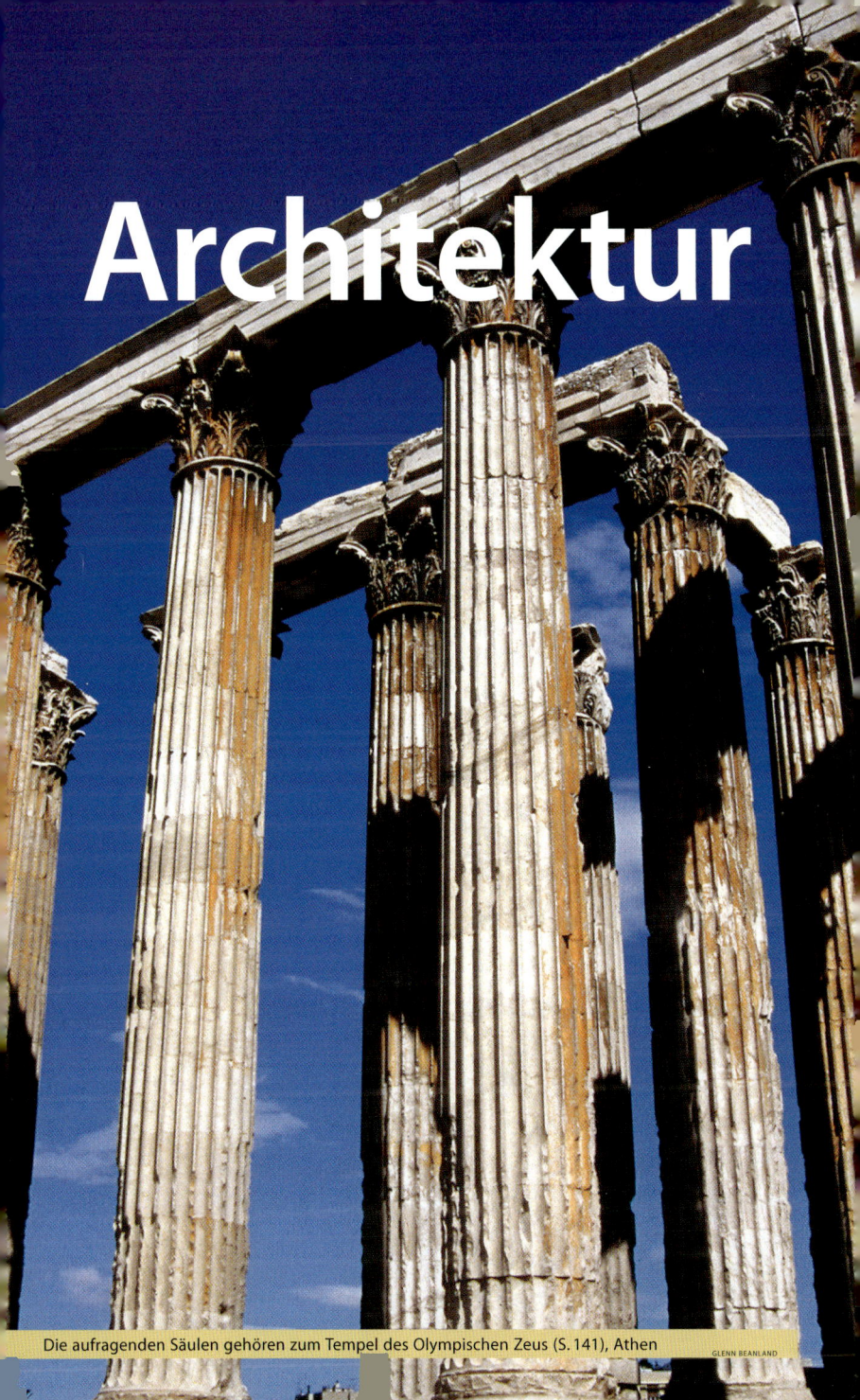

Architektur

Die aufragenden Säulen gehören zum Tempel des Olympischen Zeus (S. 141), Athen

Griechenland bietet Architektur verschiedenster Epochen. Der Baustil klassischer Tempel ist ein internationales Symbol der Demokratie. Daraus sind wichtige Strömungen der Architektur hervorgegangen, wie die italienische Renaissance und der englische Klassizismus. Doch auch für das moderne Griechenland sind aufregende Zeiten angebrochen. Besucher können die Entwicklung einer hässlichen Stadtlandschaft mit Hochhäusern hin zu einem aufregenden Hitech-Baustil verfolgen; Verteidiger des kulturellen Erbes sind wiederum gerade dabei, mit schicken Retrobauten den neoklassischen Glanz wiederauferstehen zu lassen. Vieles in Griechenland strebt nach vorne – auch seine Vergangenheit!

MINOISCHE PRACHT

Unser Wissen über die griechische Architektur beginnt etwa um 2000 v. Chr. mit den Minoern, die sich auf Kreta niedergelassen hatten. Ihr Einfluss breitete sich auf die gesamte Ägäis aus, einschließlich der Kykladen. Minoische Architekten sind berühmt für ihren technologisch fortgeschrittenen Baustil und die labyrinthartigen Palastanlagen; die Anlage von **Knossos** (siehe Kasten unten) gehört zu den größten ihrer Art. Bei diesen „Palästen" handelte es sich eigentlich um multifunktionale Siedlungen, die Königsfamilien und Priestern als Residenz dienten, aber auch Wohnungen fürs Volk boten. Die ländlichen Gegenden waren übersät von minoischen Kleinstädten, wo sich Villen wie kleine Paläste aneinanderreihten, bestehend aus Residenzen mit Wohneinheiten auf mehreren Ebenen, Tempelanlagen, Lagerräumen und Werkstätten. Große minoische Dörfer wie **Gournia** (S. 582) und **Palekastro** (S. 584) auf Kreta umfassten auch Infrastrukturen mit gepflasterten Straßen als Verbindung zu den Palastsiedlungen. Minoische Palastkultur gab es auch in **Phaestos** (S. 541), **Malia** (S. 541) und **Alt-Zakros** (S. 585) auf Kreta und auf dem minoischen Außenposten von **Alt-Akrotiri** (S. 501) im Süden Santorins.

Die Region wurde jedoch Mitte des 15. Jhs. von Vulkanausbrüchen heimgesucht, die ganze Paläste zum Einsturz brachten. Die Minoer machten sich daran, ihre Paläste in noch größerem Stil wieder aufzubauen – diese wurden aber nochmals von Naturgewalten geschliffen. Das letzte große Erdbeben verursachte einen Einschnitt in der Architekturgeschichte, und verhalf den mykenischen Rivalen auf dem griechischen Festland zum Aufstieg.

DIE PRACHT VON KNOSSOS

Die Palastanlage von **Knossos** (S. 39) bestand aus einer Siedlung mit Funktionsbauten, die sich wie ein Gürtel um den Hauptpalast legten. Dieser umfasste verschiedene Gebäude, die um einen großen zentralen Innenhof (1250 m²) angelegt waren. Im Laufe der Zeit wurde die Siedlung neu aufgebaut und erweitert. Lange, erhabene Chausseen bildeten die Hauptkorridore; zu beiden Seiten der Palastmauern befanden sich enge, labyrinthartige Kammern. Der Palastbau, ein Komplex mit mehreren Ebenen, umfasste luxuriöse Wohnräume, Bankettsäle und Empfangshallen sowie Schreine und Zeremonienräume für religiöse Ereignisse. Es gab sogar Arenen für Stierkämpfe – der Grundriss mit den rätselhaft verschlungenen Geheimgängen in Verbindung mit dem symbolträchtigen Stierritual ließ den Mythos von Minotaurus im Labyrinth entstehen. Der Gebäudekomplex war mit strategisch durchdachten Lichtquellen, einem ausgeklügelten Lüftungssystem, Aquädukten und Bewässerungsanlagen mit Trinkwasserqualität ausgestattet sowie mit Bädern, die mit einem umfassenden Pump- und Abwassersystem betrieben wurden. Die unteren Stockwerke beherbergten meist Werkstätten, zylindrische Getreidesilos und Vorratskammern.

Minoisches Fresko mit boxenden Kindern, Archäologisches Nationalmuseum (S.143), Athen

MYKENISCHE BAUKUNST

Die Mykener galten als Baumeister spektakulärer Gebäude mit trutzigen Verteidigungsmauern. Sie zogen durch das südliche Festland und suchten die besten Stützpunkte für ihre Paläste, die eingefasst warenvon Furcht einflößenden Bollwerken. Nach einem durchdachten Plan erbaut, waren die zyklopischen Festungswälle mit ihren 3 bis 7 Meter dicken Mauern uneinnehmbar – lange Zeit nahm man an, dass diese Steinblöcke nur von Riesen bewegt werden konnten. Das Löwentor der Zitadelle von **Alt-Mykene** (S.210) ist das älteste Monumentaltor Europas. Es wird dominiert von einer dreieckigen Skulptur, die das Gewicht der Mauer über dem Torbogen abfangen sollte. Das königliche **Schatzhaus des Atreus** (auch Grab des Agamemnon) in Mykene, ein sogenanntes Bienenkorbgrab, wurde aus sich verjüngenden Kalksteinblöcken erbaut, die bis zu 120 t wogen. Der Palast in **Tiryns** (S.220) besteht aus giebelartig gewölbten Stollen, die ein Labyrinth aus Geheimgängen bilden; und der gut erhaltene **Nestorpalast** (S.257) nahe dem modernen Pylos spricht für das Know-how der Mykener. Auf dem Höhepunkt ihrer Kultur hatten die Mykener auf dem griechischen Festland und rund um die Ägäis über 300 Festungen errichtet, und schließlich überrannten sie die minoischen Paläste auf Kreta.

ARCHAISCHE ANARCHIE

Als ca. 1000 v.Chr. die dorischen Stämme über die griechischen Ebenen wüteten, brachten sie ihre Neigung für Eisenwaffen mit. Ihre Kultur kam jedoch erst während der archaischen Periode zur Hochblüte (ca. ab dem 8. Jh. v.Chr.), als sie das Metall für sinnvollere Zwecke verwendeten. Ihre hellenistischen Tempelarchitektur war zukunftsweisend: fortan verwendete man für dorische Mauerwerke Eisenstäbe, um die Säulenschäfte aus Kalkstein statt mit Holz mit Blei zu stützen. Bauherren entwarfen Tempel, die solider gemauert, mit Terracotta-Dachziegeln gedeckt und mit Regenrinnen versehen waren. Dadurch entstand außen ein Band *(sima)* mit Reliefs und Wasserspeiern, durch die das Regenwasser abfließen konnte. Fast 3000 Jahre später sind von diesen Tempeln nur noch wenige Ruinen erhalten, in denen sich Ziegen zum Grasen tummeln; Architekturbegeisterte können rund um den **Poseidon-Tempel** (S.208) im alten Isthmia streifen oder den ersten **Apollon-Tempel** (S.205) im alten Korinth besuchen.

GEORGE TSAFOS

Odeon des Herodes Atticus (S. 137), Athen

KLASSISCHE KOMPOSITIONEN

Im Zeitalter der Klassik vom 5. bis 4. Jh. v. Chr. entstanden die bekanntesten Baustile. Die Tempel bekamen mit dorischen, ionischen und korinthischen Säulen ihre charakteristische Säulenordnung. Die Kapitelle dorischer Säulen sind relativ schmucklos, der kannelierte Säulenschaft hat keinen Sockel. Der klassische Baustil der Tempel ist auch vom Gespür der Architekten für Mathematik und Ästhetik geprägt. Das Vorbild für alle dorischen Folgebauten ist der Athener **Parthenon** (S. 135) aus dem 5. Jh. nach Entwürfen der Architekten Iktinos und Kallikrates. Der Parthenon tat sich als Kunstwerk in der architektonischen Prachtwelt hervor: als er fertig war, strahlte er wie eine Marmorkrone. Bis heute ist der Parthenon das wohl beliebteste Fotomotiv in Griechenland.

In der Zwischenzeit schufen die griechischen Kolonien an der Küste Kleinasiens ihre eigene ionische Säulenordnung. Hier steht die Säule auf einem Sockel aus mehreren Stufen, in den Schaft wurden mehr Rillen gemeißelt. Durch Schmuck in den Kapitellen erhielten die Säulen mehr Grazie; Iktinos nutzte einige dieser Elemente für den Parthenon. Paradebeispiel für diesen Baustil sind der **Athene-Nike-Tempel** (S. 134) und das **Erechtheion** (S. 135) auf der Akropolis, wo die berühmten Karyatiden in königlicher Haltung den Tempel stützen.

Schon fast am Ende der klassischen Periode kam die korinthische Säule in Mode. Hier bestehen die Kapitelle aus einer oder zwei Reihen mit Blattornamenten (meist Akanthus); die Ordnung wurde später von den Römern übernommen, in Athen schmückte sie ausschließlich die korinthischen Tempel. Der **Tempel des Olympischen Zeus** (S. 141), der unter Kaiser Hadrian vollendet wurde, ist ein beeindruckender Bau. Eine andere Tempelform, der elegante, runde *tholos* mit einer Kuppel kommt beim großen **Athene-Heiligtum** (S. 278) in Delphi zum Einsatz.

Auch die griechischen Theater sind Bauwerke der klassischen Periode. Die Zuschauer saßen um eine runde Bühne, um dem traditionellen Rundtanz zuzuschauen. Der kleine Anbau im Hintergrund hieß *skene* (Bühnenhaus). Dort zogen sich die Schauspieler um; es diente auch als Kulisse. Das Halbrund aus steinernen Bänken, die steil abfielen, bot Tausenden von Zuschauern Platz; die Akustik war so perfekt, dass der Zuschauer jede Silbe hören konnte. Anscheinend trug der Kalkstein, aus dem die Sitze gebaut waren, zu diesem klanglichen Wunder bei; diese hatten bei den hohen Frequenzen der Töne, die von der Bühne hinaufdrangen, einen Widerhall. Die Sitze waren gewöhnlich auch vertieft, sodass die Zuschauer ihre Füße einziehen konnten, um andere vorbei zu lassen. Noch zu Hadrians Lebzeiten wurden Teile einiger Theater renoviert und mit einem Dach ausgestattet, um ein *odeon* (Musikhalle) zu errichten; die Bühne wurde hierfür zu einem Halbkreis verkürzt. Die meisten alten Theater werden immer noch für Festivals, Musikkonzerte und Theateraufführungen benutzt. Im Kasten gegenüber sind die Theater aufgeführt, die man unbedingt einmal gesehen haben sollte.

HELLENISTISCHE BÜRGER

Als das klassische Zeitalter zu Ende ging (etwa ab dem ausgehenden 4. Jh. vor Chr.), dachten viele kosmopolitisch gesinnte Bürger weniger an die Tempel, sondern daran, wie sie ein angenehmes Leben führen könnten. Sie verlangten von den Architekten dekadente Wohnsitze. Die hellenistischen Baumeister reagierten mit neuen Entwürfen für Paläste und Privatresidenzen. Wohlhabende Bürger, Würdenträger und Politiker (darunter auch Kleopatra) betrieben hohen Aufwand bei der Umgestaltung ihrer Wohnhäuser; dazu gehörten bemaltes Mauerwerk und Innenhöfe mit Säulengängen aus Marmor, als Statussymbole dienten aufwendige Mosaike. Paradebeispiele für hellenistische Residenzen sind die **Herrenhäuser auf Delos** (S. 454).

BYZANTINISCHER EHRGEIZ

Während der byzantinischen Ära (ab ca. 700 n. Chr.) waren Kirchenbauten sehr ausdrucksstark. Byzantinische Sakralbauten leben von einer perfekten Symbiose zwischen Form und Funktion: das ideale griechisch-byzantinische Kirchenschiff hat eine Kreuzform. Eine zentrale Kuppel wird von vier Bögen auf Pfeilern gestützt, flankiert von Kreuzgewölben, mit kleineren Kuppeln an den vier Ecken und drei Apsiden an der Ostseite. Theologische Architekten entschieden sich für Mosaike und Fresken, anstatt für Schnitzereien, um einen bildlichen Mikrokosmos des Glaubens herzustellen. Der Symbolik gehorchend verläuft die Bildgeschichte in der Kuppel von oben nach unten (die Kuppel zeigt Christus im Himmel); die Apsis ist geprägt von Bildern der Jungfrau Maria (dem Punkt zwischen Himmel und Erde), die Wände sind mit Bildern von Heiligen und Aposteln verziert, die das Herabsteigen auf die Erde (hier: das Kirchenschiff) symbolisieren. Die Athener Kirche **Agios Eleftherios** (S. 142) aus dem 12. Jh. birgt Teile eines Frieses aus Pentelischem Marmor. Die **Kapnikarea-Kirche** (S. 142) aus dem 11. Jh. wirkt in Athens Geschäftsviertel wie gestrandet – der Kirchenboden besteht aus farbigem Marmor, die Außenwände aus Ziegelstein mit anderen Steinen, sodass verschiedene Muster entstehen. Die **Agia Sofia** (Sophienkirche, S. 329) aus dem 8. Jh. in Thessaloniki ist mit ihrer 30 Meter hohen

Löwenterrasse (S. 454), Antikes Delos
CHRIS CHRISTO

TOP FIVE: URSPRÜNGLICHE DÖRFER

- Das mittelalterliche, labyrinthartige Inseldorf **Pyrgi** (S. 704) auf Chios mit seinen einzigartigen genuesischen Fassaden aus geometrischen Mustern in Grau-Weiß bestaunen

- Die festungsartigen Herrenhäuser von **Zagorohoria** (S. 391) mit ihren Schieferndächern, Steinwällen und Innenhöfen mustern

- Das reizvolle, aber halb verfallene Dorf **Vathia** (S. 244) in Mani bestaunen, mit seinem bemerkenswerten, malerischen Steinturmhäusern, versehen mit runden Türmchen als Wachposten

- Das von vulkanischem Gestein geprägte Dorf **Oia** (S. 498) auf Santorin besichtigen – mit weiß getünchten (also wirklich weißen!) Häusern in wunderschöner Insellandschaft

- Die attraktiven Holzhäuser von **Lefkada-Stadt** (S. 797) auf der Insel Lefkada bewundern; die unteren Stockwerke sind mit Holz vertäfelt; die oberen mit bemaltem Metall oder gewelltem Eisen

Die Straßen von Oia auf Santorin (S. 498) wurden in das vulkanische Gestein gehauen
CHRISTOPHER GROENHOUT

Kuppel eine bescheidene Version ihres Pendants in Istanbul. In **Kastoria** (S. 367) gibt es Kapellen von denen viele einst Privatleuten gehörten. Sie waren Nebengebäude von *arhontika* (Herrenhäuser, die einst *arhons,* wohlhabenden Kaufleuten, gehörten) aus dem 17. und 18. Jh.

Einige byzantinische Klosteranlagen zählen zu den Unesco-Weltkulturerbestätten, wie die *katholikon* (Hauptkirche) von **Agios Loukas** (S. 284), die vom spätbyzantinischen Baustil mit vielen Kuppeln geprägt ist, und von **Moni Dafniou** (S. 142) aus dem 11. Jh., die nordwestlich von Athen über einem Apollon-Heiligtum steht.

FRÄNKISCHE BESITZTÜMER & VENEZIANISCHE FESTUNGEN

Nach der Plünderung von Konstantinopel durch die Kreuzfahrer 1204 wurden viele Festungen zu Hochburgen westlicher Aristokraten. Die Adelsfamilie Villehardouin ließ unzählige fränkische Burgen auf der Halbinsel Peloponnes erbauen, so z. B. in **Kalamata** (S. 247) und in **Mystras** (S. 232). Dort entstand auch ein Palast, der über zwei Jahrhunderte der byzantinischen Kaiserfamilie als Residenz diente. Als die Venezianer einfielen, um

Byzantinisches Monemvasia (S. 295), Peloponnes
GEORGE TSAFOS

einige Küstenenklaven zu vereinnahmen, erbauten sie die **Venezianische Festung Koules** (S. 534) in Iraklion, die trutzige Zitadelle in **Methoni** (S. 253), und die **Festung Palamidi** (S. 216) aus dem 18. Jh. in Nafplio. Die Festungswälle in **Akrokorinth** (S. 200) sind unterbrochen von beeindruckenden Toreingängen. Von der Burg in **Monemvasia** (S. 235), einem byzantinischen Dorf, das wie ein Vogelnest auf Felsen klebt, haben Besucher einen spektakulären Blick aufs Meer.

OSMANISCHES ERBE

Aus den vier Jahrhunderten türkisch-osmanischer Herrschaft (16. bis 19. Jh.) sind nur wenige Monumente erhalten; die meisten Moscheen mitsamt ihren Minaretten sind in einem jämmerlichen Zustand. Einige Paradebeispiele des osmanischen Baustils haben jedoch überlebt. Dazu gehört in Rhodos die **Süleyman-Moschee** (S. 597) mit der rosaroten Kuppel. Hier finden sich auch viele andere Erbstücke aus osmanischer Vergangenheit, ebenso wie auch in dem mit einer Stadtmauer umgebenen türkischen Viertel von Ioannina mit seiner wieder aufgebauten **Fetiye Cami** (Siegesmoschee; S. 388). In Athen befinden sich die **Fethiye-Moschee** (S. 154) und die **Türkischen Bäder** (S. 148). Der Architekt der **Koursoun-Moschee** (S. 310) aus dem 16. Jh. in Trikala hat auch die Blaue Moschee in Istanbul entworfen. Im türkischen Viertel **Varousi** (S. 310) in Trikala und entlang der Straßen von **Thessaloniki** (S. 324) und **Didymotiho** (S. 380) nahe der türkischen Grenze stehen türkische Häuser mit Buntglasfenstern und hölzernen Vorbauten auf Stützstreben, die mit Stuck und bemalten Holzschnitzereien verziert sind.

Die Griechen besinnen sich langsam darauf, die 400 Jahre alte osmanische Geschichte zu erhalten. Wunderschön saniert ist das **Imaret** (S. 352) in Kavala mit seinen 18 Kuppeln. Der Gebäudekomplex umfasst eine Moschee, eine Schule und einem Hammam (türkisches Bad).

KLASSIZISISCHER GLANZ

Die **Akademie der Wissenschaften** in Athen (S. 143) aus dem Jahr 1889 gilt bei Experten als das schönste klassizistische Gebäude weltweit. Der Baustil der Akademie spiegelt die Sehnsucht Griechenlands nach prächtigen, geometrischen Formen, kombiniert mit hellenistischen Details wider, die in der Zeit nach seiner Unabhängigkeit aufkam. Der renommierte dänische Architekt Theophil Hansen ließ sich bei der Gestaltung der ionischen Säulen vom Baustil des Erechtheion leiten. Der Eingang ist bewacht von den Statuen des Apollon und der Athene, die

Herrliche ionische Säulen der Akademie der Wissenschaften (S. 143), Athen

GEORGE TSAFOS

Akropolis-Museum (S. 137), Athen   GEORGE TSAFOS

herrliche, längliche Halle ist geprägt von Fundamenten aus Marmor. Der österreichische Maler Christian Griepenkerl wurde mit der Verzierung der Decke und den Wandmalereien beauftragt. Ähnliche Inspirationen beeinflussten Theophil Hansen beim Bau der **Nationalbibliothek** (S. 143) aus Marmor. Der Baustil orientiert sich an dem Vorbild der dorischen Säulen des Tempels von Hephaistos. Die **Universtität Athen** (S. 143) von Christian Hansen (Theophils Bruder) wirkt zwar auch attraktiv, aber mit ihren klaren Linien etwas gesetzter. Sanierte klassizistische Herrenhäuser beherbergen heute Museen, wie das viel gerühmte **Benaki-Museum** (S. 145) und das von Ernst Ziller erbaute **Numismatische Museum** (S. 147) mit Fresken und Mosaikböden.

In vielen Provinzstädten stehen Beispiele für den griechischen Klassizismus. Auf Symi reihen sich im Hafen von **Gialos** (S. 627) farbenfrohe klassizistische Fassaden aneinander; auch **Nafplio** (S. 213) ist geprägt von klassizistischen Gebäuden, die den Ort verschönern.

MODERNE IDEEN

Heute macht sich Athen mit seiner baulichen Ästhetik und seinem kulturellen Erbe ein besonderes Image zueigen, indem es den urbanen Charakter durch schöne Fußgängerzonen verbessert, zugleich aber seine architektonischen Reize bewusst in Szene setzt (s. Kasten unten). Beispiele hierfür sind die Sanierung der Fassaden im historischen Zentrum einschließlich der spektakulären Nachtbeleuchtung der **Alten Promenade** (S. 138) nach einem Entwurf von Pierre Bideau sowie die hochmodernen Museumsgebäude, wie das **Technopolis** (S. 157), entstanden auf dem Gelände der ehemaligen Gaswerke (Gazi-Fabrik) mitten im Industrieviertel Gazi.

FUTURISTISCHES ATHEN

■ **Akropolis-Museum** (S. 137) Dieses Museum zeigt archäologische Funde aus ganz Griechenland. Das Gebäude mit einem gläsernen Innenraum entstand nach einem Entwurf von Bernard Tschumi und ist dem Parthenon nachempfunden. Die Anzahl der Säulen (mit Stahl ummantelt) ist identisch. Durch einen Glasboden kann man die ausgegrabenen Ruinen in situ besichtigen.

■ **Stavros Niarchos Foundation´s Cultural Park (SNFCP)** Der mit dem Pritzker-Preis prämierte Architekt Renzo Piano hat einen Entwurf für den SNFCP vorgelegt. Die Pläne sehen neue Veranstaltungsräume für die Griechische Nationalbibliothek, die Staatsoper und die Nationale Ballettschule vor, alles eingebettet in eine natürliche Parklandschaft mit einer *agora* (antiker Marktplatz) und einem Kanal, der den Park an der alten Pferderennbahn in Faliro mit dem Meer verbindet. Der Park soll bis 2015 vollendet sein.

■ **Planetarium** (S. 151) Hier handelt es sich um die größte digitale Satellitenkuppel der Hemisphäre, die virtuelle 3D-Rundreisen durch die Galaxie erlaubt.

■ **Olympisches Sportzentrum** (OAKA; S. 150) Bemerkenswert aufgrund des auffälligen, ultramodernen Glas- und Stahldaches nach einem Entwurf des spanischen Architekten Santiago Calavrata. Die Dachkonstruktion hängt an Kabeln, die an großen Bögen befestigt sind.

Fortsetzung von Seite 92

besonders viel Gemeinschaftsgeist aufkommt (das heißt aber auch, dass Mahlzeiten gestreckt werden können, damit unerwartete Gäste – die oft genug noch später eintrudeln – auch noch satt werden). In der Regel bestellen die Griechen viel zu viel und bereiten auch zu Hause übermäßig viel Essen zu. Lieber geben sie es den Gästen mit oder werfen es weg, als dass sie riskieren, dass nicht genug auf den Tisch kommt.

Das Frühstück besteht gewöhnlich aus einer Zigarette und einer Tasse Kaffee, womöglich auch aus einer *koulouri* oder *tyropita*, die man im Gehen isst. Allerdings gibt es inzwischen in touristischen Gegenden auch Frühstück nach mitteleuropäischer Art.

Obwohl Änderungen in den Arbeitszeiten die traditionellen Essgewohnheiten beeinflussen, ist das Mittagessen nach wie vor die große Mahlzeit des Tages und beginnt erst ab 14 Uhr. In den Cafés und Straßenlokalen herrscht am Nachmittag viel Trubel während der Zeit nach der Siesta. Die meisten Griechen denken gar nicht daran, vor Sonnenuntergang zu Abend zu essen, was sich auch in den Ladenschlusszeiten der Geschäfte widerspiegelt. Deswegen werden die Restaurants erst nach 22 Uhr voll.

Essen gehen heißt in Griechenland, dass man sich mit allem Zeit lässt. Also sollte man mit den Vorspeisen, den sogenannten *mezedhes* sparsam umgehen, denn es kommt gewöhnlich immer noch Nachschub. Der Service kann verglichen mit westlichem Standard manchmal etwas lahm sein, aber dafür hat es das Personal auch nicht eilig, die Gäste nach dem Essen zu verscheuchen. Der Tisch wird in der Regel nicht eher geräumt, bis jemand um die Rechnung bittet. Diese wird traditionell (und in vielen Lokalen ist das immer noch so) zusammen mit zusätzlichem Obst oder Süßigkeiten überreicht, manchmal auch mit einer Runde Ouzo.

Es ist unhöflich, zu trinken, so lange noch nicht alle Gläser eingeschenkt sind bzw. vor dem üblichen Trinkspruch *„Ya mas"*. Die Griechen trinken in der Regel keinen Kaffee nach einer Mahlzeit. Deswegen wird in vielen altmodischen Tavernen auch keiner angeboten.

FÜR KLEINE ESSER

Die Griechen sind sehr kinderfreundlich, und deswegen sind die Tavernen auch sehr familienorientiert. Dort scheint es niemanden zu stören, wenn Kinder zwischen den Tischen herumtollen. In touristischen Gegenden gibt es auch eine Kinderspeisekarte, doch essen die Kinder meist das Gleiche wie ihre Eltern. Weitere Informationen zu Reisen mit Kindern s. S. 826.

KOCHKURSE

Verschiedene bekannte Kochbuchautoren und Köche veranstalten meist im Frühling und im Herbst Kochkurse.

Aglaia Kremezi und ihre Freunde öffnen auf der Insel Kea ihre Küchen und Gärten für sechstägige **Kochworkshops** (www.keartisanal.com).

Die preisgekrönte griechisch-amerikanische Kochbuchautorin Diane Kochilas hält in ihrer **Griechischen Kochschule** (www.dianekochilas.com) auf der Ahneninsel Ikaria im Juli und August Wochenkurse ab, leitet aber auch Kochklassen und kulinarische Touren durch Athen.

Culinary Sanctuaries (www.cookincrete.com) auf Kreta, betrieben vom griechisch-amerikanischen Koch und Kochbuchautoren Nikki Rose, kombiniert Kochkurse, geführte Touren zu Bauernhöfen, Wandertouren und kulturelle Ausflüge.

Wer sich über griechische Produkte und Küche noch umfassender informieren will, einschließlich eines Hochglanzmagazins zum Herunterladen, wird auf der englischen Webseite www.kerasma.gr fündig.

GETRÄNKE
Wein

Krasi (Wein) gab es schon, bevor in Griechenland überhaupt schriftliche Aufzeichnungen gemacht wurden; der Weingott Dionysos soll schon vor dem Bronze-Zeitalter dort gewandelt sein. Als Griechenland im Jahr 1821 seine Unabhängigkeit erklärte, existierte jedoch kaum eine Weinindustrie, denn der meiste Wein wurde für den privaten Konsum gekeltert. Erst in den 1960er-Jahren begannen die Griechen, Wein kommerziell herzustellen – und der berühmte Retsina (geharzter Wein) wurde zu Griechenlands Exportschlager.

In den letzten 20 Jahren erlebte der griechische Wein eine wahre Revolution dank einer neuen Generation innovativer und international ausgebildeter Winzer. Neben den ausländischen Weinen erleben derzeit gerade die Jahrhunderte alten endemischen Reben ihre Renaissance. Da diese Weine von einzigartigen Aromen geprägt sind, finden sie international immer mehr Anerkennung. Zu den Weißweinen gehören *moschofilero*, *assyrtiko*, *athiri*, *roditis*, *robola* und *savatiano*. Zu den Rotweinen zählen *xynomavro*, *agiodergitiko* und *kotsifali*. Ein Rosé namens *agiodergitiko* ist der perfekte Sommerwein. Wer im Sommer Rotwein bestellt, sollte vorher überprüfen, ob er nicht eiskalt ist.

Griechische Weine werden in relativ kleinen Mengen hergestellt, d. h. für das Luxussegment. Die Qualität der Tafelweine kann immens schwanken (mit Weißwein ist man oft auf der sicheren Seite); sie werden literweise oder pro Karaffe bestellt. In wenigen Restaurants gibt es offene Weine im Glas.

Zu den Dessertweinen gehören ausgezeichnete Muskatweine von den ägäischen Inseln Samos, Lemnos und Rhodos, Santorinis Süßwein Vinsanto, Wein aus Mavrodafne (oft zum Kochen verwendet) und der liebliche Malmsey aus Monemvasia.

Inzwischen ist Retsina für Ausländer wie ein Stück Folklore. Der Wein passt hervorragend zu stark gewürztem Essen (insbesondere Fisch und Meeresfrüchte) und es gibt auch immer noch den feinen, hausgemachten

Seit der Urbanisierung von Athen in den 1960er-Jahren und parallel zum Tourismusboom trat Retsina, abgefüllt in Flaschen, jedoch frisch aus den Gärfässern der Tavernen seinen Siegeszug rund um die Welt an.

ABENTEUER FÜR DEN GAUMEN

Auf einer kulinarischen Rundreise durch Griechenland lassen sich jede Menge Delikatessen entdecken. Folgende unbedingt probieren:

ahinosalata – Seeigeleier mit Zitronensaft, die so richtig nach Meer schmecken.

anthoi – Zucchiniblüten, gefüllt mit Reis und Kräutern

bekri mezes – scharfe Fleischstückchen, in Tomaten und Rotwein gekocht

bougatsa – Thessalonikis berühmter cremiger Grießbrei aus dem Backofen/Vanillepudding im Teig, mit Zuckerguss

dolmadhes – Wein- oder Kohlblätter, gefüllt mit Reis und Kräutern

domatokeftedhes – Leckere frittierte Tomaten von den Zykladen

fava – gelbes Erbsenpüree aus Santorin

gavros marinatos – köstliche Sardellen in Marinade

hohlii bourbouristoi – Kretas berühmtes Schneckengericht, in der Pfanne gebraten, mit Essig und Rosmarin

horta – wildes oder angebautes Grünzeug; nahrhaft und köstlich

keftedhes – kleine Fleischbällchen aus Schweine- oder Lammhackfleisch

melitzanosalata – ein scharfes Püree aus gegrillten Auberginen

saganaki – ein scharfer Hartkäse aus der Bratpfanne, außen knusprig, innen zart

spetsofai – ein Paprikaeintopf mit scharfen Würstchen nach einem Originalrezept aus Volos und Pelion

taramasalata – ein dickes, rosarotes oder weißes Püree aus Fischrogen, Kartoffeln, Olivenöl und Zitronensaft

tyrokafteri – ein würziger Dip mit Fetakäse

DIE KUNST DES OUZO

Ouzo ist Griechenlands berühmtester, aber auch der am häufigsten missverstandene Schnaps. Er ist zwar ein Aperitif, aber für die meisten Griechen ist das Trinken von Ouzo der Inbegriff von Geselligkeit. Am besten schmeckt er ihnen an einem faulen, langen Sommernachmittag am Strand, zusammen mit *mezedhes* (Appetithäppchen) aus Meeresfrüchten. Ouzo wird langsam genippt, um wie in einem Ritual den Geschmack zwischen zwei verschiedenen Vorspeisen zu neutralisieren (er gleicht auch etwas den öligen Charakter so mancher Häppchen aus). Serviert wird Ouzo in kleinen Flaschen oder *karafakia* (Karaffen) mit Wasser und einem Kübel Eiswürfel; normalerweise wird er mit Wasser verdünnt und mit Eiswürfeln getrunken (so dass er sich milchig weiß verfärbt). In einigen Regionen wird er jedoch nur pur getrunken (es wird behauptet, dass das Eis Zucker und Alkohol kristallisiert bzw. schneller betrunken macht). Wie auch immer: Das Vermischen mit Cola ist eine Geschmacksverirrung von Ausländern.

Ouzo wird aus Traubenmaische hergestellt, ähnlich wie Grappa oder *raki* („Feuerwasser" aus Kreta); außerdem schmeckt man beim Ouzo auch die Reste von Obst, Getreidekörnern, Kartoffeln und anderen Zutaten heraus, insbesondere aber Anis, was ihm das typische Liköraroma verleiht. Der beste Ouzo, Plomari, wird auf Lesbos (Mytilini) hergestellt, benannt nach der Region Plomari, wo hauptsächlich diese Variante des Ouzo produziert wird. Es gibt insgesamt über 360 verschiedene Ouzo-Marken.

Heutzutage wird in Deutschland mehr Ouzo getrunken als in Griechenland, wo mittlerweile Johnnie Walker dominiert; Jugendliche konsumieren mit Vorliebe Mojito in rauen Mengen.

Retsina. Auf den Weingütern werden heute auch leichtere Harzweine bzw. so genannte New Age-Harzweine gekeltert.

Schnaps & Liköre

Griechenlands Feuerwasser Nummer eins ist *tsipouro*, ein hochprozentiger Schnaps aus gegärter Traubenmaische. Auf Kreta wird der ähnliche, aber mildere *raki* oder *tsikoudia* gebrannt. Griechische Brandys wie der führende Metaxa sind eher süß und blumig. Man halte auch Ausschau nach Likören wie etwa Mastiha aus Chios (eiskalt trinken), dem Zitronenlikör Kitro aus Naxos, Kumquat aus Korfu und Tentura aus Patras mit süßlichem Zimtaroma.

Bier

Die Griechen sind keine großen Biertrinker: pro Kopf trinken sie gerade mal halb so viel wie ein durchschnittlicher EU-Bürger. Die gängigsten Biermarken sind das im Land gebraute Amstel und das Importbier Heineken. Zu den größeren griechischen Marken gehören Mythos und Alfa, während kleinere Bierbrauer wie Craft ganz Griechenland mit Zapfbier beliefern.

Qualitätsbrauereien stellen einige exklusive Biere her, wie z. B. das Vergina, ein Lagerbier aus der makedonischen Brauerei Thrace, das Biobier Piraiki aus Piräus, Hillas aus Rodopi und das helle Rethymniaki aus Kreta sowie dunkle Lagerbiere. Auf Korfu wird ein einzigartiges, alkoholfreies Ingwerbier namens Tsitsibira gebraut.

Heiße Getränke

Griechischer Kaffee, ein Erbe des ottomanischen Reiches, hat ein intensives Aroma und einen ausgezeichneten Geschmack. Er wird in einem *briki* (Kupferkessel mit engem Verschluss) gekocht – traditionsgemäß in einem türkischen *hovoli* – und in einer kleinen Tasse serviert. Der Kaffee sollte langsam geschlürft werden, bis man zum schlammartigen Kaffeesatz

Das *Illustrated Greek Wine Book* (nur auf Englisch) von Nico Manessis ist der ultimative Leitfaden mit geschichtlichem Hintergrundwissen über griechischen Wein und einer genauen Beschreibung führender griechischer Weingüter und Weinregionen. Mehr dazu unter www. greekwine.gr.

gelangt (nicht ganz austrinken!). Am besten schmeckt der Kaffee *metrios* (Medium, mit einem Zuckerwürfel).

Der allgegenwärtige *frappé* ist ein Gebräu aus kaltem Instantkaffee, der überall getrunken wird. Auch Espresso wird geeist getrunken als *frotdo* oder *frotdo cappuccino*.

Während es um den *tsai* (Tee) für gewöhnlich schlecht bestellt ist (heißes Wasser mit billigen Teebeuteln), sind Kamillentee und *tsai tou vounou* (Bergtees) aus wilden Teeblättern, die in ganz Griechenland wachsen, ausgezeichnet. Der auf Kreta wachsende Diktamo (Dittany) ist für seine natürlichen Heilkräfte bekannt; ein anderer angeblicher „Heiltee", der sowohl auf der Insel Kreta als auch vielerorts in Griechenland verbreitet ist, ist *rakomelo* – warmer Raki mit Honig und Gewürznelken.

SPRACHFÜHRER ESSEN

Wer echte Einblicke in die kulinarische Szene Griechenlands haben will, muss die Sprache verstehen. Zu den Aussprachregeln s. S. 882.

Essglossar
GRUNDNAHRUNGSMITTEL

ψωμί	pso-*mi*	Brot
βούτυρο	*vu*-ti-ro	Butter
αυγά	a-*vgha*	Eier
ξύδι	*ksi*-dhi	Essig
μέλι	*me*-li	Honig
τυρί	ti-*ri*	Käse
γάλα	*gha*-la	Milch
ελιές	e-*lyes*	Oliven
ελαιόλαδο	e-le-o-la-dho	Olivenöl
πιπέρι	pi-*pe*-ri	Pfeffer
αλάτι	a-*la*-ti	Salz
ζάχαρη	za-ha-ri	Zucker

FLEISCH, FISCH & MEERESFRÜCHTE

φαγρί/λιθρίνι/μελανούρι	fa-*ghri*/li-*thri*-ni/me-la-*nu*-ri	Brasse
ροφός	ro-*fos*	Fächerfisch
γαρίδες	gha-*ri*-dhes	Garnelen
κέφαλος	*ke*-fa-los	Graubarbe
κοτόπουλο	ko-*to*-pu-lo	Hähnchen
λαγός	la-*ghos*	Hase
μαρίδα	ma-*ri*-dha	Heringe
αστακός	a-sta-*kos*	Hummer
καλαμάρι	ka-la-*ma*-ri	Kalmar/Tintenfisch
μοσχάρι	mos-*ha*-ri	Kalb
κουνέλι	ku-*ne*-li	Kaninchen
αρνί	ar-*ni*	Lamm
κολιός	ko-li-*os*	Makrele
μύδια	*mi*-di-a	Miesmuscheln
χταπόδι	okh-ta-*po*-dhi	Oktopus
βοδινό	vo-dhi-*no*	Rind
μπαρμπούνια	bar-*bu*-nya	Rotbarbe
σαρδέλες	sar-*dhe*-les	Sardinen
ζαμπόν	zam-*bon*	Schinken
χοιρινό	hyi-ri-*no*	Schweinefleisch
ξιφίας	ksi-*fi*-as	Schwertfisch
σουπιά	su-*pia*	Tintenfisch

| σφυρίδα | sfi·ri·da | Zackenbarsch |
| κατσικάκι | ka·tsi·*ka*·ki | Zicklein |

OBST & GEMÜSE

μήλο	*mi*·lo	Apfel
αγγινάρα	ang·gi·na·ra	Artischocke
μελιτζάνα	me·li·*dza*·na	Aubergine
αρακάς	a·ra·*kas*	Erbsen
φράουλα	*fra*·u·la	Erdbeere
βλήτα	*vli*·ta	grünes Gemüse/Amaranth
καρότο	ka·*ro*·to	Karotte
πατάτες	pa·*ta*·tes	Kartoffeln
κεράσι	ke·*ra*·si	Kirsche
σκόρδο	*skoder*·dho	Knoblauch
λάχανο	*la*·ha·no	Kohl
πορτοκάλι	poder·to·*ka*·li	Orange
πιπεριές	pi·per·*yes*	Paprika
ροδάκινο	ro·*dha*·ki·no	Pfirsich
σπαράγγι	spa·*rang*·gi	Spargel
σπανάκι	spa·*na*·ki	Spinat
ντομάτα	do·*ma*·ta	Tomate
σταφύλια	sta·*fi*·li·a	Trauben
(άγρια) χόρτα	(a·ghri·a) *hoder*·ta	wilde Kräuter
λεμόνι	le·*mo*·ni	Zitrone
κρεμμύδια	kre·*mi*·dhi·a	Zwiebel

GETRÄNKE

μπύρα	*bi*·ra	Bier
καφές	ka·*fes*	Kaffee
τσάι	*tsa*·i	Tee
νερό	ne·*ro*	Wasser
κρασί (κόκκινο/άσπρο)	kra·*si* (*ko*·ki·no/a·spro)	Wein (rot/weiß)

Natur & Umwelt

DAS LAND

Wer an Griechenland denkt, dem wird wahrscheinlich das Bild von zerklüfteten Bergen, tiefblauem Wasser und unzähligen Inseln vor dem geistigen Auge erscheinen. Dies sind tatsächlich die dominierenden Merkmale der griechischen Landschaft, die sich aus Meeresfluten, vulkanischen
Eruptionen und mineralstoffreichem Terrain geformt hat. Die Berge sind
über 2000 m hoch und fallen ab bis in die Tiefebenen, insbesondere in
Thessalien und Thrakien, während die Ägäis und das Ionische Meer
durch die weit verstreut liegenden Inseln Griechenlands verbunden werden.

Egal, wo man in Griechenland hinreist, es ist unmöglich, weiter als 100
km vom Meer entfernt zu sein. Das Land besteht aus einem Festland in
Form einer Halbinsel und etwa 1400 Inseln, wobei nur 169 bewohnt sind.
Das Hauptland umfasst 131 944 km², umrandet von einer ausgefransten
Küste, die sich über insgesamt 15 020 km erstreckt. Dazwischen füllen die
Inseln ein 400 000 km² großes Territorialgewässergebiet aus und sind in
sechs Gruppen unterteilt: Kykladen, Dodekanes, die Inseln der Nordöstlichen Ägäis, Sporaden, die Inseln des Ionischen und des Saronischen Golfes. Die zwei größten, von Archipelen unabhängigen Inseln sind Kreta
und Euböa.

Die griechisch-orthodoxe
Kirche ist zweitgrößter
Grundbesitzer in
Griechenland.

Während des Trias, der Jura- und der Kreidezeit und sogar in späteren
geologischen Perioden war Griechenland ein seichtes sauerstoffreiches
Meer. Die kontinuierliche Überflutung des Landes schuf ganze Unterwas-
sergebiete mit Kalksteinformationen. Als sich später die Landmasse aus
dem Meer erhob, um das Rückgrat der heutigen Topographie zu bilden,
trat eine Erosionslandschaft mit kristallinem Gestein und anderen wertvollen Mineralien zutage; diese Landachse von Nord nach Süd hält heute
das Festland zusammen. Kalksteinhöhlen gehören zu den Hauptmerkma-
len dieser Karstlandschaft, die durch die Auflösung von löslichem Grund-
gestein geformt wurde.

Einst wurde Griechenland von der Gewalt vulkanischer Aktivität er-
schüttert – eine der stärksten Eruptionen weltweit ereignete sich um 1650
v. Chr. auf Santorin. Heute wird Griechenland von kleineren Erdbeben
durcheinandergerüttelt, dafür aber in fast vorhersehbarer Regelmäßig-
keit. Im Jahr 1999 erreichte ein Erdbeben in der Nähe von Athen eine
Höhe von 5,9 auf der Richter-Skala. Die Naturkatastrophe hatte fast 150
Todesopfer und Tausende von Obdachlosen zur Folge. 2008 bebte die
Erde drei Mal hintereinander mit einer Magnitude von 6,5 auf dem Peloponnes, verursachte jedoch wenig Schaden. Wer sich mit Griechenlands
explosiver Vergangenheit befassen will, sollte die Krater auf Santorin
(S. 489), Nisyros (S. 634) und Polybotes (S. 638) besuchen.

Griechenland ist das Land
mit der höchsten
seismischen Aktivität in
Europa, mehr als die
Hälfte der vulkanischer
Aktivität des Kontinents
findet hier statt.

In Griechenland gibt es nur wenige Flüsse, keiner davon ist schiffbar.
Die größten Flüsse sind Aheloos, Aliakmonas, Aoos und Arachthos, die
alle in den Pindos-Bergen in Epirus entspringen. Die lang gezogenen
Ebenen der Flusstäler und jene zwischen den Bergen und der Küste bilden Griechenlands einzige Tiefebenen. Das gebirgige Terrain, das trockene Klima und nährstoffarmer Boden stellen die Bauern vor echte Probleme, denn weniger als ein Viertel des Landes ist überhaupt für die
Landwirtschaft geeignet. Allerdings ist Griechenland reich an Mineral-
stoffen mit großen Vorkommen an Erdöl, Mangan, Bauxit und Braun-
kohle.

TIERE & PFLANZEN
Tiere

Die Beziehung der Griechen zu ihrer Tierwelt stand nicht immer unter einem guten Stern. Die Jagd nach wilden Tieren ist bei den Griechen sehr beliebt, dient sie doch der Beschaffung von Nahrung. Das gilt vor allen Dingen für Bergregionen, wo es schon immer die Vetternwirtschaft unter Jägern gegeben hat. Trotz aller Anzeichen, dass bald ein Jagdverbot verhängt wird, erlauben sich die griechischen Jäger häufig, einfach ohne Genehmigung auf Wild zu schießen, das ihre Wege kreuzt. Dazu gehören mitunter auch seltene und gefährdete Arten, vor allem sind es aber Wildschweine, die schon in der Antike in den Wäldern umherstreiften. Die Wildschweine gelten als sehr schlaue und angriffslustige Tiere. In den letzten Jahrzehnten ist ihre Zahl wieder angestiegen, wahrscheinlich da die Zahl der Raubtiere zurückging. Viele behaupten, dass die Jagd ein wichtiges Instrument ist, um die Wildschweinpopulation unter Kontrolle zu halten. Inzwischen gibt es auch mehr Zuchtbetriebe für Wildschweine und auf vielen Speisekarten tauchen Wildschweingerichte auf.

In Gegenden, die dicht besiedelt sind, ist es eher unwahrscheinlich, wilde Tiere zu entdecken, abgesehen von Füchsen, Wieseln, Hasen oder Kaninchen, die einem aus dem Weg huschen oder hüpfen. In den entlegeneren Bergen im nördlichen Griechenland tummelt sich eine breite Palette an wilden Tieren, darunter eine kleiner werdende Anzahl an Braunbären und Goldschakalen, die in Epirus und Makedonien überleben. Der graue Wolf lebt ebenfalls hier, während wilde Hunde und Hirtenhunde mit schlechtem Benehmen auf den Bergplateaus herumstreunen. Wer ihnen begegnet, sollte einen großen Bogen um sie machen.

In Griechenland gibt es auch zahlreiche Schlangenarten. Gerade im Frühling oder im Sommer trifft man auf den Straßen und auf den Wanderpfaden querfeldein unvermeidlich auf diese flinken Reptilien. Zum Glück sind die meisten harmlos, obwohl Vipern und Korallenschlangen einen tödlichen Biss haben (s. S. 880). Eidechsen gibt es in Hülle und Fülle; es gibt keine Steinmauer, wo diese bizarren Kreaturen nicht herumklettern.

Griechenland lädt Vogelbeobachter zur Feldforschung ein, da sich das Land auf vielen Nord-Süd-Flugrouten befindet. Insbesondere Lesbos (Mytilini; S. 712) zieht regelmäßig eine ganze Schar von Vogelfreunden aus ganz Europa an , die hier einige der über 279 registrierten Arten beobachten, die jährlich auf der Insel einen Zwischenstopp einlegen. Störche sind leicht zu beobachten. Sie kehren Jahr für Jahr zum Frühlingsanfang aus Afrika zurück, um in den gleichen Nestern zu brüten. Sie bauen ihre oft bis zu 50 kg schweren Storchennester auf Strommasten, Kaminen oder Kirchtürmen; vor allen Dingen sieht man sie im nördlichen Griechenland, insbesondere in Thrakien (S. 369).

Rund um den See Mikri Prespa (S. 363) in Makedonien ist die reichste Kolonie mit Fisch fressenden Vögeln in Europa beheimatet; dazu gehören Reiher, Fischreiher, Kormorane und Ibisse sowie die seltenen Dalmatischen Pelikane – heute sind die Türkei und Griechenland die einzigen Länder in Europa, wo diese großen Vögel vorkommen. Die Feuchtgebiete an der Flussmündung des Evros (S. 378) nahe der Grenze zur Türkei bieten zwei besonders markanten Stelzvögeln Lebensraum – dem Säbelschnäbler mit einem langen, gebogenen Schnabel und dem Schwarzen Stelzenläufer mit extrem langen, rosaroten Beinen.

Flussaufwärts am Oberlauf des Evros in Thrakien beherbergen die dichten Wälder und felsigen Aufschlüsse des 72 km² großen Waldreservats Dadia (S. 379) die größte Vielfalt an Raubvögeln in Europa. 36 der 38

Wölfe waren in Griechenland noch nie beliebt. In vielen griechischen Mythen verwandeln sich die Bösen als Bestrafung in einen Wolf; in anderen Geschichten sind Wölfe häufig die Schurken.

Vogelliebhaber sollten auf der Website (auf Englisch) von www.ornithologiki.gr nach Artikel, Links und Infos surfen. Dort erfährt man jede Menge über den Lebensraum und den Umweltschutz der gefiederten Freunde.

Die Gesellschaft zum Schutz der Prespa-Seen setzt sich für Dalmatinische Pelikane und Zwergscharben ein. Wer einen Abstecher dorthin plant findet auf www.spp.gr (auf Englisch) weitere Einzelheiten zur richtigen Reisezeit und Auskunft über die Tiere, die es dort zu sehen gibt.

europäischen Arten können hier gesichtet werden, und 23 Arten brüten
auch hier. Zu den ständig hier liebenden Raubvögeln gehört der riesige
Mönchsgeier mit einer Flügelspannweite von bis zu 3 m, der Gänsegeier
und der Steinadler. Die letzten 15 überlebenden Königsadlerpaare Europas haben ihre Brutplätze im Flussdelta.

Auf der Insel Piperi (S. 769) auf dem Sporadenarchipel und auf Tilos
(S. 630) nisten etwa 350 Paare (60 % der Population weltweit) der seltenen Eleonorenfalken; auf Tilos lebt auch der sehr seltene Habichtsadler
und die scheue, Kormoran-artige Krähenscharbe.

Weitere Infos über das älteste und größte Rehazentrum für wild lebende Tiere in Griechenland und im südlichen Europa, s. Hellenic Wildlife Hospital(S. 411).

BEDROHTE ARTEN

Man könnte behaupten, dass alle einheimischen Tierarten in Griechenland gefährdet sind, ausgehend davon, dass der Fortschritt der Zivilisation die Natur auf der relativ kleinen Landmasse stark zurückdrängt und
beeinträchtigt. Die Braunbären, Europas größte Landsäugetiere, schaffen
es immer noch, in sehr kleiner Anzahl in den Pindos-Bergen über den
Prespa-Seen am Fuße des Peristeri-Massivs bzw. in den Bergen entlang
der bulgarischen Grenze zu überleben. Wer heutzutage einen Bären in
Griechenland sehen will, macht am besten einen Abstecher zum Bärenre-
servat Arcturos im Dorf Nymfeo in Makedonien, denn kommt äußerst
selten vor, dass man einen Bären in freier Wildbahn entdeckt.

Der Bestand der Grauwölfe, die unter dem Schutz der Berner Konven-
tion stehen, wird offiziell als stabil eingestuft, allerdings waren es bei der
letzten Zählung nur noch schätzungsweise 200 bis 300 Wölfe, die in freier
Wildnis überlebt haben, und man glaubt, dass bis zu 100 Tiere jährlich
von Bauern aus blinder Rache für ihre gelegentlichen Beuteraubzüge mit
illegalen Giftfallen getötet werden. Die griechische Regierung und die
Versicherungsgesellschaften zahlen zwar einen Ausgleich für den Vieh-
verlust, aber das scheint das Töten von Wölfen nicht einzudämmen. Die
überlebenden Wölfe leben in kleineren Rudeln in den Wäldern der Pin-
dos-Berge in Epirus sowie im Waldreservat Dadia. Wer einen Wolf sehen
will, fährt am besten ins Naturreservat bei Aetos in Makedonien.

Der Goldschakal ist der Spitzenkandidat unter den am meisten miss-
verstandenen Säugetieren Griechenlands. Zwar ernährt er sich zu 50 %
von Pflanzen (die anderen 50 % seiner Nahrung bestehen aus Aasfleisch,
Reptilien und kleinen Säugetieren), aber trotzdem lastet man ihm aus Ge-
wohnheit oft Angriffe auf Herdentiere an und er wird deshalb von Land-
wirten prophylaktisch gejagt. Kurz vor ihrem Aussterben wurden die
Schakale 1990 zur geschützten Art erklärt, doch heute leben sie nur noch
in Fokida (Zentralgriechenland) und auf der Insel Samos.

Gefährdete Meereslebewesen

Das nachweislich meist gefährdete Meeressäugetier Europas ist die
Mönchsrobbe (Monachus monachus), die sich in Griechenland mit Mühe
und Not am Leben erhält. Ungefähr 200 bis 250 Mönchsrobben, ca. 90 %
der europäischen Gesamtpopulation leben im Ionischen Meer und in der
Ägäis. Auf der Insel Alonnisos (S. 764) leben kleinere Kolonien und auch
auf Tilos (S. 630) sollen schon welche gesichtet worden sein. Allmählich
schrumpfen weite Teile ihres Lebensraums und das ist die Hauptursache,
weswegen sich ihre Anzahl verringert.

In den Gewässern rund um Zakynthos (S. 812, s. auch Kasten zu Karettschildkröten, S. 817) ist die letzte große Meeresschildkrötenkolonie in

---

WELCHER NATIONALPARK DARF'S DENN SEIN?

- Nationalpark Olymp (S. 357) – Heimat des höchsten Berges Griechenlands, einer reichen Flora und der griechischen Götter

- Nationalpark Parnitha (S. 189) – ein sehr beliebtes, bewaldetes Naturschutzgebiet mit Rotwild nördlich von Athen

- Meeresnationalpark Alonnisos (S. 765) – er umfasst sechs Inseln und 22 Inselchen rund um die Sporaden. Dort leben Mönchsrobben, Delfine und seltene Vögel

- Nationalpark Parnassos (S. 282) – hoch aufragende Kalksteinsäulen und malerische Ausblicke auf Delphi

- Prespa-Seen (S. 363) – eine der ältesten Seenplatten in Europa mit jeder Menge wild lebender Tiere und unendlicher Ruhe

- Samaria-Schlucht (S. 564) – die spektakuläre Schlucht auf Kreta ist ein Refugium für die *kri-kri* (Ziege auf Kreta)

- Kap Sounion (S. 185) – das Kap mit dem Poseidon-Tempel bietet wunderbare Panoramablicke

- Nationalpark Vikos-Aoos (S. 393) – hier gibt's ausgezeichnete Wandermöglichkeiten mit Höhlen, Schluchten und dichtem Wald

- Laganas-Bucht (s. Karettschildkröten, S. 817) – ein Ionisches Naturschutzgebiet für Karettschildkröten

- Nationalpark Iti (S. 293) – ruhige Wälder, Wiesen und Teiche. Dort finden Adler, Rotwild und Wildschweine ihren Lebensraum

---

Europa beheimatet; es handelt sich um die gefährdeten Unechten Karettschildkröten *(Caretta caretta)*. Die Karettschildkröten nisten auch in geringer Anzahl auf der Halbinsel Peloponnes und auf Kreta. Griechenlands Schildkröten müssen vielen Risiken ausweichen – Fischernetzen, Bootsschrauben, Müll, Sonnenliegen und Strandsonnenschirmen. Dass die Badesaison im europäischen Sommer ausgerechnet mit der Brutzeit zusammenfällt, ist den Vorkommen nicht gerade zuträglich.

Die Überfischung hat sich sehr nachteilig auf Griechenlands Delfinpopulationen ausgewirkt. Früher einmal konnte man die Delfine noch bei den meisten Fährüberfahrten beobachten, heute gelten jedoch einige Arten als gefährdet, während die Anzahl der gewöhnlichen Delfine *(Delphinus delphis)* in den letzten zehn Jahren von 150 auf 15 zurück gegangen ist. Hauptsächlich sind die Delfine vom Futterverknappung bedroht und laufen zudem Gefahr, sich in Fischerreusen zu verfangen. Zu Beginn der 1990er-Jahre fiel der gestreifte Delfin einem Masernvirus zum Opfer; im Zuge der Epidemie verendeten im Mittelmeer mehrere Tausend Delfine, darunter auch viele in griechischen Gewässern.

Pflanzen
Griechenland erfreut sich einer umfangreichen Bandbreite an Pflanzenarten: Seine Flora sucht seinesgleichen in ganz Europa. Spektakulär ist vor allem die Vielfalt der Wildblumen mit über 6000 Arten, von denen einige nirgendwo sonst vorkommen, sowie über 100 Orchideenarten. Da sich das Terrain größtenteils nicht für die Landwirtschaft eignet, ist der Boden von den schädlichen Auswirkungen chemischer Dünger verschont geblieben.

Die Regionen mit den meisten Wildblumen sind das Lefka-Ori-Gebirge auf Kreta (S. 525) und die Mani (S. 240) auf der Halbinsel Peloponnes. In den wärmeren Gebieten beginnen die Bäume schon Ende Februar

Wer nach Details und Bildern zu Tausenden von Wildblumen sucht, über die man überall in Griechenland stolpert, findet alle möglichen Informationen auf www.greekmountain flora.info.

zu blühen, und die Wildblumen erscheinen allmählich im März. Im Frühling sind die Berghänge mit Blumenteppichen bedeckt, die sogar aus den Felsen herauszuwachsen scheinen. Im Sommer ist dann alles verblüht bis auf die Pflanzen in den nördlichen Bergregionen. Im Herbst fängt dann eine neue Blüteperiode an.

Die Wälder, die einst das antike Griechenland bedeckten, werden seit Tausenden von Jahren abgeholzt, um neues Weideland zu schaffen bzw. Schiffe und Häuser zu bauen. In jüngster Vergangenheit sind die Bestände von schweren Waldbränden dezimiert worden (s. Umweltprobleme). Das nördliche Griechenland ist die einzige Region, wo noch zusammenhängende Flächen an ursprünglichem Wald vorhanden sind. Dort sind die Bergflanken mit einem Dickicht aus Hopfenbuchen bedeckt *(Ostrya carpinifolia)*, deren Blütenmeer das Auge fesselt. Eine andere häufige Art ist die Zypern-Platane *(Platanus orientalis insularis)*, die auf wasserreichem Boden am besten gedeiht. Scheinbar steht in jedem Dorf in der Mitte des zentralen Platzes eine solche Schatten spendende Platane.

Fast überall in Griechenland wachsen Kräuter, die von den Einheimischen manchmal als frische Zutaten für ihre Küche gepflückt werden. Einheimische Kräuter werden auch immer mehr auf Märkten als Souvenir verkauft, meistens in Bioqualität.

NATIONALPARKS

Im Jahr 1938 wurde als einer der ersten Nationalparks in Griechenland der Nationalpark am Olymp angelegt und kurz danach der Nationalpark Parnassos. Heute gibt es insgesamt zehn Nationalparks und zwei Meeresnationalparks, die sich zum Ziel gesetzt haben, die einzigartige Flora und Fauna Griechenlands zu schützen. Die Besuchereinrichtungen sind sehr schlicht; zwar gibt es jede Menge Wanderpfade, die jedoch meist schlecht gepflegt sind; die wenigen vorhandenen Schutzhütten sind sehr einfach. Allerdings stehen die Chancen gut, dass diese Missstände kaum bemerkt werden, denn die Umgebung ist einfach atemberaubend schön.

Die meisten Parks sind von einer Pufferzone umgeben, die den Kernbereich der Wildnis schützt. In den peripheren Zonen sind Aktivitäten wie das Weiden, Bäume fällen, Campen und Fischzucht erlaubt, in der Schutzzone allerdings darf nur gewandert werden. Einen kurzen Überblick über die griechischen Parks gibt's im Kasten auf S. 109.

UMWELTPROBLEME

Allmählich wird Griechenland – wenn auch spät – umweltbewusst. Das globale Bewusstsein, eine größere Empfindsamkeit seitens der jüngeren Generationen und beachtliche finanzielle Anreize von Stiftungen sorgen dafür, dass sich die in Griechenland vorherrschende „Nach-mir-die-Sintflut"-Einstellung von gestern einem wachsenden Umweltbewusstsein weicht, wonach der Raubbau an der Natur und die Plünderung des Landes nicht auf ewig weitergehen kann.

Was jedoch die Abfallbeseitigung betrifft, liegt das allgemeine Umweltbewusstsein immer noch im Argen. Besonders augenfällig ist das Problem in den ländlichen Gegenden, wo neben den Straßen Blechdosen und Plastiktüten herumliegen, die unachtsam aus vorbeifahrenden Autos geworfen werden. Die Erziehung zu mehr Umweltbewusstsein hat in den Schulen bereits begonnen, allerdings ist das Recyceln von Müll mehr ein Thema in den Städten, und es ist noch ein weiter Weg zurückzulegen, bis sich auch in den kleinsten Gemeinden die Einstellung hierzu wandelt.

Die seit langem existierenden Probleme, wie etwa Abholzung und Bodenerosion, haben eine jahrtausendelange Geschichte. Ihre Hauptursache sind die Landwirtschaft und die Umwandlung der Landschaft in Weideland für die Ziegen, wobei auch das Sammeln von Brennholz und der industrielle Holzbedarf für den Bau von Schiffen und Häusern ihren Tribut forderten.

Waldbrände, bei denen jedes Jahr viele tausend Hektar Land verwüstet werden, sind ein großes Problem, denn meist sind die malerischsten Gegenden Griechenlands betroffen. Die in jüngster Vergangenheit zunehmenden Waldbrände sind oft auf die Umgebungstemperaturen und auf starke Winde zurückzuführen. Verheerende Brände auf dem Parnitha und der Halbinsel Peloponnes im Sommer 2007 haben ganze Landstriche samt Vegetation und ganze Dörfer zerstört. Sie haben somit das Landschaftsbild für Hunderte von Jahren verändert.

Die Wälder des antiken Griechenlands sind inzwischen allesamt verschwunden. Nur in Epirus und Makedonien im nördlichen Griechenland existieren noch weitläufige bewaldete Gebiete. Parallel zum Waldschwund stellt aber auch die Bodenerosion ein ernsthaftes Problem dar. Die Regierung, so behaupten viele Einheimische, sei nach wie vor schlecht auf den Umgang mit den jährlichen Waldbränden vorbereitet und die Wiederaufforstung ließe schon viel zu lange auf sich warten und sei bei weitem nicht ausreichend.

Die illegale Erschließung von Land, meist bezogen auf die Küstengebiete oder Baugebiete in bewaldeten oder geschützten Gegenden, hat seit den 1970er-Jahren an Dynamik gewonnen. Trotz einiger Versuche, entsprechende Gesetze zu erlassen, um den Landraub zu stoppen, und entgegen allen Protesten seitens der Einheimischen und der Umweltschützer gegen Korruption und Infrastrukturdefizite bei der Durchsetzung der Gesetzesvorschriften, hat sich bisher wenig getan, um dem Problem wirklich beizukommen. Komplizierter wird das Problem auch noch durch den Bevölkerungszuwachs und die zunehmende Ausdehnung der Städte ins Umland, denn rund um Athen findet eine Art Landflucht statt. Diese Entwicklungen bedeuten eine echte Umweltbelastung sowohl in punkto Wasserversorgung wie auch in Form einer Gefährdung der wild lebenden Tiere. Zwar sind einige profitgierige Bauvorhaben spektakulären Ausmaßes in den letzten Jahren erfolgreich vereitelt worden, doch sind in weit mehr Fällen Baugenehmigungen erteilt worden, die nicht rechtens waren; oft wird dies mit Blick auf den gesellschaftlichen Bedarf als notwendig erachtet.

Die Erderwärmung wirbelt auch in Griechenland das Thermometer durcheinander und man glaubt, dass durch den Klimawandel am Ende des Jahrhunderts die Durchschnittstemperatur in Athen um 8 °C angestiegen sein wird, während einige 560 km² Küstengebiet überflutet sein werden. Zu den am meisten betroffenen Gebieten und Inseln zählen das Evros-Delta, Korfu, Kreta und Rhodos. Den Prognosen nach wird mit dem Rückgang der Niederschläge im ganzen Land auch eine ernstzunehmende Wasserknappheit einhergehen.

> Die derzeit fortschreitende Erderwärmung hat zur Folge, dass 0,4 % der Landmasse Griechenlands noch vor dem Ende des Jahrhunderts vom Meer überflutet sein wird.

MEERESVERMUTZUNG

Die Meeresfauna und -flora führt in weiten Teilen des griechischen Meeres ein prekäres Dasein. In vielerlei Hinsicht wird die Verschlechterung der Meeresqualität dem Tourismus angekreidet sowie der mangelnden Motivation, die Meeresverschmutzung zu beheben. Durch gesetzliche Präventivmaßnahmen gegen die Wasserverschmutzung sind bemerkenswerte Fortschritte erzielt worden, was die Regulierung des Salzgehalts im Meerwasser betrifft, um die Wasserqualität auf akzeptablem Niveau zu halten. Inzwischen ist die Wasserqualität im Saronischen Golf – der ein-

> Frisch geschlüpfte Karettschildkröten erproben auf ihrem Weg vom Nest zum Meer ihre Überlebensstärke. Wer den Kleinen dabei hilft, kann ihre Überlebenschancen tatsächlich nur verringern.

mal notorisch verschmutzt war – auf etwa dem gleichen Qualitätsniveau wie bei den anderen Archipelen in der Ägäis. Nach der Bewertung durch die Europäische Kommission rangiert Griechenland heute mit seiner Wasserqualität auf Rang zwei in ganz Europa. Nichtsdestotrotz bedrohen ausländische Schiffe weiterhin die Reinheit des Meeres, da viele illegal ihren Müll dort entsorgen.

Ein hausgemachtes Problem besteht aber in der Überfischung der Gewässer – davon ist jedoch die gesamte Mittelmeerregion betroffen. Obwohl die Griechen ihren frischen Fisch im Restaurant lieben und gerne einen Aufschlag dafür bezahlen, damit sie diesen dort auch weiterhin essen dürfen, findet man allmählich immer weniger frischen Fisch auf den Speisekarten. Dafür setzt sich immer mehr die Fischzucht durch. Heute produziert Griechenland über 60 000 t Fisch pro Jahr in der Fischzucht, darunter 60 % aller Wolfsbarsche und Seebrassen in der EU.

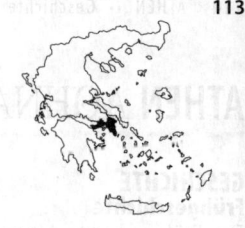

Athen & Attika
Αθήνα & Αττική

Antike und Moderne, Schmutz und Pracht – Athen ist ein aufregender Mix aus Geschichte und Innovation, belebten Cafés und Restaurants und chaotischem Flair – es macht einfach Spaß.

Die Akropolis – Zeugin der wechselvollen Stadtgeschichte – erhebt sich majestätisch über der Metropole. Im Verlauf eines Jahrzehnts hat sich die Stadt neu erfunden. Nach den Olympischen Spielen 2004 ist Athen reicher, moderner und weltoffener geworden: stilvolle neue Restaurants, hippe Geschäfte und Hotels sowie Stadtviertel, in denen sich Kunst neben Industrie entwickelt hat und neue Vergnügungs- und Ausgehviertel entstanden sind.

Das verkehrsfreie historische Zentrum ist praktisch ein Freiluftmuseum, doch auch das kulturelle und gesellschaftliche Leben findet rund um die antiken Denkmäler statt, gleich einer Brücke zwischen Vergangenheit und Gegenwart. Neben den Ruinen und Museen bietet Athen ein buntes Kulturleben mit Festivals und Events sowie einer modernen Kunstszene, die stets neue Blüten treibt. Dadurch gewinnt das gesellschaftliche Leben eine aufregende Dynamik.

Athen ist eine Stadt der Widersprüche: experimentell und verführerisch, verschroben, dörflich und städtisch zugleich. Wenn auch die Rundumerneuerung noch im Gange ist, wird Athen immer eine gewisse Patina aus Sand und Staub haben. Erst nach Sonnenuntergang, wenn die Lichter der Stadt zu leuchten beginnen, entfalten sich im architektonischen Mischmasch und den etwas heruntergekommenen Gegenden das Flair des berühmten Athener Nachtlebens.

Athen ist eine Stadt, die man entweder liebt oder hasst. Doch es fällt zunehmend schwer, sich nicht in diese Stadt zu verlieben – noch dazu, wo sie doch so lange gebraucht hat, das zu werden, was sie ist: eine Stadt, die es nicht nur zu besichtigen, sondern zu erleben gilt!

HIGHLIGHTS

- **Antike Pracht** Aufstieg zur Ehrfurcht einflößenden Akropolis (S. 132)

- **Auf historischen Spuren** Spaziergang rund um den historischen Stadtkern (S. 138)

- **Griechische Schätze** Die prachtvollen Antiquitäten im Archäologischen Nationalmuseum (S. 143) betrachten

- **Antikes Theater** im Odeon des Herodes Atticus während des Athen-Festivals (S. 156)

- **Ein Fest für die Augen** Essen in Thissio oder Plaka (S. 165) mit Blick auf die angestrahlte Akropolis

- **Magische Nächte** Strandbars und Kino bei Mondschein in einer lauen Sommernacht (S. 170)

- **Meisterwerke im Museum** Die bewundernswerten Skulpturen des Parthenon im Neuen Akropolis-Museum (S. 137)

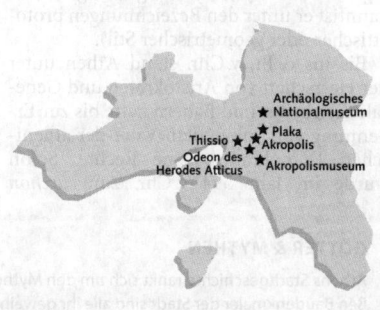

Archäologisches Nationalmuseum
Thissio ★ ★ Plaka
Odeon des ★ Akropolis
Herodes Atticus ★ Akropolismuseum

■ EINWOHNER: ATHEN 3,7 MIO.; ATTIKA 4 MIO.　　　■ FLÄCHE: 3808 KM²

ATHEN & ATTIKA

ATHEN AΘHNA

GESCHICHTE
Frühgeschichte
Die Frühgeschichte Athens ist so tief mit der Mythologie verwoben, dass es unmöglich ist, Fakten und Fiktion zu entwirren. Nachgewiesen ist jedoch, dass zwei ergiebige Wasserquellen auf dem Akropolis-Hügel schon in der Jungsteinzeit die ersten Siedler Griechenlands anzog. Nach einer friedlichen Phase der bäuerlichen Bewirtschaftung folgte die Gründung von kampfbereiten Stadtstaaten. Die Akropolis war ideal, da sie sich optimal verteidigen ließ.

Um 1400 v. Chr. hatte sich die Akropolis bereits zu einer mächtigen mykenischen Stadt entwickelt. Zwar überstand sie noch den Angriff der Dorer im Jahr 1200 v. Chr., jedoch entkam sie nicht dem finsteren Zeitalter, das Griechenland in den nächsten vier Jahrhunderten überschatten sollte. Aus dieser finsteren Zeit ist wenig bekannt.

Nachdem dieses dunkle Kapitel der Geschichte im 8. Jh. v. Chr. abgeschlossen war, folgte eine Zeit des Friedens, in der sich Athen insbesondere mit Keramik zum Epizentrum des Kunsthandwerks entwickelte. Aus dem geometrischen Vasenmuster des dunklen Zeitalters entwickelte sich ein narrativer Stil, der Themen aus dem Alltagsleben und der Mythologie aufgriff (bekanntist er unter den Bezeichnungen protoattischer oder geometrischer Stil).

Bis ins 6. Jh. v. Chr. stand Athen unter der Herrschaft von Aristokraten und Generälen. Arbeiter und Bauern hatte bis zur Ernennung von Solon, dem Vater der athenischen Demokratie, keine Rechte. Solon wurde im Jahr 594 v. Chr. zum *archon* (Oberster Stadtverwalter) ernannt und trat für eine Verbesserung der Lebensumstände der Armen ein, die er durch Reformen wie die Aufhebung von Schulden und die Einführung eines Schiedsgerichts durchsetzte. Trotzdem riss die Welle der Unruhen nicht ab. Schließlich lieferte das dem Despoten Peisistratos, der zuvor an der Spitze des Militärs stand, einen Vorwand, im Jahr 560 v. Chr. die Macht an sich zu reißen.

Peisistratos rüstete die Marine auf und erweiterte Athens Einfluss über seine Grenzen hinaus. Als Gönner und Mäzen der Schönen Künste weihte er das Fest der Großen Dionysien ein, einem Vorläufer des attischen Schauspiels. Er beauftragte Architekten mit dem Bau einer Vielzahl von sakralen und zivilen Bauten – die meisten wurden jedoch später von den Persern zerstört.

528 v. Chr. trat Peisistratos' Sohn Hippias die Nachfolge an und setzte damit die Tyrannenherrschaft fort. Athen gelang es jedoch, sich im Jahr 510 v. Chr. mit Hilfe der Spartaner von seinem Unterdrücker zu befreien. Hippias floh nach Persien und kam 20 Jahre später mit Dareios wieder zurück, aber nur um in der Marathon-Schlacht eine Niederlage einzustecken.

Das Goldene Zeitalter Athens
Nachdem Athen schließlich das Persische Reich in den Schlachten von Salamis und Platäa besiegt hatte (wieder mit Hilfe von Sparta), kannte der Machthunger des Stadtstaates kaum noch Grenzen.

Im Jahr 477 v. Chr. schloss Athen einen Pakt mit der heiligen Insel Delos und verlangte von den umliegenden Inseln Tribute als Beitrag zum Schutz gegen die Perser – eigentlich eine klare Schutzgelderpressung, denn die Perser waren schon lange keine

---

GÖTTER & MYTHEN
Athens Stadtgeschichte rankt sich um den Mythos von Athene, der Schutzgöttin der Stadt. Die großen Baudenkmäler der Stadt sind alle ihr geweiht. Der Sage nach wurde Athene diese Ehre im Wettstreit mit Poseidon zuteil. Nachdem der Phönizierkönig Kekrops eine Stadt auf einem riesigen Felsen am Meer gegründet hatte, verlangten die Götter des Olymp, er solle die Stadt nach dem Gott benennen, der den Sterblichen das kostbarste Erbe hinterlassen würde. Athene, die unter anderem auch die Göttin der Weisheit war, pflanzte einen Olivenbaum als Symbol für Frieden und Wohlstand. Poseidon, der Gott des Meeres, rammte seinen Dreizack in den Felsen, und heraus sprang ein Pferd als Symbol für Stärke und Tapferkeit. Die Götter befanden aber, dass Athenes Geschenk den Bürgern der Stadt besser nütze als die Kriegkunst Poseidons; seither heißt die Stadt Athen.

Bedrohung mehr. Der Geldschatz wurde 461 v. Chr. nach Athen gebracht und von Perikles (Herrscher von 461–29 v. Chr.) dazu genutzt, die Stadt umzubauen. Diese Epoche ging später als Goldenes Zeitalter in die Geschichtsbücher ein, der Höhepunkt der Klassik.

Die meisten heute noch sichtbaren Bauwerke auf der Akropolis gehen auf diese Zeit zurück. Schauspiel und Literatur erreichten mit den Tragödien von großen Künstlern wie Aischylos, Sophokles und Euripides neue Höhen. In der Zeit lebten und wirkten auch die Bildhauer Pheidias und Myron sowie die Historiker Herodot, Thukydides und Xenophon.

Rivalität mit Sparta

Sparta ließ es nicht lange zu, dass Athen seinen neu gefundenen Ruhm in vollen Zügen genoss. Der Kampf um die Vorherrschaft mündete im Jahr 431 v. Chr. in den Peloponnesischen Krieg (s. S. 41), der sich bis 404 v. Chr. hinzog und mit dem Sieg Spartas endete. Obwohl Athen nie mehr seine alte Macht erreichte, brachte es im 4. Jh. v. Chr. drei der größten Redner und Philosophen des westlichen Abendlandes hervor: Sokrates, Platon und Aristoteles. Wie dekadent die Athener Gesellschaft war, wird beispielhaft durch das Todesurteil gegen Sokrates verdeutlicht, dem vorgeworfen wurde, er verderbe die Jugend durch seine Reden.

338 v. Chr. eroberte der makedonische König Philip II. Athen und eine Reihe anderer griechischer Stadtstaaten. Nach dem Königsmord räumte sein Sohn, Alexander der Große, ein kultivierter junger Mann, Athen vor allen anderen Stadtstaaten den Vorrang ein. Nach Alexanders unerwartet frühem Tod fiel Athen ohne offizielle Nachfolge in die Hände seiner Generäle.

Unter römischer & byzantinischer Herrschaft

Nachdem die Römer die Makedonier besiegt hatten, griffen sie im Jahr 186 v. Chr. Athen an, mit dem sie zuvor in Kleinasien während eines vereitelten Aufstands noch verbündet gewesen waren. Sie zerstörten die Stadtmauern und verschleppten die wertvollen Skulpturen nach Rom. Drei Jahrhunderte lang herrschte unter der römischen Herrschaft die sogenannte „Pax Romana". Athen blieb weiterhin das Zentrum der Bildung und die Römer übernahmen viele Aspekte der hellenistischen Kultur. Viele wohlhabende junge Römer besuchten Schulen in Athen und jeder, der in Rom zu dieser Zeit jemand war, sprach griechisch. Die römischen Kaiser, insbesondere Hadrian, bescherten Athen die Errichtung vieler herrschaftlicher Gebäude. Das Christentum wurde zur offiziellen Religion Athens, einhergehend mit dem Verbot, die heidnischen griechischen Götter anzubeten.

Nach der Aufteilung des römischen Reiches in Ost- und Westreich, blieb Athen nach wie vor ein bedeutendes kulturelles und geistiges Zentrum, bis Kaiser Justinian die Philosophieschulen im Jahr 529 schloss. Ab da verkam die Stadt zu einem Außenposten des Byzantinischen Reiches.

Zwischen 1200 und 1450 war Athen immer wieder Zielscheibe von Invasionen – zuerst fielen die Franken ein, dann die Katalanen, die Florentiner und zuletzt die Venezianer. Opportunistisch wie sie waren, beschäftigten sie sich hauptsächlich mit der Eroberung von Fürstentümern, als die Grundfeste des Byzantinischen Reiches schon zu bröckeln begannen.

Osmanische Herrschaft & Unabhängigkeit

Im Jahr 1456 wurde Athen von den Türken eingenommen. Von da an stand die Stadt fast 400 Jahre lang unter osmanischer Herrschaft. Die Akropolis diente dem türkischen Gouverneur als Wohnsitz; der Parthenon wurde in eine Moschee umgewandelt, das Erechtheion diente als Harem.

Am 25. März 1821 zettelten die Griechen den Unabhängigkeitskrieg an (1822 wurde die Unabhängigkeit erklärt). In den Straßen von Athen brachen heftige Kämpfe aus. Die Machthaber wechselten sich mehrere Male ab. Schließlich schritten die westlichen Mächte ein und zerstörten im Oktober 1927 in der berühmten Bucht von Navarino die türkisch-ägyptische Flotte.

Zunächst wurde Nafplio zur neuen Hauptstadt Griechenlands ernannt. Allerdings schritten nach der Ermordung des gewählten Präsidenten Ioannis Kapodistrias im Jahr 1831 erneut Großbritannien, Frankreich und Russland ein und riefen in Griechenland die Monarchie aus. Aus Neutralitätsgründen wurde der 17 Jahre alte

Prinz Otto von Bayern auf den Thron gesetzt. Dieser verlagerte seinen ganzen Hofstaat nach Athen – im Jahr 1834 stieg Athen dann zur Hauptstadt Griechenlands auf.

Zu dieser Zeit war Athen kaum mehr als ein verschlafenes Dorf mit ca. 6000 Einwohnern, denn die meisten waren nach der Besetzung von 1827 geflohen. Bayerische Architekten schufen eine Stadt mit imposanten neoklassizistischen Prachtbauten, dreispurigen Boulevards und Plätzen. Die besten Beispiele hierfür sind an der Leoforos Vasilissis Sofias und an der Panepistimiou zu sehen – doch wurden leider viele dieser Bauten abgerissen. Otto wurde nach einer Zeit der Unzufriedenheit im Jahr 1862 gestürzt. Seinem Sturz gingen Machtkämpfe voraus, in denen das Militär verwickelt war und die zudem von außen beeinflusst wurden. Insbesondere die britischen und französischen Besatzer in Piräus verfolgten das Ziel, die Pläne für die „Große Idee" zu vereiteln – eine Vision, mit der Griechenland seine Expansionsabsichten deutlich gemacht hatte. Der neu eingesetzte Herrscher war der dänische Prinz Wilhelm, der als Georg I. 1863 zum König von Griechenland gekrönt wurde.

Das 20. Jahrhundert

Ab der zweiten Hälfte des 19. Jhs. und bis in die Anfänge des 20. Jhs wuchs Athen beständig und erhielt für kurze Zeit sogar den Titel „Paris des östlichen Mittelmeerraumes". Diese Glanzzeit endete jedoch abrupt im Jahr 1923 mit den Lausanner Verträgen: Athen musste fast eine Million Flüchtlinge aus der Türkei aufnehmen.

Während der Besatzung im Zweiten Weltkrieg durch die Nazis hatte Athen entsetzlich zu leiden. In dieser Zeit starben mehr Athener an Hunger als durch feindliche Angriffe. Die Gräuel setzten sich im darauffolgenden, erbitterten Bürgerkrieg fort. Das in den 1950er-Jahren mit Hilfe der US-Regierung eingeleitete Industrialisierungsprogramm gab dem Bevölkerungswachstum einen weiteren Schub. Viele Insulaner und Dorfbewohner des Festlandes zogen auf der Suche nach Arbeit nach Athen um.

Der Militärjunta (1967–74; s. S.54) – einer Regierungsform, die sich u. a. durch Ignoranz für Denkmalschutz auszeichnet – fielen im Stadtviertel Plaka jede Menge alte türkische Häuser zum Opfer, aber auch neoklassizistische Bauten aus der Zeit König Ottos. Hingegen gelang es ihr nicht, die chronischen Infrastrukturprobleme in den Griff zu bekommen, die ein schnelles und ungeplantes Wachstum in den 1950er-Jahren mit sich brachte. Die nachfolgend gewählten Regierungen machten ihre Arbeit keineswegs besser. Ende der 1980er-Jahre hatte Athen ein trauriges Renommee erlangt: Es zählte zu den Städten mit den meisten Verkehrsstaus und der höchsten Luftverschmutzung in ganz Europa.

Die Wende kam schließlich in den 1990er-Jahren, als Politiker endlich zu radikalen Lösungen bereit waren. Die Behörden ließen sich auf eine ehrgeizige Agenda ein, um die Stadt würdig ins 21.Jh. hinüber zu führen. Durch die Olympischen Spiele wurde die Deadline für viele Projekte, die schnell umgesetzt werden sollten, auf 2004 festgelegt; Teil der Agenda waren der Ausbau des Straßenverkehrsnetzes, die Erweiterung des Metronetzes sowie der Bau eines neuen internationalen Flughafens. Es kam auch zu einigen Zwangsmaßnahmen quer durch den öffentlich-privaten Sektor. Als Migrantenstadt mit über 600 000 legalen und illegalen Zuwanderern steht auch das soziale Gewebe der Stadt nunmehr vor ganz neuen Herausforderungen.

Athen nach der Olympiade

Nach einem hektischen Bauboom wurden die mit Spannung erwarteten Olympischen Spiele von 2004 allen Unkenrufen zum Trotz ein großer Erfolg. Das olympische Erbe spiegelt sich in einer Stadt wider, die heute attraktiver, sauberer, grüner und funktionsfähiger ist als je zuvor, nachdem Milliarden von Euros in große Infrastrukturprojekte und Verschönerungsmaßnahmen gesteckt wurden. Der Maßnahmenkatalog reichte von der Beseitigung hässlicher Plakatwerbung bis hin zur Auffrischung städtischer Parks und Plätze. Durch die Spiele fanden die Athener wieder zu ihrem Stolz und Optimismus zurück, getragen von einer Dekade des Konjunkturbooms.

Allerdings waren der Optimismus und die fiskalisch guten Zeiten von kurzer Dauer: Die globale Finanzkrise, politisches Unbehagen und die weit verbreitete Desillusionierung über den Regierungsstil im Lande – das alles kommt nun zusammen, um die Stimmung in Athen zu verdüstern. Die außergewöhnlichen Ausschreitungen im Dezember 2008, ausgelöst durch den gewaltsamen Tod eines Teenagers aus Exarchia im Kugelhagel der Polizei, gehören zu den dunkelsten Kapiteln in der Geschichte Athens und waren die schlimmsten sozialen Unruhen in den letzten Jahrzehnten.

ORIENTIERUNG
Stadtzentrum
Athens historisches Zentrum und die meisten wichtigen Sehenswürdigkeiten liegen nur ein paar Gehminuten von der Plateia Syntagmatos (Syntagma-Platz) entfernt. Die zwei größten Wahrzeichen der Stadt sind die Akropolis und der Lykavittos-Hügel; die beiden markanten Hügel sind von weither sichtbar. Von ihnen aus betrachtet kann die Stadt in ihrer gesamten Ausdehnung erst richtig wahrgenommen werden. Die größeren Straßen sind in der Regel auf Englisch ausgeschildert.

Die Innenstadt Athens besteht aus verschiedenen Stadtvierteln, von denen jedes einen ganz individuellen Charakter hat.

SYNTAGMA ΣΥΝΤΑΓΜΑ
Die Plateia Syntagmatos (zu Deutsch „Platz der Verfassung") ist das Herz des modernen Athens, dominiert vom Parlament (S. 150) und umgeben von größeren Hotels, dem Geschäftsviertel, den Shoppingzonen und dem Nationalgarten (S. 149). Mit seinen angenehmen Sitzbänken im Schatten der Bäume, dem Springbrunnen, den Cafés und der nahen Metrostation Syntagma eignet er sich bestens als Treffpunkt. Hier finden auch regelmäßig öffentliche Veranstaltungen statt. Der Wachwechsel vor dem Parlamentsgebäude ist eine beliebte Touristenattraktion.

PLAKA ΠΛΑΚΑ
Südlich von Syntagma befindet sich das alte Türkenviertel Plaka. Als Athen zur Hauptstadt Griechenlands erklärt wurde, bestand es praktisch nur aus dem heutigen Plaka. Die engen Kopfsteinpflastergassen schlängeln sich am nordöstlichen Hang zur Akropolis hinauf und führen an vielen der antiken Stätten vorbei.

Obwohl Plaka extrem touristisch ist, stellt es immer noch den Teil Athens dar, in dem eine wirklich authentische Atmosphäre herrscht. An den Hauptstraßen Kydathineon und Adrianou reihen sich Restaurants an Souvenirläden. Anderswo wiederum sind die so gut wie verkehrsfreien Straßen eine Oase der Ruhe, umgeben von sanierten neoklassizistischen Bauten.

Das anheimelnde, labyrinthartige Viertel Anafiotika gleich oberhalb von Plaka besteht aus einem engen Geflecht weiß getünchter Häuser, ähnlich wie sie auf den Inseln in der Ägäis zu finden sind. Erbaut haben sie Steinmetze von der Insel Anafi, die eigens zum Bau des Königspalasts nach Athen geholt worden waren.

MONASTIRAKI ΜΟΝΑΣΤΗΡΑΚΙ
Mitten im pulsierenden Monastiraki, der Gegend direkt westlich von Syntagma, befindet sich das etwas schmuddelige, dafür aber sehr atmosphärische Marktviertel. Der berühmte Athener Flohmarkt (S. 174) findet südwestlich vom Monastiraki-Platz statt, während sich der zentrale Markt (Varvakios Agora; S. 164) nördlich von Athinas befindet.

PSIRI ΨΥΡΡΗ
Das einst verpönte Stadtviertel Psiri, nördlich von Monastiraki, hat sich in ein belebtes Vergnügungsviertel gewandelt mit Bars, Restaurants, Theatern und Kunstgalerien. Schicke Lagerhausumbauten und sanierte neoklassizistische Häuser stehen im krassen Gegensatz zu einem Mischmasch aus schrulligen Läden, Bäckereien, Werkstätten und maroden Gebäuden. Nach Einbruch der Dämmerung erwacht Psiri zu neuem Leben und ist ein guter Platz, um in einer der Tavernen griechischer Livemusik zu lauschen. In jüngster Vergangenheit ist der hippe Charakter etwas verloren gegangen und in den Nebenstraßen trifft man auf Drogensüchtige und Obdachlose.

THISSIO ΘΗΣΕΙΟ
Die bemerkenswerte Metamorphose von Thissio fing Ende der 1990er-Jahre an. An die Stelle der verkehrsreichen und lauten Hauptverkehrsader Apostolou Pavlou trat im Rahmen einer neuen Stadtplanung eine begrünte Fußgängerzone mit heiterem Ambiente gleich unterhalb der Akropolis; heute ist die Straße eine Art „Kulturerbe-Lehrpfad" mit jeder Menge Cafés und Bars für junges Publikum.

ATHEN & ATTIKA

KOLONAKI ΚΟΛΩΝΑΚΙ

Kolonaki, östlich vom Syntagma-Platz gelegen, hat ohne jeden Zweifel wahre Klasse. Versteckt unterhalb des Lykavittos-Hügels, war es über einen langen Zeitraum hinweg die absolute Lieblingsadresse der Athener Schickeria. Die Straßen sind voller edler Boutiquen und privater Kunstgalerien; es finden sich jede Menge Cafés, tonangebende Restaurants und exklusive Wohnhäuser. Die Plateia Kolonakiou (Kolonaki-Platz) und die Cafés entlang der Milioni sind die besten Plätze, um Leute zu beobachten und den neuesten Modetrends nachzuspüren.

Die imposante Leoforos Vasilissis Sofias ist von neoklassizistischen Funktionsbauten gesäumt, darunter Museen, Botschaften und Regierungsgebäude.

MAKRYGIANNI & KOUKAKI

ΜΑΚΡΥΓΙΑΝΝΗ & ΚΟΥΚΑΚΙ

Die ruhigen Wohnviertel südlich der Akropolis bzw. rund ums neue Akropolis-Museum sind erfrischend unberührt vom Touristenrummel.

Das Viertel Makrygianni zwischen dem Filopappos-Hügel und der Leoforos Syngrou verfügt über einige exklusive Hotels und Restaurants; auch rühmt es sich als beste Gegend der Athener Schwulen- und Lesbenszene (zwischen Stratigou Makrygianni und Leoforos Syngrou; s. Kasten S. 173). Weiter südlich befindet sich das bescheidenere Wohnviertel Koukaki am Fuß der Akropolis, in dem es einige ausgezeichnete Lokale gibt.

RUND UM DEN OMONIA-PLATZ ΟΜΟΝΟΙΑ

Das Geschäftsviertel rund um die Plateia Omonia gehörte einmal zu den schickeren Gegenden Athens. Doch trotz fortlaufender Säuberungsmaßnahmen ist es hier etwas schmuddelig, besonders nachts, wenn sich weniger erwünschte Gestalten in der Mitte des Platzes (bei dem es sich eher um einen riesigen Verkehrskreisel handelt) versammeln. In den Straßen rundherum bzw. hinter dem Omonia-Platz und westlich von der Plateia Eleftherias (Koumoundourou), hat sich ein ethnolastiges Viertel, so etwas Ähnliches wie Chinatown, entwickelt. Das Umfeld ist geprägt von Herbergen, Hausbesetzern und improvisierten Moscheen für die wachsende Anzahl von Flüchtlingen und illegalen Einwanderern – eine sehr provokante Kulisse für die hippen Bars und Boutiquehotels, die sich in der Gegend ebenfalls ausgebreitet haben.

Die Gegend nordwestlich der Plateia Omonias (Omonia-Platz) gilt wahrscheinlich als das anrüchigste Viertel der Stadt, insbesondere die Straßen rund um den Vathis-Platz – dort treiben sich Prostituierte und Drogensüchtige herum.

EXARCHIA ΕΞΑΡΧΕΙΑ

Neben dem Archäologischen Nationalmuseum und der Technischen Universität von Athen (Polytechnio) steht das Symbol des Kampfes für die Demokratie. Im Jahr 1973 fand dort der berüchtigte Studentenaufstand gegen die Militärjunta in Form eines Sitzstreiks statt. Bis heute ist Exarchia ein heißer Fleck für den politischen Widerstand. Das verwegene, lebhafte Stadtviertel in der Gegend zwischen der Technischen Universität und dem Strefi-Hügel ist von Graffiti-Malereien geprägt. Hier verkehren gerne Studenten, Künstler und links orientierte Intellektuelle. Es gibt jede Menge Restaurants, Cafés und erstklassige Bars; daneben gibt es noch alternative Buch-, Comic-, Musik- und Modegeschäfte (sowie eine starke Präsenz von Anarchisten und der Bereitschaftspolizei, die bei Unruhen einschreitet).

GAZI ΓΚΑΖΙ

Gazis Renaissance begann mit dem Umbau der historischen Gaswerke in ein Kulturzentrum. Die roten, im Neonlicht erstrahlenden Schlote lassen die umliegenden Straßen mit ihren Bars und Restaurants im Lichtermeer versinken. Gazi mausert sich langsam zu einem der beliebtesten Stadtviertel für Schwule und Lesben. Davon zeugt auch die große Anzahl einschlägiger Clubs und Bars.

Das Viertel hat seinen Sättigungsgrad schon bald erreicht, während sich Kerameikos und das nahe gelegene Metaxourghio erst noch dorthin entwickeln; daneben macht auch noch das quirlige Pireos von sich reden. Letzteres rühmt sich mit der Präsenz eines der schicksten Restaurants in ganz Athen (s. Varoulko, S. 168), eines Boutiquehotels, der modernen Zweigstelle des Benaki-Museums (S. 145) und einigen der größten Nachtclubs.

METS & PANGRATIΜΕΤΣ & ΠΑΓΚΡΑΤΙ

Östlich der Akropolis, gegenüber des Zappion-Gartens, befindet sich das Stadtviertel Mets, das sich durch einige reizvolle alte Türkenhäuser auszeichnet. Mets verläuft hinter dem imposanten alten Olympiastadion, das in den Ardettos-Hügel hineingebaut wurde. Die Leoforos Vasileos Konstantinou führt zur Nationalgalerie (S. 147), während östlich davon das Viertel Pangrati anfängt, ein angenehmes Wohnviertel mit interessanten Musikclubs, Cafés und Restaurants.

Athener Vororte

GLYFADA ΓΛΥΦΑΔΑ

Einst stellte das Glyfada als Badeort die Nummer eins in Attika dar. Heute ist der schicke Küstenort (außerhalb der Karte S. 120), 12 km südöstlich von Athen gelegen, bei Ausländern beliebt, die hier leben und arbeiten. Im Sommer treibt es auch die Athener an die Strände und zu den Bars und Restaurants von Glyfada – einem Ort, an dem eine frische Meeresbrise weht. Glyfada befindet sich am Anfang eines Küstenstreifens, der auch als die Apollonküste oder als die „Riviera Athens" bekannt ist. Hier findet sich eine ganze Reihe von schönen Stränden und exklusiven Badeorten südlich vom Kap Sounion.

KIFISSIA ΚΗΦΙΣΙΑ

Das grüne Kifissia (außerhalb der Karte S. 120) war einmal eine lässige Rückzugsoase im Norden der Stadt, in der sich reiche Athener ihre Villen bauten; die Reichen und Schönen haben in diesem elitären Vorort immer noch das Monopol. Die reizvollen, von Bäumen gesäumten Straßen, Prachtvillen und Gärten könnten von der Großstadthektik in Athen nicht weiter weg sein. Kifissia bietet einige der besten Einkaufsmöglichkeiten der ganzen Stadt, schöne Restaurants und die größte Anzahl an schicken Hotels. Es befindet sich an der letzten U-Bahn-Haltestelle der Linie 1.

Karten & Stadtpläne

Der bei jeder Touristeninformation kostenlos erhältliche Stadtplan ist für die Orientierung in der Innenstadt von Athen sehr nützlich. Wer die Gegenden außerhalb des Zentrums ernsthaft erkunden will, kauft sich das Straßenverzeichnis Athen-Piräus

(auf Griechisch), erhältlich in den meisten Buchläden und Apotheken.

PRAKTISCHE INFORMATIONEN
Buchläden

Anavasi (Karte S. 124–125; ☎ 210 321 8104; www.anavasi.gr; Stoa Arsakiou, Panepistimiou) Laden mit Reiseliteratur und umfangreichem Kartenmaterial über ganz Griechenland (Wanderkarten und Freizeitführer).

Compendium (Karte S. 122–123; ☎ 210 322 1248; Navarhou Nikodimou 5, Ecke Nikis, Plaka) hat sich auf englische Literatur spezialisiert und bietet darüber hinaus eine beliebte Abteilung für gebrauchte Bücher.

Eleftheroudakis Syntagma (Karte S. 124–125; ☎ 210 331 4180; Panepistimiou 17); Plaka (Karte S. 122–123; ☎ 210 322 9388; Nikis 20) Das siebenstöckige Panepistimiou ist die größte Buchhandlung in Athen; ein ganzes Stockwerk ist englischsprachigen Büchern gewidmet.

Road Editions (Karte S. 124–125; ☎ 210 361 3242; www.road.gr; Solonos 71, Exarchia) Große Palette an Reiseliteratur und das gesamte Kartensortiment von Road Editions.

Geld

Größere Banken haben Filialen rund um den Syntagma-Platz sowie Geldautomaten überall in der Stadt. Die Öffnungszeiten sind in der Regel von Montag bis Donnerstag zwischen 8 und 14.30 Uhr und am Freitag von 8 bis 14 Uhr; einige Banken sind auch werktags bis 20 Uhr und am Samstagvormittag geöffnet.

Eurochange Syntagma (Karte S. 122–123; ☎ 210 331 2462; Karageorgi Servias 2; ☺ 9–21 Uhr); Omonia (Karte S. 124–125; ☎ 210 552 2314; Kotopoulou 1); Monastiraki (Karte S. 122–123; ☎ 210 322 2657; Areos 1) wechselt Reiseschecks und erledigt Geldüberweisungen.

Griechische Nationalbank (Karte S. 122–123; ☎ 210 334 0500; Ecke Karageorgi Servias & Stadiou, Syntagma) Geld- und Devisenautomat rund um die Uhr.

Gepäckaufbewahrung

Die meisten Hotels bewahren das Gepäck für Gäste kostenlos auf, allerdings beschränkt sich dieser Service bei vielen auf die Stapelung der Gepäckstücke im Foyer. Am Flughafen sowie an den Metrostationen Omonia, Monastiraki und Piräus gibt es offizielle Gepäckaufbewahrungsstellen, und es werden Schließfächer angeboten.

Pacific Travel Luggage Storage (Karte S. 122–123; ☎ 210 324 1007; Nikis 26, Syntagma; 2 €; ☺ Mo–Sa 8–20 Uhr)

(Fortsetzung auf Seite 129)

ATHEN & ATTIKA

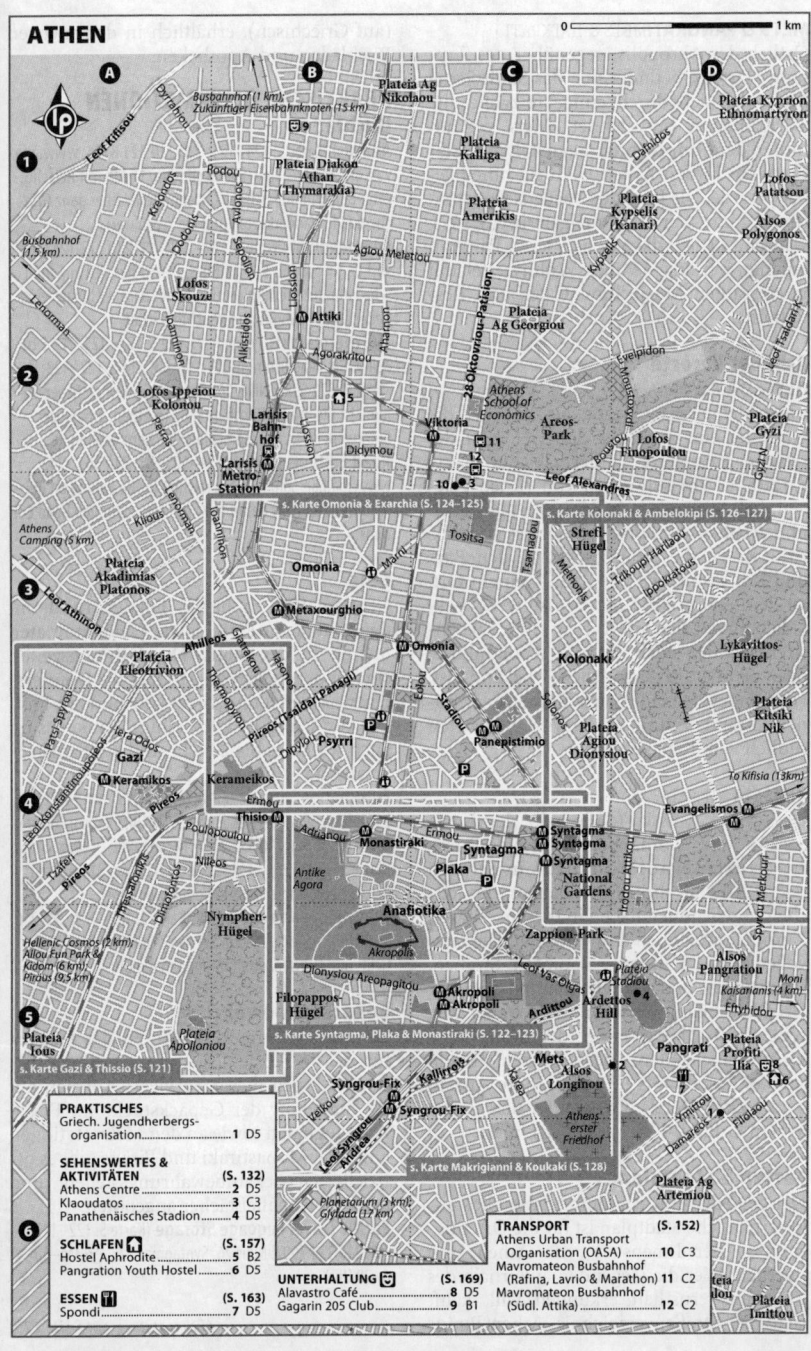

ATHEN

0 ———— 1 km

Legend:

PRAKTISCHES
Griech. Jugendherbergs-
organisation...1 D5

**SEHENSWERTES &
AKTIVITÄTEN   (S. 132)**
Athens Centre.......................................2 D5
Klaoudatos...3 C3
Panathenäisches Stadion............4 D5

SCHLAFEN
Hostel Aphrodite   (S. 157)
Hostel Aphrodite..............................5 B2
Pangration Youth Hostel..............6 D5

ESSEN
Spondi   (S. 163)
Spondi...7 D5

UNTERHALTUNG   (S. 169)
Alavastro Café.....................................8 D5
Gagarin 205 Club...............................9 B1

TRANSPORT   (S. 152)
Athens Urban Transport
  Organisation (OASA).................10 C3
Mavromateon Busbahnhof
  (Rafina, Lavrio & Marathon) 11 C2
Mavromateon Busbahnhof
  (Südl. Attika)..................................12 C2

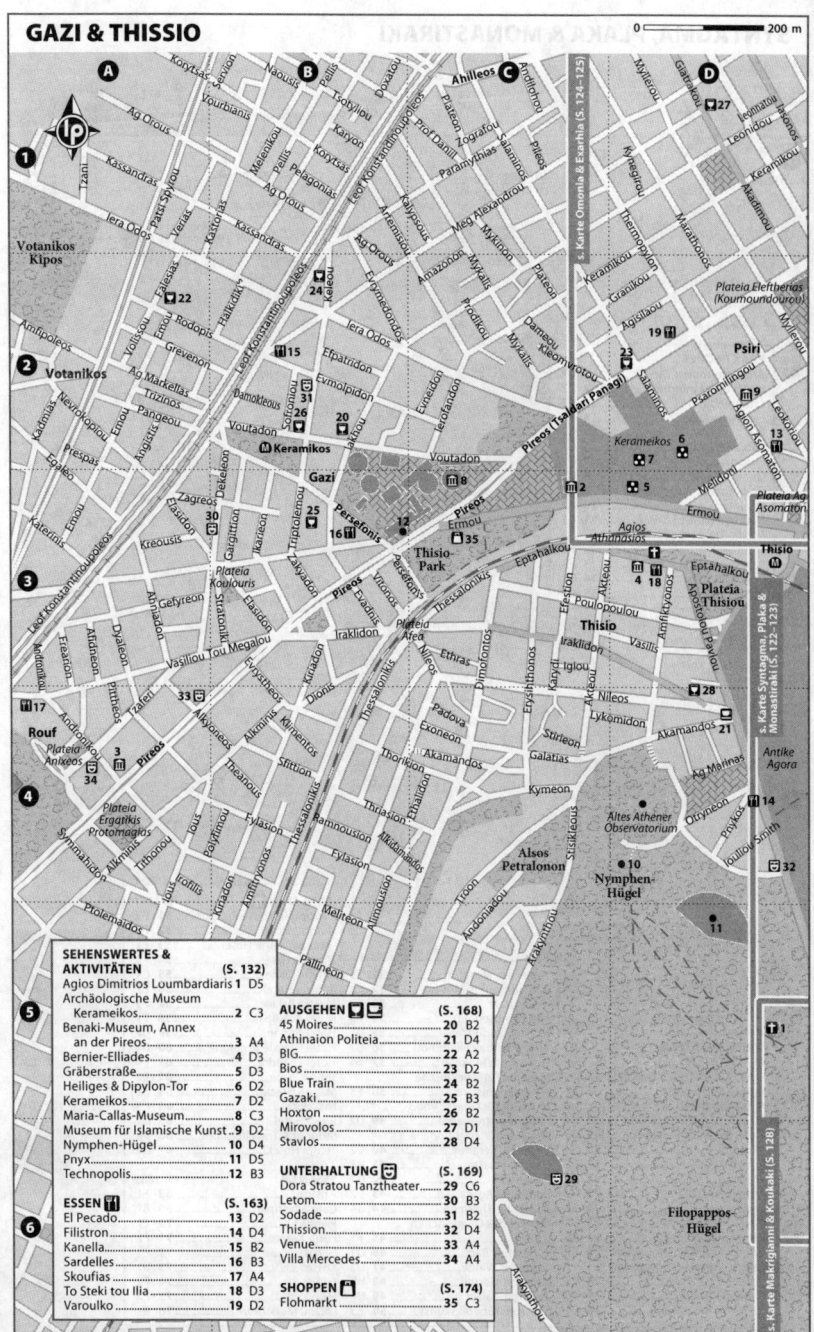

GAZI & THISSIO

0 —————— 200 m

ATHEN & ATTIKA

SYNTAGMA, PLAKA & MONASTIRAKI

s. Karte Omonia & Exarchia (S. 124–125)

Monastiraki

Hephaistos-Tempel

Attalos-Stoa

Antike Agora

Apostel-kirche

Kalogrioni

Platela Arhaia Agoras

Römische Agora

Alte Athener Universität

Anafiotika

Areopagus-Hügel

Athene-Nike-Tempel

Erechtheion

Akropolis

Parthenon

Altes Akropolis-Museum

Odeon des Herodes Atticus

Dionysos-Theater

s. Karte Makrigianni & Koukaki (S. 128)

Filopappous-Hügel

Akropolis-Museum

PRAKTISCHES
Archäologischer Dienst	1	C2
Bits & Bytes Internet Café	2	D2
Compendium	3	F3
Eleftheroudakis	4	F2
EOT	5	G3
Eurochange	6	G1
Eurochange	7	C2
Griechischer Skiverband	8	G1
Griechischer Surfverband	9	G2
Ivis Internet	10	G2
National Bank of Greece	11	G1
Pacific Travel (Gepäck-aufbewahrung)	12	F2
Paketpost	13	F3
Post Syntagma	14	G2
Public	15	G1

SEHENSWERTES & AKTIVITÄTEN (S. 132)
Agia Ekaterini	16	E4
Agios Eleftherios	17	E2
Agios Dimitrios Loumbardiaris	18	A5
Agios Nikolaos Rangavas	19	E3
Akropolis	20	C4
Antike Agora	21	B2
Areopag	22	B4
Athens Happy Train	23	G2
CHAT	24	G2
CitySightseeing Athens	25	G2
Filopappos-Hügel	26	A5
Griech. Volkskunstmuseum	27	F3
Griech. Volkskunstmuseum: Nebengebäude	28	C3
Hadrians-Bogen	29	F5
Hadrians-Bibliothek	30	C2
Jüdisches Museum	31	F3
Kanellopoulos-Museum	32	C3
Kathedrale	33	E2
Kindermuseum	34	F3
Kirche Kapnikarea	35	D1
Kirche Sotira Lykodimou	36	G3
Lysikrates-Denkmal	37	E4
Museum für Griechische Kinderkunst	38	F3
Museum für Griech. Volks-musikinstrumente	39	D2
Museum für Traditionelle Griech. Keramik	40	C2
National-Garten	41	H3
Parlament	42	H2
Römische Agora	43	C2
Römische Thermen	44	G4
Tempel des Olympischen Zeus	45	F5
Türkisches Bad	46	E3
Turm der Winde	47	D2
Zappion-Garten	48	H5
Zappion-Palast	49	H4
Zentrum für Volkskunst	50	E3

SCHLAFEN (S. 157)
Acropolis House Pension	51	F3
Adonis Hotel	52	F3
Athens Cypria Hotel	53	F1
Athens Gate	54	F5
Athens Style	55	C1
Central Hotel	56	E2
Electra Palace	57	F3
Hotel Achilleas	58	F1
Hotel Adrian	59	D2
Hotel Grande Bretagne	60	G1
Hotel Phaedra	61	E4
John's Place	62	E2
Magna Grecia	63	E2
Niki Hotel	64	F3
Plaka Hotel	65	D2
Student & Travellers' Inn	66	F4
Tempi Hotel	67	D1

ESSEN (S. 163)
Ariston	68	F1
Café Avyssinia	69	B1
Filema	70	E1
Furin Kazan	71	F2
Glykis	72	E3
Kostas	73	D1
Lena's Bio	74	F2
Mono	75	E2
Ouzou Melathron	76	B1

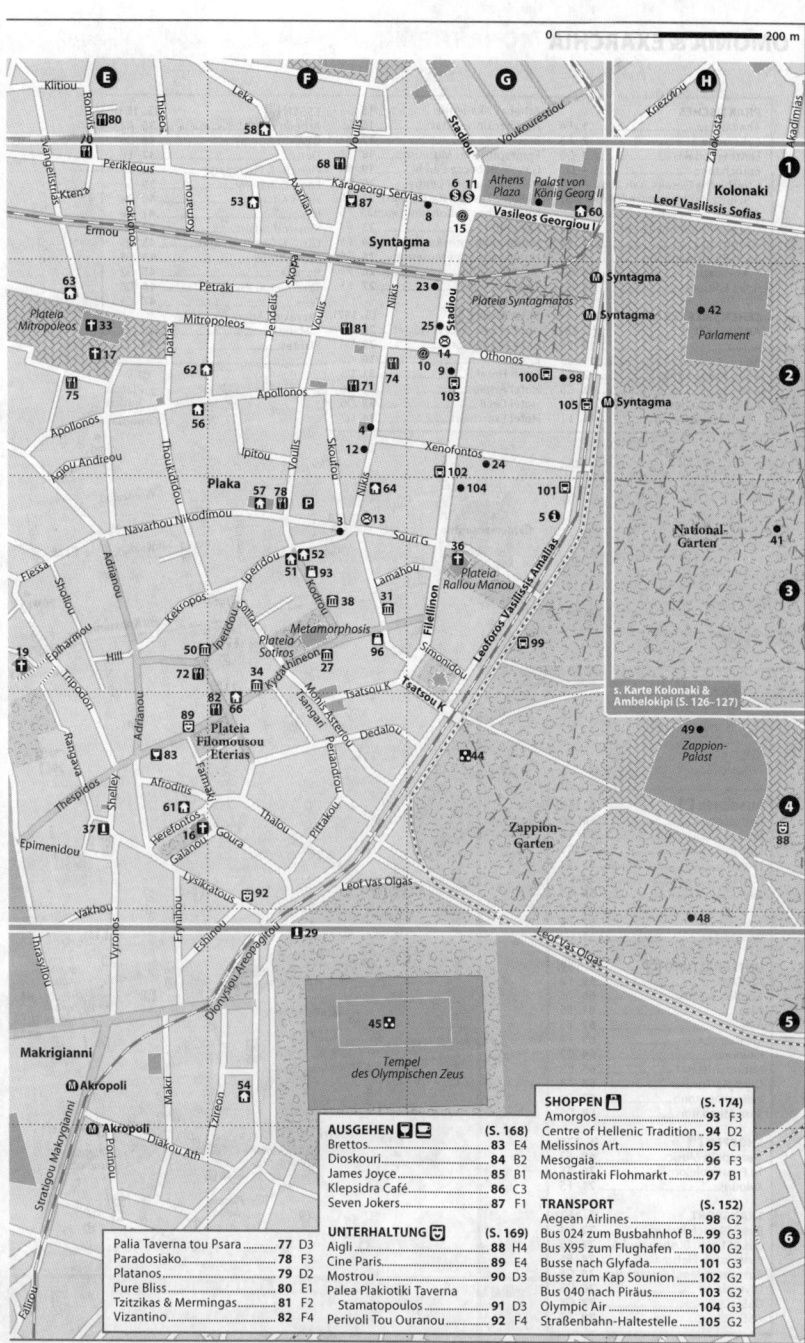

OMONIA & EXARCHIA

A
B
C
D
1
2
3
4
5
6
Nikomidias
Kodratou
Peanieon
Lenorman
Keraméon
Pinelopis
Popliou
Odysseos
Kolonou
Benaki Virg
Myllerou
Ahilleos
Perdika
Metaxourghio
Plateia Karaiskaki
Psaron
Karolou
Akominatou
Victor Hugo
Ierotheou
Nikiforou
Koumoundourou
Menandrou
Veranzerou
Xouthou
Satovrianidou
Sokratous
Kotopoulou
Aristotelous
Marni
Mezonos
Plateia Vathis
Omonia
Sonierou
Mayer
Kamaterou
Plateia Ag Konstantinou
Ag Konstantinou
Plateia Omonias
Vilara
Zinonos
Deligeorgi
Kallergi
Geraniou
s. Karte Gazi & Thissio (S. 121)
Marathonos
Meg Alexandrou
Iasonos
Keramikou
Voulgari
Lykourgou
Kolokinthous
Agisilaou
Anaxagora
Iktinou
Rathaus
Pireos (Tsaldari Panagi)
Metonos
Giatrakou
Sofokleous
Klisthenous
Kratinou
Athinas
Epikourou
Sapfous
Plateia Theatrou
Armodiou
Varvakios Agora (Athener Zentral-Markt)
Aristogitonos
Korinis
Diplari
Evripidou
Plateia Eleftherias (Koumoundourou)
Evmorfopoulou
Sahtouri
Sarri
Aristofanous
Dipylou
Kranaou
Psyrri
Agiou Dimitriou
Kalamida
Melanthiou
Vlahava
Plateia Karamanou
Polyklitou
Tombazi
Kriezi
Louka
Nika
Plateia Agion Anargyron
Eshylou
Kodrika
Agatharhou
Taki
Plateia Iroon
Pallados
Vyssis
Kairi
Agathonos
Voreou
Lepeniotou
Ogygou
Mikonos
Protogenous
Leokoriou
Navarhou Apostoli
s. Karte Syntagma, Plaka & Monastiraki (S. 122)
Plateia Ag Asomaton
Ariónos
Karaiskaki
Karori

PRAKTISCHES
- Anavasi 1 F4
- Cyberzone 2 E3
- Eleftheroudakis 3 G6
- Eurochange 4 D3
- Griechische Gesellschaft zum Schutz der Meeresschildkröte 5 E2
- Griechische Gesellschaft zum Schutz der Mönchsrobbe 6 E2
- Hauptpost 7 E4
- Panhellenic Camping Association 8 G3
- Road Editions 9 G4

SEHENSWERTES & AKTIVITÄTEN (S. 132)
- Acropolis Bikes 10 E5
- Agii Theodori 11 E5
- Agios Konstantinou 12 C3
- AMP 13 C5
- Archäologisches Nationalmuseum 14 F1
- Athener Akademie 15 G5
- Athener Universität 16 G5
- Breeder 17 B3
- Epigraphisches Museum 18 F1
- Galerie Rebecca Camhi 19 B4
- Hellenic Cultural Centre 20 D2
- Hellenic Festival Kartenbüro 21 F5
- Historisches Nationalmuseum 22 F6
- Kartenbüro 23 F4
- Nationalbibliothek 24 F5
- Numismatisches Museum 25 G6
- Stadtmuseum 26 F6
- Trekking Hellas 27 F1

SCHLAFEN (S. 157)
- Athens Easy Access Hostel 28 D3
- Baby Grand Hotel 29 D4
- EP16 30 C5
- Fresh Hotel 31 D5
- Hotel Attalos 32 D6
- Hotel Cecil 33 D6
- Hotel Exarchion 34 G2

ESSEN (S. 163)
- Arheon Gefsis 35 A2
- Diporto Agoras 36 D5
- Doris 37 E6
- Fleisch- & Fischmarkt 38 D5
- Food Company 39 G3
- Hell's Kitchen 40 D4
- Ivis 41 C6
- Kimatothrafstis 42 G3
- Obst- & Gemüsemarkt 43 D5
- Papandreou 44 D5
- Rozalia 45 G2
- Taverna tou Psyrri 46 C6
- Telis 47 C5
- Varvakios Agora (Zentraler Markt) 48 D5
- Yiantes 49 G3

AUSGEHEN (S. 168)
- Bartessera 50 F6
- Booze 51 E6
- Fidelio 52 C6
- Higgs 53 E4
- Magaze 54 D6
- Soul 55 C5
- Thirio 56 C6
- Toy 57 F6
- Wunderbar 58 G2

UNTERHALTUNG (S. 169)
- AN Club 59 F2
- Apollon & Attikon 60 F6
- Astor 61 F5
- Asty 62 F5
- Ideal 63 F4
- Kavouras 64 G2
- Nationaltheater 65 C3
- Olympia-Theater 66 F4
- Paliogramofono 67 B6
- Stoa Athanaton 68 D5

SHOPPEN (S. 174)
- Metropolis Music 69 E3
- To Pantopoleion 70 E5
- Xylouris 71 F5

TRANSPORT (S. 152)
- Bus 049 nach Piräus 72 D4
- Bus 051 zum Busbahnhof A 73 C3
- Busse nach Elefsina 74 B5
- Busse zum Moni Kaisarianis 75 G5
- Olympic Air 76 D3
- OSE 77 G5
- OSE 78 C3

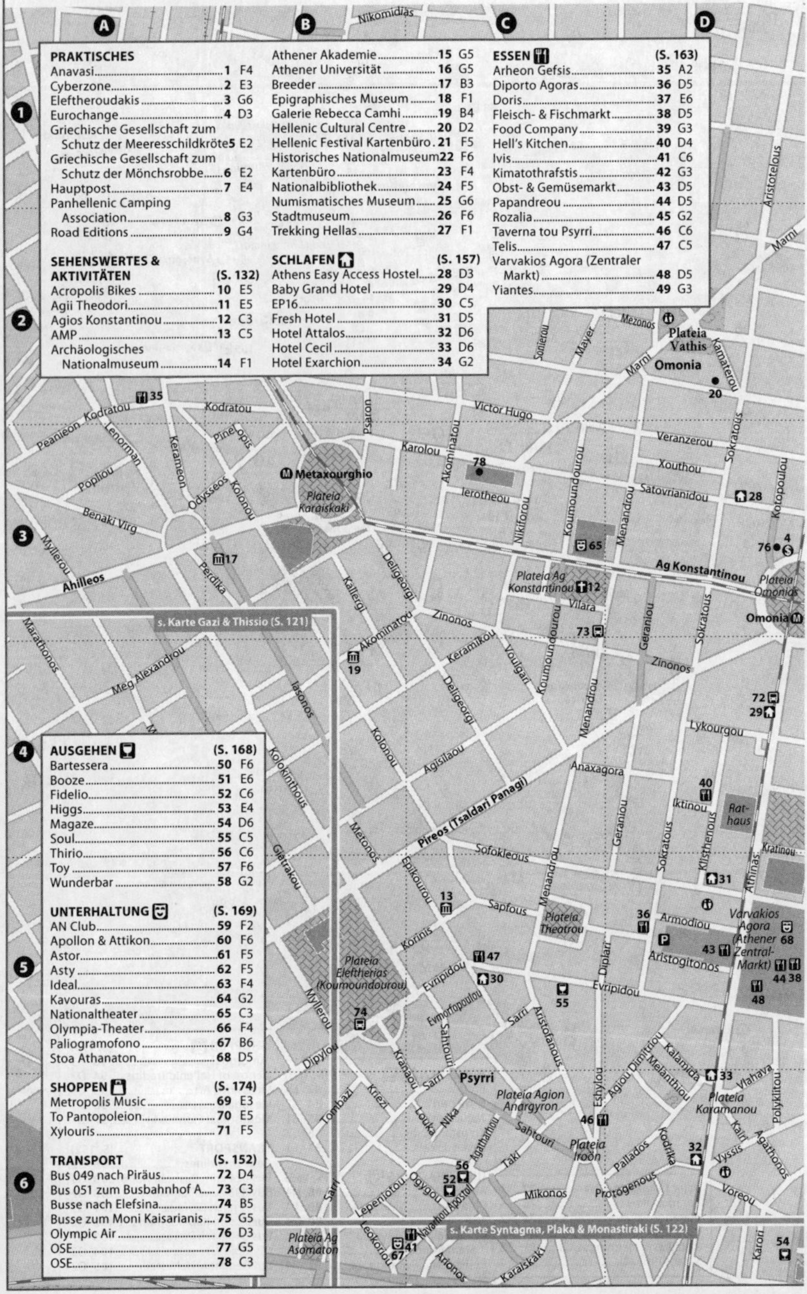

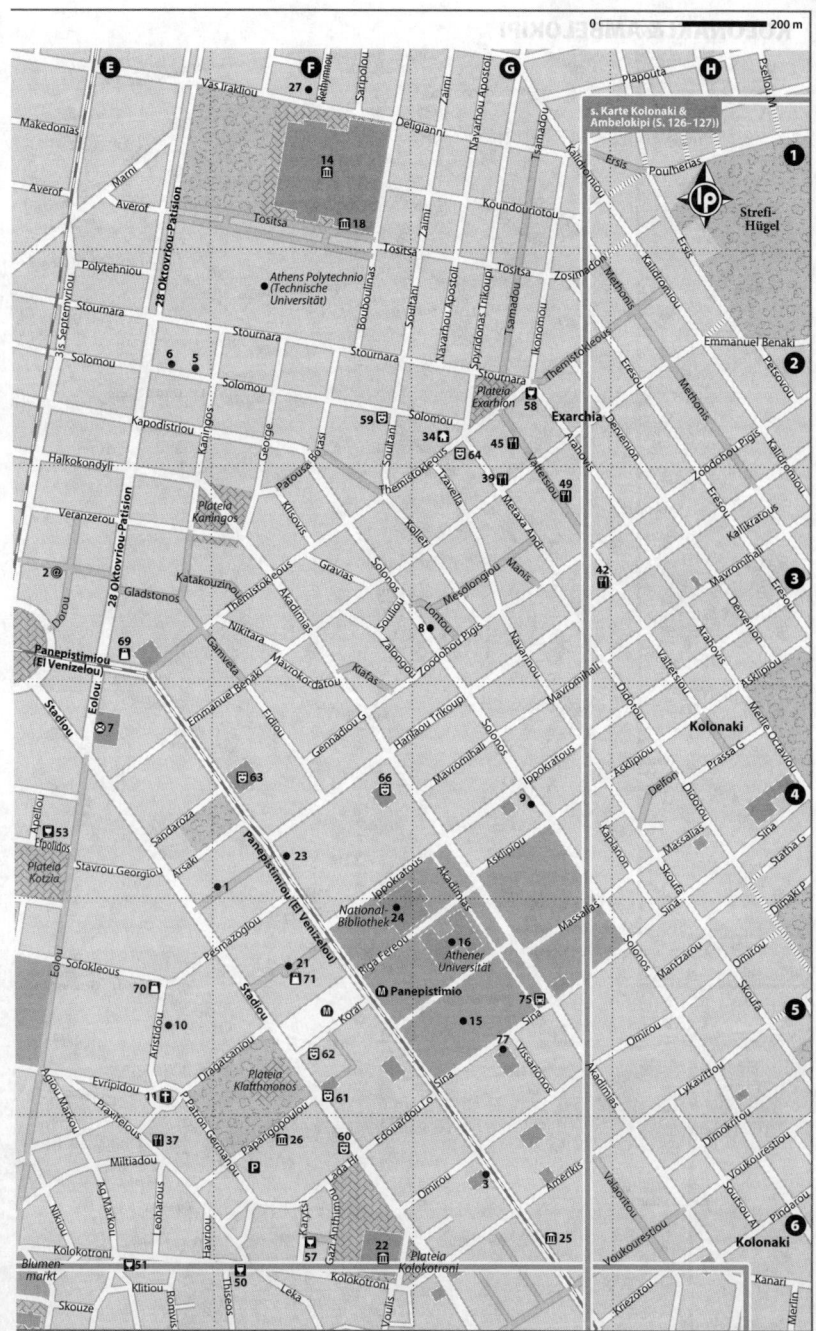

ATHEN & ATTIKA

KOLONAKI & AMBELOKIPI

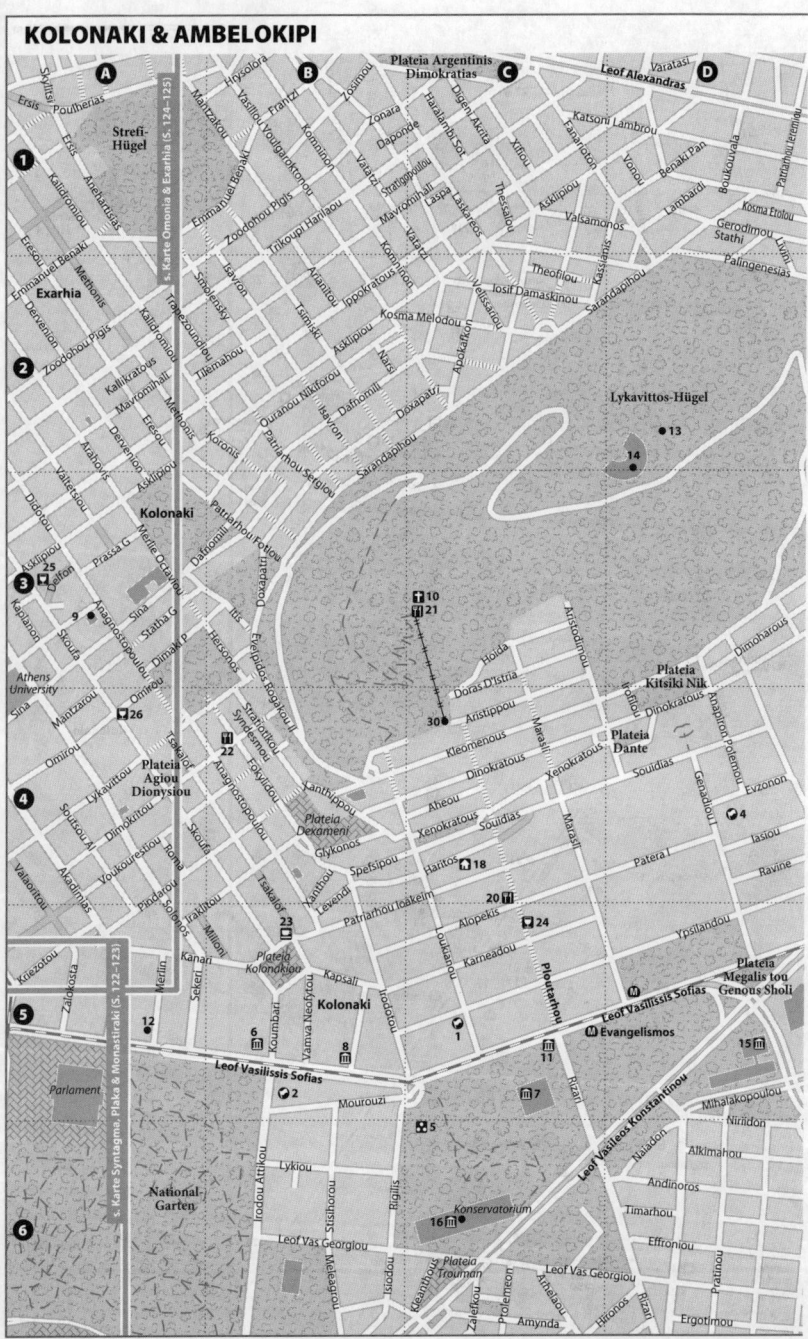

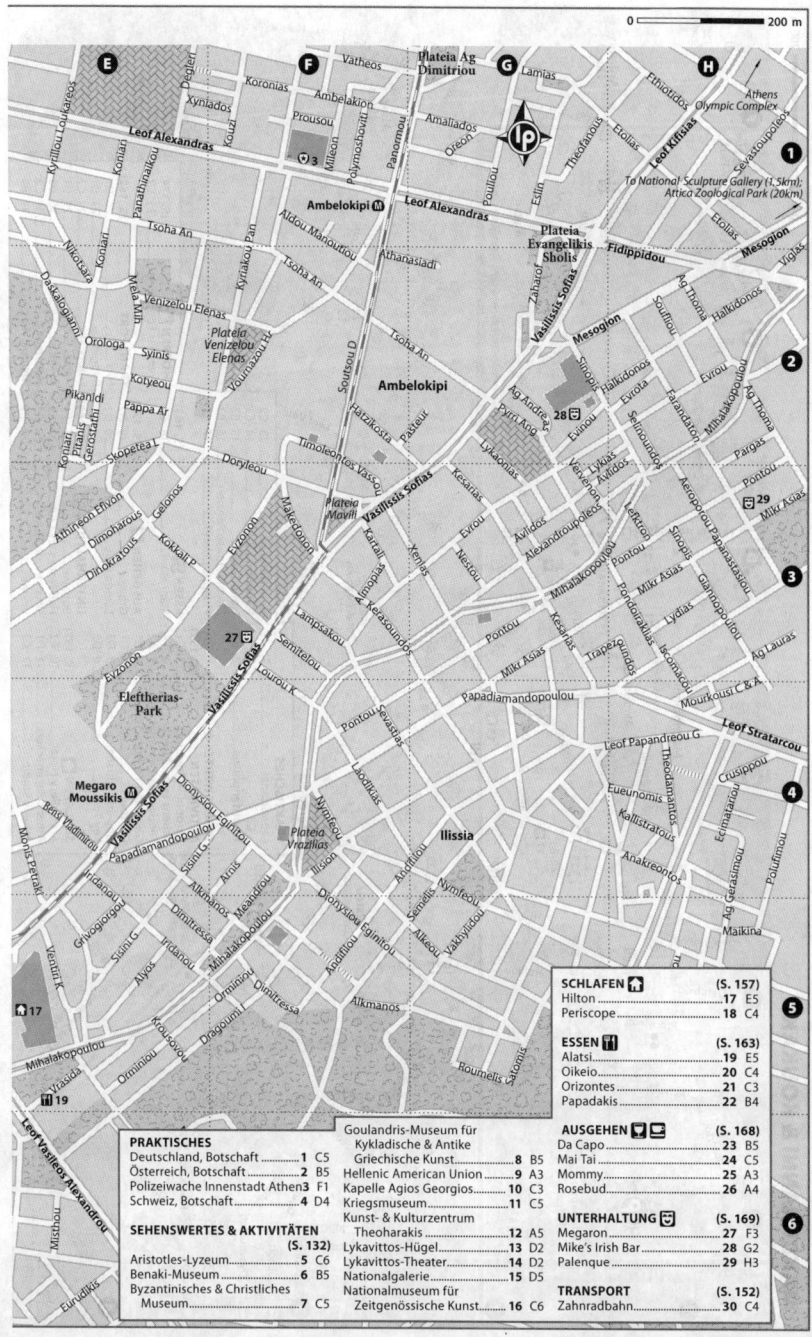

0 — 200 m

SCHLAFEN (S. 157)
Hilton **17** E5
Periscope **18** C4

ESSEN (S. 163)
Alatsi **19** E5
Oikeio **20** C4
Orizontes **21** C3
Papadakis **22** B4

AUSGEHEN (S. 168)
Da Capo **23** B5
Mai Tai **24** C5
Mommy **25** A3
Rosebud **26** A4

UNTERHALTUNG (S. 169)
Megaron **27** F3
Mike's Irish Bar **28** G2
Palenque **29** H3

TRANSPORT (S. 152)
Zahnradbahn **30** C4

PRAKTISCHES
Deutschland, Botschaft **1** C5
Österreich, Botschaft **2** B5
Polizeiwache Innenstadt Athen **3** F1
Schweiz, Botschaft **4** D4

SEHENSWERTES & AKTIVITÄTEN
(S. 132)
Aristoteles-Lyzeum **5** C6
Benaki-Museum **6** B5
Byzantinisches & Christliches
Museum **7** C5

Goulandris-Museum für
Kykladische & Antike
Griechische Kunst **8** B5
Hellenic American Union **9** A3
Kapelle Agios Georgios **10** C3
Kriegsmuseum **11** C5
Kunst- & Kulturzentrum
Theoharakis **12** A5
Lykavittos-Hügel **13** D2
Lykavittos-Theater **14** D2
Nationalgalerie **15** D5
Nationalmuseum für
Zeitgenössische Kunst **16** C6

ATHEN & ATTIKA

MAKRIGIANNI & KOUKAKI

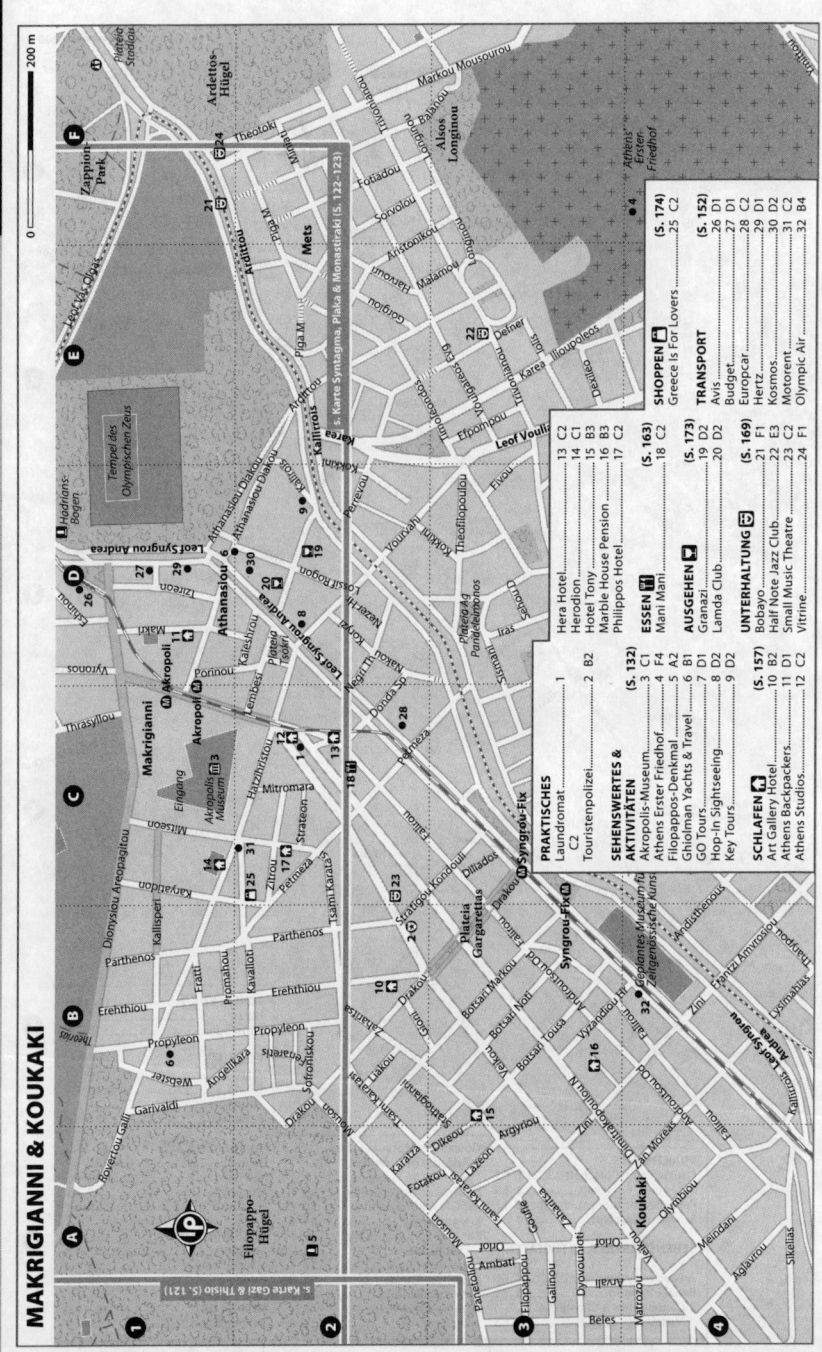

PRAKTISCHES	
Laundromat	1 C2
Touristenpolizei	2 B2

SEHENSWERTES & AKTIVITÄTEN	(S. 132)
Akropolis-Museum	3 C1
Athens Erster Friedhof	4 F4
Filopappos-Denkmal	5 A2
Ghiolman Yachts & Travel	6 B1
GO Tours	7 D1
Hop-In Sightseeing	8 D2
Key Tours	9 D2

SCHLAFEN	(S. 157)
Art Gallery Hotel	10 B2
Athens Backpackers	11 D1
Athens Studios	12 C2
Hera Hotel	13 C2
Herodion	14 C1
Hotel Tony	15 B3
Marble House Pension	16 B3
Philippos Hotel	17 C2

ESSEN	(S. 163)
Mani Mani	18 C2

AUSGEHEN	(S. 173)
Granazi	19 D2
Lamda Club	20 D2

UNTERHALTUNG	(S. 169)
Bobayo	21 F1
Half Note Jazz Club	22 E3
Small Music Theatre	23 C2
Vitrine	24 F1

SHOPPEN	(S. 174)
Greece Is For Lovers	25 C2

TRANSPORT	(S. 152)
Avis	26 D1
Budget	27 D1
Europcar	28 C2
Hertz	29 D1
Kosmos	30 D2
Motorent	31 C2
Olympic Air	32 B4

(Fortsetzung von Seite 119)

Infos im Internet

www.breathtakingathens.gr Offizielle Besucherwebseite des Wirtschafts- und Tourismusamts von Athen, mit praktischen Veranstaltungsverzeichnissen (auf Englisch).

www.culture.gr Leitfaden des Kulturministeriums für Museen, archäologische Stätten und Kulturveranstaltungen (auf Englisch).

www.elculture.gr Informativer zweisprachiger Leitfaden für Kunst und Kultur einschl. Verzeichnisse von Theatern, Musikbühnen und Kinos (auf Englisch).

Internetzugang

Die meisten Hotels bieten Internetzugang in der Lobby oder auf den Zimmern; es werden auch immer mehr WLAN-Anschlüsse installiert. An Plätzen und in Stadtvierteln wie Syntagma, Thissio, Gazi, der Plateia Kotzia sowie im Hafen von Piräus gibt es ein paar gute Internetcafés (2 bis 4 € pro Std.).

Bits & Bytes Internet Café (Karte S. 122–123; ☎ 210 382 2545; Kapnikareas 19, Monastiraki; 2,50 € pro Std.; 🕐 24 Std.)

Cyberzone (Karte S. 124–125; ☎ 210 520 3939; Satovrianidou 7, Omonia; 2 € pro Std.; 🕐 24 Std.) Günstige Stundensätze liegen bei 1,50 € zwischen Mitternacht und 8 Uhr.

Ivis Internet (Karte S. 122–123; Mitropoleos 3, Syntagma; 3 €Std.; 🕐 24 Std.)

Public (Karte S. 123–123; ☎ 210 324 6210; Karageorgi Servias 1, Syntagma; 🕐 Mo–Sa 9–21 Uhr) Kostenloser Internetzugang im zweiten Stock.

ATHEN IN...

...zwei Tagen

Die erste Etappe ist der Aufstieg zur ruhmreichen **Akropolis** (S. 132). Danach geht's weiter auf verschlungenen Wege zur **antiken Agora** (S. 139). Zwischendurch bietet sich die Einkehr in ein **Café** (S. 168) an der Adrianou an, bevor die Entdeckungstour durch **Plaka** (S. 117) und auf den **Flohmarkt Monastiraki** (S. 174) führt. Nächste Station ist das neue **Akropolis-Museum** (S. 137), in dem man zu Mittag essen kann; frisch gestärkt stehen die Meisterwerke des Parthenon auf dem Programm. Nach einem Bummel über die prächtige Promenade geht's hinauf zum **Filopappos-Hügel** (S. 149) und zu den Cafés in **Thissio** (S. 117). Der erste Tag klingt mit einem Abendessen in einem Restaurant mit Blick auf die Akropolis aus.

Der zweite Tag beginnt mit dem **Wachwechsel** (S. 150) am Syntagmaplatz, danach geht's quer durch den Park zum **Panathenäischen Stadion** (S. 142) und zum **Tempel des Olympischen Zeus** (S. 141). Dann mit dem Oberleitungsbus zum **Archäologischen Nationalmuseum** (S. 143) fahren und hinterher den Nachmittag mit einem Stadtbummel durch die Innenstadt von Athen verbringen oder durch das Viertel Plaka schlendern. Man sollte unbedingt versuchen, Karten für eine Vorstellung im geschichtsträchtigen **Odeon des Herodes Atticus** (S. 137) zu ergattern, oder man stürzt sich ins Nachtleben von **Gazi** (S. 118), wo man auch gut zum Abendessen einkehren kann.

...vier Tagen

Wer mehrere Tage Zeit hat, kann sein Stadtbesichtigungsprogramm mit folgenden Aktivitäten ausdehnen:

Am dritten Tag bietet sich am Vormittag ein Besuch im **Benaki-Museum** (S. 145) und im nahe gelegenen **Byzantinischen & Christlichen Museum** (S. 145) an; danach ist Shoppen in **Kolonaki** (S. 118) angesagt. Mit dem *teleferik* (Standseilbahn) geht's dann hinauf zum **Lykavittos-Hügel** (S. 148), um herrliche Panoramaausblicke zu genießen. Nach einem Abendessen in **Exarchia** (S. 165) sollte man sich eine Karte fürs **Aigli** (S. 171) besorgen, dem ältesten Freiluftkino Athens, in dem bei Mondschein Filme gezeigt werden. Alternativ kann man auch in Psiri eine **Taverne** (S. 171) mit Livemusik besuchen. Im Winter geht man besser in einen **Rembetiko-Club** (S. 171).

Der vierte Tage beginnt mit einem Streifzug durch den **Zentralmarkt** (S. 164) und durchs antike Töpferviertel **Kerameikos** (S. 140). In Thissio bietet sich ein kurzer Halt zum Mittagessen an. Danach geht's mit der Straßenbahn die Küste entlang zu einem **Strand** (S. 151), der zum Schlendern oder Baden einlädt, oder man macht einen Abstecher zum **Poseidon-Tempel** (S. 185). Wer sich den ganzen Tag im Zentrum aufgehalten hat, kann zum Abendessen zum **Hafen Mikrolimano** (S. 184) fahren oder sich in einer der **Strandbars** (S. 172) in Athens Sommernacht stürzen.

Medien

Athens News (www.athennews.gr) kommt jeden Freitag neu heraus und beinhaltet ein aktuelles Veranstaltungsprogramm.

Athens Plus (www.ekathimerini.com) Umfangreiche, englischsprachige Wochenzeitung mit Veranstaltungsprogramm; wird jeden Freitag von *Kathimerini* herausgegeben und ist online nachzulesen.

Insider (www.insider-magazine.gr) Monatlich erscheinendes Hochglanzmagazin für Besucher und in Griechenland lebende Ausländer.

Kathimerini (www.ekathimerini.com) Der *International Herald Tribune* veröffentlicht täglich eine achtseitige, englischsprachige Ausgabe der griechischen Tageszeitung mit Nachrichten sowie einer Programmübersicht zu Kunst- und Kulturveranstaltungen, Kinoprogramm und tagesaktuellen Fährplänen.

Odyssey (www.odyssey.gr) Alle zwei Monate erscheinendes Magazin für Auslandsgriechen; es eignet sich auch besonders gut als Leitfaden für die sommerliche Erkundung Athens.

Medizinische Versorgung

Apotheken (☎ 1434, auf Griechisch) In den Schaufenstern der Apotheken sind die nächsten Notapotheken verzeichnet. Am Flughafen gibt es eine Apotheke, die rund um die Uhr geöffnet ist.

Ärztlicher Notdienst & Krankenhäuser (☎ 1434, auf Griechisch) erscheint im *Kathimerini*.

Notaufnahme/Erste Hilfe (☎ 166)

SOS Doctors (☎ 1016, 210 821 1888; ☼ 24 Std.) Kostenpflichtiger Service. Wird von englischsprachigen Ärzten angeboten.

Notfall

Besuchernotdienst (☎ 112) kostenlose Hotline rund um die Uhr (auf Englisch).

ELPA Pannendienst (☎ 10400)

Polizei (☎ 100)

Touristenpolizei (Karte S. 126–127; ☎ 24 Std. 171, 210 920 0724; Veïkou 43-45, Koukaki; ☼ 8–22 Uhr)

Zentrale Polizeistation (Karte S. 126–127; ☎ 210 770 5711/17; Leoforos Alexandras 173, Ambelokipi)

Post

Hauptpost (Karte S. 124–125; www.elta.gr; Eolou 100, Omonia; ☼ Mo–Fr 7.30–20, Sa 7.30–14 Uhr) falls nicht anderweitig angegeben, landen postlagernde Sendungen hier.

Paketpostamt (Karte S. 122–123; Nikis 33, Syntagma; ☼ Mo–Fr 7.30–14 Uhr) Pakete über 2 kg müssen hier abgegeben werden, und zwar unverpackt, für Kontrollzwecke.

Postamt Syntagma (Karte S. 122–123; Plateia Syntagmatos, Syntagma; ☼ Mo–Fr 7.30–20, Sa 7.30–14 Uhr)

Telefon

Von öffentlichen Telefonzellen in Athen kann man überall ins Ausland telefonieren. Telefonkarten gibt's an Kiosken.

Toiletten

Öffentliche Toiletten sind in Athen relativ selten und haben unterschiedliche Öffnungszeiten. Überall im Stadtzentrum gibt es selbstreinigende Toilettenkabinen für eine Benutzergebühr von 0,50 €. Ansonsten eignen sich für einen WC--Besuch auch Fast-Food-Restaurants oder große Hotels.

Touristeninformation

EOT (Griechischer Tourismusverband; www.gnto.gr) Syntagma (Karte S. 122–123; ☎ 210 331 0392; Leoforos Vasilissis Amalias 26a; ☼ Mo–Fr 9–19, Sa & So 10–16 Uhr); Flughafen (☎ 210 353 0445-7; Ankunftshalle; ☼ Mo–Fr 9–19, Sa & So 10–16 Uhr) gibt einen kostenlosen Stadtplan für Athen aus und erteilt Auskunft zu öffentlichen Verkehrsmitteln. Ebenfalls ist dort ein kostenloses Exemplar der Hochglanzbroschüre *Athen & Attika* erhältlich.

Touristenpolizei (Karte S. 128; ☎ 24 Std. 171, 210 920 0724; Veïkou 43-45, Koukaki; ☼ 8–22 Uhr) Allgemeine Touristeninformation und Hilfe im Notfall.

Waschsalon

Laundromat (Karte S. 128; ☎ 210 923 5811; Veïkou 3a, Makrygianni; 5 € pro Waschgang mit 10 kg, 2 € für Trockner; ☼ 8–22 Uhr) unter den Athens Studios.

GEFAHREN & ÄRGERNISSE

Athen leidet unter denselben Problemen wie jede andere größere Stadt, gehört jedoch zu den sichersten Großstädten Europas. Gewaltverbrechen auf offener Straße sind nach wie vor selten, dennoch sollten Reisende nicht in die weiter unten genannten Fallen tappen. Die Straßen nordwestlich und südwestlich von Omonia gilt es nachts zu meiden, denn sie sind deutlich gefährlicher geworden; dort treiben sich zunehmend Prostituierte, Drogensüchtige und illegale Einwanderer herum.

Abzocke

DUBIOSE BARS

Ahnungslose Reisende haben sich schon oft von Schwindlern in Bars übers Ohr hauen lassen, insbesondere rund um den Syntagma-Platz in der Athener Innenstadt.

Eine typische Abzocke läuft wie folgt ab: ein freundlicher Grieche spricht einen männlichen Einzelreisenden an und fragt ihn, woher er komme. Der freundliche Grieche erzählt, er komme auch nicht aus Athen und versucht es mit dem „ein Vetter von mir lebt in Deutschland-Trick". Dann schlägt er vor, an der Bar etwas zu trinken. Danach tauchen Frauen auf, es werden noch mehr Getränke bestellt, und der Schwindler macht sich aus dem Staub. Der zurückbleibende „Gast" bleibt auf der exorbitant hohen Rechnung sitzen. Schon bald ist es mit dem Lächeln vorbei und die Atmosphäre wirkt bedrohlich.

Andere Bars locken angeheiterte Männer mit Gesprächen über Sex, doch alles was sie bekommen, sind überzogenene Rechnungen.

TAXISCHLEPPER

Einige Taxifahrer stecken mit überteuerten drittklassigen Hotels rund um den Omonia-Platz unter einer Decke; allerdings ist ihr Aktionsradius nicht besonders groß. Die Gaunerei besteht darin, dass die involvierten Taxifahrer den spät ankommenden Fahrgästen weismachen, die Hotels seien trotz Reservierung ausgebucht. Der Taxifahrer tut so, also rufe er das Hotel an, verkündet lauthals, dass es ausgebucht sei, und schlägt eine Alternative vor. Dann hilft nur eins: Selbst mit dem Hotelportier telefonieren oder einfach darauf bestehen zum gebuchten Hotel gefahren zu werden.

TOURVERANSTALTER

Einige Reisebüros im Stadtviertel Plaka/ Syntagma engagieren Schwindler, um „günstige" Pauschalreisen zu den Inseln zu verkaufen. Die beauftragten Gauner hängen an den Bus- und Metrohaltestellen herum und hoffen darauf, naive Neuankömmlinge zu angeln. Sie üben etwas Druck auf sie aus, damit diese beim beteiligten Reisebüro die überteuerte Pauschalreise buchen. Wer sich seine Insel selbst aussucht, wird immer einen besseren Deal aushandeln können. Besteht Anlass zu glauben, dass alles ausgebucht ist, kann man sich ein Angebot aus diesem Reiseführer heraussuchen und versuchen direkt zu buchen.

Gepanschte Drinks

In einigen Bars und Clubs in Athen werden so genannte *bombes* ausgeschenkt. Dabei handelt es sich um gepanschten Alkohol auf Methanolbasis oder zumindest verdünnten,

günstigen Fusel mit Katergefahr. Wer dieses Risiko vermeiden will, greift zu Flaschenbier oder anderen abgefüllten alkoholischen Getränken; das bestellte Getränk sollte ein bestimmtes, identifizierbares Aroma haben – am besten immer eine bestimmte Marke bestellen!

Rutschiges Pflaster

Auf vielen Gehwegen und an anderen Stellen, an denen Marmor verlegt wurde, herrscht extreme Rutschgefahr, besonders bei Regen. Wer sich dagegen schützen will, tritt vorsichtig auf und zieht rutschfeste Schuhe an.

Taschendiebe

Die begehrtesten Reviere von Taschendieben befinden sich im U-Bahn-Netz, insbesondere an der Metrolinie Piräus–Kifissia, und in den belebten Straßen rund um Omonia und Athinas sowie auf dem Flohmarkt von Monastiraki.

Taxifahrer

Athener Taxifahrer haben einen schrecklichen Ruf, und das mit Sicherheit nicht zu Unrecht – die meisten Einheimischen und Touristen können von der Abzocke Gruselgeschichten erzählen. Zwar haben sich die Standards der Stadttaxis und die Manieren der Fahrer insgesamt ganz wesentlich verbessert, jedoch kann es immer noch vom Zufall abhängen, ob man gerade in den Genuss eines höflichen, effizienten und ehrlichen Fahrdienstes kommt oder ob Ärger vorprogrammiert ist. Aber aufgepasst: die freundlichen Taxifahrer können sich als die schlimmsten Rüpel erweisen!

Die meisten Abzockfahrten (aber nicht alle) passieren mit Taxifahrern, die spät abends am Flughafen, in Busbahnhöfen oder am Hafen von Piräus um Fahrgäste werben. Einige Fahrer stellen noch nicht einmal den Taxameter ein und verlangen soviel, wie sie durchsetzen können – oder sie weigern sich, überhaupt loszufahren, wenn der Fahrgast darauf besteht, den Taxameter einzuschalten. Feilschen funktioniert nur, wenn man genau weiß, wie teuer der reguläre Fahrpreis ist; ansonsten ist es besser, sich die Daten vom Taxifahrer geben zu lassen, um ihn bei der Touristenpolizei anzuzeigen und stattdessen ein anderes Taxi zu finden. In Piräus die Taxifahrer ignorieren, die Reisende von sich aus ansprechen, um ihre Fahrdienste anzubieten – am besten ein paar Schritte weiter laufen und an der Straße ein Taxi herbeiwinken!

In Extremfällen sind die Taxameter falsch eingestellt, ticken also schneller oder sind bei Tag auf Nachtrate umgeschaltet (Tarif mit zwei Lichtern). Einige Taxifahrer schlagen auf den Fahrpreis gleich das Trinkgeld auf. Vorsicht ist auch geboten beim Aufschlag für die Abholung vom Flughafen; normalerweise sind das feste Preise, die in jedem Taxi gut sichtbar angeschrieben sein müssen.

Die beste Möglichkeit, sich selbst zu schützen, ist immer noch, das Taxikennzeichen zu notieren und nach einer obligatorischen Quittung zu fragen – in den meisten Taxis sind elektronische Quittungsautomaten installiert (auch wenn viele nicht funktionieren). Bei einem Streit einfach die Polizei anrufen (☎ 100) oder beim Fahrer darauf bestehen, zur nächsten Polizeistation zu fahren, um die Angelegenheit zu schlichten, oder die Taxinummer aufschreiben und damit zur Touristenpolizei gehen. Zur Zeit der Recherche war auch ein Beschwerdedienst als Pilotprojekt in Vorbereitung (☎ 1019).

SEHENSWERTES
Akropolis

Die **Akropolis** (Oberstadt; Karte S. 133; ☎ 210 321 0219; Erw./erm. 12/6 €; ⏱ April–Okt 8.30–20 Uhr, Nov.– März 8–17 Uhr; ♿) ist die wichtigste antike Stätte der westlichen Welt. Auf dem Hügel thront der Parthenon, der wie ein Wachposten über der Stadt schwebt und von fast allen Seiten gut zu sehen ist. Die Monumente aus Pentelischem Marmor leuchten in der Mittagssonne strahlend weiß und wirken im Licht der langsam untergehenden Sonne honigfarben. Nachts erheben sich die angestrahlten Monumente magisch über der Stadt. Bei diesem Anblick geht einem so richtig das Herz auf.

So inspirierend diese Monumente der Antike auch sind, heute sind sie nur noch Relikte der einstigen Stadt von Perikles. Der berühmte Feldherr scheute keine Kosten – für den Aufbau der Stadt verwendete er nur die besten Materialien. Im Zeichen des Athene-Kults engagierte er die besten Architekten, Bildhauer und Künstler. Die Stadt war damals ein Schaufenster für ko-lossale Bauten, die aufwändig mit Farben gestaltet wurden. Überaus beeindruckend waren auch die riesigen Statuen, darunter einige aus Bronze, andere aus Marmor, verziert mit Goldplatten und Edelsteinintarsien.

Die Akropolis lässt sich von verschiedenen Seiten aus erklimmen. Der Hauptzugangsweg führt von Plaka aus die Verlängerung der historischen Straße Dioskouron hinauf. Wer aus Richtung Süden kommt, folgt der Dionysiou Areopagitou bis zum Weg, der sich direkt hinter dem Odeon des Herodes Attikus befindet, zum Haupteingang; oder aber man geht über den Eingang zum Dionysos-Theater nahe der Metrostation Akropolis weiter und von da aus auf einem Serpentinenweg den Hügel hinauf. Wer einen Rucksack oder eine große Tasche trägt (einschließlich Fototaschen) muss am Haupteingang seine Sachen an der Garderobe abgeben.

Es ist ratsam, die Besichtigung so früh wie möglich zu machen, oder erst spät am Nachmittag, da es ansonsten immer unglaublich voll ist. Die Wege rund um die Tempelanlage sind uneben und rutschig, also am besten Schuhe mit Gummisohlen anziehen. Rollstuhlfahrer können an der Nordseite über einen schmiedeeisernen Aufzug die Felswand nach oben fahren. Wer Unterstützung braucht, meldet sich am Haupteingang.

Die Eintrittskarte zur Akropolis beinhaltet auch den Besuch anderer Stätten (s. Kasten S. 137).

GESCHICHTE

Die Akropolis wurde erstmals in der Jungsteinzeit besiedelt. Der erste Tempel entstand zur mykenischen Zeit zu Ehren der Stadtgöttin Athene. Bis gegen Ende des 6. Jhs. v. Chr. war der Hügel bewohnt. Um 510 v. Chr. wurde die Akropolis durch das Orakel von Delphi den Göttern zugesprochen.

Nachdem die Bauten auf der Akropolis am Vortag der Schlacht von Salamis (480 v. Chr.) durch die Perser in Schutt und Asche gelegt worden waren, setzte Perikles ein ehrgeiziges Wiederaufbauprogramm in Gang. Er verwandelte die Akropolis in die Tempelstadt, die bis zum heutigen Tag als Höhepunkt der antiken griechischen Baukunst gilt.

Verwüstungen im Zuge der ausländischen Besatzungen, rücksichtslose Plünderungen durch ausländische Archäologen, völlig unangemessene Renovierungsarbeiten nachdem die Unabhängigkeit Griechenlands ausgerufen worden war, die sorglosen Füße von Millionen Besuchern, zerstörerische Erdbeben, und in jüngster Vergangenheit saurer Regen und Luftverschmutzung – all diese Faktoren haben unübersehbare Spuren auf den verbliebenen Baudenkmälern hinterlassen.

Den schlimmsten Schlag erlitt die Akropolis im Jahr 1687, als die Venezianer die Türken angriffen und das Feuer auf den Tempelhügel eröffneten. Der Parthenon, in dem die Türken ihr Schießpulver gelagert hatten, explodierte und beschädigte auch die umliegenden Gebäude.

Nach wie vor werden Sanierungsprojekte größeren Umfangs durchgeführt. Viele der Originalstatuen wurden ins Akropolis-Museum gebracht und durch Gipsabdrücke ersetzt. Im Jahr 1987 erhielt die Akropolis ihren festen Platz in der Liste der Weltkulturerbestätten.

BEULÉ-TOR & AGRIPPA-MONUMENT

Vom Haupteingang führt ein kurzer Weg nach links bis zum Beulé-Tour, das seinen Namen dem französischen Archäologen Ernest Beulé verdankte, der es 1852 freilegte. Auf dem 8 m hohen Sockel auf der linken Seite, auf halbem Weg zur Rampe zum Propyläen, stand einst das Agrippa-Monument. Die Bronzestatue zeigte den römischen Feldherrn in einem Streitwagen. Die Statue wurde im Jahr 27 v. Chr. in Andenken an Agrippas Sieg bei den Panathenäischen Spielen errichtet.

PROPYLÄEN

In der Antike waren die Propyläen der repräsentative Eingang zur Akropolis. Sie wurden zwischen 437 und 432 v. Chr. von Mnesikles erbaut. In ihrer architektonischen Brillanz stehen sie auf einem Niveau mit dem Parthenon. Die Proyläen bestehen aus einer zentralen Säulenhalle mit zwei Flügeln zu beiden Seiten. Jeder Bereich hatte ein Tor; in der Antike bildeten die fünf Tore den einzigen Zugang zur „Oberstadt". Das mittlere und größte Tor führte

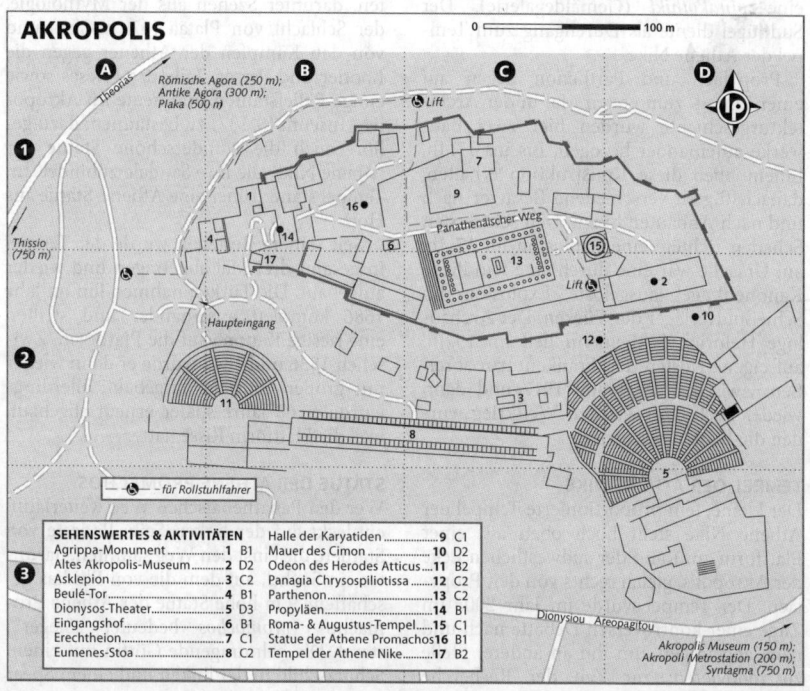

AKROPOLIS

0 _____ 100 m

Römische Agora (250 m);
Antike Agora (300 m);
Plaka (500 m)

Thissio (750 m)

Panathenäischer Weg

Haupteingang

für Rollstuhlfahrer

Dionysiou Areopagitou

Akropolis Museum (150 m);
Akropoli Metrostation (200 m);
Syntagma (750 m)

PANATHENÄISCHER FESTZUG

Der Höhepunkt des Panathenäischen Festes bestand im Panathenäischen Festzug, dem größten Jahresereignis im antiken Athen, das zu Ehren der Göttin Athene stattfand. Die farbenfrohen Szenen des Festzugs sind auf dem 160 m langen Fries des Parthenon im neuen Akropolis-Museum zu sehen. Die Parade nahm den Panathenäischen Weg direkt durch die Mitte der Akropolis.

Eigentlich gab es zwei verschiedene Feste zum gleichen Anlass: das Kleinere Panathenäische Fest fand jedes Jahr anlässlich des Geburtstags der Athene statt, das Große Panathenäische Fest hingegen wurde nur jedes vierte Jahr zum gleichen Anlass abgehalten.

Das Große Panathenäische Fest begann mit Tänzen, gefolgt von Leichtathletikwettkämpfen und Musik- oder Schauspielwettbewerben. Am letzten Tag setzte sich der Panathenäische Festzug im Töpferviertel Kerameikos in Bewegung. An der Spitze schritten Männer, die Opfertiere für Athene trugen, gefolgt von Jungfern mit hornähnlichen Opfergefäßen *(rhytonen)* und von Mädchen nobler Abstammung, die den heiligen *peplos* (ein prächtiger safrangelber Schrägmantel) trugen. Begleitet wurden sie von Musikanten, die eine Fanfare spielten. Die Übergabe des *peplos* an Athene Polias im Erechtheion galt als festes Ritual im großen Finale.

auf den Panathenäischen Weg. Das imposante Westtor schloss mit einer Doppelreihe aus sechs Säulen: außen mit dorischen, innen mit ionischen Doppelsäulen. Die vierte Säule wurde wieder aufgebaut. Die Decke der zentralen Halle war mit goldenen Sternen auf dunkelblauem Hintergrund bemalt. Der Nordflügel beherbergte eine *pinakothiki* (Gemäldegalerie). Der Südflügel diente als Durchgang zum Tempel der Athene Nike.

Propyläen und Parthenon liegen auf einer Linie – zum ersten Mal in der Architekturgeschichte wurden hier zwei Bauwerke aufeinander bezogen. Bis ins 13. Jh. hinein blieb diese Konstruktion erhalten, danach fügten verschiedene Besatzer nach und nach Anbauten hinzu. Den schwersten Schaden richtete eine Explosion im 17. Jh. an; Ursache war eine durch eine feindliche Kanonenkugel ausgelöste Explosion im Schießpulverlager der Türken. Der Archäologe Heinrich Schliemann ließ im 19. Jh. auf eigene Kosten den Frankenturm abreißen. Zwischen 1909 und 1917 und dann wieder nach dem Zweiten Weltkrieg wurden die Bauten restauriert.

TEMPEL DER ATHENE NIKE

Der kleine, fein proportionierte Tempel der Athene Nike steht hoch oben auf einer Plattform am Rand der südwestlichen Ecke der Akropolis, gleich rechts von den Propyläen. Der Tempel wurde im Jahr 2003 im Zuge einer kontroversen Debatte nach und nach abgetragen, um ihn an anderer Stelle zu renovieren; zur Zeit der Recherche

waren die mühsamen Wiederaufbauarbeiten in vollem Gange.

Erbaut wurde der Tempel von 427 bis 424 v. Chr. aus Pentelischem Marmor nach einem Entwurf von Kallikrates. Das fast quadratische Gebäude ist an jeder Seite von vier grazilen, ionischen Säulen eingefasst. Nur vom Fries sind noch Fragmente erhalten, darunter Szenen aus der Mythologie, der Schlacht von Plataä (479 v. Chr.) und von den Kämpfen der Athener gegen die Böotier und Perser. Teile des Frieses sowie einige Reliefstatuen sind heute im Akropolis-Museum (S. 137) zu bestaunen; dazu gehört auch die wunderschöne Statue der Athene Nike, die ihre Sandale zubindet. Im Tempel stand früher eine Athene-Statue aus Holz.

Seit seinem Bestehen wurde der Tempel insgesamt drei Mal abgetragen und wieder aufgebaut. Die Türken nahmen ihn im Jahr 1686 komplett auseinander und stellten eine riesige Kanone auf die Plattform. Zwischen 1836 und 1842 wurde er dann wieder mit großer Umsicht aufgebaut; allerdings wurde er 60 Jahre später erneut abgebaut, weil die Plattform Risse hatte.

STATUE DER ATHENE PROMACHOS

Wer den Panathenäischen Weg weiterläuft, entdeckt auf der linken Seite Podeste von Statuen, die einst den Weg säumten, darunter ein Sockel, auf dem die von Phidias geschaffene 9 m hohe Statue der Athene Promachos (*promachos* bedeutet „Sieger") stand. Die helmtragende Göttin mit einem Schutzschild in der linken und einem Speer in der rechten Hand steht für die Unbesiegbarkeit der Athener im Kampf gegen die Perser. Die Statue wurde von Kaiser Theodosius im Jahr 426 n. Chr. nach Konstantinopel verschleppt. Im Jahr 1204 kam der Speer abhanden. Da die Hand aussieht, als winke sie dem Betrachter zu, glauben die Einwohner Konstantinopels, dass die Statue die Kreuzfahrer in die Stadt gelockt hätte – aus Wut zerstörten sie die Statue.

PARTHENON
Der Parthenon dürfte wohl am ehesten unsere Vorstellung vom Glanz des antiken Griechenlands verkörpern. *Parthenon* bedeutet etwa „Wohnstätte der Jungfrau". Der Tempel war Athene Parthenos geweiht, der Stadtgöttin, die für Macht und Prestige stand. Es handelt sich um den größten dorischen Tempel, der je in Griechenland erbaut wurde, und um den einzigen, der vollständig – bis auf das Holzdach – mit Pentelischem Marmor ausgestattet war; die Bauzeit betrug 15 Jahre.

Der Tempel entstand auf dem höchsten Punkt der Akropolis und erfüllte damit einen doppelten Zweck: er beherbergte die große Athene-Statue, die im Auftrag von Perikles errichtet wurde, und er diente als neues Schatzhaus. Der Parthenon wurde an der Stelle errichtet, wo zuvor bereits vier Athene-Tempel gestanden hatten. Nach einem Entwurf von Iktinos und Kallikrates sollte er das markanteste Denkmal auf der Akropolis sein. Anlass seiner Erbauung waren die Großen Panathenäischen Spiele von 438 v. Chr. – bis dahin sollte der Tempel fertiggestellt werden.

An beiden Schmalseiten stehen je acht kannelierte dorische Säulen. Um die ideale Form zu erzielen, spielten die Architekten mit einer optischen Täuschung: die Säulenpodeste sind leicht nach innen geneigt, also konkav, die Säulen selbst leicht konvex – so sieht beides insgesamt gerade aus. Phidias überwachte auch die Bildhauer Agorakritos und Alkamenes, die an den Giebeln, Friesen, Metopen des Parthenon arbeiteten. Der Fries wurde leuchtend bemalt und mit Gold verziert.

Die Metopen an der Ostseite zeigen die Olympischen Götter im Kampf gegen den Riesen. An der Westseite ist Theseus zu sehen, der die Athener in der Schlacht gegen die Amazonen anführte. Auf der Südseite kämpfen auf der Hochzeit des Peirithoos Lapithen gegen Kentauren, auf der Nordseite ist die Plünderung Trojas szenisch dargestellt.

Viele Teile des Frieses mit Szenen der Panathenäischen Prozession (s. Kasten 134) fielen im Jahr 1687 der Explosion zum Opfer oder wurden später von den Christen entstellt. Heute befindet sich der herrlichste, über 75 m lange Abschnitt aus verschiedenen Marmorarten im Britischen Museum in London. Die britische Regierung ignoriert nach wie vor Rückholungskampagnen.

Die Decken des Parthenon und der Propyläen waren mit Sternen auf blauem Hintergrund verziert. Am östlichen Ende befand sich die heilige Cella (inneres Zimmer eines Tempels), das nur einige Privilegierte betreten durften.

In der Cella stand die Statue, für die der gesamte Tempel erbaut worden war: Athene Polias (Athene der Stadt), eines der antiken Weltwunder. Der Bildhauer Phidias vollendete die Statue im Jahr 432 v. Chr. Sie stand auf einem Sockel, war fast 12 m hoch und bestand aus einem mit Blattgold verkleideten Holzgerüst. Gesicht, Hände und Füße waren aus Elfenbein, die Augen aus Edelsteinen. Athene trug ein langes, goldenes Gewand; ihre Brust zierte eine Elfenbeinplatte mit dem Kopf der Medusa. In ihrer rechten Hand hielt sie eine Statuette der Siegesgöttin Nike, in der Linken einen Speer, den sie auf eine Schlange stütze. Auf ihrem Kopf trug sie einen Helm mit einer Sphinx und Reliefs von Greifen an den Seiten.

Im Jahr 426 n. Chr. wurde die Statue nach Konstantinopel geschafft und verschwand dort spurlos. Eine römische Kopie (Athene Varvakeion) ist im Archäologischen Nationalmuseum (S. 143) zu sehen.

ERECHTHEION
Zwar war der Parthenon eines der beeindruckendsten Monumente auf der Akropolis, es diente aber vor allem der Repräsentation. Das eigentliche Heiligtum war das Erechtheion, das an der heiligsten Stelle der Akropolis erbaut wurde: dort trug sich der Gründungsmythos der Stadt Athen zu, wonach Poseidon seinen Dreizack in den Boden rammte und seine Kontrahentin Athene einen Olivenbaum pflanzte (s. Kas-

ten S. 114). Der Name geht auf den mythischen Athener König Erechtheus zurück, der hier zusammen mit Athene und Poseidon verehrt wurde.

Was beim Erechtheion sofort ins Auge fällt, sind die sechs überdimensionalen Jungfernsäulen, die den südlichen Portikus der Korenhalle stützen, die so genannten **Karyatiden** (benannt nach Karyai bei Sparta, dem heutigen Karyes in Lakonien). Die heute sichtbaren Skulpturen sind lediglich Nachbildungen aus Gips. Die Originale wurden alle ins Akropolis-Museum (S. 137) gebracht. Eine einzige wurde von Lord Elgin nach Großbritannien geschafft und steht heute im Britischen Museum.

Das Erechtheion hatte Perikles geplant, jedoch machte ihm der Peloponnesische Krieg einen Strich durch die Rechnung. Erst 421 v. Chr. wurden die Bauarbeiten aufgenommen – da war Perikles bereits seit acht Jahren tot. Vermutlich wurde der Tempel um 406 v. Chr. vollendet.

Architektonisch gesehen ist das Erechtheion das ungewöhnlichste Baudenkmal auf der Akropolis – er ist ein Paradebeispiel ionischer Baukunst. Der Tempel steht auf mehreren Ebenen, um auf geniale Weise die Unebenheiten des Untergrunds auszugleichen. Der Haupttempel besteht aus zwei cellae – ein Tempelteil ist der Athene gewidmet, der andere dem Poseidon – quasi als Symbol ihrer Versöhnung im Kampf um die Herrschaft über die Stadt. In Athenes Cella stand eine Statue der Athene Polias aus Olivenholz; sie trug ein Schutzschild mit Gorgonenhaupt. Dieser Statue wurde auf dem Höhepunkt der Großen Panathenäischen Spiele der heiligen *peplos* (ein Schrägmantel in Form eines safrangelben Schals, der symbolisch für den Ruhm stand) umgehängt.

Die nördliche Vorhalle zieren sechs ionische Säulen. Auf dem Boden sind Risse zu sehen, die angeblich von einem Gewitter herrühren, das Zeus aufkommen ließ, um den König Erechtheus mit einem Blitzschlag zu töten. Südlich davon befand sich das **Kekropion** – das Grabmal des Königs Kekrops.

Das Erechtheion war das letzte öffentliche Gebäude, das auf der antiken Akropolis erbaut wurde – mit Ausnahme eines kleinen Tempels zu Ehren Roms und des Kaisers Augustus.

ALTES AKROPOLIS-MUSEUM

Mittlerweile sind die Schätze der Akropolis im neuen Akropolis-Museum untergebracht. Für das alte Museum ist nun eine Ausstellung geplant, welche die mehr als 30 Jahre dauernde Restaurierung dokumentieren soll. Gezeigt werden sollen neben Inschriften und Fotografien auch Gegenstände, die an den Hängen rund um den Heiligen Felsen gefunden wurden.

Südhang der Akropolis

DIONYSOS-THEATER

Die Bedeutung des Theaters im athenischen Stadtstaat erkennt man an den Dimensionen des riesigen **Dionysos-Theaters** (Karte S. 133; ☎ 210 322 4625; Dionysiou Areopagitou; Eintritt 2 €, mit Akropolis-Pass kostenlos; ⊙ April-Okt 8-20 Uhr, Nov.-März 8-17 Uhr) am Südwesthang der Akropolis.

Das erste Theater an dieser Stelle war noch aus Holz gebaut und entstand irgendwann im 6. Jh. v. Chr., nachdem der Tyrann Peisistratos die Dionysischen Spiele ins Leben gerufen hatte. Fast die ganze Stadt schaute zu, wie die in Ziegenfell gewandeten Männer sangen und tanzten. Es folgten wilde Gelage und ausgelassene Feste.

Im 5. Jh. v. Chr., dem Goldenen Zeitalter der Antike, gehörten die Dionysien zu den wichtigsten Ereignissen des Jahres. Politiker sponserten nicht nur Bühnenstücke von Theaterdramaturgen wie Aischylos, Sophokles und Euripides, sondern auch die derben Komödien eines Aristophanes mit obszönen und sinnlichen Inhalten. Aus ganz Attika strömten die Zuschauer in die Stadt; für die Kosten kam der Staat auf.

Lykurg ließ das Theater von 342 bis 326 v. Chr. aus Stein und Marmor wieder aufbauen. In den 64 Rängen hatten 17 000 Zuschauer Platz – heute sind nur noch 20 Reihen erhalten. Bis auf die in der ersten Reihe bestanden die Sitze aus Kalkstein aus Piräus. Hier saßen die normalen Bürger Athens; den Frauen wurden allerdings die hinteren Reihen zugewiesen. Die 67 Ehrenplätze der ersten Reihe waren aus feinstem Pentelischem Marmor gehauen. Hier nahmen wichtige Priester und die Leiter der Festspiele Platz. Der schönste Logenplatz, überdacht mit einem Baldachin als Sonnenschutz, war dem Priester des Dionysos vorbehalten. Noch heute verrät sich sein Platz durch die gut erhaltenen Löwenkrallen zu beiden Seiten. In der Römerzeit fanden in dem Theater neben den üblichen Vorstellungen auch Staatsakte und Zeremonien statt.

Die Reliefs hinter der Bühne, meist Figuren ohne Kopf, stammen aus dem 2. Jh. v. Chr. Sie stellen die Taten von Dionysos dar. Nur zwei kräftige, leicht gebückte Figuren haben ihren Kopf nicht verloren. Es sind *silen*, Jünger des mythischen Selinos, dem ausschweifende Vater der Satyrn – sein wichtigstes Merkmal war ein überdimensionaler Phallus. Er jagte am liebsten durch die Berge und versuche, Nymphen zu verführen.

ASKLEPIEION & EUMENES-STOA

Direkt oberhalb des Dionysos-Theaters führt eine Holztreppe hinauf zu einem Rundweg. Links oberhalb der Treppe steht das Asklepieion, ein Tempel, der um eine heilige Quelle erbaut wurde. Der Verehrungskult um Asklepios, dem Arzt und Sohn des Apollon, hat seine Ursprünge in Epidauros. Als 429 v. Chr. die Pest ausbrach, kam der Kult nach Athen.

Unterhalb des Asklepieions befindet sich die Eumenes-Stoa, eine Kolonnade, die Eumenes II., König von Pergamon (197–59 v. Chr.) als Schutz und Wandelhalle für das Theaterpublikum erbauen ließ.

ODEON DES HERODES ATTICUS

Vom Asklepieion verläuft der Weg weiter westlich bis zum Odeon des Herodes Atticus. Herodes Atticus war ein reicher Römer, der dieses Theater 161 n. Chr. in Erinnerung an seine Gemahlin Regilla erbauen ließ. Die Ruinen wurden in den Jahren 1857–58 ausgegraben und von 1950 bis 1961 vollständig restauriert. Heute dient es im Rahmen des Hellenic Festivals (S. 156) als Bühne für die Aufführung von Schauspielen, Musikkonzerten und Tänzen. Nur während der Vorstellungen ist das Odeon für die Öffentlichkeit zugänglich.

PANAGIA CHRYSOSPILIOTISSA

Oberhalb des Dionysos-Theaters führt ein mit Steinen übersäter, unauffälliger Pfad zu einer Felsengrotte. Im Jahr 320 v. Chr. verwandelte Thrasyllos die Felsengrotte in einen Tempel, der Dionysos geweiht war. Die winzige Panagia Chrysospiliotissa (Unsere Liebe Frau der Höhle) ist heute ein bewegender kleiner Andachtsort mit alten Bildern und Ikonen an den Wänden. Über der Kapelle stehen noch zwei ionische Säulen, die an den Tempel des Thrasyllos erinnern. Zur Zeit der Recherche war die Grotte geschlossen.

Akropolis-Museum

Die Eröffnung des seit langem erwarteten **Akropolis-Museums** (Karte S. 128; ☎ 210 900 0901; www.theacropolismuseum.gr; Dionysiou Areopagitou 15, Akropoli; ☼ Di–So 8–20 Uhr; Eintritt 5 €, für Kinder kostenlos; ☒) zu Füßen des Südhangs der Akropolis im Jahr 2009 hat für viel Aufsehen gesorgt. Das Museum ist zehn Mal größer als das vorherige Museum an der antiken Stätte. In dem imposanten modernen Gebäude befindet sich eine Sammlung aller Schätze, die von der Akropolis noch erhalten sind. Dazu gehören auch Fundstücke, die bisher in anderen Museen oder Depots untergebracht waren, sowie Exponate, die von ausländischen Museen zurückgegeben wurden. Zwar zeigt die Sammlung verschiedene Beispiele aus der Archaik bis zur Römerzeit, jedoch liegt der Schwerpunkt auf der Akropolis des 5. Jhs. v. Chr. Zu dieser Zeit standen griechische Kunst und Kultur in voller Blüte. Am Eingang kann man die Ruinen eines alten Athener Stadtviertels sehen, die nach ihrer Freilegung geschickt ins Museum integriert wurden.

Funde von den Hängen der Akropolis sind in der ersten Galerie ausgestellt. Der

---

SECHS ZUM PREIS VON EINEM

Mit dem Kombiticket zu 12 € für die Akropolis kommt man außerdem zu den Hauptattraktionen des antiken Athens. Dazu gehören die griechische und römische Agora, Kerameikos, der Tempel des Olympischen Zeus und das Dionysos-Theater. Das Ticket gilt vier Tage; danach muss jeder Eintritt regulär bezahlt werden. Die Kontrollen sind allerdings nicht besonders streng. Die Öffnungszeiten sind überall gleich: April bis Oktober 8.30 bis 20 Uhr, November bis März 8 bis 17 Uhr. Um nicht vor verschlossener Tür zu stehen, sollte man aber genau nachfragen, denn im Sommer ändern sich die Öffnungszeiten von Jahr zu Jahr. Am ersten Sonntag des Monats (außer im Juli und August) und an bestimmten (Feier-)Tagen ist der Eintritt frei.

ANTIKE PROMENADE

Waren die Straßen der historischen Athener Altstadt früher im Dunst der Autoabgase kaum zu erkennen, führt nun ein 3 km langer, herrlicher Fußweg vorbei an den bedeutsamsten antiken Bauten der Stadt. Hier genießen Athener und Touristen ihre abendliche *volta* (Bummel) entlang des atemberaubenden Kulturerbepfads – eine der längsten Fußgängerzonen Europas – mit Blick auf die angestrahlte Akropolis.

Die große Promenade beginnt in der Dionysiou Areopagitou gegenüber dem Tempel des Olympischen Zeus, führt südlich zu Füßen der Akropolis weiter bis zur antiken Agora, zweigt danach von Thissio nach Keramikos ab nach Gazi, und verläuft nördlich entlang der Adrianou bis Monastiraki und Plaka.

Boden besteht aus einer geneigten Glasfläche, die den Anstieg zum heiligen Hügel nachahmt, während sie Blicke zu den Ruinen darunter freigibt. Zu den Exponaten gehören bemalte Vasen und Kultgegenstände aus den Heiligtümern, aber auch andere Objekte, die in jüngster Vergangenheit während der Ausgrabung der ursprünglichen Siedlung zum Vorschein kamen, wie etwa die zwei Tonstatuen der Siegesgöttin Nike am Eingang.

Die lichtdurchflutete Archaik-Galerie im ersten Stock ist ein wahrer Statuenwald, der größtenteils aus Devotionalien für Athene besteht, darunter ein paar atemberaubende *koren* (Jungfernstatuen) in wallenden Gewändern und mit raffiniert geflochtenen Zöpfen. Gewöhnlich halten *koren* einen Granatapfel, einen Kranz oder einen Vogel in der Hand. Die meisten wurden in einem Graben auf der Akropolis freigelegt, wo gefallene Soldaten nach der Schlacht von Salamis ihre letzte Ruhestätte fanden.

Die Statue eines jungen Mannes aus dem Jahr 570 v. Chr., der ein Kalb trägt, gehört zu den seltenen männlichen Skulpturen dieser Art, die gefunden wurden. Des Weiteren gibt es kleinere Bronzefiguren und Fundstücke aus Tempeln zu bestaunen, die schon vor dem Bau des Parthenon an diesem Ort gestanden hatten, aber von der Persern abgetragen wurden. Bemerkenswert sind hier die Giebelskulpturen aus einem früheren Tempel wie etwa die Figur des Herakles, der die Lernäische Hydra erschlägt und eine Löwin, die gerade im Begriff ist, einen Stier zu verschlingen.

Der krönende Höhepunkt des Museums ist das gläserne Atrium der Parthenon-Galerie auf der obersten Etage, in dem man sich auf einer Höhe mit dem Tempel befindet. Erstaunlich ist die virtuelle Cella des Parthenon, eine Replik, die von der Galerie zu sehen ist. In dieser Cella sind Tempelskulpturen und Metopen ausgestellt sowie ein 160 m langer Tempelfries, der zum ersten Mal seit über 200 Jahren eine zusammenhängende Bildergeschichte vom Panathenäischen Festzug erzählt (s. Kasten S. 134). Die Prozession beginnt an der südwestlichen Ecke des Tempels mit zwei Gruppen, die sich voneinander trennen, um sich an der Ostseite wieder zu treffen. Dort überbringen sie Athene das heilige *peplos*-Gewand. Zwischen den mit Blattgold verzierten Originalen stehen zum Leidwesen der Griechen weiße Gipsrepliken fehlender Elemente – diese Marmorstücke des Parthenon wurden von Lord Elgin im Jahr 1801 außer Landes geschafft und später an das Britische Museum verkauft (über die Hälfte des Frieses befindet sich in Großbritannien). Hinter der Sehenswürdigkeit steckt die fesselnde Geschichte der Einzelteile, die nach und nach wieder zusammengefunden haben.

Weitere Höhepunkte sind die fünf Karyatiden, die Jungfernstatuen, die das Erechtheion stützten (die sechste befindet sich bis heute im Britischen Museum), und ein riesiges, mit Blumenranken verziertes *akroterion* (griech. Spitze), das einst den Südgiebel des Parthenon krönte.

Der Bau des Museums hat insgesamt 130 Mio. € gekostet. Es entstand nach einem Entwurf des in den USA lebenden Architekten Bernard Tschumi in Zusammenarbeit mit dem griechischen Architekten Michael Photiadis. Das Museum zeigt – über den Ruinen schwebend – auf clevere Art die verschiedenen Geschichtsperioden, immer mit Blick auf die Akropolis, so dass Besucher die Meisterwerke in ihrem historischen Zusammenhang erkennen können.

Das Restaurant mit einer überraschend guten Küche bietet herrliche Ausblicke. Daneben gibt es auch noch einen schönen Museumsladen.

Antike Agora

Das Herz des alten Athen war die **Agora** (Markt; Karte S. 139; ☎ 210 321 0185; Adrianou; Erw./erm. 4/2 €, mit Akropolis-Pass kostenlos; ⏲ April–Okt. 8.30–20 Uhr, Nov.–März 8–17.30 Uhr), die pulsierende Drehscheibe des öffentlichen Lebens. Auf diesem lebendigen Platz liefen die Fäden von Verwaltung und Handel zusammen, hier wurden sowohl private als auch politische Gespräche geführt. Schon Sokrates verbrachte dort mit seinen philosophischen Reden eine Menge Zeit. Im Jahr 49 n. Chr. nutzte der Heilige Paulus hier die Gelegenheit, die Athener zum Christentum zu bekehren.

Der Versammlungsplatz existierte bereits im 6. Jh. v. Chr., wurde jedoch im Jahr 480 v. Chr. von den Persern verwüstet. Daraufhin wurde im nahtlosen Übergang an der gleichen Stelle eine neue Agora angelegt. Unter Perikles kam der Platz zu seiner vollen Blüte. Die Agora stand bis ins Jahr 267 n. Chr. im Mittelpunkt, d. h. bis zu ihrer Zerstörung durch die Heruler, einem gotischen Volksstamm aus Skandinavien. Zu einem späteren Zeitpunkt gründeten die Türken an der gleichen Stelle eine Siedlung. Nachdem Athen unabhängig geworden war, ließen Archäologen die Ruinen abtragen. Es folgten weitere Ausgrabungen in tieferen Schichten, um Fragmente aus der Antike und teilweise aus der Jungsteinzeit freizulegen. Hätte man den Archäologen freie Hand gelassen, wäre ganz Plaka einmal umgegraben worden.

Die Hauptdenkmäler sind der Hephaistos-Tempel, die Attalos-Stoa und die Kirche der Heiligen Apostel.

Es gibt eine Reihe von Eingängen, aber der praktischste ist der Nordeingang von der Adrianou aus.

ATTALOS-STOA

Das **Agora-Museum,** heute unterbracht in der rekonstruierten Attalos-Stoa, ist ein guter Ausgangspunkt, um sich einen Überblick über die gesamte Stätte zu verschaffen. Im Museum, das eine Sammlung von Fundstücken umfasst, steht auch ein Modell der Agora.

Die Originalstoa gilt als erste Einkaufsarkade der Welt. König Attalos II. von Pergamon ließ sie in den Jahren 159 bis 138 v. Chr. erbauen; sie bestand aus zwei Etagen mit zwei Gängen, gesäumt von teuren

---

DIE VIRTUELLE AGORA

Im Hellenic Cosmos (S. 151) können Besucher auf einer interaktiven, virtuellen 3D-Reise einen faszinierenden Einblick in das Leben auf der antiken Agora gewinnen. Die 45-minütige Show findet unter der High-Tech-Kuppel Tholos statt. Die Zeitreise umspannt verschiedene Epochen von der Antike bis zur Römerzeit. Die Zuschauer erhalten einen einzigartigen Einblick in das kulturelle und politische Leben im antiken Athen.

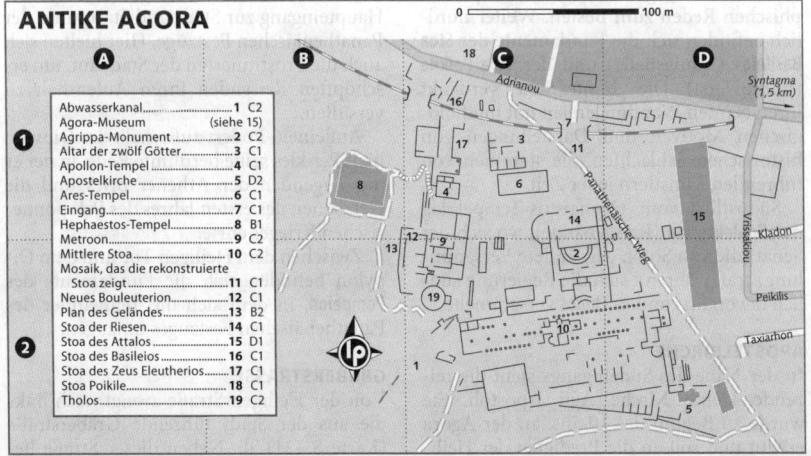

ANTIKE AGORA

0 — 100 m

Abwasserkanal	1	C2
Agora-Museum	(siehe 15)	
Agrippa-Monument	2	C2
Altar der zwölf Götter	3	C1
Apollon-Tempel	4	C1
Apostelkirche	5	D2
Ares-Tempel	6	C1
Eingang	7	C1
Hephaestos-Tempel	8	B1
Metroon	9	C2
Mittlere Stoa	10	C2
Mosaik, das die rekonstruierte Stoa zeigt	11	C1
Neues Bouleuterion	12	C1
Plan des Geländes	13	B2
Stoa der Riesen	14	C1
Stoa des Attalos	15	D1
Stoa des Basileios	16	C1
Stoa des Zeus Eleutherios	17	C1
Stoa Poikile	18	C1
Tholos	19	C2

Läden. Während des Panathenäischen Festzuges versammelten sich Schaulustige in der Arkade.

Von 1953 bis 1956 veranlasste die Amerikanische Hochschule für Archäologie eine authentische Rekonstruktion; die Fassade besteht heute aus naturbelassenem Pentelischen Marmor (früher waren die Säulen rot und blau gestrichen). Die Arkade besteht aus einer Reihe von 45 Säulen; im Erdgeschoss sind es dorische, in der oberen Galerie ionische Säulen.

HEPHAISTOS-TEMPEL

Der am besten erhaltene dorische Tempel in Griechenland ist der **Hephaistos-Tempel** am westlichen Rand der Agora, der dem Gott der Schmiedekunst geweiht und von Gießereien und Metallgeschäften umgeben war. Der Tempel war eines der ersten Gebäude des Wiederaufbauprogramms unter der Aufsicht von Perikles. Erbaut wurde er im Jahr 449 v. Chr. von Iktinos, einem der Architekten des Parthenon.

Der Tempel bestand aus 34 Säulen und einem Fries an der Ostseite. Darauf sind zwölf Heldentaten des Herakles abgebildet. Im Jahr 1300 n. Chr. wurde der Tempel christianisiert und in die Kirche Agios Georgios umfunktioniert. Der letzte Gottesdienst fand 1834 zu Ehren von König Otto von Bayern anläßlich seiner Ankunft in Athen statt.

Nordöstlich des Tempels befinden sich die Grundmauern der **Halle des Zeus Eleutherios.** Auch dort gab Sokrates seine philosphischen Reden zum Besten. Weiter nördlich befinden sich die Fundamente der **Stoa Basileios** (Königshalle) und der **Stoa Poikile** (Bunte Stoa). Die „bunte Stoa" verdankt ihren Namen Wandmalereien mit mythologischen Motiven und Darstellungen von historischen Schlachten. Sie stammen von führenden Künstlern jener Zeit.

Südöstlich vom Hephaistos-Tempel lag das **Bouleuterion** (Ratsgebäude), wo sich der Senat (die von Solon gegründete Versammlung) traf, während sich die Regierung südlich davon im runden **Tholos** versammelte.

APOSTELKIRCHE

In der Nähe des Südeingangs steht die reizende kleine Kirche Ägii Apostoli. Sie wurde zu Beginn des 10. Jhs. an der Agora erbaut und soll an die Predigten des Heiligen Paulus erinnern. Von 1954 und 1957 wurden die Anbauten aus dem 19. Jh. wieder entfernt, um die Kirche in ihrer ursprünglichen Form erscheinen zu lassen. Im Inneren sind einige schöne byzantinische Fresken zu bestaunen.

Kerameikos

Der Stadtfriedhof **Kerameikos** (Karte S. 121; ☎ 210 346 3552; Ermou 148, Kerameikós; Erw./erm. inklusive Museum 2/1 €, mit Akropolis-Pass kostenlos; ☺ April-Okt. 8.30-20 Uhr, Nov.-März 8-17.30 Uhr) geht auf das 12. Jh. v. Chr. zurück, als Athen unter der römischen Herrschaft stand. Entdeckt wurde er im Jahr 1861 beim Bau der Straße nach Piräus. Kerameikos ist eine besonders grüne und ruhige antike Stätte mitten in Athen.

DIPYLON & HEILIGES TOR

Hinter den Toren geht's rechts eine kleine Anhöhe hinauf, wo sich ein Plan der ganzen Anlage befindet (Karte S. 121). Von da führt ein Weg rechts hinunter zu den Überresten einer **Stadtmauer,** die Themistokles im Jahr 479 v. Chr. erbauen und Konos im Jahr 394 v. Chr. wieder aufbauen ließen. Die Mauer wird von den Fundamenten zweier Stadttore unterbrochen. Beide sind mit kleinen Beschriftungen versehen.

Das erste, das Heilige Tor überspannte den Heiligen Weg und wurde von den Pilgern aus Eleusis genutzt, die während der jährlichen Eleusischen Prozession in die Stadt strömten. Das zweite Tor, das Dipylon nordöstlich vom Heiligen Tor war der Haupteingang zur Stadt und Startpunkt der Panathenäischen Festzüge. Hier hielten sich auch die Prostituierten der Stadt auf, um erschöpften Reisenden ihren Aufenthalt zu versüßen.

Auf einem Podest außerhalb des Dipylon hielt Perikles seine berühmte Rede, in der er die Tugenden der Athener pries und die Gefallenen des ersten Jahres des Peloponnesischen Krieges ehrte.

Zwischen dem Heiligen Tor und dem Dipylon befinden sich die Fundamente des **Pompeion,** in dem sich die Teilnehmer des Panathenäischen Festzuges umzogen.

GRÄBERSTRASSE

Von der Heiligen Straße zweigt nach links die aus der Stadt führende Gräberstraße (Karte S. 121) ab. Neben dieser Straße ließen sich die vornehmsten Athener bestatten. Die erhaltenen Stelen befinden sich heute im Archäologischen Nationalmuseum (S. 143). Bei den vor Ort ausgestellten Stelen handelt es sich meist um Kopien. Die erstaunliche Ansammlung von Grabmälern, verziert mit auffälligen Bas-Reliefs, sind eine eingehende Betrachtung wert.

Gewöhnliche Bürger wurden im Randbereich des Friedhofs abseits der Gräberstraße beerdigt. Eine gut erhaltene Stele (auf den Steinstufen der nördlichen Seite) zeigt ein kleines Mädchen mit ihrem Lieblingshund. Die größte Stele gehört zum Grab der Schwestern Demetria und Pamphile.

KERAMEIKOS-MUSEUM

Das kleine Keramaikos-Museum (Karte S. 121) wurde von dem Deutsch-Amerikaner Gustav Oberlaender, einem Strumpfhersteller, gestiftet. Die Sammlung besteht aus Stelen und Skulpturen der historischen Stätte sowie aus Vasen und Terracottafigürchen.

Römisches Athen

TURM DER WINDE & RÖMISCHE AGORA

Der Eingang zur **Römischen Agora** (Karte S. 122–123; ☎ 210 324 5220; Ecke Pelopida & Eolou; Erw./erm. 2/1 €, mit Akropolis-Pass kostenlos; ☼ April–Okt. 8.30–20 Uhr, Nov.–März 8–17.30 Uhr) führt durch das gut erhaltene **Tor der Athene Archegetis** mit vier dorischen Säulen. Es wurde von Julius Cäsar finanziert und entstand irgendwann im 1. Jh. n. Chr.

Von der restlichen Römischen Agora ist kaum noch etwas zu erkennen. Rechts vom Eingang befinden sich die Fundamente einer öffentlichen Latrine aus dem 1. Jh., südöstlich des Platzes der Rest eines Propylons und einer Ladenzeile.

Der gut erhaltene Turm der Winde wurde im 1. Jh. v. Chr. von einem syrischen Astronomen namens Andronikos erbaut. Das achteckige Monument aus Pentelischem Marmor ist eine geniale Komposition aus Sonnenuhr, Wetterfahne, Wasseruhr und Kompass. Jede Seite steht für eine Himmelsrichtung und ist mit dem Relief einer fliegenden Gestalt verziert; sie symbolisieren die Winde, die aus dieser Richtung kommen. Unter den Reliefs sind die verblassten Markierungen der Sonnenuhr zu sehen. Auf der Turmspitze drehte sich vor langer Zeit als Wetterfahne ein Triton aus Bronze – er ist längst verschwunden. In der Türkenzeit lebten hier die Derwische.

HADRIANS-BOGEN

Der römische Kaiser Hadrian fühlte sich der Stadt Athen sehr verbunden. Zwar sorgte er dafür, dass viele klassische Kunstwerke in Richtung Rom verschwanden, er schenkte der Stadt jedoch als Gegenleistung viele Bauten im Stil der klassischen Architektur. Grandios wie diese Monumente sind, fehlt ihnen dennoch die Finesse und die künstlerische Ausstrahlung ihrer antiken Vorbilder.

Das Hadrians-Bogen (Karte S. 122–123), ein erhabenes Denkmal aus Pentelischem Marmor, steht an der Kreuzung zweier belebter Straßen: der Leoforos Vasilissis Olgas und der Leoforos Vasilissis Amalias. Hadrian ließ das Tor im Jahr 132 errichten, wahrscheinlich um an die Weihe des Tempels des Olympischen Zeus (s. unten) zu erinnern. Die Inschriften zeigen, dass das Tor auch als Trennlinie zwischen der alten griechischen und der neuen römischen Stadt vorgesehen war. Der Nordwestfries trägt die Inschrift: „Das ist Athen, die antike Stadt des Theseus", auf dem Südostfries steht: „Das ist die Stadt des Hadrian, und nicht des Theseus."

OLYMPIEION

Der **Tempel des Olympischen Zeus** (Karte S. 122–123; ☎ 210 922 6330; Erw./erm. 2/1 €, mit Akropolis-Pass kostenlos; ☼ April–Okt. 8.30–20 Uhr, Nov.–März 8–17.30 Uhr) ist der größte Tempel Griechenlands. Der Tempelbau begann im 6. Jh. v. Chr. unter der Aufsicht von Peisistratos; allerdings ging zwischenzeitlich das Geld aus und die Arbeiten lagen brach. Verschiedene Herrscher machten Anläufe, den Bau zu Ende zu bringen, aber erst 700 Jahre später wurde der Tempel 131 n. Chr. unter Hadrian schließlich vollendet.

Der Tempel beeindruckt schon allein durch seine Größe: er bestand aus 104 korinthischen Säulen (17 m hoch mit einem Basisdurchmesser von 1,70 m); übrig geblieben sind davon 15 Säulen – eine Säule wurde im Jahr 1852 von einem Sturm umgerissen. Teile davon liegen auf dem Boden. Hadrian ließ in der Cella eine kolossale Zeus-Statue aufstellen und stellte e – Bescheidenheit gehörte nicht zu seinen Tugenden – eine gleich große von sich selbst daneben.

HADRIANS-BIBLIOTHEK

Nördlich der Römischen Agora befindet sich die riesige Bibliothek (Karte S. 122–123) aus dem 2. Jh. n. Chr. Es ist das größte Gebäude, das Hadrian je erbauen ließ. Dazu gehörte ein Kreuzgang, der mit 100 Säulen an einen Innenhof grenzt. Im Zentrum des Hofes war ein Bassin angelegt. Das Gebäude diente nicht nur der Archivierung von Büchern; daneben gab es auch noch Musik- und Lesesäle sowie ein Theater.

RÖMISCHE THERMEN

Bei den Ausgrabungsarbeiten für einen Lüftungsschacht der Metro wurden gut erhaltene Ruinen einer ausgedehnten Anlage römischer Thermen (Karte S. 122–123) freigelegt. Die Badeanlagen dehnten sich bis in den heutigen Nationalgarten aus. Die Thermen entstanden nach den Überfällen der Heruler im 3. Jh. n. Chr. am Fluss Ilissos; im 5. Jh. wurden sie zerstört, im darauffolgenden Jahrhundert wieder instandgesetzt.

PANATHENÄISCHES STADION

Das Panathenäische Stadion (Karte S. 120) befindet sich zwischen zwei von Pinien bewachsenen Hügeln zwischen den Stadtvierteln Mets und Pangrati. Ursprünglich diente es im 4. Jh. v. Chr. als Veranstaltungsort für die Panathenäischen Leichtathletikwettkämpfe. Angeblich sollen anläßlich Hadrians Krönung im Jahr 120 n. Chr. Tausende von wilden Tieren in der Arena niedergemetzelt worden sein. Die Sitze ließ Herodes Atticus aus Pentelischem Marmor wiederherstellen.

Nachdem es Hunderte von Jahren vergessen war, ließ ein wohlhabender Grieche namens Georgios Averof im Jahr 1895 das Stadion komplett sanieren. Im darauffolgenden Jahr konnten hier die ersten modernen Olympischen Spiele stattfinden. Es handelt sich um einen getreuen Nachbau des ursprünglichen Panathenäischen Stadions. Die Sitze bestehen aus Pentelischem Marmor und das Stadion bietet 70 000 Zuschauern Platz. Die Sportanlagen bestehen aus einer Laufbahn und einem Spielfeld in der Mitte für Wettkämpfe verschiedenster Art. Während der Olympiade 2004 bot das Stadion eine atemberaubende Kulisse für den Wettkampf im Bogenschießen und für den Marathon-Endspurt. Gelegentlich werden hier heute Konzerte und andere Events

sowie der Zieleinlauf des jährlichen Athener Marathons veranstaltet.

Byzantinisches Athen

Im heutigen Athen gibt es nur noch wenig Spuren byzantinischer Architektur. Als das Römische Reich gespalten wurde, war Athen quasi zu einer Provinzstadt zusammengeschrumpft. Das bedeutendste byzantinische Gebäude ist das Kloster in Dafni, 10 km nordwestlich von Athen, mit seiner Kirche aus dem 11. Jh. 1999 wurde es durch ein Erdbeben stark beschädigt und ist seither geschlossen.

Die **Kirche Agios Eleftherios** (Kleine Metropolis; Karte S. 122–123; Plateia Mitropoleos, Plaka) aus dem 12. Jh. gilt als die schönste der ganzen Stadt. Sie besteht teilweise aus Pentelischem Marmor, der Fassadenfries ist mit Bas-Reliefs verziert. Darauf sind Allegorien in Gestalt von Ungeheuern zu erkennen. Ursprünglich war die Kirche Panagia Gorgoepikoos geweiht (was so viel heißt wie „der rasch erhörenden Jungfrau") und diente als Kathedrale; heute jedoch steht die Kirche im Schatten der viel größeren neuen **Mitropolis** (Karte S. 122–123).

Die kleine **Kapnikarea-Kirche** (Karte S. 122–123; Ermou, Monastiraki; ☻ Di, Do & Fr 8–14 Uhr) aus dem 11. Jh. steht völlig unvermittelt an der belebten Einkaufsstraße Ermou. Die Universität Athen rettete die Kirche noch rechtzeitig vor den Planierraupen und sorgte für ihre Restaurierung. Die Kuppel wird von drei großen römischen Säulen getragen.

Die **Kirche Agii Theodori** (Karte S. 124–125; Syntagma) aus dem 11. Jh. hat eine mit Ziegeln gedeckte Kuppel und eine hübschen Terrakottafries, auf dem Tiere und Pflanzen zu sehen sind. Sie steht hinter dem Klafthmonos-Platz.

Die reizende **Kirche Agios Nikolaos Rangavas** (Karte S. 122–123; Plaka) aus dem 11. Jh. gehört zum Palast der Familie Rangavas. Zu ihren Mitgliedern zählte Michael I., der Herrscher von Byzanz. Nach der Befreiung von den Türken wurde hier zum ersten Mal eine Kirchenglocke in Athen angebracht, was zuvor verboten waren. Sie läutete zum ersten Mal im Jahr 1833, um die Befreiung Athens zu verkünden.

Die einzigartige **Kirche Sotira Lykodimou** (Karte S. 122–123; Plateia Rallou Manou) aus dem 11. Jh., heute die Kathedrale der russischorthodoxen Kirche, ist die einzige achteckige byzantinische Kirche. Sie hat eine imposante Kuppel.

Eine der ältesten Kirchen in Athen ist die **Apostelkirche** (S. 139) aus dem 10. Jh.; sie steht an der antiken Agora. Sehenswert sind weitere Kirchen aus dem 11. und 12. Jh. wie die **Kirche Agia Ekaterini** (Karte S. 122–123) in Plaka nahe dem Lysikrates-Monument zu Ehren der Choregen und die **Kirche Agios Dimitrios Loumbardiaris** (S. 148) aus dem 15. Jh. auf dem Filopappos-Hügel. Viele der Kirchen haben unregelmäßige Öffnungszeiten.

Das reizvolle byzantinische Kloster **Moni Kaisarianis** (S. 150) ist ebenfalls einen Besuch wert.

Klassizistisches Athen

Athen ist stolz auf eine Vielzahl schöner klassizistischer Bauwerke, die aus der Zeit nach der Unabhängigkeit stammen. Besonders erwähnenswert ist die berühmte Athener Triologie an der Panepistimiou, auf halber Höhe zwischen dem Omonia- und dem Syntagmaplatz.

Herzstück ist die herrliche **Universität Athen** (Karte S. 124–125), die nach einem Entwurf des dänischen Architekten Christian Hansen entstand und im Jahr 1864 vollendet wurde. Bis heute dient sie als zentrales Verwaltungsgebäude der Universität. Daneben befindet sich die **Akademie der Wissenschaften** (Karte S. 124–125), die auf einen Entwurf von Hansens Bruder Theophile zurückgeht und im Jahr 1885 fertiggestellt wurde. Der ionische Eingang ist dem östlichen Eingang zum Erechtheion nachempfunden. Die Gebäude sind für die Öffentlichkeit nicht zugänglich.

Die Athener Trilogie wird durch die **Nationalbibliothek** (Karte S. 124–125; ☎ 210 338 2541; www.nlg.gr; Panepistimiou 32, Syntagma; Eintritt kostenlos; ☽ Mo–Do 9–20, Fr & Sa 9–14 Uhr) ergänzt. Hauptmerkmal ist der Korridor, der zum Lesesaal führt. Zu beiden Seiten steht eine Reihe dorischer Säulen, die nach dem Vorbild des Hephaistos-Tempels (S. 140) in der antiken Agora gestaltet wurden.

Museen & Galerien

ARCHÄOLOGISCHES NATIONALMUSEUM

Eines der bedeutendsten Museen der Welt ist das **Archäologische Nationalmuseum** (Karte S. 124–125; ☎ 210 821 7717; www.namuseum.gr; 28 Oktovriou-Patision 44; Erw./erm. 7/3 €; ☽ April–Okt. Mo 13.30–20, Di–So 8.30–20 Uhr, Nov.–März 8.30–15 Uhr). Es beherbergt die schönste Sammlung griechischer Antiquitäten, darunter Schätze wie exquisite Skulpturen, Töpferware, Schmuck, Fresken und Artefakte, die in ganz Griechenland gefunden wurden. Ihre Herkunft lässt sich auf verschiedene Perioden datieren, angefangen bei der Jungsteinzeit bis hin zur Klassik.

Das Museum ist in einem imposanten klassizistischen Gebäude aus dem 19. Jh. untergebracht. Nach dem Erdbeben im Jahr 1999 wurde es rundherum saniert. Die neuesten Galerien öffneten 2009 ihre Pforten. Darin sind Sammlungen ausgestellt, die die Welt noch nicht gesehen hat. Die wunderbar präsentierte Ausstellung ist größtenteils thematisch sortiert.

Wer den gesamten Bestand der unzähligen Exponate des Museums mit 10 000 m^2 Ausstellungsfläche sehen will, muss öfter kommen. Für einen Rundgang zu den Highlights genügt ein halber Tag.

Gleich gegenüber dem Museumseingang befindet sich die **prähistorische Sammlung** mit einigen der bedeutendsten Fundstücke mykenischer, jungsteinzeitlicher und kykladischer Kunst.

Die sagenhafte **Mykenische Antikensammlung** (Galerie 4) gehört zu der *tour de force* durch das Museum. Der erste Raum zeigt die berühmte **Maske des Agamemnon,** die in Mykene von Heinrich Schliemann ausgegraben wurde, zusammen mit aufschlussreichen Fundstücken aus dem Gräberrund A, darunter Bronzedolche mit fein gearbeiteten Jagdszenen. Die exquisiten **Goldbecher von Vafio** zeigen Szenen mit Männern, die wilde Stiere zähmen. Sie gelten als die schönsten noch erhaltenen Beispiele mykenischer Kunst. Gefunden wurden sie in einem Kuppelgrab in Vafio bei Sparta (einem so genannten *tholos*, das so aussah wie ein Bienenkorb).

Die **Kykladen-Sammlung** in Galerie 6 umfasst herrliche Stauetten aus dem 3. und 2. Jh. v. Chr., die schon Künstler wie Picasso inspirierten.

Der Rundgang führt zurück zum Eingang der Galerien links vom Haupteingang. Dort befinden sich die ältesten und bedeutendsten Exponate der **Skulpturensammlung.** In den Galerien 7 bis 13 sind schöne Beispiele archaischer Kunst ausgestellt, wie etwa die *kouroi* (männliche Statuen). Sie stammen aus der Zeit vom 7. Jh. v. Chr. bis

480 v. Chr. Darunter befindet sich die Kolossalstatue des **Kouros von Sounion** (Saal 8) aus dem Jahr 600 v. Chr., die im Poseidon-Tempel von Sounion gefunden wurde. Die aus Naxischem Marmor gehauene Statue stellt einen Jüngling im archaischen Stil dar. Sie war Poseidon gewidmet und stand einst als Votivgabe vor dem Tempel.

Im Mittelpunkt der Galerie 15 steht die bronzene **Statue des Zeus oder Poseidon** aus dem Jahr 460 v. Chr. Gefunden wurde sie in den Küstengewässern vor Euböa. Sie zeigt einen Gott mit ausgestrecktem Arm; ob er einen Donnerkeil oder einen Dreizack in der rechten Hand hält, ist nicht mehr erkennbar. Deshalb ist auch unklar, um welchen Gott es sich handelt.

In Raum 21 kann die auffällige **Statue eines Pferdes mit einem jungen Reiter** aus dem 2. Jh. v. Chr. bestaunt werden. Sie wurde aus einem Schiffswrack am Kap Artemision im Meer vor Euböa geborgen. Dem Pferd gegenüber steht eine weniger bekannte **Aphrodite-Statue**. Die schüchterne Aphrodite versucht verschämt, ihr Gewand über ihre Nacktheit zu drapieren.

Von der Galerie 21 aus führt der Weg links weiter die Treppe hinauf zu einem weiteren großen Publikumsmagnet des Museums, den spektakulären **Minoischen Fresken** aus Santorin (Thira). Die Fresken – die *boxenden Knaben,* die Wand mit der *Frühlingsfreske* (rote Lilien und ein Schwalbenpärchen, das sich in der Luft küsst) sowie die *Antilopen* – wurden in der prähistorischen Siedlung Akrotiri (S. 501) ausgegraben, die Ende des 16. Jhs. v. Chr. bei einem Vulkanausbruch unter den Lavamassen verschwand. Die Thira-Galerie zeigt auch Videos zum Vulkanausbruch im Jahr 1926 sowie zu den Ausgrabungen in Akrotiri und von den Restaurationsarbeiten an den Fundstücken.

Ebenfalls im ersten Stock wird die herrliche **Keramiksammlung** ausgestellt. Sie dokumentiert sehr eindrucksvoll die Entwicklung der Töpferkunst von der Bronzezeit über die protogeometrische und geometrische Periode bis hin zum Aufkommen der berühmten attischen Keramikkunst mit ihren schwarzen Figuren aus dem 6. Jh. v. Chr. und den roten Figuren, die gegen Ende des 5. Jhs./Anfang 4. Jhs. v. Chr. entstanden sind. Einzigartig für Athen sind die attischen Lekythoi (Vasen) mit dunklen Figuren auf weißem Hintergrund, die häufig Grabszenen darstellen.

In der Mitte der Galerie 56 stehen sechs **Panathenäische Amphoren,** die den Gewinnern der Panathenäischen Spiele überreicht wurden. Jede Amphore enthielt Olivenöl von den heiligen Olivenbäumen Athens. Siegreiche Sportler erhielten oft bis zu 140 Stück. Bemalt sind sie mit Szenen der jeweiligen Sportart (hier Ringen) – auf der Rückseite ist eine eine bewaffnete Athene Promachos zu sehen.

Ebenfalls im ersten Stock befinden sich mehrere Galerien, die erst vor kurzem eröffnet wurden, darunter z. B. eine Sammlung mit **Hellenischer Töpferkunst, Zypriotischen Antiquitäten** sowie eine atemberaubendes Repertoire an **Goldschmuck,** darunter fein gearbeitete Kränze. In den neuen Galerien sind Privatsammlungen von Vlastos-Serpieris und Stathatos zu sehen. Die **Terrakottasammlung** umfasst Nike- und Eros-Statuetten aus dem 2. Jh. v. Chr. und Theatermasken. Die aus zwei Sälen bestehende **Ägyptische Sammlung** präsentiert die beste und bedeutungsvollste Sammlung im ganzen Museum, darunter Mumien, Porträts aus Fayum und Bronzefigürchen.

Wieder zurück im Erdgeschoss führt der Rundgang rechts in die Galerie 36 zur **Bronzesammlung.** In Raum 39 befindet sich die riesige Statue der **Frau aus Kalymno** aus dem 2. Jh. v. Chr., die eine lange Tunika mit Faltenwurf trägt. Sie wurde im Jahr 1994 in sehr schlechtem Zustand von einem Fischer vor der Insel Kalymno aus dem Meer geborgen.

Viele der kleineren Bronzestücke sind Meisterwerke aus führenden Schmiedewerkstätten des antiken Griechenlands. Die Statue der **Athene Varvakeion** aus dem Jahr 200 v. Chr. ist die berühmteste Kopie der Statue der Athene Polias von Phidias – allerdings ist sie wesentlich kleiner als das Original, das einst im Parthenon stand.

Im Untergeschoss gibt es einen Souvenirshop und ein Café mit einem angenehmen Garten im Innenhof.

Das Museum ist nur zehn Gehminuten von der Metrostation Viktoria entfernt; wer lieber mit dem Oberleitungsbus fährt, steigt in die Linie 2, 4, 5, 9 oder 11. Die Busse fahren vor der Kathedrale St. Denis an der Panepistimiou ab. Die Aussteigshaltestelle heißt Polytechnio.

BENAKI-MUSEUM

Griechenlands schönstes privates **Museum** (Karte S. 126–127; ☎ 210 367 1000; www.benaki.gr; Koumbari 1, Ecke Leoforos Vasilissis Sofias, Kolonaki; Erw./erm. 6/3 €, Do kostenlos; ☺ Mo, Mi, Fr & Sa 9–17, Do 9–24, So 9–15 Uhr) besteht aus einer umfangreichen Sammlung, die dem Privatier Antonis Benakis gehört. Dieser reiste 35 Jahre lang quer durch Europa und Asien, um seiner Sammlerleidenschaft zu frönen. 1931 verwandelte er das Familienhaus in ein Museum und stiftete es dem griechischen Staat. Neben Werken von El Greco umfasst die Sammlung Fundstücke aus Mykene und Thessalien. Die meisten stammen aus der Bronzezeit; des Weiteren zeigt das Museum Kircheninterieurs aus Kleinasien, Töpferkunst sowie Exponate aus Kupfer, Silber und Holz aus Ägypten, Kleinasien und Mesopotamien, und zu guter Letzt eine atemberaubende Sammlung volkstümlicher griechischer Trachten.

Um vielfältige Sammlungen aufzunehmen, wurde das Museum um mehrere Bereiche erweitert und ist damit zur Nummer eins in der Athener Kunstszene geworden. Im **Benaki-Museum Pireos Annexe** (Karte S. 121; ☎ 210 345 3111; www.benaki.gr; Pireos 138, Ecke Andronikou, Rouf; ☺ Mi, Do & So 10–18, Fr & Sa 10–22 Uhr) finden internationale Ausstellungen auf Topniveau statt. Es ist regelmäßig Gastgeber für verschiedene Veranstaltungen visueller, kultureller und historischer Art. Das beeindruckende Gebäude, einst eine Fabrik, hat ein Café und einen ausgezeichneten Souvenirshop.

Das **Museum für Islamische Kunst** (Karte S. 126–127; ☎ 210 325 1311; www.benaki.gr; Ecke Agion Asomaton & Dipylou, Keramikos; Erw./erm. 5/3 €, Do kostenlos; ☺ Di & Do–So 9–15, Mi 9–21 Uhr) präsentiert eine der bedeutendsten Sammlungen für Islamische Kunst auf der ganzen Welt. Die Sammlerstücke von Antonis Benakis stammen größtenteils aus dem 19. Jh. In zwei restaurierten klassizistischen Patrizierhäusern nahe Kerameikos präsentiert das Museum über 8000 Exponate aus siebenhundert Jahren (12. bis 19. Jh), darunter Gewebtes, Schnitzereien, Gebetsteppiche, Kacheln und Keramik. Auf der dritten Etage befindet sich ein Audienzraum aus dem 17. Jh. mit einem Marmorboden aus einer Villa in Kairo mit feinen Intarsien. Ein sehr angenehmes Café auf dem Dach bietet einen Ausblick über Kerameikos und im Souterrain kann man einen Teil der Themistokleischen Mauer bestaunen.

GOULANDRIS-MUSEUM FÜR KYKLADISCHE & ALTGRIECHISCHE KUNST

Dieses private **Museum** (Karte S. 126–127; ☎ 210 722 8321; www.cycladic.gr; Ecke Leoforos Vasilissis Sofias & Neofytou Douka, Kolonaki; Erw./erm. 7/3,50 €; ☺ Mo, Mi, Fr & Sa 10–17, Do 10–20, So 11–17 Uhr; ♿) zeigt eine Sammlung kykladischer Kunst, deren Bedeutung beinahe an die der Ausstellung im Archäologischen Nationalmuseum (S. 143) heranreicht. Die Kykladische Sammlung aus der Zeit von 3000 bis 2000 v. Chr., die sich im ersten Stock befindet, umfasst Marmorstatuetten mit verschränkten Armen, die durch ihre Schlichtheit und Formreinheit viele Künstler des 20. Jhs. inspirierten. Der Rest des Museums besteht aus Fundstücken griechischer Kunst aus der Zeit um 2000 v. Chr. bis ins 4. Jh. n. Chr. Die Ausstellung im 4. Stock zeigt Alltagsszenen der Antike sowie Artefakte und Filme über das Leben im antiken Griechenland.

Das angrenzende Anwesen aus dem 19. Jh. beherbergt Ausstellungen zeitgenössischer Kunst.

BYZANTINISCHES & CHRISTLICHES MUSEUM

Dieses ausgezeichnete **Museum** (Karte S. 126–127; ☎ 210 721 1027; www.culture.gr; Leoforos Vasilissis Sofias 22; Erw./erm. 4/2 €; ☺ Mai-Sept. Di–So 8.30–19.30 Uhr, Okt.–April 8.30–15 Uhr; ♿) präsentiert eine wertvolle Sammlung christlicher Kunst aus dem 3. bis 20. Jh. Thematische Momentaufnahmen aus der Byzantinischen Welt und der Zeit danach widmen sich einem Teil der griechischen Geschichte, der oft zugunsten der antiken Vergangenheit ignoriert wird; hier jedoch werden die Exponate im Rahmen einer umfangreichen Galerie auf mehreren Ebenen in besonderer Weise präsentiert. Die neuesten Ausstellungsräume öffneten 2009 ihre Pforten. Zur Sammlung gehören Ikonen, Fresken, Skulpturen, Textilien, Manuskripte, Gewänder und Mosaike. Das Museum steht auf dem Grundstück der früheren Villa Ilissia. Es ist eine grüne Oase mitten in der Stadt, die in einen Kulturpark mit Freiluftamphitheater, Ausstellungen im Freien und antiken Ruinen verwandelt wurde. Bemerkenswert sind auch der Aquädukt des Peisistratos und das daran angrenzende **Aristoteles-Lyzeum.**

RENAISSANCE DER KUNST *Victoria Kyriakopoulos*

In Athen blüht zurzeit die moderne Kunstszene; immer mehr private Galerien und Kunsträume entstehen überall in der Stadt. Auch ist Athen inzwischen Gastgeber für eine Reihe von größeren internationalen Kunstevents.

„In den letzten fünf Jahren hat Athen eine sehr internationale Kunstszene entwickelt", bemerkt der Künstler Angelo Plessas, der nach vier Jahren in New York jetzt wieder in Athen zu Hause ist. „Als griechischer Künstler muss man nicht unbedingt nach Berlin, London oder in eine andere große Metropole umziehen. Inzwischen hat sich alles geändert. Wir haben hier die Biennale, das Museum für Zeitgenössische Kunst, und wir haben die großen Sammlungen.

Zwar sind die Ausstellungen nicht so groß wie in New York oder London, aber die guten Galerien und Museen in Athen locken jede Menge große internationale Künstler an. Auf diese Art präsentiert sich ein Querschnitt durch all das, was gerade in der internationalen Kunstszene passiert. Ausländische Künstler, die nach Athen kommen, beschreiben die Stadt als erfrischend und lebendig. In ihren Augen passiert hier immer jede Menge. Ich persönlich glaube, dass Athen das „Berlin des Südens" werden kann."

Plessas ist ganz begeistert von der neuen kreativen Energie, die von seiner Stadt ausgeht. Wie viele Künstler seiner Generation, die international Karriere gemacht haben, zeigt er seine Werke in Galerien und im Internet im Rahmen der innovativen Neen-Szene (Kunst mit neuen Medien).

„Einfach ist es hier nicht, aber Athen hat eine gute Energie und das ist für Künstler das Wichtigste. Die Menschen hier sind leidenschaftlich, was für die Kreativität und den Austausch gut ist. Athen ist eine Stadt, die man liebt oder hasst. Wer sich immer politisch korrekt verhalten will, wird die Stadt hassen. Wer hingegen unvorhersehbare Dinge erkunden will, für den hat die Stadt genau die richtige Energie und die Verrücktheit, die es dazu braucht."

Kunstevents

- **Art-Athina** (www.art-athina.gr) Internationale Kunstmesse der Moderne im Mai.

- **Athener Biennale** (www.athensbiennial.org) Das Festival findet alle zwei Jahre von Juni bis Oktober an verschiedenen Locations statt.

- **Remap** (www.remap.org) Parallel zur Biennale finden Ausstellungen in leer stehenden Gebäuden rund um Kerameikos und Metaxourghio statt.

Kunstgalerien

- **AMP** (Karte S. 124–125; ☎ 210 325 1881; www.a-m-p.gr; Epikourou 26, Ecke Korinis, Psiri; ✆ Mo–Fr 12–19, Sa 12–16 Uhr)
- **Bernier-Elliades** (Karte S. 121; ☎ 210 341 3935; Eptahalkou 11, Thissio; ✆ Di–Fr 10.30–20, Sa 12–16 Uhr)
- **Breeder** (Karte S. 124–125; ☎ 210 331 7527; www.thebreedersystem.com; Iasonos 45, Metaxourghio; ✆ Di–Fr 12–20, Sa 12–17 Uhr)
- **Rebecca Camhi Gallery** (Karte S. 124–125; ☎ 210 523 3049; www.rebeccacamhi.com; Leonidou 9, Metaxourghio; ✆ nach Vereinbarung)

Unter www.athensartmap.net sind alle Galerien und Kunsträume verzeichnet; oder man holt sich eine *Athens Contemporary Art Map*, die in Galerien und Cafés rund um die Stadt ausliegt.

KANELLOPOULOS-MUSEUM

Das ausgezeichnete **Museum** (Karte S. 122–123; ☎ 210 321 2313; Theorias 12, Ecke Panos, Plaka) in einem Patrizierhaus aus dem 19. Jh. befindet sich am Nordhang der Akropolis und beherbergt die umfangreiche und ausgesprochen sehenswerte Antiquitätensammlung der Familie Kanellopoulos, die im Jahr 1976 dem griechischen Staat gestiftet wurde. Die beeindruckende Sammlung umfasst Schmuck, Ton- und Steinvasen, Figürchen, Waffen, byzantinische Ikonen sowie Kunstgegenstände aus Bronze und anderen Materialien. Die Wiedereröffnung sollte im Jahr 2009 nach einer größeren Renovierung stattfinden.

NATIONALGALERIE

Griechenlands führende **Kunstgalerie** (Karte S. 126–127; ☎ 210 723 5857; Leoforos Vasileos Konstantinou 50; Erw./erm. 6/5 €; ☼ Mo & Mi–Sa 9–15, So 10–14 Uhr; ♿) präsentiert eine reiche Sammlung griechischer Kunst aus vier Jahrhunderten nach der Byzantinischen Zeit. Ein neuer Gebäudeflügel beherbergt die ständige Sammlung. Sie erlaubt es den Besuchern, Schlüsselmomente der Kunstentwicklung in ihrer zeitlichen Abfolge zu erforschen. Im ersten Stock sind Werke aus der Zeit nach der byzantinischen Herrschaft ausgestellt. Sehenswert sind außerdem die Gemälde von El Greco, darunter *Die Kreuzigung* und *Engelskonzert*, wofür die Galerie besonders hoch geschätzt wird; des Weiteren sind auch Werke aus der Ionischen Ära zu bestaunen sowie Exponate aus der Zeit bis 1900. Im zweiten Stock sind führende Künstler des 20. Jhs. ausgestellt, darunter Werke von Parthenis, Moralis, Maleas und Lytras. Die Galerie beherbergt außerdem Werke europäischer Meister wie Picasso. In der Nationalgalerie finden auch größere internationale Ausstellungen statt.

Die bedeutsame Skulpturensammlung der Galerie befindet sich mittlerweile in der **Nationalen Glyptothek** (außerhalb der Karte S. 127; ☎ 210 770 9855; Army Park, Katehaki; Erw./erm. 6/3 €; ☼ Mo & Mi–Sa 9–15, So 10–15 Uhr).

NATIONALMUSEUM FÜR ZEITGENÖSSISCHE KUNST

Periodische Ausstellungen sowie Ausstellungen zeitgenössischer Kunst (griechische und internationale Sammlungen) mit Exponaten aus diesem Museum werden in seiner vorübergehenden Galerie im **Konservatorium Athen** (Karte S. 126–127; ☎ 210 924 2111; www. emst.gr; Leoforos Vas Georgiou B 17-19, Eingang von der Rigilis aus; Eintritt 3 €; ☼ Di, Mi & Fr–So 11–19, Do 11–22 Uhr) gezeigt. Dazu gehören Gemälde, Installationen, Fotografien, Videos und Neue Medien sowie Beispiele experimenteller Architektur. Das Museum wird in naher Zukunft in die alte Brauerei Fix an der Leoforos Syngrou umziehen.

NUMISMATISCHES MUSEUM

Das großartige klassizistische Patrizierhaus lohnt auch dann einen Besuch, wenn man sich nicht besonders für Münzen interessiert. Das **Museum** (Karte S. 124–125; ☎ 210 364 3774; Panepistimiou 12, Syntagma; Erw./erm. 3/2 €; ☼ Di–

So 8.30–20 Uhr) zeigt 400 000 Münzen aus verschiedensten Zeitperioden (griechische Antike, Römerzeit, hellenische und byzantinische Zeit). Es handelt sich um das frühere Wohnhaus des berühmten Archäologen Heinrich Schliemann. Das idyllische, schattige Café im Garten ist eine kleine Oase.

GRIECHISCHES VOLKSKUNSTMUSEUM

Dieses Museum präsentiert eine ausgezeichnete Sammlung säkularer und religiöser Volkskunst, hauptsächlich aus dem 18. und 19. Jh. Das **Museum** (Karte S. 122–123; ☎ 210 322 9031; Kydathineon 17, Plaka; Eintritt 2 €, ‚So kostenlos; ☼ Di–So 9–14.30 Uhr) präsentiert im ersten Stock Stickereien, Töpferware, Webereien und Puppen, während im 2. Stock die Rekonstruktion eines traditionellen Dorfes mit naiver Malerei von Theophilos zu sehen ist. In den oberen Etagen sind traditionelle griechische Trachten ausgestellt.

Das Museum hat ein **Nebengebäude** (Griechisches Volkskunstmuseum: Männer & Werkzeuge; Karte S. 122–123; ☎ 210 321 4972; Panos 22, Plaka; Eintritt 2 €; ☼ Di–So 9–14.30 Uhr), das Männern und ihren Werkzeugen gewidmet ist. Eine weitere Außenstelle ist das **Museum für Traditionelle Griechische Keramik** (Karte S. 122–123; ☎ 210 324 2066; Areos 1, Monastiraki; Eintritt 2 €; ☼ Di–So 9–14.30 Uhr) in der alten Moschee mit einer schönen Keramiksammlung.

HISTORISCHES NATIONALMUSEUM

Dieses **Museum** (Karte S. 124–125; ☎ 210 323 7617; Stadiou 13, Syntagma; Erw./erm. 3/1 €, So kostenlos; ☼ Di–So 9–14 Uhr) zeigt Memorabilien aus dem Unabhängigkeitskrieg. Zu den Exponaten gehören u. a. Byrons Helm und Schwert. Auf mehreren Bildern sind Ereignisse verewigt, die zum Krieg führten. Ergänzt wird die Sammlung durch byzantinische und mittelalterliche Exponate sowie durch Fotografien und Königsporträts.

Das Museum ist im alten Parlamentsgebäude an der Plateia Kolokotroni untergebracht. Auf der Freitrppe zum Parlament fiel Premierminister Theodoros Deligiannis im Jahr 1905 einem Attentat zum Opfer.

MUSEUM DER STADT ATHEN

Das Stadtmuseum ist in zwei miteinander verbundenen historischen Gebäuden untergebracht; dazu gehört auch der Palast, in dem König Otto zwischen 1830 und 1846 residierte. Das **Museum** (Karte S. 124–125; ☎ 210

323 1397; Paparigopoulou 7, Syntagma; Erw./erm. 3/2 €; 🕐 Mo & Mi–Fr 9–16, Sa & So 10–15 Uhr) zeigt eine umfangreiche Sammlung königlichen Mobiliars, Antiquitäten, Gemälde und persönliche Andenken sowie ein Modell der Stadt Athen aus dem Jahr 1842 und eine großformatige Veduta Athens aus der Zeit vor der Zerstörung durch die Venezier im Jahr 1687. Die Galerie im 2. Stock bietet Platz für temporäre Ausstellungen.

JÜDISCHES MUSEUM

Das **Museum** (Karte S. 122–123; 🕾 210 322 5582; Nikis 39, Plaka; Erw./erm. 5/2 €; 🕐 Mo–Fr 9–14.30, So 10–14 Uhr) dokumentiert die Geschichte der Jüdischen Gemeinde in Griechenland seit dem 3. Jh. v. Chr. anhand einer beeindruckenden Sammlung religiöser und ethnischer Exponate und Dokumente. Zum Museumskomplex gehört auch eine Synagoge.

TÜRKISCHES BAD

Das wunderbar renovierte **Badehaus** (Karte S. 122–123; 🕾 210 324 4340; Kyrristou 8, Plaka; Eintritt 2 €; 🕐 Mi–Mo 9–14.30 Uhr) aus dem 17. Jh. ist die einzige öffentliche Badeanstalt aus der Osmanischen Zeit, die noch erhalten ist. Eine hilfreiche, kostenlose Audiotour versetzt den Besucher zurück in die Zeit der Badehäuser.

KUNST- & KULTURZENTRUM THEOHARAKIS

Dieses neue **Kunst- und Kulturzentrum** (Karte S. 126–127; 🕾 210 361 1206; www.thf.gr; Leoforos Vasilissis Sofias 9, Kolonaki; Erw./erm. 6/3 €; 🕐 Mo, Mi & Fr–So 10–18, Do 10–22 Uhr) hat drei Ebenen mit Ausstellungsflächen für griechische und internationale Künstler, ein Theater, einen Shop und ein angenehmes Café. Von September bis Mai finden hier Konzerte statt.

Die Hügel von Athen

Das Athener Talbecken ist von Bergketten umgeben, die im Norden mit dem Berg Parnitha ihren höchsten Punkt erreichen. Das Becken ist im Nordosten vom Berg Pendeli, im Westen vom Gipfel des Egaleos, und im Osten vom Berg Ymittos begrenzt. Die Innenstadt von Athen ist geprägt von kleineren Hügeln wie dem Lykavittos (277 m) und der Akropolis (156 m).

LYKAVITTOS-HÜGEL

Der Name Lykavittos heißt so viel wie „Wolfshügel". Er stammt aus der Antike, als

---

KOSTENLOSE KUNST

Athen hat einige interessante Museen, die keinen Eintritt kosten: Das **Museum für Griechische Volksmusikinstrumente** (Karte S. 122–123; 🕾 210 325 4119; Diogenous 1–3, Plaka; 🕐 Di & Do–So 10–14, Mi 12–18 Uhr) zeigt eine vielfältige Auswahl an traditionellen Musikinstrumenten; dazu gehören auch Aufnahmen griechischer Musik von großen Virtuosen zum Mithören. Daneben sind noch einige festliche Kostüme für besondere Anlässe ausgestellt. Im Innenhof finden im Sommer unter der Woche Konzerte statt. Das restaurierte *hammam* im Souvenirshop ist eines der wenigen Türkischen Bäder in Athen, die noch vollständig erhalten sind.

Die bedeutendste Sammlung griechischer Inschriften kann man in der **Epigraphischen Sammlung** (Karte S. 124–125; 🕾 210 821 7637; Tositsa 1; 🕐 Di–So 8.30–15 Uhr) bestaunen. Es handelt sich um eine richtige Bibliothek mit Steinplatten, gleich neben dem Archäologischen Nationalmuseum.

Das **Kriegsmuseum** (Karte S. 126–127; 🕾 210 725 2975; Rizari 2, Ecke Leoforos Vasilissis Sofias; 🕐 Di–So 9–14 Uhr) ist ein Relikt aus der Zeit der Militärdiktatur und zugleich eine architektonische Reminiszenz an Zeiten des Krieges. Die Besucher können sich einen Überblick über alle Epochen machen – von der mykenischen Zeit bis in die Gegenwart. Zu den Exponaten zählen Waffen, Karten, Rüstungen und Modelle.

Das **Zentrum für Volkskunst** (Karte S. 122–123; 🕾 210 324 3987; Hatzimihali Angelikis 6, Plaka; 🕐 Di–Fr 9–13 & 17–21, Sa & So 9–13 Uhr) ist ebenfalls einen Besuch wert. Erstaunlich ist insbesondere das atemberaubende schöne Türkenhaus. Auch finden dort interessante Wechselausstellungen statt.

Das **Maria-Callas-Museum** (Karte S. 121; 🕾 210 346 1589; Technopolis, Pireos 100, Gazi; 🕐 Mo–Fr 10–15 Uhr) ist der berühmten Operndiva gewidmet. Zu sehen sind Briefe, unveröffentlichte Fotografien sowie persönliche Erinnerungsstücke, Bücher und Videos. Das Museum ist im zweiten Stock des Sikelianos-Gebäudes untergebracht, einem wunderbar umgebauten alten Gaswerk. Dort finden auch Multimedia-Ausstellungen, Konzerte und besondere Events statt.

der Hügel noch von unbesiedelter Landschaft und Berghängen umgeben war. Dort gab es Kiefernwälder, in denen wilde Wölfe herumstreiften. Heute erhebt sich der Hügel (Karte S. 126–127) aus dem Betonmeer der Stadt, um seinen Besuchern die schönsten Panoramablicke auf Athen zu bescheren. Falls gerade kein furchtbarer *nefos* (Smog) herrscht, sind die Stadt, das attische Talbecken und die umgebenden Berge sowie die Inseln Salamis und Ägina zu sehen. Ein Fußweg führt bis auf den Loukianou-Hügel hinauf. Wer nicht laufen will, nimmt die **Standseilbahn** (Karte S. 126–127; ☎ 210 721 0701; hin & zurück 6 €; ☽ 9–3 Uhr, alle 30 Min.), die hier *teleferik* heißt und am Ende der Ploutarhou in Kolonaki abfährt.

Auf dem Gipfel sitzt wie ein Vogelnest die kleine **Kapelle Agios Georgios** (Karte S. 126–127), die nachts wie ein Leuchtfeuer über der Stadt aufflackert. Das Café am Gipfel und das erstklassige Restaurant (s. Orizontes S. 168) bieten spektakuläre Ausblicke. Im **Lykavittos-Theater** (Karte S. 126–127), einer Freiluftbühne nordöstlich vom Gipfel, finden im Sommer Konzerte statt.

WESTLICH DER AKROPOLIS

Der **Filopappos-Hügel** (Karte S. 122–123), auch Musenhügel genannt, ist im Südwesten der Akropolis am **Gipfeldenkmal von Filopappos** (Karte S. 128) erkennbar. Das Wahrzeichen wurde zwischen 114 und 116 n. Chr. zu Ehren von Julius Antiochus Filopappos errrichtet – einem prominenten römischen Konsul und Gouverneur.

Die mit Kiefern bewachsenen Hänge eignen sich hervorragend für einen Spaziergang. Sie bieten außerdem gute Ausblicke auf die Ebene und auf die Berge von Attika und den Saronischen Golf; auch die majestätische Akropolis ist von hier oben besonders fotogen. Rund um den Hügel verlaufen kleine Pfade, der gepflasterte Weg zum Gipfel fängt aber in der Nähe des *periptero* (Straßenkiosk) auf der Dionysiou Areopagitou an. Nach 250 m führt der Pfad an der **Kirche Agios Dimitrios Loumbardiaris** (Karte S. 122–123) vorbei. Das Gotteshaus zieren ein paar schöne Fresken.

Nördlich davon erhebt sich der felsige **Pnyx-Hügel** (Karte S. 121). Im 5. Jh. v. Chr. war er Versammlungsplatz des Demokratischen Rates. Dort traten große Redner wie Aristides, Demosthenes, Perikles und The-

mistokles auf. Die weniger besuchte Stätte bietet großartige Ausblicke über Athen und einen friedlichen Spaziergang.

Weiter nordwestlich des **Nymphenhügels** (Karte S. 121) befindet sich die **Alte Athener Sternwarte** aus dem Jahr 1842.

Der **Areopag** (Karte S. 122–123), ein bei Verliebten und Touristen beliebter Ort, die nach geeigneten Fotomotiven Ausschau halten, ist eine Felsnase unterhalb der Akropolis mit Blick auf die Antike Agora. Der Mythologie nach wurde hier Ares vom Rat der Götter wegen des Mordes an Halirrhothios, dem Sohn des Poseidons, vor Gericht gestellt. Der Rat akzeptierte seine Verteidigung und sprach ihn frei: Er habe den Gott getötet, um seine Tochter Alcippe vor unerwünschten Annäherungsversuchen zu schützen.

Später fanden auf dem gleichen Hügel Prozesse wegen Mordes, Verrats und Bestechung statt, die vor dem Rat des Areopag abgehalten wurden. Im Jahr 51 n. Chr. hielt der Heilige Paulus auf diesem Hügel seine berühmte „Rede an einen unbekannten Gott". Mit Dionysos gelang es ihm, den ersten Athener zu bekehren; daraufhin avancierte der Konvertit zum Schutzheiligen der Stadt.

Auf den Gipfel führt die ausgetretene, rutschige Marmortreppe (gegenüber dem Haupteingang zur Akropolis), die in den Fels gehauen wurden. Alternativ bietet sich die Treppe an, die erst kürzlich gleich daneben angelegt wurde.

Parks & Gärten

Die Gegend rund um den Syntagmaplatz und ums historische Zentrum ist überraschend grün. Dem restlichen Athen aber fehlt es leider an Parks und Grünflächen. Spaziergänge sind am Fuß der Akropolis sowie rund um den Filopappos-Hügel und den Pnyx-Hügel möglich.

NATIONALGARTEN

Ein willkommenes, schattiges Sommerrefugium ist der **Nationalgarten** (Karte S. 122–123; Eingänge an der Leoforos Vasilissis Sofias & Leoforos Vasilissis Amalias, Syntagma; ☽ 7 Uhr–Abenddämmerung). Der einstige Königspark entstand nach einem Entwurf der Königin Amalia. Es gibt dort auch einen großen, gut ausgestatteten **Kinderspielplatz**, einen hübschen Ententeich und ein schattiges Café.

ZAPPION-GARTEN

Zwischen dem Botanischen Garten und dem alten Olympiastadion liegt der **Zappion-Garten** (Karte S. 122–123; Eingänge an der Leoforos Vasilissis Amalias & Leoforos Vasilissis Olgas). Der Park wurde mit einem Netzwerk breiter Spazierwege rund um den majestätischen **Zappion-Palast** (www.zappeion.gr) angelegt. Der Palast wurde in den 1870er-Jahren für den Wegbereiter der modernen Olympischen Spiele erbaut, mit Geldern, die der wohlhabende griechisch-rumänische Mäzen Konstantinos Zappas stiftete. Im Zappion-Garten finden Konferenzen, Events und Ausstellungen statt; es gibt dort ein gutes Café, ein Restaurant und ein Freiluftkino.

Noch mehr Attraktionen
PARLAMENT

Das Griechische Parlament (Karte S. 122–123) wurde von 1836 bis 1842 nach einem Entwurf des bayerischen Architekten Friedrich von Gärtner erbaut; ursprünglich diente es als Königspalast. Vom Balkon des Parlamentspalastes aus wurde am 3. September 1843 die *syntagma* (Verfassung) ausgerufen. 1935 wurde der Prachtbau Sitz des Parlaments, die Königsfamilie zog in einen neuen Palast um. Nach Abschaffung der Monarchie wurde der Palast 1974 zum Präsidentenpalast erkoren. Nur die Bibliothek ist für die Öffentlichkeit noch zugänglich; allerdings finden auch Ausstellungen im Eleftherios-Venizelos-Saal statt.

Das Kriegsdenkmal im Vorhof, bekannt als das **Grab eines Unbekannten Soldaten,** wird von den berühmten *evzonen,* der Garde des Präsidenten bewacht. In ihren Uniformen mit kurzen Kilts und Bommelschuhen, die den Gebirgsjägern im Unabhängigkeitskrieg, den sogenannten *klephten* nachempfunden sind, wirken sie wie Statuen. Nach jeder Stunde ist Wachwechsel; sonntags um 11 Uhr findet eine erweiterte **Wachablösung** mit vollem Pomp, begleitet von einer Militärkapelle, statt.

OLYMPISCHES SPORTZENTRUM

Das Stadion fällt auf durch eine besondere Dachkonstruktion aus Glas und Stahl, die nach einem Entwurf des spanischen Architekten Santiago Calatrava entstand. Im **Olympischen Sportzentrum** (Karte S. 187; ☎ 210 683 4777; www.oaka.com.gr; Marousi), einem Paradestück der Olympia-Architektur, wurde 2004

das Gros der Spiele ausgetragen. Zum weitläufigen Stadion-Sportkomplex gehört die futuristische Wand der Nationen. Das Hauptstadion ist heute ein Austragungsort größerer Fußballspiele und Sportevents sowie eine Freiluftbühne für Konzerte. Das Gelände kann im Rahmen geführter Touren für Gruppen (mindestens 15 Teilnehmer; 3 € pro Person) besichtigt werden, aber auch ohne Führung kann die Sportstätte besucht werden. Zum Stadion fährt die Metrolinie 1 (Haltestelle Irini).

MONI KAISARIANI

Das **Moni Kaisarianis** (Kloster Kaisariani; Karte S. 187; ☎ 210 723 6619; Berg Ymettos; Eintritt 2 €; ⊙ Di–So 8.30–14.45 Uhr, Gelände Di–So 8.30 Uhr–Sonnenuntergang) aus dem 11. Jh. klebt wie ein Vogelnest an den Hängen des Bergs Ymettos, 5 km von Athen entfernt. Das Heiligtum ist umgeben von Frieden und Idylle. Der ummauerte Gebäudekomplex hat einen zentralen Innenhof um den die Küche, das Refektorium, die Mönchszellen und das Badehaus angeordnet sind. Der Grundriss des *katholikon* (Hauptkirche) mit Kuppel ist als Kruzifix angelegt. Die Kirche wurde auf den Fundamenten eines antiken Tempels erbaut, die Kuppel wird von vier Säulen des alten Tempels getragen. Die meisten der gut erhaltenen Fresken stammen aus dem 17. und 18. Jh. An Wochenenden kann es schnell voll werden, wenn ganze Schwärme von Picknickfreunden unterwegs sind.

Bus 224 fährt ab der Plateia Kaningos (nördliches Ende der Akadimias) bis zur Endhaltestelle. Ab da sind es etwa 30 Gehminuten bis zum Kloster – oder einfach ein Taxi nehmen. Das Kloster sollte im Jahr 2009 nach seiner Renovierung wieder eröffnet werden.

ERSTER ATHENER FRIEDHOF

Der alte **Friedhof** (Proton Nekrotafion; Karte S. 128; Anapafseos, Trivonianou, Mets; ⊙ 7.30 Uhr–Sonnenuntergang), letzte Ruhestätte vieler berühmter Griechen und Philhellenen, ist ein faszinierender, friedvoller Ort, den es zu erkunden lohnt.

Die meisten Grabmäler und Mausoleen sind extrem aufwändig gestaltet. Einige sind kitschig und sentimental, andere wiederum sind Kunstwerke, die hauptsächlich aus dem 19. Jh. stammen. Zahlreiche Werke stammen von führenden griechischen Bildhauern wie etwa Chalepas' *Schlafende Jung-frau*, ein Grabstein für ein junges Mädchen.

Unter den berühmten Verstorbenen ist auch der Archäologe Heinrich Schliemann (1822–90). Sein Grabmal ist mit Szenen des Trojanischen Krieges verziert.

HELLENIC COSMOS

Um die Ruinen und Museen in den richtigen Zusammenhang zu bringen, eignet sich ein Abstecher zur futuristischen **Stiftung Hellenische Welt** (außerhalb d. Karte S. 120; ☎ 212 254 0000; www.hellenic-cosmos.gr; Pireos 254, Tavros; Erw. 6–10 €, Kind 3,90–8 €, Tagespass 15 €; ◷ Juni–Sept. Mo–Fr 9–16, So 10–15 Uhr, Mitte August für zwei Wochen ge-schl.; ▣ ㊧). Dort lässt sich das antike Griechenland bei einem virtuellen Trip erkunden. Die Stiftung liegt ca. 2 km vom Stadtzentrum entfernt. Das **Tholos-Theater der virtuellen Realität** nimmt die Besucher mit auf eine interaktive Tour rund um die antike Agora und vermittelt ein Gefühl dafür, wie die Menschen im alten Athen gelebt haben. Die **Kivotos-Zeitmaschine** ist vom Boden bis zur Decke mit 3D-Leinwänden ausgestattet. Ein Moderator, der live zuge-schaltet ist, begleitet die Zuschauer auf einen Rundgang durch das antike Olympia und Milet.

Ab Omania fahren die Busse 049 oder 914. Von Oktober bis Mai ist eine Reservierung erforderlich. Auf der Website stehen die aktuellen Öffnungszeiten.

PLANETARIUM

Athen rühmt sich, das größte und modernste digitale **Planetarium** (außerhalb d. S. 120; ☎ 210 946 9600; www.eugenfound.edu.gr; Leoforos Syngrou 387, Palio Faliro; Erw. 6–8 €, erm. 4–5 €; ◷ Mi–Fr 5.30–20.30, Sa & So 10.30–20.30 Uhr, Mitte Juli–Ende Aug. geschl.) der Welt zu besitzen; es bietet Platz für 280 Zuschauer. Unter der 950 km² großen hemisphärischen Kuppel werden virtuelle 3D-Trips durch die Galaxie simuliert oder laufen IMAX-Filme und andere High-Tech-Shows. Eine Simultanübersetzung in Englisch (1 €) wird angeboten. Das Planetarium gehört zur Eugenides-Stiftung, einem fortschrittlichen wissenschaftlichen Bildungsinstitut.

Mit der U-Bahn bis Syngrou-Fix fahren und dort in den Bus 550 oder B2 umsteigen, bis zur Haltestelle Onassio. Von da geht's durch eine Unterführung auf die andere Straßenseite. Der Eingang ist an der Penteli.

Strände

Athen ist die einzige europäische Hauptstadt an der Küste mit Stränden, die leicht vom Stadtzentrum aus erreichbar sind; die meisten Strände befinden sich an der Küste in Richtung Glyfada (S. 119). Hierher strömen die Athener im Sommer, um sich abzukühlen, und hier findet im Sommer auch größtenteils das Athener Nachtleben statt.

Die besseren Strände sind privat und gebührenpflichtig (Eintrittspreise zwischen 4 € und 15 € pro Erw.). Normalerweise sind sie zwischen 8 Uhr und der Abenddämmerung geöffnet, von Mai bis Oktober während der Hitzewellen jedoch oft länger. An den Stränden können (oft gegen Gebühr) Sonnenliegen und Sonnenschirme ausgeliehen werden; dort gibt es auch Umkleiden, Kinderspielplätze und Cafés.

Der aufregendste und exklusivste Tummelplatz für Sommerbadegäste ist der Strand Astir (☎ 210 890 1621; www.astir-beach.com; Eintritt Mo–Fr 15 €, Sa & So 25 €; ◷ 8–21 Uhr); dort kann man alle möglichen Arten von Wassersport betreiben und es gibt jede Menge Geschäfte und Restaurants. Online-Buchung ist möglich.

Zu folgenden Strände fahren Straßenbahnen bzw. Busse ab Glyfada oder Voula: **Akti Tou Iliou** (☎ 210 985 5169; Alimo; Erw./Kind Mo–Fr 6/3 €, Sa & So 8/4 €; ◷ 8–20 Uhr)
Asteras (☎ 210 894 1620; www.balux-septem.com; Glyfada; Erw./Kind Mo–Fr 6/3 €, Sa & So 7/3 €; ◷ 10–19 Uhr)
Yabanaki (☎ 210 897 2414; www.yabanaki.gr; Varkiza; Erw./Kind Mo–Fr 7/4,50 €, Sa & So 8/4,50 €; ◷ 8–20 Uhr)
In Palio Faliro (Edem), Kavouri und Glyfada gibt es auch kostenlose Strände.

In Shinias, Marathon und Vravrona im Norden lässt es sich gut im offenem Meer schwimmen (ohne Strandgebühr), der Weg dorthin ist jedoch viel länger; also am besten mit dem Auto hinfahren.

Ganzjährig ist schwimmen auch im Quellwassersee **Limni Vouliagmenis** (Karte S. 187; ☎ 210 896 2239; Leoforos Vouliagmenis; Erw./Kind 8/5 €; ◷ 7–20 Uhr) möglich. Das Wasser ist teils salzhaltig, teils entspringt es den Quellen. Die Temperatur sinkt gewöhnlich nie unter 20 °C. Die Thermalquellen sind aufgrund des hohen Mineralgehalts des Wassers bekannt für ihre therapeutische Wirkung. Der See liegt vor einer atemberaubenden Kulisse direkt an einer riesigen, ausladenden

Steilklippe nahe der Küste und verströmt nostalgisches Flair dank der Stammgäste – denn die sind altmodisch bekleidet, mit Bademützen und Bademänteln!

AKTIVITÄTEN
Golf
Athens einziger Golfplatz ist der 18-Loch-Golfplatz des **Glyfada Golf Club** (☎ 210 894 6820; www.athensgolfclub.com; abseits der Konstantinos Karamanli, Glyfada; 9-/18-Loch-Platz, Green Fees 42/55 €), der internationalen Standards gerecht wird. Golfschläger und Caddies können gemietet werden. Am Wochenende und an Feiertagen sind Reservierungen erforderlich.

Ski fahren
Die Skigebiete in nächster Nähe von Athen sind am Berg Parnassos (S. 282) im Nordwesten und bei Kalavryta (S. 200) auf der Halbinsel Peloponnes. Die Saison dauert gewöhnlich von Mitte Januar bis Ende März. Tagesausflüge nach Parnassos und Kalavryta ab Athen werden von **Trekking Hellas** (Karte S. 124–125; ☎ 210 331 0323; www.trekking.gr; Rethymnou 12, Exarchia) und **Klaoudatos** (Karte S. 120; ☎ 210 578 1880; www.klaou datos.gr) organisiert.

Tauchen
Aegean Dive Centre (☎ 210 894 5409; www.adc.gr; Zamanou 53, Ecke Pandoras, Glyfada; PADI-Zertifizierung ab 390 €, Tauchgänge am Tag/Nacht 35/100 €) organisiert Tauchgänge zwischen Vouliagmeni und Kap Sounion. Die Ausrüstung ist im Preis inbegriffen.

Die neue **Planet Blue Dive Centre** (☎ 22920 26446; www.planetblue.gr; Velpex Factory, Lavrio; PADI-Zertifizierung ab 300 €, Tauchgänge 35–80 €) ist bei erfahrenen Tauchern beliebt. Getaucht wird auf jedem Niveau in den Tauchgründen rund ums Kap Sounion. Die Ausrüstung ist im Preis inbegriffen.

STADTSPAZIERGANG
Diese Tour führt zu den meisten historischen Stätten in Athen. Die reine Gehzeit beträgt eine Stunde, wer an verschiedenen Stellen etwas länger verweilen will, ist natürlich länger unterwegs.

Der Rundgang beginnt am Brunnen in der Mitte des Syntagmaplatzes. Der Platz war schon immer Dreh- und Angelpunkt für Protestkundgebungen wie z. B. im Wettstreit um eine neue Verfassung. Diese wurde schließlich am 3. September des Jahres 1843 durch König Otto vom Balkon des Königspalastes ausgerufen. Im Jahr 1944 brach hier der Bürgerkrieg aus und ging in seine erste Runde, nachdem die Polizei das Feuer auf die Kommunisten eröffnet hatte. Im Jahr 1954 fand hier die erste Demonstration mit der Forderung nach der *enosis* (Vereinigung) von Zypern und Griechenland statt.

Wer in Richtung Metrostation blickt, sieht links davon das geschichtsträchtige **Hotel Grande Bretagne** (1; S. 163), das prunkvollste aller Hotels in Athen. Das 60-Zimmer-Patrizierhaus wurde 1862 für Würdenträger erbaut, die in Athen zu residieren gedachten. Im Jahr 1872 wurde es schließlich in ein richtiges Hotel umgebaut und avancierte zum Ort, an dem die gekrönten Häupter Europas und Spitzenpolitiker logierten. Im Zweiten Weltkrieg funktionierten es die Nazis zu ihrem Hauptquartier um. 1944 wurde es zum Schauplatz für den Attentatsversuch auf Winston Churchill.

Links vom Metroeingang sind ein Bereich des **antiken Friedhofs** und der **Aquädukt des Peisistratos (2)** zu sehen, der bei den Ausgrabungen während des U-Bahn-Baus zum Vorschein kam.

Dort geht's durch eine U-Bahn-Unterführung auf die andere Straßenseite, wo das Parlament steht. Unterwegs gibt man einen Blick in den Eingangsbereich der **Metrostation Syntagma (3)** werfen: die Haltestelle ist ein Paradebeispiel des schicken Athener Metronetzes. Am südlichen Ende stehen Glasvitrinen mit Fundstücken, die beim U-Bahn-Bau freigelegt wurden. Die westliche Mauer blieb im Rahmen einer archäologischen Ausgrabungsaktion in Form eines Grabens erhalten.

Die Unterführung endet direkt vor dem früheren Königspalast. Dort hat heute das **Parlament** (4; S. 150) seinen Sitz. Vor dem Parlament – direkt am auffälligen Grab des Unbekannten Soldaten – stehen die viel fotografierten *evzonen*. Das Denkmal stellt einen erdolchten Soldaten dar; die Inschriften zitieren Stellen aus Perikles' Totengedicht. Der **Wachwechsel** (5; S. 150) findet zu jeder vollen Stunde statt.

Danach bietet sich ein Streifzug durch den üppig grünen **Nationalgarten** (6; S. 149) an bis zum Ausgang in Richtung **Zappion-Palast** (7; S. 150). Der Palast diente während der zweiten Olympischen Spiele in Athen als Olympisches Dorf. Danach dem Pfad am Spielplatz vorbei folgen, nach links abbiegen und weitergehen bis zur Kreuzung zum **Panathenäischen Stadion (8**; S. 142). Dort fanden die ersten Olympischen Spiele im Jahr 1896 statt.

Auf dem Weg zurück Richtung Zappion-Palast, den äußeren Rand des Schlossparks umwandern und die Straßenbahnlinien in der Nähe des Eingangs zum imposanten und größten Tempel aller Zeiten, dem **Tempel des Olympischen Zeus (9**; S. 141) überqueren. An der Ecke direkt gegenüber auf dem Weg nach Plaka, steht zitternd inmitten des Verkehrs der **Hadrians-Bogen (10**; S. 141). Das reich verzierte Eingangstor markierte einst die Grenze zu Hadrians Athen.

Hier die Leoforos Vasilissis Amalias überqueren und rechts weiter Richtung Lysikratous gehen. Dort geht's links nach Plaka weiter. Rechter Hand stehen im Vorhof der **Kirche Agia Ekaterini (11)** aus dem 11. bzw. 12. Jh. die Ruinen eines römischen Denkmals.

Von da aus geht's geradeaus weiter bis zum **Lysikrates-Monument (12)** der Choregen.

Das Denkmal wurde im Jahr 334 v. Chr. errichtet und soll an den Sieg bei einem Chorwettstreit erinnern. Auf den Reliefs sind Schlachtszenen zwischen Dionysos und den Tyrrhenischen Piraten dargestellt. Besagter Gott soll die Piraten in Delfine verwandelt haben. Das Lysikrates-Monument ist das früheste bekannte Denkmal, bei dem korinthische Kapitele für etwas anderes als Tempelbauten benutzt wurden. Es steht in dem Abschnitt, wo einst die **Straße der Dreifüße (13**; heute die Tripodon) verlief, auf der die Gewinner der antiken Wettbewerbe (Schauspiele, Chorwettbewerbe) ihre dreifüßigen Pokale dem Dionysos widmeten. Das Denkmal aus dem 18. Jh. war in eine Bibliothek eines französischen Kapuzinerklosters integriert, in dem sich Lord Byron von 1810 bis 1811 aufhielt, um *Childe*

ROUTENINFOS

Start Syntagma
Ziel Syntagma
Dauer Eine bis vier Stunden

STADTSPAZIERGANG

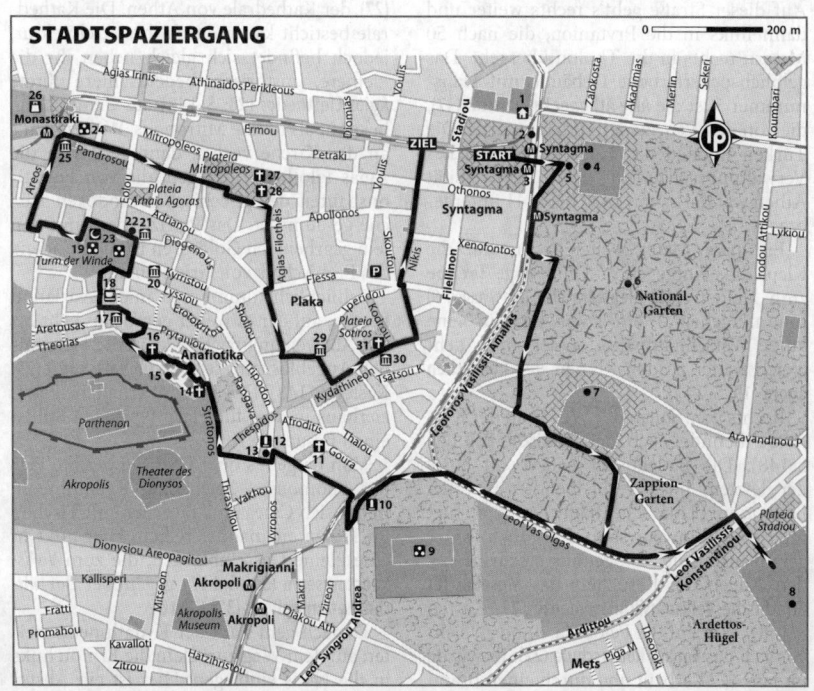

Harolds Pilgerfahrt zu schreiben. Das Kloster wurde im Jahr 1890 zerstört.

Gegenüber dem Monument zuerst links, dann rechts zur Epimenidou abbiegen. Am oberen Ende der Treppe rechts in die Stratonos einbiegen, die die Akropolis umsäumt. Direkt vor einem ragt die **Kirche Argios Georgios (Hl. Georg auf dem Felsen, 14)** auf, die den Eingang zum **Stadtviertel Anafiotika (15)** markiert. Das malerische Labyrinth aus kleinen, weiß getünchten Häusern ist das Erbe von Steinmetzen der Kykladeninsel Anafi. Sie wurden nach Ausrufung der Unabhängigkeit für Bauarbeiten am Königspalast nach Athen geholt. Der Ort strahlt Frieden und Stille aus. Im Sommer wuchern üppige Blumen aus bunt bemalten Ölkanistern und klettern an den Mauern der winzigen Gärten empor.

Wer dem engen Fußweg folgt, der sich an den Häusern vorbei schlängelt, entdeckt handbemalte Schilder, die zur Akropolis weisen. Der Weg führt an der winzigen **Kirche Agios Simeon (16)** vorbei. Hier sieht es nach einer Sackgasse aus, der Weg mündet jedoch am Ende in die Akropolis-Straße. Auf dieser Straße geht's rechts weiter und dann links in die Prytaniou, die nach 50 Metern rechts in die Tholou übergeht. Das gelblich-ockerfarbene Gebäude mit Hausnummer 5 ist die **Alte Athener Universität (17)**, die von den Venezianern erbaut wurde. Die Türken nutzten das Haus als öffentliches Verwaltungsgebäude. Die Universität Athen war darin von 1837 bis 1841 untergebracht.

Ein paar Meter weiter rechts auf die Klepsidras einbiegen und eine enge Treppe zum kleinen **Café Klepsidra (18**; *Thrasyvoulou 9)* hinuntergehen – ein guter Ort für eine kurze Verschnaufpause. Oder man geht gleich weiter zu den Ruinen der **Römischen Agora (19**; S. 141). Rechts vom Turm der Winde an der Kyrristou befindet sich das **Türkische Bad (20**; S. 148). Die Badeanstalt beherbergt eines der letzten, noch verbleibenden privaten *hammams* (Türkische Bäder) und verfügt über einen Souvenirshop. Ein Stück weiter geradeaus an der Diogenous erscheint vor den Augen des Besuchers das **Museum für Griechische Volksmusikinstrumente (21**; Kasten S. 148). Wer auf die Pelopida einbiegt, sieht vor sich das **Tor zur Koranschule (22)**. Es wurde im Jahr 1721 erbaut und durch einen Brand

im Jahr 1911 zerstört. Die **Fethiye-Moschee (23)** an der Agora blieb erhalten.

Der Weg führt rund um die Agora, biegt dann rechts in die Peikilis ein, und nochmal rechts in die Areos. Geradeaus auf der rechten Seite stehen die Ruinen der **Hadriansbibliothek (24**; S. 142), daneben das **Keramik-Museum (25**; S. 147). Es wurde in der Tzistarakis-Moschee aus dem Jahr 1759 untergebracht. Nach dem Übergang in die Unabhängigkeit ging das Minarett verloren, die Moschee wurde in ein Gefängnis umfunktioniert.

Ein Weg führt weiter zur Plateia Monastiraki, einem farbenfrohen, chaotischen Platz, auf dem es von Straßenverkäufern nur so wimmelt. Linker Hand befindet sich der **Flohmarkt (26**; S. 174); der Souvlaki-Duft, der von Mitropoleos herüberwabert, wird keiner Nase entgehen.

An der Moschee geht's rechts in die Pandrosou. Dieses Relikt des alten türkischen Basars ist voller Souvenirläden. Die Straße ist nach König Kekrops Tochter Pandrosos benannt; sie war die erste Priesterin von Athen. Die Pandrosou führt zur **Mitropolis (27)**, der Kathedrale von Athen. Die Kathedrale besticht kaum durch ihre Architektur, jedoch befindet sich gleich neben ihr die kleinere, historisch bedeutsamere **Kirche Agios Agios Eleftherios (28**; S. 142) aus dem 12. Jh., bekannt als Kleine Mitropolis. Weiter geht's an der Kirche vorbei, dann rechts in die Agias Filotheis einbiegen, die von Funktionsbauten der griechisch-orthodoxen Kirche gesäumt ist. Das Patrizierhaus mit den fein gearbeiteten Goldtüren ist die Residenz des Erzbischofs von Griechenland.

Schließlich kommt man an der Adrianou heraus, auf der es weiter geradeaus geht bis zur Abzweigung nach links in die Hatzimihali Angelikis zum **Zentrum für Volkskunst (29**; Kasten S. 148). Das sehr gut erhaltene Patrizierhaus in dem für Plaka typischen Stil ist einen Besuch wert.

Von da geht's quer über die belebte Plateia Filomousou Eterias zur Kydathineon, in der sich Cafés und Tavernen mit Tischen im Freien aneinander reihen. Hier links in eine kleine Gasse abbiegen, die zum **Volkskunstmuseum (30**; S. 147) gegenüber der **Kirche Metamorphosis (31)** führt.

Danach geht's auf der Kydathineon weiter; auf dem Weg zurück in die Ermou links in die Nikis einbiegen. Hier ist ein Abstecher in die Haupteinkaufszeile von Athen möglich; nach rechts führt der Weg zurück in Richtung Syntagmaplatz.

SPRACHKURSE

Wer ernsthaft vorhat, Griechisch zu lernen, kann an verschiedenen Schulen Intensivkurse für Anfänger oder Fortgeschrittene belegen. Die meisten bieten drei- bis zehnwöchige Immersionskurse (ab 400 bis 600 €) sowie Konversations-, Business- und Grammatikkurse:

Athens Centre (Karte S. 120; ☎ 210 701 2268; www. athenscentre.gr; Arhimidous 48, Mets)

Hellenic-American Union (Karte S. 126–127; ☎ 210 368 0900; www.hau.gr; Massalias 22, Kolonaki)

Hellenic Cultural Centre (Karte S. 124–125; ☎ /Fax 210 523 8149; www.hcc.edu.gr; Halkokondyli 50, Omonia) Weitere Infos über Sprachkurse auf den Inseln, s. S. 828.

ATHEN MIT KINDERN

In Athen fehlt es an Spielplätzen, aber man kann mit Kindern eine Menge unternehmen. Im schattigen **Nationalgarten** (S. 149) gibt es einen Spielplatz, einen Ententeich und einen Minizoo. Im **Zappion-Garten** (S. 150) befindet sich ebenfalls ein voll eingezäunter, schattiger Kinderspielplatz. Im **Kriegsmuseum** (Kasten S. 148) können Kinder in das Cockpit eines Flugzeugs aus dem 2. Weltkrieg klettern oder andere Flugzeuge im Hof bestaunen.

Das **Kindermuseum** (Karte S. 122–123; ☎ 210 331 2995; Kydathineon 14, Plaka; Eintritt frei; ☼ Di–Fr 10–14, Sa & So 10–15 Uhr) ist eher ein Freizeitforum mit Räumen zum Spielen und einer Reihe von „Installationen" – wie etwa ein nachgebauter Metrotunnel –, ein Abenteuer für Kinder! Daneben gibt es noch Werkstätten zum Backen oder Seifenblasenpusten. Die Kinder müssen jedoch jederzeit unter der Aufsicht der Eltern bleiben.

Das **Museum für griechische Kinderkunst** (Karte S. 122–123; ☎ 210 331 2621; Kodrou 9, Plaka; Eintritt frei; ☼ Di–Sa 10–14, So 11–14 Uhr, Aug. geschl.) hat ein Extrazimmer, in dem Kinder ihre kreative Energie so richtig ausleben können.

Darüber hinaus gibt es noch den riesigen **Allou Fun Park & Kidom** (außerhalb d. Karte S. 120 ☎ 210 425 6999; Ecke Leoforos Kifisou & Petrou Rali, Renti; Eintritt frei, Fahrten 2–4 €; ☼ Mo–Fr 17–1, Sa & So 11–1 Uhr), der Athens größten Vergnügungspark darstellt; das Kidom ist auch für kleinere Kinder geeignet.

Der **Attica Zoological Park** (außerhalb d. Karte S. 126–127; ☎ 210 663 4724; www.attikapark.gr; Yalou, Spata; Erw./3–12 Jahre 14/10 €; ☼ 9 Uhr–Sonnenuntergang) hat einen ständige wachsenden Bestand an großen Raubkatzen, Vögeln, Reptilien und anderen Tieren; dazu gehört auch ein Affenwald und ein Cheetahland (Krokodil- und Gepardenfarm), bei dem man durch einen Tunnel streifen kann. Der 19 ha große Zoo liegt in der Nähe des Flughafens; ab der Metrostation Doukissis Plakentias weiter mit Bus 319.

Der Hitze kann man gut entfliehen, indem man die Kinder auf eine Reise durch die virtuelle Realität des antiken Griechenlands im **Hellenic Kosmos** (S. 151) mitnimmt, oder das Universum im beeindruckenden **Planetarium** (S. 151) erforscht.

GEFÜHRTE TOUREN

Der **Athener Sightseeingbus** (Buslinie 400; Tickets 5 €) hält an 20 Sehenswürdigkeiten wie etwa der Akropolis, dem Archäologischen Nationalmuseum und dem Panathenäischen Stadion. Die Busse fahren von Juni bis September halbstündlich zwischen 7.30 und 21 Uhr, von Oktober bis Mai zwischen 9 und 18 Uhr; von November bis April stündlich zwischen 10 und 16 Uhr. Ticktes gibt's nur im Bus. Sie sind 24 Stunden lang gültig und können in allen öffentlichen Verkehrsmitteln benutzt werden außer für Fahrten zum Flughafen.

CitySightseeing Athens (Karte S. 122–123; ☎ 210 922 0604; www.city-sightseeing.com; Erw./erm. 18/8 €; ☼ 9–18 Uhr halbstündlich; ♿) hat offene Doppeldeckerbusse, die auf einer 90-minütigen Rundfahrt quer durch die Stadt verkehren. Man kann mit einem 24-Stunden-Ticket an 15 Haltestellen zu- und aussteigen.

Athens Happy Train (Karte S. 122–123; ☎ 210 725 5400; Erw./erm. 6/4 €; ☼ 9 Uhr–Mitternacht) betreibt Touren mit Minizügen, die in Monastiraki und auf der Akropolis halten. Die Touren dauern eine Stunde, wenn man nicht zwischendurch aussteigt – über einen Zeitraum von fünf Stunden kann man immer wieder zu- und aussteigen. Die Züge fahren alle 30 Minuten am oberen Ende der Ermou ab und verkehren bis zum Panathenäischen Stadion.

Vier Betriebe bieten fast identische, aber auch teure Rundfahrten quer durch Athen in klimatisierten Bussen an sowie Ausflüge zu nahe gelegenen Sehenswürdigkeiten:

CHAT (Karte S. 122–123; ☎ 210 323 0827; www.cha-tours.gr; Xenofontos 9, Syntagma)

GO Tours (Karte S. 128; ☎ 210 921 9555; www.gotours. gr; Athanasiou Diakou 20, Makrygianni)

Hop In Sightseeing (Karte S. 128; ☎ 210 428 5500; www.hopin.com; Syngrou 19, Makrygianni) bietet eine Stadttour mit Aus- und Zusteigmöglichkeiten.

Key Tours (Karte S. 128; ☎ 210 923 3166/266; www. keytours.com; Kalirois 4, Makrygianni)

Die Touren (ab 52 €) beinhalten einen halben Tag Sightseeing in Athen. Dabei passiert gewöhnlich nicht viel mehr, als dass auf die wichtigsten Sehenswürdigkeiten gezeigt wird. An der Akropolis wird kurz angehalten; dann gibt es noch die Tour „Athen bei Nacht" (60 €) inklusive einem Abendessen in einer Taverne in Plaka mit volkstümlicher Tanz-Show. Außerdem werden Halbtagesfahrten ins antike Korinth (56 €) und zum Kap Sounion (40 €) angeboten; Tagestouren führen nach Delfi (96 € inklusive Mittagessen), zum Kanal von Korinth, nach Mykene, Nafplio und Epidauros (ähnliche Preise) und überteuerte Kreuzfahrten nach Ägina, Poros und Hydra (98 € inklusive Mittagessen). Hotels nehmen für mindestens einen Anbieter Buchungen entgegen und gewähren hohe Rabatte.

Trekking Hellas (Karte S. 124–125; ☎ 210 331 0323; www.trekking.gr; Rethymnou 12, Exarchia) bietet Aktivitäten wie Rundgänge durch Athen (22 €) bis hin zu zweistündigen Fahrradtouren (35 €).

Wer sportlich drauf ist, kann ein Fahrrad mieten (allerdings sind die Athener Straßen selbst für geübte Radler eine Herausforderung) oder sich einer Fahrradtour bei **Akropolis Bikes** (Karte S. 124–125; ☎ 210 324 5793; www. akropolis-bikes.gr; Aristidou 10-12, Omonia; 10 €, 10/15 € pro 4 Std./Tag) anschließen.

FESTIVALS & EVENTS
Hellenic Festival

Griechenlands führende Kulturfestivals, die jährlich im Rahmen des **Hellenic Festivals** (www.greekfestival.gr) von Ende Mai bis Oktober stattfinden, heben sich durch ein erstklassiges Repertoire an griechischer und internationaler Musik, Tanz und Theater hervor.

Größere Shows im Rahmen des **Athens Festival** finden im herrlichen Odeon des Herodes Atticus (S. 137) statt, eine der geschichtsträchtigsten Bühnen der Welt, mit einer in Flutlicht getauchten Akropolis als Kulisse. Die Intendanten sitzen auf Kissen

auf den abgesessenen Marmorplätzen, auf denen sich die Athener bereits vor Jahrhunderten unterhalten ließen. Das Festival ist seit über 50 Jahren als feste Größe in der Kulturszene der Stadt etabliert. Das international anerkannte Programm ist vielfältig und reicht von antikem Schauspiel und klassischer Musik bis hin zu zeitgenössischem Tanz. Außerdem locken Events auch in verschiedenen modernen Theatern und auf anderen Bühnen quer durch die Stadt.

Das **Epidauros-Festival** zeigt griechische und internationale Produktionen sowie antike griechische Schauspiele auf der Bühne des berühmten antiken Theaters von Epidauros (S. 221) auf dem Peloponnes, etwa zwei Stunden westlich von Athen. Aufführungen finden von Juli bis August immer am Feitag-und Samstagabend statt.

Das Festival **Musical July** findet ebenfalls im Küstenort Epidauros statt. Als Bühne dient das romantische Kleine Theater aus dem 3. Jh. v. Chr., das in einem Olivenhain hinter Pinien versteckt liegt. Aufführungen, immer freitags und samstags, reichen von griechischer Musik bis hin zu klassischen Arrangements. Das Theater befindet sich 15 Gehminuten vom Hafen entfernt.

Das Festivalprogramm sollte ab Anfang Februar auf der Festivalwebsite abrufbar sein und im **Festival-Kartenbüro** (Karte S. 124–125; ☎ 210 327 2000; Arkade, Panepistimiou 39, Syntagma; ◷ Mo–Fr 8.30–16, Sa 9–14 Uhr) aufliegen. Tickets sind online oder telefonisch buchbar oder auch am Tag der Vorstellung an den Kartenbüros direkt im Theater erhältlich. Allerdings bilden sich dort oft sehr lange Warteschlangen. Für Studenten und Schüler gibt es gegen Vorlage eines entsprechenden Ausweises auf die meisten Vorstellungen 50 % Rabatt.

Nach Epidauros fahren spezielle KTEL-Busse (hin & zurück 20 €), die am Freitag und Samstag vom Busterminal A (S. 175) abfahren und nach Ende der Vorstellung nach Athen zurückkehren. Karten sind am Vortag in einem Kartenbüro im Vorhof der Kirche Agiou Konstantinou (Karte S. 124–125) erhältlich.

Darüberhinaus wird noch eine **Dinner-Kreuzfahrt** (Erw./erm. ab 55/30 €) zu einer Aufführung im antiken Kleinen Theater von Epidauros angeboten. Die Shuttle-Busse fahren etwa um 17 Uhr am Syntagma- oder am Klafthmonos-Platz ab. Das antike Kleine

Theater ist nur ein paar Gehminuten vom Hafen entfernt. Zum großen antiken Theater fährt ein Bus (15 Min.). Auf dem Rückweg wird ein Abendessen serviert. Die Buchung erfolgt über das Festival-Kartenbüro.

Rockwave Festival

Das jährliche internationale **Rockwave Festival** (☎ 210 882 0426; www.rockwavefestival.gr) hat an Umfang und Beliebtheit gewonnen. Rockfans können einige Weltklasseaufführungen erwarten – das Repertoire im Jahr 2009 reichte von Moby, Placebo und Mötley Crüe bis hin zu griechischen Künstlern wie Konstantino Bita. Das Rockwave findet im Terra Vibe statt, einer riesigen Parklandschaft in Malakassa am Stadtrand von Athen. Das Gelände liegt direkt auf Höhe des 37. Kilometers der Stadtautobahn Athen–Lamia. Karten sind online auf www.ticketpro.gr oder im **Ticket House** (Karte S. 124–125; ☎ 210 360 8366; www.tickethouse.gr; Panepistimiou 42, Syntagma) erhältlich. Zum Festival fahren Sonderbusse. Für Karteninhaber steht auch ein günstiger Campingplatz zur Verfügung.

August Moon Festival

Jeden August finden in der Vollmondnacht vor der Kulisse verschiedener Hauptsehenswürdigkeiten Konzerte statt, so auch auf der Akropolis, der Römischen Agora und an anderen historischen Stätten quer durch Griechenland. Einzelheiten werden normalerweise in letzter Minute angekündigt.

Noch mehr Festivals & Events

Im Sommer finden eine Reihe von Festivals und kulturelle Events im Technopolis (Karte S. 121; ☎ 210 346 7322; Gazi) statt, den früheren Gaswerken, die in ein Kulturzentrum umgewandelt wurden.

Das sechstägige **European Jazz Festival** Ende Mai/Anfang Juni und das zweitägige **Internationale Tanzfestival** im Juli finden unter der Ägide der **Stadt Athen** (☎ 195; www.cityofathens. gr) statt, die auch kostenlose Konzerte sowie Musikkonzerte und Tanzvorstellungen quer durch die Stadt organisiert.

Das dreitägige internationale **Synch Festival** (☎ 210 628 6287; www.synch.gr), eine bunte Mischung aus elektronischer Musik und digitaler Kunst, findet im Juli in der Technopolis und auf anderen Bühnen quer durch die Stadt statt. Im Juni sind im Rahmen des **Europäischen Musiktags** (www.musicday.gr) fünf Tage

lang kostenlose Konzerte und Events an verschiedenen Plätzen überall in der Stadt geboten.

Im Rahmen zweier Sommerfestivals treten führende griechische Künstler und internationale Stars an ungewöhnlichen Locations auf – beispielsweise vor der Kulisse atemberaubender ehemaliger Steinbrüche: Das **Vyronas-Festival** (☎ 210 760 9340; www.festivalbyrona.gr, auf Griechisch) findet im Theatro Vrahon in der Vorstadt Vyronas statt, das **Petras Festival** (☎ 210 506 5400; Petroupoli) im Westen der Stadt. Programme und Tickets sind für beide erhältlich im Metropolis Music Store (S. 175), bei Public (S. 129) und in Konzertagenturen (s. Kasten unten).

Sommerkonzerte finden auch im Lykavittos-Theater (S. 149) und im Panathenäischen Stadion (S. 142) statt.

Das jährliche **Internationale Filmfestival Athen** (☎ 210 606 1413; www.aiff.gr) läuft im September.

SCHLAFEN

Der Standard der Unterkünfte in Athen hat sich seit der Olympiade im Jahr 2004 entscheidend verbessert. Die Preise sind entsprechend in die Höhe geschossen; allerdings lässt der Service manchmal zu wünschen übrig.

Athen ist eine laute Stadt, in der die Menschen erst spät den Weg nach Hause antreten. Deshalb befinden sich die meisten hier ausgewählten Hotels in eher ruhigen Gegenden, Fußgängerzonen oder Seiten-

---

WAS IST LOS IN ATHEN?

Auf folgenden englischsprachigen Webseiten sind alle möglichen Events verzeichnet inklusive Links für den Kartenvorverkauf im Internet:

- www.elculture.gr (Kunst- und Kulturevents von A-Z)
- www.breathtakingathens.gr (Athener Tourismus-Webseite)
- www.tickethouse.gr (Rockwave- und andere Festivals)
- www.tickethour.com (auch Sportveranstaltungen und Turniere)
- www.ticketservices.gr (breite Palette von Events)

straßen. Die Preise gelten für die Hochsaison, doch es gibt meistens Rabatte, insbesondere in der Nebensaison und bei Online-Buchung.

Die meisten Spitzenhotels sind rund um den Syntagmaplatz angesiedelt. Plaka stellt bei Touristen das beliebteste Viertel dar und bietet eine gute Auswahl an Unterkünften in allen Preiskategorien. Darüberhinaus gibt es einige Pensionen und Mittelklassehotels südlich der Akropolis in den ruhigen Stadtvierteln Makrygianni und Koukaki.

Rund um Monastiraki und Omonia sind zahlreiche heruntergekommene Hotels durchaus aufgewertet worden. Einige haben sich sogar in hippe Boutiquehotels verwandelt. Allerdings befinden sich diese in Gegenden, die – besonders nachts – etwas anrüchig sind. Omonia hat jede Menge größtenteils unattraktive Unterkünfte, meist moderne charakterlose C-Kategorie-Hotels oder günstige Absteigen, in denen einem der Schlaf durch die Umgebung vergällt wird.

Im Juli und August sind die besten Zimmer schnell ausgebucht; es ist also ratsam, im Voraus zu buchen, um eine fruchtlose Zimmersuche in der Sommerhitze zu vermeiden. Wer online bucht, kann gute Schnäppchen machen.

Budgetunterkünfte
CAMPINGPLÄTZE
Im Innenstadtbereich von Athen gibt es keine Campingplätze. In der EOT-Broschüre *Camping in Greece* sowie auf www.travelling.gr/camping/athens sind alle Campingplätze in der Region Attika verzeichnet. Die meisten Campingplätze in diesem Gebiet bieten einfache Anlagen und entsprechen in der Regel nicht dem europäischen Standard.

Athens Camping (außerhalb d. Karte S. 120; ☎ 210 581 4114; www.campingathens.com.gr; Leoforos Athinon 198, Haidari; Stellplätze pro Erw./Zelt 7/5 €; ◷ ganzjährig) Das Gelände dieses Campingplatzes, der 7 km westlich vom Stadtzentrum an der Straße nach Korinth liegt, ist nicht attraktiv. Aber er ist der nächst gelegene Campingplatz zu Athen. Die Anlagen sind in vernünftigem Zustand.

Bessere Campingplätze gibt es in der Umgebung von Athen wie in Shinias (S. 188) und am Kap Sounion (S. 185).

HOSTELS
Hostel Aphrodite (Karte S. 120; ☎ 210 881 0589; www.hostelaphrodite.com; Einardou 12, Stathmo Larisis; DZ 14–16 €, EZ/DZ/3BZ ohne Bad 17/23/35 €; ✖ ⌨ ⚲) Zwar liegt das Hostel nicht zentral, doch es ist gut geführt und hat günstige Tarife. Die belebte Bar ist ein beliebter Treffpunkt für Traveller. Die Zimmer sind sauber, die Mehrbettzimmer schön geräumig und einige Zimmer haben sogar ein Bad. Es gibt auch Doppelzimmer mit und ohne Bad – darunter viele mit Balkon. Die Unterkunft liegt zehn Gehminuten von der Bahnhaltestelle und U-Bahnstation Larisis entfernt und fünf Minuten von der Haltestelle Viktoria.

Athen Easy Access Hostel (Karte S. 124–125; ☎ 210 524 3211; www.athenseasyaccess.com; Satovrianidou 26, Omonia; B 14–18 €, DZ/3BZ/4BZ p. B 25/23/18 €, inkl. Frühstück; ✖ ⌨ ⚲) Direkt hinter dem Omoniaplatz befindet sich dieses freundliche, frisch renovierte Backpacker-Hotel mit piffigem Ambiente. Es bietet verschiedene Doppel- und Mehrbettzimmer. Der Frühstücksraum ist auch zu anderen Tages- und Nachtzeiten eine beliebte Happy Hour-Bar mit günstigem Bier und Mahlzeiten. Es steht ein kostenloser WLAN-Anschluss zur Verfügung; außerdem gibt es einen Internetraum und einen Waschsalon.

Pangration Youth Hostel (Karte S. 120; ☎ 210 751 9530; www.athens-yhostel.com; Damareos 75, Pangrati; B 15 €; ⚲) Die Mehrbettzimmer in der heiteren Unterkunft in einem sicheren Wohnviertel sind schlicht und etwas abgelebt. Der gastfreundliche Inhaber Yiannis ist so etwas wie ein Philosoph; Gäste tragen ihre eigenen Witze und Weisheiten auf einer Tafel bei. Die warmen Duschen sind münzbetrieben (0,50 €, 7 Min.); es gibt eine Gemeinschaftsküche, TV-Zimmer und einen Waschsalon. Zur Herberge fahren die Oberleitungsbusse 2 oder 11 ab Syntagmaplatz bis zur Haltestelle Filolaou in der Frinis.

Athens Backpackers (Karte S. 128; ☎ 210 922 4044; www.backpackers.gr; Makri 12, Makrygianni; B inkl. Frühstück 17–25 €; ✖ ⌨) Mit ihrer beliebten Dachterrassenbar, günstigen Getränken und Akropolisblick ist dies eine bei Backpackern besonders beliebte Unterkunft. Die freundliche, von Australiern geführte Herberge liegt in nächster Nähe zur U-Bahnstation Akropolis. Im Innenhof steht ein Grill, die Küche ist gut ausgestattet und auch abends herrscht reges Treiben, sei es an der Bar oder bei Filmabenden. Das Sechsbettzimmer ist mit Bad/Dusche/WC ausgestattet; in den Schließfächern liegt Bettwäsche bereit, aber die Handtücher kosten 2 € extra. In modernen, nahegelegenen Studios werden auch noch Mehrbettzimmer zu günstigen Preisen angeboten (s. Kasten S. 161).

Student & Travellers' Inn (Karte S. 122–123; ☎ 210 324 4808; www.studenttravellersinn.com; Kydathineon 16, Plaka; B 18 €, DZ/3BZ ohne Bad 65/81 €, EZ/DZ/3BZ mit Bad 55/65/90 €; ✷ 🖵 🛜) Die Lage im Herzen von Plaka macht diese seit langem etablierte Herberge zu einer beliebten Unterkunft für alle Altersgruppen. Es handelt sich um einen freundlichen Ort mit einem angenehmen, schattigen Innenhof und großen TV-Bildschirmen, kostenlosem WLAN-Anschluss und einem praktischen Reiseservice. Es gibt verschiedene Mehrbett- und Standardzimmer, darunter einige mit eigenem Bad und Klimaanlage; die Gemeinschaftsbäder sind allerdings etwas heruntergekommen. Oft beschweren sich Gäste über mangelnde Sauberkeit.

AthenStyle (Karte S. 122–123; ☎ 210 322 5010; www.athenstyle.com; Agias Theklas 10, Psiri; B 20–24 €, EZ/DZ 51/68 €, Studios 90–124 €; ✷ 🖵) Als neueste Herberge in der Stadt bietet diese helle Unterkunft mit künstlerischem Flair geschmackvolle, gut ausgestattete Studios und Betten. Die Lage ist sehr praktisch, denn es sind nur ein paar Schritte zur Metro, und die größeren Sehenswürdigkeiten sowie einige Restaurants sind nicht weit. Abends taucht man von hier aus direkt ins Nachtleben ein. In jedem Mehrbettzimmer sind Schließfächer. Im Empfangsbereich und auch in einigen Zimmern wurden die Wände von Künstlern bemalt; im Untergeschoss befindet sich eine künstlerisch gestaltete Lounge mit Kunstausstellungen, Billardtisch, Heimkino und Internetecke. Die kleine Dachterrassenbar ist ideal für einen Drink am Abend mit Blick auf die Akropolis. Jede Woche wird ein Kunst- und Kulturführer herausgegeben.

HOTELS
Plaka & Syntagma
John's Place (Karte S. 122–123; ☎ 210 322 9719; Patroou 5, Plaka; EZ/DZ/3BZ ohne Bad 30/50/60 €; ✷) Wer eine einfache Budgetunterkunft sucht, ist in diesem kleinen, nostalgischen Familienbetrieb gleich westlich vom Syntagmaplatz

genau richtig. Die Inhaber sind freundlich und die Holztreppe, alte Türen und hohe Decken tragen zum Flair bei. Die Möbel und Badezimmer sind neueren Datums; jedes Zimmer hat ein älteres Handwaschbecken. Einige Zimmer haben eine Klimaanlage; alle Badezimmer werden gemeinschaftlich genutzt und sind sehr einfach.

Acropolis House Pension (Karte S. 122–123; ☎ 210 322 2344; www.acropolishouse.gr; Kodrou 6-8, Plaka; DZ 59–65 €, EZ/DZ/3BZ inkl. Frühstück 72,50/87/113,50 €; ✷ 🛜) Diese atmosphärische Familienpension befindet sich in einem Haus aus dem 19. Jh., das wunderbar erhalten ist, mit vielen originellen Details und schön bemalten Wänden. Für Aufenthalte von drei und mehr Tagen gibt es Preisnachlass. Einige Zimmer haben das Bad gleich gegenüber auf der Etage.

Adonis Hotel (Karte S. 122–123; ☎ 210 324 9737; www.hotel-adonis.gr; Kodrou 3, Plaka; EZ/DZ inkl. Frühstück 60/85 €; ✷ 🖵) Diese komfortable, wenn auch etwas fade Pension liegt an einer ruhigen, verkehrsfreien Straße in Plaka. Sie eignet sich als ordentliche Budgetunterkunft für alle, die den ganzen Tag auf Sightseeing-Tour sind. Die einfachen Zimmer sind mit TV ausgestattet und die Badezimmer sind klein. Die Zimmer im obersten Stock haben einen tollen Ausblick auf die Akropolis. Das Frühstück wird auf der Dachterrassenbar serviert. Bezahlung mit Kreditkarte ist nicht möglich.

Hotel Phaedra (Karte S. 122–123; ☎ 210 323 8461; www.hotelphaedra.com; Herefontos 16, Plaka; EZ 65 €, DZ 65–80 €, 3BZ 95 €; ✷ 🖵) Viele der Zimmer in diesem kleinen, familiengeführten Hotel haben einen Balkon mit Blick auf die Kirche oder auf die Akropolis. Das Hotel wurde für die Olympischen Spiele auf Vordermann gebracht. Die Einrichtung ist geschmackvoll, die Zimmer sind eher klein, aber gemütlich. Einige Zimmer haben ein eigenes Bad gegenüber auf der Etage. Mit der herrlichen Dachterrasse, dem freundlichen Personal und der guten Lage gehört das Phaedra zu den besseren Optionen in Plaka.

Monastiraki & Thissio
Tempi Hotel (Karte S. 122–123; ☎ 210 321 3175; www.tempihotel.gr; Eolou 29, Monastiraki; EZ/DZ ohne Bad 40/55 €, DZ/3BZ mit Bad 64/78 €; ✷ 🛜 ♿) Die gute Lage und günstige Preise sind die Stärken dieses älteren Familienbetriebs an der ver-

ATHEN & ATTIKA

kehrsfreien Eolou. Die vorderen Balkone bieten einen Ausblick auf die Kirche und den Blumenmarkt am Plateia Agia Irini sowie Seitenblicke auf die Akropolis. Die einfachen Zimmer sind mit Sat-TV ausgestattet, aber die Ausstattung der Badezimmer ist einfach. Die Zimmer in der Dachetage sind klein und der Weg dorthin ist beschwerlich. Es gibt eine Gemeinschaftsküche und kostenlosen WLAN-Anschluss.

Koukaki
Marble House Pension (Karte S. 128; ☎ 210 923 4058, 210 922 8294; www.marblehouse.gr; Zini 35a; DZ/3BZ ohne Bad 40/53 €, EZ/DZ/3BZ mit Bad 35/45/59 €; ⊠) Dieses Budgethotel hat das beste Preis-Leistungsverhältnis in ganz Athen. Es liegt in einer ruhigen Sackgasse, allerdings ziemlich weit entfernt vom touristischen Rummel (jedoch nahe an der Metro). Die Zimmer, neuerdings mit schmiedeisernen Bettgestellen und Möbeln, haben seit ihrer Renovierung ein eher künstlerisches Flair. In allen Zimmern gibt's einen Kühlschrank und Deckenventilatoren, einige haben auch eine Klimaanlage (9 € extra). Das Frühstück kostet 5 € extra.

Hotel Tony (Karte S. 128; ☎ 210 923 0561; www.hoteltony.gr; Zaharitsa 26; EZ/DZ/3BZ 45/65/75 €; ⊠ ⊗) Diese saubere, gut geführte Pension ist im Niveau gestiegen; inzwischen haben alle Zimmer bis auf eines ein eigenes Bad/Dusche/WC. Die Klimaanlage kostet 9 € extra; Warmwasser fließt nicht zu jeder Tageszeit. Alle Zimmer haben einen Kühlschrank, ein TV-Gerät und eine Klimaanlage. Das Tony bietet außerdem gut ausgestattete, geräumige Studios mit ähnlichen Preisen in nächster Nähe. Die Ferienwohnungen eignen sich bestens für Familien, die einen längeren Aufenthalt planen.

Rund um Omonia
Hotel Exarchion (Karte S. 124–125; ☎ 210 380 0731; www.exarchion.com; Themistokleous 55, Exarchia; EZ/DZ/3BZ inkl. Frühstück 50/65/80 €; ⊠ ⊒) Direkt im Herzen des Bohemienviertels Exarchia ragt dieses gesichtslose, aber komfortable Hotelhochhaus aus den 1960er-Jahren auf. Die Zimmer sind renoviert und gut ausgestattet. Auf der Dachterrasse gibt's ein Café und gleich vor der Tür sich jede Menge Ausgeh- und Unterhaltungsmöglichkeiten an. Das Hotel liegt zehn Gehminuten von der Metrostation Omonia entfernt.

Mittelklassehotels
PLAKA & SYNTAGMA
Athens Cypria Hotel (Karte S. 122–123; ☎ 210 323 8034; www.athenscypria.com; Diomias 5, Syntagma; EZ/DZ 94/130 €; ⊠ ⊒) Dieses kleine, familienfreundliche Hotel liegt versteckt in einer Seitenstraße abseits der Ermou. Zwar ist es ein bisschen unscheinbar, aber modern und komfortabel, mit guten Annehmlichkeiten und sehr praktisch gelegen. Es gibt Familienzimmer (230 € inkl. Frühstück) und Rabatte für Kinder. Die Balkone sind klein, bieten aber herrliche Ausblicke.

Plaka Hotel (Karte S. 122–123; ☎ 210 322 2096; www.plakahotel.gr; Kapnikareas 7, Ecke Mitropoleos, Plaka; EZ/DZ/3BZ 109/135/145 €; ⊠ ⊗) Die Ausblicke auf die Akropolis vom Garten der Dachterrasse aus sind kaum zu übertreffen; aber auch die Zimmer in der obersten Etage liegen günstig. Alle Zimmer dieses renovierten Hotels sind mit leichten Holzmöbeln und -böden ausgestattet und haben Sat-TV. Allerdings sind die Badezimer eher klein und eng.

Niki Hotel (Karte S. 122–123; ☎ 210 322 0913; www.nikihotel.gr; Nikis 27, Syntagma; EZ/DZ/4BZ inkl. Frühstück 110/117/240 €; ⊠ ⊒) Dieses kleine Hotel, das an Plaka angrenzt, gehört zu den Häusern, die in dieser Gegend durch mehrere Renovierungsaktionen an Stil gewonnen haben. Das Design und die Möbel sind auf der Höhe der Zeit. Die Zimmer sind gut ausgestattet und für Familien gibt es eine Zweizimmer-Suite mit Balkon und Ausblicken auf die Akropolis.

Hotel Achilleas (Karte S. 122–123; ☎ 210 323 3197; www.achilleashotel.gr; Leka 21, Syntagma; EZ/DZ/3BZ inkl. Frühstück 110/135/159 €; ⊠ ⊒) Von der schicken Marmorlobby mit Schachbrettmusterboden bis hin zu den schön eingerichteten Zimmern ist die geschmackvolle Renovierung des Achilleas in jeder Hinsicht gelungen. Die Lage ist ebenfalls praktisch. Die komfortablen Zimmer sind groß und luftig, die unteren Zimmer haben eine Gartenloggia. Es gibt auch größere Zimmer für Familien (175 €).

Central Hotel (Karte S. 122–123; ☎ 210 323 4357; www.centralhotel.gr; Apollonos 21, Plaka; EZ/DZ/3BZ inkl. Frühstücksbuffet ab 111/136/185 €; ⊠ ⊒) Dieses stilvolle Hotel ist geschmackvoll in leichten, modernen Farbtönen gehalten. Es bietet komfortable Zimmer mit ordentlichen Badezimmern. Eine reizvolle Dachterrasse mit kleinem Spa, Sonnenliegen und Ausblick

STUDIOS & APARTMENTS

Wer sich länger in Athen aufhält oder mit Familie reist, musst nicht unbedingt ein Hotelzimmer buchen. Ein möbliertes Studio oder Apartment zu mieten, ist oft die günstigere Alternative.

In Psiri vermietet **Athen Style** (S. 159) gut ausgestattete Studios (90 bis 125 €) mit Kochnische, Flachbildschirm-TVs, stilvollen modernen Bädern und großen Balkonen mit Blick auf die Akropolis.

Nahe der Akropolis bietet **Athen Studios** (Karte S. 128; ☎ 210 923 5811; www.Athenstudios.gr; Veïkou 3a, Makrygianni; 60–100 €; 🛜) komfortable, moderne Studios in zwei separaten Gebäuden.

Wer fern der Heimat gemütlich wohnen will, wird sich in den vier wunderbar renovierten, geräumigen Apartments von **EP16** (Karte S. 124–125; ☎ 6976484135; www.boutiqueathens.com; Epikourou 16, Psiri; Apt. 90–110 €, für einen Aufenthalt von mind. drei Tagen; ▨ 🛜) wohl fühlen. Sie liegen über einem nostalgischen Knoblauchladen. Eine Wendeltreppe führt zu den Wohnungen hoch. Die Räume sind mit modernen Designermöbeln ausgestattet. Große Küchen und Marmorbäder sind hier Standard, die Marken-WCs sind von Aesop. Auf dem großzügigen Dachterrassengarten mit Blick auf die Akropolis laden Sonnenliegen zum Verweilen ein. Dort steht auch ein Grill, und der Kühlschrank ist immer mit Bier aufgefüllt. Der einzige Nachteil ist die Lage – inmitten der schäbigen Vorstadt Psiri.

auf die Akropolis lädt zum Verweilen ein. Das Central liegt praktisch zwischen Syntagma und Plaka.

Hotel Adrian (Karte S. 122–123; ☎ 210 322 1553; www.douros-hotels.com; Adrianou 74, Plaka; EZ/DZ/3BZ inkl. Frühstücksbuffet 115/140/159 €, EZ/DZ mit Ausblick 130/155 €; ▨ 🛜) Dieses kleine Hotel im Herzen von Plaka serviert Frühstück auf einer reizvollen schattigen Terrasse mit Blick auf die Akropolis. Die renovierten, gut ausgestatteten Zimmer sind recht angenehm. Tee und Kaffee gibt's gratis. Die Zimmer mit großem Balkon im dritten Stock sind die besten: von dort aus schweift der Blick über den Platz.

MONASTIRAKI & THISSIO

Hotel Attalos (Karte S. 124–125; ☎ 210 321 2801; www.attaloshotel.com; Athinas 29, Psiri; EZ/DZ/3BZ 76/94/110 €; ▨ 🖥 🛜) Zwar war das Dekor noch nie die Stärke des Hotels Attalos, doch das komfortable und verlässliche Hotel hat sich seit der vorolympischen Renovierung gemausert. Es liegt sehr zentral, und nahe an der Metro. Das beste ist jedoch immer noch die Dachterrassenbar mit wundervollen Ausblicken auf die Akropolis bei Nacht. Die hinteren Zimmer bieten vom Balkon aus auch einen Blick auf die Akropolis. Der Internetzugang ist gratis.

Hotel Cecil (Karte S. 124–125; ☎ 210 321 7909; www.cecil.gr; Athinas 39, Monastiraki; EZ/DZ/3BZ inkl. Frühstück 80/115/150 €; ▨ 🛜) Dieses charmante alte Hotel liegt ebenfalls an der belebten Athinas. Die Zimmerdecken sind hoch und wunderschön geformt, die Böden aus poliertem Holz. Es gibt einen originalen Ju-

genstilaufzug mit Gitter. Die einfachen Zimmer sind geschmackvoll möbliert, haben jedoch keinen Kühlschrank. Zwei miteinander verbundene Zimmer haben ein Gemeinschaftsbad und sind damit ideal für Familien und Freunde, die zusammen verreisen.

Magna Grecia (Karte S. 122–123; ☎ 210 324 0314; www.magnagreciahotel.com; Mitropoleos 54, Monastiraki; inkl. Frühstück EZ 120 €, DZ 150–180 €; ▨ 🖥 🛜) Dieses Boutique-Hotel mit persönlichem Flair ist in einem historischen Gebäude gegenüber der Kathedrale untergebracht. Es bietet herrliche Ausblicke auf die Akropolis von den vorderen Zimmern und der Dachterrasse aus. Zwölf individuell dekorierte Zimmer mit Wandmalereien sind nach den griechischen Inseln benannt und bieten Annehmlichkeiten inklusive bequemer Matratzen, DVD-Player und Minibar.

MAKRYGIANNI & KOUKAKI

Art Gallery Hotel (Karte S. 128; ☎ 210 923 8376; www.artgalleryhotel.gr; Erehthiou 5, Koukaki; EZ/DZ/3BZ/4BZ 70/100/120/140 €; ▨ 🛜) Dieser reizvolle Familienbetrieb verströmt persönliches Flair, denn überall sind Werke einer Künstlerin ausgestellt, die hier einmal ihr Atelier hatte. Einige Zimmer sind ein wenig klein, aber alle überall renoviert. Die Gemeinschaftsbereiche sind immer noch mit Originalmöbeln aus den 1960er-Jahren ausgestattet. Hier wird ein großzügiges Frühstück (7 €) auf dem Balkon mit Blick auf die Akropolis serviert. Einige Zimmer mit Gemeinschaftsbad sind billiger. Es steht ein kostenloser WLAN-Anschluss zur Verfügung.

Philippos Hotel (Karte S. 128; ☎ 210 922 3611; www.philipposhotel.com; Mitseon 3, Makrygianni; EZ/DZ inkl. Frühstück 107/140 €; ❄ ☎) Dieses freundliche, kleine Hotel, seit den Olympischen Spielen pfiffig renoviert, liegt nahe am Akropolis-Museum. Die Zimmer sind klein, aber gut ausgestattet und haben kostenlosen WLAN-Anschluss. Das kleine Doppelzimmer auf dem Dach hat eine Terrasse.

Athens Gate (Karte S. 122–123; ☎ 210 923 8302; www.athensgate.gr; Leoforos Syngrou 10, Makrygianni; EZ/DZ inkl. Frühstück 130/145 €; ❄ ☎) Mit atemberaubenden Blick auf den Tempel des Olympischen Zeus von den geräumigen vorderen Zimmern, aber auch wegen seiner praktischen (wenn auch etwas belebten) Lage, bietet dieses rundherum renovierte Hotel ein gutes Preis-Leistungsverhältnis im Vergleich zu einigen anderen der gleichen Preisklasse. Die stilvollen Zimmer sind tiptop mit allem modernen Komfort. Das Personal ist freundlich und das Frühstück wird auf einer herrlichen Dachterrasse serviert, inklusive 360-Grad-Ausblick über Athen.

RUND UM DEN OMONIAPLATZ

LP Tipp Fresh Hotel (Karte S. 124–123; ☎ 210 524 8511; www.freshhotel.gr; Sofokleous 26, Ecke Klisthenous, Omonia; EZ/DZ/Suite inkl. Frühstücksbuffet ab 115/130/350 €; ❄ ☎ ☎) Wer die Prostituierten, die nachts vorm Hotel auf Kundschaft warten, unbekümmert übersieht, fühlt sich in dem lässigen Hotel richtig wohl – es ist das erste der hippen Hotels, die in der schmuddeligen Umgebung von Omonia eröffnet haben. Einmal über die Schwelle getreten, ist man an den bonbonfarbenen Rezeption nur noch von schickem Design umgeben. Das lässt die Schäbigkeit draußen schnell vergessen. Die hellen Zimmer und Suiten haben alle modernen Annehmlichkeiten. Die fantastische Dachterrasse – mit Pool, Bar, Restaurant und Blick auf die Akropolis – könnte sich nicht extremer von der Welt unten vor der Hotelpforte unterscheiden.

LP Tipp Baby Grand Hotel (Karte S. 124–125; ☎ 210 325 0900; www.classicalhotels.com; Athinas 65, Omonia; EZ/DZ inkl. Frühstücksbuffet 120/130 €; ☎ ☎) Orang-Utans, die unten im Restaurant herumhängen, und eine Kreation aus zwei Mini-Coopern, die die Rezeption bilden, den Ton in diesem witzigen, umgebauten Hotel an. Die Flure und Zimmer ziert originelle Graffiti-Kunst. Auf den Zimmern

kann man sein iPod aufladen. Einige Zimmer haben Designermöbel, das Dekor ist eklektisch – angefangen bei Kronleuchtern bis hin zu unechten Tierfellen.

Spitzenklassehotels

Hera Hotel (Karte S. 128; ☎ 210 923 6682; www.herahotel.gr; Falirou 9, Makrygianni; EZ/DZ inkl. Frühstück 130/160 €, Suite ab 250 €; ❄ ☎) Dieses elegante Boutique-Hotel ist nur ein paar Gehminuten von der Akropolis und Plaka entfernt. Das Gebäude wurde rundherum renoviert, das nüchterne Interieurdesign kann es durchaus mit der attraktiven klassistischen Fassade aufnehmen. Die Ausstattung besteht größtenteils aus Messing, Holz und einem stilvollen klassischen Mobiliar mit modernem Touch. Der Dachterrassengarten, das Restaurant und die Bar bieten spektakuläre Ausblicke.

Hilton (Karte S. 126–127; ☎ 210 728 1000; www.athens.hilton.com; Leoforos Vasilissis Sofias 46, Ilissia; Zi./Suite ab 144/364 €; ☎ ❄ ☎ ☎ ☎) Der riesige Betonklotz ist bei Geschäftsreisenden sehr beliebt, wenn er auch eher einem Wohnbauprojekt aus den 1950er-Jahren ähnelt als einem Luxushotel. Innen wurde jedoch kein Aufwand gescheut. Das Interieur strotzt nur so von Marmor und Bronze, ausladenden Kronleuchtern und Designerteppichen, bei deren Mustern einem schwindelig wird. Das edle Restaurant Milos befindet sich im Untergeschoss; außerdem gibt es dort einen Swimmingpool. Der Internetzugang ist etwas teuer (11 € pro Std.).

Herodion (Karte S. 128; ☎ 210 923 6832; www.herodion.com; Rovertou Galli 4, Makrygianni; EZ/DZ inkl. Frühstück 152/182 €; ❄ ☎ ☎ ☎) Dieses elegante Vier-Sterne-Hotel ist für gut betuchte Reisende gewappnet. Die Zimmer sind klein, aber gut ausgestattet u. a. mit superbequemen Betten. Es gibt ein einladendes Restaurant im Atrium; im Foyer haben Laptop-Benutzer kostenlosen WLAN-Zugang. Auf dem Dach befinden sich ein Spa und eine Lounge mit unschlagbaren Blicken auf die Akropolis.

LP Tipp Periscope (Karte S. 126–127; ☎ 210 729 7200; www.periscope.gr; Haritos 22, Kolonaki; Zi. 195–225 €, Suite ab 325 € inkl. Frühstück; ❄ ☎) Direkt im schicken Kolonaki mit Blick auf den Lykavittos-Hügel fällt das Periscope, ein pfiffiges Boutique-Hotel, durch sein industrielles Dekor auf. Zum Design gehören witzige und detailreiche Vorrichtungen, einschließlich einer Diashow in der Lobby, einem Meeresspiegelmesser auf der Treppe und internationalem TV sowie Luftaufnahmen von der Stadt an den Decken. Die Hygieneartikel sind von Korres. Das private Penthouse-Spa auf der Dachterrasse bietet sensationelle Ausblicke.

Electra Palace (Karte S. 122–123; ☎ 210 337 0000; www.electrahotels.gr; Navarhou Nikodimou 18, Plaka; DZ/ Suite inkl. Frühstück ab 220/560 €; P ⊠ ⌨ ⌨) Plakas schickstes Hotel ist wie gemacht für Romantiker. In den vorderen Zimmern mit Balkon kann man quasi am Fuß der Akropolis frühstücken (ab 325 €); im Dachterrassenrestaurant wird das Abendessen serviert. Das Hotel wurde im klassischen Stil renoviert, die Zimmer sind geschmackvoll. Außerdem gibt es ein Hallenbad und einen Gymnastikraum sowie einen Dachterrassenpool mit Ausblick auf die Akropolis.

Hotel Grande Bretagne (Karte S. 122–123; ☎ 210 333 0000; www.grandebretagne.gr; Vasileos Georgiou 1, Syntagma; Zi./Suite ab 280/420 €; P ⊠ ⌨) Wer wohlhabend ist oder die Nähe des Jetsets sucht sollte unbedingt einmal im Hotel Grande Bretagne rechts vom Syntagmaplatz logieren. Das Luxushotel wurde 1862 erbaut, um Staatsoberhäupter zu empfangen. Es hält es heute seinen Rang unter den Grand Hotels der Welt. Kein anderes Hotel in Athen kann sich einer so reichen Geschichte rühmen. Auch nach seiner Rundumerneuerung hat es nichts von der Grandezza aus der Alten Welt verloren. Zum Hotel gehören ein himmlisches Spa, ein Dachterrassenrestaurant und eine Bar – das volle Verwöhnprogramm!

ESSEN

Athen hat eine pulsierende Gastronomieszene und eine Ausgehkultur, zu der lässige und gemütliche Abende im Freien gehören. Die Leute treffen sich zum Essen, Trinken und Plaudern – das ist die hauptsächliche Freizeitbeschäftigung der Griechen – und unzählige Lokale stehen zur Wahl.

Das kulinarische Angebot hat sich in den letzten zehn Jahren stark verändert, einhergehend mit einer Renaissance der griechischen Küche und dem Aufkommen verschiedener ethnischer und internationaler Restaurants. Eine neue Generation von Köchen holt sich ihre Inspirationen aus Griechenlands Regionalküche und greift gerne auf heimische Erzeugnisse zurück. Inzwischen hat das Kochen nach Großmutters Art Einzug in die feinsten Küchen der Stadt gehalten. Angesagte neugriechische Restaurants konkurrieren mit traditionellen Tavernen, *ouzerien* (Lokale, in denen Ouzo und Snacks serviert werden) und orginellen, altmodischen *mayireia* (Kochhäuser).

Es gibt allerdings auch einige Restaurants, die mehr Wert auf Dekor und Flair legen, als auf das Essen selbst. Diese schicken Lokale verlangen oft mehr für durchschnittliche Tavernengerichte. Selbst bei minimalem Ambiente lässt sich dagegen in aller Sachlichkeit eine möglicherweise unvergessliche Mahlzeit verspeisen.

Es ist schwer, in dem atmospärischen Viertel Plaka einer Mahlzeit zu widerstehen, das Essen ist dort aber meist überteuert und nicht zu empfehlen. Bessere Lokale finden sich überall in der Stadt. In Gazi gibt es viele moderne Tavernen, während Lokale mit ewig gestrigem Flair in der Innenstadt vor allem Büroangestellte anziehen. In Monastiraki – das Ende der Mitropoleos ist ein Souvlaki-Drehkreuz – tragen Musiker gelegentlich zum feierlichen Ambinete bei. *Mezedhopoleia* (auf mezedhes spezialisierte Restaurants) und schickere Restaurants finden sich rund um die Adrianou, entlang der Bahnlinie nach Thissio sowie in Psiri. Exarchias beliebte *ouzeries* und Tavernen bekochen größtenteils Einheimische; im schicken Kolonaki liegen hingegen einige der besten Optionen für feines Essen.

Der Schwerpunkt auf folgender Liste liegt auf Restaurants mit griechischer Küche in der Innenstadt von Athen. Wenn nicht anders vermerkt, gilt für alle hier aufgeführten Restaurants, dass sie täglich zum Mittag- und Abendessen geöffnet sind.

Günstig
PLAKA & SYNTAGMA
Paradosiako (Karte S. 122–123; ☎ 210 321 4121; Voulis 44a, Plaka; Hauptgerichte 4–10 €) Besser schmeckt's nirgends, wenn es um traditionsreiche Kost geht. Diese unauffällige, schmucklose Taverne am Rande von Plaka ist unschlagbar. Draußen im Freien stehen auch einige Tische. Die Speisekarte ist einfach, die Tagesgerichte wie frische, köstliche Meeresfrüchte sind immer gut. Das bei den Einheimischen beliebte Lokal füllt sich schnell – besser früh kommen!

Doris (Karte S. 124–125; ☎ 210 323 2671; Praxitelous 30, Syntagma; Hauptgerichte 4,20–8,80 €; ☙ Mo–Sa 8.30–18.30 Uhr) Die Athener Institution hat als *galaktopoleio* (Laden für Milcherzeugnisse) bereits 1947 eröffnet. Später wandelte sich das Doris zu einem traditionellen *mayireio*, einem Lokal für Büroangestellte. Abgesehen von den rosarot gestrichenen Wänden herrscht mit den klassischen Marmortischen, historischen Fotografien und altmodisch gekleideten Obern eine authentische Retro-Atmosphäre. Am besten eines der Tagesgerichte wählen, z. B. den ausgezeichneten Kichererbseneintopf; die englische Speisekarte umfasst nur Standardgerichte, darunter das berühmte Dessert *loukoumadhes* (Krapfenbällchen mit Honig und Zimt).

LP Tipp **Filema** (Karte S. 122–123; ☎ 210 325 0222; Romvis 16, Syntagma; mezedhes 4,50–12 €; ☙ Mo–Sa) Dieser beliebte *mezedhopoleio* erstreckt sich über zwei Ladenfronten mit Tischen zu beiden Seiten einer engen Gasse. Tagsüber herrscht hier geschäftiges Treiben, wenn die Läden schließen, wird es ruhiger. Geboten wird eine breite Palette an *mezedhes*, wie fette *keftedhes* (kleine Hackfleischbällchen, lecker!) und gegrillte Sardinen.

Vizantino (Karte S. 122–123; ☎ 210 322 7368; Kydathineon 18, Plaka; Tagesgericht 5–9,50 €) Trotz der Trickbetrüger, die hier herumschwirren, ist das Lokal ein Renner. Zwar ist es sehr touristisch, aber das Vizantino ist das beste aller Restaurants rund um die Plateia Filomousou Eterias. Tagesgerichte probieren!

Glykis (Karte S. 122–123; ☎ 210 322 3925; Angelou Geronta 2, Plaka; mezedhes mit Meeresfrüchten 5,50–6 €) In einer ruhigen Ecke in Plaka gelegen wird dieses lässige *mezedhopoleio* mit einem schattigen Innenhof meist von Studenten und Einheimischen besucht. Hier gibt es eine köstliche Auswahl von *mezedhes* einschließlich traditioneller Gerichte wie etwa *briam* (im Ofen überbackener Gemüseauflauf) und Tintenfisch in Wein.

Lena's Bio (Karte S. 122–123; ☎ 210 324 1360; Nikis 11, Syntagma; Salate 6–10 €; ☙ Mo–Fr 8–18, Sa 8–18 Uhr) Eine rundherum attraktive Option mit einer köstlichen Palette an Bio-Gerichten, Snacks und Säften – sofern man einen Tisch ergattert.

Platanos (Karte S. 122–123; ☎ 210 321 8734; Diogenous 4, Plaka; Hauptgerichte 6,20–12,50 €; ☙ Mo–Sa 12–16.30 & 18.30–24 Uhr) Diese uralte Taverne in Plaka liegt abseits der Touristenströme. Im Hof steht – wie auf einem Dorfplatz – eine

riesige Platane, in deren Schatten die Tische stehen. Die Speisekarte in verschiedenen Sprachen ist etwas antiquiert und schlecht übersetzt. Das Essen ist wie aus Mutters Kochtopf, z. B. Hühnchen mit Okraschoten. Keine Kreditkarten.

Pure Bliss (Karte S. 122–123; ☎ 210 325 0360; Romvis 24a, Syntagma; Salate 7–9 €; ☙ Mo–Sa 10–1, So 17–21 Uhr) Eines der wenigen Lokale in Athen, die Bio-Kaffee, exotischen Tee und Sojaprodukte servieren, außerdem viele gesunde Salate und Säfte. Die Speisen sowie der Wein und die Cocktails werden überwiegend in Bioqualität angeboten.

MONASTIRAKI & OMONIA

Diporto Agoras (Karte S. 124–125; ☎ 210 321 1463; Ecke Theatrou & Sokratous, Omonia; ☙ Mo–Sa 8–18, 1.–20. Aug. geschl.) Diese schrullige alte Taverne ist ein echter Geheimtipp in Athen. Das Lokal ist nicht ausgeschildert; es geht durch zwei Türen in einen rustikalen Keller. Eine Speisekarte gibt es nicht, denn das Angebot umfasst nur ein paar Gerichte und hat sich seit Jahren nicht verändert. Die Spezialität des Hauses heißt *revythia* (Kichererbsen), gewöhnlich gefolgt von gegrilltem Fisch – dazu Wein, der aus den riesigen Fässern an der Wand fließt. Die Bedienung vertut sich oft, aber gerade das macht auch den besonderen Charme aus.

Die Straßen rund um die farbenfrohe und belebte **Agora Varvakios** (Zentraler Markt Athen; Karte S. 124–125; Athinas, Omonia; ☙ Mo–Sa) sind ein Genuss für alle Sinne. Der Fleisch- und Fischmarkt befindet sich im historischen Gebäude an der Ostseite, der Obst- und Gemüsemarkt auf der gegenüberliegenden Straßenseite. Es klingt womöglich etwas seltsam, auf dem Fleischmarkt essen zu gehen, aber dort gibt es Tavernen – wie etwa das **Papandreou** (☎ 213 008 2297; Aristogitonos 1; ☙ 24 Std.) - eine Athener Institution, die ihre Gäste mit riesigen Mengen schmackhafter, traditioneller Gerichte verwöhnt. Hier isst ein bunt gemischtes Publikum, angefangen bei hungrigen Marktleuten bis hin zu Paaren in schicken Klamotten, die um 5 Uhr früh aus den Nachtclubs kommen – meist auf der Suche nach einem Katerfrühstück in Form einer *patsas* (Kuttelsuppe).

PSIRI

Ivis (Karte S. 124–125; ☎ 210 323 2554; Navarhou Apostoli 19; mezedhes 4–10 €) Diese gemütliche *meze-*

dhopoleio an der Straßenecke besticht nicht nur durch ihr helles, künstlerisches Dekor, sondern auch durch eine kleine aber köstliche Palette an einfachen, frisch zubereiteten mezedhes (Vorspeisen). Am besten nach den Tagesangeboten fragen, denn auf der handgeschriebenen griechischen Speisekarte steht nicht alles. Die Favoriten sind Kartoffelsalat und erfrischende Rote Beete mit Yoghurt. Außerdem gibt es eine tolle Auswahl an Ouzos, um alles hinunterzuspülen.

Taverna tou Psyrri (Karte S. 124–125; ☎ 210 321 4923; Eshylou 12; Hauptgerichte 6,50–9 €) Dieses heitere Lokal abseits der Plateia Iroön bringt ordentliche, traditionelle Tavernenkost ohne Schnickschnack auf den Tisch, von gediegenen Grillspezialitäten bis hin zu *mayirefta* (Ofengerichte; hinten serviert). Die Taverne läuft schon seit Jahren gut und hat ein originelles Interieur, angefangen von den Fässern im Keller bis hin zu den bunt bemalten Wänden, auf denen androgyne Gestalten zu sehen sind.

Telis (Karte S. 124–125; ☎ 210 324 2775; Evripidou 86; Schweinekoteletts mit Pommes 7 €; ⏱ Mo–Sa 8–2 Uhr) Einfacher als in dieser *psistaria* (Grillrestaurant) geht's nicht. Das trifft vor allem auf die Ausstattung zu, die aus Neonröhren, kahlen Wänden und Papiertischdecken besteht. Der Inhaber Telis versteht was vom Grillen, denn seit 1978 gibt's feine Sachen vom Holzkohlengrill, auf dem auch seine berühmten Schweinekoteletts brutzeln. Anderes steht nicht auf der Speisekarte – nur Fleisch, Pommes und griechischen Salat, hinunter gespült mit einem rustikalen Hauswein oder Bier.

EXARCHIA

Kimatothrafstis (Karte S. 124–125; ☎ 213 030 8274; Harilaou Trikoupi 49; kleiner/großer Teller 3/6 €; ⏱ 8–23 Uhr) In diesem neuen, lässigen *mayireio*, in dem an Gemeinschaftstischen gespeist wird, werden original griechische Gerichte verschiedenster Art sowie alternative Kost aufgetischt – die Zivilschutzpolizei aus dem Pasok-Hauptquartier auf der gegenüberliegenden Straßenseite sorgt gleichzeitig für eine etwas andere Atmosphäre, die typisch für Exarchia ist. Die modernen Gerichte gibt es zu relativ günstigen Preisen – z. B. im Rahmen eines vielfältigen Tagesbuffets; es können auch kleine und große Portionen bestellt werden.

Rozalia (Karte S. 124–125; ☎ 210 330 2933; Valtetsiou 58; Hauptgerichte 4,50–11 €) Das alteingesessene Lieblingslokal des Viertels liegt an einer belebten Fußgängerzone. Die familiengeführte Taverne bietet eine konventionelle Speisekarte mit Grillgerichten und Hausmannskost wie etwa *pastitsio* (Auflauf mit Maccaroni und gut gewürztem Lammhackfleisch). Der große Garten im Innenhof ist im Sommer beliebt; dann versprühen Ventiloren Wasser, um den Gästen etwas Erfrischung zu bieten. Die Inhaber betreiben auch das angrenzende Achilleas.

Food Company (Karte S. 124–125; ☎ 210 380 5004; Emmanuel Benaki 63-65; Gerichte 5,50–9,50 €; ⏱ 10–2 Uhr) Dieses Lokal ist ein Geheimtipp für Freunde von Salat, gesunden ausgewogenen Gerichten sowie heißen und warmen Nudelgerichten.

Mittelteuer
PLAKA & SYNTAGMA

LP Tipp **Tzitzikas & Mermingas** (Karte S. 122–123; ☎ 210 324 7607; Mitropoleos 12-14, Syntagma; mezedhes 5.90–9,90 €) Dieses helle, heitere und moderne *mezedhopoleio* hat zwar nicht gerade die tollste Atmosphäre, aber es werden eine ganze Palette köstlicher und kreativer mezedhes aufgetischt. In den Wandregalen sind griechische Produkte aufgereiht; sie verfolgen einen bis auf die Toilette.

Palia Taverna tou Psara (Karte S. 122–123; ☎ 210 321 8734; Erehtheos 16, Plaka; Gerichte mit Meeresfrüchten 11,50–26 €) Die Taverne, von der Qualität her deutlich besser als andere, liegt abseits vom hektischen Treiben in Plaka; deswegen breitet sich das Lokal mit seinen Tischen auf die Straße und Terrasse aus, bis zum Haus nebenan. Es gibt eine Auswahl an mezedhes, aber bekannt ist die Taverne vor allem für die besten Fisch- und Meeresfrüchtegerichte (frischer Fisch in Spitzenqualität 62 € pro Kilogramm) in ganz Plaka.

Mono (Karte S. 122–123; ☎ 210 322 6711; Paleologou Venizelou 4, Plaka; Hauptgerichte 12–22 €; ⏱ Mo–Sa) Diese schicke Taverne am Rand von Plaka nahe der Kathedrale ist eine der neuen Restaurantschöpfungen mit raffinierter, moderner griechischer Küche – hier wird also nicht bloß das Althergebrachte in neuer Verpackung serviert. Das Dekor ist leicht griechisch angehaucht; es gibt einen idyllischen Innenhof. Sowohl Präsentation als auch Atmosphäre sind erste Sahne, obschon die Umgebung nicht so malerisch ist

STRASSENIMBISS

Fliegende Händler verkaufen oft *koulouria* (frisches Brot, ähnlich wie Brezeln), gegrillte Maiskolben oder Kastanien. Nicht nur dank zahlreicher Fast-Food-Ketten herrscht in Athen nie Mangel an kleinen Happen für zwischendurch.

Mit den griechischen *tiropitas* (Käse-Pies) in verschiedenen Variationen macht man nie etwas verkehrt. Das **Ariston** (Karte S. 122–123; ☎ 210 322 7626; Voulis 10, Syntagma; Küchlein 1,10–1,70 €; ☺ Mo–Fr 10–16 Uhr) gibt es schon seit 1910.; besser sind die Küchlein nirgends. Die breite Palette besteht aus schmackhaften, frisch gebackenen Küchlein mit allen möglichen Füllungen.

Griechenlands beliebtester und bester Imbiss ist jedoch das *souvlaki* – das unbestreitbar leckerste Essen unter 2 €! Wenn im Souvlaki-Eldorado von Monastiraki die Aromen durch die Luft wabern, kann kaum einer widerstehen. Die besten Souvlaki-Spieße in ganz Athen gibt es in dem winzigen Lokal **Kostas** (Karte S. 122–123; ☎ 210 323 2971; Plateia Agia Irini 2, Monastiraki; Souvlaki 2 €; ☺ 5–17 Uhr). Es liegt an einem angenehmen Platz gegenüber der Kirche Agia Irini. Besonders lecker schmecken die frischen Schweinefleisch-Spieße und Kebabs mit scharfer Tomatensauce.

wie in den umliegenden Lokalen. Die *mezedhes* vom Schwein mit Rosmarin probieren!

Furin Kazan (Karte S. 122–123; ☎ 210 322 9170; Apollonos 2, Syntagma; Sushi 18–22 €; ☺ Mo–Fr 13–17 & 19–23.30, Sa & So 15–23.30 Uhr) Das Sushi-Lokal gehört zu den besten japanischen Restaurants der Stadt. Auch nach der Renovierung ist es ein lässiges Lokal geblieben, mit einer guten Auswahl an Reis und Nudelgerichten (7 bis 8 €), frischen Sashimi und Sushi.

MAKRYGIANNI & THISSIO

Filistron (Karte S. 121; ☎ 210 346 7554; Apostolou Pavlou 23, Thissio; mezedhes 7,50–15 €; ☺ Di–So) Am besten bucht man im Voraus einen der begehrten Tische auf der Dachterrasse dieses ausgezeichneten *mezedhopoleio* mit einem atemberaubenden Blick auf die Akropolis und den Lykavittos-Hügel. Das Filistron hat sich auf Regionalküche spezialisiert und bietet eine große Palette an schmackhaften mezedhes – unbedingt probieren: das gegrillte Gemüse mit Haloumi oder die Mytiline-Zwiebeln, gefüllt mit Reis und Minze. Die Weinkarte mit griechischen Edeltropfen ist auch sehr umfangreich.

To Steki tou Ilia (Karte S. 121; ☎ 210 345 8052; Eptahalkou 5, Thissio; Koteletts pro Portion/kg 9/30 €; ☺ ab 20 Uhr) Oft sieht man Leute, die auf einen Tisch in dieser *psistaria* warten, denn das Lokal ist berühmt für seine schmackhaften Lammkoteletts vom Grill. Die Tische des sehr schlichten Lokals stehen an der ruhigen Fußgängerzone gegenüber der Kirche. Der Wein kommt aus dem Fass. Es werden einfache Dips, Chips und Salate dazu serviert. Wer kein Lammfleisch mag, der bestellt einfach Schweinekoteletts.

LP Tipp **Mani Mani** (Karte S. 128; ☎ 210 921 8180; Falirou 10, Makrygianni; Hauptgerichte 9,50–17 €; ☺ Juli & Aug. geschl.) In diesem heiteren, modernen Restaurant geht's auch mal ohne Ausblick, denn im Gastraum oben herrscht eine entspannte Atmosphäre. Das Lokal hat sich auf Regionalküche aus Mani (Halbinsel Peloponnes) spezialisiert. Die Ravioli mit Mangold, Kerbelkraut und Käse und die scharfen Mani-Würstchen mit Orangenaroma sind echte Knüller. Das Preis-Leistungsverhältnis ist top; fast alle Vorspeisen und Hauptgerichte können auch in halben Portionen bestellt werden (zum halben Preis), damit für weitere Kostproben noch Platz im Magen bleibt.

PSIRI & MONASTIRAKI

LP Tipp **Café Avyssinia** (Karte S. 122–123; ☎ 210 321 7407; Kynetou 7, Monastiraki; mezedhes 4,50–16,50 €; ☺ Di–Sa 12–1, So 12–19 Uhr) Dieses unkonventionelle mezedhopoleio liegt etwas versteckt abseits der schmuddeligen Plateia Avyssinias inmitten eines Flohmarkts. In punkto Atmosphäre, Essen und freundlicher Service erhält es allerdings Bestnoten. Das Café hat sich auf regionale griechische Küche spezialisiert, angefangen bei warmen *fava* bis hin zu Auberginen mit Tomate und Käse überbacken. Die Auswahl an Ouzos ist großartig; daneben gibt es noch *raki* (Feuerwasser aus Kreta) und *tsipouro* (ähnlicher Schnaps wie der Ouzo, jedoch gewöhnlich hochprozentiger). Oft spielt Livemusik im Stil von Manos Hatzidakis bis *rembetiko* (griechischer Blues). Von den Plätzen oben am Fenster ist der Ausblick auf die Akropolis fantastisch.

Ouzou Melathron (Karte S. 122–123; ☎ 210 324 0716; Filipou 10, Ecke Astingos, Monastiraki; mezedhes mit Fisch und Meeresfrüchten ab 6,64 €) Die berühmte *ouzerie*-Kette aus Thessaloniki ist auch im Geschäftsviertel von Athen vertreten und seit jeher ein Hit. Hier macht das Essen so richtig Spaß: Auf einer übergroßen, humorvoll gestalteten Speisekarte werden nicht nur schmackhafte mezedhes angeboten. Dort stehen auch Gerichte wie Transvestitenlamm, womit Hühnchen gemeint ist; witzig sind auch die Preise mit nicht abgerundeten Dezimalstellen.

OMONIA & EXARCHIA

Hell's Kitchen (Karte S. 124–125; ☎ 210 524 1555; Kleisthenous 13, Omonia; Hauptgerichte 9,50–15,95 €; ☻ Di–Sa 12–24, So & Mo 12–18 Uhr) Hinter dem Rathaus befindet sich dieses freundliche, moderne Café, in dem Viele mittags einkehren. Es gibt Bio-Burger, Pasta-Gerichte und Salate sowie unterschiedliche Arten von Kaffee, alles zu günstigen Preisen. Die Tische draußen befinden sich auf einer Gartenveranda, und abends, beim genüsslichen Schlürfen eines Mojitos, sieht man manchmal die etwas dunkleren Gestalten des Viertels durch die Gegend streifen.

LP Tipp Yiantes (Karte S. 124–125; ☎ 210 330 1369; Valtetsiou 44, Exarchia; Hauptgerichte 10–17 €) Diese moderne Taverne befindet sich in einem idyllischen Innenhof mit Garten gleich neben einem Freiluftkino. Das Yiantes ist für Exarchia Topniveau, das Essen – größtenteils mit Bio-Erzeugnissen zubereitet – ist einfach spitze. Darüber hinaus wird interessantes Grünzeug wie etwa *almirikia* angeboten; der Fisch ist perfekt gegrillt, die Miesmuscheln und Kalamari mit Safran bleiben noch eine ganze Weile im Gedächtnis verhaftet.

Arheon Gefsis (Karte S. 124–125; ☎ 210 523 9661; Kodratou 22, Metaxourghio; Hauptgerichte 10–20 €; ☻ Di–Sa) Mit Effekthascherei versucht dieses Lokal den Eindruck zu erwecken, dass die Uhren 2500 Jahre nach hinten gestellt worden sind, nämlich ins antike Griechenland. Die Ober sind in wehende Gewänder gekleidet und es gibt keine Gläser – denn die alten Griechen benutzten Tonware, und Löffel statt Gabeln. Die Speisekarte weist auch auf die guten alten Zeiten hin; hier gibt es überwiegend Bratenfleisch und Fisch, serviert mit Erbsenpüree oder Kichererbsen und Gemüse.

GAZI & ROUF

LP Tipp Skoufias (Karte S. 121; ☎ 210 341 2252; Vasiliou tou Megalou 50, Rouf; Hauptgerichte 5–9 €; ☻ ab 21 Uhr) Dieses Juwel unter den Tavernen befindet sich nahe der Eisenbahnlinie etwas abseits der ausgetretenen Pfade, aber es lohnt sich, dort einzukehren. Gleich gegenüber der Kirche stehen Tische im Freien. Die Speisekarte ist von Kreta geprägt und bietet eine kunterbunte Auswahl an Gerichten aus der regionalen griechischen Küche, darunter viele Gerichte, die man in touristischen Gegenden eher nicht findet, angefangen mit einem herrlichen Gockel mit Ouzo bis hin zu *tsigariasto* (gegrilltes Lamm) mit *horta* (wildes Gemüse) sowie Kartoffelsalat mit Orangen. Der Hauswein passt auch sehr gut dazu.

Kanella (Karte S. 121; ☎ 210 347 6320; Leoforos Konstantinoupoleos 70, Gazi; Gerichte 7–10,50 €; ☻ ab Mittag) Hausgemachtes Dorfbrot, wild zusammengewürfeltes Geschirr mit nostalgischem Flair und Tischdecken aus braunem Papier geben in dieser trendigen Taverne den Ton an. Hier wird regionale griechische Küche serviert. Das Lokal liegt gleich gegenüber der Bahnlinie. Zur Auswahl stehen täglich wechselnde Eintöpfe und überbackene Spezialitäten wie etwa Zitronenlamm mit Kartoffeln, oder ein ausgezeichneter Zucchini-Avocado-Salat. Der Hauswein schmeckt allerdings nicht ganz so gut.

Sardelles (Karte S. 121; ☎ 210 347 8050; Persefonis 15, Gazi; Fischgerichte 9–15,50 €) Diese moderne Fischtaverne hat sich auf einfach zubereitete mezedhes mit Meeresfrüchten spezialisiert. Es herrscht ein freundliches Ambiente mit Tischen im Freien gleich gegenüber den beleuchteten Gaswerken. Der Service ist ausgezeichnet und auch die Deko weist schöne Details auf, wie etwa Papiertischdecken vom Fischhändler und Souvenirtöpfe mit Basilikum. Unbedingt probieren: den gegrillten *thrapsalo* (Tintenfisch) und das ausgezeichnete *taramasalata* (ein dickes Fischrogen-Püree mit Kartoffeln, Öl und Zitronensaft). Fleischesser sollten sich bis nebenan vorwagen – dort befindet sich der Metzger mit entsprechenden Gerichten.

KOLONAKI & PANGRATI

LP Tipp Oikeio (Karte S. 126–127; ☎ 210 725 9216; Ploutarhou 15, Kolonaki; Tagesgerichte 7–13 €; ☻ Mo–Sa 13–2.30 Uhr) Mit ausgezeichneter Kochkunst nach Art des Hauses wird diese moderne

Taverne auch ihrem Namen gerecht: Oikeo heißt nämlich „häuslich". Drinnen ist es gemütlich, draußen auf dem Gehsteig stehen Tische, von denen aus gut Leute zu beobachten sind, und es ist günstiger als sonst in Kolonaki üblich. Es gibt Pasta-Gerichte, Salate und etwas internationalere Gerichte, am besten sind die *mayirefta*-Spezialitäten, z. B. die ausgezeichneten gefüllten Zucchini.

LP Tipp **Alatsi** (Karte S. 126–127; ☎ 210 721 0501; Vrasida 13, Ilissia; Hauptgerichte 12–16,50 €) Kretisches Essen liegt voll im Trend. Gleich hinter dem Hilton repräsentiert Alatsi die Riege der neuen Edelrestaurants mit typischen Gerichten aus Kreta wie etwa *gamopilafo* (Hochzeits-Pilau) mit Lamm oder seltene *stamnagathi* (wildes Grünzeug). Eine Adresse für Athener in schicken Klamotten. Essen und Service sind ausgezeichnet.

Teuer

In Athen gibt es jede Menge Gelegenheiten, in noblen Restaurants auf den Putz zu hauen, sprich richtig teuer zu essen. Ohne Reservierung geht hier aber gar nichts.

Papadakis (Karte S. 126–127; ☎ 210 360 8621; Fokylidou 15, Kolonaki; Hauptgerichte 18–38 €; ☽ Mo–Sa) Am Fuß des Lykavittos-Hügels liegt dieses von Understatement geprägte und auf Fisch und Meeresfrüchte spezialisierte Restaurant. Es gibt kreative Gerichte wie Kalamari-Eintopf mit Honig und süßem Wein, köstlichen *salatouri* (Fischsalat) mit kleinen Fischen und Meeresfrüchtesalat (mit einer Art von grünen Meeresalgen/Seespargel).

LP Tipp **Varoulko** (Karte S. 121; ☎ 210 522 8400; Pireos 80, Gazi; Hauptgerichte 20–35 €; ☽ Mo–Sa Abendessen ab 20 Uhr) Wer es auf ein magisches Erlebnis mit griechischer Kulinarik abgesehen hat, ist hier genau richtig. Mit Blick auf die Akropolis kann man hier köstliche Meeresfrüchte genießen, zubereitet von Lefteris Lazarou, dem einzigen griechischen Koch mit Michelin-Stern. Lazarou ist auf Kreationen mit Fisch und Meeresfrüchten spezialisiert, aber es stehen auch Fleischgerichte auf der Speisekarte. Der Service ist einwandfrei, die Weinkarte himmlisch. Das Restaurant hat eine herrliche Dachterrasse.

Orizontes (Karte S. 126–127; ☎ 210 722 7065; Lykavittos-Hügel; Gerichte 23–38 €) Wer das Besondere sucht, kann abends mit dem *teleferik* auf den Gipfel des Lykavittos-Hügels fahren und beim Abendessen den Sonnenuntergang über Athen genießen. Die Speisekarte

dieses erstklassigen Restaurants ist mediterran-international, Essen und Service sind ausgezeichnet, wie auch die Weinkarte.

Spondi (Karte S. 120; ☎ 210 752 0658; Pironos 5, Pangrati; Hauptgerichte 30–50 €; ☽ ab 20 Uhr) Spondi hat sich seine zahlreichen Auszeichnungen als bestes Restaurant Athens in jeder Hinsicht verdient. Hier wird hohe mediterrane Kochkunst mit stark französischen Elementen geboten. Das Lokal mit dem entspannten, jedoch noblen Ambiente befindet sich in einem alten Haus in Pangrati. Es gibt eine Reihe von Abendmenüs mit passendem Wein. Das Restaurant hat eine reizende Gartenterrasse, auf der im Sommer Bougainvillea blüht. Hier wird gerne zu besonderen Anlässen gefeiert.

Eine weitere Empfehlung ist das moderne Plous Podilatou (S. 184), das im Hafen Mikrolimano in Piräus liegt.

AUSGEHEN
Cafés

Athen scheint mehr Cafés pro Kopf zu haben als irgendeine andere Stadt. Diese sind eigentlich immer voll mit Athenern, was bei vielen Besuchern die Frage aufwirft, ob in dieser Stadt überhaupt irgendjemand arbeitet. In jüngster Vergangenheit kam die brennende Frage auf, warum es ausgerechnet hier den teuersten Kaffee Europas gibt (zwischen 3 und 5 €). Eine Erklärung dafür ist, dass man quasi die Platzmiete mitbezahlt, denn oft sitzen die Leute stundenlang vor einer einzigen Tasse Kaffee.

Wo man sich auch gerade aufhält, bis zum nächsten Café ist es nie weit. In Kolonaki befindet sich direkt am Hauptplatz das für seinen ausgezeichneten Kaffee bekannte **Da Capo** (Karte S. 126–127; Tsakalof 1), das sich hervorragend eignet, um Leute zu beobachten. Hier heißt es, Tisch belegen und dann sich selbst bedienen!

In Adrianou entlang der antiken Agora gibt es ebenfalls jede Menge Cafés für Studenten und junge Leute. Das **Dioskouri** (Karte S. 122–123; Adrianou 39) hat schöne Plätze draußen im Schatten. Weiter entlang der Fußgängerpromenade liegt das **Athinaion Politeia** (Karte S. 121; Akamandos 1) mit herrlichem Ausblick auf die Akropolis.

Bars

In Athen verschwimmen oft die Unterschiede zwischen Café und Bar, denn in beiden kann man allerorts und zu jeder Zeit auf ein Getränk einkehren. Einige Bars sind zugleich Restaurants, die sich nachts in einen Club verwandeln. Viele Bars sind vor 23 Uhr noch recht unbelebt, dann aber bis spät in die Nacht geöffnet.

Jedes Stadtviertel bietet eine eigene Auswahl an Bars. Wie so oft in Athen lässt die Anziehungskraft von Szenetreffs bald wieder nach und die Ausgehszene verlagert sich im rasanten Wechsel auf andere Stadtviertel. 2009 musste behördlich durchgesetzt werden, dass sich Bars und Cafés in Gegenden wie Psiri und Gazi nicht auf Trottoirs und öffentliche Räume ausbreiten.

Die Gastronomen lassen sich jedoch keineswegs davon abhalten, ihre Lokale bis auf die Straße auszudehnen, so auch der Gazi-Wegbereiter **Gazaki** (Karte S. 121; Triptolemou 31) mit einer herrlichen Dachterrassenbar. Wer das Getümmel im hippen **Hoxton** (Karte S. 121; Voutadon 42) nicht mehr aushält, kann auf der Terrasse der Rockbar **45 Moires** (Karte S. 121; Iakhou 18, Ecke Voutadon) mit Blick über die neonbeleuchteten Schornsteine von Gazi frische Luft tanken.

Psiris Bars kommen und gehen, aber einige halten sich länger wie das **Fidelio** (Karte S. 124–125; Ogyiou 2), in dem die breite Masse verkehrt. Durch das Schiebedach ist es für jede Wetterlage geeignet. Seit langem beliebt ist auch die winzige Kaschemme **Thirio** (Karte S. 124–125; Lepeniotou 1). Im **Soul** (Karte S. 124–125; Evripidou 65) verkehren junge lässige Leute; oben drüber befindet sich ein Tanzclub.

In den dunklen Gassen und ehemals einsamen Straßen des Zentrums von Athen sind flippige Bars aus dem Boden geschossen. **Bartessera** (Karte S. 124–125; Kolokotroni 25) ist eine lässige Bar mit toller Musik am Ende einer schmalen Arkade. Ein Geheimtipp für 30+-Publikum mit Lust auf tolle Cocktails ist das **Toy** (Karte S. 124–125; Karytsi 10), das in der Nähe einer Ansammlung von Bars rund um die Plateia Karytsi liegt, oder das belebte **Seven Jokers** (Karte S. 122–123; Voulis 7). Das **Higgs** (Karte S. 124–125; Efpolidos 4) ist ein altes *kafeneio* (Kaffeehaus) mit Blick auf den Kotziaplatz und Tischen im Freien. Nachts verwandelt es sich in eine alternative Bar, in der die Musik so richtig aufdreht.

Eine alternative, ganztägig geöffnete Bar mit einem stark künstlerischen Ambiente ist das **Booze** (Karte S. 124–125; Kolokotroni 57); im Untergeschoss gibt es Galerieräume, oben einen Nachtclub. In einem Bauhaus-Industrie-Gebäude in der Nähe von Gazi lockt das avantgardistische **Bios** (Karte S. 121; Pireos 84), eine Bar in einem labyrinthartigen Bau. Dort finden auf verschiedenen Ebenenen Live-Auftritte, Kunst- und Medienausstellungen statt. Daneben gibt es noch einen Kellerclub, ein winziges Filmkunstkino und einen Dachgarten.

Kolonaki hat zwei Szenebars mit Sogwirkung. Das **Rosebud** (Karte S. 126–127; Omirou 60, Ecke Skoufa), in der Barmeile am oberen Ende der Skoufa, eignet sich für einen flotten Start in den Abend. Das **Mommy** (Karte S. 126–127; Delfon 4) in einer Seitenstraße ist bei Englisch sprechenden Einheimischen beliebt. Jede Woche gibt's dort eine Nacht mit 80er-Hits. Man kann sich auch ins Getümmel in den winzigen Bars an der Haritos stürzen, oder gleich ums Eck ins weniger versnobte **Mai Tai** (Karte S. 126–127; Ploutarhou 18). gehen.

Exarchia ist ein gutes Viertel für alle, die belebte Bars mit jungem Publikum mögen. Am besten die Kneipentour in der **Wunderbar** (Karte S. 124–125; Themistokleous 80) an der Plateia Exarhion beginnen. Günstiger sind allerdings die Bars an der nahegelegenen Mesolongiou, die bei Studenten und Anarchos beliebt sind.

In Thissio ist das **Stavlos** (Karte S. 121; Iraklidon 10) der Oldtimer der Café- und Barmeile entlang der Fußgängerzone von Iraklidon. Innen läuft Alternative-Music, im Garten sanftere Sounds.

Eventbars gibt es in Plaka nicht, aber das **Brettos** (Karte S. 122–123; Kydathineon 41) ist eine höchst angenehme Bar und Distillerie von annodazumal. Dort reihen sich an einer riesigen Wand bunte Flaschen und riesige Fässer aneinander. Als Kostprobe gibt es hauseigenen Ouzo, Brandy und andere Spirituosen sowie hauseigenen Wein.

Im Irish Pub **James Joyce** (Karte S. 122–123; ☎ 210 323 5055; Astingos 12; Hauptgerichte 9–14 €) in Monastiraki fließt das Guiness aus dem Zapfhahn, das Essen hat passable Qualität. Es wird Livemusik gespielt und das Publikum besteht meist aus Urlaubern und Expats, die in Athen leben und arbeiten.

UNTERHALTUNG

Englischsprachige Infos rund um Veranstaltungen und Entertainment sind in der täglich erscheinenden *International Herald*

Tribune-Beilage der Zeitung *Kathimerini* aufgelistet, aber auch in *Athen News* und *Athen Plus*.

Auf der Webseite www.elculture.gr und auf anderen Webseiten (s. Kasten S. 157) sind ebenfalls Events und Konzerte verzeichnet, über die Stadt verteilt stattfinden.

Kinos

Die Athener sind eifrige Kinogänger. In den meisten Kinos laufen die neuesten englischsprachigen Filme (unsynchronisiert); ausländische Autorenfilme sind griechisch untertitelt. Im Sommer sind Open-Air-Kinos (s. Kasten gegenüber) beliebt. Die Eintrittspreise liegen zwischen 7 und 8 €.

Folgende Kinos liegen im Stadtzentrum Athens:

Apollon & Attikon (Karte S. 124–125; ☎ 210 323 6811; Stadiou 19, Syntagma)

Astor (Karte S. 124–125; ☎ 210 323 1297; Stadiou 28, Syntagma)

Asty (Karte S. 124–125; ☎ 210 322 1925; Korai 4, Syntagma)

Ideal (Karte S. 124–125; ☎ 210 382 6720; Panepistimiou 46)

Klassik & Oper

Im Sommer findet am historischen Odeon des Herodes Atticus und an anderen Locations unter der Ägide des Hellenic Festivals (S. 156) ein buntes Kulturprogramm statt.

Megaron (Konzerthalle Athen; Karte S. 126–127; ☎ 210 728 2333; www.megaron.gr; Kokkali 1, Ecke Leoforos Vasilissis Sofias, Ilissia; ☸ Kartenbüro Mo–Fr 10–18, Sa 10–14 Uhr). Die modernste Konzerthalle der Stadt bietet auch im Winter ein reichhaltiges Programm mit Opern und Konzerten von Weltstars und griechischen Künstlern.

Die Bühnensaison der **Griechischen Nationaloper** (Ethniki Lyriki Skini; ☎ 210 360 0180; www.nationalopera.gr) läuft von November bis Juni. Die Aufführungen finden gewöhnlich im **Olympia Theater** (Karte S. 124–125; ☎ 210 361 2461; Akadimias 59, Exarchia) statt, im Sommer auch im Odeon des Herodes Atticus.

Theater

Athen hat mehr Theater als irgendeine andere europäische Stadt, aber natürlich sind alle Aufführungen auf Griechisch. Theaterbegeisterte können trotzdem eine Inszenierung eines alten Lieblingsstücks auch ohne Sprachkenntnisse genießen, sofern sie den Inhalt bereits gut genug kennen.

Nationaltheater (Karte S. 124–125; ☎ 210 522 3243; www.n-t.gr; Agiou Konstantinou 22-24, Omonia) Das kürzlich renovierte Theater ist eines der schönsten klassizistischen Bauten der Stadt. Aufführungen moderner Bühnenstücke, aber auch Inszenierungen antiker Dramen finden auf der Hauptbühne und an Locations rund um die Stadt statt. Im Sommer werden überall auf antiken Bühnen Stücke gespielt, so auch in Epidauros (S. 221).

Griechischer Volkstanz

Dora Stratou Tanztheater (Karte S. 121; ☎ 210 921 4650; www.grdance.org; Filopappos Hill; Erw./Erm. 15/10 €; ☸ Mai–Sept. Di–Sa 21.30, So 20.15 Uhr) Jeden Sommer führt die Dora Stratou Company überall in Griechenland und auf ihrer Freiluftbühne am Westhang des Filopappos ihr Repertoire auf. Mit ihrem Bildungsauftrag, griechische Folklore zu erhalten, hat sich die Theatergesellschaft in Sachen Authenzität und Professionalität einen internationalen Ruf erspielt. Im Sommer finden auch entsprechende Tanzworkshops statt. Das Theater ist ausgeschildert. Es liegt am westlichen Ende der Dionysiou Areopagitou; man nimmt den Oberleitungsbus 22 ab Syntagma und steigt bei Agios Ioannis aus.

Livemusik

ROCK

Athen hat eine gesunde Rock-Musikszene, die einen festen Platz auf den Europa-Tourplänen der verschiedensten Bands hat. Im Sommer sind auch die Spielpläne des Rockwave-Festivals (S. 157) und anderer Festivals interessant.

Gagarin 205 Club (Karte S. 120; Liosion 205) Der Club ist in erster Linie eine Rock-Bühne mit Live-Auftritten an Freitag- und Samstagabenden; in der Regel treten führende Rock- und Underground-Musikbands auf. Tickets gibt's im **Ticket House** (Karte S. 124–125; ☎ 210 360 8366; www.tickethouse.gr; Panepistimiou 42, Syntagma).

AN Club (Karte S. 124–125; ☎ 210 330 5056; Solomou 13-15, Exarchia) Der kleine AN-Club lässt weniger bekannte internationale und interessante griechische Bands auftreten.

Mike's Irish Bar (Karte S. 126–127; ☎ 210 777 6797; www.mikesirishbar.gr; Sinopis 6, Ambelokipi; ☸ 20–4 Uhr) Bei den Zuwanderern ist das Irish Pub schon seit langem ein Renner – im Mike's wird an den meisten Abenden ab 23.30 Uhr Livemusik gespielt.

JAZZ & WELTMUSIK

In Athen kann man in kleinen Clubs quer durch die Stadt eine eklektische Auswahl an Musik hören. Je nach Bühne und auftretendem Künstler ändern sich die Eintrittspreise. Im Juli und August sind die Clubs meistens geschlossen.

Half Note Jazz Club (Karte S. 128; ☎ 210 921 3310; Trivonianou 17, Mets) Das stilvolle Half Note gegenüber dem Athener Friedhof ist die Nummer eins in Sachen Jazz. Dort spielen immer wieder internationale Jazzgrößen.

LP Tipp **Alavastro Café** (Karte S. 120; ☎ 210 756 0102; Damareos 78, Pangrati) Das Alavastro bietet seinen Gästen eine bunte Mischung aus modernem Jazz, Weltmusik und niveauvoller griechischer Musik in einem lässigen, persönlichem Ambiente.

Small Music Theater (Karte S. 128; ☎ 210 924 5644; Veïkou 33, Koukaki) Auf dieser kleinen Bühne spielen Bands mit interessanter Besetzung, meist Jazz und Fusion.

Palenque (Karte 126–127; ☎ 210 775 2360; www.palenque.gr; Farandaton 41, Ambelokipi; ☽ ab 21.30 Uhr) Hier weht ein Hauch von Havanna durch Athen; das Palenque präsentiert Livemusik mit Künstlern aus aller Welt. Zum Programm gehören auch Salsa-Partys und Flamenco-Shows.

GRIECHISCHE MUSIK
REMBETIKO-CLUBS

Athen bietet die beste Gelegenheit, einige der besten *rembetiko* (Griechischer Blues) in persönlicher, inspirierender Atmosphäre kennenzulernen. Die meisten *rembetiko*-Clubs sind von Mai bis September geschlossen; im Sommer sind die Livemusik-Tavernen rund um Psiri und Plaka (S. 172) eine gute Adresse. Die meisten Arrangements bestehen aus einer Kombination aus *rembetiko* und *laïka* (beliebte städtische Musik). Vorführungen finden meist ab 23.30 Uhr statt; oft ist der Eintritt kostenlos, die Getränke sind dann aber teurer.

LP Tipp **Stoa Athanaton** (Karte S. 124–125; ☎ 210 321 4362; Sofokleous 19, Omonia; ☽ Mo–Sa 15–18 & 24–6 Uhr, Juni–Sept. geschl.). Die fast legendäre Stoa Athanaton befindet sich in einer Halle über dem zentralen Fleischmarkt. Es ist eine beliebte Location, wo klassischer *rembetiko* und *laïka* von einer angesehenen Band gespielt werden – meist geht's schon am Nachmittag los. Der Zugang ist über einen Aufzug in der Arkade.

Perivoli Tou Ouranou (Karte S. 122–123; ☎ 210 323 5517; Lysikratous 19, Plaka; ☽ Do–So ab 21 Uhr, Juli–Sept. geschl.). Ein Szenetreff der Livemusik-Fans an einem rustikalen, nostalgischen Veranstaltungsort, an dem man zu Abend essen kann und dabei den authentischen Blues-Klängen wie *laïka* und *rembetiko* lauscht, die professionell gespielt werden.

Kavouras (Karte S. 124–125; ☎ 210 381 0202; Themistokleous 64, Exarchia; ☽ ab 23 Uhr, Juli & Aug. geschl.) Über dem beliebten Souvlaki-Lokal in Exarchia befindet sich dieser lebhafte Club, in dem normalerweise *rembetiko* und *laïka* bis in die frühen Morgenstunden live gespielt werden.

Tavernen mit Livemusik

Wer zum Abendessen Musik hören will, findet rund um Plaka und Psiri jede Menge Tavernen mit Livemusik, die traditionellen Blues wie *laïka* und *rembetiko* spielen.

Palea Plakiotiki Taverna Stamatopoulos (Karte S. 122–123; ☎ 210 322 8722; Lyssiou 26, Plaka; ☽ Mo–

SOMMERKINO

Die Freiluftkinos, die in Athen eine lange Tradition haben, sind an warmen Sommerabenden ein wahrer Genuss. Bei Mondschein oder unterm Sternenhimmel laufen die neuesten Hollywoodfilme oder die großen Klassiker. In den Parks und auf den Dächern von Athen sind immer noch viele der originalen Openair-Kinos in Betrieb. Nach erfolgreicher Renovierung sind sie heute mit modernen Soundsystemen ausgestattet.

Das Highlight unter den historischen Freiluftkinos ist das **Aigli** (Karte S. 122–123; ☎ 210 336 9369) im üppig-grünen Zappion-Garten. Dort lässt sich eine Filmnacht mit einem Glas Wein in der Hand stilvoll genießen.

Auf dem Dach des **Cine Paris** (Karte S. 122–123; ☎ 210 322 0721; Kydathineon 22) in Plaka sollte man unbedingt versuchen, einen Platz mit Blick auf die Akropolis zu ergattern (ganz rechts), oder man begibt sich über verschlungene Wege ins **Thission** (Karte S. 121; ☎ 210 342 0864; Apostolou Pavlou 7, Thissio) zu Füßen der Akropolis.

Sa 19–2, So 11–2 Uhr) Eine echte Institution in Plaka, in die auch gerne Einheimische gehen, mit ordentlichem Essen und Livemusik am Abend. Je später der Abend, desto voller kann's werden; also besser früh kommen, um einen Tisch zu ergattern!

Mostrou (Karte S.122–123; ☎ 210 322 5558; Mnisikleous 22, Ecke Lyssiou, Plaka; ☾ Do–So ab 21 Uhr) Das bei Einheimischen beliebte Mostrou hat eine große Bühne und eine Tanzfläche. Im Sommer wird auf der Terrasse etwas gesetztere Livemusik gespielt.

In Psiri wird traditionell sonntagnachmittags gefeiert, in vielen Tavernen gibt's zudem an den meisten Abenden der Woche Livemusik, so auch im **Paliogramofono** (Karte S.124–125; ☎ 210 323 1409; Navarhou Apostoli 8); hier schmeckt auch das Essen ordentlich.

Im Café Avyssinia (S.166) wird ebenfalls an den meisten Abenden und am Wochenende Livemusik gespielt.

Nachtclubs

Athen ist für sein Nachtleben berühmt. Es gibt zahllose Bars und Tanzclubs, in denen jede Menge los ist; es sollte auch für jeden Musikgeschmack etwas dabei sein. Die Vielfalt der Musikstile reicht von den neuen Tanzrhythmen bis zu Pop und Rock mit Indie-Sound über klassischer bouzouki oder skyladika (wörtlich „Hundehütte", hier treten aufstrebende Schnulzensänger auf). Der Eintritt zu einigen Clubs kostet von Montag bis Donnerstag etwa 10 €, am Freitag- und Samstagabend bis zu 15 €. Normalerweise ist ein Getränk im Preis inbegriffen. In der Regel wird es in den Clubs um Mitternacht herum voll. Die meisten Spitzenclubs sind im Sommer geschlossen oder ziehen an die Strände um.

LP Tipp Venue (Karte S.121; ☎ 210 341 1410; www.venue-club.com; Pireos 130, Rouf; Eintritt 10–15 €; ☾ Fr & Sa ab Mitternacht) In dem zweifellos größten aktuellen Tanzclub finden auch die größten Partys statt, und zwar mit den bekanntesten DJs. Dann feiert das energiegeladene Publikum ausgelassen und tobt sich auf den drei Tanzflächen aus.

Letom (Karte S.121; ☎ 6992240000; Dekeleon 26, Gazi) Nachtschwärmer strömen scharenweise zu den Tanzpartys in diesem angesagten Club in Gazi (alte Gaswerke): Ein besonderer Blickfang ist der Elefant aus Spiegelmosaik. Die Musik wird von DJs aus aller Welt und einheimischen Stars aufge-

legt. Der Club ist schwulen- und lesbenfreundlich, das Publikum hipp und jung.

El Pecado (Karte S.121; ☎ 210 324 4049; Tournavitou 11, Psiri; Eintritt 10 €; ☾ ab 21 Uhr, Juni–Sept. geschl.) Dieser Winterclub wirkt wie ein Themenpark mit Partystimmung – um das 30+-Publikum anzufeuern, läutet tatsächlich eine Kirchenglocke. Wer die ganze Nacht durchtanzen will, ist hier genau richtig. Im Sommer zieht der Club an den Strand von Glyfada um.

Villa Mercedes (Karte S.121; ☎ 210 342 2886; Tzaferi 11, Ecke Andronikou; ☾ ab 21.30 Uhr) Wer einen ultra-protzigen Abend verbringen will, könnte in diesem dekadent-prätentiösen und superschicken Club zu Abend essen und auf einen Cocktail oder zum Tanzen bleiben. Das Restaurant hat ein gutes Renommee und schöne Plätze im Freien. Reservierungen von Vorteil.

SOMMERCLUBS

In Athen gibt es einige tolle Openair-Bühnen, doch im Sommer verlagert sich das Nachtleben eher in die Schickimickiclubs am Strand. Viele dieser Clubs sind mit der Straßenbahn erreichbar, die an Wochenenden rund um die Uhr fährt. Wer einen Tisch zum Abendessen reserviert, zahlt keinen Eintritt; ansonsten liegen die Eintrittspreise meist zwischen 10 und 20 € inklusive einem Getränk. Wer an den Türstehern vorbeikommen will, sollte sich ein bisschen in Schale werfen.

Akrotiri (☎ 210 985 9147; Vasileos Georgiou B 5, Agios Kosmas; ☾ 22–5 Uhr) Dieser Strandclub, der in der Clubszene ganz vorne rangiert, ist für 3000 Besucher konzipiert. Es gibt Bars, ein Restaurant und Lounges auf mehreren Ebenen. Bei den großartigen Partys legen einheimische und internationale DJs mit Topniveau auf. Tagsüber finden Partys am Pool statt.

Balux (☎ 210 894 1620; Leoforos Poseidonos 58, Glyfada; ☾ ab 22 Uhr) Man muss diesen glamourösen Strandclub unbedingt einmal gesehen haben – er ist unglaublich: Am Rand des Pools stehen Lounges und Baldachinbetten mit wehenden Netzen. Es gibt auch ein Restaurant; die Musik wird von DJs aus der Gegend oder Gast-DJs aufgelegt.

Vitrine (Karte S.128; ☎ 210 924 2444; Markou Mousourou 1, Mets; ☾ ab 22 Uhr) Dieser Club ist ein Dauerbrenner in der athener Clubszene. Zwar ändert sich sein Name immer mal wieder, aber der herrliche Blick von oben auf die Akropolis und die ganze Stadt bleibt immer gleich schön.

Bobayo (Karte S. 128; ☎ 210 921 9397; Ardittou 1, Zappeio; 🕙 Di–So ab 22 Uhr) Früher hieß der Club passenderweise „On the Road", denn er war auf einer Verkehrsinsel zwischen zwei viel befahrenen Straßen gelegen. Heute ist es ein Club mit bunt beleuchtetem Garten und einer Cocktailbar mit entspanntem Ambiente, in dem man zum Abendessen einkehren oder tanzen kann.

Wer ein schickes Outfit hat und den langen Weg nicht scheut, kann es einmal mit dem nostalgischen Sommerclub/Restaurant **Island** (☎ 210 965 3563; Varkiza, 27. km auf der Straße von Athen nach Sounion) versuchen und sich vom herrlichen Inseldekor und der schönen Küstenlage verzaubern lassen; oder man fährt von dort aus 3 km weiter zum neuen Mega-Sommerclub Venue (s. oben).

Sport

Die Olympischen Spiele 2004 hinterließen Athen einige Sportstadien der Weltklasse. Inzwischen zieht die Stadt internationale und europäische Sportveranstaltungen an,

darunter auch Leichtathletik-Wettkämpfe. Fußball und Basketball sind die beliebtesten Sportarten. Sportfans informieren sich am besten direkt bei den lokalen Clubs und Sportvereinen, über die englischsprachige Lokalpresse oder auf www.sportingreece.com.

BASKETBALL

Die größten Basketballspiele in Athen finden im **Stadion des Friedens und der Freundschaft** (Karte S. 183; ☎ 210 489 3000; Ethnarhou Makariou) in Palio Faliro statt.

Um Basketball wird allgemein kein großes Aufheben gemacht, daher sollte man Einheimische fragen oder sich auf der Webseite der **Hellenic Basketball Association** (www.esake.gr) umschauen.

FUSSBALL

Die besten griechischen Fußballvereine sind Panathinaikos Athen, AEK und Olympiakos Piräus. Alle drei Vereine haben schon in der europäischen Champions League gespielt.

In der Regel bekommt man die Tickets für wichtige Spiele an der Tageskasse vor

---

ATHENS SCHWULEN- & LESBENSZENE

In den letzten Jahren hat Athens Schwulen- und Lesbenszene etwas an Bedeutung gewonnen. Quer durch die Stadt haben neue Clubs für Schwule und Lesben aufgemacht, vor allem Dingen in und rund um die Stadtviertel Gazi, Psiri und Metaxourghio. Seit 2005 findet im Juni in Athen eine alljährliche Parade statt, die mit Festlichkeiten rund um den Klafthmonosplatz einhergeht. Gazi sieht einem Schwulen- und Lesbendorf schon sehr ähnlich, jedoch führt die Szene insgesamt noch ein gewisses Schattendasein.

Den besten Einstieg in die Nacht bietet das **Blue Train** (Karte S. 121; ☎ 210 346 0677; www.bluetrain. gr; Leoforos Konstantinoupoleos, Gazi) in Gazi an der Bahnstrecke mit einem Club im Obergeschoss. Das **Sodade** (Karte S. 121; ☎ 210 346 8657; www.sodade.gr; Triptolemou 10, Gazi) zieht junges Club-Publikum an. Das **BIG** (Karte S. 121; ☎ 6946282845; Falesias 12, Gazi) hingegen hat sich zum pulsierenden Drehkreuz der Athener Szene entwickelt.

Im **Magaze** (Karte S. 124–125; ☎ 210 324 3740; Eolou 33, Monastiraki) mit Ausblick auf die Akropolis tummeln sich zu jeder Tageszeit Gäste. Draußen stehen Tische, nach Sonnenuntergang verwandelt es sich in eine belebte Bar.

Etablierte Szene-Bars und Clubs befinden sich in Makrygianni. Dazu gehören auch der alte Klassiker **Granazi** (Karte S. 128; ☎ 210 924 4185; Lembesi 20, Makrygianni) und der betriebsame **Lamda Club** (Karte S. 128; ☎ 210 942 4202; Lembesi 15, Ecke Leoforos Syngrou, Makrygianni) mit drei Ebenen.

Das **Mirovolos** (Karte S. 121; ☎ 210 522 8806; Giatrakou 12, Metaxourghio), eine Mischung aus Café, Bar und Restaurant, ist ein beliebter Treffpunkt für Lesben.

Am Limanakia-Strand unterhalb der Felsbuchten nahe Varkiza befindet sich ein beliebter Treffpunkt für Schwule. Dorthin kommt man mit der Straßenbahn oder dem Expressbus A2/E2 nach Glyfada; dann in den Bus 115 oder 116 umsteigen und bis zur Haltestelle B fahren.

Infos gibt's in Englisch unter www.athensinfoguide.com/gay oder unter www.gay.gr (auf Griechisch); an den *periptera* (Kioske) in der Stadt ist die Broschüre *Greek Gay Guide* erhältlich.

Ort. Große Spiele finden im Olympiastadion in Marousi und im Karaiskaki-Stadion in Piräus statt, dem besten Fußballstadion des Landes. Informationen über die griechischen Fußball und Veranstaltungen findet man auf den Vereinswebseiten und auf www.greeksoccer.com. Einige Tickets können nen im Internet unter www.tickethour.gr gebucht werden.

LEICHTATHLETIK

Der jährliche **Athen-Marathon** (www.athensclas sicmarathon.gr) findet am ersten Sonntag im November statt und endet im historischen Marmorstadion (S. 142). Auf der historischen 42 km langen Strecke messen sich über 3000 Läufer aus der ganzen Welt. Im Jahr 490 v. Chr. lief der berühmten Legende nach Pheidippides vom Schlachtfeld in Marathon bis nach Athen, um die Nachricht vom Sieg über die Perser zu überbringen – danach brach er zusammen und starb an Erschöpfung.

SHOPPEN

Die Innenstadt von Athen ist ein einziges, pulsierendes Konsumparadies mit einer vielfältigen Auswahl an Geschäften und besonderen Einkaufszeilen. Die Ermou, die Fußgängerzone zwischen Syntagma und Monastiraki, ist die wichtigste Einkaufsmeile der Stadt mit Läden für jeden Geschmack.

Rund um Syntagma haben führende Designermarken aus aller Welt und Schmuckgeschäfte ihren festen Platz, angefangen mit dem Kaufhaus Attika an der verkehrsfreien Voukourestiou bis zu den Modeboutiquen von Kolonaki. Plaka und Monastiraki locken mit jeder Menge Souvenirläden und Streetwear. Die großen Kaufhäuser befinden sich an der Stadiou, die von Syntagma bis Omonia verläuft. Kifissia und Glyfada bieten hervorragende Einkaufsmöglichkeiten im Luxussegment.

Flohmärkte

Athens traditioneller Flohmarkt in Monastiraki (Karte S. 122–123) findet in heiterer Atmosphäre statt. Die Stände mit Antiquitäten, Möbeln und Sammlerstücken sind die ganze Woche über geöffnet und laden zum Stöbern ein. In den Straßen rund um den Bahnhof und an der Adrianou stellen fliegende Händler ihre Stände auf – meist

mit Schmuck, Kunsthandwerk und Schnickschnack.

Der große Sonntagsflohmarkt (Karte S. 121) findet inzwischen am Ende der Ermou kurz vor Gazi statt. Hier preisen fliegende Händler ab dem Morgengrauen ihre Waren an. Mit etwas Glück sind gute Schnäppchen drin; dann finden sich unter dem Ramsch auch interessante Sammlerstücke und herrlicher Kitsch – kurzum ein Ort, um herauszufinden, wie gut man im Feilschen ist. Der Markt dauert bis etwa 14 Uhr.

Spezialitäten

Im farbenfrohen Zentralmarkt (S. 164) hat man beim Anblick der köstlichen Lebensmittel die Qual der Wahl.

Mesogaia (Karte S. 122–123; ☎ 210 322 9146; Ecke Nikis & Kydathineon, Plaka) Der kleine Laden bietet eine wunderbare Vielfalt der feinsten Erzeugnissen des Landes – als da sind köstliche Käsesorten, Kräuter, Honig, verschiedene Schinken, Olivenöl und Wein.

To Pantopoleion (Karte S. 124–125; ☎ 210 323 4612; Sofokleous 1, Omonia) Der geräumige Laden verkauft traditionelle Lebensmittel aus ganz Griechenland – von Kapern aus Santorin bis zu exklusiven Olivenölen und Zwieback aus Kreta. Gefäße mit Süßigkeiten und anderen essbaren Souvenirs sowie ein breites Angebot an griechischen Weinen und Schnäpsen warten auf ihre Abnehmer.

Traditionelles Kunsthandwerk & Souvenirs

Amorgos (Karte S. 122–123; ☎ 210 324 3836; www. amorgosart.gr; Kodrou 3, Plaka; ☺ Mo–Fr 11–15 & 18–20, Sa 11–15 Uhr) In dem reizenden Geschäft sammeln sich griechische Volkskunst, Plunder, Keramik und Stickereien. Der Eigentümer stellt geschnitzte Möbel her, seine Frau führt zusammen mit der Tochter den Laden.

Centre of Hellenic Tradition (Karte S. 122–123; ☎ 210 321 3023; Pandrosou 36, Plaka; ☺ 10–19.30 Uhr) Über eine Treppe geht's in den oberen Bereich einer Arkade. Dort trifft man auf tolle Beispiele traditioneller Keramik, Skulpturen und Kunsthandwerk aus allen Regionen Griechenlands. Im Erdgeschoss befinden sich eine herrliche ouzerie und eine Galerie.

Melissinos Art (Karte S. 122–123; ☎ 210 321 9247; www.melissinos-art.com; Agias Theklas 2, Psiri; ☺ Mo–Sa 10–20, So 10–19 Uhr) Der Künstler Pantelis Melissinos führt die Tradition seines berühmten Vaters Stavros – eines Poeten und Sandalenmachers – fort. Melissinos hatte schon die Beatles, Rudolf Nurejew, Sophia Loren und Jackie Onassis als Kunden. Sein Atelier ist die beste Adresse für authentische, handgemachte Ledersandalen im Stil der griechischen Antike (25 bis 29 €); sie werden auf Bestellung angefertigt.

Greece Is For Lovers (Karte S. 128; ☎ 210 924 5064; www.greeceisforlovers.com; Karyatidon 13a, Makrygianni; ⊗ Mo–Fr 10–18, Sa 11–15 Uhr) Dieses Ladenkonzept haben sich pfiffige Designer ausgedacht. Das Sortiment besteht aus griechischem Kitsch – angefangen bei Hanteln in Form korinthischer Säulen bis hin zu gehäkelten iPod-Hüllen und Kerzen mit Aphrodite-Büste. Interessant ist auch das riesige griechische Sandalen-Skateboard.

Musik

Metropolis Music (Karte S. 124–125; ☎ 210 383 0804; Panepistimiou 64, Omonia) Dieses größere Musikgeschäft führt ein breites Sortiment an griechischen und internationalen CDs; es gibt Abteilungen für besondere Musikrichtungen. Ein paar Hausnummern weiter befindet sich ein Musikladen nur für griechische Musik. Außerdem gibt's hier einen Kartenvorverkauf für Konzerte.

Xylouris (Karte S. 124–125; ☎ 210 322 2711; www.xilouris.gr; Arkade, Panepistimiou 39, Panepistimio) Diese Fundgrube für Musik wird vom Sohn und von der Witwe der kretischen Legende Nikos Xylouris geführt. Georgios ist eine unerschöpfliche Informationsquelle rund um die griechische Musik, führt also seine Kunden fachmännisch durch das vielfältige Repertoire traditioneller und moderner Klänge des Landes – dazu gehören ausgewählte und seltene Aufnahmen sowie bunte Weltmusik. Traditionelle griechische Musik ist auch im neuen Spezialgeschäft erhältlich, das sich im Museum für griechische Volksinstrumente (S. 148) befindet.

AN- & WEITERREISE
Auto & Motorrad

Dank der neuen Attiki Odos, der modernisierten Nationalstraße (Ethniki-Odos) und verschiedener Ringstraßen ist es für Selbstfahrer einfacher geworden, stadtein- und auswärts zu kommen.

Am äußersten Ende der Leoforos Syngrou, nahe dem Tempel des Olympischen Zeus reiht sich eine Autoverleihfirma an die andere. Griechische Unternehmen haben oft günstigere Preise als internationale Branchengrößen. Es lohnt sich also, alle einmal abzuklappern, um den besten Preis zu bekommen. Der Durchschnittspreis für ein kleineres Auto liegt etwa bei 50 € pro Tag, bei einer Mietdauer von drei oder mehr Tagen sind die Tarife deutlich niedriger.

Athens Airport Car Rentals (☎ 210 965 2590; www.athensairport-car-rentals.com; Spata; ab 33 €)

Avis (Karte S. 128; ☎ 210 322 4951; Leoforos Vasilissis Amalias 48, Makrygianni; pro Tag ab 46 €)

Budget (Karte S. 128; ☎ 210 921 4771; Leoforos Syngrou 8, Makrygianni; pro Tag ab 40 €)

Europcar (Karte S. 128; ☎ 210 924 8810; Leoforos Syngrou 43, Makrygianni; pro Tag ab 45 €)

Hertz (Karte S. 128; ☎ 210 922 0102; Leoforos Syngrou 12, Makrygianni; pro Tag ab 90 €)

Kosmos (Karte S. 128; ☎ 210 923 4695; www.kosmoscarrental.com; Leoforos Syngrou 9; pro Tag ab 42 €)

Wer einen entsprechenden Führerschein hat und dem Athener Verkehr nervlich gewachsen ist, kann auch ein Mofa oder ein Motorrad mieten. **Motorent** (Karte S. 128; ☎ 210 923 4939; www.motorent.gr; Rovertou Galli 1, Makrygianni) bietet eine Auswahl an Motorrädern ab 50cm³ bis 250cm³ (in der Hochsaison liegen die günstigsten Preise bei 15,50 € pro Tag).

Bus

Athen hat zwei große KTEL-Busbahnhöfe für Überlandfahrten. Ab dem Terminal A, 7 km nordwestlich von Omonia fahren Busse zum Peloponnes, zu den Ionischen Inseln und in den Westen des Landes. Ab dem Terminal B, 5 km nördlich von Omonia, verkehren Busse nach Zentral- und Nordgriechenland sowie nach Euböa. Das **EOT-Büro** (S. 130) hat zwei verschiedene Inlands-Busfahrpläne.

TERMINAL A

Terminal A (außerhalb d. Karte S. 120; ☎ 210 512 4910; Kifisou 100) verdirbt eher den ersten Eindruck von Athen – insbesondere wenn man erst nach Mitternacht eintrifft, wenn der öffentliche Nahverkehr stillsteht. Mehr zu den Fahrpreisen steht auf S. 176. Was es mit der Taxi-Abzocke auf sich hat, wird auf S. 131 beschrieben. Ab dem Busbahnhof fährt Bus 051 in die Innenstadt (Kreuzung Zinonos/Menandrou, nahe Omonia) ab 5 Uhr früh jede Viertelstunde bis Mitternacht. Eine

Taxifahrt zum Syntagma-Platz sollte nicht mehr als 8 € kosten.

TERMINAL B

Terminal B (außerhalb d. Karte S. 120; ☎ 210 831 7153; Liosion 260, Kato Patisia) ist weniger chaotisch und viel praktischer als Terminal A, aber auch dort verkehren ab Mitternacht bis 5 Uhr keine öffentlichen Verkehrsmittel. Der Busbahnhof liegt an der Gousiou, einer Seitenstraße der Liosion 260. Bus 024 fährt am Haupteingang des Nationalgartens (Karte S. 122–123) an der Leoforos Vasilissis Amalias ab. An der Haltestelle KTEL-Praktoria bittet man den Fahrer, anzuhalten, damit man aussteigen kann. Ein Taxi ab dem Syntagma sollte unter 8 € kosten.

BUSBAHNHOF MAVROMATEON

Busse für Reiseziele im südlichen Attika fahren ab dem **Busbahnhof Mavromateon** (Karte S. 120; ☎ 210 880 8000; Ecke Leoforos Alexandras & 28 Oktovriou-Patision, Pedion Areos), etwa 250 m nördlich vom Archäologischen Nationalmuseum. Nach Rafina, Lavrio und Marathon fahren die Busse im nördlichen Bereich des Busbahnhofs Mavromateon ab (nur 150 m weiter nördlich).

Flugzeug

Der internationale Flughafen von Athen **Eleftherios Venizelos** (Karte S. 187; ☎ 210 353 0000; www.aia.gr) liegt 27 km östlich von Athen in Sparta.

Der hypermoderne Flughafen trägt seinen Namen zu Ehren eines führenden Politikers des 20. Jhs. Er bietet die üblichen Annehmlichkeiten wie Boutiquen und ein Transithotel. Wer besonders viel Zeit totzuschlagen hat, sollte das kleine archäologische Museum über der Abflugshalle im ersten Stock besuchen. Auf der Webseite des Flughafens stehen die aktuellen Ankunfts- und Abflugzeiten.

WICHTIGE BUSVERBINDUNGEN AB ATHEN

Wichtige Reiseziele ab Terminal A

Reiseziel	Dauer	Preis	Häufigkeit
Korfu*	9½ Std.	47,50 €	3-mal tgl.
Epidauros	2½ Std.	10,60 €	2-mal tgl.
Igoumenitsa	7½ Std.	40,40 €	4-mal tgl.
Kalavryta	3 Std.	15,10 €	2-mal tgl.
Lefkáda	5½ Std.	30,50 €	4-mal tgl.
Nafplio	2½ Std.	11,80 €	stündl.
Olympia	5½ Std.	26,90 €	2-mal tgl.
Patras	3 Std.	17 €	halbstündl.
Zakynthos*	6 Std.	30,70 €	4-mal tgl.

*inklusive Fährticket

Wichtige Reiseziele ab Terminal B

Reiseziel	Dauer	Preis	Häufigkeit
Agios Konstantinos	2½ Std.	14,70 €	stündl.
Delfi	3 Std.	13,60 €	6-mal tgl.
Halkida	1¼ Std.	6,20 €	halbstündl.
Karpenisi	4½ Std.	22,50 €	3-mal tgl.
Paralia Kymis	4½ Std.	13,80 €	2-mal tgl.
Trikala	4½ Std.	24 €	8-mal tgl.
Volos	4½ Std.	24,70 €	12-mal tgl.

Wichtige Busverbindungen ab Busbahnhof Mavromateon

Reiseziel	Dauer	Preis	Häufigkeit
Kap Sounion (Küstenstraße)	1½ Std.	5,20 €	stündl.
Lavrio Hafen	1½ Std.	4,40 €	halbstündl.
Marathon	1¼ Std.	3,40 €	stündl.
Rafina Hafen	1 Std.	2,20 €	halbstündl.

Auf S. 181 sind die Verbindungen mit öffentlichen Verkehrsmitteln von und zum Flughafen aufgeführt.

INLANDSFLÜGE

Die meisten Inlandsflüge laufen über **Olympic Air** (Karte S. 128; ☎ 801 144 444, 210 926 9111; www.olympicairlines.com; Leoforos Syngrou 96, Makrygianni). Olympic akzeptiert Buchungen übers Internet und betreibt Filialen in **Syntagma** (Karte S. 122–123; ☎ 210 926 4444; Filellinon 15) und **Omonia** (Karte S. 124–125; ☎ 210 926 7218; Kotopoulou 1).

Olympic Air bietet mehrere Flüge täglich nach Thessaloniki, Iraklion, Mykonos, Santorin, Rhodos und zu allen anderen griechischen Flughäfen an. Ein einfacher Flug kostet durchschnittlich zwischen 76 und 120 €; die Preise können je nach Reisezeit beträchtlich schwanken. Man sollte sich nach Sonderangeboten erkundigen und im Voraus buchen.

Aegean Airlines (☎ Reservierungen 801 112 0000, 210 626 1000; www.aegeanair.com) konkurriert auf den wichtigsten Inlandsstrecken mit Olympic. Die Fluglinie bietet Frühaufstehern die besten Schnäppchen und akzeptiert Online-Buchungen. Angeflogen werden täglich Thessaloniki, Iraklion, Rhodos, Mykonos, Santorin und Chania sowie einige Male pro Woche weitere Hauptreiseziele in Griechenland. Eine Filiale befindet sich in **Syntagma** (Karte S. 122–123; ☎ 210 331 5522; Othonos 15).

Athens Airways (☎ 8018014000; www.athensairways.com) fliegt täglich zu verschiedenen Reisezielen auf dem Festland und zu einigen Inseln, darunter Kreta, Mykonos, Rhodos, Santorin, Chios und Zakynthos.

Weitere Infos stehen auch im Kapitel Insel-Hopping (S. 859).

INTERNATIONALE FLÜGE

Infos über Auslandsflüge ab Athen stehen auf S. 839.

Schiff/Fähre

Die meisten Fähren, Tragflächenboote und Hochgeschwindigkeitskatamarane legen im großen Hafen von Piräus (S. 182) an. Piräus ist der geschäftigste Hafen in ganz Griechenland mit verwirrend vielen An- und Abfahrten zu verschiedenen Reisezielen. Es gibt täglich Fähren zu allen Archipeln außer zu den Ionischen Inseln und auf die Sporaden. Die Karte auf S. 183 zeigt, wo die Fähren ablegen.

Nach Euböa und zu den Kykladen verkehren auch kleine Fähren und Hochgeschwindigkeitsboote ab den kleineren Häfen Rafina (S. 188) und Lavrio (S. 188).

Abfahrtszeiten stehen auch täglich in der *International Herald Tribune* oder man sucht sich seine Verbindungen im Internet und bucht die Tickets online. In den Kapiteln zu den einzelnen Inseln stehen unter An- & Weiterreise die Details; nähere Auskunft zum Inselverkehr siehe im Kapitel Island-Hopping (S. 855).

Nach Kreta gibt es zwei verschiedene Ablegestellen in Piräus: die Fähren nach Iraklion stechen am westlichen Ende der Akti Kondyli in See, die Fähren zu den anderen Häfen auf Kreta legen dort aber auch gelegentlich an und ab. Fähren nach Rethymnon fahren ab Akti Miaouli; beim Ticketkauf also unbedingt auf den jeweiligen Hafen achten!

Die meisten Tragflächenboote und Hochgeschwindigkeitskatamarane ab Piräus zu den Inseln im Saronischen Golf, zum Peloponnes und einer wachsenden Anzahl von Inseln der Kykladen betreibt **Hellenic Seaways** (Karte S. 183; ☎ 210 419 9000; www.hellenicseaways.gr; Ecke Akti Kondyli & Elotikou, Großer Hafen). Eine weitere Fährgesellschaft ist **Aegean Speedlines** (☎ 210 969 0950; www.aegeanspeedlines.gr).

Wer noch mehr wissen will, wendet sich an die **Hafenverwaltung Piräus** (☎ 1441; www.olp.gr).

TICKETS

Reisebüros, die Fährtickets verkaufen, gibt es in großer Anzahl rund um die Plateia Karaïskaki in Piräus sowie in den Häfen Rafina und Lavrio. Normalerweise gibt es die Tickets auch noch direkt am Schalter am Kai, direkt neben der jeweiligen Fähre. Auch wenn manche Agenten das Gegenteil behaupten, sind die Tickets an Bord nicht teurer.

Zug

Die Intercity-Züge nach Zentral- und Nordgriechenland fahren ab dem zentralen Bahnhof Larisis (Karte S. 120) ab, der etwa 1 km nordwestlich des Omoniaplatzes (Metrolinie 2) liegt – auf S. 837 stehen Infos zu internationalen Zugverbindungen.

Zum Peloponnes fährt die S-Bahn nach Kiato, dort steigt man auf andere OSE-Züge

ATHEN & ATTIKA

ZÜGE ZUM PELOPONNES

Reiseziel	Dauer	Preis	Häufigkeit
Korinth (S-Bahn)	1 Std. 20 Min.	6 €	13-mal tgl.
Kiato (S-Bahn)	1 Std. 40 Min.	8 €	13-mal tgl.
Kiato-Diakofto*	1¾ Std.	4,90 €	2-mal tgl.
Kiato-Diakofto (IC)	2½ Std.	4,40 €	2-mal tgl.
Diakofto-Kalavryta*	1 Std. 5 Min.	9,50 €	3-5-mal tgl.
Kiato-Patras	2 Std.	6,90 €	5-mal tgl.
Kiato-Patras (IC)	1 Std. 40 Min..	6,90 €	4-mal tgl.
Kiato-Pyrgos (IC)	3 Std. 20 Min.	11 €	3-mal tgl.
Pyrgos-Olympia	30 Min.	1 €	2-mal tgl.

*ab Kiato, Umsteigen in langsame Züge bzw. IC-Verbindungen

ZÜGE NACH NORDGRIECHENLAND & EUBÖA

Reiseziel	Dauer	Preis	Häufigkeit
Alexandroupolis	12 Std. 20 Min.	49 €	2-mal tgl.
Alexandroupolis (IC)	10 Std. 5 Min.	71 €	2-mal tgl.
Halkida	1½ Std.	5 €	17-mal tgl.
Thessaloniki	6 Std.	28 €	5-mal tgl.
Thessaloniki (IC)	5 Std.	36 €	4-mal tgl.
Thessaloniki (IC Express)	4 Std. 20 Min.	48 €	2-mal tgl.
Volos (IC)	4 Std. 40 Min.	28,20 €	1-mal tgl.

um. Ein neues Bahndrehkreuz (SKA) soll etwa 20 km nördlich der Stadt entstehen.

In den **OSE-Büros** (☎ 1110; www.ose.gr; ☼ 24 Std.) in **Omonia** (Karte S. 124–125; ☎ 210 529 7005; Karolou 1; ☼ Mo–Fr 8–15 Uhr) und **Syntagma** (Karte S. 124–125; ☎ 210 362 4405; Sina 6; ☼ Mo–Sa 8–15 Uhr) können Bahntickets vorab gebucht werden.

UNTERWEGS VOR ORT
Auto & Motorrad
Obwohl die Metro, die Attiki Odos und ein System neuer Ringsstraßen die obligatorischen Verkehrstaus etwas eingedämmt haben, kann die Fahrt in die Innenstadt immer noch zum Alptraum werden: dichter Verkehr, verwirrende Beschilderung, ungeduldige Fahrer und viele Einbahnstraßen machen Fahrten in Athen zum Abenteuer.

Athener Autofahrer verstehen Verkehrsregeln und Parkverbote eher als Aufforderung für Kavaliersdelikte. Die Parkplätze und Parkhäuser reichen längst nicht für alle Autos der Stadt (über zwei Millionen in Attika); daher sind Athener sehr rücksichtlos und kreativ im Aufspüren von Parkmöglichkeiten. Tatsächlich ist es verboten, an gelb markierten Straßenrändern, auf dem Gehweg oder in einer Fußgängerzone zu parken – Athener halten sich aber nicht daran. Die Tickets für die Parkplätze sind an Kiosken erhältlich.

Hinweise zu Autovermietungen in Athen stehen auf S. 175.

Öffentliche Verkehrsmittel
Athen verfügt über ein gut ausgebautes und preiswertes System öffentlicher Verkehrsmittel: Es gibt Busse, Metro (U-Bahn), Oberleitungsbusse und Straßenbahn.

Die **Athener Verkehrsgesellschaft** (OASA) ☎ 185; www.oasa.gr; Metsovou 15, Exarchia/Mouseio; ☼ Mo–Fr 6.30–22.30, Sa & So 7.30–22.30 Uhr) kann bei den meisten Anfragen helfen. Netzpläne können von der Webseite heruntergeladen werden, sind aber auch am Flughafen, an (Bus-)Bahnhöfen und am Hauptsitz der Gesellschaft nahe dem Archäologischen Nationalmuseum erhältlich.

Das 1-Euro-Ticket gilt für eine Fahrtdauer von 90 Minuten im gesamten öffentlichen Nahverkehr einschließlich der S-Bahn (außer Fahrten zum Flughafen). Daneben gibt es ein 3-Euro-Ticket, das 24 Stunden gilt, sowie ein 10-Euro-Wochen-Ticket (beide gelten nicht für die Flughafenstrecke). Für Touristen gibt es neuerdings 15-Euro-Tickets (s. Kasten S. 180).

ATHENS METRO-SYSTEM

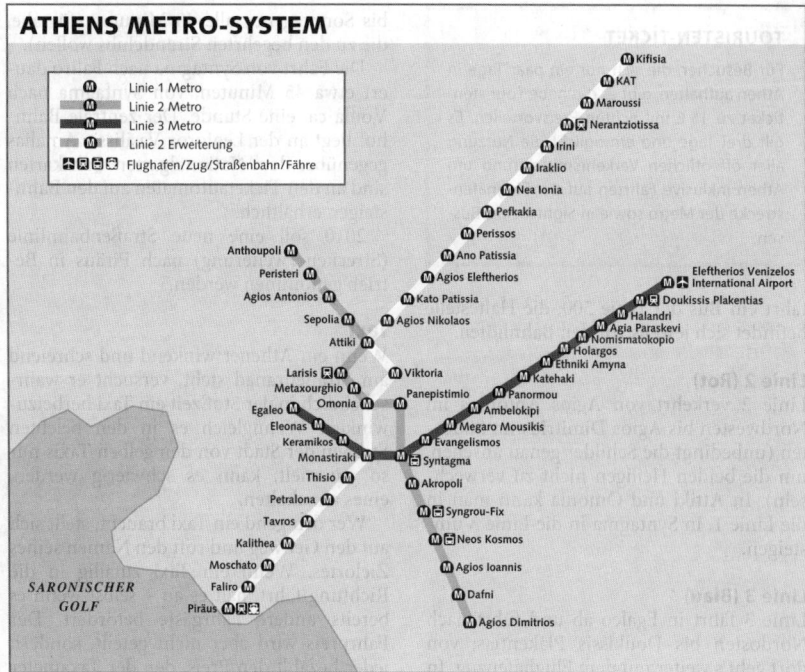

	Linie 1 Metro
	Linie 2 Metro
	Linie 3 Metro
	Linie 2 Erweiterung
	Flughafen/Zug/Straßenbahn/Fähre

Kifisia
KAT
Maroussi
Nerantziotissa
Irini
Iraklio
Nea Ionia
Pefkakia
Anthoupoli
Perissos
Peristeri
Ano Patissia
Agios Antonios
Agios Eleftherios
Eleftherios Venizelos International Airport
Kato Patissia
Doukissis Plakentias
Sepolia
Agios Nikolaos
Halandri
Attiki
Agia Paraskevi
Nomismatokopio
Larisis
Holargos
Viktoria
Ethniki Amyna
Metaxourghio
Panepistimio
Katehaki
Egaleo
Omonia
Panormou
Eleonas
Ambelokipi
Keramikos
Megaro Mousikis
Monastiraki
Evangelismos
Thisio
Syntagma
Akropoli
Petralona
Syngrou-Fix
Tavros
Neos Kosmos
Kalithea
Moschato
Agios Ioannis
Faliro
Dafni
SARONISCHER GOLF
Piräus
Agios Dimitrios

Für Kinder unter sechs Jahren sind alle Fahrten im öffentlichen Verkehrsnetz kostenlos, Fahrgäste unter 18 und über 65 zahlen nur den halben Ticketpreis.

Kontrolleure in Zivilkleidung machen immer wieder Stichproben und kassieren auf der Stelle eine Geldstrafe (zwischen 30 und 72 € oder bis zu 60-mal den Fahrkartenpreis), wenn sie Fahrgäste ohne gültige Karte erwischen.

BUS & OBERLEITUNGSBUS

Die blau-weißen Express- und Linienbusse fahren viertelstündlich zwischen 5 Uhr früh und Mitternacht. Busse zwischen dem Stadtzentrum von Athen und Piräus verkehren zwischen 6 Uhr und Mitternacht alle 20 Min., sonst stündlich. Die O-Busse fahren zwischen 5 Uhr und Mitternacht. Im kostenlosen OASA-Plan sind die meisten Routen eingetragen.

Tickets (1 €) für Busse und O-Busse sind an entsprechenden Verkaufsstellen oder Straßenkiosken erhältlich, die hier *periptera* heißen. Die Fahrkarten werden im Bus entwertet.

METRO

Das expandierende und zeitsparende U-Bahnsystem der **Metro** (www.ametro.gr) hat den Nahverkehr im Zentrum Athens völlig verändert. Heute kommt man schneller und leichter von A nach B. Allein die U-Bahn-Stationen sind eine Attraktion, denn meist sind dort Fundstücke von Ausgrabungsarbeiten zu sehen oder auch Beispiele moderner Kunst. In den nicht klimatisierten Zügen und an den Bahnhöfen kann es im Sommer drückend heiß sein. Alle Verkehrsmittel sind für Rollstuhlfahrer barrierefrei.

Die Tickets müssen an den Automaten am Eingang zu den Bahnsteigen entwertet werden. Die Metro fährt zwischen 5 Uhr bis kurz nach Mitternacht. In den Stoßzeiten verkehrt sie im 3-Minuten-Takt, sonst alle 10 Minuten.

Linie 1 (Grün)

Von der alten Linie Kifissia–Piräus kann man an den Bahnhöfen Omonia und Attiki in die Linie 2 umsteigen, in Monastiraki in die Linie 3. In Nerantziotissa ist das Umsteigen in die S-Bahn möglich. In der Nacht

TOURISTEN-TICKET

Für Besucher, die sich nur ein paar Tage in Athen aufhalten, gibt es das neue Touristenticket zu 15 € mit echten Preisvorteilen. Es gilt drei Tage und ermöglicht die Nutzung aller öffentlichen Verkehrsmittel rund um Athen inklusive Fahrten auf der Flughafenstrecke der Metro sowie in Sightseeing-Bussen.

fährt ein Bus der Linie 500; die Haltestelle befindet sich jeweils vor den Bahnhöfen.

Linie 2 (Rot)

Linie 2 verkehrt von Agios Antonios im Nordwesten bis Agios Dimitrios im Südosten (unbedingt die Schilder genau ansehen, um die beiden Heiligen nicht zu verwechseln). In Attiki und Omonia kann man in die Linie 1, in Syntagma in die Linie 3 umsteigen.

Linie 3 (Blau)

Linie 3 fährt in Egaleo ab und führt nach Nordosten bis Doukissis Plakentias; von dort geht's weiter mit dem Flughafenzug. In Monastiraki kann man in die Linie 1 umsteigen, in Syntagma in die Linie 2.

SCHNELLBAHN

Eine schnelle und bequeme **S-Bahn** (☎ 1110; www.trainose.com ; ⏲ 24 Std.) verbindet Athen mit dem Flughafen, Piräus, den Vorstädten und dem nördlichen Peloponnes. An den Haltestellen Larisis, Doukissis Plakentias und Nerantziotissa kann man in die Metro umsteigen. Die Strecke vom Flughafen bis Kiato dauert 1¾ Std. und kostet 10 €. Das Gesamtnetz soll nach Abschluss des Ausbaus einmal 281 km betragen; es verbindet dann Athen mit Thiva, Lavrio, Rafina und Chalkida.

STRASSENBAHN

Die Athener **Straßenbahn** (www.tramsa.gr) fährt auf einer malerischen Route die Küste entlang über Glyfada bis nach Faliro und Voula; sie gehört allerdings nicht zu den schnellsten Verkehrsmitteln.

Sie verkehrt von Montag bis Donnerstag zwischen 5 und 1 Uhr alle 10 Minuten auf den Strecken Syntagma–Faliro, Syntagma–Voula und Faliro–Voula, von Freitagabend

bis Sonntag nur alle 40 Minuten (für alle, die zu den begehrten Strandclubs wollen).

Die Fahrt von Syntagma nach Faliro dauert etwa 45 Minuten, von Syntagma nach Voula ca. eine Stunde. Der zentrale Bahnhof liegt an der Leoforos Vasilissis Amalias gegenüber dem Nationalgarten. Fahrkarten sind an den Ticketautomaten auf den Bahnsteigen erhältlich.

2010 soll eine neue Straßenbahnlinie (Streckenerweiterung) nach Piräus in Betrieb genommen werden.

Taxi

Wenn ein Athener winkend und schreiend am Straßenranad steht, versucht er wahrscheinlich in der Stoßzeit ein Taxi herbeizuwinken. Wenngleich es in den belebten Straßen der Stadt von den gelben Taxis nur so wimmelt, kann es schwierig werden, eines anzuhalten.

Wer dringend ein Taxi braucht, stellt sich auf den Gehweg und ruft den Namen seines Zielortes. Wenn ein Taxi zufällig in die Richtung fährt, hält es an – selbst wenn es bereits andere Fahrgäste befördert. Der Fahrpreis wird aber nicht geteilt, sondern jeder bezahlt den Preis, den der Taxameter anzeigt (also unbedingt merken, bei welcher Summe man zugestiegen ist!).

Der Taxameter muss eingeschaltet werden, wenn man einsteigt. Die Grundgebühr beträgt 1,05 €, dazu kommt ein Zuschlag von 0,95 € für Fahrten ab dem Hafen sowie Bahnhöfen oder Busbahnhöfen aus. Ab dem Flughafen gilt ein Zuschlag von 3,40 €. Danach beträgt die Gebühr (Tarif 1 auf dem Taxameter) 0,60 € pro Kilometer. Der Nachttarif (Tarif 2 am Taxameter) zwischen Mitternacht and 5 Uhr früh liegt bei 1,05 € pro Kilometer. Für Gepäckstücke über 10 kg wird ein Aufschlag von 0,35 € pro Koffer berechnet. Die Mindestgebühr liegt bei 2,80 €. Die meisten Fahrten innerhalb der Athener Innenstadt sollten um die 4 € kosten.

Funktaxis verlangen 1,70 € extra. Folgende Taxiunternehmen kommen in Frage:
Athina 1 (☎ 210 921 2800)
Enotita (☎ 801 115 1000)
Ikaros (☎ 210 515 2800)
Kosmos (☎ 18300)
Parthenon (☎ 210 532 3000)
Mehr praktische Infos rund um Athener Taxifahrer s. S.131.

Vom/zum Flughafen

Die Fahrten vom und zum Flughafen sind, seit es die Metro und Schnellbahn-Verbindungen gibt, deutlich einfacher und schneller geworden. Die günstigste Alternative ist eine Fahrt mit dem Bus, was allerdings auch länger dauert. Nach Piräus gibt es eine S-Bahn-Verbindung.

BUS

Expressbusse verkehren rund um die Uhr zwischen dem Flughafen, dem Stadtzentrum, Piräus und den KTEL-Busbahnhöfen.

Buslinie X92 fährt zwischen dem Flughafen und der Vorstadt Kifissia (Fahrtdauer ca. 45 Min.), Abfahrt jede Dreiviertelstunde bzw. jede volle Stunde täglich.

Bus X93 pendelt zwischen dem Flughafen und der Bushaltestelle am Terminal B (Kifisos). Die Fahrt dauert ca. 60 Minuten, der Bus fährt den ganzen Tag hindurch jede halbe Stunde.

Bus X94 verkehrt zwischen dem Flughafen und der Metrostation Ethniki Amyna (ca. 25 Min.). Die Abfahrten sind alle 10 Minuten zwischen 7.30 und 22.30 Uhr.

Bus X95 fährt rund um die Uhr zwischen dem Flughafen und Syntagma (Abfahrt alle 30 Min.). Die Fahrt dauert etwa eine Stunde, je nach Verkehrslage. Die Haltestelle am Syntagma ist in der Othonos.

Bus X96 verkehrt rund um die Uhr zwischen dem Flughafen und der Plateia Karaiskaki in Piräus (90 Min.). Die Busse fahren alle 20 Minuten.

Bus X97 pendelt zwischen dem Flughafen und der Metrostation Dafni (ca. eine Stunde); der Bus fährt ganztägig alle 30 Minuten.

Die Busfahrkarten (3,20 €) gelten nicht für andere Verkehrsmittel.

METRO

Die Metroverbindung zum Flughafen ab Monastiraki ist keine Expresslinie – das Zusteigen ist also an jeder Haltestelle entlang der Linie 3 möglich. Beim Einsteigen aufpassen, dass es auch wirklich die Flughafenlinie ist (wird im Zug oder auch am Bahnsteig angezeigt). Alternativ fährt jeder Zug bis zur Metrostation Doukissis Plakentias, an der ein Umsteigen in die Flughafenlinie möglich ist.

Zwischen 5.50 Uhr früh und Mitternacht verkehren die Züge ab Monastiraki halbstündlich; die Flughafenlinie fährt zwischen 5.30 und 22.30 Uhr.

Eine einfache Metrofahrt bis zum Flughafen kostet für Erwachsene 6 €, eine Rückfahrkarte kostet 10 € (das Ticket ist allerdings nur 48 Stunden gültig). Bei zwei oder mehr Passagieren kostet die Fahrt 5 € für jeden; es lohnt sich also Gemeinschaftstickets zu kaufen (das Gleiche gilt auch für S-Bahnen). Das Flughafenticket gilt 90 Minuten lang auch für andere öffentliche Verkehrsmittel. Wer diese Fahrtdauer überschreitet, muss seine Karte im zuletzt benutzten Verkehrsmittel noch einmal stempeln, um zu zeigen, dass er sich immer noch auf der gleichen Fahrt befindet.

SCHNELLBAHN

S-Bahnen verkehren ab dem Hauptbahnhof Athen (Larisis). In Ano Liosia oder ab Nerantziotissa kann man in die Flughafenlinie umsteigen (Metrolinie 1 ab Metrostation Doukissis Plakentias). Die Züge zum Flughafen fahren von 6 Uhr bis Mitternacht, in entgegengesetzter Richtung zwischen 5.30 und 22.30 Uhr. Die Fahrt dauert 38 Minuten und die Züge verkehren alle 15 Min. ab Nerantziotissa. Die S-Bahn hat die gleichen Tarife wie die Metro, die Rückfahrkarte ist jedoch noch einen Monat lang gültig.

S-Bahnen verkehren auch vom Flughafen nach Piräus (Umsteigen in Nerantziotissa) und nach Kiato auf dem Peloponnes (über Korinth).

TAXI

Leider kommt es bei einer Taxifahrt vom Flughafen oft zu Streitigkeiten wegen der Fahrtkosten (siehe S. 17).

Beim Einsteigen unbedingt darauf achten, dass der Tarif richtig eingestellt ist. Eine Fahrt zum Flughafen ist verbunden mit einem Aufschlag von 3,40 € und einem Mautzuschlag von 2,70 € sowie 0,35 € für jedes Gepäckstück über 10 kg. Je nach Verkehr fallen die Taxikosten immer mal anders aus. Normalerweise kostet eine Fahrt vom Flughafen bis ins Stadtzentrum 25 bis 30 € und bis Piräus 30 €. Die meisten Fahrer rechnen ein Trinkgeld mit ein – also besser die Quittung überprüfen, bevor man noch einmal Trinkgeld gibt. Beide Fahrten sollten nicht länger als eine Stunde dauern. Wer Probleme hat, sollte nicht zögern, damit zu drohen, die Polizei einzuschalten.

PIRÄUS ΠΕΙΡΑΙΑΣ

175 697 Ew.

Piräus ist der Haupthafen Griechenlands und der größte Hafen am Mittelmeer; jährlich werden hier über 20 Mio. Passagiere abgefertigt. Die Stadt dient als Drehscheibe für den Fährverkehr in der Ägäis, ist das Zentrum des griechischen Im- und Exports auf dem Seeweg und Heimathafen einer großen Handelsflotte. War Piräus früher noch eine eigenständige Stadt, ist sie heute beinahe ein Vorort von Athen, dessen Randgebiete sich immer weiter ausdehnen und fast mit Piräus verschmelzen.

Piräus kann so hektisch und verstopft sein wie Athen. Vor den Olympischen Spielen wurde die Küstenpromenade herausgeputzt – entlang der antiken Stadtmauer rund um den Hafen wurde sie dreispurig angelegt.

In Piräus selbst halten sich nur wenige Touristen länger auf; die meisten kommen nur, um mit einer Fähre möglichst schnell das Gewirr an Busbahnhöfen und Terminals hinter sich zu lassen. Hinter den Fassaden der Schifffahrtsagenturen, Banken und prächtigen öffentlichen Bauten hat sich Piräus – abgesehen von den etwas abgewirtschafteten Vierteln mit Wohn- und Industriebauten – größtenteils in ein interessantes Mischmasch aus modernisierten Fußgängerzonen, Einkaufszeilen, Restaurants und Cafés gewandelt.

Der attraktivste Teil von Piräus ist das östliche Viertel rund um Zea Marina (Freizeithafen) und der pittoreske, wenn auch von Touristen überlaufene Hafen von Mikrolimano. Auf der Seeseite reihen sich Restaurants, Bars und Nachtclubs aneinander. In dem charmanten Wohnviertel Kastella auf dem Hügel über Mikrolimano und in den protzigen Wohnblocks mit Meerblick rund um Freatida wohnt das Geld.

GESCHICHTE

Piräus ist seit der Antike der Hafen Athens. Themistokles verlagerte die athenische Flotte aus dem gefährdeten Hafen Phaleron (heute Faliro) in die sichere Bucht von Piräus. Nach seinem Sieg über die Perser in der Schlacht von Salamis im Jahre 480 v. Chr. ließ Themistokles die drei Naturhäfen von Piräus befestigen. Perikles verlängerte die Mauern im Jahre 445 v. Chr. bis nach Athen und Phaleron. Diese Langen Mauern wurden nach dem Ende des Peloponnesischen Krieges auf Verlangen der Spartaner geschleift, aber 394 v. Chr. aufs Neue errichtet.

Während der Antike war Piräus ein florierender Handelshafen, bis ihm in der Römerzeit Rhodos, Delos und Alexandria den Rang abliefen. Im Mittelalter und zur Zeit der Türken versank Piräus in die Bedeutungslosigkeit. Als Griechenland unabhängig wurde, war Piräus ein winziges Fischerdorf mit weniger als 20 Einwohnern.

1834, als Athen zur Hauptstadt des unabhängigen Griechenlands wurde, begann der Wiederaufstieg. Zu Anfang des 20. Jhs. hatte Piräus die Insel Syros als wichtigsten Hafen Griechenlands abgelöst. Mit den 100 000 Griechen, die 1923 aus der Türkei vertrieben wurden, nahm die Zahl der Einwohner sprunghaft zu. Piräus wurde zu einer verkommenen Stadt mit Bordellen und Haschischhöhlen, aber auch mit einem gewissen romantischen Charme, der im griechischen Blues *rembetiko* zum Ausdruck kam – In dem Film „Sonntags … nie!" (1960) wird dies lebendig porträtiert.

ORIENTIERUNG

Piräus liegt 10 km südwestlich vom Stadtzentrum Athens. Im größten der drei Häfen (Megas Limin) an der Westseite der Halbinsel Piräus legen alle Fähren, Tragflächenboote und Katamarane ab. Die Häfen Zea Marina und Mikrolimano an der Ostseite sind privaten Yachten vorbehalten.

Metro- und Bahnlinien aus Athen enden an der Nordostecke des Großen Hafens auf der Akti Kalimassioti. Von hier aus erreicht man die meisten Fähren über die neue Fußgängerbrücke innerhalb weniger Gehminuten. Wer sich von der Metrostation nach links wendet, ist nach 250 m auf der Plateia Karaiskaki; hier fahren die Busse zum Flughafen ab. Einen Block weiter rechts liegt der Bahnhof der S-Bahn.

PRAKTISCHE INFORMATIONEN

Zum Geld wechseln gibt es jede Menge Möglichkeiten rund um den Großen Hafen, inklusive Geldautomaten. Hier gibt es auch kostenlosen WLAN-Zugang. An der Metrostation gibt es Schließfächer für die Gepäckaufbewahrung (3 €, gültig 24 Std.).

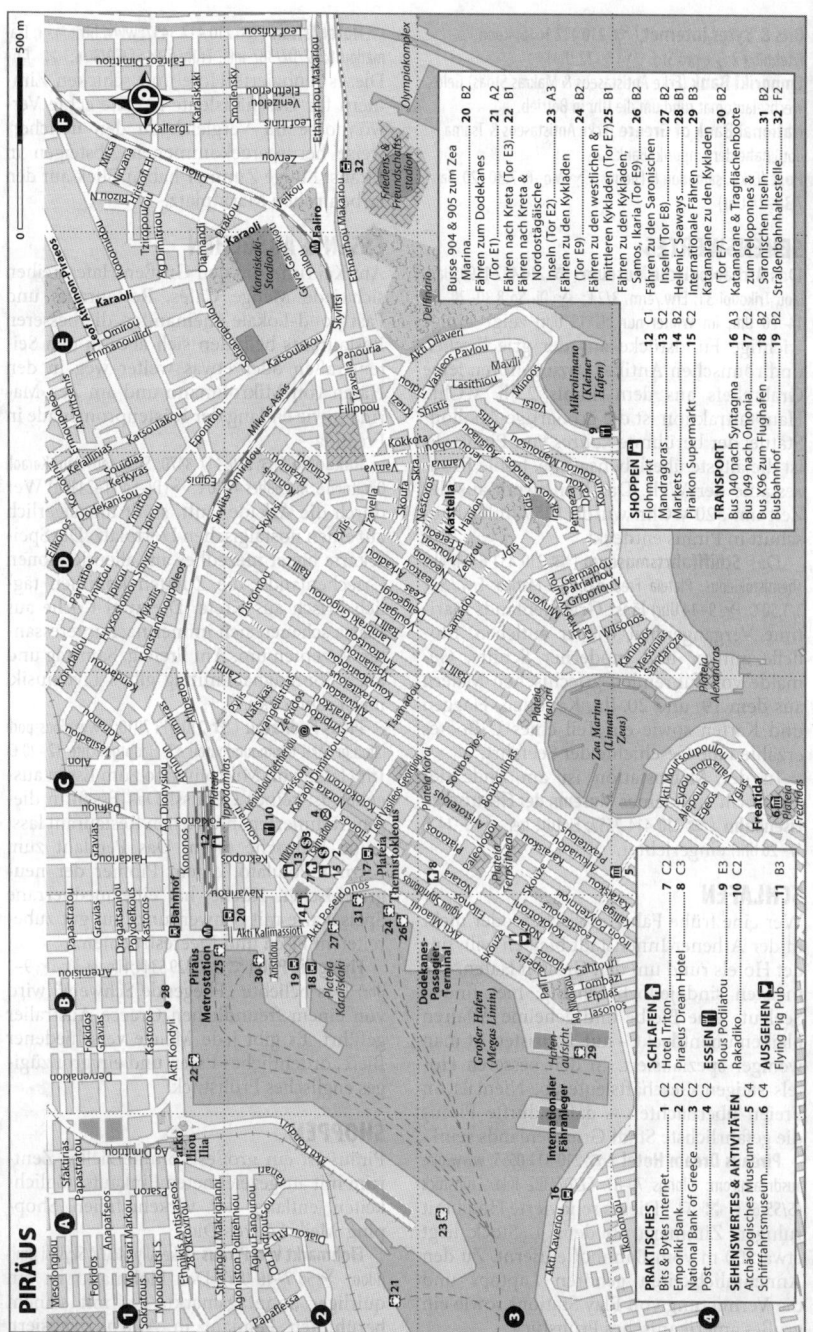

PIRÄUS

PRAKTISCHES

Bits & Bytes Internet	1 C2
Emporiki Bank	2 C2
National Bank of Greece	3 C2
Post	4 C2

SEHENSWERTES & AKTIVITÄTEN

Archäologis Museum	5 C4
Schifffahrtsmuseum	6 C4

SCHLAFEN

Hotel Triton	7 C2
Piraeus Dream Hotel	8 C3

ESSEN

Plous Podilatou	9 E3
Rakadiko	10 C2

AUSGEHEN

Flying Pig Pub	11 B3

SHOPPEN

Flohmarkt	12 C1
Mandragoras	13 C2
Markt's	14 B2
Pirakon Supermarkt	15 C2

TRANSPORT

Bus 040 nach Syntagma	16 A3
Bus 049 nach Omonia	17 C2
Bus X96 zum Flughafen	18 B2
Bustahnhof	19 B2
Busse 904 & 905 zum Zea Marina	20 B2
Fähren zum Dodekanes (Tor E1)	21 A2
Fähren nach Kreta (Tor E3)	22 B1
Fähren nach Kreta & Nordostägäische Inseln (Tor E2)	23 A3
Fähren zu den Kykladen (Tor E9)	24 B2
Fähren zu den westlichen & mittleren Kykladen (Tor E7)	25 B1
Fähren zu den Kykladen, Samos, Ikaria (Tor E9)	26 B2
Fähren zu den Saronischen Inseln (Tor E8)	27 B2
Hellenic Seaways	28 B1
Internationale Fähren	29 B3
Katamarane zu den Kykladen (Tor E7)	30 B2
Katamarane & Tragflächenboote zum Peloponnes & Saronischen Inseln	31 B2
Straßenbahnhaltestelle	32 F2

Bits & Bytes Internet (☎ 210 412 1615; Iroon Po-lytehniou 2; 3 € pro Std.; ☯ 8–22 Uhr)
Emporiki Bank (Ecke Antistaseos & Makras Stoas) Geldwechselautomat rund um die Uhr in Betrieb.
National Bank of Greece (Ecke Antistaseos & Tsamadou) nahe der Emporiki Bank.
Post (Ecke Tsamadou & Filonos; ☯ Mo–Fr 7.30–20, Sa 7.30–14 Uhr)

SEHENSWERTES

Das **Archäologische Museum** (☎ 210 452 1598; Harilaou Trikoupi 31; Erw./erm. 3/2 €; ☯ Di–So 8.30–20, Mo 14–20 Uhr, im Winter nur bis 15 Uhr) zeigt einige wichtige Fundstücke aus der griechischen und römischen Antike. Dazu gehören feine Grabreliefs aus dem 4. bis 2. Jh. v. Chr.. Hauptattraktion ist die großartige Apollon-Statue, der berühmte *kouros* von Piräus. Es ist die älteste überlebensgroße, hohle Bronzestatue der Welt. Das Kunstwerk aus der Zeit um 520 v. Chr. wurde 1959 unter Bauschutt in Piräus entdeckt.

Das **Schifffahrtsmuseum** (☎ 210 451 6264; Akti Themistokleous, Plateia Freatidas, Zea Marina; Erw./erm. 3/1,50 €; ☯ 9–14 Uhr) lässt Griechenlands maritime Vergangenheit wieder aufleben. Modelle antiker und moderner Schiffe, Gemälde von führenden griechischen Malern aus dem 19. und 20. Jh., Kanonen, Flaggen und Karten sowie ein Teil eines U-Bootes erzählen die Geschichte der Seefahrt.

In der Metrostation ist am Ende der Plattform ein kleines **Museum der Elektrischen Eisenbahn** (☎ 210 414 7552; Eintritt frei; ☯ 9–14 & 17–20 Uhr) eingerichtet.

SCHLAFEN

Wer eine frühe Fähre erwischen oder nicht in der Athener Innenstadt bleiben will, findet Hotels rund um den Großen Hafen. Die meisten sind jedoch schäbig; hier finden Seeleute eine Bleibe und geheime Affairen bleiben unentdeckt – auf Touristen ist man weniger spezialisiert. In den besseren Hotels steigen Geschäftsleute ab. Niemals im Freien übernachten – dafür dürfte Piräus die gefährlichste Stadt Griechenlands sein!

Pireaus Dream Hotel (☎ 210 411 0555; www.pireausdream.com; Filonos 79-81; EZ/DZ/3BZ inkl. Frühstück 45/55/65 €; ☯ 🖳) Dieses renovierte Hotel mit ruhigen Zimmern ab dem 4. Stock liegt etwa 500 m vom Bahnhof entfernt. Zu den Annehmlichkeiten gehören Laptops und die Vermietung von Play Stations sowie ein großes amerikanisches Frühstück.

Hotel Triton (☎ 210 417 3457; www.htriton.gr; Tsamadou 8; EZ/DZ/3BZ inkl. Frühstück 55/70/80 €; ☯ 🖳) Dieses renovierte Hotel mit schicken Zimmern für Geschäftsleute ist eine echte Verwöhnoase im Vergleich zu den üblicherweise heruntergekommenen Absteigen in Piräus. Einige Zimmer haben Blick auf den farbenfrohen Marktplatz.

ESSEN & AUSGEHEN

Am Kai rund um den Großen Hafen reihen sich jede Menge Cafés, Restaurants und Fast-Food-Lokale aneinander, die besseren Restaurants befinden sich aber in den Seitenstraßen oder etwas weiter weg in den Häfen von Mikrolimano und am Zea Marina sowie entlang der Küstenpromenade in Freatida.

Rakadiko (☎ 210 417 8470; Stoa Kouvelou, Karaoli Dimitriou 5; mezedhes 4–10 €; ☯ Di–So 11–24 Uhr) Wer durch die Arkade läuft, stößt unweigerlich auf einen nostalgischen Dorfplatz. Die Speisekarte bietet mezedhes aus allen Regionen Griechenlands, die Zutaten kommen täglich Frisch aus Kreta. Die zwei Köche aus Ikaria schauen sich immer nach interessanten Rezepten um. Am Freitag, Samstag und auch Sonntagnachmittag gibt's Livemusik, meist *rembetiko*.

Plous Podilatou (☎ 210 413 7910; www.plous-podilatou.gr; Akti Koumoundourou 42; Hauptgerichte 12–20 €) Im Hafen von Mikrolimano zum Essen zu gehen ist reiner Genuss! Das Essen in diesem raffinierten, modernen Restaurant lässt keine Wünsche offen. Das Pendant zum Kitrino Podilato, einem Pionier der neugriechischen Küche, hat eine mediterrane Speisekarte mit Schwerpunkt auf gut zubereitetem Fisch und Meeresfrüchten.

Flying Pig Pub (☎ 210 429 5344; Filonos 31; ☯ 9–1 Uhr) Das beliebte „Fliegende Schwein" wird von einem freundlichen Graeco-Australier geführt. Es gibt jede Menge verschiedener Biere, ordentliches Essen und ein großzügiges englisches Frühstück.

SHOPPEN

Piräus ist ein großes kommerzielles Zentrum mit ausgezeichneten Einkaufsmöglichkeiten entlang der verkehrsfreien Shopping-Meile Sotiros Dios.

Flohmarkt von Piräus (Ecke Alipedou & Skylitsi Omiridou; ☯ So 7–16 Uhr) Der Flohmarkt ist ein quirliger Sonntagsmarkt, der mit seinem berühmten Pendant in Athen rivalisiert.

Neben den Ständen, an denen Ramsch feilgeboten wird, findet sich hier Schmuck, Keramik und Antiquitäten. Der Markt befindet sich nahe der Plateia Ippodamias hinter der Metrostation. Antiquitätenjäger werden auch in den Straßen rund um den Markt fündig.

Mandragoras (☎ 210 417 2961; Gounari 14; ☺ Mo, Mi & Sa 8–16, Di, Do & Fr 8–20 Uhr) Im Herzen des zentralen Lebensmittelmarktes befindet sich diese tolle Delikatessenoase mit einer erlesenen Auswahl an Gourmetfreuden, angefangen mit Käse und fertig zubereiteten mezedhes bis hin zu Gewürzen, Olivenölen und Eingemachtem zum Mitnehmen.

In der Gegend gleich hinter der Akti Poseidonos kann man auch gut seine Vorräte ergänzen, bevor man auf die Fähre geht. Die **Märkte** (☺ Mo–Fr 6–16 Uhr) befinden sich an der Dimosthenous. Auch der **Supermarkt Piraikon** (Ippokratous 1; ☺ Mo–Fr 8–20, Sa 8–16 Uhr) gegenüber den Märkten ist eine gute Wahl.

AN- & WEITERREISE
Bus
Die Buslinien 040 und 049 verkehren rund um die Uhr zwischen Piräus und dem Stadtzentrum von Athen; zwischen 6 Uhr früh und Mitternacht fahren sie alle 20 Minuten, später stündlich. Bus 040 pendelt zwischen der Akti Xaveriou in Piräus und der Filellinon in Athen. Bus 049 verkehrt zwischen der Plateia Themistokleous in Piräus und Omonia in Athen.

Der Expressbus X96 Piräus–Flughafen Athen fährt in der südwestlichen Ecke der Plateia Karaiskaki ab.

Auf S. 130 stehen weitere Infos zu Fahrplänen für alle anderen Reiseziele in Griechenland.

Metro & S-Bahn
Die Metro ist die schnellste und einfachste Möglichkeit, von Piräus in die Athener Stadtmitte zu gelangen. Der Bahnhof befindet sich am nördlichen Ende der Akti Kalimassioti. Reisende sollten auf dieser Strecke besonders aufpassen, denn zwischen Piräus und Monastiraki sind bekanntermaßen Taschendiebe am Werk.

Piräus ist an die S-Bahn angebunden; der Bahnhof der S-Bahn befindet sich gegenüber der Metrostation. Wer zum Flughafen oder auf den Peloponnes fährt, steigt in Nerantziotissa um.

UNTERWEGS VOR ORT
Der Hafen ist riesengroß. Deshalb verkehrt ab der Metrostation regelmäßig ein kostenloser Bus zwischen den Fährterminals und den Passagierbahnhöfen.

Piräus hat sein eigenes Busverkehrsnetz. Die für Touristen interessanten Verbindungen dürften vor allem die Linien 904 und 905 zwischen Zea Marina und der Metrostation sein.

ATTIKA ΑΤΤΙΚΗ

Im Großraum Athen und Piräus leben die meisten Einwohner der Präfektur Attika. Die attische Ebene ist von Landwirtschaft und Weinbau geprägt; außerdem gibt es mehrere große Siedlungen. Die Region hat auch einige Strände, insbesondere entlang der Apollonküste und bei Shinias, nahe Marathon.

Bis ins 7. Jh. wurde Attika von einer Reihe kleinere Königreiche beherrscht, beispielsweise von Eleusis (Elefsina), Ramnous und Brauron (Vravrona). Die archäologischen Relikte dieser Städte bilden nach wie vor die Hauptattraktion der Region, verblassen jedoch neben dem herrlichen Poseidon-Tempel am Kap Sounion.

Viele dieser Sehenswürdigkeiten können mit einem der regelmäßig verkehrenden Stadtbusse erreicht werden; zu anderen fahren die KTEL-Busse ab dem Busbahnhof Mavromateon (S. 176).

KAP SOUNION ΑΚΡΩΤΗΡΙΟ ΣΟΥΝΙΟ
Poseidon-Tempel Ναός του Ποσειδώνα
Die gotterfürchtigen Griechen der Antike wussten sehr genau, wo die besten Standorte für ihre Tempel waren. Das ist nirgendwo deutlicher als am Kap Sounion, 70 km südlich von Athen. Der **Poseidon-Tempel** (☎ 22920 39363; Erw./erm. 4/2 €; ☺ 8–20 Uhr) steht auf einem Felsensporn, der 65 m tief ins Meer abfällt. Er wurde 444 v. Chr. erbaut, zur gleichen Zeit wie der Parthenon; möglicherweise von Itkinos, der auch den Hephaistos-Tempel in der antiken Agora in Athen erbaut hat. Der Tempel mit seinen schlanken dorischen Säulen – 16 davon sind erhalten – besteht aus dem heimischen Marmor von Agrilesa.

Vom Meer aus ist der weiß leuchtende Tempel von weither erkennbar. Die Seeleute der Antike nutzten ihn als Landmarke – wer ihn sah, durfte sicher sein, seine Heimat bald erreicht zu haben. Die Ausblicke vom Tempel aus sind nicht minder beeindruckend. An klaren Tagen schaut man bis Kea, Kythnos und Serifos im Südosten und bis Ägina und auf den Peloponnes im Westen. Am selben Standort sind auch die spärlichen Überreste eines Torturms (propylon) und im Nordosten ein Athene-Heiligtum aus dem 6. Jh. erhalten.

Am schönsten ist der Besuch am frühen Morgen vor dem Touristenandrang – oder zum Sonnenuntergang; dann kann man am besten die Stimmung des Gedichts *Don Juan* des englischen Dichters Lord Byron nachfühlen: „Stell mich auf Sounions Marmorkap, dass ich allein an öder See mit ihr betraure Hellas' Grab." Byron war von Sounion so überwältigt, dass er seinen Namen in eine der Säulen ritzte – wie leider auch viele andere nach ihm.

Direkt unterhalb des Tempels gibt es mehrere Tavernen. So lässt sich die Besichtigung mit einem Mittagessen oder einem Strandbesuch verbinden.

Von Athen aus fährt ein Bus quer durchs Binnenland, ein anderer entlang einer malerischen Küstenstraße bis zum Kap. Der Küstenbus (5,70 €, 1½ Std.) fährt stündlich am Busbahnhof Mavromateon in Athen ab. Die Busse halten 10 Minuten später auch an der Filellinon/Ecke Xenofontos, sind dann aber regelmäßig überfüllt.

ELEUSIS (ELEFSINA) ΕΛΕΥΣΙΝΑ

Die Ruinen des **Antiken Eleusis** (☎ 210 554 6019; Erw./erm. 3/2 €; ⏰ Di–So 8.30–15 Uhr) liegen zwischen Ölraffinerien und Fabriken am Rand der Industriestadt Elefsina, 22 km westlich von Athen.

Wie Eleusis in der Antike ausgesehen hat, ist kaum mehr vorstellbar. Es klebte am Hang eines niedrigen Hügels an der Küste des Saronischen Golfes um das **Demeter-Heiligtum.** Der Demeterkult geht bis in die mykenische Zeit zurück. Damals war Demeter eine der wichtigsten Göttinnen Griechenlands. In der Antike wurde sie im Rahmen eines riesigen Festes gefeiert, das Tausende von Pilgern anzog. Sie alle wollten in die eleusischen Mysterien eingeweiht werden. Während des Eleusinen zog ein Festzug von der Akropolis in Athen über den Heiligen Weg vorbei an Statuen und Weihedenkmä-lern bis nach Eleusis. Die Eingeweihten mussten bei Todesstrafe schwören, die Riten nicht zu verraten. Tatsächlich wurden die Geheimnisse 1400 Jahre lang – so lange wurde das Heiligtum genutzt – niemals verbreitet. Erst der römische Kaiser Theodosius ließ das Heiligtum im 4. Jh. n. Chr. schließen.

Verschiedene Modelle der antiken Stadt im **Museum** helfen dabei, etwas Ordnung in die verstreuten Ruinen zu bringen.

Die Buslinien A16 oder B16 fahren von der Plateia Eleftherias (Koumoundourou), nördlich von Monastiraki alle 20 Minuten nach Eleusis. Bei normalem Verkehr brauchen sie etwa eine halbe Stunde.

MARATHON & UMGEBUNG
Marathon Μαραθώνας

In der Ebene rund um das unscheinbare Städtchen Marathon, 42 km nordöstlich von Athen, fand eine der bedeutendsten Schlachten der Weltgeschichte statt: Im Jahre 490 v. Chr. schlug hier ein Heer von 9000 Griechen und 1000 Platäern die 25 000 Mann starke Persische Armee zurück. Damit war bewiesen, dass die Perser keineswegs unbesiegbar waren. Die Griechen verdankten ihren Sieg dem genialen Strategen Miltiades. Er veränderte die übliche Schlachtordnung und stellte weniger Soldaten in die Mitte als an die Flügel. Die Perser glaubten, leichtes Spiel zu haben, brachen im Zentrum durch und wurden von den Griechen aus dem Hinterhalt in den Flanken überrannt. Die Bilanz des Tages waren 6000 tote Perser und nur 192 griechische Gefallene. Nach der Überlieferung wurde ein Bote nach Athen entsandt, um den Sieg zu verkünden. Er konnte gerade noch *Enikesame!* („Wir haben gesiegt!") rufen, dann brach er zusammen und starb. Der Marathonlauf geht auf dieses historische Ereignis zurück.

Vier Kilometer außerhalb der Ortschaft, 350 m von der Straße Athen–Marathon entfernt, steht das 10 m hohe **Hügelgrab von Marathon** (☎ 22940 55462; Besichtigung mit Museum 3 €; ⏰ Juni–Okt. Di–So 8.30–15 Uhr). Im antiken Griechenland wurden die Leichen der Gefallenen normalerweise zu ihren Familien rückgeführt und privat begraben. Um jedoch die Opfer der Schlacht zu ehren, verbrannte man die 192 getöteten Soldaten und bestattete sie in einem gemeinsamen

Hügelgrab. Die Schlacht ist neben historischen Informationen als Modell nachgestellt.

Etwas näher zur Stadt hin befindet sich das hervorragende **Museum von Marathon** (☎ 22940 55155; Eintritt inkl. Besichtigung 3 €; ⏲ 8.30–15 Uhr). Es stellt Funde aus verschiedenen Epochen aus, von neolithischer Keramik aus der Höhle des Pans bis zu Funden aus dem Grab der Athener. Unter den neueren Funden sind mehrere, gut erhaltene, überlebensgroße Statuen aus einem ägyptischen Heiligtum. Unter einem großen hangarartigen Schutzdach, das sich neben dem Museum befindet, läuft man über Plattformen und Hochwege über einen prähistorischen Grabkreis. Auf dem Weg zum Museum

passiert man einen weiteren Hangar, der über einem frühen helladischen Begräbnisplatz errichtet wurde.

Etwa 8 km westlich von Marathon liegt der **Marathonsee**. Bis 1956 wurde Athen nur durch diesen Stausee hinter dem mächtigen Staudamm mit Trinkwasser versorgt. Die im Jahr 1926 vollendete Staumauer ist mit dem berühmten Pentelischen Marmor verkleidet, aus dem auch der Parthenon besteht. Sie sieht eindrucksvoll aus: über 50 m hoch und über 300 m lang.

Busse aus Athen fahren stündlich (nachmittags halbstündlich) vom Busbahnhof Mavromateon Richtung Marathon (3,40 €, 1¼ Std.). Grab und Museum liegen einen kurzen Fußweg von den Haltestellen ent-

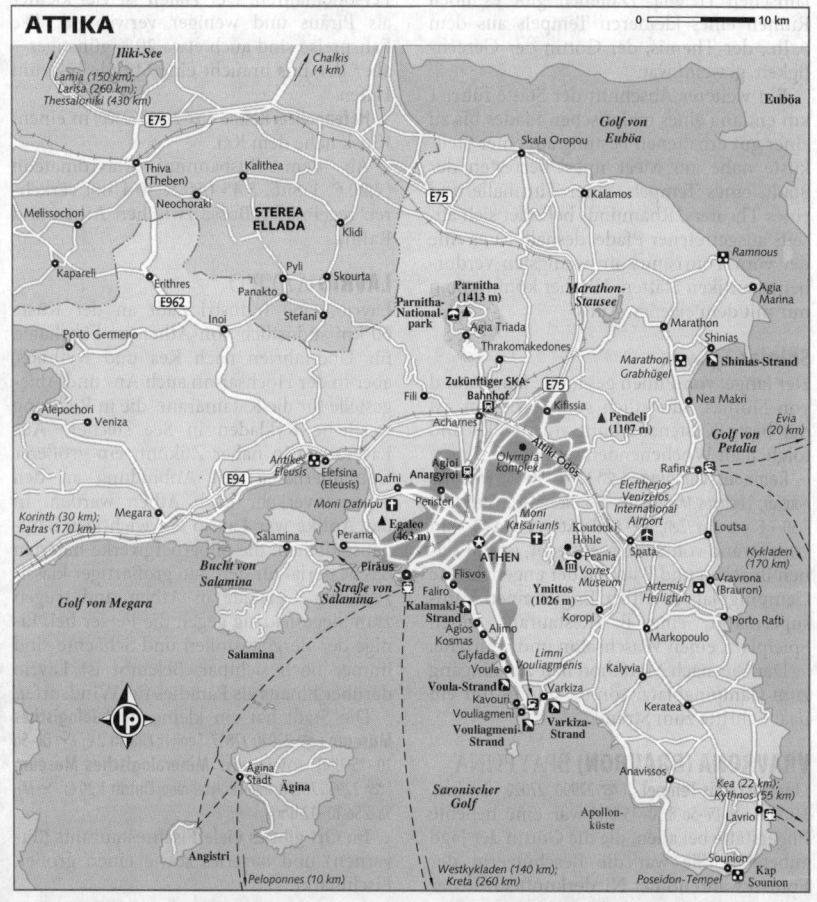

fernt (dem Fahrer Bescheid sagen, damit er hält). Der Marathonsee ist nicht ans öffentliche Verkehrsnetz angeschlossen.

Rhamnous Ραμνούς

Die Ruinen des **Antiken Hafens** (☎ 22940 63477; Eintritt 2 €; ☉ 8.30–15 Uhr) in Rhamnous liegen etwa 10 km nordöstlich von Marathon. Es handelt sich um eine bewegende, abgeschiedene Stätte, die schon halb zugewachsen ist, mitten auf einem malerischen Plateau mit Ausblick aufs Meer. Unter den Ruinen befinden sich die Überreste des dorischen **Nemesis-Tempels** (435 v. Chr.), in dem einst eine riesige Statue der Rachegöttin Nemesis stand, die die menschliche Hybris bestrafte. Zugleich war sie die Mutter der trojanischen Helena. Daneben gibt es noch Ruinen eines kleineren Tempels aus dem 6. Jh., der Themis, der Göttin der Gerechtigkeit, geweiht war.

Ein weiterer Abschnitt der Stätte führt 1 km entlang eines malerischen Pfades bis zu einer gut erhaltenen Festung auf einer Steilküste nahe am Meer mit Überresten der Stadt, eines Tempels, einer Turnhalle und eines Theaters. Rhamnous befindet sich abseits ausgetretener Pfade, deshalb ist es eine der vom Tourismus am wenigsten verdorbenen antiken Stätten. Hierher kommt man nur mit dem eigenen Auto.

Shinias Σχοινιάς

Der lange, von Pinien gesäumte Sandstrand von Shinias, südöstlich von Marathon, ist der beste Küstenabschnitt von Attika und folglich an Wochenenden sehr beliebt.

Ramnous Camping (☎ 22940 55855; www.ram nous.gr; Leoforos Marathonas 174, Nea Makri; Stellplätze 7,50/7 € pro Erw./Zelt; ☉ April–Okt.), etwa 1 km vom Strand von Shinias entfernt, ist mit seinen Büschen und Bäumen der angenehmste Campingplatz in Attika. Es gibt einen Minisupermarkt, eine Bar/Restaurant, einen Spielplatz, einen Waschsalon und Leihzelte.

Der Bus nach Marathon hält am Eingang zum Campingplatz; von da sind es nur ein paar Schritte zum Strand.

VRAVRONA (BRAURON) ΒΡΑΥΡΩΝΑ

Der **Artemis-Tempel** (☎ 22990 27020; Erw./erm. 3/1,50 €; ☉ Di–So 8.30–15 Uhr) war eine beliebte Pilgerstätte bei allen, die die Göttin der Jagd anbeteten. Sie war die Beschützerin der Frauen während der Niederkunft sowie der Neugeborenen. Der Tempel gehört zu den Denkmälern der jungsteinzeitlichen Siedlung. Das Museum beherbergt außergewöhnliche Funde von der Tempelanlage und den Ausgrabungen in der Umgebung. Zur Zeit der Recherche war das Museum vorübergehend geschlossen.

Von Athen fährt die Metro bis Ethniki Amyna, danach geht's weiter mit Bus 304 bis nach Loutsa. Von dort sind es noch 10 Minuten mit dem Taxi bis Vravrona. Auf dem Weg dorthin liegt ein wunderbarer Strandabschnitt.

RAFINA ΡΑΦΗΝΑ

Rafina ist der größte Fischereihafen an Attikas Ostküste und der zweitgrößte Hafen für Personenfähren. Der Hafen ist viel kleiner als Piräus und weniger verwirrend. Die Fahrpreise sind auch etwa 20 % günstiger – aber der Bus braucht eine Stunde bis zum Hafen.

Hafenpolizei Rafina (☎ 22940 22300) in einem Kiosk nahe dem Kai.

Ab dem Busbahnhof Mavromateon (2,20 €, 1 Std., 5.45 bis 22.30 Uhr) verkehren regelmäßig Busse zwischen Athen und Rafina.

LAVRIO ΛΑΥΡΙΟ

Lavrio, eine Industriestadt an der Küste 60 km südöstlich von Athen ist Fährhafen für Überfahrten nach Kea und Kythnos, aber in der Hochsaison auch An- und Ablegestelle für die Katamarane, die in Richtung westliche Kykladen in See stechen. Aus Lavrio soll in naher Zukunft ein größerer Containerhafen mit Anbindung an den Schienenverkehr nach Athen werden. In der Antike war Lavrio ein wichtiges Bergbaustädtchen; die Silberbergwerke lieferten das Material für den Bau großartiger klassizistischer Gebäude in Athen und trugen zum Siegesfeldzug gegen die Perser bei. Einige der Bergbaustollen und Schächte sind immer noch sichtbar. Bekannt ist Lavrio darüber hinaus als Paradies für Windsurfer.

Die Stadt hat ein kleines **Archäologisches Museum** (☎ 22920 22817; Sepieri; Eintritt 2 €; ☉ Di–So 10–15 Uhr) sowie ein **Mineralogisches Museum** (☎ 22930 26270; Iroon Polytehniou; Eintritt 1,20 €; ☉ Mi, Sa & So 10–12 Uhr).

Im Ort gibt es viele Fischrestaurants (Tavernen) und *ouzeries* sowie einen großen Fischmarkt.

Im halbstündigen Rhythmus fahren Busse ab dem Busbahnhof Mavromateon in Athen nach Lavrio (5,20 €, 1½ Std.). In der **Hafenverwaltung von Lavrio** (☎ 22920 25249) sind Informationen rund um den Fährverkehr erhältlich.

RUND UM PEANIA
Koutouki-Höhle Σπηλιά Κουτούκι
Zwar ist die Anlage insgesamt etwas heruntergekommen, dennoch gehört die 2 Mio. Jahre alte **Höhle** (☎ 210 664 2910; www.culture.gr; Erw./erm. 5/3 €; ☺ Mo–Fr 9.30–14.45, Sa & So 10–14.15 Uhr) zu den schönsten in ganz Griechenland. Die gut ausgeleuchtete Tropfsteinhöhle umfasst auf 3300 m² ein Meer aus Stalagmiten und Stalaktiten. Geführte Touren enden mit einem Finale aus Lichtspielen, untermalt von klassischer Musik.

Am besten ist die Höhle mit dem Auto erreichbar. Des Weiteren fahren die Buslinien 125 und 308 ab der Metrostation Ethniki Amyna (Athen) bis nach Peania; von da sind es aber noch weitere 4,5 km bis zur Höhle.

Vorres-Museum Μουσείο Βορρέ
Dieses beeindruckende, private **Museum** (☎ 210 664 2520; www.culture.gr; Parodos Diadohou Konstantinou 4, Peania; Erw./Kind 5/2,50 €; ☺ Sa & So ganzjährig 10–14 Uhr, Aug. tgl., Sept.–Juli nach Vereinbarung) vereint moderne Kunst mit griechischer Volkskunst. Es befindet sich auf einem wunderbaren 2,5 ha großen Grundstück, das Ion Vorres gehört. Vorres wanderte als junger Mann nach Kanada aus, baute sich hier jedoch im Jahr 1963 sein eigenes Anwesen. In seinem Eifer, nationales Erbe zu bewahren, fing er an, Kunst (in der modernen Galerie), Möbel, Artefakte, Textilien und historische Objekte aus ganz Griechenland zu sammeln.

Bus 308 fährt ab der Athener Metrostation Ethniki Amyna bis Koropi-Peania.

BERG PARNITHA ΠΑΡΝΗΘΑ
Der dicht bewaldete **Nationalpark Parnitha** (www.parnitha-ng.gr) liegt etwa 25 km nördlich von Athen und bildet die höchste Bergkette um die Stadt. Sie dient Athen als „grüne Lunge". Während der Waldbrände im Jahr 2007 fielen tragischerweise über 4200 ha Tannen- und Kiefernwälder den verheerenden Flammen zum Opfer. Danach hat der Staat die Gesamtfläche des Nationalparks verdreifacht und ein größeres Aufforstungsprojekt in die Wege geleitet. Dennoch wird es Jahrzehnte dauern, bis sich die Vegetation erholt haben wird.

Zum Bergmassiv von Parnitha gehören eine Reihe kleinerer Gipfel, der höchste Punkt, auf dem im Winter auch der Schnee liegen bleibt, ist der Gipfel des Karavola (1413 m). Im Park verlaufen kreuz und quer zahlreiche Wanderpfade; deshalb ist der Park mit seinen zwei Schutzhütten auch ein beliebtes Ausflugsziel zum Wandern und Mountainbiken. Die Wanderpfade sind auf der Umgebungskarte von Road Editions verzeichnet. Im Park gibt es viele Höhlen und wilde Tiere, darunter auch Rehe und Hirsche.

Die meisten Besucher kommen mit der Seilbahn, die an der Talstation in der Athener Vorstadt Thrakomakedones abfährt. Die Bergstation liegt kurz unterhalb des **Regency Casino Mont Parnes** (☎ 210 242 1234; www.regencycasinos.gr; ☺ 24 Std.). Das Casino betreibt einen kostenlosen Shuttlebusservice zu verschiedenen Zielen in Athen, einschließlich dem Hilton-Hotel. Der Bus 714 fährt ab dem südlichen Ende der Aharnon, nahe dem Omoniaplatz, ebenfalls bis zur Seilbahnstation.

Peloponnes
Πελοπόννησος

Der Peloponnes liefert den Stoff, aus dem Legenden gemacht werden. Hier entstanden und spielten viele Mythen, griechische Götter und Helden zeigten ihr Können (und ihre Körper). Heute läd die Gegend ein, ihre sagenhafte Geschichte zu erkunden. Es wimmelt von historischen Stätten; es gibt klassische Tempel, mykenische Paläste, byzantinische Städte, fränkische und venezianische Burgen. In Mykene, der Hochburg einer einstigen Hochkultur, begegnet man dem Geist Agamemnons. Man kann die Muskeln in Olympia spielen lassen, der geistigen Heimat der Olympischen Spiele, klassische Verse aus Ödipus im Theater von Epidauros zitieren oder sich von Mystra bezaubern lassen, wo im 14. Jh. die byzantinische Kultur ihr Ende fand. Nafplio, die erste Hauptstadt Griechenlands, ist heute eine kosmopolitische und romantische Stadt und mindestens so aufregend wie die venezianische Festung von Monemvasia.

Stolze, schneebedeckte Berge, üppig bewachsene Schluchten, Täler mit Zitrusfrüchten und Weinreben, Zypressen, Flüsse und glitzernde Strände: Der Frühling eignet sich am besten, um durch die Berge Arkadiens zu wandern oder die schroffe Mani zu erkunden, wo es noch immer vor befestigten Wohntürmen wimmelt. Der Sommer ist etwas für Sonnenanbeter: die Strände von Messenien gehören zu den schönsten Griechenlands. Im Winter fällt in höheren Lagen Schnee, und am Berg Helmos kann man auf Skiern talwärts gleiten. Jahrhundertelang wehrten sich die Griechen gegen Feinde, die in ihren paradiesischen Peloponnes eindringen wollten; die heutigen Eroberer sind willkommen (warum sonst sind die Busparkplätze stets voll?). *Filoxenia*, die Gastfreundschaft, ist hier wie überall im Land stark ausgeprägt. Die Einheimischen sind sich sicher: Sie haben das Beste vom Besten zu bieten. Und das ist beileibe kein Mythos.

HIGHLIGHTS

- **Historische Gefilde** Ein Streifzug durch die Vergangenheit und Gegenwart Nafplios (S. 213) und Monemvasias (S. 235)

- **Wunder der Antike** Staunen vor dem Heiligtum des antiken Olympia (S. 260) – der Geburtsstätte der Olympischen Spiele

- **Wandern in der Wildnis** Wanderungen durch die zerklüftete Mani (S. 240)

- **Gebirgsluft** Zu den Klöstern der Lousios-Schlucht (S. 225) wandern und die bezaubernden Bergdörfer Stemnitsa (S. 225), Dimitsana (S. 226), Karitena (S. 224) und Andritsena (S. 263) entdecken

- **Magische Momente** Ein Spaziergang durch die Weltkulturerbestätte Mystra (S. 232)

- **Mythen hautnah** Die Zitadellen von Mykene (S. 210) und Tiryns (S. 220) sowie das Theater von Epidauros (S. 221) erkunden

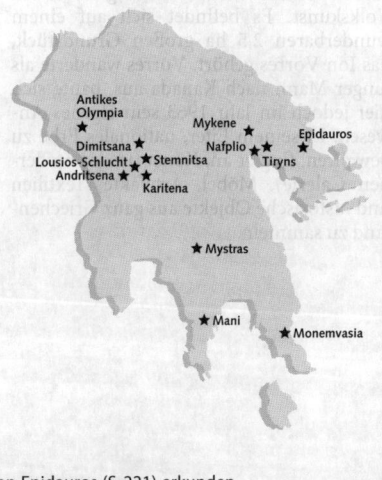

Antikes Olympia ★
Mykene ★
Epidauros ★
Dimitsana ★
Nafplio ★★
Lousios-Schlucht ★ Stemnitsa ★
Tiryns ★
Andritsena ★
Karitena ★
★ Mystras
★ Mani
★ Monemvasia

BEVÖLKERUNG: 1 MIO.

AREA: 21 439 KM²

Geschichte

Der Peloponnes spielt von alters her eine wichtige Rolle in der griechischen Geschichte. Als nach 1450 v. Chr. der Niedergang der minoischen Kultur begann, verlagerte sich das Machtzentrum der Ägäis von Kreta zu den Hügelfestungen von Mykene und Tiryns auf dem Peloponnes. Wie überall in Griechenland gingen die 400 Jahre nach der Eroberung durch die Dorer im 12. Jh. v. Chr. als „dunkles Zeitalter" in die Geschichte ein. Als der Peloponnes im 7. Jh. v. Chr. wieder aus der Finsternis auftauchte, hatte Athens Erzrivale Sparta Mykene als mächtigste Stadt auf dem Peloponnes abgelöst. Die Ära des Friedens und des Wohlstands unter römischer Herrschaft (146 v. Chr. bis etwa 250 n. Chr.) wurde von einer Reihe von Invasionen der Goten, Awaren und Slawen unterbrochen.

Es dauerte eine Weile bis die Byzantiner auf den Peloponnes vordrangen; sie setzten sich erst im 9. Jh. endgültig fest. Nach der Eroberung Konstantinopels 1204 teilten die Führer der fränkischen Kreuzritter William de Champlitte und Geoffrey de Villehardouin die Region in zwölf Lehensgüter auf, die an verschiedene Adlige aus Frankreich, Flandern und Burgund fielen. Diese Lehensgüter standen wiederum unter der Herrschaft de Villehardouins, des selbsternannten Prinzen von Morea, wie die Region im Mittelalter genannt wurde – wahrscheinlich wegen der Maulbeerbäume, die auf dem Peloponnes besonders gut gedeihen (*Mouria* heißt Maulbeerbaum).

Die Byzantiner eroberten Morea nach und nach zurück, und obgleich sich das Reich als Ganzes endgültig im Niedergang befand, erlebte es auf dem Peloponnes eine glorreiche Renaissance. Mystra (s. S. 232) wurde zum Sitz der byzantinischen Regierung in der Region.

Im Jahr 1460 fiel Morea an die Türken, und es folgten jahrhundertelange Kämpfe zwischen Türken und Venezianern. Venedig hatte seit langem ein Auge auf Morea geworfen und konnte in Methoni, Pylos, Koroni und Monemvasia profitable Handelsstützpunkte errichten.

Man nimmt an, dass der griechische Unabhängigkeitskrieg auf dem Peloponnes begann, als Bischof Germanos von Patras am 25. März 1821 bei Kalavryta die Flagge der Revolution hisste. Die ägyptische Armee unter der Führung von Ibrahim Pascha schlug den Aufstand blutig nieder und setzte die türkische Herrschaft 1825 wieder ein.

Vom Leiden der Griechen bewegt und unter dem Einfluss der Philhellenen (besonders unter dem Eindruck des Todes des Dichters Byron 1824) bildeten Großbritannien, Frankreich und Russland 1827 eine Dreierallianz und kamen dem Land zur Hilfe. In der Schlacht von Navarino zerstörten sie die türkisch-ägyptische Flotte und beendeten damit die türkische Vorherrschaft in der Region.

Der Peloponnes wurde zu einem Teil des unabhängigen Griechenlands und Nafplio (in Argolis) zur ersten Hauptstadt des Landes. Ioannis Kapodistrias, Griechenlands erster Präsident, wurde im Oktober 1831 auf den Stufen der Kirche Agios Spyridonas ermordet. Der neue König Otto verlegte 1834 die Hauptstadt nach Athen.

Ebenso wie das übrige Griechenland hatte auch der Peloponnes stark unter dem 2. Weltkrieg zu leiden; ein Ereignis zeigt besonders das tragische Ausmaß dieses Teils der Geschichte: Im Bergdorf Kalavryta wurden nahezu alle männlichen Einwohner über 15 massakriert (s. S. 200).

Der Bürgerkrieg (1944–49) brachte weit reichende Zerstörungen mit sich, sodass in den 1950er-Jahren viele Dorfbewohner nach Athen, Australien, Kanada, Südafrika und in die USA auswanderten.

ACHAIA ΑΧΑÏΑ

Inzwischen haben auch die Touristen die Schönheiten Achaias für sich entdeckt. Die eindrucksvolle Region umfasst eine Reihe von Ferienorten an der Küste und hohe Berge, in denen man Skifahren kann (man gelangt mit einer fantastischen Zahnradbahn hinauf). Die boomende Hauptstadt Patras ist quirlig und kosmopolitisch.

Der Name Achaia geht auf das Volk der Achäer zurück, indo-europäische Einwanderer, die sich auf dem griechischen Festland ansiedelten und die als „mykenisch" bekannte Kultur schufen. Durch das Vordringen der Dorer wurden die Achäer in die nordwestliche Ecke des Peloponnes gedrängt, wo sie ihrerseits die dort lebenden Ionier vertrieben.

PELOPONNES

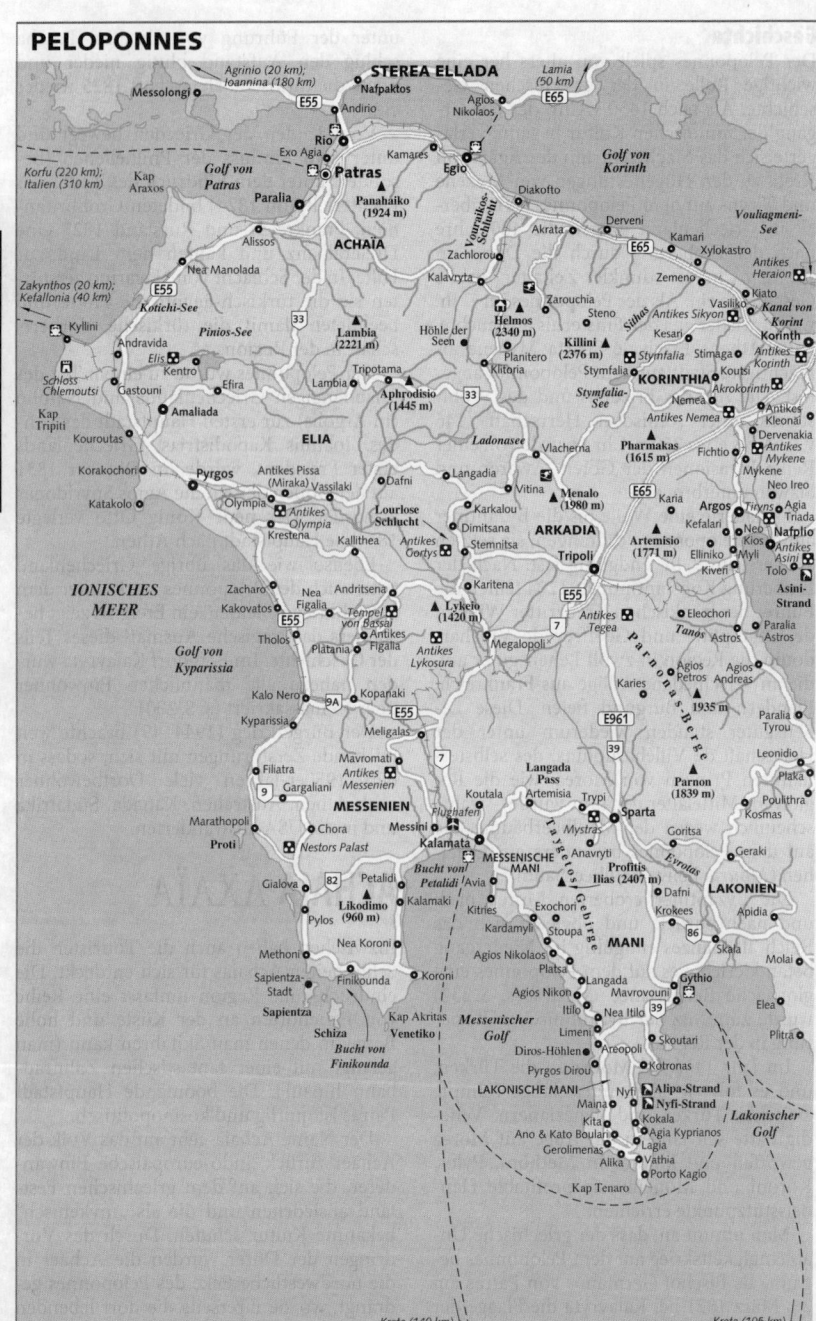

PELOPONNES

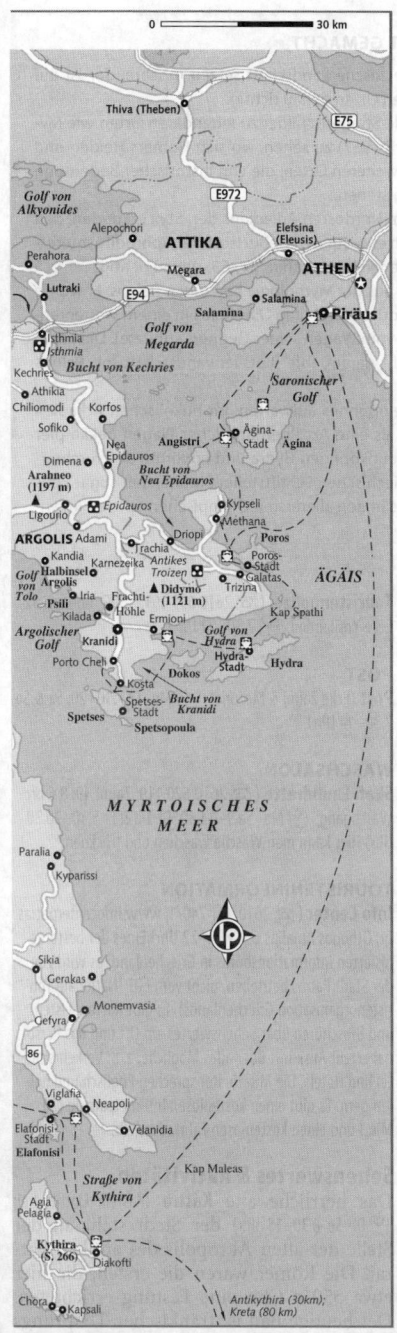

Der Legende nach gründeten die Achäer zwölf Städte, aus denen später der mächtige Achäische Bund entstand, der bis in die Römerzeit überlebte. Die wichtigsten Städte waren die Häfen Patras und Egio (an der Küste des Golfs von Korinth).

PATRAS ΠΑΤΡΑ

167 600 Ew.

Patras ist die größte Stadt auf dem Peloponnes und die Hauptstadt von Achaia. Der Name geht auf König Patreas zurück, der um 1100 v. Chr. über Achaia herrschte. Trotz seiner 3000 Jahre alten, ereignisreichen Geschichte, gehört Patras nicht unbedingt zu den bevorzugten Touristenzielen; viele kommen nur auf der Durchreise hier vorbei, wenn sie an oder von Bord der Fähren gehen, die zwischen hier und Italien oder den Ionischen Inseln verkehren.

Aber wer ein oder zwei Nächte hier bleibt, wird feststellen, dass Patras eine kosmopolitische Stadt mit einer pulsierenden Café- und Club-Szene ist (dazu tragen auch die 40 000 Studenten bei, die in Patras die Universität besuchen). Außerdem gibt es einige interessante Sehenswürdigkeiten, gute Shopping-Möglichkeiten und einen regen Kunst- und Kulturbetrieb.

Schön ist Patras auf den ersten Blick nicht unbedingt – die Stadtlandschaft ist von einem riesigen Hafen, nichtssagenden Betonmietshäusern aus den 1950er-Jahren, wenigen klassizistischen Häusern aus dem 19. Jh. und von Verkehrsstaus geprägt. Aber es gibt auch bezaubernde Plätze und architektonische Wahrzeichen, wie das Apollon-Theater und die imposante Hängebrücke Rion-Antirion, die die Stadt mit dem Westen des griechischen Festlands verbindet.

Orientierung

Nach der Zerstörung durch die Türken im Unabhängigkeitskrieg wurde Patras mit seinen Straßen, Arkadengängen und Plätzen wieder aufgebaut. Der Plan folgt einer einfachen Gitterstruktur. Die Uferstraße heißt am Nordende Iroön Polytehniou, in der Mitte Othonos Amalias und im Süden Akti Dimeon. Bahnhof und Busbahnhof sowie die Agenturen, die Fährtickets verkaufen, liegen an der Iroön Polytehniou und der Othonos Amalias. Die wichtigste Fußgängerzone ist die Agiou Nikolaou, der wichtigste Platz heißt Plateia Georgiou.

PELOPONNES

PELOPONNESISCHE MYTHOLOGIE – LEICHT GEMACHT

Wer den Fuß in eine wahrhaft mythologische griechische Landschaft setzen möchte, der ist auf dem Peloponnes mit seinen zahlreichen sagenhaften Orten genau richtig.

Man muss sich erst mal daran gewöhnen, so viele Straßenschilder zu legendären Orten wie Mykene (S. 210), Tiryns (S. 220) oder dem Nestorpalast (S. 257) zu sehen, wo sich Homers Helden und Schurken aus der *Ilias* getummelt haben, sowie zu weiteren Orten, die von historischer Bedeutung sind oder mit den Mythen der Antike in Verbindung stehen.

Wer den Eingang in die Unterwelt sucht, kann im Nordosten Arkadiens den Styx erkunden, den die modernen Griechen Mavroneri nennen. Wer sich eher für den Geburtsort der Aphrodite interessiert, ist an einer zauberhaften Stelle auf der entlegenen Insel Kythira (S. 265) genau richtig.

Die Gegend als Ganzes ist sogar nach einer Figur aus der Mythologie benannt – Pelops. Er wurde der Legende nach König der Elis, nachdem er den vorherigen König Oinomaos in einem Wagenrennen mit Hinterlist besiegt hatte (indem er die Räder vom Wagen seines Gegners stibitzte). Die nachfolgenden Herrscher über das Gebiet waren erpicht darauf, ihre Blutsverwandtschaft mit Pelops nachzuweisen.

Auch mit Göttern und Halbgöttern kann der Peloponnes aufwarten: Im bukolischen Arkadien stellte Pan den Nymphen nach, und Herakles, der als eine Art übernatürlicher Plagen-Bekämpfer fungierte, befreite die Gegend um Argos von der neunköpfigen Hydra und erwürgte den furchterregenden Nemeischen Löwen. Laut dem antiken griechischen Schriftsteller Plutarch hat sogar Zeus selbst hier gefeiert, nachdem er seinen Vater Kronos in den allerersten Olympischen Spielen im antiken Olympia (S. 260) im Ringkampf besiegt hatte.

Praktische Informationen

BUCHLÄDEN
Zeitungskiosk (☎ 2610 273 092; Agiou Andreou 77) Eine kleine Auswahl an Romanen, dazu internationale Zeitungen und Magazine.

GELD
National Bank of Greece (Plateia Trion Symachon; ☽ Mo–Do 8–14.30, Fr 8–14 Uhr) Gegenüber dem Bahnhof.

GEPÄCKAUFBEWAHRUNG
Bahnhof (für 8 Std. 2 €, für 24 Std. 3 €; ☽ 5–3 Uhr) Mit großen Schließfächern.

INFOS IM INTERNET
www.infocenterpatras.gr Eine ausgezeichnete Website mit Infos über die Stadt (auf Englisch).

INTERNETZUGANG
Info Center (☎ 2610 461 740/1; www.infocenterpatras. gr; Othonos Amalias 6; 20 Min. gratis; ☽ 8–22 Uhr)
Netp@rk (Gerokostopoulou 36a; 2 € pro Stunde; ☽ 24 Std.)
Plazanet@Internet (Gerokostopoulou 28; 2,10 € pro Stunde; ☽ 9–24 Uhr)

NOTFALL
Erste-Hilfe-Zentrum (☎ 2610 277 386; Ecke Karolou & Agiou Dionysiou; ☽ 8–20 Uhr)

TOURISTENPOLIZEI
Touristenpolizei (☎ 2610 695 191; 3. OG, Gounari 52, Ecke Ypsilandou; ☽ 7.30–21 Uhr)

POST
Post (Ecke Zaimi & Mezonos; ☽ Mo–Fr 7.30–20, Sa & So 7.30–14 Uhr)

WASCHSALON
Skafi Laundrette (☎ 2610 620 119; Zaimi 49; 8 € pro Waschgang; ☽ Mo–Sa 9–14.30, Di, Do & Fr 5.30–20.30 Uhr) Hier kann man Wäsche waschen und trocknen.

TOURISTENINFORMATION
Info Center (☎ 2610 461 740/1; www.infocenterpatras. gr; Othonos Amalias 6; ☽ 8–22 Uhr) Eines der bestorganisierten Informationsbüros in Griechenland; es wird von der Stadt Patras betrieben, nicht vom EOT (Nationale Touristenorganisation Griechenlands). Es gibt Karten, Listen und Broschüren über Sehenswertes am Ort und das Personal erteilt Auskunft über alles Mögliche, z. B. Verkehrsmittel und Hotels. Die Mitarbeiter sprechen Englisch und helfen gern. Es gibt einen kostenlosen Internetzugang (20 Min.) und einen kostenlosen Fahrradverleih.

Sehenswertes & Aktivitäten

Das herrliche alte **Kastro** (Kastell; Eintritt frei; ☽ Di–So 8.30–15 Uhr) der Stadt steht an der Stelle der alten Akropolis des antiken Patrai. Die Römer waren die ersten, die hier etwa 550 n. Chr. eine Festung errichteten. Der heutige Bau ist fränkischen Ursprungs

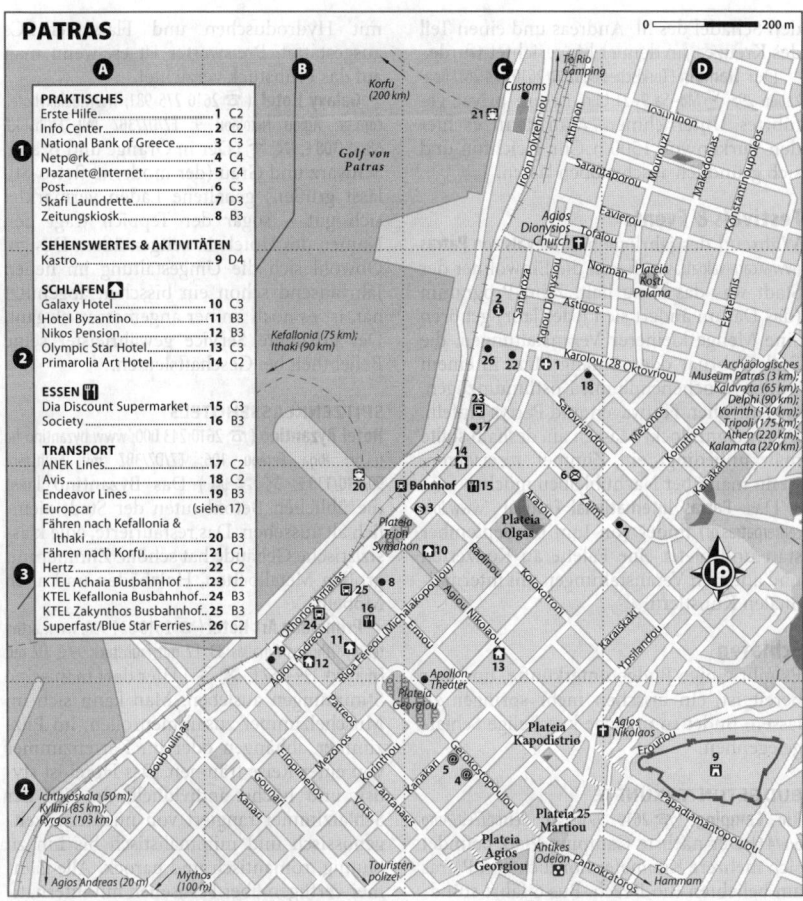

PATRAS   0 _____ 200 m

PRAKTISCHES
Erste Hilfe..........................1 C2
Info Center........................2 C2
National Bank of Greece....3 C2
Netp@rk...........................4 C4
Plazanet@Internet.............5 C4
Post..................................6 C3
Skafi Laundrette................7 D3
Zeitungskiosk....................8 B3

SEHENSWERTES & AKTIVITÄTEN
Kastro...............................9 D4

SCHLAFEN
Galaxy Hotel....................10 C3
Hotel Byzantino...............11 B3
Nikos Hotel.....................12 B3
Olympic Star Hotel..........13 C3
Primarolia Art Hotel.........14 C2

ESSEN
Dia Discount Supermarket..15 C3
Society.............................16 B3

TRANSPORT
ANEK Lines......................17 C2
Avis.................................18 C2
Endeavor Lines................19 B3
Europcar.....................(siehe 17)
Fähren nach Kefallonia &
   Ithaki............................20 B3
Fähren nach Korfu...........21 C1
Hertz..............................22 C2
KTEL Achaia Busbahnhof..23 C3
KTEL Kefallonia Busbahnhof..24 B3
KTEL Zakynthos Busbahnhof..25 B3
Superfast/Blue Star Ferries..26 C2

Korfu (200 km)
Golf von Patras
Kefallonia (75 km); Ithaki (90 km)
To Rio Camping
Customs
Archäologisches Museum Patras (3 km); Kalavryta (65 km); Delphi (90 km); Korinth (140 km); Tripoli (175 km); Athen (220 km); Kalamata (220 km)
Ichthyoskala (50 m); Kyllini (85 km); Pyrgos (103 km)
Agios Andreas (20 m)   Mythos (100 m)

PELOPONNES

und wurde im Lauf der Jahrhunderte viele Male von Byzantinern, Venezianern und Türken umgestaltet. Bis zum 2. Weltkrieg wurde er als Verteidigungsstellung genutzt. Das Kastro liegt in einem ansprechenden Park aus Säulenzypressen; hinauf führt eine Treppe mit mindestens 190 Stufen, die am südöstlichen Ende der Agiou Nikolaou beginnt. Als Belohnung winkt die großartige Aussicht auf die Ionischen Inseln Zakynthos und Kefallonia.

Im Juli 2009 eröffnete das lang ersehnte, supermoderne **Archäologische Museum Patras** (☎ 2610 220 829; Ecke Amerikis & Nationalstraße Patras-Athen; Eintritt frei; ۞ Di–So 8.30–15 Uhr). Seine glänzenden metallischen Kuppeln und die modernen Gebäude ergeben das zweitgrößte

Museum des Landes. Zu den Ausstellungsstücken, die in drei Themenhallen präsentiert werden, gehören Objekte aus prähistorischer bis römischer Zeit (einschließlich außergewöhnlicher Mosaiken, Sarkophage und Schmuck) aus Patras und Umgebung; viele davon sind erstmals seit Jahrzehnten wieder ausgestellt. Darüber hinaus beherbergt das Museum eine besonders bedeutende Sammlung mykenischer Schwerter. Zur Zeit der Recherche war der Eintritt frei, aber es gibt Pläne, ab 2010 Eintrittsgeld zu verlangen.

Die **Kirche Agios Andreas** (Agiou Andreou), in der 5500 Menschen Platz finden, ist eine der größten Kirchen des Balkans. Sie beherbergt religiöse Ikonen und Gemälde sowie den Schädel des hl. Andreas und einen Teil des Kreuzes, an dem er hingerichtet wurde.

Der **Hamam** (Türkisches Bad; ☎ 2610 274 267; Boukaouri 29; ☯ Mo–Sa 9–21 Uhr) ist ein privat geführtes Unternehmen. Man kann es hier den Türken von 1500 n. Chr. gleichtun und sich gründlich abschrubben lassen.

Festivals & Events

Während des jährlichen **Karnevals von Patras** (www.carnivalpatras.gr) feiern die Einwohner der Stadt was das Zeug hält. Zum Programm (das Datum ändert sich jedes Jahr) gehören eine Menge kleinerer Veranstaltungen, die Ende Februar oder Anfang März in einem wilden Wochenende mit Kostümumzügen, farbenfrohen Festwagen und Partys gipfeln. Das Ereignis lockt Massen an, deshalb sollte man unbedingt ein Zimmer reservieren, wenn man über Nacht bleiben möchte.

Das **Patras International Festival** (www.info centerpatras.gr) findet von Juni bis September statt und bietet eine Palette an Konzerten und anderen Veranstaltungen mit internationalen Künstlern.

Schlafen

Es gibt einige Budgetunterkünfte, und wer bereit ist, ein bisschen mehr springen zu lassen, findet so manche kuschelige Schlafgelegenheit.

BUDGETUNTERKÜNFTE

Rio Camping (☎ 2610 991 585; Person/Zelt/Auto 6/6/4 €) Der nächste Camping-Platz befindet sich mehrere Kilometer nördlich von Patras am beliebten Rio Beach. Bus 6 fährt stündlich vom Bahnhof aus dorthin.

Nikos Pension (☎ 2610 623 757; Ecke Patreos & Agiou Andreou; EZ/DZ mit Gemeinschaftsbad 23/33 €, mit eigenem Bad 28/38 €; ☒) Man sollte diese zentral gelegene Pension im Stil der 60er-Jahre nicht nach ihren abblätternden Fensterläden beurteilen. Dahinter hat Nikos den Laden nämlich fest im Griff mit sauberen Zimmern auf mehreren Stockwerken und einer angenehmen Dachterrasse.

MITTELKLASSEHOTELS

Olympic Star Hotel (☎ 2610 622 939; www.olym picstar.gr; Agiou Nikolaou 46; EZ/DZ mit Frühstück 65/90 €; ☒ ▣) Das moderne Hotel, das bei Geschäftsreisenden beliebt ist, hat einen etwas bemühten Business-Stil, aber die Leistungen stimmen. Die modernen Zimmer sind

mit Hydroduschen und Flatscreen-PCs ausgestattet. Preiswerter ist es, wenn man auf das Frühstück verzichtet.

Galaxy Hotel (☎ 2610 275 981; www.galaxyhotel. com.gr; Agiou Nikolaou 9; EZ/DZ/3BZ mit Frühstück 68/88/108 €; ☒ ☏) Der in Orange und Braun, Schwarz und Grau (der moderne Retro-Stil lässt grüßen) gehaltene Laden vermarktet sich gut – sogar der Teppich trägt den Namen des Hotels in zeitgemäßem Design. Obwohl sich die Umgestaltung im neuen Jahrtausend schon ein bisschen abgenutzt hat, ist es noch immer angemessen elegant. Der effiziente Service gewährleistet seine Beliebtheit bei Geschäftsleuten.

SPITZENKLASSEHOTELS

Hotel Byzantino (☎ 2610 243 000; www.byzantino-ho tel.gr; Riga Fereou 106; EZ/DZ/3BZ mit Frühstück 90/110/130 €; ☒ ☒ ▣) Das Byzantino lässt die üblichen Betonbauten der Stadt ziemlich alt aussehen. Das restaurierte, edle klassizistische Gebäude hat schöne Zimmer mit großen Metallbetten, Holzböden und alten Möbeln.

Primarolia Art Hotel (☎ 2610 624 900; www.artho tel.gr; Othonos Amalias 33; EZ mit Frühstück 99 €, DZ mit Frühstück 129–157 €; ☒ ☏) Hier darf man seine Stimmungen ausleben: Man kann sich im Muschelzimmer zusammenrollen, im Pilzzimmer abhängen oder im Kartenzimmer von einer Reise träumen. Das Hotel ist stylish und höchst individuell, der Stil der Schlafzimmer rangiert von nüchtern, zeitgenössisch und minimalistisch bis hin zu blumig, romantisch und barock. Alle Zimmer verfügen über Fernsehen mit internationalen Kanälen, Fax, Minibar und Safe. Im Haus gibt es sogar eine Sauna.

Essen

Der beste Frappé (eiskalter griechischer Kaffee) wird an der Agiou Nikolaou angeboten. Wer auf der Suche nach gutem Essen ist, sollte in Richtung Südosten zur Trion Navarhon gehen.

Mythos (☎ 2610 329 984; Ecke Trion Navarhon & Riga Fereou; Hauptgericht 8–14 €; ☯ Abendessen) Blumen, Petunien und Büsche sorgen draußen für Oasenstimmung. Das Innere zieren mediterrane Antiquitäten, Lampen und andere Überraschungen (die Besitzerin dekoriert selbst). Aber der Schnickschnack ist nicht alles – auch köstliche Speisen gibt's in Hülle und Fülle. Den *Mythos*-Auflauf (mit Hähnchen, Feta und frischem Gemüse) und das Schokoladen-Soufflé sollte man sich nicht entgehen lassen.

Society (Taratsa Bistrot; ☎ 2610 622 677; Riga Fereou 96 & Drakopoulou 2; Hauptgerichte 8–18 €; ⏰ Abendessen) OK, eigentlich könnte sich dieses Lokal auch in New York befinden, es hat kaum etwas Griechisches an sich. Aber sowohl die Bar als auch das Restaurant, die sich auf einer Dachterrasse im Herzen der Stadt befinden, sind flippig und bieten großartige Vibes, hervorragende internationale Gerichte und gesellschaftliches Prestige. Eine angenehme Alternative, wenn man mal keine Lust auf *Mousaka* hat.

Ichthyoskala (☎ 2610 333 778; Fisch pro Kilogramm 50–60 €) Ein absolut unprätentiöses Lokal, in dem es außer der einen oder anderen Zitronenscheibe kaum Garnitur gibt. Aber mehr braucht es auch nicht, um frischesten Fisch zu verschönern. Das Restaurant befindet sich etwa 1 km südwestlich des Zentrums von Patras.

Wer sich selbst versorgen möchte, geht in den **Dia Discount Supermarkt** (Agiou Andreou 29). Er liegt ideal für Reisende, die sich Proviant für unterwegs kaufen wollen.

Ausgehen

Zu Sonnenuntergang verwandelt sich Patras in eine kosmopolitische, quirlige Stadt mit Cafés und schick angezogenen Menschen. Sehen und gesehen werden ist das Motto in den dutzenden Lokalen an der Agiou Nikolaou, der breiten Fußgängerzone, die zum Hafen führt. Die Radinou ist eine kurze, lebendige, schmale Gasse mit zahlreichen Bars (einige mit DJs), die bis spät in die Nacht geöffnet sind und sich in den Abendstunden schnell mit jüngeren Studenten füllen.

An- & Weiterreise

Viele Besucher, die zum ersten Mal in Griechenland sind, halten den Bus für das beste Verkehrsmittel, um von Patras nach Athen zu gelangen. Der Bus ist zwar schneller als der Zug, aber teurer. Außerdem hält er weit außerhalb des Zentrums von Athen am Terminal A (S. 175). Wer nach Mitternacht dort ankommt, ist verloren, denn es gibt keine Busse mehr ins Stadtzentrum; als Neuankömmling ist man dann auf die Gunst der Taxifahrer an Terminal A angewiesen.

Mit dem Zug gelangt man dagegen fast ins Zentrum Athens und ist gut an das Metrosystem angebunden. Außerdem kann man auch nach Mitternacht noch leicht einige gute Hotels zu Fuß erreichen.

BUS

Vom **KTEL Achaia Busbahnhof** (☎ 2610 623 886; Othonos Amalias) fahren Busse nach Athen (17 €, 3 Std., alle 30 Min.) über den Isthmus von Korinth (11,30 €, 1½ Std.); außerdem gehen Busse nach Pyrgos (8,80 €, 2 Std., 10-mal tgl.); Ioannina (20,90 €, 4½ Std., mindestens 2-mal tgl.); Kalavryta (7,50 €, 2 Std., mindestens 2-mal tgl.); Kalamata (20 €, 4 Std., 2-mal tgl.) und Thessaloniki (40 €, 7 Std., 4-mal tgl.).

Busse zu den Ionischen Inseln Lefkada (14,50 €, 2-mal wöchentl., 3 Std.) und Kefallonia fahren von der Bushaltestelle **KTEL Kefallonia** (☎ 2610 274 938, 2610 277 854; Ecke Othonos Amalias & Gerokostopoulou). Die Verbindung nach Kefallonia geht erst per Fähre nach Poros (18 €, 3 Std.) und dann weiter auf der Straße nach Argostoli (21 €, 1 Std.). Darüber hinaus verkehren von hier auch Busse nach Amfissa (bei Delphi; 12 €, 3 Std., Mo–Sa 2-mal tgl., So nur 1-mal). Viermal täglich

---

EISENBAHNSTRECKEN AUF DEM PELOPONNES

Als dieses Buch entstand, wurden gerade alle Bahnstrecken auf dem Peloponnes von Schmalspur auf normale Spurbreite umgestellt. Es gibt zwei Hauptstrecken: von Athen nach Kalamata über Korinth und Tripolis (mit einer Nebenstrecke von Argos nach Nafplio) und von Athen nach Kalamata entlang der Westküste über Patras und Pyrgos (mit einer Nebenstrecke von Patras nach Olympia). Die Strecke zwischen Korinth und Tripolis (sowie Argos und Nafplio) war bei Entstehung des Buches noch gesperrt, da noch daran gearbeitet wurde. In vielen Fällen gibt es Schienenersatzbusse, aber in der Regel ist es bequemer, gleich einen KTEL-Bus zu nehmen.

Inzwischen wurde der neue *Proastiakos* (Athener Vorortbahn) in Betrieb genommen; er verkehrt zwischen Kiato und Athen (und dem Athener Flughafen). Später soll er auch Athen mit Patras auf dem Peloponnes verbinden.

MIT DER BAHN VON DIAKOFTO NACH KALAVRYTA

Ein Erlebnis, das man auf dem Peloponnes auf keinen Fall verpassen sollte, ist die Fahrt mit dem winzigen, einzigartigen **Zug** (☎ in Diakofto 26910 43228), der von Diakofto nach Kalavryta fährt. Reisende erleben eine unvergessliche Fahrt durch die spektakuläre **Vouraikos-Schlucht**. Der Zug überwindet auf 22,5 km einen Höhenunterschied von 700 m. Auf den Steilstrecken wird ein Zahnradsystem eingesetzt, bei dem die zwischen den Bahnschienen verlaufende Zahnstange zum Einsatz kommt. Die Bahn wurde zwischen 1885 und 1895 von einer italienischen Firma gebaut und war damals ein Meisterwerk der Ingenieurskunst, das weltweit nur eine Handvoll Pendants hatte (das bekannteste davon in den Schweizer Alpen). Zwischen 2007 und 2009 fuhren keine Züge auf der Strecke, da der gesamte Schienen- und Zahnradabschnitt komplett ausgetauscht wurde. Vier neue, moderne Züge wurden gebaut, um die alten Wagen zu ersetzen.

Der erste Streckenabschnitt ist recht geruhsam, die eigentliche Steigung beginnt erst 5 km südlich von Diakofto. Der Abschnitt von dort nach Zachlorou ist spektakulär, da die Strecke kreuz und quer durch die Schlucht verläuft. Wo die Schlucht enger wird, verschwindet der Zug in einem langen, kurvenreichen Tunnel (insgesamt gibt es sieben Tunnel) und taucht am Ende auf einer schmalen Kante wieder auf, die über dem Fluss zu hängen scheint. Dies wirkt am dramatischsten, wenn der Fluss im Frühling durch die Schneeschmelze auf den Bergen der Umgebung angeschwollen ist. Südlich des bezaubernden Dorfes Zachlorou folgt die Strecke unter dem dichten Laubdach der Platanen dem Fluss, bevor sie sich durchs offene Gelände bis nach Kalavryta zieht.

Die Fahrt dauert nur etwas über eine Stunde, mit einem Zwischenstopp in Zachlorou. Zur Zeit der Recherche zu diesem Buch kostete ein Ticket 9,50/19 € einfach/hin & zurück. Aktuelle Informationen findet man auf der Website www.odontotos.com, die von passionierten Trainspottern betrieben wird.

Die Dampfloks, die die Strecke ursprünglich befuhren, wurden in den frühen 1960ern durch Diesellokomotiven ersetzt, aber die alten Loks kann man noch immer vor den Bahnhöfen in Diakofto und Kalavryta sehen.

verkehren Busse nach Zakynthos (inkl. Fähre; 15 €, 3½ Std., So nur 3-mal) von der Haltestelle **KTEL Zakynthos** (☎ 2610 220 129; Othonos Amalias 48). Praktischerweise halten die Busse auch am Hafen Kyllini (6,80 €, 1¼ Std.). Achtung, der Fahrplan ändert sich regelmäßig.

FÄHRE
Inland

Von Patras aus verkehren Fähren nach Kefallonia und Ithaka, der dafür zuständige Fährdienst heißt **Strintzis Lines** (☎ 2610 240 000). Fahrten nach Korfu übernehmen **ANEK Lines** (☎ 2610 226 053; Othonas Amalias 25) und **Minoan Lines** (☎ 2610 426 000; Iroön Polytehniou 50).

International

Patras ist Griechenlands wichtigster Hafen für den Fährservice nach Italien – Ancona, Bari, Brindisi und Venedig. Alle Fähren dorthin legen um Mitternacht ab (zur Sicherheit nachfragen; Fahrplanänderungen sind möglich). Die meisten dieser Fähren machen einen Zwischenstopp in Igoumenitsa und auf Korfu. Achtung: Es ist nicht

möglich, auf Korfu kostenlos Zwischenstation zu machen.

Superfast/Blue Star Ferries (☎ 2610 622 500; Othonos Amalias 12) läuft Ancona und Bari an; **Agoudimos Lines** (☎ 2610 461 800; Iroön Politechniou 36, Gate 7) fährt nach Bari. **Minoan Lines** (☎ 2610 426 000; Iroön Polytehniou 50) und **ANEK Lines** (☎ 2610 226 053; Othonos Amalias 25) betreiben Fähren nach Ancona und Venedig. **Endeavor Lines** (☎ 2610 622 676; www.endeavor-lines.com/en/schedules; Ecke Pantanassis & Othonas Amalias) bedient Brindisi.

ZUG

Wer nach Athen möchte, kann mindestens siebenmal täglich einen Zug von Patras nach Kiato nehmen (dort steigt man dann in den *Proastiakos* um, den schnittigen neuen Nahverkehrszug Athens); fünf davon sind ganz normale Züge (3,70 €, 2½ Std.), zwei sind Intercity-Züge (IC; Express; 6,90 €, 2½ Std.). Alle Züge zwischen Patras und Korinth oder Patras und Kiato halten in Diakofto (normale Züge 2,30 €, 1 Std.; IC 4,90 €, 45 min.). Achtung: Wer in Athen ankommt, kann das *Proastiakos*-Ticket noch 1½ Stunden für die Metro benutzen, aber dafür muss man das Ticket unbedingt entwerten, sonst bezahlt man Strafe.

Täglich verkehren auch mehrere Züge nach Pyrgos (normal/IC 3,70/6,30 €, 1½–3 Std.). Wer nach Olympia möchte, muss in Pyrgos umsteigen. Es gibt täglich Fahrten nach Kyparissia (normal/IC 5,10/9,80 €, 3 Std.) und Kalamata (normal/IC 6,60/11,30 €, 5 Std.).

Unterwegs vor Ort
Die städtischen Busse fahren auf der Plateia Georgiou ab.

Gut organisierte Autovermietungen sind:

Avis (☎ 2610 275 547; 28 Oktovriou 16)

Europcar (☎ 2610 226 053; Othonos Amalias 25) Im Büro der ANEK Lines.

Hertz (☎ 2610 220 990; Karolou 2)

DIAKOFTO ΔΙΑΚΟΦΤΟ
2290 Ew.

Diakofto ist ein idyllisches Dorf 55 km östlich von Patras und 80 km nordwestlich von Korinth. Es kauert zwischen steilen Bergen und dem Meer, inmitten von Zitronen- und Olivenbäumen. An seiner Ostseite befindet sich ein kleiner **Strand;** im Sommer fallen viele Urlauber hier ein.

Der wichtigste Grund für einen Besuch in Diakofto ist die einzigartige Zahnradbahn, mit der man durch die Vouraikos-Schlucht bis nach Kalavryta fahren kann (s. Kasten oben).

Orientierung & Praktische Informationen
Diakofto ist einfach angelegt. Der Bahnhof befindet sich in der Mitte des Dorfes. Wer ans Wasser bzw. an den Strand möchte, überquert die Bahnlinie und folgt für 1 km dem Straßenverlauf.

Hier gibt es weder ein EOT-Büro (Nationale Touristenorganisation) noch eine Touristenpolizei. An der Hauptstraße, die vom Bahnhof aus in Richtung Inland führt, liegen die National Bank of Greece und die **Post** (☾ Mo–Fr 7.30–14 Uhr).

Schlafen & Essen
Hotel Chris-Paul (☎ 26910 41715/855; www.chrispaul-hotel.gr; EZ/DZ/3BZ 35/65/78 €; P ✗ ☼) Ein modernes, schlichtes Hotel mit freundlichem Management, das nur einen Häuserblock vom Bahnsteig entfernt ist – erste Anlaufstelle für Bahnreisende. Die meisten Zimmer haben einen Balkon mit Ausblick auf Garten und Pool. Frühstück kostet 5 €.

Hotel Lemonies (☎ 26910 41229/820; Fax 26910 43710; EZ/DZ/3BZ 36/48/57 €; P ✗) Das schlichte, angenehme Hotel hat freundliche Besitzer und einfache, aber geräumige, komfortable Zimmer mit Kühlschrank und Fernsehen. Es liegt 500 m nördlich des Bahnhofs an der Straße, die zum Strand führt. Frühstück kostet 6 €. Zu den Zimmern geht's über eine steile Treppe.

Hotel Panorama (☎ 26910 41614; www.greecepanorama.gr; EZ/DZ/3BZ inkl. Frühstück 50/60/80 €; ✗) Das unprätentiöse Hotel aus den 1970ern liegt im nordöstlichsten Teil des Dorfes, unmittelbar vor dem Strand. Die Zimmer sind einfach, aber völlig angemessen (Achtung, es gibt keinen Aufzug). Im Sommer kann es hier laut werden, da sich darunter eine Taverne befindet, aber den Rest des Jahres ist es äußerst angenehm.

Costas (☎ 26910 43228; Hauptgerichte 6–10 €; ☾ Mittag- & Abendessen) Diese beliebte *Psistaria* (Grillrestaurant) in der Nähe der Nationalbank ist, was das Essen anbelangt, eine gute Wahl. Die freundlichen griechisch-australischen Besitzer bieten Essen im Tavernenstil und das übliche Grillfleisch an. Costas ist bekannt für seine *dolmadhes* (mit Reis oder auch manchmal mit Fleisch gefüllte Weinblätter; 7 €).

Gegenüber dem Bahnhof gibt es einen Supermarkt, in dem sich Wanderer mit Proviant eindecken können. Zu Fuß erreicht man in 10 Min. den Strandabschnitt, wo es direkt am Meer eine Reihe guter Tavernen gibt, die einen Besuch wert sind.

An- & Weiterreise
BUS
Am bequemsten erreicht man Diakofto mit dem Zug. Die Busse zwischen Patras und Athen fahren auf der Neuen Nationalstraße am Dorf vorbei.

ZUG
Diakofto liegt an der Hauptlinie Korinth–Patras; in beide Richtungen verkehren häufig Züge (7 €).

Die **Diakofto–Kalavryta-Bahn** (☎ 26910 43228) fährt nach ihrer Renovierung mit wechselndem Fahrplan täglich über die Zahnradstrecke via Zahlorou nach Kalavryta; s. Kasten gegenüber.

ZACHLOROU ΖΑΧΛΩΡΟΥ
50 Ew.

Das malerische und ursprüngliche Dorf Zachlorou, das sich auf halber Strecke der Bahnlinie Diakofto–Kalavryta befindet, erstreckt sich zu beiden Seiten der Bahnlinie und des Flusses. Viele fahren mit der Bahn hierher und wandern dann zurück nach Diakofto – ein Fußweg, der etwa vier Stunden dauert.

Sehenswertes

MONI MEGALOU SPILEOU ΜΟΝΗ ΜΕΓΑΛΟΥ ΣΠΗΛΑΙΟΥ
Von Zachlorou führt ein steiler Pfand zum **Moni Megalou Spileou** (Kloster der Großen Höhle; Eintritt frei) hinauf. Das ursprüngliche Kloster wurde 1934 zerstört, als Pulvervorräte explodierten, die während des Unabhängigkeitskriegs hier gelagert waren. Das neue Kloster beherbergt illuminierte Evangelien und Reliquien sowie die wundertätige Ikone der Jungfrau Maria, die wie viele andere Ikonen des Landes angeblich von Lukas selbst gemalt wurde. Die Heiligen Theodor und Simeon sollen die Ikone im Jahr 362 in der nahe gelegenen Höhle gefunden haben. Der 3-km-lange Fußweg nimmt etwa eine Stunde in Anspruch.

Schlafen & Essen

Taverna Oneiro (☎ 26920 23772; www.villa-oneiro.gr; Apt./Villa ab 80/100 €) Diese Unterkunft zählt zu den etwas anspruchsvolleren und befindet sich auf dem Hügel hinter dem Bahnsteig. Gleich neben der Taverne stehen die acht vornehmen, neuen „Villen" und in der Nähe noch einige ältere Apartments. Man sollte jedoch zuerst abklären, in welchen Monaten geöffnet ist.

Von den beiden Budgetunterkünften, die sich direkt am Bahnhof befinden, wird das **Zachlorou** (☎ 26920 22789; www.zachlorou.gr; Zi. ab 30 €) dem ziemlich rußigen **Hotel Romantzo** (☎ 26920 22758; Zi. 40 €) vorgezogen. Beide verlangen „drittklassige Preise", also keine Luxussuite erwarten.

An- & Weiterreise

Sämtliche Züge der Strecke Diakofto–Kalavryta halten in Zachlorou. Mit dem Auto gelangt man über eine schmale Straße, die etwa 7,5 km nördlich von Kalavryta von der Strecke Diakofto–Kalavryta abzweigt, nach Zachlorou.

KALAVRYTA ΚΑΛΑΒΡΥΤΑ
1747 Ew.

Der wahrhaft zauberhafte Ferienort Kalavryta liegt 756 m über dem Meeresspiegel. Kalavryta bietet frische Gebirgsluft, sprudelnde Quellen und einen von Bäumen beschatteten Dorfplatz. Besonders bei den Athenern, die an den Wochenenden und in der winterlichen Skisaison in Scharen hier einfallen, ist der Ort beliebt. Daher können die Preise im Vergleich zu anderen Dörfern etwas höher ausfallen, und die Einheimischen neigen recht häufig dazu, Touristen gegenüber ein wenig misstrauisch zu sein (man könnte auch sagen, sie sind ihrer überdrüssig).

Zwei Ereignisse der jüngeren Geschichte haben dem Städtchen einen Platz im Herzen der Griechen gesichert. Obwohl erwiesen ist, dass anderswo die Kämpfe längst in Gang gekommen waren, begann hier am 25. März 1821 offiziell der Unabhängigkeitskrieg gegen die Türken, als Bischof Germanos von Patras die griechische Flagge über den 6 km von Kalavryta entfernten Moni Agias Lavras hisste. Das zweite Ereignis, das am 13. Dezember 1943 stattfand, gehört zu den schlimmsten Gräueltaten des 2. Weltkriegs: Die Nazis setzten die Stadt in Brand und töteten als Strafe für die Aktivitäten des Widerstands alle männlichen Bewohner über 15 (um die 700 Menschen). Die Zeiger der alten Kirchenuhr stehen für immer auf 14.34 Uhr, dem Zeitpunkt, an dem das Massaker begann. Im alten Schulhaus erinnert ein ernstes und bewegendes Museum (rechts) an die Menschen, die in diesem Massaker oder anderswo in der Region getötet wurden.

Orientierung & praktische Informationen

Der Bahnhof liegt am nördlichen Stadtrand, gegenüber dem Museum. Rechts vom Museum beginnt die Fußgängerzone Syngrou/25 Martiou. Links vom Museum liegt die Konstantinou.

Der zentrale Platz, die Plateia Kalavrytou, ist zwei Häuserblocks vom Bahnhof entfernt. Der Busbahnhof liegt an der Kapota.

Es gibt keine Touristeninformation. Auskünfte erhält man auf den Websites www.kalavrita.gr (auf Griechisch) und www.kalavrita-ski.gr.

National Bank of Greece (25 Martiou) Direkt vor der Plateia Kalavrytou.

Post (⊗ Mo–Fr 7.30–14 Uhr) Hinter der Plateia Kalavrytou.

Sehenswertes

MUSEUM FÜR DIE OPFER VON KALAVRYTA

Dieses außergewöhnliche **Museum** (☎ 26920 23646; 1-3 Syngrou; Eintritt 3 €; ⊗ Juni–Sept. Di–So 10–17 Uhr, Okt.–Mai Di–So 9–16 Uhr) sollte sich jeder Besucher des Dorfes unbedingt anschauen. Es erinnert höchst eindringlich an die schätzungsweise 700 Menschen, die im Zweiten Weltkrieg in dieser Region von der Deutschen Wehrmacht ermordet wurden, vor allem an die Opfer des Massakers vom 13. Dezember 1943. Das Museum ist würdevoll und unaufdringlich gestaltet und legt ein aufrüttelndes Zeugnis ab vom Kampf zwischen der Besatzungsmacht und den Partisanen in dieser Gegend sowie von den Ereignissen, die zu dem Massaker führten. Anlass für diese Gräueltat soll die Hinrichtung einer Gruppe deutscher Gefangener durch die Partisanen gewesen sein.

Auf jeden Fall sollte man sich eine Weile die Videos anschauen, die überall in der Ausstellung in einer Endlosschleife gezeigt werden. Sie zeigen sehr aufschlussreiche Augenzeugenberichte überlebender Dorfbewohner, die dem Massaker entkamen oder mit ihren Müttern im Schulhaus (dem Museumsgebäude) eingeschlossen waren, wo sie offenbar bei lebendigem Leibe verbrannt werden sollten. Sie entkamen und begruben die Toten. Besonders bewegend ist die Bilderwand mit den Porträts der getöteten Dorfbewohner von Kalavryta.

MAHNMAL FÜR DIE TOTEN DES 13. DEZEMBER 1943

Ein großes weißes Kreuz auf einem mit Zypressen bestandenen Hügel im Osten der Stadt kennzeichnet die Stelle des Massakers von 1943. Unter diesem beeindruckenden Monument befindet sich ein bewegender kleiner Schrein zur Erinnerung an die Opfer. Ab der Konstantinou ist das Denkmal ausgeschildert.

Schlafen

Die meisten Unterkünfte befinden sich außerhalb des Dorfes; im Dorf selbst gibt es nur wenige Übernachtungsmöglichkeiten.

Die Hauptreisezeit ist die Skisaison (November bis April), dann sind Reservierungen unverzichtbar. Buchen sollte man das ganze Jahr über auch an den Wochenenden, wenn die Athener die kühle Gebirgsluft genießen wollen. Außerhalb dieser Zeiten sinken die Preise um bis zu 50 %.

Die preiswerteste Übernachtungsmöglichkeit sind die *domatia* (Privatzimmer) in den Straßen hinter dem Bahnhof.

Hotel Filoxenia (☎ 26920 22422; www.hotelfiloxenia.gr; Ethnikis Andistasis 10; EZ/DZ/3BZ inkl. Frühstück 92/125/155 €; ⊠ 🛜) Eine Art altmodische Skilodge – alt, braun und ein bisschen öde, aber mit komfortablen, freundlichen Zimmern. Die Zimmer sind mit Minibar, Safe, Haartrockner, Fernseher und Balkon ausgestattet.

Hotel Kynaitha (☎ 26920 22609; www.kynaitha.gr; Ethnikis Andistasis 11; EZ/DZ/3BZ/Suite inkl. Frühstück 95/115/145/190 €; ⊠) Modernes und komfortables Hotel mit geräumigen und attraktiv eingerichteten Zimmern mit Minibar, Haartrockner und Fernseher sowie strahlend weißen Badezimmern und schicken Toilettenartikeln.

Hotel Helmos (☎ 26920 29222; www.hotelhelmos.gr; Plateia Eleftherias 1; EZ/DZ/3BZ 120/160/180 €; ⊠ 🛜) Das renovierte Hotel, das in einem der faszinierenden historischen Häuser des Dorfes untergebracht ist, sorgt in modernem Ambiente für einen angenehmen Aufenthalt. An Wochentagen und in der Nebensaison sinken die Preise (auch bei Buchung übers Internet); im Winter ist eine Reservierung unverzichtbar.

Essen

Die meisten Restaurants sind in der 25 Martiou zu finden; man sollte sie einmal von vorne bis hinten entlanggehen und dann dort einkehren, wo die Griechen essen. Auch außerhalb der Skisaison gehört Kalavryta zu den Wochenendzielen der Athener, deshalb gibt es hier trendige Bars und Cafés in Hülle und Fülle.

Ellinikon (☎ 26920 23502; Snacks 1,50–4 €) Eine wunderbare Bäckerei in der Nähe der Tankstelle, die stadtauswärts an der Straße nach Patras und Klitoria liegt. Hier gibt es alles für ein gelungenes Picknick: Wunderbares Brot, Minipizzen und Dutzende Arten süßer Teilchen.

Gri Gri Café (25 Martiou; Snacks 2–4 €) Der gute (und wenig trendbewusste) Familienbetrieb liegt gegenüber des Museums. Empfehlenswert sind die süßen und herzhaften hausgemachten Snacks wie Käsetaschen, *baklava* und leckere *crèma* (süßer Vanillepudding).

Lixoudies (☎ 26920 24470; Syngrou 6; Hauptgerichte 6–10 €; ⊗ Mittagessen) Das Lokal liegt abseits der Menschenmassen am Busbahnhof, deshalb kommt man wegen des Essens hierher, nicht wegen der guten Aussicht. Das freundliche Restaurant bietet hochwertiges Gegrilltes im traditionellen Tavernenstil und ist auch bei den Einheimischen beliebt.

An- & Weiterreise
Die frisch renovierte Zahnradbahn fährt mit wechselndem Fahrplan über Zachlorou nach Diakofto und wieder zurück (s. Kasten S. 198).

Busse fahren nach Patras (7 €, 2 Std., 5-mal tgl.), Athen (15,10 €, 3 Std., mindestens 1- oder 2-mal tgl.) und Klitoria (2,60 €, 1- bis 2-mal tgl.).

Die meisten Attraktionen befinden sich außerhalb der Stadt, deshalb ist man mit dem eigenen Auto besser dran.

Die **Taxiflotte** (☎ 26920 22127) von Kalavryta parkt direkt vor dem Bahnhof.

RUND UM KALAVRYTA
Moni Agias Lavras Μονή Αγίας Λαύρας
Das aus dem 10. Jh. stammende **Kloster** (⊗ Winter 10–13 & 15–16 Uhr, im Sommer nur 16–17 Uhr) wurde von den Nazis niedergebrannt. Das neue Kloster beherbergt ein kleines Museum, in dem die Standarte und andere Erinnerungsstücke an das alte Kloster ausgestellt sind. Die Busse von Kalavryta in Richtung Süden nach Klitoria setzen Fahrgäste einen kurzen Fußweg vom Kloster entfernt ab. Ein Taxi von Kalavryta aus kostet 10 €.

Höhle der Seen Σπήλαιο των Λιμνών
Die bemerkenswerte **Höhle der Seen** (☎ 26920 31001; www.kastriacave.gr; Erw./Kind 9/4,50 €; ⊗ Juli & Aug. Mo–Fr 9–17.30, Sa & So 9–18.30 Uhr; Sept.–Juni Mo–Fr 9–16.30, Sa & So 9–17.30 Uhr) liegt 16,5 km südlich von Kalavryta in der Nähe des Dorfes Kastria. Die Höhle spielt eine Rolle in der griechischen Mythologie und wird in den Schriften des antiken Reisenden Pausanias (S. 235) erwähnt. Dennoch blieb sie in der Neuzeit bis 1964 unentdeckt. Damals beobachteten Einheimische nach schweren Regenfällen, dass Wasser durch die Decke

einer kleineren, niedrigeren Höhle sickerte, und beschlossen, dem nachzugehen. Sie fanden eine riesige Höhle voller Fledermäuse, die sich in einem 2 km langen, gewundenen Höhlengang fortsetzte, der von einem unterirdischen Fluss ausgewaschen worden war.

Heute kann man die Höhle über einen künstlichen Eingang betreten. Von hier aus führt ein 500 m langer Steg an dem gewundenen Fluss entlang. Besuchen kann man die Höhle ausschließlich mit Führung (35 Min. nur auf Griechisch). Neben den Seen selbst stellen die Stalaktiten nur schmuckes Beiwerk dar. Die Seen bestehen aus 13 Steinbecken, die sich über Jahrtausende hinweg aus mineralischen Ablagerungen gebildet haben. Wenn die Becken im Sommer austrocknen, enthüllen sie ein eigentümliches, filigranes Muster aus bis zu 3 m hohen Wänden.

Ohne eigenes Auto ist es schwierig, zu den Höhlen zu gelangen. Ein Taxi von Kalavryta aus kostet etwa 35 € (hin & zurück).

Forellenzucht & Restaurants
In dem winzigen Dorf **Planitero,** etwa 20 km südlich von Kalavryta (6 km nördlich von Klitoria), kann man in einem halben Dutzend **Forellen-Restaurants** und bei mehreren **Forellenzüchtern** am Ufer des von Bäumen gesäumten Aroanios einen angenehmen Nachmittag verbringen und Forelle essen. Manche Restaurants haben draußen über dem Wasser eine Terrasse; die meisten von ihnen befinden sich im Schatten der Platanen.

Bei der Entscheidung für eines der Restaurants kann man eigentlich nichts falsch machen. Sie bieten ähnliche Speisen zu ähnlichen Preisen an, deshalb kann man sich genussvoll nach dem Ambiente umschauen, das einem am besten gefällt (alle Restaurants liegen in einem Radius von 500 m). Eine Forelle kostet hier etwa 7 bis 9 €.

Die Abzweigung nach Planitero ist etwa 4 km von Klitoria auf der linken Seite ausgeschildert.

Aktivitäten
Das **Skigebiet** (☎ 26920 24451; www.kalavrita-ski.gr; ⊗ Dez.–April 9–16 Uhr) mit seinen zwölf Abfahrten und sieben Liften (zwei Sessellifte) liegt in 1700 bis 2340 m Höhe 14 km östlich von Kalavryta am Berg Helmos (2355 m).

Es gibt eine Cafeteria und eine Erste-Hilfe-Station, aber keine Übernachtungsmöglichkeit. Ski- und Snowboard-Ausrüstung können ausgeliehen werden (20 bis 25 € für Stiefel und Skier bzw. Snowboard). In Kalavryta kann man im **Ski Time Center** (☎ 2692 022030; Agiou Alexiou) Skier ausleihen.

Von Kalavryta aus gibt es keine öffentlichen Verkehrsmittel ins Skigebiet. Ein Taxi kostet etwa 25 € (hin & zurück). Die Saison dauert je nach Schneelage von Dezember bis April.

Informationen zu **Rafting- und Wandermöglichkeiten** am Fluss Ladonas s. Kasten S. 225.

KORINTHIA ΚΟΡΙΝΘΙΑ

Korinthia hat trotz seiner reichen und bewegten Vergangenheit, die es weitgehend seiner strategisch günstigen Lage am Isthmus von Korinth verdankt, enttäuschend wenig zu bieten. Im Laufe der Zeit haben hier mehrere Reiche um die Herrschaft über den Peloponnes gekämpft; die Römer errichteten eine mächtige Mauer quer über den Isthmus; viele Jahrhunderte später wurde diese von den Türken überrannt. So gut wie jeder hat versucht, einen Kanal zu graben (wie die meisten größeren Bauprojekte verzögerte sich das Vorhaben ein wenig – um etwa 2600 Jahre, um genau zu sein).

Die Region Korinthia wurde einst von der mächtigen antiken Stadt Korinth beherrscht, was die Region für Touristen attraktiv macht. Einige kleinere Ziele im schönen Hinterland westlich von Korinth sind einen Umweg wert, wenn man Zeit oder ein eigenes Fahrzeug hat.

KORINTH ΚΟΡΙΝΘΟΣ
29 787 Ew.

Das moderne Korinth liegt 6 km westlich des Kanals von Korinth und ist die Verwaltungshauptstadt der Präfektur Korinthia. Die Stadt wurde hier gebaut, nachdem die alte Stadt durch das Erdbeben von 1858 zerstört worden war. Die neue Stadt wurde 1928 durch ein weiteres, ähnlich heftiges und verheerendes Erdbeben zerstört und 1981 ein weiteres Mal schwer beschädigt.

PELOPONNES

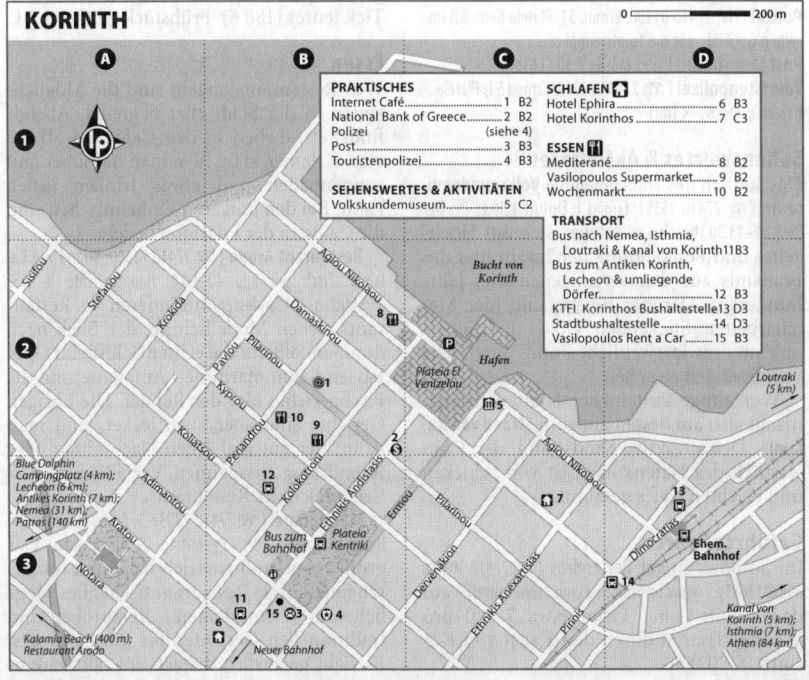

KORINTH

0 — 200 m

PRAKTISCHES
Internet Café.....................1 B2
National Bank of Greece.....2 B2
Polizei.............................(siehe 4)
Post................................3 B3
Touristenpolizei.................4 B3

SEHENSWERTES & AKTIVITÄTEN
Volkskundemuseum.............5 C2

SCHLAFEN
Hotel Ephira......................6 B3
Hotel Korinthos..................7 C3

ESSEN
Mediterané........................8 B2
Vasilopoulos Supermacet......9 B2
Wochenmarkt.....................10 B2

TRANSPORT
Bus nach Nemea, Isthmia,
  Loutraki & Kanal von Korinth 11 B3
Bus zum Antiken Korinth,
  Lecheon & umliegende
  Dörfer...........................12 B3
KTFL Korinthos Bushaltestelle 13 D3
Stadtbushaltestelle.............14 D3
Vasilopoulos Rent a Car.......15 B3

Die ziemlich unspektakuläre moderne Stadt ist von kalten Betongebäuden geprägt, die künftigen Erdbeben standhalten sollen. Dafür ist der Hafen recht hübsch: An der Uferpromenade reihen sich Cafés, und die Einheimischen sind hilfsbereit und freundlich.

Orientierung & Praktische Informationen

Korinth besteht aus einem Netz breiter Straßen, das sich vom Ufer her ins Inland erstreckt. Das gesellschaftliche Leben konzentriert sich auf die Fußgängerzone Pilarinou, an der sich Cafés aufreihen, und den nahe gelegenen Strand von Kalamia, der sich 1 km westlich des Hafens befindet. Die kürzlich renovierte Plateia El Venizelou am Hafen ist vielleicht der wichtigste Platz, aber bei Weitem nicht das soziale Zentrum. Die Verwaltung konzentriert sich auf die Ethnikis Andistasis.

In Korinth gibt es kein Tourismusbüro.

Internet-Café (☎ 27410 25570; Pilarinou 70; 3 € pro Std.; ☾ Mo–Sa 8.30–22.30 Uhr)

National Bank of Greece (Ethnikis Andistasis) Mit Geldautomaten.

Polizei (☎ 27410 81100; Ermou 51, Plateia Kentriki) Im selben Gebäude wie die Touristenpolizei.

Post (Adimantou 33; ☾ Mo–Fr 7.30–14 Uhr)

Touristenpolizei (☎ 27410 23282; Ermou 51, Plateia Kentriki; ☾ 8–14 Uhr)

Sehenswertes & Aktivitäten

Das südlich des Kais gelegene **Volkskundemuseum** (☎ 27410 25352; Ermou 1; Eintritt 1,50 €; ☾ Di–So 8.30–13.30 Uhr) konzentriert sich auf Hochzeits- und Festkleidung der Inseln und des Festlands aus den vergangenen drei Jahrhunderten. Darüber hinaus sind hier Metallarbeiten, Stickereien, Gold- und Silberobjekte sowie weltliche und kirchliche Schnitzereien zu sehen.

Wer einige Zeit in der Stadt verbringt, macht sich am besten auf zum **Strand von Kalamia**. Der attraktive Sandstrand, der 1 km westlich des Hafens liegt, ist von schicken und belebten Cafés gesäumt.

Geführte Touren

Im Sommer bietet **Periandros** (☎ 27410 30800, 6942013685; www.corinthcanal.com/cruises.html) auf dem Schiff *Canal Vista* (etwa 7-mal pro Woche) Touren durch den Kanal von Korinth (S. 207) an.

Schlafen

Blue Dolphin Campground (☎ 27410 25766/7; www.camping-blue-dolphin.gr; Erw./Zelt/Auto 6,50/5/3,50 €; ☾ April–Okt.; ☏) Der etwa 4 km westlich der Stadt gelegene, gut organisierte Campingplatz befindet sich hinter den Ruinen des alten Hafens von Lecheon. Zum Platz gehört ein eigener Kiesstrand am Golf von Korinth. Man kann sich von den Bussen zwischen Korinth und Lecheon hier absetzen lassen; das Campingplatzpersonal holt einen vom Bus oder vom Bahnhof ab.

Hotel Korinthos (☎ 27410 26701/2/3; www.korinthoshotel.gr; Damaskinou 26; EZ/DZ/3BZ 40/65/75 €; ☒) Eigentlich ist es wie mit dem Rest von Korinth: Das Hotel hat definitiv schon bessere Tage gesehen. Die veralteten Zimmer haben Balkone und, wenn sie nach hinten hin liegen, eine Aussicht über den Golf von Korinth. Die Hotelleitung ist sehr freundlich und es gibt einen Dachgarten.

Hotel Ephira (☎ 27410 22434/4021; www.ephirahotel.gr; Ethnikis Andistasis 52; EZ/DZ/3BZ 50/70/80 €; ☒) Vielleicht das schickste und professionellste Hotel in Korinth. Trotz einiger Schönheitsfehler ist es komfortabel eingerichtet. Die geräumigeren Suiten im 5. Stock sind einen Tick teurer (180 €). Frühstück gibt's für 5 €.

Essen

Was Restaurants angeht sind die Möglichkeiten in der Stadt eher begrenzt. Abends findet das Leben in den Cafés am Strand von Kalamia statt, wo man tagsüber gut sonnenbaden und etwas trinken gehen kann. Bei den jüngeren Einheimischen sind die Cafés an der Pilarinou beliebt.

Restaurant Arodo (☎ 27410 71500; Strand von Kalamia; Fisch pro Kilo 40–60 €, Hauptgerichte 8–16 €; ☾ Mittag- & Abendessen) Im Inneren des Restaurants stehen Modellschiffe, der Blick nach draußen fällt auf die echten Schiffe im Golf. Passend zum maritimen Ambiente sind die Fischgerichte hier der Renner. Die übrigen Gerichte sind aber auch lecker, und man kann hier gut mal einen Nachmittag oder Abend lang ausspannen, vor allem im Außenbereich des Restaurants.

Mediterané (☎ 27410 73232-5; Agiou Nikolaou 29; Hauptgerichte 8–18 €; ☾ Mittag- & Abendessen) Das große, neue und zugleich helle und luftige, scheunenartige Restaurant tischt alles Mögliche auf – von kleineren Kostproben und traditionellen Gerichten bis hin zu Steaks. Es sieht gefährlich danach aus, als wäre es nur auf Gruppen zugeschnitten, aber bisher sind viele Gäste mit diesem neuen Restaurant sehr zufrieden.

Für Selbstversorger ist der **Vasilopoulos Supermarkt** (☎ 27410 85281; Kolokotroni 8; ☯ Mo–Fr 8–21, Sa 8–18 Uhr) die beste Adresse in der Stadt. Obst und Gemüse, Fleisch, Käse und andere Nahrungsmittel findet man auf dem **Wochenmarkt** (Ecke Kyprou & Periandrou).

An- & Weiterreise

AUTO

Im Stadtzentrum gibt es mehrere Autovermietungen, z. B. **Vasilopoulos Rent a Car** (☎ 27410 25573; Adimantou 39).

BUS

Die Busse nach Athen (7,50 €, 1½ Std.) fahren stündlich vom Busbahnhof **KTEL Korinthos** (☎ 27410 75424; Dimocratias 4) ab. Darüber hinaus fahren von hier aus auch die Busse nach Altkorinth (1,40 €, 20 Min., stündl.), nach Lecheon (1,40 €, 15 Min., alle 30 Min.) und Nemea (4,80 €, 1 Std., 6-mal tgl.). Der Bus nach Nemea hält auch an der Ecke Aratou und Ethnikis Andistasis, die anderen Busse halten an der Ecke Kolokotroni und Koliatsou.

Busse zum Bahnhof und zum *Proastiakos* fahren an der Plateia Kentriki (ca. 1 €, 20 Min.) ab.

Busse nach Isthmia (1,40 €, 15 Min., 4-mal tgl.) und Loutraki (1,70 €, 10 Min., alle 30 Min.) fahren an den lokalen Bushaltestellen Aratou und Ethnikis Andistasis ab.

Alle Busse zu anderen Regionen des Peloponnes starten vom KTEL-Busbahnhof auf der peloponnesischen Seite des Kanals von Korinth (s. Kasten unten). Um von Korinth dorthin zu gelangen, nimmt man

---

KTEL-BUSBAHNHOF AM ISTHMUS VON KORINTH: DAS TOR ZUM PELOPONNES

Direkt an der Nationalstraße auf der peloponnesischen Seite des Kanals von Korinth liegt der **KTEL-Busbahnhof** (☎ 27410 83000, 27410 73987). Hier muss umsteigen, wer mit dem Bus in Richtung Süden fahren und den Rest des Peloponnes erschließen möchte. Offizielle Fahrpläne sind nicht erhältlich; alle Busse von Athen auf den Peloponnes halten hier an.

---

einen der häufig verkehrenden lokalen Busse nach Loutraki.

ZUG

Pro Tag fahren sieben Züge an der Nordküste entlang nach Diakofto (7 €, 1½ Std.) und Patras (normal/IC 5,70/8,90 €). Vier Züge fahren täglich nach Pyrgos (13 €, 4 Std.). Wer nach Olympia möchte, steigt in Patras in einen Regionalzug um.

Als das Buch entstand, wurde die Inlandsstrecke nach Tripolis gerade ausgebessert; es verkehrten Schienenersatzbusse. Eine andere Alternative sind die KTEL-Busse ab dem Kanal von Korinth (s. Kasten unten).

Der praktische *Proastiakos*-Zug verkehrt zwischen Korinth und dem Athener Flughafen (10 €, 1 Std., 8-mal tgl.).

ALTKORINTH & AKROKORINTH
ΑΡΧΑΙΑ ΚΟΡΙΝΘΟΣ & ΑΚΡΟΚΟΡΙΝΘΟΣ

Altkorinth war in seiner ersten Blütezeit eine einflussreiche und mächtige Stadt. Griechische Kaufleute kontrollierten den Handel zu beiden Seiten des Isthmus und verdienten sich eine goldene Nase. Jahrhunderte später bauten es die Römer neu auf, nachdem sie die Stadt zuvor als Strafe in Schutt und Asche gelegt hatten, weil sie sich einige Jahrzehnte lang der römischen Herrschaft widersetzt hatte. Erdbeben und Jahrhunderte der Plünderung ließen außer den Überresten einiger einst großartiger Bauwerke 7 km östlich der modernen Stadt nicht viel vom antiken Korinth übrig. Rundwege, Infotafeln vor Ort und ein hübsches Museum (unterteilt in klassische und römische Periode) machen die erstaunliche antike Stadt, das heutige Altkorinth, zu einem faszinierenden Ausflugsziel.

Das Dorf Altkorinth umgibt die antiken Stätten. Auf einem 575 m hohen, massiven Kalksteinfelsen thront eindrucksvoll die Festung Akrokorinth. Von hier hat man einen spektakulären Ausblick auf die umliegenden Täler und Hügel; für Reisende mit Zeit ein überaus lohnender Ausflug. Auf dem unebenen Untergrund empfiehlt es sich, festes Schuhwerk zu tragen.

Die meisten Besucher kommen mit einer geführten Tour und verschwinden dann gleich wieder, dabei gibt es genug zu sehen, um hier eine Nacht zu verbringen. Die relativ gute Auswahl an Restaurants und Tavernen machen es Korinth gegenüber zu einer besseren Alternative.

Geschichte

Im 6. Jh. v. Chr. gehörte Korinth dank seiner strategisch günstigen Lage am Isthmus von Korinth zu den reichsten Städten des antiken Griechenland. Es konnte mit zwei Häfen aufwarten, einen an der Ägäis (Kenchreai, bei Kechries) und einen am Ionischen Meer (Lecheon). Dadurch konnte Korinth im gesamten Mittelmeerraum Handel treiben. Die Stadt überlebte den Peloponnesischen Krieg und blühte unter makedonischer Herrschaft auf, wurde jedoch dann im Jahr 146 v. Chr. vom römischen Konsul Mummius gebrandschatzt, weil sie sich gegen die römische Herrschaft aufgelehnt hatte. Im Jahr 44 v. Chr. begann Julius Cäsar mit dem Wiederaufbau Korinths, das abermals zu einer florierenden Hafenstadt wurde.

Wenn die Korinther nicht gerade Geschäfte machten, verehrten sie in der Römerzeit die Göttin der Liebe, Aphrodite, in einem der ihr geweihten Tempel (eine vornehme Umschreibung dafür, dass sie sich mit den Tempelprostituierten vergnügten – sowohl mit den männlichen als auch mit den weiblichen). Der Apostel Paulus war vom gottlosen Treiben der Korinther dermaßen entsetzt, dass er ihnen über einen Zeitraum von 18 Monaten – meist vergeblich – Moral predigte.

Sehenswertes

ALTKORINTH

Die **Ruinen** (☎ 27410 31207; Stätte & Museum Erw./ erm. 6/3 €; ☉ April–Okt. 8–20 Uhr, Nov.–März 8–15 Uhr) liegen mitten im modernen Dorf. Die kompakte Größe des Gebiets (auch wenn die Ausgrabungen noch in vollem Gange sind) und die hervorragende englische Beschilderung (sogar mit Schaubildern) machen den Besuch zu einem angenehmen und faszinierenden Erlebnis.

Die Überreste stammen überwiegend aus der Römerzeit. Eine Ausnahme stellt der markante dorische **Apollon-Tempel** aus dem 5. Jh. v. Chr. dar. Südlich des Tempels liegt eine riesige **Agora** (Forum), die an ihrer Südseite von den Grundmauern einer **Stoa**, einem langen Gebäude mit Kolonnaden, abgeschlossen wird. Sie wurde für die Wür-

denträger errichtet, die Philip II. 337 v. Chr. hierher beordete, damit sie Makedonien den Treueid schwören. In der Mitte der zentralen Reihe aus Ladengeschäften steht eine **Bema,** ein Podium aus Marmor, von dem aus die römischen Beamten zum Volk sprachen.

Am Ostende der Agora sieht man noch die Überreste der **Julianischen Basilika.** Im Norden davon befindet sich die **Untere Peirene-Quelle** – die Obere Peirene-Quelle ist auf dem Akrokorinth. Der Mythologie nach weinte Peirene nach dem Tod ihres Sohnes Kenchrias, der von Artemis getötet wurde, so sehr, dass die Götter beschlossen, das kostbare Wasser nicht zu verschwenden, sondern in einen Brunnen zu verwandeln (eigentlich handelt es sich dabei um eine Quelle). Die Wasserbehälter oder Zisternen sind in einem Brunnenhaus mit sechsbogiger Fassade verborgen.

Westlich des Brunnens führt eine Treppe zur **Lechaion-Straße,** früher die wichtigste Durchgangsstraße zum Hafen von Lechaion. An der Ostseite der Straße steht **Apollon-Peribolos,** ein Hof, der von einigen teils restaurierten ionischen Säulen flankiert ist. Ganz in der Nähe befindet sich eine **öffentliche Latrine** mit einigen noch erhaltenen Sitzen.

Südlich des Museums stehen noch immer einige Säulen des **Tempels E** (auch Octavia-Tempel genannt; laut Pausanias war er Octavia, der Schwester des Augustus, geweiht).

Das **Museum** der Stätte verfügt über drei Haupträume: Die ersten beiden beherbergen hervorragende griechische und römische Statuen, Mosaiken, Figurinen, Reliefs und Friese. Im dritten Raum, der dem Museum als Letztes hinzugefügt wurde, sind die Funde der Ausgrabungen im nahe gelegenen Asklepios-Heiligtum ausgestellt, einem Tempel aus dem 5. Jh. v. Chr. Zu den interessantesten Stücken gehören Grabtafeln und Genitalien darstellende Votivgaben aus dem 4. Jh. v. Chr.

Gegenüber dem Eingang befindet sich das **Antike Theater** aus dem 5. Jh. v. Chr., das bis zu 15 000 Zuschauern Platz bietet und im Laufe der Geschichte mehrmals verändert wurde, sowie das **Odeion** (überdachtes Theater), ein römisches Bauwerk aus dem 1. Jh. n. Chr. Beide Gebäude sind von der Straße aus zu sehen.

DIE WEINSTRASSE

Die Region Nemea im sanften Hügelland südwestlich von Korinth gehört zu Griechenlands erstklassigsten Weinanbaugebieten. Nemea ist berühmt für seine vollmundigen Rotweine, die aus der einheimischen Rebsorte *Agiorgitiko* gekeltert werden. Bemerkenswert sind auch die Weißweine der einheimischen Sorte *Roditis*.

Nemea ist seit mykenischer Zeit für seine guten Weine bekannt. Der mykenische Königshof bezog seinen Wein aus dem nahen Phlius. Bis vor kurzem wurde noch hinter verschlossenen Türen gekeltert, doch inzwischen haben die Winzer das enorme Potenzial erkannt, das Weintouren und – proben mit Touristen für die Vermarktung ihrer Weinregion mit sich bringen. Etwa ein halbes Dutzend Weingüter bieten Weinproben für Besucher an (normalerweise gratis, einige nach Terminabsprache). Dazu gehören **Skouras** (☎ 27510 23688; www.skouraswines.com; 9–15 Uhr) nordwestlich von Argos, **Ktima Palivou** (☎ 27460 24190; www.palivos.gr; 10–18 Uhr) im antiken Nemea (mit einer guten Auswahl an Cabernet Sauvignon) und **Lafkioti** (☎ 27460 31244; www.lafkiotis.gr; 11–15 Uhr) im antiken Kleonai, 3 km östlich des antiken Nemea.

Im Norden von Nemea, etwas tiefer im reizvollen Hügelland, liegt das **Weingut Gaia** (☎ 21080 55642/3, 27460 22057; www.gaia-wines.gr; Koutsi; Weinproben 9–16 Uhr), das ungefiltierte Weine herstellt – vom preiswerten Landwein bis zu teuren Qualitätsweinen mit dem Schutzsiegel *Appellation d'Origine Controlée* (AOC).

Noch etwas weiter die Straße entlang folgt in herrlicher Lage die **Domaine Helios** (☎ 27460 20360; www.semeliwines.com), die verschiedene Rot- und Weißweine sowie Rosé herstellt.

AKROKORINTH

Auf dem steilen, als **Akrokorinth** (Eintritt frei; 8–15 Uhr) bekannten Kalksteinmassiv liegt eine der hervorragendsten natürlichen Festungen des antiken Griechenland. Bis heute ist sie eine beeindruckende Ruine, von der man einen wunderbaren Ausblick auf die Umgebung hat.

Die ursprüngliche Festung stammt aus der Antike. Sie wurde jedoch im Laufe der Jahre von verschiedenen Eroberern immer wieder verändert. Daher bestehen die Ruinen aus einer Mischung von beeindruckenden römischen, byzantinischen, fränkischen, venezianischen und türkischen Wehranlagen, die neben Überresten byzantinischer Kapellen auch türkische Häuser und Moscheen beherbergen.

Auf dem höheren der beiden Gipfel des Akrokorinths steht der **Aphrodite-Tempel,** wo die heiligen Kurtisanen (worin sie sich von ihren weniger heiligen Kolleginnen unterschieden, ist nicht so ganz klar) die Wünsche der unersättlichen Korinther erfüllten – sehr zum Ärger des Apostels Paulus. Vom Tempel ist nicht mehr viel übrig, aber die Aussicht ist atemberaubend.

Der Aufstieg zur Festung beträgt (durchaus machbare) 4 km. Busse verkehren hier keine, aber mit etwas Glück kann man per Anhalter fahren oder erwischt im Dorf ein Taxi.

Schlafen & Essen

Im Dorf bieten mehrere Häuser Gästezimmer an.

Rooms to Rent Tasos (☎ 27410 31225; EZ/DZ 30/45 €, 3BZ 55–60 €;) In der Ortsmitte, an der Straße nach Korinth, über der Taverne O Tasos. Die Zimmer sind einfach, aber sauber und bequem.

Marinos Rooms (☎ 27410 31209; Fax 27410 31994; EZ/DZ/3BZ inkl. Frühstück 45/60/75 €; P) Die glitzernde Glasfassade im Stil der 1980er lenkt von einigen Schwächen dieses leicht überteuerten Hauses ab, aber die Zimmer sind schlicht und der Garten ist hübsch und schattig. Im Sommer ist hier auch eine Taverne in Betrieb. Im Juni ist es mit zahlreichen Archäologiestudenten ausgebucht.

Taverna Dionysos (☎ 27410 31579; Hauptgerichte 8–15 €) Die beste Taverne am Ort, und das nicht nur wegen ihres gehobenen Dekors, sondern auch wegen ihrer frisch zubereiteten Speisen. In der Hochsaison gibt's hier die üblichen griechischen Gerichte.

KANAL VON KORINTH ΔΙΩΡΥΓΑ ΤΗΣ ΚΟΡΙΝΘΟΥ

Die Idee, einen Kanal durch den Isthmus von Korinth zu bauen und dadurch das Ionische Meer mit der Ägäis zu verbinden, kam im 7. Jh. v.Chr. erstmals dem korinthischen Tyrannen Periander. Der Bau scheiterte an der Größe des Vorhabens, und

Periander ließ stattdessen eine gepflasterte Gleitbahn (*Diolkos*) bauen, über die kleine Schiffe über Rollen von einem Meer zum anderen gezogen werden konnten, eine Methode, die bis ins 13. Jh. praktiziert wurde.

In den dazwischen liegenden Jahren spielten viele Anführer, darunter auch Alexander der Große und Caligula, mit dem Gedanken an einen Kanal, aber erst Nero begann im Jahr 67 tatsächlich zu graben. In wahrhaft größenwahnsinniger Manier machte der Herrscher höchstpersönlich mit einer goldenen Spitzhacke den Anfang. Die übrige Schwerarbeit überließ er dann 6000 jüdischen Gefangenen. Das Projekt kam zum Stillstand, als die Gallier einfielen. Erst im 19. Jh. (1883–93) vollendete eine französische Ingenieursfirma den Kanal.

Der Kanal von Korinth, der durch soliden Felsen geschlagen wurde, ist über 6 km lang und 23 m breit. Die senkrechten Seitenwände ragen 90 m über dem Wasser auf. Durch den Kanal wurde Piräus als Mittelmeerhafen noch bedeutender. Er bietet einen beeindruckenden Anblick, vor allem wenn ihn gerade ein Schiff passiert. Periandros (S. 204) in Korinth bietet Fahrten durch den Kanal an.

An- & Weiterreise

Der einfachste Weg, zum Kanal zu gelangen, ist der Bus vom modernen Korinth (S. 205) nach Loutraki zur Kanalbrücke. Alle Busse und Züge zwischen Korinth und Athen passieren die Brücke.

ISTHMIA/KIRAS VRISI ΙΣΘΜΙΑ/ ΚΥΡΑΣ ΒΡΥΣΗ

In der Nähe des modernen Isthmia und 8 km östlich von Korinth, am südöstlichen Ende des Kanals von Korinth, befindet sich das heutige Dorf Kiras Vrisi. In der Antike fanden hier alle zwei Jahre die Isthmischen Spiele statt – neben Delphi, Nemea und Olympia war eine der vier Austragungsstätten der Panhellenischen Spiele.

Die ersten nachgewiesenen Spiele wurden im Jahr 582 v. Chr. in Isthmia veranstaltet. Die Stadt Korinth hatte das Spektakel zu Ehren des Meeresgottes Poseidon organisiert, der lange Zeit mit dieser Stätte in Verbindung gebracht wurde. Korinth blieb weiterhin Gastgeber der Spiele, bis die Stadt im Jahr 146 v. Chr. von den Römern zerstört wurde.

Das **Museum von Isthmia und die (archäologische) Fundstätte** (☎ 27410 37244; Eintritt frei; ☺ Di– So 8.30–15 Uhr) liegen in Kiras Vrisi. Zur Zeit der Recherchen zu diesem Buch waren die Stätte und das Museum wegen Renovierung geschlossen.

Ein weiterer Grund für einen Besuch in Isthmia ist die **versenkbare Brücke,** eine von zwei Brücken, die über den Kanal führen (die andere befindet sich in der Nähe von Loutraki). Man kann die Brücke, die aus Holz und Metall besteht, im Auto oder zu Fuß überqueren. Von dort bietet sich ein hervorragender Ausblick auf den Kanal. Wer Glück hat, sieht vielleicht auch, wie ein Schiff über die versenkte Brücke hinweg fährt. Am besten kann man das vom Kanalufer in der Nähe der Brücke beobachten.

ANTIKES NEMEA ΑΡΧΑΙΑ ΝΕΜΕΑ

Am nordöstlichen Ortsrand des modernen Nemea liegt das **Antike Nemea** (☎ 27460 22739; Fundstätte, Museum & Stadion Erw./erm. 4/2 €, Fundstätte & Museum Erw./erm. 3/2 €; ☺ Museum 8.30–15 Uhr, Mo vormittags geschl.), 31 km südwestlich von Korinth. Der Legende nach verrichtete Herakles hier die erste seiner Aufgaben: Er erschlug den Löwen, den Hera gesandt hatte, um Nemea zu zerstören. Der Löwe steht für das Sternbild Löwe (jede der zwölf Arbeiten des Herakles nimmt Bezug auf ein Tierkreiszeichen).

Wie Olympia war auch Nemea keine Stadt, sondern ein Heiligtum; es war die Austragungsstätte für die alle zwei Jahre stattfindenden Nemeischen Spiele, die zu Ehren von Zeus veranstaltet wurden. Die Spiele wurden von der nahe gelegenen Stadt Kleonai ausgetragen und gehörten schon bald zu den großen Panhellenischen Spektakeln. Von dem dorischen **Zeus-Tempel** aus dem 4. Jh. v. Chr. sind noch drei Originalsäulen erhalten; inzwischen wurden zwei weitere Säulen von einem amerikanischen Team aus Bruchstücken wieder zusammengesetzt. Weitere Ruinen sind das **Badehaus,** das wahrscheinlich von den Athleten genutzt wurde, um sich vor dem Wettkampf einzuölen, sowie ein **Gästehaus.**

Im zur Fundstätte gehörigen **Museum** sind zwei Modelle der antiken Stätte zu sehen – sie zeigen, wie Nemea 573 v. Chr. bzw. 500 n. Chr. aussah. Die Erklärungen dazu sind auf Englisch. Das Glanzstück ist im wahrsten Sinne des Wortes der **Schatz von Aidonia:**

erlesene Goldringe, Siegel und Perlen von der Fundstätte Aidonia in der Nähe von Nemea.

Das **Stadion** (☎ 27460 22739; nur Stadion Erw./erm. 2/1 €; ☺ 8.30–15 Uhr) befindet sich 500 m weiter vorne an der Straße und war einst über einen heiligen Weg mit dem Heiligtum verbunden. Die Startlinie für die Athleten und die Entfernungsmarkierungen sind hier noch immer zu sehen. In dem Tunnel, den die Athleten benutzten, kann man nach antiken „Graffiti" Ausschau halten (Achtung: Der Tunnel liegt ein wenig verborgen).

An- & Weiterreise
Die Busse aus Korinth (4,80 €, 1 Std., 6-mal tgl.) halten auf dem Weg ins moderne Nemea auch an der Fundstätte. Nemea ist eine geschäftige, von landwirtschaftlichen Dienstleistungen geprägte Stadt etwa 4 km nordwestlich der Stätte. Auch von Argos aus verkehren Busse nach Nemea (3 €, 1 Std., 2-mal wöchentl., Mo & Do; Achtung! Der Fahrplan kann sich ändern).

ARGOLIS ΑΡΓΟΛΙΔΑ

Die Halbinsel Argolis, die zwischen dem Saronischen und dem Argolischen Golf liegt, ist ein regelrechtes Schatzkästchen für Archäologie-Fans, Geschichtsliebhaber und alle, die etwas Faszinierendes erleben wollen. Die Stadt Argos, nach der die Region benannt ist, gilt als älteste, dauerhaft bewohnte Stadt Griechenlands. Argolis war der Herrschersitz des mykenischen Reiches, das Griechenland von 1600 bis 1100 v. Chr. regierte. Zu den Hauptattraktionen der Region gehören die Festungen Mykene und Tiryns sowie das berühmte Theater von Epidauros. Ein guter Ausgangspunkt für Streifzüge ist die bezaubernde alte venezianische Stadt Nafplio.

ARGOS ΑΡΓΟΣ
29 228 Ew.
Die antike Stadt Argos ist erstaunliche 6000 Jahre alt. Heute sind die Überreste der glorreichen Vergangenheit jedoch unter der modernen Stadt begraben. Argos wird von der Nachbarstadt Nafplio in den Schatten gestellt; die meisten Besucher benutzen es nur als Busknotenpunkt.

Argos ist jedoch eine äußerst angenehme, lebhafte Stadt, und es lohnt sich, einen Blick auf das dortige Museum, die Ruinen und die Festungsanlage zu werfen. Für Preisbewusste ist Argos als Ausgangspunkt für Touren in die Region eine weit preisgünstigere Alternative als Nafplio.

Orientierung & Praktische Informationen
Prunkstück und Mittelpunkt von Argos sind der große zentrale Platz Plateia Agiou Petrou mit seinen Jugendstil-Straßenlaternen, Zitronenbäumen und Palmen sowie der beeindruckenden Kirche Agios Petros. Darüber hinaus ist Argos eher eine typische, zweckorientierte Stadt.

Der KTEL-Busbahnhof liegt südlich des zentralen Platzes an der Kapodistriou; der Bahnhof befindet sich am südöstlichen Stadtrand an der Straße nach Nafplio.

Am Hauptplatz befindet sich die Alpha Bank. Es gibt weder eine Touristeninformation noch eine Touristenpolizei.

Netp@rk (Mistakopoulou 1; 2 € pro Std.) Hier kann man seine E-Mails checken.

Polizei (☎ 100) Die reguläre Polizei – für alle Fälle.

Post (☺ Mo–Fr 7.30–14 Uhr) Auf der Kapodistriou deutlich ausgeschildert, südöstlich des zentralen Platzes Plateia Agiou Petrou.

Sehenswertes
ARCHÄOLOGISCHES MUSEUM VON ARGOS
Das **Archäologische Museum** (☎ 27510 68819; Plateia Agiou Petrou; Erw./erm. 2/1 €; ☺ Di–So 8.30–15 Uhr) am zentralen Platz umfasst drei Stockwerke und einen schönen Garten. Die Sammlung verfügt über einige hervorragende und vollständig erhaltene römische Mosaike und Skulpturen sowie Bronzegegenstände aus den mykenischen Gräbern. Zu den Highlights gehören die Statuette einer Göttin, das Mosaik der vier Jahreszeiten im Hof, eine Bronzerüstung aus dem 8. Jh. v. Chr. und einige schöne neolithische, mykenische und geometrische Keramiken, darunter einige herausragende grau-braune Vasen aus Argos aus der Zeit vor 1600 v. Chr.

RÖMISCHE RUINEN & FESTUNG LARISSA
Beeindruckende **römische Ruinen** (Eintritt frei; ☺ 8.30–15 Uhr) erstrecken sich zu beiden Seiten der Straße (nach Tripolis). Vom zentralen Platz aus geht's an der Danaou entlang

PELOPONNES

etwa 500 m in Richtung Süden, dann rechts in die Theatrou einbiegen. Diese mündet in die Straße (nach Tripolis), direkt gegenüber der Hauptattraktion: Das riesige **Theater,** in dem bis zu 20 000 Menschen Platz fanden (mehr als in Epidauros). Das Bauwerk stammt aus der Antike, wurde aber von den Römern erheblich verändert. Gleich in der Nähe liegen die Überreste eines **Odeions** aus dem 1. Jh. und der **römischen Thermen,** gegenüber befindet sich die **Antike Agora.** Der Komplex wurde neulich auf Vordermann gebracht – die Beschilderung umfasst jetzt auch deutliche Schaubilder und bettet die Umgebung in den Kontext ein.

Ein strammer Fußweg von 45 Min. führt vom Theater hinauf zur **Festung Larissa,** einem Sammelsurium aus byzantinischer, fränkischer, venezianischer und türkischer Architektur, das auf den Fundamenten der antiken Hauptfestungsanlage der Stadt ruht. Es führt auch eine Straße zur Festung hinauf (ab der Stadtmitte ausgeschildert).

Schlafen & Essen

Hotel Apollon (☎ 27510 68065; www.argolidaonline. gr/apollon-hotel, auf Griechisch; Papaflessa 13; EZ/DZ/3BZ 30/40/55 €; 🌀) Die beste Wahl unter den Optionen für Budgetreisende liegt etwas abgelegen in einer Seitenstraße hinter dem zentralen Platz. Die Zimmer sind einfach, aber mit Fernseher.

Hotel Mycenae (☎ 27510 68332; mycenae@otenet. gr; Plateia Agiou Petrou 10; EZ/DZ inkl. Frühstück 30/60 €; 🌀) Das im Stil der 1970er gehaltene Hotel liegt am zentralen Platz und hat große, komfortable, pastellfarbene Zimmer. Es gibt Studentenrabatt und Studentenzimmer.

Hotel Morfeas (☎ 27510 68317; www.hotel-mor feas.gr; Danaou 2, Ecke Plateia Agiou Petrou; EZ inkl. Frühstück 45 €; DZ inkl. Frühstück 50–70 €; 🌀 🖳) Hübsches, wenn auch etwas älteres Hotel, das einige kleine Toilettenartikel und andere Extras bietet; besonders geeignet für Geschäftsreisende.

Argos erlebt gerade einen Boom: Jede Menge hippe Cafés am Hauptplatz und seiner Umgebung. Das **Restaurant Aigli** (☎ 27510 67266; Plateia Agiou Petrou 6; Hauptgerichte 6–11 €) ist dagegen eher traditionell; hier erhält man *mezedhes* (Vorspeisen), Burger und traditionelle Speisen. Der Außenbereich befindet sich gegenüber der Kirche auf dem zentralen Platz – perfekt, wenn man Passanten beobachten will.

Im Stadtzentrum gibt es mehrere Supermärkte. Auf der Tsokri findet mittwochs und samstags ein Wochenmarkt statt.

An- & Weiterreise

AUTO
Ein Auto mieten kann man bei **Aspida** (☎ 27510 68033; www.aspida-carrental.com; Tripoleos 51).

BUS
Südlich des Hauptplatzes verkehren an der Haltestelle **KTEL Argolis** (☎ 27510 67324; Kapodistriou 8) Busse nach Nafplio (1,40 €, 30 Min., alle 30 Min.), Mykene (1,50 €, 30 Min., 3-mal tgl.) und Nemea (3 €, 1 Std., 2-mal wöchentl., Mo & Do).

Darüber hinaus gibt es zwischen 5.30 und 20.30 Uhr Busse nach Athen (11 €, 2 Std., 6-mal tgl.) über den Kanal von Korinth (4,70 €, 50 Min.) sowie Busse nach Tripolis (5 €, 1 Std., 4-mal tgl. außer So).

Die Linien nach Süden Richtung Astros (2,70 €, 1 Std.) und Leonidio (7 €, 2¼ Std.) fahren an der Haltestelle **KTEL Arkadia** ab; im Café **Sweet Corner** (☎ 27510 23162; Theatrou 40) nachfragen. Täglich verkehren drei Busse auf dieser Strecke (sonntags nur zwei).

ZUG
Zur Zeit der Recherche zu diesem Buch war die Bahnstrecke Kalamata–Korinth wegen Gleisarbeiten gesperrt (s. Kasten S. 197).

MYKENE ΜΥΚΗΝΕΣ
450 Ew.

Das moderne Dorf Mykene liegt 12 km nördlich von Argos und etwas östlich der Nationalstraße Argos–Korinth. Es ist ganz auf die Horden von Pauschaltouristen eingestellt, die das antike Mykene besuchen, und hat eigentlich nicht viel zu bieten außer seiner Nähe zur antiken Fundstätte, die 2 km nördlich davon liegt. An der Hauptstraße gibt es Übernachtungsmöglichkeiten und einen Geldautomaten.

Sehenswertes

ANTIKES MYKENE
Auf den kahlen Ausläufern der Berge Agios Ilias (750 m) und Zara (600 m) liegen die düsteren und mächtigen Ruinen des **antiken Mykene** (☎ 27510 76585; Zitadelle, Schatzhaus des Atreus & Museum 8 €; 🕑 Fundstätte Sommer 8–20 Uhr, Winter 8.30–15 Uhr). 400 Jahre lang (1600–1200

v. Chr.) war dies das mächtigste Königreich Griechenlands. Es herrschte über Argolis (was der heutigen Präfektur Argolis entspricht) und hatte auch Einfluss auf die anderen mykenischen Reiche.

Geschichte & Mythologie

Die Weltkulturerbestätte Mykene muss in einem Atemzug mit Homer und Schliemann genannt werden. Im 9. Jh. v. Chr. beschreibt Homer in seinen epischen Dichtungen „Ilias" und „Odyssee" Mykene als „golddurchwirkt" und „mit prangenden Häusern". Diese Dichtungen wurden bis ins 19. Jh. lediglich als fesselnde und schöne Legenden betrachtet. Aber in den 1870ern traf der Amateur-Archäologe Heinrich Schliemann (1822–90), über den professionelle Archäologen zuvor noch gespottet hatten, genau ins Schwarze, zuerst in Troja, danach in Mykene. (Heute hat Schliemanns Ruf jedoch Schaden genommen, weil Zweifel an der Herkunft einiger seiner Informationen aufkamen und man ihn beschuldigte, einige seiner Funde gefälscht zu haben, damit sie seine Theorie stützten).

In Mykene sind Mythos und Geschichte untrennbar miteinander verbunden. Laut Homer wurde Mykene von Perseus, dem Sohn von Danae und Zeus, gegründet. Perseus' größte Heldentat bestand in der Tötung der grässlichen, schlangenhaarigen Medusa, bei deren Anblick jeder zu Stein erstarrte. Die Perseus-Dynastie wurde schließlich von Pelops gestürzt, dem Sohn des Tantalus. Das mykenische Königsgeschlecht des Atreus stammte vermutlich von Pelops ab, aber Mythos und Geschichte sind hier so miteinander verwoben und die genealogische Linie ist dermaßen komplex, dass es niemand mit Sicherheit sagen kann. Wie immer die Verwandtschaftsverhältnisse tatsächlich aussahen, zu Agamemnons Zeiten war das Königsgeschlecht des Atreus das mächtigste unter den Achäern (so nannte Homer die Griechen). Die Dynastie endete schließlich, weil sich der Fluch erfüllte, den Pelops durch eine Freveltat auf sich gezogen hatte.

Die historischen Tatsachen besagen, dass Mykene schon im 6. Jahrtausend. v. Chr. von jungsteinzeitlichen Menschen besiedelt

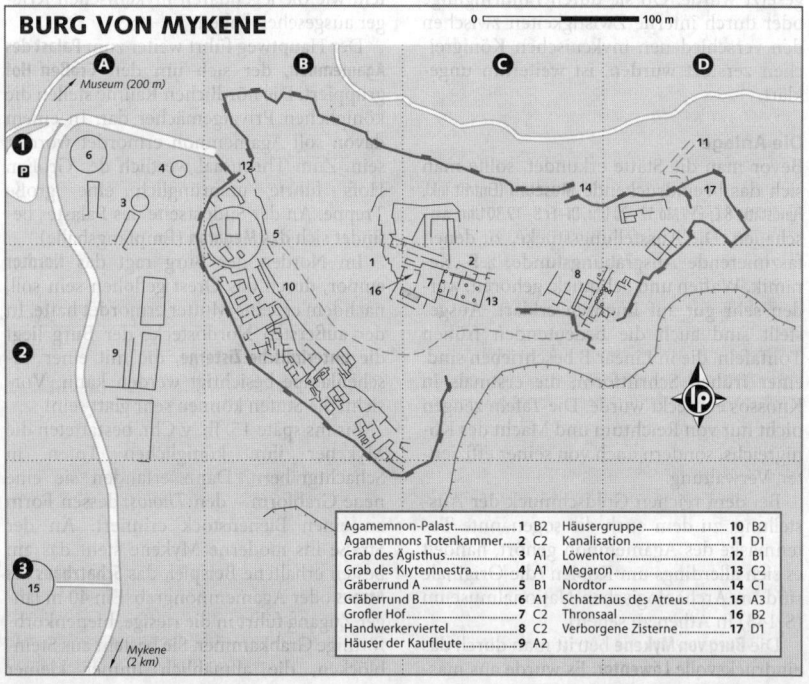

BURG VON MYKENE

0   100 m

Agamemnon-Palast.............................. **1** B2	Häusergruppe....................................... **10** B2
Agamemnons Totenkammer...... **2** C2	Kanalisation.. **11** D1
Grab des Ägisthus................................ **3** A1	Löwentor... **12** B1
Grab des Klytemnestra.................. **4** A1	Megaron... **13** C2
Gräberrund A.. **5** B1	Nordtor.. **14** C1
Gräberrund B.. **6** A1	Schatzhaus des Atreus............... **15** A3
Großer Hof... **7** C2	Thronsaal.. **16** B2
Handwerkerviertel........................... **8** C2	Verborgene Zisterne...................... **17** D1
Häuser der Kaufleute.................... **9** A2	

wurde. Zwischen 2100 und 1900 v. Chr., in der Bronzezeit, fielen indoeuropäische Völker über Anatolien und Troja in Griechenland ein. Die Invasoren brachten eine höhere Kultur ins damals noch primitive Mykene und in andere Siedlungen auf dem Festland. Nach dem mächtigsten Königreich wird diese neue Zivilisation heute als mykenisch bezeichnet. Zu den übrigen Königreichen auf dem Peloponnes gehörten Pylos, Tiryns, Korinth und Argos. Zeugnisse der mykenischen Kultur fanden sich auch in Thiva (Theben) und Athen.

Die Stadt Mykene bestand aus einer befestigten Zitadelle mit umliegender Siedlung. Wegen der schieren Größe der Zitadellenmauer (13 m hoch und 7 m dick), die aus bis zu 6 t schweren Steinblöcken bestand, glaubten die Griechen in der Antike, sie sei von einem Kyklopen gebaut worden, einem der Riesen, die Homer in seiner „Odyssee" beschreibt.

Archäologische Funde weisen darauf hin, dass die Paläste der mykenischen Könige um 1200 v. Chr. verfielen und dass der Palast von Mykene selbst 1100 v. Chr. in Brand gesetzt wurde. Ob sie durch Eindringlinge oder durch interne Zwistigkeiten zwischen den verschiedenen mykenischen Königreichen zerstört wurden, ist weiterhin ungeklärt.

Die Anlage

Bevor man die Stätte erkundet, sollte man sich das beeindruckende **Museum** (Eintritt inkl. Fundstätte 8 €; ☾ Mo 12–20 Uhr, Di–Fr 8–19.30 Uhr) anschauen. Die Ausstellungsstücke, zu denen faszinierende Ausgrabungsfunde, z. B. Keramik, Waffen und Schmuck, gehören, werden sehr gut auf Englisch erklärt. Ausgestellt sind auch die bedeutenden frühen Tontafeln, die in Linear B beschrieben sind, einer frühen Schriftform, die erstmals in Knossos entdeckt wurde. Die Tafeln zeugen nicht nur von Reichtum und Macht des Königreichs, sondern auch von seiner effizienten Verwaltung.

Bei dem reichen Goldschmuck der Ausstellung, zu dem auch die sogenannte Totenmaske des Agamemnon gehört, handelt es sich allerdings um Kopien (die Originale sind im Archäologischen Nationalmuseum (S. 143) in Athen zu sehen).

Die **Burg von Mykene** betritt man durch das eindrucksvolle **Löwentor.** Es wurde aus massiven Steinblöcken gebaut, über denen sich zwei große, aufgerichtete Löwinnen befinden. Man nimmt an, dass das Motiv das Hoheitszeichen des Königshauses Atreus darstellt.

Nach Betreten der Burg liegt rechts das **Gräberrund A.** Dabei handelt es sich um den königlichen Begräbnisplatz, der sechs Schachtgräber umfasste. Fünf davon wurden zwischen 1874 und 1876 von Schliemann ausgegraben. Dabei entdeckte er den berühmten, prächtigen Goldschatz, zu dem auch eine gut erhaltene Totenmaske aus Gold gehörte. Glühend vor Eifer sandte er ein Telegramm an den griechischen König, mit den Worten: „Ich habe ins Antlitz des Agamemnon geschaut." Es stellte sich jedoch heraus, dass die Maske einem unbekannten König gehörte, der etwa 300 Jahre vor Agamemnon gelebt hatte.

Im Süden von Gräberrund A befinden sich die Überreste einer Häusergruppe. In einem der Häuser wurde die berühmte **Kriegervase** gefunden, die Schliemann als eines seiner großartigsten Fundstücke bezeichnete, da sie eine Vorstellung davon vermittelt, wie die legendären mykenischen Krieger ausgesehen haben.

Der Hauptweg führt weiter zum **Palast des Agamemnon,** der sich um den **Großen Hof** gruppiert. Die nördlichen Räume stellen die königlichen Privatgemächer dar. In einem davon soll Agamemnon ermordet worden sein. Zum Thronsaal westlich des Großen Hofs führte ursprünglich eine große Treppe. An der Südostseite des Palastes befindet sich das **Megaron** (Empfangshalle).

Im Norden der Burg ragt das **Nordtor** empor, durch das Orest geflohen sein soll, nachdem er seine Mutter ermordet hatte. In der äußersten Nordostecke der Burg liegt die **unterirdische Zisterne,** die mit einer Taschenlampe besichtigt werden kann. Vorsicht, die Stufen können sehr glatt sein!

Bis ins späte 15. Jh. v. Chr. bestatteten die Mykener ihre königlichen Toten in Schachtgräbern. Dann erfanden sie eine neue Grabform – den *Tholos,* dessen Form an einen Bienenstock erinnert. An der Straße ins moderne Mykene steht das am besten erhaltene Beispiel, das **Schatzhaus des Atreus** oder Agamemnongrab. Ein 40 m langer Zugang führt in die riesige, bienenkorbförmige Grabkammer. Sie besteht aus Steinblöcken, die allmählich immer kleiner

IN SACHEN AGAMEMNON

Agamemnon ist einer der wichtigsten Helden in Homers *Ilias*, und er taucht in der griechischen My-thologie immer wieder auf. Er war der Sohn des Atreus und König von Mykene. Im Trojanischen Krieg führte er die Griechen an. Er und sein Bruder Menelaos waren mit Töchtern des spartanischen Königs verheiratet – Klytaimnestra und Helena. Der Legende nach raubte Paris, der Sohn des troja-nischen Königs, die schöne Helena und löste damit den Trojanischen Krieg aus. Agamemnon rief die anderen griechischen Fürsten zu einem vereinten Rachefeldzug auf. Zur selben Zeit war auch Artemis, die Göttin der Jagd, auf Rache aus und schickte der auslaufenden Flotte widrige Winde. Um sich mit Artemis zu versöhnen, sah sich Agamemnon gezwungen, ihr seine Tochter Iphigenie zu opfern. Als Artemis daraufhin wieder für gute Winde sorgte, segelten die Schiffe von Aulis nach Troja – so begann die zehnjährige Belagerung Trojas. Im letzten Kriegsjahr stritten sich Agamem-non und Achilles eifersüchtig um die Gunst einer Gefangenen. Schließlich kehrte Agamemnon sieg-reich mit seiner Beute nach Argolis zurück – darunter auch die trojanische Prinzessin Kassandra. Sein Sieg war jedoch von kurzer Dauer: Als er heimkehrte, wurde er von Klytaimnestra und ihrem Liebhaber Aigisthos ermordet. Jahre später rächten Agamemnons Tochter Elektra und ihr Bruder Orestes den Tod ihres Vaters, indem sie Klytaimnestra und Aigisthos umbrachten.

werden, je mehr sich der Bau zum zentralen Punkt hin verjüngt. Vorher liegt links an der Straße das **Gräberrund B** und daneben die **Tholos-Gräber** von Aigisthos und Klytaimnes-tra.

Schlafen & Essen

Camping Atreus (☎ 27510 76221; atreus@otenet.gr; Erw./Zelt 6/3,50 €; ☼ Mai–Okt.; ☐ ☒) Ein gut ausgestatteter, schattiger Campingplatz am Stadtrand, an der Hauptstraße nach Fichtio. Der freundliche Besitzer Pandelis spricht Englisch.

Hotel Klitemnistra (☎ 27510 76451; DZ/3BZ inkl. Frühstück 45/55 €; ☒ ☎) Das Hotel verfügt über saubere, komfortable Zimmer. Man-che davon haben einen großen Balkon mit Blick auf die Hügel.

Die freundlichen australisch-griechi-schen Besitzer können Tipps für Wande-rungen in der Umgebung geben. Im Som-mer sollte man reservieren.

In den Tavernen der Stadt gibt's die übli-chen Grillgerichte (Hauptgerichte 8–15 €), allerdings trifft man dort auf Touristenmas-sen.

An- & Weiterreise

Täglich verkehren drei Busse von Nafplio (2,60 €, 1 Std.) und Argos (1,60 €, 30 Min.) nach Mykene. Die Busse halten an Halte-stellen im Dorf und direkt an der antiken Stätte.

Andere Buslinien, z.B. Athen–Nafplio, halten im Dorf Fichtio an der National-straße, 3 km vom Dorf entfernt.

NAFPLIO ΝΑΥΠΛΙΟ
16 822 Ew.

Ob es einem gefällt oder nicht, Nafplio, eine der schönsten und romantischsten Städte Griechenlands, ist längst kein Geheimtipp mehr. Die Lage an einem kleinen Hafen, zu Füßen der Festung Palamidi, ist einfach umwerfend, ebenso die attraktiven, schma-len Gassen, die eleganten venezianischen Häuser, die klassizistischen Villen mit ihren blumengeschmückten Balkonen und die in-teressanten Museen. Sowohl ausländische Touristen als auch Wochenendausflügler aus Athen strömen in diesen pulsierenden, aufstrebenden Ort, der mit Cafés am Kai, schicken Boutiquen und vielen komfortab-len Hotels und Gästehäusern aufwarten kann (in der Hochsaison, an Feiertagen und in den Ferien kann es hier ziemlich über-füllt sein).

Die Stadt liegt etwa 12 km südöstlich von Argos am Argolischen Golf. Sie war ab der Bronzezeit ein wichtiger Hafen und wurde nach der Unabhängigkeit zur ersten Haupt-stadt Griechenlands (zwischen 1833 und 1834). Wegen seiner strategisch günstigen Lage verfügte Nafplio über drei Festungen – die massive Hauptfestung Palamidi, die kleinere Akronauplia und die winzige Bourtzi auf einer kleinen Insel westlich der Altstadt.

Dank der guten Busverbindungen eignet sich die Stadt ganz hervorragend als Aus-gangspunkt für interessante Ausflüge zu den zahlreichen antiken Stätten in der Um-gebung.

PELOPONNES

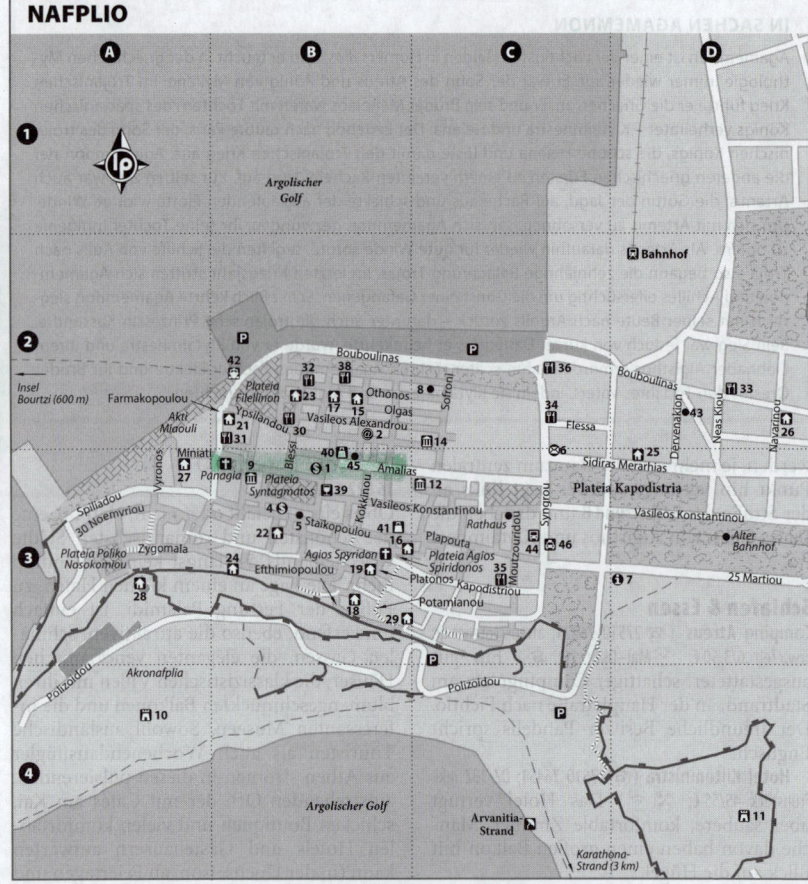

NAFPLIO

PELOPONNES

Orientierung

Die Altstadt ist auf einer schmalen Landzunge gelegen, mit der Festung Akronauplia auf der Südseite und den Promenaden Bouboulinas und Akti Miaouli an der Nordseite.

Die wichtigsten Straßen der Altstadt heißen Amalias, Vasileos Konstantinou, Staikopoulou und Kapodistriou. Der zentrale Platz der Altstadt ist die Plateia Syntagmatos; sie befindet sich am westlichen Ende der Vasileos Konstantinou.

Der KTEL-Busbahnhof liegt an der Syngrou, die die Grenze zwischen Alt- und Neustadt bildet.

Die Hauptstraßen der Neustadt, die die Verlängerung der Staikopoulou nach Osten

darstellen, heißen 25 Martiou, später Argou.

Praktische Informationen

BUCHLÄDEN

Odyssey (☎ 27520 23430; Plateia Syntagmatos) Hier gibt es internationale Zeitungen, Kartenmaterial und eine kleine Auswahl an Romanen auf Englisch, Französisch und Deutsch.

GELD

Alle wichtigen Banken sind in der Stadt vertreten. Die folgenden Banken haben Geldautomaten:

Alpha Bank (Amalias) Die Bank befindet sich am Westende der Straße.

National Bank of Greece (Plateia Syntagmatos)

INTERNETZUGANG

Es sind kaum Internet-Cafés in Nafplio zu finden; die meisten Unterkünfte sind jedoch mit WLAN ausgestattet.

Echorama (☎ 27520 26050; Alexandrou 9; 3 € pro Std.; ⏱ 10–21 Uhr) Ein CD-Geschäft im Herzen der Altstadt, das über einige Internet-Terminals mit schneller Verbindung verfügt.

Extreme Net Pl@ce (10 € pro Std.; ⏱ 8–6 Uhr) Hinter dem Supermarkt Marinopoulos (S. 219), bei Nachteulen beliebt wegen seiner Games.

NOTFALL

Krankenhaus (☎ 27520 98100; Ecke Asklipiou & Kolokotroni)

Touristenpolizei (☎ 27520 98728/9; Eleftheriou 2)

POST

Post (Ecke Syngrou & Sidiras Merarhias; ⏱ Mo–Fr 7.30–14 Uhr)

TOURISTENINFORMATION

Städtische Touristeninformation (☎ 27520 24444; 25 Martiou 4; ⏱ 9–13 & 16–20 Uhr) Diese Anlaufstelle für Touristen bietet allerdings nicht gerade den besten Service der Stadt.

Staikos Travel (☎ 27520 27950; www.staikostravel.gr; Bouboulinas 50; ⏱ 8.30–14 & 17.30–21 Uhr, im Winter So geschl.) Eine hilfreiche Informationsquelle und ein effizientes Reisebüro für alle Reiseveranstalter.

WASCHSALON

Bubbles (☎ 27520 29260; Asklipiou 61; bis zu 5 kg pro Waschgang 9 €; ⏱ Mo–Fr 8–21, Sa 8–15 Uhr) Der teure Laden neben den Militärbaracken scheint das Monopol auf Seifenlauge zu haben – er ist der einzige Waschsalon der Stadt.

Sehenswertes & Aktivitäten

FESTUNG PALAMIDI

Die große und spektakuläre **Zitadelle** (☎ 27520 28036; Erw./erm. 4/2 €; ☽ Sommer 8–17 Uhr, Winter 8–15 Uhr) steht auf einem 216 m hohen Felsvorsprung mit hervorragender Aussicht über das Meer und die Umgebung. Sie wurde zwischen 1711 und 1714 von den Venezianern erbaut und gilt als Meisterwerk der Militärarchitektur. Innerhalb der Mauern ist eine Reihe unabhängiger Bastionen an strategisch günstigen Stellen auf dem Hügel platziert. Die wichtigste und am besten erhaltene ist die **Agios-Andreas-Bastion** im Westen, die von der Stadt aus über eine Treppe zu erreichen ist. Sie war der Sitz des Kommandanten der Garnison. Benannt wurde sie nach der winzigen Kirche in ihrem Innenhof. Von den Mauern der Bastion hat man herrliche Ausblicke auf die Akronauplia und die Altstadt.

Die **Miltiades-Bastion** im Nordosten ist die größte der Anlage. Zwischen 1840 und 1920 wurde sie als Gefängnis für verurteilte Verbrecher genutzt. Hier verbrachte Theodoros Kolokotronis, ein Held des Unabhängigkeitskriegs, mehrere Jahre als Gefangener, nachdem er wegen Verrats verurteilt worden war.

Zwei Wege führen zur Festung hinauf: eine Straße (die einfache Taxifahrt kostet etwa 8 €) und eine scheinbar endlose Treppe für Energiegeladene, die südöstlich der Bushaltestelle beginnt. Die genaue Anzahl der Stufen kann man nur vermuten. Die Einheimischen behaupten, es seien 999, was viele Besucher dazu veranlasste, selbst nachzuzählen. Die meisten kommen auf eine weit niedrigere Zahl. Die Einheimischen erwidern darauf, dass es bis zur Kirche Agios Andreas 999 Stufen seien. Wie auch immer – am besten, man geht früh los und nimmt sich einen ausreichend großen Wasservorrat mit.

FESTUNG AKRONAUPLIA

Die **Festung Akronauplia** über der Altstadt ist die älteste der drei Wehranlagen in Nafplio. Allerdings gibt es hier weniger zu sehen als in den beiden anderen. Die unteren Abschnitte der Mauer stammen aus der Bronzezeit. Bis zur Ankunft der Venezianer beschränkte sich die Stadt auf den Bereich innerhalb der Mauern. Die Türken nannten die Festung Ic Kale („innere Burg"). Zwi-

schen 1936 und 1956 waren hier politische Gefangene inhaftiert.

Von der Plateia Poliko Nosokomiou am Westrand der Stadt führt ein Aufzug zur Festung hinauf – den Eingang des zum Aufzug führenden Tunnels markieren Flaggen. Der Aufzug endet an einem schicken Hotelkomplex (s. Nafplia Palace, S. 218); von dort geht's zur Festung. Das alte Tor der Festung ist von einem hervorragenden venezianischen Löwen-Emblem gekrönt und befindet sich am Ende der Potamianou, einer gestuften Straße, die von der Plateia Agios Spiridonos heraufführt.

BOURDZI

Die Inselfestung Bourdzi liegt etwa 600 m westlich des Hafens. Die meisten noch erhaltenen Bauwerke stammen von den Venezianern. Die Boote zur Insel (hin & zurück 4 € pro Person) legen am nordöstlichen Ende der Akti Miaouli ab.

MUSEEN

Nafplios preisgekröntes **Peloponnesisches Volkskundemuseum** (☎ 27520 28947; Vasileos Alexandrou 1; Erw./erm. 4/2 €; ☽ Mo & Mi–Sa 9–15 & 18–21, So 9.30–15 Uhr, Di Vormittag geschl.) besteht aus einer wunderschön präsentierten Sammlung von Trachten und Haushaltsgegenständen aus der Vergangenheit Nafplios, die man sich auf keinen Fall entgehen lassen sollte. Im Erdgeschoss gibt es einen Museumsshop.

Die prächtige **Nationalgalerie – Alexandros-Soutzos-Museum** (☎ 27520 21915; Sidiras Merarhias 23; Erw./erm. 3/2 €, Mo Eintritt frei; ☽ Mo, Do & Sa 10–15, Mi & Fr 10–15 & 17–20; So 10–14 Uhr), ein Zweig der Nationalgalerie von Athen, befindet sich in einem erstaunlich gut restaurierten klassizistischen Gebäude. Gezeigt werden Werke, die sich mit dem Griechischen Unabhängigkeitskrieg von 1821 befassen, darunter auch Gemälde der griechischen Maler Vryzakis und Tsokos, die als die wichtigsten Maler der Nachkriegszeit gelten. Die Gemälde sowie einige Skulpturen und Artefakte sind nach Themen geordnet: Schlachten, sterbende Helden, siegreiche Seeschlachten, die Kriegsfolgen im täglichen Leben und die Freiheit des Landes.

Das **Kriegsmuseum** (Amalias 22; Eintritt frei; ☽ Di–So 9–14 Uhr) zeichnet Griechenlands Militärgeschichte ab dem Unabhängigkeitskrieg anhand einer umfassenden Sammlung bestehend aus Fotografien, Gemälden, Uniformen und ausgewählten Waffen nach.

Das **Archäologische Museum** (Plateia Syntagmatos; Di–So 8.30–15 Uhr; Erw./erm. 2/1 €), das sich an der Plateia Syntagmatos befindet, wurde nach siebenjährigen Renovierungsarbeiten 2009 wieder eröffnet. In zwei hellen, luftigen Stockwerken werden hervorragende Ausstellungsobjekte präsentiert. Die ältesten Ausstellungsstücke sind Feuerstellen, die auf 32 000 v. Chr. zurückgehen. Ein weiteres Highlight ist die einzige Bronzerüstung, die aus der Gegend von Mykene noch erhalten ist; sie stammt aus dem 12. oder 13. Jh. v. Chr.

STRÄNDE

Der kleine Kiesstrand von **Arvanitia** ist zu Fuß gerade mal 10 Min. von der Stadt entfernt. Er liegt im Süden bei der Festung Akronauplia. Wer Bewegung braucht, kann dem Weg in Richtung Osten der Küste entlang folgen. Nach etwa einer Stunde (3 km) erreicht man den Sandstrand von **Karathona** auf der anderen Seite der Festung Palamidi. Ohne den Müll wäre der Strand bestimmt genauso schön wie der Fußweg.

Festivals & Events

Nafplio veranstaltet irgendwann zwischen Ende Mai und Juli ein **Festival der klassischen Musik** (www.nafplionfestival.gr), bei dem griechi-

sche und internationale Interpreten auftreten. Einer der Veranstaltungsorte ist die Festung Palamidi.

Nafplio ist darüber hinaus ein geeigneter Ausgangspunkt für alle, die beim Epidauros-Festival (s. S. 221) in den Monaten Juli und August die Aufführungen in dem berühmten Theater besuchen wollen. Das Epidauros-Festival findet im Rahmen des größeren Kulturfestivals Hellenic Festival statt.

Schlafen

BUDGETUNTERKÜNFTE

Am attraktivsten ist die Altstadt, auch wenn es hier nur wenige Budgetunterkünfte gibt.

Hotel Economou (27520 23955; Argonafton 22; B/EZ 10/20 €, DZ 25–30 €) Das recht einfache Hotel im 70er-Jahre-Stil ist sauber und absolut angemessen. Die freundlichen älteren Besitzer sprechen Englisch.

Dimitris Bekas (27520 24594; Efthimiopoulou 26; EZ/DZ/3BZ 23/29/40 €) Eine gute, zentral gelegene Budgetunterkunft. Die sauberen, gemütlichen Zimmer liegen bestens an der Steigung zur Akronauplia.

Hotel Leto (27520 28093; www.leto-hotel.com; Zigomala 28; EZ/DZ/3BZ 45/60/90 €) Das Hotel hat außen mehr Charme als innen (die Inneneinrichtung stammt etwa aus den 1980er-Jahren), aber seine Lage in der Altstadt macht es attraktiv.

BOUTIQUE-HOTELS

In Nafplio schossen in den letzten Jahren Boutique-Hotels wie Pilze aus dem Boden. Dabei handelt es sich meist um renovierte ehemalige Herrenhäuser, die auf die Bedürfnisse reicher Athener und Wochenendurlauber zugeschnitten sind. Die meisten Hotels haben vier bis acht (oft beengte) Zimmer mit moderner, stilechter oder kitschiger Einrichtung. Kabelfernsehen ist im Preis inbegriffen. Achtung: In allen diesen Häusern sind die Treppen steil. Außerdem haben wir mit der Zeit festgestellt, dass der Standard der Ausstattung nicht immer beibehalten wird. In der Fülle der vorhandenen Boutique-Hotels kann man folgende in Betracht ziehen (es ist reiner Zufall, dass so viele davon mit alpha – A beginnen):

Aetoma (27520 27373; www.nafplionhotel.com; Plateia Agios Spiridonos 2; DZ inkl. Frühstück 90–110 €, 3BZ 130 €;) Klein, aber komfortabel, mit dunkler, schwerer und stilvoller Ausstattung.

Adiandi (27520 22073; www.hotel-adiandi.com; Othonos 31; Zi inkl. Frühstück 110–120 €;) Die Zimmer in diesem lustigen und exklusiven Hotel haben spleenige, mit Türen dekorierte Betthäupter und modernen Dekor. Unten befindet sich ein flippiges Café mit Frühstücksraum.

Amimone (27520 99477; www.amymone.gr; Othonos 39; EZ 65–75 €, DZ 80–90 €, inkl. Frühstück;) Hat denselben Besitzer wie das Adiandi. Das Hotel verfügt über farbenfrohe Zimmer mit traditionellem Touch, z. B. schmiedeeiserne Betten.

Hotel Latini (27520 96470; www.latinihotel.gr; EZ/DZ/Suite inkl. Frühstück 75/90/140 €;) Die Zimmer an der hübschen Plateia Agiou Nikolaou sind sonnig und luftig und bieten eine gute Aussicht.

PELOPONNES

MITTELKLASSEHOTELS

Hotel Byron (☎ 27520 22351; www.byronhotel.gr; Platonos 2; DZ 60–80 €, 3BZ 90 €; 🗶) Das Byron ist in einem schönen venezianischen Gebäude untergebracht. Der zuverlässige Dauer-Favorit verfügt über gepflegte Zimmer mit Eisenbetten und alten Möbeln. Frühstück kostet 5 €.

Hotel Nafsimedon (☎ 27520 25060; www.nafsimedon.gr; Sidiras Merarhias 9; EZ 60–70 €, DZ 82–120 €, 3BZ 105–140 €, inkl. Frühstück; 🗶) Unprätentiöse Unterkunft in einer schönen klassizistischen Villa mit antiken Teppichen, Holzfußböden und ausgeglichenen alten Möbeln.

Hotel Rex (☎ 27520 26907; www.rex-hotel.gr; Bouboulinas 21; EZ 70 €, DZ 80 €, 3BZ 110 €) Diese Unterkunft ist eine moderne Alternative zu den älteren Hotels im venezianischen Stil. Es liegt in der Neustadt und ist oft von Reisegruppen ausgebucht.

LP Tipp Pension Marianna (☎ 27520 24256; www.pensionmarianna.gr; Potamianou 9; EZ 70 €, DZ 85 €, 3BZ 100 €, inkl. Frühstück; 🅿 🗶 📶) Das leuchtend gelbe Wahrzeichen bietet angenehme und hochwertige Unterkünfte und ist die erste Wahl in Nafplio. Die freundlichen und warmherzigen Zoto-Brüder sind die Besitzer und Gastgeber; sie verkörpern geradezu die griechische *filoxenia* (Gastfreundschaft) und haben in ihrem heiteren Speiseraum viel mehr zu bieten als ein köstliches Frühstück. Die sauberen und freundlichen Zimmer (alle unterschiedlich gestaltet; manche sind etwas kleiner) öffnen sich auf Terrassen, von wo man die Aussicht genießen kann (das Hotel liegt auf einem Hügel). Um das Hotel zu erreichen, muss man ein bisschen Schweiß opfern und ein paar Treppen steigen. Parkmöglichkeiten gibt's hinter dem Haus an der Straße zur Festung. Ohne Frühstück beträgt der Übernachtungspreis pro Person 5 € weniger.

Hotel Ilion (☎ 27520 25114; www.ilionhotel.gr; Kapodistriou 4; DZ inkl. Frühstück 90–180 €) Üppige, auffällige Deko im Rokokostil; zimmereigene Fresken und Geschnörkel.

SPITZENKLASSEHOTELS

Ippoliti (☎ 27520 96088; www.ippoliti.gr; Miniati; Zi 120–180 €; 🗶) Die 19 Zimmer in diesem neuen und dezent luxuriösen Hotel sind mit geschmackvollen, verhaltenen toskanischen Möbeln mit einem Hauch von Klassizismus ausgestattet. Es gibt in den Zimmern sogar Kaminfeuer hinter Glas (kostet

extra). Man fühlt sich wie in einer Luxuspension mit Hotelservice inkl. Fitness-Studio.

Hotel Grande Bretagne (☎ 27520 96200; www.grandebretagne.com.gr; Plateia Filellinon; EZ/DZ inkl. Frühstück 130/180 €; 🗶) Eleganz in Nafplion – das vornehme Hotel im traditionellen Stil liegt inmitten von Cafés am belebten Kai.

Nafplia Palace (☎ 27520 70800; www.nafplionhotels.gr; Akronafplia; DZ/Bungalows/Villen ab 390/580/1300 €; 🅿 🗶 📶 🛜 🛎) Das Hotel hat sich kompromisslosem Luxus verschrieben. Es bietet ultramoderne, superschicke Villen, persönliche Butler, audiovisuelle Unterhaltungselektronik vom Feinsten und einen eigenen Mini-Swimmingpool.

Essen

Trotz all der passablen Restaurants wird man in Nafplio erstaunlicherweise kaum etwas finden, das den Gaumen ernstlich kitzelt. In den Straßen der Altstadt gibt es Dutzende von Restaurants, die alle herzhaftes Tavernenessen servieren. Die Touristenlokale an der Staikopoulou bieten mittags und abends authentisches Tavernenessen zu vernünftigen Preisen, und die kleineren Gassen lassen auf verborgene Schätze hoffen.

Mezedopoleio O Noulis (☎ 27520 25541; Moutzouridou 22; mezedhes 3–10 €; ⏱ Okt.–April Mo–Sa 10–16 Uhr, Mai–Sept. 10–15 & 19–23 Uhr) Bescheidenes Lokal, in dem eine Bandbreite an sehr frischen *mezedhes* angeboten wird. Der Schnupperteller (7,50 €) mit zehn verschiedenen Appetithäppchen ist fast schon ein richtiges Hauptgericht.

Omorfi Poli (☎ 27520 29452; Bouboulinas 75; Hauptgerichte 6–16 €; ⏱ Abendessen) Der Chefkoch dieses angenehmen Restaurants bereitet griechische und italienische Gerichte zu. Die *mezedhes* (5 €) haben einen leichten nichtgriechischen Einschlag – es gibt Pilzrisotto und dazu griechische Leibgerichte wie *saganaki* (gebratener Käse) und gegrillte Sardinen. Ein beliebtes Hauptgericht ist die köstliche *mousaka* (Auflauf aus Aubergine oder Zucchini, Hackfleisch und Kartoffeln mit Käsesoße), die in speziellen Keramikformen gebacken wird (in jeder Hinsicht heiß – und für 7 € ein echtes Schnäppchen). Ein weiterer Bonus sind die freundliche Bedienung und die gute Weinkarte (17 bis 47 €).

LP Tipp Antica Gelateria di Roma (☎ 27520 23520; www.anticagelateria.gr; Ecke Farmakopoulou &

Komninou) „*Bongiorno* – das ist eine italienische Eisdiele!" sagen der italienische *maestro* und die *maestra* Marcello und Claudia Raffo, wenn man den Laden betritt. Nur für den Fall, dass man die verlockenden Düfte der besten (ja, der besten!) traditionellen Eissorten außerhalb Italiens nicht schon von weitem gerochen hat (und jede Wette bald probieren wird). Schleckermäuler seien gewarnt: Diesem Eis kann keiner widerstehen!

Einige Tavernen, die ebenfalls zu empfehlen sind:

Nafplios (☎ 27520 97999; Ecke Bouboubilas & Syngrou; Hauptgerichte 6–11 €; ☽ Mittag- & Abendessen) Eines der authentischsten Lokale in der Gegend. Das unprätentiöse Restaurant bietet eine Aussicht auf den Parkplatz. Die herzhaften traditionellen Mahlzeiten werden in großen Pfannen präsentiert.

Arapakos (☎ 27520 27675; Bouboulinas 81; Hauptgerichte 7–12 €, Fisch pro kg 30–80 €; ☽ Mittag- & Abendessen) Wem der Sinn nach Fisch steht, sollte sich in diesem gehobenen Restaurant ein hochwertiges Fischgericht gönnen.

Alaloum (☎ 27520 29883; Papanikolaou 10; Hauptgerichte 7–13 €; ☽ Mittag- & Abendessen) In hübscher Lage an einem Platz bietet dieses Restaurant griechische Mittelmeerkost.

O Pseiras (☎ 27520 24117; Porou 5; Hauptgerichte 8–12 €; ☽ Mi–Mo Abendessen) Eine Taverne ohne Schnickschnack, bei der man allerdings seinen Radius ein wenig erweitern muss (sie liegt im Prania-Viertel im Osten der Stadt). Sie bietet vernünftige Gerichte und gelegentlich Live-Musik (man trifft dort häufig auf Touristengruppen).

To Koutouki (☎ 27520 24477; Olgas 44, Hauptgerichte 8–18 €; ☽ Abendessen) Gute Grillgerichte, Teigwaren und mezedhes. Liegt nicht am Wasser, ist aber zuverlässig und man kann im Sommer angenehm draußen sitzen.

Für Selbstversorger gibt es in der Neustadt von Nafplio eine Reihe von Supermärkten, darunter **Marinopoulos** (Ecke Syngrou & Flessa) und **Atlantik** (Bouboulinas 24).

Ausgehen

Obwohl sich in Nafplio Cafés und Bars dicht aneinander drängen, scheint das Angebot kaum für die Scharen schicker Partylöwen auszureichen, die im Sommer in der Stadt einfallen. Die meisten Möglichkeiten bieten sich auf der Bouboulinas – hier kann man sich einfach treiben lassen, bis man ein Lokal (mit neuester Ausstattung) nach seinem Geschmack findet und eine Musiklautstärke, der man gewachsen ist.

Eine Alternative zu den homogenen, hippen Kneipen stellt das **Lathos** (Vasileos Konstantinou 3; ☽ Mi–Mo ab 19 Uhr) dar, ein spleeniges Lokal, das vollgestopft ist mit ferngesteuerten Automaten vom Schrottplatz: von Tischen, die sich bewegen, bis hin zu einem Arm, der ein Becken schlägt. Je nach Stimmung spielt der philosophisch veranlagte Besitzer/DJ einen willkürlichen Musikmix – genau das richtige, um mit der Umgebung mitzuswingen.

Shoppen

In den Gassen von Nafplios Altstadt zwischen der Plateia Syntagmatos und dem Kriegsmuseum findet man Boutiquen für Kleider, Schmuck und Accessoires, dazu den unvermeidlichen Krimskrams für Touristen. Alltagseinkäufe erledigt man am besten in der Argous St. Hier findet man alles von der Apotheke bis zum Schuhladen (Imelda Marcos würde vor Neid erblassen).

Karonis (☎ 27520 24446; www.karoniswineshop.gr; Amalias 5) Weinenthusiasten finden hier eine herrliche Auswahl an Weinen aus dem ganzen Land, vor allem roten nemeischen Wein und Spirituosen.

Komboloi Museum (☎ 27520 21618; www.komboloi.gr; Staikopoulou 25; Erw./erm. 3 €/frei; ☽ Mo–Do & So 9.30–21, Fr & Sa bis 21.30 Uhr) Der Laden, über dem sich ein privates Museum befindet, verkauft *komboloi* (Gebetsketten), Amulette und Zauber gegen den bösen Blick.

Zum Peloponnesischen Volkskundemuseum (S. 216) gehört ein attraktiver Museumsshop (Erdgeschoss), in dem eine ganze Bandbreite von Artikeln verkauft wird, darunter auch griechische und internationale Bücher.

An- & Weiterreise

Vom **Busbahnhof KTEL Argolis** (☎ 27520 27323; Syngrou 8) fahren Busse nach Athen (12 €, 2½ Std., stündl.) über den KTEL-Busbahnhof Isthmus von Korinth (Peloponnes, in der Nähe von Korinth; 6 €, 1½ Std.), nach Argos (1,40 €, 30 Min., alle 30 Min.), Tolo (1,40 €, 15 Min., stündl.), Epidauros (2,60 €, 45 Min., 4-mal tgl.), Mykene (2,60 €, 1 Std., 2-mal tgl.), Kranidi (7 €, 2 Std., 4-mal tgl. außer So) und Galatas (7,40 €, 2 Std., Mo–Fr 2-mal tgl.). Weitere Ziele sind Tripolis (6 €, 1½ Std., Mo–Sa 2-mal tgl., So 1-mal). Achtung: An Wochenenden gilt häufig ein eingeschränkter Fahrplan.

PELOPONNES

Unterwegs vor Ort

Ein Taxi bekommt man unter ☎ 27520 24120 oder man nimmt einfach eines aus der Schlange auf der Syngrou.

Autovermietungen gibt es u. a. folgende:

Avis (☎ 27520 24160/1; www.carrental-greece.gr; Bouboulinas 51)

Bounos Rent a car (☎ 27520 24390; www.bounos-carrental.com; Dervenakion 7)

Hermes Car Rental (☎ 27520 25308; www.hermestravel.gr; Amalias 7)

TIRYNS ΤΙΡΥΝΘΑ

Etwas östlich der Straße Nafplio–Argos, etwa 4 km von Nafplio entfernt, liegt die beeindruckende Akropolis von **Tiryns** (☎ 27520 22657; Erw./erm. 3/2 €; ⏰ Sommer 8–20 Uhr, Winter 8–15 Uhr). Die bedeutende, aber unterbewertete mykenische Akropolis stellt den Höhepunkt mykenischer Baukunst dar, vor allem wegen ihrer massiven Mauern. Sie sind teilweise 7 m dick und wurden der Mythologie nach von Kyklopen gebaut.

Ebenso wie Mykene steht Tiryns auf der Weltkulturerbeliste der UNESCO, auch wenn es nicht ganz so Ehrfurcht gebietend ist. Die Anlage einiger Ruinen erschließt sich dem Besucher leicht, und nur selten kommen Menschenmassen hierher. Bislang gibt es noch keine Schilder oder Beschreibungen, deshalb lohnt es sich, am Kartenhäuschen einen Führer zu erstehen, z. B. *Tiryns* (von Dr. Alkestis Papademetriou; 7 €). Die Ausgrabungen dauern noch an, deshalb ist der Zugang für Besucher auf die Untere und die Obere Zitadelle sowie (seit kurzem) auf einen großen Bereich beschränkt, in dem in der Antike Wasser gespeichert wurde.

Jeder Bus zwischen Nafplio und Argos hält an der Stätte.

EPIDAUROS ΕΠΙΔΑΥΡΟΣ

In seiner Glanzzeit wurde das 30 km von Nafplio entfernte **Epidauros** (☎ 27530 22009; Erw./erm. 6/3 €; ⏰ Sommer 8–19.30 Uhr, Winter 7.30–17 Uhr) wegen seiner Wunderheilungen verehrt und war bis nach Rom berühmt. Von weither kamen Besucher zu diesem Heiligtum des Asklepios, des Gottes der Medizin, um Heilung für ihre Leiden zu finden.

Heute strömen Besucher vor allem wegen des erstaunlich gut erhaltenen Theaters hierher, das beim Hellenic Festival (S. 156) als Veranstaltungsort für klassisches grie-

chisches Theater dient, das hier erstmals von rund 2000 Jahren aufgeführt wurde. Heute werden darüber hinaus auch andere, modernere Stücke, Opern und Konzerte aufgeführt. Die Stätte liegt in wunderbarer Umgebung zwischen von Pinien bewachsenen Hügeln. Es überrascht nicht, dass Epidauros in die Liste des UNESCO-Weltkulturerbes aufgenommen wurde.

Wer Epidauros mit dem eigenen Auto besucht, sollte sich nicht von dem Schild nach P. Epidauros (Paleia Epidavros) was so viel wie Antikes Epidauros bedeutet, verwirren lassen. Um das Ganze noch komplizierter zu machen: Das sogenannte „kleine Theater", in dem einige Festival-Veranstaltungen stattfinden, befindet sich tatsächlich dort; das im Festivalprogramm aufgeführte „große Theater" befindet sich dagegen im Hauptteil der Stätte (s. rechts), der als Theater von Epidauros ausgeschildert ist.

Geschichte

Der Legende nach war Asklepios der Sohn von Apollon and Koronis. Bei Asklepios' Geburt wurde Koronis vom Blitz getroffen und starb. Apollon brachte seinen Sohn auf den Berg Pelion, wo der Heiler Chiron den Jungen in der Heilkunst unterwies.

In mykenischer und archaischer Zeit huldigte man in Epidauros Apollon, aber ab dem 4. Jh. v. Chr. ging diese Verehrung auf seinen Sohn über. Epidauros wurde als Geburtsort von Asklepios bekannt. Obwohl es überall in Griechenland Heiligtümer gab, an denen die Kranken zu Asklepios beteten, galten die Heiligtümer in Epidauros und auf der Insel Kos als die wichtigsten. Der Ruf des Heiligtums verbreitete sich rasch, und als in Rom eine Seuche ausbrach, suchten Livius und Ovid in Epidauros Hilfe.

Angeblich gehörte zu den dortigen Heilmethoden, dass sich der Kranke von Schlangen ablecken ließ. Asklepios ist deshalb üblicherweise mit einer Schlange abgebildet; ihre Häutung galt als Symbol der Verjüngung. Andere Behandlungsarten an der heiligen Stätte umfassten Diätvorschriften und Kräutermedizin; manchmal wurde sogar operiert. Daneben diente das Heiligtum auch als Ort der Unterhaltung: Alle vier Jahre fanden in Epidauros die Asklepischen Spiele statt, bei denen Dramen aufgeführt und athletische Wettkämpfe ausgetragen wurden.

Sehenswertes

THEATER VON EPIDAUROS

Heute ist es weniger das Heiligtum als viel mehr das Theater aus dem 3. Jh., das Besucher nach Epidauros lockt. Es handelt sich dabei um das am besten erhaltene antike griechische Bauwerk, das für seine erstaunliche Akustik bekannt ist; wenn man in seinem Zentrum eine Münze fallen lässt, hört man dies auch noch auf den obersten Rängen. Das aus Kalkstein gebaute Theater bietet bis zu 14 000 Zuschauern Platz. Der Eingang ist von restaurierten **korinthischen Säulen** flankiert. Im Rahmen des jährlich stattfindenden Hellenic Festivals (S. 156) werden hier antike Dramen aufgeführt.

HEILIGTUM

In den Ruinen des Heiligtums ist das Gedränge nicht ganz so groß wie im Theater. Im Süden befindet sich das riesige **Katagogeion,** eine Herberge für Pilger und Patienten. Im Westen davon steht das enorme **Gymnasion,** das die Römer zum **Odeion** umbauten. Hier fanden die Spiele zu Ehren des Asklepios statt. Gegenüber befindet sich das **Stadion,** in dem die athletischen Wettbewerbe der Spiele ausgetragen wurden. Dies ist einer von mehreren Bereichen, die gerade instand gesetzt werden; zur Zeit der Recherche zu diesem Buch war eine Seite davon fertig.

Im Norden stehen die Fundamente des **Asklepios-Tempels** (während der Recherche waren sie wegen bevorstehender Ausgrabungen von Erde bedeckt) und daneben das **Abaton.** Die Therapien, die hier stattfanden, scheinen auf dem Einfluss des Geistes über den Körper beruht zu haben. Man nimmt an, dass der Priester die Patienten zunächst mit der Heilkunst des Asklepios vertraut machte; danach legten sie sich zum Schlafen im *abaton* nieder, um in ihren Träumen dem Gott zu begegnen. Der Schlüssel zur Heilung lag in diesem Traum.

Im Osten liegt das **Heiligtum des Apollon der Ägypter,** das darauf hinweist, dass der Asklepios-Kult auf den in Ägypten für seine Heilkräfte verehrten Imhotep zurückgeht. Im Westen des Asklepios-Tempels befinden sich die Überreste eines **Tholos** (360–20 v.Chr. errichtet), dessen Funktion unbekannt ist.

Man kann sich durchaus vorstellen, dass sich das Heiligtum auf den grünen Ausläufern des Berges Arachneo, wo die Luft nach Kräutern und Pinien durftet, positiv auf die Heilung von Kranken auswirkte. Wenn man den Zustand des heutigen griechischen Gesundheitssystems betrachtet, sollte man vielleicht erwägen, das Zentrum wieder aufleben zu lassen.

Zur Zeit der Recherche zu diesem Buch wurden einige der Gebäude, darunter der *tholos* und das *abaton,* gerade teilweise rekonstruiert. Dabei werden Säulenabschnitte hinzugefügt und mancherorts werden Teile der Ruinen in ihrer Gesamtheit wieder hergestellt. Je nach Standpunkt verstärkt diese umstrittene Praxis die Stimmung dieses Ortes, da Besucher ihn sich dadurch besser vorstellen können, oder aber sie zerstört die romantische Vorstellung davon, wie Ruinen auszusehen haben. Jedenfalls haben die Archäologen absichtlich andersfarbiges Gestein eingesetzt, damit klar zu unterscheiden ist, was alt ist und was nicht.

MUSEUM

Das Museum zwischen dem Heiligtum und dem Theater beherbergt Statuen, Inschriften in Stein, die von Wunderheilungen berichten, chirurgische Instrumente, Votivgaben und eine Teilrekonstruktion des einst kompliziert aufgebauten *tholos* des Heiligtums. Schriftliche Infos sind nur spärlich vorhanden, aber einige der Statuen und Marmorbrocken belegen die frühere Bedeutung des Heiligtums. Nach dem Theater dürfte wohl der *tholos* das eindrucksvollste Bauwerk der Stätte gewesen sein. Fragmente seiner schönen, fein gearbeiteten Deckenreliefe sind hier ebenfalls ausgestellt. Die meisten der Stauen sind Kopien (die Originale stehen Archäologischen Nationalmuseum in Athen).

Festivals & Events

Im Rahmen des großen Hellenic Festivals findet im Theater von Epidauros jedes Jahr im Juli und August das **Epidauros Festival** statt. Das Kulturfestival bietet ein abwechslungsreiches Programm aus modernem Theater und antiken griechischen Dramen. Tickets gibt's im **Kartenbüro** (☎ 27530 22026; www.greekfestival.gr; ☉ Mo–Do 9–14 & 17–20, Fr & Sa 9.30–21.30 Uhr) in Epidauros oder in Athen im Kartenbüro des Hellenic Festivals (S. 156). Die Preise variieren je nach Sitzplatz; Studenten erhalten eine Ermäßigung. Von

PELOPONNES

Athen und Nafplio fahren spezielle Busdienste.

Schlafen & Essen

Hotel Avaton (☎ 27530 22178; Fax 27530 23059; Zi 55 €; P 🏊) Wer die antike Stätte früh am Morgen besichtigen möchte, ist mit diesem kleinen, sauberen und modernen Hotel bestens bedient. Es liegt nur 1 km entfernt an der Kreuzung, wo sich die Straße nach Kranidi und die Straße zu den antiken Stätten von Epidauros treffen.

An der Hauptstraße von Ligourio, mehrere Kilometer von Epidauros entfernt, gibt es eine Auswahl an Restaurants.

An- & Weiterreise

Von Nafplio fahren Busse nach Epidauros (2,60 €, 45 Min., 3- bis 4-mal tgl.). Vom nahen Ligourio fahren täglich zwei Busse nach Athen (12 €, 2½ Std.).

SÜDWESTLICHE ARGOLIS

Nur wenige Reisende nehmen sich die Zeit, bis zur Südwestspitze der Halbinsel Argolis zu fahren. Zentrum dieser Region ist das landwirtschaftlich geprägte Städtchen **Kranidi**, das 90 km südöstlich von Nafplio liegt. Die Region ist berühmt für ihre Granatäpfel, die bei den milden Wintertemperaturen, die hier herrschen, vortrefflich gedeihen. Die herrlichen rubinroten Früchte werden im November reif.

Die kleinen Urlaubsorte **Porto Cheli**, 4 km südlich von Kranidi, und **Ermioni**, 4 km östlich von Kranidi, sind bei den Athenern als Wochenendausflugsziele beliebt. Touristen profitieren von den guten Verbindungen zu den Inseln Hydra und Spetses im Saronischen Golf.

Die **Frachthi-Höhle** über der Bucht von Kilada, 7 km nördlich von Kranidi, gehört zu den bedeutendsten Fundstätten der europäischen Frühgeschichte. Ausgrabungen wiesen eine dauerhafte Besiedelung vom Jungpaläolithikum bis ins Spätneolithikum (25000–3000 v.Chr.) nach. Achtung: Es ist nicht ratsam, die Höhle zu besichtigen – überall in dem Gebiet gibt es große, nicht wieder aufgefüllte Löcher aufgrund von schlecht durchgeführten Ausgrabungen. Nachts ist die Höhle von Flutlichtern angestrahlt und bildet eine spektakuläre Kulisse für ein Abendessen in einem der Fischrestaurants in **Kilada** an der Südseite der Bucht.

Etwa 1 km westlich des Dorfes Didyma sollte man sich die **Höhlen von Didyma** (Eintritt frei) nicht entgehen lassen. Es handelt sich dabei um zwei außergewöhnliche Dolinen, d. h. große, kraterartige Löcher, die vor tausenden von Jahren durch denHöhleneinbrüche entstanden sind. Eine davon enthält eine sensationelle Überraschung: Eine winzige byzantinische Kirche, die unter einem Felsspalt errichtet wurde. Die Höhlen sind gut ausgeschildert.

An- & Weiterreise

BUS

Busse (☎ 2754 21237) verkehren zwischen Kranidi und Nafplio (7 €, 2 Std., 4-mal tgl. außer So). Regionalbusse fahren von Kranidi nach Ermioni (1,40 €, 10 Min., 2-mal tgl.) und Porto Cheli (1,40 €, 10 Min., 3-mal tgl.).

TRAGFLÄCHENBOOT

In jeder Saison verkehren Tragflächenboote unterschiedlicher Anbieter; zur Zeit der Recherche machte gerade **Hellenic Seaways** (☎ 27540 31514) das Rennen. Normalerweise fahren regelmäßig Tragflächenboote von Porto Cheli über Spetses und Hydra nach Piräus und von Ermioni über Hydra nach Piräus.

ARKADIEN ΑΡΚΑΔΙΑ

Die malerisch-ländliche Präfektur Arkadien nimmt weite Teile des zentralen Peloponnes ein. Der Name lässt an grüne Weiden, bewaldete Berge, gurgelnde Bäche und schattige Grotten denken – glücklicherweise entspricht das auch nach den verheerenden Waldbränden von 2007 noch weitgehend dem Landschaftsbild. Der Gott Pan liebte Arkadien; in dem sonnigen, bukolischen Idyll spielte er Flöte, hütete seine Herde und tollte mit den Nymphen.

Da Arkadien fast ganz von Bergen umgeben ist, blieb es in der Antike weitgehend unbehelligt von den Schlachten und Intrigen des übrigen Griechenland. Es war die einzige Region auf dem Peloponnes, die nicht von den Dorern erobert wurde. Die Gegend ist von verfallenden mittelalterlichen Dörfern, abgelegenen Klöstern und fränkischen Burgen übersät und bei Frischluftfanatikern äußerst beliebt. Zudem umfasst das Gebiet etwa 100 km zerklüftete, unberührte Küste am Argolischen Golf, die sich von der hübschen Stadt Kiveri in Richtung Süden nach Leonidio zieht.

TRIPOLIS ΤΡΙΠΟΛΗ

25 520 Ew.

Die gewaltsame jüngere Geschichte der arkadischen Hauptstadt Tripolis steht in krassem Kontrast zu ihrer friedlichen ländlichen Umgebung. Während des Unabhängigkeitskrieges wurde die Stadt 1821 von Kolokotronis eingenommen, die dort lebenden 10 000 Türken wurden ermordet. Drei Jahre später nahmen die Türken die Stadt wieder ein und brannten sie nieder, bevor sie sich 1828 wieder von dort zurückzogen.

Tripolis selbst ist kein Ort, an dem Touristen verweilen, aber ein wichtiger Verkehrsknotenpunkt des Peloponnes, deshalb kommt man nicht an der Stadt vorbei, wenn man auf öffentliche Verkehrsmittel angewiesen ist.

Orientierung

Tripolis scheint auf den ersten Blick ein wenig verwirrend zu sein. Wie in einem ungleichmäßigen Spinnennetz gehen die Straßen von einem zentralen Platz, der Plateia Vasileos Georgiou, aus. Folgendes sind die Hauptstraßen: die Washington führt von der Plateia Vasileos Georgiou Richtung Süden bis Kalamata; die Ethnikis Andistasis, die vom Platz aus nach Norden führt, geht später in die Straße nach Kalavryta über; auf der Vasileos Georgiou gelangt man vom Platz aus nach Osten zur Plateia Kolokotroni. Von dort führt die El Venizelou in Richtung Osten und schließt an die Straße nach Korinth an.

Der Busbahnhof KTEL Arkadia liegt 1 km westlich der Plateia Koloktroni an der Straße Argos–Korinth, gleich hinter einem AB Supermarkt. Der andere Busbahnhof der Stadt liegt gegenüber dem Bahnhof, zu Fuß etwa 10 Min., am südöstlichen Ende der Lagopati. Das ist die Straße, die hinter dem Busbahnhof KTEL Arkadia entlangführt.

Praktische Informationen

In Tripolis unterhalten alle wichtigen Banken Filialen an der Plateia Koloktroni oder an der Plateia Vasileos Georgiou.

Memories Lounge Net Café (☎ 2710 235600; Dareiotou 10; 2 € pro Std.; ⏱ ab 8 Uhr)

Polizei (☎ 2710 230540; OHE Ave) Am Westrand der Stadt zwischen dem Bahnhof und dem Busbahnhof KTEL Arkadia.

Post (Ecke D. Plapouta & Nikitara; ⏱ Mo–Fr 7.30–20 Uhr)

Sehenswertes

ARCHÄOLOGISCHES MUSEUM

Das **Archäologische Museum** (☎ 2710 242148; Evangelistrias 2; Erw./erm. 2/1 €; ⏱ Di–So 8.30–15 Uhr) der Stadt ist einen Besuch wert. Es ist ab dem Hotel Alex an der Vasileos Georgiou deutlich ausgeschildert. Zu sehen gibt es dort Fundstücke aus den umliegenden antiken Stätten Megalopolis, Gortys, Lykosoura, Mantinea und Paliokastro sowie einige wichtige prähistorische Funde wie die neolithischen Fruchtbarkeitsfiguren und verzierte Speicherkrüge und Skulpturen von Herodes Atticus. Interessant sind auch die kleinen Votivgaben aus Schreinen aus Arkadien.

Schlafen & Essen

Hotel Alex (☎ 2710 223465; Vasileos Georgiou A26; EZ/DZ/3BZ 50/80/90 €; ✗ P) Zentrale Lage, einfache, geräumige Zimmer mit Fernsehen, die ihr Geld wert sind.

Hotel Anaktoricon (☎ 2710 222545; www.anaktorikon.gr; Ethnikis Andistasis 48; EZ/DZ/3BZ 80/102/127 €; P ✗ ☺) Das beste Haus am Ort, was Komfort und luxuriöse Ausstattung angeht. Das freundliche Familienhotel im Boutique-Stil liegt hinter dem Rathaus.

Kouros (☎ 2710 223534; Dareiotou 18; Hauptgerichte 5–13 €; ⏱ Mittag- & Abendessen) Wenn man die Einheimischen fragt, werden sie alle diese geschmackvolle, zentral gelegene Taverne empfehlen. Die Gerichte weichen vom Traditionellen ab.

Taverna Piterou (☎ 2710 222058; Kalavrytou 11a; Hauptgerichte 6–9 €; ⏱ Mittag- & Abendessen) Diese lebhafte Taverne im Schatten weinbewachsener Spaliere gilt als die älteste in Tripolis. Sie befindet sich an der Kalavrytou, der nördlichen Verlängerung der Ethnikis Andistasis, hinter dem Park mit dem alten Dampfzug. Zu der riesigen Auswahl an leckeren Hauptgerichten und Beilagen gehören Kaninchen-*stifadho* (süßer Eintopf mit Tomaten und Zwiebeln), Rindfleischeintopf, Kabeljau und sogar Zöpfe aus Lammdärmen.

An- & Weiterreise

BUS

Der **Busbahnhof KTEL Arkadia** (☎ 2710 222560; Plateia Kolokotroni), 1 km westlich des Stadtzentrums, ist die wichtigste Busstation. Täglich fahren hier 13 Busse über den Isthmus von Korinth (7,30 €, 1 Std.) nach Athen (13,50 €, 2¼ Std.). Darüber hinaus fahren täglich zwei Busse in Richtung Westen nach Olympia (11,10 €, 3 Std.) und Pyrgos (12,80 €, 3½ Std.) und drei in Richtung Osten nach Argos (5 €, 1 Std.) und Nafplio (6 €, 1½ Std.). Busse gehen von hier aus auch nach Kalavryta (9 €, 2¼ Std., 1-mal tgl.) und Patras (13 €, 3½ Std., 2-mal tgl.).

Regionalbusse fahren nach Megalopolis (3 €, 40 Min., 7-mal tgl.) und Stemnitsa (3,70 €, 1 Std., Mo–Fr 1-mal tgl.). Zweimal täglich (So 1-mal tgl.) fährt ein Bus nach Dimitsana (5,80 €, 1½ Std.), Andritsena (7 €, 1½ Std.) über Karitena (4, 70 €) und Leonidio (8 €, 2½ Std.).

Von der **Bushaltestelle** (☎ 2710 242086) auf der Lagopati gibt es Busse nach Sparta (4,90 €, 1 Std., 10-mal tgl.) und Kalamata (7,20 €, 2 Std., 9-mal tgl.), am Wochenende seltener).

ZUG

Tripolis liegt an der Bahnlinie Korinth–Kalamata. Zur Zeit der Recherche zu diesem Buch wurde die Strecke gerade ausgebessert. Weitere Infos s. S. 197.

MEGALOPOLIS ΜΕΓΑΛΟΠΟΛΗ

5114 Ew.

Trotz seines Namens ist von Megalopolis (Große Stadt) nicht viel übrig geblieben, was die einstige Größe widerspiegelt. Die Stadt wurde 371 v. Chr. als Hauptstadt eines vereinten Arkadien gegründet und liegt in einem grünen Tal. Heute befinden sich die Ruinen neben einem riesigen Kraftwerk mit qualmenden Schornsteinen, das von Kohle aus dem Tagebau in den umliegenden Ebenen gespeist wird.

Trotz seines herrlichen alten Theaters (inzwischen geschlossen) fungiert die Stadt eigentlich nur noch als Verkehrsknotenpunkt auf der Strecke von Tripolis nach Kalamata und Pyrgos. Die KTEL-Bushaltestelle liegt einen Häuserblock vom Platz entfernt. Es gibt Busse nach Athen (16,40 €, 3 Std., 8-mal tgl.) über Tripolis (3 €, 40 Min.) und Kalamata (4,40 €, 1 Std.) sowie

Busse nach Andritsena (4,10 €, 1¼ Std., 2-mal tgl.) über Karitena.

ZENTRAL-ARKADIEN

Das Gebiet westlich von Tripolis besteht aus einem Gewirr aus mittelalterlichen Dörfern, steilen Schluchten und engen, gewundenen Straßen, die sich am Fuß des Menalon-Gebirges durch dicht bewachsene Täler schlängeln. Dies ist das Herz der Präfektur Arkadien, und man erkennt schnell, dass sich hier einige der atemberaubendsten Landschaften des Peloponnes befinden. Die Region liegt hoch über dem Meeresspiegel, deshalb können die Nächte selbst im Sommer recht kalt sein, im Winter schneit es oft.

Am besten, man kommt mit dem eigenen Auto hierher, aber die drei wichtigsten Dörfer – Karitena, Stemnitsa und Dimitsana – sind von Tripolis aus auch mit öffentlichen Verkehrsmitteln zu erreichen.

Karitena Καρίταινα

271 Ew.

Das herrliche mittelalterliche Dorf Karitena liegt hoch über der Straße zwischen Megalopolis und Andritsena. Vom Hauptplatz führt ein Weg mit Treppen hinauf zur fränkischen Burg aus dem 13 Jh., die auf einem mächtigen Felsen errichtet wurde. Die griechischen Truppen unter Kolokotronis nahmen die Burg schon zu Beginn des Unabhängigkeitskriegs ein, so dass sie im Laufe des Krieges zu einem wichtigen Bollwerk wurde.

Bevor der Euro eingeführt wurde, war Karitena für seine wunderbare Steinbogenbrücke über den Fluss bekannt, die den 5000-Drachmen-Schein zierte. Heute versteckt sich die alte Brücke unter einer riesigen modernen Betonbrücke.

SCHLAFEN & ESSEN

Vrenthi Rooms (☎ 27910 31650; DZ/3BZ 50/65 €) Das attraktive Steingebäude gehört zu den wenigen Häusern, in denen man absteigen kann, deshalb könnte es horrende Preise verlangen – tut es aber nicht, das Preisleistungsverhältnis ist völlig in Ordnung. Als Rezeption dient auch das nahe Café Vrenthi.

Stavrodromi (☎ 27910 31284; Hauptgerichte 6–10 €) Stavrodromi bedeutet Straßenkreuzung – und an selbiger liegt diese zuverlässige Alternative, wo es warme, sättigende

PELOPONNES

OUTDOOR-AKTIVITÄTEN

Wandern

Wandern ist in dieser reizvollen Umgebung eine beliebte Freizeitaktivität. Es gibt einige wunderbare Strecken durch die Lousios-Schlucht; die besten Zugänge bieten sich in Stemnitsa (unten) oder Dimitsana (S. 226). Hierbei gibt es viele Varianten – von Wanderstrecken, die in einer Stunde zu bewältigen sind, bis hin zu eintägigen Touren durch teils hügeliges Gelände, die durch die gesamte Schlucht führen und Klöster wie das Kloster Prodromou und das alte und neue Kloster Philosophou mit einbeziehen.

Weitere Strecken führen über die Schlucht hinaus in die Bergdörfer. Wanderstrecken in Hülle und Fülle sind in der englischen Broschüre *Walker's Map of the River Lousios Valley* (4,50 €) beschrieben, die im Openair-Wasserkraftmuseum (S. 226) in Dimitsana erhältlich ist.

Rafting & Kajakfahren

Im Dorf Dimitsana bietet **Trekking Hellas of Arcadia** (☎ 27910 25978, 6974459753; www.trekkinghellas. gr) verschiedene Aktivitäten an, z. B. Wildwasser-Rafting (50–80 €) auf den nahe gelegenen Flüssen Lousios und Alfios, Wandern in der Schlucht (20–50 €) und Fluss-Trekking (45 €). Es gelten Mindestsätze.

Nicht mehr in der Schlucht sondern weiter im Norden am Fluss Ladonas, 20 km südlich von Klitoria (und am besten von Klitoria aus zu erreichen) bietet **Eco Action** (☎ 6976510597, in Athen 210 331 7866; www.ecoaction.gr) Rafting oder Kajakfahren (jeweils 45–50 €) auf dem schönen Ladonas an. Auch Mountainbike-Ausflüge stehen auf dem Programm. Das Basislager am Fluss ist 7,5 km vom hübschen Bergdorf **Dafni** entfernt. Normalerweise schließt man sich einer Gruppe an, damit eine Mindestanzahl zustande kommt.

Hinter dem Basislager bietet **Ladonas** (☎ 6972849530; www.dafneos.gr; DZ/3BZ 70/80 €) komfortable, voneinander unabhängige Steinhütten, etwa 100 m vom Fluss entfernt. Zur Zeit der Recherche wurde in Dafni gerade ein Hotel gebaut. Von Dafni aus kann man darüber hinaus auch den **Ladonas-Stausee** besuchen.

Achtung: Freizeitaktivitäten auf dem Fluss sollte man nicht auf die leichte Schulter nehmen. Immer wieder kommt es zu tödlichen Unfällen.

Gerichte gibt, wenn die Dorftaverne zu hat. Das Restaurant liegt unten am Hügel an der Kreuzung (eigenes Fahrzeug empfohlen).

AN- & WEITERREISE

Täglich verkehren zwei Busse (sonntags nur einer) zwischen Tripolis und Karitena (über Megalopolis; 5,30 €, 1 Std.). Einer davon fährt weiter nach Andritsena (2,30 €) – im Café Vrenthi und im Café Toledo hängen Fahrpläne. (Achtung: Einige Busse fahren nicht bis ins Dorf, sondern halten unten an der Straßenkreuzung – der Fußweg ins Dorf kann ganz schön anstrengend sein).

Stemnitsa Στεμνίτσα
412 Ew.

Das 16 km nördlich von Karitena gelegene Stemnitsa ist ein faszinierendes, ausgesprochen schönes Dorf mit Steinhäusern und byzantinischen Kirchen. Wer am Flussufer entlang zum **antiken Gortys** geht, trifft unterwegs auf mehrere Klöster. Das Gebiet ist ein ganz hervorragender Ausgangspunkt für Wanderungen in die Lousios-Schlucht (s. Kasten oben).

Das Dorf kann mit einem kleinen **Museum der Volkskunst** aufwarten, man sollte allerdings wegen der unregelmäßigen Öffnungszeiten vorher auf das Schild schauen. In der hügeligen Umgebung gibt es Sage und Schreibe insgesamt 40 Kirchen. Für die wichtigsten davon kann man den Schlüssel erhalten.

SCHLAFEN & ESSEN

Überall im Dorf sind *domatia* ausgeschildert. In der Bäckerei und in manchen Cafés gibt's Infos und Wegbeschreibungen.

Sarakiniotis Rooms (☎ 27950 81441; www.sarakiniotis.gr, auf Griechisch; EZ/DZ/3BZ 40/50/65 €) Zu den wenigen Budgetunterkünften der Stadt gehören diese einfachen, ein wenig dunklen Zimmer.

LP Tipp **Mpelleiko**   (☎ 6976607967;   www.mpel
leiko.gr; EZ/DZ/3BZ inkl. Frühstück 80/95/110 €) Das hervorragend renovierte Haus hoch über dem
Dorf besticht durch sein anspruchsvolles
Design und die tolle Lage. Es ist die bei weitem urtümlichste Übernachtungsmöglichkeit. Die gastfreundliche Besitzerin spricht
Englisch; sie hat den Familiensitz aus dem
Jahr 1650 kunst- und geschmackvoll in ein
zeitgemäßes Gästehaus im griechischen Stil
verwandelt. Die Gäste können sogar im
alten „Eselskeller" übernachten. Besonders
geschmackvoll ist der Frühstücksraum eingerichtet. Das Frühstück, zu dem auch
Hausgemachtes gehört, ist besonders lecker.
Im Süßwarenladen am Südende der Stadt
nach dem Weg fragen und nach dem
„B&B"-Schild Ausschau halten.

Hotel Trikolonion (☎ in Athen 210 688 9249; www.
countryclub.gr; DZ inkl. Frühstück 150 €; 💻) Das Trikolonion gehört zur Country-Club-Gruppe.
Das große, aus Natursteinen errichtete Gebäude bietet vorhersehbaren Luxus im Stil
einer Lodge. Die Zimmer sind mit dunklen
Holzmöbeln, gedeckten Farben und schweren Stoffen ausgestattet. Freitags und samstags steigen die Preise.

I Stemnitsa (☎ 27950 81371; Hauptgerichte 3,50–
13 €; 🕒 Mittag- & Abendessen) Vielleicht die einzige Taverne, die ganzjährig geöffnet ist,
und man könnte es schlechter treffen. Die
Gäste sitzen unter gigantischen Regenschir-
men bei guten, handfesten (wenn auch sich
wiederholenden) Gerichten. Das Lokal gehört dem einheimischen Metzger, deshalb
kann man mit hochwertigen, herzhaften
Fleischstücken rechnen.

AN- & WEITERREISE

Zwischen Stemnitsa und Tripolis (4 €, 1
Std.) verkehrt täglich nur ein Bus. Der Bus
nach Tripolis fährt auch nach Dimitsana. Je
nach Saison wechselt der Fahrplan.

Dimitsana Δημητσάνα
230 Ew.

Am Eingang der Lousios-Schlucht, 11 km
nördlich von Stemnitsa, schmiegt sich das
herrliche mittelalterliche Dorf Dimitsana
wie ein Amphitheater an zwei Hügel. Der
kleine Ort spielte eine bedeutende Rolle im
Kampf des Landes um Selbstbestimmung.
Seine 1764 gegründete griechische Schule
bot einen wichtigen Nährboden für die Gedanken, die zum Aufstand gegen die Tür-

ken führten. Unter ihren Schülern waren
Bischof Germanos von Patras und Patriarch
Gregor V., der von den Türken als Vergeltung für das Massaker von Tripolis gehängt
wurde. Im Dorf standen mehrere Pulverfa-
briken, und es gab eine Niederlassung der
geheimen Filiki Eteria (etwa: Freundesgesellschaft), in der die Griechen über die Revolution diskutierten.

In der Nebensaison ist das Dorf ein verschlafenes Nest, aber an den Wochenenden
und im Sommer erwacht es zum Leben,
wenn eifrige Wanderer und Ausflügler die
Umgebung und die umliegenden Wanderstrecken genießen wollen.

SEHENSWERTES
Open-Air-Wasserkraftmuseum

Obwohl es vielleicht nicht besonders interessant klingt, bietet dieses hervorragende
kleine **Museum** (☎ 27950 31630; www.piop.gr; Erw./
erm. 3/1,50 €; 🕒 Sommer Mi–Mo 10–18 Uhr, Winter Mi–
Mo 10–17 Uhr) erhellende Einblicke in die vor-
industrielle Vergangenheit der Region. Es
befindet sich im alten Agios-Yiannis-Müh-
lenkomplex, 1,5 km südlich des Dorfes (ist
ausgeschildert). Früher lieferte dort ein
Quellbach die Energie für mehrere Mühlen
am Hügelhang. Eine Getreidemühle, eine
Pulvermühle und eine Walkmühle (für die
Behandlung von Wolle) wurden wieder
funktionstüchtig gemacht. Darüber hinaus
gibt es hier eine alte Lederfabrik. Eine neue
Halle soll bald zeitgenössische Ausstellungen zeigen.

Clevere und fantasievolle Erklärungen
und Videos mit Untertiteln beschreiben die
Prozesse der Schwarzpulver- und Lederher-
stellung.

4 km südwestlich von Dimitsana gelangt
man über eine gewundene Straße in das
Dorf Zatouna. Unterwegs sollte man unbedingt im skurrilen **Kafeneio To Kentron**
(☎ 27950 31361; 🕒 8–22 Uhr) einkehren, das fast
schon als Museum zu bezeichnen ist. Der
frühere Besitzer, der Großvater des heutigen Eigentümers, war nicht nur Barbier,
sondern auch ein passionierter Sammler
(wer das Café betritt, wird sogleich wissen,
was gemeint ist).

SCHLAFEN & ESSEN

Im Zentrum des Dorfes an der Plateia Agias
Kyriakis weisen mehrere Schilder auf domatia hin.

Tsiapas Rooms to Rent (☎ 27950 31583; DZ 50–60 €) Die Zimmer sind so sauber, dass man vom Boden essen könnte, und sie sind ihr Geld definitiv wert. Sie verfügen über Kühlschrank und Herdplatten. Im gemeinsamen Wohnzimmer gibt es einen Kamin – perfekt für kalte Abende. Ausgeschildert ab der Plateia Agias Kyriakis.

Koutsenis Village (☎ 27950 31445; www.koutsenisvillage.gr, auf Griechisch; Zi inkl. Frühstück 70–90 €; 🌐) Die brandneuen, modernen Steingebäude treffen nicht jedermanns Geschmack – die Zimmer befinden sich in einem Komplex 1 km außerhalb des Dorfes in der Nähe des Wasserkraftmuseums. Aber der Service ist gut, die Zimmer sind sauber und gemütlich und bieten eine gute Aussicht in die Schlucht.

Hotel Dimitsana (☎ 27950 31518; EZ/DZ/3BZ inkl. Frühstück 100/130/150 €; Ⓟ) Liegt etwa 1 km südlich des Ortes an der Straße nach Stemnitsa. Das Hotel wirkt wie eine gigantische Skihütte mit weichen Sofas, üppigen Stoffen und offenem Kamin. Die komfortabel eingerichteten Zimmer bieten eine herrliche Aussicht über das Lousios-Tal.

Zwischen den Tavernen des Dorfes sind keine wesentlichen Unterschiede festzustellen – alle servieren bodenständige, von auch ähnliche Gerichte wie in Rotwein geschmortes Hähnchen und *fasoladha* (Bohnensuppe).

AN- & WEITERREISE

Zweimal täglich fährt ein Bus von Tripolis nach Dimitsana (6 €, 1½ Std.) und einmal täglich (außer am Wochenende) von Dimitsana nach Tripolis.

KYNOURIA KYNOYPIA

Kynouria heißt die Küstenregion Arkadiens. Dabei handelt es sich um den schmalen Landstrich, der südlich des Dörfchens Kiveri, 41 km östlich von Tripolis beginnt und sich bis Kosmas im Parnonas-Gebirge erstreckt. Ein Großteil der Gegend ist unglaublich zerklüftet, die Küstenebene ist schmal und es gibt nur sehr wenig fruchtbaren Boden.

In der Antike war die Region von Argos und Sparta eifrig umkämpft – Argos herrschte im Norden und die Spartaner kontrollierten den Süden. Heutzutage gelangt man am besten von Argos aus nach Kynouria.

Kiveri bis Leonidio Κιβέρι προς Λεωνίδιο Südlich der Kreuzung, an der sich die Straßen von Tripolis aus dem Osten und von Argos aus dem Süden treffen, befindet sich Kiveri, lediglich ein winziger Fleck auf der Landkarte. Von dort führt die Straße 64 km direkt an der Küste entlang in Richtung Süden nach Leonidio. Sie verläuft oberhalb einer Reihe winziger Dörfer, die an Kiesstränden liegen.

Der erste, etwas größere Ort heißt **Astros**, er befindet sich 28 km südlich von Argos in den Hügeln. Die Hauptattraktion ist hier die **Villa des Herodes Atticus** im Hügelland, 4,5 km von der Abzweigung nach Tripolis (bzw. 2,5 km von der Ortsmitte von Astros) entfernt. Erbaut wurde die Villa im 2. Jh. für den reichen Römer Herodes Atticus (S. 137), der in Athen das berühmte gleichnamige Odeon gestiftet hat. Sein bescheidener Landsitz liegt auf einem kleinen Plateau mit Aussicht auf den Argolischen Golf. Bei den jüngsten Ausgrabungen wurden 10 000 m² Mosaikfläche entdeckt. Zur Zeit der Recherche zu diesem Buch waren die Ausgrabungen noch nicht abgeschlossen und die Stätte abgesperrt. Bis auf einige atemberaubende Küstenszenerien gibt es zwischen Astros und dem kleinen Urlaubsort **Paralia Tyrou,** 29 km weiter südlich, nicht viel zu sehen.

Leonidio Λεωνίδιο

3224 Ew.

Leonidio liegt 76 km südlich von Argos in spektakulärer Lage am Eingang der Badron-Schlucht. Die winzige Plateia 25 Martiou stellt einen urtümlichen, unverfälschten, weißgetünchten griechischen Dorfplatz dar. Manche ältere Menschen sprechen hier noch immer Tsakonika – einen sehr ausgeprägten Dialekt, dessen Wurzeln im antiken Sparta liegen.

In den nahe gelegenen Küstendörfern **Plaka** und **Poulithra** gibt es einige schöne Strände. Plaka, das 5 km von Leonidio entfernt und eigentlich der Hafen des Ortes ist, besteht nur aus einer Ansammlung von Gebäuden um einen kleinen Platz. Das fruchtbare Schwemmland der Flussniederungen zwischen Leonidio und der Küste wird intensiv bewirtschaftet.

Leonidio ist berühmt für seine tsakonischen Auberginen: jeden Sommer findet hier ein **Auberginen-Fest** statt.

PELOPONNES

SCHLAFEN & ESSEN

Es gibt zwar einige Übernachtungsmöglichkeiten im Dorf, aber die meisten Urlauber fahren nach Plaka an den Strand, wo es mehrere *domatia* gibt.

Hotel Dionysos (☎ 27570 23455, 6970804050; EZ/DZ/3BZ 35/45/50 €) Das einzige Hotel in Plaka liegt gegenüber dem Hafen. Hier kann man gut ausspannen und ein paar Tage lang das Nichtstun genießen.

Fishermen's Tavern (☎ 27570 22815; Fisch pro kg 30–50 €; ☾ April–Okt. Mittag- & Abendessen) Das bescheidenste (und am wenigsten gekünstelte) Lokal in Plaka – klein und mit einer gemütlichen Terrasse. Hier bekommt man den Tagesfang von Nikos, dem Sohn des Besitzers (ebenfalls ein Fischer) aufgetischt.

AN- & WEITERREISE

Von und nach Argos (7 €, 2¼ Std., 3-mal tgl.) und Tripolis (8 €, 2½ Std., 2-mal tgl.) verkehren Busse, die an der Küste entlang fahren. Im Sommer verkehren Busse zwischen Plaka und Leonidio (0,80 €, 10 Min.). Die KTEL-Bushaltestelle befindet sich an der **Café Bar 2Porto** (☎ 27570 22255; Thiporto).

Südlich von Leonidio

Die Straße, die südlich von Leonidio über das Parnonas-Gebirge in das 48 km entfernte Dorf Geraki in Lakonien führt, gehört zu den idyllischsten Strecken auf dem Peloponnes. Die ersten 12 km schlängelt sich die Straße gen Westen durch die **Badron-Schlucht,** wobei sie sich immer weiter vom Fluss entfernt, bis dieser manchmal nur noch weit unten als silbernes Band zu erkennen ist. Dann verlässt die Straße die Badron-Schlucht und steigt in dramatischen Haarnadelkurven in Richtung Kosmas steil an. Daneben sieht die Rennstrecke von Monaco wie eine gerade Landebahn aus.

Kurz bevor man oben ankommt, führt links eine gesperrte Straße zum **Moni Panagias Elonis**, einem bemerkenswerten kleinen Kloster, das prekär am Berghang klebt. Besucher sind dort willkommen, vorausgesetzt sie sind angemessen gekleidet.

Vom Kloster aus erreicht man nach weiteren 14 km das hübsche, friedliche Bergdorf **Kosmas**. Hier gibt's mehrere Übernachtungsmöglichkeiten, z. B. die **Filinouda Studios** (☎ 27570 31463; Dorfplatz, Kosmas; EZ/DZ/3BZ 55/60/85 €). Von jedem dieser fünf Studios

(mit Kochgelegenheit), die sich in einem schmucken Steingebäude befinden, kann man das Dorfleben an sich vorüberziehen lassen. Zum Haus gehört ein gemütlicher Gemeinschaftsraum mit offenem Kamin. Im Laden nebenan nachfragen (hier spricht man kein Englisch). Doch auch wer nicht über Nacht bleibt, sollte sich die Spezialität des Dorfes (Ziege) in einer der Tavernen unter den riesigen Platanen auf dem Dorfplatz nicht entgehen lassen.

Hinter Kosmas führt die Straße wieder abwärts – dieses Mal sanfter – bis zum Dorf **Geraki**. Auch hier empfiehlt sich eine kurze Pause, um die reizenden Kirchen zu besichtigen und den Einheimischen auf dem belebten Platz beim Spielen zuzuschauen. Von hier geht's entweder weiter ins 40 km westlich gelegene Sparta oder weiter nach Süden über Skala, Molai und Sikia nach Monemvasia, das ebenfalls bereits in Lakonien liegt.

Zwischen Leonidio und Kosmas gibt es keine öffentlichen Verkehrsmittel.

LAKONIEN ΛΑΚΩΝΙΑ

Die Region Lakonien entspricht beinahe genau dem Gebiet des mächtigen Gebirgsreichs, über das in mykenischer Zeit König Menelaos geherrscht hatte. Sie ist die Heimat zahlloser Legenden, hier liegen Sparta und die spektakulären Ruinen von Mystra, dem letzten Stützpunkt des byzantinischen Kaiserreichs.

Die Landschaft ist von zwei massiven Bergketten geprägt, dem Taygetos-Gebirge im Westen und dem Parnonas-Gebirge im Osten. Sie verjüngen sich zum mittleren bzw. östlichen Finger des Peloponnes.

Zwischen den Gebirgsmassiven liegt das fruchtbare Flusstal des Eurotas, das für seine Oliven und Orangen berühmt ist. Seit dem Neolithikum siedelten sich in diesem Tal Menschen an, und hier lag das mykenische Sparta, die Heimat von König Menelaos und seiner Frau Helena, deren Antlitz „tausend Schiffe in Bewegung setzte". Homers Ilias erzählt vom Trojanischen Krieg, den Paris von Troja durch die Entführung der schönen Helena auslöste.

Wo genau diese mykenische Stadt lag, ist nicht bestätigt, aber man vermutet ihren Standort in Pellana, 27 km nördlich des heutigen Sparta. Die Dorer gründeten die Stadt zu Beginn des 1. Jahrtausends v. Chr. an ihrer heutigen Stelle neu. Das dorische Sparta liegt jedoch leider unter der modernen Stadt, weshalb es nur wenig erforscht ist. Dafür wird man aber durch die prachtvollen byzantinischen Kirchen und Klöster von Mystra in den westlichen Ausläufern des Taygetos-Gebirges mehr als entschädigt. Ebenfalls sehenswert ist die mittelalterliche Festungsstadt Monemvasia im Südosten.

Den Lakoniern verdankt die deutsche Sprache das Wort „lakonisch" (kurz angebunden, wortkarg).

SPARTA ΣΠΑΡΤΗ

14 817 Ew.

Das strikt gitterförmig angelegte Straßensystem des modernen Sparta spiegelt vielleicht die Disziplin (s. Die Spartaner, S. 38) wider, die den Vorfahren der Spartaner nachgesagt wird, doch glücklicherweise nicht auch deren entbehrungsreiches Leben. Die leichtlebige, wenn auch eher unauffällige Stadt im Herzen des Eurotas-Tals ist von Oliven- und Zitrushainen umgeben. Das bis Anfang Juni schneebedeckte Taygetos-Gebirge bildet im Westen eine atemberaubende Kulisse.

Als König Otto die Entscheidung getroffen hatte, seinen Hof von Nafplio nach Athen zu verlegen, wurde Sparta auf sein Geheiß hin 1834 neu gegründet.

König Otto und sein Gefolge waren sehr geschichtsbewusst. Wenn Athen wieder in seiner alten Pracht erstrahlen sollte, dann musste auch Sparta wieder auferstehen. An seine frühere Glanzzeit erinnern noch ein schöner Platz, ein faszinierendes Ölmuseum sowie einige Ruinen. Die meisten Besucher machen sich zwar sofort auf den Weg ins nahe Mystra, aber es lohnt sich, auch in Sparta ein paar Stunden zu verbringen.

Orientierung

Spartas Stadtplan ist so wohlgeordnet wie sein antikes Heer. Es gibt zwei Hauptstraßen: die Paleologou, die von Norden nach Süden, und die Lykourgou, die von Osten nach Westen verläuft. In der Stadtmitte kreuzen sie sich. Der Hauptplatz, Plateia Kentriki, befindet sich einen Häuserblock südwestlich dieser Kreuzung. Der wichtigste Busbahnhof ist am östlichen Ende der Lykourgou.

Praktische Informationen

Cosmos Club Internet Café (☎ 27310 21500; Paleologou 34; 2 € pro Std.; ☽ 8–23 Uhr) Hier gibt es einen Internet-Anschluss; man wählt sich unter dem Icon „Hellas Net" ein.

Laikos Books (☎ 27310 23687; Paleologou 62) Hier gibt es Landkarten und ausländische Zeitungen.

National Bank of Greece (Ecke Paleologou & Dioskouron) Mit Bankautomat.

Post (Archidamou 10; ☽ Mo–Fr 7.30–14 Uhr)

Touristenpolizei (☎ 27310 89580; Theodoritou 20)

Sehenswertes

AUF DER SPUR DES ANTIKEN SPARTA

„Wenn Sparta verödete und nur die Tempel und Grundmauern der Bauten blieben, würden gewiss die Späteren nach Verlauf langer Zeit voller Unglauben seine Macht im Vergleich zu seinem Ruhm bezweifeln."

Thukydides, Der Peloponnesische Krieg

Ein Spaziergang durch die spärlichen Überreste des antiken Sparta bestätigt, dass Thukydides mit seiner Prophezeiung recht hatte. Folgt man der Paleologou in Richtung Norden, gelangt man zur **Statue von König Leonidas**, die kriegerisch vor einem Fußballstadion steht. Westlich des Stadions weisen Schilder den Weg zum Südeingang der **Akropolis**.

Die Schilder nach links (Richtung Westen) weisen den Weg durch Olivenhaine zum **antiken Theater** aus dem 2. oder 3. Jh. v. Chr., das man im Vergleich zu den anderen Ruinen der Stätte noch relativ gut erkennen kann. Einen rekonstruierten Grundriss des Theaters findet man im Restaurant Elysse (S. 231).

Der Kopfsteinpflasterweg führt nach Norden zur Akropolis (ein Teil davon ist abgesperrt), vorbei an der **Byzantinischen Kirche von Christus dem Erretter**; auf der Spitze des Hügels liegt das **Heiligtum der Athene Chalkioikos**.

Hier wurden einige der wichtigsten Funde zutage gefördert, die heute im archäologischen Museum der Stadt ausgestellt sind. Von hier aus kann man auch das Theater sehen bzw. besichtigen. Die Aussicht auf die schneebedeckten Gipfel des Taygetos-Gebirges ist atemberaubend.

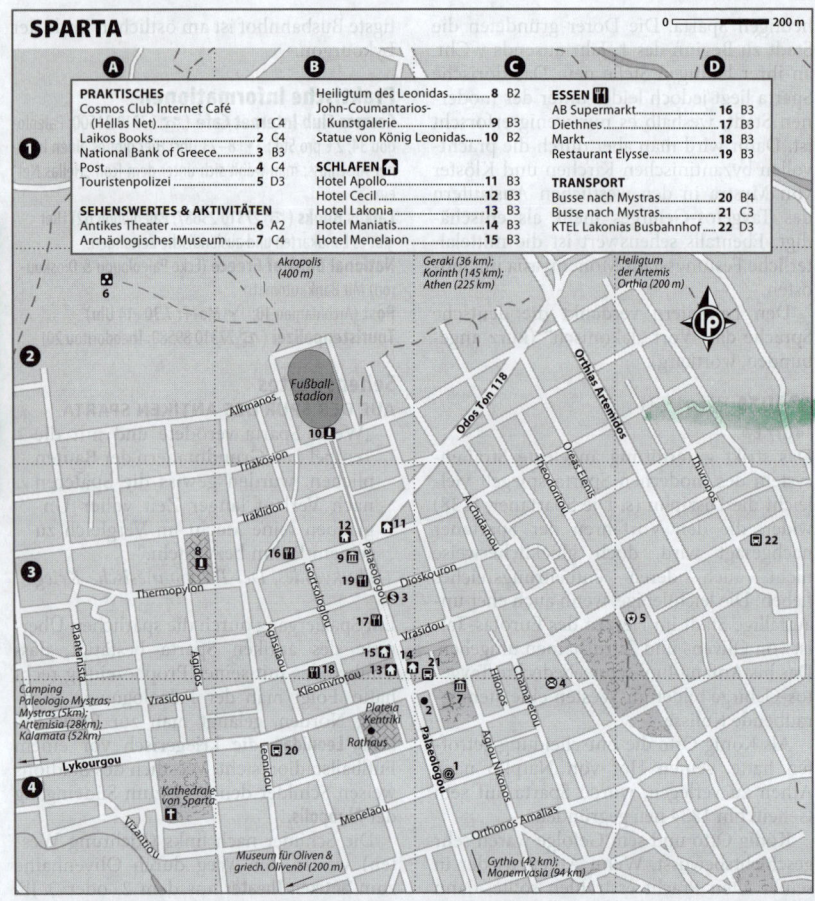

SPARTA

PRAKTISCHES
Cosmos Club Internet Café
   (Hellas Net)...................................1 C4
Laikos Books.................................2 C4
National Bank of Greece............3 B3
Post..4 C4
Touristenpolizei...........................5 D3

SEHENSWERTES & AKTIVITÄTEN
Antikes Theater............................6 A2
Archäologisches Museum............7 C4

Heiligtum des Leonidas...............8 B2
John-Coumantarios-
   Kunstgalerie..............................9 B3
Statue von König Leonidas........10 B2

SCHLAFEN
Hotel Apollo...............................11 B3
Hotel Cecil.................................12 B3
Hotel Lakonia.............................13 B3
Hotel Maniatis............................14 B3
Hotel Menelaion.........................15 B3

ESSEN
AB Supermarkt............................16 B3
Diethnes.....................................17 B3
Markt...18 B3
Restaurant Elysse.......................19 B3

TRANSPORT
Busse nach Mystras.....................20 B4
Busse nach Mystras.....................21 C3
KTEL Lakonias Busbahnhof........22 D3

Die Geschichte des **Heiligtums der Artemis Orthia** am nordöstlichen Rand der Stadt ist interessanter als die Fundstätte selbst. Wie die meisten Gottheiten der griechischen Mythologie besitzt auch die Göttin Artemis viele Aspekte; eine ihrer Erscheinungsformen war die Artemis Orthia. In der Frühzeit verehrte man diesen Aspekt der Göttin noch durch Menschenopfer. Die Spartaner gaben diese Praxis zugunsten einer nur geringfügig weniger grausamen Form der Verehrung auf: Sie peitschten zu Ehren der Göttin junge Männer aus. Das Museum zeigt eine Sammlung von Tonmasken, die bei rituellen Tänzen getragen wurden. An der Kreuzung Odos Ton 118 und Orthias Artemidos ist dieses Heiligtum ausgeschil-

dert. Ein weiteres noch erhaltenes Überbleibsel des antiken Sparta ist das **Heiligtum des Leonidas,** obwohl weder seine Herkunft noch der Zweck, den es im antiken Sparta erfüllte, bekannt sind.

ARCHÄOLOGISCHES MUSEUM

Spartas **Archäologisches Museum** (☎ 27310 28575; Ecke Lykourgou & Agiou Nikonos; Erw./erm. 2/1 €; ☺ Di–So 8.30–15 Uhr) steht in einem schönen Park mit Brunnen und Orangenhain. Es zeigt Artefakte aus Spartas illustrer Vergangenheit, darunter Votivsicheln, die spartanische Jungen der Artemis Orthia weihten, Köpfe und Torsos verschiedener Gottheiten, eine Statue des großen Königs Leonidas sowie Masken und Grabstelen. Auch

Mosaike aus dem hellenischen und römischen Sparta sind ausgestellt.

MUSEUM FÜR OLIVEN & GRIECHISCHES OLIVENÖL

Dieses fantastisch gestaltete **Museum** (☎ 27310 89315; www.piop.gr; Othonos Amalias 129; Erw./erm. 3/1,50 €; ☼ 1. März–15. Okt. 10–18 Uhr, 16. Okt.–18. Febr. 10–17 Uhr) lässt in Bezug auf Oliven keine Fragen offen. Die informativen Erklärungen auf Englisch zeichnen die Geschichte der Olive von ihrem ersten Erscheinen im Mittelmeerraum bis in die heutige Zeit nach. Ausgestellt sind einige wundervolle alte Ölpressen sowie eine Reihe funktionierender Modelle, die die Entwicklung der Presstechniken aufzeigen. Das Café unten im Haus serviert guten Kaffee.

JOHN-COUMANTARIOS-KUNSTGALERIE

Die reizende **John-Coumantarios-Kunstgalerie** (☎ 27310 81557; Paleologou 123; Eintritt frei; ☼ Mi–Sa & Mo 9–15, So 10–14 Uhr), die zur Athener Nationalgalerie gehört, zeigt eine Dauerausstellung von 40 Gemälden sowie Wechselausstellungen.

Schlafen

Es gibt zwei Campingplätze in der Nähe: Der eine liegt 2 km vom Zentrum Spartas entfernt, der andere ist in der Nähe des Dorfes Mystra. (Infos zu beiden s. S. 234).

Hotel Lakonia (☎ 27310 28954; Paleologou 89; EZ/DZ/3BZ inkl. Frühstück 45/65/85 €) Die 32 hochmodernen Zimmer sind für eine aalglatte Schickeria gedacht und alles andere als spartanisch. Zweifarbige Stühle, Spotlights und Internetzugang sind nur ein paar der Annehmlichkeiten.

Hotel Maniatis (☎ 27310 22665; www.maniatishotel.gr; Paleologou 72-76; EZ/DZ/3BZ inkl. Frühstück 89/113/147 €; ✕ ⏺) Die hellen, angenehmen Zimmer haben mehr Designerstücke zu bieten als so manche Designausstellung. Der Service ist effizient. Das Spitzenrestaurant Zeus (Hauptgerichte 6–15 €) gehört zum Hotel.

Hotel Menelaion (☎ 27310 22161-5; www.menelaion.com; Paleologou 91; EZ/DZ/3BZ 97/130/162 €; ✕ ⏺ ⏺) Das Gebäude hat eine der schönsten klassizistischen Fassaden der Stadt und seit der 2009 durchgeführten Renovierung ein paar ziemlich noble und schicke Zimmer. Frühstück kostet 9 €.

Ebenfalls empfehlenswert:

Hotel Apollo (☎ 27310 22491/2/3; Fax 27310 23936; Thermopylon 84; EZ/DZ/3BZ 35/45/60 €) Vernünftige Übernachtungsmöglichkeit.

Hotel Cecil (☎ 27310 24980; ktza78@otenet.gr; Paleologou 125; EZ/DZ 40/55 €; ⏺ ⏺) Der kleine Familienbetrieb ist sympathisch, adrett und ein wenig in die Jahre gekommen. Gut für Gäste, die es gern etwas kleiner haben. Frühstück kostet 5 €.

Essen

Zu den meisten größeren Hotels gehört ein Restaurant. An der Paleologou gibt es noch weitere Lokale, von denen jedoch keines hervorsticht. Offensichtlich essen die Spartaner zu Hause, bevor sie dann abends in Scharen in die Cafés der Stadt strömen.

Restaurant Elysse (☎ 27310 29896; Paleologou 113; Hauptgerichte 5,50–9,50 €) Das seit langer Zeit bestehende Lokal bietet herzhafte Hausmannskost, darunter auch einige lakonische Spezialitäten wie *bardouniotiko* (gekochtes Hähnchen mit Zwiebeln und Feta 7 €) und *arni horiatiki* (gebratenes Lamm mit Lorbeerblättern und Zimt 7 €).

Diethnes (☎ 27310 28636; Paleologou 105; Hauptgerichte 7–9 €) Der Laden läuft bereits seit über 45 Jahren (so alt scheint auch die Ausstattung zu sein), bietet aber solide einheimische Spezialitäten und hat nach hinten hin einen Garten.

Selbstversorger finden in Sparta Supermärkte in Hülle und Fülle. Der **AB Supermarkt** (Ecke Thermopylon & Gortsologlou) gegenüber dem Sparta Inn ist größer und besser sortiert als die meisten anderen. Außerdem gibt es einen **Markt** (Kleomvrotou) mit frischen Lebensmitteln.

An- & Weiterreise

Von Spartas gut organisiertem **Busbahnhof KTEL Lakonia** (☎ 27310 26441; Ecke Lykourgou & Thivronos) fahren Busse nach Athen (17,60 €, 3¼ Std., 8-mal tgl.) über Korinth (11,60 €, 2 Std.), nach Gythio (3,90 €, 1 Std., 6-mal tgl.), Neapoli (12,80 €, 3 Std., 6-mal tgl.), Tripolis (4,70 €, 1 Std., 4-mal tgl.), Geraki (3,60 €, 45 Min., 3-mal tgl.) und Monemvasia (9 €, 2 Std., 3-mal tgl.).

Wer nach Kalamata (2,90 €, 1 Std., 2-mal tgl.) möchte, muss in Artemisia (2,90 €, 40 Min., 2-mal tgl.) auf der Messenischen Seite des Langada-Passes umsteigen.

Fahrten auf die Halbinsel Mani sind mit den Bussen nach Gerolimenas (9,30 €, 2¼

PELOPONNES

Std., 3- bis 6-mal tgl.) über Areopoli (6,20 €, 2 Std., 3- bis 6-mal tgl.) möglich, sowie mit dem 9-Uhr-Bus zu den Höhlen von Pyrgos Dirou (7 €); die Zeiten für die Rückfahrt können sich ändern.

Außerdem gibt es Busse nach Mystra (1,40 €, 30 Min., 10-mal tgl.). Zusteigen kann man auf dem Weg nach Mystra an der Haltestelle vor dem OTE-Gebäude in der Lykourgou oder an der Haltestelle in der Leonidou.

MYSTRA ΜΥΣΤΡΑΣ

Die faszinierenden Ruinen von Kirchen, Bibliotheken, Festungsanlagen und Palästen in der Festungsstadt Mystra wurden von der UNESCO auf die Weltkulturerbeliste gesetzt. Mystra liegt 7 km von Sparta entfernt auf einem Felsvorsprung des Taygetos-Gebirges. Historisch betrachtet ist sie eine der wichtigsten Stätten auf dem Peloponnes. Hier erlebte die künstlerische und intellektuelle Kultur des byzantinischen Reiches seine letzte Blütezeit, bevor es 1000 Jahre nach seiner Gründung von der osmanischen Armee überrannt wurde.

Achtung: Die meisten Einrichtungen für Touristen befinden sich im Dorf Mystra, etwa 1 km unterhalb der antiken Stätte.

Geschichte

Der fränkische Fürst Guillaume de Villehardouin ließ die Festung 1249 erbauen. Als die Byzantiner Morea von den Franken zurückerobert hatten, machte Kaiser Michael VIII. Palaiologos Mystra zur Hauptstadt und zum Regierungssitz. Auf der Suche nach Schutz vor den Slawen zogen Siedler aus den umliegenden Ebenen hierher. Bis sich Dimitrios 1460 schließlich den Türken ergeben musste, lebte und herrschte ein sogenannter Despot von Morea (normalerweise ein Sohn oder Bruder des jeweiligen byzantinischen Kaisers) in Mystra.

Während das Byzantinische Reich anderswo mehr und mehr verfiel, erlebte Mystra unter den Despoten eine Renaissance. Gemistos Plethon (1355–1452) gründete hier eine Schule für humanistische Philosophie, und aufgeklärtes Gedankengut, das beispielsweise die Lehren von Platon und Pythagoras wiederaufnahm, lockte Intellektuelle aus allen Ecken des Byzantinischen Reiches an. Nachdem die Türken Mystra belagert hatten, zogen Plethons Schüler

nach Rom und Florenz, wo sie einen bedeutenden Beitrag zur italienischen Renaissance leisteten. Auch Kunst und Architektur erlebten eine Blüte, wie die herrlichen Gebäude und Fresken des Ortes zeigen.

Unter türkischer Herrschaft verfiel Mystra zusehends, bis die Stadt nach ihrer Einnahme durch die Venezianer 1687 erneut eine Glanzzeit erlebte und eine florierende Seidenindustrie entwickelte. Die Bevölkerung wuchs auf 40 000 Einwohner an. 1715 fielen die Türken erneut ein, und ab da ging es steil bergab; 1770 brannten die Russen die Stadt nieder, 1780 die Albaner, und was dann noch übrig war, setzte Ibrahim Pascha 1825 in Brand. Als Griechenland unabhängig wurde, war Mystra eine weitgehend verlassene Ruine. Seit den 1950ern sind Restaurierungsarbeiten in Gang, die bis heute andauern; 1989 wurde die Stätte zum Weltkulturerbe der UNESCO erklärt.

Sehenswertes

DIE ANLAGE

Um die **Ruinen von Mystra** (☎ 27310 83377; Erw./ erm. 5/3 €; ☼ Sommer 8–19.30 Uhr, Winter 8.30–15 Uhr) ausreichend zu erkunden, braucht man mindestens einen halben Tag, vernünftige Schuhe und reichlich Wasser. Die Stätte gliedert sich in drei Bereiche: die Burg auf dem Gipfel (kastro), die Oberstadt (hora) und die Unterstadt (kato hora). Gleichgültig, in welcher Reihenfolge man die Ruinen besichtigt – von oben nach unten oder umgekehrt – anstrengend wird es allemal. Wer mit dem eigenen Auto kommt und von oben nach unten vorgeht, muss am Ende der Besichtigung wieder nach oben, zurück zum Auto. Als Alternative dazu kann man zuerst die obere Hälfte besichtigen und dann nach unten fahren und die untere Hälfte erkunden (damit kommt man jedoch nicht darum herum, ein Stück bergauf zu gehen; das Ticket berechtigt zum Wiedereintritt). Wer mit dem Taxi aus Sparta kommt, lässt sich am besten oben absetzen, damit er bergabwärts gehen kann.

BURG & OBERSTADT

Gegenüber dem Kartenverkauf am oberen Eingang führt ein Weg zur Burg hinauf (ausgeschildert mit „kastro"). Sie wurde von den Franken erbaut und von den Türken erweitert. Der Weg vom Kartenhäuschen abwärts führt zur **Agia Sofia**, die als Palastkirche diente. In ihr sind einige Fresken erhalten geblieben. Von hier führen Stufen hinunter zu einer T-Kreuzung.

Nach links geht es zum **Nafplio-Tor.** In der Nähe des Tores, das zur Zeit der Recherche wegen Restaurierung geschlossen war, befindet sich der riesige **Despoten-Palast,** ein Komplex aus mehreren Gebäuden unterschiedlichen Alters.

Vom Palast schlängelt sich ein Kopfsteinpflasterweg hinunter zum **Monemvasia-Tor,** dem Eingang zur Unterstadt.

UNTERSTADT
Wer durch das Monemvasia-Tor tritt und danach rechts abbiegt, gelangt zum gut erhaltenen **Pantanassa-Kloster** aus dem 14. Jh.

Es hat eine wunderschön verzierte Steinfassade und wird noch immer von Nonnen bewohnt, den einzigen Bewohnern Mystras. Das kunstvolle, perfekt proportionierte Gebäude wirkt nie überladen. Seine exquisiten bunten Fresken aus dem 15. Jh. gehören zu den hervorragendsten Beispielen spätbyzantinischer Kunst. Unter der großen Ikone der Jungfrau Maria sollte man Ausschau halten nach den winzigen Votivgaben aus geprägtem Silber und Gold. Auf den winzigen Täfelchen sind Augen, Ohren, Arme, Beine, Brüste und sogar Häuser abgebildet, je nachdem für welche Probleme sich der Gläubige göttliche Hilfe erhofft; meist geht es um die Gesundheit. Von der Säulenterrasse an der Nordfassade hat man eine

PELOPONNES

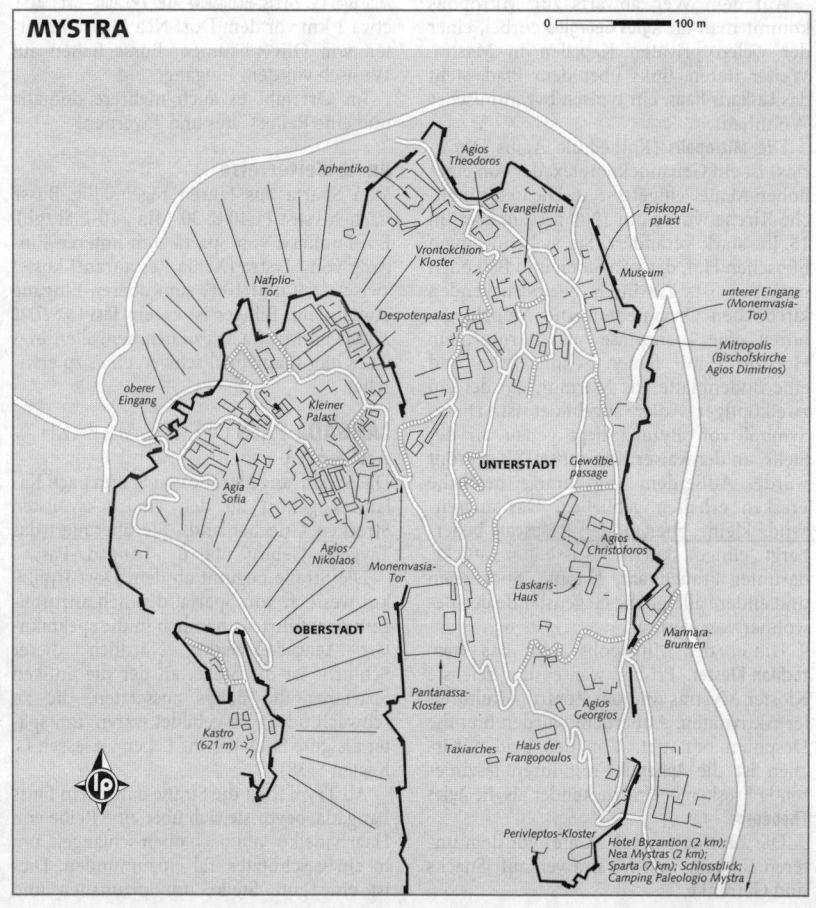

MYSTRA

0   100 m

Agios Theodoros
Aphentiko
Evangelistria
Episkopal-palast
Vrontokchion-Kloster
Museum
Nafplio-Tor
Despotenpalast
unterer Eingang (Monemvasia-Tor)
Mitropolis (Bischofskirche Agios Dimitrios)
oberer Eingang
Kleiner Palast
UNTERSTADT
Gewölbe-passage
Agia Sofia
Agios Christoforos
Agios Nikolaos
Monemvasia-Tor
Laskaris-Haus
OBERSTADT
Marmara-Brunnen
Pantanassa-Kloster
Agios Georgios
Kastro (621 m)
Taxiarches
Haus der Frangopoulos
Perivleptos-Kloster
Hotel Byzantion (2 km); Nea Mystras (2 km); Sparta (7 km); Schlossblick; Camping Paleologio Mystra

wundervolle Aussicht auf die vollkommen flache, intensiv bewirtschaftete Ebene von Lakonien. Die Nonnen bitten darum, vor dem Eintritt nackte Beine mit den bereit liegenden Röcken zu bedecken.

Der Pfad geht weiter abwärts zum **Perivleptos-Kloster** (☉ Sommer), das in einen Felsen gebaut wurde. Die Fresken aus dem 14. Jh. in seinem Inneren sind, wie die in Pantanassa, praktisch vollständig erhalten geblieben. Die Kirche hat eine sehr hohe Kuppel; in ihrem Zentrum befinden sich der von den Aposteln umgebene Christus Pantokrator (in der byzantinischen Vorstellungswelt war Christus ein allmächtiger Weltenherrscher) und die Jungfrau Maria, die von zwei Engeln flankiert wird.

Auf dem Weg abwärts zur Mitropolis kommt man an **Agios Georgios** vorbei, einer der vielen privaten Kapellen in Mystra. Weiter unten, links über dem Pfad, steht das **Laskaris-Haus**, ein typisch byzantinisches Wohnhaus.

Die **Mitropolis** (Kathedrale Agios Dimitrios) ist ein Gebäudekomplex, der von einer hohen Mauer eingefasst ist. Die ursprüngliche Kirche wurde um 1200 gebaut, aber im 15. Jh. stark verändert. Sie steht in einem hübschen Hof, der von Stoen und Balkonen umgeben ist. Zu ihren beeindruckenden kirchlichen Ornamenten und Möbeln gehören eine Ikonostase aus Marmor, ein Holzthron mit feinen Schnitzereien und eine Bodenplatte aus Marmor, auf der ein zweiköpfiger Adler abgebildet ist. Dieses Symbol von Byzanz liegt genau an der Stelle, an der Kaiser Konstantin XI. gekrönt wurde. Außerdem sind einige herrliche Fresken erhalten geblieben. Das angrenzende kleine, aber moderne **Museum** beherbergt einige skurrile Ausstellungsstücke, darunter Frauenhaar, Knöpfe, Stickereien und andere alltägliche Gegenstände der Bewohner von Mystra.

Hinter der Mitropolis steht das **Vrontochion-Kloster**. Früher war es das reichste Kloster Mystras und das Zentrum kultureller Aktivitäten. Außerdem wurden hier die Despoten bestattet. Von den beiden Kirchen ist die **Aphentiko** mit ihren faszinierende Fresken beeindruckender als die **Agios Theodoros**.

Die *kantina* (mobiles Café) vor dem unteren Eingang von Mystra verkauft Snacks und Getränke.

Schlafen & Essen

Hotel Byzantion (☎ 27310 83309; www.byzantionhotel.gr; EZ/DZ/3BZ inkl. Frühstück 45/60/70 €; ⊠ 🖭 🖭) Das kleine, ansprechende Hotel im Zentrum des modernen Mystra stellt eine Alternative zu einer Übernachtung in Sparta dar. Es hat einen hübschen Garten, und die hellen Zimmer verfügen über Balkone, die einen fesselnden Ausblick ins Tal oder auf die Berge bieten. Es ist etwa 1 km von der Stätte entfernt.

Zwei Campingplätze stehen zur Auswahl: **Camping Paleologio Mystras** (☎ 27310 22724; Fax 27310 25256; Erw./Zelt/Auto 7/4/4 €; ☉ ganzjährig; 🖭), 2 km westlich von Sparta und etwa 4 km von Mystra entfernt, und **Castle View** (☎ 27310 83303; www.castleview.gr; Erw./Zelt/Auto 6/4/4 €, 2-Pers.-Bungalow 30 €, ☉ April–Okt.; 🖭), etwa 1 km vor dem Dorf Nea Mistra inmitten von Olivenbäumen; Busse halten auf Wunsch vor dem Eingang.

Im Ort gibt es auch mehrere domatia und eine Reihe Cafés und Tavernen.

An- & Weiterreise

Von Sparta aus fahren regelmäßig Busse nach Mystra (1,40 €, 30 Min., 10-mal tgl.). Ein Funktaxi von Sparta zum unteren Eingang von Mystra (Xenia Restaurant) kostet zwischen 9 und 10 €, zum oberen Eingang etwas mehr. Billiger ist es, ein **Taxi** (☎ 27310 25300) von Mystra aus zu nehmen, allerdings ist es hier manchmal schwer, eines zu erwischen.

LANGADA-PASS OPEINH ΔIABAΣH ΛAΓKAΔA

Die 59 km lange Straße von Sparta nach Kalamata gehört zu den eindrucksvollsten Strecken Griechenlands. Sie überquert das Taygetos-Gebirge über den Langada-Pass.

Die Straße beginnt ab dem Dorf **Trypi**, 9 km westlich von Sparta, deutlich anzusteigen; dort führt sie nämlich in die spektakuläre **Langada-Schlucht**. Nördlich dieser Schlucht ist die Stelle, an die antiken Spartaner die Babys aussetzten, die zu schwach oder missgebildet waren, um später als gute Soldaten ihr Leben zu lassen (s. Kasten S. 38).

Ab Trypi folgt die Straße dann dem Fluss Langada, bevor sie sich über eine Reihe von Haarnadelkurven nach oben schlängelt, um in ein geschütztes Tal einzumünden. Dies ist eine gute Stelle, um anzuhalten und unter den Platanen am Flussufer einen Spaziergang zu machen. Dann steigt die Straße wieder steil an, bis sie bei 1524 m den höchsten Punkt erreicht und unterwegs die Grenze von Lakonien nach Messenien überquert. Hier oben kann man übernachten. Die Fahrt hinunter nach Kalamata ist ähnlich atemberaubend.

Wer die Strecke mit dem Bus zurücklegen will, muss in Artemisia umsteigen, dem Ort, der auf messenischer Seite dem Gipfel am nächsten ist.

Schlafen & Essen

Pandoheio Canadas (☎ 27210 21436; EZ/DZ/3BZ 20/28/29 €) Das kleine Gästehaus, 22 km von Sparta entfernt, liegt in einer Höhe von 1250 m an den oberen Hängen des Taygetos-Gebirges. Die Zimmer sind einfach, bieten aber eine großartige Aussicht auf die Berglandschaft. Die eigentliche Attraktion ist jedoch das Restaurant: Hier gibt es köstliche hausgemachte Schweinswürstchen und andere Leckerbissen.

Hotel Taygetos (☎ 27210 99236; Fax 27210 98198; EZ/DZ/3BZ 30/40/50 €) Das Taygetos befindet sich in unschlagbarer Lage ganz oben auf dem Langada-Pass. Auch zu ihm gehört ein gutes Restaurant, das Spezialitäten wie gebratene Ziege, Hähnchen in Rotwein und Kaninchen-*stifadho* serviert. Das Hotel ist 24 km von Sparta entfernt.

MONEMVASIA & GEFYRA
ΜΟΝΕΜΒΑΣΙΑ & ΓΕΦΥΡΑ

Das gewaltige, beeindruckende, spektakuläre Monemvasia ist das griechische Pendant zum französischen Mont Saint Michel. Die perfekte Festung befindet sich auf einem Felsklotz, der wie ein Eisberg vor der Küste liegt und nur über einen einzigen, leicht zu verteidigenden Damm zu erreichen ist. Die steilen Klippen erheben sich hoch über dem Meer.

Heute umfasst Monemvasia sowohl den Felsen, dessen mittelalterliches Dorf innerhalb der Mauern des *kastro* liegt, als auch das moderne Dorf Gefyra auf dem Festland über dem Damm. Im Sommer wimmelt es an beiden Orten nur so von Besuchern. Glücklicherweise ist die außergewöhnliche Ausstrahlung des mittelalterlichen Dorfes – und der Reiz, es zu erkunden – größer als die Effekte des Massentourismus. Nur sieben Leute haben hier ihren permanenten Wohnsitz. Der standhafte kommunistische Dichter Yannis Ritsos wurde hier geboren.

Von Gefyra aus ist nur wenig von der Festung zu sehen. Aber wer den Damm überquert und der Straße um den Felsen herum folgt, gelangt zu ihrem offiziellen Eingang, einem engen Tunnel, der durch eine massive Festungsmauer führt. Er ist L-förmig angelegt, daher entzieht sich der magische Ort den Blicken, bis man am anderen Ende blinzelnd ins Freie tritt.

Geschichte

Bis zu einem Erdbeben im Jahr 375 war der Felsen von Monemvasia mit dem Festland verbunden. Der griechische Name bedeutet „einziger Zugang" (*moni* – einzeln, *emvasia* – Eingang), da es nur einen Weg in die mittelalterliche Stadt gab.

Während der Überfälle der Barbaren im 6. Jh. waren die Menschen in der Umgebung gezwungen, sich in diese natürliche Felsenfestung zurückzuziehen. Im 13. Jh. wurde der Ort zum wichtigsten Handelszentrum des byzantinischen Morea und

---

DIE WANDERUNGEN DES PAUSANIAS

Schon vor beinahe 20 Jahrhunderten hat es jemand Lonely Planet und seinen Konkurrenten vorgemacht: Der Reisende und Geograph Pausanias (2. Jh.) schrieb den vermutlich ersten – und maßgeblichsten – „Reiseführer" für Touristen. Sein Werk, die Beschreibung Griechenlands, besteht aus 10 Büchern, in denen er einen Großteil Griechenlands beschreibt, so wie er es (zwischen den Jahren 143 und 161) erlebte. Dabei deckte er die Regionen Attika, Böotien, Phokis und das westliche Lokris (Lokris Ozolia) ab, sowie den Großteil des Peloponnes – Korinthia, Lakonien, Messenien, Elis, Achaia, Arkadien. Klassische griechische Gelehrte, Historiker und Archäologen betrachten es als äußerst wichtiges historisches Werk, da es Aufschluss gibt über Orte, Menschen, Monumente und Stätten und viele dazugehörige Fakten und Legenden liefert. Man nimmt an, dass Pausanias aus Lydien in Kleinasien stammte und ausgiebig durch Griechenland, Makedonien, Italien und Teile Asiens und Afrikas reiste.

bildete damit das Gegenstück zu Mystra, dem spirituellen Zentrum. In Europa war Monemvasia vor allem wegen seines Weins berühmt, dem hoch geschätzten Malvasier.

In den folgenden Jahrhunderten fielen dort die Franken, Venezianer und Türken ein. Im Unabhängigkeitskrieg wurden die türkischen Bewohner massakriert, nachdem sie sich nach dreimonatiger Belagerung ergeben hatten.

Orientierung & Praktische Informationen

Alle wesentlichen Einrichtungen befinden sich in Gefyra. Die Hauptstraße, 23 Iouliou, führt vom Damm an der Küste entlang nach Süden. Die Spartis führt an der Küste entlang nach Norden und geht in die Straße nach Molai über. In Gefyra halten die Busse vor dem Reisebüro Malvasia Travel, kurz vor dem Damm. Die National Bank of Greece (mit Geldautomat) und die **Post** (☏ Mo–Fr 7.30–14 Uhr) sind gleich gegenüber. Die **Polizei** (☎ 27320 61210; Spartis 137) befindet sich in einem der wenigen Gebäude der Stadt, die eine Hausnummer haben.

Sehenswertes

KASTRO – MITTELALTERLICHE STADT

In dieser Stadt bekommt man alles, was man sich nur wünschen kann – nur kein Wasser.

Türkischer Reisender des 18. Jh.

Die engen Kopfsteinpflastergassen sind von Souvenir-Läden und Tavernen gesäumt. Ein Netz von Treppen schlängelt sich zwischen den Steinhäusern mit ihren ummauerten Gärten und Höfen nach oben. Die Hauptstraße führt zum zentralen Platz und zur **Kathedrale Christos Elkomenos** (Christus in Ketten) aus dem 13. Jh. Gegenüber steht die 956 erbaute **Kirche Agios Pavlos**. Ein Stück weiter an der Hauptstraße folgt die **Kirche Myrtidiotissa**. In der Ruine flackert trotzig eine Kerze auf dem kleinen Altar. Über dem Meer steht die kürzlich restaurierte, weiß getünchte **Kirche Panagia Chrisafitissa** aus dem 16. Jh.

Am Hauptplatz weist ein Schild zu den Treppenstufen, die links zur **Festung** und zur **Oberstadt** hinaufführen. Abgesehen von der **Kirche Agia Sofia**, die auf einer steilen Klippe thront, besteht die faszinierende Oberstadt aus einem riesigen, ungeordneten Ruinenfeld.

MONEMVASIA ARCHÄOLOGISCHES MUSEUM

Das kleine **Museum** (☎ 27320 61403; Eintritt frei; ☼ Winter Di–So 8.30–15 Uhr, Sommer Di–So 8–20 Uhr) zeigt eine detaillierte Karte von Monemvasia, anhand derer man sich gut orientieren kann. Außerdem beherbergt es Fundstücke, die bei Ausgrabungen oder Bautätigkeiten in der Altstadt zutage gefördert wurden. Glanzstück der Ausstellung ist das **Templon** (Altarschranke) aus dem 11. Jh., die beim Tor zum Meer stand. Bemerkenswert sind außerdem noch ein Marmortürrahmen aus der Kirche Agia Sofia sowie zahlreiche schöne Keramiken.

Schlafen

Im *kastro* selbst gibt es zwar keine besonders günstigen Unterkünfte, aber in Anbetracht der außergewöhnlichen Lage bieten einige Hotels eine ganze Menge für ihr Geld (wo sonst auf der Welt kann man in bzw. so nahe bei einer Weltkulturerbestätte übernachten?). Die Preise sind hier alles andere als in Stein gemeißelt, je nach Angebot und Nachfrage können sie sich drastisch ändern. Die Hotels selbst sind nahezu identisch: Stylish eingerichtete Boutique-Hotels mit viel Holz und anderen gedämpften Materialien.

Eine Taschenlampe und vernünftige Schuhe sind empfehlenswert, wenn man auf dem spärlich beleuchteten *kastro* mit seinen Kopfsteinpflasterwegen übernachtet.

Wem das *kastro* zu teuer ist, der findet in Gefyra billigere Hotels und zahlreiche domatia.

Hotel Akrogiali (☎ 27320 61360; Gefyra; EZ/DZ mit Dusche 40/45 €) Das einfache, aber makellose Hotel neben der National Bank of Greece in der Spartis hat die günstigsten Zimmer im Ort.

Malvasia Hotel (☎ 27320 61160/3007; malvasia@otenet.gr; Monemvasia; EZ inkl. Frühstück 45–65 €, DZ inkl. Frühstück 65–120 €; ☒) Das Hotel mit dem besten Preisleistungsverhältnis in Monemvasia (wenn man den Preisen trauen kann).

Hotel Byzantino (☎ 27320 61254/351; Monemvasia; EZ/DZ/3BZ 60/100/120 €; ☒) Auch hier bekommt man etwas für sein Geld; die Zimmer sind einen Tick schicker als im Malvasia. Am besten sind die Zimmer mit Balkon zum Meer. Frühstück kostet 5 €.

LP Tipp **Monopati Rooms & Apartments** (☎ 27320 61772; www.byzantine-escapade.com; Monemvasia; Apt 70–85 €, „Häuschen" 110–140 €) Die herrlichen Steinhäuschen haben ebenso wie die gastfreundlichen Besitzer eine persönliche Ausstrahlung. Die eigenartigen Räumlichkeiten der Apartments sind stylish ausgestattet. Die Preise variieren je nach Anzahl der Übernachtenden. An Ostern, im Juli und im August sind sie ein wenig höher. Das Frühstück (6 €) kann man sich wo und wann man möchte servieren lassen.

Hotel Lazareto (☎ 27320 61991; www.lazareto.gr; Monemvasia; EZ 135 €, DZ 160–205 €; ✗) Liegt außerhalb der Festungsmauern am Damm in den schönen Steingebäuden eines alten Quarantänehospitals und bietet den größten Luxus. Die Einrichtung der gut ausgestatteten Zimmer ist stilvoll und zurückhaltend. Allerdings sollte man auf seinen Kopf achten – die Türrahmen wurden für kleinere Menschen gebaut. Frühstück kostet extra.

Ardarmis (☎ 27320 61887; www.ardamis.gr; Monemvasia; DZ 135–160 €, 4BZ 250–450 €) Besonders beliebt bei griechischen Urlaubern. In den Zimmern verschmilzt Altes mit Modernem (es gibt hier eine seltsame Stimmungsbeleuchtung, um dem architektonischen Raum Akzente zu verleihen). Die Besitzer sind freundlich, und ein idyllischer Garten bietet eine Abwechslung vom Meerblick.

Essen

Taverna Trata (☎ 27320 62084; Gefyra; Fisch pro kg 45–55 €) Wenn man zurück nach Gefyra kommt direkt hinter dem Damm auf der rechten Seite. Von der Decke hängende Möwen und Schiffsmodelle stimmen auf das Thema Meer ein – das Restaurant ist für seine Fischgerichte berühmt.

In der Altstadt von Monemvasia liegen drei Tavernen direkt nebeneinander: **Matoula** (☎ 27320 61660), **Marianthi** (☎ 2732 61371) und **To Kanoni** (☎ 27320 61387). Bei allen dreien kann man nichts falsch machen – die Entscheidung trifft man am besten anhand der Auswahl an Gerichten (ausschließlich traditionell griechisch) oder nach dem Ambiente. Hauptgerichte kosten etwa 8–13 €.

Fast alles, was man braucht, finden Selbstversorger im **Lefkakis Supermarkt** gleich hinter der Post in Gefyra.

An- & Weiterreise

Busse fahren vor **Malvasia Travel** (☎ 27320 61752) ab, direkt am Damm in Gefyra; das Reisebüro verkauft auch die Tickets. Es gibt Busse nach Athen (27 €, 6 Std., 4-mal tgl.) über Sparta (9 €, 2½ Std.), Tripolis und den Isthmus von Korinth.

Unterwegs vor Ort

Das mittelalterliche *kastro* von Monemvasia ist für Autos und Motorräder gesperrt, über den Damm kann man jedoch fahren. Parkmöglichkeiten gibt es außerhalb der Altstadt in den schmalen Gassen um den Felsen. Meist ist es jedoch sinnvoller, in Gefyra zu parken, weil es eng werden kann.

Zwischen Gefyra und dem *kastro* verkehrt ein **Shuttlebus** (☑ Juni–Sept., Weihnachten & Ostern 8–24 Uhr).

Kypros Rent a Car (☎ 27320 61383; www.kyprosrentacar.gr, houtris@otenet.gr) vermietet Autos. Nach der National Bank of Greece rechts abbiegen.

NEAPOLI ΝΕΑΠΟΛΗ
2727 Ew.

Neapoli liegt 42 km südlich von Monemvasia an der Südspitze des östlichen „Fingers" des Peloponnes. Obwohl die Stadt an einer großen, hufeisenförmigen Bucht liegt, ist sie eher nüchtern und wenig reizvoll. Die meisten Besucher aus dem Ausland kommen nur nach Neapoli, um mit der Fähre auf die Insel Kythira zu fahren, die man von der Küste aus deutlich erkennen kann.

Die Westflanke der Bucht bildet die kleine Insel **Elafonisi,** die für ihre weißen Strände, die sonnenbadenden Nudisten und die Unechten Karettschildkröten (*Caretta caretta*), die hier vorbeikommen, bekannt ist. Von einem kleinen Hafen einige Kilometer westlich von Neapoli fahren regelmäßig Fähren dorthin. Die Fahrt dauert 10 Minuten (pro Person/Auto 1/10 €).

Hotel Aivali (☎ 27340 22287; Akti Voion 164; EZ/DZ 50/60 €; ✗ ☎) Das kleine Familienhotel in idealer Lage direkt am Meer in der Nähe der Fähranlegestelle nach Kythira ist wie die meisten Hotels am Ort von Mitte Juli bis August ausgebucht.

Am Ufer gibt es zahlreiche gut besuchte *ouzerien* (Lokale, in denen man Ouzo und Häppchen bekommt); sie servieren eine lokale Spezialität: köstlichen gegrillten Oktopus.

Täglich verkehren Fähren von Neapoli nach Diakofti auf Kythira. Tickets verkauft die **Vatika Bay Shipping Agency** (☎ 27340 24004),

350 m vor der kleinen Brücke (man sollte einige Zeit einplanen, um den Laden zu finden und die Tickets zu kaufen). Weitere Infos s. Insel-Hopping (S. 871).

Busse von **KTEL** (☎ 27340 23222) fahren von Neapoli nach Athen (33 €, 3-mal tgl.) über Sparta (12,80 €, 3 Std., 3-mal tgl.) und Molai (6 €, 1¼ Std.). In Molai steigt man in die Busse nach Monemvasia um.

Rent a Moto Elafonisos (☎ 27340 61377) könnte eine nützliche Adresse sein, wenn man Elafonisi besuchen möchte.

GYTHIO ΓΥΘΕΙΟ
4489 Ew.
Gythio, einst der Hafen des antiken Sparta, ist heute das Tor zur lakonischen Mani. An der lebhaften Uferpromenade des reizvollen Fischerdorfs stehen pastellfarbene Gebäude aus dem 19. Jh. Dahinter liegen verfallende türkische Häuser und marode Straßen an einem steilen, bewaldeten Hügel.

Orientierung
Gythio ist übersichtlich. Die meisten Restaurants und Cafés befinden sich am Ufer in der Akti Vasileos Pavlou. Busse fahren an ihrem nordöstlichen Ende hinter einem kleinen, dreieckigen Park ab, der Perivolaki (der „mit Bäumen gefüllte") genannt wird. Dahinter befindet sich der Hauptplatz, die Plateia Panagiotou Venetzanaki.

Die örtliche Einkaufsstraße heißt Ermou und ist gleichzeitig die wichtigste Zufahrt des Ortes. Der Platz am südwestlichen Ende der Akti Vasileos Pavlou heißt Plateia Mavromihali. Er ist das Zentrum des alten Marathonisi-Viertels. Gleich gegenüber befindet sich der Fähranleger. Dahinter ändert die Uferstraße ihren Namen in Kranais und führt weiter nach Süden zur Straße nach Areopoli. Am Südende des Ortes führt ein Damm auf die kleine Insel Marathonisi.

Praktische Informationen
EOT (☎ /Fax 27330 24484; Vasileos Georgiou 20; ⏰ Mo–Fr 8–14.30 Uhr) Die Touristeninformation erinnert an den Monty-Python-Sketch im Käseladen: Wonach man auch fragt, man bekommt nichts. Das ist selbst für EOT-Standards erbärmlich.
Hassanakos Bookstore (☎ 27330 22064; Akti Vasileos Pavlou 39) Führt auch internationale Zeitungen.
Internet Jolly Café (Ecke Dirou & Grigoraki; 2,50 € pro Std.) Einen Häuserblock vom Busbahnhof entfernt.
Kostas Vrettos Antiquitätenladen (Vassileos Pavlou 25) Keine offizielle Touristeninformation, trotzdem lohnt sich ein Besuch bei diesem Philosophen, Dichter und Mann von Welt immer.
Polizei (☎ 27330 22100; Akti Vasileos Pavlou)
Post (Ecke Ermou & Arheou Theatrou; ⏰ Mo–Fr 7.30–14 Uhr)

Sehenswertes & Aktivitäten
INSEL MARATHONISI
Nach der griechischen Mythologie entspricht die ruhige, im Schatten von Pinien liegende Insel Marathonisi dem antiken Kranae, wo die Affäre zwischen Paris (dem Prinzen von Troja) und Helena (der Gattin des Menelaos) begann, die den Trojanischen Krieg auslöste. Der **Tzanetakis-Grigorakis-Turm** aus dem 18. Jh. im Zentrum der Insel beherbergt ein kleines **Museum zur Geschichte der Mani** (Erw./erm. 2/1 €; ⏰ 8–14.30 Uhr). Es zeigt die Geschichte durch die Augen europäischer Reisender, die die Region zwischen dem 15. und 19. Jh. besuchten. Wer sich für Architektur interessiert findet oben eine faszinierende Sammlung von Plänen der Burg und der maniotischen Wehr- und Wohntürme.

ANTIKES THEATER
Das kleine, aber gut erhaltene **antike Theater** von Gythio steht neben dem Militärstützpunkt am nördlichen Stadtrand. Ab der Ermou ist es ausgeschildert; man folgt der Arheou Theatrou (nach der Post rechts abbiegen). Hinter dem Theater kann man den Hügel zur **antiken Akropolis** hinaufklettern, die völlig überwuchert ist. Ein Großteil des antiken Gythio ist im nahen Lakonischen Golf versunken.

STRÄNDE
An den 6 km langen Sandstränden, die 2 km südlich von Gythio am Dorf **Mavrovouni** beginnen, kann man gefahrlos schwimmen gehen.

Schlafen
Am Wasser gibt es jede Menge domatia-Schilder. Taxis zwischen Mavrovouni und Gythio kosten 5 €.

Camping Meltemi (☎ 27330 23260; www.campingmeltemi.gr; am Strand von Mavrovouni; Erw./Zelt/Auto 6/5/4 €, Bungalow 40–55 €; ⏰ April–Okt.) Sehr gut organisiert und der beste der drei Camping-Plätze in Mavrovouni. Er liegt 3 km südwestlich von Gythio direkt am Strand, im

Schatten von 3000 gut gepflegten Olivenbäumen. Es gibt Bungalows mit Küche, Klimaanlage und Fernsehen. Die Busse nach
Areopoli halten vor dem Eingang.

Xenia Karlaftis Rooms to Rent (☎ 27330 22719,
27230 22991; EZ 25 €, DZ & 3BZ 40 €) Die freundliche
Unterkunft liegt in idealer Lage direkt gegenüber der Insel Marathonisi und bietet
einfache, aber saubere Zimmer. In der Gemeinschaftsküche gibt es einen Kühlschrank und einen kleinen Herd, auf dem
man Tee und Kaffee zubereiten kann.

Saga Pension (☎ 27330 23220; Kranais; DZ 50 €;
❂) Die solide, bequeme Pension mit Bal-
konen entstammt nicht etwa einer Sage,
sondern liegt 150 m von Hafen entfernt, mit
Blick auf die Insel Marathonisi. Das Saga
Restaurant darunter gehört zur gehobenen
Kategorie (Hauptgerichte 9–15 €, Fisch pro
kg 45–70 €).

Matina's (☎ 27330 22518; DZ/3BZ 60/65 €) Das
saubere, komfortable Wohnhaus-mit-Hotel
befindet sich in großartiger Lage direkt im
Herzen der Stadt. Die Besitzerin Matina
spricht kein Englisch, ist aber äußerst gastfreundlich.

Alkion Apartments (☎ 27330 23112; Fax 27330
29041; Strand von Mavrovouni; DZ 80 €; ❂) Wer Wert
auf Strandumgebung legt, bekommt in diesen schicken, modernen Apartments mit
Kochnische in Mavrovouni das Beste für
sein Geld. Davon gibt es auch größere,
etwas teurere Versionen für Familien.

Essen

Natürlich machen hier Fischgerichte und
Meeresfrüchte das Rennen. Im Hafengebiet
reiht sich ein Fischrestaurant an das andere.
Vor allen die Kranais wird für Touristen
wegen der Kellner, die aufdringlich um
Kundschaft werben, häufig zum Spießrou-
tenlauf.

Taverna Petakou (☎ 27330 22889; Hauptgerichte
3–7 €) Das schnörkellose Lokal ist bei den
Einheimischen sehr beliebt. Das jeweilige
Tagesgericht ist auf Griechisch in ein Schul-
heft eingetragen. Es kann beispielsweise aus
einer herzhaften Fischsuppe mit einem ordentlichen Stück Brot bestehen. Die Taverne befindet sich neben dem Stadion auf
der Xanthaki.

Poulikakos Restaurant-Grill (☎ 27330 22792;
Hauptgerichte 6–14 €, Fisch pro kg 35–55 €) Auch in
diesem Restaurant gilt: Wer die traditionelle Küche liebt, bestellt sich am besten

eine der griechischen Spezialitäten. Die
Ausstattung ist schlicht, die Portionen sind
gigantisch, die Qualität ist gut – und die
Preise sind angemessen.

Taverna O Potis (☎ 27330 23245; Hauptgerichte
6,50–16 €; ☾ Do geschl.) Die Küche dieses Lokals in Gestalt eines Schiffes ist makellos.
Die großzügigen Portionen locken auch
viele Einheimische an Bord. Der Hauswein
ist mächtig wie eine Ozeanwoge; auf jeden
Fall lohnt sich der Weg ans Ende der Promenade, gegenüber der Insel Marathonisi.

Empfehlenswerte Supermärkte für
Selbstversorger sind **Kourtakis** (Irakleos) am
Busbahnhof um die Ecke und **Karagiannis**
(Ecke Vasileos Georgiou & Orestou).

An- & Weiterreise
BUS
Die Bushaltestelle **KTEL Lakonia** (☎ 27330 22228;
Evrikleos) befindet sich im Nordwesten am
Wasser, gleich beim Café Jande. Es gibt
Busverbindungen in Richtung Norden nach
Athen (21,40 €, 4½ Std., 6-mal tgl.) oder
über Sparta (3,90 €, 1 Std.) und Tripolis; in
Richtung Süden nach Areopoli (2,40 €, 30
Min., 4-mal tgl.), Gerolimenas (5,40 €, 1¼
Std., 3-mal tgl.), zu den Höhlen von Pyrgos
Dirou (3,30 €, 1 Std., 1-mal tgl.) und Vathia
(5,90 €, 1½ Std., 3-mal wöchentl.).

Der hilfsbereite George erklärt, wie man
von Gythio aus an einem Tag die Mani am
besten kennenlernt. Nach Kalamata zu fahren kann verzwickt werden; man muss entweder in Itilo (3,40 €, 45 Min.) oder Sparta
einen Anschlussbus erreichen. Nach Itilo
fahren täglich (5 und 13 Uhr) außer sonntags zwei Busse (beim 13-Uhr-Bus muss
man eventuell in Areopoli umsteigen).

FÄHRE
LANE Lines betreibt im Sommer wöchent-
lich eine Fähre nach Kreta über Kythira und
Antikythira. Über den ständig wechselnden
Fahrplan gibt **Rozakis Travel** (☎ 27330 22207; ro-
sakigy@otenet.gr) am Hafen in der Pavlou 5
Auskunft. Weitere Infos s. Insel-Hopping
(S. 871).

Unterwegs vor Ort
Autos vermietet **Rozakis Travel** (☎ 27330 22207;
rosakigy@otenet.gr), Mopeds und Motorroller
gibt's bei **Moto Makis** (☎ 27330 25111; Kranais).
Taxis (☎ 27330 23400) stehen gegenüber dem
Busbahnhof.

PELOPONNES

DIE MANI Η ΜΑΝΗ

Die mittlere Halbinsel im Süden des Peloponnes wird Mani genannt. Die Griechen sagen, die Landschaft dort sei ebenso wild und schroff wie ihre Bewohner. Der Ruf der Bewohner der abgelegenen inneren Mani war so schrecklich, dass potenzielle Eroberer letztendlich beschlossen, sie lieber in Ruhe zu lassen.

Jahrhundertelang lebten die Manioten nach ihren eigenen Gesetzen. Sie waren dafür bekannt, dass sie ihre Unabhängigkeit mit Zähnen und Klauen verteidigten, dass sie es übelnahmen, wenn jemand sie beherrschen wollte, und dass sie untereinander erbitterte, spektakuläre Blutfehden austrugen. Überall im Land – besonders in der inneren Mani – trifft man auf bizarre Wohntürme, die während der Kriege zwischen den einzelnen Clans ab dem 17. Jh. als Rückzugsorte erbaut wurden.

Zum Glück gehören diese Fehden, die ganze Armeen lahmlegten, längst der Vergangenheit an, und die Manioten sind so nett und gastfreundlich wie die Griechen aus anderen Landesteilen. Die Architektur besteht jedoch fort: Die Manioten halten an ihren Natursteinfassaden fest, und momentan gibt es sogar einen kleinen Bau-Boom.

Es lohnt sich, die Region in die Reiseplanung mit einzubeziehen. Die steil abfallenden Ausläufer des Taygetos-Gebirges (durchzogen von herrlichen Wanderwegen) und die winzigen Buchten und Häfen, die sich an ihre Hänge schmiegen, ergeben eine spektakuläre Landschaft, die man nicht so schnell vergisst. Abgesehen von den Wohntürmen gibt es auch wunderbare Kirchen und Höhlen.

Die Mani wird im Allgemeinen in die Messenische (oder äußere) und die Lakonische (innere) Mani unterteilt. Die Messenische Mani beginnt südöstlich von Kalamata und zieht sich zwischen Küste und Taygetos-Gebirge nach Süden, während die Lakonische Mani den Rest der Insel südlich von Itilo bedeckt.

Jeder Besucher der Mani sollte sich unbedingt eine Ausgabe von *Mani. Reise ins unentdeckte Griechenland* von Patrick Leigh Fermor besorgen, eine lebhafte und äußerst lehrreiche Beschreibung des Gebiets (er liebte die Gegend so sehr, dass er sich dort

niederließ). Eifrige Entdecker sollten in den Läden vor Ort nach den englischen Büchern *Inside The Mani: A Walking Guide* von Mat Dean und *The Mani* von Bob Barrow und Mat Dean fragen. Die Bücher enthalten eine Unmenge wertvoller Tipps und Informationen zu Wanderrouten und zu den Dörfern, Wohntürme und Kirchen der Region. Lesenswert ist außerdem *Deep into Mani* von Eliopoulis und Greenhold.

Geschichte

Die Bewohner der Mani betrachten sich als die direkten Nachfahren der Spartaner. Nach dem Niedergang Spartas zogen sich die Bürger, die sich den Gesetzen Lykurgos, des Gesetzgebers von Sparta, verpflichtet fühlten, lieber in die Berge zurück, als sich den fremden Eroberern zu beugen. Später stießen Flüchtlinge zu ihnen, die unter den Besatzungsmächten litten. Alle zusammen wurden Manioten genannt, vom griechischen Wort „Manie".

Die Manioten behaupten von sich, sich niemals einer Fremdherrschaft gebeugt zu haben. Das mag vielleicht ein wenig übertrieben sein, aber immerhin genossen sie stets eine gewisse Unabhängigkeit und eine eigene Lebensweise. Bis zur Unabhängigkeit Griechenlands lebten die Manioten in Clans, die jeweils von einem Oberhaupt angeführt wurden. Fruchtbares Land war so rar, dass erbittert darum gekämpft wurde. Blutfehden gehörten zum täglichen Leben, und die Familien errichteten Wohntürme als Zufluchtsorte.

Selbst die Türken scheiterten bei dem Versuch, die Manioten zu unterwerfen, die sich mit Feuereifer am Unabhängigkeitskrieg beteiligten. Nach dem Jahr 1834 wurden sie jedoch Teil des neuen Königreichs und gaben widerwillig ihre Unabhängigkeit auf.

LAKONISCHE MANI

Graue Felsen, die nur von ein paar standhaften grünen Büschen unterbrochen werden, charakterisieren die an Schottland erinnernden Berge der inneren Mani. Kultivierbares Land ist knapp, hier wachsen allenfalls ein paar verkümmerte Oliven- und Feigenbäume. Die Wildblumen, die im Frühling die Täler bedecken und aus den Ritzen zwischen den Felsen sprießen, zeigen die Widerstandsfähigkeit der Natur.

Die zerklüfteten Klippen an der Küste fallen steil zum Meer ab, und felsige Landzungen schützen die Kiesstrände. Die wilde, karge Naturlandschaft wird lediglich von strengen, eindrucksvollen Wohntürmen unterbrochen, von denen inzwischen eine ganze Reihe restauriert werden. Noch immer erheben sie sich wie stumme Wächter über der Landschaft.

Mit dem eigenen Fahrzeug kann man die Mani über die gewundene Straße erkunden, die an der Westküste vom Hauptort Areopoli bis nach Gerolimenas führt; zurück führt dann die Strecke an der Ostküste entlang (oder umgekehrt). Es gibt zwar öffentlichen Nahverkehr, doch er ist ziemlich beschränkt.

Areopoli Αρεόπολη
774 Ew.

Areopoli stellt den Hauptort der Mani dar. Der Name geht passenderweise auf den Kriegsgott Ares zurück. Den Hauptplatz, die Plateia Athanaton, dominiert eine Statue von „Petrobey" Petros Mavromichalis, der die Manioten zum Aufstand gegen die Türken aufrief. Zur selben Familie gehörten Konstantinos und Georgios Mavromichalis (1765–1848), die Griechenlands erstes Staatsoberhaupt Ioannis Kapodistrias ermordeten. In dem Ort gibt es zahlreiche weitere Zeugnisse seiner bewegten Vergangenheit.

ORIENTIERUNG & PRAKTISCHE INFORMATIONEN

Das Städtchen gliedert sich in zwei Teile: die neue Oberstadt um die Plateia Athanaton und die alte Unterstadt um die Plateia 17 Martiou. Die beiden Plätze sind durch eine „Hauptstraße" miteinander verbunden (früher hieß sie Kapetan Matapan, heute hat sie keinen offiziellen Namen). Es gibt weder eine Touristeninformation noch eine Touristenpolizei.

Invincible Mani (☎ 27330 53670; Plateia Athanaton) Diese Anlaufstelle hat eine hervorragende Auswahl an Landkarten und Büchern über die Region in ihrem Sortiment.

National Bank of Greece (Petrobey Mavromihali; ☼ Aug. Mo–Do 8–13, Fr 8–13.30 Uhr, Sept.–Juli Di & Do 8–13 Uhr) Die einzige Bank hier; verfügt über einen Geldautomaten.

Post (Petrobey Mavromihali; ☼ Mo–Fr 7.30–14 Uhr) Am nördlichen Ende des Ortes.

SEHENSWERTES & AKTIVITÄTEN

In den schmalen Gassen um die Plateia 17 Martiou stehen einige herrliche Beispiele maniotischer Architektur.

Zuerst die **Kirche Agii Taxiarchi** aus dem 18. Jh. an der Südseite des Platzes: Durch den vierstöckigen Glockenturm wird sie zur bedeutendsten unter den Kirchen des Ortes. Nicht verpassen sollte man die äußerst gut erhaltenen Reliefschnitzereien über dem Haupteingang. Die weit ältere **Kirche Agios Ioannis** am Südrand des Ortes beherbergt eine Reihe von Fresken, die Episoden aus dem Leben Jesu darstellen. Sie wurde von der Familie Mavromichalis erbaut.

Es gibt auch zahlreiche Wohntürme – einige davon sind in miserablem Zustand, andere sind in schicke Unterkünfte umgewandelt worden. Der **Mavromichalis-Turm** (Tzani Tzanaki) im Süden der Plateia 17 Martiou war einst der mächtigste Wohnturm im Ort. Heute ist er jedoch in bedauernswertem Zustand.

Am Südrand des Ortes (nach dem Weg fragen) befindet sich das **Religions-Museum** (Eintritt frei). Wegen des Mangels an Hinweisschildern und Werbung ist es nicht auf dem Radar der Touristen, aber man muss es einfach gesehen haben. Es befindet sich im restaurierten Pikoulakis-Turm und umfasst erlesene byzantinische Objekte, die aus maniotischen Kirchen stammen, darunter auch wunderbare Handschriften und Schmuck.

In der Umgebung gibt es einige hervorragende Wanderstrecken. Erfahrene Wanderer sollten mit Kompass und geeigneter Ausrüstung gut zurechtkommen.

SCHLAFEN
Budgetunterkünfte

Tsimova Rooms (☎ 27330 51301; EZ/DZ/Apt. 40/60/80 €) Unter Umständen muss man sich in diesem heimeligen Haus seinen Weg durch Kuscheltiere und Fotos bahnen, nicht zu vergessen die Waffensammlung des betagten Besitzers, eines ehemaligen Partisanen. Sie reicht von Dolchen bis hin zu gusseisernen Kanonen. Die Unterkunft befindet sich in einem renovierten Turm hinter der Kirche Agii Taxiarchi. Die Zimmer sind ziemlich überteuert.

Hotel Kouris (☎ 27330 51340; Fax 27330 51331; Plateia Athanaton; EZ/DZ 50/60 €) Zwischen den maniotischen Türmen ist dieser Betonklotz völlig fehl am Platz, aber trotzdem eine gute Alternative.

Mittelklasse- & Spitzenklassehotels

Hotel Trapela (☎ 27330 52690; www.trapela.gr; EZ/DZ/3BZ 50/70/80 €; [❋]) Dieses kleine 12-Zimmer-Hotel wird als „neues Hotel im traditionellen Stil" angepriesen – und das ist es in der Tat. Die komfortablen Räume aus Holz und Stein sind in geschmackvollen gedämpften Farben gehalten. Das Design orientiert sich insgesamt am maniotischen Stil.

Hotel Petrounis (☎ 27330 51151; www.petrounis.gr; DZ 65–70 €, 3BZ 90 €; [❋] [✿]) Das kürzlich eröffnete, renovierte Hotel ist eine etwas ungeordnete Mischung aus maniotischem und modernem Stil, aber es ist angenehm plüschig und liegt sehr zentral. Der freundliche Besitzer spricht gut Englisch.

LP Tipp **Londas Pension** (☎ 27330 51360; www.londas.com; DZ/3BZ inkl. Frühstück 80/110 €) Der 200 Jahre alte Wohnturm ist absolut großartig: stylishe, weißgetünchte Zimmer, deren geschmackvolle Ausstattung Altes und Neues vereint. An der Kirche Agii Taxiarchis steht ein Hinweisschild.

ESSEN

To Katoi (☎ 27330 51201; Hauptgerichte 7–10 €; [✿] Mo–Fr Abendessen, Sa & So Mittag- & Abendessen) Das gemütliche Lokal ist wegen seiner Tagesgerichte, die nicht auf der Speisekarte stehen, empfehlenswert. Seine Lage an der Kirche Agii Taxiarchis ist wunderschön.

Nicola's Corner Taverna (☎ 27330 51366; Plateia Athanaton; Hauptgerichte 8–10 €) Die Speisekarte kann man vergessen – das beliebte Lokal am Hauptplatz serviert eine gute Auswahl köstlicher Tavernen-Basics, die täglich wechseln. Die hausgemachten Makkaroni mit gebratenem Käse aus der Region sollte man sich nicht entgehen lassen.

Selbstversorger finden im kleinen Supermarkt **Koilakos** in der Nähe der Plateia Athanaton alles, was sie brauchen.

AN- & WEITERREISE

Der **Busbahnhof** (☎ 27330 51229; Plateia Athanaton) befindet sich ein Stückchen weiter links vom Europa Grill. Dort fahren Busse nach Gythio (2,80 €, 30 Min. 4-mal tgl.) und von dort weiter nach Athen (23,80 €). Außerdem gibt's Busverbindungen nach Itilo (1,40 €, 20 Min., Mo–Sa 3-mal tgl., So fahren keine Busse) über Limeni, nach Geroli-

menas (3,30 €, 45 Min., 3-mal tgl.), zu den Höhlen von Pyrgis Dirou (1,40 €, 15 Min., 1-mal tgl.; Rückfahrt 12.45 Uhr), nach Lagia (3,30 €, 40 Min., 1- bis 2-mal tgl.) und Vathia (3,80 €, 1 Std., 2-mal wöchentl.).

Limeni Λιμένι

Das kleine Dorf Limeni liegt 3 km nördlich von Areopoli an der Südflanke der wunderschönen **Limeni-Bucht**.

Hoch auf dem Hügel an der Südseite der Bucht befindet sich das **Limeni Village** (☎ 27330 51111/2; www.limenivillage.gr; EZ/DZ/3BZ inkl. Frühstück 80/120/140 €; [P] [❋] [✿]), ein Komplex aus nachgebauten Mani-Türmen mit spektakulärer Aussicht auf die Bucht, die Hügel und das Dorf. Dazu gehört ein Restaurant.

Über dem Wasser lockt in toller Lage das Restaurant **Takis** (☎ 27330 51327; Fisch pro kg 55–65 €; [✿] Mittag- & Abendessen) Gäste an; es ist das beste Fischrestaurant in der Gegend.

Itilo & Nea Itilo Οίτυλο & Νέο Οίτυλο
331 Ew.

Itilo liegt 11 km nördlich von Areopoli und war im Mittelalter die Hauptstadt der Mani. Wer mit dem Bus zwischen der lakonischen und der messenischen Mani unterwegs ist, muss in Itilo umsteigen.

Das Dorf ist ein beschaulicher und zurückgezogener Ort, aber offensichtlich wurde kürzlich einiges renoviert. Es schmiegt sich an den Nordrand einer tiefen Schlucht, die traditionell als natürliche Grenze zwischen der äußeren und inneren Mani betrachtet wird. Über der Schlucht steht die massive **Burg Kelefa** aus dem 17. Jh., von der aus die Türken die Manioten bezwingen wollten. Sie erhebt sich auf einem Hügel über der Straße von Nea Itilo. Die Kirche des nahen **Klosters Dekoulou** verfügt über farbenprächtige Fresken.

Das 4 km entfernte Nea Itilo grenzt an die abgeschiedene Limeni-Bucht.

Täglich außer sonntags verkehren drei Busse nach Areopoli (1,40 €, 20 Min.) und Kalamata (4 €, 2¼ Std.). Die Busstrecke Areopoli–Itilo führt über Nea Itilo und Limeni.

Höhlen von Pyrgos Dirou Σπήλαιο Διρού

Diese außergewöhnlichen **Höhlen** (☎ 27330 52222; Erw./erm. inkl. Führung 12/7 €; [✿] Juni–Sept. 8.30–17.30 Uhr, Okt.–Mai 8.30–15 Uhr) liegen 11 km südlich von Areopoli, in der Nähe des Dorfes **Pyrgos Dirou** – es ist bekannt wegen seiner Wohntürme (rechts an der Straße zu den Höhlen ausgeschildert).

Der natürliche Eingang zu den Höhlen befindet sich am Strand, und die Einheimischen mögen der Legende glauben, dass sie sich Richtung Norden bis nach Sparta ausdehnt (Höhlenforscher schätzen, dass die Höhle 14 km lang ist; Touristen bekommen nur 1,5 km davon zu sehen). Die Höhlen waren bereits in der Jungsteinzeit bewohnt, wurden aber nach einem Erdbeben im 4. Jahrtausend v. Chr. verlassen und erst 1895 wieder entdeckt. Die systematische Erkundung begann 1949. Die Höhlen sind für ihre Stalaktiten und Stalagmiten bekannt, die so poetische Namen wie Palmenwald, Kristalllilie und die Drei Weisen bekommen haben.

Leider ist die halbstündige Führung durch die Höhlen enttäuschend kurz – sie deckt nur den Bereich um den See ab und umgeht die meisten der spektakulären Formationen der trockenen Bereiche.

Das nahe **Neolithische Museum Diros** (☎ 27330 52223; Erw./erm. 2/1 €; ☺ Di–So 8.30–15 Uhr) beherbergt Objekte, die in der angrenzenden **Alepotrypa-Höhle** gefunden wurden. Der Eintritt in das Museum umfasst auch den Eintritt zu dieser Höhle. In ihr wurde Getreide gelagert und sie enthielt Werkstätten, Wohnbereiche und offizielle Grabstätten. Bei einem Erdbeben im 4. Jahrtausend v. Chr. wurde die Höhle durch herabfallende Felsbrocken verschüttet und die Bewohner starben.

Von Pyrgos Dirou nach Gerolimenas

Πύργος Διρού προς Γερολιμένας

Fährt man von Pyrgos Dirou an der Westküste der Mani entlang in Richtung Süden nach Gerolimenas, wird die karge Landschaft nur von verlassenen Siedlungen mit mächtigen Türmen unterbrochen. Wenn man 9 km südlich von Pyrgos Dirou rechts abbiegt, führt die Straßen hinunter zur **Bucht von Mezapos,** die nach Osten hin von der pfannenförmigen Tigani-Halbinsel geschützt wird. Die Ruinen auf der Insel stammen von der **Burg Maina,** die von dem fränkischen Fürsten Guillaume de Villehardouin 1248 errichtet und später von den Byzantinern umgestaltet wurde.

In **Kita,** 13 km südlich von Pyrgos Dirou, wimmelt es nur so von Ruinen von Kriegs-

türmen und befestigten Häusern. Vor dieser Kulisse spielte sich die letzte große Familienfehde ab, die in der Mani dokumentiert wurde: Sie brach 1870 aus, und es bedurfte der Intervention der Armee samt Artillerie, um einen Waffenstillstand zu erzwingen.

Gerolimenas Γερολιμένας
55 Ew.

Gerolimenas ist ein verschlafenes Fischerdorf, das um eine kleine, geschützte Bucht an der Südwestspitze der Halbinsel gebaut wurde. Der perfekte Ort, um idyllische Einsamkeit zu genießen.

SCHLAFEN & ESSEN

Hotel Akrogiali (☎ 27330 54204; www.gerolimenas-hotels.com; EZ 25–30 €, DZ 50–80 €, 3BZ 70–120 €, Apt. für 2/3/4 Personen 80/100/120 €; ✷) Das Akrogiali befindet sich in einmaliger Lage über der Bucht am Westrand des Dorfes. Es bietet verschiedene Übernachtungsmöglichkeiten an: Die Doppelzimmer im herkömmlichen Hotelgebäude sind OK, die Zimmer im neueren Steinflügel sind edler. Daneben gibt es auch noch Apartments. Frühstück kostet 6 €.

Hotel Akrotenaritis (☎ 27330 54205; EZ 60–65 €, DZ 75–80 €, 3BZ 85 €; ✷) Das grobe Äußere dieses Hotels, das an eine Skilodge erinnert, täuscht: innen ist es mit viel Holz, Marmorfußböden und elegantem Inventar richtig gemütlich. Im älteren Gebäude daneben gibt es günstigere aber ebenfalls sehr ansprechende Zimmer (EZ 25–30 €, DZ 40 €).

LP Tipp **Hotel Kirimai** (☎ 27330 54288; www.kyrimai.gr; DZ 110–260 €, Suite 300 €; ℗ ✷ ☃) Das luxuriöse Kirimai gehört zu den edelsten Hotels in ganz Griechenland. Es liegt in idyllischer Umgebung am südlichen Ende des Hafens. Die Zimmer mit Steinfußboden und Balkendecke sind individuell ausgestattet und sehen aus wie aus einem Einrichtungsmagazin. Das Restaurant kann auch besuchen, wer nicht im Hotel wohnt. Hier lohnt es sich, ein bisschen verschwenderisch zu sein: der Chefkoch des Restaurants war Griechenlands Küchenchef des Jahres 2006. Die Speisekarte ändert sich regelmäßig. (Hauptgerichte 15–25 €).

Xenonas Laula (☎ 27330 54271; www.xenonas-laula.net; DZ/3BZ/Suite 120/120/250 €) Das „Neue" unter den sehr wenigen Alten: Das Boutique-Hotel verfügt über sieben Zimmer, hat eine schicke, rustikale Ausstattung und ein entspanntes Ambiente.

An der Promenade gibt es einen kleinen Supermarkt und ein paar Cafés und Tavernen.

AN- & WEITERREISE

Von Gerolimenas verkehren täglich drei Busse nach Areopoli (3,30 €, 45 Min.) – und weiter nach Athen (27 €), Gythio (5,40 €, 1¼ Std.) und Sparta (9,30 €, 2¼ Std.). Die Bushaltestelle befindet sich vor dem Hotel Akrotenaritis; die Tickets sind beim Fahrer erhältlich.

Von Gerolimenas nach Porto Kagio

Γερολιμένας προς Πόρτο Κάγιο

Südlich von Gerolimenas führt die Straße noch 4 km weiter zum Dörfchen Alika, wo sie sich teilt. Die eine Straße überquert das Gebirge bis zur Ostküste, die andere führt Richtung Süden nach Vathia und Porto Kagio. Diese südliche Straße folgt der Küste, vorbei an Kiesstränden. Dann wendet sie sich steil ins Inland bis Vathia, das spektakulärste unter den traditionellen Mani-Dörfern. Auf einem Felsvorsprung drängen sich hier dicht an dicht die alten Wohntürme.

Eine Abzweigung nach rechts, 9 km südlich von Alika, führt nach **Marmari**, wo es zwei Sandstrände gibt, während die Hauptstraße die Halbinsel überquert und zum winzigen Fischerdorf **Porto Kagio** führt, das in einer perfekten, hufeisenförmigen Bucht liegt. Die drei konkurrierenden Unterkunftsmöglichkeiten liegen so abgelegen, wie es auf dem Peloponnes nur irgendwie möglich ist.

Es gibt einen wunderbaren Wanderweg zu einem der südlichsten Punkte des europäischen Festlands: **Kap Tenaro** (oder Kap Matapan), dessen herrlicher Leuchtturm kürzlich restauriert wurde. Das Kap ist schon seit Jahrtausenden von großer Bedeutung und wurde erstmals in Homers *Ilias* erwähnt. Ab Porto Kagio den Schildern folgen; vom Parkplatz aus dauert der Fußweg 45 Min.

Akroteri Domatia (☎ 27330 52013; www.porto-kagio.com; Porto Kagio; DZ 70–80 €, 3BZ 80–100 €) ist genau die Art von Pension, die ganz spontan zum Verweilen einlädt. Von den geräumigen Zimmern mit Balkon hat man einen herrlichen Ausblick über die Bucht. Nikos,

der Besitzer, bietet auch interessante Bootstouren an.

Aber das Monopol von Akroteri Domatia ist nicht mehr so felsenfest wie früher. Heute gibt es auch noch das **Hotel Psamathous** (☎ 27330 52033; Porto Kagio; DZ/3BZ inkl. Frühstück 70/90 €; 🏊), ein modernes maniotisches Natursteingebäude. Es gehört den Besitzern der Porto Taverna. Das Haus liegt etwas vom Meer zurückgesetzt und verfügt über Betten aus Steinsockeln und Mezzanine. Die Ausstattung könnte beinahe von einem Designer stammen. Ein weiterer Konkurrent von Akroteri Domatia ist das **Porto Kale** (☎ 6938 872159; www.portokale.gr; Porto Kagio; DZ 80–90 €, 3BZ 110–120 €) mit seinen sauberen, stylishen Zimmern.

Nachdem man sich für eine Unterkunft entschieden hat, hat man wieder die Qual der Wahl, diesmal zwischen drei sehr guten Fischrestaurants am Wasser – die Preise sind mehr oder weniger überall gleich (Hauptgerichte 7–17 €, Fisch pro kg 40–70 €).

Ostküste

Die Ostküste ist noch schroffer und kahler als die Westküste. Der Hauptort **Lagia** befindet sich 12 km nordöstlich der Abzweigung nach Alika. Lagia liegt etwa 400 m über dem Meeresspiegel und war einst die Hauptstadt des südöstlichen Mani. Einige der Türme sind heute baufällig, aber viele werden momentan renoviert. Die Stadt bietet einen umwerfenden Anblick, vor allem wenn man sich von Alika her nähert.

Hinter Lagia schlängelt sich die Straße – immer wieder mit spektakulären Ausblicken – hinunter zum kleinen Fischerdorf **Agios Kyprianos** – ein kurzer Abstecher von der Hauptstraße. Das nächste Dorf ist **Kokala**, ein betriebsamer Ort mit zwei Kiesstränden. Der beste Strand ist weiter nördlich bei **Nyfi**, wo eine Abzweigung nach rechts zum geschützten **Strand von Alipa** führt. Fährt man weiter nach Norden, gibt eine Abzweigung hinter Flomohori hinunter nach **Kotronas**, während die Hauptstraße zurück über die Halbinsel nach Areopoli führt.

In Kokala und Kotronas gibt es einige Saisonhotels, die den Aufenthalt aber nicht lohnen.

Öffentliche Verkehrsmittel sind eher spärlich gesät – zwischen Areopoli und

Lagia gibt es eine Busverbindung (3,30 €, 40 Min., 1- bis 2-mal tgl.).

MESSENISCHE MANI

Die Messenische Mani – oder äußere Mani – schließt sich im Norden an ihr Lakonisches Pendant an. Sie liegt eingezwängt zwischen dem Tygetos-Gebirge und der Westküste der Halbinsel Mani. Am nördlichen Ende der Halbinsel liegt Kalamata. Die schroffe Küste wird von kleinen Buchten und Stränden unterbrochen. Dahinter liegen die Berge, deren Gipfel bis Ende Mai schneebedeckt sind. Hier hat man atemberaubende Ausblicke und hervorragende Wandermöglichkeiten.

Stoupa Στούπα
625 Ew.

Das ehemalige Fischerdorf Stoupa, 10 km südlich von Kardamyli, ist ein fast schon ein wenig überentwickelter Ferienort, der gern von anspruchsvollen (hauptsächlich britischen) Pauschaltouristen gebucht wird. Der Ort ist zwar nicht so malerisch wie Kardamyli, verfügt aber über zwei herrliche Sandstrände.

Der berühmte Schriftsteller Nikos Kazantzakis lebte eine Weile hier und ließ den Titelhelden seines Romans *Alexis Sorbas* als Aufseher in einer Kohlemine in Pastrova in der Nähe von Stoupa arbeiten. Für Wanderer empfiehlt sich das englische Buch *Walks in the Stoupa Area* von Lance Chilton, das in den Reisebüros erhältlich ist.

ORIENTIERUNG & PRAKTISCHE INFORMATIONEN

Stoupa liegt 1 km westlich der Hauptstraße Areopoli–Kalamata, zu der es im Norden und Süden des Ortes jeweils einen Zubringer gibt. Beide Straßen führen auch zum größeren der beiden Hauptstrände in Stoupa – einem Halbmond aus goldenem Sand.

Noch hinken die Einrichtungen in Stoupa seiner Entwicklung hinterher. Es gibt keine Touristeninformation, aber die meisten Reisebüros wechseln Geld und organisieren Mietwagen. Empfehlenswert sind die Reisebüros **Zorbas** (☎ 27210-77735; www.zorbas.de) direkt am Wasser und **Thomeas Travel** (☎ 27210 77689; www.thomeastravel.gr). Der Supermarkt **Katerina** (☎ 27210 77777) an der Küstenstraße hinter dem Hauptstrand fungiert auch als Postfiliale; außerdem kann man dort Geld wechseln und Telefonkarten kaufen.

SCHLAFEN & ESSEN

Die wachsende Anzahl von Pensionen und auf Touristen zugeschnittene *domatia* in Stoupa werden immer häufiger komplett von Pauschalanbietern gemietet. Bei der Zimmersuche können eventuell die Reisebüros weiterhelfen.

Hotel Apartments Maistreli (☎ 27210 77595; maistreli@otenet.gr; Studio für 2–4 Personen 60/100 €; ☒) Das Maistreli ist komfortabel und sauber. Es liegt etwa 100 m vom Strand entfernt.

Hotel Lefktron (☎ 27210 77322; info@lefktron-hotel.gr; EZ/DZ inkl. Frühstück 87/104 €; ☒ ☒) Das komfortable, moderne Hotel ist an der südlichen Zufahrt nach Stoupa ausgeschildert und liegt 150 m vom Strand entfernt. Die Zimmer haben Kühlschrank, Klimaanlage, Satellitenfernsehen und Balkon.

Dolcini (☎ 27210 78234) Schokoholics werden diesen Laden lieben – schon allein wegen dieser Süßigkeiten lohnt es sich, nach Stoupa zu kommen.

LP Tipp **Voula's Yesterday & Today** (☎ 27210 77535; Hauptgerichte 4,50–12,50 €; ☽ Abendessen) Voula kocht, nach eigenen Angaben, „mit dem Herzen". Sie serviert traditionelle Gerichte aus vergangenen Zeiten, aber auch moderne Küche. Auf der Speisekarte stehen Lamm aus dem Ofen (10 €), geräuchertes Schweinefleisch mit Pesto und Mozarella (12,50 €), hausgemachte Kuchen (ab 4,50 €) und andere süße und herzhafte Köstlichkeiten.

Taverna Akrogiali (☎ 27210 77335; Hauptgerichte 7–12 €; ☽ Frühstück, Mittag- & Abendessen) Die Taverne befindet sich in Top-Lage am südlichen Ende des Strandes; auf der umfangreichen Speisekarte dominieren Fisch und Meeresfrüchte (Platte für 12 €) sowie köstliche einheimische Gerichte.

Supermärkte gibt's an der Hauptstraße hinter Stoupa.

AN- & WEITERREISE

Stoupa befindet sich an der Hauptbuslinie zwischen Itilo und Kalamata. Täglich fahren 3–4 Busse nach Itilo (40 Min.) und Kalamata (1¼ Std.). Busse halten an den Einmündungen der südlichen und nördlichen Zubringerstraße, sie fahren nicht in den Ort hinein.

Kardamyli Καρδαμύλη
400 Ew.

Man versteht sofort, weshalb Kardamyli eine der sieben Städte war, die Agamemnon Achilles anbot. Das winzige Dorf zwischen dem blauen Wasser des Messenischen Golfs und dem Taygetos-Gebirge bietet eine der schönsten Kulissen des Peloponnes. Die **Vyros-Schlucht,** die im Norden des Dorfes beginnt, setzt sich bis zum Fuß des Berges **Profitis Ilias** (2407 m) fort, dem höchsten Gipfel des Taygetos-Gebirges. Heute sind die Schlucht und ihre Umgebung bei Wanderern sehr beliebt. Im Sommer kann die Anzahl der Besucher auf etwa 4000 ansteigen.

ORIENTIERUNG & PRAKTISCHE INFORMATIONEN
Kardamyli liegt an der Hauptstraße Areopoli–Kalamata. Der Hauptplatz, die Plateia 25 Martiou 1821, liegt am nördlichen Ende der Hauptdurchfahrtsstraße.

Zum wichtigsten Strand von Kardamyli, der mit Kies und Steinen bedeckt ist, gelangt man über die Straße nach Kalamata; hinter der Brücke am Nordrand des Ortes links abbiegen. Die Straße hinauf nach Alt- (oder Ober-)Kardamyli befindet sich vor der Brücke rechts. Die **Post** (☼ Mo–Fr 7.30–14 Uhr) befindet sich an der Hauptstraße.

Weitere Infos liefert die nützliche Website www.kardamili-greece.com.

AKTIVITÄTEN
Die Wandermöglichkeiten sind inzwischen Kardamylis größte Trumpfkarte. Die Hügel hinter dem Dorf sind von einem umfangreichen Netz aus farbkodierten Wanderwegen durchzogen. Viele Gästehäuser im Dorf bieten Wanderkarten in unterschiedlicher Ausführlichkeit und Qualität an. Die meisten Wanderungen hier in der Gegend sind anstrengend, deshalb ist gutes Schuhwerk ein Muss, um die Fußknöchel auf dem oft gnadenlos unebenen Untergrund zu stützen, vor allem wenn man sich in die mit Felsbrocken übersäte Schlucht wagt. Außerdem sollte man reichlich Trinkwasser mitnehmen.

Viele der Wanderwege führen durch das Bergdorf **Exochorio,** das sich in einer Höhe von 450 m an den Rand der Vyros-Schlucht schmiegt. Wer nicht wandern möchte, kann das Dorf auch mit dem Auto erreichen. Von hier aus ist es auch nicht so anstren-

gend, die Gegend zu erkunden. Die Abzweigung nach Exochorio befindet sich 3 km südlich von Kardamyli.

Für alle, die nicht allein wandern möchten, bietet **2407 Mountain Activities** (☎ 27210 73752; www.2407m.com) eine Reihe von Aktivitäten an, z. B. Wanderungen (25–40 € pro Person; Mindestanzahl 4 Personen) und Mountainbiketouren (25–40 €; Mindestanzahl 2 Personen) in und um das Taygetos-Gebirge. Die Touren wagen sich in „geheime" Wald- und Bergregionen vor. Die Besitzer haben alte Wanderpfade gesäubert und sind stolz darauf, „Reisende und keine Touristen" als Kunden zu haben. Sie führen z. B. keine Menschenmassen in die Dörfer und ziehen es vor, an ihren geheimen Orten festzuhalten. Das Büro befindet sich etwa in der Mitte der Hauptstraße.

SCHLAFEN
An der Hauptstraße gibt es *domatia*-Schilder in Hülle und Fülle. Die Straße, die gegenüber der Apotheke zum Meer hinunter führt, ist ein guter Ort, um sich umzuschauen. Außerhalb der Hauptsaison sind die Preise beträchtlich niedriger.

Olympia Koumounakou Rooms (☎ 27210 73623/21026; EZ/DZ 30/35 €) Olympia liebt Reisende mit schmalem Geldbeutel – und das beruht auf Gegenseitigkeit. Sie bietet an der Straße vor der Apotheke saubere, komfortable Zimmer und eine Gemeinschaftsküche an. Zur Zeit der Recherche baute gerade ein Familienmitglied nebenan einige Apartments, auf die sich ein Blick lohnen könnte.

Volvere Studios (Stratis Bravakos Rooms) (☎ 27210 73326; DZ/3BZ 45/65 €) Volvere liegt direkt gegenüber von Olympia. Die makellosen Studio-Apartments mit Kochmöglichkeit sind ihr Geld ebenfalls wert.

Hotel Vardia (☎ 27210 73777; www.vardia-hotel.gr; Studio 85 €, Apt. 120–170 €) Die erste Wahl am Ort: entspanntes, stylisches Steingebäude (hoch über dem Dorf, in der Nähe eines alten Wachturms), von dessen 18 Zimmern man eine herrliche Aussicht auf den Messenischen Golf hat. Wer ein eigenes Fahrzeug hat, sollte den Hügel in Angriff nehmen. Die Zufahrt ist südlich des Ortes: am Buchladen abbiegen.

Kalamitsi Hotel (☎ 27210 73131; www.kalamitsi-hotel.gr; DZ/Suite 110/160 €) Das Hotel liegt 1 km südlich des Ortes. Das herrliche, moderne Steingebäude verfügt über heitere, gut ausgestattete Zimmer (erhältlich sind auch Familienbungalows, 220 €). Auf dem schattigen Gelände führen Wege hinunter zu einem hoteleigenen Kiesstrand. Für Hotelgäste gibt's hausgemachtes Abendessen (festes Menü 20 €) und ein frisches Frühstücksbüffet (10 €).

Elies (☎ 27210 73140, 6974722819; www.elieshotel. gr; Apt. für 2 Personen 120 €, für 4 Personen 140–170 €, für 6 Personen 220 €; ✵) Der geschmackvolle Natursteinkomplex im Landhausstil befindet sich etwa 1 km nördlich des Ortes und verfügt über Maisonettezimmer mit stylisher Ausstattung. Er liegt in einem Olivenhain (der in der Hochsaison auch als Parkplatz dient – der einzige Wermutstropfen). Dazu gehört ein in diskreter Entfernung liegendes beliebtes Restaurant, das vor allem an den Wochenenden gut besucht ist (s. unten).

ESSEN
In und um Kardamyli herrscht kein Mangel an hervorragenden Restaurants.

Elies (☎ 27210 73140, 6974722819; Hauptgerichte 6,50–10 €; ☽ Mittagessen) Eine gute Lage ist alles. Das Restaurant liegt direkt am Strand, 1 km nördlich der Stadt, zwischen Olivenbäumen. Man fühlt sich wie in einem ländlichen, mediterranen Privatgarten, in dem man obendrein auch noch mit hochwertigen Leckerbissen verwöhnt wird, z. B. mit Zitronen-Lamm-Kasserole (7 €). Unbedingt in den Reiseplan aufnehmen.

O Perivoulis (☎ 27210 73713; Hauptgerichte 6,50–10 €) Was ihm an Meerblick fehlt (es liegt im Dorf), macht dieses Restaurant durch einen zauberhaften Garten, freundliche australisch-griechische Besitzer und hervorragende Gerichte im Tavernenstil mehr als wett.

Taverna Dioskouri (☎ 27210 73236; Hauptgerichte 7,50–11,50 €) Zuverlässig und nicht überkandidelt. Der Besitzer ist freundlich, die Aussicht von einer Klippe hervorragend. Liegt direkt südlich des Dorfes an einem Hügelhang mit Blick auf das Meer.

Am Nordrand des Dorfes finden sich zwei Supermärkte nebeneinander.

AN- & WEITERREISE
Kardamyli liegt an der Buslinie zwischen Itilo und Kalamata (3,10 €, 1 Std., 4-mal tgl.). Der Bus hält am Hauptplatz am nördlichen Ende der Durchfahrtsstraße und vor dem Buchladen am südlichen Ende.

Nur einmal täglich fährt ein Bus ins nahe Exochorio (1,40 €; Abfahrtszeiten ändern sich); die meisten Reisenden nehmen lieber ein Taxi (etwa 10 €).

MESSENIEN
ΜΕΣΣΗΝΙΑ

Die Strände an der Südwestspitze des Peloponnes sind äußerst ansprechend, und während Dörfer wie Finikounda und Koroni unter der Last des Pauschaltourismus ächzen, stellen die alten venezianischen Städtchen Pylos und Methoni noch immer herrliche Rückzugsorte dar.

Die Grenzen Messeniens wurden 371 v. Chr. festgelegt, nachdem Theben die Spartaner in der Schlacht bei Leuktra besiegt hatte. Die Niederlage beendete fast 350 Jahre Spartanische Herrschaft auf dem Peloponnes – viele Einwohner Messeniens waren während dieser Zeit ausgewandert und hatten die Stadt Messina auf Sizilien gegründet. Nun waren die Messenier frei und konnten in der Region westlich des Taygetos-Gebirges ihr eigenes Königreich aufbauen. Hauptstadt wurde das antike Messene, etwa 25 km nordwestlich von Kalamata an den Hängen des Ithomi.

KALAMATA ΚΑΛΑΜΑΤΑ
49 154 Ew.
Kalamata ist die Hauptstadt Messeniens und die zweitgrößte Stadt auf dem Peloponnes. Verglichen mit der paradiesischen Umgebung ist sie für Besucher eher nichtssagend, aber wer etwas für Museen und Shopping übrig hat, wird hier auf seine Kosten kommen. Die Stadt wurde über dem antiken Pharai errichtet und erhielt ihren modernen Namen von einer wundertätigen Ikone der Jungfrau Maria, die man *kalo mata* (gutes Auge) nennt. Die Ikone wurde in den Ställen des osmanischen *agas* (Gouverneurs) gefunden, der aufgrund der Wunder, die sie vollbracht haben soll, zum Christentum konvertierte. Heute steht die Ikone in der etwas zu groß geratenen Kathedrale der Stadt, der Ypapantis-Kirche.

Vor dem *kastro* befindet sich die kleine, aber reizvolle Altstadt, die im Unabhängigkeitskrieg von den Türken dem Erdboden gleichgemacht und in den 1830ern von

französischen Ingenieuren wieder aufge-
baut wurde. Am 14. September 1986 wurde
Kalamata durch ein Erdbeben zerstört; 20
Menschen kamen dabei ums Leben, hun-
derte wurden verletzt und mehr als 10 000
Häuser zerstört.

Orientierung

Vom *kastro* über der Altstadt ist es ein langer, heißer Spaziergang bis zur lebendigen
Uferstraße Navarinou. Die Hauptstraßen,
die diese beiden Bereiche miteinander verbinden, sind die Faron und die Aristomenous. Das Stadtzentrum konzentriert sich
um den Hauptplatz an der Aristomenous.

Der Busbahnhof **KTEL Messinia** liegt am
Nordrand der Stadt in der Artemidos. Die
städtischen Busse fahren an der Plateia 23
Martiou ab; Linie 1 fährt zur Uferstraße.
Der Bahnhof befindet sich westlich des
Hauptplatzes an der Frantzi. Am Südende
der Aristomenous liegt der schattige OSE-
Park, wo es eine Sammlung alter Dampf-
loks und Eisenbahnwaggons gibt.

Praktische Informationen

Alle wichtigen Banken haben hier eine
Zweigstelle. Die National Bank of Greece
unterhält eine Filiale in der Aristomenous
am Hauptplatz und eine weitere an der
Uferstraße an der Ecke Akrita und Navarinou.

Diktyo Internet Café (☎ 27210 97282; Nedontos 75;
2 € pro Std.; ☺ 6.30–24 Uhr)

EOT (☎ 27210 86868; Polyvriou 5; ☺ Mo–Fr 7.30–15
Uhr) Nur selten geöffnet, aber in Anbetracht des spärlichen
Angebots an Informationen ist das auch nicht so wichtig.

Postamt Hafen (Navarinou; ☺ Mo–Fr 7.30–14 Uhr)
Gegenüber dem Hafen.

Post (Olgas; ☺ Mo–Fr 7.30–14 Uhr)

Touristenpolizei (☎ 27210 44680; Messinis; ☺ Mo–
Fr 8–21 Uhr)

Waschsalon (☎ 27210 95978; Methonis 3; Waschen &
Trocknen 8 €; ☺ Mo–Fr 9–14 & 18–21, Sa bis 14 Uhr)

Sehenswertes

KASTRO

Hoch über der Stadt wacht das **Kastro** (Eintritt
frei; ☺ Mo–Fr 8–14, Sa & So 9–15 Uhr) aus dem
13. Jh. Erstaunlicherweise hat es das Erdbeben von 1986 überstanden. Am beeindruckendsten ist das Eingangstor. Viel mehr
gibt es dort auch nicht zu sehen, aber von
den Festungsmauern hat man einen herrlichen Ausblick.

ARCHÄOLOGISCHES MUSEUM BENAKEION

Das **Museum** (☎ 27210 26209; Papazoglou 6) stand
zur Zeit der Recherche kurz vor der Wiedereröffnung nach einer Renovierungs-
phase. In Anbetracht des Rummels, der
darum gemacht wurde, könnte sich ein Besuch dort lohnen. Es befindet sich nördlich
der Plateia 23 Martiou und ist ab der Ypapantis ausgeschildert.

MUSEUM FÜR GESCHICHTE & FOLKLORE

Das beige-blaue Gebäude beherbergt eine
erlesene **Sammlung** (☎ 27210 28449; Ioannou 12,
Ecke Kyriakou; Erw./erm. 2/1 €; ☺ Di–Sa 9–13, So 10–13
Uhr) Artefakten aus der Gegend – von Werkzeugen und Webstühlen bis hin zu Haushaltsgegenständen und Kleidern, die einen
gründlichen Einblick in Kalamatas Vergangenheit gewähren. Alle Ausstellungsstücke
wurden von Einheimischen gespendet; das
Museum wird von ehrenamtlichen Mitarbeitern mit der Unterstützung eines Vereins
zur Verbreitung von Bildung betrieben. Die
kompakte Ausstellung erstreckt sich über
zwei Stockwerke, sie ist professionell durch-
dacht und hat wirklich jede Unterstützung
verdient.

MILITÄRMUSEUM

Das **Militärmuseum** (☎ 27210 21219; Mitropolitou
Meletiou 10; Eintritt frei; ☺ Di–Sa 9–14, So 11–14 Uhr)
ist genau das Richtige für Militärbegeisterte.
Die Ausstellungsobjekte spannen einen
weiten chronologischen Bogen von der türkischen Besatzung (dargestellt in grässlichen Gemälden) bis ins 21. Jh. Es werden
Führungen angeboten (angeblich auch auf
Englisch). Die Beschriftungen sind leider
alle auf Griechisch.

Festivals & Events

In Kalamata findet jedes Jahr im Juli (wechselndes Datum) das **Internationale Tanzfestival**
statt. Seine hervorragenden Aufführungen
in traditioneller Musik und traditionellem
Tanz ziehen große Menschenmengen an.
Zu den Veranstaltungsorten gehört auch
das Amphitheater des *kastro*. Tickets kosten
zwischen 12 und 25 €. Weitere Infos unter
www.kalamatadancefestival.gr.

Schlafen

An der Uferstraße östlich der Faron reihen
sich gesichtslose C-Klasse-Hotels (2 Sterne)
aneinander, die man besser meidet.

KALAMATA

0 ━━━━━ 200 m

PELOPONNES

PRAKTISCHES
Diktyo Internet Café	1	A2
EOT	2	A2
Eurobank	3	A3
National Bank of Greece	4	B6
National Bank of Greece	5	A2
Postamt Hafen	6	A5
Post	7	A3
Waschsalon	8	A5

SEHENSWERTES & AKTIVITÄTEN
Archäologisches Museum Benakeion	9	B2
Kastro	10	B1
Kirche Ypapantis	11	B1
Museum für Geschichte & Folklore	12	B1
Militärmuseum	13	B2

SCHLAFEN
Hotel Nevada	14	A6
Hotel Rex	15	A2

ESSEN
AB	16	A5
I Milopetra	17	B2
Markt	18	B1
Routsi's	19	B6

TRANSPORT
Alpha Rent a Bike	20	B6
Avis	21	A3
Busbahnhof KTEL-Messinia	22	B1
Hertz	23	A5
SMAN Travel/Maniatis	24	A5
Verga Rent a Car	25	A6

Hotel Nevada (☎ 27210 81811; www.hotelnevada. gr; Santa Rosa 9; EZ/DZ 30/50 €) Ein über 20 Jahre altes, renoviertes Hotel mit einfachen, geräumigen, sauberen Zimmern im modernen griechischen Stil. Es befindet sich nicht direkt am Strand, sondern in einer ruhigeren Seitenstraße ganz in der Nähe. Da die Preise von der Nachfrage abhängen, ist nicht ganz sicher, ob sie bleiben, wie angegeben. Wenn ja, ist das Preisleistungsverhältnis gut.

Hotel Haikos (☎ 27210 88902; www.haikos.com; Navarino 115; EZ/DZ/3BZ 70/105/125 €) Eines der besten der leicht schäbigen, möchtegern-modernen 2–Sterne-Hotels am Strand. Haartrockner und Minibar erinnern an ein Motel. Die Zimmer nach vorne kriegen den Straßenlärm ab. Frühstück kostet 6 €. Außerhalb der Hauptsaison sind die Preise beträchtlich niedriger.

Hotel Rex (☎ 27210 94440; www.rexhotel.gr; Aristomenous 26; EZ/DZ/3BZ/Suite inkl. Frühstück 97/138/172/245 €; ⊠ 🖳) Das Rex ist mit Abstand die beste Adresse in Kalamata (und hat den langsamsten Aufzug). Es ist in einem klassizistischen Gebäude untergebracht und bietet den Gästen komfortable – wen auch leicht beengte – moderne Zimmer mit allen Annehmlichkeiten, z.B. Satellitenfernsehen.

Essen

I Milopetra (☎ 27210 98950; Snacks 3,50–10 €; ⊗ Mittag- & Abendessen) Kosmopolitisches, zeitgemäßes Café der gehobenen Kategorie, das unter dem Motto Oliven steht. In praktischer Lage in der Altstadt nahe der Plateia 23 Martiou. Serviert Gourmet-Snacks und außerdem alles, was man aus Oliven machen kann.

Routsi's (☎ 27210 80830; Navarino 127; Hauptgerichte 7–10 €) Beliebt bei den Expats der Stadt. Das Restaurant serviert traditionelle Gerichte zu sehr vernünftigen Preisen.

Die Marina ist das beste Lokal für Liebhaber von Fischgerichten und Meeresfrüchten. Außerdem gibt es in der Stadt eine Auswahl von Tavernen mit unterschiedlichem Stil und in verschiedenen Preislagen.

Selbstversorger sollten sich den großen **Markt** (Nedontos) ansehen. Er ist über die Brücke vom Busbahnhof KTEL Messinia aus zu erreichen. Kalamata ist berühmt für Oliven, Olivenöle und Feigen (s. Kasten rechts). Überall in der Stadt gibt es Supermärkte; **AB** (Kritis 13) ist der Größte und Beste.

An- & Weiterreise

BUS

Vom Busbahnhof **KTEL Messinia** (☎ 27210 28581; Artemidos) fahren Busse nach Athen (20 €, 4½ Std., 13-mal tgl.) über Tripolis (7,20 €, 1¼ Std.) und den Isthmus von Korinth (15 €, 2½ Std.), nach Kyparissia (6 €, 1¼ Std., 4-mal tgl.) und Patras (20,30 €, 4 Std., 2-mal tgl.) über Pyrgos (14 €, 2 Std.).

Richtung Westen fahren Busse nach Koroni (4,20 €, 1½ Std., 8-mal tgl.), Pylos (4,20 €, 1¼ Std., 5-mal tgl.), Methoni (5 €, 1½ Std., 5-mal tgl.) und Finikounda (6,30 €, 1¾ Std., 3-mal tgl.). Wer in östliche Richtung über den Langada-Pass nach Sparta unterwegs ist (2,40 €, 45 Min., 2-mal tgl.) muss in Artemisia umsteigen. Außerdem gibt es täglich drei Busse in die messenische Mani bis nach Itilo (6,60 €, 2¼ Std.). Zwei davon fahren über Kardamyli (3,40 €, 1 Std., nur an Wochentagen) und Stoupa (4 €, 1¼ Std.). An Wochenenden ist der Busverkehr auf allen Strecken stark eingeschränkt oder nicht vorhanden.

FÄHRE

Einmal in der Woche fährt eine Fähre der LANE Lines von Kalamata über Kythira nach Kreta. Den Fahrplan gibt's bei **SMAN**

OLIVEN AUS KALAMATA

Kalamata gab der hochgeschätzten Kalamata-Olive ihren Namen, einer dicken, schwarz-purpurnen Olivensorte, die überall auf der Welt in Delikatessengeschäften verkauft wird und auch flächendeckend (aber nicht ausschließlich) im benachbarten Lakonien angebaut wird. Die verlässlichen Niederschläge im Winter und die heiße Sommersonne der Region liefern perfekte Bedingungen für den Olivenanbau.

Der Kalamata-Olivenbaum unterscheidet sich vom normalen Olivenbaum (zur Ölherstellung) durch die Größe seiner Blätter. Wie seine Früchte sind die Blätter des Kalamata-Olivenbaumes doppelt so groß wie die anderer Sorten und haben einen dunkleren Grünton.

Die Kalamata-Oliven dürfen nicht wie die anderen Sorten grün geerntet werden. Sie werden Ende November reif und müssen von Hand gepflückt werden, um Quetschungen zu vermeiden. Auf den Märkten von Kalamata kann man die berühmten Oliven probieren und kaufen.

Travel/Maniatis (☎ 27210 20704; smantrv@otenet.gr; Psaron) am Hafen. Nähere Infos über Ausflüge zu den griechischen Inseln von Kalamata aus s. Insel-Hopping (S. 871).

FLUGZEUG

Olympic Air bietet Flüge zwischen Kalamata und Thessaloniki an (80 €, 3-mal wöchentl.), aber nicht nach Athen.

ZUG

Kalamata liegt am Ende der Eisenbahnstrecke der Peloponnes-Bahn (s. Kasten S. 197). Auf der Strecke an der Westküste fahren täglich vier Züge nach Korinth (17,60 €), Pyrgos (normal/IC 3,70/6,90 €) und Patras (normal/IC 6,60/11,30 €, 5 Std.).

Unterwegs vor Ort

AUTO & MOTORRAD

In Kalamata kann man gut Fahrzeuge mieten, da zwischen den Verleihbüros am meerseitigen Ende der Faron ein Konkurrenzkampf herrscht. Empfohlene Verleihe: **Alpha Rent a Bike** (☎ 27210 93423; www.alphabike. gr; Vyronos 143) Die angebotenen Motorräder liegen zwischen 50 und 500 cm^3.

Avis (☎ 27210 20352; Kesari 2)
Hertz (☎ 27210 88268; www.hertz.gr; Ecke Methonis &
Kanari 88)
Verga Rent a Car (☎ 27210 95190; Faron 202)

BUS

Die städtischen Busse fahren am Busbahnhof KTEL Messinia ab. Besonders praktisch
ist die Linie 1, die in Richtung Süden bis
zum Meer fährt und dann an der Navarinou in Richtung Osten bis zum Filoxenia
Hotel. Tickets (1 €) gibt es am Kiosk oder
beim Fahrer.

ZUM/VOM FLUGHAFEN

Der Flughafen liegt 10,5 km westlich von
Kalamata in der Nähe von Messini. Es gibt
keinen Shuttlebus. Taxis kosten etwa 15 bis
20 €.

MAVROMATI (ANTIKES MESSENE)
ΜΑΥΡΟΜΑΤΙ (ΑΡΧΑΙΑ ΜΕΣΣΗΝΗ)
388 Ew.

Die faszinierenden Ruinen des antiken
Messene sind über ein kleines Tal unterhalb
des hübschen Dorfes Mavromati verstreut,
25 km nordwestlich von Kalamata. Der
Name des Dorfes geht auf eine Quelle auf
dem Hauptplatz zurück; das Wasser sprudelt dort aus einer Öffnung im Felsen, die
wie ein schwarzes Auge (auf Griechisch
mavro mati) aussieht.

Geschichte

Das antike Messene wurde 371 v. Chr. gegründet, nachdem der thebanische Feldherr
Epaminondas Sparta in der Schlacht von
Leuktra besiegt und damit die Messenier
von fast 350-jähriger spartanischer Herrschaft befreit hatte.

Die neue Hauptstadt Messeniens wurde
auf eine frühere Festungsanlage gebaut und
gehörte zu einer Reihe von Verteidigungs-
stellungen, die ein waches Auge auf Sparta
haben sollten. Epaminondas selbst plante
die Festungsanlage mit: Eine mächtige
Mauer, die sich 9 km lang über die Hügel-
kämme zog, schloss die Stadt vollständig
ein.

Aber das antike Messene war nicht nur
für sein Verteidigungspotenzial berühmt,
sondern wurde auch von den Göttern bevorzugt. Einheimische Mythen besagen, das
Zeus hier – und nicht auf Kreta – geboren
und von den Nymphen Neda und Ithomi

aufgezogen wurde, die ihn in der Quelle ba-
deten, die dem modernen Dorf seinen
Namen verliehen hat.

Sehenswertes
DIE ANLAGE

Die beste Aussicht auf die schöne Stätte bietet sich vom Hauptplatz Mavromatis; es
lohnt sich, von oben einen kurzen Blick auf
die Anlage zu werfen, bevor man hinuntergeht, um sie sich genauer anzuschauen. Zur
Stätte gelangt man über die Straße beim
Museum, etwa 300 m nordwestlich des
Platzes.

Das **Museum** (☎ 27210 51201; Erw./erm. 2/1 €;
🕙 Di–So 8.30–15 Uhr) beherbergt eine kleine,
interessante Sammlung von Objekten, die
in der Stätte gefunden wurden, überwiegend Statuen aus dem Asklepion. Dazu gehören auch zwei Statuen, die vermutlich
Machaon und Podaleiros, die Söhne von
Asklepios, darstellen sollen. Sie gelten als
die Werke des Bildhauers Damophon, der
auf überdimensionierte Götter- und Hel-
denstatuen spezialisiert war und für viele
der Statuen, die das antike Messene
schmückten, verantwortlich zeichnete.

Bevor man zur Anlage hinuntergeht,
lohnt es sich, nach dem Museum noch
800 m weiter die Straße entlang zu gehen,
um das berühmte **Arkadische Tor** zu sehen.
Durch dieses ungewöhnlich runde Tor
führte die antike Route nach Megalopolis –
heute die moderne Straße in Richtung Norden nach Meligalas und Zerbisia. Vom Tor
aus zieht sich der schönste noch erhaltene
Abschnitt der mächtigen, von Epaminondas errichteten Verteidigungsmauer den
Hügel hinauf. Mit ihren kleinen, vierecki-
gen Festungstürmen ist sie auch heute noch
ein beeindruckender Anblick und es lohnt
sich, die sanfte Steigung vom Dorf herauf
zurückzulegen.

Die **Stätte** (Eintritt frei) selbst blieb bis in
jüngste Zeit unerforscht. Immer mehr
kommt nun durch Ausgrabungen in der
Talsohle ans Licht. Zu den eindrucksvollsten Bereichen gehört das **Asklepion** im Herzen der antiken Stadt. Der ausgedehnte
Komplex ist um einen **dorischen Tempel**
herum angeordnet, der einst die goldene
Statue der Ithomi beherbergte. Das moderne Zeltdach westlich des Tempels
schützt das **Artemision,** wo Fragmente einer
kolossalen Statue der Artemis Orthia

PELOPONNES

gefunden wurden. Zu den Bauwerken östlich des Asklepions gehört das **Ekklesiasterion**, das einst als Versammlungshalle diente.

Der Hauptweg der Stätte führt vom Asklepion den Hügel hinunter zu einem beeindruckenden **Stadion**, das von den Ruinen eines riesigen **Gymnasiums** umgeben ist.

Schlafen & Essen

Likourgos Rooms (☎ 27240 51297; DZ/3BZ 55/70 €) Von den nach vorne liegenden Zimmern dieser geräumigen und komfortablen, modernen Übernachtungsmöglichkeit kann man einige Blicke auf die Ruinen erhaschen. Der hilfsbereite Besitzer spricht ein bisschen Englisch.

Neben ein paar einheimischen *kafeneia* (Kaffeehäuser) ist die Taverna Ithomi das einzige Restaurant am Ort (Hauptgerichte 6–12 €).

An- & Weiterreise

Von Kalamata fahren täglich zwei Busse nach Mavromati (2,20 €, 1 Std., nur an Werktagen), einer am frühen Morgen und einer am Nachmittag. Da sich der Fahrplan ändert, in der Taverne nachfragen.

KORONI ΚΟΡΩΝΗ

1668 Ew.

Koroni ist ein reizvolles venezianisches Hafenstädtchen, 43 km südwestlich von Kalamata an der Messenischen Bucht gelegen. Die idyllischen schmalen, gewundenen Gassen sind von mittelalterlichen Häusern und Kirchen gesäumt. Sie führen zu einer Landzunge, auf der eine weitläufige Burg steht.

Orientierung & Praktische Informationen

Die Busse halten auf dem Hauptplatz vor der Kirche Agios Dimitrios, einen Häuserblock vom Hafen entfernt. Die Hauptstraße (ihr offizieller, aber nur wenig bekannter Name lautet Perikli Ralli) verläuft vom Platz aus Richtung Osten, einen Häuserblock vom Meer entfernt.

Es gibt keine Touristeninformation und keine Touristenpolizei, aber an der Mauer der Kathedrale hängt ein großer Stadtplan, auf dem sowohl die beiden Banken als auch die **Post** (☒ Mo–Fr 7.30–14 Uhr) eingezeichnet sind, die nicht weit entfernt liegen.

Sehenswertes & Aktivitäten

Weite Teile der alten Burg werden vom **Timios-Prodromos-Kloster** eingenommen. Bemerkenswert ist der beeindruckende gotische Eingang der Burg. Die kleine Landzunge hinter der Burg eignet sich für einen ruhigen Spaziergang. Von hier hat man einen herrlichen Ausblick über den Messenischen Golf zum Taygetos-Gebirge.

Koronis Hauptattraktion ist der **Strand von Zaga**, ein langer Bogen aus goldenem Sand südlich der Stadt. Zu Fuß dauert es etwa 20 Minuten zum Strand; entweder die Abkürzung durch die Burg nehmen oder der Straße folgen. Am besten die Einheimischen nach dem Weg fragen.

Auch nach Koroni kommen die Unechten Karettschildkröten und legen ihre Eier in der Nähe von Zaga ab. Weitere Infos über diese bedrohte Tierart s. S. 817.

Schlafen & Essen

In Koroni sind nicht besonders viele Übernachtungsmöglichkeiten zu finden. Die meisten Zimmer konzentrieren sich auf eine Ansammlung von *domatia* am Meer, am östlichen Ende der Hauptstraße. Weitere *domatia* gibt es am Strand von Zaga; sie sind im Sommer allerdings oft völlig ausgebucht.

Camping Koroni (☎ 27250 22119; www.koronicamping.com; Erw./Zelt/Auto 8/5/4 €; ☒) Nur 200 m von Koroni entfernt, in Strandnähe und mit guter Ausstattung.

Hotel Diana (☎ /Fax 27250 22312; www.dianahotel-koroni.gr; EZ/DZ 30/50 €; ☒) Das Hotel ist mit goldenen byzantinischen Barhockern, Ikonen und Ähnlichem gesegnet (oder gestraft?). Die Zimmer sind nicht ganz so prunkvoll, aber angemessen. Das Hotel liegt am Hauptplatz, fast am Meer. Frühstück kostet 5 € pro Person.

Sofotel (☎ 27250 22230; www.koroni-holidays.com; DZ 65 €) Koronis neues Hotel. Die Preise sind absolut in Ordnung – wenn sie so bleiben. Die Ausstattung ist modern und in Orange- und Beige-Tönen gehalten. Die 12 Zimmer bieten alles für das leibliche Wohl, einige davon verfügen über Balkone. Es gibt auch ein Apartmenthaus.

Zagas Apartments (☎ 27250 22722; 6973754036; Strand von Zaga; Apt. für 2/4/6 Personen 65/80/120 €; ☒ ☒) Sympathische Apartments mit Kochgelegenheit und Balkon. Aussicht auf den Strand von Zaga.

Eleas Yi (Hauptgerichte 6–13 €) Zugegeben – die Aussicht lässt ein wenig zu wünschen übrig: Das Lokal liegt neben einem Supermarkt an der Straße, die in die Stadt führt, und statt Meerblick hat man eine Aussicht auf Olivenbäume. Von Einheimischen wird es wegen seiner Tavernen-Gerichte wärmstens empfohlen – und das will etwas heißen.

An- & Weiterreise

Täglich gibt es sieben Busse nach Kalamata (4,30 €, 1½ Std.) und einen nach Athen (24,10 €). Tickets verkauft die Konditorei Elite am Hauptplatz.

FINIKOUNDA ΦΟΙΝΙΚΟΥΝΤΑ

560 Ew.

Das ehemalige Fischerdorf Finikounda liegt auf halber Strecke zwischen Koroni und Methoni und ist heute so etwas wie ein saisonaler Ferienort für Minipauschalreisen; beliebt ist es vor allem wegen seiner guten Möglichkeiten zum **Surfen**. Zum Glück gibt es hier noch keine Hochhäuser, aber die Hauptstraße hat hinter dem Dorf eine Schneise geschlagen. Auf beiden Seiten des Dorfes erstrecken sich schöne **Strände**.

Alle Läden und Einrichtungen sind heute hauptsächlich auf Touristen zugeschnitten, sie konzentrieren sich um den Hafen. Die Bushaltestelle befindet sich vor dem Hotel Finikountas, 100 m vom Hafen entfernt. Die kommerzielle Website des Dorfes lautet www.finikounda.at.

Schlafen & Essen

Im ganzen Dorf gibt es *domatia*-Schilder, an der Hauptstraße auch zahlreiche Campingplätze.

Hotel Finikounda (☎ 27230 71208; Fax 27230 71018; EZ 40 €, DZ 50–60 €;) Das Hotel liegt zwar nicht am Meer, aber die ordentlichen Zimmer mit Kieferholzbetten und Balkonen sorgen für ein gutes Preisleistungsverhältnis.

Akti Studios (☎ 27230 71316; Zi 65 €;) Das kleine Familienhotel verfügt über neun komfortable Studios mit Kochgelegenheit. Es liegt etwas zurückgesetzt von der Uferstraße, etwa 250 m östlich des Hafens. Die Zimmer haben Balkone mit Blick auf den Strand.

Oinoysses (☎ 27230 71446; Hauptgerichte 6,50– 10 €; April–Okt.) Ein herrliches Lokal, um es sich gut gehen zu lassen. Das attraktive Restaurant liegt direkt über dem Sandstrand am Ostende des Ortes und serviert sehr frische Tagesspezialitäten wie Tintenfischsalat sowie eine breite Palette an Gegrilltem.

Elena Taverna (☎ 27230 71235; Hauptgerichte 8–14 €) Die gute Lage ist alles. Mit ihrer Top-Position auf der Landspitze, von der man den gesamten Hafen am Westende des Ortes überblicken kann, ist diese Taverne genau das Richtige, wenn man köstliche gegrillte Sardinenfilets u. ä. in passender Umgebung genießen möchte.

An- & Weiterreise

Busse fahren nach Kalamata (6 €, 1¾ Std., 3-mal tgl.), einer davon über Koroni, die übrigen über Methoni (2 €) und Pylos (2,50 €).

METHONI ΜΕΘΩΝΗ

1169 Ew.

Methoni, 12 km südlich von Pylos, gehörte ebenfalls zu den Städten, die Achilles von Agamemnon angeboten wurden. Homer beschrieb den Ort als „reich an Reben". Heute ist Methoni ein hübsches Städtchen am Meer mit einem beliebten Sandstrand und einer massiven venezianischen Festung aus dem 15. Jh.

Orientierung & Praktische Informationen

Die Straße aus Pylos gabelt sich am Ortsrand und bildet die beiden Hauptstraßen von Methoni, die parallel zueinander durch den Ort und zur Festung führen. Von Pylos kommend bildet die rechte der beiden Straßen die Haupteinkaufsstraße. Dort sind zahlreiche Geschäfte angesiedelt, *kafeneia*, eine Zweigstelle der National Bank of Greece (und ein Geldautomat der ATE-Bank) sowie ein Supermarkt. Die linke Straße führt an der **Post** (Mo–Fr 7.30–14 Uhr) vorbei direkt zum Parkplatz der Festung. Wer an der Festung auf einer der beiden Straßen links abbiegt, gelangt in die Miaouli, die zum Strand von Methoni führt. Der kleine Platz am Strand ist von ziemlich gesichtslosen Hotels und einigen Restaurants, in denen man Meeresfrüchte essen kann, umgeben.

Es gibt weder eine Touristeninformation noch eine Touristenpolizei. Die reguläre **Polizeistation** (☎ 27230 31203) ist ab der Post ausgeschildert.

Sehenswertes

FESTUNG

Das prächtige **Kastro** (Eintritt frei; ☼ Mai–Sept. 8–19 Uhr, Okt.–April bis 15 Uhr) ist ein großartiges Beispiel der Militärarchitektur. Innerhalb der Mauern der weitläufigen und romantischen Festung befinden sich ein türkisches Bad, eine Kathedrale, ein Haus, eine Zisterne, Brüstungen und unterirdische Gänge. Überall begegnet man dem Löwen von St. Markus.

Die riesige Festung wurde auf einer Landzunge südlich der modernen Stadt errichtet und ist auf drei Seiten von Meer umgeben. Vom Festland ist sie durch einen Graben getrennt. Die mittelalterliche Hafenstadt, die sich innerhalb der Festungsmauern befand, war der erste und am längsten gehaltene Besitz der Venezianer auf dem Peloponnes. Darüber hinaus stellte sie einen Zwischenstopp für Pilger auf ihrem Weg ins Heilige Land dar. Im Mittelalter waren die beiden Festungen Methoni und Koroni als die „Augen der Serenissima" bekannt.

Von der Festung führt ein kurzer Damm zur winzigen, achteckigen **Burg Bourtzi** auf einem Inselchen.

Schlafen & Essen

Hotel Achilles (☎/Fax 27230 31819; www.achilleshotel. gr; EZ/DZ 55/70 €; ☼ ganzjährig; ✕) Das beste einer Reihe kleiner Familienhotels am Ort. Die 13 komfortablen, modernen Zimmer verfügen alle über einen Balkon und eine gute Aussicht. Darüber hinaus gibt es einen hellen, luftigen Essbereich. Frühstück kostet 6 €.

LP Tipp **Apartments Melina** (☎ 27230 31505; Studio 65–75 €, Apt. für 2/3/4 Personen 75/85/90 €; „Villa" für 6 Personen 120 €) Makellose, geräumige Apartments gleich gegenüber vom Strand. Im dazugehörigen gepflegten Garten wachsen Weinreben, Rosen und Palmen. Die Besitzer sind freundlich und sprechen Englisch.

O Nikos (☎ 27230 31282; Miaouli; Hauptgerichte 5–11 €; ☼ ganzjährig) Die Einheimischen sagen über diese reizvolle, unprätentiöse Taverne, dass sie „gut, sauber und billig" sei und „große Portionen" serviere. Und darauf kann man sich verlassen.

Taverna Klimatari (☎ 27230 31544; Miaouli; Hauptgerichte 6–13 €; ☼ April–Okt.) Die Einheimischen sind sich einig: dies ist das richtige

Lokal für traditionelle Gerichte. Es befindet sich in einem alten Wohnhaus und man kann vorne auf der Veranda oder in einem Hof sitzen. Zu den typischen Gerichten gehören Zwiebelkuchen, gefüllte Zucchiniblüten und Kabeljau mit Spinat.

An- & Weiterreise

In Methoni fahren die Busse an der Gabelung der beiden Hauptstraßen ab (am Ortsausgang Richtung Pylos). Es gibt Busse nach Pylos (1,50 €, 15 Min., 6-mal tgl.), Kalamata (5,50 €, 1½ Std., 6-mal tgl.) und Finikounda (2 €, 15 Min., 1- bis 2-mal tgl.). Unglaublicherweise gibt es keine direkte Busverbindung zwischen Methoni und Koroni; man kann aber in Finikounda umsteigen – vorausgesetzt der Fahrplan wird eingehalten. Der Bus nach Kalamata hält auch in Harakopio, 4,5 km von Koroni entfernt. Weitere Informationen über den Busverkehr erhält man unter ☎ 27230 22230.

PYLOS ΠΥΛΟΣ

2104 Ew.

Pylos liegt an der Küste, am südlichen Ende einer großen Bucht, 51 km südwestlich von Kalamata. Mit seinem riesigen Naturhafen, der fast von der Insel Sfaktiria geschlossen wird, seinem angenehmen, schattigen Hauptplatz, den beiden Burgen und den umgebenden, pinienbedeckten Hügeln ist Pylos eines der idyllischsten Städtchen auf dem Peloponnes.

In der Bucht feuerten am 20. Oktober 1827 die britische, die französische und die russische Flotte unter dem Kommando von Admiral Codrington aus kürzester Entfernung auf Ibrahim Paschas vereinte Flotte aus türkischen, ägyptischen und tunesischen Schiffen. Die Angreifer versenkten auf diese Weise 53 Schiffe und töteten 6000 Mann, ohne wesentliche Verluste auf eigener Seite zu erleiden.

Der Angriff ging als Schlacht von Navarino (dem früheren Namen der Stadt) in die Geschichte ein. Die Schlacht war für den Unabhängigkeitskrieg entscheidend, dabei war niemals eine Schlacht geplant gewesen. Die alliierte Flotte wollte Ibrahim Pascha und seine Flotte lediglich zum Abzug bewegen, aber das Ganze lief irgendwie aus dem Ruder. Als George IV. von dem Unglück erfuhr, sprach er von einem „bedauerlichen Missverständnis".

VÖGEL BEOBACHTEN IN DER GIAVOLA-LAGUNE

Der interessanteste – und am leichtesten zugängliche – Ort für Vogelbeobachtungen auf dem Peloponnes ist die **Gialova-Lagune.** Zwischen September und März leben hier bis zu 20000 Wasservögel verschiedener Arten. Viele Zugvögel legen hier auf ihrer Frühjahrswanderung zwischen Afrika und Osteuropa eine Pause ein.

Die Hellenic Ornithological Society hat 265 der rund 400 in Griechenland vorkommenden Arten dokumentiert, darunter auch zehn Enten- und acht Reiherarten. Sumpfvögel landen hier zu Tausenden, dazu Flamingos und Braune Sichler. Unter den Greifvögeln sind auch der international als bedroht eingestufte Östliche Kaiseradler, der Fischadler, der Wanderfalke und verschiedene Weihen.

Die Lagune und die angrenzenden Feuchtgebiete erstrecken sich über 700 ha am Nordende der Bucht von Navarino. Von der Bucht trennt sie nur ein schmaler Landstreifen, der bis zum Koryphasion-Hügel reicht. Zwei Flüsse münden an der Nord- und Ostseite in die Schilfgürtel der Lagune, bis sie unterhalb des Koryphasion-Hügels in die Bucht von Navarino fließen.

Die Feuchtgebiete und die umgebenden Küstenlebensräume stehen seit 1997 unter Naturschutz. Das alte Pumpenhaus, das früher einmal im Zentrum eines schlecht durchdachten Entwässerungsplans stand, dient heute als Informationszentrum und Ausgangspunkt für zwei Wanderwege, die Besucher durch eine Fülle an unterschiedlichen Lebensräumen führen.

Orientierung & Praktische Informationen

Alle wichtigen Ziele sind nur wenige Gehminuten vom Hauptplatz, der Plateia Trion Navarhon (Platz der drei Admirale) entfernt, der unten am Meer liegt.

Die Bushaltestelle KTEL Messinia liegt an der Seite des Platzes, die dem Inland zugewandt ist. Die Nileos führt von der Haltestelle den Hügel hinauf.

Es gibt keine Touristeninformation. Niederlassungen der National Bank of Greece und der ATE-Bank (mit Geldautomat) befinden sich am Platz.

Internet P@ndigit@l (Episkopou 17; 2,50 € pro Std. ; ☾ Mo–Sa 8–14 & 17–21 Uhr) Spitzenservice.

Polizei (☎ 27230 23733/2316) Am Hauptplatz.

Post (Nileos; ☾ Mo–Fr 7.30–14 Uhr)

Sehenswertes & Aktivitäten

BURGEN

Auf jeder Seite der Bucht von Navarino steht eine Burg. Die zugänglichere der beiden ist das **Neo Kastro** (☎ 27230 22010; Erw./erm. 3/2 €; ☾ Di–So 8.30–15 Uhr), das auf dem Hügel am Südrand von Pylos an der Straße nach Methoni steht. Es wurde 1573 von den Türken erbaut und später als Ausgangspunkt für die Invasion in Kreta benutzt. Es ist noch immer in gutem Zustand, vor allem die Respekt einflößenden Umfassungsmauern. Innerhalb der Mauern liegen eine Zitadelle, eine in eine Kirche umgewandelte Moschee und ein Burghof, der von Kerkern umgeben ist (hier waren bis ins 20. Jh. Ge-

fangene untergebracht). Im dazugehörigen Museum ist eine Gemäldesammlung ausgestellt, die die Schlacht von Navarino zum Thema hat und von René Puaux (1878–1937) gespendet wurde. Er hinterließ dem Museum seine Sammlung aus Porzellan, Stichen und Lithographien unter der Bedingung, dass sie in Pylos, in der Nähe des Schlachtfelds, ausgestellt würden. Die Straße vom Hauptplatz nach Methoni führt an der Burg vorbei. Für eine Besichtigung sollte man ein paar Stunden einrechnen.

Auf die andere Burg, das antike Paleokastro, 6 km nördlich von Pylos, wird auf S. 257 eingegangen.

BOOTSAUSFLÜGE

Club Boats (☎ 27230 23155, 6972263565) im Kiosk am Kai veranstaltet Bootsausflüge um die Bucht von Navarino und zur Insel Sfaktiria. Der Preis hängt von der Anzahl der Passagiere ab, aber man sollte mit etwa 10 € pro Person rechnen (mind. 70 € für den Ausflug). Auf der Fahrt um die Insel sind Zwischenstopps an Gedenkstätten für die alliierten Admirale möglich. Auch Napoleons Neffe und gefallene Briten sind hier begraben. Wenn das Wasser ruhig ist, halten die Boote an, sodass man die schlammbedeckten türkischen Schiffe sehen kann, die hier gesunken sind.

Schlafen

Rooms to Rent Stavroula Milona (☎ 27230 22724; DZ ohne Bad 30 €) Das knarrende Haus mit den unebenen Böden ist wirklich charmant. Die kleinen, einfachen Zimmer sind sauber und komfortabel. Es gibt eine Gemeinschaftsküche und ein Fernsehzimmer. Das Haus liegt am Wasser, südlich des Hotels Miramare, über der Café-Bar En Plo (durch die Musik der Bar könnte sich nachts so mancher gestört fühlen).

Hotel Nilefs (☎ 27230 22518; Fax 27230 22575; Rene Pyot, EZ/DZ/3BZ inkl. Frühstück 45/65/78 €; April–Okt.;) Das preiswerte Hotel, das von einer freundlichen Frau geleitet wird, ist tipptopp. Englisch wird hier nicht gesprochen. Die ordentlichen Zimmer verfügen über Balkone. Das Hotel liegt ein wenig vom Ufer zurückgesetzt auf der Seite des Platzes, auf der die Burg ist.

Hotel Karalis (☎ 27230 22970; hotel_karalis@ yahoo.gr; Paralia, EZ/DZ inkl. Frühstück 110/120 €) Man muss dieses Hotel schon allein wegen seiner Lage mögen – es klebt direkt unter der Festungsmauer an einer Klippe über dem Wasser. Das ehemals alte Gebäude wurde 2008 renoviert, und die herausgeputzte Version bietet eine komfortable Unterkunft. In der Nebensaison ist es preiswerter und man bekommt mehr für sein Geld.

Essen

Eine ganze Reihe von Tavernen bietet die üblichen Leibgerichte sowie Fisch und Meeresfrüchte an.

Koukos (☎ 27230 22950; Hauptgerichte 5–10 €) Schlichte, unprätentiöse Taverne im alten Stil. Auf der wechselnden Speisekarte stehen riesige Portionen Gegrilltes und Ofengerichte. Die Einheimischen schätzen das Koukos wegen seiner herzhaften Mahlzeiten und seiner Atmosphäre.

Restaurant Grigoris (☎ 27230 22621; Hauptgerichte 5–14 €) Großartige Alternative zu den Lokalen am Hauptplatz. Die Speisekarte kann man vergessen – der Koch lässt sich stattdessen lieber in die Töpfe gucken. Im Sommer kann man im schattigen Garten sitzen. Ein ruhiges Fleckchen in der Straße, die nördlich und parallel zum Hafen verläuft.

Am Hauptplatz gibt es einen Supermarkt.

An- & Weiterreise

Von der Haltestelle **KTEL Messinia** (☎ 27230 22230) fahren Busse nach Kalamata (4,30 €, 1¼ Std., 8-mal tgl.), Kyparissia (5,20 €, 1¼

Std., 4-mal tgl.) über den Nestorpalast (1,80 €, 30 Min., Sa 4-mal und So 2-mal) und Chora (2 €, 35 Min.), Methoni (1,40 €, 20 Min., 5-mal tgl.) und Finikounda (1,80 €, 30 Min. Mo–Sa 3-mal tgl., So fahren keine Busse). Zweimal täglich gibt es eine Verbindung nach Athen (24,20 €, 5 Std.). Nach Patras fährt ein Bus täglich über Kyparissia. Am Wochenende fahren weniger oder gar keine Busse.

GIALOVA ΓΙΑΛΟΒΑ
260 Ew.

Das Dorf Gialova liegt 8 km nördlich von Pylos am nordöstlichen Rand der Bucht von Navarino. Es bietet einen herrlichen Sandstrand, und in der geschützten Bucht kann man gefahrlos schwimmen. Im Winter ist die Lagune von Gialova ein hervorragender Ort, um Vögel zu beobachten (s. Kasten gegenüber).

Schlafen & Essen

Camping Erodios (☎ 27230 28240; www.erodioss.gr; Erw./Zelt/Auto 7/6/4 €, Hütten mit 2/4 Betten 65/75 €;) Der großartige, super ausgestattete Campingplatz liegt nordwestlich des Dorfes an der Straße zur Lagune von Gialova und zum Paleokastro. Zum Platz gehört ein großzügiger Strandabschnitt an der Bucht von Navarino.

Hotel-Restaurant Zoe (☎ 27230 22025; www.hotelzoe.com; EZ/DZ/3BZ inkl. Frühstück 58/70/110 €;   ) Das einstmals kleine Familienhotel am Ufer in der Nähe des Piers verwandelt sich allmählich in einen Komplex aus Zimmern und Apartments (liegen in einem resort-ähnlichen Bereich dahinter). Am schönsten sind die Zimmer mit den kleinen Balkonen nach vorne, auch wenn es hier manchmal etwas lauter zugehen kann, wenn draußen vor der dazugehörigen Taverne der Bär tobt.

Elia (☎ 6946006875; Hauptgerichte 6–14 €) Griechische Gourmetküche trifft es wohl am besten, wenn man die Gerichte beschreiben will, die in diesem modernen, mediterranen Lokal serviert werden. Gefüllte Brasse und Oktopus können nur durch das Ambiente mit seinen trendigen Designerlampen und Blumenpötten geschlagen werden.

An- & Weiterreise

Täglich fahren vier Busse Richtung Süden nach Pylos (1,40 €, 15 Min.) und fünf nach

Norden über den Nestorpalast und Chora bis nach Kyparissia. Ein Taxi von Gaivola nach Pylos kostet etwa 8 €.

RUND UM GIALOVA
Paleokastro

Die Ruinen dieser antiken Burg liegen 5 km westlich von Gialova auf dem zerklüfteten **Kap Koryphasion,** einer hervorragenden natürlichen Verteidigungsstellung über dem nördlichen Eingang der Bucht von Navarino.

Am Nordrand des Dorfes weist ein Schild auf den Zufahrtsweg zur Burg; er führt über die schmale Landzunge, die die Bucht von Navarino von der Lagune von Gialova trennt, und endet in einem Parkplatz am südlichen Ende des Hügels. Schilder weisen den Weg auf den groben Pfad, der sich den steilen Hügel zum Eingang der Burg hinaufschlängelt.

Die Burg wurde Ende des 13. Jh. von den Franken an der Stelle der alten Akropolis von Pylos erbaut. Spanische Söldner aus Navarra eroberten sie 1381; nach ihnen wurde die Bucht benannt.

Der Parkplatz ist auch der Ausgangspunkt eines anderen Pfades, der um den Fuß des Kaps herum zum **Strand von Voidokilia** führt. Die herrliche, hufeisenförmige Bucht gilt als Homers „sandiges Pylos". Hier wurde Telemachos wärmstens empfangen, als er den weisen König Nestor nach dem Verbleib seines lang verschollenen Vaters Odysseus, des Königs von Ithaka, fragen wollte. Ein weiterer Pfad führt an der Südseite des Strandes, an der Nestorhöhle vorbei, zur Burg hinauf. Der Mythologie nach verbarg Hermes hier das Vieh, das er Apollon gestohlen hatte. In der Höhle gibt es einige Stalaktiten.

Den Strand von Voidokilia kann man auch über eine Straße vom Dorf **Petrohori** aus erreichen, die 6 km nördlich von Gialova von der Straße nach Chora abzweigt.

Nestorpalast

Angeblich hielt hier der sagenhafte Held Nestor Hof, der am Zug der Argonauten teilnahm und im Trojanischen Krieg kämpfte. Der **Nestorpalast** (☎ 27630 31437; nur Stätte Erw./erm. 3/2 €, Stätte & Museum Erw./erm. 4/2 €; ☽ 8.30–15 Uhr, montags ist das Museum geschl.) ist der am besten erhaltene Palast aus mykenischer Zeit. Ursprünglich handelte es sich um ein zweistöckiges Gebäude; davon stehen noch 1 m hohe Mauern, die eine gute Vorstellung von der Anlage des mykenischen Palastkomplexes vermitteln.

Der Hauptpalast in der Mitte bestand aus zahlreichen Räumen. Im größten davon, dem **Thronsaal,** erledigte der König seine Regierungsgeschäfte. In seinem Zentrum stützten vier verzierte Säulen über einer großen, runden Feuerstelle eine Galerie in der ersten Etage. Einige der schönen Wandmalereien, die hier gefunden wurden, befinden sich nun im Museum im nahen Dorf Chora (unten). Um den Thronsaal ordnen sich **Wachhäuschen, Vorratskammern,** ein **Wartezimmer,** ein **Vestibül** und sogar ein **Badezimmer** an, in dem sich tatsächlich eine Tonbadewanne erhalten hat.

Zu den wichtigsten Funden gehören etwa 1200 Schrifttafeln mit Linear-B-Schrift – die ersten die auf dem Festland gefunden wurden. Einige davon sind im Museum von Chora zu sehen. Der Palast wurde später als die anderen mykenischen Stätten ausgegraben, erst zwischen 1952 und 1965. Der Grabungsleiter Carl Blegen hat ein hervorragendes Buch darüber geschrieben, das hier verkauft wird.

Der Nestorpalast liegt 17 km nördlich des modernen Pylos. Die Busse von Pylos nach Kyparissia halten am Nestorpalast (1,40 €, 30 Min.).

Chora Χώρα

Choras faszinierendes kleines **Archäologisches Museum** (☎ 27632 31358; Erw./erm. 2/1 € nur Museum, Museum & Stätte Erw./erm. 4/2 €; ☽ Di–So 8.30–15 Uhr) liegt 4 km nordöstlich des Nestorpalastes und beherbergt Fundstücke von hier sowie Artefakte aus anderen mykenischen Stätten in Messenien. Glanzstücke sind die unvollständigen Fresken aus den Thronsälen des Nestorpalastes und die Linear-B-Tafeln (auch wenn es sich dabei um Kopien handelt).

Die Busse von Pylos nach Kyparissia halten in Chora.

ELIS ΗΛΙΑ

Die meisten Leute kommen nur aus einem Grund nach Elis: Sie wollen Olympia sehen, die historisch bedeutende und beeindruckende Geburtsstätte der Olympischen

Spiele, die im Westen der Präfektur liegt. Ansonsten ist Elis ein weitgehend landwirtschaftlich geprägtes Gebiet.

Das antike Elis verdankt seinen Namen dem mythischen König Helios. Seine Hauptstadt Elis ist heute eine vergessene Ruine an der Straße von Gastouni zum Piniossee. Als die Franken hierher kamen, machten sie Andravida zur Hauptstadt von Morea. Die moderne Hauptstadt Pyrgos ist langweilig.

VON THOLOS NACH PYRGOS ΘΟΛΟΣ ΠΡΟΣ ΠΥΡΓΟΣ

Wenn man von Messenien Richtung Norden nach Elis fährt, verschwinden die Berge im Osten allmählich und machen besiedelten Ebenen Platz, die von goldenen Sandstränden umrahmt sind. Die Küstenlinie der Elis verfügt über die längsten Strandabschnitte, auch wenn sich hier und da ein Kiesstrand oder eine Felsklippe dazwischenmogelt. Hinter dem Strand schießen leider immer mehr Gebäude in die Höhe, die die potenziell schöne Aussicht versperren. Zu den besten Stränden im Süden gehören **Tholos, Kakovatos** und **Kouroutas.** Jedes Dorf am Meer bietet Übernachtungsmöglichkeiten an, zumeist jedoch in einfallslosen Betongebäuden.

Ein Schild vor Tholos weist auf das Bergdorf **Nea Figalia** hin, das 14 km weiter im Inland liegt. Von dort sind es dann noch weitere 21 km bis zur friedlichen, stark bewachsenen Stätte des **antiken Figalia,** die hoch über dem Fluss Neda liegt. Lorbeersträucher, Zypressen und Zitronenbäume wachsen nun zwischen den Ruinen des antiken Marktplatzes Arkadiens, an dem noch die Überreste von Türmen, einer kleinen Akropolis und eines Dionysos-Tempels zu sehen sind. Ein Teil der Stadtmauer (die früher etwa 4,5 km lang war) ist noch erhalten, man kann ihn von der Straße aus sehen. Nur wenige Menschen kommen hierher, deshalb kann man nach Herzenslust umherstreifen; wenn es sehr heiß ist, sollte man genug Trinkwasser mitnehmen. Von Nea Figalia führt eine Straße 19 km in Richtung Osten nach Andritsena.

PYRGOS ΠΥΡΓΟΣ

23 274 Ew.

Pyrgos, die Hauptstadt der Präfektur Elis, liegt 98 km südwestlich von Patras und 24 km von Olympia entfernt. Außer einer Fülle von Bekleidungsgeschäften hat die betriebsame Stadt dem Besucher nicht viel zu bieten. Allerdings wird man wahrscheinlich früher oder später hier landen: alle möglichen öffentlichen Verkehrsmittel, einschließlich der Busse und Züge nach Olympia, kommen hier durch. Bahnhof und Busbahnhof sind etwa 400 m voneinander entfernt. Der Bahnhof liegt am Nordrand der Stadt an der Ypsilantou, und der moderne, gut organisierte Busbahnhof liegt auf der anderen Seite der Bahnschienen, nordwestlich des Bahnhofs.

In Pylos bleibt man nur, wenn es unbedingt notwendig ist (Olympia ist die weit angenehmere Option), aber wer tatsächlich über Nacht bleiben muss, findet an der in die Stadt führenden Ypsilantou mehrere möchtegern-moderne und leicht überteuerte Hotels ohne Charakter, die auf Geschäftsreisende zugeschnitten sind.

An- & Weiterreise

BUS

Täglich fahren bis zu 16 Busse nach Olympia (1,90 €, 30 Min.), acht nach Athen (24,90 €, 4 Std.), neun nach Patras (8,80 €, 2 Std.) und zwei nach Andritsena (5,50 €, 2 Std.), Kyllini (5,80 €, 1 Std.), Kyparissia (5,50 €, 1¼ Std.) sowie vier nach Kalamata (11,40 €, 2 Std.). An den Wochenenden gilt ein eingeschränkter Fahrplan.

ZUG

In Richtung Norden fahren täglich sechs Züge über Patras nach Korinth (normal/IC 6,70/13 €, 4¾/3½ Std.); in Richtung Süden fahren täglich fünf Züge nach Kyparissia (normal/IC 2,30/5 €, 1¼ Std.) und von dort weiter nach Kalamata (normal/IC 7/3,70 €, 3¼ Std.). Auch auf der Nebenstrecke nach Olympia verkehren täglich Züge (1 €, 40 Min.).

RUND UM PYRGOS

Das Weinanbaugebiet Nemea ist nicht die einzige Region des Peloponnes, in der ein guter Tropfen gekeltert wird (weitere Details s. S. 609). Das hübsche **Weingut Mercouri** (☎ 26210 41601; www.mercouri.gr; ☼ Weinprobe Mo–Sa 9–14 Uhr), 1 km nördlich von Korakohori und etwa 15 km von Pyrgos entfernt, lohnt einen Besuch. Es produziert einen trockenen weißen Foloi und außerdem einen preisgekrönten, gehaltvollen Roten – sein Aushängeschild Domaine Mercouri. Außerdem werden Führungen durch die Anlage angeboten (vorher buchen).

OLYMPIA ΟΛΥΜΠΙΑ
1000 Ew.

Mit seinen unzähligen überteuerten Souvenirläden und Lokalen schlägt das moderne Dorf Olympia ungeniert Kapital aus den hunderttausenden Touristen, die auf ihrem Weg ins antike Olympia hier durch den Ort kommen. Trotzdem ist das Städtchen weit davon entfernt, kitschig zu sein. Nur 500 m südlich der gepflegten, schattigen Straßen, auf der anderen Seite des Flusses Kladeos, liegt das antike Olympia. Die Umgebung der Stätte brannte zwar tragischerweise bei den Waldbränden von 2007 ab, sodass hier keine Bäume mehr stehen, doch dank der Anstrengungen der Einheimischen und der Feuerwehrleute überlebte das antike Olympia; deshalb ist es auch heute noch eine üppig grüne und schöne, historisch bedeutende Stätte.

Orientierung
Die Hauptstraße, Praxitelous Kondyli, führt durch den Ort bis zum antiken Olympia. Die Bushaltestelle für Pyrgos und Tripolis befindet sich einen Häuserblock vor der Kirche, wenn man von Pyrgos nach Olympia kommt; der Bahnhof liegt nahe am Zentrum, fast am Ende der Douma.

Praktische Informationen
Cafe Zeus (Praxitelous Kondyli) Eines von mehreren Cafés mit WLAN-Anschluss.

EOT Olympia (☎ 26240-22262; www.eot.gr; Praxitelous Kondyli; ☉ Mai–Sept. Mo–Fr 9–15 Uhr) Hilfreiche Touristeninformation, aber leider nur unter der Woche geöffnet. Bus-, Zug- und Fährenfahrpläne (ab Kyllini und Patras) hängen im Schaufenster.

National Bank of Greece (Ecke Praxitelous Kondyli & Stefanopoulou) Eine von vier Banken am Ort.

Post (Pierre Coubertin 3; ☉ Mo–Fr 7.30–14 Uhr)

Touristenpolizei (☎ 26240 22550; Spiliopoulou 5)

Sehenswertes
Vier Museen haben sich auf den Hype um das antike Olympia und die Olympischen Spiele eingelassen. Das Archäologische Museum (rechts) und das Museum zur Geschichte der Olympischen Spiele sollte man sich nicht entgehen lassen; die beiden anderen lohnen sich nur, wenn man Zeit totschlagen muss oder ein besonderes Interesse daran hat. All das bietet Olympia, bevor man auch nur einen Fuß auf das eigentliche Gelände gesetzt hat.

Sehr empfehlenswert ist das Kombi-Ticket für die Olympische Stätte und das Archäologische Museum. Achtung: Die Eintrittszeiten ändern sich jährlich und je nach Saison; am besten gleich bei der Ankunft bei der Touristeninformation nachfragen.

MUSEUM ZUR GESCHICHTE DER OLYMPISCHEN SPIELE IN DER ANTIKE
Dieses **Museum** (Eintritt frei; ☉ April–Okt. Mo 14.30–20, Di–So 8–20 Uhr, Nov–März Mo 10.30–17, Di–So 8.30–17 Uhr) öffnete 2004 seine Tore (nach den Olympischen Spielen in Athen). In den schön gestalteten Räumlichkeiten wird die Geschichte der Leichtathletik und der Wettkämpfe aufgezeigt: die nemäischen, panathenäischen und natürlich die Olympischen Spiele. Alle Skulpturen, Mosaike und anderen Ausstellungsobjekte haben mit Athleten und ihrem Sport zu tun. Frauen und ihre Beteiligung – bzw. Nicht-Beteiligung – werden ebenfalls berücksichtigt.

MUSEUM DER AUSGRABUNGEN IN OLYMPIA
Neben dem Museum der Geschichte der Olympischen Spiele ist dieses **Museum** (Eintritt frei; ☉ April–Okt. Mo 13.30–20, Di–So 8–20 Uhr, Nov–März Mo 10.30–17, Di–So 8.30–17 Uhr) in einem kleinen historischen Gebäude untergebracht. Es ist eher etwas für Archäologie- und Geschichte-Fans und zeigt Gegenstände, die sich auf die deutschen Ausgrabungen im 19. Jh. beziehen.

ARCHÄOLOGISCHES MUSEUM
Dieses tolle **Museum** (☎ /Fax 26240 22742; Erw./erm. 6/3 €, inkl. Besuch der Stätte 9/5 €; ☉ April–Okt. Mo 13.30–20, Di–So 8–20 Uhr, Nov–März Mo 10.30–17, Di–So 8.30–15 Uhr) – das Museum zur Archäologie des historischen Olympia – befindet sich etwa 200 m nördlich des Tickethäuschens der Stätte. Am besten man beginnt hier mit der Besichtigung des antiken Olympia – oder lässt sie mit einem Museumsbesuch ausklingen.

Es gibt ein maßstabsgetreues Modell der Stätte. Sehr eindrucksvoll sind auch die wieder zusammengesetzten Giebeldreiecke und Metopen aus dem Zeus-Tempel (auch wenn sie nicht vollständig sind). Auf dem **östlichen Giebeldreieck** ist das Wagenrennen zwischen Pelops und Oinomaos dargestellt, das **westliche Giebeldreieck** zeigt den Kampf zwischen den Kentauren und den Lapithen. In den **Metopen** sind die zwölf Taten des Herkules dargestellt.

Auf keinen Fall sollte man die **Statue des Hermes** verpassen, ein Meisterwerk klassischer Bildhauerei aus dem Hera-Tempel, das Praxiteles im 4. Jh. aus parischem Marmor geschaffen hat. Hermes wurde bestraft, weil er den Dionysosknaben zum Berg Nysa mitgenommen hatte.

Darüber hinaus gibt es faszinierende Sammlungen winziger, aber wunderbar gestalteter Votivgaben zu sehen, die an der Stätte gefunden wurden, sowie den **Kopf einer Hera-Statue.**

HISTORISCHES MUSEUM DER OLYMPISCHEN SPIELE

Nur echte Olympia-Fans oder passionierte Sammler werden sich für dieses **Museum** (☎ 26240 22544; Erw./erm. 2 €/frei; ☻ 8–15.30 Uhr) begeistern können, das der Olympischen Akademie gehört. Das Museum zeigt eine Sammlung von Erinnerungsstücken an alle modernen Olympischen Spiele bis zum heutigen Tag, einschließlich Fotos, Poster, Münzen, Briefmarken und olympische Fackeln. Das Museum befindet sich zwei Häuserblocks westlich der Praxitelous Kondyli, gegenüber der Kreuzung Agerinai und Kosmopoulou.

DAS ANTIKE OLYMPIA

Die Olympischen Spiele stellten zweifellos die größte Sportveranstaltung der antiken Welt dar. Während sie stattfanden, wurden sogar Kämpfe zwischen Krieg führenden Staaten vorübergehend eingestellt, Mäzene versuchten sich gegenseitig auszustechen und siegreiche Wettkämpfer erlangten enormen Ruhm und ein beträchtliches Vermögen. Zum modernen Pendant gibt es im Prinzip nur einen wesentlichen Unterschied: damals durften nur Männer an den Wettkämpfen teilnehmen – und zwar nackt. Mindestens 1000 Jahre lang fanden die Spiele alle vier Jahre statt, bis sie Spielverderber Kaiser Theodosius I. im Jahr 394 abschaffte. Das **Antike Olympia** (☎ 26240 22517; Erw./erm. 6/3 €, Stätte & Archäologisches Museum 9/5 €; ☻ April–Okt. 8–20 Uhr, Nov.–März 8.30–15 Uhr) steht auf der UNESCO-Liste des Weltkulturerbes. Man erkennt noch immer die Tempel, die Wohnhäuser der Priester und die öffentlichen Gebäude. Innerhalb des Geländes finden sich Tafeln mit hervorragenden Erläuterungen. Auf ihnen ist abgebildet, wie die Gebäude wohl ausgesehen haben (mit Plan und Beschreibung auf Englisch).

Geschichte & Mythologie

Die Ursprünge Olympias reichen weit bis in mykenische Zeit zurück. Hier wurde im 1. Jahrtausend v.Chr. die Große Göttin Rhea verehrt. In der griechischen Klassik wurde Rhea von ihrem Sohn Zeus abgelöst. Ab dem 11. Jh. v.Chr. feierte man in Olym-

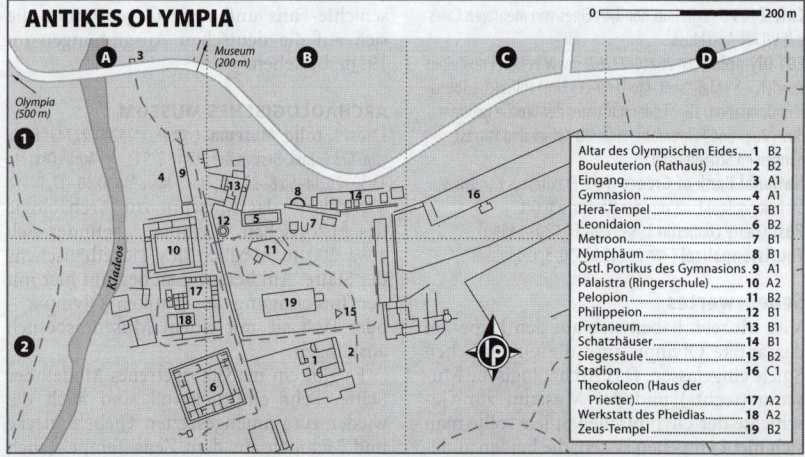

ANTIKES OLYMPIA

0   200 m

Museum (200 m)

Olympia (500 m)

Altar des Olympischen Eides	1 B2
Bouleuterion (Rathaus)	2 B2
Eingang	3 A1
Gymnasion	4 A1
Hera-Tempel	5 B1
Leonidaion	6 B2
Metroon	7 B1
Nymphäum	8 B1
Östl. Portikus des Gymnasions	9 A1
Palaistra (Ringerschule)	10 A2
Pelopion	11 B2
Philippeion	12 B1
Prytaneum	13 B1
Schatzhäuser	14 B1
Siegessäule	15 B2
Stadion	16 C1
Theokoleon (Haus der Priester)	17 A2
Werkstatt des Pheidias	18 A2
Zeus-Tempel	19 B2

pia ein kleines, regionales Fest, das wahrscheinlich auch sportliche Wettkämpfe umfasste.

König Iphitos von Elis eröffnete 776 v. Chr. die ersten offiziellen, im 4-Jahres-Turnus veranstalteten Olympischen Spiele. Ab 676 v. Chr. durften alle männlichen Griechen daran teilnehmen; 576 v. Chr. erreichten die Spiele ihre Blüte. Sie fanden Zeus zu Ehren statt, der gemeinhin als Gründer der Spiele galt. Ausgetragen wurden sie jeweils um den ersten Vollmond im August.

Die Wettkämpfe dauerten fünf Tage und umfassten die Disziplinen Ringen, Wagen- und Pferderennen, Fünfkampf (Ringen, Diskus- und Speerwerfen, Weitsprung und Laufen) sowie Pankratium (eine brutale Form des Faustkampfs).

Ursprünglich durften nur gebürtige Griechen teilnehmen, später auch Römer. Sklaven und Frauen hatten weder als Teilnehmer noch als Zuschauer Zutritt zum Heiligtum. Wagte dennoch eine Frau, sich hereinzuschleichen, wurde sie von einem nahen Felsen geworfen.

Doch die Olympischen Spiele waren nicht nur sportliche Wettkämpfe. Schriftsteller, Dichter und Historiker lasen vor großem Publikum aus ihren Werken, und die Bürger verschiedener Stadtstaaten lernten sich kennen. Händler schlossen Geschäfte ab; die Oberhäupter der Stadtstaaten kamen in dieser Festatmosphäre miteinander ins Gespräch, sodass viele Konflikte durch Diskussion beigelegt wurden, anstatt in bewaffneten Auseinandersetzungen.

Die Spiele wurden auch in den ersten Jahren der römischen Herrschaft weiterhin fortgesetzt. Allerdings hatten sie an Bedeutung verloren, und dank Nero ging es auch weniger fair zu: Im Jahr 67 nahm Nero mit einem Gespann aus zehn Pferden am Wagenrennen teil und erlaubte seinen Gegnern nicht mehr als vier Pferde. Trotz dieses Vorteils stürzte er und brach das Rennen ab; dennoch erklärten ihn die Kampfrichter hinterher zum Sieger.

Zum letzten Mal fanden die Spiele im Jahr 394 statt, bevor Kaiser Theodosius I. sie zu einem heidnischen Spektakel erklärte und abschaffte. Im Jahr 426 gab Theodosius II. den Befehl, die Tempel von Olympia zu zerstören.

Seit 1896 gibt es die modernen Olympischen Spiele. Seitdem finden sie regelmäßig alle vier Jahre (nur nicht während der beiden Weltkriege) in Städten auf der ganzen Welt statt, unter anderem auch 2004 (zur großen Begeisterung der Griechen) in Athen. Vor den Spielen wird an der antiken Stätte das Olympische Feuer entzündet und dann von Läufern an den jeweiligen Austragungsort gebracht.

Die Anlage

Im modernen Olympia weisen Schilder den Weg zur antiken Stätte. Der Eingang befindet sich jenseits der Brücke über den Fluss Kladeos. Dank Theodosius II. und verschiedenen Erdbeben ist von den herrlichen Gebäuden des antiken Olympia nicht mehr viel übrig geblieben. Für einen faszinierenden Besuch in einer idyllischen, schattigen Umgebung reicht es aber allemal, man sollte mindestens einen halben Tag einplanen. Wer zuvor das archäologische Museum (S. 259) besucht, kann sich besser vorstellen, wie die antiken Gebäude ausgesehen haben. Die erste Ruine, auf die man trifft, ist das **Gymnasion,** das auf das 2. Jh. v. Chr. zurückgeht. Südlich davon liegt die teilweise restaurierte **Palaistra** (Ringerschule), in der die Wettkämpfer übten und trainierten. Das nächste Gebäude war das **Theokoleon** (Priesterhaus). Dahinter folgt die **Werkstatt des Phidias,** wo die gewaltige Zeus-Statue aus Gold und Elfenbein geschaffen wurde, eines der Sieben Weltwunder der Antike. Archäologen identifizierten die Werkstatt anhand der Werkzeuge und Formen, die dort gefunden wurden. Hinter dem Theokoleon befindet sich das **Leonidaion,** ein raffinierter Bau, in dem sich die Würdenträger aufhielten.

Östlich des Weges erstreckt sich die **Altis,** der **Heilige Bezirk des Zeus.** Ihr wichtigstes Gebäude war der riesige dorische **Zeus-Tempel** aus dem 5. Jh. v. Chr., der die Zeus-Statue von Phidias beherbergte, die später von Theodosius II. nach Konstantinopel gebracht wurde, wo sie 475 einem Feuer zum Opfer fiel. Eine Säule des Tempels wurde restauriert und wieder aufgerichtet; dadurch kann man sich die enormen Dimensionen des Tempels besser vorstellen.

Südlich des Zeus-Tempels steht das **Buleuterion** (Ratshaus) mit dem **Altar,** an dem die Wettkämpfer schworen, sich an die Regeln zu halten, die der Olympische Senat erlassen hatte.

Östlich der Altis liegt das **Stadion,** das man durch einen Bogen betreten kann. Die Start- und die Ziellinie für den 120-m-Lauf und die Sitzgelegenheiten für die Schiedsrichter sind noch immer zu sehen. Im Stadion fanden mindestens 45 000 Zuschauer Platz. Sklaven und Frauen mussten sich damit zufrieden geben, vom Kronoshügel aus zuzuschauen.

Nördlich des Zeus-Tempels befand sich das **Pelopion,** ein kleiner bewaldeter Hügel mit einem Pelops-Altar. Er ist von einer Mauer umgeben, die noch die Überreste des dorischen Portikus enthält. Viele Objekte, die heute im Museum untergebracht sind, wurden auf diesem Hügel gefunden.

Noch weiter nördlich steht der dorische **Hera-Tempel** (Heraion) aus dem 6. Jh. v. Chr., der am besten erhaltene Bau der Anlage. Hera wurde neben Rhea verehrt, bis sie beide durch Zeus abgelöst wurden.

Das **Nymphäum** im Osten des Tempels ließ der reiche römische Bankier Herodes Atticus 156–60 errichten. Wie fast alle Bauwerke, die von römischen Gönnern erbaut wurden, war es bombastisch: es bestand aus einem halbrunden Gebäude mit dorischen Säulen, das auf jeder Seite von einem runden Tempel flankiert wurde. Das Gebäude beherbergte Statuen von Herodes Atticus und seiner Familie. Trotz allen Prunks erfüllte das Nymphäum aber auch einen ganz praktischen Zweck: es diente als Brunnenhaus, das Olympia mit frischem Quellwasser versorgte.

Hinter dem Nymphäum und einer Steintreppe erstrecken sich bis zum Stadion 12 Schatzhäuser. Sie wurden jeweils von einem Stadtstaat als Lagerhaus errichtet und markieren die Nordgrenze der Altis.

Am Fuß dieser Treppe haben sich die spärlichen Überreste des **Metroons** aus dem 5. Jh. v. Chr. erhalten, eines der Göttermutter Rhea geweihten Tempels. Offensichtlich veranstalteten die antiken Griechen dort Orgien zu Ehren der Göttin.

Westlich des Hera-Tempels bilden die Überreste eines Rundbaus mit ionischen Säulen die Fundamente des **Philippeions,** das der makedonische König Philipp II. zum Andenken an die Schlacht von Chaironeia (338 v. Chr.) errichten ließ, in der er die vereinigten Armeen Athens und Thebens besiegte. Das Gebäude enthielt Statuen von Philipp und seiner Familie.

Im **Prytaneum,** nördlich des Philippeion befand sich der Sitz des Rates. Hier ließen sich die siegreichen Athleten unterhalten und feiern.

Schlafen

Camping Diana (☎ 26240 22314; Fax 26240 22425; Erw./Zelt/Auto 8/6/5 €; ☼ ganzjährig; ☒) Ein gut geführter Platz mit reizenden Besitzern und üppigem Baumbestand; 250 m westlich des Dorfes gut ausgeschildert.

Hotel Hermes (☎ 26240 22577; Fax 26240 22040; EZ/DZ/3BZ inkl. Frühstück 30/35/45 €; ☒) Preiswertes, freundliches Familienhotel mit einfachen, aber makellosen Zimmern mit Linoleumfußboden. Wenn man von Süden her in den Ort fährt, liegt es auf der rechten Seite hinter der BP-Tankstelle.

Pension Posidon (☎ 26240 22567; Stefanopoulou 9; EZ/DZ/3BZ 35/40/45 €) Ein hilfsbereites Paar leitet diese zentral gelegene Pension, deren einfache, helle und luftige Zimmer mit Balkonen ausgestattet sind. Frühstück kostet 5 €.

Hotel Kronio (☎ 26240 22188; www.hotelkronio.gr; Tsoureka 1, EZ 46 €, DZ/3BZ inkl. Frühstück 56/72 €; ☒ 💻 ☎) Das Hotel wurde 2008 renoviert. Sein modernes Aussehen und die hellen, luftigen Zimmer machen es zu einer der besten Alternativen am Ort. Obendrein ist der Besitzer hilfsbereit und spricht mehrere Sprachen.

Hotel Pelops (☎/Fax 26240 22543; www.hotelpelops.gr; Varela 2; EZ/DZ/3BZ/Suite inkl. Frühstück 48/60/84/110 €; ☒ ☒ 💻 ☎) Das Hotel gegenüber der Kirche gehört mit seinen komfortablen Zimmern zu den besten in Olympia. Die netten griechisch-australischen Besitzer bieten einen freundlichen Service und ein Frühstücksbüffet an, das eines Athleten würdig wäre. Am Abend bieten sie eine Pelops-Platte mit einer üppigen Auswahl köstlicher *mezedhes* an.

Best Western Hotel Europa International (☎ 26240 22650; www.hoteleuropa.gr; EZ/DZ/3BZ 90/130/150 €; ☐ ☒ 💻 ☎ ☒) Der Name klingt zwar nach Franchising, und in der Tat steigen hier auch Reisegruppen ab, aber der Familienbetrieb (1 km westlich des Ortes) hat mit seinen großen, luxuriösen Zimmern und dem Ausblick vom Balkon unbedingt eine Goldmedaille verdient. Eine Bar, ein Restaurant (s. rechts), ein Swimmingpool und eine gute Taverne am Pool (im Schatten von Olivenbäumen) machen dieses Hotel zum olympischen Sieger (bei Online-Buchung günstiger).

Essen

Absolute Lieblingsrestaurants gibt es in Olympia keine; da so viele Gäste nur einen Tag hier sind, fehlt den Köchen wohl der Anreiz, zu Höherem zu streben. In einem der umliegenden Dörfer trifft man es besser, z. B. im 1,5 km weiter im Norden gelegenen Floka und dem antiken Pissa (früher Miraka und nach den Waldbränden von 2007 wieder umbenannt). Um ins antike Pissa zu gelangen folgt man auf der Nationalstraße den Schildern.

Imbissbude (Snacks 1,50 €; 🕑 7–15 Uhr) Diese unscheinbare, leicht zu übersehende Imbissbude steht hier schon seit 20 Jahren, und das aus gutem Grund: Besitzer Takis macht die beste *tyropita* (Teigtaschen mit Schafskäsefüllung) der ganzen Region – manche sagen ganz Griechenlands – und andere hausgemachte Köstlichkeiten.

Mithos (☎ 26243 00369; Hauptgerichte 6–8 €; 🕑 Mittag- & Abendessen) Ein von Einheimischen empfohlenes Lokal jenseits der Touristenmassen. Hier gibt's erstklassiges Gegrilltes zwischen die Zähne – mehr soll hier nicht verraten werden!

O Thea (☎ 26240 23264; Floka; Hauptgerichte 6–12 €; 🕑 April–Okt. Abendessen) Es lohnt sich (selbst zu Fuß), den Hügel hinauf in das kleine Dorf Floka zu gehen, 1,5 km nördlich von Olympia, um herzhafte, traditionelle Tavernengerichte zu genießen. Von der großen Terrasse kann man bei Gegrilltem und Zucchinibällchen die Aussicht auf Floka genießen. Wenn einem die Einheimischen nicht die besten Plätze wegschnappen. Außerhalb der Hochsaison sind die Öffnungszeiten unregelmäßig.

Taverna Bacchus (☎ 26240 22298; www.bacchustavern.gr; antikes Pissa; 7–12 €; 🕑 Mittag- & Abendessen; 🅿 🐾 🕸) Der Weingott Bacchus hat hier sein Angebot erweitert: die schmucke Taverne aus Stein im nahe gelegenen antiken Pissa bietet Köstlichkeiten aus frischen Zutaten an. Sie strebt eher nach einem internationalen, als nach einem lokalen Ambiente, aber das Essen ist gut. Die angebotene Übernachtungsmöglichkeiten sind überteuert (pro Zimmer inkl. Frühstück 90 €).

Best Western Hotel Europa International (☎ 26240 22650; Hauptgerichte 10–15 €; 🕑 Mittag- & Abendessen) Die beliebten griechischen Speisen, die Gemüsegerichte (aus eigenem Anbau) und das Grillfleisch haben den einen oder anderen Lorbeerkranz verdient. Die Taverne liegt unter Olivenbäumen und Weinreben (Juni bis September geöffnet).

Selbstversorger finden im Supermarkt bei der Shell-Tankstelle alles, was sie brauchen.

An- & Weiterreise

BUS

Es gibt keine Direktverbindung von Olympia nach Athen. Etwa 8 der 16 Busse (sonntags sind es weniger) fahren über Pyrgos (1,90 €, 30 Min.), wo genügend Zeit bleibt, einen Anschluss nach Athen zu finden (s. S. 258). Außerdem fahren montags und freitags Busse von Olympia in Richtung Osten nach Tripolis (11,10 €, 3 Std., mind. 2-mal tgl.) und nach Dimitsana (6,50 €, 2½ Std.); an allen anderen Tagen gehen Busse ins 5 km von Dimitsana entfernte Karkalou. Von dort kann man dann sein Glück per Anhalter versuchen oder ein Taxi nehmen. Tickets für diese Linien kann man in einer kleinen KTEL Arkadia-Niederlassung an der Hauptstraße, einen Häuserblock vor der Kirche, im Voraus kaufen.

ZUG

Züge fahren von Olympia aus nur nach Pyrgos – täglich gibt es fünf Regionalzüge (1 €, 30 Min.). In Pyrgos erhält man dann Anschluss zu anderen Zielen. Achtung: Wer nach Athen möchte, nimmt in Pyrgos den Zug (über Diakofto) nach Kiato und steigt dort in den Proastiakos um.

ANDRITSENA ΑΝΔΡΙΤΣΑΙΝΑ

575 Ew.

Das Dorf Andritsena liegt 65 km südöstlich von Pyrgos an einem Hügelhang mit Blick über den Fluss Alfios. Verfallende Steinhäuser – einige davon mit wackeligen Holzbalkonen – säumen die engen Kopfsteinpflasterstraßen, und über den Hauptplatz, die Plateia Agnostopoulou, fließt und gurgelt ein Bach; die Quelle entspringt dem Stamm einer riesigen Platane. Andritsena ist ein reizvoller Ausgangspunkt für Besucher, die den Apollon-Tempel bei Bassä besichtigen wollen, der in die Weltkulturerbeliste aufgenommen wurde; er liegt etwa 14 km vom Dorf entfernt.

PELOPONNES

Praktische Informationen

Eine ATE-Bank mit Geldautomat und die **Post** (🕐 Mo–Fr 7.30–14 Uhr) befinden sich in der Nähe des Hauptplatzes.

Sehenswertes

NIKOLOPOULOS-BIBLIOTHEK IN ANDRITSENA

Man muss nicht unbedingt eine Leseratte sein, um diese erstaunliche **Bibliothek** (☎ 26260 22242; Eintritt frei; 🕐 Di–Sa 8.30–15 Uhr) zu schätzen. Im Jahr 1838 hinterließ Nikolopoulos der Heimatstadt seines Vaters 4000 seltene Bücher – damals eine der größten Privatsammlungen Europas – um eine Schule zu gründen. Dazu gehörten auch ein Buch aus dem Jahr 1502 und eine Bibel von 1657 mit seltener Bindung. Das nahe gelegene Dorf Stemnitsa spendete weitere 4000 Bücher; heute ist die Sammlung zusammen mit Handschriften aus der griechischen Unabhängigkeitsbewegung von 1821 ausgestellt. Es gibt ein erklärendes Video auf Englisch, das man sich unbedingt anschauen sollte. Die Bibliothek befindet sich über der Leihbücherei des Dorfes hinter dem Hotel Theoxenia.

HEIMATMUSEUM

Das viel beworbene, aber selten geöffnete **Heimatmuseum** (🕐 11–14 & 18–20 Uhr) beherbergt eine kuriose Sammlung einheimischer Gegenstände, von Möbeln bis hin zu traditioneller Kleidung.

APOLLON-TEMPEL BEI BASSÄ

Der **Apollon-Tempel bei Bassä** (☎ 26260 22275; Erw./erm. 3/2 €; 🕐 8–20 Uhr) befindet sich 14 km von Andritsena entfernt an einer wilden, abgelegenen Stelle mit Blick auf schroffe Berge und Hügel. Die Weltkulturerbestätte gehört zu den romantischsten und atmosphärischsten archäologischen Stätten Griechenlands. Von Andritsena aus steigt die Straße einen Bergrücken hinauf, umgeben von einer immer dramatischeren Landschaft, bis sie den Tempel erreicht, der auf einer Höhe von 1200 m liegt.

Im Rahmen eines unglaublich langsamen Restaurierungsprogramms ist der eindrucksvolle und gut erhaltene Tempel von einem riesigen Zelt mit Stahlstützen (teils dauerhaft) umgeben; dadurch büßt er einiges von seiner Pracht und unmittelbaren Wirkung ein – trotzdem ist er großartig.

Der Tempel wurde im Jahr 420 v. Chr. von den Einwohnern des nahe gelegenen Phigaleia zu Ehren von Apollon Epikourios (dem Helfer) errichtet, der das Dorf von der Pest befreit hatte. Der Entwurf stammt von Iktinos, dem Baumeister des Parthenons. Er kombinierte dorische und ionische Säulen mit einer einzelnen korinthischen Säule – die erste ihrer Art.

Zum Apollon-Tempel nach Bassä verkehren keine öffentlichen Busse. Es ist jedoch eine gute Möglichkeit, Mitreisende zu suchen, mit denen man sich die Kosten für ein Taxi teilen kann.

Essen & Schlafen

Epikourios Apollon (☎ 26260 22840; Plateia Agnostopoulou; EZ/DZ/3BZ inkl. Frühstück 50/70/85 €; 🕐 ganzjährig) Das Gästehaus und Hotel hat gut ausgestattete, freundlich-fröhliche Zimmer mit Blick über den Hauptplatz oder das Tal dahinter.

An der Hauptstraße gibt es ein halbes Dutzend einfacher Tavernen und Grilllokale.

An- & Weiterreise

Busse fahren nach Pyrgos (ca. 5,50 €, 1½ Std., 2-mal tgl. außer So) und Athen (ca. 20,50 €, 2 Std., 2-mal tgl.) über Karitena, Megalopolis, Tripoli und den Isthmus von Korinth.

KYLLINI ΚΥΛΛΗΝΗ

Der Hafen Kyllini, der 78 km südwestlich von Patras gelegen ist, ist lediglich als Abfahrtspunkt für Fähren nach Kefallonia und Zakynthos erwähnenswert. Die meisten Reisenden kommen mit dem Bus aus Patras, um von dort aus die Reise an Bord einer Fähre fortzuführen. Weitere Infos s. Insel-Hopping (S. 871).

Täglich verkehren drei bis sieben Busse vom Busbahnhof KTEL Zakynthos in Patras nach Kyllini (6,80 €, 1¼ Std., einige davon haben direkten Anschluss zu einer Fähre). Zwei Busse fahren täglich von Pyrgos aus nach Kyllini (5,80 €, 1 Std.). Achtung: Es gibt keine Busverbindungen zwischen Kyllini und Patras. Man kann jedoch einen Bus von Lethena aus nehmen, das sich 16 km von Kyllini entfernt befindet. Die Kosten für ein Taxi (☎ 6973535678) nach Lethena belaufen sich auf 13 €, nach Patras sind es 60 €.

KYTHIRA & ANTI-KYTHIRA

KYTHIRA ΚΥΘΗΡΑ

3334 Ew.

Die Insel Kythira liegt 12 km südlich von Neapoli und ist perfekt für jeden, der eine authentische, intakte und unberührte Insel kennenlernen möchte.

Kythira ist etwa 30 km lang und 18 km breit und scheint an der Spitze der peloponnesischen Halbinsel Lakonien, zwischen Ägäis und Ionischem Meer, zu baumeln. Die weitgehend karge Landschaft wird von einem Felsplateau dominiert, das den Großteil der Insel bedeckt. Die Bevölkerung verteilt sich auf über 40 Dörfer, die von kleinen Flächen landwirtschaftlich nutzbaren Landes profitieren. Schmale, gewundene Straßen, die häufig von alten Trockenmauern aus Stein flankiert werden, verbinden die Dörfer.

Obwohl Kythira (offiziell) zu den Ionischen Inseln gehört, erinnern einige der Häuser, vor allem im Hauptort Chora, vom Aussehen her eher an die Kykladen mit ihren weißgetünchten Mauern und blauen Fensterläden. (Kythira wird in diesem Kapitel behandelt, obwohl sie zu den Ionischen Inseln gehört, weil die meisten Reisenden die Insel vom Peloponnes aus besuchen). Der griechischen Mythologie nach wurde Aphrodite auf Kythira geboren. Sie soll aus dem Schaum des Meeres emporgestiegen sein, nachdem Zeus Kronos entmannt und seine Geschlechtsteile hier ins Meer geworfen hatte. Dann tauchte die Liebesgöttin in der Nähe von Pafos in Zypern noch einmal auf, und seitdem streiten sich die beiden Inseln darum, welcher der beiden ihr Geburtsort ist.

Der Tourismus spielt auf Kythira eher eine Nebenrolle, außer im Juli und August, wenn die Insel verrückt zu spielen scheint. Zu den Besuchern, die im Sommer hier einfallen, gehören die Inselgriechen aus der Diaspora, die aus dem Ausland (vor allem Australien) in die alte Heimat reisen, um Familie und Freunde zu besuchen (die selbst wieder zurückgekehrt sind, nachdem sie die Insel vor einigen Jahrzehnten verlassen hatten). In dieser Zeit ist es praktisch unmöglich, eine Unterkunft zu finden, und die Restaurants sind mit den Menschenmassen, die sie zu versorgen haben, vollkommen ausgelastet. Die übrigen zehn Monate des Jahres ist Kythira eine wunderbar friedliche Insel mit einigen schönen, menschenleeren Stränden. Die beste Zeit für einen Besuch sind der späte Frühling oder September/Oktober.

Weitere Informationen über Kythira findet man auf den englischen Websites www.kythira.gr, www.kithera.gr, www.kythira.info und www.visitkythera.gr. Man sollte sich unbedingt eine Ausgabe des informativen Gemeindeblattes *Kythera* besorgen, das auf Englisch erscheint und in Reisebüros, Hotels und einigen Läden erhältlich ist. Für passionierte Wanderer ist das englische Buch *Kythira on Foot: 32 Carefully Selected Walking Routes* (10 €) von Frank van Weerde (ein langjähriger Bewohner Kythiras) eine interessante Lektüre.

AN- & WEITERREISE
Fähre

Die Insel ist über eine Fähre zwischen Diakofti und Neapoli an den Peloponnes angebunden. Tickets erhält man direkt vor dem Auslaufen am Hafen oder bei **Kythira Travel** (☎ in Chora 27360 31390, in Potamos 27360 31848) in Chora und Potamos.

LANE Lines legt wöchentlich auf seinen Fahrten zwischen Piräus, Kythira, Antikythira, Kreta und Gythio (Peloponnes) im Südhafen von Diakofti an. Information und Tickets erhält man beim hilfsbereiten Personal von **Porfyra Travel** (☎/Fax 27360 31888; www.kythira.info) in Livadi (nördlich von Chora).

Flugzeug

In der Hauptsaison verkehren täglich Flugzeuge zwischen Kythira und Athen (52–70 €, 40 Min.). Der Flughafen befindet sich 10 km östlich von Potamos. **Olympic Air** (☎ 27360 33362) hat eine Filiale auf dem Hauptplatz von Potamos. Buchen kann man auch bei **Kythira Travel** (☎ 27360 31390) in Chora.

UNTERWEGS VOR ORT

Im August fahren ab und zu Busse. Taxis gibt es zwar auch, aber am besten ist man mit einem eigenen Fahrzeug bedient, wenn man die Insel erkunden möchte. **Drakakis**

PELOPONNES

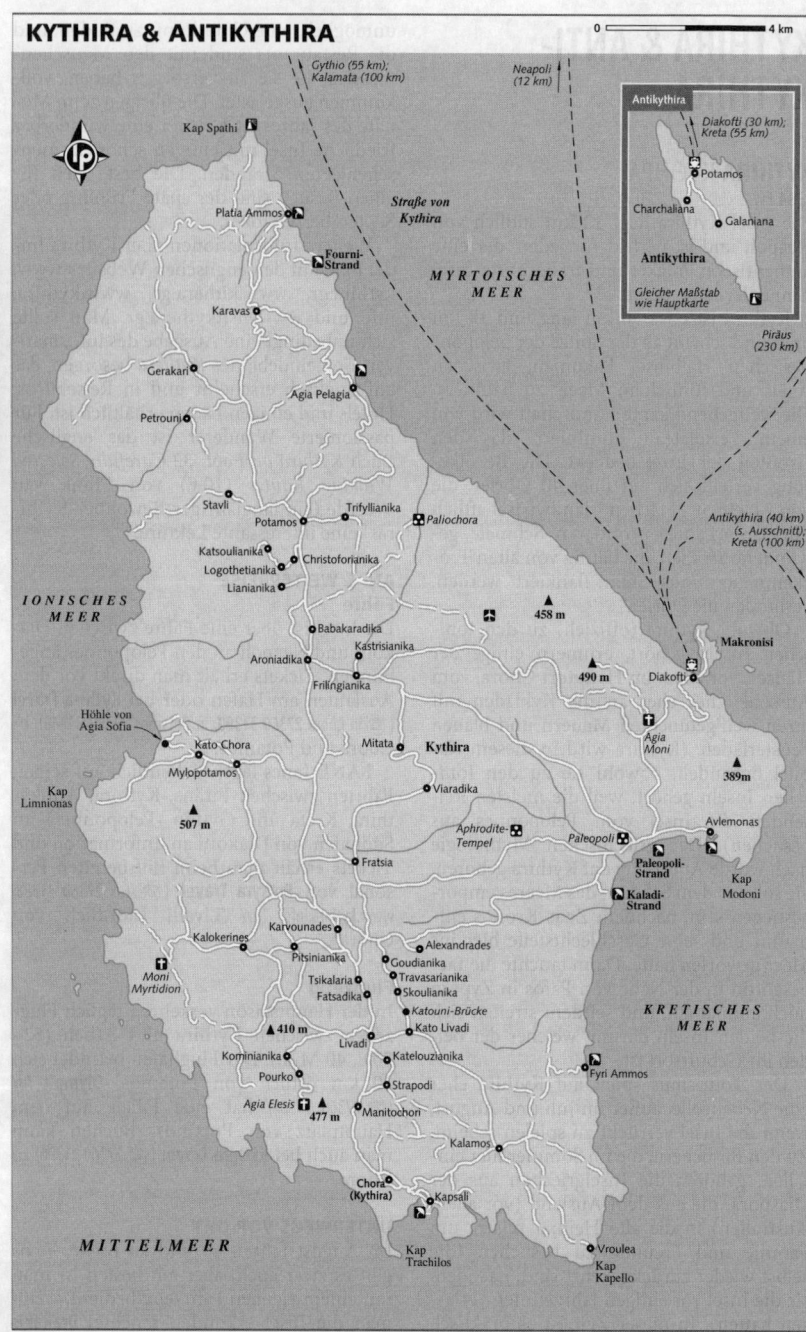

KYTHIRA & ANTIKYTHIRA

0 ————————— 4 km

Antikythira

Diakofti (30 km);
Kreta (55 km)

Potamos

Charchaliana   Galaniana

Antikythira

Gleicher Maßstab
wie Hauptkarte

Gythio (55 km);
Kalamata (100 km)

Neapoli
(12 km)

Kap Spathi

Platia Ammos

Fourni-
Strand

*Straße von
Kythira*

*M Y R T O I S C H E S
M E E R*

Karavas

Gerakari

Agia Pelagia

Petrouni

Piräus
(230 km)

Stavli

Trifyllianika

Potamos   *Paliochora*

Katsoulianiká
Logothetianika   Christoforianika
Lianianika

Antikythira (40 km)
(s. Ausschnitt);
Kreta (100 km)

*I O N I S C H E S
M E E R*

Babakaradika
Kastrisianika   458 m
Aroniadika
Frilingianika   490 m   Diakofti   **Makronisi**

Höhle von
Agia Sofia   Kato Chora   *Agia
Moni*
Mylopotamos
Kap   389m
Limnionas   507 m   Mitata   **Kythira**

Viaradika   Avlemonas

*Aphrodite-
Tempel*   *Paleopoli*
Fratsia   **Paleopoli-
Strand**
Kap
Modoni
Karvounades   **Kaladi-
Strand**
Kalokerines   *Alexandrades*
Pitsinianika   Goudianika
*Moni
Myrtidion*   Tsikalaria   *Travasarianika*
Fatsadika   *Skoulianika*   *K R E T I S C H E S
M E E R*
Katouni-Brücke
410 m   Kato Livadi
Livadi
Kominianika   Katelouzianika
Pourko   *Fyri Ammos*
Agia Elesis   Strapodi
477 m   Manitochori
Kalamos

Chora
(Kythira)   Kapsali

M I T T E L M E E R

Kap
Trachilos   *Vroulea*
Kap
Kapello

Tours (.☎ 27360 31160, 6944840497; www.drakakis-tours.gr; Livadi) vermietet eine Reihe von Autos, darunter auch Lieferwagen und Fahrzeuge mit Allradantrieb. **Panayotis Rent A Car** (☎ 27360 31600; www.panayotis-rent-a-car.gr) an der Uferstraße von Kapsali vermietet Autos und Mopeds. Von beiden Anbietern kann man sich auch am Hafen oder Flughafen abholen lassen.

Chora Χώρα
267 Ew.
Die Inselhauptstadt Chora (oder Kythira) ist ein hübsches Dorf im kykladischen Stil: weiß getünchte Häuser mit blauen Fensterläden. Es liegt auf einem schmalen, langgestreckten Hügelrücken im Norden eines eindrucksvollen venezianischen *kastro* aus dem 13. Jh. Der Hauptplatz, die Plateia Dimitriou Stai, ist mit Hibiskussträuchern, Bougainvilleen und Palmen bepflanzt. Die Hauptstraße, Spyridonos Stai, verläuft vom Hauptplatz in Richtung Süden zum *kastro.*

PRAKTISCHE INFORMATIONEN
Auf dem Hauptplatz gibt es Niederlassungen der National Bank of Greece und der ATE-Bank, beide mit Geldautomaten.
Fos Fanari (☎ 27360 31644; ⏲ ab 8 Uhr) Die Café-Bar bietet ihren Gästen kostenlosen Internetanschluss (WLAN).
Internet (Kodak shop, Spyridonos Stai; 5 € pro Std.; ⏲ Mo–Sa 9–14 & 18–21 Uhr) Hier kann man seine E-Mails checken.
Polizei (☎ 27360 31206) Am *kastro.*
Polyredo (☎ 27360 39000; 4 € pro Std.) Das beste Internet-Café auf der Insel ist in Livadi, etwas nördlich von Chora.
Post (⏲ Mo–Fr 7.30–14 Uhr) Am Hauptplatz.

SEHENSWERTES
Choras venezianisches **Kastro** (Eintritt frei; ⏲ 8–19 Uhr) wurde im 13. Jh. am südlichen Ende der Stadt errichtet. Geht man an der Panagia-Kirche vorbei zum südlichen Teil des Kastros, gelangt man an eine steile Klippe. Von hier bietet sich ein atemberaubender Blick auf Kapsali und bei gutem Wetter auch auf Antikythira.

Wer im Laden von **Stavros** (☎ 27360 31857) im Norden des Platzes (gegenüber der Abzweigung nach Kapsali) vorbeischaut, kann sich mit lokalen Spezialitäten eindecken, darunter der beste Honig Griechenlands.

Zur Zeit der Recherche zu diesem Buch war das archäologische Museum nördlich des Hauptplatzes wegen der Erdbebenschäden vom Januar 2006 geschlossen.

SCHLAFEN& ESSEN
Castello Rooms (☎ 27360 31069; www.castelloapts-kythera.gr; DZ/3BZ 45/55 €; ✷) Die sieben komfortablen Zimmer sind die erste Wahl am Ort, wenn nicht gar auf der ganzen Insel. Etwas zurückgesetzt von der Hauptstraße ist die Unterkunft von einem gepflegten Garten mit Blumen, Gemüse und Obstbäumen umgeben. Die Zimmer sind mit Fernsehen ausgestattet, einige haben eine Kochgelegenheit. Am südlichen Ende der Spiridonos Stai ausgeschildert.

Hotel Margarita (☎ 27360 31711; www.hotel-margarita.com; an der Spyridonos Stai; EZ/DZ inkl. Frühstück 70/110 €; ✷) Das weiß getünchte Hotel mit den blauen Fensterläden hat Charme und bietet Zimmer mit Atmosphäre an (alle mit Fernsehen und Telefon). Es befindet sich in einem renovierten Haus aus dem 19. Jh. mit schwarzweißen Marmorfußböden und einer kuriosen Wendeltreppe. Die Terrasse bietet einen fantastischen Blick über den Hafen.

Zorba's (☎ 27360 31655; ⏲ Abendessen) Erste Adresse zum Essengehen – von den Einheimischen wärmstens empfohlen.

Kapsali Καψάλι
34 Ew.
Das malerische Dorf Kapsali, 2 km südlich von Chora, diente Chora in venezianischer Zeit als Hafen. Es verfügt über zwei sandige Buchten und eine geschwungene Küstenlinie – von der Burg in Chora aus ein erstaunlicher Anblick. Am Strand reihen sich Restaurants und Cafés aneinander, doch bekannt ist Kapsali vor allem, weil man hier **gefahrlos schwimmen** kann. In der Hochsaison kann es hier allerdings voll werden.

Vor der Küste ragt das kahle Felsinselchen **Avgo** (Ei) oder **Itra** (Kochtopf) aus dem Wasser. Die Einheimischen sagen, dass sich die Wolken genau über der Insel zusammenballen, wenn der Wind aus einer bestimmten Richtung weht, so dass sie wie ein dampfender Kochtopf aussieht.

Kapsali macht eine Art Winterschlaf und erwacht nur zwischen April und Oktober zum Leben. Es gibt einen kleinen Supermarkt, und die Kytherian Gallery verkauft neben Souvenirs auch internationale Zeitungen.

Panayotis bei **Moto Rent** (☎ 27360 31600) an der Uferstraße vermietet Kanus und Tretboote, außerdem auch Autos, Mopeds und Fahrräder. **Kaptain Spiros** (☎ 6974022079) bietet täglich interessante Ausflüge in Glasboden-Booten an (ab 12 € pro Person), unter anderem zur Insel Itra, wo man schwimmen gehen kann.

SCHLAFEN & ESSEN

Aphrodite Apartments (☎ 27360 31328; afrodite@aias.gr; DZ/3BZ/4BZ 70/75/90 €) Diese nüchternen, sehr angenehmen Apartments ohne Schnickschnack befinden sich an der Straße mit Blick zum Meer. Sie werden von einem freundlichen Einheimischen betrieben, der Englisch spricht. Die Unterkunft bietet ein großartiges Preisleistungsverhältnis. Außerhalb August sinken die Preise ins Bodenlose.

Spitia Vassilis (☎ 27360 31125; www.kythirabungalowsvasili.gr; DZ/3BZ/4BZ 80/95/100 €) Der reizvolle grün-weiße Komplex mit Studios glänzt mit einer perfekten Lage – abseits der Massen mit Blick über den Strand von Kapsali. Die geräumigen Zimmer im rustikalen Holzdielen-Stil bieten eine wunderschöne Aussicht auf die Bucht. Wenn man von Chora nach Kapsali fährt liegt das Haus auf der rechten Seite. Englisch wird nicht gesprochen.

El Sol Hotel (☎ 27360 31766; www.elsolhotels.gr; DZ/3BZ/Studio inkl. Frühstück 120/140/150 € P ❄ 🏊) Das Hotel ist an der Straße Chora–Kapsali ausgeschildert. Es handelt sich dabei um eine luxuriöse, resortartige Übernachtungsmöglichkeit im kykladischen Stil mit Aussicht auf Kapsali und das *kastro* von Chora. Die Hotelleitung wirbt mit dem Slogan: „Wenn Zeus Ferien machen würde, dann wäre er Ihr Zimmernachbar." Wenn es tatsächlich Zeus als Zugabe gäbe, wäre das Preisleistungsverhältnis perfekt; bis dahin ist es jedoch ratsam, Geld (und Energie) zu sparen und auf die billigeren Preise in der Nebensaison warten.

Hydragogio (☎ 27360 31065; Hauptgerichte 5–12 €, Fisch pro kg 20–70 €) In toller Lage mit Blick auf den Strand, ganz am Ende bei den Felsen. Das Lokal ist auf frischen Fisch und traditionelle griechische Gerichte spezialisiert (gute Auswahl an vegetarischen Gerichten). Hier kann man gut essen und hat obendrein so richtig das Gefühl, im Urlaub zu sein.

Potamos Ποταμός

680 Ew.

Potamos, 10 km südwestlich von Agia Pelagia, ist das Handelszentrum des Insel. Die National Bank of Greece (mit Geldautomat) ist am Hauptplatz, die **Post** (🕒 Mo–Fr 7.30–14 Uhr) liegt etwas nördlich des Platzes.

Der **Flohmarkt** am Sonntagmorgen scheint die ganze Insel anzulocken.

Es gibt hier ein paar vernünftige Lokale, die einen Besuch lohnen. Beliebt bei den Einheimischen ist die **Taverna Panaretos** (☎ 27360 34290; Hauptgerichte 7–14 €; 🕒 Mittag- & Abendessen ganzjährig). Hier erlebt man Natur pur – alles Mögliche ist aus eigenem Anbau, vom Öl bis hin zu Gemüse und Käse. Wie wär's mit Wildziege mit Olivenöl und Oregano (9,50 €) oder Auberginen vom Holzkohlegrill (4 €)? Aber immer doch!

Das angesagteste Lokal der Insel, in dem wirklich was los ist, ist das **Kafe Astikon** (☎ 27360 33141; 🕒 ab 7 Uhr; 📶). Es bietet Retro-Design vermischt mit französischem Stil der 1930er-Jahre. Dazu großartige Musik, von traditioneller griechischer Musik bis hin zu Latino-Rhythmen und Rock, und Internetzugang. Eigentlich egal, weshalb man herkommt. Obendrein gibt es eine großartige Auswahl an Getränken und alle Arten von Snacks.

Mylopotamos Μυλοπόταμος

70 Ew.

Mylopotamos ist ein idyllisches Dorf 12 km südwestlich von Potamos, das sich in ein kleines Tal schmiegt. Am Hauptplatz befinden sich eine reizvolle Kirche und das authentische, traditionelle **Kafeneio O Platanos** (☎ 27360 33397). Im Sommer verwandelt es sich in ein Restaurant mit Tischen auf dem Platz. Ein Spaziergang zum **Wasserfall Neraida** (Wassernymphe) mit üppigem Grün und schattigen Bäumen ist überaus lohnenswert. An der Kirche nimmt man an der Gabelung die rechte Straße und folgt den Schildern bis zu einem ungepflasterten Weg, der zu den Wasserfällen hinunter führt. (Man kann aber auch zu Fuß dorthin gelangen – ebenfalls den Schildern an der Kirche folgen).

Zum verlassenen **Kastro** von Mylopotamos nimmt man die linke Weggabel nach dem *kafeneio* und folgt dem alten, ausgeblichenen Schild zum **Kato Chora** (Unterdorf), danach den modernen Schildern zur Höhle der Agia Sofia. Die Straße führt zum Zentrum von Kato Chora. Von dort tritt man durch ein Portal in das gespenstische *kastro* mit verlassenen Häusern und gut erhaltenen kleinen Kirchen (die allerdings meist verschlossen sind).

Mehrere großartige Wanderrouten beginnen in Mylopotamos – Näheres in *Kythira on Foot: 32 Carefully Selected Walking Routes* (s. S. 265). Die malerischste und herausforderndste Wanderung führt durch eine Schlucht, in der noch die Ruinen alter Getreidemühlen zu sehen sind. Unterwegs kommt man an Wasserfällen und Schwimmstellen vorbei.

Das Personal im Kafeneio O Platanos (links) hilft gern dabei, eine Unterkunft zu finden.

Agia Pelagia Αγία Πελαγία
280 Ew.

Kythiras Nordhafen Agia Pelagia ist ein einfaches, freundliches Küstendorf. Leider ist es gerade dabei, sich selbst und die Kies- und Sandstrände auf beiden Seiten des Kais durch moderne Gebäude zu ruinieren. Trotzdem kann man in dieser Gegend angenehm ausspannen. Der **Rote Strand** im Süden der Landzunge ist ein gutes Schwimmgebiet.

Eine gute Unterkunft ist das **Hotel Pelagia Aphrodite** (☎ 27360 33926/7; www.pelagia-aphrodite. com; EZ/DZ/3BZ 75/90/120 €; ☼ April–Okt.; P ☼). Das moderne, makellose Hotel wird von Graeco-Australiern geleitet. Es bietet große, luftige Zimmer mit Balkonen zum Meer und befindet sich in perfekter Lage auf einer kleinen Landzunge am Südrand des Dorfes. Frühstück kostet 7 €.

LP Tipp Kaleris (☎ 27360 33461; Hauptgerichte 5,50–12 €; ☼ Abendessen) könnte zu der Frage Anlass geben, was ein Restaurant wie dieses an einem solchen Ort zu suchen hat. Aber umso besser für Agia Pelagia. Der Besitzer und Koch Yiannis geht an die Grenzen der Kulinarik und verleiht der griechischen Küche einen erfrischenden neuen Touch. Gott sei Dank hat er darüber nicht seine Wurzeln verloren – er verwendet die besten einheimischen Produkte. Köstlicher Feta mit einheimischem, in Honig eingelegtem Thymian (6 €) und traditioneller Zwieback (5 €) und hausgemachte Rindertortellini (8 €) werden hier frisch serviert; s. Rührige Traditionen S. 270.

Unterwegs auf Kythira

Mit dem eigenen Auto lohnt sich eine Rundreise um die Insel. Die Klöster **Agia Moni** und **Agia Elesis** sind Rückzugsorte in den Bergen mit herrlicher Aussicht. **Moni Myrtidion** ist ein schönes, von Bäumen umgebenes Kloster. Nordöstlich von Chora folgt **Avlemonas,** (über **Paleopoli**) mit seinem breiten Kiesstrand. Die Archäologen haben Jahre damit verbracht, in Avlemonas nach einem Tempel an Aphrodites Geburtsort zu suchen. Und aufgepasst: Nur allzu leicht verpasst man sonst die **Kofinidia** – zwei kleine Felsvorsprünge –, die sagenhaften Geschlechtsorgane des Kronos, die Zeus ins schäumende Meer geworfen hat. Keinesfalls sollte man sich die spektakulär gelegenen Ruinen der byzantinischen Hauptstadt **Paliochora** im Nordosten der Insel entgehen lassen – die Erkundung macht Spaß.

In **Kato Livadi** lohnt es sich, im **Museum für byzantinische und post-byzantinische Kunst in Kythira** (☎ 27360 31731; ☼ 8.30–14.30; Erw./erm. 2/1 €; Mo geschl.) die kleine, aber faszinierende Sammlung von Kunst aus Kythira anzuschauen. Direkt nördlich von Kato Livadi bietet sich ein Abstecher zur architektonisch ungewöhnlichen **Brücke von Katouni** an. Sie wurde von den Briten gebaut, als Kythira im 19. Jh. britisches Protektorat war. Weit im Norden der Insel liegt das üppig grüne, sehr reizvolle Dorf **Karavas;** Agia Pelagia und der ordentliche Strand von **Platia Ammos** liegen ganz in der Nähe. Für Sonnenanbeter bieten sich noch der Strand von **Kaladi** in der Nähe von Paleopoli und der schöne, aber schwer zugängliche **Fyri Ammos** an, der näher an Chora liegt.

ESSEN

Skandia (☎ 27360 33700; Paleopolis; Hauptgerichte 7–10 €; ☼ April–Okt. Mittag- & Abendessen tgl., Nov.–März nur Fr–So) Gehört zu den besten Adressen der Insel, wenn man essen gehen möchte – vor allem wegen der Lage: das Lokal liegt fernab der Menschenmassen unter schattigen Ulmen in heimeliger Umgebung. Fisch wird hier pro Kilo berechnet; Hummer mit Spaghetti ist der Renner (aber man sollte auf seinen Geldbeutel achten – Hummer kostet saftige 85 € pro Kilo).

Varkoula (☎ 27360 34224; Platia Ammos; Hauptgerichte 7–12 €, Fisch pro kg 40–75 €; ☼ Mai–Okt. Mittag- & Abendessen tgl.; Nov.–März nur Fr & Sa) In dieser *varkoula* („kleines Boot") kann man ganz

RÜHRIGE TRADITIONEN

Yiannis Prineas, 31, verließ Athen und kehrte nach Agia Pelagia auf der Insel Kythira zurück, um das Familienrestaurant Kaleris (S. 269) zu führen, das sein Großvater 1956 aufgezogen hatte. Yiannis testet die Grenzen der traditionellen griechischen Küche aus: er serviert köstliche griechische Gerichte mit einem Hauch Gourmetküche (man denke an *mousakas*: was normalerweise ein Auflaufgericht aus Aubergine und Zucchini ist, wird hier einmal anders mit Pilzen zubereitet. Oder die Fetakäsestücke, die mit in Honig eingelegtem Thymian und mit Sesam serviert werden). Das Resultat überzeugt sogar Gäste (einheimische wie fremde), die sonst eher auf die traditionelle Tavernenküche eingeschworen sind: griechisches Essen ist eben doch viel mehr als Hausgemachtes à la Mama (so gut das auch sein mag).

Worauf wollen Sie hinaus? Grundsätzlich halte ich mich an die griechische und die traditionelle griechisch-mediterrane Küche, aber ich probiere auch moderne Gerichte mit einheimischen Produkten aus. Ich möchte meine Erfahrung (Arbeit in Gourmet-Restaurants in Fünf-Sterne-Hotels in Athen) in etwas Moderneres umwandeln als das, was sich die Leute unter der griechischen Küche vorstellen.

Die meisten Griechen essen gern, weil Mahlzeiten eine Zeit des Genießens sind … aber viele Griechen sind dabei nicht unbedingt bei der Sache. Sie haben keine Ahnung, was Geschmack bedeutet – sie trinken beim Essen Bier und rauchen Zigaretten. Viele arbeiten schwer – auf dem Bau oder auf dem Feld – und essen dient lediglich dazu, den Magen zu füllen. Da gibt es keine Speisekarte, die immer wieder überarbeitet wird.

Viele unserer Gerichte sind „von Muttern". „Mutters Essen" ist wunderbar, aber…

Haben Sie es geschafft, die Ansichten der Leute in Bezug auf traditionelles griechisches Essen zu ändern? Bei einigen habe ich das geschafft, bei anderen habe ich gemerkt, dass sie ihre Ansicht von selbst geändert haben. Wenn sie erst mal dahinterkommen, was der Unterschied ist, lernen sie es allmählich zu schätzen und in ihren Köpfe beginnt es zu arbeiten: Essen ist nicht nur dazu da, den Magen zu füllen! Mir gefällt es dann sogar, wenn ihnen meine Gerichte nicht schmecken – wenigstens haben sie eine eigene Meinung.

Was ist Ihr Geheimnis? Jeder Tag ist ein neuer Tag. Jeder Tag bietet neuen Raum für Kreativität. Man muss sich „in das Essen hineindenken". Wenn man sich hineindenkt, macht man keine Fehler… Man kann auch dann die besten Gerichte zustande bringen, wenn man keine große Auswahl an Zutaten zur Verfügung hat. Das Geheimnis liegt im Prozess: wie man es zubereitet und wie man es kocht. Ich ändere die Speisekarte jede Woche. Hier in Kythira sind wir im Herzen des Mittelmeers. Der Käse, das Gemüse und das Fleisch (Lamm, Ziege und Huhn) sind hervorragend – unsere Zutaten sind einfach gut.

---

frisch zubereiteten Fisch genießen. Dazu spielt der Besitzer auf der Bouzouki und sein Freund, der Kardiologe, begleitet ihn auf der Gitarre. Das berühmte frittierte Brot mit Käse ist in der Tat was fürs Herz. Das Lokal befindet sich im Norden der Insel, noch ein Stück von Karavas entfernt. Da man ziemlich weit nach Norden hoch muss, sollte man vorher anrufen und fragen, ob geöffnet ist.

Estiatorion Pierros (☎ 27360 31014; Livadi; Hauptgerichte 10–12 €, Fisch pro kg 35–60 €; ⏰ Mittag- & Abendessen) In diesem seit 1933 existierenden Familienbetrieb wird kein Schnickschnack serviert, sondern solide griechische Kost. Es gibt keine Speisekarte – einfach in die Küche gehen und sich anschauen, was dort gerade zubereitet wird. Liegt an der Hauptstraße von Livadi.

Sotiris (☎ 27360 33722; Avlemonas; Fisch pro kg 30–75 €; ⏰ April–Okt. Mittag- & Abendessen tgl., Nov.–März nur Fr–So) Die beliebte Fisch-Taverne im hübschen Avlemonas serviert guten Hummer und Fischsuppe (Fisch und Hummer werden pro Kilo berechnet).

Psarotaverna H Manolis (☎ 27360 33748; Diakofti; Fisch & Hummer pro kg 45–70 €; ⏰ Mittag- & Abendessen) Ein leuchtender Stern in Diakoftis ansonsten langweiliger Hafenumgebung. Einheimische kommen hierher, um den hervorragenden frischen Fisch und Gerichte der Saison zu essen.

ANTIKYTHIRA ΑΝΤΙΚΥΘΗΡΑ

20 Ew.

Nur wenige wagen sich auf die winzige Insel Antikythira vor, 38 km südöstlich von Kythira, die abgelegenste der Ionischen Inseln. Es gibt nur einen einzigen Ort (Potamos), einen Arzt, einen Polizisten, ein Telefon und ein Kloster. Keine Post und keine Bank. Die einzige Übernachtungsmöglichkeit stellen 10 einfache Zimmer in zwei Zweckbauten dar, die nur im Sommer geöffnet sind. In Potamos gibt es ein *kafeneio* mit Taverne.

An- & Weiterreise

Das Fährunternehmen **ANEN Lines** (www.anen. gr) legt auf der Strecke Kythira–Kissamos/ Kreta in Antikythira an. Die Insel ist nichts für Touristen mit engem Zeitplan und wird wahrscheinlich nur Leuten gefallen, die Einsamkeit wirklich lieben. Weitere Infos und Tickets bei **Porfyra Travel** (☎ /Fax 27360 31888; porfyra@otenet.gr) in Livadi auf Kythira.

Zentralgriechenland
Κεντρική Ελλάδα

Viele, die nach Zentralgriechenland kommen, sind überrascht von der zerklüfteten und vielfältigen Landschaft. Hier gibt es alles, von Felsklippen am Meer und versteckten Buchten bis hin zu Flusstälern und Olivenhainen im Landesinneren. Überall stößt man auf Zeugnisse griechischer Geschichte und Mythologie, auf Orakel und Musen, Krieger und Kentauren.

Die Ruinen von Delphi, wo Alexander der Große Rat beim Orakel suchte, gehören zu den faszinierendsten archäologischen Stätten Griechenlands. Zudem sind sie ein guter Ausgangspunkt für Wanderungen, die mit Ausblick auf den Golf von Korinth antiken Spuren folgen.

In der nördlichen Region Thessalien weichen Flachland und Hügel den atemberaubenden, hoch aufragenden Felstürmen von Meteora, auf denen sich zahlreiche Klöster befinden. Die spektakulären Felssäulen sind nicht nur ein Mekka für griechisch-orthodoxe Pilger, sondern auch für Weltklasse-Bergsteiger. Im Westen lockt das Pindos-Gebirge mit Fluss-Rafting und Wandermöglichkeiten; auch im Sommer sind seine alpinen Wiesen für Wanderungen perfekt.

An der nördlichen Ägäis liegt die Halbinsel Pelion, die von historischen Pflasterpfaden durchzogen wird. Sie verbinden üppige Bergweiler mit Buchten und Stränden, die den schönsten Inseln in nichts nachstehen – außer vielleicht in Bezug auf die Menschenmassen. Der griechischen Mythologie nach setzten Jason und die Argonauten im nahen Volos Segel, um sich auf die Suche nach dem Goldenen Vlies zu machen – auf einem Schiff, das aus Holz aus den Wäldern der Halbinsel Pelion gezimmert wurde.

Es ist kein Zufall, dass diese Landschaft zur Kulisse heldenhafter Kämpfe zwischen Göttern und Sterblichen wurde oder dass hier noch immer robuste und gutmütige Menschen leben.

HIGHLIGHTS

- **Gemeinsam einen Film anschauen** Sich den Menschenmassen im Openair-Kino von Volos anschließen (S. 300)

- **Abendessen am Fluss** Eine Forelle aus den Gebirgsflüssen in Karpenisi (S. 291)

- **Mit dem Strom schwimmen** Wildwasserrafting in der Region Triapotamia (S. 312)

- **Hier entlang!** Über die gepflasterten Pfade der Halbinsel Pelion (S. 301) bis zum Meer

- **Nicht nach unten schauen** Klettern an den Felstürmen der Meteora-Klöster (S. 314)

- **Meditative Momente** Das letzte Licht des Tages im Heiligtum der Athene (S. 378) im antiken Delphi einfangen

- **Am Ende der Straße** Krauskopfpelikane in der Klisova-Lagune (S. 287) beobachten

★ Meteora
★ Triapotamia
Volos ★
★ Halbinsel Pelion
Karpenisi ★
★ Lagune von Klisova
★ Antikes Delphi

- BEVÖLKERUNG: 1,9 MIO.
- FLÄCHE: 37 042 KM²

STEREA ELLADA
ΣΤΕΡΕΑ ΕΛΛΑΔΑ

Griechische Mythologie und Geschichte scheinen sich in Sterea Ellada mit der schroffen, malerischen Landschaft zu verbinden. An den Hängen des Parnass-Gebirges, über dem Golf von Korinth, befindet sich Delphi, das von den antiken Griechen als Mittelpunkt der Welt betrachtet wurde. Hinter Delphi erstreckt sich das Land ostwärts bis Attika, wo der legendäre König Ödipus sein Schicksal fand, und westwärts bis Mesolongi, wo der britische Dichter Lord Byron im Griechischen Unabhängigkeitskrieg an einem Fieber starb. Die Region erhielt ihren heutigen Namen Sterea Ellada (Griechisches Festland) im Jahr 1827, als sie Teil des neu gegründeten griechischen Staates wurde.

Sterea Ellada grenzt an die schmalen Golfe von Korinth und Patras im Süden und an Epiros im Norden. Ein Großteil der Gebirgsregion ist als Agrafa, „unbeschrieben", bekannt. So wurde sie während der *tourkokratia*, der türkischen Besatzung genannt, als die schwer zugänglichen Bergdörfer für die Steuereintreibung abgeschrieben wurden. Heute sind diese Bergdörfer für ihre Schönheit berühmt und werden von Wanderern und Raftern gleichermaßen erobert.

THIVA (THEBEN) ΘHBA
22 400 Ew.

Thiva, der Geburtsort von Herakles und Dionysos, war 400 v. Chr., im Goldenen Zeitalter Griechenlands, ein mächtiger Stadtstaat und nahm eine strategisch wichtige Position zwischen Nordgriechenland und dem Peloponnes ein. Das tragische Schicksal seines Königshauses, um das sich der Ödipus-Mythos rankt, ist vergleichbar mit dem des antiken Mykene. Im heutigen Thiva weist nur noch wenig auf den Ruhm vergangener Tage hin.

Nach dem Trojanischen Krieg im 12 Jh. v. Chr. wurde Theben zur führenden Stadt in der Region Boötien. Im Jahr 371 v. Chr. ging die Stadt siegreich aus der Schlacht gegen das einst unbezwingbare Sparta hervor. Thebens Siegeszug endete 335 v. Chr. jedoch abrupt, als es von Alexander dem Großen geplündert wurde, weil es sich gegen Makedonien erhoben und auf die Seite der Perser geschlagen hatte. Alexander schonte die Tempel, aber nicht die 6000 Thebaner, die in der blutigen Schlacht den Tod fanden. Weitere 30 000 wurden gefangen genommen.

Passend zu seiner Geschichte verfügt Thiva über ein beeindruckendes **Archäologisches Museum** (☎ 22620 27913; Eintritt 2 €; ☼ Di–Sa 8–14.30 Uhr), das Schmuck aus den mykenischen Palästen, Tonmasken und verzierte Sarkophage ausstellt. Allerdings ist das Museum seit 2007 wegen Renovierung geschlossen und macht planmäßig erst 2011 wieder auf.

Schlafen & Essen

Hotel Niovi (☎ 22620 29888; www.hotelniovi.gr; Epaminonda 63; EZ/DZ inkl. Frühstück 43/55 €; ✗ 🖳 🛜) Das einladende Hotel ist sowohl gemütlich als auch modern; Blumentöpfe schmücken die marmorne Innentreppe. Es gibt Satelliten-TV und kostenlosen Internetzugang. Das Hotel an der *plateia* (Platz) befindet sich neben dem DIA-Supermarkt, nur zehn Gehminuten vom archäologischen Museum entfernt.

Dionysos Restaurant (☎ 22620 24445; Hauptgerichte 4–7,50 €) Der freundliche Eigentümer Kypriotakis ist stolz auf seine „im altgriechischen Stil" zubereiteten Ofengerichte wie Lamm in Zitronensoße und *pastitsio* (Auflauf aus Buttermaccaroni und Lammhack).

Ladhokola (☎ 22620 28400; Hauptgerichte 5–8,50 €) Gleich gegenüber am Platz serviert dieses flotte Lokal köstliche gegrillte Shrimps, Koteletts und *souvlaki* (Fleischspieße).

An- & Weiterreise

Von Thivas zentralem **Busbahnhof** (☎ 22620 27512), 500 m südlich der Plateia Agios Kalotinis, fahren Busse nach Athen (7,40 €, 1½ Std., stündl.). Die Bushaltestelle (kein Telefon) für die Busse nach Livadia und Delphi (4,80 €, 50 Min., 5-mal tgl.) befindet sich in der Nähe der Shell-Tankstelle und des Bahnhofs.

Vom **Bahnhof Thiva** (☎ 22620 27531), 100 m südlich des Museums, fahren Züge nach Athen (normal/Intercity-[IC]-Express 3,50/9,20 €, 75/60 Min., 13-mal tgl.) und Thessaloniki (normal/IC 12,60/33 €, 4/5½ Std., 10-mal tgl.).

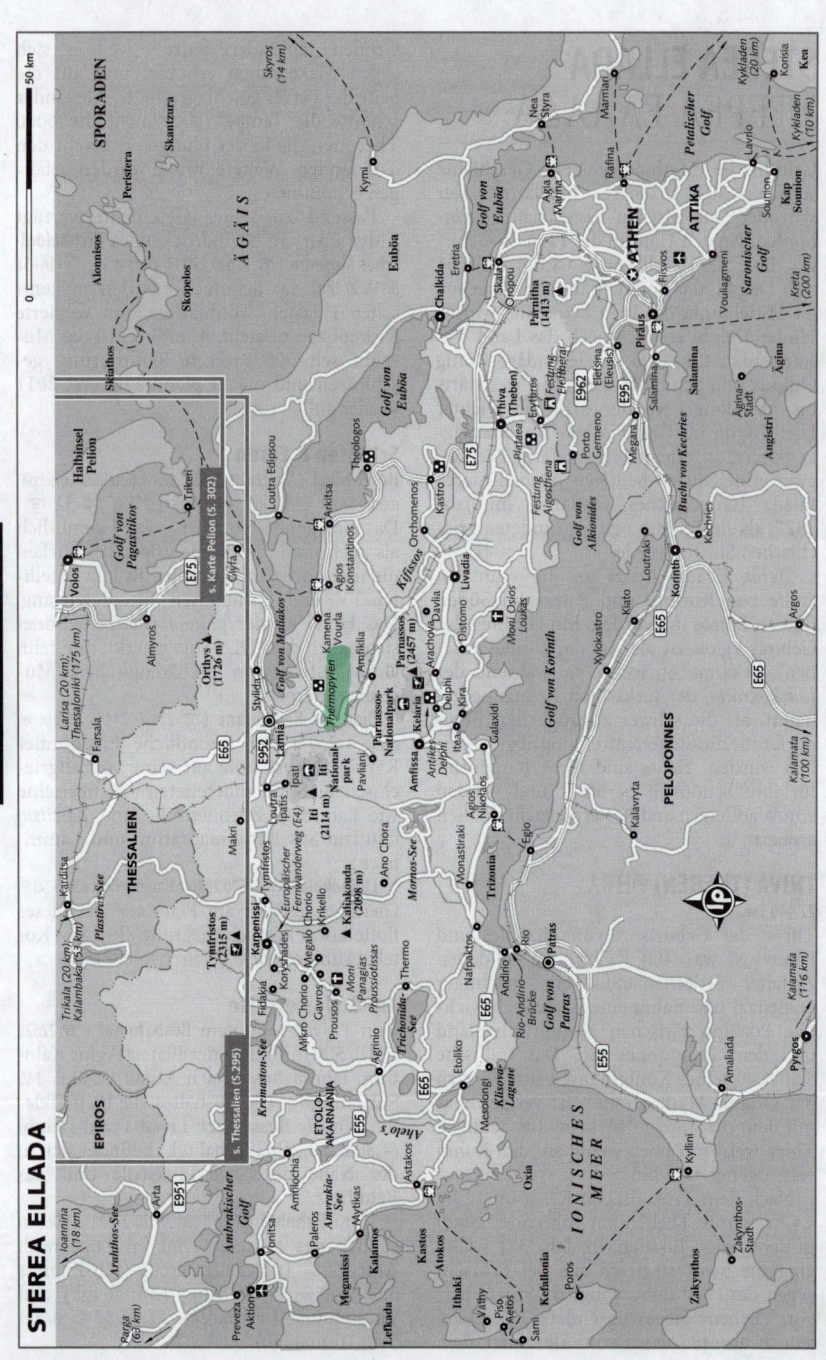

RUND UM THIVA

Die gut erhaltene **Festung Eleftherae** aus dem 4. Jh., die den Kaza-Pass über den Berg Kithairon bewacht, steht zwischen Athen und Thiva. Der Mythologie nach wurde Ödipus als Säugling in diesem Gebirge am Rand des antiken Attika seinem Schicksal überlassen und dann von einem Schafhirten gerettet. Geschichtsfans können auch die **Ruinen** in der Nähe von Erythres unter die Lupe nehmen, wo die Schlacht bei Platäa (479 v. Chr.) stattfand, die das Ende der Perserkriege markierte. Eine Straße, die nach Porto Germeno abzweigt, führt zur Festung **Aigosthena** aus dem 4. Jh. v. Chr. mit den besterhaltenen Festungsmauern in ganz Griechenland.

Die meisten Reisenden kommen nach Thiva, wenn sie über die Nationalstraße von Athen nach Delphi unterwegs sind. Mit dem eigenen Auto können Liebhaber der Geschichte Thiva auch über eine malerische Gebirgsstraße erreichen, die 2 km westlich von Elefsina (dem antiken Eleusis) beginnt.

LIVADIA ΛΙΒΑΔΕΙΑ

20 980 Ew.

Livadia liegt an der Straße Athen–Delphi, 45 km nordwestlich von Thiva. Die Stadt erstreckt sich über beide Seiten einer Schlucht, aus der der Fluss Erkina strömt. Über der Stadt liegt eine fränkische Burg aus dem 14. Jh., und die schattigen **Kria-Quellen** (kalte Quellen) lohnen auf dem Weg nach Delphi einen Zwischenstopp in Livadia.

Die beiden Quellen von Livadia werden in der Mythologie mit dem Orakel von Trophonios in Verbindung gebracht. Ratsuchende sollten zuerst aus der Quelle des Vergessens (Lethe) und dann aus der Quelle des Erinnerns (Mnemosyne) trinken. Beide Quellen sprudeln auch heute noch gleich über einer Brücke aus Osmanischer Zeit fröhlich vor sich hin, nur 1 km von der zentralen plateia entfernt, an der sie ausgeschildert sind.

Schlafen & Essen

Hotel Levadia (☎ 22610 23611; www.levadiahotel.gr; EZ/DZ/3BZ inkl. Frühstück 55/70/85 €; ❄) Wer über Nacht hierbleiben will, findet in diesem Hotel eine zuverlässige, altmodische, saubere und freundliche Unterkunft. Gleich gegenüber der zentralen Plateia Kotsoni.

Am Fluss liegen ein paar reizvolle Cafés und Restaurants. Einen Hauch von Geschichte fühlt man im hübschen **Neromylos** (☎ 22610 26928; Hauptgerichte 6–12 €; ☺ Abendessen), das in einer restaurierten Getreidemühle aus dem 19 Jh. untergebracht ist. Zu den Favoriten unter den Gerichten gehören *kleftiko* (langsam gegartes Lamm, 9 €) und *karydopita* (Walnusskuchen). Gleich hinter der kurzen Brücke aus Osmanischer Zeit befindet sich die beliebte **Café-Bar Nerotrivi** (☎ 69716 33838; Snacks 2–5 €) mit ihrem riesigen Filmprojektor aus den 1940er-Jahren. Hier gibt's auch Plätze im Freien.

An- & Weiterreise

Zwischen Livadia und Athen gibt es regelmäßige Busverbindungen (11,10 €, 2 Std., stündl.). In Athen fahren die Busse an **Terminal B** (Rand der Karte S. 108; ☎ 210 831 7173; Liosion 260, Kato Patisia) ab. In Livadia starten die Busse nach Athen an der **KTEL-Haltestelle** (☎ 22610 28336), 1,5 km nordwestlich der Plateia Kotsoni. Täglich fahren Busse zum Moni Osios Loukas (3,30 €, 30 Min.). Gegenüber dem Hotel Levadia ist eine Haltestelle mit Kiosk (kein Telefon), an der die Busse nach Delphi (3,90 €, 50 Min., 6-mal tgl.) und Amfissa (5,80 €, 70 Min., 6-mal tgl.) abfahren.

Zehn Züge fahren täglich von/nach Athen (normal/IC 4/10 €, 95/75 Min.). Ein Shuttlebus (1,20 €) legt die 6 km zwischen dem abgelegenen **Bahnhof** (☎ 22610 28046) und dem **Büro der griechischen Eisenbahngesellschaft OSE** (☎ 22610 28661; Filonos 30) in der Stadt zurück, das 400 m westlich der Plateia Kotsoni liegt.

DELPHI ΔΕΛΦΟΙ

2500 Ew.

Hätten die antiken Griechen Delphi (von *Delphis*, „Gebärmutter") nicht zum Nabel ihrer Welt erkoren und das Heiligtum des Apollon dort gebaut, wäre sicher jemand anderem etwas eingefallen, um dieses Adlernest von einem Dorf zu einer Touristenattraktion zu machen. Seine Lage auf einem steil abfallenden Felsen ist spektakulär. Trotz des unverhohlenen Kommerzes und des ständigen Busverkehrs durch das moderne Dorf hat es sich eine besondere Atmosphäre bewahrt. Delphi liegt 178 km nordwestlich von Athen und ist der Ausgangspunkt für den Besuch einer der bedeutendsten antiken Stätten Griechenlands.

DIE WEGKREUZUNG DES ÖDIPUS

Reisende können heute noch immer die Stelle sehen, an der sich „drei Straßen treffen", wie es in der antiken Tragödie von Sophokles heißt. An dieser schicksalhaften Kreuzung traf der stolze Ödipus auf seinen Vater, König Laios. Damit erfüllte sich die tragische Prophezeiung des mächtigen Orakels von Delphi: Ödipus wurde unwissentlich zum Mörder seines Vaters und heiratete seine Mutter.

Um die Ödipus-Kreuzung zu finden (wenn man von Livadia in Richtung Westen nach Delphi fährt), muss man zuerst das Straßenschild nach Distomo finden, dann 1 km weiter ein Schild nach Davlia. Danach geht's weitere 1,5 km den Berg hoch zum Parkplatz (rechts). Blickt man nach unten, entdeckt man rechts sichtbare Spuren einer alten Kreuzung, an der vielleicht die Wege des Schicksals trafen.

Geschichte

Delphi erlebte zwischen dem 6. und 4. Jh. v.Chr. seine Blütezeit, als Pilger in Scharen herbeiströmten, um das Orakel um Rat zu fragen. Seine Prophezeiungen galten als unmittelbare Offenbarung Apollons (s. Das Orakel von Delphi S. 279).

Delphi stand unter dem Schutz der Amphiktyonie, einem Zusammenschluss aus zwölf Stammesstaaten, der nach dem ersten Heiligen Krieg (595–586 v.Chr.) die Kontrolle über das Heiligtum übernahm. Delphi wurde ein autonomer Staat, der von zahlreichen Gönnern gefördert wurde, darunter die Könige von Lydien und Ägypten und der römische Kaiser Hadrian.

Das Heiligtum überstand ein Feuer (548 v.Chr.) und ein Erdbeben (373 v.Chr.). Im 3. Jh. v.Chr. wurde es von den Ätoliern erobert, 191 v.Chr. von den Römern. Im Jahr 86 v.Chr. plünderte der Römer Sulla das Heiligtum. Andere Kaiser waren jedoch vom Ruhm der Stätte fasziniert und hielten die Rituale in Delphi bis ins 2. Jh. am Leben. Danach begann der Einfluss des Orakels zu schwinden. Im späten 4. Jh. n.Chr. wurde das Heiligtum schließlich vom byzantinischen Kaiser Theodosius abgeschafft. Im 7. Jh. war über der antiken Stätte das neue Dorf Kastri entstanden. Vieles von dem, was man heute über Delphi weiß, stammt aus den Schriften des Athener Geografen Pausanius aus dem 2. Jh.

Orientierung & Praktische Informationen

Fast alles, was man in Delphi braucht, gibt es auf der Vasileon Pavlou & Friderikis. Die anderen Hauptstraßen Delphis sind die Apollonos, die nördlich und parallel zur Vasileon Pavlou & Friderikis verläuft, und die Filellinon, die im Süden parallel dazu verläuft. Vier steile Treppen verbinden alle drei Straßen.

Der kleine Busbahnhof befindet sich auf der Vasileon Pavlou & Friderikis neben der Taverna Gargaduas auf der Itea-Seite der Stadt. Die Post (Karte S.277; 7.30–14 Uhr) und drei Bankautomaten befinden sich ebenfalls in dieser Straße.

Hilfreiche Infos bietet die **städtische Touristeninformation** (Karte S.277; ☎ 22650 82900; Mo–Fr 7.30–14.30, Sa 8–14 Uhr), wo die Arahova auf die Vasileon Pavlou & Friderikis stößt. Im nahen **Delphiko Internet Café** (Karte S.277; 3 € pro Std.; 6.30–1 Uhr) und im **Parnassos Café** (Karte S.277; 3 € pro Std.; 7.30–24 Uhr) kann man ins Internet gehen.

Das antike Delphi (archäologisches Museum und antike Stätte) liegt 500 m in Richtung Arachova an der piniengesäumten Hauptstraße.

Sehenswertes

ANTIKES DELPHI

Von allen archäologischen Stätten Griechenlands ist das **Antike Delphi** (Karte S.278; www.culture.gr) eine der stimmungsvollsten. Das an den Hängen des Parnass gebaute Delphi blickt über dem Golf von Korinth und erstreckt sich in ein Tal mit Zypressen und Olivenbäumen. Den Reiz der Weltkulturerbestätte machen sowohl die überwältigende Kulisse als auch die eindrucksvollen Ruinen aus. Die antiken Griechen betrachteten Delphi als den Mittelpunkt der Welt; der Mythologie nach ließ Zeus an jedem der beiden gegenüberliegenden Enden der Welt einen Adler fliegen, die sich dann hier trafen. Im Sommer sollte man die Stätte schon früh besichtigen, bevor die Menschenmassen und die Hitze kommen.

Apollon-Heiligtum

Das Heiligtum des Apollon liegt zur Linken der Hauptstraße in Richtung Arachova.

Gleich rechts neben dem Eingang erblickt man das Mauerwerk der **römischen Agora** (Karte S. 278).

Vom Haupteingang führen rechts einige Stufen zur **Heiligen Straße**, die sich bis zu den Fundamenten des dorischen Apollon-Tempels hinaufschlängelt. Beim Betreten der Stätte kommt man an einer Reihe von Steinsockeln vorbei. Der erste von ihnen trug einst die **Statue** (Karte S. 278) eines von der Stadt Korfu (Kerkyra) gewidmeten Stiers. Ein Stückchen weiter sind rechts die Überreste der **Weihegeschenke von Lakedaimon** (Karte S. 278) zu erkennen, die an einen Sieg erinnern. Die nächsten beiden halbrunden Bauwerke zu beiden Seiten der Heiligen Straße wurden von den Argivern (Volk von Argos) errichtet. Rechts davon befand sich das **Monument der Könige von Argos** (Karte S. 278).

In der Antike war die Heilige Straße von Schätzen und Statuen gesäumt, die die Stadtstaaten – Athen, Sikyon, Siphnos, Knidos und Theben (Thiva) – Apollon in Dankbarkeit geweiht hatten. Nördlich des rekonstruierten **athenischen Schatzhauses** (Karte S. 278) befinden sich die Fundamente des **Buleuterions** (Sitz des Rates; Karte S. 278).

Der **Apollon-Tempel** (Karte S. 278) aus dem 4. Jh. v. Chr. mit der Apollon-Statue und einer Feuerstelle, auf der eine ewige Flamme brannte, dominiert das gesamte Heiligtum. Auf der Vorhalle des Tempels standen Inschriften von griechischen Philosophen wie „Erkenne dich selbst" und „Nichts im Übermaß".

Über dem Tempel liegt das gut erhaltene **Theater** (Karte S. 278) aus dem 4. Jh. v. Chr. Es wurde von den Königen von Pergamon im 1. Jh. v. Chr. restauriert und bietet vom obersten Rang eine wunderbare Aussicht. Hier fanden während der Pythischen Spiele, die – wie die Olympischen Spiele – alle vier Jahre abgehalten wurden, Aufführungen statt. Vom Theater führt der Weg weiter zum **Stadion** (Karte S. 278), dem besterhaltenen in ganz Griechenland. Am östlichen Ende sind noch die steinernen Startblöcke der Läufer zu sehen; manchmal ist der Zutritt zum Stadion wegen möglichem Steinschlag eingeschränkt.

ZENTRALGRIECHENLAND

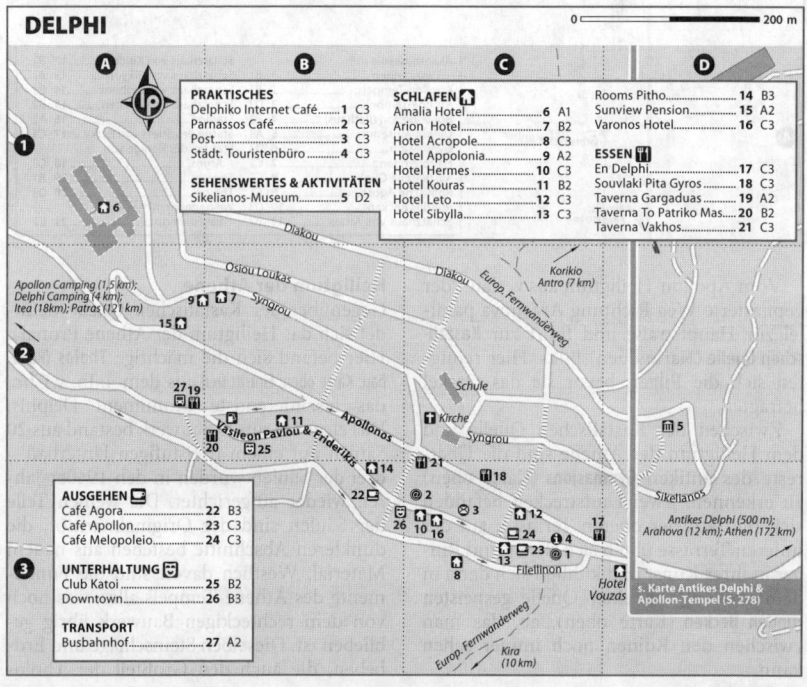

DELPHI

0 — 200 m

PRAKTISCHES
Delphiko Internet Café...... **1** C3
Parnassos Café............... **2** C3
Post.............................. **3** C3
Städt. Touristenbüro **4** C3

SEHENSWERTES & AKTIVITÄTEN
Sikelianos-Museum............ **5** D2

SCHLAFEN
Amalia Hotel.................... **6** A1
Arion Hotel...................... **7** B2
Hotel Acropole................. **8** C3
Hotel Appolonia............... **9** A2
Hotel Hermes................... **10** C3
Hotel Kouras.................... **11** B2
Hotel Leto....................... **12** C3
Hotel Sibylla.................... **13** C3

Rooms Pitho..................... **14** B3
Sunview Pension............... **15** A2
Varonos Hotel.................. **16** C3

ESSEN
En Delphi......................... **17** C3
Souvlaki Pita Gyros........... **18** C3
Taverna Gargaduas........... **19** A2
Taverna To Patriko Mas..... **20** B2
Taverna Vakhos................ **21** C3

AUSGEHEN
Café Agora...................... **22** B3
Café Apollon................... **23** C3
Café Melopoleio............... **24** C3

UNTERHALTUNG
Club Katoi....................... **25** B2
Downtown....................... **26** B3

TRANSPORT
Busbahnhof..................... **27** A2

Diakou
Osiou Loukas
Syngrou
Diakou
Europ. Fernwanderweg
Korikio Antro (7 km)

Apollon Camping (1,5 km); Delphi Camping (4 km); Itea (18km); Patras (121 km)

Schule
Kirche
Syngrou
Vasileon Pavlou & Friderikis
Apollonos
Sikelianos

Antikes Delphi (500 m); Arahova (12 km); Athen (172 km)

Filellinon
Hotel Vouzas
s. Karte Antikes Delphi & Apollon-Tempel (S. 278)

Europ. Fernwanderweg
Kira (10 km)

ZENTRALGRIECHENLAND

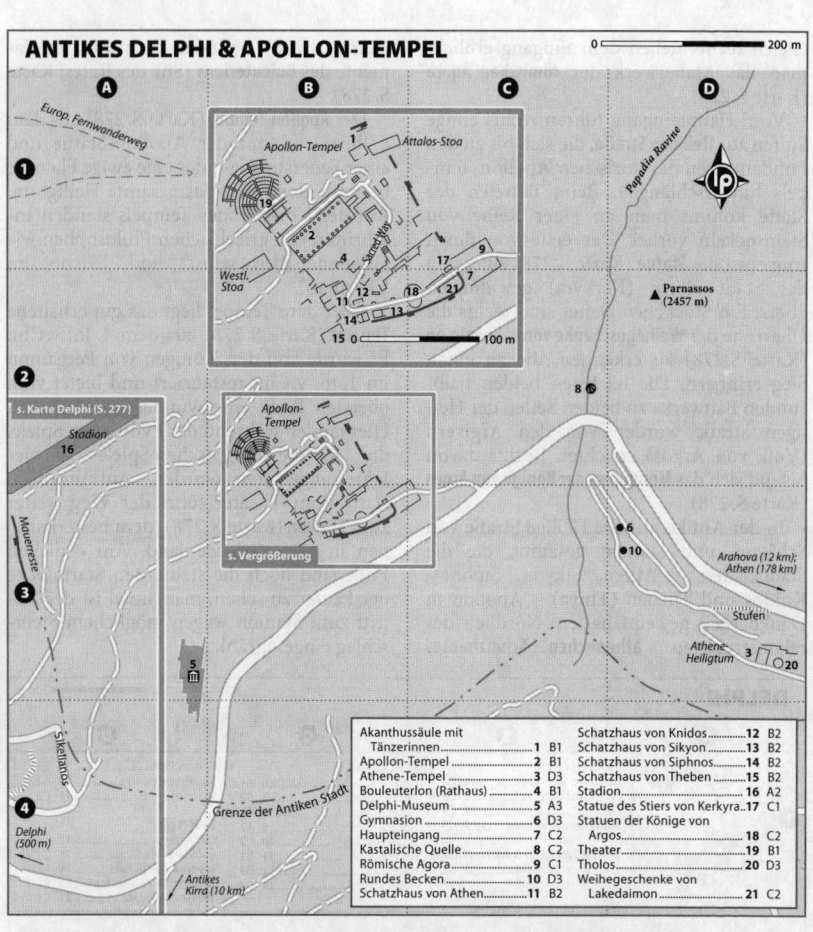

ANTIKES DELPHI & APOLLON-TEMPEL

Akanthussäule mit		Schatzhaus von Knidos	12 B2
Tänzerinnen	1 B1	Schatzhaus von Sikyon	13 B2
Apollon-Tempel	2 B1	Schatzhaus von Siphnos	14 B2
Athene-Tempel	3 D3	Schatzhaus von Theben	15 B2
Bouleuterion (Rathaus)	4 B1	Stadion	16 A2
Delphi-Museum	5 A3	Statue des Stiers von Kerkyra	17 C1
Gymnasion	6 D3	Statuen der Könige von	
Haupteingang	7 C2	Argos	18 C2
Kastalische Quelle	8 C2	Theater	19 B1
Römische Agora	9 C1	Tholos	20 D3
Rundes Becken	10 D3	Weihegeschenke von	
Schatzhaus von Athen	11 B2	Lakedaimon	21 C2

Vom Apollon-Heiligtum aus verläuft der gepflasterte Weg Richtung Arachova parallel zur Hauptstraße und führt zur **Kastalischen Quelle** (Karte oben) links. Hier reinigten sich die Pilger, bevor sie das Orakel befragten.

Zwischen der Kastalischen Quelle und dem Heiligtum der Athene sind die Überreste des antiken **Gymnasions** (Karte oben) zu erkennen. Zwei Laufstrecken befanden sich hier auf der oberen Terrasse; auf der unteren Terrasse übten sich Boxer und Ringer in ihrer Kunst und kühlten sich dann in dem großen, von einer Quelle gespeisten **runden Becken** (Karte oben) ab, das man zwischen den Ruinen noch immer sehen kann.

Heiligtum der Athene

Gegenüber der Kastalischen Quelle befindet sich das Heiligtum der Athene Pronaia. Hier befand sich die mächtige **Tholos** (Rundbau; Karte oben; Eintritt frei) aus dem 4. Jh. v. Chr., das faszinierendste Monument Delphis. Das elegante runde Bauwerk bestand aus 20 Säulen auf einem dreistufigen Unterbau – drei der Säulen wurden in den 1940er-Jahren wieder aufgerichtet. Die weißen Teile der Säulen sind der Originalmarmor, die dunkleren Abschnitte bestehen aus neuem Material. Westlich davon sind die Fundamente des Athene-Tempels alles, was noch von dem rechteckigen Bauwerk übrig geblieben ist. Dieselben Steinschläge und Erdbeben, die auch den Großteil der Tholos einstürzen ließen, haben den Tempel stark beschädigt.

Museum von Delphi

Seit dem 8. Jh. v. Chr. war es dem antiken Delphi gelungen, beträchtliche Schätze anzuhäufen. Vieles davon ist in dem wunderbaren **Museum** (Karte S. 278; ☎ 22650 82312; www. culture.gr/war/index_en.jsp; Stätte oder Museum Erw. 6 €, Stätte & Museum Erw./Stud. 9/5 €, Nov.–März sonntags freier Eintritt; ☾ April–Okt. Di–So 8–19.45, Mo 13.30–19.45 Uhr, Nov.–März 8.30–14.45 Uhr) noch zu sehen.

Beim Betreten des Museums fällt der Blick in Raum 5 zuerst auf die **Sphinx der Naxier** aus dem Jahr 560 v. Chr. Darüber hinaus sind hier auch gut erhaltene Teile des **Frieses** vom Schatzhaus der Siphnier zu sehen, auf dem nicht nur die Schlacht zwischen Göttern und Giganten dargestellt ist, sondern auch das Urteil des Paris (wenn man hereinkommt hinten links), der entscheiden sollte, welche Göttin die schönste war (er wählte Aphrodite). In Raum 3 stehen zwei schöne **Kouroi** (junge Männer) aus dem 6. Jh. v. Chr., die „Zwillinge aus Argos".

In den Räumen links befinden sich Fragmente der **Metopen** (Figuren in einem Fries) aus dem Schatzhaus der Athener, auf denen die Heldentaten von Herakles und Theseus sowie die **Schlacht der Amazonen** (Raum 7) dargestellt sind. Ein Stück weiter – nicht zu verfehlen – steht die hohe **Akanthussäule mit Tänzerinnen** (Raum 11), um deren Spitze drei Frauen tanzen. Daneben sieht man den **Omphalos**, einen kegelförmigen Stein, der einst an der Stelle stand, die als Mittelpunkt der Welt betrachtet wurde. Im letzten Raum steht der berühmte lebensgroße **bronzene Wagenlenker**, der an einen Sieg bei den Pythischen Spielen von 478 oder 474 v. Chr. erinnert.

SIKELIANOS-MUSEUM

Fans des griechischen Dramas sollten sich das kleine **Sikelianos-Museum** (Karte S. 277; ☎ 22650 82731; Eintritt 1 €; ☾ Do–Mo 9–15 Uhr) anschauen, das sich in einer klassischen Villa über Delphi befindet. Es ist dem griechischen Dichter Angelos Sikelianos und seiner amerikanischen Frau Eva Palmer gewidmet, die Delphi in den späten 1920ern als europäisches Zentrum für Theater und Kunst etablierten. Ausgestellt sind Masken, Kostüme und Fotos. Die Stadt und das Museum sponsern jedes Jahr im Juli ein zehntägiges Festival für antikes Theater.

Aktivitäten

Zwei beliebte **Tageswanderungen**, die beide Teil des Europäischen Fernwanderwegs E4 sind, beginnen und enden in Delphi. Die erste verbindet zwei antike Stätten, das Apollon-Heiligtum und den heiligen Bergschrein **Korikio Antro,** der Pan und Dionysos geweiht war. Viele Wanderer nehmen zunächst ein Taxi von Arachova (S. 283) bis Kalyvia (25 €), wandern zur Grotte (500 m) und kehren über die gut ausgeschilderten Wege innerhalb von vier Stunden nach Delphi zurück. Unterwegs bieten sich ein-

---

DAS ORAKEL VON DELPHI

Das Orakel von Delphi war das mächtigste Griechenlands. Es befand sich auf einem Dreifuß über einem Spalt, aus dem giftige Dämpfe drangen. Man sagt, die frühesten Orakel seien junge Frauen gewesen, die regelmäßig mit den Rat suchenden Pilgern durchgebrannt seien und damit den Posten zeitweise unbesetzt ließen. Daher wurde es Brauch, nur Seherinnen (Pythia) zuzulassen, die mindestes 50 Jahre alt waren.

Wenn göttlicher Rat gefragt war, atmete die Priesterin die Dämpfe ein und fiel in Trance. Ihre inspirierten, wenn auch etwas vagen Antworten wurden von einem Priester in Versform gebracht. Dass das Orakel den Ruf hatte, unfehlbar zu sein, hängt wohl mit dem oft mehrdeutigen oder kryptischen Antworten zusammen. Aufgrund der Visionen des Orakels wurden Kriege geführt, Ehen besiegelt und Reisen unternommen.

Der Legende nach musste eine der Seherinnen – ob von Dämpfen benebelt oder nicht – für ihre vage Antwort büßen. Als Alexander der Große das Orakel aufsuchte in der Hoffnung, ihm würde die Eroberung der gesamten antiken Welt prophezeit, verweigerte Pythia einen direkten Kommentar und bat ihn stattdessen, später wiederzukommen. Wütend zerrte er sie an den Haaren aus ihrem Gemach, bis sie schrie: „Lass ab von mir; du bist unüberwindlich!" Er ließ sie augenblicklich los und sagte: „Jetzt habe ich meine Antwort."

drucksvolle Aussichten auf Delphi, die Amfissa-Ebene und Galaxidi.

Die zweite, vier- bis fünfstündige Tour schlängelt sich durch die schattigen Olivenhaine, die sich von Delphi bis zum **antiken Kirrha** am Golf von Korinth erstrecken. Nach einem Mittagessen oder einem Bad im Meer kehrt man mit dem Bus (2 €) nach Delphi zurück. Das Ende des E4 ist 100 m östlich des Hotels Acropole markiert.

Geführte Touren

Englischsprachige Touren bieten in Delphi **Georgia Hasioti** (☎ 69449 43511, 22550 82722), die außerdem Japanisch, Französisch und Italienisch spricht, **Penny Kolomvotsos** (☎ 69446 44427), die auch Deutsch spricht, und **Electra Togia** (☎ 69378 13215) an, die auch Italienisch und Spanisch kann.

Schlafen

Unterkunftsmöglichkeiten gibt es in Delphi reichlich und in guter Qualität, aber in der Hochsaison (April–Mai und Juli–September) und an Feiertagen empfiehlt es sich, vorher zu reservieren.

BUDGETUNTERKÜNFTE

Hotel Sibylla (Karte S. 277; ☎ 22650 82335; www.sibylla-hotel.gr; Vasileon Pavlou & Friderikis 9; EZ/DZ/3BZ ab 24/30/40 €; ⊠ 🛜) Ein exzellentes Budgethotel mit hilfsbereitem Personal und einfachen, makellosen Zimmern, alle mit einstellbaren Deckenventilatoren anstatt Klimaanlage. Einige davon haben eine Aussicht auf den Golf von Korinth.

Sunview Pension (Karte S. 277; ☎ 22650 82349; dkal@otenet.gr; Apollonos 84; EZ/DZ/3BZ inkl. Frühstück 25/35/50 €; 🅿 ⊠ 🛜) Die betriebsame Pension hat eine tolle Lage im oberen Delphi. Die Zimmer sind in hellen Farben gestrichen, und die freundlichen Besitzer behandeln die Pension wie ihr eigenes Zuhause, was sie zufälligerweise auch ist.

Hotel Kouros (Karte S. 277; ☎ 22650 82473; www.kouroshotel.com.gr; Vasileon Pavlou & Friderikis 58; EZ/DZ/3BZ inkl. Frühstück 35/45/60 €; ⊠ 🛜) Das komfortable Kouros wird von der freundlichen Asimina geführt, die für die Kunst in den Zimmern und das Frühstück auf der Veranda ein besonderes Lob verdient.

Rooms Pitho (Karte S. 277; ☎ 22650 82850; www.pithorooms.gr; Vasileon Pavlou & Friderikis 40a; EZ/DZ/3BZ/4BZ inkl. Frühstück 35/45/65/70 €; ⊠ 🛜) Unten ein Souvenirladen, oben ein kleines

Hotel mit modernen Zimmern, hervorragendem Service und herrlicher Lage. Eine der besten Budgetunterkünfte in Delphi.

Ein kostenloser Shuttlebus verkehrt stündlich zwischen Delphi und zwei exzellenten Campingplätzen. Delphi am nächsten ist **Apollon Camping** (außerhalb der Karte S. 277; ☎ 22650 82762; www.apolloncamping.gr; Stellplatz pro Erw./Zelt 7,50/4 €; 🅿 🛜 🍴), 2 km westlich des modernen Delphi. Er bietet erstklassige Facilities, darunter ein Restaurant, einen Minimarkt und einen Grillplatz. **Delphi Camping** (außerhalb der Karte S. 277; ☎ 22650 82209; www.delphicamping.com; Stellplatz pro Erw./Zelt 6,50/4,50 €; 🅿 🛜) ist ähnlich gut ausgestattet. Er liegt 4,5 km von Delphi entfernt Richtung Itea mit Blick auf den Golf.

Empfehlenswert ist auch das **Arion Hotel** (Karte S. 277; ☎ 22650 82097; www.hotel-arion.gr; Syngrou; EZ/DZ/3BZ/4BZ inkl. Frühstück 30/45/60/75 €; ⊠ 🛜) Es bietet guten Service und Komfort sowie einige ruhige Zimmer nach hinten, von denen man eine gute Aussicht hat.

MITTELKLASSEHOTELS

Varonos Hotel (Karte S. 277 ☎ 22650 82345; www.hotel-varonos.gr; Vasileon Pavlou & Friderikis 25; EZ/DZ/3BZ/Suite inkl. Frühstück 42/62/70/120 €; ⊠ 🛜 ♿) Die Grünpflanzen und Antiquitäten in der Lobby des bezaubernden Varonos schaffen eine gemütliche Atmosphäre und erwecken so den Eindruck, dass hier auch wirklich jemand wohnt. In einer Suite kommen bequem vier bis sechs Leute unter. Rollstuhlgerechter Zugang.

Hotel Hermes (Karte S. 277; ☎ 22650 82318; Vasileon Pavlou & Friderikis 27; EZ/DZ/Suite inkl. Frühstück 45/50/80 €; ⊠ 🛜) Das freundliche Familienhotel Hermes liegt im Herzen Delphis. Die meisten der großen Zimmer mit Holzfensterläden haben Balkone mit Blick auf den Golf. Der Service ist hervorragend, die Aussicht vom Frühstücksraum herrlich.

Hotel Leto (Karte S. 277; ☎ 22650 82302; Apollonos 15; www.leto-delphi.gr; EZ/DZ/3BZ inkl. Frühstück ab 45/60/75 €; ⊠ ⊠ 🛜) Wer vom traditionellen griechischen Einerlei die Nase voll hat, sollte sich diese Bude mal anschauen: Das Hotel bietet Nichtraucherzimmer, durch und durch modernes Dekor und kostenlosen Internetzugang.

Hotel Acropole (Karte S. 277; ☎ 22650 82675; www.delphi.com.gr; Filellinon 13; EZ/DZ/3BZ inkl. Frühstück 64/79/98 €; ⊠ 🛜) Das Acropole liegt jenseits der Hauptstraße in der ruhigeren Filellinon. Die raffinierten Zimmer haben weiche Betten und Leselampen, die Einrichtung besteht aus Holz und Marmor. Die Zimmer oben bieten eine großartige Aussicht auf den Golf. Eine riesige Bar in der Lobby dient auch als Frühstücksraum.

SPITZENKLASSEHOTELS

Hotel Appolonia (Karte S. 277; ☎ 22650 82919; www. apollonia.gr; Syngrou; EZ/DZ/3BZ/Suite inkl. Frühstück 80/120/160/220 €; P X 💻 🛜) Das protzige Appolonia hat eine gemütliche Atmosphäre und liegt etwas abseits an der oberen Syngrou. Die Zimmer sind ziemlich modern und mit eleganten dunklen Holzmöbeln und Teppich ausgestattet. Die Badezimmer haben große Waschbecken. Vom Balkon hat man einen Blick über ganz Delphi.

Ebenfalls empfehlenswert ist das **Amalia Hotel** (Karte S. 277; ☎ 22650 82101; www.amaliahotels. com; EZ/DZ/Suite inkl. Frühstück ab 110/150/180 €; P X 🛜 🏊). Totschick und geräumig – aber bitte nicht über die Tourbusse stolpern!

Essen

Wer in Delphi essen will, findet sich oft in überfüllten Restaurants mit mittelmäßigem Essen wieder. Hier sind ein paar Ausnahmen aufgeführt:

Taverna Gargaduas (Karte S. 277; ☎ 22650 82488; Hauptgerichte 4–9 €) Für Grillfleisch mit Abstand das beste Lokal der Stadt – und preiswert noch dazu. Die Sommerspezialität des Hauses ist Lammbraten (*provatina*, 7,50 €). Für bescheidene 10 € kann man auch bei Nudelgerichten, Souvlaki, Salat und Früchten der Saison zugreifen. Neben dem Busbahnhof.

LP Tipp **Taverna Vakhos** (Karte S. 277; ☎ 22650 83186; Apollonos 31; Hauptgerichte 4,50–11 €) Zu dieser hervorragenden Familien-Taverne über der National Bank führt eine Treppe. Serviert wird traditionelle einheimische Küche. Man könnte hier eine ganze Mahlzeit nur mit Vorspeisen bestreiten, z. B. gefüllten Zucchiniblüten oder Ziegenkäse mit Zitrone. Als Hauptgang gibt es *kouneli stifadho* (Kanincheneintopf) oder Lamm in Zitronensoße (jeweils 8,20 €). Am besten mit einem griechischen Wein von der Weinkarte runterspülen.

Taverna To Patriko Mas (Karte S. 277; ☎ 22650 82150; Vasileon Pavlou & Friderikis; Hauptgerichte 6–12 €) Das edle Lokal befindet sich in einem Steingebäude aus dem 19. Jh. und ist richtig fein.

Auch das Essen hält, was es verspricht. Es gibt üppige *mezedhes* und Salate, großartige Grillgerichte, darunter auch ein vegetarisches *souvlaki*. Dazu eine gute Auswahl griechischer Weine.

Andere gute Lokale:

Souvlaki Pita Gyros (Karte S. 277; ☎ 69393 10801; Apollonos; Hauptgerichte 2–6 €) Günstig, schnell, frisch, zum Mitnehmen. Gegenüber dem Hotel Leto.

En Delphi (Karte S. 277; ☎ 22650 82230; Apollonos; Hauptgerichte 6–10 €) Hier lauern Reisegruppen, aber es gibt gut zubereitete griechische Standardgerichte und Sitzplätze draußen unter Bäumen.

Ausgehen & Unterhaltung

An der Vasileon Pavlou & Friderikis gibt es jede Menge Café-Bars.

Café Melopoleio (Karte S. 277; ☎ 22650 83247; Snacks 1,50–4 €; ⏰ 7–23 Uhr; 🛜) Hervorragender Kaffee, frische Säfte, Frühstücks-*pites* (Blätterteigtaschen) und kostenloses WLAN.

Café Agora (Karte S. 277; ☎ 22650 83116; Vasileon Pavlou & Friderikis; Frühstück & Snacks 2–10 €; 🛜) Pizza und eine großartige Aussicht von der Veranda.

Café Apollon (Karte S. 277; ☎ 22650 82842; Vasileon Pavlou & Friderikis; ⏰ 7–22 Uhr) Der billigste Kaffee, das schlechteste Englisch und kein Internet. Trotzdem hat das Lokal neben dem Hotel Sibylla Charme.

Während der Rest von Delphi schläft, sorgen in zwei Clubs an der Hauptstraße mehrere DJs dafür, dass man bis zum frühen Morgen durchtanzen kann: **Club Katoi** (Karte S. 277; ☎ 69325 26578; Eintritt 6 €) befindet sich gegenüber der BP-Tankstelle; das nahe gelegene **Downtown** (Karte S. 277; ☎ 69465 02043; Vasileon Pavlou & Friderikis; Eintritt 6 €) liegt neben dem Hermes Hotel.

An- & Weiterreise

BUS

Busse fahren am **Busbahnhof** (Karte S. 277; ☎ 22650 82317; Vasileon Pavlou & Friderikis) auf der Itea-Seite der Stadt ab. Achtung: Für Reisende nach Kalambaka/Meteora bestehen bessere Verbindungen über Lamia und Trikala als über Larissa, vor allem bei der 10-Uhr-Verbindung von Delphi.

RUND UM DELPHI

Olivenhaine und ein klarer Himmel kennzeichnen die Straße, die von Delphi über 18 km zum Golf von Korinth führt. Dort

BUSSE AB DELPHI

Reiseziel	Dauer	Preis	Häufigkeit
Amfissa	30 Min.	1,90 €	6–7-mal tgl.
Arachova	20 Min.	1,40 €	6–7-mal tgl.
Athen	3 Std.	13,60 €	6–7-mal tgl.
Galaxidi	45 Min.	3,20 €	3–4-mal tgl.
Itea	30 Min.	1,70 €	3-mal tgl.
Lamia	2 Std.	8,20 €	2-mal tgl.
Larissa	3½ Std.	19,60 €	1-mal tgl.
Livadia	55 Min.	3,80 €	6–7-mal tgl.
Nafpaktos	2½ Std.	9,70 €	3-mal tgl.
Patras	4 Std.	12,10 €	1-mal tgl.
Thessaloniki	5 Std.	32 €	1-mal tgl.
Thiva	1¼ Std.	7,10 €	6–7-mal tgl.
Trikala	4½ Std.	13,80 €	2-mal tgl.

biegt sie ostwärts nach **Kira** (2 km) ab. Dieser Ort war das antike Kirrha, der Hafen von Delphi. Heute ist es ein beschaulicher Vorort der Marktstadt **Itea** mit einem langen Sand- und Kiesstrand, sehr sauberem Wasser und guten Campingmöglichkeiten am Meer.

Die Stadt **Amfissa** liegt in den Hügelausläufern 20 km nordwestlich von Delphi an der Straße nach Lamia. Die Stadt, die 338 v. Chr. von Philipp von Makedonien zerstört wurde, ist heute bei den Griechen für ihre herrlichen grünen Oliven, die schöne und gut erhaltene byzantinische Kirche **Agios Sotiras** (Erlöserkirche) und das exzellente **archäologische Museum** (☎ 22650 23344; Eintritt 2 €; ☷ Di–Sa 8–14.30) bekannt. Das Museum zeigt eine Sammlung von frühem, vor dem Münzgeld verwendetem Geld.

Wer von Delphi aus westwärts Richtung Amfissa und Itea fährt, gelangt zum **Moni Profiti Ilia** (☎ 22650 82002; ☷ 8–12 & 16–19 Uhr), einem Kloster aus dem 19. Jh. Es befindet sich auf einem Hügel über dem Golf von Korinth; die Abzweigung ist mit einem kleinen Kreuz und einem Schild „3 km" markiert.

Nördlich von Delphi können sich Gäste im einzigartigen **Amfikaia Farm Hotel** (☎ 22340 48860; www.amfikaia.gr; EZ/DZ/FZ inkl. Frühstück ab 45/55/70 €), einer behaglichen Agro-Tourismus-Herberge, in die Arbeit stürzen. Enten müssen gefüttert, Pferde gestriegelt und Fahrräder auf den nahen Wegen ausprobiert werden. Das Frühstück besteht höchstwahrscheinlich aus Lebensmitteln, die man selbst geerntet oder gepflückt hat.

PARNASS-GEBIRGE (PARNASSOS)
ΠΑΡΝΑΣΣΟΣ ΟΡΟΣ

Zum 1938 gegründeten **Parnassos-Nationalpark** (www.routes.gr) nördlich von Delphi und Arachova gehören drei Gipfel über 2300 m: Liakoura, mit 2456 m der höchste, Gerondovrachos (2396 m) und Tsarkos (2416 m). Der Kouvelos (1882 m) ist ein beliebtes Ziel für Bergsteiger. Darüber hinaus ist das Parnass-Gebirge Teil des weit verzweigten Europäischen Fernwanderwegs E4 *(orivatiko monopati)* von Griechenland nach Zypern. Weitere Infos gibt's auf der Website der **Europäischen Wandervereinigung** (www.era-ewv-ferp.org).

Ab 800 m bis hinauf auf 1800 m sind die Hänge des Parnass-Gebirges mit Tannen, Fichten und Wacholder bewachsen, durchsetzt mit gelb blühenden Büschen, Zwetschgenbäumen und dem seltenen purpurnen Jasminähnlichen Seidenbast *(Daphne jasminea)*. Über der Baumgrenze liegen Wiesen aus Schwingelgras. Auf den Kalksteinfelsen blühen hier im Frühling Krokusse, Blausterne, Tulpen, Orchideen und Iris. Hier trifft man auf Griechenlands häufigste Säugetiere – Füchse, Hasen, Eichhörnchen und Schakale – aber auch auf Geier, Sperlingsvögel und Habichte.

Aktivitäten
SKIFAHREN

Das **Parnassos-Skizentrum** (☎ 22340 22694; www.parnassos-ski.gr/en; ☷ Nov.–Mai) bietet Ski- und Snowboard-Unternehmungen am beliebtesten Hang des **Kelaria** (1950 m) an. Bei der letzten Zählung gab es dort 13 Lifte für mehr als 20 Abfahrten und die Höhenwanderwege. Das Zentrum, das 24 km von Arachova und 17 km von Amfiklia entfernt liegt, ist komplett auf Urlauber ausgerichtet: Es finden sich dort Unterkünfte, Restaurants, hippe Cafés, Kinderbetreuung, ein Sicherheitsnetzwerk und ein medizinisches Zentrum sowie Ski- und Snowboardschulen. In der Nähe des Kelaria befinden sich die steileren Hänge des **Fterolakkas** (sechs Skilifte), die bei Extremskifahrern beliebt sind.

Weitere Informationen unter www.snowreport.gr oder bei DETPA, dem städtischen Touristenbüro (rechts) im nahen Arachova. Nach Skikursen kann man sich beim zuverlässigen **Papos & Baldoumis** (☎ 22670 31552, 6944567678; www.skischool.gr) erkundigen.

WANDERN

Am beliebtesten ist im Parnass-Gebirge der Aufstieg zum **Liakoura-Gipfel**. Die Route beginnt in 1990 m Höhe an der Schutzhütte des Griechischen Berg- und Wandervereins, 20 km südlich von Amfiklia. Weitere Infos erhält man beim angesehenen örtlichen Bergführer **Stathis Samartzis** (☎ 22670 31525, 6932566206) oder beim **Griechischen Alpenverein** (☎ 21032 12429).

An- & Weiterreise

An Winterwochenenden verbinden öffentliche Verkehrsmittel Arachova mit dem Parnassos-Skizentrum. Wer einen Skipass hat, fährt umsonst. Ein Taxi von Delphi kostet etwa 40 €.

ARACHOVA ΑΡΑΧΩΒΑ
4100 Ew.
Arachova ist nur 12 km von Delphi entfernt und liegt in einer Höhe von 960 m auf einem Felsvorsprung des Parnass-Gebirges. Das raue Bergdorf ist vor allem ein Wintersportort für Skifahrer, für Griechen ist es der Ort schlechthin, um die Skisaison zu verbringen. Diesen Trend spiegeln im Winter auch die Preise wider. Manche Restaurants sind im Sommer sogar geschlossen.

Die Hauptstraße und die gestuften Gassen Arachovas sind von Läden gesäumt, die Stickereien, handgewebte Taschen und *flokati* (zottige wollene Teppiche) sowie verschiedene andere Souvenirs verkaufen. Bekannt ist die Stadt außerdem für Käse,

Honig, *hilopites* (Pasta, die Fettuccine ähnelt) und Rotwein.

Orientierung & Praktische Informationen

Die Durchgangsstraße des Ortes ist die Delphon, sie schlängelt sich an drei Plätzen vorbei: Pappaioannou, der zentralen Lakka und Xenias. Die Delphon ist auch Teil der Verbindungsstraße zwischen Athen und Delphi, und die Polizei ermahnt die Einheimischen permanent, nicht in zweiter Reihe zu parken. Die Bushaltestelle befindet sich gegenüber der Plateia Xenias.

Das **städtische DETPA-Touristenbüro** (☎ 22670 31630; detpa@arachova.gr; ⏲ 9–21 Uhr) in der Nähe des Glockenturms kann bei der Suche nach einer Unterkunft und mit Infos über Fahrten in den Parnassos weiterhelfen. In der Nähe der **Post** (Plateia Xenias) gibt es vier Bankautomaten. Das gesamte Dorf ist ein WLAN-Hotspot.

Feste

Um den 23. April wird hier das **Agios-Georgios-Fest** gefeiert. (wenn dieses Datum noch in der Fastenzeit liegt, wird es auf den folgenden Osterdienstag verschoben). Das ausgelassene Fest zu Ehren des Stadtpatrons dauert drei Tage. Praktisch das ganze Dorf ist verkleidet, und es gibt Tänze und Gesang, Tauziehen und am letzten Tag ein Lammbratenessen.

Schlafen

Die Zimmerpreise in Arachova schnellen an den Winterwochenenden und an Feiertagen zwischen November und April um rund 50% nach oben.

Hotel Likoria (☎ 22670 31180; www.likoria.gr, auf Griechisch; EZ/DZ/3BZ inkl. Frühstück ab 55/75/100 €; P ⊠ 🖥 🤶) Das unscheinbare Hotel in einer Seitenstraße, die 250 m nordwestlich der Plateia Xenias von der Hauptstraße abzweigt, wirkt eher wie ein Landgasthof. Die Zimmer sind recht traditionell, sie haben Teppiche, große, weiche Betten und Türen mit Läden, die sich zu großen Balkonen hin öffnen. Das freundliche Personal spricht Englisch.

Pension Nostos (☎ 22670 31385; www.nostosp.gr; DZ/3BZ inkl. Frühstück 75/105 €) Die hübsche, berghüttenähnliche Unterkunft mit Blick auf Delphi und den Parnass bietet noble Badezimmer und ein lohnenswertes Frühstück.

In der Lobby hängen Fotos von prominenten Gästen: Im Jahr 1967 stiegen die Beatles hier ab.

Weitere Empfehlungen:

Pension Ro (☎ 22670 29180; www.arahova-ro.gr; EZ/DZ/3BZ/4BZ inkl. Frühstück ab 30/40/50/70 €;

(P) (X) (🖵)) Sauber und mit viel Holz; liegt an der Plateia Xenias.

Pension Petrino (☎ 22670 31384; Fax 22670 32663; EZ/DZ ab 30/45 €; (X) (🖵)) Perserteppiche, in der Nähe der Plateia Xenias.

Pension Alexandros (☎ 22670 32884; www.alexandrosgr.com; Zi 60–90 €; (P) (X) (🛜)) Exklusive Villa mit Antiquitäten und Wandmalereien, hinter der Plateia Lakka.

Essen

LP Tipp **Taverna Karathanasi** (☎ 22670 31456; Hauptgerichte 4–8,50 €) Gegenüber der Kirchentreppe ist ein Schild auf Griechisch angebracht, das den Weg weist. Das freundliche und herausragende Lokal serviert gut zubereitete Grillgerichte, Suppen, Salate und schon fertig zubereitete *mayirefta* wie „Lammtopf" (8 €) oder gebackenes Hähnchen (7 €).

Taverna Panagiota (☎ 22670 32735; Hauptgerichte 5–12 €) Wer nicht mit dem Auto kommt, muss „nur" die 263 Stufen zu der gemütlichen Taverne hinter der Kirche Agios Georgios hinaufsteigen. Hier biegen sich die Tische unter traditionellen griechischen Ofengerichten, und im Winter flackert immer ein Feuer.

Taverna Agnandio (☎ 22670 32114; Hauptgerichte 6–10 €) Das hübsche, traditionell griechische Lokal, das sich etwas östlich der Plateia Lakka befindet, serviert täglich eine Auswahl ofenfrischer Gerichte, köstliches gegrilltes Lamm und Huhn. Dazu gibt es familieneigenen, hausgemachten Rotwein aus dem Krug.

Weitere Empfehlungen:

To Yefira Taverna (Yefira bedeutet „Brücke"; ☎ 22670 31917; Hauptgerichte 4–7 €) Beim Glockenturm; hier gibt es gute *pites* und Spaghetti.

Taverna To Kalderimi (☎ 22670 31418; Hauptgerichte 6–11 €; (🌣) Mitte Juli–Mitte August geschl.) Beliebte Fleisch-Eintöpfe, Soßen und *mezedhes*.

An- & Weiterreise

Die sechs Busse, die täglich zwischen Athen und Delphi (13,60 €, 2½ Std.) verkehren, halten in Arachova an der Plateia Xenias. Stündlich fahren Regionalbusse nach Delphi (1,40 €, 20 Min.).

VON LIVADIA NACH DELPHI
Moni Osios Loukas Μονή Οσίου Λουκά

Das **Moni Osios Loukas** (Kloster des Hl. Lukas; ☎ 22670 22797; Eintritt 3 €; (🌣) 8–18 Uhr) liegt 23 km südöstlich von Arachova zwischen den Dörfern Distomo und Kyriaki. Seine Hauptkirche beherbergt einige der schönsten byzantinischen Fresken Griechenlands. Dezente Kleidung (keine Shorts und Schultern bedeckt) ist erforderlich.

Das Kloster ist einem einheimischen Eremiten geweiht, der wegen seiner Heilkräfte und prophetischen Gaben heiliggesprochen wurde. Zum Klosterkomplex gehören zwei Kirchen. Das Innere der größeren Kirche **Agios Loukas** besteht aus einer herrlichen Sinfonie aus Marmor und Mosaiken. Darüber hinaus verfügt sie über Ikonen von *Michael Damaskinos*, dem kretischen Maler aus dem 16. Jh.

Im Hauptraum der Kirche wird das Licht teilweise durch die schmucken Verzierungen der Marmorfenster gebrochen, wodurch ein faszinierender Kontrast zwischen Licht und Schatten entsteht. Gleich um die Ecke kann man mehrere schöne Fresken entdecken, die Krypta, in der der Hl. Lukas bestattet ist, aufhellen.

In der Nähe steht die kleinere, im 10. Jh. erbaute **Agia Panagia** (Kirche der Jungfrau Maria). Ihr Innenraum ist farbenprächtig, aber weniger eindrucksvoll, da keine der Originalfresken erhalten ist.

Das Kloster, das in die Weltkulturerbeliste aufgenommen wurde, liegt in einer idyllischen Umgebung. Atemberaubend ist der Blick von einer Terrasse, wo die **Café-Bar Yannis** einheimische Süßigkeiten und Kaffee anbietet – für alle, die auf das Zischen einer Espressomaschine nicht verzichten können.

AN- & WEITERREISE

Von Livadia aus fahren täglich drei Busse zum Moni Osios Loukas (3,20 €, 30 Min.). Von Delphi aus kann man mit dem Bus, der zwischen Livadia und Athen verkehrt, nur bis zur Abzweigung nach Distomo fahren (2,50 €, 35 Min., stündl.) und muss dann die 2 km nach Distomo zu Fuß gehen oder per Anhalter fahren.

Taxis zum Kloster gibt's in Distomo (25 € hin & zurück), Livadia (30 € hin & zurück) oder Delphi (40 € hin & zurück); das Taxi wartet auf jeden Fall eine Stunde vor dem Kloster.

ZENTRALGRIECHENLAND

Distomo Δίστομο
3820 Ew.

Distomo ist in ganz Griechenland wegen des Massakers vom 10. Juni 1944 bekannt, als Nazitruppen 228 Dorfbewohner töteten. Sie gingen dabei von Tür zu Tür, um sich für einen Hinterhalt der Partisanen im nahen Steiri zu rächen. Im Jahr 1966 ließ die Regierung der Bundesrepublik Deutschland ein eindrucksvolles **Mahnmal** aus weißem Marmor errichten, das Inschriften auf Griechisch und Deutsch trägt.

GALAXIDI ΓΑΛΑΞΙΔΙ
3030 Ew.

Galaxidi ist mit Abstand der hübscheste der kleinen Ferienorte am Golf von Korinth. Das Dorf mit seinen Pflasterstraßen und den beiden kleinen Häfen bildet einen guten Ausgangspunkt für einen Ausflug nach Delphi. Normalerweise ist es hier ruhig, außer im Sommer und an Ferienwochenenden, wenn der Charme des Ortes von Autokolonnen aus Athen auf die Probe gestellt wird. Seine beste Zeit hatte Galaxidi zwischen 1830 und 1910, als es ein wichtiges Zentrum für den Bau von Kaikis (kleiner Bootstyp) war.

Orientierung & Praktische Informationen

Der Hauptplatz in Galaxidi heißt Plateia Iroön (oder Manousakia). Von hier aus führt die Hauptstraße Nikolaou Mama zum größeren der beiden Häfen. Die Kammenoi führt zum kleineren Hafen Hirolakas. Die Post und eine Bank befinden sich an der Nikolaou Mama. Die bewaldete Landzunge gegenüber dem Ufer ist von einem Fußweg und Buchten mit Kiesstrand gesäumt – ein Ort, der nicht nur die Einheimischen zum Schwimmen einlädt.

Die Café-Bar **To Kafeneio** (☎ 22650 41315; Akti Oianthis 55; Süßspeisen 2,50–4,50 €) bietet kostenlosen Internetzugang; sie ist von morgens bis spät in die Nacht geöffnet.

Sehenswertes

Das tolle **Nautische Museum** (☎ 22650 41795; Plateia Manousakia; Erw./Kind 5/1 €; ☻ Juni–Sept. 10.10–13.30 & 17.30–20.30 Uhr, Okt.–Mai 10.10–16 Uhr) dokumentiert die griechische Seefahrtsgeschichte und Galaxidis einzigartige Schiffsbautradition. Zu sehen gibt es einige wundervolle Galionsfiguren.

Die holzgeschnitzte Ikonostase der Kirche **Agios Nikolaos** gehört zu den schönsten in ganz Griechenland. Sowohl das Museum als auch die Kirche sind auf Englisch ausgeschildert.

Das kleine Kloster **Moni Metamorfosis** aus dem 13. Jh. steht 7 km landeinwärts von Galaxidi inmitten von Olivenhainen und Zypressen. Von diesem Aussichtspunkt bietet sich ein herrlicher Blick hinunter auf den Golf von Korinth; unter der Unterführung durchgehen und der gegenüberliegenden Straße folgen.

Schlafen

Im Sommer vermieten mehrere Cafés am Ufer Zimmer, allerdings sind sie oft teuer und dann auch noch laut.

LP Tipp **Hotel Ganimede** (☎ 22650 41328; 69371 54567; www.ganimede.gr; Nik Gourgouris 20; EZ/DZ/3BZ 35/58/65 €; ✗ ⬛ ☎) Das reizende Hotel mit Innenhof ist in einem Kapitänshaus aus dem 19. Jh untergebracht. Die Zimmer mit holzgetäfelten Decken sind in Pastelltönen gehalten und mit alten Möbeln ausgestattet. Die Wirtin Chrisoula Papalexi serviert Hausgemachtes zum Frühstück (9 €), z.B. Marmelade, Käse, frisch gepresste Fruchtsäfte und Brot aus der nahen Backstube der Familie. Das ehemalige Wohnzimmer des Kapitäns ist heute suite auf zwei Ebenen, in der bis zu fünf Leute übernachten können (170 € inkl. Frühstück). Darüberhinaus gibt es drei moderne Apartments (ab 58 €), die jeweils mit einer Küche ausgestattet sind.

To Spitaki (☎ 22650 41257, 6977512238; DZ/FZ inkl. Frühstück ab 95/140 €; ✗ Ⓟ ⬛) Der Name bedeutet „kleines Haus". Die umgebaute, steinerne *ouzerie* (Ouzo-Bar) aus den 1850ern ist eines von drei nebeneinander liegenden Häusern, jedes mit Küche und Blumengarten. Sie liegen auf halber Strecke zwischen dem Hafen und dem Hauptplatz. Stella, die Wirtin, stattet jede Küche mit köstlichen Frühstückszutaten aus.

Weitere Empfehlungen:

Pension Votsalo (☎ 22650 42292, 6972555488; Plateia Hirolaka; DZ/3BZ 40/50 €; ✗ Ⓟ ⬛) Drei einzigartige Zimmer, jedes mit eigener Farbzusammenstellung. Liegt an der Bucht.

Hotel Galaxa (☎ 22650 41620; Fax 22650 42053; alter Hafen; EZ/DZ/FZ 65/75/110 €; Ⓟ ✗) Familienzimmer, Gartenterrasse und nur 100 m von der Schwimmstelle am Hafen entfernt.

Essen

Albatross (☎ 22650 42233; Konstadinou Satha 36; Hauptgerichte 4–9 €; ☺ 8–24 Uhr) Die Speisekarte dieser niedlichen Taverne mit sechs Tischen in der Nähe der Kirche Agios Nikolaos hätte auf der Rückseite einer Postkarte Platz, aber das reichhaltige Angebot an *mezedhes* (*taramasalata* und *Tzatziki*) und dazu einige Ofengerichte wie gebackener Kabeljau (*bakaliaro*) oder geschmortes Schweinefleisch sind immer köstlich und preiswert.

Ouzeri Orea Ellas (☎ 22650 42016; Akti Oianthis 79; Hauptgerichte 5–8 €) Man beachte die Modelljacht in dieser angesehenen Taverne am Ufer, die wegen ihrer frischen Meeresfrüchtegerichte und traditionellen *mousakas*, *soupia krasati* (Tintenfisch) und *kokoras krasatos* (Hähnchen in Rotweinsoße) beliebt ist.

Taverna Anamnisis Apo Ta Limania (Erinnerungen an den Hafen, ☎ 22650 42003; Hauptgerichte 5–12 €) Diese bodenständige Ergänzung zum Hafen ist besser bekannt unter dem Namen des Besitzers, Kavouras, der jeden Tag eigenhändig seinen Fang einbringt. Zu den Highlights gehören Meeresfrüchterisotto und Garnelen (*garidhes*).

Porto Restaurant (☎ 22650 41182; Hauptgerichte 6–10 €) An der Ecke gegenüber der *plateia* am Ufer serviert dieses freundliche Familienrestaurant lecker zubereitete *mayirefta*-Gerichte, zum Beispiel vegetarische *mousakas*, Lamm mit Pasta sowie gebackenen Kabeljau.

Weitere Empfehlungen rund um den Hafen:

Art Cafe Liotrivi (☎ 22650 41781; alter Hafen; Hauptgerichte 4–10 €; ☺ Juli & Aug. tgl., Sept.–Juni Fr & Sa) Halb Museum und halb Taverne, von einfachen Oliven bis hin zum Shrimps-Flambé.

Taverna Tasso (☎ 22650 41291; Akti Oianthis 69; Hauptgerichte 4–12 €) Meist überfüllt wegen der guten *mezedhes* und des Hummers.

Taverna Maritsa (☎ 22650 42000; Akti Oianthis 71; Hauptgerichte 8–15 €) Erstklassige Küche in exklusiver Atmosphäre.

Shoppen

In dem ansprechenden Laden **Ostria** (☎ 22650 41206), 100 m hinter dem Hafenkiosk, kann man gut nach Schmuck, Ikonen und handgemachten Töpferarbeiten stöbern. Die Besitzer Katarina und Petros betreiben in der Nähe eine **Studio-Werkstatt** (☎ 22650 41063), die im Sommer für Besucher geöffnet ist.

An- & Weiterreise

Von der **Bushaltestelle** (☎ 22650 42087) an der Plateia Manousakia fahren Busse nach Delphi (3,20 €, 45 Min., 5-mal tgl.), Patras (9 €, 1¾ Std., 2- bis 3-mal tgl.) und Athen (16,80 €, 3½ Std., 4-mal tgl.).

NAFPAKTOS ΝΑΥΠΑΚΤΟΣ

16 200 Ew.

Westlich von Galaxidi windet sich die Küstenstraße durch einige Küstenstädte und -dörfer, darunter auch das malerische **Monastiraki**, das 12 km vor der lebhaften Marktstadt Nafpaktos liegt. Gegenüber dem Dorf Spilia, sieht man **Trizonia** liegen, die einzige bewohnte Insel im Golf von Korinth.

Nafpaktos dehnt sich um einen hübschen, ringförmig von Mauern eingefassten Hafen aus, an dem Platanen stehen. Es gibt hippe Cafés, einen schönen **Badestrand**

BUSSE AB NAFPAKTOS

Haltestelle	Reiseziel	Dauer	Preis	Häufigkeit
KTEL Nafpaktos	Agrinio	1½ Std.	7,80 €	2-mal tgl. Mo–Fr
KTEL Nafpaktos	Astakos	2½ Std.	6,10 €	1-mal tgl. Mo–Fr
KTEL Nafpaktos	Athen über Andirio-Rio	3 Std.	18,60 €	2-mal tgl.
KTEL Nafpaktos	Delphi	3 Std.	9,70 €	4-mal tgl.
KTEL Nafpaktos	Lamia	3½ Std.	13,10 €	2-mal tgl.
KTEL Nafpaktos	Messolongi	50 Min.	4,40 €	3-mal tgl. Mo–Fr
KTEL Nafpaktos	Patras	30 Min.	3 €	8-mal tgl. Mo–Fr
KTEL Nafpaktos	Thessaloniki	6 Std.	34,70 €	2-mal tgl.
KTEL Fokida	Athen über Delphi & Thiva	5 Std.	23,30 €	4-mal tgl.
KTEL Fokida	Galaxidi	1¼ Std.	6,60 €	4-mal tgl.
KTEL Fokida	Itea	1¾ Std.	8,10 €	4-mal tgl.

(Psani) sowie eine gut erhaltene Festung und eine venezianische **Burg** *(kastro)*. Letztere ist durch fünf terrassenartig angelegte Steinmauern geschützt, die von mehreren, aufeinander folgenden Eroberern (Dorern, Römern, Byzantinern, Venezianern und Türken) erbaut wurden. Nafpaktos hieß im Mittelalter Lepanto; hier fand am 7. Oktober 1571 die Seeschlacht von Lepanto zwischen dem Osmanischen Reich und der vereinigten Flotten des Vatikans, Spaniens und Venedigs statt. Der überwältigende Sieg über die Türken beendete vorübergehend ihre Vorherrschaft über das Mittelmeer. Vor der Hafenmauer erinnert eine kleine Bronzestatue an **Miguel de Cervantes**, der an der Schlacht teilnahm.

Praktische Informationen

Hobby Club (☎ 26340 22288; Internetzugang 1 € pro Std.; 🕑 9–2 Uhr) Hier kann man E-Mails checken; gegenüber dem Psani-Strand.

Touristeninformation Nafpaktos (☎ 26340 38533; Tzavela; 🕑 10–13.30 & 18–21 Uhr) Gegenüber dem alten Hafen, bei mehreren Bankautomaten und einer Reihe trendiger Café-Bars mit Internetzugang.

Schlafen & Essen

Camping Dounis Beach (☎ 26340 31665; Fax 26340 31131; Stellplatz pro Erw./Zelt 8/4,50 €) In Richtung Rio-Andirio-Brücke. Der einfache Campingplatz am Strand ist sauber und ruhig. Mit Minimarkt und Taverne.

    Hotel Regina (☎ 26340 21555; Fax 26340 21556; Psani-Strand; EZ/DZ/3BZ ab 40/50/70 €; ✷ 🖳) Das Regina, 100 m westlich des Hafenplatzes, ist ein Glücksgriff für Familien. Es verfügt über hübsche Zwei-Zimmer-Studios, alle mit Kochgelegenheit und Balkon.

    Hotel Akti (☎ 26340 28464; www.akti.gr; Grimbovo-Strand; EZ 40–55 €, DZ 50–80 €, Suite 110–140 €; 🅿 ✷ 🖳) Von außen sieht das Akti aus wie eine Palette für Pastellfarben, die mit Balkonen versehen ist. Innen ist die freundliche Unterkunft mit Webteppichen, Antiquitäten und hohen, geräumigen und komfortablen Zimmern ausgestattet. Im oberen Stock gibt es schicke Suiten, in denen vier bis sechs Personen unterkommen.

    Die erste Adresse unter mehreren vernünftigen Lokalen am Ufer ist die **Taverna O Stavros** (☎ 26340 27473; Grimbovo-Strand; Hauptgerichte 4–9 €). Hier gibt es hervorragende *spanakopita* (Spinat in Blätterteig), Ofengerichte wie *youvetsi* (Fleisch in Tomatensoße)

oder *yemista* (gefülltes Gemüse) sowie gebackenen oder gegrillten Fisch.

An- & Weiterreise

In Nafpaktos gibt es zwei Bushaltestellen. Die Haltestelle **KTEL-Nafpaktos** (☎ 26340 27224; Ecke Manassi & Botsari) befindet sich hinter der großen Kirche Agios Dimitrios. Die Bushaltestelle **KTEL-Fokida** (☎ 26340 27241; Ecke Kefalourisou & Asklipiou) liegt 400 m weiter östlich.

    Die faszinierende Rio-Andirio-Hängebrücke, die 2004 von einem französischen Konsortium erbaut wurde, verbindet heute Andirio auf dem Festland mit Rio auf dem Peloponnes; früher gab es dort nur eine Fähre. Trotz der gesalzenen Maut (einfache Fahrt 11,70 €) ist es die einfachste Möglichkeit, um beispielsweise nach Patras zu gelangen.

MESOLONGI ΜΕΣΟΛΟΓΓΙ

12 580 Ew.

Von Weitem wirkt die flache Landschaft um Mesolongi nur wenig reizvoll. Die Stadt liegt an der stillen Klisova-Lagune, dem größten natürlichen Feuchtgebiet Griechenlands. Hier legen im Winter Tausende von Zugvögeln eine Zwischenlandung ein. Außerdem ist die Lagune ein wichtiger Brutort für den vom Aussterben bedrohten Krauskopfpelikan – und natürlich eine Pilgerstätte für Fotografen und Vogelkundler. Die Stadt selbst ist alles andere als ruhig – die Fußgängerzonen rund um den Hauptplatz säumen lebhafte Bars und Tavernen.

Geschichte

Während des Unabhängigkeitskrieges (1821–30) traf der britische Dichter und Griechenfreund Lord Byron in Mesolongi ein. Er hatte vor, Truppen aufzustellen und die Griechen in ihrem Krieg zu unterstützen. Nach Monaten vergeblicher Bemühungen zog sich Byron ein Fieber zu und starb am 19. April 1824 unverrichteter Dinge.

    Aber Byrons Tod war nicht vergeblich – er spornte die internationalen Mächte dazu an, das Ende des Unabhängigkeitskrieges zu beschleunigen. Byron wurde dadurch zu einem griechischen Nationalhelden. Zahlreiche griechische Männer tragen den Namen Byron (Vyronas auf Griechisch), und in den meisten griechischen Städten ist eine Straße zu finden, die nach ihm benannt ist.

Im Frühling 1826 nahmen die Türken unter dem ägyptischen General Ibrahim Pascha Mesolongi ein. Nach einjähriger Belagerung wagten 9000 Männer, Frauen und Kinder in der Nacht des 22. April 1826 einen Ausbruch durch ein Stadttor, das heute Tor des Exodus genannt wird. Viele fanden auf dem nahen Berg Zygos Zuflucht, wo sie jedoch von albanischen Söldnern gefangen oder getötet wurden. Eine kleinere Gruppe blieb zurück, um das Vorrücken der Türken durch die Zündung von Sprengstoff zu vereiteln. Dieser tragische Exodus wurde in Dionysios Solomos' epischem Gedicht „I Eleftheri Poliorkimeni" („Die freien Belagerten") verewigt.

Orientierung & Praktische Informationen

Mesolongi ist die Hauptstadt der Präfektur Etolo-Akarnania. Der Hauptplatz, die Plateia Markou Botsari, wird an der Ostseite vom Rathaus dominiert. In einigen Cafés hier gibt es kostenlosen Internetzugang. Das **Virtual Reality Internet Cafe** (26310 26058; Razikotsika 4; 2 € pro Std.; ☽ 24 Std.) liegt gleich nördlich des Platzes.

Sehenswertes

Gleich hinter dem **Tor des Exodus** befindet sich der **Garten der Helden** (☽ 8–20 Uhr), auf dem Straßenschild fälschlicherweise als „Heldengräber" bezeichnet. Der Gedenkgarten wurde auf Veranlassung des ersten griechischen Staatsoberhaupts Ioannis Kapodistrias angelegt, der folgendes Dekret erließ:

> „... innerhalb der Mauern der Stadt Mesolongi liegen die Gebeine der tapferen Männer, die bei der Verteidigung der Stadt fielen ... es ist unsere Pflicht, die heiligen Überreste dieser Männer mit Ehrerbietung zusammenzutragen und in einem Denkmal zur Ruhe zu betten, um das unser Land alljährlich seine Dankesschuld begleichen möge."

Der griechische Text dieses Dekrets steht auf der Marmortafel, rechts nach dem Eingang. Eine **Statue von Lord Byron** steht gut sichtbar im Garten. Als Byron starb, waren die Griechen über den Verlust des britischen Adligen, der sein Leben für die Freiheit geopfert hatte, untröstlich. Am Ende einer 21-tägigen Staatstrauer wurde Byrons Leichnam einbalsamiert und nach England

geschickt; sein Herz jedoch behielten die Griechen, es wurde unter der Statue bestattet. Die britischen Behörden verweigerten Byron damals eine Bestattung in der Londoner Westminster Abbey. Heute flattern auf dem Monument zwei Flaggen – die griechische und die britische.

Das **Museum für Geschichte & Kunst** (☎ 26310 22134; Plateia Markou Botsari; Eintritt frei; ☽ 9–13.30 & 16–19 Uhr) ist der griechischen Revolution gewidmet und umfasst Erinnerungsstücke an Byron sowie Gemälde von ihm.

Schlafen & Essen

Hotel Avra (☎ 26310 22284; hotelayram@panafonet.gr; Harilaou Trikoupi; EZ/DZ 28/45 €; ✲) Das Avra ist ordentlich und komfortabel; ruhiger ist es in den hinteren Zimmern, weil man dort vom Trubel auf der nahen Plateia Markou Botsari nicht so viel mitbekommt.

Taverna Filoxenos (☎ 26310 28008; Razikotsika 7; Hauptgerichte 5–9 €) Eine der besten Küchen an der fußgängerfreundlichen Razikotsika. In dem hübschen Lokal kommen aufgespießte, gegrillte Aale (heli) aus der Lagune auf den Tisch sowie köstliche mezedhes.

Ouzerie Dimitroukas (☎ 26310 23237; Razikotsika 11; Hauptgerichte 5–9 €) Auch das Lokal neben dem Filoxenos ist wegen der Spezialität aus Mesolongi beliebt – man beachte die Aale, die im Fenster hängen.

An- & Weiterreise

Die Haltestelle **KTEL-Mesolongi** (☎ 26310 22371; Mavrokordatou 5) liegt in der Nähe der zentralen Plateia Markou Botsari. Busse fahren regelmäßig nach Athen über Rio-Andirio (21 €, 3½ Std., 12-mal tgl.), nach Patras (5 €, 1 Std., 9-mal tgl.), Agrinio (3,30 €, 35 Min., stündl.), Nafpaktos (5 €, 50 Min., 3-mal tgl.), Amfissa (12 €, 3 Std., 2-mal tgl.) und Mytikas (8 €, 1½ Std., 1-mal tgl.).

RUND UM MESOLONGI
Tourlida Τουρλίδα

Mit dem Auto, dem Fahrrad oder zu Fuß kann man über den 5 km langen Damm die surreale **Klisova-Lagune** überqueren und in das sandige Dörfchen Tourlida gelangen. Dort lohnt sich ein Besuch der **Alikes Taverna** (☎ 26310 24327; Hauptgerichte 5–8 €), in der der gegrillte Aal hervorragend schmeckt, oder eine Übernachtung in der sauberen, belebten **Domatia Iliovasilema** (☎ 26310 51408, 69779 28335; DZ/3BZ/4BZ 40/50/60 €; P ✲).

Richtung Nordwesten nach Mytikas & Astakos Μύτικας & Αστακός

Von den verstreuten Dörfern am Ionischen Meer lohnen nur Astakos und Mytikas einen zweiten Blick. Im Sommer ist die Fahrt an der Küste entlang einfach herrlich, von Mesolongi aus fährt auch täglich ein Bus diese Strecke.

Mytikas, ein reizvoller, verschlafener Ort an der Ionischen Küste (63 km von Mesolongi entfernt), verfügt über einen Kiesstrand, der von Palmen, Häusern, ein paar *domatia* (Zimmer in einem Privathaus) und der einen oder anderen Taverne gesäumt ist. Mit einem Kaiki hat man die Möglichkeit zur Insel **Kalamos** (3 € hin & zurück, 15 Min., 2-mal tgl.) zu fahren, die vor Mytikas aufragt, oder zur dahinter versteckten Insel **Kastos**. In der **Taverna Limani** (☎ 26460 81271) in der Nähe des Docks nachfragen. Wenn der Captain-Cook-Besitzer nicht gerade ein Fischernetz flickt, wird er die Überfahrt wahrscheinlich auf Wunsch durchführen. Und wer der Ansicht ist, einen Tag lang für die Außenwelt entbehrlich zu sein, kann am Strand nach **Kohili Rooms** (☎ 26460 81356; EZ/DZ 40/60 €; 🐾) Ausschau halten. **Camping Ionion** (☎ /Fax 26460 81110; Stellplatz pro Erw./Zelt 6/5 €; 🕙 Mai–Okt.) befindet sich 500 m südlich des Dorfes.

Das 14 km weiter im Süden gelegene **Astakos** ist zwar nicht ganz so gemütlich wie Mytikas, aber es stellt im Sommer mit der täglichen Fähre nach Ithaki (Piso Aetos) und Kefallonia (Sami) ein bequemes Sprungbrett zu den Ionischen Inseln dar. Weitere Informationen siehe Insel-Hopping (S. 859). Ein paar Cafés, *domatia* und Tavernen säumen den kurzen Bereich am Wasser, aber die beste Show liefert **Poseidon Palace** (☎ 26460 41661; Hauptgerichte 4–7,50 €), ein Restaurant, in dem George, der Eigentümer und Koch, ganz bescheiden damit wirbt, dass es hier alles gibt, was das Herz begehrt – vom einfachen *souvlaki* bis zu großartigem Fisch. Ein Bonus ist hier die Speisekarte für Kinder.

KARPENISI ΚΑΡΠΕΝΗΣΙ

9390 Ew.

Karpenisi, die unscheinbare Hauptstadt der gebirgigen Präfektur Evritania, liegt in den bewaldeten Ausläufern des Tymfristos, oder Velouchi (2312 m), zwischen Lamia und dem See Kremasta. Die alpine Atmosphäre des Ortes ist kaum überraschend – zwischen Kirchen, Tavernen und Bäckereien stehen chaletähnliche Häuser. Heute gibt es zahlreiche Möglichkeiten zum Wandern, Raften und Skifahren sowie für Ausflüge mit dem Mountainbike zu Bergdörfern und historischen Klöstern. Detaillierte Routen sind auf der Anavasi-Karte Nr. 2.4/2.5, *Mountains of Evritania* verzeichnet.

Karpenisi liegt im Herzen des griechischen Festlands; man kann es von Trikala im Norden, Lamia im Osten oder Agrinio im Südwesten über eine spektakuläre, aber auch anstrengende Gebirgsstrecke erreichen. Am interessantesten ist jedoch vielleicht die Strecke von Nafpaktos aus in Richtung Norden durch die Stadt Thermos, die in den Hügeln über dem See Trichonis-See liegt, Griechenlands größtem natürlichem See; danach geht's vorbei am spektakulären Dorf Prousos.

Orientierung

Die Durchfahrtsstraßen Zinopoulou, Athanasiou Karpenisioti und Spyridonos Georgiou Tsitsara führen von der Plateia Markos Botsaris aus hügelabwärts; nordwestlich davon verläuft die Ethnikis Andistasis.

Praktische Informationen

GELD

Am Hauptplatz befinden sich sechs Banken mit Bankautomaten.

INTERNETZUGANG

Cinema Café (☎ 69797 27467; Ecke Evritanon & Neraida; kostenloses WLAN; 🕙 8–3 Uhr)

Phoenix Internet Café (☎ 22370 23696; Kosma Aitolou; 2 € pro Std.; 🕙 11–3 Uhr)

NOTFALL

Krankenhaus (☎ 22370 80680; Ethnikis Antistasis 9)

Polizei (☎ 22370 23666; Pavlou Bakogianni 2)

POST

Post (Ecke Agiou Nikolaou & Athanasiou Karpenisiotou; 🕙 7.30–13.30 Uhr)

TOURISTENINFORMATION

Touristinformation (☎ /Fax 22370 21016; www.karpenisi.gr; Markou Botsari 5; 🕙 Mo–Fr 9–14 & 17–20, Sa 10–14 & 17–20, So 10–14 & 17–20) Hier gibt's Kartenmaterial über die Gegend und Infos zu Unterkünften und Ausflugszielen rund um Karpenisi; an der *plateia* 100 m die gepflasterte Gasse hinunter.

WASCHSALON
Ariston Laundry (☎ 22370 22887; Athanasiou Karpenisioti 25)

Aktivitäten

Das **Skizentrum** (☎ 22370 23506; www.snowreport. gr/karpenissi) von Karpenisi am Berg Tymfristos betreibt von November bis März sechs Lifte für 11 Skipisten. Karpenisi ist ein El Dorado für alle, die gerne wandern, raften, mountainbiken und bergsteigen.

Drei freundliche Konkurrenzunternehmen bieten Extremsport-Programme an, z. B. Rafting, Snowboarden und Kanu fahren. Die Preise liegen bei 30 bis 40 € pro Tag, einschließlich Ausrüstung und Anfahrt.

Das gut geführte **Trekking Hellas** (☎ 22370 25940; www.trekking.gr; Kosma Aitolou 1) organisiert Wanderungen auf dem Europäischen Fernwanderweg E4 zwischen Karpenisi und Krikello und bietet Kanufahren, Bergsteigen, Canyoning sowie Jeep-unterstützte Mountainbike-Touren an. Eine eintägige Rafting-Tour auf dem Fluss Tavropos kostet für Anfänger 25 €, eine zweitägige Wanderung zum Bergdorf Agrafa kostet 80 €, inklusive Mahlzeiten.

Mountain Action (☎ 22370 22940, 6945323895; www.mountainaction.gr, auf Griechisch; Oikonomou 9) ist auf die Erkundung der nahe gelegenen Canyons von Evrytania spezialisiert und bietet außerdem Exkursionen mit dem Mountainbike sowie Kanufahrten um den ruhigen Kremasta-See an.

F-Zein (☎ 22370 80150; Zinopoulou 61) bietet nach Schwierigkeitsgrad unterteilte Rafting-Touren auf drei Flüssen an: Auf dem Acheloos (leicht), dem Tavropos (mittel) und dem Krikelopotamos (fortgeschritten; Wildwasser).

Kinderfreundliche Ausritte in Stadtnähe (am besten mit einem Getränk in der Hand von der Terrasse aus zuschauen) bietet der **Saloon Park** (☎ 22370 24606; Reiten pro Std. Erw./Kind 20/10 €) an, eine Kombination aus Bar, Restaurant und Stall; 3 km südlich der Stadt. Das Thema ist unverkennbar der amerikanische Wilde Westen – Jack Daniels trifft Ouzo.

Schlafen

Hotel Galini (☎ 22370 22914; Fax 22370 25623; Riga Fereou 3; EZ/DZ 25/40 €) Das Galini liegt in einer Seitenstraße und ist eine großartige Budget-Option mit einfachen Zimmern und freundlichen Besitzern. Von der *plateia* 100 m die Spyridonos Georgiou Tsitsara entlang.

City Hotel Apollonion (☎ 22370 25001; www.hotelapollonion.gr; Athanasiou Karpenisioti 4; EZ/DZ/3BZ/Suite inkl. Frühstück ab 50/60/70/120 €; ✉ ☎) Die Zimmer im hübschen Apollonion sind im modernen Gebirgsstil gestaltet, mit Teppich und einem Hauch von dunklem Holz. Die Badezimmer sind ein bisschen klein. Nur 20 m südlich des Hauptplatzes.

Essen

Three Star Restaurant (☎ 22370 24800; Athanasiou Karpenisioti 35; Hauptgerichte 3,50–7 €; ☯ Mi–Mo 8.30–4 Uhr) Karpenisis preiswertestes Restaurant ist bei den Nachteulen der Renner. Besitzer und Koch Christos hat sein Handwerk in Brooklyn, New York, gelernt. Hier kann man mit einem Frühstück aus Eiern und Speck (4 €) seinen Cholesterinspiegel steigen lassen oder mit Nudelgerichten, herzhaften Suppen oder einem großen Teller Schweinekotelett für nur 6 € so richtig reinhauen.

Taverna Panorama (☎ 22370 25976; Riga Fereou 18; Hauptgerichte 4–8 €) Große Tische und eine belaubte Außenterrasse verleihen der Taverna Panorama ein heimeliges Ambiente. Auf der umfangreichen Speisekarte stehen viele gegrillte Lamm- und Schweinefleischgerichte sowie eine herzhafte Kartoffelsuppe mit Ziegenfleisch.

Taverna En Elladi (☎ 22370 22235; Kotsidou 4; Hauptgerichte 4,50–7,50 €) Die Taverne ist ein netter Familienbetrieb mit rotweißen Tischtüchern, direkt über dem Hauptplatz gelegen. Das Angebot umfasst immer eine herzhafte hausgemachte Tagessuppe und außerdem hervorragende Ofengerichte wie Huhn in Weinsoße mit Nudeln (6,50 €) und eine Spezialität aus den Bergen, *babaretsa*, eine schmackhafte Vorspeise aus Käse und Maismehl (3 €).

Unterhaltung

In den Wintermonaten ist hier mehr los. Wer spätabends Lust auf authentische griechische Livemusik hat, geht ins **Notes Live** (☎ 69387 65562); Kosma Etolou 9; ☯ Fr & Sa). Hier geht erst ab Mitternacht so richtig die Post ab. So ähnlich ist es auch im **Nefeles** (☎ 22370 25200) gegenüber der Kirche Agiou Georgiou.

An- & Weiterreise

BUS

Karpenisis **KTEL-Bushaltestelle** (☎ 22370 80014) liegt 2,5 km südöstlich der Stadt. Von dort fahren Busse nach Athen (22,50 €, 5 Std., 3-mal tgl.), Lamia (6,40 €, 1½ Std., 5-mal tgl.) und Agrinio (9,70 €, 3½ Std., 1-mal tgl.).

RUND UM KARPENISI

Von Karpenisi führt eine malerische Bergstraße ins 34 km weiter südlich gelegene Dorf **Prousos** und zum Kloster **Moni Panagias Proussiotissas** (☎ 22370 80705) aus dem 12. Jh. Zu Mariä Himmelfahrt am 23. August strömen Pilger hierher, um heiliges Wasser aus der Quelle zu trinken und dann das höhlenartige *katholikon* (Hauptkirche griechisch-orthodoxer Klöster) zu betreten, das sich einer Wunder wirkenden Ikone der Jungfrau Maria rühmt.

Ungefähr 14 km südlich von Karpenisi liegen die beiden Dörfer **Megalo Chorio** (Großes Dorf) und **Mikro Chorio** (Kleines Dorf) mit ihren traditionellen Steinhäusern und dem zentral gelegenen **Volkskundemuseum** (☎ 22370 41502; Eintritt frei; ⌚ Sept.–Juni Fr–So 10–13 Uhr, Juli & Aug. Fr–So 10–13 Uhr & 18–20 Uhr). Das idyllischere Megalo Chorio ist außerdem der Ausgangspunkt für die ganztägige Wanderung zum **Berg Kaliakouda** (2098 m) und zurück; in der **Touristeninformation** (☎ 22370 21016; www.karpenissi.gr) von Karpenisi nachfragen. Wer es etwas geruhsamer angehen will, kann einen genüsslichen Spaziergang am Ufer des Karpenisiotis machen; der Fußweg beginnt gegenüber der Bushaltestelle des Dorfes.

Das nahe gelegene **Gavros,** das sich ebenfalls am Fluss befindet, lockt Familien aus Karpenisi an, die in ländlicher Umgebung gut essen oder am Karpenisiotis spazieren gehen möchten.

Wer mit dem eigenen Auto unterwegs ist, hat die Möglichkeit, das liebevoll restaurierte Dorf **Koryshades** zu besuchen, das an der Abzweigung etwa 3 km südwestlich von Karpenisi ausgeschildert ist. Die idyllische Straße führt noch etwa 20 km weiter in Richtung Südwesten in das urige Dorf **Fidakia,** das mit einer überwältigenden Aussicht auf den **Kremasta-See** aufwarten kann. Das **Oihalia** (☎ 22370 24554), eine Kombination aus Pension, Taverne und Café, ist eine gute Anlaufstelle.

Schlafen & Essen

Pension Agrambeli (☎ 22370 41148; agrambeli@ yahoo.gr; Gavros; EZ/DZ/FZ inkl. Frühstück ab 55/85/120 €; Ⓟ Ⓡ ⌨) Die einzigartig ausgestaltete Bergunterkunft in Gavros bietet einen Blick auf den Fluss und den Berg Talakondia. Alle sieben Zimmer unterscheiden sich in Größe und Charakter. Einige haben Eisenbetten und Webteppiche, andere eine Küche und einen Kamin. In allen stehen frische Blumen.

Taverna To Spiti tou Psara (Fischerhaus; ☎ 22370 41202; Gavros; Hauptgerichte 4–9 €) In dieser hervorragenden Taverne am Fluss ist frische gegrillte Forelle (*pestrofa*, 8 €) eine Spezialität des Hauses. Die hausgemachten *pites* (3 €), das gebackene Lamm und der Hauswein des Wirtes rechtfertigen einen Tagesausflug von Karpenisi.

Taverna O Platanos (☎ 22370 25363; Prousos) Die Taverne bietet einen Blick über die Schlucht und bringt ein schnelles Mittagessen aus Lamm-Souvlaki (1,50 €) und Griechischem Salat (4 €) auf den Tisch.

An- & Weiterreise

BUS

Zwei Regionalbusse fahren (nur montags und freitags) von Karpenisi nach Megalo Chorio, Mikro Chorio und Gavros (1,40 €, 25 Min.). Freitags fährt ein Bus weiter nach Prousos (2,90 €, 50 Min.), aber man muss dort dann übernachten oder ein Taxi zurück nehmen.

TAXI

Von den *plateia* in Karpenisi kostet ein Taxi nach Gavros, Megalo Chorio oder Mikro Chorio 14 €; nach Prousos etwa 30 €.

LAMIA ΛΑΜΙΑ

47 650 Ew.

Lamia ist die Hauptstadt der Präfektur Fthiotida. Sie liegt in den Ausläufern des Berges Orthris am westlichen Ende des Golfs von Maliakos. Obwohl es auf halber Strecke zwischen Delphi und Meteora liegt, taucht Lamia nur selten auf den Routenplänen der Reisenden auf. Aber wie viele Städte, die nicht vom Tourismus leben, ist Lamia das ganze Jahr hindurch eine pulsierende, lebendige Stadt. Es ist berühmt für seine *kokoretsi* (gegrillte Lamminnereien), *kourabiedes* (Mandelkuchen) und *xynogalo* (Sauermilch).

Orientierung

Das Leben spielt sich in Lamia auf den umtriebigen Plätzen ab, vor allem auf zweien: Die Plateia Eleftherias lockt mit ihren noblen Cafés ein jüngeres Publikum an, während die Plateia Laou, die im Schatten riesiger Platanen liegt, mit traditionellen Kaffeehäusern (kafeneia), Bäckereien und Tavernen aufwarten kann.

In der Riga Fereou und ihren Seitenstraßen findet jeden Samstagmorgen ein betriebsamer Straßenmarkt statt.

Praktische Informationen

Sechs Banken, alle mit Geldautomat, liegen an der Plateia Parkou.

Battle Net (☎ 22310 67424; Rozaki Angeli 40; Internetzugang 1 € pro Std.) Gegenüber dem Hotel Athina.

Polizei (☎ 22310 22431; Patroklou)

Post (Athanasiou Diakou) Gegenüber der Plateia Parkou.

Sehenswertes

Die **Frourio** (Festung) von Lamia ist schon allein wegen ihrer Aussicht eine Wanderung wert. Im Inneren der Festung ist das **Archäologische Museum** (☎ 22310 29992; Eintritt 2 €; ⏱ 8.30–15 Uhr) untergebracht. Die Ausstellung umfasst Funde vom Neolithikum bis in die Römerzeit, darunter auch altgriechisches Kinderspielzeug.

Die ursprüngliche **Eisenbahnbrücke von Gorgopotamos**, 7 km südlich von Lamia, wurde von einer Koalition aus britischen und griechischen Guerrillakräften am 25. November 1942 gesprengt, um das Vorrücken der Deutschen zu verzögern. Dies gilt als einer der größten Sabotageakte der damaligen Zeit. Die wiederaufgebaute Brücke überspannt eine tiefe Schlucht; die neueren Behelfspfeiler stehen in starkem Kontrast zu den Originalen. Durch den spektakulären Anschlag etablierte sich der griechische Widerstand und zwang die Deutschen dazu, Kräfte von der russischen Front abzuziehen.

Etwa 20 km südöstlich von Lamia befindet sich der enge Pass der Thermopylen, wo es im Jahr 480 v.Chr. dem Feldherrn Leonidas und einer Truppe von 300 tapferen Spartanern gelang, das eindringende persische Heer des Xerxes vorübergehend aufzuhalten. Eine Statue des Leonidas erinnert an die heldenhafte Schlacht, in der die Spartaner schließlich der Übermacht der Feinde erlagen.

Schlafen & Essen

Hotel Athina (☎ 22310 27700; lamiahotelathina@yahoo.gr; Rozaki Angeli 41; EZ/DZ/3BZ 40/50/60 €; P 🅿 💻 🛜) Der 2008 renovierte Familienbetrieb hat Zimmer mit Fliesenboden, große Badezimmer, bequeme Betten und – bemerkenswerterweise – eigene Parkmöglichkeiten. Zur Plateias Laou und zur Eleftherias ist es zu Fuß nicht weit.

Ouzerie Alaloum (☎ 22310 44470; Androutsou 24; mezedhes 2–5 €) Hier kann man an seinem Essen knabbern und ein Getränk schlürfen und dabei in aller Ruhe Leute beobachten. Das Lokal gehört zu einer ganzen Ansammlung einladender kleiner ouzerien 20 m westlich der Plateia Laou in einer Fußgängerzone.

Taverna Ilysia (☎ 22310 27006; Kalyva Bakogianni 10; Hauptgerichte 2,50–8 €) Die große Taverne ohne Schnickschnack bietet eine Unmenge schmackhafter fertiger Ofengerichte, die man einfach durch Draufzeigen auswählt. Dazu gibt es große Salatteller.

Fitilis Restaurant (☎ 22310 26761; Plateia Laou 6; Hauptgerichte 4,50–12 €) Das noble Fitilis serviert überwiegend klassische mayirefta-Gerichte und langsam gegartes Ziegenfleisch (9 €), das auf einem offenen, altmodischen Holzofen brutzelt. Auch Vegetarier kommen hier auf ihre Kosten (Reis-Pilaf mit Lauch, 4,50 €).

Zentralgriechenland hat eine besondere Leidenschaft für Grillfleisch, die in Lamia schon fast an Obsession grenzt. Das südliche Ende der Plateia Laou ist für Vegetarier ein wahrer Albtraum mit all seinen psistarias (Grillrestaurants), in denen ganze Lämmer, Ziegen und Schweine in den Fenstern hängen.

An- & Weiterreise

BUS

In Lamia gibt es vier Fernbus-Haltestellen und eine für den Regionalverkehr.

Von der Haltestelle **Papakyriazi** (☎ 22310 51345; Ecke Satovriandou & Papakyriazi) fahren Busse nach Athen (18,40 €, 3 Std., stündl.), Larissa (9,60 €, 1½ Std., 2-mal tgl.) und Thessaloniki (23,60 €, 4 Std., 2-mal tgl., samstags nur 1-mal). Der Bus nach Athen hält in Agios Konstantinos (4,30 €, 50 Min.).

Von der Haltestelle **Agrafon** (☎ 22310 22802; Agrafon 41) gegenüber dem Halliopoulei-o-Sportzentrum fahren Busse in Richtung Norden nach Trikala (8, 60 €, 2 Std., 6-mal tgl.) für Verbindungen nach Meteora und Kalambaka. Weitere Busse fahren Richtung Süden nach Amfissa (6,40 €, 1½ Std., 3-mal tgl.), Delphi (umsteigen in Amfissa; 8,20 €, 2 Std., 3-mal tgl.) und Patras (16,90 €, 3 Std., 4-mal tgl.).

Von der Haltestelle **Markou Botsari** (☎ 22310 28955; Markou Botsari 3) fahren Busse nach Karpenisi (6,40 €, 1¾ Std., 5-mal tgl.).

Von der Haltestelle **KTEL-Stelidos** (☎ 22310 22627; Rozaki Angeli 69) fahren Busse nach Volos (11,50 €, 2 Std., 2-mal tgl.).

Von der **Regionalbus-Haltestelle** (☎ 22310 51347; Konstantinoupoleos) fahren Busse in den Westen der Provinz Fthiotida, unter anderem nach Ypati (2 €, 40 Min., 4-mal tgl.) und Pavliani (3,90 €, 90 Min., montags & freitags); beide Orte liegen in der Nähe des Nationalparks Iti.

ZUG

Lamias Hauptbahnhof liegt 6 km westlich des Zentrums in Lianokladi. Fahrkarten kauft man am besten in Lamia im **OSE-Fahrkartenbüro** (☎ 22310 23201; Averof 28), von wo aus ein OSE-Shuttlebus zum Hauptbahnhof in Lianokladi fährt.

Intercity-Züge fahren nach Athen (13 €, 2½ Std., 6-mal tgl.) und Thessaloniki (27 €, 3 Std., 6-mal tgl.). Auch langsamere Züge verkehren auf beiden Strecken (Athen/Thessaloniki 10/22 €), sie brauchen jeweils eine Stunde länger.

NATIONALPARK ITI ΕΘΝΙΚΟΣ ΔΡΥΜΟΣ ΟΙΤΗΣ

Iti ist einer der schönsten, aber am wenigsten entwickelten Nationalparks Griechenlands, eine grüne Region mit Tannen- und Schwarzkieferwäldern, Wiesen und durch Schneeschmelze entstandene Teiche, die von Knabenkraut gesäumt sind. Hier leben Spechte, Adler, Hirsche und Wildschweine. Der Legende nach errichtete sich Herakles auf dem Iti seinen eigenen Scheiterhaufen, bevor er zu seinen unsterblichen Kollegen in den Olymp aufstieg.

Die Wege sind nicht überall gleich gut gekennzeichnet, aber eine gute Tageswanderung beginnt eindeutig in Ipati und führt zu einer Schutzhütte (Trapeza 1850 m) hinauf, die in der Nähe des Nebengipfels Pyrgos (2152 m) liegt. Weitere beliebte Tagestouren führen in die Dörfer Kastania und Kapnochori. Weitere Informationen über

Wanderungen auf dem Iti erhält man beim **Griechischen Alpenverein** (☎ 210 364 5904; info@eooa.gr) in Athen. Nützlich sind außerdem die Karte Nr. 43 *Iti* von Road Editions oder die Anavasi-Karte Nr. 2.3 *Zentralgriechenland: Giona, Iti, Vardousia*.

Im angrenzenden Dorf **Ipati**, 22 km westlich von Lamia und 8 km südlich der Straße Karpenisi–Lamia, stehen die Überreste einer Festung. Das Dorf ist (ebenso wie Pavliani im Süden) ein guter Ausgangspunkt für Wanderungen auf dem Iti. Den Mittelpunkt des Dorfes bildet die von Bäumen beschattete, zentrale Plateia Ainianon mit traditionellen *kafeneia*.

In der Nähe liegt das schattige Dorf **Loutra Ipatis**, wo im Sommer ein Schwefel-Spa betrieben wird. Jedes der Dörfer bildet eine gute Basis, um die Region mit dem eigenen Fahrzeug zu erkunden. Gut übernachten kann man im makellosen **Hotel Alexakis** (☎ 22310 59380; alexakishotel@yahoo.com; Loutra Ipatis; EZ/DZ inkl. Frühstück 35/40 €; P X □), und in der bescheidenen **Ouzerie Eleni Karyampa** (☎ 22310 98335; Ipati; Hauptgerichte 4–7 €) bekommt man ein passables Abendessen und *mezedhes*.

AGIOS KONSTANTINOS ΑΓΙΟΣ ΚΩΝΣΤΑΝΤΙΝΟΣ
2660 Ew.

Agios Konstantinos an der Hauptstraße zwischen Athen und Thessaloniki gehört zu den drei Festlandhäfen (neben Volos und Thessaloniki), von denen aus Schiffe zu den nördlichen Sporaden-Inseln Skiathos, Skopelos und Alonnisos fahren.

Wer zwischen Athen und dem Hafen die richtige Busverbindung erwischt, muss hier nicht übernachten, bevor er eine Fähre oder ein Tragflächenboot zu den Sporaden nimmt. Wer jedoch strandet, sollte es im gut geführten **Hotel Amfitryon** (☎ 22350 31702; Fax 22350 32604; Eivoilou 10; EZ/DZ inkl. Frühstück 45/65 €; P X ☎) zwischen dem Hafen und dem Hauptplatz versuchen. In der Nähe der Fährticketbüros gibt es mehrere Tavernen, einschließlich der soliden **Taverna Kaltsas** (☎ 22350 33323; Hauptgerichte 5–9,50 €).

An- & Weiterreise
BUS

Von der **Bushaltestelle** (☎ 22350 32223) neben dem Supermarkt Galaxias, etwa 200 m südlich vom Fähranleger, fahren Busse zum Athener Busbahnhof Terminal B (14,20 €,

2½ Std., stündl.) sowie Busse nach Lamia (4,30 €, 1 Std., stündl.), Thessaloniki (27,50 €, 4 Std., 2-mal tgl.) und Patras (20,50 €, 3½ Std., 1-mal tgl.).

FÄHRE

Agios Konstantinos dient als Sprungbrett zu den nördlichen Sporadeninseln Skiathos, Skopelos und Alonnisos. Weitere Einzelheiten s. Insel-Hopping (S. 857).

THEOLOGOS ΘΕΟΛΟΓΟΣ

Auf halber Strecke zwischen Agios Konstantinos und Thiva und etwa 125 km nördlich von Athen hat dieses malerische Fischerdorf und Wochenendziel der Athener den seltenen Grabungsfund einer neolithischen Stadt zu bieten, die mit ausführlichen, farbigen Schautafeln versehen ist. Weitere Informationen bietet die Website des **Cornell Halai and East Lokris Project** (halai.arts. cornell.edu). Oder man wendet sich vor Ort an den Archäologen **John Coleman** (☎ 69723 59601) von der US-amerikanischen Cornell University oder den Wärter der Stätte, **Vlasis Charakliannis** (☎ 69484 61817), der Englisch spricht. Beide führen spontane Besichtigungstouren für Besucher durch. In der Nähe gibt es mehrere Tavernen, Café-Bars und *domatia*.

THESSALIEN ΘΕΣΣΑΛΙΑ

Die Region Thessalien erstreckt sich über weite Teile des östlichen Zentralgriechenlands zwischen dem Pindos-Gebirge und der Ägäis. In der fruchtbaren, von Flüssen gespeisten thessalischen Ebene befand sich einst eine der frühesten neolithischen Siedlungen des Kontinents. Heute findet man in der Ebene zwei der ungewöhnlichsten Naturphänomene Griechenlands: Die berühmten von Klöstern bekrönten Felstürme von Meteora und die grüne Halbinsel Pelion mit ihren restaurierten Pensionen, gepflasterten Wegen und geschützten Buchten. Die Berge und alpinen Wiesen um Elati und Pertouli, westlich von Trikala, sind beliebte Ziele bei Wanderern, Skifahrern und Raftern. Volos, das antike Iolkos, war der Legende nach die Heimat von Jason und seinen Argonauten.

LARISSA ΛΑΡΙΣΑ

140 820 Ew.

Larissa dient der enormen landwirtschaftlichen Ebene von Thessalien als wichtiger Verkehrs-, Militär- und Dienstleistungs-Knotenpunkt. Trotz Larissas alltäglicher Atmosphäre, ist es eine pulsierende Universitätsstadt, wie die betriebsamen Cafés an der Plateia Makariou deutlich machen. Larissa ist seit fast 10 000 Jahren besiedelt; die einzelnen Schichten seiner byzantinischen und osmanischen Vergangenheit kommen am antiken Flussufer allmählich zum Vorschein.

Vielleicht weil es im Sommer in Larissa sehr heiß wird, wie jeder Grieche bestätigen kann, weist in den Außenbezirken ein Schild mit der Aufschrift „Strand von Larissa" in Richtung Agiokampos, das schlappe 40 km entfernt ist.

Orientierung

Larissa liegt am Ostufer des Flusses Pinios, der von dort durch das Tembi-Tal zum Thermaischen Golf fließt. Der Bahnhof liegt an der Südseite der Stadt, der Busbahnhof an der Nordseite.

Drei Plätze (Laou, Ethnarhou Makariou und Mihail Sapka) bilden das Stadtzentrum. Der große Marmorbrunnen auf der Plateia Ethnarhou Makariou gurgelt und plätschert den ganzen Tag, und im Sommer scheint sich die ganze Stadt im Alkazar-Park auf der anderen Seite des Flusses abzukühlen.

Praktische Informationen

Geldautomaten gibt es am Bahnhof und in mehreren Banken um die Plateia Mihail Sapka.

Hotelverband Larissa (☎ 24105 37161; Hotel Metropol, Rousvelt 14) Hier gibt es allgemeine Informationen über die Stadt.

K-Net (☎ 24105 39355; Rouzvelt 24; 2 € pro Std.; ☽ 24 Std.) Internetcafé.

Krankenhaus (☎ 24102 30031; Tsakalof 1)

Touristenbüro der Stadt (☎ 24106 18189; Fax 24105 37076; Ipirou 58; ☽ Mo–Fr 7–14.30 Uhr)

Polizei (☎ 24106 83137; Papanastasiou 86)

Post (Ecke Papanastasiou & Athanasiou Diakou)

Sehenswertes & Aktivitäten

Im Stadtzentrum, 100 m nördlich der Plateia Sarka, kann man bei den archäologischen Ausgrabungen eines gut erhaltenen

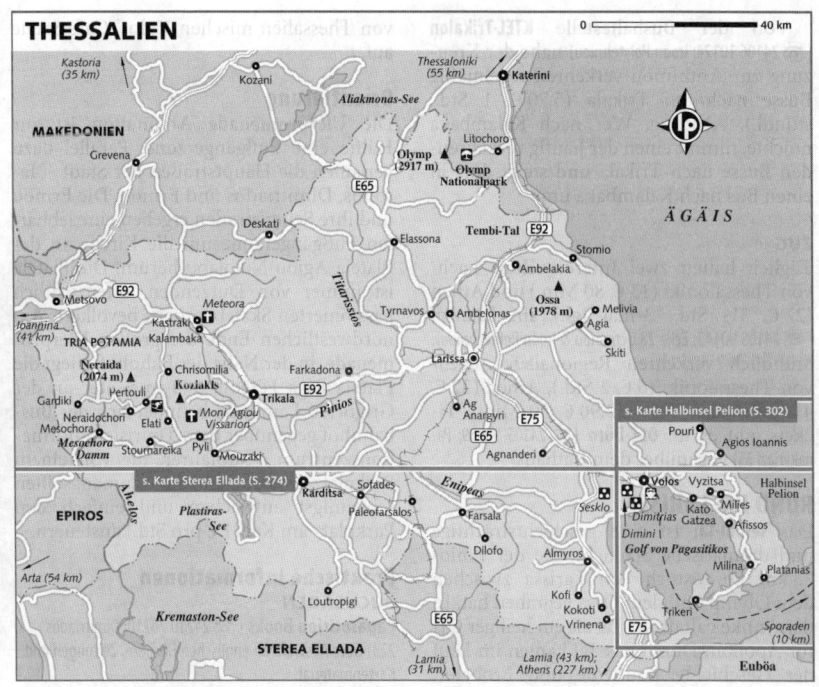

THESSALIEN

0 ——— 40 km

Kastoria (35 km) · Kozani · Thessaloniki (55 km) · Katerini
Aliakmonas-See
MAKEDONIEN
Grevena · Litochoro
Olymp (2917 m) · Olymp Nationalpark
E65
Deskati · Elassona · Tembi-Tal E92 · ÄGÄIS
Stomio
Ambelakia
E92 · Metsovo · Meteora · Ossa (1978 m) · Melivia
Ioannina (41 km) · Kastraki · Kalambaka · Tyrnavos · Ambelonas · Agia
TRIA POTAMIA · Neraida (2074 m) · Chrisomilia · Farkadona · Larissa · Skiti
Kozlakis · Trikala · Pinios
Gardiki · Pertouli
Neraidochori · Elati · Moni Agiou Vissarion · Ag Anargyri E75 · s. Karte Halbinsel Pelion (S. 302)
Mesochora · Stournareika · Pyli · Mouzaki · E65 · Pouri · Agios Ioannis
Mesochora Damm
EPIROS · s. Karte Sterea Ellada (S. 274) · Karditsa · Sofades · Enipeas · Volos · Vyzitsa · Halbinsel Pelion
Aheloos · Plastiras-See · Paleofarsalos · Farsala · Sesklo · Dimitrias · Kato Gatzea · Milies · Afissos
Dimini · Golf von Pagasitikos
Arta (54 km) · Dilofo · Almyros · Milina · Platanias
Kremaston-See · Loutropigi · E65 · Kofi · Kokoti · Vrinena · E75 · Trikeri · Sporaden (10 km)
STEREA ELLADA · Lamia (31 km) · Lamia (43 km); Athens (227 km) · Euböa

ZENTRALGRIECHENLAND

antiken Theaters aus dem 3. Jh. v. Chr. zuschauen. Ganz in der Nähe, auf dem Hügel Agios Ahillios, befindet sich die **Akropolis,** die auf die Jungsteinzeit (6000 v. Chr.) zurückgeht.

Das **Archäologische Museum** (☎ 24102 88515; 31 Avgoustou 2; Eintritt frei; ⏱ Mo–Sa 8.30–15 Uhr) gegenüber der Plateia Laou, zeigt Fundstücke aus dem Neolithikum und Grabstelen aus der Region. Es liegt in einer hübschen alten Moschee.

Die **Städtische Kunstgalerie Larissa** (Pinakothiki Katsigra; ☎ 24106 16266; Ecke Papandreou & Kliou Patera; Eintritt 3 €; ⏱ Mo–Sa 10.30–14 & 18–21 Uhr) beherbergt eine hervorragende Privatsammlung zeitgenössischer griechischer Kunst, die nur von der Nationalgalerie in Athen übertroffen wird.

Schlafen & Essen

Hotel Metropol (☎ 24105 37161; www.hotelmetropol. gr; Rousvelt 14; EZ/DZ/FZ inkl. Frühstück 50/70/85 €; P ⊠ ☐ ⌨) Wer in Larissa bleiben will, findet in dieser Unterkunft große, modernisierte Zimmer, in denen vom Besitzer gemalte Bilder hängen. Der freundliche Familienbetrieb liegt zwischen der Plateia Kentriki (Hauptplatz) und der Ethnarhou Makariou.

An Larissas belebten Plätzen wimmelt es nur so von guten Lokalen. In der Nähe der Plateia Sarka lohnt es sich, im **Magirio tis Yiayias** (☎ 24105 33351; Apollonos 9; Hauptgerichte 5–10 €) einzukehren. Das bezaubernde Restaurant, das übersetzt „Omas Kochhaus" heißt, sieht aus wie eine Mischung aus Lokal und Omas Antiquitätenlager. Die Speisekarte (es gibt auch eine für Kinder) reicht von gegrilltem Oktopus und frischem Tintenfisch bis hin zu Ofengerichten aus Nudeln und Kalbfleisch und Griechischem Salat für zwei.

An- & Weiterreise

BUS

Busse fahren von Larissas **KTEL-Busbahnhof** (☎ 24105 37777; Ecke Georgiadou & Olympou) nach Athen (25 €, 4 Std., 6-mal tgl.), Lamia (11,30 €, 2 Std., 6-mal tgl.), Thessaloniki (13,50 €, 2 Std., 12-mal tgl.), Volos (5 €, 1 Std., 12-mal tgl.) und Ioannina (16,50 €, 4 Std., 2-mal tgl.).

Von der Bushaltestelle **KTEL-Trikalon** (☎ 24106 10124; Iroön Polytehniou) nahe der Kreuzung zur Anthimou verkehren regelmäßig Busse nach/von Trikala (5,70 €, 1 Std., stündl.). Achtung: Wer nach Kalambaka möchte, nimmt einen der häufig verkehrenden Busse nach Trikala und steigt dort in einen Bus nach Kalambaka um.

ZUG
Täglich halten zwei Intercity-Züge nach/von Thessaloniki (13 €, 80 Min.) und Athen (27 €, 3½ Std., 3-mal tgl.) am **Bahnhof** (☎ 24105 90143; Ecke 28 Octovriou & Iroön Politechniou). Stündlich verkehren Regionalzüge nach/von Thessaloniki (6 €, 2 Std.), Athen (22 €, 4½ Std.) und Volos (2,90 €, 50 Min.). Tickets gibt es im **OSE-Büro** (☎ 24105 90239; Papakyriazi 35) gegenüber dem Rathaus.

RUND UM LARISSA
Das **Tembi-Tal** ist eine geschichtsträchtige und dramatische Schlucht, die der Pinios 25 km nordöstlich von Larissa zwischen dem Olymp und dem Ossa gegraben hat. In der Antike galt dieses Tal als ein heiliger Ort für Apollon. Durch das Tal kamen im Lauf der Geschichte Kaufleute und Eroberer, vom persischen König Xerxes 480 v. Chr. bis zu den Deutschen im 2. Weltkrieg. Eine kleine Brücke verbindet den Parkplatz mit der Kirche **Agia Paraskevi** aus dem 13. Jh. und den Ruinen einer **mittelalterlichen Festung,** auf die man 2 km weiter stößt.

Das malerische Dorf **Ambelakia** an den Hängen des Ossa war im 18. Jh. ein wohlhabendes Textilzentrum; man erreicht es von Tembi aus über eine gewundene Straße, die 5 km bergaufwärts führt. Obwohl nur noch ein halbes Dutzend der ursprünglich 600 Villen erhalten ist, ist es im Sommer ein Vergnügen, durch die gepflasterten Straßen zu gehen und der Hitze, die im Tal 400 m weiter unten herrscht, zu entfliehen.

VOLOS ΒΟΛΟΣ
85 390 Ew.

Volos ist eine große, pulsierende Stadt am Nordufer des Pagasäischen Golfs. Ihre Funktion als Sprungbrett zur Halbinsel Pelion oder zu den Sporaden lockt viele Reisende hierher. Die Stadt Volos verfügt über eine einladende Strandpromenade mit Tavernen, *ouzerien,* kleinen Hotels, Kirchen und Cafés. Die Studenten der Universität von Thessalien mischen Volos' Café-Szene auf.

Orientierung
Die Uferpromenade Argonafton ist zur Hälfte eine Fußgängerzone. Parallel dazu verlaufen die Hauptstraßen der Stadt – Iasonos, Dimitriados und Ermou. Die Ermou und ihre Seitenstraßen ergeben eine lebhaften Fußgängerzone um die Kirche an der Plateia Agiou Nikolaou herum. Die Plateia ist immer von Dutzenden, offensichtlich passionierten Skateboardern bevölkert. Am nordwestlichen Ende der großen Uferpromenade, in der Nähe des Bahnhofs, liegt die Plateia Riga Fereou. 500 m weiter an der Grigoriou Lambraki befindet sich der Busbahnhof gegenüber dem Touristeninformationszentrum. Autofahrer, die von einem Parkplatz im Stadtzentrum träumen, sollten schleunigst aufwachen und einfach den Parkplatz am Kai (1 € pro Std.) ansteuern.

Praktische Informationen
BUCHLÄDEN
Papasotiriou Books (☎ 24210 76210; Dimitriados 223) Gute Auswahl an englischen Büchern, Zeitungen und Kartenmaterial.

GELD
An den Straßen Argonafton, Iasonos und Dimitriados gibt es mehrere Geldautomaten.

INTERNETZUGANG
Web (☎ 24210 30260; Iasonos 41; 3 € pro Std.; ☿ 24 Std.) Internetshop. Viele Café-Bars an der Uferpromenade bieten kostenloses WLAN an.

NOTFALL
Touristenpolizei (☎ 24210 76987; 28 Octovriou 179) Die Einheimischen nennen die 28 Octovriou auch Alexandras.

Allgemeines Krankenhaus (☎ 24210 72421; Polymeri 134) In der Nähe des Archäologischen Museums.

POST
Post (Ecke Dimitriados & Agiou Nikolaou; ☿ 7.30–20 Uhr)

TOURISTENINFORMATION
Volos-Informationszentrum & Hotelverband Magnisia (☎ 24210 30940; www.travel-pelion.gr; Ecke Grigoriou Lambraki & Sekeri; ☿ 8–20 Uhr; ⓟ ▣) Gleich gegenüber dem Busbahnhof. Beim freundlichen, mehrspra-

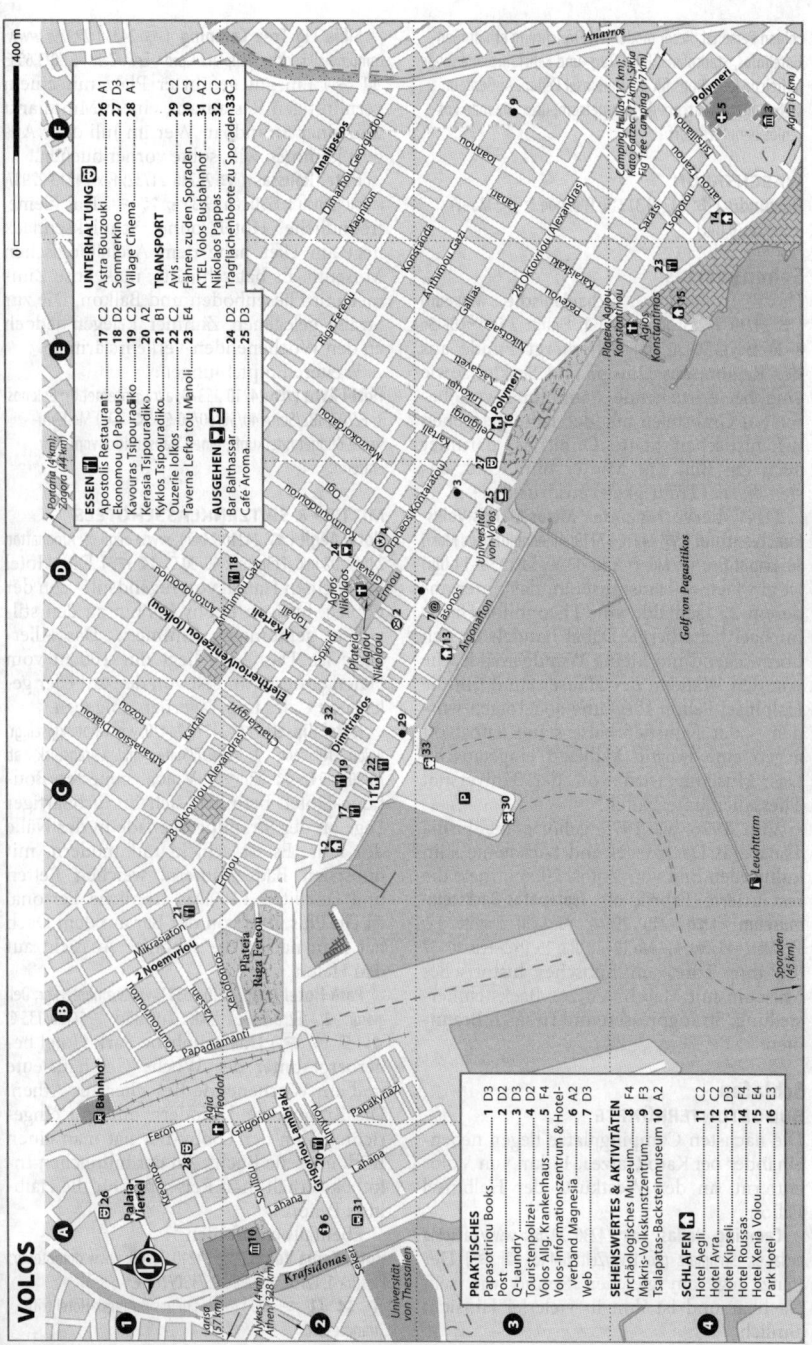

VOLOS

0 ___ 400 m

ZENTRALGRIECHENLAND

chigen Personal dieser modernen Einrichtung erhält man Hotelinfos, Stadtpläne, Bus-, Zug- und Fährfahrpläne sowie hilfreiche Reisetipps für die Halbinsel Pelion. Außerdem stehen hier zwei schnelle Internetcomputer, die man kostenlos benutzen darf.

WASCHSALON
Q-Laundry (☎ 24210 31216; Filelinon 5; ☺ Mo–Fr 8.30–20.30 Uhr)

Sehenswertes
Das großartige **Archäologische Museum** (☎ 24210 25285; Athanasaki 1; Eintritt 2 €; ☺ Di–So 8–20, Mo 13.30–20 Uhr) beherbergt Funde aus der Region, aus Dimini und Sesklo, sowie eine beeindruckende Sammlung von bemalten Grabstelen aus der nahe gelegenen hellenistischen Stätte Dimitrias, darunter auch ein Bild mit Mutter und Kind, das *stenohoria* (Traurigkeit) ausdrückt.

Das hervorragende **Kitsos-Makris-Volkskunstzentrum** (☎ 24210 37119; Afendouli/Kitsou Makri 38; Eintritt frei; ☺ Mo–Fr 8.30–12.30, So 10.30–14 Uhr) ist ein kleines Hausmuseum, das unter anderem 25 Gemälde von Theophilos Hatzimichael beherbergt. Dabei handelt es sich überwiegend um kleine Wandgemälde, die von den Wänden der Häuser rund um die Halbinsel Pelion sorgfältig abgetragen wurden – der Künstler hatte seine Kunst oft gegen eine warme Mahlzeit eingetauscht. Das Museum wird von der Universität Thessalien unterhalten.

Von 1926 bis 1975 gehörte die Firma Tsalapatas Dachziegel und Backsteine zum kulturellen Bild von Volos. 2006 öffnete die restaurierte Fabrik als **Tsalapatas-Backsteinmuseum** (☎ 24210 29844; Altstadt; Eintritt 3 €; ☺ März–15. Okt. Mi–Mo 10–18 Uhr, 16. Okt.–Feb. 10–17 Uhr) ihre Tore, ein hübsches historisches Museum mit Maschinen zur Backsteinherstellung, Strangpressen und riesigen Brennöfen.

Schlafen
BUDGETUNTERKÜNFTE
Die nächsten Campingplätze liegen nebeneinander bei Kato Gatzea, 17 km von Volos entfernt, an der Westküste der Halbinsel Pelion.

Camping Hellas (☎ 24230 22267; www.camping hellas.gr; Stellplatz pro Erw./Zelt 6/4 €; ☐ ☎) Der Platz liegt am gleichen Strand wie sein Nachbar und ist ihm in vielerlei Hinsicht ähnlich.

Sikia Fig Tree Camping (☎ 24230 22279; www. camping-sikia.gr; Stellplatz pro Erw./Zelt 5,50/3,60 €; ☐ ☎) Ein gut geführter Platz mit einem vernünftigen Restaurant, einem Minimarkt und einer Strandbar. Wer im Juli oder August kommen will, sollte vorher buchen.

Hotel Roussas (☎ 24210 21732; Fax 24210 22987; latrou Tzanou 1; EZ/DZ ab 29/35 €; ☒ ☎) Das kleine, freundliche Hotel ohne Schnickschnack liegt am Ufer nahe dem Archäologischen Museum. Es hat schlichte, makellose Zimmer mit Fliesenboden und Balkon. Die zur Straße gelegenen Zimmer kriegen jedoch an den Wochenenden Verkehrslärm ab.

Weitere Empfehlungen:

Hotel Avra (☎ 24210 25370; avra@internet.gr; Solonos 3; EZ/DZ/3BZ/Suite 40/50/60/80 €; ☒ ☐) Modernisierte Budgetunterkunft, einen Häuserblock vom Ufer entfernt.

MITTEL- & SPITZENKLASSEHOTELS
Hotel Aegli (☎ 24210 24471; www.aegli.gr; Argonafton 24; EZ/DZ inkl. Frühstück 60/80 €; ☒ ☎) Das Hotel bietet einen Hauch von Jugendstil – von der noblen, luftigen Lobby bis hin zu den stilvollen, geräumigen Zimmern. Das Allerbeste ist: Das Aegli liegt nur 100 m vom Hafen entfernt und ist von den am Ufer gelegenen Cafés und Tavernen umgeben.

Hotel Kipseli (☎ 24210 24420; www.hotelkipseli.gr; Agiou Nikolaou 1; EZ/DZ/Suite inkl. Frühstück ab 70/90/140 €; ☒ ☐ ☎) Volos' neuestes Boutique-Hotel befindet sich in großartiger Lage an der Strandpromenade in der Nähe des Kais. Es ist schick und modern, mit hübschen Badezimmern, weichen Betten und Satelliten-TV. Das fröhliche Personal ist ein Plus, und von der Bar auf dem Dach hat man nachts die schönste Aussicht auf den Hafen.

Park Hotel (☎ 24210 36511; www.amhotels.gr; Deli giorgi 2; EZ/DZ/3BZ inkl. Frühstück 75/120/135 €; ☒ ☐ ☎ ☃) Das gehobene Park Hotel beherbergt unter der Woche Geschäftsleute und am Wochenende Besucher aus Athen. Die Zimmer sind modern und gut eingerichtet. Von der Lobby-Bar hat man einen Blick über die Bucht. An der hilfreichen Infotheke erhält man Reisetipps für die Halbinsel Pelion.

Ebenfalls empfohlen:

Hotel Xenia Volou (☎ 24210 92700; www.domotel.gr; Plastira 1; EZ/DZ/Suite ab 95/130/185 €; Ⓟ ☒ ☐ ☎ ☃) Nobles neues Business-Hotel trifft Strandresort.

Essen

Da Volos als Griechenlands Hauptstadt der *ouzerien* gilt (s. Tsipouradiko, unten), wäre es eine Schande, wenn man hier nicht essen und trinken würde wie die Einheimischen. Zu den typischen *mezedhes* gehören gegrillter Oktopus *(ohtapodi)* und frittierter Tintenfisch.

Kyklos Tsipouradiko (☎ 24210 20872; Mikrasiaton 85; mezedhes 1,50–6 €) Natursteinböden und Decken mit Holzbalken verleihen dieser beliebten Studentenkneipe Atmosphäre. Spezialität sind die in einem Holzofen gebackenen Kartoffeln.

Kerasia Tsipouradiko („Kirschbaum"; ☎ 24210 27920; Papakiriazi 40; mezedhes 2–4 €) Wie die meisten traditionellen *tsipouradika (ouzerien)* ist auch diese von 9 bis 16 Uhr geöffnet. Eine typische Runde *tsipouro* (Tresterschnaps, so ähnlich wie Ouzo) und ein Teller *mezedhes* kosten etwa 3,50 €. Die Grundregel: Wer nichts zu essen bestellt, bekommt auch keinen Schnaps!

Apostolis Restaurant (☎ 24210 26973; Argonafton 15; Hauptgerichte 2,50–6,50 €) Das unauffällige, kleine Lokal direkt gegenüber dem Kai vollbringt mit einigen Standardgerichten wie grüne Bohnen mit Kartoffeln oder Schweinefleisch mit Lauch wahre Wunder. Außerdem kann man die Gerichte auch mit auf die nahe Fähre nehmen.

Taverna Lefka tou Manoli (☎ 24210 28103; Fil Ioannou 4; Hauptgerichte 4–7,50 €) Gleich östlich der Kirche Agios Konstantinos serviert dieses lange, schmale Lokal feine *mezedhes*, Schweinefleisch-Souvlaki und erstklassigen Fisch (Preis pro kg) sowie gegrillte *gavros* (marinierte kleine Fische 6,50 €). Auch die Vorspeisen sind lecker und der „beeten salad" schmeckt besser als er klingt.

Ebenfalls empfehlenswert:

Ekonomou O Papous (☎ 24210 34606; Anthimou Gazi 135) Bezaubernder Laden, in dem es nur eins zu kaufen gibt: *loukoumi*, eine traditionelle griechische Version des Türkischen Honigs.

Kavouras Tsipouradiko (☎ 24210 28520; Gatziagiri 8; mezedhes 2–4 €; ⏱ 11–18 Uhr) Zentral gelegene Anlaufstelle mit traditionellen Öffnungszeiten und treuer Kundschaft.

Ouzerie Iolkos (☎ 24210 35227; Argonafton 32; Hauptgerichte 4–11 €) Das einfache, lebhafte Lokal ist für seine Meeresfrüchte-*mezedhes* und seine gegrillte Makrele bekannt.

Ausgehen & Unterhaltung

Eine Nacht mit Musik, Drinks und Tanz kann man im wiederbelebten alten Industrieviertel Palaia erleben. Zwischen den umfunktionierten Fabrikgebäuden und schmalen Gassen gibt es eine Menge guter Musik- und Partylokale, die nur darauf warten, entdeckt zu werden. Im Stadtzentrum gibt es weitere Bars und *ouzerien* in der Gegend um die Kirche Agios Nikolaos.

Café Aroma (☎ 24210 24568; Uferpromenade; Snacks 2–5 €) Am östlichen Ende der Argonafton scharrt man in diesem luftigen Straßencafé im Kies und hält ein kaltes Bier oder ein triefendes Eis in der Hand.

Astra Bouzoukia (☎ 24210 62182; Pagasson 68; Getränke 2–5 €; ⏱ Sept.–Mai) Im Palaia-Bezirk bekommt man hier live Bouzouki-Musik, Drinks und Tanz, aber vor Mitternacht ist hier nicht viel los. Im Sommer zieht das

ZENTRALGRIECHENLAND

TSIPOURADIKO

Volos ist in ganz Griechenland für die Qualität und Quantität (über 500) seiner *ouzerien* und *tsipouradiko* bekannt. Wer noch nicht davon gehört hat: Eine *ouzerie* (streng genommen *tsipouradiko*) ist ein kleines Restaurant, in dem man von verschiedenen Tellern *mezedhes* isst und winzige Flaschen *tsipouro* trinkt, einen Tresterschnaps, der dem Ouzo ähnelt, aber ein bisschen stärker ist. Wer ihn nicht so stark mag oder länger etwas davon haben möchte, kann ihn mit Wasser verdünnen. Wenn man mit einer Runde *mezedhes* oder *tsipouro* fertig ist, bestellt man die nächste, bis man genug hat oder nicht mehr aufstehen kann. Empfehlenswert sind in oder um Volos folgende Lokale:

- Kyklos Tsipouradiko (oben)
- Kavouras Tsipouradiko (oben)
- Kerasia Tsipouradiko (oben)
- Taverna O Petros (S. 305)
- Ouzerie Vangelis (S. 309)

Astra in das luftigere Alykes (dieselbe Telefonnummer) um, 5 km südwestlich.

Bar Balthassar (☎ 69449 65406; Oikonomaki 76; Snacks 4–9 €) Mitten in Volos' trendigem Café-Viertel bleibt das Balthassar ganz cool: Hier kann man bei Bier und Wurst gediegen abhängen. Auf der Karte stehen gute belgische Biere und andere Getränke.

Wer einen Film schauen möchte, kann das in Volos' Openair-**Sommerkino** (www.exoraistiki.gr auf Griechisch; ☎ 24210 29946; Dimitriados 263; Eintritt 6 €, Di 3,50 €) in der Nähe der Uferpromenade tun oder im **Village Cinema** (☎ 24210 94600; Giannitson 29; Eintritt 6,50 €) im alten Palaia-Bezirk.

An- & Weiterreise

BUS

Von der Bushaltestelle **KTEL-Volos** (☎ 24210 33254; Ecke Zachou & Almyrou) gegenüber der Touristeninformation fahren Busse nach Athen (24,70 €, 4½ Std., 11-mal tgl.), Larissa (5 €, 1 Std., 10- bis 12-mal tgl.), Thessaloniki (16,60 €, 2½ Std., 9-mal tgl.), Trikala (12,30 €, 2½ Std., 4-mal tgl.) und Ioannina (21,60 €, 4½ Std., 3-mal tgl.).

FÄHRE

Volos ist das Sprungbrett zu den nördlichen Sporadeninseln Skiathos, Skopelos und Alonnisos. Weitere Infos s. Insel-Hopping (S. 877). Der Fähranleger befindet sich ganz hinten am Kai, Tragflächenboote fahren vorne ab.

ZUG

Der **Bahnhof** (☎ 24210 24056; Papadiamanti) von Volos liegt etwa 200 m nordwestlich der Plateia Riga Fereou. Täglich fahren 15 Züge nach Larissa (2,90 €, 1 Std.). Züge gibt es auch nach Athen (IC 28,20 €, 5 Std., 2-mal tgl.; normal 12,80 €, 6 Std., 6-mal tgl.) und Thessaloniki (IC 21,60 €, 2 Std., 3-mal tgl.; normal 12,90 €, 3 Std., 3-mal tgl.), alle fahren über Larissa.

Unterwegs vor Ort

Autos können bei **Nikolaos Pappas** (☎ 24210 70009; Iolkou 93b) und **Avis** (☎ 24210 22880; Fax 24210 32360; Argonafton 41) gemietet werden.

RUND UM VOLOS

Westlich von Volos liegen zwei bedeutende archäologische Stätten, die beide von der frühgriechischen Besiedelung Thessaliens

zeugen. Die erste ist **Dimini** (☎ 24210 85960; Eintritt 2 €; ☼ Di–So 8.30–14.30 Uhr) aus der späten Jungsteinzeit (4800–4500 v. Chr.). Sie weist Spuren übersichtlich angeordneter Straßen und Häuser auf. Die zweite ist **Sesklo** (☎ 24210 95172; Eintritt 2 €; ☼ Di–So 8.30–15 Uhr) mit Überresten der ältesten Akropolis Griechenlands (6000 v. Chr.). Die Architektur ist in beiden Stätten typisch für die komplexen Agrargesellschaften, die eine weit größere Bevölkerung ernähren konnten, als ihre Jäger-und-Sammler-Vorfahren aus dem Paläolithikum.

HALBINSEL PELION ΠΗΛΙΟΝ ΟΡΟΣ

Die Halbinsel Pelion, eine spektakuläre Bergkette, deren höchster Gipfel der Pliassidi (1624 m) darstellt, erstreckt sich im Osten und Süden von Volos. Die weitgehend unzugängliche Ostflanke besteht aus hohen Klippen, die steil ins Meer abfallen. Die sanftere Westflanke schlängelt sich am Pagasäischen Golf entlang. Das Binnenland ist ein grünes Paradies: Schwer tragende Obstbäume drängen sich zwischen wilden Olivenhainen und Wäldern aus Rosskastanie, Eiche, Walnuss, Eukalyptus und Birke ans Sonnenlicht. Typisch für die Dörfer, die sich unter dem dichten Laub verstecken, sind die weiß getünchten Fachwerkhäuser mit überhängenden Balkonen und grauen Schieferdächern sowie die alten, gewundenen Fußwege.

Viele der Häuser, in denen man auf dem Pelion übernachten kann, sind traditionelle Steinvillen *(archontika)*, die auf geschmackvolle Art und Weise in Pensionen umgewandelt wurden. Die Preise sind vernünftig. Auf der Halbinsel hat sich eine traditionelle regionale Küche erhalten, die oft mit Bergkräutern gewürzt ist. Zu den einheimischen Spezialitäten gehören *fasoladha* (Bohnensuppe), *kouneli stifadho*, *spetsofai* (gekochte Schweinswürste und Paprika) und *tyropsomo* (Käsebrot).

GESCHICHTE

In der Mythologie war der Pelion von *kentavri* (Kentauren) bevölkert. Diese Mischwesen – halb Mensch, halb Pferd – tranken gern Wein, entjungferten Mädchen und zerstörten das Land. Aber nicht alle waren so verkommen; Chiron, der als weisester von ihnen galt, war für seine medizinischen Fähigkeiten bekannt.

Die Besatzung durch die Türken reichte nicht bis in die unzugänglichen zentralen und östlichen Teile des Pelion, deshalb wurden die Küstenstädte im Westen zugunsten der Bergdörfer aufgegeben. In diesen abgelegenen Siedlungen gediehen Kultur und Wirtschaft; Seide und Wolle wurden in viele Teile Europas exportiert. Die orthodoxe Kirche unterstützte zu jener Zeit maßgeblich die Unterhaltung der *kryfa skolia* (geheime Schulen). Wie viele abgelegene Gegenden Griechenlands wurde auch der Pelion zu einem Nährboden für Gedankengut, das später zum Unabhängigkeitskrieg führte.

WANDERN

Der Pelion ist ein El Dorado für Wanderlustige. Ein jahrhundertealtes Netz aus häufig reparierten *kalderimia* (gepflasterten Eselpfaden) verbindet die meisten Berg- und Küstendörfer. Ein ausführliches Büchlein auf Englisch, *Walks in the Pelion* von Lance Chilton, ist bei **Marengo Publishers** (www.marengowalks.com/Pilionbk.html, mit Online-Updates) erhältlich. Die detailreiche Anavasi-Karte Nr. 6.21 *Central Pelion* 1:25.000 erhält man in Volos in den Buchhandlungen und vielen *periptera* (Kiosks). Sowohl das Touristenbüro in Tsangarada (S. 306) als auch Mulberry Travel (S. 306) sind auf dem Laufenden, was Bedingungen und Strecken angeht.

AN- & WEITERREISE

Vom Busbahnhof in Volos verkehren Busse zu Dörfern auf dem gesamten Pelion (s. Busse von Volos zur Halbinsel Pelion, unten).

Nordwestlicher Pelion

VON VOLOS NACH MAKRINITSA ΒΟΛΟΣ ΠΡΟΣ ΜΑΚΡΙΝΙΤΣΑ

Auf der nordöstlichen Route von Volos nach Makrinitsa steigt die Straße 6 km zum Dorf **Ano Volos** an. Hier findet man das faszinierende **Theophilos-Museum** (☎ 24210 47340; Anakasia; Eintritt frei; ⌚ Mo–Fr 8–14.30 Uhr), ein umgewandeltes Herrenhaus, in dem zeitweise der einheimische Künstler Theophilos Hatzimichael (1866–1934) wohnte. Er wanderte durch den Pelion und stellte im Tausch gegen Essen seine Kunstwerke her. Die Wandbilder im Obergeschoss zeigen lokale Szenen und persönliche Visionen.

Portaria, 2 km östlich von Makrinitsa, liegt 12 km nordöstlich von Volos. Wie auf dem Pelion zu erwarten, steht auf der dortigen *plateia* eine herrliche alte Platane. In der kleinen **Kapelle Panagia Portaria** aus dem 13. Jh. befinden sich hübsche Fresken.

An der *plateia* von Portaria steht das **Kritsa Restaurant & Hotel** (☎ 24280 99121; www.hotel-kritsa.gr; Portaria; Hauptgerichte 4–16 €; Ⓟ ⊠ 🛜), in dem hervorragende Spezialitäten des Pelion auf den Tisch kommen, darunter das langsam gekochte „Lamm im Krug" oder gebratenes Wildgemüse mit Ei. Die Besitzerin Eleni Karaiskou ist stolz auf ihre Speisekarte „aus den Bergen" mit einheimischen und überwiegend biologischen Zutaten. Selbst ihr griechischer Kaffee wird in einer traditionellen Kupferkanne (*briki*) zubereitet. Das Kritsa ist gleichzeitig ein Hotel mit acht pastellfarbenen Zimmern (40 bis 55 €); sie sind alle traditionell ausgestattet, mit Himmelbetten, Spitzenvorhängen und Webteppichen. Das Frühstück ist im Preis inbegriffen.

ZENTRALGRIECHENLAND

BUSSE AB VOLOS ZUR HALBINSEL PELION

Reiseziel	Dauer	Preis	Häufigkeit
Agios Ioannis	2 Std.	5,40 €	2-mal tgl.
Kala Nera	50 Min.	1,60 €	12-mal tgl.
Makrinitsa (über Portaria)	45 Min.	1,40 €	10-mal tgl.
Milina (über Argalasti und Horto)	1½ Std.	4,10 €	4-mal tgl.
Pinakates	1 Std.	2,20 €	3-mal tgl.
Platanias	2 Std.	5,80 €	2-mal tgl.
Pouri	1 Std. 45 Min.	4,50 €	2-mal tgl.
Trikeri	3 Std.	6,80 €	1–2-mal tgl.
Tsangarada	1½ Std.	4 €	2-mal tgl.
Vyzitsa (über Milies)	70 Min.	2,50 €	4–5-mal tgl.
Zagora (über Chania)	1½ Std.	3,90 €	2-mal tgl.

ZENTRALGRIECHENLAND

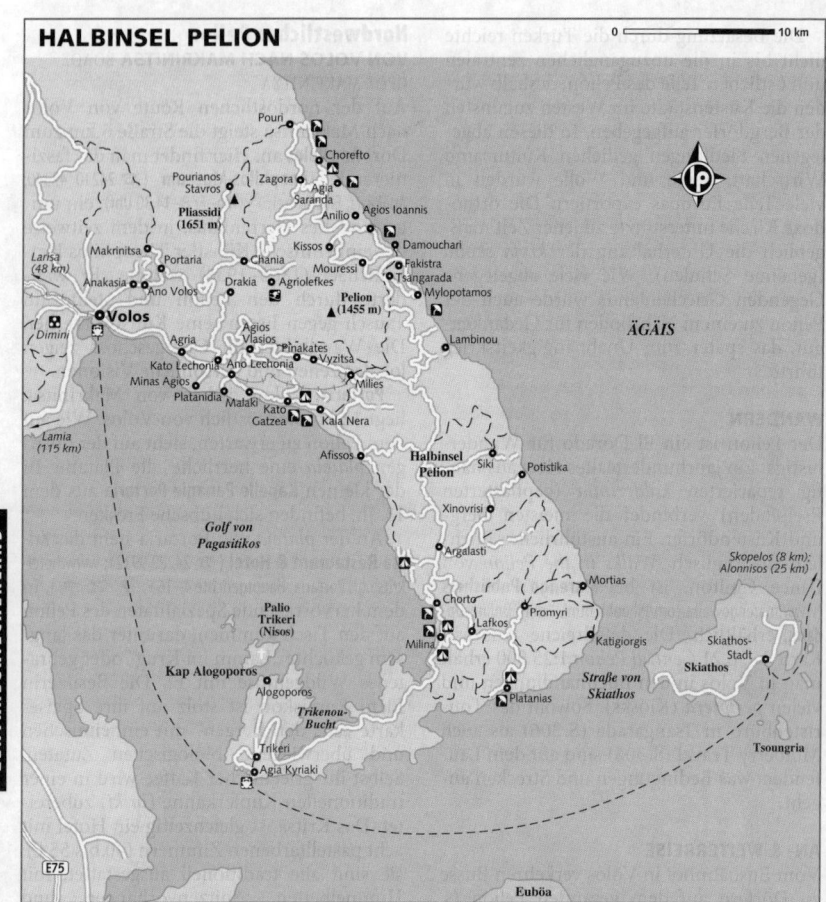

HALBINSEL PELION

MAKRINITSA ΜΑΚΡΙΝΙΤΣΑ
650 Ew.

Das hübsche Dorf Makrinitsa klebt an einer Gebirgsflanke und wird aus diesem Grund passenderweise als Balkon des Pelion bezeichnet. Von Weitem betrachtet sehen die traditionellen Häuser aus, als wären sie aufeinander gestapelt. Wenn man jedoch näher kommt, entdeckt man, dass sich durch die weiß getünchten Gebäude steile Treppen schlängeln, die von Töpfen mit Geranien, Hortensien und Rosen übersät sind. Weiter oben führt der Weg zu mehr als 50 Brunnen, die aus Stein erbaut wurden. Makrinitsa ist sicherlich eines der hübschesten und meistbesuchten Dörfer auf dem Pelion.

Das ganze Dorf ist eine Fußgängerzone; den Ortseingang markieren eine Bushaltestelle und ein schattiger Parkplatz. Auf dem Dorfplatz stehen eine riesige alte Platane mit einem Hohlraum, der Kindern gefallen wird, ein Marmorbrunnen und die winzige Kapelle **Agia Panagia.**

Wer vom Platz die gewundene Treppe hinuntersteigt, gelangt zum **Volkskundemuseum** (☎ 24280 99505; Eintritt 2 €; ⏰ 10–16.30 Uhr), das sich in einem restaurierten Herrenhaus aus dem Jahr 1844 befindet. Die umfangreiche Ausstellung umfasst eine alte *tsipouro*-Brennerei, ein antikes Victrola-Grammophon „Talking Machine" und einen versteckten Brunnen, der in eine Steinmauer eingebaut ist.

Schlafen & Essen

Mehrere Hotels liegen im Dorf verstreut. An den Winterwochenenden können die hier aufgeführten Preise um 50 % steigen. Die schönste Aussicht hat man vom Dorfplatz; wer gut essen möchte, sollte sich aber woanders umschauen.

Kentavros Hotel (☎ 24280 99075; Fax 24280 90085; Zi inkl. Frühstück ab 50 €; P) Wer die Stufen zum einladenden Kentavros hinaufsteigt, muss sich an Geraniumtöpfen vorbeiquetschen. Die Zimmer sind groß und haben Balkone, auf denen man die Aussicht auf die *plateia* und die Hügel genießen kann.

Sisilianou Arhontiko (☎ 24280 99556; www.arhontiko-sisilianou.gr; DZ/3B7 inkl. Frühstück ab 80/100 €; P 🖳 🛜) Das elegante, 2007 umgebaute Herrenhaus ist das Prunkstück des Dorfes. Jedes Zimmer ist einzigartig und geschmackvoll mit alten Möbeln ausgestattet. Zu den modernen Pluspunkten zählen Satellitenfernsehen, weiche Betten und gut ausgestattete Bäder. Hinweis: In Zimmer 7 sind vom Bett aus die Berge zu sehen.

Taverna A-B (☎ 24280 99355; Hauptgerichte 5–10 €; ⏱ Di–So) Ein hervorragendes Lokal, 150 m hinter dem Hauptplatz. Das A-B verwendet ausschließlich einheimische Produkte und Fleisch und macht das Beste daraus: Kaninchen in Rotweinsoße (8 €), Lamm- und Zucchinikasserole (7 €) sowie köstlich zubereitete Vorspeisen und Salate. Allein schon die Aussicht von der Veranda ist es wert, mit einem Gläschen Hauswein begossen zu werden.

Weitere Empfehlungen:

Arhontiko Repana (☎ 24280 99067; www.repana.gr, auf Griechisch; EZ/DZ/3BZ inkl. Frühstück ab 40/70/90 €; P) Freundlich und lauschig, mit Blick auf die *plateia*.

Taverna Apolafsi (☎ 24280 90085; ⏱ Do–Di) Köstliche Grillgerichte, *mayirefta*.

Aeriko Café-bar (☎ 24280 99710; Getränke 2–5 €; ⏱ ab 10 Uhr) Auf halber Strecke zwischen Portaria und Makrinitsa.

VON MAKRINITSA NACH CHANIA

ΜΑΚΡΙΝΙΤΣΑ ΠΡΟΣ ΧΑΝΙΑ

Zurück auf der Strecke Volos–Zagora führt die Straße 15 km weiter ins moderne Dorf **Chania**. Von hier aus ist sowohl die Ägäis als auch der Pagasäische Golf zu sehen. Wenn man von Chania etwa 3 km den Hügel hinauffährt, gelangt man in das Skigebiet **Agriolefkes** (☎ 24280 73719; Tagespass für den Lift wochentags/Wochenende 11/18 €). Das kleine Skigebiet

(Höhe 1350 m) hat zwei Skihütten und ist – wenn die Schneeverhältnisse gut sind – von Ende Dezember bis Mitte März geöffnet. Neben einer 5 km langen Langlaufloipe gibt es zwei Lifte und drei Skiabfahrten.

Nordöstlicher Pelion

ZAGORA ΖΑΓΟΡΑ

Von Chania aus führt die kurvenreiche Straße durch Kastanienhaine hinunter zur Abzweigung nach Zagora. Es ist das größte Dorf auf dem Pelion und ein wichtiges Obstanbaugebiet – die Apfelhauptstadt Griechenlands. Bis ein Pilzbefall 1850 die Seidenindustrie ruinierte, exportierte die Stadt feinste Seide auf den ganzen Kontinent. Die erfolgreiche landwirtschaftliche Genossenschaft Zagoras wurde 1916 gegründet und trug wesentlich zum Aufbau einer tragfähigen Agrarwirtschaft in der Region um das Dorf bei. Dadurch ist das Dorf weniger vom Tourismus abhängig als die Nachbardörfer in den Bergen.

Zwei Wahrzeichen erinnern in Zagora an den Unabhängigkeitskrieg: das **Skolio-tou-Riga-Museum** (Hellinomouseion; ☎ 24260 23708; ⏱ 9–14 & 18–20 Uhr), das dem revolutionären Kriegshelden Rigas Fereos gewidmet ist, der seine Lektion in Geschichte von einem Priester erhalten hatte, der während der Herrschaft der Türken heimlich Kinder unterrichtete, als dies verboten war, sowie die faszinierende **Bibliothek von Zagora** (☎ 24260

22591; www.vivlzagoras.gr, auf Griechisch; ☺ Mo–Sa), die 1767 mit 48 Schulbüchern begann und heute eine der größten Sammlungen seltener Bücher und Handschriften Griechenlands beherbergt.

Bei medizinischen Notfällen kann man sich an das **Gesundheitszentrum Zagora** (☎ 24260 22591) wenden; Internetzugang gibt's im **Java Internet Café** (☎ 24260 23452; Plateia Agia Kyriaki).

Schlafen & Essen
Villa Gayannis (☎ 24260 23391; www.villagayannis.gr; EZ/DZ/3BZ inkl. Frühstück ab 50/60/70 €; 🅿 🖳) Die hübsche Villa in einer Seitenstraße der Plateia Agios Georgios ist eine gute Wahl.

Arhontiko Dhrakopoulou (☎ 24260 23566; Fax 24260 23460; Zi inkl. Frühstück 60 €) Zimmernummern sucht man vergeblich in dieser gemütlichen Unterkunft in der Nähe der Plateia Agios Georgios, die vom lokalen Frauenverband geleitet wird. Stattdessen kennzeichnet eine einheimische Blume jedes der fünf einfach eingerichteten Zimmer.

Taverna O Petros (☎ 24260 23666; Hauptgerichte 4,50–7,50 €) Hier kann man sich einen kostenlosen Schluck einheimischem *tsipouro* genehmigen, bevor man sich zwischen den köstlichen Grillgerichten und *mousakas* entscheidet.

Café Anemella (☎ 24260 23880) Sanfte Musik spielt in diesem Café, das nach dem griechischen Wort für Seidenraupe benannt ist – eine Anspielung auf Zagoras landwirtschaftliche Wurzeln.

RUND UM ZAGORA
Das entspannte Dorf **Pouri** ergießt sich von einem steilen Berghang hinunter zu einer kleinen Bucht. Dort gibt es ein paar Tavernen, die sich zu Füßen der Kirche gruppieren, sowie – völlig unerwartet an diesem Ort – den **Popotech Workshop** (☎ 69454 47878; www.artandcraft.gopelion.com), in dem die irischniederländischen Zuwanderer Gemma und Gary einzigartigen Schmuck, Keramik und Metallskulpturen herstellen. Wem es in diesem abgelegenen Nest gefällt, der kann in Betracht ziehen in **Hiotis Theoharis Rooms** (☎ 24260 23168; 69388 10309; Zi inkl. Frühstück 60 €; 🅿) zu übernachten, wo die Englisch sprechende Vasiliki dafür sorgt, dass in der Gemeinschaftsküche immer ein Vorrat an hausgemachtem Käse vorhanden ist.

Weitere idyllische Dörfer befinden sich an der Straße zwischen Zagora und Tsangarada, die zu den landschaftlich schönsten auf dem ganzen Pelion gehört. Das Dorf **Anilio** (griech. „ohne Sonne") ruht im Schatten eines mit Kastanien und Walnussbäumen bewaldeten Höhenzugs, eine reiche Quelle für **Anilions landwirtschaftliche Frauengruppe** (☎ 24260 31329; plateia), die Marmelade und traditionelles Gebäck herstellen und verkauft.

Das blumengeschmückte Dorf **Kissos** wurde auf steilen Terrassen errichtet; diese umgeben die **Kirche Agia Marina** aus dem 18. Jh., deren Fresken als die schönsten des Pelion gelten. Eine eindrucksvolle alte Platane auf dem Dorfplatz veranlasste vor Kurzem eine Gruppe Reisender dazu, den Stamm zu umfassen, in der Hoffnung, etwas von seiner spirituellen Energie abzapfen zu können. Als eine neugierige Tavernenbesitzerin von dem Plan erfuhr, sagte sie: „Das ist Blödsinn; ich lebe seit 10 Jahren unter diesem Baum und habe absolut keine Energie mehr!"

Mittag- oder Abendessen bietet in Kissos die **Taverna O Makris** (☎ 24260 31266), in der großartige *dolmadhes* und *fasoladha* auf den Tisch kommen, oder die **Taverna Klimataria** (☎ 24260 31214), wo es gute *hortopita* (Pastete mit Wildgemüse) und Kartoffelkuchen gibt.

CHOREFTO ΧΟΡΕΥΤΟ
Acht Kilometer bergab von Zagora liegt Chorefto, ein unauffälliger Urlaubsort mit Palmen und einem langen Sandstrand. Hier liegt die mythische Heimat von Cheiron, dem umherstreifenden Kentauren, der die Kranken heilte – in Zeiten, in denen Ärzte noch Hausbesuche machten. Der Hauptstrand ist sehr schön, und der abgelegene **Strand Agia Saranda** liegt in einer wunderschönen Bucht 2 km weiter südlich. Dort gibt es auch eine einfache *domatia* und eine Taverne.

Schlafen & Essen
Hotel Hagiati (☎ 24260 22405; www.pelion.com.gr/hagiati.htm; EZ/DZ 40/50 €; 🅿 🐾) Geräumige, mit Holz und Fliesen gestaltete Zimmer, Balkone und Deckenventilatoren machen das Hagiati zu einer guten Wahl. Es liegt kurz hinter dem Ortseingang von Chorefto gegenüber vom Strand.

Maribou Hotel (☎ 24260 23710; www.marabou hotel.gr; EZ/DZ/Suite 55/70/110 €; P ✕ ▣) Dieses komfortable Hotel liegt auf einem Hügel, 250 m vom Strand entfernt, den man von der Bar auf der Veranda aus sehen kann.

Taverna O Petros (☎ 24260 23585; Hauptgerichte 4–7 €) Das Lokal serviert leckeren gegrillten Fisch und eine Reihe vegetarischer Gerichte (*ladhera* – Fastenspeise; mit viel Olivenöl gebacken oder gekocht) sowie die köstliche einheimische Spezialität *hortopita*.

Ebenfalls empfehlenswert:

Domatia To Balkoni (☎ 24260 23260; EZ/DZ 50/60 €; ✕ P) Palmen, Kochgelegenheit.

Taverna Ta Delfinia (24260 23585; Hauptgerichte 4–8 €) Beliebt wegen ihrer *mayirefta*.

AGIOS IOANNIS ΑΓΙΟΣ ΙΩΑΝΝΗΣ
660 Ew.

Das einst verschlafene Hafenstädtchen Agios Ioannis ist heute der pulsierendste Urlaubsort an der Ostküste. Überfüllt ist es aber noch nicht. Kleine Hotels, Tavernen und Pizzerien säumen das Ufer; zwei Sandstrände liegen gleich nördlich (Plaka) und südlich (Papa Nero) des Ortes; sie sind durch eine kleine Holzbrücke verbunden.

Les Hirondelles Travel Agency (☎ 24260 31181; www.holidays-in-pelion.com.gr) arrangiert Übernachtungen, Mietwagen und -motorräder und organisiert Wanderungen, Bootsausflüge, Kayaktouren auf dem Meer und Mountainbike-Exkursionen.

Schlafen
Die hier genannten höheren Preise für Juli und August fallen zu anderen Zeiten um mindestens 30 %.

Pension Katerina (☎ 24260 31159, 6945762183; EZ/DZ/FZ ab 35/40/65 €; ✕) Ein schmaler Pfad vom Ufer her öffnet sich zu einem gemütlichen Innenhof mit Zitronenbaum, der zu dieser einladenden Pension gehört. Die bezaubernden Zimmer sind hell und ordentlich. Die drei Apartments mit Kochgelegenheit sind genau das Richtige für Familien.

Hotel Kelly (☎ 24260 31231; www.hotel-kelly.gr; EZ/DZ/3BZ inkl. Frühstück 50/60/80 €; ✕ P 🛜) Fast am Ende der Strandpromenade steht das rosafarbene Hotel mit komfortablen Zimmern zum Strand hin, freundlichem Service und der bestbesuchten Hotelbar am Ort.

Anesis Hotel (☎ 24260 31123; www.hotelanesis.gr; EZ/DZ/3BZ inkl. Frühstück 50/70/80 €; ✕ ▣ 🛜) Das komfortable Anesis liegt etwas abseits der Straße und bietet geräumige Zimmer in Pastellfarben, wobei die Badezimmer ein bisschen klein geraten sind. Frühstück gibt es auf der von Weinreben bewachsenen Terrasse mit Meerblick.

Sofokles Hotel (☎ 24260 31230; www.sofokleshotel. com; EZ/DZ inkl. Frühstück ab 65/100 €; P ✕ ▣ 🛜 📺) Im Sofokles ist man hilfsbereit. Die gut ausgestatteten Zimmer haben einen Hauch von Holz und Marmor und kleine, schmiedeeiserne Balkone. Frühstück gibt es auf der von Weinreben bewachsenen Terrasse gegenüber dem Strand.

Ebenfalls empfehlenswert:

Campingplatz (☎ 24260 31319; Fax 24260 32159; Erw./Zelt 5/5 €) Wurde 2009 modernisiert, etwas südlich der Uferpromenade.

Hotel Kentrikon (☎ 24260 31232; www.bungalows-kentrikon.gr; EZ/DZ/Suite ab 65/78/130 €; P ✕ ▣ 🛜 📺) Etwas zurückgesetzt, hervorragender Service.

Essen & Ausgehen
LP Tipp **Taverna Orea Ammoudia** (☎ 24260 32126; Hauptgerichte 4–8 €) Das gut gehende Familienlokal liegt unter einer riesigen Platane am Ende des Papa-Nero-Strandes. Hier gibt es hervorragende Variationen fertiger Ofengerichte wie gebackenen Kabeljau oder Huhn mit Kartoffeln sowie gegrilltes Lamm und außergewöhnliche Salate wie *kritama* (Tomaten mit Meereskräutern). An einer strohgedeckten Bar erhält man im Sommer kalte Getränke und Eis.

Taverna Poseidonas (☎ 24260 31222; Hauptgerichte 4–8 €) Die Besitzer des Poseidonas sind stolz auf ihren guten Ruf am Ort – sie tischen nur auf, was sie selbst gefangen haben. Außer dem pro Kilo verkauften Fisch stehen täglich wechselnde Ofengerichte wie *mousakas* und gefüllte Zucchiniblüten bereit (je 6 €).

Taverna Akrogiali Apostolis (☎ 24260 31112; Hauptgerichte 5–10 €) Eine der Tavernen am Strand. Der charmante Eigentümer und Wirt Apostolis serviert großzügige Portionen, z. B. Lamm in Zitronensoße, *vlita* (Amarant) und *spetsofai* (Eintopf mit Wurst und Paprika).

Außerdem empfehlenswert:

Pizza Venezia (☎ 24260 31093; Pizza 7–9 €) Schicke Pizzeria mit Veranda.

Lithos Bar (☎ 24260 32027) Hier kann man bis in den späten Abend hinein auf einen Drink oder frühmorgens auf einen Kaffee einkehren.

DAMOUCHARI & MOURESSI ΝΤΑΜΟΥΧΑΡΗ & ΜΟΥΡΕΣΙ

Das malerische Dorf **Damouchari** liegt neben einem weitläufigen Olivenhain, der an den Kiesstrand und eine geschützte Bucht grenzt. Früher verbargen die Bäume den kleinen Ort vor vorbeisegelnden Piratenschiffen. Der lokalen Überlieferung nach entstand der Name des Dorfes aus der Redewendung *dos mou hari* (gib mir Gnade). Die kleine **Kirche Agios Nikolaos** beherbergt einige hübsche Fresken (Apostolis in der Taverne daneben hat den Schlüssel). Außerdem ist Damouchari der Ausgangspunkt für einen schönen, 4 km langen **Spaziergang** zum Fakistra-Strand. 2008 erlangte Damouchari kurzzeitig Berühmtheit durch den Film *Mama Mia!* (mit Meryl Streep): In dem abgeschiedenen Hafenstädtchen fanden ein paar Wochen lang Dreharbeiten für diesen Film statt.

Ein Stück von der Hauptstraße entfernt, 3 km nördlich von Tsangarada, versteckt sich das liebliche Dörfchen **Mouressi**, das für seine Kirschen, Kastanien und Maulbeeren *(mouria)* bekannt ist. Von der *plateia*, die im Schatten von Zitronenbäumen liegt, hat man eine großartige Aussicht auf die Ägäis.

Schlafen & Essen

Domatia Victoria (☎ 24260 49872; Damouchari; EZ/DZ 45/55 €; ✷ ◫) Eine von zwei sehr soliden *domatia* in Damouchari; diese bietet eine Aussicht über die Bucht.

LP Tipp **Old Silk Store** (☎ 24260 49086, 6937156780; www.pelionet.gr; Mouressi; DZ ab 65 €) Dieses klassizistische Prachtstück aus dem 19. Jh. hat Persönlichkeit und gehört zu den Wahrzeichen Mouressis. Es bietet traditionell eingerichtete Zimmer und ist von einem Garten umgeben. Das Frühstück ist hausgemacht und besteht aus frisch gebackenen Leckereien und Früchten der Saison (10 €). Das Ganze wird von der britischstämmigen Jill Sleeman geleitet, ebenso wie das Reisebüro Mulberry Travel (dieselbe Telefonnummer), das sich um Reisedetails kümmert, Kochkurse veranstaltet und Wanderungen auf dem Pelion organisiert (häufig in Begleitung des hauseigenen Esels Boy George).

Hotel Damouchari (☎ /Fax 24260 49840; Damouchari; Zi ab 85 €; P ☙) Die urigen, knarrenden Zimmer sollte man lange im Voraus buchen – aber man kann sich auch einfach so

die nautischen Antiquitäten in der Lobby anschauen oder in der Kleopatra-Miramar-Bar etwas trinken.

Taverna O Vangelis (☎ 24260 49609; Mouressi; Hauptgerichte 4–7,50 €) Die köstlichen Grillgerichte (Schweinekoteletts 6 €) und üppigen *spetsofai* (4,50 €) des schwer arbeitenden Kochs, Obers und gesprächigen Wirts Vangelis haben eine treue Anhängerschaft.

Taverna Karagatsi (☎ 24260 49841; Damouchari; Hauptgerichte 4–9 €) Von derselben Familie betrieben, der auch das Hotel Damouchari gehört. Der Koch der Taverne, Apostolis, tischt leckere Tavernengerichte auf sowie große Griechische Salate und köstliche *mezedhes* wie *taramasalata*. All das lässt sich bei einem romantischen Blick auf die winzige Bucht unter der Taverne genießen.

Weitere Empfehlungen:

Taverna Bastounis (☎ 24260 49207; Damouchari; Hauptgerichte 4,50–8 €) Fisch ist immer frisch.

Taverna To Tavernaki (☎ 24260 49416; Mouressi; Hauptgerichte 5,50–9 €) Gegenüber der BP-Tankstelle.

TSANGARADA ΤΣΑΓΚΑΡΑΔΑ
710 Ew.

Tsangarada liegt in einem Wald aus Eichen und Platanen. Das weitläufige Dorf umfasst die vier separaten Gemeinden Agio Taxiarches, Agios Stefanos, Agia Kyriaki und Agia Paraskevi. Die größte davon ist Agia Paraskevi, sie liegt etwas nördlich der Hauptstraße Volos–Milies–Tsangarada. Die Platane auf der *plateia* gilt als einer der größten und ältesten Bäume Griechenlands. Neben der Post gibt es einen Geldautomaten, daneben ein kleines **Touristenbüro** (☎ 24260 48993; ☙ 10–14 Uhr) mit Kartenmaterial und Internetzugang.

Sehenswertes & Aktivitäten

LP Tipp **Serpentin-Garten** (☎ 24260 49060; www.serpentin-garden.com; Eintritt gegen Spende) Viel Herzblut hat eine einzelne, inspirierte Frau in den Garten gesteckt: Doris Schlepper schuf hier ein richtiges Museum aus allem, was grün ist und blüht, einschließlich seltener Bäume und Rosen, dazu nachhaltige Gemüse-, Beeren- und Kräutergärten. Doris bietet im Rahmen von **World Wide Opportunities on Organic Farms** (WWOOF; www.wwoof.org) zweiwöchige freiwillige Praktika gegen Unterkunft und Verpflegung an. Besucher können ihren Garten nach Absprache besichtigen.

Ebenso wie weite Teile der Halbinsel Pelion ist auch Tsangarada ein erstklassiges Wandergebiet. Zwei relativ einfache Wanderungen, für die man keinen Führer braucht, beginnen hier. Vom Dorfplatz in **Agia Paraskevi** braucht man etwa zwei Stunden bis hinunter zur kleinen Bucht von Damouchari. Vom Dorf **Xourichti**, 4 km südlich von Agia Paraskevi, führt ein guter Pfad über den Bergkamm in das Dorf **Milies**, eine Wanderung von knapp drei Stunden.

Schlafen & Essen

In der Nähe der Plateia Paraskevi und auf dem Weg nach Mylopotamos gibt es mehrere *domatia* und Tavernen.

Villa Ton Rodon (☎ 24260 49201; www.villatonrodon.gr, auf Griechisch; Agia Paraskevi; EZ/DZ/3BZ inkl. Frühstück 50/60/65 €; P) Die ordentliche Pension mit Aussicht vom Balkon ist vom Obstgarten der Familie umgeben; etwa 50 m von der Hauptstraße entfernt.

LP Tipp Lost Unicorn Hotel (☎ 24260 49930; www.lostunicorn.com; Agia Paraskevi; EZ inkl. Frühstück 60–70 €, DZ inkl. Frühstück 90–110 €; P ✦ ▢) Perserteppiche, sich träge drehende Ventilatoren und antike Möbel machen dem eleganten und gut ausgestatteten Herrenhaus aus dem 19. Jh. alle Ehre. Es liegt auf einer herrlichen Lichtung, und die Wirte, der Grieche Christos und die Britin Claire, sorgen für eine ungezwungene Atmosphäre. Sie servieren ein Frühstück im Garten, das mit seiner Umgebung, samt den singenden Nachtigallen, mithalten kann.

Taverna To Kalivi (☎ 24260 49578; Hauptgerichte 5–9 €) Ein kleines Holzschild an der Plateia Taxiarches weist zu der angesehen, altmodischen Taverne, die für Fleischeintöpfe, gegrilltes Lamm mit Nudeln und Wildgemüse der Saison berühmt ist.

MYLOPOTAMOS ΜΥΛΟΠΟΤΑΜΟΣ

Das idyllische Mylopotamos ist durch eine Felsnase geteilt. Ein natürlicher Tunnel verbindet die beiden schönen Strände. Von Tsangaradas Agia Paraskevi sind es 7 km bis hierher.

Schlafen & Essen

Diakoumis Rooms (☎ 24260 49203; www.diakoumis.gr; EZ/DZ/3BZ ab 50/70/80 €; P ✦ ▢) Nur 1 km vor dem Dorf und dem Strand haben die genialen Besitzer Stathis und Athina das Beste aus der Unterkunft an der dramatischen Klippe gemacht. Von hellen, luftigen Zimmern mit Steinböden aus kann man den klaren Ausblick auf die Bucht und darüber hinaus genießen. Außerdem stehen vier Apartments für Selbstversorger (ab 80 €) zur Verfügung.

Taverna Angelika (☎ 24260 49588; Hauptgerichte 5–9 €) Hierher kommen auch viele Einheimische aus dem Pelion, die das gute Essen und den Wein zu schätzen wissen, ganz zu schweigen von der guten Aussicht. Gefüllter Tintenfisch, ein üppiger Griechischer Salat und einheimischer Wein in Hülle und Fülle kosten für zwei Personen etwa 25 €.

Westlich-zentraler Pelion

VON VOLOS NACH PINAKATES, VYZITSA & MILIES ΒΟΛΟΣ ΠΡΟΣ ΠΙΝΑΚΑΤΕΣ, ΒΥΖΙΤΣΑ & ΜΗΛΙΕΣ

Von Volos aus führt die Straße an der Westküste in Richtung Süden durch die touristischen Dörfer Agria und Ano Lechonia, wo eine Abzweigung ins Inland nach

---

DER MINIZUG

1895 wurde eine 13 km lange Eisenbahnstrecke zwischen Volos und Ano Lechonia gebaut. 1903 wurde die Schmalspurbahn bis Milies verlängert, was aus dem Ort ein blühendes Handelszentrum machte. **To Trenaki** (☎ 24210 24056; Erw./Kind 12,90/8,50 €), der Dampfzug, der diese Strecke entlangtuckerte, wurde 1971 offiziell eingestellt, aber 1997 als Wochenend- und Urlaubsattraktion wieder in Betrieb genommen. Der beliebte Zug mit vier Wagen fährt um 11 Uhr in Ano Lechonia ab und kehrt gegen 17 Uhr wieder zurück, so dass genügend Zeit bleibt, sich Milies anzuschauen.

Als die Strecke wieder eröffnet wurde zog zunächst eine restaurierte belgische Lokomotive, die mit Kohle betrieben wurde, das Bähnchen. Aber im Jahr 2000 wurde eine neue Diesellok in Betrieb genommen, da es die Eisenbahner leid waren, dem rauchspeienden Original mit einem Wasserwagen hinterherzulaufen, um die häufig ausbrechenden Grasbrände zu löschen, die durch herumfliegende Funken verursacht wurden. Trotz der umweltfreundlichen Verbesserung, wird To Trenaki noch immer *moudzouris* genannt, was ein liebevoller Ausdruck für „Rußschleuder" ist.

Agios Vlasios, Pinakates, Vyzitsa und Milies führt. Wer weiter der Hauptstraße folgt, gelangt in die benachbarten Ortschaften Kato Gatzea, Ano Gatzea und **Kala Nera.** Nach den anstrengenden und schmalen Straßen der Dörfer im östlichen Pelion ist dieser Straßenabschnitt ein wahrer Segen und als Ausgangspunkt für Exkursionen auf dem Pelion eine großartige Alternative zum überfüllten Volos. Das effiziente **Hotel Nirvana** (☎ 24230 22205; www.hotel-restaurant-nir vana.com; DZ/3BZ inkl. Frühstück ab 50/60 €; ✗ ◻) liegt am einzigen vernünftigen Strand der Bucht von Kala Nera.

Zwei Attraktionen lohnen einen Zwischenstopp: Die altmodische **kleine Pelionbahn** beginnt ihre Fahrt in **Ano Lechonia** (s. Der Minizug, s. S. 307). Eine ihrer urigen Zwischenstationen ist Ano Gatzea, wo sich das **Museum der Olive** (☎ 24230 22009; www. mouseioelias.gr, auf Griechisch; Eintritt frei; ☽ 8–17 Uhr) in einem alten Steingebäude befindet. In seinen glitzernden Schaukästen sieht man Werkzeuge, Pressen und Speichergefäße; außerdem gibt es einen kleinen Museumsshop.

PINAKATES ΠΙΝΑΚΑΤΕΣ
100 Ew.
Eine alte Platane dominiert die Plateia Agios Dimitrios. Außerdem stehen dort eine Kirche, zwei Tavernen, ein kleiner Brunnen, ein Töpferladen und eine Holzofenbäckerei. Im urtümlichen Pinakates gibt es erst seit 1973 Elektrizität. So wie es aussieht, hat sich seitdem nicht viel getan.

Das 2007 hübsch restaurierte **Hotel Ta Xelidonakia** (Die kleinen Schwalben; ☎ 24230 86920; www. pinakates.com; DZ/3BZ inkl. Frühstück 100/120 €; P ✗ ◻ ☍ 🐾) ist ein klassisches Herrenhaus, das Geschichte und Komfort auf großartige Weise vereint. Im Zentrum der Veranda steht ein 3000-Liter-Weinfass aus Kastanienholz. Gleich in der Nähe serviert die **Taverna Drosia** (☎ 24230 86772; Hauptgerichte 4–8,50 €; ☽ Abendessen) Spezialitäten des Pelion wie gebackenes Ziegenfleisch und *spetsofai,* dazu immer ein Gläschen von einem Wein aus der Region.

VYZITSA ΒΥΖΙΤΣΑ
280 Ew.
Zwischen Pinakates und Milies befindet sich das hübsche Vyzitsa mit seinen Kopfsteinpflasterwegen, die sich zwischen traditionellen, schiefergedeckten Häusern hindurchschlängeln. Zum schattigen Dorfplatz und den Tavernen geht's den gepflasterten Weg beim Thetis Café hinauf.

Das schlichte aber komfortable altmodische **Thetis Hotel** (☎ 24230 86111; EZ/DZ inkl. Frühstück ab 35/45 €) ist eine ruhige und einladende Pension in einem Steingebäude. Das dazugehörige rustikale Café serviert Frühstück auf der Terrasse.

Das gut geführte **Hotel Stoikos** (☎ 24230 86406; www.stoikoshotel.com; EZ/DZ/3BZ ab 50/70/90 €; P ✗ ☍) hat ein traditionelles Aussehen, vor allem wegen der Balkendecken und dem Buntglas in den geräumigen Zimmern im oberen Stock (großartige Aussicht!). Für das teure Vyzitsa ist das Preisleistungsverhältnis gut.

Ein 50 m langer Pfad führt von der *plateia* hinauf zu den **Rooms Aphrodite Dimou** (☎ 24230 86484; info@aphrodete.gr; EZ/DZ/3BZ inkl. Frühstück ab 60/80/100 €; ◻), einer privaten Übernachtungsmöglichkeit mit nur drei Zimmern, die jedoch alle hell sind und von der Besitzerin Aphrodite gut gepflegt werden.

Die Topadresse unter Vyzitsas Esslokalen ist **Georgaras Restaurant** (☎ 24230 86359; Hauptgerichte 5–11 €) mit Spezialitäten aus der Region, wie Eintöpfen und üppigen Soßen, z.B. gefüllter Schweinebraten mit Orangensoße und *kouneli* (Kaninchen in Rotweinsoße).

MILIES ΜΗΛΙΕΣ
640 Ew.
Milies spielte eine wichtige Rolle für den intellektuellen und kulturellen Aufbruch, der zur griechischen Unabhängigkeit führte. Darüber hinaus ist es der Geburtsort von Anthimos Gazis (1761–1828), der 1821 die revolutionären Kräfte in Thessalien bündelte und durch die Bergdörfer des Pelion zog, um zum Widerstand aufzurufen.

Auf dem Dorfplatz steht die **Kirche Agios Taxiarhes,** die über schöne Fresken aus dem 16. Jh. verfügt. Etwa 100 m hinter dem Platz befindet sich das **Milies-Museum** (☎ 24230 86602; Eintritt frei; ☽ 10–14.30 & 6.30–21 Uhr), das eine Ausstellung einheimischen Handwerks und lokaler Trachten beherbergt. In der nahen **Bibliothek von Milies** (☎ 24230 86936; ☽ 8–14 Uhr) gibt es handgeschriebene Bücher aus der Zeit des Unabhängigkeitskriegs, aber auch Modernes, wie etwa kostenlosen Internetzugang für Besucher.

Schlafen & Essen

O Palios Stathmos (Alter Bahnhof; ☎ 24230 86425; www.paliosstathmos.com; EZ/DZ inkl. Frühstück ab 40/60 €) Diese komfortable Pension, die in einer Gruppe von Platanen versteckt liegt, erinnert an längst vergangene Zeiten – aber nur von den Balkonzimmern aus, von denen man einen Blick auf den Bahnhof der Schmalspurbahn hat.

Bäckerei Korbas (☎ 24230 86219; Kuchen 1,50–4 €) Zu den gastronomischen Highlights von Milies gehören die leckeren *tyropsomo* und *eliopsomo* (Olivenbrot) in dieser beliebten Bäckerei an der Hauptstraße.

Anna Na Ena Milo (☎ 24230 86889; Snacks 2–4 €; ⏲ 9–22 Uhr) Der Name dieser netten Crêperie ist einem Kinderlesebuch mit dem Titel *Anna, iss einen Apfel* entliehen.

Taverna Panorama (☎ 24230 86128; Hauptgerichte 5–7 €) Etwa 100 m weiter oberhalb des Hauptplatzes (und fast ganz von Kletterrosen bedeckt) serviert dieses Grillrestaurant Spezialitäten des Pelion, darunter Zucchinikuchen, Schweinekotelettes in Weinsoße, *spetsofai* und *kouneli*.

Südlicher Pelion

RICHTUNG SÜDEN NACH TRIKERI

Der südliche Teil des Pelion vermittelt mit seinen spärlich bewaldeten Hügeln und zahllosen Olivenhainen ein Gefühl der Weite. Bevor man sich hinter Kala Nera ins Landesinnere wendet, streift die Straße das kleine Fischerdorf Afissos, windet sich hoch durch die reizvolle landwirtschaftliche Gemeinde Argalasti und gabelt sich dann. Die linke Abzweigung führt ins Landesinnere, während die rechte zu den Ferienorten Chorto und Milina an der Küste führt. Von Milina zweigt die Straße Richtung Südosten nach Platanias und Richtung Südwesten nach Trikeri ab.

CHORTO & MILINA ΧΟΡΤΟ & ΜΗΛΙΝΑ

Milina ist das größere der beiden Küstendörfer, viele Pauschaltouristen kommen hierher. Die beiden Dörfer liegen in einer ruhigen Ecke der Halbinsel. Sie bieten sauberes Wasser und einige einladende Kiesstrände. Der einfallsreiche George Fleris vom **Milina Holidays** (☎ 24230 65020; www.milina-holidays.com) am Strand hilft nicht nur bei der Suche nach einer Unterkunft. Er organisiert auch Mietfahrräder und -boote sowie Tagesausflüge zur nahen Insel Palio Trikeri (Erw./Kind 37/20 €). Wanderer zu Bergdörfern wie Promiri oder Lefkos im Landesinneren profitieren von den gemeindebasierten Bemühungen der „Friends of the Kalderimi", die sich der Erhaltung und Restaurierung der *kalderimia*, der historischen gepflasterten Pfade widmet.

Wer der Ansicht ist, dass Nostalgie auch nicht mehr das ist, was es einmal war, kann im **Alten Radiomuseum** (☎ 69703 74922; Eintritt frei; ⏲ 16. Mai–14. Sept. tgl., 15. Sept.–15. Mai Sa & So) die Uhren zurückdrehen. Es befindet sich im Dorf **Lefkos,** 5 km östlich von Milina, und illustriert die Liebe eines Sammlers zum „schnurlosen Empfang" des prä-digitalen Zeitalters.

Empfehlenswert sind die familienfreundlichen Bungalows im **Hotel Leda** (☎ 24230 65696; Chorto; EZ/DZ/FZ ab 40/50/80 €; P ✱ ≋ ☺) mit Strandbar und Swimmingpool. In der **Ouzerie Vangelis** (☎ 24230 65465; Milina), eine von mehreren Tavernen neben Milinas Hauptanlegesteg, kommen hervorragende Meeresfrüchte-*mezedhes* und *tsipouro* auf den Tisch.

TRIKERI ΤΡΙΚΕΡΙ

1180 Ew.

In diesem Teil des Pelion fühlt man sich wie am Ende der Welt. Die Straße von Milina nach Trikeri wird immer einsamer. In Trikeri sind mehr Esel als Autos unterwegs, und die Einwohner rühmen sich ihrer Vergangenheit als Seefahrer, Kämpfer gegen die Türken im Unabhängigkeitskrieg und Bewahrer traditioneller Bräuche und Trachten. In der Woche nach Ostern wird durchgehend gefeiert: Jeden Tag wird getanzt, und die Frauen versuchen sich gegenseitig mit ihren prachtvollen Trachten zu übertrumpfen.

AGIA KYRIAKI ΑΓΙΑ ΚΥΡΙΑΚΗ

Dies ist die letzte Etappe auf der Halbinsel Pelion: Eine steile, 2 km lange Fahrt jenseits der Hauptstraße oder ein rascher, 1 km langer Fußweg einen Pflasterpfad hinunter. Nur wenige Touristen verlaufen sich in dieses Fischerdorf, und die leuchtend orangefarbenen Boote werden von den rund 200 Einwohnern viel genutzt. Ein Hotel gibt es hier, das **Agia Kyriaki Hotel** (☎ 69787 71831; EZ/DZ 35/40 €), und drei Fischtavernen in einer Reihe, alle mit Blick auf die gegenüberliegende Küste von Euböa.

PALIO TRIKERI ΠΑΛΙΟ ΤΡΙΚΕΡΙ
Wem das alles noch immer nicht einsam
genug ist, der hat noch die Möglichkeit, auf
diese kleine Insel zu fahren. Sie liegt direkt
vor der Küste und hat das Jahr über eine
Bevölkerung von 13 Menschen; oft wird sie
einfach nur Nisos (Insel) genannt. Um das
Inselchen vom Fischerdorf **Alogoporos** aus in
einer fünfminütigen Bootsfahrt zu erreichen, ruft man Nikos in der **Taverna Diavlos**
(☎ 24230 55210, 6976851056) auf Nisos an. Es
gibt ein paar Zimmer in der Taverne. Wildes Campen ist auch möglich. Aber die
meiste Zeit ist man auf Palio Trikeri ohnehin damit beschäftigt, den Einheimischen
zu erklären, warum man hergekommen ist
– und dann sich selbst, warum man wieder
wegfährt.

PLATANIAS ΠΛΑΤΑΝΙΑΣ
Platanias war ein beliebter Ferienort, bis im
Jahr 2001 die Verbindung mit dem Tragflächenboot eingestellt wurde. Inzwischen ist
es wieder eine ruhige, einfache Ortschaft
mit einem guten Sand-und-Kies-Strand,
einem Campingplatz und ein paar Tavernen und *domatia*.
   Ungefähr ab Anfang Juni bis Ende August verkehrt täglich ein Ausflugsboot, die
Africana (☎ 24230 71273), zwischen Platanias
und der Insel Skiathos (Erw./Kind einfache
Fahrt 20/10 €). Das Boot, in dem 100 Passagiere Platz finden, fährt morgens um 9.30
Uhr in Platanias ab und kehrt abends um
17.30 Uhr zurück.

TRIKALA ΤΡΙΚΑΛΑ
50 340 Ew.
Das Erste, was in Trikala auffällt, sind die
Fahrräder. Die halbe Stadt, ob Jung oder
Alt, scheint mit dem Drahtesel unterwegs
zu sein, eilig scheint es hier niemand zu
haben. Jedes Jahr im September veranstaltet
die Stadt zwei autofreie Tage – einfach um
die Begeisterung für das Zweirad aufrecht
zu erhalten. Trikala liegt ungefähr auf halber Strecke zwischen Karditsa und Kalambaka und war einst das antike Trikki, die
Heimat des Asklepios, des Gottes der Heilkunst. Eine Statue zu Ehren des legendären
Arztes steht auf einer kleinen Brücke im
Hauptplatz. Trikala ist ein reizvolles, pulsierendes landwirtschaftliches Zentrum und
dient als Tor zu den Ferienorten im Südlichen Pindos im Westen.

Orientierung
Der Fluss Litheos teilt die Stadt. Eigentlich
ist er eher ein landschaftlich gestalteter
Kanal mit einer schmalen Brücke, die zwei
Plätze miteinander verbindet – die von Pla-
tanen beschattete Plateia Iroön Polytehniou
am nordöstlichen Ufer und die weitläufige
Plateia Riga Fereou am südwestlichen Ufer.
Trikalas Hauptdurchfahrtsstraße Asklipiou
beginnt hier als Fußgängerzone und ver-
läuft etwa 700 m Richtung Süden bis zum
Bahnhof.

Praktische Informationen
An den Plätzen zu beiden Seiten des Flusses
stehen sechs Banken mit Bankautomat. Die
meisten Cafés um die Plateia Riga Fereou
bieten kostenlosen Internetzugang.
Café Neo Kosmos (Neue Welt; ☎ 24310 72591; Vyronos 18; 2 € pro Std.; ⏲ 8–24 Uhr) Mit WLAN und einigen
schnellen Internetcomputern.
Polizei (☎ 24310 76100; Sidiras Merarhias)
Post (Sarafi 13; ⏲ 8–20 Uhr) Neben der Plateia Riga Fereou.
Poulianiti Travel Services (☎ 24310 36140; gptra
vel@otenet.gr; Vyronos 37) Hilft bei der Suche nach Unterkunft, bei Reisebuchungen und Mietwagen.
Trekking Hellas (☎ 24310 87964; Vyronos 37) Hat ein
Gemeinschaftsbüro mit Poulianiti Travel Services und bietet Touren in die Umgebung an, einschließlich Rafting und
Wandern.

Sehenswertes
Es lohnt sich, zu den Gärten um die restaurierte byzantinische **Festung Trikala** hinauf-
zugehen. Eine dazugehörige Café-Bar bietet
einen tollen Blick auf die Stadt. Vom zentralen Platz 400 m die Sarafi hinauf, dann
dem Schild, das nach rechts zeigt, folgen.
Kurz vor der Abzweigung zur Festung befinden sich die Überreste des **Heiligtums des
Asklepios**. Spannender ist das alte türkische
Viertel **Varousi** gleich östlich der Festung.
Die faszinierende Gegend hat schmale Gassen und schöne alte Häuser mit überhängenden Balkonen. An der Ecke Anagiron
und Virvou befindet sich die **Kirche Agioi
Anargiri** aus dem 16. Jh. mit ihren schönen
Wandmalereien. Wer von Varousi aus noch
200 m weiter nach oben geht, gelangt zur
Kapelle des **Profitis Ilias**.
   Auf der anderen Seite der Stadt steht die
Kursum-Moschee (Koursoun Tzami), die im
16. Jh. von Sinan Pascha errichtet wurde,
der auch die Blaue Moschee in Istanbul er-

baute. Die Moschee wurde Mitte der 1990er mit EU-Geldern restauriert. Wenn man nach der Plateia Riga Fereou 350 m dem Fluss nach Süden folgt, steht die Moschee auf der rechten Seite.

Schlafen

Hotel Panellinion (☎ 24310 73545; www.hotelpanellinion.com; Plateia Riga Fereou 2; EZ/DZ inkl. Frühstück 40/60 €; 🍴 🛜) Das restaurierte klassizistische Gebäude aus dem Jahr 1914 steht gegenüber dem Fluss und verströmt einen Hauch von Tradition. Die klassischsten Dekorationen findet man jedoch innen in den hohen Fluren.

Hotel Ntina (Dina; ☎ 24310 74777; www.ntinashotel.gr; Ecke Asklipiou & Karanasiou; EZ/DZ/3BZ 40/50/60 €; 🍴 🛜 💻 🛜) Zu den nützlichen Vorzügen des eleganten, luftigen Business-Hotels gehören bequeme Betten, Satellitenfernsehen und auf Wunsch Frühstück (5 €). Vom oberen Stockwerk hat man einen Blick über die Stadt und den Fluss.

Essen

Die Café-Szene in Trikala konzentriert sich auf das nördliche Ende der Asklipiou und auf das alte Manavika-Viertel auf der anderen Flussseite. Wer etwas Schnelles essen möchte, findet an der Plateia Kitrilaki gute Souvlakia-Teller für 2 €.

Kebob Karthoutsos (☎ 24310 38084; Ioulietas Adam 5; Hauptgerichte 3–6 €) Es lohnt sich, in diesem belebten Lokal in der Nähe der Plateia Riga Fereou auf einen freien Tisch zu warten. Für 10 € pro Person bekommt man hier einen ganzen Tisch voll leckerer, magerer Schweinefleisch-Souvlaki, *horta* (Wildgemüse), Feta und kaltes Bier oder Wein aus der Region.

Taverna Palia Istoria (Alte Geschichte; ☎ 24310 77627; Ypsilanti 3; Hauptgerichte 3,50–8 €) Dieses angesehene Lokal in einer Gasse im Manavika-Viertel hat einen leichten Hang zum Traditionellen, z. B. mit *feta psiti* (gebackener Feta mit Tomaten, Kartoffeln, Speck und gegrillten Zwiebeln) – für 4,50 € ein Schnäppchen, oder Schweinekoteletts mit süßer Pfeffersoße (6,50 €).

Zwei elegante *tsipouradhika* im Manavika-Viertel, die einen Besuch lohnen, sind die **Taverna Diachroniko** (☎ 24310 21480; Ipsilanti; Hauptgerichte 3–7 €) und die **Taverna To Diplo** (☎ 24310 72722; Hauptgerichte 3–7 €) neben der Taverne Palia Istoria.

Ausgehen & Unterhaltung

Am Wochenende sehen die Nächte in Trikala so aus: Zuerst am der Asklipiou reichlich Kaffee trinken und dann nach Mitternacht über die Brücke ins pulsierende Manavika-Viertel gehen und mit Mojitos, *mezedhes* und Musik weitermachen. Das drei Häuserblocks umfassende Viertel ist ein Irrgarten aus schmalen Gassen, in denen sich Tavernen, glitzernde Musikbars, kleine *ouzerien* und Cafés drängen, die die ganze Nacht offen halten. Authentischer griechischer *rembetiko* (Blues) wird in der **Aparhes Bar** (☎ 24310 38486; Manavika; 🕐 Fr & Sa) am Flussufer gespielt; immer den Einheimischen nach. Im **1900 Coffee Store** (☎ 24310 28274; Ermou 11, Manavika) sollte man sich den alten Kaffeeröster am Eingang anschauen und innen die zischende Espressomaschine aus der Zeit nach 1900.

An- & Weiterreise

BUS

Busse fahren vom Trikalas **KTEL-Busbahnhof** (☎ 24310 73130; Rizargio), 5 km südlich der Stadt. Am **Ticketbüro** (Ecke Othonos & Garivaldi) fährt ein kostenloser Shuttlebus ab.

ZUG

Vom **Bahnhof** (☎ 24310 27214) fahren Züge nach Kalambaka (1,30 €, 15 Min., 8-mal tgl.), Larissa (4,60 €, 1 Std., 2-mal tgl.), Athen (IC 26 €, 4 Std., 1-mal tgl.; normal 11 €, 5 Std., 1-mal tgl.) und Thessaloniki (11 €, 2½ Std., 1-mal tgl.).

RUND UM TRIKALA

Pyli Πύλη

Etwa 18 km südwestlich von Trikala liegt das Dorf Pyli. Das heißt „Tor", und tatsächlich öffnet es sich zu einer spektakulären Schlucht und zu einer der wildesten Landschaften Griechenlands.

Am Eingang der Schlucht steht die **Kirche Porta Panagia** aus dem 13. Jh., die ein beeindruckendes Paar Mosaikikonen und eine Ikonostase aus Marmor beherbergt. Zur Kirche geht's über die Fußgängerbrücke am Fluss; danach links halten.

Das Kloster **Moni Agiou Vissarion** aus dem 16 Jh. steht an einem Hang des Bergs Koziakas, 5 km von Pyli entfernt. Um dorthin zu gelangen, überquert man die Brücke über den Fluss und folgt dem Schild etwa 500 m bergaufwärts.

BUSSE AB TRIKALA

Reiseziel	Dauer	Preis	Häufigkeit
Athen	4½ Std.	24 €	7-mal tgl.
Elati	1 Std.	3 €	1–2-mal tgl.
Ioannina	2½ Std.	13,10 €	2-mal tgl.
Kalambaka	30 Min.	1,90 €	stündl.
Lamia	2 Std.	8,60 €	7-mal tgl.
Larissa	1 Std.	5,70 €	stündl.
Neraidochori	1½ Std.	4,50 €	1-mal tgl.
Pertouli	1¼ Std.	4,30 €	1-mal tgl.
Thessaloniki	3 Std.	16,50 €	6-mal tgl.
Volos	2¼ Std.	12,30 €	4-mal tgl.

Rund um Elati Ελάτη

Wer mit dem eigenen Auto unterwegs ist, kann die früher kaum zugänglichen Gebirgsregionen westlich und nördlich von Elati erreichen, darunter das malerische Gebiet **Triapotamia** (Drei Flüsse). Eine schöne, halbtägige Rundtour (über die Alexiou-Brücke) führt bis nach Kalambaka. 49 km südwestlich von Elati in Richtung Arta liegt der umstrittene **Mesochora-Damm** (s. Kampf um den Fluss, S. 313). Etwa 10 km dieser idyllischen Straße sind nicht befestigt, aber mit dem Auto gut zu bewältigen.

Von Pyli steigt die Straße 40 km stetig nordwärts bis zum Dorf **Neraidochori**. Sie führt durch atemberaubend schöne Berglandschaften, vorbei an den Dörfern Elati und Pertouli. **Elati** ist so etwas wie eine Bergstation für Trikala und hat sich zu einem aufstrebenden Urlaubsort mit 1000 Betten entwickelt. Früher hieß es Tierna, bis es die Deutschen niederbrannten, weil es im Zweiten Weltkrieg Widerstandskämpfern Unterschlupf gewährte. Das kleinere **Pertouli**, 10 km weiter an der Straße, ist weit weniger touristisch. Die Universität von Thessaloniki unterhält hier eine Forstforschungsstation.

AKTIVITÄTEN

Kajakfans kommen in das schöne Gebiet Triapotamia (Drei Flüsse), 30 km nördlich von Mesochora, um sich auf dem Acheloos auszutoben. Der populäre Sport lockt Wildwasserfreaks aus ganz Europa an. **Wanderwege** ziehen sich kreuz und quer durch die Region; ein beliebter Wanderpfad beginnt am Ortsende von Pertouli und steigt hoch bis zum Neraida (2074 m). Wer Kajak-, Kanu- oder Mountainbike-Touren unter-

nehmen möchte, kann sich an Thanasis Samouris, den Vertreter von **Trekking Hellas** (☎ 24310 87964, 69774 51953; gptravel@otenet) in Trikala wenden. Halbtägige Touren auf dem Koziakas ab 20 €, ganztägiges Rafting 50 €.

Das kleine, aber beliebte **Skigebiet von Pertouli** (☎ 24340 91385; www.snowreport.gr/pertouli) an den Hängen des Koziakas (1340 m) umfasst drei Lifte und vier Skipisten, einschließlich Slalom- und Anfängerpiste; Skier und Snowboards können gemietet werden (10 bis 15 € pro Tag).

SCHLAFEN & ESSEN

Die meisten Hotels und Restaurants in Elati liegen beieinander, wahrscheinlich um sich gegenseitig warm zu halten.

Hotel Koziakas (☎ 24340 71270; Fax 24340 71106; Elati; EZ/DZ inkl. Frühstück ab 35/50 €) Das weitläufige Hotel mit Holzbalken verströmt Atmosphäre und hat extrem komfortable Zimmer. Das Lobby-Restaurant serviert Wildschweinkoteletts, Hirschgulasch und andere Wildgerichte (6 bis 9 €).

Hotel Papanastasiou (☎ 24340 71280; Fax 24340 71153; Elati; EZ/DZ/Studio inkl. Frühstück ab 45/70/110 €) In diesem Hotel erwarten den Gast weitere mit Holz ausgestattete Zimmer. Dazu gehört eine fleischlastige Taverne, die auf gegrillte Leber und andere Innereien spezialisiert ist (3 bis 7 €).

Taverna To Limeri Tou Vassili (☎ 24340 91200; Hauptgerichte 6–10 €) Kurz vor Pertouli auf der rechten Straßenseite. Die einladende Taverne ist bekannt für Wildpilze, traditionelle Bohnensuppe und die immer wiederkehrenden Grillgerichte.

METEORA ΜΕΤΕΩΡΑ

Meteora ist ein außergewöhnlicher Ort und einer der meistbesuchten in ganz Griechenland. Die massiven Säulen aus glattem Fels sind uralt und könnten dennoch als Kulisse für eine futuristische Science-Fiction-Geschichte herhalten. Die Klöster auf ihren Spitzen tragen noch zu dieser seltsamen und schönen Landschaft bei.

Jedes Kloster ist um einen zentralen Hof herum angelegt, der von Mönchszellen, Kapellen und einem Refektorium umgeben ist. In der Mitte jedes Hofes befindet sich das *katholikon* (Hauptkirche). Meteora steht auf der Unesco-Liste der Weltkulturerbestätten.

ZENTRALGRIECHENLAND

KAMPF UM DEN FLUSS

Umweltschützer, Industrielle und Dorfbewohner führen noch immer eine erbitterte Debatte um den Bau eines 135 m hohen Staudamms in der Nähe des Dorfes Mesochora am Oberlauf des Acheloos im Südlichen Pindos-Gebirge. Er ist Teil eines größeren Plans, das Wasser in Richtung Osten zu lenken, um den landwirtschaftlichen Bedarf der thessalischen Ebene zu decken. Die Regierung ließ den Damm bauen, und stellte erst danach Umweltschutzstudien an. Als Folge davon lehnte es die EU ab, das Projekt zu finanzieren, die griechischen Gerichte verweigerten ihre Genehmigung und der fertige Damm ist nicht in Betrieb.

Wenn er in Betrieb genommen würde, würden sich die ökologischen Folgen bis in die geschützten Feuchtgebiete um Mesolongi im Süden bemerkbar machen. Das nahe Dorf Mesochora würde überflutet. In der griechischen Mythologie ist Acheloos der Flussgott – seine Mutter Tethys weint nun, weil „ihr Sohn für Geld und Macht zerstückelt wird", wie es ein Einheimischer ausdrückte.

Eine hervorragende Karte (erhältlich am Zeitungskiosk in Kalambaka) ist die *Panoramic Map with Geology Meteora*. Ein detailliertes Büchlein mit Karte (auf Englisch), *The Footpaths of Meteora* von Andonis Kalogirou (Kritiki Publishers), ist dort ebenfalls erhältlich.

Geschichte

Der Name Meteora leitet sich vom griechischen Adjektiv *meteoros* ab, was „in der Luft schwebend" bedeutet (das Wort „Meteor" hat dieselbe Wurzel). Ein Blick auf diese majestätische Laune der Natur, und man sieht dies bestätigt; s. Meteora: Geologie eines steinernen Waldes, S. 317.

In den Höhlen von Meteora lebten bereits seit dem 11. Jh. Einsiedlermönche. Im 14. Jh. schwand die byzantinische Vormacht im Römischen Reich und die türkischen Einfälle nach Griechenland nahmen zu. Deshalb suchten die Mönche einen sicheren Rückzugsort abseits des Blutvergießens. Die Unzugänglichkeit der Felsen von Meteora machte sie zu einem idealen Zufluchtsort.

Die frühesten Klöster waren nur über entfernbare Leitern erreichbar. Später wurden Seilzüge benutzt, mit denen die Mönche in Netzen hochgezogen wurden. Man erzählt sich, dass die Standardantwort der Mönche auf die Frage neugieriger Besucher, wie oft denn die Seile ersetzt würden, lautete: „Immer wenn der Herr sie reißen lässt."

Heutzutage gelangt man über Stufen, die in den 1920ern in die Felsen geschlagen wurden, und über eine praktische Straße zu den Klöstern. Einige der Seilzüge sind aber immer noch zu sehen (besonders gut am

Agia Triada), aber sie werden heute nur noch dazu benutzt, Vorräte hochzuziehen – und den einen oder anderen griechisch-orthodoxen Priester, der als Tourist aus dem Ausland hierher kommt.

Sehenswertes
KLÖSTER

Die Klöster sind durch asphaltierte Straßen miteinander verbunden, aber man kann sich das Gebiet auch zu Fuß auf den alten und einst geheimen *monopatia* (Mönchspfaden) erschließen. Bevor es losgeht, sollte man eine Route festlegen. Wer früh losgeht, kann mehrere *mones* (Klöster), vielleicht sogar alle, an einem Tag sehen. Die Hauptstraße, die um den gesamten Meteora-Komplex aus Felsen und Klöstern herumführt, ist etwa 10 km lang; mit dem eigenen Fahrzeug können leicht alle Klöster besichtigt werden. Jeden Tag fährt um 9 Uhr ein Bus (1,20 €, 20 Min.) von Kalambaka und Kastraki los, der um 13 Uhr wieder zurückkehrt. Das ist genug Zeit, um die drei Klöster, Moni Megalo Meteoro, Moni Varlaam und Moni Agias Varvaras Russanu, zu besichtigen. Am besten ist es, mit dem Bus nach ganz oben zu fahren, sich dann zu Fuß nach unten vorzuarbeiten und die Tour mit Moni Agiou Nikolaos Anapafsas auf der Kastraki-Seite oder Moni Agia Triada auf der Kalambaka-Seite abzuschließen.

In den Felsen herumzuwandern und zu -klettern macht durstig, aber überall gibt es mobile Kioske, die auf den Klosterparkplätzen Getränke und Snacks verkaufen. Auch sollte man die Öffnungszeiten überprüfen; die Mönche sind ein unabhängiges Völkchen, und jedes Kloster hat individuelle Öffnungszeiten.

Der Eintritt in die Klöster kostet jeweils 2 €. Es ist auf die strengen Kleidervorschriften zu achten: Keine nackten Schultern, Männer müssen lange Hosen tragen und Frauen ihre Knie bedecken (schlabberige Röcke mit Gummizug werden in der Regel bereitgestellt).

Das **Moni Agiou Nikolaos Anapafsas** (Kloster des Hl. Nikolaos Anapafsas; ☎ 24320 22375; ◷ April–Okt. Sa–Do 9–15.30 Uhr) ist das *moni*, das Kastraki am nächsten liegt. Vom Dorfplatz aus sind es nur 2 km bis zu den steilen Treppen, die zum Kloster hinaufführen. Das Kloster wurde im 15 Jh. gebaut; die eindrucksvollen Fresken in seinem *katholikon* wurden von dem Mönch Theophanes Strelizas aus Kreta angefertigt. Besonders schön ist das Fresko *Adam gibt den Tieren im Paradies ihren Namen* von 1527

Das bekannteste Kloster ist das **Moni Megalo Meteoro** (Großes Kloster von Meteora, auch Metamorphosis; ☎ 24320 22278; ◷ April–Okt. Mi–Mo 9–17 Uhr, Nov.–März Do–Mo 9–16 Uhr), ein beeindruckender Bau auf dem höchsten Felsen des Tales, 613 m über dem Meeresspiegel. Das Kloster wurde im 14. Jh. vom hl. Athanasios gegründet. Zum reichsten und mächtigsten Kloster machte es der serbische Kaiser Symeon Uros, der dem Kloster all seine Reichtümer vermachte und selbst Mönch wurde. Das *katholikon* hat eine wunderschöne 12-seitige Zentralkuppel. Seine faszinierende Freskenreihe mit dem Titel *Märtyrertum der Heiligen* stellt anschaulich die Verfolgung der Christen durch die Römer dar.

Etwa 700 m unterhalb des Moni Megalo liegt das **Moni Varlaam** (☎ 24320 22277; ◷ April–Okt. Mi–Mo 9–16 Uhr, Nov.–März Do–Mo 9–16 Uhr). Es beherbergt ein kleines Museum, einen originalen Seilkorb (bis in die 1930er die Methode, Vorräte und Mönche nach oben zu schaffen) und herrliche spätbyzantinische Fresken von Frangos Kastellanos. Das Wandbild *Der hl. Sisois am Grab Alexanders des Großen* zeigt den großen Eroberer als vergängliches Skelett. Zu sehen über der Tür, hinter den Kerzen.

Wer eine kleine Pause mit Panoramablick machen möchte, kann zum weitläufigen **Psaropetra**-Aussichtsplatz gehen, 300 m östlich der beschilderten Gabelung nordöstlich vom Moni Varlaam.

Das **Moni Agias Varvaras Russanu** (☎ 24320 22649; ◷ April–Okt. Do–Di 9–18 Uhr, Nov.– März 9–16

Uhr) ist über eine kleine Holzbrücke zu erreichen. Das schöne, durch Buntglasfenster erleuchtete *katholikon* ist hier das Highlight. Es beherbergt wunderbare Fresken, die die *Auferstehung* (wenn man hereinkommt links) und *Verklärung* (rechts) Christi darstellen. Die beeindruckende steile Anlage des Russanu ist allein schon eine erstaunliche Leistung; heute beherbergt es einen Orden mit 15 Nonnen. Wer kurz vor Schließung hier ist, kann den Ruf zur Abendmesse hören (s. Harmonie im Russanu, S. 316).

Von allen Klöstern wirkt das **Moni Agias Triados** (Kloster der Heiligen Dreifaltigkeit; ☎ 24320 22220; ◷ April–Okt. Fr–Mi 9–17 Uhr, Nov.–März 10–15 Uhr) am abgeschiedensten, es hat auch die längste Anfahrt. Es war 1981 Drehort des James-Bond-Filmes *In tödlicher Mission*. Die Aussicht von hier ist einzigartig. Das kleine *katholikon* aus dem 17 Jh. ist herrlich, vor allem *Das Urteil des Pilatus* und die *Gastfreundschaft Abrahams*. Ein gut beschilderter, 1 km langer *monopati* führt zurück nach Kalambaka.

Nach dem strengen Moni Agias Triados gleicht das **Moni Agiou Stefanos** (☎ 24320 22279; ◷ April–Okt. Di–So 9–13.30 & 15.30–17.30 Uhr, Nov.– März 9.30–13 & 15–17 Uhr) einer Rückkehr in die Zivilisation. Geschäftstüchtige Nonnen verkaufen hier religiöse Souvenirs und DVDs von Meteora. Zu den Ausstellungsstücken im Museum gehört ein exquisites, gesticktes Bildnis von Christus auf seiner Bahre *(epitafios)*. Das Kloster liegt ganz am Ende der Straße, 1,5 km hinter Agias Triados.

Aktivitäten
KLETTERN
Meteora ist seit einigen Jahren ein Mekka für europäische Kletterer. Je nach Schwierigkeitsgrad hat man hier die Wahl zwischen Routen zu über 100 Gipfeln und Türmen mit Namen wie Heiliger Geist, Großer Heiliger, Teufel Talpfeiler (oder Teufelsturm), Wahnsinnsverschneidung und Bügeleisenkante.

Insgesamt gibt es etwa 700 Routen, die zu 120 Sandsteintürmen in Meteora führen. Hier wird „clean" oder traditionell geklettert. Auf der internationalen UIAA-Skala wird das Gebiet als III oder IV eingestuft. Vom Wetter her ist die beste Zeit Mitte März bis Mitte Juni und Mitte August bis Mitte November.

METEORA, KALAMBAKA & KASTRAKI

0 _____ 500 m

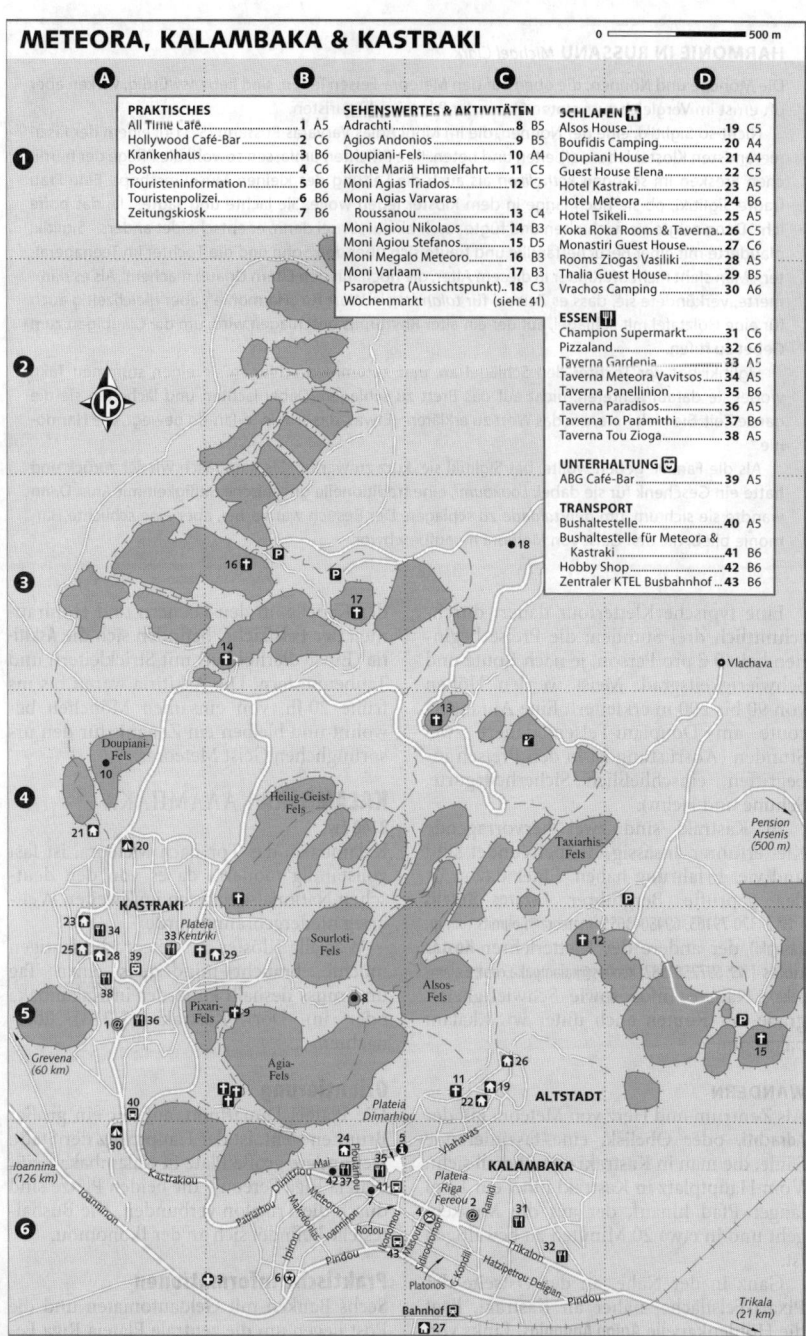

PRAKTISCHES
All Time Café	**1** A5
Hollywood Café-Bar	**2** C6
Krankenhaus	**3** B6
Post	**4** C6
Touristeninformation	**5** B6
Touristenpolizei	**6** B6
Zeitungskiosk	**7** B6

SEHENSWERTES & AKTIVITÄTEN
Adrachti	**8** B5
Agios Andonios	**9** B5
Doupiani-Fels	**10** A4
Kirche Mariä Himmelfahrt	**11** C5
Moni Agias Triados	**12** C5
Moni Agias Varvaras Roussanou	**13** C4
Moni Agiou Nikolaos	**14** B3
Moni Agiou Stefanos	**15** D5
Moni Megalo Meteoro	**16** B3
Moni Varlaam	**17** B3
Psaropetra (Aussichtspunkt)	**18** C3
Wochenmarkt	(siehe 41)

SCHLAFEN
Alsos House	**19** C5
Boufidis Camping	**20** A4
Doupiani House	**21** A4
Guest House Elena	**22** C5
Hotel Kastraki	**23** A5
Hotel Meteora	**24** B6
Hotel Tsikeli	**25** A5
Koka Roka Rooms & Taverna	**26** C5
Monastiri Guest House	**27** C6
Rooms Ziogas Vasiliki	**28** A5
Thalia Guest House	**29** B5
Vrachos Camping	**30** A6

ESSEN
Champion Supermarkt	**31** C6
Pizzaland	**32** C6
Taverna Gardenia	**33** A5
Taverna Meteora Vavitsos	**34** A5
Taverna Panellinion	**35** B6
Taverna Paradisos	**36** A5
Taverna To Paramithi	**37** B6
Taverna Tou Zioga	**38** A5

UNTERHALTUNG
ABG Café-Bar	**39** A5

TRANSPORT
Bushaltestelle	**40** A5
Bushaltestelle für Meteora & Kastraki	**41** B6
Hobby Shop	**42** B6
Zentraler KTEL Busbahnhof	**43** B6

ZENTRALGRIECHENLAND

Vlachava

Doupiani-Fels

Heilig-Geist-Fels

Pension Arsenis (500 m)

Taxiarhis-Fels

KASTRAKI

Plateia Kentriki

Sourloti-Fels

Alsos-Fels

Pixari-Fels

Grevena (60 km)

Agia-Fels

ALTSTADT

Plateia Dimarhiou

Ioannina (126 km)

Kastrakiou

Plateia Riga Fereou

KALAMBAKA

Vlahavas

Patriarhou

Dimitriou

Moni

Ioannidou

Metropoleos

Kondili

Rodou

Platonos

Pindou

Ipirou

Mavrokordatou

Masouli

Trikalon

Hatzipetrou Deligian

Pindou

G. Kondili

Salamingos

Patriarhou

Bahnhof

Trikala (21 km)

HARMONIE IN RUSSANU Michael Clark

Die Mönche und Nonnen, die oben auf den Meteora-Felsen leben, sind liebenswürdig, wirken aber oft ernst im Vergleich zum steten Strom der Pilger und Touristen.

Nicht so Siglitiki, eine der Nonnen, die im Moni Agias Varvaras Russanu (S. 314), einem der faszinierendsten Kloster leben, arbeiten und beten. Ihre Pflichten umfassen sowohl die Pflege der herrlichen Fresken im schönen *katholikon* als auch die Leitung des kleinen Museumsshops. Eine Frau fragte Siglitiki, ob sie noch lange in dem Kloster leben wolle. Sie lachte und sagte: „Ja, das hoffe ich." Dann zeigte sie nach oben und fügte rasch hinzu: „Es sei denn, er entscheidet anders!" Siglitiki plauderte mit einer Besucherfamilie und freute sich über den Sohn und die Tochter im Teenageralter. „Man sieht nicht oft Kinder in diesem Alter, die noch mit den Eltern Urlaub machen!" Als es dämmerte, verkündete sie, dass es Zeit sei für *talando*, ein Wort für „Harmonie", aber gleichzeitig auch für eine Holztafel mit Schlägel, auf der ein alter Rhythmus geschlagen wird, um die Gläubigen zum Gebet zu rufen.

Siglitiki bot der Tochter den Schlägel an, und zusammen schlugen sie einen stummen Takt, wobei sie darauf achteten, nicht auf das Brett zu schlagen. Dabei lachten und lächelten sie die ganze Zeit. Sie hielt inne, um das Wort zu erklären: „Etwas, das sich in ta-lan-do bewegt, wie Harmonie."

Als die Familie gehen wollte, bat Siglitiki sie, kurz zu warten. Sie kam rasch wieder zurück und hatte ein Geschenk für sie dabei: *Loukoumi*, eine traditionelle griechische Süßigkeit mit Anis. Dann wandte sie sich um, um den *talando* zu schlagen. Der Besuch war vorbei, aber eine schlichte Harmonie blieb, die den Geist von Meteora heraufbeschwor.

Eine typische Klettertour dauert durchschnittlich drei Stunden; die Preise beginnen bei 40 € pro Person, je nach Route und Schwierigkeitsgrad. Meist werden Höhen von 90 bis 200 m erklettert. Eine Anfängerroute am Doupiani-Felsen dauert zwei Stunden (Ausrüstung ist in den Preisen inbegriffen, einschließlich Sicherheitsgurte, Schuhe und Helm).

In Kastraki sind zwei hervorragende Kletterführer ansässig, die befreundet sind und viel Erfahrung haben. Einer davon ist der geprüfte Bergführer **Lazaros Botelis** (☎ 24320 79165, 6948043655; meteora@nolimits.com.gr; Kastraki), der andere der Kletterlehrer **Kostas Liolos** (☎ 6972567582; kliolios@kalampaka.com; Kalambaka). Nähere Infos sowie Schwierigkeitsgrade der Routen auch unter www.kalampaka.com.

WANDERN
Als Zentrum und Herz von Meteora gilt der **Adrachti,** oder Obelisk, eine faszinierende Säule, die man in Kastraki von überall sieht. Vom Hauptplatz in Kastraki führt ein 1 km langer Pfad hinauf, der auf die Muskeln geht und in etwa 20 Minuten zu bewältigen ist.

Ganz in der Nähe, an der Ostseite der Pixari-Felsfläche, näher an Kastraki, liegt die Höhlenkapelle **Agiou Andonios.** Links von der Kapelle, in den Löchern und Hohlräumen der Felsfläche, befinden sich die **Askitiria** (Einsiedlerhöhlen) mit Strickleitern und Taubennestern. Die Askitiria waren bis ins frühe 20 Jh. von einsamen Mönchen bewohnt und bleiben ein Zeugnis für den ursprünglichen Geist Meteoras.

KALAMBAKA ΚΑΛΑΜΠΑΚΑ
8140 Ew.
Kalambaka, das Tor nach Meteora, ist fast vollständig modern, da es von den deutschen Nationalsozialisten im Zweiten Weltkrieg niedergebrannt wurde.

Wer alle Klöster in Meteora besichtigen möchte, braucht mindestens einen Tag und muss deshalb entweder in Kalambaka oder im Dorf Kastraki (S. 318) übernachten.

Orientierung
Die Plateia Dimarhiou, auf der ein großer Brunnen steht, ist der Hauptplatz der Stadt. Der andere große Platz in Kalambaka heißt Plateia Riga Fereou – die beiden Plätze sind durch die Trikalon verbunden. Die Bushaltestelle befindet sich an der Ikonomou.

Praktische Informationen
Sechs Banken mit Geldautomaten und die Post liegen um die zentrale Plateia Riga Fe-

reou an der Trikalon. Neben der Post gibt es außerdem einen Geldwechselschalter.

Hollywood Café-Bar (Karte S. 315; ☎ 24320 24964; Trikalon 67; 2 € pro Std.; ⊙ 9–13 Uhr) Internetzugang.

Krankenhaus (Karte S. 315; ☎ 24320 22222; Pindou)

Post (Karte S. 315; Trikalon 24; ⊙ Mo–Fr 7.30–14 Uhr)

Touristeninformation (Karte S. 315; ☎ 24320 77734; Plateia Dimarhiou; ⊙ Mo–Fr 8–21, Sa & So 10–16 Uhr) Kartenmaterial und Stadtinformation; gegenüber dem Brunnen.

Touristenpolizei (Karte S. 315; ☎ 24320 76100; Ecke Ipirou & Pindou)

Zeitungskiosk (Karte S. 315; ☎ 24320 24667; Ecke Ioanninon & Patriarhou Dimitriou; ⊙ 9–20 Uhr) Kartenmaterial, Bücher und internationale Presse.

Sehenswertes & Aktivitäten

Wer zum ersten Mal nach Kalambaka kommt, wird über die senkrechten Felsen staunen, die über dem Nordrand der Stadt wachen. Abgesehen von den Felsen lohnt es sich auch, die byzantinische **Kirche Mariä Himmelfahrt** (Karte S. 315; Eintritt 1,50 €; ⊙ 9–13 & 15–17 Uhr) aus dem 7. Jh. zu besuchen, eine dreischiffige Basilika mit meisterhaften Fresken aus dem 14. Jh. Freitagvormittags findet neben dem Brunnen und der Bushaltestelle ein betriebsamer **Markt** statt.

Schlafen

Zimmer gibt es in Kalambaka in Hülle und Fülle, nur an der Trikalon ist es sehr laut.

Koka Roka Rooms & Taverna (Karte S. 315; ☎ 24320 24554; kokaroka@yahoo.com; Kanari 21; EZ/DZ 25/40 €; Ⓟ ▯ ☎) Umgeben von Maulbeer-bäumen an einer ruhigen Stelle am Fuß der Felsen ist der Familienbetrieb Koka Roka bei den Reisenden zu einer Institution geworden. Die fünf einfachen, sauberen Zimmer liegen über einer kleinen Taverne, in der über einer Feuerstelle Lamm gegrillt wird. Ein üppiges Frühstück ist erhältlich (2 bis 4,50 €).

LP Tipp **Alsos House** (Karte S. 315; ☎ 24320 24097; www.alsoshouse.gr; Kanari 5; EZ/DZ/FZ inkl. Frühstück 30/40/70 €; Ⓟ ▯ ▯ ☎) Neben dem Koka Roka befindet sich das gut geführte und sehr komfortable Alsos House. Es verfügt über eine gut ausgestattete Gemeinschaftsküche und Wäscheservice. Von hier aus hat man einen weiten Ausblick auf die Felsen. Der Besitzer Yiannis Karakantas weiß sehr gut über die Gegend Bescheid.

Guest House Elena (Karte S. 315; ☎ 24320 77789; www.elenaguesthouse.gr; Kanari 3; EZ/DZ/3BZ inkl. Frühstück ab 35/50/75 €; Ⓟ ▯ ▯ ☎) Das einladende Bed & Breakfast mit fünf Zimmern ist ausgesprochen geschmackvoll und stilecht eingerichtet. Drei der makellosen Zimmer verfügen über eine Whirlpool-Badewanne. Das Personal spricht Englisch, Italienisch und Französisch.

Monastiri Guest House (Karte S. 315; ☎ 24320 23952; www.monastiri-guesthouse.gr; EZ/DZ/3BZ/Suite inkl. Frühstück 50/60/70/100 €; Ⓟ ▯ ▯ ▯ ☎) Das umgewandelte Herrenhaus aus Stein gegenüber dem Bahnhof ist eine Bereicherung für Kalambaka. Es verfügt über eine farbenprächtige Ausstattung, Himmelbetten und helle, luftige Badezimmer. In der

---

METEORA: GEOLOGIE EINES STEINERNEN WALDES

Die steilen Felsen und Klippen von Meteora waren einst Sedimente eines Binnenmeeres. Vor etwa 10 Mio. Jahren erhob sich die gesamte Region durch vertikale tektonische Verschiebungen schräg aus dem Meer. Dieselben tektonischen Bewegungen ließen die flankierenden Berge näher zusammenrücken, sodass sie extremen Druck auf die verhärteten Sedimentablagerungen ausübten. Meteora bekam netzartige Risse und Spalten. Durch Verwitterung und Erosion bildeten sich dann die turmartigen Felsen, die heute in den Himmel ragen. Die Felsen entstanden als Konglomerate aus mehreren Gesteinsarten: Kalkstein, Marmor, Serpentinit und Metamorphit, durchsetzt mit Sand- und Schieferschichten.

Zu Beginn der menschlichen Zivilisation waren die Felsen verwittert und zu fantastischen Formen erodiert; Sandstein und Schiefer wuschen sich aus und isolierten dadurch Felsblöcke und Klippen. Wo die Erosion weniger extrem war, entstanden Höhlen und Überhänge an der Felsoberfläche.

Bereits im frühen 11. Jh. dienten diese ehrfurchtgebietenden Naturhöhlen Einsiedlermönchen als Unterschlupf. Letztendlich wurden 24 Klöster auf diesen Gipfeln errichtet. Heute sind noch sechs davon aktive religiöse Stätten, in denen Mönche oder Nonnen leben und die von Gläubigen ebenso wie von Neugierigen besucht werden.

hübschen Lobby aus Holz und Naturstein gibt es einen Kamin und eine Bar.

Weitere Empfehlungen:

Hotel Meteora (Karte S. 315; ☎ 24320 22367; gekask@otenet.gr; Ploutarhou 14; EZ/DZ inkl. Frühstück 25/30 €; P ⚫ 🖥) In einer ruhigen Sackgasse am Fuß der Felsens gelegen.

Pension Arsenis (außerhalb der Karte S. 315; ☎ 24320 23500; www.arsenis-meteora.gr; EZ/DZ/3BZ/FZ 30/40/48/55 €; P ⚫) Ruhige Lage am Hügel; man hört die Glöckchen der Ziegen.

Essen

LP Tipp Taverna To Paramithi (Karte S. 315; ☎ 24320 24441; Patriarhou Dimitriou 14; Hauptgerichte 4–9 €) Neben sehr guten Grillgerichten und frischer Pasta bringen die Besitzer und Köche Makis und Eleni täglich frische Meeresfrüchte auf den Tisch. Eine ungewöhnliche Spezialität sind die gebratenen *gavros* (Sardellen, 5,50 €); außerdem zu empfehlen sind die Lammrippchen (8,50 €) und der *roka* (Rucola-Salat) (3,50 €). Oft kommen spätabends noch ein paar einheimische Musiker vorbei, in der einen Hand die Gitarre oder *bouzouki,* in der anderen wenn möglich ein Glas von dem schmackhaften Hauswein.

Taverna Panellinion (Karte S. 315; ☎ 24320 24735; Plateia Dimarhiou; Hauptgerichte 5–9 €) Im Panellinion kommen erstklassige *mezedhes* auf den Tisch, z. B. gebratener Feta und raffinierte Versionen traditioneller Gerichte wie *pastitsio* (Nudel-und-Hackfleischauflauf) und Huhn in Zitronensoße. Die Gerichte bestehen immer aus frischen, einheimischen Zutaten, was dem beliebten Lokal gegenüber dem Brunnen kürzlich ein kulinarischen Preis einbrachte. Wer etwas Schnelles oder *gyros* (am Spieß gegrilltes Fleisch, das normalerweise mit Pittabrot serviert wird) essen möchte, sollte sich einen Häuserblock südlich der Plateia Riga Fereou umschauen. Die beste Pizza gibt es, schon zugeschnitten, im **Pizzaland** (Karte S. 315; ☎ 24320 72135; Trikalon 93; Pizza 7–9 €).Selbstversorger finden alles, was sie brauchen, im Supermarkt **Champion** (Karte S. 315 ☎ 24320 78503; 🕒 Mo–Sa 8–20 Uhr). Hier gibt es ein breites Angebot an frischen Lebensmitteln und mehr.

An- & Weiterreise

BUS

Kalambakas zentrale **KTEL-Bushaltestelle** (Karte S. 315; ☎ 24320 22432; Ikonomou) ist 50 m vom Hauptplatz und dem Brunnen entfernt. Hier fahren auch die Busse von/nach Trikala ab. Achtung: Reisende nach Delphi sollten über Lamia (nicht Larissa) fahren. Der Bus fährt um 9 Uhr ab; dann in Lamia umsteigen in den Bus, der um 12.45 Uhr nach Amfissa/Delphi fährt, wo er gegen 15.30 Uhr ankommt.

ZUG

Züge fahren am **Bahnhof** (☎ 24320 22451) von Kalambaka ab. Wer nach Thessaloniki oder Volos möchte, muss in Paliofarsalos umsteigen.

Unterwegs vor Ort

Busse nach Kastraki (1,20 €) fahren etwa alle 45 Min. vom Brunnen an der Plateia Dimarhiou ab; an den Wochenenden fahren zwei von ihnen (samstags und sonntags 8.20 und 13.20 Uhr) weiter zum Meteora-Kloster Moni Megalo Meteoro. An den Werktagen fahren die Busse nach Meteora jedoch an der KTEL-Bushaltestelle (Montag bis Freitag 9 und 13 Uhr) ab.

Taxis (gegenüber dem Brunnen) fahren nach Kastraki (3 €) und zu allen Meteora-Klöstern (z. B. Moni Megalo Meteoro für 8 €). Manche Taxifahrer sprechen Englisch, Deutsch oder Französisch; pro Stunde kostet ein Taxifahrt etwa 20 €.

Fahrräder (8 €) und Motorräder (€18) können beim **Hobby Shop** (Karte S. 315; ☎ /Fax 24320 25262; Patriarhou Dimitriou 28) in der Nähe des Kiosks tageweise gemietet werden.

KASTRAKI ΚΑΣΤΡΑΚΙ
1200 Ew.

Das Dorf Kastraki ist weniger als 2 km von Kalambaka entfernt; durch seine beeindruckende Lage am Fuß der Felsen wirkt es wie aus einer anderen Welt. Kastraki ist ein guter Ausgangspunkt für die Besichtigung der Meteora-Klöster oder Klettertouren an den Felsen.

Internetzugang gibt's in Kastraki im **All Time Café** (Karte S. 315; ☎ 24320 23930; 3 € pro Std.; 🕒 9–2 Uhr) an der Hauptstraße gegenüber der Taverna Paradisos.

Schlafen

Vrachos Camping (Karte S. 315; ☎ 24320 22293; www.campingmeteora.gr; Stellplatz pro Erw./Zelt 7 €/kostenlos; 🏊) Der hervorragende, schattige Campingplatz an der Straße Kalambaka–Kas-

ZÜGE AB KALAMBAKA

Reiseziel	Dauer	Preis	Häufigkeit
Athen (normal/IC)	5½ Std./ 4½ Std.	14,60 €/ 24,30 €	2/2-mal tgl.
Thessaloniki (normal)	4 Std.	12,10 €	3-mal tgl.
Volos	1½ Std.	6 €	2-mal tgl.

BUSSE AB KALAMBAKA

Reiseziel	Dauer	Preis	Häufigkeit
Athen	5 Std.	25 €	7-mal tgl.
Ioannina	2½ Std.	11,20 €	3-mal tgl.
Lamia	2 Std.	10,50 €	7-mal tgl.
Metsovo	1½Std.	6,20 €	3-mal tgl.
Thessaloniki	3½ Std.	17,50 €	6-mal tgl.
Trikala	30 Min.	1,90 €	stündl.
Volos	2½ Std.	14,20 €	4-mal tgl.

traki verfügt über makellose Toiletten und Duschen, einen kleinen Laden, eine Taverne und einen Barbecue-Grill für Selbstversorger.

Rooms Ziogas Vasiliki (Karte S.315; ☎ /Fax 24320 24037; EZ/DZ/3BZ ab 25/40/50 €; P 🗙 🖳) Diese blitzsaubere, freundliche *domatia* bietet von einigen der gemütlichen Zimmer aus eine großartige Aussicht auf die Felsen. Auf Wunsch serviert die Inhaber-Familie leckeres, selbstgemachtes Frühstück, Mittag- oder Abendessen.

Hotel Tsikeli (Karte S.315; ☎ 24320 22438; www.tsikelihotel.gr; EZ/DZ/3BZ inkl. Frühstück 30/50/60 €; P 🗙 🗙 🛜) 200 m hinter dem All Time Café liegt diese einladende Unterkunft. Die Zimmer sind mit schlichtem Kiefernholz und Marmor ausgestaltet und haben große Balkone. Nach vorne hin liegt ein grüner Garten. Die hinteren Zimmer sind ruhiger, etwa die Hälfte davon sind Nichtraucherzimmer.

Thalia Guest House (Karte S.315; ☎ 24320 23051; www.thaliarooms.gr; Kastraki; EZ/DZ 35/40 €; P 🗙 🗙) Das Thalia ist neu und verfügt über lediglich drei Zimmer, bietet dem Gast aber dennoch eine ganze Menge. Die Zimmer sind schick und komfortabel eingerichtet und haben Balkone mit Blick auf die Felsen. Die moderne Gemeinschaftsküche ist optimal für Selbstversorger und wird von den Französisch und Englisch sprechenden Wirten bestückt.

LP Tipp **Doupiani House** (Karte S.315; ☎ 24320 75326; www.doupianihouse.com; EZ/DZ/3BZ inkl. Frühstück 40/50/60 €; P 🗙 🖳 🛜) Das Hotel befindet sich in unvergleichlich schöner Lage etwas außerhalb des Dorfes, 500 m vom Dorfplatz entfernt. Die makellosen Zimmer mit Balkon sind geschmackvoll eingerichtet; Frühstück gibt es auf der Gartenterrasse, von der man einen schönen Blick auf das Dorf und die Felsen hat. Die Wirte Thanasis und Toula sind aufmerksam und können für die Erkundung des Dorfes und der Klöster viele Tipps geben.

Ebenfalls empfehlenswert:

Boufidis Camping (Karte S.315; ☎ /Fax 24320 24802; Stellplatz pro Erw./Zelt 6/3 €; 🖳 🌊) Der Platz ist zwar einfacher als Vrachos Camping, was jedoch durch die Lage und die Pool-Bar wieder gutgemacht wird.

Hotel Kastraki (Karte S.315; ☎ 24320 75336; Fax 24320 75335; EZ/DZ inkl. Frühstück ab 40/50 €) Besonders hübsche Unterkunft, die allerdings oft von Gruppen ausgebucht ist.

Essen

LP Tipp **Taverna Paradisos** (Karte S.315; ☎ 24320 22723; Hauptgerichte 4–7,50 €) Im geräumigen Paradisos stehen hervorragende, traditionelle Gerichte auf der Speisekarte; von der großen Terrasse hat man eine spektakuläre Aussicht auf Meteora. Das gegrillte Lamm und das *mousaka* sind hervorragend, ebenso die köstlichen *mezedhes* und die Auswahl an guten griechischen Weinen. Besitzerin und Köchin Koula ist stolz darauf, dass das Restaurant vor Kurzem wegen seiner frischen, traditionellen Küche ausgezeichnet wurde.

Taverna Gardenia (Karte S.315; ☎ 24320 22504; Hauptgerichte 4–8 €) Das Gardenia bekommt bei den Einheimischen gute Noten für seine leckeren Standardgerichte, darunter beispielsweise gegrilltes Lamm und gefüllte Tomaten und Paprika. Der von zwei Platanen beschattete Innenhof der Taverne befindet sich etwa 20 m südlich der großen Kirche am Platz.

Taverna Tou Zioga (Karte S.315; ☎ 24320 22286; Hauptgerichte 5–9 €) Das Restaurant im Gebäude ist edler als die meisten anderen hier, aber immer noch zu vernünftigen Preisen. Es stehen *mayirefta*-Gerichte sowie Standardgerichte mit Fleisch, z.B. *souvlakia*, gegrillte Schweinekoteletts und Griechischer Salat für bescheidene 4,50 € auf der Speisekarte.

ZENTRALGRIECHENLAND

Taverna Meteora Vavitsos (Karte S. 315; ☎ 24230 22285; Hauptgerichte 6–9 €) Gegenüber dem Hotel Kastraki liegt etwas zurückgesetzt die schattige Backsteinterrasse dieser beliebten, etwas fleischlastigen Taverne. Hier gibt es hervorragende Grillgerichte vom Lamm und Schwein, *souvlakia* und Nudelgerichte – alles in üppigen Portionen.

Unterhaltung

ABG Café-Bar (Karte S. 315; ☎ 24320 75627; Getränke & Snacks 2–5 €) Kastrakis einziges Nachtlokal befindet sich gleich hinter der Abzweigung nach Meteora. Die etwas ungewöhliche Kombination aus Jazz-Bar und Eisdiele ist mit ihren dunkelroten Terrassenmauern ein Hingucker.

Nordgriechenland
Βόρεια Ελλάδα

Griechenlands weiter und abwechslungsreicher Norden ist in seiner landschaftlichen, kulturellen und sogar kulinarischen Vielfalt einzigartig. Hier warten noch großartige Landstriche mit Bergen, Seen, Wäldern und Küsten auf Entdeckung. Der Norden bietet für jeden etwas, in einem Gebiet, das sich vom blauen Ionischen Meer über die schroffen Berge von Epirus, die Seen und Weingärten Makedoniens bis zur thrakischen Ebene und der türkischen Grenze erstreckt, ob nun Kultur und urbaner Schick oder Schwimmen, Wandern und Vogelbeobachtung.

Konkrete Erinnerungen an eine triumphale wie auch traumatische Geschichte sind noch immer in ganz Nordgriechenland präsent. Die Region gehört zwar erst seit der Aufteilung des Balkans in den Balkankriegen von 1912–13 zu Griechenland, aber eine junge Landschaft ist sie keineswegs: Makedonier, Illyrer, Thraker und Römer herrschten hier in der Antike, später waren es über längere Zeiträume die Byzantiner, Slawen und Türken. Unzählige Bauten, Festungen, Kirchen und Moscheen bezeugen deren vielfältige Einflüsse.

Heute ist Nordgriechenland dank der nunmehr fertiggestellten Autobahn Egnatia Odos leichter – und schneller – zu durchfahren. Auch liegt die Region mehr und mehr im Trend. In Thessaloniki, Griechenlands zweitgrößter Stadt, gibt es Restaurants, Nachtleben und Kulturangebote der Spitzenklasse, und in der Universitätsstadt Ioannina nahe dem großartigen Pindos-Gebirge in Epiros geht's hoch her. Selbst in den recht provinziellen thrakischen Städten wie Xanthi, Komotini und Alexandroupolis ist noch reichlich etwas los. Zudem hat Nordgriechenland auch tolle Strände zu bieten – für ein sommerliches Nachtleben ebenso wie für einsamere Strandfreuden.

NORDGRIECHENLAND

HIGHLIGHTS

- **Stadterkundung** Ein Bummel durch die hübsche Oberstadt von Thessaloniki (S. 324) mit römischen Ruinen, byzantinischen Kirchen und schicken Cafés
- **Flüssige Erfrischung** Den Weinkenner verwöhnen in einer makedonischen Kellerei (S. 344)
- **Mediterrane Magie** Ein Sonnenbad im italienisch angehauchten Parga (S. 401) an der epirotischen Riviera
- **Hoch zu den Göttern** Aufstieg auf den Olymp (S. 357), dem antiken Sitz von Zeus und Co
- **Osmanische Freuden** Türkische Süßigkeiten als Stärkung für den Besuch der Moscheen und Museen in Komotini (S. 374) in Thrakien
- **Zeitlose Kostbarkeiten** Bergluft atmen in den Stein- und Schieferdörfern der Zagorochoria (S. 391) im Pindos-Gebirge von Epiros
- **Strandsafari** Camping in den Sandbuchten und Inseln von Chalkidike (S. 342)

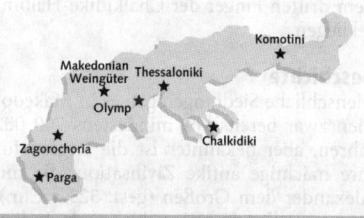

- BEVÖLKERUNG: 3,12 MIO.
- FLÄCHE: 19,117 KM2

MAKEDONIEN
ΜΑΚΕΔΟΝΙΑ

2,4 Mio. Ew. / Fläche: 33 785 km2

Vielen Menschen fällt zwar bei der Erwähnung von Makedonien lediglich der jugendliche Eroberer aus alten Zeiten, Alexander der Große ein, doch Griechenlands größte Provinz hat weitaus mehr zu bieten. Klar, die Hauptstadt des antiken Makedoniens in Pella und die mit Gold beschlagenen Königsgräber von Vergina sind ein absolutes Muss, aber Reisende sollten sich auch Thessaloniki anschauen, Griechenlands kultivierte (und wohl auch coolste) zweitgrößte Stadt mit tollen Restaurants, Kneipen und Nachtleben, und auch die Strände der Chalkidike-Halbinsel und den bewaldeten Olymp – Sitz der antiken Götter und Griechenlands höchster Berg (2918 m).

Göttliche, dionysische Genüsse locken auf den bekannten Weingütern Makedoniens, die Weinproben und einige der besten Weine Griechenlands anbieten. Die gesamte weitläufige Region umfasst Ebenen, beschauliche Seen und bewaldete Berge, eine Kombination, die ein einzigartiges Mikroklima und einen fruchtbaren Boden hervorbringt, auf dem Weizen und rote Paprika gedeihen und in dem sich auch reichlich antike Artefakte verbergen.

Makedonien hat tatsächlich Vieles abseits der ausgetretenen Pfade zu bieten. Im Nordwesten zotteln Braunbären durch Berge, die zu den stillen Prespa-Seen abfallen, wo Pelikane, Kormorane und ruhige mittelalterliche Kirchen zu finden sind. Zu den ostmakedonischen Attraktionen gehören die palmengesäumte Hafenstadt Kavala mit ihrer Burg und die abgeschiedenen Klöster aus byzantinischer Zeit auf dem Berg Athos, die in friedlicher Wildnis auf dem dritten Finger der Chalkidike-Halbinsel liegen.

Geschichte

Menschliche Siedlungen gab es in Makedonien zwar bereits vor mindestens 700 000 Jahren, aber bekannter ist die Region für ihre mächtige antike Zivilisation, die mit Alexander dem Großen (gest. 323 v.Chr.), dessen Eroberungszüge bis nach Indien führten, ihren Höhepunkt fand. Die Makedonier, von den kultivierten Athenern als Barbaren betrachtet, hatten unter Alexanders Vater Philipp II. Griechenland unterworfen, übernahmen aber griechische Sitten. Alexander und seine Generäle verbreiteten die griechische Kultur und Sprache weithin und schufen eine hellenistische Gesellschaft, die später von den Römern übernommen werden sollte. Als sich im 4. Jh. n.Chr. das römische Reich in einen östlichen und westlichen Teil spaltete, wurde diese Region zum griechischsprachigen byzantinischen Reich.

Thessaloniki entwickelte sich zur zweitwichtigsten Stadt von Byzanz, ein bedeutendes kommerzielles, kulturelles und strategisches Zentrum an der Kreuzung der Handelsrouten des Balkans. Slawische Einwanderungen brachten jedoch im 6. und 7. Jh. n.Chr. neue Bewohner und Herausforderungen ins Reich, das vom 9. bis 11. Jh. häufig mit dem mittelalterlichen bulgarischen Königreich im Krieg lag. Kaiser Basileios II. besiegte schließlich 1018 den bulgarischen Zaren Samuel, der einen großen Teil des südlichen Balkans von seiner Hauptstadt am westmakedonischen Mikri-Prespa-See aus beherrschte.

Nach einem kurzen Zeitraum serbischer Herrschaft unter Zar Stefan Dusan im 14. Jh. wurden Makedonien und der Balkan von den osmanischen Türken unterworfen. Die osmanische Ideologie unterschied Untertanen nach Religion, nicht nach Rasse. Dieses System sollte den Konflikt Ende des 19. Jhs. verschärfen, als unzählige Guerilabewegungen sich gegen die Türken erhoben und Makedonien für Griechenland, Bulgarien oder gar ein unabhängiges „Makedonien für Makedonier" einforderten. Zu Beginn des 20. Jhs. befürworteten eine Zeitlang Großmächte wie Großbritannien die letztere Lösung.

Osmanische Gräueltaten gegen die christliche Bevölkerung Makedoniens veranlassten die europäischen Großmächte, eine eher zahme Kontrollmission (das Abkommen von Mürzsteg, 1902–08) zu verfügen, die das Blutvergießen aber nicht verhindern konnte. Im ersten Balkankrieg von 1912 schlossen sich Griechenland, Bulgarien und Serbien zusammen, um die Türken aus Makedonien zu vertreiben. Die Bulgaren waren jedoch unzufrieden mit ihrem Gewinnanteil und erklärten den einstigen

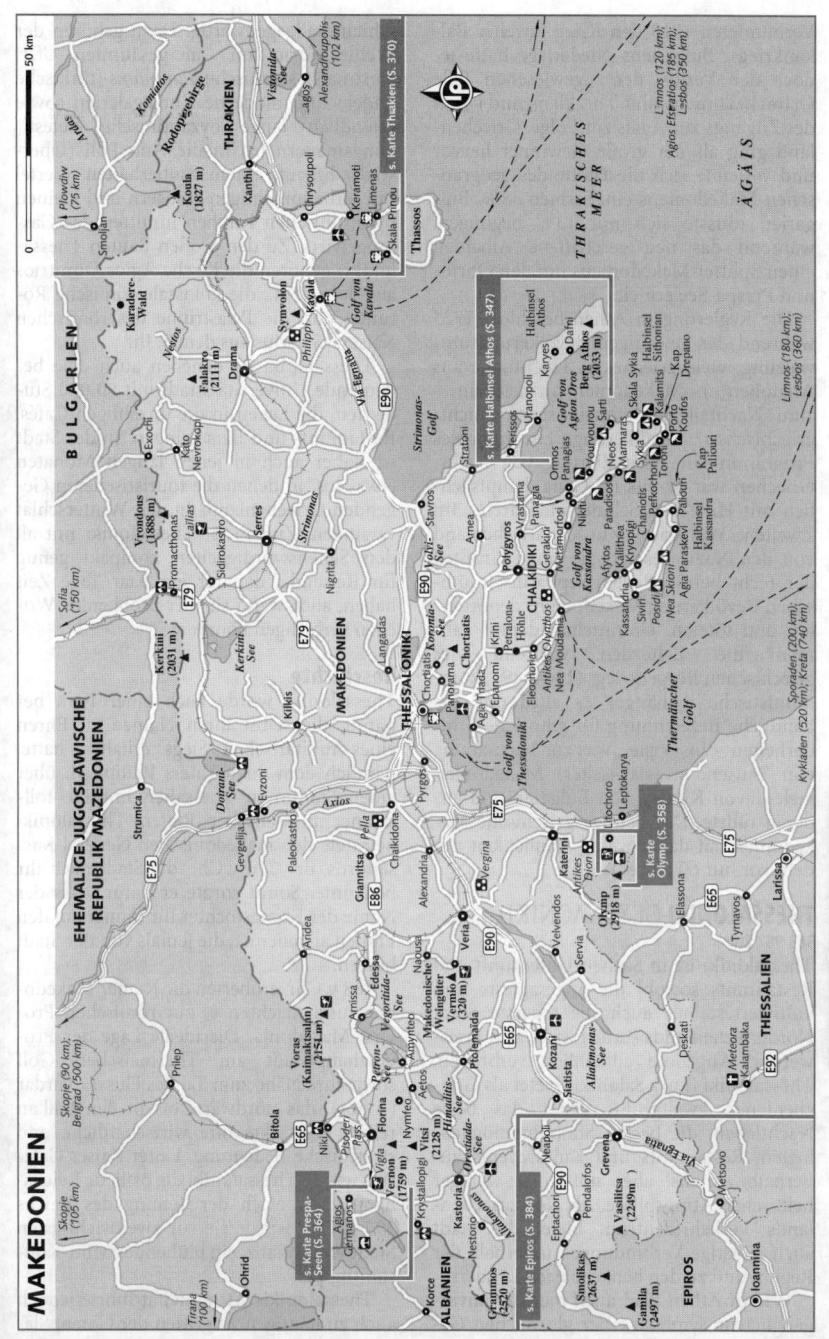

NORDGRIECHENLAND

Verbündeten 1913 den Krieg (zweiter Balkankrieg). Bulgariens Niederlage hatte jedoch den Verlust der zugewiesenen Teile Ostmakedoniens und Thrakiens und somit des Zugangs zur Ägäis zur Folge. Griechenland ging als der große Gewinner hervor und verleibte sich die Hälfte des geografischen Makedoniens ein, Serbien 38 %. Bulgarien musste sich mit 13 % begnügen, während das neu geschaffene Albanien einen Splitter Makedoniens um den Ohrid- und Prespa-See erhielt.

Die Regierung in Athen beschloss 1923 während der gewaltigen Bevölkerungsumwälzung, viele griechische Flüchtlinge aus Anatolien in Makedonien anzusiedeln – zum Nachteil der einheimischen (nicht-griechischen) Bevölkerung. Ein rigoroses Programm zur Assimilierung von Nicht-Griechen war bereits im Gang, hauptsächlich mit Hilfe von Schule und Kirche. Im Zweiten Weltkrieg wurde Griechenland von den Nazis besetzt, die einen Großteil der recht beträchtlichen sephardisch-jüdischen Bevölkerung Makedoniens deportierten und töteten. Unmittelbar darauf nahmen die Behörden während des griechischen Bürgerkriegs (1944–49) „kommunistische Anhänger" – allzu oft eine handliche Bezeichnung für ethnische Minderheiten – ins Visier, was zur Vertreibung von Tausenden (slawischer) Makedonier, viele davon Kinder, von Bulgaren und anderen führte. Das heutige griechische Makedonien hat daher wenig Ähnlichkeit mit dem vor nur 60 Jahren.

THESSALONIKI ΘΕΣΣΑΛΟΝΙΚΗ

363 987 Ew.

Thessaloniki ist in Sachen Unterkunft und Restaurants sowohl die angesagteste und kultivierteste als auch die teuerste Stadt Nordgriechenlands – auch wenn sich preiswertere Angebote allmählich verbreiten. Thessaloniki (kurz Saloniki) bietet als Griechenlands zweitgrößte Stadt das beste Nachtleben, die besten Shoppingmöglichkeiten, Restaurants und Kulturevents außerhalb Athens, aber mit einer weniger hektischen Atmosphäre. Als Nordgriechenlands Verkehrszentrum bietet die Stadt auch günstige Verbindungen innerhalb der Region und zu den benachbarten Ländern.

Wie in Athen sind auch hier die unvergänglichen Symbole einer glorreichen Geschichte allgegenwärtig. Dazu gehören der Weiße Turm am Café-gesäumten Ufer, einstmals osmanische hammams (türkische Bäder) und moderne Kunstgalerien sowie unendlich lange byzantinische Befestigungsmauern bis in die Ano Poli (Oberstadt) hinauf, einem zauberhaften Viertel mit farbenprächtigen Häusern und kleinen byzantinischen Kirchen inmitten des Gassengewirrs. Zu den großen Bauten Thessalonikis gehören die Kirche Agios Dimitrios aus dem 5. Jh., die kolossale römische Rotunde und die Palastruine des römischen Kaisers Galerius aus dem 3. Jh.

Thessaloniki ist daneben auch eine bedeutende Universitätsstadt mit 80 000 Studenten, die Leben in die unzähligen Cafés, Restaurants und Bars bringen. In der Stadt ist daher auch in jenen langen Monaten etwas los, in denen die touristischeren Gegenden Griechenlands in den Winterschlaf versinken. Zudem ist Thessaloniki mit all den Sehenswürdigkeiten kompakt genug für Reisende, die nur ein paar Tage Zeit haben, auch wenn sie hier problemlos Wochen verbringen könnten.

Geschichte

Thessaloniki wurde nach einer Frau benannt, die selbst ihren Namen zu Ehren eines militärischen Siegs erhalten hatte, nämlich dem ihres Vaters Philipp II. über einen Stamm in Thessalien mithilfe tollkühner thessalischer Reiter. Thessaloniki heiratete den makedonischen General Kassandros, der 316 v. Chr. die Stadt nach ihr benannte. Somit sorgte er dafür, dass der Name der Königstochter für immer auf den Lippen all jener ist, die jemals von der Stadt hörten.

168 v. Chr. eroberten die Römer Makedonien und machten es zur römischen Provinz Macedonia. Die ideale Lage der Provinzhauptstadt am Thermaischen Golf sowie ihre Nähe zum Tal des Flusses Vardar (Axios), das nordwärts bis in den Balkan reicht, verstärkte ihre wirtschaftliche und strategische Bedeutung. Unter Kaiser Galerius wurde Thessaloniki die östliche Reichshauptstadt. Nach der Teilung des Reichs 395 n. Chr. wurde sie zur zweitwichtigsten Stadt von Byzanz, ein blühendes Mini-Konstantinopel.

Thessalonikis Attraktivität führte jedoch auch zu häufigen Angriffen der Goten, Slawen, Sarazenen und weströmischen Kreuzritter. Dennoch blieb die Stadt ein Zentrum des Lebens und Lernens. So lebten hier im 9. Jh. auch die Mönche Kyrill und Methodius (Schöpfer der glagolitischen Schrift, Vorgängerin des kyrillischen Alphabets), die die orthodox-byzantinische Bildungskultur unter den Slawen des Balkans und Mitteleuropas verbreiteten, und der große Theologe aus dem 14. Jh., der hl. Gregorios Palamas.

1430 nahmen die Türken Thessaloniki ein, was der Bedeutung der Stadt aber keinen Abbruch tat. Nach 1492 siedelten hier die cleveren Osmanen sephardische Juden an, die vor der spanischen Inquisition geflohen waren. Sie machten Thessaloniki somit zu einem der wichtigsten Zentren jüdischen Lebens, Kultur und Handels in Europa.

Der Unabhängigkeitskrieg von 1821 konnte die Osmanen aus Thessaloniki und dem Rest Makedoniens nicht vertreiben. Das ganze 19. Jh. hindurch wurde die Stadt nun zum blutigen Schauplatz diplomatischer Intrigen, an denen Geheimgesellschaften, Rebellengruppen und Reformbewegungen sich gegenseitig bekämpften. Neben den griechischen Befreiungsorganisationen gehörten dazu auch die probulgarische Innere Makedonische Revolutionäre Organisation (IMRO), die 1895 wegen der Bombardierung der Osmanischen Bank zu zweifelhaftem Ruhm kam, und die Jungtürken, die westliche Reformen einführen wollten, um das schrumpfende Reich zu retten. Sie infiltrierten immerhin mit ihrer geheimen Ideologie erfolgreich das osmanische Militär. Ein bemerkenswerter Jungtürke und geborener Thessaloniker, Mustafa Kemal, sollte als Gründer der modernen Türkei und als Atatürk (Vater der Türken) in die Geschichte eingehen.

Die beiden Weltkriege veränderten Thessalonikis Schicksal auf grausige Weise. Im August 1917 brannte die Stadt fast völlig nieder und 1923 schrumpfte mit dem großen Bevölkerungsaustausch mit der Türkei und einem kleineren 1926 mit Bulgarien die ethnische Vielfalt. Im Zweiten Weltkrieg deportierten die Nazibesatzer Thessalonikis Juden in die Konzentrationslager. Der folgende griechische Bürgerkrieg führte zur Vertreibung anderer Nicht-Griechen. Thessalonikis Charakter und Vielschichtigkeit

änderte sich dramatisch. Das Ergebnis ist heute eine hellenisierte Stadt mit einem Straßennetz, das 1920 von einem französischen Architekten entworfen wurde.

Thessalonikis nächste größere Erneuerung, die seit Langem versprochene Metro, wird derzeit entlang der Egnatia gebaut (und verursacht reichlich Verkehrsstaus). Ein Blick in die Gräben neben dem Gehweg offenbart hier direkt unter der Oberfläche viel ältere Schichten Thessalonikis. Archäologische Fundstücke aus den Metroausgrabungen werden in einem speziellen Museum in einem alten osmanischen Bauwerk in der Nähe ausgestellt.

Orientierung

Thessalonikis Zentrum wird im Süden vom Meer und im Norden von einem Hügel begrenzt, der alten Ano Poli, die selbst von den byzantinischen Befestigungsanlagen umfasst ist. Die von Cafés gesäumte Uferpromenade Leoforos Nikis verläuft vom Hafen im Westen bis zum Weißen Turm (Lefkos Pyrgos) im Osten. Die neue **Touristeninformation** befindet sich in der Nähe des Turms. Die größeren Parallelstraßen zur Leoforos Nikis Richtung Norden (bergauf) sind in Reihenfolge vom Ufer aus: Mitropoleos, Tsimiski und schließlich die Hauptstraße Egnatia. Weitere größere Ost-West-Straßen nördlich davon sind die Filippou und die Agiou Dimitriou.

Thessalonikis Hauptplätze sind die Plateia Eleftherias nahe dem Hafen und die prächtige Plateia Aristotelous, ein belebtes Zentrum zwischen der Egnatia und der Leoforos Nikis. Weitere Plätze weiter im Osten sind die Plateia Agias Sofias und die Plateia Navarinou gleich südlich der Egnatia.

Ein anderer markanter Treffpunkt der Einheimischen ist Kamara, die Gegend rund um den Triumphbogen des Galerius an der Nordseite der Egnatia gegenüber der Plateia Navarinou. Östlich von Kamara kreuzt die Egnatia die Ethnikis Amynis. Nordöstlich der Kreuzung liegt die große Aristoteles-Universität und südöstlich das Messegelände HelExpo. Die Egnatia wird nach den beiden Institutionen Richtung Osten zur Nea Egnatia. In die andere Richtung nach Westen führt die Egnatia nach Kamara und der Plateia Aristotelous zum billigen Einkaufs- und Hotelviertel um die

THESSALONIKI

Zentraler Busbahnhof (3 km) 87

Bahnhof

Euro Rent (1,5 km);
Parakath (3 km);
Bulgarien (113 km);
Kavala (160 km);
Türkei (371 km)

85

Plateia
Dimokratias (Vardari)

Karaoli & Dimitriou

Pyli Axiou (500 m);
Vogue (500 m);
Lido (1 km); Larisa (150 km);
Athen (510 km)

Ladadika &
Louloudadika

s. Vergrößerung

Hafen

Plateia
Aristotelous

0 ——— 200 m

Ladadika &
Louloudadika

Plateia
Marithovou

National
Bank of
Greece

Plateia
Eleftherias

NORDGRIECHENLAND

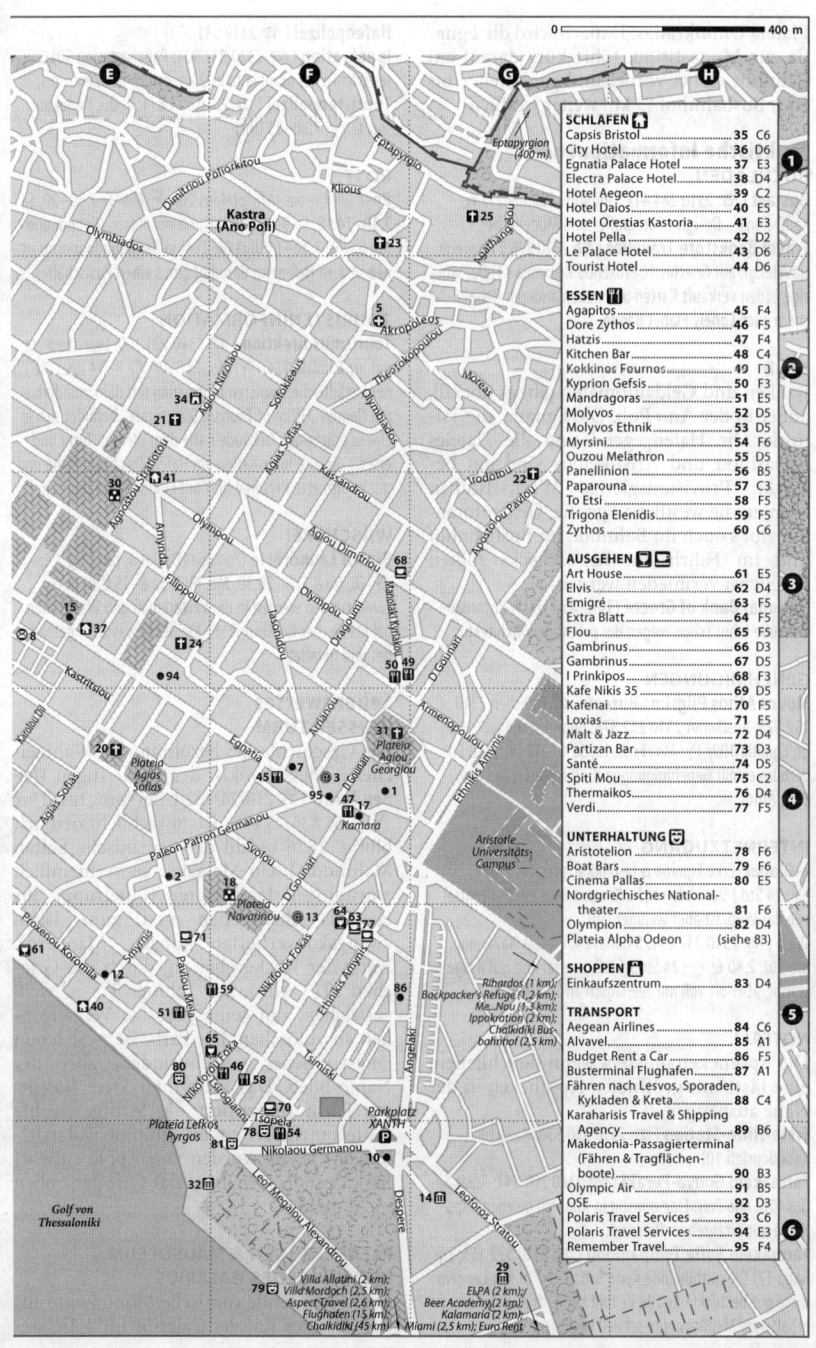

0 _____ 400 m

NORDGRIECHENLAND

SCHLAFEN
Capsis Bristol	35	C6
City Hotel	36	D6
Egnatia Palace Hotel	37	E3
Electra Palace Hotel	38	D4
Hotel Aegeon	39	C2
Hotel Daios	40	E5
Hotel Orestias Kastoria	41	E3
Hotel Pella	42	D2
Le Palace Hotel	43	D6
Tourist Hotel	44	D6

ESSEN
Agapitos	45	F4
Dore Zythos	46	F5
Hatzis	47	F4
Kitchen Bar	48	C4
Kokkinos Fournos	49	ΓJ
Kyprion Gefsis	50	F3
Mandragoras	51	E5
Molyvos	52	D5
Molyvos Ethnik	53	D5
Myrsini	54	F6
Ouzou Melathron	55	D5
Panellinion	56	B5
Paparouna	57	C3
To Etsi	58	F5
Trigona Elenidis	59	F5
Zythos	60	C6

AUSGEHEN
Art House	61	E5
Elvis	62	D4
Emigré	63	F5
Extra Blatt	64	F5
Flou	65	F5
Gambrinus	66	D3
Gambrinus	67	D5
I Prinkipos	68	F3
Kafe Nikis 35	69	D5
Kafenai	70	F5
Loxias	71	E5
Malt & Jazz	72	D4
Partizan Bar	73	D3
Santé	74	D5
Spiti Mou	75	C2
Thermaikos	76	D4
Verdi	77	F5

UNTERHALTUNG
Aristotelion	78	F6
Boat Bars	79	F6
Cinema Pallas	80	E5
Nordgriechisches National- theater	81	F6
Olympion	82	D4
Plateia Alpha Odeon	(siehe 83)	

SHOPPEN
Einkaufszentrum	83	D4

TRANSPORT
Aegean Airlines	84	C6
Alvavel	85	A1
Budget Rent a Car	86	F5
Busterminal Flughafen	87	A1
Fähren nach Lesvos, Sporaden, Kykladen & Kreta	88	C4
Karaharisis Travel & Shipping Agency	89	B6
Makedonia-Passagierterminal (Fähren & Tragflächen- boote)	90	B3
Olympic Air	91	B5
OSE	92	D3
Polaris Travel Services	93	C6
Polaris Travel Services	94	E3
Remember Travel	95	F4

Plateia Dimokratias. Danach wird die Egnatia zur Monastiriou, führt kurz darauf am Bahnhof rechts vorbei und geht weiter bis zum Busbahnhof (3 km weiter westlich).

Praktische Informationen
BUCHLÄDEN
Bustart (☎ 2310 284 414; Grigoriou Palama 21) Verkauft Kunst-, Design-, Fotografie- und Modebücher.
Travel Bookstore Traveller (☎ 2310 275 215; www.traveler.gr, auf Griechisch; Proxenou Koromila 41) Der winzige Laden verkauft Karten und neben anderen Reisebüchern auch Lonely Planet Bände.

GELD
Banken und Geldautomaten gibt es überall, außer in der Ano Poli. Die Egnatia, die Tsimiski, die Hafengegend und die Plateies Navarinou und Aristotelous sind gut bestückt. Provisionsgierige Wechselstuben säumen die westliche Egnatia. Geldautomaten gibt's auch im Bahnhof, im Busbahnhof und im Fährhafen. Reiseschecks sollten möglichst vermieden werden.
National Bank of Greece (Tsimiski 11) Das historische Gebäude lohnt schon wegen der prächtigen Architektur.

GENEHMIGUNGEN
Mount Athos Pilgrims Bureau (☎ Griechen 2310 252 575, Ausländer 2310 252 578; pilgrimsbureau@c-lab.gr; Egnatia 109; ✆ Mo–Fr 9–13, Sa 10–12 Uhr) Das Pilgerbüro erteilt Genehmigungen für die Klöster auf dem Berg Athos.

INTERNETZUGANG
e-Global (Ecke Egnatia & Iasonidou; pro Std. 2,50 €; ✆ 24 Std.) Der Laden nahe Kamara liegt ebenso zentral wie das Web, ist aber weniger laut.
Web (☎ 2310 237 031; S Gonata 4, Plateia Navarinou; pro Std. 2,40 €; ✆ 24 Std.) Groß, zentral und gut ausgestattet, aber oft voll mit Teenagern an Spielkonsolen.

NOTFALL
Die Apotheken müssen, wenn sie schließen, eine Liste mit geöffneten Apotheken in der Nähe aushängen.
Erste-Hilfe-Station (☎ 2310 530 530; Navarhou Koundourioti 10)
Farmakeio Gouva-Peraki (☎ 2310 205 544; Agias Sofias 110, Ano Poli) Eine günstig in Ano Poli gelegene Apotheke mit erfahrenem Personal.
Farmakeio Sofia Tympanidou (☎ 2310 522 155; Egnatia 17) Die mitfühlende Kyria Sofia betreibt seit Langem diese gut bestückte Apotheke und kann oft auch schwer zu erhaltende Medikamente schnell besorgen.

Hafenpolizei (☎ 2310 531 504)
Ippokration (☎ 2310 837 921; Papanastasiou 50) Größtes städtisches Krankenhaus 2 km östlich des Zentrums.
Touristenpolizei (☎ 2310 554 871; 4. OG, Dodekanisou 4; ✆ 7.30–23 Uhr)

POST
Post Aristotelous (Aristotelous 26; ✆ Mo–Fr 7.30–20, Sa 7.30–14.15, So 9–13.30 Uhr); Koundouriotou (Koundouriotou 6; ✆ 7.30–14 Uhr) Die Post in der Koundouriotou ist neben dem Hafen. Im Bahnhof gibt's einen Postschalter.

TOURISTENINFORMATION
Tourismusdirektion (☎ 2310 221 100; tour-the@ote net.gr; Tsimiski 136; ✆ Mo–Fr 8–20, Sa 8–14 Uhr) Die neue städtische Touristeninformation mit dem wunderbaren Namen „Office of Tourism Directorate" befindet sich in einem prächtigen Gebäude nahe dem Weißen Turm und ersetzt die alte Information am Hafen. Das freundliche und gut informierte Personal hilft auf Englisch und Deutsch.

WÄSCHEREI
Bianca Laundrette (Panagias Dexias 3; pro 6 kg 7 €; ✆ Di, Do & Fr 8–20.30, Mo, Mi & Sa 8–15 Uhr) In nur zwei Stunden werden in dem zweckmäßigen Waschsalon bei klassischer Rockmusik die Kleider gewaschen, getrocknet und gefaltet.

Sehenswertes
WEISSER TURM
Die Geschichte des berühmtesten Wahrzeichens Thessalonikis, des friedfertigen **Weißen Turms** (☎ 2310 267 832; Lefkos Pyrgos; Eintritt frei; ✆ Di–So 8.30–15 Uhr), ist tatsächlich ziemlich blutig. 1826 befahl der osmanische Sultan Mahmud II. ein Massaker an vermeintlich abtrünnigen Janitscharen (Elitetruppe aus ehemals christlichen und zum Islam zwangskonvertierten jungen Männern). Nach der Rückeroberung durch die Griechen 1913 wurde der „blutige Turm" weiß gestrichen, um seine grausige Vergangenheit auszulöschen. Die Farbe ist zwar schon längst wieder verschwunden, aber der Name blieb. Das neue interaktive **Museum** im Turm präsentiert die Stadtgeschichte mittels mehrerer cooler Multimediadarstellungen (ja, sie wurden von Apple entworfen), doch leider gibt es das Café ganz oben nicht mehr.

PALAST, BOGEN & MAUSOLEUM (ROTUNDE) DES GALERIUS
Drei bedeutende römische Monumente aus der Zeit des Kaisers Galerius im 4. Jh. ste-

hen an der Egnatia um die Plateia Navarinou. Die weitläufige Ruine des **Galeriuspalasts** (Plateia Navarinou; Eintritt frei; ⌚ Di–So 8.30–15 Uhr) liegt in Ostwestrichtung am Platz. Dort sind noch Bodenmosaiken, Säulen und einige Mauern erhalten. Der **Galeriusbogen** nördlich der Egnatia in der Kamara zeigt Reliefs von Soldaten im Kampf. Er wurde 303 n. Chr. zur Feier des Siegs über die Perser errichtet.

Gleich hinter dem Bogen steht die unverkennbare **Rotunde** (☎ 2310 218 720; Plateia Agiou Georgiou; Eintritt frei; ⌚ Di–So 8–17 Uhr), ein klobiger Backsteinbau, den Galerius als sein zukünftiges Mausoleum bauen ließ (er nutzte es nie, da er zurückgezogen im heutigen Serbien starb). Konstantin der Große machte die Rotunde zur ersten Kirche (Agiou Georgiou) Thessalonikis, die Osmanen weihten sie später zur Moschee um. Das Minarett, das sie anbauten, ist mittlerweile wieder instandgesetzt. In den Innenräumen sind noch einige Fresken erhalten.

RÖMISCHE AGORA

Die **Römische Agora** (Plateia Dikastirion; Eintritt frei; ⌚ Di–So 8–15 Uhr) liegt nördlich der Plateia Aristotelous jenseits der Egnatia an der Plateia Dikastirion. Sie war seit dem 3. Jh. v. Chr. ein makedonischer Markt, der seine Glanzzeit unter den Römern erlebte, als es hier von öffentlichen Aktivitäten, Dienstleistern und Händlern wimmelte. Eine hilfreiche englischsprachige Tafel erläutert die Stätte, an der noch die Mauern von Ladenkomplexen und Reste von Mosaikböden erhalten sind.

BYZANTINISCHE KIRCHEN

Die gewaltigste und vermutlich grandioseste Kirche Griechenlands, die **Kirche Agios Dimitrios** (☎ 2310 270 008; Agiou Dimitriou 97; Eintritt frei; ⌚ 8–22 Uhr, Krypta Di–Do & So 8–19.30, Mo 13.30–19.30, Fr 9–23 Uhr) aus dem 5. Jh., ist dem Schutzheiligen Thessalonikis geweiht. Dimitrios war ein römischer Soldat, der um 303 n. Chr. an dieser Stelle (damals ein römisches Badehaus) auf Befehl des berüchtigten christenfeindlichen Kaisers Galerius getötet wurde. Die Stätte seines Märtyrertods ist heute eine gespenstische **Krypta**, die tagsüber und während des Gottesdienstes freitags abends zugänglich ist (s. Kasten gegenüber330). 1980 wurden die Gebeine des Heiligen aus Italien zurückgebracht und

ruhen nun in einem silbernen Reliquienschrein in der Kirche.

Die Osmanen machten die Agios Dimitrios zur Moschee und überputzten die Wandfresken. Nach der griechischen Rückeroberung 1913 wurde der Putz entfernt, wodurch Thessalonikis schönste Kirchenmosaiken zum Vorschein kamen. Das Feuer von 1917 richtete zwar großen Schaden an, aber fünf wertvolle Mosaiken aus dem 8. Jh. um den Altar blieben erhalten.

Die **Kirche Agia Sofia** (⌚ 7–13 & 17–18.30 Uhr) aus dem 8. Jh., eine keineswegs allzu kleine Ausgabe der Namensvetterin in Istanbul, befindet sich an der Plateia Agias Sofias südlich der Egnatia. Sie ist eine der wichtigsten Kirchen Thessalonikis und besitzt in der Kuppel ein bemerkenswertes Mosaik von der Himmelfahrt Christi.

Noch älter ist die byzantinische **Kirche Panagia Ahiropiitos** (⌚ 7–12 & 16.30–18.30 Uhr) aus dem 5. Jh. Sie wurde als Basilika gebaut und zeigt bemerkenswerte Mosaiken und Fresken. Der Name Ahiropiitos bedeutet „ohne Hände geschaffen" und bezieht sich auf eine wundersame Erscheinung einer Ikone der Jungfrau im 12. Jh.

Das **Vlatadon-Kloster** (Ecke Eptapyrgiou & Agathangelou; ⌚ 7.30–17 & 17.30–20 Uhr) liegt abgeschieden in einer Parkanlage nahe der byzantinischen Mauer der Ano Polis. Es gibt dort ein kleines **Museum** (⌚ So 10–12 Uhr) und einen Andenkenladen. Die kleine **Kirche Osios David** (⌚ Mo–Sa 9–12 & 16–18 Uhr) aus dem 5. Jh. nahebei wurde angeblich zu Ehren der Taufe von Theodora gebaut, der Tochter des christenfeindlichen Galerius, die sich hier heimlich in Abwesenheit ihres Vaters taufen ließ. Sie birgt gut erhaltene Mosaiken und seltene Fresken aus dem 12. Jh., die die Taufe Christi darstellen.

Fünf Minuten zu Fuß weiter östlich liegt die **Kirche Nikolaos Orfanos** (☎ 2310 213 627; Irodotou 20; ⌚ Di–Do 8.30–14.30 Uhr) aus dem 4. Jh. mit ihren großartigen (wenn auch durch das Alter verdunkelten) Fresken. Um sie zu erhalten, werden Kerzen nur während der sonntäglichen Morgenmesse angezündet.

MUSEEN

Das **Archäologische Museum** (☎ 2310 830 538; Manoli Andronikou 6; Eintritt 6 €, Stud. frei; ⌚ 8.30–20 Uhr) zeigt prähistorische und antike makedonische und hellenistische Fundstücke. Allerdings wurden die eindrucksvollsten Stücke,

IM SCHUTZ DER KRYPTA

Im spätrömischen Thessaloniki ein Christ zu sein, war äußerst gefährlich. Unter Galerius (250–311 n. Chr.) war die Ausübung der neuen Religion unter Todesstrafe verboten – eine fatale Situation, die Gläubige buchstäblich in den Untergrund trieb. Um das Jahr 303 n. Chr. wurde eines Tages ein junger Soldat namens Dimitrios erwischt, als er in einem unterirdischen Säulengang der *agora* (Markplatz) predigte. Dimitrios wurde daraufhin in das Badehaus geschleppt und als warnendes Beispiel mit Speeren getötet.

Als das oströmische Reich unter Kaiser Konstantin dem Großen offiziell das orthodoxe Christentum übernahm, wurde Dimitrios zu Thessalonikis Schutzheiligen erhoben. Ihm wurden zahlreiche Wundertaten zugeschrieben, darunter sein überraschendes Erscheinen zur Errettung der Stadt, wenn sie wieder einmal von Barbaren belagert wurde. Wunderheilungen wurden insbesondere mit der Krypta in Verbindung gebracht, in der Dimitrios den Märtyrertod starb. Sie befindet sich unter der gewaltigen Kirche aus dem 5. Jh., die nach ihm benannt ist (s. S. 329).

Während der türkischen Besatzung wurde die Krypta jedoch zugeschüttet und vergessen, bis sie im Jahr 1912, nach der Einnahme Thessalonikis durch die Griechen wieder entdeckt wurde. Das verheerende Feuer von 1917 verursachte erhebliche Schäden an Kirche und Krypta, was umfangreiche Restaurierungsarbeiten nötig machte.

Die öffentlich zugängliche Krypta ist ein labyrinthischer und gespenstisch beleuchteter Stein- und Ziegelbau, in dem archäologische Fundstücke aus der alten Kirche ausgestellt sind. Ein wahrhaft unheimliches und einzigartiges Erlebnis stellt der außerordentliche Gottesdienst dar, der jeden Freitag von 21 bis 23 Uhr in dieser Anderswelt aus beißendem Weihrauch und Gebeten stattfindet. Die Menschen betreten den Raum schweigend in Einzel- oder Zweierreihen, den Kopf gesenkt wie Mitglieder eines Geheimbundes, und nehmen in bröckelnden Ecken oder unter dunklen Bogengängen ihre Plätze ein. Bald erschallt der Raum von den inbrünstigen Klängen byzantinischer Choräle.

Die Teilnahme an einem Gottesdienst in der Krypta, einem der heiligsten Orte in Griechenland, gibt Reisenden auch die Möglichkeit, eine Ahnung davon zu bekommen, wie einst die ersten Christen Thessalonikis zu einer Zeit ihre Religion erlebten, als ihr Glaube durch die allzu reale Gefahr entdeckt und ermorden zu werden, einer ständigen Prüfung unterworfen war. Wenn der Priester der Gemeinde um die Stätte des Martyriums des Heiligen versammelt und in leisen Tönen von moralischer Erbauung spricht, wird die Vergangenheit wirklich greifbar.

Der Gottesdienst in der Krypta ermöglicht auch weiblichen Reisenden, die gerne den Berg Athos besuchen würden, die ungebrochene Tradition orthodoxer Spiritualität im modernen Griechenland mit eigenen Augen zu beobachten. Niemand muss dabei besonders religiös sein, solange Kleidung und Verhalten dezent und respektvoll sind (Handy ausschalten).

die fein gearbeiteten Goldobjekte, die in den Königsgräbern von Vergina entdeckt worden waren, wieder an ihren rechtmäßigen Ort zurückgebracht. Wer sie also sehen will, muss sich dorthin begeben. Zu sehen ist jedoch der **Derveni-Krater** (330–320 v. Chr.), eine riesige, reich verzierte hellenistische Vase aus Bronze und Zinn. Sie wurde zum Mischen von Wasser und Wein und später als Urne genutzt und ist mit filigranen Reliefs verziert, die neben mythischen Figuren, Tieren, Wein- und Efeuranken das Leben des Dionysos darstellen. Der **Derveni-Schatz** enthält Griechenlands ältestes erhaltenes Papyrusfragment (250–320 v. Chr.). Zur Ausstellung **Prähistorisches Thessaloniki** im Erdgeschoss gehört auch der Petralona-

Schatz – Äxte und Meißel in einer Urne, die von einem Handwerker in der Petralona-Höhle nördlich von Chalkidike (s. S. 342) zurückgelassen wurde, sowie Dolche, Töpferwaren und Werkzeuge aus Hügelgräbern aus der Jungsteinzeit bis zum Ende der Bronzezeit.

Das pfiffige **Museum für Byzantinische Kultur** (☎ 2310 868 570; www.mbp.gr; Leoforos Stratou 2; Eintritt 4 €; ☺ Di–So 8–20, Mo 13.30–20 Uhr) präsentiert bei stimmungsvoller Beleuchtung ein laufendes Textband an der Wand, das die über 3000 byzantinischen Objekte erläutert, darunter Fresken, Mosaiken, Stickereien, Keramiken, Inschriften und Ikonen aus dem frühen Christentum bis zum Fall von Konstantinopel (1453).

Im **Museum für antike griechische & byzantische Musikinstrumente** (☎ 2310 555 263; musbyz orga@otenet.gr; Katouni 12-14) sind Instrumente aus der Antike bis zum 19. Jh. ausgestellt. Es war aber zur Zeit der Recherche geschlossen. Die Touristeninformation weiß, wann es wieder eröffnet wird. Dies gilt auch für das ebenfalls geschlossene **Museums des Makedonischen Kampfes** (☎ 2310 229 778; Proxenou Koromila 23; Eintritt frei; ☯ Di–Fr 9–14, Sa 10–12 Uhr). Es erzählt die griechisch-nationalistische Version der Geschichte, nach der die heroischen Hellenen Makedonien aus den Fängen der Türken *und* Bulgaren befreiten. Das Museum befindet sich im ehemaligen osmanischen Konsulat Griechenlands und zeigt seltene Karten, alte Schusswaffen, Fotos, Uniformen und dergleichen.

Das coole **Fotografiemuseum von Thessaloniki** (☎ 2310 566 716; www.thmphoto.gr; Warehouse A, Thessaloniki Port; ☯ Di–Fr 11–19, Sa & So 11–21 Uhr) in einem ehemaligen Lagerhaus am Hafen zeigt historische und zeitgenössische griechische Fotografie und spannende Wechselausstellungen; es hat ein Café am Ufer.

KASTRA (ANO POLI) & DIE BYZANTINISCHEN MAUERN

Die Wohnhäuser in der Kastra (Burg), auch Ano Poli (Oberstadt) genannt, hatten das Feuer von 1917 weitgehend überstanden – obwohl es hier ausgebrochen war, blies der Wind die Flammen hinab Richtung Meer. Das einstige „türkische Viertel" aus osmanischer Zeit bildet Thessalonikis stimmungsvollste Stadtlandschaft.

In Pastellfarben gestrichene Fachwerkhäuser mit überkragenden Obergeschossen drängen sich in kleinen verwinkelten Gassen. Ein Bummel durch die steilen, gewundenen Gassen in der Kastra mit ihren Treppchen und kleinen Rinnsalen ist ein wahres Vergnügen. Einen Panoramablick über die Stadt und den Thermäischen Golf bieten die byzantinischen Mauern. Auch sind hier mehrere bedeutende byzantinische Kirchen zu finden (s. Stadtspaziergang s. S. 332).

Die Mauern der Kastra wurden von Kaiser Theodosius (379–475 n. Chr.) nach dem Vorbild seiner eigenen großartigen Befestigungsanlagen in Konstantinopel errichtet. Im 14. Jh. wurden die Mauern wieder aufgebaut und 1821 mit Marmorsteinen vom jüdischen Friedhof verstärkt. Sie sind von

der Universität (Panepistimio Aristotelion) bis fast ganz nach oben begehbar.

Heute ist die Altstadt ein Refugium der linken Szene Thessalonikis. Verschnarchte Cafés und heftig antibürgerliche-anarchistische Graffiti in mehreren Sprachen und Farben an den Mauern machen einen Teil des charakteristischen Flairs aus.

OSMANISCHE STÄTTEN

Trotz (oder wegen) der über 450 Jahre osmanischer Herrschaft ist heute das türkische Erbe in Thessaloniki kaum mehr vorhanden. Die wenigen verbliebenen Stätten sind jedoch stimmungsvoll und sehenswert.

Atatürks Haus (☎ 2310 248 452; Apostolou Pavlou 75; Eintritt frei; ☯ 9–17 Uhr) befindet sich auf dem Gelände des türkischen Konsulats und war 1881 die Geburtsstätte des schillernden Begründers der modernen Türkei, des verwegenen Mustafa Kemal. Nach Vorlage von Ausweis oder Pass führt das hilfsbereite Personal Besucher durch das originalgetreu restaurierte Haus. Neben mehreren originalen Einrichtungsgegenständen und Memorabilien ist weiterer Atatürk-Krimskrams zu sehen, wie adrette Anzüge, weiße Handschuhe und Gehstock. Schneidig!

Das **Eptapyrgion,** oder Yediküle, wie es auf Türkisch heißt (in beiden Sprachen bedeutet es „Sieben Türme"), war bis 1989 ein Gefängnis aus osmanischer Zeit innerhalb der byzantinischen Mauern. Es ist ein düsteres Mahnmal des Strafvollzugs in der Vergangenheit Thessalonikis, der im *rembetiko* (griechischer Blues) besungen wird.

Im **Yeni Hamam** (Aigli; Ecke Kassandrou & Agiou Nikolaou), ein ausdrucksvoller osmanischer Bau aus dem 17. Jh., herrscht eine tolle Akustik – ideal für Konzerte.

Das **Bey Hamam** (Paradeisos-Bad; Ecke Egnatia & Plateia Dikastirion; Eintritt frei; ☯ Mo–Fr 9–21, Sa & So 8.30–15 Uhr) ist Thessalonikis ältestes türkisches Bad (1444). In dem labyrinthischen Bau finden heute Kunstausstellungen statt.

JÜDISCHE STÄTTEN

Bis zum Zweiten Weltkrieg, als die Nazibesatzer Thessalonikis Juden deportierten, war die Stadt eines der wichtigsten Zentren jüdischen Lebens in Südosteuropa. Heute gibt es noch etliche Anzeichen der vergangenen Kultur, auch eine kleine Gemeinde aus meist älteren Mitgliedern, die an ihren Traditionen festhalten.

NORDGRIECHENLAND

Das **Jüdische Museum von Thessaloniki** (☎ 2310 250 406; Agiou Mina 13; Eintritt frei; ⚲ Di, Fr & So 11–14, Mi & Do 11–14 & 17–20 Uhr) zeichnet die Geschichte des Judentums in Thessaloniki von 140 v. Chr. über die sephardischen Einwanderungen nach 1492 bis zum Holocaust nach. Das Museum enthält auch die Trümmer des großen jüdischen Friedhofs der Stadt, der 1942 von den Nazis mutwillig zerstört worden ist.

Die einzige Synagoge, die die Nazizeit überstanden hat, ist die **Monastirioton-Synagoge** (☎ 2310 524 968; Syngrou 35). Der Gottesdienst wird jedoch in der kleineren **Yad Lazikaron** (☎ 2310 275 701; Vassiliou Irakliou 24) in der Mitropolios gegenüber dem Modiano-Markt im einstigen **jüdischen Viertel** gehalten.

Weitere jüdische Stätten befinden sich östlich des Weißen Turms. Zwei Villen aus dem 19. Jh., die **Villa Allatini** (Olgas 98) und die **Villa Mordoch** (Olgas 162), zeugen hier noch vom einstigen Reichtum und der Bedeutung der Juden Thessalonikis. Die Olgas kreuzt übrigens die Saadi Levi, die nach dem Verleger einer der einstmals 35 jüdischen Zeitungen benannt ist.

Stadtspaziergang

Ohne die Museen sind die Hauptsehenswürdigkeiten Thessalonikis an einem Tag machbar. Die Tour beginnt oben und führt dann bergab, Start sollte möglichst morgens (9 Uhr) sein, da viele Kirchen um 12 Uhr schließen. Sonntags, dienstags und samstags sind die besten Tage, montags sind die meisten Sehenswürdigkeiten geschlossen.

Zwar fährt der Bus 23 von der Plateia Eleftheriou in die Kastra (Haltestellen Pyrgos Trigoniou oder Agia Anargyi), aber ein Taxi (2,80–5 €) spart Zeit. Die **Aussichtsplattform (1)** in der Kastra bietet einen ersten Überblick über die Stadt, die es jetzt zu erobern gilt. Die Plattform befindet sich am östlichsten Ende der Mauer um das innere Zitadelle, das Eptapyrgio. Von dort geht's auf der Hauptstraße (ebenfalls Eptapyrgio genannt) die Mauer entlang Richtung Westen. Nach der Agathangelou ist links das baumbestandene, erholsame **Vlatadon-Kloster (2**; S. 329) zu sehen, wo sich ein Besuch der Kirche und, falls geöffnet, des Museums lohnt.

Zurück auf der Straße geht's auf der Eptapyrgio weiter ostwärts, dann links auf die Sthenonos und die Treppen hinab und

rechts weiter über die Dimitriou Poliorkitou. Weiter auf der linken Seite führt eine enge Treppe zurück und bergab, wo es wieder nach links auf die Parodos Kassianis und zur **Kirche Osios David (3**; S. 329) aus dem 5. Jh. geht. Sie birgt seltene Fresken aus dem 12. Jh. mit der Darstellung der Taufe Christi sowie Weihwasser aus einer alten Quelle.

Von dort führt der Weg durch das labyrinthische Gassengewirr der Ano Poli Richtung Osten. Die direkteste Strecke folgt der Fotiou über die Akropolitis und geradeaus weiter auf der Krispou, dann über die Arolou, zurück in die Moreas, dann gleich rechts in die Amfitryonos, schließlich links in die Irodotou bis zur **Kirche Nikolaos Orfanos (4**; S. 329) aus dem 4. Jh. mit ihren exquisiten Fresken aus dem 14. Jh. Der freundliche, Englisch sprechende Hausmeister erklärt gerne die Geschichte und die Kunstwerke der Kirche.

Zurück auf der Moreas geht's südwärts weiter, dann nach Überquerung der Olymbiados Richtung Kassandrou. Nach mehreren Querstraßen zweigt von dieser breiten Straße nach Süden die Agiou Nikolaou ab. Dort ist auf der rechten Seite das **Yeni Hamam (5**; S. 331) zu sehen. Das restaurierte türkische Bad aus dem 17. Jh., auch Aigli genannt (wie die Bushaltestelle in der Nähe), ist ein großer einnehmender Bau, in dem heute Konzerte veranstaltet werden.

Die gewaltige **Kirche Agios Dimitrios (6**; S. 329) gleich unterhalb des Yeni Hamam nimmt einen ganzen Platz ein. Sehenswert sind die Reliquien des Heiligen, die Mosaiken aus dem 8. Jh. um den Altar und die geheimnisvolle Krypta, in der der hl. Dimitrios den Märtyrertod starb (s. Im Schutz der Krypta S. 329).

Als Nächstes geht's südwärts auf der Agnostou Stratiotou und über die Olympou hinüber weiter zur **römischen Agora (7**; S. 331). Der Eingang ist beschildert und innen gibt es eine hilfreiche Erklärungstafel. Der Weg führt nun zurück zur Agiou Dimitriou und von dort neun Querstraßen weiter zu **Atatürks Haus (8**; S. 329) im türkischen Konsulat auf der linken Seite.

Gegenüber dem Konsulat und eine Querstraße weiter östlich auf der Agiou Dimitriou zweigt rechts die D Gounari zur **Rotunde (9**; S. 328) ab, wo die Pracht der Innenräume und die Ruinen dahinter einen Blick lohnen. Weiter geht's bergab zum fo-

STADTSPAZIERGANG

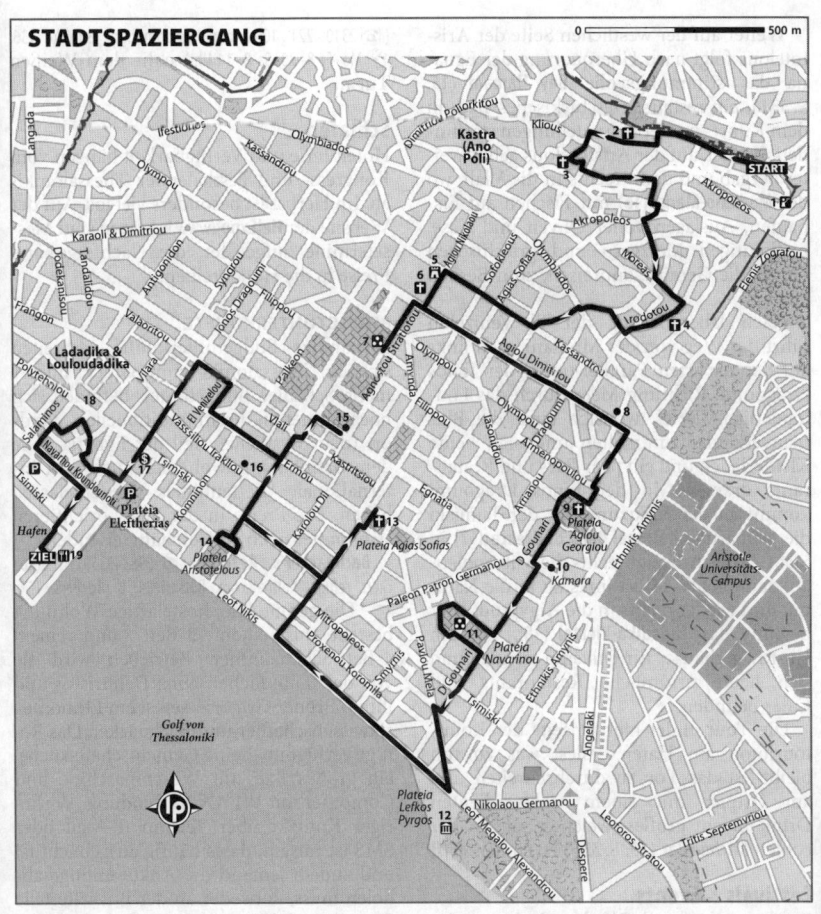

NORDGRIECHENLAND

ROUTENINFOS

Start Kastra/Byzantinische Mauern
Ziel Hafen
Dauer Drei bis vier Stunden

togenen, von Reliefs übersäten **Galerius-Bogen** (**10**; S.328) in der Kamara und dann auf der anderen Seite der Egnatia weiter bergab und geradeaus. Verschiedene römische Ruinen reihen sich auf dem Mittelstreifen der Fußgängerzone aneinander, mit dem **Galerius-Palast** (**11**; S.328) als Höhepunkt. Eine Besichtigung lohnt sich wirklich, aber es genügt auch, einfach nur von der Brüstung oben einen Blick hinab zu riskieren.

Bergab, über die Tsimiski hinweg und auf der Plateia Fanarioton im Bogen nach links bis zur Pavlou Mela erhebt sich der vielgeliebte **Weiße Turm** (**12**; S.328) mit seinem schicken neuen Multimediamuseum. Westwärts lockt ein Spaziergang am Wasser.

Landeinwärts wird die Leoforos Nikis an der Ampel an der Agias Sofias überquert. Hier steht zur Auswahl, die **Kirche Agia Sofia** (**13**; S.329) weiter geradeaus auf der Plateia Agias Sofias zu besichtigen, oder sich nach Westen zur Tsimiski, Thessalonikis modischster Straße, zum Schaufensterbummel zu begeben. Kurz darauf folgt die Aristotelous mit ihren Cafés und den einzigartigen Gebäuden und schließlich an der Südseite die große, belebte **Plateia Aristotelous** (**14**).

Weiter auf der westlichen Seite der Aristotelous folgt nach Überquerung der Egnatia das stimmungsvolle **Bey Hamam (15**; S. 331), ein restauriertes türkisches Bad, in dem Kunst- und Fotoausstellungen stattfinden. Zurück auf der Aristotelous geht's weiter bergab und dann rechts in die Vlali, wo der **Modiano-Markt (16)** mit Fischen auf Eishaufen, Auslagen voller Oliven und Käse, heißblütigen Metzgern und griechischen Omas, die Gemüse anpreisen, zum Besuch einlädt.

Nach Überquerung der El Venizelou führt der Weg von der Modiani nach links auf der nächsten Parallelstraße, der Ionos Dragoumi, Richtung Meer durch das Louloudadika-Viertel, wo sich einst die Blumenverkäufer tummelten und sich heute Kleiderläden und ein paar Bars und Restaurants drängen. In der Ionos Dragoumi kommt an der Kreuzung mit der Tsimiski die großartige **National Bank of Greece (17)** in Sicht. Danach zweigt rechts die Mitropoleos ab, dann geht's sofort links ab in die Katouni und wieder rechts in die Aigyptou. Hier beginnt das **Ladadika-Viertel (18)**, in dem einst Lagerhäuser für Olivenöl standen und sich heute urtümliche Restaurants und Cafés befinden.

Die Tour endet hier jenseits der Kountouriotou am Hafen. Alles, was zu tun bleibt, ist das Tor zu durchschreiten und am Ostpier mit einem wohlverdienten Drink in ein großes, weiches Sofa in der coolen **Kitchen Bar (19**; S. 336) zu sinken. Uff!

Festivals & Events

Im September und Oktober finden in der HelExpo größere Messen und Festivals statt. Auf die **Internationale Handelsmesse** folgt ein **Kulturfest** mit Filmvorführungen. Höhepunkt ist der **Dimitrios-Tag** (26. Oktober), Militärparaden folgen am **Ohi-Tag** (28. Oktober).

Das **Internationale Filmfestival Thessaloniki** (☎ 2310 378 400; www.filmfestival.gr) wird jeden November veranstaltet. Kinos in der ganzen Stadt zeigen um die 150 hochkarätige, internationale Filme, von experimentellen und unbekannten Streifen bis zu Werken bekannter Regisseure. Das **Dokumentarfilmfestival Thessaloniki** (www.filmfestival.gr) findet Mitte März statt.

Weitere Infos zu aktuellen Kulturveranstaltungen gibt es in der **Touristeninformation**

(☎ 2310 221 100; tour-the@otenet.gr; Tsimiski 136; Mo–Fr 8–20, Sa 8–14 Uhr) nahe dem Weißen Turm.

Schlafen

Hotelpreise und Verfügbarkeit hängen vom Kongress- und Festkalender Thessalonikis ab. Im Herbst ist besonders viel los. Auf der Website der **HelExpo** (www.helexpo.gr) sind Messetermine aufgelistet, die Nachfrage und Preise in die Höhe treiben.

BUDGETUNTERKÜNFTE

Anständige Budgetunterkünfte verbreiten sich in Thessaloniki zum Glück immer mehr. Schäbige Budgethotels befinden sich noch immer an ihrem traditionellen Standort (dem westlichen Teil der Egnatia nahe dem Bahnhof), obwohl sich auch dort internationale Kettenhotels niedergelassen haben. Die Preise in der Stadt orientieren sich immer noch an Geschäftsreisenden.

Backpacker's Refuge (☎ 6983433591; backpackers_refuge@hotmail.com; Botsari 84; B pro Pers. 15 €;) Die gemütliche, hostelartige Wohnung besteht aus einem 2-Bett- und einem 4-Bett-Schlafzimmer. Betrieben wird sie von der freundlichen Nina Delihristos und ihrem Bruder Grigoris, selbst ein Ethnomusikwissenschaftler und Backpacker. Das Refuge verfügt über eine Gemeinschaftsküche, ein großes Bad mit Waschmaschine und Computer mit WLAN-Verbindung. Vorheriger Kontakt über Telefon, E-Mail oder SMS ist ratsam, da es häufig ausgebucht ist und zudem jemand die Ankömmlinge abholen muss, entweder an der Bushaltestelle Botsari (mit dem Bus 2 vom Bahnhof oder Bus 31 vom Busbahnhof) oder an der Haltestelle Laografiko Mouseio (mit dem Bus 78 vom Flughafen). Grigoris bietet auch Bootsausflüge mit Camping auf einsame Inseln nahe Chalkidike an (s. S. 343).

Hotel Orestias Kastoria (☎ 2310 276 517; www.okhotel.gr; Agnostou Stratiotou 14; EZ/DZ/3BZ 38/49/59 €;) Das freundliche, kleine Hotel mit gemütlichen, sauberen Zimmern nahe der Kirche Agios Dimitrios ist seit jeher beliebt. Die Preise steigen, wenn im September Konferenzen stattfinden.

Hotel Pella (☎ 2310 555 550; Ionos Dragoumi 63; EZ/DZ 40/50 €) Das größere Hotel am Hafen ist weniger laut als die Hotels in der Egnatia und hat saubere, gepflegte Zimmer und freundliches Personal.

Hotel Aegeon (☎ 2310 522 921; www.aegeon-hotel. gr; Egnatia 19; EZ/DZ 45/60 €; ✖ 🛜) Das jüngst renovierte historische Haus in der Egnatia ist überraschend preiswert. Die ordentlichen, sauberen Zimmer sind dezent eingerichtet, haben Bad und allen modernen Komfort. Es liegt zehn Minuten zu Fuß vom Bahnhof entfernt.

MITTELKLASSEHOTELS

Tourist Hotel (☎ 2310 270 501; www.touristhotel.gr; Mitropoleos 21; EZ/DZ/3BZ inkl. Frühstück 55/70/90 €; ✖ 🖥) Ein altmodischer vergitterter Aufzug führt in dem klassischen Haus (1925 erbaut) zu Zimmern mit allem modernen Komfort und eleganter Ausstattung. Der Straßenlärm wird durch schalldichte Fenster abgeschwächt.

Le Palace Hotel (☎ 2310 257 400; www.lepalace.gr; Tsimiski 23; EZ/DZ inkl. Frühstück 85/100 €; ✖ 🛜) Nachts gewähren die kleinen Balkone einen Blick auf die funkelnde Tsimiski, die unten tost (es gibt Schallschutz). Das Hotel hat geräumige, moderne Zimmer mit allem Komfort. Der bewachte Parkplatz kostet 11 € pro 24 Stunden.

Egnatia Palace Hotel (☎ 2310 222 900; www.eg natia-hotel.gr; Egnatia 61; EZ/DZ/Suite 90/115/145 €; ✖ 🛜) Das 4-Sterne-Hotel liegt oberhalb der Plateia Aristotelous und bietet helle, moderne Zimmer und Suiten, die individuell gestaltet und ausgestattet sind. Zur Wellnessanlage gehören ein beheizter Pool, Fitness, *hammam*, Sauna und Massageraum.

Electra Palace Hotel (☎ 2310 294 000; www. electrahotels.gr; Plateia Aristotelous 9; EZ/DZ 115/130 €; ✖ 🛜 🖳) Selbst wer nur für den Hafenblick vom Dachgartencafé herkommt, wird den Reiz dieses markanten 5-Sterne-Hotels in prachtvoller Lage an der Plateia Aristotelous sofort verspüren. Die Zimmer sind geräumig und haben allen zu erwartenden Komfort. Hinzu kommen ein mosaikgefliester Innenpool, ein Pool auf dem Dach und ein *hammam*.

City Hotel (☎ 2310 269 421; www.cityhotel.gr; Komninon 11; EZ/DZ 120/135 €; ✖ 🛜 ♿) Das noble, jüngst renovierte 4-Sterne-Businesshotel nahe der Plateia Eleftherias, bietet höchst professionellen Service und dezente Eleganz in den schönen Zimmern (manche barrierefrei). Zu den Angeboten gehören Wäscheservice, Parkplatz, Wellnesszentrum und ein großes amerikanisches Frühstück.

SPITZENKLASSEHOTELS

Daios (☎ 2310 250 200; www.daioshotels.com; Leoforos Nikis 59; EZ/DZ mit Meerblick 170/225 €; ✖ 🛜 🖳) Das Boutiquehotel am Weißen Turm hat sich zum Favoriten der Oberschicht Griechenlands entwickelt. Ein feines Gespür für Licht und Schatten bestimmt das gesamte Haus mit seinem modernen, minimalistischen Design. Die Suiten haben riesige, schallgedämpfte Fenster und Balkone über die ganze Breite (von einigen ist nur Wasser, keine Straße zu sehen). Das Ufercafé des Hotels ist ebenfalls mondän und farbenfroh, das Personal freundlich und professionell. Der Eingang ist in der Seitenstraße (2 Smyrnis).

Capsis Bristol (☎ 2310 521 321; www.capsishotel.gr; Ecke Oplopiou & Katouni; EZ/DZ 192/250 €; ✖ 🛜) Was heute ein stilvolles und freundliches modernes Hotel ist, war 1870 ursprünglich das Postamt Thessalonikis. Die 16 Zimmer und vier Suiten sind mit üppigen Antiquitäten, persischen Läufern und Kunstwerken ausgestattet und verleihen dem Haus einen altmodischen Charme, der zur Lage im historischen Ladadika passt.

Essen

Von schnellen und billigen Souvlakilokalen bis zu edlen Restaurants hat Thessaloniki alles zu bieten. Zusätzlich zu den hier aufgeführten Weinrestaurants in Thessaloniki informiert auch der Kasten Weingüter in Nordgriechenland S. 334, Süßwarenläden sind im Kasten Süße Verlockungen S. 336 aufgeführt. Wer Griechisch lesen kann, dem hilft die Website www.tavernoxoros.gr mit ihrem Restaurantverzeichnis samt Lokalisierung auf Karten.

Kyprion Gefsis (☎ 2310 202 800; Manou Kyriakou 5; Grillfleisch 2–4 €) Die Spezialität des beliebten Kyprion Gefsis sind Pittabrote – ein guter und billiger Laden nahe der Rotunde.

To Etsi (☎ 2310 222 469; Nikoforos Fokas 2; Grillfleisch 2,50–4 €) Das derb eingerichtete Kultlokal nahe dem Weißen Turm bietet erfrischend leichte Souvlaki und *soutzoukakia* (Fleischklopse in Tomatensauce) mit Gemüsedips in zypriotischem Pittabrot. Zu erkennen am Neonschild.

Me...Nou (☎ 2310 886 444; Petrou Sindika 25; Hauptgerichte 3–6 €) Der preiswerte Laden nahe dem Backpacker's Refuge (S. 334) hat sich auf nahrhafte *mayirefta* (Aufläufe) aller Art spezialisiert.

Ouzou Melathron (☎ 2310 275 016; Karypi 21; Mezedhes ab 4,50 €, Hauptgerichte 6–11 €) Die *ouzerie* (Ouzo-Bar) in einer Seitenstraße der Plateia Aristotelou ist ein bisschen touristisch, wird aber noch immer von Einheimischen besucht. Mit einem Ouzo und einer *mezedhes* (Vorspeisenplatte) gewappnet lässt sich gut auf herzhafte Gerichte wie Lamm in Südweinsauce warten.

Panellinion (☎ 2310 567 220; Salaminos 1; Hauptgerichte 6–10 €) Die freundliche Taverne ist im traditionellen Ladadika-Stil eingerichtet: Holzböden und an den Wänden Olivenölflaschen und Lebensmitteldosen. Zum vielfältigen Angebot gehören eine ganze Palette an Ouzos und Käsesorten sowie köstliche Meeresfrüchte-*mezedhes*; hier wird nur Biogemüse verwendet.

LP Tipp **Myrsini** (☎ 2310 228 300; Tsopela 2; Hauptgerichte 7–10 €) Das einzig Deprimierende am Myrsini ist, dass es im Juli und August geschlossen ist. Serviert werden hier herzhafte Portionen authentischer und köstlicher kretischer Gerichte, von Röstbrot mit Tomaten und kretischem Olivenöl oder *dakos* (kretischer „Zwieback") mit aromatischem *horta* (Grünzeug) bis zu Kaninchenbraten,

Schweinefleisch und – ganz wichtig – *myzithropitakia* (knusprige Blätterteigtaschen mit süßem Schafskäse). Die Einrichtung ist schlicht, mit ein paar traditionellen Requisiten, abgenutzten Holzböden und griechischer Musik im Hintergrund.

Dore Zythos (☎ 2310 279 010; Tsirogianni 7; Hauptgerichte 7–12 €) Bei schönem Wetter bietet ein Tisch draußen beim Genuss von schmackhafter und einfallsreicher mediterraner Küche einen Blick auf den Weißen Turm gegenüber. Das Schwesterlokal Zythos (☎ 2310 540 284; Katouni 5; Hauptgerichte 8–12 €) befindet sich in einem großartigen Haus und bietet ebenso gutes Essen.

Kitchen Bar (☎ 2310 528 108; Lagerhaus B, Hafen Thessaloniki; Hauptgerichte 7–13 €) Das seit jeher beliebte Lokal ist ebenso gut für einen Drink wie für eine geschickt zubereitete Mahlzeit. Es befindet sich in einem hohen, renovierten Lagerhaus und hat auch Straßentische am Wasser. Die Salate und das Risotto sind so brillant wie das Feuer in der offenen Küche, wo die Köche ebenso wie die trendigen Gäste immer zur Schau gestellt sind. Wer jedoch kein Ei in der Hühnertortilla mag, sollte das sagen.

SÜSSE VERLOCKUNGEN

Die *zacharoplasteia* (Patisserien) Thessalonikis sind, was ein schnelles Frühstück oder sündiges Dessert angeht, unschlagbar. Klassiker wie *baklava* oder Schokoprofiterolen sind zwar überall in Griechenland erhältlich, doch Thessalonikis historische Beziehung zu den Gebräuchen und Menschen des osmanischen Ostens haben der Stadt eine besonders reiche Süßigkeitentradition hinterlassen – und auch anspruchsvolle Genießer. Leckere Läden gibt es zwar überall, aber die folgenden feinen *zacharoplasteia* sind besonders berühmt. Die Preise gelten meist pro Kilo (etwa 1 bis 4 € pro Stück).

Die klassische Bäckerei **Kokkinos Fournos** (Apostolou Pavlou 1, Rotunda) oberhalb der Rotunde macht Thessalonikis beste *koulourakia vanilias* – knusprige, leicht süße, goldene Kekse, die sich perfekt zum Eintunken in den griechischen Kaffee eignen.

Seit 1908, als Thessaloniki noch osmanisch war, verführt das legendäre **Hatzis** (☎ 2310 968 400; Egnatia 119) mit den Genüssen des alten Konstantinopels. Nach einem Besuch bei Hatzis wird niemand mehr nach einem schlichten *baklava* verlangen. Zur wahren Sinfonie aus Süßigkeiten gehören *vezir parmak* (Kuchen mit *politika*-Sirup und Sahnefüllung), *hanoum bourek* (hausgemachter Blätterteig mit Rosinen, Erdnüssen und Sahne) und *malempi mastiha* (Sahne und Reisbrei mit *mastiha*, einem süßen Likör aus Chios, und mit Rosensirup übergossen).

Das noble **Agapitos** (☎ 2310 268 368; Egnatia 134) bietet europäische Leckereien. Die ansprechenden Kuchen, Fruchtkreationen und *Profiterolen* (kleine Windbeutel mit Schokoladenpudding und Creme) sind hervorragend, erstklassig sind die Schokoladentorte *efrosini* oder die köstlich-klebrigen Mini-Éclairs.

Das **Trigona Elenidis** (☎ 2310 257 510; Ecke D Gounari & Tsimiski), seit 1960 eine echte Institution, ist in der heutigen Zeit eine Seltenheit: Ein Laden, der sich auf ein einziges Produkt spezialisiert hat. Die süßen, dreieckigen Blätterteighörnchen, gefüllt mit kühler und unglaublich leckerer Creme, sind legendär. Die Einheimischen kommen hier mit Zwei-Kilo-Schachteln heraus, aber ein großes Hörnchen macht ganz gewiss schon satt.

Parakath (☎ 2310 653 705; Konstandinoupoleos 114; Hauptgerichte 8–13 €; ☺ abends) Thessalonikis einziges pontisches Restaurant bereitet deftige, traditionelle Pastagerichte mit Schwarzmeerflair zu. Am Wochenende wird wilde pontische Livemusik geboten (Reservierung ist ratsam). Es liegt außerhalb des Zentrums, am besten mit dem Taxi hinfahren.

Molyvos (☎ 2310 555 952; Ecke Ionos Dragoumi & Kapodistriou; Hauptgerichte 8–15 €) Das elegante Ambiente des Molyvos erhebt die griechische Küche zum kultivierten Speisen. Das nahe Molyvos Ethnik (☎ 2310 555 952; Ecke Ionos Dragoumi und Papadopoulou; Hauptgerichte 6–10 €) ist die lässigere Filiale, die unter hohen Decken und glänzenden Spiegeln kreative Speisen, die in Richtung Fusionsküche tendieren, zur lateinamerikanischen Musik serviert.

Paparouna (☎ 2310 510852; Syngrou 7; Hauptgerichte 8–16 €; ☺ 13–1 Uhr; ☎) Das Gebäude, in dem sich dieses quirlige Restaurant befindet, wurde vor einem Jahrhundert als Bank gebaut. Es zeichnet sich durch hohe Decken, viel Rot (der Name bedeutet „Klatschmohn") und Schachbrettböden aus. Zur kreativen Küche gehören Huhn mit Minze und Honig, Linguini mit Zitronengras und Kirschtomaten und sogar griechisches Biobier. Die Desserts sind auch erstklassig.

Miami (☎ 2310 447 996; Thetidos 18, Nea Krini; Fisch 12–18 €) Teuer ist es schon, aber Normal-

sterbliche (und der griechische Jetset) stürmen die Taverne am Ufer in Kalamaria wegen der besten Meeresfrüchte Thessalonikis. Mit dem Taxi sind es 20 Minuten Fahrt, aber Busse fahren auch dorthin.

Ausgehen

Thessalonikis Kneipenszene geht querbeet, von den traditionellen Altmänner-*kafeneia* (Kaffeehäuser) bis zu Kneipen und dröhnenden Bars. Viele bleiben bis „spät" geöffnet – sprich: bis niemand mehr stehen kann.

In jüngster Zeit entstand eine neue Barszene rund um die Straßen Syngrou und Valaoritou – traditionell das Viertel der Strumpfhosenverkäufer, in dem die Geheimpolizei einst sichere Häuser unterhielt. Hier herrscht heute eine Szeneatmosphäre, und das bunt gemischte Publikum vergnügt sich bis hinaus auf die Straße. Im Sommer schließen viele Clubs im Zentrum und öffnen auf größeren Freiluftplätzen an der Flughafenstraße.

Besondere Biersorten s. Anleitung für Biertrinker unten.

BARS

LP Tipp **Spiti Mou** (Ecke Egnatia & Leontos Sofou 26; ☺ ab 13 Uhr; ☎) „Mein Haus" (wie der Name übersetzt lautet) ist eine neue Bar in einem hohen alten Gebäude im Syngrou-Viertel,

---

ANLEITUNG FÜR BIERTRINKER

Bei Bierfreunden kann die griechische Vorliebe für fades Lagerbier ziemliche Fassungslosigkeit hervorrufen. In Nordgriechenland gehen jedoch mehrere Kneipen gegen die traditionelle Orthodoxie der griechischen Dreieinigkeit aus Heineken, Amstel und Mythos an. Das ist zwar nicht billig – so zwischen 5 und 13 € –, aber wenigstens sind die Flaschen meist groß.

Thessaloniki bietet als größte Stadt der Region natürlich die beste Auswahl. Das **Extra Blatt** (☎ 2310 256 900; Svolou 46, Thessaloniki; Bier 5–8 €; ☺ 9–2 Uhr) gleich hinter der Plateia Navarinou verkauft mehrere belgische Biere. Das von Tschechen betriebene **Gambrinus** (Ecke Valaoritou & Ionos Dragoumi, Thessaloniki; Bier 3–5 €; ☺ Mo–Sa ab 21 Uhr) im angesagten Viertel Syngrou bietet tolle und preiswerte, hausgebraute tschechische Biere zu endlos viel Gratispopcorn und Snacks, wie Würstchen mit Kartoffeln (3 €). In der **Beer Academy** (☎ 2310 449 606; Mixalakopoulou 2, Kalamaria; Bier 6–13 €; ☺ 10–3 Uhr) in Kalamaria gibt es viele (und teure) Biere aus aller Welt und ganze Mahlzeiten.

Ioannina (S. 386) weiter westlich in Nordgriechenland hat zwei großartige Bierkneipen zu bieten: Das studentische **Presveia** (Botschaft; ☎ 26510 26309; Karamanli 17, Ioannina; Bier 4–11 €; ☺ abends), hat um die 100 verschiedene Biersorten und gute Imbissgerichte im Angebot. Das neue und schickere **Jazz Beer House** (☎ 26510 27183; Pirsinella 1, Ioannina; ☺ ab 12 Uhr) in einer Unterführung gegenüber der Piraeus Bank pflegt den klassischen Bistro-Look und serviert zahlreiche Bier- und Weinsorten.

Das **Ginger Oil** (☎ 6977783524; Ecke Dikastirion & Souliou, Alexandroupolis; ☺ 12–3 Uhr) im thrakischen Alexandroupolis (S. 375) schließlich ist eine dämmrige Bar ohne Sitzplätze, in der 30 verschiedene Biere zum Rock der 1960er- und 1970er-Jahre ausgeschenkt werden.

die von ihren jungen Besitzern eröffnet wurde,nachdem sie erkannt hatten, dass ihre Partys unschlagbar erfolgreich waren. Zur lässigen Atmosphäre tragen vielseitige Musik und eine abgewetzte Einrichtung mit großen Sofas auf einem Schachbrettboden bei. Sonntags gibt's Livemusik, gelegentlich Kostümpartys, und – jawohl, sogar WLAN. Der Eingang ist nicht gekennzeichnet: Es ist die nächst gelegene Tür in der Leontos Sofou zur Egnatia hin.

Partizan Bar (☎ 2310 543 461; Valaoritou 29; ◷ Mo–Do 8–3, Fr & Sa 8–5, So 12–3 Uhr) Der beliebte Laden mit Szeneflair ist ein weiterer Partytreff in Syngrou. Spät nachts drängen sich hier die Nachtschwärmer, von Studenten bis zu älteren Leuten.

Flou (☎ 2310 261 448; Nikoforou Foka 9; ◷ Mo–Sa ab 21 Uhr) Die gemütliche Bar in einer Seitenstraße am Weißen Turm zeichnet sich durch das aus, was die Franzosen „Bobo" (Schickiszene) nennen. Das Flou mit all dem Neon und der eklektischen *je-ne-sais-quoi*-Retroeinrichtung füllt sich am Wochenende mit Gästen um die 30 und legt ungeniert Oldie-Pop auf.

Art House (☎ 2310 233 761; Vogatsikou 4; ◷ ab 21 Uhr) Die Treppe hoch und durch die Tür und los geht die Party im Art House. Sitzplätze gibt es nicht, aber dafür dunkle geschwungene Formen, vulkanische Farbtöne in den Bögen, fleckige Wände und abgenutzte Holzböden. Gespielt wird Funk und Eurohouse, das Publikum ist Mitte 20.

Santé (☎ 2310 510 088; Kapodistriou 3; ◷ ab 21 Uhr) Der entspannte, stylische Laden mit brasilianischem Flair bietet am Wochenende aufpeppende Livemusik, z. B. rhythmische Bluesbands.

Malt & Jazz (☎ 2310 278 876; Proxenou Koromila) Im Malt & Jazz, einer weiteren Livemusikoase, gibt es hauptsächlich Jazz, manchmal auch Weltmusikbands. Ab 20 Uhr geöffnet.

Elvis (☎ 2310 227 905; Leoforos Nikis 21) Eine DJ-Bar am Ufer mit interessanterer Musik als in den meisten anderen Bars der Gegend. Ins **Thermaïkos** (23 Leoforos Nikis) nebenan weicht die Szene spät nachts aus. Dann wird es voll und unwiderstehlich.

CAFÉS

LP Tipp **Loxias** (☎ 2310 233 925; Isavron 7; ◷ 12–2 Uhr) Als ein Gauner 2009 das Soundsystem im Loxias klaute, hat der charismatische Besitzer der ersten Buchladen-*ouzerie* Thessa-

lonikis, Ioannis Kyprianidis, einfach auf dem vorhandenen Klavier losgelegt. Gebildete Griechen zieht es seit Jahren in das schräge *steki* (Treffpunkt), wo sie bei Ouzo und Snacks Philosophie, Politik oder Literatur diskutieren können. Das Loxias ist mit Weinfässern, überquellenden Bücherregalen und Fotos griechischer Autoren, montenegrinischer Prinzessinnen und der Derwische des alten Chania ausgestattet. Romantiker können am Tisch für Zwei auf dem hinteren Balkon mit Blick auf römische Ruinen dem Trubel entgehen.

Kafenai (☎ 2310 220 310; Ecke Ethnikis Amynis & Tsopela; ◷ 9–2 Uhr) Das neue *kafeneio* neben dem kretischen Restaurant Myrsini lässt auf beeindruckende Weise den Geist des alten Salonika wieder aufleben. Mit der Einrichtung der griechischen 1950er-Jahre, hohen, von Säulen abgestützten Decken und dezentem Jazz ist es kein Wunder, dass der Laden einheimische Künstler und Musiker anzieht.

I Prinkipos (Apostolou Pavlou 22) Das große studentische *kafeneio* neben dem türkischen Konsulat ist ideal für einen griechischen Kaffee und eine Runde Backgammon.

Kafe Nikis 35 (☎ 2310 230 449; Leoforos Nikis 35) Das gemütliche, freundliche Souterraincafé ist schicker als die benachbarten Lokale und ideal für einen Sonntagmorgen-Espresso. An einem Fenstertisch schimmern Sonnenstrahlen durch die Jalousien.

Das letzte der Cafés in der Svolou ist das holzverkleidete **Verdi** (☎ 2310 236 803; Ecke Svolou & Angelaki) mit gemütlichen Tischen und einem Hauch französischen Flairs. Das **Émigré** (☎ 2310 262 282; Svolou 54) nebenan serviert guten Espresso mit Mürbekeksen.

Unterhaltung

Griechischer Pop und House vom Band dominieren hier zwar, aber seit 2009 treten in Thessaloniki auch wieder Livebands auf (häufig in den Bars, s. S. 337).

Lido (☎ 2310 539 055; Frixou 5, Sfageia; ◷ ab 21 Uhr) Das Lido ist Thessalonikis spitzenmäßiger Discoschuppen mit R&B, House und dergleichen. Wie die meisten Clubs der Stadt zieht es im Sommer zur Flughafenstraße um.

Pyli Axiou (☎ 2310 553 158; Ecke Andreou Georgiou & Ermionis; ◷ ab 23 Uhr) Etwas schlichtere moderne griechische Kultur bietet Thessalonikis beliebteste *bouzoukia* (Nachtclub), in der superreiche Geschäftsleute spärlich bekleidete Sängerinnen mit Blumen überschütten.

Vogue (☎ 2310 502 081; Eintritt 5 €; ☯ ab 23 Uhr) Der trendige neue Club gegenüber dem Pyli Axiou legt den üblichen DJ-Pop, R&B und House auf.

Wer lieber in wässrigem Umfeld Partys feiert, kann auf einem von mehreren **Bootbars** (☯ 18–1 Uhr) den Alkohol fließen lassen. Sie sind am Ufer südlich des Weißen Turms vor der Statue Alexanders des Großen angedockt. Die Boote unterscheiden sich kaum hinsichtlich ihrer Dekoration, und die Musik reicht von Pop über Reggae bis zu R&B. Etwa alle 20 Minuten legen die Boote zu einer halbstündigen Tour auf dem Thermaischen Golf ab. Eintritt kostet es nicht, die Gäste können angedockt oder auf dem Wasser den ganzen Abend auf dem Boot bleiben – solange sie etwas trinken!

Das **Nationaltheater von Nordgriechenland** (☎ 2310 288 000; Ethnikis Amynis 2) führt klassische griechische Dramen und moderne Stücke auf.

Folgende Kinos gibt es in Thessaloniki:

Aristotelion (☎ 2310 262 051; Ethnikis Amynis 2)

Cinema Pallas (☎ 2310 278 515; Leoforos Nikis 73)

Olympion (☎ 2310 277 113; Plateia Aristotelous)

Plateia Alpha Odeon (☎ 2310 290 100; Ecke Tsimiski & Plateia Aristotelous)

Shoppen

In der westlichen Egnatia gibt es die Billigläden, in der Tsimiski hingegen Edelmode. Aber nicht alles ist teuer: Damenschuhe und Schmuck sind erschwinglich und hochwertig. Internationale Labels haben ihre Läden in der Tsimiski und in der Einkaufspassage unterhalb des amerikanischen Konsulats.

Rihardos (☎ 2310 860 254; www.rihardos.gr, auf Griechisch; Konstantinopoleos 27) Wer hätte je gedacht, dass es soviele verschiedene *bouzouki*-Variationen gibt? Rihardos, einer der größten Händler traditioneller Musikinstrumente in Griechenland, führt ein riesiges Sortiment an griechischen Instrumenten sowie westliche Markengitarren (und chinesische Imitationen) in diesem und zwei weiteren Läden in der Nähe. Der freundliche Besitzer Rihardos und sein Englisch sprechender Sohn Joseph erklären alles über diese ungewöhnlichen Instrumente. Zu erreichen mit dem Bus 31 ab der Egnatia

ostwärts bis zur Haltestelle Faliro (5–10 Min.), von dort geht's nach der Kreuzung mit der Paraskeopoulos nach links, wo Rihardos gleich zu sehen ist.

An- & Weiterreise

Thessaloniki ist der Verkehrsknotenpunkt Nordgriechenlands und das Tor zum Balkan. Die größeren europäischen Fluglinien und Billigflieger fliegen regelmäßig hierher. Flüge und Fähren gehen von hier aus auch zu einigen Inselgruppen.

BUS

Inland

Auf dem **Hauptbusbahnhof** (☎ 2310 595 408; Monastiriou 319), 3 km westlich des Zentrums, gibt es mehrere Schalter, die jeweils zu unterschiedlichen Zielorten Fahrkarten verkaufen. Das heißt, dass am jeweiligen Schalter nur für den eigenen Zielort Fahrkarten verkauft und Informationen erhältlich sind. Es gibt keinen allgemeinen Informationsstand, was noch zum unerfreulichen Stressfaktor des Bahnhofs beiträgt.

Zu beachten ist jedoch, dass Busse nach Chalkidike am **Chalkidike-Busbahnhof** (☎ 2310 316 555; www.in-ktel.gr, auf Griechisch) am östlichen Rand Thessalonikis abfahren. Vom Bahnhof aus oder von jeder Haltestelle an der Egnatia fahren die Busse 2 oder 31 bis zur Haltestelle Botsari, von dort fährt der Bus 36 die letzten zehn Minuten. Bei starkem Verkehr dauert die Fahrt vom Bahnhof bis zum Chalkidike-Busbahnhof etwa eine Stunde.

International

OSE-Busse (☎ 2310 599 100; Aristotelous 26) fahren nach Sofia (22 € 7 Std., 2- bis 4-mal tgl.) und Tirana (31 €, 2-mal tgl.). Fahrkarten gibt es in einem Büro an der Ostseite des Bahnhofs. Ab dem kleinen Bahnhof **KTEL Asprovalta** (☎ 2310 536 260, Irinis 17) fahren Busse nach Istanbul (45 €, 9½ Std., 2-mal tgl.).

Weitere Busverbindungen nach Tirana und zu anderen albanischen Städten, wie Korça (Korytsa; 21 €, 6 Std., 9, 19.30 und 1.30Uhr) bietet **Alvavel** (☎ 2310 535 990; Giannitson 31) gegenüber dem Bahnhof.

FÄHRE

Thessaloniki ist ein bedeutender Fähr- und Tragflächenbootshafen; s. Insel-Hopping (S. 877).

Fährtickets sind in zahlreichen Reisebüros am Hafen erhältlich, ein Beispiel ist etwa **Polaris Travel Services** (Agias Sofias ☎ 2310 278 613; Egnatia 81; ☺ 8–20.30 Uhr; Hafen ☎ 2310 548 655; polaris@otenet.gr; Navarhou Koundourioti 19; ☺ 8–20.30 Uhr) oder **Karaharisis Travel & Shipping Agency** (☎ 2310 524 544; Navarhou Koundourioti 8; ☺ 8–20.30 Uhr).

FLUGZEUG
Der **Makedonia-Flughafen** (☎ 2310 473 212; www.thessalonikiairport.gr) befindet sich 16 km südöstlich der Stadt und ist gut mit dem Bus 78 zu erreichen. Der Flughafen unterhält Verbindungen zu etlichen europäischen Städten.

Olympic Air (☎ 2310 368 666; www.olympicairlines.com; Navarhou Koundourioti 1-3) ist nahe dem Hafen vertreten und **Aegean Airlines** (☎ 2310 280 050; www.aegeanair.com; Venizelou 2) an der Plateia Eleftherias.

Olympic Air bedient über 15 Inlandsstrecken, die meisten nach Athen (65–115 €, 55 Min., 7-mal tgl.); Aegean Airlines fliegt 12-mal täglich nach Athen (60–93 €). Reisebüros mit Ticketverkauf sind reichlich vorhanden: **Remember Travel** (☎ 2310 246 026; remembertravel@mail.gr; Egnatia 119) nahe Kamara verkauft Tickets und bietet auch einen guten Kundenservice. Ebenfalls ein gutes Allzweckreisebüro ist weiter östlich **Aspect Travel** (☎ 2310 240 567; mail@aspect.ondsl.gr; Vasillis Olgas 283).

Infos zu Inselflügen s. Insel-Hopping (S. 877).

ZUG
Züge sind billiger, oft komfortabler und nicht immer langsamer als Busse und fahren überall hin auf dem griechischen Festland (außer nach Kastoria, Chalkidike, Kavala und Epiros) sowie in alle benachbarten Länder (außer nach Albanien). Auch liegt der **Bahnhof** (☎ 2310 599 421; Monastiriou) zentraler als der Busbahnhof. Fahrkarten gibt es im Bahnhof oder bei **OSE** (☎ 2310 598 120; Aristotelous 18). Die hilfsbereite Bahnhofsinformation gibt auch Fahrpläne aus.

Es gibt reguläre (normal) und Intercityzüge (IC); letztere sind um einiges teurer, aber nicht um einiges schneller. Die folgenden Preise gelten für reguläre Züge. Fahrkarten nach Athen sollten im Voraus gekauft werden (besonders die für die billigsten Züge). Für alle Zugverbindungen ist es ratsam, rechtzeitig am Kartenschalter aufzutauchen, da lange Schlangen normal sind.

Inland
Zehn reguläre Züge fahren täglich nach Athen (28 €, 6¾ Std.) über Litochoro (7 €, 1 Std.), Larisa (10 €, 2 Std., 12-mal tgl.) und Volos (14 €, 4½ Std., 11-mal tgl.). Die Intercity nach Athen ist teurer (IC/ICE 36/48 €) aber nicht wesentlich schneller (5½ Std.).

NORDGRIECHENLAND

BUSSE AB HAUPTBUSBAHNHOF IN THESSALONIKI

Reiseziel	Fahrtdauer	Preis	Häufigkeit
Alexandroupolis	3¾ Std.	26,50 €	8-mal tgl.
Athen	6¼ Std.	35 €	10-mal tgl.
Drama	2 Std.	12 €	13-mal tgl.
Edessa	2 Std.	7,50 €	stündl.
Florina	2¾ Std.	14 €	6-mal tgl.
Ioannina	4¾ Std.	28,50 €	6-mal tgl.
Kastoria	2½ Std.	15,90 €	7-mal tgl.
Kavala	2¼ Std.	13,30 €	15-mal tgl.
Komotini	2¾ Std.	22,80 €	7-mal tgl.
Litochoro	1¼ Std.	8 €	14-mal tgl.
Naoussa	1¼ Std.	7,50 €	14-mal tgl.
Orestiada	5 Std.	36 €	4-mal tgl.
Pella	45 Min.	3 €	alle 45 Min.
Serres	1¼ Std.	7,40 €	alle 30 Min.
Veria	1 Std.	6 €	alle 45 Min.
Volos	4 Std.	13,30 €	7-mal tgl.
Xanthi	2½ Std.	17 €	10-mal tgl.

Um die 14 Züge fahren täglich nach Veria (3,20 €, 1 Std.) und Edessa (3,70 €, 1½ Std.). Fünf von ihnen fahren weiter nach Amyndeo (mit Busverbindungen nach Kastoria) und enden in Florina (6 €, 2¾ Std.) mit Busverbindungen zu den Prespa-Seen.

Die Zugverbindung von Thessaloniki nach Thrakien reicht bis nach Orestiada (16,40 €, 8½ Std.) über Serres (7,20 €, 4 Std., 7-mal tgl.), Drama (8 €, 4 Std., 7-mal tgl.), Xanthi (9 €, 4 Std., 5-mal tgl.), Komotini (11 €, 4½ Std., 5-mal tgl.) und Alexandroupolis (13,60 €, 6 Std., 3-mal tgl.).

Im Bahnhof von Thessaloniki gibt es ungepflegte Toiletten (UG), eine Filiale der National Bank of Greece, eine Post, Geldautomaten, Kartentelefone, ein OTE (Telefonamt), Kioske, ein altes Restaurant und einige schicke neue Süßigkeitenläden – sowie eine orthodoxe Kapelle. Gepäckschließfächer kosten ab 3 €, die Gepäckaufbewahrung, täglich bis 22 Uhr geöffnet, 3 € pro Gepäckstück und Tag. In Letzterer muss die aktuelle Zugfahrkarte bei der Gepäckabgabe vorgelegt werden.

International

Ein Zug fährt täglich über die Nordstrecke durch die ehemals jugoslawischen Republiken Mazedonien, Serbien, Kroatien und Slowenien mit Halt in den jeweiligen Hauptstädten Skopje (13 €, 4½ Std.), Belgrad (32 €, 13 Std.), Zagreb (56,20 €, 20 Std.) und schließlich Ljubljana (60 €, 24 Std.). Der Zug um 18.50 Uhr hält nur in Skopje und Belgrad. Abfahrtszeiten ändern sich je nach Saison und sollten vorher überprüft werden.

Drei Züge fahren täglich nach Sofia (17 €, 6 Std.) über Kilkis in Griechenland und Blagoevgrad in Bulgarien. Zwei sind Frühzüge (6.16 Uhr und 5.47 Uhr), der dritte fährt um Mitternacht ab und weiter bis nach Budapest.

Svilengrad und Plovdiv im bulgarischen Thrakien sind über die Bahnstrecke Thessaloniki–Thrakien zu erreichen. Abfahrt ist täglich um 23.44 Uhr. Im Sommer gibt es auch meist eine wöchentliche Zugverbindung nach Moskau – die Fahrt dauert drei Tage.

Züge nach Istanbul (30 €, 2-mal tgl.) fahren über Alexandroupolis nach Pythio, wo vor der Einreise in die Türkei umgestiegen werden muss. Ein direkter Zug, der Filia

Dostluk Express, verlässt Thessaloniki um 20.35 Uhr und kehrt um 20 Uhr aus Istanbul zurück (11½ Std.). Ein Schlafwagenabteil in der 2. Klasse kostet 50 €, in der 1. Klasse 86 €.

Unterwegs vor Ort

AUTO

Der **ELPA** (griechischer Automobilclub; ☎ 2310 426 319; Vasilissis Olgas 228) mit Sitz in Kalamaria hat einen Pannendienst. **Budget Rent a Car** (☎ 2310 229 519; Angelaki 15) und **Euro Rent** (☎ 2310 826 333; G Papandreou 5) sind die zwei großen Autovermietungen.

Entlang der Straßen im Zentrum sind Parkplätze nur schwer zu finden. Besser ist der große Parkplatz am Passagierfährhafen (pro Std. 2 €) oder der Parkplatz XANTH (griech. Abk. für den nahen CVJM) nahe dem Weißen Turm, der Tsimiski und der Touristeninformation. Einfahrt ist in der Tsimiski und um die Ecke in der Nikolaou Germanou. Er kostet 4,50 € für die erste Stunde, 3,50 € für die zweite und 2,50 € für jede folgende.

BUS

Orangefarbene Gelenkbusse verkehren im Stadtgebiet Thessalonikis, die blau-orangefarbenen Busse auch in den Vororten. Glücklicherweise haben die Stadtbusse jetzt elektronische Fließanzeigen mit der jeweils nächsten Haltestelle sowie eine Stimme vom Band, die die Haltestellen auf Griechisch und auf Englisch verkündet. Bus 1 verbindet alle zehn Minuten den Busbahnhof mit dem Eisenbahnbahnhof, Bus 31 fährt alle sechs Minuten nach Voulgari und Bus 36 fährt weiter bis zum Chalkidike-Busbahnhof. An den wichtigen Haltestellen an der Egnatia, wie Aristotelous, Agias Sofias und Kamara, halten mehrere Buslinien, darunter auch die Busse 10 und 14 vom Bahnhof.

Fahrkarten sind an *periptera* (Straßenkiosk) für 0,50 € erhältlich oder an den Fahrkartenautomaten im Bus (0,60 €). Die Fahrkarten vom Kiosk müssen im Bus entwertet werden. Wer den Bus jedoch öfter benutzt, ist mit einer unbeschränkten 24-Std.-Fahrkarte (2 €) besser bedient. Die Automaten geben übrigens kein Wechselgeld heraus und akzeptieren keine Scheine.

Wechselgeld muss beim Besteigen des Busses bereitgehalten und die Fahrkarte

NORDGRIECHENLAND

sofort gekauft werden. Die Fahrscheinkontrolleure Thessalonikis sind ausgefuchst wie Amateurboxer, effizient wie der Geheimdienst und reagieren auf jedes Zeichen von Unsicherheit – Ausländer sind besonders leichte Beute. Wer erwischt wird, muss auf der Stelle 30 € bezahlen; andernfalls geht's ab zur Polizei.

TAXI
Die blau-weißen Taxis Thessalonikis befördern mehrere Fahrgäste und nehmen Passagiere nur mit, wenn sie in die gleiche Richtung wie die anderen wollen. Wer ein Taxi braucht, stellt sich in die gewünschte Fahrtrichtung, winkt eines herbei, schreit seinen Zielort und muss dann mit den hochgezogenen Brauen und der Ablehnung des Fahrers rechnen – viel Glück! Der Mindestfahrpreis beträgt 2,80 €. In Thessaloniki gibt es fünf Taxiunternehmen:

Alfa-Lefkos Pyrgos (☎ 2310 249 100)
Makedonia (☎ 2310 550 500)
Megas Alexandros (☎ 2310 866 866)
Omega (☎ 2310 511 855)
Thessaloniki (☎ 2310 551 525)

VOM/ZUM FLUGHAFEN
Bus 78 fährt alle 30 Minuten vom Flughafen Richtung Westen zum Bahnhof und dann zum Busbahnhof. Ein Taxi vom Zentrum zum Flughafen kostet 8 bis 12 €.

RUND UM THESSALONIKI
Die meisten Touristen auf dem Weg Richtung Osten von Thessaloniki aus machen sich zwar gleich zu den Stränden der Chalkidike-Halbinsel (rechts) auf, doch auf dem Weg dorthin gibt es ein paar sehenswerte Ecken. **Epanomi**, nur 35 km südöstlich von Thessaloniki, ist praktisch eine Vorstadt. Es gibt dort jedoch auch Strände und zwei Kirchen aus dem 19. Jh.: die **Kirche Agios Georgios** (1835) und die **Kirche Kimisis Theotokou** (1865), beide mit aufwendigen Ikonen. Höchst sehenswert ist jedoch die **Weinkellerei Domaine Gerovassiliou** inmitten von Weingärten am Meer gelegen. Die Weintouren sind empfehlenswert; s. Weingüter in Nordgriechenland S. 344. Epanomi lockt auch mit ein paar guten Fischtavernen nahe dem Meer, wie die Taverna tou Psilou und die Agnanti.

Nur 3 km von Epanomi entfernt erstrecken sich der lange Sandstrand **Faros** und der angrenzende **Potamos**. Sie locken mit klarem Wasser und organisierten Sommeraktivitäten wie Beachvolleyball und Musik sowie mit einigen Cafés. Zeltplätze und Zimmer dicht am Geschehen vermietet das gepflegte **Hotel Camping Akti Retzika** (☎ 6937456551; www.retzikas.gr; Potamos Beach; Camping pro Pers./Zelt 5/5 €, Zi. ab 35 €). Es verfügt über einen großen Campingplatz, moderne Zimmer, ein Restaurant und eine Snackbar.

Um die 50 km südöstlich von Thessaloniki liegt an der Hauptstraße die **Petralona-Höhle** (☎ 23730 71671; Eintritt 7 €; ☉ 9 Uhr) mit zahlreichen Stalagmiten. Sie wurde 1959 von Dorfbewohnern Petralonas entdeckt und errang bald Berühmtheit, als der Schädel eines prähistorischen Menschen dort gefunden wurde (*Arhanthropos* genannt; griechisch für „erster" oder „ursprünglicher Mensch"). Wissenschaftler haben sein Alter auf 70 000 Jahre datiert, was den *Arhanthropos* zum ältesten bekannten Menschen Europas macht. Auch zahlreiche Fossilien wurden hier entdeckt, einige von in der Gegend mittlerweile ausgestorbenen Tieren, wie Löwen, Panthern, Bären, Nashörnern, Elefanten, Bisons, Hirschen, verschiedenen Vögeln, Fledermäusen und andere. Die faszinierendsten Gegenstände aus der Höhle sind jedoch der „Petralonas-Schatz"; er wird im Archäologischen Museum (S. 329) in Thessaloniki aufbewahrt. Zum Eintrittspreis gehört eine Führung durch die Höhle und das angrenzende **Anthropologische Museum**. Fotografieren ist nicht gestattet; die Höhle schließt eine Stunde vor Sonnenuntergang.

CHALKIDIKE ΧΑΛΚΙΔΙΚΗ
Die Chalkidike-Halbinsel ist mit ihren drei „Fingern", die in die nördliche Ägäis ragen, auf Karten sofort erkennbar und berühmt für die Touristenmassen im Sommer, wenn halb Thessaloniki hier Urlaub macht. Den ersten Finger, Kassandra, hat es am schlimmsten getroffen: er ist voller öder Ferienhäuser, Beton und Kinkerlitzchenläden. Der zweite Finger, Sithonia, ist weniger überlaufen und hat ein paar wirklich traumhafte Strände. Chalkidikes dritter Finger ist den Fängen moderner Erschließung weitgehend entkommen – ein Großteil gehört zur Klostergemeinde des Bergs Athos (Agion Oros), der nur männlichen Pilgern und nur mit dem Boot zugänglich ist.

Im Sommer sind auf Chalkidike Budget-tunterkünfte Mangelware, auch dauert die Anreise wegen des Verkehrs nervtötend lange. Für Camper gibt es jedoch über 30 hochwertige und preiswerte Camping-plätze. Chalkidike hat lange Sandstrände an tiefblauem Meer zu bieten, umgeben von Pinienwäldern und vereinzelten Inselchen. Am schönsten ist es im September, wenn das Wasser am wärmsten ist und die Massen abgezogen sind.

Halbinsel Kassandra Χερσόνησος Κασσάνδρας

Die Halbinsel Kassandra ist ein anschauliches Beispiel dafür, was passiert, wenn griechische Städter Urlaub machen und ihre Motorräder, Betongehwege und ihren Konsumwahn mitbringen. Eine Oase der Ruhe ist sie also nicht gerade, aber das Nachtleben ist super.

Im zugebauten **Kallithea** gleich zu Beginn der eigentlichen Halbinsel gibt es Diskos mit allem Drum und Dran, Bars und einen langen, überfüllten Strand. Bezahlbare *domatia* (Privatzimmer) mit Klimaanlage für Selbstversorger (Zi. 50 €) können im Kallithea Market neben der Bushaltestelle nach Thessaloniki erfragt werden. **Manita Tours** (☎ 23740 24036) im Ortszentrum bietet Tagesausflüge an, auch Bootstouren (30 €) zu Stränden auf der Halbinsel Sithonia gegenüber.

Kassandra hat gute Campingplätze, besonders in **Posidi,** wo die EOT (Griechische Zentrale für Fremdenverkehr) den **Camping Kalandra** (☎ 23740 41123; ☼ Mai–Sept.) betreibt. **Camping Anemi Beach** (☎ 23740 71276; ☼ Mai–Sept.) mit 115 Zeltplätzen liegt in **Nea Skioni** an der ruhigeren Westküste.

Wer auf den einsamen Inselchen zwischen Kassandra und Sithonia zelten will, sollte **Grigoris Delihristou** (☎ 6979773905; backpackers_refuge@hotmail.com) vom Backpacker's Refuge (S. 334) in Thessaloniki kontaktieren. Greg bringt für 100 € pro Person kleine Gruppen zu viertägigen Campingtrips auf diese winzigen Inselchen inmitten von kristallklarem Wasser, wo sich die Besucher am Strand aalen, schwimmen oder sogar mit dem Speer fischen können. Im Preis enthalten sind Kleinbus- und Bootsfahrt sowie der gesamte Proviant – ein erstaunlich billiges Abenteuer, das auf eigene Faust kaum zu machen wäre.

AN- & WEITERREISE

Ab dem **Chalkidike-Busbahnhof** (☎ 23103 16555; www.in-ktel.gr, auf Griechisch) in Thessaloniki fahren 13 Busse täglich nach Kallithea (7,60 €, 1½ Std.) an der Ostküste, zehn über Kryopigi und Haniotis nach Pefkochori (10,20 €, 2 Std.), ebenfalls an der Ostküste, und sieben nach Paliouri (11,10 €, 2 Std.) an der Südspitze.

Halbinsel Sithonia Χερσόνησος Σιθωνίας

Sithonia hat schönere Strände, spektakulärere Naturschönheiten und eine lässigere Atmosphäre als Kassandra. Die wunderschönen Strände an der Südspitze und der Ostküste sind außerhalb des Hochsommers nahezu einsam.

Die Küstenstraße führt um weite Buchten um die ganze Halbinsel herum, über pinienbewaldete Hügel und hinab in die Ferienorte.

WESTKÜSTE

An der Westküste erstrecken sich zwischen **Nikiti** und **Paradisos** lange Sandstrände, die bekanntesten sind der **Kalogria** und der **Lagomandra.** Größter Ort Sithonias ist **Neos Marmaras** mit einem überfüllten Strand und vielen *domatia.*

Von Neos Marmaras steigt die Straße in die Hügel hinauf, von wo Nebenstraßen (einige unbefestigt) zu weiteren Stränden und Campingplätzen abzweigen. **Toroni** und **Porto Koufos,** zwei kleine Orte im Südwesten, bieten beschauliche Strände, einen Yachthafen in einer geschützten, langen Bucht sowie Zimmer und Tavernen. Sithonias noch relativ unerschlossene Südspitze ist felsig, zerklüftet und dramatisch. Von dort eröffnet sich ein spektakulärer Blick auf den Berg Athos, der bei der Umfahrung der Südostspitze in Sicht kommt.

Kalamitsi kann mit einem hinreißenden Strand aufwarten, ist aber ziemlich verbaut. Immerhin gibt es dort Freizeitangebote wie Tauchgänge (50 €) und -kurse (ab 80 €) sowie Bootsverleih im **North Aegean Diving Centre** (☎ 23750 41338).

Gute Campingplätze sind **Porto Camping** (☎ 23750 41346; Camping pro Erw./Zelt 3,80/4,50 €) am Hauptstrand von Kalamitsi und der teurere **Camping Kalamitsi** (☎ 23750 41411; Camping pro Erw./Zelt 6,50/7,20 €; ☼ Mai–Sept.) hinter der westlichen Landzunge. Die besten Zimmer vermietet **O Giorgakis** (☎ 23750 41338; Fax 23750 41013;

WEINGÜTER IN NORDGRIECHENLAND

Seit den vom Wein inspirierten Schriften von Homer ist der Weinanbau Griechenlands berühmt. Einige der besten griechischen Weine stammen aus dem Norden. Die Voraussetzungen zum Weinanbau sind hier ideal: Die trockenen, aber fruchtbaren Felder, umgeben von Seen, Bergen und dem Meer, sorgen für ein einzigartiges Mikroklima mit guten Anbaubedingungen. In Makedonien werden, neben berühmten Sorten, wie Cabernet Sauvignon und Merlot, auch einheimische Rebsorten angebaut. Zu den charakteristischsten Sorten gehört der *xinomavro*, ein spitzenmäßiger trockener, tanninreicher Rotwein mit einem hohen Alkoholgehalt. Er wird vielerorts angebaut, besonders in Naoussa, Amyntaio, Pella und Velvendos sowie in den Weingärten in Chalkidike.

Die makedonischen Weinkellereien reichen von kleinen Familienbetrieben bis zu Großproduzenten mit enormen Exportkapazitäten. Beide bieten nunmehr Weinverkostungen an (meist nach vorheriger Vereinbarung), die oft kostenlos sind und es ermöglichen, den Wein billiger als im Laden zu kaufen.

Das bekannte **Weingut Kir-Yianni** (☎ 23320 51100; www.kiryianni.gr; Yianakohori; ⏰ 9–17 Uhr) bei Naoussa wurde von Yiannis Boutaris gegründet, eine lebende Legende der Weinszene. Seit den 1960er-Jahren trägt der Winzer in vierter Generation zu den landwirtschaftlichen Innovationen und technologischen Entwicklungen bei, die das Ansehen griechischer Weine international aufgewertet haben. Yiannis half auch bei der Regenerierung ganzer Landstriche bei Naoussa, von Weingärten auf dem Berg Vermio (230 bis 320 m Höhe) und der Amyntaio-Region südlich von Florina nahe dem Vegoritis-See.

Heute führt Yiannis' Sohn Stellios die Familientradition fort. An einem restaurierten osmanischen Turm mit Blick auf die Weingärten sagt Stellios: „Wir sind sehr Stolz auf den Fortschritt, den wir gemacht haben. Und wir haben viele Pläne für die Zukunft" – sowohl zur Verbesserung des Weins als auch im Hinblick auf das Angebot anspruchsvollerer Touren. Besucher erfahren etwas über die Weinproduktion von Kir-Yianni, besichtigen die Anlagen und probieren mehrere exzellente Weine beim Blick über die üppigen Weingärten des Guts – alles umsonst.

Nicht weit entfernt liegt die **Kellerei Chateau Pigasos** (☎ 23320 24740, 6937093658; chateaupegasus wine@hotmail.com; Polla Nera), eine kleine, intime Weinkellerei mit Weingärten in Polla Nera zwischen Naoussa und Edessa, die von Dimitris Markovitis und seiner Schwester Katerina betrieben wird. Besucher der Weinkellerei, die Xinomavro, Chardonnay, Riesling und Cabernet Sauvignon produziert, sollten sich vorher anmelden, damit auch jemand da ist. Die muntere Katerina, die Weinproben aus dem Chateau Pigasos mit ausgesuchtem Käse anbietet, erzählt: „Wir glauben, unsere Weine sind deswegen so gut, weil wir nur unsere eigenen, sorgfältig gehegten Reben verwenden und den neuen Wein mindestens zwei Jahre lang in Fässern 7 m unter der Erde lagern, bevor er in Flaschen abgefüllt wird."

Studios 75 €) über dem gleichnamigen Restaurant am Strand. Die Studios bieten Platz für fünf Personen und sind voll ausgestattet. Die Apartments im ruhigeren **Souzana Rooms** (☎ 23750 41786; Apt. 50 €) in einem weitläufigen Garten sind recht groß.

OSTKÜSTE

Sarti, weiter oben an der Küste gelegen, ist ein ruhiger Ferienort mit etwas Nachtleben, Zimmern, Restaurants und einem sehr gut ausgestatteten Campingplatz. Der lange Sandstrand war einst ein Ziel für Aussteiger, wurde aber mittlerweile „entdeckt". Es finden sich hier auch großartige Aussichten auf den Berg Athos, der darüber hinaus bei Bootsausflügen zu bestaunen ist, die von

verschiedenen Reiseveranstaltern in Sarti angeboten werden.

Der große Platz **Camping Armenistis** (☎ 23750 91487; www.armenistis.com.gr; Pro Pers./Zelt 7,20/6,30 €; ⏰ Mai–Okt.) in Sarti hat eine phantastische Lage zwischen Wald und Strand. Er ist erstaunlich gut ausgestattet: es gibt einen Markt, Restaurant, Crêperie, Kino, Sportplatz und eine Arztpraxis. Im Sommer finden häufig Konzerte und DJ-Partys statt.

Haus Theodora (☎ 23750 94341; www.sarti-theo dora.gr; Apt. 50 €) am Nordende des Strands von Sarti bietet helle Studios mit Balkonen.

Kivotos (☎ 23750 94143; Hauptgerichte 5–9 €) in der Mitte des Strandbereichs serviert tollen gegrillten Fisch direkt am Strand. Besitzer Daniel hilft auch bei der Zimmersuche.

NORDGRIECHENLAND

Besucher von westmakedonischen Weinkellereien können in Edessa (S. 360), Veria (S. 357) oder in Naoussa, wo es allein schon 22 Kellereien gibt, nächtigen. Das dortige **Hotel Palea Poli** (☎ 23320 52520; www.paleapoli.gr; Vasileou Konstantinou 32, Naoussa; EZ/DZ 80/120 €) ist ein wunderbares Boutiquehotel mit kunstvollen traditionellen Möbeln und einem spitzenmäßigen Restaurant. Die Besitzer informieren über Weinkellereien.

Auf der Chalkidike-Halbinsel in Ostmakedonien gibt es die wahrhaft bemerkenswerte **Domaine Gerovassiliou** (☎ 23920 44567; 6937307740; www.gerovassiliou.gr; Epanomi). Der Weinkellerei nur 25 km südöstlich von Thessaloniki – mit Stadtbussen erreichbar – gilt die ganze Leidenschaft von Vangelis Gerovassiliou. Der in Frankreich ausgebildete Önologe rettete 1976, neben anderen Errungenschaften, eine einheimische griechische Rebsorte, den *malagousia*, vor dem Aussterben. Vangelis ist ein Mann, der seine Arbeit liebt und sich um jedes Detail kümmert: „Wir geben uns größte Mühe bei allem, was wir hier tun. Das werden Besucher nicht nur bei der Weinprobe, sondern auch angesichts unserer Umgebung herausfinden."

Die Domaine Gerovassiliou liegt auf einem Felsvorsprung am Meer und ist umgeben von Weinbergen und Kräutergärten. An klaren Tagen ist der Olymp am Horizont jenseits des Wassers zu sehen. Es gibt hier auch ein faszinierendes Museum mit weinbezogenen Ausstellungsstücken, darunter mykenische und byzantinische Amphoren, antikes Kupferwerkzeug, handgemachte Weinpressen vom 18. bis 20. Jh., Weinflaschen (16. bis 20. Jh.) und eine Sammlung von kunstvollen Korkenziehern aus dem gleichen Zeitraum.

Wer keine Zeit für einen Kellereibesuch hat, kann den Wein auch in jedem guten Restaurant oder Bar in Thessaloniki probieren. Nach Aussagen der griechischen Winzer gehören zu den besten Weinrestaurants der Stadt das **Clochard** (☎ 2310 239 805; www.clochard.gr, auf Griechisch; Proxenou Koromila 4; Hauptgerichte 10–17 €; ⊙ Mo–Sa 12–2 Uhr) mit griechischer und französischer Küche, und das **Mandragoras** (☎ 2310 285 372; Ecke Mitropoleos & Pavlou Mela; Hauptgerichte 8–14 €), das laut Stellios Boutaris „die beste Weinkarte in Salonica hat".

Jeden März werden auf dem **Internationalen Weinwettbewerb Thessaloniki** sorgfältig ausgesuchte ausländische Experten und lokale Winzer der Öffentlichkeit vorgestellt. Gesponsert wird der Wettbewerb von der **Winzergenossenschaft Nordgriechenlands** (www.wineroads.gr, auf Griechisch).

Zwischen Sarti und Panagia treffen die Serpentinenstraßen wieder aufeinander und es wird interessanter: Hier befinden sich die besten Campingplätze und Strände Sithonias. Mit einem gemieteten Motorroller lässt sich die Gegend am besten erkunden: 6 km nördlich von Sarti führt ein Abzweig zu den **Kavourotrypes** (Krebslöcher) – mehrere kleine Felsbuchten, die ideal zum Schwimmen sind. 13 km weiter nördlich liegt das beliebte **Vourvourou** mit Campingplätzen und Privatzimmern. Das geräumige **Hotel Vergos** (☎ 23750 91379; www.halkidiki.com/vergos; EZ/DZ/Apt. inkl. Frühstück 60/70/115 €; 🏊 🛒) wirkt zwar etwas steril, hat aber gut ausgestattete Zimmer in geruhsamer Lage mit einer großen Wiese für Kinder.

Über einen kurzen Feldweg vom Zentrum geht es zum schönsten Strand von Vourvourous, dem **Karydi**. Der Strand im Schatten von Pinien ist eine ideale Mischung aus Sand, Fels und Einsamkeit. Ein weiterer Sandstrand befindet sich 1 km weiter nördlich in **Ormos Panagias**.

AN- & WEITERREISE

Busse fahren vom **Chalkidike-Busbahnhof** (☎ 23103 16555; www.in-ktel.gr, auf Griechisch) in Thessaloniki nach Neos Marmaras (11,20 €, 2½ Std., 7-mal tgl.), Sarti (15,80 €, 3½ Std., 5-mal tgl.) und Vourvourou (10,50 €, 4-mal tgl.). Viele Busse nach Sarti umfahren die Halbinsel Sithonia mit Blick auf die Küste.

Bei der Anreise nach Sithonia von Kassandra aus muss man in Nea Moudania an der Halbinsel Kassandra umsteigen.

Halbinsel Athos (Weltliches Athos)

Χερσόνησος Αθω

Der dritte Finger Chalkidikes wird im nördlichen Bereich von Strandurlaubern besucht und im bergigen südöstlichen Teil von religiösen Pilgern, die dort in der Klostergemeinde einkehren. Zwischen beiden Abschnitten ist kein Landzugang gestattet.

Von **Ierissos** an der nordwestlichen, weltlichen Seite von Athos fahren regelmäßig Fähren zu den Athos-Klöstern an der Ostküste, von Uranopoli an der Südwestküste gibt es Fährverbindungen zu den Klöstern der Westküste und deren Verwaltungszentrum Karyes.

Das weltliche Athos wird von einigen Pauschaltouristen, aber mehr noch von griechischen Familien besucht. Lohnenswert ist ein Besuch auf **Ammoliani**, einer winzigen Insel mit schönen Stränden, Privatzimmern, Campingplätzen und Tavernen. Von **Trypiti** an der Südküste fahren fünf bis sechs Fähren täglich hinüber.

URANOUPOLI ΟΥΡΑΝΟΥΠΟΛΗ

Uranoupoli ist ein unauffälliges Touristendorf mit schönen Stränden in der Nähe, und es ist ein Ausgangspunkt zur Klostergemeinde von Athos. Neben den täglichen Pilgerfähren werden auch täglich **Bootsausflüge** (pro Pers. 20 €; 10.30 Uhr) zum Sightseeing rund um die Halbinsel Athos angeboten. Damit haben auch Frauen die Chance, etwas zu sehen, da ihnen die Klöster von Athos nicht zugänglich sind. Ansonsten besteht auch die Möglichkeit, mit einem gecharterten Boot (40 €) das sandige, unbewohnte **Drenia-Archipel** 1,9 km vor der Küste zu besuchen.

Schlafen

Ouranopoli Camping (23770 71171; Camping pro Erw./Zelt 9/9 €; 20. Mai–30. Okt.) Ein annehmbarer, wenn auch teurer Campingplatz am nördlichen Teil des Strands von Uranopoli.

Xenios Zeus (23770 71274; www.ouranopoli. com/zeus; EZ/DZ/3BZ 40/55/65 €;) Ein freundliches, familienbetriebenes Haus an der Hauptstraße mit sauberen und komfortablen Zimmern, das auch überflüssiges Gepäck von Klosterpilgern aufbewahrt. Mitglieder der britischen Organisation Friends of Mt Athos (www.athosfriends.org) erhalten Rabatt.

Lazaros Andonakis Rooms (23770 71366; EZ/DZ 45/55 €;) Das nette Haus hat geräumige Zimmer mit Kiefernmöbel, einige mit Hafenblick. Es liegt 50 m vom Pilgerbüro entfernt Richtung Meer.

Berg Athos (Agion Oros) Αγιον Ορος

Die Klöster von Agion Oros (heiliger Berg) im abgeschiedenen Südosten des dritten Fingers von Chalkidike blicken auf über 1000 Jahre ununterbrochene spirituelle Aktivität zurück. Der heilige Berg ist eine halbautonome Klosterrepublik, die noch immer

dem Julianischen Kalender folgt, wie auch vielen anderen byzantinischen Verordnungen und Sitten. Er besteht aus 20 bewohnten Klöstern und kleineren *skites* (Nebenklöster) sowie ein paar sehr traditionellen, abgelegenen Bergklausen, die noch immer von vereinzelten Asketen bewohnt sind. Der Berg Athos ist ein gewaltiges Weltkulturerbe, das den größten Teil der Halbinsel Athos einnimmt. Offiziell gehört er zum griechischen Staat, doch kirchenrechtlich untersteht er dem orthodoxen Patriarchat von Konstantinopel (Istanbul).

Zweifelhaften Legenden zufolge soll die Jungfrau Maria selbst Athos besucht und gesegnet haben. Der heilige Berg wird als Garten der Jungfrau bezeichnet und ist ausschließlich ihr gewidmet – weswegen dort kein Platz für andere Frauen ist. Frustrierte Eurokraten in Brüssel haben das Verbot zwar angefochten, kamen aber gegen eine über 1000-jährige Tradition und die *Chrysobullen* (goldene Bullen) byzantinischer Kaiser nicht an, deren Namen noch immer in Gebeten angerufen und deren Erlasse noch immer respektiert werden.

Männer müssen einen Besuch der Klostergemeinde im Voraus planen (s. Einreiseerlaubnis auf S. 348). Besuche sind auf vier Tage beschränkt, können aber durch Sondergenehmigungen verlängert werden – ein Aufwand, der sich lohnt, sofern Zeit vorhanden ist.

Eine Erkundung der Klöster ist wunderbar friedlich – und anstrengend. In vielen Herbergsklöstern leben die Gäste wie die Mönche, essen mit ihnen, nehmen an den Gottesdiensten teil (sogar um 3.30 Uhr) und halten sich allgemein an die Gebräuche der Klöster. Wunderbar ist ein Streifzug durch die stillen Wälder von Athos und auf den ausgetretenen Wegen zwischen den Klöstern mit ihrer erstaunlichen Architektur und zahlreichen Kunstschätzen; ebenso faszinierend sind die Gastfreundschaft und die Anekdoten, die weise alte Mönche bei einem griechischen Kaffee oder einem *raki* (griechisches Feuerwasser) erzählen.

GESCHICHTE

Seit byzantinischen Zeiten zog es Asketen auf den schroffen, unzugänglichen Athos. Allmählich bildete sich eine lose Gemeinschaft. Schließlich bestätigte die Goldene Bulle von 885 n. Chr. des Kaisers Basileios I.

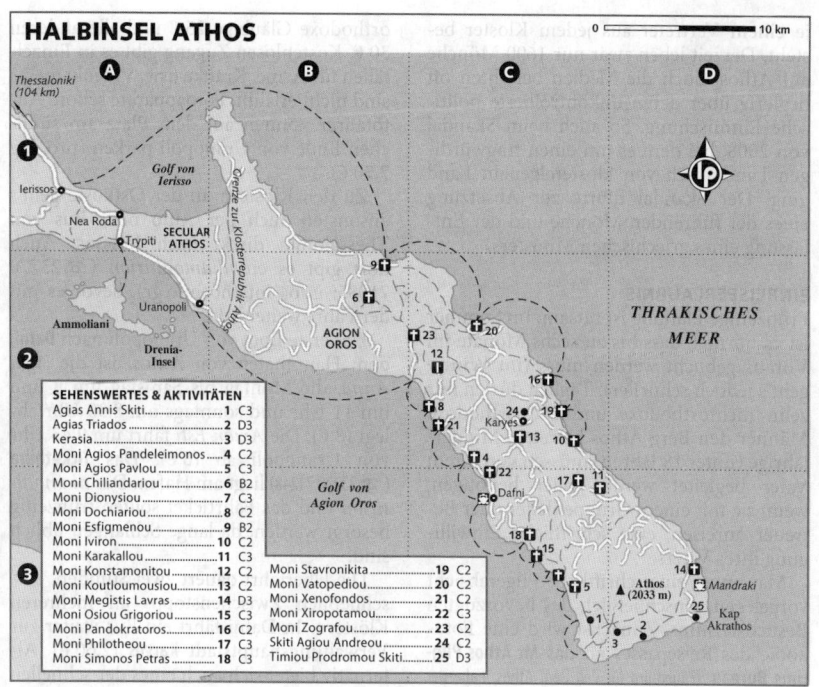

HALBINSEL ATHOS

0 ▭▭▭▭▭ 10 km

Thessaloniki
(104 km)

THRAKISCHES MEER

Golf von Ierisso

Ierissos

Nea Roda

Trypiti   SECULAR ATHOS

Uranopoli

Ammoliani

Drenia-Insel

Grenze zur Klosterrepublik Athos

AGION OROS

Golf von Agion Oros

Dafni

Karyes

Athos (2033 m)

Mandraki

Kap Akrathos

SEHENSWERTES & AKTIVITÄTEN	
Agias Annis Skiti	1 C3
Agias Triados	2 D3
Kerasia	3 D3
Moni Agios Pandeleimonos	4 C2
Moni Agios Pavlou	5 C3
Moni Chiliandariou	6 B2
Moni Dionysiou	7 C3
Moni Dochariou	8 C2
Moni Esfigmenou	9 B2
Moni Iviron	10 C2
Moni Karakallou	11 C3
Moni Konstamonitou	12 C2
Moni Koutloumousiou	13 C2
Moni Megistis Lavras	14 D3
Moni Osiou Grigoriou	15 C3
Moni Pandokratoros	16 C2
Moni Philotheou	17 C3
Moni Simonos Petras	18 C3

Moni Stavronikita	19 C2
Moni Vatopediou	20 C2
Moni Xenofondos	21 C2
Moni Xiropotamou	22 C3
Moni Zografou	23 C3
Skiti Agiou Andreou	24 C2
Timiou Prodromou Skiti	25 D3

den Sonderstatus von Athos. 943 wurde das
Klostergebiet offiziell festgelegt. Etwa 20
Jahre später wurde der heilige Berg formell
geweiht, als Kaiser Nikoforos II. Fokas das
Kloster Megistis Lavras gründete – das
größte, wenn auch nicht das erste Kloster.

Unter der kaiserlichen Schirmherrschaft
gedieh und wuchs die Klostergemeinde.
Konservative Mönche befürchteten jedoch,
dass die althergebrachten Traditionen ver-
wässert und die Klöster zu kommerziell
würden. Ihre Nörgeleien führten zu revi-
dierten kaiserlichen Edikten, die frühere Erlasse bestätigten. Das berühmteste Edikt ist
das von Konstantin IX. Monomahos von
1060, das Frauen, weiblichen Haustieren,
bartlosen Männern und Eunuchen den Zugang untersagte. Frauen ist er heute noch
immer verboten, aber Hühner werden
wegen ihrer Eier akzeptiert, Bärte sind nicht
mehr vorgeschrieben und Eunuchen ohnehin eher selten.

Das 11. Jh. war für Athos eine wunderbare Zeit, doch dann folgten vernichtende
Plünderungen durch Piraten, Katalanen
und Kreuzfahrer (1204). Der heilige Berg

ließ sich jedoch nie unterkriegen. Da die
Gründung und der Unterhalt von Klöstern
dem jeweiligen Stifter reichlich Prestige ein-
brachten, schlossen sich dem viele bulgarische, russische und serbische Fürsten an.

Athos unterwarf sich im Zuge der Einnahme Thessalonikis im Jahr 1430 der osmanischen Herrschaft, konnte aber den
teilunabhängigen Status beibehalten. Im
Jahr 1542 wurde das letzte Kloster auf
Athos, Stavronikita, gegründet. Im griechischen Unabhängigkeitskrieg (1821–29)
wurden die Klöster mitsamt ihren Bibliotheken von türkischen Soldaten gebrandschatzt. Seit der russischen Revolution von
1917 wurden über 70 Jahre hinweg das Engagement und die Unterstützung Russlands
drastisch reduziert.

Heute gibt es 20 führende Klöster sowie
mehrere Nebenklöster und Einsiedeleien.
Athos' moderne Verfassung von 1924
wurde in der griechischen Verfassung von
1975 verbürgt. Die Mönche sind griechische Staatsbürger, egal woher sie stammen.
Verantwortlich für die interne Verwaltung
ist das Heilige Konzil (Iera Synaxis), das aus

NORDGRIECHENLAND

je einem Vertreter aus jedem Kloster besteht. Derzeit leben zwar nur 1600 Mönche auf Athos, doch die Medien berichten oft begierig über deren unkontrollierte politische Einmischung. So auch beim Skandal von 2008, bei dem es um einen fragwürdigen Landtausch von klostereigenem Land ging. Der Skandal führte zur Absetzung eines der führenden Mönche und der Entlassung eines griechischen Ministers.

EINREISEERLAUBNIS

Frühzeitige Planung ist ratsam: Im Sommer ist es normal, dass bis zu sechs Monate im Voraus gebucht werden muss (im Winter geht's jedoch schneller). Täglich dürfen nur zehn nichtorthodoxe und 100 orthodoxe Männer den Berg Athos betreten. Minderjährige (unter 18 Jahren) müssen von ihrem Vater begleitet werden oder benötigen, wenn sie mit einem Gruppenleiter oder Betreuer anreisen, eine schriftliche Einwilligung ihres Vaters.

Man muss eine schriftliche Pilgerabsicht vorgelegen, einschließlich des bevorzugten Besuchstermins. Zunächst wird eine Fotokopie des Reisepasses an das **Mt Athos Pilgrims Bureau** (Pilgerbüro für den Berg Athos, nahe der Kamara in Thessaloniki; ☎ 23102 52578; Fax 23102 22424; pilgrimsbureau@c-lab.gr; Egnatias 109; ☉ Mo–Fr 9–14, Sa 10–12 Uhr) geschickt, wo auch die Einreiseerlaubnis bearbeitet wird. Das Verfahren sollte zwar frühzeitig in Angriff genommen werden, aber Pilger können sich auch über E-Mail oder Fax anmelden, die Bestätigung ausdrucken und direkt nach Uranopoli fahren. Geistliche brauchen für den Besuch die schriftliche Erlaubnis des **Ökumenischen Patriarchats von Konstantinopel** (☎ in der Türkei 90 212 5349037).

Mit der schriftlichen Reservierungsbestätigung des Mt Athos Pilgrims Bureau gibt es in Uranopoli schließlich die endgültige Genehmigung (*diamonitirion*).

EINREISE NACH ATHOS

Das **Pilgerbüro** (☎ 23770 71422; Fax 23770 71450; ☉ 8.10–14 Uhr) in Uranopoli liegt an der Straße, die kurz vor einer Jet-Oil-Tankstelle rechts abgeht, und ist an einer schwarz-gelben byzantinischen Flagge zu erkennen.

Die Beamten prüfen den Pass und die Buchungsbestätigung und erteilen dann ein *diamonitirion* (Genehmigung) für drei Nächte (vier Tage): Studenten zahlen 10 €,

orthodoxe Gläubige 25 € und alle anderen 30 €. Kostenlosen Zugang gibt es in Einzelfällen für Arme, Kranke usw. Videokameras sind nicht erlaubt, Fotoapparate schon. Autofahrer können auf dem Platz am südlichen Ende von Uranopoli parken (pro Tag 7,50 €).

Zu den Klöstern an der Ostküste geht's ansonsten auch per Auto oder Bus von Thessaloniki direkt nach Ierissos. Auch dort gibt es ein *diamonitirion* (☎ 23770 71085; info@mtathosinfo.gr), bevor es mit der Fähre weiter geht.

Das erste Boot von Uranopoli nach **Dafni,** dem Haupthafen von Athos, ist die *Agia Anna,* die Montag bis Samstag um 8 und um 11 Uhr und sonntags um 8.30 Uhr ablegt (8 €). Die *Axion Esti* fährt um 9.45 Uhr von Uranopoli ab (6 €). Das **Ticketbüro** (☎ 23770 71248) liegt am Hafen. Das *diamonitirion* und das Fährticket sollten frühzeitig besorgt werden, da lange Schlangen üblich sind.

Die Überfahrt dauert zwei Stunden, einschließlich Zwischenstopps an mehreren Klöstern. In Dafni fährt ein Bus weiter zur Verwaltungshauptstadt **Karyes** (2,60 €). Alternativ bietet sich auch eines der schnellen **Wassertaxis** (☎ 6974060744) von Uranopoli nach Dafni an, das bis zu acht Passagiere aufnimmt (140 €).

Nach der Ankunft in Karyes geht's weiter zum gewünschten Kloster. Die Übernachtung ist dort kostenlos, erlaubt ist aber nur eine Nacht in jedem Kloster. Das *diamonitirion* kann am Ende des Aufenthalts in Karyes um weitere zwei Tage verlängert werden. Die Klöster sollten speziell in den Sommermonaten unbedingt vorher gebucht werden.

ORIENTIERUNG & PRAKTISCHE INFORMATIONEN

In Dafni gibt es eine Hafenverwaltung, Polizei, Zollamt, Post, Läden für Lebensmittel und lokal hergestellte religiöse Gegenstände, ein Café und Kartentelefone. Alle griechischen Handynetzwerke funktionieren hier.

Onlineinformationen zu Athos gibt es ausführlichst auf Englisch auf www.mount athos.gr oder der informativen Website der britischen **Friends of Mt Athos** (www.athosfriends. org), zu deren Mitgliedern sogar der britische Prinz Charles gehört.

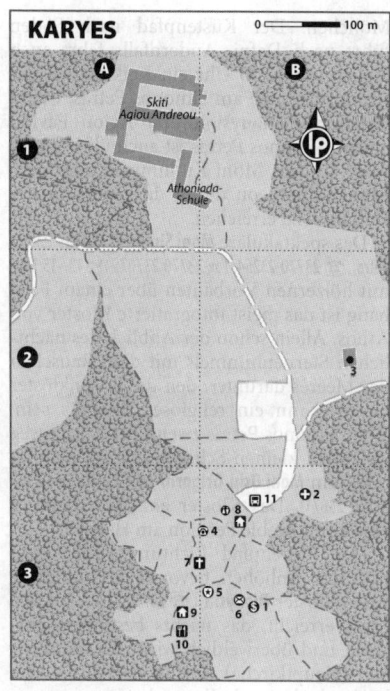

KARYES   0 ——— 100 m

PRAKTISCHES
Agrotiki Bank..1 B3
Arztpraxis..2 B3
Büro der Zivilverwaltung.........................3 B2
OTE..4 B3
Polizei...5 B3
Post...6 B3

SEHENSWERTES & AKTIVITÄTEN
Protaton..7 A3

SCHLAFEN
Gästehaus...8 B3
Ilarion Gästehaus....................................9 A3

ESSEN
Bäckerei..10 A3

TRANSPORT
Bushaltestelle & Taxi.............................11 B3

In Karyes befinden sich das **Büro der Zivilverwaltung** (☎ 23770 23314), die **Polizei** (☎ 23770 23212), die Agrotiki Bank, eine Poststelle, die OTE (Telekom), eine **Arztpraxis** (☎ 23770 23217), eine Bushaltestelle und Läden für die Grundversorgung wie eine Bäckerei sowie eine Telefonzelle. Darüber hinaus gibt es hier die beiden einzigen nichtklösterlichen Unterkünfte von Athos, ein namenloses **Gästehaus** (☎ 23770 23362) und das **Ilarion** (☎ 23770 23243).

Der nördliche Teil der Klostergemeinde ist dicht bewaldet, der südliche hingegen wird vom kahlen, hohen Gipfel des Berges Athos (2033 m) dominiert. Da es hier weder Industrie noch Jagd gibt, ist das klösterliche Athos praktisch ein Naturreservat. Auch schwimmende Mönche sind an der atemberaubenden, schroffen Küste wohl kaum anzutreffen. Aber es kursieren doch Geschichten von Asketen, die gelegentlich mit Speeren fischen oder tauchen.

Achtung: Beim Aufenthalt in einem Kloster, in dem Pilger mit den Mönchen essen, ist die Mahlzeit dann beendet, wenn auch die spirituell erbauliche Lesung endet – schnelle Esser sind klar im Vorteil!

ATHOS ERKUNDEN

Es gibt zwar klösterliche Fahrzeuge, auch **Taxis** (☎ 23370 23266) und Boote, aber die schönste Art, die heitere Atmosphäre von Athos zu erleben, ist zu Fuß. Pfade führen durch stille Wälder, wo nur das Rascheln der Blätter, das Zwitschern der Vögel und hier und da ein Mönch, der rhythmisch seine Gebete aufsagt, zu hören sind.

Bootsfahrten (um 2 €) ermöglichen einen großartigen Blick vom Meer aus. Ein Kaik (traditionelles Boot) legt von Agias Annis Skiti täglich um 9.45 Uhr nach Dafni ab, mit Zwischenstopps bei den Klöstern an der Westküste oder deren *arsanas* (individuelle Landungsstege), und kehrt nachmittags wieder zurück. Ein anderes Kaik verkehrt nur dreimal wöchentlich an der Ostküste zwischen Ierissos und Mandraki (der Hafen für das Kloster Megistis Lavras). Eine weitere Bootsverbindung um die Südspitze gibt es zwischen Mandraki und Agias Annis.

Beim Aufenthalt in Karyes lohnt eine Besichtigung der **Protaton,** einer Basilika aus dem 10. Jh. gegenüber der Heiligen Obrigkeit. Zu ihren Schätzen gehören Gemälde von Panselinos, dem Meister der „makedonischen Schule" der Sakralkunst.

Von Karyes zu den Klöstern an der Südostküste & zum Berg Athos

Für die große Tour durch das südöstliche Athos und vielleicht auch eine Bergwanderung geht's von Karyes nordostwärts zu Fuß zum **Moni Stavronikita** (☎ /Fax 23770 23255; ☉ 12–14 Uhr) an der Küste oder zum **Moni Iviron** (☎ 23770 23643; Fax 23770 23248; ☉ 12–14 Uhr)

NORDGRIECHENLAND

gleich darunter. Letzteres wurde von georgischen Mönchen gegründet und verfügt über eine Bibliothek mit über 2000 Manuskripten, darunter 100 seltene Pergamente auf Georgisch.

Von Iviron führen Küstenwege oder Kaik-Boote zum **Moni Philotheou** (☎ 23770 23256; Fax 23770 23674). Das Philotheou ist auch von Karyes über einen schattigen Pfad mit Quellen zu erreichen (3½ Std.). Nach dem **Moni Karakallu** (☎ 23770 23225; Fax 23770 23746) wird der Pfad aus byzantinischer Zeit zur Straße. Von hier dauert es noch 5½ Stunden bis zum Moni Megistis Lavras – falls kein klostereigenes Fahrzeug eine Mitfahrgelegenheit bietet.

Das **Moni Megistis Lavras** (☎ 23770 23754; Fax 23770 23320) ist Athos' größtes Kloster und das einzige, das nie durch Feuer beschädigt wurde. Zu den Schätzen gehören Fresken von Theophanes von Kreta und das Grab seines Gründers, des hl. Athanasios.

Ein Kaik legt um 15 Uhr am Megistis Lavras zur Einsiedelei **Agias Annis Skiti** (☎ 23770 23320) ab. Zu Fuß geht's zum gastlichen Agias Annis über den einsamen Pfad um die Südspitze der Halbinsel. Er führt über **Timiou Prodromou Skiti**, **Agias Triados** (abseits des Pfads) und über **Kerasia**. Kerasia oder Agias Annis sind gute Ausgangspunkte zum Aufstieg auf den **Berg Athos** (2033 m). Die Wanderung ist nicht einfach. Vorher sollte man unbedingt jemanden über das Vorhaben informieren, auch sollte man nicht alleine wandern. Neben ausreichend Proviant muss auch warme Kleidung mitgenommen werden, da es oben kalt werden kann. Unterhalb des Gipfels, an der **Panagia-Kapelle** (Marienkapelle) gibt es eine Trinkwasser-Quelle. Von Agias Annis fahren auch Kaiks zurück nach Dafni.

Von Karyes zu den Klöstern an der Südwestküste

In diesem Fall beginnt die Tour westlich von Karyes und führt zur Küste mit den spektakulären Felsenklöstern wie Simonos Petras und Dionysiou. Das erste Kloster gleich südwestlich von Karyes ist das liebenswürdige **Moni Kutlumusiu** (☎ 23770 23226; Fax 23770 23731). Westlich des Kutlumusiu liegt das küstennahe **Moni Xiropotamu** (☎ 23770 23251; Fax 23770 23733; ☯ 12.30–14.30 Uhr) mit komfortablen Gästezimmern und Öllampen. Die Pilger essen hier nicht mit den

Mönchen. Der Küstenpfad nach Süden führt nach Dafni. Andernfalls fährt auch täglich um 12.30 Uhr ein Kaik zum Agias Annis, das auch am Simonos Petras, Osiou Grigoriou, Dionysiou und Agiou Pavlou anlegt. Simonos Petras ist auch über Waldwege ab dem Moni Kutlumusiu oder dem Moni Philotheou durch das Zentrum der Halbinsel zu erreichen.

Das spektakuläre **Moni Simonos Petras** (Simopetra; ☎ 23770 23254; Fax 23770 23707; ☯ 13–15 Uhr) mit hölzernen Vorbauten über einem Felshang ist das meist fotografierte Kloster von Athos. Allein schon der Anblick des nächtlichen Sternenhimmels mit dem Rauschen des Meeres darunter, den die Felsenklöster bieten, kann ein religiöses Erlebnis sein. Vom Simonos Petras zweigt der Küstenweg an einem kleinen Schrein ab zum *arsanas* und zum **Moni Osiu Grigoriu** (☎ 23770 23668; Fax 23770 23671). Das Kloster am Meer betreibt eine komfortable Pension am Hafen.

Der Küstenpfad Richtung Süden geht über drei Anhöhen, bevor er das grandiose Felsenkloster **Dionysiu** (☎ 23770 23687; Fax 23770 23686) erreicht, das nachts besonders entrückt und überweltlich wirkt. Das *katholikon* (Hauptkirche) des Klosters birgt eine höchst bedeutende Ikone der Jungfrau mit Kind aus Wachs und Mastix. Der Legende nach soll 626 n. Chr. der Patriarch sie angesichts einer erbitterten persischen und awarischen Belagerung Konstantinopels rund um die Stadtmauer getragen haben, worauf die Stadt wundersamerweise gerettet wurde. Die Ikone gilt als die Älteste in Athos. Die Konturen sind zwar nicht mehr erkennbar, doch von der dunklen Form im reich verzierten Silberrahmen geht tatsächlich eine merkwürdige Kraft aus.

Der Küstenpfad führt hinter Dionysiu weiter zum **Moni Agios Pavlu** (☎ 23770 23741; Fax 23770 23355) und zum Agias Annis Skiti.

Von Karyes zu den nördlichen Klöstern

Der Weg von Karyes Richtung Norden zu den Klöstern Moni Vatopediu, Moni Xenofontos und Moni Konstamonitu führt zunächst am weitläufigen Kloster **Skiti Agiou Andreou** (☎ 23770 23810) vorbei. Es war einst von russischen Mönchen bewohnt, wurde aber zu Sowjetzeiten weitgehend aufgegeben. Derzeit wird es wieder mit Leben gefüllt. Das bescheidene Agiou Andreou wird zwar nicht in Reiseführern erwähnt, spielt aber eine große Rolle bei den derzeitigen kulturellen und künstlerischen Unternehmungen auf dem Berg Athos. In der *skiti* wird ein Projekt der **Restaurateurs San Frontieres** (www.rsfturkey.org) umgesetzt, einer führenden internationalen Organisation, die über 600 Ikonen und 400 m² Wandgemälde in einem Dutzend Athos-Klöster, darunter Iviron, Stavronikita, Kutlumusiu und Dionysiu, fachmännisch restauriert hat.

Das Agiou Andreou unterhält ein Kulturzentrum, in dem Künstler, Fotografen, Autoren und Musiker ihre vom heiligen Berg inspirierten Werke ausstellen. Kulturinteressierte Pilger und Kunstfreunde sollten dieses ungewöhnliche Kloster unbedingt besuchen.

Nach dem Agiou Andreou geht's weiter zum **Moni Pandokratoros** (☎ 23770 23880; Fax 23770 23685) an der Küste oder über den langen, herrlichen Waldweg zum **Moni Vatopediu** (☎ 23770 41488; Fax 23770 41462; ☾ 9–13 Uhr) ein Stück weiter an der Nordostküste. Das Vatopediu ist zwar nicht gerade unorthodox, hält sich aber mutig an den modernen gregorianischen (westlichen) Kalender. Vatopedius opulente Hauptkirche ist mit ihren umwerfenden Schätzen ein Muss.

Vom Vatopediu führt ein Küstenpfad zum **Moni Esfigmenu** (☎ 23770 23229). Danach folgt das **Moni Chilandariu** (☎ 23770 23797; Fax 23770 23108), ein sehr gastliches und freundliches serbisches Kloster, das sich noch immer von einem Feuer von 2004 erholt. Einen Besuch wert ist das bescheidene, hübsche **Moni Konstamonitu** (☎ /Fax 23770 23228), aber berühmter ist das weiter nördlich gelegene bulgarische **Moni Zografu** (☎ / Fax 23770 23247). Sein Name bedeutet „Maler", nach einer wundertätigen Ikone, die nicht von menschlicher Hand gemalt wurde. Das nördlichste Kloster der Westküste, das **Moni Dohiariu** (☎ /Fax 23770 23245), liegt an einem Hang am Meer und weist eine bemerkenswerte Architektur auf. Die Klöster an der Westküste sind alle mit der Fähre Uranopoli–Dafni zu erreichen.

Das nächste Kloster am Küstenpfad ist das **Moni Xenofontos** (☎ 23770 23633; Fax 23770 23631), das erstmals 998 erwähnt wurde, aber vermutlich aus dem 6. Jh. stammt. Seine Küstenlage machte es zum Angriffsziel von Piraten, und es wurde Opfer häufiger Brandschatzungen. Trotzdem besitzt das Moni Xenofontos besitzt in seinem älteren

katholikon aus dem 10. Jh. noch immer beeindruckende byzantinische Ikonostasen aus Marmor und Holzschnitzwerk. Die neuere Kirche von 1838 ist die größte in Athos.

Das ein Stück weiter gelegene **Moni Agiu Pandeleimonos** (☎ /Fax 23770 23252; ☾ 10–12 Uhr) schließlich ist ein freundliches russisches Kloster, das zur Zeit der Recherche geschlossen war. Über 1000 Mönche lebten einst in dieser gewaltigen Anlage.

AN- & WEITERREISE

Die Busse nach Uranopoli fahren 7-mal täglich (10,70 €, 3½ Std.) ab dem **Chalkidike-Busbahnhof** (☎ 23103 16555; www.in-ktel.gr, auf Griechisch) in Thessaloniki. Sie halten auch in Ierissos (9,30 €).

Mit dem ersten Bus (6.15 Uhr) von Thessaloniki kommt man sehr knapp an, wenn man noch das *diamonitirion* und ein Bootsticket vor dem Ablegen des Boots um 9.45 Uhr besorgen muss. Wer dagegen in Uranopoli übernachtet, hat Zeit, um auszuruhen, Lebensmittel zu kaufen und überflüssiges Gepäck unterzubringen.

Die Fähre von Athos zurück nach Uranopoli legt um 12 Uhr in Dafni ab. Es gibt eine schnelle Zollkontrolle, um Antiquitätendiebstahl zu verhindern. Das morgendliche Kaiki von Agias Annis Skiti ist zeitlich so eingeplant, dass es rechtzeitig in Dafni für das Boot nach Uranopoli ankommt. Ein unregelmäßig verkehrendes Ostküsten-Kaikí fährt auch nach Ierissos.

Der letzte Bus nach Thessaloniki fährt täglich von Uranopoli um 18.15 Uhr und von Ierissos um 18.35 Uhr ab.

KAVALA ΚΑΒΑΛΑ

60 802 Ew.

Die palmengesäumte Hafenstadt Kavala mit ihrer Burg oberhalb der farbenfrohen Altstadt ist eine liebenswerte und zudem makedonisch östlichste Stadt. Da sie auch ein wichtiger Fährhafen zu den nordöstlichen Ägäischen Inseln und nach Thassos ist, bleiben viele Besucher nur eine Nacht hier. Kavala verdient aber eine genauere Erkundung: das prachtvolle Aquädukt des osmanischen Sultans Süleyman des Prächtigen (reg. 1520–66), die byzantinische Festung und die farbenfrohe Altstadt Panagia lohnen allesamt einen Besuch. Auch ist der Hafen gesäumt von Cafés und Tavernen.

Das moderne Kavala wurde in der Antike als Neopolis, der Hafen von Philippi, gegründet. Der berühmteste Bewohner der Neuzeit war der osmanische Pascha Mehmet Ali (1769–1849). Der spätere Begründer der letzten Königsdynastie Ägyptens hatte im griechischen Unabhängigkeitskrieg einen osmanischen Seeangriff befohlen, der ein Massaker von Tausenden Menschen auf der abgelegenen Insel Psara zur Folge hatte. Noch immer findet dort jährlich im Juni (s. S.710) eine Gedenkfeier statt. Ironischerweise ist Alis früheres Haus heute ein luxuriöses Boutiquehotel.

Orientierung

Kavalas Zentrum ist die Plateia Eleftherias, wo sich auch die hilfreiche Touristeninformation befindet. Die Hauptstraßen Eleftheriou Venizelou und Erythrou Stavrou verlaufen von hier aus nach Westen und parallel zur Küste (Ethnikis Andistasis). Die Altstadt Panagia liegt an der Südostseite des Hafens oberhalb der Plateia Eleftherias.

Der Busbahnhof befindet sich an der Ecke Hrysostomou Kavalas und Filikis Eterias nahe dem Kai des Tragflächenboots nach Thassos. Nahe der Ablegestelle gibt es öffentliche Toiletten.

Praktische Informationen

Banken mit Geldautomaten sind überall im Zentrum zu finden.

Alkyon Travel Service (☎ 25102 31096; alkyon-trv@ ticketcom.gr; Eleftheriou Venizelou 37; ☼ 9–18 Uhr) Das freundliche Reisebüro im Zentrum bucht Fährtickets zu den nordöstlichen Ägäischen Inseln (außer nach Thassos) und Zugfahrkarten sowie für den OSE-Nachtbus nach Istanbul.

Cybernet (☎ 25102 30102; Erythrou Stavrou 64; pro Std. 2 €; ☼ 6–4 Uhr)

Hafenverwaltung (☎ 25102 23716; Ecke Ethnikis Andistasis & Averof)

Post (Ecke Hrysostomou Kavalas & Erythrou Stavrou)

Touristeninformation (☎ 25102 31011; detaktic@ otenet.gr; Plateia Eleftherias; ☼ Mo–Fr 8–21 Uhr) Das hilfsbereite Personal spricht Englisch und Deutsch, verteilt Karten, Verkehrs- und Veranstaltungsinformationen und hilft bei der Hotelreservierung.

Touristenpolizei (☎ 25102 22246; Omonias 119)

Sehenswertes & Aktivitäten

Das **Archäologische Museum** (☎ 25102 22335; Erythrou Stavrou 17; Erw. 2 €; ☼ Di–So 8–15 Uhr) am westlichen Ende der Ethnikis Andistasis zeigt Skulpturen, Schmuck, Grabstelen, Terrakottafiguren und Vasen aus dem antiken Amphipolis, einer Kolonie Athens westlich von Kavala, die Goldminen am nahen Berg Pangaeum betrieb. Das **Stadtmuseum von Kavala** (☎ 25102 22706; Filippou 4; Eintritt frei; ☼ Mo–Sa 8–14 Uhr) stellt zeitgenössische griechische Kunst aus. Die Volkskunstsammlung besteht aus Kostümen, Schmuck, Kunsthandwerk, Haushaltsgegenständen und Werkzeug.

Das enge Gassengewirr des **Viertels Panagia** mit hübschen pastellfarbenen Häusern bietet ein wunderbares Umfeld für einen abendlichen Bummel mit stimmungsvollem Abendessen. Das prächtigste mehrerer gut erhaltener Gebäude aus dem 18. Jh. ist das **Imaret** (☎ 25102 20151; www.imaret.gr; Poulidou 6). Das große Bauwerk mit seinen 18 Kuppeln am Hafen wurde 1817 von Pascha Mehmet Ali als Herberge für islamische Theologiestudenten gebaut. Seit es zu einem höchst exklusiven Hotel umgebaut wurde, ist es nicht mehr öffentlich zu besichtigen.

Der **Rapsani-Strand** 2 km westlich ist im Sommer recht beliebt und auch zum Schwimmen nicht schlecht. Der **Batis-Strand** ein Stück weiter westlich wird mehr von den Einheimischen besucht.

Schlafen

Kavalas Hotels sind überwiegend bieder, an Geschäftsleuten orientiert und teuer. Wenn gleich mehrere organisierte Touristengruppen eintreffen, kann plötzlich die ganze Stadt auf unerklärliche Weise ausgebucht sein. Gegen eine geringe Gebühr (1 €) ruft die Touristeninformation gerne Hotels an, um nach freien Zimmern zu fragen. Manchmal schlagen sie auch einen kleinen Rabatt raus und ersparen den Besuchern, sinnlos in der Hitze herumlaufen zu müssen.

Batis Beach Camping (☎ 25102 45918; Camping pro Erw./Zelt 6/4,90 €) Ein kleiner, ordentlicher Campingplatz 3 km westlich der Stadt am besten Strand Kavalas.

Giorgos Alvanos Rooms (☎ 25102 21781; Anthemiou 35; EZ/DZ 20/30 €) Kavalas beste Budgetunterkunft hat einfache Zimmer mit Gemeinschaftsbad in einem 300 Jahre alten Haus in Panagia. Die Zimmer haben Kühlschränke und Seeblick. Da es dorthin steil bergauf geht, am besten vorher anrufen.

Galaxy Hotel (☎ 25102 24521; Eleftheriou Venizelou 27; EZ/DZ 40/50 €; ✽) Am Hotel gegenüber der

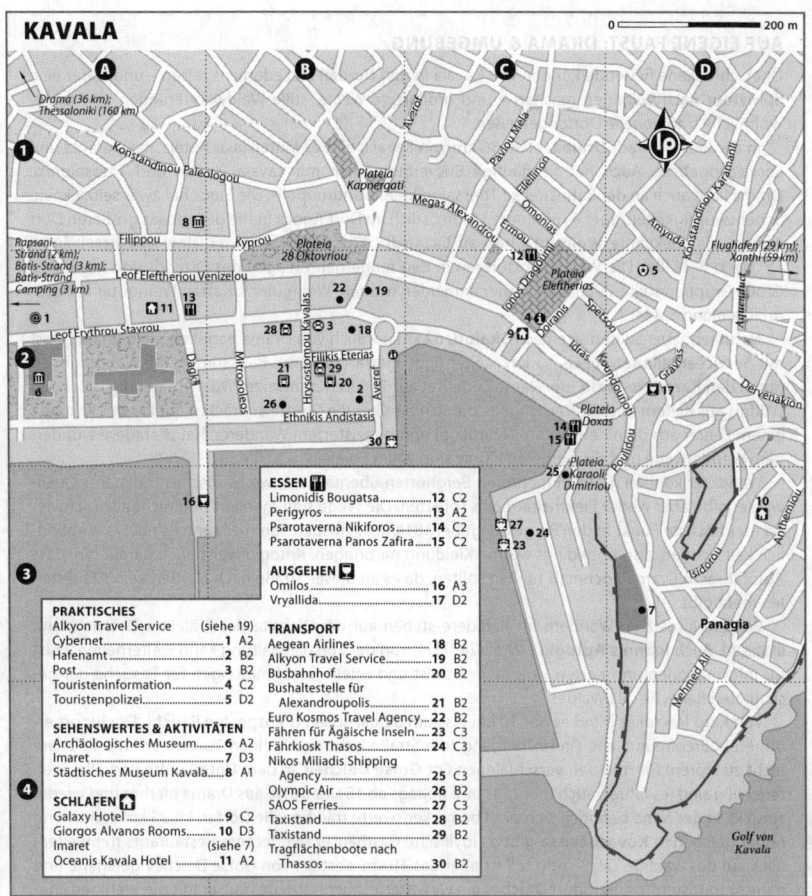

KAVALA

0 —— 200 m

PRAKTISCHES
Alkyon Travel Service   (siehe 19)
Cybernet.................................1 A2
Hafenamt...............................2 B2
Post..3 B2
Touristeninformation..........4 C2
Touristenpolizei....................5 D2

SEHENSWERTES & AKTIVITÄTEN
Archäologisches Museum....6 A2
Imaret....................................7 D3
Städtisches Museum Kavala..8 A1

SCHLAFEN
Galaxy Hotel.........................9 C2
Giorgos Alvanos Rooms......10 D3
Imaret............................(siehe 7)
Oceanis Kavala Hotel 11 A2

ESSEN
Limonidis Bougatsa............12 C2
Perigyros..............................13 A2
Psarotaverna Nikiforos.......14 C2
Psarotaverna Panos Zafira..15 C2

AUSGEHEN
Omilos..................................16 A3
Vryallida..............................17 D2

TRANSPORT
Aegean Airlines...................18 B2
Alkyon Travel Service..........19 B2
Busbahnhof..........................20 B2
Bushaltestelle für
   Alexandroupolis...............21 B2
Euro Kosmos Travel Agency...22 B2
Fähren für Ägäische Inseln..23 C3
Fährkiosk Thasos.................24 C3
Nikos Miliadis Shipping
   Agency.............................25 C3
Olympic Air..........................26 B2
SAOS Ferries........................27 C3
Taxistand.............................28 B2
Taxistand.............................29 B2
Tragflächenboote nach
   Thassos............................30 B2

Panagia

Golf von
Kavala

NORDGRIECHENLAND

Touristeninformation nagt der Zahn der Zeit. Die Zimmer sind durchschnittlich und altbacken, der Service mittelmäßig. Aber es liegt zentral. Einige Zimmer blicken auf den Hafen.

Oceanis Kavala Hotel (☎ 25102 21981; Leoforos Erythrou Stavrou 32; EZ/DZ inkl. Frühstück 68/82 €; ✷ ☎) Das große Businesshotel, das sich eine Straße hinter dem Ufer befindet, ist teurer als das Galaxy, aber auch besser. Die modernen Zimmer mit Balkon sind komfortabel und gepflegt, auch gibt es hier ein großes Café und WLAN.

Imaret (☎ 25106 20151; www.imaret.gr; Poulidou 6; EZ/DZ/Suite inkl. Frühstück ab 250/360/1500 €; ✷ ☎ ☎) Im Imaret, einem der nobelsten Hotels Griechenlands, liegt dem Gast die

Welt zu Füßen. Es ergänzt das steinerne Bauwerk, das Anfang des 19. Jhs. auf Initiative von Pascha Mehmet Ali errichtet wurde, mit modernem Luxus und eleganter Beleuchtung. Die großen Zimmer mit Gewölbedecken, Hafenblick und großem Kamin gruppieren sich um drei Innenhöfe. Ein türkisches *hammam* wurde aufwendig restauriert. Auch gibt es einen kerzenbeleuchteten Innenpool und Behandlungen mit essenziellen Ölen, einen Lesesaal und sogar eine Orangerie.

Essen & Ausgehen
In den Gassen Panagias und am östlichen Ufer gibt es gute Fischtavernen, Café-Bars säumen das westliche Ufer.

AUF EIGENE FAUST: DRAMA & UMGEBUNG

Unerschrockene Reisende können von Kavala in den Norden Makedoniens reisen – und sogar eine Spritztour nach Bulgarien machen – und großartige Weine, stille Waldwanderungen und ungewöhnliche traditionelle Dörfer genießen.

In der kleinen Stadt **Drama,** etwa 36 km von Kavala, gibt es Mittelklassehotels, Restaurants und Serviceangebote. Auch hat sie häufige Busverbindungen mit Kavala, Xanthi und Thessaloniki. Drama liegt auch an der Bahnstrecke Thessaloniki–Alexandroupolis. Die Stadt hat zwar selbst keine Sehenswürdigkeiten, aber es gibt dort 12 km östlich im Dorf **Agora** (nahe dem etwas größeren Dorf Adriani) das bekannte **Weingut Chateau Lazaridi** (☎ 25210 82050; www.chateau-lazaridi.com; Agora; ❉ Mo–Fr 9–14 Uhr). Die Weinverkostungen in den modernen Anlagen des Lazaridi sind kostenlos. Große Gruppen sollten sich aber vorher anmelden (weitere Weingüter s. Kasten Weingüter in Nordgriechenland S. 344).

Naturliebhaber sollten sich nach **Skaloti,** 62 km nördlich von Drama begeben, dem letzten Dorf mit Serviceangeboten. Etwa 10 km weiter liegt **Elatia** (1600 m), Basisstation für Wanderungen durch den **Karadere-Wald** (der Name bedeutet auf Türkisch „schwarzer Wald"), einer hinreißenden Wildnis aus Kiefern und sanften Hügeln, die sich bis über die Grenze erstreckt. Laut Ioannis Kritoglu, einem Lehrer aus dem nahen Kato Nevrokopi und begeistertem Wanderer, hat „Karadere wunderbare Wanderwege und die sauberen Flüsse sind voller Forellen".

Wanderer können gratis in mehreren Berghütten übernachten, wo es frisches trinkbares Quellwasser gibt, aber weder Elektrizität noch Toiletten. Die Wege sind markiert und nicht allzu schwierig (der höchste Punkt in den Bergen liegt bei 1814 m). Selbst im Sommer kann es nachts empfindlich kalt werden, also unbedingt warme Kleidung mitbringen. Kritoglu weist auch darauf hin, dass Autofahrer in Drama nochmals tanken sollten, da es an dieser Straße nach Norden keine Tankstellen mehr gibt.

Weitere Infos zum Wandern im Karadere stehen auf der Website der Präfektur **Drama** (www.drama.gr). Auch **Ioannis Aptoglu** (☎ 69428 41114) von der Forstverwaltung kann weiterhelfen. Er ist für Informationen und Karten verantwortlich ist und erteilt Genehmigungen für Besuche der geschützten Bereiche des Waldes.

Von Kato Nevrokopi sind es nur 10 km bis zum bulgarischen Grenzposten **Exochi.** Der jüngst eröffnete, bärenfreundliche Grenzübergang (die Straße geht durch einen Tunnel, um die Pelztiere nicht zu stören) führt in den verschlafenen Ort **Gotse Delchev,** in dem Unterkünfte und alles weitere billig sind (es fahren auch montags und freitags ab 18 Uhr Busse aus Drama hierher und wieder zurück). In der Nähe befinden sich zwei bemerkenswerte traditionelle Dörfer: Im 25 km östlich und höher gelegenen **Kovachevitsa** gibt es idyllische Gasthäuser und leckere Restaurants mit weitem Blick auf das waldige Tal. Richtig toll ist aber das 10 km westlich von Gotse Delchev gelegene und nahezu touristenfreie Bergdorf **Delchevo** – verwitterte, aber hübsche Häuser mit nur wenigen älteren Bewohnern (einschließlich des Wirts des einzigen altmodischen Cafés im Ort, eine lebende Legende, die von der Glanzzeit Delchevos in den 1960er-Jahren erzählt und dabei auf seiner alten Gitarre klimpert, die seit damals an der Wand hängt). Eine Übernachtung unter den Sternen ist absolut friedlich, muss aber zuvor in Gotse Delchev in der **Touristeninformation** (☎ in Bulgarien 359(0)75160125; tic.gdelchev@gmail.com; Ploshtad Makedoniya 2, Gotse Delchev) angemeldet werden.

Perigyros (☎ 25102 83440; Ecke Erythmou Stavrou & Dagkli; Souvlaki 2,60 €; ❉ 10–2 Uhr) Der quirlige, gepflegte Souvlakiladen neben dem Oceanis Kavala Hotel serviert billig nahrhaften Schnellimbiss, Salate und deftigere Portionen.

Limonidis Bougatsa (☎ 25108 32526; Ecke Ionos Dragoumi & Megas Alexandrou; Bougatsa 3,20 €; ❉ 6–2 Uhr) Das überdachte Straßen-*bougatsadhiko* (ein Lokal, in dem *bougatsa*, gefüllter Blätterteig, serviert wird) hinter der Touristen-

information ist ideal für Frühstück und zum Kaffee.

Psarotaverna Nikiforos (☎ 25102 28167; Plateia Karaoli 44; Hauptgerichte 6–9 €; ❉ 10–1 Uhr) Die hübsch eingerichtete Fischtaverne serviert schmackhaftes *ouzerie*-Essen. Das angrenzende Café ist ein beliebter Tummelplatz für Studenten.

Psarotaverna Panos Zafira (☎ 25102 27978; Ecke Plateia Karaoli Dimitriou; Fisch 9–15 €; ❉ 10–1 Uhr) Das freundliche Lokal, am östlichen Ufer gelegen, serviert seit dem Jahr 1965 neben den üblichen Tavernenspeisen frische Fischgerichte.

Omilos (Hafen; ☺ ab 10 Uhr) Von den blauweiß gestreiften Sofas in dem lässigen Café am Westhafen lassen sich wunderbar die einlaufenden Boote beobachten. In der geräumigen Bar im Innenraum geht es nachts hoch her.

Vryallida (☎ 6948351600; Gravias 17; ☺ ab 8 Uhr) Die Beleuchtung in dem winzigen Café in Richtung Panagia ist gedämpft und die griechische Musik schwermütig.

An- & Weiterreise
BUS
Inland
Vom **Busbahnhof** (☎ 25102 22294; Ecke Filikis Eterias & Hrysostomou Kavalas) fahren Busse nach Athen (52 €, 8¾ Std., 2-mal tgl.), Xanthi (5 €, 1 Std., alle 30 Min.), Keramoti (4,20 €, 1 Std., stündl.), Serres (8,40 €, 2 Std., 4-mal tgl.) und Thessaloniki (13,30 €, 2¼ Std., 15-mal tgl.). Die Gepäckaufbewahrung *(apothiki)* ist billig.

Busse nach Alexandroupolis (10,95 €, 2 Std., 7-mal tgl.) fahren vom **Busbahnhof** (Hrysostomou 1) vor der kleinen Snackbar 7-Eleven gegenüber dem KTEL-Büro ab. Dort gibt es auch Fahrkarten und Infos.

International
Die OSE-Busse von Thessaloniki über Drama fahren in Kavala täglich um 22 Uhr weiter in die Türkei (einfach 52 €).

Fahrkarten gibt es auch beim **Alkyon Travel Service** (☎ 25102 31096; alkyon-trv@ticketcom.gr; Eleftheriou Venizelou 37), von wo ebenfalls Busse abfahren.

FÄHRE
Fahrpläne und Preise der Fähren von Kavala zu den nordöstlichen Ägäischen Insel, s. Insel-Hopping (S. 864).

Fährtickets nach Thassos sind im **Ticketkiosk** (☎ 25930 24001; www.thassos-ferries.gr) am Osthafen erhältlich.

Fährtickets zu den nordöstlichen Ägäischen Inseln verkaufen **Euro Kosmos Travel Agency** (☎ 25102 21960; www.eurokosmos.gr, auf Griechisch; Erythrou Stavrou 1) nahe dem Busbahnhof, **Nikos Miliadis Shipping Agency** (☎ 25102 26147; Karaoli-Dimitriou 36) oder **Alkyon Travel Service** (☎ 25102 31096; alkyon-trv@ticketcom.gr; Eleftheriou Venizelou 37).

Die Tragflächenboote von Kavala fahren nur nach Thassos. Weitere Infos s. Insel-Hopping (S. 864). Die Tragflächenboote legen am Westhafen nahe dem Hafenpolizeihäuschen an, wo auch die Fahrpläne der Tragflächenboote und Fähren aushängen. Die Tickets werden beim Einsteigen gekauft.

FLUGZEUG
Kavala teilt sich mit Xanthi den Flughafen „Alexander der Große" nahe Chrisupoli (29 km). **Olympic Air** (☎ 25102 23622; www.olympicairlines.com; Ethnikis Andistasis 8) fliegt zweimal täglich nach Athen (76 €), **Aegean Airlines** (☎ 25210 29000; Erythrou Stavrou 1) einmal täglich (66 €). Die wenigen Inselflüge gehen alle über Athen oder Thessaloniki.

Unterwegs vor Ort
Taxis sind das einzige Verkehrsmittel vom und zum Flughafen (35 €). Die **Taxis** (☎ 25102 32001) warten nahe dem Busbahnhof.

Alkyon Travel Service (☎ 25102 31096; alkyon trv@ticketcom.gr; Eleftheriou Venizelou 37) vermietet Autos ab 40 € pro Tag.

PELLA ΠΕΛΛΑ
In **Pella** (☎ 23820 31160; Eintritt 6 €; ☺ Di–So 8–19.30, Mo 12–19.30 Uhr), dem Geburtsort Alexander des Großen an der Straße zwischen Thessaloniki und Edessa, sind spektakuläre Mosaiken zu bewundern. Pella wurde unter König Archelaos (reg. 413–399 v. Chr.) zur Hauptstadt Makedoniens, die vormalige Hauptstadt Vergina (Aigai) blieb jedoch weiterhin Begräbnisplatz der Könige.

Die Mosaiken aus natürlich gefärbten, geschickt kontrastierten Kieselsteinen stellen mythologische Szenen dar. Sie wurden für antike Häuser und öffentliche Gebäude geschaffen, die längst zerstört sind. Einige Mosaiken sind noch vor Ort, andere im Museum. Auf der gleichen (nördlichen) Seite der Straße befinden sich auch sechs wieder aufgerichtete Säulen sowie ein Hof mit einem schwarz-weißen, geometrischen Mosaik.

Das **Museum** (☺ 8–19.30 Uhr) liegt an der Südseite. Der Eintritt ist in der Pella-Eintrittskarte enthalten. Saal 1 zeigt eine rekonstruierte Mauer eines antiken Hauses und einen runden Tisch mit Intarsien mit verschlungenem floralen und abstrakten

Muster, der möglicherweise Philipp II. gehörte. Im Saal 2 sind noch mehr Mosaiken zu sehen.

An- & Weiterreise

Busse fahren von Thessaloniki von 6 bis 22 Uhr alle 45 Minuten (2,90 €, 40 Min.) nach Pella. Um Pella und Vergina mit dem Bus an einem Tag zu besichtigen, sollte man erst Pella besuchen. Von dort geht's dann mit dem Bus Richtung Thessaloniki bis nach Chalkidona, wo ein Bus nach Vergina abfährt.

LITOCHORO ΛΙΤΟΧΩΡΟ

7011 Ew. / 305 m ü. d. M.

Das ruhige Litochoro ist der Basisstandort zur Besteigung oder auch nur zur Bewunderung des Olymps, doch mit den verwinkelten Pflasterstraßen und schönen traditionell makedonischen Häusern mit Holzbalkons ist der Ort auch für sich alleine reizvoll. Die Anfahrt ist dramatisch: auf dem letzten Stück der Strecke öffnet sich die Schlucht des Enipeas-Flusses und gibt den Blick auf den hohen Doppelgipfel des Olymp frei. Hotelreservierung ist im Sommer empfehlenswert.

Orientierung

Die Agiou Nikolaou, die Hauptzugangsstraße von Thessaloniki oder Katerini ist auch die Hauptstraße Litochoros. Sie führt zum Hauptplatz Plateia Eleftherias. Nach Prionia, wo der Hauptaufstieg auf den Olymp beginnt, geht's kurz vor diesem Platz rechts in die Ithakisiou. Links vom Platz ist die 28 Oktovriou, wo es die meisten Geschäfte gibt.

Der Busbahnhof liegt an der Agiou Nikolaou gegenüber der Touristeninformation.

Praktische Informationen

An der Plateia Eleftheria gibt es zahlreiche Geldautomaten.

EOS (Griechischer Alpinclub; ☎ 23520 84544; ☼ Juni–Sept. Mo–Sa 9.30–12.30 & 18–20 Uhr) Der Verein unter dem öffentlichen Parkplatz verteilt Broschüren mit allgemeinen und Wanderinformationen zum Olymp. Zu erreichen über die Ithakisiou vom Platz aus und nach 100 m in die linke Seitenstraße. Das EOS unterhält auch drei Berghütten.

GRNet (☎ 23520 82300; Ecke Atanas & Koutrouba; pro Std. 2 €; ☼ 24 Std.) Internetzugang nahe der *plateia*.

Medizinische Versorgung (☎ 23520 22222) 5 km au-

ßerhalb des Ortes an der Abzweigung nach Litochoro von der Küstenstraße.

Polizei (☎ 23520 81100; Ecke Ithakisiou & Agiou Nikolaou)

Post (28 Oktovriou 11)

SEO (Griechischer Bergsteigerverband; ☎ 23520 84200; ☼ 18–22 Uhr) Informativ und mit Berghütte am Olymp. Beim EOS gibt es jedoch mehr Englisch sprechende Mitarbeiter. Zu erreichen über die Ithakiou, dann links und nochmals links.

Touristeninformation (Agiou Nikolaou) In einem weißen Gebäude mit hölzernen Dachtraufen kurz vor der Ithakiou.

www.litohoro.gr Website der Gemeinde.

Schlafen & Essen

An der nahen Küste gibt es gepflegte Campingplätze (allerdings sind die Strände enttäuschend und überfüllt). Die Hotels in Litochoro haben eine wunderbare Atmosphäre.

Olympios Zeus (☎ 23520 22115; Plaka Litohorou; Camping pro Erw./Zelt 7/3,50 €) Ein guter Tipp, wenn auch etwas heruntergekommen.

Olympos Beach (☎ 23520 22112; www.olympos-beach.gr; Plaka Litohorou; Camping pro Erw. 7 €, Zelt 5–7 €) Der Platz ist wie das Olympios Zeus ganz anständig, aber dank des Nachtclubs Shark hat er etwas mehr Pep.

LP Tipp **Xenonas Papanikolaou** (☎ 23520 81236; xenpap@otenet.gr; Nikolaou Episkopou Kitrous 1; EZ/DZ 45/50 €; ☒ ▯) Wer Einsamkeit sucht, ist hier richtig. Die romantische Pension in einem Blumengarten abseits des Trubels ist Welten von den Touristenmassen in Litochoros Hauptstraße entfernt. Die Zimmer wirken größer als sie tatsächlich sind, und die geschmackvolle Einrichtung wird noch mit hübschen Aussichten auf die Terrakottadächer des Orts bereichert. Die gemütliche Lounge unten ist mit Kamin und Sofas ausgestattet, und das Management ist freundlich und hilfsbereit. Zu erreichen ist es vom Platz aus die 28 Oktoviou bergauf und dann links in die Nikolaou Episkopou Kitrous.

Villa Pantheon (☎ 23520 83931; DZ/3BZ 55/70 €; ☒) Das mit allem modernen Komfort ausgestattete Pantheon wird als das „weiße Ding", das die Aussicht auf den Olymp blockiert, beschimpft, hat aber komfortable, geräumige Zimmer.

Hotel Olympus Mediterranean (☎ 23520 81831; Dionysou 5; DZ/3BZ inkl. Frühstück 70/90 €, Luxussuite 100 €; ☒ ▯ ☒) Das 4-Sterne-Hotel abseits der Hauptstraße belegt ein imposantes klassizistisches Gebäude mit kunstvollen Balkons. Geboten werden 20 luxuriöse Zimmer und drei Suiten, ein Innenpool, ein mit Mosaiken gefliester Whirlpool und eine Sauna. Einige Zimmer verfügen über Kamin und Whirlpool.

Damaskinia (☎ 23520 81247; Vasileos Konstantinou 4; Hauptgerichte 6–8 €) Die beliebte Taverne in der Oberstadt serviert leckere *mousakas* und *kokoretsi* (am Spieß gebratene Lamminnereien).

LP Tipp Gastrodromio (☎ 23520 21300; Plateia Eleftherias; Hauptgerichte 7–13 €) Hätte es das Gastrodromio schon zu olympischen Zeiten gegeben, wären hier wohl Zeus und Co. zu Gast gewesen. Litochoros hinreißend kreatives, großes und traditionell eingerichtetes Restaurant serviert schmackhafte Gerichte wie Tintenfisch mit Pfefferkörnern, Kumin, Knoblauch, Peperoni und Wein, oder in Wein gegartes Kaninchen mit Mandeln, Zimt und Muskat. Allein schon die Weinkarte ist 21 Seiten lang.

An- & Weiterreise
Busse fahren ab dem **Busbahnhof** (☎ 23520 81271) nach Katerini (2,10 €, 25 Min., 13-mal tgl.), Thessaloniki (8 €, 1¼ Std., 13-mal tgl.) und Athen (28 €, 5½ Std., 3-mal tgl. über Katerini). Die Busse von Thessaloniki nach Volos/Athen halten an der Hauptstraße, wo auch der Bus von Katerini nach Litochoro hält.

Der Bahnhof liegt 9 km von Litochoro enfernt. Dort halten täglich die zehn Züge der Strecke Athen–Volos–Thessaloniki.

RUND UM LITOCHORO
Olymp ΟΛΥΜΠΟΣ ΟΡΟΣ
Der Ehrfurcht gebietende Olymp, wolkenverhangener Sitz des antiken Pantheon, facht die Fantasie der heutigen Besucher ebenso an wie die der Menschen der Antike. Auf Griechenlands höchstem Berg gedeihen auch um die 1700 Pflanzenarten, von denen einige selten sind und endemisch. Seine Hänge sind von dichten Wäldern aus zahlreichen unterschiedlichen Laubbäumen, Koniferen und Pinien bedeckt; auch die Vogelwelt ist artenreich. Der Olymp wurde 1937 Griechenlands erster Nationalpark. Abgesehen von den Aktivitäten der antiken Götter waren die ersten bekannten Sterblichen, die den höchsten Gipfel des Olymp, den Mytikas (2918 m), im August 1913 erreichten, Christos Kakalos aus Litochoro und die Schweizer Frederic Boissonas und Daniel Baud-Bovy.

Es ist zwar möglich, auf den Olymp zu fahren, aber die meisten Besucher kommen zum Bergwandern. Die Bergverbände in Litochoro (gegenüber) haben Karten und Infos zu den aktuellen Gegebenheiten.

Antikes Dion Δίον
Das **antike Dion** (Archäologischer Park Dion; Erw./Stud. 6/2 €; ☉ 8–20 Uhr) gleich nördlich von Litochoro war für die alten Makedonier ein heiliger Ort, wo sie die olympischen Götter und vor allem Zeus verehrten – selbst Alexander der Große erbrachte hier vor seinen epischen Abenteuern im Osten Opfergaben.

Ursprünglich wurde hier eine Fruchtbarkeitsgöttin verehrt. Später wurden auch andere Götter populär, wie Asklepios, der Gott der Heilkunst. Dions **Heiligtum der Isis,** der exotischen ägyptischen Göttin, steht in einer üppig bewachsenen Senke. Ihre Votivstatuen wurden intakt und mit schwachen Farbresten aufgefunden. Die Originale stehen heute im Museum der Stätte, sie wurden vor Ort durch Kopien ersetzt. Ein gut erhaltener **Mosaikboden** von 200 n. Chr. stellt die triumphale Offenbarung des Dionysos dar. Im wieder aufgebauten **Theater** Dions finden während des **Olymp-Festivals** im August Aufführungen statt.

Die Eintrittskarte zum archäologischen Park gilt auch für das **Museum** (☎ 23510 53206; ☉ Di–Fr 8–19, Mo 10.30–17, Sa & So 8.30–15 Uhr), das Statuen und andere Fundstücke mit guten Erläuterungstexten zeigt.

Zu erreichen ist die Stätte mit dem Auto oder einem Taxi von Litochoro (9 €).

VERIA ΒΕΡΟΙΑ
43 683 Ew.
Veria wirkt wie eine recht eintönige griechische Stadt, in der sich aber bemerkenswerte byzantinische Kirchen, ein altes jüdisches Viertel, traditionelle türkische Häuser und zwei sehenswerte Museen, zudem gute Restaurants und Nachtleben verbergen. Die Stadt liegt 75 km westlich von Thessaloniki an der Straße nach Vergina und wird weniger von Touristen als von griechischen Geschäftsreisenden, die in Sachen landwirtschaftlicher Produkte, Wein und Mineralwasser unterwegs sind, besucht.

NORDGRIECHENLAND

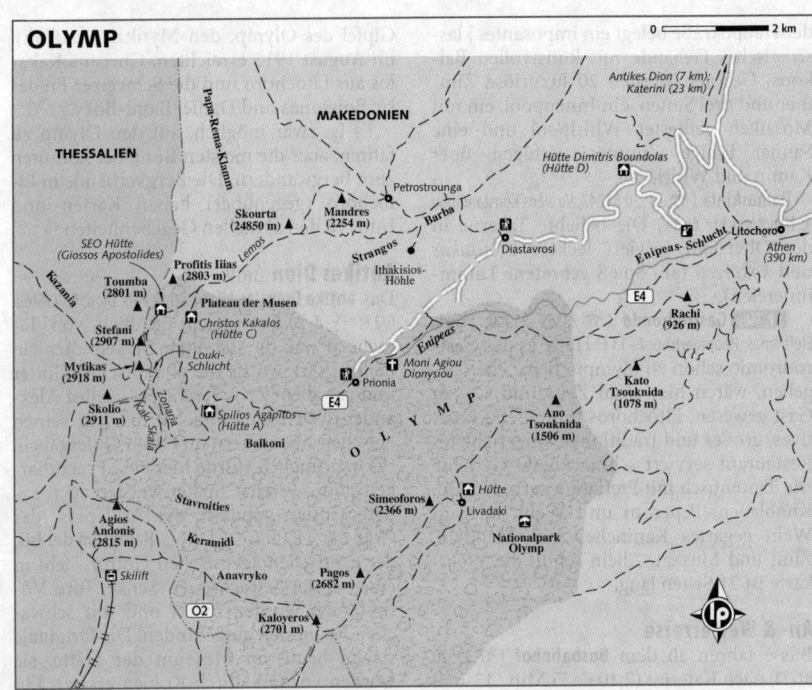

OLYMP   0 ⎯⎯⎯⎯ 2 km

NORDGRIECHENLAND

Orientierung

Die beiden Hauptplätze Plateia Andoniou
und Plateia Raktivan (1 km voneinander
entfernt) sind über die Straßen Venizelou
und Mitropoleos miteinander verbunden.
Die Zusammenführung der Venizelou und
der Mitropoleos Elias führt zur Anixeos, die
auf einem steilen Höhenzug in Nord-Süd-
Richtung verläuft. Die *pezodromos* (Fußgängerstraße) Ellis zwischen diesen Hauptstraßen ist ein Zentrum des Nachtlebens.
Sie zweigt von der Kontogiorgaki ab, die
voller Hotels, Restaurants und Läden ist.
Der Busbahnhof befindet sich einen Straßenzug östlich der Venizelou, der Bahnhof
3 km nördlich an der alten Straße nach
Thessaloniki.

Praktische Informationen

Banken mit Geldautomaten gibt es reichlich
in der Venizelou und der Mitropoleos.

In-Spot (Elias 9; pro Std. 2 €; ☼ 24 Std.) Internetzugang.

Polizei (☎ 23310 22391; Mitropoleos)

Post (Dionysiou Solomou 4)

Städtisches Kulturamt (Ecke Pavlou Mela & Bizaniou)
Touristeninformation.

Touristeninformation (Ecke Anixeos & Plateia Elias;
☼ 9–17 Uhr)

Sehenswertes & Aktivitäten

Verias atmosphärisches altes jüdisches
Viertel **Barbouta** ist von der Plateia Andoniou über die Vasileos Konstandinou, die
Einkaufsstraße der Altstadt voller Läden
und *kafeneia*, zu erreichen. Auf halbem
Weg ist rechts eine riesige alte Platane zu
sehen, an der die Türken 1430 nach der
Einnahme von Veria den Erzbischof Arse-
nios erhängten. Gegenüber steht die verfallene **Kathedrale** aus dem 12. Jh., deren kopf-
loses Minarett davon zeugt, dass sie unter
den Osmanen als Moschee diente.

Das **Archäologische Museum** (☎ 23310 24972;
Leoforos Anixeos 45; Eintritt frei; ☼ Di–So 8.30–15 Uhr)
am nördlichen Ende der Anixeos birgt
Fundstücke aus den Vergina-Gräbern und
aus dem nahen Lefkadia. Eindrucksvoll
sind die Grabbeigaben, antiken Vasen, Silber, Gold und eine herrliche Statue der
„Aphrodite, die ihre Sandalen auszieht".

Das **Byzantinische Museum** (☎ 23310 25847;
Thomaidou 26; Eintritt 2 €; ☼ Di–So 8–15 Uhr) bergauf

am anderen Ende der Stadt ist Verias coolstes Museum. Es zeigt auf drei edel ausgeleuchteten Stockwerken unschätzbare Ikonen und andere byzantinische Antiquitäten wie Bodenmosaiken aus dem 5. Jh., Marmorinschriften und kunstvolle Sarkophage, die auf Wandtafeln erläutert werden. Das hilfsbereite Personal erklärt die Objekte, die das tägliche Leben des antiken und byzantinischen Veria illustrieren.

Nur wenige der zahlreichen **byzantinischen Kirchen** Verias stehen offen, ziemlich sicher jedoch die reich mit Fresken ausgestattete **Kirche der Auferstehung Christi** (Eintritt frei; ☻ Di–So 8.30–15.30 Uhr) aus dem 14. Jh. im Zentrum.

Der **Berg Vermio**, 22 km westlich, ist im Winter ein viel besuchtes Skigebiet mit acht Abfahrten und drei Liften – prima für Anfänger.

Schlafen
Da Veria überwiegend auf Geschäftsleute ausgerichtet ist, haben Budgetreisende hier nicht viel zu lachen.

Hotel Macedonia (☎ 23310 66902; Kontogiorgaki 50; EZ/DZ 50/72 €; ⓟ ⊠) Ein ruhiges Hotel mit netten, gut eingerichteten Zimmern und einer hübschen Dachterrasse. Zu erreichen von der Elias in die Paster, die dann in die Kontogiorgaki übergeht.

Hotel Villa Elia (☎ 23310 26800; eliaver@otenet.gr; Elias 16; EZ/DZ 55/70 €; ⊠) Das Businesshotel mit großen komfortablen Zimmern ist etwas lauter, aber dafür dichter am Geschehen dran.

Hotel En Eari (☎ 23310 75788; www.eneari.gr; Leoforos Anixeos 82; EZ/DZ/3BZ 85/110/143 €; ⓟ ⊠ ⊜) Ein nagelneues Luxushotel nahe dem archäologischen Museum mit geräumigen Zimmern und einem lichtdurchfluteten Café.

Essen & Ausgehen
Veria hat zahlreiche leckere Restaurants und einige lebhafte Bars in der *pezodromos*. Zu den hiesigen Spezialitäten gehören überbackene *fasoladha* (weißer Bohneneintopf) und *revani*, ein sirupdurchtränkter türkischer Kuchen.

Zaharoplasteio Konstantinos (☎ 23310 70196; Elias 2; Pites 2 €; ☻ 24 Std.) Das fröhliche Lokal im Zentrum ist ideal für den Morgenkaffee und *tyropita* (mit Käse gefüllte Teigtaschen), *bougatsa* (Griestaschen) und anderen Süßkram.

Menou (☎ 23310 72788; Plateia Raktivan 14; Hauptgerichte 5–8 €) Lecker in dem vegetarierfreundlichen Laden sind die *fasoladha* oder auch das *imam baildi* (gebackene Auberglne mit Hackfleisch).

LP Tipp **Vergiotiko** (☎ 23310 74133; Thomaidou 2; Hauptgerichte 5–9 €; ☻ 12–24 Uhr) Das wunderbare, grottenartige, traditionelle Restaurant ist buchstäblich in die alten byzantinischen Mauern gehauen und urgemütlich. Der Service ist freundlich, die Portionen üppig und das Essen frisch und kreativ. Besonders empfehlenswert sind Schwein mit Auberginen oder die scharfen Pilze. Es liegt auf einer Anhöhe, wo sich die Straße links nach Vergina und rechts zum byzantinischen Museum gabelt.

To Katafygio (☎ 23310 27227; Kontogeorgaki 18; Hauptgerichte 5–9 €) Das „Versteck", wie sich der Name übersetzt, befindet sich in einem restaurierten alten Gebäude und serviert Wildgerichte wie Wachteln, Pilzspezialitäten und auch das übliche Tavernenessen.

Fournos (☎ 23310 29829; Ellis 14; ☻ ab 20.30 Uhr) Die coole, dämmrige Bar in der *pezodromos*, 100 m weiter ab der Ecke mit der Kontogiordaki, zeichnet sich durch glattes Holz und Jazz aus (neben griechischer Musik) und nach Mitternacht ziemlich voll. In der Nähe befinden sich noch mehr beliebte Bars.

An- & Weiterreise
BUS
Vom **Busbahnhof** (☎ 23310 22342; Trembesinas) fahren Busse nach Thessaloniki (6 €, 1 Std., alle 30 Min.), Athen (31,50 €, 6½ Std., 3-mal tgl.), Edessa (4,20 €, 1 Std., 4-mal tgl.), Naoussa (1,80 €, 25 Min., 22-mal tgl.) und Vergina (1,40 €, 20 Min., 8-mal tgl.). Busse nach Kastoria (10,90 €, 2 Std., 6-mal tgl.) fahren ab dem **Bahnhof** (☎ 23310 75170; Pierion 155) 2 km westlich der Stadt.

ZUG
Täglich 14 Züge haben vom **Bahnhof** (☎ 23310 24444) nördlich der Stadt an der alten Straße nach Thessaloniki Anschluss an die Strecke zwischen Veria und Thessaloniki (3,20 €, 1 Std.) und nach Florina (4 €, 2 Std.).

Unterwegs vor Ort
Veria ist gut zu Fuß zu erkunden; ansonsten gibt es **Taxis** (☎ 23310 63394).

VERGINA ΒΕΡΓΙΝΑ

1246 Ew.

Vergina, 11 km südöstlich von Veria, ist die legendäre Begräbnisstätte der makedonischen Könige und ihre erste Hauptstadt (antikes Aigai). 336 v.Chr. wurde hier Philipp II. auf der Hochzeit seiner Tochter Kleopatra ermordet. Wenigstens waren die Gäste schon da.

Das Weltkulturerbe wird auch schlicht als **Königsgräber** (☎ 23310 92347; Erw. 8 €; ☺ Sommer Mo 12–19.30, Di–So 8–19.30 Uhr, Winter 8.30–15 Uhr) bezeichnet. Ein Gang durch die Innenräume der größten *tholos* (Hügelgrab) führt zu den vier individuellen Gräbern. **Grab I** wird wegen eines intakten Wandbildes, das den Raub der Persephone durch Hades darstellt, als Persephones Grab bezeichnet. **Grab II** ist vermutlich das von Philipp II. Das bis zu seiner Entdeckung 1977 intakte Grab enthielt eine goldene *larnax* (Gebeinkasten) einschließlich Knochen. Der 16-zackige Stern der königlichen makedonischen Familie auf dem Larnaxdeckel und Beschädigungen am Schädel, die den Beschreibungen einer Verletzung Philipps entsprechen, weisen auf die vermutete Identität des Toten hin. Philipps *larnax* und die seiner mutmaßlichen Konkubine oder Ehefrau sowie einige exquisite Goldblattdiademe sind in den Ausstellungsräumen zu sehen. **Grab III** war vermutlich für Alexander IV. bestimmt, den Sohn Alexander des Großen. Das geheimnisvolle **Grab IV** wurde bereits in der Antike geplündert.

400 m hinter den Königsgräbern befindet sich die Ruine einer weitläufigen **Palastanlage,** einst die Sommerresidenz des Königs Antigonos Gonatas aus dem 3. Jh. v.Chr. Die Hauptattraktion ist ein großes dorisches Peristyl (eine Art Kreuzgang), das von Kieselmosaiken umgeben ist. Das schönste davon besteht aus geometrischen Blumenmustern.

EDESSA ΕΔΕΣΣΑ

16 000 Ew.

Das grüne Edessa ist berühmt für die großartigen Wasserfälle, die selbst an heißen Sommertagen für feuchte und erfrischende Luft sorgen. Die reizvolle, wenn auch heruntergekommene Altstadt, die kleinen Bäche, schattigen Parks und eine byzantinische Brücke sind ebenfalls sehenswert. Das Städtchen kauert auf einem Steilhang mit Blick über eine scheinbar endlose, landwirtschaftlich genutzte Ebene. Edessas wunderbare neue Unterkünfte (s. Schlafen gegenüber) sprechen ebenfalls dafür, die Stadt als Standort für weitere Erkundungen im westlichen Makedonien zu wählen, wie z. B. Besuche der nahen Weingüter (s. Weingüter in Nordgriechenland S. 344).

Edessa wurde bis 1977, als die Königsgräber in Vergina entdeckt wurden, für die antike makedonische Stadt Aigai gehalten. Im Zug der staatlich verordneten Hellenisierung Makedoniens nach dem griechisch-türkischen Bevölkerungsaustausch von 1923 wurde der alte slawische Name Voden („Wasserstelle") durch das archaische Edessa ersetzt.

Orientierung

Der zentral gelegene Busbahnhof liegt an der Ecke der Filippou und der Pavlou Mela. Zum Zentrum, der Dimokratias, geht's von hier über die Pavlou Mela bis zum Ende der Straße und dort nach rechts. Vom Bahnhof in der Leoforos Nikis sind es zehn Minuten zu Fuß über die 18 Oktovriou bis zum Zentrum.

Edessas Wasserfälle und die Altstadt Varosi sind gut ausgeschildert. Wer sich verläuft, kann einen Einheimischen nach den *kataraktes* (Wasserfälle) fragen.

Praktische Informationen

Banken mit Geldautomaten gibt es in der Dimokratias.

Polizei (☎ 23810 23333; Iroön Polytehniou)
Post (Dimokratias 26)
Touristeninformation (☎ 23810 23101; www.edessacity.gr; ☺ 10–20 Uhr) In der hilfreichen Information in einer Bude vor dem Wasserfall gibt es Stadtpläne von Edessa und den nahen Attraktionen.

Sehenswertes

Die **Wasserfälle** sind gleich hinter dem gut ausgeschilderten Park nahe der Touristeninformation zu sehen. Der größte donnert dramatisch eine hohe Felswand hinab und erfüllt die Luft mit Sprühnebel. Auf der **Aussichtsplattform** hinter dem Wasserfall hat man das herabstürzende Nass direkt vor der Nase und atmet die wassergesättigte Luft. Kurz vor der Plattform befindet sich in der Felswand eine kleine **Höhle** (Eintritt 1 €).

Ein gewundener Pfad führt hinab zum zweiten, weniger beeindruckenden Wasserfall. Das **Wassermuseum** (Erw. 2 €; ☺ Mi–Mo 11–16 Uhr) weiter rechts zeigt verschiedene Gerätschaften der Wasserwirtschaft und ein hübsches **Aquarium** mit verschiedenen Fischarten, Amphibien, Schnappschildkröten, Giftschlangen und einem griesgrämigen eingesperrten Krokodil.

Weiter südlich auf dem Steilhang liegt Edessas Altstadt **Varosi** mit ihren gepflasterten Straßen, Kapellen und traditionellen Häusern. Hier befindet sich auch das kunterbunte **Volkskundemuseum** (Erw. 2 €; ☺ Di–So 10–17 Uhr). In die andere Richtung vom Wasserfall geht's durch den Park zu der sehr hübschen **byzantinischen Brücke,** die einst Teil der alten Via Egnatia war.

Aktivitäten

Outdooraktivitäten wie Wanderungen, Radtouren und Orientierungsmärsche mit GPS organisiert **Giannis Hatziantoniou** (☎ 69449 91075). **Tasos Privartitsanis** (☎ 6977248581) bietet Paragliding und Drachenfliegen an und **George Mousios** (☎ 6973743127; 1-/2-Std.-Ausritte 15/20 €) Reitausflüge in die Berge.

Schlafen

Varosi (☎ 23810 21865; www.varosi.gr, auf Griechisch; Arhiereos Meletiou; EZ/DZ inkl. Frühstück 55/70 €; P ☒) Die atmosphärische Pension verbirgt sich in der gleichnamigen Altstadt. Das restaurierte traditionelle makedonische Haus aus Holz und Stein ist in Familienbesitz. Die Zimmer sind mit antiken Messingbetten (die Matratzen sind allerdings steinhart), schöner Bettwäsche und bunten Stickereien ausgestattet. Im Winter halten Kaminfeuer die Gemeinschaftsräume warm und behaglich, im Sommer lockt ein blumengeschmückter Balkon zum Entspannen bei einem Kaffee.

Hagiati (☎ 23810 51500; www.hagiati.gr, auf Griechisch; EZ/DZ inkl. Frühstück 60/70 €; ☒) Die kleine Pension um die Ecke vom Varosi in ruhiger Lage hat einen hübschen offenen Hof. Die Einbauten sind vielleicht etwas zu modern, aber ansonsten ist das Haus recht nett.

LP Tipp **Varosi Four Seasons** (☎ 23810 51440; 6983187397 www.varosi.gr; Arhiereos Meletiou; DZ inkl. Frühstück ab 70 €; P ☒ ☎) Die unternehmenslustigen Töchter von Anastasia Salahora (Besitzerin des Varosi, s. oben) haben Edessas erstes Boutiquehotel eröffnet. Es liegt nur ein paar Häuser von Mama entfernt. Von den zehn Zimmern bieten sechs einen

Blick auf die endlose Edessa-Ebene (ebenso das großartige Terrassencafé). Die blitzblanken und opulent eingerichteten Zimmer eignen sich prima für die Flitterwochen; der Service ist freundlich und aufmerksam.

Essen

Raeti (☎ 23810 28769; 18 Oktovriou 20; mezedhes 3–5 €, Hauptgerichte 5,50–8 €) Empfehlenswert sind hier die gut zubereiteten makedonischen Gerichte, wie *mezedhes* und sättigende Fleischgerichte.

Katarraktes Edessas (☎ 23810 27810; Kapetan Gareti-Perdika 1; Hauptgerichte 5–9 €) Das gemeindeeigene Restaurant neben den Wasserfällen bietet Innen- und Terrassenplätze. Die Speisen sind Standard, aber solide.

Anreise & Unterwegs vor Ort

Vom **Busbahnhof** (☎ 23810 23511; Pavlou Mela 13) fahren Busse nach Thessaloniki (7,50 €, 2 Std., stündl.), Veria (4,20 €, 1 Std., 5-mal tgl.) und Athen (41,60 €, 8 Std., 3-mal tgl.). Die Busse nach Florina fahren von einer anderen **Haltestelle** (☎ 23810 29600) 30 m entfernt ab.

Vom **Bahnhof** (☎ 23810 23510; Leoforos Nikis) fahren Züge nach Thessaloniki (3,70 €), Larisa (6 €), Athen (17 €), Kozani (3 €) und Florina (2,60 €).

Edessa ist gut zu Fuß zu erkunden; ansonsten gibt es **Taxis** (☎ 23810 22904).

FLORINA ΦΛΩΡΙΝΑ

15 555 Ew.

Florina liegt in einem grünen Tal in den Bergen und ist in ganz Griechenland für die hier angebauten roten Paprika berühmt. Es ist auch eine kleine Universitätsstadt – was nicht zu übersehen ist, da die Cafés in der Fußgängerstraße im Zentrum stets voll sind. Abends geht die halbe Stadt am Fluss entlang spazieren.

Florina ist auch das Tor zu den Prespa-Seen im Westen und liegt etwa 40 km südlich von Bitola, der ersten größeren Stadt in der ehemaligen jugoslawischen Republik Mazedonien; zwischen beiden bestehen gewisse Ähnlichkeiten. Zudem liegt der kleine Skiort Vigla 15 km westlich von Florina an der Straße zu den Prespa-Seen.

Florina hat zwar nur drei kleine Museen, ist aber von historischer Bedeutung. Es war die nördlichste Stadt, die von griechischen

Truppen in den Balkankriegen von 1912–13 besetzt und dann annektiert wurde, und lag in späteren Kriegen in Frontnähe. Das Problem der (slawischen) mazedonischen Minderheit in Griechenland, das die Regierung unumwunden leugnet, war in Florina und den Dörfern der Umgebung schon immer ein heikles Thema, da dort ein bedeutender Prozentsatz der „griechischen" Bevölkerung Mazedonisch spricht. Massiver, wenn auch subtiler Druck seitens der griechischen Gesellschaft, der Medien und der Regierung haben die Sprache unterdrückt. Doch wenn man genau hinhört und ein Bewusstsein für die Situation hat, stellt man fest, dass die mazedonische Sprache in Florina und Umgebung noch zu hören ist, wenn auch überwiegend bei älteren Leuten.

Orientierung

Florina ist durch einen Fluss geteilt und erstreckt sich unterhalb des Westrands eines bewaldeten Berges. Die Hauptstraße Pavlou Mela führt zum Hauptplatz (Plateia Georgiou Modi). Der westliche und verkehrsberuhigte Abschnitt der Pavlou Mela ist von Cafés gesäumt.

Vom Busbahnhof geht's auf den beiden Straßen beidseitig des Stadtparks hinunter und über die Kastrisianaki hinweg zur Pavlou Mela, oder in südwestlicher Richtung 300 m auf der Stefanou Dragoumi entlang bis zur Plateia Georgiou Modi, an der die Fußgängerzone der Pavlou Mela beginnt. Der Fluss befindet sich gleich südlich davon.

Der Bahnhof befindet sich in der Nähe der Pavlou Mela. Sie verläuft östlich vom südwestlichen Rand des Parks neben dem Bahnhof.

Praktische Informationen

Banken mit Geldautomaten gibt es rund um den Hauptplatz.

InFlorina (☎ 23850 44144; www.inflorina.gr; Plateia Giorgiou Modi 13) Eine private Touristeninformation für Infos über den Ort.

Netville (☎ 23850 29494; Pavlou Mela; pro Std. 3 €; ✷ 10–24 Uhr) Internetcafé gegenüber und leicht östlich des Hotel Hellinis.

Polizei (☎ 23850 22222; Sangariou 24) Die Wache liegt 500 m westlich der Plateia Giorgiou Modi.

Post (Kalergi 22) Links der Stefanou Dragoumi in Richtung Busbahnhof.

Sehenswertes

Florinas **Archäologisches Museum** (☎ 23850 28206; Sidirodromikou Stathmou 3; Eintritt 2 €; ✷ Di–So 8.30–15 Uhr) nahe dem Bahnhof birgt antike Fundstücke, darunter auch Objekte aus der hellenistischen Stadt auf dem Berg Agios Panteleimonos nahe Florina.

In der **Altstadt**, beidseitig des Flusses, befinden sich reizvolle türkische Häuser und klassizistische Villen. Eine wurde von der Gesellschaft der Kunstfreunde Florinas restauriert und als **Museum für Moderne Kunst** (☎ 23850 29444; Leoforos Eleftherias 103; Eintritt frei; ✷ Di–Sa 18–20, So 10–13 Uhr) eingerichtet. Die ständige Sammlung zeitgenössischer griechischer Kunst wird von häufigen Wechselausstellungen ergänzt. Zu erreichen ist das Museum über die 25 Martiou, über die Brücke und dann rechts. Das Museum liegt 200 m weiter.

Das **Volkskundemuseum** (Karavitou 2; Eintritt frei; ✷ Mo, Mi & Sa 18–20 Uhr) nahe dem Gericht hat ungünstige Öffnungszeiten, zeigt aber einzigartige Fotos und Trachten.

Schlafen

Hotel Hellinis (☎ 23850 22671; hellinis@line.gr; Pavlou Mela 31; EZ/DZ 30/40 €; ✷) Florinas beste Budgetunterkunft vermietet saubere, moderne Zimmer und das freundliche Personal gibt nützliche Tipps für Ausflüge in die Umgebung. Kein Budgethotel in Florina verfügt über Klimaanlagen, aber das Hellinis hat Ventilatoren. Die Wände der schrägen Café-Bar sind mit Blumen bemalt und mit Gemälden von Schonern sowie der einen oder anderen Gitarre geschmückt; außerdem gibt es ein echtes Aquarium. Das Hotel liegt zwei Minuten westlich des Bahnhofs und drei Minuten zu Fuß vom Busbahnhof.

Hotel Antigone (☎ 23850 23180; Arrianou 1; EZ/DZ inkl. Frühstück 40/50 €) Das verblichene Antigone liegt ein Stückchen hinter dem Busbahnhof und hat die besten Tage schon längst hinter sich, was an den ramponierten Zimmern und der alten Einrichtung zu sehen ist. Wer auf das freudlose Frühstück verzichtet, kann ein paar Euro sparen.

Hotel Lingos (☎ 23850 28322; www.hotel-lingos.gr; Tagmatarhou Naoum 1; EZ/DZ 70/90 €; P ✷ ☐) Das zu Best Western gehörende Lingos gleich nördlich der Plateia Georgiou Modi bietet all die erwartungsgemäßen Annehmlichkeiten eines 4-Sterne-Businesshotels, wie WLAN, einen Dachgarten und gelegentlich einen griechischen Promi oder Politiker unter den Gästen.

Essen & Ausgehen

In Florina gibt es einfache Tavernen und zahlreiche Cafés in der westlichen Fußgängerzone der Pavlou Mela.

Prespes (☎ 23850 23973; Tyrnovou 12; Hauptgerichte 5–8 €; ☺ abends) Ein nüchternes Lokal im Zentrum, das hauptsächlich gegrillte oder gebratene Fleischgerichte serviert.

Psarotaverna O Giorgos (☎ 23850 23622; Grevenon 16; Fisch 5–9 €; ☺ Mo–Sa abends) Das freundliche Lokal auf dem Hügel 500 m westlich des Zentrums ist Florinas einziges Fischrestaurant. Auf der Karte stehen leckere Goldkarpfen und Forellen aus den Prespa-Seen sowie Fisch aus der Ägäis. Der Besitzer Giorgos Hasos fährt dreimal pro Woche zum Fischmarkt in Thessaloniki und holt dort fangfrische Meeresfrüchte. Es ist nur abends geöffnet, im Winter ab 19 Uhr, im Sommer ab 21 Uhr.

To Varosi (☎ 23850 29191; Eleftherias 84; Hauptgerichte 6–8 €; ☺ Mi–Mo) Ein weiteres Lokal mit Grillfleischgerichten. Es liegt etwa 200 m westlich des Zentrums am Flussufer.

Art Café (☎ 23850 26535; Pavlou Mela 106; ☺ 9–2 Uhr) In dem Straßencafé am westlichen Ende der Pavlou Mela gibt es Säfte, Eis, Kaffee und geblümte Retrosofas. Es ist eines der peppigeren unter den Cafés der Umgebung.

An- & Weiterreise
BUS
Inland

Vom **Busbahnhof** (☎ 23850 22430) fahren Busse u. a. nach Athen (45 €, 9 Std., 2-mal tgl.) und Thessaloniki (14 €, 2¾ Std., 6-mal tgl.).

Die Busse zu den Prespa-Seen verkehren montags, mittwochs und freitags um 15 Uhr nach Agios Germanos (4,80 €, 1½ Std.), aber nur mittwochs weiter nach Psarades (6 €) . Die Busse fahren sofort wieder zurück nach Florina, also muss man bei den Prespa-Seen übernachten. In den Schulferien ist der Busverkehr zwischen Florina und den Prespa-Seen unregelmäßig.

Wer nach Kastoria will, muss in Amyntaio (3,80 €, 30 Min., 8-mal tgl.) umsteigen. Allerdings fahren ab Amyntaio nur drei Busse täglich bis ins eine Stunde entfernte Kastoria, und nur der Bus um 15 Uhr (ab Amyntaio) kommt früh genug an, um noch am gleichen Tag Anschluss zu haben.

International

Während der Schulzeit fahren täglich zwei Busse von Florina nach Niki (1,70 €, 30 Min.) an der mazedonischen Grenze. Der Bus nach Albanien hält jeden Mittwoch an der griechischen Grenzstation in Krystallopigi (6,10 €, 1 Std.).

TAXI

Ein Taxi nach Bitola (40 km) in Mazedonien kostet etwa 40 € einfach und 50 € hin und zurück. Im letzteren Fall sind zwei Stunden Einkaufen und Sightseeing enthalten. Die Fahrt kann mit den Fahrern selbst oder über das Hotel arrangiert werden.

ZUG

Florinas **Bahnhof** (☎ 23850 22404) ist Endstation der Bahnstrecke von Thessaloniki; täglich fünf Züge verkehren auf dieser Strecke. Zu den wichtigsten Haltestellen vor Thessaloniki (6 €, 3 Std.) gehören Edessa (2,60 €, 70 Min.) und Veria (4 €, 2 Std.).

PRESPA-SEEN ΛΙΜΝΕΣ ΠΡΕΣΠΩΝ

In Makedoniens zauberhafter, bergiger Nordwestecke liegen die beiden prächtigen Seen **Megali Prespa** und **Mikri Prespa** (Große Prespa und Kleine Prespa, zusammen Prespes genannt), die durch einen schmalen Landstreifen voneinander getrennt sind und teilweise zu drei Ländern gehören. Ohne ausländische Touristenmassen konnten die Prespes mit ihren wunderbaren traditionellen Steinhausdörfern und bedeutenden byzantinischen Altertümern ihre stille Naturschönheit bewahren. Die Fahrt von Florina führt durch dichte Wälder mit herrlichen Bergpanoramen und gelegentlichen Schildern, die vor Bären warnen.

Der Mikri Prespa (43 km²) gehört seit den Balkankriegen von 1913 größtenteils zu Griechenland, doch der junge Staat Albanien erhielt später einen winzigen Zipfel im Südwesten. Der See ist klein aber friedlich und von raschelndem Schilfrohr gesäumt, in dem zahlreiche Vogelarten nisten wie Kormorane, Krauskopfpelikane, Reiher und Ibisse – wunderbar zur Vogelbeobachtung, allerdings nicht zum Schwimmen.

Der durch Erdplattenverschiebung entstandene Megali Prespa (850 m ü. d. M.) ist über eine Million Jahre alt, einer der ältesten Seen Europas. Er speist durch unterirdische Quellen den ebenso alten (aber viel

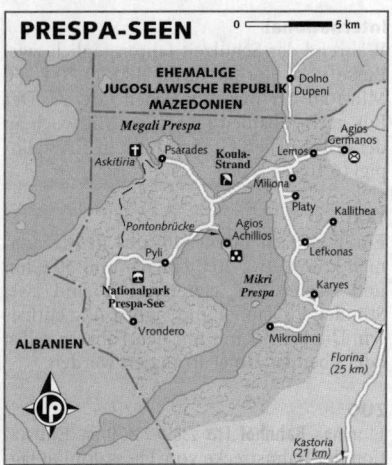

PRESPA-SEEN 0 ⸻ 5 km

EHEMALIGE
JUGOSLAWISCHE REPUBLIK
MAZEDONIEN

Megali Prespa

Dolno
Dupeni

Agios
Germanos

Psarades Lemos
Askitiria Koula-
Strand

Miliona
Platy Kallithea
Pontonbrücke Agios
Achillios
Pyli Lefkonas

Mikri Karyes
Prespa
Nationalpark
Prespa-See
Vrondero Mikrolimni

ALBANIEN
Florina
(25 km)

Kastoria
(21 km)

NORDGRIECHENLAND

größeren) Ohrid-See im Nordwesten. Das politische Hickhack auf dem Balkan im 20. Jh. führte dazu, dass Griechenland 38 km² des südöstlichen Megali Prespa annektierte, während ein kleines Stück im Südwesten an Albanien ging. Der Großteil (ca. 190 km²) des Megali Prespa im Norden gehört zu Mazedonien, wobei alle einheimischen Menschen rund um den ganzen See Mazedonisch sprechen.

Auf der griechischen Seite besteht der Großteil des Seeufers aus steil abfallenden Felsen, die dramatisch aus dem kalten blauen Wasser emporragen. Ein paar Kilometer nördlich auf der mazedonischen Seite erstreckt sich jedoch ein 2 km langer Sandstrand vor dem idyllischen Dorf Dolno Dupeni. Trotz des Geredes um eine Wiedereröffnung des seit langer Zeit geschlossenen Grenzpostens, liegt die Wahrscheinlichkeit, dass es tatsächlich so kommt, wegen der politischen Kabbeleien zwischen Athen und Skopje in weiter Ferne.

Die gesamte „Mikroregion", wie das Gebiet von beflissenen und auf multinationale Integration versessenen Eurokraten genannt wird, ist noch immer eine Wildnis. In Griechenland sind die Prespes seit über 30 Jahren ein Nationalpark. Und um den Nordteil des Megali Prespa sind auch die bergigen Ufergebiete Mazedoniens Nationalparks (Galicica im Westen und Pelister im Osten). Somit ist das gesamte Gebiet eine stille Oase für Ruhe suchende Tiere und auch Menschen.

Wie schon zu byzantinischer Zeit war die gesamte Prespes-Region auch während der Balkankriege von 1912–13, der beiden Weltkriege und dem griechischen Unabhängigkeitskrieg ein Kriegsschauplatz, was zu viel Leid und Elend führte. Die dadurch erzwungene Vertreibung und Emigration betraf Tausende Mazedonier und Griechen gleichermaßen.

Agios Germanos Αγιος Γερμανός
231 Ew.
Das gepflegte Agios Germanos voller wunderbarer Steinhäuser und bedeutender byzantinischer Stätten ist der Hauptort der Prespes. Er liegt zwar nicht am See, bietet aber die stimmungsvollsten Unterkünfte sowie gute Restaurants – und Bergwanderwege, um die Kalorien wieder loszuwerden.

ORIENTIERUNG & PRAKTISCHE INFORMATIONEN
Es gibt eine Bushaltestelle, Taxis und das einzige Postamt der Prespes. Banken gibt es keine, Geld wird aber im Postamt gewechselt.

Ärztliche Gemeindepraxis (☎ 23850 46284)
Informationszentrum (☎ /Fax 23850 51452; ☻ 9.30–15 Uhr) Das Informationszentrum des Nationalparks an der Straße Richtung Dorf zeigt interessante Ausstellungen. Angeboten werden auch kostenlos geführte Vogelbeobachtungstouren.
Polizei (☎ 23850 51202)
Steki (☎ 23850 51332; ☻ Di–Sa 18–22 Uhr) Das nette Gemeindezentrum im benachbarten Lemos hat Internetzugang.

SEHENSWERTES
Die beiden Dorfkirchen **Agios Athanasios** und **Agios Germanos** sind außerordentliche Beispiele byzantinischer Sakralarchitektur. Die Germanos, dem Schutzheiligen des Dorfes geweiht, ist ein anheimelndes überkuppeltes Backsteingebäude aus dem 11. Jh. mit einigen lebhaften Fresken. Eine Infotafel erläutert den Hintergrund der Kirche.

SCHLAFEN & ESSEN
Rooms Arhondiko (☎ 23850 46260; EZ/DZ 40/50 €; P) Die Pension mit rustikalem Charme und freundlichem Service vermietet einfache, saubere Zimmer mit Balkon und Blick aufs Wasser.

Agios Germanos Hostel (☎ 23850 51357; www. prespa.com.gr; EZ/DZ 40/60 €; P) Das restaurierte alte Bauernhaus ist gleich gegenüber der Agios Germanos ausgeschildert. Es bietet Holz- und Steinzimmer und ein großzügiges Frühstück.

To Petrino (☎ 23850 51344; EZ/DZ 45/60 €; **P**) To Petrino ist das erste Hotel am Eingang des Dorfs, ein einladendes, traditionelles Haus mit rustikaler Einrichtung und Holzbalken. Die gastfreundlichen Besitzer geben Tipps zur Erkundung der Region.

To Tzaki (☎ 23850 51470; Hauptgerichte 5–9 €) Die Gartentaverne hinter der Kirche Agios Germanos serviert leckere Spareribs, rote Florina-Paprika in Öl, *xinotyri* (saurer Käse) und mit Brennesseln gefüllte (aber nicht die brennende Sorte!) Blätterteigtaschen namens *tsouknidopita*. Der weiße Hund und die Katze verstehen sich so gut, dass sie sie gemeinsam um Brocken betteln.

AN- & WEITERREISE
Von Florina fahren Busse montags, mittwochs und freitags um 15 Uhr nach Agios Germanos (4,80 €, 1½ Std.) und kehren sofort wieder nach Florina zurück.

Psarades Ψαράδες
158 Ew.
Psarades, auf einer windigen Landzunge an der Südseite des Megali Prespa gelegen, ist ein hübsches, etwas orientierungsloses Dörfchen aus alten Steinhäusern und mit einer freundlichen, meist älteren mazedonischen Bevölkerung, die das Dorf noch unter seinem mazedonischen Namen Nivitsi (ein kleiner einheimischer Fisch) kennt. Es ist auch das letzte griechische Dorf vor der Dreiländergrenze auf dem See, die durch eine rostige Boje markiert ist.

Am Seeufer von Psarades, an dem einzigartige endemische Minikühe im Gras tollen, sind bunte Kaik-Boote vertäut. Die oberen Dorfstraßen (rechts vom Hauptplatz) sind absolut authentisch mit ihren Steinhäusern, vorstehenden Holzbalken und trocknenden Decken. Hier ist noch weitgehend die mazedonische Sprache zu hören. In Psarades wird, wie überall an den griechischen Prespa-Seen, Karpfenfilet serviert.

ORIENTIERUNG & PRAKTISCHE INFORMATIONEN
Die Straße nach Psarades endet an einem Uferparkplatz. Auf dem Platz dahinter gibt es eine Taverne, Läden, Restaurants und

Unterkünfte. Die Wohnhäuser drängen sich in den Straßen oben rechts. Es gibt ein Kartentelefon, auch funktionieren hier alle griechischen Mobilfunknetze.

SEHENSWERTES
Ein **Bootsausflug** auf dem Megali Prespa zu den drei abgelegenen **askitiria** (Einsiedeleien) im Süden des Sees beginnt mit der **Metamorfosi** aus dem 13. Jh., in der spärliche Reste der ursprünglich üppigen Bemalung und zwei Teile des holzgeschnitzten *temblon* (Votivtafel) erhalten sind (der Rest befindet sich im Museum in Florina). Die zweite Einsiedelei, die **Mikri Analipsi** aus dem 15. Jh., und die ebenso alte Felsenkirche **Panagia Eleousa** oberhalb einer Schlucht haben wunderschöne Fresken. Von oben über die Treppe bietet sich ein großartiger Blick über den See und nach Albanien auf der anderen Seite. Gegenüber von Psarades sind weitere Felsmalereien zu sehen, darunter die der **Panagia Vlahernitisa** (1455–56) und die der **Panagia Dexiokratousa** (1373).

Die Fischer aus dem Dorf fahren Interessierte hinaus – einfach fragen, falls sie es noch nicht von sich aus angeboten haben. Es kostet für mindestens vier Personen pro Boot etwa 20 € für einen kurzen Ausflug zu den Felsmalereien und zu einer *askitiria*, oder 25 € für die gesamte Rundfahrt. Wer allein unterwegs ist muss mindestens 30 € zahlen.

Sehenswert in Psarades selbst ist die **Kirche Kimisis Theotokou** (1893) mit ihrem doppelköpfigen Adler von Byzanz. Eine Inschrift nennt das Dorf bei seinem ursprünglichen mazedonischen Namen: Nivitsi.

SCHLAFEN & ESSEN
Im Sommer sollte besser reserviert werden.

To Hagiati (EZ/DZ 35/45 €) Das restaurierte kleine Steinhaus mit komfortablen, traditionell eingerichteten Zimmern ist an seinem Schild rechts am Eingang des Dorfs zu erkennen.

Rooms Arhondiko (☎ 23850 46260; EZ/DZ 35/50 €; **P**) Die nette Besitzerin Eleftheria vermietet direkt am Seeufer saubere, fröhliche Zimmer mit Balkon zum See raus.

Fünf gute Tavernen säumen Psarades' erhöhtes Seeufer. Neben Seefisch wird auch die lokale Spezialität *fasoladha* serviert. Das **Akrolimnia** (☎ 23850 46260; Hauptgerichte 5–9 €)

wird von den Besitzern der Rooms Arhondiko betrieben und hat leckere gebratene Forelle oder Karpfen und Wein vom Fass im Angebot.

AN- & WEITERREISE

In Florina und Kastoria gibt es Autovermietungen. Ansonsten fahren von Florina drei Busse pro Woche nach Agios Germanos. Nur der Bus am Mittwoch fährt weiter nach Psarades (6 €). An den anderen Tagen bleibt nur ein **Taxi** (☎ 23850 51247, 6942704496) von Lemos oder Agios Germanos. Der Fahrpreis von Psarades nach Lemos (zum Bus nach Florina) beträgt ungefähr 20 € und direkt nach Florina oder Kastoria 50 €.

Agios Achillios Άγιος Αχίλειος

Die Insel Agios Achillios im Mikri Prespa mag klein sein, hat aber eine große Geschichte. Im 10. Jh. wurde sie zur Hauptstadt des bulgarischen Zaren Samuel, der seine Herrschaft über fast den ganzen südlichen Balkan ausgedehnt hatte (sehr zum Ärger von Konstantinopel). Eine prächtige konkave Wand der Ruine der **Basilika von Agios Achillios** befindet sich samt einigen halb umgestürzten Mauern und Säulen sowie einem ansehnlichen Steinboden am Ostufer der Insel.

Vom Hügel, der quer über die Insel verläuft, bietet sich ein atemberaubender Blick auf die Basilika mit dem See und den Bergen dahinter. Auch **Vogelbeobachtung** lohnt sich hier, allerdings sollten Vogelfreunde eher die abgelegeneren Ecken der Insel erkunden.

Der Name der Insel, Agios Achillios, leitet sich von der Kirche ab, die wiederum ihren Namen nach Samuels Invasion Thessaliens erhielt: Als er 983 Larissa eroberte, „borgte" er sich (ziemlich ungehobelt) die heiligen Reliquien des hl. Achillios aus dem 4. Jh., eines eifernden Gegners der Häretiker, der wundersamerweise Öl aus einem Felsen sickern ließ, um seinen theologischen Standpunkt zu beweisen. Samuel weihte nun zur Feier seiner Eroberung die neue Kirche dem entführten Heiligen.

Agios Achillios ist von Agios Germanos mit dem Auto über die Landbrücke zwischen den beiden Seen und dann über die Abzweigung gleich links zu erreichen. Von Parades geht's geradeaus nach Süden, anstatt auf die Landbrücke abzubiegen. Vom Parkplatz aus führt eine 1 km lange schwimmende Pontonbrücke zur Insel.

Auf der Inselseite geht's dann über einen ausgeschilderten Weg links dicht am Ostufer entlang zur Basilika Agios Achillios und zu anderen Kirchenruinen.

Eine andere Möglichkeit ist der Weg ab der Brücke nach rechts bis zum einzigen Laden der Insel, der zugleich eine Taverne ist, die auch Zimmer ab 25 € vermietet. Obwohl Agios Achillios einst eine mittelalterliche Hauptstadt war, ist die Insel heute dünn besiedelt und voller Ruinen alter Steinhäuser. Während eines **Sommerfestes** hier und in anderen Prespes-Orten findet jeden August ein großes Konzert mit einem berühmten griechischen Sänger statt. Die Ruine der Basilika verwandelt sich dann mit ihrem Amphitheaterambiente wundersamerweise in eine Bühne, auf die bis zu 5000 Zuschauer, manchmal mit Kerzen in der Hand, vom Hügel darüber blicken.

KASTORIA ΚΑΣΤΟΡΙΑ
16 218 Ew.

Das heitere Kastoria liegt eingebettet zwischen den Bergen Grammos und Vitsi idyllisch am bewaldeten Ufer des beschaulichen Orestiada-Sees. Die Stadt verfügt über mehr als 70 byzantinische und postbyzantinische Kirchen sowie über mehrere vornehme *archontika* (Villen) aus dem 17. und 18. Jh., in denen einst die *archons* lebten – die tonangebenden Bürger der Stadt, meist reiche Pelzhändler.

Kastorias einst weithin bekanntes Pelzgewerbe fand nach Ankunft vertriebener jüdischer Pelzhändler ein Ende; die einheimischen *kastori* (Biber) starben im 19. Jh. nach und nach aus. Der Ruf jedoch blieb, allerdings verarbeiten Kastorias Kürschner heute importierte Pelze aus Nordamerika und Skandinavien. Die Einfallsstraße ist von riesigen Pelzlagerhäusern gesäumt, auch sind in den meisten Geschäften Pelzwaren erhältlich.

Orientierung

Der Busbahnhof ist in der Athanasiou Diakou, eine Querstraße landeinwärts vom Südufer des Sees entfernt. Dort befinden sich auch ein Park, der größte Taxistand und ein kostenpflichtiger Parkplatz. Im Westteil Kastorias ist das Geschäftsviertel. Die atmosphärische Altstadt mit ihren *ar-*

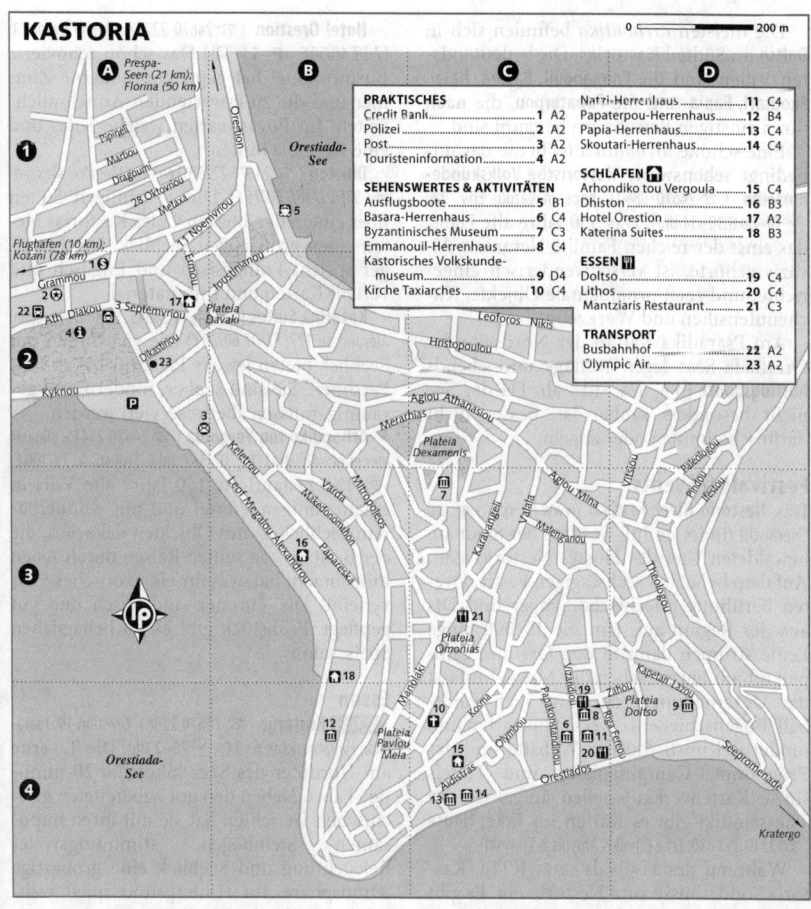

KASTORIA

0 ————— 200 m

PRAKTISCHES

Credit Bank	**1** A2
Polizei	**2** A2
Post	**3** A2
Touristeninformation	**4** A2

SEHENSWERTES & AKTIVITÄTEN

Ausflugsboote	**5** B1
Basara-Herrenhaus	**6** C4
Byzantinisches Museum	**7** C3
Emmanouil-Herrenhaus	**8** C4
Kastorisches Volkskunde-museum	**9** D4
Kirche Taxiarches	**10** C4

Natzi-Herrenhaus	**11** C4
Papaterpou-Herrenhaus	**12** B4
Papia-Herrenhaus	**13** C4
Skoutari-Herrenhaus	**14** C4

SCHLAFEN

Arhondiko tou Vergoula	**15** C4
Dhiston	**16** B3
Hotel Orestion	**17** A2
Katerina Suites	**18** B3

ESSEN

Doltso	**19** C4
Lithos	**20** C4
Mantziaris Restaurant	**21** C3

TRANSPORT

Busbahnhof	**22** A2
Olympic Air	**23** A2

NORDGRIECHENLAND

chontika und Kirchen liegt auf dem Hügel im Osten.

Praktische Informationen

Credit Bank (Grammou) Hat Geldautomaten

Kommunale Touristeninformation (☎ /Fax 24670 26777; www.kastoria.gr, auf Griechisch; ⏲ Mo–Fr 8–15 Uhr) Broschüren, Karten und Informationen; liegt im Seepark.

Polizei (☎ 24670 83214; Grammou) Nahe dem Busbahnhof.

Post (Leoforos Megalou Alexandrou)

Sehenswertes & Aktivitäten

Kastorias byzantinische Kirchen waren in der Regel ursprünglich Privatkapellen der *archontika*. Sie sind meist geschlossen, aber

wer einen Hausmeister findet, kann sie besichtigen.

Einige Kirchen haben jedoch auch sichtbare Fresken an den Außenwänden wie die Metropolitenkirche **Taxiarches** (Plateia Pavlou Mela), südlich der Plateia Omonias, mit einem Fresko der Madonna mit Kind aus dem 13. Jh. über dem Eingang. Sie birgt auch das geheiligte **Grab des Pavlos Melas,** des wichtigsten Militärkommandanten im „Makedonischen Kampf" von 1904 bis 1908, in dem griechische Kämpfer die damals osmanische Region Griechenland einverleiben wollten.

Im **Byzantinischen Museum** (☎ 24670 26781; Plateia Dexamenis; Eintritt frei; ⏲ Di–So 8.30–15 Uhr) sind großartige Ikonen ausgestellt.

Die meisten *archontika* befinden sich in **Doltso** im Südteil Kastorias. Die bedeutendsten Villen sind die **Emmanouil, Basara, Natzi, Skoutari, Papia** und die **Papaterpou**, die nach ihren einstigen Bewohnern benannt sind.

Eine schöne *archontika* ist heute das unbedingt sehenswerte **Kastorische Volkskundemuseum** (☎ 24670 28603; Kapetan Lazou; Erw. 2 €; ⏱ Di–So 8.30–14 Uhr). Das 530 Jahre alte Haus, das einst der reichen Familie Nerantzis Aivazis gehörte, ist verschwenderisch eingerichtet und zeigt ornamentale Objekte, Küchenutensilien und Werkzeug.

Am Psaradika-Kai an der Nordseite des Orestiada-Sees legen mittags und abends **Ausflugsboote** (5 €, 1¼ Std.) ab. Da der See nicht besonders sauber ist, besser nicht darin schwimmen oder angeln.

Festivals & Events

Das **Nestorio River Festival** (www.riverparty.gr, auf Griechisch) findet im Juli westlich der Stadt am bewaldeten Ufer des Flusses Nestorio statt. Auf dem beliebten sechstägigen Festival treten berühmte griechische Sänger und DJs aus der Region auf. Um die 10 000 junge Leute strömen dann in den Ort und campen oft am Fluss. Neben der Musik umfasst das Unterhaltungsprogramm auch Paintball, Bogenschießen, diverse Sportarten und moderne Kunst. Auf der Website sind das Programm, Campingplätze und Hotels sowie Kartenverkaufsstellen aufgelistet. In Thessaloniki gibt es Karten im **Ticket House** (☎ 2310 253 630; Ecke Ethnikis Amynis & Tsimiski).

Während des Festivals setzt KTEL-Kastoria Sonderbusse zum Nestorio ein. Es gibt einen organisierten Campingplatz mit vollem Service und auch Gästehäuser. Die Festivalveranstalter sind bei der Unterkunftssuche behilflich.

Wer im Winter in Kastoria sein sollte, kann das **Ragkountsaria Festival** (6.–10. Jan.) erleben, das wahrscheinlich auf heidnische Ursprünge zurückgeht. Es wird mit traditionellen Tänzen, fröhlichen Kostümen und viel Essen und Trinken gefeiert.

Die jährliche **Internationale Pelzmesse** (www.furfair.gr) zieht viele Besucher an. Auf der Website sind die Einzelheiten zu finden.

Schlafen

In Kastoria übernachten überwiegend Geschäftsleute. Die Preise sind deshalb hoch, aber verhandelbar.

Hotel Orestion (☎ 24670 22257; Plateia Davaki 1; EZ/DZ 40/50 €; ℗ ⓧ ⓠ 🖥 ⓓ) Das schön renovierte Businesshotel hat gepflegte moderne Zimmer und die zu erwartenden Annehmlichkeiten. Im Foyer warten weiche Sofas und eine Bar ganz hinten.

Dhiston (☎ 24670 22250; Leoforos Megalou Alexandrou 91; DZ/3BZ 60/75 €) Die geräumigen Suiten über einem der ältesten Cafés Kastorias bieten einen großartigen Seeblick. Der Manager spricht Französisch und Englisch und verteilt Karten und Infomaterial.

Katerina Suites (☎ 24670 24645; Leoforos Megalou Alexandrou 127; EZ/DZ 60/80 €) Die vier Suiten mit Seeblick bieten jeweils Platz für bis zu fünf Personen. Sie sind sauber, modern und geräumig, müssen aber reserviert werden.

Arhondiko tou Vergoula (☎ 24670 23415; sfinas@ otenet.gr; Aidistras 14; DZ/3BZ inkl. Frühstück 75/100 €; 🛜) Die restaurierte 150 Jahre alte Villa in einem ruhigen Viertel und mit wunderbarem Seeblick ist mit Objekten dekoriert, die der Besitzer von seinen Reisen durch Asien mitgebracht hat, was ihr ein exotisches Flair verleiht. Die Zimmer sind frisch und gut gepflegt. Frühstück gibt es im behaglichen Speisesalon.

Essen

LP Tipp **Kratergo** (☎ 24670 22981; Orestion 19, Psaradika; Hauptgerichte 6–9 €; ⏱ 20–2 Uhr) Die Taverne am Nordufer des Sees lohnt die 20-minütige Fahrt. Neben den gut zubereiteten griechischen Gerichten hat sie mit ihren imposanten Steinbögen, stimmungsvoller Beleuchtung und Seeblick eine großartige Atmosphäre. Im Hintergrund spielt wehmütige *rembetiko*-Musik.

Mantziaris Restaurant (☎ 24670 29492; Valala 8; Hauptgerichte 6–9 €) Das schlichte Mantziaris serviert *mayirefta* und Grillfleisch nach Wunsch.

Lithos (☎ 24670 26760; Orestiados 51; Hauptgerichte 6–10 €) Die traditionelle Einrichtung aus Holz und Stein entspricht den deftigen Tavernengerichten. Zu den wenigen Innovationen gehören „Lithos-Auberginen" (gebratene Pilze mit Kräutern).

Doltso (☎ 24670 24670; Plateia Doltso; Hauptgerichte 7–10 €) Die meisten Gerichte des Restaurants in einer recht imposanten, restaurierten *archontika* sind Standard. Die Spezialität, Fleischbällchen in *makalo*-Sauce (Zwiebeln, Knoblauch, Mehl und Tomate), ist jedoch ungewöhnlich und exzellent.

An- & Weiterreise

Der **Aristotelis-Flughafen** (☎ 24670 42515), 10 km südlich von Kastoria, bietet Flüge nach Athen (120 €, 4-mal wöchentl.). **Olympic Air** (☎ 24670 22275; www.olympicairlines.com; Leoforos Megalou Alexandrou 15) hat ein Büro im Stadtzentrum.

Vom **Busbahnhof**(☎ 24670 83455; Athanasiou Diakou) in Kastoria fahren Busse nach Thessaloniki (15,90 €, 2½ Std., 7-mal tgl.), Ioannina (16,30 €, 3½ Std., 2-mal tgl.), Konitsa (12,10 €, 2½ Std., 2-mal tgl.), Athen (41,60 €, 9 Std., 3-mal tgl.) und Veria (10,30 €, 2 Std., 2-mal tgl.). Wer nach Florina (3,20 €, 30 Min., 8-mal tgl.) will, muss in Amyntaio umsteigen.

Taxis (☎ 24670 82100) stehen ebenfalls zur Verfügung.

THRAKIEN ΘΡΑΚΗ

363 300 Ew. / Fläche 6129 km²

Das abwechslungsreiche, staubige und noch immer etwas geheimnisvolle Thrakien ist eine der bemerkenswertesten und doch am wenigsten bereisten Gebiete Griechenlands. Hier lebte einst in der Antike das mächtige, nicht-griechische Volk der Thraker, doch die Region wurde auch in der jüngeren Geschichte von den benachbarten Völkern wie den Bulgaren und Türken einschneidend geprägt (das gesamte geografische Gebiet Thrakien erstreckt sich in der Tat bis nach Bulgarien und in die Türkei).

Die Menschen Thrakiens lebten seit jeher von der Landwirtschaft, wovon die Tabakplantagen, die endlosen Weizen- und leuchtenden Sonnenblumenfelder noch immer zeugen. Da es in der Region kaum Tourismus gibt, blieb ihr ursprünglicher Charakter erhalten. Die allgegenwärtige türkische Minderheit mit ihren eigenen Traditionen in Sprache, Kultur und Küche stammt noch aus osmanischer Zeit. Die Landschaft ist übersät von Minaretten und kleinen Dörfern aus türkischen Häusern mit roten Dächern. Und die traditionellen Süßigkeiten sind die besten Griechenlands.

Weitere Attraktionen der dünn besiedelten Provinz sind die einzigartigen und endlosen unberührten Landstriche. Im Norden bilden die hügeligen Rhodopen mit ihren ursprünglichen Wäldern und ihrer reichen Tierwelt die Grenze zu Bulgarien. Im Osten

Thrakiens Richtung Türkei bilden das Naturschutzgebiet Dadia und das Evros-Delta an der Ägäisküste eine wichtige Station der Zugvögel. Die größte Stadt ist Alexandroupolis, von wo auch die Fähren nach Samothraki (S. 730) ablegen.

Thrakien mag zwar tiefste Provinz sein, aber als Griechenlands einziges Grenzgebiet mit der Türkei hat es strategische Bedeutung: um die 30 000 griechische Soldaten sind hier stationiert. Die einzigen griechischen Soldaten, die Besucher zu Gesicht bekommen, sind jedoch jene, die sich in den Cafés vergnügen, ebenso wie die Studenten, die es in diese abgelegenen Universitäten verschlagen hat. Da es hier wenig Tourismus gibt, freuen sich die Menschen über die Wirtschaftskraft, die beide „Armeen" mit sich bringen.

Geschichte

Die einzigen Berichte über das antike Thrakien stammen aus griechischen Quellen. Es gibt nur wenige thrakische Aufzeichnungen in der eigenen, mittlerweile untergegangenen Sprache. Die Geschichte dieser alten Zivilisation, die als kriegerisch galt, fußt daher auf Mythen und Mutmaßungen. Ihre mysteriöse Religion, der Kult der Großen Götter, beeinflusste nach 1000 v. Chr. die griechische heidnische Religion. Makedonische, römische und ägyptische Herrscher wurden im bedeutendsten Tempel der Thraker auf Samothraki in diesen Kult eingeweiht. Auch geheime Rituale im Zusammenhang mit Orpheus, dem mythischen und tragischen Vater der Musik Thrakiens, faszinierte die Menschen.

Im 7. Jh. v. Chr. eroberten mächtige griechische Stadtstaaten und bald darauf die Perser die thrakische Küste. Athen behielt die Oberhand nach dem Sieg über die Perser in der Schlacht von Platäa, wurde aber 346 v. Chr. von Philipp II. von Makedonien verdrängt. Nach der Teilung des römischen Reichs in eine westliche und eine östliche Hälfte 395 n. Chr. wurde Thrakien, das an der Handelsroute Via Egnatia lag, strategisch bedeutsam. Das östliche Thrakien galt als die „Kornkammer Konstantinopels", ein Hinweis auf den beträchtlichen Weizenanbau der Region.

Thrakien war auch eine wesentliche Verteidigungszone für die byzantinische Hauptstadt. Aber die flache Landschaft

s. Karte Makedonien (S. 323)

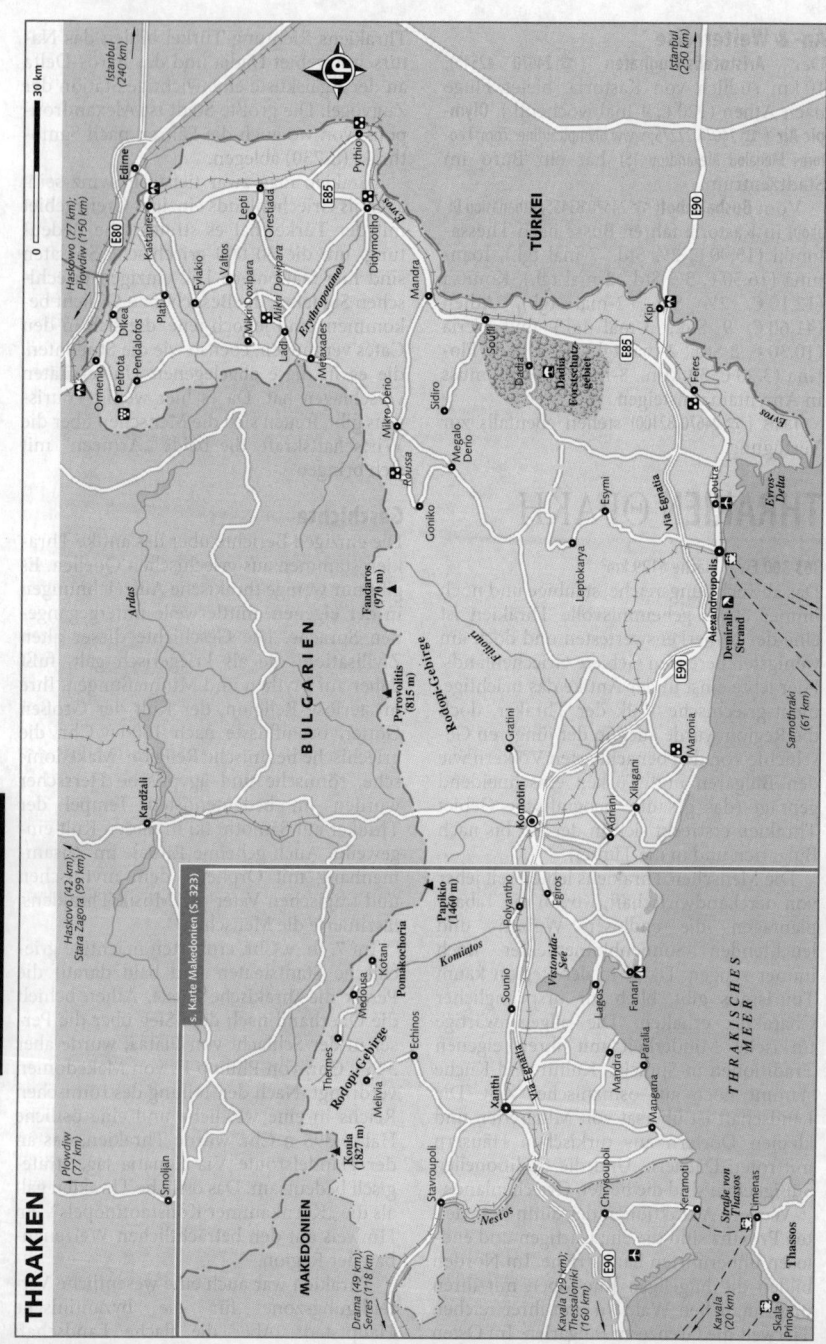

THRAKIEN

NORDGRIECHENLAND

machte es auch zur leichten Beute für marodierende Goten, Hunnen, Vandalen, Bulgaren, Petschenegen, Kyptschaken und sogar für unverfrorene weströmische Kreuzfahrer – was wohl auch der Grund sein mag, dass nur wenige historische Bauten erhalten sind. Nur die osmanischen Türken, die Mitte des 14. Jhs. eindrangen, konnten über längere Zeit Ruhe und Frieden durchsetzen.

Die turbulente Vergangenheit holte Thrakien Ende des 19. Jhs. wieder ein. Vom russisch-türkischen Krieg von 1877, den Balkankriegen von 1912–13 und dem Ersten Weltkrieg bis hin zur gescheiterten griechischen Invasion Kleinasiens 1922 wechselte das Gebiet oft die Besitzer. Der antike griechische Begriff des Hybris, der Anmaßung, erklärt, wie vieles andere, die modernen Grenzen der Region; hätte es nicht auf verschiedenen Seiten hochtrabende Entscheidungen gegeben, hätte sich jedes der drei Länder, die sich Thrakien teilen, mehr genommen als sie es letztlich taten.

Das Besondere des griechischen Thrakien ist die türkische Minderheit. Neben den Griechen Konstantinopels und auf den Inseln Imvros (Gökceada) und Tenedos (Bozcaada) waren diese Türken vom Bevölkerungsaustausch 1922 gemäß dem Vertrag von Lausanne ausgenommen – ein Vertrag, auf den die griechische Regierung zunehmend zur Selbstverteidigung Bezug nimmt, wenn andere Streitpunkte in Sachen Minderheitenrechte ins Feld geführt werden. Die griechische Bevölkerung in der Türkei ist zwar geschrumpft, die türkische im griechischen Thrakien jedoch blüht und gedeiht.

XANTHI ΞΑΝΘΗ
45 118 Ew.

Xanthi mit der atmosphärischen Altstadt aus traditionellen osmanischen Häusern in steilen, verwinkelten Straßen ist von Makedonien aus kommend die erste bedeutende thrakische Stadt. Hier lebt auch eine faszinierende muslimische Minderheit, die sich aus Türken und Bulgarisch sprechenden Pomaken zusammensetzt. In der einst reichen Tabakstadt Xanthi stehen noch immer die ehemaligen Villen der Tabakbarone. Dieses alte, noble Thrakien ist auch in den schicken Restaurants und Cafés der heutigen Universitätsstadt, die von Tabak und anderen landwirtschaftlichen Produkten lebt, noch spürbar.

Für die meisten Menschen gilt Xanthi noch immer als ein Provinznest, aber die Bedeutung der Stadt stieg mit dem Bau der Autobahn Egnatia Odos. Sie ist nicht nur das Tor zum östlichen Thrakien, sondern liegt auch in der Nähe der makedonischen Hafenstädte Keramoti und Kavala, von denen es Fährverbindungen nach Thassos, Samothraki und zu anderen Inseln gibt. Das sanfte Rhodopen-Gebirge gleich nördlich von Xanthi ist eine kaum besuchte, aber wunderschöne Region, die ideal für Unternehmungen abseits der ausgetretenen Pfade ist.

Orientierung & Praktische Informationen

Bahnhof und Busbahnhof befinden sich im Südteil Xanthis, der Busbahnhof 800 m südöstlich des Hauptplatzes (Plateia Dimokratias) und der Bahnhof 2 km südlich davon. Die Dimokritou (wird zur Karaoli) führt vom Busbahnhof zur Plateia Dimokratias, die 28 Oktovriou vom Bahnhof aus. Nördlich der Plateia Dimokratias erstreckt sich die Altstadt auf einem Hügel, dessen Gipfel aus einem schattigen Pinienwald mit Wanderwegen und Picknicktischen besteht.

Banken mit Geldautomaten, Restaurants und Läden sind um die Plateia Dimokratias und die nahe Plateia Antiko zu finden.

Magic Bus Internet Cafe (☎ 25410 26580; Anexarhou 2; pro Std. 1,40 €; ⏱ 8–2 Uhr) Zwischen Busbahnhof und Hotel Paris.

Polizei (☎ 25410 23333; Ecke Nestou & Lykourgou Thrakis)

Post (A Georgiou 16)

Web (Vasileos Konstantinou 63; pro Std. 2,40 €; ⏱ 24 Std.) Internetzugang an der Plateia Antiko.

Sehenswertes & Aktivitäten

Die **Altstadt** auf einem sanften Hügel über dem modernen Xanthi besteht aus pastellfarbenen Fachwerkhäusern in engen, verwinkelten Gassen und prächtigen alten klassizistischen Villen, die einst den reichen Tabakhändlern gehörten. Die verblichene Pracht und die bauchigen, weiß gestrichenen Vorsprünge an den bescheidenen Wohnhäusern verleihen dem Viertel ein etwas weltverlorenes Flair. Das lebhafte Gejohle Fußball spielender kleiner Jungs bringt jedoch Leben in die Altstadt. Hier wohnt auch die muslimische Minderheit, wie an den modernen Moscheen und den Satellitenschüsseln, die auf türkische Fernsehsender eingestellt sind, zu sehen ist.

Das imposante **Volkskundemuseum** (Antika 5-7; Eintritt frei; ☒ Mi–Fr 8.30–14.30, Sa & So 10.30–15 Uhr) belegt zwei benachbarte Villen, ehemalige Wohnhäuser der Tabakmillionäre und Brüder Kougioumtzoglu. Das Erdgeschoss wurde wunderschön im Stil der 1930er-Jahre restauriert. Die Originaldecke und die Wandbilder im Obergeschoss sind verschwenderisch und phantasievoll.

Xanthis lebhafter samstäglicher **Markt** östlich der Plateia Dimokratias bewahrt noch mit seinen Kleider-, Schmuck, Obst- und Gemüseständen einen Hauch des alten Balkans.

Festivals & Events

Für den **Winterkarneval** (www.carnival-of-xanthi.gr) vor der Fastenzeit werden von verschiedenen lokalen Vereinen farbenprächtige Festwagen hergerichtet, alle von Musik und maskierten fröhlichen Gruppen begleitet. Das Fest in Xanthi ist in ganz Griechenland bekannt.

Auf dem **Altstadtfest** (Ende August bis Anfang September) gibt es Theater, Musik und Kunstausstellungen.

Schlafen

LP Tipp **Hotel Paris** (☎ 25410 20531; www.parishotel. gr; Dimokritou 12; EZ/DZ 30/40 €; ☒ ☐) Das kleine Hotel, nur eine Minute zu Fuß vom Busbahnhof, ist ideal für Budgetreisende. Es ist nach dem Besitzer benannt, nicht nach der Stadt, und bietet Zimmer mit Bad, TV und Telefon, gute feste Matratzen und in manchen Zimmern einen großen Balkon. Allerdings liegt es an einer lauten Straße und ist etwas weiter vom Zentrum entfernt, aber man ist schnell beim Bus. Das Personal versorgt Gäste mit Infos und Karten.

Hotel Xanthippion (☎ 25410 77061; 28 Oktovriou 212; EZ/DZ 35/45 €; ☒ ☐) Das alte, verlässliche Hotel etwa 500 m südlich der Plateia Dimokratias mit seinen freundlichen und hilfsbereiten Besitzern vermietet gepflegte, saubere Zimmer.

Hotel Dimokritos (☎ 25410 25111; 28 Oktovriou 41; EZ/DZ 40/58 €; ☒ ☐) Das Dimokritos ist ein weiteres akzeptables Budgethotel 100 m südlich der Plateia Dimokratias. Die Zimmer sind sauber und komfortabel, wenn

auch etwas klein, und haben die üblichen Annehmlichkeiten plus Internetanschluss.

Z Palace (☎ 25410 64414; www.z-palace.gr; Terma Georgiou Kondyli; EZ/DZ/Suite 80/115/310 €; ☒ ☒ ☐ ☒) Das 5-Sterne-Businesshotel hat im Freien einen Swimmingpool, innen einen Fitnessraum, ein Kinderspielzimmer, ein französisches Gourmetrestaurant und einen Friseur, wie zu den opulenten Zeiten der Tabakbarone – allerdings spiegeln sich diese nicht in der Einrichtung, die elegant, aber kaum traditionell ist.

Essen & Ausgehen

Rose Family Zaharoplasteio (☎ 25410 75310; Ecke Anaxarhou & Dimokritou; Süßwaren 1–3 €; ☒ 8–22 Uhr) In der freundlichen Café-Konditorei nahe dem Busbahnhof servieren die Besitzer Dimitris und Roula Triantafylidis (der Name bedeutet Rose) seit 1960 feinen Kuchen und Kaffee.

LP Tipp **Taverna To Perasma** (☎ 25410 78014; Ikoniou 16; mezedhes 2,50–4 €, Hauptgerichte 5–9 €) Wenn ein Restaurant weitab der Altstadt voll gut gelaunter Einheimischer ist, muss es einfach gut sein. Das Perasma, das sich in einer Seitenstraße nicht weit vom Busbahnhof befindet, tischt riesige Portionen leckerer *mezedhes* und türkisch-thrakische Köstlichkeiten auf. Empfehlenswert sind der Rucolasalat mit Tomaten und Gurke, das *melitzanes „spezial"* (mit Käse überbackene Auberginen), *sykoti krasato* (Leber mit Wein) und *yiaourtlou kebab* (scharfe Rindskebabs mit Yoghurt auf gebratenen Pittastreifen mit Salsa); alles kostet etwa 20 € und reicht für vier Personen.

Restaurant Palia Poli (☎ 25410 68685; Hasirtzoglou 7; Hauptgerichte 5–9 €) Die meisten Altstadtrestaurants sind nicht gerade originell. Das Palia Poli aus Holz und Stein, diskret in einer Seitengasse verborgen, ist jedoch ungewöhnlich kreativ. Im Angebot sind Wachteln, Schweinebraten mit Pflaumensauce und Ente Orange.

Nedim (☎ 25410 25959; Basileos Konstantinou 35) Die Xanthi-Filiale der aus Komoti stammenden klassischen türkischen Konditorei ist verführerisch mitten im Zentrum gelegen – der Verführung sollte niemand widerstehen.

Café Antica (☎ 25410 62193; Vasileos Konstantinou 86; ☒ 9–2 Uhr) Das riesige, zweistöckige Café im Zentrum hat mit den langen Holzbalken, weichen Sofas und den alten Gebrauchsgegenständen an der Wand ein lässiges, traditionelles Flair. Wein erfrischt hier im Sommer, im Winter wärmen die vielen Sorten heißer Schokolade.

An- & Weiterreise

BUS
Vom **Busbahnhof** (☎ 25410 22684; Dimokritou 6) gibt es Verbindungen nach Komotini (4,90 €, 1 Std., 14-mal tgl.), Thessaloniki (17 €, 2½ Std., 10-mal tgl.) und Athen (52 €, 9 Std., 1-mal tgl.). Die Busse nach Thessaloniki fahren über Kavala (5 €, 1 Std.). Nach Alexandroupolis (8 €, 1 Std., 45 Min.) gibt es keinen Direktbus; man muss in Komotini umsteigen. Busse fahren auch in die Pomakendörfer, u. a. nach Thermes (4 €, 1½ Std.).

FLUGZEUG
Xanthi teilt sich den Flughafen Alexander der Große mit Kavala. Er liegt 40 km südwestlich von Xanthi bei Chrisupoli. Das Büro von **Olympic Air** (☎ 25410 22944; www.olympicairlines.com; Michael Vogdou 4) ist nahe der Plateia Dimokratias.

ZUG
Vom **Bahnhof** (☎ 25410 22581; Terma Kondyli) gibt es Verbindungen nach Komotini (2 €, 1 Std., 7-mal tgl.) und Alexandroupolis (3,70 €, 1½ Std., 7-mal tgl.). Züge fahren auch den Westen nach Thessaloniki (9 €, 4 Std., 7-mal tgl.), davon vier weiter nach Athen (30 €, 10 Std.). Taxis vom/zum Bahnhof kosten 3 bis 5 €.

Unterwegs vor Ort
Die Busse von Olympic Air fahren nicht nach Chrisupoli, nur Taxis (35 €). Man kann aber den Bus Richtung Kavala bis nach Chrisupoli nehmen, und von dort 12 km mit dem Taxi zum Flughafen fahren.

RUND UM XANTHI
Nördlich von Xanthi liegen eingebettet in den sanften Tälern des an Bulgarien grenzenden Rhodopen-Gebirges die faszinierenden, abgelegenen **Pomakochoria** (Pomakendörfer). In den etwa 25 Dörfern leben Pomaken, Bulgarisch sprechende Muslime, auf die man auch jenseits der Grenze trifft und deren ethnische Herkunft ungewiss ist (selbst ihnen). In Griechenland sprechen sie Griechisch, Bulgarisch und Türkisch und

werden ebenso wie die selbstbewussteren Türken der Region von der Regierung offiziell als „griechische Muslime" eingeordnet. Während des Kalten Kriegs war das Grenzgebiet nicht zugänglich, und auch heute noch sind Touristen eher selten.

Neben ihrer wunderbaren Lage in unberührter Natur bieten die Pomakendörfer auch einzigartige Aktivitäten, wie ein Bad in den **heißen Mineralbäder** von **Thermes**, 43 km nördlich von Xanthi. Für das Hauptbad in einem Gebäude gegenüber der Dorfkirche muss Eintrittsgeld bezahlt werden. Das andere Bad im Freien ist jedoch kostenlos – vom winzigen Laden-Restaurant liegt es etwa 100 m rechts und unterhalb der Hauptstraße. Die Bäder sind entspannend und therapeutisch (verschiedene Erkrankungen werden im Hauptbad von Fachleuten behandelt). Beim Genuss sollte aber nicht vergessen werden, dass die Pomakochoria eine konservative Region ist und die Bäder daher nicht für Ausschweifungen, Herumschreien oder unbekümmerte Nacktheit geeignet sind.

Bergwandern ist hier eine wahre Freude, allerdings gibt es keine markierten Wege. Ein 90-minütiger Marsch auf der Straße in das abgelegene Dörfchen **Kidaris** kurz vor der bulgarischen Grenze bietet jedoch hinreißende Bergpanoramen und absolute Ruhe. Da das Dorf mittlerweile praktisch unbewohnt ist, wird einem tatsächlich wohl kaum eine Menschenseele unterwegs begegnen.

Rustikale Landkost aus Salat und Ziegen- oder Lammfleisch vom Spieß (7 €) gibt es im Laden-Restaurant in Thermes, dem Kafe Psistaria O Kalemtzi. Der Besitzer Kemal Kalemtzi vermietet auch schlichte Zimmer im **Enikiazomena Domatia Kalemtzi Kemal** (☎ 25540 22474, 6977597500; DZ 20 €) in einem angrenzenden Haus. Sein Sohn Hassan spricht Englisch.

An- & Weiterreise
Die Pomakendörfer sind von Xanthi mit dem Auto und sogar mit dem Bus (etwa 90 Min.) als Tagesausflug zu erreichen. Der Bus nach Thermes (4,10 €, einfach) fährt täglich um 6.30 Uhr ab und kehrt um 15.30 Uhr nach Xanthi zurück. Es gibt noch einen späteren Bus von Xanthi nach Thermes um 14.10 Uhr, aber dann muss man in Thermes übernachten.

NORDGRIECHENLAND

KOMOTINI KOMOTHNH

46 586 Ew.

Komotini, 52 km östlich von Xanthi, ist die Provinzhauptstadt der Rhodopen-Präfektur und die größte Stadt im zentralen Thrakien. Trotz seiner provinziellen Natur hat Komotini mehrere spannende Museen und historische Gebäude zu bieten. Auch sorgt der beträchtliche studentische Bevölkerungsanteil für ein gewisses Nachtleben. Die Studenten aus ganz Griechenland tummeln sich in den Cafés am Hauptplatz, der Plateia Irinis.

Sie überdecken den hohen muslimischen Bevölkerungsanteil in Komotini; etwa die Hälfte der Einwohner sind türkisch – der höchste Prozentsatz in allen größeren griechischen Städten. Griechen und Türken leben in der Stadt zwar friedlich miteinander, haben aber kaum Berührungspunkte.

Die Hauptattraktionen Komotinis, das auf das 4. Jh. n. Chr. zurückgeht, stammen aus diesem gemischten Erbe; es gibt byzantinische Kirchen, osmanische Moscheen und klassizistische Villen. Also los geht's zu den Straßenmärkten und in die markanten alten Straßen, zu den türkischen Süßigkeiten und zur griechischen *bouzouki*-Musik – hinein in die authentische thrakische Stadt in all ihrem verstaubten Glanz.

Orientierung & Praktische Informationen

Der Bahnhof liegt 1 km südwestlich des Zentrums in der Panagi Tsaldari, der Busbahnhof fünf Minuten zu Fuß nord-nordöstlich der länglichen Plateia Irinis, des Zentrums des kleinen Universums von Komotini. Der Platz ist nicht zu verfehlen – nicht nur wegen des unerwarteten Spielplatzes in Form eines Piratenschiffs in seiner Mitte. Hier befinden sich die meisten Geldautomaten, Hotels, Restaurants und Cafés. Komotinis Hauptattraktionen sind alle von hier aus zu Fuß zu erreichen.

Explorer Net Store (☎ 25310 32535; Nikolaou Zoidi 52; pro Std. 2 €; ☒ 24 Std.) Zentrales Internetcafé.

Krankenhaus (☎ 25310 24601; Sismanoglou 45) Es liegt 900 m südöstlich der Plateia Irinis.

Polizei (☎ 25310 34444)

Sehenswertes

Die spärlichen Reste von Komotinis **byzantinischer Festung,** die Kaiser Theodosius im 4. Jh. erbauen ließ, befinden sich an der Plateia Irinis; nur einer der ursprünglich 16 Türme ist noch als Ruine erhalten. Die **Kirche Mariä Himmelfahrt** (Ekklisia Kimisis Theotokou) in der Nähe wurde 1800 an der Stelle eines älteren byzantinischen Gotteshauses gebaut. Sie enthält Ikonen und Holzschnitzwerk aus dem 16. Jh.

Thrakische archäologische Fundstücke sind im stilvollen **Archäologischen Museum** (☎ 25310 22411; Simeonidi 4; Eintritt frei; ☒ 8.30–17 Uhr) ausgestellt. Die Sammlung erläutert mit englischsprachigen Informationstafeln die Geschichte des antiken Thrakien. Hinzu kommen römische Münzen, Tonfiguren, zierliche Goldkränze und byzantinische Glasurkeramiken. Das hilfsbereite Personal führt gerne durch die Sammlung und hat auch eine detaillierte Karte, auf der die wichtigsten archäologischen Stätten in Thrakien und Ostmakedonien eingezeichnet sind.

Das **Museum für Sakralkunst** (Imaret; ☎ 25310 34177; Xenofontos 8; Eintritt 3 €; ☒ Di–So 10.30–13.30, Mi–Fr 17–20 Uhr) zeigt kostbare postbyzantinische Ikonen. Das Museum ist im ungewöhnlichsten Gebäude Komotinis untergebracht, einem frühen osmanischen Armenhaus (gr.: *ptohokomeio*) in einem geschlossenen Hof. Mauerwerk und Konstruktion des Bauwerks erinnern an eine byzantinische Kirche. Tatsächlich wurde es um 1363 von Gazi Ervinoz Bey, dem osmanischen Eroberer des byzantinischen Komotini errichtet. Außer den prachtvollen Ikonen sind hier auch vereinzelte Überraschungen wie 500 Jahre alte Evangelien, silberne Zeremonienkreuze, Goldstickereien und jüdische Schriftrollen aus dem 18. Jh. ausgestellt.

Gleich hinter der Plateia Irinis beginnt Komotinis beschauliches **türkisches Viertel** mit malerischen alten Häusern, Barbierläden und Teehäusern. Besonders sehenswert sind hier der **Uhrenturm** (orologio) aus dem Jahr 1884, die **Yeni Camii** (türkisch für „Neue Moschee") und die **Eski Camii.** Letztere Moschee von 1608 wird noch immer genutzt, obwohl schon Blumen aus ihrem Dach wachsen.

Schlafen

Komotini ist auf Geschäftsreisende eingestellt und deswegen eher teuer. Mittelklassehotels sind elegant und nahe am Geschehen.

Orpheus Hotel (☎ 25310 37180; orfhotel@otenet. gr; Parassiou 1; EZ/DZ/3BZ 40/50/60 €; ✷) Dank seiner unübersehbaren Lage an der Einfahrt zur *plateia* und den großen Fenstern ist das Orpheus nicht zu verfehlen. Das Hotel hat hübsch restaurierte und schalldichte moderne Zimmer. Das Management ist herzlich und freundlich.

Hotel Astoria (☎ 25310 22707; www.astoriakomo tini.gr; Plateia Irinis 28; DZ 57 €; ✷ 🖳) Das Astoria ist eleganter als das Orpheus, aber weniger leicht zu finden, da es sich hinter den Cafés am Platz verbirgt. Die modernen Zimmer verfügen über attraktive und dezente Einrichtung und Komfort und haben kleine Balkone zum Platz raus.

Essen & Ausgehen

LP Tipp **Nedim** (☎ 25310 22036; Ecke Leoforosoros Orfeos & Syntagmatos Kriton; Süßwaren 2–4 €) Das große Geschäft für traditionelle Süßwaren verkauft seit 1950 das vermutlich beste *baklava* westlich von Istanbul. Besonders gut sind das *saray kataifi*, ein zarte Leckerei aus dem osmanischen Palast, und *samali*, ein süßer Mandelkuchen mit aromatisierten Mastix von der Insel Chios. Zu den 35 Sorten traditioneller Süßigkeiten gehört auch das enorme *soutzouk loukoumi* – praller türkischer Honig mit Puderzucker bestäubt und wie eine riesige Ringwurst geformt. Einfach köstlich!

To Sokaki tis Lakokolas (☎ 25310 81800; Parasiou 5; Hauptgerichte 5–7 €; ⏱ 12–24 Uhr) In der lebhaften Taverne in einer Unterführung gegenüber der Emboriki Bank gibt es einfache, nahrhafte Grillgerichte, Salate und auch aufmerksamen Service. Empfehlenswert ist das *yiaourtlou kebab*.

Ta Aderfia (☎ 25310 20201; Orfeos 33; Hauptgerichte 5–7 €) Das Aderfia ist eine einfache, altmodische Taverne westlich des Platzes und mittags eine gute Wahl, da es dann über 30 Variationen *mayirefta* gibt; abends ist die Auswahl geringer.

Die Plateia Irinis ist gesäumt von Cafés und Bars; beliebt bei Studenten ist das **Café Bel Air** (Plateia Irinis 55; ⏱ 10–3 Uhr). Die **Rock Bar** (Plateia Irinis 18; ⏱ Sept.–Mai 11–3 Uhr) in der Nähe ist ein gemütliches winziges Lokal, in dem Rock, Blues, Jazz und Funk gespielt wird – eine willkommene Abwechslung zu all dem zuckrigen Pop in anderen Cafés. Die freundlichen Besitzer geben Tipps zu weiteren Freizeitvergnügungen im Ort.

Griechisches Nachtleben in all seiner spärlich bekleideten Zügellosigkeit gibt's im **Ihodromio** (Parasiou 4; ⏱ 21–4 Uhr) , einer lauten *bouzoukia* (Nachtclub mit Bouzouki-Musik), wo Geschäftsleute und Studenten bei *mezhedes*, fröhlichem Tanz und richtig teuren Cocktails zusammenkommen.

An- & Weiterreise
BUS
Ab dem **Busbahnhof** (☎ 25310 22912) gibt es Verbindungen nach Xanthi (4,90 €, 1 Std., 9-mal tgl.) und Alexandroupolis (5,70 €, 1 Std., 14-mal tgl.). Gen Westen fahren die Busse nach Kavala (9,40 €, 1½ Std.), Thessaloniki (22,80 €, 2½ Std., 10-mal tgl.) und Athen (60 €, 8¾ Std., 1-mal tgl.).

ZUG
Vom **Bahnhof** (☎ 25310 22650) fahren täglich sechs Züge ostwärts nach Alexandroupolis (2,70 €, 1 Std.) und sieben westwärts nach Thessaloniki (11 €, 4½ Std.) über Xanthi (2 €, 30 Min.). Ein Zug nach Istanbul über Pythio fährt täglich um 11.30 Uhr ab (40 €, 16 Std.).

Unterwegs vor Ort
Komotini ist weitläufig, aber gut zu Fuß zu erkunden. Es gibt **Taxis** (☎ 25310 37777), und **Evros Car Rental** (☎ 25310 32905; evroscar@hol.gr; Tountzas 1) vermietet Autos (ab 40 €) und Jeeps (60 €).

ALEXANDROUPOLIS
ΑΛΕΞΑΝΔΡΟΥΠΟΛΗ
49 176 Ew.
Alexandroupolis ist Ostthrakiens größte und zugleich reizvollste Stadt. Die Hafenstadt bildet das Drehkreuz für Reisen in vier Richtungen, was zu einem ständigen Strom von Besuchern führt, die aus oder in die Türkei, nach Bulgarien, zu weiteren Orten Nordgriechenlands und im Sommer mit der Fähre nach Samothraki reisen. Alexandroupolis selbst hat zwei großartige Museen, einen hübschen, wenn auch etwas kitschigen Leuchtturm, einige gute Seafood-Restaurants und ein bisschen Nachtleben zu bieten.

Orientierung
Das einfache Straßenraster wurde im russisch-türkischen Krieg 1878 von den Russen geschaffen. Die Hauptstraßen verlaufen

von Ost nach West parallel zur Küste. Der Ostteil der Uferstraße heißt Karaoli Dimitriou, der Westteil Megalou Alexandrou. Die wichtigsten Plätze sind die Plateia Eleftherias und die Plateia Polytehniou, beide liegen einen Straßenzug nördlich der Karaoli Dimitriou.

Der Bahnhof befindet sich am Ufer südlich der Plateia Eleftherias neben dem Stadtbusbahnhof 100 m östlich des Hafens, von wo die Boote nach Samothraki ablegen. Der Hauptbusbahnhof liegt fünf Straßenzüge landeinwärts.

Praktische Informationen

Banken mit Geldautomaten gibt es in der Leoforos Dimokratias.

Hafenpolizei (☎ 25512 26468; Ecke Megalou Alexandrou & Markou Botsari)

Internet Station Meganet (☎ 25510 33639; Ecke Dikastirion & Psaron; pro Std. 2,40 €; 24 Std.) Internetzugang.

Kassapidis Exchange (☎ 25510 80910; Leoforos Dimokratias 209; Mo–Sa 8–21.30, So 10–14 Uhr) Wechselt 87 Währungen, einschließlich die vom Balkan, und tätigt Geldüberweisungen per Western Union.

Kommunale Touristeninformation (☎ 25510 64184; Leoforos Dimokratias 306; 7.30–15 Uhr) Das hilfsbereite Personal stellt Karten zur Verfügung und informiert über Unterkünfte und Verkehrsmittel.

Post (Ecke Nikiforou Foka & Megalou Alexandrou)

Touristenpolizei (☎ 25510 37424; Karaiskaki 6)

Sehenswertes & Aktivitäten

Das **Ethnologische Museum von Thrakien** (☎ 25510 36663; www.emthrace.com; 14 Maiou 63; Erw. 3 €; Di–Sa 10–14 & 18–21, So 10–14 Uhr) in einer Villa von 1899 zeichnet gewissenhaft die Sitten und Gebräuche Thrakiens nach. Jeder Raum ist einem bestimmten Thema gewidmet, von traditionellen Kostümen und Musikinstrumenten bis zu Ölpressen, einer Färberei und Gerätschaften zur Süßigkeitenherstellung. Die Begleittexte erläutern u. a., wie viele Seidenraupen zur Produktion von 25 g Seide benötigt werden und welche griechischen Süßigkeiten hergestellt werden, indem man die Zutaten an die Wand wirft. Wer weiter durch Thrakien reisen will, erhält vom freundlichen Personal Tipps für die interessantesten Ausflugsziele. Im Hinterhof gibt es ein kleines Café.

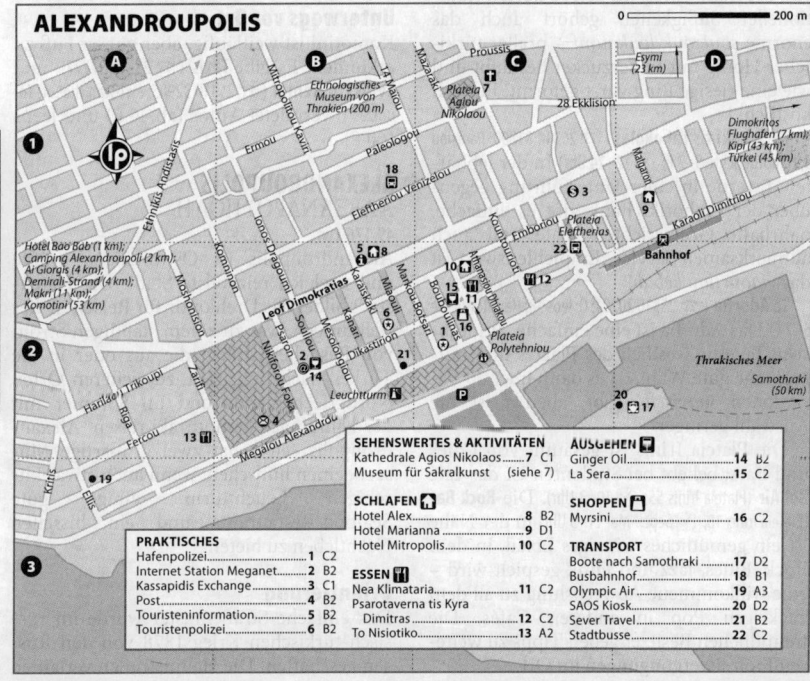

NORDGRIECHENLAND

ALEXANDROUPOLIS　　0 ⸻ 200 m

SEHENSWERTES & AKTIVITÄTEN	
Kathedrale Agios Nikolaos	7 C1
Museum für Sakralkunst	(siehe 7)

SCHLAFEN	
Hotel Alex	8 B2
Hotel Marianna	9 D1
Hotel Mitropolis	10 C2

ESSEN	
Nea Klimataria	11 C2
Psarotaverna tis Kyra Dimitras	12 C2
To Nisiotiko	13 A2

PRAKTISCHES	
Hafenpolizei	1 C2
Internet Station Meganet	2 B2
Kassapidis Exchange	3 C1
Post	4 B2
Touristeninformation	5 B2
Touristenpolizei	6 B2

AUSGEHEN	
Ginger Oil	14 B2
La Sera	15 C2

SHOPPEN	
Myrsini	16 C2

TRANSPORT	
Boote nach Samothraki	17 D2
Busbahnhof	18 B1
Olympic Air	19 A3
SAOS Kiosk	20 D2
Sever Travel	21 B2
Stadtbusse	22 C2

Unschätzbare Ikonen, viele von Flüchtlingen aus Kleinasien und dem türkischen Thrakien mitgebracht, werden im **Museum für Sakralkunst** (☎ 25510 26359; Plateia Agiou Nikolaou; Erw. 3 €; ⊗ Di–Fr 9–14, Sa 10–14 Uhr) ausgestellt. Daneben zeigt das Museum auch frühe griechische Druckwerke. Es liegt neben der **Kathedrale Agios Nikolaos** (Plateia Agiou Nikolaou) mit ihrer wundertätigen Ikone der Panagia Trifotissa aus dem 13. Jh., die aus Aenos (Enez auf Türkisch) jenseits des Evros-Flusses stammt. Es heißt, dass Dorfbewohner, die durch das gleißende Licht der auf den Salzmarschen um Aenos reflektierten Sonnenstrahlen erblindet waren, durch Beten vor der Ikone wieder sehen konnten.

In Alexandroupolis selbst gibt es keine Bademöglichkeiten, dafür aber am 4 km westlich gelegenen **Demirali-Strand**, den auch die Einheimischen schätzen. Am Sandstrand mit seinem klaren Wasser gibt es auch ein lokal berühmtes Restaurant, das Ai Giorgis (rechts).

Schlafen

Camping Alexandroupoli (☎ 25510 26055; Leoforos Makris; Camping pro Erw./Zelt 5/4,50 €) Der große Campingplatz (2 km westlich) ist sauber, gut geführt und hat gute Einrichtungen. Zu erreichen mit dem Stadtbus 7 ab der Plateia Eleftherias.

Hotel Mitropolis (☎ 25510 26443; Athanasiou Dhiakou; EZ/DZ/3BZ 30/40/50 €; ✷) Das altmodische Budgethotel liegt dicht am Wasser und ganz in der Nähe guter Restaurants und Cafés, allerdings ist das Inventar alt und der Service Glückssache.

Hotel Alex (☎ 25510 26302; Leoforos Dimokratias 294; EZ/DZ/3BZ 35/40/50 €; ✷) Das ordentliche Budgethotel an der Hauptstraße hat gute, wenn auch kleine Zimmer und den notwendigen Komfort. Die Zimmer zur Straße sind laut.

Hotel Bao Bab (☎ 25510 34823; an der Autobahn Alexandroupolis–Komotini;   EZ/DZ/3BZ   40/60/70 €; P ✷ ▢) Das großzügig ausgestattete Hotel am Meer, nur 1 km westlich der Stadt, hat große, komfortable Zimmer. Der flache Sandstrand eignet sich ganz gut zum Schwimmen. Mit dem exzellenten Restaurant und der Lounge Bar ist es in der Alexandroupolis-Gegend vermutlich das beste Hotel in dieser Preisklasse.

Hotel Marianna (☎ 25510 81456; fax 25510 81455; Malgaron 11; EZ/DZ 45/60 €) Das freundliche Hotel in der Innenstadt hat kleine, aber saubere und frisch duftende Zimmer und einen farbenfrohen Frühstücksraum. Die gastfreundlichen Besitzer Georgios Chrysochoidis und seine italienische Frau Patricia sprechen insgesamt sechs Sprachen: Englisch, Italienisch, Französisch, Spanisch, Deutsch und Griechisch.

Essen

Nea Klimataria (☎ 25510 26288; Plateia Polytehniou; Hauptgerichte 5–8 €) Das unverwüstliche, beliebte Lokal am Platz stellt zwar keine Rekorde auf, aber es serviert durchaus leckere Gerichte, feines Brathuhn und große Salatteller.

LP Tipp **Psarotaverna tis Kyra Dimitras** (☎ 25510 34434; Ecke Kountourioti & Dikastirion; Fisch 6–11 €) Die ehrwürdige alte Kyra Dimitra schmeißt noch immer den Laden in dem Seafood-Restaurant, das seit dem Jahr 1915 in Familienbesitz ist. Zur Wahl steht der Tagesfang, der vorne auf Eis präsentiert wird. *Tsipoura* (Seebrasse) ist lecker und kostet nur 20 € pro Kilo. Als appetitlicher Mittagsimbiss eignet sich ein Teller mit kleinen knusprigen Fischen. Im Sommer überrascht die liebenswürdige Kyra Dimitra manchmal mit einem Teller Wassermelone gratis.

Ai Giorgis (☎ 25510 71777; Demirali-Strand; Fisch 7–10 €; ⊗ 10–1 Uhr) Die Strandtaverne, mit glatten Holzböden und Kerzen auf den Tischen, am Demirali-Strand 4 km westlich der Stadt ist bei den Einheimischen sehr beliebt. Alles schmeckt gut, von den verschiedenen Salaten und den gefüllten Champignons bis hin zu den Fischgerichten.

To Nisiotiko (☎ 25510 20990; Zarifi 1; Fisch 8–14 €) Die Fischtaverne am Meer im Westen der Stadt hat dank ihrer bunten Einrichtung Atmosphäre, allerdings sind auch die Preise gepfeffert.

Ausgehen

Alexandroupolis angesagte Nachtbars wechseln je nach Laune der Studenten. In der Leoforos Dimokratias gibt es trendige Bars, am Meeresufer reichlich Cafés. Eine ausgefallene Bierbar ist im Kasten Anleitung für Biertrinker S. 337 zu finden.

La Sera (☎ 25510 38765; Plateia Polytehniou; ⊗ 10–3 Uhr) Lichtquelle in der chilligen Bar nahe dem Meer sind kleine rote Kerzen. Zu den Gästen zählen Studenten ebenso wie ältere Semester.

NORDGRIECHENLAND

Shoppen

Myrsini (☎ 25510 31205; www.silkyhouse.gr; Plateia Polytehniou) Der Familienbetrieb verkauft originale Seidenprodukte aus Soufli wie seidene Tischläufer (15–100 €), aufwendige Rohseidenschals (20 €) und riesige Bettüberwürfe mit dem byzantinischen doppelköpfigen Adler und Blumenmotiven (807 €).

An- & Weiterreise

BUS

Inland

Vom **Busbahnhof** (☎ 25510 26479; Eleftheriou Venizelou 36) fahren regelmäßig Busse auf der Nordoststrecke nach Feres (2,30 €), Soufli (5,50 €, 1½ Std.), Didymoticho (7,30 €, 1½ Std.) und Orestiada (9,50 €, 2 Std.). Ein weiterer Bus fährt bis nach Kipi an der türkischen Grenze (3,50 €, 5-mal tgl.).

Eine tägliche Busverbindung gibt es nach Athen (61 €, 10 Std.) und neun nach Thessaloniki (26,50 €, 3¾ Std.). Busse nach Kavala (13,50 €, 2 Std.) fahren über Komotini (5,70 €, 70 Min., 14-mal tgl.) und Xanthi (9,50 €, 1¾ Std.).

International

Dienstags bis sonntags verkehrt ein OSE-Bus um 8.30 Uhr nach Istanbul (15 €, 6 Std.).

FÄHRE

Alexandroupolis ist einer der Haupthäfen zur Insel Samothraki; allerdings war zur Zeit der Recherche die etablierte Fährverbindung zu den nordöstlichen Ägäischen Inseln und zu den Dodekanes eingestellt. Informationen zu Fähren und Tragflächenbooten von Alexandroupolis nach Samothraki s. Insel-Hopping (S. 858). Tickets gibt es im SAOS-Kiosk am Hafen oder in Reisebüros wie **Sever Travel** (☎ 25510 22555; sever1@otenet.gr; Megalou Alexandrou 24).

FLUGZEUG

Der Flughafen Dimokritos liegt 7 km östlich von Alexandroupolis nahe Loutra.

Olympic Air (☎ 25510 26361; www.olympicairlines. com; Ecke Ellis & Koletti) hat ein Büro in der Innenstadt, **Aegean Airlines** (☎ 25510 89150; www. aegeanair.com) am Flughafen. Beide bieten jeweils vier Flüge täglich von/nach Athen (75 €, 55 Min.). Infos zu Flügen von Alexandroupolis nach Kreta s. Insel-Hopping (S. 858).

ZUG

Inland

Vom **Bahnhof** (☎ 25510 26395) fahren täglich sechs Züge nach Thessaloniki (9 €, 7 Std.), einer davon weiter bis nach Athen (49 €, 14 Std.). Züge fahren auch nordostwärts nach Dikea (5,10 €, 2½ Std., 7-mal tgl.) über Pythio (3,70 €), Didymoticho (3,70 €), Orestiada (4,30 €, 3-mal tgl.) und Kastanies (4,70 €) an der türkischen Grenze.

International

Von Alexandroupolis fährt ein Zug täglich um 5.30 Uhr nach Swilengrad in Bulgarien (7 €, 4 Std.), mit Anschluss nach Plowdiw und Sofia.

Ein Direktzug mit Schlafwagen fährt nachts um 1 Uhr nach Istanbul (38 €, 7 Std.). Zwei Züge aus Thessaloniki nach Istanbul halten hier ebenfalls.

Unterwegs vor Ort

Nur für die Fahrt zum Campingplatz oder zu den Stränden sind Bus oder Taxi nötig. Zum Flughafen verkehrt ein Bus Richtung Loutra an der Plateia Eleftherias, oder man fährt mit dem **Taxi** (☎ 25510 28358) für etwa 8 €.

EVROS-DELTA ΔΕΛΤΑ ΕΒΡΟΥ

Das Evros-Delta (20 km südöstlich von Alexandroupolis) ist eines der bedeutendsten Feuchtgebiete Europas. Die 188 km² umfassen Küstenseen, Lagunen, Binnenflüsse, Sanddünen, Marschland und Schilfgürtel, eine Umwelt, die ideal für zahlreiche Vögel und somit auch für Vogelbeobachter ist. Über 330 Vogelarten sind hier heimisch, darunter mehrere gefährdete Spezies. Zudem überwintern hier über 200 000 Wasserzugvögel.

Das **Besucherzentrum Evros-Delta** (☎ /Fax 25510 61000; evroswet@hol.gr; Loutra; ⊗ 8–16 Uhr) organisiert Vogelbeobachtungstouren. Der westliche Abschnitt des Deltas steht immer offen, allerdings ist der motorisierte Verkehr in Küstennähe im Süden nur eingeschränkt möglich. Ein Besuch des faszinierendsten Teils des Deltas im Osten nahe der Türkei erfordert eine Genehmigung der griechischen Polizei und Armee.

Das Besucherzentrum kümmert sich kostenlos um die Genehmigungen: Besucher faxen oder emailen 12 bis 14 Tage vor der Ankunft Name, Zuname (wie im Reisepass) und Geburtsdatum, die Passnummer und das Gültigkeitsdatum. Das Zentrum verteilt auch Karten und bietet geführte Touren (10 € pro Pers.) sowie Ausflüge mit Minibus und Boot um das Delta an.

VON ALEXANDROUPOLIS NACH SOUFLI
ΑΛΕΞΑΝΔΡΟΥΠΟΛΗ ΠΡΟΣ ΣΟΥΦΛΙ

Zwei Routen führen von Alexandroupolis nordwärts nach Didymoticho, die westliche und die Hauptroute im Osten entlang der türkischen Grenze. Die westliche Route führt durch beschauliche, abgeschiedene Dörfer, wie Esymi, Megalo Derio und Mikro Derio; etwa 10 km westlich von Mikro Derio liegt Roussa mit **thrakischen Megalithgräbern** aus dem 9. Jh. v.Chr., die mit geheimnisvollen Felsbildern versehen sind.

Im Osten gibt es zwei Straßen; die „neue" führt direkt nach Norden, die alte verläuft mit der Bahnlinie und dem Evros entlang der türkischen Grenze. Dieser Teil Thrakiens besteht aus sanftem Hügelland – ab und an ist ein Storchennest auf einem Telegrafenmast zu sehen –, und es erstrecken sich endlose Weizen- und Sonnenblumenfelder. Hier und da ist zwar ein Schild zu sehen, das Fotografieren verbiet, aber Ärger mit den Grenzsoldaten ist nicht zu erwarten. Die folgenden Orte haben haben mit häufig fahrenden Bussen und zum Teil auch Zugverbindungen eine gute Anbindung an Alexandroupolis.

In **Feres**, 29 km über die Straße am Fluss nordöstlich von Alexandroupolis, steht Thrakiens eindrucksvollste byzantinische Kirche. Die **Panagia Kosmosotira** wurde 1152 vom byzantinischen Fürsten Isaac Komnenos als kleinere Version der prächtigen Agia Sofia in Konstantinopel gebaut und blieb wundersamerweise erhalten; sie ist ausgeschildert. In Feres gibt es auch eine kleine **Touristeninformation** (☎ 25550 24310).

Das kleine **Tychero** hinter Feres mag zwar unscheinbar sein, hat aber die ungewöhnlichste Unterkunft der Region: das familienfreundliche **Thrassa Eco-Tourism Guesthouse** (☎ 25540 20080, 6946462350; www.thrassa.gr; EZ/DZ/Ste. 45/65/95 €; P X ⊛) an einem 800 m langen See mit großen, fröhlichen Zimmern und vielen Hängepflanzen und Ranken. Die nette Besitzerin Sofia Hajisavva (auch Tennislehrerin) organisiert Sportaktivitäten, Bootsfahrten und Ponyreiten für Kinder, die auch auf den Wiesen herumtollen und

nach Enten, Fischen und Schildkröten Ausschau halten dürfen. Der einzige Nachteil sind die Moskitos, aber die Zimmer und Gebäude haben Fliegenfenster.

Wer mit einem der häufigen Nord-Süd-Busse über die Flussstraße hierher kommt, steigt an der Haltestelle Tycheros Gymnasio aus; das Gästehaus liegt 200 m weiter gegenüber. Das Haus hat zwar ein Café, aber das Essen im Dorf ist besser, dort liegen drei Tavernen dicht beieinander: **O Thomas** (☎ 25540 41259; Tychero Zentrum; Hauptgerichte 5–8 €) ist gut und liefert auch zum Thrassa.

Weiter nördlich auf der Hauptstraße (30 km von Feres entfernt) führt eine Abzweigung links nach 7 km westwärts zum Paradies der Vogelbeobachter: Das **Waldschutzgebiet Dadia** liegt an einer der zwei größten Vogelzugstrecken Europas; 36 der 38 bekannten und teilweise seltenen europäischen Raubvogelarten nisten hier. Zum Park gehören ein innerer Bereich (73 km^2) und eine Pufferzone (352 km^2). 1000 kg Fleisch werden wöchentlich an die Vögel verfüttert (meist Abfälle aus Schlachthöfen). Es macht Spaß, die Vögel mit dem Fernrohr zu beobachten, wenn sie mit dem Aas herumtollen, aber es ist mindestens ebenso unterhaltsam, die fanatischen Vogelbeobachter zu belauschen, wenn sie sich streiten, welchen Vogel sie denn nun gerade sehen.

Es ist zwar immer etwas los, aber die beste Zeit ist im Mai, bevor die Migration beginnt, oder im Juli, wenn Geierküken neugierig aus ihren Nestern hüpfen. Startpunkt vor Ort ist das **Ecotourist Centre** (☎ 25540 32209; dadia@otenet.gr; ☒ Dez.–Jan. 10–16 Uhr, März–Mai & Sept.–Nov. 9–19 Uhr, Juni–Aug. 8.30–20.30 Uhr), in dem es zweisprachige (Griechisch und Englisch) Wandtafeln, einen Lehrfilm und einen Minibus zu einem wildwestartigen Unterstand (3 €) gibt. Er ist auch mit einem einstündigen Fußmarsch zu erreichen, und zwar über den Weg, der orange bzw. zurück gelb markiert ist. Im Unterstand gibt es Ferngläser, Fernrohre und ein Stativ für Fotoenthusiasten. Für zusätzliche Infos sollte man die ansässige Wissenschaftlerin der World Wildlife Foundation aufspüren (ihr Büro liegt neben dem Ecotourist Centre).

Übernachtungsmöglichkeiten bietet das angrenzende **Ecotourist Hostel of Dadia** (☎ 25540 32263; dadia@otenet.gr; EZ/DZ/3BZ

30/43/50 €). Die einfachen, aber sauberen Zimmer mit Bad sind alle nach verschiedenen Wildvögeln benannt. Ein Café liegt nebenan. Zum Essen geht's 1 km zurück ins Dorf Dadia, wo eine **traditionelle Taverne** (☎ 25540 32481; Hauptgerichte 4–6 €) nahe der Kirche griechische Gerichte serviert.

Soufli, 38 km nördlich von Alexandroupolis, ist für Seide berühmt. Dank der hier vorherrschenden Maulbeerbäume, von denen sich die Seidenraupen ernähren, ist es seit der Zeit Alexanders des Großen ein Zentrum der Seidenproduktion. Die Industrie erlitt jedoch im vergangenen Jahrhundert mehrere Rückschläge. Die Gründung der modernen Türkei 1923 schnitt einige Bauern von ihrem einstigen Land ab und in jüngerer Zeit wurden zahlreiche Maulbeerbäume der Kultivierung von Ackerland geopfert. Die Produktion geht zwar im kleineren Umfang weiter, aber es heißt, dass billige chinesische Importe als Soufli-Seide verkauft werden. Beim Kauf also unbedingt auf die Echtheit achten.

Souflis **Seidenmuseum** (☎ 25510 23700; Eleftheriou Venizelou 73) war zur Zeit der Recherche geschlossen, aber es wurden mehrere private Seidenmuseen/-läden eröffnet. Das beste ist das **Museum der Seidenkunst** (☎ 25540 22371; www.silkmuseum.gr; Vasilis Georgiou 199; ⏲ 9.30–20.30 Uhr; ☒) in der restaurierten Villa eines Seidenproduzenten; es gibt auch einen verführerischen Museumsladen. Die Ausstellung zeichnet die Geschichte der Seidenproduktion Souflis nach und wird von modernster Technologie wie Videos und interaktiven mehrsprachigen Audioführungen ergänzt.

Das **Koukouli Inn** (☎ 25540 22400; Fax 25540 22441; Olorou 14; EZ/DZ inkl. Frühstück 45/55 €), das 1850 für Ernte und Auslese der Seidenraupenkokons gebaut wurde, bietet atmosphärische Zimmer. Es liegt gegenüber dem Rathaus.

In Soufli gibt es Geldautomaten und Serviceangebote – und Griechenlands vermutlich kleinsten traditionellen Busbahnhof.

DIDYMOTICHO ΔΙΔΥΜΟΤΕΙΧΟ
8700 Ew.
Im chaotischen Didymoticho, einem Militärstützpunkt gleich hinter Soufli, gibt es historisch bedeutsame Ruinen. Davon abgesehen ist es jedoch ziemlich verschlafen – was nicht heißen soll, dass es sich für eine Übernachtung eignet. Daher ist der Ort als Tagesausflug oder Durchgangsstation von Orestiada (gegenüber) aus geeignet. Didymoticho hat Banken mit Geldautomaten, Apotheken und eine kleine, zentral gelegene **Touristeninformation** (☎ 25530 22222).

Der Name der Stadt leitet sich von ihrer einst großartigen Doppelmauer ab (*didymo* „doppelt", *tichos* „Mauer"), deren stolze Reste noch in der Oberstadt zu sehen sind. Didymoticho wurde Ende des 8. Jhs. als Etappenfestung für Konstantinopel gebaut und entwickelte sich zu einer bedeutenden byzantinischen Stadt. Auch war sie der Geburtsort zahlreicher berühmter Personen. 1341 wurde hier der byzantinische Kaiser Johannes Kantakuzenos gekrönt. Als 1361 der türkische Sultan Murad I. die Stadt eroberte, wurde sie für kurze Zeit dessen Hauptstadt, bis sie 1365 von Adrianopel (das moderne Edirne in der Türkei) ersetzt wurde.

Unübersehbar auf Didymotichos *plateia* ist die große Moschee mit ihrem Pyramidendach, die von Murad geweiht und von seinem Sohn Bayezit im Jahr 1368 vollendet wurde – daher auch der Name **Bayezits Moschee**. Sie war die erste Moschee Europas und auch die größte, die von den Osmanen hier je gebaut wurde. Übrig ist nur noch trostloser Verfall: das Minarett ohne Spitze, die Fenster zerschlagen und die Mauern eingestürzt.

Ein steiler Weg führt vom Platz an osmanischen Fachwerkhäusern vorbei in die Oberstadt. Nahe der **Kirche Agios Athanasios** sind gut erhaltene Abschnitte der **byzantinischen Mauern** und merkwürdige, katakombenartige Bauten zu sehen.

Erfrischende Limonade gibt's im kultigen Café Samantha, das einen eindrucksvollen Blick über die traditionellen Dächer Didymotichos bis hin zum Fluss bietet. Der nette alte Besitzer Leftheris zeigt gerne das Abzeichen des byzantinischen Adligen Tarchaniotis, das in der Mauer über dem Garten seines Cafés eingraviert ist.

An- & Weiterreise
Von Didymoticho führt die Hauptstraße über 20 km weiter nach Orestiada, der letzten größeren Stadt am Evros. Die Strecke entlang der alten Straße am Fluss (die auch der Zugstrecke entspricht) ist allerdings 35 km lang.

Busse fahren stündlich ab Orestiada (1,70 €, 20 Min.).

ORESTIADA ΟΡΕΣΤΙΑΔΑ

25 000 Ew.

Orestiada ist die größte Stadt jenseits von Alexandroupolis, mit ausreichend Läden sowie Unterhaltungs- und Serviceangeboten. Auch ist die Stadt eine gute Basis für Ausflüge nach Didymoticho, zu absolut untouristischen Dörfern und weiteren historischen Stätten sowie Ausgangspunkt für Reisen ins bulgarische Thrakien oder ins benachbarte Edirne in der Türkei. Nicht zu vergessen, dass Orestiada gleich südlich von dem Dorf Kastanies mit seinem populären Sommermusikfestival liegt.

Die Stadt Orestiada wurde im Jahr 1923 während des griechisch-türkischen Bevölkerungsaustauschs erbaut. Anders als die meisten verarmten Flüchtlinge zogen es die respektablen Bewohner des neuen Orestiada jedoch vor, ihre Häuser auf der türkischen Seite gemeinsam zu verlassen und sich ebenso geordnet wieder niederzulassen. Wie in anderen Grenzstädten auch gibt es in Orestiada eine stramme Militärpräsenz. Allerdings sind uniformierte Soldaten weniger augenfällig als die beschlipsten Geschäftsleute, die hier mit der Armee ihr Geld verdienen.

Orientierung & Praktische Informationen

Vom Bahnhof in Orestiada führt die Vasileos Konstantinou hoch zur Kreuzung mit der Anthanasiou Pantazidou; hier befindet sich die zentrale *plateia*. Links in der Pantazidou befinden sich das Hotel Elektra, Cafés, Restaurants und die Post, nach rechts geht's zur Touristeninformation und zum Internetcafé Web. Am Hauptplatz liegen die Banken mit Geldautomaten. Läden gibt es in der Konstantinopoleos parallel zur Pantazidou gegenüber dem Platz. Der Busbahnhof ist auch in der Nähe, nämlich in der Adrianoupoleos, die über die Vasileos Konstantinou und dann nach zwei Querstraßen rechts zu erreichen ist.

Hatzigiannis Tours (☎ 25520 25666; Ecke Konstantinoupoleos & Emmanouel Riga) Verkauft Tickets für Flüge, Fähren und Züge.

Post (☎ 25520 22435; Athanasiou Pantazidou)

Web (☎ 25520 25012; Athanasiou Pantazidou 64; pro Std. 2 €; ☯ 24 Std.) Internetzugang.

Sehenswertes & Aktivitäten

Orestiadas bescheidenes **Volkskundemuseum** (☎ 25520 28080; Agion Theodoron 87; ☯ Di–Sa 11–13 & 19–21 Uhr) zeigt traditionelle thrakische Einrichtungsgegenstände und Trachten, alte Waffen und faszinierenderweise ein Fragment des originalen Vertrags von Lausanne, der den griechisch-türkischen Bevölkerungsaustausch festgelegt hatte.

Die **Metropolitenkirche Agii Theodoros** (Ecke Konstantinopoleos & Orfeas) westlich der *plateia* ist ein alter und ungewöhnlicher Backsteinbau, der mit einigen hübschen Ikonen ausgestattet ist.

Der **Cataract Water Park** (☎ 25520 28922) fast 3 km von Orestiada an der Straße nach Didymoticho bietet verschiedene Pools und Rutschen für sommerliche Erfrischung und die beliebte Disco Mojito – sowie eine frivole neue *bouzoukia*.

Schlafen

LP Tipp Hotel Elektra (☎ 25520 23540; www.hotel electra.gr; Athanasiou Pantazidou 52; EZ/DZ 38/50 €; ⓟ 🐾 📶) Das helle Elektra ist ein freundliches und gepflegtes Hotel der Kategorie B in einer restaurierten neoklassizistischen Stadtvilla. Die Ausstattung des Foyers mag zwar etwas unbeholfen erscheinen, aber angesichts der billigen Einzelzimmer unterm Dach (25 €) bietet das Hotel das beste Preis-Leistungsverhältnis Orestiadas. Die hilfsbereite Ismini Diamanti gibt Besuchern gerne Ausflugstipps.

Hotel Alexandros (☎ 25520 27000; Vasileos Konstantinou 10; EZ/DZ/3BZ 45/58/65 €; 🐾) Das Hotel Alexandros nahe dem Bahnhof ist schicker (und teurer) als das Elektra. Es verfügt über geräumige Zimmer und recht große Balkone.

Essen & Ausgehen

Die **Taverna Petinos** (☎ 25520 22071; Lohagou Diamandi 3; Hauptgerichte 4–7 €) serviert einfache Tavernenkost in einem freundlichen, gastlichen Ambiente. Das beliebte **Safran** (☎ 25520 29088; Vasileos Konstantinou; Hauptgerichte 5–7 €) nicht weit vom Hotel Elektra bietet internationalere Küche.

Cafés gibt es reichlich in der Emmanouel Riga zwischen Konstantinopoleos und Athanasiou Pantazidou. Sie sind von frühmorgens bis Mitternacht oder länger geöffnet. Beliebt sind u. a. das Café Café, das Bel Air und das Social.

Anreise & Unterwegs vor Ort

Vom **Busbahnhof** (☎ 25520 22550) fahren stündlich Busse nach Didymoticho (1,70 €, 20 Min.), viele davon auch weiter nach Alexandroupolis (9,50 €, 1¼ Std.). In Alexandroupolis gibt es Anschluss nach Komotini, Xanthi und Thessaloniki.

Busse fahren auch Richtung Norden nach Dikea (5,20 €, 4-mal tgl.) und nach Ormenio (5,30 €, 2-mal tgl.) an der bulgarischen Grenze. Zum türkischen Grenzübergang bei Kastanies (1,50 €) gibt es täglich sechs Busverbindungen.

Vom **Bahnhof** (☎ 25520 22328) fahren Züge südwärts nach Alexandroupolis (4,30 €, 3 Std., 7-mal tgl.) über Pythio, Didymoticho, Soufli und Feres; fünf davon fahren ab Alexandroupolis weiter westwärts nach Komotini (6,30 €, 4 Std., 7-mal tgl.), Xanthi (7,40 €, 4½ Std., 7-mal tgl.), Thessaloniki (16,40 €, 8½ Std.) und Athen (52 €, 15 Std.).

Ab Orestiada fahren Züge auch nordwärts nach Dikea (1 €, 35 Min., 7-mal tgl.), davon vier weiter nach Ormenio (10 Min.). Der Zug um 8.07 Uhr ab Orestiada fährt weiter nach Swilengrad in Bulgarien.

Orestiada kann zu Fuß oder mit dem **Taxi** (☎ 25520 25025) erkundet werden.

RUND UM ORESTIADA

Etwa 18 km südöstlich an der alten Straße parallel zum Evros und zur Bahnlinie steht erhaben auf einem steilen Felsen die **byzantinische Burg Pythio**. Die Burg oberhalb des **Dorfs Pythio** mit seinen ansehnlichen, traditionell thrakischen Ziegel- und Holzhäusern bietet einen eindrucksvollen Blick über die thrakische Ebene und die dunkle Uferbewaldung am Fluss. Gebaut wurde die Burg 1347 vom byzantinischen Kaiser Johannes Kantakuzenos während einer turbulenten Epoche aus Bürgerkriegen und türkischen Invasionen; sie ist das besterhaltene Exemplar byzantinischer Festungsbauten in Thrakien. Da die Renovierungsarbeiten andauern, kann sie noch geschlossen sein. Aber selbst wenn ein Zugang nicht möglich ist, kann ihre Erhabenheit doch aus der Nähe bewundert werden.

Wer auf Fasan, Wildbret oder Wildschwein Appetit hat, kann sich ins ländliche **Pendalofos**, 35 km nordwestlich von Orestiada begeben. Das dortige Wildrestaurant **Evrothirama** (☎ 25560 61202; Hauptgerichte 7–10 €) ist aber nur am Wochenende geöffnet und

liegt ziemlich weit ab vom Schuss. Telefonische Reservierung ist daher ratsam; Ismini vom Hotel Elektra (S. 381) ist gerne behilflich, auch bei Ausflügen im westlichen Evros.

Einer dieser Ausflüge führt westwärts durch Valtos nach **Mikri Doxipara**, wo jüngste Ausgrabungen eines römischen Grabs aus dem 1. Jh. n. Chr. fünf Bestattungswagen samt Pferden und Geschirr freigelegt haben. Von hier geht's Richtung Norden weiter nach Pendalofos zum Essen und dann nach **Petrota**, dem letzten griechischen Dorf in der Nordwestecke vor der bulgarischen Grenze, mit Weingärten und traditionellen Steinhäusern. Die Straße setzt sich nach Osten entlang der Grenze über Ormenio und Dikea fort und führt dann nach Süden zurück nach Orestiada.

Bei Kastanies, etwa 19 km nördlich von Oerestiada, findet jeden Juli das **Ardas River Festival** (☎ 25520 81140; www.ardas.gr) statt, zu dem Tausende junge Menschen strömen. Auf dem Festival treten griechische Spitzensänger, türkische und bulgarische Gruppen und griechische und ausländische DJs auf. Außer Musik werden auch Volleyball, Minifussball, Motocrossrennen, Theateraufführungen und Ausflüge zum Wasserpark geboten.

Kastanies ist auch Griechenlands nördlichster türkischer Grenzübergang. Das atmosphärische **Edirne** (Adrianoupolis auf Griechisch) liegt nur 9 km dahinter.

Die **Apiso Ranch** (☎ 6977817820; Lepti; ⏱ 9–21 Uhr) im Dorf **Lepti**, nur 4 km von Orestiada, bietet Reitausflüge über die thrakische Ebene an.

EPIROS ΗΠΕΙΡΟΣ

352 400 Ew. / Fläche 9203 km2

Epiros hat zweifellos die spektakulärsten Sehenswürdigkeiten Nordgriechenlands – eine Region, die (buchstäblich) atemberaubend ist. Das erhabene Pindos-Gebirge, das einen Großteil von Epiros ausmacht, hat für Jahrtausende die hier ansässigen Völker beschützt und Invasionen vereitelt. Quer durch das Gebirge schneidet sich die 12 km lange überwältigende Vikos-Schlucht – vermutlich die tiefste der Welt. Sie ist heute ein Nationalpark mit Laubwäldern, Wasserfällen und eiskalten Bergseen, umgeben von ursprünglichen traditionellen Stein- und Schieferdörfern, den Zagorochoria.

Die Provinzhauptstadt Ioannina, südlich des Gebirgszugs gelegen, ist eine fröhliche studentische Stadt mit Geschichte und Flair. Die Stadt liegt an einem beschaulichen See mit einer Insel. Im Westen liegt das Ionische Meer mit einigen verlockenden Sandstränden und archäologischen Stätten. Ebenso wie auf den Ionischen Inseln vor der Küste haben Jahrhunderte venezianischer Herrschaft auch an der Epiros-Küste ein italienisches Flair hinterlassen, besonders im kleinen Ferienort Parga. Fähren nach Italien legen in Igumenitsa ein Stück weiter nördlich ab.

Die Anreise nach Epiros kann ein Erlebnis für sich sein. Die Hauptstraße, ob nun von Kozani in Makedonien oder von Kalambaka in Thessalien aus, führt über das Pindos-Gebirge – bzw. zum Teil sogar mittendurch, denn es gibt gewaltige Tunnel, die für die Autobahn Egantia-Odos gebaut wurden, eine spektakuläre Meisterleistung moderner Technik, die jeden beeindruckt.

Geschichte

Nach dem Eindringen der Dorer in Griechenland (1100–1000 v.Chr.) bildeten sich in Epiros drei griechischsprachige Stämme heraus: die Thesproten, die Chaonen und die Molossen. Letztere setzten sich durch, und, clever wie sie waren, verheirateten sie ihre Prinzessin Olympias mit dem mächtigen makedonischen König Philipp II. Das führte jedoch zum Konflikt mit der aufsteigenden Macht Rom. Der berühmteste Molossenherrscher, König Pyrrhus (319–272 v.Chr.), besiegte die Römer bei Ausculum, zahlte aber einen hohen Preis; das Ereignis prägte einen Begriff, der noch heute geläufig ist, der Pyrrhussieg.

Als sich das römische Reich 395 n.Chr. aufteilte, wurde Epiros zur westlichsten Provinz des byzantinischen (östlichen) Reichs. Später war es ein wesentliches Bollwerk des Hellenismus, nachdem weströmische Kreuzfahrer das byzantinische Reich 1204 zu Fall gebracht hatten. Byzantinische Adelsfamilien flohen nach Ioannina und in die Berge und begründeten dort einen wichtigen byzantinischen Nachfolgestaat.

Das Reich war zwar 1261 teilweise wiederhergestellt, aber unbeugsame unabhängige Herrscher setzten ihre internen Machtkämpfe fort. Im 14. Jh. wurde Epiros kurzzeitig Stefan Dusans wachsendem serbischen Reich einverleibt, aber 1430 übernahmen die osmanischen Türken endgültig die Macht. Als sie 22 Jahre später Konstantinopel eroberten, wiederholte sich die Geschichte: Angesehene Griechen flohen in die Sicherheit der Berge von Epiros.

Die Türken gestanden Epiros zwar erhebliche Autonomie zu, aber das reichte Ali Pascha nicht. 1778 machten die Türken den albanischen Herrscher zum Pascha von Ioannina. Der großspurige Ali hatte jedoch ehrgeizigere Ambitionen und nahm auch noch einen Großteil Albaniens und Westgriechenlands ein, wurde aber 1822 von osmanischen Soldaten getötet. Dennoch hatte Ali Pascha die Türken beständig aufgerieben und abgelenkt und somit 1821 ungewollt den griechischen Revolutionären geholfen.

Epiros war heftig in die Balkankriege von 1912–13 verwickelt und musste schließlich ein Stück des nördlichen Gebiets an den neu gegründeten albanischen Staat abtreten. Mussolinis Invasion in Griechenland von 1940 wurde in Epiros aufgehalten, das zur Hochburg des kommunistischen Widerstands gegen die brutale Nazi-Besatzung wurde. Die Kommunisten wurden jedoch danach im griechischen Bürgerkrieg (1944-49) geschlagen.

METSOVO ΜΕΤΣΟΒΟ

3195 Ew. / 1156 m

Das idyllische Metsovo südlich des großartigen Katara-Passes und östlich der Zagorochoria klammert sich auf 1156 m Höhe an einen Berghang. Im Winter nisten sich hier die Skifahrer ein und im Sommer jene, die der Hitze im Tiefland entkommen wollen. Zu jeder Jahreszeit ist das Dorf bekannt für seine traditionellen Bauten, seinen Käse und die gastfreundlichen Einheimischen – überwiegend Walachen, historisch ein nomadisches Schafhirtenvolk, das Aromunisch spricht. Die Sprache ist eng mit Rumänisch verwandt und hat ihre Wurzeln im Lateinischen. Die Walachen, so glauben manche, stammen von römischen Soldaten ab, die zur Bewachung der Bergpässe abkommandiert waren.

Metsovos Reichtum, der an den Kirchen und restaurierten Steinvillen erkennbar ist, zeugt von der einzigartigen Geschichte des Dorfs: Unter den Osmanen erhielten die gewitzten Hirten Metsovos weitreichende Privilegien als Gegenleistung für die Bewachung des Katara-Passes (1705 m), der einzigen Strecke über das Pindos-Gebirge. Im Jahr 1795 hob Ali Pascha jedoch die Privilegien auf, und im Jahr 1854 verursachten

osmanische Soldaten erhebliche Schäden im Dorf.

Gleichwohl kamen zahlreiche Einheimische durch Handel, Gewerbe und andere Tätigkeiten abseits der Schafszucht zu Reichtum. Die Lokalgrößen Georgios Averof (1815–99) und besonders Mihail Tositsas (1885–1950) spendeten riesige

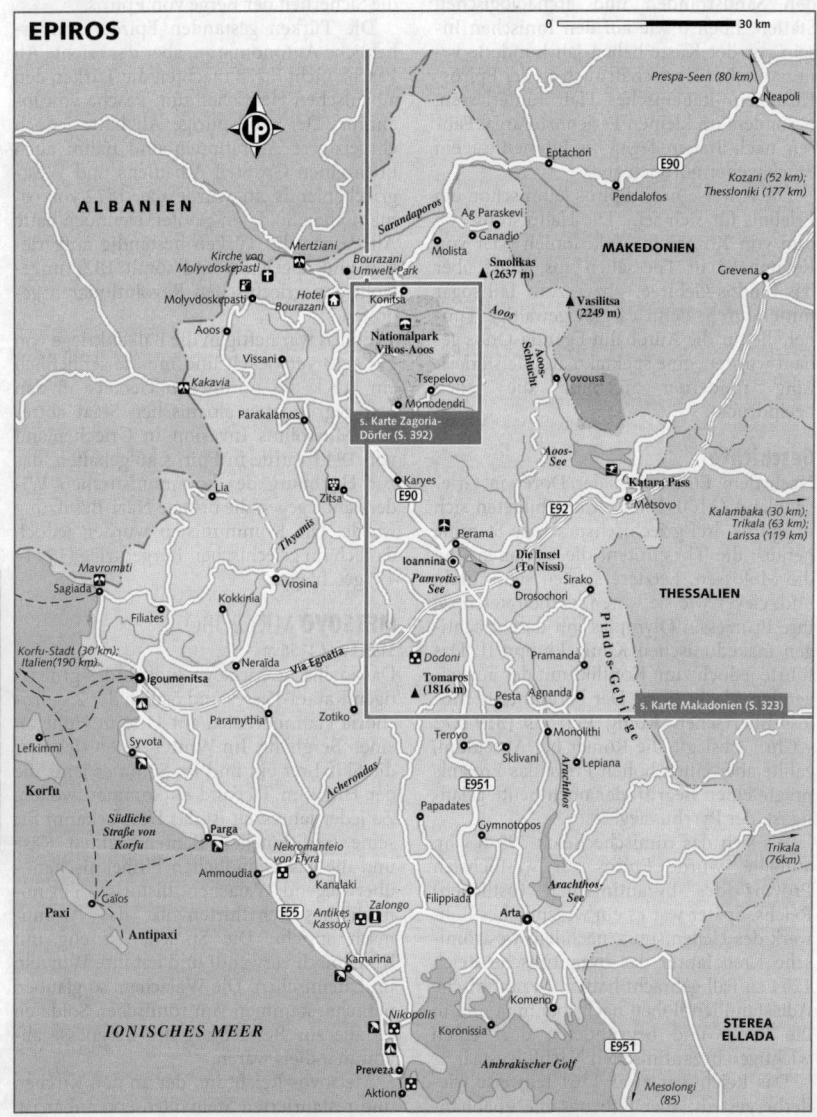

Summen, damit Metsovo in alter Pracht wieder aufgebaut werden konnte.

Heutzutage konzentrieren die Einwohner die ihnen eigene Gerissenheit auf den Tourismus. Sie bauen alte Villen und Steinhäuschen in Boutiquehotels um und eröffnen putzige Lädchen eigens für Touristen, wodurch das gesamte Dorf ein bisschen gekünstelt wirkt. Die frische Bergluft und die majestätische Lage sind jedoch zweifellos reizvoll, und die Palette an Outdooraktivitäten für jede Jahreszeit hält mit Sicherheit auf Trab.

Orientierung & Praktische Informationen

Metsovo liegt 1 km unterhalb der Autobahn Kalambaka–Ioannina. Die Hauptstraße zum zentralen Platz, an dem der Bus hält, führt bergab und ist gesäumt von Restaurants, Hotels und Läden. Durch sie wirkt der Ort besonders schmal und vertikal. Traditionelle Steinhäuser drängen sich in einem labyrinthischen Gewirr aus steinernen Wegen.

Die **Polizei** (☎ 26560 41233) befindet sich gleich gegenüber der Bushaltestelle. Banken mit Geldautomaten gibt es nahe der *plateia*, die Post liegt von dort rechts der Hauptstraße.

Sehenswertes

In der ausgeschilderten Villa Tositsas befindet sich das **Volkskundemuseum** (☎ 26560 41084; Erw./Stud. 3/2 €; ☺ Fr–Mi 9–13.30 & 16–18 Uhr), das mit handgemachten Möbeln, Artefakten und Geräten einen typischen reichen Metsoviter Haushalt aus dem 19. Jh. nachgebildet hat. Führungen gibt es alle halbe Stunde.

Die von Georgios Averofs Kindern finanzierte **Averof-Galerie** (☎ 26560 41210; Erw./Stud. 3/2 €; ☺ Mi–Mo 10–18.30 Uhr) zeigt Werke von griechischen Malern und Bildhauern aus dem 19. und 20. Jh. Am hinteren Ende der *plateia* links halten, dann ist die Galerie auf der rechten Seite.

Das Kloster **Agiou Nikolaou** (☺ 8.30–13.30 & 16–18 Uhr) aus dem 14. Jh., das sich in einer Schlucht unterhalb von Metsovo befindet, beherbergt postbyzantinische Fresken und eine wunderschöne handgeschnitzte Ikonostase. Der Weg zum Kloster ist ab der Westseite des Platzes ausgeschildert (30 Min. zu Fuß).

Aktivitäten

Metsovos **Skizentrum** (☎ 26560 41211; ☺ 9.30–15.45 Uhr) liegt von Kalambaka kommend rechts (nördlich) der Autobahn kurz vor der Abzweigung nach Metsovo. Das Zentrum verfügt über einen Skilift mit 82 Sitzen, zwei Abfahrtspisten und eine 5 km lange Skilanglaufpiste sowie eine deftige Taverne. Skiverleih gibt es in Metsovo.

Schlafen

Filoxenia Domatia (☎ 26560 41332; jsp@hol.gr; EZ/DZ 35/50 €) Das Filoxenia ist eine gute Budgetunterkunft und bietet saubere, komfortable Zimmer und schöne Aussichten. Es liegt gleich hinter dem zentralen Park nahe der Kunstgalerie.

Hotel Asteri (☎ 26560 42222; 693274089; www.asterimetsovo.com; EZ/DZ 38/50 €) Das große Haus liegt unübersehbar im oberen Dorf und hat 40 fröhliche Zimmer, einige mit Kamin. Hinzu kommen ein gutes Restaurant und ein gemütliches Foyer mit traditionellen Teppichen und tiefen Sofas, auf denen die entzückenden alten Besitzer mit den Gästen Kaffee trinken.

Hotel Galaxias (☎ 26560 41202; EZ/DZ 40/50 €) Das Galaxias ist das nächstgelegene Hotel zum Busbahnhof und vermietet große, traditionell eingerichtete Zimmer (manche mit Kamin). Das gleichnamige Restaurant befindet sich ebenfalls hier.

Hotel Bitouni (☎ 26560 41217; www.hotelbitouni.com; DZ/Suite 50/80 €; P ☐) Das familienbetriebene Bitouni hat mit seiner Sauna, traditionellen Einbauten und geschnitzten Couchtischen etwas von einer Skihütte. Es gibt 24 Doppelzimmer und sieben Suiten, zwei davon mit Whirlpool.

Hotel Egnatia (☎ 26560 41900; Fax 26560 41485; Tositsa 19; DZ/Studios inkl. Frühstück 60/80 €) Das renovierte Egnatia bietet Doppelzimmer und geräumige Studios mit schönen Badezimmern. Das Hotel zeichnet sich durch das Holzinventar und die freundlichen, kenntnisreichen Besitzer aus, die hilfreiche Tipps zu Outdooraktivitäten geben. Der Ausblick auf die Berge ist super. Das Hotel befindet sich rechts in der Hauptstraße in Richtung des zentralen Platzes.

Victoria Hotel (☎ 26560 41771; www.victoriahotel.gr; DZ ab 60 €; ☐) Das gastliche und freundliche Victoria verfügt über 37 Zimmer mit allem modernen Komfort, in einigen gibt es auch einen Whirlpool und einen Kamin.

Das Restaurant serviert lokale Spezialitäten, und im Sommer steht ein Pool zur Verfügung. Es liegt 900 m vor dem Zentrum.

Essen

Tyrokomika Pigi (☎ 26560 42163; Varonou Mihail Tositsa 17; Käse 3–6 €) Der nette alte Dimitris Boumbas betreibt auf halbem Weg an der Hauptstraße dorfeinwärts seinen Käseladen. Zu den vielen lokalen Hartkäsespezialitäten gehört auch der *metsovona*.

To Koutouki tou Nikola (☎ 26560 41732; Hauptgerichte 7–10 €) Das wunderbare, von einer Familie betriebene Restaurant gleich unterhalb der Post tischt deftige traditionelle Gerichte auf, von *pites* (Pasteten) bis zu traditionellem Lammbraten und *gida vrasti* (Ziegenfleischeintopf).

Restaurant Galaxias (☎ 26560 41202; Hauptgerichte 8–12 €) Das Hotel-Restaurant ist überraschend gut. Zu den angebotenen Spezialitäten gehören Lauch mit Hackfleischbällchen oder scharfen Würsten, begleitet von einem lokalen Rotwein (Katoyi). Das rustikale Ambiente wird in den Wintermonaten noch von einem prasselnden Kamin und im Sommer von einem efeubewachsenen Balkon betont.

Paradosiako (Hauptgerichte 8–11 €) Das ebenfalls traditionelle Lokal gegenüber dem Hotel Bitouni serviert überwiegend Fleischgerichte. Es gibt aber auch gute *mezedhes* und vegetarische Speisen.

An- & Weiterreise

Direktbusse fahren nach Ioannina täglich um 6.30, 10.15, 15 und 16.30 Uhr (7 €, 1½ Std.) und nach Trikala um 8 und 14 Uhr (11 €, 3½ Std.) ab. Wer nach Thessaloniki (22 €) möchte, muss an der Hauptstraße den Bus aus Ioannina anhalten.

IOANNINA ΙΩANNINA
61 629 Ew.

Das trendige Ioannina, Hauptstadt von Epiros und Tor zum Nationalpark Vikos-Aoos, ist ein quirliges Handels- und Kulturzentrum, in dem 20 000 Studenten dem Nachtleben Schwung verleihen. Ioannina liegt am beschaulichen (allerdings verschmutzten) Pamvotis-See mit Blick auf steile Berge. Zur idyllischen Lage gesellt sich noch eine atmosphärische Altstadt (das Kastro) mit engen Gassen und wunderbaren Bauten aus byzantinischer und osmanischer Zeit. Auch gibt es in der Stadt exzellente Restaurants, Bars und Cafés.

Geschichte

Ioannina wurde Anfang des 6. Jhs. vom großen byzantinischen Kaiser Justinian gegründet und entwickelte sich zu einem bedeutenden Provinzposten für Handel und Kultur. Im Jahr 1082 wurde die Stadt jedoch während der ersten Feindseligkeiten zwischen Ost und West von Normannen angegriffen. Die Feindseligkeiten erreichten im Jahr 1204 ihren Höhepunkt, als weströmische Kreuzfahrer Konstantinopel brandschatzten und das byzantinische Reich zerschlugen. Zahlreiche griechische Aristokraten flohen nach Epiros, wo sich ein bedeutender byzantinischer Nachfolgestaat unter dem Adligen Michael I. Komnenos Doukas bildete. Die Griechen behielten die Macht, bis Anfang des 14. Jhs. die Serben eintrafen, kurzzeitig gefolgt von weiteren Weströmern und schließlich den Osmanen, die das Land im Jahr 1430 eroberten.

Die Dinge standen für Ioannina unter den Osmanen jedoch nicht so schlecht, genoss die Stadt doch besondere Privilegien und wurde zum führenden Kultur- und Kunstzentrum. Bedeutende neue Schulen wurden gegründet, geschickte Handwerker schufen kunstvollen Silber- und Goldschmuck und im 16. und 17. Jh. florierte die „Epiros-Schule" der Sakralmalerei.

Als Ende des 18. Jhs. die osmanische Macht zu schwinden begann, nutzten schlaue Opportunisten wie der albanische Machthaber Ali Pascha (1741–1822) ihre Chance. Im Jahr 1789 machte der moralisch verwerfliche, aber dennoch charismatische Ali Ioannina zur Hauptstadt seines persönlichen Lehens, das schließlich einen Großteil Albaniens und Westgriechenlands umfassen sollte. Trotz seiner Neigung zur Grausamkeit, die den Philhellenen Lord Byron anekelte, setzte Ali Recht und Ordnung durch, und Ioannina gedieh. Gleichwohl wurde der über 80-jährige Ali, der im Kloster Agios Pandeleimon auf der Insel (To Nisi) im Pamvotis-See festsaß, von einigen sehr zornigen Osmanen ermordet, die seinen abgeschlagenen Kopf in Istanbul zur Schau stellten.

Die osmanische Herrschaft fasste zwar wieder Fuß in Ioannina, wurde jedoch

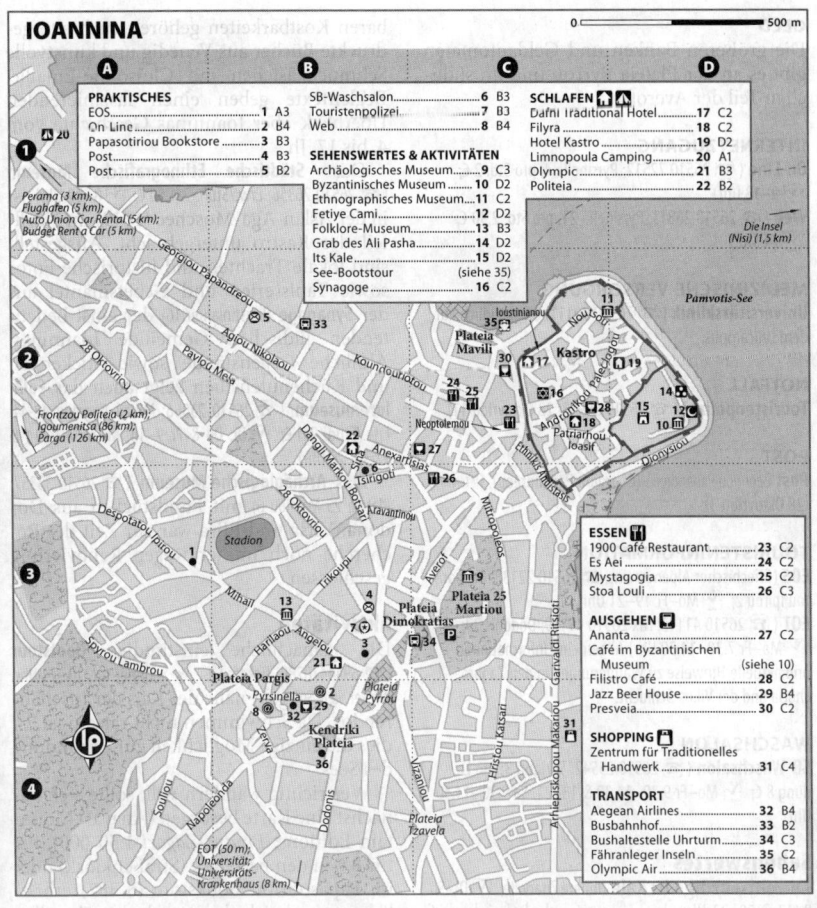

IOANNINA

0 ———————— 500 m

PRAKTISCHES
EOS..**1** A3
On Line...**2** B4
Papasotiriou Bookstore........**3** B3
Post..**4** B3
Post..**5** B2

SB-Waschsalon..........................**6** B3
Touristenpolizei.......................**7** B3
Web...**8** B4

SEHENSWERTES & AKTIVITÄTEN
Archäologisches Museum.......**9** C3
Byzantinisches Museum.......**10** D2
Ethnographisches Museum...**11** C2
Fetiye Cami...............................**12** D2
Folklore-Museum....................**13** B3
Grab des Ali Pasha..................**14** D2
Its Kale.......................................**15** D2
See-Bootstour ....(siehe 35)
Synagoge...................................**16** C2

SCHLAFEN
Dafni Traditional Hotel..........**17** C2
Filyra...**18** C2
Hotel Kastro..............................**19** D2
Limnopoula Camping.............**20** A1
Olympic......................................**21** B3
Politeia..**22** B2

ESSEN
1900 Café Restaurant..............**23** C2
Es Aei..**24** C2
Mystagogia................................**25** C2
Stoa Louli..................................**26** C3

AUSGEHEN
Ananta..**27** C2
Café im Byzantinischen
  Museum ....(siehe 10)
Filistro Café...............................**28** C2
Jazz Beer House.......................**29** B4
Presveia......................................**30** C2

SHOPPING
Zentrum für Traditionelles
  Handwerk.............................**31** C4

TRANSPORT
Aegean Airlines........................**32** B4
Busbahnhof...............................**33** B2
Bushaltestelle Uhrturm.........**34** B3
Fähranleger Inseln..................**35** C2
Olympic Air...............................**36** B4

immer schwächer. Während der Balkankriege zwischen den Jahren 1912–13 nahm schließlich die griechische Armee Ioannina ein. Im Lauf der nächsten 30 Jahre änderte sich die ethnische Zusammensetzung der Stadt dramatisch. Im Jahr 1923 wurden mit dem angeordneten griechisch-türkischen Bevölkerungsaustausch muslimische Türken durch griechische Flüchtlinge aus Anatolien ersetzt, und 1943 deportierten die deutschen Besatzer einen Großteil der jahrhundertealten jüdischen Bevölkerung in Konzentrationslager.

Orientierung

Ioannina ist zwar weitläufig, aber dennoch gut zu Fuß zu bewältigen; Parkplätze sind rar. Es gibt einen städtischen Parkplatz (2 €) beim Hauptplatz, der Plateia Pyrrou. Ioanninas neuer Busbahnhof befindet sich in der Georgiou Papandreou, fünf Minuten zu Fuß von der Altstadt (dem Kastro) entfernt, wo sich die Mehrzahl der historischen Stätten Ioanninas befindet. Das Kastro ist zwar überwiegend ein Wohnviertel, verfügt aber über die reizvollsten Unterkünfte. Der Flughafen befindet sich 5 km nordwestlich der Stadt.

Praktische Informationen
BUCHLÄDEN

Papasotiriou Bookstore (☎ 26510 64000; Mihail Angelou 6) Englischsprachige Bücher, Karten und Lonely Planet Reiseführer.

GELD
Die größeren Banken und Geldautomaten gibt es an der Plateia Pyrrou und im südlichen Teil der Averof.

INTERNETZUGANG
On-Line (☎ 26510 72512; Pyrsinella 4; pro Std. 2 €; ☾ 9–18 Uhr)
Web (☎ 26510 26813; Pyrsinella 21; pro Std. 2,30 €; ☾ 24 Std.)

MEDIZINISCHE VERSORGUNG
Universitätsklinik (☎ 26510 99111) 8 km südlich auf dem Unicampus.

NOTFALL
Touristenpolizei (☎ 26510 65938; 28 Oktovriou 11)

POST
Post Georgiou Papandreou (Georgiou Papandreou); Octovriou (28 Oktovriou 3)

TOURISTENINFORMATION
EOS (Griechischer Alpenverein; ☎ 26510 22138; Despota-tou Ipirou 2; ☾ Mo–Fr 19–21 Uhr)
EOT (☎ 26510 41142; Fax 26510 49139; Dodonis 39; ☾ Mo–Fr 7.30–14.30 Uhr) Allgemeine Informationen und aktuelle Hinweise zu Wanderungen in den Zagorochoria und der Vikos-Schlucht.

WASCHSALON
SB-Waschsalon (☎ 26510 25542; Tsirigoti 3; pro Ladung 8 €; ☾ Mo–Fr 9.30–14.30 & 18–21, Sa 9.30–14.30 Uhr)

Sehenswertes

Die ehrwürdige **Its Kale** (Innere Zitadelle; ☾ Di–So 8–17 & 20–22 Uhr) im Kastro erhebt sich auf einem langen Felsvorsprung mit Blick auf See und Berge. In der beschaulichen Festung befinden sich das **Grab des Ali Pascha** und die restaurierte **Fetiye Camii** (Siegesmoschee). Sie wurde 1611 nach einem fehlgeschlagenen griechischen Aufstand, der zur Vertreibung der Christen aus der Zitadelle führte, als Zeichen osmanischer Überlegenheit erbaut.

Das angrenzende **Byzantinische Museum** (☎ 26510 25989; Its Kale; Eintritt 3 €; ☾ Di–So 8–17 Uhr) ist in zwei Gebäuden untergebracht, eines davon Ali Paschas ehemaliger Palast. Die Ausstellung umfasst frühchristliche und byzantinische Kunst, Keramiken, Münzen und Silberwaren, sogar postbyzantinische Ikonen und Manuskripte. Zu den unschätz-

baren Kostbarkeiten gehören auch alte gedruckte Bücher aus Venedig und kunstvolle Schmuckkästchen mit Cloisonné-Emaille. Begleittexte geben einen faszinierenden Überblick über Ioanninas Geschichte vom 4. bis 17. Jh.

Das **Städtische Ethnografische Museum** (☎ 26510 26356; Erw./Stud. 3/1,50 €; ☾ 8–20 Uhr) ist in der Aslan-Aga-Moschee (1619) im Nordteil des Kastro untergebracht. Ausgestellt sind lokale Trachten und historische Fotos sowie Tapisserien und Gebetsmäntel aus der **Synagoge** (Ioustinianou 16) der einst bedeutenden jüdischen Gemeinde Ioanninas. Ähnliche Gegenstände sowie Stickereien und Küchenutensilien zeigt auch das **Folkloremuseum** (☎ 26510 23566; Mihail Angelou 42-44; Erw./Stud. 2/1 €; ☾ Di, Do & Fr 9–14, Mi & Sa 9–14 & 17.30–20 Uhr).

Das **Archäologische Museum** (☎ 26510 33357; Plateia 25 Martiou 6) mit Fundstücken aus Dodona, Vitsa und Efira war zur Zeit der Recherche noch immer wegen Renovierung geschlossen.

Aktivitäten

Die gemächliche einstündige **Bootstour** (☎ 6944470280; Tickets 5 €; ☾ Sommer tgl. 10–24 Uhr, Winter Sa & So) geht nahe des Kais der Inselfähren los. Da Schwimmen nicht ratsam ist, ist dies die einzige Möglichkeit zur Erkundung des Sees.

Wer richtig wandern will, sollte sich zunächst eine Karte besorgen (Anavasi Mountain Editions; *Pindus-Zagori* 1:50 000), die für 8 € in den *periptera* (Straßenkiosk) oder im Papastiriou Bookstore (S. 387) erhältlich ist, und sich dann nach den aktuellen Wanderbedingungen im EOT oder EOS (links) erkundigen.

Schlafen

In Perama, 10 Minuten mit dem Bus am See entlang, sind preisgünstige Zimmer zu finden. Die meisten Hotels in Ioannina befinden sich nahe der lauten *plateia* im Zentrum. Ruhige und urtümliche Unterkünfte gibt es im Kastro.

Limnopoula Camping (☎ 26510 25265; Kanari 10; Campingpro Erw./Zelt 8/4 €; ☾ April–Okt.) Ein geräumiger Campingplatz 2 km nordwestlich der Stadt mit schönen Einrichtungen, wie Küche, Waschsalon und einem Restaurant in der Nähe. Allerdings sollte man auch hier nicht schwimmen.

Filyra (☎ 26510 83560, 6932601240; Andronikou Paleologou 18; EZ/DZ 45/55 €) Das blumengeschmückte Boutiquehotel in einer ruhigen Seitenstraße im Kastro vermietet fünf geräumige Selbstversorgersuiten. Die Besitzer sind freundlich und hilfsbereit.

LP Tipp Dafni Traditional Hotel (☎ 26510 83560, 6932601240; Ioustinianou 12; EZ/DZ 45/65 €) Die außergewöhnliche, neue Pension im traditionellen Stil ist innen in die gewaltige Mauer des Kastro hineingebaut. Die Zimmer verbinden Traditionelles mit moderner Einrichtung, auch gibt es ein großes, schön gestaltetes Familienzimmer (90 €). Die Rezeption ist im Filyra.

Hotel Kastro (☎ 26510 22866; Andronikou Paleologou 57; EZ/DZ 75/90 €; **P**) Die restaurierte Kastro-Villa mit Blick auf Its Kale hat ein tolles Flair: antike Messingbetten, Buntglasfenster und ein stiller Hof schaffen eine Atmosphäre romantischer Abgeschiedenheit. Der Service ist freundlich und prompt.

Olympic (☎ 26510 22233; www.hotelolymp.gr; Melanidhis 2; EZ/DZ 90/110 €; **P** 🛰 🖳) Ioanninas nobelstes Hotel muss im Voraus reserviert werden. Die Zimmer haben allen Komfort und großartigen Seeblick, und es gibt sogar einen roten Teppich. Schade nur, dass es in der lauten zentralen Lage so wenig Ruhe und Tradition gibt.

Politeia (☎ 26510 22235; www.etip.gr; Anexartisias 109; EZ/DZ/Suite inkl. Frühstück €90/110/170; **P** 🛰 🖳) Das zentrale Haus um einen ruhigen Innenhof mit Café vermietet Studios mit Kochnische und allem modernen Komfort. Die Zimmer sind geschmackvoll eingerichtet und in sanften Tönen gehalten.

Essen

Die meisten der guten Restaurants in Ioannina sind nur abends geöffnet.

Mystagogia (☎ 26510 34571; Koundouriotou 44; Hauptgerichte 6 €; 🕒 abends) Das studentische Mystagogia ist nachts ein beliebtes *tsipouradhiko* (Bar, wo *tsipouro*, ein dem Ouzo ähnlicher Schnaps, und eine Art Tapas serviert werden), hat sättigende *mezedhes* und gute *keftedhes* (Fleischbällchen) im Angebot.

Stoa Louli (☎ 26510 71322; Anexartisias 78; Hauptgerichte 7–12 €) Das Stoa Louli hat seit der Erbauung 1875 schon manche Inkarnation hinter sich. Zuerst war es ein Gasthaus, später ein Handelskontor jüdischer Lederkaufleute und sogar eine osmanische Bank. Das

geschmackvoll ausgeleuchtete Lokal mit seinen prächtigen Frontbögen serviert verlockende griechische Traditionsgerichte mit moderner Raffinesse.

Es Aei (☎ 26510 34571; Koundouriotou 50; Hauptgerichte 8–12 €) Das bei einheimischen und ausländischen Feinschmeckern beliebte Lokal bietet osmanisches Flair in einem ungewöhnlichen, glasüberdachten Hof. Zu den kreativen Gerichten gehören *mezedhes* aus Bioprodukten und typische Spezialitäten aus Ioannina wie gegrillte Schweinswürste.

1900 Café Restaurant (☎ 26510 33131; Neoptolemou 9; Hauptgerichte 10–15 €; 🕒 Sept.–Juni abends) Wer romantische Absichten hat oder auch nur richtig gutes italienisches Essen genießen möchte, liegt mit diesem Lokal richtig. Der leutselige Besitzer Miltos Miltiadis sorgt für ein herzliches Willkommen in der restaurierten, zweistöckigen Villa, die mit den üppig purpurrot gestrichenen Wänden, lateinamerikanischer Musik, abgenutzten Holzböden und sanfter Beleuchtung Stil in Höchstform verströmt. Alles ist gut, von den Penne mit Parmesan bis zu den Portobello-Pilzen in *mavrodafni*-Sauce (Dessertweinsauce).

Ausgehen

Ioanninas exzellente Bierbars s. Kasten Anleitung für Biertrinker S. 337.

Frontzou Politeia (☎ 26510 21011; Lofos Agias Triadas; 🕒 9–3 Uhr) Das lässige Café, 2 km den westlichen Hügel hoch, bietet einen spitzenmäßigen Blick auf die Stadt, den See und die Berge. Auf den weichen, farbenfrohen Sofas trinken Gäste an warmen Sommermorgen ein kaltes Kaffeegetränk oder einen Cocktail am Abend.

Filistro Café (☎ 26510 72429; Andronikou Paleologou 20) Eine feine Tasse Tee oder ein nachmittägliches Likörchen gibt es in dem klassischen, leuchtend bunten Café im Kastro.

Ananta (☎ 26510 26261; Ecke Anexartisias & Stoa Labei; 🕒 21–3 Uhr) Dunkle Ecken und eine lange Bar unter einer Bogendecke aus nacktem Stein lassen das Ananta wie ein Franziskanerkloster wirken – allerdings eins, in dem Rockmusik und Alkohol für Schwung sorgen.

Café im Byzantinischen Museum (☎ 26510 64206; Its Kale; 🕒 21–24 Uhr) Das stets volle Café mit Terrassentischen oberhalb des Its Kale bietet u. a. Kaffee, Waffeln mit Eis und andere Snacks.

Shoppen

Ioannina ist seit dem 17. Jh. für Silberwaren berühmt. Im **Zentrum für traditionelles Handwerk von Ioannina** (☎ 26510 45221; www.kepavi.gr; Arhiepiskopou Makariou 1; ☾ 9.30–14.30 & 17.30–20.30 Uhr) nahe dem See arbeiten zahllose Kunsthandwerker, die sich über die Schulter schauen lassen. Im großen Laden des Zentrums gibt es eine riesige Auswahl, von preiswerten Ohrringen und Ketten bis zu teurem silbernem Essgeschirr. Alles stammt aus lokaler Produktion.

An- & Weiterreise

BUS

Inland

Vom **Busbahnhof** (☎ 26510 26286; Georgiou Papandreou) fahren Busse nach Igumenitsa (8,80 €, 1¼ Std., 8-mal tgl.), Athen (35,20 €, 6½ Std., 9-mal tgl.), Konitsa (5,60 €, 1¼ Std., 7-mal tgl.), Thessaloniki (28,50 €, 4¾ Std., 6-mal tgl.), Volos (21,60 €, 4½ Std., 3-mal tgl.) und Metsovo (5,30 €, 1 Std., 4-mal tgl.). Zwei Busse fahren täglich nach Trikala (13,10 €, 2¼ Std.) und Kozani (20 €, 2½ Std.) und einer im Sommer nach Parga (11 €, 1½ Std.). Verbindungen gibt es auch nach Arta (6,40 €, 1¼ Std., 7-mal tgl.) und Patra (20,40 €, 3½ Std., 2-mal tgl.) sowie nach Preveza (9,30 €, 2 Std., 6-mal tgl.) und Dodona.

International

Von Ioannina Richtung Albanien fahren Busse zum Grenzort Kakavia (5,60 €, 1 Std., 9-mal tgl.).

FLUGZEUG

Olympic Air (☎ 26510 26518; www.olympicairlines.com; Kendriki Plateia) bedient zweimal täglich die Flugstrecke nach Athen (99 €). **Aegean Airlines** (☎ 26510 64444; www.aegeanair.com; Pyrsinella 11) hat eine tägliche Verbindung nach Athen (65 €). Die Abflugzeiten ändern sich je nach Jahreszeit.

Unterwegs vor Ort

Der Flughafen von Ioannina liegt 5 km nordwestlich an der Straße nach Perama, zu erreichen mit dem Bus 7 (alle 20 Min. ab dem Uhrenturm).

Budget Rent a Car (☎ /Fax 26510 43901; Dodonis 109) befindet sich am Flughafen, ebenso **Auto Union Car Rental** (☎ /Fax 25610 67751; Dodonis 66), das gute Angebote hat.

Taxis (☎ 26510 46777) warten nahe der Plateia Pyrrou und am See.

RUND UM IOANNINA

Klosterinsel To Νησί

Ioanninas nächstgelegenes Ausflugsziel, die Insel (To Nisi) liegt gleich gegenüber im Pamvotis-See. Im weißen Dorf der Insel, das im 17. Jh. von Flüchtlingen aus dem peloponnesischen Mani gebaut wurde, leben um die 300 Menschen (darunter vier Schulkinder). Daneben gibt es hier auch mehrere bedeutende Klöster, die mit ungewöhnlichen Fresken bemalt sind, sowie ein paar gute Fischtavernen. Die alten, weiß verputzten Häuser haben hübsche Blumengärten und Fensterläden. Auch Silbergeschäfte sind hier zu finden.

Berühmt ist die Insel hauptsächlich als Schauplatz des letzten Akts der langen Geschichte von Ali Pascha, dem albanischen Machthaber, der Ioannina Ende des 18. und Anfang des 19. Jhs. beherrschte. Alis wechselhafte Loyalitäten und unverfrorene Brüskierung der osmanischen Autorität veranlassten 1822 den Sultan den „Löwen von Ioannina" zu töten. Dem alten Ali Pascha wurde hinterhältig Vergebung gewährt und er zog sich mit seiner Wache in das Inselkloster **Pandeleimon** zurück – wo er in der Falle saß und von osmanischen Soldaten umgebracht wurde.

Das Loch in der Holzdiele, durch die sich die tödliche Kugel bohrte, ist noch immer im **Ali-Pascha-Museum** (Erw. 1 €; ☾ Sommer 8–22 Uhr, Winter 9–21 Uhr), einem Gebäude im Kloster, zu sehen. Es gibt dort eine schriftliche Schilderung der dramatischen Ereignisse der letzten Tage Alis (auf Englisch), wie auch diverse persönliche Besitztümer und Radierungen des beleibten Paschas in aller Behäbigkeit, wie er fett und zufrieden, mit Vollbart und Wasserpfeife und mit seiner Gefährtin dasitzt. Zu erreichen ist das Museum über den Weg von der Fähranlegestelle hügelaufwärts und dann die Hauptstraße links. Das Kloster ist ausgeschildert.

Interessant ist auch das **Moni Filantropini** im Westteil der Insel. Das Kloster wurde im 13. Jh. von den Filantropini gebaut, einer führenden Familie aus Kontantinopel, die 1204 vor den marodierenden Kreuzfahrern geflohen waren. Im Kloster gibt es ungewöhnliche Fresken aus dem 16. Jh., auf denen neben christlichen Gestalten auch heidnische griechische Philosophen abgebildet sind, wie Platon, Aristoteles und Plutarch. Die Ausdrucksstärke und der Pathos dieser Gemälde, die charakteristisch für die „Epiros-Schule" sind, haben reges Interesse bei Kunsthistorikern erweckt. Das Moni Filantropini diente auch in den Jahrhunderten osmanisch-muslimischer Herrschaft als „heimliche Schule" für Christen.

Essen gibt es auf der Insel im **Gripos** (☎ 26510 81081; Hauptgerichte 6–8 €) links vom Fähranleger oder im **Propodes** (☎ 26510 81214; Fisch 4–6 €) am Weg zum Moni Pandeleimon. Beide haben sich auf Seefisch und anderes einheimisches Getier spezialisiert. Das Propodes ist unbedingt sehenswert: die auffälligen Fischtanks draußen, die an einen chinesischen Markt erinnern, stecken voller zappelnder Aale, hüpfender Frösche und Flusskrebse, die auf den Kochtopf warten. Beide Lokale sind gut, aber das Propodes ist etwas billiger und hat eine beschauliche Lage unter einem Sonnendach am Ufer; empfehlenswert ist hier das Goldkarpfenfilet (6 €).

AN- & WEITERREISE
Der Fähranleger befindet sich unterhalb des Kastro in Ioannina. Boote zur Insel (1,30 €, 10 Min.) fahren im Sommer von 7 bis 23.30 Uhr, im Winter von 7 bis 22 Uhr. Im Sommer fahren sie alle 15 Minuten, im Winter nur stündlich.

Perama-Höhle Σπήλαιο Περάματος
Die **Perama-Höhle** (☎ 26510 81521; www.spilaio-perama.gr; Erw./Stud. 6/3 €; ☼ 8–20 Uhr), 4 km vor Ioannina, ist eine der größten und eindrucksvollsten Höhlen Griechenlands und steckt voller weißer Stalaktiten. Entdeckt wurde sie 1940 von Einheimischen, die sich vor den Nazis verbargen. Später wurde sie von den Höhlenforschern Ioannis und Anna Petrohilos untersucht. Die gewaltige 1100 m lange Höhle umfasst drei Stockwerke mit Kammern und Gängen. Eine Führung dauert eine Stunde.

Die Busse 8 und 16 ab dem Glockenturm in Ioannina fahren alle 20 Minuten nach Perama, 250 m südlich der Höhle.

Dodona Δωδώνη
Das kolossale **Theater von Dodona** (☎ 26510 82287; Erw. 2 €; ☼ 8–17 Uhr) aus dem 3. Jh. v. Chr., 21 km südwestlich von Ioannina, ist die bedeutendste antike Stätte von Epiros. Hier im Tal wurde seit etwa 2000 v. Chr. eine Erdgöttin verehrt. Ihr Orakel soll das älteste und geachtetste Griechenlands gewesen sein (bevor ihm das Orakel von Delphi im 6. Jh. v. Chr. den Rang ablief). Im 13. Jh. v. Chr. sprach hier Zeus durch die raschelnden Blätter einer heiligen Eiche zu seinen Anhängern. Um 500 v. Chr. wurde ihm zu Ehren ein Tempel gebaut, von dem heute allerdings nur noch die Grundmauern und ein paar Säulen erhalten sind.

Unter König Pyrrhus nahmen die Dinge jedoch eine dramatische Wendung und ein Theater wurde errichtet. Im heute restaurierten Theater von Dodona findet im Juli das **Festival des Antiken Dramas** von Ioannina statt. Ein Tor an der Nordseite führt zur **Akropolis**, wo Reste der einst massiven Mauern erhalten sind. Die Fundamente des **Buleuterion** (Haus des Stadtrats) und ein kleiner **Aphrodite-Tempel** liegen östlich des Theaters. Nahebei sind die spärlichen Reste des **Zeus-Heiligtums**, wo sich einst die heilige Eiche und das Orakel des Göttervaters befanden.

Im 6. Jh. wurde eine byzantinische Basilika über dem einstigen Herakles-Tempel errichtet.

AN- & WEITERREISE
Von Ioannina fahren täglich außer donnerstags und sonntags um 6.30 und 16.30 Uhr Busse hierher, die um 7.30 und 17.30 Uhr zurückkehren. Sonntags fährt ein Bus um 18 Uhr ab und kehrt um 18.45 Uhr zurück.

Die Fahrtkosten für ein Taxi von Ioannina belaufen sich auf etwa 35 € hin & zurück, plus 3 € pro Stunde Wartezeit.

DIE ZAGOROCHORIA
ΤΑ ΖΑΓΟΡΟΧΩΡΙΑ
Zagorochoria wird eine Gruppe von 46 erhaltenen ursprünglichen Dörfern genannt – ein Name, der sich aus der alten slawischen Bezeichnung *za Gora* (hinter dem Berg) und dem griechischen Wort für Dörfer (*choria*) ableitet. In diesen Dörfern tief im Pindos-Gebirge verbergen sich unerschöpfliche Legenden und umwerfend schöne Häuser, ob nun schlichte schiefergedeckte Häuschen aus Stein oder stattliche und befestigte Landhäuser aus den gleichen widerstandsfähigen Materialien. Die abgelegenen Dörfer waren einst durch Pfade

und alte Steinbrücken miteinander verbunden. Die Brücken über Bäche und Täler gibt es zwar immer noch, aber die Wege sind heute asphaltierte Straßen.

Durch Fortschritt und Emigration sind zwar einige Dörfer heute nahezu unbewohnt, aber das ist kein Grund zur Traurigkeit. Der Individual- und Umwelttourismus verhalf den verbliebenen gewitzten Bewohnern zu Wohlstand: Sie wandelten die *archontika* (Villen) und die kleineren traditionellen Häuser der Zagorochoria in wunderbare und einzigartige *xenones* (Logierhäuser) um. Deren zunehmende Popularität bei Griechen und ausländischen Touristen sorgte allerdings auch dafür, dass sie ziemlich teuer wurden.

Die faszinierende Geschichte der Zagorochoria ist eng mit der Zerschlagung von Byzanz von 1204 durch die weströmischen Kreuzfahrer und der türkischen Eroberung Konstantinopels von 1453 verbunden. In beiden Fällen flohen zahlreiche einflussreiche griechische Familien aus der Hauptstadt in die unbezwingbaren Berge von Epiros, wo griechische Kultur und Traditionen bewahrt werden konnten.

Unter osmanischer Herrschaft genossen die Zagorochoria im Gegenzug zur Bewachung der Bergpässe Privilegien und Autonomie. Hinzu kamen Gelder und Geschenke aus der weit verzweigten Diaspora der Espiroten, die zum Unterhalt der Dörfer und ihrer großartigen Kirchen beitru-

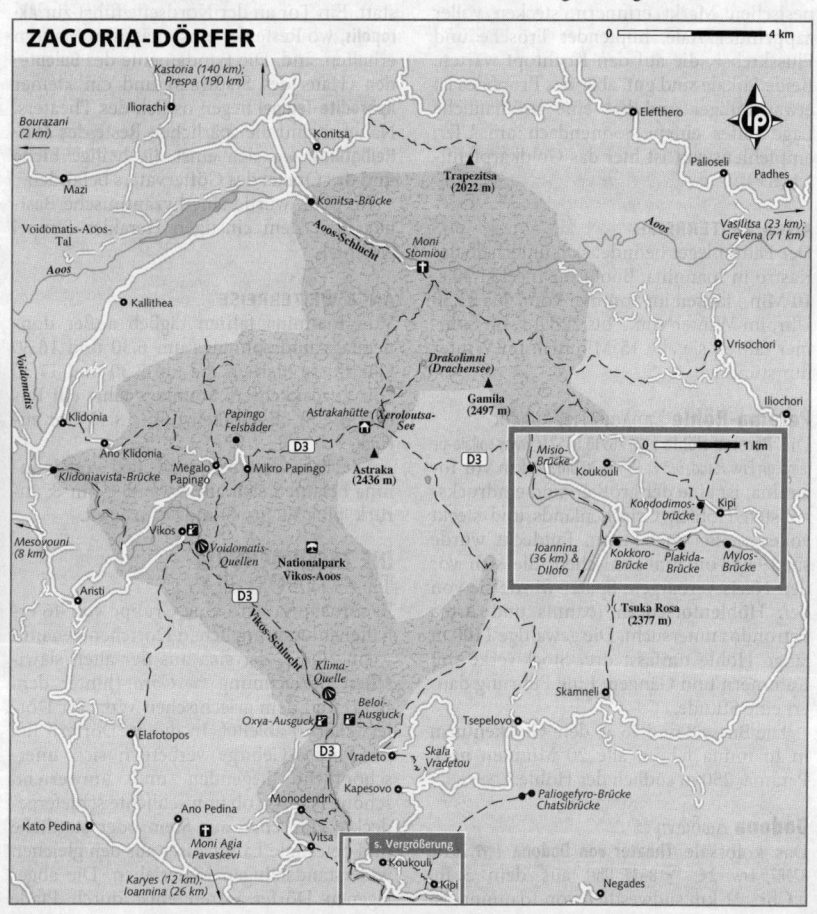

ZAGORIA-DÖRFER

gen. Die üppige Ausstattung dieser Kirchen lässt noch erahnen, wie die Gotteshäuser von Byzanz in ihrer Glanzzeit ausgesehen haben mögen.

Nationalpark Vikos-Aoos Εθνικός Δρυμός Βίκου Αώου

Der Nationalpark Vikos-Aoos ist der buchstäbliche und symbolische Mittelpunkt der Zagorochoria, eine Landschaft voller unberührter Flüsse und Wälder, Blumenwiesen und glitzernder Seen, in denen sich schroffe Berge und ein endloser blauer Himmel spiegeln. Fast ein Drittel der griechischen Flora gedeiht hier (darunter einige endemische Arten), ebenso wie nur hier vorkommende Fische, auch Füchse und Gemsen, seltene Falken, Fischotter und Braunbären. Im Tymfi-Massiv, einem Teil des Pindos-Gebirges, gibt es schwindelerregende Gipfel, wie den **Trapezitsa** (2022 m), den **Astraka** (2436 m) und den **Gamila** (2497 m). Die 12 km lange Vikos-Schlucht zu ihren Füßen ist womöglich die tiefste der Welt.

Die meisten Begegnungen während der Wanderung sind zwar andere Reisende oder deren Gastgeber, aber hin und wieder kreuzen auch halbnomadische Walachen- und Sarakatsani-Hirten den Weg, die im Sommer ihre Schafherden auf die Weiden bergauf und im Herbst zurück ins Tal treiben.

Dilofo & Negades Δίλοφο & Νεγάδες

Das erste Zagorochoria-Dorf hinter Ioannina ist das entzückende **Dilofo**, 5,7 km nordöstlich von Asprangeli (insgesamt 32. km von Ioannina). Anders als die größeren und häufiger besuchten Dörfer, erwachte das winzige Dilofo erst jüngst aus seinem Dämmerschlaf und blieb daher unberührt und unverändert. Das Gewirr aus schiefergedeckten Häusern an einem Berghang ist unglaublich idyllisch und der Blick von hier aus über das Tal bis nach Koukouli ist großartig.

Diese Aussicht ist auch teilweise der Grund für den Bau der sehr großen, 13,5 m hohen **Loumidi-Villa**, die links am Eingang des Dorfs zu sehen ist. Es heißt, dass eine junge Frau aus Koukouli nach ihrer Hochzeit mit einem Mann aus Dilofo solches Heimweh bekam, dass sie in ihr Dorf zurückkehren wollte. Der Vater des Bräutigams befahl daraufhin den Bau eines Hauses, das hoch genug sei, dass die Frau ihr Elternhaus jenseits des Tals sehen konnte – und so geschah es.

Auf Dilofos kleiner *plateia* stehen eine gewaltige, 400 Jahre alte Platane, ein Kartentelefon und eine Taverne. Es gibt nur wenige, allerdings wunderbare Unterkünfte, und die Lage ist zweifellos ruhig.

Die **Kirche Kimisis Theotokou** (Entschlafung der Jungfrau) im oberen Teil Dilofos besitzt

---

WANDERN DURCH DIE ZAGOROCHORIA: DIE GROSSE TOUR

Die spektakulärsten Seiten der Zagorochoria sind abseits der Straßen in der wilden Natur zu erleben. Ein Führer ist nicht unbedingt nötig, aber aktuelle Infos über Wetterbedingungen sollten zuvor beim EOT oder EOS (S. 388) in Ioannina eingeholt werden. Wichtig ist auch die Karte *Pindus-Zagori* 1:50 000 der **Anavasi Mountain Edition** (www.mountains.gr; 8 €), die es in Ioannina, Monodendri, Papingo und in einigen Unterkünften in anderen Dörfern oder auch auf der Anavasi-Webseite gibt. Ausgerüstet mit diesen Infos, festen Wanderschuhen, einem Kompass, Sonnencreme, Stöcken und Wasser kann es nun losgehen.

Neben zahlreichen Tageswanderungen ist auch eine dreitägige „große Tour" mit Übernachtungen in Gasthäusern und Berghütten machbar.

Eine solche Wanderung geht von Monodendri nach Tsepelovo. Von Monodendri führt der Weg durch die atemberaubende Vikos-Schlucht zu den **Papingo-Dörfern** (6½ Std.). Von dort sind es weitere drei Stunden bis zur **Astraka-Hütte** (☎ 6973223100; B 10 €; ☼ Mai–Okt.) auf 1950 m Höhe. Es gibt dort weder Telefon noch Strom, aber einen Herbergsvater, ein Notstromaggregat und Essen. Die Hütte mit 52 Betten ist durchgehend geöffnet.

Von hier ist es eine 30-minütige Wanderung zum grandiosen **Drakolimni** (Drachensee), der Rückweg dauert allerdings 45 Minuten. Vom Drakolimni ist der spektakuläre vierstündige Aufstieg auf den Berg **Gamila** ziemlich anstrengend. Weitere fünf Stunden sind es schließlich vom Gamila bis nach Tsepelovo. Alternativ geht's vom Gamila am Fluss Aoos und kristallklaren Bergquellen entlang nach **Vrisochori**.

eine filigrane holzgeschnitzte Ikonostase und hübsche Ikonen. Sie ist sonntags zum Gottesdienst geöffnet, andernfalls hat auch der Dorfarzt Giorgos Triandafilidis einen Schlüssel.

Es wissen zwar nur Wenige, aber auch von Dilofo führt ein Wanderweg durch die Vikos-Schlucht (S. 393), er ist sogar noch länger als der ab Monodendri.

Ein hübscher Ausflug führt 13 km ostwärts nach **Negades,** ein Dorf aus Steinhäusern und mit wenig Tourismus. Die 20-minütige Fahrt bietet großartige Aussichten auf zierliche Steinbrücken über dicht bewaldete Täler und imposante Klippen.

Negades' eindrucksvolle postbyzantinische **Kirche Agios Georgios** (1792) ist üppig mit kostbaren Ikonen und einer vergoldeten handgeschnitzten Ikonostase ausgestattet. Die Wände sind über und über mit Fresken bemalt, darunter seltene Bilder der heidnischen Philosophen Aristoteles und Plutarch. Interessant ist auch der hintere Teil der Kirche, wo Frauen den Gottesdienst hinter einem Gitter beobachten mussten. Die faszinierenden Fresken, offenbar zur moralischen Erbauung geschaffen, zeigen beispielsweise eine Darstellung von Judas, der von einem Seeungeheuer gefressen wird, oder die eines mageren Teufels, der augenscheinlich ein Ehepaar im Bett drangsaliert und schlägt, weil sie zu faul für den Kirchgang waren.

Da die Kirche nicht immer geöffnet ist, sollte der Besuch im Voraus mit Giorgos Kontaxis im EOT in Ioannina oder in seiner Pension in Dilofo, dem Archontiko Dilofo (S. 396), abgesprochen werden.

Monodendri, Vitsa & Ano Pedina
Μονοδένδρι, Βίτσα & Άνω Πεδινά
Monodendri liegt 38 km nördlich von Ioannina und ist das Hauptdorf der Zagorochoria nahe der Vikos-Schlucht. Es ist direkt an der Straße Ioannina–Konitsa nahe Karyes ausgeschildert. Dank Wanderern, Touristen und Paaren auf Wochenendausflug ist Monodendri eines der meist besuchten Dörfer, aber immer noch einigermaßen beschaulich.

Das hiesige Kloster **Agia Paraskevi** bietet einen spektakulären Blick auf die Schlucht. Der Legende nach soll der lokale Herrscher Mihalis Voevodas Therianos die Kirche im Jahr 1413 als Dank für die Heilung seiner

totkranken Tochter gestiftet haben. Die Fresken der Kirche stammen zum Teil aus dem 15. Jh. Eine zweite Kirche in Monodendri, die Kreuzkuppelkirche **Agios Minas** nahe dem Platz sowie einige der Fresken im Innenraum, stammen aus dem frühen 17. Jh. .

Vitsa südlich von Monodendri ist weniger besucht und ansprechender. In byzantinischen Zeiten war es eine bedeutende Siedlung namens Vizitsini. Auch in Vitsa gibt es eine Kreuzkuppelkirche, die **Agios Nikolaos,** die zur gleichen Zeit wie die Agios Minas in Monodendri gebaut worden ist.

Höchst faszinierend ist die **antike Molosser-Siedlung** (9. bis 4. Jh. v. Chr.) zwischen Monodendri und Vitsa. Das antike Epiros wurde von den Molossern und König Pyrrhos beherrscht. Teile der alten Häuser und Gräber der Stätte befinden sich im archäologischen Museum in Ioannina (vorübergehend geschlossen).

Von Vitsa geht es 7,2 km west-nordwestlich nach **Ano Pedina.** Es ist touristischer, aber eine gute Basis zur Erkundung der zentralen Zagorochoria. Im Dorf gibt es zahlreiche Unterkünfte, davon einige ziemlich außergewöhnliche.

Von Aristi zu den Papingo-Dörfern
Die Fahrt über die schwindelerregende, kurvige nördliche Straße nach **Megalo Papingo** und **Mikro Papingo** bietet einige atemberaubende Aussichten. Bei der Anfahrt von Vitsa oder Ano Pedina trifft die Nebenstraße auf die Hauptstraße aus Ioannina. Nach einem Stück Richtung Westen und durch **Kato Pedina** hindurch geht's weiter auf der Hauptstraße Richtung Norden, bis sie sich nach 4,1 km teilt; der Abzweig nach rechts führt nach Papingo.

In **Aristi,** dem letzten Dorf vor Papingo, steht das hübsche **Kloster Panagia Spiliotissa** (1665), eine schmalbogige Kirche voller Fresken neben einem Felsbrocken am Fluss Voidomatis. Den guten Taten des Klosters ist zu verdanken, dass in osmanischer Zeit in den Zagorochoria Schulen gebaut werden konnten.

Hinter Aristi führt die Asphaltstraße am Fluss entlang und eröffnet spektakuläre Aussichten. Die Fahrt bergauf über 15 dicht aufeinanderfolgende Haarnadelkurven bis zu dem Felsvorsprung mit den Papingo-Dörfern unter der gewaltigen Masse des

Bergs Astraka ist ziemlich nervenaufreibend. Rechterhand eröffnet sich ein spitzenmäßiger Blick auf die Vikos-Schlucht.

In Megalo (groß) Papingo stehen riesige Steinformationen, die „Türme". Das Dorf ist ziemlich touristisch, Mikro (klein) Papingo hingegen ist ruhiger. Im alten Schulhaus des letzteren gibt es ein **WWF-Informationszentrum** (10.30–17.30 Uhr) mit einer exzellenten Ausstellung zur lokalen Tier- und Pflanzenwelt.

Um die Papingo-Dörfer befinden sich auch wunderbar erfrischende **Felsenteiche,** die sich prima für ein belebendes Bad an einem heißen Wandertag eignen. Sie sind über einen 300 m langen Feldweg ab der Kurve in der Verbindungsstraße zwischen beiden Dörfern zu erreichen.

Vikos-Schlucht Χαράδρα του Βίκου

Die Zagorochoria werden von der 12 km langen, 900 m tiefen Vikos-Schlucht durchschnitten. Laut *Guinness Buch der Rekorde* ist sie die tiefste Schlucht der Welt, allerdings wird das von Anhängern anderer Schluchten bezweifelt. So oder so ist die Vikos eine wahrhaft umwerfende Naturschönheit.

Die Schlucht beginnt im Süden nahe Monodendri (1090 m) und verläuft nordwärts bis zu den Papingo-Dörfern. Loswandern ist von beiden Enden möglich, aber wer zum Ausgangspunkt zurückkehren will, sollte vorher für den Rücktransport über die lange Straße sorgen.

Das EOT oder EOS (S. 388) in Ioannina haben aktuelle Wetterberichte sowie Karten und weiteres Infomaterial. Für die Wanderung von etwa 6½ Stunden sind Wasser, feste Wanderschuhe und Ausdauer nötig.

Von Monodendri aus geht's zunächst zum Kloster **Agia Paraskevi** aus dem 15. Jh., das einen spektakulären Blick über die Schlucht bietet. Hier führt ein steiler, markierter Pfad bergab. Von dort ist es ein vierstündiger Marsch bis zum Ende der Schlucht, wo rechts ein Weg nach Mikro Papingo (2½ Std.) abzweigt. Das größere Megalo Papingo liegt 2 km weiter westlich, der Weg teilt sich jedoch am Fuß des Aufstiegs. Die **Klima-Quelle,** etwa auf halbem Weg durch die Schlucht, ist die einzige Wasserquelle.

Die Wanderung kann auch in **Vikos** südlich der Papingo-Dörfer beendet werden,

wo der Besitzer des *kafeneio* am Platz für 40 € die Rückfahrt nach Monodendri anbietet (ein Taxi würde doppelt soviel kosten). Vikos liegt 5 km nordöstlich von Aristi und bietet Unterkünfte und tolle Aussichten.

Ein hinreißender Blick auf die Schlucht ergibt sich vom **Oxya-Aussichtspunkt,** 5 km auf einem guten Feldweg hinter Monodendri. An der gegenüberliegenden östlichen Seite bietet sich vom **Beloi-Aussichtspunkt** ebenfalls ein umwerfender Blick in den Abgrund. Er ist mit dem Auto nach 9 km auf einer kurvigen Straße zu erreichen oder über **Vradeto** ab der ausgeschilderten Abzweigung nahe Kapesovo und von dort 1,5 km zu Fuß auf einem markierten Wanderweg am Ende des Feldwegs; es geht auch mit dem Auto, ist aber holprig. Vradeto hat eine markante Lage auf gefurchten Kalksteinklippen. Der Beloi-Aussichtspunkt ist zu Fuß über eine schwindelerregende Steintreppe zu erreichen, die **Skala Vradetou.** Sie ist außerhalb von **Tsepelovo** ausgeschildert, das selbst eine geruhsame Basis für (Berg-)wanderungen zu den nördlichen Sehenswürdigkeiten der Zagorochoria ist, wie dem Drakolimni (Drachensee). Es gibt dort ein Postamt, ein Kartentelefon und gute Unterkünfte und Restaurants.

Aktivitäten

Der neue Allroundanbieter **Compass Adventures** (26530 71770; 6978845232; info@compassadventures.gr; Kato Pedina) in Kato Pedina organisiert Wanderungen, Skifahren und Mountainbiketouren im Pindos-Gebirge. Im Winter bietet Compass Skiunterricht und Variantenabfahrten auf jungfräulichem Schnee.

Das **Rafting Athletic Center** (26530 41888; 6942015143; info@rafting-athletic-center.gr; Aristi) in Aristi hat Wildwasser- und Kajakfahrten, Wandern und sogar Bogenschießen und Paintball im Angebot.

Schlafen

Die Preise steigen kontinuierlich, obwohl es immer mehr Unterkünfte gibt. Deutlich günstigere Preist werden im Frühjahr und im Herbst verlangt.

Archontiko Zarkada (26530 71305; www.monodendri.com; Monodendri; EZ/DZ 40/60 €) Die sauberen, gemütlichen Zimmer haben Balkone mit Blick auf die Schlucht. Einige verfügen auch über Whirlpools, die geschundene Wanderer wieder gesund pflegen.

Xenonas Mikro Papingo 1700 (☎ 26530 41179; Mikro Papingo; EZ/DZ 45/60 €) Das 1700 bietet fünf schön ausgestattete Zimmer. Eine wunderbare Unterkunft mit Charakter.

Xenos Vikos (☎ 26530 71370; Monodendri; DZ 50–70 €; ☖ März–Dez.) Das zwanglose, aber muntere *xenonas* nur 400 m von der Vikos-Schlucht neben dem Platz im Unterdorf hat einen schattigen Hof für das Frühstück, eine Gemeinschaftsküche und eine Lounge.

Xenonas Dias (☎ 26530 41257; Mikro Papingo; EZ/DZ 50/70 €) Die rustikale Pension mit zwölf Zimmern und einem leckeren Restaurant im ruhigen Mikro Papingo wird Einsamkeitssuchern gefallen.

Porfyron (☎ 26530 71579; Ano Pedina; EZ/DZ 55/70 €) Das rot gestrichene Porfyron, eine umgebaute Villa aus dem 19. Jh., hat beträchtlichen rustikalen Charme. Die Zimmer mit ihren zartfarbenen Wänden und klassischen holzverkleideten Decken sind mit antiken Möbeln eingerichtet. In den Erdgeschosszimmern führen Wendeltreppen zu den Badezimmern hinab. Die Besitzer Rita und Yannis haben gute Tipps zur Umgebung und sorgen auch gerne für Holz in den Zimmern mit Kamin.

Papaevangelou (Giorgos' Haus; ☎ 26530 41135; Megalo Papingo; EZ/DZ/3BZ/Studio 60/75/90/110 €) Schöne Steinzimmer, spektakuläre Aussichten und ein herzhaftes hausgemachtes Frühstück gibt es hier. Das Hotel liegt rechts an der unbefestigten Straße, die am zentralen Platz links abzweigt.

Hotel Agriogido (☎ 26530 42055, 6945364484; georgio@papingo.gr; Megalo Papingo; EZ/DZ/3BZ inkl. Frühstück 60/80/100 €) Eine behagliche Unterkunft in einem restaurierten alten Zagoria-Wohnhaus. Es ist links am Eingang von Megalo Papingo zu sehen.

LP Tipp Archontiko Dilofo (☎ 26530 22455, 6978417715; www.dilofo.com; Dilofo; DZ inkl. Frühstück ab 65 €) Das 475 Jahre alte restaurierte Landhaus im beschaulichen Dilofo ist eine der schönsten Unterkünfte in den ganzen Zagorochoria. Es ist ideal für alle, die absolute Ruhe suchen und im Einklang mit der Natur sein wollen. Die Zimmer haben traditionelle Teppiche, Möbel und verschnörkelte Fensterläden, die, wenn sie geschlossen sind, das Gefühl vermitteln, sich in der Geborgenheit eines Schiffsbauchs zu befinden. Das Archontiko hat einen wunderbaren ummauer-

ten Garten und bietet malerische Aussichten über das Gewirr der Schieferdächer des Dorfs. Der freundliche und enorm kenntnisreiche Besitzer Giorgos Kontaxis erzählt gerne von den Goldflöten, geheimen Briefen und anderen jahrhundertealten Gegenständen, die er bei der Renovierung des Hauses entdeckt hatte, das seit 1633 bewohnt ist. Hier wird Griechisch, Englisch, Deutsch und Italienisch gesprochen.

Primula (☎ 26530 71133; Ano Pedina; DZ ab 70 €) Das Primula, ein weiteres restauriertes Landhaus aus dem 19. Jh. im Zentrum Ano Pedinas, hat bezaubernde, verschieden eingerichtete Zimmer. Einige haben Wände aus Stein, andere sind hübsch in melierten Pastelltönen gestrichen. Bauschige Vorhänge tragen ihren Teil zum Charme bei.

Mikri Arktos (Kleiner Bär; ☎ 26530 81128; kittasth@otenet.gr; Tsepelovo; DZ ab 75 €) Das gemütliche Haus, das sich an der *plateia* von Tsepelovo befindet, ist nach dem Lieblingssternbild des Besitzers Thomas Kittas benannt, eines von vielen, die nachts am absolut klaren Berghimmel zu sehen sind. Es ist ein freundliches Haus, in dem Gäste im Schatten einer Platane dösen, die Spezialitäten in der hauseigenen Taverne probieren oder in den Kochnischen der einzigartigen und in lebhaften Farben gestrichenen Zimmer selbst etwas kochen.

To Arhontiko tis Aristis (☎ 26530 42210, 6945676261; www.arhontiko-aristis.gr, auf Griechisch; Aristi; EZ/DZ/3BZ 100/120/140 €) Die neue Unterkunft in Aristi bietet einen spektakulären Blick, ist aus massivem Stein gebaut und mit schönen Holzböden ausgestattet. Die Bäder sind sehr modern, auch gibt es andere unerwartete, moderne Annehmlichkeiten, z. B. einen Billardtisch.

Essen

Edesma (☎ 26530 81088; Tsepelovo; Pites 3–6 €) Mitten in Tsepelovo gibt es *pites* oder *mayirefta*.

O Dionysos (☎ 26530 71366; Monodendri; Pites 5–6 €) Das Lokal in der Hauptstraße im oberen Monodendri verkauft leckere *fakopita* (Linsentaschen) und andere traditionelle epirotische *pites*.

Sopotseli (☎ 26530 22629; Dilofo; 5–7 €) Die gemütliche Taverne an Dilofos Dorfplatz serviert deftige Portionen griechischen Grillfleischs und frische Salate.

Ta Soudena (☎ 26530 71209; Ano Pedina; Hauptgerichte 5–8 €) Die gut besuchte Taverne am Eingang von Ano Pedina bietet griechische Gemüse-*mezedhes*, *pites* und Grillfleisch.

Restaurant H Tsoumanis (☎ 26530 42170; Vikos; Hauptgerichte 6–9 €) In der kultigen Taverne in Vikos nahe der Schlucht schlagen sich die Gäste u. a. mit Wildschwein, Ziege und anderen Bergtieren den Bauch voll.

Spiros Tsoumanis (☎ 26530 12108; Megalo Papingo; Hauptgerichte 8–13 €) Das zünftige Grilllokal am Ende von Megalo Papingo ist spezialisiert auf *pites* und Lammbraten, *sti gastra* (Kichererbseneintopf) und gartenfrische *horta*-Salate (wildes Blattgemüse).

An- & Weiterreise

Von Ioannina fahren Busse nach Dilofo (3,50 €) und weiter nach Tsepelovo (4,10 €, 1½ Std., Mo, Mi & Fr 5.30 und 15.15 Uhr). Weitere Busse fahren nach Megalo und Mikro Papingo (4,90 €, 2 Std., Mo, Mi & Fr 5 und 15 Uhr, der Bus am Mittwoch fährt im Sommer bis Vikos) und Monodendri (3,10 €, 1 Std., Mo, Mi & Fr 6 und 15 Uhr). Alle Busse fahren umgehend nach Ioannina zurück. Am Wochenende gibt es nur Taxis: Von Ioannina nach Monodendri kostet es etwa 30 bis 45 €, ist aber verhandelbar.

KONITSA ΚΟΝΙΤΣΑ
2871 Ew.

Konitsa ist wie ein Amphitheater in einen Berghang unter endlos blauem Himmel gebaut, ein lebhaftes Marktstädtchen, in dem sich reichlich markige Gestalten herumtreiben. Kajakfahrer, Wanderer und Flussabenteurer schlagen hier nachts ihre Zelte auf, und auch griechische Jäger nutzen Konitsa als eine Art Cowboylager. Der Ort liegt nur ein paar Kilometer südwestlich des Grenzübergangs Mertziani mit Albanien.

Konitsa liegt 64 km über die Nationalstraße nördlich von Ioannina; dahinter biegt sich die alte Straße nach Nordosten, eine großartige Strecke zwischen den Bergen Grammas und Smolikas, bis nach Kastoria in Westmakedonien. Seit Fertigstellung der Autobahn Egnatia Odos wird die Straße kaum noch instandgehalten und kann besonders bei Nacht gefährlich sein.

Orientierung & Praktische Informationen

Von Ioannina aus liegt Konitsa rechts der Nationalstraße und breitet sich von dort etwa 2 km den Hang hinauf aus. Am zentralen Platz gibt es Apotheken, eine Post und Banken mit Geldautomaten. Der Busbahnhof liegt hier nur ein kurzes Stück zu Fuß bergab. Es gibt auch ein kleines Notfallkrankenhaus.

Infos für Touristen gibt es bei Yiannis Mourehidis in der Pension To Dendro, der seit über 30 Jahren die erste Anlaufstelle für Individualreisende in Konitsa ist.

Aktivitäten

Direkt außerhalb Konitsas beginnt ein hinreißender 4,5 km langer Wanderweg durch die Aoos-Schlucht bis zum **Moni Stomiou**, das im 15. Jh. gegründet, aber 1774 von seinem ursprünglichen Standort auf dem Berg Trapezitsa hierher verlegt wurde. Start ist am Ortseingang, wo die imposante **Konitsa-Brücke** den Fluss überspannt. Die 20 m hohe, 40 m lange einbogige Steinbrücke wurde 1870 von einem Handwerksmeister von dem Geld gebaut, das von den christlichen und muslimischen Bürgern der damals osmanischen Stadt gesammelt wurde.

Jenseits der Brücke geht's an einem ausgeschilderten Weg am türkisfarbenen Fluss entlang weiter. Das erste Drittel besteht aus einem befahrbaren Feldweg, der aber bald zu einem engen Pfad zwischen Fluss und steilem Ufer wird und dann langsam durch dichte Vegetation bergauf führt. Die letzten 1,5 km sind breiter, aber steil. Das Kloster ist nicht immer geöffnet; aber selbst wenn es geschlossen ist, lohnt sich die Wanderung allein schon für den beeindruckenden Blick über die Aoos-Schlucht. Unterwegs gibt es Quellwasser.

Schlafen & Essen

To Dendro Guesthouse (☎ 26550 22055; DZ/3BZ 40/55 €; P) Yiannis Mourehidis ist ein schnauzbärtiger Mann in Lederkleidung, der sich „Johnny Dendro" nennt und seine Hecken mit einem Jagdmesser stutzt. Er ist seit über 30 Jahren eine Legende und vermietet saubere und komfortable Zimmer. Der charismatische Yiannis organisiert Ausflüge nach Albanien und Kajaktouren, er betreibt auch eine flotte Taverne. Zu erkennen ist sein Haus nach dem Ortseingang an der letzten Kurve vor dem Hauptplatz an der UN-artigen Beflaggung.

Kougias Hotel (☎ 26550 23830; www.kougias.gr; EZ/DZ 45/60 €) Das freundliche, wenn auch distanziert wirkende Kougias direkt am Platz ist eine gute Wahl. Die Zimmer sind nett eingerichtet und die im Dachgeschoss bieten einen großartigen Blick. Ein Schlückchen wert ist der preisgekrönte Cabernet Sauvignon des Besitzers.

Grand Hotel Dendro (☎ 26550 29365; www.grand hoteldentro.gr; DZ/3BZ/Suite 60/75/100 €; P ❀) Das noblere Schwesterhotel des To Dendro Guesthouse, das Tradition mit Luxus verbindet, verströmt ein völlig anderes Flair. Die Suiten unterm Dach mit Massageduschen, geräumigen Wohnzimmern und Kamin erinnern an eine Luxusskihütte, sanfte Beleuchtung und Farben vermitteln in den Doppelzimmern einen Hauch Hochzeitszimmer. Exzellente griechische Hausmannskost wird im formellen Speiseraum serviert.

Konitsa Mountain Hotel (☎ 26550 29390; www. konitsahotel.gr; EZ/DZ/3BZ/Suite inkl. Frühstück 70/90/120/150 €; P ❀) Das spitzenmäßige Hotel hoch über dem Ort bietet geräumige Zimmer mit glattem Marmor, wunderschön gealterten Holzböden und natürlich einem atemberaubenden Bergblick. Einige Zimmer haben große Whirlpools und Kamin. Das Hotel verfügt auch über eine Sauna, ein türkisches Bad und einen Fitnessraum. Die freundlichen Besitzer Babis und Georgia und ihr englischsprechender Sohn Apostolis geben Tipps zu lokalen Aktivitäten. Zu erreichen ist das Hotel über die Straße hinter dem Zentrum 2 km bergauf oder mit dem Taxi ab der *plateia* (etwa 2 €).

To Dendro Restaurant (☎ 26550 22055; Hauptgerichte 5–8 €) Griechische Jäger und erfahrene Reisende wissen, dass die Taverne von Yiannis Mourehidis die beste Adresse im Ort für Wilschwein in Wein, Lammschmorbraten oder leckere Seeforelle ist. Bei einem entspannten Bierchen erzählt Yiannis gerne Geschichten über das Leben in der Wildnis Konitsas. Aber was auch immer ansteht, den köstlichen gegrillten Feta mit Chili und Tomaten sollte sich niemand entgehen lassen.

An- & Weiterreise

Vom **Busbahnhof** (☎ 26550 22214) fahren Busse nach Ioannina (5,10 €, 2 Std., 7-mal tgl.); dort gibt es Anschluss zu anderen Zielorten.

Busse fahren zur albanischen Grenze bei Mertziani (1,30 €, 30 Min., 3-mal tgl.) und weiter nach Bourazani (1,20 €, 30 Min. 4-mal tgl.). Die Petrina Choria (Steindörfer)

Molista und Ganadio werden 2-mal wöchentlich von Bussen angefahren (2,30 €, 30 Min.). Wenn es Fahrgäste gibt, fährt ein Bus 3-mal wöchentlich nach Kastoria (14 €, 4 Std.).

RUND UM KONITSA
Bourazani Μπουραζάνι

Der **Bourazani-Wildpark** (☎ 26550 61283; www. bourazani.gr; Erw./Kind 10/6 €; ☽ ab Sonnenaufgang), 14 km westlich von Konitsa, informiert über die Wildtiere von Epiros. Er erstreckt sich über einen ganzen Berg nahe der albanischen Grenze. Geboten werden ein Tagungsraum zur Umwelterziehung und Futterstellen für Wildschweine, Rotwild, kretische Wildziegen und Mufflons. Die Tiere können in der Abenddämmerung auf einer Bustour bei der Fütterung beobachtet werden. Die Tour startet vom angrenzenden **Hotel Bourazani** (☎ 26550 61283; bourazani@ otenet.gr; EZ/DZ/3BZ 80/105/120 €; P ❀), einem familienfreundlichen Haus, das den Flair eines Jagdhauses mit einem Freizeitzentrum verbindet (es gibt hier einen Pool sowie Tennis- und Basketballplätze). Im Hotelrestaurant werden die glücklosen Tiere des Wildparks gegrillt.

Molista & Ganadio Μόλιστα & Γαναδιό

Die Petrina Choria (Steindörfer) **Molista** und **Ganadio** nördlich von Konitsa sind zwei herrliche und völlig unberührte traditionelle Dörfer inmitten dichter Wälder. Molista ist ruhig, nur ein paar ältere Bewohner leben hier permanent. Die Steinhäuser und Kopfsteinpflasterstraßen des Dorfs sind ein wohltuender Anblick. Auch gibt es die große Kirche **Agios Nikolaos kai Taxiarches** (Hl. Nikolaus und die Erzengel), die 1864 an der Stelle einer viel älteren Kirche gebaut wurde. Die Kirche besitzt einen großen Glockenturm und eine opulente holzgeschnitzte Ikonostase, deren feine Details biblische Geschichten abbilden wie Adam, Eva und die Schlange im Garten Eden. Die eindrucksvollen Ikonen sind mindestens 130 Jahre alt. Die Ikonen aus der vorherigen Kirche werden von den Einwohnern jedoch unter Verschluss gehalten; niemand weiß, wie alt sie sind, da die Dorfbewohner noch immer auf einen Experten des Kultusministeriums warten.

In Molista gibt es eine bescheidene, aber wunderbare Unterkunft, das **Arhontiko tis Se-**

rafi (☎ 26550 24090, 6945691216; EZ/DZ/3BZ 50/60/70 €) unter Leitung des gutmütigen Vangelis Serafis. Die Zimmer sind nicht gerade umwerfend, aber gemütlich und mit einigen netten Details, Antiquitäten und hier und da einem lebhaft gemalten Wandbild ausgestattet. Im Winter wird zentral beheizt, aber einige Zimmer haben einen Kamin; das Holz dafür kostet allerdings extra (etwa 10 € pro Nacht). Die Decke im Hotel wurde 1912 handgeschnitzt. Unten befindet sich zwischen zwei Steinbögen ein gemütliches Restaurant mit hausgemachtem epirotischem Essen wie *lahanopita* (Gemüse in Blätterteig) und Grillfleisch.

Ganadio liegt in der Nähe und hat noch eindrucksvollere Steinbauten, aber keine Unterkunft. Ein sommerlicher Abendspaziergang im Schatten der dicht gedrängten alten Steinhäuser und zwischen den Blumengärten in dem über 450 Jahre alten Dorf ist ein wahres Vergnügen.

In Ganadio gibt es auch ein Café, in dem die älteren Einwohner herumtrödeln, und gegenüber die prächtige Kirche **Agii Taxiarches** (Kirche der hl. Erzengel, 1870). Sie ist vermutlich nicht geöffnet, aber einer der Cafégäste weiß bestimmt, wo der charismatische Dorfpriester Ioannis zu finden ist, der Besucher gerne herumführt und, mit etwas Glück, auch zu einem kräftigen Schnäpschen auf seiner Terrasse einlädt. Die Steinkirche hat ungewöhnliche blau gestrichene Wände, und die bunte Dekoration zeugt von den Beiträgen lokaler Kunsthandwerker und der epirotischen Diaspora: Die handgeschnitzte Ikonostase wurde in Gjirokaster (Argyrokastro auf Griechisch) in Albanien hergestellt, der Zierart stammt aus Bukarest, die russischen Ikonen und die verschwenderischen Wandbilder zeugen von Spenden aus der Diaspora.

Die Petrina Choria sind nie überlaufen, doch während der sommerlichen **panigyria** (Feste) am 15. und 20. August – den Namenstagen der Heiligen – kommt in Ganadio mit Musik, Tanz und traditionellem Essen und Trinken Leben ins Dorf. Im Frühjahr oder Herbst jedoch ist es hier wie ausgestorben, und es gibt jede Menge wunderbarer Wanderwege in der Umgebung.

An- & Weiterreise

Vom **Busbahnhof** (☎ 26550 22214) in Konitsa aus bedienen Busse die Strecke nach Boura-

zani (1,20 €, 30 Min., 4-mal tgl.) und nach Molista und Ganadio (2,30 €, 2-mal wöchentl.).

Mit dem Auto sind Molista oder Ganadio besser zu erreichen als mit dem Bus. Vom Ortseingang in Konitsa geht's nach Norden über die Nationalstraße (Richtung Kastoria), bis nach 17,2 km ein Schild mit der Aufschrift „traditional stone villages" (traditionelle Steindörfer) auftaucht. Nach dem Abzweig nach rechts und einem weiteren Schild nach Molista sind es noch 2 km bis zum Ort.

PREVEZA ΠΡΕΒΕΖΑ
17 724 Ew.

Preveza ist ein kleiner Fischer- und Handelshafen auf einer Halbinsel zwischen dem Ionischen Meer und dem Ambrakischen Golf, zu dessen Reiz die Yachten im Hafen und die bunten Häuser in den engen Seitengassen beitragen. Doch trotz der kleinen Studentengemeinde und einiger griechischer Urlauber ist Preveza eher eine Durchgangsstation zu den nahe gelegenen Badeorten und Zielort von Geschäftsreisenden. Preveza ist trotzdem eine attraktive Stadt mit freundlichen Einwohnern und lohnt einen Besuch zu einem geruhsamen Fischessen und für einen Bummel durch die alten Straßen.

Orientierung & Praktische Informationen

Vom Busbahnhof 2 km nördlich des Zentrums führt die Hauptstraße Leoforos Irinis in die Stadt. Die wichtigsten Sehenswürdigkeiten liegen zwischen der Straße und dem Meer, im Norden begrenzt durch die (geschlossene) venezianische Burg Agios Andreas. In der Ethnikis Andistasis, ungefähr parallel zur Loeoforos Irinis und zwei Straßenzüge landeinwärts vom Meeresufer, gibt es Banken, Geldautomaten und Läden. Der unübersehbare Uhrenturm in der Straße markiert das Stadtzentrum. In den umliegenden Straßen gibt es zahlreiche Restaurants und am Ufer Cafés.

Der Autotunnel (3 €) unter dem Wasser, der Preveza mit Aktion im Süden verbindet, beginnt etwa 2,5 km westlich des Zentrums von Preveza. Zwischen beiden Orten verkehren auch Passagierfähren.

NetcaféAscot (☎ 26820 27746; Balkou 6; pro Std. 3 €; 🕙 9.30–2 Uhr)

Touristeninformation (☎ 26820 21078; www.pre
veza.gr, auf Griechisch; Balkou) Gegenüber dem NetcaféAscot.

Schlafen

Camping Kalamitsi (☎ 26820 22192; Kalamitsi; Camping pro Erw./Zelt 6/4 €; 🛱) Prevezas bester Campingplatz, 4 km über die Straße von Preveza
nach Parga, hat 116 Rasenplätze mit reichlich Schatten, einen großen Pool, ein Restaurant und gute Einrichtungen.

Rooms O Kaihis (☎ 26820 24866; Parthenagogiou 7;
EZ/DZ 20/30 €) Die neue Unterkunft über der
Taverne gleichen Namens nahe dem Mee-
resufer ist die beste Budgetunterkunft der
Stadt mit einfachen, aber sauberen Zim-
mern.

Hotel Avra (☎ 26820 21230; www.hotelavra.net;
Eleftheriou Venizelou 19; EZ/DZ 40/60 €; 🅿 🗙 🛜) Das
Avra ist stolz auf seine Lage und hat saubere, geräumige Zimmer, ist aber nicht
mehr das luxuriöseste Hotel der Stadt. Die
Balkonzimmer zum Hafen hin bieten eine
schöne Aussicht, sind aber auch laut. Der
städtische Parkplatz gegenüber kann kostenlos benutzt werden.

Preveza City Hotel (☎ 26820 89500; Leofors Irinis
69; EZ/DZ 50/80 €; 🅿) Das Businesshotel in der
lauten Leoforos Irinis hat Standardzimmer
mit allem erwartungsgemäßen Komfort.
Der Service ist resolut, aber freundlich.

Essen

O Kaihis (☎ 26820 24866; Parthenagogiou 7; Fisch
5–9 €) Die nette Fischtaverne in einer Seitenstraße nahe dem Ufer bereitet exzellente frische Fischgerichte und eher übliches Tavernenessen zu. Der freundliche Besitzer,
der auch Zimmer vermietet (oben), gibt
zudem gute Reisetipps.

Amvrosios (☎ 26820 27192; Grigoriou tou Pemptou
9; Fisch 7–11 €) Eine weitere gute Fischtaverne
mit Straßentischen in einer blumenreichen
Seitenstraße am Ufer. Sie hat eine gute Auswahl an Fischgerichten und ist zur Mittagszeit stets gut besucht.

An- & Weiterreise

BUS

Vom **Busbahnhof** (☎ 26820 22213) fahren Busse
nach Ioannina (8,70 €, 2 Std., 8-mal tgl.),
Parga (6,10 €, 2 Std., 5-mal tgl.), Igumenitsa
(8,50 €, 2½ Std., 2-mal tgl.), Thessaloniki
(39 €, 8 Std., 1-mal tgl.) und Athen (32 €, 6
Std., 5-mal tgl.).

NORDGRIECHENLAND

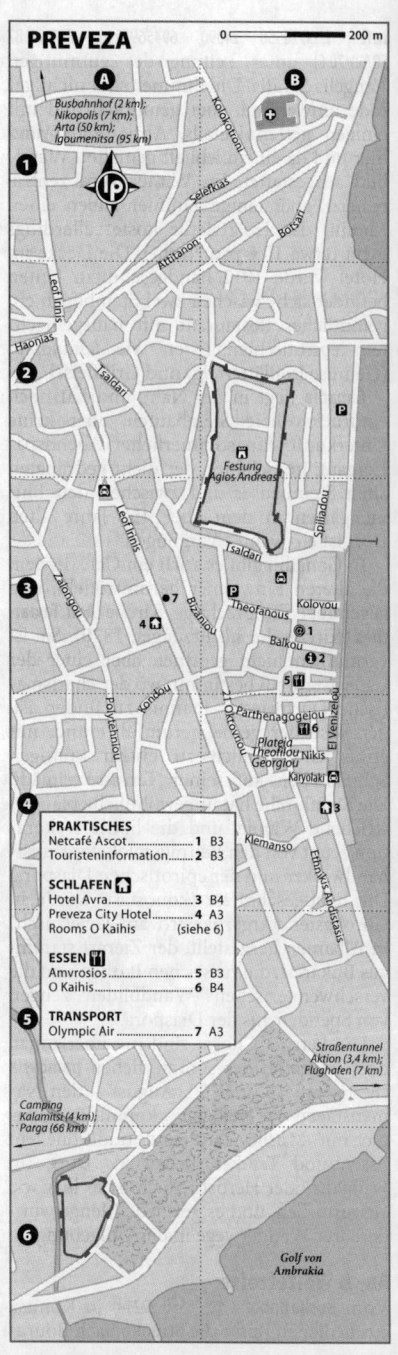

PREVEZA   0 —————— 200 m

Busbahnhof (2 km);
Nikopolis (7 km);
Arta (50 km);
Igumenitsa (95 km)

Festung
Agios Andreas

PRAKTISCHES
Netcafé Ascot...............................1 B3
Touristeninformation................2 B3

SCHLAFEN 🛏
Hotel Avra...................................3 B4
Preveza City Hotel....................4 A3
Rooms O Kaihis   (siehe 6)

ESSEN 🍴
Amvrosios...................................5 B3
O Kaihis.......................................6 B4

TRANSPORT
Olympic Air................................7 A3

Straßentunnel
Aktion (3,4 km);
Flughafen (7 km)

Camping
Kalamitsi (4 km);
Parga (66 km)

Golf von
Ambrakia

FLUGZEUG

Der Flughafen von Preveza, 7 km südlich der Stadt, wird manchmal auch Lefkada oder Aktion genannt. Pro Woche gibt es fünf Flüge nach Athen (95 €, 1 Std.). **Olympic Air** (☎ 26820 28343; www.olympicairlines.com; Leoforos Irinis 37) hat hier einen Schalter und betreibt einen Flughafenbus (1,55 €); ein Taxi zum Flughafen kostet 10 €. Weitere Inlandsflüge siehe Insel-Hopping (S. 872).

RUND UM PREVEZA

Nikopolis Νικόπολη

31 v. Chr. besiegte Octavian (der spätere Kaiser Augustus) Marcus Antonius und Kleopatra in der berühmten Schlacht von Actium (das heutige Aktion). Zur Feier des Sieges baute er die **Nikopolis** (Siegesstadt; ☎ 26820 41336; Erw. 2 €; ⏱ 8.30–15 Uhr), die er mit Menschen aus den umgebenden Städten und Dörfern zwangsbesiedelte. Im 5. und 6. Jh. n. Chr. wurde Nikopolis von Vandalen und Goten gebrandschatzt, aber vom byzantinischen Kaiser Justinian wieder aufgebaut. Im 11. Jh. wurde sie von den Bulgaren erneut überfallen, und das war's dann.

Von den ursprünglichen **römischen Mauern** ist kaum noch etwas vorhanden, die **byzantinischen Mauern** und ein **Theater** hingegen sind besser erhalten. Reste eines **Ares-Tempels**, eines **Poseidon-Tempels**, eines **Aquädukts**, von **römischen Bädern** und eines **römischen Odeons** sind ebenfalls vorhanden. Die riesige Stätte erstreckt sich beidseitig der Straße zwischen Preveza und Arta; die Busse Preveza–Arta halten hier.

Das **Archäologische Museum** (☎ 26820 41336; Erw. 4 €; ⏱ 8.30–15 Uhr) der Stätte zeigt antike Stücke, weitere Funde sind im archäologischen Museum in Ioannina (derzeit geschlossen) ausgestellt.

PARGA ΠΑΡΓΑ

2432 Ew.

Der kleine Badeort Parga ist eigentlich ein hübsches altes Dorf mit weißen Häusern in verwinkelten, blumengeschmückten Gassen in einer schützenden Bucht, die von einer venezianischen Burg überragt wird. Beidseitig des Orts erstrecken sich lange Sandstrände, und in der Hochsaison wimmeln die Bars am Meeresufer von Griechen, Italienern und anderen Touristen. In der Nebensaison kommen überwiegend nordeuropäische Pauschaltouristen hierher. Es ist

jedoch zu jeder Jahreszeit möglich, inmitten der engen Gassen und kleinen Kirchen von Parga Momente der Abgeschiedenheit und Ursprünglichkeit zu finden.

Parga gehörte einst zu Venedig und gleicht den ebenfalls italienisch beeinflussten Ionischen Inseln vor der Küste. Tatsächlich ist der Ort eine gute Basis für Ausflüge zu den beiden Inseln Paxi und Antipaxi sowie zum geheimnisvollen Nekromanteion Ephyras. Parga eignet sich mit den guten Stränden außerhalb sowie einem hübschen Strand direkt im Ort auch gut für Familien mit kleinen Kindern.

Orientierung & Praktische Informationen

Die Hauptstraße in Nord-Südrichtung von Preveza nach Igumenitsa führt am oberen Ende an Parga vorbei. Von der Bushaltestelle im Ostteil des Orts führt die Spyrou Livada hinunter zum Zentrum. Auch eine zweite Straße weiter westlich führt zum Zentrum und zum 2 km langen Valtos-Strand im Südwesten.

Es gibt in Parga mehrere Banken mit Geldautomaten sowie ein kleines Ärztehaus.

Dr. Spiros Radiotis (☎ 26840 32450; 6944162261; Alexandrou Baga 1) Steht 24 Stunden für Notfälle bereit; seine Praxis liegt neben der Emporiki Trapeza.

International Travel Services (ITS; ☎ 26840 31833; www.parga.net; Spyrou Livada 4) Die erfahrene und hilfsbereite Anlaufstelle am Dorfeingang nicht weit von der Bushaltestelle hilft bei der Unterkunftssuche, bucht Ausflüge ins Umland und Reisetickets, hat allgemeine Infos und verkauft sogar internationale Zeitungen und Zeitschriften. Ein Schalter der Budget Rent a Car befindet sich ebenfalls im ITS.

Parga.net (☎ 26840 32177; www.parga.net; Anexartisias 17; pro Std. 3 €; ⏱ Mai–Okt. 8.30–13.30 & & 17.30–23.30 Uhr) Ein Internetcafé; nützliche Infos gibt es auch auf der Website des Parga.net selbst.

Polizei (☎ 26840 31222; Alexandrou Baga 18) Hier ist auch die Touristenpolizei stationiert.

Post (Alexandrou Baga 18)

Sehenswertes

Die **venezianische Burg** (To Kastro), hoch auf einem Felsen gelegen, markiert den westlichsten Punkt Pargas und trennt die Stadt vom Valtos-Strand. Sie ist ein Zeugnis der 400-jährigen Vorherrschaft Venedigs in Epiros und bietet von ihren Wällen einen grandiosen Blick auf die Küste und den Ort.

NORDGRIECHENLAND

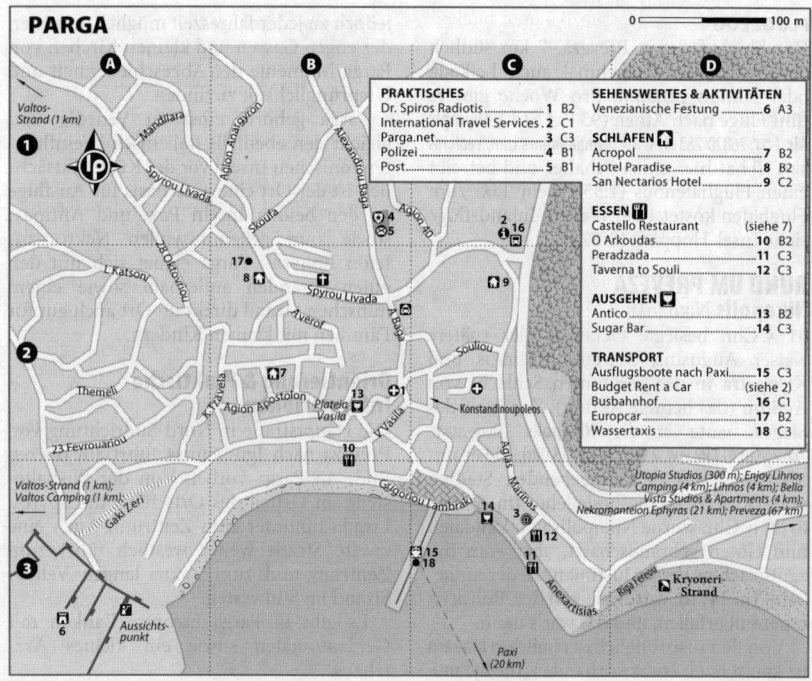

PARGA

PRAKTISCHES	
Dr. Spiros Radiotis	1 B2
International Travel Services	2 C1
Parga.net	3 C3
Polizei	4 B1
Post	5 B1

SEHENSWERTES & AKTIVITÄTEN	
Venezianische Festung	6 A3

SCHLAFEN	
Acropol	7 B2
Hotel Paradise	8 B2
San Nectarios Hotel	9 C2

ESSEN	
Castello Restaurant	(siehe 7)
O Arkoudas	10 B2
Perazzada	11 C3
Taverna to Souli	12 C3

AUSGEHEN	
Antico	13 B2
Sugar Bar	14 C3

TRANSPORT	
Ausflugsboote nach Paxi	15 C3
Budget Rent a Car	(siehe 2)
Busbahnhof	16 C1
Europcar	17 B2
Wassertaxis	18 C3

Im ehemaligen französischen Arsenal im restaurierten zentralen Bereich befindet sich ein **Café** (☎ 26840 31150; ☾ ab11 Uhr). Da die Wälle teilweise nicht abgesichert sind, sollten kleine Kinder dort nicht unbeaufsichtigt herumrennen.

Aktivitäten

Besichtigungen des Nekromanteion Ephyras (42 €), Bootstouren auf dem Fluss Acherondas (25 €), Tagesausflüge nach Albanien oder nach Paxi und Antipaxi (20 €) vermittelt die ITS (S. 401), das hilfreiche Reisebüro gegenüber der Bushaltestelle. Die ITS informiert auch über Bergwanderungen im Umland und organisiert sogar eintägige Anfängertauchkurse für 35 €.

Schlafen

Eine exzellente Unterkunftsvermittlung für jeden Geldbeutel ist die ITS (S. 401) nahe der Bushaltestelle. Einfache Zimmer gibt es in der Gaki Zeri, einer engen Straße mit Blick auf den Valtos-Strand.

Enjoy Lihnos Beach Camping (☎ 26840 31371; www.enjoy-lichnos.net; Lihnos-Strand; Camping pro Erw./Zelt 5/4 €, DZ 55 €) Der schattige Platz an einem sauberen Sandstrand hat einen Supermarkt und ein Restaurant; Studios werden ebenfalls vermietet.

Valtos Camping (☎ 26840 31287; Valtos-Strand; Camping pro Erw./Zelt 6/4 €) Der Campingplatz inmitten von Orangenbäumen am Valtos-Strand, 2 km westlich vom Zentrum, hat ein Restaurant. Der 15-minütige Fußmarsch von Parga ist steil, aber der Weg ist auch mit dem Auto befahrbar.

Hotel Paradise (☎ 26840 31229; Spyrou Livada 23; EZ/DZ 50/65 €; ☒ ☐ ☎) Das freundliche, zentrale Hotel hat einen hübschen Pool im Hof und unten eine Bar. Die Zimmer sind geräumig und sauber und haben allen Komfort. Ein Europcar-Autverleih, Fahrradverleih und eine National Bank of Greece sind in der Nähe.

LP Tipp **Acropol** (☎ 26840 31239; www.parga travel.com; Agion Apostolon 4; EZ/DZ 60/90 €; ☒) Die kultivierte Acropol von 1884 verbirgt sich in den kleinen Gassen Pargas auf halbem Weg bergauf. Die zehn luxuriösen Zimmer haben extra breite Doppelbetten, Massageduschen und handgefertigte italienische

Möbel. Einige der kleinen Balkone blicken auf das Kastro. Das Hotel ist im ganzen Ort ausgeschildert; selbst wenn das verborgene Schmuckstück nicht gleich zu sehen ist, ist es also nicht zu verfehlen. Im Haus befindet sich auch das anspruchsvolle Restaurant Castello.

Utopia Studios (☎ 26840 31133; www.utopia.com. gr; Agiou Athanasiou; DZ/3BZ 60/100 €; ☼ Mai–Okt.; ☒ ☎) Die fünf großen Apartments mit Seeblick vermitteln das beruhigende Gefühl eines richtigen Heims. Die Holzmöbel sind von dezenter Eleganz und die Balkone groß und entspannend. Manche Badezimmer haben große Massagewannen. Einen WLAN-Hotspot gibt es ebenfalls.

San Nectarios Hotel (☎ 26840 31150; www.san-nectarios.gr; Agias Marinas 2; DZ/3BZ 70/90 €; ☎) Das San Nectarios ist das erste Hotel am Ortseingang und bietet mit seiner beneidenswerten Hügellage einen hinreißenden Blick auf den Ort, das Meer und die Burg. Die Zimmer sind sauber und haben allen Komfort.

Bella Vista Studios & Apartments (☎ 26840 3145, 26840 31833; Lihnos-Strand; Studio/Apt. 80/100 €; ☒ ☒) Die hochmodernen Studios und Apartments oberhalb des Lihnos-Strands gruppieren sich um einen einladenden Pool unter Zitrusbäumen. Die 16 Zimmer sind alle frisch renoviert und die Küchen gut ausgestattet. Die Apartments bieten Platz für fünf Personen, und alle oberen Zimmer haben Balkone zum Strand und zu den Hügeln voller Olivenbäume. Der Strand ist nur fünf Minuten zu Fuß entfernt. Das Mangagement bietet auch kräftige Rabatte auf den Wochenpreis von Mietwagen.

Essen & Ausgehen

Taverna to Souli (☎ 26840 31658; Anexartisias 45; mezedhes 4–6 €, Hauptgerichte 6–9 €) Das behagliche Lokal serviert tolle *mezedhes* mit Schwerpunkt auf lokale Leckereien wie *feta souli* (gegrillter Feta mit Tomaten und Kräutern). Lecker auch das *kleftiko* (geschmorter Lamm- oder Ziegenbraten) als sättigendes Hauptgericht.

Peradzada (☎ 26840 31683; am Ufer; Hauptgerichte 5–10 €) Das neue Peradzada ist etwas authentischer als die meisten Restaurants am Meerufer. Seine Spezialität sind deftige Portionen traditioneller griechischer Küche.

LP Tipp **O Arkoudas** (☎ 26840 32553; Grigoriou Lambraki; Fisch 6–9 €) „Der Bär" – so der griechi-

sche Name – ist ein nettes Lokal am Ufer mit einer leckeren Auswahl an frischen Fischgerichten.

Castello Restaurant (☎ 26840 31833; Hotel Acropol, Agion Apostolon 4; Hauptgerichte 8–12 €) Im Castello wird eine kreative Mischung aus französischer, italienischer und griechischer Küche mit Stil zubereitet. Die Atmosphäre ist elegant und entspannt – wahrscheinlich der einzige Ort hier, an dem klassische Stücke von Miles Davis zum Essen gespielt werden, und ganz bestimmt der einzige, wo der Weinkeller durch einen Glasboden hindurch zu sehen ist.

Sugar Bar (www.sugarbar.gr; am Ufer; ☼ ab 10 Uhr) Das lässige Sugar mag sich zwar auf den ersten Blick nicht von den anderen Cafés am Ufer unterscheiden, aber es zeigt mit den 106 verschiedenen Cocktails Substanz und Stil. Die Gäste sind ebenso wie die Musik griechisch und international.

Antico (☎ 26840 32713; Anexartasies 4; ☼ 10–3 Uhr) Die gemütliche kleine Bar oben in einer Seitenstraße ist mit Gitarrenpostern gepflastert und rockt wirklich gut. Der nette Barkeeper steht zweifellos auf Rockklassiker aus den 70er- und 80er-Jahren mit gelegentlichem Abstecher in die 60er.

An- & Weiterreise

AUTO

Mietwagen gibt es (ab 40 € pro Tag) bei **Europcar** (☎ 26840 32777; Spyrou Livada 19) oder Budget Rent a Car, beide in der **ITS** (☎ 26840 31833; www.parga.net; Spyrou Livada 4).

BUS

Vom **Busbahnhof** (☎ 26840 31218) fahren Busse nach Igumenitsa (5,20 €, 1 Std., 5-mal tgl.), Preveza (6,10 €, 2 Std., 4-mal tgl.), Thessaloniki (39 €, 7 Std., 1-mal tgl.) und Athen (35,30 €, 7 Std., 3-mal tgl.).

WASSERTAXI

Wassertaxis fahren zu den Stränden Voltos (4 €, 9.30–18 Uhr), Lihnos (7 €, 11–17 Uhr) und Sarakiniko (8 €, ab 10 Uhr).

RUND UM PARGA

Nekromanteion Ephyras Νεκρομαντείο της Αφύρας

Die alten Griechen fürchteten das **Nekromanteion Ephyras** (☎ 26840 41206; Erw. 2 €; ☼ 8.30–15 Uhr) als das Tor zum Hades, dem Reich des Gottes der Unterwelt. Für heutige Besucher ist es nur eine labyrinthische Ruine zum Abschluss einer herrlichen Bootsfahrt an der Küste entlang und den Fluss Acheron-das hinauf.

In der Antike war das Nekromanteion ein Orakel: Pilger brachten hier Milch, Honig und das Blut von Opfertieren dar, um die Geister der Toten anzurufen. Die Reste des Bauwerks wurden erst im Jahr 1958 entdeckt, gleichzeitig mit der Kloster-ruine **Agios Ioannis Prodromos** und einem Friedhof. In das gespenstische unterirdische Gewölbe wurden vermutlich damals Besu-cher mit einer Seilwinde hinabgelassen, in dem irrigen Glauben, dass sie den Hades beträten.

Einige Reisebüros in Parga bieten Tages-ausflüge zum Nekromanteion zum Preis von etwa 40 € an. Wer selbst fährt, nimmt die Straße südwärts nach Mesopotamos (19. km) bis zur Ausschilderung zum Nek-romanteion. Von dort ist es noch 1 km zu den Ruinen.

IGUMENITSA ΗΓΟΥΜΕΝΙΤΣΑ

9104 Ew.

Igumenitsa ist der letzte Ort im Nordwes-ten Griechenlands, eine betriebsame, aber ziemlich nichtssagende Hafenstadt 86 km von Ioannina entfernt. Hier legen die Fäh-ren nach Italien und Korfu ab. Die Stadt ist zwar kein Touristenort, aber die Fertigstel-lung der Autobahn Egnatia Odos, die Igu-menitsa mit Istanbul verbindet, wird ihren Status als führender Frachthafen deutlich aufwerten.

Praktische Informationen

In der Ethnikis Andistasis gibt es Geld-wechsel- und Geldautomaten größerer Banken. Am neuen Hafen sind weitere Wechselstuben zu finden. Vor dem Anlege-bereich des neuen Hafens befindet sich auch ein EOT-Kiosk.

Café Akadimia (☎ 26650 29233; Ethnikis Andistasis 80; pro Std. 2,50 €; ☉ 8–2 Uhr) Internetzugang.

Hafenpolizei (☎ 26650 22707) Neben dem Fährtermi-nal im alten Hafen.

Milano Travel (☎ 26650 23565; milantvl@otenet.gr; Agion Apostolon 11b)

Post (☎ 26650 22209; Tzavelenas 2) 800 m nördlich der Stadt.

Touristenpolizei (☎ 26650 22222; Agion Apostolon 5) Die Touristen- und die reguläre Polizei befinden sich beide an der Hauptstraße nahe dem Hafen.

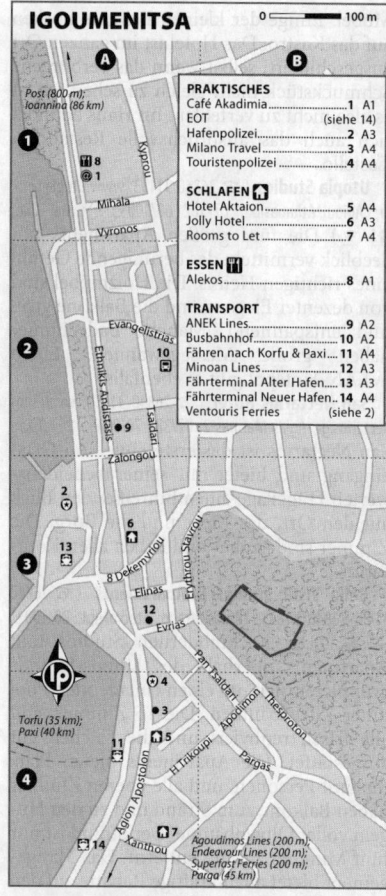

IGOUMENITSA   0 ▭▭▭ 100 m

PRAKTISCHES	
Café Akadimia..................1	A1
EOT........................(siehe 14)	
Hafenpolizei.................2	A3
Milano Travel...............3	A4
Touristenpolizei............4	A4

SCHLAFEN	
Hotel Aktaion................5	A4
Jolly Hotel...................6	A3
Rooms to Let................7	A4

ESSEN	
Alekos......................8	A1

TRANSPORT	
ANEK Lines..................9	A2
Busbahnhof.................10	A2
Fähren nach Korfu & Paxi...11	A3
Minoan Lines...............12	A3
Fährterminal Alter Hafen...13	A3
Fährterminal Neuer Hafen..14	A4
Ventouris Ferries........(siehe 2)	

Schlafen & Essen

Die reine Zweckmäßigkeit Igumenitsas überträgt sich auch auf die wenigen Unter-kunfts- und Restaurantangebote. Aber kaum ein Besucher wird wohl lange genug in dem Ort bleiben, um sich davon depri-mieren zu lassen.

Rooms to Let (☎ 26650 23612; Xanthou 12; EZ/DZ 30/40 €) Die Nähe zur Fähre ist das Verkaufs-argument für die schlichten, trostlosen Zimmer.

Das **Hotel Aktaion** (☎ /Fax 26650 22707; Agion Apostolon 17; EZ/DZ 40/50 €) und das **Jolly Hotel** (☎ 26650 23971; jollyigm@otenet.gr; Ethnikis Andistasis 44; EZ/DZ inkl. Frühstück 55/65 €; 💻) sind beide Ho-tels der Kategorie C, die sich nah am Ufer befinen, mit reizlosen, aber ruhigen Zimmern. Das Jolly verfügt über einen besseren Service.

Die bescheidene Taverne **Alekos** (☎ 26650 23708; Ethnikis Andistasis 84; Hauptgerichte 4,50–7 €) serviert *mayirefta* und Grillfleisch.

An- & Weiterreise

BUS
Vom **Busbahnhof** (☎ 26650 22309; Kyprou 29), zwei Straßenzüge hinter dem Ufer, fahren Busse nach Ioannina (8,20 €, 2 Std., 9-mal tgl.), Parga (5,20 €, 1 Std., 4-mal tgl.), Athen (32,60 €, 8 Std., 5-mal tgl.), Preveza (8,50 €, 2½ Std., 2-mal tgl.) und Thessaloniki (30,20 €, 8 Std., 1-mal tgl.). Die Busse fahren außerhalb der Sommersaison seltener.

FÄHRE
Igumenitsa ist ein wichtiger Fährhafen nach Piräus, Korfu und Italien (und unerlässlich für alle, die ihr Auto nach Italien mitnehmen wollen).

Die Fähren nach Italien und Korfu legen an drei benachbarten, aber getrennten Kais an der Ethnikis Andistasis ab. Die Fähren nach Italien verkehren nach Ancona und Venedig ab dem neuen Südhafen, die nach Brindisi und Bari legen am alten Hafen am Schifffahrtsamt ab. Die Fähren nach Korfu (Kerkyra) und Paxi haben ihre Ablegestelle nördlich des neuen Hafens.

Inland
Informationen zu Fähren und Tragflächenbooten von Igumenitsa zum übrigen Griechenland siehe Insel-Hopping (S. 862). Für die Fährverbindung zwischen Igumenitsa und Korfu gibt es eine **englischsprachige Auskunft** (☎ 26650 99460). Tickets sind in den Agenturen am Hafen erhältlich. Außerdem bekommt man sie über die Büros oder Webseiten der jeweiligen Fährgesellschaften.

Agoudimos Lines (☎ 26650 21175; www.agoudimos-lines.com; Agion Apostolon 147)

ANEK Lines (☎ 26650 22104; www.anek.gr; Revis Travel Tourism & Shipping, Ethnikis Andistasis 34)

Endeavor Lines (☎ 26650 26833, 26650 26833; www.endeavor-lines.com/en/schedules; Eleni Pantazi General Tourism Agency, Ioniou Pelagous)

Minoan Lines (☎ 26650 22952; www.minoan.gr; Ethnikis Andistasis 58a)

Superfast Ferries (☎ 26650 29200; www.superfast.com; Pitoulis & Co Ltd, Agion Apostolon 147)

Ventouris Ferries (☎ 26650 23565; www.ventouris.gr; Milano Travel, Agion Apostolon 11b)

International
Deckpassagiertickets für Fähren nach Italien sind meist vor Ort in Igumenitsa erhältlich. Autos und Kabinen sollten jedoch besser im Voraus gebucht werden. Passagiere sollten sich zwei Stunden vor Ablegen der Fähre am Hafen einfinden und im Büro der Fähragentur die Bordkarte abholen. Auf bestimmten Strecken dürfen Passagiere in ihren Wohnmobilen „campen". Der Fahrzeugtransport nach Bari und Brindisi kostet ab 50 €, die längeren Strecken nach Ancona/Venedig um die 140 €.

Weitere Infos zu Fähren nach Italien s. Kasten unten.

NORDGRIECHENLAND

FÄHREN VON IGUMENITSA NACH ITALIEN

Zielhafen	Hafen	Dauer	Preis	Häufigkeit
Ancona	Igumenitsa	14–15 Std.	49–79 €	3- bis 4-mal tgl.
Bari	Igumenitsa	8½–10½ Std.	60–70 €	2- bis 3-mal tgl.
Brindisi	Igumenitsa	6–9½ Std.	58–65 €	3- bis 4-mal tgl.
Venedig	Igumenitsa	23 Std.	49–79 €	1- bis 3-mal tgl.*
* außer mittwochs				

Saronische Inseln
Νησιά του Σαρωνικού

Die Saronischen Inseln bieten den schnellen Einstieg in die Traumlandschaften der griechischen Inselwelt.

Es mangelt ihnen vielleicht am romantischen Image der dunstverhangenen Kykladen oder der weitläufigen Dodekanes, aber die Hauptinseln dieser Gruppe haben genug zu bieten, um allen Ansprüchen gerecht zu werden, nicht zuletzt ausreichend Infrastruktur. Die Inseln verfügen über ein gutes Verkehrsnetz und eine gute Anbindung ans Festland; sie sind somit in der Lage, die interessantesten Sehenswürdigkeiten des griechischen Festlandes mit den angenehmsten Seiten des Insellebens zu verbinden. Dennoch ist jede der Inseln einzigartig. Beim Insel-Hopping lässt sich diese Vielfalt entdecken: antikes Erbe, Badeorte, schicke Architektur, der Traum von einsamen Inseln oder auch griechische Spitzenküche.

Die am besten erreichbaren Inseln, Ägina und Angistri, liegen nur eine Fährstunde von Piräus entfernt. Ägina ist fast ein Athener Vorort, dennoch hat diese lebhafte Insel überdurchschnittlich viele kulturelle Sehenswürdigkeiten. Zwanzig Minuten weiter östlich von Ägina liegt Angistri mit ihren Pinienwäldern, eine typische Ferieninsel, allerdings eine, auf der es selbst in der Hochsaison immer noch ruhige Winkel gibt.

Weiter südlich liegt, nur wenige Hundert Meter vom Peloponnes entfernt, Poros mit einigen passablen Stränden und einem friedlichen, bewaldeten Hinterland. Daran schließt sich Hydra an, das Juwel der Saronischen Inseln, wo sich pastellfarbene Häuser wie die Teile eines Puzzles über dem mondänen Hafen den Berg hinaufziehen. Die südlichste Insel ist das nach Kiefern duftende Spetses, das nur wenige Minuten vom Festland entfernt liegt und doch auf jeden Fall schon zur ägäischen Inselwelt zählt.

HIGHLIGHTS

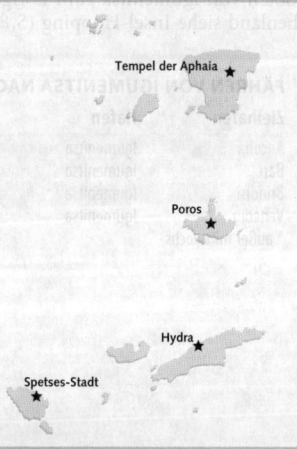

- **Glorreiche Vergangenheit** Äginas antike Geschichte am Aphaia-Tempel entdecken (S. 411)

  Tempel der Aphaia ★

- **Gutes Essen** Die Qual der Wahl unter den Spitzenrestaurants von Spetses-Stadt (S. 424)

- **Delfindivas** Tauchen bei Hydra auf einer tierfreudlichen Delfinsafari (S. 418)

  Poros ★

- **Langsamer Tourismus** Das friedliche Inland von Poros (S. 413), Hydra (S. 417) und Spetses (S. 420) entdecken

- **Museumstouren** Einige der besten kleinen Museen Griechenlands auf Hydra (S. 417) und Spetses (S. 423) erkunden

  Hydra ★

  Spetses-Stadt ★

- **BEVÖLKERUNG:** 45 600
- **FLÄCHE:** 318 KM²

SARONISCHE INSELN

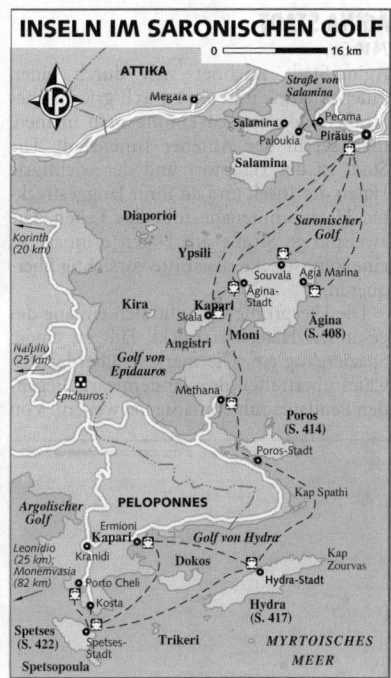

INSEL IM SARONISCHEN GOLF

stand und Status von Ägina und wegen ihrer Verbindung mit Sparta in Ägina ein. Die Stadt konnte nie wieder den Glanz jener Tage erreichen, obwohl sie zu Anfang des 19. Jhs. eine kühne Rolle bei der Vertreibung der Türken spielte und in den Jahren von 1827 bis 1829 vorübergehend die Hauptstadt des teilweise befreiten Griechenlands war.

Heutzutage spielt die Insel eine eher profane Rolle als Athens vorgelagerte Insel und Griechenlands Produzent von Pistazien. Der Glanz vergangener Tage ist noch zu spüren, nicht zuletzt in den prächtigen Ruinen des Aphaia Tempels aus dem 5. Jh. Es gibt außerdem passable Strände und eine unterhaltsame Ausgehszene mit Tavernen und Nachtleben.

An- & Weiterreise
Äginas Haupthafen ist Ägina-Stadt, von wo es Verbindungen nach Piräus, Angistri, Poros und Methana auf dem Peloponnes gibt. Es gibt keine direkten Fähren von Ägina und Angistri nach Hydra und Spetses oder nach Ermioni und Porto Cheli auf dem Festland. Reisende mit diesen Zielen müssen in Piräus oder Poros in die schnellen Fähren umsteigen. Die kleineren Häfen Ägina, Agia Marina und Souvala bieten nur in der Hochsaison Fährverbindungen nach Piräus. Einzelheiten am besten kurz vor der geplanten Reise noch einmal überprüfen. Weitere Infos hierzu im Abschnitt Insel-Hopping (s. S. 857).

Eine kleine lokale Fähre, die auffällige blau-gelbe *Agistri Express,* die von der Kommune Angistri betrieben wird, verkehrt mehrmals täglich zwischen Ägina und Skala, dem Haupthafen von Angistri, (5 €, 20 Min.) und fährt dann weiter zum benachbarten Mylos (5,20 €, 25 Min.). Sie legt in der Mitte der Hafenpromenade von Ägina ab, und die Fahrpläne hängen dort aus.

Ein weiteres Verkehrsmittel zwischen Ägina und Angistri ist das **Wassertaxi** (☎ 22970 91387, 6972229720). Die einfache Fahrt kostet 40 €, egal wie viele Passagiere mitfahren.

Unterwegs vor Ort
Es verkehren regelmäßig Busse zwischen Ägina-Stadt und Agia Marina (1,70 €, 30 Min.) über Paleochora (1,40 €, 15 Min.)

ÄGINA ΑΙΓΙΝΑ

13 500 Ew.
Abseits ihres geschäftigen Hafens besitzt Ägina den verführerischen, unbeschwerten Charakter einer typischen griechischen Insel, jedoch mit dem Pluspunkt, dass ihr ein besonders großer Anteil an prestigeträchtigen antiken Stätten und Museen zugefallen ist. Wochenendurlauber aus Athen bringen Leben auf die Insel. Daher sollte nicht außer Acht gelassen werden, dass selbst im Winter die schnellen Fähren von Piräus oft schon vor dem Wochenende ausgebucht sind.

Ägina stellte im 7. Jh. vor Chr. die führende Seemacht des Saronischen Golfs dar, als sie durch Handel und eine politische Vormachtstellung wohlhabend und mächtig wurde. Die Insel hat einen wichtigen Beitrag zum Sieg der Griechen über die persische Flotte in der Schlacht von Salamis im Jahr 480 v. Chr. geleistet. Trotz dieser Solidarität mit dem Athener Staat fiel dieser im Jahr 459 v. Chr. aus Neid auf den Wohl-

SARONISCHE INSELN

und den Aphaia-Tempel (1,70 €, 25 Min.).
Es fahren außerdem Busse nach Perdika
(1,40 €, 15 Min.) und Souvala (1,40 €,
20 Min.). Die Abfahrtzeiten sind außen am
Ticketbüro an der Plateia Ethnegersias angeschlagen; die Fahrkarten sind am Kiosk
erhältlich.

Es gibt zahlreiche Auto- und Motorradvermietungen. Die Preise liegen bei etwa
30 bis 40 € pro Tag für ein Auto und 15 bis
25 € pro Tag für eine 50-ccm-Maschine.
Fahrräder kosten ca. 8 € pro Tag. **Sklavenas
Rent A Car** Ägina-Stadt (☎ 22970 22892; Kazantzaki 5);
Agia Marina (☎ 22970 32871) an der Straße zum
Apollon-Tempel vermietet Pkw, Jeeps, Roller, Motorräder, Quads und Mountainbikes.

ÄGINA-STADT
7410 Ew.

Ägina-Stadt zeichnet sich durch einen
rauen Charme und ein typisch griechisches
Straßenbild aus, fast könnte man meinen,
man sei in der Athener Innenstadt. Die
Stadt ist der Hauptort und der wichtigste
Hafen der Insel, und an ihrer langgestreckten Hafenpromenade tobt das Leben. Die
zweispurige Straße am Hafen erinnert an
eine Rennstrecke, also bitte vorsichtig überqueren.

Die Uferpromenade, die sich entlang des
gesamten Hafens erstreckt, lädt zu einem
Spaziergang ein. Die markisenüberdachten
Cafés übertreffen ihre landeinwärts liegenden Pendants zahlenmäßig bei weitem. Von

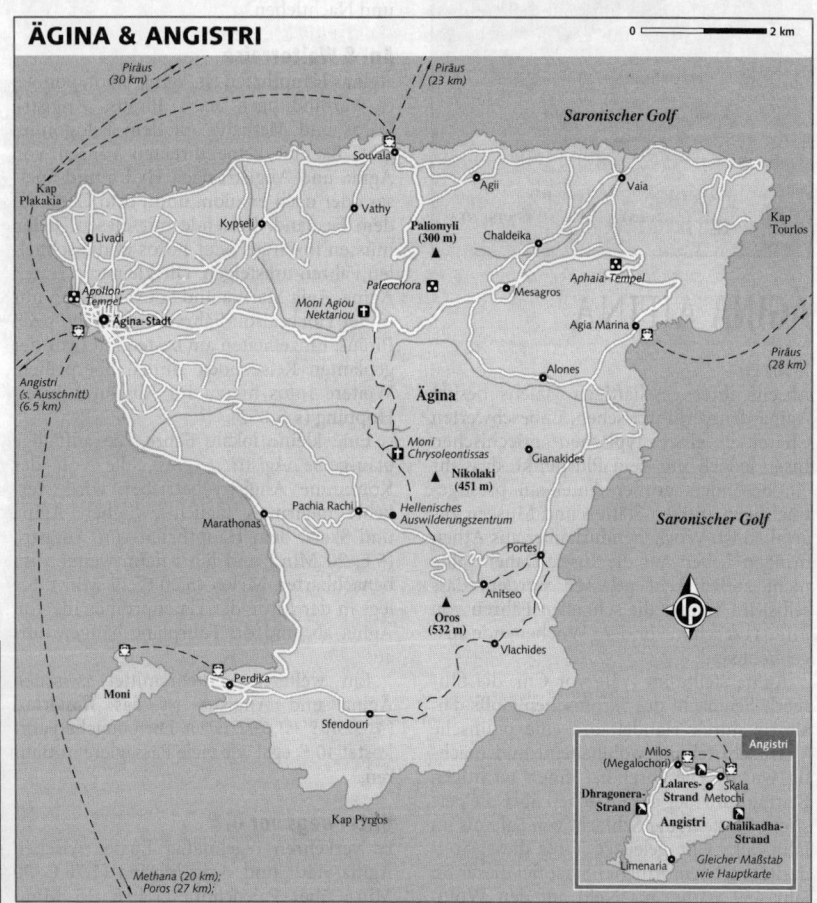

ÄGINA & ANGISTRI

hier aus führen enge Gassen in die Innenstadt. Auf dem Weg dorthin überquert man Parallelstraßen, an denen sich Geschäfte aller Art drängen. Es sind noch ein paar klassizistische Gebäude aus dem 19. Jh. erhalten, und das antike Griechenland zeigt sich in den eindrucksvollen Ruinen des Apollon-Tempels, die gleich nördlich der Fährkais liegt.

Orientierung

Der große äußere Kai mit der kleinen Kirche St. Nikolaos ist die Anlegestelle der größeren Fähren. Am kleineren inneren Kai legen die Tragflächenboote an. Wer die Straße am Ende der beiden Kais überquert und sich dann links hält, gelangt zur Plateia Ethnegersias mit der Bushaltestelle und der Post. Diese Straße führt weiter vorbei am Apollon-Tempel, wo sie einspurig wird, und dann weiter zur Nordküste. Am Ende der Kais rechts, geht's nach etwa 500 m auf der Hafenstraße zur Panagitsa-Kirche und schließlich weiter nach Perdika und Agia Marina.

Praktische Informationen

Ägina hat keine offizielle Touristeninformation, aber unter www.aeginagreece.com finden sich ein paar nützliche Infos.

Am Ende des Hauptkais gibt es eine ganze Reihe von Fährticketbüros sowie eine Infotafel zu Quartieren; hier gibt es auch ein Telefon, mit dem man die Unterkunft direkt anrufen kann.

Die Alpha Bank und die Piräus Bank liegen direkt gegenüber dem Anleger für die Tragflächenboote. Die National Bank of Greece liegt etwa 300 m rechts von den Fähranlegestellen. Alle Banken haben Geldautomaten.

Buchladen Kalezis (☎ 22970 25956; ab Mai) Auf halber Strecke an der Hafenpromenade; hat einige ausländische Zeitungen und Bücher im Sortiment.

Hafenpolizei (☎ 22970 22328) Am Zugang zu den Fährkais.

Perla Wäscherei (☎ 22970 23497; Mitropoleos 23; Waschen & Trocknen je 2-kg-Ladung 5/3 €; 7–13.30 & 17–21 Uhr) Die Wäsche wird auch abgeholt und zurückgebracht.

Post (Plateia Ethnegersias; Mo–Fr 7.30–14 Uhr)

Touristenpolizei (☎ 22970 27777; Leonardou Lada) Befindet sich gegenüber dem Fähranleger der Tragflächenboote in einer Gasse ein Stück weiter auf dem Weg in Richtung Innenstadt.

Sehenswertes

Die faszinierenden Überreste des **Apollon-Tempels** (☎ 22970 22637; Erw./erm. 3/2 €; Di–So 8.30–15 Uhr) stehen auf dem Kolona-Hügel nordwestlich des Hafens. Die zerfallenen Mauern, Wege, Zisternen und zerbrochenen Säulen aus honigfarbenem Stein werden von einer einzigen noch erhaltenen Säule überragt, mehr ist nicht übrig von dem Tempel aus dem 5. Jh. v.Chr., der einst Teil einer antiken Akropolis war. Direkt unterhalb befindet sich das informative **Museum des Heiligtums** (Di–So 8.30–15 Uhr) mit dem Eintrittskartenverkauf und Ausstellungsstücken aus dem Tempel. Informationen gibt's in griechischer, englischer und deutscher Sprache.

Festivals & Events

Fistiki bedeutet Pistazie, und das dreitägige **Ägina-Fistiki-Fest** (www.aeginafistikifest.gr) wurde im Jahr 2009 ins Leben gerufen, um die berühmte Pistazie von Ägina durch unterschiedliche Events wie Live-Konzerte, Ausstellungen visueller Kunst, Messen und kulinarische Wettstreite, zu bewerben. Die Veranstalter hoffen, dass das Festival jährlich Mitte September zum Ende der Pistazien-Ernte stattfinden wird.

Schlafen

In Ägina gibt es eine passable Auswahl an Hotels und Zimmern; allerdings sollte man vor allem an den Wochenenden möglichst im Voraus reservieren. Einige der einfacheren Hotels bieten ein ungünstiges Preis-Leistungsverhältnis.

Marianna Studios (☎ 22970 25650, 6945869465; www.aeginarooms.com/mariannastudios; 16-18 Kiverniou St; EZ/DZ/3BZ 35/40/45 €;) Diese ausgezeichnete Budgetunterkunft hat einfache, äußerst schlichte Zimmer. Der winzige Eingang verbirgt einen größeren Innenhof, und einige Zimmer liegen zu einem ruhigen, grünen Garten hin. Gäste werden sehr freundlich aufgenommen.

Electra Domatia (☎ 22970 26715, 6938726441; www.aegina-electra.gr; Leonardou Lada 25; EZ/DZ 45/50 €;). Diese kleine Pension bietet keinen malerischen Blick, aber die Zimmer sind tadellos und komfortabel und liegen in einer ruhigen Gegend. Das Electra Domatica ist um Längen besser als die nahe gelegenen Hotels. Einfach der Leonardou Lada, gegenüber von den Fährkais, folgen.

Aeginitiko Archontiko (☎ 22970 24968; www.ae ginitikoarchontiko.gr; Ecke Ag Nikolaou & Thomaiados; EZ/ DZ/3BZ/Suite 60/70/80/120 €; ❸) Dieses alte Patrizierhaus in Ägina hat es tatsächlich geschafft, sich seinen Charme aus den glorreichen Tagen der noch frischen griechischen Unabhängigkeit im 19. Jh. zu erhalten. Das großartige Frühstück kostet ca. 10 € pro Person.

LP Tipp Rastoni (☎ 22970 27039; www.rastoni.gr; Metriti 31; EZ/DZ/3BZ 85/80/110 €; P ❸ ▯ 🛜) Jedes der geräumigen Zimmer in diesem adretten kleinen Hotel ist völlig unterschiedlich eingerichtet – im asiatischen oder afrikanischen Stil. Es gibt einen hübschen Garten mit Blick auf den Apollon-Tempel. Das Hotel liegt in einer ruhigen Gegend nur wenige Gehminuten vom Hafen entfernt. Bei mehrtägigen Aufenthalten wird ein Rabatt gewährt. Frühstück gibt es für 5 €.

Essen

Entlang des Hafens drängen sich dicht an dicht Cafés und Restaurants. Sie bieten die perfekte Gelegenheit, die unterschiedlichsten Leute aus aller Welt zu beobachten. Leider lässt das Preis-Leistungsverhältnis etwas zu wünschen übrig. Außer man wählt eine der ortsüblichen, schlichten *ouzerien* (ein Lokal, das Ouzo und kleine Snacks serviert), die überall dazwischen zu finden sind. Die lokal produzierten Pistazien werden an jeder Ecke verkauft; der Preis liegt bei etwa 6 € für 500 g.

Babis (☎ 22970 23594; Hauptgerichte 5–12 €) Dieses originelle Restaurant am Ende der Hafenpromenade hat eine coole, schicke Inneneinrichtung, die bestens zu seiner kreativen Küche passt, darunter die spannende Spezialität des Hauses: Hühnchen mit Pistazien und ungesalzenem *anthotyro* (schnittfester Frischkäse).

Tsias (☎ 22970 23529; Dimokratias 47; Hauptgerichte 6–7,50 €) Griechische Kost in einer Straßenkneipe vom Feinsten. Empfehlenswert sind die Garnelen mit Tomaten und Feta oder der Krabbensalat für unter 5 €, gefolgt von Schweinefilet. Es gibt auch einfache Fischgerichte unter 10 €.

FREIFLIEGEND

Yiannis Poulopoulos, der Direktor des **Hellenic Wildlife Hospital** (EKPAZ; s. S. 411) auf Ägina hat wohl übermenschliche Kräfte, denn er braucht sicherlich unbändige Energie, um sein lebenslanges Engagement für verwundete Wildtiere aufrecht zu erhalten. Begonnen hatte es, als er Tiermedizin studierte und verletzte kleine Vögel in seiner Studentenbude aufzog. Yiannis hat danach nie wieder aufgehört, sich um Wildtiere zu kümmern. Inzwischen widmet er praktisch jede wache Stunde dem Tierkrankenhaus in den schroffen Bergen im Landesinnern von Ägina. Hier haben Yiannis und seine zahlreichen engagierten Kollegen und freiwilligen Helfer viele Erfolgserlebnisse gehabt, nicht zuletzt die Auswilderung der rehabilitierten Adler in die Wildnis von Kreta und Nordgriechenland.

In der EKPAZ-Station gibt es Unmengen an Tieren, viele davon geschützte Tierarten – und die meisten sind Opfer des menschlichen Jagdtriebs. „Warum schießen sie bloß auf solche wunderbaren Lebewesen?", fragt sich Yiannis immer wieder.

Hier sieht man die seltensten Tierarten – Eleonora-Falken (von denen es in manchen Ländern nur noch weniger als 10 Tiere gibt), deren Flügel halb weggeschossen sind; den östlichen Kaiseradler, Schmutzgeier, weiße Störche, Reiher und Watvögel mit zerschmetterten Beinen, manche sogar blind, behinderte Gänsegeier, die in einem Gehege verdrießlich schnabeln. Sie alle sind Yiannis' „Hühnchen". „Sie gehören alle zur Familie", sagt er. „Wir sind alle eine große Familie, ganz sicher."

Das Töten geschützter Arten ist illegal, aber Aufklärung, Überzeugungsarbeit und ein gutes Beispiel sind vermutlich die einzigen, wenn auch entsetzlich langsamen Wege, um zu verhindern, dass Wildtiere durch den sogenannten Sport ausgerottet werden. Es ist besonders grausam, dass das Anlegen eines Gewehres auf einen Vogel wie Adler, Geier, Storch und Schwan zwangsläufig einen billigen Triumph für den Schützen bedeutet. Solche langsamen, stattlichen Kreaturen bewegen sich behäbig. Wenn sie erst einmal anvisiert sind, sind sie leicht zu treffen, sofern man auch nur in der Lage ist, den Abzug zu betätigen. Yiannis meint dazu trocken: „Es ist keine besondere Leistung, ein Wildtier zu erlegen. Vielleicht sollten sie stattdessen lieber Videospiele spielen."

Bis es so weit ist, werden Yiannis Poulopoulos und sein kleines Heer an Kollegen und ehrenamtlichen Helfern ihre Arbeit in den Hügeln von Ägina fortsetzen.

Mezedopoleio to Steki (☎ 22970 23910; Pan Irioti 45; Gerichte 6–12 €) Dieses pulsierende Lokal liegt hinter dem lärmenden Fischhafen in der Mitte der Hafenpromenade. Zusammen mit seinem unmittelbaren Nachbarn, I Agora, ist es immer berstend voll mit Gästen, die höllisch scharfe Oktopus oder Sardinen sowie andere klassische *mezedhes* verspeisen.

Ausgehen & Unterhaltung

Musikbars und Cafés entlang dem Hafen bieten luxuriöse Sitzgelegenheiten in grellen Farben.

Heaven (☎ 22970 28872; Dimokratias) Weiche Sofas und eine beschwingte Einrichtung zeichnen diese beliebte Musikbar mit Café aus.

Yes! (☎ 22970 28306; Dimokratias) Tagsüber Easy-Listening-Musik und abends härtere Beats von einheimischen und Gast-DJs machen das Yes! zum Treffpunkt der jüngeren Generation.

Avli (☎ 22970 26438; Pan Irioti 17) Im Avli gibt es einen Mix aus den 60ern und Latino-Rhythmen sowie griechische Musik, wenn die Wochenendausflügler aus Athen einfallen.

UNTERWEGS AUF ÄGINA
Aphaia-Tempel

Der eindrucksvolle **Aphaia-Tempel** (☎ 22970 32398; Erw./erm./unter 18 Jahre 4 €/2 €/frei; April–Okt. 8–19.30 Uhr, Nov.–März 8.30–17 Uhr) ehrt eine lokale Gottheit aus prähellenistischen Zeiten und ist die wichtigste antike Stätte der Saronischen Inseln. Er wurde 480 v. Chr. errichtet, schon bald nach der Schlacht von Salamis.

Die Giebel des Tempels waren mit prächtigen Skulpturen zum Trojanischen Krieg geschmückt, von denen die meisten im 19. Jh. geraubt wurden und nun die Münchener Glyptothek zieren. Die Überreste des Tempels stehen erhaben auf einem von Pinien bestandenen Hügel mit weitem Blick über den Saronischen Golf. Die Infotafeln sind auf Griechisch und Englisch.

Aphaia liegt 10 km östlich von Ägina-Stadt. Busse nach Agia Marina halten bei dieser Sehenswürdigkeit (1,70 €, 20 Min.). Ein Taxi von Ägina-Stadt kostet rund 12 € für die einfache Fahrt. Wer mit dem Bus unterwegs ist, sollte bedenken, dass die Busse nicht regelmäßig verkehren. Auf dem Hügel kann es heiß werden.

Paleochora Παλαιοχώρα

Mehrere der alten Kirchen und Kapellen dieser bezaubernden Stätte wurden in der jüngsten Zeit renoviert. Dies ist ein sehr friedlicher Ort. Die antike Stadt Paleochora war ab dem 9. Jh. und bis zum Ende des Mittelalters Äginas Hauptstadt, und wurde erst in den 20er-Jahren des 19. Jh. aufgegeben. Über 30 noch erhaltene Kirchen und Kapellen akzentuieren die felsigen Anhöhen der ursprünglichen Zitadelle, und einige davon wurden in den vergangenen Jahren sorgfältig restauriert. Viele davon können besichtigt werden und sind durch Spazierwege verbunden. Dieser Ort liegt 6,5 km östlich von Ägina-Stadt in der Nähe der riesigen Kirche des **Moni Agiou Nektariou.** Busse von Ägina-Stadt nach Agia Marina halten am Abzweig nach Paleochora (1,40 €, 10 Min.). Die einfache Taxifahrt kostet 8 €.

Christos Capralos Museum

Von 1963 bis 1993 lebte und arbeitete der gefeierte Bildhauer Christos Capralos (1909–93) in den Sommermonaten auf Ägina. Heute sind viele seiner Werke im **Christos-Capralos-Museum** (☎ 22970 22001; Livadi; Eintritt 2 €; Juni–Okt. Di–So 9–14.30 & 17–20 Uhr, Nov.–Mai Fr–So 10–16 Uhr) in seinem ehemaligen Wohnhaus und Atelier an der Küste in der Nähe von Livadi ausgestellt, 1,5 km nördlich von Ägina-Stadt. Auf den ersten Blick mögen die monumentalen Werke, insbesondere diejenigen aus Eukalyptusholz, eher hart und verwirrend scheinen, aber ihre Klarheit und Kraft sind erfrischend; besonders das *Tableau der Kreuzigung* ist eindrucksvoll. In einer separaten Galerie befindet sich der 40 m lange *Pindus-Fries*, ein kraftvolles Denkmal für die Schlacht von Pindus, bei der die griechische Armee dem Vormarsch der Italiener im Zweiten Weltkrieg Einhalt gebot.

Hellenic Wildlife Hospital

Die älteste und größte Pflegestation für Wildtiere Griechenlands und Südeuropas mit dem Namen **Hellenic Wildlife Hospital** (Auswilderungszentrum; Elliniko Kentro Perithalpsis Agrion Zoön; ☎ 22970 28367, 6973318845; www.ekpaz.gr; 10–19 Uhr) versorgt und behandelt pro Jahr zwischen 3000 und 4500 verletzte und versehrte Wildtiere (siehe Kasten gegenüber). Die Station kann besichtigt werden. Sie liegt inmitten der schroffen Hügel rund 10 km südöstlich von Ägina-Stadt und 1 km östlich von Pachia Rachi auf der Straße zum Berg Oros. Der Eintritt ist kostenlos, aber Spenden sind willkommen. Am besten vorher anrufen und nachfragen, ob ein Besuch möglich ist. Freiwillige Helfer dürfen sich gerne melden; als Gegenleistung gibt es eine kostenlose Unterkunft. Interessenten sollten sich darüber im Klaren sein, dass die Arbeit schwer und wenig glanzvoll, dafür aber sehr lohnenswert ist.

Perdika Πέρδικα

Das Fischerdorf Perdika liegt ungefähr 9 km südlich von Ägina-Stadt an der südlichen Spitze der Westküste. Perdikas Hafeneinfahrt ist sehr seicht und das Schwimmen macht hier keinen Spaß. Stattdessen fährt man lieber mit einem der regelmäßig verkehrenden Kaiks (4 €) vom Hafen zur kleinen Insel Moni, die nur wenige Minuten entfernt liegt. Moni ist ein Naturschutzgebiet und hat einen zauberhaften, von Bäumen gesäumten Strand und Strandcafés.

Es gibt ein paar Hotels und Privatzimmer in Perdika. **Villa Rodanthos** (☎ 22970 61400; www.villarodanthos.gr; EZ/DZ 45/65 €; ✗ 🖳) ist ein Juwel, nicht zuletzt wegen ihres reizenden Inhabers. Jedes Zimmer hat seine eigene farbenprächtige Ausstattung und verfügt über eine Küche. Man kommt dorthin, indem man der nach rechts abzweigenden Straße, die gegenüber der Bushaltestelle am Stadtrand beginnt, 100 m folgt.

Tavernen säumen die erhöhte Terrasse an der Hafenpromenade und servieren griechische Hausmannskost für 6 bis 10 €. Hier brummt das Leben im Sommer, und unter die Tavernen mischen sich einige großspurige Musikbars mit langen Öffnungszeiten. Ein schicker Newcomer ist das **Muzik,** der ideale Ort für Sonnenuntergänge über Perdika und coole Sounds.

Busse verkehren alle paar Stunden zwischen Perdika und Ägina-Stadt (1,40 €, 30 Min.). Die einfache Taxifahrt kostet 10 €.

Strände

Strände zählen nicht zu den besonderen Stärken von Ägina. An der Küste östlich von **Agia Marina** sammeln sich die Pauschalurlauber. Der seichte Strand ist hier ideal für Familien, aber gleich dahinter liegt eine recht stark befahrene Straße. Im Sommer wird es sehr voll.

Es gibt ein paar Sandstrände entlang der Straße zwischen Ägina-Stadt und Perdika, wie den angenehmen **Marathonas,** an dem die Taverne **Ammos** (☎ 22970 28160; Marathonas; Hauptgerichte 5,50–12 €) ausgezeichnete regionale Küche mit internationalem Einschlag bietet.

ANGISTRI ΑΓΚΙΣΤΡΙ

700 Ew.
Angistri liegt hinter Ägina ein paar Kilometer von der Westküste landeinwärts und lohnt sich als Tagesausflug oder durchaus auch für einen längeren Aufenthalt, fernab des typischen Massentourismus der Hauptsaison.

Der Hafen **Skala** ist ein Badeort voller kleiner Hotels und Ferienwohnungen, Tavernen und Cafés. Von seinem Strand, dem besten der ganzen Insel, ist im Juli und August vor lauter Liegestühlen und Sonnenanbetern kaum noch etwas zu sehen, aber ansonsten geht es hier recht gemächlich zu. Angistris anderer Hafen **Mylos** (Megalochori) wirkt etwas traditioneller und vielleicht reizvoller.

Orientierung & Praktische Informationen

Am Fähranleger von Skala gibt es eine Infotafel mit Unterkünften und Telefonnummern. Hält man sich am Ende des Kais rechts, geht's zu einem kleinen Hafenstrand und dann auf einem gepflasterten Fußweg zu einer Kirche auf einer Landzunge. Dahinter liegt der lange, aber schmale Hauptstrand. Einen Kilometer weiter westlich liegt Mylos mit Zimmern und Tavernen, jedoch ohne Strand. Hält man sich am Fähranleger von Skala links und läuft eine halbe Stunde in südlicher Richtung, gelangt man zum Kiesstrand von **Halikadha**, an dem teilweise auch nackt gebadet wird.

Eine Zweigstelle der Emboriki Bank mit Geldautomat befindet sich in der Hauptstraße von Skala.

Schlafen & Essen

Angistri hat viele Unterkünfte; das Reservieren empfiehlt sich trotzdem, vor allem im August und an Sommerwochenenden.

Alkyoni Inn (☎ 22970 91378; www.alkyoni.com; EZ/DZ/3BZ 40/50/60 €; ✷) Das gastfreundliche Al-

kyoni Inn liegt nur 10 Minuten zu Fuß südöstlich vom Fährkai. Seine zum Meer hin
gelegenen Zimmer und Apartments bieten
einen großartigen Ausblick. Die anderen
Zimmer liegen zur Straße hin. Zum Alkyoni gehört auch eine beliebte Taverne
(Hauptgerichte 4,50 bis 12 €) mit gut zubereiteten Fisch- und Fleischgerichten zu an-
ständigen Preisen.

LP Tipp **Rosy's Little Village** (☎ 22970 91610;
www.rosyslittlevillage.com; EZ/DZ/3BZ 50/70/85 €;
❄ ☏) Ein Komplex aus Gebäuden im ku-
bistischen Stil, der sanft zum Meer hin abfällt, nicht weit östlich vom Fähranleger
von Skala gelegen. Das Rosy's ist voller
Licht und Farben. Der kostenlose Verleih
von Liegen und Mountainbikes macht den
Aufenthalt noch angenehmer, und im Sommer gibt es wöchentlich ein Picknick und
Live-Musik. Das Frühstück kostet 6,50 €,
und es gibt ein Restaurant, das Mittagstisch
und Abendessen vorwiegend aus Bioprodukten anbietet. Hauptgerichte kosten ca.
6,50 bis 10 €. Auf der Website stehen auch
Informationen zu verschiedenen kulturellen Angeboten.

Zwei gute Tavernen sind **Gialos**
(☎ 6977787785), direkt außerhalb von Skala
an der Straße nach Milos, und **Kafeses**
(☎ 22970 91357) mit Blick über den Hafen von
Mylos. Beide bieten lokale Spezialitäten an.
In Skala gibt's in der **Pizzeria Avli** (☎ 22970
91573) überdurchschnittlich gute Pizza.

An- & Weiterreise

Angistri wird häufig von Fähren angefahren, vor allem im Sommer. Mehrere Tragflächenboote verkehren täglich zwischen
Angistri und Piräus über Ägina, und eine
Autofähre fährt mehrmals täglich von Piräus über Ägina. Weitere Einzelheiten dazu
im Abschnitt Insel-Hopping (S. 859). Die
lokale Fähre, Agistri Express, fährt mehrmals täglich nach Ägina und zurück (siehe
S. 407).

Das **Wassertaxi** (☎ 22970 91387, 6972229720)
kostet pro Kopf 40 € für die einfache Fahrt
zwischen Ägina und Angistri.

Unterwegs vor Ort

In den Sommermonaten verkehren täglich
mehrere Busse zwischen 6.30 und 21 Uhr
von Skala und Mylos zum kleinen Dorf Limenaria und zum Dhragonera-Strand. Es
lohnt sich, ein Moped (15 €) oder ein robustes Mountainbike (10 €) zu mieten, um
die Küstenstraße der Insel zu erkunden.
Gute Verleihfirmen sind **Kostas Bike Hire**
(☎ 22970 91021; Skala) und **Takis Rent A Bike & Bi-
cycles** (☎ 22970 91001; Mylos).

Den Strand von Dhragonera an der
Westküste erreicht man auch von Methohi
aus über Pfade durch den schattigen Pinienwald im Inland; den Kompass nicht vergessen. Es gibt auf der Strecke viele Abzweigungen, und schnell hat man sich verirrt.

POROS ΠΟΡΟΣ

4500 Ew.

Poros ist eine beliebte Ferieninsel, bietet
aber immer noch das erholsame Insel-Fee-
ling in ihrem kaum besiedelten und bewaldeten Landesinneren. Die Insel ist vom bergigen Peloponnes nur durch eine Meerenge
getrennt, und die malerische Umgebung
lässt bei der Hauptsiedlung Poros-Stadt
eher an einen Ferienort an einem Inlands-
see als an einen griechischen Inselhafen
denken. Gegenüber auf dem Festland liegt
die Stadt Galatas.

Poros besteht eigentlich aus zwei Halbinseln: der winzigen Sferia, die fast komplett
von Poros-Stadt eingenommen wird, und
der viel größeren Kalavria, die stark bewaldet ist und auf der sich die Strände der Insel
befinden. Am südlichen Ufer liegen die größeren Urlaubshotels verstreut. Eine Landenge, durchschnitten von einem schmalen
Kanal und von einer Autobrücke überspannt, verbindet die beiden Inseln.

An- & Weiterreise

Im Sommer verkehren täglich zahlreiche
Fähren zwischen Piräus und Poros und im
Winter noch ungefähr vier pro Tag. Die
schnellen Fähren fahren weiter gen Süden
nach Hydra, Spetses, Ermioni und Porto
Cheli. Die normalen Fähren verbinden
Ägina mit Poros und fahren dann weiter
nach Methana auf dem Festland. Weitere
Informationen hierzu im Abschnitt Insel-
Hopping (S. 872).

Kaiks (traditionelle Boote) bedienen
ständig die Strecke zwischen Poros und Galatas (0,80 €, 5 Min.) auf dem Festland. Sie
legen an dem Kai gegenüber der Plateia
Iroön in Poros-Stadt ab. Die Tragflächenboote legen ungefähr 50 m weiter nördlich

SARONISCHE INSELN

an, und die Autofähren, die nach Galatas fahren, haben ihren Anleger mehrere Hundert Meter weiter nördlich an der Straße nach Kalavria.

Unterwegs vor Ort

Von Mai bis Oktober gibt es halbstündlich von 7 Uhr bis ungefähr Mitternacht eine Busverbindung auf einer Route, die in der Nähe des Hauptfähranlegers an der Plateia Iroön in Poros-Stadt beginnt. Der Bus fährt nach Kalavria und dann weiter entlang der Südküste in Richtung Osten bis zum Moni Zoödohou Pigis (1,50 €, 10 Min.), wendet dort und fährt dann in Richtung Westen bis zum Neorion-Strand (1,50 €, 15 Min.).

Einige der kleinen Boote zwischen Poros und Galatas verlegen sich in den Sommermonaten darauf, Touristen zu den Stränden zu befördern. Die Bootseigner stehen am Hafenbecken und rufen die Zielorte aus.

An der Straße nach Kalavria gibt es mehrere Firmen, die Zweiräder mit und ohne Motor verleihen. Fahrräder gibt es ab 8 € pro Tag, und Mopeds und Roller kosten 15 bis 20 €.

POROS-STADT

4102 Ew.

Poros-Stadt ist ein einladender Ort, an dem weißgetünchte Häuser mit roten Ziegeldächern über den schmalen Kanal zu den wohlgeformten Bergen des Peloponnes schauen. Schnelle und normale Fähren von beträchtlicher Größe gleiten durch den Kanal, um am Hafen festzumachen, und die kleineren Boote flitzen zwischen der Insel und der Stadt Galatas auf dem Festland hin und her. Hinter dem Hafen erhebt sich eine steile Felsklippe, die oben von einem Glockenturm gekrönt wird.

Auch wer die antiken Stätten auf dem nahe gelegenen Peloponnes erkunden möchte, für den ist diese Stadt ein guter Ausgangspunkt.

Orientierung

Die Hauptfähre legt am westlichen Ende des lang gestreckten Hafens dieser Stadt an.

Gegenüber dem Hauptfähranleger liegt auf der anderen Straßenseite die kleine, dreieckige Plateia Iroön. An jeder Seite dieser *plateia* ist die Straße von Cafés, Taver-

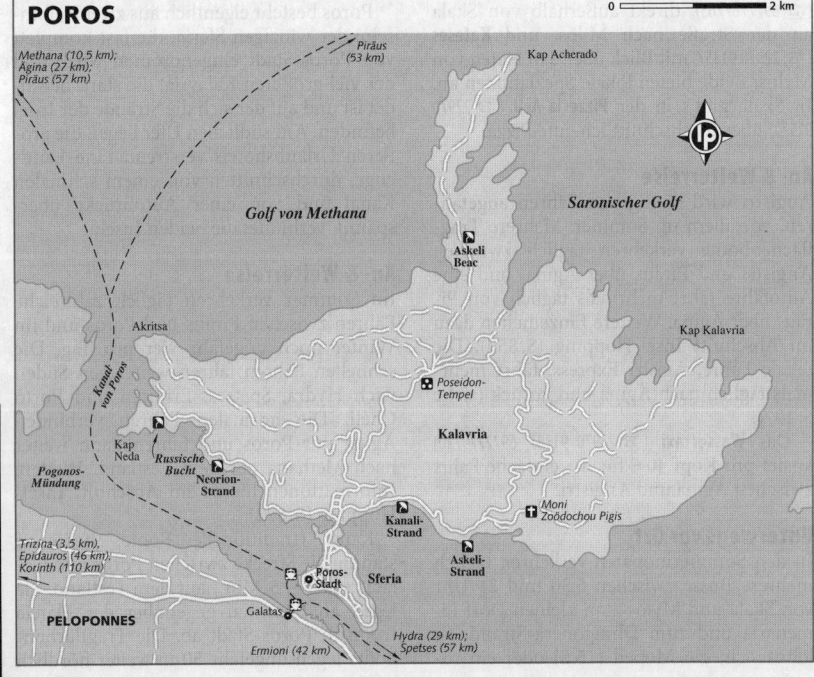

POROS

0 _____ 2 km

Methana (10,5 km);
Ägina (27 km);
Piräus (57 km)

Piräus
(53 km)

Kap Acherado

Golf von Methana

Saronischer Golf

Askeli
Beac

Akritsa

Kap Kalavria

Poseidon-
Tempel

Kanal von Poros

Kap
Neda

Russische
Bucht

Neorion-
Strand

Kalavria

Moni
Zoödochou Pigis

Pogonos-
Mündung

Kanali-
Strand

Trizina (3,5 km);
Epidauros (46 km);
Korinth (110 km)

Askeli-
Strand

Poros-
Stadt

Sferia

PELOPONNES

Galatas

Hydra (29 km);
Spetses (57 km)

Ermioni (42 km)

SARONISCHE INSELN

nen und Touristenläden gesäumt. Der Inselbus fährt in der Nähe des Kioskes am östlichen Ende der Plateia Iroön ab. Eine Treppe führt von der *plateia* zu den attraktiven Gassen und Plätzen der Oberstadt sowie zum Glockenturm und zur Kathedrale. Nur wenig weiter südlich der Plateia Iroön liegt die Plateia Karamis mit ihrem kleinen Kriegsdenkmal etwas abseits der Hafenstraße.

Eine Linkskurve führt vom Anleger gen Norden entlang dem langen Hafenbecken und weiter zur Straße nach Kalavria.

Praktische Informationen

Poros-Stadt hat keine Touristeninformation, aber nützliche Informationen gibt's auf www.poros.gr.

Alpha Bank (Plateia Iroön) Mit Geldautomat.

Bank Emporiki (Plateia Iroön) Mit Geldautomat.

Family Tours (☎ 22980 25900; www.familytours.gr) Am Hafen. Verkauft Fährtickets und vermittelt Unterkünfte, Mietwagen, Touren und Bootsausflüge.

Marinos Tours (☎ 22980 23423; www.marinostours. gr) Am Hafen. Verkauft Fahrkarten für das Tragflächenboot, auch sonst sehr hilfreich.

National Bank of Greece (Papadopoulou) Rund 100 m nördlich der Plateia Iroön; mit Geldautomat.

Post (☎ 22980 22274; Tombazi; ◷ Mo–Fr 7.30–14 Uhr) Neben dem Hotel Seven Brothers.

Suzi's Laundrette Service (Papadopoulou; Waschen & Trocknen pro 5-kg-Ladung 12 €; ◷ Mai–Okt. Mo-Sa 8–14 & 18–21 Uhr, Nov.–April Mo-Sa 9–14 Uhr) Neben der National Bank of Greece.

Touristenpolizei (☎ 22980 22462/22256; Dimosthenous 10) Hinter dem Gymnasium von Poros.

Schlafen

Georgia Mellou Rooms (☎ 22980 22309, 6937850705; Plateia Georgiou; EZ/DZ/3BZ 35/45/55 €; ☒) Die einfachen, altmodischen Zimmer liegen versteckt im Herzen der Altstadt, gleich neben der Kathedrale und hoch über dem Hafen. Sie sind eine passable Budgetunterkunft. Der Inhaber ist charmant, und die Zimmer gen Westen haben den schönsten Ausblick.

Seven Brothers Hotel (☎ 22980 23412; www.7brothers.gr; Plateia Iroön; EZ/DZ/3BZ 55/65/75 €; ☒ ⌨) Dieses moderne Hotel in nächster Nähe des Anlegers der Tragflächenboote bietet helle, komfortable Zimmer mit kleinen Balkonen. Gäste können sich hier selbst Tee und Kaffee zubereiten.

Hotel Manessi (☎ 22980 22273/25857; www.manessi.com; Paralia; EZ/DZ 70/80 €; ☒ ⌗) Mit seiner

günstigen Lage in der Mitte des Hafens befindet sich das kürzlich renovierte Manessi im Zentrum des Inseltreibens. Die Zimmer im Stil eines Business-Hotels sind komfortabel und makellos.

Essen

Es gibt nicht viel Haute Cuisine auf Poros, aber dafür die traditionellen Tavernen, in denen das Ambiente und die Küche zusammenpassen.

Taverna Karavolos (☎ 22980 26158; Hauptgerichte 5–7,80 €; ◷ ab 19 Uhr) Karavolos ist das griechische Wort für „große Schnecke", und Schnecken sind – serviert in einer dicken Tomatensauce (6 €) – eine Spezialität des Hauses. Klassische griechische Fleischgerichte und ein paar Fischgerichte stehen ebenfalls auf der häufig wechselnden Karte. Von der Kathedrale geht's ungefähr 100 m nach Norden, dann links und eine breite Treppe zum Hafen hinunter.

Taverna Rota (☎ 22980 25627; Plateia Iroön; Hauptgerichte 5–15 €) Am Rande der Plateia Iroön serviert diese alteingesessene Taverne in Familienhand Frühstück (4,5 bis 7 €), traditionelle Gerichte und eine Auswahl an Salaten, Pasta und Pizza. Die Fischsuppe (6 €) ist köstlich, und das leckere Brot wird hier selbst gebacken. Die gemischte Meeresfrüchte-Platte für zwei Personen kostet 25 €.

Taverne der Familie Dimitris (☎ 22980 23709; Hauptgerichte 4,50–20 €) Die Inhaber dieses fröhlichen Familienbetriebs haben eine eigene Metzgerei. Die Schweine-, Lamm- und Hähnchenschnitzel sind vom Feinsten, aber für Vegetarier wird auch eine Auswahl an fleischlosen Gerichten angeboten. Von der Kathedrale aus 20 m nach Norden, dann geht's rechts und dann noch 100 m weiter nach links.

UNTERWEGS AUF POROS

Poros bietet ein paar gute Strände: **Kanali** auf Kalavria (1 km östlich der Brücke) ist ein Kiesstrand. Der Strand **Askeli** liegt ungefähr 500 m weiter östlich und hat einen langen Sandstreifen. Das **Hotel New Aegli** (☎ 22980 22372/23200; www.newaegli.com; EZ/DZ/Suite 70/80/120 €; ☒ ⌨ ☎) ist ein ganz gutes Saisonhotel am Askeli-Strand mit dem entsprechenden Komfort und sogar griechischer Musik und Tanz am Wochenende. Der Strand **Neorion**, 3 km westlich der Brücke, bietet Wasserski, Bananenboot- und

SARONISCHE INSELN

Air-Chair-Fahrten. Der beste Strand liegt bei der **russischen Bucht,** 1,5 km hinter Neorion.

Das auf Kalavria gelegene Kloster **Moni Zoödohou Pigis** aus dem 18. Jh. hat eine wunderschöne vergoldete Ikonostase aus Kleinasien. Das Kloster ist gut ausgeschildert und liegt 4 km östlich von Poros-Stadt.

Von der Straße unterhalb des Klosters geht's landeinwärts zum **Poseidon-Tempel** aus dem 6. Jh. Vom Tempel ist nur sehr wenig übrig, aber die Wanderung lohnt sich und bietet tolle Ausblicke über den Saronischen Golf und zum Peloponnes. Von den Ruinen aus kann man an der Straße weiterlaufen und über die Brücke wieder nach Sferia zurückkehren. Insgesamt sind es 6 km.

DER PELOPONNES

Das Festland des Peloponnes gegenüber von Poros lässt sich bequem von der Insel aus erkunden. Es verkehren ständig kleine Boote zwischen Poros und Galatas (siehe An- & Weiterreise S. 413).

Die Ruinen des antiken **Troizen,** dem legendären Geburtsort von Theseus, liegen in den Hügeln neben dem modernen Dorf Trizina, 7,5 km westlich von Galatas. Es fahren Busse zwischen Trizina (1,40 €, 15 Min.) und Galatas. Von der Bushaltestelle zu den Ruinen sind es ca. 1,5 km.

Das beeindruckende antike Theater **Epidauros** (S. 220) ist von Galatas aus am besten mit einem eigenen Verkehrsmittel zu erreichen. Ansonsten fahren täglich mehrere Busse ab Galatas (8 €, 2 Std.) und setzen Fahrgäste beim Theater ab; aber man sollte die Rückfahrten und Anschlussverbindungen vorher erfragen.

HYDRA ΥΔΡΑ

2900 Ew.

Hydra ist immer noch der Star der Saronischen Inseln. Details machen hier den Unterschied, wie das Fehlen der hässlichen Stromleitungen im Stadtbild und die auto- und rollerfreien Straßen. Die Insel zieht schon lange Scharen von Touristen, Kreuzfahrtpassagieren und Yachtcrews an, gelegentlich auch Prominente auf ihrem Weg zu versteckten Feriendomizilen irgendwo in den malerischen Häusern, die sich über dem Hafen den Hang hinaufziehen. Hinter der Stadt gibt es noch urwüchsige Gegenden, die man sich erwandern kann, allerdings geht's meistens bergauf.

Die Preise auf Hydra sind gelegentlich etwas aufgebläht, aber es gibt auch bezahlbare Unterkünfte und Speiselokale. Außerhalb des Hafengebietes und der umliegenden Hauptstraßen geht's ruhiger zu.

Geschichte

Hydra wurde vom überdehnten Osmanischen Reich nicht besonders streng kontrolliert. Folglich gedieh die Insel prächtig, nachdem sich geschäftstüchtige Griechen vom Peloponnes hier niederließen, um dem repressiveren türkischen Regime des Festlandes zu entkommen. Hydra war schon immer karg und hatte kein Wasser, daher begannen die neuen Siedler, Boote zu bauen und sich enthusiastisch dem schmalen Grat zwischen Seehandel und Piraterie zu widmen. Im 19. Jh. war Hydra eine Seemacht und hatte sich den mehrdeutigen Beinamen „Klein-England" erworben. Wohlhabende Händler erbauten die meisten der großartigen alten Herrenhäuser der Stadt, und im griechischen Unabhängigkeitskrieg stellte Hydra 130 Schiffe für eine Blockade der Türken. Von Hydra stammen solche Führungspersönlichkeiten wie Georgios Koundouriotis, Präsident der griechischen Nationalversammlung von 1822 bis 1827, und Admiral Andreas Miaoulis, Kommandeur der griechischen Flotte. Straßen und Plätze in ganz Griechenland sind nach diesen beiden Helden benannt.

An- & Weiterreise

Zum Zeitpunkt der Recherche gab es nur schnelle Fährverbindungen zwischen Hydra und Poros, Piräus und Spetses sowie nach Ermioni und Porto Cheli auf dem Festland. Weitere Einzelheiten dazu im Kapitel Insel-Hopping (S. 862). Fahrkarten gibt's bei **Idreoniki Travel** (☎ 22980 54007; www.hydreoniki.gr) gegenüber dem Fähranleger.

Unterwegs vor Ort

Im Sommer verkehren Kaiks von Hydra-Stadt zu den Inselstränden. Es gibt auch **Wassertaxis** (☎ 22980 53690), die einen an jeden beliebigen Ort bringen, z. B. nach Kamini (11 €) und Vlychos (15 €).

Die Eselhalter am Hafen verlangen 16 € für den Gepäcktransport zum Hotel.

SARONISCHE INSELN

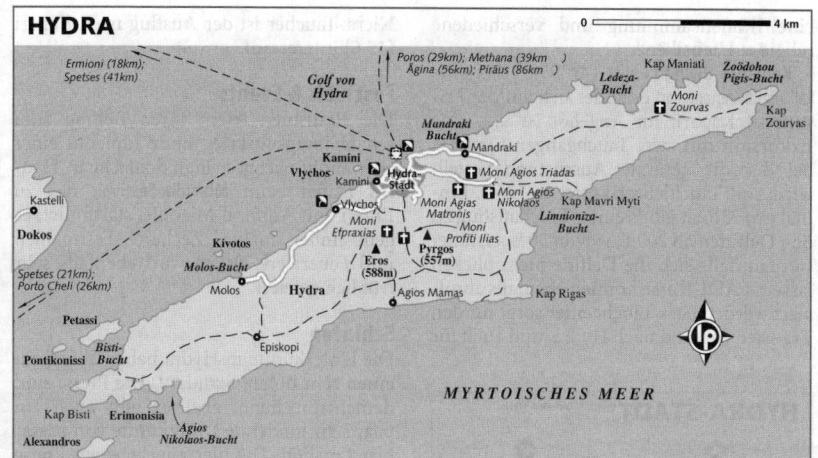

HYDRA-STADT
2526 Ew.

Die rot gedeckten Häuser von Hydra-Stadt bilden mit ihren pastellfarbenen Mauern ein hübsches Amphitheater hinter dem Hafen. Auf der kopfsteinbepflasterten Hafenstraße drängt sich eine bunte Mischung aus flanierenden Menschen, Maultieren und Eseln. Maultiere und Esel sind die Säulen des hiesigen Lastentransports, und in der Luft liegt ein beruhigender Duft echter Bodenständigkeit. Schnelle Fähren mit einem gebieterisch vorspringenden Bug gleiten häufig durch die Hafeneinfahrten, und piekfeine Yachten kommen und gehen; das Gewirr aus Bootstauen ist beeindruckend. Hinter dem Hafen führen steile, mehrfarbig gepflasterte Stufen und Gassen weiter aufwärts zu den felsübersäten Hängen des alten Hydra. Die Hafenpromenade und die Straßen landeinwärts sind gespickt von Cafés, Kunsthandwerk- und Souvenirläden.

Praktische Informationen

Es gibt keine Touristeninformation auf Hydra, aber dafür eine nützliche Website: www.hydradirect.com.

Einen Geldautomaten gibt's bei Saitis Tours am Hafen. Die **Post** (☉ Mo–Fr 7.30–14 Uhr) liegt gegenüber dem Fischmarkt an einer kleinen Straße, die zwischen der Bank Emporiki und der National Bank of Greece verläuft, beide haben einen Geldautomaten. Die **Touristenpolizei** (☎ 22980 52205; Votsi;

☉ Mitte Mai–Sept.) teilt sich eine Dienststelle mit der regulären Polizei.

E-Mails kann man im **Flamingo Internet Café** (☎ 22980 53485; Tombazi; pro 30 Min. 3 €; ☉ ab 8.30 Uhr) checken.

Toiletten für ganz dringende Geschäfte gibt es am Fischmarkt.

Sehenswertes & Aktivitäten

Hydras größte kulturelle Attraktion ist das ansehnliche **Historische Herrenhaus von Lazaros Koundouriotis** (☎ 22980 52421; nhmuseum@tee.gr; Erw./erm. 4/2 €; ☉ Di–Sa 9–16 Uhr), ein ockerfarbenes Gebäude, das hoch oben über dem Hafen thront. Es war einst das Zuhause eines der wichtigsten Verfechter der griechischen Unabhängigkeit und ist ein schönes Beispiel für die traditionelle Architektur des ausgehenden 18. Jhs. Die Hauptsalons im Obergeschoss wurden vollständig restauriert. Zu dem Herrenhaus führt eine recht steile Treppe von der südwestlichen Ecke des Hafens aus.

Am östlichen Arm des Hafens befindet sich das **Historische Archiv und Museum von Hydra** (☎ 22980 52355; www.iamy.gr; Erw./Kind 5/3 €; ☉ Juli–Okt. 9–16 & 19.30–21.30 Uhr, Nov.–Juni 9–16 Uhr). Es beherbergt eine Sammlung von Porträts und Erinnerungsstücken an die Seefahrt. Der Schwerpunkt liegt auf der Rolle der Insel im Unabhängigkeitskrieg.

Das **Kirchenmuseum** (☎ 22980 54071; Eintritt 2 €; ☉ April–Okt. Di–So 10–17 Uhr) ist in der ruhigen Anlage des Klosters Mariä Himmelfahrt direkt am Hafen untergebracht. Es beherbergt eine Ikonensammlung und verschiedene religiöse Utensilien.

Kallianos Diving Center (☎ 27540 31095; www. kallianosdivingcenter.gr) befindet sich auf der Privatinsel Kapari. Im Angebot ist u. a. eine Exkursion mit zwei Tauchgängen für 80 €, bei der die gesamte Ausrüstung gestellt wird; mit Tauchlehrer kostet es 125 €. Einmal pro Monat gibt's einen Tauchausflug zu den Delfinen ab 200 €, wovon 50 % erstattet werden, falls sich die Delfine nicht blicken lassen. PADI-Kurse können ebenfalls absolviert werden. Das Tauchcenter sorgt für den Transfer von und nach Hydra, und auch für

Nicht-Taucher ist der Ausflug nach Kapari (15 €) interessant.

Festivals & Events

Die Hydrioten feiern ihren Beitrag zum Unabhängigkeitskrieg Ende Juni mit einer aufwändig nachgestellten Schlacht in Hydras Hafen beim **Miaoulia-Festival,** das zu Ehren von Admiral Miaoulis stattfindet; es geht einher mit viel Zecherei, Festmahlen und Feuerwerk. **Ostern** wird ebenfalls sehr fröhlich gefeiert.

Schlafen

Die Unterkünfte in Hydra haben allgemein einen sehr hohen Standard. Die Preise sind dementsprechend, aber es gibt auch ein paar sehr moderate Unterkünfte von passabler Qualität. Die hier angegebenen Preise gelten für die Hochsaison, die sich in Hydra auf die Wochenenden und die Monate Juli und August bezieht. Die meisten Hotelbetreiber holen die Gäste nach Vereinbarung am Hafen ab und organisieren den Gepäcktransport.

BUDGETUNTERKÜNFTE & MITTELKLASSEHOTELS

Pension Erofili (☎ /fax 22980 54049; www.pension erofili.gr; Tombazi; EZ/DZ/3BZ 45/55/65 €; ✷) Diese angenehmen, bescheidenen Zimmer in der Innenstadt sind für Hydra eine passable Budgetunterkunft. Die Inhaber, eine junge Familie, sorgen für eine freundliche Atmosphäre im Haus. Es gibt auch ein großes Studio mit einer eigenen Küche. Im Juli und August gibt's Frühstück für 7 €.

Bahia (☎ 22980 52257, 6977462852; Oikonomou; EZ/ DZ 55/60 €; ✷) Passable Zimmer über einem Textil- und Schmuckgeschäft namens Alexander. Für Selbstversorger.

Glaros (☎ 22980 53679, 6940748446; EZ/DZ 50/60 €; ✷) Diese einfachen, gepflegten Zimmer

HYDRA-STADT 0 ━━━━━ 100 m

liegen sehr günstig in einer Gasse gleich hinter dem Hafen.

Pension Loulos (☎ 22980 52411/6972699381; EZ/DZ/3BZ 50/60/70 €;) Ein großartiges altes Haus voller seegängiger Geschichte und Tradition; der gleichnamige Eigentümer des Loulos war ein berühmter Kapitän. Seine Zimmer haben einen altmodischen Charme, jedoch mit allem Komfort. Die Gäste können sich Tee und Kaffee selbst zubereiten. Die meisten Zimmer haben einen tollen Ausblick, und die Dachterrasse ist perfekt, um den Sonnenuntergang zu genießen. Die Pension liegt nur ein paar Minuten landeinwärts an den Hängen oberhalb der Tombazi.

LP Tipp **Nereids** (☎ 22980 52875; www.nereids-hydra.com; Tombazi; EZ/DZ 60/65 €;). Diese reizenden Zimmer sind ihr Geld absolut wert. Sie sind geräumig, friedlich, schön eingerichtet und bieten einen freien Blick auf die felsigen Anhöhen von Hydra. Das Nereids liegt ein paar Minuten die Tombazi vom Hafen bergauf, aber der Weg lohnt sich.

Pension Alkionides (☎ 22980 54055; www.alkioni despension.com; abseits der Oikonomou; DZ/3BZ 60/75 €, Suite 100–120 €;) Das Alkionides liegt in einer ruhigen Sackgasse und hat einen hübschen Hinterhof. Die Zimmer sind gepflegt, obwohl manche recht klein sind. Tee und Kaffee können dort zubereitet werden.

SPITZENKLASSEHOTELS
Hotel Leto (☎ 22980 53385; www.letohydra.gr; seitlich der Miaouli; EZ 123–137 €, DZ 160–180 €, 3BZ 197–220 €;) Schicke, moderne Einrichtung, geräumige Zimmer und eine ruhige Atmosphäre machen das Leto zu einem der nobelsten Hotels von Hydra. Die Preise richten sich nach Variablen wie Zimmergröße, Balkon und Etage. Es gibt ein Zimmer, das vollständig barrierefrei ausgestattet ist. Das Frühstücksbüfett ist im Preis inbegriffen, und es gibt ein Fitness-Studio, eine Sauna und eine Bar.

Angelica Hotel (☎ 22980 53202; www.angelica.gr; Miaouli; EZ 130–160 €, DZ 150–180 €, 3BZ 220 €;) Ein attraktives, individuelles Hotel in ruhiger Lage. Das Angelica hat luxuriöse Zimmer, die nach griechischen Gottheiten benannt und alle unterschiedlich möbliert sind. Es gibt einen Minipool, einen Whirlpool und öffentliche Liegeflächen.

Hotel Orloff (☎ 22980 52564; www.orloff.gr; Rafalia; EZ/DZ inkl. Frühstück 160/200 €;) Dieses hübsche, alte Herrenhaus vermittelt einen wunderbaren Eindruck vom historischen Hydra, ohne dass es stickig wirkt. Ein russischer Admiral des 18. Jhs. verlieh dem Haus ursprünglich seinen Namen. Die komfortablen Zimmer haben eine elegante Einrichtung, und das Frühstück wird im reizenden Garten serviert. Das Hotel ist ein Familienbetrieb; Gäste werden herzlich empfangen.

Essen
Selbst für einen einfachen Kaffee zahlt man in einigen der Cafés am Hafen drauf, aber dafür gibt es hier viel zu sehen.

Creperie Mikro Café (☎ 22980 52335; Oikonomou; Essen 3–7,20 €; 10–1 Uhr) Eine praktische Budget-Option, gleich landeinwärts vom Hafen gelegen. Dieses kleine Lokal bietet Sandwiches, Hamburger und Crepes.

Isalos Café (☎ 22980 53845; Snacks 3,50–7 €) Eine gute Wahl gleich beim Fähranleger. Das Isalos bietet passable kleinere Gerichte und Getränke zu angemessenen Preisen.

LP Tipp **Taverna Gitoniko** (Manolis & Christina; ☎ 22980 53615; Spilios Haramis; Hauptgerichte 4–9 €) Griechische Atmosphäre gepaart mit griechischer Höflichkeit prägen dieses schon lange etablierte Lokal, das besser unter den Vornamen seiner Besitzer bekannt ist: ein sicheres Zeichen für Kontinuität und Familientradition. Klassische griechische Lieblingsgerichte wie Zucchinibällchen, Spinatquiche und *dolmadhes* sind spitzenmäßig, ebenso das Lammfleisch regionaler Herkunft. Die Familie war dabei, eine neue Taverne an der Tombazi zu bauen, die eröffnet sein dürfte, wenn dieser Führer erscheinen ist.

Paradosiako (☎ 22980 54155; Tombazi; Hauptgerichte 7–15 €) Dieses kleine *mezedhopoleio* (Restaurant, das auf *mezedhes* spezialisiert ist) an der Straße verkörpert die traditionelle griechische Küche. Die klassischen pikanten Kuchen sind mit Käse, Rindfleisch, Garnelen und Gemüsevariationen gefüllt, und die Auswahl an beliebten *mezedhes* ist vielfältig. Eine Flasche guten Weins gibt's ab ca. 12 €, aber der Hauswein zu 7 € ist ebenfalls nicht zu verachten.

Bratsera (☎ 22980 52794; Tombazi; Hauptgerichte 9–20 €; April-Okt. 13–16 & 20–23 Uhr.) Das Restaurant direkt am Pool des gleichnamigen Hotels verwendet frische, einheimische Zutaten kreativ und serviert Fleisch von hervorragender Qualität. Sofern auf dem Markt erhältlich, gibt es sogar frischen Lachs. Auch die Weinkarte ist ausgesucht.

Sunset (☎ 22980 52067; Hauptgerichte 9–22 €) Wie der Name schon verrät, liegt das Sunset in bester Lage, unweit der Westseite des Hafens, und bietet im Sommer griechische Live-Musik als Untermalung für althergebrachte und beliebte Vorspeisen wie z. B. Makrelensalat. Bei den Hauptgerichten gibt es Fische aus der Region wie gegrillte und in Kräutern marinierte Seebrasse, und auch die Fleisch- und Pastagerichte haben das gewisse Etwas.

Es gibt einen Supermarkt, Obstladen und einen Fischmarkt landeinwärts, gleich in der Mitte des Hafens. O Fournos ist eine Bäckerei mit aromatischen Backwaren gleich neben dem Pirate-Club auf der anderen Seite der Gasse.

Ausgehen & Unterhaltung

Hydras Hafen wird nachts lebendig, wenn sich die Cafés in heiße Musikbars verwandeln. Die meisten Bars liegen an der weiter entfernteren Hafenseite, wo in Lokalen wie dem **Pirate** (☎ 22980 52711) und **Saronikos** (☎ 22980 52589) bis zum Morgen gefeiert wird. Die meisten spielen tagsüber Lounge-Sounds, im Pirate gibt's nachts Rock, im Saronikos eher griechischen Pop.

Auch wenn es angeblich gegen Morgen schließt, ist das wirklich glühend rote **Red** (☎ 6974421398) dafür bekannt, dass hier tagelang durchgemacht wird. Hier läuft ausgelassene griechische Musik, aber auch sonst alles, was beim Publikum gerade gut ankommt.

Ein paar Blöcke landeinwärts vom Hafen gibt's im etwas cooleren **Amalour** (☎ 6977461357; Tombazi) eine bunte Vielfalt an Cocktails und Smoothies zu Latin-Rhythmen. Rund 100 m hinter dem Westende des Hafens liegt das **Omilos** (☎ 22980 53800) am Wasser, tagsüber ein schickes Café und abends ein Tanzlokal.

UNTERWEGS AUF HYDRA

Hydras steiniges, trockenes Landesinnere, in dem inzwischen ein paar Pinienwälder nachwachsen, stellt einn starken, aber friedlichen Kontrast zum bunten Treiben am Hafen dar.

Ein unvergessliches Erlebnis auf Hydra ist der lange Weg zum **Moni Profiti Ilias** hinauf, für den man allerdings fit und entschlossen sein sollte. Los geht's in der Mialou am Hafen. Von hier aus führt der steile Weg mindestens eine anstrengende Stunde lang über zahlreichen Serpentinen und durch Pinienwälder. Einfach der Nase nach, gelegentlich gibt es sogar Hinweisschilder. Kurz bevor man Profiti Ilias erreicht, kann man noch das **Moni Agias Efpraxias** besichtigen, eine wunderschöne rechteckige Anlage, die von einer Mauer umgeben ist, mit einer Kirche in der Mitte. Drinnen gibt's schöne Ikonen und heitere Gelassenheit; der Weg lohnt sich.

Andere Wege führen zum **Berg Eros** (588 m), dem höchsten Punkt und Grat der Insel, von dem die Berge nach Osten und Westen abfallen; dafür braucht man allerdings einen guten Orientierungssinn oder zuverlässige Wegbeschreibungen von ortskundigen Einheimischen. Eine nützliche Wanderkarte ist die Karte *Hydra* aus der Serie Mittlere Ägäis von Anavasi (www. mountains.gr).

Hydras Fluch – oder Segen – ist das Fehlen attraktiver Strände, die Touristen anziehen. Dennoch gibt es ein paar Strandstreifen. **Kamini**, ungefähr 1,5 km entlang des Küstenpfads vom Hafen entfernt, hat Felsen und einen sehr kleinen Kiesstrand. **Vlychos**, von Kamini aus noch einmal 1,5 km Fußweg, ist ein attraktives Dorf, das einen etwas größeren Kiesstrand bietet, dazu zwei Tavernen und eine zerfallende Steinbrücke aus dem 19. Jh.

In östlicher Richtung führt ein Pfad vom Hafen zum passablen Kiesstrand bei **Mandraki** in 2,5 km Entfernung. An der Bucht **Bisti**, 8 km weiter an der Südwestküste der Insel liegt ein relativ guter Kiesstrand.

SPETSES ΣΠΕΤΣΕΣ

4000 Ew.

Spetses liegt nur wenige Kilometer vom Festland Peloponnes entfernt. Trotzdem hat Spetses ganz besonders viel typisch griechisches Inselflair, mehr als die anderen Urlaubsziele im Saronischen Golf. Der Schriftsteller John Fowles wählte die Insel als Kulisse für sein eindrucksvolles Buch *Der Magus* (1965). Seine Darstellung der lüsternen Hitze und nach Pinien duftenden Verführung veranlasste vermutlich so manchen

Nordeuropäer, Hals über Kopf in den schönen Süden zu eilen und sein erstes Inselabenteuer zu erleben.

Noch lange vor Fowles' Zeit war Spetses, wie auch Hydra, durch den Schiffsbau zu Wohlstand gekommen. Inselkapitäne durchbrachen die britische Blockade während der Napoleonischen Kriege und rüsteten ihre Schiffe wieder auf, um sich während des Unabhängigkeitskrieges der griechischen Flotte anzuschließen. Dabei gelangte eine Einheimische, die allerdings hydriotischer Abstammung war, zu unsterblichem Ruhm: die legendäre Laskarina Bouboulina, eine Schiffskommandantin und furchtlose Kämpferin (siehe S. 423).

Die Aleppopinienwälder der Insel, ein Vermächtnis des weitsichtigen und wohlhabenden Philanthropen Sotirios Anargyrios, wurden durch mehrere Brände in den vergangenen 20 Jahren verwüstet. Viele Bäume haben jedoch überlebt, und die verbrannten Flächen erholen sich allmählich. Anargyrios wurde im Jahre 1848 auf Spetses geboren und wanderte in die USA aus, von wo er 1914 als steinreicher Mann zurückkehrte. Er kaufte zwei Drittel der damals weitestgehend öden Insel und pflanzte die Pinien, die heute noch dort stehen. Anargyrios finanzierte auch das Straßennetz auf Spetses und beauftragte viele der großartigen Gebäude in Spetses-Stadt.

An- & Weiterreise

Zum Zeitpunkt der Recherche gab es nur schnelle Fährverbindungen zwischen Spetses und Hydra, Poros und Piräus, und Ermioni und Porto Cheli auf dem Festland. Weitere Informationen hierzu im Kapitel Insel-Hopping (S. 876).

Fährtickets gibt's bei **Bardakos Tours** (☎ 22980 73141, Hafen Dapia) und bei **Mimoza Travel** (☎ 22980 75170), ein paar Meter links vom Fähranleger.

Im Sommer fahren Kaiks vom Hafen nach Kosta auf dem Festland (4 € pro Person). Die größere Autofähre Katerina Star kostet 1 € pro Person.

Unterwegs vor Ort

Spetses hat ab Ostern zwei Busverbindungen, die bis Ende Mai je nach Nachfrage verkehren. Von Juni bis September fahren täglich 3- oder 4-mal Busse. Die Strecke verläuft von der Plateia Agiou Mama in

Spetses-Stadt nach Agii Anargyri (3 €, 40 Min.), über Agia Marina und Xylokeriza. Alle Abfahrtzeiten sind auf dem Fahrplan an der Bushaltestelle vermerkt. Im Sommer fahren stündlich Busse (alle zwei Stunden im Winter) nach Ligoneri (1,40 €). Sie fahren vor dem Hotel Possidonion ab, dem monumentalen alten Gebäude (das zum Zeitpunkt der Recherche restauriert wurde) am Wasser, gleich nordwestlich vom Hafen Dapia.

Auf Spetses dürfen nur Einheimische Auto fahren. Hier sind nicht viele Fahrzeuge zugelassen, aber die Zahl steigt ständig. Hinzu kommen Hunderte lärmender Roller und Motorräder. An jeder Ecke gibt es einen Motorradverleih, das Mieten kostet ca. 16 bis 25 € pro Tag.

Wer eher auf die ruhigere Variante steht, findet robuste Fahrräder (6 € pro Tag) für alle Altersklassen, auch mit Kindersitz, beim ausgezeichneten **Bike Center** (☎ 22980 74143; ⏱ 9.30–21.30 Uhr) hinter dem Fischmarkt.

Wassertaxis (☎ 22980 72072; Hafen von Dapia) fahren vom Kai gegenüber dem Reisebüro Bardakos Tours ab. Die Fahrpreise sind ausgeschrieben. Die Kosten für eine einfache Fahrt zum Alten Hafen belaufen sich auf 16 €, nach Agia Marina 30 €, nach Agii Anargyri 63 €, nach Porto Cheli auf dem Festland 45 € und nach Kosta 20 €. Eine Inselrundfahrt kostet 80 €. Die Fahrpreise verstehen sich pro Fahrt, nicht pro Person. Von Mitternacht bis 6 Uhr morgens gilt ein Aufschlag von 50 %.

SPETSES-STADT
3550 Ew.

Spetses-Stadt liegt an der Nordostküste der Insel. Es hat eine ausgedehnte Uferpromenade und seine Häuser erheben sich steil hinter dem Haupthafen Dapia.

Es gibt Hinweise auf frühhellenische Siedlungen in der Nähe des Alten Hafens (Palio Limani) und bei Dapia. Römische und byzantinische Überreste wurden auf halber Strecke zwischen den beiden Orten, in der Gegend hinter Moni Agios Nikolaos gefunden.

Man nimmt an, dass Spetses ab dem 10. Jh. für fast 600 Jahre unbewohnt war, bis Albaner auf der Flucht vor den Kämpfen zwischen den Türken und Venezianern im 16. Jh. hier landeten.

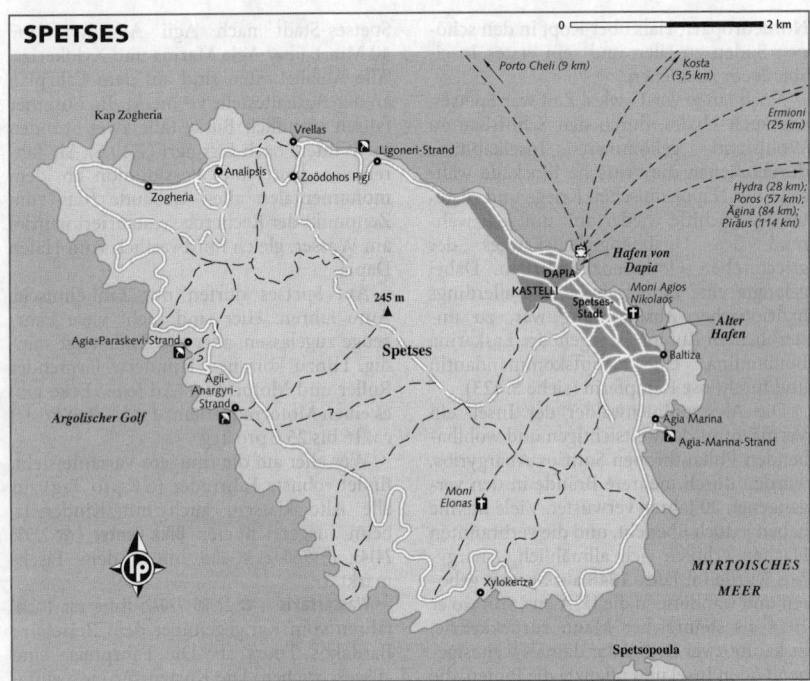

Im Viertel Dapia stehen ein paar eindrucksvolle *archontika* (alte Patrizierhäuser). Der größte Teil der Stadt ist aber in der
Hand schicker Touristenläden und Cafés.
Gegensätze ziehen sich offensichtlich an, so
wohl auch das Nebeneinander des „fein"
duftenden Fischmarktes und der Boutiquen, die erlesene Duftserien anbieten.

Die Stadt ist voll von lauten Motorrädern, Rollern und Quads; scharfe Ecken
und Kurven also sehr vorsichtig passieren!

Der Weg führt rund einen Kilometer
entlang des östlichen Hafenbeckens zum se-
henswerten Alten Hafen (Palio Limani), zu
der Kirche Agios Nikolaos und zum Yachthafen und Werftbezirk Baltiza.

Orientierung
Im Dapia-Hafen legen sowohl Fähren als
auch Tragflächenboote an. Am Ende des
Anlegers links geht's zur Plateia Limenarhiou und von dort weiter entlang des Hafens in die Sotiriou Anargyriou, die zum
Stadtstand und zur Plateia Agiou Mama
führt. Dahinter führt die Küstenstraße weiter zum Alten Hafen und nach Baltiza.

Von der inneren linken Ecke der Plateia
Limenarhiou führt eine enge Gasse zur Plateia Orologiou, die von Cafés, Tavernen
und Geschäften gesäumt ist und von dem
namengebenden Uhrenturm überragt wird.

Die enge „Hauptstraße" steigt direkt von
der hinteren Seite der Plateia Limenarhiou
landeinwärts an.

Vor der Nordseite des Hafens führt eine
Straße durch den Bezirk Kounoupitsa am
Hafen und in der Verlängerung in nord-
westlicher Richtung nach Ligoneri.

Praktische Informationen
Es gibt keine Touristeninformation auf
Spetses. Eine nützliche Website ist www.
spetsesdirect.com.

Die Alpha Bank am Dapia-Hafen hat
einen Geldautomaten, und es gibt weitere
vor Alasia Travel am Ufer und bei der Bank
of Piraeus am Zugang zur Plateia Orologiou. Geldautomaten gibt's auch gleich
rechts entlang der Hafenterrasse.

Hafenpolizei (☎ 22980 72245), **Touristenpolizei**
(☎ 22980 73100; ☼ Mitte Mai–Sept.) und das OTE
(Telefonamt) befinden sich alle im selben

Gebäude gleich hinter der oberen Terrasse am Dapia-Hafen.

1800 Net Café (☎ 22980 29498; in der Nähe vom Hotel Possidonion; 3 € pro Std.; ☻ 9–24 Uhr; ☎) WLAN ist für Kunden kostenlos.

Mimoza Travel (☎ 22980 75170; mimoza-kent@aig. forthnet.gr) Am Hafen gleich hinter der Plateia Limenarhiou; kann Unterkunft und weitere Dienstleistungen vermitteln.

Post (☻ Mo–Fr 7.30–14 Uhr) An der Straße hinter den Küstenhotels.

Zeitschriftenladen (☎ 22980 73028; Hauptstr.) Eindrucksvolle Auswahl an Zeitungen und Magazinen in zahlreichen Sprachen.

Sehenswertes

Das **Museum von Spetses** (☎ 22980 72994; Erw./ erm. 3/2 €; ☻ Di–So 8.30–14.30 Uhr) befindet sich im alten Herrenhaus von Chatzigiannis Mexis (1754–1844), einem Reeder, der der erste Gouverneur der Insel war. Die ausgestellten Sammlungen sind nicht sehr umfangreich, aber faszinierend. Darunter Trachten, Folkloregegenstände und Porträts der Gründerväter der Insel. Die meisten Beschriftungen sind auf Griechisch und Englisch. Zum Museum geht's geradeaus von der oberen linken Ecke der Plateia Orologiou, dann an der Kreuzung links abbiegen und dann rechts der Beschilderung folgen.

Das Wohnhaus der berühmtesten Tochter von Spetses, der Seefahrerin Laskarina Bouboulina, die im 19. Jh. lebte, wurde in das **Bouboulina-Museum** (☎ 22980 72416; www. bouboulinamuseum-spetses.gr; Erw./erm./Kind 5/3/1 €; ☻ März–Okt. 10–21 Uhr) umgewandelt. Die Öffnungszeiten gestalten sich unterschiedlich. Die Besichtigung ist im Rahmen einer 40-minütigen Führung möglich, die alle 45 Minuten angeboten wird. An verschiedenen Stellen der Stadt stehen Hinweistafeln, denen man entnehmen kann, wann und in welcher Sprache Führungen stattfinden. Das Museum erreicht man, wenn man sich am Ende der Reihe von Cafés auf der Terrasse am Dapia-Hafen links hält.

Es gibt eine eindrucksvolle **Statue** von Bouboulina am Hafen gegenüber dem Hotel Possidonion. Weitere Informationen zu Bouboulina sin im Kasten Frauenpower (S. 47) zu finden.

Der **Alte Hafen** (Palio Limani), nur 1,5 km von Dapia entfernt und gut zu Fuß zu erreichen, ist meistens voller Handelsschiffe. Ein Stück weiter liegt **Baltiza,** ein geschützter Naturhafen, in dem sich alle Arten von Booten drängen, von halbfertigen Kaikis über funktionierende Fischerboote bis hin zu privaten Kreuzern und Yachten der Unterliga.

Schlafen

Spetses bietet ganz gute Quartiere, und die meisten Unterkünfte gewähren Preisnachlässe – allerdings nicht im August.

Klimis Hotel (☎ 22980 72334; klimishotel@hol.gr; EZ/DZ/3BZ 40/65/80 €; ☒) Günstiger findet man auf Spetses keine Zimmer, und diese hier sind durchaus annehmbar. Im Erdgeschoss befinden sich eine Café-Bar und eine Konditorei.

Hotel Kamelia (☎ 6939095513; EZ/DZ 50/55 €; ☻ April–Sept.; ☒) Diese frischen, luftigen Zimmer sind ihr Geld wert. Das Hotel liegt ein Stück zurückgesetzt von der geschäftigen Küstenstraße. Die Gasse vom Kiosk an der Plateia Agiou Mama 100 m hoch laufen, dann vor einer kleinen Brücke rechts abbiegen. Nach weiteren etwa 100 m rechts in eine schmale Gasse einbiegen, die bis zu einem ruhigen Platz führt, an dem das Kamelia von Bougainvilleen umrankt liegt.

Villa Christina Hotel (☎ 22980 72218; www.villa christinahotel.com; EZ/DZ/3BZ inkl. Frühstück 50/70/85 €; ☒) Liegt ungefähr 200 m die Hauptstraße vom Hafen aus bergauf. Die gepflegten Zimmer bleiben vom schlimmsten Verkehrslärm verschont. Ein schöner Garten gehört zum Hotel.

Villa Marina (☎ 22980 72646; www.villamarina spetses.com; an der Plateia Agiou Mama; EZ/DZ 60/75 €; ☒) Zum Zeitpunkt der Recherche wurde dieses praktische Hotel vom neuen Inhaber renoviert. Es liegt gleich rechts der Plateia Agiou Mama. Alle Zimmer haben einen Kühlschrank, und unten gibt's eine gut ausgestattete Gemeinschaftsküche.

Kastro (☎ 22980 75319; www.kastro-margarita.com; EZ/DZ/3BZ/Apt. inkl. Frühstück 90/100/120/200 €; ☒ ☒) Die Studios und Apartments befinden sich in bevorzugter Lage nahe dem Zentrum, und gleichzeitig in einer abgeschlossenen und ruhigen Anlage. Einrichtung und Ausstattung verbinden den traditionellen Stil mit modernen Annehmlichkeiten, und es bietet attraktive Gemeinschaftsräume. In der Nebensaison sind Preisnachlässe üblich. Wenn man vom Hafen aus mehrere Hundert Meter in westlicher Richtung läuft, liegt das Kastro linkerhand an einer kurzen Gasse.

Nissia (☎ 22980 75000; www.nissia.gr; Studio inkl. Frühstück 270–365 €; ☻ April–Okt.; ⚡ ☐ 🛜 🖥) Das Nissia ist eine exklusive Oase der Ruhe und Gelassenheit in stilvoller Umgebung. Die Studios liegen um einen geräumigen Innenhof mit Swimmingpool und wohltuenden Grünpflanzen. Das Hotel liegt etwa 300 m nordwestlich vom Dapia-Hafen und hat ein Restaurant (Hauptgerichte 8 bis 26 €).

Essen

Cockatoo (☎ 22980 74085; Hauptgerichte 1,50–7 €; ☻ 12–24 Uhr) In diesem Budgetlokal gibt es *souvlaki* für 2 €, einen griechischen Salat für 5 € oder ein Hühnchengericht zum Mitnehmen für 12 €. Am oberen Ende der Plateia Limenarhiou links halten und dann rechts.

Taverna O Lazaros (☎ 22980 72600; Hauptgerichte 5–9 €) Eine kleine Bergwanderung von 400 m die Hauptstraße vom Hafen hinauf macht Appetit auf griechische Standards in dieser typischen Taverne, wo Ziegenbraten in Zitronensauce immer noch das beliebteste Gericht ist, abgerundet vom hauseigenen Retsina. Nur abends geöffnet.

LP Tipp Akrogialia (☎ 22980 74749; Kounoupitsa; Hauptgerichte 9–17 €; ☻ 9–24 Uhr) Dieses ausgezeichnete Restaurant liegt am Hafen von Kounoupitsa. Zu einer großartigen Küche gibt's hier auch noch freundlichen Service und eine tolle Lage. Es gibt leckere Gerichte wie *melitzana rolos* (gebackene Aubergine mit Frischkäse und Walnüssen). Fisch wird pro Kilo verkauft, aber es gibt ein hervorragendes Fischrisotto für 17 € oder auch ein

exzellentes Steak; dazu gibt es eine sorgfältige und anspruchsvolle Auswahl griechischer Weine. Frühstück, Kaffee und Mittagessen werden ebenfalls angeboten.

To Nero tis Agapis (☎ 22980 74009; Kounoupitsa; Hauptgerichte 12–19 €) Das Lokal mit dem wohlklingenden Namen „Wasser des Lebens" ist das Schwesterrestaurant des Tarsanas (unten), bietet jedoch im Gegensatz zu diesem sowohl Fisch- als auch Fleischgerichte an. Die Langusten-Tagliatelle sind Gabel für Gabel ein Genuss, ebenso der *zarzuela* (Fischeintopf). Fleischliebhaber können ein Schweinefilet in Sahnesauce wählen, und es gibt eine Auswahl an kreativen Salaten. Liegt ungefähr 1 km nordwestlich vom Dapia-Hafen.

Tarsanas (☎ 22980 74490; Alter Hafen; Hauptgerichte 17–26 €) Eine sehr beliebte *psarotaverna* (Fischtaverne). Dieser Familienbetrieb bereitet fast ausschließlich Fisch zu, wobei möglichst nur frische Fische aus heimischen Gefilden verarbeitet werden. Das Essen kann etwas teurer ausfallen, aber schon allein die Fischsuppe zu 6 € ist ein Gedicht, und andere Vorspeisen wie in Zitronensaft marinierte Anchovis gibt's ab 4,50 €. Bei den Hauptgerichten sollte man die Spezialität des Tarsanas probieren: Meeresfrüchte-*saganaki* (gebratenen Käse) für 17 €.

Selbstversorger finden alles, was sie brauchen, im **Supermarkt Kritikos** (☎ 22980 74361; Kentriki Agora) neben dem Fischmarkt am Hafen; der Eingang liegt in einer Passage. Es gibt auch einen Obst- und Gemüsehändler neben dem Zeitschriftenladen an der Hauptstraße.

PEDALKRAFT

Die Küstenstraße rund um Spetses lässt sich mit einem Motorrad oder Roller erkunden, aber eigentlich ruft sie nach einem Fahrrad – als Gegenmittel zu all dem guten griechischen Essen. Die Straße schlängelt sich durch eine malerische Landschaft. Der Rundkurs verläuft 26 km entlang der Küste. Wie herum man fahren sollte, darüber lässt sich streiten. Die Einheimischen empfehlen die Fahrtrichtung gegen den Uhrzeigersinn, damit ein paar heftige Anstiege schnell geschafft sind. Aber wer im Uhrzeigersinn fährt, darf sich am Ende der Tour auf eine sehr verdiente Abfahrt freuen. Warum also nicht gleich beide Runden absolvieren? Das hält fit und trainiert die Ausdauer. Unterwegs können alle Strände der Insel abgeklappert werden.

Das Innere der Insel ist von ruhigeren Straßen und Waldpfaden durchzogen. Wer etwas mehr Anstrengung sucht, der kann Mountainbike-Touren in den angenehmen bewaldeten Hügeln der Insel unternehmen. (Unbedingt eine brauchbare Karte und einen Kompass mitnehmen.)

Das **Bike Center** (☎ 22980 74143; ☻ 9.30–21.30 Uhr) hinter dem Fischmarkt vermietet Räder für 6 € pro Tag.

Ausgehen & Unterhaltung

Bar Spetsa (☎ 22980 74131; ☼ ab 20 Uhr) Eine der großartigsten kleinen Bars. Diese Institution auf Spetses hat nichts von ihrer Integrität und ihrem beschwingten Ambiente eingebüßt. Die Musik in diesem Lokal spricht die Seele an und lässt jeden in Erinnerung schwelgen. Die Bar liegt 50 m hinter der Plateia Agiou Mama an der Straße rechts vom Kiosk.

Balconi Weinbar (☎ 22980 72594; Sotiriou Anar gyriou; ☼ Mai–Okt. 10.30–3 Uhr, Nov.–April 19–3 Uhr) Als eine stilvolle Homage an Cocktails, Wein und ausgewählte Whiskys bietet dieses schicke Lokal neben dem Hotel Stelios am Meer tagsüber klassische Musik und abends sanfte Jazz-Riffs.

Musik und Tanzlokale liegen vorwiegend im Bezirk Alter Hafen–Baltiza, darunter das Fortezza und Mourayo, die griechischen Pop spielen, während es im Tsitsiano traditionelle griechische Musik zu hören ist. Das Baltiza ist eine große Disco, bei der manchmal Eintritt verlangt wird.

UNTERWEGS AUF SPETSES

Entlang der Küste von Spetses gibt es zahlreiche kleine Buchten mit kleinen, von Pinien beschatteten Stränden. Der Strand bei **Ligoneri,** ungefähr 2,5 km westlich der Stadt, ist gut mit dem Bus zu erreichen. Der lange Kiesstrand **Agia Paraskevi** und der sandigere **Agii Anargyri** an der Südwestküste sind gute, wenn auch überfüllte Strände; bei beiden gibt's Wassersportmöglichkeiten aller Art. **Agia Marina,** ungefähr 2 km südöstlich von Spetses-Stadt, ist ein kleiner Badeort mit einem Strand, an dem es schon mal voll wird.

Eine Piste verläuft um die gesamte Küste, so dass man die Insel ideal mit einem Roller erkunden kann. Als gesunde Alternative empfiehlt sich ein Fahrrad (siehe Kasten links).

Kykladen Κυκλάδες

Die Kykladen liegen im tiefblauen Herzen der Ägäis und heißen so, weil sie einen *kyklos* (Kreis) um die Insel Delos bilden, der unwiderstehlichen antiken Stätte in der Ägäis. Der Kreis ist zwar nicht ganz symmetrisch, aber es geht ja auch um das Symbol. In den alten Zeiten war Delos das geheiligte Pendant zum Vatikan, und den Kaufleuten galt es als die Schatzkammer – sozusagen die Wall Street – der griechischen Welt.

Heute sind die Kykladen der Inbegriff traumhafter Inseln: weiße würfelförmige Häuser, goldene Strände, Olivenhaine, Pinienwälder, von Kräutern überwucherte Berghänge und terrassenartige Täler. Dazu noch eine Prise Lebenslust und eine lebendige Kultur – und der griechische Inseltraum kann wahr werden.

Für andere dagegen sieht das Inselleben etwas nüchterner aus, nämlich für die einheimischen Inselbewohner, die in den entbehrungsreichen Jahrhunderten oft um ihr Auskommen kämpfen mussten. Jenseits des Tourismus züchten viele von ihnen immer noch Vieh, ringen dem kargen Boden Feldfrüchte ab oder stellen den abnehmenden Fischbeständen im Meer nach, das zumeist rau und gefährlich ist. Die Winter sind oft grau, öde und gnadenlos.

Die Kykladen erstrecken sich vom großen fruchtbaren Naxos, mit seinen schroffen Bergen und Talkesseln, bis hin zu den winzigen Ausläufern Donussa und Koufinisia, die vom Meer umtost werden. An den Stränden von Mykonos und Ios tummeln sich die Sonnenhungrigen, es gibt Freizeitangebote aller Art und in den Hauptstädten tobt der Kommerz. Ikonenhafte Inseln wie Santorin sind das Ziel der Modebewussten und Kreuzfahrtliebhaber. Andere Inseln, wie Andros, Amorgos und Sifnos, haben den Tourismus etwas eingedämmt, während winzige Schlupfwinkel wie Iraklia und Anafi entlegene Juwelen im Kreis der Kykladen sind.

HIGHLIGHTS

- **Antiker Glanz** Wundervolle archäologische Stätten auf Delos (S. 452) und im antiken Thira (S. 500) erforschen
- **Kykladische Küche** Die Qual der Wahl haben zwischen der modernen griechischen Küche auf Mykonos (S. 442) und Paros (S. 455)
- **Abseits** Abstecher zu den Inseln der Kleinen Kykladen (S. 474) und nach Anafi (S. 502)
- **Nächtliches Vergnügen** Party auf Mykonos (S. 442) und Ios (S. 484)
- **Sonnenuntergänge** In Fira und Ia auf Santorin Sonnenuntergänge beobachten (S. 489)
- **High Life** Wandern in den Bergen von Naxos (S. 464) und Andros (S. 428)

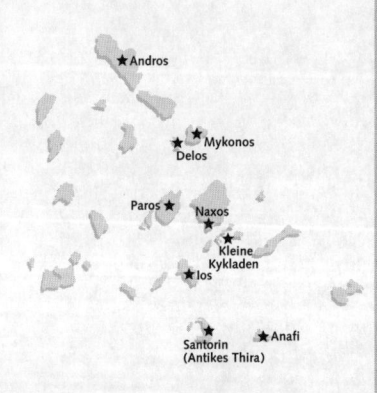

★ Andros

★ Mykonos
Delos

Paros ★   Naxos ★
         ★ Kleine
           Kykladen
      ★ Ios

★ Santorin   ★ Anafi
(Antikes Thira)

■ BEVÖLKERUNG: 109 814   ■ FLÄCHE: 2429 KM²

KYKLADEN

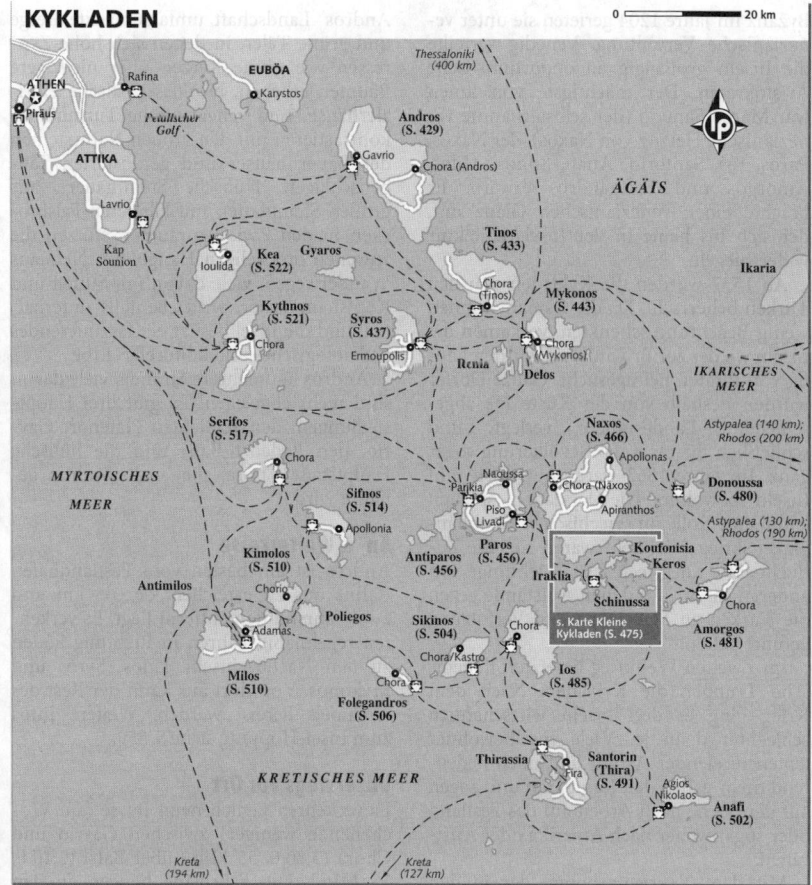

0 — 20 km

Thessaloniki
(400 km)

ATHEN   EUBÖA
Rafina   Karystos
Piräus   Andros
Pfullischer   (S. 429)
Golf   Gavrio   Chora (Andros)
ATTIKA
ÄGÄIS
Lavrio
Kap   Gyaros   Tinos
Sounion   Ioulida   Kea   (S. 433)   Ikaria
(S. 522)   Chora
(Tinos)
Kythnos   Mykonos
(S. 521)   Syros   (S. 443)
Chora   (S. 437)   Chora
Ermoupolis   (Mykonos)
Renia   Delos   IKARISCHES
MEER
Serifos   Naxos   Astypalea (140 km);
(S. 517)   (S. 466)   Rhodos (200 km)
Chora   Naoussa   Apollonas
MYRTOISCHES   Parikia   Chora (Naxos)   Donoussa
MEER   Sifnos   Piso   Apiranthos   (S. 480)
(S. 514)   Livadi   Astypalea (130 km);
Apollonia   Paros   Rhodos (190 km)
Kimolos   (S. 456)   Koufonisia
(S. 510)   Antiparos   Keros
Antimilos   (S. 456)   Iraklia   Chora
Chora   Schinussa
Poliegos   Sikinos   s. Karte Kleine   Amorgos
(S. 504)   Chora   Kykladen (S. 475)   (S. 481)
Adamas   Chora/Kastro   Ios
Milos   Chora   (S. 485)
(S. 510)   Folegandros
(S. 506)
Thirassia   Santorin
(Thira)
KRETISCHES MEER   Fira   (S. 491)   Agios   Anafi
Nikolaos   (S. 502)

Kreta   Kreta
(194 km)   (127 km)

GESCHICHTE

Die Kykladen sind vermutlich mindestens
seit 7000 v. Chr. bewohnt. Ungefähr 3000
v. Chr. entstand dort eine einheitliche kykladische Zivilisation, die vom Seehandel
und dem Austausch unter den Inseln getragen wurde. Während der frühklykladischen
Periode (3000–2000 v. Chr.) wurden die
winzigen, aber unverwechselbaren kykladischen Marmorfiguren, vorwiegend
stilisierte Darstellungen des nackten Frau-
enkörpers, geschnitzt.

In der mittelkykladischen Periode (2000–
1500 v. Chr.) waren viele der Inseln von den
Minoern bewohnt – auf Santorin wurde bei
Akrotiri eine Minoische Stadt ausgegraben.
Zu Beginn der spätkykladischen Periode

(1500–1100 v. Chr.) geriet das Archipel
unter den Einfluss der Mykener. Auf diese
folgten im 8. Jh. v. Chr. die Dorer.

Mitte des 5. Jh. v. Chr. gehörten die Inseln zum athenischen Reich, das bis dahin
seine volle Größe erreicht hatte. In der hellenistischen Ära (323–146 v. Chr.) wurden
sie erst von Ägyptens ptolemäischen Dy-
nastien kontrolliert, und danach von den
Makedonern. Im Jahre 146 v. Chr. wurden
die Inseln eine römische Provinz. Lukrative
Handelsverbindungen wurden zu vielen
Orten im Mittelmeerraum aufgenommen.

Die Teilung des Römischen Reiches im
Jahre 395 n. Chr. führte dazu, dass die Kykladen von Byzanz (Konstantinopel) regiert
wurden. Aber nach dem Niedergang von

KYKLADEN

Byzanz im Jahre 1204 gerieten sie unter venezianische Verwaltung. Venedig verteilte die Inseln großzügig an opportunistische Aristokraten. Der mächtigste von ihnen war Marco Sanudo (der selbsternannte venezianische Herzog von Naxos), der Naxos, Paros, Ios, Santorin, Anafi, Sifnos, Milos, Amorgos und Folegandros erwarb. Er brachte einen venezianischen Glanz mit, der sich bis heute in der Inselarchitektur widerspiegelt.

Ab 1537 wurden die Kykladen von den Türken beherrscht. Da die Osmanen ihnen wenig Beachtung schenkten, verkamen die Inseln wieder zur Provinz und wurden häufig von Piraten heimgesucht. Ganze Dörfer wurden deshalb von der Küste ins abgeschiedene Landesinnere verlegt, und schließlich flüchtete die Bevölkerung sogar ganz. Im Jahre 1563 waren nur noch fünf Inseln bewohnt. Die Kykladen spielten kaum eine Rolle im griechischen Unabhängigkeitskrieg. Vielmehr waren sie eine Zufluchtstätte für griechische Flüchtlinge von anderen Inseln, auf denen Aufstände gegen die Türken zu Massakern und Verfolgung geführt hatten.

Im Zweiten Weltkrieg besetzten italienische Truppen die Kykladen. Nach dem Krieg ging es den Inseln wirtschaftlich schlechter denn je. Viele Inselbewohner lebten in elender Armut und nicht bedeutend mehr gaben den Kampf auf und zogen auf der Suche nach Arbeit auf das Festland oder sogar weiter nach Amerika oder Australien.

Mit dem Tourismusboom, der in den 70er-Jahren des 20. Jhs. begann, wendete sich das Blatt für die Kykladen wieder. Die Herausforderung besteht jedoch weiterhin darin, alternative und nachhaltige Wirtschaftszweige zu finden, die nicht die Schönheit und Attraktivität dieser bemerkenswerten Inseln verderben.

ANDROS ΑΝΔΡΟΣ

10 112 Ew.

Andros liegt friedlich und verträumt am nördlichen Rand der Kykladen und ist die zweitgrößte Insel der Gruppe nach Naxos – ein passendes Urlaubsziel für alle, die dem Massentourismus entgehen möchten. Hier gibt es immer noch ruhige Winkel.

Andros' Landschaft umfasst nackte Berge und grüne Täler, in denen sich hohe Zypressen wie grüne Kerzen über niedrigere Bäumen erheben. Neoklassizistische Patrizierhäuser und venezianische Turmhäuser kontrastieren mit den groben Natursteinen der Bauernhäuser und gemusterten Taubenschlägen. Hübsche Steinmauern aus großen Steinplatten mit kleineren Felsbrocken in den Zwischenräumen stützen die zuweilen bröckeligen Hänge. Ein Netz aus Wanderwegen, viele davon mit Stufen und Kopfsteinpflaster, wird ebenfalls unterhalten, und die Insel besitzt ein faszinierendes archäologisches und kulturelles Erbe.

Andros hat mehrere Strände, viele davon sind recht abgelegen. Es gibt drei Hauptsiedlungen: den schlichten Hafenort Gavrio, den Badeort Batsi und die hübsche Hauptstadt Chora, die auch Andros genannt wird.

An- & Weiterreise

Andros ist am besten vom Festlandhafen Rafina aus zu erreichen, der 66 km und zwei Fährstunden entfernt liegt. Es verkehren regelmäßig Fähren in Richtung Süden zu den Nachbarinseln Tinos, Syros und Mykonos. Von dort aus kann der Rest des Archipels bereist werden. Weitere Infos zum Insel-Hopping siehe S. 859.

Unterwegs vor Ort

Es verkehren täglich neun Busse (am Wochenende weniger) zwischen Gavrio und Chora (3,80 €, 55 Min.) über Batsi (2,10 €, 15 Min.). Die Fahrpläne hängen an den Bushaltestellen in Gavrio und Chora; ansonsten gibt es telefonische Auskunft unter ☎ 22820 22316.

Ein **Taxi** (☎ Gavrio 22820 71171, Batsi 22820 41081, Chora 22820 22171) von Gavrio nach Batsi kostet ungefähr 8 € und nach Chora 30 €. Ein Mietwagen kostet im August etwa 35 € und in der Nebensaison rund 25 €. **Euro Rent A Car** (☎ 22820 72440; www.rentacareuro.com) befindet sich gegenüber dem Fähranleger in Gavrio.

GAVRIO ΓΑΥΡΙΟ

798 Ew.

Das an der Westküste gelegene Gavrio stellt den Haupthafen von Andros dar. Abgesehen von den vielen ankommenden Fähren ist es eher ruhig und mag etwas trist erscheinen.

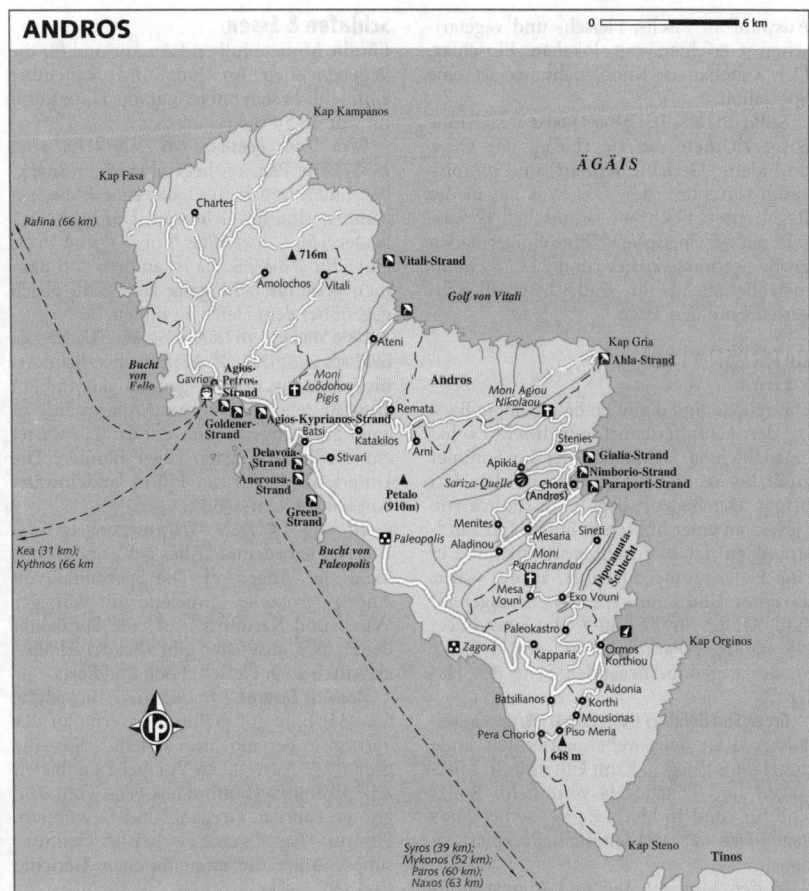

ANDROS

Kap Kampanos

ÄGÄIS

Kap Fasa

Chartes

Rafina (66 km)

▲716m
Amolochos   Vitali

Vitali-Strand

Golf von Vitali

Ateni

Kap Gria
Ahla-Strand

Bucht
von
Felle   Agios-
Gavrio Petros-
Strand
Moni
Zoödochou
Pigis

Andros

Moni Agiou
Nikolaou

Goldener-
Strand   Agios-Kyprianos-Strand
Batsi   Remata

Delavoia-   Katakilos
Strand   Stivari   Arni
Anerousa-
Strand
Green-
Strand

Apikia   Stenies
Gialia-Strand
Sariza-Quelle   Chora   Nimborio-Strand
(Andros)   Paraporti-Strand

Paleopolis   Petalo
(910m)

Menites
Aladinou   Mesaria   Sineti

Bucht von
Paleopolis

Kea (31 km);
Kythnos (66 km)

Moni
Panachrandou

Mesa
Vouni   Exo Vouni

Paleokastro

Kap Orginos

Zagora   Kapparia   Ormos
Korthiou
Aidonia

Batsilianos   Korthi
Mousionas
Pera Chorio   Piso Meria
648 m

Syros (39 km);
Mykonos (52 km);
Paros (60 km);
Naxos (63 km)

Kap Steno

Tinos

0 ⸺ 6 km

Orientierung & Praktische Informationen

Der Fähranleger befindet sich in der Mitte des Hafenbeckens und die Bushaltestelle gleich davor. Die Post liegt etwa 150 m weiter links vom Fährkai. Ein Geldautomat ist vor Kyklades Travel zu finden. Eine Bank mit Geldautomat steht in der Mitte des Hafengebiets.

Hafenpolizei (☎ 22820 71213) Befindet sich direkt am Hafen.

Kyklades Travel (☎ 22820 72363; lasia@otenet.gr) Ein nützliches Büro gegenüber dem Fähranleger, das außerdem über eine Zweigstelle ca. 50 m rechts von der Agricultural Bank of Greece verfügt. In dem Reisebüro können Fährtickets erworben werden, und es ist bei der Suche nach Unterkünften behilflich.

Schlafen & Essen

Andros Camping (☎ 22820 71444; www.campingandros.gr; Erw./Kind/Zelt 6,50/3/3 €; 🅿 🏊) Ein angenehm schattiger Zeltplatz rund 400 m hinter dem Hafen. Ein kleines Zelt kann für 6 € und ein großes für 10 € gemietet werden.

Ostria Studios (☎ 22820 71551; www.ostria-studios. gr; EZ/DZ/Apt. 60/70/85 €; 🅿 ⌘ 🖳) Die Zimmer in dieser günstig gelegenen Unterkunft, nur 300 m weiter an der Straße nach Batsi, kommen langsam in die Jahre, aber sie sind geräumig. Es gibt Kochgelegenheiten. Die Anlage ist insgesamt sehr angenehm und terrassenartig gestaltet.

To Konaki (☎ 22820 71733; Hauptgerichte 5–14 €) Das To Konaki befindet sich nur etwa 50 m links vom Fähranleger. Es hat eine gesunde

Auswahl an Fisch-, Fleisch- und vegetarischen Gerichten mit lokalem Einschlag. Der Kabeljau in Knoblauchsauce ist eine Spezialität.

Sails (☎ 22820 71333; Hauptgerichte 7–22 €) Eine ausgezeichnete *ouzerie* (Lokal, das Ouzo und kleine Gerichte serviert) und *psarotaverna* (Fischtaverne). Das Sails hat in der Regel guten Fisch aus heimischen Gewässern auf der Speisekarte. Eine einigermaßen große Seebrasse kostet rund 22 €. Es kommen aber auch Huhn- und Schweinefleischgerichte auf den Tisch.

BATSI ΜΠΑΤΣΙ
971 Ew.

Das relaxte und dennoch beschwingte Batsi ist der Hauptferienort der Insel. Es hat einen kleinen Jachthafen, der im Sommer zusätzliches maritimes Flair in den Ort bringt. Der Badeort liegt 7 km südlich von Gavrio an einer hübschen Bucht. Ein Sandstrand an der Nordseite geht am Ende in eine Hafenpromenade über, an der Cafés, Tavernen und Shops wie Perlen aufgereiht sind. An der Straße hinter dem Strand liegt ein staubiger Parkplatz, und ein kleinerer an der gegenüberliegenden Seite des Hafens.

Greek Sun Holidays (☎ 22820 41198; www.androsgreece.com) an dem weiter entfernten Ende des Hafens gelegen, kann Unterkunft, Mietwagen und Fährtickets vermitteln. Roller sind für rund 16 bis 24 € pro Tag bei **Dino's Rent-a-Bike** (☎ 22820 42169) am Parkplatz zu haben.

In den Monaten Juli und August gibt's gut gewartete Boote für Freizeitkapitäne bei **Riva Boats** (☎ 22820 24412, 6974460330) in Chora (siehe rechts).

Das ausgesprochen kleine Postamt befindet sich neben der Taverne an der Bushaltestelle. Der Taxistand, die National Bank und die Alpha Bank (beide verfügen über Geldautomaten) sind in der Mitte der Uferpromenade zu finden.

Geführte Touren
Von Mai bis Oktober organisiert **Greek Sun Holidays** (☎ 22820 41198; greeksun@travelling.gr) Inseltouren (20 €), bei denen es nach Paleopolis und zu einigen der schönsten Dörfer der Insel geht. Es werden auch halb- oder ganztägige geführte Wanderungen für kleine Gruppen angeboten (18 €).

Schlafen & Essen
Für die Monate Juli und August und für die Wochenenden im Juni und September empfiehlt es sich unbedingt, die Unterkunft im Voraus zu reservieren.

Cavo D'ora Pension (☎ 22820 41766; EZ/DZ 25/45 €) Die Pension liegt über einer Snackbar und Pizzeria, und die paar hübschen Zimmer sind ihr Geld wert. Das Frühstück kostet 5,50 €, *mezedhes* 6 bis 7 € und Pizza gibt's für 7 bis 9 €. Sie ist an dem von Bäumen gesäumten Eingang zur Stadt, gleich gegenüber dem Hafen zu finden.

Likio Studios (☎ 22820 41050; www.likiostudios.gr; EZ/DZ/Apt. 64/80/130 €; Ⓟ 🐾) Eine herzliche Atmosphäre macht diese geräumigen und gut ausgestatteten Zimmer und Apartments zu einer großartigen Wahl. Vor der Tür wartet ein friedlicher Garten voller Blumen. Die Unterkunft liegt rund 150 m landeinwärts von Dino's Rent-a-Bike.

Oti Kalo (☎ 22820 41287; Hauptgerichte 5–9 €) Der Name bedeutet „Alles gut", und das ist nicht nur Angeberei. Die Spezialität von Andros, *froutalia* (Omelette mit würziger Wurst und Kartoffeln), ist eine Spezialität des Hauses, ansonsten gibt's bei den Hauptgerichten auch Fleisch, Fisch und Pasta.

Stamatis Taverna (☎ 22820 41283; Hauptgerichte 6,50–16 €) Eine gut geführte Taverne an der Terrasse oberhalb des Hafens, die eine großartige Auswahl an Vorspeisen anbietet, z. B. *pikandiko* (Eintopf aus Feta, Tomaten, grüner Paprika, Oregano und Gewürzen). Für nur 7 € gibt's eine Fisch- oder Gemüsesuppe. Auch die einheimischen Gerichte sind sehr lecker.

Unterhaltung
An der Uferpromenade am Hafen liegen quirlige Musikbars. So z. B. Nameless, Aqua und Kimbo, die alle Mainstream-Disko gemischt mit moderner griechischer Musik spielen, wenn die Einheimischen hineinströmen.

CHORA (ANDROS) ΧΩΡΑ (ΑΝΔΡΟΣ)
1508 Ew.
Chora entfaltet seinen Charme auf einer schmalen, felsigen Halbinsel zwischen zwei Buchten an der Ostküste von Andros, 35 km südöstlich von Gavrio. Die zahlreichen neoklassizistischen Gebäude verraten venezianische Wurzel, daneben findet man byzantinische und osmanische Akzente.

Choras kulturelles Erbe wird noch ergänzt durch sein Museum für Moderne Kunst und ein eindrucksvolles Archäologisches Museum.

Orientierung & Praktische Informationen

Die Bushaltestelle liegt an der Plateia Goulandri, von wo aus eine schmale Gasse an einem Taxistand am geräumigen Hauptplatz der Stadt vorbei zu einer T-Kreuzung führt. Die Post liegt linkerhand. Die mit Marmor gepflasterte Hauptstraße führt rechts hinab; offiziell ist dies eine Fußgängerzone.

An der Hauptstraße gibt es mehrere Banken mit Geldautomaten. Eine Gasse mit ein paar Stufen führt links zum alten Hafenbezirk Plakoura und zum Nimborio-Strand hinab.

Ein Stück die Hauptstraße weiter entlang liegt der hübsche zentrale Platz, die Plateia Kairi, mit schattigen Tavernen und Cafés im Anschluss an das Archäologische Museum von Andros. Von hier aus führen wieder Stufen weiter herab, im Norden nach Plakoura und zum Nimborio-Strand und im Süden zum Paraporti-Strand. Die Straße verläuft durch eine kurze Arkade und führt dann am Felsvorsprung entlang. Nach einem Linksknick endet sie an der Plateia Riva – einem großen, luftigen Platz mit bröckelnden Balustraden und einer riesigen Bronzestatue eines Seemannes.

Sehenswertes & Aktivitäten

Chora hat zwei herausragende Museen; beide wurden dem Staat von Basil und Elise Goulandris vermacht, der wohlhabenden andriotischen Reederfamilie. Das **Archäologische Museum** (☎ 22820 23664; Plateia Kairi; Erw./Kind/Stud. 3/2 €/frei; ⏱ Di–So 8.30–15 Uhr) beherbergt eindrucksvolle Funde aus den Siedlungen Zagora und Paleopolis (9. bis 8. Jh. v. Chr.) an der Ostküste von Andros, außerdem Ausstellungsstücke aus der römischen, byzantinischen und frühchristlichen Zeit. Darunter befindet sich auch eine faszinierende Marmorkopie einer Bronzestatute des **Hermes von Andros** von Praxiteles aus dem 4. Jh.

Mit dem **Museum für Moderne Kunst** (☎ 22820 22445; www.moca-andros.gr; Juni–Sept. Erw./Stud. 6/3 €, Okt.–Mai 3/1,50 €; ⏱ Juni–Sept. Mi–Sa & Mo 10–14 & 18–20, So 10-14 Uhr Okt.–Mai Mo 10–14 Uhr) hat sich Andros einen Namen in der internationalen Kunstwelt gemacht. Es gibt eine ständige Ausstellung mit Werken prominenter griechischer Künstler, und in jedem Jahr in den Sommermonaten veranstaltet das Museum eine Ausstellung mit Werken eines großen Künstlers von Weltrang. Bisher gab es Ausstellungen mit Originalwerken von Picasso, Matisse, Braque, Toulouse-Lautrec und Miro, eine bemerkenswerte Leistung für eine kleine griechische Insel. Die Galerie erreicht man über die Treppen, die von der Plateia Kairi zum alten Hafen hinabführen.

Die riesige **Bronzestatue** eines Seemanns steht auf der Plateia Riva zu Ehren der Seefahrertradition von Chora. Der Größe und dem Stil nach lässt sie eher an einen russischen Triumphator als an einen Andrioten denken. Die Ruinen einer **venezianischen Festung** stehen auf einer Insel, die mit der Spitze der Landzunge durch altersschwache Überreste einer steilen Bogenbrücke verbunden ist.

Eine tolle Idee ist es, sich ein Boot zu mieten und einige der großartigen Strände an der West- und Nordküste der Insel zu besuchen, von denen die meisten nur schlecht auf dem Landweg erreichbar sind. **Riva Boats** (☎ 22820 24412, 6974460330; Nimborio) hat erstklassige, offene 4,5m-Boote norwegischer Herkunft mit 20-PS-Außenbordmotor, Schwimmwesten, Anker und sogar Mobiltelefon. Die Miete pro Boot und Tag beträgt mindestens 90 €, ein Bootsführerschein ist nicht erforderlich. Nach telefonischer Absprache kann Riva auch die Bootsübernahme ab Batsi arrangieren.

Roller und Motorräder werden ebenfalls von Riva Boats und von Karaoulanis Rooms (siehe unten) für 15 bis 18 € pro Tag angeboten.

Schlafen & Essen

Karaoulanis Rooms (☎ 22820 24412, 6974460330; www.androsrooms.gr; DZ/Apt. 50/100 €) Dieses hohe, alte Haus steht gleich am Hafen und verfügt über helle, angenehme Zimmer. In der Nebensaison gibt es gute Preisnachlässe. Die Familie spricht Englisch, Französisch und Griechisch. Hier kann man auch nach Rollern und Booten fragen.

Karaoulanis Studios-Apartments (☎ 22820 24412, 6974460330; www.androsrooms.gr; DZ 50–60 €, Apt. 100 €) Im Jahre 2009 eröffnete dieselbe Familie schicke neue Apartments am Rand von Chora, die einen tollen Blick auf die grünen Hügel im Süden der Stadt bieten.

Alcioni Inn (☎ 22820 24522, 6973403934; alcioni@ hellastourism.gr; Nimborio; DZ 70–80 €) Diese komfortablen Zimmer für Selbstversorger liegen mitten am Hauptabschnitt des Nimborio-Strandes, unterhalb und nördlich von Chora.

Niki (☎ /fax 22820 29155; xenonaw.nik@g.mail.com; EZ/DZ/3BZ 70/90/100 €; ✄) Offene Deckenbalken und hölzerne Galerien betonen den traditionellen Stil und die modernisierten Einrichtungen dieses hübschen, alten Hauses an der Hauptstraße von Chora. Im Erdgeschoss befindet sich ein Café mit einer großen Veranda, das zum Ausruhen einlädt. Frühstück gibt's hier für etwa 8 €.

Ermis (☎ 22820 22233; Plateia Kairi) Ein angenehmes kleines Café mit Konditorei an der Plateia Kairi.

Nonna's (☎ 22820 23577; Plakoura; Hauptgerichte 5–10 €) Authentische *mezedhes* und Hauptgerichte aus frischem Fisch vom familieneigenen Boot sind in dieser kleinen Taverne am alten Hafen an der Tagesordnung. Seebrasse, Engelhai und Seebarbe stehen auf der Karte. Für Vegetarier gibt es auch eine ganz gute Auswahl, von Salaten bis hin zu Zucchinikuchen.

Palinorio (☎ 22820 22881; Nimborio; Hauptgerichte 5,50–8,50 €; ✄ 11–2 Uhr) Fisch wird in diesem alteingesessenen und zuverlässigen Restaurant am Rande des Nimborio-Strandes pro Kilo verkauft. Hummergerichte werden besonders gekonnt zubereitet. Es gibt auch traditionelle griechische Gerichte und Pasta.

UNTERWEGS AUF ANDROS

Zwischen Gavrio und und der Paleopolis-Bucht liegen mehrere nette Strände, darunter **Agios Kyprianos** mit einer kleinen Kirche und einer nahe gelegenen Taverne; **Delavoia**, der zur Hälfte ein FKK-Strand ist, **Anerousa** und der **Grüne Strand**.

Paleopolis, 7 km südlich von Batsi an der Küstenstraße, ist die Stätte, an der sich das antike Andros befand. Hier wurde der Hermes von Andros gefunden. Das kleine, aber interessante **Archäologische Museum von Paleopolis** (☎ 22829 41985; Eintritt frei; ✄ Di–So 8.30–15 Uhr) zeigt und erklärt Funde aus der Region. Wer über ein Transportmittel verfügt, für den lohnt sich ein Ausflug an die Westküste der Insel. Bei Batsilianos in Richtung

Nordosten abbiegen, um durch eine reizvolle Landschaft aus Feldern und Zypressen nach **Ormos Korthiou** zu gelangen. Dieses Dorf liegt an einer Bucht und es fehlt ihm nur ein passabler Strand, um als echter Ferienort durchzugehen. Von hier aus geht's weiter in Richtung Norden über die wunderschöne Küstenstraße, die sich durch schroffe Hügel und bewaldete Täler schlängelt. Chora erreicht man schließlich nach weiteren 20 km.

Von Chora aus führt eine landschaftlich sehr schöne Straße in Richtung Norden zu den hohen Hügeln ins Landesinnere von Andros. Über Serpentinen geht's dann wieder hinab nach Batsi.

TINOS ΤΗΝΟΣ

8614 Ew.

Chora, der Hafen von Tinos, ist ein Brennpunkt der orthodoxen Frömmigkeit, die ihren Höhepunkt während der Feiertage in der imposanten Kirche Panagia Evangelistria findet. Dies ist die Heimat der hoch verehrten Ikone der Megalochari, der Heiligen Jungfrau. Die Ikone ist eine der berühmtesten Griechenlands und wurde angeblich 1822 auf dem Grundstück gefunden, auf dem die Kirche heute steht. Ihr werden Heilkräfte nachgesagt, was zu Massenpilgerungen nach Tinos und zum kommerziellen Aufschwung führte. Die Religion steht in Chora noch immer im Vordergrund. Dennoch tobt das Leben in der Stadt rund um die Kirche wie in jedem anderen typischen Inselhafen.

Darüber hinaus hat die Insel Tinos sich ihre große Naturschönheit bewahrt. In ihrer hügeligen Landschaft liegen über 40 Dörfer verstreut, die wie zu Tage tretender Marmor aus den gescheckten Hängen hervorstehen. Überall stehen reich verzierte Taubenschläge, ein Vermächtnis der Venezianer. Es gibt eine ausgeprägte kunsthandwerkliche Tradition auf Tinos, nicht zuletzt im Bildhauerdorf Pyrgos im Norden der Insel, wo sich die Marmorsteinbrüche befinden.

An- & Weiterreise

Tinos ist gut mit der Fähre zu erreichen. Es gibt regelmäßige Verbindungen zu den Festlandhäfen Rafina und Piräus sowie zu den Nachbarinseln Syros und Andros. Im Süden gibt es Anschlüsse nach Mykonos und zu weiteren Orten. Weitere Infos hierzu im Kapitel Insel-Hopping (S. 877).

In Chora gibt es zwei Kais, an denen die Fähren ablegen. Die Einheimischen nennen diese Kais „Häfen". Der äußere Hafen ist das Hauptdock für die herkömmlichen und größeren, schnellen Fähren. Er ist rund 300 m nördlich des Hauptbahnhofs zu finden. Der Mittlere Hafen, in dem kleinere, schnelle Fähren festmachen, liegt am Nordende des Hauptbahnhofs der Stadt. Wer ein Fährticket kauft, sollte bei der Gelegenheit gleich prüfen, von welchem dieser beiden Häfen die Fähre abfährt. Für den Fußweg von der Stadtmitte von Chora bis zum Äußeren Hafen sollte man mindestens 20 Minuten einrechnen.

Unterwegs vor Ort

Von Juni bis September fahren regelmäßig Busse von Chora (Tinos) nach Porto und Kionia (1,40 €, 10 Min.) und mehrere Busse täglich nach Panormos (4 €, 1 Std.) über Kambos (1,40 €, 15 Min.) und Pyrgos

(3,30 €, 50 Min.). Die Busse fahren an der Bushaltestelle am Hafen von Chora gegenüber dem Ticketschalter ab, der sich gleich neben dem Hotel Poseidon befindet. Fahrkarten können aber auch im Bus gekauft werden.

Motorräder (pro Tag 15 bis 20 €) und Autos (mindestens 44 € an Wochentagen, am Wochenende 60 €) können bei einer Reihe von Verleihern an der Uferpromenade in Chora geliehen werden. In der Nebensaison sinken die Preise. **Vidalis Rent a Car & Bike** (☎ 22830 25670; Trion Ierarhon 2) ist zuverlässig.

CHORA (TINOS) ΧΩΡΑ (ΤΗΝΟΣ)
4934 Ew.

Chora, auch Tinos genannt, ist die Hauptstadt und der Hafen der Insel. Am Hafen liegen die Cafés und Hotels dicht an dicht. Die schmalen Straßen dahinter sind gesäumt von Restaurants und Tavernen. An den Straßen zur Kirche Panagia Evangelistria hinauf reihen sich Geschäfte und Verkaufsstände voller Souvenirs und Devotionalien aneinander.

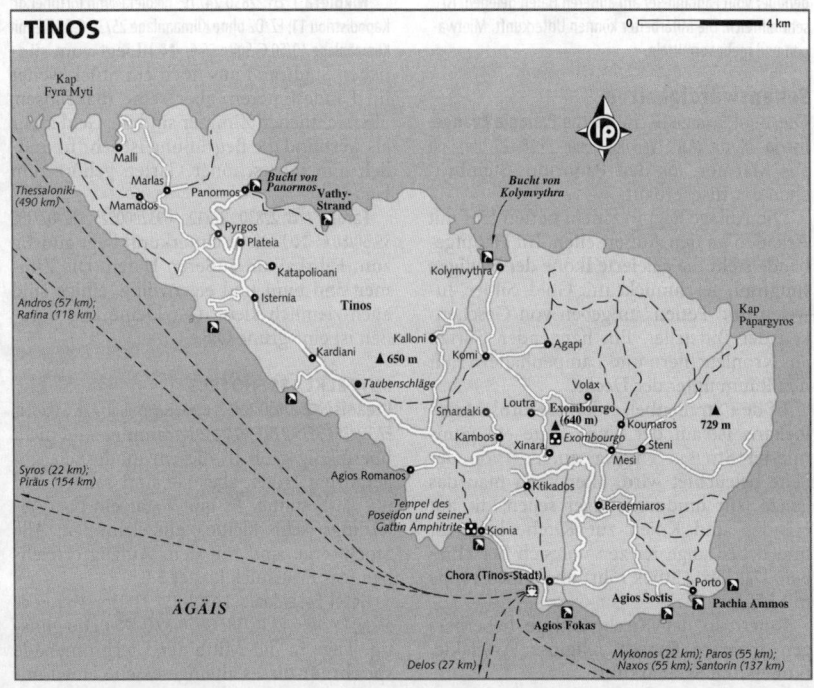

TINOS   0 ⸺ 4 km

Kap Fyra Myti

Malli

Thessaloniki (490 km)

Marlas
Mamados
Panormos   Bucht von Panormos   Vathy-Strand

Bucht von Kolymvythra

Pyrgos
Plateia

Katapolioani

Kolymvythra

Andros (57 km); Rafina (118 km)

Isternia

Tinos

Kardiani

Kalloni
▲ 650 m

Komi

Agapi

Kap Papargyros

Taubenschläge

Smardaki

Loutra

Volax

Exombourgo
(640 m)
Exombourgo

Koumaros   ▲ 729 m

Steni

Kambos

Xinara

Mesi

Syros (22 km); Piräus (154 km)

Agios Romanos

Ktikados

Berdemiaros

Tempel des Poseidon und seiner Gattin Amphitrite
Kionia

Chora (Tinos-Stadt)

Porto
Agios Sostis   Pachia Ammos

AEGÄIS

Agios Fokas

Delos (27 km)

Mykonos (22 km); Paros (55 km); Naxos (55 km); Santorin (137 km)

Orientierung & Praktische Informationen

Es gibt zwei Kais, von denen die Fähren ablegen. Über deren Lage sollten sich Reisende unbedingt klar sein (S. 433).

Die steile Straße Leoforos Megalocharis, geradeaus von der Mitte der Hauptuferpromenade, ist der Weg, den die Pilger zur Kirche nehmen. Die schmalere Einkaufsstraße Evangelistria, die ebenfalls zu Kirche führt, liegt rechts daneben.

Die Post liegt am südöstlichen Ende des Hafens, gleich hinter der Busstation, und die National Bank of Greece (mit Geldautomat) liegt 50 m links des Hotels Poseidonio.

Hafenpolizei (☎ 22830 22348; Kionion) Gleich bei Windmills Travel.

Malliaris Travel (☎ 22830 24241; Fax 22830 24243; malliaris@thn.forthnet.gr; Paralia) Am Wasser neben dem Hotel Poseidonio; verkauft Fährtickets.

Symposion (☎ 22830 24368; Evangelistria 13) Ein angenehmes Café-Restaurant mit Internetzugang (3 € für 30 Min.).

Windmills Travel & Tourism (☎ 22830 23398; www.windmillstravel.com; Kionion 2) Das Windmills, gleich gegenüber vom Fähranleger am äußeren Hafen gelegen, ist sehr hilfreich. Die Mitarbeiter können Unterkunft, Mietwagen und mehr vermitteln.

Sehenswürdigkeiten

Die neoklassizistische **Kirche Panagia Evangelistria** (Kirche Mariä Verkündigung; ☉ 8–20 Uhr) ist aus Marmor aus den Panormos-Steinbrüchen der Insel erbaut.

Die Anlage liegt in einem netten Hof mit Arkaden an den Außenseiten. Im Hauptgebäude steht die gefeierte Ikone der Heiligen Jungfrau, geschmückt mit Gold, Silber, Juwelen und Perlen, umgeben von Geschenken der Bittsteller. Ein hängender Garten aus Kronleuchtern und Lampenhaltern füllt den Raum unter der Decke.

In den Straßenbelag der Leoforos Megalocharis ist auf der einen Seite ein gummierter Streifen eingelassen, der von der Seite beleuchtet wird. Hier kann man das ganze Jahr hindurch Pilger sehen, die auf Händen und Knien zur Kirche kriechen und dabei lange Kerzen vor sich herschieben. Das letzte Stück führt über eine Treppe mit Läufer.

Innerhalb der Kirchenanlage beherbergen mehrere **Museen** religiöse Artefakte, Ikonen und Säkularkunst.

Nach dem Verlassen der Kirche liegt rechter Hand das kleine **Archäologische Museum** (☎ 22830 22670; Leoforos Megaloharis; Eintritt 2 €; ☉ Di–So 8–15 Uhr). Seine Sammlung umfasst auch eindrucksvolle Ton-*pithoi* (minoiische Vorratskrüge), Grabreliefe und Skulpturen.

Schlafen

Chora sollte am 25. März (Mariä Verkündigung), 15. August (Mariä Himmelfahrt) und am 15. November (Beginn der orthodoxen Adventszeit) gemieden werden. Wer nicht Monate im Voraus ein Hotel reserviert hat, muss dann zusammen mit den übrigen obdachlosen Gläubigen auf der Straße schlafen.

BUDGETUNTERKÜNFTE

Camping Tinos (☎ 22830 22344; www.camping.gr/tinos; Stellplätze pro Erw./Kind/Zelt 7/4/4 €, Bungalows mit/ohne Bad 28/20 €) Ein gut ausgestatteter Campingplatz mit guten Einrichtungen. Liegt südlich der Stadt bei Agios Fokas und ist nur rund fünf Gehminuten vom Mittleren Hafen entfernt. Ein Minibus holt Gäste an der Fähre ab.

Nikoleta (☎ 22830 24719; nikoleta@thn.forthnet.gr; Kapodistriou 11; EZ/DZ ohne Klimaanlage 25/30 €, EZ/DZ mit Klimaanlage 40/50 €, Suite 55 €; 🌀) Liegt vom südlichen Stadtrand aus noch ein Stück weiter im Landesinneren, aber seine makellosen, übersichtlichen Zimmer sind ihr Geld mehr als wert und die Begrüßung ist sehr freundlich. Ein sehr schöner Garten gehört zum Haus.

Faros (☎ 22830 22712, 6932800525; EZ/DZ/3BZ 35/50/80 €; 🌀) Diese Unterkunft liegt günstig zum Fährkai am äußeren Hafen. Die Zimmer sind bunt und eigenwillig, einige sind auch ziemlich klein. Der kleine Hof draußen ist eine grüne Oase.

MITTELKLASSEHOTELS

Oceanis (☎ 22830 22452; oceanis@mail.gr; Akti G Drosou; EZ/DZ/3BZ 35/50/70 €; 🌀) Die Zimmer sind nicht übermäßig groß in diesem modernen, gut geführten Hotel, aber sie sind sauber und gut ausgestattet. Es gibt sogar ein paar, allerdings sehr kleine, Einzelzimmer. Alle Stockwerke sind mit dem Aufzug erreichbar. Das Frühstück kostet 5 €.

Hotel Poseidonio (☎ 22830 23123; www.poseidonio.gr; Paralia 4; EZ/DZ/3BZ 60/70/85 €; 🌀) Die günstige Lage in der Mitte der Uferpromenade spricht für dieses alteingesessene Hotel mit ordentlichen, komfortablen Zimmern. Die Gemeinschaftsräume mit Blick auf den Hafen sind ein angenehmes Extra.

Altana Hotel (☎ 22830 25102; www.altanahotel.gr; EZ/DZ 85/100 €, Suite 145–200 €; P X 🖥 🛜) Dieses reizende kleine Hotel rund 700 m nördlich der Stadt im modernen kykladischen Stil hat schneeweiße Wände und coole Interieurs, die Motive aus Tinos aufgreifen. Das Altana ist die ideale Basis zur Erkundung der Insel. Die junge Inhaberfamilie ist höflich und freundlich. Ein großes Frühstück ist im Preis inbegriffen.

Essen

Malamatonia (☎ 22830 24240; G Gagou; Hauptgerichte 6,50–12 €) Ein Lieblingslokal der Einheimischen. Das Malamatenia liegt gleich hinter dem To Koutouki und führt Spezialitäten, wie Shrimps in einer Wein- und Tomatensauce mit Feta, und *youvetsi*, Rindfleisch in Tomatensauce, in einem Tontopf gekocht, mit Nudeln als Beilage.

To Koutouki tis Elenis (☎ 22830 24857; G Gagou 5; Hauptgerichte 7–18 €) Dieses gemütliche kleine Lokal an einer schmalen Straße, die unterhalb der Evangelistria abzweigt, führt leckere Gerichte, darunter Hühnchen in Zitronensauce, frischen Tintenfisch und Fischsuppe.

Pallada Taverna (☎ 22830 23516; Plateia Palladas; Hauptgerichte 7,50–11 €) Ausgezeichnete griechische Kost, wie frischer Tintenfisch mit Reisfüllung oder Zucchinibällchen mit Anis und Käse wird hier raffiniert zubereitet. Die Weine vom Fass sind überzeugend und der hauseigene Retsina ist mehr als gut.

Metaxy Mas (☎ 22830 25945; Plateia Palladas; Hauptgerichte 8–20 €) Moderne mediterrane Küche ist die Regel in diesem schicken Restaurant, in dem Vorspeisen wie Artischocken aus Tinos, Auberginensoufflé und *louza* (einheimischer geräucherter Schinken) den Weg bahnen für die Hauptgerichte mit Hühnchen, Schweinefleisch oder Kalb oder auch Spezialitäten wie Tintenfisch mit Spinat.

LP Tipp **Symposion** (☎ 22830 24368; Evangelistria 13; Hauptgerichte 9–18 €) Eine hübsche Treppe führt zu diesem eleganten Café-Restaurant. Serviert werden Frühstück (4 bis 13 €), Crêpes und Sandwiches (3,50 bis 8,50 €) sowie Pastagerichte, gemischte Platten und Hauptgerichte wie gegrillte Seebrasse mit pikantem, heimischem Gemüse.

Ausgehen & Unterhaltung

Café Piazza (☎ 22830 23483) Ein quirliges, geschwätziges Lokal am inneren Ende der Ansammlung von Café-Bars am Hafen von Tinos. Hier gibt's eine große Terrasse und gemütliche Innenräume.

Koursaros (☎ 22830 23963; ⏰ 8–15Uhr) Diese alteingesessene Bar spielt einen gelungenen Mix aus Rock, Funk und Jazz. Sie liegt am äußeren Ende der Reihe der Café-Bars am Hafen.

In den Hintergassen gegenüber dem Mittleren Hafen gibt's zahlreiche Musik- und Tanzbars wie die Village Club, Volto und Sibylla, die bonbonfarben ausgeleuchtet sind und lautstarke Club-Standards und griechischen Pop als Kontrapunkt zu all dem religiösen Singsang spielen.

UNTERWEGS AUF TINOS

Außerhalb von Chora mit seiner allgegenwärtigen Frömmigkeit und bodenständigen Geschäftstüchtigkeit ist die Landschaft von Tinos an sich schon eine Offenbarung. Ein prächtiger Mix aus wilden Berggipfeln gekrönt von Klippen, unverdorbenen Dörfern, schönen Stränden und faszinierender Architektur, darunter auch malerische Taubenschläge.

Bei **Porto,** 6 km östlich von Chora, gibt's einen netten, nicht überlaufenen Strand mit Blick auf Mykonos. Rund einen Kilometer weiter liegt der sogar noch schönere Strand **Pahia Ammos.**

Kionia, 3 km nordwestlich von Chora, hat mehrere kleine Strände. Neben dem größten befinden sich ein paar Überreste des **Heiligtums von Poseidon & Amphitrite** aus dem 4. Jh. v. Chr. Der Tempel war einst eine enorm große Anlage, die wohl ähnlich viele Pilger anzog wie die heutige Kirche Panagia Evangelistria.

Ungefähr 12 km nördlich von Chora liegt an der Nordküste die **Kolymvithra-Bucht** mit zwei Sandstränden. Am kleineren gibt's Liegestühle, Sonnenschirme und in der Saison ein Café, während der größere hinten durch Schilf abgeschirmt wird.

An der Nordküste liegt, 28 km nordwestlich von Chora, das Küstendorf **Panormos.** Von hier aus wurde früher der markante grüne Marmor exportiert, der im nahe gelegenen **Marlas** abgebaut wird. An der Küstenstraße von Panormos drängen sich die Tavernen.

KYKLADEN

Pyrgos, auf dem Weg nach Panormos, ist ein hübsches Dorf, in dem sogar der Friedhof ein Fest aus Marmorarbeiten ist. Viele der Häuser haben attraktive, fächerförmige Oberlichter. Ende des 19. Jhs. und Anfang des 20. Jhs. war Pyrgos das Zentrum einer bemerkenswerten Bildhauertradition, die von dem Angebot an ausgezeichnetem heimischen Marmor lebte.

Gleich gegenüber dem Parkplatz an der Zufahrtsstraße zu Pyrgos liegt das **ehemalige Wohnhaus von Gianulis Chalepas** (Erw./Kind 5/2,50 €; April–Mitte Okt. 10.30–14.30 & 17–20 Uhr). Das Haus wurde in ein Museum umgewandelt und zeigt die bescheidenen Wohnräume und die Werkstatt des Bildhauers mit ihren gestreiften Gipswänden und Schieferböden. Eine angrenzende Galerie zeigt sehenswerte Arbeiten einheimischer Bildhauer. Ganz hervorragend sind das *Mädchen auf einem Felsen* von Georgios Vamvakis, *Hamlet* von Loukas Doukas sowie eine Kopie der herrlichen Skulptur *Fischer* von Dimitrios Filippolis.

Ungefähr 6 km direkt nördlich von Chora liegt das winzige Dorf **Volax,** ein paar hingekritzelte weiße Häuser im Herzen eines Amphitheaters aus niedrigen Hügeln, die mit Tausenden dunkler Felsbrocken übersät sind. Hinter den Hauseingängen liegt in Volax das echte alte Griechenland. Es gibt ein kleines **Volkskundemuseum** (einfach im nächstgelegenen Haus nach dem Schlüssel fragen), eine nette katholische Kapelle und ein kleines Freilufttheater. Eine Reihe von Tavernen, darunter das empfehlenswerte **Rokos** (☎ 22830 41989; Hauptgerichte 6–9 €), serviert griechische Lieblingsgerichte, die immer schmecken.

Die Ruinen der venezianischen Festung **Exobourgo** liegen 2 km südlich von Volax auf einem riesigen, 640 m hohen Felsvorsprung.

SYROS ΣΥΡΟΣ

20 220 Ew.

Auf Syros verschmelzen das traditionelle und das moderne Griechenland zu einem authentischen Ganzen. Syros ist eine der kleinsten Inseln der Kykladen (ihr Umriss ähnelt dem des britischen Festlandes), dennoch hat sie die höchste Bevölkerungsdichte und ist der Justiz- und Verwaltungssitz des gesamten Archipels. Außerdem ist sie der Fährknotenpunkt der nördlichen Inseln. Ermupolis liegt hier, die größte und schönste aller kykladischen Städte. Wer auf dem Kykladen auch nur den geringsten Gesetzesverstoß begeht, hat gute Chancen auf Syros vor Gericht zu landen. Da wählt man das Reiseziel doch lieber selbst und entdeckt eine der ansprechendsten Inseln der Ägäis, mit mehreren attraktiven Stränden, tollen Speiselokalen und dem Besten, was das griechische Alltagsleben zu bieten hat.

Geschichte

Ausgrabungen einer frühkykladischen befestigten Siedlung und einer Grabstätte in Kastri im Nordosten der Insel datieren aus der neolithischen Periode (2800–2300 v. Chr.).

Im Mittelalter war Syros überwiegend römisch-katholisch. Kapuzinermönche und Jesuiten ließen sich im 17. und 18 Jh. auf der Insel nieder. Der katholische Einfluss war so groß, dass Syros während der Türkenherrschaft Frankreich um Hilfe bat. In späteren Jahren war der türkische Einfluss eher wohlwollend und außerdem nur noch gering, sodass Syros wieder der Schifffahrt und dem Handel nachgehen konnte.

Während des Unabhängigkeitskrieges flohen Tausende von Flüchtlingen von den Inseln, die von den Türken verwüstet wurden, nach Syros. Sie brachten ihren griechisch-orthodoxen Glauben und einen frischen Unternehmergeist mit, der Syros zum Handels-, Schifffahrts- und Kulturzentrum im Griechenland des 19. Jhs. machte. Dieser Rang sollte im 20. Jh. an Piräus getreten werden. Der Hauptwirtschaftszweig der Insel, der Schiffbau, hat mittlerweile an Bedeutung verloren, aber Syros hat noch Textilindustrie, einen gut gedeihenden Gartenbausektor, einen beträchtlichen Verwaltungsapparat und eine kleine aber gesunde Tourismusindustrie. Es gibt immer noch katholische Einwohner auf der Insel.

An- & Weiterreise

Da Syros eine so große administrative und soziale Bedeutung zukommt, gibt es Fährverbindungen zu den Festlandhäfen Piräus und Rafina, zu den Nachbarinseln und selbst zu so weit entfernten Zielen wie Folegandros. Weitere Infos hierzu im Kapitel Insel-Hopping (S. 876).

SYROS

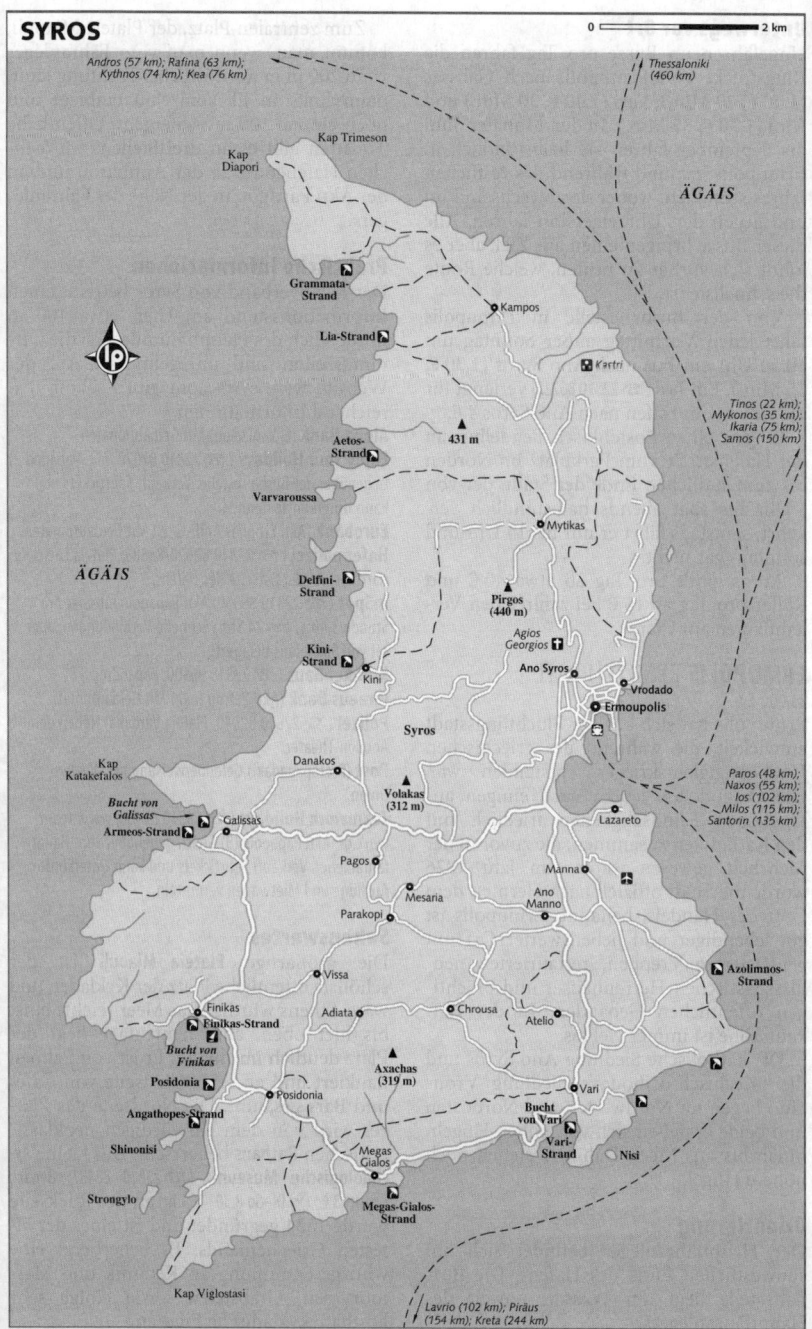

0 ————— 2 km

Andros (57 km); Rafina (63 km);
Kythnos (74 km); Kea (76 km)

Thessaloniki
(460 km)

Kap Trimeson

Kap
Diapori

ÄGÄIS

Grammata-
Strand

Kampos

Lia-Strand

Kastri

Tinos (22 km);
Mykonos (35 km);
Ikaria (75 km);
Samos (150 km)

Aetos-
Strand

▲ 431 m

Varvaroussa

ÄGÄIS

Delfini-
Strand

▲ Pirgos
(440 m)

Mytikas

Agios
Georgios

Kini-
Strand

Kini

Ano Syros

Vrodado

Ermoupolis

Syros

Danakos

▲ Volakas
(312 m)

Paros (48 km);
Naxos (55 km);
Ios (102 km);
Milos (115 km);
Santorin (135 km)

Kap
Katakefalos

*Bucht von
Galissas*

Galissas

Armeos-Strand

Lazareto

Pagos

Manna

Mesaria

Ano
Manno

Parakopi

Vissa

Azolimnos-
Strand

Finikas

Adiata

Chrousa

Finikas-Strand

Atelio

*Bucht von
Finikas*

Posidonia

▲ Axachas
(319 m)

Angathopes-Strand

Posidonia

Vari

Shinonisi

*Bucht
von Vari*

Vari-
Strand

Megas
Gialos

Nisi

Strongylo

Megas-Gialos-
Strand

Kap Viglostasi

Lavrio (102 km); Piräus
(154 km); Kreta (244 km)

Unterwegs vor Ort

Ungefähr neun Busse pro Tag fahren die Ringstrecke von Ermupolis nach Galissas (1.40 €, 20 Min.), Vari (1.40 €, 30 Min.) und Kini (1,70 €, 35 Min.). In den Monaten Juni bis September fahren sie halbstündlich in Ermupolis los, und während des restlichen Jahres stündlich, wobei sie abwechselnd im und gegen den Uhrzeigersinn fahren. Alle dieser Busse bringen einen ans Ziel, aber es lohnt sich vorher zu prüfen, welche Route die schnellste ist.

Von der Bushaltestelle in Ermupolis fährt jeden Vormittag außer Sonntag um 10.30 Uhr ein Bus nach Ano Syros (1,30 €, 15 Min.). Ein **Taxi** (☎ 22810 86222) verlangt für die Fahrt vom Hafen nach Ano Syros 4 €.

Es gibt einen kostenlosen Pendelbus an der Hafenstraße vom Parkplatz im Norden bis zum südlichen Ende der Stadt, der von 7 Uhr bis spät abends halbstündlich verkehrt; samstags fährt er nur bis 14 Uhr und sonntags gar nicht.

Autos gibt's pro Tag ab etwa 40 € und Roller pro Tag ab 15 € bei zahlreichen Verleihfirmen am Ufer.

ERMUPOLIS ΕΡΜΟΥΠΟΛΗ

13 000 Ew.

Ermupolis hat sich aus der Flüchtlingsstadt entwickelt, die während des griechischen Unabhängigkeitskrieges entstanden war. Die Orthodoxen lebten nach einigen anfänglichen Feindseligkeiten friedlich mit den Katholiken zusammen, die zuvor in der Mehrheit gewesen waren. Im Jahr 1826 wurde die Stadt offiziell nach Hermes, dem Gott des Handels, benannt. Ermupolis ist ein lebendiger und liebenswerter Ort mit gepflasterten Treppen, restaurierten neoklassizistischen Herrenhäuser und prächtigen öffentlichen Gebäuden. In der Einkaufszone ist immer viel los.

Die katholische Siedlung Ano Syros und die griechisch-orthodoxe Siedlung Vrontado liegen im Nordwesten und Nordosten und beide ergießen sich von hohen Hügeln hinab bis ans Meer. Dahinter stehen noch höhere Hügel.

Orientierung

Der Hauptfähranleger befindet sich am südwestlichen Ende des Hafens. Die Bushaltestelle liegt am Wasser, unweit des Hauptfähranlegers.

Zum zentralen Platz, der Plateia Miaouli, kommt man, wenn man vom Fähranleger rund 200 m in nordöstlicher Richtung läuft, dann links in El Venizelou einbiegt und noch einmal 100 m weitergeht. Öffentliche Toiletten gibt es an drei Stellen: am östlichen Hafenende, an der Antiparou und an der Akti Papagou in der Nähe des Fähranlegers.

Praktische Informationen

Der Hotelverband von Syros betreibt einen Informationsstand am Ufer, etwa 100 m nordöstlich des Hauptfähranlegers; die Öffnungszeiten sind unregelmäßig. Auf der Website www.syros.com gibt's schon ausreichend Informationen.

Alpha Bank (El Venizelou) Mit Geldautomaten.

Enjoy Your Holidays (☎ 22810 87070; Akti Papagou 2) Gegenüber der Bushaltestelle. Verkauft Fährtickets und kann Unterkünfte nennen.

Eurobank (Akti Ethnikis Andistasis) Mit Geldautomaten.

Hafenpolizei (☎ 22810 82690/88888; Plateia Laïkis Kyriarchias) An der Ostseite des Hafens.

InSpot (☎ 22810 85330; Akti Papagou; Internet pro Stunde 3,40 €; ☾ 24 Std.) Schnelle Verbindungen, aber oft von Spielefans belagert.

Krankenhaus (☎ 22810 96500; Papandreos)

Piraeus Bank (Akti Petrou Ralli) Mit Geldautomat.

Polizei (☎ 22810 82610; Plateia Vardaka) Neben dem Apollon-Theater.

Post (Protopapadaki) Geldüberweisung per Western Union.

Teamwork Holidays (☎ 28810 83400; www.team work.gr; Akti Papagou 18) Gleich gegenüber vom Hauptfähranleger. Verkauft Fährtickets und kann Unterkünfte, Ausflüge und Mietwagen vermitteln.

Sehenswertes

Die großartige **Plateia Miaouli** ist der schönste öffentliche Platz der Kykladen und wäre Athens würdig. Das Meer reichte einst bis hier oben, aber heutzutage liegt der Platz deutlich im Inland. Er ist von Palmen flankiert und an seiner Südseite von Cafés und Bars gesäumt. Die Nordseite des Platzes wird von dem ehrwürdigen neoklassizistischen **Rathaus** beherrscht. Das kleine **Archäologische Museum** (☎ 22810 88487; Benaki; Eintritt 3 €; ☾ Di–So 8.30–15 Uhr) an der Rückseite wurde 1834 gegründet und ist eines der ältesten Griechenlands. Es beherbergt eine winzige Sammlung an Keramik und Marmorvasen, Grabstelen sowie einige sehr kostbare kykladische Figuren.

Das **Industriemuseum von Ermupolis** (☎ 22810 84764; Papandreos; Erw./erm. 2,50/1,50 €, Mi frei; ☺ April–Sept. Do–So 10–14 & 18–21 Uhr, Mo & Mi 10–14 Uhr, Okt.–März Mo & Mi, Sa & So 10–14 & 17.30–19.30, Fr 10–14 Uhr) ist ungefähr einen Kilometer vom Stadtzentrum entfernt. Es feiert die Industrie- und Schiffbautraditionen von Syros und befindet sich in alten Fabrikgebäuden. Es werden über 300 Exponate gezeigt.

Das Viertel **Ano Syros** ist mittelalterlichen Ursprungs. Enge Gassen und weiß getünchte Häuser laden zum Bummeln ein. Immer wieder bieten sich schöne Ausblicke auf die Nachbarinseln. Diesen Ort erreicht man am besten mit dem Bus. Von der Busendhaltestelle geht's los in die steilen Gassen zur schönsten katholischen Kirche, der Kathedrale **Agios Georgios** aus dem 13. Jh. Beeindruckend sind ihr mit Sternen übersätes Tonnengewölbe und die barocken Kapitelle. Danach von der Kirche aus immer der Nase nach, an fantastischen Aussichtspunkten vorbei, bis zur Hauptstraße.

Aktivitäten

Cyclades Sailing (☎ 22810 82501; csail@otenet.gr) kann Charterjachten organisieren, ebenso **Nomikos Sailing** (☎ 22810 88527); entweder direkt dort anrufen oder über Teamwork Holidays (gegenüber) buchen.

Außerdem vermittelt Teamwork Holidays einen ganztägigen **Busausflug** (Erw./Kind 20/7 €) rund um die Insel an den Tagen Dienstag, Donnerstag und Samstag.

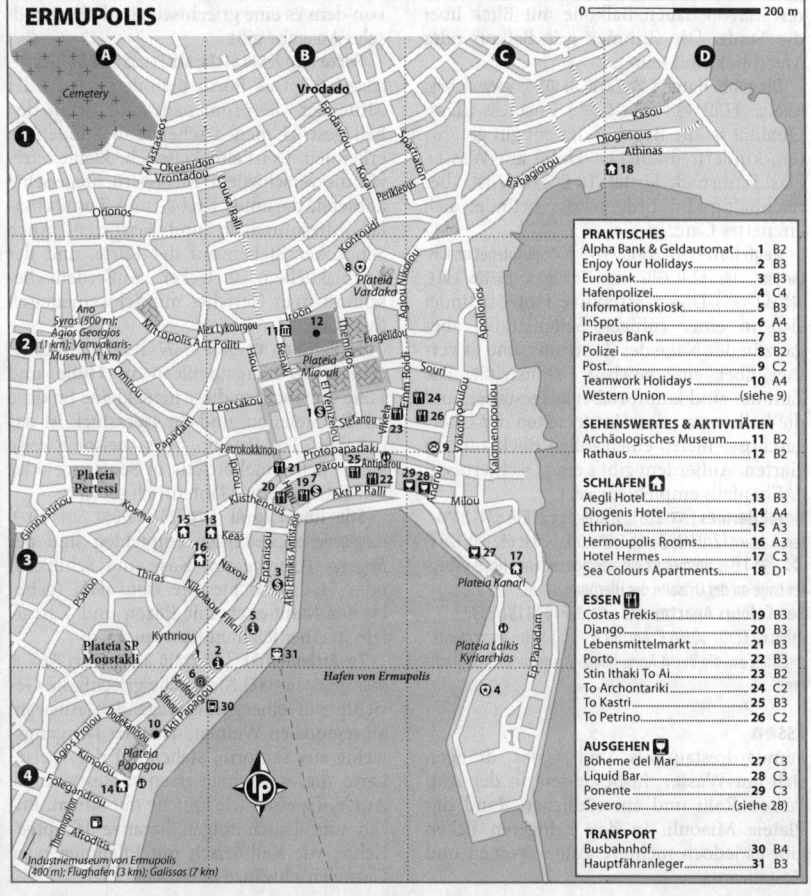

ERMUPOLIS   0 ▭▭▭ 200 m

PRAKTISCHES
Alpha Bank & Geldautomat.....1 B2
Enjoy Your Holidays..................2 B3
Eurobank.................................3 B3
Hafenpolizei............................4 C4
Informationskiosk....................5 B3
InSpot.....................................6 A4
Piraeus Bank............................7 B3
Polizei.....................................8 B2
Post..9 C2
Teamwork Holidays.................10 A4
Western Union....................(siehe 9)

SEHENSWERTES & AKTIVITÄTEN
Archäologisches Museum........11 B2
Rathaus..................................12 B2

SCHLAFEN
Aegli Hotel..............................13 B3
Diogenis Hotel.........................14 A4
Ethrion...................................15 A3
Hermoupolis Rooms.................16 A3
Hotel Hermes..........................17 B3
Sea Colours Apartments...........18 D1

ESSEN
Costas Prekis...........................19 B3
Django....................................20 B3
Lebensmittelmarkt..................21 B3
Porto......................................22 B3
Stin Ithaki To Ai......................23 B2
To Archontariki.......................24 C2
To Kastri.................................25 B3
To Petrino...............................26 C2

AUSGEHEN
Boheme del Mar......................27 C3
Liquid Bar...............................28 C3
Ponente..................................29 C3
Severo...............................(siehe 28)

TRANSPORT
Busbahnhof............................30 B4
Hauptfähranleger....................31 B3

KYKLADEN

Schlafen

Ermupolis verfügt über ein recht breites Angebot an Unterkünften. Die meisten Budgetzimmer liegen am Ufer in der Nähe der Fähranleger. Die meisten Häuser sind ganzjährig geöffnet.

Hermoupolis Rooms (☎ 22810 87475; Naxou; EZ/DZ/3BZ 35/50/70 €; 🔀) Saubere, ordentliche Zimmer, die in der schmalen Gasse Naxou versteckt liegen, einen kurzen Anstieg von der Uferpromenade entfernt. Vor den vorderen Zimmer befinden sich winzige, mit Bougainvilleen überwucherte Balkone.

Ethrion (☎ 22810 89066; www.ethrion.gr; Kosma 24; EZ 50 €, DZ 60–75 €; 🔀 🖳 🛜) Das Ethrion liegt in der Nähe des Hafens und des Stadtzentrums, aber dennoch in einer ruhigen Gegend. Die Zimmer sind komfortabel, mehrere davon haben Balkone mit Blick über die Stadt. Die Zimmer mit Balkon oder Meerblick sind teurer.

Diogenis Hotel (☎ 22810 86301-5; www.diogenis hotel.gr; EZ/DZ 73/99 €; 🔀 🛜) Business-Class-Qualität ist die Regel in diesem gut geführten, kinderfreundlichen Hotel am Wasser. Das Frühstück kostet 10 € extra, ist aber reichhaltig. Im Erdgeschoss befindet sich ein nettes Café.

Aegli Hotel (☎ 22810 79279; hotegli@otenet.gr; Klisthenous 14; EZ/DZ/3BZ inkl. Frühstück 83/105/130 €; 🔀 🖳 🛜) Dieses attraktive Hotel befindet sich in einer ruhigen Seitenstraße, aber ganz in der Nähe des Zentrums, und es verfügt über eine gewisse Exklusivität. Die Zimmer sind komfortabel ausgestattet, und die Balkone an den Vorderseiten der Obergeschosse bieten einen tollen Blick auf den Garten. Außerdem gibt's eine Dachterrasse.

Ebenfalls empfehlenswert:

Hotel Hermes (☎ 22810 83011; Fax 22810 87412; Plateia Kanari; EZ/DZ/3BZ inkl. Frühstücksbüfett 65/100/120 €; 🔀 🔀 🛜) Das Hermes ist ein alteingesessenes Hotel in bester Lage an der Ostseite der Uferpromenade.

Sea Colours Apartments (☎ 22810 81181/83400; Athinas; EZ/DZ 50/66 €, Apt. 72 €; 🔀) Nette Apartments mit Blick auf die Bucht Agios Nikolaos am nördlichen Stadtrand.

Essen

Standardrestaurants und Cafés drängen sich am Wasser, insbesondere in der Akti Petrou Ralli und am südlichen Rand der Plateia Miaouli. In den ruhigeren Ecken gibt es jedoch mehrere gute Tavernen und Restaurants.

Django (☎ 22810 82801; Hiou; Snacks ab 2,50 €) Diese praktische kleine Crêperie und Snackbar liegt direkt im Herzen der geschäftigen Hiou und ist morgens schon vor den meisten anderen Cafés geöffnet. Serviert werden auch Sandwiches und heiße und kalte Drinks, dazu gibt es eine Appetit anregende Auswahl an richtig leckerer Eiscreme.

To Kastri (☎ 22810 83140; Antiparou 13; Hauptgerichte 5–6 €; ⏱ 9–17 Uhr) Der Magen sollte sich ja nie vom Gefühl leiten lassen, aber dieses einzigartige Speiselokal verdient Unterstützung, und das Essen ist außerdem großartig. Es wird von einem Verein einheimischer Frauen geführt, die umwerfende traditionelle Inselgerichte kochen. Verkauft wird auch ein ansprechendes Kochbuch, von dem es eine griechische und eine englische Ausgabe gibt.

Porto (☎ 22810 81178; Akti Petrou Ralli 48; Hauptgerichte 5–8 €) Das Porto befindet sich in der Mitte der Uferpromenade und ist an den hell gestrichenen Tischen und Stühlen zu erkennen. Es ist eine klassische kleine *ouzerie*, die verschiedene Meeresfrüchtegerichte anbietet, darunter Krebs- und Tunfischsalat, Miesmuscheln und Garnelen. Auch Schnecken stehen auf der Karte, und der Kürbiskuchen ist lecker. Außerdem bekommt man Gerichte mit Schweinefleisch und Kalb.

To Petrino (☎ 22810 87427; Stefanou 9; Hauptgerichte 5–17 €) Bougainvilleen in Hülle und Fülle umwuchern diese nette kleine Enklave an der Stefanou, und ihr Herzstück ist das beliebte To Petrino, das beispielsweise kleine Schweinekoteletts in Senfsauce oder mit Feta gefüllten Tintenfisch serviert.

Stin Ithaki to Ai (☎ 22810 82060; Stefanou 1; Hauptgerichte 5,50–8 €) Zu empfehlen sind der *flogeres* (Quiche mit Käse und Schinken) oder Hauptgerichte wie *tsoukalaki* (gebackenes Kalbfleisch mit Pilzen und Kartofeln in einer leichten Käsesauce).

To Archontariki (☎ 22810 81744; Emm Roidi 8; Hauptgerichte 6–18 €) Klassische griechische Gerichte mit einer hervorragenden Auswahl an regionalen Weinen, darunter Jahrgangsweine aus Santorin, stehen auf der Speisekarte dieses alteingesessenen Restaurants. Auf Vorspeisen wie Quiche mit Spinat, Pilzen und Lauch folgen kreative Hauptgerichte, wie Kalbfleisch mit Pflaumen oder Garnelenschwänze in Ouzo.

> **ELEFTHERIA** *Des Hannigan*
>
> Es gibt einen ganz bestimmten Typus junger griechischer Frauen: selbstbewusst, klug, stylish, fokussiert, aufmerksam, furchtlos. Und auch ein kleines bisschen Furcht einflößend. Sie haben Haltung, im besten Sinne des Wortes. Auf Syros treffe ich Eleftheria Thymianou. Sie lässt mir nichts durchgehen. „Das ist ein toller Name", sage ich. „Eleftheria bedeutet ‚Freiheit'. Wie kürzt man deinen Namen ab?" Die griechische Geschichte wird mir mit aller Wucht entgegen geschleudert: „Mein Name wird nicht abgekürzt," sagt sie. „Der Name bedeutet etwas …"

Der beste Ort, um frische Produkte einzukaufen, ist der kleine, aber gut sortierte **Markt** am Vormittag (Hiou; ⏱ 7–13 Uhr).

Ebenfalls an der Hiou liegt **Costas Prekis** (☎ 22810 87556; Hiou 4), ein Geschäft mit einem guten Sortiment an traditionellen Produkten wie Schnecken, Kapern, einheimischem Käse, Saucen, Pasta, Marmelade, getrockneten Feigen und Likör.

Unterhaltung

Musikbars drängen sich am Wasser an der Akti Petrou Ralli. Sie spielen tagsüber vor allem Loungemusik und nachts einen Mix aus House, Funk und moderner griechischer Musik. Sie werden auch von den Einheimischen gerne besucht und gerockt wird bis in die frühen Morgenstunden.

Ganz oben auf der Liste der jungen Szene steht das **Boheme del Mar** (☎ 22810 83354) zusammen mit der ebenfalls belebten **Liquid Bar** (☎ 22810 82284) rund 60 m weiter nordwestlich. Neben dem Liquid liegt das **Severo** (☎ 22810 88243) mit seiner rassigen Atmosphäre und guten DJs, während der Newcomer **Ponente** (☎ 6944918748) eine sehr coole Lounge mit Sounds zum Chillen ist.

GALISSAS ΓΑΛΗΣΣΑΣ
120 Ew.

Wem Ermupolis zu groß wird, der fährt mit dem Bus die kurze Strecke nach Galissas, einem kleinen Badeort mit einem der besten Strände auf Syros, mehreren Bars und Restaurants und einigen großartigen Unterkünften. Die Hauptbushaltestelle liegt an einer Kreuzung hinter dem Strand.

Schlafen

Two Hearts Camping (☎ 22810 42052; www.two-hearts-camping.com; Stellplatz pro Erw./Kind/Zelt 8/4/4 €) Dieser beliebte Campingplatz liegt in einem Pistaziengarten rund 400 m vom Dorf und Strand entfernt und verfügt über eine gute Ausstattung. Es werden auch Unterkünfte in verschiedenen Kategorien vermietet, von hölzernen „Zelten" bis hin zu Bungalows; die Preise liegen zwischen 12 und 20 € pro Person. Ein Minibus holt in der Hauptsaison Gäste an der Fähre ab.

Oasis (☎ 22810 42357, 6948274933; freri_stefania@hotmail.com; EZ/DZ/Studios 30/45/55 €; ⏰ 🛜) Eine echte „Oase". Dieser nette, kleine Bauernhof hat helle und luftige Zimmer, und die Begrüßung ist herzlich. Er liegt etwa 400 m hinter dem Dorf, umgeben von Olivenbäumen und Weinbergen. Ab der Kreuzung mit der Hauptbushaltestelle im Dorf einfach den Schildern folgen.

Hotel Benois (☎ 22810 42833; www.benois.gr; EZ/DZ/3BZ inkl. Frühstück 70/90/110 €, Apt. 150 €; ⏰ 🖥 🛜 🅿) Das Benois ist ein gut geführtes Hotel und hat schöne, blitzblanke Zimmer. Es liegt in Strandnähe am nördlichen Rand des Dorfes.

Essen & Ausgehen

Socrates (☎ 22810 43284; Hauptgerichte 4,50–9 €) In diesem gut geführten Lokal isst man ganz romantisch unter einem Blätterdach auf der Gartenterrasse. Das Angebot umfasst traditionelle Gerichte, wie *giouvetsi* (Lammfleisch in Tomatensauce überbacken mit Pasta).

Iliovasilema (☎ 22810 43325; Hauptgerichte 5–12 €) Ein gutes einheimisches Speiselokal, in dem Fisch wie Streifenbrasse pro Kilo verkauft wird, in dem es aber auch Meeresfrüchte-Vorspeisen und Fischsuppe zu moderaten Preisen gibt.

Savvas (☎ 22810 42998; Hauptgerichte 6–10 €) Das Lokal befindet sich gleich neben dem Iliovasilema. Das Savvas zeichnet sich durch einheimische Zutaten und echte Syros-Küche aus. Sein Aushängeschild sind Spezialitäten, wie Schweinefleisch in Honig und Anis.

Empfehlenswert ist darüber hinaus die Green Dollars Bar an der Strandstraße. Auf der Speisekarte stehen kleine Gerichte; dazu gibt's gute Musik. Rock und Reggae werden gespielt von 10 Uhr morgens bis 4 Uhr nachts.

KYKLADEN

UNTERWEGS AUF SYROS

An allen Stränden südlich von Galissas werden Fremdenzimmer (meist in Privathäusern) angeboten, teilweise gibt's auch Hotels. Manche Strände sind schmale, unschöne Sandstreifen gleich neben der Straße, aber sie sind dafür nicht überlaufen, so z. B. **Finikas, Posidonia** und **Angathopes.** Zurück auf der Hauptstraße und direkt an der Südküste bietet auch die Stadt **Megas Gialos** ein paar Strände an der Straße.

Die angenehme **Vari-Bucht,** weiter im Osten, hat einen Sandstrand mit etwas Bebauung, darunter ein paar Hotels und eine Taverne gleich am Strand.

Der Strand von **Kini,** einsam an der Westküste und im Norden von Galissas gelegen, ist ein sehr lang gestreckter Strand und entwickelt sich zu einem beliebten Ferienort mit modernen Standardhotels, Apartments, Cafés und Tavernen.

MYKONOS ΜΥΚΟΝΟΣ

9660 Ew.

Mykonos ist die großartige Glamourinsel der Kykladen und stolz auf ihren Ruf. Unter all dem Glanz und Glitzer ist dies jedoch ein reizender und zugleich sehr unterhaltsamer Ort. Die zuweilen völlig irre Mischung aus vergnügungssüchtigen Urlaubsgästen, Kreuzfahrern, posierenden Modejunkies und eingebildeten Promis wird auf wundersame Weise von dem Charme von Mykonos gedämpft. Die Stadt Mykonos wirkt beruhigend mit ihren würfelförmigen Häusern, die das traditionelle kykladische Labyrinth bilden. Die Einheimischen hatten schon 40 Jahre Zeit, den Tourismus in den Griff zu bekommen, und sie haben dabei nicht ihre griechische Identität aufgegeben.

Wer kein Freund der abgetretenen Touristenpfade ist, sollte jedoch auf den geölten Liegestuhl-Lifestyle an den überfüllten Hauptstränden der Insel, auf das Gedränge in den Straßen und auf das unerbittliche und manchmal fast manische Partyleben gefasst sein. Dennoch gibt es immer noch eine Handvoll abgelegener Strände, die den Weg lohnen. Außerdem sind die schicken Bars, Restaurants und Shops sehr attraktiv, und in der labyrinthartigen Altstadt geht's immer noch etwas ruhiger zu. All dies – zusammen mit den großartigen archäologischen Sehenswürdigkeiten auf der nahen Insel Delos – gewährleistet, dass Mykonos seinem Ruf als fabelhaftes Ferienziel tatsächlich gerecht wird.

An- & Weiterreise

Mykonos ist gut von Athen, Thessaloniki und Santorin aus per Flugzeug zu erreichen. Es gibt auch in der Zeit von Mai bis September Direktflüge von zahlreichen europäischen Flughäfen.

Da Mykonos ein wichtiges Reiseziel ist, sind die Fährverbindungen zu den Festlandhäfen Piräus und Rafina sehr gut, ebenso die Verbindungen zu den Nachbarinseln. Die Verbindungen zu einem weiteren wichtigen Reiseziel, Santorin, und weiteren Punkten auf dieser Südroute sind ebenfalls hervorragend.

Mykonos hat zwei Fähranleger: den Alten Hafen, 400 m nördlich der Stadt, an dem einige konventionelle Fähren und kleinere, schnelle Fähren festmachen, und den Neuen Hafen, 2 km nördlich der Stadt, der von den größeren schnellen und einigen normalen Fähren angefahren wird. Es gibt jedoch keine festen Regeln, daher sollte vor der Abreise immer noch mal überprüft werden, an welchem Anleger die Fähre wirklich abfährt.

Weitere Einzelheiten dazu im Kapitel Insel-Hopping (S. 869).

Unterwegs vor Ort
AUTO & MOTORRAD

In der Hauptsaison dürften Mietwagen (je nach Modell) ab 45 € zzgl. Versicherung zu haben sein; in der Nebensaison für 35 €. Roller (geländegängig) liegen in der Hauptsaison bei 20 bis 40 €; in der Nebensaison bei 15 bis 30 €. Zuverlässige Verleihfirmen sind das Mykonos Accommodation Centre (S. 444) und **OK Rent A Car** (☎ 22890 23761; Agio Stefanos). Rund um den südlichen Busbahnhof in Chora gibt's mehrere Auto- und Motorradverleihfirmen.

BOOT

Kaiks (kleine Boote) fahren von Chora (Mykonos) zu den Stränden Super Paradise, Agrari Elia (nur Juni bis September) sowie vom Platys Gialos zu den Stränden Paradise (7 €), Super Paradise (8 €), Agrari (7 €) und Elia (7 €).

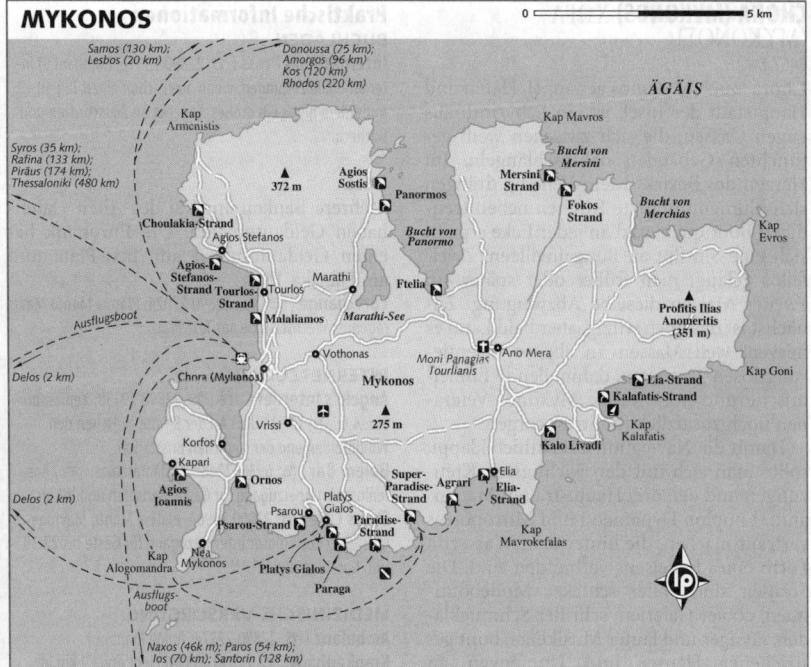

MYKONOS

(Karte Maßstab 0 — 5 km)

BUS

Das Busnetz von Mykonos (☎ 22890 26797; www.ktelmykonos.gr) umfasst zwei Hauptbusbahnhöfe und eine Haltestelle am Neuen Hafen. Die **nördliche Busstation** (Remezzo) liegt hinter dem OTE-Büro und bietet häufige Abfahrten nach Agios Stefanos über Tourlos (1,40 €) sowie Verbindungen nach Ano Mera, (1,40 €), Elia-Strand (1,70 €) und Kalafatis-Strand (1,90 €). Die Fahrten dauern 20 bis 40 Minuten. Täglich fahren zwei Busse zum Strand Kalo Livadi (1,50 €). Busse mit dem Fahrtziel Neuer Hafen, Turlos und Agios Stefanos halten auch am Alten Hafen. Vom **südlichen Busbahnhof** (Fabrika-Platz [Plateia Yialos]) kommt man zum Strand Agios Ioannis (1,40 €), nach Ornos, (1,40 €), Platys Gialos (1,40 €), Paraga (1,40 €) und zum Paradise-Strand (1,40 €). Die Fahrt dauert zwischen 15 Minuten und 40 Minuten.

Bustickets werden an Automaten, Straßenkiosks, in Minimärkten und Touristenläden verkauft. Die Fahrkarte muss vor dem Einsteigen gekauft (am besten hin & zurück kaufen), im Bus abgestempelt und gut aufgehoben werden. In der Zeit von 0.15 Uhr bis 6 Uhr morgens kosten alle Fahrten 1,70 €.

TAXI

Wer ein **Taxi** (☎ 22400 23700/22400) braucht, findet es am Taxistand von Chora (Plateia Manto Mavrogenus) und bei den Busstationen und Häfen. Der Mindesttarif beträgt 3 €, für jedes Gepäckstück kommen noch einmal 0,30 € dazu. Die Tarife für Fahrten von Chora zu den Stränden betragen: Agios Stefanos 8,50 €, Ornos 8 €, Platys Gialos 8,70 €, Paradise 9 €, Kalafatis 14,70 € und Elia 14,70 €. Telefonische Bestellungen kosten 1,50 € extra.

VOM/ZUM FLUGHAFEN

Vom südlichen Busbahnhof bedienen Busse die Strecke zum Flughafen von Mykonos (1,40 €), der 3 km südöstlich des Stadtzentrums liegt. Beim Reservieren der Unterkunft am besten schon den Flughafentransfer mitbuchen (kostet um die 6 €) oder ein **Taxi** (☎ 22890 22400, Flughafen 22890 23700) nehmen.

CHORA (MYKONOS) ΧΩΡΑ (ΜΥΚΟΝΟΣ)

6467 Ew.

Chora (auch Mykonos genannt), Hafen und Hauptstadt der Insel, ist ein Labyrinth aus engen Gassen, die sich zwischen weiß getünchten Gebäuden dahinschlängeln. Im Herzen des Bezirks Klein-Venedig drängen sich blumenumrankte Kirchen neben trendigen Boutiquen, und an jeder Ecke ergießt sich eine Sintflut an Bougainvilleen. Zweifellos gelangt man früher oder später ein zweites Mal an dieselbe Abzweigung. Zunächst ist das noch witzig, aber bald kann es nerven, weil Massen an ebenso orientierungslosen Touristen, dahineilende Einheimische und hochmütige Mykonos-Veteranen noch zusätzlich für Stress sorgen.

Damit die Navigation auf Anhieb klappt, sollte man sich mit den wichtigsten Kreuzungen und den drei Hauptstraßen Matogianni, Enoplon Dynameon und Mitropoleos vertraut machen, die hinter dem Wasser in Form eines Hufeisens verbunden sind. Die Straßen sind voller schicker Modeboutiquen, cooler Galerien, schriller Schmuckläden, lässiger und lauter Musikbars, bunt gestrichener Häuser und Unmengen an leuchtenden Blumen – hier geht's ums Sehen und Gesehen werden.

Orientierung

Die Stadt selbst liegt ungefähr 400 m südlich des Fähranlegers im Alten Hafen, jenseits des winzigen Stadtstrandes. Ein stark belebter Platz, die Plateia Manto Mavrogenus (auch Taxi-Platz genannt), liegt 100 m hinter dem Strand und am Rande von Chora. Östlich des Taxi-Platzes führt die lebhafte Uferpromenade in den Bezirk Klein-Venedig und zu der Reihe von Windmühlen auf einem Hügel, die zum Sinnbild für die Stadt geworden sind. Südlich des Taxi-Platzes und der Uferpromenade führen die belebten Straßen Matogianni, Zouganelli und Mavrogenus in das Herz von Chora.

Die nördliche Busstation befindet sich etwa 200 m südlich des Fähranlegers im Alten Hafen in Richtung der Stadt. Busse fahren aber außerdem an der südlichen Busstation am Fabrika-Platz am südlichen Stadtrand ab. Der Kai, an dem die Boote nach Delos ablegen, ist am westlichen Ende der Uferpromenade zu finden.

Praktische Informationen

BUCHLÄDEN

International Press (☎ 22890 23316; Kambani 5) Internationale Zeitungen, wenn auch schon einen Tag alt. Außerdem gibt's ein großes Angebot an Zeitschriften und Büchern.

GELD

Mehrere Banken am Kai des Alten Hafens haben Geldautomaten. Die Eurobank hat einen Geldautomaten am Taxi-Platz und am Fabrika-Platz.

Eurochange (☎ /Fax 22890 27024; Plateia Manto Mavrogenus) Wechselstube am Taxi-Platz.

INTERNETZUGANG

Angelo's Internet Café (☎ 22890 79138; Xenias; pro Std. 4 €; ☺ 10–24 Uhr) An der Straße zwischen den Windmühlen und der südlichen Busstation.

Bolero Bar (☎ 6936322484; Malamatenias; ☺) Kostenloser Internetzugang für Gäste. Konsolen und WLAN.

Stairs Café (☎ 22890 26904; Plateia Manto Mavrogenus; ☺) Kostenloser Internetzugang für Gäste bis 22.30 Uhr. Konsolen und WLAN.

MEDIZINISCHE VERSORGUNG

Ambulanz (☎ 22890 22274; Agiou Ioannou)

Krankenhaus (☎ 22890 23994) Liegt etwa 1 km in Richtung Ano Mera.

NOTFALL

Hafenpolizei (☎ 22890 22218; Akti Kambani) In der Mitte der Uferpromenade.

Polizei (☎ 22890 22716) An der Straße zum Flughafen.

Touristenpolizei (☎ 22890 22482) Am Flughafen.

POST

Post (☎ 22890 22238; Laka) Im südlichen Teil der Stadt.

REISEBÜROS

Delia Travel (☎ 22890 22322; travel@delia.gr; Akti Kambani) Auf halber Strecke an der inneren Uferpromenade. Verkauft Fährtickets und Fahrkarten nach Delos. Ist gleichzeitig das französische Konsulat.

Mykonos Accommodation Centre (☎ 22890 23408; www.mykonos-accommodation.com; 1. OG, Enoplon Dynameon 10) Gut organisiert und nützliches Informationsangebot. Kann auch Unterkünfte der Mittel- und Spitzenklasse sowie schwulenfreundliche Unterkünfte vermitteln.

Sea & Sky (☎ 22890 22853; Akti Kambani) Informationen und Fährtickets.

Windmills Travel (☎ 22890 26555; www.windmills travel.com; Xenias) Ein weiteres hilfreiches Büro beim südlichen Busbahnhof am Fabrika-Platz. Hier gibt's Infos aller Art, auch für Homosexuelle. Verkauft auch Fährtickets.

CHORA (MYKONOS)

0   200 m

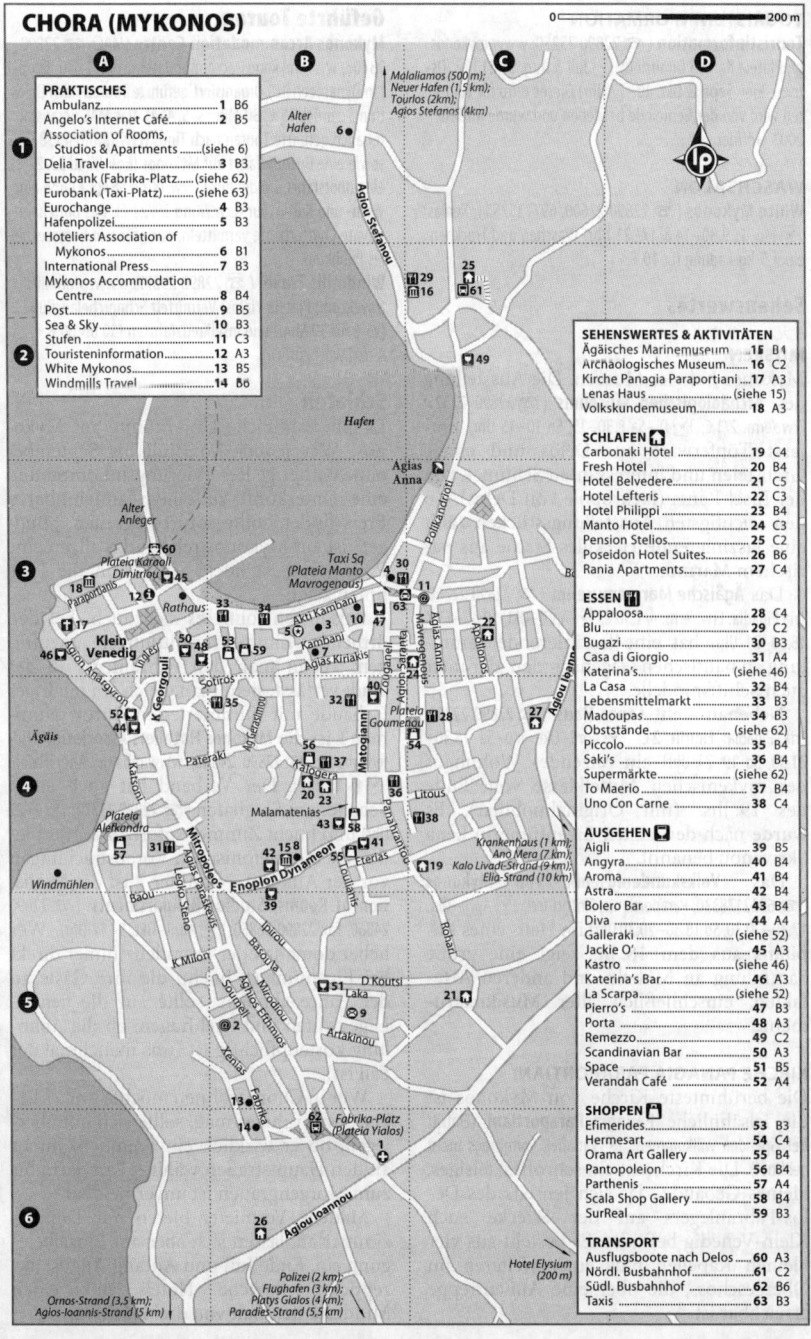

Málaliamos (500 m);
Neuer Hafen (1,5 km);
Tourlos (2km);
Agios Stefanos (4km)

Alter Hafen

Agiou Stefanou

Hafen

Alter Anleger

Plateia Karaoli Dimitriou

Paraportiani

Klein Venedig

Ägäis

Taxi Sq (Plateia Manto Mavrogenous)

Akti Kambani

Agias Kiriakis

Plateia Goumenou

Malamatenias

Plateia Alefkandra

Windmühlen

Enoplon Dynameon

D Koutsi

Laka

Artakinou

Agiou Ioannou

Fabrika-Platz (Plateia Yialos)

Ornos-Strand (3,5 km);
Agios-Ioannis-Strand (5 km)

Polizei (2 km);
Flughafen (3 km);
Platys Gialos (4 km);
Paradies-Strand (5,5 km)

Hotel Elysium (200 m)

Krankenhaus (1 km);
Ano Mera (7 km);
Kalo Livadi-Strand (9 km);
Elia-Strand (10 km)

Ägias Anna

Rathaus

KYKLADEN

TOURISTENINFORMATION

Touristinformation (☎ 22890 25250; www.mykonos. gr; Plateia Karaoli Dimitriou; ☾ Juli & Aug. 9–21 Uhr, Ostern–Juni, Sept. & Okt. 10–17 Uhr) Dieses Büro für Touristen wird von der Gemeinde betrieben und wurde im Jahr 2007 eröffnet.

WASCHSALON

White Mykonos (☎ 22890 27600, 6977352531; Xenias; ☾ Mo–Fr 9.30–14 & 17–21 Uhr) Waschen und Trocknen einer 5-kg-Ladung für 10 €.

Sehenswertes

MUSEEN

Mykonos hat vier Museen. Die Ausstellung des **Archäologischen Museums** (☎ 22890 22325; Erw./erm. 2/1 €; ☾ Di–Sa 8.30–15, So 10–15 Uhr) umfasst Töpferware aus Delos und einige Grabstelen und interessanten Schmuck von der Insel Renia (Nekropole von Delos). Zu den wichtigsten Ausstellungsstücken zählt eine faszinierende Herkules-Statue aus parischem Marmor.

Das **Ägäische Marinemuseum** (☎ 22890 22700; Tria Pigadia; Erw./erm. 4/1.50 €; ☾ April–Okt. 10.30–13 & 18.30–21 Uhr) hat eine faszinierende Sammlung an nautischen Gegenständen, darunter auch Schiffsmodelle.

Nebenan steht **Lenas Haus** (☎ 22890 22390; Tria Pigadia; Eintritt 2 €; ☾ April–Okt. Mo–Sa 18.30–21.30, So 19–21 Uhr), ein reizendes Wohnhaus der mykenischen Mittelklasse vom Ende des 19. Jhs. (mit Originalmobiliar). Es wurde nach der letzten Eigentümerin Lena Skrivanou benannt.

Das **Volkskundemuseum von Mykonos** (☎ 6932178330; Paraportianis; Eintritt frei; ☾ April–Okt. 17.30–20.30, So 18.30–20.30 Uhr) im Haus eines Kapitäns aus dem 18. Jh. zeigt eine große Sammlung an Möbeln und anderen Artefakten, einschließlich alter Musikinstrumente.

KIRCHE PANAGIA PARAPORTIANI

Die berühmteste Kirche von Mykonos ist die felsähnliche **Panagia Paraportiani** (Eintritt frei, Spenden willkommen; ☾ variabel, vormittags meist geöffnet). Die Kirche ist ein schroffes, felsiges, kleines Gebäude, das sich jenseits des Delos-Fähranlegers auf der Strecke nach Klein-Venedig befindet. Es besteht aus vier kleinen Kapellen plus einer weiteren im Obergeschoss, die über eine Außentreppe erreichbar ist.

Geführte Touren

Mykonos Accommodation Centre (MAC; ☎ 22890 23408; www.mykonos-accommodation.com; 1. OG, Enoplon Dynameon 10) Organisiert geführte Touren nach Delos (hin & zurück 15 €, 30 Min.; s. S. 454). Das MAC veranstaltet auch geführte Touren nach Tinos (Erw./Kind 58/38 €) sowie eine Busrundfahrt auf Mykonos (Erw./Kind 33/22 €), eine Bootsfahrt um die Insel (Erw./Kind 58/33 €) und eine Wein- und Kulturtour (Erw./Kind 29/21 €). Das Büro kann private Charterboote vermitteln, auch für rein homosexuelles Publikum.

Windmills Travel (☎ 22890 23877; www.windmills travel.com; Plateia Yialos) Vermittelt Schnorchelausflüge (25 € für 30 Min.) und Inselkreuzfahrten (50 bis 60 €, 4-mal wöchentlich).

Schlafen

Es gibt zahlreiche Unterkünfte auf Mykonos. Wer jedoch von Juli bis September ohne vorherige Reservierung ankommt und eine Unterkunft zu einem annehmbaren Preis findet, sollte sofort zugreifen. „Budget" ist auf Mykonos relativ; das allgemeine Preisniveau ist hoch, wie schon die Liste unten zeigt.

Ansonsten lohnt es sich auch, bei den örtlichen Zimmervermittlungen anzufragen. Wenn man den Fähranleger in der Stadt verlässt, sieht man gleich ein niedriges Gebäude mit nummerierten Büros. Nummer 1 ist die **Mykonos Hoteliers Association** (Hotelverband; ☎ 22890 24540; www.mha.gr; Alter Hafen; ☾ 8–16 Uhr). Der Verband hat auch einen Schalter am Flughafen (☎ 22890 25770; ☾ 9–22 Uhr) und bucht Zimmer sofort, akzeptiert jedoch keine telefonischen Vorausbuchungen vor der Ankunft. Nummer 2 ist die **Association of Rooms, Studios & Apartments** (☎ 22890 24860, Fax 22890 26860; ☾ April–Okt. 9–17 Uhr). Wer lieber domatia oder Fremdenzimmer direkt bei Eigentümern bucht, die ihre Gäste an der Fähre abholen, sollte auf die genaue Lage achten und nachfragen, ob die Abholung kostenpflichtig ist (was manchmal der Fall ist).

Wer in Chora wohnen möchte und es lieber etwas ruhiger mag, sollte sich gut überlegen, ob er wirklich ein Fremdenzimmer an den Hauptstraßen wählt – Partylärm bis zum Morgengrauen ist unvermeidbar.

Manche Vermieter bieten nur Doppelzimmer an, lassen sich aber auf Einzelbelegung ein. Ende Juli und Anfang August akzeptieren manche Hotels nur einen Mindestaufenthalt von drei Nächten.

BUDGETUNTERKÜNFTE

Manto Hotel (☎ 22890 22330; www.manto-mykonos. gr; Agias Anna; EZ/DZ/3BZ inkl. Frühstück 75/100/125 €; ☒) Das mitten im Herzen der Stadt versteckte Manto, das direkt am Ort des Geschehens liegt, ist eine Budgetoption (für Mykonos) mit ordentlichen Zimmern und einem netten Frühstücksraum.

Pension Stelios (☎ 22890 24641, 6944273556; EZ/DZ/3BZ 90/100/130 €) Das recht einfache, aber dafür saubere und ruhige Stelios liegt an einem Hang gleich über dem nördlichen Busbahnhof. Zum Taxi-Platz sind es nur 5 Minuten. Einige der kleinen Balkone bieten einen großartigen Ausblick über Chora. Die Pension ist nur über Treppen erreichbar.

Hotel Lefteris (☎ 22890 27117; www.lefterishotel. gr; Apollonos 9; EZ/DZ 95/120 €, Studios 140–220 €; ☒) Ein farbenfroher Eingang stimmt schon gleich auf diesen einladenden Treffpunkt für Menschen aus aller Welt und allen Altersklassen ein. Das Lefteris liegt in der Nähe des Taxi-Platzes, aber dennoch in ruhigerer Lage. Die Zimmer sind hell und komfortabel, die meisten haben einen Ventilator oder eine Klimaanlage. Es gibt eine Gemeinschaftsküche, und der Dachgarten lädt zum Ausspannen ein. Die Studios sind gut ausgestattet, und das Hotel hat weitere Zimmer in der Nähe.

MITTELKLASSEHOTELS

Hotel Philippi (☎ 22890 22294; chriko@otenet.gr; Kalogera 25; EZ/DZ 90/125 €; ☒ ☎) Ein angenehmer Garten voller Bäume, Blumen und Sträucher macht dieses Hotel im Herzen von Chora zu einer guten Wahl. Das Ambiente in den hellen, sauberen Zimmern ist sehr ansprechend. Von den Zimmern aus gelangt man direkt auf eine Veranda mit Ausblick auf den Garten. In den Zimmern besteht die Möglichkeit, Tee und Kaffee zuzubereiten.

Rania Apartments (☎ 22890 28272/3; www.rania-mykonos.gr; Leondiou Boni 2; EZ 105 €, DZ 135–195 €, 3BZ 210–220 €, 4BZ 255–285 €, Apt. 365 €; ☒ ☎) Die großartige Lage hoch über dem Hafen bringt eine kleine Wanderung von der Stadt den Hügel hinauf mit sich, aber die Apartments sind auch leicht über die Agiou Ioannou („Ringstraße") zu erreichen. Die Anlage liegt in einem hübschen Garten und ist gut und geschmackvoll eingerichtet. Zur Ausstattung gehören Kochplatten und Kaffeemaschinen.

Poseidon Hotel-Suites (☎ 22890 22437; www.poseidonhotelmykonos.gr; Agiou Ioannou; EZ 110–141 €, DZ 130–166 €, 3BZ/Suite 186/319 €; ☒ ☒ ☎ ☒) Das Poseidon befindet sich in einer der besten Lagen von Mykonos und bietet einen freien Blick auf das Meer. Den Windmühlenhügel erreicht man in wenigen Minuten zu Fuß am Ufer entlang. Die Standardzimmer sind überdurchschnittlich, die neueren Suiten sind feudal und bieten einen Ausblick auf den attraktiven Poolbereich.

LP Tipp Carbonaki Hotel (☎ 22890 24124/22461; www.carbonaki.gr; 23 Panahrantou St; EZ/DZ/3BZ/4BZ 120/160/200/240 €; ☒ ☎) Dieses kleine Familienhotel gleich am Rand der Stadtmitte von Mykonos hat ein entzückendes Ambiente. Die Inhaber sind ganz reizend, die Zimmer komfortabel und hell. Es gibt einladende Gemeinschaftsbalkone rund um die netten mittleren Innenhöfe. Ein Whirlpool und eine kleine Sauna wurden zum Zeitpunkt der Recherche eingebaut. Das Frühstück kostet 10 €.

Fresh Hotel (☎ 22890 24670; www.marioshotel-mykonos.com; Kalogera 31; EZ/DZ inkl. Frühstück 135/ab 150 €; ☒ ☐ ☎) Das einst unter dem Namen Marios Hotel bekannte und schwulenfreundliche Fresh liegt direkt im Herzen der Stadt und ist praktisch für alle, die mitten im Geschehen sein möchten. Es gibt einen angenehmen Garten in der Mitte, einen ansprechenden Frühstücksraum, eine Bar und einen Whirlpool. Die Zimmer haben Holzboden, und das Mobiliar verbindet Alt und Neu auf angenehme Weise.

SPITZENKLASSEHOTELS

Hotel Elysium (☎ 22890 23952; www.elysiumhotel. com; EZ 260–340 €, DZ 310–400 €, 3BZ 480–560 €; ☒ April–Okt.; ☒ ☒ ☐ ☒) Dieses edle Hotel für Homosexuelle (Heteros sind ebenfalls willkommen) liegt hoch über der Altstadt in der Gegend der Schule für Bildende Künste. Es hat eine coole Innenausstattung und komfortable, recht große Zimmer. Es gibt viele Extras, darunter auch PCs in den Suiten und Deluxe-Zimmern sowie Wellness- und Massageangebote.

Hotel Belvedere (☎ 22890 25122; www.belvederehotel.com; Rohari; DZ 280–2000 €; ☒ ☒ ☐ ☎ ☒) Diese führende Unterkunft von Mykonos lockt mit ihren bauschenden Vorhängen und weißem Leinen inmitten der modernistischen Einrichtung. Das Belvedere wurde in den vergangenen Jahren intensiv renoviert.

KYKLADEN

Whirlpools, Massagetherapie, ein Fitness-studio und Musik- und Videoanlagen lassen keine Wünsche offen.

Mit zur Anlage gehören das Matsuhisa Restaurant unter der Leitung des bekannten japanischen Chefkochs Nobu Matsuhisa sowie das Belvedere Restaurant, das kürzlich renoviert wurde und für dessen Speisekarte der ebenso bekannte austro-griechische Chefkoch George Calombaris verantwortlich ist.

Essen

In vielen der Speiselokale von Mykonos garantieren hohe Preise leider nicht zwangsläufig auch hohe Qualität. Es finden sich jedoch auch ausgezeichnete Restaurants, die ihr Geld wert sind. Unter den zahlreichen Lokalen ist für jeden Geschmack und jeden Geldbeutel etwas dabei.

BUDGET

Piccolo (☎ 22890 22208; Drakopoulou 18; Snacks 3,90–7,80 €) In diesem kleinen Imbiss gibt es zwar keine Tischdecken, aber dafür erstklassiges Essen von knackigen Salaten bis hin zu einer großartigen Auswahl an Sandwichfüllungen, darunter roher Schinken aus Mykonos, *manouri* (Weichkäse), geräucherter Schinken aus der Region, Räucheraal und Krabben.

Madoupas (☎ 22890 22224; Hauptgerichte 7–12 €) Wer an einem Sonntagmorgen ins Madoupas geht, trifft hier alle Einheimischen von Mykonos an. Dies ist der Ort für den morgendlichen Kaffee oder für große Portionen guter griechischer Standardgerichte schon ab 7 €. Abends gibt's auf der Speisekarte mehr Auswahl.

Überall in der Stadt gibt es auch verschiedene günstige Fast-Food-Läden und Crêperien:

Bugazi (☎ 22890 24066; Snacks 4,60–6,70 €) Gute Auswahl an Crêpes, gleich in der Nähe des Taxi-Platzes.

Saki's (☎ 22890 24848; Agion Saranta) Das Saki's ist bei den Einheimischen sehr beliebt und serviert Kebabs und *souvlaki* für 2,50 € und andere preiswerte, sättigende Gerichte für 5 bis 7 €.

Supermärkte und Obsthändler gibt es zahlreich, insbesondere rund um die südliche Busstation. Außerdem gibt es eine Lebensmittel- und Fischmarkt an der Uferpromenade, dort, wo sich die berühmten Pelikane von Mykonos herumtreiben.

MITTELTEUER & TEUER

La Casa (☎ 22890 24994; Matogianni 8; Hauptgerichte 9,90–18,90 €) Das klassische La Casa hat eindeutig griechische Wurzeln, aber mit italienischen, arabischen und libanesischen Einflüssen. Vorspeisen wie geräucherter Käse mit Pilzen und phantasievolle Salate – einschließlich einer mykenischen Spezialität mit *louza* (einheimischem Räucherschinken), einheimischem Käse und Rucola – machen Appetit auf Hauptgerichte wie Schweinefilet mit Senf, *pleurotus-Pilzen* und Estragon.

LP Tipp Katerina's (☎ 22890 23084; Agion Anargyron; Hauptgerichte 11–25 €) Die berühmte Katerina's Bar, deren gleichnamige Matriarchin in den 1950ern im Alter von 18 Jahren als Griechenlands erste Skipperin gefeiert wurde, hat sich nun mit einem eigenen kleinen Restaurant vergrößert. Es gibt ein durchdachtes und kreatives Speiseangebot mit knackigen Salaten und Vorspeisen wie *saganaki* (gebratene Garnelen) oder wilde Steinpilze. Angebotene Hauptspeisen sind frische Seebrasse, eine gemischte Meeresfrüchteplatte für zwei Personen (50 €) oder auch vegetarische Gerichte. Für den Ausblick vom Balkon möchte man sterben, genauso für das Dessert „Himmlische Schokolade".

Blu (☎ 22890 22955; Hauptgerichte 12–24 €) Dieses auf dem Weg vom Alten Hafen in die Stadt gelegene schicke Lokal hat eine attraktive Terrasse, die einen großartigen Blick über den Hafen bietet. Die feine Speisekarte enthält Vorspeisen wie kurz angebratene Pilze in einer Sauce aus Süßwein und Kreuzkümmel, und Hauptgerichte wie Kalbsfilet in Marsala-Wein mit Wildreis. Der Fisch wird pro Kilo verkauft und die Weinkarte ist sorgfältig zusammengestellt. Im benachbarten Blu-Blu-Café gibt es Internetzugang.

To Maereio (☎ 22890 28825; Kalogera 16; Hauptgerichte 14–21 €) Eine kleine, aber feine Speisekarte mit Lieblingsgerichten aus Mykonos sorgt für die ungebrochene Popularität dieses gemütlichen kleinen Lokals. Den Hauptgerichten, vorwiegend Fleisch und Geflügel, kann man eine Salatmischung voranstellen, zur deren Zutaten auch Äpfel und Birnen, Joghurt und eine Sauce mit Balsamico-Essig zählen können.

Uno Con Carne (☎ 6944479712; Panachra; Hauptgerichte 19–98 €) Dieses erst kürzlich eröffnete

Lokal hat das Zeug dazu die Hauptanlaufstelle für Fleischliebhaber auf Mykonos werden. Das große, schicke Lokal kennt sich eindeutig mit der Zubereitung erstklassiger Steaks aus, von bestem Chateaubriand und südamerikanischem Pichana „Black Angus" bis hin zum Tyson T-Bone und „echten" Hamburgern, bei denen einem das Wasser im Munde zusammenläuft. Vorspeisen wie Scampi-Tartar oder Gazpacho bereiten auf die eigentlichen kulinarischen Höhepunkte vor, und hinterher kann man sich den Gaumen mit Sorbet oder Eiscreme kühlen. Außerdem werden Lammfleisch und Hühnchen angeboten.

Außerdem empfehlenswert:

Appaloosa (☎ 22890 27086; Mavrogenus 1, Plateia Goumeniou; Hauptgerichte 8,50–29 €) Internationale Küche mit mexikanischen und indonesischen Einflüssen. Zu den heißen Drinks und Cocktails passt die coole Musik.

Casa di Giorgio (☎ 6932561998; Mitropoleos; Hauptgerichte 12–22 €) Eine gute Auswahl an Pizza und Pasta sowie Fleischgerichten und Meeresfrüchten wird auf einer großen Terrasse serviert.

Ausgehen

Das Viertel Klein-Venedig in Chora ist zwar nicht gerade der Canale Grande, aber es legt einem dennoch das Mittelmeer zu Füßen, dazu gibt es dort rosarote Sonnenuntergänge, den herrlichen Blick auf die Windmühlen, romantisch flackernde Kerzen und außerdem eine ganze Reihe farbenfroher Bars. Die Musik bewegt sich zwischen sanftem Soul und Easy-Listening, manchmal dröhnen einem jedoch auch die Ohren, wenn benachbarte Bars richtig aufdrehen.

Eine gute Wahl ist das **Galleraki** (☎ 22890 27188), das herrliche Cocktails mixt. Ganz in der Nähe bietet sich das **Verandah Café** (☎ 22890 27400) für den Sonnenuntergang an, während das **La Scarpa** (☎ 22890 23294) einlädt, sich in die gemütlichen Kissen sinken zu lassen. Weiter im Norden lädt **Katerina's Bar** (☎ 22890 23084; Agion Anargyron) einen coolen Balkon, entspannende Klänge leiten hier einen gemütlichen Abend ein.

Weiter in Richtung Stadtmitte befindet sich das gnadenlos stylishe **Aroma** (☎ 22890 27148; Enoplon Dynameon) an einer strategisch wichtigen Ecke, die abends bestens geeignet ist, um die vorbeiflanierende Masse zu betrachten; es ist auch schon zum Frühstück geöffnet und eignet sich für den Kaffee zwischendurch. Gleich gegenüber liegt in einer

Gasse die **Bolero Bar** (☎ 6936322484; Malamatenias), ein schon lange bestehendes Lieblingslokal, das schon seinerzeit von Promis wie Keith Richards geschätzt wurde.

Die Enoplon Dynameon weiter runter liegt das **Astra** (☎ 22890 24767), in dem die Innenausstattung ganz im Stil des modernistischen Mykonos gehalten ist. Einige der Top-DJs aus Athen unterstreichen das Ambiente noch mit Rock, Funk, House und Drum'n'Bass. Gleich gegenüber vom Astra bietet das **Aigli** (☎ 22890 27265) coole Cocktails und eine weitere praktische Terrasse, zum Leutebeobachten. In der Matogianni gibt's eine Reihe von Musikbars, darunter das **Angyra** (☎ 22890 24273), in dem vor allem Easy-Listening-Musik und Mainstream laufen.

In der **Scandinavian Bar** (☎ 22890 22669; Ioanni Voinovich 9) herrscht Mainstream-Chaos an den Bars im Erdgeschoss. Oben drüber drängen sich viele Leute auf engem Raum zu Retro-Dance-Hits.

Wer viel Action bis zum Morgengrauen möchte, geht am besten ins **Space** (☎ 22890 24100; Laka). Die Nächte sind dort kurzweilig durch einen Mix aus Techno, House und Progressive, und wenn spät am Abend auf der Bar getanzt wird, geht es erst richtig rund. Das **Remezzo** (☎ 22890 24100; Polykandrioti) wird von dem Space-Team geführt, bietet jedoch Lounge und Dance zum Abhängen. Der Eintritt kostet für jeden der beiden Clubs rund 20 €.

SCHWULENBARS

Mykonos ist weltweit eines der Reiseziele, die Homosexuellen gegenüber am aufgeschlossensten sind. Homosexualität wird hier nicht offen ausgelebt, aber Chora hat viele schwulenfreundliche Clubs und Kneipen, in denen die Nachtschwärmer anzutreffen sind.

Kastro (☎ 22890 23072; Agion Anargyron) Mit seinen klassischen bis stylischen Klängen ist dies ein guter Ort für den Einstieg ins Nachtleben mit Cocktails beim Sonnenuntergang über Klein-Venedig.

Jackie O' (☎ 22890 79167; www.jackieomykonos. com; Plateia Karaoli Dimitriou) Dieses Lokal ist im Moment die heißeste Schwulenbar auf Mykonos. Das Jackie O' scheint diesen Rang auch nicht so schnell abtreten zu wollen. Heteros sind auch willkommen. Fabelhafte Musik, die mit noch heißeren Shows ergänzt wird.

Diva (☎ 22890 27271; K Georgouli) Eine großartige lockere Atmosphäre macht das Diva zu einem Lieblingslokal auf Mykonos. Das Publikum ist gemischt, aber es gibt treue lesbische Stammgäste.

Porta (☎ 22890 27807; Ioanni Voinovich) Die Treppe führt hinab in das Kreuzfahrtschiffambiente des Porta, in dem es gegen Mitternacht voll und gemütlich wird.

Pierro's (☎ 22890 22177; Agias Kiriakis) Seit langem die letzte Station der Nachtwache. Rundet die Sache ab mit einer Kulisse aus Heavy-Beat-House und absolut schriller Travestie im oben gelegenen Ikaros. Kann sich bis auf die Straße ausbreiten.

Shoppen

Überall auf den Straßen von Chora ringen Lifestyle- und Kunstläden um Aufmerksamkeit, darunter auch Boutiquen von Lacoste, Dolce & Gabbana, Naf Naf, Diesel und Body Shop. Wenn die eigenen Klamotten fadenscheinig werden, gibt's ein paar herausragende Läden, die man gesehen haben sollte.

Scala Shop Gallery (☎ 22890 26992; www.scalagal lery.gr; Matogianni 48) Das Scala ist eine der edleren Galerien von Mykonos; hier werden auch wechselnde Kunstausstellungen veranstaltet und zeitgenössischer Schmuck und Keramik verkauft. Der Eigentümer Dimitris Rousounelos ist ein anerkannter Autor, der über die Traditionen von Mykonos schreibt. Sein Buch *Tastes of Sacrifice* das in der Galerie verkauft wird, gibt einen scharf beobachteten und sinnträchtigen Einblick in das Leben auf Mykonos jenseits des Glanzes des schicken Tourismus.

Parthenis (☎ 22890 23089; Plateia Alefkandra) Führt die markante Mode – alles in Schwarz und Weiß – des Athener Designers und schon länger auf Mykonos wohnhaften Dimitris Parthenis.

Hermesart (☎ 22890 24652; Plateia Goumenio) Diese kleine Galerie zeigt eigenwillige und ansprechende Kunst, darunter auch kleinere Stücke zu bezahlbaren Preisen.

Orama Art Gallery (☎ 22890 26339; Fournakia) Unweit der Enoplon Dynameon zeigt die Galerie Orama die sehr originellen Werke von Louis Orosko und Dorlies Schapitz.

Pantopoleion (☎ 22890 22078; Kalogera 24) Ein echter, reiner Bioladen mit Produkten, die kaum einen Wunsch offen lassen, von frischem Obst und Gemüse, Käse, Pasta und Brot bis hin zu Kosmetika auf Pflanzenbasis und sogar Öko-Putzmitteln. Dazu gibt es Bücher zu allen möglichen Öko-Themen.

Wer eine originelle Geschenkidee sucht, sollte das **Efimerides** (☎ 22890 79180; Drakopoulou 4) mit seiner Auswahl an Kunstobjekten ausprobieren, während das **SurReal** (☎ 22890 28323; Drakopoulou 1) gleich gegenüber auf Lederwaren spezialisiert ist, die an Blätter erinnern.

UNTERWEGS AUF MYKONOS
Strände

Mykonos hat recht viele Strände, und die meisten davon sind goldene Sandstrände in attraktiver Lage. Sie sind dennoch nicht groß genug, um dort den Menschenmassen zu entkommen. Vor allem ab Juni sind sie äußerst beliebt und oft überfüllt. Abgeschiedenheit gibt's also keine, jedoch kann einen durchaus das Gefühl der Ausgeschlossenheit beschleichen, wenn verschiedene Cliquen die Liegestühle belagern. Andere Strände dagegen werden unübersehbar von den beiden feindlichen Lagern Stil und Snobismus beherrscht.

Wer sich an den Stränden Paradise und Super Paradise wohlfühlen möchte, muss ein Partymensch sein. Es kann dort extrem eng werden, aber Kontaktfreudige dürften auf ihre Kosten kommen. Die meisten Strände haben ein gemischtes Publikum, und die Einstellungen zu „oben ohne" und FKK sind ebenfalls nicht einheitlich. Jedoch ist vor Ort sehr schnell ersichtlich, was an welchem Strand akzeptiert wird.

Eine ausgezeichnete Beschreibung der Inselstrände und ihres speziellen oder gemischten Publikums ist unter dem Link zu den Stränden auf www.mykonos-accom modation.com zu finden.

Die am nächsten zu Chora (Mykonos) gelegenen Strände sind zugleich auch die am wenigsten glanzvollen. Dies sind: **Malaliamos,** der winzige und überlaufene **Tourlos,** 2 km weiter nördlich, und **Agios Stefanos,** 4 km entfernt. Rund 3,5 km südlich von Chora liegt der überlaufene und laute Strand **Ornos;** von hier aus fahren Boote zu anderen Stränden. Ein kleines Stück weiter westlich liegt **Agios Ioannis.** Der nicht gerade kleine Pauschaltourismusort **Platys Gialos** liegt 4 km von Chora entfernt an der Südwestküste. Alle der vorgenannten Strände sind familienfreundlich.

KYKLADEN

In **Platys Gialos** verkehren kleine Boote, die Besucher zu den besseren Stränden im Osten bringen, wie zum Paradise und zum Super Paradise.

Ungefähr einen Kilometer südlich von Platys Gialos liegt der angenehme Strand **Paraga**, an dem es einen kleinen Abschnitt für Homosexuelle gibt. Rund 2 km weiter östlich liegt der berühmte Strand **Paradise**, der zwar kein ausgewiesener Schwulenstrand ist, aber ein lebendiges jüngeres Publikum anzieht. **Super Paradise** (auch **Plintri** oder **Super P** genannt) hat einen echten Schwulenabschnitt. Der gemischte und schwulenfreundliche Strand **Elia** ist die letzte Haltestelle der Kaïks, nur wenige Gehminuten von hier liegt der kleine und angenehme Strand **Agrari**. FKK ist an allen diesen Stränden gang und gäbe.

Die Strände an der Nordküste können dem *meltemi* (Nordostwind) ausgesetzt sein, aber **Panormos** und **Agios Sostis** liegen in einer recht geschützten Lage und werden immer beliebter. Beide sind sowohl bei homo- als auch heterosexuellen Sonnenanbetern beliebt.

Wer am Strand gerne das Gefühl hat, am Ende der Welt zu sein, der sollte sich zu solchen Stränden wie **Lia** an der Südostküste oder zu den kleineren **Fokos** und **Mersini** an der Ostküste aufmachen. Dafür braucht man allerdings robuste Räder und ein solides Fahrgestell.

AKTIVITÄTEN
Dive Adventures (☎ 22890 26539; www.diveadventures.gr; Paradise Beach) bietet die ganze Palette an Tauchkursen bei mehrsprachigen Tauchlehrern. Zwei Schnuppertauchgänge kosten 130 €; Schnorcheln kostet 30 €. Es gibt verschiedene Tauchpakete. Das kleinste davon beinhaltet fünf Tauchgänge zu 225 €, außerdem gibt's Kurse für den PADI-Tauchschein.

Eine gute Adresse am Strand Kalafatis ist **Planet Windsailing** (☎ 22890 72345; www.pezi-huber.com); es bietet Windsurfen für eine Stunde oder einen Tag zu 26 € bzw. 60 €, außerdem wird dort ein dreistündiger Anfängerkurs für 75 € angeboten.

Am Strand Kalafatis bietet auch das **Kalafati Dive Center** (☎ 22890 71677; www.mykonos-diving.com) das vollständige Angebot an Tauchkursen. Darunter ein Paket mit 10 Tauchgängen von einem Boot mit Sauer-

stoffflaschen und Gewichten zu 290 € und mit vollständiger Ausrüstung zu 390 €. Die Kosten für einen einzelnen Tauchgang vom Boot aus mit Sauerstoffflaschen und Gewichten belaufen sich auf 45 € bzw. mit der gesamten Ausrüstung auf 60 €. Einen Schnupperkurs gibt's für 45 €. Wer bei der Buchung gleich im Voraus zahlt, erhält einen Preisnachlass von 10 %.

SCHLAFEN
Mykonos Camping (☎ 22890 24578; www.mycamp.gr; Stellplätze pro Erw./Kind/Zelt 10/5/5 €, Bungalows pro Person 15–30 €, Apt. 180–235 €) Diese Budgetoption liegt an dem angenehmen Paraga-Strand (10 Min. zu Fuß von Platys Gialos). Absolute Ruhe und Privatsphäre können nicht garantiert werden. Dafür sind die Einrichtungen anständig, und es gibt auch Bungalows und Apartments für zwei bis sechs Personen.

Twins Apartments (☎ 22890 26241; www.twins-mykonos.com; DZ/3BZ/4BZ 130/145/160 €; ✉) Diese hellen, geräumigen Apartments in der Nähe des Ornos-Strands sind ideal für Familien und haben Kochgelegenheiten.

Princess of Mykonos (☎ 22890 23806; www.princessofmykonos.gr; EZ 200 €, DZ 220–280 €, 3BZ 245–320 € inkl. Frühstück; ✉ ✉ ✉ ✉) Für die Zimmer mit Seeblick zahlt man in diesem todschicken Hotel extra. Hier findet man ein Ambiete im traditionellen Inselstil mit einem Hauch von Art Deco. Das Hotel liegt oberhalb des oft überfüllten Strandes Agios Stefanos.

ESSEN
LP Tipp **Christos** (☎ 22890 26850; Strand Agios Ioannis; Hauptgerichte 6–18 €) Der Fischer, Küchenchef und Bildhauer Christos betreibt dieses schlicht gehaltene Strandlokal. Es liegt direkt an der Küste, an der der Film *Auf Wiedersehen, mein lieber Mann* (engl. *Shirley Valentine*) gedreht wurde. Das Christos ist wirklich authentisches Mykonos. Fisch und Meeresfrüchte vom Feinsten, nicht zuletzt die unschlagbare *astakos* (Languste), werden hier gekonnt zubereitet.

Tasos Trattoria (☎ 22890 23002; Paraga-Strand; Hauptgerichte 9–19 €) Eine Institution am Paraga-Strand. Diese beliebte Taverne kocht großartige Fisch-, Hühnchen-, Schweinefleisch- und Kalbsfleischgerichte sowie eine großartige Auswahl an vegetarischen Gerichten.

UNTERHALTUNG

Cavo Paradiso (☎ 22890 27205; www.cavoparadiso.gr) Wenn es am Horizont schon wieder hell wird, zieht das Hardcore-Partyvolk von Chora (Mykonos) zum Cavo Paradiso weiter, dem Megaclub, der seit 1993 am Paradise-Strand für Stimmung sorgt und in dem seither etliche internationale Top-DJs gastierten, darunter auch solche House-Legenden wie David Morales und Louie Vega.

Ano Mera Ανω Μέρα

1310 Ew.

Das Dorf Ano Mera, 7 km östlich von Chora, ist die einzige Siedlung im Landesinneren der Insel. Ein Abstecher dorthin bietet Abwechslung zu Chora und den Stränden. Es ist ein recht bescheidener Ort mit einem großen zentralen Platz, der an drei Seiten von Tavernen flankiert wird, die Standardkost anbieten. An den Hauptplatz schließt sich ein großer Parkplatz an.

Das aus dem 6. Jh. datierende **Moni Panagias Tourlianis** (☎ 22890 71249; ⏱ 9–13 & 14–19.30 Uhr) hat einen schönen, mehrstufigen Glockenturm aus Marmor mit eleganten Verzierungen. Drinnen hängen Ikonen aus dem 16. Jh., die von Schülern der kretischen Schule gemalt wurden. Der ganze Stolz dieses Klosters ist jedoch eine herrliche hölzerne Ikonostase, die gegen Ende des 18. Jhs. in Florenz geschnitzt wurde.

DELOS ΔΗΛΟΣ

Die Kykladen tragen ihren Namen *(kyklos)*, weil sie einen Kreis um die heilige Insel **Delos** (☎ 22890 22259; Museum & Stätten Erw./erm. 5/3 €; ⏱ Di–So 8.30–15 Uhr) bilden, nur Mykonos drückt die Insel eifersüchtig an sein Herz. Delos hat keine ständigen Bewohner und bildet einen Gegenpol zu der hektischen Betriebsamkeit des modernen Mykonos, auch wenn im Sommer bei den Besichtigungen niemand alleine unterwegs ist. Delos ist eine der wichtigsten archäologischen Stätten Griechenlands und die wichtigste der Kykladen. Die Insel liegt wenige Kilometer vor der Westküste von Mykonos.

Delos hütet immer noch seine Geheimnisse und ab und zu werden neue Entdeckungen gemacht. In den vergangenen Jahren wurde eine Goldschmiedewerkstatt an der Straße der Löwen ausgegraben.

Geschichte

Delos wurde schon früh als der mythische Geburtsort der Zwillinge Apollon und Artemis berühmt und war erstmals im 3. Jt. v. Chr. bewohnt. Ab dem 8. Jh. v. Chr. wurde es zum Apollon-Heiligtum, und die ältesten Tempel auf der Insel datieren aus dieser Ära. Die dominanten Athener erlangten im 5. Jh. v. Chr. die vollständige Kontrolle über Delos – und damit über die Ägäis.

Athen gründete 478 v. Chr. eine Allianz, den Delisch-Attischen Seebund, der seine Schätze auf Delos verwahrte. Ein zynisches Dekret legte fest, dass niemand auf Delos geboren werden oder sterben durfte, so dass Athen durch die Vertreibung der einheimischen Bevölkerung noch mehr Macht über die Insel erlangte.

Delos erreichte den Gipfel seiner Macht in der hellenistischen Periode, als es eines der drei wichtigsten religiösen Zentren in Griechenland und ein blühendes Handelszentrum war. Viele seiner Einwohner waren wohlhabende Kaufleute, Seeleute und Banker, die teilweise sogar aus dem fernen Ägypten oder Syrien stammten. Sie errichteten Tempel für die Götter aus ihrer Heimat, Apollon blieb jedoch die oberste Gottheit.

Die Römer erklärten Delos 167 v. Chr. zum Freihafen. Dies brachte der Insel sogar noch mehr Wohlstand, vor allem aufgrund eines lukrativen Sklavenmarktes, auf dem an nur einem Tag bis zu 10000 Menschen verkauft wurden. In den nachfolgenden Jahrhunderten verloren die antiken Religionen an Bedeutung und die Handelsrouten verlagerten sich, sodass Delos ein langer, schmerzhafter Niedergang bevorstand. Im 3. Jh. n. Chr. gab es nur noch eine kleine christliche Siedlung auf der Insel, und in den folgenden Jahrhunderten wurden viele Antiquitäten aus den antiken Stätten geplündert. Erst in der Renaissance wurde deren kultureller Wert erkannt.

An- & Weiterreise

Schiffe nach Delos (hin & zurück 15 €, 30 Min.) fahren ab Chora (Mykonos) ungefähr 6-mal täglich ab etwa 9 Uhr in der Hauptsaison. Die letzte Hinfahrt ist gegen 12.50 Uhr. Die Abfahrts- und Rückfahrtszeiten sind am Ticketschalter am Zugang zum Alten Landungssteg am Südende des Hafens angeschlagen. Außerhalb der Monate

ANTIKES DELOS

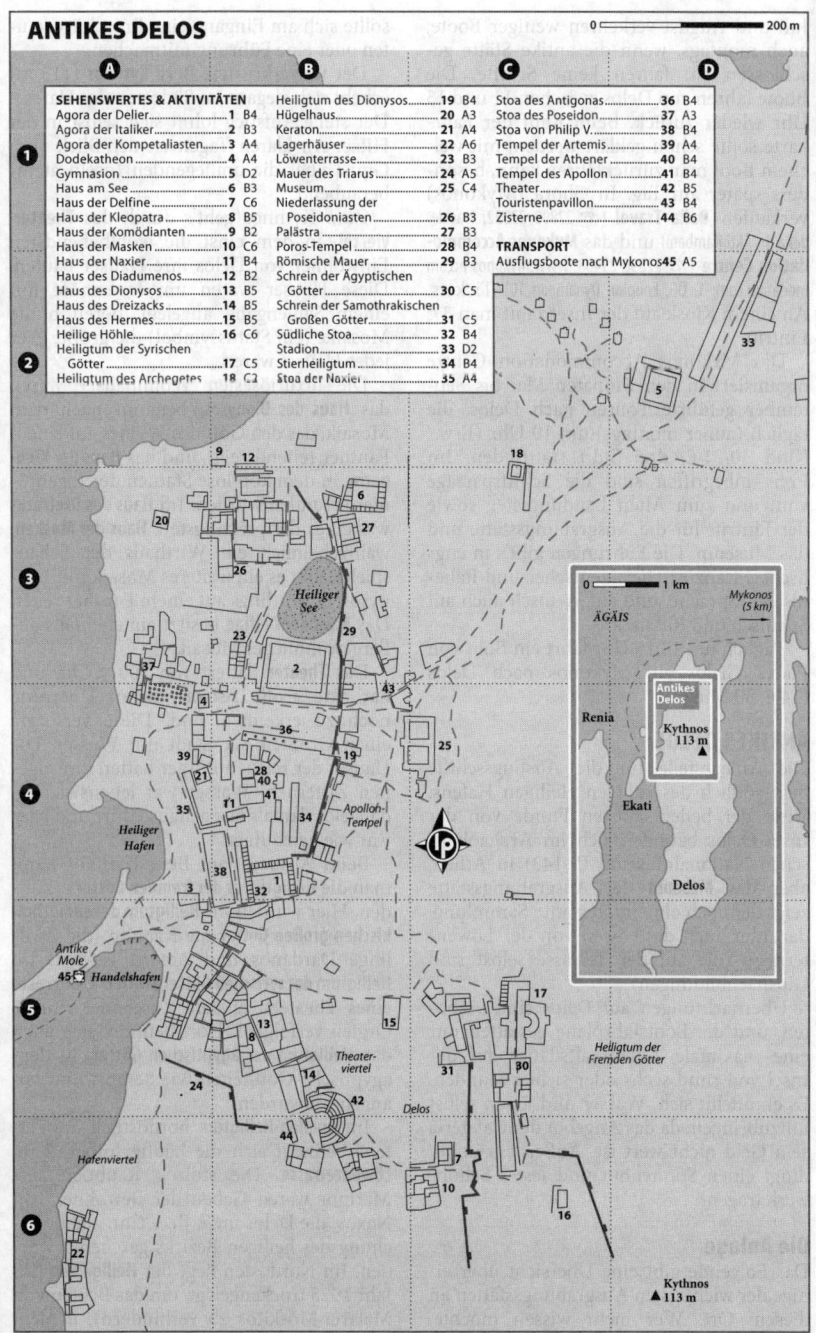

Heiliger See · Heiliger Hafen · Antike Mole · Handelshafen · Hafenviertel · Theaterviertel · Delos · Kythnos ▲ 113 m

ÄGÄIS · Mykonos (5 km) · Renia · Antikes Delos · Kythnos 113 m ▲ · Ekati · Delos

Juli und August verkehren weniger Boote; auch montags, wenn die antike Stätte geschlossen ist, fahren keine Schiffe. Die Boote fahren von Delos zwischen 11 und 15 Uhr wieder zurück. Beim Kauf der Fahrkarte sollte schon geklärt werden, mit welchem Boot man zurückfahren kann, besonders später am Tag. In Chora (Mykonos) verkaufen **Delia Travel** (☎ 22890 22322; travel@delia.gr; Akti Kambani) und das **Mykonos Accommodation Centre** (☎ 22890 23408; www.mykonos-accommodation.com; 1. OG, Enoplon Dynameon 10) Tickets. An einem Kiosk auf der Insel zahlt man 3 € Eintritt.

Das Mykonos Accommodation Centre organisiert in den Monaten Mai bis September geführte Touren nach Delos, die täglich (außer montags) um 10 Uhr (Erw./Kind 40/31 €, drei Std.) stattfinden. Im Preis inbegriffen sind die Schiffspassage vom und zum Alten Landungssteg sowie der Eintritt für die Ausgrabungsstätte und das Museum. Die Führungen gibt's in englischer, französischer, deutscher und italienischer Sprache, und auf Wunsch auch auf Spanisch und Russisch.

Täglich um 10.15 Uhr fährt ein Boot von Platys Gialos auf Mykonos nach Delos (14 €, 30 Min.).

ANTIKES DELOS

Die Anlegestelle für die Ausflugsschiffe liegt südlich des ruhigen Heiligen Hafens. Viele der bedeutsamsten Funde von der Insel Delos befinden sich im Archäologischen Nationalmuseum (S. 143) in Athen, aber das **Museum** der Ausgrabungsstätte zeigt dennoch eine interessante Sammlung, darunter auch die Löwen von der Löwenterrasse (die auf der Terrasse selbst sind Gipsnachbildungen).

Übernachtungen auf Delos sind verboten, und die Bootsfahrpläne gestatten nur eine maximale Aufenthaltsdauer auf der Insel von rund sechs oder sieben Stunden. Es empfiehlt sich, Wasser und Essen selbst mitzubringen, da das Angebot der Cafeteria sein Geld nicht wert ist. Außerdem unbedingt einen Sonnenhut und festes Schuhwerk tragen.

Die Anlage

Das Folgende gibt eine Übersicht über einige der wichtigsten Ausgrabungsstätten an diesem Ort. Wer mehr wissen möchte,

sollte sich am Eingang eine Broschüre kaufen oder eine Führung mitmachen.

Der felsverkrustete Berg **Kythnos** (113 m) erhebt sich elegant im Südosten des Hafens. Der steile Aufstieg lohnt sich selbst in der Hitze. An klaren Tagen ist der Blick vom Gipfel über die umliegenden Inseln atemberaubend.

Zum Kythnos geht's durch das **Theaterviertel**, in dem einst die wohlhabendsten Einwohner von Delos ihre Häuser bauten. Diese Häuser waren um Innenhöfe mit einem Säulengang angelegt, deren bunte Mosaike (ein Statussymbol) die größte Zier jedes Hauses waren.

Die luxuriösesten Wohnhäuser waren das **Haus des Dionysos**, benannt nach dem Mosaik, das den Gott des Weines auf einem Panther reitend zeigt, und das **Haus der Kleopatra,** in dem kopflose Statuen der Eigentümer gefunden wurden. Im **Haus des Dreizacks** war eines der prächtigsten. **Haus der Masken**, wahrscheinlich ein Wirthaus der Schauspieler, gibt es ein weiteres Mosaik mit Dionysos, der rittlings auf einem Panther reitet. Das **Haus der Delfine** besitzt ein ebenfalls außergewöhnliches Mosaik.

Das **Theater** datiert von 300 v. Chr. und hat eine große **Zisterne,** deren Überreste noch zu erkennen sind. Diese versorgte einen Großteil der Stadt mit Wasser. Die Häuser der reichen Bürger hatten ihre eigenen Zisternen. Wasser war lebenswichtig, da Delos damals fast genauso dürr und karg war wie heutzutage.

Beim Abstieg vom Berg Kythnos kann man die **Heiligtümer der fremden Götter** erkunden. Hier wurden im **Heiligtum der samothrakischen großen Götter** die Kabiren (die Zwillinge Dardanos und Aeton) verehrt. Im **Heiligtum der syrischen Götter** stehen Überreste eines Theaters, in dem Zuschauer rituelle Orgien verfolgten. Dort befindet sich auch das **Heiligtum der ägyptischen Götter,** in dem ägyptische Gottheiten wie Serapis und Isis angebetet wurden.

Im **Apollon-Heiligtum** nordöstlich des Hafens befindet sich die häufig fotografierte **Löwenterrasse.** Die stolzen Raubtiere aus Marmor waren Gaben der Bewohner von Naxos und die Delos im 7. Jh. v. Chr. zur Bewachung des heiligen Bezirks geschenkt wurden. Im Nordosten liegt der **Heilige See** (im Jahr 1925 trockengelegt, um das Brüten von Malaria-Moskitos zu verhindern), in dem der Legende nach Leto Apollon und Artemis zur Welt brachte.

PAROS ΠΑΡΟΣ

13 000 Ew.

Paros bietet einen freundlichen, warmherzigen Anblick. Seine sanften Hügel sind weniger eindrucksvoll als die richtigen Berge des benachbarten Naxos; sie steigen sanft bis zum zentralen höchsten Punkt des Berges Profitis Ilias (770 m) an. Weißer Marmor machte Paros ab der frühkykladischen Periode reich – am berühmtesten dürfte die *Venus von Milo* sein, die aus parischem Marmor gearbeitet wurde, ebenso die Grabstätte von Napoleon.

Das geschäftige Parikia ist die Hauptstadt und der Hafen. Das größere Nausa an der Nordküste ist ein quirliger Ferienort mit einem immer noch aktiven Fischereihafen. An der Ostküste liegt der bezaubernde kleine Hafen und der etwas ruhigere Ferienort Piso Livadi. Tief im Landesinneren von Paros befindet sich das friedliche Bergdorf Lefkes.

Die kleinere Insel Antiparos, 1 km südwestlich von Paros, ist problemlos mit der Autofähre oder dem Ausflugsboot zu erreichen.

An- & Weiterreise

Paros ist der Hauptknotenpunkt der Fährverbindungen zur Weiterreise zu anderen Inseln in der Ägäis. Es wird daher häufig von Fähren aus Piräus angelaufen, und es bestehen Verbindungen zu und von den meisten anderen Inseln der östlichen Kykladen sowie nach Thessaloniki, Kreta und zum Dodekanes-Archipel. Weitere Informationen hierzu im Kapitel Insel-Hopping (S. 871).

Unterwegs vor Ort

AUTO, MOTORRAD & FAHRRAD

Verleihfirmen gibt's entlang der Uferpromenade in Parikia und überall auf der Insel; eine gute Adresse ist **Acropolis** (☎ 22840 21830). Im August kostet ein Mietwagen mindestens 45 € pro Tag; ein Motorrad 20 €.

BOOT

Wassertaxis fahren vom Fähranleger zu den Stränden rund um Parikia. Der Fahrpreis beträgt zwischen 8 und 15 €, Tickets sind an Bord erhältlich.

BUS

Täglich verkehren rund 12 Direktbusse zwischen Parikia und Nausa (1,40 €). Außerdem gibt's 7-mal täglich Busse von Parikia nach Nausa über Dryos, Chrysi Akti, Marpissa, Marmara, Prodromos, Lefkes, Kostos und Marathi. Busse fahren 10-mal täglich nach Pounta (mit Anschluss nach Antiparos; 1,40 €) und 6-mal nach Aliki (über den Flughafen; 1,40 €).

TAXI

Taxis (☎ 22840 21500) sammeln sich neben dem Kreisverkehr in Parikia. Es gelten feste Fahrpreise: Flughafen 12 €, Nausa 10 €, Pounta 8 €, Lefkes 10 € und Piso Livadi 13 €. Fahrten vom Hafen aus kosten 1 € mehr. Wenn ein Taxi mehr als 20 Minuten im Voraus bestellt wird, kostet dies 2 € extra, wer weniger als 20 Minuten vorher anruft, zahlt 3 €. Pro Gepäckstück werden 0,30 € fällig.

PARIKIA ΠΑΡΟΙΚΙΑ

4522 Ew.

Parikia ist ein lebendiger, bunter Ort, geprägt vom Kommen und Gehen eines typischen Inselhafens, jedoch auch interessant wegen seiner Labyrinth-artigen Altstadt, der venezianischen Festung aus dem 13. Jh. und einer langen, weitläufigen Uferpromenade, an der sich Tavernen, Bars und Cafés drängen.

Orientierung

Der geschäftige Dreh- und Angelpunkt von Parikia ist der Kreisverkehr mit der Windmühle, gleich am Fähranleger. Der große Hauptplatz, die 2007–08 restaurierte Plateia Mavrogenus, liegt geradeaus von der Windmühle. Die stark befahrene Straße links (östlich) führt am Wasser entlang zum Strand bei Livadia. Die Straße rechts (südlich) führt am Wasser an vielen Cafés und Tavernen vorbei und weiter nach Pounta (für Antiparos) und in den Süden der Insel.

Agora (Marktstraße) ist die wichtigste Geschäftsstraße, die südwestlich der Plateia Mavrogenus durch die engen Fußgängerzonen der Altstadt führt und dann in den „Kastro" genannten Bezirk, in dem einst das venezianische *kastro* stand.

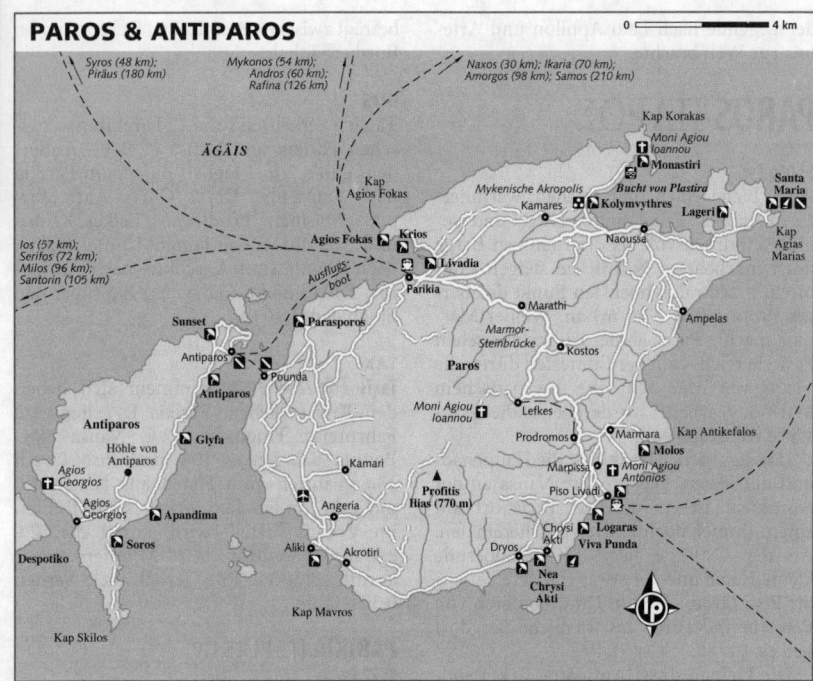

PAROS & ANTIPAROS

0 — 4 km

Syros (48 km);
Piräus (180 km)

Mykonos (54 km);
Andros (60 km);
Rafina (126 km)

Naxos (30 km); Ikaria (70 km);
Amorgos (98 km); Samos (210 km)

ÄGÄIS

Kap Korakas
Moni Agiou Ioannou
Monastiri

Santa Maria

Kap Agios Fokas

Mykenische Akropolis
Kamares Kolymvythres

Bucht von Plastira

Lageri

Ios (57 km);
Serifos (72 km);
Milos (96 km);
Santorin (105 km)

Agios Fokas Krios

Livadia

Ausflugsboot

Parikia

Naoussa

Kap Agias Marias

Marathi

Ampelas

Sunset

Parasporos

Antiparos

Pounda

Antiparos

Marmor-Steinbrücke

Kostos

Paros

Antiparos

Höhle von Antiparos

Glyfa

Moni Agiou Ioannou

Lefkes

Prodromos

Marmara

Kap Antikefalos

Molos

Agios Georgios

Kamari

Marpissa

Moni Agiou Antonios

Agios Georgios

Apandima

Angeria

Profitis Ilias (770 m)

Piso Livadi

Soros

Aliki

Akrotiri

Chrysi Akti

Logaras

Viva Punda

Despotiko

Dryos

Nea Chrysi Akti

Kap Mavros

Kap Skilos

Die Bushaltestelle liegt 50 m rechts vom Fähranleger (landeinwärts gesehen) und die Post ist 400 m weiter links.

Ein kostenloser, grüner Ökobus – mit Elektroantrieb – fährt ganzjährig von frühmorgens bis zum späten Abend regelmäßig rund um Parikia. Diese lobenswerte Maßnahme der Kommune zum Energiesparen wird von den Einheimischen angeblich zu jeder Zeit gut angenommen.

Praktische Informationen
BUCHLÄDEN
Zeitschriftenkiosk (Ekatondapylianis) Tolle Auswahl an Zeitungen, Zeitschriften und Büchern in allen Sprachen.

GELD
Die folgenden Banken haben jeweils einen Geldautomaten.
Alpha Bank (Ekantondapylianis)
Commercial Bank of Greece (Plateia Mavrogenus)
Eurobank (Ekantondapylianis)
National Bank of Greece (Plateia Mavrogenus)

INFOS IM INTERNET
Parosweb (www.parosweb.com)

INTERNETZUGANG
Wired Café (☎ 22840 22003; Agora; pro Std. 3,50 €; ⏱ Mo–Sa 10.30–14 & 18–23, So 18–23 Uhr) Zuverlässiger Internetzugang in entspannter Atmosphäre. Hier gibt es Webcams und WLAN. Übertragung digitaler Fotos.

MEDIZINISCHE VERSORGUNG
Gesundheitszentrum (☎ 22840 22500; Prombona; ⏱ Mo–Fr 9–13.30 Uhr) Selbst einen Zahnarzt gibt's hier.

NOTFALL
Hafenpolizei (☎ 22840 21240) Hinter der nördlichen Uferpromenade, in der Nähe der Post.
Polizei (☎ 22840 23333; Plateia Mavrogenus)

POST
Post (☎ 22840 21236) 400 m östlich des Fähranlegers.

REISEBÜROS
Santorineos Travel Services (☎ 22840 24245) Am Wasser, gleich südwestlich vom Windmühlen-Kreisel. Verkauft Fährtickets und kann Unterkunft und Touren vermitteln, hat auch eine Gepäckaufbewahrung (1 € pro Std.). Außerdem kann man hier Geld wechseln, per FedEx Pakete versenden (jedoch nicht empfangen) und per MoneyGram internationale Geldüberweisungen tätigen.

TOURISTENINFORMATION
In der Hochsaison verteilen Kioske am Kai Informationsblättchen zu Fremdenzimmern und Hotels.

WASCHSALON
Ostria Laundry (☎ 22840 21969, 6949079176; Waschen & Trocknen einer 5-kg-Ladung ca. 12 €; ☼ Juni–Sept. Mo–Sa 9–21, So 10–14 Uhr, Okt.–Mai 9–14 & 15.30–20.30 Uhr) In der Regel ist eine Ladung Wäsche in diesem fixen Laden in einer Stunde fertig.

Sehenswertes
Die Kirche **Panagia Hekatondapyliani** (☎ 22840 21243; Plateia Ekatondapyliani; ☼ Ostern–Sept. 9.30–21.30 Uhr, Okt.–Ostern 8–13 & 16–21 Uhr) aus dem Jahre 326 n.Chr. ist eine der prächtigsten Kirchen der Kykladen. Das Gebäude beherbergt drei separate Kirchen: Agios Nikolaos, die größte mit herrlichen Säulen aus parischem Marmor und einer gemeißelten Ikonostase, liegt im Osten der Anlage; die anderen beiden sind die Kirche *Unserer Lieben Frau* und die Taufkapelle. Der Name bedeutet übersetzt „Unsere Liebe Frau von den Hundert Toren", allerdings wurde hierbei wohl eine tatsächlich eindrucksvolle Anzahl von Eingängen großzügig aufgerundet. Das **Byzantinische Museum** (Eintritt 1,50 €; ☼ 9.30–14 & 18–21 Uhr) in der Anlage besitzt eine Sammlung von Ikonen und anderen Artefakten.

Neben einer Schule und hinter der Panagia Hekatondapyliani bietet das **Archäologische Museum** (☎ 22840 21231; Eintritt 2 €; ☼ Di–So 8.30–14.45 Uhr) einen kühlen Zufluchtsort für alle, die eine Auszeit von der Hitze und Hektik der Stadt nehmen wollen. Es beherbergt ein paar sehr schöne Stücke, darunter eine Nike aus dem 5. Jh. und einen Gorgonen aus dem 6. Jh., die beide fast überirdisch wirken.

Unter den noch älteren Töpferwaren befindet sich auch die *Dicke Frau von Saliagos*. Eines der wichtigsten Ausstellungsstücke ist jedoch ein Plattenfragment der **Paros-Chronik** aus dem 4. Jh., das die wichtigsten künstlerischen Errungenschaften des antiken Griechenlands auflistet. Es wurde im 17. Jh. entdeckt und – wie so oft – zwei weitere Platten landeten im Ashmolean Museum im englischen Oxford.

Nördlich entlang des Wasser liegt ein eingezäunter **antiker Friedhof** aus dem 7. Jh. v.Chr.; er wurde 1983 ausgegraben. Römische Gräber, Urnen und Sarkophage werden nachts hell angestrahlt.

Das **fränkische Kastro** wurde von Marco Sanudo, dem Herzog von Naxos, im Jahre 1260 n.Chr. auf den Überresten eines Athene-Tempels erbaut. Von dem *kastro* ist außer einer großen Mauer nicht viel übrig. Sie gleicht einem Puzzle aus nicht bemalten Säulensockeln und behauenen Blöcken.

Geführte Touren
Santorineos Travel Services (☎ 22840 24245) kann Bustouren auf Paros (32 €), Bootstouren nach Mykonos und Delos (40 €) sowie nach Santorin (einschließlich einer Bustour rund um die Insel zu 55 €) vermitteln.

Schlafen
Im August informiert die **Rooms Association** (☎ 22840 22722, nach Büroschluss 22840 22220) direkt am Kai über Fremdenzimmer; ansonsten kommen auch die Eigentümer zur Fähre. Die **Hotel Association** (☎ 22840 51207) hat Informationen über Hotels auf Paros und Antiparos. Alle Campingplätze betreiben Minibusse, die Gäste an der Fähre abholen.

BUDGETUNTERKÜNFTE
Koula Camping (☎ 22840 22801; www.campingkoula.gr; Stellplatz pro Erw./Kind/Zelt 8/3/4 €; ☼ April–Okt.; Ⓟ ☎) Koula ist ein kleiner, schattiger Platz hinter dem Strand im Norden der Uferpromenade von Parikia und nur wenige Minuten vom Zentrum entfernt. Es werden auch Bungalowzelte vermietet. Sie kosten für zwei Personen 20 €, für drei Personen 25 €.

Krios Camping (☎ 22840 21705; www.krios-camping.gr; Stellplätze pro Erw./Kind/Zelt 8/4/3 €; ☼ Juni–Sept; Ⓟ ▯ ☎ ▯) Dieser Platz liegt am Nordufer der Parikia-Bucht, rund 4 km vom Hafen entfernt. Es gibt ein Wassertaxi, das alle zehn Minuten für 4 € pro Person (hin & zurück) über die Bucht pendelt. Bungalowzelte können für 25 € gemietet werden. Auf dem Platz gibt's ein Restaurant (Gerichte zwischen 4 und 8 €).

Pension Rena (☎ 22840 22220; www.cycladesnet.gr/rena; EZ/DZ/3BZ 35/45/55 €; ▯ ☎) Eine der besten Adressen der Stadt. Die tadellosen Zimmer sind ihr Geld absolut wert, und die Begrüßung ist herzlich. Die Zimmer liegen ruhig, aber günstig gleich hinter der Uferpromenade. Klimaanlage kostet 5 € extra. Die Eigentümer haben auch gute Apartments in Nausa zu vermieten.

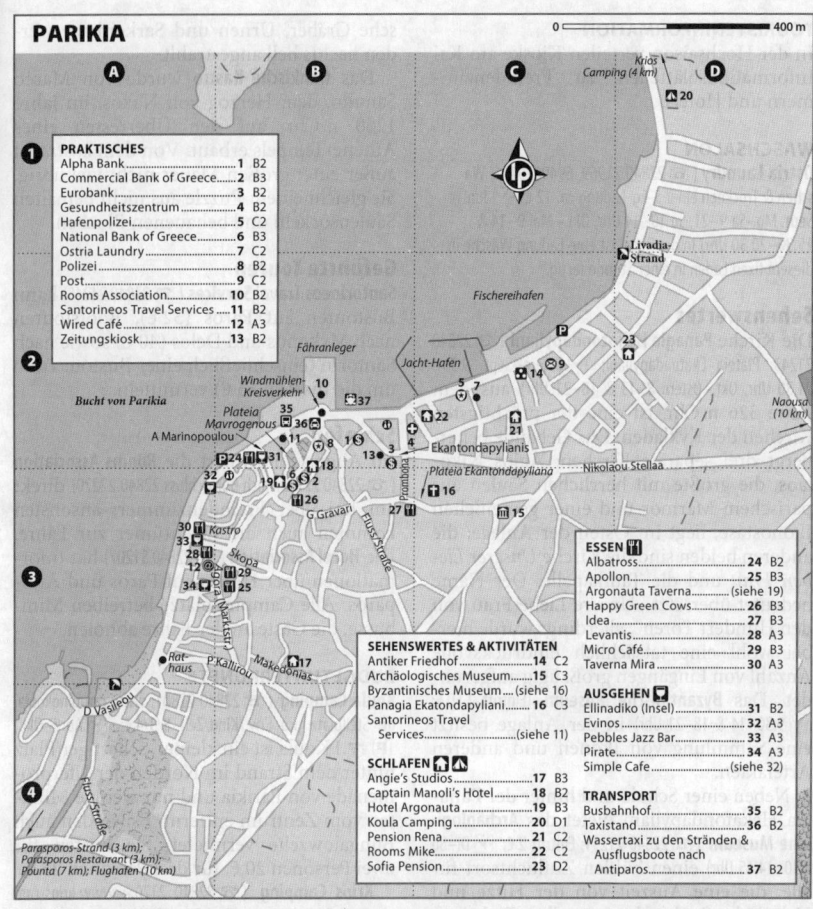

PARIKIA

0 _____ 400 m

PRAKTISCHES
Alpha Bank	1	B2
Commercial Bank of Greece	2	B3
Eurobank	3	B2
Gesundheitszentrum	4	B2
Hafenpolizei	5	C2
National Bank of Greece	6	B3
Ostria Laundry	7	C2
Polizei	8	B2
Post	9	C2
Rooms Association	10	B2
Santorineos Travel Services	11	B2
Wired Café	12	A3
Zeitungskiosk	13	B2

SEHENSWERTES & AKTIVITÄTEN
Antiker Friedhof	14	C2
Archäologisches Museum	15	C3
Byzantinisches Museum	(siehe 16)	
Panagia Ekatondapyliani	16	C3
Santorineos Travel Services	(siehe 11)	

SCHLAFEN
Angie's Studios	17	B3
Captain Manoli's Hotel	18	B2
Hotel Argonauta	19	B3
Koula Camping	20	D1
Pension Rena	21	C2
Rooms Mike	22	C2
Sofia Pension	23	D2

ESSEN
Albatross	24	B2
Apollon	25	B3
Argonauta Taverna	(siehe 19)	
Happy Green Cows	26	B3
Idea	27	B3
Levantis	28	A3
Micro Café	29	B3
Taverna Mira	30	A3

AUSGEHEN
Ellinadiko (Insel)	31	B2
Evinos	32	A3
Pebbles Jazz Bar	33	A3
Pirate	34	A3
Simple Cafe	(siehe 32)	

TRANSPORT
Busbahnhof	35	B2
Taxistand	36	B2
Wassertaxi zu den Stränden & Ausflugsboote nach Antiparos	37	B2

Rooms Mike (☎ 22840 22856; www.roomsmike. com; EZ/DZ/3BZ 35/45/60 €; ✖) Eine langjährige Lieblingsadresse in Sichtweite des Fähranlegers. Wer bei Mike absteigt, dem wird es nie an Unterhaltung und Ratschlägen mangeln. Es gibt eine Gemeinschaftsküche und eine Dachterrasse. Mike hat auch gut ausgestattete Studios (55 €) an einer anderen Stelle in der Stadt. Einzelheiten bitte erfragen. Kreditkarten werden akzeptiert.

Captain Manoli's Hotel (☎ 22840 21244; EZ/ DZ/3BZ 50/60/72 €; ✖) Diese in der Stadtmitte versteckt liegenden, passablen Zimmer sind sauber und hell eingerichtet. Preise für die Monate Juli und August bitte erfragen; in dieser Zeit wird ein Mindestaufenthalt verlangt.

MITTELKLASSEHOTELS

LP Tipp **Sofia Pension** (☎ 22840 22085; www.sofia pension-paros.com; EZ/DZ/3BZ 65/75/90 €; P ✖ 🖥 🛜) Diese entzückende Pension liegt in einem liebevoll gepflegten Garten voller Pflanzen und Blumen und hat tadellose, individuell eingerichtete Zimmer. Die Eigentümer sind sehr charmant. Das Frühstück kostet 8 €.

Hotel Argonauta (☎ 22840 21440; www.argonauta. gr; Plateia Mavrogenus; EZ/DZ/3BZ 65/85/95 €; ✖ 🛜) Das Argonauta ist ein schon seit langem bestehendes, familiengeführtes Hotel in zentraler Lage mit Blick auf die Plateia Mavrogenus. Es hat eine heimelige Atmosphäre und wurde vor kurzem renoviert. Bei der Einrichtung wurden attraktive traditionelle Akzente gesetzt. Die Zimmer sind tiptop, komfortabel und haben Fenster mit Doppelverglasung.

Angie's Studios (☎ 22840 23909/6977; www.an gies-studios.gr; Makedonias; DZ/3BZ 80/90 €; ◯ April–Okt.; Ⓟ 🐾) Ein vor Bougainvilleen leuchtender Garten umgibt diese hübschen Studios. Sie liegen in einer ruhigen Gegend rund 500 m vom Fähranleger entfernt. Die Studios sind groß und in gutem Zustand, alle haben eine eigene Küche. In der Nebensaison gibt's großzügige Preisnachlässe.

Essen

Micro Café (☎ 22840 24674; Agora; Snacks 4–5 €) Dieser großartige Treffpunkt für Einheimische und Fremde ist hell und fröhlich und liegt im Herzen des Kastro. Frühstück bekommt man für 4 €, außerdem gibt's Kaffee, Snacks, Sandwiches und frische Obst- und Gemüsesäfte. Drinks und Musik gibt's bis in die frühen Morgenstunden.

Parasporos Restaurant (☎ 6947183732; Parasporos-Strand; Hauptgerichte 5–10 €) Der Inhaber des Micro Cafés betreibt auch dieses Restaurant am Parasporos-Strand, 2 km südlich der Stadt. In beiden Lokalen liegt der Schwerpunkt auf vegetarischen Gerichten.

Albatross (☎ 22840 21848; D Vasiliou; Hauptgerichte 5–15 €) Das Albatross ist eines der beliebtesten Lokale am Ort, nicht zuletzt wegen seiner exzellenten Fischgerichte. Der Fischersalat für 15 € kommt sicher gut an, ebenso leckerer Tintenfisch mit Spinat in einem schlichten Ambiente am Wasser.

Taverna Mira (☎ 22840 22592; Hauptgerichte 5,80–10,80 €) Als eines der besten Speiselokale an Parikias schier endloser Südpiste aus Cafés, Bars und Tavernen ist das Mira bekannt für sein *arni lemonato* (Lamm in Zitronensauce) und *kleftiko* (Lamm in einem Tontopf gebacken mit Feta und Wein). Vegetarier finden ebenfalls eine gute Auswahl vor.

Idea (☎ 22840 21038; Hauptgerichte 7–9,50 €) Wer eine friedliche Alternative zu der oftmals vom Verkehr verstopften Uferpromenade sucht, findet Ruhe in dieser entspannten Café-Bar gegenüber der Panagia Ekatondapyliani. Serviert werden Crêpes, Omelettes und deftigere Gerichte wie Schweinefleisch in Bier- und Honigsauce mit Reis. Frühstück kostet 5 bis 8 €.

LP Tipp Levantis (☎ 22840 23613; Kastro; Gerichte 9–15 €) In diesem alteingesessenen Restaurant im Herzen des Kastro-Viertels sitzt man sehr nett im Innenhof. Es gibt eine wirklich hervorragende Küche mit einfallsreichen Vorspeisen wie Fenchel- und Birnensalat mit Blattsalaten, Croutons und Parmesanspänen, während als Hauptgericht unter anderem Lamm in Honigkruste mit Äpfeln, Backpflaumen und Mandeln angeboten wird. Leckere Desserts wie Honig- und Mandeltrüffel in Bitterschokolade runden die Sache ab. Neben dem ausgezeichneten Hauswein gibt es eine gute Auswahl an griechischen Jahrgangsweinen.

Happy Green Cows (☎ 22840 24691; Gerichte 12–23 €; ◯ 19–24 Uhr) Camp-Deko und ein locker-flockiger Service passt zum schrulligen Namen (angeblich von einem surrealen Traum inspiriert) dieses kleinen Speiselokals, das ein Highlight für Vegetarier ist. Es ist einen Tick teurer, aber allein schon die neckischen Namen der Gerichte sind den Preis wert. Serviert werden Maiskroketten in einer Zitronen- und Joghurtsauce oder marinierte Artischocken in Olivenöl mit frischen Kräutern und Parmesan.

Auch empfehlenswert:

Argonauta Taverna (☎ 22840 23303; Hauptgerichte 4,50–9 €) Gehört zum gleichnamigen Hotel und bietet deftige griechische Standardkost.

Apollon (☎ 22840 21875; Agora; Hauptgerichte 9–24 €) Alteingesessenes Lokal im Kastro.

Ausgehen

LP Tipp Pebbles Jazz Bar (☎ 22840 22283; 🛜) Wer am späten Abend durchs Kastro läuft, könnte fast den Eindruck gewinnen, der Sonnenuntergang hinter dem Pebbles sei ein großes Bühnenbild. Diese über dem Meer thronende Bar lädt mit Lounge-Musik am Tag und Jazz bei Nacht zum Chillen ein. Der klassische Höhepunkt ist der Sonnenuntergang; in den Monaten Juli und August findet gelegentlich ein Live-Konzert statt. Neben dem Pebbles gibt's ein *mezedhopoleio* (auf mezedhes spezialisiertes Restaurant), das von 9 Uhr morgens bis 1 Uhr nachts geöffnet ist. Hier gibt's Frühstück von 4,50 bis 7 € und eine großartige Auswahl an *mezedhes* für 7 bis 8 € sowie Omelette und Salat.

Pirate (☎ 6974315991) In einer ultracoolen Ecke von Parikia ist das Pirate ein idealer Ort der Entspannung, der bei seichtem Jazz und Blues einen Ausgleich zu dem gleißenden Licht der Kykladen darstellt. Es liegt am anderen Ende der Marktstraße hinter dem Micro Café.

ABSEITS DER AUSGETRETENEN PFADE

Athen mag glauben, es habe die Akropolis *par excellence,* aber auch Paros hat seine eigene kleine mykenische Akropolis in **Koukounaries** nahe Nausa, die man als Besucher weitestgehend für sich alleine hat. Dies ist eine großartige Stätte auf einem knorrigen kleinen Hügel aus Sandsteinbrocken und -säulen, die im Laufe der Zeit geglättet wurden und wie eingefrorene Formen wirken, die von Dali stammen könnten. Über 35 000 Tonscherben wurden an dieser Stätte gefunden. Hinweisschilder weisen den Weg von der Hauptstraße von Nausa bis zum Parkplatz am Fuße des Hügels, werden dann aber rar. Achtung: festes Schuhwerk und gute Beinarbeit sind unerlässlich, um auf den Felsplatten zurechtzukommen, die teilweise sehr glatt sind. Am oberen Ende der Gesteinsplatten angekommen, rechts halten in Richtung einer auffällig gebogenen Säule gleich unter der Horizontlinie. Danach nur noch der Nase nach den Hügel hinauf und zu den zerfallenen Fundamenten, die schlicht und einfach sind. Die Aussicht ist klassisch.

Ellinadiko (☎ 22840 25046) Diese bei den Einheimischen beliebte Bar ist auch als „Insel" bekannt. Zu griechischer Musik wird bis spät nachts in einer Gasse zwischen der Plateia Mavrogenus und dem Meer getanzt.

An der südlichen Uferpromenade liegen noch weitere Bars, darunter das beliebte **Evinos** (☎ 22840 23026) und der **Salon D'Or** (☎ 22840 22176).

NAUSA ΝΑΟΥΣΑ
2865 Ew.

Nausa stiehlt Mykonos langsam die Show, denn es hat sich von einem ruhigen Fischerdorf in einen beliebten Touristenort gewandelt. Da es am Ufer der großen Plastira-Bucht an der Nordküste von Paros liegt, sind einige gute Strände in der näheren Umgebung. Hier gibt's mehrere ausgezeichnete Restaurants und eine zunehmende Zahl stilvoller Cafés und Bars am Strand. Hinter der Küste liegt ein Labyrinth aus engen Gassen mit weißen Häusern, gesprenkelt mit Fisch- und Blumenmotiven und eine Mischung aus schicken Boutiquen und Souvenirläden beherbergen.

Orientierung & Praktische Informationen

Die Endhaltestelle des Busses aus Parikia liegt ein kleines Stück vom Hauptplatz entfernt und nicht weit von der Uferpromenade. Dort endet ein ausgetrocknetes Flussbett, das als Straße in Richtung Süden und ins Landesinnere dient. Die Hauptstraße von Nausa liegt links vom Flussbett. Eine Warnung für Autofahrer: von Juni bis September ist das Parken in manchen Zonen verboten. Die Schilder sind vielleicht nicht eindeutig, aber bei 35 € Bußgeld begreifen es dann auch die Letzten. Es gibt einen Parkplatz beim Hafen und entlang der Flussbettstraße, außerdem einen größeren Parkplatz am oberen Ende der Flussbettstraße.

Naousa Information (☎ 22840 52158; ☼ Juli & Aug. 10–24 Uhr, Mitte Juni–Juli 11–13 & 18–22 Uhr) kann Unterkünfte vermitteln und unterhält einen Kiosk am Hauptplatz.

Die Post liegt einen anstrengenden Marsch vom Hauptplatz bergauf. Rund um den Hauptplatz gibt es eine Reihe von Geldautomaten.

Internetzugang gibt's bei **Jamnet3** (☎ 22840 52203; pro Std. 2,50 €; ☼ 10–13 Uhr) gleich am Zugang zum Hauptplatz.

Sehenswertes & Aktivitäten

Das **Byzantinische Museum** (Eintritt 1,80 €; ☼ Aug. 10–13 & 18–21 Uhr) von Nausa befindet sich in einer Kirche mit einer blauen Kuppel, ungefähr 200 m vom zentralen Platz entfernt an der Hauptstraße Richtung Parikia. Zum kleinen **Volkskundemuseum** (☎ 22840 52284; Eintritt 1,80 €; ☼ 9–13 & 18–21 Uhr) mit Schwerpunkt auf regionalen Trachten geht's vom Hauptplatz aus landeinwärts in Richtung einer weiteren Kirche mit einer blauen Kuppel; hinter der Kirche rechts abbiegen.

Die besten Strände in der Gegend sind **Kolymbythres** und **Monastiri**. Dort gibt's ein paar gute Adressen zum Schnorcheln und Clubben. Der ruhigere **Lageri** lohnt ebenfalls einen Abstecher. **Santa Maria,** an der anderen Seite der östlichen Landzunge, eignet sich gut zum Windsurfen. Alle Strände sind auf dem Landweg zu erreichen, aber im Juli und August fahren von Nausa aus auch Kaiks dorthin.

Das **Kokou Riding Centre** (☎ 22840 51818; www. kokou.gr) hat Ausritte vormittags (45 €) und abends (30 €) sowie einstündige Ausritte (25 €) im Angebot. Gegen einen kleinen Aufpreis wird der Transfer von Nausas Hauptplatz organisiert. Die Ausritte sind eine tolle Art, die umliegende Landschaft und Küste zu erkunden.

Schlafen

Es gibt zwei Campingplätze, beide mit Minibus-Transfer vom Hafen. Der Kiosk der Naousa Information ist bei der Suche nach einer Unterkunft behilflich.

Surfing Beach (☎ 22840 52491; Fax 22840 51937; Info@surfbeach.gr; Stellplätze pro Erw./Kind/Zelt 7,50/3,60/4 €) Ein ziemlich großer Platz, jedoch mit vernünftigen Einrichtungen und einer guten Lage in Santa Maria. Zum Platz gehört eine Windsurfing- und Wasserski-schule.

Young Inn (☎ 6976415232; www.young-inn.com; B 9–20 €, DZ & 3BZ 66 €; P ⚇ 🖳) Dieses gut geführte Haus wendet sich an eine junge, internationale Gästeschar und organisiert Events und Ausflüge. Auch Mietroller werden vermittelt. Frühstück gibt's ab 3 €. Es liegt im Osten des Hafens, hinter der Kathedrale von Nausa.

Hotel Stella (☎ 22840 51317; www.hotelstella.gr; EZ/DZ 55/75 € ⚇ 🖳) Das tief im Herzen der Altstadt und in einem üppigen, bunten Garten gelegene Stella hat anständige Zimmer und gute Einrichtungen. Am besten läuft man an die Hauptstraße hinauf, bei der National Bank links abbiegen, unter einem Torbogen hindurch, dann rechts abbiegen und an einer kleinen Kirche vorbei noch weiter bergauf.

Hotel Galini (☎ 22840 53382; www.hotelgaliniparos.com; EZ/DZ/3BZ 60/70/85 €; ⚇ 🖳) Dieses kleine Hotel verfügt über komfortable, erst kürzlich modernisierte Zimmer, und wir können es ganz besonders empfehlen. Es liegt gegenüber der Kirche mit der blauen Kuppel (Byzantinisches Museum) an der Hauptstraße nach Parikia. Irgendwo in der Stadt gibt es noch ein weiteres Hotel mit ähnlichem Namen.

LP Tipp **Katerina's Rooms** (☎ 22840 51642; www.katerinastudios.gr; EZ/DZ/3BZ/Studio 60/75/90/120 €; ⚇) Unübertreffliche Ausblicke machen diese tadellosen Zimmer (mit der Möglichkeit zur Zubereitung von Tee und Kaffee) zu einer ausgezeichneten Wahl. Man muss

dafür zwar ein Stück bergauf laufen, aber es lohnt sich auf jeden Fall.

Sunset Studios and Apartments (☎ 22840 51733; www.paros.biz; DZ/3BZ 85/102 €, Apt. 180–216 €; P ⚇ 🖳) Für diese friedlichen Zimmer und Apartments, die auf dem Hügel oberhalb des Zentrums von Nausa versteckt liegen und vom Hafen aus in wenigen Minuten zu Fuß erreichbar sind, sprechen auch noch der grüne Garten und das herzliche Willkommen.

Essen & Ausgehen

Moshonas (☎ 22840 51623; Gerichte 4,50–9 €) Wegen ihrer unschlagbaren Lage direkt am Rand des Hafens ist diese familiengeführte *ouzerie* mit Fischrestaurant bei Einheimischen und Fremden gleichermaßen beliebt. Fisch wird pro Kilo verkauft, aber es gibt auch Hauptgerichte mit Fisch zu annehmbaren Preisen. Die Chancen stehen gut, dass man familieneigene Kaikis dabei beobachten kann, wie sie anlegen und den frischen Tintenfisch liefern, der schon bald auf einem Teller liegen wird.

Glafkos (☎ 22840 52100; Hauptgerichte 6–12 €) In diesem Strandlokal liegt der Schwerpunkt auf Meeresfrüchten. Hier gibt's so feine Gerichte wie Garnelen und *manouri* oder Kammmuscheln in einer Sahnesauce.

Perivolaria (☎ 22840 51598; Gerichte 7–19 €) Zuverlässige griechische und internationale Küche, Pasta und Pizza aus dem Holzofen sind in diesem alteingesessenen Restaurant in einem hübschen Garten im Angebot. Unbedingt probieren: *pastourmali* (pikanter Kuchen mit Pastrami und Käse, d.h. einer Mischung aus Fleisch, Tomaten, Feta und *manouri*). Zum Perivolaria geht's vom Hauptplatz aus entlang der Flussstraße.

Christos (☎ 22840 51442; Gerichte 10–29 €; ⌚ April–Okt. 19–1 Uhr) In dem hübschen Innenhof des Christos sitzt man sehr schön unter der berankten Pergola, an den Wänden reihen sich Gemälde aneinander. Das Essen entspricht dem aufmerksamen Service. Die Küche ist modern und mediterran mit Flair, dazu gibt es eine hervorragende Weinkarte. Das Christos liegt etwa 50 m die Hauptstraße bergauf auf der linken Seite.

Hinter dem Hafen gibt es eine Strandpromenade mit vielen Cafés und Musikbars, deren cooles Lounge-Ambiente der Insel Mykonos wirklich würdig wäre. Lokale wie das **Fotis** (☎ 6938735017) und das **Briki**

(☎ 22840 52652) breiten sich bis auf den kleinen Strand aus und spielen eine Mischung aus edleren Klängen am Tag und jazzigeren, funkigeren Sounds bei Nacht.

UNTERWEGS AUF PAROS

Lefkes Λεύκες

494 Ew.

Das idyllische Lefkes liegt rund um einen Talkessel inmitten von Hügeln, deren Gipfel mit alten Windmühlen übersät sind. Die Siesta wird hier sehr ernst genommen, und im Dorf herrscht eine heitere Gelassenheit. Es liegt 9 km südöstlich von Parikia, hoch oben in den Hügeln. Im Mittelalter war es die Hauptstadt von Paros. Die Hauptattraktionen des Dorfes sind seine urtümlichen Gassen und Gebäude. Die **Kathedrale Agia Triada** ist ein eindrucksvolles Bauwerk im Schatten von Olivenbäumen.

Vom zentralen Platz aus ist ein gut erhaltener byzantinischer Pfad ausgeschildert, der zum 3 km entfernten Dorf **Prodromos** führt. Am Dorfrand an einer (beschilderten) Kreuzung mit einem breiteren Weg links abbiegen. Manche Abschnitte dieses Weges sind noch original gepflastert.

Unten an der Südostküste liegen der attraktive Hafen und der noch nicht so überlaufene Badeort **Piso Livadi**, der einen netten Strand hat. **Perantinos Travel & Tourism** (☎ 22840 41135; perantin@otenet.gr) kann Unterkunft, Mietwagen und Bootsausflüge zu anderen Inseln vermitteln und auch Geld wechseln. Neben Perantinos steht ein Geldautomat.

Strände

Entlang der Küste liegen immer wieder vereinzelt Strände, darunter auch ein guter bei **Krios**, zu dem man von Parikia aus per Wassertaxi (hin und zurück 4 €) kommt. Der beste Strand von Paros, **Chrysi Akti** (Goldener Strand), an der Südostküste ist nicht gerade spektakulär, aber er hat guten Sand und mehrere Tavernen; bei Surfern ist er beliebt.

An der Südküste gibt es einen ganz brauchbaren Strand bei **Aliki.**

SEHENSWERTES & AKTIVITÄTEN

Die Meerengen zwischen Paros und Antiparos eignen sich besonders gut zum Windsurfen und für das spektakuläre Kitesurfen – es sieht aus wie Windsurfen zwischen Himmel und Erde.

An der Küste bei Pounda liegt der **Eurodivers Club** (☎ 22840 92071; www.eurodivers.gr), der eine eindrucksvolle Palette an Tauchkursen und Tauchgängen für alle Levels und Interessen bietet. Ein Kurs für den PADI-Tauchschein für offene Gewässer kostet 410 €, alles inklusive.

Das **Paros Kite Pro Center** (☎ 22840 92229; www.paroskite-procenter.com), von demselben Team wie der Eurodivers Club bestens geführt, bietet eine Reihe von Kursen. Darunter auch eine einstündige Schnuppersession in Kitesurfen für 45 €, während die Intensivkurse mit vier bis sechs Stunden ab 190 € zu haben sind.

Am Goldenen Strand bietet das **Aegean Diving College** (☎ 22840 44347, 6932289649; www.aegeandiving.gr) eine Reihe von Tauchgängen mit archäologischen und ökologischen Schwerpunkten, die von Wissenschaftlern und erfahrenen Berufstauchern geleitet werden. Ein Schnuppertauchgang kostet 80 € und den Kurs für den PADI-Tauchschein für offene Gewässer gibt's hier für 450 €.

Octopus Sea Trips (☎ 6932757123; www.octo puseatrips. com) am Goldenen Strand gehört zum Aegean Diving College und bietet Kurse zum Ökosystem Meer und Aktivitäten mit Schnorcheln und Tauchen für Familien und Kinder an.

Das **Fanatic Fun Centre** (☎ 6938307671; www.fa natic-paros.com; Chrysi Akti) bietet Katamaransegeln, Wasserski und Windsurfen an. Eine Stunde Surfunterricht kostet 23 € und ein zweistündiger Kitesurfkurs 75 €.

SCHLAFEN & ESSEN

Piso Livadi besitzt eine ganz eigene, zauberhafte Ausstrahlung. Hier gibt's eine Reihe moderner Zimmer und Apartments sowie ein paar anständige Tavernen.

LP Tipp **Anna's Studios** (☎ 22840 41320; www. annasinn.com; Piso Livadi; EZ/DZ/3BZ/Suite/Apt. 43/57/ 65/65/95 €; ✖ ▣) Annas helle und geräumige Studios, gleich hinterm Hafen, bieten ein unschlagbares Preis-Leistungsverhältnis. Hier stimmt alles bis hin zu den exquisiten Dekorationsgegenständen, die von Annas Mutter bestickt wurden. Die Familie unterhält auch gut geführte Zimmer direkt am Hafen, die jedoch nicht so abgeschieden liegen wie die Studios. Tee und Kaffee können hier zubereitet werden.

Halaris Taverna (☎ 22840 43257; Hauptgerichte 5–9 €) Liegt in Piso Livadi direkt am Wasser.

Das Halaris ist eine der besten Tavernen von Paros. Spezialität des Hauses sind frischer Fisch vom Boot der Familie sowie traditionelle Fleisch- und Gemüsegerichte; ein Fischgericht kostet 10 €. Die Kabeljaukroketten, Garnelenquiches und Tomatenkroketten suchen ihresgleichen. Nimmt man dann noch den regionalen Wein und freundlichen Service hinzu, dann ist diese Taverne nicht mehr zu übertreffen.

Thea (☎ 22840 91220, 6945751015; Pounta; Gerichte 9–18 €) Die Lage dieses großartigen Restaurants in Pounta gleich neben dem Kai für die Fähren nach Antiparos mag wenig ansprechend erscheinen, aber die Aussicht über den Kanal ist grandios. Ein Hauch des alten Griechenlands und Kleinasiens liegt in der Luft und das Essen ist ausgezeichnet. Als Hauptgericht wird beispielsweise kappadokisches Lamm mit Aprikosen oder Rindfleisch mit Quitten, Reis und Pflaumen angeboten. Über 400 verschiedene Jahrgangsweine lagern in einem Weinkeller mit Bar, unter dessen Glasboden dem Gast die Flaschen sogar zu Füßen liegen. Die Musikauswahl ist Stück für Stück ebenso gelungen.

UNTERHALTUNG

Punda Beach Club (☎ 22840 41717; www.pundabeach. gr; Viva Punda) Für extrem Kontaktfreudige ist dieser Ganztagesclub an der Ostküste südlich von Piso Livadi der Anlaufpunkt schlechthin. Es handelt sich um eine riesige Anlage mit Swimmingpools, Bars, Restaurants, Sporthalle, Live-Musik-Shows und einem unglaublich überfüllten Strand.

ANTIPAROS
ΑΝΤΙΠΑΡΟΣ

1037 Ew.

Für Antiparos sollte man ein paar Gänge zurückschalten. Es ist eine gemächliche und schöne Insel, die zu Recht stolz auf ihre Andersartigkeit und ihre Unabhängigkeit von Paros ist. Wer dies gegenüber Einheimischen außer Acht lässt, handelt auf eigene Gefahr. Das Hauptdorf und Hafen (ebenfalls Antiparos genannt) ist sehr ruhig. Die Uferpromenade und Hauptstraßen sind leicht touristisch angehaucht, aber das Dorf zieht sich weit ins Landesinnere hinein,

vorbei an ruhigen Plätzen und Gassen, die plötzlich aufs offene Feld führen.

ORIENTIERUNG & PRAKTISCHE INFORMATIONEN

Vom Fähranleger aus geht's rechts die Uferpromenade entlang. Die Hauptstraße Agora führt beim Anargyros Restaurant landeinwärts. Auf halber Strecke liegen an der Hauptstraße die Emporiki Bank und die National Bank of Greece nebeneinander, die beide einen Geldautomaten haben. Die Post ist ebenfalls hier. Zum zentralen Platz geht's am oberen Ende der Hauptstraße links. Er liegt dann rechts hinter dem Smiles Café.

Um zu dem ebenfalls von den Venezianern erbauten *kastro* zu gelangen, passiert man den Steinbogen, der in nördlicher Richtung vom zentralen Platz wegführt.

Der Rest der Insel zieht sich südlich des Hauptortes durch ruhige Landschaften hin. Es gibt mehrere passable Strände, insbesondere Glyfa und Soros an der Ostküste.

Das **Nautica Café** (☎ 22840 61323; Internet pro Std. 2 €; 🖳 📶) ist ein belebtes Café am Wasser mit Internetzugang und kostenlosem WLAN für Gäste.

Es gibt mehrere Reisebüros und Tourveranstalter, darunter **Cave Travel** (☎ 22840 61376) und **Oliaris Tours** (☎ 22840 61231; oliaros@par.forthnet.gr). **Blue Island Divers** (☎ 22840 61493; www.blueisland-divers.gr) kann auch Unterkünfte und Mietwagen vermitteln.

SEHENSWERTES & AKTIVITÄTEN

Obwohl in früheren Jahren Stalaktiten und Stalagmiten von Plünderern entfernt wurden, ist die **Höhle von Antiparos** (Eintritt 3,50 €; 🕓 Sommer 10.45–15.45 Uhr) immer noch beeindruckend. Sie liegt 8 km südlich des Hafens. Zu erreichen ist sie über die Küstenstraße in Richtung Süden; an einem ausgeschilderten Abzweig in die Hügel abbiegen. Vom Hafen aus fahren stündlich Busse zur Höhle (einfache Fahrt 5 €), und zu jeder vollen Stunde gibt es eine Führung.

In der Hauptfußgängerzone der Stadt liegt gleich neben dem zugehörigen Laden für Ausrüstung und Kleidung das **Blue Island Divers** (☎ 22840 61493; www.blueisland-divers.gr), das eine Vielzahl von Tauchausflügen anbietet. Die Inhaber kennen sich in der Szene von Antiparos sehr gut aus. Es können auch Unterkünfte und Mietwagen vermittelt werden. Ein viertägiger Kurs für den PADI-Tauchschein für offene Gewässer kostet 350 € und ein Kurs für Fortgeschrittene 270 €. Ein eintägiger Schnuppertauchkurs kostet 50 €. Die Ausflüge können auf spezielle Wünsche zugeschnitten werden.

GEFÜHRTE TOUREN

MS Thiella (☎ 22840 61028) veranstaltet täglich Inselrundfahrten und hält dabei an verschiedenen Stränden an. Der Preis (Erw./Kind 45/25 €) beinhaltet ein Barbecue und Getränke; gebucht werden kann bei den örtlichen Reisebüros.

SCHLAFEN

Camping Antiparos (☎ 22840 61221; Stellplätze pro Erw./Kind/Zelt 6/4/4 €) Dieser angenehme Campingplatz direkt am Strand hat die Parzellen mit Bambus und Zedern unterteilt und liegt 1,5 km nördlich vom Hafen. Er hat einen Minimarkt, eine Bar und ein Restaurant. Es gibt einen eigenen Bustransfer vom Hafen.

Anarghyros (☎ 22840 61204; mak@par.forthnet.gr; EZ/DZ 40/55 €; ✗) Das Preis-Leistungsverhältnis stimmt in diesem gut geführten, familiären Hotel am Wasser, in dem die Zimmer eine ordentliche Größe haben. Die Gäste können hier Tee und Kaffee selbst zubereiten. Neben dem Hotel liegt ein ziemlich gutes Restaurant, das griechische Standards für 5 bis 9 € anbietet.

Hotel Mantalena (☎ 22840 61206; www.hotel mantalena.gr; EZ/DZ/3BZ 50/65/75 €; ✗ 🖳 🛜) Das Mantalena hat helle, saubere Zimmer und liegt nur ein kleines Stück nördlich vom Hauptanleger etwas von der Hafenstraße zurückgesetzt. Es gibt eine nette Terrasse. Ein anständiges Frühstück kostet 6 €.

ESSEN & AUSGEHEN

An der Uferpromenade und an der Hauptstraße von Antiparos liegen mehrere Cafés und Tavernen, die griechische Standards und Fischgerichte servieren. Supermärkte und eine Bäckerei gibt's ebenfalls in der Hauptstraße.

Yannis Place (☎ 22840 61469; Hauptgerichte 5–8 €) Auf halber Strecke an der Hauptstraße liegt das helle Lokal mit einer kleinen Terrasse, die ideal ist, um Leute zu beobachten. Das Frühstück kostet 6 bis 8 €. Außerdem gibt es Omelettes, Toasts, Crêpes und Pasta, am Nachmittag Smoothies und Eiscreme sowie Cocktails zum Einstieg in das Nachtleben.

Maki's (☎ 22840 61616; Gerichte 5,50–12 €) Meeresfrüchte sind die Spezialität dieser Hafentaverne. Die Küche ist insgesamt empfehlenswert, von den Garnelen-Souvlaki mit Kalamares bis hin zum Hummer (pro Kilo, sofern verfügbar).

Yam Bar Restaurant und Cocktail Bar (Gerichte 6–9 €; ☸ Mitte Juni–Mitte Sept. 20–4 Uhr) An diesem ruhigen Ort mit Ausblick auf das Meer genießt man Salate und kalte Hühnchen- oder Nudelgerichte. Die Musik ist in der Regel ein guter Mix aus Latin, House und gelegentlich Jazz. Am oberen Ende der Marktstraße ist das Lokal ausgeschildert.

Das **Soul Sugar** liegt ebenfalls rechterhand vom oberen Ende der Hauptstraße. Hier gibt's Funk, Disco und House bis in die frühen Morgenstunden und dazu großartige Cocktails.

AN- & WEITERREISE

Im Sommer fahren häufig Ausflugsboote von Parikia nach Antiparos. Es verkehrt auch halbstündlich eine Autofähre von Pounda an der Westküste von Paros nach Antiparos (einfache Fahrt 1 €, Roller 1,80 €, Auto 6 €, 10 Min.); die erste Fähre legt in Pounda ungefähr um 7.15 Uhr ab, und das letzte Schiff nach Pounda fährt in Antiparos ungefähr um 00.30 Uhr ab.

UNTERWEGS VOR ORT

Der einzige Bus auf Antiparos fährt – nur im Sommer – zur Höhle im Inselinneren (siehe S. 463; 5 €). Der Bus fährt weiter nach Soros und Agios Georgios.

Autos, Roller und Fahrräder können bei **Aggelos** (☎ 22840 61626/61027) gemietet werden. Es ist das erste Büro gleich hinter dem Fähranleger. In der Hauptsaison fangen die Kosten für ein Auto bei 42 € pro Tag an, Roller kosten 15 € pro Tag und Fahrräder 5 € pro Tag.

NAXOS ΝΑΞΟΣ

18 188 Ew.

Der Sage nach verließ der undankbare Theseus auf Naxos Ariadne, nachdem sie ihm geholfen hatte, aus dem kretischen Labyrinth zu entkommen. Wie es in den mythischen Seifenopern so ist, weinte sie ihm nicht lange hinterher, sondern ließ sich bald darauf mit Dionysos, dem Gott des

Weines und der Ekstase ein. Dionysos ist der beliebteste Gott der Insel. Wein aus Naxos galt lange als hervorragendes Heilmittel bei gebrochenem Herzen.

Die Insel war ein kulturelles Zentrum des klassischen Griechenlands und von Byzanz (Konstantinopel). Die Venezianer und Franken haben ebenfalls ihre Spuren hinterlassen.

Naxos ist fruchtbarer als die meisten der anderen Inseln und produziert Oliven, Trauben, Feigen, Zitrusfrüchte, Mais und Kartoffeln. Der Berg Zeus (1004 m; auch als Berg Zas oder Zefs bekannt) ist der höchste Gipfel der Kykladen und der Mittelpunkt des bergigen Landesinneren der Insel. In den Bergen liegen so bezaubernde Dörfer wie Chalki und Apiranthos. Es gibt zahlreiche gute Strände und die Insel lässt sich prima zu Fuß erkunden, da viele alte Pfade zwischen den Dörfern, Kirchen und anderen Sehenswürdigkeiten noch erhalten sind. Die Buchläden vor Ort verkaufen Wanderführer und Karten.

An- & Weiterreise

Wie auch Paros ist Naxos ein Knotenpunkt für den Fährverkehr in den Kykladen. Etwa gleich viele konventionelle und schnelle Fähren verkehren regelmäßig auf der Strecke von und nach Piräus, und es gibt wöchentlich Verbindungen zu den Festlandhäfen Thessaloniki und Lavrio und weiter in Richtung Osten zu den Dodekanes. Außerdem gibt es täglich einen Flug von und nach Athen. Im Sommer kommen weitere tägliche Flüge zu den anderen größeren Inseln der Kykladen hinzu. Weitere Informationen im Kapitel Insel-Hopping (S. 870).

Unterwegs vor Ort
AUTO & MOTORRAD
Im August kosten Mietwagen zwischen 45 und 55 € pro Tag, Motorräder sind ab etwa 18 € zu haben. Das **Rental Center** (☎ 22850 23395; Plateia Evripeou) ist ein guter Tipp.

BUS
Es verkehren zahlreiche Busse zwischen Chora und Agia Anna (1,80 €). 5-mal täglich fahren Busse nach Filoti (2 €) über Chalki (1,80 €); 4-mal täglich nach Apiranthos (3 €) über Filoti und Chalki; und mindestens 3-mal täglich nach Apollonas (5 €), Pyrgaki (2,50 €) und Melanes (1,80 €). Die

anderen Dörfer werden nicht so häufig angefahren.

Die Busse starten am Fähranleger in Chora; die Fahrpläne sind draußen am **Auskunftsbüro** (☎ 22850 22291; www.naxosdestinations. com) angeschlagen, auf der anderen Straßenseite schräg links gegenüber der Bushaltestelle. Die Fahrkarten werden in dem Büro verkauft.

VOM/ZUM FLUGHAFEN
Der Flughafen liegt 3 km südlich von Chora. Es gibt keinen Pendelbus, aber die Busse zum Strand Agios Prokopios und nach Agia Anna halten ganz in der Nähe. Ein Taxi kostet 12 bis 15 €, je nach Tageszeit und ob man vorher reserviert hat oder nicht.

CHORA (NAXOS) ΧΩΡΑ (ΝΑΞΟΣ)
6533 Ew.

Das belebte Chora an der Westküste von Naxos ist die Hafen- und Hauptstadt der Insel. Es ist eine große Stadt, unterteilt in zwei historische Viertel: in Bourgos lebten die Griechen und in Kastro auf dem Hügel die venezianischen Katholiken.

Orientierung

Der Fähranleger liegt am nördlichen Ende der Uferpromenade, die Bushaltestelle am landeinwärts liegenden Ende. Die breite Uferstraße Protopapadaki, allgemein auch als Paralia bekannt, führt vom Fähranleger nach Süden und ist von Cafés, Tavernen und Geschäften gesäumt. Hinter der Paralia winden sich schmale Gassen unter Bogengängen und scheinen im Altstadtbezirk Bourgos zu verschwinden, um dann weiter zum Kastro hinaufzusteigen.

Am Ende des Fähranlegers geht's in Richtung Norden über einen Damm zum Inselchen Palatia mit dem unvollendeten **Apollon-Tempel,** dem berühmten Wahrzeichen von Naxos, auch als Portara bekannt. Vom Tempel ist nicht viel mehr zu sehen als die zwei Säulen und ihre Oberschwelle, eingestürzte Mauern liegen herum. Dennoch ist es ein romantisches Fleckchen, besonders bei Sonnenuntergang.

Entlang der Uferpromenade unterhalb des Tempels gibt es ein paar geeignete Stellen zum Schwimmen. Südwestlich der Stadt befindet sich der schöne, aber überlaufene Strand Agios Georgios.

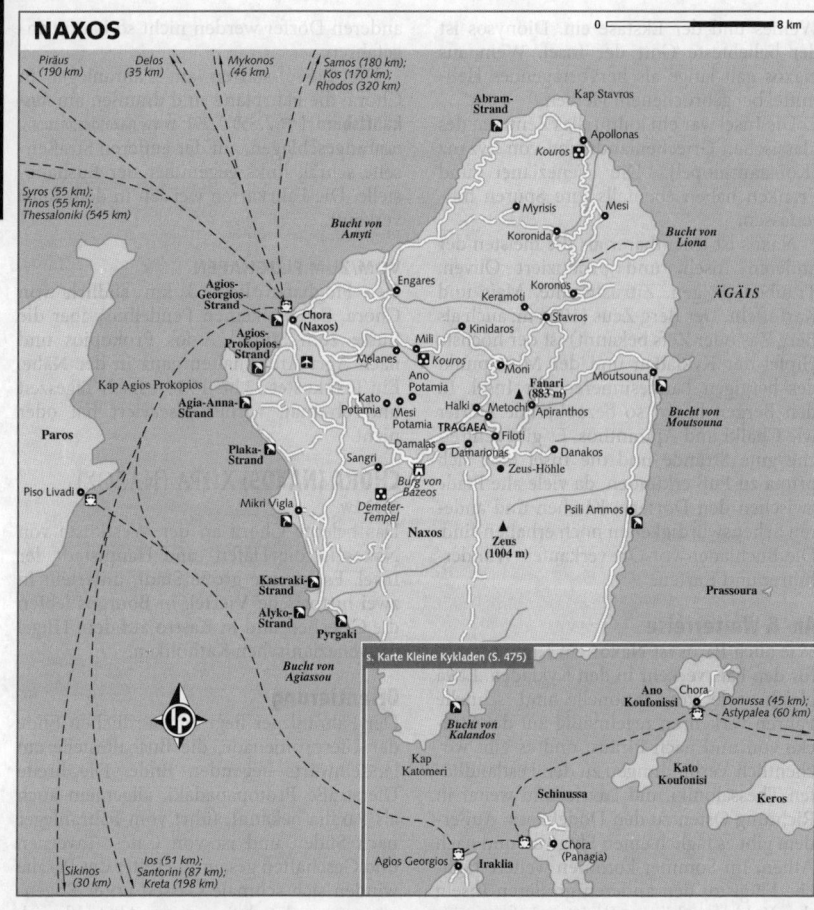

Praktische Informationen

BUCHLÄDEN

Zoom (☎ 22850 23675; Paralia) Ein großer, gut sortierter Zeitschriften- und Buchladen, der die meisten internationalen Zeitungen einen Tag nach ihrem Erscheinen hat.

GELD

Alle der folgenden Banken haben Geldautomaten:

Agricultural Bank of Greece (Paralia)
Alpha Bank (Ecke Paralia & Papavasiliou)
National Bank of Greece (Paralia)

INTERNETZUGANG

Grotta Tours (☎ 22850 25782; Paralia; pro Std. 3 €)
Rental Center (☎ 22850 23395; Plateia Evripeou; pro Std. 3 €)

Zas Travel (☎ 22850 23330; fax 22850 23419; Paralia; pro Std. 4 €)

MEDIZINISCHE VERSORGUNG

Krankenhaus (☎ 22853 60500; Prantouna) Das Krankenhaus wurde erst 2009 eröffnet.

NOTFALL

Hafenpolizei (☎ 22850 22300) Das Gebäude befindet sich gleich südlich des Kais.

Polizei (☎ 22850 22100; Paparrigopoulou) Südöstlich der Plateia Protodikiou.

POST

Post (Agios Giorgiou) Der Weg zum Postamt führt am OTE vorbei, über die Papavasiliou, dann an der Gabelung links halten.

KYKLADEN

REISEBÜROS

Auf Naxos gibt es kein offizielles Fremden-verkehrsamt; Reisebüros können bei den meisten Anliegen weiterhelfen. Naxos Tours und Zas Travel verkaufen Fährtickets und organisieren Unterkunft, Touren und Mietwagen.

Grotta Tours (☎ 22850 25782; Paralia)

Naxos Tours (☎ 22850 22095; www.naxostours.net; Paralia)

Zas Travel (☎ 22850 23330; zas-travel@nax.forthnet.gr; Paralia)

TELEFON

OTE (Telekommunikationsamt; Paralia) Hat mehrere Tele-fonhäuschen in einer Gasse.

WASCHSALON

To Ariston (☎ 22850 26750; Waschen & Trocknen einer 5-kg-Ladung 10 €; ☻ Mo, Di, Do & Fr 8–14 & 17.30–21, Mi & Sa 8–14 Uhr)

Sehenswertes

Der Weg zum Bourgos-Viertel führt durch die sich windenden Gassen hinter dem nördlichen Ende der Paralia. Der interes-santeste Teil Choras ist jedoch das Wohn-viertel **Kastro**. Marco Sanudo machte die Stadt im Jahr 1207 zur Hauptstadt seines Herzogtums, und aus jener Zeit sind meh-rere venezianische Herrenhäuser erhalten. Zum Bummeln im Kastro empfiehlt sich die Zeit der Siesta. Dann hat man wirklich das Gefühl, dass hier die Zeit stehengeblie-ben ist.

Unweit des nördlichen Endes der Ufer-promenade sind mehrere Kirchen und Ka-pellen sowie das **Mitropolis-Museum** (☎ 22850 24151; Kondyli; Eintritt frei; ☻ 8.30–15 Uhr) zu entde-cken. Die Ausstellung des Museums um-fasst Fragmente einer mykenischen Stadt aus dem 13. bis 11. Jh. v. Chr., die aufgege-ben wurde, da sie drohte, vom Meer über-flutet zu werden. Es ist ein gespenstischer Ort, an dem man auf Glasböden über anti-ken Fundamenten und größeren ausgegra-benen Gebäuden umhergeht.

Das **Archäologische Museum** (☎ 22850 22725; Eintritt 3 €; ☻ Di–So 8.30–15 Uhr) liegt im Kastro und ist in der ehemaligen Jesuitenschule untergebracht, die der Schriftsteller Nikos Kazantzakis als Kind kurzzeitig besuchte. Die Ausstellung umfasst hellenistische und römische Terrakotta-Figuren sowie einige frühkykladische Statuetten.

Ganz in der Nähe liegt das **Museum Della Rocca-Barozzi** (☎ 22850 22387; Führungen Erw./Stud. 5/3 €; ☻ Ende Mai–Mitte Sept. 10–15 & 19–22 Uhr), ein prächtiges altes venezianisches Turmhaus aus dem 13. Jh. innerhalb des Schutzwalls des Kastros (beim nordwestlichen Tor). In den Gewölben werden wechselnde Kunst-ausstellungen gezeigt. Die Führungen sind mehrsprachig. Das Museum veranstaltet dienstags bis sonntags um 11 Uhr auch Führungen (Erw./Stud. 15/10 €) durch das Kastro; sie dauern etwas über zwei Stunden. Auch Abendkonzerte und andere Veran-staltungen finden auf dem Museumsge-lände statt (s. S. 470). Die **römisch-katholische Kathedrale** (☻ 18.30–20.30 Uhr) im Kastro ist ebenfalls sehenswert.

Aktivitäten

Flisvos Sport Club (☎ 22850 24308; www.flisvos-sport club.com; Agios Georgios) bietet eine Reihe von Surfkursen an. Einen 6-stündigen Anfän-gerkurs gibt's für 150 €, ein 5-stündiger Ho-bie-Cat-Segelkurs kostet 95 €. Der Club or-ganisiert außerdem Wanderungen und vermietet Mountainbikes für 60 € pro Woche.

Naxos Horse Riding (☎ 6948809142) organi-siert täglich Ausritte (10 bis 13 Uhr und 17 bis 20 Uhr) ins Inland und an den Stränden (pro Person 48 €). Den Ausritt kann man bis 18 Uhr am Vortag zusammen mit einem Transfer zum Stall und von dort wieder zu-rück. Es gibt Angebote für Anfänger, kleine Kinder und Fortgeschrittene. Gebucht wer-den kann auch über die **Naos Silver Gallery** (☎ 22850 24130; Pigadakia).

Geführte Touren

Es fahren häufig Ausflugsboote nach Myko-nos (Erw./Kind 45/23 €), Delos (45 €), San-torin (Erw./Kind 55/30 €), Paros und Nausa (Erw./Kind 20/10 €) und Iraklia und Kufo-nisia (Erw./Kind 40/20 €). Gebucht werden kann bei den Reisebüros (s. links).

Schlafen

In Chora stehen zahlreiche gute Unter-künfte zur Auswahl. Wer sich am Hafen eine Unterkunft aufschwatzen lässt, sollte sich unbedingt erkundigen, wie weit die Zimmer tatsächlich von der Stadtmitte ent-fernt sind. In der Hauptsaison kann es am Kai Informationsstände zum Hotel- und *domatia*-Angebot geben.

KYKLADEN

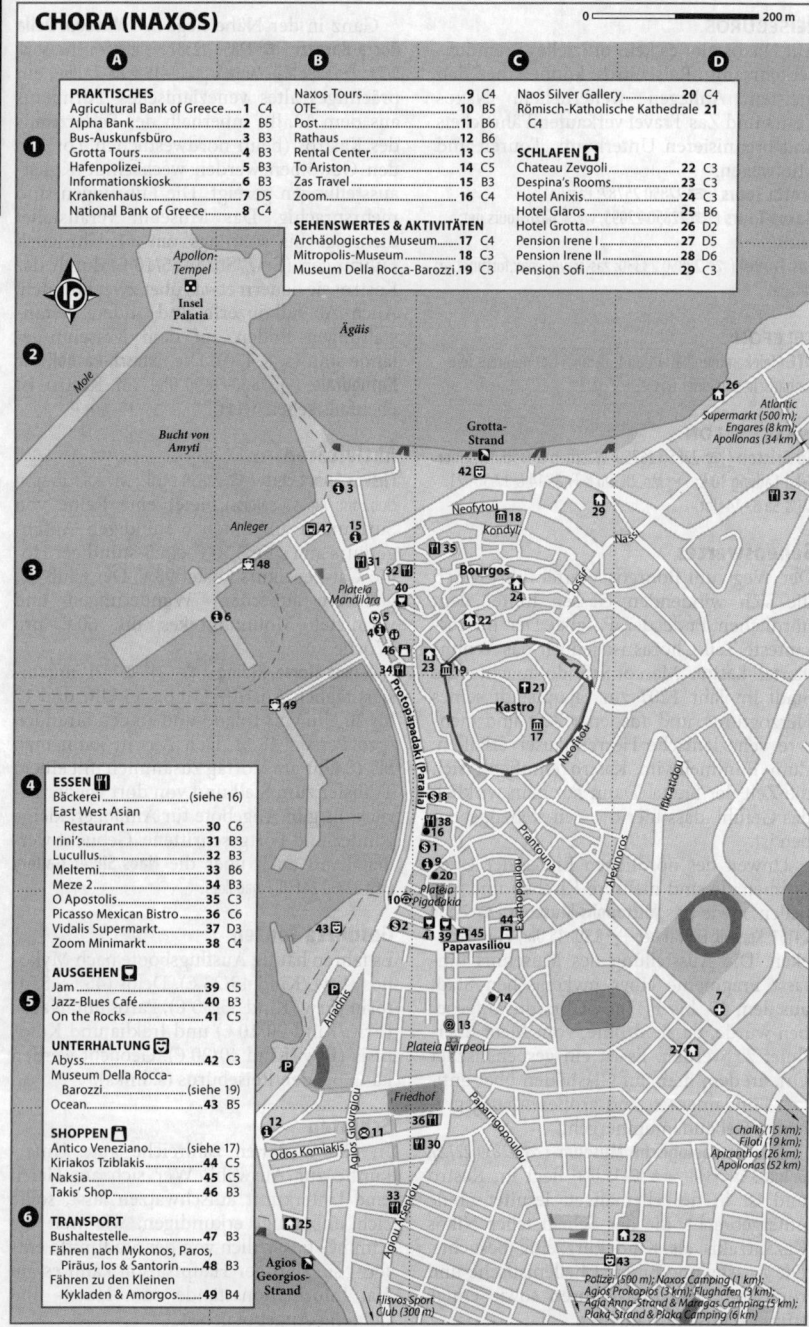

CHORA (NAXOS)

0 ————— 200 m

A   **B**   **C**   **D**

PRAKTISCHES
Agricultural Bank of Greece	1	C4
Alpha Bank	2	B5
Bus-Auskunfsbüro	3	B3
Grotta Tours	4	B3
Hafenpolizei	5	B3
Informationskiosk	6	B3
Krankenhaus	7	D5
National Bank of Greece	8	C4
Naxos Tours	9	C4
OTE	10	B5
Post	11	B6
Rathaus	12	B6
Rental Center	13	C5
To Ariston	14	C5
Zas Travel	15	B3
Zoom	16	C4

SEHENSWERTES & AKTIVITÄTEN
Archäologisches Museum	17	C4
Mitropolis-Museum	18	C3
Museum Della Rocca-Barozzi	19	C3
Naos Silver Gallery	20	C4
Römisch-Katholische Kathedrale	21	C4

SCHLAFEN
Chateau Zevgoli	22	C3
Despina's Rooms	23	C3
Hotel Anixis	24	C3
Hotel Glaros	25	B6
Hotel Grotta	26	D2
Pension Irene I	27	D5
Pension Irene II	28	D6
Pension Sofi	29	C3

ESSEN
Bäckerei	(siehe 16)	
East West Asian Restaurant	30	C6
Irini's	31	B3
Lucullus	32	B3
Meltemi	33	B6
Meze 2	34	B3
O Apostolis	35	C3
Picasso Mexican Bistro	36	C6
Vidalis Supermarkt	37	D3
Zoom Minimarkt	38	C4

AUSGEHEN
Jam	39	C5
Jazz-Blues Café	40	B3
On the Rocks	41	C5

UNTERHALTUNG
Abyss	42	C3
Museum Della Rocca-Barozzi	(siehe 19)	
Ocean	43	B5

SHOPPEN
Antico Veneziano	(siehe 17)	
Kiriakos Tziblakis	44	C5
Naksia	45	C5
Takis' Shop	46	B3

TRANSPORT
Bushaltestelle	47	B3
Fähren nach Mykonos, Paros, Piräus, Ios & Santorin	48	B3
Fähren zu den Kleinen Kykladen & Amorgos	49	B4

Apollon-Tempel

Insel Palatia

Ägäis

Mole

Bucht von Amyti

Anleger

Grotta-Strand

Neofytou

Kondyli

Bourgos

Plateia Mandilara

Kastro

Protopapadaki (Paralia)

Atlantic Supermarkt (500 m); Engares (8 km); Apollonas (34 km)

Iosse

Nassi

Prantouna

Nomódorras

Aperáthou

Mitzatháki

Plateia Pigadakia

Papavasiliou

Evripou

Plateia Evripeou

Friedhof

Agiou Georgiou

Anadios

Odos Komiakis

Plateia

Agiou Arseniou

Papanikopoulou

Agios Georgios-Strand

Flisvos Sport Club (300 m)

Chalki (15 km); Filoti (19 km); Apiranthos (26 km); Apollonas (52 km)

Polizei (500 m); Naxos Camping (1 km); Agios Prokopios (3 km); Flughafen (3 km); Agia Anna-Strand & Maragas Camping (5 km); Plaka-Strand & Plaka Camping (6 km)

BUDGETUNTERKÜNFTE

Despina's Rooms (☎ 22850 22356; Fax 22850 22179; Kastro; EZ/DZ 40/50 €; ✖) Diese recht brauchbaren Zimmer liegen im Kastro verborgen, einige davon bieten Ausblick aufs Meer. Die Zimmer auf der Dachterrasse sind trotz ihrer geringen Größe beliebt. Es gibt eine Gemeinschaftsküche.

Hotel Anixis (☎ 22850 22932; www.hotel-anixis.gr; EZ/DZ/3BZ 50/60/75 €; ✖ 🛜) Ein nettes Hotel mit Garten, ruhig im Kastro gelegen. Es hat helle, ordentliche Zimmer mit einem tollen Blick aufs Meer. Frühstück gibt's für 5 €.

Pension Irene I (☎ 22850 23169; www.irenepension-naxos.com; EZ/DZ 50/60 €; ✖ 🛜) Schon seit vielen Jahren unser Liebling. Die Pension liegt zwar ein Stück vom Fähranleger entfernt, aber dafür in einer ruhigen Seitenstraße. Sie hat saubere, komfortable Zimmer.

Es gibt mehrere Campingplätze in der Nähe von Chora, alle haben gute Einrichtungen. Minibusse holen Gäste an der Fähre ab. Die Plätze liegen alle in Strandnähe, der Preis pro Person beträgt ca. 9 €.

Camping Maragas (☎ 22850 24552; www.maragascamping.gr) Beim Strand Agia Anna, südlich von Chora.

Naxos Camping (☎ 22850 23500; www.naxos-camping.gr; 🚌) Ungefähr 1 km südlich vom Strand Agios Georgios. Dieser Campingplatz liegt am nächsten zur Stadt.

Plaka Camping (☎ 22850 42700; www.plakacamping.gr; 🖥) Am Plaka-Strand, 6 km südlich der Stadt.

MITTELKLASSEHOTELS

Pension Irene II (☎ 22850 23169; www.irenepension-naxos.com; EZ/DZ 60/70 €; ✖ 🖥 🛜 🚌) Helle, saubere Zimmer und ein Swimmingpool machen dieses gut geführte Haus bei den Jüngeren beliebt.

Pension Sofi (☎ 22850 25593; www.pensionsofi.gr; EZ/DZ/3BZ 65/70/90 €; ✖) Gastfreundschaft ist die oberste Regel in diesem familiär geführten Haus. Es liegt nur ein kleines Stück landeinwärts vom Hafen und ist eingerahmt von den wohl größten Bougainvilleen, die man je gesehen hat. Die Zimmer sind sauber und gut ausgestattet, es gibt Kochmöglichkeiten.

Hotel Glaros (☎ 22850 23101; www.hotelglaros.com; Agios Georgios; EZ inkl. Frühstück 65 €, DZ inkl. Frühstück 85–95 €; ✖ 🖥 🛜) Die attraktive Ausstattung des Hotels fängt die Farben des Meeres und des Himmels ein. Der Service ist effizient und aufmerksam und die Zimmer sind hell und sauber. Das Hotel ist nur

ein paar Schritte vom Strand entfernt. Die Eigentümer besitzen in der Nähe auch noch attraktive Studios (65–100 €).

LP Tipp **Hotel Grotta** (☎ 22850 22215; www.hotelgrotta.gr; Grotta; EZ/DZ inkl. Frühstück 70/85 €; 🅿 ✖ 🖥 🛜) Dieses gute Hotel östlich und oberhalb des Fähranlegers hat komfortable und tadellose Zimmer, geräumige Gemeinschaftsflächen und einen Whirlpool. Die vorderen Zimmer bieten einen tollen Blick auf das Meer. Die fröhliche Atmosphäre und der aufmerksame Service machen den Aufenthalt sehr angenehm.

Chateau Zevgoli (☎ 22850 26123; www.apollonhotel-naxos.gr; Kastro; EZ/DZ/Suite 75/90/120 €; ✖ 🛜) Dieses seit langem bestehende Hotel liegt im Herzen des Kastro versteckt. Es hat einen grünen Garten, der gut zu dem traditionellen Naxos-Stil der Zimmer und der Möblierung passt.

Essen

Die Inselküche bietet besondere lokale Spezialitäten, wie *kefalotyri* (Hartkäse aus Schafsmilch), Honig, *kitron* (Likör aus den Blättern des Cedratbaums – s. S. 472), *raki* (griechisches Feuerwasser, milder als *tsipouro*, das Teufelszeug aus Griechenland), Ouzo und guten Weißwein.

Meze 2 (☎ 22850 26401; Paralia; Hauptgerichte 3–9 €) Der Schwerpunkt in diesem beliebten *mezedhopoleio* liegt auf Fisch, und selbst die einheimischen Fischer essen hier. Meeresfrüchte werden erstklassig zubereitet und von den Familienmitgliedern in einer Atmosphäre serviert, die immer mindestens gesellig ist. Es gibt noch ein anderes Meze am Plaka-Strand.

Meltemi (☎ 22850 22654; Komiakis; Hauptgerichte 5,50–14 €) Die besonderen Spezialitäten dieser familiengeführten Taverne sind Lammfleisch mit frischem Zitronensaft und Oregano sowie *exohiko*, zarte gebackene Fleischstücke mit Gruyère und Gemüse. Es werden auch dreigängige Menüs für 10 bis 12,50 € angeboten, die alle höflich und gut gelaunt auf einer grünen Terrasse serviert werden, die für das ansonsten langweilige Straßenbild entschädigt.

O Apostolis (☎ 22850 26777; Alter Markt; Hauptgerichte 5,50–17 €) Das Apostolis, direkt im Herzen des labyrinthartigen Alten Marktes von Bourgos gelegen, serviert lohnenswerte Gerichte wie Miesmuscheln in Knoblauchsauce und Petersilie, und *bekri mezes*, ein beliebtes kretisches Schmorfleischgericht. Das *kleftiko*, Lammfleisch in Filoteig mit kurz gebratenem Gemüse und Feta, ist besonders gut.

Irini's (☎ 22850 26780; Paralia; Hauptgerichte 6–9,50 €) Das Beste an dieser netten Taverne ist die bunte Auswahl an Gerichten, wie Kabeljaukroketten und Garnelen-*saganaki*, aus denen sich eine sehr reichhaltige Mahlzeit zusammenstellen lässt.

Lucullus (☎ 22850 22569; Alte Marktstraße; Hauptgerichte 6,50–18 €) Schon 100 Jahre alt und immer noch tatkräftig. Dieses berühmte Restaurant hat leckere Vorspeisen, wie Champignongquiche, und hervorragende Hauptgerichte, wie *lemonato*, zartes Kalbfleisch in einer Sauce aus frischem Zitronensaft und Weißwein. Die Pasta nach Fischerart besticht durch Garnelen, Tomaten, Knoblauch und Dill.

Ebenfalls empfehlenswert:

East West Asian Restaurant (☎ 22850 24641; Odos Komiakis; Gerichte 5,60–13 €) Thai, chinesische und indische Lieblingsgerichte.

Picasso Mexican Bistro (☎ 22850 25408; Agiou Arseniou; Gerichte 5,25–12,75 €; ⌚ ab 19 Uhr) Die Fajitas in diesem großartigen Tex-Mex-Lokal sind Weltklasse. Dies gilt auch für das Picasso on the Beach am Plaka-Strand.

In der Nähe des Zeitschriften- und Buchladens Zoom liegt die beste Bäckerei der Stadt. Gleich nebenan ist der Zoom-Minimarkt. Die billigsten Supermärkte sind Atlantic und Vidalis, beide etwas außerhalb der Stadt an der Ringstraße.

Ausgehen

Die Paralia am Ufer hat eine gute Mischung aus Cafés und Musikbars, dazwischen Läden und Büros. Ein idealer Ort, um Leute zu beobachten.

LP Tipp **On the Rocks** (☎ 22850 29224; Pigadakia; 🖳 🛜) Wer Charakter und Cocktails sucht, kommt hierher. Im On the Rocks genießt man Havanna-Zigarren oder eine *sheesha* (Wasserpfeife) mit einer breiten Auswahl an Aromen: von Mango, Pfirsich bis hin zu Pistazie. Oder man kommt wegen der kubanischen Daiquiris oder dem Tequila. Dazu passt der Sound aus Funk, House und elektronischer Musik. Gelegentliche Live-Performances und Karaoke peppen die Sache noch weiter auf.

Jazz-Blues Café (☎ 22850 22006; Alte Marktstraße) Eine gemütliche, kleine Café-Bar für den frühen und späten Abend, in der genau das

gespielt wird, was der Name schon verrät. Liegt gleich dort, wo sich die engen, fast übertunnelten Gassen ins Kastro hineinschlängeln.

Jam (Pigadakia) Eine sehr lange Liste von Rockklassikern und Standards ist der Grundstock dieser schon lange bestehenden Musikbar. Die Cocktail-Karte ist ebenso lang.

Unterhaltung
KINOS
Cine Astra (☎ 22850 25381; Andreas Papandreou; Erw./Kind 8/5 €) Das Kino liegt rund fünf Minuten zu Fuß vom Hauptplatz entfernt und zeigt die neuesten Mainstream-Filme; es gibt auch eine Bar. Vorführungen um 21 Uhr und 23 Uhr.

KONZERTE BEI SONNENUNTERGANG
Museum Della Rocca-Barozzi (☎ 22850 22387; Kastro; Eintritt zu den Veranstaltungen 15–20 €; ⌚ April–Okt. Mi–So 20 Uhr) Das Museum organisiert besondere kulturelle Abendveranstaltungen: Konzerte mit traditioneller Musik und Tanz sowie Vorführungen klassischer und zeitgenössischer Musik. Die Preise sind je nach Sitzplatz unterschiedlich.

NACHTCLUBS
Abyss (Grotte; Eintritt 12 €; ⌚ Mai–Mitte Sept. 23.30–3 Uhr, Mitte Sept.–April Fr & Sa ab 23.30 Uhr) Früher unter dem Namen Super Island bekannt. Dieser Club wurde innen und außen etwas überholt, spielt aber immer noch so ziemlich die gleichen Sounds, vorneweg House und moderne griechische Musik.

Ocean (☎ 22850 26766; Uferpromenade; Eintritt 12 €; ⌚ Mai–Mitte Sept. 23.30–3 Uhr, Mitte Sept.–April ab 23.30 Uhr) In weitläufigen Räumlichkeiten werden House und etwas moderne griechische Musik gespielt. An manchen Abenden legen Gast-DJs auf.

Shoppen
Takis' Shop (☎ 22850 23045; Plateia Mandilara) Unter den ausgezeichneten Weinen sind hier so große Namen vertreten wie Lazaridis aus Nordgriechenland, Tslepos vom Peloponnes und Manousakis aus Kreta – allesamt meisterhafte Jahrgangsweine. Man findet hier auch *kitron* (s. S. 472) und Ouzo von Vallindras. Zu dem Takis' gehört ein Juweliergeschäft, in dem feine Unikate von einigen der berühmtesten Designer Griechen-

lands angeboten werden, die häufig antike Designs und die Bildersprache des Meeres aufgreifen.

Kiriakos Tziblakis (☎ 22859 22230; Papavasiliou) Ein faszinierender, höhlenartiger Laden voller traditioneller Produkte, von Töpfen und Bürsten bis hin zu Kräutern, Gewürzen, Wein, *raki* und Olivenöl.

Naksia (☎ 22850 23660; Plateia Pigadakia) Dieser farbenprächtige Laden in einer Sackgasse seitlich der Plateia bietet eine bemerkenswerte Auswahl an Kerzen.

Antico Veneziano (☎ 22850 26206; Kastro) Tief im Kastro lockt dieser gehobene Antiquitätenladen. Das Angebot ist faszinierend.

UNTERWEGS AUF NAXOS
Strände
Sehr günstig gleich südlich der Uferstraße der Stadt liegt **Agios Georgios,** der Stadtstrand von Naxos. Dahinter liegen Hotels und Tavernen am Stadtrand. Der Strand kann schon mal überlaufen sein, zieht sich aber ein Stück gen Süden. Da er nur flach abfällt, ist er auch für die Kleinsten geeignet.

Der nächste Strand südlich von Agios Georgios ist **Agios Prokopios** in einer geschützten Bucht südlich der Landzunge des Kap Mougkri. Dahinter schließt sich gleich **Agia Anna** an, ein Streifen aus strahlend-weißem Sand. Er ist zwar recht schmal, aber lang genug, um am südlichen Ende nicht überlaufen zu sein. In Prokopios und am nördlichen Ende von Agia Anna wird einiges gebaut.

Die Sandstrände ziehen sich bis nach **Pyrgaki** hin, zu ihnen zählen **Plaka, Kastraki** und **Alyko.**

Einer der besten der südlichen Strände ist **Mikri Vigla** – dessen Name übersetzt „Kleiner Ausguck" bedeutet. Piraten nutzten diese Landzunge früher als Wachposten. Am Strand liegen goldfarbene Granitplatten und Felsbrocken, die den Strand in zwei Hälften unterteilen. Die Besiedlung ist hier eher spärlich, mancherorts ragen halbfertige Gebäude empor. An diesem Strand hat man noch reichlich Platz und das entspannende Gefühl, dem Trubel wirklich entkommen zu sein.

Am Strand bei Agios Prokopios liegt die **Villa Adriana** (☎ 22850 42804; www.adrianahotel.com; EZ/DZ/3BZ/Apt. 75/85/90/120 €; ⓅⓍ⃝ 🞱) , ein gut ausgestattetes Hotel mit ausgezeichnetem Service und angenehm hellen, komfortablen Zimmern.

Eine großartige Wahl für alle, die mal dem Alltag entfliehen möchten, sind die **Oasis Studios** (☎ 22850 75494; www.oasisnaxos.gr; DZ/3BZ/Apt. 87/100/116 €; Ⓟ🞱🞱🞱) in Mikri Vigla, 20 km südlich von Chora. Diese Unterkunft liegt in der Nähe des Strandes und hat sehr schöne große Zimmer mit Küche. Die Eigentümer und das Personal sind sehr hilfsbereit, und es gibt draußen eine Terrasse mit einem Swimmingpool und einer Bar, an der man leicht mit anderen Gästen ins Gespräch kommt.

Die **Taverna Liofago** (☎ 22850 75214, 6937137737; Gerichte 4,50–9 €) hat eine traumhafte Lage am Strand. Sie ist schon seit Jahrzehnten im Geschäft und favorisiert eine Auswahl an Gerichten, die für Naxos besonders typisch sind. Die *keftedhakia* (Fleischbällchen) sind eine Spezialität.

In Kastraki, südlich von Mikri Vigla, befindet sich eines der besten Restaurants der Insel, das **Axiotissa** (☎ 22850 75107). Es ist bekannt dafür, Bioprodukte zu verwenden und seine traditionellen Gerichte mit einem zusätzlichen anatolischen Flair zu versehen.

Tragea Τραγαία
Die Region Tragea ist eine riesige Ebene aus Olivenhainen und unverdorbenen Dörfern, eingebettet in die Berge des Landesinneren.

BERG ZEUS
Filoti, an den Hängen des Berges **Zeus** (1004 m), ist das größte Dorf der Region. Es gibt einen Geldautomaten gleich unterhalb der Hauptbushaltestelle. Am Dorfrand (aus Chora kommend) zweigt eine Asphaltstraße rechts zu den entlegenen Weilern **Damarionas** und **Damalas** ab.

Von Filoti aus erreicht man auch die **Höhle des Zeus (Zas),** eine große Naturhöhle am Fuße einer Klippe an den Hängen des Berges Zeus. Rund 800 m südlich von Filoti liegt eine Kreuzung, an der die Aria-Quelle und die Höhle des Zeus ausgeschildert sind. Die Busfahrer halten hier auf Wunsch; die kleine Straße endet nach 1,2 km. Ab dem Parkplatz am Ende der Straße geht's einen gepflasterten Pfad entlang bis zum Picknickplatz **Aria-Quelle & Höhle des Zeus;** von hier geht's weiter auf einer Piste bergauf bis zur Höhle. Der Pfad führt von hier steil hinauf zum Gipfel des Zeus. Es ist ein ziemlich anstrengender Aufstieg über rund 3 km. Ein schöner, noch einmal 4 km langer Rückweg nach Filoti führt über den Pfad, der vom Gipfel aus nach Norden verläuft. Für den anstrengenden Marsch sind eine gute Kondition, festes Schuhwerk, Wasser und Sonnenschutz Voraussetzung. Ein längerer, aber weniger anstrengender Weg auf den Berg Zeus beginnt an der Kapelle Aghia Marina an der Straße nach Danakos. Dafür mit dem Bus Richtung Apiranthos fahren und am Abzweig nach Danakos, rund 6 km hinter Filoti, absetzen lassen.

CHALKI ΑΛΚΕΙΟ

Eines der schönsten Erlebnisse auf Naxos ist ein Besuch im historischen Dorf Chalki, das im Herzen der Tragea liegt, rund 20 Autominuten von Naxos-Stadt entfernt. Chalki spiegelt das historische Naxos sehr schön wider. Es ist voller anmutiger Fassaden alter Villen und Turmhäuser. Hier erkennt man noch den Reichtum aus vergangenen Tagen, als Chalki noch das Handelszentrum von Naxos war.

Die Hauptstraße führt um Chalki herum. Es gibt einen Parkplatz am Straßenrand, weitere Parkplätze stehen im Schulhof am nördlichen Dorfrand und auf einem unebenen Gelände gleich auf der anderen Seite der Schule zur Verfügung. Schmale Straßen führen von der Hauptstraße zum schönen kleinen Platz in der Dorfmitte.

Seit Ende des 19. Jhs. ist der Name von Chalki eng mit der Herstellung von **kitron**, einem einzigartigen Likör verknüpft. Die Zitronatzitrone *(Citrus medica oder Cedrat)* wurde ungefähr 300 v. Chr. in den Mittelmeerraum eingeführt und gedieh Jahrhunderte lang auf Naxos. Die Frucht ist roh kaum genießbar, aber ihre Schale ist sehr aromatisch, wenn sie in Sirup als *glika koutaliou* (Fruchtkonserve) eingelegt wird. *Kitroraki*, ein *raki*, kann aus Traubenschalen und Cedratblättern gebrannt werden. Ende des 19. Jhs. wurden große Mengen der konservierten Frucht und eine süße Variante des *kitroraki*, die als *kitron bezeichnet wurde*, von Naxos exportiert.

Die Brennerei **Vallindras** (☎ 22850 31220; ☽ Juli–Aug. 10–23 Uhr, Mai–Juni & Sept.–Okt. 10–18 Uhr) an Chalkis Hauptplatz destilliert den *kitron* noch auf die alte Art. Es gibt kostenlose Führungen durch die stimmungsvollen Räume der alten Brennerei, in denen immer noch die alten Krüge und Kupferkessel stehen. Zum Abschluss der Führung darf *kit-*

ron verkostet werden. Eine Reihe von Produkten der Brennerei werden vor Ort verkauft. Wer zwischen November und April ein Führung haben möchte, kann sich telefonisch unter ☎ 22850 22534 oder ☎ 6942551161 anmelden.

Eine weitere Institution in Chalki ist der Weltklasse-Keramikladen **L'Olivier** und seine nahe gelegene Galerie (s. Kasten gegenüber).

Unterkünfte gibt's in Chalki und Filoti, am besten fragt man bei den Einheimischen nach.

In der Nähe der Galerie L'Olivier befindet sich der faszinierende Laden **Era** (☎ 22859 31009; eraproducts@mail.gr) mit seiner Marmelade aus Zitrus- und anderen Früchten und den typisch griechischen Fruchtkonserven aus den besten Zutaten. Am zentralen Platz von Chalki liegt **Yianni's Taverna** (☎ 22850 31214; Gerichte 5,50–7,50 €), die für ihre guten, lokalen Fleischgerichte und frischen Salate mit *myzithra* (Schafskäse) bekannt ist. Nicht verpassen sollte man **Glikia Zoi** (Süßes Leben; ☎ 22850 31602) direkt gegenüber der Galerie L'Olivier. In diesem traditionellen Café zaubert Christina Falierou köstliche Kuchen und Süßigkeiten, die hier zu Kaffee oder anderen Getränken genossen werden. Ebenfalls interessant ist **Penelope** (☎ 6979299951), ein Laden mit großartigen handgewebten Textilien und Stickarbeiten.

Chalki hat seine kulturellen Aktivitäten mit der Einführung eines alljährlichen Musik-, Kunst- und Literaturfestivals sogar noch weiter ausgebaut. Beim **Axia-Festival** (Aug./Sept.) werden internationale Musiker, Künstler und Schriftsteller auftreten. Das Festival ist gemeinnützig und wird von der Galerie L'Olivier organisiert.

Eine weitere landschaftlich sehr schöne Route von Chora nach Chalki führt über die Straße, die an **Ano Potamia** vorbeigeht. Hier steht auch die **Taverna Pigi** (☎ 22850 32292; Hauptgerichte 5–22 €), die für gute, lokale Küche bekannt ist, die man bei den heiteren Klängen der gurgelnden Quelle genießen kann, nach der die Taverne benannt ist.

Panagia Drosiani Παναγία Δροσιανή

Die **Panagia Drosiani** (☽ Mai–Mitte Okt. 10–19 Uhr) gleich unterhalb von **Moni**, 2,5 km nördlich von Chalki, ist eine der ältesten und am meisten verehrten Kirchen Griechenlands.

KUNST DER ÄGÄIS: L'OLIVIER, NAXOS   *Des Hannigan*

Als ich das erste Mal in das **L'Olivier** (☎ 22850 32829; www.fish-olive-creations.com; Chalki) kam, eine Keramikgalerie und ein Laden im kleinen Dorf Chalki auf Naxos, war es ein später Abend im Frühsommer. Der samtige Dunst der Tragea, dem Becken in den Bergen von Naxos, hatte sich wie ein Schleier über den kleinen Dorfplatz von Chalki gesenkt. Junge Eulen heulten von den Marmorsimsen an den Fassaden der alten Herrenhäuser im Stil der Insel Naxos. Im L'Olivier war es, als ob das Leuchten des Sonnenuntergangs noch andauere. Selbst das künstliche Licht wurde nur sparsam eingesetzt. Wo auch immer ich hinschaute, waren Keramikgegenstände und Schmuck, die mir den Atem raubten.

Jedes einzelne Stück Kunsthandwerk reflektierte die alten mediterranen Themen des Fisches und der Olive, die im Fokus der Arbeit der aus Naxos stammenden Töpferin Katharina Bolesch und ihres Partners Alexander Reichardt, Künstler und Handwerker, stehen. Dreidimensionale Keramikoliven umrahmten die Ränder glänzender Teller oder hingen seitlich an eleganten Krügen und Schalen. Auch Trauben aus Keramik hingen dort. Gemalte Fischschwärme schossen über Platten und schwammen rund um Schüsseln und Teller. Silber- und Keramikschmuck mit Fischen setzten das Thema fort. Diese ersten Eindrücke sind nie wieder verblasst. Jedes Mal, wenn ich in das L'Olivier komme, hellt sich die Welt auf.

Katharina Bolesch ist zum Teil auf Naxos aufgewachsen und in der Landschaft und Kultur der Insel verwurzelt, Alex Reichardt ist ein echter Mittelmeeranwohner. Sein Leben auf den Inseln und seine lange Erfahrung als Taucher inspirieren seine gemalten Fischmotive, seinen Silber- und seinen Keramikfischschmuck sowie seine Arbeiten in Holz und Marmor. Diese beiden hervorragenden Künstler leben in einem winzigen klykladischen Dorf, aber ihr Ruhm ist international. Ihre Werke wurden schon in so großen Galerien und Museen wie der Akademie von Athen, dem Goulandris-Museum für kykladische Kunste, dem Cretaquarium, dem UN-Hauptquartier in New York und swm Design-Museum von Helsinki gezeigt.

Die Präsidentin des Goulandris-Museums, Frau Niki Goulandris, ist eine langjährige Stammkundin. Sie äußert sich besonders enthusiastisch über die Arbeit von Bolesch und Reichardt und reiht sie in die Tradition der klassischen griechischen und klykladischen Kunst ein, erkennt aber ihren modernen Kontext an. „Ihre Arbeit steht für Kühnheit und Verpflichtung gegenüber der Tradition," sagt sie. „Ihre Motive sind eindeutig Symbole des griechischen Bodens und des Meeres."

Trotz eines so hohen Bekanntheitsgrades sind die Arbeiten von Bolesch und Reichardt immer noch zu erschwinglichen Preisen zu haben. Das L'Olivier ist ein Füllhorn an schönen und doch funktionalen Gegenständen, darunter Schmuck, Fliesen, Geschirr, große Krüge und Schüsseln von strahlender Schönheit, schöne Artefakte aus Olivenholz sowie Olivenerzeugnisse wie Öl und Seife.

Im Jahr 2006 eröffneten Bolesch und Reichardt eine separate Galerie und eine Werkstatt gleich um die Ecke ihres Ladens. Hier veranstalten sie Ausstellungen mit den Werken gefeierter Künstler in einem Gebäude, das sehr stilvoll entworfen wurde und perfekt zu den traditionellen Fassaden von Chalki und der heiteren Schönheit der Tragea passt. (Imitationen der Arbeiten von Katharina Bolesch, jedoch von schlechterer Qualität, werden an verschiedenen Stellen auf Naxos verkauft – also bitte Vorsicht!)

Sie hat ein Labyrinth aus höhlenartigen Kapellen, mehrere der Fresken gehen auf das 7. Jh. zurück. Spenden sind willkommen.

Sangri Σαγκρί

Das ansehnliche turmartige Gebäude der **Burg von Bazeos** (☎ 22850 31402; ⏰ 10–17 & 18–21 Uhr) ragt aus der Landschaft ungefähr 2 km östlich des Dorfes Sangri empor. Die Burg wurde ursprünglich als Kloster von Timios Stavros (Wahres Kreuz) während des 17. Jhs. errichtet, aber die Mönche gaben das Kloster Anfang des 19. Jhs. auf. Die Anlage wurde später von der Familie Bazeos gekauft, deren heutige Nachfahren das Gebäude und seine spätmittelalterlichen Räume mit viel Geschick und Phantasie renoviert haben. Die Burg dient nun als Kulturzentrum; hier werden Kunstausstellungen und im Juli und August das alljährliche **Naxos-Festival** mit Konzerten, Theateraufführungen und Lesungen veranstaltet. Die Eintrittspreise sind je nach Veranstaltung unterschiedlich.

Rund 1,5 km südlich von Sangri liegt der eindrucksvolle **Demeter-Tempel** (Dimitras-Tempel; ☎ 22850 22725; ⏱ Di–So 8.30–15 Uhr). Die Ruinen und Rekonstruktionen sind nicht groß, aber von großem historischem Interesse. Es gibt ein **Museum** an der Ausgrabungsstätte, das einige gute Rekonstruktionen von Tempeldetails zeigt. Von Sangri aus ist der Weg ausgeschildert.

Apiranthos Απείρανθος

Apiranthos ist ein stimmungsvolles Bergdorf aus schmucklosen Steinhäusern, marmorgepflasterten Straßen und Gassen, die sich an den Hängen des Berges Fanari (883 m) emporziehen. Seine Bewohner sind Nachfahren der Flüchtlinge aus Kreta, die den türkischen Repressalien entkamen. Sie haben sich eine starke Individualität und einen interessanten Dialekt bewahrt, und das Dorf ist bekannt für seine kühne Politik und seinen Populismus. Es gibt ein eindrucksvolles Trio an Museen.

Gleich rechts am Anfang der Hauptstraße des Dorfes liegt das **Naturkundemuseum** (Eintritt 3 €; ⏱ Di–So 8.30–14 Uhr). Das **Geologische Museum** (Eintritt 3 €; ⏱ Di–So 8.30–14 Uhr) und das **Archäologische Museum** (Eintritt frei; ⏱ Di–So 8.30–14 Uhr) liegen ein Stück weiter die Hauptstraße entlang. Letzteres zeigt eine wunderbare Sammlung an kleinen kykladischen Artefakten. Die Museen sind im Sommer offiziell von 19–22 Uhr geöffnet, aber alle hier angegebenen Öffnungszeiten sind „flexibel", was dem bewundernswerten Unabhängigkeitssinn dieses Dorfes zuzuschreiben ist.

Es gibt eine Reihe von Tavernen und *kafeneia* (Cafés) im Dorf.

Parkmöglichkeiten liegen an der Zufahrt zu Apiranthos an der Hauptstraße von Chora nach Apollonas.

Moutsouna Μουτσούνα
74 Ew.

Die Straße von Apiranthos nach Moutsouna führt in einer aufregenden Serie von Serpentinen durch die spektakuläre Berglandschaft. Früher war Moutsouna ein betriebsamer Hafen. Von hier aus wurde der in der Region abgebaute Schmirgel verschifft. Heute ist Moutsouna ein ruhiger Ort, wenn auch mit etwas Bautätigkeit. Sieben Kilometer südlich des Dorfes gibt's einen guten Strand bei **Psili Ammos.**

Es gibt ein paar Pensionen und Tavernen, vorwiegend in Moutsouna, aber es liegen auch ein paar an der Küstenstraße verstreut.

Apollonas Απόλλωνας
107 Ew.

In Apollonas an der Nordküste säumen Tavernen die Uferpromenade, die sich an einen ganz brauchbaren Strand anschließt. Die Hauptattraktion ist hier jedoch ein riesiger **kouros** (männliche Statue aus der archaischen Periode) aus dem 7. Jh. v. Chr., der in einem antiken Steinbruch am Hügel oberhalb des Dorfes liegt. Wenn man über die große Landstraße von Chora kommt, ist die Fundstelle kurz vor Apollonas nach links ausgeschildert. Die Arbeiten an dieser 10,5 m hohen Statue wurden wahrscheinlich noch vor der Fertigstellung aufgegeben, da Schwachstellen im Stein zur Rissbildung führten. Apollonas bietet mehrere Fremdenzimmer und Tavernen.

Wer mit einem eigenen Verkehrsmittel unterwegs ist, kann nach Chora über die Straße entlang der Westküste zurückkehren, die durch eine wilde und dünn besiedelte Landschaft führt mit atemberaubenden Ausblicken auf das Meer. Verschiedene kleine Wege führen zu abgeschiedenen Stränden hinunter wie beispielsweise dem **Abram.**

KLEINE KYKLADEN
ΜΙΚΡΕΣ ΚΥΚΛΑΔΕΣ

Wer noch Zeit hat, sollte sich aus der Welt der schon geruhsameren größeren kykladischen Inseln verabschieden und sich zur Kette der kleineren Inseln zwischen Naxos und Amorgos aufmachen. Nur vier davon – Donussa, Ano Kufonisia, Iraklia und Schinussa – sind dauerhaft bewohnt. Alle waren in der Antike dicht besiedelt, was an der großen Anzahl antiker Gräber erkennbar ist, die auf den Inseln gefunden wurden. Im Mittelalter bewohnten nur wilde Ziegen und noch wildere Piraten die Inseln. Nach der Unabhängigkeit zogen wieder unerschrockene Seelen von Naxos und Amorgos hierher. Heutzutage begrüßen die Inseln eine wachsende Zahl an Touristen, denen der Sinn nach Freiheit steht.

Donussa ist die nördlichste Insel der Gruppe und am weitesten von Naxos entfernt. Die übrigen drängen sich um die Südostküste von Naxos. Auf jeder Insel gibt es ein öffentliches Telefon und eine Post; auf allen Inseln außer Iraklia gibt es Geldautomaten, dennoch ist es besser, einen angemessenen Geldbetrag in bar mitzubringen.

An- & Weiterreise

Es gibt täglich Fährverbindungen zwischen Naxos und den kleinen Kykladen, aber bei rauer See können Überfahrten gestrichen werden. Wer dorthin reisen möchte, sollte sicher sein, dass er noch genügend Zeit hat. Die Inseln sind nichts für einen Last-Minute-Besuch oder für eine einzelne Übernachtung auf einer Insel-Hopping-Route. In den vergangenen Jahren haben die großen Blue-Star-Autofähren einen regelmäßigen Fahrplan von Piräus über Naxos zu allen Inseln der Kleinen Kykladen eingeführt; sie fahren dann weiter nach Amorgos und Astypalea und zurück.

Die robuste kleine Fähre **Express Skopelitis** (☎ 22850 71256/519; Katapola, Amorgos) fährt von Naxos (im Sommer täglich, im Winter 4-mal wöchentlich) zu den Kleinen Kykladen und nach Amorgos. Hier erlebt man die Kykladen in Reinstform, aber schlechtes Wetter kann den Zeitrahmen sprengen. Die meisten Sitzplätze sind auf offenem Deck, so dass es bei Wind ganz schön schaukelt. Bei starkem Seegang weiß man gleich, was einem blüht, wenn die Besatzung beginnt,

die durchsichtigen Spucktüten zu verteilen. An Deck am besten darauf achten, welche Seite des Schiffes bei den Abschnitten zwischen den Inseln wind- und wellengeschützt ist und dort bleiben oder sich darauf einstellen, dass die erfrischende Seeluft schnell zu einer erfrischenden ägäischen Dusche werden kann. Unabhängig vom Seegang – die Einheimischen, die Besatzung (und der Autor) steuern direkt den komfortablen Salon mit Bar an, wo sie sich von Zigarettenrauch und Gesprächen einnebeln lassen. Jeder hat die Wahl …

Weitere Informationen hierzu im Kapitel Insel-Hopping (Iraklia S. 863, Schinussa S. 874, Kufonisia S. 866 und Donussa S. 862).

IRAKLIA ΗΡΑΚΛΕΙΑ

115 Ew.

Iraklia hat eine Fläche von nur 19 km², ein kleines Ägäisches Juwel, das in der Sonne döst. Weg mit den Partyklamotten, Adieu Nachtleben! Hier drohen auch keine Besichtigungen und kitschigen Souvenirs. Stattdessen wartet ein heiterer und lockerer Lebensstil – die Insel wird nicht enttäuschen. Nur im Juli und August muss man sich die Idylle mit Gleichgesinnten teilen.

Vor der Insel liegt eine Besonderheit: die erste **Off-Shore-Entsalzungsanlage** in Griechenland, und die wird auch noch mit Solar- und Windenergie betrieben. Bei der Einfahrt in den Hafen ist sie nicht zu übersehen. Ein Hoch auf die Nachhaltigkeit!

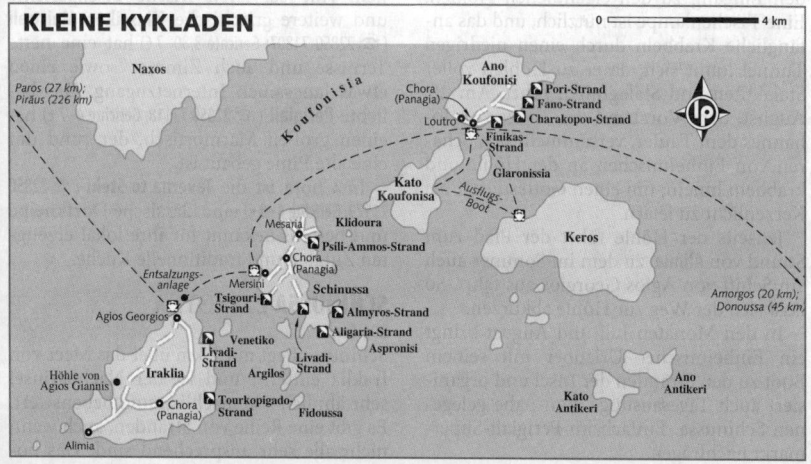

KLEINE KYKLADEN

0 ⸻ 4 km

Paros (27 km); Piräus (226 km)

Naxos

Koufonisia

Chora (Panagia)

Ano Koufonisi

Pori-Strand
Fano-Strand
Charakopou-Strand

Loutro

Finikas-Strand

Glaronissia

Kato Koufonisa

Ausflugs-Boot

Keros

Mesaria

Klidoura

Psili-Ammos-Strand

Chora (Panagia)

Entsalzungsanlage

Mersini

Tsigouri-Strand

Schinussa

Almyros-Strand

Amorgos (20 km); Donoussa (45 km)

Agios Georgios

Venetiko

Aligaria-Strand

Aspronisi

Livadi-Strand

Livadi-Strand

Höhle von Agios Giannis

Iraklia

Argilos

Chora (Panagia)

Tourkopigado-Strand

Fidoussa

Kato Antikeri

Ano Antikeri

Alimia

Hafen und Hauptdorf von Iraklia ist Agios Georgios. Es hat einen attraktiven, höhlenartigen Hafen mit Sandstrand. Am Ende des Fähranlegers rechts halten, dann geht's links hoch zum gut sortierten Perigiali-Supermarkt. Weiter oben am Berg liegen ein kleinerer Laden und ein *kafeneio* (Café) mit dem Namen Melissa's, die zugleich auch das Büro für die Fährtickets, die Postagentur und die Klatschbörse sind. Es gibt Kartentelefone draußen vor dem Perigiali-Supermarkt und vor Melissa's und ein Geldautomat steht unweit des Hafens. Ein Gesundheitszentrum befindet sich neben dem Perigiali-Supermarkt. Die Website der Insel ist www.iraklia.gr.

Eine befestigte Straße führt links vom Fähranleger weg und nach rund 1 km erreicht man **Livadi,** den besten Strand der Insel. Steile 2,5 km weiter liegt **Chora (Panagia).** An der Gabelung am Dorfeingang gelangt man rechts zur Hauptstraße.

Eine Straße wurde kürzlich von Chora bis zum Strand **Tourkopigado** ausgebaut.

Die „Hauptsehenswürdigkeit" der Insel ist die **Höhle der Heiligen Ikone des Agios Giannis.** Von Panagia aus ist sie in einer 4-stündigen Wanderung (hin und zurück) zu erreichen. Der Pfad beginnt hinter der Kirche an einem Wegweiser nach rechts und ist teilweise felsig und steil. Stiefel oder Wanderschuhe sind unbedingt erforderlich; auch an ausreichend Wasser denken! Am Ziel liegt linkerhand eine große offene Höhle. Rechts umgeben weiß gestrichene Felsen den Eingang zu den eigentlichen Höhlen. Eine Taschenlampe ist nützlich, und das anfängliche Krabbeln durch einen niedrigen Tunnel lohnt sich, da er zu Höhlen voller Stalaktiten und Stalagmiten führt. Am 28. August, dem Vorabend des Todes von Johannes dem Täufer, versammeln sich Scharen von Einheimischen an der Höhle und krabbeln hinein, um einen Gottesdienst bei Kerzenlicht zu feiern.

Jenseits der Höhle führt der Pfad zum Strand von **Alimia,** zu dem im Sommer auch ein Schiff von Agios Georgios aus fährt. So lässt sich der Weg zur Höhle abkürzen.

In den Monaten Juli und August bringt ein Einheimischer Urlauber mit seinem Boot zu den Stränden der Insel und organisiert auch Tagesausflüge zum nahe gelegenen Schinussa. Einfach im Perigiali-Supermarkt nachfragen.

Schlafen & Essen

Domatia und Tavernen konzentrieren sich in und um Agios Georgios, im Sommer sind auch am Strand von Livadi ein paar geöffnet. Die Zimmervermieter kommen an den Hafen, wenn die Fähren einlaufen, aber in der Hochsaison ist eine Reservierung ratsam.

Anna's Place (☎ 22850 71145; EZ 40 €, DZ 50–70 €, 3BZ 85 €; ✪) Diese hübschen, luftigen Zimmer liegen hoch über dem Hafen, sind schick möbliert und bieten von den vorderen Balkonen einen weiten Ausblick. Es gibt eine große Gemeinschaftsküche und einen Speisebereich im Freien.

Agnadema/Dimitri's (☎/Fax 22850 71484, 6978048789; Studio/DZ 40/50 €; ✪) In dieser friedlichen Anlage im Familienbesitz am Hügel über dem Hafen von Agios Georgios hat man die Qual der Wahl: Die Agnadema-Zimmer sind groß, hell und tadellos. Agnadema bedeutet „tolle Aussicht", ein Understatement angesichts der erstklassigen Lage des Grundstücks. Dimitri bietet gleich daneben eine Reihe kleiner Studios mit gemeinsamen Veranda, die ebenso gut ausgestattet sind.

Maistrali Apartments (☎ 2285071807; nickmaistrali@in.gr; DZ/3BZ 40/60 €; ✪) Die Gemeinschaftsterrasse dieser gut ausgestatteten Apartments hat einen konkurrenzlos freien Blick nach Ios und in den Süden. Es gibt nur wenige Zimmer, so dass sich in der Hauptsaison eine Reservierung empfiehlt.

In Agios Georgios gibt es ein paar Tavernen. Alle servieren frische Fischgerichte und weitere griechische Klassiker. **Maistrali** (☎ 22850 71807; Gerichte 3,80–7 €) hat eine nette Terrasse und auch Zimmer sowie einen etwas langsamen Internetzugang. Das beliebte **Perigiali** (☎ 22850 71118; Gerichte 4–7 €) hat einen großen Marmortisch, der rund um eine alte Pinie gebaut ist.

In Chora ist die **Taverna to Steki** (☎ 22850 71579; Gerichte 4–8 €) eine klassische Dorfkneipe und bestens bekannt für ihre lokal erzeugten Zutaten und traditionelle Küche.

SCHINUSSA ΣΧΙΝΟΥΣΑ
206 Ew.

Schinussa liegt nur 2 km über das Meer von Iraklia entfernt und ist der Nachbarinsel sehr ähnlich – gemächlich und liebenswert. Es gibt eine Reihe von Stränden, auch wenn nicht alle sehr ansprechend sind. Das bodenständige Chora (Panagia) auf dem windigen Grat der Insel bietet eine weite Sicht übers Meer.

Die Fähren legen am Fischerhafen von Mersini an. Chora liegt 1 km bergauf durch die Gluthitze (Zimmervermieter sind immer da, um Reisende mit dem Auto abzuholen).

Paralos Travel (☎ 22850 71160, Fax 22850 71957) liegt auf halber Strecke an der Hauptstraße. Es verkauft Fährtickets und ist zugleich die Post. **Grispos Travel** (☎ 22850 29329) am anderen Ende des Dorfes verkauft ebenfalls Fährtickets.

Am Hauptplatz steht eine Telefonzelle, einen Geldautomaten gibt es neben dem Restaurant Deli. Ganz brauchbar ist auch die Webseite www.schinousa.gr.

Auf dem Weg runter zum Strand Tsigouri befindet sich ein kleines **Volkskundemuseum**, in dem ein rekonstruierter Brotbackofen zu sehen ist. Die Öffnungszeiten richten sich nach der Uhr des Insellebens.

Unbefestigte Wege führen von Chora zu den Stränden rund um die Küste. Die nächsten sind **Tsigouri** und **Livadi**, beide sind nur im August voll. Noch ein kleines Stück weiter findet man passable Strände bei **Almyros** und **Aligaria**. Mit Ausnahme von Tsigouri gibt es keine Läden oder Tavernen an den Stränden, deshalb Essen und Wasser mitnehmen.

Schlafen

Es gibt ein paar Zimmer in Mersini, aber wer auch den Rest der Insel sehen möchte, sollte besser in Chora übernachten.

Anna Domatia (☎ 22850 71161; Chora; EZ/DZ/3BZ 40/45/50 €; ✖) Ordentliche Zimmer von guter Größe, gleich hinter der Hauptstraße an der Westseite des Dorfes, machen das Anna zu einer guten Wahl. Gegen einen Aufpreis von 5 € bekommt man ein Zimmer mit Küche.

Iliovasilema (☎ 22850 71948; iliovasilema@schinousa.gr; Chora; EZ 45 €, DZ 55–60 €, 3BZ 60–65 €; ✖ 🛜) Ideal gelegen am westlichen Dorfrand, mit Blick über den Süden der Insel. Die helle, saubere Pension hat geräumige Zimmer, die meisten Balkone einen schönen Ausblick.

Galini (☎ 22850 71983, 21046 29448; EZ/DZ/3BZ 50/50/60 €) Die meisten Zimmer in dieser gut gelegenen Pension bieten einen tollen Ausblick. Sie steht auf einem größeren Grundstück am anderen Ende der Stadt. Die Zim-

mer sind hell, sauber und angenehm idyllisch. Es gibt keine Klimaanlage, aber kräftige Deckenventilatoren.

Essen

Akbar (☎ 22850 72001; Gerichte 3–6,50 €) Das Akbar ist ein buntes kleines Café an der Hauptstraße und bietet *mezedes*, frische Salate sowie Frühstück für rund 7 €.

Loza (☎ 22850 71864; Gerichte 4,50–9,50 €) Gleich gegenüber dem Akbar und ein Treffpunkt der Einheimischen, in dem es Frühstück (7,50 €) sowie Salate und Pizza gibt. Dazu gehört auch eine Bäckerei, die unter anderem *baklava* und Walnusskuchen herstellt.

LP Tipp **Deli Restaurant & Sweet Bar** (☎ 22850 74278; Hauptgerichte 7,50–9 €) Das hervorragende Deli wird von demselben kreativen Team geführt, das früher das Margarita ein Stück weiter die Straße runter führte. Eine ausgezeichnete griechische Küche mit starken einheimischen Wurzeln bringt Vorspeisen wie Aubergine im Blätterteig mit frischen Tomaten und einheimischem Weichkäse hervor oder Fava-Bohnen mit Zwiebeln und Olivenöl. Bei den Hauptgerichten gibt es Hühnchen mit Kräutern und Zitrone und kleine Stücke von lokal erzeugtem Schweinefleisch mit Paprika in einer Weinsauce. Vegetarier können sich über ein Tagesgericht freuen. Das Frühstück kostet 6 €. Im Obergeschoss befindet sich das Restaurant, im Erdgeschoss ist eine sehr coole Café-Bar, und unten gibt es die Süßigkeiten. Die Weinkarte ist kurz – aber ausgezeichnet; unter anderem gibt es ein paar sehr gute makedonische Weine.

KOUFONISIA ΚΟΥΦΟΝΗΣΙΑ
366 Ew.

Die Inseln **Ano Koufonisia** und **Kato Koufonisia** liegen einander im blauen Wasser gegenüber. Ano Kufonisia ist die bewohnte Insel. Ihre ausgezeichneten Strände machen sie zu einer der meistbesuchten Inseln der Kleinen Kykladen, und die Modernisierung hat Einzug gehalten. Neue Hotels und Studios entstehen, und ein Jachthafen mit Kapazität für 50 Jachten soll „in Kürze" fertig gestellt werden. Koufinisias beträchtliche Fischereiflotte ernährt selbst außerhalb der Sommermonate immer noch eine florierende Gemeinde.

Nur ein kleines Stück per Boot entfernt liegt Kato Koufonisia mit einigen schönen

Stränden und einer netten Kirche. Archäologische Ausgrabungen auf **Keros,** dem felsigen, stiernackigen Berg von einer Insel, der sich im Süden über Koufonisia erhebt, haben über 100 frühkykladische Statuetten zu Tage gefördert, darunter die berühmten Harfen- und Flötenspieler, die heute im Archäologischen Nationalmuseum von Athen (S. 143) stehen. Wichtige Funde aus vergangenen Jahren scheinen zu bestätigen, dass Keros ein kykladischer Ort von größter Bedeutung war.

Orientierung & Praktische Informationen

Die einzige Siedlung von Koufonisia breitet sich hinter dem Fähranleger aus. An der einen Seite des Kais liegt der projektierte Jachthafen, auf der anderen Seite ist eine breite Bucht, in der Fischerboote ankern. Ein langer Strand mit hartem Sand lässt die Uferpromenade sehr weitläufig erscheinen. Im oberen Abschnitt wird er als Straße genutzt, und auch Fußball wird hier oft gespielt. Der ältere Teil der Stadt, die *chora,* erstreckt sich über einen niedrigen Hügel oberhalb des Hafens und besteht aus einer langen Hauptstraße. Die herabfallenden Blütenblätter der Bougainvilleen bedecken sie oft wie ein Teppich.

Es gibt eine Reihe von Supermärkten entlang der Straße, die vom Strand landeinwärts zur Hauptstraße führt, und auf halber Strecke liegt an dieser Straße das Ticketbüro. Die Post liegt an der ersten Straße, die von der landeinwärts führenden Straße scharf links abzweigt. Außen an der Post gibt es einen Geldautomaten.

Sehenswertes

STRÄNDE

Ein kleiner Spaziergang entlang der sandigen Küste östlich des Hafens führt nach ein paar Kilometern zu den Stränden **Finikas, Charakopou** und **Fano.** An allen dreien drängen sich in den Monaten Juli und August die Sonnenhungrigen. Je weiter man läuft, desto mehr Menschen baden nackt.

Hinter Fano führt ein Pfad zu mehreren felsigen Badestellen, dann weiter zu der Bucht bei **Pori,** wo ein langer sandiger Halbmond sanft in die absolut traumhafte See der griechischen Inselwelt hinabgleitet. Pori ist von Chora aus auch über eine Straße durch das Landesinnere zu erreichen.

Geführte Touren

Koufonissia Tours (☎ 22850 71671; www.koufonissia tours.gr), das sein Büro im Hotel Villa Ostria untergebracht hat (s. unten), organisiert Bootsausflüge nach Keros, Kato Koufonisia und zu anderen Inseln der Kleinen Kykladen. Fahrräder werden hier ebenfalls vermietet.

Schlafen

Wildes Zelten ist auf Koufonisia nicht gestattet. Es gibt eine gute Auswahl an *domatia* und Hotels, und Koufonissia Tours vermittelt Unterkünfte auf der Insel.

Lefteris Rooms (☎ 22850 71458; DZ/3BZ 40/45 €) Direkt hinter dem Stadtstrand und oberhalb des Restaurants Lefteris liegen diese einfachen, aber farbenfrohen Zimmer, von denen die nach hinten raus liegenden Zimmer die ruhigsten sind.

Anna's Rooms (☎ 22850 71061, 6974527838; EZ/ DZ/3BZ/4BZ 50/60/70/80 €; 🗙) Diese großen, hellen Zimmer in Loutro in ruhiger Lage an der Westseite des Hafens sind eine großartige Wahl, und man wird herzlich begrüßt. Die Zimmer bieten einen Blick auf den alten Hafen und liegen inmitten bunter Gärten. In jedem Zimmer gibt es die Möglichkeit, Tee und Kaffee zuzubereiten.

Ermis (☎ 22850 71693; Fax 22850 74214; EZ/DZ 55/70 €; 🗙) Die geräumigen Zimmer dieser Unterkunft in einer ruhigen, grünen Lage hinter der Post haben eine ansprechende Einrichtung und an der Vorderseite großzügige Balkone.

LP Tipp Alkyonides Studios (☎ 22850 74170; www.alkionides.gr; DZ/3BZ/4BZ inkl. Frühstück 70/75/80 €) Ganz oben auf Koufinisia befinden sich diese gut gelegenen Studios über dem kleinen Hafen von Loutro. Der Name „Alkyonides" prangt stolz auf einem alten Boot, nur eines von mehreren exzentrischen Details. Die geräumigen, hellen Zimmer haben Ventilatoren statt Klimaanlage, was manche Menschen als Vorteil ansehen. Das Frühstück ist im Preis inbegriffen (die Hühner sind ganz in der Nähe). Nicht von der felsigen Zufahrtsstraße oder dem einen oder anderen verlassenen Schrottfahrzeug abschrecken lassen. Loutro ist über einen Weg in nur wenigen Gehminuten zu erreichen.

Villa Ostria (☎ 22850 71671; www.koufonissiatours. gr; EZ/DZ/3BZ inkl. Frühstück 70/85/90 €; 🗙 🛜) Das schicke, kleine Hotel thront weit oben über dem Strand und verfügt über einen entzückenden Garten. Die Zimmer sind elegant, komfortabel und mit Kühlschränken ausgestattet.

Essen

Kalamia Café (☎ 22850 74444; Snacks 3–5,50 €; 🖥 🛜) Ein großartiger Treffpunkt und ein Ort, um im Internet zu surfen. Für Gäste ist der Internetzugang kostenlos, und auf der Theke steht ein Monitor für diejenigen, die keinen eigenen Laptop mitbringen. Es gibt verschiedene Frühstücksangebote von 3,50 € bis 6 €.

Karnagio (☎ 22850 71694; Hauptgerichte 4–10 €) Diese kleine *ouzerie* in Loutro, deren Tische direkt an den Hafen angrenzen, sollte man sich auf keinen Fall entgehen lassen. Sie wird von einem winzig kleinen Gebäude aus betrieben. Garnelen-*saganaki* und Meeresfrüchteplatten (10 € für die kleine Version, 20 € für die große) passen gut zum Ambiente.

Lefteris (☎ 22850 71458; Gerichte 4,50–8 €) Das Lefteris tischt im Hochsommer zahlreichen Gästen griechische Klassiker zu angemessenen Preisen auf. Seine riesige Terrasse mit Blick auf den Stadtstrand und ist auch zum Frühstück und Mittagessen geöffnet.

Capetan Nikolas (☎ 22850 71690; Hauptgerichte 4,50–11 €) Dieses fröhliche, familiengeführte Restaurant ist auf der Insel eines der besten Lokale für Meeresfrüchte und liegt am kleinen Hafen von Loutro. Garnelensalat für 6,50 € ist eine gute Wahl, und der vor Ort gefangene Fisch, wie Seebarbe und Meerbrasse, ist eine Spezialität und wird pro Kilo verkauft.

Ausgehen

Scholeio (☎ 22850 71837; ⏱ 18–3.30 Uhr) Die kleine Inselbar und Crêperie passt gut zum entspannten Ambiente der Insel. Das Scholeio serviert gute Cocktails und andere Drinks, und es werden Jazz, Blues, Rock und weitere ausgewählte Sounds gespielt. Es liegt direkt am westlichen Ende der Hauptstraße des Dorfes über Loutro. Die Inhaber sind bekannte Fotografen und stellen hier häufig ihre Werke aus.

Sorokos (☎ 22850 71704; ⏱ 16–3 Uhr) Drinks, Snacks und heiße Sounds, die von Lounge in den Anfangsstunden bis zu härteren Vibes spät in der Nacht reichen, machen dieses Lokal zu einer beliebten Kneipe hinter dem Stadtstrand.

DONUSSA ΔΟΝΟΥΣΑ
110 Ew.

Donussa ist eine völlig entlegene Insel, auf der man aufhört, über Wochentage nachzudenken. Ende Juli und im August kann die Insel von griechischen Urlaubern und sonnenhungrigen Nordeuropäern überrannt werden, aber außerhalb der Saison lohnt sich ein längerer Aufenthalt durchaus.

Agios Stavros ist die Hauptsiedlung und Hafen von Donussa. Es ist eine Ansammlung funktionaler Gebäude rund um eine hübsche Kirche, die über einer kleinen Bucht liegt. Im Laufe der Jahre hat sich hier nur wenig verändert, aber Wassermangel – auf einer Insel, die früher einmal gut versorgt war – hat dazu geführt, dass kürzlich Leitungen von einem Vorratstank für importiertes Wasser in die Häuser verlegt wurden. Neue Gehwegbeläge waren ein willkommener Nebeneffekt. Die Stadt hat auch einen guten **Strand,** der gelegentlich als Durchgangsstraße für Fahrzeuge oder Fußgänger zu einer Reihe von Wohnhäusern, Fremdenzimmern und einer Taverne auf der anderen Seite der Bucht dient.

Roussos Travel (☎ 22850 51648) an der Hafenpromenade ist die Ticketagentur für die einheimische Fähre *Express Skopelitis*.

Sigalis Travel (☎ 22850 51570, 6942269219) im Restaurant To Iliovasilema (S. 480) verkauft Fahrkarten für die Fährgesellschaft Blue Star.

Es gibt einen Geldautomaten draußen am Büro von Roussos Travel (manchmal ist er zum Schutz vor Flugsand hinter einem blauen Fensterladen verborgen). In der Hochsaison ist es aber trotzdem besser, auf jeden Fall genügend Bargeld dabei zu haben. Eine Telefonzelle steht oben auf einem steilen Hügel über dem Wasser hinter einem Baum versteckt. Telefonkarten verkauft der Andenkenladen am Ende des Strandes in Richtung Fähranleger.

Es gibt ein **Gesundheitszentrum** (☎ 22850 51506) und ein Postamt gleich unterhalb der Kirche.

Kendros, 1,25 km südöstlich von Agios Stavros gelegen und über einen recht hässlichen, planierten Pfad erreichbar, ist ein sandiger und abgeschiedener Strand mit einer Taverne während der Saison. **Livadi,** noch einmal einen staubigen Kilometer weiter östlich, hat sogar noch weniger Besucher. Sowohl Kendros als auch Livadi sind

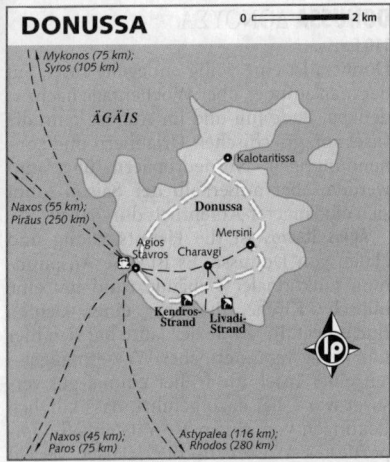

DONUSSA 0 — 2 km

Mykonos (75 km);
Syros (105 km)

ÄGÄIS

Kalotaritissa

Naxos (55 km);
Piräus (250 km)

Donussa

Mersini

Agios
Stavros   Charavgi

Kendros-   Livadi-
Strand   Strand

Naxos (45 km);   Astypalea (116 km);
Paros (75 km)   Rhodos (280 km)

bei FKK-Anhängern beliebt. Grob planierte, unbefestigte Straßen haben Donussa stellenweise verschandelt, aber es gibt immer noch Pfade und Wege, die in die Hügel zu so zeitlosen, kleinen Weilern wie **Mersini** führen.

Schlafen & Essen

Die meisten Zimmer auf der Insel sind ziemlich einfach, aber gut in Schuss, sauber und gut gelegen. Für einen Aufenthalt im Juli, August und sogar Anfang September empfiehlt sich eine Reservierung vorab.

Prasinos Studios (☎ 22850 51579; DZ 40–60 €, Apt. 80 €) Angenehme Anlage, die sich hoch über dem entfernten Ende des Strandes erhebt. Die Zimmer sind ordentlich .

To Iliovasilema (☎ 22850 51570; DZ/3BZ/Studios 45/50/55 €; 🖳) Vernünftige Zimmer, einige mit Küche, mit Blick auf den Strand. Außerdem ein beliebtes Restaurant mit einer schönen Terrasse und einer guten Auswahl an Speisen (Gerichte 4,50 bis 20 €).

Capetan Giorgis (☎ 22850 51867; Hauptgerichte 4,50–9 €) Kräftige traditionelle Kost steht beim Kapitän auf der Karte; die Terrasse gleich über dem Hafen bietet einen schönen Blick über die Bucht.

Es gibt eine Reihe von Lebensmittelläden, die im Juli und August ein vernünftiges Sortiment führen.

Der Dreh- und Angelpunkt des Dorflebens ist das Kafeneio To Kyma am Kai, wo es im Sommer bis spät nachts munter zugeht.

AMORGOS ΑΜΟΡΓΟΣ

1873 Ew.

Amorgos liegt im Südosten der Hauptgruppe der Kykladen. Die hübsche Insel erhebt sich mit ihren Bergen aus dem Meer wie ein lang gezogener, gezackter Drachenrücken, der vom Scheitel bis zur Sohle 30 km misst und am höchsten Punkt 822 m emporragt. Die Südostküste der Insel ist unglaublich steil. Sehenswert ist hier ein außergewöhnliches Kloster, das in eine riesige Klippe eingebettet ist. Die nördliche Küste, die gegenüber liegt, ist ebenso spektakulär, aber etwas gemäßigter an der Naturbucht, an der sich der Haupthafen bzw. die Hauptstadt Katapola befindet.

Die andere Hafenstadt von Amorgos, Aegiali, liegt am Nordende der Insel und ist als Ferienort interessanter. Sie hat einen guten Strand und ist von schroffen Bergen umgeben. Das bezaubernde Chora (auch Amorgos) liegt hoch oben in den Bergen über Katapola.

Das Strandleben mag zwar locken, aber Amorgos bietet noch weitaus mehr im Bereich Archäologie und Natur – es gibt großartige Gelegenheiten zum Wandern, Tauchen und neuerdings auch eine florierende Kletterszene. Das Klettern ist allerdings eher den alten Hasen vorbehalten, Ungeübte sollten es nicht einfach spontan ausprobieren.

An- & Weiterreise

Zwischen Amorgos und Naxos verkehrt täglich die kleine Fähre *Express Skopelitis*, es gibt auch Anschlussfähren zu den kleinen Kykladen. Die großen Fähren der Linie Blue Star verkehren zwischen Piräus und Amorgos und fahren weiter nach Astypalea und Rhodos, während die Routen anderer Fähren von Piräus Zwischenstopps auf Folegandros und Santorin einlegen. Weitere Informationen hierzu im Kapitel Insel-Hopping (S. 858).

Unterwegs vor Ort

Es fahren regelmäßig Busse zwischen Katapola und Chora (1,40 €, 15 Min.), Moni Chozoviotissa (1,60 €, 15 Min.) und dem Strand Agia Anna (1,50 €, 20 Min.). Außerdem gibt es eine weniger häufige Verbindung nach Aegiali (2,40 €, 30 Min.). An den

Wochenenden verkehren weniger Busse. Es gibt auch Busse, die Besucher von Aegiali ins malerische Dorf Langada bringen. Die Fahrpläne hängen an den Windschutzscheiben der Busse.

Autos und Motorräder können bei den Reisebüros **N Synodinos** (☎ 22850 71201; synodinos@nax.forthnet.gr; Katapola) und **Aegialis Tours** (☎ 22850 73107; Fax 22850 73394; www.amorgos-aegialis.com; Aegiali) gemietet werden.

KATAPOLA ΚΑΤΑΠΟΛΑ
130 Ew.
Der Haupthafen Katapola zieht sich um die kurvige Küstenlinie einer dramatischen Bucht im grünsten Teil der Insel. Die faszinierenden und umfangreichen Überreste der antiken Stadt **Minoa** sowie ein sehr interessanter **mykenischer Friedhof** liegen über dem Hafen und sind über eine steile, befestigte Straße zu erreichen. Auf Amorgos wurden darüber hinaus zahlreiche kykladische Funde gemacht; die größte Statuette im Archäologischen Nationalmuseum (S. 143) in Athen wurde in der Nähe von Katapola gefunden.

Orientierung & Praktische Informationen
Die Schiffe legen rechts an der Uferpromenade an. Die Busstation liegt links an der Hauptuferpromenade, am Ostufer der Bucht.

Eine Bank (mit Geldautomat) befindet sich in der Mitte der Uferpromenade, und es gibt einen Geldautomaten neben dem N Synodinos. Die Postagentur ist neben dem Hotel Minoa am zentralen Platz.

Hotel Minoa (☎ 22850 71480; Internet pro Std. 5 €; 9–14 & 19–22 Uhr €)

N Synodinos (☎ 22850 71201; synodinos@nax.forthnet.gr) Verkauft Fährtickets, wechselt Geld und vermietet Autos (in der Hauptsaison pro Tag 45 €).

Hafenpolizei (☎ 22850 71259) Am zentralen Platz.

Schlafen & Essen
Die Eigentümer der *domatia* kommen in der Regel zu den Fähren. Sie gehören zu den zurückhaltendsten und höflichsten der Kykladen.

Diosmarini (☎ 22850 71636; www.diosmarini.com; DZ/3BZ/Apt. 50/70/100 €) Das Diosmarini, am Nordufer der Bucht und 1 km vom Fähran-

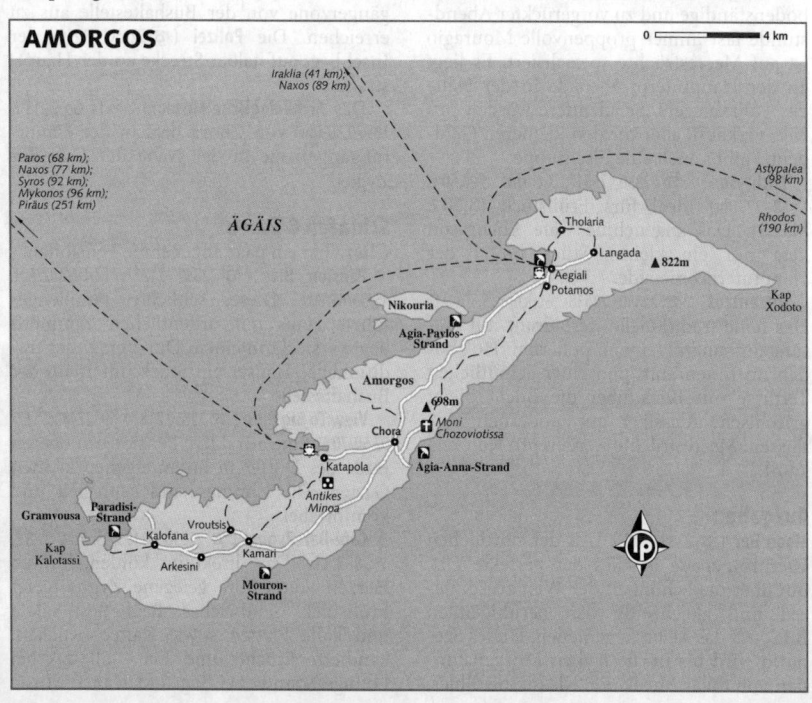

AMORGOS

0 ———— 4 km

Iraklia (41 km);
Naxos (89 km)

Paros (68 km);
Naxos (77 km);
Syros (92 km);
Mykonos (96 km);
Piräus (251 km)

Astypalea
(98 km)

ÄGÄIS

Tholaria

Rhodos
(190 km)

Langada

▲822m

Aegiali
Potamos

Kap
Xodoto

Nikouria

Agia-Pavlos-
Strand

Amorgos

▲698m

Chora

Moni
Chozoviotissa

Katapola

Agia-Anna-Strand

Antikes
Minoa

Paradisi-
Strand

Gramvousa

Vroutsis

Kalofana

Kap
Kalotassi

Kamari

Arkesini

Mouron-
Strand

KYKLADEN

leger entfernt gelegen, ist eine gute Adresse, wenn man nicht gleich am Haupthafen wohnen möchte. Die Zimmer sind groß in diesem ansprechenden und modernen Gebäude im klykladischen Stil. Die meisten Balkone bieten einen weiten Blick.

Pension Sofia (☎ 22850 71494; www.pensionsofia. gr; DZ/3BZ 55/80 €; ✖) Das reizende, familiengeführte Sofia steht inmitten von Gärten und kleinen Wiesen in einem ruhigen Teil der Stadt. Die Zimmer sind frisch und farbenfroh. Dieselbe Familie vermietet auch gut ausgestattete Studios und Apartments an einer anderen Adresse (120 € bis 150 €) in dieser Gegend.

Eleni's Rooms (☎ 22850 71628; roomseleni@gmail. com; EZ/DZ/3BZ 60/65/75 €) Eine unschlagbare Lage im Westen des Fähranlegers macht diese schlichten, aber hellen und luftigen Zimmer zu einer ausgezeichneten Wahl. Die Zimmer liegen auf verschiedenen Etagen und bieten unübertroffene Ausblicke. In nur wenigen Sekunden ist man morgens gleich unten beim angrenzenden Strand zum Schwimmen.

Mouragio (☎ 22850 71011; Gerichte 4,50–9 €) Das bodenständige und zu vorgerückter Abendstunde fast immer proppenvolle Mouragio ist auf Meeresfrüchte spezialisiert. Es liegt an der Hauptuferpromenade in der Nähe des Fähranlegers. Schalentiere werden pro Kilo verkauft, aber für den kleineren Geldbeutel gibt's auch eine Fischsuppe.

Elichryson (☎ 22850 71517; Gerichte 5–8,50 €; ✖ 8–22 Uhr) Ideal fürs Frühstück (3,50 € bis €8). Das angenehme Café Elichryson liegt nur ein kleines Stück hinter der Hauptuferpromenade.

Vitsentzos (☎ 22850 71518; Gerichte 5,50–9 €) Das feine traditionelle Restaurant mit Natursteinmauern, einem polierten Holzboden im Innenraum und einer gemütlichen Terrasse mit Blick über die Bucht bietet griechische Klassiker mit modernen Einflüssen. Meeresfrüchte werden pro Kilo verkauft.

Ausgehen

Moon Bar (☎ 22850 71598) An der nördlichen Uferpromenade ist dies der perfekte Ort, um über die Schönheit der Welt zu sinnieren und gleichzeitig den beruhigenden Blick auf das Meer zu genießen. Dieses Szenario wird bis in die frühen Morgenstunden von toller Musik von Klassik bis Blues,

Rock und Funk begleitet. Das Frühstück in dieser Bar kostet 5 €.

Le Grand Bleu (☎ 22850 71633) Diese beliebte Bar ist immer noch dem Geiste des legendären Films *Im Rausch der Tiefe* verbunden. Gespielt werden Rock, Reggae und moderne griechische Musik. Liegt an der nördlichen Uferpromenade.

CHORA ΧΩΡΑ
416 Ew.

Die alte Hauptstadt Chora glitzert wie Schneetreiben auf ihrem felsigen Bergkamm. Sie liegt 400 m über dem Meer und wird gekrönt von einem *kastro* aus dem 13. Jh. auf einem herausragenden Berggipfel. Alte Windmühlen stehen wie Wachsoldaten auf den umliegenden Klippen. Insgesamt wirkt das Ganze raffiniert, nicht zuletzt durch die Handvoll trendiger Bars und Läden. Sie machen Chora für Urlauber interessant, ohne jedoch an seiner Zeitlosigkeit zu nagen.

Die Bushaltestelle liegt an einem kleinen Platz am Rande der Stadt. Die Post befindet sich am Hauptplatz und ist durch eine Fußgängerzone von der Bushaltestelle aus zu erreichen. Die **Polizei** (☎ 22850 71210) der Insel liegt auf halber Strecke an der Hauptstraße.

Das **Archäologische Museum** (✖ Di–So 9–13 & 18–20.30 Uhr) von Chora liegt in der Hauptfußgängerzone in der Nähe der Café-Bar Zygós.

Schlafen & Essen

Chora hat ein paar angenehme Pensionen.

Pension Ilias (☎ 22850 71277; EZ/DZ/3BZ/Apt. 45/55/65/80 €) Dieses schlichte, familiengeführte Haus mit ordentlichen Zimmern liegt versteckt in einem Durcheinander traditioneller Häuser ein Stück unterhalb der Bushaltestelle.

View To Big Blue (☎ 22850 71814, 6932248867; EZ/ DZ 50/70 €) Eine attraktive Pension am oberen Ende des Dorfes in ihrem eigenen kleinen Garten. Die Zimmer sind sehr hell und komfortabel.

Café-Bar Zygos (☎ 22850 71155; Snacks 3–8 €; ✖ 8–3 Uhr) Das direkt im kühlen, bunten Herzen von Chora gelegene Zygos bietet Frühstück, Sandwiches, Baguettes, Salate und kalte Platten sowie Kaffee, Kuchen, kandierte Früchte und Eis – all das bei Lounge-Sounds bei Tag und Dance Music

KYKLADEN

mit Cocktails bei Nacht. Eine der Spezialitäten ist eine Auswahl aus verschiedenen Pilzgerichten.

Wer die kurvige Hauptstraße weiter den Berg hinaufläuft, kommt zum **Tsagaradiko** (☎ 6937281226; Gerichte 3–8 €), einer tollen kleinen *ouzerie* mit Tischen an einem hübschen kleinen Platz.

MONI CHOZOVIOTISSA ΜΟΝΗ ΧΟΖΟΒΙΩΤΙΣΣΗΣ

Das Wahrzeichen von Amorgos ist dieses faszinierende **Kloster** (🕐 8–13 & 17–19 Uhr). Das blendend weiße Bauwerk wurde in eine Ehrfurcht einflößende Klippe hoch über dem Meer gebaut. Es liegt an der Steilküste unterhalb von Chora. Das Kloster besitzt eine wundertätige Ikone, die im Meer unterhalb der Klippe gefunden wurde. Sie gelangte (angeblich ohne fremde Hilfe) von Kleinasien, Zypern oder Jerusalem hierher – je nachdem, welcher Legende man glauben möchte. Ein paar Mönche leben noch immer hier und gelegentlich finden kurze Führungen statt. Gewöhnlich enden sie mit einem netten Plausch mit einem der Mönche. Sie beginnen meistens dann, wenn sich eine sinnvolle Anzahl von Besuchern am Klostertor eingefunden hat. Die Führung ist kostenlos, aber Spenden sind willkommen.

Der Anstand verlangt eine angemessene Kleidung: lange Hosen für Männer und ein langer Rock oder ein langes Kleid für Frauen, die auch ihre Schultern bedecken sollten. Es werden am Eingang keine Umhänge mehr ausgegeben; also muss man selber passende Kleidung mitbringen.

AEGIALI ΑΙΓΙΑΛΗ
232 Ew.

Aegiali ist der zweite Hafen von Amorgos und hat mehr Urlaubsflair. Dies liegt nicht zuletzt am langen Sandstrand, der die Bucht säumt, an dem das Dorf steht. Steile Hügel und eindrucksvolle Klippen ragen über dem Hauptdorf empor.

Das gut organisierte **Amorgos Travel** (☎ 22850 73401; www.amorgostravel.gr) über dem zentralen Supermarkt am Wasser kann Reisenden bei einer ganzen Reihe von Fragen weiterhelfen, es organisiert Fährtickets, Unterkünfte und Inselrundfahrten. Auch zu Tauch- und Wandermöglichkeiten bekommt man hier Informationen. Das alteingesessene **Aegialis Tours** (☎ 22850 73107; www.aegialistours.com) verkauft ebenfalls Fährtickets und kann Unterkunft, Touren und Mietfahrzeuge organisieren.

Eine Postagentur liegt 100 m bergauf von Aegialis Tours.

Geführte Touren
Infos zu den täglichen Busausflügen (25 €) rund um die Insel gibt's in den Reisebüros. Die Touren starten um 9.30 Uhr und enden um 16.30 Uhr. Die Stationen sind Agia Pavlos, das Moni Chozoviotissa und Chora. Bootsausflüge rund um die Insel (30 €) und zu den Kleinen Kykladen (40 €) können ebenfalls organisiert werden.

Schlafen
Wie auch in Katapola kommen die *domatia*-Vermieter zur Fähre.

Aegiali Camping (☎ 22850 73500; www.aegialicamping.gr; Stellplätze pro Erw./Kind/Zelt 5,50/2,60/3,50 €) Gute Einrichtungen und eine schöne schattige Lage an der Straße hinter dem Strand machen das Campingplatz interessant. Ein Zelt kann für 6 € gemietet werden.

Pension Askas (☎ 22850 73333; www.askaspension.gr; DZ 60–70 €, 3BZ 65–75 €; ❄ 🛜) Diese ordentliche Pension liegt in einem Garten gleich neben dem Aegiali Camping. Die Zimmer sind sauber und ansprechend.

Lakki Village (☎ 22850 73505; www.lakkivillage.gr; EZ/DZ/3BZ inkl. Frühstück 85/95/105 €, Apt. inkl. Frühstück 110–185 €; ❄ 💻 🛜) Diese attraktive, gut geführte Anlage zieht sich vom Strand aus durch schöne Gartenanlagen und Wasserspiele dahin. Die Zimmer liegen in Gebäuden im kykladischen Stil und sind traditionell und farbenfroh möbliert. Die teuren Apartments bieten Platz für vier Personen.

Essen
Restaurant Lakki (☎ 22850 73253; Hauptgerichte 3,50–8 €) Die Lage am Strand und im Garten macht das Restaurant im Lakki Village zu einem erholsamen Ort. Hier werden gut zubereitete griechische Gerichte serviert.

To Koralli (☎ 22850 73217; Gerichte 4–12,50 €) Das To Koralli erreicht man über eine Treppe am östlichen Ende der Uferpromenade. Der Ausblick ist weit, dazu gibt es ausgezeichnete griechische Küche. Unbedingt probieren: die Platte mit Garnelen, Oktopus und Tintenfisch oder kleine Fisch- und Fleischgerichte wie Kalbfleisch mit Auberginen, Käse, Tomaten und Paprika.

KYKLADEN

Askas Taverna (☎ 22850 73333; Hauptgerichte 4,50–7 €) Neben dem Aegiali Camping und der Pension Askas. Diese Taverne serviert gute Portionen griechischer Standards. Viermal pro Woche finden im Juli und August Abende mit *rembetiko* (griechischem Blues) statt.

LP Tipp **To Limani** (☎ 22850 73269; Gerichte 4,50–9 €) Traditionelle Kost, die aus eigenen Erzeugnissen zubereitet wird, macht das Limani zu einem beliebten Lokal. Zu den einheimischen Gerichten zählen Ziegenbraten und für Fischliebhaber Fischsuppe, während Vegetarier sich auf Fava-Bohnen mit gefüllter Aubergine freuen können. Zum Dessert ist der selbstgemachte Orangenkuchen ein Gedicht. Außer im August gibt es jeden Freitag den überaus beliebten Thai-Abend. Die Inhaber bieten auch schöne Zimmer, Studios und Apartments (von 80 € bis 115 €) hoch über der Bucht im Dorf Potamos an.

UNTERWEGS AUF AMORGOS

An der Ostküste liegt südlich vom Moni Chozoviotissa der Strand **Agia Anna**, der sowohl von Katapola als auch von Chora am nächsten liegt. Aber nur nicht zu früh freuen! Der Parkplatz ist größer als jeder der kleinen Kiesstrände, die sich an dem felsigen Ufer aneinander reihen, und alle Strände füllen sich rasch. Essen und Getränke gibt's neben dem Parkplatz oben auf der Klippe bei einem Imbiss.

Die netten Dörfer **Langada** und **Tholaria** schmiegen sich in die schroffen Berghänge oberhalb von Aegiali. Der Weg dorthin lohnt sich schon alleine wegen der Aussicht. Die beiden sind durch einen ausgeschilderten Rundwanderweg verbunden, der auch bis Aegiali führt und vier Stunden in Anspruch nimmt (griechische Zeitrechnung). Zwischen den Dörfern und Aegiali verkehren regelmäßig Busse.

In Langada liegt das **Pagali Hotel** (☎ 22850 73310; www.pagalihotel-amorgos.com; DZ/Suite 65/95 €; 🅿 🛜) im unteren Dorf versteckt. Vor den geräumigen Zimmern und Studios liegt eine an die Alpen erinnernde Terrasse, und es bietet sich eine grandiose Aussicht dar. Dort gibt's eine lange, schmale Bahn für das nächtliche *bales*-Spiel, der inseleigenen Version von *Boules*. Gespielt wird mit groben Bällen aus Olivenholz. Das Hotel ist eine gute Adresse für Alternativurlauber, die den Biobauernhof der Eigentümer kennenlernen, an Yoga-, Meditationsstunden und Kunstworkshops teilnehmen sowie in den benachbarten Klippen wandern und klettern können.

Die benachbarte **Nico's Taverna** (☎ 22850 73310; Hauptgerichte 6–8 €) wird von derselben Familie geführt, die auch das Pagali Hotel führt. Das Nico's legt viel Wert auf Nachhaltigkeit und verwendet Bioerzeugnisse vom familieneigenen Bauernhof, einschließlich Olivenöl, Hauswein und Käse. Vegetarier dürften hier in ihrem Element sein, aber die Gerichte mit dem lokalen Ziegenfleisch sind auch köstlich.

Special-Interest-Holidays (SP.IN; ☎ 6939820828; www.amorgos.dial.pipex.com) mit Sitz in Langada organisiert Wanderurlaub mit sehr erfahrenen und kundigen Führern.

IOS IOΣ

1900 Ew.

Ios legt langsam seinen Ruf als Partyhauptstadt der Kykladen wieder ab. Im Hinblick auf Landschaft und Kultur war es immer schon genauso traditionell wie jede andere Insel der Gruppe, und das Leben der Griechen nimmt jenseits der Strände und der raumlangen Bars und Nachtclubs von Chora unbeirrt seinen Lauf. Die Eröffnung der erst jüngst ausgegrabenen Stätte Skarkos aus der Bronzezeit (s. S. 486) macht die Insel noch interessanter. Angeblich reisen wieder mehr Familien und ältere Urlauber hierher. Es wird jedoch immer noch ordentlich gefeiert. Wer die nächtliche Action im Zentrum von Chora überstehen will, braucht schon ein gewisses Durchhaltevermögen.

An- & Weiterreise

Ios liegt günstig an der Fährachse Mykonos–Santorin und hat regelmäßige Verbindungen nach Piräus. Weitere Infos hierzu im Kapitel Insel-Hopping (S. #863).

Unterwegs vor Ort

Im Sommer fahren etwa viertelstündlich überfüllte Busse (1,40 €) zwischen Ormos, Chora und dem Mylopotas-Strand. Von Juni bis August fahren auch private Ausflugsbusse zum Manganari-Strand (einfache Fahrt 3 €) und zum Strand Agia Theodoti (einfache Fahrt 2,50 €); die Busse fahren um 11 Uhr hin und um 16.30 Uhr zurück.

Kaiks von Ormos nach Manganari kosten 12 € pro Person für eine Hin- und Rückfahrt (Abfahrt tgl. um 11 Uhr). In Ormos und Chora können Mietwagen und Motorräder geliehen werden. Einfach bei den Reisebüros Plakiotis (S. 486) und Acteon Travel (rechts) nachfragen.

CHORA, ORMOS & MYLOPOTAS ΧΩΡΑ, ΟΡΜΟΣ & ΜΥΛΟΠΟΤΑΣ

Ios hat drei Siedlungszentren, alle sehr dicht beisammen an der Westküste: den Hafen Ormos, die Hauptstadt Chora (auch das „Dorf" genannt; 1656 Ew.), 2 km landeinwärts über die Straße vom Hafen, und Mylopotas (73 Ew.), der Strand 2 km bergab von Chora.

Orientierung

Die Busendhaltestelle in Ormos liegt geradeaus vom Fähranleger an der Plateia Emirou. Wem die Hitze nichts ausmacht, der läuft vom Hafen die 1,2 km nach Chora. An der Plateia Emirou geht's links ab und dann nach etwa 100 m rechts in einen Pfad mit Treppenstufen einbiegen.

Das Wahrzeichen von Chora ist die große Kathedrale gegenüber der Bushaltestelle. Auf der anderen Seite befinden sich ein staubiger Parkplatz und ein Spielplatz. Die Plateia Valeta ist der zentrale Platz.

Ein Stück bergauf hinter dem Hauptplatz gibt es öffentliche Toiletten.

Die Straße geradeaus von der Bushaltestelle führt zum Mylopotas-Strand.

Praktische Informationen

Es gibt einen Geldautomaten rechts neben den Informationsständen am Fähranleger. In Chora haben sowohl die National Bank of Greece hinter der Kirche als auch die nahe gelegene Commercial Bank einen Geldautomaten.

Die Post in Chora liegt einen Block hinter der Hauptstraße (auf der Seite des Rathauses).

Acteon Travel (☎ 22860 91343; www.acteon.gr) Am Platz neben dem Kai und auch in Chora und Mylopotas. Internet kostet 4 € pro Stunde.

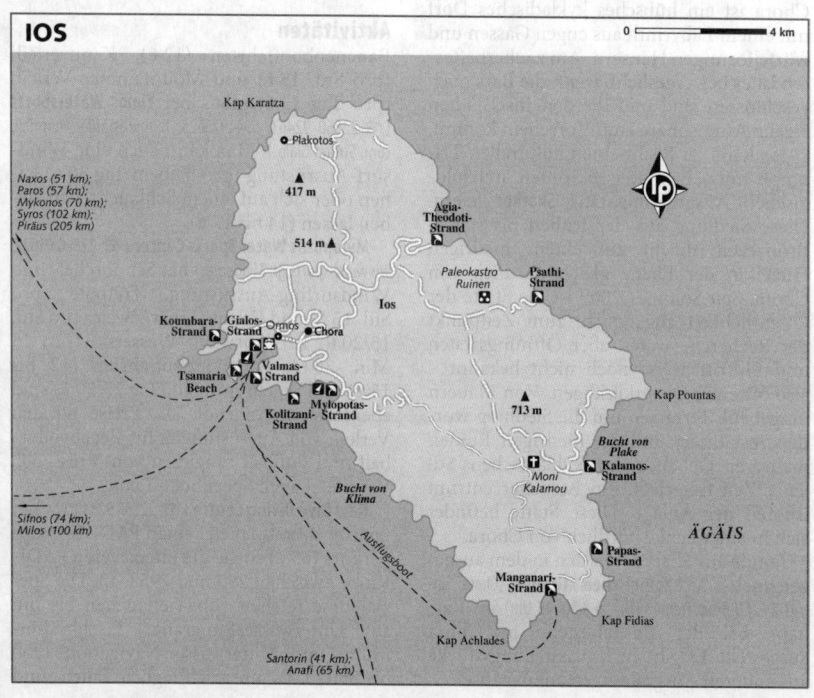

IOS

RÄTSEL UM HOMERS GRAB

Homer ist angeblich auf der Insel Ios gestorben aus Gram über sein Unvermögen, ein Rätsel zu lösen, das ihm von Fischern aufgegeben wurde: „Was sie gefangen hatten, das hatten sie wegge-worfen, und was sie nicht fangen konnten, das hatten sie behalten." Ios hat lange den Anspruch da-rauf erhoben, dass sich Homers Grab hier befinde, obwohl selbst Homer sich wohl an der Frage zu Tode gegrübelt hätte, warum sich eine (für die Verhältnisse auf Ios) große befestigte Straße über 12 km durch leere Hügel zieht, um dann wenige Hundert Meter vor seiner – angeblichen – letzten Ru-hestätte zu enden, einem recht verlorenen kleinen Mausoleum, das definitiv post-homerisch aus-sieht. Für den Ausblick lohnt sich der Ausflug aber auf jeden Fall. Sikinos, Naxos, Iraklia und Schi-nussa ergeben einen ausgewogenen Halbmond aus Inseln im Meer. Homer hätte die Symmetrie gefallen (mehr als die Rätsel der Fischer…).

Doubleclick Internet (☎ 22860 92155; Chora; pro Std. 4 €) Ein gut ausgestattetes Internet-Café mit schnellen Ver-bindungen.

Hafenpolizei (☎ 22860 91264) Am südlichen Ende der Uferpromenade von Ormos, kurz vor Ios Camping.

Krankenhaus (☎ 22860 91227) Auf dem Weg nach Gi-alos, 250 m nordwestlich des Fähranlegers. In Chora es gibt mehrere Ärzte.

Plakiotis Reisebüro (☎ 22860 91221; plaktr2@otenet. gr) In Ormos an der Uferpromenade.

Sehenswertes

Chora ist ein hübsches kykladisches Dorf mit einem Labyrinth aus engen Gassen und würfelförmigen Häusern. Am zauberhaftes-ten ist es bei Tageslicht, wenn die Bars noch geschlossen sind und die den Inselstädten eigene Atmosphäre zum Vorschein kommt.

Ios kann zu Recht einen kulturellen Tri-umph mit seiner preisgekrönten archäolo-gischen Ausgrabungsstätte **Skarkos** feiern. Diese Siedlung aus der frühen bis späten Bronzezeit thront auf einem niedrigen Hügel in der Ebene gleich nördlich von Chora. Seit Sommer 2009 ist die Stätte der Öffentlichkeit zugänglich; zum Zeitpunkt der Recherche waren aber Öffnungszeiten und Eintrittspreise noch nicht bekannt – also bitte vor Ort erkundigen. Von Mauern umgebene Terrassen um die Siedlung wur-den restauriert und die niedrigen Ruinen mehrerer Gebäude im kykladischen Stil jener Zeit freigelegt. Ein Besucherzentrum ist Teil der Anlage. Diese Stätte befindet sich in einer Senke nördlich von Chora.

Funde aus Skarkos werden in dem ausge-zeichneten **Archäologischen Museum** (Chora; Ein-tritt 2 €, EU-Stud. frei; ☉ Di–So 8.30–15 Uhr) im Rat-haus bei der Bushaltestelle in Chora ausgestellt. Es gibt auch Ausstellungsstücke aus anderen Ausgrabungen auf der Insel.

Zum Zeitpunkt der Recherche wurde eine bemerkenswerte **Kunstgalerie** auf dem Gipfel des höchsten Hügels hinter Chora gebaut. Sie soll die Werke des radikalen lo-kalen Künstlers Yiannis Gaitis beherbergen sowie die Werke seiner Frau, der Bildhaue-rin Gabriella Simosi. Es sollen auch Werke anderer Künstler ausgestellt werden. Das Gebäude umfasst mehrere riesige Galerie-flächen, die einer europäischen Hauptstadt würdig wären. Wir drücken die Daumen, dass es bald fertiggestellt sein wird.

Aktivitäten

Bananenbootfahrten (12 €), Kanuverleih (pro Std. 15 €) und Mountainbike-Verleih (pro Tag 15 €) gibt's bei **Yialos Watersports** (☎ 22860 92463, 6944926625; ralfburgstahler@hotmail. com; Strand Gialos). Man kann auch eine Wind-surf-Ausrüstung (pro halbem Tag 30 €) lei-hen oder sich auf einem Schlauchreifen zie-hen lassen (14 bis 17 €).

Mylopotas Water Sports Center (☎ 22860 91622; www.ios-sports.gr; Mylopotas) hat Schnorchel- und Windsurfing-Ausrüstung, Tretbote (pro Std. 15 €) und Kanus (Einer/Zweier pro Std. 15/20 €) zur Auswahl. Wasserski (pro 15 Min. 30 €), Bananenbootfahrten (12 bis 15 €) und Segeln (pro Std./Tag 25/70 €) sind ebenfalls im Angebot. Die Preise für den Verleih von Ausrüstungen für Beachvolley-ball und Fußball rangieren von 3 bis 15 €. Vermietet auch Speedboat-Taxis.

New Dive Diving Centre (☎ 22860 92340; www.ios -sports.gr; Mylopotas) bietet einen PADI-Schnup-perkurs (65 €) sowie die intensiveren PADI-Kurse zwischen 290 und 795 € an. Die Spe-zialkurse reichen von Tieftauchen bis hin zu Unterwasserfotografie, Fischbestim-mung und Unterwasser-Navigation (250 bis 350 €). Es gibt auch täglich Tauch- und

Schnorchelausflüge sowie Tauchgänge vom Ufer aus (ab 25 €).

Windsurfen (pro Std./Tag 15/40 €) wird von **Meltemi Water Sports** (☎ 22860 91680; www. meltemiwatersports.com; Mylopotas) am Strand gegenüber dem Far Out Camping angeboten. Lasersegelboote (pro Std./Tag 30/65 €) gibt's hier ebenso wie Kanus und Tretboote. Fahrten mit dem Schlauchreifen kosten zwischen 15 und 30 €. Meltemi betreibt einen ähnlichen Laden am Manganari-Strand und dazu ein Wassertaxi von Mylopotas zu anderen Stränden.

Schlafen
ORMOS

Am Hafen gibt es mehrere gute Unterkünfte, Speiselokale mit vernünftigen Preisen, eine Reihe praktischer Strände und regelmäßige Busverbindungen nach Chora und zu anderen Stränden.

Ios Camping (☎ 22860 92035; Fax 22860 92101; Stellplatz pro Person 8 €; 🏊) Dieser im Westen von Ormos versteckt liegende Platz hat gute Einrichtungen, darunter in der Hauptsaison auch ein Restaurant. Der Weg führt an der gesamten Uferpromenade entlang.

Golden Sun Hotel (☎ 22860 91110; www.iosgol densun.com; EZ/DZ/3BZ inkl. Frühstück 60/80/95 €; P 🍴 🖥 🏊) Die Straße von Gialos nach Chora mag nicht als ideale Gegend für eine Unterkunft erscheinen, aber dieses angenehme, familiengeführte Hotel liegt gleich oberhalb des Hafens und ein Stück von der Straße entfernt. Man hat hier den Blick auf offene Felder und das Meer. Die Zimmer sind ziemlich groß und gut in Schuss.

Hotel Poseidon (☎ 22860 91091; www.poseidon hotelios.gr; EZ/DZ/3BZ 71/88/114 €; 🍴 🏊) Ein sehr nettes Hotel in Familienhand, das einen vom Gewimmel und Lärm des Hafens abschirmt. Das Poseidon bietet von den vorderen Balkonen einen umwerfenden Ausblick. Eine Treppe führt zum Hotel, in dem die Zimmer tadellos und gut ausgestattet sind. Dazu gibt es noch einen angenehmen Swimmingpool.

GIALOS-STRAND

Hotel Helena (☎ 22860 91276; www.hotelhelena.gr; EZ/DZ/3BZ/Apt. 50/70/90/120 €; 🍴 🖥 🛜 🏊) Ein ruhiges und gut geführtes Hotel etwas zurückgesetzt hinter der Mitte des Strandes. Es hat einen kühlen Innenhof, freundliche Inhaber und helle, saubere Zimmer.

To Corali (☎ 22860 91272; www.coralihotel.com; DZ/3BZ inkl. Frühstück 95/105 €, Apt. 120 €; P 🍴 🖥 🛜 🏊) Diese exzellenten Zimmer befinden sich in guter Lage gleich gegenüber dem Strand; ein gleichnamiges Restaurant gehört dazu. Hinten liegt ein bunter Garten, und die Besitzer sorgen für eine Wohlfühlatmosphäre.

CHORA

Francesco's (☎ 22860 91223; www.francescos.net; Bett 15 €, EZ 40–45 €, DZ 50–60 €; 🖥) Das bekannte, schon lange bestehende und sehr gut geführte Francesco's hat saubere Schlafsäle und Zimmer. Die Lage ist beneidenswert, der Ausblick über die Bucht einfach toll. Es liegt ein Stück vom Zentrum entfernt, ist aber ein lebendiger Treffpunkt für die jüngeren Gäste aus aller Welt. Es gibt eine lebhafte Bar mit Terrasse und einen großen Aprés-Beach-Whirlpool. Zum Francesco's geht's von der Kathedrale ungefähr 30 m bergauf und dann links in die Odos Scholarhiou, dann nur noch paar Hundert Meter.

Skala Hotel (☎ 22860 92027; skalahtl@otenet.gr; DZ/3BZ 85/100 €, Apt. 90–160 €; 🍴 🖥 🏊) Ein kurzer Anstieg vom Stadtzentrum aus führt aus dem Trubel hinaus und zu diesem schön gelegenen Hotel mit tollem Blick über Chora. Die Zimmer sind ziemlich groß und hell, und die Hälfte davon hat eine Küchenzeile. Gäste haben auch Zugang zum Pool und zum Whirlpool.

MYLOPOTAS

Purple Pig Stars Camping & Bungalows (☎ 22860 91302; www.purplepigstars.com; Stellplätze pro Person 9 €, Bett/DZ 20/45 €; 🏊) Dieser angenehme Campingplatz liegt gleich am Strandzugang. Hier geht's gemächlich zu, obwohl der Platz direkt am Ort des Geschehens liegt. Bäume spenden Schatten.

Far Out Camping, Village Hotel & Beach Club (☎ 22860 91468; www.faroutclub.com; Stellplätze pro Erw./Kind 12/6 €, Bungalows 12–22 €, Studio 90 €; 🖥 🏊) Hier gibt es jede Menge Action und dazu alle möglichen Einrichtungen. Meltemi Water Sports (s. links) ist gleich auf der anderen Straßenseite, und ein Tauchzentrum wurde in den vergangenen Jahren eingerichtet. Es gibt eine Bar, ein Restaurant und vier Swimmingpools. Die „Bungalows" reichen von kleinen Hütten in Zeltgröße bis zu netten kleinen „Rundhäusern" mit Doppel- und Einzelbetten. Die Studios

KYKLADEN

befinden sich an einem anderen Ort und verfügen über alle modernen Annehmlichkeiten.

Paradise Rooms (☎ 22860 91621; parios11@otenet. gr; EZ/DZ 55/65 €; 🐱) Eine Familienpension auf halber Strecke am Strand. Der schöne Garten wird liebevoll und gekonnt gepflegt. Das Frühstück kostet 3 bis 4 €

LP Tipp Hotel Nissos Ios (☎ 22860 91610; www. nissosios-hotel.com; EZ/DZ/3BZ 60/75/90 €; 🐱 🖵) Dieses ausgezeichnete Haus hat helle und frische Zimmer, in denen Wandgemälde für einen bunten Touch sorgen. Tee und Kaffee können in allen Zimmern zubereitet werden. Die Begrüßung ist wohlwollend, und der Strand liegt gleich auf der anderen Straßenseite. Draußen gibt's einen Whirlpool. Vor dem Hotel liegt das Bamboo Restaurant & Pizzeria (gegenüber).

Paradise Apartments (☎ 22860 91621; Apt. 90– 140 €; 🐱 🐱) Diese Apartments liegen ein Stück von den Paradise Rooms entfernt und werden von einem Mitglied derselben Familie geführt. Sie liegen etwas abgeschieden und haben einen netten Pool und einen großen Hof. Gäste beider Paradise-Adressen erhalten beim Mylopotas Water Sports Center (S. 487) Preisnachlässe von 50 %.

Essen
ORMOS
Peri Anemon (☎ 22860 92501; Hauptgerichte 5–10 €) Eine angenehme kleine Café-Taverne am Platz am Hafen von Ormos neben Akteon Travel; hier gibt's Snacks und griechische Standards.

GIALOS-STRAND
To Corali (☎ 22860 91272; Gerichte 5–9 €) Holzofenpizza, bei der einem das Wasser im Munde zusammen läuft, steht ganz oben auf der Hitliste dieses gut geführten Lokals am Strand vor dem gleichnamigen Hotel. Man kann an Tischen direkt am Strand sitzen. Serviert werden auch Pasta und Salate, aber auch für Kaffee, Drinks und Eis lohnt sich der Weg.

CHORA
Porky's (☎ 22860 91143; Snacks 2–4,50 €) Endlich mal wieder satt essen mit Toasts, Salaten, Crêpes und Hamburgern bei diesem Ios-Veteranen unweit des Hauptplatzes.

Ali Baba's (☎ 22860 91558; Gerichte 7–12 €) Ein weiteres tolles Lieblingslokal auf Ios. Dies ist die Adresse für Thai-Gerichte, einschließlich *pad thai* (dünne Reisnudeln, pfannengerührt mit getrockneten Garnelen, Bohnensprossen, Tofu und Ei), die von echten Thai-Köchen gekocht werden. Der Service ist sehr gehoben, und es gibt einen Hof im Garten. Es liegt an derselben Straße wie die Emporiki Bank.

Lord Byron (☎ 22860 92125; Gerichte 7–14 €) Dieses alteingesessene und beliebte Lokal am Hauptplatz ist ruhig und intim, geboten wird eine großartige Mischung aus griechischer und italienischer Kost. Die Speisekarte reicht von Garnelen in Tomatensauce mit Feta und Ouzo bis hin zu Penne mit Wildpilzen und Sahnesauce – jeweils in großzügigen Portionen.

Pomodoro (☎ 22860 91387; Gerichte 8–14 €) Das Pomodoro erstreckt sich in der Nähe des Hauptplatzes über die Disco 69 über zwei Etagen. Es gibt eine fabelhafte Dachterrasse mit Panoramablick. Große Portionen sind an der Tagesordnung. Pizza aus dem Holzofen ist nur ein Beispiel aus seiner ausgezeichneten, modernen italienischen und mediterranen Speisekarte.

LP Tipp Pithari (☎ 22860 92440; Hauptgerichte 9–17 €) Das Pithari ist ein alteingesessenes Lieblingslokal neben der Katherale und hat eine exzellente Auswahl an Speisen der traditionellen griechischen Küche mit modernem Einschlag. Flambierte Garnelen wetteifern mit Filoteig-Quiches mit Feta, Honig und Sesam. Beim Mittagstisch gibt's Pasta und andere einheimische Gerichte aus besten Zutaten.

Es gibt auch *Gyros-Stände*, an denen es für wenig Geld etwas zum Mitnehmen gibt.

MYLOPOTAS
Harmony (☎ 22860 91613; Gerichte 4–12 €) Nur wenige Lokale bringen das Chillen auf ein so hohes Niveau wie diese großartige Bar. Hängematten, Liegestühle und passende Sounds bestimmen das Tempo, und auch für Kinder ist hier bestens gesorgt. Das Harmony liegt gleich am nördlichen Arm vom Strand Mylopotas. Es gibt auch Live-Musik, und Tex-Mex-Food ist die Hauptattraktion.

Drakos Taverna (☎ 22860 91281; Gerichte 4,50–9 €) In dieser beliebten Taverne mit Blick auf das Meer am südlichen Strandende genießt man Fischgerichte zu angemessenen Preisen (obwohl manche Sorten pro Kilo verkauft werden).

Bamboo Restaurant & Pizzeria (☎ 22860 91648; Gerichte 6,50–8,50 €) Wird von einem Mitglied derselben Familie geführt, die auch das Hotel Nissos Ios (gegenüber) betreibt. Dieses angenehme Lokal hat seine Stärke bei den traditionellen *mousakas* und Pizzen, dazu gibt's noch eine Reihe anderer griechischer Gerichte. Frühstück kostet 4,50 bis 7,50 €.

Unterhaltung

Das Nachtleben auf Ios ist ein Riesenrummel. Auf dem winzigen Hauptplatz von Chora geht niemand freiwillig früh ins Bett. Um Mitternacht wird es dort so voll, dass man nicht mehr umfallen kann, selbst wenn man es wollte. Hier ist man jung und sorglos – aber (besonders Frauen) besser auch vorsichtig. Für ein geringfügig ruhigeres Nachtleben gibt es ein paar weniger überfüllte Treffpunkte in der Umgebung.

Slammer Bar (☎ 22860 92119; Hauptplatz, Chora) Hier hämmert House, Rock und Latin, dazu gibt's mehrstöckige Tequilas; das sorgt für Headbanging erst zur Musik und einen dicken Kopf am Morgen danach.

Superfly (☎ 22860 92259; Hauptplatz, Chora) Spielt funkige House-Tunes.

Disco 69 (☎ 22860 91064; Hauptplatz, Chora) Hard-Core-Trinken – und Hard-Core-T-Shirts – musikalisch begleitet von Disko und aktuellen Hits.

Weitere zentrale Lokale sind das Blue Note, das Red Bull, das Liquid und die Flames Bar.

Außerhalb des Zentrums von Chora gibt es ebenso beliebte Bars und ein paar größere Dance Clubs:

Ios Club (☎ 22860 91410) Es lohnt sich, hierherzukommen, um einen Cocktail und einen traumhaften Sonnenuntergang bei klassischer, Latin- und Jazzmusik von einer großartigen Terrasse aus mit weitem Blick zu genießen. Es liegt an dem Weg beim Sweet Irish Dream.

Orange Bar (☎ 22860 91814) Eine lockere Musikbar außerhalb der Kampfzone, in der Rock, Indie und Brit-Pop gespielt wird.

Das **Scorpion's** ist eine Disko, in der spät nachts bei Dance und Progressive bis zur Trance getanzt wird, dazu gibt es eine Lasershow. Ein großartiges Lieblingslokal ist das **Kandi**, in dem gastierende Spitzen-DJs aus Norwegen auflegen, während das **Aftershock** mit erotischen Tänzern, House,

Trance und griechischen Hits auf Sensationen aus ist.

UNTERWEGS AUF IOS

Reisende zieht es wegen des Nachtlebens nach Ios, aber auch wegen seiner Strände. **Manganari**, ein langer Streifen aus feinem, weißen Sand an der Südküste, kann sich durchaus mit Mylopotas, einem der besten Strände, messen. Manganari ist mit dem Bus oder im Sommer per Fischerboot erreichbar (s. Unterwegs vor Ort, S. 484).

Von Ormos aus sind es 10 Minuten zu Fuß an der kleinen Kirche von Agia Irini vorbei zum Strand **Valmas.** Nach einer kleinen Wanderung von 1,3 km von Ormos in Richtung Nordwest erreicht man **Koumbara,** ein Strand, an dem FKK gestattet, jedoch nicht vorgeschrieben ist. **Tsamaria,** ganz in der Nähe, ist nett und windgeschützt.

Die **Strände Agia Theodoti, Psathi** und **Kalamos,** alle an der Nordostküste, liegen weiter entfernt. Psathi ist ein guter Surfspot.

Auf Kap Gero Angeli, nahe dem Strand Plakoto an der nördlichsten Spitze der Insel und 12 km von Chora entfernt, befindet sich mutmaßlich das **Grab von Homer** (s. Kasten, S. 486).

Moni Kalamou, auf dem Weg zu den Stränden Manganari und Kalamos, veranstaltet Ende August ein riesiges **religiöses Fest** und ein **Musik- und Tanz-Festival** im September.

SANTORIN (THIRA)
ΣΑΝΤΟΡΙΝΗ (ΘΗΡΑ)

13 670 Ew.

Santorin ist einfach umwerfend. Selbst der übersättigtste Reisende erliegt dem Spektakel dieser surrealen Landschaft, einem Relikt der vermutlich größten Eruption seit Beginn der Geschichtsschreibung. Zwar erlebt man dieses Naturwunder zusammen mit Horden anderer Besucher, aber die Insel wird irgendwie mit allem fertig.

Die Caldera und ihre riesige Wand aus mehrfarbigen Klippen ist wirklich Ehrfurcht einflößend. Wer den dramatischen Anblick voll in sich aufnehmen möchte, sollte lieber mit einer langsameren Fähre mit offenem Deck als mit einem abgeschlossenen Katamaran oder Tragflächenboot anreisen.

KYKLADEN

Santorin ist für seine spektakulären Sonnenuntergänge berühmt. Das Dorf Ia an der Nordspitze der Insel ist ein besonders beliebter Platz für Sonnenuntergangsfans, weil es freie Sicht auf die am Horizont versinkende Sonne bietet.

Santorin besteht jedoch nicht nur aus der Caldera. An der Ostseite der Insel gibt es schwarze Sandstrände mit beliebten Badeorten wie Kamari und Perissa, und obwohl die berühmte archäologische Stätte bei Akrotiri vorläufig geschlossen ist, bleibt immer noch das antike Thera oberhalb von Kamari eine sehr sehenswerte historische Stätte.

Der Haupthafen Athinios liegt beengt auf einem Felsbrocken am Fuße der Sphinx-artigen Klippen und ist der Schauplatz eines herrlichen Chaos, das sich auf wunderbare Weise immer wieder von selbst zu lösen scheint, wenn Fähren eintreffen. Busse (und Taxen) sind bei jeder Fährankunft zur Stelle und karren dann die Passagiere durch eine unendliche Serie von Serpentinen in die Hauptstadt Fira. Diese scheint den Rand der Klippen wie eine schneeweiße Kranzleiste zu säumen.

Geschichte

Kleinere Eruptionen gab es immer wieder mal in Griechenland, aber Santorin hat für alle Zeiten neue Maßstäbe gesetzt. Die Eruptionen waren hier wahrhaft erschütternd und so heftig, dass sie die Form der Insel mehrfach veränderten.

Dorer, Venezianer und Türken besetzten Santorin, wie auch die übrigen kykladischen Inseln, aber seine einflussreichsten frühen Einwohner waren die Minoer. Sie kamen irgendwann zwischen 2000 und 1600 v. Chr. aus Kreta; die Siedlung Akrotiri (S. 501) datiert aus der Hochzeit ihrer großartigen Zivilisation.

Die Insel war zu jener Zeit kreisrund und wurde Strongili ("die Runde") genannt. Ein kolossaler, zerstörerischer Vulkanausbruch führte einst dazu, dass das Zentrum von Strongili versank und eine Caldera mit sich hoch auftürmenden Klippen an der Ostseite entstand – eine bizarre Landschaft, die heutzutage eine der dramatischsten Sehenswürdigkeiten der Welt ist. Die neueste Theorie, die auf der Kohlenstoffanalyse von Olivenölproben aus Akrotiri fußt, datiert dieses Ereignis auf 1613 v. Chr. plus/minus 10 Jahre.

Santorin wurde im 3. Jh. v. Chr. wieder neu besiedelt. In den nachfolgenden 2000 Jahren führte sporadische vulkanische Aktivität jedoch immer wieder zu weiteren physikalischen Veränderungen, bei denen sich auch die Vulkaninseln Palea Kameni und Nea Kameni im Zentrum der Caldera bildeten. Sogar noch im Jahre 1956 verwüstete ein großes Erdbeben die Orte Ia und Fira. Dennoch wandten sich die Inselbewohner in den 70er-Jahren dem Tourismus zu, als sich auch die Touristen wieder für die Insel zu interessieren begannen. Heute ist Santorin weltweit eines der spektakulärsten Reiseziele.

An- & Weiterreise

Es gibt täglich mehrere Flüge von und nach Athen, Thessaloniki, Kreta, Mykonos und Rhodos. Täglich verkehren zahlreiche Fähren zwischen Santorin und Piräus sowie zwischen Santorin und den benachbarten Inseln. Es fahren täglich Fähren nach Kreta und ungefähr vier Fähren pro Woche nach Rhodos und Kos in den Dodekanes. Weitere Informationen hierzu im Kapitel Insel-Hopping (S. 874).

Unterwegs vor Ort
AUTO & MOTORRAD

In der Hauptsaison lässt sich die Insel am besten mit dem Auto erkunden. Dann sind die Busse nämlich unglaublich überfüllt und man kann von Glück sagen, wenn man überhaupt noch mitgenommen wird. Beim Fahren ist große Vorsicht und Geduld geboten – die schmalen Straßen, besonders in Fira, können ein Albtraum sein. Außerdem ist zu beachten, dass es in Ia keine Tankstelle gibt; die nächste befindet sich am Stadtrand von Fira.

Zwei sehr gute Verleihfirmen sind **Damigos Rent a Car** (☎ 22860 22048, 6979968192) und für Roller **Zerbakis** (☎ 22860 33329, 6944531992).

BUS

Im Sommer fahren alle 30 Minuten Busse von Fira nach Ia (1,40 €), Monolithos (1,40 €), Kamari (1,40 €) und Perissa (2 €). Etwas seltener verkehren Busse nach Exo Gonia (1,40 €), Perivolos (2 €) und Vlichada (2,20 €). Im Sommer fährt der letzte planmäßige Bus von Fira nach Ia um 23 Uhr ab.

Von Fira, Kamari und Perissa bedienen Busse die Strecke zum Hafen von Athinios

(2 €, 30 Min.) meist anderthalb Stunden vor den Fährabfahrten. Die Busse nach Fira stehen bei allen Fährankünften bereit, auch spät in der Nacht. Es ist ratsam, sich im Voraus zu den Abfahrtzeiten der Schiffe zu informieren.

SEILBAHN & ESEL

Eine **Seilbahn** (☎ 22860 22977; M Nomikou; ☉ Sommer 7–22 Uhr, Winter bis 21 Uhr, alle 20. Min.) surrt sanft zwischen Fira und dem kleinen Hafen Fira Skala unterhalb der Stadt. Von hier fahren die Ausflugsboote zur Besichtigung der Vulkaninsel ab. Eine einfache Fahrt mit der Seilbahn kostet 4 € für Erwachsene und 2 € pro Kind; Gepäckstücke kosten 2 €. Gemächlicher und stimmungsvoller ist es, den Aufstieg für 5 € auf dem Rücken eines Esels zu erleben.

TAXI

Der **Taxistand** (☎ 22860 23951/2555) von Fira befindet sich in der Dekigala, gleich um die Ecke bei der Bushaltestelle. Ein Taxi vom Hafen Athinios nach Fira kostet 12 €, und die Kosten für eine Fahrt von Fira nach Ia

belaufen sich ebenfalls auf 12 €. Beide kosten 13 €, wenn man im Voraus reserviert. Wer den letzten Bus von Ia nach Fira verpasst, kann sich zusammen mit anderen zu dritt oder zu viert ein Taxi für rund 12 € teilen. Ein Taxi nach Kamari kostet 10 €, nach Perissa 15 € und zum antiken Thera 22 € für die einfache Fahrt.

VOM/ZUM FLUGHAFEN

Im Sommer fahren häufig Busse zwischen der Busstation von Fira und dem Flughafen, der sich südwestlich vom Monolithos-Strand befindet. Enthusiastisches Hotel- und *domatia*-Personal kommt zum Flughafen, wenn Flüge ankommen, und manche transportieren die Gäste auch wieder zurück zum Flughafen. Ein Taxi zum Flughafen kostet 12 €.

FIRA ΦΗΡΑ

2113 Ew.

Auch eine Vielzahl von Mitbewunderern kann die Wirkung von Firas umwerfender Landschaft nicht schmälern. Die Ausblicke vom Rand der Caldera über die vielfarbigen

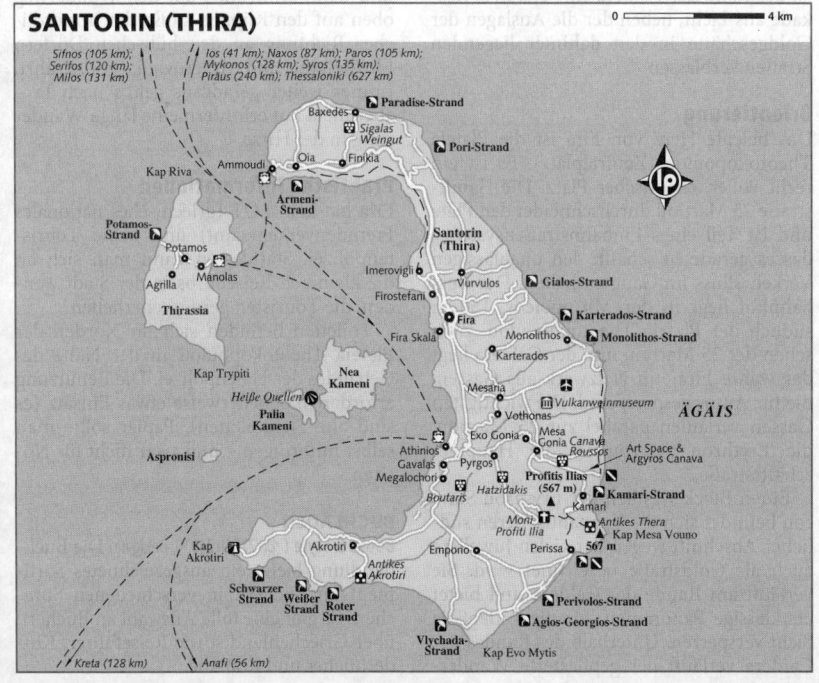

SANTORIN (THIRA)

SANTORINS UNRUHIGE VERGANGENHEIT

Santorins Vulkanlandschaft wurde um 3000 v. Chr. etwas ruhiger, und bald danach kamen die ersten Siedler, um sich den fruchtbaren Boden der von den Vulkanausbrüchen geschaffenen Landschaft zu Nutze zu machen. Zwischen 2000 und 1600 v. Chr. war die Insel von den Minoern bewohnt, und die Funde aus Akrotiri (s. S. 501) belegen, dass ihre Kultur sehr hoch entwickelt war.

Ungefähr 1613 v. Chr. gipfelte jedoch eine Reihe von Erdbeben und Eruptionen in einer der größten Explosionen der Erdgeschichte. Dreißig Kubikkilometer Magma spuckte der Vulkan, und eine 36 km hohe Aschesäule stieg in die Atmosphäre auf. Das Zentrum der Insel brach in sich zusammen, und es entstand ein Krater, der sich schnell mit Meerwasser füllte. Die Eruption bewirkte auch riesige Tsunamis, die mit gefährlicher Kraft und verheerenden Auswirkungen bis nach Kreta und Israel rasten.

Nach dem ganz großen Knall beruhigte sich Santorin für eine Weile und wurde sogar wieder besiedelt. Im Jahr 236 v. Chr. trennte die Vulkantätigkeit Thirasia von der Hauptinsel. Im Jahre 197 v. Chr. tauchte die kleine Insel Palia Kameni in der Caldera auf. Die Südküste von Santorin brach 1570 zusammen und riss den antiken Hafen Eleusis mit sich. Bei einer Eruption im Jahre 1707 entstand die kleine Insel Nea Kameni neben Palia Kameni.

In der jüngeren Geschichte verwüstete im Jahre 1956 ein großes Erdbeben mit einer Stärke von 7,8 auf der Richterskala die Insel. Sehr viele Menschen kamen um und die meisten Häuser in Fira und Ia wurden zerstört. Es ist bemerkenswert, wie sich die Insel von dem Schock erholt hat – noch mehr erstaunt die Unverwüstlichkeit und Sorglosigkeit der Einheimischen. Es heißt, ausgereifte Messinstrumente können vor einer bevorstehenden Vulkantätigkeit inzwischen früh genug warnen.

Klippen sind Atem beraubend, und nachts ist der Rand der Caldera eine erstarrte Kaskade aus Licht, neben der die Auslagen der Goldgeschäfte in den dahinter liegenden Straßen verblassen.

Orientierung

Das belebte Herz von Fira ist die Plateia Theotokopoulou (Zentralplatz). Es ist ein recht voller, chaotischer Platz. Die Hauptstraße 25 Martiou durchschneidet den Platz und ist Teil eines Einbahnstraßensystems, das es gerade so schafft, den unablässigen Verkehrsfluss im Gang zu halten. Der Busbahnhof liegt in der Mitropoleos, 150 m südlich der Plateia Theotokopoulou. Zwischen der 25 Martiou und der Caldera liegt das wahre Fira, ein Netzwerk aus Gassen, die für Autos gesperrt sind. Die wichtigsten Gassen verlaufen parallel zur 25 Martiou; die Erythrou Stavrou ist die Hauptgeschäftsstraße.

Einen Block westlich der Erythrou Stavrou befindet sich die Ypapantis, deren südlicher Abschnitt wegen der vielen Juweliere auch als Goldstraße bezeichnet wird. Sie verläuft am Rande der Caldera und bietet erstklassige Panoramen, bis die Läden die Sicht versperren. Unterhalb des Randes der Caldera verläuft der gepflasterte Wanderweg Agiou Mina, der nach Norden führt und dann schließlich auf den Wanderweg oben auf den Klippen stößt, der in nördlicher Richtung an den hübschen Dörfern Firostefani und Imerovigli vorbeiführt. Immer weiter geradeaus geht's nach Ia – aber die 8 km erfordern eine lange Wanderung in der Hitze.

Praktische Informationen

Fira hat kein EOT (griechisches nationales Fremdenverkehrsamt) und keine Touristenpolizei. Stattdessen kann man sich an die kleineren Reisebüros in der Stadt wenden, die Touristen gerne weiterhelfen.

Toiletten befinden sich im Norden der Plateia Theotokopoulou in der Nähe des Gebäudes der Hafenpolizei. Die Benutzung erfordert möglicherweise etwas Einsatz (es sind alte Stehtoiletten). Papier sollte man selbst mitbringen – und zwar nicht für Notizen.

BUCHLÄDEN

Books & Style (☎ 22860 24510; Dekigala) Die Buchhandlung bietet ein ausgezeichnetes Sortiment an Büchern in verschiedenen Sprachen. Es gibt eine tolle Auswahl an Büchern über Griechenland sowie Reiseführer, Kinderbücher und Romane.

KYKLADEN

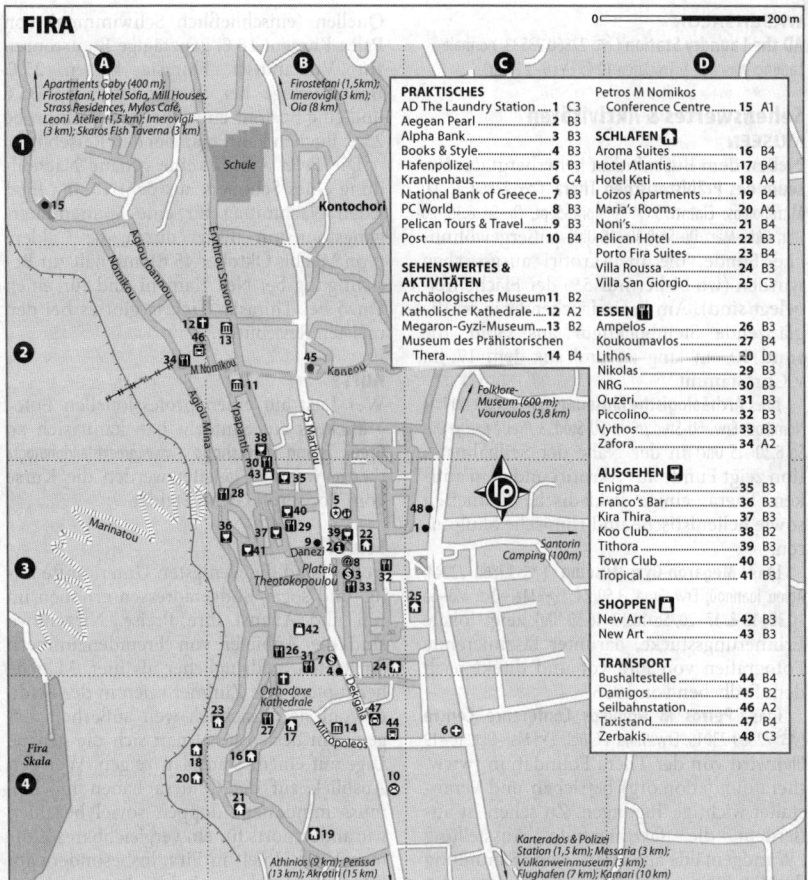

FIRA

0 ————— 200 m

PRAKTISCHES
AD The Laundry Station 1 C3
Aegean Pearl 2 B3
Alpha Bank 3 B3
Books & Style........................4 B3
Hafenpolizei 5 B3
Krankenhaus 6 C4
National Bank of Greece.....7 B3
PC World................................8 B3
Pelican Tours & Travel 9 B3
Post......................................10 B4

**SEHENSWERTES &
AKTIVITÄTEN**
Archäologisches Museum 11 B2
Katholische Kathedrale 12 A2
Megaron-Gyzi-Museum.....13 B2
Museum des Prähistorischen
Thera................................14 B4

Petros M Nomikos
Conference Centre.........15 A1

SCHLAFEN
Aroma Suites 16 B4
Hotel Atlantis......................17 B4
Hotel Keti 18 A4
Loizos Apartments 19 B4
Maria's Rooms 20 A4
Noni's...................................21 B4
Pelican Hotel 22 B3
Porto Fira Suites 23 B4
Villa Roussa 24 B3
Villa San Giorgio.................25 C3

ESSEN
Ampelos 26 B3
Koukoumavlos 27 B4
Lithos 20 D3
Nikolas 29 B3
NRG 30 B3
Ouzeri 31 B3
Piccolino..............................32 B3
Vythos 33 B3
Zafora 34 A2

AUSGEHEN
Enigma.................................35 B3
Franco's Bar.........................36 B3
Kira Thira 37 B3
Koo Club..............................38 B2
Tithora 39 B3
Town Club 40 B3
Tropical................................41 B3

SHOPPEN
New Art 42 B3
New Art 43 B3

TRANSPORT
Bushaltestelle 44 B4
Damigos...............................45 B2
Seilbahnstation...................46 A2
Taxistand.............................47 B4
Zerbakis...............................48 C3

GELD

Geldautomaten gibt es an verschiedenen
Stellen in der Stadt.

Alpha Bank (Plateia Theotokopoulou) Repräsentanz von
American Express und Geldautomat.

National Bank of Greece (Dekigala) Südlich der Plateia
Theotokopoulou, auf der zur Caldera hin gelegenen Straßenseite. Hat einen Geldautomaten.

INTERNETZUGANG

PC World (☎ 22860 25551; Plateia Theotokopoulou; pro
Std. 1,90 €; ⏱ 9–21 Uhr) Das Internetcafé bietet ein
gutes Leistungsspektrum.

NOTFALL

Hafenpolizei (☎ 22860 22239; 25 Martiou) Nördlich
des Platzes.

Krankenhaus (☎ 22860 22237) An der Straße nach Kamari. Zum Zeitpunkt der Recherche wurde ein neues Krankenhaus in Karterados gebaut.

Polizeiwache (☎ 22860 22649; Karterados) Ungefähr
2 km von Fira.

POST

Post (Dekigala)

REISEBÜROS

Aegean Pearl (☎ 22860 22170; www.aptravel.gr; Danezi) Ein ausgezeichnetes, hilfsbereites Büro, das alle Reisetickets verkauft und Unterkunft, Mietwagen und Ausflüge vermittelt.

Pelican Tours & Travel (☎ 22860 22220; Fax 22860
22570; Plateia Theotokopoulou) Verkauft Fährtickets und
kann Unterkunft und Ausflüge vermitteln.

KYKLADEN

WASCHSALON
AD the Laundry Station (☎ 22860 23533; normale Ladung Waschen & Trocknen 10 €; ☺ 9–21 Uhr)

Sehenswertes & Aktivitäten

MUSEEN

Neben dem Busbahnhof beherbergt das **Museum des Prähistorischen Thera** (☎ 22860 23217; Mitropoleos; Eintritt 3 €; ☺ April–Sept. Di–So 8.30–20 Uhr, Okt.–März Di–So 8.30–15 Uhr) außergewöhnliche Funde, die in Akrotiri ausgegraben wurden (wo bisher nur 5 % der Fläche freigelegt sind). Am beeindruckendsten ist die glänzende Steinbockfigur aus Gold, die rund 10 cm lang ist und aus dem 17. Jh. v. Chr. stammt.

Das **Archäologische Museum** (☎ 22860 22217; M Nomikou; Erw./EU-Stud./nicht-EU-Stud. 3 /frei/2 €; ☺ Di–So 8.30–15 Uhr) in der Nähe der Seilbahnstation zeigt Funde aus Akrotiri und dem antiken Thera, einige kykladische Statuetten sowie hellenistische und römische Skulpturen.

Das **Megaron-Gyzi-Museum** (☎ 22860 22244; Agiou Ioannou; Erw./Stud. 3,50/2 €; ☺ Mai–Okt. Mo–Sa 10.30–13 & 17–20, So 10.30–16.30 Uhr) zeigt lokale Erinnerungsstücke, darunter faszinierende Fotografien von Fira vor und direkt nach dem Erdbeben von 1956.

Das **Petros M Nomikos Conference Centre** (☎ 22860 23016; Erw./Kind 4 €/frei; ☺ Mai–Okt. 10–19 Uhr) wird von der Thera Foundation (www. therafoundation.org) betrieben und veranstaltet wichtige Tagungen. Zu sehen ist außerdem die faszinierende Ausstellung „Wandgemälde aus Thera", eine Sammlung dreidimensionaler Reproduktionen der schönsten Wandgemälde aus Akrotiri in Echtgröße. Es gibt auch eine Fotoausstellung zu den Ausgrabungen bei Akrotiri.

Das an der Ostspitze der Insel gelegene **Volkskundemuseum von Santorin** (☎ 22860 22792; Erw./Kind 3 €/frei; ☺ April–Okt. 10–14 & 18–20 Uhr) beherbergt eine faszinierende Sammlung, die die Traditionen und Geschichte von Santorin beleuchtet. Das Museum liegt in schöner Lage. Eine der Hauptattraktionen ist eine antike *canava*, eine recht große Höhle, die aus der Vulkanerde ausgegraben wurde.

Geführte Touren

Touranbieter veranstalten verschiedene Ausflüge kreuz und quer durch die Caldera. Eine Tour zur Vulkaninsel Nea Kameni kostet 13 €, zum Vulkan und zu den heißen Quellen (einschließlich Schwimmen) von Palea Kameni 18 €, ganztägige Bootstouren zur Vulkaninsel Thirasia kosten 25 €, Bootsausflüge bei Sonnenuntergang 35 € und eine Bustour einschließlich Weinprobe 25 €. Buchen kann man bei den Reisebüros.

Die *Bella Aurora*, eine genaue Nachbildung eines Schoners aus dem 18. Jh., flitzt jeden Nachmittag für eine Sonnenuntergangstour mit Büffet durch die Caldera (von Mai bis Oktober 45 €) und hält zur Besichtigung bei Nea Kameni und für einen Ouzo bei Thirasia. Tickets gibt es bei den meisten Reisebüros.

Kurse

Wer Lust auf einen professionellen Fotografiekurs auf Santorin hat, kann sich an **Greek Island Workshops** (www.greekislandphotography.com) wenden; geleitet werden die Kurse vom Top-Profi Glenn Steiner.

Schlafen

In Fira sind die wenigsten Unterkünfte billig, und sogar Budgetadressen erhöhen im Juli und August ihre Preise. Nirgendwo sind die Anbieter von Fremdenzimmern am Hafen aufdringlicher als hier. Manche behaupten, ihre Zimmer seien in der Stadt, obwohl sie tatsächlich weit außerhalb liegen. Am besten lässt man sich die genaue Lage auf einem Stadtplan zeigen. Wer den Ausblick auf die Caldera haben möchte, muss mindestens doppelt soviel bezahlen wie anderenorts für ein vergleichbares Zimmer. Viele Hotels in Fira, insbesondere am Rand der Caldera, sind nicht mit einem Fahrzeug zu erreichen. Wer schweres Gepäck hat, sollte dies bedenken, denn es kann sein, dass der Weg zur Unterkunft über mehrere Treppen führt. Die meisten Budget- und Mittelklassehäuser bieten einen kostenlosen Transfer zum Hafen oder Flughafen und transportieren auch das Gepäck in die Unterkunft und wieder zurück. Manche Spitzenklassehotels verlangen dagegen bis zu 15 € für den Transfer.

BUDGETUNTERKÜNFTE

Santorini Camping (☎ 22860 22944; www.santorini camping.gr; Stellplätze pro Erw./Kind/Zelt 10/6/5 €; ℗ ⌨ ☎) Dieser Campingplatz am östlichen Stadtrand hat etwas Schatten und gute Einrichtungen. Es gibt ein Selbstbedienungsrestaurant, einen Minimarkt und

KYKLADEN

einen Pool. Er liegt 400 m östlich der Plateia Theotokopoulou. Es gibt auch Bungalows für zwei Personen mit Klimaanlage (70 €), einer davon ist barrierefrei.

Villa Roussa (☎ 22860 23220; Dekigala; EZ/DZ 55/75 €; P ⛄ 🛜 🛁) In diesem kleinen Hotel hat man zwar keinen Blick auf die Caldera, dafür liegt es aber mitten in der Innenstadt. Das Preis-Leistungsverhältnis für die hellen und tadellosen Zimmer ist kaum zu schlagen. Es hat sogar einen Swimmingpool.

Villa San Giorgio (☎ 22860 23516; www.sangiorgiovilla.gr; EZ/DZ/3BZ 60/70/85 €; ⛄ 🛜) Keine landschaftlich schöne Lage, aber dafür sehr dicht am Zentrum von Fira und eine exzellente Option, da die Zimmer ordentlich und die Eigentümer freundlich sind.

Hotel Sofia (☎ 22860 22802; Firostefani; EZ/DZ 60/75 €; ⛄ 🛁) Diese frischen, komfortablen Zimmer im Herzen von Firostefani sind eine angenehme Alternative zum hektischen Treiben in Fira. Das Zentrum von Fira liegt etwa 1,5 km südlich und ist über einen schönen Wanderweg am Rand der Caldera zu erreichen. Frühstück kostet 8 €.

Maria's Rooms (☎ 22860 25143, 6973254461; Agiou Mina; DZ 70 €; ⛄) Eine Handvoll reizender Zimmer, die jeweils einen Zugang zu einer Gemeinschaftsterrasse haben. Hier ergibt sich ein atemberaubender Blick auf die Caldera und auf den Sonnenuntergang. Die Zimmer sind klein, aber tadellos und herrlich friedlich.

MITTELKLASSEHOTELS

Apartments Gaby (☎ 22860 22057; Nomikou; DZ 65–95 €, 3BZ 110 €, Apt. 120 €) Die Zimmer an einer Reihe von Dachterrassen in dieser ausgezeichneten Unterkunft garantieren einen tollen Ausblick auf den Sonnenuntergang. Hier ist die beruhigende Wirkung des Ortes zu spüren, die den oberflächlichen Glanz von Fira noch bei weitem übertrifft. Das Gaby liegt gleich hinter dem Petros M Nomikos Conference Centre am Wanderweg entlang der Caldera bei Firostefani.

Loizos Apartments (☎ 22860 24046; www.loizos.gr; EZ 75 €, DZ 85–95 €, 3BZ/Apt. 110/140 €; P ⛄ 🖥 🛜 🛁) Das kürzlich renovierte Loizos mit seinem freundlichen und professionellen Service ist eine der besten Adressen in Fira. Es liegt in einer ruhigen Sackgasse, hat aber den Vorteil, dass es mit dem Auto erreichbar und nur wenige Minuten vom

Stadtzentrum und Caldera-Rand entfernt ist. Bei den Zimmern gibt es ein Auswahl von Standard bis Luxus, alle sind hell, sauber und komfortabel. Die Zimmer im oberen Stockwerk bieten einen Panoramablick auf Kamari und das Meer. Das Frühstück kostet 7 €. Dieselben Eigentümer haben eine günstigere Unterkunft (EZ/DZ 55/65 €) bei Messaria, 2,5 km südöstlich von Fira.

Hotel Keti (☎ 22860 22324; www.hotelketi.gr; Agiou Mina; DZ 90–120 €, 3BZ/Suite 117/140 €; ⛄ 🛜) Das kürzlich renovierte Hotel ist eines der kleineren Hotels mit „Sonnenuntergang-Blick" in einer ruhevollen Nische der Caldera. Seine attraktiven traditionellen Zimmer sind in die Klippen gehauen. Die Hälfte der Zimmer hat einen Whirlpool.

LP Tipp **Aroma Suites** (☎ 22860 24112; www.aromasuites.gr; Agiou Mina; EZ 120 €, DZ 140–160 €; ⛄ 🛜) Dieses schicke Hotel in einer ausgezeichneten Lage am ruhigeren Ende des Caldera-Rands ist leichter erreichbar als vergleichbare Häuser und bietet einen reizenden Service, der zum gesamten Ambiente passt. Die schicke, moderne Ausstattung unterstreicht das traditionelle Caldera-Interieur, so auch in der Honeymoon-Suite: ein klassisches, typisches Höhlenzimmer mit Whirlpool.

Ebenfalls empfehlenswert:

Pelican Hotel (☎ 22860 23113; www.pelican.gr; Danezi; EZ/DZ/3BZ inkl. Frühstück 70/80/100 €; ⛄ 🖥 🛁) Kein Blick auf die Caldera, aber alle Zimmer sind komfortabel und gut ausgestattet in diesem schon lange bestehenden Hotel, das nur wenige Meter vom Stadtzentrum entfernt liegt.

Nonis (☎ 22860 24112; EZ/DZ 120/140 €) Das von den Eigentümern der Aroma Suites geführte Noni hat ähnliche Zimmer mit Whirlpool auf der Terrasse und bietet einen erstklassigen Blick über die Caldera.

SPITZENKLASSEHOTELS

Hotel Atlantis (☎ 22860 22232; www.atlantishotel.gr; Mitropoleos; EZ/DZ inkl. Frühstück 195–300 €; P ⛄ 🛁) Das Atlantis ist ein ansprechendes, altes Gebäude, das das südliche Ende der Ypapantis würdevoll überragt. Es gibt jede Menge kühler und entspannender Lounges und Terrassen. Die hellen und luftigen Zimmer an der Vorderseite bieten den Blick auf die Caldera. Die Preise richten sich danach, ob das Zimmer einen Ausblick bietet und ob es Fenster oder Balkon hat.

KYKLADEN

Mill Houses (☎ 22860 27117; www.millhouses.gr; Firostefani; Suite inkl. Frühstück 210–410 €; 🕮 🏊 💻) Diese erstklassigen Studios und Suiten bei Firostefani seitlich an der Caldera gelegen sind voller Licht und kykladischer Farben. Die kreative Raumgestaltung und schicke Möblierung passen zur erstklassigen Ausstattung und zum Service. Der Blick auf den Sonnenuntergang ist unvermeidlich.

Porto Fira Suites (☎ 22860 22849; www.portofira. gr; Agiou Mina; Suite für 2/3/4 Personen inkl. Frühstück 274/336/376 €; 🕮 🏊 🛜) Dieses Hotel in Fira mit Spitzenbewertung verbindet Tradition mit Luxus und modernem Komfort. Die Zimmer sind individuell möbliert und haben riesige Betten auf einem Steinsockel und Whirlpools. Es gibt eine Café-Bar und ein Restaurant; das Frühstück ist opulent.

Strass Residences (☎ 22860 33765; www.thestrass. com; Firostefani; Suite inkl. Frühstück 280–420 €; 🕮 🏊) In dieser exklusiven kleinen Enklave mit drei Luxusstudios ganz in herrlichem Weiß werden sogar Palmen rund um den Pool gehegt. Man kommt sich vor, als sei der Rest der Welt meilenweit entfernt, dabei liegt Fira gerade mal am anderen Ende der Straße.

Essen

Touristenfallen, in denen überteuertes, mittelmäßiges Essen angeboten wird, gehören im Sommer in Fira leider dazu. In manchen Lokalen werden sich Alleinreisende und sogar Familien mit kleinen Kindern nicht willkommen fühlen. Gewisse geschäftstüchtige Eigentümer sind sehr darauf bedacht, dass die Tische voll sind und die Kasse stimmt. Allerdings gibt es auch ausgezeichnete Ausnahmen.

GÜNSTIG

Es gibt zahlreiche Fast-Food-Läden und Cafés in Fira. An der Plateia Theotokopoulou sind ein paar Café-Bars, deren Terrassen einladen, das Leben an sich vorbei ziehen zu lassen.

Vythos (☎ 22860 22285) Ein Lieblingslokal, das am Anfang der *plateia* liegt.

Mylos Café (☎ 22860 25640; Firostefani; 💻 🛜) Dieses schicke und erholsame Lokal am Rande der Caldera in Firostefani befindet sich in einer umgebauten Windmühle und ist der ideale Ort für ein paar gemütliche Drinks und leichte Snacks. Es gibt hier einen einzigartigen kreisförmigen Internetbereich (pro Std. 3,50 €) im Obergeschoss, und das Café ist ein WLAN-Hotspot.

Piccolino (☎ 22860 22595; Danezi; Snacks 1–2,30 €) Eine Snackbar und ein Takeaway, der eine irre Auswahl an Sandwiches, Wraps und anderen Snacks anbietet; dazu warme und kalte Getränke.

NRG (☎ 22860 24997; Erythrou Stavrou; Gerichte 2,20–6,20 €) Diese beliebte kleine Crêperie ist immer noch eine der besten Adressen für einen Snack in Fira. Hier gibt's Crêpes, Sandwiches, Tortillas und ein sehr beliebtes indisches Curry (5 €) sowie eine Auswahl an Eis, Kaffee und Smoothies.

Nikolas (☎ 22860 24550; Erythrou Stavrou; Gerichte 6–9 €) Das traditionelle Nikolas im Herzen von Fira hat immer noch die Flagge der Dorftaverne gehisst. Sachliche Bedienungen servieren gegrillte Calamari, Tintenfisch in Weinsauce, und Rindfleischeintopf mit Zwiebeln.

Ouzeri (☎ 6945849921; Fabrika Einkaufszentrum; Gerichte 6,50–13,50 €) Die Fischgerichte sind besonders gut in diesem zentralen *mezedhopoleio*, darunter Garnelen-*saganaki* und eine gemischte Fischplatte. Vorspeisen wie Artischocken-*saganaki* läuten den Wandel ein, ebenso Fleischgerichte wie *youvetsi* (Kalbfleisch in Tomatensauce mit Pasta) und Schweinefilet in einer Senfsauce. Vegetarier dürfen sich auf *dakos*-Salate und eine Vielzahl an fleischlosen Vorspeisen freuen.

Außerdem gibt's mehrere Gyrosstände an und um Firas Hauptplatz.

MITTELTEUER

Lithos (☎ 22860 24421; Agiou Mina; Hauptgerichte 7–19,50 €) Aus einer Horde von Speiselokalen am Rande der Caldera hebt sich das Lithos durch seine gut zubereiteten Gerichte und den aufmerksamen Service hervor. Vorspeisen wie *fava* mit Käse und Kirschtomaten klingen überzeugend. Die Salate sind knackig und frisch, und die Hauptgerichte umfassen Geflügel, Fleisch, Fisch und Schalentiere.

Zafora (☎ 22860 23203; Ecke Nomikou & M Nomikou; Hauptgerichte 8,50–22,50 €) Kräftige griechische Klassiker mit tollem Ausblick über die Caldera gibt's in diesem großen Restaurant in der Nähe der Seilbahn. Die Schweinelende mariniert in Rotwein, Ingwer, Honig und Sojasauce ist besonders beliebt. Daneben gibt es Fischgerichte, Pasta, Crêpes und Frühstück zu 4,50 bis 8,50 €.

Ampelos (☎ 22860 25554; Fabrika Einkaufszentrum; Hauptgerichte 10–26 €) Dieses Restaurant mitten in Fira bietet viel Platz und im 2. Stock eine Terrasse mit Aussicht. Probieren sollte man hier die gegrillten Garnelen in einer roten Paprikasauce mit Reis oder die Miesmuschel-*saganaki*. Ebenso kann man eine Reihe von Vorspeisen bestellen, wie die gefüllten Champignons mit Dill, Knoblauch und Petersilie in Weißwein, oder die Spezialität Quiche aus grünen Zwiebeln, Dill, Pinienkernen und Parmesankäse. Es gibt einen ganz guten Hauswein oder exzellente Rot- und Weißweine von Santorin und vom Festland für bis zu 50 € die Flasche.

LP Tipp Koukoumavlos (☎ 22860 23807; Hauptgerichte 25–35 €) Etwas versteckte Lage, aber dafür hervorragende Küche. Die Terrasse dieses guten Restaurants bietet einen schönen Ausblick, während im Gastraum das Gewölbe des ursprünglichen Herrenhauses im typischen Baustil von Fira erhalten ist. Eine übersichtliche Speisekarte führt sichere Volltreffer wie Terrine aus Hummer und Meerengel oder Santorin-Fava mit geräucherter Forelle sowie Lachs in einer Mandarinensauce mit gerösteten Mandeln. Die Fleischgerichte sind ähnlich raffiniert und die Weinkarte passt dazu. Auf die Holzeingangstür rechts unterhalb des Hotels Atlantis achten.

Ausgehen

Die Getränkepreise können in Fira astronomisch sein, selbst für Bier, ganz zu schweigen von den horrenden Cocktailpreisen. Oft wird die Aussicht mitbezahlt, also dafür sorgen, dass der Blick nicht zu früh vernebelt ist.

Kira Thira (☎ 22860 22770; Erythrou Stavrou) Diese Bar ist selbstzufrieden, was nicht überrascht, da sie die älteste Bar in Fira und eine der besten ist. Sanfter Jazz, Weltmusik und gelegentlich Live-Musik erfüllen den Hintergrund unter dem Tonnendach.

Tropical (☎ 22860 23089; Marinatou) Das direkt an den Rand der Caldera kauernde Tropical zieht mit seiner verlockenden Mischung aus Rock, Soul und gelegentlichem Jazz eine pulsierende Menge an. Dazu kommt eine unschlagbare Aussicht vom Balkon bis in die frühen Morgenstunden.

Franco's Bar (☎ 22860 24428; Marinatou) Für diese noble Bar, die der ultimative Platz für den Sonnenuntergang ist, prüft man vorher besser noch einmal die Manschettenknöpfe. Hier wird ausschließlich klassische Musik gespielt. Teuere Cocktails passen zur puren Eleganz und dem tadellosen Musikgeschmack.

Unterhaltung

Nach Mitternacht feuert die Erythrou Stavrou die Club-Szene von Fira an.

Koo Club (☎ 22860 22025; Erythrou Stavrou) Mehrere Bars mit unterschiedlichem Ambiente ziehen sich hier über verschiedene Ebenen dahin. Die Sounds sind oft Soft House, Trance und griechische Hits, und man bleibt hier nie allein.

Town Club (☎ 22860 22820; Erythrou Stavrou) Der Club hält mit seinen lilafarbenen klassischen Fake-Fassaden, die zur blendenden Innenausstattung passen, immer noch trotzig an stylishem Kitsch fest. Moderne griechische Musik und Mainstream sind genau richtig für dieses beschwingte Lokal.

TitChora (☎ 22860 23519; seitlich der Danezi) Firas große Rockkneipe „unter den Bögen", in der man zu großen Sounds alles um sich herum vergessen kann.

Enigma (☎ 22860 22466; Erythrou Stavrou) Ein Tanzlokal, das zu später Stunde ziemlich voll wird. Dies ist das Lieblingslokal derjenigen, die gerne durch die Stadt flanieren, um sich hinterher in coolem Ambiente zwischen flatternden Tüchern niederzulassen. House und Mainstream-Hits passen zu diesem Stil.

Shoppen

So viele Einkaufsmöglichkeiten und doch so wenig Zeit für die Kreuzfahrtpassagiere, die seelig in den funkelnden Einkaufszonen von Fira herumstöbern. Hier gibt's alles von Armani bis Versace, von Timberland bis Reef – aber auch zu äußerst pompösen Preisen.

Es gibt unzählige Juwelier- und Goldgeschäfte in Fira. Die Ware glänzt und funkelt, aber die Preise können schon mal einen Schatten auf die strahlenden Augen werfen.

New Art (☎ 22860 23770; Erythrou Stavrou & Fabrika Einkaufzentrum) Die bedruckten Standard-T-Shirts kann man da glatt vergessen. Wer Qualität nach Hause bringen möchte, der findet bei dem Designer Werner Hampel wirklich stilvolle T-Shirts mit ausgewählten Farben und Motiven.

KYKLADEN

Leoni Atelier (☎ 22860 23770; Firostefani) Für Kunstliebhaber ist das Studio mit Galerie der international anerkannten Künstlerin Leoni Schmiedel einen Besuch wert. Hier gestaltet die Künstlerin ihre nuancenreichen und mehrschichtigen Collagen, die von der Geologie, den Naturelementen und intensiven Farben Santorins inspiriert sind. Zum Studio geht's an der Windmühle in Firostefani in nördlicher Richtung vorbei, dann den Schildern nach links folgen.

UNTERWEGS AUF SANTORIN
Ia Οία
763 Ew.

Das Dorf Ia, von den Einheimischen auch Pano Meria genannt, spiegelt die Wiedergeburt von Santorin nach dem Erdbeben von 1956 wieder. Restaurierungsarbeiten und ein gehobenes Tourismuskonzept haben Ia zu einem der schönsten Dörfer der Kykladen gemacht. Es gibt Bemühungen den Massenandrang etwas einzudämmen, denn das ist der Preis, den Ia im Hochsommer für seine Attraktivität zahlt. An einem steilen Hang der Caldera erbaut, schmiegen sich viele Wohngebäude in Nischen, die in das Vulkangestein gehauen wurden. So unwahrscheinlich es klingt – Ia hat eine längere Sonnenuntergangsdauer als Fira, und in seinen Gassen wird es abends sehr voll.

ORIENTIERUNG & PRAKTISCHE INFORMATIONEN

Vom Busbahnhof geht's links und dann bergauf zum recht kahlen zentralen Platz und zur Hauptstraße, der Nikolaou Nomikou, die am Rande der Caldera verläuft.

Atlantis Books (☎ 22860 72346; www.atlantisbooks. org; Nikolaou Nomikou) Ein faszinierender und gut sortierter kleiner Buchladen, der mit Flair und Enthusiasmus von einer internationalen Gruppe junger Leute geführt wird. Hier finden häufig Kultur-Events statt.

Geldautomaten An der Hauptstraße, außen am Gebäude von Karvounis Tours und an der Bushaltestelle.

Karvounis Tours (☎ 22860 71290; www.idogreece. com; Nikolaou Nomikou) Hier bekommt man Informationen, kann Hotels reservieren, Autos und Fahrräder mieten und ins Ausland telefonieren. Außerdem auf Hochzeiten spezialisiert.

SEHENSWERTES & AKTIVITÄTEN

Das **Schifffahrtsmuseum** (☎ 22860 71156; Erw./ Stud. 3/1,50 €; ☽ Mi–Mo 10–14 & 17–20 Uhr) befindet sich an einer schmalen Gasse, die rechts

von der Nikolaou Nomikou abzweigt. Es ist in einem alten Herrenhaus untergebracht. Die Ausstellung umfasst eine liebenswerte Sammlung zur Schifffahrtsgeschichte von Santorin.

Ammoudi, ein winziger Hafen mit guten Tavernen und bunten Fischerbooten, liegt 300 Stufen unterhalb von Ia am Fuße der blutroten Klippen. Der Ort ist auch über die Straße erreichbar. Im Sommer verkehren täglich Schiffe zwischen Ammoudi und Thirasia. Es werden auch organisierte Ausflüge nach Ammoudi angeboten; über die Abfahrtszeiten informieren die Reisebüros in Fira (S. 493).

SCHLAFEN

Oia Youth Hostel (☎ 22860 71465; www.santorini hostel.gr; Bett inkl. Frühstück 17 €; ☽ Mai–Mitte Okt.; ▣) Eine der saubersten und am besten geführten Jugendherbergen, die man sich nur erträumen kann. Die Einrichtungen sind besser als in so manchem Hotel. Es gibt eine kleine Bar und eine nette Dachterrasse mit toller Aussicht. Internet kostet 2 € pro Stunde. Die Jugendherberge liegt vom Busbahnhof etwa 100 m geradeaus.

Chelidonia (☎ 22860 71287; www.chelidonia.com; Nikolaou Nomikou; Studios 155 €, Apt. 170–205 €, Suite 220–230 €; ▨ ▣) Traditionelle Wohnhäuser an der Klippe, die schon seit Generationen der Familie des Inhabers gehören, ergeben beim Chelidonia eine tolle Mischung aus alt und neu. Beim Erdbeben im Jahr 1956 wurden sie vom Schutt vergraben und danach liebevoll restauriert. Die moderne Einrichtung wird gekonnt ergänzt durch das eine oder andere traditionelle Möbelstück, und jede Einheit hat eine kleine Küche. Einige Unterkünfte sind nur über Treppen erreichbar.

Perivolas (☎ 22860 71308; www.perivolas.gr; Suite 505–1590 €; ▨ ▣ ⬚ ⬚ ⬚) Eine ultimative Adresse am Rand der Caldera zu Preisen, die jenseits von Gut und Böse sind. Dies ist jedoch eines der bekanntesten Hotels Griechenlands mit schönen Zimmern mit Deckengewölben, eigenen Terrassen und Küchenzeilen. Das Frühstück, von feinster Qualität, ist im Preis inbegriffen. Es gibt ein Wellness-Studio, eine Bar und ein Restaurant, und der endlos scheinende Pool hat schon das Titelblatt der Zeitschrift *Condé Nast Traveller* geziert. Man weiß also gleich, wo man ist …

ESSEN & AUSGEHEN

Thomas Grill (☎ 22860 71769; Gerichte 7–15 €) Diese Institution von Ia liegt in einer Gasse verborgen, die von der Bushaltestelle bergauf führt. Serviert werden bodenständige griechische Leibspeisen, u. a. die anerkannte Spezialität des Hauses, der gefüllte Schweinebraten.

218 degrees (☎ 22860 71801; Gerichte 8–15 €) Das Lokal wurde 2009 geöffnet und ist die kleine Schwester des Spitzenrestaurants von Ia, dem 1800. Eine tolle Lage am Rand der Caldera ergänzt hier Gerichte wie gedämpfte Miesmuscheln mit Ouzo, frischen Tomaten und Kräutern. Es ist ganztägig geöffnet zum Frühstück, Mittagessen, Kaffee und für Drinks.

Nectar (☎ 22860 71504; Gerichte 8–18 €) Gehobene Küche, kreative Salate und Hauptgerichte wie Hühnchen mit Feigen, dazu ein paar wirklich gute Weine, sorgen dafür, dass man in diesem hellen Speiselokal ein wahrhaft lohnendes Mahl einnimmt.

Skala (☎ 22860 71362; Nikolaou Nomikou; Gerichte 8–19 €) Von der erhöhten Position der schönen Terrasse des Skala aus kann man das Leben auf dem Weg nach Ammouda und zurück an sich vorbeiziehen lassen. Feine internationale Einflüsse peppen hier die traditionellen griechischen Gerichte auf, wie Kaninchen-*stifadho* (süßer Eintopf mit Tomaten und Zwiebeln) und Hühnerfilet gefüllt mit Pilzen. Die *mezedhes* sind etwas Besonderes. Unbedingt probieren: den Käsekuchen mit Zwiebeln und Pinienkernen.

Ambrosia (☎ 22860 71504; www.ambrosia-nectar. com; Hauptgerichte 24–31 €) Das Ambrosia ist ein Spitzenrestaurant und bietet unzählige verlockende Gerichte, angefangen bei den Vorspeisen, wie *fava*-Püree nach Santorin-Art mit gegrilltem Oktopus und karamellisierten Zwiebeln, bis hin zur Hummer-*Velouté*, sautiertem Krebs und Crème vom Seeigel oder den gerösteten Kalbsfiletscheiben mit Tomaten und Ziegenkäse aufgeschichtet, dazu Püree aus geräucherten Auberginen. Die Weinkarte ergänzt die Speisekarte perfekt.

Megalochori Μεγαλωχωρί
457 Ew.

Hinweisschilder an der Hauptstraße nach Perissa und Akrotiri kündigen die „traditionelle Siedlung" Megalochori an einer Stelle an, die zuerst wie eine recht öde Landschaft erscheint. Wer hier abbiegt und am Dorfeingang parkt, steigt allmählich zu Fuß in ein älteres Santorin hinab. Man passiert dabei ungestrichene alte Häuser und geht unter einem Kirchturm hindurch, der gespreizt über der Straße steht. Im Herzen von Megalochori liegen ein netter kleiner Platz und eine hübsche Kirche mit einem kleinen, mit Kieseln gepflasterten Hof und einem Kriegsdenkmal. Es gibt ein paar Cafés und Tavernen, und das ausgeschilderte **Weingut Gavalas** ist schon alleine wegen seines traditionellen Ambientes einen Besuch wert.

Kamari Καμάρι
1351 Ew.

Kamari liegt 10 km von Fira entfernt und ist der am besten ausgebaute Ferienort auf Santorin. Es gibt einen langen schwarzen Sandstrand, dessen südliches Ende von den schroffen Kalksteinklippen des Kaps Mesa Vouno eingerahmt werden, auf deren Gipfel das Antike Thera liegt. Die Straße am Strand ist gesäumt von Restaurants und Bars. In der Hauptsaison wird es hier sehr voll. Weitere, weniger ansprechende, aber dafür ruhigere Strände liegen im Norden bei **Monolithos.**

Lisos Tours (☎ 22860 33765; lisostours@san.forth net.gr) ist hilfsbereit und unterhält ein Büro an der Hauptstraße nach Kamari sowie ein weiteres landeinwärts von der Mitte des Strandes aus. Hier gibt's Fährtickets, und man kann Unterkünfte und Mietwagen buchen. Es werden alle Arten von Touren vermittelt, außerdem gibt es einen Internetzugang und ein Wechselbüro.

Die gar nicht zu verfehlende Galerie **Art Space** (☎ 22860 32774; Exo Gonia) liegt gleich außerhalb von Kamari. Sie befindet sich in **Argyro's Canava,** einem der ältesten Weingüter der Insel. Die stimmungsvollen alten Weinkeller hängen voller großartiger Kunstwerke, während Skulpturen ungenutzte Ecken und Nischen verwandeln. Kurator der Sammlung ist der Eigentümer selbst, gezeigt werden einige der besten modernen Künstler Griechenlands. Die Weinproduktion liegt dem Eigentümer immer noch im Blut und ein Teil der Anlage ist der Produktion einiger Spitzenjahrgangsweine vorbehalten. Eine Verkostung von Vin Santo macht die ganze Sache noch viel spannender.

WEINE VON SANTORIN

Die viel gelobten Weine von Santorin sind frische, klare, trockene Weißweine wie der köstliche Assyrtico und der bernsteinfarbene, nicht nachgesüßte Dessertwein Vin Santo. Die meisten lokalen Weinkeller veranstalten Proben und Führungen.

Ein Besuch lohnt sich bei **Santo Wines** (☎ 22860 22596; www.santowines.gr; Pyrgos); hier können eine Reihe von Weinen probiert werden. Der Laden voller hervorragender Jahrgangsweine und lokaler Erzeugnisse wie *fava*, Tomaten, Kapern und Marmeladen lädt zum Stöbern ein.

Einer der unterhaltsamsten Orte ist das **Vulkanweinmuseum** (☎ 22860 31322; www.volcanwines.gr; Eintritt 5 €; 12–20 Uhr), das in einer traditionellen *canava* (Weinkellerei) auf der Strecke nach Kamari untergebracht ist. Es zeigt interessante Stücke, darunter eine hölzerne Weinpresse aus dem 17. Jh. Im Eintritt sind ein Audioguide und drei Weinproben enthalten. Von Mai bis Oktober gibt's dort ein Festival, bei dem jeweils am Freitagabend Veranstaltungen stattfinden (48 €). Im Preis enthalten sind ein Besuch des Museums, drei Weinproben, ein kostenloses Büfett inklusive Wein, Live-Musik und traditionelle Trachtentänze – sogar Teller gehen dabei zu Bruch.

Außerhalb von Kamari liegt das Weingut mit der Art Space Galerie – siehe S. 499.

Bei den folgenden Weingütern sollten man sich vor einem Besuch anmelden:

Boutari (☎ 22860 81011; www.boutari.gr; Megalohori)

Canava Roussos (☎ 22860 31278; www.canavaroussos.gr; Mesa Gonia)

Hatzidakis (☎ 22860 32552; www.hatzidakiswines.gr; Pyrgos Kallistis)

Sigalas (☎ 22860 71644; www.sigalas-wine.com; Oia)

SCHLAFEN

Anna's Rooms (☎ 22860 22765; EZ/DZ 25/35 €) Diese einfachen Zimmer bieten Budgetreisenden die Gelegenheit, unschlagbare Preise auszuhandeln. Einige Zimmer liegen hinter Lisos Tours im hinteren Teil der Ortschaft; die anderen liegen hinter Lisos Tours im Dorf.

Hotel Matina (☎ 22860 31491; www.hotel-matina. com; EZ/DZ/3BZ/Suite inkl. Frühstück 108/116/144/192 €;) Das Matina ist ein sehr gut geführtes, eigenständiges Hotel. Es hat geräumige, hell eingerichtete Zimmer und liegt recht ruhig ein Stück von der Straße entfernt.

LP Tipp Aegean View Hotel (☎ 22860 32790; www.aegeanview-santorini.com; Studio/Apt. 130/150 €;) Dieses hervorragende Hotel duckt sich unter die Kalksteinfelsen hoch über Kamari. Seine geräumigen Studios und Apartments sind bestens ausgestattet und bieten erstklassigen Komfort, sogar kleine Küchenbereiche. Einige Zimmer sind mit dem Aufzug erreichbar.

ESSEN

Amalthia (☎ 22860 32780; Gerichte 3,50–12 €) Amalthia ist ein schon lange bestehendes Lieblingslokal am Ort und liegt ein paar Straßen landeinwärts am Südende der Stadt. Es gibt einen schönen Gartenbereich und eine Terrasse mit Grill. Zur Auswahl stehen gut zubereitete griechische Gerichte

(das Lammfleisch ist besonders gut) und verschiedene Pasta-Gerichte.

Mistral (☎ 22860 32108; Hauptgerichte 5,50–14 €) In dieser klassischen *psarotaverna* geht es vor allem um Fisch. Fischplatten für zwei Personen kosten rund 30 €. Brasse, Meerbarbe und Konsorten werden pro Kilo verkauft.

LP Tipp Mario No 1 (☎ 22860 32000; Agia Paraskevi, Monolithos; Gerichte 6,50–12 €) Direkt am Strand bei Monolithos, in der Nähe des Flughafens, liegt dieses hervorragende Restaurant. Es ist eines der besten auf Santorin. Fisch wird pro Kilo verkauft, und Schalentiere kann man aus einer Auslage wählen. Es gibt eine großartige Karte für *mezedhes*, wie Muschel-*saganaki* oder rote Paprika gefüllt mit Feta, Knoblauch, Tomaten und Petersilie. Bei den Fleischgerichten findet sich beispielsweise Lammbraten mit Rosmarin und echtes *mousaka*.

Antikes Thera Αρχαία Θήρα

Das zuerst von den Dorern im 9. Jh. v. Chr. besiedelte **Antike Thera** (Eintritt 4 €; Di–So 8–14.30 Uhr) besteht aus hellenistischen, römischen und byzantinischen Ruinen und ist eine stimmungsvolle archäologische Stätte, deren Besichtigung sich lohnt. Die Ruinen umfassen Tempel, Häuser mit Mosaiken, eine *agora* (Markt), ein Theater und ein Gymnasion. Die Aussicht von der Anlage ist fantastisch. Das Antike Akrotiri ist gegenwärtig geschlossen, aber diese Ausgrabungsstätte entschädigt voll dafür.

Von März bis Oktober bietet **Ancient Thira Tours** (☎ 22860 32474; Kamari) einen Bus, der täglich außer montags von 9 Uhr bis 14 Uhr stündlich von Kamari zur Ausgrabungsstätte fährt. Wer mit dem eigenen Auto kommt, fährt auf der befestigten, aber schmalen, kurvigen Straße von Kamari aus nur etwas mehr als einen Kilometer. Von Perissa auf der anderen Seite des Berges dauert die heiße Wanderung zur Ausgrabungsstätte über eine Stunde und führt über einen staubigen Pfad auf manchmal felsigem, schwierigem Gelände.

Antikes Akrotiri Αρχαίο Ακρωτήρι

Die Ausgrabungen in **Akrotiri** (☎ 22860 81366), dem minoischen Vorposten, der bei einer Vulkankatastrophe im Jahr 1650 v. Chr. verschüttet wurde, begannen im Jahr 1967 und haben eine antike Stadt zu Tage gefördert, die unter der Vulkanasche begraben war. Einige Gebäude sind drei Stockwerke hoch und gehen auf das Ende des 16. Jhs. v. Chr. zurück. Herausragende Fundstücke sind die beeindruckenden Fresken und Keramiken, von denen viele heute im Museum des Prähistorischen Thera (S. 494) in Fira gezeigt werden.

Zum Zeitpunkt der Recherche war die Stätte auf unbestimmte Zeit geschlossen, da noch über Rekonstruktionsarbeiten verhandelt wurde – ein Besucher wurde getötet und mehrere verletzt, als im Sommer 2005 ein Dachabschnitt einstürzte. Unter den Einheimischen herrscht keine Einigkeit darüber, ob die Stätte besichtigt werden kann oder nicht. Am besten sieht man in der Rubrik „Archaeological Sites" auf www.culture.gr nach und erkundigt sich noch einmal gut auf Santorin selbst, bevor man eine Bus- oder Taxifahrt zu einer möglicherweise noch geschlossenen Ausgrabungsstätte unternimmt. Einen Eindruck von dem hohen Wert der Ausgrabungen bekommt man auch im Archäologischen Museum (S. 494) und im Petros M Nomikos Conference Centre (S. 494), die sich beide in Fira befinden.

Strände

Manchmal werden die schwarzen Sandstrände von Santorin so heiß, dass es ohne einen Liegestuhl oder eine Matte nicht auszuhalten ist. Die besten Strände befinden sich an der Ost- und Südküste.

Einer der Hauptstrände ist ein langer Streifen bei **Perissa,** ein beliebtes Ausflugsziel im Sommer. **Perivolos** und **Agios Georgios** weiter südlich sind entspannter. Der **Rote Strand** beim Antiken Akrotiri hat hohe rote Klippen und glatte, handtellergroße Kieselsteine im klaren Wasser. **Vlichada,** ebenfalls an der Südküste, ist ein angenehmer Ort. An der Nordküste ist in der Nähe von Ia sind **Paradise** und **Pori** beide eine Pause wert.

Das **Santorini Dive Centre** (☎ 22860 83190; www.divecenter.gr) mit Niederlassungen in Perissa und am Strand von **Akrotiri** bietet eine gute Kursauswahl, darunter einen Schnuppertauchkurs für 55 €, halbtägige Schnorchelkurse für 40 € und einen Tauchkurs im offenen Gewässer für 380 €.

SCHLAFEN & ESSEN

Die meisten Fremdenzimmer sind in und rund um Perissa konzentriert.

Youth Hostel Anna (☎ 22860 82182; www.hostel world.com; Bett 12–15 €, DZ 25 €; ☽ Mai–Sept.; Ⓟ ⊠ 🖵) Das Anna ist eine gut geführte und beliebte Jugendherberge an der viel befahrenen Straße nach Perissa und rund fünf Minuten vom Strand entfernt. Die Doppelzimmer befinden sich in einem separaten Gebäude. Es gibt hier die Möglichkeit, Ausflüge zu buchen, es gibt Fährtickets, und man kann Geld wechseln. Kreditkarten werden akzeptiert. Ein Minibus holt die Gäste am Fährhafen ab.

Stelio's Place (☎ 22860 81860; www.steliosplace. com; DZ/3BZ/4BZ 70/90/120 €; ☽ ganzjährig; Ⓟ ⊠ 🛜 🖵) Die Lage des Stelio ist großartig, etwas geschützt, aber nur knapp eine Minute vom Strand entfernt. Mit seinen tadellosen, gut ausgestatteten Zimmern ist es sein Geld wirklich wert. In der Nebensaison sind die Zimmer möglicherweise schon für weniger als die Hälfte zu haben.

Hotel Drossos (☎ 22860 81639; www.familydrossos. gr; EZ/DZ/3BZ inkl. Frühstück 102/112/153 €; Ⓟ ⊠ 🖵 🛜 🖵) Hinter der einfachen Fassade dieses großartigen Hotels liegt eine schöne Anlage mit Zimmern und Studios mit schicker Ausstattung und Möblierung.

Zuverlässige griechische Kost wird in **God's Garden** (☎ 22860 83027; Gerichte 4,50–11 €) angeboten, einer Taverne, in der es Fischgerichte ab 6 € gibt.

KYKLADEN

Die meisten Strände bieten eine ganze Reihe von Tavernen und Cafés.

THIRASIA & VULKANISCHE INSELN
ΘΗΡΑΣΙΑ & ΗΦΑΙΣΤΕΙΑΚΕΣ ΝΗΣΙΔΕΣ

Das unverdorbene Thirasia (158 Ew.) wurde von Santorin durch einen Vulkanausbruch im Jahre 236 v. Chr. getrennt. In der *chora* **Manolas** oben auf dem Hügel gibt es Tavernen und Fremdenzimmer. Es ist ein attraktiver Ort, der deutlich gemächlicher und besinnlicher ist, als Fira es jemals sein könnte.

Auf den unbewohnten kleinen Inseln **Palea Kameni** und **Nea Kameni** gibt es immer noch Vulkantätigkeit; sie können bei verschiedenen Bootsausflügen von Fira Skala und Athinios aus besucht werden (s. Geführte Touren S. 494). Ein Tagesausflug nach Nea Kameni, zu **heißen Quellen** bei Palea Kameni, nach Thirasia und Ia kostet rund 28 €.

ANAFI ΑΝΑΦΗ

272 Ew.

Anafi ist von Santorin aus der Zufluchtsort, eine Insel, die am fernen Horizont irgendwo zwischen dem Traum vom Gestern und einem modernen Ferienvergnügen liegt. Eine gemächliche, traditionelle Lebensart und beeindruckende kykladische Landschaften sind die Kennzeichen dieser liebenswerten Insel. Wenn nicht gerade Hochsommer ist, sind nur wenige Touristen unterwegs – allerdings steigt Anafi langsam auf der Beliebtheitsskala.

Orientierung & Praktische Informationen

Der kleine Hafen der Insel ist **Agios Nikolaos.** Von hier aus liegt das Hauptdorf **Chora** nur 10 Minuten mit dem Bus eine kurvige Straße bergauf; zu Fuß geht's 1 km einen weniger kurvigen, aber dafür steilen Wanderweg hinauf. Im Sommer verkehrt ein Bus zwischen 9 Uhr und 23 Uhr alle zwei Stunden und steht in der Regel zur Ankunft der Boote im Hafen bereit. Die Hauptfußgängerzone von Chora führt von der ersten Bushaltestelle bergauf. Hier liegen die meisten Fremdenzimmer, Restaurants und Minimärkte.

Es gibt einen Geldautomaten an einem kleinen Kiosk, gleich hinter einer öffentlichen Telefonzelle auf halber Strecke links an der Hafenstraße.

Eine Postagentur ist gelegentlich geöffnet; sie liegt neben dem Panorama am Eingang von Chora.

Fährtickets gibt's beim **Reisebüro** (☎ 22860 61408) in der Hauptstraße von Chora neben dem Roussou-Minimarkt oder in einem kleinen Büro am Hafen kurz vor der Ankunft der Fähren.

Sehenswertes

In der Nähe von Agios Nikolaos liegen mehrere schöne **Strände.** Der von Palmen gesäumte **Klissidi** ist der nächste und beliebteste. Er liegt 1,5 km vom Hafen entfernt; man kann zu Fuß dorthin wandern.

Die Hauptsehenswürdigkeit von Anafi ist das Kloster **Moni Kalamiotissas.** Hierher sind es entweder mit dem Auto 9 km über die Landstraße oder zu Fuß 6 km über einen Wanderweg. Es liegt ganz im Osten der Insel, neben den dürftigen Überresten des **Apollon-Tempels** und unterhalb des Gipfels des 470 m hohen **Klosterfelsen,** der höchsten Felsformation im Mittelmeer, die sogar noch Gibraltar in den Schatten stellt. Die Wanderung zum Kloster ist eine lohnenswerte Expedition, aber zuweilen eine recht harte Tour, die insgesamt einen ganzen Tag in Anspruch nimmt. Bei **Kastelli,** östlich von Chora, gibt es außerdem Ruinen eines venezianischen *kastro.*

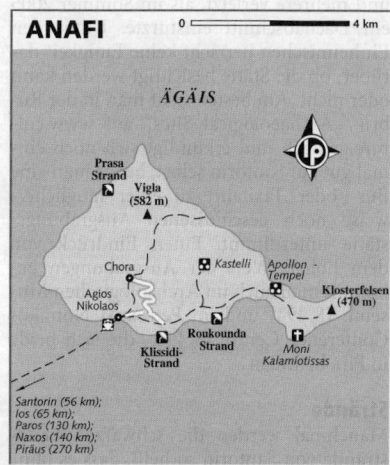

ANAFI

0 ————— 4 km

ÄGÄIS

Prasa Strand
Vigla (582 m)
Chora
Kastelli
Apollon - Tempel
Agios Nikolaos
Klosterfelsen (470 m)
Klissidi-Strand
Roukounda Strand
Moni Kalamiotissas

Santorin (56 km);
Ios (65 km);
Paros (130 km);
Naxos (140 km);
Piräus (270 km)

Schlafen

In der Hochsaison bevorzugen die *domatia*-Vermieter Gäste mit einer längeren Aufenthaltsdauer. Wer also nur eine Nacht bleiben möchte, sollte nehmen, was er bekommen kann, oder im Voraus reservieren.

Apollon Village Hotel (☎ 22860 28739; www.apollonvilla.gr; EZ/DZ/3BZ 48/65/75 €, Studios 58–75 €; Apt. 70–125 €; ✗ ⟨wifi⟩) Diese hübschen Zimmer und Studios, die jeweils nach einer griechischen Gottheit benannt sind und einen fabelhaften Ausblick bieten, liegen gestaffelt über dem Strand Klissidi und sind keinesfalls überteuert. Das Frühstück kostet 8 €, und die Blue Café-Bar ist ein cooler, schicker Anbau zum Hotel, wo ausgemachte Süßwaren und Gebäck gibt.

Margarita's Rooms (☎ 22860 61237; anafi1@hotmail.com; EZ/DZ 50/60 €) Angenehme kleine Zimmer direkt am Strand neben Margarita's Café. Sie erzählen noch von dem Strandleben aus ruhigeren Zeiten.

Viele der Zimmer in Chora haben einen schönen Blick über die sanften Hügel von Anafi, die sich bis ans Meer ziehen, und über den großartigen Gipfel des Klosterfelsens. Die folgenden empfehlenswerten Adressen sind ganzjährig geöffnet und verlangen rund 45 € für ein Doppelzimmer:

Panorama (☎ 22860 61292)

Paradise (☎ 22860 61243)

Villa Gallini (☎ 22869 61279) In einer besonders guten Lage.

Essen

In Chora gibt es mehrere Tavernen, die allesamt an der Hauptstraße liegen.

Liotrivi (☎ 22860 61209; Hauptgerichte 4–9 €) Großartige Fischgerichte (pro Kilo), die fangfrisch vom Boote der Familie geliefert werden. Darüber hinaus gibt es aber auch so ziemlich alles andere, von Eiern bis hin zu Gemüse und Honig, und alles stammt aus eigener Produktion.

Armenaki (☎ 22860 61234; Hauptgerichte 5–6,50 €) Gute traditionelle griechische Kost wird in dieser großartigen Taverne auf einer luftigen Terrasse serviert und von Live-*bouzouki* an Sommerabenden begleitet.

Margarita's (☎ 22860 61237; Klissidi; Hauptgerichte 6–10,50 €) Eine sonnige, kleine Terrasse mit Blick auf die Bucht von Klissidi lädt hier zum Essen ein. Schweinefleisch mit Pilzen in einer Zitronensauce ist eine gute Wahl. Frühstück kostet 2,50 bis 5 €.

An- & Weiterreise

Anafi ist relativ weit ab vom Schuss. In der Nebensaison ist es immer noch eine Herausforderung, dorthin zu gelangen, aber im Sommer gibt es annehmbare Verbindungen von Piräus, Santorin, Sikinos, Folegandros, Naxos, Paros und sogar Syros. Weitere Informationen hierzu im Kapitel Insel-Hopping (S. 858).

Unterwegs vor Ort

Ein kleiner Bus holt die Passagiere am Hafen ab und bringt sie hoch nach Chora. Kaiks fahren zu verschiedenen Stränden und nahe gelegenen Inseln.

SIKINOS ΣΙΚΙΝΟΣ

238 Ew.

Das einsame Sikinos ist eine weitere attraktive Zufluchtstätte, um dem Lärm und dem Getümmel auf Ios und Santorin zu entgehen. Dabei ist diese wunderbare Insel nicht viel kleiner als Santorin. Ihre Landschaft aus terrassenartigen Hügeln, die sich sanft bis zum Meer hinziehen, ist weitestgehend unbebaut. Die wichtigsten Orte sind der Hafen von **Alopronia** und die miteinander verbundenen Dörfer **Chora** und **Kastro** im Landesinneren, zu denen eine 3,4 km lange kurvige Straße vom Hafen herauf führt. Es gibt ein Postamt am Eingang nach Kastro und einen Geldautomaten der National Bank of Greece am zentralen Platz in Kastro. Das Gesundheitszentrum liegt gleich neben dem Geldautomaten. Fährtickets können im Voraus bei **Koundouris Travel** (☎ 22860 51168, 6936621946) erworben werden. Es gibt eine Tankstelle außerhalb von Alopronia auf der Straße nach Kastro. Roller kann man hier für rund 15 bis 20 € mieten.

Sehenswertes

Kastro, benannt nach einer venezianischen Festung aus dem 13. Jh., die einst hier stand und von der nur wenig übrig ist, ist ein reizender Ort. Hier schlängeln sich enge Gassen zwischen strahlend weißen Häusern hindurch. Im Zentrum liegt der Hauptplatz mit einem Kriegsdenkmal. Darum stehen alte Gebäude, eines davon hat eine schön verzierte Fenstereinfassung aus Stein, die immer wieder gekalkt wurde. An einer Seite liegt die **Kirche Pantanassa**. An der Nordseite

KYKLADEN

von Kastro fällt das Land steil ins Meer ab, und die Gerippe alter Windmühlen stehen hier und da am Klippenrand. Eine getünchte Treppe führt zu der einst wehrhaften Kirche **Moni Zoodochos Pigis** über der Stadt.

Im Westen von Kastro liegt, über steilen, terrassierten Feldern und über eine ebenso steile Treppe erreichbar, das entlegene **Chora**, in dem zahlreiche zerfallene Häuser renoviert werden.

Von dem Grat zwischen Kastro und Chora aus führt eine befestigte Straße in südwestlicher Richtung zum **Moni Episkopis** (Eintritt frei; ⌚ 18.30–20.30 Uhr). Die Überreste an diesem Ort stammen angeblich von einem römischen Mausoleum aus dem 3. Jh., das im 7. Jh. in eine Kirche umgebaut wurde, die dann wiederum 10 Jahrhunderte später zum Kloster wurde. Von hier aus kann man zu einer kleinen **Kirche** und zu **antiken Ruinen** aufsteigen, die auf einem Vorsprung in südlicher Richtung thronen. Der Ausblick ist spektakulär.

Kaiks (etwa 6 €) fahren zu den guten Stränden **Agios Georgios, Malta**, über denen sich auf einem Hügel antike Ruinen erheben, und **Karra. Katergo,** eine Badestelle mit interessanten Felsen, und der Strand **Agios Nikolaos** lassen sich beide bequem von Alopronia aus zu Fuß erreichen.

Zum Zeitpunkt der Recherche wurde eine befestigte Straße nach Agios Georgios und zu den umliegenden Stränden gebaut. Es ist damit zu rechnen, dass im Sommer

Busse von Alopronia zu diesen Stränden fahren werden.

Schlafen & Essen
Es gibt am Hafen verschiedene Unterkünfte, aber Chora ist als Quartier interessanter.

Persephone's Rooms (☎ 22860 51229; Kastro; EZ/DZ/3BZ 40/60/70 €) Die ordentlichen Studio-artigen Zimmer am Rande von Kastro sind ein gutes Basislager für die Insel.

Lucas Rooms (☎ 22860 51076; Alopronia; DZ/Studios 55/85 €; ⌘) Zwei gute Häuser stehen hier zur Auswahl und die Zimmer sind passabel und sauber. Sie liegen an einem Hang, 500 m bergauf vom Hafen. Die Studios liegen an der anderen Seite der Bucht gegenüber vom Fähranleger und bieten einen großartigen Ausblick.

Kastro Studios (☎ 22860 51026/51283; Kastro; Zi. 80 €; ⌘) Hier sind nur zwei Zimmer zu vermieten, aber sie sind sehr neu, unaufdringlich luxuriös und bieten eine tolle Aussicht. Es gibt Kochgelegenheiten.

Porto Sikinos (☎ 22860 51220; www.portosikinos.gr; Alopronia; EZ/DZ/3BZ inkl. Frühstück 90/110/125 €; ⌘) Nicht weit vom Fähranleger stehen diese attraktiven Zimmer mit einer Reihe von Terrassen und bieten von den Balkonen eine schöne Aussicht. Es gibt auch eine Bar und ein Restaurant.

Rock (☎ 22860 51186; Alopronia; Gerichte 2,60–8 €) Hoch oben über dem Fähranleger liegt dieses Saison-Café und Pizzalokal, in dem man auch bis in die frühen Morgenstunden abhängen kann (manchmal bei Live-Musik). Es gibt auch Zimmer, die Doppelzimmer kosten 40 bis 60 €.

To Steki tou Garbi (Kastro; Gerichte 4–8 €) Ein gutes, traditionelles Grillrestaurant gleich um die Ecke von Koundouris Travel in Kastro.

To Iliovasilema (☎ 22860 51173; Kastro; Hauptgerichte 4,50–8 €) Eine ganz besonders schöne Aussicht macht dieses Saison-Lokal reizvoll. Es kommen Standardgerichte wie Pizza und Pasta auf den Tisch.

Lucas (☎ 22860 51076; Alopronia; Gerichte 6–13 €) Unten am Hafen ist dies die beliebteste Taverne. Sie bietet griechische Standardgerichte ohne Firlefanz; Fisch wird mit Kilopreis berechnet.

Kastro Bar (☎ 22860 51026; Kastro) Diese kleine Bar befindet sich auf dem Weg zum Moni Zoodochos Pigis. Kaffee, Drinks und

SIKINOS

0 _____ 4 km

Malta-Strand

Moni Zoödochou Pigis

Agios-Georgios-Strand

Kastro

Chora

▲ 552 m

Sikinos

Alopronia

Agios-Nikolaos-Strand

Katergo

Moni Episkopis

Kalogeri

▲ 432 m

Karra-Strand

Kardiotissa

ÄGÄIS

Santorin (56km); Ios (65km)

Naxos (30km); Paros (30km); Sifnos (55km); Milos (75km); Syros (85km); Piräus (250km)

Eiscreme sind die Säulen der Speisekarte und griechische Musik ist Standard. Von morgens bis spät nachts geöffnet.

Es gibt einen Minimarkt neben dem Lucas in Alopronia und einen weiteren in Kastro.

An- & Weiterreise

Informationen zu den Fährverbindungen von Sikinos siehe Insel-Hopping (S. 875).

Der öffentliche Bus steht bei allen Fährankünften bereit und verkehrt im August halbstündlich zwischen Alopronia und Chora/Kastro (1,40 €, 20 Min.), zu anderen Jahreszeiten jedoch weniger häufig. Manchmal hängt ein Fahrplan in der Nähe des Minimarktes aus. Es empfiehlt sich sehr, rechtzeitig an der Abfahrtstelle zu sein.

FOLEGANDROS
ΦΟΛΕΓΑΝΔΡΟΣ

662 Ew.
Folegandros liegt elegant am südlichen Rand der Kykladen. Es ist ein felsiger Kamm, knapp 12 km lang und an seiner breitesten Stelle knapp 4 km breit. Ein Großteil der Insel ist über 200 m hoch, der höchste Punkt ist der Agios Eleftherios mit 414 m.

Wegen seiner Abgelegenheit und Wildheit war Folegandros seit den Zeiten der Römer bis ins 20. Jh. in die Zeit der Militärdiktatur von 1967 bis 1974 hinein immer wieder ein Exilort für politische Gefangene. Heutzutage wird es jedoch von seinen Anhängern wegen seiner Schönheit und seines Charakters verehrt.

Die Hauptstadt ist das verborgene Chora oben auf einer Klippe, eines der ansprechendsten Dörfer in den Kykladen. Boote machen in dem kleinen Hafen Karavostasis an der Ostküste fest. Die einzige andere Siedlung ist Ano Meria, 4 km nordwestlich von Chora. Es gibt mehrere gute Strände, aber einige davon sind nur durch eine beschwerliche Wanderung zu erreichen.

An- & Weiterreise

Nachdem die Fährverbindungen einst sehr schlecht waren, hat Folegandros inzwischen wenigstens im Sommer eine gute Anbindung an Piräus über die Route der westlichen Kykladen. Es gibt im Sommer sogar Verbindungen nach Santorin und zum fernen Amorgos. Weitere Informationen hierzu im Kapitel Insel-Hopping (S. 862).

Unterwegs vor Ort

Der öffentliche Bus steht bei den Fährankünften bereit und bringt die Passagiere nach Chora (1,40 €). Ab Chora fahren Busse eine Stunde vor allen Fährabfahrten zum Hafen. Im Sommer fahren Busse von Chora stündlich nach Ano Meria (0,80 €) mit Zwischenstop am Angali-Strand. Die Bushaltestelle für Ano Meria liegt am westlichen Rand von Chora.

Es gibt einen **Taxiservice** (☎ 22860 41048, 6944693957) auf Folegandros.

Autos können an verschiedenen Stellen für rund 40 € pro Tag und Motorräder für rund 15 € pro Tag gemietet werden.

Im Sommer fahren regelmäßig Boote zwischen den Stränden.

KARAVOSTASIS ΚΑΡΑΒΟΣΤΑΣΙΣ

55 Ew.
Der Hafen von Folegandros ist ein sonniger kleiner Ort, in dem überall verteilt *domatia* und Tavernen liegen, dazu gibt es einen angenehmen Kiesstrand. Nur einen Kilometer in nördlicher und südlicher Richtung von Karavostasis entfernt liegt eine Reihe weiterer Strände, die alle einladend und leicht zu Fuß erreichbar sind. In der Hochsaison fahren auch Boote von Karavostasis zu etwas entfernteren Stränden.

Schlafen & Essen

Aeolos Beach Hotel (☎ 22860 41205; EZ/DZ/Studios 50/55/80 €) Dieses praktische Hotel gleich gegenüber vom Strand hat einen hübschen Garten und saubere, einfache Zimmer.

Vrahos (☎ 22860 41450; www.hotel-vrahos.gr; EZ inkl. Frühstück 73 €, DZ inkl. Frühstück 91–123 €, Studios & Apt. 155–182 €; ✱ 🖳 🎧) Das Vrahos befindet sich in großartiger Lage am anderen Ende des Strandes und zieht sich über eine Reihe von Terrassen. Die vorderen Balkone bieten einen tollen Blick über die Bucht. Die Einrichtung der Zimmer ist klasse, und draußen gibt es einen Whirlpool, eine Bar und einen Frühstücksbereich. Das Frühstück kostet 12,50 €.

Am Hafen servieren eine Reihe von Tavernen Standardgerichte, außerdem gibt es ein paar gute Bars am Strand. Das **Evangelos**

KYKLADEN

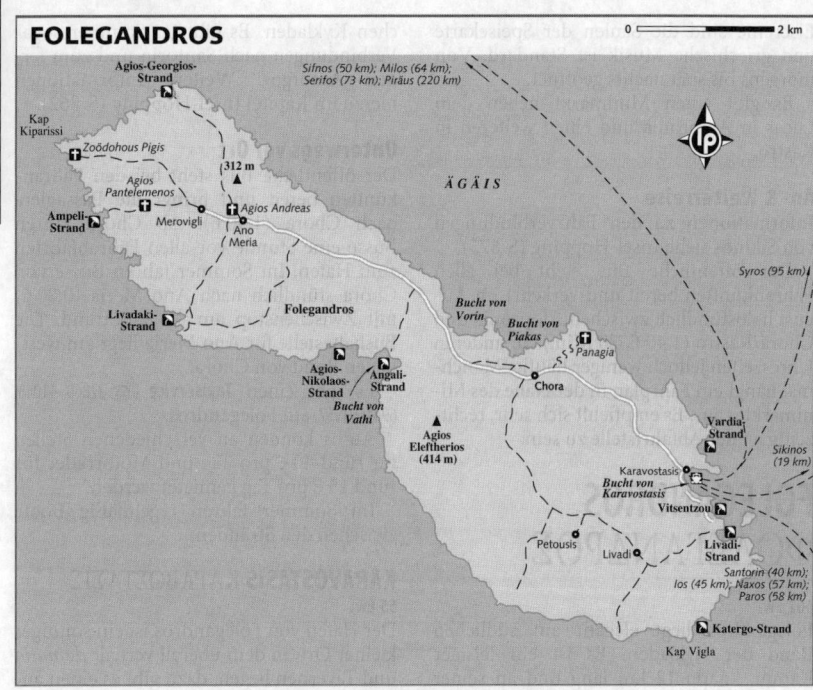

FOLEGANDROS

0 — 2 km

Agios-Georgios-Strand

Kap Kiparissi

Zoödohous Pigis

Agios Pantelemenos

Ampeli-Strand

Merovigli

312 m

Agios Andreas

Ano Meria

Livadaki-Strand

Folegandros

Agios-Nikolaos-Strand

Angali-Strand

Bucht von Vathi

Agios Eleftherios (414 m)

ÄGÄIS

Sifnos (50 km); Milos (64 km); Serifos (73 km); Piräus (220 km)

Syros (95 km)

Bucht von Vorin

Bucht von Piakas

Panagia

Chora

Vardia-Strand

Sikinos (19 km)

Karavostasis

Bucht von Karavostasis

Vitsentzou

Petousis

Livadi

Livadi-Strand

Santorin (40 km); Ios (45 km); Naxos (57 km); Paros (58 km)

Katergo-Strand

Kap Vigla

ist etwas für Ausdauernde, liegt direkt am Strand und ist genau richtig für entspannte Drinks, Snacks und großartige Unterhaltung.

CHORA ΧΩΡΑ
316 Ew.

Das mittelalterliche *kastro* von Chora ist mit seiner attraktiven Hauptstraße, flankiert von schönen traditionellen Häusern, einer der schönsten Bezirke von Chora, aber der Rest des Dorfes ist ebenfalls entzückend. Die sich windende Hauptstraße zieht fröhlich von einem grünen Platz zum nächsten. An seiner Nordseite steht Chora am Rand einer eindrucksvollen Klippe.

Orientierung

Die Bushaltestelle für den Bus vom Hafen nach Chora ist an der Plateia Pounta. Von hier aus geht's links zur Plateia Dounavi; von dort führt ein Torbogen rechterhand in die Paraporti und dann zum *kastro*. Die Plateia Dounavi führt weiter zur Plateia Kontarini, dann zur Plateia Piatsa und

schließlich zur Plateia Maraki. Wer über die Plateia Maraki weitergeht, gelangt zur Bushaltestelle für die Busse nach Ano Meria und zu den meisten Stränden.

Praktische Informationen

Auf Folegandros gibt es kein offizielles Fremdenverkehrsamt. Eine gute Informationsquelle ist www.folegandrosisland.com.

Es gibt zwar keine Bank, aber einen Geldautomaten an der anderen Seite der Plateia Dounavi, gleich neben der Kommunalverwaltung. Die Post liegt an der Hafenstraße, 200 m bergab von der Bushaltestelle.

Reisebüros lösen Reiseschecks ein.

Diaplous Travel (☎ 22860 41158; www.diaploustravel.gr; Plateia Pounta) Ein hilfsbereites und nützliches Büro – verkauft Fährtickets, wechselt Geld und vermittelt Unterkünfte, Mietwagen und Fahrräder sowie Bootsausflüge. Der Internetzugang kostet pro 15 Min. 1 €.

Gesundheitszentrum (☎ 22860 41222; Plateia Pounta)

Maraki Travel (☎ 22860 41273; Fax 22860 41149; Plateia Dounavi; ☣ 10.30–12 & 17–21 Uhr) Verkauft Fährtickets und wechselt Geld.

Polizeiwache (☎ 22860 41249) Geradeaus von der Plateia Maraki.

Sottovento Tourism Office (☎ 22860 41444; www. folegandrosisland.com) An der Plateia Pounta; ist zugleich das italienische Konsulat und gegenüber Touristen sehr hilfsbereit, vermittelt auch Unterkünfte, internationale und Inlandsflüge sowie Bootsausflüge.

Sehenswertes

Chora zu durchstreifen macht einfach Spaß. Das mittelalterliche **kastro**, ein Gewirr aus engen Straßen, die von niedrigen Bogengängen überspannt werden, datiert aus der Zeit, als Marco Sanudo im 13. Jh. über die Insel herrschte. Die Holzbalkone der Häuser leuchten vor Bougainvilleen und Hibiskus.

Das lang gezogene Dorf außerhalb des *kastro* ist ebenso attraktiv. Von der Plateia Pounta und der Bushaltestelle führt ein steiler Pfad zur großen Marienkirche **Panagia** (☺ 18–20 Uhr), die auf einer dramatischen Klippe hoch oben über der Stadt thront.

Geführte Touren

Bootsausflüge rund um die Insel (pro Erw./ Kind einschl. Mittagessen 27/10 €) und zum nahen Sikinos (pro Erw./Kind 22/11 €) können bei Diaplous Travel und Sottovento Tourism Office gebucht werden.

Festivals & Events

Alljährlich findet Ende Juli das **Folegandros Festival** statt: eine Reihe von Konzerten, Ausstellungen und kulinarischen Events an verschiedenen Veranstaltungsorten auf der Insel.

Schlafen

Im Juli und August werden die meisten *domatia* und Hotels voll sein, daher unbedingt weit im Voraus buchen.

Evgenia (☎ 22860 41006; www.evgeniafol@yahoo. gr; EZ/DZ 60/70 € Suite 80–120 €; ☒) Diese sauberen und gut geführten Zimmer und Studios liegen gleich am Eingang von Chora.

Pounta Accommodation (☎ 22860 41063; Apt. 80–90 €) Bei dieser Unterkunft, etwa 1 km von Chora entfernt, handelt es sich um richtige inseltypische Häuser, nicht um moderne Studios oder Apartments. Sie haben viel Charakter in einer erstklassigen Lage.

Aegeo (☎ 22860 41468; aegeofol@hol.gr; EZ/DZ/3BZ 85/90/115 €; ☒ 💻 🛜) Das am Stadtrand gelegene Aegeo fängt den klassischen kykladischen Stil mit seinem Innenhof, mit dem vielen Weiß und Blau und den leuchtend roten Bougainvilleen ein. Die Zimmer sind tadellos und hell.

Hotel Polikandia (☎ 22860 41322; www.polikan dia-folegandros.gr; EZ 85 €, DZ 95–135 €, Suite 200–220 €; ☒ 🛜 🛗) Eine größere Umbaumaßnahme hat dieses nach wie vor passable Haus in ein buntes Boutiquehotel verwandelt, dessen adrette Zimmer um einen leuchtenden Pool herum liegen. Die Einrichtung und Ausstattung sind von hoher Qualität. Es liegt kurz vor der Bushaltestelle. Das Frühstück kostet 10 €. Fahrräder werden kostenlos angeboten.

Anemomylos Apartments (☎ 22860 41309; www. anemomilosapartments.com; DZ 180–230 €; ☒ 💻 🛗 🛗) Eine Spitzenlage oben auf einer Klippe sorgt für einen Ehrfurcht einflößenden Blick von den Terrassen und den Zimmern aus, die zum Meer hinaus liegen. Die Anlage ist sehr schick und die Zimmer sind elegant; kostbare Antiquitäten heben das Ambiente. Das Anemomylos liegt nur ein kleines Stück von der Bushaltestelle entfernt. Eine Wohneinheit ist barrierefrei gestaltet.

Essen

Melissa (☎ 22860 41067; Plateia Kontarini; Hauptgerichte 5–9 €) Gutes Essen und reizende Inhaber. Die Inselspezialität *matsata* (handgemachte Pasta) mit Fleisch nach eigener Wahl ist immer einen Versuch wert, ebenso die Fischsuppe. Vegetarier werden sich über den gefüllten Kohl freuen. Hier bekommt man auch gutes Frühstück.

Zefiros (☎ 22860 41556; Gerichte 5,50–9,50 €) Eine großartige *ouzerie* und ein tolles *mezedhopoleio* mit einer anspruchsvollen Auswahl an Ouzo-Arten. Es gibt *mezedhes*-Teller für zwei Personen zu 20 € sowie gemischte Platten, dazu Gerichte wie Lamm in Weinblättern und Garnelen-*saganaki*. Hinter der Plateia Kontarini links halten.

LP Tipp **Pounta** (☎ 22860 41063; Plateia Pounta; Gerichte 6–13 €) Im Garten des Pounta kann man sich dem Flair des Griechenlands vergangener Tage kaum entziehen, und der höfliche Service unterstreicht dies noch. Das traditionelle Essen ist ausgezeichnet, vom Frühstück ab 4,50 € bis hin zu Abendmahlzeiten wie Kaninchen-*stifadho* oder Artischocken-Kasserolle. Das Essen wird auf schönem Geschirr serviert, das von Lis-

KYKLADEN

bet Giouri, einer der Inhaberinnen, hergestellt wird; ihre Erzeugnisse kann man auch käuflich erwerben.

Eva's Garden (☎ 22860 41110; Hauptgerichte 8–24 €) Das erst vor ein paar Jahren eröffnete Eva verleiht der Küche von Folegandros ein besonderes Flair. Bei den Vorspeisen gibt es Püree aus Fava-Bohnen mit Zwiebeln und Petersilie, während bei den Hauptgerichten Schweinefleisch in einer Räucherkäsesauce oder gegrillte, marinierte Garnelen in einer Limettensauce auf Basmati-Reis zu finden sind. Die Weinkarte passt gut dazu und umfasst auch Jahrgangsweine von Argiros aus Santorin. Hinter der Plateia Kontarini rechts halten.

Ebenfalls empfehlenswert:

Piatsa Restaurant (☎ 22860 41274; Gerichte 3–9,50 €)

Chic (☎ 22860 41515; Gerichte 4–9,50 €).

Ausgehen & Unterhaltung

Folegandros hat ein paar schicke Café-Bars wie das **Caffé de Viaggiatori** (☎ 22860 41444) neben dem Sottovento Tourism Office, das italienische Weine und Fingerfood anbietet. Weiter drinnen in Chora liegt das **To Mikro** (☎ 22860 41550), eine gute Adresse für Kaffee, Crêpes und Kuchen am Tag und Cocktails bei Nacht.

Am „West End" von Chora liegt eine Ansammlung bunter Musik-Bars: vorneweg die **Greco Café-Bar** (☎ 22860 41456) mit ihrer großartigen Soundmischung aus einem Bestand von über 1000 CDs; die Wände zieren lebhafte Wandgemälde. Nebenan sind der **Avli Club** (☎ 22860 41100) mit Lounge, wo am frühen Abend Rock, Disko, Latin und zu vorgerückter Stunde griechische Musik gespielt wird, und das **Kolpo** (☎ 22860 41570) mit Reggae, Weltmusik und Soul und einem Hängemattengarten mit tollem Ausblick.

Ein für Folegandros typisches Getränk ist *rakomelo* – warmer *raki* mit Honig und Nelken. Eine der besten Bars dafür und für einen hochprozentigen Start in das Nachtleben ist das **Astarti**, neben der Taverne Melissa an der Plateia Kontarini.

UNTERWEGS AUF FOLEGANDROS
Ano Meria Ανω Μεριά
291 Ew.

Das Dorf Ano Meria ist eine weitläufige Gemeinde aus kleinen Bauernhöfen und Wohnstätten, die sich über mehrere Kilo-

meter erstreckt. Dies ist das traditionelle Inselleben, dem der Tourismus nichts anhaben kann. Das Leben geht hier einfach seinen gewohnten Gang.

Das **Volkskundemuseum** (Eintritt 1,50 €; ☼ 17– 20 Uhr) liegt am östlichen Dorfrand. Am besten ten den Busfahrer darum bitten, in der Nähe abgesetzt zu werden.

Es gibt mehrere sehr traditionelle Tavernen in Ano Meria, darunter **I Synantisi** (☎ 22860 41208; Gerichte 4–8 €) und **Mimi's** (☎ 22860 41377; Gerichte 4 €). In den Stoßzeiten kann es hier etwas voll werden.

Strände

Für den **Livadi-Strand**, 1,2 km südöstlich von Karavostasis, der Beschilderung zum Camping Livadi folgen. Weiter um die Küste an der südöstlichen Spitze der Insel liegt der **Katergo-Strand,** der am besten von Karavostasis per Boot zu erreichen ist.

Der Sand- und Kiesstrand **Angali,** an der Küste gegenüber von Chora, ist ein beliebter Fleck, zu dem inzwischen eine befestigte Straße führt; eine Bushaltestelle gibt es auch. Es gibt hier ein paar gute Zimmer und zwei ganz passable Tavernen.

Ein Fußweg führt ungefähr 750 m weiter über den Hügel zu dem FKK-Strand **Agios Nikolaos** westlich von Angali. Der **Livadaki-Strand** liegt noch nicht einmal 2 km weiter westlich. Er ist ebenfalls am besten zu Fuß zu erreichen; dafür ab der Bushaltestelle in der Nähe der Kirche Agios Andreas bei Ano Meria noch 1,5 km in westliche Richtung laufen. In der Hochsaison werden diese Strände der Westküste von Booten angefahren. **Agios Georgios** liegt nördlich von Ano Meria und ist nur durch eine anstrengende Wanderung zu erreichen; ohne festes Schuhwerk und Sonnenschutz geht's nicht. Da es an den meisten Stränden keine Shops oder Tavernen gibt, sollte man außerdem etwas zu Essen und zu Trinken mitbringen.

Im Juli und August fahren bei gutem Wetter Ausflugsboote von Karavostasis nach Katergo, Angali und Agios Nikolaos sowie von Angali zum Livadaki-Strand.

MILOS ΜΗΛΟΣ

4771 Ew.

Milos hat eine dramatische Küstenlandschaft mit bunten und surrealen Felsformationen, die auf den vulkanischen Ursprung der Insel schließen lassen. Hier gibt es auch heiße Quellen, mehr Strände als auf jeder anderen kykladischen Insel und ein paar unwiderstehliche antike Stätten.

Der Abbau von Bodenschätzen hat auf der Insel eine faszinierende Geschichte. Der Bergbau reicht bis in die neolithische Periode zurück, als Obsidian ein wichtiges Material war und sogar bis in das minoische Reich auf Kreta exportiert wurde. Im Laufe der Jahre wurden auch Schwefel und Kaolin abgebaut, und heutzutage ist Milos die größte Produktions- und Verarbeitungsstätte der EU für Bentonit und Perlit.

Filakopi, eine antike minoische Stadt im Nordosten der Insel, war eine der frühesten Siedlungen der Kykladen. Während des Peloponnesischen Kriegs war Milos die einzige Insel der Kykladen, die nicht dem Attischen Seebund beitrat. Sie bezahlte dafür teuer im Jahre 416 v. Chr., als die Athener aus Rache die erwachsenen Männer massakrierten und die Frauen und Kinder versklavten.

Der berühmteste Export der Insel, die schöne *Venus von Milo* (eine Statue der Aphrodite aus dem 4. Jh. v. Chr., die 1820 in einem Olivenhain gefunden wurde) steht weit entfernt im Louvre (und hat angeblich auf dem Weg nach Paris im 19. Jh. die Arme verloren).

An- & Weiterreise

Pro Woche gibt es zwei Flüge zwischen Milos und Athen. Diese sind oft schon weit im Voraus ausgebucht. Milos liegt an derselben westkykladischen Fährroute wie ihre nördliche Nachbarin Serifos. Weitere Informationen hierzu im Kapitel Insel-Hopping (S. 869).

Unterwegs vor Ort

Es gibt keine Busverbindung zum Flughafen (südlich von Papikinou), so dass man von Adamas ein Taxi (☎ 22870 22219) für 7,65 € plus 0,30 € pro Gepäckstück nehmen muss. Ein Taxi von Adamas nach Plaka kostet 6,50 €; abends gilt ein Aufschlag von 1 €. **Taxi Andriotis** (☎ 6942590951) ist ein sehr freundlicher Betrieb.

Ungefähr stündlich fahren Busse von Adamas nach Plaka und Tripiti. Es bestehen außerdem Busverbindungen nach Pollonia (4-mal tgl.), Paleochori (3-mal tgl.),

Provatas (3-mal tgl.) und zum Campingplatz Achivadolimni (Milos; S. 511), östlich von Adamas (3-mal tgl.). Alle Fahrten kosten 1,40 €.

Autos, Motorräder und Mopeds können ebenfalls an der Uferpromenade gemietet werden. Ein hilfsbereiter Verleih ist **Giourgas Rent a Car** (☎ 22870 22352, 6937757066; giourgas@ote net.gr). Dorthin geht's am Fähranleger in östlicher Richtung und dann an der Stelle landeinwärts, an der die Uferstraße ein ausgetrocknetes Flussbett überquert; dann nach mehreren Hundert Metern rechts abbiegen.

ADAMAS ΑΔΑΜΑΣ
1391 Ew.

Plaka ist der Hauptort von Milos und die ansprechendste aller Siedlungen, aber der nette, lebendige Hafenort Adamas hat die meisten Unterkünfte, Geschäfte und Infrastruktur, dazu eine unterhaltsame Uferpromenade.

Orientierung

Zum Zentrum geht's vom Fähranleger nach rechts. Der zentrale Platz mit Bushaltestelle, Taxistand und Straßencafés liegt am Ende dieses Abschnittes der Uferpromenade, wo die Straße dann den Knick landeinwärts macht. Gleich hinter dem Platz geht rechts eine Straße ab, die am Stadtstrand vorbeiführt.

Praktische Informationen

Die Geldautomaten befinden sich an der Hafenpromenade und auf dem Hauptplatz. Die Post liegt an der Hauptstraße, 50 m vom Hauptplatz entfernt auf der rechten Straßenseite.

Hafenpolizei (☎ 22870 22100) An der Uferstraße

Internet Info (☎ 22870 23218; pro 30 Min. 1,50 €; ☻ 9–24 Uhr) Liegt an der Hauptstraße, gleich landeinwärts und auf der rechten Seite.

Polizei (☎ 22870 21378) Am Hauptplatz, in der Nähe der Bushaltestelle.

Städtisches Fremdenverkehrsamt (☎ 22870 22445; www.milos-island.gr; ☻ Mitte Juni–Mitte Sept. 8–24 Uhr) Gegenüber vom Fähranleger.

Terry's Travel Services (☎ 22870 22640; www.terrys milostravel.com) Sachkundiger und hilfsbereiter Service geht hier Hand in Hand mit einer großen Liebe zur Insel. Vermittelt Unterkünfte, Mietwagen, Kajaks und Segeltrips, Tauchen und mehr. Am Fähranleger links halten und gleich hinter der Kurve eine schmale Straße hoch laufen.

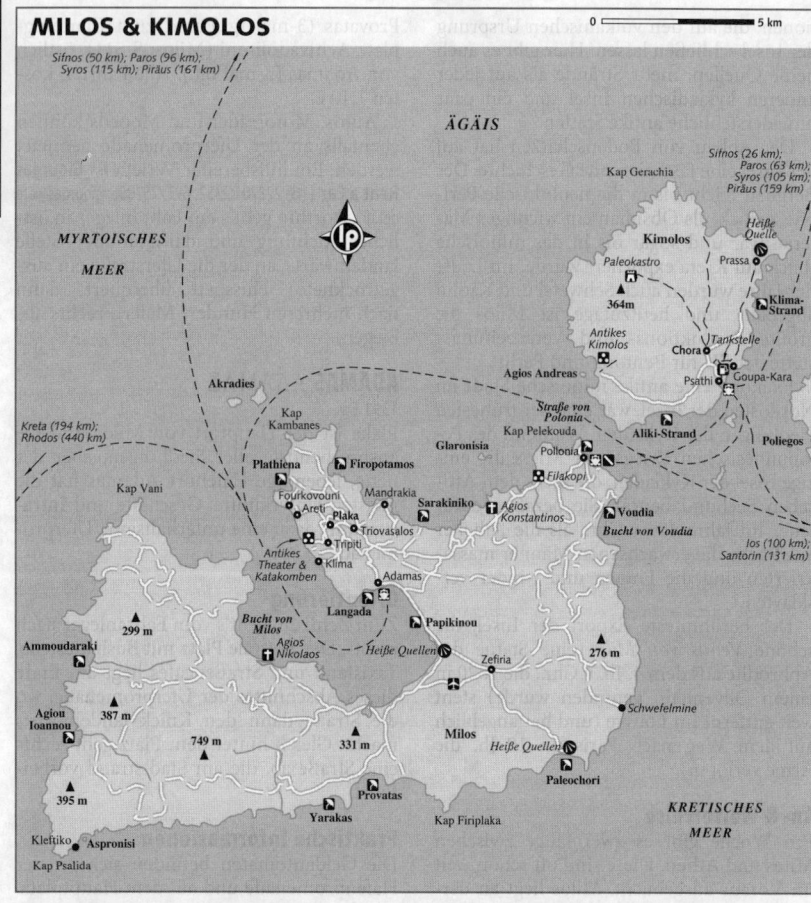

MILOS & KIMOLOS

0 — 5 km

Sehenswertes & Aktivitäten

Das **Bergbaumuseum von Milos** (☎ 22870 22481; www.milosminingmuseum.gr; Erw./ermäßigt 3/1,50 €; ☼ Juli–Mitte Sept. 9–14 & 18–21 Uhr, Mitte Sept.–Juni Di–Sa 8.30–14.30 Uhr) ist auf jeden Fall ein Muss für Bergbaufans, aber eigentlich auch für alle anderen. Es liegt ungefähr 600 m östlich des Fähranlegers.

Tauchkurse werden angeboten vom **Milos Diving Center** (☎ 22870 41296; www.milosdiving.gr) in Pollonia. Das Center ist Mitglied im Internationalen Verband für Taucher mit Behinderung (International Association for Handicapped Divers).

Kayak Milos (☎ 22870 23597; www.seakayakgreece. com) organisiert Tagesausflüge für 60 € pro Person, einschließlich einem Picknick am Mittag. Längere Expeditionen und Wochenpakete werden ebenfalls angeboten.

Geführte Touren

Around Milos Cruise (☎ 6944375799; Touren 25 €; ☼ Mai–Sept.) Der Ausflug mit dem Holzschiff *Captain Yiangos* startet täglich um 9 Uhr. Es gibt Stops an verschiedenen Stränden rund um die Insel und bei Kimolos eine Mittagspause. Das Schiff kommt gegen 18 Uhr in den Hafen zurück. Tickets werden an der Uferpromenade verkauft.

Festivals & Events

Das gut organisierte **Milos-Festival** findet Anfang Juli statt und bietet traditionellen Tanz, Kulinarisches und Jazz.

KYKLADEN

Schlafen

Im Sommer sind Listen der freien *domatia* beim Touristenbüro am Kai erhältlich, aber die guten Zimmer sind bis dahin meistens schon weg – eine telefonische Reservierung ist zu empfehlen.

Achivadolimni (Milos) Camping (☎ 22870 31410; www.miloscamping.gr; Arhiva-dolimni; Stellplätze pro Erw./ Kind/Zelt 7/4/4 €, Bungalows 60–125 €; ⊠ ⚑) Dieser Campingplatz hat ausgezeichnete Einrichtungen, darunter auch ein Restaurant, eine Bar und einen Fahrradverleih. Er liegt 4,5 km östlich von Adamas und ist vom zentralen Platz entlang der Hafenpromenade ausgeschildert; auch der Bus fährt dorthin (s. Unterwegs vor Ort, S. 509).

Hotel Delfini (☎ 22870 22001; Fax 22870 22294; EZ/ DZ 45/65 €; ⚑ April–Okt.; ⚑) Ein angenehmes, komfortables Hotel mit guten Zimmern und Annehmlichkeiten. Benachbarte Hotels haben die Aussicht verbaut, aber es gibt eine schöne Terrasse und ein warmherziges Ambiente. Es liegt westlich des Fähranlegers hinter dem Lagada Beach Hotel versteckt.

Terry's Rooms (☎ 22870 22640; teristur@otenet.gr; DZ 50 €, Apt. 100–120 €; ⚑) Gemütliche Zimmer in ruhiger Lage über dem Hafen. Eine angenehme Mischung aus Tradition und Moderne bestimmt hier das Bild. Die Wegbeschreibung ist dieselbe wie die für Terry's Travel Services (s. S. 509).

Studios Helios (☎ 22870 22258; Fax 22870 23974; heaton.theologitis@utanet.at; Apt. 90–100 €; ⚑ Mitte Mai–Mitte Okt.; ⚑) Diese stylischen, schön möblierten Apartments liegen in unschlagbarer Lage hoch über dem Hafen und bieten Platz für zwei oder vier Personen.

Portiani Hotel (☎ 22870 22940; www.hotelportiani. gr; EZ/DZ inkl. Frühstück 110/135 €; ⚑ ⚑) Obwohl gleich neben dem Platz und der geschäftigen Uferpromenade gelegen, schaffen es diese gut ausgestatteten Zimmer dennoch, ein Gefühl der Abgeschiedenheit zu vermitteln. Von den oberen Balkonen hat man einen phantastischen Ausblick. Die oberen Stockwerke sind per Lift erreichbar. Das reichhaltige Frühstücksbüfett bietet lokale Produkte.

Essen

I Milos (☎ 22870 22210; Gerichte 3,50–9 €) Dieses liebenswerte Lokal liegt am anderen Ende der Reihe von Cafés und Tavernen an der Uferpromenade am Dorfplatz. Frühstück gibt's für 4,10 bis 6,20 €. Der Mittagstisch bietet Gerichte wie Pizza und Pasta.

Taverna Barko (☎ 22870 22660; Gerichte 4,50– 12 €) Ein klassisches *mezedhopoleio*. Das Barko liegt an der Straße nach Plaka, nicht weit vom Stadtrand, und serviert einheimische Gerichte wie den Milos-Käsekuchen und Oktopus in Wein, außerdem Pasta.

Flisvos (☎ 22870 22275; Gerichte 5–9 €) Fisch wird in dieser lebhaften Taverne östlich vom Fähranleger am Wasser pro Kilo verkauft. Serviert werden auch gute griechische Spezialitäten vom Holzkohlegrill. Die Salate sind knackig und frisch, und bei dem pikanten Käse- und Pilzkuchen läuft einem das Wasser im Munde zusammen.

Unterhaltung

Auf halbem Wege die erste Treppe vom Fähranleger nach oben finden sich ein paar beliebte Musikbars, darunter das **Ilori** und das **Vipera Lebetina,** die im Juli und August Disko, Pop und griechische Musik spielen.

Akri (☎ 22870 22064) Weiter bergauf, gegenüber der Villa Helios, ist das Akri eine wunderschöne Location mit einer netten Terrasse mit Blick auf den Hafen. Bei der Musik wird Ethno, Funk und Easy Listening bevorzugt.

PLAKA & TRIPITI ΠΛΑΚΑ & ΤΡΥΠΗΤΗ

Plaka (877 Ew.), 5 km bergauf von Adamas, ist eine typische klykladische Stadt mit weißen Häusern und einem Gassenlabyrinth. Es ist mit der Siedlung Tripiti (489 Ew.) im Süden zusammengewachsen und erhebt sich über einer immer dichter besiedelten Umgebung. Dennoch hat es seinen eigenen einnehmenden Charme.

Plaka steht an der Stelle, an der das antike Milos stand, das von den Athenern zerstört und von den Römern wieder aufgebaut wurde.

Sehenswertes & Aktivitäten

Das **Archäologische Museum** (☎ 22870 21629; Eintritt 3 €; ⚑ Di–So 8.30–15 Uhr) befindet sich in Plaka gleich unterhalb des Buswendeplatzes. Es ist ein stattliches altes Gebäude und enthält einige fesselnde Ausstellungsstücke, darunter einen Gipsabdruck der *Venus von Milo,* der von Fachleuten im Louvre angefertigt wurde – vielleicht als eine Art *Venus de Mea Culpa,* angesichts der Tatsache, dass

KYKLADEN

die Franzosen sich das Original „aneigneten". Am interessantesten ist eine muntere kleine Herde winziger Bullenfiguren aus der spätkykladischen Periode.

Das **Volkskunde- & Kunstmuseum von Milos** (☎ 22870 21292; ⚇ Di–Sa 10–14 & 18–21, So & Mo 10–14 Uhr) zeigt faszinierende Ausstellungsstücke, einschließlich Trachten, Webwaren und Stickerei. Es ist ab dem Buswendeplatz in Plaka ausgeschildert.

Hält man sich am Buswendeplatz östlich, geht's zu dem Pfad, der zu dem **fränkischen Kastro** hinaufführt, das auf der antiken Akropolis erbaut wurde und Panoramablicke über den größten Teil der Insel bietet. Die Kirche **Thalassitras** aus dem 13. Jh. liegt innerhalb der Mauern.

Es gibt einige römische Ruinen in der Nähe von Tripiti, einschließlich der einzigen christlichen **Katakomben** (☎ 22870 21625; Eintritt frei; ⚇ Di–So 8–19 Uhr) Griechenlands. Die Stätte war eine Zeit lang geschlossen, wurde aber fachmännisch renoviert und soll 2010 wiedereröffnet werden. Um dorthin zu kommen, in den Bus Richtung Tripiti steigen und an der Gabelung aussteigen, ab der große Hinweisschilder den Weg weisen. Nun geht's etwa 500 m die Straße entlang bis ein (ausgeschilderter) Pfad nach rechts abzweigt. Dieser führt zu dem recht einsamen, aber irgendwie spannenden Fleck, an dem die Bauer im Jahr 1820 die *Venus von Milo* fand. Das große Schild ist gar nicht zu übersehen. Ein kleines Stück den Pfad weiter runter liegt das gut erhaltene **antike Theater**, in dem jedes Jahr im Juli das **Milos-Festival** stattfindet. Zurück auf der befestigten Straße geht's noch ein Stück bergab zu den Katakomben aus dem 1. Jh.

Schlafen & Essen

Alle der folgenden Adressen befinden sich in Plaka.

Betty's Rooms (☎ 22870 21538; DZ 70 €) Santorin kann man da glatt vergessen. Diese Zimmer im Haus einer Familie sind die günstigsten in Plaka und bieten eine fantastische Aussicht.

Archondoula Karamitsou Studios (☎ 22870 23820; www.archondoula-studios.gr; Suite 75–130 €) Noch mehr tolle Ausblicke bieten diese traditionellen Zimmer, die voller einheimischem Kunsthandwerk und Inselantiquitäten sind. Außerhalb des Monats August sinken die Preise erheblich.

Windmühle von Karamitsos (☎ 6945568086; ka liopekavalierou@yahoo.gr; Zi. 170 €) Eine faszinierende und einzigartige Übernachtung kann man in dieser umgebauten Windmühle erleben, die einen Anbau zum Kochen und Essen hat. Sie liegt in einer friedlichen Lage oben auf einem Hügel und bietet eine tolle Aussicht.

LP Tipp **Archondoula** (☎ 22870 21384; Gerichte 5–15 €) Dieses großartige *mezedhopoleio* ist ein reiner Familienbetrieb. Das Essen ist klassisch-traditionell mit einer Auswahl an Lieblingsgerichten, von frischen Salaten über Rindfleisch in Honigsauce bis hin zu Garnelen in Sahnesauce. Es liegt an der Hauptstraße, ein Stückchen von der Buswendeplatte in Plaka entfernt.

Utopia Café (☎ 22870 23678) Einer der besten Aussichtspunkte der Kykladen ist die coole Terrasse des Utopia, das man erreicht, indem man die schmale Gasse gegenüber dem Archondoula hinabläuft.

UNTERWEGS AUF MILOS

Das Dorf **Klima** unterhalb von Tripiti und den Katakomben war einst der Hafen des antiken Milos. Es ist ein malerisches Fischerdorf mit einem netten kleinen Hafen. Getünchte Gebäude mit bunten Türen und Balkonen haben Bootshäuser im Erdgeschoss und den Wohnbereich in den oberen Stockwerken.

Plathiena ist ein feiner Sandstrand unterhalb von Plaka in Richtung Norden. Auf dem Weg nach Plathiena lohnt sich ein Abstecher zu den Fischerdörfern **Areti** und **Fourkovouni**.

In **Sarakiniko** gibt es schneeweiße Felsformationen und natürliche Terrassen. **Pollonia** an der Nordküste ist eine Kombination aus Fischerdorf und Ferienort mit einem Strand und *domatia*; das Boot nach Kimolos fährt hier ab.

Die Strände von **Provatas** und **Paleochori** an der Südküste sind lang und sandig, und in Paleochori gibt es **heiße Quellen**.

KIMOLOS ΚΙΜΩΛΟΣ

769 Ew.

Ein Besuch auf Kimolos (Karte S. 510) ist wie eine Reise in die Vergangenheit. An der nordöstlichen Spitze von Milos thronend, empfängt es einen ständigen Strom von Besuchern, insbesondere Tagesausflügler aus Pollonia. Das Boot legt am Hafen von **Psathi** an; von hier sind es noch 1,5 km zu der hübschen Hauptstadt **Chora**. Das mittelalterliche **kastro** im Herzen von Chora ist ein labyrinthartiges Vergnügen. Auch wenn der größte Teil in Ruinen liegt, gibt es dennoch noch Originalmauern und es laufen Restaurierungsarbeiten.

Es gibt einen Geldautomaten beim Rathaus in Chora.

Zu den **Stränden** gelangt man mit Kaiks ab Psathi. In der Mitte der Insel liegt eine 364 m hohe Klippe, auf der die Festung **Paleokastro** steht.

In Chora und Psathi gibt es ausreichend Fremdenzimmer, Tavernen, Cafés und Bars. Die Eigentümer der *domatia* kommen an den Hafen, wenn Fähren eintreffen. Ein Einzel- bzw. Doppelzimmer kostet rund 35/50 €.

Die Taverne **To Kyma** (☎ 22870 51001; Gerichte 5–12 €) am Strand von Psathi ist eine gute Adresse für griechische Standardkost.

Die einzige Tankstelle auf Kimolos liegt ungefähr 200 Meter nördlich von Psathi.

An- & Weiterreise

Kimolos wird fast genauso regelmäßig von Fähren angefahren wie Milos. Weitere Informationen hierzu im Kapitel Insel-Hopping (S. 865). Eine Autofähre verkehrt täglich zwischen Kimolos und Pollonia auf Milos; Abfahrten ab Kimolos um 8 Uhr, 10 Uhr, 13.15 Uhr, 17.30 Uhr und 22 Uhr (2 €, 20 Min.).

SIFNOS ΣΙΦΝΟΣ

2900 Ew.

Sifnos nimmt den Besucher mit seinem zauberhaften Charme gefangen. Wenn man sich über das Meer nähert, erscheint die Insel wie ein öder Ort aus massigen Hügeln, bis der Hafen Kamares wie durch ein Wunder auftaucht. Jenseits des Hafens und zwischen den flankierenden Hängen der schroffen Berge liegt eine üppige Landschaft aus terrassierten Olivenhainen und Mandelbäumen, Oleander, Zypressen und aromatischen Kräutern, die die sanfteren Hügel bedecken. Die Hauptsiedlung Apollonia und das malerische Kastro besitzen eine große Anziehungskraft, und viele gut

erhaltene Pfade verbinden die Dörfer der Insel. Wandern ist ein ganz besonderes Vergnügen auf Sifnos; die Kartenserie *Topo 25/10.25 Aegean Cyclades/Sifnos* von Anavasi ist besonders gut für Wanderer geeignet.

Während der archaischen Periode (etwa ab dem 8. Jh. v. Chr.) war die Insel wegen ihrer Gold- und Silbervorkommen sehr wohlhabend, aber bis zum 5. Jh. v. Chr. waren die Minen ausgebeutet und das Schicksal wendete sich für Sifnos. Auf der Insel haben die Töpferei, das Korbflechten und die Kochkunst Tradition.

An- & Weiterreise

Sifnos liegt an der Fährroute Piräus–westliche Kykladen und hat im Sommer gute Verbindungen nach Serifos, Milos und Folegandros mit Anschluss nach Santorin und Amorgos. Weitere Informationen hierzu im Kapitel Insel-Hopping (S. 875).

Unterwegs vor Ort

Es bestehen gute Busverbindungen zwischen der Hauptstadt Apollonia und Kamares (1,20 €), einige Busse fahren auch weiter nach Artemonas (1,20 €), Kastro (1,20 €), Vathi (1,70 €), Faros (1,30 €) und Platys Gialos (1,70 €).

Taxis (☎ 22840 31347) warten am Hafen und am Hauptplatz von Apollonia auf Kundschaft. Die Fahrpreise von Kamares sind: 6 € nach Apollonia, 8 € nach Platys Gialos und 9 € nach Vathi. Mietwagen bekommt man im **Stavros Hotel** (☎ 22840 31641) in Kamares und bei **Apollo Rent a Car** (☎ 22840 32237) in Apollonia für 30 bis 55 €.

KAMARES ΚΑΜΑΡΕΣ

186 Ew.

Der Hafen Kamares scheint jederzeit in Ferienstimmung zu sein, nicht zuletzt wegen seines großen Strandes und seiner schmalen, belebten Uferstraße mit den Cafés und Tavernen am Wasser und einer bunten Mischung an Läden. Die Bushaltestelle ist bei den Tamarisken-Bäumen gleich hinter dem Fähranleger.

Praktische Informationen

Toiletten befinden sich in der Nähe des Fremdenverkehrsamtes, dort gibt es auch einen Geldautomaten.

Städtisches Fremdenverkehrsamt (☎ 22840

31977/31975; www.sifnos.gr) Gegenüber der Bushalte-stelle befindet sich dieses sehr nützliche und gut organi-sierte Büro. Die Öffnungszeiten variieren je nach Schiffsan-künften. Hier werden Fährtickets verkauft, und man kann Unterkünfte überall auf der Insel reservieren. Es gibt eine Gepäckaufbewahrung (pro Stück 1 €), und man kann nütz-liche Broschüren über die Insel sowie einen Bus- und Schiffsfahrplan kaufen.

Schlafen & Essen

Domatia-Vermieter kommen hier nur sel-ten zu Schiffsankünften in den Hafen, und in der Hochsaison ist es besser, im Voraus zu reservieren.

Camping Makis (☎ 22840 32366, 6945946339; www.makiscamping.gr; Stellplätze pro Erw./Kind/Zelt 7/4/4 €, Zi. ab 55 €; ☼ April–Nov.; P ⚄ ⚛) Dieser angenehme Campingplatz liegt gleich hin-ter dem Strand. Zur Anlage gehören ein Freiluft-Café, ein Grillplatz, ein Minimarkt und ein Waschsalon. Die Stellplätze sind schattig und die Eigentümer freundlich.

Simeon (☎ 22840 31652; studios_simeon@hotmail.com; EZ/DZ/3BZ 50/70/80 €, Apt. 100–140 €; ☼ April–Okt.; ⚄ ⚛) Die kleinen vorderen Zimmer bieten mit ihren kleinen Balkonen einen

SIFNOS
0 [_____] 4 km

Serifos (24 km);
Kythnos (63 km);
Paros (74 km);
Piräus (146 km)

ÄGÄIS

Kap Cheronisos

Cheronisos

Agios Dimos

476 m

Bucht von
Kamares

Kamares

Sifnos

Ano Petali

Artemonas

Apollonia

Kastro

Kato Petali

Seralia

Katavati

Exambelas

Milos (50 km);
Santorin (105 km)

680 m

Moni
Profiti Ilia

Moni
Chrysopigis

Faros

Fasolou-
Strand

Vathy

Platys Gialos

Chrysopigis-
Strand

Bucht von
Vathy

201 m

Bucht von
Platys Gialos

Kap Kondou

Kitriani

umwerfenden Blick über den Hafen und entlang dem Strand zu den hoch aufragen-den Bergen dahinter. Die anderen Zimmer sind nicht damit gesegnet, aber dafür grö-ßer. Zu den Studios führt eine steile Treppe von der Uferpromenade.

Stavros Hotel (☎ 22840 31641/33383; www.sifnos travel.com; EZ/DZ/3BZ 55/70/75 €; ⚄) Das an der Hauptstraße gelegene Stavros hat helle und komfortable Zimmer von guter Größe. Gleich neben dem Hotel ist ein Informati-onsbüro, das Mietwagen vermitteln kann und eine Bücherbörse unterhält. Dieselbe Familie führt auch das Hotel Kamari (☎ 22840 33383) am Rand von Kamares an der Straße nach Apollonia – die Zimmer dort kosten 40/50/55 € pro EZ/DZ/3BZ.

Hotel Afroditi (☎ 22840 31704; www.hotel-afroditi. gr; EZ/DZ/3BZ inkl. Frühstück 70/91/114 €; P ⚄ ⚛) Das herzliche Afroditi ist ein Familienbe-trieb, der gleich auf der anderen Straßen-seite gegenüber dem Strand liegt. Die Zim-mer sind recht groß und wurden kürzlich renoviert. Das Frühstück ist definitiv ein Plus. Vorne hat man den Blick auf das Meer, während die hinteren Zimmer den Blick auf die Berge bieten.

Café Stavros (☎ 22840 33500; Snacks 4–6 €) Die-ses geruhsame Café auf halber Höhe der Hauptstraße mit Blick auf das Wasser ist ideal, um Leute zu beobachten. Frühstück gibt's hier für rund 5 €.

O Symos (☎ 22840 32353; Gerichte 4–8 €) Die Auswahl an Tavernen am Wasser ist zwar groß, aber dieses beliebte Lokal verwendet einheimische Zutaten in so leckeren Ge-richten wie Linguini und Garnelen in Saf-ransauce (12 €) und *revythia*-(Kichererbsen)-Suppe.

Ein weiteres gutes Speiselokal ist das fa-miliengeführte **Posidonia** (☎ 22840 32362; Ge-richte 3–8 €), in dem es Frühstück für 6 € gibt.

APOLLONIA ΑΠΟΛΛΩΝΙΑ

1054 Ew.

Die „Hauptstadt" von Sifnos liegt am Rande einer Hochebene, 5 km bergauf vom Hafen.

Die Haltestelle für Busse zwischen Kama-res und Apollonia ist der belebte zentrale Platz, an dem die Post und das Volkskun-demuseum stehen. Aufgrund des Gedrän-ges lassen alle anderen Busse die Fahrgäste rund 50 m weiter einsteigen, und zwar an einer Stelle, an der sich die Straße gabelt und der rechte Abzweig nach Vathi und

Platys Gialos und der linke Abzweig nach Artemonas und Kastro führt. Ein unaufhörlicher Verkehrsfluss scheint hier normal zu sein. Nur wenige Schritte von der Hauptstraße entfernt liegt jedoch hinter dem Museum die Fußgängerzone; hier ist Apollonia wie verwandelt.

Ein großer kostenloser Parkplatz befindet sich am Eingang des Dorfes.

Es gibt einen Geldautomaten an der Bushaltestelle sowie bei der Alpha Bank. Die Piräus Bank und die National Bank of Greece (beide mit Geldautomat) befinden sich gleich um die Ecke von der Haltestelle der Busse nach Kamares an der Straße nach Artemonas; die Polizeiwache liegt noch einmal 50 m die Straße weiter runter.

Internet Café 8 (☎ 22840 33734; pro Std. 4 €; ⏱ 9–1 Uhr) liegt ungefähr 150 m weiter an der Straße nach Platys Gialos. Der **Buchladen** (☎ 22840 33523) direkt an der Bushaltestelle bietet Zeitungen und eine gute Auswahl an Büchern in verschiedenen Sprachen.

Das schrullige **Volkskundemuseum** (☎ 22840 31341; Eintritt 1 €; ⏱ Di–So 10–14 & 19.30–23.30 Uhr) am zentralen Platz zeigt ein wunderbares Durcheinander aus alten Trachten, Gefäßen, Textilien und Fotografien, die man sich stundenlang ansehen könnte.

Schlafen & Essen

Mrs Dina Rooms (☎ 22840 31125, 6945513318; EZ/DZ/3BZ/4BZ 50/60/70/80 €; ❄) Gelächter und Blumen charakterisieren diese angenehme kleine Anlage, die nur wenige Hundert Meter weiter südlich an der Straße nach Vathi und Platys Gialos liegt. Die Zimmer liegen deutlich über der Straße und bieten einen Blick auf das Kastro.

Gerontios Rooms (☎ 22840 31473; EZ/DZ/3BZ 50/60/70 €; ❄) Auch in dieser Pension hoch über dem Dorfzentrum mit weitem Blick auf das Kastro wird der Gast mit Blumen willkommen geheißen. Von der Post geht's bergauf, dann in die kleine Straße rechts neben einem kleinen Café einbiegen.

Hotel Artemon (☎ 22840 31303; Artemonas; EZ/DZ/3BZ 55/70/84 €; P ❄ ☞) In Artemonas, 2 km bergauf vom Apollonia, liegt dieses Hotel im alten Stil, aber mit sehr vernünftigen Preisen, das über so viele Zimmer verfügt, dass man im August selbst dann noch Glück haben kann, wenn man nicht im Voraus gebucht hat. Die vorderen Zimmer haben die Fenster zur Hauptstraße.

Veranda (☎ 22840 33969; Snacks ab 4 €; ☞) Eine coole Ecke in Apollonia mit WLAN für Kunden. Das Veranda liegt gleich neben der Bushaltestelle an der Straßengabelung. Geknotete weiße Tücher hängen von der namensgebenden Veranda zur Straße hinunter. Hier gibt's Frühstück (3,50 € bis 10 €), Sandwiches und Baguettes, Eis und Süßwaren, und man kann sich die Nacht bei Drinks und Lounge-Sounds vertreiben.

Lempesis (☎ 22840 31303; Artemonas; Hauptgerichte 5,50–9 €) Gehört zum Hotel Artemon und wird von dem überschwänglichen Küchenchef und Eigentümer geführt. Das Lempesis ist auch bei Einheimischen sehr beliebt, nicht zuletzt wegen der tollen Braten und Gerichte, wie revythia-Suppe, exohiko (Lamm im Teigmantel mit Käse) und Zicklein in Zitronensauce. Der Hauswein ist wirklich sehr gut.

To Liotrivi (☎ 22840 31246; Artemonas; Hauptgerichte 6–9 €) Diese ehemalige Olivenpresse liegt an dem angenehmen Platz von Artemonas und serviert traditionelle Fleischgerichte nach sifniotischer Art wie Kaninchen mit Zwiebeln, während Vegetarier sich über Artischocken mit Kartoffeln oder briam (gedämpftes Gemüse) freuen können.

Apostoli to Koutouki (☎ 22840 31186; Gerichte 8,50–12,50 €) Vorzeigegerichte wie Rindfleisch im Tontopf gebacken mit Tomaten, Auberginen, Käse und Wein ergänzen Fischgerichte, die in diesem alteingesessenen Lokal in der Fußgängerzone von Apollonia serviert werden.

UNTERWEGS AUF SIFNOS

Nicht entgehen lassen sollte man sich das von einer Mauer umgebene Dorf **Kastro** oben auf der Klippe, 3 km von Apollonia entfernt. Die ehemalige Hauptstadt ist ein magischer Ort aus Gassen unter Stützpfeilern und mit getünchten Häusern. Der Ort hat ein kleines **Archäologisches Museum** (☎ 22840 31022; Eintritt frei; ⏱ Di–So 8.30–15 Uhr).

Von Apollonia fahren Busse nach Kastro, aber zu Fuß ist es über alte gepflasterte Wege nicht weit. Der Wanderweg beginnt 20 m rechts (Straße nach Vathi) hinter der Straßengabelung in Apollonia. Es geht ein paar Treppenstufen hinunter und dann durch einen Tunnel unter der Straße hindurch. Ein netter Weg führt um Kastro herum; an der Nordseite ist die Landschaft besonders malerisch. Auf halber Strecke liegt an der Nordseite das reizende kleine Kunstatelier von **Maximos** (Panagiotis Fanariotis; ☎ 22840 33692), der sich auf handgemachten Gold- und Silberschmuck mit Originalmotiven spezialisiert hat. Die Preise für diese fangen bei rund 6 € an und liegen weit unter dem Preis, der normalerweise für Arbeiten von so hoher Qualität verlangt wird. Es wird auch eine Übernachtungsmöglichkeit angeboten (siehe unten).

Platys Gialos, 6 km südlich von Apollonia, hat einen großen, weitläufigen Strand, an dessen oberem Ende sich Tavernen, Fremdenzimmer und Läden aufreihen. Die Busstrecke endet am südwestlichen Ende des Strandes. **Chrisopigi Travel Agency** (☎ 22840 71523; www.sifnoschrisopigi.gr) ist ein hilfreiches Büro in Platys Gialos, das Fährtickets verkauft und Mietwagen, Schiffsausflüge und Unterkünfte vermittelt. **Vathi** an der Westküste ist ein kleines, unbeschwertes Dorf in den gebogenen Hörnern einer fast kreisrunden Bucht. **Faros** ist ein gemütliches kleines Fischerdörfchen mit ein paar nahe gelegenen Stränden, einschließlich dem kleinen Strand **Fasolou,** der über Treppen erreichbar ist; von der Bushaltestelle aus noch die Landzunge überqueren.

Schlafen & Essen
KASTRO
Maximos (☎ 22840 33692; Zi. 50 €) Zu diesem eigenwilligen kleinen Zimmer neben dem Atelier von Maximos gehört eine winzige Terrasse mit unschlagbarem Meerblick. Liegt an der Nordseite von Kastro.

Rafeletou Apartments (☎ 22840 31161, 69324 74001; DZ 60–77 €, 3BZ 70–90 €, Apt. 105–120 €) Wer einmal das echte Kastro erleben möchte, der ist in diesen familiär geführten Apartments in der Dorfmitte genau richtig.

LP Tipp To Astro (☎ 22840 31476; Hauptgerichte 5–9 €; ☺ Mitte April–Okt.) Der echte „Stern", wie der Name übersetzt heißt, an Kastros Gastrohimmel macht seinem Namen alle Ehre. Das Lokal wird liebevoll vom Inhaber geführt, der auch zugleich der Koch ist, und bietet leckere Inselgerichte wie Auberginen und Fleischbällchen, Oktopus mit Oliven und Lamm im traditionellen Sifnos-Stil.

PLATYS GIALOS ΠΛΑΤΥΣ ΓΙΑΛΟΣ
Es gibt hier zwar viele Übernachtungsmöglichkeiten, aber viele davon sind für Pauschaltouristen.

Angeliki Rooms (☎ 22840 71288; DZ/3BZ 55/70 €) Eine Pension direkt am ruhigeren Südende des Strands mit angenehmen Zimmern. Sie liegt nicht weit von der Busendhaltestelle entfernt.

Hotel Efrosini (☎ 22840 71353; www.hotel-efrosini. gr; EZ/DZ/3BZ inkl. Frühstück 75/100/120 €; ✷ ☎) Dieses helle und gut geführte Hotel liegt direkt am Strand und ist eine der besten Adressen am Strip von Platys Gialos. Die kleinen Balkone gehen auf einen grünen Hof hinaus.

Ariadne Restaurant (☎ 22840 71277; Hauptgerichte 6–16 €) Schon allein der gepflegte und schön präsentierte Gastbereich verrät, dass man in diesem feinen Speiselokal viel Sorgfalt walten lässt. Das Lamm in Rotweinsauce mit Kräutern ist eine Spezialität. Fisch wird pro Kilo verkauft, aber es gibt auch ein Meeresfrüchte-Risotto für 16 € oder Fischsuppe für 15 €.

VATHI ΒΑΘΥ
Areti Studios (☎ 22840 71191; DZ/Apt. 60/100 €; ⓟ ✷) Die Zimmer liegen nur ein kleines Stück vom Strand entfernt inmitten von Olivenhainen in einem schönen Garten. Sie sind hell und sauber und haben Kochgelegenheiten. Wer mit dem Auto anreist, sollte sich darauf einstellen, dass die Anfahrt über eine holperige und teilweise sehr enge Piste führt, die kurz vor dem Ende der Hauptstraße links abzweigt.

In Vathi gibt es eine ganz gute Auswahl an Tavernen am Strand, die wie das Oceanida und das Manolis zuverlässige griechische Gerichte anbieten.

SERIFOS ΣΕΡΙΦΟΣ

1414 Ew.

Serifos besitzt eine wilde und schroffe Schönheit, die von den grünen Falten seiner felsigen Hügel abgemildert wird. Das traditionelle *chora* besteht aus einem spannenden Gewirr weißer Häuser, die einen hohen und felsigen Gipfel 2 km nördlich vom Hafen von Livadi krönen. Die Siedlung fällt sofort ins Auge, sobald der Hafen in Sicht kommt.

In der griechischen Mythologie ist Serifos der Ort, an dem Perseus aufwuchs und wo angeblich die Kyklopen lebten. In der Realität wurden dagegen im 19. und 20. Jh. brutal die Eisenerz-Vorräte der Insel ausgebeutet. Ein paar Überreste dieses Industriezweigs sind noch vorhanden (s. Kasten S. 518).

Serifos ist gute Wandergegend; sehr nützlich ist die Kartenserie *Topo 25/10.26 Aegean Cyclades/Serifos* von Anavasi.

An- & Weiterreise

Wie Sifnos liegt auch Serifos an der Route zwischen Piräus und den westlichen Kykladen und hat im Sommer gute Verbindungen in südlicher Richtung nach Sifnos, Milos und Folegandros und sogar nach Santorin und Amorgos. Weitere Informationen hierzu im Kapitel Insel-Hopping (S. 874).

Unterwegs vor Ort

Es verkehren häufig Busse zwischen Livadi und Chora (1,40 €, 15 Min.); ein Fahrplan hängt bei der Bushaltestelle am Jachtkai. Ein Taxi nach Chora kostet 6 €. Fahrzeuge vermietet Krinas Travel in Livadi.

LIVADI ΛΙΒΑΔΙ

537 Ew.

Serifos′ Hafenstadt ist ein recht ruhiger Ort, an dem man trotz zunehmender Popularität immer noch das beruhigende Gefühl hat, die moderne Welt habe noch nicht vollständig Einzug gehalten. Gleich auf der anderen Seite der Landzunge, die sich hinter dem Fähranleger erhebt, liegt der schöne, von Tamarisken gesäumte **Livadakia-Strand**. Einen kleinen Spaziergang weiter in Richtung Süden über die nächste Landzunge liegt der **Karavi-Strand**, an dem inoffiziell textilfrei gebadet wird.

Praktische Informationen

Eine nützliche Website ist www.e-serifos.com.

Es gibt eine Alpha Bank (mit Geldautomat) an der Uferpromenade und einen Geldautomaten unter dem Schild der Bäckerei gegenüber dem Jachtkai.

Die Post liegt auf halber Strecke in der Straße, die gegenüber der Bushaltestelle landeinwärts verläuft und dann einen Rechtsknick macht.

Hafenpolizei (☎ 22810 51470) Gleich neben Krinas Travel eine Treppe hinauf.

Krinas Travel (☎ 22810 51488; www.serifos-travel.com) Liegt gleich dort, wo der Fähranleger auf die Uferpromenade trifft. Diese nützliche Agentur verkauft Fährtickets

und organisiert Mietwagen (pro Tag 45 €) und Roller (pro Tag 20 €). Es gibt auch einen Internetzugang für 2 € pro halbe Stunde und eine Bücherbörse.

Schlafen & Essen

Die besten Unterkünfte liegen am und hinter dem Livadakia-Strand, ein paar Minuten vom Kai entfernt. Die meisten Eigentümer holen Gäste nach Absprache am Hafen ab.

Coralli Camping (☎ 22810 51500; www.coralli.gr; Stellplätze pro Erw./Kind/Zelt 7/3/6 €, Bungalows EZ/DZ 30/60 €; P ⊠ ⊠) Dieser großartige, gut ausgestattete Campingplatz liegt gleich hinter dem Livadaki Strand im Schatten großer Eukalyptusbäume. Von den Bungalows aus sind die Berge oder das Meer zu sehen. Es gibt auch ein Restaurant und einen Minimarkt. Ein Minibus holt die Gäste an der Fähre ab.

Marieta Rooms (☎ 22810 51399; kamatso@otenet.gr; Zi./Apt. 45/90 €; ⊠) Die Zimmer in dieser bescheidenen Pension sind klein, aber hell und perfekt geschnitten. Alles passt prima in den Zimmern – und wartet auf Gäste. Das Apartment ist im Gegensatz zu den Zimmern sehr geräumig. Die Zimmer haben eine Kochplatte und Deckenventilatoren ergänzen die Klimaanlage.

Medusa (☎ 22810 51128; rodolfosstamatakis@yahoo.gr; EZ/DZ/3BZ 55/65/70 €; P ⊠) Der großartige Ausblick auf die nahegelegene Livadakia-Bucht und das ferne Sifnos ist nur einer der Vorteile dieses tadellosen Hauses mit seinem hübschen Garten. Die Zimmer sind

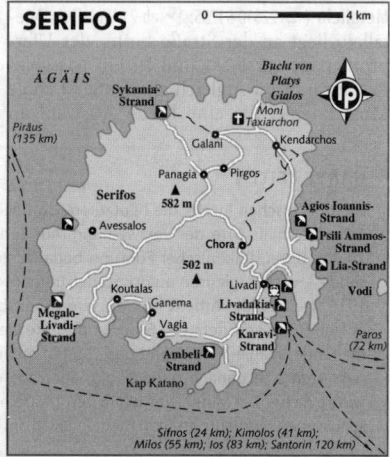

groß und geräumig, und jedes verfügt über eine kleine Kochplatte und eine Kaffeemaschine.

Alexandros-Vassilia (☎ 22810 51119; Fax 22810 51903; DZ/3BZ/Apt. 80/96/125 €; ✖) Ein nach Rosen duftender Garten gleich am Strand macht dieses Haus zu einer guten Wahl. Die Zimmer sind recht groß, sauber und gut ausgestattet (in den Apartments gibt es Kochgelegenheiten). Die Gartentaverne serviert kräftige griechische Hausmannskost für 6 bis 15 € und köstliche Gerichte wie Garnelen mit Pasta.

Jachtclub Serifos (☎ 22810 51888; Frühstück 3,30–10,50 €, Snacks & Sandwiches 3,50–5,80 €; ☾ 7–3 Uhr) Diese Café-Bar am Wasser ist beliebt und immer voller fröhlicher Menschen. Tagsüber läuft hier Lounge, gefolgt von Mainstream, Rock, Disko und Funk bis spät in die Nacht.

Anemos Café (☎ 22810 51783; Gerichte 4–6 €) Der Blick auf das ferne Chora von einem sonnigen Balkon über dem Hafen lädt zu einer entspannten Pause in diesem Café am inneren Ende des Fähranlegers ein. Es hat von frühmorgens bis spät in die Nacht geöffnet und serviert Frühstück für rund 7 €.

Am Wasser finden sich zahlreiche Tavernen. Besonders empfehlenswert sind:

Passaggio (☎ 22810 52212; Hauptgerichte 5,50–16 €) Traditionelle Küche mit internationalen Einflüssen.

Stamatis (☎ 22810 51309; Hauptgerichte 5–11 €) Eine seit langem bestehende Taverne mit ordentlichem Essen und großen Portionen.

Unterhaltung

Metalleio (☎ 22810 51755; ☾ ab 21 Uhr) Das Metalleio liegt an der Straße hinter der Uferpromenade versteckt und ist ein passables Restaurant und zugleich eine äußerst coole Musikkneipe, die eine breite Auswahl an Sounds aus aller Welt spielt, darunter Jazz, Funk, Afro, asiatischen Groove und Latin. Das Restaurant führt hauptsächlich Geflügel- und Fleischgerichte (Hauptgerichte 5 bis 12,50 €).

Es gibt mehrere Musikbars wie das Shark und das Edem an der mittleren Uferpromenade, die hauptsächlich griechische Sounds spielen.

CHORA ΧΩΡΑ

Chora auf Serifos erhebt sich auf einem felsigen Hügel über Livadi und ist eine der eindrucksvollsten Hauptstädte der Kykladen. Antike Treppen führen von Livadi hinauf, werden allerdings von der sich bergauf schlängelnden Straße unterbrochen, die die beiden Orte verbindet. Man kann zwar dorthin laufen, aber in der Sommerhitze ist es klüger, mit dem Bus hinaufzufahren und später dann den Rückweg zu Fuß zu bewältigen. Eine Post liegt gleich oberhalb der Buswendeplatte.

Nicht weit von der letzten Bushaltestelle in Chora geht's über Treppen hinauf in das Labyrinth des eigentlichen Chora und zu dem entzückenden Hauptplatz, der von einem imposanten neoklassizistischem Rathaus überragt wird. Von dem Platz führen enge Gassen und noch mehr Treppen weiter aufwärts zu den Überresten eines zerstörten **venezianischen Kastro** aus dem 15. Jh. Niedrige Mauern umschließen den höchsten Teil des *kastro*, von wo aus der Blick einfach spektakulär ist. Eine kleine Kirche nimmt einen Teil des Gipfels in Anspruch.

Chora hat ein kleines **Archäologisches Museum** (☎ 22810 51138; Eintritt frei; ☾ Di–So 8.30–15 Uhr), das Fragmente hauptsächlich hellenistischer und römischer Skulpturen zeigt, die im *kastro* ausgegraben wurden. Es gibt nur

---

HARTE ZEITEN

Die griechischen Inseln, die heutzutage so beliebt sind, waren in weniger begünstigten, früheren Jahren oftmals Orte der Verzweiflung. Auf Serifos, wo der industrielle Eisenerz-Abbau Mitte des 19. Jhs. unter drakonischer Führung begann, sind angeblich Hunderte – manche behaupten Tausende – von Bergleuten aufgrund der unmenschlichen Arbeitsbedingungen gestorben. Im Jahre 1916 streikten die Arbeiter für bessere Arbeitsbedingungen und Löhne. Miliz wurde auf die Insel entsandt; sie eröffnete das Feuer und tötete vier Streikende. Die Bergleute, ihre Frauen und sogar die Kinder reagierten wütend und töteten mehrere Milizangehörige. Die Arbeitsbedingungen verbesserten sich danach geringfügig, aber aus dem Traum der Bergleute von einer Kooperative wurde nichts. Die Minen wurden in den 1960ern endgültig aufgegeben. Ein Denkmal für die vier erschossenen Bergleute steht in Megalo Livadi im Südwesten der Inseln.

wenige Ausstellungsstücke und das Museum ist winzig, aber der Besuch lohnt sich auf jeden Fall. Hinweistafeln auf Griechisch und Englisch erläutern faszinierende Details wie die Legende von Perseus.

Es gibt einen angenehmen **Spazierweg** auf einem schönen Pfad mit Kopfsteinpflaster, der gleich oberhalb des Archäologischen Museums beginnt und den Berg hinauf zu der kleinen Kirche **Agios Georgios** führt. Die Aussicht ist grandios.

Schlafen & Essen

Apanemia (☎ 22810 51517, 6971891106; EZ/DZ 40/50 €; ✿) Diese gutmütige Pension in Familienhand ist ihr Geld wirklich wert. Die ordentlichen, gut ausgestatteten Zimmer (Tee und Kaffee kann man sich selbst zubereiten) haben von den vorderen Balkonen den Blick hinunter auf das ferne Meer und seitlich den Blick auf Chora.

Karavomylos (☎ 22810 51261; Gerichte 4,50–14 €) Ein Lieblingslokal in der Nähe der Busendhaltestelle, das *mezedhes* und lokale Gerichte anbietet. Es gibt auch Frühstück (3 € bis 9 €) und Musik in der Bar, dazu gelegentlich Live-Sessions mit traditioneller griechischer Musik, einschließlich *rembetiko*. Der berühmte *rakomelo,* ein Getränk aus *raki* und Honig, hebt die Laune noch dazu.

LP Tipp Stou Stratou (☎ 22810 52566; Gerichte 5–18 €) Die Tradition des *mezedhopoleio* ist lebendig in dieser guten Café-Bar am hübschen Hauptplatz. Es gibt leckere *mezedhes* (3 bis 5 €), daneben stehen eine vegetarische Platte oder eine gemischte Platte aus kretischem geräuchertem Schweinefleisch, Schinken, Käse, Salami, gefüllten Weinblättern, Feta, Kartoffeln, Tomaten und Ei zur Wahl, die für zwei Personen mehr als sättigend ist. Ebenfalls angeboten werden Frühstück, Eis, hausgemachter Kuchen und Cocktails. Die Speisekarte ist fast schon ein kleines Buch und beinhaltet Werke berühmter Künstler sowie Texte verschiedener Schriftsteller.

UNTERWEGS AUF SERIFOS

Ungefähr 1,5 km nördlich von Livadi liegt, über eine befestigte Straße zu erreichen, der Strand **Psili Ammos**. Ein Wanderweg von Chora führt in nördlicher Richtung nach rund 4 km zu dem hübschen Dorf **Kendarchos** (auch Kallitsos genannt). Von hier erreicht man über eine sehr kurvige Straße nach weiteren 3 km das befestigte **Moni Taxiarhon** aus dem 17. Jh., das mit eindrucksvollen Fresken aus dem 18. Jh. aufwartet. Die Wanderung von der Stadt bis zum Kloster nimmt etwa zwei Stunden in Anspruch. Lebensmittel und Wasser unbedingt mitbringen, da es in Kendarchos keine Einkaufsmöglichkeiten gibt.

KYTHNOS ΚΥΘΝΟΣ

1700 Ew.
Kythnos steht nicht sehr weit oben auf der Must-See-Liste ausländischer Urlauber, ist aber beliebt bei den Festlandgriechen und so etwas wie ein Wochenendziel für Ausflugsdampfer, auf denen der Alkohol in Strömen fließt. Dennoch besticht diese griechische Insel trotz ihres recht trostlosen Hafens durch einen seltenen Charme und einen lockeren Lebensstil. Die Hauptstadt Chora ist ein liebenswerter Ort, und das äußerst traditionelle Dorf Dryopida lohnt einen Besuch.

An- & Weiterreise

Kythnos verfügt über eine ganz gute Anbindung an Piräus, dorthin fahren täglich Schiffe, außerdem fahren mehrere Fähren pro Woche nach Lavrio. Im Sommer gibt es auch einigermaßen regelmäßige Verbindungen zu den Inseln weiter südlich; weitere Infos hierzu im Kapitel Insel-Hopping (S. 868).

Unterwegs vor Ort

Im Hochsommer verkehren regelmäßig Busse zwischen Merichas und Dryopida (1,40 €), die weiterfahren nach Kanala (2,50 €) oder Chora (1,40 €). Eine weniger häufige Verbindung besteht nach Loutra (2,50 €). Die Busse sollten eigentlich bei den Fährankünften bereit stehen, aber meistens fahren sie in Merichas am Abzweig nach Chora ab. Außerhalb der Schulferien sind fast nur Schulbusse unterwegs.

Taxis (☎ 22810 32883, 6944 271609) sind unter den Transportmitteln die bessere Wahl, allerdings nicht während der Siesta. Fahrten nach Chora kosten 8 € und solche nach Dryopida 6 €.

Ein **Taxiboot** (☎ 6944906568) verkehrt im Sommer zwischen einigen Stränden.

KYKLADEN

MERICHAS ΜΕΡΙΧΑΣ
289 Ew.

Merichas hat nicht viel zu bieten außer etwas Betrieb an der Uferpromenade und einen leicht schmuddeligen Strand, aber es ist ein ganz guter Ausgangspunkt für Ausflüge und bietet die meisten Unterkünfte der ganzen Insel. Interessantere Strände sind zu Fuß erreichbar; sie liegen nördlich des Fähranlegers (in Blickrichtung Inland links abbiegen) bei **Episkopi** und **Apokrousi.**

Praktische Informationen

Eine Emboriki Bank (mit Geldautomat) liegt an der Straße über der Uferpromenade von Merichas. Ein weiterer Geldautomat befindet sich gleich hinter der Treppe, wenn man vom Fähranleger kommt.

Hafenpolizei (☎ 22810 32290) Am Wasser.

Larentzakis Reisebüro (☎ 22810 32104, 6944906568) Verkauft Fährtickets und vermittelt Unterkünfte und Mietwagen ab 35 € pro Tag im August; Roller beginnen ab 20 €. Das Büro betreibt auch ein Taxiboot zu den Stränden (der Preis richtet sich nach der Anzahl der Fahrgäste). Einfach die Treppe in der Nähe der Taverne Ostria hoch laufen, die zur Hauptstraße führt.

Thermia Travel (☎ 22810 32345) Dieses Reisebüro gleich neben einem netten kleinen Wein- und Lebensmittelladen kann schnell mit Fährtickets und anderen Tourismusleistungen weiterhelfen.

Schlafen & Essen

Die *Domatia*-Eigentümer kommen zur Fährankunft in den Hafen, um Gäste auf ihre Häuser aufmerksam zu machen, und entlang der Uferpromenade stehen etliche Hinweisschilder zu Pensionen. Viele Vermieter wollen in der Hochsaison nur Gäste, die länger bleiben und sind über einzelne Übernachtungen nicht erfreut. In den Monaten Juli und August ist es besser vorab zu reservieren.

Panayiota Larentzaki Rooms (☎ 22810 32268; EZ/DZ/3BZ 45/50/60 €; 🏠) Diese Pension liegt von der Brücke aus nur ein paar Meter bergauf. Die Zimmer dieser Unterkunft sind zweckdienlich, aber etwas langweilig. Die fröhliche Frau P. wird den Gast sicher zuerst sehen, wenn dieser suchend an ihrem Café vorbeiläuft.

Anna Gouma Rooms (☎ 22810 32105, 6949777884; EZ/DZ 50/60 €; 🏠) Recht große, angenehme Zimmer. Sie liegen direkt gegenüber vom Fähranleger an der Bucht, etwas weiter entfernt vom Tumult.

Studios Maria Gonidi (☎ 22810 32324; EZ/DZ/3BZ 50/60/70 €; 🏠) Drüben am anderen Ende der Bucht sind diese Studios mit erhabenem Blick eine Spitzenadresse. Geräumige, blitzblanke Zimmer haben alle Einrichtungen für Selbstversorger. Allerdings gibt's hier im Juli und August kaum eine Chance, ein Zimmer für einen Kurzaufenthalt zu bekommen. Man spricht nur Griechisch.

Café Vegera (☎ 22810 32636; Snacks 4–6 €) Diese Café-Bar hebt das Niveau von Kythnos gleich um mehrere Stufen und hat dazu eine schöne Veranda am Wasser. Es schlägt das Klein-Venedig von Mykonos locker, jedoch ohne den Hype und die megahohen Dezibelwerte. Frühstück in der Sonne gibt's für 4 bis 8 €.

Taverna to Kandouni (☎ 22810 32220; Hauptgerichte 6–14 €) An der Südkurve der Uferpromenade ist das Kandouni eine beliebte, familiengeführte Taverne, die sich auf gegrillte Fleischgerichte spezialisiert hat.

Ostria (☎ 22810 32263; Hauptgerichte 6–15 €) Nicht weit weg vom Fähranleger ist das Ostria das richtige Lokal für Fisch, eine Fischsuppe oder eine Portion Anchovis. Fisch und Meeresfrüchte werden in der Regel pro Kilo verkauft, aber es gibt auch Fleischgerichte.

UNTERWEGS AUF KYTHNOS

Die Hauptstadt **Chora** (auch als Kythnos oder Messaria bekannt) gewinnt zunehmend einen ganz eigenen Charme. Dabei scheint jedoch ihr typisch griechischer Charakter immer noch durch. Es kommen ständig zahlreiche kleine, bunte Cafés und Läden hinzu. Die sich lang dahin ziehende Hauptstraße, deren Belag mit bemalten Motiven dekoriert ist, ist wie geschaffen für einen Bummel. Die Post und die **Polizei** (☎ 22810 31201) der Insel liegen am Stadteingang, wenn man aus Richtung Merichas kommt.

Der Ferienort **Loutra** liegt 3 km nördlich von Chora an einer windigen Bucht und hält an seinem Status dank seiner **Thermalbäder** fest.

Von Chora aus ist es eine angenehme 5-km-Wanderung in den Süden nach **Dryopida,** einer malerischen Stadt aus roten Ziegeldächern und kurvigen Straßen, die sich eist in beide Seiten einer Schlucht schmiegen. Hier liegt die bemerkenswerte Höhle **Kataphyki,** die sich über 600 m erstreckt. Es wurden schon viele Arbeiten durchgeführt, um die Höhle der Öffentlichkeit zugänglich zu machen. Zum Zeitpunkt der Recherche war die Besichtigung aufgrund technischer Probleme nicht möglich, die jedoch bald gelöst sein dürften. Den 5 km langen Rückweg nach Merichas über die Straße legt man am besten mit dem Bus oder Taxi zurück.

Es gibt gute Strände bei **Flambouria** ungefähr 2,5 km südlich von Merichas und bei **Kanala** an der Südostküste.

Schlafen & Essen

In Loutra gibt es zahlreiche Zimmer und Apartments, aber in der Regel werden sie nur für Aufenthalte von mehr als zwei Tagen vergeben. In Dryopida werden in einigen Privathäusern im Sommer Zimmer vermietet; einfach in den Läden und Tavernen nachfragen.

Filoxenia (☎ 22810 31644; www.filoxenia-kythnos. gr; DZ/3BZ/4BZ 65/75/90 €; Ⓟ ☒) Eine der besten Adressen in Chora. Diese attraktiven Studios liegen gleich am Dorfeingang in einem Garten. Die Zimmer sind tadellos und

KYTHNOS

0 ─────── 4 km

Syros (74 km);
Tinos (81 km);
Mykonos (98 km)

Kap Kefalos

ÄGÄIS

Lavrio
(48 km)

297 m ▲

Loutra ♨ Thermalbad

Kythnos

308 m ▲

Fikiado-
Strand

Apokrousi-
Strand

Chora (Kythnos)

Piräus
(96 km)

Episkopi-
Strand

Merichas

Dryopida

Kap Tzoulis

Flambouria-
Strand

302 m ▲ Kataphyki-
Höhle

Kimolos (41 km);
Serifos (52 km);
Sifnos (63 km);
Milos (85 km);
Santorin (155 km)

Kanala

Dimitrios-
Strand

Kap Berou

haben gute Einrichtungen, die Begrüßung ist herzlich.

Es gibt mehrere anständige Tavernen in Chora wie das Koursaros, das To Steki und das Mezzeria.

KEA (TZIA)

2417 Ew.

Kea ist die nördlichste Insel der Kykladen und zieht, da sie auch die Insel ist, die am nächsten bei Attika liegt, mehr Bewohner des Festlandes als ausländische Touristen an. Es ist eine Insel mit einem ruhigen Charme. Zwischen den öden Hügeln liegen grüne Täler voller Obstgärten, Olivenhainen, Mandelbäumen und Eichen. Die Hauptsiedlungen auf der Insel sind der Hafen Korissia und die attraktive Hauptstadt Iulis rund 5 km landeinwärts. Es gibt mehrere gute Strände und einige ausgezeichnete ausgeschilderte Fußwege. Die Einheimischen nenne ihre Insel Tzia.

An- & Weiterreise

Die wichtigste Verbindung der Insel mit dem Festland ist der Hafen Lavrio im Süden von Attika; es gibt keine Fähren von Piräus nach Kea und nur wenige Anschlussfähren zu anderen Kykladeninseln. Die Schiffe sind freitags in der Regel sehr voll. Die Fähre am Sonntagabend nach Lavrio sollte man nach Möglichkeit meiden, sofern man nicht auf Krawall steht. Wer am Sonntag abreisen möchte, sollte sein Ticket am besten schon vor Freitag kaufen – und sich schon mal auf das Chaos gefasst machen. Weitere Informationen hierzu im Kapitel Insel-Hopping (S. 865).

Unterwegs vor Ort

Im Juli und August fahren theoretisch regelmäßig Busse von Korissia zu den Dörfern Vourkari, Otzias, Iulis und Piosses, aber es kann Abweichungen vom Fahrplan geben. Ein **Taxi** (☎ 22880 21021/228) kann insbesondere bei Fahrten nach Iulis (6 €) die bessere Wahl sein. Der Preis für eine Taxifahrt nach Otzias beträgt 5 € und nach Piosses 20 €.

Motorräder und Roller kosten pro Tag rund 17 € und Mietwagen 45 €. Am besten mal nachfragen bei **Lion Cars** (☎ 22880 21898) in der Hafenmitte.

KYKLADEN

KORISSIA ΚΟΡΗΣΣΙΑ
555 Ew.
Der Hafen Korissia ist ein ziemlich fader Ort, aber es gibt genügend Tavernen und Cafés zu entdecken, um sich auf angenehme Weise die Zeit zu vertreiben. Der Strand, der nach Norden zeigt, bekommt viel Wind ab.

Praktische Informationen
Es gibt Geldautomaten an der Uferpromenade, auch die Piräus Bank gegenüber dem Strand hat einen Geldautomaten. Neben der Autovermietung an der Uferpromenade gibt es ein kleines Fährticketbüro.

Internet Café (☎ 22880 22635; pro Std. 4 €; ⏰ Mo–Fr 10–14.30 & 17.30–24, Sa–So 10–24 Uhr) Liegt gleich eine Gasse rauf in der Mitte der Uferpromenade.

Touristeninformation (☎ 22880 21500) Das offizielle Fremdenverkehrsamt gegenüber dem Fähranleger hat Listen von Fremdenzimmern auf Griechisch, aber das war es dann eigentlich auch schon.

Schlafen & Essen
Die *domatia*-Eigentümer kommen nicht zur Fährankunft in den Hafen. Es empfiehlt

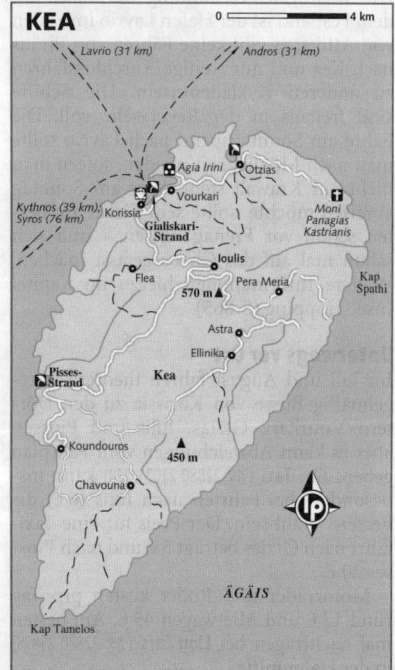

KEA
0 ———— 4 km

Lavrio (31 km)
Andros (31 km)
Agia Irini
Otzias
Vourkari
Kythnos (39 km);
Syros (76 km)
Korissia
Gialiskari-Strand
Moni
Panagias
Kastrianis
Ioulis
Flea
Pera Meria
Kap Spathi
570 m ▲
Astra
Ellinika
Pisses-Strand
Kea
Koundouros
▲ 450 m
Chavouna
ÁGÁIS
Kap Tamelos

sich, in der Hauptsaison und am Wochenende zu reservieren.

United Europe (☎ 22880 21362; uekeastudios@yahoo.gr; EZ/DZ/3BZ 40/60/70 €; 🐾) Große, luftige Zimmer für Selbstversorger machen dieses ruhige Haus zu einer ausgezeichneten Wahl. Alle Zimmer sind in Ordnung und wurden in den vergangenen Jahren renoviert. Es liegt ungefähr 200 m die Flussstraße vom Strand hinauf.

Hotel Karthea (☎ 22880 21204; Fax 22880 21417; EZ/DZ 65/85 €) Architektonische Trostlosigkeit aus einem verkorksten Zeitalter definiert das Karthea, aber die Zimmer sind sauber und komfortabel, die hinteren Zimmer bieten einen Blick auf einen ruhigen Garten. Es gibt keinen Aufzug zu den verschiedenen Etagen. Im Jahr 1974 sollen die abgesetzten Oberste der griechischen Junta in dem damals neu eröffneten Hotel inhaftiert worden sein. Man schläft also in einem geschichtsträchtigen Haus …

Porto Kea Suites (☎ 22880 22870; www.porto kea-suites.com; DZ 155 €, Suite 195–325 €; 🅿 🐾 💻 🍴) Diese Zimmer und Suiten sind die Korissias Spitzenadresse und sehr luxuriös. Ihre Inneneinrichtung besteht aus weiß gestrichenen Steinwänden und hellen, edlen Möbeln. Sie haben alle kleine Küchenzeilen, und draußen gibt es einen Pool, ein Café und ein Restaurant.

Red Tractor Farm (☎ 22880 21346; www.redtrac torfarm.com; DZ 90 €, Studios 120–150 €; 🅿 🐾 💻) Diese nette Anlage liegt versteckt in den ansehnlichen Hügeln von Kea neben dem Olivenhain und dem Weinberg der Eigentümer. Der Bauernhof hat EU-Unterstützung für seine Leistungen im Bereich des Ökotourismus erhalten. Hier werden Bioprodukte erzeugt, und es gibt verschiedene Seminare und Aktivitäten.

Steki tou Strogili (☎ 22880 21025; 6976401015; Hauptgerichte 7–13 €) Das Strogili ist bei den Einheimischen beliebt und liegt in einem hübschen Garten oberhalb des Hauptfähranlegers neben der Kirche. Vernünftige Speisekarte mit traditionellen griechischen Leibspeisen. Bei den Salaten gibt es auch eine Spezialversion mit Hühnchen.

Die Tavernen entlang der Uferpromenade tischen alle die übliche Standardkost für rund 5 bis 11 € auf; das **Akri** (☎ 22880 21196) ist eine der besten.

Kea hat mehr Supermärkte als die meisten anderen Inseln. Am Freitagabend wird es dort sehr voll, wenn die Wochenendgäste eintreffen und ihre Vorräte auffüllen.

Ausgehen

Es gibt traditionelle Bars und Cafés entlang der Uferpromenade, aber wer etwas Schickeres sucht, geht für Rockmusik ins **Jamaica** oder nebenan in den größeren **Echo Club** (☎ 6947004625) für griechische Sounds.

IULIS ΙΟΥΛΙΔΑ

700 Ew.

Iulis (Chora) ist das Juwel von Kea und an Wochenenden herrscht hier eine sehr kosmopolitische Atmosphäre. Der Ort besteht aus einem malerischen Gewirr enger Gassen und ansteigender schmaler Straßen, das am Rand eines natürlichen Amphitheaters in der Nähe der Berge liegt. Hier war einst eine wichtige Siedlung des antiken Griechenland. Allerdings ist nur noch wenig erhalten, und selbst das **venezianische Kastro** wurde in Privathäuser integriert. Die Häuser haben rote Ziegeldächer wie in Dryopida auf Kythnos.

Der Wendeplatz der Busse liegt an einem Platz gleich am Stadtrand. Hier dürfen nur Taxen und Lieferanten parken. Autos sollten auf dem Parkplatz abgestellt werden, der sich unterhalb des Platzes befindet. Vom Parkplatz geht's die Treppe bis zu einer Gabelung hinauf und dann rechts in Richtung Buskehre, von dort führt der Weg unter einem Torbogen in den Ort. Jenseits des Torbogens rechts halten und die Hauptstraße bergauf laufen, bis man in das interessante Zentrum von Iulis gelangt. Die Post liegt nach einem Teil des Weges auf der rechten Seite.

Am Buswendeplatz befindet sich eine Bank, jedoch ohne Geldautomat. Einen Geldautomaten gibt's am Platz beim Rathaus: die Hauptstraße von Iulis zur Hälfte hinauf laufen.

Sehenswertes

Das **Archäologische Museum** (☎ 22880 22079; Erw./Kind 3/2 €; ☼ Di–So 8.30–15 Uhr) von Iulis liegt direkt vor der Post an der Hauptdurchgangsstraße. Es beherbergt einige faszinierende Artefakte, darunter ein paar herrliche Terrakotta-Figurinen, hauptsächlich aus Agia Irini (rechts).

Der berühmte **Löwe von Kea,** der im 6. Jh. v. Chr. aus Schiefer gemeißelt wurde, steht auf dem Hügel hinter dem letzten Haus. Vom Museum aus geht's bergauf und dann immer weiter, bis man sich auf der gleichen Höhe mit dem Löwen von Kea befindet, der auf der anderen Seite eines flachen Tals steht. Der Weg macht dann einen Bogen um einen Friedhof herum und durch einen Torbogen hindurch, dann steht einem der Löwe mit seinem Mona-Lisa-Lächeln gegenüber. Hinter dem Löwen führt der Weg nach ein paar Minuten zu einem Trinkwasserbrunnen hinter einer riesigen Platane. Gleich dahinter zweigt ein schöner Weg links ab und führt zur Straße oberhalb von Otzias, das nach etwas mehr als 3 km erreicht wird. Dann sind es noch 3 km, leider über die Straße, bis nach Korissia.

Schlafen & Essen

Es gibt nur wenige Fremdenzimmer in Iulis, dafür mehrere brauchbare Tavernen. In den Tavernen kann man nach Zimmern fragen.

Empfehlenswerte Lokale mit guten griechischen Gerichten ab ca. 4,50 bis 9 € (mit Lamm und frischem Fisch etwas teurer) sind:

Estiatorio I Piatsa (☎ 22880 22195) Gleich in dem Torbogen.

Kalofagadon (☎ 22880 22118) Am Hauptplatz.

UNTERWEGS AUF KEA

Die Strandstraße von Korissia verläuft für 2,5 km entlang des **Gialiskari-Strands** bis zum Anleger im winzigen **Vourkari,** der von Jachten und Cafés gesäumt ist. Die **Galerie Marina Keas** (☎ 22880 21458) liegt etwas zurückgesetzt inmitten der Cafés und Restaurants in der Mitte der Uferpromenade; den ganzen Sommer über zeigt sie wechselnde Ausstellungen mit Kunstwerken von Weltklasse.

Gleich gegenüber der Bucht von Vourkari liegen die unscheinbaren Überreste der minoischen Stätte **Agia Irini,** die hinter dem rostenden Drahtzaun recht verloren aussehen. Ausgrabungen im 20. Jh. ergaben, dass an dieser Stelle seit 3200 v. Chr. eine Siedlung stand, die über 2000 Jahre bewohnt war.

Die Straße führt noch einmal 3 km weiter zu einem feinen Sandstrand bei **Otzias.** Eine befestigte Straße mit Blick auf die schroffe Küste führt hier noch 5 km weiter zum **Moni Panagias Kastrianis** (☎ 22880 24348) aus dem 18. Jh.

EINE ROSE MIT EINEM ANDEREN NAMEN

Pisses (oder nun Piosses) ist sich der unglücklichen Konnotation seines Namens in verschiedenen Sprachen bewusst geworden und bemüht sich nun um die Umbenennung in Piosses. Auf griechisch heißt der Ort Pioses. Die Form Piosses wird nun auf Schildern benutzt und sogar der Campingplatz verwendet diese Form. Wir sehen keinen Grund, warum wir diese semantische Umarbeitung nicht unterstützen sollten!

Piosses ist der beste Strand der Insel und liegt 8 km südwestlich von Iulis. Im Sommer gibt es täglich einen Bus zwischen Korissia und Piosses, die Fahrzeiten sind allerdings etwas seltsam. Piosses hat einen langen und sandigen Strand, hinter dem ein grünes Tal aus Obstgärten und Olivenhainen liegt. Dahinter wiederum erheben sich die schroffen Hügel. Hier gibt es einen sehr gut geführten Campingplatz: **Piosses Camping** (☎ 22880 31302/4, Fax 22880 31303; Erw./Kind/Zelt 6/3/6 €; ☾ Mai–Sept.) mit einem eigenen Laden und Café.

Kreta Κρήτη

Kreta ist in vielerlei Hinsicht die Quintessenz Griechenlands: seine Bewohner sind gastfreundlich, temperamentvoll und überzeugt, etwas Besonderes zu sein. Dies äußert sich beispielsweise in ihrer bewegenden Geigenmusik oder auch in ihrer herzhaften Hausmannskost.

Auf Kreta ist alles groß. Viele Millionen Olivenbäume liefern das beste Olivenöl Griechenlands, manche sagen sogar, das beste der Welt. Auf Kreta, dem mythischen Geburtsort von Zeus, lebte das fast ebenso legendäre Volk der Minoer; der Palast von Knossos blieb als das großartigste Zeugnis ihrer Kultur erhalten. Die alten venezianischen Hafenstädte Chania und Rethymnon mit ihren engen Gassen und hübschen, mit Pastellfarben gestrichenen Häusern gehören zu den bemerkenswertesten Städten Griechenlands. Überall auf Kreta zeugen zahlreiche Überreste von alten Kulturen – von der Vorgeschichte über das minoische bis zum byzantinischen, venezianischen und türkischen Reich. Da die meisten Touristen ihre Feriensiedlungen an der Nordküste selten verlassen, bleiben die Südküste mit ihren vielen einsamen Buchten oder das zerklüftete Inselinnere, wo allenfalls einige Ziegen weiden, von den Touristenmassen weitestgehend verschont. In den spektakulären Gebirgen warten Tausende von Höhlen und tiefe Schluchten, die erst an der Küste des Mittelmeeres enden.

Die größeren Städte und die Feriensiedlungen für Pauschalreisende liegen an der Nordküste. Der Süden hat Outdoor-Aktivitäten jenseits ausgetretener Pfade und einsame, ruhige Buchten zu bieten. Das Innere der Insel besteht aus zerklüfteten Bergen, durchsetzt mit Bauernland und Plateaus. Hier haben sich noch einige besonders ursprüngliche Dörfer erhalten, in denen schwarz gekleidete, ältere Kreter die Fremden begrüßen. In solchen bescheidenen Orten bieten die Bauern das beste (und billigste) Olivenöl aus eigenem Anbau an. Dazu gibt es Raki (kretischen Schnaps) und andere köstliche Produkte aus der Region.

HIGHLIGHTS

Chania
Azogires ★
★ ★ Samaria-
Schlucht
Plakias
Knossos Spinalonga
★ ★
★ Agios Pavlos &
Triopetra

- **Abschalten** Durch die zauberhaften Nebenstraßen der Altstadt von Chania (S. 554) schlendern

- **Minoische Pracht** Im rekonstruierten Palast von Knossos (S. 539) von einer Audienz bei König Minos träumen

- **Waldidylle** Sich vom Klang der Wasserfälle in Azogires (S. 573) verzaubern lassen und die Höhlen der Einsiedler bestaunen

- **Heiße Füße, heißer Kopf** Durch Samaria, Europas längste Schlucht wandern (S. 564)

- **Zeitsprung** Die einsame Insel von Spinalonga (S. 581) mit der Ruine der venezianischen Festung im Nordosten Kretas erkunden

- **Glückseligkeit im Sand** An einem der abgelegenen Strände der Südküste – Agios Pavlos und Triopetra – unter dem Vollmond schwimmen (S. 553)

- **Ausspannen total** Die Seele in den Olivenhainen, an den Stränden und im Wind des quirligen Plakias (S. 550) baumeln lassen

- BEVÖLKERUNG: 540 045
- FLÄCHE: 8335 KM²

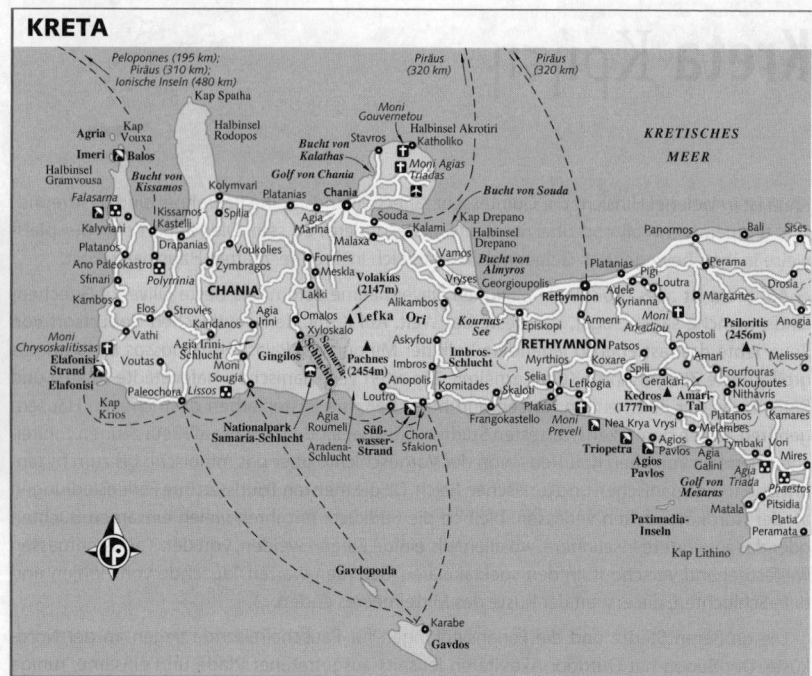

KRETA

Geschichte

Obwohl Kreta schon in der Jungsteinzeit (7000–3000 v. Chr.) besiedelt war, ist es vor allem für seine minoische Zivilisation berühmt. Im frühen 20. Jh. entdeckte der britische Archäologe Sir Arthur Evans die ersten Spuren dieser immer noch geheimnisumwitterten Zivilisation und rekonstruierte den Palast von Knossos aus den Ruinen. Da niemand je von diesem Volk gehört hatte, entschied sich Sir Arthur sie nach dem mythischen König Minos zu benennen – dem sagenhaften Herrscher von Knossos: die Minoer waren geboren.

Wie sie sich selbst nannten, ist immer noch nicht geklärt. Immerhin ist erwiesen, dass sie seit dem 3. Jahrtausend v. Chr. auf Kreta siedelten. Die geheimnisvollen Minoer waren Experten in der Metallbearbeitung, schufen beispiellose Kunstwerke und ihre technischen und kulturellen Leistungen waren unübertroffen. In früher minoischer Zeit (3400–2100 v. Chr.) entstanden die berühmten Paläste von Knossos, Phaistos, Malia und Zakros. Die künstlerischen Darstellungen der Minoer in den Fresken von Knossos zeichnen sich durch einen Naturalismus aus, der weder in der zeitgenössischen kykladischen noch in der altägyptischen Kunst oder der späteren archaischen Bildhauerei erreicht wurde. Die Minoer schufen die exquisite Kamares-Keramik und Silberarbeiten. Ihre Zivilisation gründete auf dem Seehandel im Mittelmeer – bis nach Ägypten und Kleinasien.

Um 1700 v. Chr. zerstörte ein Erdbeben die Palastkomplexe. Die Minoer errichteten auf den Ruinen neue, größere und schönere Paläste und gründeten überall in Kreta neue Siedlungen. Um 1613 v. Chr., zur Blütezeit der minoischen Kultur, wurden die Paläste erneut zerstört, diesmal vermutlich durch einen verheerenden Tsunami, der nach dem Vulkanausbruch von Santorin (Thera) die Küsten des Mittelmeeres verwüstete. Der Palast von Knossos, der als einziger die Katastrophe überstand, brannte um 1400 v. Chr. nieder.

Die archäologischen Funde belegen, dass die Minoer noch ein paar Jahrhunderte in kleinen, isolierten Siedlungen überlebten, dann verschwanden sie auf genauso ge-

KRETA

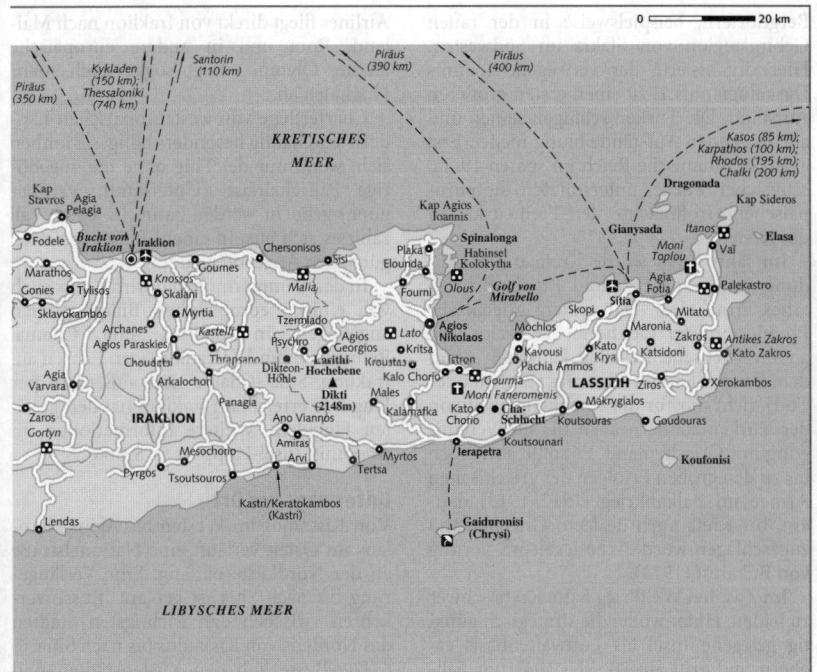

heimnisvolle Weise, wie sie aufgetaucht waren. Auf ihre Zivilisation folgten eingewanderte Mykener und Dorer (um 1100 v. Chr.). Im 5. Jh. v. Chr., in der großen Zeit des klassischen Griechenlandes, wurde Kreta von Stadtstaaten regiert. Es erreichte jedoch nie die glanzvolle Kultur des Festlandes und wurde sowohl von den Persern als auch von dem makedonischen König Alexander dem Großen einfach ignoriert.

Im Jahre 67 v. Chr. bildete Kreta zusammen mit großen Teilen Nordafrikas die römische Provinz Cyrenaica; Hauptstadt war Gortyn im Süden der Insel. Als das Römische Reich 395 n. Chr. geteilt wurde, fiel Kreta, zusammen mit großen Teilen der Balkanhalbinsel, an das Byzantinische Reich, die Griechisch sprechenden Herrscher von Konstantinopel. Bis 824 konnte sich die Insel weitgehend friedlich entwickeln. Dann wurde sie von den Arabern erobert und zu einem Emirat gemacht; aus dieser Epoche ist nur wenig überliefert.

In der so genannten „Expedition nach Kreta" (961) eroberte der große byzantinische General aber glücklose Kaiser Nikifo-

ras Fokas (912–969 n. Chr.) die Insel für das Byzantinische Reich zurück. Fokas führte eine Streitmacht von 300 Schiffen und 50 000 Soldaten an. Nachdem er Iraklion (von den Arabern El Chandak genannt) neun Monate belagert hatte, nahm er Stadt und Insel ein. Unter der byzantinischen Regierung blühte Kreta erneut auf – bis zum unseligen 4. Kreuzzug (1204), als die westlichen Ritterheere nicht die Araber im Heiligen Land angriffen, sondern das christliche Konstantinopel eroberten und plünderten. Venedig, das die Schiffe gestellt hatte, erhielt Kreta als Teil der „Bezahlung".

Venedig herrschte bis 1669, bis schließlich auch Iraklion (damals Candia) als letzter Dominostein nach einer 21jährigen Belagerung an das Osmanische Reich fiel. Viele besonders eindrucksvolle Bauwerke Kretas stammen aus jener Epoche. Außerdem erreichte Kreta unter türkischer Herrschaft seine größte kulturelle Blüte (s. Kasten S. 533). Die Türken führten eine neue Verwaltung, die islamische Kultur und muslimische Siedler ein. Der stärkste Widerstand organisierte sich in den befestigten

Bergdörfern, beispielsweise in der rauen Gebirgsregion von Sfakia im Südwesten. Hier organisierte der verwegene Ioannis Daskalogiannis 1770 einen ersten größeren Aufstand. Die Türken schlugen seinen und alle folgenden Aufstände blutig nieder. Erst als das Osmanische Reich im späten 19. Jh. schwächer wurde, unterstützten die europäischen Großmächte den Freiheitskampf der Kreter.

Im Jahre 1898 wurde Kreta unter Duldung von Frankreich und Russland britisches Protektorat. Der spätere griechische Premierminister Eleftherios Venizelos und andere kretische Rebellen kämpften unter dem Banner *Enosis i Thanatos* (Einheit oder Tod) nicht nur für die Unabhängigkeit von der Türkei, sondern auch für die Vereinigung mit Griechenland. Es sollte aber noch bis zu den großen Erfolgen der griechischen Armee im Balkankrieg (1912–1913) dauern, bis Kreta auch de facto Griechenland zugeschlagen wurde – besiegelt im Vertrag von Bukarest (1913).

Im Zweiten Weltkrieg hatte Kreta schwer zu leiden. Hitler wollte die strategisch günstig gelegene Insel als Luftwaffenbasis erobern und griff am 20. Mai 1941 mit Fallschirmjägern an. Der kretische Widerstand wurde rasch niedergeschlagen. In der zehntägigen „Schlacht um Kreta" kämpften deutsche Soldaten gegen alliierte Truppen aus Großbritannien, Australien, Neuseeland und Griechenland. Zwei Tage lang tobte die Schlacht unentschieden, bis deutsche Soldaten den Flughafen Maleme bei Chania eroberten. In dem Rückzugsgefecht hielten die Alliierten die deutschen Truppen auf, bis 18 000 der 32 000 Soldaten von der Insel evakuiert waren. Kreta blieb während des ganzen Krieges unter deutscher Besatzung. Viele Bergdörfer wurden bombardiert oder niedergebrannt und zahlreiche Kreter exekutiert. Dennoch gründeten die Kreter (mit alliierter Unterstützung) einen wirkungsvollen Widerstand, der die deutsche Besatzungsarmee beschäftigte und ablenkte.

An- & Weiterreise

Kreta ist über Fluglinien und Fähren an das griechische Festland angeschlossen. Manchmal sind internationale Direktflüge nach Kreta billiger als innergriechische Flüge – auch mit griechischen Fluglinien. Aegean Airlines fliegt direkt von Iraklion nach Mailand, Rom und in andere europäische Städte; Olympic fliegt sogar noch mehr Flughäfen an.

Charterflüge von westeuropäischen Ländern sind häufig besonders billig; sie lohnen sich, wenn nur der Flug ohne die zugehörige Pauschalreise (Unterkunft, Verpflegung) gebucht werden kann. In jedem Fall zahlt es sich aus, in einem Reisebüro nach günstigen Angeboten zu fragen.

In den Sommermonaten wird Kreta auch von einigen europäischen Billigfluglinien angeflogen. In Iraklion, Sitia, Chania, Rethymnon und Kissamos legen Fähren an. Iraklion, Sitia, Chania sind außerdem per Flugzeug erreichbar; Iraklion hat den größten Flugplatz. Weitere Informationen im Abschnitt Insel-Hopping (s. S. 866).

Unterwegs vor Ort

Von Kissamos im Westen bis Agios Nikolaos im Osten verläuft eine Nationalstraße an der Nordküste entlang. Eine Verlängerung bis nach Sitia ist geplant. Busse verkehren zwischen den wichtigsten Städten des Nordens von Kissamos bis nach Sitia.

Die Busse von den Küstenstädten und Feriensiedlungen des Nordens über die innerkretischen Dörfer bis an die Südküste fahren deutlich seltener.

Der wilde Süden der Insel ist von Bergen und tiefen Schluchten zerschnitten – manche Regionen sind nicht über Straßen erschlossen. Von Paleochora an der Südwestküste verkehren regelmäßige Fähren nach Chora Sfakion, sie legen auch an den Siedlungen und Buchten dazwischen an.

ZENTRALES KRETA

Zentralkreta besteht aus der Präfektur Iraklion – der boomenden Inselhauptstadt – und der Präfektur Rethymnon, benannt nach der reizvollen venezianischen Hafenstadt. Neben einem dynamischen städtischen Leben und zahlreichen historischen Bauten aus venezianischer Zeit kann Iraklion mit den nahe gelegenen minoischen Palästen von Knossos und Phaistos punkten. Allerdings wird die Nordküste im Osten von Iraklion, vor allem um Chersonisos und Malia, vom ausufernden Pauschaltourismus verschandelt.

Die Feriensiedlungen an der Nordküste bei Rethymnon sind einfühlsamer gestaltet. Die alte Hafenstadt strahlt noch immer ihren venezianischen Charme aus. Das Hinterland ist bergig und teilweise sehr ursprünglich. In Orten wie Anogia kultivieren die Männer den Machismo alter Schule, mit Schnurrbärten und traditionellen kretischen Teppichen. Die Südküste ist in weiten Teilen völlig unverdorben, mit fantastischen Stränden und dem sehr relaxten Ferienort Plakias.

IRAKLION HPAKΛEIO

130 920 Ew.

Iraklion ist die fünftgrößte Stadt Griechenlands und das Zentrum der kretischen Verwaltung und Wirtschaft. Der Puls der Stadt schlägt ziemlich hektisch: an jeder Ampel stehen geräuschvoll knatternde Motorräder, während im Sommer ein Flugzeug nach dem anderen über den Himmel zieht. An der langen Küstenfront stehen die Überreste venezianischer Arsenale, Festungen und Schreine.

In Iraklion gibt es zwar noch einige historische Bauten, aber ein Großteil der Altstadt, die sich einst mit Chania oder Rethymnon hatte messen können, wurde im zweiten Weltkrieg durch Bomben zerstört und ihr reiches baugeschichtliches Erbe ging verloren. Trotzdem ist Iraklion heute eine lebendige und pulsierende Stadt mit ausgezeichneten Restaurants, Bars und Geschäften. Die schönsten Läden liegen in den miteinander verbundenen Fußgängerzonen des Stadtzentrums. Hier arbeiten die Hausbesitzer ständig an der Verschönerung ihres Besitzes.

In Iraklion stehen mehrere sehenswerte Museen; im Süden der Stadt schließt sich die Palastanlage von Knossos an. Der rekonstruierte minoische Palast ist eine der wichtigsten und meistbesuchten Sehenswürdigkeiten Griechenlands. Kinder dürften sich eher für das Cretaquarium (S. 539) und den angrenzende Wasserpark begeistern lassen. Etwas weiter im Inselinneren, jenseits von Knossos, warten in der Präfektur Iraklion hübsche traditionelle Dörfer wie Archanes (S. 542) auf Besucher. In diesem bukolischen Landstrich gedeihen nicht nur unzählige Olivenbäume, sondern auch ausgedehnte Weingärten, die den besten Wein Kretas liefern.

KRETA ONLINE

Infos über Kreta im Internet bieten die Websites www.kreta-reise.info, www.kreta-impressionen.de, www.kreta.com und www.kreta-treff.de an.

Geschichte

Iraklion ist zwar seit Urzeiten besiedelt, wurde aber erst 824 n. Chr. unter den Arabern als El Chandak (nach dem Wassergraben um die Stadtmauern) zur Hauptstadt der Insel. Die Araber bauten die Stadt zum Zentrum des Sklavenhandels im östlichen Mittelmeer aus. Als byzantinische Truppen Kreta im Jahr 961 zurück eroberten, hellenisierten sie den Namen zu „Chandakos". Die Venezianer gaben dem Stadtnamen einen italienischen Klang – sie nannten den Ort Candia.

Venedig nutzte Kreta und seine stark befestigte Hauptstadt als Stützpunkt, um sein maritimes Handelsimperium auszuweiten. Immerhin waren die Festungsanlagen stark genug, um die osmanischen Türken 21 Jahre lang abzuwehren – nachdem das übrige Kreta längst in türkischer Hand war. Erst im Jahre 1669 gaben die Venezianer endgültig auf.

Als die Türken 1898 die Herrschaft über Kreta verloren, wurde Chania Hauptstadt der Insel und aus Candia wieder Iraklion. Dank seiner verkehrsgünstigen Lage war der Aufstieg Iraklions nicht zu bremsen und 1971 eroberte es sich seine alte Stellung als Verwaltungshauptstadt der Insel zurück.

Orientierung

In Iraklion wird permanent gebaut, obwohl einige der angefangenen Projekte offenbar ihrem baldigen Ende zugehen (beispielsweise die lange Uferpromenade für Fußgänger). Die Stadt hat zwei Hauptplätze: die zentral gelegene Plateia Venizelou, nach dem berühmten Löwenbrunnen von Morosini auch Löwenplatz genannt, und die geschäftige Plateia Eleftherios, die den Hafen überblickt.

Vom Morosini-Brunnen aus ziehen sich Fußgängerzonen die Handakos entlang, ebenso im Umfeld der Dedalou und der Korai. Hier warten nicht nur Geschäfte mit verlockendem Angebot, sondern auch eine überaus lebendige Kaffeehauskultur. Etwa

KRETA

IRAKLION

0 ━━━━━ 200 m

PRKATISCHES
Busbahnhof A,
Gepäckaufbewahrung.......... 1 D3
EOT... 2 D4
In Spot Internet Cafe............... 3 C4
Inter Laundry............................ 4 D3
Laundry Perfect......................... 5 C3
Laundry Washsalon.................. 6 B3
Magician's Travel....................... 7 C2
Planet International Bookshop 8 B3
Post... 9 C4
Road Editions.......................... 10 B3
Skoutelis Travel....................... 11 B3
Städtisches Kulturbüro.......... 12 C4
Vivliopoleio Fillipos
Athousakis............................ 13 D3
Wash Center Laundry 14 D3

SEHENSWERTES & AKTIVITÄTEN
Archäologisches Museum...... 15 D4
Basilika Agios Markos 16 C4
Bembo-Brunnen...................... 17 C5
Cretan Adventures.................. 18 C4
Georgiades-Park...................... 19 D5
Historisches Museum............. 20 B3

Kathedrale Agios Minas.......... 21 B4
Kirche Agios Titos.................... 22 C3
Museum der Schlacht um
Kreta...................................... 23 D4
Morosini-Brunnen................... 24 B4
Mountaineering & Skiing
Club of Iraklio (EOS)........... 25 C4
Museum der Kirchenkunst 26 B4
Naturhistorisches Museum.... 27 A3
Städtische Kunstgalerie ..... (siehe 16)
Venezianische Festung
Koules................................... 28 D2
Venezianische Loggia............. 29 C3
Venezianisches Arsenal.......... 30 D3

SCHLAFEN
Atrion....................................... 31 B3
Hellas Rent Rooms 32 B3
Hotel Lena............................... 33 B3
Hotel Rea................................. 34 B3
Irini Hotel................................ 35 C3
Kastro Hotel............................ 36 B3
Kronos Hotel............................ 37 B2
Lato Hotel................................ 38 D3
Marin Hotel............................. 39 D3
Megaron.................................. 40 D3
Mirabello Hotel....................... 41 B3

ESSEN
Brilliant................................. (siehe 38)
Fyllo...Sofies........................... 42 B4
Giakoumis Taverna.................. 43 C4
I Avli Tou Defkaliona.............. 44 B3
Ippokambos Ouzerie 45 C2
Kipkop...................................... 46 B4
Koupes..................................... 47 C3
Loukoulos................................ 48 C4
O Vrakas................................... 49 C2
Parasies.................................... 50 B3
Peri Orexeos 51 C4
Port Garden Café.................... 52 D3
Prassein Aloga......................... 53 B3
Terzakis.................................... 54 C3

AUSGEHEN
Café Plus.................................. 55 C3
Café Santan............................. 56 C4
Guernica.................................. 57 B3
Outopia.................................... 58 B3
Pagopiion................................. 59 C3
Take Five.................................. 60 C3

UNTERHALTUNG
Habanero................................. 61 B3
Manos Hatzidakis Theater.... 62 B6
Nikos Katantzakis Open-
Air-Theater.......................... 63 C6
Vogue....................................... 64 B2

TRANSPORT
Aegean Airlines....................... 65 D5
Bushaltestelle zum Universitäts-
krankenhaus......................... 66 B4
Busse nach Knossos................ 67 C3
Busse nach Knossos &
Flughafen.............................. 68 D3
Busse zum Flughafen.............. 69 D4
Hafenbehörde......................... 70 D2
Loggeta Cars........................... 71 B3
Langstreckentaxis................... 72 D4
Motor Club.............................. 73 C2
Olympic Air.............................. 74 C3
Sun Rise................................... 75 C3

KRETISCHES MEER

Neuer Hafen

Anleger   Fähren nach
Pirāus (200m);
Cretaquarium (15 km);
Gournes (15 km);
Chersonisos (26 km);
Agios Nikolaos
(67 km)

Alter Hafen

Big Fish (500 m);
Desire (500 m)

Chania-Tor (300 m);
Busbahnhof (500 m);
Universitätskrankenhaus Voutes (5 km);
Rethymno (85 km);
Chania (142 km)

Touristenpolizei (3 km);
Flughafen;
Alianthos
Rent-a-Car
& Bikes (5 km)

Venizeliohospital (4 km);
Knossos (5 km);
Bootari-Weingut (7,5 km);
Archanes (14 km);
Choudetsi (20 km)

KRETA

500 m östlich des alten Hafens liegt der Fährhafen; der Flughafen liegt 5 km entfernt östlich des Stadtzentrums.

Vom Busbahnhof und dem Hafen in Richtung Parkplatz des Hotels Megaron führt eine versteckte, doppelte Steintreppe zur Epimenidou und dem Stadtzentrum.

Praktische Informationen

BUCHLÄDEN

Planet International Bookshop (☎ 2810 289605; Handakos 73) Literatur, Geschichts- und Reisebücher, darunter viele Titel, die in diesem Buch empfohlen werden.

Road Editions (☎ 2810 344610; Handakos 29) Ein Buchladen, der sich auf Reiseliteratur spezialisiert hat: großes Angebot an Karten, Reisebüchern und Lonely Planet Reiseführern.

Vivliopoleion Filippos Athousakis (☎ 2810 229286; Epimenidou; ☾ 8.30–14.30 & 17–21 Uhr) Gegenüber dem Lato Boutique Hotel; verkauft Bücher über Kreta und darüber hinaus Reiseführer von Lonely Planet und anderen Verlagen.

GELD

Die meisten Banken und Geldautomaten reihen sich an der 25 Avgoustou auf; Geldautomaten sind überall im Stadtzentrum.

GEPÄCKAUFBEWAHRUNG

Busbahnhof A, Linke Gepäckausgabe (☎ 2810 246538; pro Tag 2 €; ☾ 6.30–20 Uhr)

Iraklion Airport, Gepäckaufbewahrung (☎ 2810 397349; pro Tag 2,50–5 €; ☾ 24 Std.) In der Nähe der Bushaltestelle am Flughafen.

INFOS IM INTERNET

www.heraklion-city.gr Die offizielle Website der Stadt mit vielen nützlichen Infos wie Telefonnummern, Öffnungszeiten und Veranstaltungskalender.

INTERNETZUGANG

In Spot Internet Café (☎ 2810 300225; Korai 6; pro Std. 2,40 €, 0–12 Uhr pro Std. 1,20 €; ☾ 24 Std.)

MEDIZINISCHE VERSORGUNG

Die beiden Krankhäuser von Iraklion liegen außerhalb des Stadtzentrums und haben täglichen wechselnden Dienst – erst anrufen, welches Krankenhaus gerade geöffnet hat, dann hinfahren.

Venizeliohospital (☎ 2810 368000) An der Straße nach Knossos, 4 km südlich von Iraklion.

Universitätskrankenhaus (☎ 2810 392111) In Voutes, 5 km südlich von Iraklion (Bus 11, Ticket 1,50 €); das bestausgestatte Krankenhaus der Stadt.

NOTFALL

Touristenpolizei (☎ 2810 397111; Halikarnassos; ☾ 7–22 Uhr) Liegt nicht mehr im Zentrum, sondern wurde zusammen mit anderen Polizeidienststellen in den östlich gelegenen, neuen Hauptbahnhof (Astynomiko Megaron) im Vorort Halikarnassos verlagert, in der Nähe des Flughafens.

POST

Post (☎ 2810 234468; Plateia Daskalogianni; ☾ Mo–Fr 7.30–20, Sa 7.30–14 Uhr)

REISEBÜROS

Magician's Travel (☎ 2810 301471; operation@drive ongreece.gr; Mitsotaki 1B) Die hilfsbereiten, geduldigen Mitarbeiter informieren und organisieren alle Fähr- und Flugtickets; hinter der Uferstraße.

Skoutelis Travel (☎ 2810 280808; www.skoutelistra vel.gr; 25 Avgoustou 24) Hier werden Flüge, Fährpassagen, Ausflüge, Unterkünfte und Leihwagen gebucht.

TOURISTENINFORMATION

EOT (Nationales Griechisches Fremdenverkehrsamt; ☎ 2810 246299; Xanthoudidou 1; ☾ April–Okt. 8.30–20.30 Uhr, Nov.–März 8.30–15 Uhr) Gegenüber dem Archäologischen Museum.

WASCHSALONS

Im heißen Iraklion findet man überall einen Waschsalon. Die meisten verlangen für Waschen und Trocknen 6 € und bieten chemische Reinigung an.

Inter Laundry (☎ 2810 343660; Mirabelou 25; ☾ 9–21 Uhr)

Laundry Perfect (☎ 2810 220969; Ecke Malikouti 32 & Idomeneos; ☾ Mo–Sa 9–21 Uhr)

Laundry Washsalon (☎ 2810 280858; Handakos 18) Hier gibt es auch Schließfächer für 3 € pro Tag.

Wash Center Laundry (☎ 2810 242766; Epimenidou 38; pro Maschine 7 €; ☾ 8–21 Uhr)

Sehenswertes

ARCHÄOLOGISCHES MUSEUM IRAKLION

Seine außergewöhnliche Sammlung minoischer Kunst macht das **Archäologische Museum** (☎ 2810 279000; Xanthoudidou 2; Eintritt 4 €, inkl. Knossos 10 €; ☾ April–Okt. Di–So 8–20, Mo 8–13 Uhr; Nov.–März Di–So 8–15, Mo 12–15 Uhr) zur Nummer Zwei nach dem Archäologischen Nationalmuseum in Athen. Als das Buch entstand, waren die 21 Mio. € teuren Umbauarbeiten noch nicht abgeschlossen (Eingang bis auf weiteres auf der Hatzidakis). In der augenblicklichen Ausstellung werden nur 400 der insgesamt 15 000 Artefakte gezeigt – von der Jungsteinzeit bis in römische Zeit. Zum Glück sind alle wertvollen minoischen Meisterwerke ausgestellt.

Das Museum ist eine echte Schatzkammer: Keramik, Schmuck, Figuren und Sarkophage, dazu einige berühmte Fresken. Die schönsten minoischen Exponate stammen aus Knossos, Phaistos, Malia, Zakros und Agia Triada.

Die Fresken aus dem Palast von Knossos sind wirklich einzigartig: das **Prozessionsfresko**, das **Greifenfresko** (aus dem Thronsaal), das **Delfinfresko** (aus dem Gemach der Königin) und das verblüffende **Stierspringerfresko**. Letzteres zeigt einen akrobatischen, extrem gelenkigen Springer, der einen Salto über den Rücken eines angreifenden Stieres macht.

Daneben gibt es weitere Fresken, wie den restaurierten **Lilienprinz,** dazu zwei Darstellungen aus der Zeit des Neuen Palastes: eine Priesterin, die Archäologen die „**Pariserin**" getauft haben und den **Krokuspflücker.**

Ebenfalls aus Knossos stammen die Tontafeln mit **Linear A- und B-Schrift** (nach der Übersetzung stellte sich letztere Tafel als eine Art Haushaltsbuch oder Buchhaltung heraus), eine Elfenbeinstatue eines **Stierspringers** und mehrere erlesene **Goldsiegel.**

Der prachtvolle, 20 cm große **Stierkopf** entstand in der mittleren minoischen Zeit; er ist aus schwarzem Stein gemeißelt und wurde für Trankopfer genutzt. Der Künstler hat dem lockigen Kopf goldene Hörner und als Augen lebensecht bemalte Kristalle eingesetzt. In der temporären Ausstellung sind außerdem winzige, farbig glasierte Reliefs minoischer Häuser ausgestellt, die aus Knossos stammen (das so genannte „**Stadtmosaik**"). Ebenfalls in Knossos wurden in einem Schrein kunstvolle Figuren einer barbusigen **Schlangengöttin** gefunden.

Ein herausragendes Beispiel minoischer Goldschmiedekunst ist der wunderschöne, goldene **Bienenanhänger** aus Malia. Er stellt zwei Bienen dar, die Honig in eine Wabe träufeln.

Das berühmteste Stück aus Phaistos ist der faszinierende **Diskus von Phaistos,** eine runde Tonscheibe von 16 cm Durchmesser. Seine Bildschrift wurde noch nicht entziffert.

Die kunstvolle **Kamares-Keramik** trägt ihren Namen nach der heiligen Höhle von Kamares, in der die Stücke ausgegraben

wurden. Bemerkenswert ist auch eine prachtvoll mit weißer Blumendekoration verzierte Vase aus Phaistos.

Bei den Grabungen in Zakros fand sich ein wunderschöner **Kristallrhyton,** der in 300 Einzelteilen zerbrochen war und mühevoll zusammengesetzt werden musste; außerdem sind Gefäße mit Blumen und Meeresornamenten ausgestellt.

Der berühmteste Sarkophag und zugleich ein künstlerisch hoch entwickeltes Beispiel minoischer Kunst ist der **Sarkophag aus Agia Triada,** der mit Blumen- und abstrakten Motiven sowie rituellen Handlungen bemalt wurde. Ebenfalls aus Agia Triada stammt die **Schnittervase.** Der erhaltene obere Teil zeigt junge Bauern, die vom Olivenpflücken nach Hause kommen. Die **Boxervase** stellt zwei minoische Lieblingsfreizeitbeschäftigungen dar: Ringen und Stierkampf. Die Darstellung auf dem **Prinzenpokal** ist schwieriger zu entschlüsseln: Eine hochgestellte Persönlichkeit hält einen Stab, während drei Männer Tierfelle tragen.

Viele Fundstücke stammen aus minoischen Friedhöfen; gezeigt werden zwei kleine Figurengruppen aus Ton aus einer *tholos* (eine Grabstätte, die an einen Bienenkorb erinnert). Eine stellt vier männliche Tänzer dar, die einen Kreis bilden und sich an den Schultern halten – vielleicht Teilnehmer an einem Begräbnis. Die andere Gruppe besteht aus zwei Gruppen von drei Figuren, die in einem Zimmer zwischen zwei Säulen stehen; eine kleine Figur reicht zwei großen, sitzenden Figuren ein Trankopfer. Ob die großen Figuren Götter oder Bildnisse der Verstorbenen darstellen, ist nicht bekannt.

Ein besonderes Stück aus Knossos zeigt, wie sich die geheimnisvollen Minoer die Zeit vertrieben – ein kostbares, mit Elfenbein, Kristall, Glas, Gold und Silber verziertes **Spielbrett** aus der Epoche der neuen Paläste.

HISTORISCHES MUSEUM

WIS Das faszinierende **Historische Museum** (☎ 2810 283219; www.historical-museum.gr; Sofokli Venizelou; Eintritt 5 €; ☯ Sommer Mo–Sa 9–17 Uhr, Winter Mo–Sa 9–15 Uhr) zeigt Exponate – Pläne, Diagramme, Fotos, Keramik und Landkarten – aus der Zeit der byzantinischen, venezianischen und türkischen Herrschaft. Es beherbergt auch die einzigen Gemälde El

KRETISCHE MÄNNER DER RENAISSANCE

Vermutlich kennen die meisten Menschen den kretischen Maler El Greco, obwohl sein Künstlername „der Grieche" seine Herkunft verschleiert. Viel weniger bekannt sind die anderen kretischen Gelehrten und Humanisten, deren Arbeiten die italienische Renaissance und das moderne europäische Denken befruchtet haben.

Als die Türken 1453 Konstantinopel eroberten, flohen viele Künstler und Gelehrte ins venezianische Kreta; mit ihnen kamen kostbare Manuskripte und unschätzbares Wissen. Als in Italien und ganz Europa das Interesse an den originalen griechischen und lateinischen Texten zunahm, stieg Kreta zur Wiege neuer Ideen auf und wurde eine Durchgangsstation für Intellektuelle. Reiche italienische Adlige wie der große Florentiner Cosimo de Medici finanzierten platonische „Akademien", in denen lernwillige Schüler den Worten ihrer Lehrer lauschten – griechischen Emigranten.

Der etwa um die gleiche Zeit erfundene Buchdruck machte die antiken Texte leichter zugänglich. Der kretische Drucker und Kalligraph **Markos Mousouros** (1470–1517) erfand die Schrifttype, in denen viele Erstausgaben antiker griechischer Texte gedruckt wurden. Der venezianische Verleger Aldus Manutius, für den Mousouros arbeitete, revolutionierte das Studium antiker griechischer Philosophie und machte die Texte jedermann zugänglich. Er ließ die griechischen Klassiker in einer Type drucken, die nach der Handschrift von Mousouros gestaltet war.

Nach Dr. George Karamanolis, Professor für antike Philosophie an der Universität von Rethymnon, spielten „in der italienischen Renaissance kretische Gelehrte und Humanisten eine große Rolle bei der Vermittlung griechischer Texte und Lehren." Er glaubt, dass der kulturelle Schmelztiegel auf der von Venedig beherrschten Insel „eine ähnliche kulturelle und wissenschaftliche Höhe ereichte wie die intellektuellen Strömungen in Westeuropa. Auf der Insel gab es blühende Akademien wie die Accademia degli Stravaganti in Candia, wo leidenschaftliche Rededuelle geführt wurden."

Ein wesentlicher Grund für den hohen Standard des intellektuellen Lebens war die hervorragende Ausbildung durch die katholischen Venezianer. Vielversprechende Schüler wurden unter kirchlicher Aufsicht gefördert und durften Studienreisen unternehmen. Dr. Karamanolis ist ein Spezialist für diese Zeit; er nennt mehrere Beispiele: **Maximos Margounios** (1549–1602) wurde in Sitia von dem gelehrten katholischen Bischof Gaspare Viviano unterrichtet. Später studierte er in Padua, bevor er sich in Venedig niederließ. Er schrieb Bücher über Philosophie, Rhetorik und Theologie und übersetzte antike und byzantinische Texte. Margounios stand in engem Kontakt zu Humanisten in Italien, Deutschland und England. In einem zeitgenössischen Dokument aus Venedig wird er als „Experte in Griechisch und Latein" bezeichnet, der „kaum Seinesgleichen in Belesenheit" habe.

Nach Dr. Karamanolis hielt Margounios „enge Kontakte mit kretischen Humanistenzirkeln aufrecht und spielte eine wesentliche Rolle als Förderer europäischer Denker. Die humanistischen Mitstreiter von Margounios schätzten seine Kommentare über die philosophischen Texte von Aristoteles und Porphyrios als sehr wertvolle Anregungen."

Der Kreter **Frangiskos Portos** (1511–81) war ein angesehener Professor der Universität von Genf; er wurde von Calvin berufen.

Der meistgeliebte Kreter der Renaissance war allerdings ein Dichter. In den vier Jahrhunderten der venezianischen Herrschaft über Kreta gab es eine einzigartige und wechselseitige Befruchtung griechischer und italienischer Literatur, etwa zur gleichen Zeit, als in anderen Ländern Europas ähnliche Strömungen aufkamen. **Vitsentzos Kornaros** (1553–1617), ein Zeitgenosse von Shakespeare, gilt heute als Vater der kretischen Poesie und einer der größten Dichter Griechenlands. Er war der Sohn einer venezianisch-kretischen Adelsfamilie, die bei Sitia lebte. Kornaros schrieb das Nationalgedicht Kretas, das Erotokritos. Diese Ballade behandelt klassische Themen wie Liebe, Mut, Tapferkeit und Freundschaft. Mit 10 012 Versen ist das Erotokritos ein riesiges Werk; es ist in kretischem Dialekt nach dem traditionellen byzantinischen Reimschema (15-silbig) verfasst. Die Ballade sollte als *mantinadha* – damals wie heute ein beliebter Gesangsstil – gesungen werden. Bis in jüngste Zeit konnte man ältere Frauen treffen, die bei ihrer Arbeit das gesamte Gedicht auswendig rezitierten.

Obwohl die Kreter der Renaissance heute nur noch wenigen Spezialisten (und einigen stolzen Kretern) bekannt sind, haben ihre Arbeiten, so Dr. Karamanolis, die westeuropäische Gedankenwelt befruchtet: „Ohne die kretischen Humanisten hätte die Renaissance, wie wir sie heute kennen, nicht stattgefunden. Wir schulden diesen Männern große Dankbarkeit."

Grecos auf Kreta: *Blick auf den Sinai und das Katharinenkloster* (1570) und die winzige *Taufe Christi*. In anderen Räumen sind Fragmente von Fresken aus dem 13. und 14. Jh., Münzen, Schmuck, liturgisches Gerät und Kleidung sowie mittelalterliche Keramik ausgestellt.

Zu den Highlights in der oberen Etage gehören die rekonstruierte **Bibliothek von Nikos Kazantzakis**, eine Abteilung zur **Schlacht um Kreta** sowie eine außergewöhnliche **Sammlung von Volkskunst**.

NATURHISTORISCHES MUSEUM

Die Universität von Kreta hat das kinderfreundliche **Naturhistorische Museum** (☎ 2810 282740; www.nhmc.uoc.gr; Leoforos Venizelou; Eintritt 3 €, Erw. in Begleitung eines Kindes haben freien Eintritt; ☒ Di–So 10-19 Uhr) konzipiert. Es ist in einem restaurierten Elektrizitätswerk am Ufer untergebracht und nutzt die natürliche Neugier der Kinder in einem Kinderzentrum mit interaktiven Exponaten – komplett mit Labor- und Ausgrabungsprojekten. Neben der Entwicklung des Menschen zeigt das Museum die Flora und Fauna von Kreta sowie die Ökosysteme und Lebensräume der Insel. Höhlen, die Küste und die Berge werden genauso berücksichtigt, wie das Leben der Minoer.

NOCH MEHR SEHENSWERTES

Iraklion platzt zwar seit langem aus allen **Stadtmauern**, doch neben den massiven Befestigungen mit sieben Bastionen und vier Toren wirken die Betonklötze des 20. Jhs. fast bescheiden. Die Anlagen wurden von den Venezianern zwischen 1462 und 1562 erbaut. Wer dem Verlauf der Stadtmauern rund um die Altstadt folgt, bekommt einen Einblick in die Stadtviertel Iraklions – die Tour ist aber nicht besonders spektakulär.

Die **Venezianische Festung Koules** (Hafen von Iraklion; Eintritt 2 €; ☒ Di–So 9–18 Uhr) aus dem 16. Jh. beherrscht das Ende des Piers im Alten Hafen. Unter den Venezianern hieß sie Rocca al Mare und widerstand den türkischen Angriffen immerhin 21 Jahre lang. Die osmanischen Türken machten sie zu einem Gefängnis für kretische Aufständische. Das imposante Äußere zieren venezianische Markuslöwen. Im Innern gibt es 26 fast zu gründlich restaurierte Zimmer zu sehen; der Blick von oben lohnt sich. Die ebenerdigen Räume dienen als Kunstgale-

rien, während auf der oberen Etage Theater- und Musikaufführungen stattfinden.

Die langen, gewölbten Arkaden gegenüber der Festung gehören zum **Venezianischen Arsenal**.

Die Venezianer haben bemerkenswerte Spuren in der Stadt hinterlassen. Ihr berühmtestes Werk ist der **Morosini-Brunnen** (Löwenbrunnen) auf der Plateia Venizelou: Vier Löwen speien aus ihrem Maul Wasser in acht reich verzierte Marmorbecken. Der Brunnen wurde 1629 von Francesco Morosini, dem damaligen Gouverneur von Kreta, in Auftrag gegeben. Das Zentrum bildete einst eine Marmorstatue von Poseidon mit Dreizack; sie wurde während der türkischen Herrschaft zerstört. Gegenüber steht die dreischiffige Basilika **Agios Markos** aus dem 13. Jh. Nach mehreren Umbauten beherbergt sie heute die **Städtische Kunstgalerie** (☎ 2810 399228; 25 Avgoustou; Eintritt frei; ☒ Mo–Fr 9–13.30 & 18–21, Sa 9–13 Uhr). Etwas weiter nördlich steht eine ansprechend rekonstruierte **Venezianische Loggia** aus dem 17. Jh. Wo ein früher die Herren des venezianischen Adels zu Drinks und anregenden Gesprächen einfanden, residiert heute der Bürgermeister.

Auch der hübsche **Bembo-Brunnen** am Südende der Straße 1866 wurde im 16. Jh. von den Venezianern geschaffen. Das verzierte achteckige Brunnenhaus daneben stammt aus türkischer Zeit und dient heute als *kafeneio* (Café).

Das **Museum der Kirchenkunst** (☎ 2810 288825; Monis Odigitrias; Eintritt 2 €; ☒ April–Okt. Mo–Sa 9.30–19.30 Uhr, Nov.–März 9.30–15.30 Uhr) ist in der ehemaligen Kirche Agia Ekaterini neben der **Kathedrale Agios Minas** untergebracht. Es zeigt eine eindrucksvolle Sammlung von Ikonen, Fresken und reich verzierten liturgischen Gewändern; ein besonderer Schatz sind sechs Ikonen von Mihail Damaskinos, einem Mentor von El Greco.

Die **Kirche Agios Titos** (Agiou Titou) entstand im Jahr 961, nachdem die Byzantiner Kreta zurückerobert hatten. Die Venezianer machten daraus eine katholische Kirche, die Türken eine Moschee. Die Kirche wurde durch einen Brand und dann bei einem Erdbeben zerstört und zweimal wieder aufgebaut.

Das **Museum der Schlacht um Kreta** (☎ 2810 346554; Ecke Doukos Beaufort & Hatzidaki; Eintritt frei; ☒ 8–15 Uhr) zeichnet die Geschichte der historischen Schlacht nach.

Aktivitäten

Cretan Adventures (☎ 2810 332772; www.cretan adventures.gr; EG, Evans 10) ist ein angesehenes Unternehmen, das von zwei Outdoor-erfahrenen Brüdern geleitet wird. Sie bieten Wander-, Trekking- und Mountainbike-Touren an; für besondere und extreme Aktivitäten gibt's Spezialisten.

Der **Mountaineering & Skiing Club of Iraklio** (EOS; ☎ 2810 227609; www.interkriti.org/orivatikos/ori vat.html; Dikeosynis 53; ◷ 8.30–22.30 Uhr) arrangiert Klettertouren am Wochenende, Crosscountry-Wanderungen und Skiausflüge in Kreta.

Iraklion mit Kindern

Iraklion hat Kindern überraschend viel zu bieten. Neben den Wasser speienden Löwen, großen Häusern und Motorrädern gibt es im **Naturhistorischen Museum** (links) ausgestopfte Tiere und interaktive Exponate zu sehen; besonders interessant ist das riesige **Cretaquarium** (S. 539).

Wenn die Kinder endgültig die Nase voll haben von Museen, lockt das **Port Garden Café** (☎ 2810 242411; Paraliaki Leoforo; ◷ ab 7 Uhr) gegenüber dem Megaron Hotel. Es bietet Spielbereiche drinnen und auch draußen im Schatten, mit einer Hüpfburg und Schaukeln. Auch im **Georgiades Park** mit einem schattigen Café können die Kinder herumtollen.

Festivals & Events

Das Summer Arts Festival von Iraklion wird im **Nikos-Kazantzakis-Freilufttheater** (☎ 2810 242977; Jesus Bastion; ◷ Kartenverkauf 9–14.30 & 18.30–21.30 Uhr) am Wassergraben der venezianischen Festungsmauer, im nahen Manos-Hatzidakis-Theater und in der Koules Festung (links) veranstaltet. Das Programm ist unter www.heraklion-city.gr oder im **Städtischen Kulturbüro** (☎ 2810 399211; Androgeiou 2; ◷ 8–16 Uhr) hinter dem Café des Jugendzentrums erhältlich.

Schlafen

Während die meisten größeren und angesehenen Hotels in Iraklion ganzjährig geöffnet sind, schließen viele der kleineren Budgetunterkünfte in der Nebensaison.

BUDGETUNTERKÜNFTE

Hellas Rent Rooms (☎ 2810 288851; Handakos 24; B/ DZ/3BZ ohne Bad 12/30/42 €; ◷ April–Nov.; 📶) Dieses sehr relaxte Hostel ist eigentlich eine Jugendherberge mit einem Empfangsbereich und einer Bar auf dem Dach (drei Treppen hoch). Die Zimmer wirken etwas langweilig, sie sind aber mit Ventilator, Waschbecken und Balkonen ausgestattet. Die Gemeinschaftsbadezimmer sind einfach, aber sauber. Oben auf der Barterrasse gibt's Frühstück für 3 €.

Mirabello Hotel (☎ 2810 285052; www.mirabello-hotel.gr; Theotokopoulou 20; EZ/DZ ohne Bad 35/45 €, DZ mit Bad 65 €; 🖥) Das entspannte Mirabello liegt zentral in einer ruhigen Seitenstraße. Die Zimmer sind beengt aber makellos, mit TV, Telefon, Balkon und modern renovierten Badezimmern, einige mit Gemeinschaftsbad, getrennt nach Geschlechtern.

Hotel Rea (☎ 2810 223638; www.hotelrea.gr; Kalimeraki 1; DZ mit/ohne Bad 40/30 €; ◷ April–Okt.; 📶) Das freundliche Haus in Familienbesitz ist bei Rucksacktouristen und Familien sehr beliebt. Es liegt in einer Parallelstraße zur Fußgängerzone Handakos und hat einfache Zimmer mit Ventilator und Waschbecken; einige Zimmer haben ein eigenes Bad, für die anderen gibt es Gemeinschaftsbadezimmer; kleine, einfache Gemeinschaftsküche. Die Familienzimmer kosten 60 €.

Hotel Lena (☎ 2810 223280; www.lena-hotel.gr; Lahana 10; EZ/DZ mit Bad 45/60 €, ohne Bad 35/50 €; ◷ ganzjährig; 🖥) Das freundliche Hotel Lena steht in einer ruhigen Straße. Die meisten Zimmer haben ein eigenes Bad, doch auch die Gemeinschaftsbäder sind angenehm und modern renoviert.

Kronos Hotel (☎ 2810 282240; www.kronoshotel.gr; Sofokli Venizelou 2; EZ/DZ 50/60 €; 🖥 💻) Das ältere, gut gepflegte Hotel am Wasser bietet bequeme Zimmer mit doppeltverglasten Fenstern und Balkonen, Telefon und TV. In den meisten Zimmern steht ein Kühlschrank; einige mit Meeresblick.

MITTELKLASSEHOTELS

Kastro Hotel (☎ 2810 284185; www.kastro-hotel.gr; Theotokopoulou 22; EZ inkl. Frühstück ab 50 €, DZ & 3BZ inkl. Frühstück 75–90 €; 🖥 💻) Ein renoviertes, angenehmes Hotel der B-Klasse; das Kastro liegt in einer Nebenstraße und hat große Zimmer mit Kühlschrank, TV, Haartrockner und ISDN-Internet.

Irini Hotel (☎ 2810 229703; www.irini-hotel.com; Idomeneos 4; EZ/DZ inkl. Frühstück 70/100 €; 🖥) Ein mittelgroßes Hotel (59 Zimmer) in der Nähe des alten Hafens. Die luftigen, modern eingerichteten Zimmer haben Balkone mit Blumenschmuck. Wer auf das Frühstück verzichtet, zahlt weniger.

Marin Hotel (☎ 2810 300018; www.marinhotel.gr; Doukos Beaufort 12; EZ inkl. Frühstück 75 €, DZ inkl. Frühstück 95–125 €; ✖ 🖳) Die vorderen Zimmer dieses renovierten Hotels bieten einen großartigen Blick auf den Hafen und die Festung; einige haben einen großen Balkon. Die attraktiven Zimmer sind gut gepflegt.

Atrion (☎ 2810 246000; www.atrion.gr; Hronaki 9; EZ/DZ inkl. Frühstück 95/110 €; ✖ 🖳) Eines der besseren Hotels in Iraklion. Die Zimmer im neu gestalteten Atrion sind geschmackvoll in neutralen Tönen dekoriert. Die oberen Zimmer haben kleine Balkone und bieten einen hübschen Blick aufs Meer.

SPITZENKLASSEHOTELS

Lato Hotel (☎ 2810 228103; www.lato.gr; Epimenidou 15; EZ/DZ 100/127 €, Suite ab 175 €; ✖ 🛜) Dieses Boutique-Hotel, eines der besten in Iraklion, punktet nicht nur mit modernem Design, sondern auch mit außergewöhnlichem Service. Es liegt einen kurzen Fußweg von der Bushaltestelle und dem Hafen entfernt, mit Blick auf die Festung. Die modern ausgestatteten Zimmer, vor allem die geräumigen Suiten, haben einen fantastischen Ausblick. Tolle Panoramablicke bieten auch das stimmungsvolle Restaurant und die Bar auf der Dachterrasse. Das Lato verfügt über ein Spa, einen Schönheitssalon und ein exklusives Speiserestaurant (das Brilliant, gegenüber) im Untergeschoss.

Megaron (☎ 2810 305300; www.gdmmegaron.gr; Doukos Beaufort 9; EZ/DZ 190/215 €, Suite ab 247 €; 🅿 ✖ 🛜 🛋) Das teuerste Hotel Iraklions befindet sich in einem historischen Gebäude und war ziemlich heruntergekommen, ehe es zum Luxushotel saniert wurde. Die Zimmer sind mit bequemen Betten und TVs mit Plasmabildschirmen ausgestattet, die VIP-Suiten außerdem mit Whirlpool. Vom Restaurant auf der Dachterrasse bietet sich ein schöner Blick auf den Hafen und den einzigartigen Pool mit Glaswänden.

ESSEN

Viele Restaurants in dieser Gegend sind sonntags nicht geöffnet.

GÜNSTIG

Giakoumis Taverna (☎ 2810 280277; Theodosaki 5-8; Mayirefta 4–8 €; 🕒 So geschl.) Eine der besten Tavernen im Gewirr der Nebenstraßen des Marktes um die 1866. Das Giakoumis ist immer voll und serviert Vegetarisches und Fleisch direkt vom heißen Grill; vorwiegend kretische Spezialitäten.

Ippokambos Ouzeria (☎ 2810 280240; Sofokli Venizelou 3; mezedhes mit Meeresfrüchten 5–9 €) Am Ende der Uferpromenade, wo jede Menge Lokale auf Touristen warten. Es ist beliebt bei Einheimischen, die hier die Spezialitäten des Hauses und frischen Fisch genießen (der gebackene Tintenfisch ist köstlich).

O Vrakas (☎ 6977893973; Plateia 18 Anglon; mezedhes mit Meeresfrüchten 5–12 €) Die kleine ouzeria (ein Lokal, in dem Ouzo und leckere Kleinigkeiten serviert werden) liegt in einer Nebenstraße. Der Fisch wird auf Bestellung gegrillt. Das bescheidene Lokal ist ein Geheimtipp unter den Einheimischen.

Fyllo...Sofies (☎ 2810 284774; Plateia Venizelou 33; Bougatsa 2,50 €; 🕒 ab 17 Uhr; 🛜) und das **Kipkop** (☎ 2810 242705; Plateia Venizelou 29) gleich daneben stellen ihre Tische auf den Platz, beide mit Blick auf den Morosini Brunnen – hier gibt es das beste bougatsa-Frühstück (cremiger Grießbrei in einem Pastetenteig gebacken), außerdem einen WLAN-Zugang für's Surfen im Freien.

MITTELTEUER

Koupes (☎ 6977259038; Agiou Titou 22; mezedhes 3–6,50 €) Das rakadhiko ist bei Studenten beliebt. Hier werden starker kretischer Raki mit Appetithäppchen und fantastische mezedhes serviert; gegenüber der Schule.

Terzakis (☎ 2810 221444; Marineli 17; mezedhes 5–10 €) Die exzellente ouzeria an einem kleinen Platz gegenüber der Kirche Agios Dimitrios hat die unterschiedlichsten mezedhes, mayirefta (Ofengerichte) und Gegrilltes auf der Karte. Einen Versuch lohnen der Seeigelsalat und – für echt Unerschrockene – eine Portion „Unaussprechlicher": ameletita (gebratene Schafshoden).

I Avli tou Defkaliona (☎ 2810 244215; Prevelaki 10; Fleischgerichte 6–10 €; 🕒 Abendessen) Die gegrillten Gerichte in dieser traditionellen Taverne sind köstlich, das Dekor eher einfach.

Parasies (☎ 2810 225009; Plateia Istorikou Mouseiou; Gegrilltes 6,50–10 €) In einer Ecke des Platzes am Historischen Museum, perfekt für ein schnelles Mittagessen; die Grillgerichte sind lecker.

Peri Orexeos (☎ 2810 222679; Korai 10; Hauptgerichte 7–10 €) An der belebten Korai-Fußgängerzone gibt es im Peri Orexeos hervorragende, moderne griechische Gerichte. Darunter sind kreative Kompositionen wie zartes Hähnchen in einer Hülle aus griechischen Spaghetti (*kataifi*), riesige Salate und solide kretische Küche.

TEUER

Brilliant (☎ 28103 34959; Lato Boutique-Hotel, Epimenidou 15; Hauptgerichte 11–20 €) Das Restaurant der oberen Kategorie gehört zum Lato Boutique-Hotel. Auf der Karte stehen gute griechische und internationale Spezialitäten, die von aufmerksamen und höflichen Kellnern serviert werden.

Prassein Aloga (☎ 2810 283429; Kydonias 21, Ecke Handakos; Hauptgerichte 12–20 €) Die Küche in diesem rustikalen Café-Restaurant bietet „mediterrane Fusion", das Ambiente bescheiden, aber originell. Das Angebot an Speisen wird regelmäßig verändert, basiert aber auf der antiken griechischen Küche, beispielsweise Schweinemedaillons mit Trockenfrüchten an Wildreis.

Loukoulos (☎ 2810 224435; Korai 5; Hauptgerichte 15–32 €) Loukoulos punktet sowohl mit Ambiente als auch mit der Küche. Die Gerichte werden auf edlem Porzellan serviert, aus den Lautsprechern perlt klassische Musik. Auf der Karte stehen moderne griechische und andere mediterrane Gerichte – gut, aber für den Preis nichts Ausgefallenes.

Ausgehen

LP Tipp **Guernica** (☎ 2810 282988; Apokoronou Kritis 2; ☾ ab 10 Uhr) Das Guernica verdient sich den Titel der hippsten Café-Bar in Iraklion: cooles traditionelles Dekor in Verbindung mit eklektischer moderner Musik. Zur Bar gehört ein schattiger Terrassengarten mit Tischen im Freien. Tagsüber ist sie als Biergarten beliebt, nach Mitternacht geht es hier hoch her.

Pagopiion (☎ 2810 346028; www.icefacktory.gr; Plateia Agiou Titou; ☾ ab 10 Uhr) Das beliebte Café-Restaurant war früher eine Eisfabrik. Die exzentrische Ausstattung und die Lichter verwandeln es in eine Art Wald aus Weihnachtsbäumen.

Café Plus (Plateia Agiou Titou; ☾ 9–2 Uhr) Das große Café mit Tischen im Freien liegt im Zentrum von Iraklions Fußgängerzonen. Ein relaxtes Café für einen Drink oder einen Kaffee zu später Stunde.

Outopia (Handakos; ☾ 9–2 Uhr) Dieses Café an der Fußgängerstraße Handakos ist ein Mekka für Schokoladen- und Süßigkeitenfans und bietet eine eindrucksvolle Auswahl an Bieren und Tees an.

Empfehlenswert sind auch das quirlige **Take Five** (☎ 2810 226564; Akroleondos 7; ☾ ab 10 Uhr), eine klassische Bar an der Fußgängerstraße am El-Greco-Park und das **Café Santan** (☎ 6976 285869; Korai 13), das ein „orientalisches" Ambiente herauskehrt: Wasserpfeifen, Sofas und Bauchtanz gibt es ab 23 Uhr.

Unterhaltung

Die großen Diskotheken Iraklions liegen an der Leoforos Ikarou, unterhalb der Plateia Eleftherias und an der Epimendou (viele sind im Hochsommer geschlossen). In der ehemaligen Hafenzeile westlich der Lagerhäuser haben ein paar beliebte Nachtclubs aufgemacht, unter anderem das Big Fish und das Desire.

Vogue (☎ 6944577201; ☾ 22–6 Uhr) Das Vogue in einem alten Gebäude am Wasser ist unter Griechen sehr beliebt. Ausländer, die aussehen, als kämen sie gerade aus einer billigen Feriensiedlung für Pauschaltouristen, werden nicht eingelassen.

Habanero (Handakos; ☾ 22–4 Uhr) Eine schicke Bar mit lateinamerikanischer Musik. Das Beste sind die eleganten jungen griechischen Paare, die genau wissen, wie man zu dieser Musik tanzt.

Big Fish (☎ 2810 288011; Ecke Makariou 17 & Venizelou; ☾ ab 22 Uhr) Die Bar ist in einem atmosphärischen restaurierten alten Steinhaus untergebracht. Das **Desire** befindet sich gleich daneben.

WEINREGION IRAKLION

Im Süden von Iraklion und Knossos gedeihen auf den fruchtbaren Böden von Peza 70 % der kretischen Weine. Die **Winzergenossenschaft von Peza** (☎ 2810 741945; www.pezaunion.gr; Eintritt frei; ☾ Mo–Sa 9–16 Uhr) veranstaltet Weinproben, es gibt Videos und ein Mini-Museum. Das hochmoderne Weingut **Boutari** (☎ 2810 731617; www.boutari.gr; Skalani; Führung & Verkostung 4,50 €; ☾ 10–18 Uhr) auf einem Hügel 8 km von Iraklion entfernt, hat einen faszinierenden Weinproben- und Verkaufsraum mit Blick über die Weinberge des Gutes Fantaxometoho – und die Weine sind großartig.

KRETA

An- & Weiterreise

BUS

Die wichtigste Drehscheibe für den Busverkehr ist der **Busbahnhof A** (☎ 2810 246534; www. ktel-heraklio-lassithi.gr; Leoforos Nearhou) an der Uferpromenade am Kai. Hier fahren Busse in den Osten und Westen Kretas ab (auch nach Knossos). **Busbahnhof B** (☎ 2810 255965) liegt im Westen der Stadt hinter dem Chania-Tor. Hier fahren die Busse nach Phaistos, Agia Galini und Matala ab. Weitere Informationen im Kasten unten. Am Wochenende fahren die Intercity(IC)-Busse seltener.

Der Flughafenbus (0,90 €) fährt zwischen 6.30 Uhr und Mitternacht alle 15 Minuten; er hält an der Plateia Eleftherias.

FÄHRE

Detailliertere Informationen zu den zahllosen Fährverbindungen nach Iraklion, siehe unter Insel-Hopping (S. 866). Die **Hafenbehörde von Iraklion** (☎ 2810 244912) gibt Auskunft über die aktuellen Fahrpläne der Fähren.

Fährgesellschaften:

ANEK Lines Iraklio (☎ 2810 244912; www.anek.gr)
GA Ferries Iraklio (☎ 2810 222408; www.gaferries.gr)
LANE Lines (☎ 2810 346440; www.lane.gr)
Minoan Lines (☎ 2810 229624; www.minoan.gr)

FLUGZEUG

Der Flughafen Nikos Kazantzakis von Iraklion ist der größte Kretas und wird von vielen griechischen und internationalen Fluglinien, im Sommer auch von Charterfluggesellschaften angeflogen. Weitere Details unter Insel-Hopping (S. 867).

Einige Fluglinien:

Aegean Airlines (☎ 2810 344324; www.aegeanair. com)
Olympic Air (☎ 2810 244824; www.olympicairlines. com)
Sky Express (☎ 2810 223500; www.skyexpress.gr)

Unterwegs vor Ort

Bus 1 fährt zwischen 6 und 1 Uhr nachts alle 15 Minuten zum Flughafen. Die Endhaltestelle ist beim Astoria Capsis Hotel an der Plateia Eleftherias. Das Taxi zum Flughafen kostet 10 bis 12 €; telefonisch **Ikarus Radio Taxi** (☎ 2810 211212) vorbestellen.

Die Langstreckentaxis (☎ 2810 210102) an der Plateia Eleftherias vor dem Astoria Capsis Hotel und am Busbahnhof B sind schnell aber teuer. Ein paar Beispiele? Agios Nikolaos 60 €; Rethymnon 70 €; Chania 100-120 €.

Am Flughafen bieten mehrere Firmen Mietwagen an, darunter auch **Alianthos Rent-a-Car & Bikes** (☎ 2810 390481, 6945449771; www.ali

---

BUSSE VON IRAKLION

Busse von Busbahnhof A

Reiseziel	Dauer	Preis	Häufigkeit
Agia Pelagia	45 Min.	3,20 €	3-mal tgl.
Agios Nikolaos	1½ Std.	6,50 €	halbstündl.
Archanes	30 Min.	1,70 €	stündl.
Chania	3 Std.	10,50 €	18-mal tgl.
Chersonisos/Malia	45 Min.	3,70 €	halbstündl.
Ierapetra	2½ Std.	10 €	8-mal tgl.
Knossos	20 Min.	1,30 €	3-mal stündl.
Lassithi-Hochebene	2 Std.	4,70 €	1-mal tgl.
Milatos	1½ Std.	4,70 €	2-mal tgl.
Rethymnon	1¾ Std.	6,30 €	18-mal tgl.
Sitia	3½ Std.	13,10 €	5-mal tgl.

Busse von Busbahnhof B

Reiseziel	Dauer	Preis	Häufigkeit
Agia Galini	2 Std.	7,40 €	6-mal tgl.
Anogia	1 Std.	3,60 €	4-mal tgl.
Matala	2½ Std.	7,20 €	5-mal tgl.
Phaestos	1½ Std.	5,90 €	8-mal tgl.

anthos-group.com). Die Firma ist nicht gerade die billigste, dafür aber mit 2500 Autos fast überall auf der Insel vertreten und für flexiblen Service und eine große Auswahl bekannt. Weitere Niederlassungen sind unter anderem in Rethymnon, Chania, Plakias und Agia Galini.

Daneben gibt es auch kleinere Anbieter:

Loggetta Cars (☎ 2810 289462; www.loggetta.gr; 25 Avgoustou 20)

Motor Club (☎ 2810 222408; www.motorclub.gr; Plateia 18 Anglon) Gegenüber der Festung; verleiht Motorräder.

Sun Rise (☎ 2810 221609; 25 Avgoustou 46) In einer Gasse neben der Fußgängerzone.

CRETAQUARIUM

Das riesige **Cretaquarium** (☎ 2810 337788; www.cretaquarium.gr; Erw./Kind über 4/unter 4 Jahren 8 €/6 €/Eintritt frei; ☽ Mai–Mitte Okt. 9–21 Uhr, Mitte Okt.–April 10–17.30 Uhr) in Gournes, 15 km östlich von Iraklion, ist das größte Aquarium im östlichen Mittelmeer. In mehreren großen Becken wird eine verblüffende Vielfalt von Meerestieren gezeigt, allerdings nur wenige wirklich große Fische. Die interaktiven

Multimediaeinrichtungen erklären alles in mehreren Sprachen.

Busse ab Busbahnhof B in Iraklion in Richtung Nordküste (1,70 €, 30 Min.) halten an der Hauptstraße, von dort sind es noch 10 Minuten zu Fuß. Die Abzweigung von der Nationalstraße in Richtung Kato Gouves ist beschildert.

KNOSSOS ΚΝΩΣΣΟΣ

Der historische **Minoische Palast von Knossos** (☎ 2810 231940; Eintritt 6 €; ☽ Juni–Okt. 8–19 Uhr, Nov.–Mai 8–15 Uhr) ist ein Muss für jeden Besucher Kretas. Das heutige Dorf Knossos, 5 km südlich von Iraklion, war zur Zeit der Minoer die Hauptstadt Kretas.

Der britische Archäologe Sir Arthur Evans grub den legendären Palast von König Minos und seinem mythischen Minotaurus zu Beginn des 20. Jhs. aus. Heinrich Schliemann, der das antike Troja und Mykene entdeckt hatte, war an der Grabungserlaubnis gescheitert – Sir Arthur erntete den Ruhm allein.

Es dauerte 35 Jahre und kostete Evans rund 250 000 £ seines Privatvermögens,

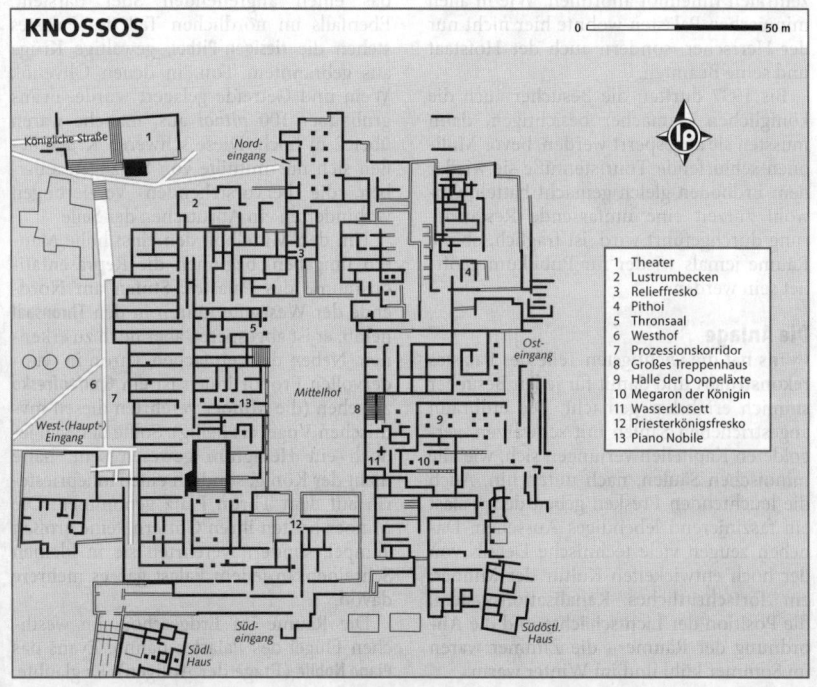

KNOSSOS

0 ———— 50 m

Königliche Straße — 1
Nord-eingang
2
3
5
6
7
West-(Haupt-)Eingang
13
Mittelhof
8
11
10
9
12
Ost-eingang
Südl. Haus
Süd-eingang
Südöstl. Haus

1 Theater
2 Lustrumbecken
3 Relieffresko
4 Pithoi
5 Thronsaal
6 Westhof
7 Prozessionskorridor
8 Großes Treppenhaus
9 Halle der Doppeläxte
10 Megaron der Königin
11 Wasserklosett
12 Priesterkönigsfresko
13 Piano Nobile

dann hatte er den gesamten Komplex ausgegraben und teilweise rekonstruiert. Allerdings hatte Evans nicht nur Bewunderer, denn manche Archäologen sahen in seinen Rekonstruktionen mehr Fantasie als Fakten. Verständlicherweise sehen das die meisten Besucher anders: sie fühlen sich in dem rekonstruierten Palast in das Leben am minoischen Königshof zurückversetzt.

Geschichte

Der erste Palast von Knossos (1900 v. Chr.) wurde um 1700 v. Chr. durch ein Erdbeben zerstört. Die Minoer bauten ihn großartiger und prächtiger wieder auf (diesen Palast hat Evans rekonstruiert). Um 1600 v. Chr. wurde auch der neue Palast teilweise zerstört und brannte um 1450 v. Chr. endgültig nieder.

Der Komplex von Knossos besteht aus dem weitläufigen Palast, Wohnsitzen von Beamten und Priestern, Häusern der einfachen Leute und Friedhöfen. Im Palast lassen sich königliche Gemächer, Empfangshallen, Schreine, Werkstätten, Schatzhäuser und Lager unterscheiden, die sich um einen zentralen Innenhof anordnen. Wie in allen minoischen Palästen wohnte hier nicht nur der Herrscher, sondern auch der Hofstaat und seine Beamten.

Bis 1997 durften die Besucher auch die königlichen Gemächer besichtigen, dann mussten sie abgesperrt werden, bevor Millionen schlurfende Touristenfüße sie wieder dem Erdboden gleich gemacht hätten. Obwohl zurzeit eine umfassende Restaurierung durchgeführt wird, ist fraglich, ob die Räume jemals wieder für Publikum geöffnet sein werden.

Die Anlage

Evans hat die wichtigsten Teile des Palastes rekonstruiert und damit für jeden Besucher sinnlich erfahrbar gemacht. Die erdbraun angestrichenen Säulen mit schwarzen, vergoldeten Kapitellen verjüngen sich, wie alle minoischen Säulen, nach unten hin. Auch die leuchtenden Fresken geben dem Palast ein faszinierend lebendiges Aussehen. Daneben zeugen viele technische Details von der hoch entwickelten Kultur der Minoer: ein fortschrittliches Kanalisationssystem, die Position der Lichtschächte und die Anordnung der Räume – die Zimmer waren im Sommer kühl und im Winter warm.

Der übliche Eingang in den Palastkomplex ist durch den **Westlichen Hof** und durch den **Prozessionskorridor** mit einem nur in Bruchstücken erhaltenen **Fresko**. Es stellt eine Prozession von Gästen dar, die dem König Geschenke überbringen. Eine Kopie der Prozession, das so genannte **Fresko des Priesterkönigs**, ist im Süden des Mittelhofes zu sehen.

Geht man vom Prozessionskorridor geradeaus in Richtung Nordeingang, stößt man auf das **Theater**. Es ist allerdings nicht sicher, ob die Stufen wirklich Theatersitze waren oder ob hier hochgestellte Gäste begrüßt wurden, die über die Königsstraße zum Palast kamen.

Die **Königliche Straße** – vermutlich die erste Straße Europas – führt in westlicher Richtung vom Palast weg. Sie war von Werkstätten und Wohnhäusern gesäumt. Sir Arthur vermutete, dass sich die Minoer im nahen **Lustrumbecken** einer rituellen Reinigung unterzogen, bevor sie an religiösen Zeremonien teilnahmen.

Im Zugang zum **Mittelhof** (von Norden her) ist das reliefartige **Stierfresko** zu sehen, das einen angreifenden Stier darstellt. Ebenfalls im nördlichen Teil des Palastes stehen die **riesigen Pithoi**, gewaltige Krüge aus gebranntem Ton, in denen Olivenöl, Wein und Getreide gelagert wurde. Evans grub über 100 *pithoi* aus, manche waren über 2 m hoch. Diese schweren Krüge ließen sich nur mithilfe von Seilzügen anheben, die hervorstehenden Verzierungen verhinderten ein Abrutschen der Seile.

Um den Mittelhof, den einst hohe Mauern umgaben, beginnen die Repräsentationsräume des Palastes. Stufen am Nordende der Westseite führen in den **Thronsaal** herab; er ist abgesperrt, aber noch zu erkennen. Neben dem einfachen Thron in wundervollen Proportionen ist ein **Greifenfresko** zu sehen (die Minoer verehrten diesen mythischen Vogel als heilig). Sollte der Saal jedoch ein Heiligtum gewesen sein, hätte nicht der König, sondern eine Hohepriesterin auf dem Thron Platz genommen. Die Minoer bauten ihren Göttern keine großen Tempel, sondern verehrten sie in kleinen Schreinen; in jedem Palast gab es mehrere davon.

Die Räume im Erdgeschoss im westlichen Flügel des Palastes nannte Evans das **Piano Nobile** (Etage der Adligen). Er glaubte, dass hier die Empfänge in Repräsentationsräumen stattfanden. In einem der Zimmer sind Kopien von Fresken ausgestellt.

Wieder zurück im Mittelhof blickt man auf die eindrucksvolle **Große Treppe,** die im Ostflügel des Palastes zu den königlichen Wohnräumen führte (nicht zugänglich); Evans nannte sie Wohnquartiere. Die **Halle der Doppeläxte** in den königlichen Gemächern war das *megaron* des Königs – ein geräumiges Doppelzimmer, in dem der König schlief und seine Hofpflichten erfüllte. Für Luft und Licht sorgten ein Lichtschacht an einem und ein Balkon am anderen Ende. Der Name des Raumes geht auf die Doppelaxtspuren im Lichtschacht zurück; Doppeläxte waren das heilige Symbol der Minoer.

Von hier führt ein Korridor zum **Megaron der Königin.** Über der Tür ist eine Kopie des **Delfinfreskos** angebracht, eines der kostbarsten Kunstwerke aus minoischer Zeit; ein blaues Blumenmuster ziert das Portal. Gleich daneben, im Badezimmer der Königin, blieben eine Badewanne und eine Toilette erhalten. Letztere gilt als ältestes Beispiel für eine Toilette mit Wasserspülung, wenn auch mit Handbetrieb.

An- & Weiterreise

Vom Busbahnhof in Iraklion (s. S. 538) und dem Morosini-Brunnen fahren regelmäßige Busse nach Knossos. Autofahrer auf der Küstenstraße werden über Hinweisschilder bis Knossos geleitet. In der Nähe der Anlage stehen mehrere kostenlose Parkplätze bereit, also Vorsicht vor Schleppern entlang der Straße, die kostenpflichtige Parkplätze anbieten.

WEITERE MINOISCHE STÄTTEN

Im zentralen Kreta gibt es neben Knossos weitere sehenswerte minoische Stätten. Sie sind zwar nicht so stark restauriert wie Knossos und weniger spektakulär, erlauben aber gerade deshalb einen unmittelbaren Einblick in das Leben der Minoer – ohne den Glanz der architektonischen Fantasie Sir Arthur Evans. Einige Kenner bewerten sie sogar höher als Knossos.

Malia Μάλια

An der Nordküste, etwa 3 km östlich der Bettenburgen des Pauschaltourismus, liegt der **Minoische Palast von Malia** (☎ 28970 31597; Eintritt 4 €; ☽ Di–So 8.30–15 Uhr). Er ist kleiner als

Knossos oder Phaistos und besteht aus einem Palastkomplex und einer Stadt, die auf einer fruchtbaren Ebene erbaut wurden.

Vom **Westhof** (der Eintritt in den Komplex) führt der Rundgang Richtung Süden zu acht runden Gruben, in denen die Bewohner ihr Getreide lagerten. Östlich davon führt das ehemalige Hauptportal in den Palast bis zum Südende des Mittelhofes. In dessen südwestlicher Ecke steht der **Kernos,** ein scheibenförmiger Stein mit 34 Löchern am Rand – wozu er benutzt wurde, ist sogar den Archäologen unklar.

In der **Loggia** nördlich der **Haupttreppe** (am Nordrand des westlichen Palastflügels) wurden religiöse Zeremonien abgehalten.

In der Ausstellungshalle sind Rekonstruktionen und interessante Fotos zu sehen, auch einige Luftaufnahmen. Die Busse zwischen Iraklion und Malia fahren alle halbe Stunde (3,70 €, 1 Std.).

Phaistos Φαιστός

Zum Glück für die Reisenden liegen die drei übrigen wichtigen minoischen Stätten dicht beieinander: 50 km südlich von Iraklion an den Spitzen eines Dreiecks.

Das 63 km von Iraklion entfernte **Phaistos** (☎ 28920 42315; Erw./Stud. 4/2 €, inkl. Agia Triada 6/3 €; ☽ Juni–Okt. 8–19.30 Uhr, Nov.–April 8–17 Uhr) war nach Knossos die wichtigste Palaststadt der Minoer. Außerdem bieten sich von Phaistos aus atemberaubende Blicke über die Ebene von Mesara und das Ida-Gebirge. Der Grundriss des Palastes ähnelt dem in Knossos: alle Räume sind um einen zentralen Hof angeordnet. Der größte Teil des heute sichtbaren Palastkomplexes wurde auf einem zerstörten Palast vom Ende der Mittleren Minoischen Zeit erbaut – wie in Knossos. Allerdings haben Archäologen – und darin unterscheidet sich Phaistos von allen anderen Stätten – auch die Ruinen des Vorgängerkomplexes ausgegraben und teilweise in den neuen Palast integriert.

Phaistos hat ein ganz besonderes Flair. In den offenen, nicht rekonstruierten Ruinen scheint man den geheimnisvollen Geist der versunkenen Minoer zu spüren, der den Bauten in Knossos fehlt. Im Unterschied zum Palast von Knossos blieben nur sehr wenige Fresken erhalten. Die Wände waren vermutlich mit Gips verputzt.

Man betritt den Neuen Palast über eine 15 m breite **Prunktreppe,** deren Stufen zum

KRETA

KRETA PUR

Wer nach den Ruinen im „minoischen Drei-eck" südlich von Iraklion noch mehr Lust auf (allerdings modernere) Kultur hat, sollte nach Vori fahren. In dem unscheinbaren Dorf, 4 km östlich von Tymbaki, hat eine pri-vate Initiative ein spannendes **Museum der Kretischen Volkskunde** (☎ 28920 91112, An-meldung 28920 91110; Eintritt 3 €; ☽ April–Okt. 10–18 Uhr, im Winter nach Voranmeldung) ge-gründet. Die Ausstellung zeigt das Leben auf dem Land, Krieg, Sitten, Architektur, Musik und die Flora und Fauna, die für die kretische Küche genutzt wird. Daneben gibt es auch wunderschöne Stoffe, Möbel, Holz-schnitzereien und Musikinstrumente zu sehen. Das Museum ist an der Hauptstraße ausgeschildert.

Mittelhof hinaufführen. Im Norden des Hofes erstrecken sich die am besten erhalte-nen Abschnitte des Palastkomplexes, die Empfangssäle und privaten Wohnquartiere. Obwohl die Ausgrabungen noch nicht ab-geschlossen sind, gilt bereits als sicher, dass der Eingang aus einem eindrucksvollen Portal mit Halbsäulen rechts und links be-stand – nur die unteren Teile stehen noch. Anders als die frei stehenden minoischen Säulen verjüngen sie sich nicht nach unten. Der berühmte Diskus von Phaistos (heute im Archäologischen Museum in Iraklion, s. S. 531) wurde in einem Gebäude nördlich des Palastes entdeckt.

Von Iraklion fahren täglich acht Busse nach Phaistos (5,90 €, 1½ Std.), die auch in Gortyn halten. Phaistos ist über fünf Busse täglich mit Agia Galini (2,80 €, 25 Min.) und Matala (1,80 €, 30 Min.) verbunden.

Agia Triada Αγία Τριάδα

Der kleine Palast von **Agia Triada** (☎ 28920 91564; Eintritt 3 €, inkl. Phaistos 6 €; ☽ Sommer 10–16.30 Uhr, Winter 8.30–15 Uhr) liegt 3 km westlich von Phaistos. Vermutlich diente der ähnlich ge-schnittene Komplex als königliche Som-merresidenz; dafür sprechen die kostbaren Objekte, die hier ausgegraben wurden. Die im Norden des Palastes ausgegrabene Stoa (ein lang gestreckter Bau mit Säulenfront) gehörte zu einer ehemaligen Stadt. Die wichtigsten Funde sind im Archäologischen Museum (S. 531) in Iraklion ausgestellt, da-

runter ein Sarkophag, zwei außergewöhnli-che Fresken und drei Vasen.

Etwa 500 m hinter Phaistos auf der Straße nach Matala weist ein Schild auf die Abzweigung nach rechts hin; Agia Triada ist nicht mit öffentlichen Verkehrsmittel zu erreichen.

Gortyn Γόρτυνα

Gortyn (☎ 28920 31144; Eintritt 4 €; ☽ 8–19.30 Uhr, im Winter bis 17 Uhr) liegt auf der Ebene von Me-sara an der Verbindungsstraße zwischen Iraklion und Phaistos. Die Ruinen zeugen von einer riesigen und faszinierenden Stadt, die von minoischer bis in die christliche Zeit bewohnt war. Gortyn war die Haupt-stadt der römischen Provinz Cyrenaica

Der bedeutendste Fund war die mächti-gen Steintafeln mit den eingemeißelten **Ge-setzen von Gortyn** (5. Jh. v. Chr.). Aus der Rö-merzeit blieben gut erkennbare Ruinen erhalten: das **Prätorium** (2. Jh. v. Chr.), die einstige Residenz des Provinzgouverneurs, ein **Nymphaeum** und der **Tempel des Pythischen Apollon.** Die **Basilika Agios Titos** (6. Jh. n. Chr.) war dem ersten Bischof von Kreta geweiht, einem Schützling des Apostel Paulus.

Die Ruinen liegen 46 km südwestlich von Iraklion und 15 km von Phaistos entfernt. Sie sind nicht mit öffentlichen Verkehrsmit-teln zu erreichen.

ARCHANES ΑΡΧΑΝΕΣ

4700 Ew.

Das hübsche Archanes liegt 14 km südlich von Iraklion. Es präsentiert sich als restau-riertes, traditionelles Dorf mit herrlichen alten Häusern und ausgezeichneten Taver-nen um sehr erholsame Plätze mit schatti-gen Bäumen. Von dem einstigen minoi-schen Palast in Archanes blieben nur wenige Ruinen erhalten (Hinweisschilder auf der Hauptstraße).

Das **Archäologische Museum von Archanes** (☎ 28107 52712; Eintritt frei; ☽ Mi–Mo 8.30–15 Uhr) zeigt die Funde der archäologischen Ausgrabungen. Gezeigt werden unter anderem *larnakes* (Särge) und Musikinstrumente aus Fourni, dazu ein Zeremonialdolch aus dem Anemospilia-Tempel.

Online-Informationen bietet www.ar chanes.gr.

Übernachtungen sind im **Neraidospilios** (☎ 6972720879; www.neraidospilios.gr; EZ/Apt. 40/70 €; ▣ ▣) am Ortsrand möglich. Die geräumigen und bestens ausgestatteten Zimmer und Apartments haben Ausblick auf das Gebirge. Die Zimmer vermietet der Besitzer des Diahroniko Cafés in Archanes.

Von Iraklion fahren stündlich Busse nach Archanes (1,70 €, 30 Min.).

ZAROS & UMGEBUNG ΖΑΡΟΣ
2220 Ew.

Etwa 46 km südwestlich von Iraklion liegt das sehr ländliche Dorf Zaros, das bekannt für sein Quellwasser ist. Die Ausgrabungsstätte in der Nähe beweist, dass sich schon die Minoer und später die Römer von dem Quellwasser locken ließen.

Für Autofahrer lohnen sich kurze Abstecher zu den byzantinischen Klöstern und in die Dörfer der Umgebung. In **Moni Agiou Nikolaou** oberhalb der grünen **Rouvas-Schlucht** blieben Malereien aus dem 14. Jh. erhalten, während das nahe Kloster **Moni Agiou Andoniou Vrondisiou** einen venezianischen Brunnen aus dem 15. Jh. und Fresken aus dem 14. Jh. zu bieten hat.

Vor den Toren von Zaros gibt es in **Votomos** einen schattigen Park mit einem kleinen See, Kinderspielplätzen und der Café-Taverne **I Limni** (☎ 28940 31338; Forelle pro kg 22 €; ☺ ab 9 Uhr). Vom See aus führt ein Wanderweg nach Moni Agiou Nikolaou (900 m) und in die Rouvas-Schlucht (2,5 km).

Für Übernachtungen bietet sich das **Studios Keramos** (☎ /Fax 28940 31352; Zaros; EZ/DZ inkl. Frühstück 30/35 €; ☒) an. Es ist mit Familienerbstücken, antiken Betten und Möbeln ausgestattet, und die traditionelle kretische Hausmannskost der Besitzerin Katarina ist auf jeden Fall einen Versuch wert. Für andere hungrige Reisende bietet das **Vengera** (☎ 28940 31730; Zaros; Hauptgerichte 4–6 €) am Ende der Hauptstraße ebenfalls traditionelle kretische Küche an.

Von Iraklion aus fahren täglich zwei Busse nach Zaros (4,30 €, 1 Std.).

MATALA ΜΑΤΑΛΑ
100 Ew.

Matala liegt 11 km südwestlich von Phaistos an der Südküste. Zu Beginn der 1970er-Jahre war der Ort eine beliebte Hippie-Kolonie und unheimlich „groovy". Die Hippies schliefen am Strand in den **Sandsteinhöhlen** der gewaltigen, überhängenden Steilwand. Diese Höhlen wurden schon lange vor den Blumenkindern genutzt – wer damals hier

lag, hatte allerdings einen extrem tiefen Schlaf: Die Römer nutzten die Höhlen im 1. Jh. n. Chr. als Grabstätten.

Im Rahmen der Expansion und Modernisierung verlor die Stadt ihr besonderes Flair als Aussteigerparadies, obwohl immer noch einige Unverdrossene den alten Geist aufleben lassen möchten. Der heutige Ort hat eine bescheidene touristische Infrastruktur mit Tavernen und Pensionen, auch der **Sandstrand** unterhalb der Höhlen ist herrlich wie zu Hippiezeiten. Die Höhlen sind frei zugänglich, werden nachts aber abgesperrt. Bei der Recherche waren sie nicht bewacht und es wurde keine Gebühr erhoben. Matala ist ein guter Ausgangspunkt für Phaistos und Agia Triada.

Schlafen & Essen

Fantastic Rooms to Rent (☎ 28920 45362; EZ/DZ/3BZ 25/30/40 €, DZ/3BZ mit Küche 30/35 €; ☒ ☒) Das Fantastic gab es schon zu Hippiezeiten; die Zimmer sind einfach aber bequem; viele sind mit Kochnische, Telefon, Wasserkocher und Kühlschrank ausgestattet.

Pension Andonios (☎ 28920 45123; DZ/3BZ 30/35 €; ☒ ☒) Der freundliche Antonis hat die Zimmer seiner bequemen Pension attraktiv möbliert; viele haben eine Kochnische, die oberen einen Balkon. Die Zimmer ziehen sich um einen hübschen Hof.

Hotel Zafiria (☎ 28920 45366, www.zafiria-matala. com; DZ inkl. Frühstück 40 €; ☒ ☒ ☒ ☒ ☒) Eines der größeren Hotels im Ort. Das Zafiria hat bequeme Zimmer mit allem modernen Komfort. Von den Balkonen blickt man auf das Meer; unterhalb der Klippen wurde ein neuer Pool angelegt.

Gianni's Taverna (☎ 28920 45719; Hauptgerichte 5–7,50 €) Die schlichte Taverne hat preiswerte Grillgerichte und einfache Tavernenkost auf der Karte.

Lions (☎ 28920 45108; Spezialitäten 6–10 €) Das alteingesessene Restaurant bietet Gerichte über dem Tavernenstandard an. Im Gastraum gibt es kretische Spezialitäten in großen Portionen. Am Abend, wenn die Gäste auf einen Drink vorbei kommen, wird es richtig lebhaft.

An- & Weiterreise

Von Iraklion fahren fünf Busse täglich nach Matala (7,20 €, 2½ Std.). Matala ist über Busse auch an Phaistos (1,80 €, 30 Min.) angebunden.

KRETA

RETHYMNON ΡΕΘΥΜΝΟ
27 870 Ew.

Das hübsche Rethymnon ist die drittgrößte Stadt Kretas und bekannt für seine malerische Altstadt, die sich vom belebten Hafen aus hangaufwärts zieht. Eine mächtige venezianische Festung wacht erhaben über Hafen und Stadt. Wie jede moderne Stadt breitet sich Rethymnon immer weiter aus, doch die Reisenden sehen die modernen Viertel allenfalls auf der Parkplatzsuche. Es zieht sie direkt in das pittoreske venezianisch-türkische Altstadtviertel mit den labyrinthisch verschlungenen Gassen, anmutigen Holzbalkonen und venezianischen Denkmälern; die Minarette sorgen für osmanisches Flair.

Im Vergleich zu Iraklion wirkt Rethymnon sanfter, irgendwie „feminin". Das könnte an der Architektur liegen, vielleicht auch an den Geisteswissenschaften, die an der Universität von Rethymnon ein hohes Ansehen genießen und viele Studentinnen anziehen. Die Studenten bringen auch im touristenarmen Winter Leben in die Stadt.

Geschichte
Schon die Minoer erkannten die günstige strategische Lage Rethymnons. Ab dem 4. Jh. v. Chr. war die Stadt als „Rithymna" bekannt – sie war unabhängig und prägte eigene Münzen. Während der römischen und byzantinischen Zeit nahm die Bedeutung der Stadt ab.

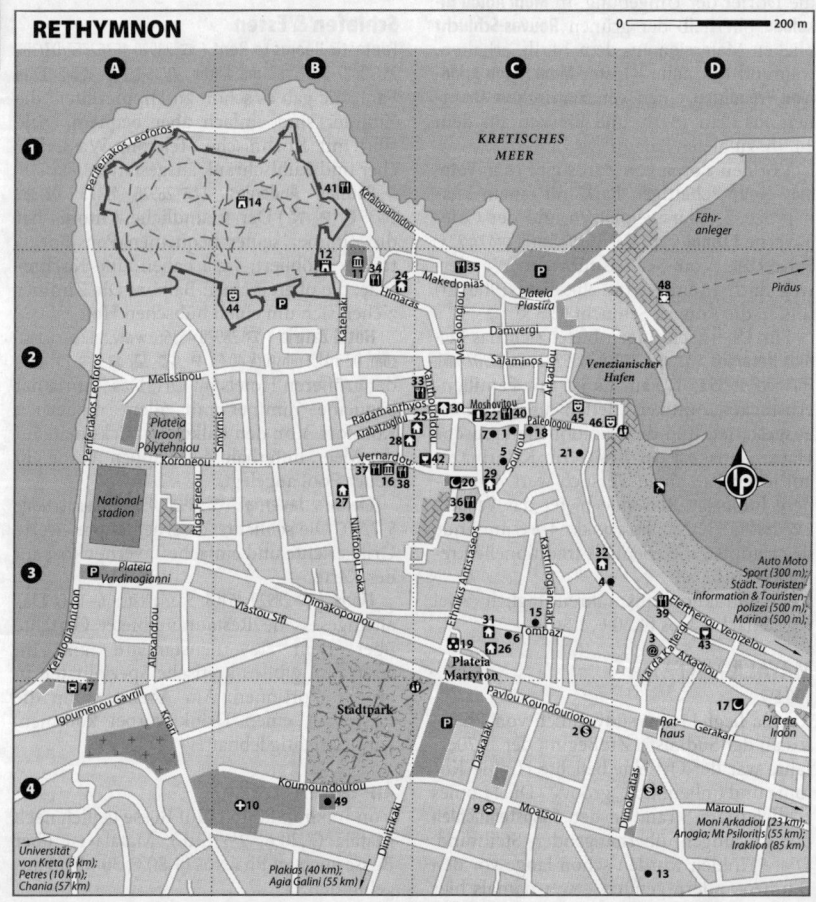

Erst unter venezianischer Herrschaft (1210–1645) gab es einen neuen Aufschwung. Die meisten bedeutenden Bauten Rethymnons stammen aus jener Epoche. Danach regierten die osmanischen Türken bis 1897, als Russland nach Besetzung der Insel durch die europäischen Großmächte die Verwaltung der Stadt übernahm. Ab 1923 – damals strömten nach dem Griechisch-Türkischen Krieg viele Flüchtlinge aus Konstantinopel in die Stadt – nahm die Bedeutung Rethymnons als künstlerisches und intellektuelles Zentrum zu.

Orientierung

Fast alle wichtigen Sehenswürdigkeiten Rethymnons und die meisten Hotels und Restaurants liegen in der Nähe des Hafens; am Ostrand der Stadt gibt es einen ordentlichen Strand.

Der Busbahnhof befindet sich am Westende der Igoumenou Gavriil, etwa 600 m westlich des Porto Guora (als das Buch entstand, wurde über eine Verlegung diskutiert – passiert ist aber noch nichts). Wer mit der Fähre anreist, landet am Kai direkt gegenüber der Altstadt.

Im Sommer gibt es in der Altstadt kaum Parkplätze. Viele Autofahrer halten sich allerdings nicht an das Verbot und parken auf dem riesigen Parkplatz am Kai.

Praktische Informationen

BUCHLÄDEN

Ilias Spondidakis Bookshop (☎ 28310 54307; Souliou 43) Bietet Romane in englischer Sprache, Bücher über Griechenland und griechische Musik an.
Mediterraneo Editions (☎ 28310 50505; Paleologou 41; www.mediterraneo.gr; ☯ 8–22 Uhr) Freundliches Geschäft; fremdsprachige Bücher, Reiseführer von Lonely Planet und anderen Verlagen und Wanderkarten von Anavasi.

GELD

Alpha Bank (Pavlou Koundouriotou 29)
National Bank of Greece (Dimokratias)

GEPÄCKAUFBEWAHRUNG

KTEL (☎ 28310 22659; Ecke Kefalogiannidon & Igoumenou Gavriil; pro Tag 1,50 €; ☯ 8–18 Uhr) In der Gepäckaufbewahrung am Busbahnhof.

INTERNETZUGANG

Cybernet (Kallergi 44-46; pro Std. 3 €; ☯ 10–17 Uhr)

MEDIZINISCHE VERSORGUNG

Rethymnon Hospital (☎ 28210 27491; Triandalydou 17; ☯ 24 Std.)

NOTFALL

Touristenpolizei (☎ 28310 28156; Delfini Gebäude, Venizelou; ☯ 7–14.30 Uhr) Bei der städtischen Touristeninformation.

POST

Post (☎ 28310 22302; Moatsou 21; ☯ Mo–Fr 7–19 Uhr)

REISEBÜROS

Alfa Odeon Holidays (☎ 28310 57610; www.odeon travel.gr; Paleologou 25) Das Reisebüro in der Altstadt wird von dem hilfsbereiten Manolis Chliaoutakis geführt, der alle Serviceleistungen anbietet.
Ellotia Tours (☎ 28310 24533; www.Rethymnon atcrete.com; Arkadiou 155; ☯ März–Nov. 9–21 Uhr) Hier kann man Fähr- und Flugtickets buchen, Geld wechseln, Autos und Fahrräder mieten, und Ausflüge buchen.

TOURISTENINFORMATION
Städtische Touristeninformation (☎ 28310 29148; www.Rethymnon.gr; Delfini-Gebäude, Eleftheriou Venizelou; ☻ ganzjährig Mo–Fr 8.30–20 Uhr, März–Nov. zusätzlich Sa & So 9–20.30 Uhr)

WASCHSALON
Laundry Mat (☎ 28310 29722; Tombazi 45; Waschen & Trocknen 9 €; ☻ Mo–Fr 8.30–14 & 17.30–21, Sa 8.30–14.15 Uhr) bei der Jugendherberge.

Sehenswertes

Die **Festung** (Fortezza; ☎ 28310 28101; Palekastro-Hügel; Eintritt 3,10 €; ☻ Juni–Okt. 8–20 Uhr) aus dem 16. Jh. steht an der Stelle einer antiken Akropolis. Von den zahlreichen Gebäuden hinter den massiven Mauern blieben nur eine Kirche und eine Moschee erhalten. Allerdings gibt es noch eine Menge Ruinen zu erkunden, und der Ausblick von den Festungsmauern ist großartig.

Das kleine **Archäologische Museum** (☎ 28310 54668; Eintritt 3 €; ☻ Di–So 8.30–15 Uhr) am Eingang zur Festung war einst ein Gefängnis. Es zeigt steinzeitliche Werkzeuge, minoische Keramik aus den nahen Gräbern, mykenische Figuren und ein Relief der Aphrodite aus dem 1. Jh. n. Chr.; auch die Münzsammlung ist sehenswert.

Rethymnons **Historisches & Volkskundliches Museum** (☎ 28310 23398; Vernardou 28–30; Eintritt 3 €; ☻ Mo–Sa 9.30–14.30 Uhr) in einem historischen venezianischen Gebäude veranschaulicht das traditionelle Leben auf dem Land mithilfe von Kleidung, Körben, gewebten Stoffen und Arbeitsgeräten der Bauern.

Der **Rimondi-Brunnen** in der Altstadt ist gar nicht zu verfehlen. Die Wasser speienden Löwenköpfe und die korinthischen Kapitelle verraten seine venezianische Herkunft. Auch die Loggia aus dem 16. Jh. (heute ein Museumsshop) und das gut erhaltene „Große Tor" – die **Megali Porta**, die früher in die Stadtmauer integriert war – stammen aus der Zeit der venezianischen Herrschaft.

Wer sich für venezianische und türkische Architektur interessiert, darf auf keinen Fall das interessante **Zentrum für Byzantinische Kunst** (☎ 28210 50120; Ethnikis Antistaseos) verpassen. Als Bonus gibt es vom Terrassencafé des historischen Herrenhauses einen wunderschönen Blick über die Altstadt.

Die nahe **Nerantzes-Moschee** war eine Franziskanerkirche, bis sie im Jahr 1657 umfunktioniert wurde. Weiter im Osten

steht die **Kara-Musa-Pascha-Moschee,** die mit ihrem Gewölbebrunnen zu den wichtigsten Bauwerken Rethymnons aus osmanischer Zeit zählt. Jetzt beherbergt sie das **Hellenische Konservatorium** und bildet einen stimmungsvollen Rahmen für Konzerte.

Aktivitäten

Happy Walker (☎ /Fax 28310 52920; www.happywalker.com; Tombazi 56; ☻ 5–20.30 Uhr) veranstaltet verschiedene Wandertouren in die Umgebung von Rethymnon. Für anspruchsvollere Touren wendet man sich an den **EOS** (Griechischer Bergsteigerverein; ☎ 28310 57766; www.eos.rethymnon.com; Dimokratias 12), der detaillierte Informationen zu Klettertouren und anderen Outdoor-Aktivitäten in der Präfektur Rethymnon anbietet.

Das **Paradise Dive Centre** (☎ 28310 26317; www.diving-center.gr) veranstaltet Tauchexkursionen und PADI-Kurse in allen Schwierigkeitsgraden. Die Tauchbasis liegt in Petres, 15 Minuten westlich von Rethymnon.

Festivals & Events

Das jährliche **Renaissance-Festival** (☎ 28310 51199; www.cultureguide.gr) ist die größte Kulturveranstaltung in Rethymnon. Die einzelnen Veranstaltungen finden von Juli bis September im Erofili-Theater in der Festung statt. Mitte Juli wird das **Weinfest** im blumenreichen Stadtpark veranstaltet, der auch eine hübsche Kulisse für entspannende Spaziergänge bildet. Beim **Winterkarneval** im Februar geht es wilder zu.

Schlafen

BUDGETUNTERKÜNFTE

Rethymnon Youth Hostel (☎ 28310 22848; www.yhrethymno.com; Tombazi 41; B ohne Bad 10 €, Frühstück 2 €; ☐ ☻) Die angenehme, sehr entspannte Jugendherberge ist das ganze Jahr über geöffnet. Die Zimmer liegen um einen Innenhof, haben gute Badezimmer und es gibt eine kleine Bar.

Sea Front (☎ 28310 51981; Arkadiou 159; DZ 35–50 €; ☒) Die Pension am Meer bietet ordentliche Zimmer mit Holzfußböden, dazu Studio-Apartments mit Meerblick und Deckenventilatoren in einem Gebäude etwas näher am Strand.

Atelier (☎ 28310 24440; atelier@ret.forthnet.gr; Himaras 27; Zi. 35–55 €) Die sauberen und attraktiv renovierten Zimmer gehören zur Keramikwerkstatt von Frosso Bora und sind ihren

Preis wert. Das Gebäude stammt aus venezianischer Zeit, teilweise sind die nackten Steinmauern zu sehen. Die Zimmer sind mit Flachbildschirm-TV, neuen Badezimmern und Kochnischen ausgestattet.

Olga's Pension (☎ 28310 28665; Souliou 57; EZ/DZ/Studio 40/45/65 €; 🛇) Die Pension liegt an der touristischen und lebhaften Souliou. Mit der eklektischen Dekoration, Terrassen und einfachen, bunt dekorierten Zimmern strahlt sie einen gewissen verblassten Charme aus. Die meisten Räume haben Kühlschrank, TV, Ventilator und ein einfaches Bad. Das Frühstück, serviert in der Souliou 55, ist im Preis enthalten.

Byzantine Hotel (☎ 28310 55609; Vosporou 26; DZ inkl. Frühstück ab 50 €; 🛇) Das kleine Hotel mit traditionellem Flair in einem historischen Gebäude an der Porta Gora bietet das beste Preis-Leistungsverhältnis. Die Zimmer sind mit geschnitzten Holzmöbeln ausgestattet, einige mit Badewanne. Aus den hinteren Zimmern blickt man auf die alte Moschee und ein Minarett.

Casa dei Delfini (☎ 28310 55120; kzaxa@reth.gr; Nikiforou Foka 66-68; Studio 55–75 €, Suite 80–140 €; 🛇) In dieser eleganten Pension gehen türkische und venezianische Elemente eine gelungene Verbindung ein. In einem der Studio-Badezimmer blieben eine alte Steinwanne und eine Hammam-Decke erhalten. Die Zimmer sind traditionell möbliert, alle haben eine Kochnische. Besonders eindrucksvoll ist die riesige Maisonette mit einer großen Terrasse.

MITTEL- & SPITZENKLASSEHOTELS

LP Tipp **Hotel Veneto** (☎ 28310 56634; www.veneto.gr; Epimenidou 4; Studio/Suite inkl. Frühstück 125/145 ; 🛇 🛜) Das Veneto gehört zum Schönsten, was Rethymnon an Unterkünften zu bieten hat. Teile des Gebäudes stammen noch aus dem 14. Jh. Vom Foyer mit einem fantastischen Mosaik aus Kieselsteinen und einem gut beleuchteten Steinbecken, in dem hübsche Blumen schwimmen, geht es in den angenehmen Hintergarten mit Frühstückstischen zwischen grünen Pflanzen und einem plätschernden Brunnen. Die Fußböden in den Zimmern sind mit glänzenden Holzdielen belegt. Sie haben Eisenbetten, TV und Kochnischen. Der unterirdische ehemalige Meditationsraum der Mönche ist zwar nicht der größte, aber ganz sicher der eindrucksvollste Raum des Hotels. Außer-

halb der Hauptsaison sinken die Preise drastisch.

Palazzo Rimondi (☎ 28310 51289; www.palazzorimondi.com; Ecke Xanthoulidou 21 & Trikoupi 16; D7 Studio/Suite inkl. Frühstück 160/200 €; 🛇 🛜) Das reizende venezianische Herrenhaus ist seinen Preis wert. Die individuell gestalteten Studios haben eine Kochnische. Im Frühstückshof gibt es ein kleines Planschbecken.

Avli Lounge Apartments (☎ 28310 58250; www.avli.gr; Ecke Xanthoudidou 22 & Radamanthyos; Suite inkl. Frühstück 210–250 €; 🛇) Die Apartments verteilen sich auf zwei wunderschön restaurierte venezianische Häuser in der Altstadt. Die einzigartigen Suiten sind mit verzierten Holz- oder Eisenbetten, Antiquitäten, exquisiten Möbeln und Kunstobjekten ausgestattet.

Essen

Die Restaurants an der Uferpromenade und um den alten venezianischen Hafen sind fest in Touristenhand – die besseren Restaurants liegen in der Stadt.

Fanari (☎ 28310 54849; Kefalogiannidon 15; mezedhes 2,50–10 €) Die Taverne westlich des venezianischen Hafens an der Uferpromenade servierte gute mezedhes, frischen Fisch und kretische Küche. Die bekri mezes (Schweinefleisch in Wein mit Pfeffer) oder apaki, eine lokale Spezialität (geräuchertes Schweinefleisch) und der Hauswein sind empfehlenswert.

Taverna Kyria Maria (☎ 28310 29078; Moshovitou 20; kretische Gerichte 4–6,50 €) Die großartige griechische Hausmannskost dieser Taverne hinter dem Rimondi-Brunnen wird auf Tischen im Freien serviert. Für die Tischmusik sorgen die Vögel, deren Käfige an einer begrünten Pergola hängen.

Souliou 55 (☎ 28310 54896; Souliou 55; mayirefta 4–7 €) Das kleine Lokal – besser bekannt als „Stellas Küche" – ist auf mayirefta spezialisiert und gehört zu Olgas Pension (geführt von Stella).

Samaria (☎ 28310 24681; Eleftheriou Venizelou; mayirefta 4–7 €) Das Samaria an der Uferpromenade ist bei Einheimischen beliebt. Es gibt gute mayirefta, auch die Suppen und Grillgerichte sind ausgezeichnet.

Thalassografia (☎ 28310 52569; Kefalogiannidon 33; mezedhes 4–9 €) Trotz der vielleicht überhöhten Preise gibt es keinen besseren Platz, um bei atemberaubendem Blick über das Meer den Sonnenuntergang und leckere

KRETA

mezedhes zu genießen. Das Thalassografia liegt direkt unterhalb der Festung. Die gegrillten Sardinen sind genauso exzellent wie die Pilze in Sahnesoße.

Lemonokipos (☎ 28310 57087; Ethnikis Antistaseos 100; Hauptgerichte 7–9 €) In dieser Taverne in der Altstadt speist man im herrlichen Innenhof unter Zitronenbäumen. Auf der Speisekarte finden sich traditionelle kretische Gerichte mit einigen Spezialitäten, wie Schweinefleisch und Gemüse mit Blättern von Bitterorangen.

Castelvecchio (☎ 28310 55163; Himaras 29; Hauptgerichte 8–16 €; ☺ Juli–Aug. Mittag-, Sept.–Juni Mittag- & Abendessen) In der einladenden Familientaverne am Rand der Festung serviert das freundliche Personal gute kretische Spezialitäten wie *kleftiko* (im Ofen gebratenes Lamm).

Avli (☎ 28310 26213; www.avli.com; Ecke Xanthoudidou 22 & Radamanthyos; Hauptgerichte 13,50–30 €) Diese reizende venezianische Villa sorgt für das richtige Ambiente an einem besonderen Abend. Die moderne Küche im kretischen Stil ist köstlich, die Weinliste außergewöhnlich und die Tische stehen in einem bezaubernden Hof mit Kunstwerken und Töpfen voller Kräuter, Bougainvilleen und Obstbäumen.

Sehr empfehlenswert sind außerdem das **Myrogdies Mezedopoleio** (☎ 28310 26083; Vernadou 32; *mezedhes* 4–6 €) und das **Ousies** (☎ 28310 56643; Vernadou 20; *mezedhes* 4–7 €) auf der Vernadou, beides preiswerte *mezedhopoleia* (auf *mezedhes* und *raki* spezialisierte Restaurants) mit großartigem sommerlichen Flair.

Ausgehen & Unterhaltung

Das Nachtleben in Rethymnon findet in den Bars, Clubs und Diskos um die Nearhou und die Salaminos, am venezianischen Hafen und in den Bars an der Uferpromenade im Umfeld des Plastira-Platzes statt. Die Studenten sorgen dafür, dass die Partystimmung in Rethymnon das ganze Jahr über anhält.

Figaro (☎ 28310 29431; Vernardou 21; ☺ ab 12 Uhr) Das Figaro ist in einem genial restaurierten alten Haus untergebracht. Es ist eine fast rund um die Uhr geöffnete „Kunst-und-Musik"-Bar, die mit einer angenehm gedämpften Atmosphäre und einer ausgezeichneten Musikauswahl sowohl ortsansässige Intellektuelle als auch Studenten und Touristen anzieht.

Living Room (☎ 28310 21386; www.living.com.gr; Venizelou 5; ☺ 9–2 Uhr) Eine schicke Café-Bar mit einem Service, der den Eindruck vermittelt, es gäbe vier Kellner pro Gast, und einer Einrichtung, die aus einem stylischen Wohnmagazin stammen könnte: eine Mischung aus coolem Techno und eklektischer Moderne. Die Bar ist beliebt bei Studenten und Einheimischen.

Rock Club Cafe (☎ 28310 31047; Petihaki 8; ☺ ab 21 Uhr) Eine der beliebtesten Locations in Rethymnon, um bis zum Morgen abzuhängen. Der Club ist bei Touristen beliebt und im Sommer jede Nacht voll.

Fortezza Disco (Nearhou 20; ☺ ab 23 Uhr) Dieser große, schrille Club wacht erst in der Nacht auf, dann aber richtig: drei Bars und eine Lasershow.

An- & Weiterreise

BUS

Vom **Busbahnhof** (☎ 28310 22212; www.bus-service-crete-ktel.com; Igoumenou Gavriil) verkehren in den Sommermonaten stündlich Busse nach Chania (6,50 €, 1 Std.) und Iraklion (6,50 €, 1½ Std.). Vier Busse täglich fahren nach Preveli (4,10 €, 40-45 Min.) und sieben nach Plakias (4,10 €, 1 Std.), ein zusätzlicher, nicht im Fahrplan aufgeführter Bus fährt abends die Route über Preveli. Sechs Busse täglich nach Agia Galini (5,60 €, 1½ Std.), drei zum Moni Arkadiou (2,50 €, 30 Min.) und je zwei nach Anogia (4,90 €, 50 Min.) und Omalos (11,90 €, 2 Std.). In den Sommermonaten fahren täglich Busse über Vryses nach Chora Sfakion. In der Nebensaison ist der Fahrplan stark eingeschränkt. Vier Busse fahren nach Spili (4 €, 1 Std.).

SCHIFF/FÄHRE

Genaue Informationen zu den Fähren und Schnellbooten ab Rethymnon, siehe Kapitel Insel-Hopping (S. 866).

Unterwegs vor Ort

Auto Moto Sport (☎ 28310 24858; www.automotosport.com.gr; Sofokli Venizelou 48) verleiht Autos und die unterschiedlichsten Motorräder und Mopeds. Der Laden ist zu Fuß in 10 Minuten vom venezianischen Hafen aus zu erreichen: einfach ostwärts über die Küstenstraße Eleftheriou Venizelou gehen (im weiteren Verlauf in Sofokli Venizelou umbenannt).

MONI ARKADIOU ΜΟΝΗ ΑΡΚΑΔΙΟΥ

Das Kloster **Moni Arkadiou** (Arkadi; ☎ 28310 83136; Eintritt 2 €; ⏱ April–Okt. 9–19 Uhr) aus dem 16. Jh. liegt im Hügelland 23 km südöstlich von Rethymnon. Es ist tief mit einem tragischen Ereignis aus der kretischen Geschichte verbunden, mit einem Massenselbstmord, der damals ganz Europa erschütterte.

Im November 1866 trafen massive türkische Truppen ein, um die Aufstände auf der Insel niederzuschlagen. Hunderte kretischer Männer, Frauen und Kinder suchten Schutz im Kloster Arkadiou. Die Klostermauern erwiesen sich aber nicht als Schutz, sondern als Falle, als 2000 türkische Soldaten das Kloster belagerten. Statt sich zu ergeben, setzen die Eingeschlossenen das Pulvermagazin in Brand. Alle starben – Kreter und Türken – bis auf ein kleines Mädchen. Sie lebte bis ins hohe Alter in einem nahen Dorf. Büsten von ihr und dem Abt, der das Pulver entzündete, stehen vor den Klostermauern.

Das eindrucksvollste Bauwerk Arkadious ist die barocke venezianische Kirche. Acht schlanke, korinthische Säulen betonen die Fassade; ein reich verzierter Glockenturm mit drei Glocken überragt die Kirche. Links davon steht ein kleines **Museum.** Die ehemalige Windmühle des Klosters wurde in ein makabres **Beinhaus** verwandelt, das die Gebeine der 1866 gestorbenen Menschen aufnahm.

Von Rethymnon fahren drei Busse täglich zum Moni Arkadiou (2,50 €, 30 Min.).

ANOGIA ΑΝΩΓΕΙΑ
2450 Ew.

Das bemerkenswerte Anogia gehört mit mehreren Bergdörfern zum sogenannten „Teufelsdreieck". Hier leben die Kreter noch so wie in alten Zeiten – Machismo pur. Die Region taucht regelmäßig in den Medien der Hauptstadt Athen auf, wenn es wieder einmal zu Schießereien mit der Polizei kommt – sei es, weil wieder ein Cannabis-Feld entdeckt wurde, sei es, weil sich jemand in seiner Ehre verletzt fühlte. Anogia liegt auf einem Berghang des **Psiloritis,** 37 km südwestlich von Iraklion. Die Dorfbewohner sind berühmt für ihren rebellischen Geist, vor allem aber für ihre Bereitschaft, ihn auch auszuleben. Wenn hier einmal eine **Hochzeit** stattfindet, werden alle

Dorfbewohner eingeladen. Genauso berühmt sind die mitreißende Musik der Region und die Musiker, die zu den besten Kretas gehören.

In den *kafeneias* (Kaffeehäuser) um den Hauptplatz sitzen schnurrbärtige Männer mit schwarzen Hemden; die älteren unter ihnen häufig in traditioneller Tracht. Die Frauen bleiben zu Hause oder verkaufen die traditionellen Decken und anderes Kunsthandwerk, das in den Dorfläden angeboten wird. Wer genau weiß, was er will, findet in Anogia möglicherweise auch einen der anerkannt hübschen Teppiche.

Im Zweiten Weltkrieg war Anogia ein Zentrum des Widerstandes und wurde von den deutschen Truppen besetzt. Sie metzelten alle Männer nieder, weil diese alliierte Soldaten versteckt und bei der Entführung von General Kreipe geholfen hatten.

Heute lebt Anogia ziemlich gut von den Produkten seiner Schafe und dem Tourismus. Es wird nicht nur von Ausländern, sondern auch von neugierigen Griechen besucht, die hier nach ländlicher Ursprünglichkeit suchen. Es gilt übrigens als unhöflich, die Einladung eines Mannes zum Kaffee abzulehnen.

Anogia zieht sich den Berghang hinauf. Die meisten Textilläden liegen im unteren Teil des Dorfes, die Unterkünfte und übrigen Geschäfte weiter oben. Es gibt eine Bank mit Geldautomat und eine Post. Im **Infocost** (☎ 28340 31808; pro Std. 3 €; ⏱ ab 5 Uhr) im Oberdorf ist Internetzugang möglich.

Schlafen & Essen

Hotel Aristea (☎ 28340 31459; DZ inkl. Frühstück 40 €; Ⓟ) Von diesem Hotel im oberen Dorf bieten sich hübsche Ausblicke. Die Zimmer sind einfach, aber gut ausgestattet, mit Badezimmer und Balkon. Gleich nebenan gibt es mehrere neue, ausgezeichnete Studios.

Ta Skalomata (☎ 28340 31316; Grillgerichte 3–7 €) Am Ostrand des oberen Dorfes. Auf der Karte stehen tolle Grillgerichte und kretische Speisen zu annehmbaren Preisen. Die Zucchini mit Käse sind sehr lecker und das selbst gebackene Brot ohne Vergleich – ein Muss.

An- & Weiterreise

Von Iraklion (3,60 €, 1 Std.) fahren täglich vier, von Rethymnon (4,90 €, 1¼ Std.) täglich zwei Busse nach Anogia.

PLAKIAS ΠΛΑΚΙΑΣ

180 Ew.

Manche Dinge in Kreta ändern sich nie, das gilt auch für Plakias. Der Ort liegt an einem langen Strand an der Südküste zwischen zwei riesigen Windkanälen, der Selia- und der Kourtaliotis-Schlucht. Im Sommer treffen hier neugierige Pauschaltouristen aus vielen Ländern Mitteleuropas auf Legionen von Rucksacktouristen – letztere wohnen in der außerordentlichen Jugendherberge.

In Plakias gibt es gute Restaurants, jede Menge Unterkünfte und viele Spazierwege durch schattige Olivenhaine oder entlang der Steilküste über dem Meer (einige Wege führen zu einsamen Stränden). Es ist ein wundervoller Ausgangspunkt für Ausflüge ins Hinterland, und das Olivenöl gehört zu den besten der Insel. Wegen der starken Winde im Sommer und der Entfernung von Iraklion blieb Plakias vom Massentourismus verschont. Eltern sollten allerdings bedenken, dass der Sand im peitschenden Wind und die hohen Wellen hier und an anderen Stränden des Südens nicht gerade ideal für kleine Kinder sind.

Orientierung & Praktische Informationen

Die Hauptstraße von Plakias verläuft parallel zum Meer, eine zweite einen Häuserblock weiter landeinwärts; dann gibt es noch zwei Straßen senkrecht dazu, die ins Land hineinführen. Fast alles, was man im Urlaub braucht, findet man an der Uferstraße, auch die Bushaltestelle.

Etwa in der Mitte der Uferstraße stehen zwei Geldautomaten. Die **Post** (☎ 28320 31212; ☽ 7–14 Uhr) liegt an der ersten senkrechten Querstraße von Osten aus gesehen. Gleich daneben unterhält der Englisch sprechende Arzt **Dr. Manolis Alexandrakis** (☎ 28320 31770) eine kleine Klinik mit Apotheke. Die **Leihbücherei**, 250 m hinter der Jugendherberge auf der unbefestigten Straße nach links, ist bestens sortiert.

Die Café-Bars am Wasser bieten WLAN-Zugang an. Die **Ostraco Bar** (☎ 28320 31710; pro Std. 4 €; ☽ ab 9 Uhr) im Westen der Uferstraße hat Computer mit Internetschluss; das Gleiche gilt für die **Jugendherberge** (☎ 28320 32118; pro Std. 3,60 €). Als das Buch entstand, bot allerdings nur das Café **On The Rocks** oberhalb des Weststrandes kostenlosen Interzugang an (100 m hinter dem Ostraco).

Schlafen

Je weiter die Unterkunft vom Wasser entfernt ist, desto günstiger ist sie. Es gibt zwar mehrere Hotels mit Resort-Charakter, aber die meisten Unterkünfte in Plakias sind Pensionen.

Plakias Youth Hostel (☎ 28320 32118; www.yhplakias.com; B inkl. Frühstück 9,50 €; ☽ April–Okt.; P ☒ ☎) Hier wollten schon viele Gäste nur drei Tage übernachten, blieben dann drei Monate und fanden Freunde fürs Leben. Wenn man bedenkt, dass hier Gäste aller Altersgruppen und Nationalitäten landen, dürfte die Jugendherberge wohl einzigartig sein. Sie liegt etwa 500 m vom Strand entfernt auf der grünen Wiese zwischen Olivenhainen. Der englische Leiter Chris Bilson hat die Herberge für 15 Jahre gepachtet; er führt sie gut gelaunt und schafft eine Atmosphäre kultivierter Lässigkeit – und er sorgt dafür, dass stets alles auf neuestem Stand ist. Die Herberge hat acht Schlafsäle mit etwa 60 Betten, mit Ventilatoren, ausgezeichneten Toiletten und Duschen (dazu Waschbecken zum Wäsche waschen); es gibt Wasser, Wein, Bier und Softdrinks.

Beide Querstraßen führen zur Jugendherberge; sie ist sporadisch ausgeschildert. Vorbestellung ist zu empfehlen.

Ipokambos (☎ 28320 31525; amoutsos@otenet.gr; EZ/DZ 30/40 €; ☒ P) Das Haus mit makellosen Zimmern (mit Kühlschrank und Balkon) wird von einem freundlichen, älteren Ehepaar geführt. An der inneren Parallelstraße zum Strand; privater Parkplatz hinter dem Haus.

Castello (☎/Fax 28320 31112; Zi./Studio 35/45 €; ☒ P) Die Zimmer in diesem angenehmen Haus sind kühl, sauber und mit Kühlschrank ausgestattet. Die meisten Zimmer haben Kochgelegenheiten und einen großen, schattigen Balkon. Die beiden zusätzlichen Apartments (50–60 €) sind ideal für Familien; Klimaanlage kostet 5 € extra.

Flisvos (☎ 28320 31988; www.flisvos-plakias.gr; EZ/DZ 35/45 €; ☒) Die Pension liegt an der Uferpromenade in der Mitte des östlichen Abschnittes; die Zimmer mit Blick auf das Meer sind geschmackvoll eingerichtet und der Service ist freundlich.

Pension Thetis (☎ 28320 31430; thetisstudios@gmail.com; Studio 45–70 €; ☒) Eine gute Wahl für Familien, die sich selbst versorgen möchten. Die Studios liegen um einen kühlen, schattigen Garten mit einem kleinen Spielplatz für die Kinder; etwa gegenüber dem Ipokambos.

Essen

To Xehoristo (☎ 28320 31214; souvlaki 2,60 €) im Osten der Uferstraße ist unter den Einheimischen ein heißer Tipp für *souvlaki* (beim Bestellen unbedingt „souvlaki *kalamaki*" verlangen, sonst bekommt man ein Gyros – die griechische Version des Döner). Der fröhliche Küchenchef singt gerne die traditionellen kretischen Lieder aus den Lautsprechern mit.

Nikos Souvlaki (☎ 28320 31921; Hauptgerichte 5–8 €) Das betont einfache *souvlaki*-Lokal oberhalb der Post hat sich inzwischen in ein Restaurant verwandelt, das normale Gerichte serviert. Es ist aber nach wie vor ein beliebter Treffpunkt für die Bewohner der Jugendherberge.

Taverna Manoussos (☎ 28320 31313; Hauptgerichte 5–9 €; ☾ 9–1 Uhr) Die angenehme Taverne im Osten der Parallelstraße zur Uferpromenade ist ein Familienbetrieb, in dem typisch kretische Spezialitäten serviert werden. Der vitale Besitzer Manousos Christodoulakis – natürlich mit kretischem Schnurrbart – vermietet auch einfache Zimmer (DZ 30 €).

LP Tipp **Taverna Plateia** (☎ 28320 31560; Myrthios; Hauptgerichte 6–9 €; ☾ 9–1 Uhr) liegt im Dorf Myrthios oberhalb von Plakias. Der liebenswürdige Besitzer Fredericos Kalogerakis und seine Familie betreiben die Taverne mit dem fantastischen Blick aufs Meer schon lange. Die wunderbaren *myzithropitakia* (süße Käsepasteten) und das Oktopus-*stifadho* (Oktopus in Tomaten- und Weinsoße) sind einfach köstlich.

Taverna Christos (☎ 28320 31472; Hauptgerichte 7–10 €) Das Christos versteckt sich zwischen den stärker auf Touristen ausgerichteten Tavernen im Westen der Uferstraße. Es gibt gute kretische Küche und frischen Fisch auf einer romantischen Terrasse im Schatten von Tamarisken.

Ausgehen & Unterhaltung

An der Uferstraße reiht sich ein Café an das andere; die wenigen aber sehr quirligen Bars konzentrieren sich am westlichen Ende.

Ostraco Bar (☎ 28320 31710; ☾ ab 9 Uhr) Die kleine, seit langem beliebte Bar im Westen der Uferstraße liegt im Obergeschoss. Sie hat einen kleinen Balkon mit Blick aufs Meer und aus den Lautsprechern dröhnt die jeweils neueste Popmusik.

Joe's Bar (☾ ab 9 Uhr) Das Nufaro, so der richtige Name, war zur Zeit der Recherche der Treffpunkt für die Gäste der Jugendherberge. Das düstere Innere erinnert zwar an einen Lagerschuppen, aber die Musik ist gut (Rock und Pop) und der Service freundlich; in der Mitte der Uferstraße.

An- & Weiterreise

Im Sommer fahren sieben Busse täglich von Rethymnon (4,10 €, 1 Std.) nach Plakias; ein Abendbus nimmt die Strecke über Preveli (meist nicht in den Busfahrplänen in Rethymnon angezeigt). Es gibt keine Busverbindung in östliche Richtung nach Frangokastello und Chora Sfakion. An der Bushaltestelle hängt ein Fahrplan.

Unterwegs vor Ort

Alianthos Rent-a-Car (☎ 28320 32033; www.alianthos-group.com) hat das breiteste Angebot in Plakias und Vertretungen auf der ganzen Insel; auf der Westseite der Uferpromenade, einen Häuserblock landeinwärts.

Easy Ride (☎ 28320 20052; www.easyride.gr) an der Post verleiht Mountainbikes, Fahrräder, Motorroller und Motorräder. **Anso Travel** (☎ 28320 31712; www.ansotravel.com) ganz in der Nähe hat ein ähnliches Angebot und bietet geführte Wanderungen an.

RUND UM PLAKIAS

Plakias ist eine gute Ausgangsbasis für Wanderungen in die Umgebung, Abenteuer am Strand oder zur Erkundung des traditionellen Dorflebens.

Etwa 2,5 km westlich von Plakias liegt der **Souda-Strand.** Der Sandstrand versteckt sich in einer hübschen natürlichen Bucht und ist meist nicht so windig wie der Hauptstrand von Plakias. Es gibt Sonnenschirme, eine Strandbar und der Betrieb ist deutlich relaxter als am Hauptstrand.

Ebenfalls hübsch, aber voller ist der **Damnoni-Strand** hinter der felsigen Landzunge, die den Strand von Plakias im Osten begrenzt. Noch ein Stück weiter folgt in einer sandigen Bucht der idyllische **One-Rock-Strand**, an dem die (Bade)Kleiderordnung weniger streng ist als in Plakias. Vom **Rundwanderweg** die Küste entlang bieten sich fantastische Ausblicke auf das Meer. Chris

KRETA

in der Jugendherberge von Plakias kennt alle Strände und den Wanderweg.

Das ursprüngliche Dorf **Myrthios** direkt oberhalb von Plakias, und das noch weniger überlaufene **Selia** einige Kilometer weiter westlich sind perfekte Ziele für einen entspannten Bummel – es gibt ein paar Tavernen, Läden für Kunsthandwerk und Pensionen.

Moni Preveli & Preveli-Strand Μονή Πρέβελη & Παραλία Πρεβελής

Das historische, bestens gepflegte Kloster **Moni Preveli** (☎ 28320 31246; www.preveli.org; Eintritt 2,50 €; ☽ Juni–Okt. 8–19.30 Uhr) in spektakulärer Lage hoch über dem Mittelmeer liegt 14 km östlich von Plakias und 35 km von Rethymnon entfernt. Es wacht in kontemplativer Einsamkeit über einen der berühmtesten Strände Kretas. Wie die meisten Klöster der Insel war es ein Zentrum des Widerstandes gegen die osmanischen Besatzer, bis es 1866 bei einem Angriff der Türken niedergebrannt wurde.

Nach der Schlacht um Kreta (im Jahr 1941) wiederholte sich die Geschichte: zahlreiche alliierte Soldaten suchten vor ihrer Ausreise nach Ägypten hinter den Klostermauern Schutz. Zur Strafe plünderten deutsche Truppen das Kloster. Die Ausstellung des **Museums** von Preveli umfasst, neben wertvollem kirchlichem Gerät, einen Kerzenleuchter, den ein dankbarer Brite nach dem Krieg stiftete.

Unterhalb des Klosters dehnt sich der berühmte **Preveli-Strand** aus. Der ungewöhnlich fotogene Strand – auch Paralia Finikodasous (Palmenstrand) genannt – liegt an der Mündung der Kourtaliotis-Schlucht. Hier schneidet sich der Fluss Megalopotamos, dessen Ufer von Palmen gesäumt sind, durch den Strand, bevor er ins Mittelmeer fließt. Die Süßwasserpools laden zum Eintauchen ein. Hinter dem Sand steigen steile Felsklippen auf.

Von einem großen Parkplatz etwa 1 km vor Moni Preveli führt ein steiler Weg abwärts zum Strand (etwa 10 Min. Fußweg). Autofahrer können auch hinter Moni Preveli von der Hauptstraße über eine Steinbrücke abbiegen; nach 5 km über eine unbefestigte Straße erreicht man den **Amoudi-Strand**. Von dort sind es in westlicher Richtung über die Landzunge noch 500 m zu Fuß bis Preveli.

Im Sommer fahren vier Busse täglich von Rethymnon nach Preveli (4,10 €, 40–45 Min.).

Spili Σπίλι
640 Ew.

Das hübsche Bergdorf Spili mit Kopfsteinpflastergassen, rustikalen Häusern und Platanen liegt 30 km südöstlich von Rethymnon, etwas näher an Plakias und Preveli.

Es gibt zwei Geldautomaten, eine Post und eine Klinik, die das gesamte Umland versorgt.

Der einzigartige venezianische Brunnen speit Wasser aus 19 Löwenköpfen. Wo sich tagsüber die Touristen drängen, wird es am Abend stiller. Reisende, die diesen ursprünglichen, ruhigen Ort als Basis für Ausflüge in die Umgebung nutzen möchten, finden in Spili mehrere gute Unterkünfte und Restaurants.

Die Bushaltestelle ist südlich vom Hauptplatz; E-Mails können im Café Babis beim Brunnen gecheckt werden.

SCHLAFEN & ESSEN

Heracles Rooms (☎ /Fax 28320 22411; heraclespapada kis@hotmail.com; EZ/DZ 29/40 €; ☒) Die Zimmer sind makellos und ansprechend möbliert, mit Fliegengittern vor den Fenstern, Kühlschrank und Klimaanlage; als Zugabe gibt es einen tollen Blick auf die Berge.

Costas Inn (☎ 28320 22040; DZ inkl. Frühstück 35 €) Die gepflegten Zimmer haben Deckenventilatoren und verschiedene Annehmlichkeiten; einige mit Kühlschrank.

Yianni's (☎ 28320 22707; Hauptgerichte 4–7 €) Das Yianni's hinter dem Brunnen serviert ausgezeichnete traditionelle Gerichte in einem Innenhof. Empfehlenswert sind das köstliche Kaninchen in Wein, Bergschnecken und der rote Hauswein.

Panorama (☎ 28320 22555) Die hervorragende, traditionelle Taverne am östlichen Ortsrand wird von Pantelis Vasilakis und seiner Frau Calliope betrieben. Das hausgemachte Brot und kretische Spezialitäten wie Zicklein mit *horta* (Wildkräuter) sind köstlich.

AN- & WEITERREISE

Sowohl von Preveli als auch von Plakias fährt man etwas über 20 km oder 30 Minuten mit dem Auto bis Spili – allerdings auf verschiedenen Straßen. Von Rethymnon

(4 €, 1 Std.) fahren vier Busse täglich nach Spili.

AGIOS PAVLOS & TRIOPETRA ΑΓΙΟΣ ΠΑΥΛΟΣ & ΤΡΙΟΠΕΤΡΑ

Vor allem Yoga- und Meditationsgruppen zieht es seit langem zu den idyllischen, unverdorbenen und sehr abgelegenen Stränden von Agios Pavlos und Triopetra. „Abgelegen" ist allerdings relativ: mit dem Auto sind es auf der Straße von Spili nach Agia Galin über das Dorf Kato Saktouria gerade 53 km bis in den südöstlich von Rethymnon gelegenen Ort. Die Küste wird von Sanddünen und dramatischen, roten Felsklippen gesäumt – ohne Zweifel einer der schönsten Küstenabschnitte Kretas und ideal für Aussteiger. Die Zahl der dauerhaft hier lebenden, einheimischen Einwohner liegt im einstelligen Bereich.

Agios Pavlos ist die „Hauptsiedlung"; sie besteht aus ein paar Pensionen, einem Laden und Tavernen an einer sandigen Bucht. Bessere Strände gibt es in den nächsten Buchten, etwa 10 Minuten zu Fuß über die westlichen Klippen. Wie in Plakias weht auch hier im Sommer ein starker Wind.

Die Buchten liegen westlich der drei riesigen Felstürme im Meer, denen **Triopetra** seinen Namen verdankt. Diese neue Siedlung besteht aus einer Gruppe von hervorragenden Pensionen und zwei Tavernen an einem friedlichen Sandstrand. Eine 3 km lange Pflasterstraße führt von Agios Pavlos nach Triopetra. Vom Dorf Akoumia, westlich von Kato Saktouria an der Straße von Rethymnon nach Agia Galini, führt eine 12 km lange, gewundene Asphaltstraße zu den westlichen Stränden.

Die atemberaubende nächtliche Stille unter dem unendlichen Sternenhimmel, vor allem in Triopetra, verleiht diesem Ort eine sinnliche Spiritualität, die selbst Reisende empfinden, die nichts mit Yoga am Hut haben. Der Ort erscheint beinahe magisch, Äonen entfernt von der hektischen Welt – die Essenz der einsamen Schönheit Südkretas.

Schlafen & Essen

LP Tipp **Taverna Pensione Pavlos** (☎ /Fax 28310 25189, 6945998101; www.triopetra.com.gr; DZ/3BZ/4BZ 35/37/45 €; P ⏰) Es gibt Gäste, die schon drei Jahre im Voraus buchen. Die einfachen Zimmer und die Terrasse sind das Ein und Alles für den Besitzer Pavlos Kakogiannakis, der von seinem Englisch sprechenden Sohn Giorgos unterstützt wird. Die Zimmer sind gepflegt und verfügen über Kochnischen und Balkone mit Meerblick. In der Taverne stehen Bioprodukte aus eigenem Anbau, Fisch und Hummer auf der Karte. Da Pavlos in der Dämmerung aufs Meer fährt, um seine Netze einzuholen, gibt es frischeren Fisch nur wenn man ihn selber angelt. Zur Sicherheit reserviert man sich „seinen" Fisch für das Abendessen schon morgens, ehe alle vergeben sind. Die Taverne ist direkt bei der Einfahrt nach Agios Pavlos zu sehen.

Agios Pavlos Hotel & Taverna (☎ 28320 71104; www.agiospavloshotel.gr; DZ 40 €) Der Familienbetrieb ist das größte Hotel der Gegend; ein kleiner Laden verkauft die notwendigsten Lebensmittel. Die schattige Terrasse mit Blick auf den Strand sieht mit ihren bunten Hängematten und Fruchtcocktails wie eine exzentrische Mischung aus New Age und Südsee-Feeling aus. Die einfachen Zimmer des Hauptgebäudes haben kleine Balkone mit Meerblick; außerdem gibt es Zimmer unterhalb der Taverne unter der Terrasse. Die Taverne bietet gute kretische Gerichte (*mayirefta* 5–8 €) an. Die Café-Bar daneben hat Internetanschluss.

Agios Pavlos Hotel & Taverna vermittelt auch Studios für Selbstversorger auf der angrenzenden Felsenklippe – der **Kavos Melissa Komplex** (Zi. 45 €). Auf der Zufahrtsstraße, etwas weiter vom Strand entfernt, stehen ein paar preiswerte Pensionen.

AGIA GALINI ΑΓΙΑ ΓΑΛΗΝΗ
1260 Ew.

An der Hauptstraße östlich von Agios Pavlos liegt der ehemalige Fischerhafen Agia Galini. Seit hier Pauschaltouristen einfallen, hat er viel von seinem Charme verloren. Er ist aber nicht mit der Rund-um-die-Uhr-Party an der Nordküste bei Malia und Chersonisos zu vergleichen – nach Agia Galini reisen eher Familien mit Kindern.

Wenn sich die Lichter der Pensionen, Bars und Tavernen im Meer spiegeln, zeigt sich der wahre Reiz Agia Galinis. Der städtische Strand ist angenehm aber ziemlich überlaufen, Boote fahren zu ruhigeren Stränden. Der Ort ist eine gute Ausgangsbasis für Ausflüge nach Phaistos, Agia Triada, Agios Pavlos und Matala.

Orientierung & Praktische Informationen

Informationen gibt es im Internet unter www.agia-galini.com. Die Busse halten am Beginn der Zufahrtsstraße, gleich dahinter steht die Post. Agia Galini hat Geldautomaten und Reisebüros, die Geld wechseln, es gibt Cafés mit Internetanschluss wie das **Hoi Polloi** (☎ 28320 91102; pro St. 4 €; ☷ ab 9 Uhr).

Schlafen

Agia Galini Camping (☎ 28320 91386; Stellplätze pro Erw./Zelt 5/4 €; ☐ ☷) Am Strand 2,5 km östlich des Ortes liegt der gut geführte Campingplatz mit schattigen Stellplätzen, einem Pool, Restaurant und Minimarkt.

Stohos Rooms & Taverna (☎ 28320 91433; DZ inkl. Frühstück 40–45 €; ☷ ☐) Das Stohos am Hauptstrand vermietet im Obergeschoss Apartments für Selbstversorger und im Untergeschoss riesige Studios für Familien oder Gruppen. Die ausgezeichnete Taverne serviert *kleftiko* und andere kretische Spezialitäten aus dem Tontopf (7–10 €).

Adonis (☎ 28320 91333; www.agia-galini.com; Zi. 50–120 €; ☒ ☐ ☷) Dieses Hotel mit Pool verteilt sich über mehrere Gebäude. Es hat saubere Zimmer, Studios und Apartments, einige mit Balkon und Meerblick.

Essen

Madame Hortense (☎ 28320 91351; Gerichte 6–13 €) Das stimmungsvollste und eleganteste Restaurant Agia Galinis in der obersten Etage des dreistufigen Zorbas-Komplexes lockt mit einem tollen Blick auf den Hafen. Die Küche ist Griechisch-Mediterran.

Kostas (☎ 28320 91323; Fischgerichte 6–27 €) Diese alteingesessene Taverne im Osten des Ortes, gestaltet in klassischem Blau-Weiß, ist auf Fisch spezialisiert. Hier treffen sich immer eine Menge Einheimische, die *mezedhes* und teure, aber ausgezeichnete Meeresfrüchte genießen.

Faros (☎ 28320 91346; Fischgerichte 7–12 €) Die traditionelle *psarotaverna* (Fisch-Taverne) liegt landeinwärts vom Hafen. Sie serviert frischen Fisch (ab 45 € pro kg), Grillgerichte und *mayirefta*.

An- & Weiterreise

Im Sommer fahren sechs Busse täglich nach Iraklion (7,40 €, 2 Std.), sechs nach Rethymnon (5,60 €, 1½ Std.) und fünf nach Phaestos und Matala (3 €, 40–45 Min.).

Im Sommer legen im Hafen Boote zu den Stränden von Agios Georgios, Agiofarango und Preveli (4–30 €) ab.

WESTLICHES KRETA

Der Westen der Insel ist das wahre Kreta – sagen seine stolzen Bewohner und liefern auch gleich ein paar starke Argumente: Die Hauptstadt der Präfektur ist Chania, die schönste und historisch bedeutendste Stadt Kretas; ihre venezianische Altstadt ist einfach prachtvoll. Hier wurde Eleftherios Venizelos geboren, der Vater des modernen Griechenlands, und von hier aus planten schon Jahrhunderte vor ihm die Widerstandskämpfer ihre Anschläge gegen die Venezianer und Türken.

Im Westen liegt zudem die spektakuläre Samaria-Schlucht, der berühmteste einer Reihe zerklüfteter Canyons, die sich vom Gebirge bis zur Südküste ins Mittelmeer erstrecken. Das außergewöhnliche Chora Sfakion gilt als spirituelle Hauptstadt Kretas. Hier werden die Traditionen ebenso hoch gehalten wie in den Steindörfern des Hinterlandes Sfakia. An den Küsten des westlichen Kretas warten die schönsten Strände auf Sonnenhungrige, und in den stillen Dörfern wie Paleochora und Sougia lässt es sich immer noch mit wenig Geld und völlig ungestört leben.

CHANIA XANIA

53 370 Ew.

Chania lässt niemanden kalt; das gilt vor allem für ihre hübsche venezianische Altstadt mit einem Netz schmaler, sich kreuzender Gassen, die letztlich alle zum prachtvollen Hafen führen. Überall finden sich Reste von venezianischen und türkischen Bauwerken. Viele der alten Stadthäuser wurden inzwischen restauriert und zu stimmungsvollen Restaurants und Boutique-Hotels umgebaut.

Die herrliche Altstadt ist selbst im Sommer, wenn sich zahllose Touristen durch die Gassen drängen, ein faszinierender Ort, den es zu entdecken gilt. Außerdem lässt es sich in den hervorragenden Geschäften für Kunsthandwerk prächtig shoppen.

Chania ist die zweitgrößte Stadt Kretas, der wichtigste Ausgangspunkt für Wanderungen durch die Samaria-Schlucht und die zentrale Drehscheibe für Fahrten in den Westen. An einigen der Strände westlich der Stadt wurden Ferienkomplexe für Pauschaltouristen gebaut, die aber nicht so dominant ins Auge fallen wie entsprechende Bauten in der Gegend von Iraklion.

Geschichte

Der Hügel östlich des heutigen Hafens wurde in minoischer Zeit von einem Palast und der mächtigen Stadt Kydonia beherrscht. Davon zeugen die hier gefundenen Tontafeln mit Linear-B-Schrift. Kydonia wurde wie die meisten anderen minoischen Siedlungen um 1450 v. Chr. zerstört, blühte aber in griechischer, römischer und byzantinischer Zeit wieder auf.

Die neuen venezianischen Herrscher des frühen 13. Jhs. benannten die Stadt in La Canea um und befestigten sie mit eindrucksvollen Mauern. Diese hielten die Türken allerdings nicht davon ab, die Stadt 1645 nach einer zweimonatigen Belagerung zu stürmen. Nach dem Ende der osmanischen Herrschaft machten die Großmächte Chania zur Hauptstadt der Insel; Iraklion ist erst seit 1971 die Hauptstadt Kretas.

Wenngleich durch die deutschen Bomber im Zweiten Weltkrieg große Schäden entstanden sind, blieben große Teile der Altstadt erhalten.

Orientierung

Chanias Busbahnhof befindet sich auf der Kydonias, zwei Häuserblocks südwestlich der Plateia 1866; von dort aus gelangt man nach einem kurzen Spaziergang in nördlicher Richtung über die Halidon zum Alten Hafen.

Die meisten Unterkünfte liegen in der Westhälfte der Altstadt. Die Landzunge von Chania trennt den venezianischen Hafen von der modernen Stadt und dem ziemlich überlaufenen Strand Nea Chora. Weiter im Osten liegt das alte türkische Stadtviertel Koum Kapi mit Cafés an der Uferpromenade. Darüber erstreckt sich das Viertel Halepa an der geschäftigen Leoforos Eleftherios Venizelos. Hier wohnten einst die oberen (Zehn)Tausend und hier standen auch die meisten Konsulate. Das ehemalige Wohnhaus von Venizelos dient heute als Museum.

Die Fähren nach Chania legen 7 km südöstlich in Souda an.

Praktische Informationen

BUCHLÄDEN
Mediterraneo Bookstore (☎ 28210 86904; Akti Koundourioti 57) Mit Büchern über Kreta in englischer Sprache, Romanen und den unverzichtbaren Anavasi Wanderkarten.
Pelekanakis (☎ 28210 92512; Halidon 98) Verkauft Karten und Reiseführer in vielen Sprachen.

GELD
Die meisten Banken stehen in der modernen Stadt. Auf der Halidon in der Altstadt gibt es einige Geldautomaten.

GEPÄCKAUFBEWAHRUNG
KTEL Busbahnhof (☎ 28210 93052; Kydonias 73-77; pro Tag 1,50 €)

INFOS IM INTERNET
www.chania.gr Die städtische Website mit allgemeinen Infos und einem Veranstaltungskalender.
www.chania-guide.gr Gute Auswahl an Online-Informationen.

INTERNETZUGANG
Triple W (☎ 28210 93478; Valadinon & Halidon; pro Std. 2 €; ☺ 24 Std.)
Vranas Internet (☎ 28210 58618; Agion Deka 10; pro Std. 2 €; ☺ 9.30–1 Uhr)

NOTFALL
Krankenhaus Chania (☎ 28210 22000; Mournies) Um das etwas chaotische moderne Krankenhaus (5 km südlich) zu erreichen, nimmt man einen Bus oder das Taxi (8–10 €).
Touristenpolizei (☎ 28210 73333; Kydonias 29; ☺ 8–14.30 Uhr) Am Rathaus.

POST
Post (☎ 28210 28445; Peridou 10; ☺ Mo–Fr 7.30–20, Sa 7.30–14 Uhr)

TOURISTENINFORMATION & REISEBÜROS
Städtische Touristeninformation (☎ 28210 36155; tourism@chania.gr; Kydonias 29; ☺ 8–14.30 Uhr) Bietet praktische Informationen und Karten. Der Info-Schalter am Alten Hafen ist zwischen 12 und 14 Uhr geöffnet.
Tellus Travel (☎ 28210 91500; Halidon 108; www.tellustravel.gr; ☺ 8–23 Uhr) Verleiht Autos, wechselt Geld, organisiert Flug- und Fährtickets und vermittelt Unterkünfte und Ausflüge.

WASCHSALON
Old Town Laundromat (☎ 28210 59414; Karaoli Dimitriou 38; Waschen & Trocknen 7 €; ☺ Mo–Sa 9–14 & 18–21 Uhr) Bietet auch chemische Reinigung an.

CHANIA

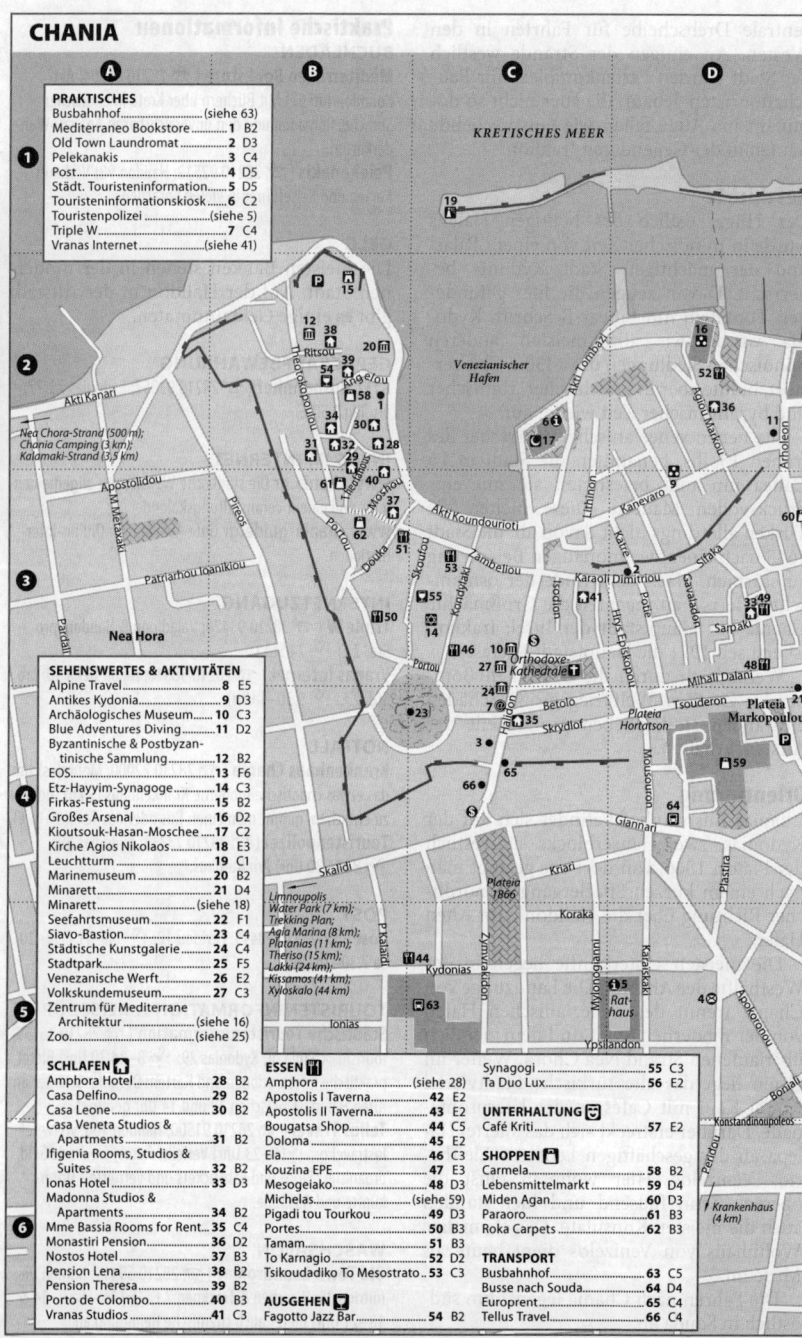

PRAKTISCHES
Busbahnhof	(siehe 63)
Mediterraneo Bookstore	1 B2
Old Town Laundromat	2 D3
Pelekanakis	3 C4
Post	4 D5
Städt. Touristeninformation	5 D5
Touristeninformationskiosk	6 C2
Touristenpolizei	(siehe 5)
Triple W	7 C4
Vranas Internet	(siehe 41)

KRETISCHES MEER

Venezianischer Hafen

Nea Chora-Strand (500 m);
Chania Camping (3 km);
Kalamaki-Strand (3,5 km)

Akti Kanari

Apostolidou

M.Mpotsaki

Patriarhou Ioanikiou

Nea Hora

SEHENSWERTES & AKTIVITÄTEN
Alpine Travel	8 E5
Antikes Kydonia	9 D3
Archäologisches Museum	10 C3
Blue Adventures Diving	11 D2
Byzantinische & Postbyzantinische Sammlung	12 B2
EOS	13 F6
Etz-Hayyim-Synagoge	14 C3
Firkas-Festung	15 B2
Großes Arsenal	16 D2
Kioutsouk-Hasan-Moschee	17 C2
Kirche Agios Nikolaos	18 E3
Leuchtturm	19 C1
Marinemuseum	20 B2
Minarett	21 D4
Minarett	(siehe 18)
Seefahrtsmuseum	22 F1
Siavo-Bastion	23 C4
Städtische Kunstgalerie	24 C4
Stadtpark	25 F5
Venezianische Werft	26 E2
Volkskundemuseum	27 C3
Zentrum für Mediterrane Architektur	(siehe 16)
Zoo	(siehe 25)

SCHLAFEN
Amphora Hotel	28 B2
Casa Delfino	29 B2
Casa Leone	30 B2
Casa Veneta Studios & Apartments	31 B2
Ifigenia Rooms, Studios & Suites	32 B2
Ionas Hotel	33 D3
Madonna Studios & Apartments	34 B2
Mme Bassia Rooms for Rent	35 C4
Monastiri Pension	36 B2
Nostos Hotel	37 B3
Pension Lena	38 B2
Pension Theresa	39 B2
Porto de Colombo	40 B3
Vranas Studios	41 C3

ESSEN
Amphora	(siehe 28)
Apostolis I Taverna	42 E2
Apostolis II Taverna	43 E2
Bougatsa Shop	44 C5
Doloma	45 E2
Ela	46 C3
Kouzina EPE	47 E3
Mesogeiako	48 D3
Michelas	(siehe 59)
Pigadi tou Tourkou	49 D3
Portes	50 B3
Tamam	51 B3
To Karnagio	52 D2
Tsikoudadiko To Mesostrato	53 C3

AUSGEHEN
Fagotto Jazz Bar	54 B2

Synagogi	55 C3
Ta Duo Lux	56 E2

UNTERHALTUNG
Café Kriti	57 E2

SHOPPEN
Carmela	58 B2
Lebensmittelmarkt	59 D4
Miden Agan	60 D3
Paraoro	61 B3
Roka Carpets	62 B3

TRANSPORT
Busbahnhof	63 C5
Busse nach Souda	64 D4
Europrent	65 C4
Tellus Travel	66 C4

Akti Koundourioti

Theotokopoulou

Angelou

Ritsou

Zambeliou

Kondylaki

Skoufou

Douka

Chalidon

Portou

Betolo

Skrydlof

Halidon

Portou

Karaoli Dimitriou

Sarpaki

Mihali Dalani

Plateia Markopoulou

Betolo

Plateia Hortatson

Glannari

Plateia 1866

Kriari

Koraka

Skalidi

Limnoupolis Water Park (7 km);
Trekking Plan;
Agia Marina (8 km);
Platanias (11 km);
Theriso (15 km);
Lakki (24 km);
Kissamos (41 km);
Xyloskalo (44 km)

Kydonias

Ionias

Orthodoxe Kathedrale

Ypsilandon

Rathaus

Zymvrakakon

Mylonogianni

Karakaki

Plastira

Dikasteria

Konstandinoupoleos

Krankenhaus (4 km)

Peritou

Bonali

Apokoranou

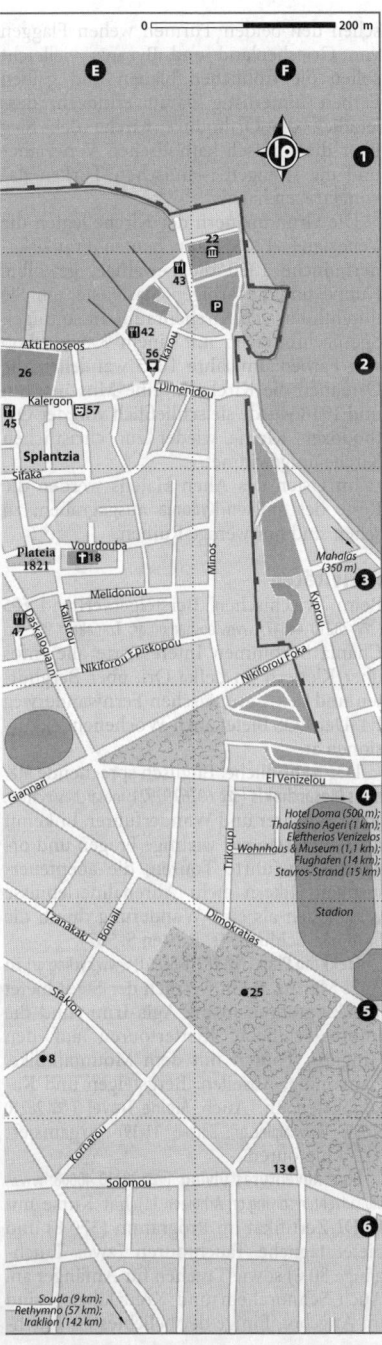

Sehenswertes
MUSEEN

Das **Archäologische Museum** (☎ 28210 90334; Halidon 30; Eintritt 2 €, inkl. Byzantinische Sammlung 3 €; 🕐 Di–So 8.30–15 Uhr) von Chania ist in der eindrucksvollen venezianischen Kirche San Francisco (16. Jh.) untergebracht. Es ist leicht an dem türkischen Brunnen zu erkennen, der auf die frühere Nutzung als Moschee hinweist. Die Ausstellungsstücke stammen aus dem westlichen Kreta und decken die Epochen von der Jungsteinzeit bis zu den Römern ab: Statuen, Vasen, Schmuck, drei prachtvolle Bodenmosaike und einige eindrucksvolle, bemalte Sarkophage aus dem spätminoischen Gräberfeld von Armeni sind hier zu sehen.

Das **Marinemuseum** (☎ 28210 91875; Akti Koundourioti; Eintritt 3 €; 🕐 9–16 Uhr) ist in der Festung Firkas untergebracht (die Türken sperrten hier ihre Gefangenen ein). Es zeigt Schiffsmodelle der Bronzezeit, nautische Instrumente, Fotografien und Erinnerungsstücke an die Schlacht um Kreta. Das **Seefahrtsmuseum von Kreta** (☎ 28210 91875; Akti Defkaliona; 🕐 10–15 & 19–22.30 Uhr) in der ehemaligen venezianischen Werft stellt den antiken und traditionellen Schiffsbau anhand vieler Exponate vor.

Die **Byzantinische & Postbyzantinische Sammlung von Chania** (☎ 28210 96046; Theotokopoulou; Eintritt 2 €, inkl. Archäologisches Museum 3 €; 🕐 Di–So 8.30–15 Uhr) in der restaurierten Festungskirche San Salvatore enthält eine faszinierende Sammlung von Fundstücken, Ikonen, Schmuck und Münzen, darunter auch ein kostbares Bodenmosaik und eine wertvolle Ikone des Hl. Georg in seinem Kampf gegen den Drachen.

Das **Kretische Volkskundemuseum** (☎ 28210 90816; Halidon 46; Eintritt 2 €; 🕐 9.30–15 & 18–21 Uhr) stellt traditionelle Handwerkskunst und Werkzeuge vor, dazu einige gewebte Stoffe.

Das **Museum & Wohnhaus von Eleftherios Venizelos** (☎ 28210 56008; Plateia Helena Venizelou; Eintritt 2 €; 🕐 Mo–Fr 10.30–13.30 & 18.30–21, Sa & So 10.30–13.30 Uhr) im 1,5 km entfernten Stadtviertel Halepa bewahrt die Erinnerung an den großen Staatsmann. Die Zimmer sind original möbliert; es werden Karten und Erinnerungsstücke gezeigt und die Angestellten bieten geführte Besichtigungen an. Das Haus ist mit dem Bus oder Taxi (3 bis 6 €) zu erreichen. Im Winter sind die Öffnungszeiten eingeschränkt.

NOCH MEHR SEHENSWERTES

Die umfangreichen **Venezianischen Befestigungsanlagen** sind immer noch beeindruckend. Am besten sind die westlichen Mauerabschnitte zwischen der **Festung Firkas** und der **Siavo-Bastion** erhalten. Von der Bastion bieten sich tolle Blicke über die Altstadt (Eingang über das Marinemuseum).

Bis zum restaurierten venezianischen **Leuchtturm** an der Hafeneinfahrt sind es 1,5 km zu Fuß über die Mole. An der Ostseite des inneren Hafens steht die auffällige **Moschee von Kioutsouk Hassan** (auch Janitscharen-Moschee genannt) in der regelmäßige Kunstausstellungen stattfinden. Entlang des östlichen Ufers dämmern die wuchtigen Gebäude der venezianischen **Werft** (in Griechisch „neoria") vor sich hin; die meisten von ihnen sind baufällig, nur der östlichste Teil wurde zum Meeresmuseum umgestaltet. Obwohl man die Werft nur von außen besichtigen darf, zeugen die massiven, gotisch anmutenden Bögen von der einstigen Bedeutung der großen Seemacht Venedig.

Das venezianische **Große Arsenal** wurde dagegen hervorragend restauriert. Hier ist das **Zentrum für Mediterrane Architektur** untergebracht, in dem regelmäßige Veranstaltungen und Ausstellungen stattfinden. Moderne griechische Kunst zeigen auch die Ausstellungen in der **Städtischen Kunstgalerie** (☎ 28210 92294; www.pinakothiki-chania.gr; Halidon 98; Eintritt 2 €, Mi freier Eintritt; ◷ Mo–Fr 10–14 & 19–22, Sa 10–14 Uhr) von Chania.

Die restaurierte **Etz-Hayyim-Synagoge** (Parodos Kondylaki; ☎ 28210 86286; www.etz-hayyim-hania. org; ◷ Di–Fr 10–20, So 17–20, Mo 10–15 & 17–20 Uhr) erinnert an die jüdische Kolonie in Chania, die nach der Besetzung der Insel durch die Nazis ausgelöscht wurde.

Oberhalb der östlichen Uferstraße liegt das einstige türkische **Viertel Splantzia.** In den farbenprächtigen, schmalen Gassen und um die schattigen Plätze haben sich Boutique-Hotels, Galerien, Cafés und Bars angesiedelt – perfekt für einen relaxten Bummel.

An der Daliani blieb eines der beiden letzten **Minarette** erhalten; ein zweites steht hinter einem *kafeneio* auf der Plateia 1821. Es ist kurioserweise Teil der **Kirche Agios Nikolaos** (Plateia 1821; ◷ 7–12 & 16–19 Uhr) und sogar höher als der Glockenturm auf der gegenüber liegenden Seite der Kirchenfront. Zwischen den beiden Türmen wehen Flaggen von Griechenland und Byzanz; vielleicht sollen die fröhlichen blauen und gelben Farben hinterlistig daran erinnern, dass letztlich die Orthodoxe Kirche den Sieg über die römisch-katholischen Venezianer und die strengen islamischen Türken davongetragen hat.

Die Grundmauern der Kirche legten die Venezianer 1205, dann bauten Franziskanermönche 1320 die gewaltige, gewölbte Kuppel und die farbigen Glasfenster ein. Sie durchfluten den Kirchenraum an sonnigen Spätnachmittagen mit einem Kaleidoskop von Farben. Im Jahre 1645 wandelten die Osmanen die Kirche in eine Moschee um und 1918 wurde sie schließlich von der Orthodoxen Kirche wieder zur christlichen Kirche umgewidmet.

Im Osten des Alten Hafens werden die Reste des **Antiken Kydonia** ausgegraben; zu sehen sind nur wenige Ruinen.

Aktivitäten

Beim griechischen Bersteigerverband **EOS** (☎ 28210 44647; www.eoshanion.gr; Tzanakaki 90) in Chania bekommen Interessierte alle Infos über Klettern im Lefka Ori, über Berghütten und den Europäischen Fernwanderweg E4. Der EOS bietet auch Wochenendexkursionen an.

Der freundliche, Englisch sprechende **Manolis Mesarchakis** (☎ 69769 92921; mesarchas@yahoo. gr) ist Skilehrer und Wanderführer. Er kennt die Antworten auf wichtige Fragen und organisiert geführte Touren, die abenteuerlustigen Hikern mehr Adrenalinerlebnisse verschaffen als eine Wanderung durch die Samaria-Schlucht (s. Kasten S. 567).

Trekking Plan (☎ 28210 60861; www.cycling.gr) in Agia Marina, 8 km westlich der Stadt bietet Trekkingtouren in die Agia-Irini- und die Imbros-Schlucht, Klettertouren auf den Gingilos, Touren mit dem Mountainbike, Canyoning, Abseilen, Bergsteigen und Kajakfahrten an. Auch **Alpine Travel** (☎ 28210 50939; www.alpine.gr; Boniali 11-19) organisiert Trekkingtouren.

Blue Adventures Diving (☎ 28210 40608; www. blueadventuresdiving.gr; Arholeon 11) hat Kurse mit PADI-Zertifikat im Programm (370 €) und bietet tägliche Tauchtouren (zwei Tauchgänge 80 €) sowie Tauchen für Anfänger an. Auch Schnorcheln und Kreuzfahrten sind im Angebot. Einige der beliebtesten Tauchreviere liegen 6 km westlich von Chania; sie führen auch zu Meereshöhlen mit einzigartigen endemischen, rosa Korallen. Manchmal lassen sich sogar Robben beobachten.

Chania mit Kindern
Im **Stadtpark** zwischen der Tzanakaki und der Dimokratias, gibt es einen Spielplatz, ein schattiges Café und einen kleinen **Zoo** mit zwei *kri-kri* (endemische Wildziegen Kretas). Sehr unterhaltsam für Kinder ist der gigantische Wasserpark **Limnoupolis** (☎ 28210 33246; Varypetro; Tageskarte Erw./Kinder 6–12 Jahre 17/12 €, Nachmittagskarte 12/9 €; ☻ 10–19 Uhr) südlich der Stadt. Vom Busbahnhof fahren regelmäßig Busse zum Wasserpark (1,70 €).

Geführte Touren
Im Hafen legen Boote ab, die zu den nahen Inselchen **Agii Theodorou** und **Lazaretto** und über den Golf von Chania fahren. Die **M/S Irini** (☎ 28210 52001; Kreuzfahrten 15 €, Sonnenuntergangsfahrten 8 €, Kinder unter 7 Jahren frei) ist ein nostalgisches Schiff aus den 1930er-Jahren; sie legt täglich zu Kreuzfahrten (Schnorchelausrüstung wird kostenlos zur Verfügung gestellt) und Sonnenuntergangsfahrten inklusive Obst und *raki* ab. Nur die Fahrten mit dem Glasbodenboot halten nicht, was sie versprechen.

Schlafen
Chania kann sehr verlockend sein, schon mancher blieb viel länger als geplant. Außerhalb der Hauptsaison schließen viele Hotels und Pensionen. Wer in der Nebensaison kommt, sollte also zur Sicherheit nachfragen, ob das gewünschte Hotel geöffnet ist.

BUDGETUNTERKÜNFTE
Hania Camping (☎ 28210 31138; camhania@otenet.gr; Agii Apostoli; Wohnwagen/Stellplatz für Erw./Kinder/Zelt 7/5/4 €; ℗ ☻) 3 km westlich der Stadt am Strand bietet der schattige Platz Restaurant, Bar, Minimarkt und Pool. Der Bus zum Strand von Kalamaki fährt alle 15 Minuten an der Südostecke der Plateia 1866 ab.

Pension Theresa (☎ /Fax 28210 92798; Angelou 2; Zi. 40–50 €; ☻ ☻) Die Pension wird von dem freundlichen, pensionierten Arzt Georgios Nikitas geleitet. Das knarrende, alte Haus mit einer steilen Wendeltreppe und antiken Möbeln hat eine faszinierende Atmosphäre. Einige Zimmer haben hübsche Aussicht,

doch die besten Ausblicke bieten sich von der Dachterrasse (hier ist auch die Gemeinschaftsküche). Die Zimmer sind mit TV, Klimaanlage und Lofts mit einem Extrabett ausgestattet, manche sind richtig gemütlich. Die Pension ist klein; nur wer rechtzeitig vorbestellt, bekommt ein Zimmer.

Monastiri Pension (☎ /Fax 28210 41032; Agiou Markou 18 & Kanevarou; DZ & 3BZ 40–65 €; ☻) Die Pension in einem älteren Haus hinter einem steinernen Torbogen mit antiken Möbeln im Gemeinschaftsraum gibt es schon lange. Die einfachen Badezimmer wurden nachträglich eingebaut. Die Zimmer haben Kühlschränke, einige auch Klimaanlagen, von den Balkonen in den vorderen Räumen ist das Meer sichtbar.

Vranas Studios (☎ 28210 58618; www.vranas.gr; Agion Deka 10; Studio 40–70 €; ☻ ▢) Die geräumigen, makellosen Studios mit polierten Holzfußböden sind ideal für Selbstversorger. Sie haben Balkone und modernen Komfort (zum Haus gehört ein Internet-Café).

Casa Veneta Studios & Apartments (☎ 28210 90007; www.casa-veneta.gr; Theotokopoulou 57; Studio/Apt. 50/60 €; ☻ April-Okt.; ☻) Die neuen, frisch gestrichenen Zimmer (für Selbstversorger) in diesem Haus in der Altstadt liegen auf drei Ebenen. Das Personal ist freundlich, im Bereich der Rezeption ist WLAN möglich. In der Nebensaison sinken die Preise.

Pension Lena (☎ 28210 86860; lenachania@hotmail.com; Ritsou 5; EZ/DZ 35/55 €; ☻) Die Pension in einem alten türkischen Haus vermittelt eine freundliche Wohlfühl-Atmosphäre, wozu auch die Antiquitäten beitragen. Die vorderen Zimmer sind die besten.

Empfehlenswert sind auch die Zimmer von **Mme. Bassia** (☎ /Fax 28210 55087; Betolo 49; DZ/3BZ 50/65 €; ☻) in der Altstadt. Die Zimmer sind edel ausgestattet und der Service freundlich. Wer aufmerksam durch die Gassen schlendert, findet sicher weitere angenehme Unterkünfte.

MITTELKLASSEHOTELS
Ifigenia Rooms, Studios & Suites (☎ 28210 94357; www.ifigeniastudios.gr; Gamba 23 & Parodos Agelou; Studio/Suite 50/150 €; ☻) Das Ifigenia besteht aus sechs renovierten Häusern in der Altstadt. Das Angebot reicht von einfachen Zimmern bis zu schicken Suiten mit Kochnische, Whirlpool und schönem Ausblick. Einige Badezimmer sind sehr einfach und die Ausstattung bestenfalls bemüht. Eine neue

ERINNERUNGEN AN VENIZELOS

Nur wenige Menschen wohnen in einem derart geschichtsträchtigen Haus wie Rena und Ioanna Koutsoudakis. Das Haus wurde im frühen 20. Jh. als K.u.K. Österreichisch-Ungarische Botschaft erbaut, unmittelbar nach dem Ende der türkischen Herrschaft. Später kam es an die Familie der heutigen Besitzer, die es im August 1940 als diplomatische Vertretung an die Briten verpachteten. Im Zweiten Weltkrieg fiel es den Deutschen zum Opfer (eine Bombe im Garten sprengte die Fenster heraus). Kaum hatte es die Familie Koutsoudakis 1947 zurückerhalten, verpachteten sie es wieder an die Briten.

Als die Engländer 1955 das Haus endgültig aufgaben, wurde das Hotel Doma (unten) daraus. Es steht im Stadtteil Halepa am viel befahrenen Boulevard, der nach Eleftherios Venizelos benannt ist. Unter dessen Führung breitete sich Griechenland weit nach Norden und in die Ägäis aus.

Die Megali Idea („großartige Idee") endete in einer Katastrophe: Nach 2000 Jahren griechischer Zivilisation in Anatolien wurden die Griechen aus dem Land vertrieben. Venizelos kehrte aus seinem Pariser Exil zurück und führte die griechische Delegation an, die 1923 den Vertrag von Lausanne unterzeichnete – die Basis für die Umsiedlung der griechischen und türkischen Ethnien. Venizelos wurde 1928 Premierminister, trat dann aber zurück.

Venizelos verbrachte in seinem zweiten Exil mehrere Jahre seines Lebensabends in Chania. Kyria Rena erinnert sich noch an den alten Venizelos, der regelmäßig auf seinem Morgenspaziergang vorbei kam. „Ich war damals noch ein kleines Mädchen", sagte sie, „meine Schwester war erst zwei Jahre alt. Wir liefen jeden Morgen pünktlich zum Fenster und winkten ihm zu; er lächelte und winkte zurück."

Sie erinnert sich auch noch an das Jahr, als seine politischen Freunde am Namenstag von Venizelos mit einem enormen Kuchen – natürlich in der Form Kretas – an ihrem Haus vorbei kamen.

Obwohl Venizelos während seiner politischen Tätigkeit immer wieder von Partisanen und anderen Gegnern angegriffen wurde, trauerte das Land um ihn, als er 1936 im Alter von 72 Jahren in Paris starb. Die Menschen in Chania hingen schwarze Tücher an die Balkone. „Ich erinnere mich, dass viele Männer aus den Dörfern in traditioneller Tracht mit Messern am Gürtel in die Stadt kamen. Meine Mutter nahm uns mit in die Kirche Agia Magdalini, in der Venizelos aufgebahrt lag", erinnert sich Kyria Rena. „Als wir in den Sarg sehen konnten, sagte sie zu mir, ‚Tochter, schau ihn dir sehr genau an. Er war ein großer Mann. Sieh ihn an und vergiss ihn nie!' Tatsächlich habe ich dieses Erlebnis nie vergessen."

Suite für Paare hat einen Whirlpool und eine Dachterrasse. Man sollte allerdings körperlich fit sein, um die schwere Falltür zu öffnen, während man auf der steilen Wendeltreppe darunter balanciert.

Ionas Hotel (☎ 28210 55090; www.ionashotel.com; Sarpaki & Sorvolou; DZ inkl. Frühstück 68–80 €, Suite inkl. Frühstücksbuffet 130–180 €; 🛏 🛜) Das Boutique-Hotel im ruhigen, sehr angesagten Splantzia-Viertel ist modern gestaltet. Alle Zimmer haben die heute übliche Ausstattung; es gibt eine Dachterrasse.

Madonna Studios & Apartments (☎ 28210 94747; madonnastudios@yahoo.co.uk; Gamba 33; Studio 70–110 €; 🛏) Die reizende Pension um einen mit Blumen bewachsenen Innenhof bietet fünf traditionell möblierte Zimmer an, jedes mit einem ganz individuellen Flair.

Nostos Hotel (☎ 28210 94743; www.nostos-hotel. com; Zambeliou 42-46; EZ/DZ/3BZ inkl. Frühstück 60/80/120 €; 🛏) Das Nostos ist ein ungewöhnlich schönes Hotel, das in einem restaurierten, 600 Jahre alten venezianischen Haus untergebracht ist. Die Zimmer auf mehreren Ebenen sind für Selbstversorger geeignet. Zimmer mit Balkon haben Blick auf den Hafen.

LP Tipp **Hotel Doma** (☎ 28210 51772; www.hotel-doma.gr; Venizelos 124; EZ/DZ/3BZ/Suite inkl. Frühstück ab 65/90/120/150 €; 🗓 April–Okt.; 🛏). Wenn es einen Platz gibt, an den man sich zurückziehen könnte, um einen Mystery-Thriller zu schreiben, dann das Doma. Hier sind schon immer berühmte Autoren, Politiker und Schauspieler ein- und ausgegangen und die originalen Holzfußböden und Möbel, die Antiquitäten, der blühende Garten hinter dem Haus und die Sammlung exotischer Kopfbedeckungen machen es zu einem einzigartigen Wohnerlebnis. Es liegt zwar 20 Minuten Fußweg vom Stadtzentrum entfernt, ist aber über Busse nach Chalepa (Haltestelle Attika) zu erreichen; auf der Straße hinter dem Haus gibt es Parkmöglichkeiten. Die vorderen Zimmer haben Meerblick und die Suite im Obergeschoss eine eigene Dachterrasse mit überwältigendem Ausblick.

Porto de Colombo (☎ 28210 70945; colompo@ote net.gr; Ecke Theofanous & Moshou; DZ/Suite inkl. Frühstück 90/115 €; 🐾) In diesem venezianischen Herrenhaus waren die französische Botschaft und das Büro von Venizelos untergebracht, ehe daraus ein reizvolles Boutique-Hotel mit zehn gut ausgestatteten Zimmern wurde. Von den Suiten im Obergeschoss bietet sich ein ausgezeichneter Ausblick auf den Hafen.

SPITZENKLASSEHOTELS

Amphora Hotel (☎ 28210 93224; www.amphora.gr; Parodos Theotokopoulou 20; DZ mit Aussicht 140 €, Suite 165 €; 🐾) Das hervorragend restaurierte venezianische Herrenhaus bietet elegant ausgestattete Zimmer, am schönsten sind die im Hauptflügel mit Blick auf den Hafen. Die Zimmer ohne Ausblick sind preiswerter, könnten aber einen Kühlschrank vertragen. Das Frühstück kostet 10 € extra.

Casa Leone (☎ 28210 76762; www.casa-leone.com; Parodos Theotokopoulou 18; Zi. inkl. Frühstück 130–170 €; 🐾) Eine exklusive ehemalige venezianische Residenz mit geräumigen, luftigen Zimmern; Balkone mit Hafenblick.

Casa Delfino (☎ 28210 93098; www.casadelfino. com; Theofanous 7; DZ & Apt. inkl. Frühstück 200–325 €; 🐾) Die berühmte Casa Delfino in einem eleganten Herrenhaus des 17. Jhs. (in der Altstadt) ist das luxuriöseste Hotel Chanias. Das Frühstück wird in einem prachtvollen Hof mit Kieselsteinmosaik serviert.

Essen

Wer die mittelmäßigen und weit überteuerten Tavernen am Wasser meidet, findet im Gewirr der Altstadtgassen einige der besten und stimmungsvollsten Restaurants von ganz Kreta.

Bougatsa Shop (Bougatsa 2 €; 🕑 6–14 Uhr) In diesem bescheidenen Lokal werden seit 1924 die köstlichsten *bougatsa* der Insel mit dem süßen kretischen *myzithra*-Käse serviert; gegenüber dem Busbahnhof.

Mesogeiako (☎ 28210 59772; Daliani 36; *mezedhes* 3–6 €) Auch dieses trendige *mezedhopoleio* steht in Splantzia. Die ausgezeichneten kretischen Appetithäppchen haben das gewisse Etwas, unbedingt einen Versuch wert sind die Fleischbällchen mit *raki*.

Kouzina EPE (Daskalogianni 25; mayirefta 3–7 €; 🕑 12–20 Uhr) Das kleine, skurrile Lokal (der Name bedeutet in etwa „Restaurant mit beschränkter Haftung") am Rand von Splantzia serviert sättigende und leckere *mayirefta*. Das bei Einheimischen beliebte Restaurant ist nur zu Mittag und für frühe Abendessen geöffnet.

Tsikoudadiko To Mesostrato (☎ 28210 72783; Zambeliou 31; mezedhes 4–7 €) Das 400 Jahre alte, venezianische Gebäude hat zwar kein Dach, dafür aber umso mehr Atmosphäre. Im Tsikoudadiko spielen gelegentlich Straßenmusikanten, während die Grillen in den Bäumen mitsingen oder applaudieren. Die süßen roten Cayennepfefferschoten, Schnecken und die gebratenen Pilze sind köstlich.

Michelas (☎ 28210 90026; Hauptgerichte 5–8 €; 🕑 Mo–Sa 10–16 Uhr) Das Michelas in der Nähe der Fleischabteilung der Markthalle (S. 563) ist ein alteingesessener Klassiker – preiswerte und authentische kretische Kost.

MAGISCHER MYZITHRA

Es soll Menschen geben, die nur wegen des süßen *myzithra*-Käses nach Kreta kommen (er wird aus Ziegen- oder Schafsmilch hergestellt). Der Käse ist nicht leicht zu bekommen, wird aber in vielen Restaurants als Basis für die *myzithropitakia* (süße Käsekuchen) verarbeitet – knusprige, goldbraune Dreiecke, gefüllt mit dem köstlichem Käse.

Myzithra ist auch Zutat für *kalitsounies*, ein weiches, rundes Frühstücksgebäck, das mit Käse gefüllt und mit Zimt bestreut wird. Das Gebäck bekommt man in *zaharoplasteia* (Süßwarenläden) und Bäckereien.

Auch in manchen lokalen Spezialitäten wird *myzithra* verarbeitet. Im südwestlichen Sfakia gibt es zum Dessert die dünnen *Sfakiani pita*, die mit *myzithra* gefüllt und mit Honig beträufelt werden. In Stückchen weiter westlich, in Paleochora, werden die *myzithropitakia* dagegen mit dem sauren *xynomyzithra* hergestellt. Egal in welcher Variante, niemand sollte Kreta verlassen, ohne diese einzigartige, leckere Spezialität probiert zu haben.

IMMER AN DEN HELM DENKEN!

Eine der gefährlichsten Strecken im Umkreis von Chania ist die 10 km lange Straße zwischen der Innenstadt und der beliebten Feriensiedlung Platanias mit zahlreichen Bars und Clubs. Haris ist ein junger Kreter, der als Fahrer für die Notaufnahme des Krankenhauses in Chania arbeitet. Er kennt die schrecklichen Verletzungen, mit denen Nacht für Nacht Einheimische und Touristen ins Krankenhaus eingeliefert werden.

„Es ist jeden Sommer dasselbe. Griechen und Touristen fahren auf dem Motorrad betrunken von den Clubs zurück in die Stadt und werden bei uns eingeliefert", sagt Haris. „Erst gestern wurden vier englische Mädchen ins Krankenhaus gebracht, die auf dem Rückweg von der Disko mit dem Motorrad einen Unfall hatten. Zwei hatten komplizierte Beinbrüche." Das Gesundheitssystem der kleinen Stadt arbeitet ohnehin bereits an der Grenze der Belastung und solche, häufig vermeidbaren Unfälle belasten es zusätzlich.

Es widerspricht schon dem gesunden Menschenverstand, sich betrunken auf ein Motorrad zu setzen, doch vollends fatal wird die Angelegenheit, weil viele Motorradfahrer in der Sommerhitze Kretas darauf verzichten, einen Helm aufzusetzen. Die Polizei hält zwar niemanden an, der ohne Helm fährt, aber diese Kopfbedeckung kann den Unterschied zwischen Leben und Tod ausmachen. Haris sagt: „Im schlimmsten aller Fälle fällt das Unfallopfer ins Koma oder stirbt, weil es keinen Helm trug. Das sind die traurigsten Fälle."

Auch wenn die Straßen noch so heiß sind und die Sonne höllisch brennt, der Helm ist ein Muss! Und nach einer alkoholreichen Nacht sollten doch auch noch 10 € für ein Taxi drin sein.

To Karnagio (☎ 28210 53366; Plateia Katehaki 8; Hauptgerichte 5–10,50 €) Das beliebte Restaurant am Großen Arsenal mit Tischen im Freien serviert beste Meeresfrüchte (unbedingt den gegrillten Oktopus ausprobieren) und klassische kretische Küche.

Doloma (☎ 28210 51196; Kalergon 8; mayirefta 5,50–7 €; ☼ Mo–Sa) Die Tische stehen im Freien zwischen Weinreben und Blattwerk. Das Lokal am Hafen bietet hervorragende traditionelle Spezialitäten an.

Tamam (☎ 28210 96080; Zambeliou 49; Hauptgerichte 5,50–8,50 €) Das Tamam (Türkisch für „in Ordnung") ist in einem alten türkischen Bad untergebracht. Es gibt hervorragende vegetarische Spezialitäten und orientalisch angehauchte Gerichte. Der Haussalat und das *beyendi*-Hähnchen mit einem sahnigen Auberginenpüree sind köstlich.

LP Tipp **Portes** (☎ 28210 76261; Portou 48; Hauptgerichte 6–9 €) Hier sollte jeder Besucher Chanias zumindest einmal essen gehen. Das Lokal befindet sich an einer ruhigen Gasse in der Altstadt und wird von der freundlich-umtriebigen Susanna aus Limerick geleitet. Susanna serviert kretische Leckerbissen mit viel Herz. *Gavros* (marinierte Sardinen), der gefüllte Fisch in Folie oder die köstlichen Fleischbällchen mit Lauch und Tomaten sind einfach göttlich. Auch das selbst gebackene Brot schmeckt ausgezeichnet.

Ela (☎ 28210 74128; Kondylaki 47; Hauptgerichte 8–18 €; ☼ 12–1 Uhr) In diesem Gebäude aus dem 14. Jh. waren nacheinander eine Seifenfabrik, eine Schule und eine Käserei untergebracht. Jetzt serviert Ela kretische Spezialitäten wie Zicklein mit Artischocken: Musiker sorgen für die richtige Stimmung zum Essen.

Pigadi tou Tourkou (☎ 28210 54547; Sarpaki 1-3; Hauptgerichte 10–17 €; ☼ Abendessen, Mo & Di geschl.) Der Brunnen dieses ehemaligen Dampfbades (der Name bedeutet Türkischer Brunnen) ist noch vorhanden und die verlockenden Gerichte schmecken und duften nach Orient – eine Cross-over-Küche mit kretischen, marokkanischen und nahöstlichen Einflüssen.

Apostolis I & II Taverna (☎ 28210 43470; Akti Enoseos; Fisch pro kg bis 65 €) Die für ihre Fische und Meeresfrüchte bekannte *psarotaverna* liegt im ruhigen Osthafen.

Empfehlenswert ist außerdem das ausgezeichnete **Amphora Restaurant** im gleichnamigen Hotel.

Ausgehen & Unterhaltung

Die Clubs liegen in Platanias und Agia Marina, 11 km westlich von Chania, in der Altstadt gibt es aber einige gut besuchte Bars. In den engen Gassen von Sfrantzia öffnen immer wieder neue, hippe Favoriten der Einheimischen.

Synagogi (☎ 28210 96797; Skoufou 15) Die coolen dunklen Steinbögen des dachlosen venezianischen Hauses (ehemalige Synagoge) sind bei den jungen Einheimischen sehr beliebt.

Fagotto Jazz Bar (☎ 28210 71877; Angelou 16; ⏰ Juli–Mai 19–2 Uhr) Eine coole Jazz- und Blues-Bar im Untergeschoss eines restaurierten venezianischen Hauses. Hier ist es im Winter stets voll.

Die Kunst-Café-Bar **Ta Duo Lux** (☎ 28210 52519; Sarpidona 8; ⏰ ab 10 Uhr) ist ein beliebter Treffpunkt unter Jugendlichen, im eher rustikalen **Café Kriti** (☎ 28210 58661; Kalergon 22; ⏰ ab 20 Uhr) wird traditionelle kretische Livemusik gespielt.

Shoppen

Die Zambeliou und die Theotokopoulou sind die besten Shopping-Meilen der Stadt. Hier bieten auch traditionelle Kunsthandwerker ihre Produkte an. Die Skrydlof ist die „Lederstraße" und auch der Zentralmarkt ist einen Besuch wert. Die fantastische, überdachte **Markthalle** (⏰ Mo & Mi 9–17, Di, Do & Fr 9–20, Sa 9–14 Uhr) bietet ein faszinierendes Angebot an traditionellen kretischen Speisen und Getränken, Kräutern, Fleisch und Gemüse. Der Markt ist ein Muss, selbst wenn man keine Absicht hat, etwas zu kaufen.

Carmela (☎ 28210 90487; Angelou 7) In diesem exquisiten Geschäft werden originelle Schmuckstücke in einzigartigem Design und die ungewöhnlichen Keramiken Carmelas angeboten, die sie mit antiken Techniken herstellt. Daneben verkauft sie Schmuck und Keramik von führenden griechischen Künstlern.

Paraoro (☎ 28210 88990; Theotokopoulou 16) Eine Werkstatt für einzigartige, dekorative Metallboote und Keramiken.

Roka Carpets (☎ 28210 74736; Zambeliou 61) Man kann dem Meister Mihalis Manousakis bei der Arbeit an einem 400 Jahre alten Webstuhl zusehen und einen der authentischen handgewebten Läufer oder andere schöne Stücke gleich mitnehmen.

Miden Agan (☎ 28210 27068; www.midenaganshop.gr; Daskalogianni 70; ⏰ Mo & Mi 10–15.30, Di & Do–Sa 10–14.15 & 18.15–22 Uhr) Die Mutter aller Delikatessengeschäfte: Hier bekommt man einzigartige Hauswein und Liköre, dazu mehr als 800 griechische Weine und lokale Köstlichkeiten.

An- & Weiterreise

BUS

Im Sommer fahren die Busse werktags vom **Busbahnhof** (KTEL; ☎ 28210 93052) in Chania zu verschiedenen Zielen ab. Siehe auch die Tabelle S. 564.

FÄHRE

Informationen zu den Fährverbindungen zwischen Chania und Piräus stehen im Kapitel Insel-Hopping (S. 866). Auch die **Hafenpolizei** (☎ 28210 89240) gibt Auskunft über die Fährverbindungen.

Chanias Haupthafen Souda liegt 7 km südöstlich, er ist über regelmäßige Busverbindungen (1,15 €) erreichbar. Taxis kosten 8 bis 10 €.

FLUGZEUG

Chanias Flughafen (CHQ) liegt 14 km östlich der Stadt auf der Halbinsel Akrotiri. Hier starten und landen Flugzeuge nach/ aus Athen und Thessaloniki. Details zu den Flugverbindungen, siehe Insel-Hopping (S. 867).

Unterwegs vor Ort

Zum Flughafen (2,60 €, 20 Min.) fahren drei Busse täglich, die Taxifahrt kostet 18 bis 20 €.

Blaue Nahverkehrsbusse (☎ 28210 27044) haben Anschluss an die Fähren im Hafen von Souda. Sie fahren vor der Markthalle ab (1,30 €). Die Busse zu den Stränden im Westen starten am Hauptbusbahnhof.

Es gibt zwar auch in Chania Autoverleiher, aber die Anbieter in Agia Marina sind oft preisgünstiger und bringen ihre Wagen zum Kunden nach Chania. Die Altstadt ist zum größten Teil Fußgängerzone. Bei der Festung Firkas steht ein großer, kostenloser Parkplatz zur Verfügung (am Hinweis zum großen Parkplatz eines Supermarktes von der Skalidi abbiegen und weiterfahren Richtung Meer).

Autos verleihen die folgenden Anbieter:
Europrent (☎ 28210 27810; Halidon 87)
Tellus Travel (☎ 28210 91500; www.tellustravel.gr; Halidon 108) Sie verkaufen auch Flugtickets und bieten Exkursionen durch die Insel an.

RUND UM CHANIA

Im Nordosten von Chania befindet sich die selten besuchte **Halbinsel Akrotiri** mit dem Flughafen, einem Hafen und einem Nato-

KRETA

BUSSE VON CHANIA

Fahrtziel	Dauer	Preis	Häufigkeit
Elafonisi	2½ Std.	9,60 €	1-mal tgl.
Falasarna	1½ Std.	6,50 €	3-mal tgl.
Chora Sfakion	1Std. 40 Min.	6,50 €	3-mal tgl.
Iraklion	2¾ Std.	10,70 €	halbstündl.
Kissamos	1 Std.	4 €	13-mal tgl.
Moni Agias Triadas	30 Min.	2 €	2-mal tgl.
Omalos (zur Samaria-Schlucht)	1 Std.	5,90 €	3-mal tgl.
Paleochora	1 Std. 50 Min.	6,50 €	4-mal tgl.
Rethymnon	1 Std.	6 €	halbstündl.
Sougia	1Std. 50 Min.	6,10 €	2-mal tgl.
Stavros	30 Min.	1,80 €	3-mal tgl.

Stützpunkt. Hier fielen während der Schlacht um Kreta etwa 1500 britische, australische und neuseeländische Soldaten; sie liegen auf dem **Soldatenfriedhof** von Souda begraben. Die Busse zum Hafen von Souda, die vor der Markthalle in Chania abfahren, passieren diesen düsteren Ort.

An der Nordspitze von Akrotiri liegt der Sandstrand von **Stavros**, der Schauplatz der berühmten Tanzszene im Film Alexis Sorbas war – natürlich kann man hier auch ins Wasser hüpfen. Von Chania fahren sechs Busse täglich zum Stavros-Strand (2 €).

Direkt im Süden von Chania liegt das Bergdorf **Theriso**. Hier brach 1905 der Aufstand gegen die royalistische Verwaltung Kretas aus, der Eleftherios Venizelos zur Legende machte. Obwohl die Busse mit Pauschaltouristen hier gelegentlich „griechische Nächte" veranstalten und das Ambiente total verderben, ist das Dorf ein friedlicher Ort – sobald sie wieder weg sind. Die Straße führt durch herrliche Wälder und kommt der **Theriso-Schlucht** sehr nahe, die sich für Wandertouren anbietet (in Chania beim EOS nachfragen, S. 558).

Die Fahrt von Chania zum berühmtesten Canyon Kretas, der Samaria-Schlucht (rechts) ist wirklich spektakulär. Zunächst geht's durch Orangenhaine bis nach Fournes, wo sich die Straße gabelt, dann weiter nach links in Richtung **Meskla**. Die Hauptstraße führt über **Lakki** (insgesamt 24 km von Chania entfernt), ein völlig unverdorbenes Bergdorf des Lefka Ori (Weißes Gebirge) mit fantastischen Ausblicken. Lakki war eines der Widerstandszentren gegen die Türken und später gegen die Deutschen.

Von Lakki geht die Straße weiter nach **Omalos** und **Xyloskalo;** hier beginnt die Samaria-Schlucht. Viele Wanderer übernachten in Omalos, um sehr früh morgens aufbrechen zu können. Das große, aus Natursteinen erbaute **Hotel Exari** (☎ 28210 67180; EZ/DZ 20/30 €) hat gut ausgestattete Zimmer mit TV, Badewanne und Balkonen. Der Hotelbesitzer Yiorgos fährt Wanderer bis zum Startpunkt des Wanderweges und übernimmt für Gruppen den Gepäcktransport nach Sougia. Das nahe **Hotel Gingilos** (☎ 28210 67181; EZ/DZ/3BZ 20/25/35 €) hat einfachere, aber saubere und große Zimmer (die 3BZ sind riesig) mit hübschen Holzmöbeln und einem zentralen Balkon. Zu beiden Hotels gehört eine Taverne.

Der EOS betreibt die **Kallergi-Hütte** (☎ 28210 33199; B Mitglieder/Nicht-Mitglieder 10/13 €) in den Hügeln zwischen Omalos und der Samaria-Schlucht. Sie ist eine gute Ausgangsbasis für Touren auf den Gingilos und in die benachbarten Berge.

SAMARIA-SCHLUCHT ΦΑΡΑΓΓΙ ΤΗΣ ΣΑΜΑΡΙΑΣ

Wandern durch eine einsame Schlucht? Im Sommer ist daran nicht zu denken – pro Tag haben etwa 1000 Wanderer dieselbe Idee. Dennoch ist die Tour durch die **Samaria-Schlucht** (☎ 28210 67179; Eingang 5 €; ☉ Mai-Mitte Okt. 6–15 Uhr) eine einzigartige Erfahrung. Vor der Wanderung sollte man den Wetterbericht abhören, um Enttäuschungen zu vermeiden: die Parkverwaltung schließt die Schlucht an besonders heißen Tagen.

Samaria ist mit 16 km angeblich die längste Schlucht in Europa. Sie beginnt unterhalb der Omalos-Hochebene und wurde von dem Fluss ins Gestein geschnitten, der zwischen den Gipfeln Avlimanakou (1857 m) und Volakias (2116 m) fließt. Die Samaria-Schlucht ist an den Engstellen nur 3 m breit und weitet sich bis auf 150 m, manche Klippen ragen bis 500 m hoch auf. Zwischen April und Mai blühen zahllose Wildblumen.

Die Samaria-Schlucht ist einer der Rückzugsorte für die gefährdete Wildziege Kretas, die *kri-kri*. Sie kommt in Freiheit nur noch hier, auf dem Inselchen Dia nördlich von Iraklion und auf der östlichen Kri-Kri-Insel bei Agios Nikolaos vor. Da die *kri-kri* scheu ist, lässt sie sich nur selten blicken. Um sie vor dem Aussterben zu retten, wurde die Schlucht 1962 zum Nationalpark erklärt.

Schluchtwanderung

Der sicherste Weg, den Massen zu entgehen, ist ein früher Aufbruch (vor 8 Uhr), obwohl schon der erste Bus von Chania voll besetzt sein kann. Sicherer ist die Übernachtung in Omalos (S. 564) und eine (Mit-)Fahrgelegenheit, um so früh wie möglich in den Startlöchern zu stehen. Da in der Schlucht Campen nicht erlaubt ist, muss der Weg durch die Schlucht (4½ bis 6 Std.) spätestens um 15 Uhr geschafft sein.

Gute Wanderschuhe sind ein Muss; man sollte sich mit Sonnencreme und Sonnenbrille vor der Sonne schützen und genügend Wasser mitnehmen (auf der Strecke gibt es mehrere Quellen mit gutem Wasser, um die Wasserflasche zu füllen; aus dem Bach zu trinken, ist dagegen nicht ratsam). Parkwächter mit Eseln sammeln Wanderer ein, die in der ersten Stunde merken, dass sie sich zu viel zugemutet haben, und bringen sie zurück. Die Blicke sollten aber nicht stur geradeaus auf den Weg, sondern auch nach oben gerichtet werden: Vielleicht taucht eine scheue *kri-kri* auf, außerdem droht jederzeit Steinschlag. Diese Gefahr ist durchaus real, denn es gab bereits Todesopfer durch herabfallendes Gestein. Andere starben, weil sie so unvorsichtig waren, die Schlucht zu verlassen, um die abgelegenen Berge zu erkunden.

Die Strecke beginnt mit dem **Xyloskalo,** einem steilen Steinpfad mit hölzernen Geländern als Eingang zur Schlucht und endet bei **Agia Roumeli** an der Südküste. Im Frühling ist der Weg gelegentlich von einem Bach überspült, im Sommer verwandeln sich die Felsen im trockenen Bachlauf in Trittsteine.

Auf den ersten 6 km bis zum Geisterdorf **Samaria** ist die Schlucht noch recht breit; die Bewohner mussten ihr Dorf verlassen, als die Schlucht zum Nationalpark erklärt wurde. Südlich des Dorfes steht die Kirche **Hl. Maria von Ägypten,** nach der die Schlucht benannt ist.

Danach wird die Schlucht immer schmaler, bis sie sich nach 11 km auf gerade einmal 3,50 m verengt – das berühmte **Eiserne Tor** (Sidiroportes). Ein 20 m langer, wackeliger hölzerner Steg führt am Wasser entlang auf die andere Seite. Nach 12,5 km endet die Schlucht im Norden des fast ausgestorbenen Dorfes **Alt Agia Roumeli.** Die letzten 2,5 km von hier bis nach Agia Roumeli sind nicht mehr so spannend, obwohl sich die meisten Wanderer darauf freuen, in dem verschlafenen Dorf Füße und Körper im Meer abzukühlen.

Von Agia Roumeli fahren Boote nach Sougia (von dort weiter mit dem Bus nach Chania) oder nach Chora Sfakion, Loutro und Paleochora.

In Agia Roumeli gibt es Unterkünfte und Restaurants. Das **Farangi Restaurant** (☎ 28250 91225; Hauptgerichte 5–8,50 €) serviert ausgezeichnete kretische Spezialitäten und vermietet einfache, aber saubere Zimmer (DZ/3BZ 30/35 €; Klimaanlage) im Obergeschoss. Die Zimmer in **Gigilos Taverna & Rooms** (☎ 28250 91383; gigilos@mycosmos.gr; EZ/DZ/3BZ 30/35/45 €; 🗙 🖵) am Strand sind hübsch möbliert, haben Badezimmer, und es gibt einen Gemeinschaftskühlschrank. Zur Taverne (Hauptgerichte 5–7 €) gehört eine sehr relaxte Terrasse am Strand.

An- & Weiterreise

Die Ausflüge zur Samaria-Schlucht stehen bei unzähligen Reiseveranstaltern und Hotelanlagen überall in Kreta im Programm. Der „lange Weg" durch die Schlucht beginnt in Omalos und führt durch die ganze Schlucht, der „leichte Weg" beginnt in Agia Roumeli und geht nur bis zum Eisernen Tor und wieder zurück. Wer von Chania oder direkt von Omalos auf eigene Faust loszieht, kommt preiswerter durch die Schlucht und kann individuell planen.

Die Chania–Omalos-Busse zum Xyloskalo (Omalos; 5,90 €, 1½ Std.) fahren um

6.15, 7.30 und 8.30 Uhr in Chania ab. Von Paleochora im Südwesten (5,50 €, 1½ Std.) fährt ein direkter Baus zum Xyloskalo; Abfahrt um 6.15 Uhr.

Am Ende der Tour in Agia Roumeli fahren zwei Boote am Nachmittag über Loutro (7 €, 45 Min.) nach Chora Sfakion (7,50 €, 1 Std., 15.45 und 18 Uhr), die Anschluss an Busse zurück nach Chania haben. Am Morgen fährt ein Boot von Paleochora über Agia Roumeli nach Chora Sfakion; dazu ist eine Übernachtung erforderlich.

Alternativ legt um 16.45 Uhr ein Boot in westliche Richtung über Sougia (8 €, 45 Min.) nach Paleochora (14 €, 1½ Std.) ab. Die **Tickets** (☎ 28250 91251) werden im Hafen verkauft.

CHORA SFAKION ΧΩΡΑ ΣΦΑΚΙΩΝ

350 Ew.

Je zahlreicher die Kugeleinschläge in den Ortsschildern, desto näher ist Chora Sfakion. Dieser exzentrische, verschlafene Fischerhafen ist die Zwischenstation für Wanderer durch die Samaria-Schlucht. Er teilt sich zusammen mit Anogia den Ruhm, der kretischste Ort Kretas zu sein. Ein Blick auf die nackte Mondlandschaft der Umgebung (die Region Sfakia) erzeugt Respekt: die Einwohner haben nicht nur seit ewigen Zeiten in einer unwirtlichen Landschaft überlebt, sie waren auch außerordentlich tapfere Kämpfer, die mehrere Jahrhunderte lang die Türken auf Distanz hielten.

Als die gesamte Insel längst von den Osmanen regiert wurde, behielten nur die Bewohner von Sfakia ihre Unabhängigkeit (möglicherweise waren die Türken ohnehin nicht an dem bitterarmen Gebirge interessiert). In dem Dorf Anopoli wurde der Nationalheld und Widerstandskämpfer Ioannis Daskalogiannis geboren. Bis heute pflegen die Bewohner von Sfakia ihre alten Bräuche, Kultur und Dialekt. Während sich die anderen Kreter damit zufrieden geben, die besten Griechen zu sein, halten sich die Einwohner von Sfakia für die besten Kreter – und das will etwas heißen.

Obwohl es recht klein ist, ist Chora Sfakion ein cooler und günstig gelegener Ausgangspunkt für Entdeckungsreisen in den Westen. Es gibt Zimmervermieter und Tavernen, die Meeresfrüchte servieren. Außerdem legen Boote ab, die in den Westen oder nach Süden bis Gavdos fahren.

Orientierung & Praktische Informationen

Die Fähren legen am östlichen Kai von Chora Sfakion an; die Wassertaxis warten an der Westseite; dahinter folgt der ansehnliche Strand des Ortes.

Auf der östlichen Klippe, in der Nähe des Ticketschalters für die Fähre, erinnert ein Denkmal an die letzten britischen, australischen und neuseeländischen Soldaten, die von hier im Zweiten Weltkrieg nach der Schlacht um Kreta evakuiert wurden. Vom Denkmal bieten sich spektakuläre Blicke auf die geschützte Bucht und den Ort.

Die Busse fahren vom Dorfplatz ab; hier gibt es auch Parkplätze für Autofahrer. An der Uferpromenade (Parken verboten) reihen sich Tavernen und Läden unter einem begrünten Spalier auf, das der Straße Schatten spendet. Auch die **Post** (☒ 7–14 Uhr) steht am Dorfplatz; es gibt zwei Geldautomaten.

Am östlichen Anfang der Uferpromenade betreibt die Engländerin Maxine Kolioveta einen namenlosen **Souvenirladen** (☎ 6970414023; ☒ 9–15 Uhr), für den sie nicht viel Reklame macht. Neben anderen einzigartigen Geschenken verkauft sie Karten mit Radierungen von traditionellen kretischen Motiven wie Geigen und Fischerbooten. Bei Maxine wird auch das neue, fesselnde Buch *In Sfakia: Passing Time in the Wilds of Crete* (Lycabettus Press, 2008) von dem englischen Sprachforscher und Dauerbesucher Peter Trudgill angeboten. Es erzählt in lockerem Ton von den Erfahrungen des Autors mit den stolzen Bewohnern Sfakias seit Mitte der 1970er-Jahre und enthält sehr viele Informationen über die Geschichte der Region. Für Kenner der griechischen Sprache verkauft Maxine sogar eine echte Fundgrube, ein Buch, das auf 200 Seiten den einzigartigen Dialekt Sfakias vorstellt, dessen Wortschatz venezianische, byzantinische und sogar antike griechische Wurzeln hat.

Schlafen & Essen

In Chora Sfakion gibt es mehrere Hotels und Pensionen. Die Tavernen an der Küste sind mehr oder weniger ähnlich und alle bringen frischen Fisch auf den Tisch. Auf jeden Fall sollte man das *sfakiani pita* (Sfakia-Pita) probieren – ein dünnes, kreisrundes Fladenbrot mit süßem *myzithra*-Käse und Honig.

ABENTEUER IN KRETAS WILDNIS

Der Weg durch die Samaria-Schlucht ist etwas für Weicheier? Wer so denkt, sollte sich an den seltener besuchten Schluchten südlich von Chania versuchen. Sie bieten einzigartige Gelegenheiten für Bergwanderer, Höhlenkletterer, Bergsteiger und im Winter sogar für Skifahrer – selbst erfahrene Outdoor-Spezialisten sollten sich aber aus Sicherheitsgründen bei ortsansässigen Organisationen erkundigen und von deren Erfahrungen profitieren.

Auf den **Wanderkarten von Anavasi** sind GPS-Koordinaten, Wege und andere wichtige Wegmarken einzeichnet – ohne sie geht gar nichts. Sie werden von den meisten hier empfohlenen Buchhandlungen geführt. Vor allem in den Buchläden von Chania liegt das Buch *The Caves of Hania* aus, das die einheimischen Höhlenkletterer empfehlen.

Manolis Mesarchakis (S. 558) ist ein alpiner Skilehrer und passionierter Bergwanderer aus Chania. Er organisiert Touren und Cross-Country-Skiwanderungen (Anmeldung zu den Skitouren drei Wochen im voraus; 100 €); außerdem gibt er gute Ratschläge für Bergwanderer, die mehr wollen als nur einen Spaziergang. Eine wichtige Anlaufstelle für Bergwanderer ist der EOS (S. 558) in Chania; der Bergsteigerverein bietet Infos und organisiert Wochenendexkursionen und Übernachtungen in Berghütten.

Eine von Manolis Lieblingsstrecken ist die 10stündige Wanderung von Omalos nach Sougia durch die **Trypiti-Schlucht.** Dieser faszinierende Canyon am Gingilos westlich von Samaria wird selten begangen – perfekt für Trekker, die unberührte Natur suchen. Durch eine Übernachtung in einer Berghütte auf der Strecke wird die Tour zur Zweitageswanderung.

Die nackte Felswand in der **Klados-Schlucht** zwischen und parallel zur Trypiti- und Samaria-Schlucht „ist eine Top-Location für Extremkletterer und zum Abseilen", sagt Manolis, und weiter, „Kreta ist ein Paradies für Höhlenkletterer. Wir haben über 10 000 Höhlen, darunter die mit 1207 m tiefste Höhle in Europa."

Obwohl Kreta nicht gerade als Wintersportparadies bekannt ist, fällt im Hochgebirge reichlich Schnee, der bis Mai liegen bleibt. Es gibt allerdings weder Skilifte noch Unterkünfte. Wer auf Kreta Ski fahren will, muss es auf die alte Tour machen: aufsteigen und abfahren über unpräpariertes Gelände. Skifahrer, die diese Herausforderung suchen, bringen ohnehin ihre eigene Ausrüstung mit.

Rooms Stavris (☎ 28250 91220; stavris@sfakiacrete.com; EZ/DZ 25/35 €; ☒) Im Westen des Hafens liegen die einfachen, sauberen Zimmer (meist) für Selbstversorger.

LP Tipp **Xenia Hotel** (☎ 28250 91490, 6972120547; xenia-sfakion@otenet.gr; EZ/DZ 40/45 €; ☒) Dieses ausgezeichnete Hotel im Westen von Sfakia befindet sich in idealer Lage zwischen Hafen und Strand. Es wird von dem freundlichen Giorgos Lykogiannakis geführt. Alle 17 Zimmer sind geräumig, haben Balkone mit Meerblick und moderne, gut gepflegte Badezimmer. Über eine Treppe gelangen Sonnenhungrige zu einem Innenhof (Kieselsteine). Wer schwimmen möchte, klettert auf einer Leiter über die Felsen bis zum Meer.

An- & Weiterreise

BUS

Chora Sfakion ist über vier Busse täglich an Chania (6,50 €, 2 Std.) angebunden. Die Nachmittagsbusse fahren um 17.30 und 19 Uhr ab, sie warten auf die einlaufenden Boote aus Agia Roumeli. Im Sommer fahren zwei Busse täglich über Vryses nach Rethymnon (6,50 €, 1 Std.) und zwei zum Strand von Frangokastello (1,50 €, 25 Min.). Es gibt jedoch keine Busverbindung nach Plakias oder zu anderen Zielen im Osten des Strandes.

FÄHRE

Die Fährtickets werden in den **Kiosken** (☎ 28250 91221) am Parkplatz und an der östlichen Klippe verkauft. Im Sommer fährt ein Boot täglich über Loutro, Agia Roumeli und Sougia nach Paleochora (11 €, 3 Std.). Vier weitere Boote steuern Agia Roumeli (7,50 €, 1 Std.) über Loutro (4 €, 15 Min.) an. Freitags, samstags und sonntags legt im Sommer um 11.30 Uhr ein Boot (12 €, 1½ Std.) zur Insel Gavdos ab.

Auf Wunsch bieten die lokalen Fischer **Wassertaxis** zu Zielen wie dem Süßwasser-Strand und Loutro an. Sie fahren üblicherweise im Westhafen ab; in der Taverne unter dem Xenia Hotel nachfragen.

KRETA

RUND UM CHORA SFAKION

Etwas hinter der Stadt liegt der berühmte **Süßwasser-Strand** (*glyka nera* auf Griechisch) wo sogar die Wellen sehr entspannt plätschern. Er ist von Chora Sfakion mit preiswerten Wassertaxis zu erreichen.

Ähnlich entspannt geht es in **Loutro** zu. Das ehemalige Fischerdorf westlich der Stadt liegt am einzigen Naturhafen Südkretas. Es gibt keine Straße, doch die in westlicher Richtung fahrenden Boote laufen den Ort an. Eigentlich besteht Loutro nur aus einer Ansammlung weißer und blauer Pensionen um einen winzigen Strand – vor einer Gebirgskulisse. Selbst wenn im Sommer alle Zimmer belegt sind, hat sich Loutro die Atmosphäre eines ruhigen, einsamen Dorfes bewahrt. Für Übernachtungen steht das **Blue House** (☎ 28250 91127; bluehouse loutro@chania-cci.gr; DZ ab 45 €; ❄) mit geräumigen, sehr gepflegten Zimmern und Veranden zum Meer zur Verfügung. Die Taverne im Untergeschoss serviert ausgezeichnete *mayirefta* (5–8 €) mit lokalen Spezialitäten.

FRANGOKASTELLO
ΦΡΑΓΚΟΚΑΣΤΕΛΛΟ

150 Ew.

Direkt unterhalb einer majestätischen Festung aus dem 14. Jh. liegt der mindestens genauso eindrucksvolle Strand von **Frangokastello**, einer der schönsten der Insel. Die Venezianer erbauten die 15 km östlich von Chora Sfakion gelegene Festung als Schutz gegen Piraten und die rebellischen Sfakioten, die sich nie mit den Besatzern abfanden. Auf jene Zeit geht eine gruselige Geschichte zurück: Während des Unabhängigkeitskrieges töteten die Türken am 17. Mai 1828 zahlreiche Widerstandskämpfer. Nach der Legende kehren ihre Geister – die *drosoulites* – zu jedem Jahrestag der Schlacht zurück und marschieren über den Strand.

Der breite, weiße **Sandstrand** unterhalb der Festung senkt sich sanft in das flache, warme Wasser ab und ist daher bestens für Kinder geeignet. An ruhigen Tagen ist es paradiesisch hier, nur wenn Wind aufkommt, hält es keinen mehr in den Sandstrahlböen. Bis auf ein schattiges Café am Strand ist es völlig ruhig.

An der Hauptstraße reihen sich ein paar Pensionen auf. Das **Oasis** (☎ /Fax 28250 92136; www.oasisrooms.com) an der Westseite bietet geräumige Zimmer für Selbstversorger an. Die Gebäude sind von einem wunderschönen Garten umgeben und die Taverne serviert köstliche kretische Gerichte (6 bis 10 €).

Von Chora Sfakion fahren zwei Busse täglich nach Frangokastello (2 €).

ANOPOLI & DAS INNERE SFAKIA
ΑΝΟΠΟΛΗ & ΜΕΣΑ ΣΦΑΚΙΑ

Von Chora Sfakion zieht sich eine gewundene Asphaltstraße in nördlicher Richtung bis zum 14 km entfernten historischen Anopoli. Das winzige, kaum besiedelte Anopoli steht heute im Schatten seiner historischen Bedeutung: In der einst reichen, mächtigen Stadt wurde der revolutionäre Widerstandskämpfer Ioannis Daskalogiannis geboren. Er war ein verwegener Charakter, bekannt für seine Tapferkeit und sozusagen auf du und du mit den russischen Zaren. Er organisierte im Jahr 1770 den ersten kretischen Widerstand gegen die Türken. Leider hielten die Russen ihr Versprechen nicht, die Verstärkung blieb aus und Daskalogiannis stellte sich, um seine Mitstreiter zu schützen. Dafür zogen ihm die Türken in Iraklion bei lebendigem Leib die Haut ab.

Eine unübersehbare weiße Statue auf dem Platz von Anopoli erinnert an diesen Helden des Ortes. Hier steht auch das rundum empfehlenswerte **Platanos** (☎ 28250 91169; www.anopolis-sfakia.com; Hauptgerichte 4–9 €), das exzellente lokale Spezialitäten serviert: gebratenes Lamm, Wildkräuter und natürlich auch *sfakiani pita* (mit *myzithra* und Honig gefüllte Pita). Die Besitzerin Eva Kopasis spricht Englisch; sie vermietet ganzjährig einfache **Zimmer** (EZ/DZ 25/30 €; ❄), außerdem ist sie stolze Sfakiotin und kennt sich mit Aktivitäten in der Region aus.

Dazu gehört beispielsweise eine 1½-stündige (3,5 km) Wanderung zum Meer durch die **Aradena-Schlucht.** Ein Wegweiser an der Straße im Westen der Stadt, vor der Brücke nach Aradena, weist auf den Wanderweg hin. Autofahrer fahren bis Anopoli und gehen die 3 km bis zum Start der Wanderung zu Fuß. Die mittelschwere Strecke endet am herrlichen **Marmara-Strand.** Von hier geht's entweder zurück nach Anopoli oder den kurzen Weg bis Loutro und von dort mit dem Boot zurück nach Chora Sfakion.

Wer nicht wandern möchte, fährt mit dem Wagen bis **Aradena**. In dem kleinen, unverdorbenen Dorf gibt es eine wackelige Brücke aus Holz und Stahl, die bedenklich ins Schwanken gerät, wenn man darüber geht. Von hier bieten sich prächtige Ausblicke in die Schlucht. Am Ende der Straße steht die frühbyzantinische **Kirche Agios Ioannis**. Der weiß gekalkte, ernste Bau liegt völlig einsam in der steinigen Landschaft; leider ist die Kirche nur selten geöffnet.

Von hier führt ein Wanderweg bis zur Küste, der sich entweder westlich nach Agia Roumeli wendet (er passiert die byzantinische Kirche Agios Pavlos, mit fantastischen Ausblicken) oder nach Osten zum Marmara-Strand und nach Loutro. Genaue Auskünfte über die Wege geben ortskundige Einheimische (s. Kasten, S. 567).

Anopoli wird vom öffentlichen Nahverkehr angefahren. Der Bus von Chora Sfakion (er kommt aus Chania) fährt um 14 Uhr (3 €, 30 Min.) nach Anopoli ab. Der Morgenbus von Anopoli zurück nach Chora Sfakion fährt um 6.30 Uhr ab und fährt weiter nach Chania. Eine Strecke kostet mit dem Taxi etwa 20 €.

Für Ausflüge ins Innere von Sfakia bietet sich die Hauptstraße an, die von Chora Sfakion in nördlicher Richtung nach Vryses führt. Die atemberaubende Tour passiert das östliche Lefka Ori Gebirge, wo die faszinierende 8 km lange **Imbros-Schlucht** (Eintritt 2 €) parallel westlich der Straße verläuft. Der Zugang zu dieser selten besuchten Schlucht ist vom Dorf **Imbros** aus möglich; die Wanderung endet im Dorf **Komitades**. Von hier sind es 5 km Fußweg zurück nach Chora Sfakion, ein Taxi kostet 20 €.

Alle Busse zwischen Chania und Chora Sfakion halten in Imbros.

SOUGIA ΣΟΥΓΙΑ
110 Ew.

Sougia liegt 67 km südlich von Chania an der Fährroute zwischen Chora Sfakion und Paleochora. Das winzige, entspannte Dorf hat einen geschwungenen Sand-Kieselstein-Strand. Die archäologische Fundstätte am Ostende hat die Ausbreitung des Ortes verhindert – Sougia blieb wie es war, ruhig und friedlich. Immerhin gibt es einige Zimmervermieter, Tavernen, coole Strandbars und zwei Strandclubs. Camper und Nudisten treffen sich am Ostrand des Strandes.

Praktische Informationen

Der Bus hält vor dem Hotel Santa Irene, es gibt einen Geldautomaten. **Internet Lotos** (☎ 28230 51191; pro Std. 3 €) macht um 7 Uhr auf und hat bis in die Nacht geöffnet.

Schlafen

Aretousa (☎ 28230 51178; Fax 28230 51178; EZ/DZ/Studio 35/40/45 €; 🞖) Die hübsche, moderne Pension an der Straße nach Chania bietet bequeme, gut ausgestattete Zimmer und Studios für Selbstversorger.

  Captain George (☎ 28230 51133; g-gentek@otenet. gr; Zi./Studio/3BZ 35/40/50 €; P 🞖 🖳) Attraktive Zimmer, die ihren Preis wert sind, und Studios in einem angenehmen Garten mit eigener *kri-kri*. Der Eigentümer hat ein Taxiboot und bringt Gäste ins nahe Lissos und zu anderen Stränden.

  Arhontiko (☎ 28230 51200; Zi. 40–50 €; 🞖) Das Arhontiko hinter dem Supermarkt hat geräumige, attraktive neue Studios und Apartments – gut für einen längeren Aufenthalt.

Essen

Taverna Rembetiko (☎ 28230 51510; mezedhes 3–5 €) Die beliebte Taverne serviert gute kretische Küche in toller Atmosphäre mit traditioneller griechischer Musik.

  Polyfimos (☎ 28230 51343; Hauptgerichte 5–8 €; 🌙 Abendessen) Das Lokal liegt hinter der Polizeiwache etwas versteckt an der Straße nach Chania. Der Ex-Hippie Yianni produziert sein eigenes Öl, Wein und *raki*. Sogar die *dolmadhes* (mit Reis, selten mit Fleisch gefüllte Weinblätter) rollt er aus den eigenen Weinblättern, die über dem schattigen Hof wachsen.

An- & Weiterreise

Zwischen Chania und Sougia (6,10 €, 2 Std.) fährt täglich ein Bus, morgens legen in Sougia Fähren nach Agia Roumeli (6,30 €, 1¾ Std.), Loutro (10 €, 1½ Std.) und Chora Sfakion (11 €, 1¾ Std.) ab. Die Abendfähre fährt um 17.15 Uhr in westlicher Richtung nach Paleochora (7 €, 1 Std.).

PALEOCHORA ΠΑΛΑΙΟΧΩΡΑ
2210 Ew.

Obwohl die große Zeit der Hippies in Paleochora längst Vergangenheit ist, weht der Geist von 1972 noch durch die Gassen. Das einstige Fischerdorf ist immer noch ein

KRETA

stolzes kretisches Städtchen und ein hervorragender Platz, um im Sommer authentische kretische Musik zu genießen. Der Tourismus hat sich nie unangenehm breit gemacht. Es gibt zwei gute Strände und Unterkünfte vom Campingplatz bis zu kleinen Hotels. An den warmen Sommerabenden füllen sich die Tavernen an den hübschen Fußgängerzonen; dazwischen öffnen auch ein paar gut besuchte Bars.

Obwohl sich auch in Paleochora europäische Pauschaltouristen erholen – meist handelt es sich dabei um Familien mit Kindern – stehen einige Einwohner den Fremden ambivalent gegenüber. Im stillen Kämmerlein stellen sich vor allem ältere Betreiber von Pensionen heimlich die Frage, wann die Touristen verschwinden und wieder Ruhe im Ort einkehrt. Tatsächlich versinkt der relativ große Ort aber auch im Winter nicht in klösterliche Ruhe, sondern bleibt die heimliche Hauptstadt Südwestkretas.

Orientierung & Praktische Informationen

Paleochora liegt auf einer schmalen Halbinsel. Die Seite mit dem langen Sandstrand ist dem Wind ausgesetzt, der Kieselstrand auf der Gegenseite liegt deutlich geschützter. Die Hauptstraße Eleftheriou Venizelou verläuft in Nord-Süd-Richtung. Im Zentrum stehen drei Geldautomaten und ein Waschsalon. Die Post liegt am Nordende des Pahia-Ammos-Strandes. Die Fähren legen im alten Hafen am Südende des Strandes ab.

Erato Internet (☎ 28230 83010; Eleftheriou Venizelou; pro Std. 2 €)

Notos Rentals (☎ 28230 42110; www.notoscar.com; Eleftheriou Venizelou; pro Std. 2 €; ☻ 8–22 Uhr)

Touristeninformation (☎ 28230 41507; ☻ Mai–Okt. Mi–Mo 10–13 & 18–21 Uhr)

Sehenswertes & Aktivitäten

Von den Ruinen der **venezianischen Burg** aus dem 13. Jh. bietet sich ein atemberaubender Blick über Meer und Gebirge. Wegen ihrer strategischen Lage wurde die Burg im Laufe der Jahrhunderte immer wieder belagert und erobert – viel ist von ihr daher nicht übrig geblieben.

Von Paleochora aus führt der **Küstenwanderweg** (E4) nach Sougia (6 Std.) an den Ruinen des **antiken Lissos** vorbei. Man kann von Paleochora sowohl die Samaria- als auch

die Agia-Irini-Schlucht erwandern, entweder mit organisierten Touren oder individuell mit dem Bus zu den Startpunkten fahren (Rückweg mit der Fähre).

Die Reisebüros bieten **Fahrten zu den Delfinen** (16 €) und Exkursionen zum **Elafonisi-Strand** (7 €, 1 Std.) an, beispielsweise das freundliche und hilfsbereite **Selino Travel** (☎ 28230 42272; selino2@otenet.gr) und **Tsiskakis Travel** (☎ 28230 42110; www.notoscar.com; Eleftheriou Venizelou). Beide haben natürlich auch die üblichen Serviceleistungen im Angebot.

Schlafen

Die meisten Unterkünfte schließen während der Nebensaison.

Camping Paleochora (☎ 28230 41120; Stellplatz pro Erw./Zelt 5/3 €; ☻) Rund 1,5 km nordöstlich des Ortes. Der Campingplatz ist groß, aber bescheiden ausgestattet.

Camping Grammeno (☎ 6978388542; www.grammenocamping.gr; Stellplatz pro Erw./Zelt 6/4 €; ☻) Der angenehme Platz am Strand liegt 4 km von Paleochora entfernt, gegen das Land mit einem Zedernwäldchen abgeschirmt. Die Ausstattung ist hervorragend, mit Spielplatz für die Kinder, Gemeinschaftsküche und Grill.

LP Tipp Homestay Anonymous (☎ 28230 41509; www.anonymoushomestay.com; EZ/DZ/3BZ 20/26/30 €; ☻) Die kleine Pension mit den sauberen, gut möblierten Zimmern mit unverputzen Natursteinwänden ist ihr Geld mehr als wert. Der freundliche Besitzer Manolis weiß alles, was es über die Gegend zu wissen gibt. Familien können die Zwischentüren der Zimmer öffnen lassen.

Oriental Bay Rooms (☎ 28230 41076; EZ/DZ/3BZ 30/35/38 €; ☻) Die makellosen Zimmer der Pension am Strand sind bestens gepflegt und mit Kühlschränken ausgestattet. Die Balkone bieten Blick aufs Meer oder das Gebirge.

Votsalo Rooms (☎ 28230 42369; votsalo@mail.gr; DZ/Apt. 35/40 €; ☻) Die Unterkunft befindet sich in der Nähe des Restaurants Kyma am Kiesstrand von Paleochora. Die Zimmer sind einfach aber sauber mit entspannendem Blick aufs Meer.

Haris Studios (☎ 28230 42438; paleochora-holidays.com/harisstudios.htm; DZ/Apt. 45/50 €; ☻ ganzjährig; ☻) Die Studios am Hafen an der wilden Felsenküste sind ziemlich einfach. Von den oberen, besseren Zimmern bietet sich eine tolle Aussicht.

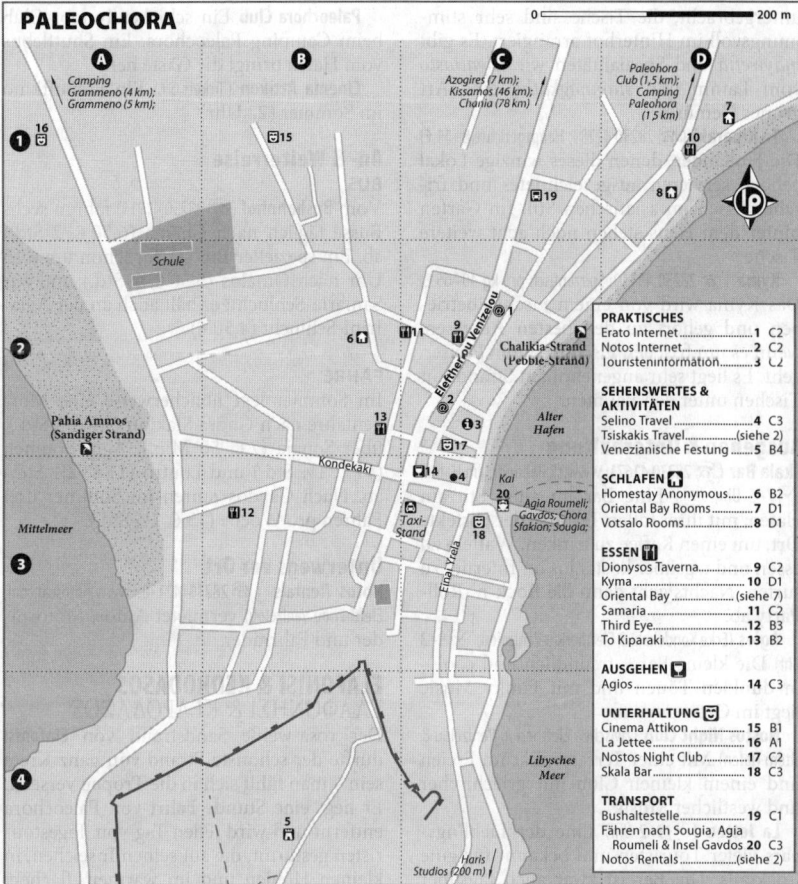

PALEOCHORA

0 — 200 m

Camping
Grammeno (4 km);
Grammeno (5 km);

Azogires (7 km);
Kissamos (46 km);
Chania (78 km)

Paleohora
Club (1,5 km);
Camping
Paleohora
(1,5 km)

Schule

Eleftheriou Venizelou

Chalikia-Strand
(Pebble-Strand)

Pahia Ammos
(Sandiger Strand)

Alter
Hafen

Kondekaki

Mittelmeer

Kal

Agia Roumeli;
Gavdos;Chora
Sfakion; Sougia;

Taxi-
Stand

Fina Yiala

Libysches
Meer

Haris
Studios (200 m)

PRAKTISCHES
Erato Internet 1	C2
Notos Internet 2	C2
Touristeninformation 3	C2

**SEHENSWERTES &
AKTIVITÄTEN**
Selino Travel 4	C3
Tsiskakis Travel ....(siehe 2)	
Venezianische Festung 5	B4

SCHLAFEN
Homestay Anonymous.............. 6	B2
Oriental Bay Rooms............... 7	D1
Votsalo Rooms 8	D1

ESSEN
Dionysos Taverna.................... 9	D1
Kyma 10	D1
Oriental Bay ....(siehe 7)	
Samaria 11	C2
Third Eye 12	B3
To Kiparaki 13	B2

AUSGEHEN
Agios 14	C3

UNTERHALTUNG
Cinema Attikon 15	B1
La Jettee 16	A1
Nostos Night Club.................. 17	C2
Skala Bar 18	C3

TRANSPORT
Bushaltestelle 19	C1
Fähren nach Sougia, Agia Roumeli & Insel Gavdos 20	C3
Notos Rentals ....(siehe 2)	

KRETA

Essen

Es gibt etwas, was man über das Essen in und um Paleochora wissen muss: Anders als im übrigen Kreta schmeckt der *myzithra*-Käse hier nicht süß – beim Bestellen beachten.

Grammeno (☎ 28230 41505; Hauptgerichte 4,50–11 €) Die 5 km lange Fahrt in das westlich von Paleochora gelegen Lokal lohnt sich: Hier gibt es kompromisslos gute kretische Spezialitäten wie geschmortes Hähnchen, verschiedene Wildgemüse, Lamm in Weinblättern und zarte, gebratene Ziege.

Dionysos Taverna (☎ 28230 41243; Hauptgerichte 5–8 €) Eine sehr beliebte Taverne mit exzellentem *mayirefta*, dazu vegetarische und Grillgerichte.

Third Eye (☎ 28230 41234; Hauptgerichte 5–8 €) Das Third Eye ist eine lokale Institution – das einzige vegetarische Restaurant Kretas. Es gibt die unterschiedlichsten Currygerichte, Salate, Pasta, griechische und asiatische Gerichte, dazu jede Woche Livemusik. Landeinwärts hinter Pahia Ammos.

Oriental Bay (☎ 28230 41322; Hauptgerichte 5–9 €) Die Taverne am Strand hat gute vegetarische Gerichte auf der Karte wie grüne Bohnen und Kartoffeln, dazu aber auch Fleischiges wie „Hähnchenkuss" (mit Speck gefülltes Hähnchen) und „betrunkenes Kotelett" (Schweinekotelett in Rotwein).

LP Tipp Samaria (☎ 28230 41572; Hauptgerichte 8–10 €; Abendessen) Das traditionelle Restaurant ist in einem dachlosen, alten Steinhaus untergebracht, die Tische sind sehr stimmungsvoll im Hinterhof arrangiert. Es gibt *mayirefta* und Spezialitäten wie *tsigatiasto* vom Lamm und *stamnagkathi*, eine Art grünes Gemüse.

To Kiparaki (☎ 28230 42281; Hauptgerichte 8–11 €) Die Holländer, denen dieses winzige Lokal gehört, servieren ausgezeichnetes und frisches Essen im asiatischen Stil. Im Garten hinter dem Haus stehen noch acht weitere Tische.

Kyma (☎ 28230 41110; Spitzenfisch pro kg 40–65 €) Das Kyma wird von einem Fischer betrieben und gehört zu den besten Adressen, wenn es um frischen Fisch zu fairen Preisen geht. Es liegt sehr angenehm am Strand mit Tischen unter den Bäumen.

Ausgehen & Unterhaltung

Skala Bar (☎ 28230 41671; www.skalabar.gr; am Hafen; ☽ 7–5 Uhr; ☎) Eine Bar im alten Stil am Hafen, mit ihrer tollen Terrasse der perfekte Ort, um einen Kaffee zu trinken, Waffeln zu essen und tagsüber kostenlos im Internet zu surfen. Nachts geht dann die Rock-n'-Roll-Party ab.

Agios (Ecke Kondekaki & Eleftheriou Venizelou; ☽ 9–3 Uhr) Die kleine Bar – freundlich und cool – in dunklen Tönen und mit Funky Music liegt im Ortszentrum.

Nostos Night Club (zwischen Eleftheriou Venizelou & altem Hafen) Mit einer Terrassenbar im Freien und einem kleinen Club mit griechischer und westlicher Musik.

La Jettee (☽ 9–2 Uhr) Eine der Lieblingsbars vieler Touristen und bekannt für gute Cocktails. Die Bar ist zwar auch tagsüber geöffnet, richtig los geht's aber erst nachts. La Jettee liegt hinter dem Villa Marise Hotel direkt am Strand und hat einen hübschen Garten.

Paleochora Club Ein schicker Indoor-Club beim Camping Paleochora. Ein Shuttlebus vom Hafen bringt die Gäste her.

Cinema Attikon (Tickets 5 €) Ein Freiluftkino im Sommer (22 Uhr).

An- & Weiterreise

BUS

Vom **Busbahnhof** (☎ 28230 41914) fahren sechs Busse täglich nach Chania (6,50 €, 2 Std.) ab. Ein spezieller Bus startet schon um 6.15 Uhr nach Omalos (5,50 €, 2 Std.) und zur Samaria-Schlucht; er hält auch an der Agia-Irini-Schlucht (4,50 €).

FÄHRE

Im Sommer legt üblicherweise eine Morgenfähre nach Chora Sfakion (14 €, 3 Std.), über Sougia (7 €, 50 Min.), Agia Roumeli (11 €, 1½ Std.) und Loutro (13 €, 2½ Std.) ab. Nach Gavdos fahren im Sommer drei Fähren pro Woche (15 €, 2½ Std.).

Unterwegs vor Ort

Notos Rentals (☎ 28230 42110; www.notoscar.com; Eleftheriou Venizelou) vermietet Autos, Motorräder und Fahrräder.

ELAFONISI & KEDRODASOS
ΕΛΑΦΟΝΗΣΙ & ΚΕΔΡΟΔΑΣΟΣ

Der rosa-weiße Sandstrand von **Elafonisi** dürfte der schönste Strand von ganz Kreta sein – man fühlt sich in die Tropen versetzt. Er liegt eine Stunde Fahrt von Paleochora entfernt und wird jeden Tag von Tagestouristen gestürmt, die auf seinen Inselchen, in kleinen Höhlen und im warmen, flachen, türkisgrünen Wasser relaxen möchten.

Einsamer wird es nach etwa einer Stunde Fußmarsch (mit dem Auto geht's schneller) in östlicher Richtung entlang der markier-

---

ÖKO-ABENTEUER IN MILIA

Mitten im Gebirge zwischen Paleochora und Chania liegt die einsame Siedlung **Milia** (☎ 28220 51569; www.milia.gr; DZ ab 60 €), Kretas coolste Öko-Siedlung. Milia ist ein Geisterdorf, dessen verlassene Steinhäuser zu Öko-Lodges umgebaut wurden: die elektrische Energie wird ausschließlich von Solaranlagen geliefert. Selbstverständlich verarbeitet die hervorragende Taverne in Milia nur Produkte aus biologischem Anbau, dazu Öl, Wein, Milch und Käse (das Menü richtet sich nach dem jahreszeitlichen Angebot). Mit seiner spektakulären Lage zwischen Hügeln voller Ölbäume und dem freundlichen Personal gehört Milia zu den außergewöhnlichsten Orten Kretas. Der Nachteil – Milia wird nicht von Bussen angefahren. Die Angestellten holen ihre Gäste aber in Chania ab, wenn sie mindestens eine Wochen buchen, und bringen sie wieder zurück.

Nach Milia fährt man bis hinter **Vlatos** und folgt 3 km weit der unbefestigten Fahrstraße.

ten E4-Nebenstraße. Nach einigen Gewächshäusern folgt der ebenso schöne aber weniger überlaufene Strand von **Kedrodasos** – Griechen verrät der Name, dass er an einen Zedernwald angrenzt.

Von Paleochora fährt zwischen Mitte Juni und September ein Boot täglich nach Elafonisi (7 €, 1 Std.), das morgens ablegt und am Spätnachmittag zurückkommt. Von Chania (9,60 €, 2½ Std.) und Kissamos (5,90 €, 1¼ Std.) starten zwei Busse täglich, die am Nachmittag in Gegenrichtung fahren. Eigentlich können nur Selbstfahrer stressfrei an den Stränden relaxen; Busreisenden bleibt zwischen Busankunft und -abfahrt zu wenig Zeit.

An den Stränden gibt es keine Übernachtungsmöglichkeit, in Elafonisi allerdings ein paar Snackbars.

AZOGIRES ΑΖΟΓΙΡΕΣ

40 Ew.

Ob die Hippies, die einst in dieses Bergdorf einfielen, sich zur Verschwiegenheit verpflichtet hatten? Es ist schon überraschend, dass so wenige Reisende nach Azogires kommen. Umgeben von einem sagenumwobenen exzentrischen Charme ist dieses einsame Dorf, das 7 km nördlich von Paleochora liegt, ein Ort der positiven Energie: Wasserfälle zwischen Bäumen, in denen die Nereiden zu spuken scheinen, und Höhlenkirchen, in denen einst die Einsiedler meditierten. Heute zieht Azogires über der gleichnamigen, fantastischen Schlucht vor allem Yoga- und Meditationsgruppen aus dem Ausland an. Wer Einsamkeit sucht, ist hier richtig.

Vom Dorf aus bieten sich mehrere Wandermöglichkeiten in die Hügel, es gibt leckere einheimische Produkte wie Olivenöl und Honig, kauzige Typen und wenige, aber exzellente Unterkünfte und Restaurants. Von Azogires führen Nebenstraßen nach Sougia, Omalos, Chania und andere Orte.

Praktische Informationen

Von Süden kommend steht linker Hand das **Alfa Restaurant** (☎ 28230 41620; Azogires Platz), das Zentrum des dörflichen Lebens. Der in Amerika geborene Lakkis 'Lucky' Koukoutsakis weiß alles über sein Dorf – von der Geschichte bis zu den Aktivitäten, und er leitet Touren durch den Ort. Es gibt eine kostenlose Karte des Dorfes mit allen Sehenswürdigkeiten, aber keinen Geldautomat.

Sehenswertes & Aktivitäten

Alles, was Azogires sehenswert macht, ist über Fußwege oder Straßen in kürzester Zeit erreichbar. Im Dorf rechts neben der Straße stehen nicht weniger als sechs Schreine; besonders verehrt werden die **Höhle der Heiligen Väter,** die über einen gewundenen Fußweg im Nordwesten des Ortes erreichbar ist und die **Höhle von Johannes dem Einsiedler,** die etwas näher über den Alpha Rooms liegt. Um diese mittelalterlichen Schreine ranken sich viele bunt ausgeschmückte Legenden; außerdem sollen sich dort immer noch Erscheinungen zeigen.

Gegenüber den Alpha Rooms an der Hauptstraße, führt ein kurzer Weg in den Wald zu einem 1 m hohen **Wasserfall,** der in tiefe **Felsenteiche** rauscht. Das flirrende, von den Blättern gefilterte Sonnenlicht spiegelt sich im Wasser und in der Luft schwirren riesige, grüne Libellen umher – kein Wunder, dass die Einheimischen glauben, dass Nereiden im Wasserfall leben und in bestimmten Nächten die Seelen der Männer rauben. Am Tag kann man wunderbar in den Teichen schwimmen. In den 1970er-Jahren machten die Hippies die Nacht zum Tage und veranstalteten hier spontane Open-Air-Diskos.

Von hier führt ein Fußweg durch die Wälder in südöstlicher Richtung zu einer herrlichen **alten Brücke.** Sie führt zum **Kloster der Heiligen Väter;** ein kleines **Museum** zeigt dort Kirchenschätze und Ikonen des Ortes. Über eine schmale Straße weiter nach Osten führt ein lohnender Abstecher zur **Felsenhöhle des antiken Azogires.**

Der Wanderweg durch die bewaldete **Azogires-Schlucht** nach Paleochora (3 Std.) ist schattig aber felsig. Die Tour ist zwar nur mittelschwer, der Weg wird aber nicht gepflegt; es empfiehlt sich also, bei den Einheimischen nach dem augenblicklichen Zustand der Strecke zu fragen.

Die beste Möglichkeit, alles Sehenswerte in einem Durchgang zu erleben, ist eine **Dorfführung** auf schattigen Wegen – unterhaltsame Kommentare eingeschlossen. Der Rundgang nimmt drei bis vier Stunden in Anspruch und wird für Gruppen zwischen 5 und 15 Teilnehmer veranstaltet. Der Preis ist nicht festgelegt – jeder bezahlt nach Zufriedenheit. Die Rundgänge fangen meist am Alpha Restaurant (unten) an. Sie werden von dem kenntnisreichen Lakkis 'Lucky' Koukoutsakis geleitet, der die Wurzeln seiner Familie bis ins Jahr 1712 zurück verfolgen kann; seinen kühn geschwungenen Schnurrbart hat er vermutlich einem seiner Vorfahren abgeschaut. Lakkis ist aber nicht nur Hobbyhistoriker, sondern auch ein begeisterter Geschichtenerzähler, der seine Führungen mit verblüffenden Anekdoten aus der Zeit der türkischen Besetzung und dem Zweiten Weltkrieg pikant würzt. Selbstverständlich kennt er sich auch mit den lokalen Bräuchen und Traditionen aus und erzählt gerne die Legenden, die sich um die heiligen Stätten um Azogires ranken.

Schlafen & Essen

Alfa Hotel (☎ /Fax 28230 41620; alfacafeneion@aol.com; alfahotelazogires.blogspot.gr; Azogires; Zi. ab 25 €; P 🐕 💻) Das Alfa steht direkt oberhalb des Ortszentrums an der Hauptstraße. Die Zimmer sind sauber, modern eingerichtet und haben Balkone mit Blick auf das weit entfernte Meer vor Paleochora. Vier der acht Zimmer sind mit Klimaanlage ausgestattet. Es gibt eine Gemeinschaftsküche und eine Waschmaschine (3 € pro Ladung). Die Yoga- und Meditationsgruppen treffen sich in einer großen Halle; die Terrasse mit dem prachtvollen Blick auf Meer und Gebirge ist das Sahnehäubchen. Dieses stille, romantische Hotel eignet sich hervorragend für Leute, die alternativen Urlaub machen möchten – von Wanderern bis Vogelbeobachtern.

Alfa Restaurant (☎ 28230 41620; Hauptgerichte 4–6 €) Das Lokal auf dem Dorfplatz ist Café, Infobörse und Restaurant zugleich. Die lokalen Gerichte, die hier auf den Tisch kommen, schmecken hervorragend, zudem herrscht die richtige Atmosphäre, um entspannt einen Drink zu schlürfen. Die Wände sind mit Antiquitäten und traditionellen Geräten geschmückt. Olivenöl, Honig und andere Produkte der Region werden zu fairen Preisen verkauft.

An- & Weiterreise

Azogires ist mit dem Auto in 15 Minuten von Paleochora zu erreichen, die Taxifahrt kostet 10 €.

GAVDOS ΝΙΣΙ ΓΑΥΔΟΣ
100 Ew.

Die Insel Gavdos, 65 km südlich von Paleochora, ist der südlichste Punkt Europas. Auf der Insel gibt es nur drei winzige Siedlungen und ein paar vereinzelte Pensionen und Tavernen. Zum Ausgleich hat das glückselige Gavdos aber mehrere völlig naturbelassene Strände – einige sind nur per Boot erreichbar. Auf der Insel treffen sich Camper, Nudisten und Freigeister, die unter dem Sternenhimmel an angenehmen Stränden ihren Frieden finden möchten.

Bis in die 1960er-Jahre gab es auf Gavdos kaum Wasser, keine Elektrizität und kein Telefon. Inzwischen gibt es ausreichend Wasser und gegen die gelegentlichen Stromausfälle helfen ein paar Kerzen. Wenn der Wind zu heftig bläst, fahren die Boote nicht zurück nach Kreta – zur Sicherheit also ein paar Tage mehr einplanen.

Sarakiniko Studios (☎ 28230 42182; www.gavdostudios.gr; DZ/3B-Studio inkl. Frühstück 50/60 €) oberhalb des Strandes von Sarakiniko bietet einfache Studios; in den neuen Häusern (80–100 €) können bis zu fünf Personen schlafen. Gäste können sich vom Hafen Karabe abholen lassen (anrufen) oder die 20 Minuten zu Fuß gehen.

Die Bootsverbindungen nach Gavdos sind abhängig von der Jahreszeit; je nach Bootstyp und Zwischenaufenthalten dauert die Überfahrt zwischen 1½ und 5 Stunden. Die schnellste Verbindung besteht von Chora Sfakion aus (freitags, samstags und sonntags, 15 €, 1½ Std.). Von Paleochora fahren zwei Boote wöchentlich (im Hochsommer bis zu drei Fahrten); die Überfahrt kostet 15 €, dauert aber länger, da die Schiffe andere südliche Häfen und Chora Sfakion anlaufen.

Nicht alle Fähren nehmen Autos mit; vorher unbedingt nachfragen.

Am Hafen von Gavdos oder in Sarakiniko werden Autos und Fahrräder vermietet, sie sind allerdings nicht automatisch versichert.

KISSAMOS ΚΙΣΣΑΜΟΣ
3820 Ew.

Kissamos ist ein verschlafenes Touristenstädtchen an der Nordwestküste; es gibt etwas Landwirtschaft, vor allem aber den Fährhafen nach Kythira und zum Peloponnes. Immerhin hat Kissamos einen ordentlichen städtischen Strand zu bieten und sogar noch bessere am Gegenufer der riesigen Bucht von Kissamos. In greifbarer Nähe liegen die Spitzenstrände von Falasarna und Gramvousa.

In der Antike war Kissamos die Hauptstadt der gleichnamigen Provinz. Später wurde es nach einer venezianischen Festung in Kastelli umbenannt. Wegen der Verwechslungsgefahr mit dem anderen Kastelli (bei Iraklion) griff die Verwaltung 1966 ein und gab dem Ort seinen alten Namen zurück. Ein paar Mauern der alten Festung stehen noch.

Orientierung & Praktische Informationen

Der Hafen liegt 3 km westlich der Stadt. Im Sommer fährt ein Bus vom Fähranleger zur Stadt, ein Taxi kostet 4 bis 6 €. Die Busse halten auf dem Hauptplatz Plateia Tzanakaki, östlich davon verläuft die Haupteinkaufsstraße Skalidi mit einigen Banken (Geldautomaten). Die Post steht an der Hauptdurchgangsstraße und die meisten Tavernen und Bars an der Küstenpromenade.

Informationen im Internet unter www.kissamos.net.

Sehenswertes & Aktivitäten

Archäologisches Museum von Kissamos (☎ 28220 83308; Plateia Tzanakaki; Eintritt frei; ⏱ 8.30–15 Uhr) Das Museum ist in einem venezianisch-türkischen Haus am Platz untergebracht und zeigt am Ort gefundene Stücke, unter anderem Statuen, Schmuck, Münzen und den Mosaikfußboden einer antiken Villa.

Strata Wandertouren (☎ 28220 24336; www.stratatours.com) hat einfache Tageswanderungen (40 € inkl. Mittagessen) bis hin zu 15-Tages-Touren (895 €) zur Südküste im Angebot. Außerdem stehen Jeepsafaris zu interessanten Zielen abseits der Wege (40 €) auf dem Programm.

Schlafen

Bikakis Family (☎ 28220 22105; www.familybikakis.gr; Iroön Polemiston 1941; EZ/DZ/Studie 20/25/30 €; ⊠ 🖵) Die gut gepflegten Zimmer und Studios für Selbstversorger punkten mit schöner Aussicht und einem hervorragenden Preis-Leistungsverhältnis.

Thalassa (☎ 28220 31231; www.thalassa-apts.gr; Paralia Drapanias; Studios 60–85 €; ⊠ 🖵 🛜) Der iso-

lierte Gebäudekomplex am Strand vermietet makellose, luftige Studios mit allem modernem Komfort. Auf dem Rasen steht ein Grill und für die Kinder gibt es einen kleinen Spielplatz.

Essen

Kellari (☎ 28220 23883; Hauptgerichte 5–7 €) Das Kellari am östlichen Ende der Uferpromenade bietet ausgezeichnete kretische Gerichte, Grillfleisch und frischen Fisch an. Es gehört derselben Familie, die auch die Strata Wandertouren betreibt. Sie verarbeiten in der Küche eigene Produkte, wie Fleisch, Wein und Öl.

Papadakis (☎ 28220 22340; Hauptgerichte 6–11 €) Dieses Lokal ist eine der ältesten Tavernen von Kissamos und auch bei den Einheimischen sehr beliebt. Die köstlichen Fischgerichte sind noch großartiger als der Ausblick auf den Strand.

An- & Weiterreise

BUS

Von der **Bushaltestelle** in Kissamos (☎ 28220 22035) fahren 14 Busse täglich nach Chania (4 €, 40 Min.); im Sommer zwei Busse täglich nach Falasarna (3 €, 20 Min.) und einer nach Elafonisi (5,90 €, 1¼ Std.). Paleochora (6,50 €, 1¼ Std.) wird von einem Bus täglich angefahren.

FÄHRE

Von Kissamos gehen Fähren nach Kythira und Gythio ab; Details siehe unter Insel-Hopping (S. 866).

Unterwegs vor Ort

Moto Fun (☎ 28220 23440; www.motofun.info; Plateia Tzanakaki) vermietet Autos, Fahrräder und Mountainbikes.

RUND UM KISSAMOS

Das 16 km westlich von Kissamos gelegene **Falasarna** war im 4. Jh. v. Chr. ein griechischer Stadtstaat – der geheimnisvolle Name dürfte allerdings viel älter sein. Der lange Sandstrand von Falasarna gehört zu den Besten, die Kreta zu bieten hat. Er ist durch einige Felsvorsprünge in abgeschlossene Buchten gegliedert. Wenn die Sonne über dem Meer untergeht und sich ihr Licht im feinen Korallensand rosa widerspiegelt, scheint Falasarna der Welt völlig entrückt zu sein.

KRETA

Hinter dem Strand gibt es ein paar Pensionen und Tavernen, aber keinen richtigen Ort. Wer nicht mit dem eigenen Auto kommt, nimmt den Bus von Kissamos (3 €, 20 Min., 3-mal tägl.) oder Chania (6,50 €, 1 Std., 3-mal tägl.).

Nördlich von Falasarna, an der westlichen Spitze der wilden, einsamen **Halbinsel Gramvousa**, liegt der geschützte, prachtvolle **Balos-Strand.** Vor dem idyllischen Sandstrand tauchen zwei Inselchen aus dem Meer auf: **Agria** (die Wilde) und **Imeri** (die Zahme).

Die holprige, aber gut befahrbare Straße nach Balos beginnt im Dorf **Kalyviani** und endet an einem Parkplatz vor einer *kantina* (Snackbar). Von dort sind es noch 30 Minuten Fußweg bis zum Strand (für den Rückweg besser 45 Minuten einplanen).

Die Busse, die von Kissamos in westliche Richtung fahren, halten an der Abzweigung nach Kalyviani. Über die Hauptstraße von Kalyviani sind es dann noch 2 km bis zum Beginn des Fußweges zum Strand. Der Fußweg zum Strand von Balos (3 km) liegt in der prallen Sonne; Sonnenschutz und Trinkwasser sind ein Muss.

Im Sommer legen in Kissamos regelmäßig **Boote** (☎ 28220 24344; www.gramvousa.com; Erw./erm. 25/15 €) ab; die morgens abfahrenden Boote legen unter der **venezianischen Festung** von Imeri Gramvousa an. Die Tour dauert 55 Min., die Boote starten um 10, 10.15 und 13 Uhr und kommen um 17.45 und 20 Uhr zurück.

ÖSTLICHES KRETA

Auf der Küstenstraße von Iraklion in Richtung Osten verschwindet Kreta hinter Bettenburgen für Pauschaltouristen, vor allem in Chersonissos und Malia, in denen bei Ballermann-Stimmung Dauerpartys mit allen negativen Auswirkungen gefeiert werden. Zum Glück meldet sich jenseits dieses Küstenabschnitts das wahre, authentische Kreta zurück. Die fruchtbare, stimmungsvolle Lassithi-Hochebene, die sich zwischen die Gipfel des Dikti-Gebirges schmiegt, ist ein Paradies für Radfahrer. Durch einsame, ruhige Dörfer führen (fast) alle Wege zur Tropfsteinhöhle Dikteon Antron, in der Zeus das Licht der Welt erblickte. Im östlichen Hinterland wartet die wunderschöne Palmenstrand von Vai und in Zakros ein minoischer Palast.

Den internationalen Jetset zieht es eher in die luxuriösen Urlaubs-Resorts um Elunda und Agios Nikolaos; hier wird aber auch für normale Sterbliche ein spannendes und interessantes Programm geboten. Die ehemalige venezianische Festung Spinalonga auf einem Inselchen vor der Küste lockt mit ihrer faszinierenden Geschichte, und auch Ierapetra an der Südküste kann eine eigene venezianische Festung und mit Chrisi auch eine Insel vorweisen.

LASSITHI-HOCHEBENE ΟΡΟΠΕΔΙΟ ΛΑΣΙΘΙΟΥ

Die friedliche Lassithi-Hochebene liegt 900 m über dem Meeresspiegel und ist ein riesiger Obstgarten mit Birnen- und Apfelbäumen, Mandelbäumchen und anderen Bäumen, deren Blätter sich im Herbst in ein Farbenmeer verwandeln. Im 17. Jh. wurden für die Bewässerung der Felder fast 20 000 eiserne Windmühlen gebaut, von denen immer noch 5000 stehen. Auch wenn die meisten Mühlen nicht mehr funktionieren, prägen sie das Erscheinungsbild einer Landschaft, die kein Besucher jemals vergisst.

Da die Region nur schwer zugänglich war, brachen hier immer wieder Aufstände gegen die venezianischen und türkischen Besatzer aus. Nach einer großen Revolte im 13. Jh. verbannten die Venezianer alle Einheimischen und zerstörten ihre Obstgärten. Fast 200 Jahre lang lag Lassithi völlig verlassen, bis die Versorgung der venezianischen Siedlungen schwierig wurde. Erst jetzt erinnerten sich die Venezianer an den fruchtbaren Boden, kultivierten die Ebene wieder und legten die heute noch funktionsfähigen Bewässerungsanlagen an.

Tzermiado (750 Ew.) ist der größte Ort der etwa 20 Dörfer auf der Hochebene. Immerhin verfügt dieser bukolische Ort über zwei Geldautomaten und eine Post. Tzermiado hat sich seine Gelassenheit bewahrt, obwohl ständig Touristen auf dem Weg zur Zeushöhle durchfahren. Das **Restaurant Kourites** (☎ 28440 22054; Hauptgerichte 7–10 €) serviert Spezialitäten aus dem Backofen: Spanferkel mit gebackenen Kartoffeln oder vegetarische Gerichte. Dazu vermieten die Besitzer Zimmer mit Balkon (Einzel-/Doppelzimmer inkl. Frühstück 25/40 €) über der Taverne.

Kostenlose Fahrräder stehen zur Verfügung. Die Besitzerfamilie vermietet im verlassenen Oberdorf **Argoulias** aus Natursteinen gebaute Apartments (☎ 28440 22754; www. argoulias.gr; Doppelzimmer inkl. Frühstück 60–80 €).

Im nahen **Agios Georgios** (554 Ew.) geht es ähnlich entspannt zu; das **Hotel Maria** (☎ 28440 31774; EZ/DZ 20/25 €) hat hübsch ausgestattete Zimmer mit gewebten Stoffen und traditionellen Möbeln (die Betten sind ziemlich schmal). Auf der Hauptstraße bietet Marias **Taverna Rea** (☎ 28440 31209; Hauptgerichte 4,50–8 €) leckere, sättigende Gerichte an.

Psychro, das nächsten Dorf vor der **Tropfsteinhöhle Dikteon Antron** (Erw./Kind 4/2 €; ☻ Juni–Okt. 8–18 Uhr, Nov.–Mai 8–14.30 Uhr), ist trotz der Tavernen und Souvenirläden hübscher als Tzermiado. Nach der griechischen Mythologie vertraute Rhea ihr Kind Zeus ihrer Mutter Gaia an, die ihn vor Chronos in dieser Höhle versteckte und aufzog (Chronos verschlang seine Kinder). Der britische Archäologe David Hogarth grub die 2200 m^2 große Tropfsteinhöhle mit Stalagmiten und Stalaktiten um 1900 aus. Er fand zahlreiche Votivgaben, die auf eine kultische Verehrung hindeuten; einige der Stücke sind im Archäologischen Museum in Iraklion (S. 531) ausgestellt.

Die Busse halten am Ortsrand von Psychro; zur Höhle geht's noch 1 km bergauf. Der steile Fußweg erreicht nach etwa 15 Minuten den Eingang zur Grotte. Rechts verläuft ein ziemlich holpriger Weg im Schatten, auf dem sich tolle Ausblicke über die Hochebene ergeben. Der bequemere (schattenlose) gepflasterte Weg fängt an der Taverna Chalavro an, links neben dem Parkplatz. Wer gar nicht laufen mag (oder kann), nimmt einen Esel (hin und zurück 10 bis 15 €).

Vom Balkon der **Taverna Petros** (☎ 28440 31600; Grillgerichte 6–9 €) gegenüber dem Höhleneingang hat man einen tollen Ausblick. Der Besitzer veranstaltet Wandertouren ins Dikti-Gebirge mit Übernachtungen unterm Sternenhimmel.

An- & Weiterreise

Von Iraklion fahren täglich Busse bis Tzermiado (4,70 €, 2 Std.), Agios Georgios (5,10 €, 2 Std.) und Psychro. An Sonntagen fahren auch Busse von Agios Nikolaos nach Lassithi; außerdem veranstalten die Reisebüros spezielle Bustouren zur Zeushöhle.

AGIOS NIKOLAOS ΑΓΙΟΣ ΝΙΚΟΛΑΟΣ
10 080 Ew.

Das hübsche Agios Nikolaos ist die Hauptstadt Lassithis. Es schmiegt sich in einmaliger und sehr fotogener Lage um den sichelförmigen Hafen, der mit einem kleinen, angeblich bodenlosen See in Verbindung steht.

Obwohl Agios seit den 1960er-Jahren regelmäßig Touristen anzieht, hat sich die Infrastruktur kaum verändert: enge Einbahnstraßen bringen im Sommer jeden Autofahrer zur Verzweiflung. Die Stadt hat sich immer wieder gewandelt. Sie bietet fünf unterschiedlich große Strände und ein annehmbares Nachtleben. Im Augenblick präsentiert sich Agios Nikolaos als faszinierender Schmelztiegel aus westlichen und östlichen Pauschaltouristen, einigen Einzelreisenden und Familien. Das Angebot an Annehmlichkeiten ist vielfältig, und die Preise sind akzeptabel – vermutlich der beste Ort für Familienurlaub an der Nordküste und eine gute Ausgangsbasis für die Erkundung des östlichen Kretas.

Orientierung

Der **Busbahnhof** (KTEL; ☎ 28410 22234) liegt 800 m vom Stadtzentrum entfernt an der Plateia Venizelou; die wichtigsten touristischen Ziele liegen um den Vulismeni-See. Die meisten Banken, Geldautomaten, Reisebüros und Läden findet man auf der Koundourou und der parallel verlaufenden 28 Oktovriou.

Praktische Informationen

Anna Karteri Bookshop (☎ 28410 22272; Koundourou 5) Verkauft fremdsprachige Karten und Reiseführer.

Café Du Lac (☎ 28410 26837; 28 Oktovriou 17) Am Hotel Du Lac. Die drahtlose Internetverbindung ist kostenlos, für die Computerbenutzung (Internet) wird eine Gebühr verlangt.

Krankenhaus (☎ 28410 66000; Knosou 3)

National Bank of Greece (Nikolaou Plastira)

PK's Internet Café (☎ 28410 28004; Akti Koundourou 1; pro Std. 2 €; ☻ 9–2 Uhr)

Post (☎ 28410 22062; 28 Oktovriou 9; ☻ Mo–Fr 7.30–14 Uhr)

Städtische Touristeninformation (☎ 28410 22357; www.agiosnikolaos.gr; ☻ April–Nov. 8–21 Uhr) Informationen, Geldwechsel und Hilfe bei der Suche nach einer Unterkunft.

Touristenpolizei (☎ 28410 91408; Erythrou Stavrou 47; ☻ Mo–Fr 7.30–14.30 Uhr)

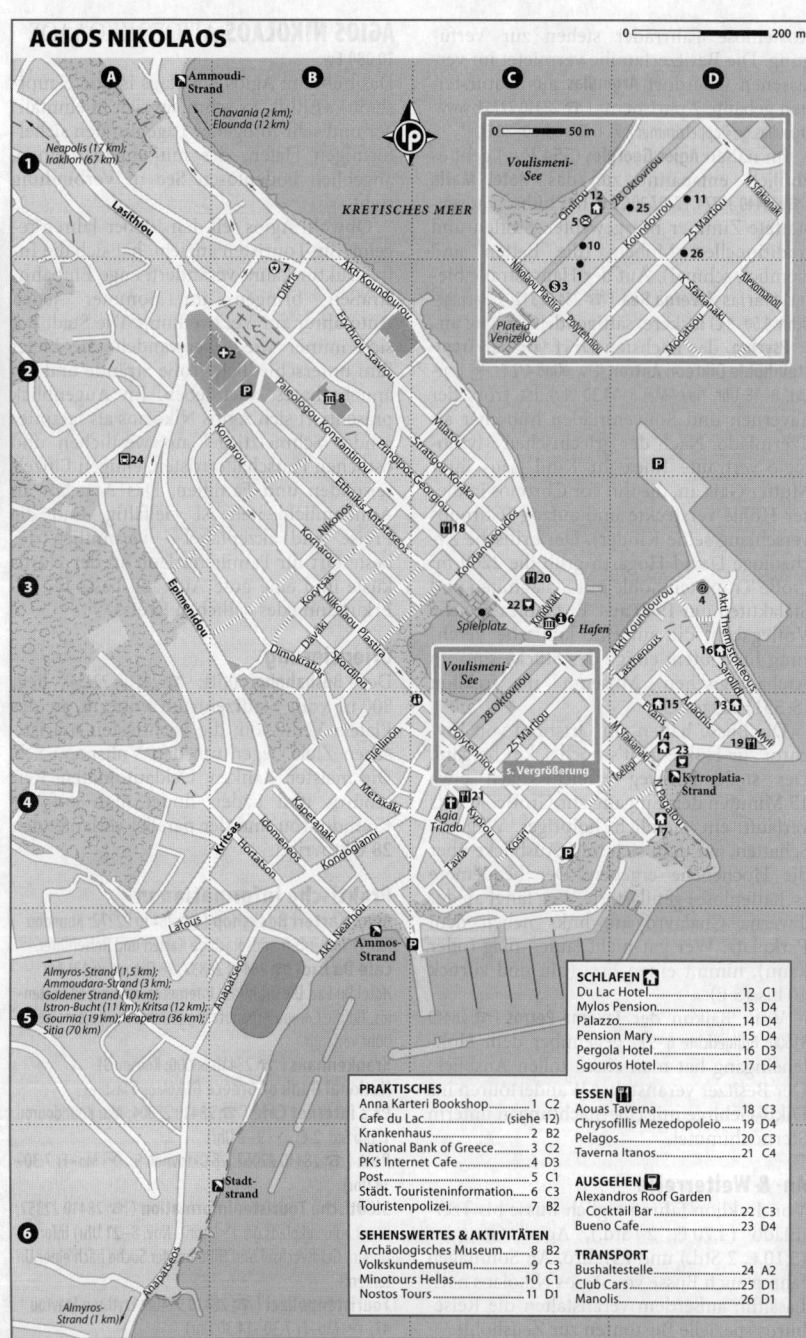

AGIOS NIKOLAOS

0   200 m

KRETA

Neapolis (17 km);
Iraklion (67 km)

Chavania (2 km);
Elounda (12 km)

Ammoudi-
Strand

KRETISCHES MEER

Voulismeni-
See

0   50 m

Plateia
Venizelou

Hafen

Spielplatz

Voulismeni-
See

s. Vergrößerung

Agia
Triada

Ammos-
Strand

Almyros-Strand (1,5 km);
Ammoudara-Strand (3 km);
Goldener Strand (10 km);
Istron-Bucht (11 km); Kritsa (12 km);
Gournia (19 km); Ierapetra (36 km);
Sitia (70 km)

Stadt-
strand

Almyros-
Strand (1 km)

PRAKTISCHES
Anna Karteri Bookshop.............. 1 C2
Cafe du Lac........................(siehe 12)
Krankenhaus............................... 2 B2
National Bank of Greece............. 3 C2
PK's Internet Cafe....................... 4 D3
Post.. 5 C1
Städt. Touristeninformation...... 6 C3
Touristenpolizei.......................... 7 B2

SEHENSWERTES & AKTIVITÄTEN
Archäologisches Museum............ 8 B2
Volkskundemuseum..................... 9 C3
Minotours Hellas....................... 10 C1
Nostos Tours............................. 11 D1

SCHLAFEN
Du Lac Hotel............................. 12 C1
Mylos Pension........................... 13 D4
Palazzo..................................... 14 D4
Pension Mary............................ 15 D4
Pergola Hotel............................ 16 D3
Sgouros Hotel........................... 17 D4

ESSEN
Aouas Taverna........................... 18 C3
Chrysofillis Mezedopoleio......... 19 D4
Pelagos..................................... 20 C3
Taverna Itanos.......................... 21 C4

AUSGEHEN
Alexandros Roof Garden
  Cocktail Bar........................... 22 C3
Bueno Cafe................................ 23 D4

TRANSPORT
Bushaltestelle........................... 24 A2
Club Cars.................................. 25 D1
Manolis..................................... 26 D1

Sehenswertes & Aktivitäten

Im **Archäologischen Museum** (☎ 28410 24943; Paleologou Konstantinou 74; Eintritt 4 €; ☒ Di–So 8.30–15 Uhr) wird die zweitwichtigste Sammlung minoischer Objekte gezeigt: Särge aus Ton, Musikinstrumente aus Keramik und Gold aus Mochlos. Die Ausstellung ist chronologisch sortiert und überspannt einen zeitlichen Rahmen von der Jungsteinzeit (Funde vom Berg Tragistalos, nördlich von Kato Zakros) über frühminoische Funde aus Agia Fotia bis zu Objekten aus Malia und Mochlos. Highlight der Sammlung ist ein Tonkrug, der bei Myrtos gefunden wurde – die *Göttin von Myrtos* (2500 v. Chr.).

Das **Volkskundemuseum** (☎ 28410 25093; Paleologou Konstantinou 4; Eintritt 3 €; ☒ Di–So 10–14 Uhr) neben der Touristeninformation zeigt traditionelle Handwerkskunst und Trachten.

Die kleinen und regelmäßig überfüllten, städtischen Strände **Ammos** und **Kytroplatia** sind sehr praktisch, wenn man sich auf die Schnelle abkühlen möchte. Der **Almyros-Strand** (1 km weiter südlich) ist zwar ähnlich voll, er ist aber länger und der Sand besser. Die Taxifahrt dorthin kostet 6 €, der Fußweg (20–30 Min.) über den Küstenweg ab dem Kitroplateia ist umsonst. Der Weg führt am Yachthafen und dem Stadion vorbei.

Am **Ammoudara-Strand**, 1,5 km weiter südlich an der Straße nach Ierapetra, stehen ein paar Tavernen und überteuerte Unterkünfte – sonst gibt's nichts Besonderes. Weiter in Richtung Sitia folgen der **Goldene Strand** (Vulisma-Strand) und die **Istron-Bucht** mit langen Sandstränden.

Während des Sommer-Kulturfestivals von Agios Nikolaos finden fast täglich Veranstaltungen statt – von kretischer Volksmusik und Theater bis zu literarischen Lesungen, Kunstausstellungen und Rockkonzerten. In manchen Hotels und Cafés liegen Programme aus, doch für die einzelnen Veranstaltungen wird auch überall in der Stadt Werbung gemacht.

Geführte Touren

Minotours Hellas (☎ 28410 23222; www.minotours.gr; 28 Oktovriou 6) bietet mehrere Touren an, beispielsweise auf die Lassithi-Hochebene (40 €) oder nach Knossos (40 €).

Nostos Tours (☎ 28410 22819; nostos@agn.forth net.gr; Roussou Koundourou 30; ☒ 8–12 & 17–21 Uhr) ist auf Bootsausflüge spezialisiert und bietet

unter anderem eine vierstündige Fahrt nach Spinalonga (20 €) inklusive einer 30minütigen Schwimmpause auf der Halbinsel Kolokytha an; an Bord gibt es ein Restaurant und eine Bar. Der Tagesausflug nach Spinalonga (25 €) schließt ein Barbecue und zwei Stunden Schwimmen und Sonnenbaden ein. Außerdem bietet Nostos einen Tagesausflug zum Angeln im Golf von Mirabello (Erw./Kind 30/20 €) an.

Schlafen

Je nachdem, wie zufrieden die Einheimischen mit der Saison sind, steigt (oder sinkt) ihre Bereitsschaft, über Preise zu handeln.

BUDGETUNTERKÜNFTE & MITTELKLASSEHOTELS

Pension Mary (☎ 28410 23760; Evans 13; EZ/DZ/3BZ 20/25/30 €; ☒) Die freundliche Pension bietet zu vernünftigen Preisen einfache, aber saubere Zimmer, die meisten mit eigenem Bad, Kühlschrank und Balkon mit Meerblick. Das obere Zimmer ist etwas beengt, dafür hat es eine eigene Terrasse mit Grill. Es gibt eine Gemeinschaftsküche.

Pergola Hotel (☎ /Fax 28410 28152; Sarolidi 20; Zi. mit Meerblick 35–40 €; ☒) Das kleine Hotel hat einfache, bequeme Zimmer mit Kühlschrank. Auf der angenehmen Terrasse lässt es sich sehr entspannt frühstücken. Die vorderen Zimmer haben einen Balkon mit Meerblick. Die freundlichen Besitzer holen ihre Gäste vom Bus ab. Sie planen, sich Internet zuzulegen, obwohl sie vermutlich nicht genau wissen, was das eigentlich ist.

Mylos Pension (☎ 28410 23783; Sarolidi 24; DZ 40 €; ☒) Diese kuriose Pension wurde an das Wohnhaus der freundlichen, älteren Besitzer angebaut. Die Zimmer sind klein, einfach und sauber; von den vorderen bietet sich ein hübscher Blick aufs Wasser. Alle sind mit Kühlschrank und TV ausgestattet; eine Klimaanlage kostet 2 € extra.

Du Lac Hotel (☎ 28410 22711; www.dulachotel.gr; 28 Oktovriou 17; EZ/DZ/Studio 40/60/80 €; ☒ ☒)°Das Hotel liegt günstig am See. Es hat Zimmer mit normalen Standard und geräumige, voll ausgestattete Studios; alle Zimmer mit modernen Möbeln und hübschen Badezimmern. Das beliebte Café des Hotels wirbt mit kostenlosem WLAN.

Sgouros Hotel (☎ 28410 28931; N Pagalou 3; www. sgourosgrouphotels.com; EZ/DZ/3BZ inkl. Frühstück

50/68/75 €; 🛇 🛜) Das Sgouros, das kürzlich renoviert wurde, ist nicht gerade das billigste Hotel in Agios, aber seinen Preis wirklich wert. Es liegt oberhalb vom Kytroplatia-Strand und hat 22 frisch gestrichene, saubere Zimmer mit hübschen Badezimmern, dazu kommen eine Suite und vier Familienzimmer mit Zwischentüren.

SPITZENKLASSEHOTELS

Palazzo (☎ 28410 25080; www.palazzo-apartments.gr; EZ/DZ/Suite inkl. Frühstück ab 130/160/220 €; 🛇 🖵) Das Hotel am Kitroplateia-Strand bietet zehn schicke Apartments mit Mosaikfußböden und mit Marmor verkleideten Badezimmern; die vorderen haben herrliche Balkone. Wenn man die Zimmerpreise bedenkt, steht das Hotel allerdings am falschen Platz.

Essen

Die Restaurants direkt am See und die meisten am Kitroplateia-Strand sind überteuert und auf Touristen ausgerichtet. Die Einheimischen essen in den kleineren Restaurants in den Nebenstraßen.

LP Tipp **Chrysofillis Mezedopoleio** (☎ 28410 22705; Kitroplateia; mezedhes 4–7 €) Um ganz sicher zu gehen, sollte man in diesem ausgezeichneten *mezedhopoleio* mit den fairen Preisen einen Tisch vorbestellen. Die Speisekarte im Stil einer Zeitung erklärt die kretischen Speisen und stellt die Spezialitäten vor, beispielsweise frische Muscheln, Gerstenpasta mit Garnelen, gebratenes Kaninchen, ausgezeichnetes *myzithropitakia* und knackfrische, leichte Salate. Gäste können auf dem Balkon mit Blick aufs Wasser oder im geschmackvollen Innenraum Platz nehmen; die alten, gerahmten Fotografien werden verkauft (22 bis 40 €).

Taverna Itanos (☎ 28410 25340; Kyprou 1; mayirefta 4–9 €) Die kompromisslos einfache Taverne ist das Stammlokal vieler Einheimischer, in dem sie selbst gemachte *mayirefta* essen wie Ziege mit Artischocken oder Lammfrikassee.

Aouas Taverna (☎ 28410 23231; Paleologou Konstantinou 44; *mezedhes* 5–9 €) Der Familienbetrieb mit einem hübschen, ummauerten Garten serviert leckere kretische Spezialitäten wie Kräuterpasteten und eingelegte Zwiebeln, außerdem köstliche Grillgerichte.

Pelagos (☎ 28410 25737; Katehaki 10; Fischgerichte 8–16 €) Wenn es um frischen Fisch und Mee-

resfrüchte (und ein angemessenes Preisniveau) geht, ist dieses Restaurant in einem restaurierten Haus mit stimmungsvollen Garten kaum zu schlagen; auch die *mezedhes* sind exzellent.

Ausgehen

Im Sommer hört man das Nachtleben schon von weitem – zu den Bars geht's einfach den Ohren nach. Die bei Griechen und Touristen beliebtesten Lokale säumen das Ufer des Sees und setzen sich bis zum Kitroplateia-Strand fort.

Bueno Café (☎ 28410 24289; Kitroplateia; 🕔 8–1 Uhr) Nur eines von vielen beliebten Cafés am städtischen Strand; große Auswahl an kalten Kaffeegetränken.

LP Tipp **Alexandros Roof Garden Cocktail Bar** (☎ 28410 24309; Ecke Kondylaki & Konstantinou; 🕔 ab 12 Uhr) Mit ihren Hängepflanzen, den Bäumen und trendigem Dekor steht die gehobene Cocktailbar irgendwo auf der Grenze zwischen Las Vegas und Tahiti. Die Blicke auf See und Stadt sind überwältigend; nachts wird die Szenerie erleuchtet. Der freundliche Giorgos Halkadakis betreibt seinen Laden schon seit 30 Jahren und spielt eine bunte Mischung aus Musik der letzten fünf Jahrzehnte, die sowohl die Griechen als auch die Touristen zufrieden stellt.

An- & Weiterreise
BUS

Die Busse von Agios Nikolaos **Busbahnhof** (☎ 28410 22234) bedienen die Strecke nach Elunda (1,50 €, 20 Min., 16-mal tägl.), Ierapetra (3,50 €, 1 Std., 8-mal tägl.), Iraklion (6,50 €, alle 30 Min.), Kritsa (1,40 €, 15 Min., 10-mal tägl.) und Sitia (7,30 €, 1 Std., 7-mal tägl.). Direkte Busse zu den Dörfern der Lassithi-Hochfläche fahren nur sonntags; regelmäßige Busse fahren aber im nahen Neapoli ab. Von der Innenstadt bis zum Busbahnhof braucht man 10 bis 15 Minuten zu Fuß, alle 30 Minuten fährt jeder städtische Bus (0,50 €) dorthin; die Busse halten auf der Brücke, gegenüber der Touristeninformation.

Für die Fahrt nach Elunda ist es nicht nötig, bis zum Busbahnhof zu gehen. Stattdessen nimmt man ganz einfach den Bus, der von der Haltestelle gegenüber der Touristeninfo abfährt (dort gibt es auch Fahrpläne).

FÄHRE

Zu den Fährverbindungen ab Agios Nikolaos, siehe Kapitel Insel-Hopping (S. 866).

Unterwegs vor Ort

Club Cars (☎ 28410 25868; www.clubcars.net; 28 Oktovriou 30) verleiht Mietwagen ab 40 € pro Tag, **Manolis** (☎ 28410 24940; 25 Martiou 12) bietet Motorroller, Mopeds, Quads und Mountainbikes an.

RUND UM AGIOS NIKOLAOS

Elunda Ελούντα

1660 Ew.

An einer fantastischen Straße mit Blick über die Küste liegt 11 km nördlich von Agios Nikolaos der Ort Elunda, die kretische Spielwiese der Reichen, Schönen und (manchmal sogar sehr) Berühmten. Jeder sollte selbst entscheiden, ob er den Preis bezahlen will, um einen Hubschrauberlandeplatz oder exotischen Ahornsirup zu genießen. Andererseits – wer hier Urlaub macht, schaut nicht auf die Kosten für ein Hotelzimmer.

Während man sich für teures Geld in den Feriensiedlungen Elundas entspannt, kann man trefflich über den Wert des Menschen und seiner Güter nachdenken – das geht allerdings auch preiswerter in den Hotels und Pensionen der Stadt. Immerhin hat die Gemeinde Elunda dank der Feriensiedlungen das höchste Steuereinkommen Griechenlands. Davon ist allerdings im Ortsbild kaum etwas zu sehen, denn die Hinweistafeln und Schilder der Touristen-Cafés, -Tavernen und -Läden sehen arg verblasst aus.

Wie auch immer, Elunda hat einen hübschen Sandstrand mit flachem, warmem Wasser. Sogar etwas Geld lässt sich sparen. Die Bootstour (alle 30 Min.) nach Spinalonga ist von hier viel preiswerter als von Agios Nikolaos.

PRAKTISCHE INFORMATIONEN

Städtisches Touristenbüro (☎ 28410 42464; ⏰ Juni–Okt. 8–20 Uhr) Am Hauptplatz. In diesem Büro bekommt man allgemeine Auskünfte und kann sein Geld wechseln.

SCHLAFEN & ESSEN

Hotel Aristea (☎ 28410 41300; www.aristeahotel.gr; EZ/DZ/3BZ inkl. Frühstück 35/45/55 €; 🖭) Das zentral gelegene, ordentliche Hotel hat saubere Zimmer, die meisten mit Meerblick, dop-

pelt verglasten Fenstern und Kühlschrank zu bieten.

Corali Studios (☎ /Fax 28410 41712; Studios ab 70 €; 🖭) Die Studios für Selbstversorger, etwa 800 m vom Uhrturm am Nordrand von Elunda entfernt, sind um einen üppigen Rasen angeordnet und haben schattige Terrassen. Die angeschlossenen Portobello Apartments (Apt. mit Klimaanlage 65–75 €) gleich nebenan sind ebenfalls ihr Geld wert.

Nikos (☎ 28410 41439; Fisch pro kg 40–50 €) Das Nikos auf der Hauptstraße verzichtet auf Schnickschnack und investiert alles in frischen Fisch und Hummer; die Preise sind in Ordnung.

Ferryman (☎ 28410 41230; Fischgerichte 7–14 €) Jeder englische Dauerfernseher kennt das Lokal an der Uferstraße aus der BBC-Serie *Who Pays the Ferryman*. Es serviert exzellente, aber teure Fischgerichte, dazu kretische Spezialitäten.

AN- & WEITERREISE

Von Agios Nikolaos fahren täglich 13 Busse nach Elunda (1,50 €, 20 Min.). Die Fähren nach Spinalonga legen alle 30 Min. ab (Erw./Kind 10/5 €).

Spinalonga Νήσος Σπιναλόγκας

Die Insel Spinalonga ragt im Norden der Halbinsel Kolokytha aus dem Mittelmeer. Die mächtige **Inselfestung** (☎ 28410 41773; Eintritt 2; ⏰ 9–18.30 Uhr) wurde 1579 erbaut, um die Einfahrt in die Bucht von Elunda und den Golf von Mirabello zu schützen. Die geschäftstüchtigen Venezianer nutzen die günstige Lage, um Salz zu erzeugen; damals gab es bis zu 45 Salzgärten auf der Insel. Seit 1639 verpachteten sie die Salzrechte an Einheimische, behielten aber das Monopol auf den Salzhandel – wie später der griechische Staat.

Spinalonga hielt den türkischen Angriffen bis zum Jahr 1715 stand; da war Iraklion bereits seit 46 Jahren in der Hand der Türken. Die Türken nutzen die günstige Lage der Insel für den Schmuggel. Als Kreta im Jahr 1913 Teil des griechischen Staates wurde, gab es auf Spinalonga die letzte Leprakolonie Europas. Als im Jahr 1953 der letzte Leprakranke auf der Insel starb, blieb die Insel unbewohnt. Noch heute heißt sie bei den Einheimischen „die Insel der lebenden Toten".

KRETA

KRETA

Eine Entdeckungsreise durch Spinalonga ist faszinierend. Man kauft ein Eintrittsticket (2 €), wendet sich nach links, geht durch den Tunnel und folgt dem Pfad im Uhrzeigersinn um die gesamte Anlage. Die Führer der vielen Pauschaltouren erklären die Bauten in allen europäischen Sprachen – eine eigene Führung ist also nicht nötig. Noch besser sind die Infotafeln, die an wichtigen Stellen stehen. Es gibt sogar Kopien schöner alter, venezianischer Landkarten von Kreta und der Region zu kaufen (2 bis 22 €). Auf der Insel stehen zahlreiche Ruinen von Kirchen, Festungsbauwerken und Wohnhäusern; von den äußeren Wachtürmen bieten sich spektakuläre Ausblicke über das Meer. Gleich neben dem Ticketschalter gibt es eine kleine Snackbar.

Die Fähren von Elunda (Erw./Kinder 10/5 €) nach Spinalonga fahren alle halbe Stunde. Damit bleibt eine Stunde Zeit, die Insel zu erkunden (oder länger, wenn man nicht unbedingt mit derselben Fähre zurück fahren möchte). Von Plaka, 5 km nördlich von Elunda, kostet die Überfahrt nur die Hälfte. In Agios Nikolaos bieten mehrere Reiseunternehmen einfache Touren und ganztägige Exkursionen auf die Insel an (ab 20 €).

Kritsa & Umgebung Κριτσά

1614 Ew.
Touristen lieben die hübsche Lage Kritsas im Gebirge und würden unter den berühmten Stick- und Webarbeiten sicher ganz in Ruhe nach einem hübschen Souvenir suchen, wären da nicht die sehr geschäftstüchtigen Dorfbewohner, die jeden Fremden in die Läden zerren und ihre Produkte zu überhöhten Preisen anbieten. Das Dorf liegt 11 km von Agios Nikolaos entfernt und wird im Stundentakt von Bussen angefahren (1,50 €, 15 Min.).

Einen Kilometer vor Kritsa liegt die winzige, dreischiffige Kirche **Panagia Kera** (☎ 28410 51525; Eintritt 3 €; 8.30–15 Uhr). Sie ist typisch für die byzantinische Baukunst und die Fresken sind außergewöhnlich. Etwa 4 km nördlich von Kritsa liegt eine der wenigen, nicht-minoischen Ruinenstätten Kretas: die antike dorische Stadt **Lato** (Eintritt 2 €; Di–So 8.30–15 Uhr) aus dem 7. Jh. v. Chr. Dass Lato in seiner Glanzzeit eine mächtige Stadt war, beweisen die Ruinen der beiden Akropolen, die sich mitten in der einsamen

Gebirgslandschaft weit über die Berghänge ziehen – der Ausblick auf den Golf von Mirabello ist prachtvoll. Die Einwohner der Antike verehrten Artemis und Apollon, die Kinder von Zeus und der Göttin Leto – sie gab der Stadt den Namen.

Die Reste der Stufen eines antiken **Theaters** sind dem Golf zugewandt. In dem *prytaneion* darüber trafen sich die Herrscher der Stadt zu Beratungen. Der Steinkreis hinter dem Hauptbrunnen – er ist mit einem Zaun abgesperrt – war ein Dreschboden; daneben sind noch die Säulen der Stoa zu erkennen – sie stand auf der Agora. Ganz in der Nähe findet man die Reste eines Mosaiks und der Weg auf der rechten Seite führt zum **Apollon-Tempel**.

Nach Lato fahren keine Busse. Mit dem Auto vor Kritsa der Abzweigung nach rechts (ausgeschildert) bis nach Lato folgen. Eine hübsche Alternative ist ein 4 km langer Fußweg durch Olivenhaine.

Östlich von Kritsa, an der Küstenstraße 19 km südöstlich von Agios Nikolaos, liegt eine weitere wichtige, archäologische Stätte, diesmal wieder aus minoischer Zeit: **Gurnia** (☎ 28410 24943; Eintritt 3 €; Di–So 8.30–15 Uhr) war von 1550 bis 1450 v.Chr. bewohnt. Die Ruinen zeugen von einem kleinen Palast und einer Siedlung mit Straßen, Treppen und Häusern, umgeben von 2 m hohen Mauern. Vermutlich war Gurnia eine blühende Handelsstadt, dafür sprechen zumindest die reichen Funde aus Handel, Haushalten und der Landwirtschaft. Gurnia ist mit jedem Bus zu erreichen, der von Agios Nikolaos in östliche Richtung fährt.

MOCHLOS ΜΟΧΛΟΣ

90 Ew.
Das friedliche Mochlos ist für seine *psarotavernes* (Tavernen mit Fischgerichten) bekannt. Das Dorf liegt am Ende einer gewundenen, 5 km langen Straße, die von der Schnellstraße von Sitia nach Agios Nikolaos abzweigt. Heute ist es ein verschlafener Rückzugsort mit ein paar Pensionen für Urlauber, die nichts als Ruhe wollen, doch um 3000 bis 2000 v.Chr. war Mochlos eine blühende minoische Stadt. Damals gehörte die gleichnamige Insel 200 m vor der Küste zur Stadt – Archäologen graben immer noch an beiden Orten. Eine Infotafel am Hafen erläutert die bisherigen archäologischen Erkenntnisse.

Natürlich wird auch in Mochlos viel gebaut, doch bisher schützte die einsame Lage den Ort vor einem Massenansturm der Touristen. Der kleine Strand aus Kies und grauem Sand ist gut für Schwimmer, allerdings gibt es zwischen Dorf und Insel starke Strömungen – also Vorsicht!

In Mochlos gibt es ein paar Unterkünfte, beispielsweise das **Hotel Sofia** (☎ /Fax 28430 94554; Zi. 35–45 €; 🗷) über einer Taverne mit leckeren Gerichten. Die kleinen Zimmer sind neu möbliert (auch die Betten sind neu) und mit Kühlschrank ausgestattet; die vorderen haben Balkone mit Meerblick. Das **Kyma** (☎ 28430 94177; soik@ln.gr; Studio 35 €; 🗷) ist am Westrand des Ortes ausgeschildert. Es vermietet makellose Studios für Selbstversorger. Die Dorfbewohner zieht es zum Essen in das **Ta Kochilia** (☎ 28430 94432; Fischgerichte 4,50–10 €) mit exzellentem frischem Fisch. Seeigel-Salat, Tintenfische und Seebrassen schmecken hier hervorragend.

Mochlos wird nicht direkt von Bussen angefahren, aber alle Busse, die auf der Straße von Agios Nikolaos nach Sitia fahren, halten an der Abzweigung nach Mochlos; von dort sind es noch 6 km zu Fuß (oder per Anhalter) bis zum Ort.

SITIA ΣHTEIA
8240 Ew.

Das ruhige Hafenstädtchen Sitia ist die heimliche Hauptstadt des östlichen Zipfels von Kreta, für Trubel sorgen die Fähren in den Dodekanes und der nahe Flughafen. Hier sind Landwirtschaft und Handel wichtiger als der Tourismus und in der Tat wird die Stadt vor allem von unauffälligen griechischen Touristen geschätzt.

Die Stadt zieht sich in Terrassen einen Hügel hinauf, ihre Architektur ist eine Mischung aus venezianischen und modernen Elementen. An der angenehmen Hafenpromenade reihen sich Tavernen und Cafés auf, die Sandstrände liegen im Osten der Bucht. In Sitia lässt es sich sehr entspannt leben und der Ort ist eine gute Ausgangsbasis für Ausflüge zu den Stränden und Sehenswürdigkeiten in der Region.

Orientierung & Praktische Informationen

Die Plateia Iroon Polytehniou ist der Hauptplatz Sitias. Der Busbahnhof liegt am Ostende der Uferstraße (K. Karamanli). Die

Fähren legen am Pier 500 m nördlich der Plateia Agnostou an. Im Stadtzentrum stehen mehrere Geldautomaten zur Verfügung.

Akasti Travel (☎ 28430 29444; www.akasti.gr; Kornarou & Metaxaki 4) Veranstaltet Ausflüge und bietet hilfreiche Informationen.

Java Internet Café (☎ 28430 22263; Kornarou 113; 🕒 ab 9 Uhr).

Post (Dimokritou; 🕒 7.30–15 Uhr) Auf der Venizelou in Richtung Stadt die erste Nebenstraße links.

Touristinformation (☎ 28430 28300; Karamanli; 🕒 Mo–Fr 9.30–14.30 & 17–20.30, Sa 9.30–14.30 Uhr) An der Uferstraße; hat Stadtpläne.

Sehenswertes

Sitias ausgezeichnetes **Archäologisches Museum** (☎ 28430 23917; Piskokefalou; Eintritt 2 €; 🕒 Di–So 8.30–15 Uhr) zeigt Fundstücke von der Jungsteinzeit bis zu den Römern. Unter den Stücken aus minoischer Zeit ragt vor allem der *Kouros von Palekastro* heraus. Die Statue musste in mühsamer Puzzlearbeit aus Bruchstücken wieder zusammengesetzt werden; sie wurde aus dem Elfenbein von Nilpferdzähnen geschnitzt und mit Gold verziert. Aus dem Palast von Zakros stammen unter anderem eine Weinpresse, eine Säge aus Bronze und mehrere Kultobjekte, die allerdings bei dem Großbrand, der den Palast zerstörte, stark gelitten haben. Zu den wichtigsten Funden gehören die Tafeln mit der Linear-A-Schrift, auf denen Verwaltungsangelegenheiten dokumentiert wurden.

Die **Venezianische Festung** (🕒 8.30–15 Uhr) über der Stadt heißt bei den Einheimischen *kazarma* (verballhornt von „casa di arma"). Ihre stehen gebliebenen Mauern bilden den Rahmen für Openair-Veranstaltungen.

Im **Volkskundemuseum**(☎ 28430 22861; Kapetan Sifinos 28; Eintritt 2 €; 🕒 Mo–Fr 10–13 Uhr) werden gewebte Stoffe aus der Region gezeigt.

Schlafen

Das **Hotel Arhontiko** (☎ 28430 28172; Kondylaki 16; DZ/Studio ohne Bad 30/35 €) in einem klassizistischen Gebäude oberhalb des Hafens besticht mit dem Charme der alten Welt und hat makellose Zimmer. Die Gäste teilen sich die Badezimmer und einen Garten.

El Greco Hotel (☎ 28430 23133; info@elgreco-sitia. gr; Arkadiou 13; EZ/DZ inkl. Frühstück 30/40 €; 🗷) Die Zimmer sind gepflegt und sehr sauber; mit Kühlschrank.

Apostolis (☎ 28430 28172; Kazantzaki 27; DZ/3BZ 40/47 €) Die Zimmer der Pension sind mit Deckenventilatoren und relativ modernen Badezimmern ausgestattet. Der Balkon und ein Kühlschrank stehen allen Gästen zur Verfügung.

Hotel Flisvos (☎ 28430 27135; www.flisvos-sitia. com; Karamanli 4; EZ/DZ/3BZ inkl. Frühstück 50/70/80 €; ✖ 🖳) Das Hotel an der südlichen Uferstraße ist modern und seine Zimmer bieten alle Annehmlichkeiten.

Essen

Taverna O Mihos (☎ 28430 22416; Kornarou 117; Grillgerichte 5–8 €) Das O Mihos in einem traditionellen Natursteinhaus hinter der Uferstraße ist bekannt für seine auf Holzkohle gegrillten Fleischgerichte und kretische Kost. Die Tische auf der Terrasse zur Bucht sind besonders schön.

Sitia Beach (☎ 28430 22104; Karamanli 28; Spezialitäten 5,50–9 €) Die Pizza in diesem Lokal an der Uferstraße schmeckt überraschend gut, dazu gibt es hausgemachte Spezialitäten.

Balcony (☎ 28430 25084; Foundalidou 19; Hauptgerichte 10–19 €) Das erste Haus am Platz bewirtet seine Gäste im Obergeschoss eines geschmackvoll eingerichteten klassizistischen Gebäudes. Auf der Speisekarte stehen kretische, mexikanische und asiatisch angehauchte Gerichte.

An- & Weiterreise
BUS

Vom **Busbahnhof** (☎ 28430 22272) fahren sechs Busse täglich nach Ierapetra (5,40 €, 1½ Std.) und sieben über Agios Nikolaos (6,90 €, 1½ Std.) nach Iraklion (13,10 €, 3 Std.). Vier Busse fahren nach Vai (3 €, 30 Min.) und im Sommer zwei über Palekastro und Zakros (4,50 €, 1 Std.) nach Kato Zakros.

FÄHRE

Die meisten in Sitia an- und ablegenden Fähren fahren Häfen im Dodekanes an. Nähere Infos zu den Fähren, siehe Kapitel Insel-Hopping (S. 866).

FLUGZEUG

Der **Flughafen** (☎ 28430 24666) von Sitia bedient bisher nur nationale Ziele, internationale Flüge sind aber geplant. Nähere Informationen zu den Inlandsflügen, siehe Kapitel Insel-Hopping (S. 867).

RUND UM SITIA
Moni Toplou Μονή Τοπλού
Die eindrucksvollen Wehrmauern des festungsartigen Klosters **Moni Toplou** (☎ 28430 61226; Eintritt 2,50 €; ✸ April–Okt. 9–18 Uhr), 18 km östlich von Sitia, haben schon viele Angreifer gesehen – von den Kreuzrittern bis zu den Türken. Das Highlight des Klosters ist eine Ikone von Ioannis Kornaros aus dem 18. Jh. Ihre reich verzierten Miniaturszenen illustrieren ein orthodoxes Gebet. Das **Klostermuseum** zeigt außerdem hervorragende Ikonen, Stiche, Bücher sowie Waffen und Ausrüstungen aus der Zeit des Widerstandes. Der Museumsshop bietet kirchliche Andenken, Bücher über Kreta, das köstliche – mit einem Preis geadelte – Olivenöl sowie den Wein des Klosters an.

Ab der Straße von Sitia nach Palekastro sind es noch 3 km zu Fuß; die Busse halten auf Nachfrage an der Abzweigung.

Vai Βάϊ
Am Strand von Vai, 24 km östlich von Sitia, wächst der einzige „natürliche" Palmenwald Europas. Angeblich haben römische Soldaten nach der Eroberung Ägyptens hier die Kerne von Datteln ausgespuckt, als sie eine Rast einlegten. Die schöne Legende kann allerdings nicht ganz der Wahrheit entsprechen, denn die Palmen von Vai sind zwar mit den Dattelpalmen verwandt, aber eine eigene Art. Im Sommer wimmelt es auf den einladenden Stränden von sonnenhungrigen Touristen. Ein ruhigerer Strand liegt jenseits des felsigen Vorsprungs hinter der Taverne. Auch 3 km nördlich der minoischen Fundstätte **Itanos** ist eine gute Badestelle.

Im Sommer kommen fünf Busse täglich von Sitia (2,50 €, 1 Std.), die in Palekastro halten. Der Parkplatz am Strand kostet 3 € Parkgebühr, etwa 500 m vor Vai kann man kostenlos am Straßenrand parken.

Palekastro Παλαίκαστρο
1080 Ew.
Palekastro liegt in einer kahlen, von Landwirtschaft geprägten Landschaft an der Straße zwischen dem Strand von Vai und den Ruinen von Zakros. Der große minoische Palastkomplex des antiken Palekastro, das Ziel der meisten Touristen, liegt 1 km außerhalb des Ortes unter dem Schutt der Jahrtausende. Immerhin haben die Archäo-

logen schon den berühmten *Kouros von Palekastro* ausgegraben, der im Archäologischen Museum (S. 583) in Sitia ausgestellt ist. Welche Schätze noch unter den Ruinen liegen, werden erst die weiteren Ausgrabungen zeigen.

Die **Touristeninformation** (☎ 28430 61546; ☺ Mai–Okt. Mo–Fr 9–22, Sa & So 9–13 & 17.30–20 Uhr) liefert die nötigen Informationen; gleich daneben steht ein Geldautomat. Übernachtungen sind beispielsweise im **Hotel Hellas** (☎ 28430 61240; hellas_h@otenet.gr; EZ/DZ 30/45 €; ☒) möglich. Es bietet einfache Zimmer mit Kühlschrank und guten Badezimmern. In der Taverne darunter werden herzhafte Gerichte nach Hausmacherart serviert (Hauptgerichte 4–8 €).

Ganz in der Nähe liegt der fast verlassene **Kouremenos-Strand,** optimal für Windsurfer; am **Hiona-Strand** stehen gute *psarotavernes*. Die **Freak Surf Station** (☎ 28430 61116; www.freaksurf.com) am Kouremenos-Strand vermietet Boards.

Das **Casa di Mare** (☎ 28430 25304; casadimare@hotmail.com; Studio 40–60 €; ☒ ☐) vermietet geräumige, moderne Studios mit Steinfußböden und rustikaler Ausstattung für bis zu vier Gäste pro Zimmer. Zwischen den Olivenbäumen liegt ein Swimmingpool.

Die fünf täglichen Busse aus Sitia halten auf ihrer Fahrt nach Vai auch in Palekastro. Zwei Busse von Sitia nach Palekastro (2,20 €, 45 Min.) fahren weiter nach Kato Zakros (4,50 €).

KATO ZAKROS & MINOISCHES ZAKROS
ΚΑΤΩ ΖΑΚΡΟΣ & ΑΡΧΑΙΑ ΖΑΚΡΟΣ
790 Ew.

Von Zakros, 37 km südöstlich von Sitia, sind es noch 7 km bis zum minoischen Zakros und dem Örtchen Kato Zakros. Sein langer Kiesstrand wird von Pinien beschattet und bis auf ein paar sehr entspannte Tavernen herrscht himmlische Ruhe. Da die Region zur archäologischen Zone erklärt wurde, blieb sie von jeglichen Bausünden verschont. Wem der Strand auf Dauer zu langweilig wird, der sollte sich an der leichten, 8 km langen Wanderung durch das **Tal der Toten** versuchen. Der Name bezieht sich auf die **Höhlengräber** in der Felswand.

Die Schlucht endet in der Nähe der minoischen Ausgrabungsstätte, dem kleinsten der vier minoischen Palastkomplexe Kretas. Der **Palast von Zakros** (☎ 28430 26897; Kato Zakros;

Eintritt 3 €; ☺ Juli–Okt. 8–19.30 Uhr, Nov.–Juni 8.30–15 Uhr) war ein wichtiger minoischer Handelshafen, der Beziehungen nach Ägypten, Syrien, Anatolien und Zypern unterhielt. Um einen zentralen Hof ordneten sich die königlichen Gemächer, Lagerhäuser und Werkstätten an.

Der minoische Palastkomplex lag auf einer schmalen Küstenebene. Ein Teil der Anlage wurde vom steigenden Meeresspiegel verschluckt; die Kreter sagen, er steht unter der „Herrschaft der Meeresschildkröten" (*helonokratia*). Was Zakros an antiken Ruinen fehlt, wird von der wilden, abgelegenen Landschaft mehr als aufgewogen – ein Besuch lohnt sich also.

Schlafen & Essen
Stellas Apartments (☎/Fax 28430 23739; www.stelapts.com; Studio 40–80 €; ☒ ☐) Das Stella liegt unter Pinien, 800 m die alte Straße nach Zakros hinauf. In den hübschen Studios stehen handgefertigte Möbel. Grill, Hängematten und die hilfsbereiten Besitzer machen auch einen längeren Aufenthalt zum reinen Vergnügen.

Athena & Coral Rooms (DZ 40–50 €; ☒) Das Athena hat hübsche Zimmer mit Natursteinwänden, die Zimmer im Coral daneben sind zwar klein, aber makellos mit Kühlschrank und Meerblick vom Gemeinschaftsbalkon.

Taverna Akrogiali (☎ 28430 26893; www.katozakros.cretefamilyhotels.com) Nikos Perakis, der Besitzer dieser Taverne (köstliches Essen), vermietet auch einige Zimmer, die alle am Strand liegen. Die Katerina Apartments (Apartments mit Klimaanlage 40–60 €) liegen gegenüber dem Stella: große, aus Natursteinen gebaute Studios und Maisonettezimmer mit prachtvollem Ausblick.

Restaurant Nikos Platanakis (☎ 28430 26887; Spezialitäten 4,50–9 €) Während das Akrogiali die besseren Fischgerichte serviert, hat sich dieses freundliche Restaurant auf die leckere, traditionelle griechische Küche spezialisiert, beispielsweise Kanincheneintopf. Die Zutaten stammen frisch aus dem eigenen Garten.

An- & Weiterreise
Zakros ist über Busse aus Sitia über Palekastro (4,50 €, 1 Std., 2-mal tägl.) erreichbar. Im Sommer fahren die Busse weiter bis Kato Zakros.

IERAPETRA ΙΕΡΑΠΕΤΡΑ

11 680 Ew.

Ierapetra an der Südküste ist nicht auf Touristen angewiesen. Seine Bewohner leben bestens von den landwirtschaftlichen Produkten (daher die zahlreichen Gewächshäuser). Einst war der Ort der wichtigste römische Hafen, um Truppen für die Eroberung Ägyptens zu verschiffen. Später nutzten die Venezianer die strategische Lage und bauten eine Festung, die noch immer den Hafen beherrscht. Im türkischen Viertel Ierapetras erinnern einige historische Bauwerke an die osmanische Vergangenheit.

Tatsächlich bietet dieser heiße, staubige Ort mehr authentisches Kreta als alle Feriensiedlungen der Nordostküste zusammen. An der Uferstraße reihen sich Tavernen und Cafés und in den Sommernächten spielt sich ein munteres Nachtleben ab. Die städtischen Strände sind in Ordnung. Dem Ort gegenüber liegt die sandige, beinahe subtropische Insel Gaidouronisi (auch Chrisi genannt).

Orientierung & Praktische Informationen

Der Busbahnhof liegt im Osten, direkt hinter der Uferstraße. Die Geldautomaten stehen am Hauptplatz.

City Netcafé (☎ 28420 23164; Kothri 6; pro Std. 3 €; ☻ ab 9 Uhr)

Post (☎ 28420 22271; Vitsentzou Kornarou 7; ☻ 7.30–14 Uhr)

www.ierapetra.net Hilfreiche Website.

Sehenswertes & Aktivitäten

Die Exponate des eher bescheidenen **Archäologischen Museums** (☎ 28420 28721; Adrianou (Dimokratias) 2; Eintritt 2 €; ☻ Di–So 8.30–15 Uhr) umfassen kopflose klassische Statuen, allerdings auch eine überwältigende Statue der Persephone aus dem 2 Jh. n. Chr. Das zweite Highlight ist ein *larnax* (Tonsarg) aus dem Jahr 1300 v. Chr. mit zwölf lebensecht bemalten Bildfenstern.

Die frühvenezianische **mittelalterliche Festung** „Kales" (Eintritt frei; ☻ Di–So 8.30–15 Uhr) wurde von Francesco Morosini im Jahr 1626 ausgebaut und stärker befestigt. Der Zutritt zur Burg ist zurzeit wegen Restaurierungsarbeiten nicht möglich, aber das Gebäude sieht auch von außen eindrucksvoll aus.

Ierapetras wichtigster **städtischer Strand** liegt nahe dem Hafen, ein zweiter **Strand** zieht sich von der Patriarhou Metaxaki in östliche Richtung. Beide haben groben, grauen Sand, der Strand am Hafen ist allerdings schattiger.

Schlafen & Essen

Cretan Villa Hotel (☎ /Fax 28420 28522; www.cretan-villa.com; Lakerda 16; DZ ab 40 €; ☒) Dieses gut gepflegte Haus aus dem 18. Jh. hat ein faszinierendes Flair, die Zimmer sind mit traditionellen Möbeln und Kühlschränken ausgestattet. Zum Haus gehört ein stiller Innenhof. Das Hotel ist in 5 Minuten zu Fuß von der Bushaltestellte zu erreichen.

Portego (☎ 28420 27733; Foniadaki 8; *mezedhes* 3–6 €) Das Restaurant, das in einem Jahrhunderte alten, historischen Haus untergebracht ist, serviert exzellente und nicht zu teure kretische und griechische Gerichte wie Lamm im Tontopf mit Joghurt. Im Sommer ist der hübsche Innenhof geöffnet. Zum Restaurant gehört eine *kafeneio*-Bar mit guten Drinks.

Oi Kalitehnes (☎ 28420 28547; Kyprou 26; Hauptgerichte 4–8 €) In diesem ungewöhnlichen Lokal in einer Nebenstraße werden nur Bioprodukte verarbeitet. Das würzige Falafel und die Kebabs des ägyptischen Besitzers sind köstlich.

Napoleon (☎ 28420 22410; Stratigou Samouil 26; Hauptgerichte 4,50–12 €) Ein beliebtes Restaurant im Süden der Uferpromenade. Auf der Karte stehen ausgezeichnete Fischgerichte und griechische und kretische Spezialitäten.

Empfehlenswert sind auch:

Coral Apartments (Lambraki; Apt. 45–60 €) Die komplett ausgestatteten Apartments in der Stadt sind prima für Familien und Selbstversorger.

Coral Hotel (☎ 28420 22846; Katzonovatsi 12; DZ 30 €) Die Dependance des Ersi in der ruhigen Altstadt ist ihr Geld ebenfalls wert.

Ersi (☎ 28420 23208; Plateia Eleftherias 19; DZ 35 €; ☒) Das zentral gelegene, renovierte Hotel bietet gemütliche Zimmer mit Kühlschrank, TV und Meerblick.

An- & Weiterreise

Vom **Busbahnhof** (☎ 28420 28237; Lasthenous) fahren täglich neun Busse nach Iraklion (9,50 €, 2½ Std.) über Agios Nikolaos (3,30 €, 1 Std.) und Gurnia (etwa 25 Min.); sieben fahren über Koutsounari (Camping) nach Sitia (5,40 €, 1½ Std.) und sieben nach Myrtos (1,80 €, 30 Min.).

RUND UM IERAPETRA
Gaidouronisi (Chrisi) Γαιδουρονήσι (Χρυσή)

Die friedliche Insel Gaidouronisi (Eselsinsel) wird als Chrisi (die Goldene Insel) vermarktet. Sie hat hübsche Sandstände, eine Taverne und – einzigartig in Europa – einen Hain aus Libanonzedern zu bieten.

Vom Hafen Ierapetra starten morgens **Ausflugsboote** (hin und zurück 15 €), die am Nachmittag zurückkommen. Obwohl Chrisi manchmal überlaufen sein kann, findet sich immer noch ein ruhiges Plätzchen.

Myrtos Μύρτος
440 Ew.

Myrtos liegt 17 km westlich von Ierapetra. Das Fischerdörfchen hat reichlich Charme und ist bei älteren europäischen Reisenden sehr beliebt. Da nicht viel gebaut wurde, blieb der Charakter des Ortes erhalten. Der hübsche Strand und die vorzüglichen Restaurants machen Myrtos zu einem wirklich entspannenden Ort.

Prima Tours (☎ 28420 51035; www.sunbudget.net; Internet pro Std. 3,50 €) mit Internetzugang.

Für Übernachtungen steht beispielsweise das **Big Blue** (☎ 28420 51094; www.big-blue.gr; DZ/Studio/Apt. 35/60/75 €; ⊠) an der Westseite zur Verfügung. Man hat die Wahl zwischen großen, luftigen und teureren Studios mit Meerblick oder preiswerteren, ebenerdigen Zimmern. Alle Zimmer sind für Selbstversorger eingerichtet. **Cretan Rooms** (☎ 28420 51427; DZ 35 €) ist bei Einzelreisenden beliebt. Die Zimmer sind traditionell eingerichtet, mit Balkon, Kühlschrank und Gemeinschaftsküchen.

Taverna Myrtos (☎ 28420 51227; Hauptgerichte 5–9 €) gehört zum gleichnamigen Hotel. Auf der Karte sind zahlreiche *mezedhes* zu finden, einige auch für Vegetarier. Das **Platanos** (☎ 28420 51363; Hauptgerichte 6–8 €) ist mehr auf Touristen eingestellt. Die Tische stehen unter einem riesigen Strohschirm unter einer Platane.

Von Ierapetra nach Myrtos (1,80 €, 30 Min.) fahren täglich sieben Busse.

Dodekanes
Δωδεκάνησα

Als die griechischen Götter sandige Buchten, Wildblumenteppiche und grandiose Ausblicke verteilten, scheint der Dodekanes mehr als seinen gerechten Anteil bekommen zu haben. Rechnet man dazu die reiche, stark von italienischer Herrschaft geprägte Kultur, azurblaues, an die Küsten schlagendes Wasser und eine Fülle von Naturschönheiten und historischen Sehenswürdigkeiten, so überrascht es nicht, dass der Dodekanes so viele Menschen anzieht.

Der Dodekanes, der sich entlang der Westküste der Türkei erstreckt und weit von Athen entfernt ist, hat sich eine gewisse Abgeschiedenheit bewahrt. Trotz eines hohen Maßes an historischer Autonomie haben Mächte von außen tiefe Spuren hinterlassen. Hier schlug das Christentum in Griechenland Wurzeln, und die Invasionen von Ägyptern, Kreuzfahrern, Türken und Italienern haben Architektur und lokale Küche geprägt. Später waren die Inseln eines der letzten Schlachtfelder des Zweiten Weltkriegs, bevor sie 1947 formell Teil Griechenlands wurden. Nur 26 der 163 oft nah beieinander liegenden Inseln sind bewohnt. Viele haben besondere Naturgegebenheiten, wie Kos' langgestreckte Strände, Nisyros' rauchender Vulkan oder Karpathos' windgepeitschte Küstenlinie. Es gibt viele fesselnde Sehenswürdigkeiten, wie die Altstadt von Rhodos, das Johanneskloster auf Patmos sowie zahlreiche Burgen, Kirchen und Ruinen. Während die größeren Inseln Kos und Rhodos mit Urlaub in Ferienanlagen locken, bieten die kleineren Inseln wie Lipsi, Leros und Kalymnos ruhige Hotels und traditionelles Inselleben. Ob Wanderer, Botaniker, Strandgutsammler, Kitesurfer, Archäologe, Historiker oder Sonnenanbeter – der Dodekanes wird keinen enttäuschen.

HIGHLIGHTS

- **Das Leben genießen** In Rhodos-Stadt (S. 601) Nachtleben und Kaffeehäuser erkunden
- **Wie aus einer anderen Welt** Auf Nisyros (S. 638) in den Vulkankrater hinunterklettern, aus dem rundherum Dampf aufsteigt
- **Fenster in die Vergangenheit** Nach dem Abzug der Tagesausflügler in Olymbos bleiben und echtes Inselleben auf Karpathos (S. 619) erleben
- **Adrenalinkick** Klippenspringen und Felsklettern auf Kalymnos (S. 655)
- **Perfektes Bild** Im Hafen von Symi (S. 626) bummeln, der schön ist wie ein Postkartenmotiv
- **Erholung pur** An den langen feinsandigen Stränden auf Kos (S. 647) total entspannen
- **Royal Vista** König spielen auf der Festung Panteli (S. 660) auf Leros, mit herrlichem Rundblick
- **Kürzer treten** Lipsis Ruhe (S. 669) genießen
- **Mystisch** Die Höhle betreten, in der Johannes auf Patmos (S. 667) die Stimme Gottes vernahm

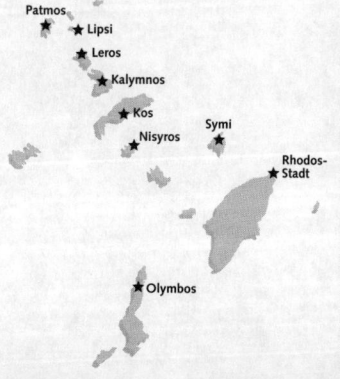

- BEVÖLKERUNG: 193 480
- FLÄCHE: 2714 KM²

DODEKANES

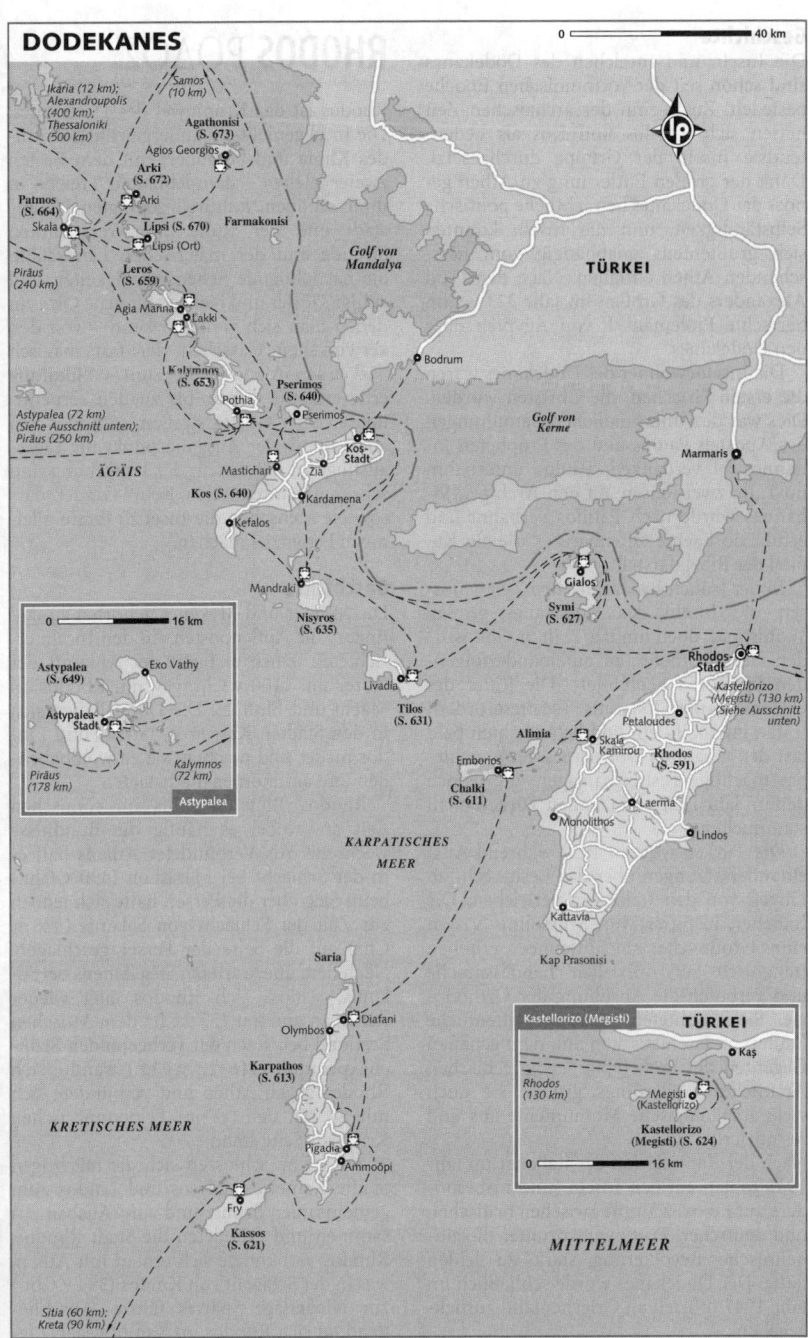

0 —————— 40 km

Ikária (12 km);
Alexandroupolis
(400 km);
Thessaloniki
(500 km)

Samos
(10 km)

Agathonisi
(S. 673)

Agios Georgios

Arki
(S. 672)

Arki

Patmos
(S. 664)

Skala

Lipsi (S. 670)
Lipsi (Ort)

Farmakonisi

Piräus
(240 km)

Leros
(S. 659)

Agia Marina   Lakki

Kalymnos
(S. 653)

Pothia

Pserimos
(S. 640)

Pserimos

Astypalea (72 km)
(Siehe Ausschnitt unten);
Piräus (250 km)

Mastichari   Zia

**Kos-
Stadt**

Kos (S. 640)

Kardamena

ÄGÄIS

Kefalos

Mandraki

Nisyros
(S. 635)

Livadia

Tilos
(S. 631)

TÜRKEI

Bodrum

*Golf von
Mandalya*

*Golf von
Kerme*

Marmaris

Gialos

Symi
(S. 627)

**Rhodos-
Stadt**

Kastellorizo
(Megisti) (130 km)
(Siehe Ausschnitt
unten)

Alimia

Emborios

Chalki
(S. 611)

Petaloudes

Skala
Kamirou

Rhodos
(S. 591)

Laerma

Monolithos

Lindos

*KARPATISCHES
MEER*

Kattavia

Kap Prasonisi

0 —————— 16 km

Astypalea
(S. 649)

Exo Vathy

**Astypalea-
Stadt**

*Kalymnos
(72 km)*

Piräus
(178 km)

Astypalea

Saria

Olymbos   Diafani

Karpathos
(S. 613)

Pigadia

Ammoópi

KRETISCHES MEER

Fry

Kassos
(S. 621)

Sitia (60 km);
Kreta (90 km)

Kastellorizo (Megisti)   **TÜRKEI**

Kaş

*Rhodos
(130 km)*

Megisti
(Kastellorizo)

**Kastellorizo
(Megisti) (S. 624)**

0 —————— 16 km

MITTELMEER

Geschichte

Die Inseln und Inselchen des Dodekanes sind schon seit der vorminoischen Epoche besiedelt. Zu Beginn der archaischen Zeit hatten sich Rhodos und Kos als bedeutendste Inseln der Gruppe durchgesetzt. Dank der großen Entfernung zu Athen genoss der Dodekanes beträchtliche politische Selbständigkeit, und die Inseln konnten sich größtenteils unabhängig vom herrschenden Athen entfalten. Nach dem Tod Alexanders des Großen im Jahr 323 v. Chr. herrschte Ptolemäus I. von Ägypten über den Dodekanes.

Die Inselbewohner des Dodekanes waren die ersten Griechen, die Christen wurden. Dies war den unermüdlichen Bemühungen des Apostels Paulus und des Propheten Johannes zu verdanken: Paulus unternahm im 1. Jh. zwei Reisen auf den Archipel, Johannes wurde nach Patmos verbannt und erfuhr dort seine Offenbarung, die ein Kapitel der Bibel darstellt.

In der frühen Byzantinischen Zeit genossen die Inseln des Dodekanes großen Wohlstand, doch um das 7. Jh. n. Chr. wurden sie von mehreren aufeinanderfolgenden Invasoren geplündert. Die Ritter des Ordens Sankt Johannis (Malteserorden) trafen im 14. Jh. ein und beherrschten bald fast den gesamten Dodekanes. Sie errichteten mächtige Festungsanlagen, die jedoch den im Jahr 1522 einfallenden Türken nicht standhielten.

Die Türken wurden 1912 während Auseinandersetzungen über das Besitzrecht an Libyen von den Italienern vertrieben. Die Italiener, inspiriert von Mussolinis Vision eines Großreiches am Mittelmeer, erhoben Italienisch zur offiziellen Landessprache und verboten die Ausübung der Orthodoxie. Sie errichteten grandiose öffentliche Bauten im faschistischen Stil, dem genauen Gegenteil der archetypischen griechischen Architektur. Allerdings gruben sie auch viele archäologische Momumente aus und restaurierten sie.

Nach der Kapitulation der Italiener im Jahr 1943 tobten auf den Inseln (und insbesondere auf Leros) Kämpfe zwischen britischen und deutschen Truppen, worunter die einheimische Bevölkerung stark zu leiden hatte. Der Dodekanes wurde schließlich im Jahr 1947 offiziell an Griechenland zurückgegeben.

RHODOS ΡΟΔΟΣ

Rhodos ist das Kronjuwel des Dodekanes. Die Insel genießt ein außergewöhnlich mildes Klima und bezaubert mit dem Besten zweier Welten – dem lebhaften Treiben in ihrer schönen, kulturell geprägten Hauptstadt und der Ruhe ihrer verträumten Strände und der malerischen Landschaft. Sie hat lohnende Sehenswürdigkeiten und ruhige Dörfer und bietet zahlreiche Orte, an denen man sich verlieren kann – von den verwinkelten Gässchen der fast magisch wirkenden Altstadt, die zum Weltkulturerbe ernannt wurde, bis zu den serpentinenreichen Gebirgsstraßen. Rhodos ist auch ein idealer Ausgangspunkt für Tagesausflüge zu den Inseln der Umgebung und sehr familienfreundlich. Kein Wunder, dass so viele Menschen die Insel zu ihrem alleinigen Ferienziel machen.

Geschichte

Die Minoer und Mykener gehörten zu den Ersten, die Außenposten auf den Inseln errichteten. Doch erst mit der Ankunft der Dorer um 1100 v. Chr. gewann Rhodos an Macht und Einfluss. Die Dorer ließen sich in den Städten Kameiros, Ialysos und Lindos nieder und machten sie zu wohlhabenden und autonomen Stadtstaaten.

Rhodos' Blüte hielt bis zur römischen Zeit an, wobei es häufig die Bündnisse wechselte. Als Verbündeter Athens half es in der Schlacht bei Marathon (490 v. Chr.) beim Sieg über die Perser, hatte sich jedoch zur Zeit der Schlacht von Salamis (480 v. Chr) auf die Seite der Perser geschlagen. Nach dem unerwarteten Sieg Athens bei Salamis, schloss sich Rhodos eilig wieder Athen an und trat 477 v. Chr. dem Attischen Seebund bei. Nach der verheerenden Sizilienexpedition (416–12 v. Chr.) wandte sich Rhodos gegen Athen und verbündete sich mit Sparta, dem es im Peloponnesischen Krieg zur Seite stand.

408 v. Chr. schlossen sich die mächtigen Städte Kameiros, Ialysos und Lindos zum gemeinsamen Schutz und zum Ausbau zusammen und gründeten die Stadt Rhodos. Rhodos verbündete sich erneut mit Athen, was in der Schlacht von Knidos (394 v. Chr.) zur Niederlage Spartas führte. Anschließend tat sich Rhodos im Kampf gegen Ale-

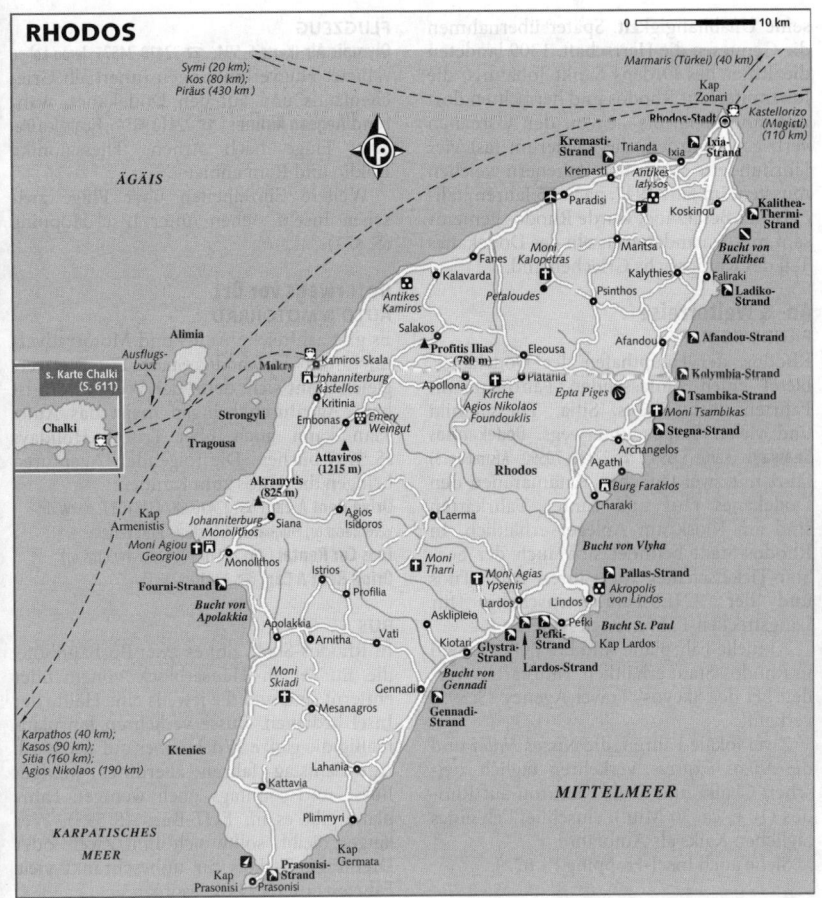

RHODOS

0 ━━━ 10 km

Symi (20 km);
Kos (80 km);
Piräus (430 km)

Marmaris (Türkei) (40 km)

Kap
Zonari

Rhodos-Stadt

Kastellorizo
(Megicti)
(110 km)

Kremasti-
Strand

Trianda   Ixia   Ixia-
Strand

Kremasti

Antikes
Ialysos

ÄGÄIS

Paradisi

Koskinou

Kalithea-
Thermi-
Strand

Maritsa

Bucht von
Kalithea

Moni
Kalopetras

Fanes

Kalythies

Faliraki

Kalavarda

Antikes
Kamiros

Petaloudes

Psinthos

Ladiko-
Strand

Salakos

Afandou

Afandou-Strand

Alimia

Profitis Ilias
(780 m)

Eleousa

Ausflugs-
boot

Makry

Kamiros Skala

Platania

Kolymbia-Strand

Johanniterburg
Kastellos

Apollona

Kirche
Agios Nikolaos
Foundouklis

Epta Piges

Tsambika-Strand

s. Karte Chalki
(S. 611)

Kritinia

Moni Tsambikas

Chalki

Embonas

Emery
Weingut

Stegna-Strand

Strongyli

Archangelos

Tragousa

Attaviros
(1215 m)

Rhodos

Agathi

Akramytis
(825 m)

Burg Faraklos

Charaki

Kap
Armenistis

Johanniterburg
Monolithos

Agios
Isidoros

Laerma

Siana

Bucht von Vlyha

Moni Agiou
Georgiou

Monolithos

Istrios

Moni
Tharri

Pallas-Strand

Fourni-Strand

Profilia

Moni Agias
Ypsenis

Akropolis
von Lindos

Lardos   Lindos

Bucht von
Apollakia

Asklipieio

Pefki

Bucht St. Paul

Apollakia

Arnitha   Vati

Kiotari

Glystra-
Strand

Pefki-
Strand

Kap Lardos

Lardos-Strand

Moni
Skiadi

Gennadi

Bucht von
Gennadi

Gennadi-
Strand

Karpathos (40 km);
Kasos (90 km);
Sitia (160 km);
Agios Nikolaos (190 km)

Ktenies

Mesanagros

Lahania

MITTELMEER

Kattavia

KARPATISCHES
MEER

Plimmyri

Prasonisi-
Strand

Kap
Germata

Kap
Prasonisi   Prasonisi

DODEKANES

xander den Großen mit Persien zusammen, doch als sich Alexander als unbesiegbar erwies, schlug sich Rhodos rasch auf dessen Seite.

305 v. Chr. schickte Antigonus, einer der Rivalen des Ptolemäus, seinen Sohn, den furchterregenden Demetrius Poliorketes (den „Städtebelagerer"), zur Eroberung von Rhodos aus. Nach langer Belagerung gelang es der Stadt, Demetrius zurückzuschlagen. Zur Feier dieses Sieges wurde eine 3 m hohe Bronzestatue des Helios Apollon (Koloss von Rhodos) errichtet – eines der Sieben Weltwunder der Antike.

Nach dem Sieg über Demetrius gab es für Rhodos kein Halten mehr. Es baute die größte Flotte der Ägäis, und sein Hafen wurde zu einem der wichtigsten Handelszentren im Mittelmeerraum. Auch die Künste blühten auf. Als Griechenland das Schlachtfeld wurde, auf dem römische Feldherren um die Führung des Reiches kämpften, verbündete sich Rhodos mit Julius Cäsar. Nach dessen Ermordung 44 v. Chr. belagerte Cassius Rhodos, zerstörte die Flotte, plünderte die Stadt und ließ sämtliche Kunstwerke nach Rom bringen. Damit begann der Niedergang von Rhodos, und 70 n. Chr. wurde die Stadt in das Römische Reich eingegliedert.

Als das Römische Reich zerfiel, wurde Rhodos Teil der byzantinischen Provinz Dodekanes. Mit der Eroberung Konstantinopels durch die Kreuzritter erhielt Rhodos seine Unabhängigkeit. Später übernahmen die Genuesen die Herrschaft. 1309 landeten die Ritter des Ordens Sankt Johannis, die Johanniter, auf Rhodos und herrschten dort 213 Jahre lang, bis sie von den Osmanen vertrieben wurden, die wiederum fast vier Jahrhunderte später den Italienern weichen mussten. Im Jahr 1947, nach 35 Jahren italienischer Besatzung, wurde Rhodos gemeinsam mit den anderen Inseln des Dodekanes Teil des Königreichs Griechenland.

An- & Weiterreise
FÄHRE/SCHIFF
Rhodos, der Haupthafen des Dodekanes, bietet einen umfassenden Fahrplan mit Fahrten nach Piräus, Sitia, Thessaloniki und vielen Stopps unterwegs. **Dodekanisos Seaways** (Karte S. 594; ☎ 22410 70590; Afstralias 3) fährt mit zwei täglichen Katamaranen den Dodekanes rauf und runter. Fahrkarten sind am Kiosk am Anleger erhältlich. In Rhodos-Stadt befindet sich auch der Sea-Star-Ticketschalter für Fähren nach Tilos und der ANES-Fahrkartenschalter für Langstrecken-Fähren nach Athen.

Aktuelle Fahrpläne sind bei EOT (S. 595) in Rhodos-Stadt erhältlich. Fahrkarten werden bei der Skevos' Travel Agency (S. 595) verkauft.

Zwei lokale Fähren, die *Nissos Halki* und die *Nikos Express*, verkehren täglich zwischen Chalki und Skala Kamirou auf Rhodos (10 €, ca. 30 Min.), einschließlich eines täglichen Kaiks als Autofähre.

Siehe auch Insel-Hopping (S. 872).

International
Von Juni bis September fährt täglich um 8 Uhr und um 16.30 Uhr ein Katamaran vom Handelshafen Rhodos nach Marmaris, Türkei (50 Minuten). Im Winter legt er zweimal wöchentlich um 14 Uhr ab. Tickets kosten 36 € für die einfache Fahrt plus 15 € türkische Hafengebühr; Hin- und Rückfahrten am gleichen Tag kosten nur 1 € mehr. Karten mit offenem Rückfahrdatum kosten 46 € plus 29 € Gebühr. Auf der gleichen Strecke gibt es auch eine Passagier- und Autofähre (PKW/Erw. 95/49 € einschl. Gebühren, 1¼ Std.), die im Sommer vier- bis fünfmal wöchentlich und weniger häufig im Winter verkehrt. Buchungen online unter rhodes.marmarisinfo.com oder bei Triton Holidays (S. 595).

FLUGZEUG
Olympic Air (Karte S. 594; ☎ 22410 24571; Ierou Lohou 9) bietet Flugverbindungen innerhalb Griechenlands und auf den Dodekanes, während **Aegean Airlines** (☎ 22410 98345; Flughafen Diagoras) Flüge nach Athen, Thessaloniki, Iraklio und Rom anbietet.

Weitere Einzelheiten über Flüge zwischen Inseln stehen unter Insel-Hopping (S. 872).

Unterwegs vor Ort
AUTO & MOTORRAD
Es gibt zahlreiche Auto- und Motorradvermietungen in Rhodos-Stadt. Ein Preisvergleich lohnt sich, denn der Wettbewerb ist hart. Agenturen bringen meist das Auto. Man kann auch über Triton Holidays (S. 594) buchen. Die folgenden Agenturen bringen die Autos zum Kunden:

Drive Rent A Car (☎ 22410 68243/81011; www.driverentacar.gr; Flughafen) Günstiger Autoverleih.

Etos Car Rental (☎ 22410 22511; www.etos.gr)

Orion Rent A Car (☎ 22410 22137)

BUS
In Rhodos-Stadt gibt es zwei Busbahnhöfe, die nur einen Häuserblock voneinander entfernt sind und die jeweils eine Hälfte der Insel bedienen. Busse verkehren fahrplanmäßig die ganze Woche über auf der Insel. Am Samstag fahren allerdings weniger Busse und sonntags noch weniger. Fahrpläne gibt es im EOT-Büro (S. 595). Wer länger bleibt, sollte sich Ein-/Zwei- oder Drei-Tages-Tickets für unbeschränkt viele Fahrten (10/15/25 €) besorgen.

Vom Busbahnhof für die Ostküste (Karte S. 594) fahren täglich Busse zum Flughafen (2,20 €), nach Kalithea Thermi (2 €), nach Salakos (4 €), zur antiken Stadt Kameiros (4,60 €) und nach Monolithos (6 €). Vom Busbahnhof für die Westküste (Karte S. 594) verkehren Busse nach Faliraki (2 €), zum Tsambika-Strand (3 €), zum Stegna-Strand (3,50 €) und nach Lindos (4,50 €).

FAHRRAD
Drahtesel aller Art können im **Bicycle Centre** (Karte S. 594; ☎ 22410 28315; Griva 39; 5 € pro Tag) ausgeliehen werden.

SCHIFF/FÄHRE
Im Sommer gibt es täglich Ausflugsboote nach Lindos und Symi (hin und zurück

22 €), die im Hafen von Mandraki um 9 Uhr ablegen und um 18 Uhr zurückkommen. Ein älteres Boot fährt nach Diafani auf Karpathos; es legt um 8.30 Uhr im Hafen von Mandraki ab und kehrt um 18 Uhr zurück. Von Diafani fährt ein Bus weiter nach Olymbos. Fahrkarten sind an Bord erhältlich.

TAXI

Der Haupttaxistand (Karte S. 594) von Rhodos-Stadt liegt östlich der Plateia Rimini. Es gibt auf der Insel zwei Gebührenzonen: Zone 1 umfasst Rhodos-Stadt und Zone 2 (etwas teurer) umfasst den Rest. Zwischen Mitternacht und 5 Uhr morgens kosten die Fahrten das Doppelte.

Taxifahrer bevorzugen Festpreise, die bereits am Taxistand vereinbart werden. Preisbeispiele: Flughafen 18 €, Lindos 43 €, Falaraki 15 € und Kalithia 8 €. Telefonisch ruft man ein Taxi unter den Nummern ☎ 22410 6800, 22410 27666 oder 22410 64712 innerhalb Rhodos-Stadt und unter der Nummer ☎ 22410 69600 von außerhalb der Stadt. Für ein behindertengerechtes Taxi wählt man ☎ 22410 77079.

VOM/ZUM FLUGHAFEN

Der Flughafen Diagoras liegt 16 km südwestlich von Rhodos-Stadt in der Nähe von Paradisi. Linienbusse fahren zwischen dem Flughafen und dem Ost-Busbahnhof von Rhodos-Stadt (Karte S. 594) von 6.30 bis 23.15 Uhr (2,20 €, 25 Min. Sonntags fährt der letzte Bus um 11.45 Uhr ab.

RHODOS-STADT

56 130 Ew.

Das Herzstück von Rhodos-Stadt ist die malerische Altstadt, die von gewaltigen Mauern umgeben und von gewundenen Gässchen und engen Durchgängen durchzogen ist. Wer durch dieses Labyrinth von Wegen und Sträßchen bummelt, erlebt vielleicht ein Highlight seines Urlaubs – hier gibt es ruhige Plätze, spielende Kinder, abgelegene Tavernen und herrliche Architektur. Am besten früh am Morgen oder in der Dämmerungen dorthin gehen, um das vom Mauerwerk zurückgeworfene Sonnenlicht zu sehen und den Touristenmassen zu entgehen.

Der größte Teil der Neustadt erstreckt sich im Norden der Stadt. Ein paar Häuserblocks sind vom Pauschaltourismus vereinnahmt, aber im erfreulicheren Teil findet man trendige Cafés, Label-Shops, vornehme Restaurants und eine Handvoll Sehenswürdigkeiten. Auch liegen hier die besten Strände der Stadt.

Orientierung

Die Altstadt ist in drei Bereiche unterteilt: Das Kolachium (das Ritterviertel), die Chora und das Jüdische Viertel. Im Kolachium befinden sich die meisten mittelalterlichen historischen Sehenswürdigkeiten, während die Chora, oft auch türkisches Viertel genannt, in erster Linie das Geschäftsviertel der Stadt ist. Hier sind die meisten Läden und Restaurants zu finden. Die Altstadt erreicht man durch neun *pyles* (Haupttore) sowie durch zwei Wehrgangportale. Sie ist geprägt von byzantinischer, türkischer und römischer Architektur. Wer zu Fuß unterwegs ist, sollte immer daran denken, dass die Straßen zwar Fußgängerzonen (und manchmal nicht breiter als die eigenen Hüften) sind, aber Mopeds und Motorräder jederzeit um die Ecke kurven können. Wer ein Mietauto hat, sollte nicht versuchen, in der Altstadt zu fahren – die meisten Straßen sind Einbahnstraßen und sehr eng.

Das Geschäftszentrum der Neustadt liegt nördlich der Altstadt und ist leicht zu Fuß zu erkunden. Der Handelshafen (Kolona) befindet sich östlich der Altstadt. Ausflugsboote, kleine Fähren, Tragflächenboote und Privatjachten nutzen den weiter nördlich gelegenen Hafen von Mandraki.

Praktische Informationen

GELD

Außer bei folgenden Banken gibt es in der Stadt noch zahlreiche weitere Geldautomaten. Einen Handy-Geldautomaten gibt's am internationalen Fähranleger.

Alpha Credit Bank (Karte S. 594; Plateia Kyprou)

Commercial Bank of Greece (Karte S. 594; Plateia Symis)

National Bank of Greece Neustadt (Karte S. 594; Plateia Kyprou); Altstadt (Karte S. 594; Plateia Mousiou)

INFOS IM INTERNET

www.rhodos-info.de Sehenswertes, Hotels, Taverntipps und vieles mehr.

www.rodos.gr Bevorstehende Events, Links und Hintergrundinformationen zu Rhodos.

RHODOS-STADT

0 ———— 250 m

PRAKTISCHES

Alpha Credit Bank	1 B3
EOT	2 B3
General Hospital	3 A3
Hafenpolizei	4 B3
Hauptpost	5 B3
Krito Privatklinik	6 A4
National Bank of Greece	7 B3
Skevos' Travel Agency	8 B3
Touristenpolizei	9 B3
Triton Holidays	10 B3
Wash House Star	11 C4

SEHENSWERTES & AKTIVITÄTEN

Aquarium	12 B1
Murad-Reis-Moschee	13 B2
Tauchboote	14 C3

SCHLAFEN

Hotel Anastasia	15 A3
Lydia Hotel	16 B3
New Village Inn	17 B2

ESSEN

Indigo	18 C4
Koykos	19 A2
Niohori	20 B2
To Meltemi	21 C2
Yachting Club Cafe	22 C4

AUSGEHEN

Christo's Garden	23 A3
Methexi Cafe	24 A3

TRANSPORT

ANES Ticketkiosk	25 C3
Bicycle Centre	26 A2
Östl. Busbahnhof	27 C3
Ausflugsboote	(siehe 14)
Olympic Air	28 B3
Sea Star Ticketkiosk	29 C3
Skevos' Travel Agency	(siehe 8)
Taxistand	30 C4
Triton Holidays	(siehe 10)
Städt. Bushaltestelle	31 C3
Westl. Busbahnhof	32 C4

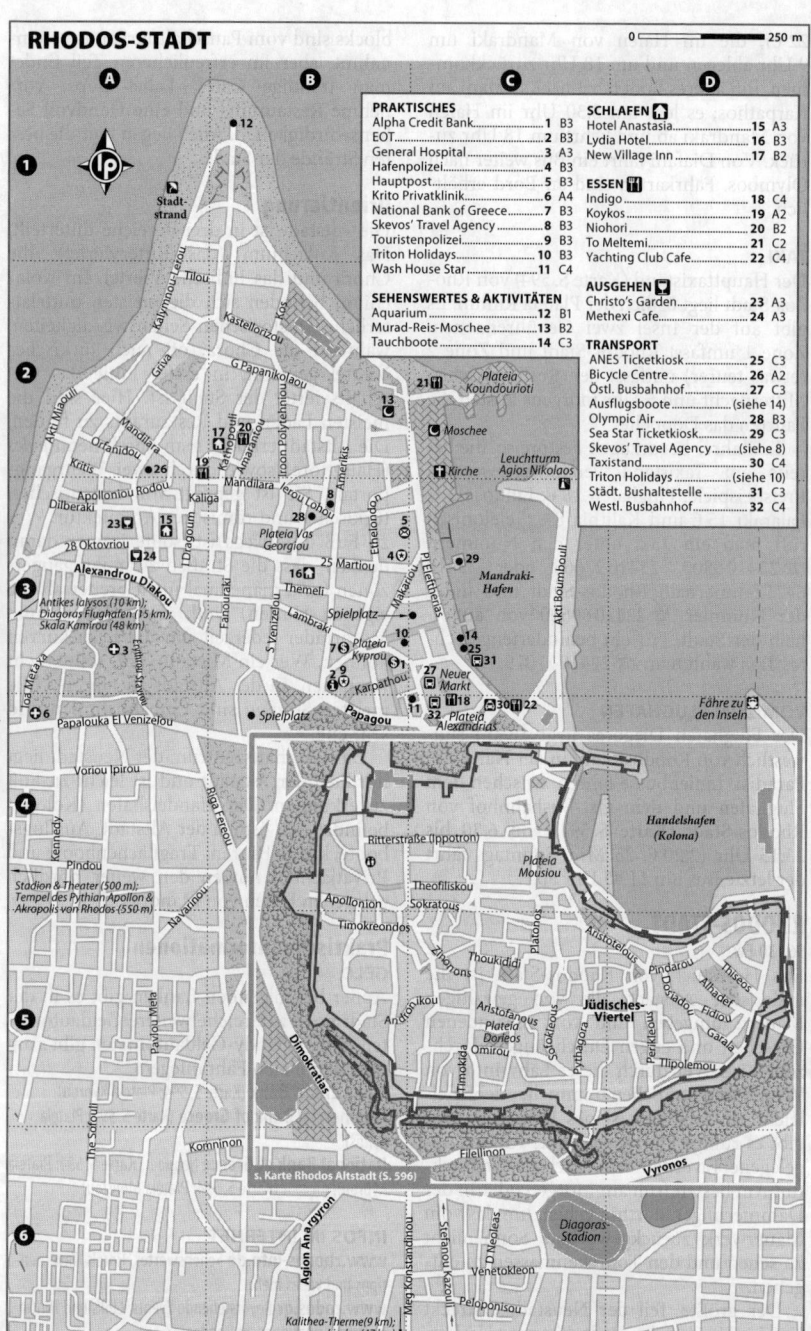

s. Karte Rhodos Altstadt (S. 596)

DODEKANES

INTERNETZUGANG

Mango Cafe Bar (Karte S. 594; ☎ 22410 24877; www.
mango.gr; Plateia Dorieos 3; pro Std. 5 €; ☿ 9.30–24 Uhr)
On The Spot Net (Karte S.594; ☎ 22410 34737; Perikleous 21; pro Std. 5 €; ☿ 8–24 Uhr) Angenehme Umgebung im Hotel Spot.
Walk Inn (Karte S. 594; ☎ 22410 74293; Plateia Dorieos
1; pro Std. 2 €; ☿ 10–23 Uhr)

MEDIZINISCHE VERSORGUNG

Erste Hilfe & Ambulanz (☎ 166)
General Hospital (Karte S. 594; ☎ 22410 80000; Papa-
louka El Venizelou) Gleich nordwestlich der Altstadt zu finden.
Krito Private Clinic (Karte S. 594; ☎ 22410 30020; Ioannou Metaxa 3; ☿ 24 Std.)

POLIZEI

Hafenpolizei (Karte S. 594; ☎ 22410 22220; Mandra-
kiou)
Touristenpolizei (Karte S. 594; ☎ 22410 27423;
☿ 24 Std.) Neben dem EOT.

POST

Hauptpost (Karte S. 594) Am Mandraki-Hafen.

REISEBÜROS

Charalampis Travel (Karte S. 594; ☎ 22410 35934;
ch_trav@otenet.gr; 1 Akti Saktouri) Bucht Flüge und Fährtickets.
Skevos' Travel Agency (Karte S. 594; ☎ 22410 22461;
skeos@rho.forthnet.gr; 111 Amerikis) Bucht Schiffs- und
Flugtickets für ganz Griechenland.
Triton Holidays (Karte S. 594; ☎ 22410 21690; www.
tritondmc.gr; Plastira 9, Mandraki) Die hilfsbereiten Mitarbeiter buchen Flug- und Schiffsreisen und mieten Autos.
Darüber hinaus buchen sie die Unterkunft und planen Touren durch den Dodekanes. Sie verkaufen auch Fahrkarten
in die Türkei.

TOURISTENINFORMATION

EOT (Karte S. 594; ☎ 22410 35226; www.ando.gr; Ecke
Makariou & Papagou; ☿ Mo–Fr 8–14.45 Uhr) Hier gibt's
Broschüren, Stadtpläne und *Rhodos News,* eine kostenlose
englischsprachige Zeitung.

WASCHSALONS

Wash House Star (Karte S. 594; ☎ 22410 32007; Kosti
Palama 4-6; Maschinenwäsche für 5 €; ☿ 8–23 Uhr,
sonntags geschl.) In diesem Waschsalon wird die Wäsche
innerhalb von zwei Stunden gewaschen, getrocknet und
zusammengelegt.
Washomatic (Karte S. 594; ☎ 22410 76047; Platonos;
Maschinenwäsche für 5; ☿ Mo–Sa 8–23 Uhr, nur im
Sommer) Ähnlicher Service in der Altstadt.

Sehenswertes

ALTSTADT

Im Mittelalter lebten die Ritter des Ordens
Sankt Johannis, die Johanniter, im Ritterviertel, während andere Einwohner in der
Chora wohnten. Die 12 m dicken Stadtmauern sind für die Öffentlichkeit gesperrt,
doch im Burggraben verläuft ein breiter
Weg, der sich für einen gemütlichen Spaziergang entlang der imposanten Mauern
der Altstadt anbietet. Alle Sehenswürdigkeiten der Altstadt sind auf der Karte auf
S. 596 verzeichnet.

Ritterviertel

Der beste Ausgangspunkt für die Erkundung der Altstadt ist das **Freiheitstor,** das
man über eine kleine Brücke erreicht. In
einem mittelalterlichen Gebäude befand
sich ursprünglich das **Museum für Neugriechische Kunst** (☎ 22410 23766; www.mgamuseum/gr; 2
Plateia Symis; Drei Museen 3 €; ☿ Di–Sa 8–14 Uhr); es
zeigt Gravuren und Landkarten. Die
Hauptausstellung befindet sich heute in der
Neuen Kunstgalerie (☎ 22410 43780; Plateia G Chari-
tou) mit einer beeindruckenden Sammlung
von Gemälden, Gravuren und Skulpturen
einiger der bekanntesten griechischen
Künstler des 20. Jhs., darunter Gaitis Giannis, Vasiliou Spiros und Katraki Vaso. Für
die periodischen Ausstellungen des Museums geht man ins **Zentrum für Moderne Kunst**
(☎ 22410 77071; 179 Socratous-Straße). Alle drei
Galerien haben die gleichen Öffnungszeiten, und eine Eintrittskarte berechtigt zum
Eintritt in alle drei.

Auf der anderen Seite der kopfsteinge-
pflasterten Straße vor dem Museum für
Neugriechische Kunst stehen die Überreste
eines **Aphrodite-Tempels** aus dem 3. Jh. v. Chr.,
eine der wenigen antiken Ruinen in der Altstadt.

Weiter geht's zur Plateia Argyrokastrou;
hier steht das **Museum für dekorative Kunst**
(☎ 22410 72674; Plateia Argyrokastrou; Eintritt 2 €;
☿ Di–So 8.30–14.40 Uhr) mit einer Sammlung
von Artefakten aus dem ganzen Dodekanes.
Es ist vollgepfropft mit Instrumenten, Keramik, Schnitzereien, Trachten und Spinnrä-
dern und vermittelt einen farbigen Einblick
in die Vergangenheit. Beschriftungen gibt's
kaum; Info-Texte kann man sich am Eingang geben lassen.

Im früheren, noch gut erhaltenen Or-
denshospital aus dem 15. Jh. am Ende der

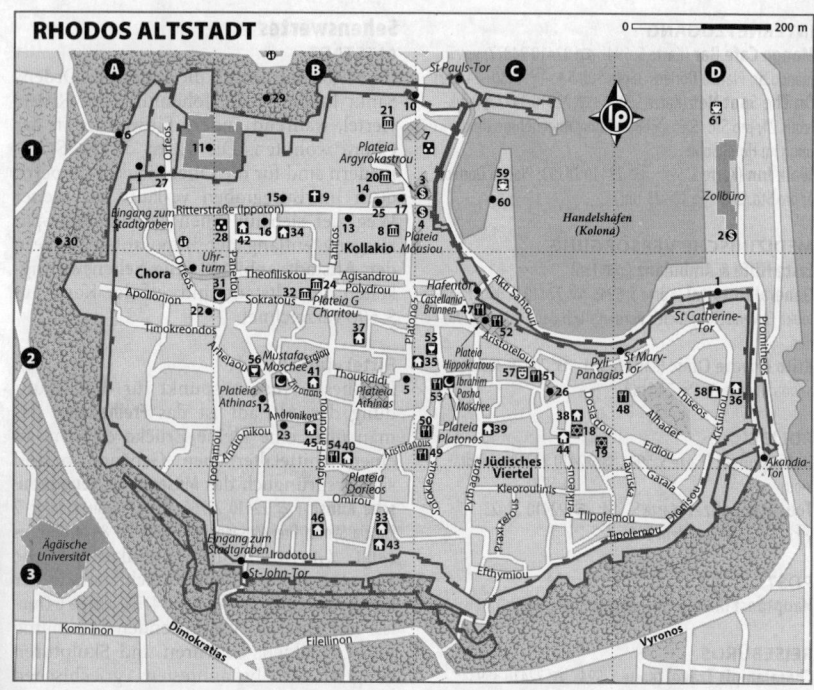

RHODOS ALTSTADT

0 ————— 200 m

DODEKANES

Straße befindet sich das **Archäologische Museum** (☎ 22410 27657; Plateia Mousiou; Eintritt 3 €; ◷ Di–So 8–16 Uhr). Das berühmteste Ausstellungsstück ist die *Kauernde Aphrodite*, eine kleine Marmorfigur aus dem 1. Jh. v.Chr., die vom Meeresboden geborgen wurde. Viele glauben, dass es sich dabei um die Kultstatue handelt, die im nahen Aphrodite-Tempel fehlt. Der Rest des Museums ist angefüllt mit antiken Statuen und Keramik, die auf Rhodos gefunden wurden.

Weiter geht's die **Ritterstraße** (Ippoton) hinauf, in der einst die Ritter des Johanniterordens lebten. Sie waren je nach Herkunft – England, Frankreich, Deutschland, Italien, Aragon, Kastilien, Auvergne und Provence – in acht „Zungen" oder Sprachen unterteilt, und jeder oblag dem Schutz und die Verteidigung eines Abschnitts der Bastion. Der Großmeister, der gerade das Amt innehatte, lebte im Palast, und jede Zunge war durch einen Prior vertreten.

Noch heute herrscht in der Straße eine vornehme und düstere Atmosphäre, trotz der modernen Büros, die nun in den meisten Häusern untergebracht sind. Die Ge-

bäude bilden zusammen eine 600 m lange schnurgerade Wand aus honigfarbenen Steinblöcken, und die flachen Fassaden sind nur von Tordurchgängen und Fensterbögen durchbrochen.

Wenn man den Rundgang am östlichen Ende der Ritterstraße beginnt, liegt gleich rechts die 1519 erbaute **Herberge von Italien.** Daneben steht der **Palast von Villiers de l'Isle-Adam;** nachdem Sultan Süleyman 1522 die Stadt eingenommen hatte, handelte Villiers de l'Isle einen ehrenvollen Abzug der Ritter von der Insel aus.

Als nächstes sieht man die **Herberge von Frankreich,** die prunkvollste und vornehmste der Herbergen. Auf der anderen Straßenseite liegt das **Haus Villaragut**, das einem Ritter gehörte und im 18. Jh. in ein herrschaftliches osmanisches Wohnhaus umgebaut wurde. Heute beherbergt es byzantinische Antiquitäten. Durch das Tor kann man einen Blick in den türkischen Garten werfen. Zur Zeit der Recherche war es wegen Renovierungsarbeiten geschlossen.

Folgt man der Straße weiter, liegt rechts die **Französische Kapelle** (Kapelle der Zunge von Frankreich), verschönt mit einer Statue der Jungfrau mit Kind. Daneben befindet sich die Residenz des Kaplans der Zunge von Frankreich. Auf der anderen Seite der Gasse steht die **Herberge der Provence** mit ihren vier Wappen in Form eines Kreuzes und gleich gegenüber die **Herberge von Kastilien.**

Fast am Ende der Straße steht die Kirche **St.-Johannes-von-Kolachium.** Ursprünglich war sie eine Ordenskirche, die durch einen unterirdischen Gang mit dem Palast und der anderen Straßenseite verbunden war. Die Osmanen machten aus ihr später eine Moschee, die 1856 zerstört wurde, als das im Glockenturm gelagerte Schießpulver explodierte. Bald danach wurde auf dem Grundstück ein neoklassizistisches Gebäude errichtet, das heute noch steht. Wer auf der Aussichtsplattform hochsteigt, kann auf die Ruinen des einstigen Querschiffs und des unterirdischen Ganges blicken.

Rechter Hand liegt der außerordentlich prachtvolle **Großmeisterpalast** (☎ 22410 23359; Ippoton; Eintritt 6 €; ☼ Di–So 8.30–15 Uhr) aus dem 14. Jh., der bei der türkischen Belagerung schwer beschädigt und dann bei einer Explosion Mitte des 19. Jhs. vollständig zerstört wurde. Die Italiener bauten den Palast nach den alten Plänen wieder auf, richteten ihn innen aber äußerst luxuriös ein. Er war als Feriendomizil für Mussolini und König Emmanuel III. gedacht; heute wird er als Museum genutzt. Nur 24 der 158 Räume können besichtigt werden, zu sehen sind antike Möbel, Skulpturen, Fresken und Mosaikfußböden.

Vom Palast aus geht's durch das **Amboise-Tor,** dem stimmungsvollsten Tor, das über den Stadtgraben führt. Ist der Palast geöffnet, hat man von hier aus auch Zugang zum Mauergang, von dem aus man eine unglaublich schöne Aussicht auf die Altstadt und über das Meer hat. Man kann aber auch auf dem **Stadtgrabenweg** entlanggehen, den man in der Nähe des **St.-Antonius-Tores** betritt. Er ist eine grüne Oase mit sattgrünem Rasen zwischen Bäumen und den alten Mauern.

Chora

In der **Chora** gibt es noch heute viele Zeugnisse der osmanischen Vergangenheit. Während ihrer Herrschaft bauten die Türken Kirchen zu Moscheen um und errichteten viele weitere Gotteshäuser, die heute jedoch größtenteils verfallen sind. Das bedeutendste ist die **Süleyman-Moschee** mit ihrer rosafarbenen Kuppel am oberen Ende der Sokratous. Die 1522 zum Gedenken an den Sieg der Osmanen über die Kreuzritter erbaute Moschee wurde 1808 restauriert. Aus der Vogelperspektive ist sie zu sehen, wenn man dem Fußweg vorbei am benachbarten (und heute nicht mehr benutzten) Uhrenturm folgt.

Ihr gegenüber befindet sich die **Muslimische Bibliothek** (Plateia Arionos; Sokratous; Eintritt frei; ☼ Mo–Sa 9.30–16 Uhr) aus dem 18. Jh. Sie wurde 1794 von dem türkischen Rhodier

DODEKANES

Ahmed Hasuf gegründet und beherbergt eine kleine Anzahl persischer und arabischer Handschriften sowie eine Sammlung von auf Pergament handgeschriebenen Koranen.

Weiter geht's durch die gewundenen Fußgängerstraßen zum städtischen **Hammam t** (Plateia Arionis; Eintritt 5€; ☾ Mo–Fr 10–17, Sa 8–17 Uhr), dem türkischen Bad. Es ist öffentlich, mit getrennten Bädern für Männer und Frauen. Man legt sich zum Aufwärmen auf die Marmorsteine oder lässt sich massieren. Schließfächer sind vorhanden

Jüdisches Viertel

Das **Jüdische Viertel** ist ein fast vergessener Teil der Altstadt von Rhodos. Hier gehen die Einwohner ihrem Alltag ohne Hast nach und scheinen auch den Trubel der nur wenige Häuserblocks entfernten Chora kaum wahrzunehmen. In diesem Viertel mit seinen ruhigen, verwinkelten Gassen und teils baufälligen Häusern lebte einst eine wohlhabende jüdische Gemeinde.

Die im Jahr 1577 erbaute **Kahal-Shalom-Synagoge** (Polydorou 5) ist Griechenlands älteste Synagoge und die einzige, die es heute noch auf Rhodos gibt. Das Jüdische Viertel hatte einst sechs Synagogen und in den 1920er-Jahren rund 4000 Bewohner. Einen Blick werfen sollte man in das **Museum der Jüdischen Synagoge** (☎ 22410 22364; www.rhodesjewish-museum.org; Dosiadou; ☾ So–Fr 10–15 Uhr, im Winter geschl.) und in den um die Ecke liegenden Gebetsraum der alten Frauen. Zu den Ausstellungsstücken gehören Unmengen von Fotos aus dem frühen 20. Jh., reich verzierte Dokumente und Gedenktafeln für die 1673 Juden, die im Jahr 1944 von Rhodos nach Auschwitz deportiert wurden; nur 151 überlebten.

Nicht weit entfernt liegt die **Plateia Evreon Martyron** (Platz der jüdischen Märtyrer).

NEUSTADT

Die **Akropolis von Rhodos** (außerhalb der Karte S. 594) südwestlich der Altstadt auf dem Monte Smith war einst der Ort, wo die alte hellenistische Stadt Rhodos lag. Der Hügel ist nach dem englischen Admiral Sir Sydney Smith benannt, der hier 1802 mit seinen Truppen stationiert war, um den östlichen Teil des Mittelmeeres vor Napoleons Flotte zu schützen.

Das Gelände ist nicht gut ausgeschildert, eignet sich aber für eine interessante Wanderung. In dem rekonstruierten, baumumsäumten **Stadion** aus dem 2. Jh. n.Chr. fanden früher Wettkämpfe zur Vorbereitung der Olympischen Spiele statt; heute bietet es den Einheimischen eine gute Gelegenheit zum Joggen. Das angrenzende **Theater** ist ein Nachbau eines Theaters, in dem Vorlesungen der Rhetorikschule von Rhodos gehalten wurden. Von hier aus führt eine Treppe zum **Tempel des Apollon Pythios** mit vier wieder aufgerichteten Säulen. Eine kleine Ausstellung zwischen dem Stadion und der Straße führt in die Geschichte des Ortes und des Wiederaufbaus ein. Die frei zugängliche Stätte ist mit dem Stadtbus der Linie 5 zu erreichen.

Nördlich von Mandraki, am östlichen Ende der G Papanikolaou, steht die anmutige **Murad-Reis-Moschee** (Karte S. 594). Auf dem Gelände gibt es einen türkischen Friedhof und die Villa Cleobolus, in der Lawrence Durrell in den 40er-Jahren des

DIE JOHANNITER

Wer durch den Dodekanes reist, wird schnell feststellen, dass die Johanniter eine Menge Burgen hinterlassen haben. Die Ritter wurden ursprünglich als Hospitalier bezeichnet und gehörten einer 1080 in Jerusalem gegründeten Organisation an, die sich um arme und kranke Pilger auf ihrem Weg ins Heilige Land kümmerte. Nach dem Verlust Jerusalems im Ersten Kreuzzug gingen die Ritter Anfang des 14. Jhs. nach Rhodos (über Zypern) und vertrieben 1309 die dort herrschenden Genuesen. Die Johanniter von Rhodos waren vorgeblich eine ritterlich-christliche Organisation, widmeten sich aber schon bald legitimen und weniger legitimen Handelsaktivitäten – in erster Linie der Piraterie und Antipiraterie gegen den osmanischen Schiffs- und Pilgerverkehr. Dies ärgerte den osmanischen Sultan Süleyman den Prächtigen (einen Mann, den man besser nicht verärgerte), und er begann mit der Belagerung der Festung. Rhodos kapitulierte 1523, danach gingen die überlebenden Ritter nach Malta, wo sie noch heute als Souveräner Ritter- und Hospitalorden vom Hl. Johannes von Jerusalem, von Rhodos und von Malta wirken.

20 Jhs. lebte und seinen Roman *Leuchtende Orangen* verfasste.

Wer einen Blick auf die untermeerische Welt der Ägäis werfen will, sollte das kleine **Aquarium** (Karte S. 594; ☎ 22410 27308; www.hcmr.gr; Kos 1; Eintritt Erw./Kind 5 €/frei; ⌚ April–Okt. 9–20.30 Uhr, Nov–März 9–16.30 Uhr) besuchen. Das Art-deco-Gebäude wurde in den 1930er-Jahren von den Italienern als biologische Forschungsstation gebaut. Der Besucher geht durch eine Meereshöhle und kann ein farbenprächtiges Nebeneinander von Weichtieren, Krebsen, Meeresschildkröten und Fischen bewundern.

Der städtische **Badestrand** beginnt nördlich von Mandraki und verläuft um die Nordspitze der Insel herum bis zur Westseite der Neustadt. Wo die besten Plätze sind, hängt immer von den vorherrschenden Winden ab, sie liegen in der Regel aber an der Ostseite, da hier das Wasser gewöhnlich ruhiger ist und mehr Sand und Strandanlagen vorhanden sind.

Aktivitäten

TANZEN

Die **Nelly Dimoglou Dance Company** (Karte S. 596; ☎ 22410 20157; deyappet@otenet.gr; Andronikou 7; Preis pro Person 16 €; ⌚ Mai–Okt.) erteilt Unterricht und zeigt regelmäßig Aufführungen (Mo, Mi und Fr 21.15 Uhr) im folkloristischen Tanztheater.

TAUCHEN

Mehrere Tauchschulen, die alle verschiedenste Kurse anbieten, arbeiten von Mandraki aus, darunter auch einen „Ein-Tages-Schnuppertauchkurs" für 40 bis 50 € sowie PADI-Zertifizierung. Infos gibt's an den **Booten** im Hafen von Mandraki (Karte S. 594).

Diving Centres (☎ 22410 23780)

Diving Med College (☎ 22410 61115; www.divemedcollege.com)

Scuba Diving Trident School (☎/Fax 22410 29160)

Waterhoppers Diving Centre (☎/Fax 22410 38146, 6972500971; www.waterhoppers.com)

Schlafen

BUDGETUNTERKÜNFTE

Auch im Sommer ist es durchaus möglich, ein erschwingliches Bett in der Altstadt zu finden, insbesondere, wenn man im Voraus bucht. Im Winter sind die meisten Budgetunterkünfte stadtweit geschlossen, sodass man unbedingt vorher anrufen muss. Zwar sind die meisten Hotels in der Neustadt modern und gesichtslos, aber es gibt ein paar positive Ausnahmen.

New Village Inn (Karte S. 594; ☎ 22410 34937, 6976475917; www.newvillageinn.gr; Konstantopedos 10; EZ/DZ 35/45 €) Diese im Landhausstil gestalteten Zimmer in der Neustadt mit höchst komfortablen Matratzen sind wie ein zweites Zuhause. Alle Zimmer sind mit Deckenventilator und Kühlschrank ausgestattet. Der ruhige Innenhof und die Bar quellen über vor Pflanzen; man kann nicht glauben, dass man sich so nahe an der lärmenden Innenstadt befindet.

Hotel Isole (Karte S. 596; ☎ 22410 20682, 6937580814; www.hotelisole.com; Evdoxou 35; EZ/DZ inkl. Frühstück 30/50 €; ❄ 💻) Dieses Hotel mit seinem Eingang unter einem Steinbogen in den engen Gassen der Altstadt bietet sieben Zimmer, die ihr Geld absolut wert sind. Sie sind blau-weiß dekoriert und gleichen einer kühlen, ruhigen Oase. In der Bar kann man sich gut mit den mehrsprachigen Besitzern unterhalten.

Hotel Anastasia (Karte S. 594; ☎ 22410 28007; www.anastasia-hotel.com; 28 Oktovriou 46; EZ/DZ/3BZ 38/52/55 €; ❄ 💻) Dieses italienische Herrenhaus, das abseits vom Trubel der Neustadt liegt, hat große Zimmer mit viel Licht. Die gefliesten Fußböden und hohen Decken öffnen Herz und Seele, und im üppig grünen Garten lässt es sich gut an der Außenbar am Kaffee oder am Cocktail nippen.

Pension Olympos (Karte S. 596; ☎/Fax 22410 33567; www.pension-olympos.com; Agiou Fanouriou 56; EZ/DZ/3BZ 40/55/60 €; ❄) Diese angenehmen Zimmer wirken leicht altmodisch mit traditionellem Kunsthandwerk und bequemen schmiedeeisernen Betten. In dem sehr privaten Garten kann man herrlich relaxen. Alle Zimmer haben einen kleinen Kühlschrank.

Die Suche nach einer Unterkunft kann man in folgenden Hotels fortsetzen:

Pension Eleni (Karte S. 596; ☎ 22410 73282; www.elenirooms.gr; Dimosthenous 25; EZ/DZ 35/65 €) Sehr einfache, aber makellos saubere Zimmer im Jüdischen Viertel. Einige Zimmer haben eine Empore, damit vier Betten Platz haben, und es gibt einen kleinen Innenhof, der von Allen genutzt werden kann.

Mango Rooms (Karte S. 596; ☎ 22410 24877; www.mango.gr; Plateia Dorieos 3; EZ/DZ/3BZ 46/58/68 €; ⌚ ganzjährig; 💻) Saubere, nett eingerichtete, aber ein-

DODEKANES

fache Zimmer mit Deckenventilator und Kühlschrank. Dachterrasse zum Relaxen.

Pink Elephant (Karte S. 596; ☎ 22410 22469; www. pinkelephantpension.com; Timakida 9; EZ/DZ 36/60 €; 🛜) Einfache, mit Ventilator ausgestattete Zimmer. Gemeinschaftlich zu nutzender Kühlschrank, kleiner Innenhof und gastfreundliche Besitzer.

MITTELKLASSEHOTELS

Pension Andreas (Karte S. 596; ☎ 22410 34156; Fax 22410 74285; www.hotelandreas.com; Omirou 28d; EZ/DZ 55/60 €; 🕓 ganzjährig; 🔀 💻 🛜) Dieses kleine, etwas baufällige, aber einladende Hotel hat 11 individuell eingerichtete Zimmer. Einige sind luftig, andere hell, und manche haben eigene Terrassen. Ein Zusatzbett kann für ein Kind dazugestellt werden. Von der geselligen Frühstücksbar auf der Terrasse aus bietet sich ein Panoramablick, und der Besitzer verfügt über einen reichen Fundus an Lokalnachrichten. Mindestaufenthalt zwei Übernachtungen.

Apollo Tourist House (Karte S. 596; ☎ 22410 32003; www.apollo-touristhouse.com; Omirou 28c; EZ/DZ inkl. Frühstück 65/70 €; 💻) Diese kleine Pension hat geschmackvoll eingerichtete Zimmer mit Pfostenbetten und traditionellen „Captains Beds" (Regalbetten). Farbtupfer und viel Musselin machen sie noch heimeliger. Vom Zimmer oder von der Terrasse aus genießt man eine herrliche Aussicht.

Hotel Via Via (Karte S. 596; ☎ /Fax 22410 77027; www.hotel-via-via.com; Lisipou 2; DZ 70 €; 🕓 ganzjährig; 🔀 💻) Jedes der eklektischen Zimmer ist hier einzigartig – einige in feinen Blautönen, andere in lebhaften Grüntönen gestaltet. Sie sind nicht plüschig-vornehm, sondern komfortabel und farblich ansprechend. Die mit Pflanzen verschönerte Dachterrasse bietet eine herrliche Aussicht.

Domus Rodos Hotel (Karte S. 596; ☎ 22410 25965; info@domusrodoshotel.gr; Platonos; DZ 80 €; 🕓 ganzjährig; 🔀 💻) Diese sauberen, komfortablen Zimmer gehören zu den wenigen in der Altstadt, die das Jahr über geöffnet sind. Der einzige Nachteil ist der Krach von den nahen Bars. Nach hinten liegende Zimmer haben Balkone, und der freundliche Besitzer kann jede Menge Lokalneuigkeiten bieten. Im Winter im Voraus buchen.

Hotel Spot (Karte S. 596; ☎ 22410 34737; www.spot hotelrhodes.gr; Perikleous 21; EZ/DZ/3BZ inkl. Frühstück 70/90/140 €; 🔀 💻 🛜) Schweres Holzmobiliar und orange, rot und gold in der Farbgebung der Zimmer erinnern in diesem kleinen

Boutique-Hotel an Rajasthan. Es gibt eine bequeme Terrasse sowie einen Dachgarten, eine kleine Buchtauschecke und einen netten Wirt.

Lydia Hotel (Karte S. 594; ☎ 22410 22871; www.ly diahotel.com; Martiou 25; EZ/DZ 80/90 €; 🔀 💻 🛜) Dieses klasse Hotel liegt nahe am Meer, den Einkaufsgelegenheiten und Cafés und ist nur ein paar Schritte von der Altstadt entfernt. Was den komfortablen Zimmern an Charakter fehlt, wird ausgeglichen durch die Bar, den Lobbybereich und den Garten.

Hotel Cava d'Oro (Karte S. 596; ☎ 22410 36980; www.cavadoro.com; Kisthiniou 15; DZ/3BZ inkl. Frühstück 85/120 €; 🅿 🔀) Steinmauern und schmiedeeisernes Mobiliar geben einem das Gefühl, dass dieses Hotel aus einer anderen Zeit stammt. Und wirklich: das Gebäude ist 800 Jahre alt. Eine Familiensuite hat eine praktische Empore, und alle Zimmer sind elegant eingerichtet. Taxis fahren bis zur Haustür.

Marco Polo Mansion (Karte S. 596; ☎ 22410 25562; www.marcopolomansion.gr; Agiou Fanouriou 40-42; DZ inkl. Frühstück ab 90 €) Die Zimmer in dem aus dem 15. Jh. stammenden, sorgfältig restaurierten herrschaftlichen Wohnhaus sehen rustikal, aber vornehm aus und sind mit Stoffen und Möbeln aus Indien und der Türkei wohnlich gemacht. Man stelle sich kräftige, warme Farben, hohe Decken und Pfostenbetten vor. Es ist eine angenehm kühle und schattige Unterkunft mitten in der Altstadt.

SPITZENKLASSEHOTELS

Nikos & Takis Hotel (Karte S. 596; ☎ 22410 70773; www.nikostakishotel.com; Panetiou 29; DZ ab 150 €; 🅿 🔀 💻 🛜) Dieses Boutique-Hotel bietet stimmungsvolle, individuell gestaltete Zimmer. Probieren könnte man beispielsweise das marokkanisch dekorierte Marokino mit seiner Marmorbadewanne und dem buntgefliesten Fußboden. In den Badezimmern wird man von Musik berieselt, und weitere Annehmlichkeiten versüßen das Dasein. Das Frühstück wird in einem von Bananenbäumen beschatteten Patio serviert.

Avalon Boutique Hotel (Karte S. 596; ☎ 22410 31438; www.hotelavalon.gr; Charitos 9; DZ ab 215 €; 🔀 💻 🛜) Diese friedvolle Oase bietet luxuriöse Zimmer, die viel Atmosphäre ausströmen. Am besten entscheidet man sich für eines mit Kamin oder Jacuzzi. Alle haben Flachbild-TVs und sind individuell möbliert. Der schöne Garten und die Dachterrasse sind ideal zum Entspannen.

Essen
GÜNSTIG
Altstadt

Die Restaurantschlepper auf der Sokratous und an der Plateia Ippokratous sollte man tunlichst meiden und sich lieber in den Nebenstraßen nach weniger touristischen Lokalen umsehen.

Prince Bakery Cafe (Karte S. 596; Plateia Ippokratous; Snacks 1–5 €; ◷ 10–23 Uhr) Dieses in eine Ecke des Platzes gedrängte Lokal sieht aus wie von Designerhand geschaffen. Einfach in die Ledersessel sinken und genüsslich in frisch gebackenes Brot oder Kuchen beißen, oder man holt sich etwas zum Mitnehmen. Es gibt einen Feinkosttresen für Sandwiches, eine Orangensaftpresse und eine gut bestückte Bar. Wer hungrig ist, bestellt einen Wurstteller oder Gegrilltes.

gelaterie.gr (Karte S. 596; ☎ 22410 38925; www. gelaterie.gr; Plateia Ippokratous 1; Snacks 3–5 €) Biodynamische Crêpes, Smoothies und Berge von Eiscreme locken an der anderen Seite des Platzes. Man probiert einen Rum-und-Bananen-Crêpe oder verbringt Stunden damit, unter den Smoothies mit Namen wie Liebestrank, Jungbrunnen oder Katerkiller zu wählen. Tische gibt's nicht, aber der nahe Brunnen ist ein ideales Plätzchen zum Schlecken, Schlürfen und Leutegucken.

O Meraklis (Karte S. 596; Aristotelous 30; Suppe 4 €; ◷ 3–8 Uhr) Nach einer Nacht auf der Piste ist ein Teller mit Kutteln und Eingeweidesuppe genau das Richtige – die griechische Art der Katerbekämpfung. Das ist aber auch so ziemlich alles, wofür es gut ist. Probieren kann man es ja mal.

Walk Inn (Karte S. 596; ☎ 22410 74293; Plateia Dorieos 1; Hauptgerichte 3–7 €; ◷ 10–23 Uhr) Das Publikum in diesem unaufdringlichen Lokal im Backpacker-Stil sind herumhängende Touristen und Schach spielende Einheimische. Serviert wird hausgemachte Pizza, Pasta und Pita-Sandwiches.

Neustadt

LP Tipp Koykos (Karte S. 594; ☎ 22410 73022; Mandilana 20-26; Hauptgerichte 2–8 €) Das bei der Jugend von Rhodos beliebte Koykos ist griechischer Kitsch. Von der Architektur bis zu den Kupfertabletts schwingenden Kellnern wäre es fast geschmacklos, wenn es nicht so unterhaltsam wäre. Die Gäste sitzen gedrängt um Schachbretter oder spielen Karten, während andere sich auf die leckeren

Pasteten, Fischgerichte, Salate und *mezedes* konzentrieren. Dazu wird Fasswein, Ouzo oder Retsina getrunken. Die hauseigene Bäckerei macht göttliche Süßigkeiten und Brote zum Mitnehmen.

Niohori (Karte S. 594; ☎ 22410 35116; I Kazouli 29; Hauptgerichte 3–8 €) Dieses von Touristen wenig besuchte Lokal legt keinen großen Wert aufs Aussehen, wenn man aber gern Fleisch isst, spielt das keine Rolle. Der Besitzer ist Metzger und serviert seine eigene Landwurst und Kalbsleber in Öl und Oregano.

Yachting Club Cafe (Karte S. 594; ☎ 22410 75723; Plateia Alexandrias; Snacks 3–10 €) Dieses Lokal ist vielleicht etwas protzig, bietet aber eine herrliche Aussicht über die sonnendurchglühte Bucht. Alles ist ziemlich teuer, aber qualitativ sehr gut. Man kann zum Frühstück die Brioches, Crêpes oder blättrigen Croissants kosten und mit einem starken Kaffee hinunterspülen.

Indigo (Karte S. 594; ☎ 6972663100; Neuer Markt 105-106; Hauptgerichte 5–12 €; ◷ Abendessen) Das kleine Restaurant, das man eigentlich nicht erwarten würde, hat bunte Tischtücher und bietet traditionelle Gerichte mit kreativen Salaten. Sehr lecker ist der Haussalat mit Croutons, Rucola, Walnüssen und Knoblauch oder der Haselnusssalat mit Blauschimmelkäse. Liegt gleich neben der Bushaltestelle.

MITTELTEUER & TEUER
Altstadt

To Megiston (Karte S. 596; ☎ 22410 29127; Sopokelous; Hauptgerichte 8–15 €; ◷ ganzjährig) Diese familiengeführte Taverne tischt unglaublich gutes Essen auf, darunter einen griechischen Landsalat, Schwertfisch und Spezialitäten aus Kastellorizo. Beim Dessert läuft einem das Wasser im Mund zusammen, und der Service ist außergewöhnlich freundlich.

LP Tipp Mandala (Karte S. 596; ☎ 22410 38119; Sofokleos 38; Hauptgerichte 8–15 €; ◷ Winter So Mittagessen & tägl. Abendessen; Sommer tägl. Mittagessen & Abendessen) Das belebte und beliebte Mandala serviert kreative Speisen, beispielsweise Ziege-und-Feigen-Vorspeisen, Lachspastete oder marokkanisches Hühnchen. Das Speiselokal bietet hervorragenden Service, eine gut ausgestattete Bar und häufig Livemusik, was den Besuch hier zu einem noch größeren Genuss macht.

Nireas (Karte S. 596; ☎ 22410 31741; Sofkleous 45-47; Hauptgerichte 8–16 €) Der Fisch schmeckt überall gut, ob draußen unter einem Baldachin aus grünem Blattwerk oder drinnen in den noblen gelben Räumen. Gebratenener Thunfisch oder derselbe in Sesamkruste, gedämpfte Miesmuscheln mit Knoblauch und Weißwein – die Liste scheint endlos zu sein. Das bei Familien zum Mittagessen beliebte Nireas öffnet zu einem ruhigen Hof. Immer der Nase nach!

Hatzikelis (Karte S. 596; ☎ 22410 27215; Alhadef 9; Hauptgerichte 9–16 €) Das Hatzikelis mit seinen hohen Decken und schweren Samtvorhängen wirkt wie aus einer anderen Zeit. Es ist bei einheimischen Familien vor allem wegen seiner Schalentiere beliebt. Lecker schmecken Miesmuscheln, Jakobsmuscheln mit Knoblauchbutter und *kefalotyri* (Schafsmilchkäse), frische Klaffmuscheln oder Seeigelrogen. Die Speisekarte gibt's nur auf Griechisch, aber die hilfsbereiten Kellner sprechen Englisch.

Neustadt

To Meltemi (Karte S. 594; ☎ 22410 30480; Ecke Plateia Kountourioti & Rodou; Hauptgerichte 7–15 €) Mit traditioneller Musik und freiem Blick aufs Meer nimmt das Meltemi einen Spitzenplatz gleich nördlich des Mandraki-Hafens ein. Die Fisch- und Grillgerichte sind ein Genuss und die kreativen Salate fantastisch. Unbedingt probieren: den Meltemi-Salat mit Rukola, Apfel, Walnuss, Pinienkernen und getrockneten Früchten.

Ausgehen & Unterhaltung

Rhodos-Stadt ist randvoll mit coolen Lokalen, in die man abends gehen kann. Bars und Kneipen sind stil- und stimmungsvoll – bestens geeignet, um sich unter die Einheimischen zu mischen und von einem achso anstrengenden Strandtag zu erholen.

ALTSTADT

Das Nachtleben spielt sich vor allem am Platonos- und am Ippokratous-Platz ab. Wer sonntags oder manchmal auch inseltypische Livemusik hören möchte, kann auch im Mandala (S. 601) vorbeischauen.

Rogmitou Chronou (Karte S. 596; ☎ 22410 25202; www.rogmitouxronou.gr; Plateia Arionos; ⏱ 22–5 Uhr; ☜) Mit viel Mauerwerk und Holzmobiliar erstreckt sich das Musikcafé über zwei Etagen. Unten ist es mittelalterlich gemütlich mit akustischer Livemusik an Montagen, während oben das Flair der Fünfziger Jahre

mit roten Barhockern und Live-Rockbands an Freitagen vorherrscht. Wähend der restlichen Woche legen verschiedene DJs auf; Events stehen auf der Website.

Apenadi (Karte S. 596; ☎ 22410 21055; Evripidou 13-15) Man glaubt eine Bühne für arabische Nächte zu betreten und lässt sich auf farbenfrohe Kissen sinken, die überall unter exquisiten Kronleuchtern verstreut sind. Nicht zu vergessen die funky Musik, *mezedhes*, Cocktails und der freundliche Service.

LP Tipp **Cafe Chantant** (Karte S. 596; ☎ 22410 32277; Dimokratou 3; ⏱ ab 24 Uhr) Einheimische sitzen an langen Holztischen, trinken Ouzo oder Bier und lauschen traditioneller Livemusik. Es ist dunkel hier drinnen, und es gibt weder Snacks noch Knabberzeug, aber es herrscht eine unglaublich intensive Stimmung, und die Band spielt mitreißend. Es ist ein Erlebnis, das so schnell niemand vergisst.

NEUSTADT

Die Einheimischen vergnügen sich an der von Bars gesäumten I Dragoum, während sich die Touristenkneipen an der Akti Miaouli, der Orfanidou und der Griva befinden.

LP Tipp **Methexi Cafe** (Karte S. 594; ☎ 22410 33440; 29 Oktovriou, Ecke Griva) Dieses im Kolonialstil erbaute Herrenhaus ist voller Schwarzweißfotos und Zeitschriftenstapel. Die heimelige, lauschige Atmosphäre zieht entspannte junge Leute an, die griechische Livemusik hören oder Bier auf der Terrasse trinken wollen.

Christo's Garden (Karte S. 594; Griva; ⏱ ab 22 Uhr) Man hockt sich an die im Grottenstil eingerichtete, von üppigem Grün umgebene Bar, die von der Innenstadt Welten entfernt zu sein scheint. Landestypische Gebäude umgeben den Innenhof, wo man zwischen kleinen, farbigen Lichtern gemütlich einen Drink zu sich nehmen kann.

Sound & Light Show (Karte S. 596; ☎ 22410 21922; www.hellenicfestival.gr; Eintritt 7 €) An der Sound & Light Show, in der viele Jahrhunderte Geschichte in eine Show mit Licht, Stimmen und Musik gequetscht werden, scheiden sich die Geister. Die Shows finden von Montag bis Samstag an der Mauer der Altstadt, zwischen der Plateia Rimini und dem Amboise-Tor statt. Englischsprachige Vorstellung finden versetzt statt, beginnen aber meist um 21.15 oder 23.15 Uhr. Als weitere

Sprachen werden Französisch, Deutsch und Schwedisch angeboten.

Shoppen

Es gibt eine Menge schöner Geschäfte an Rhodos' Hauptstraßen, vor allem an der Lambraki (gut für Schuhe und Schirme) und der Karpathou, einer Fußgängerzone mit vielen Cafés und Geschäften. In der östlichen Hälfte der 28 Oktovriou befinden sich die Nobelläden und -Cafés.

Der Neue Markt ist voll von meist kitschigen Souvenirs. In der Altstadt kann man gut Gold- und Silberschmuck, Lederwaren sowie Keramik kaufen; die meisten Geschäfte liegen an der Sokratous.

LP Tipp **Byzantinische Ikonographie** (Karte S. 596; ☎ 22410 74127; Kisthinioy 42) Ein Besuch im Atelier des Ikonenmalers Basilios Per Sirimis ist ein Erlebnis, das keiner verpassen sollte. Der Lehrer und erfahrene Künstler nutzt die traditionellen Methoden der Ikonografie und fertigt Gemälde von Kirchen und Familien aus ganz Griechenland an. Er arbeitet mit Materialien aus der Natur, darunter Blattgold sowie mit Ei und Essig vermischten Pigmente. Man kann Ikonen in verschiedenen Entstehungsphasen sehen, und Basilios fasziniert jeden mit seinen profunden Kenntnissen. Ikonen kosten von 210 € bis 2000 €.

Unterwegs vor Ort

Nahverkehrsbusse fahren vom **Städtischen Busbahnhof** (Karte S. 594; Mandraki) am Mandraki-Hafen ab und kosten pauschal 1 €. Bus 11 fährt einen Bogen an der Küste entlang, am Aquarium vorbei und weiter zur Akropolis. Wer mit diesem Bus eine Runde fährt, kann sich gut orientieren. Bus 2 fährt nach Analipsi, Bus 3 nach Rodini, Bus 4 nach Agios Dimitrios und Bus 5 zur Akropolis. Tickets kauft man im Bus.

ÖSTLICHES RHODOS

Die besten der langen Sandstrände von Rhodos liegen an der Ostküste. Deshalb ist sie mit vielen Dörfern, die zu Sommerferienorten für junge Pauschalurlaubsreisende gemacht wurden, und mit endlosen Reihen von Touristenbars viel besser entwickelt. Wer sich in einem dieser Urlaubsorte wiederfindet, kann das Beste aus dem Strand machen und dann ein Auto mieten und in einen Bus steigen, um einsamere Strände, das Landesinnere und die Süd- oder Westküste zu erkunden.

Von Rhodos-Stadt bedienen regelmäßig Busse die Strecke nach Lindos, aber für einige der anderen Strände muss man einen kleinen Fußmarsch in Kauf nehmen. Dafür findet man aber in dieser Gegend sogar in der Hauptsaison noch einsame Strandabschnitte.

Die restaurierte, in altem Glanz erstrahlende **Therme von Kalithea** (☎ 22410 65691; Kalithea; www.kallitheasprings.gr; Eintritt 2,50 €; ☉ April–Okt. 8–20 Uhr, Nov.–März 8–17 Uhr) war ursprünglich eine von Italienern erbaute, nur 9 km von Rhodos-Stadt entfernte Bäderanlage. Mit großartigen Bauten, Kolonnaden, kuppelförmigen Decken und zahlreichen, herrliche Ausblicke bietenden Bogengängen ist sie eine Wanderung wert. Ausstellungen zeigen die vielen Filme, die hier gedreht wurden (darunter Szenen aus *Zorbas, der Grieche*) sowie traditionelles Kunsthandwerk. Auf den Besucher warten auch ein Café und ein kleiner, zum Baden geeigneter Sandstrand. An den noch nicht fertiggestellten, großen Flächen mit *hohlakia* (Mosaike aus schwarzen und weißen Kieselsteinen) wurde bis jetzt schon 14 Jahre gearbeitet.

Der **Ladiko-Strand**, der hier nur 'Anthony-Quinn-Strand' genannt wird, besteht im Grunde aus zwei nebeneinanderliegenden Buchten mit Kiesstrand im Norden und vulkanischen Felsplatten im Süden. Zum Baden ist er gut geeignet, obwohl das Wasser hier relativ kalt ist.

Etwas weiter südlich zweigt bei Kolymbia rechts eine von Pinien gesäumte Straße ab und führt zu den rund 4 km entfernten **Epta Piges** (Sieben Quellen). Das richtige Ziel für alle, die wieder mal viel Grün sehen wollen. Die Quellen sprudeln in einen Fluss, der in einen schattigen See fließt. Den See erreicht man über einen Fußweg oder durch einen engen, dunklen Tunnel, in dem man durch knöchelhohes, schnell fließendes Wasser watet. Wer Platzangst hat oder sehr groß ist, sollte sich für den Pfad entscheiden. Der See hat eine tiefgrüne Farbe, hier leben Schildkröten. Er wurde von den Italienern angelegt, die den Fluss stauten, um die Kolymbia-Ebene zu bewässern. Es gibt ein Café in der Nähe der Quellen sowie einen kitschigen Spielplatz für Kinder. Busse fahren nicht zu den Epta Piges; mit dem Bus

Richtung Lindos fahren und an der Abzweigung aussteigen.

Wieder zurück an der Küste, findet man in **Kolymbia** und **Tsambika** Sandstrände, die allerdings im Sommer überlaufen sein können. Links führt eine steile, ausgeschilderte Straße 1,5 km zu den 300 Stufen, die zum Kloster **Moni Tsambikas** hinaufführen. Im Innern der kleinen, weißen Kapelle befindet sich eine Marienikone aus dem 11. Jh., die auf dem Berg von einem kinderlosen Paar gefunden wurde, das daraufhin ein Kind bekam. Seither ist dies ein Pilgerort für Frauen, die sich ein Kind wünschen. Am 18. September, dem Feiertag des Klosters, kriechen Frauen auf Knien hinauf und bringen Wachsbabys und Silberplaketten als Opfer dar, mit denen die Front der Kirche behängt ist. Die Fresken und der alte Altar sind ebenso sehenswert wie der einzigartige Rundblick über die Landschaft.

Ein Stückchen die Straße hinauf liegt die Abzweigung, die zum sandigen, idyllischen **Stegna-Strand** führt. Nach weiteren 4 km kommt eine Abbiegung nach Charaki, von wo ein Pfad zu den Ruinen der **Festung Faraklos** aus dem 15. Jh. führt. Die Festung, einst ein Gefängnis für aufsässige Ritter, war die letzte der ganzen Insel, die von den Türken erobert wurde. Sie bietet einen großartigen Ausblick. In der Nähe liegt die Sandbucht **Agathi.**

Lindos Λίνδος
1090 Ew.

Lindos, das von einer eindrucksvollen Akropolis überragt wird und sich an den Hängen des Burgbergs zu zwei Buchten hinunterzieht, ist eines der malerischsten Dörfer auf Rhodos. Enge, verwinkelte Gassen führen durch ein Labyrinth aus weißgetünchten **Häusern aus dem 17. Jh.,** in denen einst reiche Admiräle wohnten und von denen viele schöne Höfe mit *chohlakia* (Mosaikböden) besitzen.

Natürlich ist es bei der Schönheit von Lindos nicht ausgeblieben, dass der Ort eine Touristenattraktion wurde. Die meisten Tagesausflügler fallen zwischen 10 und 16 Uhr hier ein; wer aber früh am morgen kommt oder eine Nacht hier verbringt, kann Lindos *au naturel* erleben. Selbst wenn tagsüber viel los ist, kann man sich von den Menschenmengen in den von Touristenläden und Cafés gesäumten Haupt-

straßen absetzen und ruhige Ecken in der Ortschaft finden, deren Erkundung sich lohnt.

GESCHICHTE
Lindos ist die berühmteste antike Stadt des Dodekanes und war wegen ihrer hervorragenden Lage und dem guten Naturhafen eine bedeutende dorische Siedlung. Sie wurde um 2000 v . Chr. gegründet und ist von byzantinischen, fränkischen und türkischen Resten überlagert.

Nach der Gründung der Stadt Rhodos verlor Lindos an wirtschaftlicher Bedeutung, blieb jedoch weiter eine wichtige Kultstätte. Der allgegenwärtige Apostel Paulus machte auf dem Weg nach Rom hier Station. Später wurde die byzantinische Festung von den Kreuzrittern ausgebaut und dann auch von den Türken genutzt. Die Kirche Agios Ioannis, die innerhalb der Akropolis liegt und aus dem 15. Jh. stammt, ist mit Fresken aus dem 18. Jh. ausgemalt.

ORIENTIERUNG & PRAKTISCHE INFORMATIONEN
Das ganze Dorf ist Fußgängerzone. Kein Fahrzeug kommt weiter als bis zur zentralen Plateia Eleftherias, an der die Hauptstraße Akropolis beginnt. Die Station für Eselsritte hinauf zur Akropolis liegt ein Stückchen weiter. An der Eselstation wendet man sich nach rechts und kommt nach 50 m zur Post.

Neben der Eselstation liegt die Commercial Bank of Greece; hier gibt es auch einen Geldautomaten. Die National Bank of Greece, die an der Straße gegenüber der Muttergotteskirche Panagia liegt, hat ebenfalls einen Geldautomaten.

Krankenhaus (☎ 22440 31224) Bei der Kirche.

Lindianet (☎ 22440 32142; pro Std. 3,60 €; ☾ Mo–Sa 9.30–21, So 16–21 Uhr) Internetzugang plus WLAN. Im unteren Dorf.

Lindos Library & Laundrette (☎ 22440 31333; Akropolis; 7,50 € pro Wäscheladung) Waschsalon und Secondhandladen für englische Bücher. Vermietet Ventilatoren.

Lindos Sun Tours (☎ 22440 31333; www.lindosun tours.gr; Akropolis) Bietet Zimmervermittlung sowie Auto- und Motorradverleih und kann bei Flughafenfahrten, Babysitting usw. helfen.

Touristeninformation (☎ 22440 31900; Plateia Eleftherias; ☾ 7.30–21 Uhr) Hilfsbereit, aber zu wenig Personal, zu viele Touristen. Man muss sich auf Wartezeiten einstellen.

DAS KAPITÄNSHAUS *Korina Miller*

Im 17. Jh. wurden Kapitäne aus Lindos zunehmend wohlhabend. Viele steckten ihren neu erworbenen Reichtum in den Bau vornehmer Häuser, die über die traditionellen Häuser des Ortes hinausragten.

Ich stehe nun in dem ältesten dieser Kapitänshäuser. Es wurde vor 400 Jahren gebaut und ist klein, aber sehr prachtvoll. Die weiß getünchten Wände strecken sich zu einer hohen Harzdecke hinauf, die dicht mit kunstvollen, farbenprächtigen Mustern bemalt und noch heute in der Ecke, in der die ursprünglichen Besitzer kochten, rußgeschwärzt ist. Man könnte versucht sein zu glauben, dass die Familie des Kapitäns gerade hinausgetreten sei – wären da nicht der ziemlich deplazierte Flachbildfernseher und die modernen Sofas und Kaffeetische. Savvas Kornaros streicht hier einiges neu und erzählt uns dabei die Geschichte des Gebäudes.

„Dieses Haus gehört seit 150 Jahren der Familie meiner Frau. Ihr Urgroßvater kaufte es im 19. Jh. Ihr Vater machte es vor 33 Jahren zu einer Bar für Einheimische und Touristen. Zunächst lebte er hier mit seiner Familie, damals befand sich die Bar im Hof. Aber alle wollten ins Haus kommen und die Deckenmalereien sehen, und so zog er nach ein paar Jahren in das Gebäude nebenan und richtete das Haus so ein, dass es zur Bar gehörte.

Das Bett ist ein traditionelles *penga* (eine erhöhte hölzerne Schlafplattform), auf der die ganze Familie schlief. Das Bett und die Schränke zu beiden Seiten ebenso wie die Verzierung stammen fast unverändert aus der Zeit, als der Kapitän hier lebte. Die Häuser von Kapitänen brauchten nicht groß zu sein, weil ihre Besitzer so viel Zeit auf See verbrachten. Die Fenster lagen in diesen Häusern sehr hoch. Das war so, damit im Sommer die Hitze draußen blieb und die Frau des Kapitäns nach dem heimkehrenden Schiff ihres Mannes Ausschau halten konnte. Der Türbogen aus Stein ist von Hand gemeißelt, und jedes Bild oder Symbol hat eine Bedeutung. Getreide bedeutet eine gute Ernte, Vögel bedeuten Frieden, das Kreuz bringt Sicherheit und Sonnenblumen bringen Sonnenschein. Die Anzahl der Taue, die rund um den Türrand gemeißelt sind, zeigt an, wie viele Schiffe der Kapitän hatte. Diese Symbole sieht man auf vielen Türen in der Gegend von Lindos."

Wir gehen nach draußen auf den Hof mit dem kunstvoll ausgelegten Steinfußboden. „Dieser *hohlakia*-Boden (Mosaik aus schwarzen und weißen Kieselsteinen) stammt von 1911. Die Anfertigung eines solchen Bodens ist mit viel Arbeit verbunden. Als Erstes müssen die Steinmetze genug Steine von der gleichen Form und Größe finden. Sie entwerfen das Muster und nehmen dann ein bisschen Zement, in den sie die schwarzen Steine drücken, um die sie dann die weißen Steine anordnen. Diese Fußbodenart ist teuer; ich glaube, der günstigste Preis, den man bekommen kann, ist 200 € für einen Quadratmeter. Das wäre schon ein gutes Geschäft. Aber alle Häuser und Höfe in Lindos haben diese Fußböden. Sie sehen gut aus und sind haltbar. Es ist Tradition."

Savvas war gerade mit der Reinigung des Bodens für die Sommersaison fertig geworden. „Im Sommer haben wir hier viel zu tun; alle wollen das Innere des Hauses sehen. Wenn Sie im Juli oder August kommen, sind die Sonntage und Montage wahrscheinlich die ruhigsten Tage. Aber die beste Zeit für einen Besuch auf Lindos sind Mai und Oktober, wenn das Wetter gut ist. Im Winter öffne ich nur, wenn ein Kreuzfahrtschiff einläuft. Sonst mache ich alles winterfest. Ich erledige sämtliche Wartungsarbeiten allein."

Savvas verschwindet hinter der Bar im Hof und schenkt ein paar Einheimischen, die hereinspaziert sind, Drinks ein. Ich frage ihn, wie der Tourismus Lindos über die Jahre verändert hat. „Ich weiß nicht, was Sie meinen. Es hat sich nichts verändert. Zu uns kommen seit 25 Jahren immer die gleichen Leute."

www.lindos-holiday.com Eine praktische private Website mit verschiedenen Unterkunftsangeboten in Villen.

SEHENSWERTES & AKTIVITÄTEN

Akropolis von Lindos

Auf einem 116 m hohen Felsen thront unübersehbar die **Akropolis** (☎ 22440 31258; Eintritt 6 €; ⌚ Sept.–Mai Di–So 8.30–14.40 Uhr, Juni–Aug. Di–So bis 18 Uhr). Drinnen führen Stufen zu einem großen Platz. Auf der linken Seite (gegenüber der nächsten Treppe) ist eine *trireme* (Kriegsschiff) vom Bildhauer Pythokretes aus dem Fels geschlagen; ursprünglich stand eine Statue von Hagesandros, einem Priester Poseidons, auf dem Deck des Schiffes. Von hier aus führen durch einen Gang

Treppen zur Akropolis. Scharf links geht's durch einen geschlossenen Raum zu einer Reihe von Lagerräumen für Weihegeschenke auf der rechten Seite, während die Treppe rechts zu den Überresten einer 20-säuligen **hellenistischen Stoa** (200 v. Chr.) führt. Die byzantinische **Kirche Agios Ioannis** mit ihren alten Fresken befindet sich rechts der Treppe. Die breite Freitreppe hinter der Stoa führt zu einem Propyläum aus dem 5. Jh. v. Chr., hinter dem der **Tempel der Athene Lindia** steht, die ansehnliche älteste Ruine dieser Stätte. In Lindos wurde Athene bereits im 10. Jh. v. Chr. verehrt, und dieser Tempel steht an einer Stelle, an der bereits andere standen. Von der anderen Seite des Tempels hat man eine wunderschöne Aussicht auf Lindos und seinen Strand.

Eselsritte zur Akropolis kosten 5 € (einfach) – eigentlich dürften die armen Tiere niemanden tragen, der schwerer als 50 kg ist, doch diese Vorschrift wird selten befolgt. Wer es aus eigener Kraft schaffen will, marschiert vom Hauptplatz direkt ins Dorf, wendet sich an der Kirche nach links und folgt den Hinweisschildern. Das letzte Stück des Weges ist ein 10-minütiges anstrengendes Klettern auf rutschigen Stufen. Oben gibt's keinen Schatten, also einen Hut und Trinkwasser mitnehmen.

Strände

Der **Hauptstrand** liegt östlich der Akropolis; er ist sandig und hat warmes Wasser. Auf einem nach Norden an die Westspitze der Bucht führenden Weg geht's zum kleineren **Pallas-Strand**, an dem es ein paar Tavernen und einen Bootssteg gibt. In der Nähe des Anlegers sollte man nicht baden, weil hier die nesselnde Schwarze Anemone heimisch ist. Auf der Westseite der Akropolis erstreckt sich die **St.-Paulus-Bucht** mit ihrem warmen, türkisgrünen Wasser. Man muss ein bisschen wandern, um dorthin zu kommen, aber sie ist oft ruhiger als der Hauptstrand.

SCHLAFEN

Unterkünfte sind meist teuer, schwer zu finden oder bereits ausgebucht. Also im Voraus buchen!

Anastasia Studio (☎ 22440 31751; www.lindos-studios.gr; DZ & 3BZ 60 €; P ✕) Diese modernen, am Ostrand der Stadt gelegenen Apart-

ments sind geräumig und mit allen Bequemlichkeiten ausgestattet. Sie haben fantastische, mit Blumen geschmückte Veranden, die eine schöne Aussicht bieten. Jedes hat eine gut ausgestattete Küche und ein abgetrenntes Schlafzimmer. Auf der anderen Straßenseite ist ein Minimarkt.

Electra (☎ 22440 31266; EZ/DZ 45/55 €; ✕) Zum Glück ist die wirklich preiswerte Option in Lindos hervorragend. Das Electra hat eine große und beliebte Dachterrasse mit herrlicher Aussicht und einen wunderbar schattigen Garten mit Zitronenbäumen. Die elf Fremdenzimmer sind luftig und groß. In jedem gibt es einen Kühlschrank, und eine Gemeinschaftsküche steht zur Verfügung. Man findet die Unterkunft, wenn man dem Eselspfad folgt.

Filoxenia Guest House (☎ 22440 31266; www.lindos-filoxenia.com; DZ/Suite inkl. Frühstück 90/140 €; ✕ 💻) In dem traditionell gestalteten Haus sind die einfachen Zimmer mit schmiedeeisernen Bettgestellen, antiken Möbeln, gefliesten Böden oder erhöhten Schlafemporen ausgestattet. Es gibt auch ein Familienzimmer. Alle Zimmer haben einen Kühlschrank und eine Kochecke.

LP Tipp **Melenos** (☎ 22440 32222; www.melenoslindos.com; Suite inkl. Frühstück 385 €; ✕ 💻 🛜) Melenos ist die Art von Bleibe, von der man träumt, und reiner Luxus. Es ist im Stil des 17. Jhs erbaut, fast alles ist von Hand gefertigt, von Hand geschnitzt oder mit der Hand genäht – von den Sandsteinmotiven bis zu den Mosaikböden, ausgemalten Decken, gewebten Stoffen und Schlafemporen aus Zedernholz. Kunstgegenstände verschönern die bereits großartigen Zimmer, während die Veranden Privatsphäre, noch mehr Komfort und eine tolle Aussicht bieten. Den abendlichen Aperitif nimmt man an der Dachterrassenbar ein.

ESSEN

Valanda's Crepes (☎ 22440 31673; Crêpes 3–5 €) Auf dem Weg zur Akropolis geht's immer der Nase nach in diese Crêperie. Im kühlen, blauen Lokal sieht man zu, wie die Crêpes virtuos gewendet werden, und wählt zwischen süßen und würzigen Füllungen.

Captain's House (☎ 22440 31235; Snacks 3–6 €) Dieser stimmungsvolle, schattige Hof ist eine wahre Oase nach einem Ausflug auf die Akropolis. Entweder setzt man sich auf Sofas im Hof oder man geht in das traditionelle Kapitänshaus hinein. Man erfrischt sich bei Eiskaffees, gezapftem Bier, Cocktails und Saft oder beißt genüsslich in Baguettes oder Sandwiches. Auf Hinweisschilder links von der Akropolis achten.

Eklekto (☎ 22440 31286; Hauptgerichte 3–6 €) Das bei Einheimischen ebenso wie bei Ausländern beliebte Lokal mit begrüntem Hof und gemütlichem Café bietet Sandwiches, Tortillas und Salate – lecker ist der Kleopatra-Salat mit getrockneten Feigen, Rukola und Pinienkernen. Es liegt gleich neben der Hauptstraße.

Kalypso (☎ 22440 32135; Hauptgerichte 6–12 €) Das familiengeführte Restaurant befindet sich in einem der historischen Gebäude von Lindos und hat die Zeit überdauert. Über das touristische Äußere muss man hinwegsehen; drinnen ist es landestypisch gestaltet und strahlt eine warme Atmosphäre aus. Auf der Dachterrasse kann man sich Feta-*flutes*, frischen Thunfisch, Würstchen in Senf oder Kanincheneintopf in Rotwein schmecken lassen. Die Speisekarte ist sehr umfangreich, mit vegetarischen Gerichten und Kindertellern. In die zweite Straße rechts von der Hauptstraße einbiegen.

AUSGEHEN
In Lindos gibt's eine Menge trendige Bars und Clubs, von denen viele in einer Sommersaison angesagt sind und dann wieder verschwinden. Am besten dem Strom der Menschen folgen, um sie zu finden.

WESTLICHES RHODOS & DAS BINNENLAND

Das westliche Rhodos ist grüner und bewaldeter als die Ostküste und lädt dazu ein, einige lohnende Sehenswürdigkeiten auf einer schönen Autofahrt zu erkunden. Hier ist es auch windiger, sodass die See meist rau ist und die Strände größtenteils steinig sind. Die von Osten nach Westen durchs Landesinnere verlaufenden Straßen führen durch wunderschöne Landschaften mit wenig Verkehr. Wer mit dem Auto unterwegs ist, sollte sich das nicht entgehen lassen. Auch zum Radfahren eignet sich die Gegend sehr gut – ein geländegängiges Fahrrad ist allerdings Voraussetzung.

Antikes Ialysos Αρχαία Ιαλυσός
Die dorische Stadt **Ialysos** (Erw. 3 €; ⏱ Di–So 8.30–15 Uhr) wurde in strategisch günstiger Lage am Westabhang des Filerimos erbaut und zog im Laufe der Jahre immer wieder Eroberer an. Mit der Zeit sammelte sich hier eine bunte Mischung aus Überbleibseln der dorischen, byzantinischen und mittelalterlichen Vergangenheit an. Am Eingang zur Stadt führen Stufen zu den antiken Überresten eines Tempels aus dem 3. Jh. v. Chr. und zur restaurierten **Kirche Agios Georgios** und dem **Kloster unserer lieben Frau** aus dem 14. Jh. Vom Tempel sind nur noch die Fundamente erhalten, aber die Kirche ist ein friedliches Refugium.

Der Pfad links vom Eingang führt zu einer mit Fresken bemalten **Kapelle** (die wie ein Bunker aussieht) aus dem 12. Jh. Die Fresken sind nicht gut erhalten, aber durchaus sehenswert. Rechts vom Eingang liegt eine zerfallene und nicht mehr zugängliche **Festung,** die von Süleyman dem Prächtigen bei der Belagerung der Stadt Rhodos genutzt wurde. Ein Schild mahnt Besucher, sich „anständig" zu kleiden. Obwohl das nicht weiter ausgeführt wird, sollte man sich aus Respekt die Schultern bedecken, und Frauen sollten lange Röcke oder Hosen tragen. Vor dem Eingang befinden sich ein kleiner Kiosk, jede Menge Pfauen und ein von Pappeln gesäumter Weg mit den **Kreuzwegstationen.** Auch gibt's hier Reste einer **byzantinischen Kirche** unterhalb des Parkplatzes. Ialysos ist 10 km von Rhodos entfernt; Busse fahren alle halbe Stunde.

Von Ialysos nach Petaloudes
Fährt man von Ialysos Richtung Süden, kommt man zu dem kleinen, aber interessanten **Bienenmuseum** (☎ 22410 48200; www.mel. gr; Eintritt 2 €; ⏱ 8.30–15 Uhr) mit vielen englischen Erläuterungen. Man erfährt viel darüber, wie Bienen Honig sammeln und herstellen, über die Gerätschaften der Imker aus Vergangenheit und Gegenwart und über die Geschichte der Bienenzucht auf Rhodos. In durchsichtigen Bienenstöcken kann man Bienen bei ihrer Arbeit beobachten, man kann sich auch die Spezialkleidung von Imkern anziehen und bei der Herstellung von Honig zusehen. Im Souvenirladen gibt es tolle Mitbringsel: Honigrum, Honigseife, Honigbonbons oder einfach nur Honig. Das Museum erreicht man auf der schnurgeraden Tsairi–Flughafen-Autobahn nach Kalithies; es liegt gleich hinter Pastida auf der rechten Seite.

DODEKANES

Von hier aus ist es nur ein Katzensprung nach **Marista**, von wo aus eine landschaftlich schöne Straße über mit Kiefern bewachsene Berge nach **Psinthos** führt. Die kleinen Lokale am belebten Dorfplatz laden zu einem Mittagspäuschen ein. Im **To Stolidi Tis Psinthoy** (☎ 22410 59998; Hauptgerichte 7–9 €) herrscht eine ländliche Atmosphäre mit Holzbalken, karierten Tischtüchern und Familienfotos an den Wänden. Gewürztes Schweinefleisch, *dolmadhes* (mit Reis oder Hackfleisch gefüllte Weinblätter) und frisch gebackenes Landbrot sind sehr zu empfehlen.

Petaloudes Πεταλούδες

Das nordwestlich von Psinthos gelegene **Petaloudes** (Erw. 3 €; ☒ 8.30–16.30 Uhr) ist besser bekannt als Schmetterlingstal. Wer im Juni, Juli oder August herkommt, wenn die bunten Schmetterlinge geschlechtsreif werden, sieht gleich woher der Name kommt. Die Schmetterlinge sind eigentlich Motten (*Callimorpha quadripunctarea*), die vom Duft des harzreichen Orientalischen Amberbaums in die Schlucht gelockt und zur Fortpflanzung angeregt werden. Im Sommer kommen ganze Busladungen, um das Naturschauspiel zu erleben. Wer das Schmetterlingstal außerhalb der Saison besucht, sieht zwar die Tierchen nicht, hat aber den fantastischen Waldweg, die Fußgängerbrücken, die Bäche und Teiche für sich allein.

Zwar ist das Schmetterlingsbiotop in Europa einzigartig, aber die Population ist durch den Lärm der Besuchermassen bedroht. Deswegen ist es verboten, in die Hände zu klatschen oder irgendwelche ähnlichen Geräusche zu machen, mit denen die Falter aufgescheucht würden.

Antikes Kameiros Αρχαία Κάμειρο

Die weitläufigen **Ruinen** der dorischen Stadt Kameiros liegen auf einem Hügel an der Westküste, 34 km südlich von Rhodos-Stadt. Die antike Stadt, berühmt für ihre Feigen, ihr Öl und ihren Wein, erlebte ihre Blütezeit im 6 Jh. v. Chr. Mit Beginn des 4. Jh. hatte ihr Rhodos den Rang abgelaufen. Ein Großteil der Stadt wurde 226 und 142 v. Chr. von Erdbeben zerstört, nur ihre Grundmauern sind noch zu erkennen. Zu den Ruinen gehören ein **dorischer Tempel**, von dem noch eine Säule steht, **hellenistische Häuser**, ein **Athene-Tempel** und eine **große Stoa** aus dem 3. Jh. Sie wurde über einer riesigen

Zisterne aus dem 6. Jh. erbaut, welche die Häuser durch ein hochentwickeltes Tonröhrensystem mit Regenwasser versorgte.

Zur Zeit unserer Recherche war das ganze Gelände wegen der schweren Schäden durch verheerende Waldbrände geschlossen. Beim EOT (S. 595) erkundigen, ob es wieder geöffnet ist.

Vom antiken Kameiros nach Monolithos Αρχαία Κάμειρος προς Μονόλιθο

Skala Kamirou liegt 13,5 km südlich vom antiken Kameiros und dient als Ausgangshafen für Reisende, die von und zur Insel Chalki (S. 610) wollen. Der kleine Hafen selbst liegt nördlich der Stadt und ist sehr malerisch. Selbst wenn man nicht auf eine Fähre wartet, lohnt es sich, bei **O Loukas** (☎ 22460 31271; Hauptgerichte 7–12 €) zum Mittagessen einzukehren. Das Lokal mit Seeblick, passendem nautischem Dekor und einer ruhigen Atmosphäre hat frischen Fisch, Meeresfrüchte und hausgemachte Burger auf der Karte.

Südlich des Hafens, vor der Ortschaft Skala, zweigt eine Straße nach Kritinia ab. Sie führt zu der verfallenen **Burg Kritinia** aus dem 16. Jh. die einen atemberaubenden Ausblick auf die Küste und hinüber nach Chalki bietet. Es ist eine geradezu märchenhafte Szenerie, wo man jederzeit mit dem Erscheinen von Romeo oder Rapunzel rechnet.

Die Straße, die von hier aus südwärts nach Monolithos führt, ist landschaftlich streckenweise besonders schön. Von Skala Kamirou windet sich die Straße bergauf; nach ca. 5 km zweigt eine Straße in das Weinanbaugebiet Embonas (gegenüber) ab. Auf der Hauptstraße erreicht man nach weiteren 9 km **Siana**, ein pittoreskes Dorf am Fuß des Berges Akramytis (825 m), das für seinen Honig und *souma* – einen scharfen, aus dem jahreszeitlichen Obst hergestellten Tresterschnaps – berühmt ist.

Das 5 km hinter Siana gelegene Dorf Monolithos wird von der auf einem 240 m hohen, kahlen Felsen thronenden **Festung von Monolithos** überragt, die über einen unbefestigten Weg zu erreichen ist. Wer hinein will, klettert durch ein Loch in der Mauer. Wer dem Pfad weiter folgt, kann rechts an der Gabelung zum größten Kloster der Insel, dem **Moni Agiou Georgiou**, oder links zum sehr schönen, grobkiesigen **Fourni-Strand** weiterwandern.

Weinland

Von Salakos aus kommt man landeinwärts nach **Embonas** an den Hängen des Berges Attavyros (1215 m), dem höchsten Berg im Landesinneren. Embonas ist die Weinhauptstadt von Rhodos und produziert einige der besten Tropfen der Insel. Der rote Cava Emery oder Zacosta und der weiße Villare sind eine gute Wahl. Verkosten und kaufen kann man sie im **Weingut Emery** (☎ 22410 41208; www.emery.gr; Embonas; Eintritt frei; ⏲ April–Okt. 9.30–16.30 Uhr), das Besichtigungen seiner dörflichen Winzereien anbietet. Es liegt am Ostrand der Stadt.

Embonas selbst reißt einen nicht vom Hocker, auch wenn es von der Tourismusbehörde als 'traditionelles Dorf' angepriesen wird. Dagegen lohnt sich die Fahrt um den Berg Attavyros herum nach **Agios Isidoros,** 14 km südlich von Embonas, einem hübscheren weinproduzierenden Dorf auf dem Weg nach Siana.

SÜDLICHES RHODOS

Südlich von Lindos ist die Insel grün und weniger erschlossen. Je südlicher man kommt, desto windgepeitschter sieht das Land aus, und die Dörfer scheinen eine langsamere Gangart zu haben. Die Fahrt hierher lohnt sich allemal – eine kaum befahrene Landstraße führt an schönen Aussichtspunkten, an ruhigen Dörfer und Familientavernen vorbei, wo einem gern und freundlich eine herzhafte Mahlzeit serviert wird.

Der nur 2 km südlich von Lindos gelegene **Pefki-Strand** ist zu Recht beliebt. Sollte er überlaufen sein, liegt ein Stückchen weiter an der Küstenstraße der sandige **Glystra-Strand,** der ideal zum Baden ist.

Das blühende Dorf **Laerma** liegt 12 km nordwestlich von Lardos. Von hier aus sind es noch 5 km durch hügelige, grüne Landschaft zum schön gelegenen **Moni Thari** (Eintritt gegen Spende) aus dem 9. Jh. Es ist das älteste Kloster der Insel, war längere Zeit verlassen und wird heute wieder von Mönchen bewohnt. Es zu erreichen, ist etwas mühsam, aber die Fahrt lohnt sich, wenn man sich für Fresken interessiert. Jeder Quadratzentimeter des Innenraums der Kapelle ist mit Malereien aus dem 13. Jh. ausgeschmückt, die

alle gut erhalten sind. Das Kloster ist normalerweise nicht abgeschlossen.

Weiter die Küstenstraße hinunter geht's zum Dörfchen **Asklipion** mit den Ruinen einer Johanniter-Festung und der **Kapelle Kimisis Theotokou** aus dem 11. Jh. mit prächtigen byzantinischen Wandmalereien.

Gennadi Γεννάδι
655 Ew.

Gennadi, ein Patchwork aus engen Gassen und weiß getünchten Häusern, liegt einige hundert Meter vom Strand entfernt und ist ein ruhiges Dorf mit genug Unterhaltungs- und Einkaufsmöglichkeiten, um es zu einer guten Basis im Süden der Insel zu machen. Es gibt einen Obstmarkt, eine Bäckerei, Cafés, einen Supermarkt, Internetzugang, eine Autovermietung und mehrere Cocktailbars, die für Unterhaltung sorgen.

Effie's Dreams Apartments (☎ 22440 43410; www.effiesdreams.com; DZ/3BZ 54/58 €; ✄ ▯) liegt direkt neben einem 800 Jahre alten Maulbeerbaum und vermietet einfache, saubere Studios mit kleiner Kochnische. Eine schöne Aussicht über die Landschaft und das Meer bietet sich vom Gemeinschaftsbalkon aus. Es gibt auch ein Café und eine Bar, an der Drinks und sättigende Snacks wie Landwurst mit Zwiebeln und Paprika serviert werden. Der Strand ist 10 Gehminuten entfernt.

Mama's Kitchen (☎ 22440 43547; Pasta 5–6 €) sieht zwar nicht besonders interessant aus, backt aber frische Pizza vor den Augen der Gäste. Zu empfehlen ist eine Pizza mit Feta, Oliven und Schwertfisch. Es gibt auch Nudel- und Grillgerichte.

Von Gennadi nach Prasonisi Γεννάδι προς Πρασονήσι

Von Gennadi aus zieht sich ein fast ununterbrochener Strand mit Kies und Sanddünen bis hinunter zum 11 km südlich gelegenen **Plimmyri.**

Eine ausgeschilderte Abzweigung führt nach **Lachania,** einem 2 km abseits der Hauptstraße gelegenen Ort. Die obere Straße von Lachania ist wirklich nichts Besonderes, aber wenn man hinunter in die Altstadt fährt (von der Küste kommend die erste links), findet man sich in einem Dorf mit verwinkelten Gassen und traditionellen Gebäuden wieder. Es liegt nicht direkt auf der Route einer Inseltour, sodass sich nicht allzu viele Touristen hierher verirren. Die von Zitronenbäumen und Blumen umgebene **Agios Georgios** ist eine hübsche Kirche am Dorfplatz mit einer sternenübersäten Decke und Unmengen von Leuchtern.

Wem der Sinn nach einem ländlichen Urlaub steht, es aber dennoch komfortabel wünscht, kann sein müdes Haupt in den **Four Elements** (☎ 6939450014; Studio/Apt. pro Woche 515/550 €; ⛌ 🖳 🖳) mit extrem behaglichen und geräumigen Apartments betten. Einige haben Meerblick und eines hat sogar einen traditionellen offenen Kamin. Alle sind mit kompletten Küchen ausgestattet und es gibt einen göttlichen Pool, ein Kinderbecken, einen Grill im Freien und Gartenbenutzung. Eines der Apartments ist für Rollstuhlfahrer geeignet.

In Lachania lädt die gemütliche **Taverna Platanos** (☎ 22440 46027; Hauptgerichte 3–5 €) hinter der Kirche am Dorfplatz zur Mittagspause ein. In dem landestypisch eingerichteten Lokal und einem Innenhof voller Blumenpracht lässt es sich wunderbar verweilen.

Die Hauptküstenstraße führt nach Süden vorbei an zahllosen Kapellen nach **Kattavia,** dem südlichsten Dorf auf Rhodos. Es ist ein netter Ort, an dem der Touristenstrom vorbeifließt. Einkehren kann man in **Penelope's** (☎ 6944794342; Hauptgerichte 5–12 €) am Dorfplatz und sich frischen Fisch, handgemachte Pommes und mit viel Grün aus der Gegend zubereiteten griechischen Salat schmecken lassen.

Von Kattavia schlängelt sich eine Straße über 10 km Richtung Süden über das abgelegene und atemberaubend schöne **Kap Prasonisi,** die südlichste Spitze der Insel. Einst war das Kap durch eine sandige Landenge mit Rhodos verbunden, später wurde es durch die Gewalt der Wellen abgetrennt. Wer ein Mittagessen oder ein Bett sucht, findet beides in einem Resort, das von Windsurfern frequentiert wird und zu dem im Surferstil eingerichtete Restaurants und Jugendherbergen gehören. Außerhalb der Sommersaison ist alles geschlossen.

Von Kattavia nach Monolithos
Κατταβία προς Μονόλιθος

Zur einsamen, windumwehten Südwestküste von Rhodos kommen nur wenige Touristen. Waldbrände haben in den letzten Jahren viele der nach Westen weisenden Berghänge verwüstet, dennoch ist es ein sehr schöner Landstrich und lohnt den Besuch für alle, die Einsamkeit und Abenteuer lieben. Die Strände sind hier oft starken Winden und Strömungen ausgesetzt. Ungefähr 10 km nördlich von Kattavia führt eine Abzweigung nach rechts zum **Moni Skiadi,** einem Kloster aus dem 18. Jh., von dem aus man eine einmalige Aussicht auf die Küste hat.

CHALKI ΧΑΛΚΗ

310 Ew.

Die kleine, nur einen Steinwurf von Rhodos entfernte Insel Chalki ist kaum bekannt. Sie ist karg und felsig und zieht nur diejenigen an, die wegen ihres Erholungswertes kommen. Besucher mieten oft wochenlang eines der restaurierten Häuser, die einst Schiffskapitänen gehörten, und verbringen ihre Zeit lediglich damit, auszuspannen und ihre Kontakte innerhalb der wachsenden Auslandsgemeinde zu pflegen.

In der Antike, als das Wasser noch nicht von Rhodos hierher gebracht werden musste, reichten die Brunnen der Insel für die Versorgung von 7000 Menschen, die Weizen anbauten und Kupfer (von dem sich der Name der Insel ableitet) abbauten. In späteren Jahren wurde die Schwammtaucherei der Haupterwerbszweig auf Chalki; ihr Niedergang führte dazu, dass viele Einwohner die Insel verließen. Die größte Gruppe wanderte 1911 nach Florida aus, wo eine starke griechische Gemeinde entstand, die noch heute die Insel mit Geld unterstützt. Chalki blieb lange Zeit fast vergessen, bis der Urlaubsboom der 1970er- und 1980er-Jahren der Insel wieder zu etwas Aufschwung verhalf.

Obwohl Chalki so kahl und verlassen aussieht, ist hier mehr los als man denkt. Mit 14 Schmetterlingsarten, über 40 Vogelarten, Oregano- oder Majoranfeldern, unzähligen Bienenkästen und rund 6000 Ziegen ist es ein Wunder, dass überhaupt noch Platz für Sonnenanbeter ist. Wer im Frühling hierher kommt, sieht die Insel unter einem Teppich von Wildblumen.

An- & Weiterreise
Es besteht eine tägliche Fährverbindung von Skala Kamirou nach Rhodos. Mit

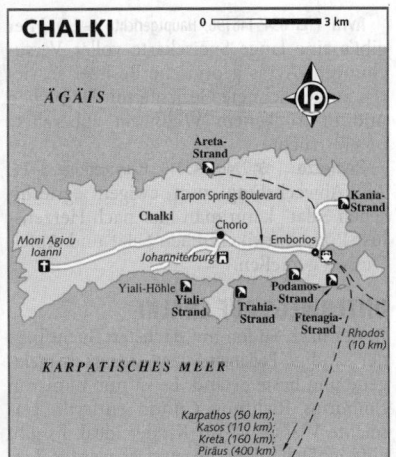

einem Bus, der jeden Tag mit Ausnahme von Sonntag fährt, geht es von dort weiter nach Rhodos-Stadt. Die Bushaltestelle liegt 150 m vom Fähranleger entfernt in Skala Kamirou an der Hauptstraße.

Es bestehen außerdem Fährverbindungen zwischen Chalki mit Sitia auf Kreta, Karpathos, Santorini und Piräus. Tickets sind bei Chalki Tours und bei Zifos Travel in Emborios erhältlich (siehe rechts). Weitere Informationen finden sich unter Insel-Hopping (S. 861).

Unterwegs vor Ort

Die meisten Menschen umrunden die Insel zu Fuß. Im Sommer verkehrt stündlich ein Minibus zwischen Emborios und dem Moni Agiou Ioanni (2 €). Die Insel besitzt auch ein einsames Taxi, das gewöhnlich vor dem Postamt parkt. Preise und Telefonnummern sind an Kiosken ausgehängt. Es gibt auch ein Wassertaxi, das zu den Hauptstränden fährt, und Ausflugsboote zu der unbewohnten Insel Alimia (30 €), auf der sich Wildkräuterfelder erstrecken. Autos oder Motorräder zum Mieten gibt es auf Chalki nicht.

EMBORIOS ΕΜΠΟΡΕΙΟΣ
50 Ew.

Der malerische Hafenort Emborios erstreckt sich um eine schmale, hufeisenförmige Bucht mit kristallblauem Wasser. Die Häuser an seinem Ufer gehörten einst Schiffskapitänen, die von ihren Reisen über

das Mittelmeer aus Venedig die Idee der mit Läden versehenen Fenster mitbrachten. Autos sind außerhalb Ankunfts- und Abfahrtzeiten der Fähren aus dem Hafengebiet verbannt, sodass es an der Uferpromenade ruhig und autofrei zugeht.

Orientierung & Praktische Informationen

Schiffe legen im Zentrum des Hafens von Emobrios an, und die meisten Geschäfte und Unterkünfte sind zu Fuß leicht erreichbar. Die kostenfreie, vierteljährlich erscheinend *Halki Visitor* ist eine gute Quelle für Informationen.

Es gibt einen DodecNet-Geldautomaten beim Informationspavillon am Hafen, aber keine Bank auf der ganzen Insel.

Chalki Tours (☎ 22460 45281; Fax 22460 45219) Hilft bei Zimmersuche, Reisen, Ausflügen und Geldwechsel.

Infopavillon (Anleger) Lokalinfos im Aushang.

Krankenhaus (☎ 22460 45206; ☼ Mo–Fr 9–12 & 18–20 Uhr) Die Telefonnummern für den Notdienst am Wochenende sind hier ausgehängt.

Polizei und Hafenpolizei (☎ 22460 45220) Am Hafen.

Post (☼ Mo–Fr 9–13.30 Uhr) Am Hafen.

www.chalki.gr Nützliche (wenn auch etwas veraltete) Informationen.

www.halki-travel-guide.com Voller lokaler Infos.

Zifos Travel (☎ 22460 45082; zifostravel.gr) Hilft bei der Zimmersuche, Reise, Ausflüge und Geldwechsel.

Sehenswertes

Die alten **Villen,** die den Hafen schmücken, sind eine Augenweide. Viele wurden bzw. werden derzeit wieder in ihren alten Glanz zurückversetzt, während andere völlig verfallen sind. Zusammen verleihen sie Chalki ein malerisches Aussehen und machen den Bummel am Hafen zu einem beliebten Zeitvertreib.

Der imposante, steinerne **Uhrenturm** am Südende des Hafens ist ein Geschenk der Chalki-Gemeinde in Florida. Der Turm sieht sehr eindrucksvoll aus , aber was die Uhrzeit angeht, ist er nicht allzu verlässlich.

Die **Agios-Nikolaos-Kirche** verfügt über den höchsten Glockenturm im gesamten Dodekanes und außerdem über einen besonders schönen Kieselmosaikhof auf der Ostseite. Im Obergeschoss befindet sich ein kleines **Museum** (Erw. 2 €; ☼ Mo–Fr 18–19, So 11–12 Uhr) mit alten Bibeln, Ikonen und anderen sakralen Exponaten.

DODEKANES

Schlafen

Da die meisten Unterkünfte bereits Monate im Voraus von ausländischen Reiseunternehmen gebucht sind, reserviert man am besten vorab. Beide Reiseagenturen in der Stadt können bei der Zimmersuche behilflich sein.

Captain's House (☎ 22460 45201; capt50@otenet. gr; DZ 40 €) Dieses gemütliche Haus aus dem 19. Jh. ist in der Ausstattung etwas veraltet und die komfortablen Zimmer sind im Stil dieser Zeit eingerichtet. Der ruhige Garten mit schattenspendenden Bäumen ist ideal, um in Ruhe zu entspannen. Vorausbuchungen sind immer empfehlenswert.

Mouthouria (☎ 22460 72755; Haus 90 €) Dieses ehemalige Haus des türkischen Statthalters ist in dunkelroten und gelben Farben dekoriert und hat eine reich bemalte Decke. Mit zwei Schlafzimmern bietet es Platz für bis zu sechs Personen und ist dank einer voll ausgestatteten Küche, einem Garten und einem Balkon mit Aussicht aufs Meer ideal für einen längeren Aufenthalt.

Villa Fiona (☎ 44 01363 83343; www.villafiona.com; Haus pro Woche 375 €) In diesem charmanten, restaurierten Haus möchte man für immer bleiben. Es bietet Platz für bis zu sechs Personen. Die beiden Schlafzimmer und das Wohnzimmer sind einfach und luftig. Die abgetrennte, helle Küche verlockt dazu, selbstgekochte Mahlzeiten auf den Tisch zu bringen. Das Ganze wird mit Büchern, Spielen, Musik und Seeblick vom Balkon aus zur Erholung pur. In einer Minute erreicht man zu Fuß eine Leiter, auf der man in das klare Hafenwasser hinabsteigen kann.

Essen

Mavri Thalassa (☎ 22460 45021; Hauptgerichte 4–6 €) Dieses an der Südseite des Hafens gelegene Speiselokal ist auf Meeresfrüchte spezialisiert und bei Einheimischen ebenso beliebt wie bei Besuchern. Gut schmecken die im Ganzen gegrillten Kalamari oder die kleinen Chalki-Shrimps, die vor Ort gefangen und unzerkleinert gegessen werden.

Maria's Taverna (☎ 22460 45300; Hauptgerichte 4–7 €) Unter schattenspendenden Bäumen kann man sich an leckerer Pasta und hausgemachten Spezialitäten wie Chalki-Lammeintopf so richtig sattessen. Die zentrale Lage macht das Lokal zu einem beliebten Treffpunkt.

Avra (☎ 6945148196; Hauptgerichte 4–7 €) Hier gibt's eine lange Speisekarte voller Versuchungen. Avras georgische Besitzer servieren ausgezeichnete Gerichte mit Hähnchen und in trockenem Weißwein zubereitete Meeresfrüchte.

Remezzo (☎ 22460 45010; Hauptgerichte 5–7 €) Als Abwechslung zum ewigen „griechischen Salat" kann man hier nach Herzenslust Pizza, mexikanischen Salat und Apfel-Dessert genießen.

UNTERWEGS AUF CHALKI

In der nach Süden hin nächsten Bucht liegt der sandige **Podamos-Strand,** der nächstgelegene und beste Strand. Er ist nur 1 km von Emborios Richtung Chorio entfernt. Das seichte Wasser ist für Kinder ideal. Es gibt eine einfache Taverne, und es werden Liegen und Sonnenschirme vermietet. Der steinige **Ftenagia-Strand** hinter der Landspitze 500 m südlich von Emborios ist bestens geeignet zum Schwimmen zwischen Felsen und zum Schnorcheln. Die **Ftenagia Beach Taverna** (☎ 6945998333; Hauptgerichte 5–7 €; ⏰ Mittag- & Abendessen) ist ein gemütliches Lokal direkt am Wasser.

Chorio, das von Emborios aus in ungefähr 30 Gehminuten (3 km) auf dem Tarpon Springs Boulevard zu erreichen ist, war einst eine blühende Gemeinde mit 3000 Einwohnern, ist heute aber fast völlig verlassen. Die **Kirche,** die wunderschöne Fresken enthält, ist nur an Festtagen geöffnet. Am 14. August klettert die gesamte Gemeinde hier hoch, um einem Gottesdienst für die Jungfrau Maria, der Ikone der Kirche, beizuwohnen. Ein kaum erkennbarer Pfad führt von Chorios Kirchhof hinauf zu einer **Johanniterfestung.** Er geht 15 Minuten lang steil bergauf, bietet aber atemberaubende Aussichten.

Das **Moni Agiou Ioanni** ist von Chorio aus in einer zweistündigen, schattenlosen, 8 km langen Wanderung auf einer breiten Asphaltstraße zu erreichen. Die Kirche mit ihrem Kirchhof, die im Schatten einer riesigen Zypresse liegt, ist ein ruhiger, friedlicher Ort, der alljährlich am 28. und 29. August zum Leben erwacht, wenn das fröhliche Fest des Schutzpatrons der Kirche, des heiligen Johannes, gefeiert wird. Es gibt gelegentlich die Möglichkeit, gegen eine Spende für die Kirche in einfachen Zimmern zu übernachten.

DODEKANES

KARPATHOS
ΚΑΡΠΑΘΟΣ

6080 Ew.

Trotz seiner hoch aufragenden Berge, farbenfrohen Häfen und sandigen Strände stand Karpathos lange im Schatten seiner nördlichen Nachbarn; heute zieht es aber wieder Touristen an. Die windgepeitschte Küste ist ein Paradies für Surfer und steht jeden Sommer im Scheinwerferlicht, wenn hier ein internationaler Kitesurf-Wettbewerb ausgetragen wird. Auf Böen und Stürme muss man hier zu jeder Jahreszeit gefasst sein.

Im Laufe der Jahre sind viele der Inselbewohner in die USA ausgewandert, von wo sie nun nach und nach zurückkehren, um ihr in Übersee verdientes Geld zu investieren. Die Folge ist eine lebendige Mischung aus zeitgenössischer und traditioneller Kultur. Im Norden der Insel liegt Olymbos, eine kleine Gemeinde, die lange Jahre durch ein zerklüftetes Gebirge vom Süden getrennt war. Noch heute hat sie sich eine einzigartige Kultur bewahrt, die dem Ansturm der Moderne widerstanden hat und ein Fenster in die Vergangenheit öffnet.

An- & Weiterreise

Karpathos hat einen Flughafen mit regelmäßigen Verbindungen nach Athen, Kasis, Sitia und Rhodos. Das Büro von **Olympic Air** (☎ 22450 22057; www.olympicair.com, Ecke Apodimon Karpathion & 25 Martiou St, Pigadia) befindet sich auf dem zentralen Platz in Pigadia.

Regelmäßige Fährverbindungen bestehen nach Rhodos, Piräus, Kasos, Sitia, Agios Nikolaos, Milos und Santorini. Fahrkarten können bei Possi Travel (S. 614) in Pigadia gekauft werden. Ein kleines Kaik verkehrt ebenfalls dreimal pro Woche zwischen Finiki (Karpathos) und Fry (Kasos).

Für weitere Informationen siehe Insel-Hopping (S. 864).

Unterwegs vor Ort
AUSFLUGSBOOT

Von Mai bis September gibt's täglich Ausflugsboote von Pigadia nach Diafani mit einem Transferbus nach Olymbos (23 €). Die Boote legen in Pigadia um 8.30 Uhr ab. Fahrkarten sind bei Possi Travel (S. 614)

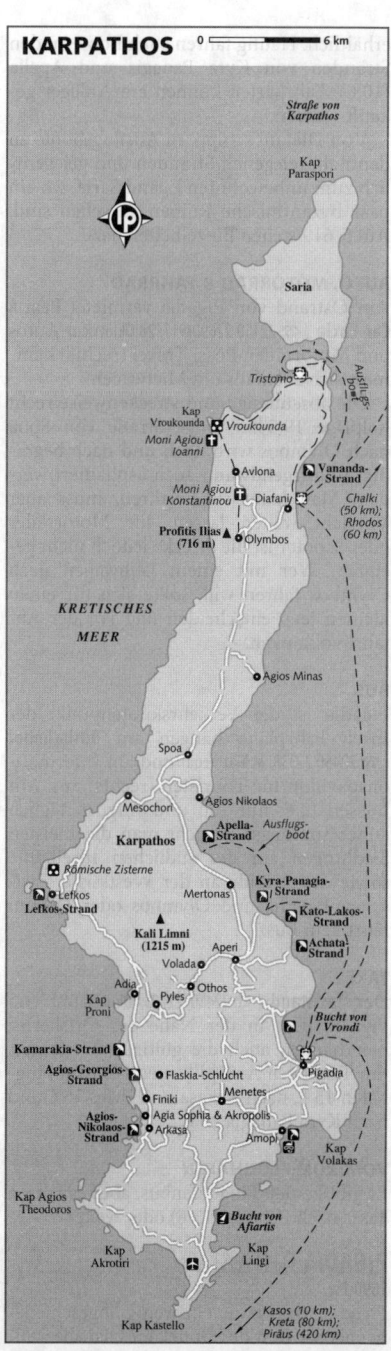

KARPATHOS   0 ⊏⊐ 6 km

Straße von Karpathos

Kap Paraspori

Saria

Tristomo

Kap Vroukounda — Vroukounda
Moni Agiou Ioanni
Avlona — Vananda-Strand
Moni Agiou Konstantinou — Diafani
Profitis Ilias ▲ (716 m) — Olymbos

Chalki (50 km); Rhodos (60 km)

KRETISCHES MEER

Agios Minas

Spoa

Mesochori — Agios Nikolaos
Apella-Strand — Ausflugsboot
Karpathos
Römische Zisterne
Lefkos / Lefkos-Strand — Mertonas — Kyra-Panagia-Strand
Kato-Lakos-Strand
Kali Limni (1215 m) — Aperi — Achata-Strand
Adia — Volada
Kap Proni — Pyles — Othos
Bucht von Vrondi
Kamarakia-Strand
Agios-Georgios-Strand — Flaskia-Schlucht — Pigadia
Finiki — Menetes
Agios-Nikolaos-Strand — Agia Sophia & Akropolis
Arkasa — Amopi
Kap Volakas
Kap Agios Theodoros
Bucht von Afiartis
Kap Akrotiri — Kap Lingi
Kasos (10 km); Kreta (80 km); Piräus (420 km)
Kap Kastello

DODEKANES

erhältlich. Häufig fahren auch Boote zu den Stränden von Kyra Panagia und Apella (10 €). Fahrkarten können am Anleger gekauft werden.

Von Diafani schippern Ausflugsboote zu den nahegelegenen Stränden und gelegentlich zum unbewohnten Eiland Saria, wo ein paar byzantinische Ruinen zu sehen sind. Auf S. 619 stehen Einzelheiten dazu.

AUTO, MOTORRAD & FAHRRAD

Am Ostrand von Pigadia vermietet **Rent A Car Circle** (☎ 22450 22690/911; 28 Oktovriou) Autos und Motorräder. Possi Travel (rechts) kümmert sich ebenfalls um Mietwagen.

Die abschüssige und streckenweise recht holprige 19,5 km lange Straße von Spoa nach Olympos wird nach und nach begradigt und irgendwann auch asphaltiert werden. Man kann sie befahren, muss aber Vorsicht walten lassen; für Motorräder oder Scooter ist die Strecke jedoch nicht geeignet. Wer mit einem Leihwagen nach Olympos fahren will, sollte sich für einen kleinen Jeep entscheiden und vor der Abfahrt volltanken.

BUS

Pigadia ist der Verkehrsknotenpunkt der Insel; Fahrpläne hängen am **Busbahnhof** (☎ 22450 22338; M Mattheou) und am Informationspavillon für Touristen (rechts) aus. Mit Bussen (2 €; nur Juli und August, täglich außer sonntags) erreicht man die meisten Siedlungen auf der südlichen Inselhälfte sowie die Strände an der Westküste. Zwischen Pigadia und Olympos oder Diafani fährt kein Bus.

TAXI

Der **Taxistand** (☎ 22450 22705; Dimokratias) von Pigadia liegt in der Nähe des Ortskerns; hier hängen auch die gültigen Tarife aus. Ein Taxi nach Amopi kostet 8 €, zum Flughafen 15 €, nach Arkasa und Pyles 16 € und nach Kyra Panagia 20 €.

VOM/ZUM FLUGHAFEN

Es gibt keinen Flughafenbus, aber es fahren Taxis nach Pigadia (15 €) oder weiter.

PIGADIA ΠΗΓΑΔΙΑ

1690 Ew.

Pigadia wirkt zwar ein wenig abgeschiedener als der Rest des Dodekanes, ist aber vol-

ler Restaurants, Hotels und Bars. Die kleine kompakte Ortschaft erstreckt sich bis zum Ufer der Vrondi-Bucht, wo in einem kleinen Hafen Fischerboote dümpeln. Die Architektur ist nichts Besonderes (meist in den 1960er- und 1970er-Jahren errichtete Betonblöcke), aber dank der lebendigen Atmosphäre und des Sandstrandes ist der Ort ein gute Ausgangsbasis.

Orientierung & Praktische Informationen

Der Fähranleger liegt am Nordende des großen Hafens. Es ist nur ein kurzer Fußweg zum Zentrum von Pigadia, das von der Hauptstraße Apodimon Karpathion durchquert wird. Diese führt nach Westen zum Hauptplatz, der Plateia 5 Oktovriou. Zum Sandstrand geht's 300 m weiter Richtung Westen zur Pigadia-Bucht.

Avra Tourist Shop (☎ 22450 22388; Fax 22450 23486; 28 Oktovriou 50) Verkauft Auto- und Wanderkarten.

Cyber Games (☎ 22450 22110; Seeseite; pro Std. 2 €; ☙ 9–1 Uhr) Zwischen spielenden Teenagern kann man hier online gehen.

National Bank of Greece (Apodimon Karpathion) Hier gibt's einen Geldautomaten.

Polizei (☎ 22450 22224) In der Nähe des Krankenhauses am Westrand der Stadt.

Possi Travel (☎ 22450 22235; possitvl@hotmail.com; Apodimon Karpathion) Die Hauptverkaufsstelle für Fähr- und Flugtickets.

Post (Ethnikis Andistasis) In der Nähe des Krankenhauses.

Pot Pourri (☎ 22450 29073; Apodimon Karpathion; pro Std. 3 €; ☙ 7–1 Uhr) Internetzugang in einem gemütlichen Café.

Touristeninformation (☎ 22450 23835; ☙ Juli–Aug.) In einem Kiosk direkt am Hafen.

www.inkarpathos.com Von Einheimischen geführt mit Artikeln, Nachrichten und Informationen.

Sehenswertes

Das auf einem kleinen Kliff mit Blick über die Stadt gelegene **Archäologische Museum von Karpathos** (Eintritt frei; ☙ Di, Do & Fr 9–13 & 6–20.30, Mi, Fr & So 8.30–15 Uhr) ist mit Artefakten aus der Gegend wie Münzen, einem frühen Taufstein und Keramik bestückt.

Wer der Küste von der Stadt aus in südwestlicher Richtung folgt, kommt zu einem sandigen Strandabschnitt und nach weiteren 2 km zu den Ruinen der frühchristlichen **Basilika Agia Fotini,** die am Ufer steht. Wendet man sich an der Küste nach Osten und geht am Fähranleger vorbei, kommt

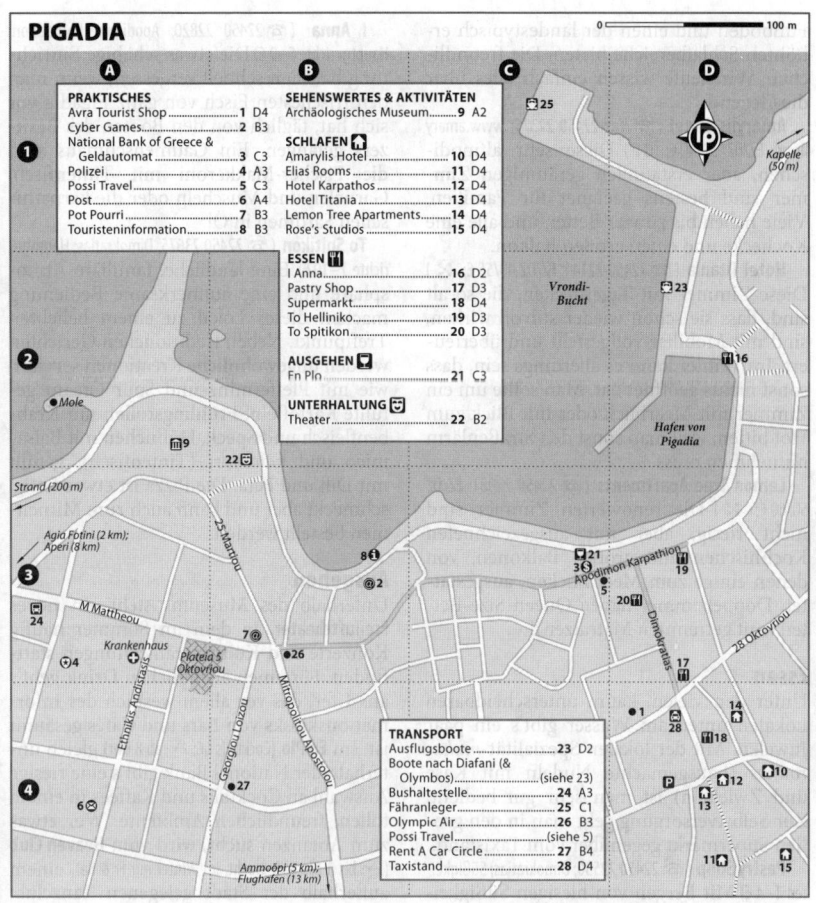

PIGADIA   0 ━━━━━━━ 100 m

PRAKTISCHES
Avra Tourist Shop 1 D4
Cyber Games..............................2 B3
National Bank of Greece &
   Geldautomat 3 C3
Polizei.......................................4 A3
Possi Travel................................5 C3
Post..6 A4
Pot Pourri..................................7 B3
Touristeninformation...................8 B3

SEHENSWERTES & AKTIVITÄTEN
Archäologisches Museum...........9 A2

SCHLAFEN
Amarylis Hotel 10 D4
Elias Rooms 11 D4
Hotel Karpathos 12 D4
Hotel Titania 13 D4
Lemon Tree Apartments...........14 D4
Rose's Studios 15 D4

ESSEN
I Anna 16 D2
Pastry Shop..............................17 D3
Supermarkt..............................18 D3
To Helliniko..............................19 D3
To Spitikon..............................20 D3

AUSGEHEN
Fn Pln 21 C3

UNTERHALTUNG
Theater....................................22 B2

TRANSPORT
Ausflugsboote 23 D2
Boote nach Diafani (&
   Olymbos).........................(siehe 23)
Bushaltestelle..........................24 A3
Fähranleger.............................25 C1
Olympic Air 26 B3
Possi Travel.........................(siehe 5)
Rent A Car Circle 27 B4
Taxistand.................................28 D4

Kapelle (50 m)
Vrondi-Bucht
Hafen von Pigadia
Mole
Strand (200 m)
Agia Fotini (2 km); Aperi (8 km)
Krankenhaus
Plateia 5 Oktovriou
Ammoöpi (5 km); Flughafen (13 km)

DODEKANES

---

man zu einer friedlichen, hoch auf dem Berg gelegenen **Kapelle,** die einen wunderschönen Blick zurück auf die Stadt und aufs Meer hinaus bietet.

Schlafen

Es gibt jede Menge Unterkünfte in Pigadia, darunter auch viele preiswerte. Einige Hoteliers sind rührig und holen ihre Gäste von den Schiffen ab.

Hotel Karpathos (☎ 22450 22347; Fax 22450 22248; Zi 25 €; ✷) Diese Zimmer sind etwas abgenutzt, aber blitzblank und mit Kühlschrank und sauber geschrubbten Bädern ausgestattet. Sie sind klein, aber man kann auf den Balkon ausweichen. Die oberen Stockwerke haben Meerblick.

Rose's Studios (☎ 22450 22284, 6974725427; www.rosesstudios.com; Zi 35 €; ✷) Die Zimmer sind etwas charakterlos, aber in einem sehr guten Zustand. Sie haben Kochnischen und große Balkone mit Aussicht aufs Meer. Nach hinten gelegene Zimmer sind etwas billiger. Die netten Besitzer wohnen im Erdgeschoss und sind eine unerschöpfliche Quelle für Infos über den Ort.

Elias Rooms (☎ 22450 22446, 6978587924; www.eliasrooms.com; EZ/DZ 30/35 €, EZ-/DZ-Apt. 35/40 €; 🛜) Wer die ziemlich steilen Treppen zum Hotel hochsteigt, kann sich schon mal damit trösten, dass die Aussicht von dort oben die Anstrengung wert ist. Die drei Zimmer sind klein und einfach, während die Apartments stilvoller sind und gefliese

Fußböden und einen der landestypisch erhöhten Schlafbereiche bieten. Die freundlichen Wirtsleute wissen einfach alles über die Gegend.

Amarylis Hotel (☎ /Fax 22450 22375; www.amarylis.gr; EZ/DZ 30/40 €; 🕸) Diese sehr altmodischen, aber erstaunlich geräumigen Zimmer sind bestens geeignet für Familien. Viele haben bis zu vier Betten und alle eine Kochecke und einen großen Balkon.

Hotel Titania (☎ 22450 22144; EZ/DZ 40/55 €; 🕸) Diese Zimmer mit Tagesdecken, die so alt sind, dass sie schon wieder stilvoll wirken, sind mit Mobiliar vollgestellt und überteuert. Im Winter kann es allerdings sein, dass sonst nichts geöffnet hat. Man sollte um ein Zimmer mit Meerblick oder mit Blick zum Hof bitten, weil man sonst den Straßenlärm hinnehmen muss.

Lemon Tree Apartments (☎ 22450 22081; EZ/DZ 50/60 €; 🕸) Die renovierten Zimmer sind nicht riesig, aber mit ausgezeichneten Kochnischen und großen Balkonen, von denen einige zum Meer blicken, ausgestattet. Doppelzimmer haben Queen-Size-Betten (mit getrennten Matratzen)!

Essen

Unter den vielen, kaum unterscheidbaren Lokalen unten am Wasser gibt's ein paar Juwelen. Mit der lokalen Spezialität *makarounes* (hausgemachte Nudeln mit Käse und Zwiebeln) ist man sehr gut bedient. Zur Selbstversorgung geht man in den großen Supermarkt gegenüber vom Taxistand.

Pastry Shop (☎ 22450 22530; Dimokratias; Süßigkeiten 1–4 €) Mit Bergen von hiesigen Süßigkeiten, karpathischem *baklava* (sündig süßem Blätterteig mit Honig und Nüssen), Eis und Waffeln ist dies ein Lokal, in dem man in Gesellschaft von Einheimischen alles mit frisch gepresstem Saft oder Kaffee hinunterspülen kann. Man kann sich dort auch mit leckeren Pasteten für ein Picknick am Meer eindecken.

To Helliniko (☎ 22450 23932; Apodimon Karpathion; Hauptgerichte 4–9 €; 🕒 ganzjährig) Das bei Einheimischen beliebte To Helliniko tischt ein fantastisches Essen auf. Es ist trotz der vielen Plätze äußerst gemütlich. Serviert werden geräucherte Sardinen, karpathische Ziege, gefüllte Artischoken und in Tomatenpüree gekochte Ziege. Auf jeden Fall sollte man sich die Tafeln mit den Tagesgerichten ansehen.

I Anna (☎ 22450 22820; Apodimon Karpathion; Hauptgerichte 5–9 €) Die etwas schäbige Einrichtung hat man schnell vergessen, wenn man den frischesten Fisch von ganz Pigadia vor sich hat, täglich von den Booten des Besitzers gefangen. Ein Gaumenschmaus sind die Fischer-Makkaroni mit Tintenfisch, Garnelen und Muscheln oder die karpathischen Sardinen in Öl.

To Spitikon (☎ 22450 23675; Dimokratias; Hauptgerichte 7–10 €) Eine ländliche, familiäre Atmosphäre und eine aufmerksame Bedienung machen dieses Lokal zu einem beliebten Treffpunkt. Neben traditionellen Gerichten werden ungewöhnliche Kreationen serviert, wie mit Pfefferminz und Sour Cream gefüllte Kartoffeln, Frühlingsrollen mit Krabbenfleisch und Speck, Hühnchen mit Balsamico und *kalamari* (Tintenfisch), gefüllt mit Dill und Feta. Die Pizza ist etwas fettig, schmeckt aber und kann auch zum Mitnehmen bestellt werden.

Ausgehen

Unterhalb des Museums steht ein neues **Freilufttheater,** in dem im Sommer häufig Konzerte und Kulturveranstaltungen stattfinden. Für einen abendlichen Drink geht's ans Ufer, das vor allem westlich des Informationskiosks von Bars und Cafés gesäumt ist. Im **En Plo** (Cocktails 6 €; 🕒 ab 8 Uhr) gleich unterhalb der National Bank gibt's eine riesige Auswahl an Cocktails und Kaffees in einem tollen, freundlichen Ambiente. Wer etwas zum Abtanzen sucht, wird vom **Heaven Club** (🕒 bis 1 Uhr jede Nacht, im Winter nur Fr & Sa), einem außerhalb der Stadt gelegenen Tanzclub, kostenlos mit dem Bus abgeholt.

SÜDLICHES KARPATHOS

Der südliche Teil der Insel bietet einige sandige Strände und ruhige Städte, in denen man sich erholen kann. Landschaftlich schöne Wanderpfade verlaufen kreuz und quer durchs Land; in Pigadia eine Karte kaufen.

Amopi Αμμοöπή

Wer Sand und Sonne sucht, dazu das vielleicht klarste Wasser zum Schnorcheln in der ganzen Ägäis, der fährt nach Amopi, 5 km südlich von Pigadia. Es ist ein Ferienort aus vereinzelten Häusern und ohne richtiges Zentrum, obwohl es eine Bushaltestelle und ein paar kleine Geschäfte gibt.

Wind- und Kitesurfer strömen scharenweise zur **Afiartis-Bucht**, wo sie Weltklassebedingungen vorfinden. Die 8 km südlich von Amopi gelegene Bucht ist ein Mekka für Surfer mit dem Starkwindrevier für Fortgeschrittene am Nordende ('Teufelsbucht' genannt) und der geschützten Makrygialos-Lagune an der Südseite für Anfänger. Unterricht, Touren und Ausrüstung bekommt man im **Pro Center** (☎ 22450 91062; www.chris-schill.com; Afiartis). Wer mehr über die jährlichen internationalen Kitesurfer-Wettbewerbe wissen möchte, macht sich bei **Speed World Cup** (www.speedworldcup.com) schlau.

SCHLAFEN & ESSEN

Hotel Sophia (☎ /Fax 22450 81078; www.hotelsophia-karpathos.gr/sophia; DZ 40 €; ✖ ☎) Mit einem blühenden Garten und kühlen, ordentlichen Zimmern am Nordende der Siedlung ist das Hotel Sophia eine sehr gute Wahl. Alle Zimmer haben Kochnischen, aber am besten nimmt man eines mit Balkon, damit man mit Meerblick speisen kann.

Vardes (☎ /Fax 22450 81111; www.hotelvardes.com; EZ/DZ 57/62 €; ✖ ☎) Diese einfachen, geräumigen Studios liegen etwas zurückversetzt am Berghang inmitten eines üppig grünen Olivenhains mit ein paar Bananenstauden.

Man kann auf den schattigen Balkons oder an der ruhigen Bar entspannen. In einigen Zimmern können bis zu fünf Leute schlafen, und zum Strand ist es nur ein kleiner Spaziergang.

Ammoöpi Taverna (☎ 22450 81138; Hauptgerichte 4–7 €) Liegt am Nordende von Amopi direkt am Strand. Die Küche ist durchweg gut. Ein guter Tipp sind die Tagesgerichte – der mit Kreuzkümmel gewürzte *mousakas* (überbackene, geschichtete Auberginenscheiben mit Hackfleisch) ist hervorragend.

Taverna Helios (☎ 22450 81148; Hauptgerichte 5–7 €) Liegt gleich hinter dem Hauptstrand und ist ideal fürs Mittagessen nach dem Schwimmen. Im Helios bekommt man griechische und internationale Küche in reichlichen Portionen.

Menetes Μενετές
450 Ew
Von einer gefährlich steilen Klippe aus blickt das malerische Dorf Menetes über eine hügelige Landschaft. Die Hauptstraße ist von pastellfarbenen neoklassizistischen Häusern gesäumt, hinter denen sich enge

Stufengassen zwischen bescheidenen, weiß getünchten Häusern winden. Das Dorf besitzt ein kleines, aber gut präsentiertes **Museum** (Eintritt frei; ☾ auf Anfrage) rechter Hand, von Pigadia kommend; den Wirt der Taverna Manolis bitten, es zu öffnen.

Menetes ist nett, um dort einen Nachmittag zu verbringen. Wer länger bleiben will, findet vielleicht bei **Mike Rigas Domatia** (☎ 22450 81269; DZ/3BZ 20/25 €), in einem landestypischen karpathischen Haus umgeben von einem grünen Garten, ein Zimmer. In der **Taverna Manolis** (☎ 22450 81103; Hauptgerichte 5–7 €) gibt's gegrilltes Fleisch satt und im **Dionysos Fiesta** (☎ 22450 81269; Hauptgerichte 5–7 €) regionale Gerichte wie Omelett mit Artischocken und karpathischen Würstchen. Die **Pelagia Taverna** (☎ 22450 81135; Hauptgerichte 5–8 €) gleich unterhalb des Ortes bringt das Fleisch von frei laufenden Ziegen und Lämmern sowie regionale Käsesorten und exzellente gestampfte Fava-Linsen auf den Tisch.

Arkasa Αρκάσα
Einst ein inseltypisches karpathisches Dorf, ist Arkasa heute ein bescheidener Ferienort; im Winter kommt der Ort vollkommen zum Stillstand. Das Dorf, 9 km von Menetes entfernt, schmiegt sich an die Ränder eines ausgetrockneten Flussbetts, während die Ferienanlage direkt am Meer liegt. Internetzugang gibt's im Partheon Cafe im Ort; hier befinden sich auch der Supermarkt und eine Reihe unscheinbarer Cafés mit herrlichem Meerblick.

Eine Abzweigung führt nach 500 m vom unteren Dorf zu den Überresten der aus dem 5. Jh. stammenden **Basilika Agia Sophia** mit zwei Kapellen zwischen Mosaikfragmenten und Säulen. Unterhalb der Basilika führt ein Weg an der Küste entlang zu einer antiken **Akropolis.** Von hier aus einmal quer über die Landzunge nach Süden und schon ist man am **Agios-Nikolaos-Strand.** Er ist ungefähr 600 m von der Hauptstraße entfernt, klein und sandig und bietet im Sommer ein Volleyballnetz und klares Wasser. Übernachten kann man in den **Glaros Studios** (☎ 22450 61015; glaros@greekhotel.com; Agios Nikolaos; Studios 65 €) mit Zimmern im traditionellen karpathischen Stil. Nebenan gibt's ein nettes Restaurant.

An der Straße nach Finiki liegen die **Eleni Studios** (☎ /Fax 22450 61248; www.elenikarpathos.gr;

Arkasa; EZ/DZ 35/40 €; 🏊) mit luftigen Zimmern, die farblich gut gestaltet sind und Kochnischen haben. Zur Entspannung gibt's eine hauseigene Bar und einen herrlichen Pool mit Blick aufs Meer. Familienzimmer sind hier ebenfalls vorhanden. Wer es etwas feudaler mag geht ins **Arkasa Bay Hotel** (☎ 22450 61410; www.arkasabay.com; Apt. 100 €; 🍽 🛜 🏊) mit relativ großen Zimmern, Cocktailbar und spektakulärer Aussicht. Das am Südrand des Ortes gelegene Hotel ist mit seinen Apartments und dem Kinderpool für Familien geeignet.

Finiki Φοινίκι

Das verschlafene Fischerdorf Finiki liegt 2 km nördlich von Arkasa. Die beste Badegelegenheit bietet der **Agios-Georgios-Strand** zwischen Arkasa und Finiki, während die kleine, sandige Bucht in Finiki selbst zum Waten gut genug ist und vor allem von Fischerbooten genutzt wird. Der vor Agios Georgios ausgeschilderte **Kamarakia-Strand** liegt in einer engen Bucht mit starken Meeresströmungen.

Übernachten kann man im **Finiki View Hotel** (☎ 22450 61400; www.finikiview.gr; r €50-60, apt €60; 🍽 🛜 🏊), das vom Außenpool eine traumhafte Aussicht aufs Meer bietet. Die Zimmer sind schlicht, aber geräumig, und die preiswerteren sind landestypisch gestaltet, einschließlich des erhöhten Schlafbereichs. Das Hotel liegt oberhalb des Dorfes und blickt über das Meer.

Zum Abendessen gibt's gefüllte Weinblätter, würzigen Käsesalat, *souvlaki* (Spießchen) mit Huhn und jede Menge frischen Fisch in der **Marina Taverna** (☎ 22450 61100; Hauptgerichte 4–7 €; 🕐 ganzjährig), in der Einheimische bei traditioneller Musik sitzen und deren Tische sich bis zum Hafen ausbreiten.

Versteckt in einem wuchernden Garten rund 9 km von Finiki entfernt liegen die ruhigen **Pine Tree Studios** (☎ 6977369948; www.pine tree-karpathos.gr; Adia; DZ 35 €, Apt. 50–70 €; 🍽). Die Zimmer in dieser ländlichen Idylle sind komfortabel und geräumig mit Kochnischen und Blick auf Kassos. Die Apartments sind fantastisch – eines hat einen Kamin und ein traditionelles Bett und das andere Steinmauern und viel Atmosphäre. Das legere Outdoor-Restaurant, in dem frisches Obst und Gemüse aus dem Garten auf den Tisch kommen, lockt Einheimische von der ganzen Insel an.

Wanderer können die **Flaskia-Schlucht** hochlaufen oder, wenn es weniger anstrengend sein soll, zum nahegelegenen **Iliondas-Strand** marschieren.

Lefkos Λευκός
120 Ew.

Lefkos liegt 2 km von der Hauptküstenstraße entfernt in Richtung Meer. In den Sommermonaten ist Lefkos ein lebendiger Ferienort mit mehreren Sandbuchten, im Winter verirrt sich hingegen kaum eine Menschenseele hierher.

Archäologiefans haben hier die Gelegenheit, sich die unterirdischen Überreste einer **römischen Zisterne** anzusehen. Einfach die Zufahrtsstraße hochfahren und auf der linken Seite auf die Hinweisschilder 'Katakomben' achten; bis zum Ende der unbefestigten Straße fahren und dann auf dem Pfad K16 weitermarschieren.

Wer in dieser Gegend verweilen will, kann im **Le Grand Bleu** (☎ /Fax 22450 71400; www.legrandbleu-lefkos.gr; Studio/Apt. 50/90 €; 🛜) ein gemütliches, gut ausgestattetes Apartment mieten, von dem aus man über den mittleren Strand Gialou Horafi in Lefkos blickt. Es gibt auch eine exzellente, schattige **Taverna** (Hauptgerichte 7–12 €) auf dem Gelände mit *mezedhes* wie Pilze mit Knoblauch und *imam baildi* (Aubergine in Öl mit Kräutern); unbedingt probieren: die gemischte karpathische Platte mit Würsten, Käse, Kapern und Sardinen.

Täglich fahren Busse nach Lefkos, ein Taxi von Pigadia kostet 24 €. **Lefkos Rent A Car** (☎ /Fax 22450 71057; www.lefkosrentacar.com) ist ein verlässlicher Laden, der die Fahrzeuge kostenlos zu jedem Ziel im südlichen Karpathos bringt.

NÖRDLICHES KARPATHOS

In Richtung Norden wird die Landschaft immer dramatischer und zerklüfteter, je weiter die Straße in die Pinienwälder der Berge hinaufführt. Die meisten Besucher fahren mit einem der Schiffe in den Norden, doch auch die nicht ganz ungefährliche Straße hat ihre Vorzüge, denn sie bietet wunderbare Ausblicke auf die Küste hinunter, während man auf dem Bergrücken entlangfährt. Die Strände im Norden sind steinig, und viele sind gut geeignet fürs Baden und Schnorcheln. Zudem gibt es viele Wandermöglichkeiten.

Diafani Διαφάνι
250 Ew.

Diafani ist der kleine Hafen im Norden von Karpathos. Hier geht's gemächlich zu, ganz anders als im geschäftigen Hafen von Pigadia. Fähren legen hier fahrplanmäßig an, und in den Sommermonaten kommen täglich Ausflugsboote von Pigadia, die von Bussen erwartet werden, welche die Besucher abholen und nach Olymbos bringen. Ansonsten fahren das ganze Jahr über täglich um 7.30, 14.30 und 17 Uhr fahrplanmäßige Busse nach Olymbos.

Die meisten Menschen fahren durch Diafani durch; wer bleibt, hat wahrscheinlich die Strände und die Wanderpfade ganz für sich allein. Ausländische Währungen tauscht die Reiseagentur von Nikos Orfanos, aber es gibt hier weder eine Bank noch einen Geldautomaten – also ausreichend Bargeld mitbringen. Es gibt im Ort auch keine Post und keine Möglichkeit, ein Auto zu mieten, aber in ein paar Restaurants gibt's WLAN. Infos über den Ort stehen auf www.diafani.com.

AKTIVITÄTEN

Die *Captain Manolis* fährt Besucher zu den entlegenen und sonst nicht erreichbaren Gegenden auf Karpathos und zur Nachbarinsel **Saria**. Das Boot legt gegen 10 Uhr von der Steinmole in der Ortsmitte ab und kommt um 17 Uhr zurück. Für Essen und Getränke müssen die Fahrgäste selbst sorgen.

Wanderer sollten sich die *Karpathos-Kassos*-Karte von Road Editions im Maßstab *1:60 000* (erhältlich in Pigadia) besorgen oder im Umweltamt an der Küste von Diafani Informationen zu Wanderrouten einholen. Wanderwege sind mit roten oder blauen Zeichen oder mit Steinhaufen markiert. Ein Küstenpfad führt nach 4 km Richtung Norden durch Pinienwälder zum **Vananda-Strand**. Eine andere Wanderroute führt nach Süden durch die Olivenhaine zur schattigen **Papa-Mina-Bucht** (1 Std., rund 9 km). Eine anstrengendere, zweistündige Wanderung bringt Wanderfreudige nach 11 km Richtung Nordwesten zur hellenistischen Fundstätte **Vroukounda**. Unterwegs kommt man durch **Avlona**, dessen Felder noch heute bewirtschaftet werden. Essen und Getränke mitnehmen, da es hier oben keine Einkaufsmöglichkeiten gibt.

SCHLAFEN & ESSEN

In Diafani gibt es ein paar kleine Hotels. Empfehlenswert ist das **Balaskas Hotel** (☎ 22450　51320; www.balaskashotel.com; EZ/DZ 30/40 €; ❄) mit blitzsauberen Zimmern, die auf einen schönen Garten hinausgehen. Das Haus liegt etwas vom Wasser entfernt. Alle Zimmer haben einen Kühlschrank und einige eine kleine Kochnische. Am Nordende der Bucht bieten die **Thalassa Apartments** (☎ 22450　22130, 6948629267; www.karpathosbay.com; Apt. 60 €; ❄) komfortable Zimmer, von denen man aus schnell zum Baden an den Kiesstrand des Hafens gehen kann.

Am Wasser reiht sich Restaurant an Restaurant. Das **Rahati** (☎ 22450 51200; Hauptgerichte 4–7 €) verwendet viele Zutaten aus biologisch-dynamischem Anbau in inseltypischen Gerichten wie grüne Bohnen in Tomatensoße, Tintenfisch in Rotwein und frischen Fisch. In der Nähe des Brunnens liegt **La Gorgona** (☎ 22450 51509; Hauptgerichte 4–7 €), in dem die italienische Wirtin leckere Nudelgerichte kocht. Auf der Terrasse nimmt man den Cappuccino oder hausgemachten *limoncello* (Limonenlikör) zu sich oder genießt ihre frisch gebackenen Kuchen. Es gibt auch Sandwiches oder Pizza zum mitnehmen für das Picknick am Strand.

Olymbos Ολυμπος
330 Ew.

Olymbos, das sich an den Hang des Berges Profitis Ilias (716 m) schmiegt, ist ein lebendes Museum. Es stimmt zwar, dass das Dorf hauptsächlich vom Tourismus lebt und dass die Besucherscharen es zu einer Art Themenpark machen, doch wer sich hier außerhalb der Saison oder nach dem Abzug der Tagesausflügler aufhält, erliegt dem Zauber von Olymbos.

Olymbos wurde in den Bergen gegründet, in denen die Einwohner Schutz vor den Überfällen von Piraten suchten. Da es über einen langen Zeitraum hinweg von der Außenwelt isoliert war, sprechen die Einheimischen einen altertümlichen, dorisch beeinflussten Dialekt. Oft wird Olymbos das 'Dorf der Frauen' genannt, da Männer hier traditionsgemäß für den Militärdienst eingezogen oder auf Arbeitssuche sind. Die älteren Frauen tragen noch heute Trachten mit leuchtend bestickten Röcken, Westen, Kopftüchern und Ziegenlederstiefeln. In den Häusern hängen bestickte Wandteppiche an den Wänden und die Fassaden sind mit bunt bemalten Gipsreliefs verziert.

Bevor Touristen in den Ort kamen war Olymbos ein landwirtschaftliches Zentrum, das zeitweise die ganze Insel mit Nahrungsmitteln versorgte. In den umliegenden Tälern werden noch immer Felder bewirtschaftet. Im Dorf selbst und in seiner Umgebung sind die Überreste von 75 Windmühlen zu sehen; vier sind noch in Betrieb und mahlen Mehl, aus dem in holzbefeuerten Backöfen das traditionelle dunkle Brot gebacken wird.

Olymbos mit seinen engen Gassen und Treppenstufen kann nur zu Fuß erkundet werden. An seiner Ostseite läuft das Tal sanft bis nach Diafani aus, während der Westhang steil zum aufgewühlten Meer abfällt. Banken oder Postämter gibt es hier nicht. Grundnahrungsmittel sind in ein paar Läden am Südrand des Dorfes erhältlich.

SCHLAFEN & ESSEN

Kleine Hotels und Restaurants schießen geradezu aus dem Boden, aber wer außerhalb der Saison hier auftaucht, sollte sicherheitshalber vorher anrufen. Am Ortsrand von Olymbos, in der Nähe des Dorfplatzes, bietet das **Hotel Aphrodite** (☎ 22450 51307; filippasfilipakkis@yahoo.com; DZ 40 €) komfortable, saubere Zimmer mit Veranden, von denen aus man über die Windmühlen bis zum Meer blickt. Der Sonnenuntergang ist hier unglaublich. Einfache Zimmer hat auch **Mike's** (☎ 22450 51304; Zi. 25 €) am südlichen Ortsrand und etwas bessere das **Astro Hotel** (☎ 22450 51421; 40 €) in der Dorfmitte.

Makarounes (ein Nudelgericht) wird in den meisten Restaurants in Olymbos serviert; unbedingt auch das hier gebackene Brot probieren. Sehr gut ist die **Taverna O Mylos** (☎ 22450 51333; Hauptgerichte 4–8 €) am nordwestlichen Dorfrand. Das Restaurant ist um eine restaurierte und funktionierende Windmühle herum gebaut. Die hervorragenden Gerichte wie Ziege in Rotweinsoße, Artischoken und sättigende *pites* (Pasteten) werden in einem Holzkohleofen aus biologisch erzeugtem Fleisch und Gemüse zubereitet.

In der Nähe des Dorfplatzes liegt gleich südlich der Kirche das **Blue Garden** (Hauptgerichte 5–10 €), eine Dachgarten-Pizzeria mit herrlichem Ausblick. Am südlichen Rand des Dorfes findet man **Mike's Restaurant** (☎ 22450 51304; Hauptgerichte 3–7 €; ☼ ganzjährig). Mit dem offenen Feuer, den Singvögeln und der traditionellen Ausstattung ist es ein lohnendes Ziel für ein von der freundlichen Sophia frisch zubereitetes Mahl aus Suppe, Salat oder Tagesgerichten.

KASSOS ΚΑΣΟΣ

980 Ew.
Der entlegene Außenposten Kassos oder Kasos ist die südlichste Dodekanesinsel. Da sie nahe bei Karpathos und nicht weit von Kreta liegt, kommen nur wenige Touristen hierher. Die gastfreundliche Gemeinde empfängt jeden Besucher herzlich. Hier locken weder tolle Strände, noch Sehenswürdigkeiten oder wildes Nachtleben. Stattdessen gibt's Entspannung pur zwischen Oliven- und Feigenbäumen, Steinmauern, umherziehenden Schafen und den nebelverhangenen schroffen Gipfeln. Am Ende bleibt man vielleicht länger als geplant.

Geschichte

Trotz seiner geringen Größe und seiner Abgeschiedenheit hat Kassos eine ereignisreiche Geschichte. Unter türkischer Herrschaft blühte die Insel auf, und um 1820 zählte es 11 000 Einwohner und besaß eine große Handelsflotte. Es ist kaum zu glauben, dass das Eiland all dem Stand hielt. Mohammad Ali, der türkische Gouverneur von Ägypten, betrachtete diese Flotte als ein Hindernis für seinen Plan, auf Kreta einen Stützpunkt zu errichten. Am 7. Juni 1824 landeten seine Männer auf Kassos und töten rund 7000 Inselbewohner. Jedes Jahr erinnert man sich in einer Gedenkfeier an dieses Massaker (das von den Griechen als Holocaust bezeichnet wird), Kassioten aus aller Welt nehmen daran teil. Gegen Ende des 19. Jhs. wanderten viele Kassioten nach Ägypten aus, wo rund 5000 von ihnen beim Bau des Suezkanals beschäftigt waren. Im vergangenen Jahrhundert emigrierten viele in die USA.

An- & Weiterreise

Es gibt regelmäßige Flüge von Kassos nach Rhodos, Karpathos und Kreta mit **Olympic Air** (☎ 22450 41555; Kritis Airport). Ebenso fahren

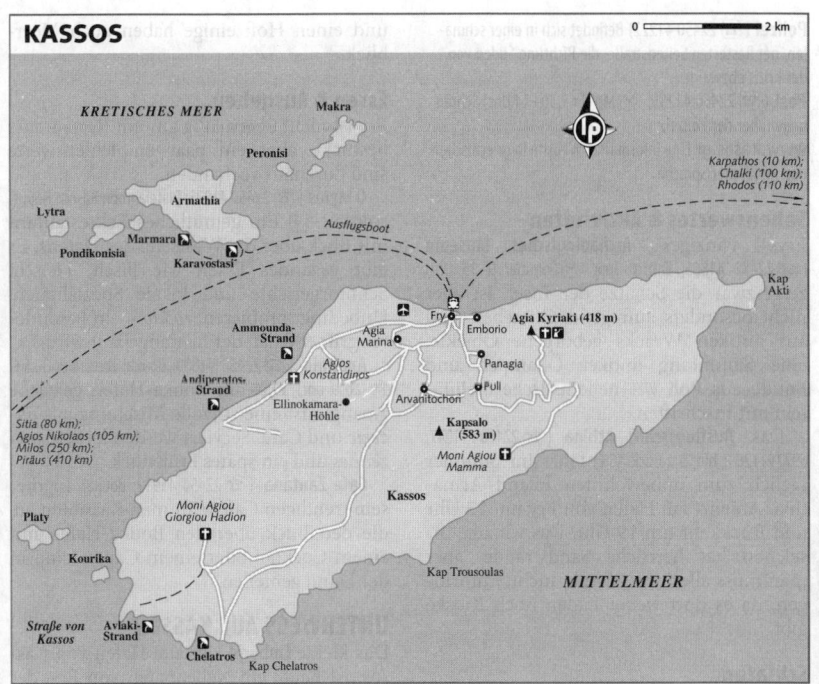

KASSOS

0 —————— 2 km

KRETISCHES MEER

Makra

Peronisi

Karpathos (10 km);
Chalki (100 km);
Rhodos (110 km)

Lytra

Armathia

Marmara
Pondikonisia
Karavóstasi

Ausflugsboot

Kap Akti

Fry
Emborio
Agia Kyriaki (418 m)

Ammounda-Strand
Agia Marina
Agios Konstandinos
Panagia

Andiperatos-Strand
Ellinokamara-Höhle
Arvanitochori
Puli

Sitia (80 km);
Agios Nikolaos (105 km);
Milos (250 km);
Piräus (410 km)

Kapsalo (583 m)
Moni Agiou Mamma

Kassos

Platy

Moni Agiou
Giorgiou Hadion

Kourika

Kap Trousoulas

MITTELMEER

Straße von Kassos
Avlaki-Strand
Chelatros
Kap Chelatros

regelmäßig kleine Fährschiffe nach Rhodos, Piräus, Sitia und Finiki auf Karpathos.

Weitere Einzelheiten stehen unter Insel-Hopping (S. 864).

Unterwegs vor Ort

Der örtliche Bus fährt alle Inseldörfer auf rund einem Dutzend planmäßiger Fahrten an; Tickets kosten jeweils 0,60 €. Es gibt zwei **Taxis** (☎ 6977944371, 6973244371) auf der Insel. Motorroller oder Autos können bei **Oasis – Renta-a-Car & Bikes** (☎ 22450 41746) in Fry gemietet werden.

FRY ΦΡΥ
270 Ew.

Fry ist der Hauptort und Hafen der Insel. Es ist eine nette, wenn auch etwas heruntergekommene Ortschaft mit wenig Tourismus, in der sich jedoch viele der aus den USA zurückgekehrten Kassioten niedergelassen haben. In den engen Straßen mit den weißgetünchten Häusern stehen die Einheimischen zusammen und diskutieren lebhaft. Der Mittelpunkt des Dorfes ist der enge, malerische Fischerhafen Bouka. Die ange-

gliederte Siedlung Emborio liegt weniger als 1 km östlich von Fry.

Orientierung & Praktische Informationen

Die große Hafenanlage grenzt gleich neben dem Hauptplatz, der Plateia Iroön Kasou, an den Ort. Frys Hauptstraße ist die Kritis. Der örtliche Flughafen liegt 1 km westlich und ist über die Küstenstraße zu erreichen. Nach Emborio geht's vom Hafen nach links.

Ein Geldautomat der Commercial Bank steht neben der Hafeneinfahrt, und an der Plateia Iroön Kasou gibt es eine Filiale der Co-operative Bank of the Dodecanese.

ACS Internet (☎ 22450 42751; 🕐 10–14 & 17–0 Uhr) WLAN-Zugang.

Apotheke (☎ 22450 41164) Medikamente aller Art.

Gesundheitszentrum (☎ 22450 41333) Oft nicht besetzt; es empfiehlt sich, vorher anzurufen.

Hafenpolizei (☎ 22450 41288) Hinter der Agios-Spyridon-Kirche.

Kasos Maritime & Travel Agency (☎ 22450 41495; www.kassos-island.gr; Plateia Iroön Kasou) Für Fahrkarten aller Art.

Polizei (☎ 22450 41222) Befindet sich in einer schmalen, gepflasterten Seitenstraße, die Richtung Süden von der Kritis abzweigt.

Post (☎ 22450 41255; ☺ Mo–Fr 7.30–14 Uhr) Schräg gegenüber der Polizei.

www.kasos.gr Eine informative Website in griechischer und englischer Sprache.

Sehenswertes & Aktivitäten

Frys winziges **Archäologisches Museum** (☎ 22450 41865; Eintritt frei; ☺ Sommer 9–15 Uhr) zeigt zwar die Schätze der Insel, ist aber nicht besonders aufregend. Zu sehen sind aus antiken Wracks geborgene Objekte, eine Sammlung antiker Öllampen und Funde aus Poli wie hellenistische Steintafeln mit Inschriften.

Das **Ausflugsschiff Athina** (☎ 22450 41047, 6977911209; hin & zurück 15 €) fährt im Sommer täglich zum unbewohnten Eiland Armathia, Abfahrt am Hafen von Fry um 15 Uhr und Rückkehr um 19 Uhr. Das winzige Inselchen hat herrliche Sandstrände, aber man muss alles, was man braucht, mitbringen, da es dort weder Läden noch Kioske gibt.

Schlafen

Mit Ausnahme der Tage vor und nach dem 7. Juni (Holocaust-Gedenktag) ist es im Sommer recht einfach, ein Zimmer zu finden. Außerhalb der Saison unbedingt vorher anrufen.

Fantasis (☎ 6977905156; www.fantasishotel.gr; DZ 40 €; ☒) Diese sechs einfachen Zimmer liegen 300 m außerhalb von Fry und sind eine gute, ruhige Bleibe. Alle haben einen Balkon, einen Kühlschrank und TV. Zum Frühstück lässt man sich die hauseigenen Feigen schmecken.

Evita Village (☎ 22450 41731, 6972703950; evitavillage@mail.gr; EZ/DZ 45/50 €; ☒) Die sorgfältig ausgestatteten Studios sind luftig, geräumig und geschmackvoll eingerichtet. Alle nur denkbaren Küchengeräte sowie TV und DVD-Player sind vorhanden, und Platz ist für bis zu drei Personen.

Angelica's (☎ 22450 41268, 6992673833; www.angelicas.gr; Apt. mit/ohne Meerblick 65/45 €; ☒) Mit schlichten weißen Wänden, schmiedeeisernen Betten und wunderschön handbemalten Fußböden bieten diese vier Apartments in einem umgebauten traditionellen Wohnhaus Ruhe und Komfort. Jede der hellen Einheiten hat eine voll ausgestattete Küche

und einen Hof; einige haben auch Meerblick.

Essen & Ausgehen

Fry ist nicht übermäßig gut mit Restaurants bestückt, aber ein paar empfehlenswerte sind durchaus vorhanden.

O Mylos (☎ 22450 41825; Plateia Iroön Kasou; Hauptgerichte 3–5 €) Ein gemütliches Eckrestaurant mit Blick über die Westseite des Hafens. Es gibt gesundes Essen wie Fisch, Fleisch, Schmorgerichte und lokale Spezialitäten. Unbedingt probieren: *roikio* – ein besonderer grüner Salat, der hier angebaut wird.

Apangio (☎ 22450 41880; Bouka; *mezedhes* 3–5 €; ☺ ab 9 Uhr) Das am Bouka-Hafen gelegene Apangio ist eine stilvolle Mischung aus *ouzerie* und Café. Serviert werden leckere *mezedhes* und ein spätes Frühstück.

Cafe Zantana (☎ 22450 41912; Bouka) In diesem trendigen Café trifft man Kassioten an, die den Blick über den Bouka-Hafen mit einem Cocktail oder einem Cappuccino in der Hand genießen.

UNTERWEGS AUF KASSOS

Das kleine **Emborio,** der alte Hafen von Kassos, ist heute ein Nebenhafen von Fry, der von Ausflugs- und Fischerbooten genutzt wird. Mit einem Sandstrand und klarem Wasser ist es der Fry am nächsten gelegene Ort, in dem man mal schnell ins Wasser springen kann.

Der nächste Strand ist der recht mittelmäßige **Ammounda-Strand** hinter dem Flughafen in der Nähe der Agios-Konstandinos-Kirche mit ihrer blauen Kuppel. Es gibt an diesem Küstenstreifen noch etwas bessere Strände, darunter den feinkiesigen **Andiperatos-Strand** am Ende der Straße.

Der beste Strand der Insel ist die abgeschiedene Kiesbucht **Helatros** in der Nähe des Klosters Agiou Georgiou Hadion, 11 km südwestlich von Fry an einer gepflasterten Straße. Allerdings gibt es hier weder sanitäre noch sonstige Anlagen, und man muss selbst zusehen, wie man dorthin kommt. Dann wäre da noch der Strand von **Avlaki,** der ganz nett, aber klein ist; ein Pfad führt vom Kloster aus dorthin. Keiner der Strände auf Kassos bietet Schatten.

1 km südwestlich von Fry liegt **Agia Marina,** ein hübsches Dörfchen mit einer strahlend blauweißen Kirche. Hier findet am 17. Juli das **Agia-Marina-Fest** statt. Agia Ma-

rina ist auch der Ausgangspunkt für eine 3 km lange Wanderung zur früheren Wohnhöhle **Ellinokamara**, deren eigenartiger Eingang mit riesigen Steinen zugemauert ist. Wanderer können dem Schild „Hrysoulas" am südlichen Ende von Agia Marina folgen und bis zum Ende der Straße und dann etwa 10 Minuten auf einem Weg zwischen Steinmauern gehen. Ausschau halten nach einem Pfad, der leicht bergauf führt, und dann nach links zur Höhle.

Von Agia Marina führt die Straße zum saftgrünen **Arvanitochori** mit vielen Feigen- und Granatäpfelbäumen. Die alte Inselhauptstadt **Poli** liegt 3 km südöstlich von Fry; sie ist erbaut auf der antiken Akropolis. **Panagia,** zwischen Fry und Poli, hat heute weniger als 50 Einwohner; seine einst gepflegten Kapitäns- und Reederhäuser stehen entweder leer oder werden repariert.

Klöster

Auf der Insel gibt es zwei Klöster. Das unbewohnte **Moni Agiou Mamma** an der Südküste ist von Fry aus in 1½ Stunden zu Fuß oder in 20 Minuten mit dem Roller durch eine wilde, stark erodierte Landschaft (8 km) zu erreichen. Am 2. September findet hier ein fröhliches Fest statt. Wer einen Umweg zur Kapelle **Agia Kyriaki** (nicht ausgeschildert) macht, kann aus luftiger Höhe einen atemberaubenden Blick auf Fry und die umliegenden Dörfer genießen.

Auch im **Moni Agiou Georgiou Hadion** gibt es keine Mönche, aber den größten Teil des Jahres über lebt hier ein Hausmeister. Das Fest im Agiou Georgiou Hadion findet in der Woche nach Ostern statt.

KASTELLORIZO (MEGISTI) ΚΑΣΤΕΛΛΟΡΙΖΟ (ΜΕΓΙΣΤΗ)

430 Ew.

Kastellorizo ist Griechenlands entlegenste Insel. Dieses Felsfleckchen ist auf den meisten Karten nicht eingezeichnet. Es schmiegt sich ungefähr 130 km östlich von Rhodos eng an die Küste der Türkei. Der nächste Nachbar ist der türkische Hafen Kas, der nur 5 km entfernt und deutlich zu sehen ist. Kastellorizo erhielt seinen Namen von den Johannitern wegen der steilen roten Klippen, die wie eine mittelalterliche Burg wirken. Die Ruinen der von den Johannitern erbauten Burg blicken auf den reizenden, gut erhaltenen Hafen und sein kristallklares Wasser. Wem all dies bekannt vorkommt, der hat vielleicht 1991 den italienischen Film *Mediterraneo* gesehen, der hier gedreht wurde. In den letzten Jahrzehnten sind viele Australier auf der Suche nach den Wurzeln ihrer Eltern und Großeltern hierher gekommen. Viele haben deren Häuser zurückgefordert, restauriert und Geschäfte und Betriebe gegründet, die der Wirtschaft der Insel einen dringend benötigten Boom verschaffen.

Wer nicht gerade Filmfan oder heimgekehrter Enkel ist, dem hat Kastellorizo, das nicht leicht zu erreichen ist, scheinbar nur wenige Attraktionen zu bieten. Wer aber dennoch neugierig ist und dieses entlegene Reiseziel ansteuert, wird den verborgenen Zauber der Insel gern entdecken. Schnorcheln in sauberen Buchten, einsame Strände, Abgeschiedenheit und ein grandioses Landschaftspanorama – das sind die Trümpfe der Insel.

Geschichte

Kastellorizo hat eine tragische Geschichte. Der einst blühende Hafenort, der von Dorern, Römern, Kreuzrittern, Ägyptern, Türken und Venezianern genutzt wurde, fiel 1552 an das Osmanische Reich. Die Insel durfte ihre Sprache, Religion und Traditionen bewahren, und ihre Handelsflotte stieg zur größten des Dodekanes auf, sodass die Insulaner einen hohen Kultur- und Bildungsstand erreichen konnten.

Nach dem Bevölkerungsaustausch zwischen Griechenland und der Türkei im Jahre 1923 verlor Kastellorizo jedoch jede strategische und wirtschaftliche Bedeutung. Im Jahr 1928 wurde es an die Italiener abgetreten, die die Inselbewohner rücksichtslos unterdrückten. Viele entschlossen sich, nach Australien auszuwandern, wo heute noch annähernd 30 000 von ihnen leben.

Im Zweiten Weltkrieg wurde Kastellorizo bombardiert und britische Befehlshaber der Übergangsverwaltung forderten die wenigen noch verbliebenen Bewohner nach Kriegsende auf, die Insel zu verlassen. Die

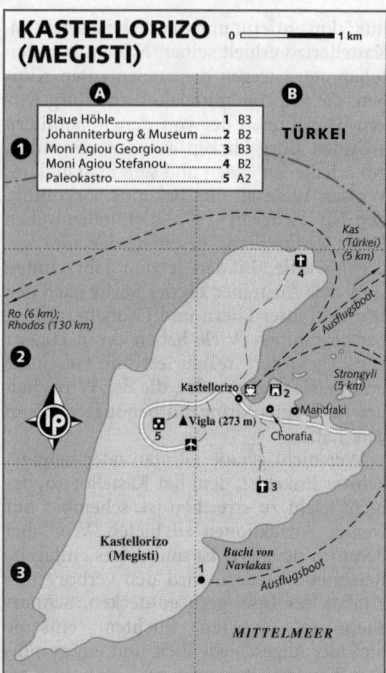

KASTELLORIZO (MEGISTI)

0 ———————— 1 km

Blaue Höhle	1	B3
Johanniterburg & Museum	2	B2
Moni Agiou Georgiou	3	B3
Moni Agiou Stefanou	4	B2
Paleokastro	5	A2

TÜRKEI

Kas (Türkei) (5 km)

Ro (6 km); Rhodos (130 km)

Ausflugsboot

Strongyli (5 km)

Kastellorizo

Mandraki

▲Vigla (273 m)

Chorafia

Kastellorizo (Megisti)

Bucht von Navlakas

Ausflugsboot

MITTELMEER

DODEKANES

meisten flohen nach Zypern, Palästina und Ägypten. Bei ihrer Rückkehr fanden sie ihre Häuser zerstört vor und viele wanderten erneut aus. Die Insel hat sich zwar nie ganz von dem Bevölkerungsverlust erholt, doch in den letzten Jahren haben Rückwanderer eine Periode des Aufbaus und der Neubesiedlung ausgelöst. Viele zurückgekehrte Australier kämpfen um die Rückgabe ihres Familienbesitzes, auf dem sich seit den 1950er-Jahren Einheimische festgesetzt haben.

An- & Weiterreise

Man kann ein Flugzeug nach Rhodos nehmen oder auf eine Fähre oder einen Katamaran warten, allerdings gibt es nur selten und unregelmäßig Bootsverbindungen von der Insel. Siehe S. 864 für weitere Einzelheiten. Flug- und Fährtickets gibt's bei **Papoutsis Travel** (☎ 22460 70630, 6937212530; www.kastelorizo.gr) in Kastellorizo.

Unterwegs vor Ort

Um zum Flughafen zu kommen, nimmt man das einzige **Taxi** (☎ 6938739178) der Insel

vom Hafen (5 €) oder den Nahverkehrsbus (1,50 €). Der Bus fährt 1½ Stunden vor Abflug vom Platz am Hafen ab.

AUSFLUGSBOOT

Ausflugsboote fahren zur spektakulären **Blauen Grotte** (Parasta), die für ihre durch Reflektion des Sonnenlichts blau glänzende Wasserfläche berühmt ist. Besucher müssen von einem größeren Kaik auf ein kleines Motorschlauchboot umsteigen, das durch den niedrigen Höhleneingang passt – das ist nichts für Leute mit Platzangst. Im Innern ist die Höhle 35 m hoch. In ihr sind Tauben und Robben heimisch. Besucher dürfen, wenn sie wollen, einmal kurz untertauchen. Der Ausflug kostet rund 15 €; Infos gibt's bei **Georgos Karagiannis** (☎ 6977855756), dessen Boote *Varvara* und der *Agios Georgios* täglich aus dem Hafen auslaufen. Die Boote legen um 9 Uhr ab und sind gegen 13 Uhr wieder zurück. Angeboten werden auch Tagesausflüge zu den kleinen Inseln **Ro** und **Strongyli,** wo man baden und picknicken kann; die Ausflüge kosten rund 20 €. Alle Boote starten um 9 Uhr am Hafen.

Die Inselbewohner kaufen gerne im türkischen **Kas** ein. Ein Tagestrip kostet ungefähr 20 €; einfach eines der Boote am Ufer aussuchen. 24 Stunden vor Abfahrt muss man seinen Pass bei der Polizei abgeben.

KASTELLORIZO (MEGISTI)
275 Ew.

Neben Mandraki, dem kleinen Nachbarn im Osten auf der anderen Seite des Berges, ist der Ort Kastellorizo die Hauptsiedlung der Insel. Sie liegt an einer U-förmigen Bucht, die von imposanten, gepflegten dreistöckigen Häusern mit Holzbalkonen und roten Dächern gesäumt ist. Die labyrinthartigen Seitengassen werden allmählich restauriert und wieder hergerichtet. In dem Ort leben viele Australier, die der ansonsten wenig unternehmerischen Gemeinde optimistischen Schwung verleihen.

Orientierung & Praktische Informationen

Der Kai befindet sich am Südende der Bucht. Ungefähr in der Mitte der Bucht liegt der Hauptplatz, die Plateia Ethelondon Kastellorizou, neben dem Anleger für Jachten. Die Siedlungen Chorafia und Mandraki sind über die breite Treppe an der Ostseite der Bucht zu erreichen.

Erste Hilfe (☎ 22460 45206) Für Notfälle und einfache Gesundheitsfragen.

Hafenpolizei (☎ 22460 49333) An der Ostspitze der Bucht.

National Bank of Greece (☎ 22460 49054) Geldautomat vorhanden.

Papoutsis Travel (☎ 22460 70630, 22460 49356; papoutsistravel@galileo.gr) Flugtickets und Schifffahrkarten.

Polizeistation (☎ 22460 49333) An der Westseite der Bucht.

Post (☎ 22460 49298) Neben der Polizeistation.

Radio Café (☎ 22460 49029; Internet pro Std. 3 €) Für Internetzugang.

Sehenswertes

Über eine wacklige Metalltreppe erreicht man die **Johanniterburg**, die einen herrlichen Blick auf die Türkei gewährt. Unterhalb der Burg steht das **Museum** (☎ 22460 49283; Eintritt frei; ☼ Di–So 7–14 Uhr) mit einer Sammlung von archäologischen Funden, Trachten und Fotos. Hinter dem Museum führt eine Treppe zu einem Küstenpfad hinab, von wo aus weitere Stufen die Klippen hinauf zu einem aus dem 4. Jh. v. Chr. datierenden **lykischen Felsengrab** mit einer eindrucksvollen dorischen Fassade führen. An der anatolischen Küste in der Türkei gibt es viele solcher Gräber, aber in Griechenland sind sie selten.

Moni Agiou Georgiou ist das größte Kloster der Insel. In der Kirche gibt es eine steinerne Treppe, die steil hinab führt zur unterirdischen Kapelle Agios Haralambos. Griechische Kinder erhielten hier während der türkischen Herrschaft Religionsunterricht. Die Kirche ist in der Regel abgeschlossen, man kann aber am Hafen nach dem Hausmeister fragen. Zum Kloster hinauf führen hinter dem Dorf die auffälligen weißen, im Zickzack verlaufenden Steintreppen (ungefähr 1,5 km).

Moni Agiou Stefanou liegt an der Nordküste und ist Schauplatz eines der wichtigsten Feste der Insel: Das Fest des heiligen Stefanos am 1. August. Der Pfad zu dem kleinen weißen Kloster beginnt hinter der Post. Vom Kloster führt ein Pfad zur Bucht, in der man baden kann.

Paleokastro war einst die Hauptstadt der Insel. Innerhalb der hellenistischen Mauern der antiken Stadt stehen ein alter Turm, eine Wasserzisterne und drei Kirchen. Der

Weg dorthin (1 km) beginnt an Betontreppen gleich hinter einem Wachhäuschen an der Straße zum Flughafen.

Schlafen

Viele der Hotels in Kastellorizo bleiben das ganze Jahr hindurch geöffnet. Um mit Sicherheit ein Bett zu bekommen, sollte man in der Hochsaison auf jeden Fall im Voraus buchen.

Damien & Monika's (☎ 22460 49028; www.kastellorizo.de; Zi. 40 €; ☒ ☲) Diese hellen, gemütlichen Zimmer im Zentrum des Orts wirken anheimelnd. Jedes ist mit traditionellen Möbeln, einem Kühlschrank und vielen Fenstern auf seine Art etwas Besonderes. Hier gibt's auch eine Buchtauschecke und jede Menge Lokalinfos.

Poseidon (☎ 22460 49257, 6945710603; www.kastelorizo-poseidon.gr; EZ/DZ 50/60 €) Die beiden restaurierten Häuser des Hotels Poseidon bieten große Zimmer mit Farbe und Flair. Die ebenerdigen Zimmer haben eine Veranda; die Zimmer im Obergeschoss haben einen kleinen Balkon mit herrlicher Aussicht aufs Meer. Das Poseidon liegt an der Westseite des Hafens, einen Häuerblock vom Ufer entfernt.

Mediterraneo (☎ 22460 49007; www.mediterraneo-kastelorizo.com; Zi. 70–85 €) Das stylische, von einem Architekten entworfene und geführte Hotel am Hafen hat einen ländlichen Charme mit Bögen, Steinmauern und besonderen Möbeln. Alle Zimmer haben Garten- oder Meerblick und das Frühstück ist inklusive. Das Hotel liegt ganz am Westende des Hafens und damit günstig, um schnell mal im Hafen zu baden.

Essen

In Kastellorizo essen zu gehen, ist traumhaft, aber auch abenteuerlich, denn die Tische der Restaurants stehen oft gefährlich nahe an der Hafenmauer – eine falsche Bewegung und man geht baden.

Radio Café (☎ 22460 49029; Frühstück & Snacks 2–6 €; ☲) In diesem Café kann man nicht nur im Internet surfen, sondern auch einen leckeren Kaffee sowie ein reichhaltiges Frühstück, leichte Snacks und Pizzas genießen. Den wunderschönen Sonnenuntergang gibt's gratis dazu.

Kaz Bar (☎ 22460 49067; *mezedhes* 3–6 €; ☲) Wer Lust auf alternative *mezedhes* hat, ist in der Bistro-Bar am Hafen genau richtig.

Pizza, Hähnchenflügel und Frühlingsrollen sowie originelle Salate werden mit griechischen Weinen genossen.

To Mikro Parisi (☎ 22460 49282; Hauptgerichte 5–7 €) To Mikro Parisi ist schon seit 1974 im Geschäft und serviert immer noch große Portionen Fisch und Fleisch vom Grill. Fischsuppe ist die Spezialität des Hauses, aber der gehaltvolle *stifadho* (süßer Eintopf, mit Tomaten und Zwiebeln gekocht) kann da ohne Weiteres mithalten.

Ausgehen

Es ist zwar nicht Rio, aber Kastellorizos Nachtleben hat in den letzten Jahren an Schwung zugenommen, und die vielen Aussies, die hier im Sommer auftauchen, haben sicherlich dazu beigetragen. Der Hafen ist von kleinen Bars und Cafés gesäumt, deren Gäste sich immer näher am Wasser tummeln, je weiter die Nacht voranschreitet. **Kaz Bar** und **Meltemi** sind am beliebtesten, aber man braucht eigentlich nur dem Lärm und den anderen Nachtschwärmern nachzugehen, um richtig zu liegen.

SYMI ΣΥΜΗ

2610 Ew.

Wer im Hafen von Symi einläuft, hat das Gefühl, in eine Postkarte hineinzusegeln. Restaurierte, bunt gestrichene Kapitänshäuser stehen Spalier um das Hafenbecken, und auf dem Wasser schaukeln blaugrüne Boote. Die meisten Besucher bummeln einmal um das Hafenbecken und sitzen dann in den Cafés, in denen auch die wachsende Expatgemeinde anzutreffen ist. Aber die Insel hat auch ein überraschend grünes Landesinnere, ein paar nette Strände und ein gewaltiges Kloster, das eine der wenigen religiösen Stätten ist, die eine eigene Fährverbindung unterhalten.

Symi ist eines der beliebtesten Ziele für Tagesausflüge von Rhodos aus und ein beliebter Anlaufhafen für Segler und andere Seereisende. Aber auch die Insel selbst wird ein zunehmend beliebtes Ferienziel.

Geschichte

Symi blickt auf eine lange Tradition des Schwammtauchens und des Schiffbaus zurück. Während der osmanischen Herrschaft erhielt die Insel das Recht, in türkischen Gewässern nach Schwämmen zu tauchen. Als Gegenleistung stellte Symi dem Sultan hervorragende Schiffbauer zur Verfügung und versorgte ihn mit erstklassigen Schwämmen direkt vom Meeresgrund.

Dieser Tauschhandel brachte Wohlstand auf die Insel. Prachtvolle Wohnhäuser wurden gebaut, und Kultur und Bildung erlebten eine Blütezeit. Anfang des 20. Jhs. lebten 22 500 Menschen auf der Insel, und jedes Jahr liefen 500 Schiffe vom Stapel. Doch die italienische Besatzung, das Aufkommen des Dampfschiffes und der Aufstieg von Kalymnos zum wichtigsten Schwammproduzenten der Ägäis setzten Symis Wohlstand ein Ende.

Die Übergabe der Dodekanes-Inseln von den Deutschen an die Alliierten wurde am 8. Mai 1945 im Symi's Hotel (heute Pension Catherinettes, S. 629) unterzeichnet.

An- & Weiterreise

Katamarane, Ausflugsboote und **ANES** (☎ 22460 71444; www.anek.gr) verkehren regelmäßig zwischen Symi und Rhodos sowie den weiter nördlich gelegenen Inseln und nach Kastellorizo. Ein Anbieter legt in Panormitis im Süden der Insel an. Siehe Insel-Hopping (S. 876) für weitere Einzelheiten.

Symi Tours (S. 678) veranstaltet samstags Ausflüge von Gialos nach Datca in der Türkei (40 € inkl. türkischer Hafengebühren).

Unterwegs vor Ort

AUTO

Glaros (☎ 22460 71926, 6948362079; www.glarosrenta car.gr; Gialos) in der Nähe des Uhrenturms von Gialos vermietet Autos für rund 25 € und Motorroller für 10 €.

BUS & TAXI

Die Bushaltestelle und der Taxistand befinden sich an der Südseite des Hafens in Gialos. Der **graue Minibus** (☎ 6945316284) fährt stündlich zwischen Gialos und dem Strand von Pedi hin und her (über Chorio; pauschal 1 €). Der **blaue Minibus** (☎ 22460 71311) fährt täglich um 10 und um 15 Uhr von Gialos nach Panormitis. Taxis stehen an einem 100 m westlich von der Bushaltestelle gelegenen Stand.

SCHIFF/FÄHRE

Mehrere Ausflugsboote fahren vom Hafen Gialos zum Moni Taxiarhou Mihail Panor-

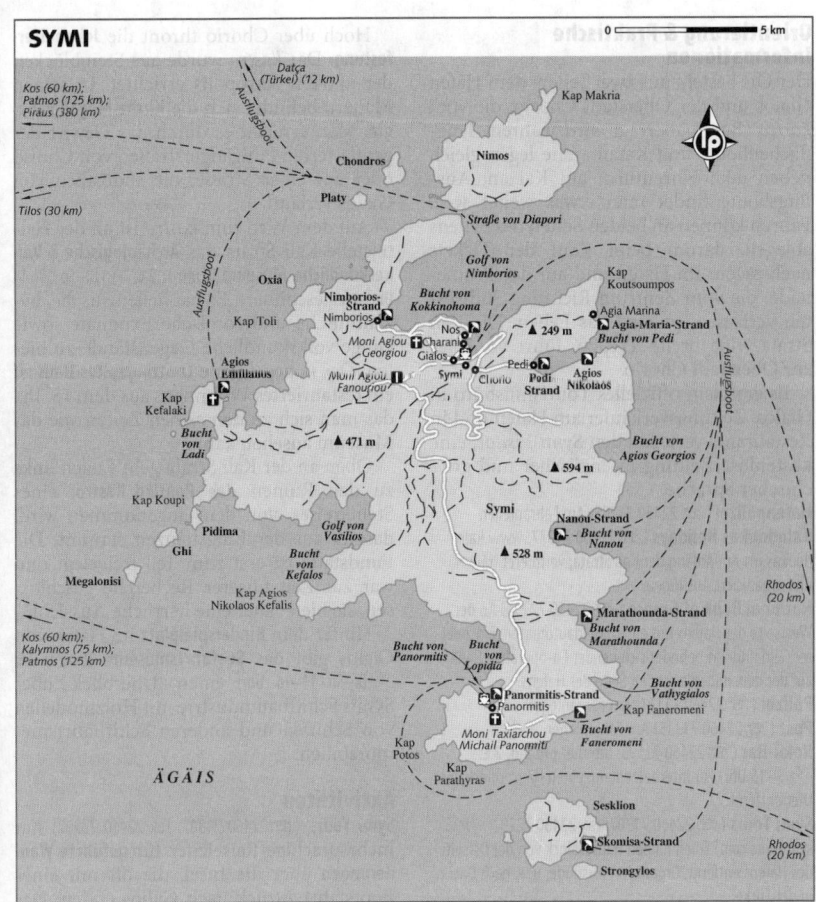

SYMI

0 ————— 5 km

Kos (60 km);
Patmos (125 km);
Piräus (380 km)

Datça
(Türkei) (12 km)

Kap Makria

Chondros

Nimos

Platy

Tilos (30 km)

Straße von Diapori

Oxia

Golf von
Nimborios

Kap
Koutsoumpos

Nimborios-
Strand
Nimborios

Bucht von
Kokkinohoma

Kap Toli

Agia Marina
Agia-Maria-Strand
Bucht von Pedi

▲ 249 m

Moni Agiou
Georgiou

Nos
Charani
Gialos
Symi

Pedi
Chorio

Pedi
Strand

Agios
Nikolaos

Agios
Emilianos

Kap
Kefalaki

Moni Agiou
Fanouriou

Bucht von
Ladi

▲ 471 m

Bucht von
Agios Georgios

Kap Koupi

Golf von
Vasilios

Symi

▲ 594 m

Nanou-Strand
Bucht von
Nanou

Pidima

Ghi

Bucht
von
Kefalos

▲ 528 m

Megalonisi

Kap Agios
Nikolaos Kefalis

Rhodos
(20 km)

Kos (60 km);
Kalymnos (75 km);
Patmos (125 km)

Bucht von
Panormitis

Bucht
von
Lopidia

Marathounda-Strand
Bucht von
Marathounda

Panormitis-Strand
Panormitis

Bucht von
Vathygialos
Kap Faneromeni

Moni Taxiarchou
Michail Panormiti

Bucht von
Faneromeni

ÄGÄIS

Kap
Potos

Kap
Parathyras

Sesklion

Skomisa-Strand

Rhodos
(20 km)

Strongylos

DODEKANES

---

miti und dem Inselchen Sesklion, auf dem es einen schattigen Strand gibt. Auf den Werbetafeln kann man die Preise der einzelnen Boote vergleichen. Es gibt auch Boote zum Strand Agios Emilianos, der ganz im Westen von Symi liegt.

Die kleinen **Wassertaxis** (☎ 22460 71423) *Konstantinos* und *Irini* fahren viele Strände der Insel an (10 bis 15 €). Sie legen jeweils um 10.15 und 11.15 Uhr ab.

GIALOS ΓΙΑΛΟΣ
2200 Ew.
Gialos ist der Hafen von Symis und eine wahrhafte Augenweide. Neoklassizistische Wohnhäuser in bunten Farben ziehen sich zu beiden Seiten des Hafens mit seinem

kristallklaren Wasser an den Hängen hinauf. Die meisten Geschäfte sowie die Bushaltestelle und der Taxistand befinden sich am Hafen, ebenso wie zahlreiche Cafés, in denen man Eiskaffee schlürfen und den gemächlichen Betrieb im Hafen beobachten kann.

Die Altstadt Chorio ist über eine anstrengend steile Treppe vom Hafen aus zu erreichen, aber die Anstrengung lohnt sich, denn die Altstadt ist wunderbar geeignet, um sich dem geruhsamen Bummeln hinzugeben. Seitengassen und verwinkelte Wege führen vorbei an traditionellen Häuser, Cafés, verfallenen Gebäuden und Kirchen und geben immer wieder den einmalig schönen Blick aufs Meer frei.

DODEKANES

Orientierung & Praktische Informationen

Der Ort besteht aus zwei Teilen: dem Hafen Gialos und der Oberstadt Chorio, die vom *kastro* (Burg) überragt wird. Fähren, Tragflächenboote und Katamarane legen gleich neben dem Uhrenturm am Kai an; Ausflugsboote findet man etwas weiter weg. Fähren können an beiden Seiten des Hafens ablegen, darum beim Kauf der Tickets nachfragen. Im Hafen und auf der Promenade, die vom Zentrum Richtung Südwesten verlaufen, pulsiert das Leben. Die Kali Strata, eine breite Treppe, führt von hier zur Oberstadt Chorio.

Es gibt kein offizielles Tourismusbüro in Gialos. Zeitungsverkäufer am Hafen und in Restaurants verteilen den *Symi Visitor*, eine kostenlose Zeitung in englischer und griechischer Sprache.

Hafenpolizei (☎ 22460 71205) Am Fähranleger.

Kalodoukas Holidays (☎ 22460 71077; www.kalo doukas.gr) Am Anfang der Kali Strata; vermietet Häuser und organisiert Ausflüge.

National Bank of Greece (☎ 22460 72294) An der Westseite des Hafens mit einem Geldautomaten. Ein zweiter Geldautomat befindet sich bei der Co-operative Bank auf der gegenüberliegenden Seite des Hafens.

Polizei (☎ 22460 71111) Am Fähranleger.

Post (☎ 22460 71315) Am Fähranleger.

Roloi-Bar (☎ 22460 71595; Internet pro Std. 2 €; ⏲ 9–15 Uhr) Für Internetzugang; einen Häuserblock vom Ufer entfernt.

Symi Tours (☎ 22460 71307; Fax 22460 72292; www. symitours.com) Einen halben Häuserblock von der Ostseite des Hafens entfernt. Organisiert Ausflüge, u. a. nach Datca in die Türkei.

Symi Visitor Office (☎ 22460 72755) Kleines gelbes Gebäude am Hafen.

Victoria Laundry (☎ 22460 70065) Am Fuß der Kali Strata.

www.symivisitor.com Eine nützliche Quelle für Inselinfos mit einem Buchungsdienst für Unterkünfte.

Sehenswertes

Chorio ist ein Labyrinth aus engen Straßen, die sich zwischen bunt gestrichenen Häusern und zerfallenen Zeugen der Vergangenheit winden. Die alte Stadt ist noch heute dicht bewohnt und besteht aus mehreren Kirchen, einer Schule und vielen Wohnhäusern. Sie ist ideal zum Bummeln, aber wenn man etwas Bestimmtes sucht, ist es oft nur schwer zu finden; am besten fragt man nach dem Weg.

Hoch über Chorio thront die **Johanniterfestung.** Das *kastro* wurde aus Steinblöcken der antiken Akropolis errichtet. In seinen Mauern befindet sich die **Kirche Megali Panagia.** Man erreicht es durch das Gewirr der gepflasterten Fußgängerstraßen von Chorio oder auf einer Straße, die südöstlich von Gialos verläuft.

Auf dem Weg zum *kastro* ist an der Haltestelle Kali Strata das **Archäologische & Völkerkundliche Museum** (Eintritt 2 €; ⏲ Di–So 10–14 Uhr) ausgeschildert. Es hat hellenistische, byzantinische und römische Exponate sowie einige volkskundliche Gegenstände zu bieten. Das nahegelegene **Chatziagapitos-Haus** ist ein restauriertes Wohnhaus aus dem 18. Jh., das man sich zu den selben Zeiten wie das Museum ansehen kann.

Oben an der Kali Strata geht's nach links zu den Ruinen des **Pontiko Kastro,** eines Steinkreises, von dem angenommen wird, dass er aus der Jungsteinzeit stammt. Die Fundstätte ist erst zum Teil freigelegt und war zur Zeit unserer Recherche geschlossen, sie bietet aber eine herrliche Aussicht.

Hinter dem **Kinderspielplatz** im Hafen von Gialos gibt das **Seefahrtsmuseum** (Eintritt 2 €; ⏲ Di–So 11–16 Uhr) einen Überblick über Symis Schiffbauindustrie mit Holzmodellen von Schiffen und anderen Schifffahrtsmemorabilien.

Aktivitäten

Symi Tours (☎ 22460 71307; Fax 22460 72292) hat mehrsprachige Reiseleiter für **geführte Wanderungen** über die Insel, die oft mit einer Bootsfahrt zurück nach Galios enden. Das Buch *Walks in Symi* von Lance Chiltern beschreibt 20 Wanderungen über die Insel für Anfänger und Fortgeschrittene. Verkauft wird es im **Symi Visitor Office** (☎ 22460 72755).

Schlafen

Hotel Fiona (☎ 22460 72088; www.symivisitor.com/ Fiona.html; Chorio; DZ 50 €; ❄) Bei einer angenehmen Brise bietet sich auf dem Balkon dieser äußerst komfortablen Bleibe ein großartiger Meerblick. Die Zimmer mit handbemaltem Mobiliar, gefliesten Böden und einem kleinen Kühlschrank sind sehr sauber. Am Ende der Treppe geht's nach links und 50 m weiter.

Hotel Kokona (☎ 22460 71549, 6937659035; ko konafo@otenet.gr; Gialos; DZ 50 €; ❄) Das vom Hafen aus einen Häuserblock landeinwärts und nicht weit vom Kinderspielplatz entfernte Hotel hat komfortable, saubere Zimmer, die nur einen Katzensprung vom Leben und Treiben entfernt sind, aber in einer ruhigeren Ecke liegen. Ein paar haben Balkone, die auf einen kleinen Platz mit Kirche hinausgehen.

Pension Catherinettes (☎ 22460 71671; marina-epe@rho.forthnet.gr; Gialos; DZ 55 €; ❄ ▣ ▯) Die historische Pension Catherinettes liegt an der Nordseite des Hafens. Die Zimmer sind schlicht, aber groß und luftig. Die Hallen ebenso wie einige der Zimmer haben inseltypische handbemalte Decken. Kleine Balkone blicken zum Hafen.

Hotel Pantheon (☎ 6932329202; Kali Strata, Chorio; DZ ab 80 €; ❄) Das restaurierte traditionelle Haus, das auf halbem Wege an der Kali Strata liegt, bietet fünf feudale neue Zimmer, eingerichtet mit antiken Holzmöbeln und gut ausgestatteten Kitchenetten. Die Zimmer sind in Größe und Grundriss unterschiedlich, aber alle komfortabel und gemütlich. Die Dachveranda bietet eine berauschend schöne Sicht aufs Meer.

Essen

In Gialos liegt am Hafen ein Lokal neben dem anderen; in Chorio drängen sie sich oben an der Kali Strata.

GIALOS

Stani (☎ 22460 71307; Süßes 1–4 €) Diese göttliche Bäckerei liegt versteckt in einer Fußgängerstraße einen Häuserblock vom mittleren Hafen entfernt. Hier gibt's lokale Süßigkeiten, Trüffel, Kuchen und Crème brulée. Ideal für ein paar Gourmetzutaten fürs Picknick.

Mythos Restaurant (☎ 22460 71488; *mezedhes* 6–12 €) Diese gut besuchte Taverne am Hafen serviert fantasievolle Speisen. Fischerrisotto, mit Pesto gefüllte Kalamari oder die Fischfiletpäckchen mit einer Safran-Sahnesoße sind mehr als empfehlenswert. Und die mit Honig und Mandeln gefüllten Birnen als Nachtisch sollte man sich nicht entgehen lassen. Livemusik und Tanz begleiten das Abendessen.

O Meraklis (☎ 22460 71003; Hauptgerichte 7–10 €) Das einen Häuserblock vom Wasser entfernt liegende und verdientermaßen beliebte Restaurant bringt einige fantastische Gerichte auf den Tisch: Makkaroni mit Pistazien und Schwertfisch sind ebenso lecker

wie die gefüllten Tomaten. Die Tische stehen bis auf die Fußgängerstraße hinaus.

CHORIO

LP Tipp **Olive Tree** (☎ 22460 72681; Chorio; leichte Mahlzeiten 2–5 €; ❄ ganzjährig 8–20 Uhr) Ein cooles Lokal, in dem man auf bequemen Sofas exzellente hausgemachte Backwaren (wie leckere Muffins und Kekse), hausgemachte Quiche oder auf Bestellung frisch gebackene Brötchen genießen kann. Es steht eine Menge Gemüsegerichte zur Auswahl (Chutney-Toasts mit Käse und rotem Paprika), und Kinder werden mit Buntstiften und Büchern beschäftigt. Besonders gut kann man hier frühstücken – Smoothies, Joghurt mit Honig und Obstsalat oder hausgemachtes Müsli geben Kraft für den ganzen Tag. Es gibt auch Essbares zum Mitnehmen. Das Olive Tree liegt gegenüber vom Hotel Fiona.

Restaurant Syllogos (☎ 22460 72148; Kali Strata; Hauptgerichte 5–7 €) Das oben an der Treppe gelegene Syllogos bietet kreative Gerichte wie Huhn mit Pflaumen, Schwein mit Lauch, Fisch mit Rosmarin und Tomate sowie vegetarische Gerichte wie Artischocken in Ei- und Zitronensoße oder *spanakopita* (Spinat im Blätterteig).

Giorgos (☎ 22460 71984; Hauptgerichte 6–9 €) In diesem Restaurant bietet die wechselnde Speisekarte eine große Vielfalt, aber immer gibt's verlockende Ofengerichte wie mit Reis, Pinienkernen und Kräutern gefülltes Hühnchen, Lamm in Weinblättern oder gefüllte Zwiebeln.

Ausgehen

Akrogiali Cafe (☎ 6948191637; ❄ ganzjährig) Das direkt am Wasser an der Ostseite des Hafens gelegene Lokal ist geradezu ideal, um hier einen frischen Obstsaft, Kaffee oder etwas Hochprozentigeres aus der gut bestückten Bar zu sich zu nehmen.

Eva (☎ 22460 71372) Das Flair Havannas durchströmt dieses coole Café mit antiken Sofas, funky Musik und Blick auf den Hafen. Tagsüber kann man sich hier sein Koffein holen; abends ist es ein fantastischer Ort für ein paar Drinks.

Jean and Tonic Bar (☎ 22460 71819; Kali Strata; ❄ ab 21 Uhr) Sehnsucht nach den Achtzigern? Zusammen mit Barry White, Tina Turner und der Expat-Gemeinde genießt man hier den einen oder anderen Gin Tonic.

UNTERWEGS AUF SYMI

Pedi ist ein kleines Fischerdorf und ein belebter Mini-Urlaubsort in einem fruchtbaren Tal 2 km hinter Chorio. Der schmale Strand ist stellenweise sandig; es werden Privatzimmer und Studios vermietet, und es gibt Hotels und Tavernen. Das **Pedi Beach Hotel** (☎ 22460 71981; www.blueseahotel.gr; Pedi; DZ 90€; ✿) hat einfache, mit weißem und dunklem Holz gestaltete Zimmer, die sich zum Strand hin öffnen. Fußwege beiderseits der Pedi-Bucht führen zu Strand **Agia Marina** an der Nordseite und zum Strand **Agios Nikolaos** an der Südseite. Beides sind sanft abfallende Sandstrände, die gut für Kinder geeignet sind.

Nos ist der Strand, der Gialos am nächsten liegt. Es sind nur 500 m zu Fuß, die nördlich des Uhrenturms in der Panormitis-Bucht beginnen. Hier gibt es eine Taverne, eine Bar und Liegestühle. **Nimborios** ist ein langer Kiesstrand 3 km westlich von Gialos, der etwas natürlichen Schatten zu bieten hat, aber auch Liegestühle und Sonnenschirme. Von Gialos führt ein sehr schöner Weg hierher – einfach der Straße folgen, die östlich vom zentralen Platz abzweigt, und dann immer geradeaus; der Weg ist eigentlich nicht zu verfehlen, wenn man sich nach der Kirche links hält und dann auf dem Steinpfad bleibt. Oberhalb dieses Weges kann man in den **Niriides Apartments** (☎ 22460 71784; www.niriideshotel.com; Apt. 70–80 €) übernachten. Die Zimmer entsprechen gerade so dem Standard, aber die Aussicht von hier ist hervorragend und bis zum Strand sind es nur ein paar Schritte.

Moni Taxiarhou Mihail Panormiti Μονή Ταξιάρχου Μιχαήλ Πανορμίτη

Eine kurvenreiche, befestigte Straße führt durch duftende Pinienwälder zum Süden der Insel, bevor sie sich in spektakulären Serpentinen zur großen, geschützt liegenden Panormitis-Bucht windet. Hier liegt Symis Hauptsehenswürdigkeit – das große **Moni Taxiarhou Mihail Panormiti** (Kloster des Erzengels Michael von Panormitis; Eintritt frei; ☾ Sonnenauf- bis Sonnenuntergang). Der gewaltige Klosterkomplex nimmt fast den gesamten Strand der Bucht ein.

Ein Kloster wurde hier erstmals im 5. oder 6. Jh. erbaut, der heutige Bau stammt jedoch aus dem 18 Jh. In der großen Kirche sieht man eine kunstvoll aus Holz geschnitzte Ikonostase, Fresken und eine Ikone des heiligen Michael, der angeblich auf wundersame Weise an der Stelle erschienen sein soll, an der heute das Kloster steht. Der heilige Michael ist der Schutzpatron von Symi und der Schutzheilige der Seeleute. Wenn Pilger oder Gläubige den Heiligen um etwas bitten wollen, ist es Tradition, eine Opfergabe zurückzulassen; man sieht sie übereinandergestapelt, dazu Gebete in Flaschen, die von Schiffen ins Wasser geworfen wurden und ihren Weg in den Hafen fanden.

Zum Klosterkomplex gehört ein **byzantinisches Museum** und ein **Völkerkundliches Museum,** eine Bäckerei mit ausgezeichnetem Brot und köstlichem Apfelkuchen sowie ein einfaches Restaurant-Café an der Nordseite. Unterkunft bietet das recht einfache **Gästehaus** (☎ 22460 72414; EZ/DZ 20/32 €), in dem im Juli und August eine Reservierung erforderlich ist.

Das Kloster ist ein Magnet für Tagesausflügler, die meist gegen 10.30 Uhr auf Ausflugsbooten eintreffen; besser ist es, das Kloster vor ihrer Ankunft oder nachdem sie alle weg sind zu besuchen. Einige Fähren fahren das Kloster direkt an und von Gialos gibt's einen Minibus. Ein Taxi von Gialos kostet 45 €. Im Kloster sollte man dezent gekleidet sein.

TILOS ΤΗΛΟΣ

530 Ew.

Die kleine, relativ unbeachtete Insel Tilos sieht mehr Zugvögel an ihren Küsten als Touristen. Da hier tatsächlich so seltene Arten wie die Eleonorenfalke, die Mittelmeer-Unterart der Krähenscharbe und die Habichtsadler nisten, sind viele der Touristen, die sich hierher verirren, passionierte Vogelbeobachter. Andere werden von den vielen Wanderwegen angelockt, die durch Berge, Täler und Wiesen zu kleinen, abgelegenen, von majestätischen Kalksteinklippen umrahmten Stränden führen. Tilos, das von der EU zum Vogelschutzgebiet ernannt wurde und zudem die Heimat zahlloser seltener Orchideen und Säugetiere, wie Meeresschildkröten und Mittelmeer-Mönchsrobben, ist, verschreibt sich einer grünen Lebensweise und öffnet seine Tore für den Ökotourismus.

DODEKANES

Das von den größeren Transportunternehmen oft stillschweigend ignorierte Tilos steht im Schatten seiner berühmteren Nachbarn. Früher lag die Stärke der Insel eher in ihrer Landwirtschaft als in ihrer maritimen Bedeutung. Heute hat man manchmal den Eindruck, als ob sie auf der Karte vergessen worden sei. Wer aber ein grünes Abenteuer auf einer vergessenen Insel sucht, ist hier goldrichtig.

Geschichte

Knochen von Mastodons – Zwergelefanten, die um 4600 v. Chr. ausstarben – wurden 1974 in einer Höhle auf der Insel gefunden. Die **Charkadio-Höhle** (auf unbestimmte Zeit geschlossen) ist an der Straße von Livadia nach Megalo-Chorio ausgeschildert und des Nachts hell erleuchtet. Erinna, eine kaum bekannte Dichterin der Antike, lebte im 4. Jh. v. Chr. auf Tilos. Abgesehen von Elefanten und Dichtkunst hat Tilos aber ebenso viele Invasionen und Besatzungen erlebt wie der Rest des Archipels.

In neuerer Zeit kämpfen Einheimische für ein Verbot der Jagd, derentwegen bisher in jedem Herbst über 200 Jäger auf die Insel kamen. Das Verbot wurde im Jahr 1987 eingeführt, 2001 erneuert und soll in Zukunft als ständige Sanktion verhängt werden.

An- & Weiterreise

Der Tilos gehörende Katamaran **Sea Star** (☎ 22460 44000; Fax 22460 44044) verbindet die Insel mit Rhodos. Fähren vom Festland schaffen eine unregelmäßige Verbindung von Tilos nach Piräus, Rhodos und zu den Nachbarinseln des Dodekanes. Siehe Insel-Hopping (S. 877) für weitere Einzelheiten. Tickets werden bei Stefanakis Travel (S. 632) in Livadia verkauft.

Unterwegs vor Ort

Ein Bus fährt die Hauptstraße der Insel sieben Mal täglich auf und ab; die erste Abfahrt in Livadia ist um 8.20 Uhr und die letzte Rückfahrt von Megal Chorio um 22.15 Uhr angesetzt. Der Fahrplan hängt an der Bushaltestelle am Dorfplatz in Livadia aus. Der Bus hält in Megalo Chorio (1 €), in Eristos Beach (1,20 €) und in Agios Andonis (1,50 €). An den Sonntagen verkehrt ein

DODEKANES

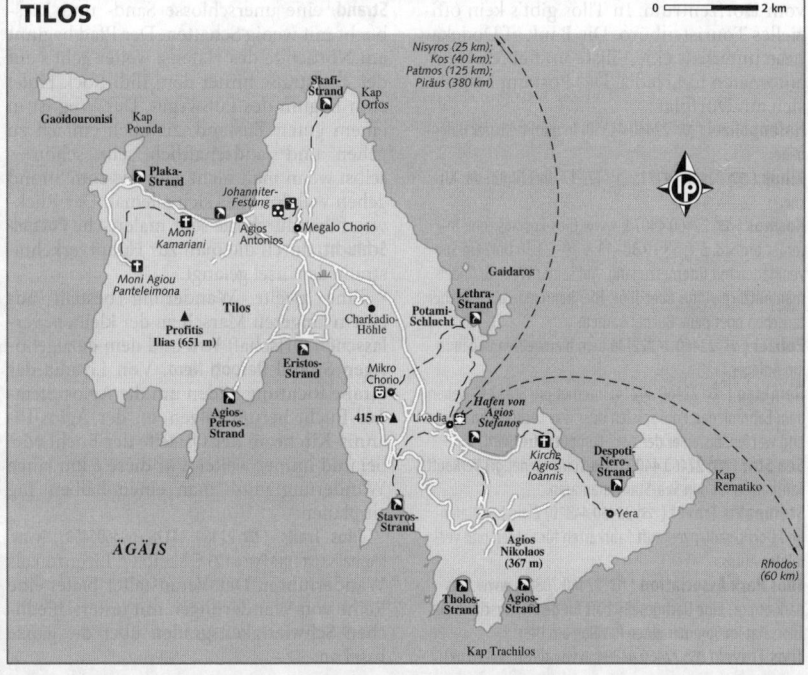

TILOS

0 — 2 km

Nisyros (25 km);
Kos (40 km);
Patmos (125 km);
Piräus (380 km)

Gaoidouronisi Kap Pounda

Skafi-Strand   Kap Orfos

Plaka-Strand

Johanniter-Festung

Moni Kamariani   Agios Antonios   Megalo Chorio

Moni Agiou Panteleimona

Gaidaros

Tilos

Profitis Ilias (651 m)

Charkadio-Höhle   Potami-Schlucht   Lethra-Strand

Eristos-Strand

Mikro Chorio

Agios-Petros-Strand

415 m ▲   Livadia   Hafen von Agios Stefanos

Kirche Agios Ioannis   Despoti-Nero-Strand   Kap Rematiko

ÄGÄIS

Stavros-Strand

Agios Nikolaos (367 m)

Yera

Rhodos (60 km)

Tholos-Strand   Agios-Strand

Kap Trachilos

Ausflugsbus zum Moni Agiou Pante-leimona (hin & zurück 4 €), der in Livadia um 11 Uhr abfährt und eine Stunde vor dem Kloster wartet. Taxis erreicht man unter den Telefonnummern ☎ 6944981727 oder ☎ 6945200436.

Im Sommer werden mehrere Ausflüge an einsame Strände angeboten; Plakate überall in Livadia informieren darüber.

LIVADIA ΛΙΒΑΔΕΙΑ
470 Ew.

Das verschlafene, nette Livadia ist das größte Dorf und der Hafen der Insel. Hier gibt's nichts an Architektur oder Sehens-würdigkeiten zu bestaunen, aber es geht ge-mütlich zu. Der Uferweg lädt zum Bum-meln ein, mit der See zu Füßen und einer Handvoll Cafés und Restaurants entlang der Küste. Im Dorf sind die meisten Dienst-leister und Geschäfte sowie das Gros der Unterkünfte auf der Insel zu finden.

Orientierung & Praktische Informationen

Sämtliche Schiffe kommen in Livadia an. Der kleine Hafen liegt 300 m südöstlich vom Dorfzentrum. In Tilos gibt's kein offi-zielles Touristenbüro. Die Bank of Dodeka-nese unterhält eine Filiale und einen Geld-automaten in Livadia. Das Postamt befindet sich am Dorfplatz.

Hafenpolizei (☎ 22460 44350) In unmittelbarer Hafen-nähe.

Klinik (☎ 22460 44171; ☺ 12–17 Uhr) Hinter der Kir-che.

Kosmos (☎ 22460 44074; www.tilos-kosmos.com; In-ternet pro Std. 5 €; ☺ 9.30–13 & 19–23.30 Uhr) Ein Sou-venirladen mit Internetzugang. Auf seiner Website findet man nützliche Infos über Tilos. Hier kann man auch Bücher tauschen oder neue Bücher kaufen.

Polizei (☎ 22460 44222) In dem blauweißen Gebäude am Anleger.

Remetzo (☎ 22460 44214; Internet pro Std. 2 €) Neben dem Hafenleger. Pool spielen oder was Leckeres knabbern und warten, bis einer der zwei Computer frei wird.

Sea Star (☎ 22460 44000; sea-star@otenet.gr) Verkauft Fahrkarten für den Sea-Star-Katamaran.

Stefanakis Travel (☎ 22460 44310) Zwischen Hafen und Dorf Livadia; verkauft Fahrkarten für Fähren und ver-mietet Autos.

Tilos Park Association (☎ 22460 70880; www.tilos-park.org.gr) Eine Dachgesellschaft für den Naturschutz auf Tilos. Hat im Sommer einen Pavillon am Ufer.

Tilos Travel (☎ 22460 44294; www.tilostravel.co.uk)

Am Hafen; hat hilfsbereites Personal, ist aber nur im Som-mer geöffnet. Geldabheben per Kreditkarte und Geldwech-sel sind möglich, ebenso wie Büchertausch und Auto- und Mountainbikeverleih.

Sehenswertes & Aktivitäten
MIKRO CHORIO

Nicht weit von Livadia entfernt liegt die ur-sprüngliche Siedlung Tilos. Sie wurde zum Schutz vor Piraten im Binnenland angelegt. Die letzten Bewohner verließen das Dorf in den 1960er-Jahren, vor allem wegen der Wasserknappheit. Ein Spaziergang zwi-schen den verlassenen Häusern ist faszinie-rend. Einige sind sogar schon restauriert worden, und ihre Besitzer hoffen, zurück-kehren zu können.

WANDERUNGEN

Wegen seiner landwirtschaftlichen Vergan-genheit erkennt man in Tilos überall noch Terrassenfelder und Pfade, auf denen die Bauern früher zu den fernen Felder liefen. Heute werden diese Pfade von denen ge-nutzt, die ihre Beine trainieren wollen.

Eine 3 km lange Wanderung führt zum nördlich von Livadia gelegenen **Lethra-Strand,** eine unerschlosse Sand- und Kies-bucht mit wenig Schatten. Der Pfad beginnt am Nordende des Hafens; weiter geht's auf der Teerstraße hinter dem Ilidi Rock Hotel zum Beginn des Fußweges. Der Weg ist in einem guten Zustand, ziemlich einfach zu gehen und landschaftlich sehr schön – selbst wenn man nicht ganz bis zum Strand gehen will, lohnt es sich allemal. Der Rück-weg führt durch die sehr malerische **Potami-Schlucht,** durch die man zur Hauptverkehrs-straße der Insel gelangt.

Eine zweite Wanderung besteht aus einem längeren Marsch zu der kleinen, ver-lassenen Ortschaft **Yera** und dem dazugehö-rigen Strand **Despoti Nero.** Von Livadia der Straße Richtung Süden um die Agios-Stefa-nos-Bucht herum folgen, an der Agios-Io-annis-Kirche an der Ostseite der Bucht vor-bei und immer weiter. Für diese 6 km lange Wanderung muss man einen halben Tag einplanen.

Tilos Trails (☎ 22460 44128, 6946054593; www.tilostrails.com; pro Person 25 €) besitzen Lizenzen als Wanderführer. Der Veranstalter bietet eine Reihe von Wanderungen mit unterschiedli-chen Schwierigkeitsgraden über die ganze Insel an.

Schlafen

Kosmos Studios (☎ 22460 44164; www.tilos-kosmos. com; Apt. 45 €) Die in einem Garten in Strandnähe stehenden Wohneinheiten zur Selbstversorgung sind geräumig und sehr privat. Jede hat einen sonnigen Balkon und nach hinten raus eine schattige Veranda. Im Kosmos-Souvenirladen im Dorf erkunden.

Olympus Apartments (☎ 22460 44324; www.tilo sisland.com; DZ/3BZ 50/60 €; ❄) Alle Zimmer haben erstaunlich gut ausgestattete Küchen, guten Meerblick und Balkone. Die dörflichen Zimmer sind mit eingebauten Betten und traditioneller Gestaltung sehr apart. Es gibt auch ein Familienzimmer mit Loft, aber ohne Meerblick.

Anna's Studios (☎ 22460 44334; www.annas-stu dios.com; DZ 55 €) Die oberhalb des Fähranlegers an der Nordseite der Bucht gelegenen Studios haben sehr gemütliche und große Zimmer. Eine großartige Aussicht und große Balkone, Kitchenetten und handbemalte Holzmöbel machen sie zu perfekten Ferienwohnungen. Familienstudios haben ein zweites Schlafzimmer.

Hotel Irini (☎ 22460 44293; www.tilosholidays.gr; EZ/DZ inkl. Frühstück 50/65 €; ❄) Das ein wenig vom Wasser zurückversetzte Hotel liegt in einem Zitrusgarten mit einem von Palmen umstandenen Pool. Die Zimmer sind schlicht, aber zweckmäßig, alle mit Balkon und einige mit Meerblick. Die Lobby und die Aufenthaltsbereiche sind hell und fröhlich gehalten. Zum Hotel gehört ein Café, in dem frische Säfte, hausgebackene Kuchen und Sandwiches serviert werden.

Livadia Beach Apartments (☎ 22460 44397; www.tilosisland.com; Apt. 70–85 €; ❄ 🖳) Diese geräumigen, modernen Zimmer liegen direkt am Meer und um einen farbenprächtigen Garten herum. Sie sind äußerst gemütlich mit gefliesten Balkonen, feudalen Sofas und großen Küchen. Es gibt auch ein Café im Freien.

Essen

Für Picknicks und zur Selbstversorgung gibt es in Livadia drei große Lebensmittelgeschäfte mit jeder Menge frischen Produkten aus der Region.

Spitico (☎ 22460 44340; Snacks 2–3 €) Dieses Café am Hauptplatz macht großartigen Kaffee, Käsepasteten und lokale Süßspeisen. Man sitzt auf der großen Veranda und schaut den Vorbeigehenden zu.

LP Tipp **To Mikro Kare** (Snacks 2–5 €, Hauptgerichte 3–12 €; ⏱ Mo–Fr ab 18.30, Sa & So ab 16 Uhr) Dieses Lokal in einem erst kürzlich restaurierten Steinhaus strahlt viel Atmosphäre aus: Holzsparren, Bullaugen und nautische Verzierungen machen es sehr gemütlich. Man isst Sandwiches und Salate und spielt dabei Brettspiele in der Bar oder begibt sich ins Restaurant, um frische Meeresfrüchte zu essen.

Armenon (☎ 22460 44134; Hauptgerichte 3,50–7 €) Auf einer belebten Veranda am Meer werden mit Feta und Tomaten gebackene Garnelen oder Schweinefleisch mit Rosmarin, Thymian und Honig serviert. Alle Zutaten, darunter Honig und Olivenöl stammen aus eigener Produktion.

Taverna Trata (☎ 22460 44364; Hauptgerichte 8–12 €) Die freundlichen Besitzer servieren frischen Fisch, *kalamari*, Ziege in Tomatensoße und Garnelen. Man sitzt bei Tisch unter einem Blätterdach auf der Veranda zwischen hübschen Laternen und sieht zu, wie das Mahl auf dem Außengrill zubereitet wird. Vom Ufer aus immer in der Nase nach, 100 m hinter dem Dorfplatz.

Ausgehen

Cafe Bar Georges (☎ 22460 44257) Dieses rustikale Steinhaus am Dorfplatz ist eigentlich eine Kneipe für Arbeiter – ein Lokal, in dem man sich stundenlang aufhalten kann. Es kann einige Zeit in Anspruch nehmen, bis man die Ansammlung von Orchideen, chinesischem Neujahrsschmuck und nautischem Gerät vollständig bewundert hat. Einfach an einen der handgeschnitzten Holztische setzen und sich am dörflichen Palaver beteiligen.

Paralia Cafe Bar (☎ 22460 44442) Diese stilvolle Bar mit einer Glaswand, die einen großartigen Blick auf die anlaufenden Wellen gewährt, hat Cocktails, Kaffees und eine exzellente Auswahl an Tees im Angebot. Man entspannt sich auf riesigen Kissen und behaglichen Sofas bei dabei griechische Popmusik oder spielt Monopoly.

Shoppen

Mehrere Geschäfte in Livadia verkaufen regionale Erzeugnisse. Bei **Nefeli** (☎ 22460 44246) am Dorfplatz kann man sich mit Honig, Konserven (wie Auberginen oder Kirschen) und getrockneten Gewürzen, alle vor Ort produziert, eindecken.

MEGALO CHORIO ΜΕΓΑΛΟ ΧΩΡΙΟ
50 Ew.

Megalo Chorio, die winzige Inselhauptstadt, ist ein ruhiges, weiß getünchtes Dorf mit verwinkelten Gässchen. Wer das dörfliche Leben im Urlaub schätzt, findet hier in der Sommersaison eine gute Ausgangsbasis. Das kleine **Museum** (Eintritt frei; ☉ 8.30–14.30 Uhr; ☉ nur im Sommer) an der Hauptstraße beherbergt Mastodonknochen aus der Charkadio-Höhle. Von Megalo Chorio aus kann auch die **Johanniterburg** besucht werden, was einen anstrengenden 40-minütigen Anstieg auf einem Weg am Nordende des Dorfes erfordert. Unterwegs kommt man an der **antiken Siedlung** von Tilos vorbei, die einst hoch über Megala Chorio auf Felsvorsprüngen stand.

Miliou Studios (☎ 22460 44204; DZ 40 €) hat Zimmer in einem von Bäumen beschatteten Garten. Jedes hat einen zum Meer blickenden Balkon. Zu Abend kann man im **Castle** (☎ 22460 44232; Hauptgerichte 5–6,50 €), am Südrand des Dorfes essen, mit wunderschöner Aussicht auf die Bucht. Auf der Speisekarte stehen Fleisch vom Holzkohlengrill, darunter das von ökologisch gehaltenen Ziegen und regional gezüchteten Schweinen, und frischer Fisch. Es gibt hier auch einen kleinen Lebensmittelladen.

An der Straße nach Livadia oder ein kleines Stück zu Fuß vom Megalo Chorio entfernt, liegt die ausgezeichnete **Joanna's Resto-Bar** (☎ 22460 44145; Hauptgerichte 8–12 €; ☉ Mai–Sept. ab 19 Uhr). Im Joanna's, das in einem üppig grünen Garten liegt, bekommt man richtige italienische Antipasti, Pizza aus dem Steinofen und hausgebackene Kuchen und Puddings serviert.

Megalo Chorios Bushaltestelle befindet sich am Ortsende.

RUND UM MEGALO CHORIO

Kurz vor Megalo Chorio zweigt die Straße links zum 2,5 km entfernten, von Tamarisken beschatteten **Eristos-Strand** ab, der aus grobem Sand und Kies besteht. Hier gibt's ein Münztelefon, in der Saison einen Kiosk und ein Volleyballnetz, das in den Sommermonaten rege genutzt wird. Im Winter liegt am Strand viel Unrat herum, der aber bis zum Sommer wieder weggeräumt ist. Busse halten hier sonntags oder außerhalb der Saison nur, wenn man den Fahrer darum bittet.

Gleich hinter dem Strand liegt das **Eristos Beach Hotel** (☎/Fax 22460 44025; DZ 32 €; ☒ ☒), das von Orangen- und Zitronenbäumen und Palmen umgeben ist. Ausreichend große Balkone blicken aufs Meer; luftige Studios mit Kitchenette bieten bis zu vier Personen Platz. Auf dem Gelände gibt's auch ein Restaurant, eine Bar und einen wunderschönen Pool.

Das **Nafsika Cafe** (☎ 22460 44306; Hauptgerichte 4–8 €) hat große Fenster, viel Licht und Tische in einem Garten voller Blumen. Auf der Speisekarte stehen Standardgerichte, aber alle selbstgekocht, der Kaffee schmeckt prima, und es herrscht eine geruhsame Atmosphäre. **In der Tropicana Taverna** (☎ 22460 44020; Hauptgerichte 3,60–5,50 €) an der Straße, die vom Strand hochführt, kommt traditionelles Essen mit frischem Gemüse aus eigenem Anbau auf den Tisch. Die *revythokeftedhes* (Kichererbsenfrikadellen) sind echte Leckerbissen.

Eine an der Kreuzung ausgeschilderte Abzweigung nach rechts führt zu der ruhigen Siedlung **Agios Antonios**. Weitere 3 km westlich kommt der naturbelassene, schöne **Plaka-Strand**. Er liegt in einer Bucht, in der das Wasser etwas wärmer ist und wo es am Nachmittag natürlichen Schatten gibt. Wer etwas weiter hinauswatet, kann an den Felsplatten gut schnorcheln.

Das **Moni Agiou Panteleimona** aus dem 18. Jh. erreicht man von hier aus nach 5 km Fahrt auf einer landschaftlich schönen, kurvenreichen Straße. Das Kloster ist unbewohnt, aber gut erhalten. In seinem Innern sind die Fresken weitgehend verschwunden, aber der hölzerne Altar ist kunstvoll geschnitzt und bemalt und die Steinmetzarbeiten sind ziemlich beeindruckend. Hier stehen Picknickbänke und ein von einem Bach gespeister Springbrunnen – alles ist bereit für das gut besuchte, dreitägige **Volksfest**, das hier ab dem 25. Juli stattfindet. Sonst trifft man hier aber kaum eine Menschenseele; der Schlüssel steckt einfach in der Tür. Im Sommer bringt der Minibus der Insel sonntags Ausflügler hierher.

NISYROS ΝΙΣΥΡΟΣ

950 Ew.

Nisyros fällt von seinem zentralen Vulkan zum Meer hin ab. Der vulkanische Boden der nahezu runden Insel aus Bimsstein und Felsen ist enorm fruchtbar, und die einzigartige Pflanzenwelt zieht Botaniker und Gärtner aus aller Welt an. Nach Nisyros kommt man nicht wegen der Strände (die nicht der Renner sind). Man kommt, um in seinem zischenden Vulkan zu stehen, um an seinen grünen Hängen zu wandern, um seine touristisch kaum erschlossenen Dörfer zu sehen und um zum Abendessen die Küche mit den köstlichen lokalen Produkten zu genießen. Die meisten Besucher kommen nur für einen Tag. Wer aber die Schönheit der Insel wirklich kennenlernen will, bleibt besser ein paar Tage dort.

An- & Weiterreise

Nisyros liegt auf der Route der regelmäßigen Fährverbindungen nach Rhodos, Kos und Piräus. Der Katamaran *Dodekanisos Pride* läuft die Insel an und verbindet sie mit den benachbarten Dodekanesinseln. Zwei kleine, inseleigene Fähren verbinden Mandraki mit Kardamena auf Kos und mit Kos-Stadt. Weitere Einzelheiten stehen unter Insel-Hopping (S. 870).

Unterwegs vor Ort

AUSFLUGSBOOT

Im Juli und August fahren Ausflugsboote zu der kleinen Bimssteininsel Giali (hin und zurück 10 €), auf der es einen ruhigen Sandstrand gibt.

AUTO, MOTORRAD & TAXI

Manos Rentals (☎ 22420 31029) am Kai ist der beste Motorradverleih. Für Autos kann man zu **Diakomihalis** (☎ 22420 31459, 6977735229) in der Stadt gehen.

Ein Taxi kann über eine der folgenden Nummern gerufen werden: ☎ 6989969810, 22420 31460 oder 22420 22420. Ein Taxi von Mandraki zum Vulkan kostet 20 €, nach Nikia 11 € und nach Pali 5 €.

BUS

Im Sommer fahren bis zu 10 Ausflugsbusse täglich zwischen 9.30 und 15 Uhr (hin und zurück 7,50 €) zum Vulkan, wo man etwa 40 Minuten bleiben kann. Außerdem fahren täglich drei Busse nach Nikia (2 €) über Pali. Die Bushaltestelle ist in Mandraki am Hafen.

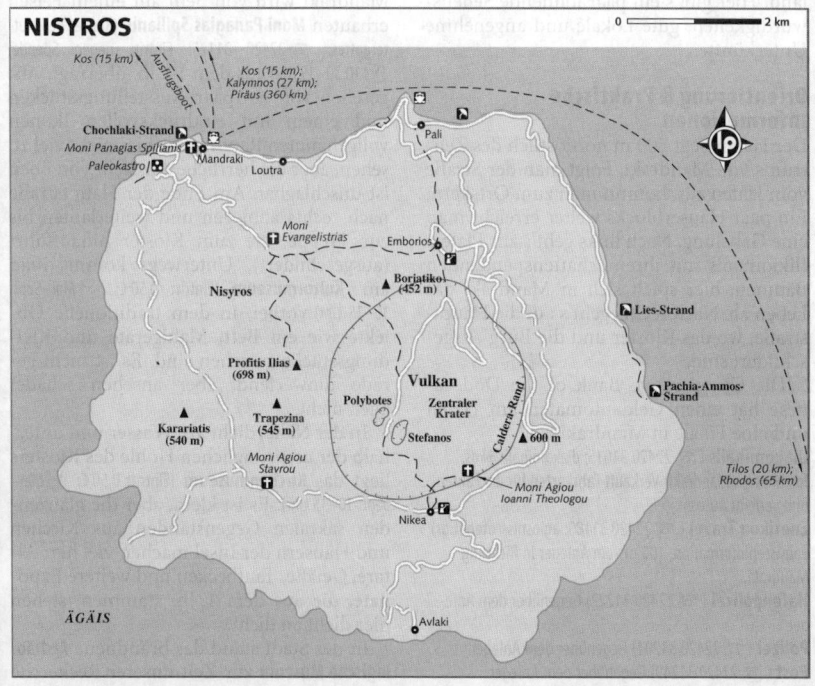

NISYROS

0 — 2 km

Kos (15 km)
Kos (15 km); Kalymnos (27 km); Piräus (360 km)
Chochlaki-Strand
Moni Panagias Spilianis
Paleokastro
Mandraki
Pali
Loutra
Moni Evangelistrias
Emborios
Boriatiko (452 m)
Nisyros
Lies-Strand
Profitis Ilias (698 m)
Polybotes
Vulkan
Zentraler Krater
Pachia-Ammos-Strand
Trapezina (545 m)
Stefanos
Caldera-Rand
600 m
Karariatis (540 m)
Moni Agiou Stavrou
Moni Agiou Ioanni Theologou
Tilos (20 km); Rhodos (65 km)
Nikea
ÄGÄIS
Avlaki

DODEKANES

VERBORGENE QUELLEN

Dass Nisyros mit seinem dampfenden Vulkan mitten in der Ägäis zugleich ein Ort zahlreicher heißer Quellen ist, versteht sich beinahe von selbst. Seit den Zeiten von Hippokrates haben Menschen die Quellen in Pali wegen ihrer heilenden Wirkung aufgesucht. Die Ägypter liebten die Quellen so sehr, dass sie Anfang des 19. Jhs. um sie herum einen luxuriösen Palast für regelmäßige Badekuren errichteten. Als der Besitzer des Palastes starb, holte sein Sohn alles, was nicht niet und nagelfest war, aus dem Palast und überließ das Bauwerk dem Verfall.

Spätere Generationen riefen sich die Quellen ins Bewusstsein zurück. Ein Urenkel kehrte zurück, um Badeeinrichtungen in den 1980er-Jahren wieder aufzubauen. Er plante ein Luxushotel und kam immerhin so weit, dass er den Außenbau fertigstellte, der noch heute Palis Küste beherrscht. Leider gab er aus unerfindlichen Gründen auf und hinterließ ein leeres, halbfertiges Hotel und keinen Zugang zu den Quellen. Wer genau hinhört, vernimmt vielleicht noch den stummen Ruf der Quellen aus der Tiefe unter dem Beton, muss sich aber doch mit dem Dampf aus der vulkanischen Caldera zufriedengeben.

MANDRAKI ΜΑΝΔΡΑΚΙ

660 Ew.

Mandraki ist der Hafen und Hauptort auf Nisyros und herrlich zum Bummeln. Man wandert durch das Labyrinth der Gassen, vorbei an Häusern mit bunt bemalten Balkonen, trocknender Wäsche und im Freien spielenden Kindern. In Mandraki bekommt man ein Gefühl für das 'wahre' Griechenland. Hier gibt's ein paar lohnende Sehenswürdigkeiten, gute Lokale und angenehme Unterkünfte.

Orientierung & Praktische Informationen

Der Hafen liegt 500 m nordöstlich des Zentrums von Mandraki. Folgt man der Straße vom Hafen aus, kommt man zum Ortskern. Ein paar Häuserblocks weiter erreicht man eine Gabelung. Nach links geht's zur Plateia Ilikiomenis mit ihren schattenspendenden Bäumen; hier spielt sich in Mandraki das Leben ab. Nach rechts geht's auf die Hauptstraße, wo das Kloster und die Burg ausgeschildert sind.

Die Co-operative Bank of the Dodecanese hat einen Geldautomaten am Hafen und eine Filiale in Mandraki.

Diakomihalis (☎ 22420 31015; diakomihalis@kos. forthnet.gr; Mandraki) Verkauft Fahrkarten für die Fähren und verleiht Autos.

Enetikon Travel (☎ 22420 31180; agiosnis@otenet.gr) Touristeninformation; 100 m vom Anleger in Richtung Mandraki.

Hafenpolizei (☎ 22420 31222) Gegenüber dem Anleger.

Polizei (☎ 22420 31201) Gegenüber dem Anleger.

Post (☎ 22420 31249) Gegenüber dem Anleger.

Proveza Internet Cafe (☎ 22420 31618; pro 30 Min. 1,40 €; 🛜) Internet und WLAN sowie frisch gemahlenen Kaffee und MTV-Videos. Am Ufer.

www.nisyros.com Fotos und Artikel über Nisyros, von Lesern geschrieben.

www.nisyros.gr Infos über Sehenswürdigkeiten, Geschichte und die Umwelt.

Sehenswertes

Mandraki wird von dem auf einem Felsen erbauten **Moni Panagias Spilianis** (Kloster der Muttergottes; ☎ 22420 31125; Eintritt gegen Spende; ⏰ 10.30–15 Uhr) aus dem 14. Jh. überragt. Abgesehen von ein paar Ausstellungsstücken und einem mit eindrucksvollen Ikonen vollgehängten Raum gibt's hier nicht viel zu sehen, aber die herrliche Aussicht von oben ist unschlagbar. Am Ende der Hauptstraße nach rechts abbiegen und weiterlaufen bis zur Treppe, die zum Kloster hinaufführt (ausgeschildert). Unterwegs kommt man am **Kulturmuseum** (Eintritt 0,50 €; ⏰ Mai–Sept. 10–15 Uhr) vorbei, in dem traditionelle Objekte wie ein Bett, Mahlgeräte und Kleidungsstücke zu sehen sind. Es ist nicht gerade umwerfend, aber ansehen schadet auch nicht.

In der Nähe, dicht am Wasser und unterhalb der ursprünglichen Höhle des Klosters liegt das **Kirchenmuseum** (Eintritt 0,50 €; ⏰ Mai–Sept. 10–15 Uhr). Es ist klein, aber die glänzenden sakralen Gegenstände aus Kirchen und Häusern der Insel machen viel her: Altare, Gefäße, Taufbecken und weitere Exponate, die aus dem 1. Jh. stammen, stehen hier dicht an dicht.

In der Stadt stand das brandneue **Archäologische Museum** zur Zeit unserer Recherche kurz vor der Eröffnung. Ein Besuch lohnt sich mit Sicherheit.

Oberhalb von Mandraki liegt die eindrucksvolle Akropolis aus der mykenischen Epoche, das **Paleokastro** (Antikes Kastro). Seine aus massiven Blöcken vulkanischen Gesteins erbauten zyklopischen Mauern aus dem 4. Jh. kann man erklettern, um die atemberaubende Aussicht zu genießen; überall gibt's gute und aufschlussreiche Beschriftungen auf Englisch. Dem Schild 'kastro' von den Klostertreppen aus nach Südwesten folgen. Nach einer Weile geht's über ein paar Treppen zu einem Pfad durch eine schöne, grüne Landschaft. An der Straße nach rechts wenden, dann liegt das kastro auf der linken Seite. Es ist auch mit dem Auto zu erreichen.

Chochlaki ist ein Strand mit schwarzen Steinen und meist gut zum Baden geeignet, es sei denn, der Wind bläst kräftig und die See wird rau. Er liegt westlich des Moni Panagias Spilianis und ist über einen gepflasterten Fußweg um die Landspitze herum zu erreichen. Bei schlechtem Wetter sollte man hier nicht gehen, denn man kann regelrecht vom Weg gespült werden. Der kleine Sandstrand **Mandraki** auf halbem Weg zwischen dem Hafen und der Dorfmitte ist beliebt und zum Baden ganz brauchbar, allerdings manchmal voller Tang.

Schlafen

Es gibt nicht allzu viele Unterkünfte in Mandraki. Wer im Juli und August ein Bett braucht, muss im Voraus buchen.

Three Brothers Hotel (☎ 22420 31344; iiibrothers@ kos.forthnet.gr; EZ/DZ/Studio 30/40/60 €; 🕮) Dieses gastfreundliche, familiengeführte Hotel hat ziemlich kleine, aber ordentliche Zimmer mit Balkon und ein paar geräumige Studios mit hoher Decke, Kitchenette und Veranda. Alle Zimmer haben einen kleinen Kühlschrank, und die meisten bieten einen Ausblick aufs Meer. Da das Hotel in Hafennähe liegt, ist es von den Fähren aus bequem zu erreichen.

Hotel Xenon (☎ 22420 31011; DZ inkl. Frühstück 50 €; 🕮 🍴) Diese sauberen Standardzimmer sind nichts Besonderes, liegen aber direkt am Wasser. Das Hotel hat einen am Meer gelegenen Pool.

Hotel Porfyris (☎ 22420 31376; diethnes@otenet. gr; DZ inkl. Frühstück 55 €; 🕮 🍴) Dieses in der Nähe der Plateia Ilikiomenis gelegene Hotel war einmal großartig, ist heute zwar etwas bescheidener, aber immer noch komfortabel. Standardzimmer mit neuen Bädern sind keineswegs als groß zu bezeichnen, haben aber Balkone mit Blick aufs Meer oder die Berge. Frühstück auf der Veranda und dann ein erfrischendes Bad im Pool.

Ta Liotridia (☎ 22420 31580; www.nisyros-taliotri dia.gr; Apt. 100 €; 🕮) In diesem direkt am Ufer gelegenen Steinbau standen früher einmal Ölpressen. Heute befinden sich hier Luxuszimmer, die inseltypisch mit erhöhten Betten, Steinbögen und klassisch zeitlosen Holzmöbeln eingerichtet sind. Apartments bieten vier Schlafplätze und haben voll ausgestattete Küchen.

Essen

Besucher sollten die Inselspezialität pitties (Kichererbsen- und Zwiebelküchlein) probieren und sich dazu eine erfrischende soumada, ein alkoholfreies Getränk aus Mandelextrakt, gönnen.

Bäckerei Pali (☎ 22420 31448; Snacks 1–3 €) In dieser einen Häuserblock hinter dem Ufer gelegenen Bäckerei bekommt man nisyrische Brotsorten, Kuchen und Pasteten. Wer nicht abwarten kann, der lässt sich die fürs Picknick eingepackten Leckereien gleich am Brunnen vor dem Laden schmecken.

Taverna Panorama (☎ 22420 31185; Grillgerichte 3–5 €) Ganz in der Nähe der Plateia Ilikiomenis, Richtung Hotel Porfyris, kommt in diesem kleinen, familiengeführten Lokal traditionelle Kost auf den Tisch. Lecker schmecken seftelies (Würstchen mit frischen Kräuter nach zypriotischer Art).

Restaurant Irini (☎ 22420 31365; Plateia Ilikiomenis; Hauptgerichte 3–6 €) Die großen Touristenschilder draußen am besten nicht beachten; wer in dieses Restaurant geht, hat das Gefühl, er sei direkt in Irinis eigenem Esszimmer gelandet. Gäste werden wie Familienmitglieder behandelt und bekommen große Schüsseln mit hausgekochten Gerichten vorgesetzt. Unbedingt probieren: die leckeren dolmadhes, Auberginensalat, Fleisch und Fisch vom Grill, und dann noch Platz für köstliche Nachspeisen lassen.

Kleanthes Taverna (☎ 22420 31484; Hauptgerichte 6–12 €) Dieses Restaurant am Ufer mit Blick auf das Kloster und Kos ist bei den Einheimischen beliebt wegen seiner frischen Fischsuppe, Muscheln mit Reis, gegrillten Beefburgern und gebackenem Feta.

Ausgehen

Die Plateia Ilikiomenis ist wie das Ufer von Cafés und Bars gesäumt. Zum Ta Liotridia (S. 637) gehört eine stimmungsvolle Musikbar für einen Drink am Abend, und das Three Brothers Hotel (S. 637) hat ein nettes, hippes Café mit Bar, dessen große Fenster den Blick aufs Meer freigeben. An der Plateia Ilikiomenis kann man ins **Beggou** (☎ 22420 03158) gehen, in dem eine Chill-out-Lounge mit weißen Ledersofas und großen orangefarbenen Kissen hinter einer unauffälligen Fassade zum Relaxen einlädt. Hier gibt's eine gut ausgestattete Bar und zudem viele Teesorten.

UNTERWEGS AUF NISYROS

Der Vulkan Το Ηφαίστειο

Nisyros gehört zu einem Vulkangürtel, zu dem auch die Inseln Ägina, Paros, Milos, Santorin, Giali und Kos zählen. Die Insel gipfelte ursprünglich in einem 850 m hohen Berg, dessen Mitte jedoch vor 30 000 bis 40 000 Jahren nach drei heftigen Ausbrüchen einstürzte. Seine Hinterlassenschaft sind die weiß- und orangefarbenen Bimssteinfelder, die noch heute an den nördlichen, östlichen und südlichen Flanken der Insel zu sehen sind, sowie der breite erkaltete Lavastrom, der den ganzen Südwesten um das Dorf Nikia herum bedeckt.

Zu einer weiteren heftigen Eruption kam es 1422 an der Westseite der Calderasenke (Lakki genannt); wie bei allen Ausbrüchen seither traten Dampf, Gase und Schlamm, aber keine Lava aus. Die Inselbewohner nennen den Vulkan *Polyvoti,* weil beim Großen Krieg zwischen den Göttern und den Titanen der Titan Polyvotis Poseidon so sehr verärgerte, dass der Gott ein Stück von Kos abbrach und nach ihm warf. Dieser Felsen drückte Polyvotis nieder und wurde die Insel Nisyros. Seither ächzt und stöhnt der unglückselige Polyvotis bei dem Versuch, sich von der Last zu befreien.

Der Abstieg in die **Caldera** (Eintritt 2,50 €; ☼ 9–18 Uhr) ist ein Erlebnis wie aus einer anderen Welt. Kühe weiden zwischen roten, grünen und orangenen Felsen am Kraterrand. Ein nicht allzu gut erkennbarer und nicht ausgeschilderter Pfad führt in den größten der fünf Krater hinab: **Stefanos.** Hier kann man die vielfarbigen Fumarolen betrachten, ihrem Zischen lauschen und ihre Schwefeldämpfe riechen. Die Oberflä-che des Bodens ist weich und heiß, festes Schuhwerk ist daher unentbehrlich. Nicht zu weit vom Pfad abweichen, da der Boden nachgibt und einbrechen kann. Vorsicht – nicht in eine Fumarole treten, da die Gase 100 °C heiß sind und schwere Verbrennung hervorrufen können. Ein anderer unausgeschilderter, aber leichter zu findender Weg führt zum kleineren und wilder aussehenden **Polyvotis,** dessen Caldera allerdings nicht betreten werden darf. Die Fumarolen liegen hier am Kraterrand, also vorsichtig sein.

Der Vulkan ist mit dem Bus, dem Auto oder auf einem 3 km langen Wanderpfad von Nikia aus zu erreichen. Wer vor 11 Uhr morgens da ist, hat die Gegend vielleicht ganz für sich allein.

Emborios & Nikia Εμποριός & Νίκαια

Emborios und Nikia liegen am Rand des Vulkans. Beide bieten einen überwältigenden Blick in die Caldera. Nur eine Handvoll Menschen leben in Emborios. Man trifft vielleicht ein paar ältere Frauen an, die auf ihrer Türschwelle sitzen und häkeln, während ihre Männer sich die Zeit im *kafeneio* (Kaffeehaus) vertreiben.

LP Tipp **Ainria Taverna** (☎ 22420 31377; Emborios; Hauptgerichte 3–12 €) hinter der Kirche ist ein beliebter Treffpunkt in Emborios. Bei dem hier angebotenen Menü kann man nicht falsch liegen: Bauernsalat, Fleischbällchen, gefüllte Pfefferschoten, überbackener Käse mit Tomaten und Auberginen sowie Meeresfrüchte erfüllen alle Feinschmeckeransprüche. Das farbenprächtig bemalte, traditionelle Holzhaus lädt ein, gemütlich bei einem üppigen Mahl zu sitzen.

Im Gegensatz zu Emborios wirkt das malerische Nikia durch und durch lebendig, obohl es nur 35 Einwohner hat. Hier gibt es strahlend weiße Häuser mit üppigen Gärten und einen hübschen, mosaikgepflasterten Dorfplatz. Der Bus hält an der Plateia Nikolaou Hartofyli, wo Nikias Hauptstraße die beiden Plätze miteinander verbindet. Am Ortsrand liegt das **Vulkan-Museum** (☎ 22420 31400; ☼ Mai–Sept. 11–15 Uhr) mit anschaulichem Material zur Geschichte des Vulkans und zu seinen Auswirkungen auf die Insel. Am Hauptplatz des Dorfes kann man im freundlichen, gemütlichen **Cafe Porta Pangiotis** (☎ 22420 31285) einen Kaffee oder ein kühles Getränk zu sich nehmen.

DODEKANES

Der steile Pfad hinunter in den Vulkan beginnt an der Plateia Nikolaou Hartofyli; für die Strecke braucht man ungefähr 40 Minuten zu Fuß. Am Anfang des Weges bietet sich ein Abstecher zum ausgeschilderten **Moni Agiou Ioanni Theologou** an, in dem am 25. und 26. September alljährlich ein **Fest** gefeiert wird.

Pali Πάλοι

Pali ist ein kleiner Hafen mit Fischerbooten und Ankerplätzen für Jachten. Zwar ist sein eigener Strand nicht sehr gut, doch es liegt auf der Strecke nach **Lies,** dem brauchbarsten Strand von Nisyros, der nach rund 5,5 km an der Küste entlang erreicht wird. Der erste schmale Streifen von Lies ist der sandigste, mit schwarzem, vulkanischen Sand. Daher geht man besser noch einen Kilometer vom Ende der Straße aus weiter auf einem stellenweise recht riskanten Küstenweg zum **Pahia Ammos,** einem breiten Strand mit groben Vulkansand. Für Schatten muss man selbst sorgen.

Wer in Pali bleiben möchte, kann in einem der 12 komfortablen Studios bei **Mammis' Apartments** (☎ 22420 31453; www.mammis.com; DZ 50 €; ☼ ganzjährig; ✷) an der Straße nach Mandraki übernachten. Sie liegen vom Meer zurückversetzt inmitten grüner Gärten, haben einen separaten Eingang und einen Balkon mit Ausblick.

Gutes Essen gibt's in Pali im **Captain's House** (☎ 22420 31016; Hauptgerichte 4–8 €). Hier kann man den Fischern beim Netzeflicken zusehen, während man mit Eiern, Wurst oder Joghurt und Honig frühstückt. Später am Tag kommen Gäste wegen der *mousakas* und des frischen Fischs hierher.

KOS ΚΩΣ

17 890 Ew.

Mit einigen der besten Badestrände der Dodekanesinseln, eindrucksvollen archäologischen Fundstätten und einem grünen Binnenland ist Kos, was kaum verwundert, ein beliebtes Reiseziel. Kos-Stadt hat ein wunderbares Flair und ist eine hervorragende Ausgangsbasis für alle, vom anspruchsvollen Luxustouristen bis zum Rucksacktouristen. Wenn man die Massen satt hat gibt es hier viele Orte, die ideal sind, um beschaulich auszuruhen – lange Sandstrände,

Bergdörfer und entlegene Höhlen. Man hat die Insel nicht für sich allein, aber es gibt Dinge, die es wert sind, geteilt zu werden.

Geschichte

Kos fruchtbarer Boden zog schon seit frühesten Zeiten Siedler an. In der mykenischen Epoche lebten hier so viele Menschen, dass die Insel 30 Schiffe in den Trojanischen Krieg schicken konnte. Im 7. und 6. Jh. v. Chr. erlebte die Insel Kos als Verbündete der mächtigen rhodischen Städte Ialysos, Kameiros und Lindos eine Blütezeit. Nach einem Erdbeben und der Unterwerfung durch die Perser schloss sie sich 477 v. Chr. dem Attischen Seebund an und gelangte erneut zu Wohlstand.

Hippokrates (460–377 v. Chr.), der berühmte Arzt des Altertums und Begründer der Schulmedizin, wurde auf der Insel geboren und lebte hier auch. Nach seinem Tod wurden das Asklepios-Heiligtum und eine Schule für Medizin errichtet, die seine Lehre weiterführten und Kos in der ganzen griechischen Welt berühmt machten.

Ptolemäus II. von Ägypten wurde auf Kos geboren, womit der Insel der Schutz Ägyptens sicher war. So war es möglich, dass Kos ein blühendes Wirtschaftszentrum wurde. In Jahr 130 v. Chr. wurde Kos von den Römern erobert, und im ersten nachchristlichen Jahrhundert kam es unter die Verwaltung von Rhodos, mit dem es seither die Höhen und Tiefen des Schicksals teilte, so auch die einflussreiche Tourismusbranche unserer Zeit.

An- & Weiterreise

FÄHRE

National

Kos besitzt gute Verbindungen nach Piräus und zu allen Dodekanesinseln sowie zu den Kykladen, Samos und Thessaloniki. Es gibt drei Fährunternehmen: **Blue Star Ferries** (☎ 22420 28914), **G&A Ferries** (☎ 22420 28545) und **ANE Kalymnou** (☎ 22420 29900). Katamarane werden von Dodekanisos Seaways am Fähranleger für den Inselverkehr betrieben. Regionale Personen- und Autofähren fahren von Mastichari nach Pothia auf Kalymnos. Tickets gibt's in dem sehr hilfsbereiten Büro von **Fanos Travel & Shipping** (☎ 22420 20035; www.kostravel.gr; 11 Akti Kountourioti, Kos-Stadt) am Hafen. Weitere Einzelheiten stehen unter Insel-Hopping (S. 866).

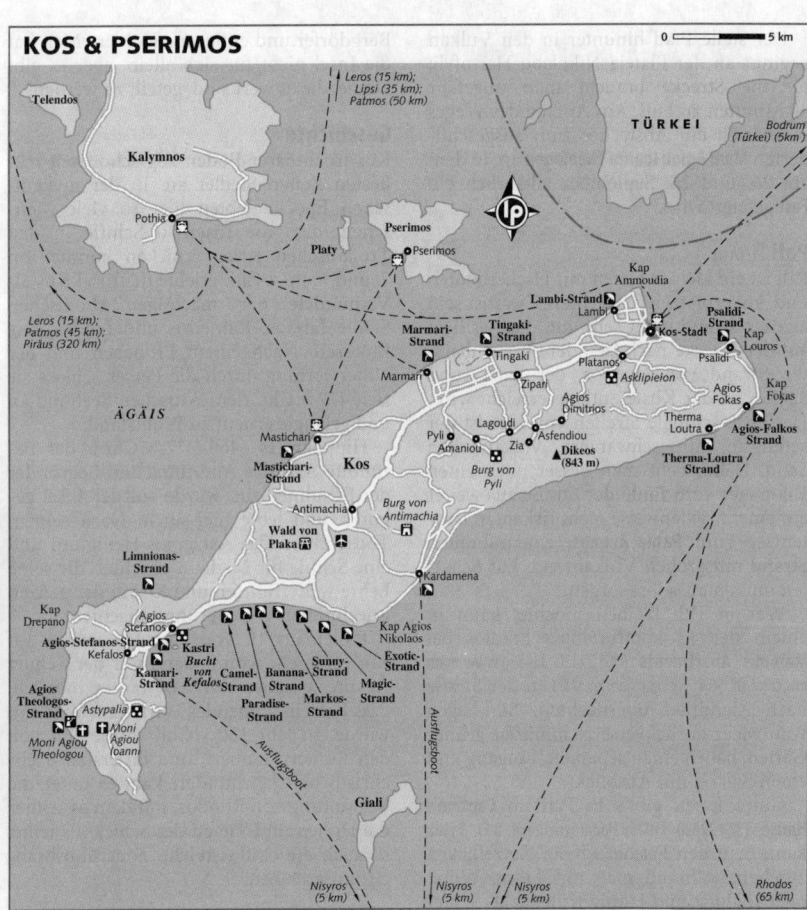

KOS & PSERIMOS

DODEKANES

International

Im Sommer legen täglich um 8.30 Uhr Ausflugsboote von Kos-Stadt nach Bodrum in der Türkei (hin und zurück 34 €, 1 Std.) ab und kehren um 16.30 Uhr zurück.

FLUGZEUG

Es gibt regelmäßig Flüge nach Athen, Rhodos, Leros und Astypalea mit **Olympic Air** (☎ 22420 28330; Vasileos Pavlou 22). Weitere Einzelheiten unter Insel-Hopping (S. 866).

Unterwegs vor Ort

AUSFLUGSBOOT

Von Kos-Stadt fahren Ausflugsboote sowohl um die Insel selbst als auch zu den anderen Inseln. Preisbeispiele: Kalymnos 10 €;

Pserimos, Kalymnos und Platy 20 €; Nisyros 20 €. Täglich fährt ein Boot von Kardamena nach Nisyros (hin und zurück 14 €) und von Mastichari nach Pserimos und Kalymnos. In Kos-Stadt liegen die Boote am südlichen Teil der Akti Koundourioti.

AUTO, MOTORRAD & FAHRRAD

Es gibt zahlreiche Auto-, Motorrad- und Mopedverleihe; immer im Hotel fragen, weil viele Spezialtarife mit den Verleihfirmen vereinbart haben. Radfahren ist auf Kos sehr beliebt, und man stolpert geradezu über Fahrradverleihe; die Preise reichen von 5 € pro Tag für eine Klapperkiste bis zu 10 € für ein halbwegs anständiges Mountainbike. In Kos-Stadt kann man sich bei

BEI DEN NACHBARN VORBEISCHAUEN

Von den meisten Dodekanesinseln aus ist die Türkei am Horizont zu sehen. Manchmal erscheint sie so nahe, dass man meint, man könne die Hand austrecken und sie berühren – und das kann man auch tatsächlich. Tagesausflüge oder Ausflüge mit Übernachtung führen in mehrere Häfen und machen es möglich, einem Blick auf die reiche Kultur nebenan zu werfen. Nachfolgend einige Beispiele:

■ Von Rhodos nach Marmaris – Die Touristenhochburg Marmaris (S. 592) hat einen betriebsamen Hafen und Basar, ein brodelndes Nachtleben und ist die Seglerhauptstadt der Türkei. Nicht weit davon entfernt findet man eine naturbelassene, azurblaue Küste, hinter der sich von Pinien bewachsene Berge erheben.

■ Von Kastellorizo nach Kas – Kas (S. 624) ist eine heitere Stadt, in der man in schattigen Teegärten entspannen, Fischer beim Einholen ihres Fangs beobachten oder durch Läden und Boutiquen bummeln kann. In der Nähe gibt's ein paar Ruinen und immer irgendwelche Abenteueraktivitäten für Touristen. Möchte jemand paragliden?

■ Von Symi nach Datca – Mit kleinen Sandstränden und einem hübschen Hafen zieht Datca (S. 626) viele europäische Touristen und trendige Istanbulis an und ist zudem ein familienfreundliches Urlaubsziel. Da es nichts zu besichtigen gibt, kann man hier gut urlauben und türkische Kultur kennenlernen.

■ Von Kos nach Bodrum – Bodrum mag eine Ferienstadt mit großem Zustrom an Touristen sein, aber es hat auch sehr viel Reizvolles, schöne Restaurants und eine fantastische neue Marina. Das Museum für Unterwasserarchäologie ist einen Besuch wert.

George's Bikes (☎ 22420 24157; Spetson 48; pro Tag 3 €) nach ordentlichen Fahrrädern zu vernünftigen Preisen erkundigen.

BUS

Die **Bushaltestelle** (☎ 22420 22292; Kleopatras 7, Kos-Stadt) befindet sich westlich des Büros von Olympic Air. Es gibt regelmäßig Busverbindungen in alle Gegenden der Insel sowie zu den wichtigsten Stränden an der Südküste von Kos. Die Busfahrt zu den Stränden kostet rund 3,60 €.

VOM/ZUM FLUGHAFEN

Der **Flughafen** (☎ 22420 51229) liegt 24 km südwestlich von Kos–Stadt. Ein Bus der Aegean Airlines (4 €) fährt jeweils zwei Stunden vor Abflug nach Athen am Büro der Fluggesellschaft in Kos-Stadt ab. Busse nach Kefalos halten ebenfalls am großen Kreisverkehr in der Nähe des Flughafeneingangs. Ein Taxi vom Flughafen nach Kos-Stadt kostet etwa 22 €.

KOS-STADT
14 750 Ew.

Der von Palmen gesäumte, bunte und von der Johanniterburg malerisch überragte Hafen von Kos-Stadt ist der Eingang zur grünen, lebendigen Stadt, die sich hinter ihm erstreckt. Kos-Stadt an der Nordostküste ist die Hauptstadt und der wichtigste Hafen der Insel. Mit einer Fülle von Palmen, Pinien, Oleander- und Hibiskussträuchern bilden die belebten Plätze und Einkaufsstraßen einen klaren Kontrast zu den eindrucksvollen hellenistischen und römischen Ruinen, die überall verstreut liegen. Ein großer Teil der Altstadt wurde 1933 von einem Erdbeben zerstört, aber was davon heute noch steht, lädt mit trendigen Shops, fantastischen Restaurants und Bars zu einem ausgiebigen Bummel ein. Auch wer eigentlich eher wegen der Strände als wegen der Stadt nach Kos gekommen ist, erliegt unweigerlich dem Zauber der Hauptstadt.

Orientierung

Der Fähranleger liegt nördlich der Burg und die Akti Koundourioti ist die Straße am Hafen. Die zentrale Plateia Eleftherias liegt südlich von hier an der Vasileos Pavlou. Was von der Altstadt von Kos noch steht, beschränkt sich auf die Gegend um die Fußgängerzone Apellou Ifestou.

Die Uferstraße südöstlich der Festung, Akti Miaouli, wird im weiteren Verlauf zur Vasileos Georgiou und dann zur Georgiou Papandreou, die zu den Stränden Psalidi, Agios Fokas und Therma Loutra führt.

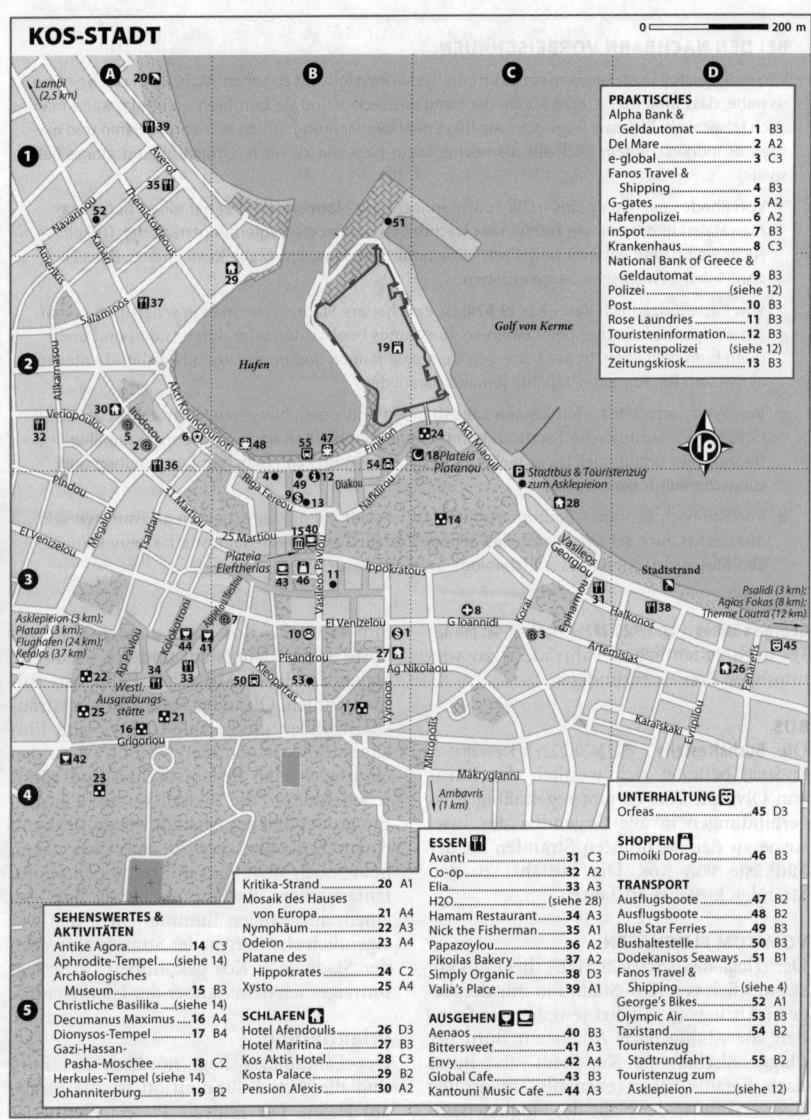

KOS-STADT

0 ————— 200 m

PRAKTISCHES

Alpha Bank & Geldautomat	**1** B3
Del Mare	**2** A2
e-global	**3** C3
Fanos Travel & Shipping	**4** B3
G-gates	**5** B3
Hafenpolizei	**6** A2
inSpot	**7** B3
Krankenhaus	**8** C3
National Bank of Greece & Geldautomat	**9** B3
Polizei	(siehe 12)
Post	**10** B3
Rose Laundries	**11** B3
Touristeninformation	**12** B3
Touristenpolizei	(siehe 12)
Zeitungskiosk	**13** B3

SEHENSWERTES & AKTIVITÄTEN

Antike Agora	**14** C3
Aphrodite-Tempel	(siehe 14)
Archäologisches Museum	**15** B3
Christliche Basilika	(siehe 14)
Decumanus Maximus	**16** A4
Dionysos-Tempel	**17** B4
Gazi-Hassan-Pasha-Moschee	**18** C2
Herkules-Tempel	(siehe 14)
Johanniturburg	**19** B2
Kritika-Strand	**20** A1
Mosaik des Hauses von Europa	**21** A4
Nymphäum	**22** A3
Odeion	**23** A4
Platane des Hippokrates	**24** C2
Xysto	**25** A4

SCHLAFEN

Hotel Afendoulis	**26** D3
Hotel Maritina	**27** B3
Kos Aktis Hotel	**28** C3
Kosta Palace	**29** B2
Pension Alexis	**30** A2

ESSEN

Avanti	**31** C3
Co-op	**32** A2
Elia	**33** A3
H2O	(siehe 28)
Hamam Restaurant	**34** A3
Nick the Fisherman	**35** A1
Papazoylou	**36** A2
Pikoilas Bakery	**37** A2
Simply Organic	**38** D3
Valia's Place	**39** A1

AUSGEHEN

Aenaos	**40** B3
Bittersweet	**41** A3
Envy	**42** A4
Global Cafe	**43** B3
Kantouni Music Cafe	**44** A3

UNTERHALTUNG

Orfeas	**45** D3

SHOPPEN

Dimoiki Dorag	**46** B3

TRANSPORT

Ausflugsboote	**47** B2
Ausflugsboote	**48** B2
Blue Star Ferries	**49** B3
Bushaltestelle	**50** B3
Dodekanisos Seaways	**51** B1
Fanos Travel & Shipping	(siehe 4)
George's Bikes	**52** A1
Olympic Air	**53** B2
Taxistand	**54** B2
Touristenzug Stadtrundfahrt	**55** B2
Touristenzug zum Asklepieion	(siehe 12)

Golf von Kerme

Hafen

Psalidi (3 km); Agios Fokas (8 km); Therme Loutra (12 km)

Asklepieion (3 km); Platani (3 km); Flughafen (24 km); Kefalos (37 km)

Lambi (2,5 km)

Ambavris (1 km)

Stadtbus & Touristenzug zum Asklepieion

Stadtstrand

Plateia Platanou

Plateia Eleftherias

Praktische Informationen

BUCHLÄDEN

Zeitungskiosk (☎ 22420 30110; Riga Fereou 2) Fremdsprachige Zeitungen und Zeitschriften sowie Kos-Führer.

GELD

Alpha Bank (El Venizelou) 24-Std.-Geldautomaten.
National Bank of Greece (Riga Fereou) Geldautomat.

INFOS IM INTERNET

www.travel-to-kos.com Ausführliche Informationen zu den meisten Attraktionen auf der Insel.

INTERNETZUGANG

Del Mare (☎ 22420 24200; Megalou Alexandrou 4; pro Std. 2 €; ⏰ 9–13 Uhr; 📶) Eine populäre Bar mit ein paar Computern und WLAN.

e-global (☎ 22420 27911; Ecke Artemisias & Korai; pro Std. 1,70–2 €; ☯ 24 Std.) Unzählige Computer mit Preisen, die je nach Tageszeit unterschiedlich sind.

G-gates (☎ 22420 26257; Ecke Irodotou & Omirou; pro Std. 2 €; ☯ 9–24 Uhr) Ein sehr komfortables Café, in dem man zwischen den E-Mail-Sitzungen Scrabble spielen oder an der Bar einen Drink bestellen kann.

inSpot (☎ 22420 25262; Ioanou Tehologou, Altstadt; pro Std. 1,20–2,40 €; ☯ 24 Std.) Massen von Computern mit niedrigen Preisen nach Mitternacht.

MEDIZINISCHE VERSORGUNG
Hospital (☎ 22420 22300; Ippokratous 32) In der Stadtmitte.

NOTFALL
Hafenpolizei (Ecke Akti Koundourioti & Megalou Alexandrou)
Polizei (☎ 22420 22222) Teilt sich das Gebäude der Stadtverwaltung mit der Touristenpolizei.
Touristenpolizei (☎ 22420 22444)

POST
Post (Vasileos Pavlou)

TOURISTENINFORMATION
Touristeninformation (☎ 22420 24460; www.kos-info.gr; Akti Kountouriotou; ☯ Mai–Okt. Mo–Fr 8–14.30 & 15–22, Sa 9–14 Uhr) Allgemeine Infos über Kos im Büro und online.

WASCHSALON
Rose Laundries (Zervanou; waschen & trocknen 6 €) Saubere Wäsche an einem Tag!

Sehenswertes & Aktivitäten
ARCHÄOLOGISCHES MUSEUM
Das kühle und ruhige **Archäologische Museum** (☎ 22420 28326; Plateia Eleftherias; Eintritt 3 €; ☯ Di–So 8–14.30 Uhr) ist ein angenehmer Ort, an dem aus der Region stammende Skulpturen von der hellenistischen bis zur römischen Zeit ausgestellt werden. Die berühmteste Statue ist die des Hippokrates; im Vorraum befindet sich ein Mosaik aus dem 3. Jh. v. Chr, das sehenswert ist.

JOHANNITERBURG
Man kann jetzt zur einst uneinnehmbaren **Johanniterburg** (☎ 22420 27927; Leoforos Finikon; Eintritt 4 €; ☯ Die–So 8–14.30 Uhr) gehen, indem man von der Plateia Platanou eine Brücke über den Finikon überquert. Die Burg, die mächtige Außenmauern und einen inneren Bergfried hatte, wurde im 14. Jh. erbaut und war von der Stadt durch einen Burggraben (jetzt der Palmenboulevard Finikon) getrennt. Sie wurde 1495 durch ein Erdbeben zerstört und im 16. Jh. restauriert. Einst war sie das mächtigste Verteidigungswerk gegen die vordringenden Osmanen. Heute sind hier sechs Schildkröten ansässig und im Sommer finden Veranstaltungen statt, bei denen es um die Arbeiten des Hippokrates geht.

ARCHÄOLOGISCHE STÄTTEN
Die **antike Agora** (Eintritt frei; ☯ 8–14 Uhr) ist ein frei zugängliches Gelände südlich der Burg. Eine große Stoa aus dem 3. Jh. v. Chr. mit ein paar wieder aufgerichteten Säulen steht an der Westseite. An der Nordseite befinden sich die Ruinen eines **Aphrodite-Tempels,** eines **Herkules-Tempels** und einer **christlichen Basilika** aus dem 5. Jh.

Nördlich der Agora liegt die hübsche, gepflasterte Plateia Platanou (Platanenplatz), an der man in einem Kaffee sitzen und die einst prachtvolle **Platane des Hippokrates** bewundern kann, unter der Hippokrates seine Schüler die Kunst der Heilkunde gelehrt haben soll. Normalerweise leben Platanen nicht länger als 200 Jahre; die alte Platane wird von einem Gerüst gehalten. Darunter befindet sich ein alter Sarkophag, der von den Türken zu einem Brunnen umfunktioniert wurde. Gegenüber vom Baum steht die mit Brettern vernagelte **Gazi-Hasan-Pascha-Moschee** aus dem 18. Jh.

An der anderen Seite der Stadt liegt die **westliche Ausgrabungsstätte.** Zwei Holzhütten im hinteren Bereich des Geländes schützen die **Mosaike des Hauses von Europa;** das am besten erhaltene Mosaik stellt Europas Entführung durch Zeus in Gestalt eines Stieres dar. Davor ist ein freigelegter Teil des **Decumanus Maximus** (der wichtigsten Straße der römischen Stadt), der parallel zur heutigen Straße verläuft und dann rechts zum **Nymphäum,** in dem sich früher luxuriöse Latrinen befanden, und zum **Xysto,** einem großen hellenistischen Gymnasion mit restaurierten Säulen, abzweigt. Ein kurzes Stück weiter nach Osten liegt der von Vegetation überwucherte **Dionysos-Tempel,** von dem die Ruinen von oben zu sehen sind.

Auf der anderen Seite der Grigoriou steht das eindrucksvolle **Odeion** aus dem 2. Jh. Es war ursprünglich eine Stätte für den Senat und für Musikwettbewerbe und wurde während der italienischen Besatzung, als es entdeckt wurde, restauriert und mit Skulpturen angefüllt (von denen heute viele im Archäologischen Museum stehen).

STRÄNDE
Am Ostrand der Stadt liegt der **Strand von Kos-Stadt** mit einem dünnen Sandstreifen und tiefem Wasser zum Baden. Er wird weitgehend von den hier liegenden Hotels in Anspruch genommen. Im Westen der Stadt stehen am langen, sandigen **Kritika-Strand** im Sommer die Sonnenschirme dicht an dicht. Er ist ziemlich überlaufen, aber vom Stadtzentrum aus zu Fuß zu erreichen.

Schlafen
Pension Alexis (☎ 22420 28798; Fax 22420 25797; Irodotou 9; DZ 40–50 €; ⊠) Diese Pension ist seit den 1970ern in Betrieb und seither wenig verändert worden. Die großen, luftigen Zimmer haben kühne, großgemusterte Tapeten und strahlen Gemütlichkeit aus. Alle haben schöne Balkone; Zimmer 4 bietet den besten Blick auf den Hafen. Die Besitzerin erzählt gern, was im Ort los ist, und lässt die Gäste ihre Küche benutzen. Die einzigen Nachteile sind dünne Wände und die Gemeinschaftsbäder.

Hotel Afendoulis (☎ 22420 25321; www.afendoulishotel.com; Evripilou 1; EZ/DZ 30/50 €; ⊠ 🖳 🛜) Die Besitzer dieses sehr netten Familienhotels sorgen dafür, dass man sich hier zu Hause fühlt. Die Zimmer sind etwas altmodisch und liegen an der Schmalseite, sind aber ordentlich und ruhig. Wer hier frühstückt, bekommt Leckereien wie hausgemachte Feigen- und Aprikosenmarmelade, frisches Brot und Omelettes vorgesetzt.

Kosta Palace (☎ 22420 22855; www.kosta-palace.com; Ecke Akti Kountourioti & Averof; DZ 85 €; ☽ ganzjährig; ⊠ 🖳 🏊) Gleich an der Nordseite des Hafens gelegen. Die Zimmer haben nicht viel eigenen Stil, sind aber geräumig und makellos sauber. Einige bieten einen tollen Blick auf den Hafen, und es gibt ein Café und einen Dachpool. Sehr freundliches Personal; zum Strand ist es nur ein kurzes Stück zu Fuß.

Hotel Maritina (☎ 22420 23511-3; www.maritina.gr; Vyronos 19; ☽ ganzjährig; EZ/DZ inkl. Frühstück 50/75 €; ⊠ 🖳) Die Aufenthaltsräume wirken vielleicht etwas heruntergekommen, aber die Zimmer sind sehr komfortabel – stilvoll, aber unpersönlich – mit vielen Annehmlichkeiten und einem kleinen Balkon.

Das Frühstück ist sehr umfangreich und der Service ungemein freundlich. Außerhalb der Saison sind beachtliche Rabatte möglich.

Kos Aktis Hotel (☎ 22420 47200; www.kosaktis.gr; Vasileos Georgiou 7; EZ/DZ ab 145/183 €; ⊠ 🖳 🛜) Das Geräusch der Brandung wiegt die Gäste dieses Boutique-Hotels in den Schlaf. Es liegt an einem kleinen Strand und dennoch nahe am Stadtzentrum. Sehr feudal und sehr elegant, mit Flachbildschirm-TV, tollen Badewannen mit Seeblick und Glasbalkonen; hier wird man richtig verwöhnt. Außerhalb der Saison gibt's dicke Rabatte.

Essen
LP Tipp Valia's Place (☎ 22420 27877; www.valiasplace.gr; Averof 38; Hauptgerichte 3–6 €) Dieses hinter einem großen Baum versteckte Lokal wirkt mit viel Holz, abgetragenem Leder und alten Fotos ein wenig wie ein Oldtime-Jazz-Club. Mit seinem zum Strand offenen Patio ist es bei Einheimischen sehr beliebt, und oft treten hier Folkloregruppen auf. Man lässt sich „drunk chicken" (in Bier gekochtes Huhn), Auberginen-*boureki* (Auflauf), Salate und Sandwiches schmecken.

LP Tipp Elia (☎ 22420 22133; Appelou Ifestou 27; Hauptgerichte 4–8 €) Hier fühlt man sich, als speise man mit den Göttern, denn ihre Bilder sind an die Holzdecke gemalt. Beginnen kann man mit dicken Brotscheiben und Olivenpaste und dann zu Kürbisbällchen, gegrilltem Gemüse mit Haloumi, Schweinefleisch mit Senf und Kapern oder byzantinischem Hühnchen mit Lauch und Gewürzen übergehen. Mit lokaler Musik, bunten Konserven an den Wänden und einem ordentlichen Hauswein lockt dieser Steinbau mit ebensoviel Atmosphäre wie Essensdüften und ist dabei erstaunlich preiswert.

Nick the Fisherman (☎ 22420 23098; Averof 21; Hauptgerichte 5–12 €) In dieses belebte Restaurant im Freien gehen die Einheimischen gern. Hier kann man in entspannter Atmosphäre frische, nach Feinschmeckerart zubereitete Meeresfrüchte genießen. Wegen Gerichten wie mit Käse gefülltem Tintenfisch, Spaghetti mit Meeresfrüchten und Miesmuscheln mit roter Soße kommen Gäste immer wieder hierher.

Avanti (☎ 22420 20040; Vasileos Georgiou 4; Hauptgerichte 8–14 €) Dieses fast noble Restaurant hat zwar das Flair einer Hotellobby, serviert aber spitzenmäßige Pizza und Pasta. Man kann den Küchenchefs dabei zusehen, wie sie den Teig dünn ausziehen, belegen und in den offenen Steinofen schieben. Die Gerichte gibt's auch zum Mitnehmen.

Hamam Restaurant (☎ 22420 21444; Diagora; Hauptgerichte 10–20 €; ☾ Abendessen) Dieses Bauwerk aus dem 16. Jh. war einst ein türkisches Bad und ist heute ein vornehmes Speiserestaurant. Tiefe Rosatöne herrschen vor, Weihrauch, Kerzen und Kissen füllen die Räume, ein Garten wird von flackernden Lichtern erleuchtet und Chill-out-Musik erklingt im Hintergrund. Ebenso kreativ gestaltet ist die Speisekarte mit Schwertfisch-*souvlaki*, Schweinefleisch mit Orangensoße und vielen Salaten und Nudelgerichten.

H2O (☎ 22420 47200; Vasileos Georgiou 7; Hauptgerichte 15–20 €, Snacks 5–10 €) Hier dinieren elegante Städter abseits vom Trubel der Stadt mit einem großartigen Blick aufs Meer. Das Essen ist hier ebenso außergewöhnlich stilvoll und cool wie die Einrichtung. Zu empfehlen sind die Linguine mit Garnelen, Paprika und Ouzo oder Knoblauchlamm mit Rosmarin und Käse aus der Gegend – oder man setzt sich mit einem Aperitif und ein paar klasse Snacks auf die Terrasse.

Selbstversorger können im gut gefüllten **Co-op** (Verroiopoulou) ihren Proviant aufstocken. Wer lieber biologisch-dynamisch einkauft und frisches Brot sowie frische Produkte sucht, wird bei **Papazoylou** (☎ 22420 24668; Ecke Megalou Alexandrou & 31 Martiou) fündig. Am anderen Ortsende gibt's bei **Simply Organic** (☎ 22420 20554; Vasileos Georgiou) Snacks und Babynahrung. Brot, Süßigkeiten und verlockende Kuchen verkauft **Pikoilas Bakery** (☎ 22420 26200; Ecke Salaminos & Kanari).

Ausgehen & Unterhaltung

An den Wochenenden treffen sich die Einheimischen vom Vormittag bis zum späten Abend in den zahlreichen Cafés an der Plateia Eleftherias, trinken Kaffee und plaudern. Das auf vergnügungslustige Touristen ausgerichtete Nachtleben von Kos findet hauptsächlich einen Häuserblock südlich vom Hafen an der Diakou statt. Eine Menge ähnlicher Bars stehen auch am Kritika-Strand. An dieser Meile kann man beispielsweise in Valia's Place (gegenüber) mit den Einheimischen trinken und Livemusik hören, bis die Sonne aufgeht. Was Clubs angeht, so kommen sie ebenso schnell in Mode wie sie wieder von der Bildfläche verschwinden, also am besten dorthin gehen, wo es die Massen hinzieht.

Aenaos (☎ 22420 26044; Plateia Eleftherias) Dieses winzige, in die Seite einer Moschee gebaute Lokal ist mit roten Samtsofas eingerichtet, und draußen stehen Tische unter einem Baum. Hier kann man am Abend stundenlang sitzen und Kaffee, frisch gepresste Säfte oder etwas Stärkeres genießen.

Envy (☎ 22420 00827; Grigoriou) Dieses traditionelle Steingebäude hat mit kalten blauen Leuchtwürfeln, roten Kronleuchtern und Samtsofas etwas Höhlenartiges. DJs aus dem Ort legen griechische und englische Musik bis zum Abwinken auf.

Kantouni Music Cafe (☎ 22420 22862; Apellou 12) In diesem kleinen, bei Einheimischen beliebten Lokal gibt's eine gut ausgestattete Bar und griechische Popmusik. Nachtschwärmer drängeln sich hinein oder sitzen an Tischen an der Straße.

Bittersweet (☎ 22420 26003; Apellou Ifestou) Von außen sieht diese Location wie eine simple Crêperie aus, innen aber ist es eine loungeartige Angelegenheit mit stimmungsvoller Beleuchtung, Sofas, einem fantastischen Garten und fast allen Getränken, die man sich vorstellen kann. Klare Sache, die Musik ist Lounge.

Global Cafe (☎ 22420 26044; Ioannidi) In diesem Café im Backpacker-Stil, das wie ein tibetisches Kloster gestrichen ist, aus dem aber alles andere als friedliche Musik dröhnt, werden Cocktails, Kaffee und Tee serviert. Auf dem kleinen Patio kann man unter Palmen und Bananenbäumen stressfrei relaxen.

Orfeas (☎ 22420 25036; www.cine-orfeas.gr; Plateia Eleftherias; Tickets Erw./Kind 7/5 €) Für den Fall, dass man unter Kinoentzug leidet, kann man sich hier englische Filme mit griechischen Untertiteln sowie ein paar lokale Streifen ansehen.

Shoppen

Großstädtische Läden liegen am Ostende der Straße Ioannidi und in den Fußgängerzonen südlich der Ippokratous. Weitere Boutiquen gibt's am westlichen Ende der Ioannidi, nördlich der Altstadt. **Dimoiki Dorag** (Plateia Eleftherias) ist ein Markt mit regionalen Erzeugnissen wie Honig, Konserven und Kräutern, die sich bestens als Souvenirs eignen.

DODEKANES

Unterwegs vor Ort

BUS

Städtische Busse fahren an der Akti Miaouli ab und haben zwei Tarifzonen: Zone A (0,80 €) und Zone B (1 €). Tickets aus dem Automaten sind etwas billiger als die im Bus gekauften. Ein Automat steht vor dem Büro der Blue Star Ferries am Hafen. Nach den Abfahrzeiten erkundigt man sich im örtlichen Busbüro.

TAXI

Taxis stehen am Stand an der Südseite des Hafens.

TOURISTENZUG

Im Sommer kann man sich einen ersten Eindruck von der Stadt bei einer Stadtrundfahrt mit dem Touristenzug (4 €, 20 Min.) verschaffen. Er fährt von 10 bis 14 Uhr und von 18 bis 22 Uhr und startet an der Bushaltestelle an der Akti Kountouriotou. Ein anderer Zug fährt dienstags bis sonntags stündlich von 10 bis 17 Uhr von der Bushaltestelle an der Akti Miaouli zum Asklepieion und zurück (3,50 €).

RUND UM KOS

Die wichtigste Straße der Insel führt von Kos-Stadt in südwestliche Richtung. Von ihr zweigen Straßen zu den Bergdörfern und Ferienorten Tingaki und Marmari ab. Zwischen der Hauptstraße und der Küste windet sich durch flaches, landwirtschaftlich genutztes Land bis nach Marmari eine ruhige Straße, die ideal zum Radeln ist.

Der Kos-Stadt am nächsten gelegene, einigermaßen brauchbare Strand ist der überfüllte **Lambi-Strand,** 4 km in Richtung Nordwesten; er ist eine Verlängerung des Kritika-Strandes. Wer jedoch etwas weiter die Küste entlang fährt, kommt zu einem langen, hellen Strandstreifen, der sich in den 10 km von Kos-Stadt entfernten **Tingaki** und den 14 km westlich gelegenen und etwas weniger überlaufenen **Marmari-Strand** teilt. Surfen ist an allen drei Stränden beliebt. In Sommer fahren Boote von Marmari zur Insel Pserimos.

Die Straße Vasileos Georgiou in Kos-Stadt führt zu den drei belebten Stränden **Psalidi,** 3 km von Kos-Stadt entfernt, **Agios Fokas** (8 km) und **Therma Loutra** (12 km). Am letzteren gibt es heiße Thermalquellen, die das Meerwasser aufwärmen.

Asklepieion Ασκληπιείον

Die mit Abstand bedeutendste antike Stätte der Insel ist das **Asklepieion** (☎ 22420 28763; Platani; Erw./Student 4/3 €; 🕑 Di–So 8–19.30 Uhr). Es liegt auf einem von Pinien bewaldeten Hügel 3 km südwestlich von Kos-Stadt und bietet eine herrliche Aussicht auf die Stadt und die Türkei. Das Asklepieion bestand aus einem Heiligtum, das Asklepios (dem Gott der Heilkunst) geweiht war, einem Sanatorium und einer Medizinschule, in der nach der Lehre des Hippokrates gelehrt wurde. Bis zum Jahr 554, als ein Erdbeben das Asklepieion zerstörte, kamen Menschen von nah und fern zur Behandlung hierher.

Die Ruinen liegen in drei Ebenen. Das **Propylaion** (Zugang zum Haupttor), die **Bäderanlage** aus der Zeit der Römer und die Überreste von Patientenzimmern befinden sind auf der ersten Ebene. Auf der zweiten Ebene steht ein **Altar des Apollon Kyparissios** aus dem 4. Jh. v. Chr. Westlich davon steht der im 4. Jh. v. Chr. erbaute **erste Asklepios-Tempel.** Im Osten sieht man den **Apollon-Tempel** aus dem 1. Jh. v. Chr. Auf der dritten Ebene liegen die Ruinen des einst prächtigen **Asklepios-Tempel** aus dem 2. Jh. v. Chr.

Der stündlich fahrende Bus 3 und der Touristenzug (links) fahren hierher. Es ist auch schön, mit dem Rad oder zu Fuß hierher zu kommen.

Mastichari Μαστιχάρι

Der kleine Ort Mastichari, der für seine Partyszene bekannt ist, aber auch immer beliebter bei Familien wird, wendet sich an Individualreisende und ist eine populäre Alternative zu Kos-Stadt. Das Dorf, das über einen breiten Sandstrand verfügt, an dem eine sommerliche Brise weht, hat eine intensive Hochsaison und ist außerhalb des Sommers sehr ruhig. Wem der Szenerummel zuviel wird, der fährt mit einem Ausflugsboot zur Insel Pserimos; hier kann man sich für einen Tag an den windgeschützten Sandstrand mit seinen netten Tavernen flüchten. Mastichari, das nur 30 km von Kos-Stadt entfernt ist, dient zugleich als Ankunfts- und Abfahrtsort für Fähren nach Pothia auf Kalymnos.

Es gibt jede Menge Unterkunftsmöglichkeiten einen Häuserblock vom Ufer entfernt. **Athina Studios** (☎ 22420 59030; www.athinas-studios.gr; DZ 35 €) bietet mit Bougainvilleen bewachsene Appartements, die luftig und sehr sauber sind. Sie sehen aus wie neu und verfügen über eine voll ausgestattete kleine Küche. An der gleichen Straße liegt das familiengeführte Hotel **To Kyma** (☎ 22420 59045; www.kyma.kosweb.com; EZ/DZ 30/35 €) mit recht kleinen, einfachen Zimmern direkt am Strand. Die Hälfte der Zimmer haben Seeblick.

Das Ufer ist von Restaurants und Cafés gesäumt, viele bieten Kinderteller an. Das direkt am Hafen liegende **Kali Kardia Restaurant** (☎ 22420 59289; Fisch 6–12 €) ist bei Einheimischen beliebt. In Anbetracht der frischen Meeresfrüchte, guten Pastagerichte und der leichten Brise versteht man, warum.

Das **Chill-Out Cafe** (☎ 22420 59192) ist am Tage ein ruhiges Plätzchen und abends ein cooler Ort zum Abhängen. Zu erkennen an der Einrichtung im Postkartenstil, einer bestens ausgestatteten Bar und gemütlichen Stühlen.

Bergdörfer

Die an den bewaldeten Nordhängen des Dikeos-Gebirges verstreut liegenden Dörfer sind lohnenswerte Ziele für Entdeckungstouren. Von **Zipari**, das 10 km von der Hauptstadt entfernt liegt, führt eine Straße südöstlich nach **Asfendiou**. Unterwegs kann man 3 km hinter Zipari eine Pause in der **Taverna Panorama** (☎ 22420 69367; Hauptgerichte 6–10 €; ☻ Mittag- & Abendessen) einlegen und in gesellschaft einer überwiegend griechischen Klientel die Aussicht auf die Küste sowie die traditionelle Küche, wie die guten *mezedhes*, genießen.

Von Asfendiou geht's rechts ab zum Touristen-Bergdorf **Zia**, in dem zum Sonnenuntergang ganze Busladungen eintreffen. Am Dorfplatz von Zia liegt ein Restaurant neben dem anderen. Freundlichen Service und tolle Musik erwartet Gäste in **Niotis Jazz Cafe** (☎ 6947412440; Hauptgerichte 3–7 €); das Essen ist hier einfach (Salate, Pasta, Crêpes und Burger). Wem Zia zu überlaufen ist, der kann sich in der **Village Tavern** (☎ 22420 69918; Hauptgerichte 2–6 €) mit Würstchen, *gyros*, Zucchinibällchen und gegrilltem Feta eindecken und sich einen Picknickplatz am Straßenrand suchen. Oben im Dorf steigt man die unebenen Treppen zu **Kefalovrysi** (☎ 22420 69605; Hauptgerichte 5–8 €) hinauf und isst dort preisgünstig erstklassige traditionelle Gerichte unter Bäumen und mit großartigem Ausblick.

Auf dem Rückweg von Zia Richtung Norden biegt man links ab und folgt den Schildern nach **Pyli**. Kurz vor dem Dorf führt eine Abzweigung nach links zu den ausgedehnten Ruinen des mittelalterlichen Dorfes **Alt-Pyli**, wo ein gut markierter Pfad an den Überresten von Häusern vorbei zur Burg hochführt. Mehrere Kapellen, die hier stehen, werden zurzeit restauriert, und viele der byzantinischen Tore und Bogengänge sind noch weitgehend intakt. Auf Schildkröten achten! Feste Schuhe und etwas Kondition sind hier ein Muss. Der Ort ist bestens für ein Picknick geeignet; in den Lebensmittelläden und Bäckereien von Pyli kann man sich dafür mit Leckereien eindecken.

Kamari & Kefalos-Bucht Καμάρι & Κέφαλος

Südlich von Mastichari geht's bei Antimachia auf die Hauptstraße und weiter Richtung Südwesten zur großen Kefalos-Bucht, die von einen 12 km langen, herrlichen Sandstrand gesäumt ist. Man darf sich von der scheußlichen Ansammlung von Touristenläden, Restaurants und Hotels, die sich dahinter bis zur Hauptstraße dicht an dicht drängen, nicht abschrecken lassen. Die göttlichen Strände sind idyllisch und von warmem Wasser umspült, mit grün bewaldeten Hügeln im Hintergrund. Der ganze Küstenstreifen ist grob in sieben Strände unterteilt, von denen jeder an der Hauptstraße ausgeschildert ist. Am beliebtesten ist der **Paradise-Strand**, der ursprünglichste der **Exotic-Strand;** der **Banana-Strand** (auch als Langada-Strand bekannt) ist ein guter Kompromiss.

Der **Agios-Stefanos-Strand** am westlichen Ende ist über eine kurze Abzweigung von der Hauptstraße zu erreichen und lohnt den Abstecher, weil sich von hier aus ein guter Blick auf die Insel **Agios Stefanos** bietet. Man kann sogar zu dem winzigen Eiland schwimmen, auf dem die Ruinen von zwei Basilikas aus dem 5. Jh. und ein weiterer herrlicher Sandstrand locken.

Weiter auf der Straße geht's zum **Kamari-Strand**, einem langgestreckten Streifen von Ferienanlagen voller Restaurants, Unterkünften und Geschäften, die sich mit englischem Frühstück und Yorkshire Pudding bis zur Hauptstraße hochziehen. In der Bucht schaukeln Fischerboote und der

Strand ist am besten östlich des Resortstreifens zu erreichen. Ein kleines Touristenbüro befindet sich neben der Bushaltestelle am Strand und ein Geldautomat an der oberen Straße. Ausflugsboote fahren von hier aus zwei oder dreimal pro Woche nach Nisyros (16 €). Auch gibt's im Sommer täglich Boote zum Paradise-Strand, die um 10.30 Uhr ablegen und um 17.30 Uhr zurückkehren.

Ungefähr 150 m nördlich der Bushaltestelle Kamari-Strand bieten die **Anthoula Studios** (☎ 22420 71904; Studios 40 €) eine angenehme Unterkunft. Es handelt sich um saubere, luftige, geräumige Studios, umgeben von einem Gemüsegarten.

Wer etwas sucht, das ein bisschen authentischer ist, der fährt nach **Kefalos**, ein oberhalb des Strands gelegenes, traditionelles Dorf, das wenig mit Tourismus zu tun hat. Hier trinkt man einen Kaffee mit den Einheimischen, isst in altehrwürdigen Tavernen zu Abend und bummelt durchs Dorf. Ein außergewöhnliches Erlebnis ist das **Cafe Neo** (Snacks 1–3 €). Wer in dieses blaue Steinhaus eintritt, hat das Gefühl bei jemandem zu Hause zu sein. Mit ein paar Bänken, einem Holzkohleofen, zahlreichen Fotos an den Wänden und einer Besitzerin, die großartigen Kaffee, Marmelade und selbstgeklöppelte Spitze macht, ist dies ein in der Nachbarschaft beliebter Treffpunkt; es liegt hinter der Kirche. Am Dorfplatz, wo der Bus aus Kos-Stadt hält, gibt es eine Post und eine Bank mit einem Geldautomaten.

Die südliche Halbinsel ist der wildeste und am meisten zerklüftete Teil der Insel. Der **Agios-Theologos-Strand** erstreckt sich am Ende einer kurvenreichen Straße, die an winzigen Kirchen vorbeiführt. An diesem Strand herrscht häufig starke Brandung und stürmischer Seegang, aber es handelt sich um eine wunderschöne Landschaft, die Welten von den Touristenstränden entfernt ist. Am Strand lädt das in der Saison geöffnete **Restaurant Agios Theologos** (☎ 6974503556; Hauptgerichte 6–15 €) dazu ein, die schönsten Sonnenuntergänge von ganz Kos zu erleben. Die riesige Speisekarte ist voll mit Gerichten aus Zutaten, die auf dem Land des Besitzers erzeugt werden, darunter hausgemachter Feta, Oliven, Brot und Ziegenfleisch. Auch die übrigen Speisen kommen aus der Gegend – Honig, Meeresfrüchte, Burger und Gemüse.

ASTYPALEA
ΑΣΤΥΠΑΛΑΙΑ

1240 Ew.

Astypalea liegt so weit westlich, dass es verzeihlich ist, wenn man es für eine Insel der Kykladen hält. Es spricht alle an, die auf einen alternativen Urlaub aus sind. Außerhalb des belebten Hafens Skala und der Bergstadt Chora mit den typisch griechischen weißen Häusern ist das Land kahl und felsig, kein einziger Baum ist in Sicht. Die Strände liegen verstreut, sind aber meist traumhaft, das unwegsame Gelände bietet Abenteurern manchen Nervenkitzel; und frischer Fisch und Hummer sind ein kulinarischer Hochgenuss. Der Massentourismus aus dem Ausland ist hier noch nicht angekommen, aber im Juli und August fallen die Athener in Scharen auf die Insel ein.

An- & Weiterreise

Es gibt regelmäßige Flugverbindungen von Astypalea nach Athen, Leros, Kos und Rhodos. Astypalea Tours (rechts) in Skala ist die Agentur für Olympic Air.

Astypalea hat Fährverbindungen nach Piräus und Rhodos mit mehreren Stationen auf der Strecke. Die Fähren legen in dem mit 6,5 km von Skala entfernten ziemlich abgelegenen, kleinen Hafen Agios Andreas an. Ein Bus sollte auf alle ankommenden Fähren warten, aber darauf kann man sich nicht verlassen. Die in Kalymnos stationierte Fähre F/B *Nissos Kalymnos* verbindet die Insel mit Kalymnos und weiter nördlich liegenden Inseln des Dodekanes, und läuft auch Skala an. Tickets gibt's bei **Paradisos Ferries Agency** (☎ 22430 61224; Fax 22430 61450) oder beim Reisebüro Astypalea Tours, beide in Skala. Weitere Infos zum Fährverkehr siehe Insel-Hopping (S. 859).

Unterwegs vor Ort

Der Flughafen liegt 8 km nordöstlich von Skala. Zu den Flügen von Athen und Rhodos kommt meist der örtliche Bus, aber verlässlicher ist es, sich abholen zu lassen.

Im Sommer verkehren Busse halbstündlich von Skala nach Chora und Livadi (1 €) und stündlich von Chora und Skala nach Analipsi (Maltezana; 1,50 €) über Marmari-Strand. Im übrigen Jahr sind die Verbindungen eingeschränkt. Es gibt nur drei Taxis auf der Insel und ebenso viele Auto- und Motorroller-Vermietungen. **Vergoulis** (☎ 22430 61351) in Skala ist ein zuverlässiger Anbieter.

Von Juni bis August kann man an Bord der **Thalassopouli** (☎ 6974436338) Bootsaus- flüge zu den entfernteren westlichen Strän- den Agios Ioannis, Kaminakia und Vatses oder zu den Inselchen Koutsomytis und Kounoupa unternehmen. Bei gutem Wetter werden längere Rundfahrten um die Insel angeboten. Tickets (10 bis 15 €) können an Bord gekauft werden.

SKALA & CHORA ΣΚΑΛΑ & ΧΩΡΑ

Die größte Siedlung auf Astypalea besteht aus dem Hafen Skala (offiziell als Pera Yia- los bezeichnet) und dem malerischen Berg- dorf Chora, das von einer imposanten Fes- tung aus dem 15. Jh. gekrönt ist. Skala hat einen ziemlich beliebten Strand mit Sand und Kies, aber die meisten Besucher zieht es hinauf ins kühlere Chora mit der schö- nen Aussicht auf den Hafen und die Umge- bung. Der Hauptplatz von Chora ist von

mehreren, schön restaurierten Windmüh- len umstanden. Von hier aus geht's durch enge Straßen, die von blendend weißen Häuserwürfeln mit bunt angemalten Balko- nen gesäumt sind, hinauf zur Festung.

Praktische Informationen

Astypalea Tours (☎ 22430 61571; Skala) Für Flugti- ckets.

Commercial Bank (☎ 22430 61402; Skala) Hat einen Geldautomaten an der Uferpromenade.

Hafenpolizei (☎ 22430 61208; Skala) Im selben Ge- bäude wie die Polizei.

Polizei (☎ 22430 61207; Skala) In einem italienisch be- einflussten Bau an der Uferpromenade.

Post (☎ 22430 61223; Chora) Am oberen Ende der Straße von Skala nach Chora.

Touristeninformation (☎ 22430 61412; ✆ 10–12 & 6–21 Uhr; Chora) In einer restaurierten Windmühle.

www.astypalaia.com Für Geschichte, Bilder, Einrich- tungen und Sehenswürdigkeiten.

Sehenswertes
FESTUNG

Im 14. Jh. herrschte in Astypalea die vene- zianische Adelsfamilie Quirini. Sie erbaute

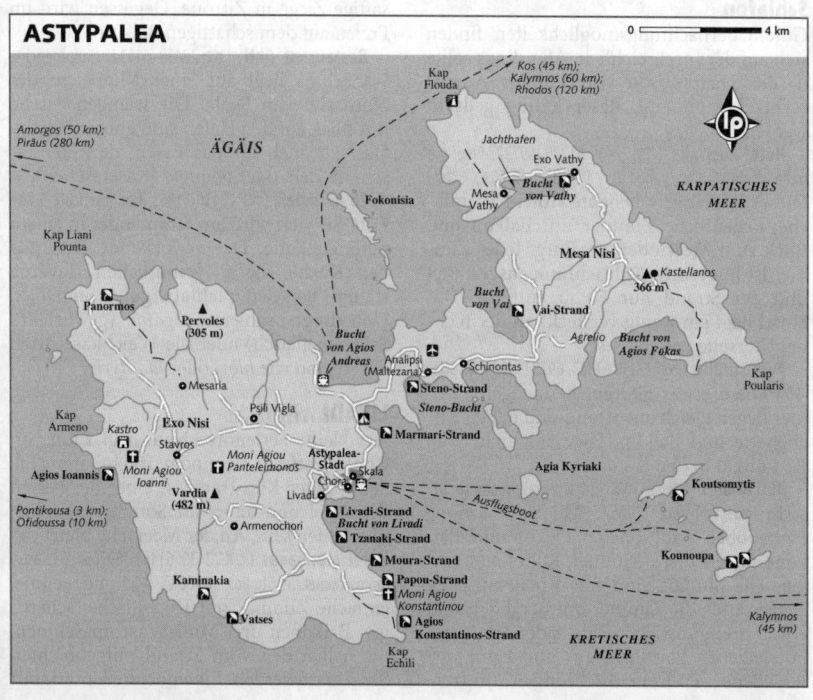

ASTYPALEA

0 _____ 4 km

Amorgos (50 km);
Piräus (280 km)

Kos (45 km);
Kalymnos (60 km);
Rhodos (120 km)

Kap Flouda

ÄGÄIS

Jachthafen

Exo Vathy

Bucht von Vathy

Fokonisia

Mesa Vathy

KARPATISCHES MEER

Kap Liani Pounta

Mesa Nisi

Kastellanos 366 m

Panormos

Pervoles (305 m)

Bucht von Vai

Vai-Strand

Agrelio

Bucht von Agios Fokas

Bucht von Agios Andreas

Analipsi (Maltezana)

Schinontas

Kap Poularis

Mesaria

Steno-Strand

Kap Armeno

Kastro

Exo Nisi

Stavros

Psili Vigla

Steno-Bucht

Marmari-Strand

Agios Ioannis

Moni Agiou Ioanni

Moni Agiou Panteleimonos

Moni Agiou Panteleimonos

Astypalea-Stadt

Chora

Skala

Agia Kyriaki

Koutsomytis

Pontikousa (3 km);
Ofidoussa (10 km)

Vardia (482 m)

Livadi

Armenochori

Ausfluesboot

Livadi-Strand

Bucht von Livadi

Tzanaki-Strand

Kounoupa

Kaminakia

Moura-Strand

Papou-Strand

Moni Agiou Konstantinou

Vatses

Agios Konstantinos-Strand

Kap Echili

KRETISCHES MEER

Kalymnos (45 km)

die imposante **Festung** (Eintritt frei; ☀ Sonnenaufbis Sonnenuntergang), und erweiterte und restaurierte sie während ihrer 300-jährigen Herrschaft. Im Mittelalter lebte die Bevölkerung innerhalb der Burgmauern, um sich vor Piratenangriffen in Sicherheit zu bringen. Die letzten Bewohner zogen im Jahr 1953 fort, nachdem ein verheerendes Erdbeben die aus Stein gebauten Häuser zum Einsturz brachte. Über dem tunnelartigen Eingang liegt die **Kirche „Maria Himmelspförtnerin"** und innerhalb der Burgmauern die **Kirche Agios Georgios.**

ARCHÄOLOGISCHES MUSEUM
In Skala gibt es ein kleines **archäologisches Museum** (☎ 22430 61206; Eintritt frei; ☀ Di–So 11–13 Uhr). Die ausgestellten Funde von der ganzen Insel reichen von der prähistorischen mykenischen Zeit bis ins Mittelalter. Zu den Highlights gehören Grabgaben aus zwei mykenischen Kammergräbern und eine kleine römische Bronzestatue der Aphrodite. Das Museum liegt am Anfang der Straße von Skala nach Chora.

Schlafen
Gute Übernachtungsmöglichkeiten finden sich auf der Insel reichlich. Allerdings sollte in der Hauptsaison von Juli bis August rechtzeitig an eine Reservierung gedacht werden.

Hotel Australia (☎ 22430 61275, 6973224996; australia_roomsstudios@yahoo.gr; DZ/3BZ 45/50 €; ❄) Dieses seit langem beliebte Hotel hat einfache, ordentliche Zimmer mit Balkon und Blick zum Meer oder zur Burg. Jedes Zimmer ist mit einem Kühlschrank ausgestattet und der Strand nur 50 m entfernt. Das Hotel liegt ein wenig versteckt an der rechten Uferseite des Hafens.

Avra Studios (☎ 22430 61363, 6972134971; DZ 50 €; ❄) Diese etwas älteren, heimeligen Zimmer liegen gleich am Strand und haben Kitchenette und Balkon. Hier fällt man vom Bett direkt in den Sand.

Akti Rooms (☎ 22430 61114; www.aktirooms.gr; DZ/Studio inkl. Frühstück 80/85 €; ❄) Sehr schöne Holzmöbel, traditionelles Dekor und Balkone lassen diese Zimmer Ruhe ausstrahlen. Die Studios sind mit Küchennischen ausgestattet; die Zimmer mit Bergblick sind etwas preisgünstiger. Man badet von einer hoteleigenen Plattform aus und kann verschiedene Freizeiteinrichtungen nutzen.

Das Hotel befinden sich an der Nordostseite des Hafens.

Studios Kilindra (☎ 22430 61131; www.astipalea.com.gr; DZ/Apt. 150/170 €; ❄ ▢ ❄) Dieses Boutique-Hotel liegt unterhalb der Burg in Chora und bietet einen einmaligen Meerblick. Die Zimmer sind luxuriös und erhalten durch inseltypisches Dekor ein besonderes Flair. Der Pool ist göttlich.

Essen
Restaurants gibt es auf Astypalea nur wenige. *Astakomakaronadha* (Hummer mit Pasta) ist das traditionelle (wenn auch teure) Inselgericht.

Jolly Café (☎ 22430 22430; Frühstück 5–6 €) Ohne Frage die beste Adresse für Waffeln und Kaffee zum Frühstück direkt am Ufer in Skala und im Schatten einer Tamariske.

Maistrali (☎ 22430 61691; Hauptgerichte 5–8 €) Das etwas versteckt in einer kleinen Straße hinter dem Hafen gelegene und bei Seglern beliebte Restaurant ist ideal, wenn man Lobster mit Spaghetti essen will. Die Speisekarte gibt die üblichen Fischgerichte her, aber auch Spezialitäten aus dem Ofen, wie saftige Ziege in Zitrone. Gegessen wird im Freien auf dem schattigen Balkon.

Restaurant Akti (☎ 22430 61114; Hauptgerichte 5–8,50 €) Es liegt auf einer Klippe an der Nordseite von Skala. Die wenigen Tische mit Blick auf den Hafen sind enorm beliebt. Das gilt auch für das Essen, darunter Fischernudeln oder *poungia* (Käsetaschen).

To Akrogiali (☎ 22430 61863; Hauptgerichte 5,50–9,50 €) Serviert wird am Strand oder in einem schönen Patio. Der verlockende Duft aus der Küche dieser gemütlichen Taverne stammt von den qualitativ guten *mezedhes*. Unbedingt probieren: *tigania* (gewürfeltes Schweinefleisch) oder die Weichkäsesorten der Region wie *hlori* oder *ladotyri*.

LIVADI ΛΕΙΒΑΔΙ
Der kleine Ferienort Livadi liegt 2 km von Chora entfernt in einem fruchtbaren Tal. Sein breiter Kiesstrand ist einer der besten der Insel und kann im Sommer ziemlich überlaufen sein. An der Meerseite bietet das **Hotel Manganas** (☎ 22430 61468, 697657853; astyroom@otenet.gr; Studios 50–60 €; ❄) angenehme, einfache Zimmer mit Kochnische, schattigen Balkonen und Mini-Waschmaschinen, die helfen den vom Strand mitgebrachten Sand loszuwerden. Eine noblere Unterkunft

ist das **Fildisi Hotel** (☎ 22430 62060; www.fildisi.net; Studios ab 130 €; 🅿 🛜 🖥) mit feudalen, geräumigen Zimmern, in denen Modernes mit Tradition verbunden ist. Mit eigener Kitchenette und Heimkino fühlt man sich hier wie zu Hause.

Die Handvoll Restaurants in Livadi liegen alle am von Bäumen beschatteten Ufer. In der **Trapezakia Exo** (☎ 22430 61083; Hauptgerichte 4– 7 €) am westlichen Ende werden Sandwichs und Tagesgerichte mit Fisch serviert, während das **Astropelos** (☎ 22430 61473; Hauptgerichte 6–9 €) eine kleine, aber einfallsreiche Auswahl an Speisen mit Meeresfrüchten anbietet.

WESTLICH VON SKALA

Westlich von Skala beginnt das Hinterland von Astypalea – rau, kahl und hügelig mit kaum einer erwähnenswerten befestigten Straße. Man kommt mit dem Auto nur schwer voran und braucht einen soliden Vierradantrieb. Die Straße führt zu den Ruinen des **Kastro** und zu dem Kloster **Moni Agios Ioannis**, die nebeneinander oberhalb der Küste liegen. Wer wirklich gut in Form ist, kann von hier aus zu Fuß zum **Agios-Ioannis-Strand** hinabwandern. Eine ebenso holprige Straße führt zum **Panormos-Strand**, an dem man vermutlich ganz allein ist.

An der Südküste windet sich ein extrem unwegsamer Pfad hinunter zum **Kaminakia-Strand**, an dem das in der Saison geöffnete gute **Sti Linda** (☎ 6932610050; Hauptgerichte 4–7 €; 🕐 Juli–Sept.) herzhafte Fischsuppen, im Ofen geschmortes Ziegenfleisch und hausgebackenes Brot serviert. Wer noch keine Blasen an den Füßen hat, sollte einen Abstecher zu dem hübschen, von Bäumen beschatteten **Agios-Konstantinos-Strand** an der Südseite der Bucht von Livadi wagen.

ÖSTLICH VON SKALA

In **Marmari**, 2 km nordöstlich von Skala gelegen, gibt es drei Buchten mit Kies- und Sandstränden und den **Camping Astypalea** (☎ 22430 61900; pro Erw./Zelt 6/4 €; 🕐 Juni–Sept.). Dieser von Tamarisken beschattete und von Bambus geschützte Campingplatz liegt gleich hinter dem Strand und bietet viele Annehmlichkeiten, wie 24 Stunden lang heißes Wasser, eine Küche, ein Café und einen Mini-Markt. Der 2 km weiter gelegene **Steno-Strand** ist einer der besseren, aber weniger besuchten Strände auf der Insel. Er

ist sandig, schattig und gut geschützt. Die Insel ist an dieser Stelle nur 2 km breit.

Analipsi (auch als Maltezana bekannt) liegt 7 km weiter in einem fruchtbaren Tal auf der Landenge. Das ehemalige Versteck für Malteser Piraten ist eine verstreut liegende, geruhsame Siedlung. In der Umgebung befinden sich die Überreste der **römischen Tallaras-Therme** mit gut erhaltenen Mosaiken. Der **Analipsi–Strand** liegt südöstlich der Stadt und ist lang mit Sand, Kies, Schatten und sauberem, flachem Wasser.

Übernachten kann man in Analipsi in der **Villa Varvara** (☎ /Fax 22430 61448; Studios 55 €; 🅿), deren komfortable, blauweiße Studios auf einen Gemüsegarten hinausgehen und nur 100 m vom Strand entfernt sind; alle sind mit Kitchenette und Balkon ausgestattet. Das große **Hotel Maltezana Beach** (☎ 22430 61558; www.maltezanabeach.gr; EZ/DZ inkl. Frühstück 80/115 €; 🅿 🛜 🖥) hat wunderbare Zimmer in einer mit zahlreichen Annehmlichkeiten, wie einem Spa, einer Poolbar, Spielplatz und Familienräumen, versehenen Anlage. Zum Essen kann man in Maltezana nur in die üblichen Tavernen mit Seeblick gehen, die inseltypische Gerichte auf den Tisch bringen.

Weiter nach Osten geht's zum abgelegenen Dorf **Mesa Vathy** mit einem kleinen Jachthafen in einer geschützten Bucht. Zum Baden ist sie nur mäßig geeignet, dafür kann man sich sein Mittagessen angeln oder sich im entspannten **Galini Café** (☎ 22430 61201; Hauptgerichte 3–5 €; 🕐 Juni–Okt.) an gegrilltem Fisch oder Fleisch und im Ofen gebackenen Spezialitäten laben.

KALYMNOS
ΚΑΛΥΜΝΟΣ

16 440 Ew.

Kalymnos war früher als Schwammtaucherinsel bekannt, und noch immer kann man zusehen, wie der Tagesfang an Schwämmen am Hafenrand sortiert wird. Heute tut die Insel alles, um sich als Tourenzenziel neu zu erfinden. Mit einer lebendigen Hauptstadt, wunderbaren Stränden und senkrecht abfallenden Klippen, an denen Kletterer zeigen, was sie können, hat die Insel viel zu bieten. Die meisten Urlaubsorte der Insel sind hauptsächlich auf

DODEKANES

Individualtouristen eingestellt, und Wanderer finden hier ein Netz von gut begehbaren Wegen und Pfaden vor, die kreuz und quer durchs Land führen.

An- & Weiterreise

FÄHRE
Kalymnos ist mit Rhodos, Piräus und dazwischen liegenden Inseln über Autofähren, Tragflächenboote und Katamarane verbunden. Es fahren lokale Fähren sowie Schiffe der Reedereien **Blue Star Ferries** (☎ 22430 26000), **G&A Ferries** (☎ 22430 23700), **Dodecanese Seaways** (☎ 22430 28777; Pothia-Kai) und **ANE Kalymnou** (☎ 22430 29612). Die Tickets können bei Magos Travel (gegenüber) gekauft werden. Weitere Einzelheiten stehen unter Insel-Hopping (S. 864).

FLUGZEUG
Kalymnos ist mit Athen und benachbarten Inseln durch Flüge von Olympic Air verbunden, deren Agentur **Kapellas Travel** (☎ 22430 29265; kapellastravel@gal lileo.gr; Patriarhou Maximou 12, Pothia) ist. Der Flughafen liegt 3,5 km nordwestlich von Pothia und der Terminal für Wasserflugzeuge 1,5 km östlich davon. Weitere Informationen stehen unter Insel-Hopping (S. 864).

Unterwegs vor Ort

AUTO & MOTORRAD
Es finden sich auf der Insel viele Fahrradverleihe, vor allem in Pothia. Versuchen kann man's bei **Rent-a-Bike** (☎ 6937980591) oder **Automarket Rental** (☎ 22430 51780, 6927834628).

BUS
Täglich fahren zehn Busse von Pothia nach Elies, Kandouni, Myrties und Masouri, der erste startet um 6.50 Uhr und der letzte kommt um 21.40 Uhr zurück. Auch gibt es viermal täglich Hin- und Rückfahrten nach Vathys um 6.30, 7.45, 14.10 und 17 Uhr. Fahrkarten verkauft das Gemeindeamt von Kalymnos neben der Bushaltestelle in Pothia.

FÄHRE
Im Sommer fährt täglich ein Ausflugsboot von Myrties nach Emborios (8 €), das um 10 Uhr ablegt und um 16 Uhr zurückkommt. Tagesausflüge zur **Kefalas-Höhle** (20 €), die mit ihrem 103 m langen Gang

voller Stalaktiten und Stalagmiten beeindruckt, werden von Pothia und von Myrties aus organisiert. Es gibt auch fahrplanmäßige Fähren von Pothia nach Pserimos, wo es einen großen Sandstrand und Tavernen gibt. Das große Segelboot **Katerina** (☎ 6938325612) unternimmt regelmäßige Fahrten um Kalymnos herum.

TAXI
Sammeltaxis kosten etwas mehr als Busse und fahren vom **Taxistand** (☎ 22430 50300; Plateia Kyprou) nach Masouri. Man kann die Taxis auch an der Straße anhalten. Eine reguläre Taxifahrt kostet 10 € nach Myrties und 15 € nach Vathys.

POTHIA ΠΟΘΙΑ
10 500 Ew.
Pothia, Hafen und Hauptstadt von Kalymnos, ist nach dodekanesischen Maßstäben eine ziemlich große Stadt. Sie ist wie ein Amphitheater an den Hängen des Tals erbaut und eine optisch faszinierende Mischung aus farbenfroh gestrichenen Villen und Häusern, die sich bis hinunter zu einem ebenso farbenfrohen Hafen ziehen. Pothia ist jedoch keineswegs eine langweilige Inselstadt. Es ist ein geschäftiges Wirtschaftszentrum mit zahlreichen Läden und Restaurants, in denen Einheimische ihren Alltagsgeschäften nachgehen und sich so gut wie gar nicht um den Touristenrummel kümmern. Mit einem hervorragenden Museum, guten Hotels, großartigen Fischgerichten und jeder Menge Energie hält Pothia Besucher auf Trab.

Orientierung & Praktische Informationen
Pothias Hafenkai liegt am Südende des Hafens. Das eigentliche Leben spielt sich aber an der Plateia Eleftherias, dem Platz am Wasser, ab. Die meisten Geschäfte liegen an der Straße Venizelou. Beim Bummel durch Pothia muss man ständig auf der Hut sein, denn der Verkehr rauscht unentwegt auf den gehweglosen Straßen.

Die Commercial, die National und die Ionian Bank, alle mit Geldautomaten, liegen in Ufernähe.

Hafenpolizei (☎ 22430 29304; 25 Martiou)
Hauptpost Von der Plateia Eleftherias aus 10 Min. zu Fuß Richtung Nordwesten. Eine günstiger gelegene Agentur befindet sich südlich der Plateia Ethnikis Andistasis.

Heaven@Cafe (☎ 22430 50444; Internet pro Std. 3 €;
☺ ab 9 Uhr) Klein, aber in günstiger Lage direkt am
Wasser.

Kapellas Travel (☎ 22430 29265; Fax 22430 51800;
Patriarhou Maximou 12) In dem Reisebüro sind Flugtickets
erhältlich.

Magos Travel (☎ 22430 28777; www.magostours.gr)
Tickets für Tragflächenboote und Katamarane, inkl. eines
durchgehend funktionierenden Fahrkartenautomaten im
Freien.

Neon Internet C@fe (☎ 22430 59120; pro Std. 3 €;
☺ 9.30–24 Uhr) Beliebter Hang-out für Teenies mit Internet, Spielautomaten und Bowling!

Polizei (☎ 22430 29301; Venizelou)

Touristeninformation (☎ 22430 59056; 25 Martiou)

www.kalymnos-isl.gr Informative Webseite, von der
Stadtverwaltung von Kalymnos betreut.

Sehenswertes

Das nagelneue **Archäologische Museum**
(☎ 22430 23113; Erw./Stud. 5/3€; ☺ Di–So 8.30–14.30
Uhr) ist unglaublich beeindruckend und voll-
gepackt mit Artefakten, die bis 2500 v. Chr.
zurückdatieren und erst 2001 gefunden
wurden. Zu den imposantesten Stücken gehört eine Bronzestatue einer Frau in einem
fein ausgearbeiteten Chiton aus dem 2. Jh.
v. Chr., die vor der Küste von Kalymnos geborgen wurde. Hinter dem Hauptgebäude
befindet sich die **Villa von Nickolas Vouvalis**,
einem reichen Schwammhändler, der im
19. Jh. lebte und ein Wohltäter der Insel
war. Einige Räume sind öffentlich zugänglich und vermitteln einen Eindruck davon,
wie er lebte.

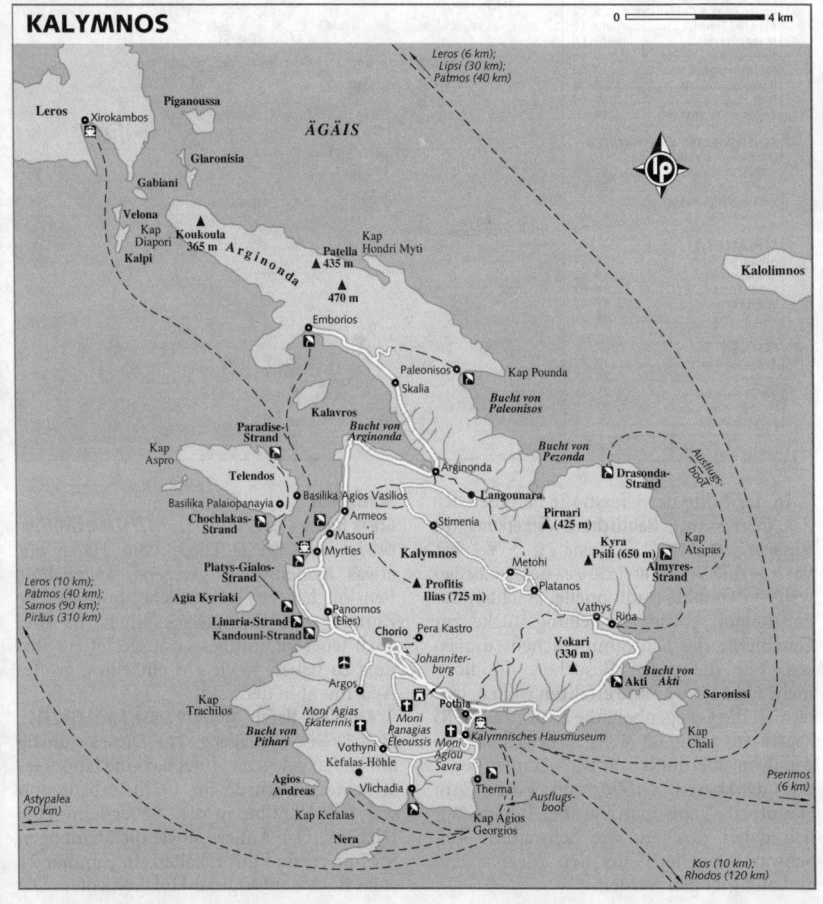

DODEKANES

DODEKANES

POTHIA

0 ────── 200 m

TRANSPORT
ANE Kalymnou..............................24 C4
Anleger für Fähren, Tragflächen-
    boote & Katamarane...............25 D3
Ausflugsboote............................26 C3
Automarket Rental......................27 C3
Busbahnhof.................................28 C3
Dodecanese Seaways..................29 D4
G&A Ferries................................30 C4
Kapellas Travel...........................31 B3
Magos Travel..............................32 C4
Kalymnos Ticketbüro (siehe 28)
Rent-a-Bike................................33 C4
Taxistand....................................34 B1

② PRAKTISCHES
Commercial Bank &
    Geldautomat...........................1 C3
Hafenpolizei.................................2 C4
Hauptpost....................................3 A1
Heaven @ Cafe..............................4 C4
Ionian Bank & Geldautomat..........5 C2
Kapellas Travel.......................(siehe 31)
Magos Travel..........................(siehe 32)
National Bank of Greece...............6 C3
Neon Internet Café.......................7 B1
Polizei..8 C3
Post..9 C3
Touristeninformation..................10 C4

③ SEHENSWERTES & AKTIVITÄTEN
Nautisches & Völkerkundl.
    Museum..................................11 C3
NS Papachatzis...........................12 C4
Villa von Nickolas
    Vouvalis..................................13 C1

SCHLAFEN
Arhodeko Hotel...........................14 C4
Evanik Hotel................................15 B2
Greek House................................16 B3
Hotel Panorama..........................17 B3
Villa Melina.................................18 C1

④ ESSEN
Anash's Bäckerei.........................19 B2
Gregory's....................................20 B2
Mania's.......................................21 C3
Pizza Imia....................................22 C3
Vidhalis Markt.............................23 C3

Flughafen
(3,5 km)

Pelakanou

Plateia
Kyprou

Plateia
Ethnikis
Andistasis

Christos

Agios
Christos

Agios
Nikolaos

Plateia
Eleftherias

Hafen von
Kalymnos

Johanniterburg
(2 km);
Pera Kastro (4 km)

Kalymnisches Hausmuseum (1,5 km);
Vlichadia (3 km);
Vothyni (3 km)

Gefyra-Strand (1,5 km);
Therma-Strand Beach (2,5 km)

In der Mitte der Uferstraße befindet sich das interessante **Nautische & Völkerkundliche Museum** (☎ 22430 51361; Eintritt 2 €; ☼ Mai–Sept. Mo–Fr 8–13.30, Sa & So, 10–14.30 Uhr), dessen ausgewählte Exponate traditionelle Trachten aus der Region sowie Ausstellungsstücke zur Geschichte des Schwammtauchens umfassen. Für diejenigen Besucher, die noch mehr über Schwämme erfahren wollen, bietet sich die Gelegenheit, die Exportfabrik **NS Papachatzis** (☎ 22430 28501) zu besuchen, die geradezu überquillt von Schwämmen jeder nur denkbaren Größe und Form. Am Hauptplatz kann man darüber hinaus täglich dabei zusehen, wie Schwämme von Schwammtauchern aus den Meerestiefen an Land gezogen werden.

Schlafen

Greek House (☎ 22430 23752, 6972747494; EZ/DZ/Studios/Apt. 25/35/40/55 €) Diese vom Hafen aus etwas landeinwärts gelegene, angenehme Pension hat vier gemütliche, holzgetäfelte Zimmer mit Kochgelegenheiten. Es sind auch teurere und besser ausgestattete Studios zu haben sowie ein einzelnes, großes Apartment in der Stadt.

Arhodeko Hotel (☎ 22430 24051; Fax 22430 24149; EZ/DZ 30/40€; ☼ ganzjährig; ✶) Dieses günstig am Hafen gelegene Hotel hat eine lange Geschichte. Es wurde im 19. Jh. erbaut und war von 1909 bis in die 1980er-Jahre eine Bäckerei. Das Äußere sowie die Steinbögen im Innern sind gut erhalten. In Zimmer 21 steht noch der Original-Holzkohleofen. Die

OUTDOOR-AKTIVITÄTEN

In den letzten Jahren ist Kalymnos so etwas wie ein Mekka für **Felskletterer geworden**. Die spektakulären Kalksteinwände ziehen inzwischen Scharen von Kletterern an, die nach Herausforderungen in ihrem Extremsport suchen. Es gibt über 20 offizielle Klettertouren für die Abenteuersuchenden, und ab März trudeln die Klettertouristen ein. Beste Anlaufstelle ist das **Climber's Nest** (☎ 6938173383; www.climbers-nest.com; Ármeos). Dort gibt's Ausrüstung, Karten, Kletterbücher, Führer und ein „schwarzes Brett".

Beim jährlichen **Tauchfestival Mitte August** können Teilnehmer sich im Unterwassertauchen, Klippenspringen, und Wracktauchen messen und sogar nach einem Schatz suchen. Weitere Einzelheiten stehen auf der **örtlichen Webseite** (www.kalymnos-isl.gr).

Wandern ist auf Kalymnos ganz hervorragend organisiert: Es gibt zehn offizielle Wanderrouten durch alle Gegenden der Insel. Genau beschrieben sind sie auf der ausgezeichneten Kalymnos Hiking Map im Maßstab 1:25000, die von **Anavasi** (☎ 21032 18104; www.mountains.gr; Stoa Arsakiou 6a, Athens) herausgegeben wird. Die vielleicht einfachste Route ist die 4,25 km lange „italienische Straße" (B1). Dabei handelt es sich um einen Steinpfad, der zu Beginn des 20. Jhs. von den Italienern angelegt wurde. Anstrengendere Wanderungen, die auf dem Bergkamm hinter Emborios verlaufen (C3 und C4), führen über 9 km um die Burg Patella herum.

einfachen Zimmer haben Kühlschrank und Blick auf den Hafen.

Hotel Panorama (☎ 22430 23138; smiksis2003@ yahoo.gr; EZ/DZ inkl. Frühstück 30/45 €; ☼ ganzjährig; ⊠) Dieses einfache, aber heimelige Hotel, das auf einem Hügel am Südende der Stadt liegt, gibt von den kleinen Balkonen der Zimmer und der gemeinschaftlich benutzten Veranda einen herrlichen Blick frei. Die freundliche Besitzerin ist ein lokales Nachrichtblatt.

Evanik Hotel (☎ 22430 22057; DZ inkl. Frühstück 55 €; ⊠) Die renovierten und für den Preis noblen Zimmer haben wenig Charakter, sind aber sauber und wohnlich mit kleinem Balkon. Der Service ist aufmerksam, und es gibt eine elegante Bar. Die ruhigeren Zimmer liegen nach hinten raus. Das Hotel liegt ein paar Häuserblocks landeinwärts.

Villa Melina (☎ 22430 22682; antoniosantonoglu@ yahoo.de; DZ inkl. Frühstück 55 €; ⊠ ⊠) Mit einer Lobby, die vergangenen Glanz ausstrahlt, ist dieses rosafarbene Herrenhaus auf dem Hügel eine einzigartig aparte Bleibe. Die Doppelzimmer im Haupthaus sind individuell gestaltet, mit dem schnörkeligen Drum und Dran, das für ältere Häuser typisch ist. Die Veranda blickt auf den Hafen, und in einem grünen Garten ist ein tiefes Schwimmbecken angelegt. Den Garten umgeben einfachere Studios mit Kochnischen.

Essen

Gregory's (☎ 22430 51888; Snacks 2–4 €) Gehört zwar zu einer Kette, aber Gregory's Delika-

tessenladen und sein Mitbewohner Coffee Right sind für einen kleinen Imbiss geradezu ideal. Der Laden liegt an der belebten Plateia Kyprou, ist hell, beliebt und bietet preiswert Sandwichs, Salate, Smoothies, Kaffee, Croissants und *spanakopita*.

Mania's (☎ 22430 29014; Hauptgerichte 5–10 €) Das farbige, gemütliche Lokal ist eines der stimmungsvolleren Fischrestaurants an der Uferstraße. Serviert werden frischer Fisch, Ouzo-Tintenfisch, gegrillte Kalamari und *saganaki* (überbackener Käse). Traditionelle Musikinstrumente hängen an den Wänden und werden an manchen Abenden auch gespielt.

Pizza Imia (☎ 22430 24809; Pizza 7–12 €) Von den geschmacklosen Bildern von Burgern und Touristentellern draußen mal abgesehen: Die Pizzas von Pizza Imia sind unschlagbar! Die dick belegten, dünnteigigen Pizzas werden im Holzkohleofen gebacken und schmecken köstlich. Der rote Hauswein ist mehr ein Portwein, aber der Service ist freundlich.

Selbstversorger finden alles, was sie brauchen, in **Vidhalis Market** (☎ 22430 59230), einem gut ausgestatteten Supermarkt am Hafen, und in **Anash's Bäckerei** (☎ 22430 29426) hinten in der Stadt, wo es Backwaren wie Olivenbrot und inseltypische Leckereien gibtf.

Ausgehen

In Pothias Hafen tobt nachts das Leben. Die Bars, die das Ufer insbesondere rund um die Plateia Eleftherias säumen, sind stilvolle

DODEKANES

Hang-outs, deren Tische bis auf den Platz hinaus stehen. Westlich davon überwiegen die Männerkneipen, in denen die Einheimischen Seemannsgarn spinnen und man als Zuhörer willkommen ist.

RUND UM POTHIA

Südlich von Pothia kommt man auf der Fahrt zum Moni Agiou Savra am **Kalymnischen Hausmuseum** (☎ 33420 51635; Eintritt 2 €; ◉ Mai–Sept. 9–14 & 16–20 Uhr) vorbei, einem kleinen traditionellen Haus, in dem man auf Führungen in englischer Sprache etwas über die Sitten und Gebräuche auf der Insel und einen historischen Inselhaushalt erfährt.

Vom Hafen nordwärts verläuft ein dicht besiedeltes Tal mit mehreren Orten. Links von der Straße von Pothia nach Chorio taucht die zerstörte **Johanniterfestung** (Kastro Chrysoherias) mit einer kleinen **Kirche** innerhalb der Festungsmauern auf.

Das an der Ostseite des Tals gelegene **Pera Kastro** war ein piratensicheres Dorf, das bis zum 18. Jh. bewohnt war. Hinter den bröckelnden Mauern liegen die Trümmer von Steinhäusern und sechs kleinen Kirchen aus dem 15. Jh. Sehenswert sind die wenigen noch erhaltenen Fresken in der Kirche der Verklärung Christi. Vom Ende der Hauptstraße in **Chorio** führt ein Stufenweg nach Pera Kastro hinauf; der schattenlose Aufstieg ist anstrengend, zahlt sich aber wegen der unglaublich guten Aussicht aus.

Eine baumgesäumte Straße führt von Chorio weiter nach **Panormos,** einem hübschen Dorf in 5 km Entfernung von Pothia. Sein ursprünglicher Name Elies (Olivenbäume) wurde nach der Zerstörung der Bäume im Zweiten Weltkrieg geändert. Nach dem Krieg ließ ein Bürgermeister zahllose Bäume und Blumen pflanzen, um ein schönes „Panorama" zu schaffen; das erklärt den heutigen Namen. Die Strände **Kandouni** und **Linaria** sind nur einen Steinwurf voneinander entfernt und von Panormos zu Fuß zu erreichen. Kandouni ist eine besonders hübsche, von Bergen eingerahmte Bucht, mit Cafés, Bars und Hotels am Wasser und einem kleinen Sandstrand. Von hier aus ist auch Sportklettern möglich, und jährlich findet ein Klippenspringer-Wettkampf statt (siehe Kasten S. 655).

Zum Essen und Übernachten ist Linaria eine geruhsamere Alternative. **Giorgio's**

Family Restaurant (☎ 22430 47809; Hauptgerichte 6–12 €) am Nordende des Linaria-Strandes hat kreativ angerichtete Salate, frischen Fisch und Meeresfrüchte auf der Karte. Gut schmecken Feta mit Chili, *saganaki*-Garnele oder 'Gottesfisch' mit Knoblauchsoße, dazu ein Glas Wein aus der Gegend. Sein müdes Haupt kann man im **Sevasti Studio** (☎ 22430 48779; DZ/Apt. 40/50 €; 🛏) betten. Es liegt einen Häuserblock die Straße hinauf abseits der Partyszene und hat freundliche, geräumige Zimmer sowie eine Veranda mit hinreißendem Seeblick. Die Apartments sind mit Kitchenetten ausgestattete.

Ein Stückchen weiter liegt **Platys Gialos,** ein Strand, der von Panormos aus ein bisschen schwieriger zu erreichen ist. Er ist weniger erschlossen und sehr steinig.

MYRTIES, MASOURI & ARMEOS
ΜΥΡΤΙΕΣ, ΜΑΣΟΥΡΙ & ΑΡΜΕΟΣ

Von Panormos aus führt die Straße weiter zur Westküste und bietet eine tolle Aussicht auf die kleine Insel Telendos, die wie eine riesige Burg aus dem Meer ragt. **Myrties, Masouri** und **Armeos** sind stark besuchte Urlaubsorte und bilden eigentlich eine einzige lange Straße, an der in einer Reihe dicht gedrängt Restaurants, Bars, Souvenirläden und Mini-Märkte stehen. Mit vielen Bäumen und einem schönen Ausblick sind sie viel entspannter und attraktiver als die meisten anderen griechischen Ferienzentren. Der Strand ist hier durch einen vulkanischen Propf zweigeteilt – in den Strand von Myrties mit dem Hafen Melitsachas und die geringfügig besseren Strände Masouri und Armeos im Norden. Die Strände haben dunklen Sand und sind nicht allzu großartig.

In allen drei Zentren gibt es Wechselstuben, Geldautomaten der Dodecanet und Fahrzeug- und Motorradverleihe wie den bewährten **Avis Rental** (☎ 22430 47145; Myrties). Online gehen kann man in **Babis Bar** (☎ 22430 47864; pro Std. 2 €).

Von den drei Ortschaften ist Myrties die ruhigste. Die bequemen, geräumigen Studios der **Villa Myrtia** (☎ 22430 47046, 6937942404; www.villamyrtia.gr; DZ/3BZ 35/60 €; 🛏) liegen so dicht am Meer, dass die Wellen an die Veranden schlagen, und inmitten eines üppig blühenden Gartens. Gleich daneben bietet das **Acroyali** (☎ 22430 47521; www.acroyali-kalymnos. com; DZ/3BZ 50/55 €; 🛏) große, in traditionellem Inselstil eingerichtete Studios in hübschen Farben und mit großem Privatbalkon.

An der ersten Abzweigung nach links geht's zum seit langem beliebten Familienrestaurant **To Psirri** (☎ 6932808049; Hauptgerichte 4–12 €), in dem Würste, Grillburger, Spaghetti mit Meerresfrüchten und Spezialitäten wie frische Seeigel auf den Tisch kommen.

Von Myrties aus fahren regelmäßig kleine Boote zum Inselchen Telendos (2 €).

INSEL TELENDOS ΝΗΣΟΣ ΤΕΛΕΝΔΟΣ

Die ruhige, autofreie Insel Telendos ist ein erholsamer Außenposten, auf dem man sich vom Rummel der gegenüberliegenden Ferienzentren absetzen kann. Sie gehörte einst zu Kalymnos und wurde 554 n. Chr. durch ein Erdbeben von der großen Insel abgetrennt.

Das einzige Dorf des Inselchens schmiegt sich um den farbenfrohen Hafen. Nach rechts geht's zu den Ruinen der frühchristlichen **Basilika Agios Vasilios.** Von hier aus führt auch ein Fußweg zur **Basilika Palaiopanayia.** Weiter die Küste hinauf reihen sich mehrere kleine Kies- und Sandstrände aneinander, darunter der **Paradise-Strand** (an dem sich manchmal Nudisten tummeln). Vom Hafen aus nach links und kurz vor Zorba's nach rechts geht's zu dem größeren, feinkiesigen **Chohlakas-Strand;** er ist windgepeitscht und ursprünglich.

Telendos gilt als Geheimtipp unter Klettertouristen; jede Menge Infos kann man sich im Cafe Naytikos holen. Das kleine Boot **Katerina** (☎ 6944919073) schippert mit Kletterern von Myrties zu Kletterwänden auf Telendos (20 €), Abfahrt um 7 Uhr und Rückkehr um 14 Uhr.

Hotels, Privatzimmer und Restaurants liegen alle am Hafenkai und an der Ostseite der Insel. Direkt vom Anleger aus kann man ins heimelige **On the Rocks Rooms** (☎ 22430 48260; www.otr.telendos.com; DZ 45 ; 🖳) gehen, in dem die Zimmer mit vier Personen belegt werden können. Alle sind mit Balkon, Kühlschrank, Moskitonetzen und Ventilator ausgestattet. Man kann auch Kajaks mieten und in dem beliebten Café, das traditionelle Speisen und eine gigantische Cocktail-Karte bietet, zu Abend essen.

Ein Stückchen weiter die Küste entlang liegt das **Hotel Porto Potha** (☎ 22430 47321; porto-potha@klm.forthnet.gr; DZ inkl. Frühstück 45 €, Apt. 45 €; 🍴 🖳) mit wohnlichen Zimmer, prächtiger Aussicht und einem sehr freundlichen Besitzer.

Seinen Hunger kann man auch bei **Zorba's** (☎ 22430 48660; Hauptgerichte 3–8 €) stillen. In dem wie eine Seemannskneipe dekorierten Lokal werden die regionale Fischsuppe, frische Salate und der köstliche, mit Feta gefüllte Tintenfisch serviert. Ein Stockwerk darüber werden schlichte Zimmer vermietet (DZ 30 €).

LP Tipp Im **Cafe Naytikos** (ganzjährig geöffnet) gibt's Kaffee (oder auch etwas Stärkeres). Mit aufgehängten Papierbooten und anderem lokalen Kunstwerken, eklektischer Musik und sehr gemütlichen Sofas herrscht hier eine Atmosphäre, in der man den ganzen Tag entspannen kann.

Für Selbstversorger gibt's einen kleinen Mini-Markt gegenüber vom Hafenkai, besser aber wäre es, das Wichtigste an Lebensmitteln mitzubringen.

Kaiks nach Telendos fahren regelmäßig zwischen 8 Uhr morgens und 1 Uhr nachts vom Kai in Myrties ab (einfach 2 €).

EMBORIOS ΕΜΠΟΡΕΙΟΣ

Die landschaftlich reizvolle Westküstenstraße windet sich über weitere 11,5 km von Masouri zum kleinen Dorf Emborios, wo es einen schattigen Sand- und Kiesstrand gibt. Am Wasser liegt das **Artistico Café** (☎ 22430 40115; Hauptgerichte 4–8 €), in dem man zu Abend essen und regelmäßig Livemusik hören kann.

LP Tipp **Harry's Paradise** (☎ 22430 40062; www.harrys-paradise.gr; Hauptgerichte 5–9 €; 🍴 🖳) liegt ganz hinten in einem dicht bewachsenen Garten. An diesem abgeschiedenen und unglaublich blumenreichen Ort lässt es sich wunderbar speisen. Die Speisekarte ist sehr abwechslungsreich; zu den Köstlichkeiten zählen gefüllte Pilze vom Grill, mit geräuchertem Käse gefüllte Filoteigtaschen sowie Schweinefleisch in Wein und Knoblauch. Das Olivenöl, die Eier, Butter, Marmelade und essbaren Blüten stammen alle aus Emborios. Die Zimmer (DZ 45 €) sind äußerst behaglich, und jedes einzelne ist individuell und mit künstlerischen Flair eingerichtet. Alle haben Kochnischen und Balkone, die auf den Garten hinausgehen und (vom Obergeschoss) bis aufs Meer blicken. Im Voraus buchen!

VATHYS & RINA ΒΑΘΥΣ & PINA

Das in einem langen, fruchtbaren Tal an der Ostküste von Kalymnos gelegene Vathys gehört zu den schönsten und friedlichsten Gegenden der Insel. Vathys bedeutet 'tief' und bezieht sich auf den schmalen Fjord, der sich durch hohe Klippen schneidet. Enge Straßen schlängeln sich zwischen Zitrusgärten dahin, eingerahmt von hohen Steinwällen, den *koumoula*.

Rina ist der Hafen von Vathys und eine freundliche, kleine Stadt, auch wenn es dort kaum etwas zu tun oder zu sehen gibt. Einen Strand gibt es hier nicht, aber wer auf die Fischerboote achtet, kann vom Anleger an der Südseite des Hafens ins Wasser springen. **Wassertaxis** (☎ 22430   31316, 6947082912) bringen Touristen zu ruhigen Buchten wie die Strände von **Almyres** und **Drasonda**. Es gibt mehrere Kirchen, zu denen man von Pina aus wandern kann, darunter **Hosti** mit Fresken aus dem 11. Jh., die am westlichen Rand des Hafens steht. Im Rahmen des Internationalen Tauchfestivals (S. 655) findet in Vathys alljährlich ein Klippenspringerwettkampf statt.

Rund um den farbenfrohen Hafen reihen sich die Restaurants aneinander. In der **Harbor Taverna** (☎ 22430 31206; Hauptgerichte 4–9 €) werden seit 1916 leckere Mahlzeiten aufgetischt. Zu empfehlen sind die Kalamari mit Knoblauch, Butter und Wein, Brathühnchen oder Schwertfisch-*souvlaki*.

Vathys liegt 13 km nordöstlich von Pothia. Von hier windet sich eine neue Straße durch die Berge von Emborios und bietet eine schnellere Verbindung zum Norden als die andere Route über die Westküste.

LEROS ΛΕΡΟΣ

8210 Ew.

Auf der entspannten Insel Leros fühlt man sich gleichzeitig abseits und mitten drin. Mit einer wunderschönen Hafenstadt, coolen Cafés, ein paar fantastischen Speiselokalen und herrlichen Landschaften ist sie bei griechischen Reisenden beliebt und scheint dennoch nicht allzu viele ausländische Gäste anzulocken. Die Insel ist von einer eindrucksvollen mittelalterlichen Burg gekrönt, die nur eine von mehreren lohnenden Sehenswürdigkeiten ist, und ihre kleinen Sandstrände laden zum Baden ein. Wer auf der Suche nach Entspannung ohne Stress ist, für den ist Leros die richtige Wahl.

An- & Weiterreise

Es gibt regelmäßige Flüge nach Athen, Rhodos, Kos und Astypalea. Das Büro der **Olympic Air** (☎ 22470 22844) befindet sich in Platanos vor der Abzweigung nach Panteli.

Leros liegt auf der Nord-Süd-Fährroute zwischen Rhodos und Piräus. Täglich gibt's Abfahrten von Lakki. Fährtickets gibt's bei **Blue Star Ferries** (☎ 22470 26000; Lakki) oder bei **Leros Travel** (☎ in Lakki 22470 24000, in Agia Marina 22470 22154). Im Sommer legen täglich Tragflächenboote und Katamarane von Agia Marina auf ihrer Fahrt durch den Dodekanes ab; die Tickets sind am Anleger erhältlich. Die **Anna Express** fährt von Agia Marina nach Kalymnos, Lipsi, Arki, Marathi und Agathonisi. Ein Kaik fährt auch Myrties auf Kalymnos an.

Weitere Transportmöglichkeiten stehen unter Insel-Hopping (S. 868).

Unterwegs vor Ort

Der **Flughafen** (☎ 22470 22777) liegt in der Nähe von Partheni im Norden. Es gibt keinen Flughafenbus, und der örtliche Bus richtet sich nicht nach den Ankunfts- und Abflugzeiten. Die Taxifahrt vom Flughafen nach Alinda kostet 8 €.

Alle Busse auf Leros starten in Platanos. Täglich fahren drei Busse nach Partheni über Alinda und vier Busse nach Xirokambos über Lakki (Pauschalpreis 1 €).

Die meisten Auto-, Motorrad- und Fahrradverleihe befinden sich an der Touristenmeile von Alinda. **Motoland** (☎ 22470 24584) bietet Fahrräder und Scooter an. Taxis sind unter den Telefonnummern ☎ 22470 23340,   22470 23070   oder 22470 22550 zu rufen.

PLATANOS & AGIA MARINA
ΠΛΑΤΑΝΟΣ & ΑΓΙΑ ΜΑΡΙΝΑ
3500 Ew.

Platanos ist die Hauptstadt von Leros und ein betriebsames Städtchen, das sich über einen niedrigen Hügel bis hinunter zum malerischen, farbenprächtigen Hafen Agia Marina im Norden erstreckt. Mit Cafés und guten Restaurants am Ufer hat der Hafen eine ausgesprochen geselliges Flair und ist ideal zum Auspannen, Abschalten und

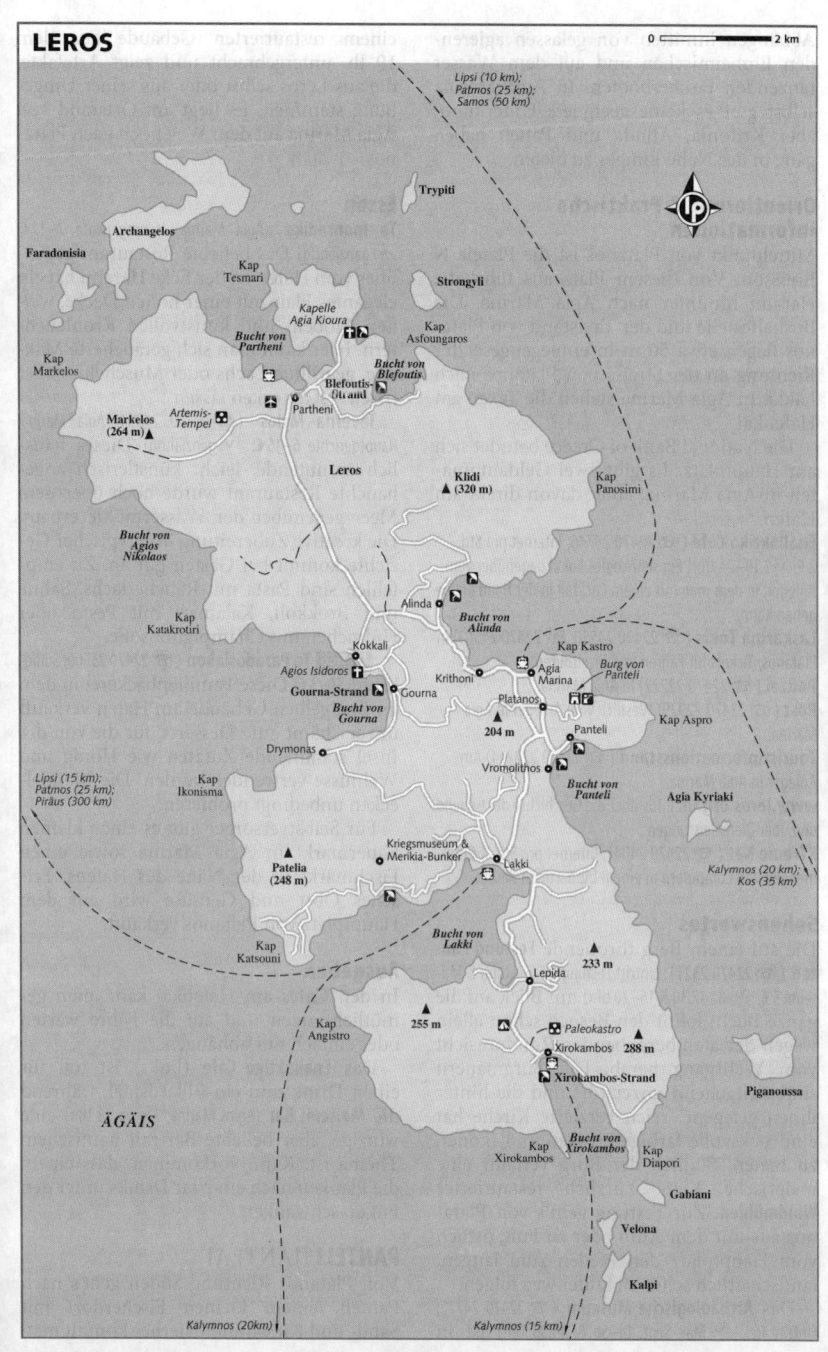

LEROS

0   2 km

Lipsi (10 km);
Patmos (25 km);
Samos (50 km)

Trypiti

Archangelos

Faradonisia

Kap
Tesmari

Strongyli

Kapelle
Agia Kioura

Bucht von
Partheni

Kap
Asfoungaros

Kap
Markelos

Bucht von
Blefoutis

Blefoutis-
Insel

Partheni

Markelos
(264 m) ▲

Artemis-
Tempel

Leros

Klidi
▲ (320 m)

Kap
Panosimi

Bucht von
Agios
Nikolaos

Alinda

Kap
Katakrotiri

Bucht von
Alinda

Kokkali

Kap Kastro

Agios Isidoros

Krithoni

Agia
Marina

Burg von
Panteli

Gourna-Strand

Gourna

Platanos

Bucht von
Gourna

Panteli

Kap Aspro

Drymonas

204 m

Vromolithos

Agia Kyriaki

Kap
Ikonisma

Bucht von
Panteli

Lipsi (15 km);
Patmos (25 km);
Piräus (300 km)

Kalymnos (20 km);
Kos (35 km)

Kriegsmuseum &
Merikia-Bunker

Lakki

Patelia
(248 m) ▲

Kap
Katsouni

Bucht von
Lakki

Lepida

233 m ▲

ÄGÄIS

255 m ▲

288 m ▲

Paleokastro

Kap
Angistro

Xirokambos

Xirokambos-Strand

Piganoussa

Kap
Xirokambos

Bucht von
Xirokambos

Kap
Diapori

Gabiani

Velona

Kalpi

Kalymnos (20km)

Kalymnos (15 km)

DODEKANES

Abhängen inmitten von gelassen agierenden Einheimischen und auf dem Wasser tanzenden Fischerbooten. In Agia Marina selbst gibt es keine geeignete Unterkunft, aber Kritonia, Alinda und Paneli haben ganz in der Nähe Einiges zu bieten.

Orientierung & Praktische Informationen

Mittelpunkt von Platanos ist die Plateia N Roussou. Von diesem Platz aus führt die Harami hinunter nach Agia Marina. Die Bushaltestelle und der Taxistand von Platanos liegen etwa 50 m in entgegengesetzter Richtung an der Straße von Platanos nach Lakki. In Agia Marina stehen die Taxen am Hafenkai.

Die National Bank of Greece befndet sich am Hauptplatz. Es gibt zwei Geldautomaten in Agia Marina, einer davon direkt am Hafen.

Enallaktiko Café (☎ 22470 25746; Internet pro Std. 2 €; ⏰ 10–24 Uhr) Ein sehr cooles Lokal gegenüber vom Anleger, in dem man mit einem Cocktail in der Hand online gehen kann.

Laskarina Tours (☎ 22470 24550; Fax 22470 24551) In Platanos; Tickets für Fähren und Inseltouren.

Polizei (☎ 22470 22222) In Agia Marina.

Post (☎ 22470 22929) Westlich vom Anleger in Agia Marina.

Touristinformationsstand (☎ 22470 222244) Am Anleger in Agia Marina.

www.leros.org.uk Infos über die Geschichte der Gegend und über Dienstleistungen.

XTreme Net (☎ 22470 24041; Internet pro Std. 3 €) Unmengen von Computern in einem büroartigen Raum.

Sehenswertes

Die auf einem Berg thronende **Festung Panteli** (☎ 22470 23211; Eintritt Festung 2 €, Festung & Museum 3 €; ⏰ 8–12.30 & 16–20 Uhr) mit Blick auf die ganze Bucht lohnt den Besuch schon allein wegen der atemberaubenden Rundumsicht vom Wehrgang herab. Die Burgmauern sind weitgehend unzerstört und die hinter ihnen gelegene, reich verzierte Kirche hat eindrucksvolle farbige Fresken und Ikonen zu bieten. Südlich der Burg verläuft eine malerische Kette kürzlich restaurierter **Windmühlen.** Zur Festung geht's von Platanos aus mit dem Auto oder zu Fuß, östlich vom Hauptplatz den Pfeilen zum langen, landschaftlich schönen Stufenweg folgen.

Das **Archäologische Museum** (☎ 22470 24775; Eintritt frei; ⏰ Mai–Sept. Di–So 8–14.30 Uhr) ist in einem restaurierten Gebäude aus dem 19. Jh. untergebracht und zeigt Artefakte, die aus Leros selbst oder aus seiner Umgebung stammen. Es liegt am Ortsrand von Agia Marina auf dem Weg hoch nach Platanos.

Essen

To Iponradiko (Agia Marina; Hauptgerichte 7–12 €; ⏰ ganzjährig) Das beliebte Restaurant gegenüber vom Hafen an der Ecke Harami hat ein elegantes Flair mit einer hohen Decke, weißen Möbeln und kunstvollen Kronleuchtern. Hier kann man sich geräucherte Makrele, gegrillten Lachs oder Muscheln – alles frisch – schmecken lassen.

Taverna Mylos (☎ 22470 24894; Agia Marina; Hauptgerichte 6–15 €; ⏰ ganzjährig) Dieses häuslich anmutende, leicht künstlerisch angehauchte Restaurant wurde hoch über dem Meer gegenüber der Wassermühle erbaut. Die kreative Zubereitung inseltypischer Gerichte kommt bei Gästen gut an. Zu empfehlen sind Pasta mit Räucherlachs, Sahne und Brokkoli, Kalamari mit Pesto oder Hühnchen mit Champignonsoße.

LP Tipp **To Paradosiakon** (☎ 22470 25500; Süßigkeiten 0,50–3 €) Diese Familienbäckerei in dem großen gelben Gebäude am Hafen verkauft unverschämt gute Desserts, für die von der Insel stammende Zutaten wie Honig und Walnüsse verwendet werden. Die Mandelecken unbedingt probieren.

Für Selbstversorger gibt es einen kleinen Supermarkt in Agia Marina sowie einen Fischmarkt in der Nähe des Hafens. Frisches Obst und Gemüse wird auf dem Hauptplatz von Platanos verkauft.

Ausgehen

In den Cafés am Hafenkai kann man gemütlich sitzen und auf die Fähre warten oder einfach nur abhängen.

Das **Enallaktiko Cafe** (links) ist toll für einen Drink und ein Billardspiel, während die **Meltemi Bar** (Agios Marina; ⏰ ab 18 Uhr) eine winzige, aber beliebte Bar mit nautischem Thema ist. Kann vorkommen, dass einem die Planken nach ein paar Drinks unter den Füßen schwanken.

PANTELI ΠΑΝΤΕΛΙ

Von Platanos Richtung Süden geht's nach Panteli, einem kleinen Fischerdorf mit Sand- und Kiesstrand. Hierher kommt man vor allem, weil man ein Kissen unter dem Kopf und etwas für den leeren Magen sucht.

An der Ostseite der Bucht sind die blauweißen **Rooms to Rent Kavos** (☎ 22470 25020, 6972154102; DZ 35 €) eine gute Wahl. Die großen, nüchternen Zimmer haben Balkon, Ventilator und Kühlschrank. Wer Hafenblick wünscht, sollte sich ein Zimmer nach vorn sichern.

In der **Pension Happiness** (☎ 22470 23498; www.studios-happiness-leros.com; DZ/Studio/Apt. 45/55/ 70 €; ❄) gibt es zwei nagelneue Apartments mit je drei Schlafplätzen. Sie gleichen eher großen Studios und sind sehr komfortabel eingerichtet mit einer vollständig ausgestatteten Küche sowie einer Veranda, von der aus man auf das Meer und die Burg blickt. Zimmer und Studios sind hier etwas älter, aber sehr gut in Schuss. Die **Taverna Psaropoula** (☎ 22470 25200; Hauptgerichte 5–8 €) ist eines der vielen Restaurants direkt am Strand. Die gängige Speisekarte umfasst frische Langusten, große Schüsseln mit Muscheln und Garnelen-*souvlaki*.

VROMOLITHOS ΒΡΩΜΟΛΙΘΟΣ

Um die Landzunge herum geht's nach Vromolithos, einem Dorf mit einem schmalen Kiesstrand und etwas Schatten.

Auf dem Hügel liegt die allseits beliebte **Pension Rodon** (☎ 22470 22075; DZ 30 €; ❄ ganzjährig), eine zuverlässige und gastfreundliche Bleibe mit komfortablen Zimmern und großartigem Meerblick. Nebenan bietet **Bald Dimitris** (☎ 22470 25626; *mezedhes* 3–7 €) innovative Gerichte unter einem Blätterdach. Seine bekanntesten sind Hühnchen in Retsina oder Schweinefleisch in Weinsoße, die beide ihrem Ruf gerecht werden.

LP Tipp **Cafe Del Mar** (☎ 22470 24766; www.leros cafedelmar.com; Snacks 3–8 €) liegt versteckt in einer Ecke der Bucht am Ostende des Strandes. Vom eleganten, verglasten Speiseraum bietet sich ein weiter Ausblick. Dies ist der beste Platz auf Leros um entspannt abzuhängen; große, bequeme Liegestühle und eine fantastische Bar laden dazu ein. Am Tage greift man sich hier ein Sandwich mit geräucherter Forelle oder Pfannkuchen und bleibt bis abends, wenn die DJs auflegen.

LAKKI ΛΑΚΚΙ
2370 Ew.
Wer mit dem Schiff in Lakki ankommt, hat das Gefühl, einen vor langer Zeit verlasse-

nen Drehort von Federico Fellini zu betreten. Grandiose Gebäude und breite, von Bäumen gesäumte Boulevards zeugen von Lakkis Entstehung während der italienischen Besatzungszeit. Kaum jemand hält sich länger in Lakki auf, die meisten fahren einfach nur durch. Internetzugang gibt's im **Kinezos Café** (☎ 22470 2259; pro Std. 3 €) am Kai, und auch Geldautomaten stehen überall in der Stadt. Der größte Lebensmittelladen der Insel befindet sich an der Straße nach Platanos.

Auch für diejenigen, die nicht allzu sehr an Geschichtlichem interessiert sind, lohnt sich der kurze Umweg zu dem fesselnden **Kriegsmuseum** (☎ 22470 25520; Eintritt 3 €; ⊙ 9.30– 13.30 Uhr) im westlich gelegenen Merikia. Wer weiß schon, dass auf diesem winzigen Eiland eine so blutige Schlacht des Zweiten Weltkriegs tobte? Als die Deutschen Leros von den Italiener und Briten im Jahr 1943 zurückeroberten, versteckten sich die Einheimischen in diesen Bunkern, in denen heute zahllose Objekte aus der Kriegszeit verwahrt werden.

Wer frühmorgens die Fähre von Lakki nehmen will, kann im **Hotel Miramare** (☎ 22470 22052; georvirv@otenet.gr; DZ 45 €; ❄) übernachten. Die Zimmer in diesem altmodischen Familienhotel sind sauber und komfortabel, einige haben Meerblick. Es liegt einen Häuserblock hinter der Uferstraße.

Zahlreiche Restaurants säumen den Hafen, aber wer etwas Frisches und Bezahlbares sucht, geht zum Essen ins **To Polntimo** (☎ 22470 23323; Sandwichs 2–4 €), in dem auch Einheimische sitzen. Hier wählt man die Sandwichfüllung am Tresen aus, lässt es toasten und trinkt dazu einen Fruchtsaft oder Kaffee.

XIROKAMBOS ΞΗΡΟΚΑΜΠΟΣ
Die im Süden gelegene Bucht von Xirokambos kommt einem irgendwie verlassen vor. Doch es ist durchaus ein Ferienzentrum, denn hier stehen ein paar Hotels und ein Restaurant neben einigen Wohnhäusern der Einheimischen. Der Strand besteht aus Kies und Sand mit ein paar Stellen, an denen man gut schnorcheln kann. Auf dem Weg nach Xirokambos führt ein ausgeschilderter Pfad hinauf zur der zerstörten Festung **Paleokastro;** hier bietet sich eine grandiose Aussicht.

DODEKANES

Bei Xirokambos liegt der einzige Campingplatz auf Leros, **Camping Leros** (☎ 22470 23372, 944238490; Zeltplatz Erw./Zelt 6,50/4 €; ⌚ Juni–Sept.). Schattige Plätze liegen in einem Olivenhain, 500 m vom Strand entfernt; es gibt auch ein Restaurant und einfache Einrichtungen. Der Platz ist etwa 3 km von Lakki entfernt. Hier ist auch der **Panos Diving Club** (☎ 22470 23372; divingleros@hotmail.com; 🖳) zu finden, der verschiedene Wracktauchgänge sowie Tauchtraining anbietet.

Gleich oberhalb des Strands liegt die **Villa Alexandros** (☎ 22470 22202, 6972914552; DZ 55€; 🍴) mit wohnlichen Selbstversorger-Studios mit Kitchenette, die auf einen Blumengarten hinausgehen. Das direkt am Strand gelegene **To Aloni** (☎ 22470 26048; Hauptgerichte 4–8 €) ist eine sehr angenehme Fischtaverne, die von Gästen der ganzen Insel besucht wird.

KRITHONI & ALINDA ΚΡΙΘΩΝΙ & ΑΛΙΝΤΑ

Die von Agia Marina aus leicht erreichbaren Ortschaften Krithoni und Alinda liegen dicht nebeneinander an der Bucht von Alinda und ziehen im Sommer den Löwenanteil der Besucher an. Ansonsten sind sie aber klein und sehr entspannt geblieben. Am meisten ist in Alinda los, während Krithoni ein Stückchen weiter die Straße hinunter einen ruhigeren Aufenthalt bietet.

Leros bester Strand liegt in Alinda – er ist zwar schmal, dafür aber lang, schattig und sandig mit klarem, seichtem Wasser. Im Sommer wird er gelegentlich von Rettungsschwimmern beaufsichtigt. **Alinta Seasport** (☎ 22470 24584) vermietet Ruderboote, Kanus und Motorboote. An der Bucht ist in einer einst stattlichen Villa das **Historische & Völkerkundliche Museum** (Eintritt 3 €; ⌚ Di–So 9–12.30 und 18.30–21 Uhr) untergebracht. Ausstellungsstücke und Schautafeln veranschaulichen die Geschichte der Insel.

An der Uferstraße von Krithoni liegt ein tief bewegender **Soldatenfriedhof.** Nach der Kapitulation der Italiener im Zweiten Weltkrieg tobten auf Leros heftige Kämpfe zwischen deutschen und britischen Truppen; auf dem Friedhof ruhen 179 britische, zwei kanadische und zwei südafrikanische Soldaten. In einem Kasten neben dem Tor stecken mehrere Artikel.

Das **Hotel Alinda** (☎ 22470 23266; Fax 22470 23383; Alinda; EZ/DZ 30/40 €; 🍴) liegt direkt am Strand, hat eine schattige Bar nach vorne und eine sehr nette Taverne. Ein bisschen fühlt man sich hier an Ferienlager erinnert, aber die komfortablen Zimmer mit wunderschönem Ausblick sind ihr Geld wert.

Die Rezeption der **Boulafendis Bungalows** (☎ 22470 23290; Alinda; Studio/Apt. 68/100 €; 🍴 🖳 🌐) befindet sich in einer neoklassizistischen Villa an der Straße. Die Standardzimmer dahinter liegen in einem herrlichen Garten mit einem von Palmen umstandenen Pool.

🔲 **LP Tipp** **Nefeli Hotel** (☎ 22470 24611; www.nefelihotels.com; Studio 85 €, Apt. 100–160 €; 🅿 🍴) hat große, mit allem Komfort ausgestattete Studios und Apartments. Die Architektur im Stil lokaler Traditionen, mit Küchen und ruhigen Balkonen, gewinnt durch elegante, unkonventionelle Ausstattung mit inseltypischem Kunsthandwerk und Textilien an Wohnlichkeit. Von den Zimmern im oberen Stock blickt man weit übers Meer.

Inmitten eines üppig grünen Gartens voller Blumen, Büsche und schattenspendender Bäume und direkt vor einem kleinen Weinberg liegt die herrschaftliche Villa **To Arhontiko tou Angelou** (☎ 22470 22749; www.hotel-angelou-leros.com; Alinda; EZ/DZ inkl. Frühstück 92/155 €; 🍴), deren schöne Zimmer mit antiken Möbeln, schmiedeeisernen Betten und Holzfußböden zum Träumen einladen.

In Alinda gibt es viele elegante Cafés und Restaurants. Wo die Bucht wieder nach Osten verläuft, kann man in der **Osteria Del Buon Mangiare** (Alinda; Hauptgerichte 5–10 €) stilecht italienisch essen. Ein paar Türen weiter südlich sitzt man im **Ionos** (☎ 6977781874; Hauptgerichte 6–12 €) in gemütlicher, altmodischer Umgebung, mit einem offenen Kamin, traditionell gefliesten Böden und Unmengen von Fotos an den Wänden. Mit einem Schachspiel verkürzt man sich die Wartezeit, bis das Kaninchen mit frischer Tomatensoße, Schwertfisch am Spieß oder Schweinefleisch in Mangosoße auf den Tisch kommen.

In Alinda gibt's mehrere Bars in Ufernähe. Wer in Richtung Krithoni geht, kommt zum **Nemesis** (☎ 22470 22070), einer Bar im Loungestil mit Sangria, Cocktails und Kaffee sowie vielen bequemen Sofas.

NÖRDLICHES LEROS

Der Norden der Insel ist ruhig und mit kleinen Fischerdörfern, Bienenkörben und zerklüfteter, windgepeitschter Landschaft gesprenkelt. Auf einer Anhöhe westlich des Flughafens befand sich der **Artemis-Tempel** aus dem 4. Jh. v. Chr., der aber noch freigelegt werden muss. Heute stehen dort die Überreste einer neueren Kapelle, wo auf dem Altar noch immer Opfer dargebracht werden.

Östlich von hier liegt der **Blefoutis-Strand,** ein schmaler Streifen aus Sand und Steinen an einer fast geschlossenen Bucht. Die Lage ist schön, und mit nur einer einzigen, zur Saison geöffneten Taverne ist es hier sehr ruhig.

PATMOS ΠΑΤΜΟΣ

3040 Ew.

Auf dem geheimnisvollen und spirituellen Patmos herrscht eine ganz andere Atmosphäre als auf den übrigen Inseln des Dodekanes – als ob die Insel wüsste, dass sie etwas ganz Besonderes ist. Selbst das Licht ist hier ungewöhnlich, es taucht die Landschaft in warme Farbtöne, und die Insulaner sind eine Mischung aus stolzen Einheimischen und langjährigen Expats, angezogen von der Verlockung der Harmonie. Auf dieser Insel soll Johannes in einer Höhle eine Offenbarung gehabt und dann niedergeschrieben haben (s. Kasten S. 665). Seither ist Patmos ein Wallfahrtsort für orthodoxe und westliche Christen und zweifelsohne der Ort, an dem ein orthodoxes Osterfest am authentischsten ist. Jenseits der läutenden Glocken der Kapellen findet man eine weitere wunderschöne Strände, großartiges Essen und genug Plätze, an denen man sein Haupt entspannt betten kann. Da fällt der Abschied schwer.

Geschichte

Im Jahre 95 n. Chr. wurde der heilige Johannes vom heidnischen römischen Kaiser Domitian von Ephesos nach Patmos verbannt. Während er in einer Höhle auf der Insel hauste, schrieb Johannes seine Offenbarung. 1088 erhielt der Seelige Christodoulos, ein Abt, der von Kleinasien nach Patmos kam, vom byzantinischen Kaiser Alexis I. Komninos die Erlaubnis, zum Gedenken an den heiligen Johannes ein Kloster zu errichten. Piratenüberfälle machten starke Befestigungen erforderlich, weswegen das Kloster wie eine mächtige Burg aussieht.

Unter dem Herzog von Naxos wurde Patmos ein halbautonomer Klosterstaat und erlangte einen solchen Wohlstand und Einfluss, dass es sich der türkischen Unterdrückung widersetzen konnte. Zu Beginn des 18. Jh. gründete der Mönch Makarios eine Schule für Theologie und Philosophie, die bis zum 19. Jh. Bestand hatte.

Mit der Zeit teilte sich der Reichtum der Insel in einen weltlichen und einen klösterlichen Bereich. Der weltliche Reichtum war dem Schiffbau zu verdanken, einer Industrie, die erst mit dem Aufkommen der Dampfschifffahrt an Bedeutung verlor.

An- & Weiterreise

Patmos ist an Piräus, Rhodos und eine Reihe von dazwischenliegenden Inseln durch die Hauptfährverbindungen von Blue Star Ferries und G&A Ferries angebunden. Die F/B Nissos Kalymnos und die Anna Express stellen zusätzlich Verbindungen zu benachbarten Inseln her. Die inseleigene **Patmos Star** (☎ 6977601633) fährt Lipsi und Leros an, während die **Delfini** (☎ 22470 31995) und die Lambi II nach Marathi und Arki verkehren. Tragflächenboote und Katamarane verbinden Patmos mit Samos und dem Rest des Dodekanes. Tickets werden von Apollon Travel (S. 665) in Skala verkauft. Weitere Infos sind unter Insel-Hopping (S. 871) zu finden.

Unterwegs vor Ort
AUSFLUGSBOOT

Ausflugsboote fahren von Skala zum Strand Psili Ammos; sie legen gegen 10 Uhr ab und kommen gegen 16 Uhr zurück.

AUTO & MOTORRAD

Es gibt mehrere Auto- und Motorradverleihe in Skala. Der Wettbewerb ist hart, darum lohnt sich ein Preisvergleich. Einige haben ihren Hauptstandort in der Fußgängerstraße hinter Skalas Haupthafen, so auch **Moto Rent Express** (☎ 22470 32088), **Avis** (☎ 22470 33025) und **Theo & Girogio** (☎ 22470 32066).

BUS

Von Skala aus verkehren täglich sechs Busse nach Chora und vier nach Grikos und Kambos und zurück. Der Preis für alle Fahrten beläuft sich auf 1 €.

DODEKANES

DODEKANES

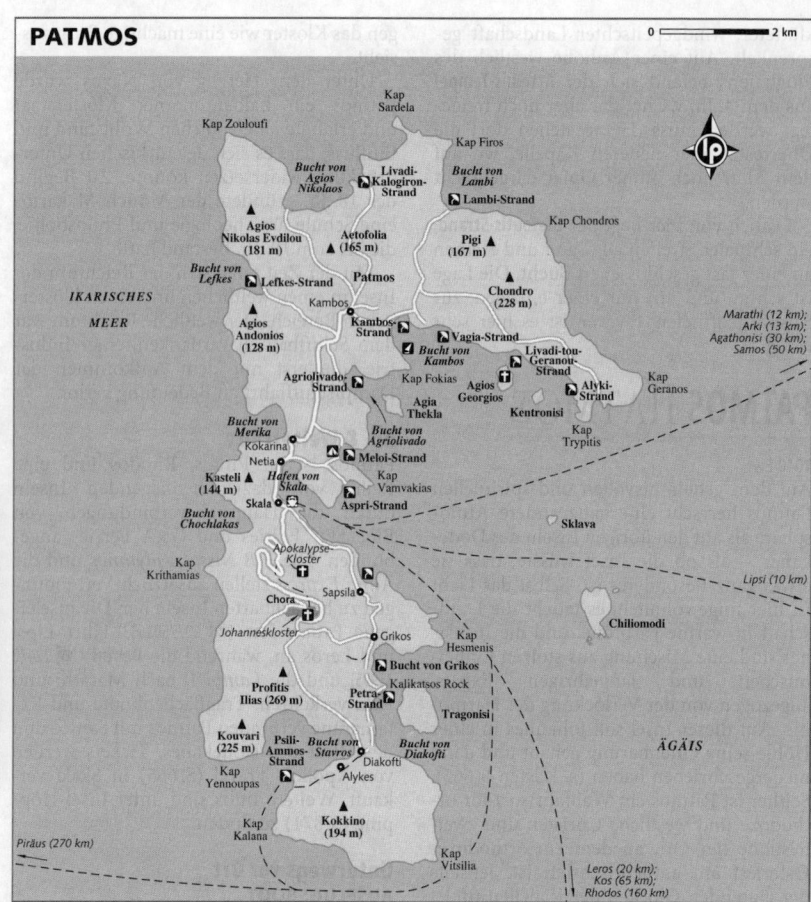

PATMOS

0 ⊏═══════⊐ 2 km

Kap Sardela

Kap Zouloufi

Kap Firos

Bucht von Agios Nikolaos

Livadi-Kalogiron-Strand

Bucht von Lambi

Lambi-Strand

Agios Nikolas Evdilou (181 m)

Aetofolia (165 m)

Pigi (167 m)

Kap Chondros

IKARISCHES

MEER

Bucht von Lefkes

Lefkes-Strand

Patmos

Kambos

Chondro (228 m)

Marathi (12 km); Arki (13 km); Agathonisi (30 km); Samos (50 km)

Agios Andonios (128 m)

Kambos-Strand

Vagia-Strand

Bucht von Kambos

Livadi-tou-Geranou-Strand

Agriolivado-Strand

Kap Fokias

Agios Georgios

Alyki-Strand

Kap Geranos

Agia Thekla

Kentronisi

Kap Trypitis

Bucht von Merika

Kokkarina

Bucht von Agriolivado

Netia

Meloi-Strand

Kasteli (144 m)

Hafen von Skala

Kap Vamvakias

Skala

Aspri-Strand

Bucht von Chochlakas

Sklava

Kap Krithamias

Apokalypse-Kloster

Lipsi (10 km)

Chora

Sapsila

Chiliomodi

Johanneskloster

Grikos

Kap Hesmenis

Bucht von Grikos

Profitis Ilias (269 m)

Petra-Strand

Kalikatsos Rock

Tragonisi

ÄGÄIS

Kouvari (225 m)

Psili-Ammos-Strand

Bucht von Stavros

Bucht von Diakofti

Diakofti

Kap Yennoupas

Alykes

Piräus (270 km)

Kap Kalana

Kokkino (194 m)

Kap Vitsilia

Leros (20 km); Kos (65 km); Rhodos (160 km)

TAXI

Ein **Taxi** (☎ 22470 31225) kann man an Skalas Taxistand gegenüber der Polizeistation nehmen.

SKALA ΣΚΑΛΑ

Vielleicht wirkt Patmos' Hafenstadt Skala, die sich entlang einer langgestreckten Bucht erstreckt, etwas schicker als der Besucher es erwartet. Große Kreuzfahrtschiffe gehen oft vor der Küste vor Anker, während Jachten in der neuen Marina ankern. Skala hat sicherlich seinen Anteil am Tourismus, was die zahlreichen ausgezeichneten Unterkünfte und Restaurants deutlich machen. Trotz aller Geschäftigkeit scheinen die Leute hier jedoch ständig in Ferienlaune zu sein – hier gibt es eine Garantie für reinste Erholung.

Orientierung & Praktische Informationen

Alle Verkehrsmittel kommen in der Mitte des langen Kais mitten in Skala an. Rechts führt die Straße zu einem schmalen Sandstrand, dem Jachthafen und dann weiter zum Inselnorden. Links führt die Straße zur Südseite der Insel. Von einem Kreisverkehr in der Nähe des Fährterminals aus führt eine Straße ins Inselinnere und nach Chora. Sowohl der Busbahnhof als auch der Taxistand liegen am Kai und alle wichtigen Geschäfte und Dienstleister sind in einem Umkreis von 100 m zu finden.

DER HEILIGE JOHANNES & DIE APOKALYPSE

Auf der Insel Patmos befindet sich die Höhle der Apokalypse, in der der heilige Johannes die Stimme Gottes vernommen haben soll, die ihm befahl, die Offenbarung, auch bekannt als Apokalypse, niederzuschreiben. Oft wird angenommen, dass er mit dem Apostel Johannes oder dem Evangelisten Johannes identisch ist, was jedoch viele wegen seiner Verbannung nach Patmos durch den heidnischen römischen Kaiser Domitian im Jahre 95 n.Chr. bezweifeln. (Der Apostel Johannes wäre zu der Zeit schon sehr, sehr alt gewesen.) In der Offenbarung schrieb Johannes über zwei apokalyptische Visionen, die er gehabt hatte.

In der ersten (1,11–3,22) erzählt er „von einem, der wie ein Mensch aussah, er war bekleidet mit einem Gewand, das bis auf die Füße reichte, und um die Brust trug er einen Gürtel aus Gold" und er sprach mit „einer Stimme, laut wie eine Posaune". Die zweite Vision bildet den Rest der Offenbarung (4–22) und beginnt mit „Eine Tür …war geöffnet am Himmel". Danach wird der Untergang der Welt beschrieben, mit Satans letztem Aufstand bei Armageddon, Gottes endgültigem Sieg über Satan und die Wiederherstellung des Friedens auf Erden.

Die „Offenbarung" gilt bestenfalls als auslegungsbedürftig und wird von Bibelforschern nicht so ernst genommen, wie es wohl wünschenswert erscheint – vielleicht wegen des obskuren und im Wesentlichen schwer zu deutenden Symbolgehalts des Werkes. Einige Kritiker halten sie sogar für das Werk eines Geistesgestörten.

Was immer man davon glaubt, es lohnt sich, die Höhle zu besichtigen, in der alles stattgefunden haben soll. Wer weiß – vielleicht erfährt man ja selbst ein kleines bisschen Offenbarung.

Es gibt drei Banken mit Geldautomaten in Skala: die National Bank of Greece, die Emporiki Bank und die Commercial Bank.

AB Food Market (☎ 22470 34023) Ein gut sortierter Supermarkt. Er ist nach 100 m an der Straße nach Chora zu finden.

Apollon Travel (☎ 22470 31324; apollontravel@stratas.gr) Tickets für Flüge und Fähren.

Apyos News Agent (☎ 22470 32431) Verkauft internationale Zeitungen, Taschenbücher, Landkarten und traditionelle griechische Musik.

Dodoni Gelateria (☎ 22470 32202; Internet pro Std. 4 €; ☻ 9–21 Uhr) Online gehen und dabei Eis schlecken.

Hafenpolizi (☎ 22470 31231) Hinter dem Passagierabfertigungsgebäude am Kai.

Krankenhaus (☎ 22470 31211) Nach zwei Kilometern an der Straße nach Chora.

Meltemi (☎ 22470 31839; Internet pro Std. 4 €) Schnelle Computer in Strandnähe.

Oxerolas Bookshop (☎ 22470 32251) Secondhandbücher in Englisch, Französisch, Holländisch und Deutsch.

Polizei (☎ 22470 31303) An der Hafenfront.

Touristeninformation (☎ 22470 31666; ☻ nur im Sommer) Im gleichen Gebäude wie die Post und die Polizei.

Waschsalon (☎ 22470 33170; waschen & trocknen pro Maschinenladung 10 €) Hinter der neuen Marina. Viel Geld für Sauberkeit.

www.patmos-island.com Eine Menge Einträge und Infos von örtlichem Interesse.

www.patmosweb.gr Eine etwas flottere Seite mit Geschichte, Einträgen und Fotos.

Sehenswertes & Aktivitäten

In Skala gibt's einige religiöse Stätten, darunter der Platz gleich nördlich vom Strand, an dem der heilige Johannes 96 n.Chr. die ersten Einheimischen taufte. Wer sich weiter informieren und sakrale Gegenstände von der ganzen Insel sehen möchte, findet alles im **Orthodoxen Kultur- & Informationszentrum** (☎ 22470 33316; ☻ Di– Do 9–13 & Mo, Di & Fr 18–21 Uhr) in der Kirche am Hafen.

Wer Bewegungsbedarf hat, kann zu den Überresten einer antiken **Akropolis** am Berghang westlich der Stadt hochklettern. Der Weg ist nicht gut ausgeschildert; erstes Ziel ist die gut sichtbare Kapelle, dann folgt man dem unbefestigten Weg quer durch Felder voller Wildblumen und Eidechsen. Die Aussicht von oben ist fantastisch.

Schlafen

Am Hafen gibt's ein kleines **Infobüro** (☎ 22470 32899) mit Auskünften über Privatzimmer, Studios und Apartments, die zu mieten sind. Hotel- und Studiobesitzer holen ihre Gäste meistens am Hafen ab – besser ist es aber, dies vorher telefonisch zu klären.

Pension Maria Pascalidis (☎ 22470 32152; EZ/DZ 25/35 €) Diese seit langem bewährte und gastfreundliche Budgetoption befindet sich an der Straße nach Chora. Schlichte, aber durchaus präsentable Zimmer gehören zu

DODEKANES

DODEKANES

dieser Familienpension und liegen inmitten von duftenden Zitrusgewächsen.

Casteli Hotel (☎ 22470 31361; Fax 22470 51656; EZ/ DZ inkl. Frühstück 50/70 €; P ⚅ ☎) Dieses beliebte Hotel aus der guten alten Zeit kann mit Retro-Telefonen aus den 70ern und originellen Kacheln in den Badezimmern aufwarten. Die Zimmer sind nicht gerade riesig, bieten aber eine tolle Sicht auf den Hafen und Chora; außerdem gibt's einen Dachpool.

Hotel Chris (☎ 22470 31001; www.patmoschris hotel.gr; DZ nach hinten/Meerblick 50/80 €; ⚅) Das Alter dieses Hotels zeigt sich in der leicht abgewetzten Lobby, aber die renovierten Zimmer haben gekachelte Böden und schöne Holzmöbel zu bieten. In einigen stehen Himmelbetten, und die Zimmer zum Meer hin haben Balkon. Etwas teuer, aber in Strandnähe gelegen und mit einem beliebten Café nach vorne raus.

Captain's House (☎ 22470 31793; www.cap tains-house.gr; EZ/DZ inkl. Frühstück 55/75 €; ⚅ ☎) Dieses gastfreundliche Hotel am Hafen hat kleine, aber komfortable Zimmer mit Kühlschrank und außerdem einen schönen Pool, in den man zum Abkühlen springen kann. Die nach vorn liegenden Zimmer haben Meerblick, können aber eine Menge Straßenlärm abbekommen.

Studios Siroco (☎ 22470 33262; Fax 22470 34090; DZ 80 €; ⚅) Diese großen, neuen Studios liegen am Strand an der Chohlakas-Bucht. Sie sind sehr komfortabel mit separater Küche, Stein- und Fliesenböden und geräumigen Verandas. Man schläft beim Rauschen der Meereswellen ein.

Kalderimi Apartments (☎ 22470 33008; www.kal derimi.com; Apt. inkl. Frühstück ab 110 €; ⚅) Am unteren Ende des Pfads, der zum Kloster hochführt und hinter Bäumen verborgen liegen diese tollen Apartments, die nach der örtlichen Tradition mit Holzbalken und Steinwänden und dazu einer Menge schicker Extras gestaltet sind. Mit einer voll ausgestatteten Küche, einem schattigen Balkon und sehr viel Privatsphäre sind sie ideal für längere Aufenthalte.

Blue Bay Hotel (☎ 22470 31165; www.bluebay.50g. com; EZ/DZ/3BZ inkl. Frühstück 78/116/144 €; ⚅ ▢ ☎) Dieses gleich südlich der Stadt gelegene Hotel hat einen luftigen Frühstücksraum mit Veranda. Die recht schlichten Zimmer sind ordentlich und haben von den Balkonen einen weiten Blick übers Meer.

Essen

Meltemi (☎ 22470 31839; englisches Frühstück 5 €; ☺ ab 9 Uhr; ▢) Besser kann der Morgen nicht beginnen als mit einem hausgemachten Frühstück an Tischen auf Sand. Später am Tag gibt's hier Milchshakes, Quiche und Kaffee; dabei die Füße ins Wasser halten.

Tzivaeri (☎ 22470 31170; Hauptgerichte 4–7 €; ☺ Abendessen) Dieses Strandrestaurant strahlt mit echtem Porzellan, einem Plattenspieler und Schwarzweißfotos die Eleganz der guten alten Zeit aus. Hier werden traditionelle Gerichte serviert. Der Service ist schnell und höflich, und vom oberen Stock blickt man hinaus auf den Hafen.

Kiliomothi (☎ 22470 34808; Hauptgerichte 5–9 €; ☺ Abendessen) Dieses pittoreske Restaurant, einen Häuserblock die Straße nach Chora hinauf, ist weniger touristisch als viele seiner Nachbarn. Hier schmecken Pfannkuchen mit Auberginen oder Tintenfisch oder frischer Fisch mit Knoblauchsoße.

Ostria (☎ 22470 30501; Hauptgerichte 7–12 €) Das Lokal ist leicht an dem Boot auf seinem Dach zu erkennen. Es sieht zwar nicht so aus, als wäre es etwas Besonderes, doch tummeln sich hier den ganzen Tag lang die Kenner der Meeresküche. Gefüllte *kalamari*, Garnelen mit Tomaten und Feta und Schwertfisch-*souvlaki* sind nur einige der verlockenden Gerichte auf der Speisekarte.

Vegghera (☎ 22470 32988; Hauptgerichte 17–28 €) Gäste aus der High Society besuchen dieses topaktuelle Restaurant gegenüber der Jachtmarina. Die Küche ist eine französisch-griechische Mischung mit Gerichten wie Pilzrisotto, Spaghetti mit geräuchertem Truthahn oder Garnelen auf Halva. Auf keinen Fall das Schokoladensoufflé auslassen.

Ausgehen

George's Juice Place (Getränke 4–5 €; ☺ 8–20 Uhr) George mischt Smoothies und frische Säfte aus Birnen, Granatäpfeln, Mangos, Karotten – und der Gast gibt dem Getränk einen Namen. Ins Glas kommt Milch, Kokosmilch oder Jogurt und ein Schuss Alkohol, falls es stärker sein soll. Auf der Straße vom Hauptplatz in die hintere Stadt gehen.

Koukoumavia (☎ 22470 32325) An die Mosaikbar dieser sehr schicken Kneipe geht man auf einen Cocktail. Eine große Auswahl an Musik, freundliches Personal und einzigartige künstlerische Kreationen lassen einen länger hier verweilen als geplant. Das Lokal liegt einen Häuserblock nördlich von der Abzweigung nach Chora.

Arion (☎ 22470 31595) Das an der rechten Seite des Hafens gelegene, populäre Lokal hat hohe Gewölbedecken, polierte Holztische und sieht eher kubanisch als griechisch aus. Hier trifft man zu jeder Tageszeit eine gute Mischung aus Einheimischen und Touristen, die bei einem Cocktail, Bier oder Kaffee einem eklektischen Musikmix lauschen.

Anemos (☎ 22470 33008; ☽ Do–So ab 21 Uhr) Gleich außerhalb von Skala liegt in einem alten Steinhaus auf dem Hügel in Richtung Kambos diese trendige Kombination aus Bierhaus und Musikbar und zieht an Wochenenden Scharen von Besuchern an.

Shoppen

In Patmos ist eine kreative Ader vorhanden, die das Shoppen interessant macht. **Koukoumavla** (☎ 22470 32325) macht schicke, handgenähte Kleidung und Zubehör; am Hafen bietet **Selene** (☎ 22470 31742) Arbeiten von 40 Künstlern aus ganz Griechenland an. Man kann in byzantinischen Bildwerken, Holzschnitzereien, Spielen, Keramik und Schmuck stöbern. Hinter dem Hauptplatz verkauft **Jewel Kalogero** (☎ 22470 32453) vor Ort gefertigten Silberschmuck mit einzigartigem Design.

Etwas praktischer geht's im **Blue Fin** (☎ 22470 85500; New Marina) zu, wo man sich mit allem, was man zum Tauchen und Angeln braucht, ausrüsten kann, einschließlich Nachfüll-Sauerstoff und Lebendköder.

CHORA ΧΩΡΑ

Auf dem Hügel kauern sich um das Johanneskloster die makellos weißen Häuser von Chora, die noch aus der Zeit stammen, als die Insel im 17. und 18. Jh. sehr wohlhabend war. Beim Bummel durch die winkeligen Straßen verliert man das Gefühl für Zeit und Raum.

Das gewaltige **Johannes-Kloster** (☎ 22470 31398; Eintritt frei; ☽ 8–13.30, Di, Do & So auch 16–18 Uhr), auch Kloster des Heiligen Johannes des Theologen genannt, krönt die Insel Patmos. Ein Gottesdienst mit Weihrauchfahnen, religiösen Gesängen und hingebungsvollen Gläubigen ist ein unvergleichlich eindrucksvolles Erlebnis, das man sich nicht entgehen lassen sollte. Außerhalb der Got-

tesdienste hat man Gelegenheit, die kunstvolle Ausschmückung zu bewundern. Viele gehen den byzantinischen Pfad hinauf, der an einer ausgeschilderten Stelle an der Straße von Skala nach Chora beginnt.

Nach etwa 200 m auf diesem Pfad führt ein Feldweg links durch Pinienwälder zum **Apokalypse-Kloster** (☎ 22470 31234; Eintritt frei, Sakristei 6 €; ☽ 8–13.30, Di, Do& So auch 16–18 Uhr), das um die Höhle herum gebaut wurde, in der der heilige Johannes seine göttliche Offenbarung empfing. Drinnen ist der Fels zu sehen, den der Heilige als Kopfkissen benutzte, sowie die drei Risse in der Höhlendecke, durch die die Stimme Gottes ertönte. Die schönsten Fresken dieses Klosters sind im äußeren Narthex. Es lohnt sich auch, die Ikonen und die kirchlichen Gewänder in der Sakristei zu besichtigen.

Fünf Minuten zu Fuß westlich vom Johannes-Kloster liegt das **Kloster Zoodohos Pigi** (Eintritt frei; ☽ So–Fr 8–12 & 17–19 Uhr), ein Frauenkonvent mit unglaublich schönen Fresken. An Karfreitag findet hier eine wunderschöne Zeremonie im Kerzenlicht statt.

Etwas östlich vom Johannes-Kloster lebt und arbeitet **Andreas Kalatzis** (☎ 22470 31129), ein byzantinischer Ikonenkünstler, in einem Haus aus den 1740er-Jahren. Drinnen ist eine interessante Mischung aus Keramik, Schmuck und Gemälden von lokalen Künstlern ausgestellt.

LP Tipp **Archontariki** (☎ 22470 29368; www.archontariki-patmos.gr; Suite 200–400 €) ist genau das Richtige, wenn man etwas Luxus braucht. In einem 400 Jahre alten Gebäude sind vier prachtvolle Suiten mit allen Bequemlichkeiten, traditionellem Mobiliar und feudalen Extras ausgestattet. Wer entspannt unter den Obstbäumen im ruhigen, kühlen Garten liegt, fragt sich, warum das Hotel nicht Paradies heißt.

Loza (☎ 22470 32405; Vorspeisen 3–8 €, Hauptgerichte 10–19 €) ist kaum zu verfehlen, wenn man nach Chora kommt. Das Lokal bietet eine herrliche Sicht auf Skala. Auf der Speisekarte stehen preisgünstige Salate und Vorspeisen sowie interessante Hauptgerichte wie süßsaurer Feta in *filo* und Ouzo-Garnelen mit Basmati-Reis. Über die Stufen links von hier geht's zu dem winzigen **Pantheon** (☎ 22470 31226; Hauptgerichte 5–12 €) mit Blick auf den Hafen. *Dolmadhes*, Auberginen mit Knoblauch und Fisch sind gut zubereitet und preiswert.

Zum Abendessen setzt man sich draußen auf den Platz oder in den versteckten Garten der **Vangelis Taverna** (☎ 22470 31967; Hauptgerichte 6–10 €), die mit traditioneller Küche und familiärer Atmosphäre aufwartet. Den anschließenden Drink gibt's im **Stoa Cafe** (☎ 22470 3226; 🛜), einer hippen Oase auf der anderen Seite des Platzes.

NÖRDLICH VON SKALA

Der schmale, baumbeschattete **Meloi-Strand** liegt nur 2 km nordöstlich von Skala. Wer ein Zelt mitgebracht hat, fährt zum **Stefanos Camping** (☎ 22470 31821; Zeltplatz pro Person/Zelt 7/2 €; 🌣 Mai–Okt.); der Campingplatz ist sauber und gut ausgestattet: er hat von Bambus umzäunte und von Bäumen beschattete Plätze, einen Minimarkt, eine Cafébar und einen Motorradverleih. Auch am Strand gibt's eine Taverne.

Etwas nördlich von Skala liegt an der Straße nach Kambos das noble **Porto Scoutari Hotel** (☎ 22470 33123; www.portoscoutari.com; DZ inkl. Frühstück 80–180 €; 🅿 ❌ 🖥 🛜). Während die Rezeption mit eindrucksvollen, aber spießigen Antiquitäten vollgestellt ist, sind die Zimmer geschmackvoll eingerichtet, und der Pool ist ein Traum. Für ein Zimmer mit atemberaubender Aussicht zahlt man mehr.

Etwas weiter landeinwärts liegt das Dorf Kambos, von wo aus die Straße zu dem relativ breiten und sandigen **Kambos-Strand** hinabführt, dem vielleicht beliebtesten und am einfachsten zu erreichenden Strand der Insel. Er liegt an einer weitgehend geschlossenen Bucht und ist daher ideal zum Schwimmen. Kajaks und Sonnenliegen kann man mieten.

LP Tipp **George's Place** (☎ 22470 31881; Snacks 3–7 €) ist ein fantastisches Strandlokal, in dem man zu Mittag zwischen Gourmet-Salaten und Snacks wählen kann; der Pfefferminz-Eistee ist ein Genuss. Zurücklehnen, Backgammon spielen, Musik hören und den auf den Strand rollenden Wellen zusehen.

Die Hauptstraße gabelt sich bald und führt links nach **Lambi,** das 9 km von Skala entfernt ist. Von hier aus geht's zu einem schönen Strand mit vielfarbigen Steinen hinunter. Hoch über dem Strand an der Zufahrtsstraße liegt das gastfreundliche **Leonidas** (☎ 22470 33232; Hauptgerichte 4,50–8 €), in dem der Koch selbst zubereitete Speisen wie griechische Wurst, Schweinefleisch-*souv-*

laki und frischen Fisch auf den Tisch bringt. Der Blick über die grünen Hügel, die sich bis zum Meer hinunter erstrecken, ist sehr friedlich. Am Strand werden in der beliebten **Lambi Fish Tavern** (☎ 22470 31490; Hauptgerichte 5–14 €) gefüllte Weinblätter und Zucchiniblüten, Hähnchen-*souvlaki*, in Wein gekochter Tintenfisch und Tagesgerichte mit Saisongemüse serviert. Oh, und natürlich auch Fisch.

An der windgeschützten Seite des nördlichen Arms der Insel liegen noch mehrere Strände, darunter der **Vagia-Strand**. An erhöhter Stelle steht dort das **Cafe Vagia** (☎ 22470 31658; Hauptgerichte 3–5 €; 🌣 9–19 Uhr), das sensationelle Gemüsepasteten, herzhafte Omeletts und inseltypische Desserts anbietet, alles serviert in einem üppig grünen Garten. Es ist besonders bei Familien beliebt.

Weiter westlich geht's zum schattigen Strand **Livadi tou Geranou** mit einer kleinen, von einer Kirche gekrönten Insel gegenüber. Die Straße ist hier schmal und etwas tückisch, aber hinreißend schön. Zum Mittagessen kehrt man in der netten **Livadi Geranou Taverna** (☎ 22470 32046; Hauptgerichte 3–5 €) ein, in der man von einem schattigen Garten aus über das Meer blickt.

SÜDLICH VON SKALA

Kleine Täler voller Bäume und malerische Strände prägen den Süden der Insel. Skala am nächsten liegt das kleine Dorf **Sapsila**, ideal für alle, die Frieden und Ruhe suchen. Die **Mathios Studios** (☎/Fax 22470 32583; www.mathiosapartments.gr; DZ 40–65 €; ❌ 🖥) liegen in einem wunderschönen Garten. Sie bieten Entspannung und Komfort, sind wohnlich und nur 200 m vom Strand entfernt. Zu Abend isst man bei **Benetos** (☎ 22470 33089; Sapsila; Hauptgerichte 7–14 €; 🌣 Di–So Abendessen), das ein Stückchen die Straße hinauf liegt. Der Bauernhof mit Hofladen ist auf mediterranes Fusion-Food mit gelegentlichem japanischem Einschlag spezialisiert. Wie wär's mit Zucchiniblüten, gefüllt mit Pilzen und Käse oder in der Pfanne geschmorter Thunfisch in Kräuterkruste? Beendet wird das Mahl mit einem frischen Wodka-*sgroppino*, einem Zitronensorbet-Getränk.

Grikos, 1 km weiter auf der anderen Bergseite, ist ein ruhiges, unauffälliges Feriendorf mit einem langen, sandigen Strand und warmem, flachem Wasser. Die Bucht ist von Tavernen gesäumt und bei Seglern beliebt; man muss wissen, dass der südliche Teil des Strandes auch als Straße dient. In Grikos liegt die Kapelle **Agios Ioannis Theologos**, die auf antiken öffentlichen Bädern erbaut wurde, in denen nach Meinung vieler der heilige Johanns die Inselbewohner taufte. Am Südende der Bucht kocht **Ktima Petra** (☎ 22470 33207; Hauptberichte 4–7 €) mit Produkten aus eigenem biologisch-organischem Anbau. Die gefüllte und im Holzkohleofen gegarte Ziege zergeht auf der Zunge und der Bio-Käse sowie das Bio-Gemüse sind fabelhaft.

Südlich davon liegt der ruhige **Petra-Strand** mit Sand, Kies und viel Schatten. Eine Halbinsel weist zum erstaunlich aussehenden **Kalikatsos-Felsen.** Eine holprige Straße führt von hier nach **Diakofti,** der letzten Siedlung im Süden. (Man kann auch auf einer längeren, aber asphaltierten Straße von Chora hierherkommen). Von hier geht's auf einem halbstündigen Fußmarsch zum langen, sandigen, im Schatten von Bäumen liegenden **Psili-Ammos-Strand,** an dem in der Saison eine Taverne geöffnet hat. Hierher fahren auch Ausflugsboote (S. 663).

LIPSI ΛΕΙΨΟΙ

700 Ew.

Wer an Deck seiner Fähre die Augen nicht aufhält, hat Lipsi im Nu verpasst. Die kleine Insel wurde vor langer Zeit von Italienern und später von französischen Reisenden entdeckt, die sie wie ein Geheimnis hüten. Ihr Reiz liegt in ihrer relativen Anonymität, ihren schönen Stränden, ihrem anspruchslosen Umgang mit Besuchern – keine nennenswerten Clubs, Kneipen oder Sehenswürdigkeiten – und dem Gefühl, dass man die Insel ganz für sich hat, mit Ausnahme von zwei oder drei Tagen im August, wenn Pilger und viel Volk zum wichtigsten religiösen Fest auf Lipsi einfallen.

An- & Weiterreise

Es bestehen kaum Verbindungen nach Lipsi übers Meer. Mit Piräus ist Lipsi über Langstreckenfähren und mit benachbarten Inseln per Katamaran verbunden, eine in Kalymnos stationierte Fähre, die **Anna Express** (☎ 22479 41215) und die größere *Patmos Star*

fahren hierher. Weitere Details stehen unter Insel-Hopping (S. 869).

Unterwegs vor Ort

Lipsi ist klein, richtig klein – von einem Ende zum anderen sind es gerade mal 8 km. Die meisten Orte kann man zu Fuß erreichen. Im Sommer fährt zwischen 10.30 und 18 Uhr stündlich ein Minibus von Lipsi zu den Stränden Platys Gialos, Katsadia und Chohlakoura (je 1 €). Zwei **Taxis** (☎ 6942409677, 6942409679) gibt's auf der Insel; meist halten sie sich im Ort Lipsi auf. Man kann auch **Motorräder** (☎ 22479 41358) im Ort Lipsi mieten.

LIPSI (ORT)

600 Ew.

Um den tiefen Hafen herum erstreckt sich Lipsi, ein geruhsamer Ort mit einer kleinen, stimmungsvollen Altstadt und Häusern mit blauen Fensterläden. Das Leben spielt sich hier in den wenigen Restaurants und Hotels ab.

Orientierung & Praktische Informationen

Alle Schiffe kommen im Hafen von Lipsi an, wo es zwei Anlegemolen gibt. Fähren, Tragflächenboote und Katamarane machen am größeren, äußeren Anleger fest, während Ausflugsboote am kleineren Landungssteg anlegen, näher am Zentrum vom Ort Lipsi. Die *Anna Express* legt in der Nähe der Hauptkirche im inneren Hafen an.

Die **Post** liegt gegenüber der Kirche am oberen, zentralen Platz in der Altstadt. Am unteren Platz am Hafen gibt es ein **Tourismusbüro** (☾ nur im Sommer), das bei der Ankunft der meisten Fähren geöffnet hat, sowie einen schattigen Kinderspielplatz. In der Co-operative Bank of the Dodecanese am Hafen kann man Geld wechseln; hier gibt's auch einen Geldautomaten.

Cave (☎ 22470 44328; Internet pro Std. 4 €) Internetzugang in der Nähe des äußeren Anlegers.

Hafenpolizei (☎ 22470 41133) Am Hafen.

Leski Internet (Altstadt; pro Std. 4 €) Ein paar Computer im Laden in der Nähe der Kirche.

Lipsos Travel (☎ 22470 44125) Hier bekommt man Fahrkarten für die Anna Express und kann Ausflüge buchen.

Polizei (☎ 22470 41222) Am Hafen.

Ticketbüro (☎ 22470 41250; ☾ 30 Minuten vor den

Abfahrten) Ein kleines Büro am äußeren Anleger, das Bootstickets ausgibt.
www.lipsi-island.gr Nützliche Informationen zur Insel.

Aktivitäten

Der Liendou-Strand liegt am Ortsrand und ist
somit natürlich der populärste Strand. Mit
einem schmalen Sand- und Kiesstreifen
sowie flachem, warmem Wasser ist er ein
guter Badestrand. Er liegt nördlich des
Fährhafens hinter einer kleinen Landspitze.

Rena und Margarita bieten **Bootsausflüge**
(Tagesausflug pro Person 20 €) zu den vor der Küste
von Lipsi liegenden Inseln, auf denen man
segeln, picknicken oder schwimmen kann.
Beide Ausflugsboote liegen an der kleineren
Mole von Lipsi und legen täglich gegen 10
Uhr ab.

Feste & Events

Das jährliche Kirchenfest **Panagia tou Charou**
findet jedes Jahr gegen Ende August statt.
Dann füllt sich die Insel mit Besuchern.
Nach einer Prozession wird auf dem unteren Platz die ganze Nacht hindurch gefeiert.

Ein alljährliches **Weinfest** dauert drei Tage
im August; mit Tanz und kostenlosem
Wein. Die genauen Daten erfährt man vor
Ort.

Schlafen

Panorama Studios (☎ 22470 41235; Studios/Apt. ab
50/80 €; ✗) Die Studios sind hier sauber und
blicken aufs Meer, während die Apartments
Balkone haben, auf denen man gut den
ganzen Urlaub verbringen kann.

Apartments Galini (☎ 22470 41212, 6932037511;
matsouri@yahoo.gr; DZ 55 €) Die direkt am Hafen
liegenden Zimmer sind einfach eingerichtet, haben Kochnischen, ordentliche Doppelbetten und kleine Balkone mit großartiger Aussicht.

Apartments Poseidon (☎ 22470 41130; www.lipsi-
poseidon.gr; DZ inkl. Früstück 65 €; ✗) Geräumige,
neue Apartments mit bis zu vier Schlafplätzen und netten Beigaben wie inseltypischer
Keramik. Zu jedem gehört eine voll ausgestattete Küche und ein großer Balkon mit
einem direkten Seeblick. Sie liegen zwischen den beiden Anlegern.

DODEKANES

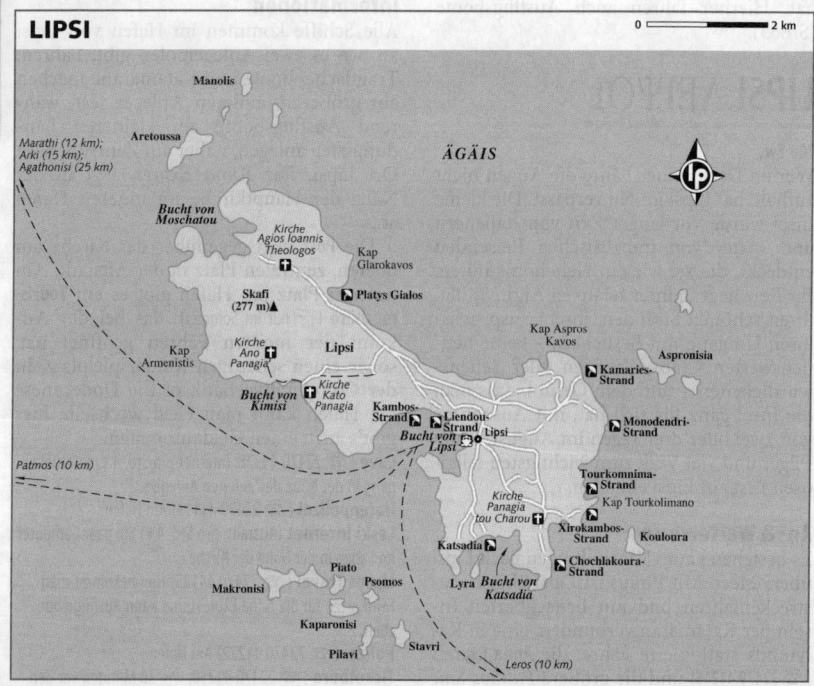

Rizos Studios (☎ 6976244125; Fax 22470 44225; www.annaexpress-lipsi.services.officelive.com/rizos.aspx; DZ 65 €) Diese Studios sind wie gemütliche Ferienhäuser eingerichtet. Sie sind mit Bildern, Stoffen und zahlreichen Kissen aus der Gegend sehr persönlich gestaltet. Die Küchen sind ungewöhnlich gut ausgestattet, die Steinfußböden bleiben kühl, und die großen Balkone blicken auf die Bucht von Liendou. Wer vorher anruft, wird vom Hafen abgeholt.

Aphroditi Hotel (☎ 22470 41000; www.hotel-aphroditi.com; ES/DZ/Apt. 50/70/125 €; ❄) Dieses gut besuchte Hotel liegt gleich hinter dem Liendou-Strand und hat untadelige und ziemlich feudale Zimmer. Die Studios haben Kochnischen, die Apartments sind riesig und haben zwei Balkone sowie eine komplette Küche.

Essen

Bäckerei (☎ 22470 41150; Süßigkeiten 1–3 €) Hier sitzt man zusammen mit Einheimischen auf dem Balkon, genießt einen Kaffee, schleckt Eis oder lässt sich die köstlichen Backwaren schmecken. Die Bäckerei befindet sich ganz in der Nähe des Spielplatzes.

Porto Grill House (☎ 22470 41130; mezedhes 2–6 €) Das Lokal befindet sich zwischen den Anlegern. Kebabs in Pita, gegrilltes Fleisch, gefüllte Tomaten und Salate sind hier sehr preisgünstig. Am besten sitzt man in dem schattigen Patio, von dem aus man alles im Blick hat.

Cafe de Moulin (Hauptgerichte 3–6 €) Es hat zwar nicht die einfallsreichste Speisekarte, aber frischer Joghurt, Omeletts und Fleischspieße schmecken in diesem freundlichen Lokal am Hauptplatz der Altstadt immer. Hier kann man Bücher tauschen und andere Traveller treffen.

Pefko (☎ 22470 41404; Hauptgerichte 4,50–8 €) Pefko ist die neueste Taverne am Hafen und verfügt über die vielleicht kreativste Speisekarte. Wertvoller Tipp: das ambelourgou (Lamm in Joghurt, eingewickelt in Weinblättern) oder geschmortes Rindfleisch mit Auberginen.

Manolis Tastes (☎ 22470 41065; Hauptgerichte 4–10 €) Bei solch klangvollen Gerichten wie Meeresfrüchte-Risotto, Lamm in Zitonensoße und traditionellen Lipsi-Schweinechops läuft einem das Wasser im Munde zusammen. Da ist es ratsam, sich in diesem wirklich kleinen Restaurant einen der wenigen Tische draußen zu sichern. Es liegt an einem kleinen Platz in der Altstadt. An einem Fenster kann man sich Essen fürs Picknick holen.

Tholari (☎ 22470 41060; Hauptgerichte 6–12 €) Dieses hübsche Restaurant am Hafen mit Steinmauern und traditionellen Sofas bringt Hausmannskost wie Fisch mit Knoblauchdip, Rindfleisch-Schmortopf und Backhähnchen auf den Tisch.

UNTERWEGS AUF DER INSEL

Lipsi verfügt über eine ganze Reihe von Stränden, von denen die meisten allerdings klein und ohne nützliche Einrichtungen sind. Sie sind gut zu Fuß zu erreichen; die schönen Spaziergänge führen durch eine von Olivenhainen und Zypressen geprägte Landschaft. Der Minibus bedient nur die Hauptstrände.

Nur 1 km hinter dem Dorf Lipsi beginnt der **Kambos-Strand**. Er bietet etwas Schatten und ist schmaler, aber sandiger als sein Nachbarstrand Liendou. Das Wasser ist hier auch tiefer und der Boden ist unter Wasser steiniger.

Von hier aus führt der Weg nach weiteren 2,5 km zum **Platys Gialos**, einem kleinen Sandstrand, dessen einziger Nachteil der Mangel an Schatten ist. Das Wasser ist türkisfarben, flach und ideal für Kinder. Über dem Strand liegt das **Restaurant Kostas** (☎ 6944963303; Grillgerichte 4,50–6,50 €; ❄ Juli–Aug. 8–18 Uhr), in dem Fisch und Grillgerichte serviert werden. Mittwochs und samstags ist es länger geöffnet.

Lediglich 2 km südlich vom Dorf Lipsi entfernt liegt am Fuß eines großen Hügels der sandige **Katsadia-Strand**, an dem die See vor allem bei Wind ziemlich rau ist. Tamarisken werfen etwas Schatten, und am Strand befindet sich das **Dilaila Cafe Restaurant** (☎ 22470 41041; Hauptgerichte 5–8 €; ❄ Juni–Sept.) mit dem Flair einer Strandbar und einem herrlich schattigen Garten. Besonders zu empfehlen sind der „verrückte Feta" oder die Spezialgerichte mit gebratenem Reis.

Die Strände an der Ostküste sind weitaus schwieriger zu erreichen. Wegen der holprigen Straßen kommen weder Taxen noch Busse hierher. Einige Einheimische behaupten, dies seien die schönsten Strände der Insel, doch sind einige von ihnen felsig und schattenlos.

ARKI & MARATHI
APKOI & MAPAΘI

Wer ernsthaft zivilisationsmüde ist, kann auf diesen beiden Satelliteninseln nördlich von Patmos und Lipsi einmal richtig abschalten. Hierher kommen Segler, Künstler und der ein oder andere Backpacker. Es gibt weder Autos noch Motorräder – nur absolute Ruhe. Einfach Badezeug, Bücher und iPod einpacken und den Rest der Welt einfach mal vergessen.

An- & Weiterreise

In den Sommermonaten kommen häufig Ausflugsboote und Kaiks von Lipsi und Patmos. Ein Schiff legt hier regelmäßig auf der Fahrt zwischen Patmos und Samos an. Weitere Einzelheiten stehen unter Insel-Hopping (S. 859).

ARKI APKOI
50 Ew.

Nur 5 km nördlich von Lipsi liegt das winzige Arki mit sanft gewellten Hügeln und einsamen Sandstränden. Die einzige bewohnte Gegend ist der kleine Hafen an der Westküste, der ebenfalls Arki heißt. Außerhalb des Dorfes wirkt die Insel in ihrer Stille und Friedlichkeit geradezu mystisch. Die Inselbewohner leben vom Fischfang und vom Tourismus.

Es gibt keine Postfiliale und keine Polizei auf der Insel, aber immerhin ein Kartentelefon. Die Kirche **Metarmofosis** erhebt sich auf einem Hügel hinter dem Dorf und bietet einen herrlichen Blick übers Meer. Wer sie besichtigen möchte, muss einen Einheimischen nach dem Schlüsseln fragen und dann die geteerte Straße zwischen der Taverna Trypas und der Taverna Nikolaos bis zum Weg folgen. Mehrere **Sandbuchten** können über einen Weg erreicht werden, der entlang der Nordseite der Bucht entlangführt.

Die **Bucht Tiganakia** an der Südostküste verfügt über einen schönen Sandstrand. Hierher geht's ab Arki über die Straße Richtung Süden und dann über die Ziegenpfade hinab zum Wasser. Die Bucht ist an dem unglaublich leuchtenden türkisfarbenen Wasser und den kleinen Inselchen davor zu erkennen.

In Arki sind ein paar Tavernen zu finden, die auch komfortable, gut gepflegte Zimmer anbieten; in den Monaten Juli und August muss vorab gebucht werden. Rechts am Kai befindet sich **O Trypas Taverna & Rooms** (☎ 22470 32230; tripas@12net.gr; DZ 35 €, Hauptgerichte 5–7 €); hier werden einfache Zimmer und das exzellente *fasolia mavromatika* (schwarze Augenbohnen) sowie *pastos tou Trypa* (gesalzener Fisch) angeboten. Ganz in der Nähe serviert die **Taverna Nikolaos Rooms** (☎ 22470 32477; DZ 35 €, Hauptgerichte 5–8 €) Kartofelgratin, mit Käse gefüllte Paprika oder den hiesigen Ziegenkäse *sfina*, eine Art milderer Feta. Die Zimmer haben Sonnenuntergangsblick.

MARATHI MAPAΘI

Marathi stellt die größte der Nachbarinseln von Arki dar und wartet mit einem traumhaften Sandstrand auf. Vor dem Zweiten Weltkrieg lebten hier rund ein Dutzend Insulaner, heute sind lediglich zwei Familien übrig geblieben. Die alte Siedlung mit einer strahlend weißen, kleinen Kirche erhebt sich auf einem Hügel über dem Hafen. Es gibt zwei Tavernen auf der Insel, die beide auch Zimmer vermieten. Die **Taverna Mihalis** (☎ 22470 31580; DZ 30 €, Hauptgerichte 4–6 €) ist die etwas einfachere und auch preisgünstigere von beiden, die **Taverna Pandelis** (☎ 22470 32609; DZ 40 €, Hauptgerichte 4–6 €) , die sich am oberen Ende des Strandes befindet, verfügt dagegen über eine etwas gehobenere Ausstattung.

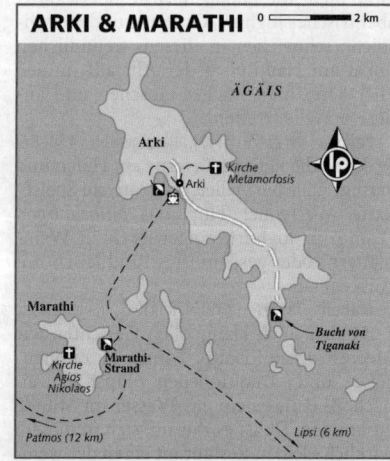

AGATHONISI
ΑΓΑΘΟΝΗΣΙ

160 Ew.

Agathonisi taucht nur selten auf dem Traveller-Radar auf und ist immer noch ein geruhsamer Zufluchtsort. Wie ihre Nachbarn ist die Insel felsig und trocken, wenig besiedelt und bietet kaum organisierte Unterhaltung. Die Unterbringung ist schön und einfach, das Essen unkompliziert und qualitativ gut, und es gibt kaum etwas Anderes zu tun als seinen Gedanken nachzuhängen, zu lesen und schwimmen zu gehen.

An- & Weiterreise

Agathonisi hat fahrplanmäßige Fährverbindungen nach Samos und Patmos. Auch ein Tragflächenboot verbindet die Insel mit Samos und weiter südlich gelegenen Zielen. Das Fährbüro **Savvas Kamitsis** (☎ 22470 29003) verkauft Tickets am Hafen kurz vor den Abfahrten. Weitere Informationen stehen unter Insel-Hopping (S. 857).

Unterwegs vor Ort

Es gibt kein öffentliches Verkehrsmittel, und zu Fuß sind es steile und schweißtreibende 1,5 km bergauf von Agios Georgios zum Hauptdorf Megalo Chorio; etwas weniger nach Mikro Chorio. Von Megalo Chorio sind die östlichen Strände in einer 3 km langen Wanderung zu erreichen.

AGIOS GEORGIOS ΑΓΙΟΣ ΓΕΩΡΓΙΟΣ

Agios Georgios ist ein gemächlich tickendes, kleines Dorf an einer geschützten, fjordähnlichen Bucht und mit einem bogenförmigen Kiesstrand. Der 900 m südwestlich um eine Landspitze herum erreichbare **Spilia-Strand** ist ruhiger und besser zum Baden; auf einem Pfad um das andere Ende der Bucht geht's dorthin. Nochmal 1 km weiter erstreckt sich **Gaidouravlakos,** eine kleine Bucht mit Strand, in der das Wasser aus einer der wenigen Quellen der Insel ins Meer fließt.

Orientierung & Praktische Informationen

Boote legen in Agios Georgios an; von hier aus gehen Straßen rechts nach Megalo Chorio und links nach Mikro Chorio. Es gibt weder ein Touristenbüro noch eine Post, eine Bank oder einen Geldautomaten.

Die Polizei findet man in einem nicht zu übersehenden, weißen Gebäude am Anfang der Straße nach Megalo Chorio.

Schlafen & Essen

In der Mitte der Uferstraße liegt die **Pension Maria Kamitsi** (☎ 22470 29003; Fax 22470 29101; DZ 35 €). Sie ist leicht zu finden und hat komfortable Zimmer. Über und hinter dem Restaurant Glaros bietet das **Domatia Giannis** (☎ 22470 29062; DZ/3BZ 40/50 €; ☒ ▣) luftige, moderne Zimmer mit Hafenblick.

Am Hafen gibt's ein paar Lokale. Im **Glaros Restaurant** (☎ 22470 29062; Hauptgerichte 4,50–7 €) werden *markakia* (Feta in Weinblättern), Grill- und Fischgerichte serviert, die alle aus überwiegend biologisch erzeugten Produkten zubereitet sind.

UNTERWEGS AUF AGATHONISI

Megalo Chorio ist das einzige wirklich nennenswerte Dorf auf der Insel. Es ist fast das ganze Jahr über verschlafen und gemächlich, doch zu den jährlichen Kirchenfesten **Agiou Panteleimonos** (26. Juli), **Sotiros** (6. August) und **Panagias** (22. August) erwacht es zum Leben. Das ganze Dorf feiert dann mit viel Essen, Musik und Tanz.

Östlich von Megalo Chorio befinden sich eine Reihe gut zugänglicher Strände: der **Tsangari-Strand**, der **Tholos-Strand**, der **Poros-Strand** und der **Tholos-(Agios Nikolaos)-Strand,** der in der Nähe der gleichnamigen

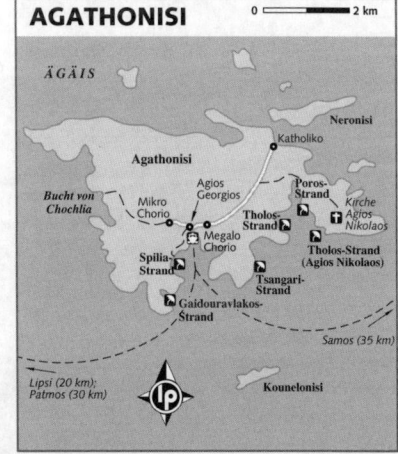

AGATHONISI
0 — 2 km

ÄGÄIS

Neronisi
Katholiko
Agathonisi
Agios Georgios
Poros-Strand
Kirche Agios Nikolaos
Bucht von Chochlia
Mikro Chorio
Tholos-Strand
Megalo Chorio
Spilia-Strand
Tholos-Strand (Agios Nikolaos)
Tsangari-Strand
Gaidouravlakos-Strand
Samos (35 km)
Lipsi (20 km); Patmos (30 km)
Kounelonisi

DODEKANES

Kirche liegt. Alle sind problemlos zu Fuß erreichbar, doch Poros ist der einzige Sandstrand.

Wer sich einen sehr ruhigen Aufenthalt wünscht, wohnt in den **Studios Ageliki** (☎ 22470 29085; EZ/DZ 30/35 €) in Megalo Chorio. Die Unterkunft bietet vier schlichte, aber komfortable Studios mit Kochnische und einen unglaublich schönen Blick über einen kleinen Weinberg und zum Hafen hinunter. Essen kann man im Dorf nur in dem zuverlässig guten **Restaurant I Irini** (☎ 22470 29054; Hauptgerichte 5–6 €) am zentralen Platz oder im **Kafeneio Ta 13 Adelfia** (Hauptgerichte 3–4 €) an der Südseite des Platzes, in dem preiswerte Snacks und Mahlzeiten serviert werden.

Nordostägäische Inseln Τα Νησιά του Βορειοανατολικού Αιγαίου

Diese vielfältigen Inseln bieten einige der faszinierendsten Sehenswürdigkeiten Griechenlands. Ihr außergewöhnlicher Charakter macht sie zu einem besonderen Ort. Da sie etwas abseits der ausgetretenen Pfade liegen, können abenteuerlustige Reisende den Touristenmassen entkommen und traditionelle Küche und Kultur sowie die Feste der Inseln kennenlernen.

Ikaria zeichnet sich durch dramatische Landschaften, unberührte Strände und entspannte Einwohner aus. Chios ist reich an Blumen, Obstbäumen und Mastixsträuchern, aus denen Gummi gewonnen wird. Die Inseln reichen von Lesbos, Griechenlands drittgrößter Insel, die rund die Hälfte des weltweiten Ouzo-Bedarfs abdeckt, über Samos und Limnos bis hin zu Inousses und Psara, winzigen Inseln, die in Griechenlands Geschichte als maritimes Handelszentrum einen wichtigen Platz einnehmen. Auch andere kleine Inseln stechen hervor, darunter Samothraki mit seinem antiken Heiligtum der Großen Götter und Wasserfällen in grüner Bergwelt, oder das ruhige Fourni-Archipel, berühmt für seine frischen Meeresfrüchte.

Die Inselgruppe ist weniger kompakt als andere griechische Inselketten. Thassos und Samothraki sind über Häfen im Norden des Landes zu erreichen, Ikaria ist von Mykonos aus nur einen Hüpfer übers Wasser entfernt. Die südlichsten Inseln liegen neben den Dodekanes, während die Küstenorte der Türkei von Lesbos, Chios und Samos aus gut zu erreichen sind.

HIGHLIGHTS

- **Eintauchen** Im klaren Wasser an Ikarias weißem Seychellen-Strand (S. 684) schwimmen
- **Jetzt wird's spirituell** Vom erhöhten Byzantiner-Kloster Moni Ypsilu (S. 721), in dem unschätzbare mittelalterliche Manuskripte und kirchliche Schätze lagern, über Lesbos blicken
- **Sich selbst verlieren** Durch die Steingassen von Mesta (S. 705) in Süd-Chios spazieren
- **Ab ins Wasser** Durch den Fluss zum bewaldeten Wasserfall im Nordwesten von Samos waten und anschließend am entspannten Potami-Strand (S. 696) schwimmen und sich ein Gläschen gönnen
- **Einsamkeit bei Sonnenuntergang** Von ganz hoch oben zuschauen, wie die sanften Hügel des Fourni-Archipels (S. 685) in der Dämmerung verschwinden
- **Heiße Jagd** Im grünen Thassos beim Mountainbike-Rennen (S. 741) durch uralte Wälder rasen
- **Meeresfrüchte-Symphonie** Den Fischern dabei zusehen, wie sie ihre bunten Netze ausbreiten und beim anschließenden Abendessen den Fang des Tages in der Meeresfrüchte-Taverne von Myrina (S. 728) auf Limnos genießen

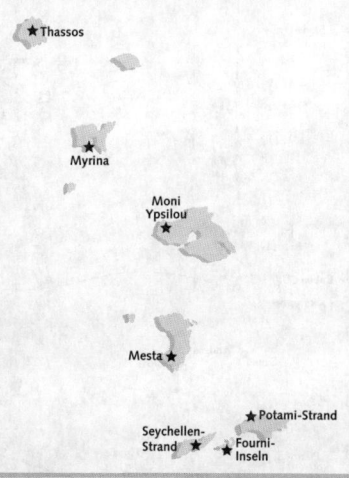

★Thassos
★ Myrina
Moni Ypsilou ★
Mesta ★
Seychellen-Strand ★
★Potami-Strand
★ Fourni-Inseln

- BEVÖLKERUNG: 204 160
- FLÄCHE: 3842 KM²

NORDOSTÄGÄISCHE INSELN

NORDOSTÄGÄISCHE INSELN

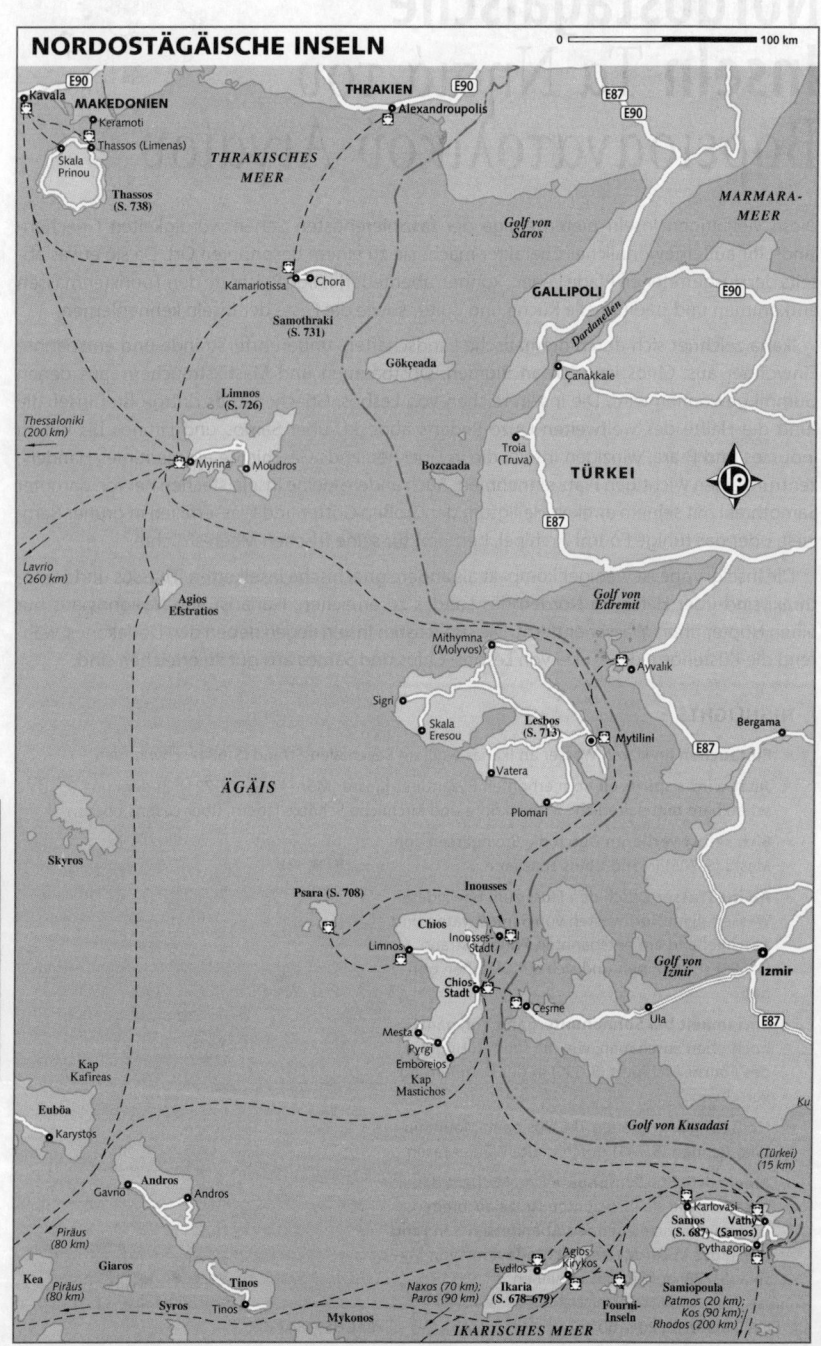

IKARIA & DIE FOURNI-INSELN IKAPIA & OI ΦOYPNOI

Fläche 255 km²

Ikaria und das Fourni-Archipel sind vielleicht die magischsten der nordostägäischen Inseln. Ikarias dramatische, vielfältige Natur bietet tiefe bewaldete Schluchten, felsige Mondlandschaften und versteckte Strände mit türkisblauem, leise brandendem Wasser, während sich die kargen, sanften Hügel der kleinen Fourni-Inseln am Horizont überlappen und elliptisch ins hummerreiche Meer fließen.

Diese Inseln haben eine ereignisreiche, geradezu mythische Geschichte. Einst das Versteck ruchloser Piraten und anderer Taugenichtse, stellte Fourni eine ständige Bedrohung für byzantinische und, in der Folge, osmanische Herrscher dar. In jüngerer Vergangenheit wurde Ikaria während des Griechischen Bürgerkriegs zwischen den Jahren 1946 und 1949 zu einer Deponie für kommunistische Sympathisanten – die KKE (Kommunistische Partei Griechenlands) ist auf der Insel auch heute noch beliebt. Interessanterweise wurde Ikaria nach Ikarus benannt, dem Sohn des Daidalos, des legendären Architekten des kretischen Labyrinths von König Minos. Als die beiden versuchten, mit Wachsflügeln aus Minos' Gefängnis zu fliehen, ignorierte Ikarus die Warnungen seines Vaters, flog zu dicht an die Sonne, stürzte ins Meer und schuf so Ikaria, dessen Felsenlandschaft heute noch vor den Gefahren übertriebenen Ehrgeizes warnt.

In der griechischen Mythologie wird Ikaria außerdem die Ehre zuteil, der Geburtsort von Dionysos, dem Gott des Weines, zu sein; tatsächlich beschrieb Homer die Bewohner der Insel als die allererersten Weinbauern weltweit. Heute können Besucher hier den charakteristischen Rotwein zur frischen, authentischen Küche der Region in ruhiger Umgebung genießen, weit ab vom touristischen Trubel; Gleiches gilt, mindestens genauso sehr, für Fourni, das für seine Meeresfrüchte bekannt ist und von abgeschiedenen, sandigen Buchten gesäumt wird.

Neben der herrlichen Ruhe, die diese Inseln bieten, halten sie ihre Besucher aber auch mit jeder Menge Freizeitaktivitäten auf Trab. Man kann ganz hervorragend wandern, schwimmen und Rad fahren, und Ikarias fröhliche *panigyria* (jährliche Feierlichkeiten zu Ehren verschiedener Heiliger) im Sommer sind unheimlich feierliche Events mit jeder Menge Essen, Trinken, traditionellen Tänzen und Gesängen – eine sehr heitere Mischung aus orthodoxem Christentum und Ikarias tieferen dionysischen Wurzeln.

Da sie eher klein und abgeschieden sind, sind Ikaria und die Fourni Inseln außerhalb der Hochsaison recht verschlafen; dann sind die meisten, wenn nicht sogar alle, Unterkünfte mit großer Wahrscheinlichkeit geschlossen.

An- & Weiterreise
FLUGZEUG

Näheres zu Flügen nach Ikaria gibt's unter Insel-Hopping (S. 863). **Olympic Air** (☎ 22750 22214; www.olympicairlines.com) in Agios Kirykos und **Nas Travel** (☎ 22750 31947) in Evdilos verkaufen Tickets. Mittlerweile gibt's auch einen Flughafenbus, der aber nur Anschluss nach Agios Kirykos und Faros bietet. Wahlweise kann man auch mit dem Flughafentaxi (nach/von Agios Kirykos 10 €) fahren.

SCHIFF/FÄHRE

Montags, mittwochs und freitags fahren um 13 Uhr Kaiks von Agios Kirykos nach Fourni (4 €), mit Zwischenstopp in Fourni Korseon, der Hauptstadt, sowie in Chrysomilia oder Thymena. Außerdem werden von Agios Kirykos und Evdilos Tagesausflüge (20 €) mit dem Boot nach Fourni angeboten.

Nähere Infos zu Fähren und Tragflächenbooten von Ikaria stehen unter Insel-Hopping (S. 863). Tickets gibt's bei **Icariada Holidays** (☎ 22750 23322; depy@ikariada.gr), **G&A Ferries** (☎ 22750 22426) oder der **Dolihi Tours Travel Agency** (☎ 22750 23230) in Agios Kirykos.

Unterwegs vor Ort
AUTO & MOTORRAD

Es ist keine schlechte Idee, sich ein Auto oder einen Roller zu mieten, um uneingeschränkt zwischen den wichtigsten Städten hin- und herreisen zu können (die Einwohner sind aber auch Trampern nach wie vor

IKARIA & DIE FOURNI-INSELN

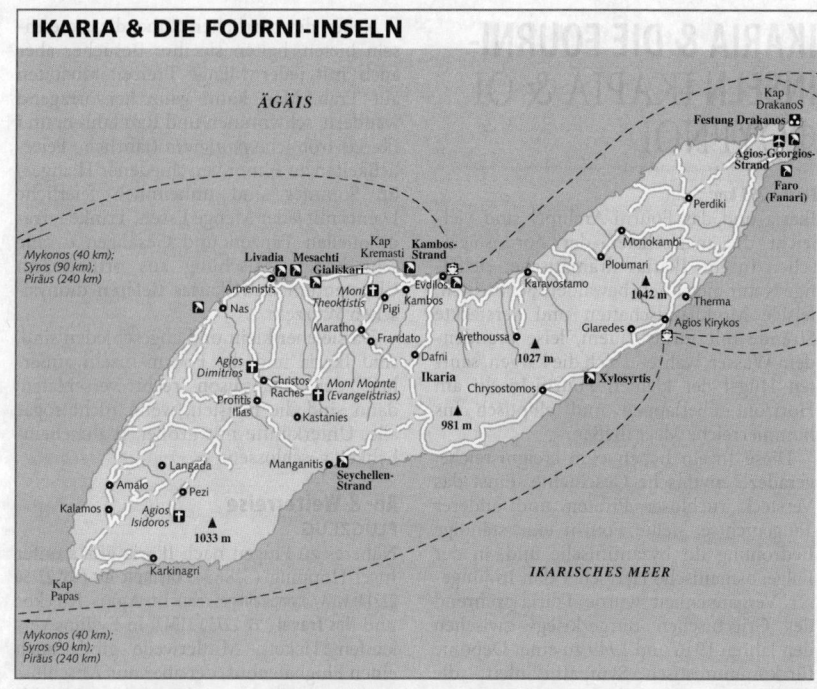

freundlich gesinnt). Die **Dolihi Tours Travel Agency** (☎ 22750 23230) in Agios Kirykos und **Aventura Car & Bike Rental** (aventura@otenet.gr) in Evdilos (S. 682) und Armenistis (S. 684) sind gute Anlaufstellen.

BUS & TAXI

Theoretisch fahren auch Busse auf Ikaria, aber das Netzwerk ist eigentlich eher für den Transport von Schulkindern und nicht für den von Touristen gedacht. Täglich gibt's zwei Busverbindungen von Agios Kirykos nach Christos Raches über Evdilos und Armenistis (7 €). Wer kein Auto mieten möchte, kann auch Taxi fahren; die Fahrt von Agios Kirykos nach Evdilos kostet etwa 40 €, aber manchmal schalten die Fahrer auch das Taxameter an.

WASSERTAXI

Wassertaxis sind prima für alle, die nicht selber fahren oder einfach mal eine lustige Bootsfahrt machen möchten. Im Sommer fahren täglich Wassertaxis von Agios Kirykos nach Therma (2 € hin & zurück). In die andere Richtung verkehrt im Sommer

montags, mittwochs und freitags ein Kaik von Agios Kirykos nach Karkinagri, einem Fischerdorf im Südwesten, mit Zwischenstopp in Maganitis und am idyllischen Seychellen-Strand. Während der Hochsaison fährt das Boot teilweise auch täglich und bietet die einzige echte Möglichkeit für Nicht-Motorisierte, diese abgeschiedene Ecke Ikarias zu erreichen.

AGIOS KIRYKOS ΑΓΙΟΣ ΚΗΡΥΚΟΣ
Ew. 1880

Ikarias Hauptstadt ist ein etwas in die Jahre gekommener, aber zuverlässiger griechischer Hafen mit vielen alten Straßen und wunderbaren Restaurants, Hotels und *domatia* mit gutem Service. Es bietet ein einfaches Nachtleben und radioaktive heiße Quellen, und der Xylosyrtis-Strand (4 km südwestlich) ist der beste aller Kiesstrände in Agios Kirykos.

Orientierung

Der Fährkai liegt 150 m südlich der Stadtmitte; zur *plateia* (Platz) rechts auf die Hauptstraße abbiegen. Wenn man den Kai

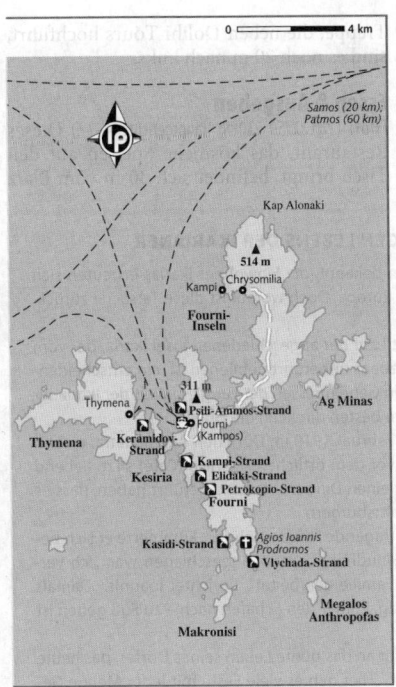

verlässt und links auf den Platz abbiegt, erreicht man die Bushaltestelle (gleich westlich). Ausflugs- und Tragflächenboote legen in der Nähe der Dolihi Tours Travel Agency an.

Praktische Informationen

Die *plateia* ist von Banken mit Geldautomaten gesäumt. Die Post befindet sich links des Platzes. Nützliche Internetquellen sind www.island-ikaria.com und www.ikaria.gr.
Dolihi Tours Travel Agency (☎ 22750 23230) Hilfreiches Reisebüro, das Unterkünfte bucht; unterhalb der Polizeistation.
Hafenpolizei (☎ 22750 22207)
Icariada Travel (☎ 22750 23322; depy@ikariada.gr) Diese Agentur in Hafennähe verkauft Fähr- und Flugtickets und bucht Unterkünfte.
Polizei (☎ 22750 22222) Oberhalb von Dolihi Tours.
Touristenpolizei (☎ 22750 22222)

Sehenswertes & Aktivitäten

Gegenüber der Polizeistation liegen Ikarias **radioaktive Quellen** (Eintritt 5 €; ☺ Juni–Okt 7–14.30 & 17–21 Uhr), berühmt für ihre Heilkräfte u. a. bei Arthritis und Unfruchtbarkeit.

Agios Kirykos' kleines **Archäologiemuseum** (☎ 22750 31300; Eintritt frei; ☺ Juli–Aug Di, Mi & Fr–So 10–15 Uhr) zeigt örtliche Funde, wobei das Highlight die große, gut erhaltene Stele (500 v. Chr.) ist, die eine sitzende Mutter mit Familie zeigt. Das (ausgeschilderte) Museum befindet sich in der Nähe des Krankenhauses, aber zur Zeit der Recherche wurde bereits der Umzug in ein neues Zuhause, das alte *gymnasio* (Gymnasium), geplant.

Das **Ikarus-Festival für den Dialog zwischen den Kulturen** (☎ 22940 76745; www.icarus-festival.ikaria.gr; pro Event 10 €; ☺ Vorführungen Juli & Aug ab 21.30 Uhr) ist eine inselweite Veranstaltungsreihe mit Konzerten, Theatervorführungen und anderen kulturellen Darbietungen, die seit dem Jahr 2005 stattfindet und den ganzen Sommer dauert. Bei diesem Festival treten Künstler und Gruppen auf, die für multikulturelle Werte und Zusammenarbeit stehen, darunter einige ziemlich berühmte griechische und internationale Künstler. Festivalbesucher können die Sonderbusse nutzen.

Das Internationale Schachturnier von Ikaria ist ein skurriles, typisch ikarianisches Ereignis, das bereits seit über 30 Jahren stattfindet und vom örtlichen Schachfan **Savas Kyriakou** (☎ 6932478386; www.chess.gr/ikaros) organisiert wird. Wer Lust hat und einigermaßen Schach spielen kann: dieser Wettstreit kluger Köpfe wird im Juli ausgetragen – der Gewinner nimmt 1000 € mit nach Hause, und außerdem gibt's spezielle Barpreise für „Damen und Veteranen".

Schlafen

Pension Maria-Elena (☎ 22750 22835; www.island-ikaria.com/hotels/mariaelena.asp; EZ/DZ 35/45 €; ⚅ ⚇ ⚆) 500 m vom Hafen entfernt in der Nähe des Krankenhauses bietet diese kleine Pension eine hübsche Gartenanlage und verfügt über 16 einfache, aber saubere Zimmer mit Balkonen, von denen aus sich ein herrlicher Meeresblick darbietet, sowie ein paar Suiten. Ganzjährig geöffnet.

Hotel Akti (☎ 22750 23905; EZ/DZ 35/50 €; ⚅) Eine Budgetalternative auf den Felsen mit Blick auf Meer und Hafen; es hat kleine, aber hübsche Zimmer mit Kühlschrank, Fernseher und Moskitonetzen sowie freundliche, Englisch sprechende Besitzer. Einfach den Stufen rechts der Alpha-Bank folgen.

Hotel Kastro (☎ 22750 23480; www.island-ikaria. com/hotels/kastro.asp; DZ 50 €; 😵 🗶) Dieses gut ausgestattete Hotel bietet schöne Zimmer mit Balkonen, die mit sämtlichen modernen Annehmlichkeiten ausgestattet sind. Es gibt eine Bar, und es steht sogar ein Pool auf dem Dach zur Verfügung. Vom Ende der

Treppe, die neben Dolihi Tours hochführt, sind es noch 20 m nach links.

Essen & Ausgehen

Filoti (☎ 22750 23088; Hauptgerichte 4–7 €) Dieses Restaurant, das köstliche Speisen auf den Tisch bringt, befindet sich 30 m vom Platz

---

AUFGEDECKT: DIE GEHEIMNISSE DES LANGEN LEBENS DER IKARIANER

2009 gaben griechische und internationale Medien bekannt, die Einwohner Ikarias erfreuten sich der durchschnittlich längsten Lebensdauer in ganz Europa. Doch worauf ist diese Tatsache zurückzuführen?

Gewiss ist der altbewährte, entspannte Lebensstil auf der abgeschiedenen Insel Ikaria, der vom Massentourismus oder vom Stress des modernen Lebens unberührt geblieben ist, ein entscheidender Faktor. Aber um die wahre Geschichte hinter den Geheimnissen der Langlebigkeit der Ikarianer zu hören, begibt man sich, wie der Reporter sagt, am besten direkt an die Quelle.

Zum Beispiel zu Ioannis Tzantas: geboren am 9. Februar 1910 im Dörfchen Akamanatra, erzählt dieser höchst zufriedene Zeitgenosse, während er vor dem örtlichen *kafeneio* (Café) sitzt, liebend gerne von seinem Leben auf der Insel und all den kleinen Dingen, die dazu geführt haben, dass es bereits viel länger dauert als das von uns Durchschnittsbürgern.

Im Alter von 14 Jahren, so erinnert sich der Brille tragende Hundertjährige, kümmerte er sich bereits um den gesamten Haushalt, da sein Vater gesundheitlich stark angeschlagen war. „Ich verkaufte Ziegen und habe Tag und Nacht für meine Familie gearbeitet", berichtet Ioannis. „Damals sind wir überall zu Fuß hingegangen, den ganzen Tag, immer den Schafen nach – zu Fuß gehen ist wirklich gesund, wissen Sie?"

Ioannis heiratete mit 26 und erinnert sich noch gut an das bunte Leben seines Dorfes, das heute aufgrund der Abwanderung ziemlich verschlafen ist. „Hier gab es viele Feste mit jeder Menge Gesang und Tanz", erzählt er, „und ich habe auch gerne Wein getrunken, aber betrunken war ich nie, nicht ein einziges Mal!"

Tatsächlich geht Ioannis Lastern größtenteils aus dem Weg. Obwohl er 18 Jahre lang Pfeife geraucht hat, hat er nie eine Zigarette angerührt. „Das Leben ist sehr gut, auch wenn es immer wieder Probleme gibt, die man nicht vermeiden kann", sagt er. „Aber einige potenzielle Probleme lassen sich sehr wohl vermeiden – z. B. Trunkenheit und Drogen. Es macht mich sehr traurig, wenn ich Menschen mit diesen Problemen sehe."

Stattdessen verschreibt sich Ioannis zwei Gläser Wein pro Tag, „aber natürlich soll man sich nicht betrinken. Und nicht rauchen!" Mit einem Zwinkern fügt er hinzu: „Und man sollte möglichst viel Sex haben." (Hier brechen Ioannis' siebzigjährige Söhne in der Ecke in schallendes Gelächter aus.)

Selbstverständlich muss man sich sehr disziplinieren an eine strenge Diät halten, wenn man sich diese Lebenskraft erhalten möchte. Ioannis rät, jede Menge Eier, Käse und Milch zu essen. „Einmal habe ich sogar 32 Eier an einem Tag gegessen!" (Noch mehr Gelächter.)

Für einen Mann in seinem Alter verfügt Ioannis über ein ausgezeichnetes Gedächtnis. Während sich seine Lektionen über das Leben langsam dem Ende nähern, erinnert er sich noch einmal an seine manchmal sehr harte Kindheit im wilden Ikaria und an einen Teil seines Lebens, aus dem sich vielleicht seine kommunistischen Tendenzen erklären: „In jenen Tagen haben die Piraten unsere Insel oft überfallen. Deshalb wollte auch niemand viel Besitz – die Piraten hätten ja sowieso alles geklaut!" Er erinnert sich auch noch an den Zweiten Weltkrieg, als er im Norden, in der Nähe von Albanien, stationiert war. Obwohl exakt 225 seiner Kameraden getötet wurden, „bin ich, Gott sei Dank, jedes Mal mit dem Leben davongekommen!"

Tatsächlich hat Ioannis schon fünf Kriege miterlebt und kennt sich mit Konfliktmanagement aus. Persönliche Streitereien sind jedoch die größte Gefahr für ein langes Leben, glaubt er. Der Dorfälteste spart sich diese, seine vielleicht wichtigste Lektion, für den Schluss auf: „Es ist sehr schlecht für die Gesundheit, eifersüchtig auf das Glück anderer Menschen zu sein. Wenn andere Erfolg haben, sollten wir uns mitfreuen… *afta* [Das ist alles]."

RELIGIÖSE ORGIEN AUF DER WEIN-INSEL

Der heidnische Gott Dionysos regiert vielleicht nicht länger über Ikarias Weinberge, aber sein Erbe lebt in der christianisierten Form in den sommerlichen *panigyria* (Festivals; Feierlichkeiten, die die ganze Nacht dauern und an Heiligentagen auf der ganzen Insel abgehalten werden) weiter. Es gibt keine bessere Möglichkeit, kopfüber in die griechische Inselkultur einzutauchen, als mit Wein, Tanz und Feierlichkeiten zu Ehren des Schutzheiligen eines Dorfes. Unbedingt den Geldbeutel mitbringen: *panigyria* sind wichtige Wohltätigkeitsveranstaltungen für die örtlichen Gemeinden. Diese Tatsache eignet sich prima als Ausrede, um ausschweifendes Feierverhalten als gut gemeinte Menschenfreundlichkeit zu tarnen.

In West-Ikaria finden die *panigyria* an den folgenden Terminen statt:

Kambos 5. Mai

Agios Isidoros 14. Mai

Armenistis 40 Tage nach dem orthodoxen Osterfest

Pezi 14. Mai

Agios Kirykos & Unabhängigkeitstag von Ikaria 17. Juli

Christos Rahes & Dafne 6. August

Langada 15. August

Evdilos 14.–17. August

Agios Sofia 17. September

---

entfernt und serviert die preiswertesten Gerichte (wie leckere Pizza) in ganz Agios Kirykos.

Taverna Klimataria (☎ 22750 22686; Hauptgerichte 6–9 €) Eine Nebenstraßen-Taverne, die tolles Fleisch vom Grill und im Sommer einen hübschen Innenhof hat.

Restaurant Dedalos (☎ 22750 22473; Hauptgerichte 7–12 €) Direkt neben dem Platz serviert dieses geschäftige Restaurant leckeren, aber teuren frischen Fisch.

RUND UM AGIOS KIRYKOS

Die **heißen Quellen von Lefkada** (☎ 6977147014; Eintritt 5 €; ⏱ Juni–Okt 7–14.30 & 17–21 Uhr), 2 km nördlich von Agios Kirykos, sind therapeutisch und entspannend und heilen angeblich diverse Leiden. An Ikarias Ostspitze locken der 2 km lange **Faro-Strand,** der sich 10 km entfernt an der Küstenstraße befindet, sowie die **Festung Drakano** aus dem 3. Jh. v. Chr., in der religiöse Riten zu Ehren von Eileithia, einer Fruchtbarkeitsgöttin, abgehalten wurden. Auch wenn sie noch immer nicht vollständig ausgegraben wurde, ist sie einen Besuch wert. Hier führt ein Pfad von einer kleinen Kapelle zum sandigen **Agios-Georgios-Strand.**

Auch wenn ein paar Tavernen entlang des Strands zu finden sind, ist er doch entschieden ruhiger als die großen Strände an der Nordwestküste. Nicht weit entfernt vermietet der freundliche australische Grieche

Evon Plakidas direkt an der Hauptstraße im **Rooms Evon** (☎ 22750 32580, 6977139208; evon.plakidas@gmail.com; www.evonsrooms.com; Suite 50–110 €; ▣) saubere, erstklassige Suiten; einige mit Wendeltreppe, alle mit Küchenzeile; die Wohnstudios bieten Platz für bis zu sechs Personen. Im angeschlossenen Café wird das Frühstück serviert, hier gibt's auch Internetzugang.

EVDILOS ΕΥΔΗΛΟΣ

Ew. 460

Evdilos, Ikarias zweiter Hafen, liegt 41 km nordwestlich von Agios Kirykos; beide Orte sind durch Ikarias Hauptstraße miteinander verbunden. Wer kein Auto zur Verfügung hat, kann mit dem Taxi fahren (40 €). Auf der eindrucksvollen Fahrt erlebt man hohe Bergkämme, atemberaubende Ausblicke aufs Meer und hübsche Schieferdach-Dörfer. Evdilos selbst ist recht verschlafen, und seine Straßen sind für die Besucherflut in den Sommermonaten viel zu eng und zu schlecht geplant, was zu chronischen Verkehrsstaus führt. Die kurvigen Straßen (einfach der Kalliopis Katsouli folgen, der Pflasterstraße, die vom Platz am Hafen bergauf führt) sind von stattlichen alten Häusern gesäumt. Der Weg zum örtlichen Strand führt von der *plateia* aus 100 m bergauf; dann dem Pfad folgen, der hinter dem letzten Haus auf der linken Seite nach unten führt.

NORDOSTÄGÄISCHE INSELN

BERGWANDERUNGEN & MÖNCHSSCHÄDEL

Dank seiner Einsamkeit und wilden Natur eignet sich Ikaria perfekt für Bergwanderungen. Eine erquickliche, aber nicht allzu anspruchsvolle Wanderung ist die Tagesrundtour auf der Schotterstraße von **Kambos** nach Süden, über **Dafni**, zu den Überresten der **byzantinischen Festung Koskinas** aus dem 10. Jh. und in die malerischen Dörfer **Frandato** und **Maratho.**

In **Pigi** nach dem Schild Richtung Frandato Ausschau halten; daran vorbei bis zur ungewöhnlichen kleinen **byzantinischen Kapelle Theoskepasti** weitergehen, die sich an den überhängenden Granit schmiegt. Man muss ein Stück hinaufklettern, um sie zu erreichen, und sich ducken, wenn man hinein möchte. Sofern man sich nicht vor der Reihe alter Mönchsschädel gruselt, ist die Kapelle ein wunderbar friedlicher Ort ganz in der Nähe des **Moni Theoktistis,** das Fresken aus dem Jahr 1686 enthält. Im nahen *kafeneio* (Café) kann man in aller Ruhe einen Kaffee oder Saft mit Maria, der freundlichen Besitzerin, genießen.

Praktische Informationen

Am Hafen gibt's Geldautomaten, hier befinden sich auch die Ticketbüros von **NEL Lines** (☎ 22750 31572) und **Hellas Ferries** (☎ 22750 31990). **Aventura** (☎ 22750 31140) in einer Seitenstraße neben dem zentralen Hafenviertel bietet einen Auto- und Fahrradverleih, verkauft Tickets und kann mit allerlei Informationen dienen.

Schlafen

Hotel Atheras (☎ 22750 31434; www.atheras-kerame. gr; EZ/DZ 50/60 €; ❊ ☒) Das beinahe kykladische Flair des Atheras ist auf sein blendend weißes Dekor zurückzuführen, das einen wunderbaren Kontrast mit der blauen Ägäis im Hintergrund darstellt. Das freundliche, moderne Hotel hat auch eine Pool-Bar. Es liegt in einer Nebenstraße, 200 m vom Hafen entfernt.

Kerame Studios (☎ 22750 31434; www.atheras-ke rame.gr; Studio/Apt. ab 70 €; ❊ ☒) Diese facettenreichen Wohnstudios, Apartments und Zimmer liegen 1 km vor Evdilos und bieten ganz in der Nähe Zugang zum Strand. Die Preise sind ebenso unterschiedlich wie die Unterkünfte; alle haben jedoch gemeinsam, dass es einfache, aber ordentliche Wohnstudios oder Apartments für vier Personen mit separater Küche sind. Von den Terrassen der Zimmer hat man einen schönen Ausblick. Das Restaurant ist in einer Windmühle untergebracht.

Hotel Evdoxia (☎ 22750 31502; www.evdoxia.gr; DZ 70 €; ☒) Auch wenn man hier einen kleinen Aufstieg bewältigen muss – dieses B-Klasse-Hotel bietet attraktive, moderne Zimmer und zahlreiche Annehmlichkeiten wie einen kleinen Laden, Wäscheservice, Geldwechsel und ein traditionelles Restaurant.

Wer vorab bucht und mehrere Tage bleibt, wird kostenlos von der Fähre abgeholt.

Essen

Tsakonitis (☎ 22750 31684; Plateia Evdilou; *mezedhes* 4–7 €) Diese *ouzerie* (Lokal, in dem Ouzo und kleine Speisen verkauft werden) am Hafen ist ein Favorit der Einheimischen und für ihren hausgemachten griechischen Joghurt bekannt.

To Steki (☎ 22750 31723; Plateia Evdilou; Hauptgerichte 5–9 €) Dieses „Stammlokal" (was sein griechischer Name bedeutet) am Hafen könnte schnell zu einem solchen werden: Es hat ganzjährig geöffnet und bietet Tavernenklassiker wie Schafskäsepastete und *soufiko* (eine Ikaria-Spezialität, eine Art griechisches Ratatouille).

WESTLICH VON EVDILOS
Kambos Κάμπος

Ew. 94

Das kleine Kambos, 3 km westlich von Evdilos, war einst das mächtige Oinoe (nach dem griechischen Wort für Wein), Ikarias Hauptstadt. Von diesem antiken Ruhm sind jedoch keinerlei Spuren erhalten geblieben, auch wenn das Dorf sich eines byzantinischen Palastes, Ikarias ältester Kirche und eines kleinen Museums rühmen kann. Kambos' andere Attraktionen sind sein Sand-und-Kies-Strand und die malerischen Wanderwege durch die Hügel.

PRAKTISCHE INFORMATIONEN

Kambos erklärt sich eigentlich von selbst, aber wer ein paar Insider-Infos möchte, kann den langjährigen örtlichen Tourismusanbieter Vasilis Kambouris aufsuchen. Wenn er nicht in seinem Dorfladen ist (von

Evdilos kommend rechts; hier sind auch Kambos' Briefkasten und die Telefonzelle), bedient Vasilis vermutlich gerade seine Gäste im Rooms Dionysos (unten). Vasilis hilft auch bei der Organisation von Taxis, Leihwagen und Fährtickets.

SEHENSWERTES & AKTIVITÄTEN

Wer von Evdilos nach Kambos kommt, erblickt zur Rechten die bescheidenen Ruinen eines **byzantinischen Palastes.** Kambos' kleines **Museum** (☎ 22750 31300; Eintritt frei) zeigt jungsteinzeitliches Werkzeug, geometrische Vasen, Fragmente klassischer Skulpturen, Figurinen und Elfenbein-Schmuck. Sollte es geschlossen sein, einfach Vasilis Kambouris bitten, es aufzuschließen. Nebenan steht Ikarias älteste erhaltene byzantinische Kirche, die **Agia Irini** (12. Jh.). An der Stelle einer Basilika aus dem 4. Jh. erbaut, enthält sie auch einige Säulen des ursprünglichen Bauwerks. Leider sind die Fresken der Agia Irini unter Kalkfarbe versteckt, da die finanziellen Mittel für eine Restaurierung fehlen.

SCHLAFEN & ESSEN

LP Tipp **Rooms Dionysos** (☎ 22750 31300; dionisos@ hol.gr; www.ikaria-dionysosrooms.com; B auf der Dachterrasse/DZ/3BZ 10/40/50 €; 🖎 🖵) Die zahllosen Gäste, die jedes Jahr wiederkommen, attestieren dieser Pension, die vom charismatischen Vasilis „Dionysos" Kambouris, seiner australischen Frau Demetra und seinem Bruder Yoannis geführt wird, eine zauberhafte Atmosphäre. Die Zimmer sind schlicht, aber ordentlich und mit eigenem Bad, und die Betten auf der Dachterrasse für 10 € sind der Hit. Im hübschen, schattigen Hof mit Blick auf den Kambos-Strand serviert Vasilis sein ganz besonderes, üppiges Frühstück; hier können die Gäste die entspannte Gastfreundschaft auch abends bei einem Gläschen genießen. Es gibt sogar eine Bücherbörse. Einfach in Vasilis' Dorfladen nach dem Weg fragen oder nach den blau bemalten Bäumen Ausschau halten.

Balcony (☎ 22750 31604; DZ/3BZ 40/60 €) Von den sechs Apartments des familiengeführten Balcony hat man einen fantastischen Ausblick, aber man erreicht sie erst nach einer ziemlichen Wanderung. Die Wohnstudios zeichnen sich durch schmiedeeiserne Möbel aus und bieten eine Küche und einen Loft-Schlafbereich mit Doppelmat-

ratzen. Die französischen Türen führen zu einem privaten Sitzplatz mit Küstenblick.

Partheni (☎ 22750 31995; Hauptgerichte 6–8 €) Am Kambos-Strand serviert das Partheni einfache, aber köstliche griechische Gerichte und großartigen *kalamari* (gebratenen Tintenfisch). Es bietet auch nahrhafte *mayirefta* (fertige Ofengerichte) und eignet sich nach dem Schwimmen prima, um zu entspannen und einen Happen zu essen.

Pashalia (☎ 22750 31346; Hauptgerichte 6–10 €) Als familiengeführte Taverne mit Tradition bietet das Pashalia köstliche hausgemachte *mezedhes* (Vorspeisen), etwa Wildpilze, frischen wilden Spargel und Ziegenkäse, und ist auch bei den Einheimischen beliebt.

Von Kambos zur Südwestküste

Von Kambos führen zwei Straßen nach Westen: die Hauptstraße schmiegt sich bis zum Armenistis-Resort an die Nordküste, wo sie zu einer kleineren Straße wird und an der Nordwestküste entlangführt. Die zweite ist eine Nebenstraße, größtenteils unbefestigt, aber mit einem guten Auto absolut machbar; sie schlängelt sich etwas weiter südwestlich durch die atemberaubende Mondlandschaft von Zentral-Ikaria bis zum abgeschiedenen Karkinagri an der Südküste. Letzteres ist ideal für alle, die ein Abenteuer abseits der ausgetretenen Pfade suchen, während Ersteres die offensichtliche Wahl für alle Strandliebhaber ist.

Die südliche Küstenstraße durch Zentral-Ikaria führt auch zum **Moni Theoktistis** und zur winzigen **Kapelle von Theoskepasti** (s. Kasten gegenüber), gleich nordwestlich von Pigi. Von Pigi geht's weiter Richtung Süden nach Maratho, dann nach Westen zum eindrucksvollen **Moni Mounte,** das auch als Moni Evangelistrias bekannt ist. 500 m dahinter liegt ein kinderfreundlicher Ententeich mit riesigen Goldfischen und quakenden Fröschen.

Dahinter gabelt sich die Straße Richtung Nord- bzw. Südwesten: wer den Schildern folgt, gelangt so nach **Christos Raches,** einem buntem Bergdorf und gutem Basislager für Wanderer, das einst für seine nächtlichen Einkaufsmöglichkeiten bekannt war. Neben zahlreichen traditionellen Produkten gibt's hier in den meisten Läden die nützliche Wanderkarte *The Round of Rahes on Foot* (4 €); der Erlös kommt der Erhaltung der Wege zugute.

Hinter Christos Raches kann man der Straße nach Süden durch die rustikalen **Profitis Ilias** folgen. An der Gabelung nach Süden fahren, dann nach 1 km links Richtung **Pezi** abbiegen. Hier wird die Landschaft noch rauer und extremer: windgepeitschte, dicke grüne Bäume klammern sich an karge Felsen, und unzählige alte Steinwege der Bauern schlängeln sich durchs Gelände. Die holprige, staubige Fahrt bietet atemberaubende Ausblicke auf das karge Hinterland und, nachdem man in Kalamos links abgebogen ist, auch aufs Meer. Die Straße endet schließlich im winzigen **Karkinagri**, in dem es ein paar Tavernen, Unterkünfte und ganz in der Nähe einen Strand gibt.

Im Sommer fahren von diesem Fischerdorf außerdem dreimal pro Woche Boote nach Agios Kirykos (s. S.677). Diese äußerst empfehlenswerte Reise folgt Ikarias zerklüfteter, teils unzugänglicher Südküste. Das Boot macht einen Zwischenstopp im Dörfchen **Manganitis**; ganz in der Nähe befindet sich ein Küstenstreifen mit weißem Kies und kristallklarem Wasser – der trefflich benannte **Seychellen-Strand** liegt in einer geschützten Bucht und wird von einer Höhle flankiert.

Der Seychellen-Strand ist auch mit dem Auto zu erreichen: über die Küstenstraße, die Manganitis mit Evdilos und Agios Kirykos verbindet; rechts hinter dem Tunnel liegt ein ausgeschilderter Parkplatz. Hier kann man parken und den von Felsbrocken übersäten Pfad zum Strand (20 Minuten zu Fuß) hinunterklettern.

SCHLAFEN & ESSEN

Hotel Raches (☎ 22750 91222; Christos Raches; EZ/DZ 25/40 €) Diese schlichten, aber sauberen und günstigen *domatia* bieten Balkone mit Aussicht, einen Gemeinschaftsbereich und freundliche Besitzer; in der Hochsaison vorab buchen.

Kaza Papas (☎ 22750 91222; Karkinagri; DZ/Apt. 45/55 €; 🐾) Diese einfachen, aber neuen *domatia* und Apartments in Karkinagri bieten einen tollen Blick aufs Meer. Wenn man aufs Wasser schaut, hinter den Tavernen rechts abbiegen und 100 m am Ufer entlanggehen, um sie zu erreichen; aber am besten vorab buchen.

O Karakas (☎ 22750 91214; Karkinagri; Hauptgerichte 6–9 €) Diese ausgezeichnete familienge-

führte Taverne befindet sich direkt am Meer. Auf einer Terrasse mit Bambusdach werden guter frischer Fisch und Salate serviert. Unbedingt Ikarias köstliche vegetarische Spezialität *soufiko* versuchen.

Von Armenistis nach Nas Αρμενιστής Προς Να

Armenistis, 15 km westlich von Evdilos, ist Ikarias bescheidene Version eines Ferienorts. Es bietet zwei lange Sandstrände, die durch eine schmale Landzunge voneinander getrennt sind, einen Fischereihafen und ein Netz aus hügeligen Straßen, die man erkunden kann – nur Traditionelles sucht man vergebens. Der Strand ist mit Cafés gesäumt. Im Sommer blüht Armenistis dank eines moderaten Nachtlebens ein wenig auf, aber es ist und bleibt viel entspannter als der durchschnittliche griechische Ferienort. **Dolihi Tours** (☎ 22750 71480), direkt am Wasser, organisiert Wandertouren und Jeepsafaris. Bei **Aventura** (☎ 22750 71117) neben der Patisserie vor der Brücke kann man Autos mieten und Tickets kaufen.

Nur 500 m östlich von Armenistis liegt der **Livadi-Strand**, an dem die Strömungen so stark sind, dass sogar Rettungsschwimmer Dienst tun müssen; manchmal sind die Wellen hoch genug zum Surfen. Hinter dem Livadi liegen noch zwei weitere beliebte Strände: **Mesahti** und **Gialiskari**.

3,5 km westlich von Armenistis befindet sich, relativ weit unterhalb der Straße und einiger Tavernen, der Kiesstrand von **Nas**. Dieser nudistenfreundliche Strand bietet eine beeindruckende Lage an der Mündung eines bewaldeten Flusses, direkt hinter den Ruinen des antiken **Artemis-Tempels**.

Nas ist mittlerweile etwas teurer geworden, und um diesen neuen Standard zu erhalten, sah sich die griechische Polizei dazu veranlasst, die provisorischen Strandhütten einzureißen, die die glücklosen Hippies errichtet hatten, die dieser Ort anzieht. Sie ziehen sich normalerweise zum Campen in den Wald am Fluss zurück und sind in der Regel sehr freundlich.

SCHLAFEN

Rooms Fotinos (☎ 22750 71235; www.island-ikaria. com/hotels/pensionfotinos.asp; Armenistis; DZ ab 40 €; 🕙 Mai–Okt; 🐾) Diese familiengeführte Pension in Armenistis liegt 150 m über dem Strandbogen und bietet sieben saubere, moderne Zimmer und einen hübschen, erholsamen Garten. Die Besitzer sind freundlich und hilfsbereit.

Gallini (☎ 22750 71293; www.galinipension.gr; Armenistis; DZ 60 €; ☺ Mai–Okt) Diese zwölf Zimmer schweben ebenfalls über Armenistis. Sie sind klein, aber wunderschön eingerichtet; die Wände haben Steinintarsien, und es gibt große Fenster. Die Wohnstudios bieten mehr Platz, schräge, loftartige Decken und Küchenzeilen. Von allen hat man einen tollen Blick aufs Meer.

Atsachas Rooms (☎ /Fax 22750 71226; www.atsachas.gr; Livadia Beach; DZ 60 €) Direkt am Livadia-Strand gelegen, bietet das Atsachas saubere, gut eingerichtete Zimmer, einige mit modernen Küchen. Die meisten haben luftige Balkone mit Meerblick. Die Tische des Cafés stehen im hübschen Garten, und auch das Restaurant heimst viel Lob ein.

Villa Dimitri (☎ /Fax 22750 71310; www.villa-dimitri.de; Armenistis; 2-Personen-Wohnstudio & Apt. mit privater Terrasse 50–70 €; ☺ März–Okt; ✂ 🖳) Diese Ansammlung separater, abgeschiedener Apartments befindet sich auf den Klippen inmitten bunter Blumen und versprüht ein kykladisches Flair. 800 m westlich von Armenistis; man muss vorab buchen und mindestens eine Woche bleiben.

Panorama (☎ 22750 71177; www.ikaria-panorama.com; Nas; Studios 80 €; 🅿) Dieser Komplex aus fünf Selbstversorger-Studios liegt am Ende einer steilen Auffahrt vor dem Dorf. Die Zimmer bieten Platz für bis zu vier Personen sowie eine schöne Kombination aus Holz und Marmor, eine neue Einrichtung und Blick aufs Meer.

ESSEN

Pashalia Taverna (☎ 22750 71302; Armenistis; Hauptgerichte ab 5 €; ☺ Juni–Nov.) Fleischgerichte wie *katsikaki* (junge Ziege) oder Kalb im Römertopf sind die Spezialitäten dieser ersten Taverne an Armenistis' Hafenstraße.

Taverna Nas (☎ 22750 71486; Nas; Hauptgerichte 6–10 €) Diese einfache Taverne auf dem Felsenufer, das sich hoch über den Strand von Nas erhebt, bietet bei Sonnenuntergang einen grandiosen Blick auf das westliche Meer. Wenn auch ein wenig touristisch, serviert es herzhafte griechische Klassiker und frischen Fisch.

Kelari (☎ 22750 71227; Gialiskari; Hauptgerichte 6–13 €) Das Kelari holt sich den Fisch direkt vom Boot und serviert die besten Meeresfrüchte an diesem entspannten Strand östlich von Armenistis.

FOURNI-INSELN ΟΙ ΦΟΥΡΝΟΙ

Ew. 1470

Das Fourni-Archipel ist eines der großen unbekannten Insel-Juwelen Griechenlands. Seine tief liegende Vegetation klammert sich an elegante Hügel, die sich gegenseitig überlappen und verborgene Buchten schaffen, die aus Sandstränden und kleinen Häfen bestehen, in denen Kaiks auf dem ruhigen Meer schaukeln. Die Inseln sind sozusagen die Äußeren Hebriden des Mittelmeers. In der Abenddämmerung ist dieses ehemalige Piratenversteck besonders schön, wenn die untergehende Sonne die facettenreiche Uferlandschaft in Schattierungen aus Rosa, Violett und Schwarz taucht – von einem höheren Standpunkt aus ist die Wirkung sogar noch dramatischer.

In den vergangenen Jahrhunderten zogen Fournis Abgeschiedenheit und Ruhe noch Piraten an, die auf der Suche nach einem Unterschlupf waren, aber heute finden die unvermeidlichen Touristen auf ihrer Suche nach ein bisschen Ruhe und Frieden in unserer lauten Welt hier Zuflucht – und einige der besten Meeresfrüchte des Mittelmeerraums. Allerdings ist die abenteuerliche Vergangenheit Fournis im Namen der Hauptstadt des Archipels, Fourni Korseon, erhalten geblieben; die Korsaren waren französische Freibeuter mit verwegenem Ruf, und irgendwann wurde ihr Name gleichbedeutend mit allen Piraten und Gaunern, die damals die östliche Ägäis unsicher machten.

Heute sind in Fourni Korseon die meisten Unterkünfte und Einrichtungen zu finden und es verfügt über mehrere Strände. Weitere Siedlungen sind die viel kleineren Orte Chrysomilia und Kamari im Norden sowie ein Fischerdörfchen gegenüber auf der Insel Thymena. Ganz im Süden der Hauptinsel steht das Kloster Agios Ioannis Prodromos erhaben über einer Reihe bezaubernder Strände.

Orientierung & Praktische Informationen

Fourni Korseons Hafenviertel, in dem auch die Fähre anlegt, ist von Tavernen und einigen Unterkünften gesäumt. Die Hauptstraße verläuft vom Hafen aus geradewegs ins Landesinnere zur *plateia*; auf dieser namenlosen Hauptschlagader gibt's eine National Bank of Greece mit Geldautomat, Reisebüros, eine Post und die örtliche **Apotheke** (☎ 22750 51188). Gleich nebenan befindet sich ein **Internetcafé** (pro Std. 3 €; ☒ 11–24 Uhr). Im Terrassen-Café/Restaurant des Archipelagos Hotel kann man darüber hinaus kostenlos WLAN-Surfen.

In Fourni Korseon gibt's außerdem einen **Arzt** (☎ 22750 51202), eine **Polizeistation** (☎ 22750 51222) und die **Hafenpolizei** (☎ 22750 51207).

Unter www.fourni.com findet man noch weitere Informationen.

Sehenswertes & Aktivitäten

Auch wenn sich Fourni ganz hervorragend zum Entspannen eignet, können aktivere Urlauber außerdem die hügelige Landschaft der Insel erwandern und an den ursprünglichen Stränden schwimmen gehen. Der **Psili-Ammos-Strand** liegt der Stadt am nächsten und ist nur fünf Gehminuten entfernt, etwa 600 m in nördlicher Richtung entlang der Küstenstraße. Er bietet Sonnenschirme und im Sommer eine Strandbar, die auch nachts geöffnet ist.

Außerhalb der Stadt reihen sich einige beliebte Strände an der Küstenstraße Richtung Süden aneinander. Der **Kampi-Strand**, den man nach 3 km erreicht, ist ausgezeichnet. Noch ein Stück weiter bietet der **Elidaki** zwei Sandstreifen und einen Kiesstrand. Dahinter liegt der **Petrokopeio-Kiesstrand.**

An Fournis Südspitze, ganz in der Nähe der **Kirche Agios Ioannis Prodromos,** liegt der feine **Vlyhada-Sandstrand** vor dem abgeschiedeneren **Kasidi-Strand.**

Fournis andere größere Ortschaften **Chrysomilia** und **Kamari** liegen 17 bzw. 10 km von Fourni Korseon entfernt (etwa 30 Minuten Fahrt auf kurvigen, aber frisch geteerten Hügelstraßen). Beide sind sehr hübsche Fischerdörfchen, die zwar nur wenige Einrichtungen, aber dafür eine herrlich ruhige Umgebung und schöne Strände bieten. Die Fahrt ist spektakulär und man hat immer wieder einen phänomenalen Blick auf Fournis Hügel und versteckte Buchten.

Das Fourni-Archipel hat aber noch eine weitere bewohnte Insel zu bieten: auf **Thymena** befindet sich ein gleichnamiges Fischerdorf und der traumhafte **Kermaidou-Strand.**

Schlafen

Der Großteil der Unterkünfte Fournis befindet sich in Fourni Korseon, aber man kann auch in den kleineren Dörfern übernachten oder kostenlos am Strand zelten.

Nectaria's Studios (☎ 22750 51365; Fourni Korseon; DZ/3BZ 35/45 €) liegen am Ende des Hafens und bieten saubere, schlichte Zimmer.

To Akrogiali (☎ 22750 51168, 6947403019; Kamari; Selbstversorger-Apt. ab 50 €) Im Dörfchen Kamari gelegen, sind die beiden Selbstversorger-Apartments von Maria Markaki voll ausgestattet und bieten Doppelbetten und Meerblick. In der Hochsaison vorab buchen.

LP Tipp **Archipelagos Hotel** (☎ 22750 51250; www.archipelagoshotel.gr; Fourni Korseon; EZ/DZ/3BZ 45/54/72 €; ℗ ☒ ☎) Dieses elegante neue Hotel am Nordostrand des Hafens ist Fournis stilvollste Unterkunft. Vom Terrassen-Restaurant unter von Blumen umrankten Steinbögen bis zu den gut ausgestatteten Zimmern, die in weichen Farben gestrichen sind und durch passende Marmorbäder ergänzt werden, verbindet das Archipelagos durchweg traditionelle, aber einfallsreiche griechische Architektur mit modernem Luxus, etwa drahtlosem Internet und Naturseifen von Athener Designern. Das Personal ist freundlich und hilfsbereit.

Essen

Fourni ist für Meeresfrüchte berühmt – besonders für *astakomakaronadha* (Hummer mit Pasta).

Ta Delfinakia (☎ 22750 51064; Hauptgerichte 3–7 €) Wenn die anderen Hafen-Tavernen Siesta halten, gibt's nur noch hier etwas zu essen.

Taverna Almyra (☎ 6979141653; Kamari-Dorf; Fisch 5–9 €) Mit seiner Lage oben in Kamari versprüht diese entspannte Fisch-Taverne im Hafen einen subtilen Charme und bietet laut den Einheimischen den besten frischen Fisch und die beste *astakomakaronadha* der Insel.

Taverna Kali Kardia (☎ 22750 51217; Hauptgerichte 6–9 €) Das herzhafte Kali Karida auf der *plateia* serviert ausgezeichnetes Fleisch vom Grill und ist dank der gut gelaunten alten Einheimischen sehr lebendig.

Psarotaverna O Miltos (☎ 22750 51407; Fourni Korseon; Hauptgerichte 7–10 €) Ausgezeichneter Hummer und frischer Fisch werden in dieser legendären Hafen-Taverne meisterlich zubereitet.

Archipelagos Hotel Restaurant (☎ 22750 51250; www.archipelagoshotel.gr; Fourni Korseon; Hauptgerichte 7–12 €) Fournis bestes Hotel bietet ein stilvolles, romantisches Dinner-Erlebnis auf der Terrasse mit Hafenblick. Nach Sonnenuntergang kann man hier ein kunstvoll zubereitetes Abendessen aus frischen Meeresfrüchten und ein Glas griechischen Wein genießen.

An- & Weiterreise

Fourni ist durch Fähren und Tragflächenboote mit Ikaria (Agios Kirykos) und Samos verbunden. Näheres gibt's unter Insel-Hopping (S. 862). **Fourni Island Tours** (☎ 22750 51546; Fourni Korseon; www.fourniisland.ssn. gr) hält Informationen bereit und verkauft Tickets.

Unterwegs vor Ort

Glitzernde neu ausgebaute Asphaltstraßen verbinden Fourni Korseon mit Chrysomilia und Kamari; wer diese Fourni-Autobahnen erleben möchte, ist allerdings darauf angewiesen, sich mit einem Einheimischen anzufreunden, ein Motorrad zu leihen, zu trampen oder das einzige **Taxi** (☎ 22750 51223, 6977370471) der Insel zu chartern, das vom überschwänglichen Manolis Papaioannou gesteuert wird.

Zurzeit der Recherche war ein Autoverleih in Planung, bis dahin kann man sich bei **Escape Rent a Motorbike** (☎ 22750 51514; gbikes@hotmail.com) am Hafen immerhin einen Roller ausleihen.

Alternativ kann man auch mit dem **Boot** fahren. Zweimal die Woche verkehren Kaiks nach Chrysomilia, weitere drei fahren das ganze Jahr über um 7.30 Uhr nach Thymena.

SAMOS ΣΑΜΟΣ

32 820 Ew. / Fläche 477 km²
Direkt vor der türkischen Küste lockt das halbtropische Samos – eines der bekanntesten Ziele unter den nordostägäischen Inseln. Neben den entspannten Urlaubsresorts und der lebhaften Hauptstadt Vathy (auch Samos genannt) findet man abseits der ausgetretenen Pfade aber noch zahlreiche weitere Strände und in den kühlen, bewaldeten Bergen im Landesinneren, wo das traditionelle Leben mehr oder weniger unverändert vonstatten geht, einige herrlich ruhige Ecken.

Samos ist nicht nur für seinen süßen lokalen Wein berühmt, sondern zudem von großer historischer Bedeutung. Dies ist der legendäre Geburtsort von Hera, und die weitläufigen Ruinen ihres antiken Heiligtums Heraion – wo noch immer archäologische Ausgrabungen stattfinden – sind beeindruckend. Sowohl der große Mathematiker Pythagoras als auch der hedonistische Vater der Atomtheorie, der Philosoph Epikuros aus dem 4. Jh. v. Chr., wurden hier geboren. Samos' wissenschaftliches Genie spiegelt sich auch im unglaublichen

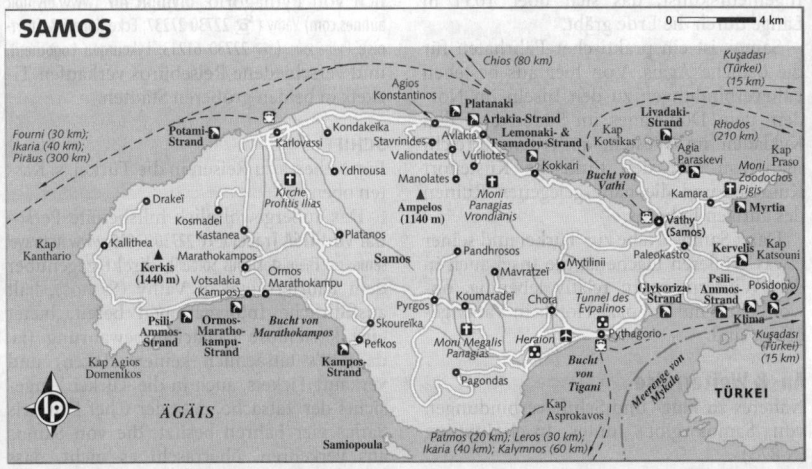

SAMOS

TÜRKEI-VERBINDUNGEN

Es ist kein Problem, von Samos, Chios und Lesbos aus die wichtigsten Urlaubsorte und historischen Stätten der Türkischen Ägäis zu besuchen. Auch wenn sich die Bootsfahrpläne, Preise und sogar die Unternehmen oft ändern, ist im Folgenden erklärt, wie die Dinge normalerweise aussehen.

Von **Samos** (S. 687) fahren zweimal täglich Boote von Vathy (Samos) nach **Kusadasi,** einem fröhlichen Urlaubsort in der Nähe des **antiken Ephesos.** Die *Samos Star* legt um 8.30 Uhr ab, um 17 Uhr fährt ein Schiff unter türkischer Flagge. Zusätzlich verkehrt einmal pro Woche ein Schiff von Pythagorio nach Kusadasi. In der Nebensaison legen pro Woche zwei Fähren in Vathy ab. Tickets kosten um die 45 € (offene Rückfahrt) bzw. 35 € (einfach); zusätzlich fallen 10 € Hafensteuer an. Von Mai bis Oktober fahren täglich Ausflugsboote; sonntags führt die Tour auch nach Ephesos (25 € extra). Tickets und nähere Infos gibt's bei **ITSA Travel** (☎ 22730 23605; www.itsatravelsamos.gr; Themistokleous Sofouli) gegenüber vom Fährterminal in Vathy. Am Ticketbüro muss man für die Hafenkontrolle vorher seinen Pass abgeben, aber türkische Visa, sofern nötig, werden erst in der Türkei ausgestellt. Für Tagesausflüge ist kein Visum erforderlich.

Ab **Chios** fahren das ganze Jahr hindurch Boote von Chios-Stadt (S. 700) nach **Cesme,** einer Hafenstadt in der Nähe des lebendigen **Izmir,** wenngleich sie im Sommer häufiger verkehren. Von Mai bis Oktober fahren täglich um 8.30 Uhr Fähren von Chios nach Cesme, die um 18.30 Uhr zurückkehren, sonntags allerdings schon um 17 Uhr. Tickets kosten einfach 20 €, hin & zurück 30 €. Infos und Tickets gibt's bei **Hatzelenis Tours** (☎ 22710 20002; mano2@otenet.gr; Leoforos Aigaiou 2) oder **Sunrise Tours** (☎ 22710 41390; Kanari 28), die normalerweise eine Kombination aus Boots- und Bustagestouren über Cesme nach Izmir anbieten (40 € hin & zurück). Türkische Visa, sofern erforderlich, werden in Cesme ausgestellt.

Ab **Lesbos** fahren Boote von Mitilini-Stadt (S. 713) in den Hafen **Dikeli** und weiter nach **Ayvalik.** Das türkische Unternehmen Costar fährt jeden Dienstag, Donnerstag und Samstag um 9 Uhr (20 € hin & zurück) von Mitilini-Stadt nach Dikeli; Rückfahrt ist um 18 Uhr. Bei der Donnerstagsfahrt hat man auch Anschluss zum Bus nach Ayvalik (6 €), dienstags und samstags kann man kostenlos mit dem Bus ins **antike Pergamon** fahren. Ein weiteres türkisches Unternehmen, Turyol, verkehrt jeden Mittwoch um 8.30 Uhr in den Hafen **Fokias** in der Nähe von **Izmir**; Rückfahrt ist um 18 Uhr (35 €).

Die meisten Reisebüros in Mitilini-Stadt bieten auch Touren in die Türkei an wie **Olive Groove Travel** (☎ 22510 37533; www.olive-groove.gr; 11 P Kountourioti; 🕒 7.30–22 Uhr).

Eupalinos-Tunnel (524 v. Chr.) wider, einem spektakulären Bravourstück antiker Ingenieurskunst, das sich über 1034 m Länge durch die Erde gräbt.

Samos ist ein praktischer Fährhafen für die östliche Ägäis. Von hier aus bestehen Fährverbindungen zu den Inseln im Norden, dem Dodekanes im Süden und den Kykladen im Westen; außerdem erreicht man von hier den türkische Küstenort Kusadasi und die nahe gelegenen Ruinen des antiken Ephesos.

Dank Samos' Nähe zur Türkei und seiner etwas größeren Fläche ist die Insel auch in den Wintermonaten relativ lebendig, obwohl dann nur ein paar Hotels in Vathy geöffnet sind.

An- & Weiterreise

Näheres zu Flug- und Schiffsverbindungen von Samos gibt's unter Insel-Hopping (S. 873).

FLUGZEUG

Samos' Flughafen befindet sich 4 km westlich von Pythagorio. **Olympic Air** (www.olympicairlines.com) Vathy (☎ 22730 27237; Ecke Kanari & Smyrnis); Pythagorio (☎ 22730 61213; Lykourgou Logotheti), und verschiedene Reisebüros verkaufen Tickets in beiden größeren Städten.

SCHIFF

Für Näheres zu Reisen in die Türkei, s. Kasten oben.

Das außergewöhnlich hilfsbereite Personal von **ITSA Travel** (☎ 22730 23605; www.itsatravelsamos.gr; Themistokleous Sofouli), direkt gegenüber dem Fährterminal in Vathy (Samos), hält ausführliche Informationen bereit, bietet eine kostenlose Gepäckaufbewahrung (ja, da gibt's tatsächlich keinen Haken) und verkauft Tickets, auch in die Türkei. Angesichts der Tatsache, dass der Chef Dimitris Sarlas vier Fähren besitzt, die von Samos aus verkehren, überrascht es nicht, dass

ITSA immer über aktuelle Informationen zu Fahrplanänderungen verfügt.

In Pythagorio die Abfahrtszeiten der Fähren und Tragflächenboote besser mit der **Touristeninformation** (☎ 22730 61389) oder der **Hafenpolizei** (☎ 22730 61225) abgleichen.

Unterwegs vor Ort

AUTO & MOTORRAD

Pegasus Rent a Car (☎ 22730 24470, 6972017092; pegasussamos@hotmail.com; Themistoklis Sofouli 5) gegenüber der Hafeneinfahrt neben ITSA Travel in Vathy (Samos) bietet die günstigsten Tarife für Autos, Jeeps und Motorräder. Zu den internationalen Verleihfirmen gehören **Hertz** (☎ 22730 61730; Lykourgou Logotheti 77) und **Europcar** (☎ 22730 61522; Lykourgou Logotheti 65).

Wer schon in Pythagorio ist, kann es auch bei **John's Rentals** (☎ 22730 61405; www.johns-rent-a-car.gr; Lykourgou Logotheti) versuchen.

BOOT

Im Sommer fahren viermal wöchentlich Ausflugsboote von Pythagorio nach Patmos (45 € hin & zurück); Abfahrt ist um 8 Uhr. Täglich verkehren Ausflugsboote zwischen Pythagorio und der kleinen Insel Samiopoula (inklusive Mittagessen 30 €), und zweimal pro Woche wird vom Hafen in Pythagorio eine Bootstour rund um die Insel angeboten (50 €).

BUS

Vom **Busbahnhof** (☎ 22730 27262; Ioannou Lekati) in Vathy (Samos) fahren täglich sieben Busse nach Kokkari (1,40 €, 20 Min.). Zwölf verkehren nach Pythagorio (1,50 €, 25 Min.) und jeweils sechs nach Agios Konstantinos (2 €, 40 Min.) und Karlovasi (3,50 €, 1 Std.). Je fünf fahren zum Heraion (2,10 €, 25 Min.) und nach Mytilini (1,40 €, 20 Min.).

Zusätzlich bedienen von Pythagorio aus täglich fünf Busse die Strecke zum Heraion (1,40 €, 15 Min.) und vier fahren nach Mytilini (1,70 €, 20 Min.). Tickets kann man im Bus kaufen. Am Wochenende gibt's weniger Verbindungen.

TAXI

Der **Taxistand** (☎ 22730 28404) in Vathy (Samos) liegt neben der National Bank of Greece, der **Taxistand** (☎ 22730 61450) in Pythagorio am Hafen in der Lykourgou Logotheti.

VOM/ZUM FLUGHAFEN

Es gibt keinen Shuttlebus zum Flughafen; Taxis vom Flughafen kosten 12 € nach Vathy (Samos) oder 5 € nach Pythagorio, von dort fahren Busse in andere Teile der Insel.

VATHY (SAMOS) ΒΑΘΥ (ΣΑΜΟΣ)

2025 Ew.

Vathy (auch Samos genannt) ist die Hauptstadt der Insel und erfreut sich einer atemberaubenden Lage in einer tiefen Buchtenfalte. Wie in den meisten griechischen Hafenstädten ist das gebogene Ufer von zahlreichen Bars, Cafés und Restaurants gesäumt. Das historische Viertel Ano Vathy ist voller steiler, schmaler Straßen und neugieriger alter Bewohner, und auf seinen Hügeln stehen rote Ziegelsteinhäuser aus dem 19. Jh. und einige stimmungsvolle Tavernen. Das Stadtzentrum bietet zwei ansprechende Museen und eine großartige, hundert Jahre alte Kirche.

Vathy (Samos) kann außerdem mit zwei Kiesstränden aufwarten: der Gagou-Strand (1 km nördlich des Zentrums) ist der bessere von beiden. Auf dem Weg dorthin geht's an einer Reihe cooler Bars vorbei, die sich direkt vor dem Pythagoras Hotel an die Klippen am Nordostrand der Stadt klammern und viel stilvoller und ästhetisch ansprechender sind als die ewig gleichen Cafés am Hafen.

Orientierung

Wenn man vom Fährterminal aus landeinwärts blickt, geht's rechts zur Plateia Pythagorou, die dank ihrer Palmen und Löwenstatuen leicht zu erkennen ist und direkt am Hafen liegt; dieser Platz ist zum Teil eine WLAN-Zone. Etwas weiter, einen Block landeinwärts, befinden sich die herrlich grünen städtischen Gärten. Die Hafenstraße ist nach Themistoklis Sofoulis benannt, dem berühmtesten Einwohner des modernen Samos, einem archäologischen Pionier und dem griechischen Premierminister während des Bürgerkriegs von 1946 bis 1949. Der Busbahnhof liegt in der Ioannou Lekati.

Praktische Informationen

Mehrere Banken mit Geldautomaten säumen die Plateia Pythagorou sowie die Uferpromenade. Im Pythagoras Hotel (S. 691)

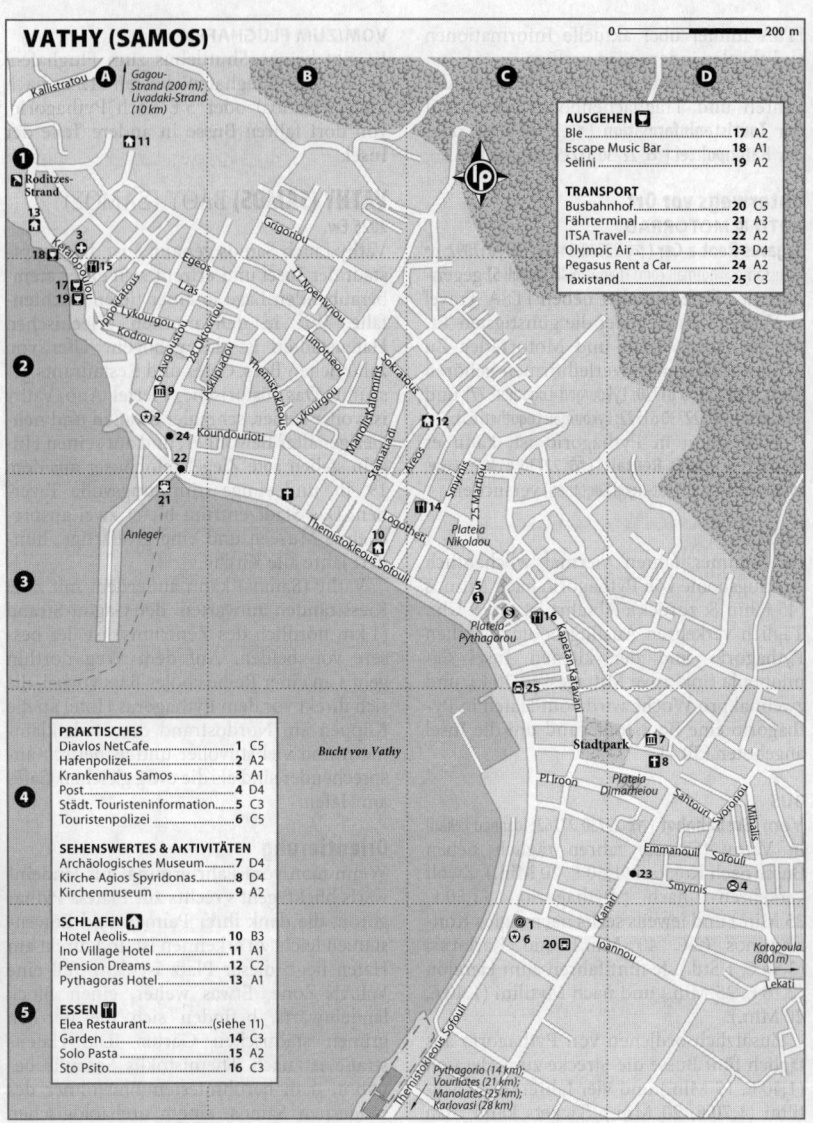

VATHY (SAMOS)

0   200 m

AUSGEHEN
Ble	**17** A2
Escape Music Bar	**18** A1
Selini	**19** A2

TRANSPORT
Busbahnhof	**20** C5
Fährterminal	**21** A3
ITSA Travel	**22** A2
Olympic Air	**23** D4
Pegasus Rent a Car	**24** A2
Taxistand	**25** C3

PRAKTISCHES
Diavlos NetCafe	**1** C5
Hafenpolizei	**2** A2
Krankenhaus Samos	**3** A1
Post	**4** D4
Städt. Touristeninformation	**5** C3
Touristenpolizei	**6** C5

SEHENSWERTES & AKTIVITÄTEN
Archäologisches Museum	**7** D4
Kirche Agios Spyridonas	**8** D4
Kirchenmuseum	**9** A2

SCHLAFEN
Hotel Aeolis	**10** B3
Ino Village Hotel	**11** A1
Pension Dreams	**12** C2
Pythagoras Hotel	**13** A1

ESSEN
Elea Restaurant	(siehe 11)
Garden	**14** C3
Solo Pasta	**15** A2
Sto Psito	**16** C3

NORDOSTÄGAISCHE INSELN

stehen Computer und darüber hinaus drahtloser Internetzugang (pro Stunde 3 €) zur Verfügung.

Diavlos NetCafe (☎ 22730 22469; Themistokleous Sofouli 160; pro Std. 4 €; ⏲ 8.30–23.30 Uhr) Hier gibt's einen Internetzugang.

Hafenpolizei (☎ 22730 27890)

Krankenhaus Samos (☎ 22730 27407) Gut ausgerüs-

tetes, effizientes Krankenhaus; gegenüber vom Pythagoras Hotel.

Post (Smyrnis)

Städische Touristeninformation (☎ 22730 28582) Nur im Sommer geöffnetes Büro nördlich der Plateia Pythagorou; hilft bei der Unterkunftssuche.

Touristenpolizei (☎ 22730 27980; Themistokleous Sofouli 129)

Sehenswertes

Neben dem Altstadtviertel **Ano Vathy**, den erholsamen **städtischen Gärten** und den **Stränden Roditzes und Gagou** ist das **Archäologische Museum** (☎ 22730 27469; Erw./Stud. 3/2 €, So frei; ⓥ Di–So 8.30–15 Uhr, letzter Einlass 14.45 Uhr) die Hauptattraktion der Stadt. Es ist eines der besten auf den Inseln und zeigt Funde aus der Regierungszeit von Polykrates (6. Jh. v. Chr.), wobei der berühmteste der gigantische (5,5 m) *kouros* (männliche Statue aus der Frühantike) ist, der aus dem Heraion (Heiligtum der Hera, S. 695) in der Nähe von Pythagorio stammt – er ist der größte bekannte stehende *kouros*. Außerdem sind viele weitere Statuen – die meisten ebenfalls aus dem Heraion – sowie einige Bronzeskulpturen, Stelen und Keramiken ausgestellt.

Vathys **Kirchen-Museum** (Byzantinisches Museum; 28 Oktovriou; Erw./Stud. 3/2 €, So frei; ⓥ Di–So 8.30–15 Uhr, letzter Einlass 14.45 Uhr) beherbergt seltene Manuskripte, liturgische Objekte aus Silber und Gold sowie außergewöhnliche bemalte Ikonen, die aus dem 13. bis 19. Jh. stammen.

Samos verdankt diese heiligen Schätze auch seiner Rolle als Diözese (auch für Ikaria und Fourni zuständig), dank der es auch einige großartige Kirchen zu bieten hat, etwa die **Kirche Agios Spyridonas** (Plateia Dimarheiou; ⓥ 7.30–11 & 18.30–19.30 Uhr) nahe der Plateia Dimarheiou. In der reich verzierten, 1909 erbauten Kirche sind Ikonen, eindrucksvolle Säulen aus Izmir-Marmor, ein ungewöhnlicher silberner Kandelaber aus Indien sowie eine Ikonenwand mit dekorativen Säulen zu sehen, die von antiken griechischen und byzantinischen Themen inspiriert wurden.

Schlafen

Pension Dreams (☎ 22730 24350; Areos 9; DZ mit/ohne Balkon 35/30 €; ✕) Diese kleine, aber zentral gelegene Pension überblickt von einem Hügel aus den Hafen und bietet ein weitläufiges Wohnstudio auf dem Dach; falls es schon vermietet ist, sollte man sich eines der Balkonzimmer mit Gartenblick schnappen. Der freundliche Besitzer spricht mehrere Sprachen.

LP Tipp Pythagoras Hotel (☎ 22730 28422, 69445 18690; www.pythagorashotel.com; Kallistratou 12; EZ/DZ/3BZ inkl. Frühstück 20/35/45 €; ⓥ Feb–Nov; 🖳 🛜) Das Pythagoras liegt nur ein Stück

oberhalb vom Hafen, ist die perfekte Unterkunft für den unabhängigen Reisenden und zieht ein jüngeres Publikum an als die meisten anderen Hotels in Vathy. Die grenzenlose Freundlichkeit und Gastfreundschaft von Stelios Mihalakis und seiner Familie ist nur ein kleiner Teil dessen, was dieses Budget-Hotel so besonders macht. Viele Zimmer haben einen luftigen Balkon mit Meerblick (zur Zeit der Recherche war eine Klimaanlage in Planung). Außerdem bietet es einen gut sortierten Laden, WLAN-Zugang plus Computer und einen Kiesstrand unterhalb der schattigen Frühstücksterrasse. Wer Stelios anruft, wird kostenlos an der Fähre oder am Busbahnhof abgeholt, ansonsten einfach bei ITSA Travel nach dem Weg fragen.

Hotel Aeolis (☎ 22730 28377; www.aeolis.gr; Themistokleous Sofouli 33; EZ/DZ inkl. Frühstück 50/70 €; ✕ 🛜) Dieses grandiose, sehr zentrale Hafenhotel zieht ein schickes griechisches Publikum und einige Ausländer an, die sich von den zwei Pools, dem Whirlpool, der Taverne und der Bar anlocken lassen. Die Zimmer sind geräumig und modern, bieten aber keine so persönliche Note wie die kleineren Häuser der Stadt. Alle mit leichtem Schlaf sollten den nächtlichen Straßenlärm durch die vielen Cafés bedenken.

Ino Village Hotel (☎ 22730 23241; www.inovillage. gr; Kalami; EZ/DZ/3BZ inkl. Frühstück ab 65/80/100 €; Ⓟ ✕ 🖳 🛜) Das Ino Village ist eine Zitadelle subtiler Eleganz hoch über den Dächern von Vathy. Im Innenhof ist ein Pool, die weißen Gebäude rundum sind mit Efeu bewachsen und haben Balkone. Auch wenn das Mini-Resort manchmal von Reisegruppen gebucht wird, ist die stilvolle Ruhe des Hotels nie in Gefahr, und ein tolles Restaurant gibt's auch noch.

Essen

Sto Psito (☎ 22730 80800; Plateia Pythagorou; *Souvlaki* 3 €) In diesem äußerst beliebten Lokal, das sich beinahe über den ganzen Platz erstreckt, werden herzhaftes *souvlaki* und andere leichte Grillgerichte serviert.

Kotopoula (☎ 22730 28415; Vlamaris; Hauptgerichte 6–8 €) Dieser Favorit der Einheimischen an der Ioannou Lekati ist für sein Hähnchen am Spieß bekannt; es liegt 800 m landeinwärts im Schatten einer Platane.

Garden (☎ 22730 24033; Manolis Kalomiris; Hauptgerichte 6–9 €) Die griechischen Spezialitäten stechen in diesem ruhigen Lokal abseits der Lykourgou Logotheti besonders hervor; man speist auf einer Terrasse voller Bäume inmitten eines Gartens.

Solo Pasta (☎ 22730 23699; Kefalopoulou 13; Hauptgerichte 7–12 €) Mit blitzblanker Inneneinrichtung und flottem Service bietet dieses italienische Restaurant gegenüber den Bars auf dem Hügel einfallsreiche Salate, gute Bruschettas und diverse ungewöhnliche Pastagerichte.

LP Tipp Elea Restaurant (☎ 22730 23241; Kalami; Hauptgerichte 8–12 €) Das Terrassen-Restaurant des Ino Village Hotel bietet einen umfassenden Ausblick auf Vathy und den Hafen sowie herzhafte griechische Küche, internationale Gerichte und feine Variationen von Klassikern wie Schwertfisch-*souvlaki* (Fleischwürfel am Spieß). Auch Samos' Weine sind gut repräsentiert. Man sollte sich vor dem charismatischen Barkeeper Dimitrios in Acht nehmen, wenn er versucht, einen seiner patentierten Tequila-Shots mit Zitrone und gemahlenem Kaffee einzuschenken.

Ausgehen

Vathys Nachtleben ist definitiv hellenischer als das in Pythagorio, dessen Bars von blonden Nordeuropäern besucht werden. Während die meisten Cafés und Bars rund um den Hafen angesiedelt sind, bieten die lässigeren Läden, die sich entlang der Kefalopoulou aufreihen, einen schönen Blick aufs Wasser, darunter die **Escape Music Bar,** das **Ble** und das **Selini.** Alle spielen modernen griechischen und westlichen Pop sowie atmosphärischere Musik, die wunderbar zur Außenbeleuchtung passt, die auf das sanft wogende Wasser scheint und ihm so eine verwirrende, hypnotische Wirkung verleiht.

RUND UM VATHY (SAMOS)

Wer nach Abwechslung sucht, findet sie 4 km nordöstlich in Arkoudolakas auf der **Panouris Ranch** (☎ 6942704950; www.samostour.dk; Arkoudolakas-Dorf; ☺ 9–12 & 18–21 Uhr), auf der Reitausflüge durch die nahen Wälder angeboten werden (10 € pro Stunde). Da die Pferde gut trainiert und sanftmütig sind, können sich auch Anfänger auf einen Ausritt wagen. Die Ranch bietet außerdem kostenlos Ponyreiten für Kinder und gratis Getränke an.

Strände

Die Strände östlich von Vathy gehören zu den besten und leersten auf ganz Samos. Man kann der Nordküstenstraße über 10 km aus der Stadt folgen und links nach einer ausgeschilderten Schotterstraße Ausschau halten, die zum **Livadaki-Strand** führt. Hier branden tropische, azurblaue Wasser in einer langen, geschützten Bucht vor einer Reihe kleiner Inselchen gegen weichen Sand. Nur eingeweihte Griechen kommen zum Livadaki, der auch eine Strandbar mit bunten, gemütlichen Stühlen und Tag und Nacht Musik bietet. Das Wasser hat eine angenehme Temperatur und ist über weite Strecken sehr flach, sodass sich Livadakis hedonistisches, aber entspanntes Sommer-Strandvolk mit Leichtigkeit bis weit ins Meer ausbreitet. Einen kostenlosen Kajakverleih und Palmwedel-Sonnenschirme sind weitere Pluspunkte.

Wieder an der Abzweigung zum Livadaki-Strand angelangt, geht's über 5 km weiter Richtung Osten zum Fischerdörfchen **Agia Paraskevi,** das einen schattigen Kiesstrand und bunte Boote bietet, die im Hafen festgemacht sind. Dieser Strand ist vor allem bei griechischen Familien beliebt; hier gibt's eine Taverne, in der Fleisch und Meeresfrüchte serviert werden: das **Restaurant Aquarius** (☎ 22730 28282; Agia Paraskevi; Hauptgerichte 5–8 €).

Eine Reihe weiterer kleiner Strände säumt die Küstenstraße im Süden; um sie zu erreichen, ist ein Fahrzeug mit Vierradantrieb ratsam.

PYTHAGORIO ΠΥΘΑΓΟΡΕΙΟ

1330 Ew.

Unten an der Südküste gleich gegenüber der Türkei lockt das hübsche Pythagorio mit einem kleinen Yachthafen und den wichtigsten archäologischen Stätten auf ganz Samos. Das Hafenviertel ist mit touristischen Restaurants gesäumt, und wenn es dort mal wieder von skandinavischen Pauschaltouristen wimmelt, hat man das Gefühl, die Wikinger seien eingefallen. Da es nicht weit von Vathy (Samos) entfernt ist, lohnt sich von dort auch ein Tagesausflug hierher, um sich an den schönen Stränden und archäologischen Stätten rundum zu erfreuen. Wer aber lieber übernachten möchte, findet sicher auch eine passende Unterkunft.

Sämtliche Boote, die südlich von Samos übers Meer schippern, legen in Pythagorio an; an diesem Hafen werden auch Tagesausflüge zur kleinen Insel Samiopoula angeboten.

Orientierung

Vom Fährkai kommend rechts abbiegen und dem Ufer zur Hauptstraße Lykourgou Logotheti folgen, die links abzweigt. Hier sind die meisten Einrichtungen zu finden. Der Hauptplatz (Plateia Irinis) liegt etwas weiter entfernt am Ufer. Die Bushaltestelle befindet sich am Südende der Lykourgou Logotheti.

Praktische Informationen

Commercial Bank (Lykourgou Logotheti) Hat einen Geldautomaten.

Digital World (☎ 22730 62722; Pythagora; Internet pro Std. 4 €; ☽ 11–22.30 Uhr) Bietet Internetzugang.

Hafenpolizei (☎ 22730 61225)

National Bank of Greece (Lykourgou Logotheti)

Post (Lykourgou Logotheti)

Touristeninformation (☎ 22730 61389; deap5@ote net.gr; Lykourgou Logotheti; ☽ 8–21.30 Uhr) Das freundliche, kompetente Personal hält Informationen zu den historischen Stätten bereit. Außerdem ist es bei der Suche nach Unterkünften behilflich und wechselt Geld, und es gibt Karten und Bus- und Fährenfahrpläne.

Touristenpolizei (☎ 22730 61100; Lykourgou Logotheti) Links von der Touristeninformation.

Sehenswertes & Aktivitäten

Samos' Einwohner übernahmen während des Unabhängigkeitskrieges von 1821 die Führung in dieser Gegend; das wichtigste Relikt aus dieser turbulenten Zeit ist die **Burg von Lykourgos Logothetis** (☽ Di–So 9–19 Uhr), die 1824 von Logothetis, dem Führer der Widerstandsbewegung auf einem Hügel an der Südseite der Metamorfosis Sotiros erbaut wurde; der Parkplatz befindet sich ganz in der Nähe. Die **Stadtmauer** reicht von hier bis zum Eupalinos-Tunnel, den man in etwa 25 Minuten zu Fuß über den Pfad erreicht.

Auch das **Pythagorio-Museum** (☎ 22730 61400; Rathaus, Plateia Irinis; Eintritt frei; ☽ Di–So 8.45–14.30 Uhr) zeigt Funde aus dem Heraion, aber die besten befinden sich im Museum in Vathy (Samos).

PYTHAGORIO   0 ▭▭▭▭ 200 m

NORDOSTÄGÄISCHE INSELN

SCHLAFEN
Hotel Alexandra 9 B2
Hotel Evripili 10 C2
Pension Despina 11 C1

ESSEN
Ef Zin 12 D1
Elia 13 D2
Poseidonas 14 D1
Restaurant Remataki 15 D1

TRANSPORT
Bushaltestelle 16 A2
Fähranleger 17 D3
John's Rentals 18 B2
Olympic Air 19 A2
Taxistand 20 C2

PRAKTISCHES
Commercial Bank Geldautomat 1 B2
Digital World 2 B2
National Bank of Greece 3 A2
Post 4 C2
Touristeninformation 5 B2
Touristenpolizei 6 B2

SEHENSWERTES & AKTIVITÄTEN
Festung von Lykourgos
Logotheti 7 B3
Pythagorio-Museum 8 A1

Wer Pythagorio im Nordosten verlässt, erblickt auf einem Pfad zur Linken die Überreste eines **antiken Theaters.** Die rechte Abzweigung neben dem Theater führt zu einem Höhlenkloster, dem **Moni Panagias Spilianis** (Kloster der Jungfrau in der Grotte; ☎ 22730 61361; ☺ 9–20 Uhr) – eine willkommene Abkühlung in der Sommerhitze.

EUPALINOS-TUNNEL ΕΥΠΑΛΙΝΕΟ ΟΡΥΓΜΑ
Im Jahr 524 v. Chr., als Pythagorio (damals Samos) die Hauptstadt der Insel und eine lebhafte Metropole mit 80 000 Einwohnern war, wurde die zuverlässige Trinkwasserversorgung ein wichtiges Thema. Um das Problem zu lösen, machte sich der Herrscher Polykrates seinen diktatorischen Verstand zunutze und befahl seinen Arbeitern, anhand der exakten Planungen seines genialen Ingenieurs Eupalinos in den Berg zu graben; viele Arbeiter mussten bei diesem gefährlichen Unterfangen ihr Leben lassen. Das Ergebnis ist der 1034 m lange **Eupalinos-Tunnel** (☎ 22730 61400; Erw./Stud. 4/2 €; ☺ Di–So 8.45–14.45 Uhr), den man heute teilweise besichtigen kann. Im Mittelalter nutzten ihn die Einheimischen, um sich vor Piraten zu verstecken.

Der Eupalinos-Tunnel besteht eigentlich aus zwei Tunneln: einem Versorgungstunnel und einer tiefer gelegenen Wasserleitung, die vom Fußweg aus zu sehen ist. Auch wenn der Tunnel selbst breit genug ist, ist er nicht für alle zugänglich, da das Treppenhaus sehr niedrig und eng ist – da könnte man schon steckenbleiben.

Im Tunnel ist es ziemlich kalt: da es nicht gesund ist, sich an einem heißen Tag abrupt sehr niedrigen Temperaturen auszusetzen, sollte man warten, bevor der Schweiß getrocknet ist, ehe man eintritt, und vielleicht sogar ein Hemd zum Wechseln für drinnen einpacken.

Wer zu Fuß kommt, erreicht den Tunnel über die Lykourgou Logotheti. Motorisierte Besucher können aus Richtung Vathy (Samos) in Pythagorio einem Schild zum Südeingang des Tunnels folgen.

TAUCHEN
Wer genug vom Schwimmen oder Sonnenbaden hat, kann sich mit **Aegean Scuba** (☎/Fax 22730 61194; www.aegeanscuba.gr; Hafen Pythagorio; ☺ ganzjährig) auch am Scubatauchen versuchen. Professionelle Lehrer leiten Tauchgruppen auf der Suche nach Muränen, Seesternen, Tintenfischen, Hummern und anderen Kreaturen an, die sich in den von Schwämmen bedeckten Spalten rund um Pythagorio im Meer tummeln. Schnorcheln (25 €) kann man auch.

Ein Tauchgang mit kompletter Ausrüstung kostet 60 €, zwei Tauchgänge an einem Tag 85 €. Wer mehrere Tage taucht und vorab bezahlt, erhält einen Rabatt. Aegean Scuba bietet außerdem verschiedene Anfängerkurse mit unterschiedlichem Schwierigkeitsgrad, einen Scuba-Auffrischungskurs bei eingerosteten Tauchkenntnissen, einen Erste-Hilfe-Kurs und Tauchrettungskurse an.

Schlafen
Hotel Alexandra (☎ 22730 61429; Metamorfosis Sotiros 22; DZ 35 €) Es hat zwar nur acht Zimmer, aber die sind sehr hübsch und mit Blick aufs Meer. Einen schönen Garten gibt's außerdem.

Pension Despina (☎ 22730 61677; pansionde spina@yahoo.gr; A Nikolaou; EZ/DZ 35/50 €) Die saubere, ruhige Pension an der Plateia Irinis bietet einfache Wohnstudios und Zimmer mit Balkon (einige auch mit Küchenzeile) sowie einen erholsamen Garten.

Hotel Evripili (☎ 22730 61096; Konstantinou Kanari; EZ/DZ 50/70 €) Dieses freundliche, moderne Hotel hat gut ausgestattete, gemütliche Zimmer in Hafennähe, einige mit Balkon.

Essen & Ausgehen
Poseidonas (☎ 22730 62530; Hauptgerichte 6–12 €) Neben dem Restaurant Remtaki gelegen, ist das Poseidonas auf Meeresfrüchte mit internationalem Touch spezialisiert.

Restaurant Remataki (☎ 22730 61104; mezedhes 4–6 €, Hauptgerichte 7–10 €) In der Nähe des Elia bietet dieses Restaurant einen netten Hafenbalkon und ein paar wirklich leckerleichte Gerichte: der Salat mit Rucolablättern, das kretische *dakos* (Tomaten und Käse auf in Öl getränktem Zwieback) und die *dolmadhes* (in Weinblätter gewickelter Reis) sind alle höchst empfehlenswert.

Elia (☎ 22730 61436; Hauptgerichte 7–12 €) Elia bekommt von Einheimischen stets Bestnoten für seine niveauvolle griechische und internationale Küche, aber es ist ziemlich teuer. Ganz am Ende des Hafens.

Ef Zin (☎ 22730 62528; ☺ ab 10 Uhr) Auch neben dem Remataki; diese Café-Bar bietet

NORDOSTÄGÄISCHE INSELN

von einer Terrasse aus einen netten Blick auf den Hafen und hat eine beeindruckende Weinkarte.

RUND UM PYTHAGORIO

Das Heraion Το Ηραίον

Wenn man sich die verstreuten Ruinen des **Heraion** (☎ 22730 95277; Erw./Stud. 4/3 €; ☺ Di–So 8.30–15 Uhr) anschaut, fällt es schwer, sich die einstige Pracht dieses antiken Heiligtums der Hera vorzustellen, das 8 km westlich von Pythagorio liegt. Der „Heilige Weg", einst von Tausenden von Marmorstatuen gesäumt, führte von der Stadt zu dieser Weltkulturerbestätte, die am legendären Geburtsort der Göttin errichtet wurde. Es ist jedoch immerhin so viel erhalten geblieben, dass man einen kleinen Einblick in den Alltag dieses göttlichen Heiligtums erhält, das viermal größer war als der Parthenon.

Im 6. Jh. v. Chr. auf Marschland an der Stelle erbaut, an der der Imbrasos ins Meer mündet, wurde das Heraion über einem früheren mykenischen Tempel errichtet. Seit der Antike fiel es immer wieder Plünderungen und Erdbeben zum Opfer, und heute steht nur noch eine einzige Säule, aber das Fundament ist größtenteils erhalten geblieben. Die kopflosen Statuen einer Familie, die Geneleos-Gruppe, haben etwas zutiefst Beunruhigendes an sich; zu ihnen gehörte auch die gigantische *kouros*-Statue, die ins Museum nach Vathy (Samos) umgesiedelt wurde (s. S. 691). Zu den weiteren Überresten zählen eine Stoa, mehrere Tempel und eine christliche Basilika aus dem 5. Jh. Auf der gesamten Anlage verweisen tiefe Gräben darauf, dass Archäologen noch immer nach vergrabenen Schätzen suchen.

Mytilini Μυτιληνιοί

Skelette prähistorischer Tiere – darunter Vorgänger von Giraffen und Elefanten – sind im **Paläontologischen Museum** (☎ 22730 52055; Eintritt 3 €; ☺ 10–14 Uhr) im Dörfchen Mytilini, nordwestlich von Pythagorio, ausgestellt. Menschliche Überreste liegen im **Kloster Agia Triada** (☎ 22730 51339; ☺ Mo–So 8–13 Uhr), das neben einem Beinhaus aber auch eine hübsche ländliche Lage bietet.

Strände

Der **Glykoriza-Strand** nahe Pythagorio ist ein sauberer Kies- und Sandstrand mit ein paar Hotels. Der sandige **Psili-Ammos-Strand,** 11 km östlich, ist aber viel besser. Die wunderschöne Bucht gegenüber der Türkei ist von schattigen Bäumen umgeben, und das flache Wasser eignet sich prima für die Kleinen. Es gibt ein paar Tavernen und Zimmer, die besten findet man in den **Psili Ammos Apartments** (☎ 22730 80481; EZ/DZ 38/65 €) oberhalb des Westrands des Strands. Diese familienfreundlichen Selbstversorger-Apartments mit Balkon und Meerblick haben Kinderbettchen und separate Kinderzimmer.

Von Vathy (Samos) fahren Busse nach Psili Ammos; von Pythagorio verkehren Ausflugsboote (15 €). Wer selbst fährt, gelangt über die Nordstraße von Pythagorio nach Vathy hierher; an der ausgeschilderten Abzweigung den Schildern Richtung Osten nach Psili Ammos folgen. 1 km vor der Abzweigung liegt links ein ungewöhnlicher Teich, der im Frühling von fröhlichen rosafarbenen Flamingos mit Leben erfüllt wird.

SÜDWESTLICHES SAMOS

Von Pythagorio nach Drakei Πυθαγόριο προς Δρακαίους

Die Fahrt von Pythagorio nach Westen führt durch eine spektakuläre Gebirgslandschaft mit atemberaubenden Ausblicken auf die Südküste. Entlang der Strecke sind außerdem zahlreiche kleine Hütten ausgeschildert, in denen Imker den sensationellen, spottbilligen Samos-Honig verkaufen – wer hier einmal probiert, fährt sicher nicht ohne ein eigenes Glas nach Hause.

Samos' Südwestküste ist weniger touristisch als der Norden, aber die besten Strände ziehen allmählich die unvermeidlichen Resorts an; der Tourismus ist aber nach wie vor sehr zurückhaltend, und es gibt noch immer genügend abgeschiedene Ecken.

Die Route von Pythagorio zum Kiesstrand von **Ormos Marathokampou** führt über die Hügel und durch die unentdeckten Dörfer **Koumaradei** und **Pyrgos**. Vom Strand sind es 6 km Fahrt landeinwärts nach **Marathokampos,** wo sich ein Panorama-Blick über die riesige **Ormos Marathokampou** (Bucht von Marathokampos) bietet. Weitere 4 km westlich der Ormos Marathokampou liegt **Votsalakia** (oft auch Kambos genannt) mit seinem langen Sandstrand. Noch schöner ist der noch mal 2 km weiter gelegene (andere) **Psili-Ammos-Strand.** Es stehen mehrere *domatia* zur Auswahl, und in den Strandtavernen wird frischer Fisch zubereitet.

Hinter Psili Ammos führt die zerklüftete Weststrecke rund um den **Berg Kerkis.** Hier ist die Küste bis zu den Dörfern **Kallithea** und **Drakei,** wo die Straße abrupt endet, unbebaut und herrlich ruhig.

NÖRDLICHES SAMOS
Von Vathy nach Karlovasi Βαθύ προς Καρλόβασι

Von Vathy (Samos) führt die Küstenstraße in Richtung Westen an zahlreichen Stränden und Urlaubsorten vorbei. Der erste, **Kokkari** (10 km), war einst ein Fischerdorf, hat sich mittlerweile aber in ein wahres Ferienparadies verwandelt. Im Sommer kann man bei gutem Wind an seinem langen Kiesstrand wunderbar surfen. Zimmer und Tavernen sind ausreichend vorhanden. Die nahe gelegenen, beliebten Strände von **Avlakia, Lemonaki** und **Tsamadou** sind für alle in Kokkari wohnenden Besucher ohne fahrbaren Untersatz am besten zu erreichen; die letzten beiden sind auch FKK-Strände.

Weiter westlich wird die Szenerie waldiger und hügeliger. Wer nach 5 km links abbiegt, erreicht das hübsche Bergdorf **Vourliotes.** Von hier führt eine 3 km lange Wanderung zum **Moni Panagias Vrondianis,** Samos' ältestem erhaltenen Kloster, das in den 1550ern erbaut wurde. Vourliotes' bunte Häuschen mit ihren hübschen Fensterläden drängen sich um die *plateia.* Von Kokkari gibt es auch einen Wanderweg hierher.

Wieder auf der Küstenstraße, geht's Richtung Westen bis zur ausgeschilderten Abfahrt zu einem weiteren zauberhaften Dörfchen. Das herrlich duftende **Manolates** befindet sich 5 km entfernt am unteren Hang des Berges Ampelos (1140 m; auch als „Balkon von Samos" bekannt). Inmitten dichter Pinien- und Laubwälder sind hier einige wirklich wunderschöne traditionelle Häuser zu sehen. Manolates ist beinahe rundum von Bergen umgeben und stellt eine kühle Alternative zur glühend heißen Küste dar. Vom oberen Teil des Dorfes bietet sich ein beeindruckender Ausblick.

Die meist älteren Einwohner von Vourliotes und Manolates wissen ganz genau um die Touristen-Euros, und so werden in den Läden unzählige handgemachte Keramiken, Ikonen und Naturprodukte verkauft. Zugegeben: Man kann hier wirklich schöne Sachen finden, darunter den Becher des Pythagoras (s. Kasten unten), und das Tavernenessen ist frisch und gut zubereitet. Trotz der offensichtlichen touristischen Beliebtheit dieser Dörfer sind sie einen Besuch wert, wenn man einen Blick auf das alte Samos erhaschen möchte.

Wieder an der Küste, führt die Straße Richtung Westen weiter durch **Agios Konstantinos,** ein hübsches, mit Blumen überfülltes Dorf vor **Karlovasi,** Samos' drittem Hafen. Dieser alltägliche Ort ist nur wegen seiner Fährverbindungen interessant. Nur 2 km entfernt liegt allerdings der Sand- und Kiesstrand von **Potami,** an dem man wunderbar schwimmen kann und der eine Strandbar mit Rastafari-Ambiente bietet. Die im nahen Wald gelegenen **Wasserfälle** runden das Bild ab; 50 m vom Strand nach Westen gehen, dann sind sie links ausgeschildert. Zunächst trifft man auf eine kleine, mehrere Hundert Jahre alte **Kapelle,**

IMMER RICHTIG MESSEN

Auch wenn die Besessenheit, das „perfekte Pint" einzuschenken, ein Phänomen unserer modernen Zeit zu sein scheint, waren auch die alten Griechen bereits sehr darauf fixiert, ihren Alkohol korrekt abzumessen. Pythagoras, Samos' großer Mathematiker (und angeblich ein Trinker), erdachte eine geniale Erfindung, dank der es den äußerst angeheiterten Gästen auf Partys und in Kneipen nicht mehr möglich war, ihren Gastgeber bzw. ihren Wirt zu betrügen. Seine Erfindung erhielt den Namen *dikiakoupa tou Pythagora* (Gerechter Becher des Pythagoras). Dieses mysteriöse Trinkgefäß mit mehreren Löchern ist absolut dicht, es sei denn, es wird bis über die eingeritzte Linie gefüllt – dann entleert sich der Becher durch den Boden komplett und bestraft so den hinterhältigen Trinker für seine Maßlosigkeit.

Heute werden in den Souvenirläden auf Samos genaue Nachbildungen des *dikiakoupa tou Pythagora* aus buntem glasierten Ton verkauft – greifbare Erinnerungen an die apollonische Weisheit (Apollons Maxime aus der griechischen Antike): „Alles in Maßen."

in der fromme Grieche Kerzen anzünden. Weiter auf dem Waldweg am Fluss entlang, erreicht man nach 10 bis 15 Minuten einen tiefen Flusskanal in einer bewaldeten Schlucht, die man – zusammen mit den örtlichen Aalen – je nach Wasserstand durchwaten oder durchschwimmen muss, bevor man unter dem 2 m hohen Wasserfall ein erfrischendes Bad genießen kann.

Schlafen

In Kokkari hilft der **EOT** (Griechischer Tourismusverband; ☎ 22730 92217) bei der Suche nach einer Unterkunft. Er liegt 100 m hinter der großen Kirche an der Bushaltestelle neben dem Gebäude der OTE (nationale Telefongesellschaft).

Studio Angela (☎ 22730 94478, 21050 59708; Manolates; DZ 25 €; ✖) Diese fünf Wohnstudios stehen an einem Hang mit Blick aufs Meer und bieten moderne Zimmer mit Küchenzeile.

Traditional Greek House (☎ 22730 94331; Manolates; Wohnstudio 35 €; ✖) Besser vorher anrufen, denn in diesem großen alten Haus in Manolates hinter der Despina Taverna gibt es nur ein Wohnstudio. Das Zimmer ist ruhig, romantisch und geschmackvoll möbliert.

Kokkari Beach Hotel (☎ 22730 92238; Kokkari; DZ inkl. Frühstück 75 €; ✖ 🖳) Dieses klassische Etablissement, 1 km westlich der Bushaltestelle, liegt abseits der Straße in einem hübschen gelben Gebäude und bietet moderne, gemütlich eingerichtete Zimmer. Gegenüber ist ein Café.

Essen & Ausgehen

VOURLIOTES

Galazio Pigadi (☎ 22730 93480; Vourliotes; Hauptgerichte 5–7 €; ⏱ 9–23 Uhr) Gleich hinter der *plateia* von Vourliotes bietet dieses stimmungsvolle Restaurant eine Auswahl traditioneller griechischer *mezedhes* wie *revythokeftedhes* (Kichererbsen-Bratlinge) und *bourekakia* (knusprige Filoteig-Taschen mit Käsefüllung) an. Unbedingt probieren: *kokkoras krasatos* (Hühnchen in Wein) ist die Spezialität des Hauses.

Pera Vrisi (☎ 22730 24181; Vourliotes; Hauptgerichte 5–8 €; ⏱ 10–24 Uhr) Dieses Taverne im traditionellen Samos-Stil liegt neben der Quelle am Ortseingang von Vourliotes und bietet außergewöhnliche Dorfküche und hauseigenen Wein vom Fass an.

MANOLATES

Pigi (☎ 6974984364; Manolates; Hauptgerichte 4–7 €) Gegenüber vom Parkplatz bietet dieses Lokal unter freiem Himmel einen großartigen Blick aufs Meer und authentisches Dekor; die *pitakia* (knusprige Teigtaschen mit Käse und Kürbis) unbedingt versuchen. Sämtliche Gerichte sind hausgemacht und die Zutaten stammen direkt aus dem Gemüsebeet des Besitzers.

Loukas Taverna (☎ 22730 94541; Manolates; Hauptgerichte 4–8 €) Diese gut ausgeschilderte Taverne, die sich am oberen Ende von Manolates befindet, bietet vom Balkon eine traumhafte Aussicht auf Berge und Meer; die Karte reicht von gebratenen Zucchini-Blüten und herzhaften Fleischgerichten bis zu lokalen Muskatweinen und hausgemachten Kuchen und ist den Spaziergang auf jeden Fall wert.

Kallisti Taverna (☎ 22730 94661; Manolates; Hauptgerichte 5–7 €) Diese wunderbare Taverne direkt am Platz bietet diverse ausgezeichnete Gerichte wie *kleftiko* (Lamm mit Gemüse) sowie Desserts, etwa den köstlichen Orangenkuchen.

Despina Taverna (☎ 22730 94043; Manolates; Hauptgerichte 5–9 €) Despina Taverna ist ein recht kleines Lokal und liegt auf halber Höhe des Hügels in Manolates und serviert *mayirefta* und Grillgerichte.

POTAMI-STRAND

Hippies Beach Bar (☎ 22730 33796; Potami-Strand; ⏱ 9–21 Uhr) Diese angemessen exotische offene Café-Bar am Potami-Strand verbindet griechisches und Südsee-Dekor mit unaufdringlichem Stil.

CHIOS ΧΙΟΣ

53 820 Ew. / Fläche 859 km²

Das sympathische Chios ist eine der größeren griechischen Inseln und für die Nationalgeschichte als einstiges Zuhause der Schifffahrts-Dynastien von großer Bedeutung. Seit viele Seeleute aus Chios ihr Glück im Ausland suchen, ist das Diaspora-Dasein der Insel noch offenkundiger als auf den meisten anderen griechischen Inseln im Sommer. Doch Chios fasziniert alle Besucher, auch jene, die hier nicht ihre Wurzeln haben. Seine vielseitige Landschaft reicht von einsamen Bergschluchten im

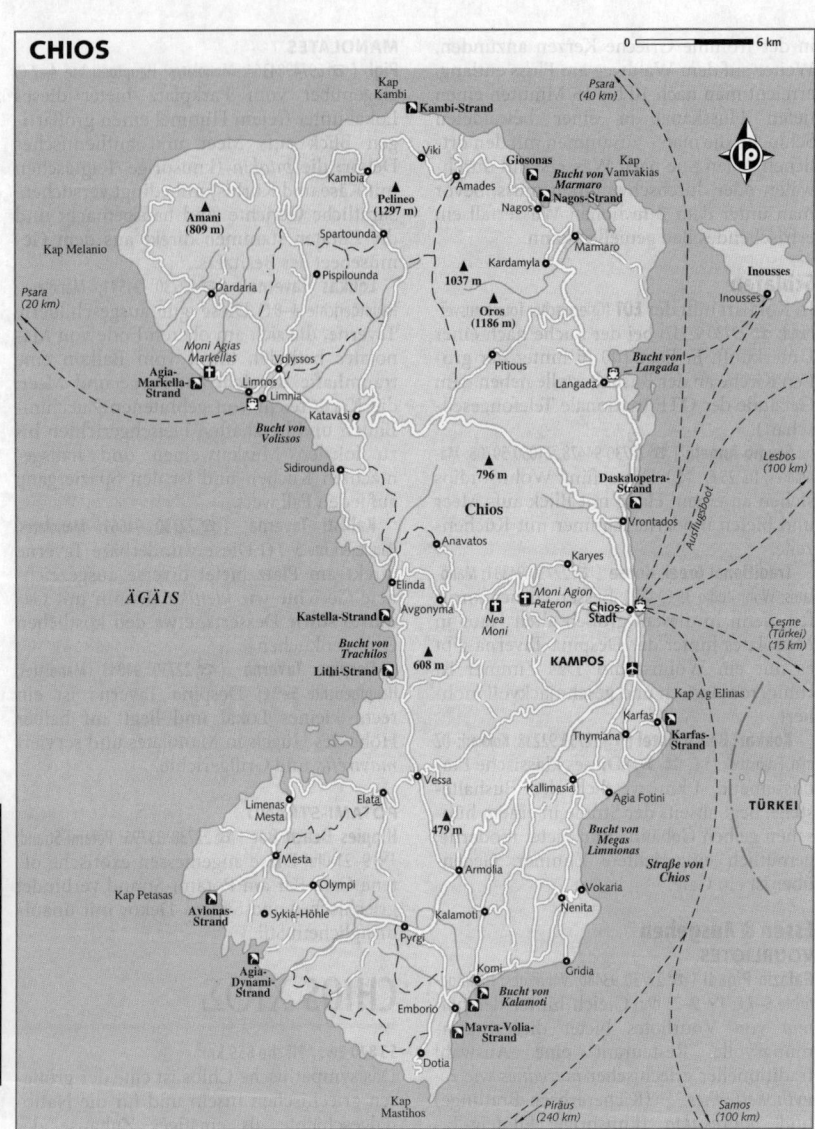

CHIOS

0 — 6 km

Kap Kambi

Kambi-Strand

Psara (40 km)

Viki

Kambia

Giosonas

Kap Vamvakias

Amades

Bucht von Marmaro

Pelineo (1297 m)

Nagos

Nagos-Strand

▲ Amani (809 m)

Spartounda

Kardamyla

Marmaro

Kap Melanio

Pispilounda

▲ 1037 m

Inousses

Psara (20 km)

Dardaria

Inousses

▲ Oros (1186 m)

Moni Agias Markellas

Volyssos

Pitious

Bucht von Langada

Agia-Markella-Strand

Limnos

Limnia

Langada

Lesbos (100 km)

Katavasi

Bucht von Volissos

Sidirounda

▲ 796 m

Daskalopetra-Strand

Chios

Vrontados

Anavatos

Karyes

ÄGÄIS

Elinda

Avgonyma

Moni Agion Pateron

Chios Stadt

Çeşme (Türkei) (15 km)

Kastella-Strand

Nea Moni

Bucht von Trachilos

▲ 608 m

KAMPOS

Lithi-Strand

Kap Ag Elinas

Karfas

Thymiana

Karfas-Strand

Vessa

Kallimasia

Agia Fotini

TÜRKEI

Limenas Mesta

Elata

▲ 479 m

Bucht von Megas Limnionas

Mesta

Armolia

Straße von Chios

Kap Petasas

Olympi

Vokaria

Aylonas-Strand

Sykia-Höhle

Kalamoti

Nenita

Pyrgi

Komi

Gridia

Agia-Dynami-Strand

Bucht von Kalamoti

Emborio

Mavra-Volia-Strand

Dotia

Kap Mastihos

Piräus (240 km)

Samos (100 km)

Ausflugboot

Norden über die Zitrushaine von Kampos nahe der zentralen Hauptstadt der Insel bis zur fruchtbaren Mastichochoria im Süden – der einzigen Gegend der Welt, an der Mastix (eine Art Gummi) aus Mastixsträuchern gewonnen wird. Darüber hinaus werden die Küsten der Insel von ursprünglichen Traumstränden gesäumt.

Die Einwohner von Chios sind meist ausgesprochen freundlich und begegnen den Besuchern mit großer Gastfreundschaft. Da Chios weniger Touristen sieht als die bekannteren griechischen Inselparadiese, ist die Freundlichkeit der Einwohner, die sehr stolz auf ihre Geschichte, ihre Traditionen und ihre Lebensweise sind, meist aufrichtig. Für Besucher drückt sich dies in ausgezeichneten Gelegenheiten aus, die Kultur von Chios aus nächster Nähe kennenzulernen, etwa durch Kunst und Geschichte oder durch Wanderungen und diverse Öko-Aktivitäten.

Von Chios aus bestehen regelmäßig gute Bootsanbindungen an alle Ägäis-Inseln im Nordosten, und einen Flughafen gibt es auf der Insel ebenfalls. Zwischen dem Hafen von Chios-Stadt im Osten und Mesta im Südwesten verkehren regelmäßig Fähren, die auch die wunderschönen, wenig besuchten Satelliteninseln Psara und Inousses ansteuern, die Chios' Erbe als großes Seefahrtszentrum teilen. Darüber hinaus werden die türkischen Ferienorte auf der gegenüberliegenden Seite des Wassers regelmäßig angefahren.

Chios' Größe, seiner Nähe zur Türkei und seiner Bedeutung für die Schifffahrt ist es zu verdanken, dass in der Hauptstadt Chios-Stadt auch im Winter noch ein wenig Leben herrscht. Außerhalb der Hochsaison sind die „Kolonien" Psara und Inousses jedoch beinahe vollkommen leer.

Geschichte

Wie auch auf Samos und Lesbos brachte die geografische Nähe zur Türkei (die Karaburun-Halbinsel liegt nur 8 km entfernt auf der anderen Seite der Meerenge von Chios) Chios vor der Revolution im Jahr 1821 kommerziellen Erfolg, danach jedoch eine große Tragödie. Viele der großen griechischen Schifffahrts-Dynastien stammen aus Chios und seinen Kolonien Inousses und Psara. Unter den Osmanen brachte die Monopolstellung bei der Produktion von Mastix – dem Lieblingsgummi des Sultans – Chios' Einwohnern großen Reichtum und besondere Privilegien.

Während des Unabhängigkeitskrieges von 1821 bis 1829 wurden jedoch Tausende Chioten von osmanischen Truppen abgeschlachtet. Ein Jahrhundert später wurde die Megali-Idee („Große Idee") zur Befreiung anatolischer Städte mit griechischer Mehrheit durch einen Flottenangriff von Chios aus in die Tat umgesetzt – und endete in einem Desaster, als die griechische Armee aufs Meer zurückgetrieben wurde und eine Welle von Flüchtlingen aus Kleinasien Chios und seine Nachbarinseln überflutete.

An- & Weiterreise

Näheres zu Flügen und Fähren von und nach Chios gibt's unter Insel-Hopping (S. 861).

FLUGZEUG

Der Flughafen liegt 4 km von Chios-Stadt entfernt. Es gibt keinen Shuttlebus; ein Flughafentaxi aus/in die Stadt kostet 6 €. Die Reisebüros, z. B. Hatzelenis Tours (S. 701), befinden sich in Chios-Stadt.

SCHIFF/FÄHRE

Näheres zu Reisen in die Türkei gibt's im Kasten Türkei-Verbindungen (S. 688).

Tickets kann man bei Reisebüros wie Hatzelenis Tours (S. 701) gegenüber vom Hafen oder bei den Fährunternehmen wie **NEL Lines** (☎ 22710 23971; Leoforos Egeou 16) in Chios-Stadt oder **Miniotis Lines** (☎ 22710 24670; www.miniotis.gr; Neorion 23) kaufen. **Sunrise Tours** (☎ 22710 41390; Kanari 28) verkauft auch Tickets in die Türkei.

Das kleine örtliche Boot *Oinoussai III* fährt nach Inousses (einfach 4 €, 1¼ Std., tgl.). Meist verlässt es Chios am Nachmittag und Inousses am Morgen, sodass man über Nacht bleiben muss. Tickets gibt's an Bord. Sunrise Tours in Chios-Stadt bietet im Sommer zweimal wöchentlich Tagesausflüge nach Inousses (20 €) an. Täglich fahren Wassertaxis zwischen Langada und Inousses (40 €, die die Passagiere sich teilen).

Unterwegs vor Ort
AUTO & MOTORRAD

Das zuverlässige Unternehmen **Chandris Rent a Car** (☎ 22710 27194, 6944972051; info@chandrisrentacar.gr; Porfyra 5) ist die beste Agentur in Chios-Stadt und vermietet Fahrzeuge ab 30 € pro Tag. Der freundliche, erfahrene Kostas Chandris teilt sein Wissen über alles Inselrelevante gern.

BUS

Vom **Fernbusbahnhof** (☎ 22710 27507; www.ktelchios.gr; Leoforos Egeou) in Chios-Stadt fahren täglich fünf Busse nach Pyrgi (2,50 €) und Mesta (3,50 €) und vier über Langada (1,60 €) nach Kardamyla (3 €). Zweimal wöchentlich verkehren Busse nach Volissos (4,10 €). Außerdem werden Verbindungen zu den Stränden Kampia, Nagos und Lithi angeboten. Aktuelle Fahrpläne gibt's auf der Website von **KTEL-Chios** (www.ktelchios.gr).

Der Karfas-Strand wird vom blauen (städtischen) Busunternehmen angesteuert; Fahrpläne hängen am **Regionalbusbahnhof** (☎ 22710 22079) und am Fernbusbahnhof in Chios-Stadt aus.

TAXI
An der Plateia Vounakiou in Chios-Stadt ist ein **Taxistand** (☎ 22710 41111).

CHIOS-STADT
23 780 Ew.
Die Hafen- und Hauptstadt (auch nur Chios genannt) der Insel liegt in der Mitte der Ostküste und ist das Zuhause von beinahe der Hälfte der Inselbewohner. Wie viele Inselhauptstädte verfügt sie über einen langen Hafenbereich mit vielen Cafés und einem lauten Ufer-Boulevard. Dahinter liegt die interessante, ruhigere Altstadt, in der sich noch immer einige traditionelle türkische Häuser rund um eine Genueser-Burg und die Stadtmauer tummeln. Außerdem gibt's einen netten Marktplatz und den weitläufigen Stadtpark, in denen im Sommer ein Open-Air-Kino stattfindet. Der nächste ordentliche Strand liegt in Karfas, 6 km südlich.

Orientierung
Die meisten Fähren legen am Nordende des Hafens an; nördlich davon befindet sich das alte türkische Viertel Kastro. Von der Fähre geht's links am Ufer entlang bis ins Zent-

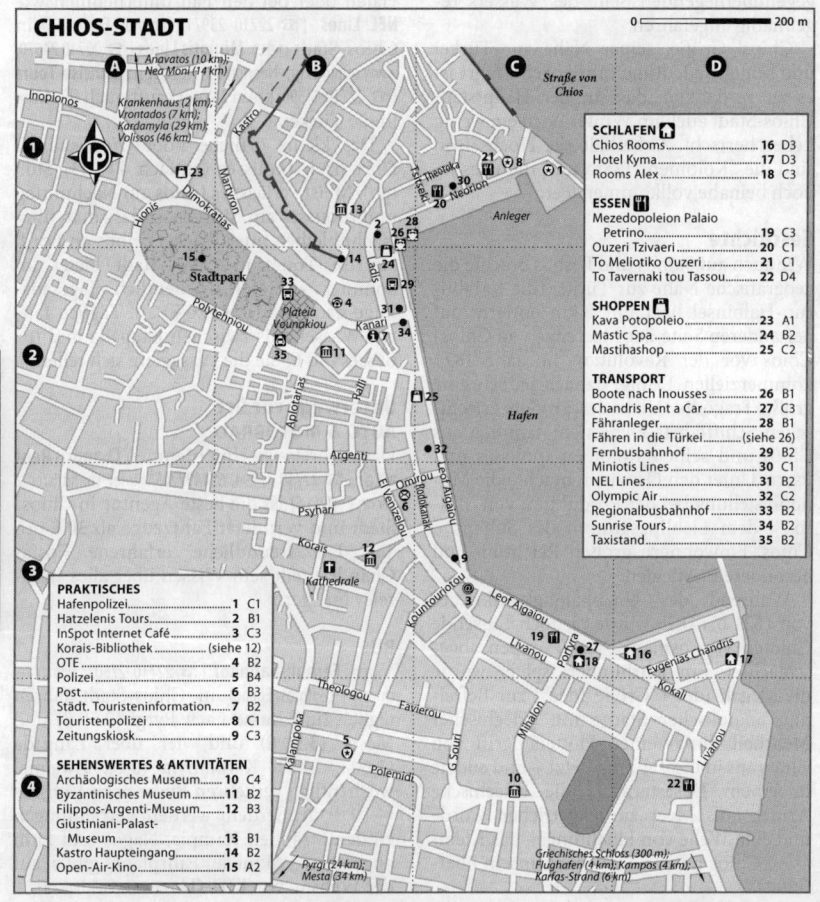

CHIOS-STADT

0 — 200 m

Straße von Chios

SCHLAFEN
Chios Rooms 16 D3
Hotel Kyma 17 D3
Rooms Alex 18 C3

ESSEN
Mezedopoleion Palaio
Petrino 19 C3
Ouzeri Tzivaeri 20 C1
To Meliotiko Ouzeri 21 C1
To Tavernaki tou Tassou 22 D4

SHOPPEN
Kava Potopoleio 23 A1
Mastic Spa 24 B2
Mastihashop 25 C2

TRANSPORT
Boote nach Inousses 26 B1
Chandris Rent a Car 27 C3
Fähranleger 28 B1
Fähren in die Türkei .... (siehe 26)
Fernbusbahnhof 29 B2
Miniotis Lines 30 C1
NEL Lines 31 B2
Olympic Air 32 C2
Regionalbusbahnhof 33 B2
Sunrise Tours 34 B2
Taxistand 35 B2

PRAKTISCHES
Hafenpolizei 1 C1
Hatzelenis Tours 2 B1
InSpot Internet Café 3 C3
Korais-Bibliothek .... (siehe 12)
OTE 4 B2
Polizei 5 B4
Post 6 B3
Städt. Touristeninformation 7 B2
Touristenpolizei 8 C1
Zeitungskiosk 9 C3

SEHENSWERTES & AKTIVITÄTEN
Archäologisches Museum 10 C4
Byzantinisches Museum 11 B2
Filippos-Argenti-Museum 12 B3
Giustiniani-Palast-
Museum 13 B1
Kastro Haupteingang 14 B2
Open-Air-Kino 15 A2

Ariavatos (10 km);
Nea Moni (14 km)

Krankenhaus (2 km);
Vrontados (7 km);
Kardamyla (29 km);
Volissos (46 km)

Inopionos

Stadtpark

Plateia Vounakiou

Hafen

Anleger

Kathedrale

Pyrgi (24 km);
Mesta (34 km)

Griechisches Schloss (300 m);
Flughafen (4 km); Kampos (4 km);
Karfas-Strand (6 km)

rum. Zur zentralen Plateia Vounakiou geht's rechts über die Kanari. Nordwestlich liegt der Stadtpark; der Fernbusbahnhof ist links. Die meisten Hotels befinden sich in Ufernähe gegenüber vom Hafen.

Praktische Informationen

BUCHLÄDEN

Zeitungskiosk (☎ 22710 43464; Ecke Leoforos Egeou & Rodokanaki) Verkauft Zeitungen und Bücher in mehreren Sprachen, auch Lonely Planet Reiseführer.

GELD

Rund um den Hafen und die *plateia* gibt's Banken mit Geldautomaten

INTERNETZUGANG

InSpot Internet Café (☎ 22710 83438; Leoforos Egeou 86; pro Std. 2,50 €; 24 Std.)

NOTFALL

Krankenhaus Chios (☎ 22710 44302; El Venizelou 7) 2 km nördlich des Stadtzentrums.

Polizei (☎ 22710 44427; Ecke Polemidi 1 & Koundouriotou)

Touristenpolizei (☎ 22710 44427; Neorion)

POST

Post (☎ 22710 44350; Omirou 2; 7.30–19 Uhr) Einen Block hinter dem Hafen.

REISEBÜROS

Hatzelenis Tours (☎ 22710 20002; mano2@otenet.gr; Leoforos Aigaiou 2) Gegenüber vom Hafen verkauft dieses zuverlässige Reisebüro Fähr- und Flugtickets, plant Ausflüge, findet Unterkünfte und bietet einen Autoverleih.

TELEFON

OTE (Dimokratias Roidou) Öffentliches Telefon.

TOURISTENINFORMATION

ENA Chios Development Corporation (☎ 22710 44830; www.chios.gr, www.enachios.gr; Agios Isodoros, Petrokokklinou, Kampos) Dieses Büro der offiziellen Tourismusbehörde der Inselverwaltung in Kampos bietet kostenlose Touren mit professionellen Führern nach Kampos, Anavatos, Olympi, zum Nea Moni und zur Burg von Chios an.

Städtische Touristeninformation (☎ 22710 44389; infochio@otenet.gr; Kanari 18; April–Okt. 7–22, Nov.– März bis 16 Uhr) Hier gibt's Infos zu Unterkünften, Autoverleih, Bus- und Bootsfahrplänen und das nützliche kostenlose Buch *Hiking Routes of Chios*.

Hafenbehörde (☎ 22710 44432; Neorion)

Thomas Karamouslis (☎ 22710 22838, 6937786213)

Der freundliche Thomas weiß alles über die Geschichte von Chios und Griechenland und vieles mehr und führt für die ENA Fördergesellschaft Chios (s. links) Tourgruppen zu bedeutenden Kulturdenkmälern. Er ist ein Mann mit makellosen Manieren und breitem Wissensschatz und erzählt die Geschichte der Insel aus einer erfrischend objektiven (und oft humorvollen) Perspektive.

Sehenswertes

Das **Filippos-Argentis-Museum** (☎ 22710 23463; Korais; Eintritt 1,50 €; Mo–Fr 8–14, Fr 17–19.30, Sa 8–12.30 Uhr) befindet sich neben der beeindruckenden **Korais-Bibliothek** und zeigt Stickereien, traditionelle Kostüme und Porträts der wohlhabenden Argentis-Familie. 1891 in Marseille geboren, widmete Argentis sein Leben der Erforschung der Geschichte Chios' und schrieb zahlreiche bedeutende Werke.

Das **Archäologische Museum** (☎ 22710 44239; Mihalon 10; Eintritt 2 €; Di–So 8.30–14.45 Uhr) zeigt Skulpturen, Keramiken und Münzen, die bis in die Jungsteinzeit zurückreichen. Das **Byzantinische Museum** (☎ 22710 26866; Plateia Vounakiou) ist in der ehemaligen Moschee Medjitie Djami untergebracht und zeigt Skulpturen aus der Zeit der Genueser Besetzung im 14. und 15. Jh.

Im Haupttor des Kastro zeigt das winzige **Giustiniani-Palast-Museum** (☎ 22710 22819; Eintritt Di–Sa 2 €, So 1 €; Di–So 9–15 Uhr) restaurierte byzantinische Wandgemälde, darunter wichtige Fresken aus dem 13. Jh.

Der **Stadtpark** eignet sich prima zum Entspannen; im Sommer werden in einem abgegrenzten **Open-Air-Kino** (Tickets 6 €) jeden Abend um 21 Uhr Hollywood-Streifen gezeigt.

Schlafen

LP Tipp **Chios Rooms** (☎ 22710 20198, 6972833841; www.chiosrooms.gr; Leoforos Egeou 110; EZ/DZ/3BZ 30/37/48 €) Das eklektische, hostelartige klassizistische Haus am Hafen ist eine stete Inspiration für seinen Besitzer, den in Neuseeland geborenen Don. Mit gebrauchten Möbeln, traditionellen Teppichen und luftigen Decken hat dieser Ort wirklich Charakter. Über die Hälfte der Zimmer hat ein eigenes Bad (die anderen haben separate Bäder). Das „Penthouse" auf dem Dach hat eine eigene Terrasse. Nach über 30 Jahren auf der Insel hat sich Don einen umfangreichen Wissensschatz über das Leben in Griechenland im Besonderen und das Leben im

Allgemeinen angeeignet, den er gerne bei einem Bierchen mit seinen Gästen teilt; der Typ hat's drauf.

Rooms Alex (☎ 22710 26054; Livanou 29; EZ/DZ 30/45 €) Dank des hellen Dachgartens, den zahlreiche Flaggen zieren, erkennt man dieses freundliche Haus ganz leicht. Wem das Innere zu dunkel erscheint, kann sich vorstellen, er befinde sich im Rumpf eines Schiffes: Der sympathische Besitzer Alex Stoupas war 21 Jahre lang als Kapitän auf dem Meer, und seine liebevoll handgearbeiteten Modellschiffe schmücken jedes der einfachen, aber sauberen Zimmer. Der *kapetanios* holt seine Gäste kostenlos von der Fähre ab und spricht Englisch, Französisch und Spanisch. Im Sommer vorab buchen.

Hotel Kyma (☎ 22710 44500; kyma@chi.forthnet.gr; Evgenias Handri 1; EZ/DZ/3BZ inkl. Frühstück 71/90/112 €; 🅿 🛜) Dieses hundert Jahre alte umgebaute Herrenhaus beeindruckt schon, wenn man das erste Mal auf die zentrale Marmortreppe (aus dem Jahr 1917) blickt. Auch die Zimmer im alten Flügel halten, was die Halle verspricht, und bieten stattliches Dekor, wallende Vorhänge und Balkone mit Meerblick und roten Marmorwänden (nach Zimmer 29 fragen). Was das Kyma jedoch erst zu einem wirklich außergewöhnlichen historischen Hotel macht, ist sein Service: Besitzer Theodoros Spordilis möchte, dass sich seine Gäste in Chios verlieben, und er löst Probleme in englischer, italienischer und deutscher Sprache. Übernachtungen in Kymas Schwesterhotel in Kardamyla können von hier aus arrangiert werden.

Essen

Ouzeri Tzivaeri (☎ 22710 43559; Neoreion 13; *mezedhes* 3–8 €) In diesem freundlichen Lokal am Hafen ist das Essen so herzhaft, dass es locker den einen oder anderen Ouzo aufsaugt (im Tzivaeri werden zehn verschiedene Sorten ausgeschenkt). Man braucht möglicherweise einen gusseisernen Magen, um die in Öl getränkten sonnengetrockneten Tomaten, gegrillten Kabeljau-Streifen und traditionellen Chios-Würste zu vertragen – andererseits machen eben diese ja eine gute *ouzerie* aus.

Mezedopoleion Palaio Petrino (☎ 22710 29797; Leoforos Egeou; *mezedhes* 4–7 €) Dieses schön dekorierte, freundliche Lokal bietet großartige *mezedhes* wie *tyrokafteri* (scharfer Käse-Dip) und *ktapodi krasato* (Tintenfisch in Weinsoße).

To Meliotiko Ouzeri (☎ 22710 40407; Neoreion; Hauptgerichte 4–7 €) Dank der herzhaften Gerichte, die im Meliotiko am Hafen serviert werden, bekommt man auf langen Fahrten mit der Fähre keinen Hunger.

To Tavernaki tou Tassou (☎ 22710 27542; Livanou 8; Hauptgerichte 6–8 €) Dieses familienfreundliche Restaurant in Meeresnähe bietet standardmäßige Tavernengerichte, Chios' ganz eigene Kambos-Limonade und ein angeschlossenes Kinderland, das die ungeduldigen kleinen Gäste während des Abendessens bei Laune hält.

Shoppen

Mastihashop (☎ 22710 81600; Leoforos Egeou 36) Hier gibt's Produkte auf Mastixbasis wie Lotionen, Zahncreme, Seifen und Gewürze.

Mastic Spa (☎ 22710 28643; Leoforos Egeou 12) Verkauft Kosmetika auf Mastixbasis.

Kava Potopoleio (☎ 22710 23190; Inopionos 4) In diesem Laden unterhalb des Stadtparks findet man edle Weine und unzählige europäische Biersorten.

ZENTRAL-CHIOS

Nördlich von Chios-Stadt befindet sich in **Vrontados** Homers legendärer Felsen, der **Daskalopetra**. Gleich südlich von Chios-Stadt liegt **Kampos**, eine grüne Gegend mit Zitrusbäumen, in der wohlhabende Genueser und griechische Kaufmannsfamilien ab dem 14. Jh. ihre Sommer verbrachten. Hier stehen teils renovierte, teils verfallene ummauerte Herrenhäuser und aufwendige Gärten – im Frühling, wenn die Blumen blühen, sind sie besonders schön. Da es ziemlich weitläufig ist, erkundet man Kampos am besten mit dem Fahrrad, Moped oder Auto.

Citrus Memories (☎ 22710 31513; www.citrus-chios.gr; Argenti 9-11, Chios-Stadt) ist ein Museum mit Laden, das im Jahr 2008 gegründet wurde. Es macht sich zur Aufgabe, die mehrere Jahrhunderte alte Geschichte der Zitrusfrüchte-Produktion in Kampos wiederaufleben zu lassen und bietet u. a. geführte Touren und Verkostungen der vor Ort zubereiteten Desserts aus Zitrusfrüchten an, z.B. mit Marzipan, Zitrone oder Vanille. Die charmante Unterkunft des Museums befindet sich auf einem Anwesen aus dem Jahr 1742. Weitere würdevolle Herrenhäuser in

Kampos werden momentan in schöne Pensionen umgewandelt.

Der nahe gelegene Urlaubsort **Karfas** (6 km südlich von Chios-Stadt) bietet Unterkünfte und Restaurants, kann aber recht hektisch werden.

Im Herzen der Inseln liegt **Nea Moni** (Erw./ Stud. 2 €/frei; ☺ 8–13 & 16–20 Uhr), ein byzantinisches Kloster aus dem 11. Jh. und eine Weltkulturerbestätte. Nea Moni wurde erbaut, um daran zu erinnern, dass drei Schäfern hier einst auf wundersame Weise die Jungfrau Maria erschien. Früher war Nea Moni eines der reichsten Klöster Griechenlands und zog dadurch herausragende byzantinische Künstler an, die die Mosaike im *katholikon* (Hauptkirche der Klosteranlage) schufen.

Das Kloster erlebte ein Desaster, als die Türken es während des Griechischen Unabhängigkeitskrieges in Brand steckten und die Mönche massakrierten. Im Beinhaus der kleinen Kapelle sind – ziemlich makaber – Mönchsschädel aufgereiht. Eine weitere Katastrophe ereignete sich in Form eines Erdbebens im Jahr 1881, das die Kuppel des *katholikon* zerstörte und die Mosaiken beschädigte. Trotzdem gehören sie noch immer zu den großartigsten Beispielen byzantinischer Kunst in Griechenland. Nea Moni ist heute ein Nonnenkloster.

10 km weiter nordwestlich befindet sich am Ende einer ruhigen Straße ein weiterer geschichtsträchtiger Ort: **Anavatos** ist voller verlassener Häuser aus grauem Stein, die auf einer hervorstehenden Klippe erbaut wurden, von der sich die Dorfbewohner 1822 stürzten, weil sie fürchteten, während eines Vergeltungsschlags der Türken in deren Hände zu fallen. Die schmalen Stufen, die zwischen den Häusern zum Gipfel führen, können ziemlich gefährlich sein, und die Straße ist häufig geschlossen.

Etwas fröhlicher ist das benachbarte Dörfchen **Avgonyma,** das sich durch seine mittelalterliche Stein-Architektur auszeichnet und sich derzeit einer Wiederbelebung erfreut, sodass verschiedene Unterkünfte zur Wahl stehen.

Die Strände an der zentralen Westküste gehören zwar nicht zu den spektakulärsten auf Chios, sind aber schön ruhig und eignen sich bestens für alle, die ein bisschen Einsamkeit suchen. Der **Lithi-Strand** ist der südlichste und beliebteste.

Schlafen

Perleas Mansion (☎ 22710 32217; www.perleas.gr; Vitiadou, Kampos; EZ/DZ/3BZ inkl. Frühstück 90/120/150 €; P ☒) Eine der besten renovierten Herrenhaus-Pensionen in Kampos bietet sieben gut ausgestattete Apartments. Dieses entspannte Anwesen wurde 1640 erbaut und ist ein Paradebeispiel der grandiosen Genueser Architektur. Im Restaurant werden traditionelle griechische Gerichte serviert, die aus Bio-Produkten aus eigenem Anbau zubereitet werden.

Spitakia (☎ 22710 81200; www.spitakia.com; Dorf Avgonyma; Zi. ab 90 €; P ☒) Diese Ansammlung aus Wohnstudios und Hütten, die sich auf fünf Standorte in einem wunderschönen Dorf aus mittelalterlichen Steinhäusern verteilen und von Oliven- und Pinienwäldern umgeben sind, bietet ein fantastisches Ambiente. Obwohl traditionell, haben alle Zimmer eine Küchenzeile und moderne Annehmlichkeiten wie Klimaanlage, TV und Zentralheizung (im Winter); einige bieten einen sensationellen Blick aufs Meer.

NORD-CHIOS

Der einsame Norden, einst die Heimat der großen Schiffahrts-Dynastien, bietet schroffe Berggipfel (Pelineo, Oros und Amani), verlassene Dörfer und karge Hügel. Die Fahrt von Chios-Stadt nach Norden entlang der Ostküste ist eine erstaunliche Reise durch bizarre, mit Felsbrocken übersäte Berge, die aussehen wie von einem anderen Planeten.

Hinter den kleinen Küstenorten **Vrontados** und **Langada** liegen die Hauptdörfer **Kardamyla** und **Marmaro**, die ursprüngliche Heimat vieler wohlhabender Reederfamilien – worauf man angesichts der bescheidenen Architektur nie kommen würde. Die Straßen sind so schmal, dass an die Mauern einiger Gebäude Linien aufgemalt sind, damit die Busse nicht dagegenfahren. Marmaro verfügt über einen erdigen Sandstrand, aber im 5 km entfernten Fischerdorf **Nagos** und in **Giosonas,** 1 km dahinter, gibt's ein paar hübschere Kiesstrände. An den Stränden ist das Wasser sehr klar, und es gibt ein paar Tavernen, aber nur wenig Schatten.

Hinter Nagos führt die Küstenstraße Richtung Nordwesten bergauf in abgeschiedenes Terrain und rund um den schroffen Berg Pelineo (1297 m). Vor **Kambia** liegen, hoch oben auf einem Berggrat mit Blick auf die kargen Hügel und das Meer, die beiden winzigen Dörfer **Amades** und **Viki.** Hier kann man entweder auf der zentralen Straße Richtung Süden durch die Berge fahren oder weiter an der Küste entlang.

Die letztere Route führt auf einer unwegsamen Straße durch wilde, leere Hügel zum **Agia-Markella-Kiesstrand** und dem **Kloster** darüber, das ebenfalls nach Agia Markella benannt ist, der Schutzheiligen der Insel. 3 km weiter südöstlich liegt **Volissos,** Homers legendärer Geburtsort, mit der beeindruckenden Genueser Festung. Volissos' Hafen **Limnia** ist nichts Besonderes, bietet aber eine Taverne. Von Volissos führt die Küstenstraße Richtung Süden bis nach Elinda und dann wieder zurück nach Chios-Stadt im Osten.

Schlafen

Hotel Kardamyla (☎ 22720 23353; kyma@chi.forthnet. gr; Marmaro; EZ/DZ/3BZ 91/114/140 €; P 🅿) Auch wenn die Architektur aus den 1970ern etwas veraltet ist, sind die Zimmer in diesem ruhigen Strandhotel in Marmaro sauber und ordentlich. Viele kommen dank der warmen Gastfreundschaft der griechisch-türkischen Familie Spordilis, die ihre Gäste gerne zu einem Mittagessen auf der Terrasse einlädt, immer wieder hierher. Dies ist das Schwester-Hotel des Hotel Kyma (S. 702) in Chios-Stadt, für das auch Übernachtungen arrangiert werden können.

SÜD-CHIOS

Der einzigartige Süden ist vielleicht die schönste Gegend auf der ganzen Insel. Hier, und nirgendwo sonst, wachsen überall auf dem fruchtbaren, rötlichen Land, das als Mastichochoria (Mastix-Dörfer) bekannt ist, die Gummi produzierenden Mastixsträucher. Diese hügelige Landschaft, deren Oliven- und Mastixhaine kreuz und quer mit kunstvollen Steinmauern durchzogen sind, ist unglaublich stimmungsvoll.

Die Mastix-Vorliebe der osmanischen Herrscher machte die Mastichochoria jahrhundertelang zu einer wohlhabenden Gegend. In den Dörfern Pyrgi und Mesta sind noch heute einige architektonische Wunder erhalten. Ersteres lockt außerdem mit hübschen Häusern, während Letzteres eine autofreie, ummauerte Festung ist, die im 14. Jh. von den Genuesern erbaut wurde.

Zu den weiteren einzigartigen Attraktionen in Süd-Chios zählen byzantinische Kirchen, die atemberaubende Höhle von Sykia mit ihren Stalaktiten und Stalagmiten sowie zahlreiche Strände. Der Hafen Limenas Mesta bietet Meeresfrüchte-Tavernen und ist auch ein praktischer Ausgangspunkt für die Fähre nach Psara (für Fährinformationen, s. S. 861).

Pyrgi Πυργί
1040 Ew.
In Pyrgi, dem größten Mastichochoria-Dorf 24 km südwestlich von Chios-Stadt, steht traditionelle Architektur einer moderneren gegenüber. Seine gewölbten, engen Straßen ziehen an Gebäuden vorbei, deren Fassaden mit interessanten grauweißen Mustern verziert sind, die von geometrischen Mustern bis zu Blumen, Blättern und Tieren reichen. Bei der hier angewandten Technik, die *xysta* genannt wird, muss man die Wände mit einer Mischung aus Zement und schwarzem Vulkansand bedecken, sie mit Weißkalk überstreichen und dann mit einem gebogenen Zinken die Motivteile wieder abkratzen, sodass das matte Grau darunter zum Vorschein kommt.

Pyrgis zentraler Platz ist von Tavernen, Läden und der kleinen **Kirche Agios Apostolos** (🕙 Di–Do & Sa 10–13 Uhr) aus dem 12. Jh. umgeben. Die Fresken in der Kirche stammen aus dem 17. Jh. und sind gut erhalten. Auf der anderen Seite des Platzes zeigt die Fassade der größeren Kirche das beeindruckendste *xysta*-Design in ganz Pyrgi.

An der Hauptstraße östlich des Platzes sollte man sich das Haus anschauen, an dem eine Tafel an der Wand an einen ehemaligen Bewohner erinnert – Christoph Kolumbus.

Auch wenn es auf jeden Fall einen Besuch wert ist, reicht ein Tagesausflug nach Pyrgi; wer übernachten will, findet aber ein paar ausgeschilderte *domatia*, und **Giannaki Rooms** (☎ 22710 25888, 69459 59889; DZ/4BZ 40/70 €; 🅿) bietet Standardzimmer und ein Haus für bis zu acht Personen (100 €).

Emborio Εμπορειός
6 km südöstlich von Pyrgi, war Emborio damals, als die Mastixproduzenten noch richtige "global Player" waren, der Hafen der Mastichochoria. Heute geht's hier viel ruhiger zu, aber Emborio bietet immerhin

den **Mavra-Volia-Strand,** der seinen Namen von seinen schwarzen Vulkankieseln hat. Es gibt ein paar *domatia* und zum Essen das schattige, stimmungsvolle **Porto Emborios** (☎ 22710 70025; Hauptgerichte 5–9 €), in dem Fischernetze, Chilis und Knoblauch von der Decke hängen.

Mesta Μεστά

Mesta ist ein unvergessliches Dorf und eines der ungewöhnlichsten in ganz Griechenland. Hier sind die hübschen Steingassen mit Blumen und wunderschönen Balkonen geschmückt und rundum von einer dicken Verteidigungsmauer umgeben – das Werk von Chios' ehemaligem Genueser Herrscher, der diese Stadtfestung im 14. Jh. erbaute, um Piraten und Möchtegern-Invasoren abzuhalten.

Mesta ist ein geniales Beispiel mittelalterlicher Verteidigungsarchitektur und verfügt über eine doppelte Stadtmauer, vier Tore und einen fünfeckigen Grundriss. Da die Dächer miteinander verbunden sind, kann man den Leuten hier – mit dem richtigen Führer – im wahrsten Sinne des Wortes auf dem Kopf rumtrampeln. Die hinterhältigen Einwohner revanchieren sich dafür gelegentlich, indem sie unerwünschte Eindringlinge von oben mit einer Ladung Wasser bombardieren.

Im Mittelalter war Mastix eine begehrte Ware, die für ihre heilsame Wirkung geschätzt wurde, sodass Mesta besonders gut befestigt werden musste. Heute ist es ein autofreies Dorf und daher ein sehr entspannter, romantischer Ort, in dem Kinder gefahrlos herumtoben können. Mesta ist auch ein guter Ausgangspunkt für Wanderungen in die Hügel oder zur Erkundung der Strände und Höhlen im Süden; außerdem werden einige kulturelle und Öko-Aktivitäten angeboten.

Das Dorfleben spielt sich rund um den zentralen Platz mit seinen kleinen Cafés und Restaurants ganz in der Nähe der riesigen Taxiarchon-Kirche ab. Die Fremdenzimmer sind nicht ohne Weiteres zu erkennen: die meisten befinden sich in den friedlichen, abgeschiedenen Gässchen rund um den Platz in den Häusern verträumter alter Dorfbewohner, die im Freien sitzen, während hin und wieder eine Katze vorbeiflitzt und das Lachen tobender Kinder ertönt.

ORIENTIERUNG

Busse halten vor den Dorfmauern auf der Hauptstraße; die *plateia* ist bei den Einheimischen als Gyros bekannt Von der Bushaltestelle geht's, mit Blick auf die Stadt, rechts und dann gleich wieder links; ein Schild weist den Weg zum Zentrum. Am zentralen Dorfplatz (Plateia Taxiarhon) befinden sich die Touristeninformation, Fremdenzimmer und Restaurants.

SEHENSWERTES

Es gibt zwei **Kirchen der Taxiarhis** (Erzengel). Die ältere und kleinere stammt aus byzantinischen Zeiten und verfügt über eine wunderschöne Ikonenwand aus dem 17. Jh. Die größere Kirche, direkt am Platz, stammt aus dem 19. Jh. und ihr Bau wurde allein durch die Spenden und die Arbeitskraft der Einwohner möglich. Sie hat einen schön verzierten Außenhof, riesige, glänzende Kerzenleuchter und sehr schöne Fresken.

AKTIVITÄTEN

Wer am traditionellen Chioser Farmleben, an Kochkursen, kulturellen Events oder verschiedenen Outdoor-Aktivitäten teilnehmen möchte, sollte Vasilis und Roula von **Masticulture Ecotourism Activities** (☎ 22710 76084, 6976113007; www.masticulture.com; Plateia Taxiarhon) aufsuchen (neben dem Restaurant am dem Dorfplatz). Dieses äußerst freundliche und hilfsbereite Paar bietet ein einzigartiges Öko-Tourismusprogramm, das die Besucher in die örtliche Gemeinde, ihre Geschichte und ihre Kultur einführt. Zu den Aktivitäten zählen auch Mastixplantagen-Touren (18 €), Traubenstampfen mit örtlichen Weinbauern (25 €) oder Koch- und Töpferkurse (20 €).

Masticulture verkauft Bootstickets, hilft bei der Unterkunftssuche in Mesta, Limenas Mesta, Olympi und anderen Orten und hält allgemeine Infos bereit. Es ist die offizielle Hafenagentur von Limenas Mesta und hilft Urlaubern auf dem Weg nach Psara bei der Buchung von Fährtickets und Unterkünften.

SCHLAFEN & ESSEN

Masticulture Ecotourism Activities ist bei der Suche nach einem Zimmer behilflich, ansonsten im Restaurant Mesaonas nebenan nach den unten aufgeführten Anbietern fragen.

NORDOSTÄGAISCHE INSELN

Anna Floradis Rooms (☎/Fax 22710 76455; flora dis@internet.gr; EZ/DZ 40/50 €; ☒) Die freundliche Anna Floradis spricht Französisch und etwas Englisch und bietet Zimmer, Wohnstudios und Selbstversorger-Suiten in ganz Mesta an, alle mit Fernseher und Klimaanlage.

Dhimitris Pipidhis Rooms (☎ 22710 76029; Haus 60 €; ☒) Dhimitris und Koula Pipidhis sind sehr freundlich, sprechen Englisch und vermieten zwei traditionelle Häuser in Mesta. Jedes hat zwei Schlafzimmer, einen *pounti* (den traditionellen kleinen Innenhof der Mesta-Häuser), eine Küche und eine Waschmaschine. Im Sommer vorab buchen.

Mesta Medieval Castle Suites (☎ 22710 76345; www.medievalcastlesuites.com; DZ/3BZ inkl. Frühstück 94/117 €; ☒ ⬛) Diese Luxussuiten für Anspruchsvolle sind über ganz Mesta verteilt und scheinen sich überhaupt nicht von den Nachbarhäusern zu unterscheiden. Wer jedoch die Tür öffnet, erblickt ultraschicke Zimmer mit sämtlichen modernen Annehmlichkeiten, einschließlich Flachbildfernsehern und Laptops; das einzige, was vielleicht noch fehlt, ist eine Badewanne. Das Dekor ist minimalistisch und passt sich an die Form der Räume an. Das hilfsbereite Personal holt die Gäste gerne von der Fähre oder vom Flughafen ab.

LP Tipp Mesaonas (☎ 22710 76050; Plateia Taxiarhon; Hauptgerichte 5–10 €) Die Tische dieses Lieblingslokals reichen bis auf die Plateia Taxiarhon; hier werden üppige Portionen *mayirefta* und Grillfleisch serviert. Alles stammt direkt aus der Umgebung, auch das *souma* (Feuerwasser mit Mastixgeschmack). Man kann sich die gemischte Fleischplatte teilen, sollte aber unbedingt die unglaublich leckeren *keftedhes* (Frikadellen) vom Rind bestellen, bevor sie aus sind.

Limani Meston (☎ 22710 76389; Limenas Mesta; Fisch 6–12 €) Ebenso ausgezeichnete wie einzigartige Meeresfrüchte gibt's in dieser Fisch-Taverne am Hafen. Das *astakomakaronadha* und die Spezialität des Hauses, *atherinopita* (kleine gebratene Fische mit Zwiebeln), sind beide äußerst empfehlenswert. Erstaunlicherweise werden hier schon zum Frühstück frische *tyropita* (Schafskäsepastete) und *bougatsa* (cremiger Grießpudding in einer gebackenen Teigtasche) serviert, während man auf die Fähre nach Psara wartet.

UNTERWEGS VOR ORT

Mesta ist eine reine Fußgänger-Stadt; regelmäßige Busse fahren von hier nur nach Chios-Stadt, der Besuch anderer Orte kann von hier aus schwierig werden. Glücklicherweise bietet der freundliche, Englisch sprechende **Dimitris Kokkinos** (☎ 6972543543) einen Taxi-Service zu den wichtigsten Zielen an. Sammelpreise von Mesta: Limenas Mesta 6 €; Pyrgi 11 €; Olympi 20 €; Vessa 23 €; Kampos 30 €; Chios-Stadt 35 €.

Rund um Mesta

Mestas Hafen an der Westküste ist **Limenas Mesta** (auch Limenas Meston genannt), eine hübsche Hafenstadt mit bunten Fischerbooten und Tavernen sowie ein paar nahe gelegenen Kiesstränden, wobei der **Avlonia-Strand** (7,3 km westlich von Mesta) am schönsten ist.

3 km südöstlich von Mesta liegt **Olympi** – wie Mesta und Pyrgi ein Mastix produzierendes Dorf, das sich durch seine Verteidigungsarchitektur auszeichnet. 5 km weiter in Richtung Süden trifft man auf die fantastische **Höhle von Sykia** (Eintritt inkl. Tour 4 €; ☯ Di-So 10–20 Uhr), eine 150 Mio. Jahre alte Höhle, die 1985 per Zufall entdeckt wurde. Die 57 m tiefe Höhle ist voller bizarrer, bunter Stalaktiten und anderer Felsformationen, die wie gigantische weiße Organe und Fantasiebilder aussehen. Teilweise von Flutlicht erhellt und durch eine Reihe von Plattformen mit Geländern zugänglich gemacht, ist die Höhle zwar sicher, aber ein bisschen rutschig. Mit ihrer wunderbaren Beleuchtung und den grandiosen Farben könnte sie auch direkt aus einem Abenteuerfilm stammen – man denke nur an Indiana Jones. Geführte Touren beginnen alle 30 Minuten, die letzte um 19.30 Uhr.

Die gute Schotterstraße südlich der Höhle führt an einem wenig genutzten Militärgelände vorbei, vor dem einige Schilder warnen (allerdings – sehr hilfreich! – nur auf Griechisch). Auch wenn keine Gefahr besteht, sollte man hier nicht herumwandern; immer schön auf der Straße bleiben. Nach 2 km endet die Straße an einer kleinen Kirche oberhalb des **Agia-Dynami-Strands,** einer gebogenen, sandigen Bucht, in der das Wasser in einer atemberaubenden Mischung aus Blau- und Grüntönen mit vereinzelten weißen Wellen leuchtet. Der Strand ist vollkommen unberührt und unbebaut, und die Chancen, dass man ihn ganz für sich alleine hat, stehen gut.

INOUSSES
ΟΙΝΟΥΣΣΕΣ

1050 Ew. / Fläche 14 km²

Gleich nordwestlich von Chios befindet sich die gelassene Insel Inousses, einst das Zuhause von rund einem Drittel der griechischen Reederdynastien (den sogenannten *archontes*), deren wohlhabende Nachkommen jeden Sommer aus London, Paris oder New York anreisen, um ihre Ferien auf der Insel zu verbringen. Inousses wurde im Jahr 1750 von Schiffseigner-Familien aus Kardamyla im Nordosten von Chios besiedelt, und einige von ihnen häuften während des 19. und frühen 20. Jhs. ein riesiges Vermögen an; Von dieser Vergangenheit zeugen auf Inousses heute noch die prächtigen Herrenhäuser und die aufwendigen Familien-Mausoleen, die hoch über dem Meer thronen.

Auch wenn sich nur selten ausländische Besucher nach Inousses verirren, erwacht es in der Hochsaison durchaus ein bisschen zum Leben und bietet ein Open-Air-Kino, Cafés und nächtliche Strandpartys. Trotzdem hat es sich seine Gelassenheit erhalten und ist nach wie vor ein Aussteiger-Ziel mit nur einem Hotel, einer Handvoll Zimmer und paar Ferienvillen.

Der Hafen ist zugleich die einzige Stadt der Insel, heißt ebenfalls Inousses und verweist auf eine lange Seefahrtsgeschichte. Wer mit der Fähre ankommt, sieht eine kleine grüne Meerjungfrau-Skulptur, die über den Hafen wacht – die Mutter von Inoussa (Mitera Inoussiotissa), Beschützerin der Seeleute. Die weißen Steinhäuser des Hafenortes werden von zwei Kirchen gekrönt, und Inousses kann sich einer äußerst disziplinierten Handelsmarine-Akademie und eines eklektischen Nautischen Museums mit Modellschiffen rühmen, die von einem ehemaligen Schiffs-Magnaten gespendet wurden. Der beschauliche Hafen ist von bunten Booten gesäumt, und erfrischenderweise werden die ankommenden Besucher allein von den Schreien der Möwen begrüßt, nicht von *domatia*-Besitzern, die ihre Zimmer anpreisen.

Orientierung & Praktische Informationen

Beim Verlassen der Fähre links am Ufer entlanggehen und dann rechts auf die *plateia* abbiegen, auf der sich die Tavernen, das Museum und viele andere nützliche Einrichtungen befinden. Weiter am Ufer entlang liegen die Cafés und, darüber, eine kleine Kirche. Das Postamt und die National Bank of Greece stehen nebeneinander gleich an der Ecke vom Nautischen Museum. Es gibt allerdings keinen Geldautomaten; wie die Einheimischen erklären, würde dieser einen der beiden Arbeitsplätze in der Bank überflüssig machen.

Arzt (☎ 22710 55300)

Dimarhio (Rathaus; ☎ 22710 55326) Die Mitarbeiter halten eine Liste verfügbarer *domatia* bereit und rufen auch gerne dort an.

Polizei (☎ 22710 55222) Gleich über dem Hotel Thalassoporos.

Post (☎ 22710 55398; ☯ Mo–Fr 9.30–14 Uhr)

Sehenswertes & Aktivitäten

Inousses bietet mehrere Wanderwege in den umliegenden Hügeln sowie unberührte Strände. Es gibt keine Touristeninformation, aber man kann sich im *dimarhio* (Rathaus) oder im hilfsbereiten Hotel Thalassoporos informieren. Der **Bilali-Strand,** 2 km außerhalb der Stadt, ist der beste Strand der Gegend und bietet im Sommer nächtliche Partys. Außerdem gibt's im Sommer ein **Open-Air-Kino** (Tickets 4 €) in der Nähe des Hafens, das Hollywood-Hits nach Inousses bringt; jeden Abend um 21.30 Uhr.

Das faszinierende **Nautische Museum** (☎ 22710 44139; Stefanou Tsouri 20; Eintritt 1,50 €; ☯ Mo–Fr 10–13 Uhr) feiert Inousses' Seefahrer-Vergangenheit. Es verdankt seine Existenz dem örtlichen Schiffs-Magnaten Antonis Lemos, der seine unbezahlbare Modellschiffssammlung spendete, darunter Handelsschiffe aus dem frühen 20. Jh., Walfangschiffe aus Elfenbein und Walknochen sowie Elfenbeinmodelle französischer Kriegsgefangenenschiffe aus den Napoleonischen Kriegen. Das Museum ist wirklich vielseitig; neben diesen Modellen (die durch alte maritime Gemälde des hervorragenden Malers Aristeides Glykas ergänzt werden) gibt's noch eine verwegene Sammlung von Musketen und Säbeln aus dem 18. Jh., einen Tauchhelm der US Navy aus dem Zweiten Weltkrieg, einen handgemachten Leuchtturm aus dem Jahr 1864, antiquarische Karten von Griechenland und (sogar) ein steinernes Skarabäus-Siegel aus dem 6. Jh. v.Chr. sowie verschiedene Antiquitäten aus der Bronzezeit.

Typisch griechisch: Das Museum schließt, kurz bevor die Nachmittagsfähre aus Chios eintrifft, und öffnet erst wieder, wenn das morgendliche Boot nach Chios abgelegt hat. Man muss daher möglicherweise zwei Nächte bleiben, wenn man es sehen möchte, es sei dann, man findet jemanden, der es außerhalb der offiziellen Zeiten öffnet (Eleni im Hotel Thalassoporos kann da manchmal helfen).

Um die Bedeutung von Inousses' Erbe wirklich zu verstehen, kann man vom Museum aus zehn Minuten bergauf zur **Kirche Agia Paraskevi** wandern; in ihrem grünen Innenhof über dem Meer steht das **Mausoleum von Inousses** (Nekrotafion Inousson), in dem die Reederdynastien der Insel die Gräber ihrer Ahnen mit riesigen Kammern, Marmorskulpturen und Miniaturkirchen ehren. Dies ist ein melancholischer, bewegender Ort, der Bände über die weltlichen Errungenschaften und die Selbstwahrnehmung der außergewöhnlichen Einwohner dieser winzigen Inseln spricht.

Schlafen

Im *dimarhio* kann man nach privaten Zimmern fragen.

Hotel Thalassoporos (☎ 22720 51475; EZ/DZ inkl. Frühstück 40/50 €; ⚒ ▣) Dieses kürzlich wiederbelebte alte Hotel bietet saubere, einfache Zimmer mit Fernseher, Kühlschrank, kleinen Balkonen und einem schönen Blick auf die Dächer und den Hafen von Inousses-Stadt. Mitbesitzerin Eleni hält allgemeine Informationen bereit und hilft bei der Unterkunftssuche in anderen Teilen der Insel. Das Hotel liegt drei Gehminuten entfernt an einer steilen Straße auf der Fähranleger-Seite des Hafens.

Essen & Ausgehen

Inomageireio To Pateroniso (☎ 22720 55586; Hauptgerichte 5–8 €) Diese schrullige Taverne in der Nähe der *plateia* serviert griechische Klassiker und frischen Fisch, etwa das Pfannengericht *atherinia*: kleine Fische mit Kopf und allem Drum und Dran; und mit Zwiebeln.

Naftikos Omilos Inousson (☎ 22720 55596; ⚅ 9–15 Uhr) Am Ende des Hafens sind die

lange Bar und die Terrasse des Yachtclubs von Inousses hauptsächlich mit jungen Griechen (und ihrer Diaspora-Verwandtschaft auf Urlaub) gefüllt, bis spät abends läuft Popmusik.

An- & Weiterreise

Die kleine *Oinoussai III* (einfach 4 €, 1¼ Std., 1-mal tgl.) verlässt Inousses normalerweise nachmittags und kehrt am Morgen (aus Chios) zurück, sodass man über Nacht bleiben muss. Tickets gibt's an Bord oder bei **Sunrise Tours** (☎ 22710 41390; Kanari 28) in Chios-Stadt. Im Sommer werden täglich zwei Tagesausflüge (20 €) angeboten, ebenfalls von Sunrise Tours.

Täglich fahren **Wassertaxis** (☎ 6944168104) nach/von Langada auf Chios. Die einfache Fahrt kostet 35 €, die unter den Passagieren aufgeteilt werden. Wassertaxis mit ähnlichen Preisen fahren auch nach Chios-Stadt.

Unterwegs vor Ort

Auf Inousses gibt's weder Busse noch einen Autoverleih; einfach nach dem einzigen Taxi durchfragen.

PSARA ΨΑΡΑ

420 Ew. / Fläche 45 km²

Das gefeierte Psara gehört, zusammen mit seiner Satelliteninsel Antipsara, zu Griechenlands wahrhaftigen maritimen Skurrilitäten. Dieser winzige Fleck im Meer, zwei

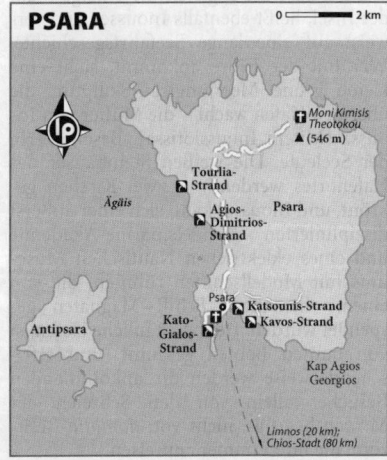

PSARA

0 —————— 2 km

Moni Kimisis Theotokou
▲ (546 m)

Tourlia-Strand
Ägäis
Agios-Dimitrios-Strand
Psara

Psara
Katsounis-Strand
Kavos-Strand

Kato-Gialos-Strand

Antipsara

Kap Agios Georgios

Limnos (20 km);
Chios-Stadt (80 km)

Stunden nordwestlich von Chios, bietet Buschvegetation, wandernde Ziegen, seltsame rote Felsformationen, nur eine einzige Ortschaft (ebenfalls Psara genannt), ein abgeschiedenes Kloster und unberührte Strände. Allerdings wird die Insel hauptsächlich von in der Diaspora lebenden Griechen besucht und ist und bleibt daher eine unbekannte Größe für die meisten ausländischen Reisenden. Trotzdem ist sie von Chios aus gut zu erreichen und bietet ein paar anständige Unterkünfte und Restaurants. An abgelegenen Stränden darf man auch kostenlos zelten (sofern man sie erreicht).

Für eine Insel dieser Größe, nimmt Psara eine außergewöhnlich große Rolle in der modernen Geschichte ein. Die Clans von Psara (einst Besitzer von etwa 4000 Schiffen) kamen durch die Schifffahrt zu Reichtum und beteiligten sich am Unabhängigkeitskrieg von 1821 bis 1829. Aber wie auch auf Chios, zog ihre Beteiligung heftige osmanische Vergeltungsschläge nach sich, durch die die Bevölkerung der Insel im Jahr 1824 nahezu ausgerottet wurde (noch heute wird dieses Ereignisses alljährlich gedacht). Es vergingen Jahrzehnte, bis sich Psara wieder erholt hatte.

Im späten 19. und frühen 20. Jh. führten ihre Segel- und Fischereifähigkeiten zahlreiche Bewohner Psaras weit aufs Meer hinaus, und einige siedelten sich schließlich sogar in Amerika und anderen Ländern an. Ihre Nachkommen kehren noch heute jeden Sommer zurück, also sollte man nicht überrascht sein, wenn die erste Person, die man hier trifft, Englisch mit Brooklyn-Akzent spricht.

Orientierung & Praktische Informationen

Psara-Stadt liegt versteckt in einer langen Bucht im Südwesten der Insel. Beim Verlassen der Fähre liegt direkt geradeaus der zerklüftete Hügel, von dem sich Psaras Frauen und Kinder während der osmanischen Angriffe 1824 angeblich in die Tiefe stürzten. Gleich neben diesem Hügel liegt ein Strand mit Unterkünften und Tavernen auf der anderen Seite des Wassers. Die Hafenmitte erstreckt sich über die gesamte Bucht und bietet Cafés, Läden und Restaurants. Hinter dem Ende des Hafens befindet sich der Katsounis-Strand mit weiteren Restaurants.

In den kleinen Straßen hinter dem Hafen verstecken sich Wohnhäuser, zwei Kirchen, ein Denkmal des Nationalhelden Konstantin Kanaris (s. Kasten S. 710), das Postamt und die National Bank of Greece mit Geldautomat. Es gibt einen Insel-**Arzt** (☎ 22740 61277), die **Polizei** (☎ 22740 61222) für Notfälle und jede Menge raue Seebären. Die Straße zum **Moni Kimisis Theotokou** (12 km) und zu weiteren Stränden ist ausgeschildert.

Zur Zeit der Recherche gab's quasi keine Touristeninformation und weder einen Motorrad- noch einen Autoverleih (obwohl sich das bald ändern könnte). Auf Chios kann man sich bei allgemeinen Fragen oder für Auskünfte zu Fährtickets und Unterkünften an Masticulture Ecotourism Activities (S. 705) in Mesta wenden, die offizielle Hafenagentur für Schiffe von Limenas Mesta nach Psara. Auf Psara hilft die freundliche Diane Kantakouzenou bei Psara Travel in der Mitte des Hafens. Dank der zahlreichen Graeco-Amerikaner und der langjährigen Auslandserfahrungen von Psaras Seeleuten findet man hier aber immer jemanden, der Englisch spricht und weiterhelfen kann.

Überall in der Stadt sieht man Psaras rotweiße Flagge, die stolz im Wind weht. Mit dem Revolutionsschlagwort *Eleftheria i Thanatos* (Freiheit oder Tod) beschriftet, ziert sie in der Mitte ein Kreuz, neben dem auf der einen Seite ein Speer schräg nach oben ragt, während auf der anderen ein Anker zu sehen ist, um den sich eine grüne Schlange wickelt; als ob die Anspielung auf die islamische Herrschaft der Türken nicht schon offensichtlich genug wäre, befinden sich als Dreingabe noch ein umgedrehter Halbmond und ein Stern unter diesen Motiven. Die gelbe Taube der Freiheit fliegt seitlich aus dem Bild.

Sehenswertes & Aktivitäten

Das **Kloster Kimisis Theotokou** (Kloster der Entschlafung der Jungfrau), das sich 12 km nördlich der Stadt erhebt, ist Psaras wichtigste Kulturattraktion. Falls man nicht zufällig eine Mitfahrgelegenheit findet, dauert die Wanderung durch die hügelige Landschaft, das Buschland und die seltsamen Felsformationen, die die Topografie der Insel bestimmen, etwa zwei Stunden. Unterwegs trifft man möglicherweise nur Ziegen oder Bienenstöcke (Psara ist für seinen belebenden Thymianhonig berühmt) – also ist es besser, vorab zu klären, ob das Kloster geöffnet ist.

Auf Psara gibt's angeblich noch 65 weitere Kirchen (meist Kapellen in Familienbesitz). In der Stadt ist die **Kirche Metamorfosi tou Sotiris** (Kirche der Verwandlung des Erlösers) nur fünf Gehminuten landeinwärts vom Hafen entfernt. Dieses grandiose weißblaue Bauwerk wurde um 1770 errichtet und ist aufwendig mit Ikonen verziert. Da zurzeit Restaurierungsarbeiten stattfinden, ist die Kirche nicht immer geöffnet. Gleich davor befindet sich links ein kleiner Park mit dem **Denkmal von Konstantin Kanaris,** an dem Griechen ihrem Nationalhelden Ehre erweisen, der allerdings in Athen begraben liegt (auch wenn sein Herz angeblich im Nautischen Museum in Piräus verwahrt wird).

Hügelwanderungen sind hier gar kein Problem – einfach eine Richtung aussuchen, und schon bald findet man sich allein in der Natur wieder. Da es auf Psara aber kaum Bäume gibt, gibt's auch keinen Schatten.

Mehrere unberührte Kies- und Sandstrände erstrecken sich an Psaras zerklüfteten Rändern. Der **Agios-Dimitrios-** und der **Tourlia-Strand** an der Westküste liegen (abgesehen von den beiden Stadtstränden) der Stadt am nächsten. Am **Kato-Gialos-Strand** (gegenüber den Klippen, unterhalb vom Restaurant Ilionas Ilema) und am abgeschiedeneren **Kavos-Strand,** ein Stück hinter dem Hafen, kann man in ähnlich klarem Wasser wunderbar schwimmen.

Wer am letzten Sonntag im Juni auf Psara ist, kann an der **religiösen Gedenkfeier** für das Massaker der Osmanen von 1824 teilnehmen. Es findet auf dem zerklüfteten Hügel gegenüber vom Hafen statt; im Anschluss gibt's überall in der Stadt folkloristische Tanzvorführungen und andere kulturelle Veranstaltungen.

Schlafen

Psara-Stadt bietet *domatia* und sogar Hotels; einfach vorbeischauen oder von Chios aus über Masticulture Ecotourism Activities (S. 705) in Mesta buchen. Aussteiger

DER BEWUNDERNSWERTE ADMIRAL VON PSARA

Die Tatsache, dass einer der größten Helden des modernen Griechenland auf der winzigen Insel Psara geboren wurde, mag Besuchern heute seltsam erscheinen, aber tatsächlich spricht sie Bände über die vergangene Macht und das Ansehen dieser stolzen Seefahrer-Insel.

Als eine der herausragendsten Persönlichkeiten des griechischen Militärs und der Politik des 19. Jhs. spielte **Konstantin Kanaris** (1793–1877) während des Unabhängigkeitskrieges von 1821 bis 1829 eine führende Rolle im Befreiungskampf der Griechen gegen das Osmanische Reich; dank des Heldenstatus, den er dadurch erreichte, wurde er sechsmal zum Premierminister gewählt, bis er im Alter von 84 Jahren starb.

Da er schon früh zum Waise geworden war, fuhr Kanaris (wie viele seiner Mitbürger auf Psara) zur See. Er arbeitete auf der Brigg eines Onkels und lernte so das Segeln, was sich später als nützlich erweisen sollte, als Psara am 10. April 1821 seine Bereitschaft zur Revolution erklärte. Die Insulaner verwandelten ihre mächtige Handelssegelflotte in eine echte Marine. Unter ihren Anführern, darunter auch Kanaris, erwies sich Psara als Streitmacht, mit der man rechnen musste: sie führte u. a. mehrere erfolgreiche Angriffe gegen das osmanische Kriegsschiffe.

Kanaris wurde bald für seine Furchtlosigkeit berühmt, die ans Selbstmörderische grenzte. Während er kleine, mit Sprengstoff beladene Boote zu den türkischen Kriegsschiffen lotste, murmelte er angeblich die Worte „Konstantin, du wirst sterben" vor sich hin.

Eines seiner berühmtesten Manöver führte Kanaris in der Nacht des 6. Juni 1822 durch: als Racheaktion für die türkischen Massaker auf Chios zerstörten die Truppen aus Psara das Flaggschiff des türkischen Admirals Nasuhzade Ali Pascha, während der nichts ahnende Feind seinen erfolgreichen Angriff feierlich begoss. Kanaris' Armee zündete das Pulverfass des osmanischen Schiffs an und jagte so 2000 Seeleute samt Admiral in die Luft. Bis 1824 führte Kanaris noch drei weitere wichtige Angriffe gegen den Sultan, die schließlich dazu führten, dass die Türken den griechischen Aufständen an anderen Orten immer weniger entgegenzusetzen hatten. Für diesen Erfolg zahlte die Flotte aus Psara jedoch einen hohen Preis. Wild entschlossen, die Revolte der Inselbewohner nie-

freuen sich über die Chance, kostenlos auf den abgelegenen Stränden zu campen (sofern sie sie erreichen und ausreichend Vorräte mitbringen können).

Domatia Fotis Xaxoulis (☎ 22740 61180; Wohnstudios ab 40 €) Der fröhliche Inselbewohner Fotis vermietet 15 gut ausgestattete, von Palmen umgebene Wohnstudios in der Stadt.

Kato Gialos Apartments (☎ 22740 61178, 6945755321; EZ/DZ/Apt. 40/50/70 €) Gleich oberhalb vom Restaurant Ilionas Ilema vermietet Spiros Giannakis saubere, helle Zimmer und Selbstversorger-Apartments mit Blick auf den Kato-Gialos-Strand.

Essen & Ausgehen

Udrohoos (☎ 22740 61182; Hafen; ⏳ 8–24 Uhr) Dieses alte Café direkt am Hafen bietet auch leichtes Frühstück an.

Kafe-Bar Baka Marianna (☎ 22740 61295; Hafen; ⏳ 7–1 Uhr) Das neckische *kafeneio* mit Tischen direkt über den schaukelnden Kaiks von Psara ist ein entspannter Ort für einen griechischen Kaffee oder einen Espresso.

Restaurant Ilionas Ilema (☎ 22740 61121; Hauptgerichte 5–8 €; Kato-Gialos-Strand; ⏳ 6–2 Uhr) Die köstlichen Inselspezialitäten, wie gefüllte Ziege und Tintenfisch mit Auberginen werden in dem freundlichen Restaurant mit Blick auf den Kato-Gialos-Strand serviert.

Spitalia (Katsounis-Strand; Hauptgerichte 5–9 €; ⏳ 9–1 Uhr) Einst ein osmanisches Krankenhaus, liegt dieses stimmungsvolle Restaurant etwas abseits des Hafens und serviert herzhafte griechische Gerichte.

Ta Delfinia (☎ 22740 61352; Fisch 7–12 €; ⏳ 6–1 Uhr) Mit einer stolzen, 20-jährigen Tradition im Rücken serviert Manolis Thirianos in dieser *psarotaverna* (Fisch-Taverne) in der Hafenmitte mit die besten Meeresfrüchte auf ganz Psara.

LP Tipp Petrino (Hafen; ⏳ ab 19 Uhr) Die schön renovierte Bar aus Holz und Stein am Ende des Hafens hat sich zur beliebtesten Adresse für Psaras Jugend entwickelt. Die Hafenterrasse des Petrino bietet sich für einen Kaffee am Abend an, und in Sommernächten ist sie fest in der Hand der einheimischen und touristischen Partyvolks.

---

derzuschlagen, sah sich Sultan Mahmud II. gezwungen, sich an den mächtigen, halbunabhängigen osmanischen Vizekönig Mohammad Ali (1769–1849) in Kavala zu wenden. Gemeinsam mit seinem Sohn Ibrahim Pascha führte Mohammad Ali eine Privatarmee und -marine mit 100 000 Männern, darunter viele Ägypter. (Er warb außerdem französische Marinesöldner an, die nach dem Sieg über Napoleon arbeitslos geworden waren.) Um sich die Unterstützung des gerissenen Ali gegen die Griechen zu sichern, musste Mahmud II. ihm im Gegenzug die Regentschaft über das vielversprechende Kreta zusichern. Dies war der Anfang vom Ende der zentralen osmanischen Kontrolle über ihr immer zerbrechlicheres Reich.

Die türkisch-ägyptische Flotte erwies sich als ebenso rücksichtslos, wie der Sultan versprochen hatte. Als Psara am 21. Juni 1824 erobert wurde, wurden Tausende, die nicht rechtzeitig geflohen waren, abgeschlachtet oder als Sklaven verkauft; Überlieferungen auf der Insel besagen, dass die Frauen und Kinder sich lieber von einer zerklüfteten Klippe stürzten (die man bei der Einfahrt in den Hafen von Psara sieht), als sich in ein entwürdigendes Schicksal zu begeben.

Trotz des tragischen Schicksals seiner Insel gelang es Kanaris weiterhin, die Türken zu ärgern. Dennoch waren schließlich die vereinten Kräfte der Briten, Russen und Franzosen nötig, um die osmanische Marine bei der Schlacht von Navarino am Peloponnes am 20. Oktober 1827 endgültig zu zerstören.

Nachdem Griechenland befreit worden war, wurde Konstantin Kanaris Admiral in der neuen Marine. Als er sich von seinen militärischen Pflichten zurückzog, ging er in die Politik und wurde zum hochrangigen Minister verschiedener Regierungen, bevor er 1844 kurz als Premierminister regierte – einen Posten, den er in der Folge noch weitere fünf Mal bekleiden sollte. Er erlebte die Befreiung von Psara (während des Ersten Balkankriegs 1912) nicht mehr mit.

Der bewundernswerte Admiral aus Psara wurde bereits vielfach von der griechischen Marine geehrt: seit 1941 wurden mehrere Zerstörer nach ihm benannt. Außerdem wurden britische und amerikanische Marineschiffe nach Griechenland überführt und mit Kanaris' Namen geehrt. Die jüngste Erinnerung an diese maritime Legende trat 2002 in Form einer ziemlich grandiosen Fregatte, der FFG *Kanaris*, auf den Plan.

An- & Weiterreise

Nähere Fährinformationen gibt's unter Insel-Hopping (S. 872). Bei der Hafenagentur für Limenas Mesta auf Chios, Masticulture Ecotourism Activities (S. 705), kann man Tickets kaufen. Reisebüros in Chios-Stadt bieten ebenfalls Tickets für Boote an, die hier ablegen.

Unterwegs vor Ort

Viel Glück! Da man zur Zeit der Recherche weder ein Auto noch ein Motorrad leihen konnte, musste man wohl oder übel zu Fuß gehen, es sei denn, man fand bei einem Inselbewohner eine Mitfahrgelegenheit. Auch wenn Trampen in der Regel sicher ist, sollte man sich nicht darauf verlassen, da auf Psaras abgelegenen Nebenstraßen kaum Autos fahren.

LESBOS (MYTILINI) ΛΕΣΒΟΣ (ΜΥΤΙΛΗΝΗ)

93 430 Ew. / Fläche 1637 km²

Die drittgrößte Insel Griechenlands, nach Kreta und Euböa, ist außerdem eine der atemberaubendsten und zeichnet sich durch stets wechselndes Landschaftsbild aus. Die weiten Strecken der zerklüfteten, wüstenartigen Westebenen gehen in Sandstrände und Salzmarschen im elliptischen Zentrum über und führen schließlich zu den stark bewaldeten Bergen und dichten Olivenhainen (hier wachsen etwa 11 Mio. Olivenbäume) im Osten. Mytilini-Stadt, ein fröhlicher Ort voller typischer *ouzeries*, mit dynamischem Nachtleben und guten Unterkünften, ist Hafen und Hauptstadt der Insel. Die Stadt Mythimna (auch Molivos genannt) im Nordosten ist mit ihren alten Steinhäusern und den kurvigen Gassen mit Blick aufs Meer ein wahres Schmuckstück. Die Attraktionen, die man auf Lesbos unbedingt sehen muss, reichen von Museen für moderne Kunst bis zu byzantinischen Klöstern.

Trotz seiner unbestreitbaren touristischen Anziehungskraft verdankt das hart arbeitende Lesbos seine Lebendigkeit v. a. der Landwirtschaft. Olivenöl zählt hier zu den meistgeschätzten Produkten, ebenso

wie Ouzo; tatsächlich decken die hiesigen Produzenten dieses nationalen Feuerwassers mit Anisgeschmack etwa die Hälfte des weltweiten Bedarfs ab; auch die Weine der Insel sind sehr bekannt.

Naturliebhaber werden mit endlosen Wander- und Radfahrmöglichkeiten reich belohnt, aber auch Vogelbeobachter kommen voll auf ihre Kosten (über 279 Spezies, von Raub- bis zu Watvögeln, kann man hier sehen). Lesbos bietet außerdem therapeutische heiße Quellen, aus denen mit das wärmste Mineralwasser in ganz Europa sprudelt.

Lesbos' großes kulturelles Erbe erstreckt sich vom Komponisten Terpander und dem Dichter Arion aus dem 7. Jh. v. Chr. bis zu Persönlichkeiten des 20. Jhs., etwa dem mit dem Nobelpreis gekrönten Schriftsteller Odysseas Elytis und dem naiven Maler Theofilos. Die großen Philosophen der Antike, Aristoteles und Epikuros, leiteten hier außerdem eine außergewöhnliche philosophische Akademie. Am berühmtesten ist jedoch Sappho, eine der größten Dichterinnen der griechischen Antike. Ihre sinnliche, leidenschaftliche Poesie, die sie angeblich allein für ihre Anhängerinnen schuf, hat zur Entstehung eines modernen Kults geführt, der Lesben aus aller Welt nach Skala Eresu zieht, dem Stranddorf im Westen von Lesbos, in dem die Dichterin geboren wurde (ca. 630 v. Chr.).

Die größte der nordostägäischen Inseln ist auch das ganze Jahr über die lebendigste, was hauptsächlich an ihrer jungen Universitätsbevölkerung und ihrer wirtschaftlichen Bedeutung liegt. Lesbos ist die einzige Insel der Kette, die auch außerhalb der Hochsaison nicht völlig im Winterschlaf versinkt, auch wenn sich das Leben dann meist nur in der Hauptstadt Mytilini-Stadt abspielt.

An- & Weiterreise

Näheres zu Flügen und Fähren von Lesbos gibt's unter Insel-Hopping (S. 868).

FLUGZEUG

Der Flughafen liegt 8 km südlich von Mytilini-Stadt; ein Taxi kostet 8 €.

Olympic Air (☎ 22510 28659; www.olympicairlines. com; Kavetsou 44) und **Aegean Airlines** (☎ 22510 61120; www.aegeanair.com) haben Büros in Mytilini-Stadt bzw. am Flughafen. Die Reisebü-

NORDOSTÄGAISCHE INSELN

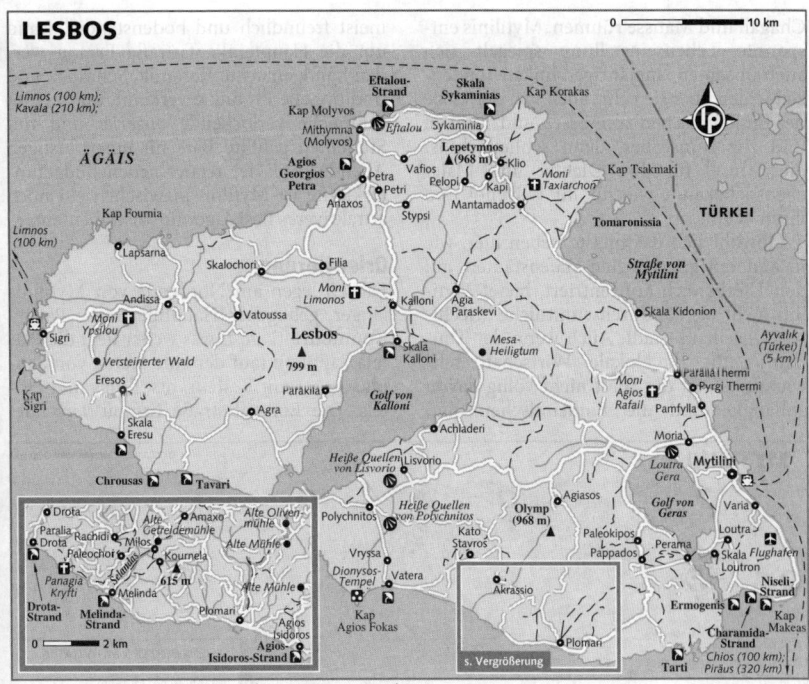

LESBOS

0 ———— 10 km

Limnos (100 km);
Kavala (210 km);

ÄGÄIS

Kap Molyvos

Eftalou-Strand
Mithymna (Molyvos) ○ Eftalou

Skala Sykaminias
Sykaminia
Kap Korakas

Agios Georgios Petra ○
Petra ○ Petri
Anaxos ○

Vafios ○ Lepetymnos ▲ (968 m) ○ Klio
Pelopi ○ Moni Taxiarchon
Mantamados ○
Stypsi ○

Kap Tsakmaki

Kap Fournia

Limnos (100 km)

Lapsarna

Skalochori ○ Filia ○
Andissa ○ Vatoussa ○ Moni Limonos

Kap Sigri

Sigri
Versteinerter Wald
Eresos
Skala Eresu
Chrousas   Tavari

Agra ○
Parakila ○

Lesbos ▲ 799 m

Kalloni ○ Agia Paraskevi
Skala Kalloni
Golf von Kalloni
Achladeri ○
Lisvorio ○

Mesa-Heiligtum
Moni Agios Rafail

Tomaronissia

Straße von Mytilini

Skala Kidonion
TÜRKEI

Ayvalik (Türkei) (5 km)
Parälalihermi
Pyrgi Thermi
Pamfylla
Moria ○
Mytilini

Heiße Quellen von Lisvorio
Heiße Quellen von Polychnitos

Polychnitos ○
Vryssa ○
Dionysos-Tempel
Vatera

Kato Stavros ○
Kap Agios Fokas

Olymp (968 m) ▲

Agiasos ○

Paleokipos ○
Perama ○
Pappados ○

Loutra Gera
Golf von Geras

Akrassio

Plomari

s. Vergrößerung

Varia ○
Loutra ○
Skala Loutron
Ermogenis   Niseli-Strand
Kap Makeas
Charamida Strand
Tarti

Flughafen

Chios (100 km);
Piräus (320 km)

Drota
Paralia Drota
Rachidi
Milos ○
Paleochori ○
Panagia Kryfti
Melinda ○
Drota-Strand
Melinda-Strand

Amaxos ○
Alte Getreidemühle
Kournela ○

Alte Oliven-mühle
Alte Mühle ●

615 m ▲

Alte Mühle ●

Plomari ○

Agios Isidoros ○
Agios-Isidoros-Strand

0 ———— 2 km

ros in Mytilini-Stadt verkaufen ebenfalls Tickets.

SCHIFF/FÄHRE

Näheres zu Reisen in die Türkei gibt's im Kasten Türkei-Verbindungen (S. 688).

In Mytilini befinden sich auf der Ostseite der Pavlou Kountourioti die Fährunternehmen Zoumboulis Tours (S. 715), **Samiotis Tours** (☎ 22510 42574; Pavlou Kountourioti 43) und Olive Groove Travel (S. 715), die auch Reisen in die Türkei anbieten.

Unterwegs vor Ort
AUTO & MOTORRAD

Discover Rent-a-Car (☎ 6936057676; Venezi 3; ⏱ 7.30–1 Uhr) ist ein kleiner Anbieter mit guten Autos und flexiblem Service. Zu den internationalen Verleihfirmen in Mytilini zählt auch **Hertz** (☎ 22510 37355; Pavlou Kountourioti 87). Roller und Motorräder kann man entlang der Pavlou Kountourioti leihen.

BUS

Von Mytilinis **Fernbusbahnhof** (☎ 22510 28873; El Venizelou) in der Nähe des Agias-Irinis-

Parks fahren täglich drei Busse über Eresos nach Skala Eresu (8,90 €, 2½ Std.), vier verkehren über Petra (5,80 €, 1½ Std.) nach Mithymna (Molivos; 6,20 €, 1¾ Std.) und zwei nach Sigri (9,40 €, 2½ Std.). Täglich fahren je fünf Busse nach Plomari (4,10 €, 1¼ Std.) und Agiasos (2,60 €, 45 Min.), und vier enden in Vatera (5,60 €, 1½ Std.), Letztere über Polyhnitos. Für die Fahrt in einen der kleinen Orte muss man häufig in Kalloni umsteigen, dort halten täglich vier Busse aus Mytilini (4,10 €, eine Stunde). Ebenfalls fünf Busse täglich fahren von Mytilini-Stadt zum Moni Taxiarhon (3,80 €, eine Stunde) im Norden.

MYTILINI ΜΥΤΙΛΗΝΗ
27 250 Ew.

Lesbos' Hafen und größter Ort Mytilini ist eine sympathische Studentenstadt mit ein paar großartigen Restaurants und Kneipen sowie eklektischen Kirchen, grandiosen Herrenhäusern aus dem 19. Jh. und einigen Museen; tatsächlich kann sich das bemerkenswerte Teriade-Museum vor den Toren der Stadt diverser Gemälde von Picasso,

Chagall und Matisse rühmen. Mytilinis entspannte Lebenseinstellung spiegelt sich auch in seinen langjährigen linken Tendenzen wider, aber sie rührt auch von der Liebe der Einheimischen zum Essen und Trinken und zur Kunst her, denn schließlich ist diese Insel für ihre Dichter und Maler ebenso bekannt wie für ihr Olivenöl und ihren Wein.

Obwohl sich das meiste Leben hier, wie in anderen griechischen Hafenstädten, auf den Uferbereich konzentriert, bietet Mytilini mehr als die durchschnittliche griechische Inselhauptstadt. Auch wenn der Tourismus für die lokale Wirtschaft sehr wichtig ist, ist die Stadt nicht völlig davon abhängig, und die Einheimischen sind meist freundlich und bodenständig. Rund um die Haupteinkaufsstraße Ermou werden handgemachte Keramik, Schmuck und traditionelle Produkte verkauft, und es gibt zahlreiche verlockende *ouzeries* und mit Studenten gefüllte Bars für einen lustigen Abend. Dank der relativ neuen Budgetunterkünfte ist Mytilini inzwischen ein noch attraktiveres Basislager für Inselabenteurer.

Orientierung

Fähren legen am Nordende von Mytilinis langer, gebogener Hauptuferstraße Pavlou Kountourioti an. Etwas weiter liegt die Plateia Sapphou (auf der eine Statue von Sappho steht) mit Restaurants, Cafés und Hotels. Die Einkaufsstraße Ermou verbindet

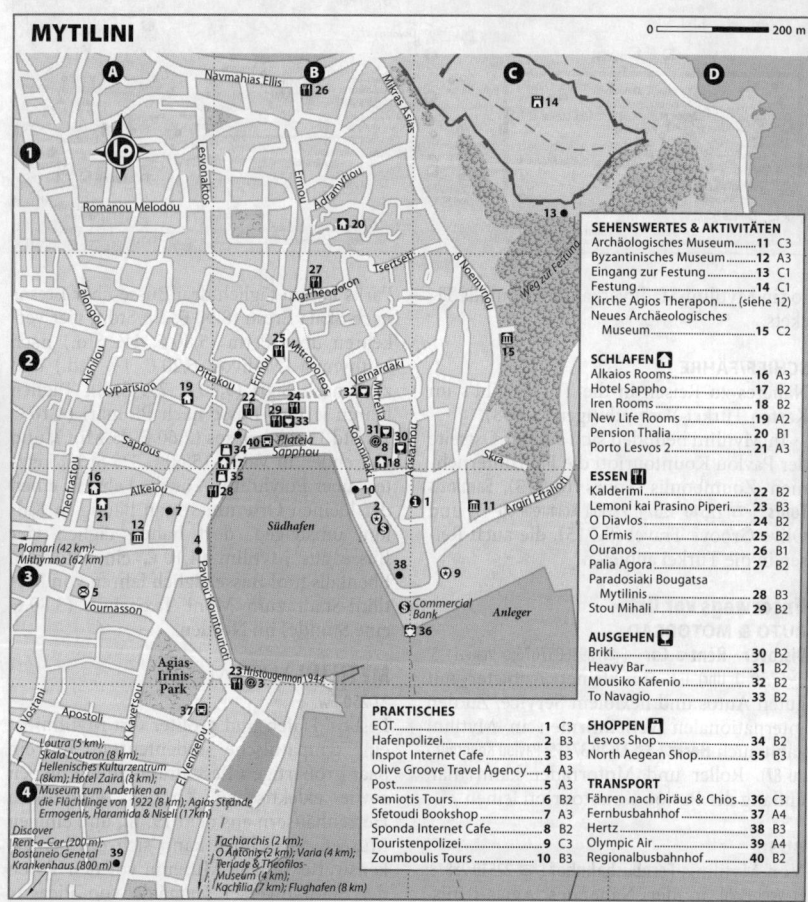

MYTILINI

0 ——— 200 m

SEHENSWERTES & AKTIVITÄTEN
Archäologisches Museum....11	C3
Byzantinisches Museum.....12	A3
Eingang zur Festung.......13	C1
Festung...................14	C1
Kirche Agios Therapon...... (siehe 12)	
Neues Archäologisches Museum....15	C2

SCHLAFEN
Alkaios Rooms.............16	A3
Hotel Sappho..............17	B2
Iren Rooms................18	B2
New Life Rooms............19	A2
Pension Thalia............20	B1
Porto Lesvos 2............21	A3

ESSEN
Kalderimi.................22	B2
Lemoni kai Prasino Piperi..23	B3
O Diavlos.................24	B2
O Ermis...................25	B2
Ouranos...................26	B1
Palia Agora...............27	B2
Paradosiaki Bougatsa Mytilinis....28	B3
Stou Mihali...............29	B2

AUSGEHEN
Briki.....................30	B2
Heavy Bar.................31	B2
Mousiko Kafenio...........32	B2
To Navagio................33	B2

PRAKTISCHES
EOT.......................1	C3
Hafenpolizei..............2	B3
Inspot Internet Cafe......3	B3
Olive Groove Travel Agency..4	A3
Post......................5	A3
Samiotis Tours............6	B2
Sfetoudi Bookshop.........7	A3
Sponda Internet Cafe......8	B2
Touristenpolizei..........9	C3
Zoumboulis Tours.........10	B3

SHOPPEN
Lesvos Shop...............34	B2
North Aegean Shop.........35	B3

TRANSPORT
Fähren nach Piräus & Chios..36	C3
Fernbusbahnhof............37	A4
Hertz.....................38	B3
Olympic Air...............39	A4
Regionalbusbahnhof........40	B2

Map labels:
Navmahias Ellis · Lesvonaktos · Ermou · Adramytiou · Mikras Asias · Weg zur Festung · Romanou Melodou · Tsertseti · 8 Noemvriou · Agatheodoron · Zelonakou · Aishiou · Kyparisiou · Pitakou · Mitropoleos · Vernardaki · Mirella · Kommnaki · Tourpani · Skra · Argin Eftaliou · Sapfous · Theofrastou · Alkeou · Plateia Sapphou · Südhafen · Plomari (42 km); Mithymna (62 km) · Vournasson · Pavlou Kountourioti · Commercial Bank · Anleger · Agias-Irinis-Park · 23 Hristougennon 1944 · Loutra (5 km); Skala Loutron (8 km); Hellenisches Kulturzentrum (8km); Hotel Zaira (8 km); Museum zum Andenken an die Flüchtlinge von 1922 (8 km); Agios Strände Ermogenis, Haramida & Niseli (17km) · G Vranii · K Kavetsou · Apostoli · Venizelou · Discover Rent-a-Car (200 m); Bostaneio General Krankenhaus (800 m) · Tachiarchis (2 km); O Agionis (2 km); Varia (4 km); Terjade & Theofilos Museum (4 km); Kaçthlia (7 km); Flughafen (8 km)

den südlichen Hafen mit dem stillgelegten antiken Nordhafen. Östlich der Häfen steht eine große, von Pinien umgebene Festung aus dem Mittelalter.

Der Fernbusbahnhof liegt neben dem Agias-Irinis-Park, der Regionalbusbahnhof an der Pavlou Kountourioti nahe der Plateia Sapphou. Der Flughafen befindet sich 8 km südlich der Küstenstraße.

Praktische Informationen

BUCHLÄDEN
Sfetoudi Bookshop (☎ 22510 22287; Ermou 51) Verkauft gute Karten der führenden griechischen Reihe *Road Editions* sowie Bücher über Lesbos.

GELD
Zahlreiche Banken entlang der Pavlou Kountourioti sind mit Geldautomaten ausgestattet.

INFOS IM INTERNET
www.lesvos.com Online-Informationen zu Lesbos.

INTERNETZUGANG
InSpot (☎ 22510 45760; Hristougennon 1944 12; pro Std. 2,40 €)
Sponda Internet Café (☎ 22510 41007; 29-33 Komninaki; ☺ 10–1 Uhr) In der Nähe der Iren Rooms.

MEDIZINISCHE VERSORGUNG
Krankenhaus Bostaneio (☎ 22510 57700; E Vostani 48)

NOTFALL
Hafenpolizei (☎ 22510 28827)
Touristenpolizei (☎ 22510 22776) Am Kai.

POST
Post (Vournasson)

REISEBÜROS
Olive Groove Travel (☎ 22510 37533; www.olive groove.gr; 11 Pavlou Kountourioti; ☺ 7.30–22 Uhr) Freundliches Reisebüro für alle Zwecke in der Mitte des Hafens; verkauft Tickets für Fähren und Schiffsreisen in die Türkei.
Zoumboulis Tours (☎ 22510 37755; Pavlou Kountourioti 69) Verkauft Fähr- und Flugtickets, bietet Schiffsreisen in die Türkei an und vermietet Zimmer.

TOURISTENINFORMATION
EOT (☎ 22510 42512; Aristarhou 6; ☺ Mo–Fr 9–13 Uhr)
Hafenbehörde (☎ 22510 40827)

Sehenswertes & Aktivitäten
Mytilinis imposante byzantinische **Festung** (Erw./Stud. 2/1 €; ☺ Di–So 8–14.30 Uhr) wurde im 14. Jh. vom Genueser Lehensherrn Francisco Gatelouzo renoviert. Die Türken vergrößerten sie ein weiteres Mal. Sie eignet sich bestens für einen Spaziergang und ist von Pinienwäldern umgeben.

Das **Archäologische Museum** (☎ 22510 28032; Erw./Kind 3/2 €; ☺ Di–So 8.30–15 Uhr) einen Block nördlich des Kais zeigt beeindruckende Funde aus der Jungstein- und der Römerzeit, darunter Purzelbaum schlagende weibliche Figuren und Goldschmuck. Das Ticket berechtigt auch zum Eintritt ins 400 m entfernte **Neue Archäologische Museum** (8 Novembriou; ☺ 8–19.30 Uhr), das das Inselleben vom 2. Jh. v. Chr. bis zum 3. Jh. n. Chr. nachzeichnet, u. a. in spektakulären Bodenmosaiken unter Glas.

Die zwiebelförmige Kuppel der **Kirche Agios Therapon** krönt Mytilinis Skyline. Das reich verzierte Innere der Kirche enthält einen riesigen Kronleuchter, eine aufwendig geschnitzte Ikonostase, einen Priesterthron und eine Freskenkuppel. Das **Byzantinische Museum** (☎ 22510 28916; Eintritt 2 €; ☺ Mo–Sa 9–13 Uhr) befindet sich im Innenhof und zeigt einige wertvolle Ikonen.

TERIADE- & THEOPHILOS-MUSEUM
Vom Nordrand der Pavlou Kountourioti fährt ein Nahverkehrsbus 4 km Richtung Süden nach **Varia**, dem unerwarteten Zuhause des **Teriade-Museums** (☎ 22510 23372; Erw./Stud. 2/1 €; ☺ Di–So 8.30–14, 17–20 Uhr) mit seiner eindrucksvollen Gemäldesammlung weltberühmter Künstler wie Picasso, Chagall, Miro, LeCorbusier und Matisse.

Das Museum ehrt den auf Lesbos geborenen Künstler und Kritiker Stratis Eleftheriadis, der seinen Namen in Paris „französierte" und in Teriade umänderte. Besondere Bedeutung erlangte Teriade auch, indem er den Werken des naiven Malers Theophilos, der ebenfalls auf Lesbos geboren wurde, zu internationalem Ansehen verhalf.

Das **Theophilos-Museum** (☎ 22510 41644; Eintritt 2 €; ☺ 9–13 & 16.30–20 Uhr) gleich nebenan enthält von Teriade in Auftrag gegebene Werke; verschiedene prestigeträchtige Museen und Galerien in ganz Griechenland stellen weitere, berühmtere Gemälde von Theophilos aus, dessen Geschichte dem alten Muster vieler anderer großer Künstler folgte – er lebte in Armut, bemalte Café-wände, um Geld zu verdienen, und starb schließlich in der Gosse.

Schlafen

BUDGETUNTERKÜNFTE

LP Tipp **Alkaios Rooms** (☎ 22510 47737, 6945507089; www.alkaiosrooms.gr; Alkaiou 16 & 30; EZ/DZ/3BZ 30/40/50 €; 🔀) Diese Ansammlung von 30 sauberen, ordentlichen Zimmern versteckt sich diskret in verschiedenen renovierten traditionellen Gebäuden und ist Mytilinis attraktivste Budgetunterkunft. Sie liegt nur zwei Gehminuten vom Paradosiaka Bougatsa Mytilinis (rechts) entfernt am Hafen.

Iren Rooms (☎ 22510 22787; Ecke Komninaki & Imvrou; EZ/DZ/3BZ 40/50/60 €; 🔀) Das freundliche Iren bietet Zimmer zu vernünftigen Preisen und mit gutem Standard, aber die meisten haben kein so schönes Ambiente wie das Schwester-Haus Alkaios Rooms. Dafür liegt es näher am Fähranleger und direkt neben einem Internetcafé.

New Life Rooms (☎ 22510 23400, 6947365944; Ermou 68; EZ/DZ/3BZ 35/50/70 €) Das New Life bietet helle, gut ausgestattete Zimmer, eine neue Freiluftbar und eine ruhige Lage in einer zentralen Seitenstraße. Es ist nicht immer jemand da, also besser vorher anrufen.

MITTELKLASSEHOTELS

Hotel Sappho (☎ 22510 22888; sappho@microchip.gr; Pavlou Kountourioti 31; EZ/DZ/3BZ 45/60/70 €; 🔀) Dieses routinierte Haus in der Mitte des Hafens ist dank seiner Lage oft ausgebucht. Auch wenn es etwas veraltet ist, bietet es alle notwendigen Annehmlichkeiten und, zum Glück für alle, die spät abends mit der Fähre ankommen, eine rund um die Uhr besetzte Rezeption.

Porto Lesvos Hotel 1 (☎ 22510 41771; www.porto lesvos.gr; Komninaki 21; EZ/DZ/3BZ inkl. Frühstück 50/60/70 €; 🔀 💻) und **Porto Lesvos Hotel 2** (☎ 22510 21217; www.portolesvos.gr; Alkaiou 15; EZ/DZ/3BZ 50/60/70 €; 🔀 💻) sind zentral gelegene Schwester-Hotels, die sich um einen etwas höheren Standard bemühen (der sich in den kostenlosen Toilettenartikeln sowie Bademänteln und Puschen zeigt). Die Hotels bieten sämtliche moderne Annehmlichkeiten, aber die Zimmer sind für den Preis ein bisschen plüschig.

Essen

Paradosiaka Bougatsa Mitilinis (22510 26918; Kountouriotou 19; *bougatsa* 2 €; 🕑 Mo–Sa) Allen, die aus der Morgenfähre stolpern oder auf einem Frühstücksspaziergang sind, serviert dieses geschäftige Lokal am Ufer Mytilinis beste süße *bougatsa* und verschiedene Kaffeespezialitäten.

O Diavlos (☎ 22510 22020; Ladadika 30; *mezedhes* 3–6 €) Diese zentrale *ouzerie* bietet ein ausgezeichnetes Ambiente in einem luftigen Gebäude mit Holzbalken; die Wände zieren (käufliche) Kunstwerke. Der entspannte Besitzer Panayiotis Molyviatis serviert einzigartige, köstliche *mezedhes* wie *giouslemes* (knuspriges Käsegebäck) und *sfongatoa* (eine Art Quiche mit Zucchini, Eiern, Zwiebeln und Käse). Die Rinderspieße nach türkischer Art mit Pittabrot und Zwiebeln und den *yiaourtlou kebab* (griechischer Joghurt) sollte man ebenfalls versuchen. Die Musik reicht von entspannt bis *rembetiko* (Griechischer Blues).

Ouranos (☎ 22510 47844; Navmahias Ellis; *mezedhes* 3–6 €) Eine beliebte *ouzerie*, von deren luftiger Terrasse am antiken Nordhafen sich ein schöner Blick auf die Türkei bietet. Zu den verführerischen *mezedhes* gehören *kolokythoanthi* (gebratene, mit Reis gefüllte Kürbisblüten), *ladotyri mitilinis* (der örtliche, in Öl getränkte Käse) und üppige Portionen *kalamari*.

Stou Mihali (☎ 22510 43311; Ikarias 7, Plateia Sapphou; Hauptgerichte 3,50–5 €; 🕑 9–21 Uhr) Wer auf der Suche nach leckeren *mayirefta* zu einem guten Preis ist, wird in diesem Lokal fündig. Im Gegensatz zu vielen anderen Lokalen dieser Art, kann man hier halbe Portionen bestellen und auf diese Weise eine größere Vielfalt genießen. Die *soutzoukakia* (Rinderfrikadellen in Tomatensoße), die *imam baildi* (gebratene Aubergine mit Kräutern) und den Griechischen Salat unbedingt versuchen.

Palia Agora (☎ 22510 91118; Ecke Agion Theodoron & Ermou; Hauptgerichte 4–6 €; 🕑 8–1 Uhr) In diesem angenehmen Lokal wird normalerweise alte *rembetiko*-Musik gespielt, und es ist eine gute, günstige Alternative für Fischgerichte und *mezedhes*. Das Dekor ist authentisch, der Service freundlich.

LP Tipp **O Ermis** (☎ 22510 26232; Ecke Kornarou & Ermou; *mezedhes* 5–8 €) Dieses freundliche, familiengeführte Restaurant mit Tischen im Freien serviert sehr leckere Salate und *me-*

zedhes in Portionen, die zunächst klein erscheinen, am Ende aber doch genau richtig sind. Es erwachte im Jahr 1800 als türkisches Café zum Leben, und das interessante traditionelle Dekor im Inneren enthüllt einzelne Details seiner langen Geschichte. Die Karte birgt eine interessante Auswahl guter Weine aus Mazedonien und Limnos, und das Schwarzbrot ist noch ganz warm und frisch.

Lemoni kai Prasino Piperi (☎ 22510 42678; Ecke Pavlou Kountourioti & Hristougennon 1944; Hauptgerichte 10–15 €; 🕒 19–1 Uhr) Dies ist der schickste Laden der Stadt; das Restaurant bietet im oberen Stock einen tollen Blick auf den Hafen und noch besseres Essen, besonders die italienischen Gerichte. Den einfachen, aber phänomenalen Tomate-Mozzarella-Salat und die *tagliatelle amatriciana* (würzige Tomatensoße mit Schinken) oder die *tagliatelle alfredo* (Frischkäse-Parmesansoße mit Knoblauch) mit Lachs sollte man versuchen.

Ausgehen

In Mytilinis lauten Hafencafés geht's immer lebendig zu, aber die besten Kneipen liegen in den Nebenstraßen.

LP Tipp **Mousiko Kafenio** (Ecke Mitropoleos & Vernardaki; 🕒 7.30–2 Uhr) Auch wenn die Treppe nicht mehr so stabil ist, dass die Gäste dieser alter Lieblings-Studentenkneipe auch oben sitzen können, schaffen die vielfältigen Gemälde, Spiegel und abgenutzten Holzbalken doch eine entspannte, künstlerische Atmosphäre und machen diesen Laden zu einem der spaßigsten Orte der Stadt.

To Navagio (☎ 22510 21310; Arhipelagous 23) Eine beliebte Café-Bar an der Plateia Sapphou mit gemütlichen Sofas; perfekt für eine entspannte Partie Backgammon und einen Kaffee.

Briki (Ecke Hiou & Mitrelia; 🕒 8–3 Uhr) Diese kleine, lässige neue Kneipe spielt Jazz, Funk und dezente Hintergrundmusik und veranstaltet gelegentlich Kunstausstellungen.

Heavy Bar (☎ 6945605383; Ecke Mitrelia & Ladadika; 🕒 21–3 Uhr) Rock on! Mytilinis langhaarige Hard-Rock-Bar ist vermutlich der einzige Ort auf Lesbos, in dem man jemanden trifft, der im Sommer eine Jeansjacke trägt. Dank des erhöhten Bildschirms kann man Axl Rose, Angus Young & Co nicht nur hören, sondern auch sehen.

Shoppen

Lesvos Shop (☎ 22510 26088; Pavlou Kountourioti 33) Dieser Laden am Hafen in der Nähe des Hotel Sappho verkauft lokale Naturprodukte, von Ouzo, Olivenöl und Seife bis zu Marmelade, handgemachter Keramik, Wein und Käse. Der Erlös kommt der Gemeinde zugute.

North Aegean Shop (☎ 22510 26918; Pavlou Kountourioti 21) Neben dem Paradosiaka Bougatsa Mytilinis bietet dieser Laden traditionelle Produkte wie griechische Süßigkeiten an, darunter ungewöhnliche Variationen mit Wassermelone, Oliven und Nüssen.

An- & Weiterreise

Mytilinis **Regionalbusbahnhof** (Pavlou Kountourioti) nahe der Plateia Sapphou fährt Ziele in der Stadt und in den nahe gelegenen Orten Loutra, Skala Loutron und Tahiarhis an. Alle anderen Busse fahren am **Fernbusbahnhof** (☎ 22510 28873; El Venizelou) in der Nähe des Agias-Irinis-Parks ab.

SÜDLICH VON MYTILINI

Die kleine Halbinsel südlich von Mytilini bietet zahlreiche Olivenhaine und verschiedene einzigartige Attraktionen. Wer der Küstenstraße über 7 km nach Süden folgt, erreicht gegenüber dem Flughafen einen langen Kiesstrand, der eine dekadente Strandbar vorzuweisen hat, den **Kohilia** (☎ 6978773203; 🕒 8–3 Uhr). Sie erbebt förmlich unter House- und Technomusik und wird insbesondere von Studenten in Badekleidung frequentiert, die sich auf den bunten Sofas und Himmelbetten fläzen. Das Kohilia erweist sich an Sommertagen als ein extrem entspannter Laden und nachts als eine angesagte Bar.

Etwas erbaulicher ist **Skala Loutron**, ein Fischerdorf 8 km südwestlich von Mytilini am Golf von Gera. Hier veranstaltet das **Hellenic Culture Centre** (☎ 22510 91660, in Athen 210 523 8149; www.hcc.edu.gr; 2-Wochen-Kurs 650 €) in den Sommermonaten Griechisch-Intensivkurse in einer hundert Jahre alten Olivenöl-Fabrik ganz in der Nähe des Hafens. Sie wurde renoviert und beherbergt heute das **Hotel Zaira** (☎ 22510 91188; www.hotel-zaira.com; Skala Loutron; EZ/DZ 45/60 €), das sich durch luftige Holzbalken, nette Steinarbeiten und hausgemachtes griechisches Essen auszeichnet. Nicht-Kursteilnehmer können auch hier absteigen.

Ebenfalls in Skala Loutron erinnert das **Museum zum Andenken an die Flüchtlinge von 1922** (☎ 22510 91086; Eintritt frei; ⏱ 17–20 Uhr) an Anatoliens vergessene griechische Kultur, die durch den griechisch-türkischen Bevölkerungswechsel im Jahr 1923 nach 2000 Jahren abrupt endete. Das Museum zeigt Fotografien, Dokumente, handgemachte Kleider und Silberarbeiten der Flüchtlinge, außerdem große Wandkarten, die über 2000 Dörfer zeigen, die früher von Griechen bewohnt wurden, sowie die Orte in Griechenland, in die sie umgesiedelt wurden. Das Museum öffnet gern auch außerhalb der normalen Öffnungszeiten; einfach durchfragen.

9 km weiter südlich endet die Halbinsel an den beliebten Sand- und Kiesstränden **Agios Ermogenis** und **Haramida.** Der östliche Streifen des Letzteren, der **Niseli-Strand,** liegt unter einem Felsvorsprung versteckt und ist durch eine Landzunge vom Hauptstrand getrennt. Es gibt einen kostenlosen Gemeinde-Campingplatz mit Toiletten und Duschen, direkt unter den Pinien auf den Klippen über dem Strand. Der Campingplatz liegt in der Nähe des liebenswert exzentrischen **Karpouzi Kantina** (☎ 6977946809), eines Imbisswagens, der nach seinem Maskottchen benannt wurde und eigentlich eine alte Jolle ist, die wie eine gigantische Wassermelone aussieht. Der begeisterte Besitzer Fanis hat auch die Aufsicht über den Campingplatz.

NORD-LESBOS

Mit von Pinien und Olivenbäumen bedeckten Hügeln, friedlichen Stränden und der wunderschön harmonischen Stadt Mithymna (meist mit ihrem alten Namen Molivos bezeichnet) bietet der Norden sowohl einsame Fleckchen als auch eine Reihe entspannter Freizeitaktivitäten. Heiße Quellen am Meer, unentdeckte traditionelle Dörfer und beeindruckende byzantinische Klöster runden das vielfältige Angebot dieser Region ab.

Moni Taxiarhon Μονή Ταξιάρχον

36 km nördlich von Mytilini-Stadt, in der Nähe des Dorfes Mantamados, steht eine der wichtigsten Pilgerstätten von Lesbos: **Moni Taxiarhon** (Taxiarhon-Kloster; Mantamados; Eintritt frei; ⏱ 8–20 Uhr). In diesem großartigen Kloster aus dem 17. Jh., das den Erzengeln gewidmet ist, treffen Orthodoxie, Mythos und Militarismus aufeinander, und zwar ziemlich direkt: man schaue sich nur das Kampfflugzeug an, das draußen geparkt ist. Alles ergibt jedoch Sinn, wenn man weiß, dass der Erzengel Michael der Schutzheilige der Hellenischen Luftwaffe ist. Tatsächlich trifft man hier auf die eine oder andere fromme Seele, die felsenfest daran glaubt, dass täglich unzählige Türken böswillig mit ihren F16 in den griechischen Luftraum eindringen, und einzig die unsichtbare Gegenwart des Heiligen sie davon abhält, auch über das Kloster selbst zu fliegen.

Es wird von zahlreichen Wundern berichtet, die Gläubige aus ganz Griechenland anziehen; man muss aber keiner von ihnen sein, um über die wunderschöne Architektur des Klosters zu staunen. Erstmals im Jahr 1661 als aktives Kloster erwähnt, wurde die heutige Kirche 1879 als dreigängige Basilika erbaut. Das Kloster ist von einer grünen Anlage umgeben (die in praktischer Nähe auch einen Imbissladen und Toiletten bietet).

Der voluminöse Innenraum ist von mächtigen Säulen geprägt und mit Ikonen geschmückt, wobei die Abbildung des Erzengels in Erdtönen am meisten verehrt wird. Laut einer Legende entstand sie im 10. Jh., nachdem das Kloster von sarazenischen Piraten zerstört worden war. Während die Piraten die Mönche massakrierten, kletterte der einzige Überlebende aufs Dach; dort erschien auf wundersame Weise der Erzengel und verjagte, mit gezogenem Schwert, die Sarazenen. Um seine Dankbarkeit zu zeigen, malte der Mönch die Ikone, angeblich, indem er Schlamm mit dem Blut seiner toten Brüder vermischte. Seit 1766 wird die Ikone in einem speziellen Kasten aufbewahrt, und das glänzende Silber, das davor baumelt, symbolisiert die bereits beantworteten Gebete der Gläubigen. Außerdem werden mit Ornamenten verzierte Schuhe als heilige Opfergaben zurückgelassen (angeblich ist auf dem Boden neben der Ikonenwand der Fußabdruck des Erzengels zu sehen).

Wer im Kloster ist, sollte auch den Laden der **Landwirtschaftskooperative von Mandamados** (☎ 22530 61096; asmadama@otenet.gr) besuchen, der Naturprodukte örtlicher Bauern verkauft, etwa den einzigartigen Hartkäse *ladotyri* aus Schafsmilch.

Mithymna (Molivos) Μήθυμνα (Μόλυβος)

1500 Ew.

Mithymna, meist noch immer Molivos genannt, ist eine gut erhaltene Stadt aus der osmanischen Zeit mit schmalen Pflasterstraßen, Steinhäusern mit ausladenden Holzbalkonen und einem sauberen Kiesstrand zu ihren Füßen. Molivos ist ein kurioser Ort, der eine Mischung aus Individual- und Pauschaltouristen in seine Hafenhotels lockt. Dank des intimen oberen Stadtteils, der von einer grandiosen Byzantiner-Burg aus dem 14. Jh. gekrönt wird, und den guten Stränden ganz in der Nähe, ist Molivos außerdem ein ganz nettes Städtchen, in dem man auf einer Erkundungstour durch das nördliche Lesbos gut ein bisschen Zeit verbringen kann.

ORIENTIERUNG

Die Bushaltestelle liegt an der Hauptstraße, die die Stadt in Nord und Süd teilt. Unterhalb dieser Straße befindet sich der Hafen mit einem Strand und mehreren Hotels, Restaurants und Cafés am Nordende. Oberhalb der Hauptstraße beginnt die Oberstadt mit ihren schmalen, verwinkelten Straßen; hier befinden sich auch die stimmungsvolleren Unterkünfte und Restaurants. Die sogenannte *agora* (Markt) mit all ihren touristischen Läden ist noch ein Stück weiter oben. Darüber befindet sich die Burg.

PRAKTISCHE INFORMATIONEN

Im Zentrum gibt es mehrere Banken mit Geldautomaten.

Central Internet Café (pro Std. 4 €) An der Hafenstraße.

Medizinisches Zentrum (☎ 22530 71702)

Post (Kastrou)

Städtische Touristeninformation (☎ 22530 71347) Dieses kleine Büro auf der linken Seite der Kastrou, zwischen der Bushaltestelle und der Gabelung der Hauptstraße, hält die wichtigsten Infos bereit, hat in puncto „Tipps zu Unterkünften" aber gemischte Kritiken erhalten.

SEHENSWERTES & AKTIVITÄTEN

Mithymna (Molivos) eignet sich ausgezeichnet für einen Spaziergang; die kleinen Gassen der Oberstadt sind mit traditionellen, von Blumen umrankten Steinhäusern mit bunten Fensterläden gesäumt. Darüber wacht eine **byzantinische Genueser-Burg** (☎ 22530 71803; Eintritt 2 €; ⏱ Di–So 8.30–19 Uhr) aus dem 14. Jh.; der steile Aufstieg wird mit

einem grandiosen Blick auf die Stadt, das Meer und sogar die Türkei belohnt, die am Horizont flimmert. Im 15. Jh., bevor Lesbos unter türkische Herrschaft fiel, schlug die resolute Onetta d'Oria, die Ehefrau eines Genueser Gouverneurs, türkische Angreifer in die Flucht: sie schlüpfte in die Rüstung ihres Mannes und führte die Männer im Kampf an. Im Sommer findet hier ein **Theater-Festival** statt (in der Touristeninformation nachfragen).

Strandliebhaber können jeden Tag um 10.30 Uhr in ein **Ausflugsboot** steigen und nach Petra, Skala Sykaminias und Eftalou (ab 20 €) fahren. Bootstouren bei Sonnenuntergang und Boots-„Safaris" werden ebenfalls angeboten. Einfach bei **Faonas Travel** (☎ 22530 71630; tekes@otenet.gr) am Hafen nachfragen.

SCHLAFEN

Budgetunterkünfte

In der Stadt stehen über 50 registrierte, gute *domatia* zu Auswahl. Einfach nach den Schildern Ausschau halten oder an der städtischen Touristeninformation nachfragen. Auch die etwas teureren Hotels am Hafen bieten manchmal Sonderpreise an.

Städtischer Campingplatz Mithymna (☎ 22530 71169; Zeltplatz pro Erw./Zelt 7/3 €; ⏱ Juni–Sept.) Dieser öffentliche Campingplatz bietet eine wunderbare Schattenlage, ist 1,5 km von der Stadt entfernt und an der städtischen Touristeninformation ausgeschildert. Wer außerhalb der Hochsaison kommt, sollte vorher anrufen.

Nassos Guest House (☎ 22530 71432, 6942046279; www.nassosguesthouse.com; Arionos; EZ/DZ 25/40 €; 🖥) Im einzigen blauen Haus der Altstadt ist eine der schönsten – und günstigsten – Unterkünfte der Stadt untergebracht. Dieses renovierte türkische Herrenhaus mit einem kleinen separaten Garten bietet freundlich bemalte, liebevoll dekorierte, traditionelle Zimmer mit Balkonen und Blick auf den Hafen. Ein Zimmer hat ein eigenes Bad. Der freundliche niederländische Manager Tom hält jede Menge Informationen über die Gegend und ein Buch über Wanderrouten (8 €) bereit. Am besten wendet man sich wegen eines freien Zimmers gleich direkt an ihn, dann verpasst man was.

Captain's View (☎ 22530 71241; meltheo@otenet.gr; 2-Zimmer-Haus 90–150 €; 🐾) Dieses renovierte alte Haus hat eine gut ausgestattete Küche, einen großen Balkon und eine Lounge. Es warten zwei Schlafzimmer in einem Loft, in dem bis zu sechs Personen Platz finden. Es gibt keine Mindestaufenthaltsdauer, aber im Sommer muss man vorab buchen.

Mittelklassehotels

Molyvos Hotel (☎ 22530 71496; www.molyvos-hotels. com; Hafen; DZ inkl. Frühstück 65 €; 🔲) Auch wenn es mit Anbietern für Pauschalreisen zusammenarbeitet, ist dieses schöne Hafenhotel eine gute Wahl für Individualreisende und bietet ordentliche, moderne Zimmer mit Blick aufs Meer, freundlichen Service und eine gute Frühstücksauswahl. Normalerweise kann man in der schmalen Gasse davor parken.

Amfitriti Hotel (☎ 22530 71741; EZ/DZ/3BZ inkl. Frühstück 65/90/100 €; 🔲 🛏) Das schicke, traditionelle Steinhaus, das nur 50 m vom Strand entfernt liegt, bietet moderne gekachelte Zimmer und einen Gartenpool. Es ist schnell ausgebucht, oft von Pauschalurlaubern, aber Individualtouristen sind immer willkommen.

ESSEN & AUSGEHEN

LP Tipp **Alonia** (☎ 22530 72431; Hauptgerichte 4,50–6 €) Einheimische schwören auf dieses unprätentiöse Lokal gleich außerhalb der Stadt an der Straße zum Eftalou-Strand. Auch wenn die Einrichtung nichts Besonderes ist, ist das Alonia Mithymnas beste Wahl für frischen Fisch zu guten Preisen.

Betty's (☎ 22530 71421; 17 Noemvriou; Hauptgerichte 6–9 €) Diese renovierte Residenz eines türkischen Paschas versteckt sich unter einem roten Balkon, der aus der Straße darüber hervorragt, und bietet köstliche *tyropitakia* (kleines Käsegebäck), herzhaftes Lamm-*souvlaki* und gebackene Auberginen mit Käse. Am besten sind aber die ungewöhnlichen Meeresfrüchte-Spezialitäten, etwa Bettys Spaghetti-Shrimp.

O Gatos (☎ 22530 71661; www.gatos-restaurant.gr; Hauptgerichte 6,50–21 Uhr) In der Nähe des Bogens am Eingang zur Burg liegt dieses etwas touristische Restaurant, das einen atemberaubenden Blick aufs Wasser bietet – prima für ein Essen bei Sonnenuntergang.

Sunset (☎ 22530 71093; Hafen; 🕗 8–1 Uhr) Am Hafen, ganz in der Nähe des Molyvos Hotel, bietet dieses freundliche Ganztagscafé eine tolle Auswahl an Kaffeespezialitäten sowie aufmerksamen Service.

Molly's Bar (☎ 22530 71209; 🕗 ab 18 Uhr) Mit dick gestrichenen Wänden, blauen Sternen, Perlenvorhängen und Guinness aus der Flasche, ist diese skurrile, von einem Briten geführte Bar am Ostrand des Hafens immer tipptopp in Schuss. Das Molly's richtet sich an ein älteres, internationales Publikum. Es wird von ein paar weiteren Kneipen flankiert, in denen es im Sommer ziemlich hoch hergeht.

Rund um Mithymna (Molivos)

Hinter Molivos ist der Norden von Lesbos fast vollkommen unentdeckt; Tom vom Nassos Guest House (S. 719) hat Tipps zu ein paar landschaftlich schönen Strecken und verkauft einen nützlichen Wanderführer (8 €).

Das bekannteste örtliche Ziel ist **Petra**, ein völlig überschätztes Stranddorf 5 km weiter südlich und – unerklärlicherweise – ein Favorit der Pauschaltouristen. Der Strand selbst besteht aus rauem Sand und Kies, und im Wasser stehen merkwürdige, speerartige Holzpfähle. Petras einzige Kulturstätte erhebt sich über dem gigantischen überhängenden Felsen, nach dem das Dorf benannt wurde: die **Panagia Glykofilousa** (Kirche der süß küssenden Jungfrau) aus dem 18. Jh. ist zu Fuß über 114 steinige Stufen erreichbar.

Auch wenn es in Petra Übernachtungsmöglichkeiten gibt, besteht das Dorf selbst aus nicht viel mehr als einer Straße mit Souvenirläden und ein paar Restaurants. Es ist viel netter, in Molivos abzusteigen; wer nach Einsamkeit sucht, fährt aber besser noch ein paar Kilometer Richtung Nordosten zum **Eftalou-Strand** (auch Agii-Anargyri-Strand genannt). Man kann entweder dort parken, wo der Pfad zum Strand hinunter führt, oder noch ein Stück weiterfahren, bis man zum Chrysi Akti Hotel-Restaurant kommt: dahinter warten noch mehr Strände.

Der schmale Eftalou-Kiesstrand vor einer Klippe bietet sauberes Wasser und vollkommene Einsamkeit. Außerdem befinden sich hier die **Mineralbäder von Eftalou** (altes/neues Badehaus 3,50/5 €; 🕗 altes Badehaus 6–8 & 18–22, neues Badehaus 9–18 Uhr) mit ihrem klaren, kathartischen, 46,5 °C warmen Wasser. Das alte Badehaus hat einen Kiesboden, das neue bietet private Badewannen. In diesen Quellen werden Rheuma, Arthritis, Neuralgien, Bluthochdruck, Gallensteine sowie gynäkologische und Hautbeschwerden behandelt. Man kann auch versuchen, die einzige Stelle am Strand vor dem Badehaus zu finden, in dem das heiße Mineralwasser ins kühle Meer fließt – und es auf diese Art genießen.

Hinter den Bädern bietet das **Chrysi Akti** (☎ 22530 71879; Eftalou-Strand; EZ/DZ 35/45 €) am Strand einfache Zimmer mit Bad in idyllischer Lage in einer praktisch vollkommen privaten Kiesbucht. Den freundlichen Besitzern gehört außerdem ein **Restaurant** (☎ 22530 71947; Hauptgerichte 4,50–6 €) mit gleichem Namen direkt über dem Strand; hier kann man einen Sommertag in Lesbos bei einem gemütlichen Gläschen wunderbar ausklingen lassen und den Blick aufs Meer genießen.

WEST-LESBOS

Der spektakuläre, einsame Westen von Lesbos ist das Ergebnis massiver vorzeitlicher Vulkanausbrüche, durch die die Bäume und alle anderen Lebewesen fossilisierten und die Gegend so zu einem der interessantesten Orte für Jäger prähistorischer Schätze machten. Die atemberaubende, karge Landschaft wird nur von zerklüfteten Felsen und vereinzelten Olivenbäumen durchbrochen und unterscheidet sich auf dramatische Weise vom Rest der Insel.

Schon die byzantinischen Spiritisten wurden in ihren hohen klösterlichen Zufluchtsorten von den kargen, verbrannten Mondlandschaften des Westens inspiriert – und lange vor ihnen eine gewisse Sappho, die Dichterin aus dem 7. Jh. v. Chr., die von Platon den Beinamen „die zehnte Muse" erhielt. Die Kraft ihrer literarischen Verführung war so groß, dass selbst der ansonsten sehr besonnene antike Herrscher Solon verzweifelt darum bat, man möge ihm Sapphos Lied beibringen, da er es „lernen und dann sterben" wolle.

Die Sinnlichkeit und Erotik von Sapphos überlieferten Gedichten und die Tatsache, dass sie diese nur einem engen Kreis weiblicher Vertrauter beibrachte, sollten sie später zu einer Ikone der Lesben machen. Ihr Geburtsort Skala Eresu ist ein gerne von Lesben besuchtes Urlaubsziel an der Südwestküste; es bietet herrliche Strände, Meeresfrüchte und Cocktailbars im Sonnenuntergang.

Von Kalloni nach Sigri Καλλονή προς Σίγρι

Von Kalloni aus erreicht man nach 34 km Fahrt Richtung Westen **Andissa**, ein heiteres, rustikales Dorf mit engen Gassen, das dank zweier gigantischer Platanen, die über der *plateia* stehen, schön kühl ist; hier kann man eine Kaffee- oder Mittagspause machen. Während die Bauern Wassermelonen von den Ladeflächen ihrer Laster hieven, lauscht man dem Grillen und dem Geplapper der Alten bei einem griechischen Kaffee oder einem Frappé.

Aussteiger werden den wenig besuchten **Gavathas-Strand** an der Nordküste genießen, der ein paar Kilometer vor Andissa ausgeschildert ist. Dieser lange Sandstreifen erstreckt sich neben einem winzigen Fischerdorf und bietet warmes, flaches Wasser, das ideal für Kinder ist, sowie ein paar bescheidene Unterkünfte und Lokale. In der Mitte der Hauptstraße hinter dem Strand links nach **O Tsolias Guest Rooms** (☎ 22530 56537; Gavathas Beach; EZ/DZ/3BZ 40/50/60 €) Ausschau halten. Die nette Familie, die diese einfachen, sauberen Zimmer mit Bad vermietet, führt außerdem die köstliche Taverne darunter.

9 km westlich von Andissa steht das byzantinische **Moni Ypsilu** (Eintritt frei; ☽ 7.30–22 Uhr) auf einem einsamen, von Vulkanebenen umgebenen Gipfel. Die mehrstöckige Anlage aus dem 8. Jh. verfügt über einen gegenen Innenhof voller Blumen, eine reich verzierte Kirche und ein kleines, aber spektakuläres Museum mit Gold- und Silberreliquien, antiken liturgischen Gewändern, jahrhundertealten Ikonen und byzantinischen Manuskripten, die bis ins 10. Jh. zurückreichen. Vom Ende der Klostertreppe überblickt man die festungsähnlichen Mauern auf den wüstenartigen, ockerfarbenen Ebenen, die sich bis zum Meer erstrecken.

4 km hinter dem Kloster biegt eine ausgeschilderte Straße nach links ab und führt nach 4,9 km zu Lesbos' viel gerühmtem **versteinerten Wald** (☎ 22530 54434; www.petrifiedforest.gr; Eintritt 2 €; ☽ 8–17 Uhr) – wenn man ehrlich ist, eher eine versteinerte Wüste. Die 20 Mio. Jahre alten Stümpfe, die in diesem glühend heißen, schattenlosen Tal verstreut liegen, kann man beinahe an einer Hand abzählen, auch wenn Experten behaupten, dass unter der Erde noch viele mehr verborgen liegen und nur darauf warten, ausgegraben zu werden.

Die besten Exemplare befinden sich im **Naturhistorischen Museum des versteinerten Waldes von Lesbos** (☎ 22530 54434; Eintritt 5 €; ◷ 15. Juni–18. Okt. 8–20Uhr , 5. Okt.–5. Juni 8.30–16.30 Uhr) in Sigri, einem 7 km westlich gelegenen Küstendorf. Das fesselnde moderne Museum schafft es, mithilfe interaktiver Ausstellungen und einer wahren Schatztruhe voller glitzernder Amethyste, Quarze und anderer Halbedelsteine, alte Kiesel und verstaubte Fossilien den Besuchern in interessanter Weise zu präsentieren.

Das verschlafene **Sigri** ist ein Fischereihafen inklusive Fährhafen, der aber nur gelegentlich in Betrieb ist. Das Dorf bietet einen wunderschönen Blick aufs Meer, besonders bei Sonnenuntergang, und im Südwesten warten idyllische, wenig besuchte Strände. Eine gute Schotterstraße führt entlang der Küste Richtung Süden an diesen Stränden vorbei; bis Skala Eresu, dem beliebtesten Ziel im Westen von Lesbos, sind es etwa 45 Minuten Fahrt.

Skala Eresu Σκάλα Ερεσού

Ew. 1560

Alle historischen Orte müssen die Last ihrer Vergangenheit tragen, aber das einst so ruhige Fischerdorf Skala Eresu hat gelernt, Profit daraus zu schlagen. Diese unkonventionelle Strandstadt, in der die sinnliche Lieddichterin Sappho 630 v. Chr. geboren wurde, ist angeblich das Epizentrum der lesbischen Weltgemeinschaft – aber dieser Ruf ist längst überholt. Tatsächlich sieht Skala Eresu dank Shiatsu, Smoothies, heilenden Künsten und Laptop-Cafés eigentlich genau wie eine College-Stadt in Neuengland aus, wenn auch mit entschieden angenehmerem Klima. Alles in allem ist Eresu wirklich sehr nett.

Die meiste Anziehungskraft geht in Skala Eresu von seinem 2 km langen Strand, den guten Meeresfrüchten und dem entspannten Nachtleben aus, während das Festival Women Together alljährlich im September den Höhepunkt der lesbischen Urlaubssaison bildet.

ORIENTIERUNG & PRAKTISCHE INFORMATIONEN

Die zentralen Plätze Plateia Anthis und Evristhenous grenzen an den Hafen; der Strand erstreckt sich von dort aus seitlich. Hier findet man Restaurants und Bars,

Letztere im östlichen Teil des Hafens; die meisten Cafés bieten kostenlos WLAN an. Hinter der plateia steht die Kirche Agios Andreas. Weiter westlich befinden sich entlang der Gyrinnis die wichtigsten Einrichtungen und ein paar Geldautomaten. Einen **Arzt** (☎ 22530 53947; ◷ 24 Std.) gibt's auch.

Sappho Travel (☎ 22530 52140; www.sapphotravel.com) bietet umfassenden Service, hält Informationen bereit, verleiht Autos, verkauft Tickets, organisiert Unterkünfte und wechselt Geld. Außerdem organisiert die Agentur Bootstouren bei Sonnenschein nur für Frauen und jeden September das zweiwöchige Festival **Women Together.** Dieses Event lockt Lesben aus aller Welt mit Workshops, Musik, Kunst, Therapien und Geselligkeit hierher.

SEHENSWERTES

Skala Eresus **Archäologisches Museum** zeigt griechische und römische Antiquitäten, war zur Zeit der Recherche aber noch geschlossen. In der nahen frühchristlichen **Basilika Agios Andreas** sind teils noch intakte Mosaiken aus dem 5. Jh. zu sehen.

SCHLAFEN

Skala Eresus bietet anständige *domatia* und (ziemlich teure) Hotels. Ein paar Häuser, die früher nur für Frauen geöffnet waren, sind mittlerweile auch für Männer zugänglich, zwei sind aber nach wie vor reine Frauenunterkünfte.

Domatia Maria Pantermou (☎ 22530 53267; pantermou@in.gr; EZ/DZ/3BZ 20/30/40 €; ✲) Gegenüber vom Mascot Hotel vermietet das freundliche Paar Marianthi und Giorgios Pantermou diese kleinen, aber sauberen Zimmer mit Balkon.

Hotel Eressos (☎ 22530 53560; EZ/DZ 35/45 €; ◷ März–Dez.; ✲) Mit afrikanischen Möbeln eingerichtet, die die Besitzerin von ihren Reisen mitgebracht hat, bietet dieses Haus ordentliche, saubere Zimmer in ruhiger Lage, nur ein paar Straßen vom Wasser entfernt.

Villa La Passione (☎ 6944602080; EZ/DZ/3BZ 40/50/60 €) Selbstversorgern werden diese modernen, gut ausgestatteten Wohnstudios in der Nähe des zentralen Parkplatzes von Eresu sicher gefallen.

Hotel Antiopi (☎ 22530 53311; EZ/DZ 35/50 €) Ein Hotel nur für Frauen, das davon profitiert, dass das Hotel Sappho auf ein gemischtes

Publikum umgestiegen ist. Das Antiopi bietet ordentliche, aber recht vollgestopfte Zimmer, die entweder kitschig-cool oder einfach nur überzogen sind.

Mascot Hotel (☎ 22530 52140; www.sapphotravel. com; EZ/DZ 40/60 €; 🏊) Hier gibt's zwar kein Schild mit der Aufschrift „Für Männer verboten", aber wir können versichern, dass das Mascot nur für Frauen ist. Dieser unkonventionelle Ort mit zehn gemütlichen, modernen Zimmern mit Balkonen liegt ein paar Blocks hinter dem Strand. Buchen kann man über Sappho Travel.

Hotel Sappho (☎ 22530 53233; www.sapphohotel. com; EZ/DZ 40/60 €; 🏳 1. Apr–15. Okt; 🏊 🛜) Das Sappho war das erste reine Frauen-Hotel am Ort, aber mittlerweile ist es für gemischtes Publikum geöffnet. Auch wenn es dadurch bei der Lesbengemeinde ein bisschen an Glaubwürdigkeit eingebüßt hat, bietet das Sappho nach wie vor eine tolle Uferlage, schicke Zimmer und kostenloses WLAN.

ESSEN
Skala Eresus Restaurants und Bars säumen den Strand, Letztere auf der Ostseite. An klaren Tagen taucht Chios am Horizont auf.

Eressos Palace (☎ 22530 5385; Hauptgerichte 6–10 €) Die gute *psarotaverna* am Westrand bietet auch Grillgerichte an und verkauft Käse aus Eresu.

Soulatso (☎ 22530 52078; Fisch 6–13 €) Dieses geschäftige Strand-Restaurant mit Terrasse ist auf frischen Fisch und andere Meeresfrüchte spezialisiert.

AUSGEHEN
Skala Eresu' begrenztes Nachtleben besteht aus einer Reihe von Café-Bars, die sich am Ostrand des Hafens aneinanderreihen; einige sind wirklich ganz hübsch.

Tenth Muse (☎ 22530 53287) Die erste Bar auf der Haupt-*plateia* ist ein langjähriger Favorit der Frauen und setzt auf fruchtige Getränke, Häagen-Dazs-Eiscreme und Lebensfreude.

Parasol (☎ 22530 52050) Weiter unten am Hafen gelegen und an den orangefarbenen Laternen zu erkennen, werden hier leckere Cocktails serviert, die zum Südsee-Dekor passen.

Margaritari (☎ 22530 53042) Mit seinen auffälligen orangefarbenen Möbeln ist dies ein weiteres nettes Freiluftcafé mit leckerem Süßkram.

Breez (☎ 22530 537108) Eine wahnsinnig schicke Bar, die eher bei den jungen Griechen beliebt ist.

Zorba the Buddha (☎ 22530 53777) Diese Bar liegt am östlichen Hafenrand, ist seit jeher sehr beliebt und bis spät abends gut besucht.

SÜD-LESBOS
Verstreute Oliven- und Pinienhaine durchziehen den Süden der Insel von den Hängen des Olymp (968 m), des höchsten Gipfels der Gegend, bis zum Meer, wo eine Reihe herrlicher Strände lockt.

Dies ist eine heiße, landwirtschaftlich dominierte Region, in der die wichtigen Olivenöl-, Wein- und Ouzoproduzenten die Einnahmen aus dem Tourismus überschatten. So sind die Dörfer in Süd-Lesbos nach wie vor authentisch und die Strände herrlich einsam.

Gleich südlich der Straße von Mytilini nach Polyhtinos ist **Agiasos** der erste Ort von Interesse. Das skurrile, hübsche und traditionelle Örtchen liegt an der Nordseite des Olymp; hier schlürfen noch die Dorfältesten in den *kafeneia* griechischen Kaffee und kümmern sich nicht groß um die Zeit, während lokale Kunsthandwerker ihre Waren an Tagesausflügler aus Mytilini-Stadt verkaufen. Trotzdem ist es ein entspannter, herrlich grüner Ort, der obendrein die außergewöhnliche **Kirche Panagia Vrefokratousa** bietet, in der sich ein ikonenreiches **byzantinisches Museum** und ein **Volkskundemuseum** befinden. Schöne Unterkünfte gibt's hier auch.

Alternativ bietet sich auch die Möglichkeit, auf der Straße nach Süden, die sich an die Westseite des Golfs von Gera schmiegt, nach **Plomari** zu fahren. Das Zentrum von Lesbos' Ouzo-Industrie ist ein attraktives Dorf am Meer, das mit einer großen, von Palmen gesäumten *plateia* und einigen Hafen-Tavernen aufwarten kann. Sehenswert ist das **Varvagianni Ouzo-Museum** (☎ 22520 32741; 🏳 Mo–Fr 9–19 Uhr, Sa & So nach Vereinbarung). Die beliebte Strandsiedlung **Agios Isidoros**, 3 km weiter östlich, nimmt die meisten von Plomaris Sommergästen auf. Der Strand ist nicht schlecht, aber **Tarti,** noch weiter im Osten, ist noch schöner und weniger überfüllt. Westlich von Plomari liegt **Melinda,** ein ruhiges Fischerdorf mit Strand, Tavernen und *domatia.*

Von Melinda nach Vatera Μελίντα προς Βατερά
AUTOTOUR
Von Melinda aus schlängelt sich eine wenig befahrene Straße zwischen steilen Schluchten zum Strandort Vatera durch friedliche Bergdörfer und dicht bewaldete Hügel empor, und von oben bietet sich ein atemberaubender Blick aufs Meer.

Auf der Fahrt nach Norden trifft man zuerst auf das winzige **Paleochori** mit seinen schmalen Gassen und freundlichen älteren Dorfbewohnern, die in den *kafeneia* auf der kleinen *plateia* des Dorfes sitzen und die Besucher neugierig über ihre dicken Brillengläser anschauen. Die alte Kirche im oberen Teil des Dorfes ist viel größer und aufwendiger, als es für das bescheidene Paleochori nötig wäre. Normalerweise ist sie geöffnet und der Priester kann (auf Griechisch) mit Informationen über ihre Geschichte aufwarten.

Weiter im Norden bietet sich ein umwerfender Ausblick aufs Meer und einzelne noch winzigere Dörfer, die sich in den bewaldeten Bergen gegenüber verstecken. Im Anschluss führt die Straße Richtung Westen nach Akrassio und dann nach **Ambeliko** im Norden; auch wenn es eine direktere Westroute gibt, ist es sicherer, erst nach Ambeliko zu fahren und dann, kurz vorher, links auf die ausgeschilderte, gute Schotterstraße abzubiegen, die hinunter nach **Kato Stavros** führt. Erst nach 9 km ist diese Straße wieder asphaltiert und führt durch ruhige Oliven- und Pinienwälder. Die gesamte Fahrt von Melinda nach Vatera dauert etwas mehr als eine Stunde.

WANDERWEGE
In Süd-Lesbos können Wanderer die „Olivenwege" genießen, die sich aus Pfaden und kleinen lokalen Straßen zwischen Plomari und Melinda zusammensetzen. Der **Melinda-Paleochori-Pfad** (1,2 km, 30 Min.) folgt für 200 m dem Fluss Selandas, bevor er nach Paleochori hinaufklettert und an einer Quelle mit Trinkwasser vorbeikommt. Der Weg endet an einer der beiden Olivenpressen des Dorfes. Von dort geht's weiter nach Südwesten zur **Panagia Kryfti**, einer Höhlenkirche in der kleinen heißen Quelle, und zum nahe gelegenen **Drota-Strand**. Eine andere Möglichkeit ist die Route **Paleohori–Rachidi** (1 km, 30 Min.), die mit weißen Steinen gepflastert ist und an mehreren Quellen und Weinbergen vorbeiführt. Rachidi, das erst seit 2001 ans Stromnetz angeschlossen ist, bietet verschiedene charmante alte Häuser und ein *kafeneio*.

Ein weiterer Weg führt von Melinda nach Nordwesten ins schattige **Kournela** (1,8 km, 40 Min.) und von dort nach **Milos** (800 m, 20 Min.), in dem eine alte Getreidemühle steht. Alternativ kann man von Melinda über den Weg entlang des Flusses auch direkt nach Milos wandern (2 km, 1 Std.); die Strecke führt an einer zerstörten Olivenmühle, einer Quelle und zwei Brücken sowie Orangen- und Mandarinenbäumen vorbei. Von Milos führt der Weg am Fluss weiter Richtung Nordosten bis nach **Amaxo** (1,75 km, 1 Std.); das Bergquellwasser inmitten von Platanen-, Pappel- und Pinienwäldern ist eine willkommene Erfrischung.

Weitere, anspruchsvollere Wanderwege führen von Melinda direkt nach Vatera; Einzelheiten weiß das **EOT** (☎ 22510 42511; Aristarhou 6; ⏰ Mo–Fr 9–13 Uhr) in Mytilini-Stadt oder das dortige Reisebüro.

Vatera & Polichnitos Βατερά & Πολυχνίτος
Trotz seines 9 km langen Sandstrands ist das ruhige Vatera nach wie vor ein entspanntes Urlaubsziel mit nur ein paar kleinen Hotels und *domatia* und noch weniger Bars. Es ist daher der perfekte Ort für Familien, Paare und alle, die einfach mal den Trubel hinter sich lassen möchten.

Am Westrand, dem Kap Agios Fokas, stehen die spärlichen Ruinen eines antiken **Dionysos-Tempels** auf einer Landzunge über dem Meer. Funde aus der Bucht zwischen dem Strand und dem Kap deuten auf die Existenz eines antiken Militärlagers hin; einige Historiker halten dies für den Ort, auf den Homer sich in der Ilias bezieht, wenn er vom Ruheplatz der griechischen Truppen bei der Belagerung Trojas spricht. Die Legende besagt außerdem, das nahe Dorf Vrissa sei nach der trojanischen Frau Vrysseida benannt worden, die starb, nachdem sich zwei der siegreichen griechischen Kämpfer heftig um sie gestritten hatten. Noch heute trifft man hier alte Frauen und das eine oder andere kleine Mädchen mit dem Namen Vrysseida, der nirgendwo sonst gebräuchlich ist.

Vateras prähistorische Vergangenheit hat internationale Aufmerksamkeit erregt. Hier wurden Fossilien gefunden, die 5,5 Mio. Jahre alt sind, darunter die Überreste einer Schildkröte, die so groß war wie ein VW Käfer, eines gigantischen Pferdes und einer Gazelle. Ein kleines **Naturhistorisches Museum** (☎ 22520 61890; Eintritt 1 €; ⏰ 9.30–19.30 Uhr), das in Vrissas altem Schulhaus untergebracht ist, stellt diese und andere bedeutende Funde aus. Da die Ausgrabungen noch immer andauern, könnte bald noch mehr Aufregendes zu Tage treten.

Das landwirtschaftliche **Polichnitos,** 10 km nördlich von Vatera auf der Straße zurück nach Mytilini, ist für die beiden **heißen Quellen** ganz in der Nähe berühmt; eine befindet sich gleich südwestlich, die andere 5 km nördlich vor dem Dorf Lisvorio. Erstere ist als **Polichnitos Spa** (☎ 22520 41449; Eintritt 3 €; ⏰ 7–12 & 15–20 Uhr) bekannt, in einem hübschen byzantinischen Gebäude untergebracht und bietet mit 31 °C mit die heißesten Thermalbäder in ganz Europa. Hier werden Rheuma, Arthritis, Hauterkrankungen und gynäkologische Beschwerden behandelt. Das **Lisvorio Spa** (☎ 22530 71245; Eintritt 3 €; ⏰ 8–13 & 15–20 Uhr) besteht aus zwei kleinen Bädern, die an einem bewaldeten Fluss liegen. Sie sind nicht ausgeschildert, man muss sich also durchfragen; dass die Gebäude ziemlich heruntergekommen sind, tut dem Badevergnügen keinen Abbruch. Temperatur und Wasserqualität ähneln jenen in Polichnitos.

5 km nordwestlich von Polichnitos liegt der Fischereihafen **Skala Polichnitos** am Golf von Kalloni. Dies ist ein ebenso entspannter wie unspektakulärer Ort, in dem Kaiks gegen die Docks schaukeln, während Fischer ihre Netze entwirren, und zum Abendessen genießt man mit den Einheimischen in aller Ruhe frische Meeresfrüchte.

Schlafen & Essen

Agiasos Hotel (☎ 22520 22242; Agiasos; EZ/DZ/3BZ 20/25/30 €) Neben der Panagia-Kirche in Agiasos liegt dieses freundliche Haus mit einfachen, sauberen Zimmern im Herzen des Geschehens.

Stratis Kazatzis Rooms (☎ 22520 22539; Agiasos; EZ/DZ/3BZ 20/25/30 €) Gleich am Eingang von Agiasos befinden sich diese ebenso hübschen wie preiswerten Zimmer. Wie auch

das Agiasos Hotel ist dies ein ziemlich kleines Haus, also vorab buchen.

LP Tipp **Hotel Vatera Beach** (☎ 22520 61212; www.vaterabeach.com; Vatera; F7/DZ 65/90 €; 🅿 ⊠ 🖳 ⊠) Dieses friedliche Strandhotel betrachtet seine Gäste, von denen viele jedes Jahr wiederkommen, als liebe alte Freunde. Die wunderbare Familie von George und Barbara Ballis bietet den Urlaubern alles Nötige wie kostenlose Zeitungen in verschiedenen Sprachen und Computer mit Internetzugang. Der Service ist freundlich und höflich, und das ausgezeichnete Restaurant des Hotels bezieht die meisten Zutaten vom Bio-Bauernhof des Besitzers.

LP Tipp **Psarotaverna O Stratos** (☎ 22520 42910; Skala Polichnitos; Fisch 6–9 €; ⏰ 10–1 Uhr) Die beste mehrerer Fisch-Tavernen im Hafen von Skala Polichnitos bietet ausgezeichnete, günstige frische Meeresfrüchte, Salate wie *vlita* (Wildkraut) und köstliche *mezedhes*. Die kleinen Fischerboote, die direkt vor den Tischen festgemacht sind, tragen zum Ambiente bei. Der Service ist freundlich und aufmerksam.

LIMNOS ΛΗΜΝΟΣ

15 225 Ew./ Fläche 482 km²

Das abgeschiedene Limnos liegt ganz allein im Nordosten der Ägäis, einzig das benachbarte Agios Efstratios leistet ihm Gesellschaft. Dennoch hat es Besuchern, die nach griechischem Inselleben suchen, das vom modernen Tourismus noch relativ unberührt ist, einiges zu bieten. Seine Hauptstadt Myrina hat sich ihr klassisches Flair als griechischer Fischereihafen bewahrt, und eine grandiose Genueser Burg, die von zwei Stränden flankiert wird, schafft einen dramatischen Hintergrund. Während der Hochsaison füllen sich die schicken Cafés und Läden der Stadt mit (meist) griechischen Touristen, aber ansonsten ist es auf der Insel herrlich ruhig, besonders in den friedlichen Dörfern im Inselinnern.

Obwohl es nicht sehr groß ist, bietet Limnos doch eine gewisse Vielfalt. Die Seen im Osten werden von spektakulären Flamingoschwärmen besucht, und die karge Zentralebene ist im Frühling und Sommer voller Wildblumen. Nahe der Hauptstadt, aber auch in abgeschiedeneren, intimeren Ecken der Insel, warten sensationelle Sandstrände.

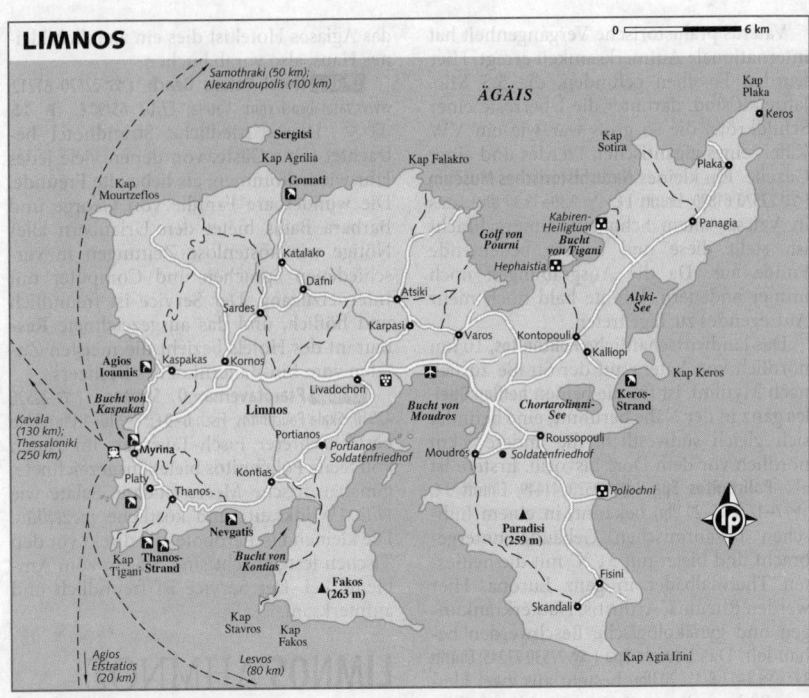

LIMNOS

0 —— 6 km

Samothraki (50 km);
Alexandroupolis (100 km)

ÄGÄIS

Kap Plaka

Keros

Sergitsi

Kap Agrilia   Kap Falakro   Kap Sotira

Gomati   Plaka

Kap Mourtzeflos

Golf von   Kabiren-Heiligtum
Pourni   Bucht von Tigani   Panagia

Katalako   Hephaistia

Dafni   Atsiki

Sardes   Alyki-See

Karpasi

Agios Ioannis   Kaspakas   Kornos   Varos   Kontopouli   Kalliopi

Bucht von   Kap Keros
Kaspakas   Limnos   Bucht von   Keros-
Livadochori   Moudros   Chortarolimni-Strand
Kavala   See
(130 km);   Portianos   Roussopouli
Thessaloniki   Portianos
(250 km)   Myrina   Soldatenfriedhof   Moudros Soldatenfriedhof
         Kontias
Platy   Poliochni
Thanos

Nevgatis   Paradisi
                  (259 m)
Kap   Thanos-   Bucht von   Fisini
Tigani Strand   Kontias
                  Fakos
                  (263 m)   Skandali
         Kap   Kap
         Stavros Fakos
Agios   Kap Agia Irini
Efstratios
(20 km)   Lesvos
                  (80 km)

NORDOSTÄGAISCHE INSELN

Wer noch mehr Einsamkeit sucht, kann Limnos' kleine Inselkolonie Agios Efstratios (s. S. 730) im Süden besuchen, die ebenfalls mit ruhigen Stränden und mit frischem Fisch lockt.

Limnos ist für seine heftigen Sommerwinde berüchtigt, dank der man auf der Insel großartig surfen kann; im Spätsommer leidet es jedoch unter dem Fluch aller nördlichen Ägäis-Inseln: Quallen. Bei den Griechen ist die Insel vielleicht am besten als zentraler Kommandoposten der Hellenischen Luftwaffe bekannt – eine strategische Entscheidung, da Limnos der ideale Standort zur Beobachtung der Dardanellen ist, die nach Istanbul führen. Aus eben diesem Grund wurde die Insel im Ersten Weltkrieg als Operationsbasis für den misslungenen Gallipoli-Feldzug genutzt; nahe Moudros, wo die alliierten Schiffe stationiert waren, befindet sich ein bewegender Militärfriedhof für die gefallenen Soldaten des Commonwealth.

Limnos und vor allem seine spärlich besiedelte Kolonie Agios Efstratios werden außerhalb der Hochsaison von Touristen kaum besucht. Dank der steten Militärpräsenz ist Myrina aber das ganze Jahr über deutlich aktiver als andere kleine Inselhauptstädte.

An- & Weiterreise
Für Näheres zu Flügen und Fähren von Limnos s. Insel-Hopping (S. 869).

FLUGZEUG
Der Flughafen liegt 22 km östlich von Myrina; ein Taxi kostet etwa 16 €.

Olympic Air (☎ 22540 22214; www.olympicairlines. com; Nikolaou Garoufallidou) befindet sich gegenüber vom Hotel Paris in Myrina.

SCHIFF/FÄHRE
Tickets für Fähren und Tragflächenboote sind bei Pravlis Travel (gegenüber) oder der Myrina Tourist & Travel Agency (gegenüber) erhältlich. Letztere verkauft darüber hinaus auch Tickets (einfach/hin und zurück 8/15 €) für Tagesausflüge nach Agios Efstratios mit der *Aeolis*-Fähre, die sonntags um 8 Uhr ablegt und um 17 Uhr zurückkehrt.

Unterwegs vor Ort

AUTO & MOTORRAD

Myrina Rent-a-Car (rechts) in der Nähe des
Hafens verlangt 30 € pro Tag. Auf der Kyda-
Karatza gibt's Motorradverleiher.

BUS

Limnos' Busnetz erfüllt nur einen einzigen
Zweck: es bringt die Dorfbewohner für ihre
morgendlichen Einkäufe in die Stadt und
zur Mittagszeit wieder nach Hause. Am selben Tag mit dem Bus hin- und zurückzu-
fahren, ist nur zu vier Zielen möglich, und
das sind bei Weitem nicht die interessantesten. Es fahren beispielsweise zwei Morgenbusse nach Plaka, die aber erst am nächsten
Tag um 7 Uhr und 8.45 Uhr zurückfahren
(4,60 €, 1¼ Std.).
Ebenfalls zwei Morgenbusse verkehren
nach Skandali, zurück geht's aber erst am
nächsten Tag um 7 Uhr (4,60 €, 1¼ Std.).
Kontias wird am Morgen von zwei Bussen
angesteuert, die am folgenden Tag um 7
Uhr und 9 Uhr zurückkehren (2,40 €, 45
Min.). Die beiden Busse, die täglich nach
Katalakos fahren – gerade mal 25 Minuten
– kehren erst um 8.30 Uhr und um 13.30
Uhr zurück (1,80 €).
Von Myrina fahren außerdem fünf Busse
über den Flughafen nach Moudros (2,80 €,
30 Min.), der letzte Bus kehrt um 12.15 Uhr
zurück.
An Myrinas **Busbahnhof** (☎ 22540 22464; Plateia Eleftheriou Venizelou) hängen Fahrpläne aus,
aber es gibt auch welche zum Mitnehmen.

TAXI

Auf Myrinas zentralem Platz in der Nähe
des Busbahnhofs gibt's einen **Taxistand**
(☎ 22540 23033).

MYRINA MYPINA

5110 Ew.

Limnos' Hauptstadt ist ein atemberaubender Ort vor einem Hintergrund aus vulkanischen Felsen und einer schroffen Genueser Burg. Trotz einiger Touristen hat es sich
seine Gelassenheit bewahrt und sich noch
fester an seine Wurzeln als Fischereihafen
geklammert. Hier sieht man alte Fischer
griechischen Kaffee trinken, während sie
ihre Netze ausbreiten, und den Hafen
schmücken bunte Kaiks. Hinter der Burg
liegt ein herrlicher Sandstrand, noch weiter
hinten ein weiterer, weniger windiger.

Im Sommer erwacht Myrina zum Leben.
Dann verkaufen die Läden traditionelles
Essen und Kunsthandwerk, und die fidele
agora (Markt) ist einfach herrlich. Die weiß
getünchten Steinhäuser, altmodischen Fri-
seurläden, *kafeneia* und verfallenden klassizistischen Herrenhäuser mit Holzbalkonen
schaffen zusammen eine entspannte Atmosphäre.
Die Stadt (und Limnos im Allgemeinen)
wird hauptsächlich von griechischen Touristen besucht, und so trägt auch das Nachtleben eine ziemlich hellenische Note; die
beliebtesten Läden sind stilvolle Strandbars.
Trotz des Trubels wird der überwachsene
Hügel der Burg jedoch von schüchternem,
leichtfüßigem Wild bewohnt, das nachts
umherspringt; im Winter, so sagen die Einheimischen, spazieren die Tiere sogar über
die *agora* – wahrscheinlich müssen auch sie
mal was einkaufen.

Orientierung

Am Kai geht's rechts auf die Plateia Ilia
Iliou. Vorbei am Hotel Lemnos und dem
Rathaus geht's nach dem heruntergekommenen Hotel Action links, dann gleich
halblinks auf die Hauptstraße Kyda-Karatza
und zu Myrinas zentralem Platz. Noch weiter erreicht man die Plateia Eleftheriou Venizelou und den Busbahnhof.

Praktische Informationen

Banken mit Geldautomaten säumen den
zentralen Platz. Der Sommer-Kiosk der
Touristeninformation am Kai ist sogar
manchmal im Dienst.

Excite-Net (☎ 22540 25525; Internet pro Std. 1,50 €;
☽ 24 Std.) Internetcafé am Hafen.

Hafenpolizei (☎ 22540 22225)

Myrina Rent-a-Car (☎ 22540 24476; Kyda-Karatza) In
Hafennähe.

Myrina Tourist & Travel Agency (☎ 22540 22460;
mirina@lim.forthnet.gr) Agentur mit Rundum-Service am
Hafen.

Polizei (☎ 22540 22201; Nikolaou Garoufallidou)

Post (Nikolaou Garoufallidou)

Pravlis Travel (☎ 22540 22471; pravlis@lim.forthnet.
gr; Parasidi 15) Für Fährtickets.

SAOS Ferries (☎ 22540 29571) Verkauft Fährtickets in
einem kleinen Büro auf der Burgseite des Hafens.

Theodoros Petrides Travel Agency (☎ 22540
22039; www.petridestravel.gr; Kyda-Karatza 116) Bietet
Sightseeing-Touren auf der Insel, einen Autoverleih und
bucht Unterkünfte.

Sehenswertes & Aktivitäten

Myrinas **Festung** steht auf einer Landzunge, die die Stadt von ihrem beliebten Strand trennt. Von hier kann man über das Meer bis zum Berg Athos sehen. Vom Hafen links in die erste Seitenstraße, neben einem alten türkischen Brunnen, abbiegen; dort ist die Burg auch ausgeschildert. Wenn man vor der Kirche auf der Nordostseite der Burg sitzt, bietet sich nachts ein toller Blick über die Lichter der Cafés, und wer Glück hat, erhascht zur Linken sogar hier und da einen Blick auf die Rehe, die durch die Nacht springen.

Zu Myrinas Stränden gehören der weite, sandige **Rea Maditos** und der noch schönere **Romeikos Gialos** hinter dem Hafen; man erreicht ihn, indem man auf der Kyda-Karatza landeinwärts geht und irgendwo links abbiegt. Weiter entfernt liegt der **Riha Nera** („flaches Wasser"), der nach seinem sanft abfallenden, kinderfreundlichen Meeresboden benannt ist. Nachts ist hier auch was geboten.

Fünf Minuten südlich liegt auf der Straße zum Thanos-Strand der **Platy-Strand**, ein flacher Sandstrand, der bei den Einheimischen beliebt ist und ein paar Strandbars und Restaurants bietet.

Myrinas **Archäologisches Museum** (Eintritt 2 €; ✆ Di–So 9–15 Uhr) ist in einem klassizistischen Herrenhaus mit Blick auf den Romeikos-Gialos-Strand untergebracht und zeigt Funde von den drei Ausgrabungsstätten auf Limnos: Poliochni, dem Heiligtum der Kabiren und dem Hephaistia.

Von Juni bis September bietet Theodoros Petrides Travel Agency (S. 727) **Bootsfahrten** (20 €) rund um die Insel an, inklusive Zwischenstopps zum Schwimmen und Mittagessen.

Schlafen

Hotel Filoktitis (✆ /Fax 22540 23344; Ethnikis Andistasis 14; EZ/DZ 40/50 €; ✖) Das einladende Hotel bietet luftige, gut ausgestattete Zimmer gleich hinter dem Riha-Nera-Strand. Einfach der Maroulas (der Fortsetzung der Kyda-Karatza) und dann der Ethnikis Andistasis folgen; das Hotel befindet sich über dem ziemlich edlen Restaurant desselben Namens.

Hotel Lemnos (✆ 22540 22153; EZ/DZ 45/60 €; ✖) Diese Unterkunft am Hafen hat freundliches Personal und bietet moderne Zimmer mit Balkon und Ausblick aufs Meer oder die Burg.

Apollo Pavillon (✆ /Fax 22540 23712; www.apollo pavilion.com; Wohnstudios inkl. Frühstück ab 60 €; ✖) Hinter dem Hafen in einem klassizistischen Haus verfügt das beliebte Apollo Pavillon über große Zimmer mit Küchenzeile und Balkon. Von der Kyda-Karatza geht's entlang der Nikolaou Garoufallidou, das Schild ist 150 m rechts.

Lemnos Village Hotel (✆ 22540 23500; www.lem nosvillagehotel.com; Platy-Strand; EZ/DZ/3BZ 50/60/70 €; P ✖ ⊛) Außerhalb der Stadt am Platy-Strand bietet dieses schicke, resortartige Hotel zu guten Preisen mehr Annehmlichkeiten als die einfacheren Häuser in Myrina (einer der Gründe, weshalb es bei ausländischen Gruppen beliebt ist).

To Arhontiko (✆ 22540 29800; Ecke Sahtouri & Filellinon; EZ/DZ/3BZ 50/65/80 €; ✖) Dieses renovierte Herrenhaus stammt von 1814 und verfügt über hübsche Boutique-Zimmer mit einfachem Charme sowie hilfsbereites, freundliches Personal. Es liegt in einer ruhigen Gasse in der Nähe der Haupteinkaufsstraße, eine Straße hinter dem Strand.

Nefeli Guest Rooms (✆ 22540 22825; DZ/3BZ/4BZ 100/120/150 €; P ✖ ▯) Dieses intime Haus bietet schöne Zimmer aus Stein mit grandiosem Meerblick hoch über der Stadt. Einfach von der Festung bergauf gehen; es liegt neben dem Café desselben Namens.

Essen

LP Tipp **Ouzeri To 11** (✆ 22540 22635; Plateia KTEL; Meeresfrüchte-*mezedhes* 4,50–7 €) Diese bescheidene kleine *ouzerie* am Busbahnhof ist der lokale Favorit für Meeresfrüchte. Von *kydonia* (Muscheln mit Knoblauch und Venusmuscheln) bis zu Schnecken, Seeigeln und Krebsen serviert das „To En-dheka" (wie es ausgesprochen wird) alle möglichen seltsamen Dinge – und dazu jede Menge Ouzo, damit man vergisst, was man isst.

O Platanos Taverna (✆ 22540 22070; Hauptgerichte 5–8 €) *Mayirefta* mit einer Betonung auf Fleisch werden in diesem legendären Lokal unter einer gigantischen Platane in der Mitte der Kyda-Karatza serviert.

O Sozos (✆ 22540 25085; Dorf Platy; Hauptgerichte 5–8 €) Im Bergdorf Platy, gleich östlich von Myrina, ist das O Sozos dank seiner traditionellen Speisen beliebt. Zu den Spezialitäten gehört auch *kokkaras flomaria* (Hähnchen mit Pasta).

Tzitzifies (☎ 22540 23756; Fisch ab 7 €) Frischer Fisch und Fleischgerichte sind in dieser angenehmen Taverne zu haben, die einen ausgezeichneten Meerblick durch die Bäume am Strand bietet.

Ausgehen

Myrinas sommerliches Nachtleben spielt sich rund um die Bars am Romeikos-Gialos-Strand ab.

Karagiozis (Romeikos-Gialos-Strand; ☒ 9–5 Uhr) Diese beliebte Bar mit grüner Terrasse in direkter Nähe zum Meer ist bis spät abends geöffnet.

Kinky Bar (☎ 6973667489; ☒ Mi, Fr & Sa 0–5 Uhr) Dies ist der einzige echte Club der Insel. Kinky Bar ist ein stilvoller Laden, der von Bäumen umgeben und bei Griechen sehr beliebt ist. Von Juni bis August hat er drei Tage die Woche geöffnet. Er befindet sich in Avlonas (3 km außerhalb der Stadt) auf der Straße Richtung Agios-Ioannis-Strand und Kaspakas.

WEST-LIMNOS

Nördlich von Myrina führt die Straße hinter dem Ortseingang von **Kaspakas** nach links zum recht ruhigen **Agios-Ioannis-Strand** mit ein paar Tavernen und Strandhäusern. Der Strand endet am **Rock Café**, das malerisch unter einer riesigen überhängenden Vulkanfelsplatte sitzt.

Hinter Kaspakas geht's weiter nach Osten und dann links nach **Kornos**, wo man der Straße Richtung Norden zum abgeschiedenen **Gomati-Strand** an der Nordküste folgen kann; von **Katalako** führt eine gute Schotterstraße dorthin.

Alternativ geht's von Kapaskas nach Osten, an Kornos vorbei, und dann Richtung Süden nach **Livadochori** abbiegen. Diese Strecke führt durch karge, gelbbraune Hügel und bescheidenes Farmland. Noch weiter südlich erreicht man entlang der Küste **Kontias**. Das ziemlich prosaische, zugepflasterte alte Dorf ist heute aus unerklärlichen Gründen bei nordeuropäischen Immobilienjägern beliebt. Unter Kontias schwingt sich die Straße zurück nach Myrina im Südwesten und führt unterwegs am sandigen **Nevgatis-** bzw. **Thanos-Strand** vorbei. Auch wenn beide sehr beliebt und daher oft überfüllt sind, sind diese Strände wahrhaft idyllisch und nur zehn Minuten Fahrt von Myrina entfernt.

ZENTRAL-LIMNOS

Die flachen Ebenen im Zentrum von Limnos sind von Weizenfeldern, kleinen Weingütern und Schafherden durchzogen – und auch die Kommandozentrale der griechischen Luftwaffe befindet sich hier (viele Bereiche sind aus diesem Grund für Touristen nicht zugänglich). Limnos' zweitgrößte Stadt **Mudros** erstreckt sich auf der Ostseite der trüben Moudros-Bucht, die für ihre Rolle als Hauptbasis des unglückseligen Gallipoli-Feldzuges im Februar 1915 berühmt ist.

Der **Militärfriedhof Ost-Mudros** mit den Gräbern der Commonwealth-Soldaten aus dem Gallipoli-Feldzug liegt 1 km östlich von Mudros an der Straße nach Roussopouli. Hier kann man eine kurze Nacherzählung des Gallipoli-Feldzugs lesen. Ein zweiter Commonwealth-Friedhof, der **Soldatenfriedhof Portianos** (6 km südlich von Livadochori an der Straße Richtung Thanos-Strand und Myrina), ist die zweite traurige Attraktion der Gegend.

OST-LIMNOS

Historische Überreste und abgeschiedene Strände ziehen zahlreiche Besucher in den Osten der Insel. Zu den Highlights der drei **archäologischen Stätten** (Eintritt frei; ☒ 8–19 Uhr) gehören vier antike Siedlungen in **Poliochni** an der Südostküste, wobei die wichtigste eine prä-mykenische Stadt ist, die noch aus der Zeit vor Troja VI. (1800–1275 v.Chr.) stammt. Die Stätte ist gut aufgearbeitet, aber es gibt nur wenige Überreste.

Die zweite Stätte, das **Kabiren-Heiligtum** (Ta Kaviria), liegt in der abgeschiedenen Tigani-Bucht. Die Hauptattraktion – ein **Hellenisches Heiligtum** – verfügt über elf Säulen. Ganz in der Nähe wurde in der legendären **Philoktetes-Höhle** angeblich Philoktetes, ein Held des trojanischen Krieges, mit einem brandigen Bein zurückgelassen, das nach einem Schlangenbiss heilen musste. Von der Stätte führt ein Pfad zur Meereshöhle; links hinter dem Haupteingang gibt's außerdem einen schmalen, unmarkierten Eingang.

Um das Heiligtum zu erreichen, geht's hinter **Kontopouli** links, dann 5 km geradeaus; von Kontopouli selbst führt eine Schotterstraße zur dritten Stätte, dem **Hephaistia** (Ta Ifestia), einst Limnos' wichtigste Stadt. Hier wurde Hephaistos, der Gott des Feuers und der Metallurgie von Zeus vom Olymp geworfen. Außer ein paar niedrigen Mauern und einem teilweise ausgegrabenen Theater ist jedoch nur wenig erhalten geblieben.

Limnos' Nordostspitze bietet einige rustikale, wenig besuchte Dörfer und den abgelegenen **Keros-Strand,** der bei Windsurfern beliebt ist. Auf dem flachen **Aliki-See** landen ab und an Flamingoschwärme. Vom Kap Plaka an der Nordostspitze von Limnos sieht man Samothraki und Imvros (Gökceada auf Türkisch). Einst bildeten diese drei Inseln ein strategisches Dreieck zur Verteidigung der Dardanellen und somit Istanbuls (Konstantinopel); daher hielt die Türkei auch 1923 noch an Imvros fest, obwohl Griechenland bereits ein Jahrzehnt zuvor die meisten seiner anderen Inseln zurückgewonnen hatte.

AGIOS EFSTRATIOS
ΑΓΙΟΣ ΕΥΣΤΡΑΤΙΟΣ

370 Ew.
Das wenig besuchte Agios Efstratios liegt südlich von Limnos (S. 725) einsam in der Ägäis. Von den Einheimischen kurz „Ai-Stratis" genannt, lockt es nur ein paar neugierige Besucher an, die sich von den herrlichen, entlegenen Stränden und dem allgemeinen Aussteiger-Flair der Insel angezogen fühlen. Wegen der Architektur kommen sie ganz sicher nicht: 1968 zerstörte ein Erdbeben Agios Efstratios' klassische Gebäude. Trotzdem bietet die spärlich besiedelte Insel ein paar *domatia*, gute Meeresfrüchte-Tavernen, entspannte Hügelwanderwege und schöne Strände (einige sind nur mit dem Boot zu erreichen).

Agios Efstratios blickt auf eine bewegte Geschichte zurück: vor dem Erdbeben wurde viele Dissidenten und als Kommunisten Verdächtige hierher ins Exil geschickt, darunter der Komponist Mikis Theodorakis und die Schriftsteller Kostas Varnalis und Giannis Ritsos.

Sehenswertes & Aktivitäten

Der **Dorfstrand** bietet dunklen Vulkansand und warmes Wasser. Nach einem 90-minütigen Spaziergang Richtung Nordosten erreicht man den **Alonitsi-Strand,** einen langen, idyllischen Strand, vor dem sich interessante kleine Inseln erstrecken. Vom Nordostrand des Dorfes führt ein Weg hierher, der an einer kleinen Brücke beginnt; wenn er sich teilt, rechts halten. Der Weg zum **Lidario-Strand** auf der Westseite ist viel unwegsamer; deshalb ist es einfacher, dorthin und zu anderen schwer zugänglichen Stränden mit dem Boot zu fahren.

Schlafen & Essen

Zimmer kann man von Limnos aus bei den Reisebüros Myrina Tourist & Travel Agency (S. 727) und Theodoros Petrides Travel Agency (S. 727) buchen oder einfach bei der Ankunft nach *domatia* suchen; sie sind höchstens im Hochsommer mal ausgebucht. Die wenigen Tavernen der Insel bieten günstiges Essen, meist frische Meeresfrüchte.

An- & Weiterreise

Für Näheres zu Fähren und Tragflächenbooten von Agios Efstratios, s. Insel-Hopping (S. 857). Tickets gibt's in Myrina bei Myrina Tourist & Travel Agency (S. 727). Aufgrund von schlechtem Wetter kann es zu unvorhersehbaren Ausfällen und Verspätungen kommen – also mehr Zeit planen.

SAMOTHRAKI
ΣΑΜΟΘΡΑΚΗ

2720 Ew. / Fläche 176 km²
Das herrlich grüne Samothraki sitzt zufrieden ganz allein in der nordöstlichen Ägäis, auf halber Strecke zwischen dem Festlandhafen Alexandroupolis und Limnos im Süden. Die dicht bewaldete Insel ist relativ klein, mit nur wenigen Siedlungen. Außerhalb der Hochsaison wird sie nur selten besucht, auch wenn sie eine der wichtigsten archäologischen Stätten Griechenlands zu bieten hat: das antike Thraker-Heiligtum der Großen Götter. Hier befindet sich außerdem der luftigste Gipfel der Ägäis, der Berg Fengari (1611 m), von dem aus, so erzählt es Homer, Poseidon, der Gott des Meeres, beobachtete, wie sich der Trojanische Krieg entwickelte.

Samothrakis bergiges Binnenland ist komplett unbevölkert und voller Täler, die

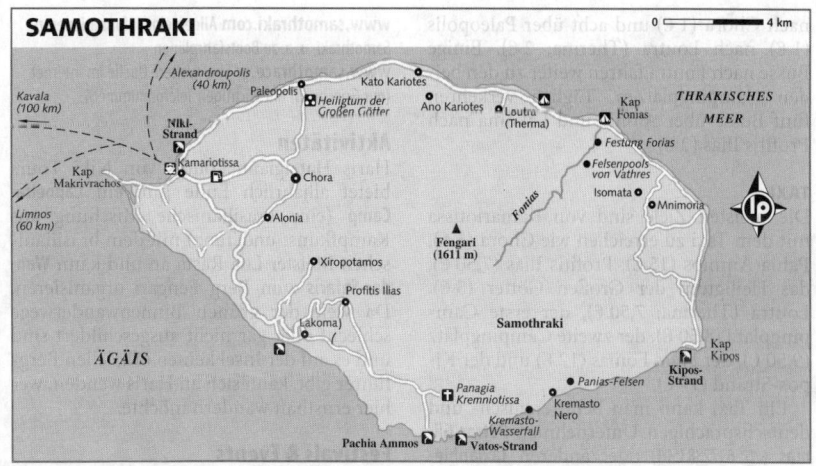

vor mächtigen, knorrigen Eichen und Platanen nur so überquellen – also bestens für Wanderungen oder Mountainbike-Touren geeignet. Outdoor-Liebhaber werden sich besonders für Samothrakis Wasserfälle in den Wäldern begeistern, die in tiefe, eiskalte Becken stürzen und an heißen Sommertagen für kühle Erfrischung sorgen. Die abgeschiedenen Strände im Südwesten der Insel sind idyllisch und unberührt, während der Westen in Loutra (Therma) therapeutische heiße Bäder bietet. Der wichtigste Hafen ist das verschlafene Kamariotissa, ein schrulliges Fischerdörfchen. Das hügelige Chora, die ehemalige Hauptstadt, platzt vor lauter Blumen und schönen traditionellen Häusern, die alle einen großartigen Blick auf das ferne Meer bieten, beinahe aus allen Nähten.

Während das berühmte Festival für elektronische Musik aufgrund örtlicher Auseinandersetzungen mit benebelten Gästen nun wohl endgültig gestorben ist, scheinen die Safari-Hüte, Dreadlocks und Hindu-Symbole nicht totzukriegen zu sein. Sie halten Samothrakis exotisches Dschungel-Flair am Leben. Obwohl die Insel aufgrund ihrer Abgeschiedenheit und der schlechten Transportverbindungen von ausländischen Insel-Hoppern häufig ausgelassen wird, werden Liebhaber antiker Archäologie und Fans von Outdoor-Aktivitäten die Mühe, die es 'kostet, diese einzigartige, entspannte Insel zu erreichen, mit Sicherheit gerne auf sich nehmen.

An- & Weiterreise

Für Näheres zu Fähren und Tragflächenbooten von Samothraki, s. Insel-Hopping (S. 874). Niki Tours (S. 732) in Kamariotissa verkauft Tickets.

Unterwegs vor Ort
AUTO & MOTORRAD

Im Hafen von Kamariotissa, gegenüber der Bushaltestelle, kann man bei **X Rentals** (☎ 25510 42272) und **Kyrkos Rent a Car** (☎ 25510 41620, 6972839231) Autos und kleine Jeeps ausleihen. **Rent A Motor Bike** (☎ 25510 41057) gegenüber vom Kai hat Motorräder und Roller im Angebot.

BOOT

Im Sommer umrundet das Tourboot **Samothraki** (☎ 25510 42266) die Insel (20 €); es fährt um 11 Uhr in Loutra (Therma) ab und kehrt um 18.30 Uhr zurück. Das Boot tuckert an verschiedenen Sehenswürdigkeiten vorbei, etwa der byzantinischen Festung Fonias, den Felsformationen von Panias und dem Kremasto-Wasserfall, bevor es um 13 Uhr für vier Stunden eine Pause zum Schwimmen und Sonnenbaden am Vatos-Strand macht. An Bord gibt's eine Snack-Bar. Nähere Informationen erhält man in der Taverne Petrinos Kipos in Kamariotissa oder telefonisch beim Bootsunternehmen.

BUS

Im Sommer fahren täglich zehn Busse vom **Busbahnhof** (☎ 25513 41533) in Kamariotissa nach Chora (1 €) und acht über Paleopolis (1 €) nach Loutra (Therma; 2 €). Einige Busse nach Loutra fahren weiter zu den beiden Campingplätzen. Täglich verkehren fünf Busse über Alonia und Lakoma nach Profitis Ilias (2 €).

TAXI
Die meisten Ziele sind von Kamariotissa mit dem Taxi zu erreichen wie Chora (5 €), Pahia Ammos (15 €), Profitis Ilias (7,50 €), das Heiligtum der Großen Götter (5 €), Loutra (Therma; 7,50 €), der erste Campingplatz (8,50 €), der zweite Campingplatz (9,50 €), der Fluss Fonias (12 €) und der Kipos-Strand (17 €).

Ein Taxi kann man beim englisch- und deutschsprachigen Unternehmen **Petros Glinias** (☎ 6972883501) oder anderen **Taxianbietern** (☎ 25510 41733, 25510 41341, 25510 41077) bestellen.

KAMARIOTISSA ΚΑΜΑΡΙΩΤΙΣΣΑ
960 Ew.
In Kamariotissa, Samothrakis Hafen, größter Stadt und Transportzentrum, befinden sich die wichtigsten Einrichtungen und ein nahe gelegener Kiesstrand mit Bars und guten Bademöglichkeiten. Auch wenn die meisten Besucher nicht lange bleiben, ist dies eine nette Hafenstadt mit vielen Blumen und guten Fisch-Tavernen, die von Samothrakis berühmten Attraktionen ungefähr gleich weit entfernt liegt.

Orientierung & Praktische Informationen
Der Kiosk der Touristeninformation liegt von der Fähre aus 50 m entfernt an der Straße entlang des Ufers (auf der Hafenseite). Busse warten hinter diesem Kiosk weiter östlich im Hafen. Auf der anderen Straßenseite sind die Tavernen, Reisebüros und ein Auto- und Motorradverleih sowie Geldautomaten. Weitere 100 m östlich, entlang des Wassers, erreicht man den Strand von Kamariotissa.
Café Action (☎ 25510 41056; Internet pro Std. 4 €) Am Westende des Hafens.
Hafenpolizei (☎ 25510 41305) Östlich am Hafen.
Kiosk der Touristeninformation (☎ 25510 89242) Am Hafen.
Niki Tours (☎ 25510 41465; niki_tours@hotmail.com) Ein hilfsbereites Reisebüro mit Komplettservice, gegenüber der Bushaltestelle.

www.samothraki.com Allgemeine Informationen zu Samothraki, u. a. zu Bootsfahrplänen.
www.samothrace.gr Eine weitere Quelle im Internet (nur Griechisch) mit wichtigen Telefonnummern.

Aktivitäten
Haris Hatzigiannakoudis von Niki Tours bietet alljährlich Ende Juni ein **Capoeira-Camp** (eine brasilianische Mischung aus Kampfkunst und Tanz) mit dem brasilianischen Meister Lua Rasta an und kann **Wander-Safaris** zum Berg Fengari organisieren. Da viele der grünen Binnenwanderwege schlecht oder gar nicht ausgeschildert sind und es auf der Insel keinen offiziellen Bergführer gibt, kann sich an Haris wenden, wer hier ernsthaft wandern möchte.

Festivals & Events
Auch wenn die missbilligenden örtlichen Behörden Samothrakis „haarigem" Weltmusik-Festival wohl endgültig den Stecker rausgezogen haben, gibt's immer wieder Gerüchte über eine Wiederbelebung. Unterdessen hat sich die Insel irgendwie zu einem Treffpunkt für griechische Biker entwickelt – eine Art „Hells Angels treffen Hippies"-Situation mit möglicherweise spannenden Folgen. Neuigkeiten zum Festival gibt's online oder bei Niki Tours.

Schlafen
Am Kiosk der Touristeninformation oder bei Niki Tours kann man *domatia* buchen, aber sie sind auch ausgeschildert.
Niki Beach Hotel (☎ 25510 41545; EZ/DZ 45/60 €) Dieses geräumige Hotel mit großen, modernen Zimmern hat einen hübschen Garten, davor stehen schöne Pappeln. Gegenüber vom Stadt-Strand.
Hotel Aeolos (☎ 25510 41595; EZ/DZ inkl. Frühstück 60/80 €; 🖥 🌊) Hinter dem Niki Beach Hotel steht das Aeolos auf einem Hügel mit Blick aufs Meer und bietet gemütliche Zimmer. Die vorderen zeigen auf den großen Pool und den Garten, die hinteren blicken auf den Berg Fengari.

Essen
Klimitaria Restaurant (☎ 25510 41535; Hauptgerichte ab 6 €) Dieses Lokal am Hafen serviert die üblichen Tavernengerichte sowie sie ungewöhnliche Spezialität *gianiotiko*, ein Ofengericht mit Schweinefleischwürfeln, Kartoffeln, Eiern und anderen Zutaten.

Synantisi (☎ 25510 41308; Fisch 6–10 €) Frischen Fisch zu guten Preisen gibt's in dieser hart arbeitenden Freiluft-*ouzerie* in der Mitte des Hafens. Drinnen kann man den auf Eis gebetteten Fang des Tages bestaunen.

CHORA ΧΩΡΑ

Mit seiner Lage in einer natürlichen Festung zwischen zwei steilen Klippen mit imposantem Blick aufs Meer, war Chora (auch Samothraki genannt) die offensichtlich beste Wahl für die Hauptstadt der Insel. Im 10. Jh. bauten die Byzantiner eine Festung auf dem nordwestlichen Gipfel. Die heutigen Überreste stammen jedoch im Wesentlichen aus dem 15. Jh. aus der Zeit der Regentschaft des Genueser Lehnsherrn Palamidi Gattilusi, der in die Palaiologen-Familie einheiratete, der letzten byzantinischen Kaiserdynastie.

Chora eignet sich mit seinen kurvigen Pflasterstraßen, Blumen und bunten, verfallenden traditionellen Häusern mit Terrakottadächern perfekt für einen ruhigen Spaziergang, ein entspanntes Mittagessen oder eine schöne Tasse Kaffee. Dank der grandiosen Aussicht und des ununterbrochenen Wechselspiels von Winkeln, Schatten und Farben macht es auch Fotografen viel Spaß. Im Sommer kann man in Choras kleinen Straßen und Dach-Bars ein unaufgeregtes Nachtleben genießen.

Orientierung & Praktische Informationen

Busse und Taxis halten auf dem Platz unterhalb des Dorfes. An der Hauptstraße bergauf den Schildern mit der Aufschrift *kastro* (Burg) folgen. Hier befinden sich die OTE, die Agricultural Bank und das Postamt. Die **Polizeistation** (☎ 25510 41203) liegt in der Burg Gattilusi. Cafés und Tavernen befinden sich weiter oben an der Straße, rechts ist ein kleiner Brunnen mit frischem Bergquellwasser.

Schlafen

In Chora gibt's ein paar *domatia*. Etwa auf der Mitte der Hauptstraße vermietet **Kyra Despina** (☎ 6974980263; EZ/DZ 45/60 €), die ein bisschen Englisch spricht, Ventilator-gekühlte Selbstversorger-Apartments mit Rundum-Blick, in denen bis zu vier Personen Platz finden.

Essen & Ausgehen

LP Tipp **O Lefkos Pyrgos** (☎ 25510 41601; Nachtisch 4–6 €; ⏱ Juli–Aug. 9–15 Uhr) Das nur im Sommer geöffnete Lefkos Pyrgos ist ein ausgezeichneter, einfallsreicher Süßwarenladen, der vom Erfinder meisterlicher Desserts, Georgios Stergiou, und seiner Frau Dafni geführt wird. Sie verwenden nur ganz natürliche Zutaten ohne Konservierungsstoffe oder künstliche Geschmacksverstärker. Die mit Honig gesüßte Limonade mit Zimt ist an heißen Sommertagen sehr erfrischend, und darüber hinaus werden einige einzigartige Variationen traditioneller Speisen (etwa griechischer Joghurt mit Bittermandelgeschmack) angeboten. Außerdem gibt's exotische Tees, Kaffees und einige Mixgetränke sowie eine Auswahl verboten leckerer Kuchen und anderer Desserts.

Café-Ouzeri 1900 (☎ 25510 41224; Hauptgerichte 5–9 €) Diese entspannte Taverne unter einem Schatten spendenden Spalier links des Brunnens bietet freundlichen Service und einen tollen Blick auf die roten Dächer des Dorfes, die Burg und das Meer. Das *spetsofai* (geschmorte grüne Paprika, Tomaten und Würste aus dem Römertopf), den Reis mit Meeresfrüchten oder die *tzigerosarmades* (Ziege mit Zwiebeln, Dill und Minze) unbedingt probieren. Die große bunte Karte sieht aus wie eine Zeitung und ist ein schönes Erinnerungsstück für Zuhause.

Meltemi (☎ 25510 41071; ⏱ ab 8 Uhr) Im oberen Teil von Chora führt gegenüber dem Brunnen links eine Seitenstraße zu der lässigen Bar mit tollem Ausblick und Dachgarten, die besonders nachts beliebt ist.

HEILIGTUM DER GROSSEN GÖTTER
ΤΟ ΙΕΡΟ ΤΩΝ ΜΕΓΑΛΩΝ ΘΕΩΝ

6 km nordöstlich von Kamariotissa liegt das **Heiligtum der Großen Götter** (Eintritt 3 €, So, Nov.–März & Feiertage frei; ⏱ Di–So 8.30–16 Uhr), eine der wichtigsten – und mysteriösesten – archäologischen Stätten Griechenlands. Die Thraker erbauten dem Tempel um 1000 v. Chr. für ihre Großen Götter. Im 5. Jh. v. Chr. zogen die geheimen Riten, die mit dem Kult assoziiert wurden, zahlreiche berühmte Personen der Antike an. Zu den Eingeweihten zählten die ägyptische Königin Arsinoe und Philipp II. von Makedonien. Bemerkenswerterweise blieb der Tempel aktiv, bis das Heidentum im 4. Jh. n. Chr. verboten wurde.

Die Hauptgöttin, die Große Mutter (Alceros Cybele), war eine Fruchtbarkeitsgöttin; als die ursprüngliche Religion der Thraker in die Staatsreligion integriert wurde, verschmolz sie mit den olympischen Göttinnen Demeter, Aphrodite und Hekate. Letztere war eine mysteriöse Göttin, die mit der Dunkelheit, der Unterwelt und der Hexenkraft assoziiert wurde. Außerdem wurde hier dem Gemahl der Großen Mutter, dem virilen jungen Kadmilos (Gott des Phallus), der später mit dem olympischen Gott Hermes verschmolz, und den teuflischen Kabiren-Zwillingen Dardanos und Aeton gehuldigt, die sich später mit Castor und Pollux (den Dioskuren) vereinten, den Zwillingssöhnen von Zeus und Leda. Diese Zwillinge wurden von Seeleuten angerufen, die um Schutz auf hoher See baten. Samothrakis Große Götter wurden für ihre immense Kraft verehrt; im Vergleich dazu galten die olympischen Götter als frivole, flatterhafte und beinahe komische Gestalten.

Darüber, was sich hier wirklich zutrug, ist nur wenig überliefert – keine Überraschung, da Eingeweihte, die über die Riten sprachen, mit dem Tode bestraft wurden. Die archäologischen Funde deuten jedoch auf zwei Initiationsriten hin, einen niederen und einen höheren. Bei der ersten Initiation wurden die Großen Götter angerufen, um dem Initiierten eine spirituelle Wiedergeburt zu gewähren; bei der zweiten wurden dem Kandidaten seine Sünden erlassen. Jeder, der den Wunsch hatte, konnte an der Initiation teilnehmen.

Die meistgefeierte Reliquie ist die Nike von Samothrake (heute im Pariser Louvre); sie wurde 1863 von dem französischen Konsul Champoiseau in Adrianopel (dem heutigen Edirne, Türkei) entdeckt. Im Folgenden fanden nur noch sporadische Ausgrabungen statt, bis Karl Lehmann und Phyllis Williams Lehmann vom Institute of Fine Arts der New York University kurz vor dem Zweiten Weltkrieg eine organisierte Ausgrabung leiteten.

Die Anlage

Die weitläufige Stätte ist gut ausgeschildert. Hinter dem Eingang geht's über den linken Pfad zum rechteckigen **Anaktoron.** An seinem Südende stand die **Sakristei,** die Vorkammer, in der sich die weiß gewandeten Kandidaten versammelten, bevor sie für

ihre erste (niedere) Initiation in die Haupthalle des *Anaktorons* gingen. Ein Kandidat nach dem anderen trat in den kleinen inneren Tempel am Nordende des Gebäudes, in dem ein Priester die Symbole der Zeremonie erklärte. Hinterher erhielten die Teilnehmer eine Art Initiationszertifikat in der Sakristei.

Opfergaben wurden im **Arsinoeion** südwestlich des *Anaktorons* dargeboten. Das einst große zylindrische Bauwerk wurde 289 v. Chr. von der ägyptischen Königin Arsinoe als Geschenk für die Großen Götter errichtet. Südöstlich befindet sich der **Heilige Fels,** an dem der ursprüngliche Altar der Stätte stand.

Nach den Initiationen wurden Feierlichkeiten abgehalten, vermutlich südlich des Arsinoe-Rundbaus im **Temenos** – einem Geschenk von Philipp II. Nebenan steht das auffällige dorische **Hieron,** die meistfotografierte Ruine des Heiligtums, mit fünf wiederaufgestellten Säulen. Hier wurde die zweite (höhere) Initiation der Kandidaten durchgeführt.

Gegenüber dem *Hieron* stehen die Überreste eines **Theaters.** Ganz in der Nähe führt ein Pfad hinauf zum **Nike-Brunnen,** an dessen Stelle einst die wunderschöne *Nike von Samothrake* stand. Die Statue war wohl ein Geschenk von Demetrius Poliorketes (dem „Belagerer der Städte") an die Kabiren, weil sie ihm geholfen hatten, Ptolemaios II. in der Schlacht zu schlagen. Die Ruinen einer mächtigen **Stoa,** einer Säulenhalle mit zwei Gängen, in der Pilger Unterschlupf fanden, liegen im Nordwesten. Auf ihren Wänden wurden die Namen der Initiierten festgehalten. Die Ruinen einer **mittelalterlichen Festung,** die nichts mit dem Heiligtum zu tun hat, befinden sich gleich nördlich.

Am Pfad östlich des Nike-Brunnens ist eine gute **Übersichtskarte** zu sehen; der Pfad führt weiter zur südlichen **Nekropole,** Samothrakis wichtigstem antiken Friedhof, der von der Bronze- bis zum Beginn der Römerzeit genutzt wurde. Nördlich des Friedhofs stand einst der aufwendige ionische Eingang zum Heiligtum, das **Propylon,** ein Geschenk von Ptolemaios II.

Die Eintrittskarte zur Stätte beinhaltet den Besuch des **Museums** (☎ 25510 41474; ☽ Di–So 8.30–15 Uhr), zu dessen Ausstellung Terrakotta-Figuren, Schmuck und ein Gipsabdruck der *Nike von Samothrake* gehören.

UNTERWEGS AUF SAMOTHRAKI

Loutra (Therma) Λουτρά (Θερμά)

Loutra (auch Therma genannt) liegt 14 km östlich von Kamariotissa in der Nähe der Küste und ist Samothrakis beliebtestes Urlaubsziel. Das ruhige Dorf mit unzähligen Platanen und Kastanienbäumen, dichtem Grün und gurgelnden Bächen erwacht nachts zum Leben, wenn sich die jungen Besucher, die in den örtlichen *domatia* oder auf dem nahen Campingplatz absteigen, in den entspannten Freiluftcafés versammeln.

Der zweite Name des Dorfes bezieht sich auf seine therapeutischen, mineralreichen Quellen; im **Thermalbad** (☎ 25510 98229; Eintritt 3 €; ☉ Juni–Sept. 7–10.45 & 16–19.45 Uhr) wird angeblich alles geheilt – von Hautproblemen und Leberschäden bis zu Unfruchtbarkeit. Das Bad ist in dem auffälligen weißen Gebäude an der Bushaltestelle untergebracht. In einem anderen Freibad kann man aber auch umsonst baden; es liegt 50 m entfernt entlang der Straße rechts, und nochmals 20 m bergauf befinden sich zwei weitere kleine Freibäder.

SCHLAFEN & ESSEN

Die beiden beliebten Campingplätze von Samothraki liegen östlich von Loutra direkt am Strand. Beide heißen „Multilary Camping" (nein, das soll nicht „Military" heißen) und unterscheiden sich kaum. Wer außerhalb der Saison hier ist, kann normalerweise kostenlos übernachten.

Multilary Camping I (Camping Plateia; ☎ 25510 41784; Zeltplatz pro Erw./Zelt 4/3 €; ☉ Juni–Aug.) Ein schattiger, entspannter Platz zur Linken, 2 km hinter Loutra.

Multilary Camping II (☎ 25510 41491; Zeltplatz pro Erw./Zelt 5/3 €; ☉ Juni–Aug.) Gleich hinter dem Multilary Camping I, mit Minimarkt, Restaurant und Duschen.

Studios Ktima Holovan (☎ 25510 98335, 6976695591; DZ/3BZ 70/80 €) 16 km östlich von Kamariotissa bietet dieses entspannte Haus sehr moderne Selbstversorger-Studios mit zwei Zimmern inmitten einer Wiese, nur 50 m vom Strand entfernt, sowie einen kleinen Kinderspielplatz. Im Preis ist außerdem ein Mietwagen enthalten.

Mariva Bungalows (☎ 25510 98230; DZ inkl. Frühstück 80 €; ❄) Diese abgeschiedenen Bungalows mit luftigen, modernen Zimmern befinden sich auf einem grünen Hügel in der Nähe eines Wasserfalls. Von der Küstenstraße ins Landesinnere Richtung Loutra fahren und dann die erste links abbiegen und den Schildern zu den Bungalows folgen (600 m weiter).

Kafeneio Ta Therma (☎ 25510 98325) Dieses große offene Café in der Nähe der Bäder ist immer voll, egal, ob man morgens einen Kaffee, abends ein Bier oder irgendwann am Tag hausgemachte, fruchtig-süße Köstlichkeiten genießen möchte.

In Loutra gibt's hauptsächlich Fast-Food-artige *souvlaki,* aber im **Paradisos Restaurant** (☎ 25510 95267; Hauptgerichte 5–8 €) und im **Fengari Restaurant** (☎ 25510 98321; Hauptgerichte 5,50–9 €) kann man sich auch gemütlich hinsetzen und etwas essen; in Letzterem sollte man die gefüllte Ziege oder die *imam tourlou* (gebratene Aubergine, mit Kartoffeln und Kürbis gefüllt) versuchen.

Fluss Fonias

Hinter Loutra fließt der Fonias an der Nordostküste entlang. Hier befinden sich auch die berühmten **Felsenpools (Vathres)** (Eintritt 1 €). Der Weg beginnt an der Brücke, 4,7 km östlich von Loutra, an dem (nur im Sommer geöffneten) Tickethäuschen. Die ersten 40 Minuten sind einfach und führen über einen gut markierten Pfad zu einem großen Felsenbecken, das von einem dramatischen, 12 m hohen Wasserfall gespeist wird. Das kalte Wasser ist an heißen Sommertagen sehr erfrischend. Der Fluss trägt den Beinamen „der Mörder" und kann sich bei starken Regenfällen im Winter in einen wild rauschenden Strom verwandeln. Die eigentliche Gefahr besteht jedoch darin, sich zu verirren: auch wenn es hier sechs Wasserfälle gibt, sind nur die Wege zu den ersten beiden ausgeschildert; dahinter wird's gefährlich verwirrend. Wer hier oder am Berg Fengari ernsthaft wandern möchte, kann sich an Niki Tours (S. 732) in Kamariotissa wenden.

Strände

Der 800 m lange **Pachia-Ammos-Strand** ist ein toller Sandstrand, an der 8 km langen, kurvigen Straße gelegen, die von Lakoma aus an der Südküste entlangführt. In den Sommermonaten kommen Kaiks aus Kamariotissa zu Besuch. Das Tourboot aus Loutra hält an der Landzunge am nicht minder herrlichen, nudistenfreundlichen **Vatos-Strand.**

Die einst von Griechen bewohnte Insel Imvros (Gökceada) wurde mit dem Vertrag von Lausanne 1923 an die Türkei abgetreten; manchmal kann man sie vom Pahia-Strand aus sehen.

Der **Kipos-Kiesstrand** an der Südküste ist über die Nordküstenstraße zu erreichen; er ist sehr hübsch, bietet aber keinen Schatten. Wie zu allen anderen fährt hierher im Sommer ein Kaiki oder Ausflugsboot.

Weitere Dörfer

Die kleinen Dörfer **Profitis Ilias, Lakoma** und **Xiropotamos** im Südwesten sowie **Alonia** in der Nähe von Chora sind alle wunderbar ruhig und nur wenig besucht, obwohl sie leicht zu erreichen sind. Das auf einem Hügel gelegene Profitis Ilias bietet nicht nur jede Menge Bäume und Quellen, sondern auch ein paar Tavernen; **Vrahos** (☎ 25510 95264) ist besonders für seine gebratene Ziege berühmt.

THASSOS ΘΑΣΟΣ

13 530 Ew.

Thassos ist eine der grünsten und sanftesten Inseln Griechenlands und liegt 10 km von Kavala auf dem Festland entfernt. Da die Insel über ein ähnliches Klima und ähnliche Vegetation verfügt, wirkt sie manchmal wie eine Verlängerung Nordgriechenlands. Sie bietet beneidenswerte Sandstrände, und das Inselinnere ist eine wunderschöne, bewaldete Berggegend. Im Vergleich zu anderen griechischen Inseln ist sie außerdem recht günstig und daher eines der beliebtesten Familienziele, aber auch junge Besucher aus der weiteren „Nachbarschaft" am Balkan, aus Bulgarien und den ehemaligen jugoslawischen Republiken kommen gerne hierher. Vom Festland aus fahren regelmäßig Fähren, sodass Individualreisende Nordgriechenland schnell hinter sich lassen können, wenn sie die Insel besuchen möchten, und dank des ausgezeichnetes Busnetzes ist man auch vor Ort mobil.

Im Laufe seiner langen Geschichte hat Thassos oft von seinem natürlichen Reichtum profitiert. Siedler aus Paros, die 700 v. Chr. die antike Stadt Thassos (Limenas) gründeten, stießen am Berg Pangaion auf Gold und riefen einen Exporthandel ins Leben, der so lukrativ war, dass sie sogar eine Seeflotte subventionieren konnten. Auch wenn das Gold längst weg ist, wird Thassos' weißer Marmor – angeblich der zweitweißeste der Welt – noch immer abgebaut, weshalb das Gebirge von unzähligen Steinbrüchen verschandelt wird. Umweltschützer kritisieren dies ebenso wie die (dezentere) Suche nach Ölvorkommen vor der Küste zwischen Thassos und Kavala.

Für Besucher liegt der größte Reichtum der Insel heute jedoch in ihrer natürlichen Schönheit und einigen bemerkenswerten historischen Sehenswürdigkeiten. Das ausgezeichnete Archäologische Museum in der Hauptstadt Thassos (Limenas) wird durch das byzantinische Kloster von Archangelos, das in atemberaubender Lage auf den Klippen sitzt, und dem antiken griechischen Tempel am ruhigen Südstrand von Aliki wunderbar ergänzt.

Auch wenn einige der besten Strände von Thassos unter dem unvermeidlichen Pauschaltourismus leiden mussten, gibt's nach wie vor ein paar unberührte Fleckchen. Die relativ kurze „Hochsaison" dauert ohnehin nur von Mitte Juni bis Mitte August, sodass man außerhalb dieser Zeit ein paar friedvolle Stunden auf der sogenannten „Smaragdinsel" erleben kann.

Da Thassos nun einmal hauptsächlich vom Tourismus lebt, wirken die *domatia* und Hotels mit ihren hübschen Fensterläden außerhalb der Saison recht einsam. Nur in der Hauptstadt Limenas haben ein paar Hotels auch im Winter geöffnet.

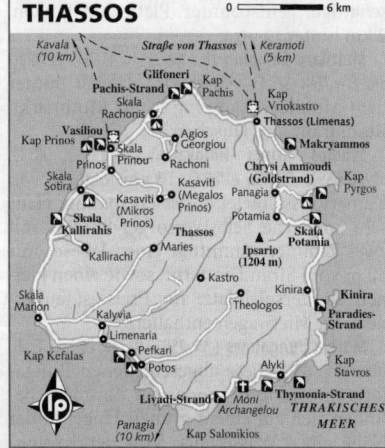

An- & Weiterreise

Thassos ist nur von Kavala und Keramoti auf dem Festland zu erreichen (für Näheres s. Insel-Hopping, S. 876). In Kavala legen die Fähren am langen Osthafen an; die Tragflächenboote machen am Dock gegenüber vom Hafen fest, gleich hinter dem Intercity (IC)-Busbahnhof und neben dem kleinen Kiosk der Hafenpolizei.

Auf Thassos selbst sind an den **Fährtickethäuschen** (☎ 25930 22318) in Thassos (Limenas) und bei der **Hafenpolizei** (☎ 25930 22106) in Skala Prinos Fährfahrpläne erhältlich. Das Fährdock für Keramoti liegt 150 m westlich vom Stadtzentrum Thassos.

Unterwegs vor Ort

AUTO & MOTORRAD

Avis Rent a Car Thassos (Limenas) (☎ 25930 22535); Potamia (☎ 25930 61735); Skala Prinos (☎ 25930 72075) ist weit verbreitet, aber kleinere örtliche Leihfirmen sind oft günstiger. In Thassos (Limenas) bieten **Billy's Bikes** (☎ 25930 22490) gegenüber vom Zeitungskiosk und **2 Wheels** (☎ 25930 23267) an der Straße nach Potos einen Fahrrad- und Motorradverleih an.

BOOT/WASSERTAXI

Das **Ausflugsboot Eros 2** (☎ 6944945282; Tagesausflug 25 €) umrundet Thassos viermal pro Woche auf einer Tagestour mit Zwischenstopps zum Schwimmen und Grillen. Das Boot legt um 10 Uhr im Alten Hafen ab. Wassertaxis fahren vom Alten Hafen aus regelmäßig zum Chrysi Ammoudia (Goldener Strand) und Makryammos-Strand. Ausflugsboote unterschiedlicher Größe und Nationalität und mit variierendem Alkoholpegel segeln ebenfalls regelmäßig aus verschiedenen Küstenresorts hierher.

BUS

Regelmäßige Busse umrunden die Küste in beiden Richtungen und fahren auch Dörfer im Landesinneren an. Die Busse richten sich in Skala Prinos und Thassos (Limenas), den wichtigsten Verkehrsknotenpunkten der Insel, nach den Ankunftszeiten der Fähren. Die beiden Hafenstädte sind täglich durch acht Busse (1,80 €) miteinander verbunden.

Täglich fahren zehn bis zwölf Busse von Thassos (Limenas) durch diverse Küstendörfer wie Skala Marion (3,30 €), nach Limenaria (4 €), sieben davon fahren weiter nach Potos (4,20 €). Fünf Busse verbinden Thassos (Limenas) täglich mit Theologos (5,30 €). Von Thassos (Limenas) verkehren täglich vier Busse ins weiter südlich gelegene Aliki (3,30 €) und zum nahe gelegenen Moni Archangelos. Von Potos kann man derselben Route zu diesen Zielen entlang der Ostküste sowie zum Paradiesstrand (3,10 €), nach Skala Potamia (3,90 €) und zum nahen Chrysi Ammoudia (Goldener Strand; 4,20 €) folgen.

Im Sommer fahren täglich zehn Busse von Thassos (Limenas) in die andere Richtung in diese Ostküstendörfer sowie nach Skala Potamia (1,50 €) über Panagia (1,40 €) und Potamia (1,40 €). Eine komplette Rundtour (etwa 100 km) ist neunmal pro Tag möglich (9,50 €, 3½ Std.), entweder im oder gegen den Uhrzeigersinn. Erfreulicherweise ist dieses Rund-um-die-Insel-Ticket den ganzen Tag gültig, sodass man ohne zusätzliche Kosten ein- und aussteigen kann, wann man möchte. Am **Busbahnhof** (☎ 25930 22162) im Hafen von Thassos (Limenas) gibt's Fahrpläne.

FAHRRAD

In Thassos (Limenas) können einfache Fahrräder ausgeliehen werden. Modernere Modelle und detaillierte Streckeninformationen gibt's beim örtlichen Mountainbike-Experten **Yiannis Raizis** (☎ 25930 52459, 6946955704; www.mtb-thassos.com) in Potos.

TAXI

Der **Taxistand** (☎ 25930 22391) von Thassos (Limenas) ist im Hafen, neben dem Busbahnhof. In Potos befindet sich ein Taxistand mit angeschlagener Preistafel neben der Bushaltestelle auf der Hauptstraße.

THASSOS (LIMENAS) ΘΑΣΟΣ (ΛΙΜΕΝΑΣ)

2610 Ew. / Fläche 375 km²

In Thassos (auch Limenas genannt) befinden sich die meisten Einrichtungen der Insel, und der Ort hat das ganze Jahr über auch am meisten zu bieten: einen malerischen Fischerhafen, einen Sandstrand, Einkaufsmöglichkeiten, ein paar antike Ruinen und ein Archäologisches Museum. Trotzdem – wenn man sich die relativ teuren Unterkünfte und langweiligen Restaurants hier so anschaut und sie mit den viel schöneren Stränden, den üppigen Bergwäldern und dem Nachtleben in anderen Teilen der Insel vergleicht, gibt's eigentlich keinen Grund, hier länger zu bleiben.

Orientierung & Praktische Informationen

Banken mit Geldautomaten befinden sich in der Nähe des zentralen Platzes. Der Stadtstrand, den mehrere Ufertavernen und Strandbars säumen, liegt 100 m hinter dem alten Hafen, etwa zehn Gehminuten vom Stadtzentrum entfernt.

Billias Travel Service (☎ 25930 24003; www.billias-travel-service.gr; Gallikis Arheologikis Scholis 2) Reisebüro mit Komplettservice.

Hafenpolizei (☎ 25930 22106)

Mood Café (☎ 25930 23417; Ecke 18 Oktovriou & K Dimitriadi; pro Std. 3 €; ⏲ 9.30–2 Uhr) Internetcafé mit schneller Verbindung.

Touristenpolizei (☎ 25930 23111)

www.gothassos.com Nützliche Quelle im Internet.

Sehenswertes

Thassos' **Archäologisches Museum** (☎ 25930 22180; ⏲ Di–So 9–15 Uhr) zeigt jungsteinzeitliche Beigaben aus einem geheimnisvollen Grab im Inselzentrum sowie antike griechische Kunst, darunter einen 5 m hohen *kouros* aus dem 6. Jh. v. Chr., der einen Schafsbock trägt.

Nebenan stehen die Ruinen der **antiken Agora,** des Handelszentrums zur Zeit der Griechen und Römer. Die Grundmauern einiger Stoas, Läden und Wohnhäuser sind erhalten geblieben. 100 m östlich der *agora* werden während des Theaterfestivals von Kavala im **antiken Theater** antike Dramen und Komödien aufgeführt. Das Theater ist am kleinen Hafen ausgeschildert.

Von hier führt ein Pfad zur **Akropolis,** wo noch umfangreiche Überreste einer mittelalterlichen Festung zu sehen sind. In Stein gehauene Stufen steigen zum Fundament der antiken Stadtmauer hinunter, auf die die Festung erbaut wurde. Außerdem bietet sich von oben ein wunderschöner Ausblick auf die Küste.

Festivals & Events

Im Juli und August werden während des **Theaterfestivals von Kavala** im antiken Theater verschiedene Stücke aufgeführt. Jeden

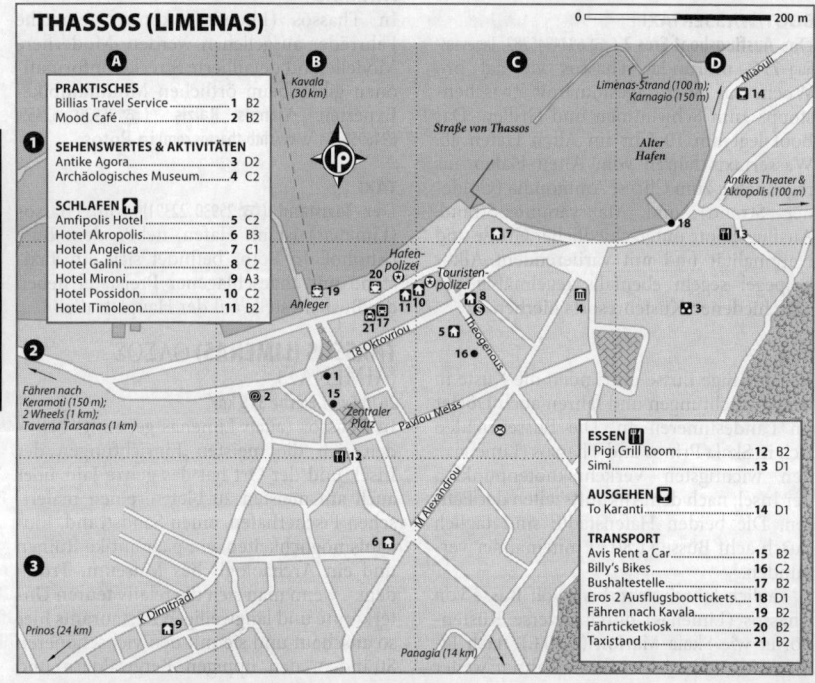

THASSOS (LIMENAS)

0   200 m

PRAKTISCHES
Billias Travel Service 1 B2
Mood Café 2 B2

SEHENSWERTES & AKTIVITÄTEN
Antike Agora 3 D2
Archäologisches Museum 4 C2

SCHLAFEN 🛏
Amfipolis Hotel 5 C2
Hotel Akropolis 6 B3
Hotel Angelica 7 C1
Hotel Galini 8 C2
Hotel Mironi 9 A3
Hotel Possidon 10 C2
Hotel Timoleon 11 B2

ESSEN 🍴
I Pigi Grill Room 12 B2
Simi 13 D1

AUSGEHEN 🍸
To Karanti 14 D1

TRANSPORT
Avis Rent a Car 15 B2
Billy's Bikes 16 C2
Bushaltestelle 17 B2
Eros 2 Ausflugsboottickets 18 D1
Fähren nach Kavala 19 B2
Fährticketkiosk 20 B2
Taxistand 21 B2

Kavala (30 km)
Straße von Thassos
Limenas-Strand (100 m); Karnagio (150 m)
Alter Hafen
Antikes Theater & Akropolis (100 m)
Hafenpolizei
Touristenpolizei
Anleger
18 Oktovriou
Theogenous
Zentraler Platz
Pavlou Melas
M Alexandrou
K Dimitriadi
Fähren nach Keramoti (150 m); 2 Wheels (1 km); Taverna Tarsanas (1 km)
Prinos (24 km)
Panagia (14 km)
Misouli

August findet außerdem ein kostenloses **Vollmondkonzert** statt, bei dem Sänger aus ganz Griechenland auftreten. Informationen und Tickets gibt's beim **EOT** (☎ 25102 22425) in Kavala, aber man kann auch bei der **Touristenpolizei** (☎ 25930 23111) in Thassos nachfragen. Das **Thassos-Festival** im Sommer wird mit klassischen Dramen, Gemäldeausstellungen und zeitgenössischer griechischer Musik begangen. Programme sind in Hotels, Cafés und Tourismusbüros erhältlich.

Schlafen

BUDGETUNTERKÜNFTE & MITTELKLASSEHOTELS

Hotel Galini (☎ 25930 22195; Theageneou; EZ/DZ 44/50 €; 🅿) Dieses kleine, leicht heruntergekommene Haus gegenüber vom Amfipolis Hotel bietet 16 einfache, aber saubere Zimmer. Der Service ist zwar ruppig, aber dank des blumigen Gartens stellt sich bald wieder gute Laune ein.

Hotel Akropolis (☎/Fax 25930 22488; M Alexandrou; EZ/DZ inkl. Frühstück 45/55 €; 🅿) Dieses hundert Jahre alte Herrenhaus mit klassischem Flair bietet ausgewählte Antiquitäten und einen erholsamen Garten. Die Zimmer sind jedoch ein bisschen vollgestopft.

Hotel Angelica (☎ 25930 22387; www.hotel-angelica.gr; Alter Hafen; EZ/DZ 50/60 €; 🅿) Als weiteres Hafenhotel ist das Angelica eine zuverlässige, aber nicht unbedingt begeisternde Alternative. Die Bäder sind ein bisschen veraltet, aber sauber.

Hotel Possidon (☎ 25930 22739; www.thassos-possidon.com; Alter Hafen; EZ/DZ 65/85 €; 🅿 🛜) Die kürzlich renovierte Lobby-Bar dieses freundlichen Hafenhotels breitet sich über den Hafen und die Haupteinkaufsstraße (18 Oktovriou) aus. Dies ist eines der wenigen örtlichen Hotels, die nicht mit Pauschalanbietern arbeiten. Die Zimmer sind modern und gut ausgestattet, und viele haben gemütliche Balkone mit Blick aufs Wasser.

SPITZENKLASSEHOTELS

Hotel Timoleon (☎ 25930 22177; Alter Hafen; EZ/DZ 70/100 €; 🅿) Neben dem Hotel Possidon bietet das Drei-Sterne-Haus Timoleon 30 Zimmer (15 mit Meerblick), die sich durch ihre schöne Einrichtung und jede Menge Platz auszeichnen; wenn man den Preis bedenkt, könnten sie aber ruhig noch ein bisschen mehr begeistern.

Amfipolis Hotel (☎ 25930 23101; www.hotelamfipolis.gr; Ecke 18 Oktovriou & Theogenous; EZ/DZ/3BZ/Suite inkl. Frühstück 95/140/165/235 €; 🕐 Juni–Okt.; 🅿 🛜) Thassos' elegantestes Hotel ist in einem denkmalgeschützten Gebäude mit imposanter blauer Fassade untergebracht. Seit 1938 es ein Hotel, früher war es ein Tabaklagerhaus. Das Amfipolis bietet schicke Zimmer mit hohen Holzdecken und sogar einen Whirlpool im Garten.

Essen & Ausgehen

Simi (☎ 25930 22517; Alter Hafen; Hauptgerichte 7–10 €) Auf den ersten Blick sieht das Simi mit seinen aufdringlichen Kellnern wie jede andere Taverne im Alten Hafen aus; die Einheimischen sind sich jedoch darüber einig, dass es den besten Fisch in ganz Limenas serviert. Andere Gerichte gibt's aber auch.

I Pigi Grill Room (☎ 25930 22941; zentraler Platz; Hauptgerichte 5–7,50 €; 🕐 Abendessen) Dieses freundliche, zentrale Restaurant liegt direkt neben einer Quelle und bietet ausgezeichnete Grillgerichte; die Meeresfrüchte-*mezedhes* und die frischen Salate sind aber ebenfalls gut.

Taverna Tarsanas (☎ 25930 23933; *mezedhes* 4 €, Hauptgerichte 10–15 €) 1 km westlich von Thassos befindet sich das Tarsanas, das großartigen Fisch und einzigartige Meeresfrüchte-*mezedhes* serviert.

To Karanti (☎ 25930 24014; Miaouli) Eine *ouzerie* unter freiem Himmel im Alten Hafen, die von Einheimischen und Touristen gleichermaßen geschätzt wird. Das To Karanti bietet in malerischer Lage einen schönen Blick auf die Fischerboote, traditionelle Musik und köstliche *mezedhes*.

Karnagio (☎ 25930 23170) Das Karnagio liegt einen netten Spaziergang durch den Alten Hafen entfernt und ist ein hübsches Plätzchen für ein entspanntes Gläschen bei Sonnenuntergang. Die Tische im Freien stehen zu beiden Seiten eines Felsvorsprungs, gegen den sanfte Wellen schlagen. Über die Felsen kann man auch zur kleinen, von Kerzenlicht erhellten Kapelle hinaufklettern.

WESTKÜSTE

Thassos' Westküste wird seit Jahren von Pauschaltouristen heimgesucht, aber es gibt noch immer ein paar idyllische Fleckchen und ruhige Sandstrände. Noch besser sind die Bergdörfer im Inselinneren, die sich ihr traditionelles Lebenstempo bewahrt haben und kleine architektonische Schätze bieten, ohne Schaden durch die Touristenmassen genommen zu haben. In den größeren Dörfern Skala Prinos, Limenaria und Potos gibt's Geldautomaten und zahlreiche weitere Einrichtungen.

Wer von Thassos (Limenas) der Küste Richtung Westen folgt, erreicht zwei standardmäßige Sandstrände: **Glyfoneri** und dahinter **Pahys.**

Noch weiter westlich liegt der Hafen **Skala Prinos**; von hier fahren Fähren nach Kavala, aber sonst ist nicht viel los. 1 km südlich liegt jedoch der hübsche **Vasilios-Strand** vor dem Hintergrund einiger Bäume, und die hügeligen Dörfer **Mikros Prinos** und **Megalos Prinos** (zusammen als Kasaviti bekannt) bieten eine erfrischend grüne Abwechslung von der touristischen Küste, ein paar Unterkünfte und Lokale und jede Menge Charakter. Weiter südwestlich warten in **Skala Sotira** und **Skala Kallirahis** zwei kleine Strände. Von Letzterem liegt das traditionelle **Kallirachi** nur 2 km landeinwärts und bietet steile, schmale Straßen und hübsche Steinhäuser.

Die erste richtige Attraktion befindet sich jedoch noch weiter südlich: der herrliche Fischereihafen **Skala Marion.** Das Dorf ist vom Tourismus nahezu unberührt geblieben – etwas überraschend, wenn man sich seinen langen Strand zu beiden Seiten anschaut (ein weiterer, kleinerer Strand befindet sich in der Ortsmitte zwischen zwei Anlegern). Auch wenn es noch immer vornehmlich ein Fischerdorf ist, könnte man Skala Marion auch mieten, um eine italienische Liebeskomödie zu drehen. Unter den Markisen einer Handvoll Tavernen mit Meerblick sitzen die treuen Dorfältesten bei einer Partie Backgammon, während kleine Kinder um sie herumtollen. Skala Marion ist eine gute Wahl für Familien und Paare mit ein paar *domatia*, einer Bäckerei und sogar einem Internetcafé am Nordanleger. Am dorfeigenen Feiertag (24. Juni) gibt's nach dem Gottesdienst Volkstänze und Süßigkeiten für alle.

Landeinwärts von Skala Marion liegt das bewaldete **Maries,** das sich wunderbar für einen Tagesausflug eignet. Eine 4 km lange feste Schotterstraße, die in der Mitte von Maries beginnt, umfasst eine tiefe, bewaldete Schlucht und führt schließlich zu

einem von Menschenhand geschaffenen, aber trotzdem fotogenen **Waldsee.** Man kann mit dem Auto fahren oder die kühle Bergluft auf einer **Wanderung** genießen – die Route ist eben und nicht allzu beschwerlich.

Die Küstenstraße Richtung Süden führt an weiteren Stränden und an **Limenaria** vorbei, der zweitgrößten Stadt auf Thassos. Auch wenn es von der Straße aus eher unansehnlich wirkt, bietet Limenaria einen netten kleinen Sandstrand. Der Ort wurde vor über einem Jahrhundert für das deutsche Metallunternehmen Speidel gegründet; noch heute ragen die maroden Gebäude dieser früheren Investoren, darunter ein Rundturm, über dem Hafen auf.

Ein paar Kilometer weiter südlich liegen die ehemaligen Fischerdörfchen **Potos** und **Pefkari,** die sich in wahre Ferienorte verwandelt haben und lange Sandstrände bieten, wobei der in Potos mit mehreren Cafés und Tavernen besonders überlaufen ist. Auch wenn der Ort eine gute Ausgangsbasis für Aktivitäten wie Bootsausflüge im Südwesten von Thassos ist, hat der kitschige, zügellose Pauschaltourismus ihn doch für immer gezeichnet.

Obwohl sie streng genommen nicht einmal in der Nähe der Westküste liegt, ist **Theologos,** Thassos' mittelalterliche Osmanen-Hauptstadt, nur von der Hauptstraße in Potos erreichbar. Die Abzweigung ist ausgeschildert; die Straße führt über 10 km ins Inselinnere, bevor sie Theologos erreicht, das vor einem zerklüfteten weißen Gipfel liegt und von Wald umgeben ist. Dieses friedliche Örtchen mit nur 400 Seelen zeichnet sich durch seine weiß getünchten, dicht stehenden traditionellen Häuser aus; viele haben ein Schieferdach. Hier kann man die **Kirche Agios Dimitrios** (1803) besuchen, die über einen auffälligen, weiß verputzten Glockenturm mit grandiosem Schieferdach verfügt. Auch wenn Busse nach Theologos fahren, gibt's hier nur wenige Unterkünfte, sodass man es besser auf einem Tagesausflug besucht.

Von der Ecke Theologos-Potos auf der Hauptstraße kann man Richtung Südosten an der Küste entlangwandern und den Blick auf atemberaubende Buchten genießen, von denen einige vollkommen unberührte Sandstrände bieten. **Astris,** die letzte Siedlung im Südwesten, lockt mit einem guten Strand mit Tavernen und *domatia*.

Aktivitäten

Trotz ihres touristischen Flairs eignet sich Thassos' Westküste ganz hervorragend für diverse Outdoor-Aktivitäten, etwa zum Scubatauchen, Mountainbike fahren, Vögel beobachten und, und, und. Die felsige, unbewohnte kleine **Insel Panagia**, südwestlich von Potos, ist das Zuhause von Griechenlands größter Kolonie von Meereskormoran; der örtliche Umweltschützer Yiannis Markianos von der Aldebaran Pension (rechts) arrangiert **Bootstouren mit Vogelbeobachtung**.

In Potos findet am letzten Sonntag im April außerdem alljährlich das **Internationale Mountainbike-Rennen von Thassos** statt. Dieses beliebte Amateur-Event zieht über 200 Teilnehmer an, die von Potos aus Richtung Osten über einen Rundkurs durch das bewaldete Innere der Insel fahren. Die Route klettert auf den Berg Ypsario (1204 m) und führt durch das malerische Dörfchen Kastro wieder zurück. Unglaublich: in der Startgebühr (nur 20 €) sind außerdem drei Hotelübernachtungen enthalten. **Yiannis Raizis** (☎ 25930 52459, 6946955704; www.mtb-thassos. com), der neben seinen *domatia* in Potos das ganze Jahre über hochwertige Mountainbikes verleiht, organisiert dieses Event und veranstaltet außerdem geführte Rad- und Wandertouren.

Weiter nördlich kann man in **Rachoni** im Inneren der Insel auf dem **Pine Tree Paddock** (☎ 6945118961; 🕑 10–14 & 17 Uhr–Sonnenuntergang) auf Ponys und Pferden reiten (pro Stunde 20 €); außerdem werden geführte Ausritte angeboten (pro Stunde 25 €); vorab reservieren.

Vasilis Vasiliadis vom **Diving Club Vasiliadis** (☎ 6944542974; www.scuba-vas.gr) in Potos bietet Scubatauch-Kurse für Anfänger und Tauchausflüge für erfahrene Taucher an, darunter Tauchgänge zum antiken Unterwasser-Steinbruch in Aliki.

Schlafen

Camping Pefkari (☎ 25930 51190; Zeltplatz pro Erw./ Zelt 5/4 €; 🕑 Juni–Sept.) Dieser ansprechende Campingplatz in einem Wäldchen über dem Pefkari-Strand ist bei Familien beliebt und bietet saubere Waschräume; man muss mindestens drei Nächte bleiben.

Camping Daedalos (☎ /Fax 25930 58251; Zeltplatz pro Erw./Zelt 6/4 €) Dieser Strand-Campingplatz nördlich von Skala Sotira bietet einen Mini-

markt und ein Restaurant. Segel-, Surf- und Wasserskistunden werden ebenfalls angeboten.

Aldebaran Pension (☎ 25930 52494, 6973209576; www.gothassos.com; Potos; DZ ab 40 €; 🐾) In der Straße hinter dem Strand von Potos liegt diese freundliche, familiengeführte Pension in einem ruhigen, grünen Innenhof und bietet Zimmer mit sämtlichen modernen Annehmlichkeiten sowie große Balkonen. Besitzer Yiannis Markianos, der außerdem die informative Website gothassos.com unterhält, verleiht auch Boote und bietet Vogelbeobachtungstouren zur Insel Panagia an.

Domatia Filaktaki (☎ 25930 52634, 6977413789; Skala Marion; Zi. ab 35 €; 🐾) Diese einfachen Zimmer mit Klimaanlage befinden sich über dem Zuhause der freundlichen, hilfsbereiten Maria Filaktaki und ihrer Familie in Skala Marion. Dies ist das erste Haus, das man erreicht, wenn man von der Bushaltestelle zum Hafen runtergeht; es liegt oberhalb vom Armeno, dem Restaurant der Familie.

MTB Yiannis Raizis Domatia (☎ 25930 52459, 6946955704; www.mtb-thassos.com; Potos; DZ/3BZ/4BZ 45/60/70 €; 🐾) Eine gute Option für große Gruppen. Die Selbstversorger-Studios werden vom Mountainbike-Fan Yiannis Raizis geführt und bieten Platz für bis zu acht Personen. Sie liegen 200 m hinter der Kirche an der Hauptstraße von Potos, nur fünf Gehminuten vom Strand entfernt. Vom Dachgarten aus hat man einen tollen Ausblick, und es gibt einen Pool und eine schattiggrüne Bar.

Essen

O Georgios (☎ 25930 52774; Potos; Hauptgerichte 4,50–7 €) Dieses traditionelle griechische Grill-Restaurant liegt in einem Rosengarten mit Kiesboden und ist ein Favorit der Einheimischen, weit weg von Potos' touristischer Hauptstraße. Der Service ist freundlich und die Portionen sind reichlich.

Taverna Giatrou (☎ 25930 31000; Theologos; Hauptgerichte 5–8 €) 800 m hinter dem Ortseingang Theologos auf der rechten Seite bietet diese große Taverne vom Balkon aus einen tollen Blick auf die Dächer des Dorfes und das Grün darunter. Von Kostas („dem Doktor") Giatrou und seiner Familie werden hier verschiedene Spezialitäten wie gebratenes Lamm serviert.

NORDOSTÄGÄISCHE INSELN

LP Tipp **Armeno** (☎ 25930 51277; Skala Marion; Hauptgerichte 5–9 €) Diese entspannte Hafentaverne im unkonventionellen Skala Marion bietet köstlichen Fisch und sämtliche Tavernen-Klassiker. Gemüse und Olivenöl sind absolut bio und stammen aus den Gärten der freundlichen Familie Filaktaki, die auch Zimmer vermietet und mit Infos rund um die Gegend sowie mit Leihwagen weiterhelfen kann.

Piatsa Michalis (☎ 25930 51574; Potos; Hauptgerichte 6–10 €) Potos' 50 Jahre alte Strandtaverne gab's schon lange bevor der Massentourismus in die Stadt kam, und noch heute hält sie sich an ihr bewährtes Rezept, einer Mischung aus Spezialitäten, wie geschmortes Kaninchen und Tintenfisch in Rotweinsoße, und sämtlichen Tavernen-Klassikern.

Restaurant Alphas (☎ 25930 53510; Skala Marion; Hauptgerichte 6–11 €) In dieser Fisch-Taverne am Nord-Pier in Skala Marion gibt's ein hübsches Hafenambiente und ein paar gute *mezedhes*.

Psarotaverna To Limani (☎ 25930 52790; Limenaria; Hauptgerichte 8–13 €) Limenarias beste Meeresfrüchte werden in diesem Restaurant gegenüber der National Bank of Greece serviert; die Preise können jedoch ganz schön saftig sein.

Kafeneio Tsiknas (☎ 25930 31202; Theologos) Am Ortseingang Theologos, direkt vor der Kirche, bietet dieses charmante Café Tische auf dem Balkon, Kaffees und Snacks.

OSTKÜSTE

Thassos' sandige Ostküstenstrände sind im Sommer völlig überfüllt, da die Touristendichte hier höher ist als auf der Westseite – teilweise liegt das daran, dass hier zahlreiche dichte Wälder stehen, die von den Bergen bis zum Meer reichen. Hier gibt's weniger organisierte Aktivitäten, wodurch ein entspannteres Flair entsteht, und das warme, flache Wasser ist ideal für Familien mit kleinen Kindern.

Die Ostküste bietet aber außerdem fotogene (wenn auch touristische) Binnendörfer wie **Panagia** und **Potamia,** die gleich südlich von Thassos (Limenas) liegen. In Panagia gehören die Stein- und Schieferdächer zur charakteristischen Architektur. Die aufwendig dekorierte **Kirche Kimisis tou Theotokou** (Kirche der Entschlafung der Jungfrau) mit ihrer blauweißen Kuppel enthält eine wertvolle Ikonensammlung. Um diese

friedliche Ecke zu erreichen, folgt man nur dem Geräusch des rauschenden Quellwassers landeinwärts bergauf über einen Steinpfad. Das weniger malerische Potamia bietet das **Polygnotos-Vagis-Museum** (☎ 25930 61400; Eintritt 3 €; ☉ Di–Sa 8.30–12 & 18–20, So & Feiertag bis 12 Uhr), das dem griechisch-amerikanischen Künstler Polygnotos Vagis (der 1894 hier geboren wurde) gewidmet ist; es befindet sich neben der Hauptkirche. Das Städtische Museum von Kavala (S. 353) zeigt ebenfalls einige von Vagis' Werken.

Potamia ist auch ein guter Ausgangspunkt für den Aufstieg zu Thassos' höchstem Gipfel, dem **Berg Ipsario** (1204 m), und für andere Wandertouren. Westlich von Potamia führt ein Feldweg zum Ende des Tals, in dem Pfeile und Steinhaufen den steilen Weg bergauf weisen. Die Ipsario-Wanderung ist als „mäßig schwierig" eingestuft und dauert etwa drei Stunden. Man kann in der **Ipsario-Berghütte** (pro Bett 5 €) übernachten, sollte aber vorher Leftheris vom Bergsteigerclub in Thassos (Limenas) unter ☎ 6972198032 anrufen, um ein Bett zu buchen und den Schlüssel zu bekommen. In der Hütte gibt's einen Kamin und Quellwasser, aber keinen Strom.

Sowohl Panagia als auch Potamia liegen 4 km westlich der beliebtesten Ostküstenstrände: der Sandstrand **Chrysi Ammoudia (Goldener Strand)** liegt versteckt in einer langen, gebogenen Bucht, an deren Südende sich der Strand von **Skala Potamia** befindet. Letzterer bietet sehr warmes, sanftes, flaches Wasser und ist daher ideal für kleine Kinder. Zwischen beiden verkehrt alle paar Stunden ein Bus (1,30 €). An beiden Stränden finden sich außerdem Unterkünfte, Restaurants und ein bescheidenes Nachtleben. An der Commercial Bank in Skala Potamia, die seltsamerweise ganz allein an der Hauptstraße 150 m westlich der Abzweigung zum Dorf liegt, gibt's einen Geldautomaten.

Südlich von Skala Potamia befindet sich der zu Recht beliebte **Paradiesstrand** an einer schmalen, kurvigen Schotterstraße, 2 km hinter dem winzigen Dorf **Kinira.** Hinter der Südwestkurve der Hauptstraße befindet sich das friedliche **Aliki,** Thassos' am besten geeigneter Ort für einen erholsamen Tag am Strand – Kultur gibt's hier aber auch reichlich. Das Aussteiger-Ziel bietet zwei feine sandige Buchten mit kleinen Imbissläden; in der westlichen gibt's außerdem eine Taverne. Die Strände sind durch einen kleinen Olivenhain voneinander getrennt, in dem sich die antiken Ruinen der **archäologischen Stätte von Aliki** befinden. Dieser rätselhafte Ort gilt, nach Limenas, als zweitwichtigste Stätte auf Thassos und liegt verführerisch über dem (ruhigeren) Strand im Südwesten. Eine hilfreiche, auf Englisch beschriftete Tafel informiert über die Stätte, die über den Steinpfad zu erreichen ist, der die beiden Strände miteinander verbindet.

Die Hauptattraktion ist ein ehemaliger **antiker Tempel,** in dem man einst die Götter anrief, um sie um Schutz für die Seeleute zu bitten. Er liegt direkt über dem Meer und ist mit Säulenfüßen übersät. Der nahe gelegene **Marmorsteinbruch** ist mittlerweile überflutet und war vom 6. Jh. v. Chr. bis zum 6. Jh. n. Chr. in Betrieb. Von der Tempelruine kann man über den Felsenpfad Richtung Süden um die Halbinsel wandern; hier sieht man auch eine **frühchristliche Höhle,** in der einst Eremiten hausten.

Von Aliki aus in Richtung Westen führt der Weg zunächst am **Thymonia-Strand** vorbei, bevor er das **Moni Archangelos** (Eintritt frei; ☾ 9–17 Uhr) auf den Klippen erreicht. Das aktive Nonnenkloster der Athoniten beherbergt eine interessante, 400 Jahre alte Kirche und bietet einen sensationellen Blick übers Meer. Wer nicht angemessen gekleidet ist, erhält am Eingang einen Schal. Wie bei vielen anderen orthodoxen Klöstern, können Pilger kostenlos über Nacht bleiben, wenn sie an den Gottesdiensten teilnehmen.

Von hier aus steigt die Straße im Westen steil an. Jetzt links nach der kleinen Schotterstraße in der nördlichsten Kurve Ausschau halten, die zu dem ruhigen **Livadi-Strand** führt. Er ist einer der schönsten Strände auf ganz Thassos; seine türkisfarbenen Wasser sind von Klippen und Wäldern umgeben, und im Sand stehen nur ein paar vereinzelte Sonnenschirme.

Schlafen & Essen

Überall entlang der Küste gibt's *domatia* und kleine Hotels, auch wenn die meisten eher unscheinbar und veraltet sind. In Kinira und Aliki findet man weniger Unterkünfte als am Chrysi Ammoudia (Goldener Strand) oder in Skala Potamia, und am Pa-

radiesstrand kann man gar nicht übernachten. Egal wo, man muss einfach nur vorbeischauen und sich ein Zimmer schnappen; außerhalb der Monate Juli und August sinken die Preise oft um 20 %.

Golden Beach Camping (☎ 25930 61472; Chrysi Ammoudia; Zeltplatz pro Erw./Zelt 5/4 €; **P**) Am Golden Beach Camping herrscht meist Partystimmung; der Platz bietet einen Minimarkt, eine Bar, Beachvolleyball und jede Menge junger Menschen aus Griechenland, Serbien, Bulgarien und von noch weiter her. Ein spaßiger Ort in der schönsten Ecke des Strandes.

LP Tipp Domatia Vasso (☎ 25930 31534, 69465 24706; Aliki; Zi. 50 €; **P** ⚅) Östlich der Bushaltestelle an Alikis Hauptstraße nach dem Blumenmeer und dem Schild Ausschau halten, das zur Auffahrt zu diesen acht entspannten Selbstversorger-*domatia* weist, die vom freundlichen Vasso Gemetzi und seiner Tochter Aleka geführt werden. Es gibt eine herrlich ruhige Terrasse mit Tischen und Platz zum Kochen. Kinder steigen gratis ab. Mindestaufenthalt zwei Nächte.

Semeli Studios (☎ 25930 61612; www.semeli-studios.gr; Skala Potamia; DZ/3BZ 50/60 €; **P** ⚅) Eleni Stoubou, die freundliche Besitzerin des Kamelia, führt auch diese größere Selbstversorger-Option direkt dahinter. Von der Bushaltestelle geht's auf der Hauptstraße 100 m Richtung Chryssi Ammoudia; das Hotel Kamelia und die Semeli Studios sind rechts ausgeschildert.

Hotel Kamelia (☎ 25930 61463; www.hotel-kamelia.gr; Skala Potamia; EZ/DZ inkl. Frühstück 40/60 €; **P** ⚅) Dieses Strandhotel bietet ein dezent künstlerisches Flair mit blumigen Mustern, minimalistischen Wandskulpturen und coolem Jazz in der Gartenbar. Die geräumigen, frisch duftenden Zimmer haben große Balkone und alle modernen Annehmlichkeiten.

Thassos Inn (☎ 25930 61612; www.thassosinn.gr; Panagia; EZ/DZ 50/70 €) Panagias beste Unterkunft liegt in idealer Lage nahe der Kirche und bietet einen weiten Blick auf die Schieferdächer des Dorfes. Es verfügt über sämtliche modernen Annehmlichkeiten und große Zimmer, auch wenn die schlichten Gänge nicht sehr reizvoll sind. Das Inn wird vom freundlichen Tasos Manolopoulos geführt, der stolz sein Gemüsebeet und das Becken mit den gigantischen Goldfischen zeigt.

Taverna Elena (☎ 25930 61709; Panagia; Hauptgerichte 6–9 €) Gleich neben dem Laden mit den traditionellen Produkten abseits von Panagias zentralem Platz bietet diese klassische Taverne *mezedhes* wie *bougloundi* (gebackener Feta mit Tomaten und Chili) und ausgezeichnetes gebratenes Lamm- und Ziegenfleisch.

Restaurant Koralli (☎ 25930 62244; Skala Potamia; Hauptgerichte 7–11 €) Diese große Taverne in Skala Potamia serviert überdurchschnittlich leckere Gerichte wie mit Shrimps gefüllte Pilze, mit Mozzarella und Parmesan überbackene Auberginen, mit Krabben gefüllte Zucchini, Carpaccio und 330 g schwere Rinderlendensteaks.

Euböa & die Sporaden
Εύβοια & Οι Σποράδες

Euböa und die vier Inseln, die als Sporaden bekannt sind, sind zwar nach wie vor touristisch nicht überlaufen, ziehen aber mehr griechische Urlauber an als die meisten anderen Inseln und haben viel von ihrem ursprünglichen Charme bewahrt. Euböa ist in Chalkida durch eine Zugbrücke, die sich über einen schmalen Golf erstreckt, mit dem Festland verbunden.

Nur zwei Stunden von Athen entfernt, ziehen sowohl Chalkida als auch das nahe Eretria zahllose Wochenendurlauber an. Auf der Insel herrscht dennoch ein entspanntes Tempo, das sich der weitläufigen Landschaft anpasst, die von Bergklöstern, Bauernhöfen und Weingütern durchzogen ist. An der Nord-, West- und Südostküste warten kleine Strände mit kristallklaren Buchten, die andernorts mit Sonnenschirmen übersät wären. Die Sporaden (griechisch für „die Verstreuten") wirken wie eine Verlängerung der Pelion-Halbinsel; tatsächlich waren sie in prähistorischer Zeit verbunden. Skiathos, ein bei Nordeuropäern beliebter Hafenort, lockt mit den sandigsten Stränden der Ägäis und großartigen Scubatauch-Möglichkeiten. Skopelos bietet einen Hafen in Postkartenidylle, Buchten und Wanderwege. Das abgeschiedene Alonnisos kann sich des Meeres-Nationalparks von Alonnisos rühmen, der zum Schutz der Mittelmeer-Mönchsrobbe gegründet wurde, und ist ein Vorbild in Sachen Umweltschutz. Skyros, die südlichste Insel, hat sich ihren ursprünglichen Charakter weitgehend bewahrt. Sie ist für ihre Küche, Holzverarbeitung und Keramik ebenso bekannt wie für andere folkloristische Traditionen, die aus der Zeit der Byzantiner stammen, als die Inseln das Zuhause von Piraten und anderen Schurken waren – worauf die freundlichen Einwohner heute noch voller Stolz hinweisen.

HIGHLIGHTS

Meeresnational-
park Alonniso ★
★ Kalamakia
Tsougriaki ★ ★ Kastro
★ Atsitsa ★
Loutra Edipsou ★

- **Spa-Bäder** In den Thermalbädern in Loutra Edipsos (S. 749) auf Euböa planschen

- **Abendessen am Dock** Aus dem frischen Fang in Kalamakia (S. 769) auf Alonnisos die Lieblingsbeute wählen

- **Ägäis-Abenteuer** Nach Delphinen Ausschau halten, während man mit dem Boot durch Griechenlands einzigen Meeres-Nationalpark vor Alonnisos (S. 765) fährt

- **Insel-Wanderungen** Auf Skopelos (S. 763) zwischen Olivenhainen und über unberührte Wiesen wandern

- **Romantische Meditation** In der Atsitsa-Bucht (S. 767) auf Skyros den Sonnenuntergang bei einem Glas Wein genießen

- **Mitternachts-Musik** Einem der besten Bouzouki-Spieler Griechenlands lauschen, während man vom *kastro* über Skopelos-Stadt (S. 762) blickt

- **Scubatauchen** In 30 m Tiefe ein Unterwasserriff vor Tsougriaki (S. 757) auf Skopelos erkunden

■ BEVÖLKERUNG: 228 750   ■ FLÄCHE: 4167 KM^2

EUBÖA & DIE SPORADEN

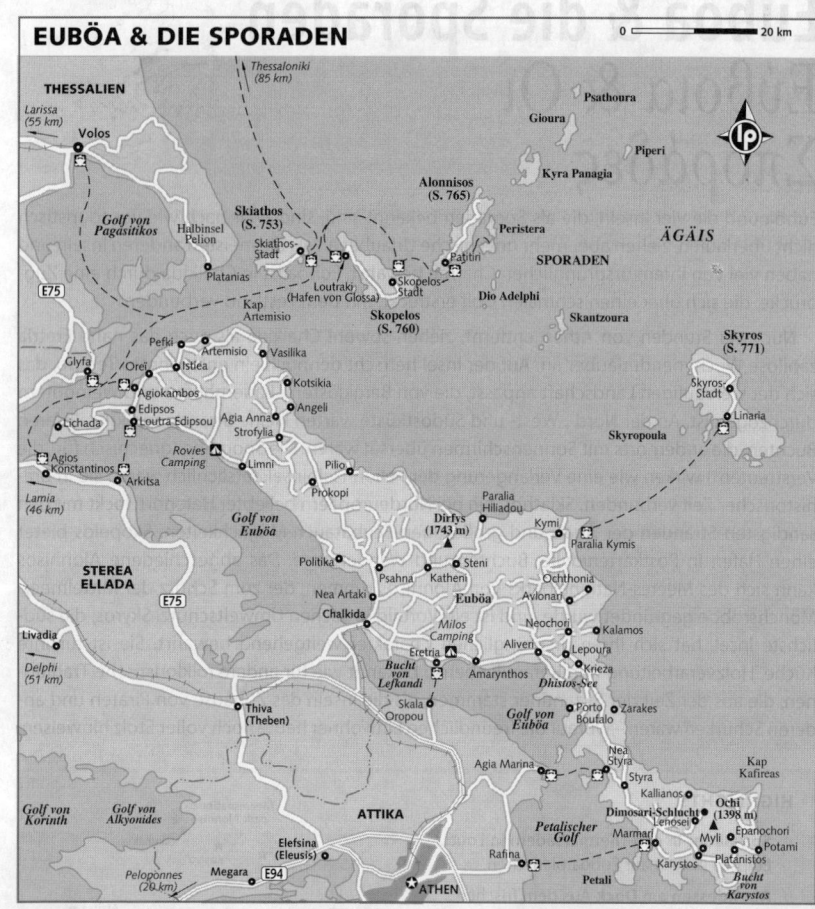

EUBÖA & DIE SPORADEN

0 ⊏⊐ 20 km

THESSALIEN

Thessaloniki
(85 km)

Psathoura

Larissa
(55 km)

Volos

Gioura

Piperi

Kyra Panagia

Alonnisos
(S. 765)

Peristera

ÄGÄIS

Golf von
Pagasitikos   Halbinsel
Pelion

Skiathos
(S. 753)

Skiathos-
Stadt

SPORADEN

Platanias

Loutraki
(Hafen von Glossa)

Patitiri

Skopelos-
Stadt

Dio Adelphi

Skantzoura

Skyros
(S. 771)

Kap
Artemisio

Skopelos
(S. 760)

Skyros-
Stadt

Linaria

Pefki

Artemisio   Vasiliki

Glyfa   Orei   Istiea

Kotsikia

Agiokambos

Edipsos

Angeli

Skyropoula

Lichada   Loutra Edipsou

Agia Anna

Strofylia

Rovies
Camping

Limni

Pilio

Agios
Konstantinos   Arkitsa

Prokopi

Lamia
(46 km)

Golf von
Euböa

Paralia
Hiliadou

Dirfys
(1743 m)

Kymi

Paralia Kymis

Politika

Psahna   Katheni

Steni

Ochthonia

STEREA
ELLADA   E75

Nea Artaki

Euböa

Avlonari

Chalkida

Milos
Camping

Neochori

Kalamos

Livadia

Eretria

Aliveri

Lepoura

Krieza

Delphi
(51 km)

Bucht
von
Lefkandi

Amarynthos

Dhistos-See

Thiva
(Theben)

Skala
Oropou

Golf von
Euböa

Porto
Boufalo

Zarakes

Nea
Styra

Kap
Kafireas

Agia Marina

Styra

Kallianos

Ochi
(1398 m)

Golf von
Korinth

Golf von
Alkyonides

ATTIKA

Petalischer
Golf

Dimosari-Schlucht
Lenosei

Marmari

Myli

Epanochori

Potami

Elefsina
(Eleusis)

Rafina

Karystos

Platanistos

Peloponnes
(20 km)   Megara   E94

ATHEN

Petali

Bucht
von
Karystos

EUBÖA EYBOIA

Euböa, Griechenlands zweitgrößte Insel nach Kreta und für die Griechen das Urlaubsziel Nummer eins, steht nach wie vor eher selten auf dem Urlaubsplan ausländischer Touristen. Zu seinen Attraktionen zählen wunderschöne Bergstraßen, anspruchsvolle Wanderrouten, wichtige archäologische Funde und meist ziemlich leere Strände. Eine Gebirgskette erstreckt sich von Norden nach Süden und trennt die steilen Klippen im Osten der Insel von der sanfteren, badefreundlicheren Westküste. Neben der kurzen Zugbrücke über den schmalen Euripos-Kanal, die in die Hauptstadt

Chalkida führt, verbinden Fähren die Insel mit dem Festland. Die Strömung in dem schmalen Kanal ändert ihre Richtung bis zu sieben Mal täglich, ein Phänomen, das Beobachter seit Aristoteles' Zeiten vergeblich zu erklären versuchen.

An- & Weiterreise

Zwischen Chalkida und Athen (6,20 €, 1 ¼ Std., halbstündl.), Ioannina (35,50 €, 1-mal tgl.) und Thessaloniki (36 €, 6 Std., 2-mal tgl.) fahren regelmäßig Busse. Außerdem verkehren Züge zwischen Chalkida und Athen (normal, 5 €, 1–1½ Std. 4-mal tgl.) sowie Chalkida und Thessaloniki (normal/ IC-Express 26/33 €, 5½/4½ Std., 6-/4-mal tgl.). Fähren fahren regelmäßig von Euböa nach Skyros, Alonnisos und Skopelos; Näheres unter Insel-Hopping (S. 862).

Tickets werden am Kiosk am Dock in Paralia Kymis (dem Hafen von Kymi auf Euböa) verkauft.

ZENTRAL-EUBÖA

Nachdem man die Brücke nach Chalkida überquert hat, richtet sich die Straße nach Süden und folgt der Küste bis Eretria, einem lebendigen Urlaubsort und einer wichtigen archäologischen Stätte. Dahinter reihen sich bis zur Kreuzung in Lepoura mehrere kleinere Orte und Fischerdörfer aneinander; hier gabelt sich die Straße nach Kymi im Norden. Ein paar der Abzweigungen zum Meer sind eine kleine Erkundungstour wert, und der Sandstrand in Kalamos ist wirklich außergewöhnlich. Eine gute Schotterstraße führt entlang der Nordküste von Kymi Richtung Westen nach Paralia Hiliadou.

Dank eines gemeinsamen Wiederaufforstungsprojekts der Regierung und einer privaten Organisation, das nach den tragischen Waldbränden vom August 2007 ins Leben gerufen wurde, feiern junge Tannen, Pinien und Olivenbäume entlang der Küstenstraße südlich von Eretria ein Comeback.

Chalkida Χαλκίδα
54 560 Ew.

Bereits in der *Ilias* erwähnt, war Chalkida (auch Chalkis) im 8. und 7. Jh. v.Chr. ein mächtiger Stadtstaat mit verschiedenen Kolonien im gesamten Mittelmeerraum. Der Name geht auf das griechische Wort *chalkos* (Bronze) zurück, die hier in der Antike hergestellt wurde. Heute ist die Stadt das Tor nach Euböa und ein lebendiges Schifffahrts- und Landwirtschaftszentrum. Wenn der Abend hereinbricht, erwacht die Uferpromenade an der Alten Brücke zum Leben.

Wer Chalkidas interessante religiöse Geschichte kennenlernen möchte, sollte einen Ausflug zum *kastro* (Burg) in Kotsou machen. Es beherbergt eine grandiose **Moschee** aus dem 15. Jh., neben der an der Plateia Tzami eine **Synagoge** aus dem 19. Jh. steht. 150 m weiter südlich befindet sich die byzantinische **Kirche Agia Paraskevi**. Im **Archäologischen Museum** (☎ 22210 60944; Leoforos Venizelou 13; Eintritt 2 €; ☷ Di–So 8.30–15 Uhr) ist ein großar-

tiger Torso von Apollon zu sehen, der in Eretria entdeckt wurde.

PRAKTISCHE INFORMATIONEN

An der Ecke Venizelou und Voudouri befinden sich mehrere Geldautomaten.

Apotheke (☎ 22210 25424; Isaiou 6)

Kiosk (☎ 22210 76718; Ecke Boudouri & Douna) Internationale Presse.

Krankenhaus (☎ 22210 21902; Ecke Gazepi & Hatzopoulou)

Post (Ecke Karamourtzouni & Kriezotou; ☷ Mo–Fr 8–18 Uhr)

Surf-on-Net Cafe (☎ 22210 24867; Angeli Goviou 7A; Internet pro Std. 1,50 €; ☷ 24 Std.)

Touristenpolizei (☎ 22210 77777)

AKTIVITÄTEN

Das **Sport Apollon Scuba Diving Centre** (☎ 22210 86369, 6945219619; www.sportapollon.gr; ☷ 9–13.30 & 17–21 Uhr) in Chalkida organisiert Tauchgänge vor der nahen Alykes-Küste, die vom Tauchteam Nikos und Stavroula geleitet werden. Ein Tages-Tauchausflug kostet etwa 40 €.

SCHLAFEN & ESSEN

Best Western Lucy Hotel (☎ 22210 23831; www.lucy-hotel.gr; Voudouri 10; EZ/DZ/3BZ/Suite inkl. Frühstück 70/90/137/157 €; P ⊠ ⊡ ⊙) Die Zimmer im 2009 renovierten Lucy sind recht modern, mit schicken hellen Möbeln, langen Schreibtischen und großen Bädern. Das freundliche mehrsprachige Personal kann einen auch in die Straßencafé-Szene nebenan einführen.

Ouzerie O Loukas (☎ 22210 60371; Makariou 1; *mezedhes* 3–6 €, Hauptgerichte 5–9 €) Auf der Festlandseite der Alten Brücke bietet diese hübsche *ouzerie* (Lokal, in dem Ouzo und leichte Snacks serviert werden) erstklassige Hauptgerichte und Vorspeisen, von gegrilltem Tintenfisch und *horta* (Wildgemüse) bis zu *tzatziki* und Muscheln mit Reis.

Mostar Café-Bar (☎ 22210 81213; Alte Brücke; Getränke & Snacks 3–7 €; ⊠ ⊙) Man kann unmöglich noch näher am Kanal oder an der Zugbrücke sitzen als in dieser schicken, ultramodernen Bar.

AN- & WEITERREISE

Es fahren regelmäßig Busse zwischen Chalkida und Athen, Ioannina und Thessaloniki. Außerdem verbinden regelmäßig Züge Chalkida mit Athen und Thessaloniki.

EUBÖA & DIE SPORADEN

Auf Euböa gelangt man mit Bussen vom **KTEL-Busbahnhof in Chalkida** (☎ 22210 20400, Ecke Styron & Arethousis), 3 km östlich der Alten Brücke, nach Eretria (2 €, 25 Min., stündl.) und Kymi-Stadt (7,60 €, 2 Std., stündl.); ein Bus fährt weiter nach Paralia Kymis mit Anschluss an die Skyros-Fähre. Außerdem gibt's Busse nach Steni (2,70 €, 1 Std., 2-mal tgl.), Limni (7,10 €, 2 Std., 3-mal tgl.) und Karystos (10,50 €, 3 Std., 3-mal tgl.).

Näheres unter Insel-Hopping (S. 862).

Eretria Ερέτρια
3160 Ew.

Eretria ist, von Chalkida aus, der erste größere Ort Richtung Südosten; er bietet einen kleinen Hafen und eine lebhafte Uferpromenade voller Familien vom Festland, die an Ferienwochenenden die Fisch-Tavernen füllen. Rund um Eretria, das sich im 8. Jh. v.Chr zu einer wichtigen Seemacht und dem Zuhause einer bedeutenden Philosophenschule entwickelte, wurden zahlreiche Funde aus der Jungsteinzeit ausgegraben. Die moderne Stadt wurde in den 1820ern, während des Unabhängigkeitskrieges, von Bewohnern der Insel Psara gegründet, die auf der Flucht vor den Türken waren.

PRAKTISCHE INFORMATIONEN
Bei Notfällen kann man die **Touristenpolizei** (☎ 22210 77777) in Chalkida anrufen. Internetzugang gibt's in **Christos Internet Cafe-Bar** (☎ 22290 61604; pro Std. 2 €; ⏰ 9–1 Uhr) am Hafen.

SEHENSWERTES
Vom höchsten Punkt der **antiken Akropolis** bietet sich ein wunderbarer Blick aufs Festland. Westlich der Akropolis stehen die Ruinen eines Palastes, eines Tempels und eines Theaters mit einem unterirdischen Gang, durch den die Schauspieler die Bühne betraten. In der Nähe sind im **Archäologischen Museum** (☎ 22290 62206; Eintritt 2 €; ⏰ Di–So 8.30–15 Uhr) gut präsentierte Funde aus dem antiken Eretria zu sehen. Ein Spaziergang von 200 m führt über das **Mosaiken-Haus** und endet 50 m weiter am **Apollon-Tempel**.

SCHLAFEN & ESSEN
Milos Camping (☎ 22290 60420; www.camping-in-evia.gr/index_en.html; Zeltplatz pro Erw./Zelt 6,50/4 €) Der saubere Platz an der Küste, 1 km nordwestlich von Eretria gelegen, bietet ein Restaurant, eine Bar und einen Kiesstrand.

Eviana Beach Hotel (☎ 22290 62113; www.eviana beach.gr; EZ/DZ/3BZ inkl. Frühstück 80/105/145 €; P ❤ 🖥 🛜) 500 m östlich des Hafens liegt diese 2009 renovierte Unterkunft versteckt in Strandlage und verfügt über geräumige Zimmer mit Kachelboden sowie eine einladende, von Bäumen beschattete Strandbar.

Taverna Astra (☎ 22290 64111; Arheou Theatrou 48; Hauptgerichte 4–9 €) Diese freundliche Hafentaverne gleich hinter dem Supermarkt ist für ihren günstigen frischen Fisch und ihre Vorspeisen wie *taramasalata* (Fischrogen) und gebratene Sardinen bekannt.

AN- & WEITERREISE
Täglich fahren Fähren zwischen Eretria und Skala Oropos. Näheres unter Insel-Hopping (S. 862).

Tickets kann man am Kiosk am Dock im Hafen von Eretria kaufen.

Steni Στενή
1080 Ew.

Von Chalkida sind es 31 km bis in das hübsche Bergdorf Steni mit seinen gurgelnden Quellen und schattigen Platanen.

Steni ist Ausgangspunkt für die sehr anspruchsvolle Wanderung auf den **Berg Dirfys** (1743 m), Euböas höchstem Gipfel. Die **Dirfys-Hütte** (☎ 22280 24298) liegt in 1120 m Höhe und ist über eine 9 km lange Schotterstraße erreichbar. Von dort sind es noch weitere sieben steile Kilometer zum Gipfel. Erfahrene Wanderer sollten von Steni bis zu sechs Stunden bis ganz nach oben einplanen. Für Hütten-Reservierungen kann man sich an **Stamatiou** (☎ Mo–Fr 6972026862, Sa–So 22280 25655; pro Person 12 €) wenden. Nähere Infos zu Wanderungen gibt's beim **Alpin-Club Halkida** (☎ 22210 25230; Angeli Gouviou 22, Halkida), der dem EOS angeschlossen ist. Tipps zu Tageswanderungen rund um den Berg Dirfys bekommt man bei **Graham Beaumont** (☎ 6936523804; www.eviavillas.co.uk) in Chalkida. Anavasi gibt die ausgezeichnete topografische Karte Mt. Dirfys heraus (Nr. 5.11).

Von Steni schlängelt sich die Straße weiter nach **Paralia Chiliadou** an der Nordküste, wo ein Wäldchen aus Ahorn- und Kastanienbäumen an einen feinen Sand- und Kiesstrand grenzt und eine Reihe von *domatia* und Tavernen zur Auswahl steht. Camper haben an beiden Enden des Strandes bei den großen Felsen die Möglichkeit, ihr Zelt aufzuschlagen.

SCHLAFEN & ESSEN

Hotel Dirfys (☎ 22280 51217; EZ/DZ inkl. Frühstück 30/40 €) Das bessere der beiden Hotels in Steni ist in Sachen knorriges Kiefernholz, das die Einrichtung – von den Wänden in der Lobby bis zu einem Großteil der Möbel – dominiert, ganz weit vorn. Die gemütlichen Zimmer haben Teppichboden und eine perfekte Aussicht auf Wald und Fluss.

Taverna Kissos („Efeu-Taverne"; ☎ 22280 51226; Hauptgerichte 4–9 €) Diese traditionelle Taverne ist nur eine in einer ganzen Reihe von Lokalen in Bachnähe. Sie bietet herzhaftes Grillfleisch (Steaks werden pro Kilo verkauft), traditionelle *mayirefta* (fertige Ofengerichte) und Salate mit Gemüse aus lokalem Anbau.

Kymi & Paralia Kymis Κύμη & Παραλία Κύμης

3040 Ew.

Der alltägliche Ort Kymi wurde auf einer 250 m hohen Klippe über dem Meer erbaut. Abends, wenn der zentrale Platz zum Leben erwacht, geht's hier recht heiter zu. Der Hafen Paralia Kymis, 4 km bergab gelegen, ist der einzige natürliche Hafen an der schroffen Ostküste und der Abfahrtspunkt für Fähren nach Skyros.

Das ausgezeichnete **Volkskundemuseum** (☎ 22220 22011; ⏱ Mi & So 10–13, Sa 10–13 & 16–18.30 Uhr) liegt 30 m bergab vom Hauptplatz. Die Exponate umfassen eine beeindruckende Sammlung lokaler Trachten und historischer Fotografien, darunter eine Ausstellung, die den in Kymi geborenen Dr. George Papanikolaou ehrt, den Erfinder des PAP-Tests zur Früherkennung von Gebärmutterhalskrebs.

Kymi ist außerdem das Zuhause der **Feigen von Kymi** (☎ 22220 31722; www.figkimi.gr; ⏱ Mo–Fr 9–15 Uhr), einer landwirtschaftlichen Organisation, die die örtlichen Bauern im Besonderen und die nachhaltige Produktion im Allgemeinen unterstützt. Der Einblick in ihre Arbeit ist faszinierend, und im Laden kann man Trockenfeigen ohne Konservierungsstoffe kaufen.

SCHLAFEN & ESSEN

In Paralia Kymis liegt das zuverlässige **Hotel Beis** (☎ 22220 22604; www.hotel-beis.gr; EZ/DZ/3BZ inkl. Frühstück 40/60 €; P ✷), ein mächtiger weißer Klotz mit großen, makellosen Zimmern gegenüber dem Fährdock für Skyros. Eine

Reihe von Tavernen und *ouzeries* säumt den Hafen.

Nur 3 km südlich sollte man im winzigen Platana der ausgezeichneten Fisch-Taverne **Koutelos** (☎ 22220 71272; Hauptgerichte 5–9 €) gleich am Uferdamm einen Besuch abstatten; Alexandra und Konstantinos übersetzen die Speisekarte mit dramatischem Enthusiasmus. In Kymi liegt die kleine **Taverna Mouria** (☎ 22220 22629; Hauptgerichte 4–9 €) ein Stück bergauf, nur 150 m nördlich des Platzes; hier gibt's tolle Shrimps vom Grill, *mayirefta*-Gerichte und griechische Salate in Familienportionen (4,50 €).

NORD-EUBÖA

Von Chalkida führt eine Straße Richtung Norden nach **Psachna,** dem Tor zum äußerst malerischen Inneren Nord-Euböas. Eine gute Straße klettert und schlängelt sich durch Pinienwälder zum waldigen Dorf **Prokopi** empor, dem Zuhause der Pilgerkirche von **St. Johannes dem Russen.** In Strofylia, 14 km hinter Prokopi, führt eine Straße in Richtung Südwesten zum pittoresken Limni, dann weiter nach Norden ins skurrile Loutra Edipsos, dem Fährhafen von **Agiokambos,** und schließlich nach **Pefki,** einem kleinen Ferienort am Meer.

Loutra Edipsos Λουτρά Αιδηψού

3600 Ew.

Das therapeutische Schwefelwasser des klassischen Kurorts Loutra Edipsos ist seit der Antike hoch geschätzt. Hier haben schon Berühmtheiten wie Aristoteles, Plutarch und Sulla im Adamskostüm gebadet. Die Ausdehnung des Ortes im Laufe der Jahre steht mit der verbesserten Technologie in Zusammenhang, mit deren Hilfe das Wasser immer weiter von der Quelle wegtransportiert werden kann. Heute ist die Stadt Griechenlands modernstes Hydro- und Physiotherapiezentrum. Der Stadtstrand (Paralia Loutron) ist dank des Thermalwassers, das hier ins Meer fließt, das ganze Jahr über angenehm warm.

PRAKTISCHE INFORMATIONEN

Im **Lan Arena** (☎ 22260 22597; pro Std. 2,50 €; ⏱ 10–1 Uhr) gegenüber vom Fährhafen gibt's Internetzugang. Bei medizinischen Notfällen kann man sich an den Englisch sprechenden **Dr. Symeonides** (☎ 22260 23220; Omirou 17) wenden.

AKTIVITÄTEN

Die meisten Hotels bieten unterschiedliche **Spa-Anwendungen** an, von einfachen heißen Bädern (6 €) bis zu vierhändigen Massagen (160 €).

Das entspanntere (und auch erschwinglichere) der beiden großen Spas des Ortes ist das **EOT-Zentrum für Hydrotherapie und Physiotherapie** (☎ 22260 23501; 25 Martiou 37; ☼ Juni–Okt. 7–13 & 17–19 Uhr), das jede Menge Palmen, ein großes Freibad, in dem Mineral- und Meerwasser gemischt werden, sowie eine Terrasse mit Meerblick bietet. Hydro-Massage-Bäder gibt's schon ab ganz bescheidenen 8 €.

Das ultraschicke **Thermae Sylla Hotel & Spa** (☎ 22260 60100; www.thermaesylla.gr; Posidonos 2) mit vage spätrömischem Ambiente, das gut zum Namen passt, bietet eine Reihe von Kur- und Schönheitsbehandlungen an wie Thermal-Schlammbäder oder Ganzkörper-Algenwickel, die bei ca. 60 € beginnen.

Außerdem gibt's im **Knossos CitySpa Hotel** (☎ 22260 22460; www.knossos-spa.com; Vyzantinon 19) moderne Spa-Anwendungen (auch Thai-Massagen).

SCHLAFEN & ESSEN

Hotel Istiaia (☎ 22260 22309; 28 Oktobriou 2; www.istiaiahotel.com; EZ/DZ/3BZ inkl. Frühstück ab 34/50/70 €; ☒ ☐ ☎) Das Istiaia ist ein hübsches altes Hotel mit hohen Decken und Alte-Welt-Flair – außer in den kleinen Bädern. Richtung Uferdamm ist eine Café-Weinbar.

Hotel Kentrikon (☎/Fax 22260 22502; www.kentrikonhotel.com; 25 Martiou 14; EZ/DZ/3BZ 42/60/70 €; ☒ ☐ ☎ ☒) Dieses freundliche Spa-Hotel, das von einem griechischen Pärchen geführt wird, ist ebenso kitschig wie charmant. Es warten ein Thermalbad und die Massagetherapeutin Vicky Kavartziki (☎ 6945146374).

Thermae Sylla Hotel & Spa (☎ 22260 60100; www.thermaesylla.gr; Posidonos 2; EZ/DZ/Suite ab 210/250/500 €; ℗ ☒ ☐ ☎ ☒) Dieses schicke Spa packt einen auf Wunsch nicht nur komplett in Schlamm ein, es bietet auch Luxuszimmer und eine endlose Reihe von Schönheitsbehandlungen. Tagesbesucher können für 27 € im Freibad planschen.

Dina's Amfilirion Restaurant (☎ 22260 60420; 28 Oktobriou 26; Hauptgerichte 5–10 €) Das Angebot an wunderbar angerichteten Leckereien ändert sich hier jeden Tag. Ein großzügiger Teller mit gegrilltem Kabeljau und Ofenkartoffeln

mit saftigem Tomaten-Gurken-Salat und einem guten Hauswein kostet etwa 12 €. Nach dem kleinen Holzschild mit den grünen griechischen Buchstaben Ausschau halten, 20 m nördlich des Fährdocks.

Ebenfalls empfehlenswert:

Captain Cook Selbstbedienungs-Restaurant (☎ 22260 23852; Hauptgerichte 3–7 €) Von allem ein bisschen, lecker und günstig.

Taverna Sbanios (☎ 22260 23111; Hauptgerichte 4–8 €) Leckere Grillgerichte und Frühstücksomeletts.

AN- & WEITERREISE

Bus

Vom **KTEL-Busbahnhof** (☎ 22260 22250; Thermopotamou), 200 m vom Hafen entfernt, fahren Busse nach Chalkida (13 €, 4 Std., tgl. 5.30 Uhr), Athen (12,30 €, 3 ½ Std., 3-mal tgl. über Arkitsa) und Thessaloniki (22 €, 5 Std., tgl. 10 Uhr, über Glyfa). Für nähere Infos zu Verbindungen nach Athen und Thessaloniki s. Insel-Hopping (S. 855).

Fähre

Zwischen Loutra Edipsos und Arkitsa auf dem Festland verkehren regelmäßig Fähren, ebenso ins nahe gelegene Agiokambos und nach Glyfa auf dem Festland. Näheres gibt's unter Insel-Hopping (S. 860).

Tickets sollte man am Dock-Kiosk im Hafen von Loutra Edipsos kaufen.

Limni Λίμνη

2070 Ew.

Das kleine Limni – einer der malerischsten Häfen auf Euböa – blickt direkt aufs Meer, während sein Labyrinth aus weiß getünchten Häusern und schmalen Gassen auf einen geschäftigen Hafen mit zahlreichen Cafés und Tavernen zuläuft. Das **Kulturmuseum** (☎ 22270 31900; Eintritt 2 €; ☼ Mo–Sa 9–13, So 10.30–13 Uhr) der Stadt liegt nur 50 m vom Hafen entfernt und bietet archäologische Funde aus der Gegend sowie antike Webstühle, Trachten und alte Münzen. Das wenig besuchte Limni ist auf jeden Fall einen Abstecher wert.

Wer einen fahrbaren Untersatz hat, kann das herrliche **Kloster Galataki** (☼ 9–12 & 17–20 Uhr) aus dem 16. Jh. besuchen, das 9 km südöstlich von Limni auf einem Hügel über der Küstenstraße thront und das Zuhause einer eingeschworenen Gemeinschaft von sechs Nonnen ist. Die feinen Mosaiken und Fresken im *katholikon* (Hauptkirche) sind einen ausführlichen Blick wert, besonders der *Einzug der Gerechten ins Paradies.*

SCHLAFEN & ESSEN

Rovies Camping (☎ 22270 71120; www.campingevia. com/evia-holidays.html; Zeltplatz pro Erw./Zelt 6,50 €/frei) Der attraktive, schattige Rovies liegt direkt über einem Kiesstrand, 12 km nordwestlich von Limni.

Ostria Apartments (☎ /Fax 22270 32248; www.ost ria-apartments.gr; Apt. inkl. Frühstück ab 90 €; P 🌐 🖳) Olivenbäume und Bougainvilleen umgeben zehn hübsche Selbstversorger-Apartments gegenüber einem langen Strand, 1 km nordwestlich von Limni.

Taverna Arga (☎ 22270 31479; Hauptgerichte 4–12 €) Einfach einen Tisch im Freien in dieser Hafen-Taverne schnappen und die vorbeiziehende Parade der Dorfbewohner und Besucher bei leckerem gegrilltem Tintenfisch, *gavros* (Anchovis) oder *yemista* (gefüllte Paprika und Tomaten) beobachten.

Andere Optionen im Dorf:

Zaniakos Domatia (☎ 6977936698; Zi. 25 €; 🖳)

Agrabeli Apts (☎ 22270 32312; www.agrabeli.eu; Zi. 70 €; P 🌐 🖳 📶 🖳)

Ouzerie Fiki (☎ 22270 32411; *mezedhes* 2–5 €)

SÜD-EUBÖA

In Lepoura, östlich von Eretria, gabelt sich die Straße: die linke Abzweigung führt Richtung Norden nach Kymi, die rechte nach Karystos im Süden. In Krieza, 3 km hinter der Kreuzung, gelangt man über eine weitere Abzweigung zum Distos-See, einem flachen Seebett, das von Reihern und anderen Sumpfvögeln besucht wird. Auf der weiteren Fahrt Richtung Süden geht's außerdem an hochmodernen Windrädern vorbei, und es bieten sich wunderbare Ausblicke auf beide Küsten. Hier wird die Insel immer schmaler, bis sie in der Karystos-Bucht in der Nähe des Bergs Ochi (1398 m) aufs Meer trifft.

Karystos Κάρυστος
4960 Ew.

In der weiten Karystos-Bucht am Fuß des Bergs Ochi von zwei Sandstränden gesäumt, ist dieser abgeschiedene, aber charmante Küstenort der Ausgangspunkt für Wanderungen zum Berg Ochi und zur Dimosari-Schlucht. Von der lebhaften Plateia Amalias bietet sich ein schöner Blick auf die Bucht und den Hafen.

PRAKTISCHE INFORMATIONEN

An der Alpha Bank auf dem Hauptplatz gibt's einen **Geldautomaten**; das **Polihoros Internet & Sports Cafe** (☎ 22240 24421; Kriezotou 132; pro Std. 3 €; 🕙 9–1 Uhr) liegt neben dem Galaxy Hotel.

SEHENSWERTES

Karystos, das bereits in Homers *Ilias* erwähnt wird, war während des Peloponnesischen Krieges ein mächtiger Stadtstaat. Das **Karystos-Museum** (☎ 22240 25661; Eintritt 2 €; 🕙 Di–So 8.30–15 Uhr) dokumentiert das archäologische Erbe der Stadt u. a. mit winzigen Tonlampen aus der Jungsteinzeit, einer beschriebenen Steinplatte im Chalkida-Alphabet, Grabstelen aus dem 5. Jh. v. Chr., die Zeus und Athene zeigen, und einer Ausstellung zu den *drakospita* (Drachenhäuser) vom Berg Ochi und aus Styra, die aus dem 6. Jh. v. Chr stammen. Das Museum steht gegenüber der venezianischen Festung **Bourtzi** (Eintritt frei; 🕙 ganzjährig) aus dem 14. Jh.

GEFÜHRTE TOUREN

South Evia Tours (☎ 22240 25700; Fax 22240 29091; www.eviatravel.gr; Plateia Amalias) bietet umfassenden Service: Buchungen für die Festland-Fähre, Ausflüge zum Fuß des Bergs Ochi oder zu den *drakospita* nahe Styra, die aus dem 6. Jh. v. Chr stammen und von den Römern erbaut wurden, sowie eine Bootstour um die Petali-Inseln (35 € mit Mittagessen). Der einfallsreiche Besitzer Nikos organisiert auch Taxifahrten für alle, die zum Gipfel des Ochi wandern und sich hinterher wieder abholen lassen möchten, und kümmert sich um geführte Wandertouren durch die Dimosari-Schlucht (25 €).

FESTIVALS & EVENTS

Karystos veranstaltet jeden Sommer das **Wein- & Kultur-Festival,** das Anfang Juli beginnt und bis zum letzten Augustwochenende dauert. An den Wochenenden finden u. a. Theater- und traditionelle Tanzaufführungen zu den Klängen lokaler Musiker statt, und außerdem werden Ausstellungen lokaler Künstler veranstaltet. Das fröhliche Sommer-Event verabschiedet sich mit dem Wein-Festival, bei dem jeder erdenkliche Wein aus der Gegend kostenlos probiert werden darf. Die informativen Festivalprogramme sind im Karystos-Museum (oben) erhältlich.

SCHLAFEN & ESSEN

Hotel Karystion (☎ 22240 22391; www.karystion.gr; Kriezotou 3; EZ/DZ inkl. Frühstück 74/115 €; **P** **☒** **☎**) Das Karystion ist die beste Unterkunft der Stadt, mit modernen, gut ausgestatteten Zimmern, Balkonen mit Meerblick und hilfsbereitem, mehrsprachigem Personal. Neben dem Hof führt eine kleine Treppe hinunter zum Sandstrand, an dem man wunderbar schwimmen kann.

LP Tipp **Cavo d'Oro** (☎ 22240 22326; Hauptgerichte 4–7,50 €) In diesem fröhlichen Restaurant in einer kleinen Gasse, einen Block westlich des Hauptplatzes, genießt man gemeinsam mit den Einheimischen leckere Hauptgerichte wie Pasta mit Ziegenkäse (7,50 €), Makrele mit Reis (6,50 €), hausgemachte *mousakas* (Auflauf mit Auberginen oder Zucchini, Hackfleisch und Kartoffeln, mit Käse überbacken; 6 €) und Salate nur mit Produkten aus aus der Gegend und Olivenöl. Der geniale Besitzer Kyriakos nimmt regelmäßig am sommerlichen Wein-Festival teil, immer mit der *bouzouki* (lautenähnliches Instrument) in der Hand.

Weitere Optionen:

Hotel Galaxy (☎ 22270 71120; Ecke Kriezotou & Odysseos; EZ/DZ inkl. Frühstück 45/65 €; **☒** **▣** **☎**) Am Hafen.

Taverna Mesa-Exo („Rein-Raus-Taverne"; ☎ 22240 23997; Hauptgerichte 5–12 €) Am Westrand des Hafens.

AUSGEHEN

Das Nachtleben findet rund um die *plateia* statt.

Bar Alea (☎ 22240 23085; **▣** **☎**) Auf der *plateia*; serviert anständige Getränke und Musik.

Club Kohili (☎ 22240 24350) Diese schicke, aber entspannte Bar liegt am Strand neben dem Apollon Suite Hotel.

AN- & WEITERREISE

Bus

Vom **KTEL-Busbahnhof Karystos** (☎ 22240 26303) gegenüber der Kirche Agios Nikolaos fahren Busse nach Chalkida (10,50 €, 3 Std., Sonntag bis Freitag), Athen (8,30 €, 3 Std., 4-mal tgl.) und Marmari (1,70 €, 20 Min., Montag bis Samstag). Ein Taxi nach Marmari kostet ca. 12 €.

Fähre

Es bedienen regelmäßig Fähren die Strecke zwischen Marmari (10 km westlich von Ka-

rystos) und Rafina sowie von Nea Styra (35 km nördlich von Karystos) nach Agia Marina. Näheres gibt's unter Insel-Hopping (S. 862).

Tickets gibt's entweder am Dock-Kiosk im Hafen von Marmari oder vorab bei **South Evia Tours** (☎ 22240 25700; Fax 22240 29091; www. eviatravel.gr) in Karystos.

Rund um Karystos

Die Ruinen des **Castello Rosso** (Rote Burg), einer fränkischen Festung aus dem 13. Jh., sind lediglich einen kurzen Spaziergang von **Myli** entfernt, einem hübschen, gut bewässerten Dorf 4 km landeinwärts von Karystos. Ein Stück hinter Myli befindet sich ein **antiker Steinbruch,** der mit grünen und schwarzen Bruchstücken des einst sehr wertvollen *cippolino*-Marmors aus Karystos übersät ist.

Wer ein eigenes Auto hat oder sich ein Taxi nimmt, kann zum Fuß des **Bergs Ochi** fahren, von wo die 1½-stündige Gipfelwanderung zu den antiken *drakospita* (Drachenhaus) führt, dem schönsten Beispiel einer Gruppe stonehengeartiger Wohnhäuser und Tempel, die aus dem 7. Jh. v. Chr. stammen. Sie wurden aus mehrere Tonnen schweren Felsen gehauen und ohne Mörtel befestigt. Die kleineren Exemplare in der Nähe von **Styra** (30 km nördlich von Karystos) sind fast genauso faszinierend.

Wanderer können sich auch Richtung Norden zur **Dimosari-Schlucht** begeben; die Wanderung auf dem wunderschönen, gut präparierten Weg führt über 10 km und dauert etwa vier bis fünf Stunden (einschließlich Zwischenstopp zum Schwimmen).

Mithilfe einer örtlichen Karte von South Evia Tours (S. 751) kann man das Dorf und die umgebenden Kastanienwälder, die sich an die Hügel zwischen dem Ochi und der Küste schmiegen, problemlos auf eigene Faust erkunden.

SKIATHOS ΣΚΙΑΘΟΣ

6160 Ew.

Da die Insel mit einigen der schönsten Strände der gesamten Ägäis gesegnet ist, überrascht es nicht, dass Skiathos im Juli und August voller sonnenhungriger Europäer ist, wodurch die Preise entsprechend ansteigen und die Zimmer knapp werden.

Die Ankunftstafel am kleinen Flughafen der Insel listet hauptsächlich ankommende Charterflüge aus Nordeuropa auf. Trotz seiner Beliebtheit ist und bleibt Skiathos eines der besten Urlaubsziele Griechenlands.

Skiathos-Stadt, der größte Ort und Hafen der Insel, ist an der Südostküste gelegen. Die restliche Südküste ist von ummauerten Ferienvillen und mit Pinien gesäumten Sandstränden durchzogen. Die Nordküste ist ziemlich steil und schlechter zugänglich; im 14. Jh. diente die Kastro-Halbinsel als natürliche Festung gegen Invasoren. Außer Sonnenschein im Überfluss und einem fröhlichen Nachtleben finden Neugierige hier aber auch atemberaubende Klöster, Hügel-Tavernen und sogar abgeschiedene Strände.

An- & Weiterreise

Näheres zu Flug- und Schiffsverbindungen zu anderen Inseln und aufs Festland gibt's unter Insel-Hopping (S. 875).

FÄHRE

Skiathos' wichtigster Hafen ist Skiathos-Stadt; von hier fahren Fähren aufs Festland nach Volos und Agios Konstantinos sowie nach Skopelos und Alonnisos.

Tickets gibt's bei **Hellenic Seaways** (☎ 24270 22209; Fax 24270 22750) am unteren Ende der Papadiamantis oder bei **GA Ferries** (☎ 24270 22204; Fax 24270 22979) neben der Alpha Bank.

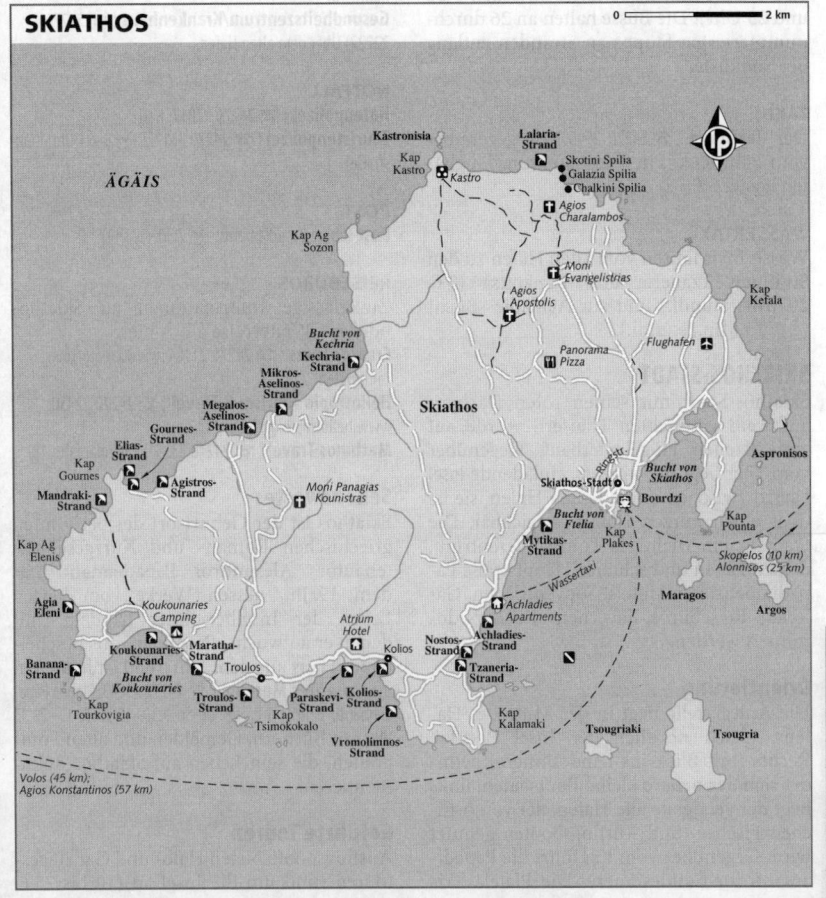

EUBÖA & DIE SPORADEN

FLUGZEUG

Neben zahlreichen Charterflügen aus Nordeuropa wird im Sommer täglich eine Flugverbindung nach/aus Athen (49 €) angeboten. **Olympic Air** (☎ 24270 22200) hat ein Büro am Flughafen, aber keins in der Stadt.

Unterwegs vor Ort

AUTO & MOTORRAD

Bei **Europcar/Creator Tours** (☎ 24270 22385) in Skiathos-Stadt und **Heliotropio Tourism & Travel** (☎ 24270 22430) im neuen Hafen werden Motorräder und Autos vermietet.

BUS

Überfüllte Busse verlassen Skiathos-Stadt in Richtung Koukounaries-Strand (1,20–1,50 €, 30 Min., halbstündl. zwischen 7.30 und 23 Uhr). Die Busse halten an 26 durchnummerierten Stopps an Stränden entlang der Südküste.

TAXI

Der **Taxistand** (☎ 24270 21460) ist gegenüber vom Fährdock. Ein Taxi zum/vom Flughafen kostet 5 €.

WASSERTAXI

Wassertaxis fahren vom alten Hafen zu den Stränden Tzaneria und Kanapitsa (3 €, 20 Min., stündl.) und zur Achladies-Bucht (2 €, 15 Min., stündl.).

SKIATHOS-STADT

Skiathos-Stadt mit seinen roten Dächern auf weiß getünchten Häusern wurde auf zwei flachen Hügeln erbaut. Gegenüber vom Ufer liegt die winzige, einladende **Insel Bourtzi** zwischen zwei kleinen Häfen; sie ist über einen kurzen Damm erreichbar. Die Stadt ist ein wichtiges Tourismuszentrum, dessen Hafen und schmale Hauptstraße Papadiamanti von Hotels, Souvenirläden, Galerien, Reisebüros, Tavernen und Bars dominiert werden.

Orientierung

Die Anlegestelle liegt in der Mitte des Hafens, gleich nördlich der Insel Bourtzi. Rechts (mit Blick ins Landesinnere) befindet sich der neuere kleine Bootshafen; links liegt der gebogene alte Hafen, der von örtlichen Fischer- und Ausflugsbooten genutzt wird. Gegenüber vom Kai führt die Papadiamanti ins Landesinnere. Die Plateia Tris

Ierarches befindet sich über dem alten Hafen. Der Busbahnhof liegt am Nordende des neuen Hafens.

Praktische Informationen

GELD

Auf der Papadiamanti und am Hafen gibt's zahlreiche Geldautomaten.

INTERNETZUGANG

Creator Tours (☎ 24270 21384; Hafen; pro 30 Min. 1 €; ⏰ 9–21 Uhr) Im Europcar-Büro.

Internet Zone Café (☎ 24270 22767; Evangelistrias 28; pro Std. 2 €; ⏰ 10–3 Uhr)

MEDIZINISCHE VERSORGUNG

Apotheke Papantoniou (☎ 24270 24515; Papadiamanti 18)

Gesundheitszentrum/Krankenhaus (☎ 24270 22222) Über dem alten Hafen.

NOTFALL

Hafenpolizei (☎ 24270 22017; Kai)

Touristenpolizei (☎ 24270 23172; ⏰ 8–21 Uhr; Ringstraße)

POST

Post (obere Papadiamanti; ⏰ 7.30–14 Uhr)

REISEBÜROS

Zuverlässige Informationen zu Skiathos oder zur Weiterreise gibt's hier:

Creator Tours (☎ 24270 21384; www.creatortours.com; Hafen)

Heliotropio Tourism & Travel (☎ 24270 22430; www.heliotropio.gr; Hafen)

Mathinos Travel (☎ 24270 23351; Papadiamanti 18)

Sehenswertes

Skiathos ist der Geburtsort des berühmten griechischen Roman- und Kurzgeschichtenautors Alexandros Papadiamanti aus dem 19. Jh., dessen Werke vom harten Leben der Inselbewohner handeln, mit denen er aufwuchs. Papadiamantis bescheidenes Haus aus dem Jahr 1860 ist heute ein charmantes **Museum** (☎ 24270 23843; Plateia Papadiamanti; Eintritt 1 €; ⏰ Di–So 9.30–13.30 & 17–20.30 Uhr) mit Büchern, Gemälden und alten Fotografien, die sein Leben auf Skiathos dokumentieren.

Geführte Touren

Ausflugsboote bieten Halb- und Ganztagestouren rund um die Insel an (10 bis 25 €, etwa vier bis sechs Std.), die normalerweise auch zum Kap Kastro, zum Lalaria-Strand und zu den drei *spilies* (Höhlen) in Chalkini, Skotini und Galazia führen, die nur übers Wasser zu erreichen sind. Ein paar Boote besuchen auch die nahen Inseln Tsougria und Tsougriaki zum Schwimmen und Schnorcheln; man kann mit einem Boot hinfahren und ein anderes zurücknehmen. Im alten Hafen kann man sich an den Anschlagstafeln vor den Booten über Touren, Fahrpläne und Preise informieren.

Schlafen

Für die Hochsaison im Juli und August sollte man möglichst früh buchen; die hier aufgeführten Preise sind fast doppelt so hoch wie in der Nebensaison. Am Kai gibt's auch einen Kiosk mit Preisliste und Fotos von den Zimmern. Wer in der Hochsaison in letzter Minute ein Zimmer sucht, kann sich an die einfallsreiche Agentur von **Sotos & Maria** (☎ 24270 23219, 6974716408; sotos-2@otenet. gr) wenden.

Lena's Rooms (24270 22009; Bouboulinas St; Zi. 55 €; 🈂) Diese sechs Doppelzimmer über dem Blumenladen der Besitzerin sind luftig und makellos und haben alle einen Kühlschrank und einen Balkon. Außerdem gibt's eine gut ausgestattete Gemeinschaftsküche und eine schattige Veranda voller Blumen.

Villa Orsa (☎ 24270 22430; Fax 24270 21952; EZ/DZ/ FZ inkl. Frühstück ab 70/80/110 €; 🈂 💻 🛜) Ein gutes Stück über dem alten Hafen bietet dieses klassische Herrenhaus auf den Klippen sehr gemütliche, traditionell eingerichtete Zimmer mit Balkon und Ausblick auf eine abgeschiedene Bucht. Auf der Gartenterrasse wird ein großzügiges Frühstück serviert.

LP Tipp **Villa Helidonia** („Schwalben-Villa"; ☎ 24270 21370; 6945686542; Apt. 75–95 €; P 🈂 💻) Diese außergewöhnlich gemütliche, abgelegene Unterkunft sitzt über der Punta (Landspitze) und ist zwar nur wenige Minuten von der Stadt, aber trotzdem gefühlte Welten entfernt. Es gibt nur zwei Apartments (Mindestaufenthalt vier Nächte), jedes mit kompletter Küche, Satelliten-TV und Deckenventilatoren, sowie einen tollen Feigenbaum in Pflückweite. Ganz in der Nähe wartet eine versteckte Bucht, die bestens zum Schnorcheln geeignet ist.

Hotel Bourtzi (☎ 24270 21304; Moraitou 8; www. hotelbourtzi.gr; EZ/DZ/3BZ inkl. Frühstück ab 90/130/150 €;

P 🈂 💻 🛜 🅿) Am oberen Ende der Papadiamanti entflieht das Bourtzi dem Großteil des städtischen Lärms und bietet seriös-moderne Zimmer, einen einladenden Garten und zwei kleine Pools, einer nur für Kinder.

Ebenfalls empfehlenswert:

Hotel Meltemi (☎ 24270 22493; meltemi@skiathos.gr; EZ/DZ/FZ 55/65/95 €; 🈂 💻 🛜) Altmodischer Charme.

Alkyon Hotel (☎ 24270 22981; www.alkyon.gr; EZ/ DZ/3BZ inkl. Frühstück ab 63/84/105 €; P 🈂 💻 🛜 🅿) Große Unterkunft am Hafen.

Essen

Skiathos bietet jede Menge überteuerte und touristische Lokale – das Essen ist mal so, mal so (oder, auf Griechisch: *etsi-ketsi*). Bei einem Bummel durch die schmalen Gassen westlich der Papadiamanti trifft man auf Ausnahmen wie diese:

Taverna-Ouzeri Kabourelia (☎ 24270 21112; Hauptgerichte 4–9 €) Im einzigen ganzjährig geöffneten Restaurant am alten Hafen darf man auch einfach mal die Nase in die Küche stecken und einen Blick auf den Fang des Tages wagen. Der freundliche Besitzer/Koch bereitet großartigen Fisch vom Grill und Meeresfrüchte-*mezedhes* zu moderaten Preisen zu.

Taverna Alexandros (☎ 24270 22341; Mavrogiali; Hauptgerichte 4–9 €) Ausgezeichnete Lamm-Grillteller, traditionelles Huhn mit Kartoffeln aus dem Ofen und griechische akustische Livemusik erwarten den Besucher dieses freundlichen Lokals, in dem man unter einem Dach aus Maulbeerbäumen sitzt.

Taverna Bakaliko (☎ 24270 24024; Club St; Hauptgerichte 4,50–9 €) Viel näher als in diesem beliebten Restaurant kann man nicht an der Bucht essen. Es ist für gut zubereitete, günstige Klassiker wie gefüllte Kohlblätter, Tomaten-Petersilie-Salat und Fischsuppe bekannt.

Taverna Mesogia (☎ 24270 21440; Hauptgerichte 5–10 €) Ein weiteres Nebenstraßen-Juwel mit offener Küche; im Sommer sitzt man in der schmalen Gasse. Besitzer Pandelis wirbt mit „einfacher, traditioneller" Küche; sein Großvater eröffnete das Lokal im Jahr 1923.

Medousa Pizza (☎ 24270 23923; Club St; Hauptgerichte 6–8 €) Nur einen Stolperer von den Trinken-bis-zum-Umfallen-Clubs im Hafengebiet entfernt, sind die Holzofenpizzas des Medousa zu jeder Tageszeit einen Abstecher wert; auf Wunsch auch Lieferung.

EUBÖA & DIE SPORADEN

Taverna Anemos (Wind; ☎ 24270 21003; Hauptgerichte 6–14 €) Einheimischen ist diese ausgezeichnete Fisch-Taverne an der Treppe des alten Hafens dank ihrer großzügigen Portionen von frischem Kabeljau, Hummer oder Muscheln bekannt. Das Beste ist aber, dass Vassili, der Koch, den Vormittag über bereits seinem anderen Job nachgegangen ist – das Abendessen für seine Gäste zu fischen und danach zu tauchen.

LP Tipp **Maria's Pizza** (☎ 24270 22292; Hauptgerichte 8–15 €) Die Pizza ist erst der Anfang in diesem mit Blumen überfüllten Juwel über dem alten Hafen. Wer nicht nach drinnen geht, um Maria und ihr Team in Aktion zu sehen, verpasst das Beste. Zu den Highlights gehören gefülltes Knoblauchbrot, Tagliatelle mit Schinken und Spargel (12 €) und jede Menge Salate, die an sich schon eine komplette Mahlzeit sind.

Weitere Empfehlungen:

Igloo (☎ 24270 24076; Papadiamanti; Getränke & Snacks 1,50–4 €; ☺ 6–22 Uhr) Kalte Getränke, Frühstück.

No Name Fast Food (☎ 6974426707; Simionos; Hauptgerichte 2 €) Nicht allzu schnell, und sein Name ist Aris; bestes *gyros* der Stadt.

Main Street (☎ 24270 21743; Papadiamanti; Frühstück 2–4 €) Frühstück, Wraps, Burger.

Taverna O Batis (☎ 24270 22288; Hauptgerichte 6–12 €) Frischer Fisch, charmanter Service.

Ausgehen

LP Tipp **Kentavros Bar** (☎ 24270 22980) Die attraktive Bar, abseits der Plateia Papadiamanti, ist seit Jahren etabliert; sie verspricht Rock, Soul, Jazz und Blues und bekommt von Einheimischen und Besuchern für ihr angenehmes Ambiente, die Kunst und die guten Getränke zwei Daumen hoch.

Rooftop Bar (☎ 6949096465) Ein beliebter Ort zum Entspannen: über dem alten Hafen und mit der besten Happy Hour am Ufer sowie Livemusik am Samstagabend.

Rock & Roll Bar (☎ 24270 22944) Riesige Sitzsäcke, von denen die Gäste nicht mehr so leicht runterrutschen, haben die vielen Kissen vor dieser angesagten Bar am alten Hafen ersetzt. Das Paradies für alle Erdbeer-Daiquiris-Fans.

Bar Destiny (☎ 24270 24172; Polytechniou) Nach dem hellen blauen Licht Ausschau halten, das aus dieser angesagten Bar in einer Nebenstraße strahlt. Hier gibt's Musikvideos, Bier vom Fass und ein bisschen Tanz, wenn die Stimmung stimmt.

Nach Mitternacht heizt sich die Tanz- und Ausgehszene in den Clubs entlang des neuen Hafens allmählich auf. Die besten DJs legen im **BBC** (☎ 24270 21190) auf, dicht gefolgt von der **Kahlua Bar** (☎ 24270 23205); der **Club Pure** (☎ 6979773854) ist bis zur Morgendämmerung geöffnet.

Unterhaltung

Cinema Attikon (☎ 24270 22352; Papadiamanti; Eintritt 7 €) In diesem Open-Air-Kino laufen ständig Filme in englischer Sprache, und dazu kann man ein Bier (Bier und Snacks 2–4 €) genießen und gleichzeitig testen, wie schnell man die griechischen Untertitel mitlesen kann. (Griechenland ist eines der wenigen Länder Europas, das Filme im Original zeigt, nicht synchronisiert.)

Shoppen

Überall auf der Papadiamanti locken glitzernde Freiluft-Läden, aber sobald man in eine der versteckten Nebenstraßen abbiegt, entdeckt man eine ganz neue Seite von Skiathos.

Loupos & his Dolphins (☎ 24270 23777; Plateia Papadiamanti; ☺ 10–13.30 & 18–23.30 Uhr) Dieser teure Galerie-Laden neben dem Papadiamanti-Museum verkauft handbemalte Ikonen, feine griechische Keramik sowie Gold- und Silberschmuck.

Galerie Varsakis (☎ 24270 22255; Plateia Trion Ierarhon; ☺ 10–14 & 18–23 Uhr) Hier kann man nach ungewöhnlichen Antiquitäten wie Spindeln stöbern, die Bräutigame im 19. Jh. für ihre zukünftigen Frauen anfertigten, sowie nach besonderen griechischen und afrikanischen Textilien. Die Sammlung macht den besten Volkskundemuseen Griechenlands Konkurrenz.

Archipelagos Gallery (☎ 24270 22585; Plateia Papadiamanti; ☺ 11–13 & 20–22 Uhr) In diesem kleinen, aber feinen Laden bewundert man Werke zeitgenössischer griechischer und ausländischer Künstler.

UNTERWEGS AUF SKIATHOS
Sehenswertes & Aktivitäten
STRÄNDE
Mit rund 65 Stränden, die hier zur Auswahl stehen, kann Strand-Hopping auf Skiathos zu einer richtigen Vollzeitbeschäftigung werden. An der Südküste pendeln Busse hin und her, die an 26 durchnummerierten Strand-Zugängen halten. Der **Megali Amos**

liegt nur 2 km außerhalb der Stadt und ist immer schnell voll. Der erste lange Sandstreifen, der das Aussteigen aus dem Bus lohnt, ist der von Pinien gesäumte **Vromolimnos-Strand.** Etwas weiter warten der **Kolios-Strand** und der **Troulos-Strand,** die ebenfalls sehr gut und – leider – sehr beliebt sind. Der Bus fährt weiter zum **Koukounaries-Strand,** der vor einem Hintergrund aus Pinien liegt und als der beste Strand in ganz Griechenland gepriesen wird. Heutzutage beobachtet man das Sommervolk hier besser aus sicherer Entfernung, dann glitzert der 1200 m lange Strandstreifen aus goldenem Sand tatsächlich wunderschön.

Der **Große Banana-Strand,** der für seine gebogene Form und seinen weichen, weißen Sand bekannt ist, liegt auf der anderen Seite einer kleinen Landzunge. FKK-Freunde ziehen sich meist lieber an den **Kleinen Banana-Strand** (auch bei schwulen und lesbischen Sonnenanbetern beliebt) zurück, der hinter einer felsigen Ecke liegt.

Westlich von Koukounaries ist der **Agia-Eleni-Strand** ein Favorit der Windsurfer. Der sandige **Mandraki-Strand** ist einen 1,5 km langen Spaziergang auf einem von Pinien beschatteten Pfad entfernt und liegt gerade so weit außerhalb, dass er von den Massen verschont bleibt. Die Strände an der Nordwestküste sind weniger überfüllt, im Sommer aber starken *meltemi* (Nordostwinde) ausgesetzt. Hier zweigt eine Straße nach rechts ab und führt über 2 km zum **Mikros-Aselinos-Strand,** nach weiteren 5 km zum abgeschiedenen **Kehria-Strand.**

Der **Lalaria-Strand** ist ein ruhiger Streifen an der Nordküste, mit hellgrauen, eierförmigen Kieseln. In den Tourismusbroschüren wird er oft angepriesen, aber man erreicht ihn nur mit dem Ausflugsboot von Skiathos-Stadt (s. Geführte Touren, S.###).

KASTRO ΚΑΣΤΡΟ

Kastro befindet sich in dramatischer Lage hoch oben auf einer felsigen Landzunge über der Nordküste und war von 1540 bis 1829 die piratensichere Hauptstadt der Insel; am Nordrand steht noch heute eine alte Kanone. Vier der verfallenen alten Kirchen der Stadt wurden inzwischen renoviert, und die Aussicht ist ein Traum. Ausflugsboote fahren den Strand unterhalb von Kastro an; von dort ist es nur ein leichter Anstieg zu den Ruinen.

MONI EVANGELISTRIAS MONH ΕΥΑΓΓΕΛΙΣΤΡΙΑΣ

Das berühmteste Kloster der Insel ist das **Moni Evangelistrias** (Kloster der Verkündigung; ☎ 24270 22012; ☾ 9.30–13.30 & 17–19 Uhr) aus dem 18. Jh. Es thront, von Pinien und Zypressen umgeben, 450 m über dem Meeresspiegel. Während des Unabhängigkeitskrieges war es ein Zufluchtsort für Freiheitskämpfer, die griechische Flagge wurde hier erstmals 1807 gehisst. Heute erfüllen noch zwei Mönche die Arbeiten im Kloster, zu denen auch die Weinproduktion zählt. Das köstliche Ergebnis ihrer Mühen kann man im Laden des **Museums** (Eintritt 1 €) probieren – und kaufen. Im angeschlossenen alten Schuppen stehen alte Oliven- und Weinpressen, die zusammen mit den gebrauchten Fässern an vergangenen Zeiten erinnern, lange bevor die Satellitenschüssel über dem Hof angebracht wurde.

MONI PANAGIAS KOUNISTRAS MONH ΠΑΝΑΓΙΑΣ ΚΟΥΝΙΣΤΡΑΣ

Von Troulos (Bushaltestelle 20) führt eine Straße zum **Moni Panagias Kounistras** (Kloster der Heiligen Jungfrau; ☾ Morgen–Abenddämmerung) aus dem 17. Jh., das allein aufgrund seiner schönen Fresken, die das *katholikon* zieren, einen Besuch wert ist. Es liegt 4 km landeinwärts von Troulos.

TAUCHEN

Die kleinen Inseln vor der Südküste von Skiathos eignen sich ganz wunderbar zum Tauchen. Ein Halbtags-Tauchausflug kostet 40–50 €, Ausrüstung eingeschlossen.

Das Tauchlehrer-Team Theofanis und Eva vom **Octopus Diving Centre** (☎ 24270 24549, 6944168958; www.odc-skiathos.com; neuer Hafen) leitet Tauchgänge für Anfänger und Fortgeschrittene rund um die Inselchen Tsougria und Tsougriaki. Einfach anrufen oder an ihrem Boot nachfragen.

Skiathos Diving Centre (☎ 24270 24424; www.skiathosdivingcenter.gr; Papadiamanti) und **Dolphin Diving** (☎ 24270 21599, 6944999181; www.ddiving.gr; Nostos Beach) sind bei Tauchanfängern ebenfalls beliebt; sie bieten Tauchgänge in bis zu 30 m Tiefe vor der Insel Tsougriaki an.

WANDERN

Eine 6 km lange Wanderstrecke beginnt am Moni Evangelistrias und erreicht schließlich das **Kap Kastro,** bevor sie durch Agios

EUBÖA & DIE SPORADEN

DER GRÜNE IMKER VON SKIATHOS *Michael Clark*

Während wir in seinem alten Auto über eine Schotterstraße holpern, spricht der Imker Yiannis aus Skiathos ununterbrochen über sein Leben vor und seit den Bienen. „Ich hab mal an der Börse gearbeitet und konnte nachts nicht schlafen. Aber wie schon Hippokrates sagte: ‚Milch und Honig'", und dabei bezieht er sich auf den Vater der Medizin aus dem 5. Jh. v Chr. „Ich bin jetzt ganz rein, innen drin." Dann fügt er hinzu: „Es ist vielleicht eine Drecksarbeit, aber sie ist gut für das Land."

Auf der Bienenwiese hat Yiannis – er ist Anfang 30 – über 100 blaue Kästen verteilt, jeder enthält 7000 bis 10000 Bienen. „Ich bin der Erste auf Skiathos. Es ist schwer, junge Leute zu finden, die das tun möchten." Er holt eine kleine „Rauchdose" hervor, stopft eine Handvoll Grünzeug hinein und zündet es mit einem Streichholz an. Während er sie um einen Bienenkasten schaukelt, quellen langsam Rauchwolken heraus. „Der Rauch macht den Bienen Angst. Sie teilen der Königin mit: ‚Feuer! Gefahr!' Dann produziert die Königin mehr Eier!"

Er spricht über den Honig (auf Griechisch: *meli*) und über die verschiedenen Blüten und Bäume – *elatos* (Tanne) und *pefko* (Pinie) sind seine Favoriten. „Die Bienen kriechen für ein Schäferstündchen in die Blume." Ich verscheuche ein paar Bienen, die mir ein bisschen zu freundlich werden. Wir tragen beide Schutznetze über dem Kopf, aber unsere Arme und Hände sind frei. Yiannis ist überhaupt nicht beunruhigt: „Die Bienen kennen mich." Ich aber murmle nur: „Ich gehöre zu ihm."

Als er einen weiteren Kasten öffnet, erhellt sich Yiannis' Gesicht: „Schau mal, da ist die Königin! Man braucht eine gute Königin. Die werden vier Jahre alt. Eine gute, junge Königin sorgt für viel Honig." Er liest meine Gedanken: „Eine neue Königin kostet 15 €. Wir haben griechische und italienische Königinnen."

Aber eine neue Königin muss auch vom Bienenvolk akzeptiert werden. „Sie hat einen anderen Geruch, den müssen die Bienen erst akzeptieren." Dazu setzt man die neue, hungrige Königin in eine winzige Schachtel mit einer Tür, die aus Nahrung besteht. Wenn sie sich nach ca. 24 Stunden durchgefuttert hat, ist sie normalerweise akzeptiert. „Aber wenn nicht, bringen die anderen Bienen sie um."

Yiannis arbeitet ganz alleine, ohne Partner oder Helfer, gibt aber zu: „Die Bienen helfen mir!" Sein bescheidenes Ziel ist es, seine Produktion von 100 auf 200 Kästen zu vergrößern. „Wir haben den besten Honig der Welt." Sein Stolz ist richtig ansteckend, aber ich bin auch schwer beeindruckt, dass er nie das größere Bild aus den Augen verliert: „In Land und Himmel steckt viel Energie. Die Bienen spüren das. Wir brauchen den Honig für den Planeten. Für einen grünen Planeten, meine ich!"

Apostolis zurückführt. Kastro ist im Frühling ein Mekka für Vogelbeobachter, die hier mit etwas Glück Langhals-Krähenscharben und singende Blaumerlen auf den nahen Felseninseln sehen.

Schlafen & Essen

Koukounaries Camping (☎/fax 24270 49250; Zeltplatz pro Erw./Zelt 10/4 €; P) Von Schatten spendenden Feigen- und Maulbeerbäumen umgeben, bietet dieser familiengeführte Platz am Ostende des Koukounaries-Strands makellose Waschräume und Küchen, einen Minimarkt und eine Taverne.

Achladies Apartments (☎ 24270 22486; http:// achladies.apartments.googlepages.com; Achladies-Bucht; DZ/3BZ/FZ inkl. Frühstück 45/60/75 €; P) Wer dieses Juwel, 5 km von Skiathos-Stadt entfernt, besuchen möchte, muss nach dem handbemalten gelben Schild Ausschau halten.

Neben Selbstversorger-Zimmern (Mindestaufenthalt zwei Nächte) und Deckenventilatoren bietet es ein umweltfreundliches Schildkröten-Schutzgebiet und einen Sukkulenten-Garten, der sich zu einer Taverne und einem Sandstrand hinunterschlängelt.

LP Tipp **Atrium Hotel** (☎ 24270 49345; www.atriumhotel.gr; Paraskevi-Strand; EZ/DZ/Suite inkl. Frühstück ab 100/130/200 €; P ☒ ☒ ☐ ☎ ☒) Traditionelle Architektur mit modernem Touch machen diese auf einem Hügel gelegene Unterkunft zur besten ihrer Klasse. Die Zimmer sind von unaufdringlicher Eleganz, mit Waschbecken und großen Balkonen. Der Tag beginnt mit einem üppigen Frühstücksbüffet, und zu den Annehmlichkeiten zählen eine Sauna, ein Kinderbecken, Billardtische und Tischtennisplatten.

Panorama Pizza (☎ 6944192066; Pizzas 7–10 €; ☼ 12–16 & ab 19 Uhr) Wer sich in dieses an der

Ringstraße gelegene Lokal auf den Hügel flüchtet, wird mit Pizza und einem grandiosen Panorama belohnt.

SKOPELOS ΣΚΟΠΕΛΟΣ

4700 Ew.

Skopelos ist eine wunderschöne Insel mit Pinienwäldern, Weinbergen, Olivenhainen und Pflaumen- und Mandelplantagen, die wichtige Lieferanten für zahlreiche lokale Gerichte sind.

Wie auf Skiathos sind die hohen Klippen an der Nordwestküste dem Wetter stark ausgesetzt, während die geschützte Südostküste mit zahlreichen Sand- und Kiesstränden lockt. Es gibt zwei große Siedlungen: die Haupt- und Hafenstadt Skopelos-Stadt an der Ostküste und das unberührte Westküstendorf Glossa, 3 km nördlich von Loutraki, dem zweiten Hafen der Insel.

In der Antike war die Insel ein wichtiger minoischer Außenposten, der von Stafylos (der Name bedeutet „Traube") regiert wurde – in der griechischen Mythologie der Sohn von Ariadne und Dionysos – der angeblich die Kunst der Weinherstellung auf der Insel einführte. 2008 wurde die Insel als Drehort des Films *Mamma Mia!* berühmt.

An- & Weiterreise
FÄHRE
Skopelos hat zwei Häfen: Skopelos-Stadt und Glossa, die beide Verbindungen nach Volos und Agios Konstantinos auf dem Festland sowie zu den Sporaden-Inseln Skiathos, Alonnisos und Skyros bieten. Näheres gibt's unter Insel-Hopping (S. 875).

Tickets sind bei **Hellenic Seaways** (☎ 24240 22767; Fax 24240 23608), gegenüber vom neuen Kai, und bei der **Lemonis Agency** (☎ 24240 22363) in der Pension Lemonis am Ende des neuen Kais erhältlich. In Glossa befindet sich **Hellenic Seaways** (☎ 24240 33435, 6932913748) gegenüber vom Hafen.

Unterwegs vor Ort
AUTO & MOTORRAD
Mehrere Auto- und Motorradverleihfirmen säumen den Hafen in Skopelos-Stadt; die meisten liegen am Ostende, darunter das freundliche, effiziente Unternehmen **Motor Tours** (☎ 24240 22986; Fax 24240 22602) neben dem Hotel Eleni und **Avis** (☎ 24240 23170).

BUS
Im Sommer fahren täglich sieben oder acht Busse von Skopelos-Stadt nach Glossa/Loutraki (4,30 €, 1 Std.) und Elios (3 €, 45 Min.), drei enden in Panormos (2,20 €, 25 Min.) bzw. Milia (2,60 €, 35 Min.), noch zwei weitere in Agnontas (1,40 €, 15 Min.) und Stafylos (1,40 €, 15 Min.).

TAXI
Taxis warten an der Bushaltestelle. Ein Taxi nach Stafylos kostet 7 €, nach Limnonari 12 € und nach Glossa 25 €.

WASSERTAXI
Regelmäßig fährt ein Wassertaxi spät morgens zum Glysteri-Strand (einfach 5 €); Rückfahrt ist gegen 17 Uhr.

SKOPELOS-STADT
Skopelos-Stadt ist einer der bezauberndsten Häfen der Sporaden. Der Ort umschließt eine halbrunde Bucht und steigt stufenweise einen Hang hinauf, bevor er in einer Festung und einer Ansammlung von vier Kirchen mündet. Zwischen den Schwindel erregenden weißen Häusern mit ihren grellbunten Fensterläden und von Blumen überquellenden Balkons liegen Dutzende weiterer Kirchen verstreut.

Orientierung
Der Hafen der Stadt wird von zwei Kais flankiert. Der alte Kai liegt am Westende des Hafens, der neue am Ostende; ihn fahren sämtliche Fähren und Tragflächenboote an. Vom Dock aus rechts abbiegen, dann geht's zum geschäftigen Uferbereich mit zahlreichen Cafés, Souvenirläden und Reisebüros; wenn man nach links abbiegt (20 m), gelangt man zur Bushaltestelle. Die Plateia Platanos, besser bekannt als Souvlaki-Platz, ist knapp 50 m entfernt.

Praktische Informationen
BUCHLÄDEN
Internationaler Zeitungskiosk (☎ 24240 22236; ☽ 8–22 Uhr) Gegenüber der Bushaltestelle.

GELD
Am Hafen gibt's drei Geldautomaten.

INTERNETZUGANG
Blue Sea Internet Café (☎ 24240 23010; pro Std. 3 €; ☽ 8–2 Uhr) Unten an der *kastro*-Treppe.

SKOPELOS

Skiathos (10 km);
Volos (55 km);
Agios Konstantinos (67 km)

ÄGÄIS

Kap Gourouni

Perivoliou-
Strand

Glossa
Machalas
Pension Platanas   Agios Ioannis
Loutraki
Klima   383 m
                              Kaloyeros   Glysteri-
Skiathos   Strand
(10 km)
                                                          Straße von Alonnisos
Kalyves-
Strand   690 m
Elios
Kastani-   Skopelos   Agios
Strand   Bucht von   Moni   Georgios
Milia-   Skopelos Varvaras Moni
Strand   Skopelos-   Prodromou
Andrines-   Stadt   Moni   Moni
Straße von Skopelos Dasia Strand   Ringstraße Evangelistrias Metamorfosis Kap
                    Panormos-   Moni   567 m Sotiros   Kiourto
                    Strand   Episkopis   Alonnisos
                                                                      (12 km)
                                          258 m
                        Limnonari
                        Rooms
Kap   Limnonari-   Velanio-Strand
Myti   Strand   Alkistos Apt.
ÄGÄIS   Agnontas-   Stafylos-Strand
                    Strand   Mando Rooms
                Kap Amarandos
                Kap Velona

0   4 km

Orange Net Café (☎ 24240 23093; pro Std. 3 €;
9–24 Uhr) Neben dem Postamt.

NOTFALL
Gesundheitszentrum (☎ 24240 22222) An der Ring-
straße, neben der Feuerwehr.
Hafenpolizei (☎ 24240 22180)
Polizei (☎ 24240 22235) Die Polizeistation befindet sich
über der National Bank.

POST
Postamt (Platanos-Platz; 7.30–14 Uhr)

REISEBÜROS
Madro Travel (☎ 24240 22300; www.madrotravel.
com) Am Ende des neuen Hafens hilft Madro bei der Buchung von Unterkünften und Tickets und arrangiert Wan-

derungen, Inselausflüge, Kochkurse und sogar Hochzeiten
(Partner kosten extra).
Thalpos Holidays (☎ 24240 29036; www.holiday
islands.com) Das hilfsbereite Personal dieser Agentur am
Hafen bietet eine Reihe von Standard-Diensten an und vermietet u. a. Apartments und Villen und organisiert Touren
rund um die Insel.

WASCHSALON
Blue Star Washing (☎ 24240 22844) Neben dem OTE-
Büro.

Sehenswertes
Durch die Stadt zu spazieren und in den
Hafencafés zu sitzen könnte zur Hauptbe-
schäftigung in Skopelos werden, aber man
kann hier auch zwei kleine Volkskundemu-

seen besuchen. Das hübsche **Volkskunstmuseum** (☎ 24240 23494; Hatzistamati; Eintritt 2 €; ☉ 10–22 Uhr) zeigt ein Hochzeitszimmer aus Skopelos, komplett mit traditionellen Kostümen und Hochzeitsbett. Im 2009 eröffneten **Bakratsa-Museum** (☎ 24240 22940; Eintritt 3 €; ☉ 11–13 & 18–22 Uhr) erfährt man, wie sich junge Frauen und Männer, verheiratet oder ledig, in früheren Zeiten kleideten.

Geführte Touren

Tourboote stechen um 10 Uhr am neuen Kai zu ihren Tagesausflügen (25 bis 50 €) in See; normalerweise besuchen sie den Meerespark von Alonnisos (S. 765) und machen unterwegs eine Pause zum Mittagessen oder Schwimmen. Die Chancen, einen Delphin zu sehen, stehen ziemlich gut. Für Reservierungen kann man sich an Thalpos Holidays oder Madro Travel im Hafen wenden.

Schlafen

Die hier angegebenen Hotelpreise gelten für die Hochsaison im Juli und August, sind zu anderen Zeiten aber 30 bis 50 % niedriger. Ein Kiosk („Rooms") neben dem Fährdock hilft tatkräftig bei der Unterkunftssuche. Man kann aber auch mal bei Madro Travel oder Thalpos Holidays nachfragen.

BUDGETUNTERKÜNFTE

LP Tipp **Sotos Pension** (☎ 24240 22549; www.skopelos.net/sotos; EZ/DZ 35/50 €; ❌ ☐ ☎) Die Zimmer mit Pinienholzböden in dieser charmanten Hafen-Pension sehen alle ein bisschen anders aus: in einem dient ein alter Ziegelofen als praktisches Regal. Es gibt einen Innenhof, eine weiß getünchte Terrasse und eine Gemeinschaftsküche, und alles wird ganz wunderbar von der herzlichen Alexandra (kurz: Alex) geführt.

MITTELKLASSEHOTELS

Hotel Agnanti (☎/Fax 24240 22722; www.skopelos.net/agnanti; EZ/DZ/3BZ inkl. Frühstück ab 45/65/90 €; ☐ ❌) Theo und Eleni führen diese Oase mit zwölf einladenden Zimmern am Ende der Bucht; hier gibt's Deckenventilatoren, antike Möbel, Keramikdekorationen und eine Bibliothek in der rustikalen Lobby, in der man Taschenbücher ausleihen kann.

Alkistis Studio Apartments (☎ 24240 23006; www.skopelosweb.gr/alkistis; DZ/Apt. ab 90/120 €; ☐ ❌ ☐ ☎ ☐) Zwischen Skopelos-Stadt

und dem Stafylos-Strand bietet dieser wunderschön gestaltete, familienfreundliche Komplex riesige Wohnstudios und Apartments mit modernen Bädern, gemütlichen Betten und Satellitenfernsehen.

Hotel Dionyssos (☎ 24240 23210; www.dionyssoshotel.com; EZ/DZ/3BZ inkl. Frühstück 100/120/130 €; ☐ ❌ ☎ ☐) Das entspannte Dionyssos liegt in einer ruhigen Straße zwischen der Ringstraße und dem Hafen und bietet eine geräumige Lobby mit viel Holz. Die oberen Zimmer haben Balkone mit Hafenblick. Die Pool-Bar des Hotels ist auch bei Einheimischen beliebt.

Ebenfalls empfehlenswert:

Hotel Regina (☎ 24240 22138; www.skopelosweb.gr/regina; EZ/DZ inkl. Frühstück 40/55 €; ❌) Vage viktorianisch.

Ionia Hotel (☎ 24240 22568; www.ioniahotel.gr; EZ/DZ/3BZ/FZ inkl. Frühstück 76/95/114/137 €; ☐ ❌ ☐ ☎ ☐) Stilvoll und ruhig.

Essen

Nur 100 m von den Fähranlegern entfernt, eignet sich der Souvlaki-Platz perfekt für ein schnelles *gyros* oder – wenig überraschend – *souvlaki*. Skopelos ist für seine vielfältigen Rezepte auf Pflaumenbasis bekannt, und in den meisten Tavernen stehen ein oder zwei auf der Karte.

Taverna Ta Kimata (☎ 24240 22381; Hauptgerichte 5–9 €) Die älteste Taverne der Insel (besser bekannt unter dem Namen ihres Besitzers: Angelos) steht am Ende des alten Kais. Drinnen kann man sich die täglichen *mayirefta*-Gerichte anschauen wie *briam* (gemischtes Gemüse) und Tintenfisch mit Pasta oder Lamm-*stifadho* (Fleisch mit Zwiebeln und Tomatenpüree) – jeweils 8,50 €.

Taverna Englezos (☎ 24240 22230; Hauptgerichte 7–11 €) Als wir in diesem Hafen-Juwel nach der Karte fragten, lachte der Besitzer/Kellner und sagte: „Ich bin die Karte!" Tolle Grillgerichte zu guten Preisen – ein halbes Hähnchen am Spieß kostet 7 €. Im Sommer gibt's nach dem Essen oft noch frisches Obst auf Kosten des Hauses.

LP Tipp **To Perivoli Restaurant** (☎ 24240 23758; Hauptgerichte 7–12 €) Gleich hinter dem Souvlaki-Platz verspricht das Perivoli exzellente griechische Küche in elegantem Hof-Ambiente. Zu den Spezialitäten gehören das gegrillte Lamm mit Joghurt und Koriander und die Schweinsrouladen mit *koromila* (örtliche Pflaumen) in Weinsoße sowie ausgezeichnete griechische Weine.

Anna's Restaurant (☎ 24240 24734; Gifthorema; Hauptgerichte 7–19 €) Um dieses schöne, in einer Gasse versteckte Bistro zu finden, in dem authentische Skopelos-Spezialitäten wie sautiertes Kalb mit Pflaumen oder schwarzes Risotto mit Tintenfisch serviert werden, muss man nach der Palme Ausschau halten.

Andere beliebte Orte:

DIA Discount-Supermarkt (☎ 24240 24340; ☽ 8.30–21.30 Uhr)

Michalis (☎ 24240 23591; Snacks & Kuchen 2–5 €; ☽ 9–23 Uhr) Großartige *tyropita* (Käsepastete).

Nastas Ouzerie (☎ 24240 23441; *mezedhes* 2,50–5 €, Hauptgerichte 6–10 €) Gegenüber vom Hotel Eleni.

Finikas Restaurant (☎ 24240 23247; Hauptgerichte 5–10 €) Hinter der Sunrise Villa.

Ausgehen

Platanos Jazz Bar (☎ 24240 23661) Dieses grüne Hof-Café am Ende des alten Kais ist morgens für ein Käffchen und spät abends für ein oder zwei Gläschen geöffnet.

Oionos Blue Bar (☎ 6942406136) Gemütlich und lässig servierte das kleine Onions bei der letzten Zählung Blues und Soul zu über 20 verschiedenen Biersorten und Single Malt Whiskys.

Mercurios Music Café-Bar (☎ 24240 24593; ☍) Diese flotte Veranda-Bar über dem Hafen mixt Musik, Mojitos und Margartias.

Für ausgezeichnete Kaffees, Säfte und kostenloses WLAN kann man sich entweder in der **Anemos Espresso Bar** (☎ 24240 23564; ☍) oder der **En Plo Café-Bar** (☎ 24240 23405; ☍) einen Stuhl schnappen.

Shoppen

Gray Gallery (☎ 24240 24266, 6974641597) Werke von auswärtigen und Insel-Künstlern werden in dieser kleinen, aber feinen Kunstgalerie ausgestellt.

Ploumisti Shop (☎ 24240 22059) In diesem ausgezeichneten Laden stöbert man nach Keramik, handgemachtem Schmuck, Ikonen, Seidenschals, kleinen Gemälden und griechischer Musik.

Unterhaltung

Ouzerie Anatoli (☎ 24240 22851; ☽ 20–2 Uhr, nur im Sommer) Wer nach *mezedhes* und traditioneller Musik sucht, findet sie in dieser luftigen Open-Air-*ouzerie* hoch über dem *kastro*. Ab 23 Uhr singt Skopelos' ganz eigener Ver-

treter des griechischen Blues und Meister der *bouzouki*, Georgos Xindaris, die traditionelle *rembetiko*-Musik.

GLOSSA & LOUTRAKI ΓΛΩΣΣΑ & ΛΟΥΤΡΑΚΙ

Glossa, Skopelos' andere Siedlung, ist ein weiß getünchtes Vergnügen. Der obere Platz ist ein guter Ort, um ein Gefühl für das Dorf zu bekommen.

Von der Bushaltestelle bei der großen Kirche schlängelt sich eine Straße über 3 km zum entspannten Fährhafen Loutraki hinunter, der mehrere Tavernen und *domatia* bietet. Ganz in der Nähe geht's über eine kleinere Straße ins kommerzielle Zentrum, mit einer Bank mit Geldautomat, einer Apotheke, einer ausgezeichneten Bäckerei und ein paar Restaurants. Darüber hinaus verbindet ein entschieden kürzerer *kalderimi* (gepflasterter Pfad) die beiden Dörfer miteinander. Fans des Films *Mamma Mia!* (mit Meryl Streep) können ihre Pilgerreise in Glossa beginnen – hier besuchen sie die kleine Kirche aus dem Film: **O Yiannis sto Kastri** (St. Johannes von der Burg).

Loutraki bedeutet „kleines Bad", und so kann man hier die Überreste eines antiken **römischen Bades** finden; Einzelheiten gibt's – auf Englisch – am „archäologischen Kiosk" im Hafen.

Schlafen & Essen

Hotel Selenunda (☎ 24240 34073; www.skopelosweb.gr/selenunda; Loutraki; DZ/3BZ ab 40/55 €; ☒ ☒ ☍) Diese Selbstversorger-Zimmer hoch über dem Hafen sind schön groß und luftig. Im Familien-Apartment haben bis zu vier Personen Platz; die freundlichen Besitzer Karen und Babbis haben viele Tipps zur Erkundung der Insel parat.

Flisvos Taverna (☎ 24240 33856; Loutraki; Hauptgerichte 3–7 €) Über dem Meeresdamm, 50 m nördlich des Parkplatzes, bietet diese fröhliche Familien-Taverne frischen Fisch zu günstigen Preisen, frische Pommes, hausgemachte *mousakas* und perfekte Vorspeisen wie *taramasalata* (dickes Püree aus Fischrogen, Kartoffeln, Öl und Zitronensaft) und *tzatziki*.

Taverna To Steki Mastora (☎ 24240 33563; Glossa; Hauptgerichte 4–7 €) Vor der beliebten *psistaria* (Restaurant für Grillgerichte) zwischen Kirche und Bäckerei brutzelt ein Tier auf einem Spieß – nicht zu übersehen.

Agnanti Taverna & Bar (☎ 24240 33076; Glossa; Hauptgerichte 8–12 €) Auf der Dachterrasse des schicken Agnanti kann man neben dem Ausblick auch großartige griechische Fusion-Küche genießen, etwa gegrillte Sardinen auf Fladenbrot mit Meerfenchel und sonnengetrockneten Tomaten.

UNTERWEGS AUF SKOPELOS
Sehenswertes & Aktivitäten
KLÖSTER
Auf Skopelos gibt es mehrere Klöster, die man im Rahmen einer wunderschönen Ausfahrt oder auf einer Tageswanderung von Skopelos-Stadt aus besuchen kann. Los geht's auf der Straße (Monastery Road), die die Bucht umschließt und dann ins Landesinnere klettert. Hinter dem ausgeschilderten Hotel Aegeon erreicht man eine Gabelung. Über die linke Abzweigung geht's zum **Moni Evangelistrias** aus dem 18. Jh., das heute ein Konvent ist. Das Kloster belohnt den Abstecher – neben der sensationellen Aussicht – mit einer vergoldeten Ikonenwand, die u. a. eine Ikone der Jungfrau Maria aus dem 11. Jh. zeigt.

Die rechte Abzweigung führt zum unbewohnten **Moni Metamorfosis Sotiros** aus dem 16. Jh., dem ältesten Kloster der Insel. Hier beginnt die gute Schotterstraße zum **Moni Varvaras** aus dem 17. Jh. mit toller Aussicht aufs Meer und weiter zum **Moni Prodromou** (heute ein Konvent), das aus dem 18. Jh. stammt und 8 km von Skopelos-Stadt entfernt liegt.

Das **Moni Episkopis** ruht in der venezianischen Privatanlage einer Familie aus Skopelos, etwa 250 m hinter der Ringstraße. Nähere Infos und Einladungen gibt's telefonisch bei **Apostolis** (☎ 6974120450). Die zugehörige kleine Kapelle ist ein Wunderwerk aus Licht und byzantinischen Ikonen.

STRÄNDE
Skopelos' beste Strände liegen an der geschützten Südwest- bzw. Westküste. Der erste Strand, den man erreicht, ist der Sand- und Kiesstrand in **Stafylos,** 4 km südöstlich von Skopelos-Stadt. Vom Ostende des Strandes führt ein Pfad über eine kleine Landzunge zum ruhigeren **Velanio-Strand,** dem offiziellen Nudistenstrand der Insel und gleichzeitig ein großartiger Ort zum Schnorcheln. **Agnontas,** 3 km westlich von Stafylos, verfügt über einen kleinen Kies-

und Sandstrand. Von hier fahren auch Kaiks zum viel schöneren, sandigen **Limnonari-Strand,** der in einer geschützten Bucht liegt und von Felsvorsprüngen flankiert wird. Limnonari ist 1,5 km zu Fuß oder mit dem Auto von Agnontas entfernt.

Von Agnontas führt die Straße durch Pinienwälder ins Landesinnere, bevor sie am hübschen **Panormos-Strand** mit ein paar Tavernen und *domatia* wieder an der Küste auftaucht; Näheres zu Reservierungen gibt's bei **Panormos Travel** (☎ 24240 23380). 1 km weiter liegt der sandige, weniger überfüllte **Andrines-Strand.** An den nächsten beiden Stränden **Milia** und **Kastani** kann man prima schwimmen.

Geführte Touren
Wer einen Erdbeerfalter nicht von einer Leoparden-Orchidee unterscheiden kann, sollte sich einer der **geführten Wanderungen** (☎ 6945249328; www.skopelos-walks.com; Touren 15–25 €) der Inselbewohnerin Heather Parson anschließen. Sie kämpft für den Erhalt von Skopelos' natürlicher Schönheit, und ihre vierstündigen Panormos-Touren folgen einem alten Pfad über die Insel und enden schließlich an einer Strandtaverne. Unterwegs bietet sich immer wieder ein wunderschöner Blick auf Alonnisos und Euböa. Ihr Buch *Skopelos Trails* (10,25 €) enthält Wegbeschreibungen mit Schwierigkeitsgrad sowie eine illustrierte Karte zum Rausnehmen; es ist in den Läden am Hafen erhältlich.

Schlafen & Essen
In Stafylos, Agnontas, Limnonari, Panormos, Andrines und Milia gibt's kleine Hotels, *domatia,* Tavernen und Strandkioske.

Limnonari Rooms & Taverna (☎ 24240 23046; www.skopelos.net/limnonarirooms; Limnonari-Strand; DZ 65 €; P ⌧) Abgeschieden in einer schönen, sandigen Bucht bietet dieses ordentliche *domatio* eine gut ausgestattete Gemeinschaftsküche und eine Terrasse, nur 30 m vom Wasser entfernt. In der Gartentaverne serviert Besitzer Kostas perfekte vegetarische *mousaka* (7 €) zu hausgemachten Oliven und Feta.

LP Tipp **Mando Rooms** (☎ 24240 23917; EZ/DZ/ 3BZ/FZ 80/90/110/150 €; P ⌧) Die eigene Bucht am Ufer von Stafylos ist schon der erste Pluspunkt dieser familienorientierten Pension. Zu den weiteren Extras gehören kostenloser

Kaffee, eine Gemeinschaftsküche, Satellitenfernsehen und eine Plattform über den Felsen, über die man das Wasser erreicht.

ALONNISOS
ΑΛΟΝΝΗΣΟΣ

2700 Ew.

Alonnisos erhebt sich als wunderbar grüner Gipfel mit dichten Pinien- und Eichenwäldern, Mastixsträuchern, Erdbeer- und Obstbäumen aus dem Meer. Die Westküste besteht hauptsächlich aus schroffen Klippen, aber die Ostküste lockt mit unzähligen kleinen Buchten und Kiesstränden sowie den Überresten eines Schiffswracks aus dem 5. Jh. v. Chr. Die Gewässer rund um Alonnisos wurden zum Meeres-Nationalpark erklärt; es sind die saubersten in der ganzen Ägäis.

Aber auch das hübsche Alonnisos war schon vom Pech verfolgt: 1952 wurde die florierende Weinindustrie jäh ausgebremst, als sich die aus Kalifornien importierten Weinstöcke Reblause einfingen. Ihrer Existenzgrundlage beraubt, zogen viele Inselbewohner fort. 1965 zerstörte ein Erdbeben die auf einem Hügel gelegene Hauptstadt Alonnisos-Stadt (heute als Alt-Alonnisos oder Chora bekannt). Die Einwohner wurden anschließend in eilends errichtete Unterkünfte nach Patitiri umgesiedelt.

An- & Weiterreise

Alonnisos' wichtigster Hafen ist Patitiri; von dort gibt's Verbindungen nach Volos und Agios Konstantinos auf dem Festland sowie zu den Sporaden-Inseln Skiathos, Skopelos und Skyros. Für nähere Informationen, s. Insel-Hopping (S. 858).

Tickets kann man bei **Alkyon Travel** (☎ 24240 65220) oder **Alonnisos Travel** (☎ 24240 65188; book@alonnisostravel.gr), beide in Patitiri, kaufen.

Unterwegs vor Ort
AUTO & MOTORRAD

Auf der Pelasgon in Patitiri gibt's verschiedene Motorradverleiher, darunter den zuverlässigen Anbieter **I'm Bike** (☎ 24240 65010). Vorsicht bei der Fahrt zum Strand runter: einige der Sand- und Schieferstraßen sind ziemlich steil und rutschig. Für ein Auto

kann man sich an **Albedo Travel** (☎ 24240 65804) oder **Nefeli Bakery & Rent-A-Car** (☎ 24240 66497) wenden, ebenfalls beide in Patitiri.

BOOT

Alonnisos Travel (☎ 24240 65188) verleiht Motorboote mit 15 bzw. 25 PS für vier Personen, die im Sommer zwischen 48 und 60 € pro Tag kosten.

BUS

Im Sommer pendelt ein Bus zwischen Patitiri (gegenüber vom Kai) und Alt-Alonnisos (1,20 €, stündl., 9 Uhr bis ca. 15 Uhr). Außerdem gibt's von Alt-Alonnisos Verbindungen nach Steni Vala (1,30 €).

TAXI

Die vier Taxis der Insel (Georgos, Periklis, Theodoros und Spyros) stehen meist gegenüber vom Kai. Eine Fahrt kostet ca. 5 € nach Alt-Alonnisos, 8 € nach Megalos Mourtias und 12 € nach Steni Vala.

PATITIRI ΠΑΤΗΤΗΡΙ

Patitiri (griechisch für „Weinpresse") sitzt zwischen zwei Sandsteinklippen am Südende der Ostküste. Trotz seiner überstürzten Entstehung nach dem verheerenden Erdbeben von 1965, das die alte Hauptstadt (Palia Alonnisos) auf dem Hügel dem Erdboden gleichmachte, wirkt Patitiri allmählich immer gemütlicher. Die Stadt ist klein und entspannt und ein praktisches Basislager zur Erkundung von Alonnisos.

Orientierung

Sich in Patitiri zurechtzufinden, ist ganz einfach. Der Kai liegt in der Hafenmitte, ins Landesinnere führen zwei Straßen. Mit dem Rücken zum Meer stehend, geht's links auf die Pelasgon oder recht auf die Ikion Dolopon. Ehrlich gesagt, gibt's aber gar keine Straßenschilder, und die meisten Leute nennen sie einfach die linke und die rechte (oder Haupt-)Straße.

Praktische Informationen

Hafenpolizei (☎ 24240 65595; Kai)
National Bank of Greece Geldautomat (Hauptstraße)
Play Café (☎ 24240 66119); Internet pro Std. 3 €; 🕑 9–14 & 18–21 Uhr) Gegenüber der Bank.
Polizei (☎ 24240 65205) Am Ende der Hauptstraße.
Post (Hauptstraße; 🕑 7.30–14 Uhr)

EUBÖA & DIE SPORADEN

Techno Plus (☎ 24240 29100; Internet pro Std. 3 €;
🕒 9–14 & 17–21 Uhr) Am Ende der Hauptstraße.

Sehenswertes
VOLKSKUNDEMUSEUM DER NÖRDLICHEN SPORADEN

Mit viel Liebe zeigt das von Kostas und Angela Mavrikis erschaffene **Volkskundemuseum
der nördlichen Sporaden** (☎ 24240 66250, 69740
27465; www.alonissosmuseum.com; Eintritt Erw./Kind 4 €/
frei; 🕒 10–21 Uhr) eine umfangreiche, gut erklärte Ausstellung mit Piratenwaffen und
-werkzeugen, einer Schmiede und antiken
nautischen Karten. Im Museum gibt es ein
kleines Café, in dem Werke lokaler Künstler ausgestellt sind und das einen schönen
Blick auf den Hafen bietet; einen netten

Shop gibt's auch. Ganz am Westende des
Hafens führt eine Steintreppe hierher.

MEERES-NATIONALPARK VON ALONNISOS

In einem Land, das nicht gerade für seine
ökologische Weitsichtigkeit bekannt ist, ist
der Meeres-Nationalpark von Alonnisos
eine willkommene Ausnahme. 1992 ins
Leben gerufen, war sein Hauptziel von Anfang an der Schutz der bedrohten Mittelmeer-Mönchsrobbe (*Monachus monachus*);
s. Kasten (S. 766).

Der Park ist in zwei Zonen unterteilt: die
streng begrenzte Zone A besteht aus einer
Reihe kleiner Inseln im Nordosten, darunter Kyra Panagia; zur Zone B gehören Peristera und Alonnisos selbst.

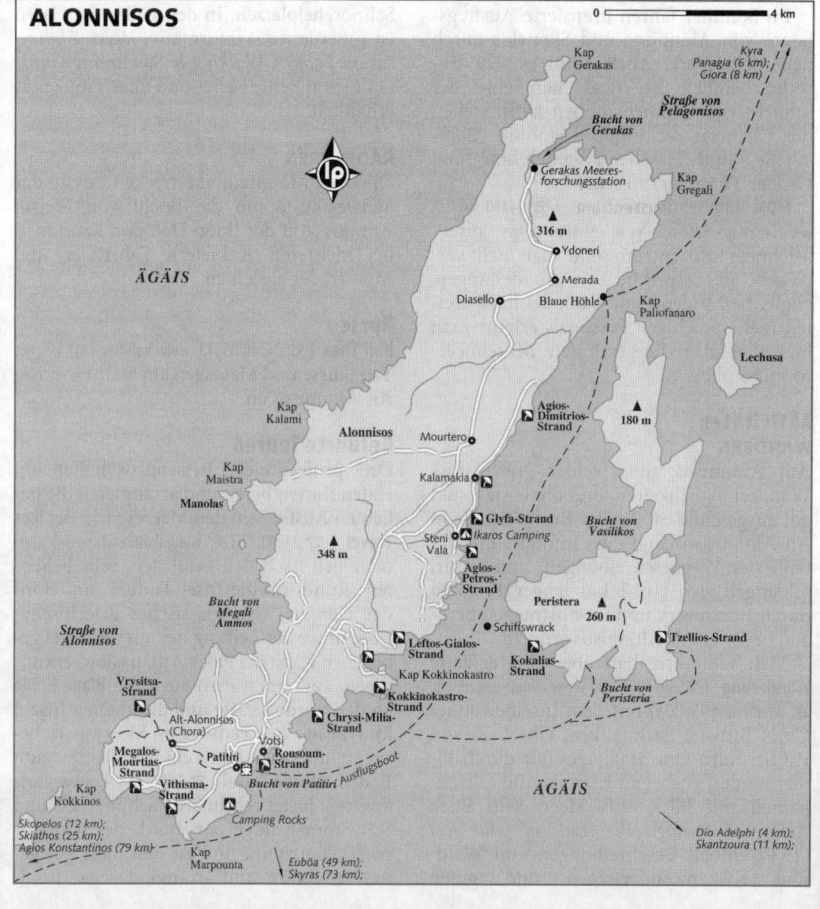

ALONNISOS

0 —————— 4 km

Kap Gerakas

Kyra Panagia (6 km);
Giora (8 km)

Straße von Pelagonisos

Bucht von Gerakas

Gerakas Meeres-
forschungsstation

Kap Gregali

316 m

Ydoneri

Merada

Kap Paliofanaro

Diasello · Blaue Höhle

Lechusa

ÄGÄIS

Kap Kalami

Alonnisos

Mourtero

Agios-
Dimitrios-
Strand

180 m

Kap Maistra

Kalamakia

Manolas

Glyfa-Strand

Bucht von Vasilikos

348 m

Steni Vala · Ikaros Camping

Agios-
Petros-
Strand

Bucht von Megali Ammos

Peristera

260 m

Straße von Alonnisos

Schiffswrack

Tzellios-Strand

Leftos-Gialos-
Strand

Kokalias-
Strand

Bucht von Peristeria

Vrysitsa-
Strand

Kap Kokkinokastro

Kokkinokastro-
Strand

Alt-Alonnisos (Chora)

Votsi

Chrysi-Milia-
Strand

Megalos-
Mourtias-
Strand

Patitiri

Rousoum-
Strand

Kap Kokkinos

Vithisma-
Strand

Bucht von Patitiri Ausflugsboot

ÄGÄIS

Skopelos (12 km);
Skiathos (25 km);
Agios Konstantinos (79 km)

Camping Rocks

Kap Marpounta

Euböa (49 km);
Skyras (73 km)

Dio Adelphi (4 km);
Skantzoura (11 km)

EUBÖA & DIE SPORADEN

DIE MÖNCHSROBBE

Der Bestand der Mittelmeer-Mönchsrobben, die einst Hunderte von Kolonien im Schwarzen Meer und im Mittelmeer sowie entlang der Atlantikküste Afrikas bevölkerten, hat sich heute auf 400 Tiere verringert. Die Hälfte lebt im Meer zwischen Griechenland und der Türkei.

Als eines der seltensten Säugetiere der Welt steht diese Robbe auf der Liste der 20 bedrohtesten Tierarten überhaupt. Zu den größten Gefahren zählen die absichtliche Abschlachtung durch Fischer – sie betrachten die Robben als die reine Pest, weil sie Löcher in die Netze beißen und sich den Fang der Fischer schnappen – das versehentliche Einfangen in Fischernetzen, die geringeren Nahrungsbestände durch die zunehmende Überfischung, die Zerstörung ihres Lebensraums und die Umweltverschmutzung.

Als man erkannte, dass die Robbe aussterben könnte, wenn sie nicht geschützt wird, gründete Griechenland 1992 den Meeres-Nationalpark von Alonnisos (S. 765), um die Robben zu schützen und die Fischbestände wieder aufzubauen.

Nähere Infos gibt's auf der Website der **MOM** (Griechische Gesellschaft zur Erforschung und zum Schutz der Mönchsrobbe; www.mom.gr).

Im Sommer fahren lizensierte Ausflugsboote von Alonnisos und Skopelos durch den Meerespark. Auch wenn es sehr unwahrscheinlich ist, dass man eine der schüchternen Mönchsrobben trifft, stehen die Chancen recht gut, Delphine (Blau-Weiße- und Flaschennasendelphine und Großer Tümmler) zu sehen.

MOM Informationszentrum (☎ 24240 66350; www.mom.gr; Patitiri; ⏰ 10–20 Uhr) Das ausgezeichnete Infozentrum sollte man nicht verpassen: in ansprechenden Ausstellungen, englischen Videos, und dank des hilfsbereiten mehrsprachigen Personals erfährt man hier alles über die geschützte Mittelmeer-Mönchsrobbe.

Aktivitäten

WANDERN

Auf Alonnisos gibt's schier grenzenlose Wandermöglichkeiten, und die besten sind gut ausgeschildert. An der Bushaltestelle in Alt-Alonnisos hängt eine Infotafel mit detaillierten Wegbeschreibungen. Von Patitiri schlängelt sich ein 2 km langer Eselspfad durch Buschwerk und Obstplantagen bergauf, bevor er Alt-Alonnisos erreicht.

Man sollte ernsthaft über eine **geführte Wanderung** (☎ 6974080039; www.alonnisoswalks.co.uk; Wanderung 15–30 €) mit dem Inselbewohner Chris Browne nachdenken. Oberhalb von Patitiri führt eine Halbtagestour durch Pinienwälder, vorbei an Kirchen und Olivenhainen mit Blick aufs Meer. Sein Buch *Alonnisos through the souls of your feet* (15 €) enthält Beschreibungen von Wald- und Küstenwanderwegen und guten

Schnorchelplätzen. In den Läden im Hafen ist außerdem das informative Werk *Alonnisos on Foot: A Walking & Swimming Guide* (14 €) von Bente Keller und Elias Tsoukanas erhältlich.

RADFAHREN

Die beste Mountainbikestrecke führt an der Südwestküste um die Bucht von Megali Ammos. Auf der Ikion Dolopon kann man bei mehreren Anbietern Fahrräder und Motorräder ausleihen.

Kurse

Kali Thea (☎ 24240 65513; www.kalithea.org) bietet Yogakurse und Massagen am Stadtrand von Alt-Alonnisos an.

Geführte Touren

Drei professionelle Reisebüros halten am Hafen Karten bereit und arrangieren die beliebten Ausflüge in den Meerespark. Bei **Ikos Travel** (☎ 24240 65320; www.ikostravel.com) kann man sich nach den geführten, sehr beliebten Rund-um-die-Insel-Touren an Bord der *Gorgona* (ein klassisches griechisches Boot unter der Leitung des auf der Insel geborenen Kapitäns Pakis Athanasiou) erkundigen, auf denen man auch die **Blaue Höhle** an der Nordostküste und die kleinen Inseln **Kyra Panagia** und **Peristera** im Meerespark besucht; unterwegs gibt's ein paar Pausen zum Baden. **Albedo Travel** (☎ 24240 65804; www.albedotravel.com) bietet regelmäßig Schnorchel- und Schwimmausflüge an Bord der *Odyssey* nach Skantzoura und zu den nahe gelegenen Inseln an und arrangiert sogar Inselhochzeiten. Bei **Alonnisos Travel** (☎ 24240 65188; www.alonnisostravel.gr) gibt's eine Tour an Bord der *Planitis* durch den Meerespark.

Schlafen

Die hier aufgeführten Preise gelten für die Hochsaison im Juli und August; zu anderen Zeiten sind sie oft 25 % niedriger. Im Juli und August öffnet außerdem ein hilfreicher Kiosk am Kai.

Camping Rocks (☎ 24240 65410; Zeltplatz pro Erw./ Zelt 6/3 €) Einfach den Schildern in der Stadt zu diesem einfachen, sauberen, schattigen Platz an der Küste folgen; 1 km südlich von Patitiri.

Pension Pleiades (☎ 24240 65235; www.pleiades hotel.gr; EZ/DZ/3BZ ab 45/50/55 €; ⊠ 🖵 🛜) Über die Treppe hinter dem Zeitungsstand geht's zu dieser hellen, einladenden Budgetunterkunft mit Blick über die Bucht von Patitiri.

Ilias Rent Rooms (☎ 24240 65451; Fax 24240 65972; Pelasgon 27; DZ 45 €, 2-/3-Bett-Studios 50/55 €; ⊠) Die Besitzer Ilias und Magdalini verleihen ihren makellosen, freundlichen blauweißen *domatia* einen warmen, einladenden Touch. Die Zimmer und Studios teilen sich eine Gemeinschaftsküche.

LP Tipp Liadromia Hotel (☎ 24240 65521; www. liadromia.gr; DZ/3BZ/Suite inkl. Frühstück ab 50/70/95 €; Ⓟ ⊠ 🖵 🛜) Dieses einladende, großartig geführte Hotel über dem Hafen war das erste in Patitiri. Alle Zimmer haben jede Menge Charakter, der in den handbestickten Vorhängen und antiken Lampen ebenso zum Vorschein kommt wie in den Steinböden und den antiken Holzmöbeln. Die freundliche Besitzerin Maria hat ganz offensichtlich selbst viel Freude daran, hier alles so perfekt zu gestalten.

Paradise Hotel (☎ 24240 65213; www.paradise-ho tel.gr; EZ/DZ/inkl. Frühstück 80/98/102 €; Ⓟ ⊠ 🖥) Holzdecken und Bodenfliesen aus Stein verleihen den Zimmern mit Balkon und Blick auf die Bucht und den Hafen ein rustikales Flair. Hinter der Pool-Bar führt eine kleine Treppe zur Bucht hinunter, in der man wunderbar schwimmen kann.

Essen

Ouzerie Archipelagos (☎ 24240 65031; Hauptgerichte 4–8 €) Wer dieses griechische Lokal ganz authentisch erleben möchte, sollte sich einen Tisch im hinteren Bereich schnappen, in dem die Einheimischen sich treffen und Runde um Runde köstliche *mezedhes*, ge-

grillten Fisch und Ouzo (oder das örtliche Lieblingsgetränk *tsipouro*, ein noch höherprozentiger Schnaps) bestellen, während die Nacht voranschreitet.

Anais Restaurant & Pizzeria (☎ 24240 65243; Hauptgerichte 5–12 €; 🕒 Frühstück, Mittag- & Abendessen) Patitiris erstes Restaurant, gegenüber vom Dock für Tragflächenboote, ist mit flottem Service und seiner umfangreichen Karte immer noch ganz vorn dabei: hier kann man *souvlaki*, Pasta, herzhafte griechische Salate und den Favorit des Hauses, *kleftiko* (langsam im Ofen gebratenes Lamm; 10 €), kosten.

Ebenfalls empfehlenswert:

Café Flisvos (☎ 24240 65307; Hauptgerichte 5–8 €) Beste *mousakas*.

To Kamaki Ouzerie (☎ 24240 65245; Hauptgerichte 5–15 €) Vater-und-Sohn-Restaurant.

ALT-ALONNISOS ΠΑΛΙΑ ΑΛΟΝΝΙΣΟΣ

Alt-Alonnisos (auch als Palia Alonnisos, Chora, Palio Chorio oder Altstadt bekannt) ist mit seinen gewundenen Stufengassen ein friedlicher, malerischer Ort mit grandiosem Panorama. Von der Hauptstraße führt gleich vor dem Dorf ein alter Eselpfad hinunter zum Megalos-Mourtias-Kiesstrand, während man über andere Wege die Strände Vithisma und Marpounta im Süden erreicht.

Schlafen

Pension Hiliadromia (☎/Fax 24240 65814; Plateia Christou; DZ/2-Bett-Wohnstudio 35/55 €; ⊠) Die Zimmer des Hiliadromia verfügen über Pinienholz- und Steinböden, teilweise auch über eine schöne Aussicht mit Balkon, und die Studios haben gut ausgestattete Küchen.

LP Tipp Konstantina Studios (☎ 24240 66165, 6932271540; www.konstantinastudios.gr; EZ/DZ inkl. Frühstück 60/80 €; Ⓟ ⊠ 🛜) Mit die schönsten Unterkünfte in Alonnisos sind diese drei adretten Selbstversorger-Wohnstudios im traditionellen Stil mit Balkonen und Blick auf die Südwestküste. Die Besitzerin Konstantina holt ihre Gäste gerne von der Fähre ab und hält jede Menge Tipps zur Erkundung der Insel bereit.

Essen & Ausgehen

LP Tipp Hayati (☎ 24240 66244; Alt-Alonnisos; Snacks 2–4 €; 🕒 9–2 Uhr) Das Hayati ist tagsüber ein Süßwarenladen (*glykopoleiou*) und abends eine Pianobar – der atemberaubende Ausblick über die Insel ist aber zu jeder Tageszeit ein Traum. Morgens kann man hier die nach Wunsch zubereiteten Alonnisos-*tyropita* genießen. Später gibt's hausgemachte Pasta und saftige *souvlaki*, handgemachte Desserts, Puddings und Kuchen und die herzliche Gastfreundschaft der Besitzer/ Köche Meni und Angela. Nur fünf Gehminuten vom Dorfplatz entfernt.

Hayati Mezedhopoleio (☎ 24240 65885; Alt-Alonnisos; *mezedhes* 2,50–7 €) Dasselbe Hayati, dessen Süßigkeiten so lecker sind, eröffnete kürzlich 50 m vom Platz entfernt eine kleine *mezedhes*-Taverne. Zu den Highlights gehören frittierte Garnelen, *skordalia* (Knoblauch-Kartoffel-Dip), *kritamos* (Meerfenchel-Salat) und gegrillter Tintenfisch.

Taverna Megalos Mourtias (☎ 24240 65737; Hauptgerichte 4–8 €; ☽ Frühstück, Mittag- & Abendessen) Einen Steinwurf von der Brandung entfernt serviert diese entspannte Taverne mit Strandbar, 2 km bergab von Chora, leckere Salate, *gavros*, Fischsuppe und verschiedene vegetarische Gerichte.

Astrofengia (☎ 24240 65182; Hauptgerichte 5–12 €) Die Einwohner vom Patitiri finden nichts dabei, auch mal nach Chora hinaufzufahren, nur um die abendlichen Kreationen des Kochs Demi zu verkosten. Die Krabben mit Safran und Knoblauch in Filoteig sind eine Offenbarung, und die vegetarischen *mousakas* ausgezeichnet. Zum Nachtisch sollte man unbedingt ein Stück *galaktoboureko* (hausgemachter Vanillekuchen) kosten, egal, ob man noch Platz hat oder nicht.

Aerides Café-Bar (☎ 6936522583; Alt-Alonnisos; ☽ 9–17 & 19–2 Uhr) Maria mixt die Getränke, sucht die Musik aus und serviert im Sommer die Eiscreme in dieser flotten kleinen Bar am Platz.

UNTERWEGS AUF ALONNISOS

Alonnisos' Hauptstraße erstreckt sich bis Gerakas (19 km) an der Nordspitze der Insel, dem Zuhause der EU-finanzierten Meeresforschungsstation. 6 km nördlich von Patitiri zweigt eine weitere Asphaltstraße zum kleinen Fischerei- und Yachthafen Steni Vala ab und folgt dem Uferverlauf, vorbei an Kalamakia, über 5 km. Eine dritte Straße verbindet Patitiri mit Megalos Mourtias.

DIE ORIGINAL KÄSEPASTETE

Tyropita (Käsepastete) haben an ihrem Geburtsort, den nördlichen Sporaden, beinahe göttlichen Status. Die beliebte Pastete besteht aus Ziegenkäse, der in zarten Filoteig eingerollt, anschließend frittiert und noch heiß serviert wird – eine Methode, die in den Holzofen-Küchen von Alonnisos weiterentwickelt wurde.

Der Streit um die Herkunft der Pastete ist noch immer nicht beigelegt. Die Einwohner von Alonnisos behaupten, Skopelos habe ihre Delikatesse in den 1950ern, nach dem Zusammenbruch der Landwein-Industrie, einfach übernommen. Die Bauern von Alonnisos mussten um ihre Existenz kämpfen und fanden Arbeit bei der Pflaumenernte auf dem benachbarten Skopelos. Ihre salzigen Käsepasteten hielten auf den Feldern den ganzen Tag vor. Es überrascht nicht, dass sie auch bald den Weg in die ländlichen Küchen von Skopelos fanden, wo die Einheimischen wiederum behaupten, die Leckerei sei eine Erfindung ihrer Mütter. Diese Version der Geschichte besagt, dass einfallsreiche Mütter, während im Ofen langsam *spanakopita* (Spinatpasteten) backten, nervende Kinder ruhig stellten, indem sie ein Stück Filoteig abrissen, eine Handvoll Käse draufschmierten und das Ganze schnell mit einer gleichzeitigen Rüge frittierten: „Hier, und jetzt hör auf zu brüllen!"

In den 1990ern pries ein beliebter Fernsehmoderator die Pastete an, schrieb ihren Ursprung jedoch Skopelos zu. Wie zu erwarten, tauchten schon bald „Skopelos-Käsepasteten" in den Tiefkühlregalen der Festland-Supermärkte auf. Heute kann man sie sogar vor dem Abflug im Athener Flughafen kaufen. Aber laut Pakis, einem langjährigen Einwohner von Alonnisos, sind sie nur „der schlechte Abklatsch einer Imitation". Man darf also nicht glauben, dass eine Tiefkühlpastete der entschieden überlegenen Originalversion auch nur im Geringsten nahe kommt.

Sowohl auf Alonnisos als auch auf Skopelos gibt's mittlerweile Frühstücksversionen mit Zucker und Zimt sowie Variationen mit Wildgemüse oder Lamm, die besonders im Winter zu einem Glas Rotwein beliebt sind. Aber die entgeisterten Einwohner von Alonnisos kommen noch immer nicht darüber hinweg, was mit ihrem einfachen, köstlichen Rezept passiert ist. Wie uns Mahi, eine Geschäftsfrau aus Skopelos, anvertraute: „Ehrlich gesagt, haben wir es geklaut!"

Maria's Votsi Pension (☎ 24240 65510; www.pension-votsi.gr; Votsi; DZ/3BZ ab 30/55 €; 🅿 🖃 🛜) liegt in einer wunderschönen Ecke von Votsi, nur 100 m von der Bucht entfernt. Die Zimmer sind makellos und gemütlich, und die Gastfreundschaft der Besitzerin Maria zeigt sich überall. Ganz in der Nähe liegen die **Milia Bay Hotel Apartments** (☎ 24240 66036; www.milia-bay.gr; DZ/Apt. ab 85/160 €; 🅿 🅧 🛜 🕎) über den Hang verteilt. Es handelt sich um große, gut ausgestattete Selbstversorger-Apartments.

Entlang der Ostküste der Insel gibt es viele kleine Buchten und Strände. Der erste interessante ist der winzige Strand von **Rousoum,** der sich zwischen Patitiri und Votsi versteckt und bei einheimischen Familien sehr beliebt ist. Der nächste ist der sandige, sanft gebogene **Chrysi-Milia-Strand,** ebenfalls sehr kinderfreundlich. 2 km weiter liegt das **Kap Kokkinokastro,** der Standort der antiken Stadt Ikos, deren Stadtmauern teilweise noch unter Wasser erhalten sind. Weiter nördlich führt eine Abzweigung nach 4 km nach **Leftos Gialos** mit hübschem Kiesstrand und der ausgezeichneten **Taverna Eleonas** (☎ 24240 66066; Hauptgerichte 5–10 €), in der außergewöhnliche Variationen traditioneller *pites* (Pasteten) und vegetarischer *dolmadhes* sowie die sensationellen Weine des Besitzers Nikos serviert werden.

Steni Vala, ein kleines Fischerdorf und Tiefwasser-Yachthafen, in dem nur 30 ständige Einwohner leben, bietet zwei kleine, aber anständige Strände: der Kiesstrand **Glyfa** liegt gleich über dem Dorf, der Sandstrand **Agios Petros** gleich darunter. Ungefähr 50 Zimmer sind auf verschiedene *domatia* und ein paar Villen verteilt. Außerdem gibt's noch den bescheidenen **Ikaros Camping** (☎ 24240 65772; Zeltplatz pro Erw./Zelt 5/5 €), der ausreichend Schatten unter Olivenbäumen bietet. Zuverlässige Infos zu Unterkünften und mehr gibt's im **Ikaros Café & Market** (☎ 24240 65390). Der Besitzer Kostas betreibt außerdem das hervorragende Museum in Patitiri. Vier Tavernen überblicken den kleinen Bootshafen, wobei die **Taverna Kalimnia** (☎ 24240 65748; Hauptgerichte 4–8 €) die beste Hafenaussicht bietet.

Kalamakia, 2 km nördlich, ist das letzte interessante Dorf und bietet ein paar *domatia* und Tavernen. Die Fischerboote machen in der Regel direkt vor **Margarita's Taverna** (☎ 24240 65738; Hauptgerichte 6–15 €) fest, in der

die morgendliche Ausbeute an Fischen und Hummern scheinbar direkt vom Boot auf den Teller hüpft. Einfache, makellose Zimmer gibt's in der **Pension Niki** (☎ 24240 65989; EZ/DZ 30/50 €; 🅧).

Hinter Kalamakia führt die asphaltierte Straße für weitere 3 km durch ein Sumpfgebiet zum **Agios-Dimitrios-Strand** mit einer Kantine und *domatia* gegenüber dem wunderschönen Kiesstreifen gelegen. Dahinter verengt sich die Straße zu einem Fußweg ins Landesinnere.

DIE INSELN RUND UM ALONNISOS

Alonnisos ist von acht unbewohnten kleinen Inseln umgeben, die alle mit einer reichen Flora und Fauna gesegnet sind. **Piperi** liegt von Alonnisos aus am weitesten nordöstlich und ist ein Zufluchtsort für Mönchsrobben und daher für Besucher gesperrt. **Gioura,** ebenfalls nicht zugänglich, ist das Zuhause einer ungewöhnlichen Wildziegenart, die für die kreuzförmige Zeichnung auf ihrer Wirbelsäule bekannt ist. Ausflugsboote bringen Besucher zum alten Kloster und der Olivenpresse auf **Kyra Panagia.** Die abgeschiedenste Insel der Gruppe ist **Psathoura.** Hier gibt es unter Wasser noch Überreste einer antiken Stadt und den hellsten Leuchtturm der Ägäis.

Peristera, direkt vor Alonnisos' Ostküste, bietet mehrere Sandstrände und die Ruinen einer Burg. Das nahe **Lehousa** ist für seine stalaktitenreichen Meereshöhlen bekannt. **Skantzoura,** südöstlich von Alonnisos, ist die Heimat des Eleonorenfalkens und der seltenen Korallenmöwe. Die achte Insel der Gruppe befindet sich zwischen Peristera und Skantzoura und ist als **Dio Adelphi** (Zwei Brüder) bekannt; jeder „Bruder" stellt eigentlich eine eigene kleine Insel dar, und – laut den örtlichen Fischern, die sich weigern, die Inseln zu betreten – leben auf beiden Vipern.

SKYROS ΣΚΥΡΟΣ

2600 Ew.
Skyros ist die größte Sporadeninsel, auch wenn sie manchmal wie zwei Inseln wirkt – die kleinen Buchten, hügeligen Felder und Pinienwälder im Norden stehen in starkem Kontrast zu den trockenen Hügeln und felsigen Küstenstreifen im Süden.

In byzantinischen Zeiten war die Insel ein Exil für Gauner und andere Kriminelle vom Festland, die hier ein für beide Seiten lukratives Bündnis mit einfallenden Piraten schlossen. Die Exilbürger entwickelten sich zur Elite der Gesellschaft von Skyros, die ihre Häuser mit der Piratenbeute aus diversen Handelsschiffen einrichtete: handgeschnitzte Möbel, Keramikteller und Kupferdekorationen aus Europa, Nahost und Ostasien. Noch heute zieren ähnliche Stücke beinahe jedes Haus auf Skyros.

In der griechischen Mythologie war Skyros das Versteck des jungen Achilles. Für nähere Informationen zum Karneval auf Skyros und den Inseltraditionen, die an Achilles' Heldentaten erinnern, s. Kasten S. 773.

Skyros war außerdem die letzte Station des englischen Poeten Rupert Brooke (1887–1915), der auf seinem Weg zur Schlacht von Gallipoli auf einem französischen Lazarettschiff vor der Küste von Skyros an Blutvergiftung starb. Heute nennen einige Auswanderer, meist Engländer und Niederländer, Skyros ihr Zuhause.

An- & Weiterreise

FÄHRE

Skyros' wichtigster Hafen Linaria bietet in der Sommersaison Fährverbindungen nach Euböa (Paralia Kymis) und nach Alonnisos. Näheres gibt's unter Insel-Hopping (S. 875).

Tickets verkauft das **Achileas-Ticketbüro** (☎ 22220 91790; Fax 22220 91792; Agoras; ☉ 9–13 & 19–22 Uhr) an der Agoras in Skyros-Stadt. Am Dock in Linaria gibt's außerdem einen Kiosk für Fährtickets; ein weiterer steht am Dock in Paralia Kymis (Euböa).

FLUGZEUG

Der Flughafen von Skyros bietet Flüge nach/von Athen und Thessaloniki, gelegentlich landen auch Chartermaschinen aus Nordeuropa.

Im Winter gibt's jede Woche drei Verbindungen zwischen Skyros und Thessaloniki (Dienstag, Mittwoch und Samstag). Außerdem werden im Winter zweimal wöchentlich Flüge nach Athen angeboten (Dienstag und Samstag).

Für Tickets kann man sich an **Olympic Air** (☎ 210 966 6666; www.olympicairlines.com) wenden oder in der **Skyros Travel Agency** (☎ 22220 91600; www.skyrostravel.com; Agoras St) vorbeischauen.

Einzelheiten zu den Flügen gibt's unter Insel-Hopping (S. 875.

Unterwegs vor Ort

AUTO & MOTORRAD

Autos, Motorräder und Mountainbikes verleiht **Martina's Rentals** (☎ 22220 92022; 6974752380) nahe der Polizeistation in der Stadt. Der sehr vernünftige Verleih **Vayos Motorbikes** (☎ 22220 92957) liegt in der Nähe der Bushaltestelle, **Angelis Cars** (☎ 22220 91888) befindet sich 200 m davor.

BUS & TAXI

Während der Hochsaison fahren täglich Busse von Skyros-Stadt nach Linaria (1,30 €) und Molos (über Magazia). Busse nach Skyros-Stadt und Molos bieten Anschluss an die Fähre in Linaria. Außerhalb der Hochsaison fahren jedoch nur ein oder zwei Busse nach Linaria (die sich nach den Ankunftszeiten der Fähre richten) und gar keiner nach Molos. Ein Taxi von Skyros-Stadt nach Linaria kostet 13 €, zum Flughafen 20 €.

SKYROS-STADT

Skyros' Hauptstadt ist eine atemberaubende, blendend weiße Stadt mit Flachdachhäusern im Kykladen-Stil, die sich über eine hohe Felsenklippe ergießen. Sie wird von einer Festung aus dem 13. Jh. und dem Kloster Agios Georgios gekrönt und von einem Labyrinth aus hübschen Pflastersteingassen durchzogen, die zu einem Spaziergang einladen.

Orientierung

Die Bushaltestelle liegt am Südrand der Stadt auf der Hauptschlagader (Agoras) – eine quirlige und belebte Ansammlung von Leuten, Tavernen, Bars und Lebensmittelläden, die von schmalen, verwinkelten Gassen flankiert wird. Die zentrale *plateia* liegt weitere 100 m hinter der Haltestelle. Dort wird die Straße sehr viel schmaler; hier beginnt die Fußgängerzone der Stadt. Motorräder quetschen sich auch hier noch durch, aber Autos müssen auf dem nahen Parkplatz parken.

100 m hinter der *plateia* gabelt sich die Hauptstraße Agoras. Der rechte Zweig führt hinauf zur Festung und zum Moni Agiou Georgiou, mit seinen schönen Fresken und der grandiosen Aussicht. Die linke

Gabel führt im Zickzack zu zwei kleinen Museen neben der Plateia Rupert Brooke, auf die eine einfache Bronzestatue des nackten Rupert Brooke aufs Meer blickt. Die Freizügigkeit der Statue löste einen Aufschrei in der örtlichen Bevölkerung aus, als sie in den 1930ern aufgestellt wurde.

Von der Plateia Rupert Brooke führen gepflasterte Stufen über 1 km hinunter zum Magazia-Strand.

Praktische Informationen

Mano.com (☎ 22220 92473; Agoras; Internet pro Std. 3 €; ⏱ 9–14 & 18.30–23.30 Uhr)
National Bank of Greece Geldautomat (Agoras)
Polizei (☎ 22220 91274) Hinter der Skyros Travel Agency.

Post (Agoras; ⏱ 7.30–14 Uhr)
Skyros Travel Agency (☎ 22220 91600, 6944884588; www.skyrostravel.com; Agoras St; ⏱ 9–14.30 & 18.30–23 Uhr) Diese Agentur bietet den kompletten Service: Sie bucht Zimmer und Reisen, arrangiert Leihwagen und -motorräder und organisiert Tauch- und andere Ausflüge rund um Skyros.

Sehenswertes & Aktivitäten

Skyros-Stadt hat zwei Museen im Angebot: Insbesondere das **Manos-Faltaits-Volkskundemuseum** (☎ 22220 91232; www.faltaits.gr; Plateia Rupert Brooke; Eintritt 2 €; ⏱ 10–14 & 18–21 Uhr) sollte man nicht verpassen; dieses einzigartige Privatmuseum beherbergt die grandiose Sammlung des Skyroser Ethnologen Manos Faltaits und zeichnet die Mythologie und

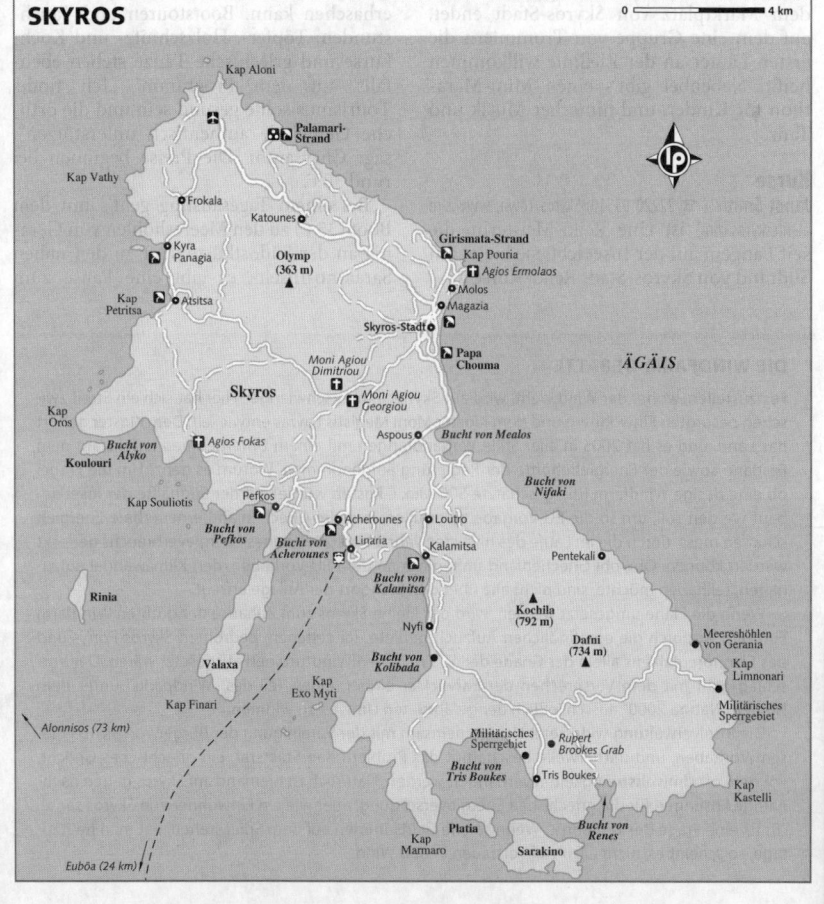

SKYROS

0 _____ 4 km

Kap Aloni

Palamari-Strand

Kap Vathy

Frokala

Katounes

Kyra Panagia

Olymp (363 m) ▲

Kap Petritsa

Atsitsa

Girismata-Strand

Kap Pouria

Agios Ermolaos

Molos

Magazia

Skyros-Stadt

Papa Chouma

ÄGÄIS

Moni Agiou Dimitriou

Skyros

Moni Agiou Georgiou

Kap Oros

Bucht von Alyko

Koulouri

Agios Fokas

Aspous

Bucht von Mealos

Kap Souliotis

Pefkos

Bucht von Nifaki

Bucht von Pefkos

Acherounes

Loutro

Linaria

Kalamitsa

Pentekali

Bucht von Acherounes

Bucht von Kalamitsa

Rinia

Kochila (792 m)

Dafni (734 m) ▲

Meereshöhlen von Gerania

Valaxa

Nyfi

Kap Limnonari

Kap Exo Myti

Bucht von Kolibada

Militärisches Sperrgebiet

Alonnisos (73 km)

Kap Finari

Militärisches Sperrgebiet

Rupert Brookes Grab

Kap Kastelli

Euböa (24 km)

Kap Marmaro

Platia

Bucht von Tris Boukes

Tris Boukes

Bucht von Renes

Sarakino

Folklore der Insel detailliert nach. Das Herrenhaus aus dem 19. Jh. ist ein Labyrinth aus Skyros-Trachten und Stickereien, antiken Möbeln und Keramik, Dolchen und Kochtöpfen, alten Fotografien und einem kleinen Shop.

Das angeschlossene **Archäologische Museum** (☎ 22220 91327; Plateia Rupert Brooke; Eintritt 2 €; ❧ Di – So 8.30 – 15 Uhr) zeigt ausgezeichnete Beispiele mykenischer Töpferarbeiten, die in der Nähe von Magazia gefunden wurden, und – am allerbesten – das Innere eines traditionellen Skyros-Hauses, das vom Haus des Spenders komplett hierher gebracht wurde.

Jedes Jahr, ungefähr Mitte September, findet auf Skyros ein **Halbmarathon** (☎ 22220 92789) statt, der in Atsitsa beginnt und auf dem Marktplatz von Skyros-Stadt endet, auf dem eine Gruppe von Trommlern die ersten Läufer an der Ziellinie willkommen heißt. Nebenbei gibt's einen Mini-Marathon für Kinder, und hinterher Musik und Tanz.

Kurse

Janet Smith (☎ 22220 93510; Skyros Town; www.simplelifeskyros.com) ist eine Reiki-Meisterin, die seit Langem auf der Insel lebt; sie bietet am Südrand von Skyros-Stadt Reiki-Kurse an.

Auf Skyros findet man außerdem das britische ganzheitliche Ferienzentrum **Skyros Centre** (☎ 22220 92842; www.skyros.com) mit Filialen in der Stadt und in Atsitsa. Die Themen der ein- und zweiwöchigen Dauerkurse ändern sich ständig und reichen u. a. von Yoga und griechischer Küche bis zu Segeln und der Kunst des Flirtens.

Touren

feel ingreece (☎ 22220 93100; www.feelingreece.com; Agora St) ist eine neue Idee der hart arbeitenden Einheimischen Chrysanthi Zygogianni, die sich der Erhaltung der Kultur der Insel widmet. Der Schwerpunkt liegt auf lokaler Kunst und auf Skyros' Natur. Das Büro organisiert Wanderausflüge, auf denen man einen Blick auf die wilden Ponys der Insel erhaschen kann. Bootstouren und Tauchstunden, Töpfer-, Holzschnitt- und Kochkurse und griechische Tänze stehen ebenfalls auf dem Programm. „Ich finde, Tourismus sollte gesund sein und die örtliche Gemeinde authentisch unterstützen", sagt Chrysanthi. Die Preise beginnen bei rund 30 €.

Bei einem Tagesausflug geht's mit dem Boot (35 €) zu den Meereshöhlen von Gerania an der Südostküste oder zu den nahen Sarakino-Inseln; es gibt eine Pause zum

---

DIE WINDFARM-DEBATTE

Festzustellen, woher der Wind weht, wird auf Skyros immer schwieriger. Hier hat sich ein Streit zwischen besorgten Einwohnern und dem Kloster Moni Megistis Lavras entwickelt. Dem Kloster gehört das Land, und es hat 2005 in aller Stille Verhandlungen mit einem Unternehmen Enteka auf dem Festland sowie der Energiebehörde der Regierung aufgenommen. Worum es geht? Um die Frage, ob eine riesige Windfarm (die geschätzte 500 Mio. € kosten würde) auf der Südhälfte der Insel gebaut werden soll, um so die EU-Vorgabe zu erfüllen, laut der Griechenland erneuerbare Energien schaffen muss, durch die im Laufe des nächsten Jahrzehnts 20 % seines Energieverbrauchs gedeckt werden können. Obwohl Griechenland unbedingt an dem EU-Vorhaben, den Klimawandel aufzuhalten, teilhaben möchte, sind nicht alle über den Standort der Anlage erfreut.

Wenn die Pläne umgesetzt werden, wird das kleine Skyros zum Zuhause der größten Windfarm Europas, wodurch die empfindlichen Aufzuchtgebiete der seltenen, bedrohten Skyros-Ponys und des Eleonorenfalkens allein der Gnade der 150 m hohen Windturbinen ausgesetzt wären. Der Vorschlag geht mit dem Versprechen der Entwickler einher, einen Teil des „Windparks" unter dem Namen „Natura 2000" ausschließlich der gefährdeten Umwelt zu widmen.

Die Inselverwaltung widersetzt sich gemeinsam mit der Vereinigung der Bürger von Skyros diesem Vorhaben, und mittlerweile beschäftigt das Problem den Staatsrat, ein griechisches Gericht, vor dem oft Umweltstreitigkeiten verhandelt werden. Natürlich ist niemand auf Skyros gegen nachhaltige Lösungen für die griechische Energieversorgung, aber wie ein Einwohner von Skyros sagte: „Es ist eine Frage des Umfangs." Wenn solche Geldsummen auf dem Spiel stehen, hat man heutzutage, so scheint es, nicht allzu viel Vertrauen in den Wind.

KARNEVAL AUF SKYROS

Bei diesem wilden Festival vor der Fastenzeit, das an den letzten vier Wochenenden vor dem „Reinen Montag" (Kathara Deftera – der erste Montag der Fastenzeit, 40 Tage vor Ostern) stattfindet, stellen junge Männer die Lebenskraft der Älteren dar, indem sie Ziegenmasken und haarige Jacken tragen und sich Dutzende von Ziegenglocken umhängen, die oft bis zu 30 kg wiegen. Dann ziehen sie lärmend und tanzend mit komplizierten Schritten durch die Straßen, jeder mit einem männlichen Partner („*korela*"), der als Braut aus Skyros verkleidet ist, aber ebenfalls eine Ziegenmaske trägt. Während dieser Feierlichkeiten gibt's außerdem Gesang und Tanz, Theateraufführungen, Rezitationen satirischer Gedichte und jede Menge Alkohol und Schlemmereien. Auch Frauen und Kinder machen mit und verkleiden sich. Diese seltsamen Feierlichkeiten sind durch und durch heidnisch, mit Elementen dionysischer Festivals wie der Ziegenanbetung. In der Antike war Skyros, wie auch heute noch, für sein Ziegenfleisch und seine Ziegenmilch bekannt.

Das Transvestitentum, das bei diesem Karneval ganz offensichtlich zur Schau getragen wird, scheint sich aus dem Kult des Achilles entwickelt zu haben, der in der griechischen Mythologie mit Skyros in Verbindung gebracht wird. Laut Legende war die Insel in Kindheitstagen das Versteck des jungen Achilles, dessen Mutter Thetis sich vor einer Prophezeiung fürchtete, nach der die Fähigkeiten ihres Sohnes im Trojanischen Krieg benötigt werden würden. Der Junge wurde in die Obhut von König Lykomedes von Skyros gegeben, der ihn als eine weitere Tochter verkleidete und als solche aufzog. Der junge Achilles wurde jedoch von Odysseus ausgetrickst, der mit Juwelen und anderen Geschenken für die Mädchen anreiste – und mit einem Schwert und einem Schild. Als Achilles nur Interesse an den Waffen zeigte, deckte Odysseus sein Geheimnis auf und überredete ihn, mit ihm nach Troja zu ziehen, wo er sich als Krieger in der Schlacht auszeichnete. Dieses alljährliche Festival ist auch Thema des Buches *The Goat Dance of Skyros* von Joy Koulentianou.

Mittagessen und Schwimmen. Näheres erfährt man bei Skyros Travel.

Für nähere Informationen zu seinen Stegreif-Touren über die Insel und zum Faltaits-Museum kann man sich an den erfinderischen **Niko Sekkes** (☎ 22220 92707) wenden, den Manager des Argo-Museumsshops am oberen Ende der Agoras.

Schlafen

BUDGETUNTERKÜNFTE & MITTELKLASSEHOTELS

Hotel Elena (☎/Fax 22220 91738; EZ/DZ/3BZ 30/45/55 €; P ⊠ 🖳) Hier fungiert die Dachbar an Sommermorgen gleichzeitig als Frühstücksraum. Die Zimmer sind groß und gemütlich und liegen nur 100 m vom Platz entfernt – nach einer langen Nacht in der Stadt findet man sie also leicht wieder.

LP Tipp Atherinis Rooms (☎ 22220 93510, 6979292976; www.simplelifeskyros.com; DZ/Apt. ab 45/60 €; P ⊠) Die herzlichen Besitzer Dimitris Atherinis und das englische Gewächs Janet Smith widmen sich in diesen Selbstversorger-Apartments (300 m unterhalb der Bushaltestelle) liebevoll sämtlichen Details. Die geräumigen Doppelzimmer bieten handgefliste Bäder und einen Ausblick auf den gut gepflegten Garten. Zum Frühstück

(5 €) gibt's frischen Saft und hausgemachtes Brot.

Pension Nikolas (☎ 22220 91778; Fax 22220 93400; EZ/DZ/3BZ 50/60/70 €; P ⊠) Abseits in einer kleinen, ruhigen Straße ist diese gemütliche, freundliche Pension nur fünf Gehminuten von der geschäftigen Agoras entfernt. Die oberen Zimmer haben Klimaanlage und Balkon, die unteren Ventilatoren und Ausblick auf einen schattigen Garten.

SPITZENKLASSEHOTELS

Hotel Nefeli & Dimitrios Studios (☎ 22220 91964; www.skyros-nefeli.gr; DZ/Studio/Suite inkl. Frühstück 125/190/300 €; P ⊠ 🖳 📶) Dieses schicke Hotel am Stadtrand versprüht ein entspanntes, minimalistisches Skyros-Flair mit alten Fotografien, schönen Möbeln und edlen Bädern. Die angeschlossenen Familien-Studios gehören zum umgebauten Skyros-Haus. Beide Gebäude teilen sich einen Salzwasser-Pool und eine Bar.

Essen

Skyros ist ein beliebtes Urlaubsziel der Athener – mit dem schönen Nebeneffekt, dass sich die Köche der Insel nicht allzu sehr nach dem Geschmack ausländischer Touristen richten.

TOP FIVE TÖPFER-ATELIERS AUF SKYROS

Skyros bietet einzigartige, jahrhundertealte Sammlungen feiner, außergewöhnlicher Keramiken, die noch aus einer Zeit stammen, in der Piraten mit gaunerischen Einwohnern kollaborierten, wodurch deren Häuser zu wahren Galerien der Piratenbeute wurden, darunter auch viel Keramik. Um mehr über die Entwicklung dieser Inselkunst zu erfahren, kann man eine Tour zu unseren Favoriten machen:

■ Yiannis Komboyiannis (S. 776)

■ Stamatis Ftoulis (s. S. gegenüber)

■ Stathis Katsarelias (s. S. gegenüber)

■ Ioanna Asimenou Keramiken (s. rechts)

■ Efrossini Varsamou-Nikolaou (s. S. gegenüber)

Taverna Lambros (☎ 22220 92498; Hauptgerichte 5–8,50 €) Das familiengeführte Lambros liegt nur 3 km südlich von Skyros-Stadt am Straßenrand von Aspous.

Die großzügigen Gerichte reichen von Lamm und Schwein vom Grill bis zu frischem Fisch-Gumbo und dem traditionellen Skyros-Käsebrot.

LP Tipp **Maryetis Restaurant** (☎ 22220 91311; Agoras; Hauptgerichte 6–9 €) Mit Abstand der Favorit der Einheimischen für gegrillten Fisch und Tintenfisch-*stifadho*, Skyroser Ziege mit Zitronensoße oder herzhafte Suppen und *mezedhes* wie Schwarzaugenbohnen oder Bohnen-Dip.

O Pappous kai Ego (☎ 22220 93200; Agoras; Hauptgerichte 6–9 €) Der Name dieser kleinen Taverne bedeutet „mein Großvater und ich", und man erkennt sofort, dass hier eine Generation von Familienrezepten der nächsten folgte. Die *mezedhes* sind ausgezeichnet, besonders der Dicke-Bohnen-Dip und die Skyros-*dolmadhes* mit einem Hauch Ziegenmilch.

Ausgehen

Das Nachtleben in Skyros-Stadt spielt sich hauptsächlich rund um die Bars auf der Agoras ab; je weiter man sich von der plateia nach Norden bewegt, desto entspannter wird die Musik.

Kalypso (☎ 22220 92160; Agoras; 🖳) Das stilvolle Kalypso spielt eine Menge Jazz und Blues, und Besitzer/Barkeeper Christos mixt eine mörderisch gute Margarita und serviert hausgemachte Sangria. In einem Nebenzimmer gibt's Internetzugang.

Rodon (☎ 22220 92168; Agoras) Diese edle, aber gemütliche Kneipe ist bis spät abends geöffnet – hier kann man die Nacht in aller Ruhe ausklingen lassen. Bonuspunkte gibt's für die großen Getränke und frischen Säfte.

Agora Café-Bar (☎ 22220 92535; Agoras; 🛜) Neben dem Postamt am hinteren Ende des Hauptplatzes bietet diese gemütliche Bar kostenlos WLAN und eine einladende Atmosphäre.

Shoppen

Argo (☎ 22220 92158; Agoras) Das Argo ist auf qualitativ hochwertige Kopien der Keramiken aus dem Faltaits-Museum spezialisiert.

Andreou Woodcarving (☎ 22220 92926; Agoras) In diesem schönen Laden an der oberen Agoras kann man die aufwendigen Designs, die die traditionellen Skyros-Möbel auszeichnen, aus nächster Nähe bewundern.

Leyteris Avgoklouris (☎ 22220 91106) Genauso interessant ist diese offene Werkstatt im nahen Dorf Aspous.

Ioanna Asimenou Ceramics (☎ 22220 92723; Agoras) Eine Oase feinster Werke in der Nähe des geschäftigen Hauptplatzes.

MAGAZIA & MOLOS ΜΑΓΑΖΙΑ & ΜΩΛΟΣ

Das Feriendorf Magazia ist ein kompakter, attraktiver Ort mit verwinkelten Gassen, der am Südende eines wunderschönen, langen Sandstrands ein Stück nördlich von Skyros-Stadt liegt. FKK-Freunde können am **Papa Houma**, am Südrand von Magazia, alle Hüllen fallen lassen.

Am Nordende des Strands lockt das einst verschlafene Molos heute mit eigenen Tavernen und Fremdenzimmern. Seine berühmte Windmühle und die in den Felsen gehauene Kirche Agios Nikolaos sind nicht zu übersehen.

Aktivitäten

In Magazia drehen sich mehrere Töpfer ihre Räder, machen sich aber nicht die Mühe, mit Schildern auf ihre Arbeit hinzuweisen – trotzdem freuen sie sich über Besucher; einige ihrer außergewöhnlichen Werke stehen auch zum Verkauf. **Stathis Katsarelias** (☎ 22220 92918) hat ein Atelier in der kleinen Gasse zwischen der Hauptstraße und der Taverna Stefanos; er bietet außerdem Töpfer-Workshops ohne Anmeldung an für Erwachsene, Kinder und alle, die sich die Hände schmutzig machen möchten. Das Atelier von **Efrossini Varsamou-Nikolaou** (☎ 22220 91142) befindet sich im Deidamia Hotel. Gleich unterhalb der Taverna Stefanos liegt die Werkstatt von **Stamatis Ftoulis** (☎ 22220 91559).

Schlafen

Georgia Tsakamis Rooms (☎ 22220 91357; gtsakamis@yahoo.gr; Magazia; DZ/3BZ 45/50 €; ❄) Viel näher als in diesen mit Geranien versehenen *domatia* kann man kaum an Strand übernachten; 20 m vom Strand entfernt, gegenüber dem praktischen Parkplatz.

Deidamia Hotel (☎ 22220 92008; www.deidamia.com; DZ/3BZ/FZ ab 45/50/70 €; P ❄ ☐ ☎) Das geräumige, ordentliche Deidamia liegt auf der Einfahrtsstraße nach Magazi, gegenüber einem kleinen Markt. Nach dem Bougainvillea-Garten und den Solarzellen auf dem Dach Ausschau halten.

Ariadne Apartments (☎ 22220 91113; www.ariadnestudios.gr; DZ/Apt. ab 65/95 €; ❄ ☎) Nur 50 m vom Strand in Magazia entfernt umschließen diese einladenden Studios und Zwei-Zimmer-Apartments einen kleinen Innenhof und ein Frühstückscafé (mit köstlichem Gebäck). Die attraktiven Zimmer bieten voll ausgestattete Küchen und sind mit originalen Kunstwerken dekoriert.

LP Tipp **Perigiali Studios** (☎ 22220 92075; www.perigiali.com; DZ/3BZ/Apt. inkl. Frühstück ab 75/90/180 €; ❄ ☎) Das Perigiali ist nur 50 m vom Strand entfernt, aber trotzdem fühlt man sich hier ganz weit weg von allem. Ein Teil der Anlage bietet Zimmer im Skyros-Stil mit Blick auf einen Garten mit Birnen-, Apfel- und Aprikosenbäumen, während ein neuer, teurer Flügel mit einem Pool und Apartments mit grandioser Aussicht lockt. Die Besitzerin Amalia spricht Englisch und ist voller Ideen für ihre Gäste.

Essen & Ausgehen

Juicy Beach Bar (☎ 22220 93337; Snacks 2–5 €; Magazia) Im geschäftigen Juicy kann man der Mittagssonne entfliehen oder unter den Sternen entspannen, und Frühstück wird den ganzen Tag über serviert.

Stefanos Taverna (☎ 22220 91272; Hauptgerichte 4,50–8 €) Auf der Terrasse dieses traditionellen Restaurants über dem Magazia-Strand muss man nur auf eines der Gerichte zeigen – Wildgemüse, *souvlaki* oder frischer Fisch – und schon steht es auf dem Tisch. Frühstücksomeletts gibt's ab 3,50 €.

Oi Istories Tou Barba („Die Geschichten meines Onkels"; ☎ 22220 91453; Molos; Hauptgerichte 4–10 €) Man muss nach dem hellblauen Geländer über dem Strand von Molos Ausschau halten, um dieses ausgezeichnete Café und *tsipouradhiko* zu finden, in dem gut zubereitete Garnelen- und Tintenfisch-*mezedhes* serviert werden.

Thalassa Beach Bar (Meer; ☎ 22220 92044; Molos) Diese durch und durch moderne Strandbar verschmilzt absolut perfekt mit dem entspannten Molos. Vielleicht liegt's an den Mojitos und den Vollmond-Partys.

UNTERWEGS AUF SKYROS

Linaria Λιναριά

Linaria, der Hafen von Skyros, schmiegt sich an eine kleine Bucht voller schaukelnder Fischerboote und einer Handvoll entspannter Tavernen und *ouzeries*. Wann immer die Achileas-Fähre einläuft, wird's ein bisschen turbulenter; ihre Ankunft wird surrealerweise durch die donnernden Klänge von Richard Strauß' *Also sprach Zarathustra* angekündigt, das aus den Lautsprechern einer Bar auf dem Hügel über dem Hafen ertönt; die Akustik würde jeden Soundingenieur stolz machen.

Praktischerweise kann man direkt aus der Fähre ins **King Lykomides Rooms to Let** (☎ 22220 93249, 6972694434; soula@skyrosnet.gr; Zi. inkl. Frühstück 45–60 €; P ❄ ☐) stolpern, ein effizientes *domatio*, das von der gastfreundlichen Soula Pappas geführt wird. Es bietet ordentliche Zimmer, alle mit Balkon.

In der freundlichen **Taverna O Platanos** (☎ 22220 91995; Hauptgerichte 5–7 €) unter der großen Platane kann man sich zu den Einheimischen gesellen; hier gibt's leckeren gegrillten Tintenfisch und frittiertes *gavros* sowie Hühnchen und Kartoffeln aus dem Ofen und großzügige griechische Salate.

In **Kavos Bar** (☎ 22220 93213; Getränke & Snacks 2–5 €) kann man ein oder zwei Gläschen bei Sonnenuntergang genießen. Die schicke Open-Air-Bar auf dem Hügel bietet eine tolle Aussicht auf den Hafen und zieht Einheimische von überall auf der Insel an.

Atsitsa Ατσίτσα

Das malerische Hafendorf Atsitsa an der Westküste der Insel liegt in herrlicher Waldlage unter schattigen Pinien, die bis ans Ufer reichen, wo sich die **Taverna Antonis** (☎ 22220 92990; Hauptgerichte 4–8 €) gegenüber dem kleinen Kai befindet, an dem das Fischerboot der Familie festmacht.

Das **LP Tipp** **Sunset Café** (☎ 22220 91331; Atsitsa; Getränke & Snacks 1,50–4 €) blickt über die Bucht. Dieses flotte Bio-Café ist einfach ein Traum. Zum Angebot gehören griechischer Kaffee, Weine aus Korinth, frische Säfte, Eiscreme, *karidhopita* (Walnusskuchen) und feine Salate, und alles wird von Mariana und ihrer Familie zubereitet. Wenn man schon mal da ist, unbedingt nach Poseidon, dem Adoptiv-Pelikan der Familie, Ausschau halten.

Ganz in der Nähe, nur ein paar Meter vom Strand entfernt, befindet sich die Keramikwerkstatt von **Yiannis Komboyiannis** (☎ 22220 91064; www.artinskyros.gr; Kira Panagia). Der Töpfermeister geht seiner Arbeit planmäßig nach, egal ob mit oder ohne Besucher. Der Hof liegt in Richtung Strand und ist voller Seile, zufälliger Skulpturen und Fischernetze; außerdem liegt hier ein altes Boot, und die jüngsten Werke des Meisters trocknen in der Sonne. Im Sommer sind mehrere Werkstätten und Galerien geöffnet; einfach mal umschauen.

Strände

Die Strände an der Nordwestküste sind im Winter starken Strömungen und im Sommer *meltemi*-Winden ausgesetzt.

Atsitsa bietet einen kleinen Kiesstrand unter schattigen Pinien, auf dem man zwar prima kostenlos zelten kann, der aber zu felsig zum Schwimmen ist. Gleich nördlich (1,5 km) liegt der entschieden bessere Badestrand von **Kyra Panagia,** der nach dem Kloster auf dem Hügel benannt ist. 1,5 km südlich zeigt die winzige, geschützte Bucht am

Kap Petritsa nach Norden; auch hier kann man wunderbar schwimmen.

Ein traumhafter, hufeisenförmiger Strand ziert die **Pefkos-Bucht,** 10 km südöstlich von Atsitsa. Der nahe gelegene Strand von **Acherounes** bietet weichen Sand und eignet sich daher wunderbar für Kinder; zwei Tavernen und *domatia* gibt's auch.

Im Norden, in der Nähe des Flughafens, bietet **Palamari** einen herrlichen Sandstrand, der eigentlich nie überfüllt ist. In Palamari gibt's außerdem die gut ausgeschilderte **archäologische Ausgrabungsstätte** (www.skyros.gr/an cient-palamari-skyros.html) einer ummauerten Stadt aus der Bronzezeit um 2500 v. Chr. An der Flughafenkreuzung lädt die beliebte **Taverna To Perasma** (☎ 22220 92911; Hauptgerichte 4,50–7 €) am Straßenrand zu ausgezeichneten *mayirefta*-Gerichten (Ziege in Zitronensoße, 6 €) ein.

Grab von Rupert Brooke

Rupert Brookes gut gepflegtes Marmorgrab liegt in einem friedvollen Olivenhain ein Stück landeinwärts von der Tris-Boukes-Bucht im Süden der Insel und ist an der Straße durch eine Holztafel in griechischer Sprache ausgeschildert. Der Grabstein ist mit einigen von Brookes Versen graviert, die mit folgender passender Inschrift beginnen:

If I should die think only this of me:
That there's some corner of a foreign field
That is forever England.

Von Kalamitsa an der Küste, gleich östlich von Linaria, führt eine Straße Richtung Süden durch das Dorf Nyfi und zu Brookes schlichtem Grab. Hierher fahren keine Busse, und der Zutritt für Besucher ist beschränkt, da diese südlichste Ecke der Insel vom griechischen Marinestützpunkt in der Tris-Boukes-Bucht dominiert wird.

Ionische Inseln
Τα Ιόνια Νησιά

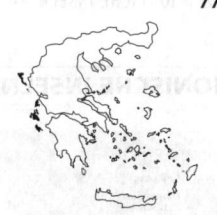

Das Ionische Meer ist da, wo nach Lawrence Durrell „das Blau beginnt", und ganz gewiss sind es die Ionischen Inseln, auf denen sich Griechenlands Zauber mit seiner Hitze, den intensiven Farben und dem gleißenden Licht voll entfaltet. Der graue Norden ist hier endgültig weit weg. Die Hauptinseln Korfu, Paxi, Lefkada, Ithaki, Kefallonia und Zakynthos liegen wie Fragmente eines Mosaiks vor der Westküste des griechischen Festlandes. Mit Olivenhainen, Zypressen, karg-schönen Bergen sowie zahllosen Stränden mit schillerndem Wasser haben sie Abenteurern, Kulturfreunden und Strandfans gleichermaßen viel zu bieten. Verheerende Erdbeben und die gestaltende Hand von Fremdherrschern wie Venezianern, Franzosen und Briten prägten die Architektur der Inseln, die Küche ist insbesondere von Italien inspiriert. In Korfu-Stadt begeistern britische klassizistische Paläste, unter Arkaden in Pariser Stil genießt man ein Getränk und bummelt durch venezianische Gässchen. Auf allen Inseln ist der gewinnende Geist des alten Griechenland lebendig: in byzantinischen Kirchen und auf den dörflichen *plateies* (Plätzen) im Schatten von Bougainvilleen und Platanen oder unter dem Weinbaldachin einer Taverne, in der Luft der Duft von Jasmin.

Die Inseln werden natürlich geradezu überwältigt vom allgegenwärtigen Tourismus in zahllosen Strand-Ressorts, trotzdem lassen sich abseits der ausgetretenen Pfade noch verborgene Schwimmbuchten finden, wildes Gebirge lädt zum Wandern ein und abgelegene Weiler locken mit verträumter Stille. Kulturliebhaber erforschen Festungen, uralte Kirchen und Homers Stätten und besuchen die vielen hervorragenden Museen und Kunstgalerien, Outdoor-Fans wandern, radeln, surfen und tauchen. Alle aber genießen die köstlichen griechischen Speisen und Getränke und die warmherzige ionische *filoxenia* (Gastfreundschaft) und Freundlichkeit.

HIGHLIGHTS

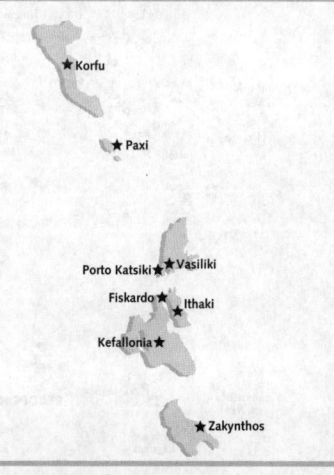

- **Wanderung durch die Geschichte** Die venezianischen, französischen und britischen Bauten in Korfu-Stadt (S. 782) entdecken

- **Haltet die Welt an** Spaziergang durch Paxis uralte Olivenhaine (S. 792) und Ithakis Berge (S. 809)

- **Für Feinschmecker** Man gönnt sich ja sonst nichts – Toprestaurants in Fiskardo (S. 809) und Korfu-Stadt (S. 787)

- **Wild 'n' Wet** Surfen vor Vasiliki (S. 800) und Seekajakfahren auf Kefallonia (S. 801)

- **Topstrände** Halligalli am Meer auf Korfu (S. 779) und Zakynthos (S. 812) und beschauliche Ruhe an den Stränden von Lefkadas Westküste, z. B. in Porto Katsiki (S. 800)

★ Korfu

★ Paxi

Porto Katsiki ★ ★ Vasiliki

Fiskardo ★ ★ Ithaki

Kefallonia ★

★ Zakynthos

■ BEVÖLKERUNG: 223 150 | ■ FLÄCHE: 2432 KM²

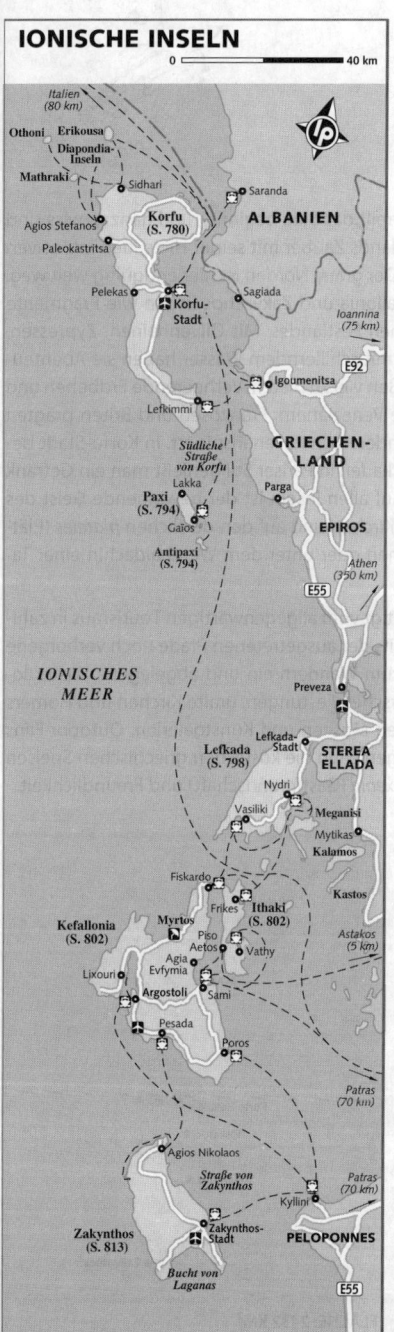

IONISCHE INSELN

0 ————————— 40 km

Map labels:
Italien (80 km), Othoni, Erikousa, Diapondia-Inseln, Mathraki, Sidhari, Saranda, Agios Stefanos, Korfu (S. 780), ALBANIEN, Paleokastritsa, Pelekas, Sagiada, Korfu-Stadt, Ioannina (75 km), Igoumenitsa, E92, Lefkimmi, GRIECHEN-LAND, Südliche Straße von Korfu, Lakka, Parga, Paxi (S. 794), Gaios, EPIROS, Antipaxi (S. 794), Athen (350 km), E55, IONISCHES MEER, Preveza, Lefkada-Stadt, Lefkada (S. 798), STEREA ELLADA, Nydri, Vasiliki, Meganisi, Mytikas, Kalamos, Fiskardo, Kastos, Kefallonia (S. 802), Myrtos, Frikes, Ithaki (S. 802), Piso Aetos, Astakos (5 km), Agia Evfymia, Vathy, Lixouri, Argostoli, Sami, Pesada, Poros, Patras (70 km), Agios Nikolaos, Straße von Zakynthos, Patras (70 km), Kyllini, Zakynthos (S. 813), Zakynthos-Stadt, PELOPONNES, Bucht von Laganas, E55

GESCHICHTE

Die Herkunft des Namens „ionisch" ist unklar, er geht jedoch vermutlich auf die Göttin Io zurück. Diese Geliebte des Zeus floh vor dem Zorn der eifersüchtigen Hera (in Gestalt einer jungen Kuh) und kam dabei durch die Gewässer, die heute als Ionisches Meer bekannt sind.

Wenn wir Homer glauben, waren die Inseln in mykenischer Zeit wichtig. Allerdings sind keine Spuren von Palästen oder auch nur von Dörfern aus dieser Zeit entdeckt worden, mykenische Gräber hingegen schon. Die Geschichte der Antike liegt unter Erdbebenschutt begraben, denn auf allen ionischen Inseln hat es konstant seismische Aktivität gegeben.

Um das 8. Jh. v. Chr. waren die Ionischen Inseln in den Fängen des mächtigen Stadtstaates Korinth und dienten diesem als „Trittsteine" auf dem Weg nach Sizilien und Italien. Ein Jahrhundert später führte Korfu erfolgreich einen Aufstand gegen Korinth – das sich mit Sparta verbündet hatte – und verbündete sich seinerseits mit Athen, einem Erzfeind Spartas. Dieses Bündnis provozierte Sparta, Athen anzugreifen, was letztlich die Peloponnesischen Kriege (431–04 v. Chr.) auslöste. Korfu war nach den Kriegen zerstört und nicht viel mehr als ein Stützpunkt für alle, die gerade in Griechenland herrschten. Gegen Ende des 3. Jhs. v. Chr. standen die Ionischen Inseln unter römischer Herrschaft. Nach dem Zerfall des Römischen Reiches drangen die „üblichen Verdächtigen" in der Absicht, sich Griechenland anzueignen, auf die Inseln. Nach dem Untergang Konstantinopels fielen die Inseln an Venedig.

Korfu war nie ganz ein Teil des Osmanischen Reiches, den sporadischen, gewaltsamen Einfällen zum Trotz. Lefkada hingegen stand unter türkischer Herrschaft (gelegentliche venezianische Vorstöße ausgenommen), und zwar von 1479 bis 1684, als Venedig die Kontrolle über die Insel endgültig zurückgewann.

1797 fiel Venedig an Napoleon, und zwei Jahre später wurden die Ionischen Inseln im Zuge des Vertrages von Campo Formio Frankreich zugeteilt. 1799 eroberten russische Streitkräfte die Inseln, 1807 gehörten sie jedoch wieder Napoleon. Die Briten konnten nicht widerstehen und mischten ebenfalls mit: 1815 wurden die Ionischen

Inseln nach Napoleons Sturz britisches Protektorat, das in der Gesetzgebung einer Reihe von adeligen Hochkommissaren unterstand.

Zwar regierten die Briten mit Härte, sie errichteten aber auch Straßen, Brücken, Schulen und Krankenhäuser, bauten Handelsbeziehungen, Landwirtschaft und Industrie auf. Der nationalistische Eifer im restlichen Griechenland erreichte jedoch bald auch die Ionischen Inseln, und im Jahr 1864 gingen sie wieder in das Eigentum Griechenlands über.

Im Zweiten Weltkrieg marschierte Italien auf Korfu ein, um Mussolinis imperialistische Ambitionen weiter zu realisieren. Im September 1943 ergab sich Italien den Alliierten, und als Rache ermordeten die Deutschen Tausende von Italienern, die die Ionischen Inseln besetzt hatten. Zudem wurde Korfu-Stadt bombardiert, und 1795 der 2000 Juden von Korfu kamen in das Konzentrationslager Auschwitz-Birkenau, wo sie den Tod fanden. Viele starben auf dem Weg in die Todeslager unter schrecklichsten Bedingungen, zum Beispiel beim Transport nach Athen auf offenen Frachtschiffen. Auf der Plateia Solomou steht unweit des Alten Hafens in dem immer noch als Evraiki (Jüdisches Viertel) bekannten Stadtgebiet eine bewegende Gedenkstatue für die Juden von Korfu.

Nach dem Zweiten Weltkrieg sowie nach den verheerenden Erdbeben von 1948 und 1953 gab es Auswanderungswellen. In den 1960er-Jahren besuchten immer mehr ausländische Urlauber die Inseln, und insbesondere der Pauschaltourismus prägte sich aus. Heute ist Tourismus auf den Ionischen Inseln sehr wichtig. Zu den Herausforderungen der Zukunft wird gehören, mit den negativen Aspekten dieser Branche angesichts der sich oft schnell verändernden internationalen Trends zurechtzukommen.

KORFU ΚΕΡΚΥΡΑ

122 670 Ew.
Korfu – oder griechisch Kerkyra – ist die zweitgrößte und grünste Ionische Insel, und auch die bekannteste. Korfu war Homers „schönes und reiches Land", angeblich Shakespeares Kulisse für *Der Sturm*, und im 20. Jh. besangen (unter anderen) die

REISEPLANUNG

Zu den Ionischen Inseln gibt's zahllose Websites. Hier eine Auswahl aus den Besseren:

Ionische Inseln www.greeka.com/ionian
Ithaki www.ithacagreece.com
Kefallonia www.kefalonia.gr, www.kefalonia.net.gr
Korfu www.kerkyra.net, www.korfu-ratgeber.de
Lefkada www.lefkada.gr, www.lefkas.net
Paxi www.paxos-greece.com, www.paxos.tk
Zakynthos www.zakynthos.net.gr, www.zante-web.gr

Schriftsteller Lawrence und Gerald Durrell die Vorzüge dieser Insel. Der Hauptort Korfu-Stadt gehört zu den lieblichsten Städten in Griechenland.

Korfu ist auf der Nordhälfte gebirgig, die Küstenlinien im Osten und im Westen fallen bisweilen steil und dramatisch ab, das Inselinnere hingegen bildet eine weite, friedlich-ländliche Idylle mit weiten Olivenwäldern und aufragenden Zypressen. Südlich von Korfu-Stadt wird die Insel deutlich schmaler und sehr flach. Strände und Ferienorte sind über die gesamte Küste verstreut, sehr dicht nördlich von Korfu-Stadt und entlang der Nordküste, im Westen und im Süden jedoch weniger.

An- und Weiterreise
BUS
KTEL (☎ 26610 28898) bietet drei Busse täglich (und montags, mittwochs und freitags über Lefkimmi im Inselsüden) zwischen Korfu-Stadt und Athen (39,50 €, 8½ Std.). Außerdem gibt es täglich eine Fahrt von/nach Thessaloniki (37,70 €, 8 Std.); für beide Ziele kommen zu dem Ticketpreis noch 7,50 € für die Fähre zwischen Korfu und dem Festland hinzu. Fernbustickets lieber im Voraus am **Fernbusbahnhof** (Karte S.783; ☎ 26610 28927/30627; I Theotoki) in Korfu-Stadt zwischen der Plateia San Rocco und dem neuem Hafen kaufen.

FLUGZEUG
National
Es gibt täglich mehrere Flüge zwischen Korfu und Athen. Mindestens drei Flüge pro Woche gibt es von/nach Thessaloniki, Preveza und Kefallonia. **Olympic Air** (☎ 26610

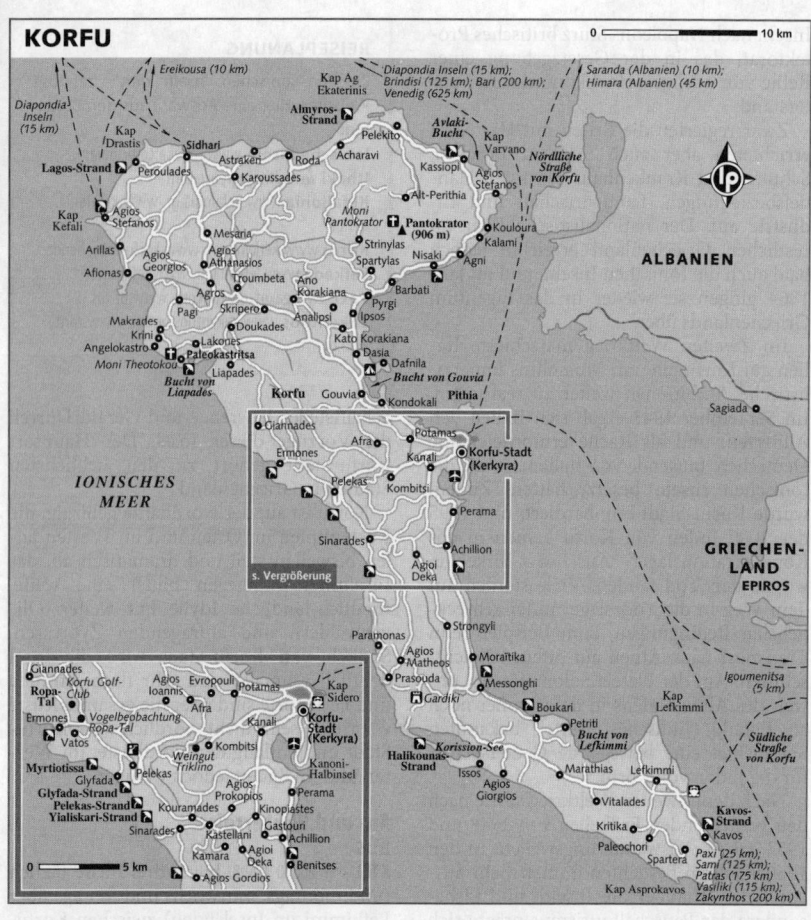

KORFU

22962; www.olympicairlines.com) hat ein Büro am Flughafen. Details siehe Insel-Hopping (S. 866).

International
Die Billigfluglinie Air Berlin bietet täglich Direktflüge zwischen zahlreichen deutschen Städten und Korfu.

Von Mai bis September kommen viele Charterflüge aus Nordeuropa und dem Vereinigten Königreich nach Korfu.

SCHIFF/FÄHRE
National
Täglich verkehren Fähren im Stundentakt zwischen Korfu und Igumenitsa; Tragflügelboote und Autofähren bedienen die Stre-

cke zwischen Korfu und Paxi sowie die Strecke zwischen Paxi und Igumenitsa, in der Hauptsaison täglich.

Zwischen Lefkimmi an der Südspitze Korfus und Igumenitsa gibt es täglich sechs Fähren.

Petrakis Lines (Karte S. 783; ☎ 26610 31649; Ethnikis Antistasis 4) betreibt von Mai bis Mitte Oktober Personen-Tragflügelboote zwischen Korfu und Paxi. Einen Tag im Voraus buchen, denn die Plätze sind rasch ausverkauft.

Details zu allen inländischen Schiffsverbindungen von Korfu siehe Insel-Hopping (S. 866).

Agenturen, bei denen Schiffstickets erhältlich sind, sind in Korfu-Stadt im Be-

INTERNATIONALE FÄHREN VON KORFU-STADT

Reiseziel	Dauer	Preis	Häufigkeit
Ancona (Italien)	15¼ Std.	73 €	1-mal wöchentl.
Bari (Italien)	8 Std.	30 €	17-mal wöchentl.
Brindisi (Italien)	5½–6¼ Std.	38 €	12-mal wöchentl.
Saranda (Albanien)	25 Min.	19 €	1-mal tgl.
Venedig (Italien)	25 Std.	73 €	4-mal wöchentl.

reich des neuen Hafens in den Straßen Xenofondos Stratigou und Ethnikis Antistasis zu finden. **Mancan Travel & Shipping** (s. Karte S. 784; ☎ 26610 32664; Eleftheriou Venizelou 38) und **Agoudimos Lines/GLD Travel** (Karte S. 783; ☎ 26610 80030; tickets@gld.gr; Ethnikis Antistasis 1) haben hilfsbereites Personal.

International

Von Korfu aus bestehen regelmäßige Verbindungen zu drei italienischen Häfen (Brindisi, Bari und Venedig). Sie werden von einigen Fährgesellschaften betrieben und verkehren zwischen Italien und Igumenitsa und/oder Patras (es gibt auch die Möglichkeit, von Ancona nach Igumenitsa zu fahren und dann in eine regionale Fähre umzusteigen). Die meisten Überfahrten gibt es im Juli und August, aber zwischen Korfu und Brindisi, Bari und Venedig gibt es ganzjährig mindestens wöchentlich Fährverbindungen.

Von der Insel Korfu aus besteht die Möglichkeit, nach Albanien überzusetzen bzw. einen Tagesausflug dorthin zu machen. Die Gesellschaft **Petrakis Lines** (Karte S. 783; ☎ 26610 31649; Ethnikis Antistasis 4) bedient mit Tragflügelbooten die Strecke zwischen Korfu und Albanien. Täglich bestehen Verbindungen zu/von der albanischen Stadt Saranda. Die Reisenden müssen den Ticketpreis und 10 € für das befristete Visum für Albanien bezahlen.

Achtung: Eurail- und InterRail-Pässe gelten nur bei den Fährgesellschaften Bluestar, Superfast und Agoudimos. Alle internationalen Fährgesellschaften haben spezielle Angebote und Ermäßigungen für Senioren, Familien sowie Last-Minute-Tickets.

Unterwegs vor Ort
AUTO & MOTORRAD

In Korfu-Stadt und den meisten Urlaubsorten der Insel findet man zahlreiche Auto- und Motorradvermietungen. Preislich geht's bei 45 € pro Tag los (weniger bei längerer Mietdauer). Zahlreiche internationalen Autovermietungen sind in Korfu-Stadt und am Flughafen vertreten. Die meisten einheimischen Firmen haben ihr Büro an der nördlichen Uferstraße.

Empfohlene Agenturen:

Budget (Karte S. 783; ☎ 26610 22062; Ioannou Theotoki 132)

Easy Rider (Karte S. 783; ☎ 26610 43026) Gegenüber vom neuen Hafen, verleiht Roller und Motorräder.

International Rent-a-Car (Karte S. 784; ☎ 26610 33711/37710; 20a Kapodistriou) Zuverlässiges, alteingesessenes Unternehmen mit Büro an der Spianada.

Sunrise (Karte S. 783; ☎ 26610 26511/44325; www.corfusunrise.com; Ethnikis Antistasis 6) Zuverlässige Option an der Uferstraße beim neuen Hafen.

BUS
Fernbusse (grün) von Korfu-Stadt

Fernbusse von KTEL (bekannt als grüne Busse) verkehren vom **Fernbusbahnhof** (Karte S. 783; ☎ 26610 28927/30627; I Theotoki) in Korfu-Stadt.

Tickets kosten zwischen 1,40 und 3,40 €. Gedruckte Fahrpläne sind am Fahrkartenkiosk erhältlich. Sonn- und feiertags sind die Dienste ziemlich eingeschränkt oder entfallen ganz.

Reiseziel	Dauer	Häufigkeit
Agios Gordios	45 Min.	7-mal tgl.
Agios Stefanos	1½ Std.	5-mal tgl.
Aharavi (über Roda)	1¼ Std.	6-mal tgl.
Arillas (über Afionas)	1¼ Std.	2-mal tgl.
Barbati	45 Min.	4-mal tgl.
Ermones	30 Min.	4-mal tgl.
Glyfada	30 Min.	7-mal tgl.
Kassiopi	45 Min.	6-mal tgl.
Kavos	1½ Std.	10-mal tgl.
Messonghi	45 Min.	5-mal tgl.
Paleokastritsa	45 Min.	6-mal tgl.
Pyrgi	30 Min.	7-mal tgl.
Sidhari	1¼ Std.	8-mal tgl.
Spartera	45 Min.	2-mal tgl.

Nahverkehrsbusse (blau) in Korfu-Stadt

Nahverkehrsbusse (blaue Busse) verkehren vom **Regionalbusbahnhof** (Karte S. 784; ☎ 26610 28927; Plateia San Rocco) in der Altstadt von Korfu.

IONISCHE INSELN

Die Tickets kosten je nach Dauer der Fahrt 0,90 oder 1,30 € und sind am Schalter auf der Plateia San Rocco erhältlich (Karten nach Achillion, Benitses und Kouramades kauft man jedoch im Bus). Alle Fahrten dauern unter 30 Minuten.

Reiseziel	Über	Bus	Häufigkeit
Agios Ioannis	Afra	8	14-mal tgl.
Achillion		10	7-mal tgl.
Benitses		22	12-mal tgl.
Evropouli	Potamas	4	11-mal tgl.
Kanoni		2	halbstündl.
Kombitsi	Kanali	14	4-mal tgl.
Kondokali & Dasia	Gouvia	7	halbstündl.
Kouramades	Kinopiastes	5	14-mal tgl.
Pelekas		11	8-mal tgl.

VOM/ZUM FLUGHAFEN

Zwischen Korfu-Stadt und dem Flughafen gibt's keine Busverbindung. Die Busse 6 und 10 von der Plateia San Rocco in Korfu-Stadt halten 800 m vom Flughafen entfernt auf der Hauptstraße (auf der Fahrt nach Benitses und Achillion). Das Taxi zwischen dem Flughafen und Korfu-Stadt kostet etwa 12 €.

KORFU-STADT

28 200 Ew.

Korfu-Stadt bezaubert und lässt einen nie wieder los. Pastellfarbene Villen aus der venezianischen Zeit schmücken die Altstadt Campiello. An der Küste verläuft eine majestätische Uferpromenade, die sogenannte Spianada, gesäumt von anmutigen Gebäuden und der Arkaden-Promenade Liston. Sie wurde von den Franzosen als nostalgische Hommage an die Pariser Straße Rue de Rivoli angelegt. Heute ist der Liston mit den zahlreichen gut besuchten Cafés das gesellschaftliche Herz der Stadt. Am Nordende der Spianada steht der Palast der Heiligen Michael und Georg, ein wuchtiger klassizistischer Bau. Der Palast wurde als Residenz für britische Oberkommissare erbaut. In Richtung Meer liegt hinter dem schmalen „Graben" Contrafossa die berühmte Palaio Frourio (Alte Festung). Sie datiert in das 6. Jh. und wurde von den Venezianern in großem Umfang erweitert. Landeinwärts führen mit Marmor gepflasterte Straßen, die mit Geschäften gesäumt sind, von all dieser historischen Pracht in die pulsierende moderne Stadt. Korfu-Stadt heißt auch Kerkyra.

Orientierung

Die älteren Bezirke von Korfu-Stadt befinden sich im nördlichen Bereich zwischen Spianada und der monolithischen „Neuen Festung" Neo Frourio, die auf das 16. Jh. zurückgeht. Der südliche Teil, in dem der Großteil der Dienstleister und Geschäfte zu finden ist, ist moderner. Die quirlig-geschäftige Plateia San Rocco, auch bekannt als Plateia G Theotoki Ioannou, bildet das Zentrum.

Kerkyras Paleo Limani (Alter Hafen) befindet sich im Norden der Promenade. Bei der Entstehung dieses Buches wurde gerade ein neuer Yachthafen angelegt. Der Neo Limani (Neuer Hafen), von dem alle Fähren abfahren, liegt westlich des Paleo Limani, und zwischen beiden thront erhaben die wuchtige Neo Frourio. Der Regionalbusbahnhof (blaue Busse) liegt an der Plateia San Rocco, der Fernbusbahnhof (grüne Busse) in der Straße I Theotoki (früher Avramiou) zwischen Plateia San Rocco und neuem Hafen. Der Flughafen ist knapp 2 km in südöstlicher Richtung von der Spianada entfernt.

Information

BUCHLÄDEN

Tourmoussoglou (Karte S. 784; ☎ 26610 38451; Nikiforou Theotoki 47) Für internationale Zeitungen und eine Palette von Reiseführern und Taschenbüchern in griechischer, englischer und deutscher Sprache.

INTERNETZUGANG

Üblicherweise kostet der Internetzugang um die 3 € pro Stunde.

Bits & Bytes (Karte S. 784; ☎ 26610 36812; Ecke Mantzarou & Rizospaston Voulefton) Günstig, aber bei Gamern beliebt.

Netoikos (Karte S. 784; ☎ 26610 47479; Kaloheretou 14) Unweit der Kirche Agios Spyridon; mit Bar.

GELD

Um die Plateia San Rocco, in der Georgiou Theotoki sowie beim alten und neuen Hafen sind mehrere Banken und Geldautomaten zu finden.

Alpha Bank (Karte S. 784; Kapodistriou) Das Gebäude befindet sich hinter dem Liston.

National Bank of Greece (Karte S. 784; Voulgareos)

MEDIZINISCHE VERSORGUNG

Corfu General Hospital (Karte S. 783; ☎ 26610 88200; Ioulias Andreadi)

KORFU-STADT (KERKYRA)

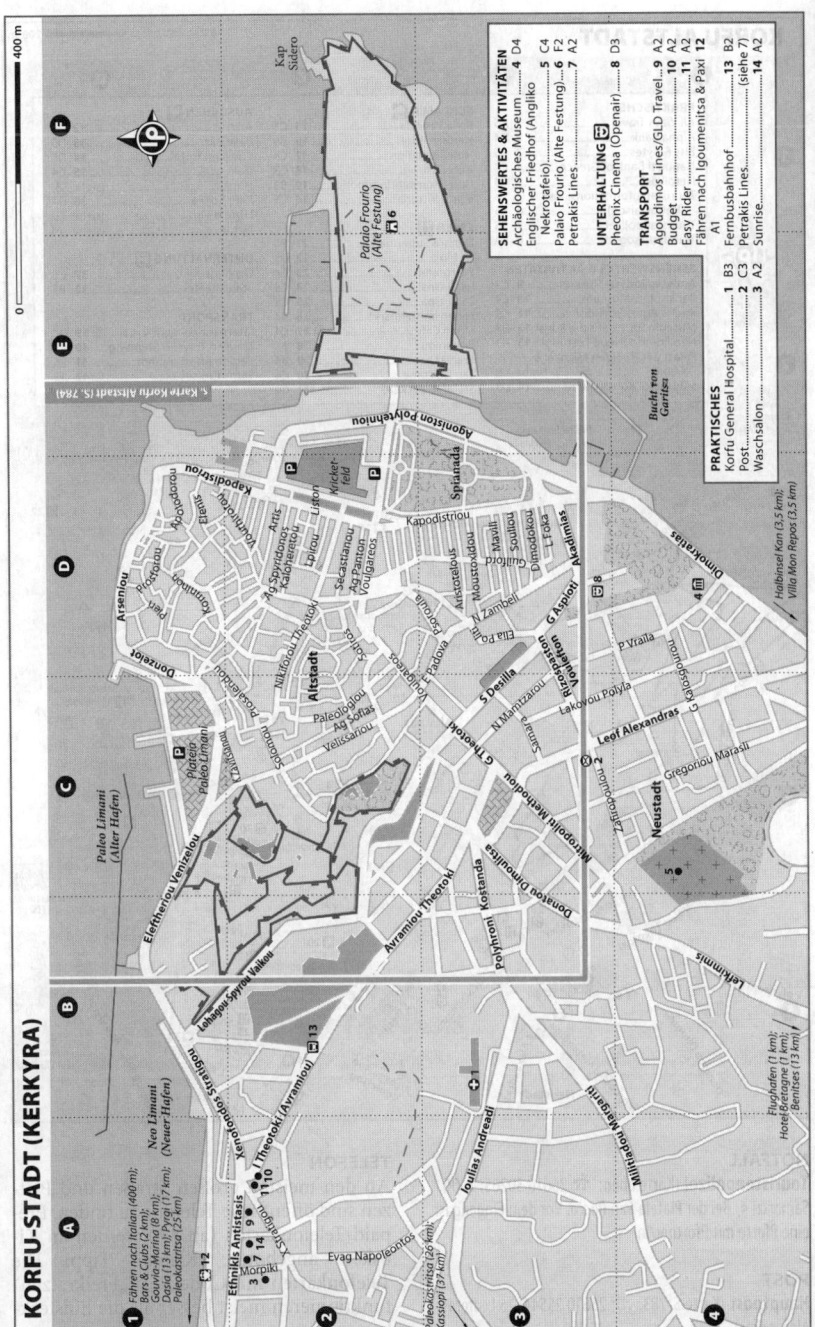

SEHENSWERTES & AKTIVITÄTEN

Archäologisches Museum...................4	D4
Englischer Friedhof (Angliko Nekrotafeio)..5	C4
Palaio Frourio (Alte Festung)..........6	F2
Petrakis Lines.....................................7	A2

UNTERHALTUNG

Pheonix Cinema (Openair)...............8	D3

TRANSPORT

Agoudimos Lines/GLD Travel............9	A2
Budget..10	A2
Easy Rider.......................................11	A2
Fähren nach Igoumenitsa & Paxi.....12	A1
Fernbusbahnhof...............................13	B3
Petrakis Lines............................(siehe 7)
Sunrise..14	A2

PRAKTISCHES

Korfu General Hospital.......................1	B3
Post..2	C3
Waschsalon.......................................3	A2

400 m
0

Kap Sidero

Palaio Frourio (Alte Festung) 6

Bucht von Garitsa

Halbinsel Kon (3,5 km); Villa Mon Repos (3,5 km)

Agnostion Polytechniou

s. Karte Korfu Altstadt (S. 784)

Paleo Limani (Alter Hafen)

Eleftheriou Venizelou

Dionisiou Skevofylax Spyros Valkou

Neo Limani (Neuer Hafen)

Fähren nach Italien (400 m); Bars & Clubs (2 km); Gouvia-Marina (8 km); Dasia (13 km); Pyrgi (17 km); Paleokastritsa (25 km)

Ethnikis Antistasis

Morpiki

Xenophontos Stratigou

Theotoki (Avramiou)

Ioulias Andreadi

Milioniou Marasli

Evag Napoleontos

Paleokastritsa (26 km); Kassiopi (37 km)

Flughafen (1 km); Hotel Bretagne (1 km); Benitses (13 km)

Avramiou Theotoki

Donatou Dimoulitsa

Polychroni Kostanta

Lefkimmis

Neustadt

Gregoriou Marasli

Leof Alexandras

Lakovou Polyla

Kalogero

P Vraila

Dimokratis

Altstadt

Arseniou

Donzelot

Kapodistriou

Kapodistriou

Vlückerfeld

Liston

Ag Spiridonos

Kalokeretou

Ag Pantan Voulgareos

Sevastianou

Filarmonikis

N Zambeli

Ag Sofias

Velissariou

Paleologou

Spianada

Maniki

Soullou

I Troka

Akadimias

G Aspioti

Dimodokou

Moustoxidou

Aristotelous

Guilford

Ella Pad

I Padova

Ipsoula

N Mantzarou

Desilla

Rizospaston Voulefton

G Theotoki

Metropoli Methodiou

Prosalendou

Solomou

Nikiforou Theotoki

Donzelot

Arti

Pissova

Voutsinou

Agion Apostolon

Pioropiou

Kommunis

Peri

Perivoula

Theokisti

KORFU ALTSTADT

0 ————— 200 m

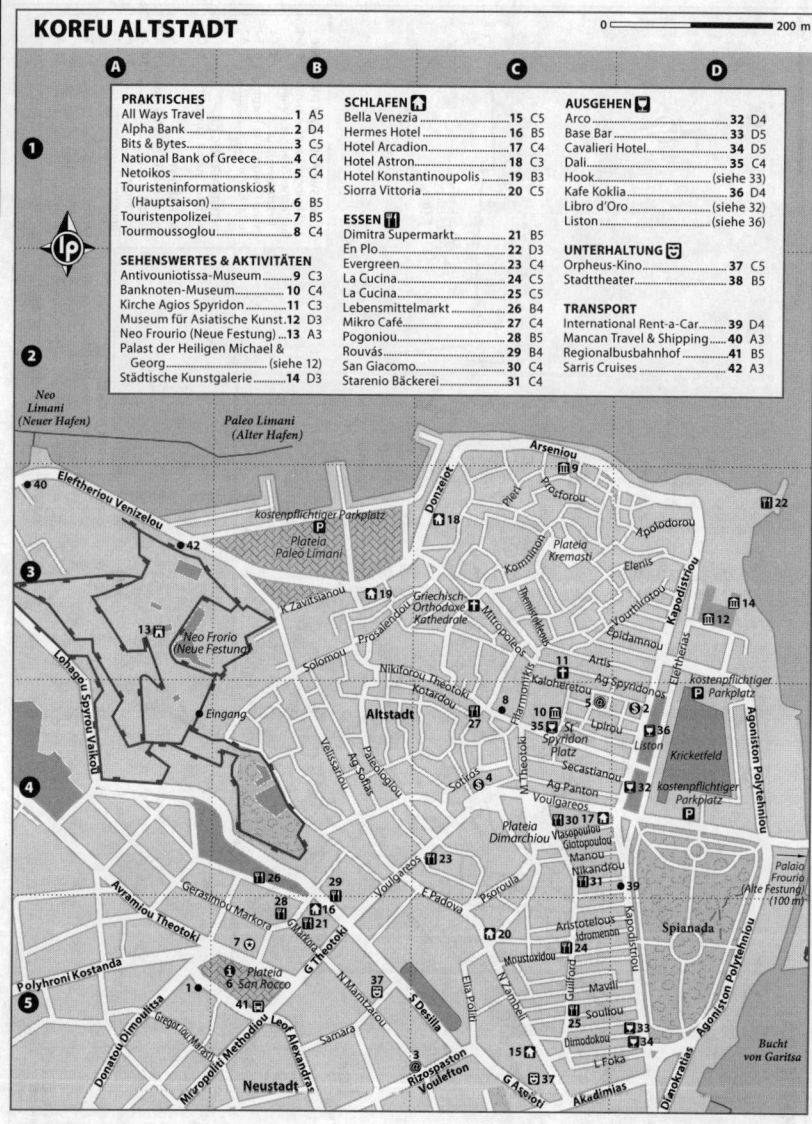

		A		B		C		D

PRAKTISCHES
All Ways Travel 1 A5
Alpha Bank 2 D4
Bits & Bytes 3 C5
National Bank of Greece 4 C4
Netoikos 5 C4
Touristeninformationskiosk
  (Hauptsaison) 6 B5
Touristenpolizei 7 B5
Tourmoussoglou 8 C4

SEHENSWERTES & AKTIVITÄTEN
Antivouniotissa-Museum 9 C3
Banknoten-Museum 10 C4
Kirche Agios Spyridon 11 C3
Museum für Asiatische Kunst.12 D3
Neo Frourio (Neue Festung) ..13 A3
Palast der Heiligen Michael &
  Georg .... (siehe 12)
Städtische Kunstgalerie 14 D3

SCHLAFEN
Bella Venezia 15 C5
Hermes Hotel 16 B5
Hotel Arcadion 17 C4
Hotel Astron 18 C3
Hotel Konstantinoupolis 19 B3
Siorra Vittoria 20 C5

ESSEN
Dimitra Supermarkt 21 B5
En Plo 22 D3
Evergreen 23 C4
La Cucina 24 C5
La Cucina 25 C5
Lebensmittelmarkt 26 B4
Mikro Café 27 C4
Pogoniou 28 B5
Rouvás 29 B4
San Giacomo 30 C4
Starenio Bäckerei 31 C4

AUSGEHEN
Arco 32 D4
Base Bar 33 D5
Cavalieri Hotel 34 D5
Dali 35 C4
Hook .... (siehe 33)
Kafe Koklia 36 D4
Libro d'Oro .... (siehe 32)
Liston .... (siehe 36)

UNTERHALTUNG
Orpheus-Kino 37 C5
Stadttheater 38 B5

TRANSPORT
International Rent-a-Car 39 D4
Mancan Travel & Shipping 40 A3
Regionalbusbahnhof 41 B5
Sarris Cruises 42 A3

NOTFALL

Touristenpolizei (Karte oben; ☎ 26610 30265; 2. OG,
Samartzi 4) Bei der Plateia San Rocco. Vor dem Eingang ist
eine Pforte mit Pförtner/in.

POST

Hauptpost (Karte S. 783; ☎ 26610 25544; 26 Leoforos
Alexandras)

TELEFON

An den meisten großen Straßen und Plätzen sind öffentliche Telefone zu finden. Pre-
paid-Telefonkarten (ab 4 €) werden an Kiosken angeboten. Kleiner Tipp: Die
Telefonkarten mit Code zum „Freikratzen"
funktionieren meist besser als die Einsteck-
karten.

TOURISTENINFORMATION

Korfu-Stadt verfügt über keine offizielle Informationsstelle für Touristen. In der Hauptsaison wird auf der Plateia San Rocco zumeist ein **Touristeninformationskiosk** (Karte S.784; Plateia San Rocco; 9–16 Uhr) unterhalten (von April bis Oktober, sonntags nicht). Dieses System ist nicht sehr effektiv, und die Zukunft dieser Einrichtung ist zudem ungewiss. Ein ähnlicher Kiosk kann in der Hauptsaison am Ankunfts-Fähranleger stehen. Die Englisch sprechenden Mitarbeiter bei **All Ways Travel** (Karte S.784; ☎ 26610 33955; www.corfuallwaystravel.com; Plateia San Rocco) sind sehr hilfsbereit. Viele Hotels geben kostenlos Karten von Korfu aus. Der *Corfiot* (2 €), eine Monatszeitung auf Englisch mit Veranstaltungskalender, ist an Kiosken und in Zeitungsläden erhältlich.

WASCHSALON

Laundry Service (Karte S.783; ☎ 26610 34857; Morpiki; pro Maschine 12 €; Mo–Sa 8.30–14, Mi–Fr auch 18–20 Uhr) Um die Ecke von Petrakis Lines.

Sehenswertes & Aktivitäten

Hauptattraktion im **Archäologischen Museum** (Karte S.783; ☎ 26610 30680; P Vraila 5; Erw./erm. 4/2 €, So gratis; Di–So 8.30–15 Uhr) ist der massive Gorgo-Medusa-Giebel. Er zählt zu den besterhaltenen Stücken archaischer Bildhauerei, die in Griechenland gefunden wurden, und gehörte zum Westgiebel des Artemis-Tempels aus dem 6. Jh. v.Chr., einem dorischen Tempel auf der nahen Halbinsel Kanoni. Der herrliche Löwe des Menekrates aus dem 7. Jh. v.Chr. ist ein weiteres Highlight, ebenso das Giebelfragment mit einer Darstellung von Dionysos und einem nackten Knaben.

Der **Palast der Heiligen Michael und Georg** (Karte S.784) am Nordende der Spianada beherbergt das spannende **Museum für Asiatische Kunst** (Karte S.784; ☎ 26610 30443; Erw./erm. 4/2 €; Mai–Okt. Di–So 8.30–19 Uhr, Nov.–April Di–So 8.30–15 Uhr) mit 10 000 Objekten, darunter prähistorische Bronzen, Porzellanteller, Jadefigurinen, Münzen und Artefakte aus Onyx, Elfenbein und Lackarbeiten, die aus China, Japan, Indien, Tibet, Nepal, Korea und Thailand zusammengetragen wurden. Außer dem Museum sind im Thronsaal des ehemaligen Gouverneurspalastes und in der Rotunde beeindruckende historische Möbel und Kunstwerke zu sehen.

Hinter der Ostseite des Palastes liegt die **Städtische Kunstgalerie** (Karte S.784; Eintritt 2 €; Di–So 9–17 Uhr). Die schöne Sammlung stellt die Arbeit der bedeutendsten Maler Korfus dar; ein Glanzstück ist *Die Ermordung des Kapodistrias* von Charalambos Pachis. Ferner zeigt sie eine Sammlung herrlicher Ikonen. Ein Nebengebäude mit wechselnden Ausstellungen befindet sich im vorderen Ostflügel des Palastes.

In der Kirche Unserer Frau von Antivouniotissa (15. Jh.) befindet sich das **Antivouniotissa-Museum** (Byzantinisches Museum; Karte S.784; ☎ 26610 38313; Eintritt 2 €; April–Okt. Di–So 8.30–19 Uhr, Nov.–März Di–So 8.30–14.30 Uhr). Die außergewöhnliche Kirche mit Holzdach steht unweit der Straße Arseniou; gezeigt wird eine vorzügliche Sammlung byzantinischer und postbyzantinischer Ikonen und Artefakte aus der Zeit vom 13. bis 17. Jh.

Die beiden Festungen – die dominantesten Wahrzeichen von Korfu-Stadt – sind einen Besuch wert. Die **Palaio Frourio** (Alte Festung; Karte S.783; ☎ 26610 48310; Erw./erm. 4/2 €; Nov.–März 8.30–15 Uhr, Mai–Okt. 8.30–19 Uhr) wurde von den Venezianern auf den Ruinen eines byzantinischen Schlosses aus dem 12. Jh. errichtet, die Briten erweiterten den Bau. Im Torhaus sind ein byzantinisches Museum und ein Bereich für Ausstellungen untergebracht. Auf dem Gipfel des innenliegenden Felsens thront ein Leuchtturm. Der steile Aufstieg wird mit einzigartiger Aussicht belohnt. Die **Neo Frourio** (Neue Festung; Karte S.784; Eintritt 3 €; Mai–Okt. 9–21 Uhr) ist ein schauerliches militärisches Bauwerk, zu dem man über einen steilen Zugang gelangt. Auch hier ist die Aussicht herrlich. Das Innere besteht aus unheimlich vielen Tunneln, Zimmern und Treppen.

Die heiligen Überreste von Korfus Schutzpatron St. Spyridon liegen in der aus dem 16. Jh. stammenden **Kirche Agios Spyridon** (Karte S.784; Agiou Spyridonos) in einem kunstvoll gestalteten Silbersarg. Unweit davon ist das faszinierende **Banknotenmuseum** (Karte S.784; ☎ 26610 41552; St Spyridon's Sq; Eintritt 2 €; April–Sept. Mi, Fr 9–14 & 17.30–20.30, Do, Sa, So 8.30–15 Uhr; Okt.–März Mi–So 8–15 Uhr), das zur Ionischen Bank gehört. Gezeigt wird eine Banknotensammlung, darunter ein Sixpenny-Schein aus der britischen Zeit.

Ein eindrücklicher Überrest der britischen Herrschaft ist der friedvolle, parkartige **Englische Friedhof** (Angliko Nekrotafeio; Karte

S. 783; Kolokotroni) unweit der Straße Mitropoliti Methodiou, auch Britischer Friedhof genannt. Er liegt am südwestlichen Stadtrand. Der Friedhofspfleger hat ihn viele Jahre lang hingebungsvoll versorgt. Hier ruhen Soldaten und Bürger aus dem 19. und 20. Jh.

An Korfus südlichem Stadtrand auf der Halbinsel Kanoni befindet sich das Anwesen **Mon Repos** (außerhalb von Karte S. 783; ☺ Mai–Okt. 8–19 Uhr, Nov.–April 8–17 Uhr), ein weitläufiger, bewaldeter Park um ein elegantes, klassizistisches Schloss. In den 1830er-Jahren schuf der zweite britische Kommissar der Ionischen Inseln, Sir Frederick Adam, Park und Schloss zu Ehren seiner von Korfu stammenden Frau. 1864 übergaben die Briten Mon Repos an König Georg I. von Griechenland. 1921 kam hier der heutige Herzog von Edinburgh (Ehemann von Königin Elisabeth II.) als Urenkel von König Georg zur Welt. Achtzehn Monate später flohen die Eltern des Herzogs mit dem kleinen Philip auf einem britischen Kriegsschiff von der Insel, als die neue griechische Republik ihren damaligen König, Philips Onkel König Konstantin, stürzte. Viele Jahre lang stritten die griechische Regierung und Konstantin über das Eigentumsrecht an Mon Repos, bis die Stadt Korfu das Anwesen übernahm und in eine sehr prächtige öffentliche Einrichtung umwandelte. Heute ist das hervorragende **Museum Palaeopolis** (☎ 26610 41369; Erw./erm. 3/2 €; ☺ Mai–Okt. Di–So 8–19.30 Uhr) im Schloss untergebracht. Kurzweilig werden archäologische Funde und Geschichtliches zu Korfu-Stadt präsentiert. Die Räume im Erdgeschoss sind im Regency-Stil des frühen 19. Jhs. aus der Zeit der britischen Herrschaft möbliert. Wege und Pfade führen durch das bewaldete Gelände zu den Ruinen zweier dorischer Tempel. Vom ersten sind nur noch Reste erhalten, der andere ist immer noch ziemlich beeindruckend.

Parkplätze gibt's vor den Toren von Mon Repos nur begrenzt.

Geführte Touren

Petrakis Lines (Karte S. 783; ☎ 26610 31649; Ethnikis Antistasis 4) und **Sarris Cruises** (☎ 26610 25317; Eleftheriou Venizelou 13) organisieren beide Tagesausflüge mit dem Boot ab Korfu-Stadt, auch eine Exkursion zu alten Ruinen (Butrinti) in Albanien für 59 € sowie eine Bootstour nach Paxi (und den Blauen Grotten) und Antipaxi für 40 €. Die Transfers sind inbegriffen, und Petrakis Lines gewährt 15 % Ermäßigung bei Direktbuchung. Für Ausflüge nach Albanien sind Pässe erforderlich.

Schlafen

Die Hotels in Korfu-Stadt sind nicht billig, und „Budget" ist hier deshalb im Verhältnis zu den allgemein hohen Preisen zu verstehen. Der nächste Campingplatz ist das Dionysus Camping Village (S. 789; 8 km entfernt). In der Hauptsaison grundsätzlich überall im Voraus buchen. Die aufgeführten Hotels sind ganzjährig geöffnet.

BUDGETUNTERKÜNFTE

Hermes Hotel (Karte S. 784; ☎ 26610 39268; www.hermes-hotel.gr; Markora 12; EZ/DZ/3BZ 50/60/75 €; ⚄) Dieses Hotel im belebten Bereich der Neustadt, nicht weit von der Plateia San Rocco und dem Markt entfernt, wurde in den letzten Jahren vollständig renoviert. Jetzt hat es ansprechende, gut ausgestattete Zimmer mit Isolierverglasung. Der Preis für das Frühstück beträgt 7 €.

Hotel Bretagne (außerhalb von Karte S. 783 ☎ 26610 30724; www.corfuhotelbretagne.com; K Georgaki 27; EZ/DZ/3BZ 50/60/80 €; ⚄) Nahe beim Flughafen und 1,5 km vom Stadtzentrum entfernt, aber eine gute Budget-Option mit sauberen, gepflegten Zimmern; die rückwärtigen Zimmer blicken auf eine kleine Grünfläche.

MITTELKLASSEHOTELS

Hotel Astron (Karte S. 784; ☎ 26610 39505; hotel_astron@hol.gr; Donzelot 15; EZ 75–105 €, DZ 80–110 €, 3BZ 95–125 €; ⚄ 📶) Das Astron ist der Plateia Palaio Limani (Platz des Alten Hafens) zugewandt und wartet geduldig auf die Vollendung der Yacht-Marina im Alten Hafen. Die luftigen, geräumigen Zimmer werden nach und nach auf den neuesten Stand gebracht, und ein Fitnesscenter und Wellnessbereich entstehen. Vielleicht wird es sich in City Marina umbenennen. Das Frühstück kostet 10 €.

Hotel Konstantinoupolis (Karte S. 784; ☎ 26610 48716; www.konstantinoupolis.com.gr; K Zavitsianou 11; EZ/DZ/3BZ inkl. Frühstück 88/98/118 €; ⚄ 📶) Helles Dekor bringt die neu eingerichteten Räume in diesem stimmungsvollen, alten korfiotischen Hotel mit Blick an der Plateia Palaio Limani zur Geltung.

SPITZENKLASSEHOTELS

Die hier genannten Preise gelten für die Hauptsaison (sind zu anderen Zeiten niedriger) und beinhalten das Frühstück.

Hotel Arcadion (Karte S. 784; ☎ 26610 37670; www. arcadionhotel.com; Vlasopoulou 2; EZ/DZ/3BZ 110/150/170 €; ❄ ⚡) Direkt an der belebtesten Ecke des Liston. Das Arcadion wurde in den letzten Jahren neu gestaltet – die Preise auch.

Bella Venezia (Karte S. 784; ☎ 26610 46500; www. bellaveneziahotel.com; N Zambeli 4; DZ 170 €; ❄ ❄ ⚡) Die Zimmer in dieser ehemaligen Mädchenschule im Venezia sind gemütlich, das Ambiente elegant. Der Frühstücksraum im Gartenpavillon ist allerliebst.

Siorra Vittoria (Karte S. 784; ☎ 26610 36300; www. siorravittoria.com; Stefanou Padova 36; EZ 170–235 €, DZ 235–315 €; ❄ ⚡) In dieser Villa aus dem 19. Jh. treffen traditionelle Architektur und moderne Einrichtungen aufeinander, und man darf Luxus und Eleganz erwarten. Es ist ruhig gelegen, und die Zimmer sind gut ausgestattet. Das Frühstück kann in einem stillen Garten unter einem alten Magnolienbaum genossen werden.

Essen

Eine unvergessliche Korfu-Erfahrung ist das „Leutegucken" und Schwatzen in den vielen Cafés am Liston, allerdings zahlt man hier zwischen 3,50 und 5 € für einen Kaffee oder einen frischen Saft. Korfus Küche ist von vielen Kulturen beeinflusst, insbesondere von der italienischen.

Bäckerei Starenio (Karte S. 784; ☎ 26610 47370; Guilford 59; Snacks unter 3 €) Diese Bäckerei hat eine große Auswahl an eigenen Gourmet-Torten, Brot und den wirklich allerbesten Kuchen.

Evergreen (Karte S. 784; ☎ 26610 28000; Voulgareos 86; Snacks 3–7 €; ⏲ 24 Std.) Gut als Zwischenstopp; zur Straße gelegen. Hier gibt's recht anständiges Fastfood.

Mikro Café (Karte S. 784; ☎ 26610 31009; Ecke N Theotoki 42 & Kotardhou; Snacks 3,50–6 €) Kleine Café-Bar im Herzen der Altstadt. Das Mikro hat eine belaubte, erhöhte Terrasse, die Bestuhlung zieht sich eine schmale Gasse hinauf. Manchmal gibt's Live-Unterhaltung. Dabei kann man von Gitarrenriffs bis zu akrobatischen Slacklinern, die auf einem zwischen den Häusern gespannten schlingernden Band umherspazieren, alles erwischen.

En Plo (Karte S. 784; ☎ 26610 81813; Faliraki; Hauptgerichte 5,50–12 €) Elegantes Lokal in paradiesischer Lage am Wasser, von dem aus man zum Palaio Frourio schaut. Ein Weg am Nordende der Straße Kapodistriou hinter dem Palast der Heiligen Michael und Georg führt zum En Plo. Hier wird leckeres Risotto mit Meeresfrüchten zubereitet, *mezedhes*-Teller mit Fleisch oder Fisch, außerdem Pizza und tagsüber Snacks.

LP Tipp La Cucina Guilford (Karte S. 784; ☎ 26610 45029; Guilford 17; Hauptgerichte 5,50–22 €); Moustoxidou (Karte S. 784; ☎ 26610 45799; Ecke Guilford und Moustoxidou) Das La Cucina ist ein alteingesessenes Restaurant und ein echtes Juwel wegen der Atmosphäre und seiner kreativen Küche, vor allem der selbstgemachten Pasta – Cajun-Garnele mit Kirschtomaten, Frühlingszwiebeln und Mascarponesauce ist ein Gedicht. Außerdem im Angebot: Kreative *mezedhes*, frische Salate, Pizza, und zu allem findet sich ein Spitzenweinchen. Erfreulicherweise hat der Besitzer ein zweites Lokal aufgemacht, und zwar ein Stück auf der Guilford hinunter an der hübschen Kreuzung mit der Straße Moustoxidou.

Rouvas (Karte S. 784; ☎ 26610 31182; S Desilla 13; Hauptgerichte 8–14 €; ⏲ Mittagessen) Dank der soliden traditionellen Küche ist es bei vielen Einheimischen beliebt für's Mittagessen. Es liegt gleich beim Markt und ist sogar dem prominenten britischen Koch Rick Stein aufgefallen, der dort eine Koch-Sendung fürs Fernsehen gedreht hat.

San Giacomo (Karte S. 784; ☎ 26610 30146; Plateia Dimarchiou; Hauptgerichte 8–22 €) Edles Restaurant am Rathausplatz mit so einfallsreichen Vorspeisen wie Tintenfisch in Essig und Kräutersauce und Hauptgerichten wie Lammbraten mit Kartoffeln, Paprika, Zwiebeln, Knoblauch und Feta. Die Weinkarte ist klein, aber fein, auch der Hauswein ist gut.

SELBSTVERSORGER

Auf dem nördlich des Plateia San Rocco gelegenen **Markt** (Karte S. 784; ⏲ Mo–Sa) geht's lebhaft zu. Er ist vom Morgen bis zum frühen Nachmittag offen und hier gibt's frisches Obst und Gemüse und frischen Fisch. Als dieser Text entstand, wurde noch an einem neuen Markt an dieser Stelle gebaut. Sonstige Lebensmittel gibt es im **Dimitra Supermarkt** (Karte S. 784; G Markora). Direkt gegenüber vom Supermarkt befindet sich der traditionelle Lebensmittelladen **Pogoniou** (☎ 26610

31320; G Markora 17), in dem sich Käse, Wurstsorten, Gewürze, Olivenöl und viele andere Dinge türmen.

Ausgehen

Die Bars am Liston sind öffentliche Bühnen, zum Beispiel (alle auf der Karte S. 784): Libro d'Oro, Arco, Liston und Kafe Koklia. In der Nähe des Cavalieri liegen kleine, intime Musikbars wie das Hook (S. 784) und das Base Bar (Karte S. 784).

Dali (Karte S. 784; N Theotoki) Weiter in der Stadt gibt es andere tolle Bars mit Flair, zum Beispiel das Dali. Hier sitzt man gemütlich, und es läuft gefällige Musik.

Cavalieri Hotel (Karte S. 784; Kapodistriou) Die Dachgarten-Bar dieses Hotels am Südende der Kapodistriou ist seit Langem ein Lieblingsort für alle, die hoch hinaus wollen.

Unterhaltung

Um (nach 23 Uhr) ordentlich abzutanzen, ist Korfus Diskomeile 2 km nordwestlich vom neuen Hafen in der Ethnikis Antistasis genau richtig (außerhalb vom Karte S. 783; lieber ein Taxi nehmen – es ist eine stark befahrene, unbeleuchtete Straße ohne Bürgersteig). Angesagt sind das schicke **Privilege** (Mainstream), das stets beliebte **Au Bar** (Ω auf Griechisch) für heftigeren House, R'n'B und griechische Musik und das größte von allen, das **Cristal** – eine ehemalige Reithalle, mit mehreren Bars. Normalerweise kostet der Eintritt 10 € inklusive einem Getränk.

Visuelles gibt's in Korfu-Stadt im **Orpheus-Kino** (Karte S. 784; ☎ 26610 39768; G Aspioti) mit englischsprachigen Filmen (griechische Untertitel) und auf der anderen Straßenseite im **Phoenix-Kino** (Karte S. 783; ☎ 69366 91419; G Aspioti); im Sommer Open-Air. In Letzterem laufen die gleichen Filme, aber man kann vom Platz aus Pizza bestellen. Die Kartenpreise für beide Kinos liegen bei 7,50 €.

Das **Stadttheater** (Karte S. 784; ☎ 26610 33598; Mantzarou) ist Korfus kultureller Motor; hier werden vielfältige Veranstaltungen mit klassischer Musik, Oper, Tanz und Schauspiel zur Aufführung gebracht, einige davon finden auch im Theater neben dem Anwesen Mon Repos (S. 786) statt.

Shoppen

In den Straßen der Altstadt richtet man sich an den Touristen aus, und folglich sind sie zum Bersten voll mit Süßigkeiten- und Andenkenläden. In der Neustadt gibt's einige vernünftige Modegeschäfte mit Schuhen, Bademode und Bekleidung, und zwar vor allem in der Straße G Theotoki.

NÖRDLICH & NORDWESTLICH VON KORFU-STADT

Die Küste gleich nördlich von Korfu-Stadt ist mit Strand-Ferienorten, wie **Gouvia, Dasia** und den damit verbundenen Orten **Ipsos** und **Pyrgi** – Menschenmengen und schmale Strände, die aber alles für einen Super-Familienurlaub bieten. Wer die Inselregionen außerhalb von Korfu-Stadt richtig erkunden will, sollte sich ein Transportmittel besorgen. Hinter Pyrgi ziehen sich die braunen Hänge von Korfus höchstem Berg **Pantokrator** (906 m) hinab zum Meer und erobern sich bei landschaftlich reizvollen Abschnitten an einer kurvigen Straße die Küste zurück.

Direkt hinter dem Ort Pyrgi geht's auf den Pantokrator. Zu Beginn schraubt sich die Straße mit etwa 25 Kehren hinauf und führt später durch die malerische Dörfer **Spartylas** und **Strinylas**. Dann steigt sie durch karges Gelände – im Frühling ein Wildblumenmeer – zum Gipfel hinauf. Dort steht das Kloster **Moni Pantokrator,** in dessen Hof heute ein mächtiger Telekommunikationsmast prangt. In bestimmten Jahreszeiten ist hier ein Café, und man hat eine herrliche Rundumsicht bis zu den Bergen in Albanien und zum griechischen Festland; manchmal ist es jedoch diesig. Auf dem Gipfel gibt es wenig Parkplätze, und das Wenden kann schwer werden. Wenn viel los ist, lieber vor dem steilen letzten Abschnitt parken und ein Stück zu Fuß gehen.

Von Pyrgi an der Küste nach Norden kommt als erster netter Ort **Barbati** mit Kiesstrand und Wassersportzentrum. Später folgt **Agni**, das wegen seiner drei miteinander wetteifernden Tavernen **Taverna Toula** (☎ 26630 91350), **Taverna Nikolas** (☎ 26630 91243) und **Taverna Agni** (☎ 26630 91142) berühmt ist. Das Essen ist in allen drei Häusern köstlich. Das Dorf **Kalami** in der Bucht kennt man wegen des über dem Wasser gelegenen Weißen Hauses, in dem Lawrence und Nancy Durrell eine Zeit lang wohnten. Bekanntermaßen ist die Familie Durrell mit Korfu verbunden und lebte vor dem Zweiten Weltkrieg viele Jahre hier. Lawrence wurde ein bedeutender Schriftsteller; sein

Reisebuch *Schwarze Oliven – Korfu – Insel der Phäaken* ist eine lyrische Hommage an diese Insel. Sein Bruder Gerald schrieb das nicht weniger gute Buch *Meine Familie und anderes Getier*, das auf dem exzentrisch-idyllischen Leben seiner Familie auf Korfu in den 1930ern basiert. In Kalami gibt es Tavernen und Übernachtungsmöglichkeiten. Noch weiter nördlich folgt **Agios Stefanos**, auch ein charmantes Fischerdorf und Feriendomizil, in einer geschützten Bucht mit Kiesstrand.

Avlaki liegt hinter einer bewaldeten Landzunge nördlich von Agios Stefanos und besitzt einen großen Strand mit wenig Infrastruktur und nur wenige Tavernen, beispielsweise die freundliche **Cavo Barbaro** (☎ 26630 81905; Hauptgerichte 5,50–15 €). Hier ist es erholsam; der Ort ist zudem bei Windsurfern beliebt.

Kassiopi ist ein netter, wenn auch unruhiger Ort, dessen Straßen voll sind mit Läden, Tavernen und Bars. Bekannt sind die feinen Stickereien, die man in einigen Geschäften kaufen kann. Die Infrastruktur der Stadt wurde 2009 saniert und der Hafenbereich verschönert. Kassiopis strategisch günstige Landzunge war ein Vorposten von Korinth; Römer und Venezianer ließen sich hier nieder. Es heißt, Nero habe hier ausschweifende Urlaube verbracht, heute hingegen sind britische Politiker im Anwesen der Rothschilds zu Gast. Es liegt südlich von Kassiopi hinter den bestgebauten Mauern Korfus. Wie bekannt wurde, ist die Mega-Yacht des russischen Oligarchen Oleg Deripaska vor der Küste vor Anker gegangen. Nero wäre wohl außer sich vor Begeisterung.

In Kassiopis Hauptstraße gegenüber der Kirche der Seligen Jungfrau führen Stufen zu den Ruinen der **Venezianischen Festung** hinauf, die zur Zeit der Recherche gerade renoviert wurde. Außerdem kann man über die Landzunge zu den nahen Stränden Battaria und Kanoni gehen. Hinter Kassiopi wendet sich die Hauptstraße westwärts an der Nordküste Korfus entlang und vorbei an den sehr beliebten, speziell angelegten Ferienorten **Aharavi, Roda** und **Sidhari** mit ihren Stränden. In **Neo Perithia** auf halbem Wege zwischen Kassiopi und Aharavi befindet sich das **Art of Olive Wood** (☎ 26630 51596; www.olive-wood.gr), ein Ausstellungsraum voll mit eigenen Arbeiten des Kunsthandwerkers Costas Avlonitis. Seine Hauptwerkstatt liegt in wunderschöner Umgebung in Kavadades bei Arillas und Agios Georgios (s. S. 791).

Das andere **Agios Stefanos** auf Korfu liegt an der Nordwestküste und besitzt einen weiten Sandstrand. Aus dem nahen Fischerhafen führen regelmäßig Bootsausflüge zu den **Diapondia-Inseln,** einer wenig bekannten Gruppe kleiner Inseln. Details zu den Ausflügen sind bei der Agentur **San Stefano Travel** (☎ 26630 51910; www.san-stefano.gr) zu erfahren.

Schlafen & Essen

Dionysus Camping Village (☎ 26610 91417; www.dionysuscamping.gr; Stellplatz pro Erw./Kind/Auto/Zelt 5,80/3,50/3,50/4 €, Hütte pro Person 11,50 €; 🛜 🖳) Von Korfu-Stadt aus der nächstgelegene Campingplatz. Er ist zwischen Tzvaros und Dasia ausgeschildert und mit der Buslinie 7 zu erreichen; gute sanitäre Einrichtungen. Zelte können für 9 € pro Person gemietet werden; es stehen auch einfache Holzhütten mit Strohdach zur Verfügung.

LP Tipp Casa Lucia (☎ 26610 91419; www.casa-lucia-corfu.com; Sgombou; Studios & Ferienhäuser 70–120 €; 🕑 ganzjährig; 🅿 🖳) Das Casa Lucia ist eine Parkanlage mit bezaubernden Studios und Ferienhäusern. Es ist sehr künstlerisch-alternativ eingestellt und bietet ein anheimelndes Ambiente. Im Angebot sind Yoga-, TaiChi- und Pilates-Stunden, Kunst, Musik und andere kulturelle Events. Im Winter gibt's vernünftige Mietpreise. Die Anlage liegt an der Straße nach Paleokastritsa und ist ein idealer Ausgangspunkt für den ganzen Norden der Insel.

Manessis Apartments (☎ 26610 34990; diana@otenet.gr; Kassiopi; 4-Personen-Apt. 100 €; 🖳 🛜) Schwer zu sagen, was das Beste ist – die nette griechische Besitzerin oder ihre gemütlichen, mit Bougainvilleen und Wein bewachsenen 2-Bett-Apartments. Die Location am Ende von Kassiopis malerischem Hafen ist ein zauberhafter Standort. Die Apartments im Obergeschoss haben Klimaanlage, die anderen Ventilatoren.

Little Italy (☎ 26630 81749; Kassiopi; Hauptgerichte 4,50–18 €) Alteingesessenes, beliebtes Restaurant in Kassiopi, in dem Sorgfalt auf die Auswahl der Zutaten verwandt wird. Der Knüller ist die frische Pasta, andere Gaumenfreuden sind z. B. Entenbrust mit karamellisierten Orangen und grünem Paprika.

Auch zu empfehlen:

Taverna Galini (☎ 26630 81492 Agios Stefanos; Hauptgerichte 5–12 €) Die frischen einheimischen Fische werden vor diesem einwandfreien Restaurant präsentiert; hier gibt's leckere Pasta mit Meeresfrüchten, kreative Salate und saftige Steaks.

Piedra del Mar (☎ 26630 91566; Barbati; Hauptgerichte 7–22 €) Strand-Eleganz und herrliche mediterrane und internationale Küche findet man in diesem teuren Restaurant.

SÜDLICH VON KORFU-STADT

Die Küstenstraße führt von Korfu-Stadt in Südrichtung weiter; an einer gut beschilderten Abfahrt geht's zum **Achillion-Palast** (☎ 26610 56245; Erw./erm. 7/5 €; ☿ Nov.–März 8.30–15 Uhr, April–Okt. 8–19 Uhr) bei der Ortschaft Gastouri. Der Palast wurde in den 1890er-Jahren von Kaiserin Elisabeth von Österreich – der berühmten Sisi – als Refugium von der Welt und Hommage an ihren Helden Achilles erbaut (die bedauernswerte Sisi wurde später am Ufer des Genfer Sees von einem verwirrten Anarchisten ermordet). 1908 erwarb Kaiser Wilhelm II. den Palast. Die Themen Imperialismus und Selbstverherrlichung erweiterte er um eine imposante Skulptur vom Triumph des Achilles, bevor er Korfu 1914 verließ, um etwas weniger Triumphales zu erleben. Der Palast ist Ziel vieler Bustouristen, deshalb lieber früh da sein, um zwischen gewichtigem Neoklassizismus, sagenhaftem Mobiliar und kühnen Skulpturen zu wandeln, alles im Grenzbereich zwischen Stil und Kitsch.

Südlich vom Achillion liegt der Ferienort **Benitses,** besonders hübsch durch den alten Ortskern, von dem aus Wege und Pfade zu den steilen, bewaldeten Hängen hinaufführen. Die Taverne **O Paxinos** (☎ 26610 72339; Benitses) ist für ihre *mezedhes* und die Fischgerichte bekannt (Preis pro Kilo). Noch weiter südlich folgen die beliebten Strandorte **Moraitika** und **Messonghi**. Von dort aus führt die kurvenreiche Küstenstraße nach Süden zum ruhigen Ort **Boukari** mit kleinem Hafen und Tavernen am Wasser wie der guten *psarotaverna* (Fischrestaurant) **Spiros Karidis** (☎ 26620 51205; Boukari). Übernachten kann man im ansprechenden **Golden Sunset Hotel** (☎ 26620 51853; Boukari; DZ inkl. Frühstück 60–65 €, 3BZ inkl. Frühstück 70 €), zu dem ein Restaurant gehört.

Lefkimmi, gut 10 km von Boukari entfernt im Südteil der Insel, ist einer der authentischsten Orte auf Korfu mit ganz normalem Alltagsleben. Im alten Stadtteil sind faszinierende Kirchen verstreut. Lefkimmi wird von einem durchaus malerischen, aber bisweilen übel riechenden Kanal geteilt. Zum Essen empfiehlt sich das **River Restaurant (To Potami)** (☎ 69725 42153; Hauptgerichte 5–15 €), das der britische Promikoch Rick Stein in seiner TV-Kochshow Mediterranean Escapes gepriesen hat. Hier gibt es auch anständige, etwas altmodische Zimmer und Apartments von 40 bis 60 €.

WESTKÜSTE

An der Westküste liegen einige der hübschesten Landschaften, Dörfer und Strände Korfus. Der hippe, sehr beliebte Ferienort **Paleokastritsa** in 26 km Entfernung von Korfu-Stadt erstreckt sich knapp 3 km lang durch ein Tal bis zu einer Reihe kleiner, pittoresker Buchten zwischen hohen Klippen. Schroffe Berge mit Zypressen und Olivenbäumen ragen imposant auf. Abenteurer besuchen mit einem kleinen Ausflugsboot (pro Person 8,20 €, 30 Min.) die Grotten oder einen der zahlreichen Strände oder lassen sich von einem Wassertaxi zu einem gewünschten Strand bringen. Es werden viele Aktivitäten rund um Wasser und Boot angeboten. Die Coolen unter den Sonnenanbetern chillen in der Café-Bar **La Grotta** (☎ 26630 41006; Paleokastritsa) in einer atemberaubenden felsigen Bucht mit Café, Liegen und Sprungbrett. Zugang über eine Treppe gegenüber der Auffahrt zum Hotel Paleokastritsa.

Auf dem felsigen Vorsprung am Ende von Paleokastritsa prangt das an Ikonen überreiche Kloster **Moni Theotokou** (Eintritt frei; ☿ 7–13, 15–20 Uhr) aus dem 13. Jh. (das aktuelle Gebäude datiert jedoch aus dem 18. Jh.). Gleich neben dem Klostergarten – mit Efeu, Wein, Rosen und Topfpflanzen – steht ein kleines **Museum** (Eintritt frei; ☿ April–Okt. 9–13, 15–18 Uhr). Am interessantesten ist die Ölmühlenausstellung unter dem Museum mit einem kleinen Laden für Öle und Kräuter.

Von Paleokastritsa steigt ein Weg zu dem unberührten Dorf **Lakones** hinauf, auf der Straße sind es 5 km landeinwärts. Unbedingt das einzige *kafeneio* (Café) – Kafeneio Olympia – im Ort und das wachsende **Fotoarchiv** (☎ 26630 41771-3) aufsuchen. Vassilis Michalas, der aus diesem Ort stammt, hat ein beachtliches Archiv mit Aufnahmen zusammengetragen, die das Inselleben auf anschauliche Weise dokumentieren. Das nicht gewinnorientierte Fotoarchiv von Lakones ist im Proberaum des örtlichen Chores im Rathaus untergebracht. Interessierte Besucher können vorher anrufen.

Das pittoreske **Doukades** besitzt einen historischen Platz und nette Tavernen. Die 6 km lange Straße nördlich von Paleokastritsa nach **Krini** und **Makrades** steigt steil an und bietet sensationelle Ausblicke; aus der Aussicht haben viele Restaurantbesitzer Kapital geschlagen. Eine Linkskurve Richtung Küste führt über den Mini-Dorfplatz von Krini und dann hinab nach **Angelokastro**, den Ruinen einer byzantinischen Burg, die die westlichste Bastion auf Korfu war.

Weiter nördlich geht's über das Dorf **Pagi** zu den ansprechenden Strand-Ferienorten **Agios Georgios** und **Arillas.** Dazwischen liegt das schroffe **Kap Arillas;** über den Bergkamm zieht sich das Dörfchen **Afionas.**

Der Kiesstrand in **Ermones** südlich von Paleokastritsa wird von massiver Bebauung dominiert. Man rühmt sich damit, Odysseus sei an dieses Gestade gespült worden, just als König Alkinoos' Tochter Nausikaa hier ein Sonnenbad nahm. **Pelekas**, auf dem Berggipfel 4 km weiter südlich gelegen, thront über bewaldeten Klippen und war einst ein „Hippie-Strand". Der sympathische Ort zieht noch immer Individualtouristen an.

Das **Triklino Vineyard** (☎ 26610 58184, 69458 90285; www.triklinovineyard.gr; Erw./unter 6 J. 7 €/frei; Di–So 12–17 Uhr) 6 m von Korfu-Stadt auf der Straße Pelekas bei Karoubatika verbindet Kultur mit Weinkultur. In der wunderschönen Anlage werden aus einheimischen Rebsorten (z. B. Kakotrygis) einige verlockende Weine erzeugt. Es gibt eine Führung durch (Oliven-)Ölmühle und Weingut, eine Weinprobe und korfiotische *mezedhes*. Außerdem werden kulturelle Aktivitäten und Veranstaltungen durchgeführt.

Unweit des Ortes Pelekas befinden sich die beiden Sandstrände **Glyfada** und **Pelekas** (auf manchen Karten als Kontogialos bezeichnet; auch ein eigenständiger Ferienort), mit Wassersportmöglichkeiten und massenweise Liegestühlen. Diese Strände sind ziemlich erschlossen, mit großen Hotels und Urlaubsunterkünften im Hintergrund. Von Pelekas zu diesen Stränden

fährt ein kostenloser Bus. Weiter im Norden befindet sich der beliebte, aber (erosionsbedingt) schrumpfende Strand **Myrtiotissa** – früher inoffizielle FKK-„Kolonie", heute abgesehen von ein paar trennenden riesigen Felsbrocken quasi mit dem Abschnitt für glückliche Familien verschmolzen. Über eine lange, steile, teilweise asphaltierte Straße geht's hinunter bis zum Ende der Straße (Autofahrer sollten auf dem Parkplatz auf dem Berg parken). Unterwegs ist die Taverne und Bar Elia eine willkommene Unterbrechung.

Agios Gordios ist ein beliebter Ferienort südlich von Glyfada. Der lange Sandstrand ist groß genug für die Menschenmassen.

Direkt bei der Abzweigung von der Hauptstraße zum Strand Chalikounas steht die byzantinische Festung **Gardiki** mit einem malerischen Zugang zum Portal, innen ist sie allerdings leer. Gleich südlich der Festung ist der große **Korission-See** durch eine schmale Nehrung vom Meer abgeteilt. Davor befindet sich ein langer Sandstrand, an dem man üblicherweise den Massen entfliehen kann.

Schlafen

In Paleokastritsas Straßen gibt es viele Hotels, Studios und ein paar *domatia* (Zimmer, normalerweise privat). Weiter südlich im Gebiet Pelekas finden sich ebenfalls zahlreiche Übernachtungsmöglichkeiten.

Paleokastritsa Camping (☎ 26630 41204; www. paleokastritsaholidays.com; Paleokastritsa; Stellplatz pro Erw./Kind/Auto/Zelt 5/3,10/3,10/3,50 €) Rechts auf der Hauptzufahrtsstraße zum Ort liegt dieser schattige, gut geführte Campingplatz auf alten Oliventerrassen.

Hotel Zefiros (☎ 26630 41244/41088; www.hotel-zefiros.gr; Paleokastritsa; DZ inkl. Frühstück 60–80 €, 3BZ inkl. Frühstück 75–105 €, 4BZ inkl. Frühstück 90–130 €;) An der Straße und unweit der Küste, trotzdem herrlich und mit sehr sauberen, schicken Zimmern; manche haben eine große Terrasse. Das Café eine Treppe tiefer ist eine richtige Oase.

Rolling Stone (☎ 26610 94942; www.pelekasbeach. com; Pelekas Beach; Zi. 30–40 €, Apt. 98 €) Saubere, farbenfrohe Apartments und Doppelzimmer liegen um eine große, funkig ausgeschmückte Sonnenterrasse. Zu den Angeboten dieses sehr entspannten Hauses gehört sogar ein „Wellness-Experte" (Entspannungsbehandlung 10–30 €).

IONISCHE INSELN

Jimmy's Restaurant & Rooms (☎ 26610 94284; info@jimmyspelekas.com; Pelekas; DZ/3BZ 40/50 €; 🖳) Die schlichten Zimmer mit einer schönen Aussicht vom Dach befinden sich über einem beliebten Restaurant (Hauptgerichte 6–12 €), vom Zentrum aus führt der Weg dorthin ein kurzes Stück bergauf auf der Straße zum Kaiserthron.

Yialiskari Beach Studios (☎ 26610 54901; DZ Studio 65 €; Yialiskari Beach; 🖳) Studios mit toller Aussicht, ideal für Leute, die Ruhe vor dem nahe gelegenen Pelekas-Strand suchen. Vermieter ist der Eigentümer der Taverne am Yialiskari-Strand.

Im Gebiet Pelekas gibt es zwei bei Backpackern beliebte Budget-Optionen mit einer Fülle von Einrichtungen und Aktivitäten: das **Pink Palace** (☎ 26610 53103; www.the pinkpalace.com; Agios Gordios Beach; B pro Person inkl. Frühstück & Abendessen 18–25 €, Zi. inkl. Frühstück & Abendessen 22–30 €; 🖳) südlich von Sinarades und das **Sunrock** (☎ 26610 94637; www.sunrock corfu.com; Pelekas Beach; Zi. pro Person inkl. Frühstück & Abendessen 18–24 €; 🖳 🖳). Der Wohlfühlfaktor in beiden Häusern ist abhängig vom gefühlten Alter.

Essen

In Afionas nördlich von Paleokastritsa gibt's außerdem ein paar Einkehrmöglichkeiten.

Das Blaue (The Blue House; ☎ 26630 52046; Afionas; Gerichte 4,50–8 €) Einmalige Aussicht vom Balkon macht das Essen in diesem freundlichen Lokal noch besser; besonders gut sind die Salate, und die Desserts schmecken geradezu himmlisch.

Limani (☎ 26630 42080; Paleokastritsa Harbour; Hauptgerichte 4,50–11 €) Das gut geführte Restaurant, das sich unten am Paleos Hafen befindet und mit einer romantisch von Rosen bewachsenen Terrasse aufwartet, bietet routiniert zubereitete einheimische Gerichte an. Fisch wird nach Kilogramm bezahlt; eine üppige Fischplatte für zwei Personen liegt bei 38 €.

Nereids (☎ 26630 41013; Paleokastritsa; Hauptgerichte 6,50–11 €) Auf halber – kurvenreicher – Strecke zum Strand von Paleokastritsa liegt dieses entzückende Lokal unterhalb der Straße und mit einem großen, belaubten Hof. Spezialitäten wie Schweinefleisch in Senfsauce mit Oregano, Zitrone, Paprika, Knoblauch und Käse sind schwer zu übertreffen.

PAXI ΠΑΞΟΙ

2440 Ew.

Paxi verdichtet viel Schönes auf kleinstem Raum. Mit nur 10 mal 4 km ist Paxi die kleinste der wichtigsten Ionischen Ferieninseln. Man sagt ihr eine heitere Stille und ein liebliches Wesen nach – eine schöne Rückzugsmöglichkeit von Korfus städtischeren Vergnügungen in schnellerer Gangart. Paxi besitzt die drei bunten Hafenorte Gaios, Loggos und Lakka – attraktive Häfen mit rosa- und cremefarbenen Gebäuden im venezianischen Stil vor üppigen, grünen Bergen. Idyllische Buchten sind per Motorboot zu erreichen oder sogar im Auto oder zu Fuß. Die Inseldörfer liegen verstreut in Jahrhunderte alten Olivenhainen, deren Charme noch von sich windenden Steinmauern, alten Windmühlen und Olivenpressen betont wird. Auf der weniger gut zugänglichen Westküste fallen kahle Kalksteinklippen Hunderte Meter tief in das azurblaue Meer ab; in den Wänden gibt es viele Höhlen und Grotten. Die alten Maultierpfade lassen Wandererherzen höher schlagen. Die Wanderkarte *Bleasdale Walking Map of Paxos* (10 bis 15 €) ist ein Muss und in den Reisebüros der Insel erhältlich.

Details über Tagesausflüge von Parga (Festland) nach Paxi und Antipaxi siehe S. 402.

An- & Weiterreise
BUS

Zwei Mal pro Woche besteht eine direkte Busverbindung zwischen Athen und Paxi (47 € plus 7,50 € für die Fähre zwischen Paxi und Igumenitsa, 7 Std.). Auf Paxi sind die Tickets bei **Bouas Tours** (☎ 26620 32401; Gaios) erhältlich. Der Bus fährt in Athen an der Plateia Karaiskaki ab (Achtung: von unterschiedlichen Terminals, daher immer bei Bouas vorher erkundigen).

FÄHRE

Fähren kommen im neuen Hafen von Gaios an, 1 km östlich vom Platz. Ausflugsboote legen an mehreren Stellen im Hafen an.

National

Gut ausgelastete Tragflächenboote (nur Personen) verbinden Korfu und Paxi (und gelegentlich Igumenitsa) von Mai bis Mitte

---

AKTIVURLAUB AUF KORFU

Outdoor-Aktivitäten gibt's auf Korfu en masse. Wer Schlauchboot fahren und surfen will, geht zu **Greek Sailing Holidays** (☎ 26630 81877; www.corfu-sailing-events.com) in Avlaki, während in der **Corfu Sea School** (www.corfuseaschool.com) oder bei **Sailing Holidays Ltd** (www.sailingholidays.com), beide in der Marina von Gouvia, Boote gechartert werden können.

Tauchen im kristallklaren Wasser ist möglich über Anbieter in Kassiopi, Agios Gordios, Agios Georgios, Ipsos, Gouvia und Paleokastritsa.

Korfu ist ein vorzügliches Wandergebiet. Hilary Whitton Paipeti liebt ihre Insel und das Wandern und hat den **Corfu Trail** (www.corfutrail.org) entwickelt. Er führt von Norden nach Süden über die ganze Insel und dauert 8 bis 12 Tage. In Sachen Unterbringung kann **Aperghi Travel** (☎ 26610 48713; www.travelling.gr/aperghi) weiterhelfen. Das Buch In the Footsteps of Lawrence Durrell and Gerald Durrell in Corfu (Hilary Whitton Paipeti, 1999) ist unbedingt zu empfehlen.

Für Mountainbiker, vor allem off-road, ist der **Corfu Mountainbike Shop** (☎ 26610 93344; www.mountainbikecorfu.gr) in Dasia ein Ansprechpartner. Hier werden Räder für individuelle Touren vermietet, sie bieten aber auch organisierte Tagestouren und Radurlaube an. Wer Rösser aus Fleisch und Blut bevorzugt, kann mit **Trailriders** (☎ 26630 23090) in dem Dörfchen Ano Korakiana Reittouren durch Olivenhaine und über stille Pfade erleben. Nicht weit von Ermones an der Westküste der Insel befindet sich der **Corfu Golf Club** (☎ 26610 94220; www.corfugolfclub.com), einer der wenigen derartigen Plätze in Griechenland. Vogelbeobachter sollten das **Ornithologische Zentrum im Ropa-Tal** (☎ 26610 94221) ins Visier nehmen, das im Corfu Golf Club regelmäßige Treffen veranstaltet.

Oktober. Infos bekommt man bei **Arvanitakis Travel** (☎ 26620 32007; Gaios) oder Petrakis Lines (S. 786) in Korfu.

Zwei Autofähren verkehren täglich zwischen Paxi und Igumenitsa auf dem Festland sowie Korfu. In Igumenitsa gibt es auch ein **Fähren-Infobüro** (☎ 26650 26280).

Details zu allen inländischen Verbindungen siehe Insel-Hopping (S. 871).

Wassertaxis sind durchaus ein schnelles und effektives Transportmittel, vor allem, wenn mehrere Leute mitfahren. Der übliche Tarif für die Strecke Korfu–Paxi liegt bei 180 € pro Boot und wird auf die Mitfahrenden verteilt. Bei **Nikos** (☎ 26620 32444, 69322 32072; Gaios) oder unter www.paxosseataxi.com. versuchen.

International

Von den großen italienischen Häfen aus fahren Fähren nach Korfu und Igumenitsa; dort umsteigen in eine regionale Fähre nach Paxi. Details zu internationalen Verbindungen nach Korfu siehe S. 781, nach Igumenitsa siehe S. 405.

Unterwegs vor Ort

Der Inselbus verbindet Gaios und Lakka über Loggos, bis zu vier Mal täglich in beide Richtungen (2 €). Taxis zwischen Gaios und Lakka/Loggos kosten 12 €. Der Taxistand in Gaios ist beim Parkplatz und die Bushaltestelle liegt landeinwärts vor dem Hafen.

Automietpreise betragen pro Tag zwischen 42 und 115 € (Hauptsaison). Zuverlässige Agenturen sind **Arvanitakis Travel** (☎ 26620 32007) und **Alfa Hire** (☎ 26620 32505) in Gaios. **Rent a Scooter Vassilis** (☎ 26620 32598) gegenüber der Bushaltestelle in Gaios hat eine gute Auswahl an Rollern und Mopeds, der Mietpreis beträgt etwa 20 bis 25 € in der Hauptsaison. Viele Reisebüros verleihen kleine Boote – ein tolles Erlebnis, auf diese Art eine Strandbucht zu erobern! Der Preis pro Tag liegt bei 40 bis 90 € je nach Motorleistung. Die benötigte Leistung sollte man nicht zu hoch einschätzen.

GAIOS ΓΑΪΟΣ

560 Ew.

Gaios, der Hauptort der Insel, muss für das Attribut „malerisch" nicht groß kämpfen. Rosa- und cremefarbene und weiß getünchte Gebäude fassen das Ufer einer recht großen Bucht zu beiden Seiten des großen venezianischen Platzes ein. Gaios wird von dem bewaldeten Inselchen Agios Nikolaos – nach dem gleichnamigen Kloster benannt – vor zu viel offenem Wasser geschützt. Sie liegt so dicht am Ufer, dass man fast meint, Gaios liege an einem Fluss. Den Hafen säumen Cafés und Tavernen, und wenn am

IONISCHE INSELN

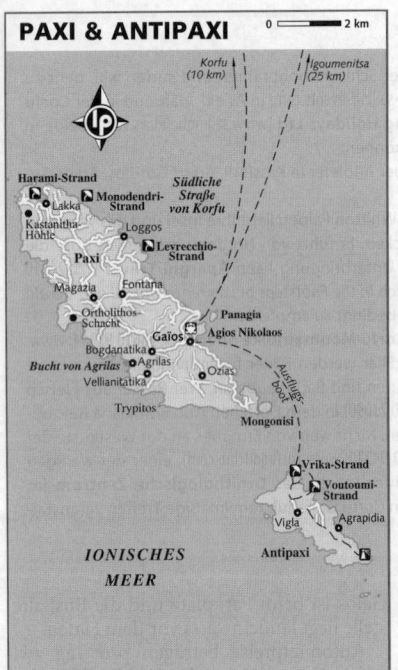

PAXI & ANTIPAXI   0 ▭▭ 2 km

Nachmittag die Ausflugsboote eintreffen, kann es voll werden.

Die Hauptstraße Panagioti Kanga verläuft landeinwärts vom Hauptplatz in den hinteren Teil der Ortschaft mit Bushaltestelle, Taxistand und Parkplatz. Banken und Geldautomaten gibt's am Platz, einen Internetraum in der Hafenbar **Pío Pío** (☎ 26620 32662; 5 €/Std.). Eine Touristeninfo gibt es nicht, aber die hilfsbereiten und pfiffigen Mitarbeiter von **Paxos Magic Holidays** (☎ 26620 32269; www.paxosmagic.com) geben bereitwillig Tipps. Sie organisieren Inselausflüge, auch Bootstouren und Wanderungen und können Ferienhäuser im Voraus buchen.

Das entzückende **Folkloremuseum** (Eintritt 2 €; ⊙ 10–14, 19–23 Uhr) in einer ehemaligen Schule im Südhafen besitzt eine kuriose Sammlung von Fossilien, Haushaltsgegenständen und Töpferwaren sowie Waffen, Münzen und Kleidung. Haltung bewahren angesichts des einfach nur schrägen „Hilfsmittels" für die Hochzeitsnacht (17.Jh.). Ein Raum ist den Gemälden des aus Paxi stammenden Priesters Christodoulos Aronis gewidmet.

Ganz am Südende des Hafens steht eine beeindruckende Statue des von hier stammenden Kapitäns Georgios Anemogiannis, der 1821 im Alter von 23 Jahren im griechischen Unabhängigkeitskrieg heldenhaft starb. Das Meer hat ihn mit einem „frischen" Grün versehen.

Schlafen

San Giorgio Apartments (☎ 26620 32223; EZ/DZ/3BZ 40/70/90 €) Rosa, blau und weiß sind die Farben dieser lichten, sauberen Studios mit einfacher Kochgelegenheit. Vom Hafen über die untere Hafenstraße (Fußgängerzone) stadteinwärts gehen und über die Treppen der Beschilderung folgen.

Thekli Studios (Clara Studios; ☎ 26620 32313; DZ 75 €; P 🅿 🛏 🐾) Thekli, eine einheimische Fischerin, Taucherin und ein stadtbekanntes Energiebündel, vermietet diese sehr sauberen und gut ausgestatteten Studios. Wer vorher anruft, wird von ihr am Hafen erwartet. Ansonsten die Gasse links vom Museum nehmen, nach links gehen, dann nach 50 m nach rechts und nochmals 50 m weiter die Treppen hinauf.

Paxos Beach Hotel (☎ 26620 32211; www.paxos beachhotel.gr; EZ/DZ/3BZ/4BZ inkl. Frühstück ab 88/117/146/165 €, Suite 168–380 €; 🐾) Die Zimmer im Bungalow-Stil sind 1,5 km südlich von Gaios in Toplage stufenartig zum Meer hin angelegt, und der Standard reicht von normal bis gehoben. Eigener Anleger, ein Tennisplatz sowie Bar und Restaurant.

Essen

Capriccio Café Creperie (☎ 26620 32687; Crêpes 3–6 €) Günstig und sättigend, süß oder herzhaft – das bekommt man in dieser Creperie am Hafen, am Museum vorbei. Frühstück kostet 3 bis 7,80 €, Sandwiches gibt's für 3 bis 4 €.

Taverna Vasilis (☎ 26620 32596; Hauptgerichte 6,50–14 €) Der Eigentümer war früher Metzger und kennt das leckerste Fleisch für Bratspieße und andere Fleischgerichte. Das Lokal liegt gleich hinter dem Hafen.

Karkaletzos (☎ 26620 32729; Hauptgerichte 7–10 €) Ein Spaziergang zum Appetitanregen führt zu diesem bei den Einheimischen beliebten Grillrestaurant 1 km ortsauswärts. Fleisch, aber auch einige kreative Fischgerichte.

Taka Taka (☎ 26620 32329; Hauptgerichte 6–22 €) Das beliebte Restaurant für hochwertige

Meeresfrüchte (40–75 € pro kg) in attraktivem Ambiente liegt hinter dem großen Platz. Von der linken inneren Ecke des Platzes aus geht's nach links und nach 30 m nach rechts.

Der Supermarkt befindet sich westlich vom zentralen Platz. Zwei erstklassige Bäckereien – eine am Hafen, eine beim großen Platz – kredenzen Spezialitäten von Paxi. Das Gloria's am Nordende des Hafens lockt mit höllisch gutem Eis.

LOGGOS ΛΟΓΓΟΣ

Das winzige Juwel Loggos liegt 5 km nordwestlich von Gaios. Ein reizender Hafen schmiegt sich in eine kleine Bucht. Bars und Restaurants schauen über das Wasser, bewaldete Hänge ragen steil empor. Kleine Buchten und Kiesstrände sind nicht weit.

Café Bar Four Seasons (☎ 26620 31829; 6 € pro Std.) bietet Internetzugang an.

Boote und Roller kann man bei **Julia's Boat & Bike** (☎ 26620 31330) im Arthur House (siehe unten) mieten; Boote kosten 60 bis 70 € pro Tag, Roller um 25 €.

Schlafen & Essen

Studio (☎ 26620 31397, 26620 31030; DZ 55 €) Ein angenehm unkonventionelles Studio, mit Bougainvilleen bewachsen, über dem Andenkenladen Marbou gleich beim Hafen. Am Besten im Voraus buchen.

Arthur House (☎ 26620 31330; Studio 75 €, Apt. 110 €) Diese bescheidenen, makellosen Studios befinden sich über der Wohnung des Besitzers. Die Adresse ist nur eine Gehminute vom Hafen entfernt. Die Vermietung Julia's Boat & Bike (oben) gehört zum Familienbetrieb.

O Gios (☎ 26620 31735/30062; Hauptgerichte 6–16 €) Ein paar Schritte vom Hafen entfernt liegt dieses schmucklose Lokal mit hochwertigen Meeresfrüchte- und Grillgerichten.

Vasilis (☎ 26620 31587; Hauptgerichte 8–14 €) Ein unerwartetes Vergnügen. Das gut geführte, elegante Lokal hat eine pfiffige Speisekarte im Stil einer Zeitung aus den 1970ern. Zu den Spezialitäten gehört Tintenfisch in Rotweinsauce, Lammeintopf, Pasta und Risotto.

Ausgehen

In Loggos gibt es mehrere Cafés und Bars; für Cocktails und Musik am besten sind das **To Taxidi** am Hafen und die **Roxy Bar**.

Kafeneio Burnaos (Magazia) Auf keinen Fall das wundervolle, 60 Jahre alte *kafeneio* in Magazia wenige Kilometer südwestlich von Loggos verpassen. Es gibt keine festen Öffnungszeiten; die Einheimischen treffen sich hier und spielen Karten oder Backgammon (ein Spiel stammt sogar aus dem Jahr 1957).

Erimitis Bar (☎ 689777 53499; Magazia) Dieses einsame Plätzchen wird immer bekannter und beliebter, vor allem wegen der Sonnenuntergänge. Kleine Straßen und Wege Richtung Westküste führen von Magazia aus dort hin; man braucht ein Transportmittel.

LAKKA ΛΑΚΚΑ

Der pittoreske, stille und „normal" gebliebene Hafen von Lakka liegt am Ende einer schützenden Bucht an der Nordküste. An dem beliebten Yacht-Ankerplatz gibt es Versorgungseinrichtungen sowie Bars und Restaurants. Kleine, aber nette Strände liegen beim Kap der Bucht, z. B. der Harami-Strand, und in der Nähe kann man gut spazieren gehen.

Routsis Holidays (☎ 26620 31807/31129; www.routsis-holidays.com) ist etwas abseits im Landesinneren, **Planos Holidays** (☎ 26620 31744; www.planos-holidays.gr) am Hafen. Die beiden hilfsbereiten Agenturen haben gut ausgestattete Apartments und Ferienhäuser für jeden Geldbeutel im Angebot.

Paxos Blue Waves (☎ 26620 31162) im Hafengebiet vermietet Boote für 35 bis 65 € und Roller für 18 bis 20 €.

Bali-Gefühl in Griechenland: Im **Il Pareo** (☎ 6972164089) die tolle Sammlung indonesischer Batik und anderer Gegenstände bewundern.

Als Unterkunft bieten sich die sehr reinlichen und gemütlichen **Yorgos Studios** (☎ 26620 31807/31129; www.routsis-holidays.com; EZ/DZ 50/65 €; ☒) an; sie liegen neben dem Büro von Routsis Holidays und werden von dieser Firma betrieben. Die Besitzer von Il Pareo vermieten außerdem ein idyllisches **Gartenstudio** (☎ 6972164089; Suite 70 €).

Bodenständiges Essen und Trinken sowie Internetzugang (3 € pro halbe Stunde) bekommt man in der am Wasser gelegenen **Arriva Taverna** (☎ 26620 30153; Hauptgerichte 8–13,80 €). Beliebt ist das **Diogenis** (☎ 26620 31442; Hauptgerichte 4,20–9,80 €) auf dem Platz im hinteren Teil des Dorfes: Tintenfisch mit Spinat und Lamm in Zitronensauce sind exzellente Klassiker. Wenn's etwas Besonderes sein soll, geht man auf der rechten Seite der Bucht am Ufer entlang zu einem kleinen Strand ins italienisch beeinflusste **La Bocca** (☎ 26620 31991; Hauptgerichte 8–18 €). *Caprese* wie sie sein soll, Spaghetti mit frischem Thunfisch und dazu eine farbenfrohe Raumgestaltung.

ANTIPAXI ΑΝΤΙΠΑΞΟΙ
25 Ew.

Die atemberaubende, winzige Insel Antipaxi, 2 km südlich von Paxi, ist bedeckt von Weinbergen und Olivenbäumen, hier und da liegt ist ein kleiner Weiler dazwischen. Hölzerne Fischerboote – Kaiks – und Touristenboote kommen täglich von Gaios und Lakka. Sie legen in zwei Strandbuchten an: am kleinen Sandstrand **Vrika** und am hübschen Kiesstrand **Voutoumi**. In diesem schillernden, klaren Wasser zu schwimmen ist geradezu überwältigend schön.

Ein Landweg verbindet die beiden Strände (30 Minten zu Fuß). Die Sportlicheren können in das Dorf **Vigla** oder zum Leuchtturm an der südlichsten Inselspitze gehen. Viel Wasser mitnehmen und pro Strecke mindestens 1,5 Stunden ansetzen. Am Voutoumi-Strand gibt's zwei Lokale, das Bella Vista und eine Taverne am Strand. Am Vrika-Strand sind zwei gute, konkurrierende Tavernen zu finden, das Spiros und das Vrika. Hauptgerichte kosten in beiden zwischen 7 und 15 €; Fischgerichte können sehr teuer sein.

Über die eine oder andere Strandtaverne kann man eine Unterkunft finden. Boote nach Antipaxi (ab 6 € hin & zurück) fahren um 10 Uhr in Gaios ab und kommen gegen 17.30 Uhr zurück. In der Hauptsaison gibt's mehr Fahrten.

LEFKADA ΛΕΥΚΑΔΑ

22 500 Ew.

Lefkada (oder Lefkas) ist die viertgrößte Ionische Insel und ein faszinierendes Ziel. Sie ist gebirgig und stellenweise richtig abgeschieden, hat aber auch ihren Anteil an Ferienorten und touristischen Einrichtungen. Lefkada wirkt weniger inselartig als die meisten Nachbarinseln, nicht zuletzt, weil es früher durch eine schmale Landzunge mit dem Festland verbunden war. Die korinthischen Besatzer kappten diese Verbindung, indem sie im 8 Jh. v. Chr. einen Kanal anlegten. Heute überwindet ein Damm die 25 m breite Meerenge, dennoch bleibt Lefkada hartnäckig traditionell und eine Insel im besten Sinne. In entlegeneren Dörfern sieht man ältere Frauen häufig in Tracht und der Hauptort der Insel besitzt das herrliche Flair der 1950er-Jahre.

Lefkadas Berge erreichen über 1000 m Höhe. Olivenhaine, Weinberge und Pinienwälder prägen das Landschaftsbild. Zehn Satelliteninseln liegen vor der ausgiebig erschlossenen Ostküste, und die wenig besiedelte Westküste verfügt über traumhafte Strände.

An- & Weiterreise
BUS

Der neue **KTEL-Busbahnhof** (☎ 26450 22364; Ant Tzeveleki) von Lefkada-Stadt ist etwa 1 km vom Zentrum entfernt, gegenüber der neuen Marina-Anlage. Um hierher zu kommen, geht's die Straße Golemi bis zur hektischen Kreuzung, dann 750 m nach links. Busse fahren nach Athen (30,50 €, 5½ Std., 4–5-mal tgl.), Patras (14,50 €, 3 Std., 2–3-mal wöchentl.), Thessaloniki (39,10 €, 8 Std., 1–2-mal wöchentl., in der Hauptsaison öfter), Preveza (2,70 €, 30 Min., 6–7-mal tgl.) und Igumenitsa (11 €, 2 Std., tgl.).

FÄHRE

Four Islands Ferries (☎ 210 412 2530) betreibt einen täglichen Fährdienst – der Fahrplan und die Preise ändern sich oft – zwischen Nydri und Frikes auf Ithaki (6,40 €, 1 Std. 30 Min.), Vasiliki auf Lefkada und Frikes (8 €, 2 Std.) sowie Vasiliki und Fiskardo auf Kefallonia (6,90, 1 Std.). Das Auto kann an beiden Häfen auf Lefkada mitgebracht werden; von Fiskardo kostet es 30 € und 28 € von Frikes. Infos zur Weiterreise von Lefkada siehe Insel-Hopping (S. 868).

Infos und Tickets sind bei **Borsalino Travel** (☎ 26450 92528; borsalin@otenet.gr) in Nydri und bei **Samba Tours** (☎ 26450 31520; www.sambatours.gr) in Vasiliki erhältlich.

FLUGZEUG

Lefkada hat keinen Flughafen, aber der Flughafen bei Preveza (Aktion) auf dem Festland mit Flügen nach Athen und Korfu ist nur 20 km entfernt. Details siehe Insel-Hopping (S. 868).

Von Mai bis September gibt es Charterflüge von Nordeuropa nach Preveza.

Unterwegs vor Ort

Es gibt keine zuverlässige Busverbindung zwischen Lefkada und Prevezas Flughafen Aktion. Taxis sind teuer (um 35 €). Günstiger ist es, bis Preveza mit dem Taxi und von dort mit dem Bus nach Lefkada zu fahren.

Von Lefkada-Stadt zur Ostküste besteht eine gute Busanbindung: bis zu 20 Fahrten täglich nach Nydri (1,40 €, 30 Min.) und Vlycho (1,60 €, 40 Min.) in der Hauptsaison und vier Fahrten täglich nach Vasiliki (3 € einfach). Regelmäßig verkehren Busse nach Agios Nikitas (1,40 €, 30 Min.). Etwa sechsmal täglich fährt ein Bus in das Dorf Karya (1,40 €, 30 Min.) im Inselinnern. Ein oder zwei Busse bedienen täglich andere Orte, Sonntags ist der Dienst eingeschränkt.

Mietpreise für Autos beginnen bei 40 € pro Tag, je nach Saison und Modell. Zuverlässig sind **Europcar** (☎ 26450 23581; Panagou 16, Lefkada-Stadt) oder nebenan **Budget** (☎ 26450 25274; Lefkada-Stadt). Fahrräder oder Mopeds gibt's ab 15 € pro Tag bei **Santas** (☎ 26450 25250; Lefkada-Stadt) neben dem Hotel Ionian Star. In Nydri sind sehr viele und in Vasiliki einige Auto- und Fahrradvermietungen.

LEFKADA-STADT

6900 Ew.

Der bezaubernde Hauptort der Insel wurde auf einem Vorsprung an der Südostecke einer salzigen Lagune errichtet. Erdbeben sind hier eine ständige Bedrohung: 1948 wurde die Stadt verwüstet (1953 jedoch verschont), aber in unverwechselbarem, erdbebensicherem und attraktivem Stil wieder aufgebaut. Die Fassaden einiger Gebäude sind im Obergeschoss mit farbig gestrichenem Wellblech verkleidet.

Die Stadt hat etwas Entspanntes. Es gibt eine belebte Durchfahrtsstraße, einen schönen Platz und ansprechende Kirchen mit schmiedeeisernen Glockentürmen – wie kleine Ölmühlen –, die aus Gründen der Erdbebensicherheit separat stehen.

Orientierung & Praktische Informationen

Die quirlige Fußgängerzone Dorpfeld beginnt südlich vom Damm. Sie ist nach dem Archäologen Wilhelm Dörpfeld (19. Jh.) benannt, der die These aufstellte, Lefkada und nicht Ithaki sei die Heimat des Odysseus. Die Dorpfeld führt zum Hauptplatz Plateia Agiou Spyridonos und setzt sich fort als Straße Ioannou Mela, gesäumt mit modernen Laden und Cafés; auch Geldautomaten und eine Post gibt es hier, eine Touristeninfo jedoch nicht. Der Busbahnhof befindet sich im südlichen Hafen.

Unweit der Straße 8 Merarchias ist das **Internetcafé** (Koutroubi; pro Std. 1,50 €).

Sehenswürdigkeiten

Im modernen Kulturzentrum am Westende der Straße Agelou Sikelianou ist das **Archäologische Museum** (☎ 26450 21635; Frw /erm. 2/1 €; Di–So 8.30–15 Uhr) untergebracht. Hier sind Inselzeugnisse vom Paläolithikum bis zu den spätrömischen Zeiten zu sehen. Das kostbarste Exponat ist ein Flötenspieler aus Terrakotta mit Nymphen (6. Jh. v. Chr.).

Arbeiten von Ikonenmalern der Ionischen Schule und Russlands aus der Zeit um 1500 werden in einer fesselnden **Sammlung postbyzantinischer Ikonen** (☎ 26450 22502; Rontogianni; Eintritt frei; Di–Sa 8.30–13.30, Di & Do 18–20.15 Uhr) gezeigt. In dem klassizistischen Gebäude unweit der Ioannou Mela befindet sich auch die **öffentliche Bücherei.**

Die venezianische **Festung Agia Mavra** (Mo 9–13.30 Uhr, Di–So 8.30–13 Uhr) steht auf der anderen Seite des Dammes. Sie wurde von den Kreuzrittern gegründet, die erhaltenen Reste datieren aber hauptsächlich aus den Zeiten der venezianischen und türkischen Besatzung der Insel. **Moni Faneromenis**, 3 km westlich der Stadt, wurde 1634 gegründet, 1886 bei einem Brand zerstört und später wieder aufgebaut. Es beherbergt ein **Museum** (Mo–Sa 9–13, 18–20 Uhr) mit sakraler Kunst von der ganzen Insel. Der Blick auf Lagune und Stadt belohnt den Aufstieg.

Schlafen

Hotel Santa Maura (☎ 26450 21308, Fax 26450 26253; Dorpfeld; EZ/DZ/3BZ inkl. Frühstück 55/70/86 €;) Halbwegs ordentliches Hotel mit unterschiedlichen Zimmern, alle angenehm hell. Die Zimmer gehen zur Dorpfeld mit Blick auf eine bunte abendliche Szenerie.

Pension Pirofani (☎ 26450 25844; Fax 26450 24084; Dorpfeld; DZ/3BZ 85/100 €;) Kleines, fröhliches Hotel mit pfiffigen Zimmern, alle farbenfroh und mit blitzblanken sanitären Einrichtungen. Sogar mit Tee- oder Kaffeemaschine.

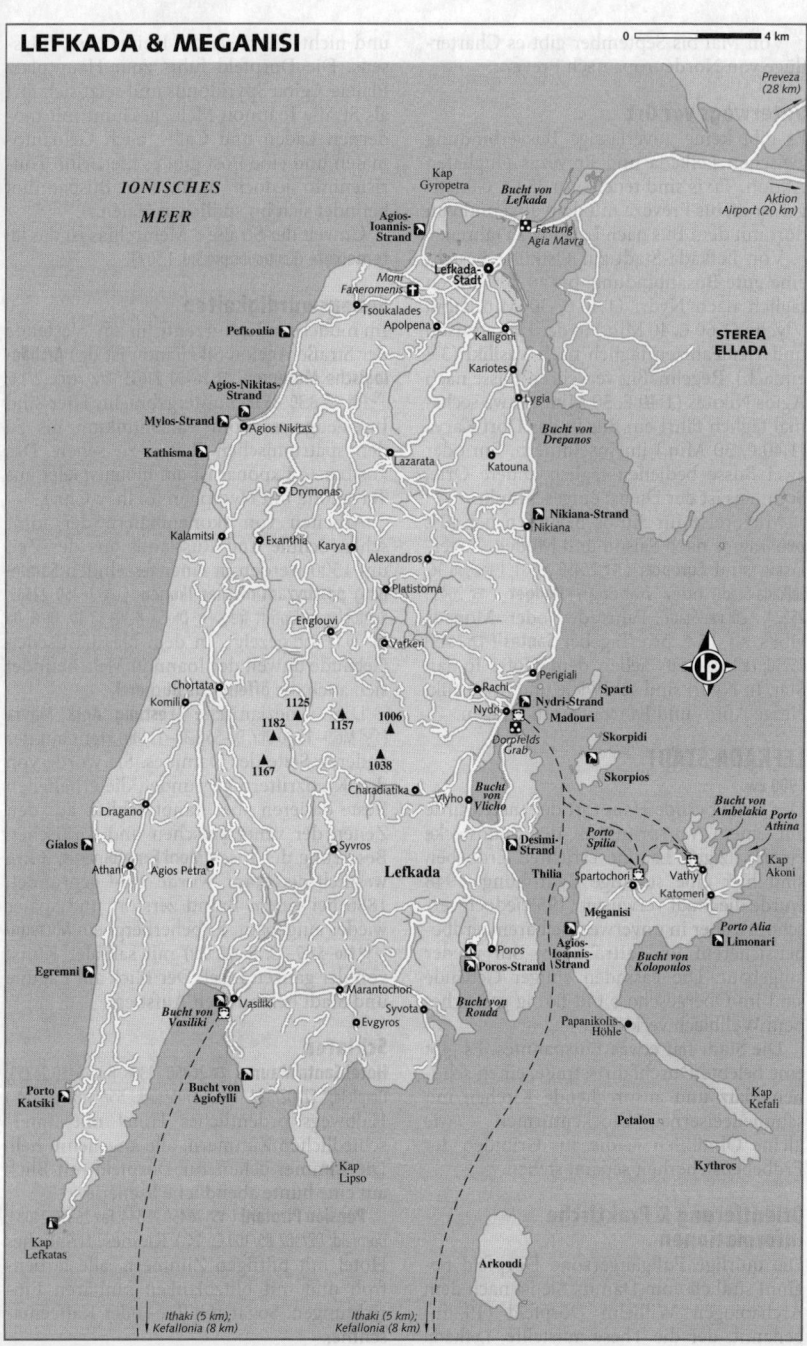

LEFKADA & MEGANISI

0 ————— 4 km

Preveza
(28 km)

IONISCHES
MEER

Kap
Gyropetra

Bucht von
Lefkada

Aktion
Airport (20 km)

Agios-
Ioannis-
Strand

Festung
Agia Mavra

Lefkada-
Stadt

Moni
Faneromenis

STEREA
ELLADA

Tsoukalades
Apolpena

Kalligoni

Pefkoulia

Kariotes

Agios-Nikitas-
Strand

Lygia

Mylos-Strand

Bucht von
Drepanos

Agios Nikitas

Kathisma

Lazarata

Katouna

Drymonas

Nikiana-Strand

Kalamitsi

Exanthia

Karya

Nikiana

Alexandros

Platistoma

Englouvi

Vafkeri

Chortata

Rachi

Perigiali

Sparti

Komili

1125

Nydri

Nydri-Strand

1182
1157

1006

Madouri

Skorpidi

1167

1038

Dorpfelds
Grab

Skorpios

Charadiatika

Vlyho

Bucht von
Vlicho

Bucht von
Ambelakia

Porto
Athina

Dragano

Syvros

Desimi-
Strand

Porto
Spilia

Spartochori

Vathy

Kap
Akoni

Gialos

Thilia

Katomeri

Athani
Agios Petra

Lefkada

Meganisi

Porto Alia

Egremni

Agios-
Ioannis-
Strand

Limonari

Bucht von
Kolopoulos

Poros

Porto
Katsiki

Vasiliki

Marantochori

Poros-Strand

Bucht von
Vasiliki

Syvros

Syvota

Bucht von
Rouda

Papanikolis-
Höhle

Evgyros

Bucht von
Agiofylli

Kap
Kefali

Kap
Lipso

Petalou

Kythros

Kap
Lefkatas

Arkoudi

Ithaki (5 km);
Kefallonia (8 km)

Ithaki (5 km);
Kefallonia (8 km)

Ionian Star Hotel (☎ 26450 24762; www.ionion-star.gr; EZ/DZ/3BZ inkl. Frühstück 100/115/130 €; ✗ ☒ ▢ ☒) Komfortable, helle und geräumige Zimmer zeichnen dieses Business-class-Hotel in attraktiver, freier Lage nicht weit vom Wasser aus. Das Frühstück ist sättigend, es gibt eine Bar und eine Lounge.

Essen & Trinken

Faei Kairos (☎ 26450 24045; Golemi; Hauptgerichte 4,50–11 €) Unverhohlene Liebe zur guten alten Zeit des Kinos prägt dieses hervorragende Lokal beim Hafen von Lefkada-Stadt. Auffällige Motive passen zu Genüssen wie *spetsofai*, eine hiesige Wurst in Tomatensauce, oder *rigamato*, Schweinefleisch in Sahne-Oregano-Sauce, oder dem Fischteller für ein bis zwei Personen.

Ey Zhn (☎ 69746 41169; Filarmonikis 8; Hauptgerichte 9–13 €) „Lass es dir gut gehen" ist das Motto. Unscheinbar, aber innen ansprechend. Das Essen ist hervorragend, angefangen bei sättigenden Vorspeisen wie Pilzrisotto bis hin zu Paella mit Meeresfrüchten für zwei Personen zu 18 € oder Garnelen in Knoblauchsauce. Nur Abends geöffnet.

Auch zu empfehlen auf der Golemi und preislich vergleichbar sind die *ouzeries* **Frini Sto Molo** (☎ 26450 24879) und **Burano** (☎ 26450 26025), die beide gut zubereitete griechische Klassiker anbieten.

Elegante Bars und Cafés säumen die Hafenwestseite; im **Karma** (Dorpfeld) am Beginn der Dorpfeld geht es ums Sehen und Gesehenwerden. Die Plateia Agiou Spyridonos ist voll mit Cafés und Menschenmassen.

Selbstversorger greifen zurück auf den **Supermarkt** (Golemi) neben dem Busbahnhof oder die gute **Bäckerei** (Ioannou Mela 182).

OSTKÜSTE & UMGEBUNG

Lefkadas Ostküste wurde im Laufe der Jahre stark touristisch erschlossen. Hauptziel ist Nydri, einst ein Fischerdorf und heute ein überbevölkerter Streifen mit zu vielen Touristenläden und wenig Strand. Besser ist es, ins Inland auszuweichen, wo die Welt anders aussieht: verstreute Dörflein, einheimische Tavernen und schöne Wanderwege. Von Nydri selbst kann man auch zu Wasser fliehen, nämlich zu den kleinen Inseln **Madouri, Sparti, Skorpidi, Skorpios** und **Meganisi**. Viele Ausflüge führen nach Meganisi; bei Skorpios wird eine Schwimmpause eingelegt (15–25 €). Man-

che fahren auch Ithaki und Kefallonia an (20 €). **Borsalino Travel** (☎ 26450 92528; borsalin@ otenet.gr; Nydri) auf der Hauptstraße ist eine hilfreiche Agentur, die so gut wie alles organisieren kann.

Spaziergängern gefällt mit Sicherheit der Weg zu den **Wasserfällen,** 3 km von Nydri entfernt (und weitere 400 m hinter der Taverne). Die Tour folgt dem Weg durch eine Schlucht – aufpassen, Rutschgefahr!

Der kleine Hafen von **Syvota,** 15 km südlich von Nydri, strahlt Gelassenheit aus. Yachten ankern gern hier, und die Fischerflotte ist noch aktiv. Der Strand ist nicht der Rede wert, und um alles auszuschöpfen, ist ein Transportmittel nötig.

Schlafen & Essen

Poros Beach Camping & Bungalows (☎ 26450 95452; www.porosbeach.com.gr; Poros Beach; Stellplatz pro Erw./Auto/Zelt 9/5/5 €, Studio 60–90 €; ▣ ☒ ▢ ☒) Die einfache Anlage liegt 12 Kilometer südlich von Nydri, mit Blick zum schönen Poros-Strand. Es gibt Studio-Apartments, einen schattigen Campingbereich sowie Restaurant, Minimarkt, Bar und Pool.

Ionian Paradise (☎ 26450 92268; www.ionianpara dise.gr; Nydri; Zi. 75 €; ☒) Nette Lage ab vom Hauptgeschehen. Das kürzlich neu eingerichtete Ionian heißt die Gäste immer noch im alten Stil willkommen, und die Zimmer sind angenehm funktional. Frühstück kostet 5 €. Das Hotel liegt am Ende einer Seitenstraße gegenüber der Autovermietung Avis.

Apartments Sivota (☎ 26450 31347, Fax 26450 31151; Syvota; Zi. 45 €, Studio für 2 Pers. 100 €, Apt. für 3 Pers. 110 €; ☒) Diese sehr schönen Apartments in Syvota sind leicht vom Wasser zurückgesetzt, haben aber Balkone und einen guten Ausblick. Treppen von der Uferstraße führen hinauf.

Spiridoula (☎ 26450 31989; Syvota; Hauptgerichte 5,50–15 €) In der ersten Taverne an der Hafenseite in Syvota liegt der Fang des Tages auf Theken mit Eis, von denen man sich einen Fisch aussuchen kann. Fleischgerichte gibt's auch, aber wer die Fischsuppe nimmt, wird es nicht bereuen.

Pinewood (☎ 26450 92075; Nydri; Hauptgerichte 6–16,50 €) Bei den Einheimischen beliebt; in diesem gut geführten Lokal am stillen Nordende von Nydris Hauptstraße gibt's feine Klassiker wie Lamm in Rotwein- und Kräutersauce.

IONISCHE INSELN

VASILIKI ΒΑΣΙΛΙΚΗ

Vasilikis Strand ist steinig, aber dennoch angesagt bei den Sonnengebräunten, vor allem, weil er zu den besten Wassersportgebieten im Mittelmeerraum zählt. Das rührt von der Beschaffenheit der „quadratisch" geschnittenen Bucht her: morgens geht eine sanfte Brise, ideal für den Anfängerunterricht. Nachmittags peitschen Winde die Berghänge hinunter, und dann schlägt die Stunde der Könner. Aber es geht nicht nur um Tempo. Die kurvige Straße am Ufer mit Eukalyptus und Lokalen unter Baldachinen ist angenehm zum Entspannen. Kaiks bringen Besucher zu den besseren Stränden und Buchten der Insel wie den Strand **Agiofylli** südlich von Vasiliki.

Am Strand haben Wassersportveranstalter mit Fahnen, Equipment und eigenen Hotels für ihre Gäste ihre Terrains abgesteckt. **Wildwind** (www.wildwind.co.uk) ist ein Hauptbetreiber von ein- und zweiwöchigen All-inclusive-Erlebnisurlauben, Preise von 563 € bis 921 € je nach Saison. Zu Wildwind gehört das Programm **Healthy Options** (www.healthy-option.co.uk) mit vielen Aktivitäten wie Yoga und Pilates, Tanz und Fitness und auch Wassersport und Öko-Wandertouren. Für kurzfristige Angebote die Veranstalter kontaktieren.

Club Vassiliki Windsurfing (☎ 26450 31588; www.clubvass.com) organisiert Surfkurse zu 25 € pro „Einheit". Beim **Nautilus Diving Club** (☎ 69361 81775; www.underwater.gr), gibt's verschiedene Tauchangebote, unter anderem eine „Schnorchelsafari" für 30 €, einen Schnupper-Tauchkurs für 50 € und einen Freiwasser-Tauchkurs für 360 €; ferner Seekajakfahrten für 30 € (halber Tag). Für alle Aktivitäten gibt es Anlaufstellen am Strand.

Samba Tours (☎ 26450 31520; www.sambatours.gr) in der Hauptstraße ist hilfreich, organisiert Mietautos und -fahrräder und weiß fast alles über die Region. Die zweite Autovermietung ist **Christo's Alex's** (☎ 26450 31580) bei der Bushaltestelle.

Schlafen, Essen & Trinken

Vassiliki Beach Camping (26450 31308; campkingk@otenet.gr; Stellplatz pro Person/Zelt/Auto 8/5/6 €) Gut geführter und kompakter Campingplatz, von dem man leicht zum Strand gelangt.

Pension Holidays (☎ 26450 31426; nicol60@windowslive.com; EZ/DZ 60/65 €; ☯ ganzjährig; ☷) Der nette Spiros und seine Familie bieten griechische Gastfreundschaft, Frühstück (5 €) auf dem Balkon mit Blick auf Bucht und Hafen und einfach möbliert, aber gut ausgestattete Zimmer. Über dem Fähranleger; Preise variieren je nach Dauer des Aufenthalts.

Vasiliki Bay Hotel (☎ 26450 31077; www.hotelvasiliki bay.gr; EZ/DZ inkl. Frühstück 60/70 €; ☷ ☯ ☷) Dieses gut ausgestattete Hotel liegt wenige Blocks vom Wasser entfernt hinter dem Restaurant Alexander. Die Preise sinken erheblich, wenn nicht August ist. Die Familie hat außerhalb des Dorfes entzückende Ferienhäuser; Details telefonisch erfragen.

Delfini (Dolphin; ☎ 26450 31430; Hauptgerichte 6,50–13 €) Das beste traditionelle Lokal an der Hafenmeile. Das Essen wird bei Bestellung frisch zubereitet und ist deshalb bei den Einheimischen beliebt.

Zeus (☎ 26450 31560) Aktuell ein angesagter Club in Vasilikis Spaßviertel, in dem die jungen Wassersportler auf die Pauke hauen. Man kann jederzeit nach nebenan entweichen, ins **Yacht Café** (☎ 26450 31890).

WESTKÜSTE & UMGEBUNG

Echte Strandliebhaber sollten direkt an Lefkadas Westküste gehen, wo das Meer die Katalogklischees wahr werden lässt. Das Türkisblau scheint nicht von dieser Welt zu sein. Zu den besten der zumeist sandigen Strände gehören der entlegene **Egremni** und der atemberaubende **Porto Katsiki** im Süden. Man kommt an Ständen der Einheimischen mit Olivenöl, Honig und Wein vorbei. Auch lange Abschnitte von **Pefkoulia** und **Kathisma** im Norden sind herrlich (Kathisma ist stärker erschlossen, und es gibt hier ein paar Studios zu mieten).

Das malerische **Agios Nikitas** ist kein Geheimtipp mehr, die Leute kommen scharenweise, um das angenehme Flair des Urlaubsortes und den schönen Strand **Mylos** auf der anderen Seite des Kaps zu genießen (Fußweg bei der Taverne Poseidon; etwa 15 Min. geht's hinauf und über die Halbinsel. Ein Wassertaxi ab dem winzigen Strand Agios Nikitas kostet 3 €). Im Ort sind vielerlei Unterkünfte wie das **Camping Kathisma** (☎ 26450 97015; www.camping-kathisma.gr; Stellplatz pro Person/Zelt/Auto 7/5/6 €), 1,5 km südlich, oder das bescheidene **Olive Tree Hotel** (☎ 26450 97453; www.olivetree-lefkada.com; Agios Nikitas; EZ/DZ inkl. Frühstück 70/90 €) unter griechisch-kanadischer Führung; Einheimische nach dem Weg fragen. Gleich am Strand ist das **Sapfo** (☎ 26450 97497; Agios Nikitas; Fisch pro kg 40–60 €), *die* Fischtaverne in Agios Nikitas.

ZENTRAL-LEFKADA

Es lohnt sich unbedingt, den sensationellen Gebirgsgrat im Zentrum Lefkadas mit den traditionellen Bauerndörfern, üppig grünen Gipfeln, duftenden Pinien, Olivenhainen und Weinbergen – plus Ausblick auf die kleinen Inseln – anzusehen, sofern man die Zeit und ein Transportmittel hat. Das Dörfchen **Karya** ist ein Touristenort, hat aber einen hübschen Platz mit Platanen, der von Tavernen und Imbissen umgeben ist. Gleich beim Dorfeingang liegt ein Parkplatz. Karya ist wegen der besonderen Sticktechnik berühmt, die die bemerkenswerte einhändige Maria Koutsochero im 19. Jh. austüftelte. Im **Museum Maria Koutsochero** (Eintritt 2,50 €; ☀ 9–21 Uhr) ist eine interessante Ausstellung von Stickutensilien und einheimischen Erzeugnissen anschaulich in einem traditionellen Haus präsentiert. Das Museum hat auch ein Café; Achtung – die Öffnungszeiten variieren. Zum Museum geht's entweder vom Dorf den steilen Weg hinauf oder von Lefkada-Stadt kommend über die ausgeschilderte Straße kurz vor dem Dorfeingang.

Zum Essen empfiehlt sich die **Taverne Karaboulias** (☎ 26450 41301; Karya plateia; Hauptgerichte 5–13,50 €) wegen ihrer traditionellen Gerichte wie *yemista*, Tomaten und Paprika gefüllt mit Reis und Kräutern und einem herrlichen Brot-Salat. Für Übernachtungsmöglichkeiten die Britin Brenda Sherry im **Café Pierros** (☎ 26450 41760; Karya) fragen, die alles arrangieren kann (auch eine Tasse Tee und ihr spezielles getoastetes Sandwich).

Der höchstgelegene Ort der Insel ist **Englouvi**, berühmt für seinen Honig und die Linsen. Er liegt etwas südlich von Karya.

MEGANISI ΜΕΓΑΝΗΣΙ
1090 Ew.

Die kleine Insel Meganisi ist mit der grünen Landschaft und den von Kiesstränden eingefassten tiefen Buchten mit türkisfarbenem Wasser ein Refugium für alle, die genug von Nydri haben. Es eignet sich für einen Tagesausflug, aber auch für einen längeren, entspannten Aufenthalt. Drei Ortschaften gibt es hier: **Spartochori** mit schmalen Gassen und hübschen, von Bougainvilleen bedeckten Häusern, die sich auf einem Plateau über Porto Spilia drängen (dort legt die Fähre an; der steilen Straße oder den Treppen dahinter folgen), dann das niedliche **Vathy,** der zweite Hafen der Insel, und 800 m hinter Vathy der Ort **Katomeri.** Wer genug Zeit hat, kann einsame Strände wie den **Limonari** besuchen.

Im **Asteria Holidays** (☎ 26450 51107) in Porto Spilia helfen die Leute gern und wissen alles über die Insel.

Schlafen & Essen

Hotel Meganisi (☎ 26450 51240; Katomeri; DZ inkl. Frühstück 100 €; ❄ ⛱) Helle Zimmer mit Balkon und Blick über's Meer oder über's Land und dazu ein erfreulich großer Pool, eine Terrasse und ein gutes Restaurant. Bei Erreichen von Katomeri den Schildern folgen.

Gut essen kann man in der **Taverne Porto Vathy** (☎ 26450 51125; Vathy; Hauptgerichte 7–14 €), der unangefochtenen Lieblingstaverne für Fischgerichte (pro Kilo) draußen auf dem kleinen Kai in Vathy, im **Tropicana** (☎ 26450 51486; Spartohori), das in Spartochori erstklassige Pizza serviert, oder im **Laki's** (☎ 26450 51228; Spartohori; Hauptgerichte 5,50–9,50 €), einer klassischen Taverne, ebenfalls in Spartochori.

An- & Weiterreise

Die Meganisi-Fähre fährt etwa sechs Mal täglich zwischen Nydri und Meganisi (pro Person/Auto 2/13 €, 25–40 Minuten). Sie fährt erst Porto Spilia an, dann Vathy (die erste Fähre des Tages hält in Vathy und dann in Porto Spilia).

Ein örtlicher Bus verkehrt sieben Mal täglich zwischen Spartochori und Vathy (über Katomeri), aber es lohnt sich, das eigene Transportmittel mit der Autofähre mitzubringen.

KEFALLONIA
ΚΕΦΑΛΛΟΝΙΑ

39 500 Ew.

Kefallonia ist die größte der Ionischen Inseln und stolz darauf. Sie prahlt mit rauen Gebirgsketten, üppigen Weinbergen, aufragenden Küstenklippen, goldenen Stränden, Höhlen und Grotten, Klöstern und antiken

Stätten. Das Erdbeben von 1953 zerstörte viele der Siedlungen auf der Insel, und viel Inselarchitektur ist daher relativ modern. Aber es sind genügend unberührte Dörfer und individuelle Gebäude übrig geblieben, um anständig auf Entdeckungstour zu gehen. Kefallonia hat auch wegen seiner ausgezeichneten Küche und der Spitzenweine einen guten Ruf.

Argostoli ist der Hauptort, Sami der Haupthafen. Ein weiterer Höhepunkt ist das malerische Fiskardo im Inselnorden.

An- & Weiterreise
BUS
Vier Busse täglich verbinden Kefallonia mit Athen (37,10 €, 7 Std.) über Patras (21 €,

4 Std.) und nutzen die verschiedenen Fährdienste (nach/von Argostoli, Sami und Poros) zum Festland.

Infos erhält man an der **KTEL-Busstation** (☎ 26710 22276/81; kefaloniakteltours@yahoo.gr; A Tristi 5, Argostoli) im südlichen Hafenbereich von Argostoli. Das Büro gibt einen sehr guten gedruckten Fahrplan heraus.

FÄHRE
National
Die Fähren fahren häufig von Poros und Argostoli nach Kyllini auf dem Peloponnes. Eine Fähre verbindet Sami mit Astakos über Piso Aetos auf Ithaki. Im August fahren jeden zweiten Tag Fähren direkt von Sami nach Astakos.

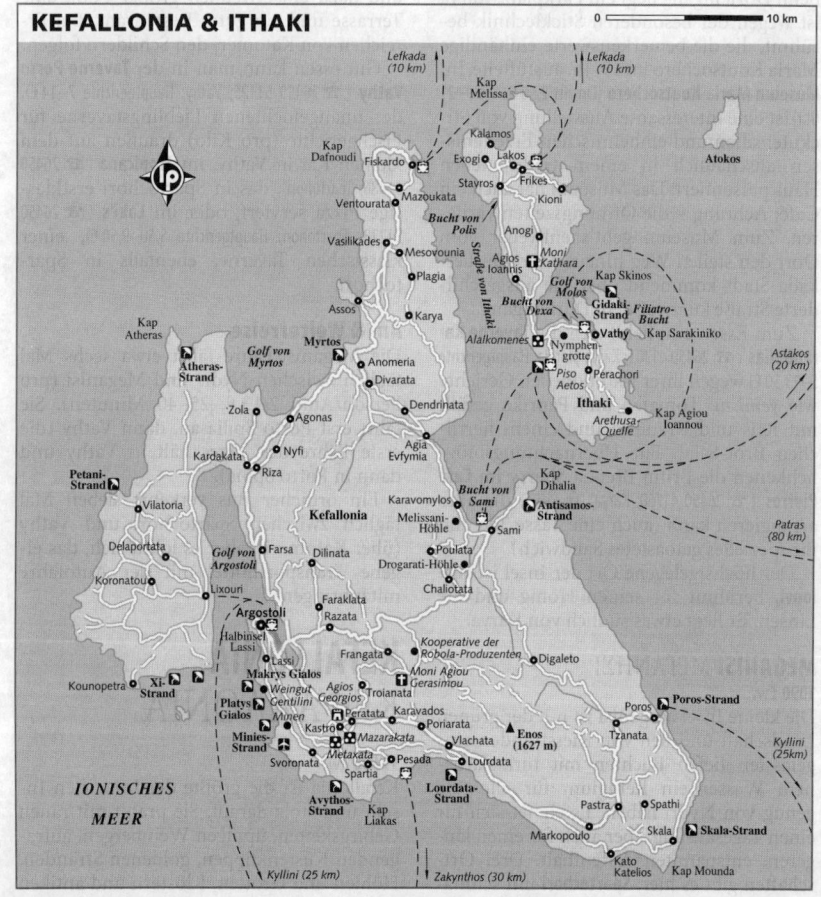

KEFALLONIA & ITHAKI

0 ⸻ 10 km

REINEN WEIN EINSCHENKEN

Ohne ihren Wein wären die Ionischen Inseln nicht, was sie sind. Speziell Kefallonia genießt den Ruf, herausragende Jahrgänge zu produzieren – insbesondere aus der einmaligen Robola-Traube. Hoch in den Bergen südöstlich von Argostoli und im Herzen des grünen Omala Tales befindet sich das Weingut der **Kooperative der Robola-Erzeuger von Kefallonia** (☎ 26710 86301; www.robola.gr; Omala; ◷ April–Okt. Mo–Fr 9–20.30 Uhr, Nov.–März Mo–Fr 7–15 Uhr). Hier wird aus Trauben von rund 300 Winzern der gelbgrüne Robola gewonnen, ein trockener Weißwein mit feinen und doch intensiven Aromen. Es heißt, der Robola sei von den Venezianern eingeführt worden und ein Lieblingswein der Dogen gewesen. Die Robola-Rebe gedeiht üppig in hohen Lagen und auf leichtem Boden. Die nassen Winter und trockenen Sommer auf Kefallonia sind für den Robola-Anbau ideal. Andere Weinsorten bereichern den Weinbau auf Kefallonia. Der Besuch der Kooperative beinhaltet eine Verkostung.

Ein kleineres, sehr feines Weingut ist das **Gentilini** (☎ 6932718730; ◷ Verkostungen Juli–Aug. Mo–Sa 10.30–14.30, 17.30–20.30 Uhr, Führungen & Verkostungen Juni–Mitte Sept. Di, Do, Sa 17.30–20.30 Uhr). Hier werden in zauberhafter Landschaft mehrere Spitzenweine erzeugt, darunter der funkelnde Classico. Das Weingut liegt 2 km südlich von Argostoli an der Straße zum Flughafen; Terminabsprache ist möglich.

Strintzis Lines (www.ferries.gr/strintzis) bietet zwei Fähren täglich von Sami nach Patras und Vathy oder Piso Aetos.

Zwischen Fiskardo und Frikes auf Ithaki sowie Fiskardo und Vasiliki auf Lefkada bestehen mehrere Fährverbindungen. Informationen und Tickets für diese Strecken sind in dem Reisebüro **Nautilus Travel** (☎ 26740 41440; Fiskardo) am Hafen von Fiskardo erhältlich.

Vom entlegenen Hafen in Pesada (Süden) aus verkehren in der Hauptsaison täglich zwei Fähren nach Agios Nikolaos an der Nordspitze von Zakynthos (alternativ von Argostoli nach Kyllini auf dem Peloponnes und von dort nach Zakynthos-Stadt fahren). Ohne eigenes Transportmittel kann es schwierig sein (und mit dem Taxi teuer), nach Pesada und Agios Nikolaos bzw. von dort wieder wegzukommen. Der Fähranleger in Pesada ist darüber hinaus von Argostoli aus zwei Mal täglich mit dem Bus zu erreichen (nur in der Hauptsaison und sonntags gar nicht). Auf Zakynthos fahren zwei Busse pro Woche nach/von Agios Nikolaos nach Zakynthos-Stadt (über einige Dörfer).

Täglich verkehrt eine Fähre zwischen Argostoli und Kyllini (3 Std., 14 €) und bis zu fünf fahren zwischen Poros und Kyllini (1½ Std., 9,90 €). Eine Fähre täglich verbindet Fiskardo und Frikes (55 Min., 3,80 €) sowie Fiskardo und Vasiliki (1 Std., 6,90 €). Sami ist angebunden an Vathy (45 Min., 5,60 €), Patras (2¾ Std., 16,90 €), Piso Aetos (30 Min., 2,80 €) und ein Mal täglich an Astakos (3 Std., 10 €). Im Sommer fahren täglich zwei Fähren zwischen Pesada und Agios Nikolaos (1½ Std., 7 €).

Weiter Informationen siehe Insel-Hopping (S. 865).

International

In der Hauptsaison verkehren regelmäßig Fähren zwischen Sami und Bari (45 €, 12 Std.) in Italien. Zu anderen italienischen Häfen gelangt man erst, nachdem man mit der Fähre von Sami nach Patras übergesetzt hat.

Tickets und Infos sind bei **Vassilatos Shipping** (☎ 26710 22618; Antoni Tristi 54, Argostoli) gegenüber der Hafenbehörde und bei **Blue Sea Travel** (☎ 26740 23007; Sami) am Hafen in Sami erhältlich.

FLUGZEUG

Es bedienen täglich Flüge die Strecke zwischen Kefallonia und Athen, dazu gibt es Verbindungen nach Zakynthos und Korfu, Details siehe auch Insel-Hopping (S. 865). **Olympic Air** (☎ 26710 41511) hat eine Niederlassung am Flughafen.

Von Mai bis September kommen viele Charterflüge aus Nordeuropa nach Kefallonia.

Unterwegs vor Ort
AUTO & MOTORRAD

In den großen Ferienorten gibt es viele Auto- und Motorradvermietungen. Eine

IONISCHE INSELN

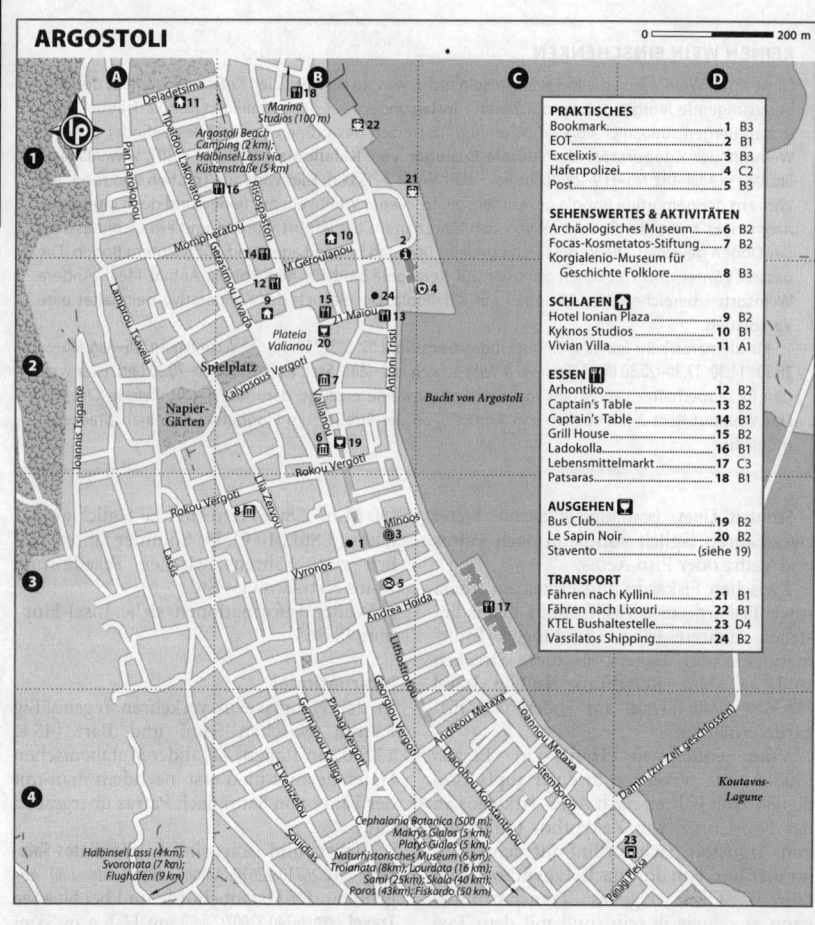

ARGOSTOLI

0 _____ 200 m

PRAKTISCHES
Bookmark	1	B3
EOT	2	B1
Excelixis	3	B3
Hafenpolizei	4	C2
Post	5	B3

SEHENSWERTES & AKTIVITÄTEN
Archäologisches Museum	6	B2
Focas-Kosmetatos-Stiftung	7	B2
Korgialenio-Museum für Geschichte Folklore	8	B3

SCHLAFEN
Hotel Ionian Plaza	9	B2
Kyknos Studios	10	B1
Vivian Villa	11	A1

ESSEN
Arhontiko	12	B2
Captain's Table	13	B2
Captain's Table	14	B1
Grill House	15	B2
Ladokolla	16	B1
Lebensmittelmarkt	17	C3
Patsaras	18	B1

AUSGEHEN
Bus Club	19	B2
Le Sapin Noir	20	B2
Stavento	(siehe 19)	

TRANSPORT
Fähren nach Kyllini	21	B1
Fähren nach Lixouri	22	B1
KTEL Bushaltestelle	23	D4
Vassilatos Shipping	24	B2

sehr zuverlässige einheimische Firma ist **Greekstones Rent a Car** (☎ 26710 42201; www.greek stones-rentacar.com); sie liefert zum Flughafen und in 15 km Umkreis ihrer Station in Svoronata (7 km von Argostoli, beim Flughafen). **Europcar** (☎ 26710 42020) hat ein Büro am Flughafen.

BUS

Von der **KTEL-Busstation** (☎ 26710 22281, 26710 25222) im südlichen Hafengebiet von Argostoli bedienen täglich elf Busse die Strecke zur Halbinsel Lassi (1,40 €), außerdem fahren vier Busse nach Sami (4 €), zwei weitere nach Poros (4,50 €), zwei nach Skala (4,50 €) und zwei nach Fiskardo (5 €). Eine tägliche Ostküsten-Verbindung besteht zwischen Katelios und Skala, Poros, Sami, Agia Evfymia und Fiskardo. Sonntags haben die Busse frei.

FÄHRE

Autofähren fahren stündlich (in der Hauptsaison öfter) von 7.30 bis 22.30 Uhr zwischen Argostoli und Lixouri auf der Halbinsel im Westen. Die Fahrt dauert 30 Minuten, und die Tickets kosten 1,80/4,50/1,20 € pro Person/Auto/Motorrad.

VOM/ZUM FLUGHAFEN

Der Flughafen liegt 9 km südlich von Argostoli. Busse zum Flughafen gibt es keine; ein Taxi kostet etwa 15 €.

ARGOSTOLI ΑΡΓΟΣΤΟΛΙ

8900 Ew.

Argostoli ist eine äußerst sympathische und lebendige Stadt. Beim Erdbeben von 1953 hat sie enorm gelitten und wurde nicht im früheren venezianischen Glanz wieder aufgebaut. Heute finden sich hier breite Boulevards und den Fußgängern vorbehaltene Einkaufsstraßen, gesäumt von den kompakten, hellen Häusern, die für die städtische Mittelmeerarchitektur des späteren 20. Jhs. so typisch sind. Mittelpunkt ist die attraktive, vielleicht etwas zu große Plateia Valianou. Einiges an Leben hat sich von der langen Uferpromenade hierher verlagert.

Orientierung & Praktische Informationen

Der Hauptfähranleger liegt am Nordende der Uferpromenade und die Bushaltestelle am Südende. Die große zentrale Plateia Valianou mit ihren Palmen befindet sich ein paar Blocks von der Uferstraße landeinwärts am Ende der Straße 21 Maiou. Andere Zentren sind die Fußgängerstraße Lithostrotou mit eleganten Geschäften und die Uferstraße Antoni Tristi. Banken mit Geldautomaten befinden sich entlang der nördlichen Uferstraße und auf der Lithostrotou.

Bookmark (☎ 26710 27616; 4 Lithostrotou) Ein Plätzchen für Büchernarren gleich an der geschäftigen Lithostrotou. Im Bookmark gibt's viele neue und gebrauchte englische Bücher zum Kaufen oder sogar zum Leihen.

EOT (Griechisches Fremdenverkehrsamt; ☎ 26710 22248; ☺ Juli–Aug. Mo–Fr 8–30, Sa 9–15 Uhr, Sept.–Juni Mo–Fr 8–14.30 Uhr) Die Touristeninformation liegt an der nördlichen Uferstraße neben der Hafenpolizei.

Excelixis (☎ 26710 25530; Ecke Minoos & Asklipiou; 3 € pro Std.) In diesem Computerladen steht im Obergeschoss Internet, auch WLAN, zur Verfügung.

Post (Lithostrotou)

Sehenswertes & Aktivitäten

Das **Korgialenio-Museum für Geschichte und Folklore** (☎ 26710 28835; Ilia Zervou 12; Eintritt 4 €; ☺ Mo–Sa 9–14 Uhr) und die **Focas-Kosmetatos-Stiftung** (☎ 26710 26595; Vallianou; Eintritt 3 €; ☺ Mo–Sa 9.30–13, 19–22 Uhr) geben interessante Einblicke in Argostolis kulturelle und politische Geschichte. Das Museum der Focas-Kosmetatos-Stiftung ist auch zuständig für den schönen Garten **Cephalonia Botanica** (☎ 26710 26595; ☺ Di–Sa 8.30–14.30 Uhr), 2 km vom Stadtzentrum entfernt, in dem eine Fülle heimischer Pflanzen und Sträucher gedeiht. Im Cephalonia Botanica wird viel zu Ressourcen und Klimawandel geforscht. Der Eintritt zum Garten ist im Ticket der Focas-Kosmetatos-Stiftung enthalten, und im Stiftungsmuseum liegt ein Infoblatt mit Erläuterungen aus. Argostolis **Archäologisches Museum** (☎ 26710 28300; Rokou Vergoti; Eintritt 3 €; ☺ Di–So 8.30–15 Uhr) besitzt eine Sammlung mit Relikten von der Insel, darunter mykenische Funde.

Im 6 km von Argostoli entfernten Davgata zeigt das **Naturhistorische Museum** (☎ 26710 84400; Eintritt 2,50 €; ☺ 9–15 Uhr) spannende Exponate zu geologischen und natürlichen Phänomenen auf Kefalonia sowie ein hervorragendes topografisches Reliefmodell der Insel.

Die nächsten und sandigsten Strände liegen 5 km südlich: **Makrys Gialos** und **Platys Gialos**; mit Busanbindung.

Lourdata ist 16 km von Argostoli entfernt an der Straße Argostoli–Poros und besitzt einen attraktiven, langen Strand vor einer Kulisse aus grünen Bergen.

Wer die Nähe zu Kefallonias Küste und dem Meer sucht, ist bei **Sea Kayaking Kefalonia** (☎ 69340 10400, 69329 04360; www.seakayakingkefalonia-greece.com) richtig. Das ehemalige Monte Nero Activities veranstaltet u. a. gut organisierte Seekajaktouren. Tagestouren mit Mittagessen und Schnorchelzubehör kosten 55 €; ferner gibt es mehrtägige Touren und Kurse. Es werden auch Rad- und Wandertouren in den Küstengebieten der Insel organisiert.

Geführte Touren

KTEL Tours (☎ 26710 23364) führt mittwochs und sonntags sehr gute und ihren Preis werte Kefalonia-Touren durch (18 €). Dabei werden mehrere Städte und Dörfer auf der ganzen Insel besucht. Jeden Freitag gibt es zudem Touren nach Ithaki (35 €). Buchungen können im Gebäude der KTEL-Busstation getätigt werden.

Schlafen

Argostoli bietet recht viele Standardhotels, aber auch einige mit Charakter. **KTEL Tours** (☎ 26710 23364) hält eine Auswahl an Apartments und Hotels bereit und hilft telefonisch.

Argostoli Beach Camping (☎ 26710 23487; www.argostolibeach.gr; Stellplatz pro Erw./Auto/Zelt 7,50/3,50/

4,50 €) Der angenehme, ruhige Campingplatz ist in der Nähe des Leuchtturms am nördlichsten Punkt der Halbinsel.

Kyknos Studios (☎ 26710 23398; p-krousos@otenet. gr; M Geroulanou 4; DZ/3BZ 55/60 €) Ein alter Brunnen in einem originellen Garten steht vor den sieben schönen – vielleicht etwas verblichenen – Studios, alle mit kleiner Veranda und in einem ruhigen Teil der Stadt.

Marina Studios (☎ 26710 26455; maristel@hol.gr; Agnis Metaxa 1; Zi. 55 €, Studio 65-75 €; 🖳) Die Zimmer in einer ruhigen Straße gleich am Nordende des Hafengebiets und direkt gegenüber der Marineschule sind geräumig und gemütlich, und die Studios haben tolle Balkendecken. Stimmungsvolle Drucke und Gemälde verstärken die Atmosphäre.

Vivian Villa (☎ 26710 23396; www.kefalonia-vivian villa.gr; Deladetsima 9; EZ/DZ/3BZ 55/70/85 €, Apt. 120 €; 🖳) Sehr zu empfehlen wegen der großen, hellen Zimmer und der freundlichen Besitzer. Auf allen Zimmern kann man Tee kochen; manche haben Küchen. Das Apartment ganz oben ist klasse. Preisnachlass bei längerem Aufenthalt. Fahrstuhl zu den oberen Etagen.

Hotel Ionian Plaza (☎ 26710 25581; www.ionian plaza.gr; Plateia Valianou; EZ/DZ/3BZ 96/125/169 €; 🖳 🛜) Argostolis schickstes Hotel bietet eine mit Marmor verzierte Lobby, elegante Gemeinschaftsbereiche und gut ausgestattete Zimmer mit Balkon.

Essen

Um die Plateia Valianou herum und auf der Lithostrotou gibt es zahlreiche Cafés.

Ladokolla (☎ 26710 25522; Xarokopou 13; Gerichte 1,90-7 €; 🕑 13–1 Uhr) Hier wird gegessen, was auf den Tisch kommt: Heißes Huhn, Schweine- und Lammfleisch, Kebabs, Pitas und *souvlaki* werden ohne Teller auf sehr sauberen Einweg-Sets serviert. Nur Saucengerichte kommen mit Teller. Bei den Einheimischen sehr beliebt; flinke Bedienung.

Grill House (Gyros 2,20 €) Günstiges, spaßiges Fastfood zwischen den teureren Cafés an der Plateia Valianou; neben dem Hotel Aeon.

Patsuras (☎ 26710 22779; Antoni Tristi 32; Hauptgerichte 5,50–12 €) Ein Lieblingsrestaurant der Einheimischen an der Uferstraße mit vielen authentischen griechischen Gerichten und ordentlich Nachschlag.

Captain's Table Uferstraße (☎ 26710 27170; 1 Metaxa; Hauptgerichte 5,50–24,90 €) Plateia (3 Risospaston)

Die beim Wasser gelegene Filiale des beliebten Lokals serviert anständige traditionelle Gerichte, die vornehmere Filiale befindet sich direkt an der zentralen *plateia*.

LP Tipp **Arhontiko** (☎ 26710 27213; 5 Risospaston; Hauptgerichte 6,50–8,80 €; Mittag- & Abendessen) Hier gibt es kefallonianische Spitzenküche wie ein Soufflé mit Spinat, Käse und Sahne oder Garnelen und *saganaki* (gebratener Käse) als Vorspeise; als Hauptgericht *exohiko* probieren, ein Schweinefleischeintopf mit Tomaten, Zwiebeln, Paprika und Fetakäse. Auch der Hauswein hält mit einem guten Flaschenwein mit.

Auf dem Markt am Hafen sowie in Bäckereien und Supermärkten kann man sich mit allem selbst versorgen.

Ausgehen

Rund um die Plateia Valianou befinden sich mehrere fröhliche Musikbars und Cafés, in denen bis spät in die Nacht etwas los ist. Beliebt sind das Le Sapin Noir, der Bus Club und das Stavento.

SAMI & UMGEBUNG ΣAMH
2200 Ew.

Sami, 25 km nordöstlich von Argostoli und Kefalonias Haupthafen, wurde beim Erdbeben von 1953 ebenfalls zerstört. Der offene, lange Uferbereich besteht aus sehr touristischen Cafés, aber ansonsten ist es ein attraktiver Ort. Er schmiegt sich in eine Bucht und wird von steilen Bergen flankiert. Hier sind einige Klöster, Burgruinen, Höhlen, Pfade und nahe Strände, die die reiche Geschichte der Region spiegeln. Im Ort gibt es alle Einrichtungen wie Post und Banken. Busse nach Argostoli sind meist auf die Fähren abgestimmt und über **Karavomilos** (☎ 26740 23769) können Autos gemietet werden. Samis **Touristinfo** (🕑 Mai–Sept. 9–18 Uhr) befindet sich am Nordende der Stadt. Informativ ist die Website www.sami.gr.

Sehenswertes & Aktivitäten

Die Stadtverwaltung Sami hat eine einfache Broschüre mit dem Titel *Walking Trail* herausgegeben, in der in schöne Spaziergänge durch die Umgebung beschrieben werden. Sie sind in der Touristinfo erhältlich.

Antisamos, 4 km nordöstlich von Sami, ist ein langer, steiniger Strand in herrlicher grüner Landschaft vor bergigem Hintergrund. Auch die Anfahrt ist wegen der sensationellen Ausblicke über die Klippenränder ein Erlebnis.

Die deutlich überschätzte **Melissani-Höhle** (Eintritt inkl. Bootsfahrt Erw./Kind 7/4 €; ☺ Mai–Okt. 8–20 Uhr), 2,5 km westlich von Sami, ist ein unterirdischer Meerwassersee, der im Sonnenlicht in märchenhaftem Blau schimmert. Der Besuch lohnt sich aber nur zwischen 12 und 14 Uhr, wenn die Sonne hoch steht. Die **Drogarati-Höhle** (☎ 26740 22950; Erw./Kind 5/3 €; ☺ Juli–Aug. 8–20 Uhr) ist eine riesige natürliche Kammer mit Stalaktiten. Ihr sensibles System leidet jedoch offenbar unter Erosion, bedingt durch zu viel menschliche Ausdünstungen.

Auf der Straße von Argostoli nach Sami zweigt nach 7 km eine Straße in südliche Richtung zum Zentrum des Robola-Anbaugebietes ab. Hier ist ein Besuch der Robola-Kooperative (siehe S. 803) zu empfehlen. Vom Weingut der Kooperative ist es nicht weit zum Kloster **Moni Agiou Gerasimou,** das Kefallonias Schutzheiligem geweiht ist und von Nonnen betreut wird. Vor der Kapelle liegen Tücher, und nackte Arme und Schultern sollten vor dem Betreten aus Respekt unbedingt bedeckt werden. In der Kapelle befindet sich eine berühmte Höhle, in die Gerasimos vor der Härte des mönchischen Lebens in noch größere Selbstentsagung floh. Über eine steile Metallleiter und äußerst vorsichtig geht's hinunter in eine 6 m tiefer liegende Kammer, ein schmaler Spalt führt in einen zweiten winzigen Raum. Trotz Beleuchtung ist es nichts für Klaustrophobiker – oder Unheilige.

Schlafen

Karavomilos Beach Camping (☎ 26740 22480; www.camping-karavomilos.gr; Sami; Stellplatz pro Erw./Auto/Zelt 7,50/3,50/6 €; ☐ ☏) Dieser große, preisgekrönte Campingplatz in bester Lage vorn am Strand verfügt über zahlreiche Einrichtungen.

Hotel Melissani (☎ 26740 22464; Sami; DZ/3BZ 65/78 €) Unverblümter Retro-Stil heißt die Gäste in diesem sehr großen und schmalen Gebäude etwas landeinwärts willkommen. Sogar die Bar ist stilecht, Dreh-Barhocker aus Vinyl, Marmorböden und groovige Fliesen. Die eher kleinen Zimmer haben Balkons mit Blick auf's Meer oder die Berge.

Hotel Kastro (☎ 26740 22256; www.kastrohotel.com; Sami; EZ/DZ/3BZ 70/95/120 €) Das Kastro im Herzen der Stadt ist im Grunde ein modernes Ferienhotel, aber eine akzeptable Option.

Essen

An der Uferstraße von Sami haben die Restaurants Standard-Qualität.

Dolphins (☎ 26740 22008; Hauptgerichte 5–20 €) Das beste im Uferspalier der Lokale. Das Dolphin steigert seinen Wert schlau mit griechischen Live-Musik-Abenden. Serviert wird hervorragende traditionelle Küche Kefallonias; besonders geschätzt ist der Kaninchenbraten. Fischfreunde versinken in einer Platte mit allem, was das Meer hergibt.

Paradise Beach (☎ 26740 61392; Hauptgerichte 6,50–13 €, Fisch pro kg 48–52 €; Agia Evfymia) In Agia Evfymia an den Tavernen am Hafen vorbei und dann rechts, immer weiter bis zum Ende der Straße – hier ist das berühmte Paradise, in dem das Team eines ebenso berühmten Films (Corellis Mandoline) allabendlich speiste. Penny und Nick sind zwar schon lange weg, aber die dolmadhes und die kefallonianische Fleischpastete sind noch immer köstlich, auch der gesalzene Kabeljau in Knoblauchsauce. Man wird euphorisch begrüßt und die Aussicht ist – paradiesisch.

ASSOS ΑΣΟΣ

Das winzige Dörflein Assos ist ein vornehmes Kleinod mit weiß getünchten und pastellfarbenen Häusern an der Landenge einer Halbinsel. Auf dieser steht eine venezianische Burg – ein schönes Ziel für eine Wanderung mit Wahnsinnsausblicken, umweht vom Hauch der Geschichte.

Als Unterkunft kommt die **Pension Gerania** (☎ 26740 51526; www.pensiongerania.gr; DZ inkl. Frühstück 85 €; ☒) in Betracht. Was hier drin, was draufsteht: ein üppiger Garten voller Geranien. Die hellen, charmanten Zimmer bieten eine schöne Aussicht. Dem Schild pension (und Parkplatz) oben auf dem Berg am Ortseingang folgen.

Cosi's Inn (☎ 26740 51420, 69367 54330; www.cosisinn.gr; Studio für 2–3 Personen 113/129 €; ☒) ist nicht typisch „griechisch", sondern von dem jungen, hippen Innenarchitekten geprägt, dem es gehört. Betten und Sofas mit Eisengestell, mattes Licht und weiße Elemente dominieren.

Essen kann man im **Platanos** (☎ 69446 71804; Hauptgerichte 5,50–13 €), in attraktiver schattiger Lage nah am Wasser. Fleisch ist die Stärke des Lokals; es gibt aber auch Fisch und Vegetarisches wie die köstliche Auberginen-Feta-Parmesan-Pastete.

RUND UM ASSOS

Zu den atemberaubendsten Bilderbuchstränden Griechenlands gehört **Myrtos**, 8 km südlich von Assos an einem spektakulären Abschnitt der Westküstenstraße. Von einem Aussichtsbereich an der Straße kann man den weißen Strand mit dem strahlend blauen Wasser zwischen hohen Kalksteinklippen weit unten bestaunen und fotografieren. In Anomeria besteht auf Meereshöhe Zugang zum Strand. Achtung – der Strand fällt schnell steil ab, aber wenn man erstmal im Wasser ist, ist es ein geradezu himmlisches Erlebnis. Man stelle sich vor: das Klischee von türkisfarbenem, aquamarinblauem Wasser.

FISKARDO ΦΙΣΚΑΡΔΟ
230 Ew.

Fiskardo, 50 km nördlich von Argostoli, wurde 1953 als einziges Dorf auf Kefallonia nicht vom Erdbeben verwüstet. Mit den umgebenden Bergen voller Zypressen und den venezianischen Gebäuden hat es einen ursprünglichen, malerischen Reiz und ist bei gut „bekielten" Yachtfans beliebt. Es gibt ein paar hervorragende Lokale. Oberhalb des Hafens am Südende des Dorfes befindet sich ein Parkplatz.

Nautilus Travel (☎ 26740 41440) Am Ende des Hafenbereichs Richtung Fähranleger; eine effiziente Agentur, die bei allen Anliegen weiterhelfen kann. **Pama Travel** (☎ 26740 41033; www.pamatravel.com) am Hafen ist auf das Wechseln ausländischer Währungen eingerichtet und bietet Reisedienstleistungen an; auch Auto- und Bootsvermietung und Internetzugang (15 Min. für 2 €).

Schlafen

In Fiscardo gibt es ganz unterschiedliche Unterkünfte und ein paar richtige Spitzenrestaurants.

Regina's Rooms (☎ 26740 41125; DZ/3BZ 50/60 €) Die freundliche Regina führt eine beliebte Unterkunft mit bunten Zimmern voller Plastikblumendeko; manche mit Küchenzeile und/oder Balkonen mit wundervollem Blick auf's Meer. Das Haus liegt am großen Parkplatz am Südende des Dorfes.

Villa Romantza (☎ 26740 41322; www.villa-romantza.gr; Zi./Studio 50/70 €, Apt. 80–110 €; ⊠) Sehr gute Budget-Option mit schlichten, sauberen Zimmern. Gleich neben Regina's Rooms am Parkplatz. Außerhalb der Saison ist es billiger.

Stella Apartments (☎ 26740 41211; www.stella-apartments.gr; DZ 105 €, Apt. 210 €; ⊠) Am ruhigen südlichen Ortsrand etwa 800 m vom großen Parkplatz entfernt gelegen. Die Apartments bestehen aus blitzsauberen, geräumigen Studios mit Küche und Balkon. Es gibt einen Gemeinschaftsspeiseraum.

Emelisse Hotel (☎ 26740 41200; www.arthotel.gr; DZ 480–630 €, Suite 510–1800 €, Apt. 770–800 €; ⊠ ganzjährig; ⊠ ⊠) In exquisiter Lage mit Blick über die unberührte Emplisis-Bucht. Das elegante Luxushotel verfügt über alle Einrichtungen für einen Verwöhnurlaub. Die

---

ERINNERUNGEN OHNE MANDOLINEN

In der Taverne Beach Paradise gerät der unerschütterliche Stavros Dendrinos immer noch ins Schwärmen, wenn er sich an früher erinnert. Als Junge während des Zweiten Weltkriegs sehnte er sich danach, der Enge des Insellebens zu entrinnen. „Jedes Mal, wenn ich in der Ferne ein Segel sah, machte mein Herz einen Satz vor Aufregung", sagt er lächelnd.

Mit 12 Jahren fuhr Stavros dann im Zweiten Weltkrieg mit seinem Onkel mit einem kleinen Motor-Segelboot zwischen Kefallonia und Piräus. Sie beförderten Fahrgäste und einheimische Produkte in kleinen Mengen, alles innerhalb der engen Grenzen, die die deutschen Besatzer auferlegt hatten. Wegen der Abendsperre mussten sie mit Einbruch der Dunkelheit irgendwo ans Ufer. Später fuhr er jahrelang weltweit zur See und ließ sich schließlich in Athen nieder. Von der Erinnerung an Kefallonia und das klare Meer seiner Kindheit getrieben, kehrte er schließlich zurück und wurde einer der bekanntesten Tavernenwirte der Insel.

Oh … hat da jemand *Corellis Mandoline* und Penelope Cruz erwähnt (es heißt, sie habe während ihres Aufenthalts allabendlich im Paradise gespeist)? „Lovely lady", sagt Stavros gnädig, aber der Blick schweift dabei aufs Meer und zu fernen Segeln.

Zimmer sind sehr schön gestaltet, belaubte Terrassen umgeben den großzügigen Pool; sogar Fitnessraum und Tennisplatz sind vorhanden. Frühstück inbegriffen.

Essen & Trinken

Café Tselenti (☎ 26740 41344; Hauptgerichte 7,50–23 €) Dieses Restaurant mit hervorragender Küche und romantischer Terrasse ist im Herzen des Dorfes in einem charmanten Gebäude aus dem 19. Jh. untergebracht, das der Familie Tselenti seit 1893 gehört. Die Vorspeisen, wie Käse-Pilz-Pastetchen und Auberginenröllchen sind köstlich, ebenso die Hauptgerichte wie Linguine mit Garnelen, Muscheln und Krebse in Tomatensauce oder Schweinefleisch, gefüllt mit Aprikosen, Datteln und frischer Ananas.

Tassia (☎ 26740 41205; Hauptgerichte 10–25 €) Durch die Komplettrenovierung 2009 hat diese Institution in Fiskardo, betrieben von der gefeierten Köchin und Autorin über die griechische Küche Tassia Dendrinou, noch mehr Glanz bekommen. Alle Speisen sind wahre Gaumenfreuden, aber Spezialitäten wie *kolokythokeftedhes*, kleine Markkroketten und Pasta nach Fischerart mit fein gehacktem Tintenfisch, Oktopus, Muscheln und Garnelen in einer Zaubersauce, die sogar einen Schuss Cognac enthält, sind besonders zu empfehlen. Auch die Fleischgerichte sind exzellent, und Tassias Desserts sind richtig berühmt.

Gaeta Art Bar (☎ 69322 57027) Im Gaeta mitten in Fiskardo am Ufer, lässt man tagsüber beim Kaffee die Welt vorüberziehen und genießt abends Cocktails, Drinks und nette Gesellschaft.

An- & Weiterreise

Nach/von Fiskardo geht's mit der Fähre nach/von Lefkada und Ithaki (Details siehe Insel-Hopping, S. 865) oder mit dem Bus von/nach Argostoli. Der Fähranleger befindet sich an einem Ende des Hafengebiets; im Bus um Ausstieg an der Kreuzung bitten, ansonsten sind es 10 Minuten zu Fuß vom Parkplatz zum Anleger.

ITHAKI IΘAKH

3700 Ew.
Das geschützte Ithaki liegt glücklich verträumt wie in einem See zwischen Kefallo-

nia und dem griechischen Festland. Die Insel wird als Heimat von Homers Odysseus gefeiert, wo dessen getreue Gemahlin Penelope trotz Belagerung durch unappetitliche Verehrer geduldig seiner ziemlich verspäteten Rückkehr harrte. Die beschauliche Insel besteht aus zwei großen Halbinseln, die mit einem schmalen Streifen Land verbunden sind. Nackte Klippen, steile Berge und weite Flächen mit Olivenhainen und Zypressen runden dieses ionische Juwel ab. Schmucke Dörfer (nach dem Erdbeben 1953 wieder erbaut) und versteckte Kiesstrand-Buchten machen die Insel noch reizvoller; Klöster und Kirchen bieten byzantinische Sehenswürdigkeiten und herrliche Aussichten.

An- & Weiterreise

Strintzis Lines (www.ferries.gr/strintzis-ferries) bietet täglich zwei Fähren, die Vathy oder Piso Aetos mit Patras verbinden, über Sami auf Kefallonia. Die Fähre *Ionian Pelagos* verkehrt täglich (manchmal zwei Mal) in der Hauptsaison zwischen Piso Aetos, Sami und Astakos auf dem Festland. Andere Fähren fahren nach dauernd wechselnden Fahrplänen von Vasiliki und Nydri (Lefkada) nach Frikes (Ithaki) und Fiskardo (Kefallonia). Details siehe Insel-Hopping (S. 864).

Infos und Tickets für diese Strecken sind bei Delas Tours (S. 810) auf dem Hauptplatz in Vathy erhältlich.

Täglich geht eine Fähre von Frikes nach Fiskardo (3,80 €, 55 Min.) und von Frikes nach Nydri (7 €, 1½ Std.). Täglich je zwei Fähren fahren von Vathy nach Patras (17,60 €, 3¾ Std.) und von Piso Aetos nach Patras (17,60 €, 3 Std.).

Unterwegs vor Ort

Bei Piso Aetos an der Westküste von Ithaki gibt es keine Ortschaft; Taxis passen oft die Schiffe ab, der Bus der Gemeinde ebenso (nur in der Hauptsaison). Der einzige Inselbus fährt täglich zwei Mal (nur wochentags; in der Hauptsaison öfter) zwischen Kioni und Vathy über Stavros und Frikes (3,90 €); der sehr dünne Fahrplan ist für Tagesausflügler unpraktisch. Taxis sind relativ teuer (um 30 € für die Strecke Vathy–Frikes). Am besten mietet man ein Moped oder Auto (oder ein Motorboot) und zieht damit los. In Vathy bietet sich das **Rent a Scooter**

IONISCHE INSELN

(☎ 26740 32840) am Ende der Gasse gegenüber der Hafenbehörde an. Autos findet man bei **Happy Cars** über Polyctor Tours (unten) oder bei **Alpha Bike & Car Hire** (☎ 26740 33243) hinter der Alpha Bank.

VATHY ΒΑΘΥ
1820 Ew.

Ithakis hübscher Hauptort zieht sich am langen, quadratischen Hafenbereich entlang. Der zentrale Platz ist gesäumt von Cafés und Restaurants, in denen sich das Leben abspielt. Schmale Gassen schlängeln sich vom Wasser landeinwärts.

Der Fähranleger liegt an der Westseite der Bucht. Zur zentralen Plateia Efstathiou Drakouli geht's vom Anleger nach links und am Wasser entlang.

Ithaki hat keine Touristinfo. **Delas Tours** (☎ 26740 32104; www.ithaca.com.gr) und **Polyctor Tours** (☎ 26740 33120; www.ithakiholidays.com), beide auf dem großen Platz, können Touristen weiterhelfen. Auf dem Platz sind ferner Banken mit Geldautomaten, die Post und Internetzugang im **Net** (4 € pro Std.).

Sehenswertes & Aktivitäten
Hinter dem Hotel Mentor befindet sich ein interessantes **Archäologisches Museum** (☎ 26740 32200; Eintritt frei; ☾ Di–Do 8.30–15 Uhr) mit antiken Münzen, die Odysseus abbilden. Das gleichermaßen unterhaltsame und informative **Museum für Seefahrt & Folklore** (Eintritt 1,50 €; ☾ Di–Sa 10–14, 17–21 Uhr) befindet sich in einem alten Kraftwerk einen Block hinter dem Platz.

Bootsausflüge auf der **Albatross** (☎ 69769 01643) starten in den Sommermonaten vom Hafen in Vathy. Es gibt Tagesausflüge rund um die Insel und nach Fiskardo (30 €), Lefkada (35 €) und zu den „unbekannten Inseln", darunter Atokos und Kalamos (35 €). Ein Wassertaxi fährt zum Strand **Gidaki**. Achtung: Zu Fuß ist der Strand ausschließlich über den Fußweg vom Strand Skinari aus zu erreichen.

Schlafen
Grivas Gerasimos Rooms (☎ 26740 33328; DZ/3BZ 75/88 €) Geräumige Studios mit Topfpflanzen, kleinen Balkonen und Meerblick sind an diesem schönen Ort ein guter Tipp. Hierher geht's am Century Club am Wasser nach rechts und dann die Erste links an der Straße parallel zum Meer. Die Studios sieht

man nach 50 m auf der rechten Seite. Preisnachlass eventuell je nach Aufenthaltsdauer.

Odyssey Apartments (☎ 26740 33400; www.it haki-odyssey.com; Apt. 110–170 €; ⌘ ⛴) Am Wasser entlang nach rechts gehen, dann rechts hinauf noch einmal 500 m; die Topadresse ist als Skinos und Odyssey Apartments ausgeschildert. Helle, luftige Studios und Apartments mit Balkon und ein zauberhafter Blick auf den Yachthafen und in die Ferne.

Hotel Perantzada (☎ 26740 33496; www.arthotel. gr/perantzada; Odissea Androutsou; EZ 200 €, DZ 316–388 €, Suite 459–707 €; ⌘ ▯ ⛴) Dieses elegante Boutique-Hotel in einem umgebauten klassizistischen Gebäude aus dem 19. Jh. gehört zur Emelisse-Gruppe. Alles strahlt in modernistischem Schick und in den lebendigen Designs von Künstlern wie Philipp Starck und Ingo Mauer. Ein neuer Anbau ist noch glanzvoller, und es gibt einen Riesenpool. Das Frühstück ist Luxus pur.

Essen & Trinken
Die Lokale in Vathy am Ufer haben Standardniveau und quasi identische Speisekarten, aber es gibt auch Ausnahmen.

Diejenigen, die auf süße Leckereien stehen, sollten in einer der Konditoreien oder am großen Platz die hiesige Spezialität *ro-*

AUF HOMERS SPUREN

Ithaki hat kompakte Dimensionen, und daher erleben Wanderer auf kürzester Strecke die drastischsten landschaftlichen Abwechslungen auf ihren Touren und genießen mitunter eine Rundumsicht auf das Meer und die umliegenden Inseln. Dem Insulaner Denis Sikiotis und seinem Helferteam sind mehrere begehbar gehaltene und markierte Wanderwege auf der ganzen Insel zu verdanken. Denis Sikiotis hat kurze Anmerkungen und Karten erarbeitet, die normalerweise im Rathaus in Vathy erhältlich sind. Bei schönen geführten Wanderungen – darunter mittwochs die beliebte HomerWanderung – werden weniger besuchte Gegenden der Insel erkundet. Organisator ist **Island Walks** (☎ 69449 90458; www.island walks.com). Die Touren sind 5 bis 13 km lang und kosten zwischen 15 und 25 € pro Person.

vani kosten. Sie wird aus Reis, Honig und Gewürznelken gemacht.

Café Karamela (☎ 26740 33580; Snacks 2,50–6 €) am westlichen Anleger; hier geht's freundlich zu, und durch ein großes Fenster hat man einen wahrlich malerischen Blick über die Bucht. Brettspiele, Bücher und TV, dazu hausgemachte Snacks, Kuchen und Gebäck machen es sogar noch angenehmer.

Dracoulis (☎ 26740 33453; Snacks 5–9 €) In der Café-Bar in einer altehrwürdigen Villa am Hafen werden Drinks, Sandwiches, gemischte Teller und Musik angeboten. In dem kleinen Becken vor dem Gebäude, in dem Boote vor Anker gehen, lässt es sich auf dem Wasser herrlich tagträumen. Der Kanal unter der Straße hindurch war früher für kleine Boote passierbar; heute bräuchte man ein Mini-U-Boot.

Gregory's Taverna/Paliocaravo (☎ 26740 32573; Hauptgerichte 5,50–19 €) Der alteingesessene Familienbetrieb mit Blick über den Yachthafen serviert Fisch und leckere Spezialitäten wie *savoro,* in Essig und Rosinen marinierten Fisch. Hierher geht's 1 km nach Norden auf Vathys Uferstraße.

Drosia (☎ 26740 32959; Hauptgerichte 6–5 €) In der bekannten Taverne gibt's echt griechische Küche mit einem Hauch Venezuela. Beliebt sind die Gerichte vom Holzkohlegrill, womöglich mit einer spontanen Tanzeinlage zu *bouzouki*-Musik. Auf der schmalen Straße nach Filiatro von der inneren Ecke des Hafens aus geht's etwa 1 km bergauf.

UNTERWEGS AUF ITHAKI

Ithaki ist stolz auf einige Stätten, die mit Homers Odyssee verbunden werden. Die Suche nach den bejubelten Orten kann wegen der sparsamen Beschilderung ebenfalls eine Odyssee werden. Viele scheinen fast selbst ein Mythos zu sein, so unklar ist ihr Standort. Zweifellos jedoch ist der Geist der Klassik auf dieser Insel zugegen. An der **Arethousa-Quelle** im Süden der Insel tränkte Odysseus' Schweinehirte Eumaeus der Sage nach seine Tiere. Die schattenlose, einsame Wanderung durch unberührte Natur mit großartigem Blick aufs Meer dauert 1½ bis 2 Stunden (hin und zurück) ab der Kreuzung, die anstrengenden 5 km auf der Straße bergauf bis zum Schild selbst nicht eingerechnet. Sonnenhut und Wasser mitnehmen.

Der Standort des Palasts des Odysseus ist sehr umstritten, und den Archäologen ist es nicht gelungen, ausreichend Nachweise zu finden. Manche Archäologen vermuten, es sei der **Berg Pelikata** bei Stavros, der deutsche Archäologe Heinrich Schliemann hingegen glaubte, der Palast habe in **Alalkomenes** bei Piso Aetos gestanden. In Stavros ist auch das kleine **Archäologische Museum** (☎ 26740 31305; Eintritt frei; 🕑 Di–So 9–14.30 Uhr) sehenswert.

Wer eine Pause von Homers Mythen möchte, fährt von Vathy nach Norden über eine landschaftlich sagenhafte Bergstraße in den verschlafenen alten Hauptort **Anogi.** Die restaurierte Kirche **Agia Panagia** (angeblich 12. Jh.) besitzt unglaubliche byzantinische Fresken und einen venezianischen Glockenturm. Die Schlüssel gibt's im *kafeneio* nebenan. 200 m bergauf sind in einer mit felsenübersäten Landschaft die spärlichen, aber stimmungsvollen Ruinen des alten Anogi zu sehen.

Noch weiter nördlich liegt das Dörfchen **Stavros** über der Polis-Bucht; es ist auch über die Westküstenstraße zu erreichen. Von Stavros aus nordöstlich gelangt man in das winzige, unauffällige Dorf **Frikes**, das sich zwischen Wind umtoste Klippen schmiegt. Am Wasser warten ein paar Restaurants, quirlige Bars und relaxte Stimmung. Von hier fahren die Fähren nach Lefkada ab. Eine kurvenreiche Straße führt an der schönen Küste entlang von Frikes nach **Kioni**, auch ein kleines Dorf am Meer. Wie hingegossen erstreckt es sich einen Berghang hinab zu einem kleinen Hafen, in dem Yachtbesitzer übernachten und Tavernen und Bars sie schon ungeduldig erwarten.

Schlafen & Essen

Mrs Vasilopoulos' Rooms (☎ 26740 31027; Stavros; EZ/DZ/Apt. 40/50/65 €) Die gemütlichen Studios mit Deckenventilator sind über die Gasse ganz links vom Café To Kentro vom Hauptplatz in Stavros aus zu erreichen. Vom hübschen Garten aus schaut man auf Oliven- und Zypressenhaine.

Captain's Apartments (☎ 26740 31481; www.captains-apartments.gr; Kioni; DZ 65 €, Apt. für 4 Pers. 90 €; 🕑 ganzjährig; P ✣) Die gepflegten Studios und Apartments sind gut geführt und definitiv tipptopp. Auf der Serpentinenstraße zu Kionis Hafen hinunter nach halbem Wege ausgeschildert.

IONISCHE INSELN

Fatouros Taverna (☎ 26740 31385; Stavros; Hauptgerichte 5–12 €) Angenehm natürliches Lokal hinter roter Ziegelfassade. Beliebt wegen des sehr guten am Spieß gegrillten Fleisches und griechischen Standardgerichten.

Yiannis (☎ 26740 31363; Stavros; Hauptgerichte 5–12 €) Der freundliche Yiannis macht gute Pizza und handfeste *mezedhes*, aber auch griechische Hauptgerichte. Frühstück gibt's für etwa 5 €.

Rementzo (☎ 26740 31719; Frikes; Hauptgerichte 6,80–11,60 €) Zwischen dem üblichen Tavernen gelegen, die auch in Frikes das Ufer säumen, serviert das Rementzo gute griechische Standardgerichte.

ZAKYNTHOS
ZAKYNΘΟΣ

38 600 Ew.

Zakynthos (italienisch Zante) ist eine spannende Insel. Leider kennt man sie vor allem wegen des auffälligen und massiven Pauschaltourismus an der Ost- und der Südostküste, obwohl sie im Grunde eine wunderschöne Insel ist. Der Westen und das Binnenland sind gebirgig, grün und inspirierend. Die Venezianer nannten sie die Blume des Orients. Die Bewohner sind offen, die Küche ist ein Genuss. Durch zu viel Tourismus ist aber nicht nur die Ästhetik des Insellebens bedroht. Die Meeresschildkröte (siehe Kasten S. 817) kämpft im Angesicht der kommerziellen Entwicklung ums Überleben.

An- & Weiterreise

BUS

Kürzlich wurde der schmucke neue **KTEL-Busbahnhof** (☎ 26950 22255) an der Umgehungsstraße westlich von Zakynthos-Stadt eröffnet. Montags bis freitags fährt von früh bis 15 Uhr ungefähr stündlich ein Minibus vom **alten Busbahnhof** (42 Filita St) zum neuen.

KTEL betreibt vier Busse täglich zwischen Zakynthos-Stadt und Patras (6,80 €, 3½ Std.) sowie vier Verbindungen täglich nach/von Athen (23,20 €, 6 Std.) über den Kanal von Korinth (16,60 €, 5 Std.). Wöchentlich zwei Mal besteht eine Verbindung nach Thessaloniki (44,30 €). Zusätzlich 8,20 € für die Fähre zwischen Zakynthos und Kyllini einrechnen.

FÄHRE
National

Je nach Saison fahren täglich fünf bis sieben Fähren zwischen Zakynthos-Stadt und Kyllini auf dem Peloponnes. Tickets sind bei der **Zakynthos Shipping Cooperative** (☎ 26950 22083/49500; Lombardou 40) in Zakynthos-Stadt erhältlich.

Vom nördlichen Hafen Agios Nikolaos fährt von Mai bis Oktober zwei Mal täglich ein Fährshuttle nach Pesada im Süden Kefallonias. In der Hauptsaison fahren nur zwei Busse wöchentlich von Zakynthos-Stadt nach Agios Nikolaos und zwei Busse täglich von Pesada (Kefallonia) nach Argostoli (Kefallonia); ohne eigenes Fahrzeug ist das Übersetzen also schwierig. Alternativ fährt man erst nach Kyllini und dann mit einer anderen Fähre nach Kefallonia.

Details zu den Fähren siehe Insel-Hopping (S. 878).

International

Hellenic Mediterranean Lines (www.hmlferry.com) In Juli und August fahren ein oder zwei Fähren wöchentlich zwischen Brindisi und Zakynthos (69 €, 15½ Std.).

FLUGZEUG

Von Zakynthos gibt es täglich mindestens ein bis zwei Flüge nach Athen sowie zu anderen Ionischen Inseln, auch nach Kefallonia und Korfu. **Olympic Air** (☎ 26950 28322; Flughafen Zakynthos; ☽ Mo–Fr 8–22 Uhr) kann mit Infos und Buchungen weiterhelfen. Details siehe Insel-Hopping (S. 878).

Von Mai bis September kommen viele Charterflüge aus Nordeuropa nach Zakynthos.

Unterwegs vor Ort

Zwischen Zakynthos-Stadt und dem Flughafen 6 km südwestlich gibt es keinen Busservice. Das Taxi kostet etwa 10 €. Häufig fahren Busse vom **KTEL-Busbahnhof** (☎ 26950 22255) zu den Urlaubsorten Alikes (1,50 €), Tsilivi, Argasi, Laganas und Kalamaki (alle 1,40 €). Busverbindungen in andere Dörfer sind selten. Ein paar nützliche lokale Busse nehmen die oberen oder unteren Hauptstraßen nach Katastari und Volimes. Am Busbahnhof fragen.

In den größeren Ferienorten gibt es unzählige Auto- und Mopedvermietungen. In Zakynthos-Stadt ist **Motor Club Rentals**

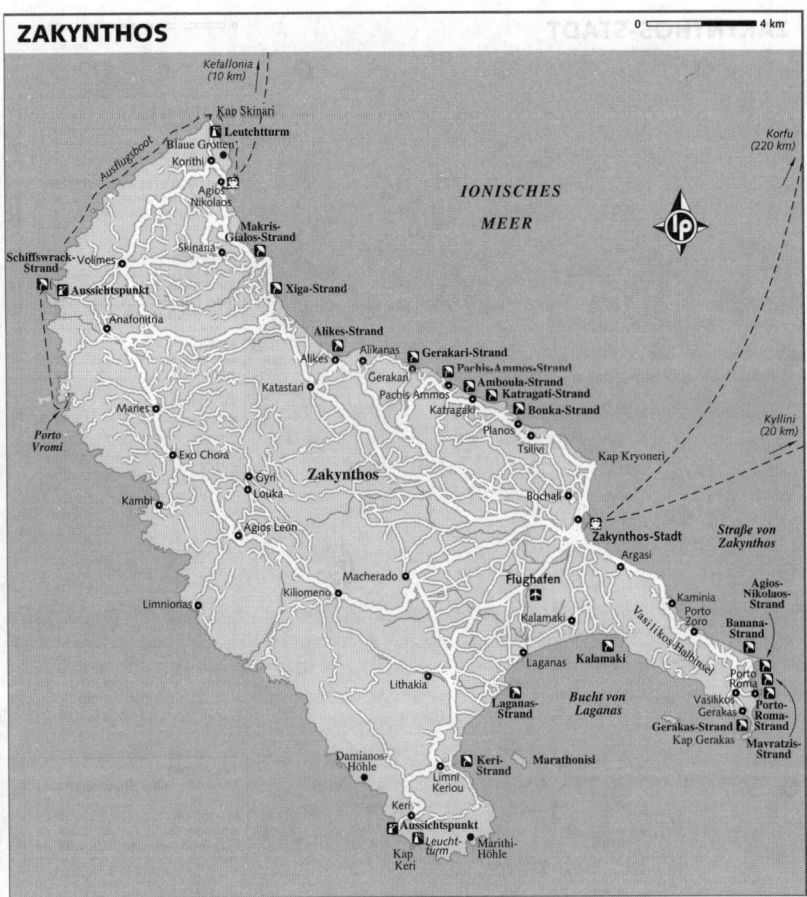

ZAKYNTHOS

0 — 4 km

Kefallonia
(10 km)

Kap Skinari

Leutchtturm

Blaue Grotten

Korithi

Ausflugboot

Agios
Nikolaos

Makris-
Gialos-Strand

Skinaria

IONISCHES
MEER

Schiffswrack-
Strand

Volimes

Aussichtspunkt

Xiga-Strand

Anafonitria

Korfu
(220 km)

Alikes-Strand

Alikanas

Gerakari-Strand

Alikes

Pachis-Ammos-Strand

Katastari

Gerakan

Ambula-Strand

Pachis Ammos

Katragati-Strand

Katragaki

Bonka-Strand

Maries

Planos

Kyllini
(20 km)

Tsilivi

Porto
Vromi

Exo Chora

Zakynthos

Gyri

Kambi

Louka

Bochali

Agios Leon

Kap Kryoneri

Zakynthos-Stadt

Straße von
Zakynthos

Argasi

Macherado

Flughafen

Kiliomeno

Kaminia
Porto
Zoro

Agios-
Nikolaos-
Strand

Limnionas

Kalamaki

Banana-
Strand

Porto
Roma

Lithakia

Laganas

Kalamaki

Vasilikos
Gerakas

Porto-
Roma-
Strand

Laganas-
Strand

Bucht von
Laganas

Gerakas-Strand
Kap Gerakas

Mavratzis-
Strand

Damianos-
Höhle

Keri-
Strand

Marathonisi

Limni
Keriou

Keri

Aussichtspunkt

Kap
Keri

Leucht-
turm

Marithi-
Höhle

Vasilikos Halbinsel

(☎ 26950 53095) eine gute Option; Vermietungen können auch über das Büro Zante Voyage (s. S. 814) abgewickelt werden. Auch zuverlässig ist **Europcar** (☎ 26950 41541; Plateia Agiou Louka) mit einem zweiten Büro am Flughafen.

ZAKYNTHOS-STADT

11 200 Ew.

Zakynthos-Stadt ist Hauptstadt und Hafen der Insel und füllt eine riesige Bucht aus. Das Erdbeben von 1953 zerstörte den Ort, aber er wurde originalgetreu wieder aufgebaut, mit Straßen unter Arkaden, imposanten Plätzen und anmutigen klassizistischen Gebäuden. Eine venezianische Bergfestung bildet einen attraktiven Hintergrund. Die Atmosphäre ist sehr griechisch, und die Stadt ist offensichtlich eher ein Wirtschafts- als ein Tourismuszentrum, besitzt jedoch einige herausragende kulturelle Attraktionen. Im Norden der Stadt (um die Plateia Agiou Markou) gibt es viele Cafés, Bars und Restaurants.

Orientierung & Information

Die Plateia Solomou liegt am Nordende der Uferstraße Lombardou, gegenüber dem Fähranleger, dahinter die Plateia Agiou Markou und der Busbahnhof außerhalb auf der westlichen Ortsumgehung. Die Hauptdurchfahrtsstraße Alexandrou Roma verläuft ein paar Blocks landeinwärts parallel zum Wasser.

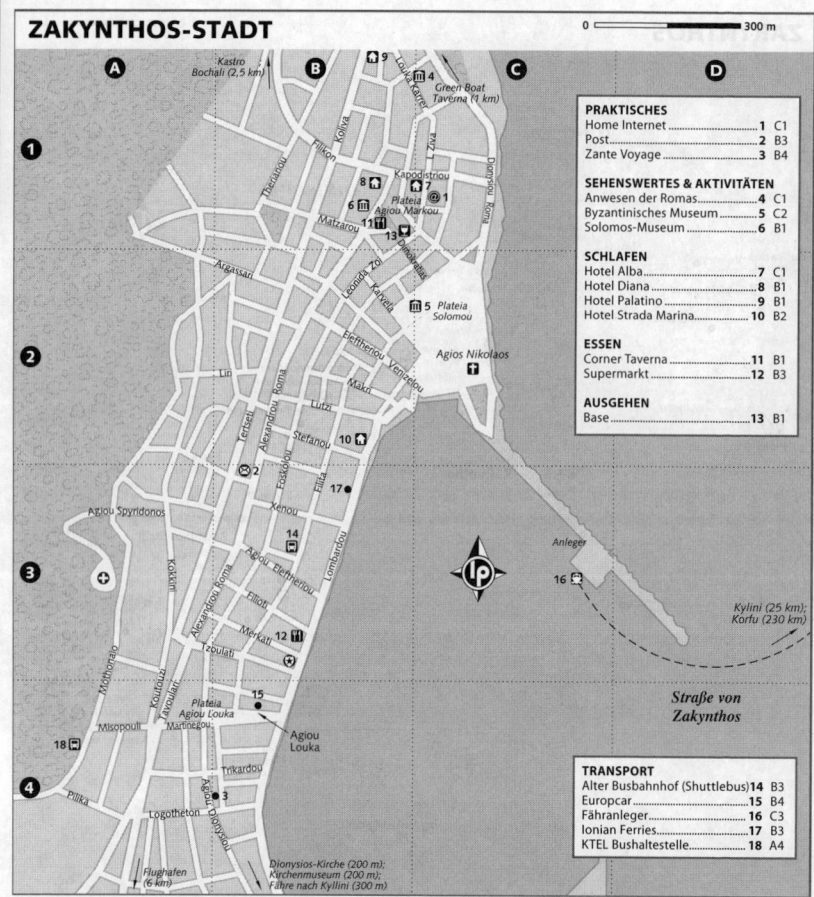

ZAKYNTHOS-STADT

PRAKTISCHES
Home Internet	1 C1
Post	2 B3
Zante Voyage	3 B4

SEHENSWERTES & AKTIVITÄTEN
Anwesen der Romas	4 C1
Byzantinisches Museum	5 C2
Solomos-Museum	6 B1

SCHLAFEN
Hotel Alba	7 C1
Hotel Diana	8 B1
Hotel Palatino	9 B1
Hotel Strada Marina	10 B2

ESSEN
Corner Taverna	11 B1
Supermarkt	12 B3

AUSGEHEN
Base	13 B1

TRANSPORT
Alter Busbahnhof (Shuttlebus)	14 B3
Europcar	15 B4
Fähranleger	16 C3
Ionian Ferries	17 B3
KTEL Bushaltestelle	18 A4

Zakynthos-Stadt hat keine Touristeninfo. **Zante Voyage** (☎ 26950 25360; 12 Agiou Dionysou) hilft und verspricht „Reiselösungen". Das Personal ist sehr fähig bei Auskünften zu Unterkunft, Mietwagen und Touren.

In der Straße Lombardou und westlich der Plateia Solomou sind die Banken mit Geldautomaten. Die **Post** (☎ 26950 44875; Tertseti 27; ☺ 7–14 Uhr) liegt einen Block westlich der Alexandrou Roma. **Home Internet** (12 L Ziva; 3 € pro Std.; ☺ 10–1 Uhr) bietet einen ordentlichen Internetzugang.

Sehenswertes & Aktivitäten

Im **Byzantinischen Museum** (☎ 26950 42714; Plateia Solomou; Eintritt 3 €; ☺ Di–So 8.30–15 Uhr) ist auf zwei Ebenen sagenhafte Kirchenkunst zu bewundern, die aus den im Erdbeben eingestürzten Kirchen gerettet wurde. Sie wird in schöner Kulisse mit Blick über den Hauptplatz präsentiert. Das Kloster St. Andreas aus dem 16. Jh. wurde im Innern für die restaurierten Fresken kunstvoll „nachgebildet". Das nahe **Solomos-Museum** (☎ 26950 28982; Plateia Agiou Markou; Eintritt 4 €; ☺ 9–14 Uhr) ist dem auf Zakynthos geborenen Dionysios Solomos (1798–1857) gewidmet, der als Begründer der modernen griechischen Lyrik gilt. Sein Werk *Hymne an die Freiheit* wurde zur griechischen Nationalhymne erkoren. Im Museum sind Erinnerungsstücke und Archive versammelt. Gleich nördlich der Plateia Agiou Markou liegt das faszinierende **Anwesen der Romas** (☎ 26950 28343; 19

Louka Karrer; Eintritt 5 €; ☉ April–Okt. Mo–Sa 10–14 Uhr), erbaut im 17. Jh. von einem englischen Kaufmann. Es war in britischem Besitz (Gladstone wandte sich vom Balkon an die Einheimischen), bis die Familie Romas es in den 1880ern erwarb. 1953 erlitt das Haus große Schäden, wurde aber wenige Jahre später teils wieder aufgebaut. Historische Möbel und Dekor sind in bestem Zustand. Die Bibliothek verfügt über die erstaunliche Anzahl von mehr als 10 000 Bänden.

Die **Dionysios-Kirche** im Süden von Zakynthos-Stadt ist dem Schutzheiligen der Insel geweiht und birgt einige zauberhafte Goldarbeiten und Fresken. Hinter der Kirche befindet sich ein **Kirchenmuseum** (Eintritt 2 €; ☉ 9–13, 17–21 Uhr) mit fesselnden Ikonen aus dem Kloster Strofades – Dionysios' Heimat – sowie Schriftrollen aus dem 13. und 14. Jh. und einem Buch aus dem 12. Jh. in altgriechischer Sprache.

Die friedliche, schattige und mit Pinien bewachsene venezianische Festungsruine **Kastro** (☎ 26950 48099; Eintritt 3 €; ☉ Di–So 8.30–14.30 Uhr) hoch über Zakynthos-Stadt eignet sich gut für einen Ausflug. Sie liegt 2,5 km von der Stadt entfernt im „Aussichtsdorf" Bochali (auf der Dionysiou Roma nördlich und bei der Kapodistriou links; ab hier ist es ausgeschildert). Am Ortseingang Bochali kann man parken. Im Folgenden wird der Verkehr im Einbahnstraßensystem geführt; es ist also überhaupt nicht ratsam, mit dem Auto zur Festung 300 m oberhalb von Bochalis Hauptplatz zu fahren. Besser ist es, den Fußweg zu nehmen. In Bochali gibt's mehrere Cafés und Tavernen mit sensationellem Blick über Zakynthos-Stadt.

Schlafen

Es besteht die Tendenz, dass Reisegruppen viele der Hotels außerhalb der Stadt belegen. Die Folgenden sind sichere Tipps für Individualreisende, alle sind ganzjährig geöffnet.

Hotel Alba (☎ 26950 26641; www.albahotel.gr; L Ziva 38; EZ/DZ/3BZ inkl. Frühstück 48/68/96 €; ☒) Ein vernünftiges, leicht angestaubtes, für die Stadtmitte aber zweckmäßiges Hotel. Die Zimmer werden langsam überholt, und für die renovierten zahlt man üblicherweise 6 bis 14 € mehr.

Hotel Strada Marina (☎ 26950 42761; hotel@strada marina.gr; Lombardou 14; EZ/DZ inkl. Frühstück 60/90 €; ☒ ☒) Durch die gute Lage an der Hauptstraße am Hafen ist dieses Business-Standardhotel eine gute Option. Die Zimmer sind gut ausgestattet und die oberen Balkone bieten einen tollen Blick über die Bucht. Auf dem Dach befindet sich ein kleiner Pool.

Hotel Diana (☎ 26950 28547; Plateia Agiou Markou; EZ/DZ/3BZ inkl. Frühstück 70/90/100 €; ☒ ☐ ☎) Etwas schwerfälliges Dekor, trotzdem ein gemütliches, gut ausgestattetes Hotel in guter, zentraler Lage.

Hotel Palatino (☎ 26950 27780; www.palatino hotel.gr; Kolokotroni 10; EZ/DZ/3BZ 75/110/125 €; ☒ ☐ ☎) Business-Stil ist der erklärte Maßstab für dieses Hotel mit guter Ausstattung, gemütlichen Zimmern und dezenter Gestaltung.

Essen & Trinken

Um die Plateia Agiou Markou gibt es viele Tavernen und Restaurants, die aber preislich gern etwas übertreiben, und nicht alle begeistern gleichermaßen. Trotzdem sind sowohl hier als auch andernorts in der Stadt gute Lokale zu finden.

Green Boat Taverna (☎ 26950 22957; Krionerou 50; Hauptgerichte 4–15 €) Den etwa 1 km langen Fußmarsch nach Norden am Wasser entlang belohnt das Green Boat mit Fisch und hervorragenden griechischen Gerichten, wie *melitzanes*, Aubergine in Tomatensauce mit Fetakäse. Gegrillte Riesengarnelen kosten 12 €, ein Teller mit kleinen Fischen 10 €.

Corner Taverna (☎ 26950 42654; Plateia Agiou Markou; Hauptgerichte 6–19,80 €) Mitten im prallen Leben zeigt dieses quirlige Lokal viel Initiative in puncto Kundenwerbung. Es hat recht anständige Grill- und Pastagerichte im Angebot.

Base (☎ 26950 42409; Plateia Agiou Markou; Cappuccino 3,50 €) Das Base in idealer Lage kontrolliert den Menschenstrom über die Plateia Agiou Markou, indem es die sehr relaxte, manchmal angeberische, Leute beobachtende und tratschende Menge mit Kaffee, Drinks und Musik versorgt.

Außerdem gibt's einen gut sortierten **Supermarkt** (Ecke Filioti und Lombardou).

UNTERWEGS AUF ZAKYNTHOS

Ein eigenes Transportmittel ist der wahre Schlüssel zu Zakynthos' Zauber.

Ein besonderes Merkmal der Insel sind die Meeresschildkröten (s. Kasten Bei den Meeresschildkröten, S. 817), die ans Ufer

IONISCHE INSELN

kommen und ihre Eier an den goldgelben Sandstränden der riesigen Laganas-Bucht, einem Meerespark an der Südküste, ablegen. Leider teilen sie sich die Bucht mit Urlaubern, die die Situation mit den Schildkrötennestern häufig ignorieren. Außerdem werden die hiesigen Tourismusinteressen oft über die Gesetze zum Schutze der Meeresschildkröten gestellt.

Die **Halbinsel Vasilikos** bildet die schöne, grüne Region südöstlich von Zakynthos-Stadt und umschließt die Laganas-Bucht. Sie wurde intensiv erschlossen und abseits der Hauptstraße gibt es viele kleine Orte mit Tavernen und Unterkünften. Der Strand **Banana Beach** ist ein langer, schmaler Streifen mit goldfarbenem Sand auf der Nordseite der Halbinsel. Hier steppt der Bär: Menschenmassen, Wassersport und Sonnenschirme. Der beste Strand auf Zakynthos ist der lange, sandige und sehr begehrte **Gerakas** auf der anderen Seite der Halbinsel mit Blick in die Laganas-Bucht. Er gehört zu den Hauptbrutstätten der Schildkröten, und der Zugang zum Strand ist im Mai und im Oktober von Sonnenuntergang bis -aufgang verboten. Der Strand **Kaminia** an der nordöstlichen Seite von Vasilikos ist auch Ok.

Wer ein Transportmittel hat, gelangt bis in den äußersten Südwesten der Insel. Hinter dem sehr traditionellen Dorf **Keri** führt eine Straße – vorbei an einer Taverne mit der angeblich größten griechischen Flagge und dem höchsten Fahnenmast des Landes – zum **Kap Keri** mit dem Leuchtturm über steilen Klippen. Bei Wegen, die zum sehr abrupten Klippenrand hinabführen, ist unbedingt Vorsicht geboten!

Von hier führen spannende und bisweilen schön unübersichtliche Straßen Richtung Norden, durch eine bezaubernde ländliche Gegend mit bewaldeten Bergen. Bei den freundlichen Einheimischen kann man je nach Jahreszeit Honig und andere Erzeugnisse kaufen. Man gelangt schließlich zu reizvollen Buchten an der Westküste wie **Limnionas** oder **Kambi** und im Binnenland in den entzückenden Ort **Kiliomeno**. Die Kirche **St Nikolaos** hat einen ungewöhnlichen Glockenturm ohne Dach; der Glockenturm der Kirche **Agios Leon** war früher eine Windmühle. **Louka** ist ein nettes Dorf, das durch den umgebenden Wald und das üppige Grün eher nordeuropäisch wirkt.

Im Weiler **Exo Chora** stehen mehrere trockene Brunnen und der Sage nach der älteste Olivenbaum der Insel. **Volimes** ist „Umschlagplatz" für traditionelle Produkte aller Art.

Nördlich von Zakynthos-Stadt säumen Urlaubsorte die Ostküste, aber je weiter nördlich man gelangt, umso entrückter und schöner wird die Insel. Die Straße endet schließlich am Fähranleger des kleinen, spärlich erschlossenen Ferienorts **Agios Nikolaos**. Noch etwas weiter geht's zum windigen Kap Skinari. Von hier fahren Boote zu den **Blauen Grotten**, Aushöhlungen in der Kalksteinküste auf Meeresspiegelniveau; die Boote fahren in die Grotten hinein, in denen das Wasser in transparentem Blau schimmert. Die Boote fahren meist auch zum berühmten **Schiffswrack-Strand** in der Navagio-Bucht, 3 km westlich von Volimes an der Nordwestspitze der Insel, der auf buchstäblich allen Zakynthos-Broschüren abgebildet ist. Unvermeidlicherweise wird zu viel Hype darum gemacht und ständig kommen viel zu viele Ausflugsboote hierher. Auf den Felsen „sitzt" eine Aussichtsplattform (sieht gefährlich aus; zwischen Anafonitria und Volimes ausgeschildert). **Potamitis Trips** (☎ 26950 31132; www.potamitisbros. gr) bietet ab Kap Skinari Fahrten in Booten mit Glasboden an (nur Blaue Grotten 7,50 €, Schiffswrack-Strand und Blaue Grotten 15 €).

Schlafen

Earth Sea & Sky arrangieren kurze oder lange Aufenthalte in kleinen und großen Ferienhäusern auf der Halbinsel Vasilikos; Buchungen über **Ionian Eco Villagers** (☎ UK 0871 711 5065; www.relaxing-holidays.com). Alternativ kann man sein Glück versuchen und bei derselben Firma an ihrem Naturschutz-Infokiosk in Gerakas spontan buchen.

Tartaruga Camping (☎ 26950 51967; www.tartaruga-camping.com; Stellplatz pro Erw./Auto/Zelt 5/3/3,60 €, Zi. pro Person 20–50 €; P ✷ ☐) Ein großartiger Ort für fröhliche Camper mitten in Oliventerrassen, Pinien und Platanen, die bis ans Meer reichen. Es gibt einen kleinen Laden und eine Taverne (Hauptgerichte 4–8 €); man kann Zimmer mieten. Auf der Straße von Laganas nach Keri gut ausgeschildert.

Panorama Studios (☎ 26950 31013; panorama-apts@ath.forthnet.gr;   Agios   Nikolaos;   EZ/DZ/3BZ

BEI DEN MEERESSCHILDKRÖTEN

In den Gewässern der Ionischen Inseln ist die Mittelmeer-Meeresschildkröte (*Caretta caretta*, Unechte Karettschildkröte) zu Hause, die zu Europas meistbedrohten Meerestierarten zählt. Die Schildkröten vergraben ihre Eier an weiten, flachen Sandstranden, aber zu Ihrem Pech sind dies auch die Lieblingsplätze sonnenhungriger Touristen. Die Auswirkungen liegen auf der Hand.

Auf Zakynthos gibt es die meisten Schildkrötennester im Gebiet des Ionischen Meeres. Schätzungen gehen von 1100 Gelegen in der 5 km langen Bucht von Laganas aus. In der Phase der Eiablage (Juli bis Oktober) arbeiten sich die nach 60 Tagen Inkubationszeit geschlüpften Schildkröten aus dem Sand. Groteskerweise stehen die Holzschilder mit Verbotswarnungen, die von Naturschützern an den Brutstränden aufgestellt werden, oft neben Sonnenstuhl und Windschutz der Touristen. Viele Nester werden von Sonnenschirmen und Fahrrädern zerstört. Zahlreiche junge Schildkröten schaffen es nicht bis ins Wasser, weil sie von den Sonnenstühlen sowie von Lärm und Licht irritiert werden.

Umweltschützer und örtliche Behörden, Touristikbetreiber und Regierung haben miteinander gerungen: 1999 erklärte die griechische Regierung auf Druck der EU das Gebiet der Bucht von Laganas zum Meeresnationalpark, und für bestimmte Zonen traten im Hinblick auf Bau, Schifffahrt, vor Anker gehen, Fischen und Wassersport strenge Vorschriften in Kraft.

Alle als Nistgebiet ausgewiesenen Strände sind während der Nistzeit (Mai bis Oktober) zwischen Sonnenunter- und -aufgang absolutes Sperrgebiet. Verbotenerweise sind dort trotzdem Dutzende Bars und Tavernen geöffnet, an Touristen werden Sonnenstühle und Schirme vermietet, und Bootsfahrten mit „garantiertem" Schildkröten-Beobachten kommen den Tieren unvermeidlich viel zu nah. Die Eindringlinge sorgen in einem sehr heiklen Moment des Fortpflanzungszyklus für Stress.

Im Juli 2009 musste man befürchten, dass Brände im Gebiet der Laganas-Bucht – manche angeblich durch Brandstiftung entstanden – Nistgebiete teilweise beschädigt hatten, vor allem am Daphni-Strand, von dem Dutzende Touristen evakuiert werden mussten. Der Daphni zählt zu den Schildkrötenstränden, an denen die Schutzgesetze weiterhin bewusst missachtet werden.

Die griechische Regierung wurde vom Europäischen Gerichtshof wegen der nicht erfolgten Umsetzung von EU-Naturschutzgesetzen verurteilt, während der WWF (Worldwide Fund for Nature), Archelon (griechische Gesellschaft zum Schutz der Meeresschildkröten) und Medasset (Mediterranean Association to Save the Sea Turtles) ihre Lobbyarbeit fortsetzen. Freiwillige von **Archelon** (www.archelon.gr) und dem Meeresnationalpark fungieren als informelle Strandwacht und führen hervorragende Info- und Freiwilligenprogramme durch. Weitere Informationen bekommt man im Naturinformationszentrum am Strand Gerakas.

Besucher können Folgendes beachten und sich entsprechend verhalten:

- In trockenem Sand keine Schirme aufstellen (nur im nassen Strandbereich).
- Niststrände zwischen Sonnenuntergang und -aufgang nicht betreten, den Daphni-Strand gar nicht aufsuchen.
- Bei Bootsfahrten Augen auf – wohin geht die Fahrt, was wird angeboten?
- Sich über die örtlichen Maßnahmen und Vorschriften zum Schutz der Meeresschildkröte informieren.

40/45/55 €) Der Englisch sprechende Vermieter bietet in Agios Nikolaos hervorragende Studios in der Hauptstraße an. Vom Hafen aus 600 m bergauf, aber in zurückgesetzter Lage in einem schönen Garten.

Revera Villas (☎ 26950 27524, 69748 75171; www.revera-zante.com; DZ 70 €, Studio 80 €, Ferienhaus für 4–6 Pers. 150/200 €; P X 🖥 🐾) Die Ferienhausanlage mit italienischem Flair liegt 4 km südwestlich von Limni Keriou (und 500 m südwestlich von Keri), gleich bei der Straße zum Leuchtturm. An den Gebäuden und in den individuell eingerichteten, luxuriösen Zimmern sind die Steinmauern sichtbar. Mountainbikes stehen kostenlos zur Verfügung.

Anna's Villas (☎ 69772 36243, 69772 36243; Apt. 90 €; Limni Keriou; P X) Zwei den Preis werte Studio-Apartments in einem Garten und mit Kochgelegenheit. Etwa einen Block von der Uferstraße in Limni Keriou landeinwärts gelegen.

Windmill (☎ 26950 31132; Cape Skinari; www.pota mitisbros.gr; Windmühlen für 2–4 Pers. 90/120 €; ⊠) Zwei umfunktionierte Windmühlen am Kap Skinari in Spitzenlage auf den Klippen. Die größere hat eine Kochgelegenheit und eine angrenzende Café-Bar, hervorragende Zimmer (70 €) und oben ein Apartment (120 €), alle mit Wahnsinnsaussicht. Treppen führen zu einem schönen Schwimmbereich und einem Abfahrtspunkt zu den Blauen Grotten und dem Schiffswrack-Strand (S. 816).

Louha's Coffee Shop (☎ 26950 48426; Hauptgerichte 4–7 €; Louka; ☾ Mittag- & Abendessen) Der Gasse entlang zur Kirche von St. Johannes dem Theologen folgen, der sicher gern auf Louha's Terrasse gegenüber der Kirche unter Schatten spendendem Weinlaub gespeist hätte. Sehr traditionell; zum Blick auf die Berge mit Zypressen und Pinien gibt's guten hiesigen Wein.

To Litrouvio (☎ 26950 55081; Hauptgerichte 6,50– 16 €; Lithakia; ☾ Mittag- & Abendessen) In diesem beliebten Lokal, das mit gut zubereiteter einheimischer Küche (und großzügig Nachschlag) aufwartet, schaffen eine Olivenöl-Steinpresse und traditionelle Produkte das Ambiente.

Allgemeine Informationen

AKTIVITÄTEN
Kitesurfen

Kitesurfen oder auch Kiteboarden ist ein Actionsport, der in Griechenland begeisterten Zuspruch gefunden hat; an einigen der griechischen Strände tummeln sich unzählige athletische Surfer. Die Organisation **Greek Wakeboard and Kite Surf Association** (☎ 69445 17963; www.gwa.gr) versorgt Interessierte mit hilfreichen Informationen zu beliebten Orten fürs Kitesurfen. In den Sommermonaten wird in Amopi (S. 616) auf Karpathos immer ein internationaler Kitesurf-Wettbewerb ausgetragen.

Radfahren

Mit über 4000 km Küstenstraßen alleine auf dem Festland und 80 % Berggelände wird Griechenland immer beliebter als Reiseziel für Fahrradfahrer. Es ist zwar möglich, tageweise Fahrräder auszuleihen, aber viele entscheiden sich für das Fahrrad als Haupttransportmittel. Räder kann man kostenlos in Zügen und auf Fähren mitnehmen, und immer mehr Reiseunternehmen spezialisieren sich auf Fahrradurlaube.

Cycle Greece (www.cyclegreece.gr) organisiert für den Großteil von Griechenland Straßen- und Bergradtouren für unterschiedliche Niveaus. **Hooked on Cycling** (www.hookedoncycling.co.uk/Greece/greece.html) bietet Boots- und Radausflüge auf den Inseln und Touren auf dem Festland. **Bike Greece** (www.bikegreece.com) ist auf Mountainbiker spezialisiert und bietet unterschiedlich lange Touren für Anfänger oder Radfahrer mit Erfahrung.

Viele Gegenden in Griechenland sind sehr abgelegen. Deshalb sollte man unbedingt ein Reparatur- und Erste-Hilfe-Set dabeihaben. Die motorisierten Straßengenossen sind notorisch schnell unterwegs – und nicht immer auf der für sie vorgesehenen Fahrbahn. Daher sollte man an Straßenecken und in engen Gassen besonders vorsichtig sein. Im Juli und August pausieren die meisten Radfahrer zwischen Mittag und 16 Uhr, um Hitzeschläge und Austrocknung zu vermeiden. Viele Infos und Routen findet man auf Anthony Campbells Website unter www.acampbell.ukfsn.org/cycling/greece/index.html. Bitte auch die Verkehrsregeln beachten (S. 844).

Segeln

Segeln ist eine beeindruckende Methode zum Entdecken der griechischen Inseln. Eine Segeltour auf dem offenen Meer ist ein unschlagbares Erlebnis, bei dem man die Freiheit hat, entlegene und unbewohnte Inseln zu besuchen.

Die kostenlose Broschüre des EOT *Sailing the Greek Seas* ist zwar stark veraltet, enthält aber massenhaft Infos zu Wetterverhältnissen, Wetterberichten, Ein- und

Auslaufbestimmungen, Häfen und Hand-
büchern für Segler. Sie ist in den Tourismusbüros im In- und Ausland erhältlich
(Adressen siehe S. 832).

Wer nicht gleich eine Yacht kaufen
möchte, dem stehen mehrere Optionen
offen: Yachten ohne Crew (Bare-Boats)
kann man mieten, wenn zwei Crewmitglie-
der einen Segelschein vorlegen können.
Preislich geht's los bei 1000 € für eine
Woche mit einer 28-Fuß-Yacht mit sechs
Schlafplätzen. Ein Skipper nimmt zusätzlich 850 € pro Woche.

Einzelreisende könnten sich für die einwöchigen Inseltouren von **Ghiolman Yachts &
Travel** (Karte S. 128; ☎ 210 325 5000; www.ghiolman.
com; 8 Propileon, Akropolis, Athen) interessieren, die
zwischen Anfang Mai und Ende September
wöchentlich stattfinden. Das **Hellenic
Yachting Server** (www.yachting.gr) bietet Infos
über das Segeln und das Chartern von
Yachten. Mehr Infos im Kasten Kreuzfahrten (S. 848).

Skifahren

Griechenland bietet einige der preisgüns-
tigsten Skigebiete in Europa. Die 16 Orte
befinden sich hauptsächlich im bergigen
Norden des Festlands. Zu den Hauptgebie-
ten zählen das Parnassos-Gebirge (S. 282),
195 km nordwestlich von Athen, und das
Vermio-Gebirge (S. 359), 110 km westlich
von Thessaloniki. Es gibt in diesen Resorts
keine gesonderten Pauschalreisen für Ausländer, da sie hauptsächlich von Griechen
besucht werden. Alle verfügen über eine
Grundausstattung und können angenehme
Alternativen zu den glanzvollen Resorts in
Nordeuropa darstellen.

Die Saison hängt vom Schnee ab, aber sie
dauert ungefähr von Januar bis Ende März.
Mehr Infos gibt's in den EOT-Büros (S. 831)
in der Broschüre *Greece: Mountain Refuges
& Ski Centres*. Die **Hellenic Skiing Federation**
(Karte S. 122–123; ☎ 210 323 0182; press@ski.org.gr; Karageorgi Servias 7, Syntagma, Athen) versorgt einen
ebenfalls mit Informationen. Die aktuellen
Schneeverhältnisse stehen im Internet auf
www.snowreport.gr.

Surfen

Surfen ist ein sehr beliebter Wassersport in
Griechenland. Chrysi Akti (S. 462) auf
Paros und Vasiliki (S. 800) auf Lefkada wett-
eifern um den Titel des besten Surfstrands.

PRAKTISCH & KONKRET

■ Für Gewichte und Maßangaben gilt natürlich auch in Griechenland das metri-
sche System.

■ Elektrogeräte mit den üblichen C- und
F-Steckern aus Deutschland und Österreich passen normalerweise problemlos
in die griechischen Steckdosen (220 V
AC, 50 Hz); für andere Steckerformen
und teilweise in Altbauten benötigt
man einen Adapter.

■ Aktuelles aus Griechenland erfährt man
in der täglich (als Beilage der *International Herald Tribune*) erscheinenden englischen Ausgabe der *Kathimerini*.
Deutschsprachige Zeitungen gibt's in
vielen Geschäften in den Touristenge-
bieten.

■ Im Fernsehen gibt es in den Touristen-
gebieten zum Teil deutschsprachige
Fernsehsender und eine Reihe von Pay-
TV-Kanälen.

Manche halten Vasiliki für einen der weltweit besten Orte, um diesen Sport zu erlernen; Afiartis (S. 617) auf Karpathos hingegen ist eher für erfahrenere Surfer geeignet.

Surfbretter zum Mieten findet man fast
überall. Die Preise liegen je nach Brett zwischen 10 und 15 € pro Stunde. Als Anfänger
kann man bei den meisten Verleihen auch
Unterricht nehmen.

Surfbretter können problemlos aus anderen EU-Ländern mitgebracht werden. Der
Griechische Surf-Verband (Karte S. 122–123; ☎ 210
323 3696; Filellinon 4, Syntagma, Athen) liefert weitere
Informationen.

Tauchen & Schnorcheln

In Griechenland kann man praktisch an der
gesamten Küste schnorcheln. Besonders
gute Orte dafür sind Amopi (S. 616) im
Süden von Karpathos, Velanio (S. 763) auf
Skopelos und Paleokastritsa (S. 790) auf
Korfu.

Das griechische Gesetz gestattet das Tauchen nur unter Aufsicht einer Tauchschule,
um die vielen Antiquitäten in der Tiefe der
Ägäis zu schützen. Bis vor Kurzem waren
Tauchstätten stark begrenzt, aber viele neue
wurden eröffnet, und die Tauchschulen
haben einen Boom erlebt. Man findet sie

auf den Inseln Korfu, Euböa, Hydra, Leros, Milos, Mykonos, Paros, Rhodos, Santorin und Skiathos; auf Kreta gibt es Schulen in Agios Nikolaos und Rethymnon; bei Athen in Glyfada und auf dem Festland in Parga.

Wandern

Der Großteil von Griechenland ist bergig und in vielerlei Hinsicht ein Wanderparadies. Die beliebtesten Strecken sind gut besucht und instand gehalten; der **EOS** (Griechischer Alpenverein; ☎ 210 321 2429; Plateia Kapnikareas 2, Athen) ist jedoch völlig unterfinanziert, und dementsprechend sind viele der weniger bekannten Routen zugewachsen und schlecht markiert. EOS-Niederlassungen gibt's in Epiros (S. 388), auf Kreta (Mountaineering and Skiing Club of Iraklio; S. 535) und auf Euböa (Chalkida-Alpenverein; S. 748). Auf S. 826 gibt's Informationen zu Wanderkarten.

Das Louisos-Tal (S. 225) und die Mani (S. 240), beide auf dem Peloponnes, sind zwei der besten Gegenden in Griechenland für die Erkundung zu Fuß.

Auf kleinen Inseln findet man viele Wanderpfade, einschließlich *kalderimia*, kleine Kopfstein- oder Steinpflasterwege, die seit der byzantinischen Zeit Siedlungen miteinander verbinden. Andere Pfade sind Hirtenwege *(monopatia)*, die einst Siedlungen mit Schafhütten verbanden oder zu entlegenen Siedlungen führten. Die Schaf- oder Tierpfade können sehr steil sein; außerdem ist es mitunter schwierig, sich auf ihnen zu orientieren.

Einige Unternehmen bieten organisierte Wanderungen an. Das größte davon ist **Trekking Hellas** (www.trekking.gr), das unterschiedliche Optionen im Angebot hat, darunter ein vierstündiger Spaziergang durch das Lousios-Tal oder eine einwöchige Wanderung um den Olymp und zu den Meteora-Klöstern. Das Unternehmen bietet auch Touren auf Kreta und den Kykladen an.

Wasserski

Es gibt drei Inseln mit Wasserski-Zentren: Kythira, Paros und Skiathos.

Aufgrund der relativ ruhigen und flachen Gewässer um die meisten Inseln und des generell warmen Wassers der Ägäis kann Wasserski fahren zu einer sehr angenehmen Aktivität werden. Der August ist mitunter tückisch: Der *meltemi* (nordöstlicher Wind) kann die Bedingungen in der Zentralägäis schwierig machen. Die Insel Poros in der Nähe von Athen ist ein besonders gut organisierter Wassersport. **Passage** (☎ 22980 42540; www.passage.gr; Neorion-Bucht) bietet eine beliebte Schule und ein Slalomzentrum.

Wildwasser-Rafting

Die Beliebtheit von Wildwasser-Rafting und anderen Abenteuer-Sportarten auf Flüssen hat in den letzten Jahren stark zugenommen, und immer mehr Stadtgriechen, besonders Athener, stürzen sich begeistert in derartige Wildnis-Abenteuer.

Trekking Hellas (www.trekking.gr) hat einige Angebote, darunter die Flüsse Ladonas und Alfios auf dem Peloponnes, der Arachthos in der Region Epiros und der Acheloos in Thessalien. Der **Alpin Club** (☎ 210 675 3514/5; www.alpinclub.gr) ist auf die Flüsse Alfios und Evinos bei Nafpaktos in der Region Sterea Ellada spezialisiert. **Eco Action** (☎ 210 331 7866; www.ecoaction.gr; Agion Anargyron, Psiri) ermöglicht Rafting und Kajakfahrten auf dem Ladonas, der Schauplatz der Kajakwettbewerbe bei der Olympiade 2004 war, und auf drei anderen Flüssen in Griechenland.

ALLEINREISENDE

Griechenland ist ein tolles Reiseziel für Alleinreisende. Dies gilt insbesondere im Sommer, wenn die griechischen Inseln zu internationalen Treffpunkten werden. In Hotels und anderen Unterkünften, die gerne Backpacker aufnehmen, kann man auch gut andere Alleinreisende kennenlernen. Für Restaurantinhaber sind alleine speisende Gäste kein Problem, und es gibt eigentlich keine wirklichen Nachteile am Alleinereisen – außer dass man wahrscheinlich nicht lange alleine bleibt.

ARBEITEN IN GRIECHENLAND

Staatsangehörige aus EU-Ländern brauchen keine Arbeitserlaubnis, dafür aber eine Aufenthaltsgenehmigung und eine griechische Steuernummer, wenn sie länger als drei Monate im Land bleiben möchten. Staatsangehörige anderer Länder benötigen eine Arbeitserlaubnis.

Arbeiten in Bars & Hotels

Ohne die ausländischen Mitarbeiter könnten die Bars auf den griechischen Inseln wohl nicht überleben, deshalb sind dort jedes Jahr Tausende Sommerjobs im Angebot. Die Bezahlung ist nicht gerade hoch, aber immerhin kann man seinen Sommer auf den Inseln verbringen. Im April und Mai sollte man sich auf die Suche machen. Auch Jugendherbergen und einfachere Hotels beschäftigen regelmäßig Ausländer.

Deutsch unterrichten

Wer einen dauerhaften Job sucht, für den ist Deutschunterricht eine gute Option. Seit 1992 an den staatlichen weiterführenden Schulen die Einführung einer zweiten Fremdsprache beschlossen wurde, wächst das Interesse an Deutschunterricht ständig – auch an Privatschulen. Ein Hochschulabschluss ist (zumindest an Privatschulen) nicht zwingend nötig. Schon zu Hause kann man sich in den Stellenmärkten der Tageszeitungen nach solchen Jobs umsehen. Schneller wird man allerdings im Internet fündig – z.B. bei www.learn4good.com – oder man wendet sich direkt an die griechische Botschaft. Jobs bieten auch die Bundesagentur für Arbeit (www.ba-auslandsvermittlung.de) oder die Website www.wege-ins-ausland.org.

Wer will, kann sich aber auch nach einem Job als Deutschlehrer umschauen, wenn er schon in Griechenland ist. Sprachschulen gibt es überall. Streng genommen benötigt man eine Lizenz, um dort zu unterrichten, aber viele Schulen verzichten darauf. Am besten sieht man sich nach einem solchen Job im Spätsommer um.

Freiwilligenarbeit

Für Freiwilligenarbeit gibt es in Griechenland viele Möglichkeiten. Einige Optionen sind:

Earth Sea & Sky (www.earthseasky.org) Umweltschutz und Forschung auf den Ionischen Inseln.

Griechische Gesellschaft zur Erforschung und zum Schutz der Mönchsrobbe (Karte S. 124–125 ; ☎ 210 522 2888; Fax 210 522 2450; Solomou 53, Exarhia, Athen) Freiwillige können bei der Überwachung der Programme auf den Ionischen Inseln helfen.

Griechisches Auswilderungszentrum (Elliniko Kentro Perithalpsis Agrion Zoön; ☎ 22970 28367; www.ekpaz.gr; ☻ 10–19 Uhr) Freut sich immer über freiwillige Helfer in Ägina, vor allem im Winter. Weitere Informationen auf S. 411.

Griechische Gesellschaft zum Schutz der Meeresschildkröten (Karte S. 124–125; ☎ /Fax 210 523 1342;

www.archelon.gr; Solomou 57, Exarhia, Athen) Überwacht Schildkröten auf dem Peloponnes.

WWOOF (World Wide Opportunities on Organic Farms; www.wwoof.org/independents.asp) Freiwilligenarbeit auf einem von rund 35 Bauernhöfen in Griechenland.

Straßenkünstler

Am einfachsten verdient man sein Geld als Straßenkünstler auf den Inseln, insbesondere auf Mykonos, Paros und Santorin. In Athen ist die Plaka, das Gebiet um die Kirche auf der Kydathineon, besonders beliebt.

Andere Arbeiten

Im Anzeigenteil der englischsprachigen Zeitungen stehen oft Stellenangebote; man kann aber auch selbst eine Anzeige aufgeben. Staatsangehörige eines EU-Landes können auch die Dienste des griechischen Arbeitsamtes (Organismos Apasholiseos Ergatikou Dynamikou – OAED) nutzen und darüber eine Stelle suchen. Der OAED hat im ganzen Land Niederlassungen.

Erntearbeiten werden von Arbeitern aus Albanien und anderen Balkanländern übernommen und sind keine rentable Option mehr für Reisende.

BOTSCHAFTEN & KONSULATE

Alle Botschaften in Griechenland sind in Athen angesiedelt.

Deutschland (Karte S. 126–127; ☎ 21072 85111; Dimitriou 3, Ecke Karaoli, Kolonaki, Athen GR-106 75)

Österreich (Karte S. 126–127; ☎ 21072 57270; Leoforos Alexandras 26, GR Athen)

Schweiz (Karte S. 126–127; ☎ 21072 30364; Iassiou 2; GR Athen)

Es ist wichtig zu wissen, was die Botschaft des eigenen Landes für Reisende tun kann, wenn sie in Schwierigkeiten geraten sind – und was nicht. Generell können sie einem nicht viel helfen, wenn man seine Notsituation im Entferntesten selbst verschuldet hat. Man unterliegt nun mal den Gesetzen des Landes, in dem man sich aufhält. Die eigene Botschaft wird kaum mit jemandem sympathisieren, der vor Ort ein Verbrechen begangen hat, selbst wenn es im eigenen Land keines gewesen wäre.

In wirklichen Notfällen bekommt man vielleicht ein wenig Unterstützung, aber nur dann, wenn andere Möglichkeiten schon ausgeschöpft wurden. Wer beispielsweise dringend nach Hause muss, wird kaum ein kostenloses Ticket bekommen.

Wenn das Geld und die Dokumente gestohlen wurden, hilft die Botschaft normalerweise dabei, einen neuen Pass zu bekommen, aber ein Darlehen für die Weiterreise wird kaum drin sein.

Es war einmal üblich, dass manche Botschaften Briefe für Reisende angenommen haben, aber heutzutage ist dieser Postsammeldienst eigentlich eingestellt.

ERMÄSSIGUNGEN
Schüler & Studenten
Der Internationale Studentenausweis ISIC wird allgemein anerkannt. Mit dieser Karte bezahlt man in Museen und antiken Stätten meist den halben Eintrittspreis; in einigen Budget-Hotels und Jugendherbergen gibt's auch Ermäßigungen. Manchmal werden nur griechische Schüler- und Studierendenausweise akzeptiert, aber es kann nie schaden, wenn man seinen internationalen Ausweis zückt. Die Euro<26-Karte erhalten alle unter 30; mit ihr erhält man bis zu 20 % Ermäßigung bei Sehenswürdigkeiten, in Shops und in manchen öffentlichen Verkehrsmitteln.

Einige Reisebüros in Athen stellen ISIC-Ausweise und Euro<26-Karten aus. Für den ISIC-Ausweis muss man nachweisen können, dass man Schüler oder Student ist, und ein Passbild sowie 10 € mitbringen. Die Euro<26-Karte erfordert lediglich einen Altersnachweis, ein Foto und 14 €. Auf www.isic.org und www.euro26.org stehen weitere Einzelheiten.

Aegean Airlines bietet Studententarife für einige Inlandsflüge; keine Ermäßigungen gibt's bei Bussen, auf Fähren oder in Zügen. Sondertarife für Studenten findet man auch oft bei internationalen Flügen.

Senioren
Rentner aus der EU mit entsprechendem Nachweis erhalten diverse Vergünstigungen wie ermäßigten Eintritt zu den antiken Stätten und Museen sowie Ermäßigungen bei Bus und Bahn.

ESSEN
Für größere Städte sind die Restaurants in diesem Buch folgendermaßen sortiert: günstig (unter 15 €), mittelteuer (15 bis 40 €) und teuer (über 40 €). Die Preise beziehen sich auf ein Hauptgericht für eine Person, außer wenn anders vermerkt. Innerhalb des jeweiligen Abschnitts sind die Restaurants aufsteigend nach Preisen geordnet. Infos zur griechischen Küche stehen auf S. 85.

FEIERTAGE & FERIEN
Viele Touristenattraktionen (einschließlich der antiken Stätten in Athen) sind am ersten Sonntag im Monat kostenlos zugänglich – mit Ausnahme von Juli und August. An anderen lokalen Feiertagen ist der Eintritt mitunter auch frei, auch wenn dies innerhalb des Landes unterschiedlich gehandhabt wird.

Gesetzliche Feiertage
Alle Banken und Geschäfte sowie die meisten Museen und antiken Stätten sind an gesetzlichen Feiertagen geschlossen. Die nationalen gesetzlichen Feiertage in Griechenland sind:

Neujahr 1. Januar
Epiphania (Hl. Drei Könige) 6. Januar
Erster Sonntag der Fastenzeit Februar
Griechischer Unabhängigkeitstag 25. März
Karfreitag März/April
(orthodoxer) Ostersonntag April/Mai. Der orthodoxe Ostersonntag fällt 2010 auf den 4. April, 2011 auf den 24. April und 2012 auf den 15. April.
Ostern; die meisten Sehenswürdigkeiten sind geöffnet
Tag der Arbeit (Protomagia) 1. Mai
Pfingstmontag (Agiou Pnevmatos) Mai/Juni/Juli; 50 Tage nach Ostersonntag. Schulen und Büros sind geschlossen, aber Museen, wichtige Sehenswürdigkeiten und Geschäfte sind normalerweise geöffnet.
Mariä Himmelfahrt 15. August
Ochi-Tag 28. Oktober
Weihnachten 25. Dezember
Stephanus-Tag 26. Dezember

Schulferien
Das Schuljahr ist in (drei) Trimester unterteilt. Die großen Schulferien sind im Juli und August.

FESTIVALS & EVENTS
Die besten Festivals und Veranstaltungen in Griechenland stehen in unserem Veranstaltungskalender (S. 24).

FOTOS & VIDEO
Die Digitalfotografie ist in Griechenland sehr beliebt geworden, und die Kamerageschäfte bieten eine breite Auswahl an Speicherkarten an. Filme gibt's auch noch im

Handel, sie können allerdings in kleineren Städten teuer sein. In Athen sowie in den größeren Städten führen die Fotogeschäfte die komplette Ausrüstungspalette.

Videokassetten erhält man noch in größeren Städten, aber man muss auf das richtige Format achten. Es ist empfehlenswert, einige Kassetten mitzubringen.

Einschränkungen & Etikette

Militärische Einrichtungen und alles andere, was mit einem Verbotsschild bezüglich Fotografie versehen ist, darf nicht fotografiert werden. In Kirchen sind keine Aufnahmen mit Blitzlicht erlaubt, und es ist verpönt, den Hauptaltar zu fotografieren.

Die Griechen lassen sich normalerweise sehr gerne ablichten, aber man sollte vorher fragen. Das Gleiche gilt für Videokameras, die die Einheimischen vielleicht sogar mehr stören als Fotoapparate.

An archäologischen Stätten darf man kein Stativ aufstellen, da man damit als „Profi" gilt.

FRAUEN UNTERWEGS

Viele Frauen reisen alleine durch Griechenland. Die Kriminalitätsrate ist relativ gering, und das Alleinereisen ist hier womöglich sicherer als in den meisten anderen Ländern. Das soll allerdings nicht heißen, dass frau nicht aufpassen sollte; Taschendiebstähle und Vergewaltigungen gibt es auch hier, besonders in Partyorten und auf den Inseln.

Das größte Ärgernis für ausländische Frauen, die alleine unterwegs sind, sind die Kerle, die von den Griechen *kamaki* genannt werden. Das Wort bedeutet „Dreizack" und spielt auf die Lieblingsbeschäftigung der *kamaki* an: ausländische Frauen „angeln". Frau findet sie überall dort, wo es viele Touristen gibt: (größtenteils) junge, schön redende Kerle, die sich kein bisschen davor scheuen, Frauen auf der Straße anzusprechen. Sie können sehr ausdauernd sein, aber normalerweise sind sie eher nervig als bedrohlich. Die meisten griechischen Männer behandeln ausländische Frauen respektvoll und sind wirklich hilfsbereit.

GEFAHREN & ÄRGERNISSE
Abzocke in Bars

Abzocke in Bars ist in Athen leider immer noch an der Tagesordnung, besonders rund um den Syntagma-Platz. Der Ablauf folgt meistens einer Strategie, bei der ein männlicher Alleinreisender in eine Bar gelockt wird, in der charmante Damen auftauchen und extrem überteuerte Drinks konsumieren – der Tourist steht am Ende mit einer Riesenrechnung da. Auf S. 130 steht eine komplette Beschreibung dieser Abzocke.

Diebstahl

Die Kriminalitätsrate in Griechenland, besonders in Sachen Diebstahl, ist traditionell niedrig, aber leider nimmt sie in letzter Zeit zu. Die übelste Gegend ist im Zentrum von Athen um den Omonia-Platz herum – hier sollte man besonders auf seine Wertsachen achten, vor allem in der U-Bahn und auf dem sonntäglichen Flohmarkt.

Die meisten Diebstähle an Touristen werden von anderen Touristen begangen; die höchste Diebstahlwahrscheinlichkeit besteht in den Schlafsälen der Jugendherbergen und auf Campingplätzen. An solchen Orten sollte man seine Wertsachen nicht unbeaufsichtigt lassen. Wer in einem Hotelzimmer übernachtet, in dem sich die Fenster und die Tür nicht sicher schließen lassen, sollte seine Wertsachen im Hotelsafe einschließen lassen – die Hotelbesitzer sind hier sehr hilfsbereit.

Gepanschte & mit Drogen versetzte Drinks

In einigen Bars und Clubs von Athen sowie in Ferienzielen, die für ihre Partys bekannt sind, bekommt man gepanschte Drinks serviert. Diese werden mit billigen, illegalen Importen verdünnt, und am nächsten Tag fühlt man sich einfach nur schlecht.

Viele der Partyorte, die große Pauschalreisegruppen anziehen, sind leider auch Schauplatz von betrunkenem und ordnungswidrigem Verhalten – manches davon ist einfach nur nervig, anderes erschreckend gewalttätig. Mit Drogen versetzte Drinks sind nicht unüblich; am besten hält man immer die Hand auf sein Glas. Die Täter sind meistens ausländische Touristen und nicht die Einheimischen.

GELD

In Griechenland wurde der Euro Anfang 2002 eingeführt. Schweizer Franken können in Banken und Wechselstuben, manchmal auch bei der Post eingetauscht werden.

Auf S. 20 findet sich eine Übersicht über die Kosten in Griechenland.

Bargeld

Bargeld ist noch immer am praktischsten – und auch am riskantesten. Wenn man sein Bargeld verliert, ist es weg, und kaum eine Reiseversicherung hilft einem dann noch weiter. Wenn doch, dann ist der Betrag normalerweise begrenzt (auf etwa 300 €). Am besten trägt man nur soviel Bargeld mit sich, wie man für die nächsten paar Tage braucht. Als Notgroschen ist es sinnvoll, einen kleineren Betrag parat zu haben, vielleicht 100 €.

In kleineren griechischen Geschäften scheint Wechselgeld Mangelware zu sein. Beim Einkauf von kleineren Produkten sollte man daher den Betrag in Münzen bereithalten.

Geldautomaten

Geldautomaten findet man in jeder Stadt, die groß genug für eine Bank ist, außerdem in fast allen Touristenregionen. Mit einer MasterCard oder Visa gibt es viele Möglichkeiten zum Bezahlen. Mit Cirrus-, Maestro- und EC-Karten kann man in allen großen Städten und Touristenregionen Geld abheben. Auf den Inseln verlieren die Geldautomaten manchmal für einen oder zwei Tage die Verbindung, wodurch das Abheben für alle (auch Einheimische) unmöglich wird. Deshalb sollte man nicht erst in letzter Minute zum Automaten zu gehen.

Geldwechselautomaten gibt's in allen größeren Touristenregionen. Sie akzeptieren alle wichtigen europäischen Währungen und sind in Notfällen sinnvoll, wenn auch teuer.

Kreditkarten

Der große Vorteil von Kreditkarten ist, dass man damit größere Geldbeträge ausgeben kann, ohne einen Stapel Banknoten mit sich herumschleppen zu müssen. Sie werden heutzutage fast in allen Geschäften in Griechenland akzeptiert, wenn auch nicht unbedingt auf den kleineren Inseln und in Dörfern. In größeren Orten können Kreditkarten in Spitzenhotels, Restaurants und Geschäften eingesetzt werden. Einige C-Klasse-Hotels akzeptieren Kreditkarten, Hotels der Klassen D und E tun dies jedoch selten.

Die wichtigsten Kreditkarten, die fast überall in Griechenland angenommen werden, sind MasterCard und Visa. Mit ihnen kann man auch – wie zu Hause – an den Geldautomaten von angeschlossenen griechischen Banken Geld abheben. Die täglichen Auszahlungslimits sind von der jeweiligen Bank geregelt, und die Auszahlungen sind nur in Euro möglich. American Express und Diners Club sind in Touristenregionen verbreitet, ansonsten aber recht unbekannt.

Reiseschecks

Der Hauptgrund für die Mitnahme von Reiseschecks ist, dass sie im Gegensatz zu Bargeld größere Sicherheit bei Diebstahl bieten. Sie werden jedoch immer seltener verwendet, da viele Reisende ihr Geld lieber zu Hause in der Bank deponieren und unterwegs von Geldautomaten abheben.

Reiseschecks von American Express, Visa und Thomas Cook werden weitestgehend akzeptiert und, wenn notwendig, auch schnell ersetzt. Man sollte sich unbedingt die Schecknummern sowie Ort und Datum der Einlösung an separater Stelle notieren, um im Schadensfall Ersatz fordern zu können.

Trinkgeld

In Restaurants ist der Service normalerweise in den Gesamtbetrag mit einberechnet, und Trinkgeld wird zwar nicht erwartet, ist aber natürlich immer gerne gesehen. Es sollte dann gegeben werden, wenn man mit dem Service zufrieden war. Im Taxi rundet man den Betrag in der Regel auf, und Hotelpagen oder Stewards auf den Fähren erwarten als Zeichen der Dankbarkeit zwischen 1 und 3 €.

INTERNETZUGANG

Das Internet ist mittlerweile auch in Griechenland weit verbreitet. Die Zahl der Hotels und Unternehmen, die das Internet nutzen, ist stark angestiegen, und die (vorhandenen) Websites sind in diesem Buch aufgeführt. Eine Auswahl nützlicher Websites über Griechenland findet sich auf S. 22.

Internetcafés gibt's überall; sie sind im Abschnitt „Praktische Informationen" der jeweiligen Städte und Inseln aufgeführt. Viele Hotels bieten auch einen Internet- und WLAN-Zugang, auch wenn sich die

Hotspots häufig in der Lobby und nicht auf den Zimmern befinden. Viele Cafés bieten ebenfalls WLAN an.

KARTEN

Wer nicht wandern oder mit dem Auto fahren möchte, für den dürften die kostenlosen Karten der Touristenbüros der EOT genügen, auch wenn sie nicht immer zu 100 % genau sind. Auf Inseln ohne EOT-Niederlassung kann man normalerweise Karten für circa 1,50 € kaufen, aber diese sind auch nicht sehr genau – besonders bei kleineren Städten und Dörfern.

Der griechische Verlag **Road Editions** (☎ 210 345 5575; www.road.gr; Kozanis 21, Ecke Amfipoleos, Votanikos, Athen) gibt die besten Karten heraus, die in Zusammenarbeit mit dem geografischen Dienst der griechischen Armee erstellt werden. Für die verschiedenen Bedürfnisse gibt es eine Reihe unterschiedlicher Maßstäbe, darunter eine Karte des ganzen Landes im Verhältnis 1:500 000. Für Auto- oder Motorradfahrer ist die 1:250 000-Serie besonders interessant, die Thrakien, Makedonien, Thessalien und Epiros, Zentralgriechenland, den Peloponnes und Kreta abdeckt. Selbst die kleinsten Straßen und Dörfer sind genau eingezeichnet, und die Entfernungsangaben stimmen perfekt – besonders wichtig, wenn man auf eigene Faust und in abgelegeneren Gebieten unterwegs ist. Der Verlag gibt auch eine Serie zu den griechischen Inseln und eine zu den griechischen Bergen heraus, die für ernsthafte Wanderer unerlässlich ist.

Wanderer sollten sich auch die von **Anavasi** (☎ 210 321 8104; www.mountains.gr; Stoa Arsakiou 6a, Athen) herausgegebene *Topo*-Serie ansehen, die mit belastbarem laminierten Papier und detaillierten Wanderrouten für viele der Ägäisinseln versehen ist. **Emvelia** (☎ 210 771 7616; www.emvelia.gr; Navarinou 12, Athen) veröffentlicht detaillierte Karten, beispielsweise einige ausgezeichnete Stadtpläne der Hauptstädte der Region, die alle ein praktisches Indexbüchlein haben. Alle Karten können online oder vor Ort in den größeren Buchläden gekauft werden.

KINDER

Griechenland ist ein sicheres und unkompliziertes Land für das Reisen mit Kindern. Die meisten Griechen lieben Kinder und überhäufen sie oft mit kleinen Geschenken und Leckerbissen. Wer seinen Kindern ein paar Brocken Griechisch beibringt, integriert sie noch besser.

Matt Barretts Website (www.greektravel. com) bietet viele nützliche Tipps für Eltern, während seine Tochter Amarandi Tipps für Kinder gesammelt und online gestellt hat (www.greece4kids.com).

Praktisch & Konkret

Das Reisen ist besonders einfach, wenn man in einem Ferienhotel am Strand unterkommt, in dem alles auf Familien mit Kindern ausgerichtet ist. Neben Planschbecken und Spielplätzen haben diese Hotels auch Kinderbetten und Hochstühle.

Anderswo findet man nur selten Kinderbetten oder Hochstühle, aber die meisten Hotels und Restaurants sind sehr hilfsbereit. Der flotte Service in den meisten Restaurants ist toll, wenn man hungrige Kinder schnell satt bekommen muss. Wenn man viele kleine Gerichte bestellt, können die Kinder die lokale Küche ausprobieren; auf der Speisekarte findet man aber fast immer auch Omelettes, Pommes oder Spaghetti. In vielen Hotels übernachten kleine Kinder kostenlos in einem zusätzlichen Bett im Elternzimmer.

Wer nicht ausgerechnet direkt am Strand wohnt, kann sich in Griechenland auf längere Fußmärsche einstellen. Wenn die eigenen Kinder nicht alt genug sind, um für längere Zeit selbst zu laufen, sollte man sich überlegen, einen stabilen Tragerucksack mitzubringen; Kinderwägen sind in Städten und Dörfern mit rutschigem Kopfsteinpflaster und hohen Gehsteigen anstrengend. Ein robuster und geländegängiger Kinderwagen dürfte allerdings in Ordnung sein.

Frische Milch ist in großen Städten und Touristenregionen erhältlich, auf den kleineren Inseln kann sie jedoch schwer aufzutreiben sein. Am besten schaut man in Supermärkten nach. Milchnahrung gibt's fast überall, ebenso wie Kondensmilch und wärmebehandelte Milch. Einwegwindeln gibt's ebenfalls überall.

Kinder unter vier Jahren fahren kostenlos auf Fähren, in Bussen und in Zügen mit. Bis zehn Jahre (Fähren) bzw. zwölf (Busse und Züge) zahlen sie die Hälfte des Normalpreises. Darüber werden die vollen Preise berechnet. Bei Inlandsflügen zahlt man 10 % des Erwachsenenpreises, wenn man ein Kind unter zwei Jahren auf den Schoß nimmt. Kinder zwischen zwei und zwölf Jahren zahlen die Hälfte des vollen Preises. Wer vorhat, ein Auto zu mieten, sollte seinen eigenen Kindersitz mitbringen, da viele der kleineren Agenturen keine im Angebot haben.

Sehenswertes & Aktivitäten

Die meisten Kleinstädte haben wenigstens einen kleinen Spielplatz, während es in größeren Städten oft fantastische und moderne Spielparks gibt. Diese bieten den eigenen Kindern die tolle Gelegenheit, mit einheimischen Kindern zu spielen. Kinder scheinen eine angeborene Fähigkeit zu haben, Sprachbarrieren im Spiel zu überwinden. Sie genießen es natürlich auch, auf den vielen antiken Sehenswürdigkeiten herumzuturnen; die kindliche Fantasie blüht auf,

wenn man beispielsweise das „Labyrinth" in Knossos besucht.

Das Hellenic Children's Museum (S. 155) ist ein kinderfreundliches Museum, in dem der Nachwuchs griechische Koch- und Bastelkurse besuchen kann.

KLIMA

Griechenland lässt sich in mehrere große Klimagebiete einteilen.

Das Klima im nördlichen Makedonien und im nördlichen Epiros ist so ähnlich wie das auf dem Balkan: eiskalte Winter und sehr warme und feuchte Sommer. Die Attische Halbinsel, die Kykladen, der Dodekanes, Kreta und der zentrale und östliche Peloponnes haben eher ein typisch mediterranes Klima mit warmen, trockenen Sommern und milden Wintern.

Schnee ist selten auf den Kykladen, aber die hohen Berge auf dem Peloponnes und

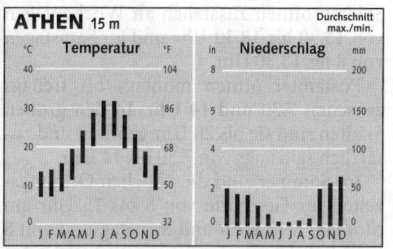

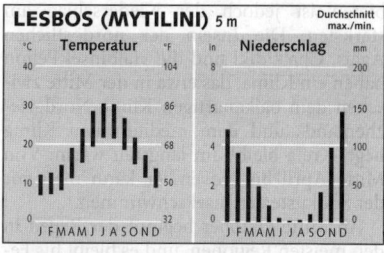

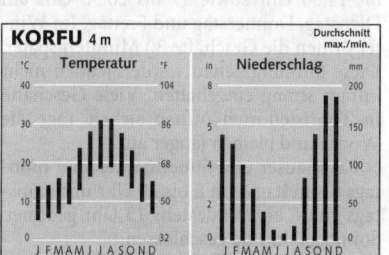

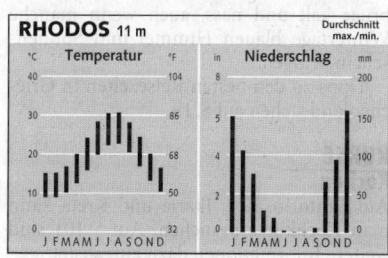

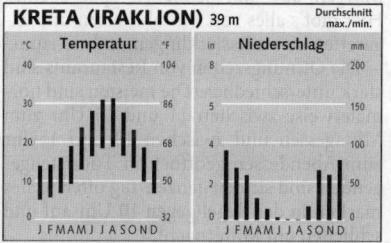

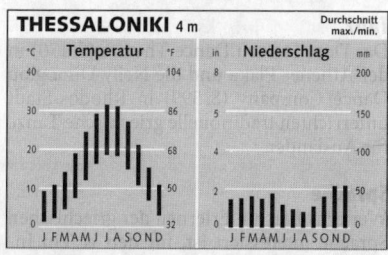

auf Kreta sind im Winter schneebedeckt, und in Athen schneit es gelegentlich. Im Juli und August kann das Thermometer fast im ganzen Land auf 40 °C im Schatten ansteigen. Juli und August ist auch die Zeit des *meltemi*, eines starken Nordwindes, der über die Ostküste des Festlandes (einschließlich Athen) und die Ägäisinseln (besonders die Kykladen) hinwegfegt. Der Wind entsteht durch den unterschiedlichen Luftdruck zwischen Nordafrika und dem Balkan. Der *meltemi* ist ein zweifelhafter Segen: Er mindert die Luftfeuchtigkeit, sorgt jedoch zugleich für Chaos bei den Fahrplänen der Fähren und bläst alles hinfort – von Strandschirmen bis zur Wäsche, die zum Trocknen aushängt.

Der westliche Peloponnes, der Westen von Sterea Ellada, der Südwesten von Epiros und die Ionischen Inseln entkommen dem *meltemi* und haben weniger strenge Winter als Nordgriechenland; in diesen Gebieten ist jedoch der Niederschlag am stärksten. Die Inseln der nordöstlichen Ägäis, Chalkidiki und die Halbinsel Pelion haben ein Klima, das etwa in der Mitte zwischen dem balkanartigen Klima Nordgriechenlands und dem mediterranen Klima liegt. Kreta bleibt am längsten warm: Von Mitte April bis November kann man vor der Südküste der Insel schwimmen.

Ab Mitte Oktober beginnt der Regen in den meisten Regionen, und es bleibt bis Februar kalt und nass, auch wenn manche Wintertage blauen Himmel und Sonnenschein bringen.

Tipps zu den besten Reisezeiten in Griechenland stehen auf S. 19.

KURSE
Kochen
Auf Santorin, Kea, Ikaria und Kreta kann man Kochkurse besuchen. Auf S. 101 sind weitere Informationen dazu aufgelistet.

Tanz
Das Dora Stratou Dance Theatre (S. 170) in der Athener Plaka und die Nelly Dimoglou Dance Company (S. 599) in Rhodos-Stadt unterrichten traditionelle griechische Tänze für Ausländer.

Sprache
Wer ernsthaft am Erlernen der griechischen Sprache interessiert ist, für den ist ein Intensivkurs zu Beginn des Griechenlandaufenthalts eine gute Idee. Die meisten Kurse gibt's in Athen (siehe S. 155), aber im Sommer werden auch auf den Inseln Spezialkurse angeboten.

Das **Athens Centre** (Karte S. 120; ☎ 210 701 2268; www.athenscentre.gr; Arhimidous 48, Mets, Athen) liegt im Athener Vorort Mets und bietet im Juni und Juli auch Kurse auf der Insel Spetses an. Dreiwöchige Kurse kosten 1190 € und umfassen 66 Unterrichtsstunden.

Das **Hellenic Culture Centre** (☎ 22750 61139/40; www.hcc.gr; ☽ Mai-Okt.) in Arethousa, einem Dorf 7 km außerhalb von Evdilos, hat Kurse der griechischen Sprache, Kultur und Literatur im Programm. Es werden alle Schwierigkeitsstufen angeboten.

ÖFFNUNGSZEITEN
Die Banken sind montags bis donnerstags von 8 bis 14.30 Uhr und freitags von 8 bis 14 Uhr geöffnet. Manche Banken in großen Städten öffnen zusätzlich an Wochentagen von 15.30 bis 18.30 Uhr und an Samstagen von 8 bis 13.30 Uhr.

Postämter öffnen montags bis freitags zwischen 7.30 und 14 Uhr. In den großen Städten sind sie bis 20 Uhr geöffnet und zusätzlich samstags von 7.30 bis 14 Uhr.

Im Sommer sind die üblichen Öffnungszeiten für Geschäfte von 8 bis 15 Uhr am Montag, Mittwoch und Samstag und von 8 bis 14.30 Uhr sowie 17 bis 20.30 Uhr am Dienstag, Donnerstag und Freitag. Im Winter öffnen die Geschäfte 30 Minuten später. Diese Öffnungszeiten werden jedoch nicht immer streng eingehalten. Viele Geschäfte in Touristenorten öffnen sieben Tage die Woche und bleiben länger auf.

Kaufhäuser und Supermärkte sind montags bis freitags von 8 bis 20 Uhr und samstags von 8 bis mindestens 15 Uhr geöffnet. Sonntags sind sie geschlossen.

Periptera (Kioske) machen am frühen Morgen auf und schließen spät abends. Hier gibt's alles von Busfahrkarten und Zigaretten bis zu Rasierklingen und -schaum.

Die Öffnungszeiten von Restaurants sind stark unterschiedlich. Die meisten sind normalerweise zwischen 11 und 15 Uhr zum Mittagessen und zwischen 19 und 1 Uhr zum Abendessen geöffnet; in Touristengegenden sind sie den ganzen Tag offen. Cafés machen in der Regel gegen 10 Uhr auf und schließen um Mitternacht.

Bars haben ab 20 Uhr geöffnet und machen erst wieder zu, wenn die letzten Gäste gegangen sind. Diskos und Nachtclubs machen normalerweise nicht vor 22 Uhr auf; vor Mitternacht ist auch selten etwas los. Gegen 4 Uhr morgens schließen sie, an Freitagen und Samstagen auch später.

POST

Postämter (*tahydromia*) erkennt man leicht an den gelben Schildern außen. Die normalen Briefkästen sind ebenfalls gelb und entweder mit *esoteriko* (für Ziele in Griechenland) oder mit *exoteriko* (für Ziele im Ausland) beschriftet. Die roten Briefkästen sind nur für Eilsendungen.

Briefmarken

Das Porto für Postkarten und Luftpostbriefe bis zu 20 g beträgt 0,60 € ins europäische Ausland, 0,80 € nach Nordamerika und Australien. Innerhalb von Europa dauert die Zustellung drei bis sieben Tage, in die USA, nach Australien und Neuseeland fünf bis zwölf Tage. Express-Sendungen (*katepiogonda*) kosten circa 3 € und sind ein paar Tage schneller. Einige Touristengeschäfte und Kioske bieten auch Briefmarken an, für die sie 10 % Aufpreis berechnen.

Päckchen können meistens nur in großen Städten aufgegeben werden. In Athen bringt man Päckchen über 2 kg am besten zur Paketpost (S. 130), woanders zum Paketschalter der Postfiliale. Das Päckchen muss offen bleiben, damit es geprüft werden kann; man sollte sein eigenes Klebeband mitbringen, da dies normalerweise nicht in Postfilialen verkauft wird.

Post empfangen

Es ist möglich, sich Briefe und Pakete postlagernd an jedes Hauptpostamt schicken zu lassen. Dies ist kostenfrei, aber man muss seinen Ausweis vorzeigen. Der Absender sollten den Familiennamen des Empfängers in Großbuchstaben schreiben und ihn unterstreichen, außerdem sollte der Umschlag mit dem Vermerk „poste restante" versehen sein. Wenn der Postmitarbeiter eine erwartete Sendung nicht finden kann, kann man ihn auch bitten, nach dem Vornamen zu suchen. Nach einem Monat wird nicht abgeholte Post an den Absender zurückgeschickt. Wer einen Ort verlässt, bevor die erwartete Post angekommen ist, kann beim

Postamt darum bitten, die Sendungen an den nächsten Zielort „c/o poste restante" weiterzuleiten. In Athen nehmen das Hauptpostamt (S. 130) und das Postamt Syntagma (S. 130) postlagernd Sendungen entgegen.

Pakete werden in Griechenland nicht zugestellt; sie müssen vom Paketschalter im Postamt abgeholt werden.

RAUCHEN

Im Juli 2009 traten in Griechenland Nichtraucherschutzgesetze in Kraft, die denen der meisten anderen EU-Länder ähneln. Seitdem darf in öffentlichen Gebäuden nicht mehr geraucht werden; die Strafgebühren muss deren Inhaber zahlen. Die Griechen zählen mit zu den stärksten Rauchern in Europa; es wird also eine Herausforderung sein, diese Gesetze durchzusetzen, und manche glauben gar, dass sie in entlegeneren Gegenden nur auf dem Papier gelten werden.

RECHTSFRAGEN

Drogen

Die griechischen Drogengesetze sind die strengsten in ganz Europa. Griechische Gerichte unterscheiden nicht zwischen Besitz und Handel. Der Besitz selbst einer kleinen Menge Marihuana führt ziemlich wahrscheinlich ins Gefängnis.

Verhaftungen

Es ist immer sinnvoll, seinen Ausweis stets bei sich zu tragen, falls man von der Polizei angehalten und befragt wird. Griechische Staatsbürger müssen sich jederzeit ausweisen können, und bei Touristen erwartet die Polizei das Gleiche. Wer verhaftet wird, sollte auf alle Fälle auf Hinzuziehung eines Dolmetschers (*thelo dhierminea*) und/oder eines Rechtsanwalts (*thelo dhikogoro*) bestehen. Man sollte wissen, dass man selbst im Ausland bezüglich des Mündigkeitsalters nach dem Gesetz seines Heimatlandes bestraft werden kann.

REISEN MIT BEHINDERUNG

Dank der Olympische Spiele ist das Reisen mit Behinderung in den letzten Jahren einfacher geworden. Die Verbesserungen machen sich allerdings hauptsächlich in Athen bemerkbar, wo die Sehenswürdigkeiten, Hotels und Restaurants nun besser zugänglich sind. Der Rest von Griechenland ist weiterhin kaum rollstuhlgerecht, und die oft steinigen Wege, Untergrund aus Marmor, rutschiges Kopfsteinpflaster und die mit Stufen versehenen Gassen stellen eine weitere Herausforderung dar. Seh- und hörbehinderte Menschen werden ebenfalls kaum bedacht.

Reisende mit Behinderung, die Griechenland trotzdem besuchen wollen, können sich damit beruhigen, dass bereits andere Menschen mit einer Behinderung ihren Urlaub in Griechenland verbracht haben. Die Reise muss jedoch sehr sorgfältig geplant und vorab so viele Informationen wie möglich eingeholt werden. Hilfe gibt es u. a. auf der informativen Website von **Mobility International Schweiz** (www.misinfothek.ch). Reiseberatung bietet auch die Website **www.handicap-network.de** unter der Rubrik Reisen an. Es gibt auch Reiseveranstalter wie **runa reisen** (☎ 05204/888 316; www.runa-reisen.de), die auf Reisende mit Behinderung spezialisiert sind und Reiseziele in Griechenland im Angebot haben. Die Website www.greecetravel.com/handicapped listet lokale Artikel, Ferienorte und Reisegruppen für körperlich behinderte Reisende auf. Einige Optionen:

Christianakis Travel (www.greecetravel.com/handicap ped/christianakis/index.htm) stellt maßgeschneiderte Touren zusammen und kann Transport, Hotels und Reiseführer organisieren.

Sailing Holidays (www.charterayachtingreece.com/DRY achting/index.html). Zweitägige bis zweiwöchentliche Segeltörns um die griechischen Inseln auf barrierefreien Yachten.

Sirens Resort (www.hotelsofgreece.com/central/lou traki/sirens-wheelchair-accessable-resort/index.html; Loutraki, Skaloma, Zentralgriechenland) ist ein familienfreundliches Resort mit barrierefreien Apartments, Touren und Rampen ins Meer.

SCHWULE & LESBEN

In einem Land, in dem die Kirche noch immer großen Einfluss auf die Ansichten der Gesellschaft zu Themen wie Sexualität hat, ist es wohl wenig überraschend, dass Homosexualität von vielen Einheimischen kritisch betrachtet wird – insbesondere außerhalb der großen Städte. Es gibt zwar keine Gesetze gegen Homosexualität, aber man sollte sich diskret verhalten.

Einige Gegenden in Griechenland sind jedoch extrem beliebte Reiseziele für Schwule und Lesben. Die Schwulenszene in Athen ist lebendig, aber die meisten Schwulen und Lesben zieht es auf die Inseln. Mykonos ist seit Langem berühmt für seine Bars, Strände und den allgemeinen Hedonismus, und auch auf Skiathos gibt's einige Schwulentreffs. Die Insel Lesbos (Mytilini) ist als der Geburtsort der lesbischen Dichterin Sappho zu einer Art Pilgerstätte für viele Lesben geworden.

Praktische Informationen

Der von Bruno Gmünder (Berlin) herausgegebene *Spartacus International Gay Guide* gilt als führende Instanz der schwulen Reiseführer. Das Kapitel Griechenland bietet eine Fülle an Informationen zu schwulen Treffpunkten von Alexandroupolis bis Xanthi.

Auch im Internet findet man viele Infos. Interessant ist z. B. **Gayscape** (www.gayscape.com/gays cape/menugreece.html).

SHOPPEN

Shoppen ist ein Riesengeschäft in Griechenland. Ein Touristenort kann manchmal wie ein riesiger Einkaufsladen wirken, in dem alle Arten von Waren und sehr viel Ramsch angeboten werden. Geschäfte und Kioske in den wichtigen Touristenzentren sind oft überteuert, und am besten findet man heraus, wo die Einheimischen einkaufen. Der Athener Flohmarkt (S. 174) beispielsweise bietet eine beeindruckende Produktvielfalt, und man kann dort wahre Schnäppchen finden. Schuhe und Kleider sind in Griechenland günstig, besonders im Ausverkauf am Ende der Saison. Wer noch Platz in seinem Koffer oder Rucksack hat, kann in kleinen Boutiquen und Galerien wirklich hervorragende kunsthandwerkliche Arbeiten erwerben, darunter Keramik, Schmuck und Metallobjekte.

Handeln

Leider sind die Zeiten vorbei, in denen man in Griechenland den Preis durch Verhandeln ein wenig drücken konnte. Vielleicht bekommt man einen „Sonderpreis" angeboten, aber der Spaß und die Kunst des Handelns ist mit der Drachme verschwunden. Man sollte also wissen, was einem die angebotene Ware wert ist und was man dafür bezahlen möchte, bevor man einschlägt.

TELEFON

Der griechische Telefondienst wird vom Telekommunikationsunternehmen OTE (Organismos Tilepikoinonion Ellados) zur Verfügung gestellt.

Das System ist modern und recht gut in Schuss. Öffentliche Telefone gibt es so ziemlich überall, beispielsweise auch an unglaublich entlegenen Stellen. Die Telefone sind einfach zu bedienen, und man kann damit Orts-, Fern- und internationale Gespräche tätigen. Wenn man das „i" oben links auf der Zahlentastatur drückt, erscheint die Bedienungsanleitung in englischer Sprache.

Hinweis: Bei allen Gesprächen innerhalb Griechenlands muss die Vorwahl mit eingegeben werden (alle griechischen Telefonnummern sind zehnstellig).

Handys

Mittlerweile gibt es in Griechenland mehr Handys als Festnetzanschlüsse. In der Regel kann man mit seinem normalen Handy auch in Griechenland telefonieren. Am besten fragt man vor der Abreise bei seinem Mobilfunkanbieter nach entsprechenden Gebühren und Tarifen. Im Juli 2007 wurden die Obergrenzen für Roaming-Gebühren von der EU festgelegt: abgehende Gespräche kosten danach maximal 46 Cent, eingehende 22 Cent pro Minute.

Zu den größeren griechischen Mobilfunkanbietern gehören Panafon, CosmOTE und Wind; alle bieten 2G-Konnektivität. Von den dreien scheint CosmOTE die beste Abdeckung in entlegeneren Gebieten zu haben; also wenn der Handyempfang schlecht zu sein scheint, kann man also versuchen, sein Telefon auf CosmOTE umzustellen. Alle drei Unternehmen bieten auch „Pay-as-you-talk"-Tarife an, bei denen man eine wiederaufladbare SIM-Karte kauft und eine eigene griechische Handynummer bekommt. Das Panafon-System heißt „à la Carte", das Wind-System „F2G" und das CosmOTE-System „Cosmokarta".

Hinweis: Handy-Telefonieren während des Autofahrens ist in Griechenland verboten, außer man benutzt eine Freisprechanlage oder ein Headset.

Telefonkarten

Die öffentlichen Fernsprecher funktionieren alle mit OTE-Telefonkarten (telekarta),

nicht mit Münzen. Diese Karten gibt's in *periptera*, kleinen Läden und Touristenshops. Ein Ortsgespräch kostet für drei Minuten etwa 0,30 €.

Es gibt auch immer mehr Billiganbieter in diesem Bereich: Hierfür wählt man einen Zugangscode und gibt anschließend die Kartennummer ein. Die OTE-Version dieser Karte heißt „Chronokarta". Die Karten sind mit griechischer und englischer Anleitung versehen, und die Gesprächszeit ist im Vergleich zu den üblichen Telefonkartengebühren enorm.

TOILETTEN

In Griechenland gibt's fast überall normale Toiletten, besonders in Hotels und Restaurants, in denen auch Touristen verkehren. Gelegentlich findet man in älteren Gebäuden, *kafeneia* und auf öffentlichen Toiletten Bodenlöcher im asiatischen Stil, auf denen man sein Geschäft im Kauern verrichtet.

Öffentliche Toiletten sind selten, außer an Flughäfen, Bahn- und Busbahnhöfen. Cafés sind die beste Lösung, wenn es einmal dringend wird, aber es wird erwartet, dass man dann auch etwas kauft oder verzehrt.

Eine Besonderheit des griechischen Abwassersystems ist, dass die Rohre anscheinend so eng sind, dass sie kein Toilettenpapier verkraften. Alles, was größer ist als eine Briefmarke, scheint Probleme zu verursachen; wer Tampons oder Monatsbinden runterspült, verursacht garantiert eine Verstopfung. Toilettenpapier etc. entsorgt man am besten in dem kleinen Eimer, der neben jeder Toilette aufgestellt ist.

TOURISTENINFORMATION

Die Touristeninformation heißt im Ausland GNOT (Greek National Tourist Organisation oder Griechische Zentrale für Fremdenverkehr) und vor Ort EOT. Die Qualität des Service variiert drastisch von Büro zu Büro.

Touristeninformationen vor Ort

Das EOT in Athen versorgt Besucher mit vielen Informationen wie hilfreichen Wochenfahrplänen der Fähre von Piräus oder Details zu Preisen und Fahrplänen der öffentlichen Verkehrsmittel in Athen. Der kostenlose Stadtplan von Athen hätte dringend eine Überarbeitung nötig, auch wenn die meisten touristisch interessanten Orte gut eingezeichnet sind. Das Büro liegt etwa 500 m von der U-Bahn-Station Ambelokipi entfernt.

EOT-Niederlassungen gibt's in allen größeren Touristenorten, auch wenn diese zunehmend ergänzt oder gar von den Touristenbüros der örtlichen Gemeinde ersetzt werden (wie auf dem Peloponnes geschehen).

Athen (Karte S. 122–123; ☎ 210 331 0392; www.gnto. gr; Leoforos Vasilissis Amalias 26a, Syntagma; 9 Mo–Fr 9–19, Sa & So 10–16 Uhr). Siehe auch S. 130.

Kreta (Karte S. 530; ☎ 2810 246 299; Xanthoudidou, Iraklio; April–Okt. 8.30–20.30 Uhr, Nov.–März 8.30–15 Uhr). Siehe auch S. 531.

Dodekanes (Karte S. 804; ☎ 22410 35226; www.ando. gr; Makariou & Papagou, Rhodos-Stadt, Rhodes; Mo–Fr 8–14.45 Uhr). Siehe auch S. 805.

Ionische Inseln (Karte S. 804; ☎ 26710 22248; Argostoli, Kefallonia; Juli–Aug. Mo–Fr 8–20 & Sa 9–15 Uhr, Sept.–Juni Mo–Fr 8–14.30 Uhr). Siehe auch S. 805.

Makedonien (Büro der Tourismusdirektion; Karte S. 326–327; ☎ 2310 221 100; tour-the@otenet.gr; Tsimiski 136, Thessaloniki; Mo–Fr 8–20, Sa 8–14 Uhr). Siehe auch S. 328.

Nordostägäische Inseln (Karte S. 714; ☎ 22510 42512; Aristarhou 6, Mytilini, Lesbos; Mo–Fr 9–13 Uhr). Siehe auch S. 715.

Peloponnes (Info Center; Karte S. 195; ☎ 2610 461 740/1; www.infocenterpatras.gr; Othonos Amalias 6, Patras; 8–22 Uhr). Siehe auch S. 194.

Touristenpolizei

Die Touristenpolizei arbeitet mit der normalen griechischen Polizei und dem EOT zusammen. In jeder Niederlassung der Touristenpolizei gibt es mindestens einen Englisch sprechenden Mitarbeiter. Hotels, Restaurants, Reisebüros, Touristenshops, Reiseführer, Kellner, Taxifahrer und Busfahrer fallen in den Kompetenzbereich der Touristenpolizei. Wer sich von einem Vertreter dieser Gruppen abgezockt fühlt, kann dies bei der Touristenpolizei melden, die dann Nachforschungen anstellen wird. Wenn man einen Diebstahl oder einen verlorenen Ausweis melden muss, sollte man zuerst zur Touristenpolizei gehen, die später bei der normalen Polizei als Dolmetscher behilflich ist. Die Touristenpolizei übernimmt teilweise auch die Funktionen der EOT- und städtischen Touristenbüros, indem sie Karten und Broschüren verteilt und Infos zum öffentlichen Transportsystem gibt. Sie kann auch oft bei der Suche nach einer Unterkunft helfen.

UNTERKUNFT

Griechenland bietet Unterkünfte für jeden Geschmack und Geldbeutel. Alle Übernachtungsmöglichkeiten unterliegen strengen Preisregulierungen durch die Touristenpolizei. Das Gesetz schreibt einen Hinweis in jedem Zimmer vor, der die Zimmerkategorie und den berechneten Preis für die Saison angibt. Dieser Preis beinhaltet 4,5 % Kommunalsteuer und 8 % Umsatzsteuer.

Manche Inhaber berechnen bei Aufenthalten von weniger als drei Tagen einen Aufpreis von 10 %. Eine obligatorische Gebühr von 20 % wird erhoben, wenn ein zusätzliches Bett in ein Zimmer gestellt wird (ist das Bett für ein Kind, wird diese Gebühr häufig erlassen). Zwischen Juli und August sind die Zimmer am teuersten, aber im Frühjahr und Herbst können die Preise um bis zu 20 % fallen, im Winter gar noch mehr.

Es kommt selten zu Abzocken, aber wenn man vermutet, dass man übers Ohr gehauen wurde, sollte man es der Touristenpolizei oder der normalen Polizei melden, die sich schnell darum kümmert.

Die Unterkünfte sind im gesamten Buch nach Budget- (bis zu 80 € in Athen und 60 € überall sonst), Mittelklasse- (80 bis 150 € in Athen; 60 bis 150 € überall sonst) und Spitzenklasse-Kategorie (über 150 €) aufgelistet. Diese Preise gelten für ein Doppelzimmer in der Hauptsaison (Juli und August). Die Zimmer haben normalerweise eigene Bäder, außer wenn Gegenteiliges explizit angegeben ist. Die Preise für Unterkünfte in Griechenland lassen sich nur schwer verallgemeinern, da sie komplett von der Saison und dem Standort abhängen. Auf einer der Inseln zahlt man sicher nicht den gleichen Preis für ein Doppelzimmer wie in Zentralgriechenland oder Athen.

Berghütten

Auf dem Festland, auf Kreta und Euböa stehen insgesamt 55 Berghütten für Übernachtungsgäste zur Verfügung. Von kleinen Hütten mit Freilufttoilette und ohne Kochgelegenheit bis hin zu sehr komfortablen und modernen Häuschen ist alles dabei. Betrieben werden sie von den diversen Bergwander- und Skivereinen des Landes. Preislich geht's – je nach Einrichtung – bei 7 € pro Person los. Die Veröffentlichung der EOT namens *Greece: Mountain Refuges & Ski Centres* listet Einzelheiten zu jeder Hütte auf; die Broschüre liegt in allen EOT-Filialen aus (siehe S. 831).

Camping

Camping ist besonders im Sommer eine gute Option. Es gibt in fast allen Regionen und auf fast allen Inseln (mit Ausnahme der Inseln im Saronischen Golf) an die 350 Campingplätze, viele davon gar in sehr hübschen Lagen. Zur Standardausstattung gehören warme Duschen, Küchen, Restaurants und Minimärkte – oft auch ein Swimmingpool.

Die meisten Campingplätze sind nur zwischen April und Oktober geöffnet. Die **Panhellenic Camping Association** (Karte S. 124–125; ☎/Fax 210 362 1560; www.panhellenic-camping-union. gr; Solonos 102, Exarchia, Athen) bringt jedes Jahr ein Büchlein heraus, das alle zugehörigen Campingplätze, deren Ausstattung und die Öffnungsmonate auflistet.

Zwischen dem 15. Juni und Ende August sind die Campinggebühren am höchsten. Die meisten Campingplätze berechnen 5 bis 7 € pro Erwachsenem und 3 bis 4 € für Kinder zwischen vier und zwölf Jahren. Jüngere Kinder wohnen kostenlos. Zeltplätze kosten ab 4 € pro Nacht für kleine Zelte und ab 5 € pro Nacht für große Zelte. Wohnwagenplätze fangen bei etwa 6 € an; Autos kosten normalerweise 4 bis 5 €.

Wer im Hochsommer zelten möchte, sollte ein silbernes Überdach mitbringen, um die Sonnenstrahlen vom Zelt weg zu reflektieren und so die Hitze fernzuhalten. Andernfalls werden dunkle Zelte, die in kälteren Ländern sehr beliebt sind, zu reinen Schwitzhütten. Zwischen Mai und Mitte September ist es warm genug, um unter den Sternen zu schlafen. Auf vielen Campingplätzen gibt's überdachte Bereiche, in denen man im Sommer ohne Zelt schlafen kann; ein dünner Schlafsack genügt schon. Gut sind eine Isomatte zum Drauflegen und eine wasserdichte Abdeckung für den Schlafsack.

Domatia

Domatia (wörtlich „Zimmer") sind das griechische Gegenstück zur deutschen Frühstückspension, nur ohne das Frühstück. Früher waren *domatia* praktisch kaum mehr als Extrazimmer in Familienhäusern, die im Sommer an Reisende vermietet wurden; heute sind sie oft extra angefertigte Anbauten. Einige sind mit voll ausgestatteten Küchen versehen. Die Sauberkeitsstandards sind generell hoch.

Domatia zählen zu den beliebtesten Optionen für Budgetreisende. Einzelzimmer kosten zwischen 25 und 50 €, Doppelzimmer 35 bis 65 €, je nachdem, ob ein eigenes Badezimmer vorhanden ist, und abhängig von der Reisezeit und der Aufenthaltsdauer. *Domatia* gibt es auf dem gesamten Festland (mit Ausnahme der großen Städte) und auf fast jeder Insel mit sesshafter Bevölkerung. Viele sind nur zwischen April und Oktober geöffnet.

Zwischen Juni und September strömen die *domatia*-Inhaber vielerorts aus und jagen nach Kundschaft. Sie warten an Bussen und Fähren, rufen „Room, room!" und haben oft Fotos ihrer Zimmer dabei. In der Hauptsaison kann es sich als Fehler herausstellen, ein Angebot abzulehnen – aber man sollte vorsichtig sein, wenn die Inhaber keine genauen Angaben über die Lage ihrer Unterkunft machen wollen.

Ferienwohnungen

Eine sehr praktische Methode, um Geld zu sparen und komfortabel zu wohnen, ist das Anmieten einer möblierten Wohnung oder Villa. Viele wurden extra für Touristen erbaut, andere – insbesondere Villen – sind oft die Eigenheime ihrer Besitzer, die diese jedoch nicht nutzen. Der Hauptvorteil ist, dass man mehrere Leute unter einem Dach unterbringen kann; dank Selbstversorgung lässt sich auch Geld sparen. Diese Option eignet sich am besten für Aufenthalte ab

---

UNTERKÜNFTE ONLINE BUCHEN

Mehr Bewertungen und Empfehlungen zu Unterkünften von den Lonely Planet Autoren gibt's bei unserem Online-Reservierungsservice unter www.lonelyplanet.com/ hotels. Hier gibt's ehrliche Insiderberichte zu den besten Unterkünften. Die Bewertungen sind gründlich und unabhängig. Und das Beste daran: Die Buchung kann gleich online erledigt werden.

drei Tagen. Einige der Inhaber bestehen gar auf einem Mindestaufenthalt von einer Woche. Eine gute Website für Villen ist www.greekislands.com oder auf den deutschen Seiten www.fewo-direkt.de und www.ferienhausmiete.de.

Wer eine Unterkunft für einen längeren Zeitraum sucht, sollte die Anzeigen der Athens News durchstöbern – darin finden sich jedoch vor allem Angebote für Athen. Wohnungen in ländlichen Gegenden und auf den Inseln kann man auf lokalen Websites suchen.

Hotels

Hotels in Griechenland sind in sechs Kategorien eingeteilt: Deluxe, A, B, C, D und E. Hotels werden nach Zimmergröße kategorisiert und danach, ob sie eine Bar haben und wie das Verhältnis von Badezimmern zu Betten ist. Eigenschaften, die den Gästen wohl wichtiger sein dürften – Sauberkeitsstandards, Bequemlichkeit der Betten und Freundlichkeit des Personals – spielen dabei keine Rolle.

GRÜNE UNTERKÜNFTE

Es ist möglich, im Urlaub in Griechenland auch an die Umwelt denken, selbst wenn man luxuriös unterkommen möchte. Die grünen Top-Unterkünfte sind:

- **Achladies Apartments** (Achladies Bay, Skiathos; S. 758)
- **Harry's Paradise** (Kalymnos, Dodekanes; S. 657)
- **Milia** (Kissamos, Kreta; S. 572)
- **Pine Tree Studios** (Karpathos, Dodekanes; S. 618)
- **Red Tractor Farm** (Korissia, Kykladen; S. 522)

Mehr Ideen findet man auf www.guestinn.com und www.agrotravel.gr. Auf beiden Websites findet man massenhaft traditionelle, ländliche Unterkünfte, die nach Interessensgebieten sortiert sind, beispielsweise Wohnen auf dem Bauernhof, Wanderurlaub oder Weinbergsrouten.

Deutschsprachige Websites, die für Individualreisende nachhaltige Tipps haben, sind u. a. www.erlebe-griechenland.de und www.vertraeglich-reisen.de.

Wie zu erwarten, weisen Deluxe-, A- und B-Klasse-Hotels zahlreiche Annehmlichkeiten wie eigene Badezimmer und durchgehend heißes Wasser auf. C-Klasse-Hotels verfügen über eine Snackbar und Zimmer mit eigenen Badezimmern, aber das Warmwasser ist teilweise nur zu gewissen Tageszeiten verfügbar. Hotels der Klasse D haben nur manchmal eine Snackbar; die wenigsten Zimmer haben ein eigenes Bad, und manche der Hotels heizen ihr Wasser mit Solarenergie auf, was bedeutet, dass es keine Garantie für Warmwasser gibt. In E-Klasse-Hotels gibt's keine Snackbar, man nutzt Gemeinschaftsbadezimmer, und Warmwasser kostet extra.

Die Preise werden von der Touristenpolizei kontrolliert, und der Maximalpreis für ein Zimmer muss auf einer Tafel hinter der Tür jedes Zimmers angeschrieben sein. Die Klassifizierung ist oft nicht mehr als ein Preishinweis. Die Preise in D- und E-Klasse-Hotels können generell mit *domatia* verglichen werden. In der C-Klasse zahlt man zwischen 35 und 60 € für ein Einzelzimmer in der Hauptsaison, 45 bis 80 € für ein Doppelzimmer. Die Preise in der B-Klasse reichen von 50 bis 85 € für Einzelzimmer und 90 bis 150 € für Doppelzimmer. A-Klasse-Preise sind nicht viel höher.

Jugendherbergen

Die meisten Jugendherbergen in Griechenland werden von der **Greek Youth Hostel Organization** (Karte S. 120; ☎ 210 751 9530; www.athens-yhostel.com; Damareos 75, Pangrati, Athen) betrieben. Auf dem Festland gibt's zugehörige Hostels in Athen, Olympia, Patras und Thessaloniki, und auf den Inseln gibt's welche auf Kreta und Santorin.

Die Preise liegen zwischen 10 und 20 € für ein Bett im Schlafsaal, und eine Mitgliedschaft ist keine Voraussetzung, um hier übernachten zu dürfen. Manche haben eine Sperrstunde.

Pensionen

Pensionen sind nicht von Hotels zu unterscheiden. Sie sind in die Klassen A, B und C eingeteilt. Eine Pension der Klasse A entspricht von Einrichtung und Preis einem B-Klasse-Hotel, eine B-Klasse-Pension entspricht einem C-Klasse-Hotel, und eine Pension der C-Klasse entspricht einem Hotel der Klasse D oder E.

VERSICHERUNG

Eine Reiseversicherung gegen Diebstahl und Verlust sowie für den Krankheitsfall ist immer empfehlenswert. Die Angebote variieren zwischen niedrigeren und höheren Summen, die im Krankheitsfall bezahlt werden. Es gibt sehr viele Versicherungsangebote, daher sollte man das Kleingedruckte lesen und vergleichen.

Einige Versicherungen schließen sogenannte „gefährliche Aktivitäten" wie Gerätetauchen, Motorradfahren oder gar Wandern aus. Ein vor Ort erworbener Motorradführerschein wird von manchen Versicherungen nicht anerkannt.

Es kann hilfreich sein, wenn die Versicherung direkt mit dem Arzt oder Krankenhaus abrechnet und man nicht erst selbst bezahlen und später von der Versicherung rückfordern muss. Im letzteren Fall muss man unbedingt alle Belege gut aufheben. Manche Versicherungen möchten, dass man direkt mit seinem Arzt zu Hause telefoniert, um so eine sofortige Einschätzung des Problems zu erhalten. Weitere Informationen zur Krankenversicherung stehen auf S. 879.

Wenn man sein Reiseticket mit einer Kreditkarte bezahlt, ist manchmal eine eingeschränkte Reiseversicherung mit eingeschlossen, und man kann sein Geld zurückfordern, wenn der Reiseveranstalter die angebotenen Leistungen nicht erbringt.

Eine Reiseversicherung sollte man so früh wie möglich abschließen. Wenn man sie erst direkt vor Abflug kauft, sind Probleme wie Verzögerungen aufgrund von Streiks möglicherweise nicht eingeschlossen. Eine weltweite Reiseversicherung bekommt man unter www.lonelyplanet.com/travel_services. Diese kann man online kaufen, verlängern und bei Ansprüchen kontaktieren – selbst wenn man bereits unterwegs ist.

VISA

Alle Staatsbürger von EU-Staaten sowie der Schweiz können bis zu drei Monate ohne Visum in Griechenland bleiben. Aktuelle Infos gibt's bei den griechischen Botschaften. Für die Staatsbürger vieler anderer Länder gilt eine Visumpflicht. Für einen längeren Aufenthalt beziehungsweise eine Visumverlängerung gelten besondere Bestimmungen, die man aber durch eine kurze Ausreise in ein Nachbarland und eine erneute Einreise umgehen kann.

Visaverlängerungen

Wer länger als drei Monate in Griechenland bleiben möchte, sollte sich an ein Konsulat wenden oder mindestens 20 Tage im Voraus an das **Ausländeramt** (Karte S. 126–127; ☎ 210 770 5711; Leoforos Alexandras 173, Ambelokipi, Athen; ⊙ Mo–Fr 8–13 Uhr) in der Athener Hauptpolizeiwache. Man braucht dort seinen Ausweis und vier Passbilder. Möglicherweise muss man dort nachweisen, dass man sich finanziell selbst tragen kann, daher sollte man seine Kontoauszüge aufheben. Andernorts in Griechenland wendet man sich an die lokale Polizeiwache. Man erhält eine Aufenthaltsgenehmigung für die Dauer von bis zu sechs Monaten.

Wer sein Visum überzieht, dem wird beim Verlassen eine gehörige Strafgebühr aufgebrummt.

ZEIT

Ganz Griechenland folgt einer einzigen Zeitzone. Sie ist der Mitteleuropäischen Zeit ganzjährig eine Stunde voraus.

ZOLL

Innerhalb der EU gelten keine Beschränkungen mehr auf Waren für den eigenen, privaten Verbrauch. Bei der Einfahrt in einem Land außerhalb der EU werden ausländische Touristen normalerweise flüchtig kontrolliert, und in der Regel genügt eine mündliche Erklärung. Gelegentlich werden stichprobenartig Durchsuchungen auf Drogen durchgeführt.

Die folgenden Gegenstände dürfen zollfrei nach Griechenland eingeführt werden: 800 Zigaretten oder 200 Zigarren und 10 l alkoholische Getränke. Hunde und Katzen benötigen ein tierärztliches Zertifikat.

Die Einfuhr von Kunstwerken und Antiquitäten nach Griechenland ist frei, man muss sie jedoch bei der Einreise angeben, um sie später wieder ausführen zu können. Die Importbestimmungen für Medikamente sind streng, und man sollte sich eine Bestätigung von seinem Hausarzt ausstellen lassen, bevor man nach Griechenland aufbricht. Es ist beispielsweise illegal, Codein nach Griechenland einzuführen, wenn man keine entsprechende Bescheinigung von seinem Arzt vorlegen kann.

Devisen und Reiseschecks dürfen ohne Einschränkung eingeführt werden. Die Devisenausfuhr ist jedoch auf 10 000 € beschränkt; darüber liegende Beträge müssen bei der Ein- bzw. Ausreise deklariert werden.

Antiquitäten, die über 100 Jahre alt sind, dürfen ohne entsprechende Genehmigung grundsätzlich nicht exportiert werden. Nur Drogenschmuggel wird härter bestraft. Selbst das Entwenden eines sehr kleinen Gegenstands von einer Ausgrabungsstätte gilt als Gesetzesverstoß. Exporterlaubnisse erhält man in der Abteilung für Antiquitä-

tenhändler und Privatsammlungen beim **Archäologischen Dienst Athen** (Karte S. 122–123; Polygnotou 13, Plaka, Athen).

Fahrzeuge

Autos dürfen bis zu einer Dauer von sechs Monaten ohne Carnet nach Griechenland eingeführt werden; es ist lediglich eine Internationale Grüne Versicherungskarte nötig. Bei der Einreise von Italien gilt das Fährticket als einziger Beweis für die Einreise, daher sollte man es gut aufbewahren. Aus anderen Ländern muss man sich einen Stempel im Pass geben lassen.

Verkehrsmittel & -wege

INHALT

AN- & WEITERREISE

Flüge, Pauschalreisen und Zugtickets können online über www.lonelyplanet.com/travel_services gebucht werden.

EINREISE

Besucher mit EU-Ausweisen oder aus der Schweiz reisen normalerweise problemlos nach Griechenland ein. Wer aus einem anderen EU-Land einreist, dessen Ausweis wird nicht geprüft, aber Zoll und Polizei sind eventuell am mitgebrachten Gepäck interessiert. EU-Bürger können auch mit dem Personalausweis nach Griechenland einreisen. Infos zu Visa stehen auf S. 835

AUF DEM LANDWEG

Wer auf dem Landweg reist, kann neben der schönen Landschaft auch die vielen Erlebnisse genießen, die man im Bus oder Zug machen kann. Besonders internationale Zugreisen sind in den letzten Jahren dank schnellerer Züge und besserer Anschlussmöglichkeiten viel angenehmer geworden. Von Norddeutschland kommt man mittlerweile in unter zwei Tagen per Zug und Fähre nach Athen. Wer über Land reist und nicht fliegt, tut auch etwas zur Verminderung des Kohlenstoffausstoßes. So hat auch die Umwelt etwas davon.

Grenzübergänge

ALBANIEN

Zwischen Griechenland und Albanien bestehen vier Grenzübergänge. Der wichtigste ist bei Kakavia, 60 km nordwestlich von Ioannina (s. S. 390), wo die Abfertigungen jedoch extrem langsam sein können. Die anderen Grenzübergänge sind bei Sagiada, 28 km nördlich von Igoumenitsa, Mertziani, 17 km westlich von Konitsa, und Krystallopigi, 14 km westlich von Kotas an der Straße zwischen Florina und Kastoria.

BULGARIEN

Es gibt drei Grenzübergänge zwischen Bulgarien und Griechenland: einen bei Promachonas, 109 km nordöstlich von Thessaloniki und 41 km von Serres, einen bei Ormenio im Nordosten von Thrakien, und einen neuen Grenztunnel von 448 m Länge bei Exochi, 50 km nördlich von Drama. Da Bulgarien ein Mitgliedsstaat der EU ist, gehen die Grenzabfertigungen normalerweise ziemlich flott und problemlos über die Bühne.

EHEMALIGE JUGOSLAWISCHE REPUBLIK MAZEDONIEN

Es gibt drei Grenzübergänge zwischen Griechenland und Mazedonien. Sie sind bei Evzoni, 68 km nördlich von Thessaloniki, Niki (S. 363), 16 km nördlich von Florina, und Doirani, 31 km nördlich von Kilkis.

DIE DINGE ÄNDERN SICH …

Die Informationen in diesem Kapitel sind besonders anfällig für Veränderungen. Um auf Nummer sicher zu gehen, sollte man die Aufschlüsselung der Ticketpreise (und das Ticket selbst) genau unter die Lupe nehmen und sich mit den Sicherheitsbestimmungen für den internationalen Reiseverkehr auseinander setzen. Hierbei hilft die Fluglinie oder ein Reisebüro. Die Angaben in diesem Kapitel sollen lediglich als Anhaltspunkte dienen, nicht als Ersatz für die eigenen aktuellen Recherchen.

VERKEHRSMITTEL & -WEGE

KLIMAWANDEL & REISEN

Der Klimawandel stellt eine ernste Bedrohung für unsere Ökosysteme dar. Zu diesem Problem tragen Flugreisen immer stärker bei. Lonely Planet sieht im Reisen grundsätzlich einen Gewinn, ist sich aber der Tatsache bewusst, dass jeder seinen Teil dazu beitragen muss, um die globale Erwärmung zu verringern.

Fliegen & Klimawandel

Fast jede Art der motorisierten Fortbewegung erzeugt CO_2 (die Hauptursache für die globale Erwärmung), doch Flugzeuge sind mit Abstand die schlimmsten Klimakiller – nicht nur wegen der großen Entfernungen und der entsprechend großen CO_2-Mengen, sondern auch weil sie diese Treibhausgase direkt in hohen Schichten der Atmosphäre freisetzen. Die Zahlen sind erschreckend: Zwei Personen, die von Europa in die USA und wieder zurück fliegen, erhöhen den Treibhauseffekt in demselben Maße wie ein durchschnittlicher Haushalt in einem ganzen Jahr.

Emissionsausgleich

Die englische Website www.climatecare.org und die deutsche Internetseite www.atmosfair.de bieten sogenannte CO_2-Rechner. Damit kann jeder ermitteln, wie viel Treibhausgase seine Reise produziert. Das Programm errechnet den zum Ausgleich erforderlichen Betrag, mit dem der Reisende nachhaltige Projekte zur Reduzierung der globalen Erwärmung unterstützen kann, beispielsweise Projekte in Indien, Honduras, Kasachstan und Uganda.

Lonely Planet unterstützt gemeinsam mit Rough Guides und anderen Partnern aus der Reisebranche das CO_2-Ausgleichs-Programm von climatecare.org. Alle Reisen von Mitarbeitern und Autoren von Lonely Planet werden ausgeglichen.

Weitere Informationen gibt's auf www.lonelyplanet.com.

Zum Zeitpunkt der Recherche für diese Ausgabe wurde ein neuer Grenzübergang bei Markova Noga, in der Nähe von Agios Germanos, besprochen.

TÜRKEI

Die Grenzübergänge befinden sich bei Kipi, 43 km östlich von Alexandroupolis, und bei Kastanies (S. 382), 139 km nordöstlich von Alexandroupolis. Kipi eignet sich wahrscheinlich besser, wenn man auf dem Weg nach Istanbul ist, aber über Kastanies passiert man die faszinierenden Ortschaften Soufli und Didymoticho in Griechenland sowie Edirne (das antike Adrianopolis) in der Türkei.

Albanien

BUS

Die **Griechische Eisenbahngesellschaft** (OSE; www.ose.gr) betreibt eine Buslinie zwischen Athen und Tirana, die über Ioannina und Gjirokastra verläuft. Der Bus fährt täglich an der Sidiridromou 1 beim Bahnhof Larisis ab und kommt am Folgetag in Tirana an.

In den Abschnitten zu Florina (S. 363) und Ioannina (S. 390) sind weitere Informationen zu Reisemöglichkeiten nach Albanien aufgeführt.

Bulgarien

BUS

Die OSE betreibt einen Bus von Athen nach Sofia (15 Std., 6-mal wöchentl.). Außerdem befährt sie die Strecke Thessaloniki–Sofia (7½ Std., 4-mal tgl.). Es gibt eine private Buslinie von Alexandroupolis nach Plovdiv (6 Std., 2-mal wöchentl.) und Sofia (7 Std., 2-mal wöchentl.).

ZUG

Von Athen aus fährt täglich ein Zug über Thessaloniki (9 Std.) nach Sofia (18 Std.). Von Sofia aus bestehen Anschlussmöglichkeiten nach Budapest und Bukarest.

Ehemalige jugoslawische Republik Mazedonien

ZUG

Es gibt täglich zwei Züge von Thessaloniki nach Skopje (5 Std.), die die Grenze bei Idomeni-Gevgelija überqueren. Von Skopje aus fahren sie weiter in die serbische Hauptstadt Belgrad (13 Std.).

Von Florina aus fahren keine Züge nach Mazedonien, aber es gibt einen oder zwei Züge täglich von Bitola auf der mazedonischen Seite der Grenze nach Skopje (4½ Std.).

Russland

ZUG

Im Sommer gibt es einmal pro Woche einen direkten Zug von Thessaloniki nach Moskau (70 Std.).

Türkei

BUS

Die OSE betreibt einen Bus von Athen nach Istanbul (22 Std., 6-mal wöchentl.), der am Abend vom ehemaligen Peloponnes-Bahnhof in Athen abfährt und in Thessaloniki (7 Std.) und Alexandroupolis (13 Std.) halt macht. Schüler und Studenten erhalten einen Rabatt von 20 %, und Kinder unter 12 Jahren reisen zum halben Preis. Im Abschnitt An- & Weiterreise der jeweiligen Stadt sieh's Informationen zu den Verkaufsstellen für die Fahrkarten.

Busse von Istanbul nach Athen fahren vom Anadolu-Terminal (Anatolia-Terminal) des Topkapi-*otogar* (Busbahnhof) ab.

ZUG

Es gibt keine direkte Zugverbindung zwischen Athen und Istanbul. Reisende müssen zunächst den Zug nach Thessaloniki nehmen und dort in einen der zwei täglichen Züge in die türkische Hauptstadt umsteigen. Die beste Option ist der Filia–Tostluk-Express, der am Abend in Thessaloniki losfährt (11½ Std.) und am nächsten Morgen in Istanbul eintrifft. Die andere Möglichkeit ist der Intercity IC90 von Thessaloniki nach Orestiada; in Pythio an der griechisch-türkischen Grenze steigt man um nach Istanbul.

Westeuropa

Wer das Reisen über Land bevorzugt, der kann Griechenland auf einer faszinierenden Strecke durch die Balkanhalbinsel erreichen, bei der Kroatien, Serbien und die ehemalige jugoslawische Republik Mazedonien durchquert werden. Wenn man nicht fliegen möchte, aber trotzdem bequemer und schneller reisen will als mit dem Bus oder im Auto, ist das auf ganz einfache Weise möglich: Man muss es lediglich an die italienische Westküste schaffen und dann auf eine Fähre nach Griechenland hüpfen. So leistet man nicht nur seinen Beitrag für die Umwelt, man bekommt auch vor dem eigenen Fenster wunderschöne Anblicke präsentiert.

AUTO & MOTORRAD

Wer beabsichtigt, mit dem Auto oder Motorrad nach Griechenland einzureisen, fährt meistens eine italienische Hafenstadt an und nimmt von dort die Fähre nach Griechenland. Der beste Hafen ist in Venedig, knapp danach kommt Ancona. Die Route durch Kroatien, Serbien und die ehemalige jugoslawische Republik Mazedonien dauert durchschnittlich zweieinhalb Tage von Venedig bis Athen, während die Schnellfähre von Venedig nach Patras die Strecke in etwa 26 Stunden bewältigt. Von Patras bis Athen dauert die Fahrt dann noch dreieinhalb Stunden.

ZUG

Griechenland mit dem Zug zu erreichen ist ziemlich zeitaufwendig. Wer keinen Inter-Railpass hat und nicht unter 26 Jahre alt ist (und damit vergünstigte Fahrpreise bekommt), für den wird die Bahnreise nach Griechenland auch ziemlich teuer. Mit der neuen schnellen Zugverbindung nach Wien verkürzt sich die Gesamtfahrzeit von Deutschland nach Griechenland auf 35 bis 38 Stunden. Von Wien aus ist man knapp eineinhalb Tage nach Griechenland unterwegs, und von der Schweiz dauert die Zugfahrt gute 40 Stunden.

Einen InterRailpass können alle beantragen, die seit mindestens sechs Monaten in Europa leben. Mit ihm lassen sich problemlos weite Teile Griechenlands erkunden, er gilt auch auf einigen Fährverbindungen. Nähere Informationen dazu unter (www.interrailnet.com) oder an allen größeren Bahnhöfen.

FLUGZEUG

Die meisten Besucher kommen per Flugzeug nach Griechenland, da dies häufig die schnellste und günstigste Option ist, wenn auch nicht die umweltfreundlichste.

Flughäfen & Fluggesellschaften

In Griechenland gibt's vier große internationale Flughäfen für Charter- und Linienflüge:

Athen (Eleftherios Venizelos International Airport; Code ATH; ☎ 210 353 0000; www.aia.gr)

Iraklion (Nikos Kazantzakis International Airport, Kreta; Code HER; ☎ 2810 228401)

Rhodos (Diagoras Airport, Dodekanes; Code RHO; ☎ 22410 83222)

VERKEHRSMITTEL & -WEGE

Thessaloniki (Macedonia International Airport, Nordgriechenland; Code SKG; ☎ 2310 473 700)

Zahlreiche Flughäfen, einschließlich die von Rhodos, Korfu, Kreta und Mykonos, haben tägliche Linienflüge mit easyJet und Air Berlin in ihre Pläne aufgenommen. Direktflüge aus Deutschland bedienen auch die Strecke nach Kos und Araxos (bei Patras). Andere internationale Flughäfen sind Santorin, Karpathos, Samos, Skiathos, Chrysoupoli, Aktion, Kefalonia und Zakynthos. Diese Flughäfen werden hauptsächlich für Charterflüge aus Nordeuropa genutzt.

FLUGGESELLSCHAFTEN NACH/VON GRIECHENLAND

Olympic Air (OA; ☎ 801 114 4444; www.olympicair.com) ist die nationale Fluggesellschaft des Landes, die die meisten Flüge nach und von Athen anbietet. Olympic fliegt direkt zwischen Athen und Zielflughäfen in ganz Europa sowie Kairo, Istanbul, Tel Aviv, New York und Toronto. **Aegean Airlines** (A3; ☎ 801 112 0000; www.aegeanair.com) bietet Flüge zu und von Zielen in Spanien, Deutschland und Italien sowie nach Paris, London, Kairo und Istanbul. Der Sicherheitsstandard beider Fluglinien ist beispielhaft. Die Kontaktinformationen für örtliche Büros von Olympic und Aegean sind im gesamten Buch aufgeführt.

Andere Fluglinien mit Büros in Athen sind:

Air Berlin (AB; ☎ 210 353 5264; www.airberlin.com)

Austrian (☎ 21096 01240; www.aua.com)

easyJet (U2; ☎ 210 967 0000; www.easyjet.com)

Germanwings (☎ 82520 08981; www.germanwings.com)

Lufthansa (LH; ☎ 210 617 5200; www.lufthansa.com)

Swiss (☎ 21061 75310; www.swiss.com)

Tickets

Es war noch nie so einfach wie heute, Flugtickets zu kaufen. Die meisten Fluggesellschaften bieten ihre Tickets zu guten Preisen online an, und man muss keine Angst mehr haben, sein wertvolles Ticket im Urlaub zu verlieren. Wenn sich am planmäßigen Flug etwas ändert, erhält man von der Fluggesellschaft auch eine SMS oder E-Mail. Das Unternehmen EasyJet und andere bieten einige der günstigsten Flüge zwischen Griechenland und dem Rest Europas.

Einige Fluggesellschaften bieten auch Studentenrabatte. Zwischen Juni und September sollte man im Voraus buchen.

In Deutschland unterhält STA Travel (☎ 01805 456 422; www.statravel.de) viele Filialen. Online-Tickets kann man auch bei **Just Travel** (☎ 089 747 3330; www.justtravel.de), **Expedia** (☎ 0180 500 6025; www.expedia.de), **Opodo** (☎ 01805 67 63 61; www.opodo.de) und anderen Anbietern buchen.

In Österreich gibt es ebenfalls Filialen von **STA Travel** (☎ 01 401 48 6000; www.statravel.at) und die Internetagentur Urlaub.at der Austria Airline.

Auch in der Schweiz gibt es **STA Travel** (☎ 0900 450 402; www.statravel.ch) und andere Online-Anbieter wie **Planetholiday** (www.planetholiday.ch), **Reisen** (www.reisen.ch) und **Travel** (www.travel.ch).

ÜBERS MEER
Albanien

Das auf Korfu ansässige Unternehmen **Petrakis Lines** (☎ 26610 38960; www.ionian-cruises.com) bietet eine tägliche Verbindung per Tragflächenboot in den albanischen Hafen Saranda (25 Min.).

Italien

Von den italienischen Hafenstädten Ancona, Bari, Brindisi und Venedig aus fahren Fähren nach Griechenland.

Im Sommer können sie sehr voll sein. Wer ein Fahrzeug mitnehmen möchte, muss unbedingt im Voraus reservieren. Aktuelle Informationen zu Fährenstrecken, Fahrplänen und Leistungen stehen im Internet unter www.greekferries.gr. Die großen Reedereien, die italienische Häfen bedienen, sind Agoudimos Lines, ANEK Lines, Blue Star Ferries, Hellenic Seaways, Minoan Lines, Superfast Ferries und Ventouris Ferries. Kontaktinformationen in Griechenland und Websites stehen im Abschnitt Insel-Hopping (S. 851).

Die folgenden Fähren fahren in der Hauptsaison (Juli und August), und die Preise gelten für eine einfache Fahrt in der Deckklasse. Deckklasse bedeutet bei diesen Fähren genau das. Wer einen Ruhesessel wie im Flugzeug haben möchte, muss auf die genannten Preise noch 10 bis 15 % aufschlagen. Alle Gesellschaften bieten ermäßigte Rückfahrten an. In der Nebensaison sind die Preise etwa 30 % niedriger.

ANCONA

In den Sommermonaten bieten die Betreiber Superfast Ferries, Minoan Lines und ANEK (53–78 €, 20 Std.) mindestens drei Fahrten täglich zwischen Ancona und Patras an. Darüber hinaus verkehrt eine Fähre pro Woche zwischen Ancona und Korfu (73 €, 15 Std.).

Alle Fährunternehmen in Ancona haben Kioske an der *stazione marittima* (Fährterminal) in der Nähe der Piazza Candy, an denen Fahrpläne und Preislisten erhältlich sind und Buchungen getätigt werden können. Fahrkarten sind auch bei **Morandi & Co** (☎ 071-20 20 33; Via XXIX Settembre 2/0) oder **ANEK Lines** (☎ 071-207 23 46; Via XXIX Settembre 2/0) erhältlich.

BARI

Superfast Ferries (☎ 080-52 11 416; Corso de Tullio 6) fährt täglich über Korfu (30 €, 8 Std.) und Kefallonia (45 €, 14 Std.) nach Patras (53 €, 14½ Std.).

Ventouris Ferries (☎ 080-52 17 609; www.ventouris.gr; Stazione Marittima) bietet eine tägliche Fährverbindung nach Korfu (53 €, 10 Std.) und Igumenitsa (53 €, 11½ Std.).

BRINDISI

Die Überfahrt ab Brindisi war einst die beliebteste Verbindung, aber momentan wird sie nur zwischen April und Anfang Oktober angeboten. **Hellenic Mediterranean Lines** (☎ 0831-54 80 01; Costa Morena) bietet Fahrten nach Patras (53 €, 15 Std.), die unterwegs in Igumenitsa anlegen. Es gibt auch Verbindungen nach Korfu (38 €, 6 Std.), Kefallonia (51 €, 12 Std.) und Zakynthos (69–99 €, 15 Std.).

VENEDIG

Im Sommer fahren bei Minoan Lines und ANEK Lines bis zu zwölf Schiffe pro Woche zwischen Venedig und Patras (70–80 €, ca. 30 Std.). Sie halten auch auf Korfu (73 €, 25 Std.).

Türkei

Zwischen der türkischen Ägäisküste und den griechischen Inseln bestehen regelmäßige Fährverbindungn. Im Kasten auf S. 688 sind weitere Informationen zu diesen Verbindungen aufgeführt. Die Tickets für sämtliche Fähren in die Türkei müssen einen Tag im Voraus gekauft werden. Meistens wird man gebeten, seinen Ausweis am Abend vor der Fahrt abzugeben; aber keine Sorge, man bekommt ihn am nächsten Tag vor Betreten der Fähre zurück. Die Hafensteuer für Fahrten in die Türkei liegt bei 15 €.

In den entsprechenden Abschnitten der einzelnen Inseln sind detailliertere Informationen zu den folgenden Verbindungen aufgeführt. Es gibt auch eine Tagestour von den Dodekanes-Inseln in die Türkei; s. S. 640.

CHIOS

Von Mai bis Oktober fahren tägliche Boote zwischen Cesme und Chios (einfach/hin & zurück 20/30 €, 1½ Std.).

KOS

Im Sommer fahren täglich Fähren und Ausflugsboote zwischen Kos und Bodrum (34 €, 1 Std.). Die Hafensteuer wird extra berechnet.

LESBOS

In den Sommermonaten fahren täglich Boote zwischen Lesbos und Dikeli (10 €, 1 Std.). Ebenfalls zu dieser Jahreszeit fahren täglich Ausflugsboote ab Griechenland (20 € hin & zurück).

RHODOS

Einmal täglich (im Sommer zweimal täglich) fährt ein Katamaran vom Handelshafen in Rhodos nach Marmaris in der Türkei (36 €, 50 Min.). Die gleiche Strecke wird im Sommer auch vier- bis fünfmal wöchentlich von einer Passagier- und Autofähre bedient (Auto/Passagier 95/49 € inkl. Steuern, 1¼ Std.). Tickets mit offener Rückfahrt kosten 46 € plus 29 € Steuer.

SAMOS

Im Sommer verkehren täglich zwei Schiffe zwischen Kusadasi (Ephesus) und Samos (35 €, 1½ Std.). Die Hafensteuer wird extra berechnet.

Zypern & Israel

Der Passagierservice zwischen Griechenland und Zypern sowie Israel ist auf unbestimmte Zeit eingestellt worden. **Salamis Lines** (www.viamare.com/Salamis) bedient die Strecke noch, befördert jedoch nur Fahrzeuge und Frachtgut.

VERKEHRSMITTEL & -WEGE

VERKEHRSMITTEL & -WEGE

UNTERWEGS VOR ORT

Dank des umfangreichen öffentlichen Transportsystems ist das Reisen in Griechenland einfach. Über Land gibt's hauptsächlich Busse, die sogar in die kleinsten Dörfer fahren. Züge sind – wenn verfügbar – eine gute Alternative. Wer es eilig hat, kann einen der vielen Inlandsflüge nehmen. Für die meisten Besucher bedeutet das Reisen in Griechenland jedoch, mit einer der zahlreichen Fähren die verschiedenen Inseln zwischen Adria und Ägäis zu besuchen. Im Abschnitt Insel-Hopping (S. 850) stehen Einzelheiten zu den Fähren und Flügen zwischen den Inseln.

AUTO & MOTORRAD

Wer einmal auf Griechenlands Straßen unterwegs gewesen ist, den wird es nicht wundern, dass das Land die höchste Todesrate durch Verkehrsunfälle in ganz Europa hat. Jedes Jahr sterben über 2000 Menschen auf den Straßen; die häufigste Unfallursache ist das Überholen. Selbst immer strengere Gesetze konnten nichts an dieser hohen Zahl ändern; griechische Straßen sind nach wie vor ein guter Ort, um das vorausschauende und vorsichtige Fahren zu üben.

Abgesehen von einigen Momenten, in denen einem das Herz stehenzubleiben scheint, ist das eigene Auto dennoch eine tolle Sache, wenn man entlegenere Gegenden erforschen möchte. Das Straßennetzwerk ist in den letzten Jahren bedeutend besser geworden. Viele Straßen, die in älteren Karten als Feldwege eingezeichnet sind, wurden mittlerweile asphaltiert; dies gilt insbesondere für entlegenere Gegenden in Epiros und auf dem Peloponnes. Eine gute Straßenkarte ist eine sinnvolle Investition (mehr dazu auf S. 826).

Auf fast alle Inseln fahren regelmäßig Autofähren; diese können jedoch teuer sein. Weitere Infos und Beispielpreise für Fahrzeuge stehen auf S. 833).

Automobilclubs

Der griechische Automobilclub heißt **ELPA** (Elliniki Leschi Aftokinitou kai Periigiseon; ☎ 210 606 8800; www.elpa.gr in Griechisch; Leoforos Mesogion 395, Agia Paraskevi). Deutsche Reisende mit einer Plusmitgliedschaft des **ADAC** (Allgemeiner Deutscher Automobilclub, ☎ 21096 01266, www.adac.de)

können in Griechenland jederzeit kostenlos einen Pannendienst rufen. Inhaber eines Schutzbriefes des **ÖAMTC** (Österreichischer Automobil-, Motorrad- und Touring-Club, ☎ 0043 125 120 00, www.oeamtc.at) sowie die Mitglieder des **ACS** (Automobilclub der Schweiz, ☎ 0030 104, www.acs.ch) können auch ohne Aufpreis die Pannenhilfe des ELPA in Anspruch nehmen.

Führerschein

Die nationalen Führerscheine der EU sind in Griechenland auch gültig. Wenn der Führerschein nicht in der EU ausgestellt worden ist, verlangt Griechenland einen internationalen Führerschein, den man im Heimatland erwerben sollte.

Gefahren im Straßenverkehr

Langsame Fahrer – von denen viele unsichere und zögerliche Touristen sind – können ernsthafte Probleme auf den Straßen verursachen. Die Fahrbahnoberfläche kann sich drastisch verändern, wenn Straßenabschnitte absacken oder dem Wetter ausgesetzt sind. In ländlichen Gegenden laufen auch mal Tiere über die Straße; dort sollte man besonders aufmerksam fahren. Straßen in bergigen Gegenden liegen oft voller Geröll, das die Fahrzeugunterseite beschädigen und Motorradfahrer zum Sturz bringen kann. Im Winter können Schnee und Eis zu einer Herausforderung werden, und man sollte Schneeketten mitführen.

Kraftstoff & Ersatzteile

Tankstellen gibt's im ganzen Land, aber Werkstätten sind meist an Wochenenden und Feiertagen geschlossen. Auf den Inseln gibt es mitunter nur eine Tankstelle; vor der Abfahrt sollte man sich vergewissern, wo diese ist. Zapfsäulen mit Selbstbedienung und solche mit Kreditkarten sind nicht üblich, daher sollte man immer ein wenig Sprit im Tank haben und nicht erst in letzter Minute tanken. Der Kraftstoff ist in Griechenland billiger als in den meisten anderen europäischen Ländern. Die Preise werden generell von der Regierung vorgegeben, können aber von Region zu Region variieren. Super (verbleites) und *amolyvdi* (unverbleites Benzin) gibt's überall, ebenso wie *petreleo kinisis* (Diesel).

Ersatzteile für die meisten Modelle japanischer und europäischer Hersteller bekommt man überall, auch wenn man auf den Inseln mitunter warten muss, bis sie mit der Fähre angeliefert werden.

Mieten

AUTO

Mietwagen findet man so ziemlich überall, aber am besten mietet man sie in größeren Städten, in denen die Konkurrenz stärker ist und sich dadurch bessere Verhandlungsmöglichkeiten bieten. Alle großen internationalen Gesellschaften sind in Athen vertreten, und die meisten haben auch Niederlassungen in anderen großen Städten und Touristenorten. Auf den meisten Inseln gibt's mindestens eine Niederlassung. Das griechische Gesetz schreibt vor, dass Mietwagen alle sechs Jahre ausgetauscht werden müssen, daher sind die meisten Mietfahrzeuge relativ neu.

Für die kleinsten Modelle wie den Fiat Seicento muss man pro Woche in der Hauptsaison ohne Kilometerbeschränkung mindestens 280 € einplanen, im Winter gehen die Preise runter auf etwa 200 € pro Woche. Diese Preise sind zuzüglich Steuern. Zusätzlich kann man für 12 € am Tag eine Teilkaskoversicherung (eher für größere Modelle sinnvoll) abschließen; wer keine hat, muss bei der Reparatur die ersten 295 € (bei größeren Autos mehr) selbst bezahlen. Darüber hinaus ist eine Diebstahlversicherung für mindestens 6 € am Tag und eine Insassenunfallversicherung möglich. Die großen Gesellschaften bieten deutlich günstigere Tarife bei Vorabreservierung und -bezahlung.

Regionale Anbieter können günstiger sein. Bei Werbeaktionen sind sie bis zu 50 % preiswerter, und oft kann man auch noch verhandeln, besonders wenn nicht so viel los ist. Auf den Inseln bekommt man Mietwagen für etwa 30 bis 50 € am Tag, inklusive aller Versicherungen und Steuern.

Man sollte immer nachprüfen, was die Versicherung abdeckt. Oft sind die Straßen so schlecht oder gefährlich, dass man einen Wagen mit Allradantrieb braucht. Wer einen Mietwagen mit in ein anderes Land oder auf eine Fähre nehmen möchte, muss sich dies im Voraus schriftlich vom Verleih genehmigen lassen, da sonst die Versicherung ungültig werden kann. Wer nicht per Kreditkarte zahlt, muss oft ein Pfand von mindestens 120 € pro Miettag hinterlegen. In den Abschnitten „Unterwegs vor Ort"

der jeweiligen Städte und Inseln sind weitere Einzelheiten zu den Anschriften von Verleihfirmen aufgeführt.

Man muss in Griechenland mindestens 18 Jahre alt sein, um ein Auto fahren zu dürfen, aber bei vielen Verleihfirmen kann man erst ab 21, größere Fahrzeuge oft erst ab 23 mieten.

Aktuelle Preise einiger größerer Autovermietungen in Griechenland stehen auf den folgenden Websites:

Avis (☎ 21032 24951; www.avis.gr)
Budget (☎ 21034 98800; www.budget.gr)
Europcar (☎ 21096 02382; www.europcar.gr)
Hertz (☎ 21062 64000; www.hertz.gr)

MOTORRAD

Mopeds, Motorräder und Motorroller kann man überall dort leihen, wo es Touristen gibt. Die meisten Gefährte sind neuwertig und in gutem Zustand. Dennoch sollte man die Bremsen sofort prüfen.

Um ein Moped, ein Motorrad oder einen Motorroller ausleihen zu können, muss man ab 50 Kubik einen Führerschein der entsprechenden Klasse vorlegen.

Mit einem Motorrad oder -roller kann man günstig durchs die Gegend reisen. Preislich geht's bei 15 € pro Tag für ein Moped mit 50 ccm los, bei 30 € am Tag für ein Motorrad mit 250 ccm. In der Nebensaison sind die Preise viel günstiger, und man sollte sein Verhandlungsgeschick einsetzen. Die meisten Verträge beinhalten eine Versicherung, aber dies unbedingt genau nachprüfen. Diese Versicherung übernimmt keine Behandlungskosten nach Unfällen. Helme sind vorgeschrieben, und die Verleiher müssen einen Helm bereithalten. Wer ohne Helm erwischt wird, riskiert einen Strafzettel.

Warnung

Griechenland ist nicht der beste Ort, um mit dem Motorradfahren anzufangen. Besonders auf den Inseln gibt's noch viele Schotterstraßen. Anfänger sollten besonders vorsichtig sein; jedes Jahr sind Dutzende Touristen in Unfälle verwickelt. Besonders Motorroller rutschen in geschotterten Kurven schnell weg. Beim Mieten darauf achte, dass auf den Reifen genügend Profil ist. Wenn man ein Motorrad oder Moped fahren möchte, sollte nachgeprüft werden, ob die Reiseversicherung

VERKEHRSMITTEL & -WEGE

ENTFERNUNGEN (KM)

	Alexandroupolis	Athen	Korinth	Edessa	Florina	Igoumenitsa	Ioannina	Kalamata	Kastoria	Kavala	Lamia	Larisa	Monemvasia	Nafplio	Patras	Pyrgos	Sparta	Thessaloniki	Trikala	Tripoli
Athen	854																			
Korinth	884	84																		
Edessa	427	569	596																	
Florina	497	592	251	353																
Igoumenitsa	816	473	393	380	353															
Ioannina	702	447	364	298	320	96														
Kalamata	1055	284	175	767	763	501	467													
Kastoria	535	489	519	108	67	286	204	690												
Kavala	177	682	655	250	320	615	525	878	358											
Lamia	643	214	244	355	360	353	263	415	274	466										
Larisa	493	361	389	218	231	309	209	561	239	323	151									
Monemvasia	1156	350	266	869	855	613	579	156	756	976	505	655								
Nafplio	947	165	63	659	664	482	427	163	582	770	307	455	215							
Patras	828	220	138	567	513	281	247	220	483	664	193	341	332	201						
Pyrgos	924	320	234	636	643	367	347	119	542	747	284	432	275	208	96					
Sparta	1025	225	145	737	759	517	483	60	660	848	385	533	96	119	236	180				
Thessaloniki	349	513	544	89	159	452	362	715	220	169	303	154	807	610	488	584	711			
Trikala	554	330	356	227	233	247	148	520	159	377	115	62	597	419	310	400	501	216		
Tripoli	964	194	110	713	681	457	430	90	639	820	324	472	157	81	176	155	61	624	466	
Volos	556	326	355	278	293	371	271	518	301	383	115	62	620	417	308	408	524	214	124	435

medizinische Behandlungen infolge von Motorradunfällen abdeckt. Viele Versicherungen schließen dies aus, also unbedingt das Kleingedruckte lesen!

Mit dem eigenen Fahrzeug

Fahrzeuge, die in der EU zugelassen sind, können problemlos nach Griechenland eingeführt werden, nach sechs Monaten werden jedoch Steuern fällig. Man sollte zur Sicherheit eine grüne Versicherungskarte mit sich bringen. Der einzige Beweis für das Einreisedatum – sollte dies von der Polizei angefragt werden – ist das Fährticket von der Ankunft aus Italien oder der Stempel im Reisepass bei Einreise von woanders. Fahrzeuge, die nicht in der EU zugelassen sind, werden möglicherweise im Ausweis vermerkt.

Straßenverhältnisse

Viele der griechischen Autobahnen sind in den letzten Jahren immer besser geworden, wobei es immer noch gewisse Qualitätsmängel gibt. Manche Hauptstraßen sind noch immer zweispurig mit Seitenstreifen,

was verwirrend und sogar richtig gefährlich sein kann. Die Straßenbauarbeiten gehen in Griechenland sehr langsam voran, besonders auf den Inseln, auf die öffentliche Gelder nur langsam fließen. Andernorts sind ausgezeichnete neue Asphaltstraßen aufgetaucht, die auf den örtlichen Straßenkarten noch nicht eingezeichnet sind.

Verkehrsregeln

In Griechenland gilt das Rechtsfahrgebot. Außerhalb geschlossener Ortschaften hat der Verkehr auf der Hauptstraße immer Vorfahrt. Innerorts gilt „rechts vor links". Dies gilt auch für Verkehrskreisel: Wer im Kreisel fährt, muss von rechts kommenden Fahrzeugen Vorfahrt gewähren.

Auf Vordersitzen muss immer der Gurt angelegt werden, auf Rücksitzen nur, wenn einer vorhanden ist. Kinder unter 12 Jahren müssen hinten sitzen. Es müssen ein Verbandskasten, ein Feuerlöscher und ein Warndreieck im Auto sein, volle Ersatzkanister sind hingegen verboten. Auf Motorrädern über 50 ccm ist das Tragen eines Helms vorgeschrieben.

Außerhalb geschlossener Ortschaften gilt in Griechenland eine Geschwindigkeitsbegrenzung von 120 km/h auf Autobahnen und 90 km/h auf anderen Straßen; innerorts gilt 50 km/h. Die Geschwindigkeitsbegrenzung für Motorräder bis 100 ccm liegt bei 70 km/h, für größere Motorräder bei 90 km/h. Wer diese Begrenzungen um 20 % überschreitet, zahlt eine Strafe von 60 €; bei 40 % mehr sind es 150 €.

Die Polizei nimmt nun auch endlich das Alkoholverbot ernst. Wer mehr als 0,5 Promille im Blut hat, zahlt 150 €, über 0,8 Promille zählen als Strafdelikt.

Bei einem Unfall ohne Personenschaden muss die Polizei keinen schriftlichen Bericht erstellen, aber man sollte zur nächsten Polizeistation gehen und den Sachverhalt darlegen. Möglicherweise benötigt man für die Versicherung einen Polizeibericht. Bei Unfällen mit Verletzten muss man auf jeden Fall anhalten und die Polizei informieren, sonst droht eine Gefängnisstrafe.

Versicherung

In allen Mietverträgen für Fahrzeuge ist die Versicherung eingeschlossen, aber man sollte in jedem Fall prüfen, ob diese auch eine Vollkaskoversicherung beinhaltet. Andernfalls kann es bei einem selbstverschuldeten Schaden sehr teuer werden.

BUS

Alle Langstreckenbusse auf dem Festland und den Inseln werden von Regionalgesellschaften der **KTEL** (Koino Tamio Eispraxeon Leoforion; www.ktel.org) betrieben. In jeder Präfektur auf dem Festland gibt es eine KTEL für den lokalen Busverkehr innerhalb der Präfektur und zu den Hauptstädten anderer Präfekturen. Einzelheiten zu den Busverbindungen zwischen einzelnen Städten in ganz Griechenland erhält man telefonisch unter ☎ 14505; zum Zeitpunkt der Recherche für diese Ausgabe waren die Informationen nur in griechischer Sprache erhältlich, aber eine englische Version war in Planung.

Das Busnetzwerk ist umfangreich. Mit Ausnahme der Städte in Thrakien, die von Thessaloniki aus angefahren werden, gibt es von allen größeren Städten auf dem Festland regelmäßige Busverbindungen nach Athen. Die Inseln Korfu, Kefallonia und Zakynthos kann man ebenfalls direkt von Athen aus mit dem Bus erreichen – der Fahrpreis beinhaltet auch das Ticket für die Fähre.

Die KTEL-Busse sind sicher und modern, und heutzutage sind die meisten – zumindest auf den wichtigsten Strecken – mit Klimaanlagen ausgestattet. In entlegeneren Gegenden sind sie oft älter und weniger komfortabel.

In den meisten Dörfern fährt täglich ein Bus, aber in entlegeneren Gegenden gibt's teilweise nur einen oder zwei Busse pro Woche. Sie sind eher für Leute gedacht, die zum Einkaufen in die nächste Stadt fahren müssen, nicht für Touristen; dementsprechend fahren sie sehr früh am Morgen im Dorf ab und kehren am frühen Nachmittag zurück.

Auf den Inseln, deren Hauptstadt nicht der Hafen ist, sind die Buszeiten auf die Fährfahrpläne abgestimmt. Einige der abgelegeneren Inseln haben sich noch keinen Bus zugelegt, aber die meisten haben irgendeine Art des motorisierten Transports – auch wenn es sich dabei um einen klapprigen Dreiradlaster handelt.

In größeren Städten gibt es normalerweise einen zentralen, überdachten Busbahnhof mit Sitzgelegenheiten, Warteräumen, Toiletten und Snackbars, in denen man eine Kleinigkeit essen und einen Kaffee trinken kann. Die ganz großen Städte wie Athen, Iraklion, Patras und Thessaloniki haben teilweise mehr als einen Busbahnhof für unterschiedliche Zielgebiete. Daher sollte man immer herausfinden, ab welchem Busbahnhof der Bus zum gewünschten Reiseziel abfährt.

In Kleinstädten und Dörfern besteht der „Busbahnhof" oft nur aus einer Haltestelle vor einem *kafeneio* (Café) oder einer Taverne, in der man auch gleich die Fahrkarten kaufen kann. In entlegenen Gebieten gibt es Fahrpläne teilweise nur in griechischer Schrift, aber die meisten Verkaufsbüros bieten Fahrpläne in griechischer und lateinischer Schrift an. Darauf stehen sowohl die Abfahrt- als auch die Ankunftszeiten; dies ist sinnvoll bei Tagesausflügen. Die Zeiten werden im 24-Stunden-System angegeben.

Beim Fahrkartenkauf bekommt man manchmal eine Platznummer zugeteilt, die auf dem Ticket vermerkt ist. Diese Platznummer steht *hinten* auf jedem Sitz, nicht auf der Rückseite des Vordersitzes; dies

VERKEHRSMITTEL & WEGE

führt oft zu Verwirrung, unter den Griechen ebenso wie unter den Touristen. Es ist auch möglich, ohne Fahrkarte einzusteigen und erst im Bus zu bezahlen, aber auf beliebten Strecken ist dann in der Hauptsaison eventuell nur noch ein Stehplatz übrig. Den Fahrschein sollte man für Kontrollen immer bereithalten.

Am besten kommt man mindestens 20 Minuten vor Abfahrt an, damit man auch sicher einen Sitzplatz bekommt. Oft fahren die Busse auch einige Minuten vor der geplanten Abfahrtszeit los. Auf seltener befahrenen Strecken gibt's normalerweise keine Toilette und keine Erfrischungen an Bord; auf beides sollte man vorbereitet sein. Auf Langstrecken halten die Busse etwa alle drei Stunden. Das Rauchen ist in allen griechischen Bussen verboten.

Preise

Die Fahrpreise sind von der Regierung vorgeschrieben und bei Bussen recht günstig. Eine Busfahrt kostet circa 5 € pro 100 km. Einige der Hauptrouten sind Athen–Patras (17 €, 3 Std.), Athen–Volos (25 €, 5 Std.) und Athen–Korfu (48 € inkl. Fähre, 9½ Std.).

FAHRRAD

Das Radfahren ist unter den Griechen nicht besonders beliebt; bei ausländischen Touristen dafür umso mehr. Für Touren in den Bergen braucht man eine starke Beinmuskulatur; man kann sich aber auch an die flacheren Küstenstrecken halten. Fahrradwege gibt's nicht, und Helme sind nicht vorgeschrieben. Die Insel Kos dürfte die fahrradfreundlichste Gegend in Griechenland sein, da sie besonders flach ist, ebenso die Ebenen von Thessalien oder Thrakien. Auf S. 819 stehen weitere Infos zum Radfahren in Griechenland.

Kaufen

Fahrräder können auf Fähren kostenlos mitgenommen werden. Anständige Mountainbikes oder Touring-Räder gibt's in allen größeren Städten zu kaufen; allerdings kann es schwierig werden, am Ende der Reise wieder einen Käufer für das Rad zu finden. Die Preise sind in etwa so wie im Rest von Europa und liegen irgendwo zwischen 300 und 2000 € für ein ordentliches Fahrrad.

Mieten

In den meisten Touristenorten können Fahrräder ausgeliehen werden, sie werden jedoch nicht so häufig angeboten wie Autos oder Motorräder. Die Preise variieren je nach Art und Alter des Fahrrads zwischen 5 und 12 € pro Tag.

FLUGZEUG

Unter Insel-Hopping (S. 850) stehen Einzelheiten zu Flügen zwischen dem Festland und den Inseln sowie zwischen den Inseln.

Die meisten Inlandsflüge vom Festland betreiben die nationale Fluggesellschaft **Olympic Air** (☎ 801 114 4444; www.olympicair.com) und deren größte Konkurrentin **Aegean Airlines** (☎ 801 112 0000; www.aegeanair.com). Beide bieten günstige Tarife. Olympic hat überall dort Niederlassungen, wo es Flughäfen gibt, außerdem in den meisten großen Städten.

Die in diesem Buch gelisteten Preise gelten für normale Economy-Tickets inklusive Inlandssteuern und Gebühren. Zwischen Montag und Donnerstag gibt's meist Rabatte auf Rückflugtickets, und wenn zwischen Hin- und Rückflug eine Samstagnacht liegt, werden die Tickets nochmal billiger. Komplette Einzelheiten und Informationen zu den Flugplänen stehen auf der Website der Fluggesellschaft.

Auf Inlandsflügen sind 15 kg Gepäck erlaubt; wenn der Inlandsflug Bestandteil eines internationalen Flugs ist, dann 20 kg. Olympic bietet Schülern und Studenten bei Inlandsflügen einen Rabatt von 25 %, aber nur, wenn dieser Teil einer internationalen Reise ist.

GEFÜHRTE TOUREN

Geführte Touren eignen sich für diejenigen, die wenig Zeit haben oder die Organisation gerne jemand anderem überlassen. In Athen gibt's zahlreiche Tagestouren (S. 155), und manche Reiseunternehmen bieten Zwei- oder Dreitagesausflüge zu Sehenswürdigkeiten in der Nähe an. Im größeren Umfang betreibt dies **Intrepid Travel** (www.intrepidtravel.com). **Encounter Greece** (www.encountergreece.com) hat ein regelrechtes Arsenal an Touren im Angebot: eine zehntägige Tour durch das Land kostet 1595 €, drei Tage auf dem Festland 375 €. Flüge nach Griechenland sind nicht inbegriffen. Eine gute Übersicht deutschsprachiger Veranstalter bietet die Website **www.rundreisen.de**.

Abenteuerlicher geht's zu bei Touren mit geführten Aktivitäten wie Wandern, Klettern, Wildwasser-Rafting, Kajak- und Kanufahren oder Canyoning. Der **Alpin Club** (www.alpinclub.gr) in Athen fährt nach Karitena auf dem Peloponnes, während Veranstalter wie **Trekking Hellas** (www.trekking.gr) oder **Robinson Expeditions** (www.robinson.gr) Touren in Zentral- und Nordgriechenland anbieten. Weitere Informationen zu aktiven Touren stehen auf S. 819.

NAHVERKEHR
Bus

Die meisten griechischen Städte sind so klein, dass man sie gut zu Fuß bewältigen kann. Alle größeren Städte haben Stadtbusse, aber wahrscheinlich braucht man diese nur in Athen, Patras, Kalamata und Thessaloniki. Im Abschnitt „Unterwegs vor Ort" der jeweiligen Stadt steht beschrieben, wie und wo man Fahrkarten kaufen kann.

Taxi

Taxis gibt es fast überall in Griechenland, außer auf sehr kleinen oder entlegenen Inseln. Im Vergleich zu anderen europäischen Ländern sind sie günstig, besonders wenn man sich den Fahrtpreis zu dritt oder viert teilt.

Gelbe Stadttaxis haben ein Taxameter; zwischen Mitternacht und 5 Uhr morgens verdoppelt sich die Gebühr. Zusätzliche Gebühren entfallen bei Fahrten von einem Flug- oder Schiffshafen sowie von einem Bus- oder Zugbahnhof; außerdem wird jedes Gepäckstück von über 10 kg extra berechnet. Graue Taxis auf dem Land haben keine Taxameter, daher sollte man vor Abfahrt immer den Preis aushandeln.

Viele junge Taxifahrer haben mittlerweile Navigationsgeräte an Bord; solange man also die genaue Anschrift hat, ist es ein Kinderspiel, am gewünschten Zielort anzukommen.

Die Athener Taxifahrer sind berüchtigt für ihr Talent, unvorsichtigen Fahrgästen mehr Geld abzuknöpfen, als ihnen zusteht. Wer sich über einen Taxifahrer beschweren möchte, sollte die Nummer des Taxis notieren und den Vorfall bei der Touristenpolizei melden; mehr Informationen dazu auf S. 131. In anderen griechischen Städten sind die Taxifahrer meist freundlich, hilfsbereit und ehrlich.

U-Bahn

Athen ist die einzige griechische Stadt, die groß genug ist, dass sich ein U-Bahn-System bezahlt macht. Weitere Informationen dazu sind auf S. 179 aufgeführt. Für eine reduzierte U-Bahn-Fahrkarte werden nur griechische Schüler- und Studentenausweise anerkannt.

SCHIFF/FÄHRE

Im Abschnitt Insel-Hopping (S. 850) stehen Informationen zum Reisen per Schiff und Fähre.

TRAMPEN

Das Reisen per Anhalter ist in keinem Land der Welt hundertprozentig sicher, daher ist es auch nicht zu empfehlen. Wer es dennoch tut, muss sich der möglichen Gefahren bewusst sein. Wer per Anhalter reist, sollte dies am besten zu zweit tun und jemanden über die Reisepläne informieren. Besonders Frauen sollten nicht alleine trampen, sondern sich einen männlichen Begleiter suchen.

Einige Teile Griechenlands eignen sich besser zum Trampen als andere. Aus größeren Städten herauszukommen, insbesondere aus Athen, ist schwer. In entlegeneren Gegenden mit schlechter Anbindung an den öffentlichen Verkehr ist das Trampen viel einfacher. Auf Landstraßen kann es durchaus passieren, dass jemand anhält und fragt, ob man mitfahren möchte – selbst wenn man seinen Daumen gar nicht ausgestreckt hatte.

ZUG

Züge werden von der **Griechischen Eisenbahngesellschaft** (Organismos Sidirodromon Ellados; www.ose.gr), kurz OSE, betrieben. Informationen zu Fahrpreisen und -plänen stehen auf deren Website. Auskünfte zu Abfahrtszeiten ab Athen oder Thessaloniki erhält man telefonisch unter ☎ 1440.

Der größte Nachteil des griechischen Schienennetzwerks besteht in der Tatsache, dass es so begrenzt ist. Es gibt im Grunde zwei Hauptstrecken: die Normalspurlinie von Athen über Thessaloniki nach Alexandroupolis (S. 178) und das Netzwerk auf dem Peloponnes (S. 198). Trotz dieser Einschränkungen ist der Zug gut geeignet für Reisen zu den großen Städten in Nordgriechenland (Makedonien und Thrakien) –

VERKEHRSMITTEL & -WEGE

KREUZFAHRTEN

Kreuzfahrten sind nicht jedermanns Sache, aber in einem Land mit unzähligen Inseln und herrlich azurblauem Wasser sind sie natürlich eine wunderbare Möglichkeit, um das Land zu erkunden und zu genießen. Es ist etwas ganz Besonderes, in die farbenprächtigen Häfen der Inseln einzufahren. Der Vorteil besteht darin, dass man sich nicht mit den Ungenauigkeiten und dem allgemeinen Chaos der Fährpläne herumschlagen muss; man muss nicht im Voraus buchen oder sich um Unterkünfte kümmern; und man muss sich auch keine Sorgen um Öffnungszeiten machen, denn die Inseln öffnen all ihre Türen, sobald ein Kreuzfahrtschiff anlegt.

Aber es gibt natürlich auch Nachteile. Internationale Kreuzfahrtschiffe sind meist riesige schwimmende Hotels, die eine kleine Insel locker zwergenhaft erscheinen lassen. Wenn zweitausend Passagiere gleichzeitig an Land gehen, sind lange Schlangen und Menschenansammlungen oft die Folge. Diese großen Schiffe sind auch selten in der Lage, in den kleinen Häfen der Inseln anzulegen, und man muss warten, bis man mit einem kleinen Boot an Land gebracht wird.

Passender für die griechischen Inseln sind kleinere lokale Kreuzfahrtschiffe – wir sprechen hier nicht von Schlauchbooten oder Ähnlichem: Diese Schiffe können immer noch 500 bis 800 Passagiere aufnehmen und bieten Annehmlichkeiten wie Spas, Fitnessräume, Shops, Bars und Swimmingpools. Sie können in die Inselhäfen einlaufen, und dank der geringeren Anzahl aussteigender Passagiere stehen die Chancen auf ein authentisches Erleben der Inseln höher.

Die beliebteste griechische Kreuzfahrtgesellschaft ist **Louis Cruises** (☎ 21032 14980; www.louiscruises.com); sie bietet eine große Auswahl an Reisen zu vernünftigen Preisen und mit unterschiedlichen Unterkunftsoptionen. Eine einwöchige Kreuzfahrt zu den Inseln und in die Türkei kostet ab 470 €, während eine dreitägige Kreuzfahrt preislich bei 175 € beginnt. Wer über ein Reisebüro bucht, bekommt vielleicht ein paar Tage in Athen und manchmal sogar einen günstigen Flug von einem europäischen Flughafen dazu. Man kann bei **Fantasy Travel** (www.fantasytravelofgreece.com), **Seafarer Cruises** (www.seafarercruises.com) oder **Brendan Tours** (www.brendanvacations.com) anfragen.

Wer sich bei den großen Namen sicherer fühlt, findet bei **Thomas Cook** (www.thomascook.com) viele Kreuzfahrten zu den griechischen Inseln, darunter auch einige familienfreundliche Angebote. Das kleinste Schiff, die Calypso, nimmt nur 486 (ausschließlich erwachsene) Passagiere auf und durchfährt die Ägäis. Eine siebentägige Fahrt gibt's ab 540 €, wenn man online bucht. **easyCruise** (www.easycruise.com) bietet Dreitagesfahrten ab 330 €. Wie die Fluglinie sind auch die Kreuzfahrten günstig und fröhlich.

Zu den Preisen für Kreuzfahrten gehören Mahlzeiten, Hafengebühren und Beförderungskosten, aber oft werden Treibstoff und Sondervergütungen extra berechnet. Kinder zahlen oft nur die Hafengebühren, wenn sie mit bei den Eltern schlafen. Ausflüge werden ebenfalls extra berechnet und kosten je nach Angebot zwischen 40 und 60 €. Normalerweise kann man unabhängig von den Ausflügen an Land gehen, aber dies ist vor der Buchung abzuklären. Einige größere Kreuzfahrtschiffe legen an abgelegenen Häfen an, und man gelangt nur zum Zielort, wenn man einen Platz bei der Tour kauft.

Infos über Inselkreuzfahrten auf Yachten stehen auf S. 819.

---

das bergige Epiros ist die einzige Präfektur auf dem Festland ohne Schienenstrecken. Der Zug ist auch sinnvoll für die Reise von Patras nach Athen, nachdem man mit der Fähre aus Italien gelandet ist; die Strecke um den Peloponnes herum ist eine Attraktion für sich. Es gibt auch Zugverbindungen nach Kalambaka (Meteora) und den Hafen von Volos am Pelion-Gebirge, von wo aus die Weiterreise auf die Sporaden möglich ist. Der Standard auf den vorhandenen Strecken ist gut und wird immer noch besser.

Bahnpässe

InterRail-Pässe sind in Griechenland gültig, aber meistens lohnen sie sich nicht, wenn man sie nur in Griechenland verwenden möchte. Die Preise für InterRail-Pässe sind eingeteilt nach den Ländern, die man besuchen möchte. Für Griechenland und einige andere Länder (einschließlich Fähren zwischen Griechenland und Italien) kostet ein Ticket für drei/acht Zugreisetage innerhalb eines Monats 71/149 € für Personen unter 26 Jahre, und 109/229 €, wenn man älter als 26 ist. Bei kleinerer Länderauswahl (und ohne Fähren) kostet ein Pass für drei/acht Zugreisetage im Monat 45/90 € unter 26 und 69/139 € über 26. Für IC-Züge und Schlafabteile muss extra bezahlt werden, was teuer werden kann. Egal, welchen Pass man hat: Um in den Zug einsteigen zu dürfen, braucht man eine Reservierung. Bei Vorlage eines Ausweises erhalten Passagiere über 60 einen Rabatt von 25 % auf allen Strecken, außer im Juli, August und in der Osterwoche.

Klassen

Es gibt zwei Arten von Zügen: Reguläre (langsame) Züge halten an jedem Bahnhof, schnellere und modernere Intercity-Züge (IC) verbinden die meisten großen Städte miteinander.

Die langsamen Züge sind gleichzeitig die günstigste Möglichkeit, mit öffentlichen Verkehrsmitteln zu reisen. Fahrkarten für die zweite Klasse sind absurd billig, und selbst die erste Klasse ist günstiger als der Bus.

In den IC-Zügen reist man sehr angenehm zu den großen Städten. Die Verbindungen sind nicht unbedingt besonders schnell – Griechenland ist dafür viel zu bergig – aber die Züge sind modern und komfortabel. Es gibt eine erste und eine zweite Klasse sowie ein Bordcafé. Auf manchen Strecken wird das Essen sogar am Platz serviert.

Preise

Eine Karte für die 2. Klasse in einem regulären Zug von Athen nach Thessaloniki kos-

AB INS WASSER?

Eine der ungewöhnlicheren Touren in Griechenland bringt Reisende auf eigene Faust auf die verschiedenen Inseln. Bei **Swim Trek** (www.swimtrek.com) gibt's Schwimmabenteuer zwischen den dicht beieinander gelegenen Kykladeninseln. Die Teilnehmer schwimmen jeden Tag etwa 5 km an einer abgeschiedenen Küste mit Delphinen, Schildkröten und Mönchsrobben. Die sechstägige Tour kostet 840 € und beinhaltet Halbpension, einen Schwimmführer und eine Technikanalyse. Schwimmanzüge sind selbst mitzubringen.

tet etwa 28 € (6 Std.). Eine Reise von Thessaloniki nach Alexandroupolis kostet 9 € (8 Std.).

Zu den Ticketpreisen kommt bei IC-Zügen noch ein Entfernungszuschlag hinzu. Sitzreservierungen sollten besonders im Sommer so früh wie möglich gemacht werden. Beispiele für Fahrpreise der 2. Klasse: von Athen nach Thessaloniki 36 € (5 Std.); von Athen nach Alexandroupolis 49 € (10 Std.). Darüber hinaus gibt es eine Expressverbindung zwischen Athen und Thessaloniki ohne Zwischenhalt, die 48 € (4 Std.) kostet.

Die Strecke zwischen Athen und Thessaloniki wird außerdem durch einen komfortablen Nachtzug bedient, in dem man die Wahl hat zwischen Liegewagen (ab 20 €), Zwei-Bett-Abteilen (31 €) und Ein-Bett-Abteilen (54 €).

Insel-Hopping

In Griechenland ist das Reisen an sich bereits schon ein Abenteuer, und die Touren von Insel zu Insel gehören ganz wesentlich dazu. Ob man in einen Hafen mit buntem Treiben einläuft, die Sonne auf Deck und die Brandung darunter genießt oder in einem kleinen Propellermaschine knapp über dem blauen Meer fliegt – immer ist es ein Abenteuer, und immer wirken die Inseln äußerst verführerisch. Oft kann man auf eines der langsamen Schiffe steigen, die zwischen den Inseln pendeln, seinen Schlafsack auf Deck ausrollen und sich so eine Übernachtung sparen, aber das griechische Fährsystem hat sich in den vergangenen zehn Jahren radikal verändert, und heute reist man mit einigem Komfort und relativ schnell.

Die Konsequenz ist natürlich, dass das Reisen über das Meer heute recht teuer sein kann. Ein Bett in einer Kabine von Piräus nach Rhodos ist manchmal teurer als ein billiges Flugticket. Aber eine Überfahrt auf Deck ist immer noch günstig, Kabinen sind so komfortabel wie Hotelzimmer, und die Erfahrung, auf einem Schiff zu übernachten, sollte man sich nicht einfach entgehen lassen. Wichtig ist eine sorgfältige Planung – es gibt immer noch Routen, auf denen unendlich viel getrunken wird, es die ganze

Nacht über laut ist und die Toiletten schmutzig sind, aber es gibt auch Boote, die eher an das Traumschiff erinnern. Der richtige Mix bringt die Erfahrung – elegant das Wasser in einem Katamaran durchschneiden, gemächlich in einem Fährschiff die Wellen kreuzen oder in luftiger Höhe in einem kleinen Flieger von einem Inselflughafen zum nächsten gelangen.

Im Sommer gibt es viele Schiffs- und Flugverbindungen zwischen den Inseln und dem Festland. Wer in der Hochsaison auf kleinere Inseln reisen möchte, muss jedoch gut planen. Viele örtliche Reiseagenturen wissen, wo noch Plätze frei sind, und helfen bei der Planung der Tour und den notwendigen Buchungen. Außerhalb der Saison ist es noch wichtiger zu planen, da es deutlich weniger Fährverbindungen und Flüge gibt.

Fahrpläne für Fähren und Flüge ändern sich von Jahr zu Jahr und von Saison zu Saison; und Flüge und Schiffe haben aufgrund von schlechter Witterung oder Streiks Verspätung oder werden ganz gestrichen. Fehler kommen auch immer wieder vor, aber die umfassende wöchentliche Liste der von Piräus auslaufenden Schiffe, die das EOT (im Ausland das GNTO, die nationale griechische Touristenorganisation) in Athen herausgibt, ist so genau wie möglich. Die aktuellsten Informationen über die Fähren hat die *limenarchio* (Hafenpolizei), deren Büros meist am oder ganz in der Nähe der Ablegestellen sind.

Viele Informationen über die Fährverbindungen gibt es im Internet, und die größeren Fährgesellschaften haben meist eine eigene Website (siehe Seite gegenüber).

Nützliche Websites sind auch:

Danae Travel (www.danae.gr) Hier bucht man gut Fähren.

Griechische Reiseinformationen (www.gtp.gr) mit einer hilfreichen Suchfunktion und Links zu Flug- und Fährgesellschaften

In diesem Kapitel werden Inlandsflüge und Fährverbindungen vorgestellt. Infos über internationale Flüge und Fähren stehen auf S. 839 oder in den entsprechenden Abschnitten in den einzelnen Kapiteln.

PRAKTISCH & KONKRET

DIE GRIECHISCHE FÄHRFLOTTE

Das Netz der griechischen Fährschiffe, die alle bewohnten Inseln verbinden, ist sehr umfangreich und vielfältig. Die langsamen Seelenverkäufer, die früher über das Meer fuhren, sind mittlerweile fast Geschichte. Es gibt immer noch langsame Fähren, die schnellen Schiffe sind jedoch weitaus beliebter und werden auf fast allen Langstrecken eingesetzt. Örtliche Fähren, Ausflugsboote und kleine, private Fischerboote – Kaiks genannt – verbinden häufig benachbarte Inseln oder Inselchen. Es gibt auch Wassertaxis, die Urlauber zu einsamen Stränden und Höhlen bringen. Außerdem gibt es auch noch die Tragflügelboote und Katamarane, die die Reisezeit deutlich verringern. Die große Zeit der Tragflügelboote ist zwar schon fast wieder vorbei, aber sie verbinden immer noch entferntere Inseln und Inselgruppen. Katamarane sind heute aus dem Fährverkehr nicht mehr wegzudenken, sie bieten viel Komfort und können auch noch bei relativ schlechtem Wetter fahren.

Auf den meisten der großen und beliebten Inseln gibt es Flughäfen, auf den kleineren eher nicht. Die Flugzeiten sind kurz, die Flugzeuge klein und der Flug nicht immer ganz angenehm. Neben den nationalen Fluggesellschaften gibt es eine Reihe Kleinunternehmer, die Flüge in Wasserflugzeugen anbieten und zusätzlich auf den beliebtesten Routen fliegen.

Informationen über Kreuzfahrtschiffe siehe Kreuzfahrten (S. 848).

DIE WICHTIGEN GESELLSCHAFTEN
Who's Who auf dem Meer?

Die Fährgesellschaften betreiben häufig auf vielen Inseln eigene Büros; Detailinfos darüber und über kleine, örtliche Fähren und Kaikis stehen in den einzelnen Kapiteln.

Aegean Flying Dolphins (☎ 21042 21766) Tragflügelboote verbinden Samos und Kos sowie die Inseln dazwischen.

Aegean Speed Lines (☎ 21096 90950; www.aegean speedlines.gr) Schnellboote zwischen Athen und den Kykladen.

Agoudimos Lines (☎ 210 414 1300; www.agoudi mos-lines.com) Fähren zwischen den Kykladen und dem Festland. Auch Verbindungen nach Italien über Korfu.

Alpha Ferries (☎ 21042 84001/02; www.alphaferries. gr) Traditionelle Fähren von Athen zu den Kykladen.

ANE Kalymnou (☎ 22430 29384) mit Heimathafen Kalymnos; betreibt Tragflügelboote und traditionelle Fähren, Verbindungen zu einigen der Inseln des Dodekanes und zu den Kykladen.

ANEK Lines (☎ 21041 97420; www.anek.gr) Kretische Gesellschaft; Langstreckenfähren.

ANES (☎ 21042 25625; www.anes.gr) Heimathafen Symi; traditionelle Fähren zu den Inseln des Dodekanes.

Anna Express (☎ 22470 41215; www.anna express-lipsi.services.officelive.com) Kleine, schnelle Fähren auf den Nordinseln des Dodekanes.

Blue Star Ferries (☎ 21089 19800; www.bluestarfer ries.com) Schnelle Langstreckenfähren und Seajet-Katamarane zwischen dem Festland und den Kykladen.

Cyclades Fast Ferries (☎ 21041 82005; www.fastfer ries.com.gr) Bequeme Fähren zu den wichtigen Kykladeninseln.

Dodekanisos Seaways (☎ 22410 70590; www.12ne. gr) Luxuriöse Katamarane zu den Inseln des Dodekanes.

Euroseas (☎ 21041 32188; www.ferries.gr/euroseas) Verbindet die saronischen Inseln; Fähren zum Festland.

Evoikos Lines (☎ 21041 34483; www.glyfaferries.gr nur Griechisch) Bequeme Kurzstreckenfähren zwischen Glyfa auf dem Festland und Agiokambos im Norden Euböas.

GA Ferries (☎ 21041 99100; www.gaferries.gr) Traditionelle Langstreckenfähren zu sehr vielen Inseln.

Hellenic Seaways (☎ 21041 99000; www.hellenic seaways.gr) Konventionelle Langstreckenfähren und Katamarane vom Festland zu den Kykladen und zwischen den Sporaden und saronischen Inseln.

Ionian Ferries (☎ 21032 49997; www.ionianferries.gr) Große Fähren zu den ionischen Inseln.

LANE Lines (☎ 21042 74011; www.ferries.gr/lane) Langstreckenfähren.

Minoan Lines (☎ 21041 45700; www.minoan.gr) Schnelle luxuriöse Fähren zwischen Piräus und Iraklion, Patras, Igumenitsa und Korfu.

NEL Lines (☎ 22510 26299; www.nel.gr) Schnelle Langstreckenfähren.

SAOS Lines (☎ 21062 50000; www.saos.gr) Große, langsame Schiffe, die an vielen Inseln anlegen.

Sea Jets (☎ 21041 21001) Katamarane nach Athen, Kreta, Santorini (Thira), Paros und zwischen vielen Inseln.

Sea Star (☎ 22460 44000; www.net-club.gr/tilos seastar.htm) Schnelle Katamarane, die Tilos mit Rhodos, Chalki und Nisyros verbinden.

Skyros Shipping Company (☎ 22220 921164; www. sne.gr) Langsame Schiffe zwischen Skyros und Kymi auf Euböa.

Strintzis Ferries (☎ 26102 40000; www.strintzisfer ries.gr) große, ältere Fähren auf den Sporaden.

Superfast Ferries (www.superfast.com) Wie der Name

INSEL-HOPPING

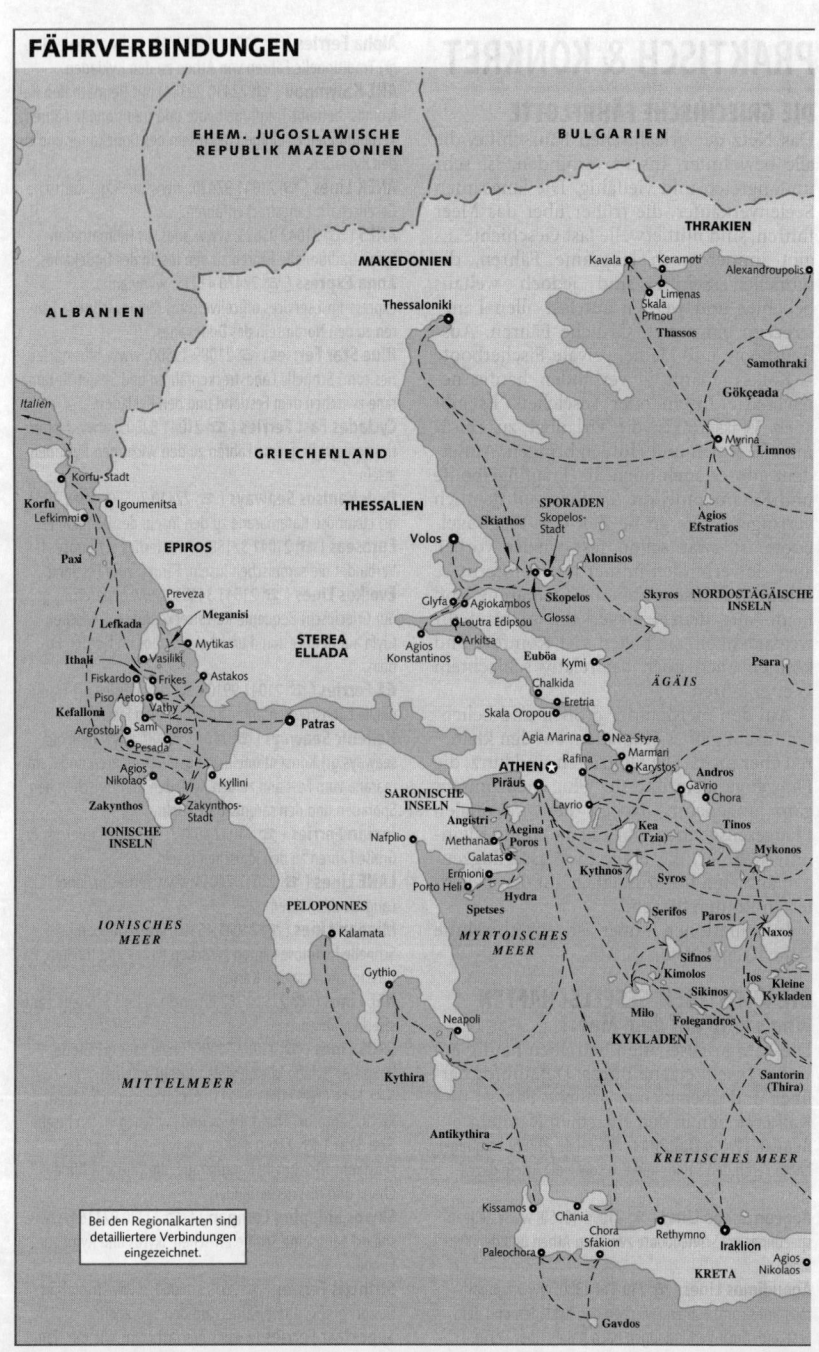

FÄHRVERBINDUNGEN

Bei den Regionalkarten sind
detailliertere Verbindungen
eingezeichnet.

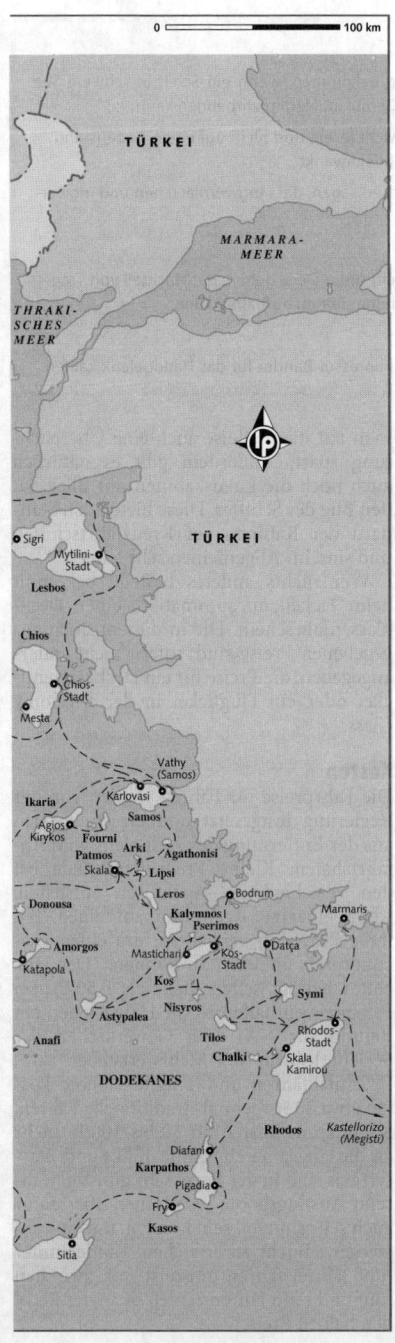

schon sagt, sehr schnelle Fähren vom Festland nach Kreta, Korfu und Patras.

Ventouris Sea Lines (☎ 21041 14911; www.ventouris sealines.gr) Große Schiffe vom Festland zu den Kykladen.

Zante Ferries (☎ 26950 49500; www.zanteferries.gr) Ältere Fähren, die das Festland mit den westlichen Kykladen-Inseln verbinden.

Who's Who in der Luft?

Die größte Fluggesellschaft in Griechenland ist Olympic Air, fast ebenso groß ist Aegean Airlines, die oft stark rabattierte Tickets im Angebot hat. Die Fluggesellschaften betreiben häufig eigene Büros auf den Inseln (Detailinfos darüber in den einzelnen Kapiteln).

Aegean Airlines (☎ 801 112 0000, 210 626 1000; www. aegeanair.com)

Athens Airways (☎ 210 669 6600; www.athensairways.com)

Olympic Air (☎ 801 114 4444; www.olympicair.com)

Sky Express (☎ 28102 23500; www.skyexpress.gr)

TICKETS
Fahrkartenkauf

Da Fähren immer wieder Verspätung haben oder eine Verbindung gestrichen wird, ist es bei kurzen Strecken am besten, die Fahrkarte erst zu kaufen, wenn die Bestätigung für das Auslaufen der Fähre vorliegt. In der Hochsaison oder wenn man sein Auto auf die Fähre mitnehmen möchte, muss man auf jeden Fall im Voraus buchen. Die Tickets für Schnellboote wie Katamarane sind oft schneller vergriffen als diejenigen für die langsamen Schiffe. Bei Nachtfähren ist es generell am besten, diese im Voraus zu buchen, insbesondere wenn man eine Kabine oder eine besondere Unterbringung wünscht. Wenn eine Fähre gestrichen wurde, kann man in der Regel auf das nächste Schiff, das von dieser Gesellschaft fährt, umbuchen.

Bei vielen Fährgesellschaften können die Tickets online gebucht oder bei einer ihrer örtlichen Niederlassungen sowie bei den meisten Reisebüros in Griechenland gekauft werden. Verkaufsagenturen gibt es an den meisten Häfen, aber nur selten verkauft eine Agentur die Tickets für jedes Schiff, und häufig informiert eine Agentur nur ungern über ein Schiff, dessen Tickets sie nicht verkauft. Bei den meisten hängen die Fahrpläne außen aus; hier sieht man, welches

INSEL-HOPPING

SEEKRANK?

Auch der unempfindlichste Magen kann Probleme bekommen, wenn ein Schiff in schwere See gerät. Hier ein paar Tipps, wie man dem mulmigen Gefühl im Magen vorbeugen kann:

■ Auf den Horizont, nicht auf das Meer schauen. Nicht lesen, und nicht auf einen Gegenstand schauen, von dem das Gehirn denkt, dass er nicht schwankt.

■ Viel trinken und nur Leichtes essen. Viele Menschen sagen, dass Ingwerplätzchen und Ingwertee den Magen beruhigen.

■ Kein Fernglas benutzen.

■ Wenn möglich, an der frischen Luft bleiben – nicht unter Deck gehen; der Nachteil von Tragflügelbooten ist, dass man sich hier nur in einem Innenraum aufhalten kann.

■ An andere Dinge denken.

■ Wer leicht reisekrank wird, kann sich spezielle Akupressur-Bänder für das Handgelenk kaufen.

Schiff als nächstes ausläuft; man kann auch bei der *limenarchio* fragen.

Genaue Infos, wo man Fahrkarten kaufen kann, sowie weitere Details über die Inseln stehen in dem Absatz An- & Weiterreise bei der jeweiligen Insel.

Klassen

Auf kleineren Schiffen, Tragflügelbooten und Katamaranen gibt es immer nur eine Klasse, und sogar auf den größeren Schiffen gehören unterschiedliche Klassen mittlerweile weitgehend der Vergangenheit an. Alle öffentlich zugänglichen Bereiche auf den moderneren Schiffen stehen heute meist allen offen. Unterschiede gibt es nur noch bei der Unterbringung auf Schiffen, die über Nacht fahren.

Mit einem Deckklassenticket darf man sich auf Deck und innen im Schiff aufhalten, hat aber keinen Sitzplatzanspruch. Dies ist immer noch eine sehr günstige Reisemöglichkeit, und wer zu den Ersten gehört, die auf das Schiff gehen können, findet in der Regel innen oder auf Deck einen Platz, an dem er seinen Schlafsack ausrollen kann. Die etwas bessere Ticketvariante ist ein reservierter Sitz wie in einem Flugzeug, den man zum Schlafen etwas zurücklegen kann. Darüber hinaus gibt es noch unterschiedliche Kabinen, Innenkabinen mit vier, drei oder zwei Betten sind billiger als entsprechende Außenkabinen mit einem Bullauge. Auf den meisten Schiffen sind die Kabinen sehr komfortabel und wie kleine Hotelzimmer mit einem eigenen Bad ausgestattet. Diese kosten etwa so viel wie ein günstiges Flugticket, aber man muss bedenken, dass

man auf diese Weise auch eine Übernachtung spart. Außerdem gibt es natürlich auch noch die Luxuskabinen mit Blick auf den Bug des Schiffes. Diese bieten den Standard der Kabinen auf Kreuzfahrtschiffen und sind im Allgemeinen sehr teuer.

Wer nichts anderes bestellt, bekommt beim Ticketkauf automatisch einen Deckklassenfahrschein. Die in diesem Buch angegebenen Preise sind, sofern nicht anders angegeben, die Preise für ein Deckklassenticket oder ein Flugticket in der Economy Class.

Kosten

Die Fahrpreise für Fähren werden von der Regierung festgesetzt und errechnen sich aus der Entfernung des Zielhafens vom Abfahrtshafen. Kleine Preisunterschiede bei den verschiedenen Agenturen entstehen, wenn einzelne Agenturen auf einen Teil ihrer Provision verzichten, um einen Discountpreis anbieten zu können. (Der Discount beträgt selten mehr als 0,50 €). Im Fahrpreis enthalten ist die Hafensteuer, ein Beitrag zur NAT (der Gewerkschaft der Seeleute) sowie 10 % Mehrwertsteuer.

Schnellfähren und Tragflügelboote kosten etwa 20 % mehr als traditionelle Fähren, Katamarane kosten oft 30 bis 100 % mehr als die langsameren Schiffe. Kaiks und Wassertaxis sind in der Regel sehr günstig, während Ausflugsboote recht teuer, aber dafür auch sehr sinnvoll sein können, um eine abgelegene Bucht zu erreichen. Kinder unter fünf Jahren fahren umsonst mit, zwischen fünf und zehn Jahren zahlen sie in der Regel den halben Preis.

Zu fast allen Inseln fahren Autofähren, die allerdings teuer sind. Beispielsweise kostet ein Auto bis zu einer Länge von 4,25 m von Piräus nach Mykonos 80 €, von Piräus nach Kreta (Chania und Iraklion) 90 € und von Piräus nach Samos 86 €. Ein großes Motorrad kostet etwa so viel wie ein Deckklassenticket für eine Person. Wer von Insel zu Insel hüpfen will, mietet sich besser jeweils vor Ort ein Fahrzeug.

VERBINDUNGEN

Informationen über öffentliche Verkehrsmittel können sich schnell andern – in keinem Land gilt dies mehr als in Griechenland. Man muss wissen, dass die Fähr- und Fluggesellschaften die Routen- und Fahrpläne schneller ändern, als ein Katamaran für die Fahrt zu einer Insel benötigt. Alle ein bis zwei Jahre „gewinnt" vielleicht eine andere Fährgesellschaft die Lizenz für eine bestimmte Route, und daraus ergeben sich jedes Mal Änderungen. Außerhalb der Sommersaison sind die meisten Dienste eingeschränkt. Man muss daher immer online, bei der Gesellschaft oder beim Reisebüro die aktuellen Informationen abfragen.

In diesem Kapitel sind Informationen sowohl über Verbindungen zwischen einzelnen Inseln als auch Verbindungen vom Festland zu einzelnen Inseln aufgelistet. Ein Blick auf die Fahrpläne für einzelne Inseln beziehungsweise Festlandhäfen (ab S. 857) zeigt, wie man von einer Insel zur nächsten gelangt.

Detailinformationen über Verbindungen von einzelnen Inseln und Festlandhäfen sind in diesem Kapitel alphabetisch sortiert. Wenn in der Überschrift der Tabelle „Hafen" steht, bezieht sich dies in diesem Kapitel immer auf den Abfahrtshafen und nicht auf den Zielhafen.

ATHEN

Die meisten Reisenden beginnen ihre Inseltour in Athen; von hier aus findet man leicht eine Verbindung zu den nahegelegenen Festlandhäfen Piräus, Rafina und Lavrio. Unzählige Fähren, Katamarane und Tragflügelboote verbinden diese Häfen mit vielen Häfen auf den Inselgruppen. Wer seine Tour in Athen beginnt, findet auf S. 859 detaillierte Fahrpläne für Schiffe zu

den verschiedenen Inseln. Allgemeine Informationen über Athen stehen auch auf S. 113.

DODEKANES

Es gibt Liniendirektflüge zwischen vielen Inseln des Dodekanes und Athen sowie Flüge zwischen einigen der größeren Inseln dieser Gruppe. Nachtfähren zwischen Piräus und Rhodos legen an vielen Inseln des Dodekanes, die auf ihrer Route liegen, an – jedoch meist zu einer recht ungünstigen Uhrzeit. Zwischen den Dodekanes-Inseln verkehren viele schnelle Katamarane und ältere Schiffe, die an den meisten Inseln der Gruppe anlegen.

Allgemeine Informationen über diese Region stehen auch auf S. 588.

EUBÖA & DIE SPORADEN

Zu den Flughäfen von Skiathos und Skyros gibt es Inlandsflüge von Athen aus sowie einige Charterflüge aus Westeuropa.

Vom Busbahnhof Terminal B in Athen (S. 176) fahren Busse nach Chalkida und Paralia Kymis mit Ziel Skyros und nach Agios Konstantinos mit Ziel Sporaden. Vom Busbahnhof Mavromateon in Athen (S. 176) fahren häufig Busse nach Rafina mit Ziel Euböa.

Täglich verkehren Fähren zu den Sporaden sowohl von Agios Konstantinos als auch von Volos sowie wöchentlich von Thessaloniki auf die Sporaden, und es gibt Fährlinien, die Euböa mit dem Festland verbinden. Mehrere Tragflügelboote verbinden Agios Konstantinos und Volos mit den nördlichen Sporaden (nur Skiathos, Skopelos und Alonnisos). Seit 2009 gibt es eine neue Linie zwischen Skopelos, Alonnisos und Skyros über Paralia Kymis auf Euböa.

Allgemeine Informationen über diese Region stehen auch auf S. 745.

IONISCHE INSELN

Auf Korfu, Kefallonia und Zakynthos gibt es jeweils einen Flughafen, auf Lefkada gibt es keinen Flughafen, aber der Flughafen Aktion bei Preveza auf dem Festland ist nur 20 km entfernt. Diese vier Flughäfen werden häufig von Athen angeflogen. Zwischen den Inseln gibt es Verbindungen zwischen Korfu und Preveza, Preveza und Kefallonia sowie Kefallonia und Zakynthos.

INSEL-HOPPING

Überlandbusse von KTEL verbinden jede größere Insel mit Athen und Thessaloniki sowie in der Regel auch mit Patras oder Kyllini auf dem Peloponnes. Busse nach Korfu, Lefkada, Kefallonia, Ithaki und Zakynthos fahren vom Busbahnhof Terminal A in Athen ab.

Auf dem Peloponnes gibt es zwei Häfen, von denen Fähren zu den ionischen Inseln ablegen: Von Patras fahren Fähren nach Korfu, Kefallonia und Ithaki und von Kyllini nach Kefallonia und Zakynthos. Epirus besitzt einen Hafen, Igumenitsa, mit Verbindungen nach Korfu und Paxi, und Sterea Ellada besitzt einen, Astakos, mit Verbindungen nach Ithaki und Kefallonia (nur in der Hochsaison).

Allgemeine Informationen über diese Region stehen auch auf S. 777.

KRETA

Als eines der wichtigsten Reiseziele in Griechenland ist Kreta sehr gut auf dem See- und dem Luftweg mit dem Rest des Landes sowie mit dem Ausland verbunden. Angesichts der Größe und des Reichtums der Insel überrascht es nicht, dass einige der größten Transportgesellschaften wie etwa Minoan Lines und Aegean Airlines von kretischen Geschäftsleuten gegründet wurden. Allgemeine Informationen über diese Region stehen auch auf S. 525.

KYKLADEN

Olympic Air bietet Linienflüge zwischen Athen und den Kykladen an. Zwischen Mitte Juni und Mitte September fahren regelmäßig große, schnelle Schiffe und Katamarane zu den Kykladen. Die Fahrzeit auf diesen Schiffen beträgt etwa die Hälfte der üblichen Fahrzeit. Bei den Routen werden die Kykladen in die West-, Nord-, Zentral- und Ostgruppe unterteilt. Die meisten Fährverbindungen zwischen den Kykladeninseln selbst verbinden jeweils eine Gruppe mit Piräus, Lavrio oder Rafina auf dem Festland. Die Ostkykladen (Mykonos, Paros, Naxos, Ios und Santorin) sind die beliebtesten Inseln, und zu ihnen gibt es die besten Fährverbindungen vom Festland aus, in der Regel ab Piräus.

Die kleinen Inseln südlich von Naxos – Iraklia, Schinussa und Koufonisia – bilden die Hauptinseln der sogenannten kleinen Kykladen.

Allgemeine Informationen über diese Region stehen auch auf S. 426.

NORDGRIECHENLAND

Von Nordgriechenland aus gelangt man sowohl mit dem Flugzeug (meist über Athen) als auch mit dem Schiff auf die Inseln. Aber die großen Entfernungen zwischen den Häfen im Norden und den meisten griechischen Inseln lassen die Überfahrten lang, ermüdend und relativ teuer werden (bemerkenswerte Ausnahmen bilden Thassos und Samothraki). Für diejenigen, die ihr Fahrzeug vom Festland auf eine Insel mitnehmen möchten, werden jedoch nur diese Fähren angeboten.

Während die Fähren nach Thassos und Samothraki in den Sommermonaten zahlreich und zuverlässig verkehren, werden die Strecken zu den etwas abgelegeneren Zielen weniger häufig bedient, und man muss mit unerwarteten Änderungen rechnen, daher sollte man hier im Voraus besonders sorgfältig prüfen.

Allgemeine Informationen über diese Region stehen auch auf S. 321.

NORDOSTÄGÄISCHE INSELN

Die nordostägäischen Inseln sind über mehrere Häfen recht gut mit dem Festland und anderen Inselgruppen (insbesondere den Kykladen und dem Dodekanes) verbunden, aber nicht auf allen gibt es einen Flughafen. Nicht alle von ihnen sind auch untereinander verbunden, hier müssen Reisende viel Geduld und Flexibilität bei der Planung ihrer Reise mitbringen. Sinnvoll ist es, ein paar zusätzliche Tage einzuplanen, um auf der sicheren Seite zu sein, insbesondere wenn man auf die kleineren und abgelegeneren Inseln reist. Außerhalb der Sommermonate verkehren nur wenige Fähren, und bei schlechten Witterungsverhältnissen gibt es häufig Verspätungen.

Lediglich fünf der nordostägäischen Inseln verfügen über einen Flughafen – und keiner von ihnen ist groß. Von diesen Flughäfen (Samos, Chios, Lesbos, Limnos und Ikaria) gibt es die Möglichkeit, direkt nach Athen und Thessaloniki zu fliegen. Es gibt zwar Flüge zwischen den Inseln, jedoch gehen die meisten Verbindungen über Athen. Ein neuer Dienst von Sky Express bietet allerdings mehrere Direktflüge zu den Inseln an.

Obwohl es Fährverbindungen im Überfluss gibt, kann die Reise zwischen den nordostägäischen Inseln kompliziert werden. Die nördlichsten Inseln Thassos und Samothraki sind derzeit nur vom nordgriechischen Festland aus erreichbar, während auch andere Inseln manchmal dem Kampf zwischen den großen Fährgesellschaften zum Opfer fallen und Fährverbindungen immer weiter eingeschränkt werden. Wie aus dem Nichts entstehen neue Linien und Gesellschaften, andere fallen weg, und nicht fahrplanmäßige „Geisterschiffe" legen in den frühen Morgenstunden ab. So überrascht es nicht, dass die Piraten der Ägäis auf diesen Inseln jahrhundertelang Unterschlupf fanden.

Von den nordostägäischen Inseln verkehren viele Schiffe zu den Ferienorten und Ausgrabungsstätten an der türkischen Küste, nähere Informationen stehen im Kasten Verbindungen in die Türkei (S. 688). Informationen über weitere Ausflugsschiffe und spezielle Kurzstreckenlinien finden sich jeweils bei den einzelnen Inseln im Kapitel Nordostägäische Inseln S. 675)

PELOPONNES

Die Hauptfährverbindungen vom Peloponnes gibt es von den Häfen in Patras und Kyllini (zu den ionischen Inseln), von Gythio (nach Kythira) und von Neapoli (nach Kythira). Vom Osten des Peloponnes fahren schnelle Fähren von Porto Cheli, Ermioni und Galatas nach Spetses, Hydra und Poros. Die Fähren von Italien kommen in Patras an.

Allgemeine Informationen über diese Region stehen auch auf S. 191.

SARONISCHE INSELN

Im Gebiet der saronischen Inseln gibt es Liniendienste sowohl zwischen den Inseln als auch nach Piräus. Zum Zeitpunkt der Recherche zu diesem Buch gab es nur Schnellfähren von Piräus nach Hydra und Spetses sowie von Ermioni und Porto Cheli auf dem Festland. Fahrkarten für diese Fähren sind häufig deutlich teurer als diejenigen für normale Fähren. Eine andere, billigere Variante, nach Poros, Hydra und Spetses zu gelangen, ist die Reise über Land über den Peloponnes, um dann mit einer örtlichen Fähre auf die gewünschte Insel überzusetzen.

Allgemeine Informationen über diese Region stehen auch auf S. 406.

EINZELNE INSELN UND HÄFEN AUF DEM FESTLAND
Ägina
Saronische Inseln; siehe auch S. 407 für weitere Informationen

FÄHREN VON ÄGINA

Reiseziel	Hafen	Dauer	Preis	Häufigkeit
Angistri (Skala)	Ägina-Stadt	15 Min.	5 €	1-mal tgl.
Angistri (Skala)*	Ägina-Stadt	10 Min.	6 €	8-mal tgl.
Methana	Ägina-Stadt	40 Min.	5,70 €	2–3-mal tgl.
Piräus	Ägina-Stadt	1 Std. 10 Min.	9,50 €	8–10-mal tgl.
Piräus	Agia Marina	1 Std.	9,50 €	3–4-mal tgl.
Piräus	Souvala	1 Std. 35 Min.	8,50 €	3–4-mal tgl.
Piräus*	Ägina-Stadt	40 Min.	14 €	stündl.
Poros	Ägina-Stadt	1 Std. 50 Min.	8,60€	4–mal tgl.

*Schnellverbindungen

Agathonisi
Dodekanes; siehe auch S. 673

FÄHREN VON AGATHONISI

Reiseziel	Hafen	Dauer	Preis	Häufigkeit
Arki	Agios Georgios	45 Min.	8 €	2-mal wöchentl.
Lipsi	Agios Georgios	1 Std.	8 €	2-mal wöchentl.
Patmos	Agios Georgios	2 Std.	7 €	4-mal wöchentl.
Rhodos*	Agios Georgios	5 Std.	46 €	1-mal wöchentl.
Samos	Agios Georgios	1 Std.	5 €	4-mal wöchentl.

*Schnellverbindungen

Agios Efstratios
Nordostägäische Inseln; siehe auch S. 730

FÄHREN VON AGIOS EFSTRATIOS

Reiseziel	Hafen	Dauer	Preis	Häufigkeit
Chios (Mesta)	Agios Efstratios	3½ Std.	35 €	1-mal wöchentl
Kavala	Agios Efstratios	8 Std.	19 €	3-mal wöchentl.
Lavrio	Agios Efstratios	8½ Std.	24– 50 €	3-mal wöchentl.
Lesbos (Sigri)	Agios Efstratios	3 Std.	9 €	1-mal wöchentl.
Limnos	Agios Efstratios	8½ Std.	6–13 €	4-mal wöchentl.
Psara	Agios Efstratios	3 Std.	35 €	1-mal wöchentl.

Agios Konstantinos
Zentralgriechenland (Hafen auf dem Festland); siehe auch S. 294

INSEL-HOPPING

FÄHREN VON AGIOS KONSTANTINOS

Reiseziel	Hafen	Dauer	Preis	Häufigkeit
Alonnisos*	Agios Konstantinos	3½–3¾ Std.	44 €	1-mal tgl.
Alonnisos**	Agios Konstantinos	3 Std.	44 €	1–2-mal tgl.
Skiathos*	Agios Konstantinos	2 Std.	33 €	1-mal tgl.
Skiathos**	Agios Konstantinos	2 Std.	33 €	2–3-mal tgl.
Skopelos*	Agios Konstantinos	3 Std.	44 €	1-mal tgl.
Skopelos**	Agios Konstantinos	2½ Std.	44 €	1–2-mal Mo–Fr 2–3-mal Sa & So

*Schnellverbindungen, **Tragflügelboote

Alexandroupolis

Nordgriechenland (Hafen auf dem Festland); siehe auch S. 378 für weitere Informationen

FÄHRVERBINDUNGEN

Alexandroupolis ist der Haupthafen für Samothraki; zum Zeitpunkt der Recherche zu diesem Buch wurde die bewährte Verbindung nach Rhodos über die nordostägäischen Inseln und weitere Inseln des Dodekanes aus Gründen, die sich uns nicht erschließen, gestrichen, aber möglicherweise wird die Route ja auch bald wieder in den Fahrplan aufgenommen (es ist daher wichtig, sich vorher genau zu informieren). In den Sommermonaten werden meistens, aber nicht immer, Verbindungen mit Tragflügelbooten nach Samothraki angeboten, die notwendigen Informationen dazu sind vor Ort einzuholen.

FÄHREN VON ALEXANDROUPOLIS

Reiseziel	Hafen	Dauer	Preis	Häufigkeit
Samothraki	Alexandroupolis	2 Std.	13 €	2-mal tgl.

FLUGVERBINDUNGEN

Vom Flughafen von Alexandroupolis aus werden ausschließlich Direktflüge zum Flughafen in Sitia auf Kreta angeboten. Auf Nachfrage bei den örtlichen Reiseagenturen oder auf den informativen Websites der griechischen Luftfahrtgesellschaften werden Paketangebote für Flüge von Alexandroupolis über Athen zu anderen Inseln angeboten.

INLANDSFLÜGE VON ALEXANDROUPOLIS

Reiseziel	Flughafen	Dauer	Preis	Häufigkeit
Kreta (Sitia)	Alexandroupolis	1½ Std.	100 €	3-mal wöchentl.

Alonnisos

Euböa & die Sporaden; siehe auch S. 764

FÄHREN VON ALONNISOS

Reiseziel	Hafen	Dauer	Preis	Häufigkeit
Agios Konstantinos*	Alonnisos	3½ Std.	44 €	1-mal tgl.
Agios Konstantinos**	Alonnisos	4 Std.	44 €	1-mal tgl.
Skopelos (Glossa)*	Alonnisos	1 Std.	13 €	3-mal tgl.
Skiathos	Alonnisos	2 Std.	10 €	4-mal wöchentl.
Skiathos*	Alonnisos	1½ Std.	16 €	3-mal tgl.
Skopelos	Alonnisos	30 Min.	5 €	4-mal wöchentl.
Skopelos*	Alonnisos	20 Min.	9 €	3-mal tgl.
Volos	Alonnisos	4½ Std.	23 €	2-mal wöchentl.
Volos*	Alonnisos	3 Std.	38,50 €	2-mal tgl.

*Schnellverbindungen, **Tragflügelboote

Amorgos

Kykladen; siehe auch S. 480

FÄHREN VON AMORGOS

Reiseziel	Hafen	Dauer	Preis	Häufigkeit
Aegiali	Katapola	50 Min.	4,50 €	1–2-mal tgl.
Donussa	Katapola	2 Std. 20 Min.	6,50 €	1–2-mal tgl.
Folegandros*	Katapola	3 Std. 5 Min.	35 €	1-mal tgl.
Ios	Katapola	5 Std. 20 Min.	11,50 €	1-mal wöchentl.
Iraklia	Katapola	1¾ Std. –5 Std.	8,50–10,50 €	2–3-mal tgl.
Kos	Katapola	5 Std.	22,50 €	2-mal wöchentl.
Leros	Katapola	3 Std. 10 Min.	18 €	2-mal wöchentl.
Milos*	Katapola	4¼ Std.	39 €	1-mal tgl.
Naxos	Katapola	1–4 Std.	7,50 €	1–3-mal tgl.
Paros	Katapola	3–7 Std.	12,20–15 €	1–2-mal tgl.
Patmos	Katapola	2 Std.	18 €	2-mal wöchentl.
Piräus	Katapola	9 Std.	30 €	4-mal wöchentl.
Piräus*	Katapola	7 Std. 25 Min.	58 €	1-mal tgl.
Rhodos	Katapola	10 Std.	25,50 €	2-mal wöchentl.
Schinussa	Katapola	1 Std. 40 Min.	8–10,50 €	2–3-mal tgl.
Santorin (Thira)*	Katapola	1½ Std.	32 €	1-mal tgl.
Syros	Katapola	5¼ Std.	29,80 €	4-mal wöchentl.

*Schnellverbindungen

Anafi

Kykladen; siehe auch S. 503

FÄHREN VON ANAFI

Reiseziel	Hafen	Dauer	Preis	Häufigkeit
Folegandros	Anafi	5 Std.	21 €	5-mal wöchentl.
Ios	Anafi	3 Std.	8,80 €	5-mal wöchentl.
Karpathos	Anafi	6 Std.	16,30 €	5-mal wöchentl.
Kea	Anafi	16 Std. 40 Min.	46,80 €	2-mal wöchentl.
Kythnos	Anafi	15 Std.	43,90 €	2-mal wöchentl.
Naxos	Anafi	7 Std. 25 Min.	14,30 €	5-mal wöchentl.
Paros	Anafi	7 Std. 25 Min.	17,90 €	3–4-mal wöchentl.
Piräus	Anafi	11 Std. 20 Min. –13½ Std.	29,60 €	3-mal wöchentl.
Rhodos	Anafi	11 Std. 40 Min.	22,20 €	5-mal wöchentl.
Santorin (Thira)	Anafi	1 Std.	8 €	5-mal wöchentl.
Sikinos	Anafi	4 Std.	19,60 €	4-mal wöchentl.
Syros	Anafi	9 Std. 10 Min.	36,30 €	4-mal wöchentl.

Andros

Kykladen; siehe auch S. 428

FÄHREN VON ANDROS

Reiseziel	Hafen	Dauer	Preis	Häufigkeit
Kea	Gavrio	5 Std. 50 Min.	17,20 €	1-mal wöchentl.
Kythnos	Gavrio	4 Std. 20 Min.	25,20 €	1-mal wöchentl.
Mykonos	Gavrio	1¼ Std.	10–13 €	4-mal tgl.
Naxos	Gavrio	4 Std. 10 Min.	15,70 €	2-mal wöchentl.
Rafina	Gavrio	2½ Std.	12–14 €	4–8-mal tgl.
Syros	Gavrio	2 Std. 20 Min.	16 €	7-mal tgl.
Tinos	Gavrio	1 Std. 35 Min.	8–11 €	4-mal tgl.

Angistri

Saronische Inseln; siehe auch S. 413

FÄHREN VON ANGISTRI

Reiseziel	Hafen	Dauer	Preis	Häufigkeit
Ägina*	Skala	10 Min.	6 €	6-mal tgl.
Piräus*	Skala	55 Min.	15 €	6-mal tgl.
Piräus	Skala	1½ Std.	10 €	1–2-mal tgl.

*Schnellverbindungen

Arki & Marathi

Dodekanes; siehe auch S. 672

FÄHRVERBINDUNGEN

Die F/B Nissos Kalymnos kommt hier bis zu vier Mal wöchentlich auf dem Weg von Patmos nach Samos vorbei, um alles Wichtige zu liefern. Der in Lipsi beheimatete schnelle Anna Express verbindet Arki mit Lipsi (15 Min.) zwei Mal in der Woche. Im Sommer unternehmen Ausflugsboote aus Lipsi und Kaikia auf Patmos Tagestouren (20 € hin & zurück) nach Arki und Marathi. Ein Kaik vor Ort verbindet Marathi und Arki (1¼ Std.).

FÄHREN VON ARKI UND MARATHI

Reiseziel	Hafen	Dauer	Häufigkeit
Arki	Marathi	1¼ Std.	mehrmals tgl.
Lipsi	Arki	15 Min.	2-mal wöchentl.
Patmos	Arki/Marathi		4-mal wöchentl.
Samos	Arki/Marathi		4-mal wöchentl.

Astakos

Zentralgriechenland (Hafen auf dem Festland); siehe auch S. 289

FÄHREN VON ASTAKOS

Reiseziel	Hafen	Dauer	Preis	Häufigkeit
Kefallonia (Sami)	Astakos	3 Std.	8 €	1-mal tgl.
Ithaki (Piso Aetos)	Astakos	2¼ Std.	10 €	2-mal tgl.

Astypalea

Dodekanes; siehe auch S. 648

FÄHREN VON ASTYPALEA

Reiseziel	Hafen	Dauer	Preis	Häufigkeit
Kalymnos	Agios Andreas	2½ Std.	11 €	4-mal wöchentl.
Kalymnos	Skala	2¾ Std.	12 €	3-mal wöchentl.
Kos	Agios Andreas	3½ Std.	15 €	1-mal wöchentl.
Naxos	Agios Andreas	3½ Std.	23 €	4-mal wöchentl.
Paros	Agios Andreas	5 Std.	29 €	4-mal wöchentl.
Piräus	Agios Andreas	10 Std.	34 €	4-mal wöchentl.
Rhodos	Agios Andreas	9 Std.	29 €	1-mal wöchentl.

FLUGVERBINDUNGEN

Olympic fliegt drei Mal pro Woche nach Leros (41 €, 20 Min.), nach Kos (47 €, 1 Std.) und nach Rhodos (47 €, 1½ Std.).

Athen

Hafen auf dem Festland; siehe auch S. 289

FÄHRVERBINDUNGEN

Von Athens Haupthafen Piräus gibt es sehr viele Fährverbindungen zu den Inseln. Von den kleineren Häfen an der Ostküste, Rafina und Lavrio, fahren Fähren zu den Kykladen und nach Euböa. Siehe auch S. 177.

INSEL-HOPPING

INSEL-HOPPING

FÄHREN VON ATHEN
zu den Inseln des Dodekanes

Reiseziel	Hafen	Dauer	Preis	Häufigkeit
Astypalea	Piräus	10 Std.	34 €	4-mal wöchentl.
Kalymnos	Piräus	13 Std.	44 €	3-mal wöchentl.
Karpathos	Piräus	17 Std.	58 €	2-mal wöchentl.
Kassos	Piräus	19 Std.	35 €	3-mal wöchentl.
Kos	Piräus	10 Std.	46 €	4-mal wöchentl.
Leros	Piräus	8 Std.	35 €	1-mal tgl.
Lipsi	Piräus	12 Std.	42 €	2-mal wöchentl.
Nisyros	Piräus	18 Std.	46 €	3-mal wöchentl.
Patmos	Piräus	7 Std.	34 €	4-mal wöchentl.
Rhodos	Piräus	13 Std.	53 €	1-mal tgl.
Symi*	Piräus	15 Std.	64 €	2-mal wöchentl.
Tilos	Piräus	19 Std.	46 €	2-mal wöchentl.

*über Rhodos

nach Euböa

Reiseziel	Hafen	Dauer	Preis	Häufigkeit
Euböa (Marmari)	Rafina	1 Std.	7 €	4–6-mal tgl.

nach Kreta

Reiseziel	Hafen	Dauer	Preis	Häufigkeit
Agios Nikolaos	Piräus	12 Std.	30 €	2-mal wöchentl.
Chania (Souda)	Piräus	8½ Std.	30 €	2-mal tgl.
Chania (Souda)*	Piräus	4½ Std.	55 €	1-mal tgl.
Iraklion	Piräus	8 Std.	36–37 €	2-mal tgl.
Iraklion*	Piräus	6½ Std.	33,50 €	3-mal wöchentl.
Rethymnon	Piräus	10 Std.	30 €	2-mal tgl.
Rethymnon*	Piräus	6 Std.	57 €	1-mal tgl.
Sitia	Piräus	14½ Std.	32,10 €	2-mal wöchentl.

*Schnellverbindungen

zu den Kykladen

Reiseziel	Hafen	Dauer	Preis	Häufigkeit
Amorgos*	Piräus	7 Std.. 25 Min	58 €	1-mal tgl.
Amorgos	Piräus	9 Std.	30 €	4-mal wöchentl.
Anafi	Piräus	11 Std. 20 Min.	29,60 €	3-mal wöchentl.
Andros	Rafina	2 Std.	12–14 €	4-mal tgl.
Donussa	Piräus	7 Std. 10 Min.	30 €	4-mal wöchentl.
Folegandros*	Piräus	4 Std.	55 €	1–3-mal tgl.
Folegandros	Piräus	13 Std.	30,50 €	4-mal wöchentl.
Ios	Piräus	7 Std.	31,50–40 €	4–5-mal tgl.
Ios*	Piräus	5½ Std.	46 €	3-mal tgl.
Iraklia	Piräus	7 Std. 20 Min.	30 €	1–2-mal tgl.
Kea (Tzia)	Lavrio	50 Min.	12,70 €	3–5-mal tgl.
Kimolos	Piräus	9 Std. 20 Min.	24,50 €	5-mal wöchentl.
Kimolos*	Piräus	5¼ Std.	48 €	3-mal wöchentl.
Koufonissia	Piräus	8 Std.	30 €	1–2-mal tgl.
Koufonissia*	Piräus	7 Std.	58 €	1-mal tgl.
Kythnos	Piräus	3 Std. 10 Min.	18 €	1–2-mal tgl.
Milos	Piräus	8 Std.	30,50 €	1–2-mal tgl.
Milos*	Piräus	3–4 Std.	49 €	2–3-mal tgl.
Mykonos	Piräus	4¾ Std.	30,50–39,50 €	
Mykonos*	Piräus	3 Std.	43 €	3-mal tgl.
Mykonos	Rafina	4½ Std.	23 €	2–3-mal tgl.
Mykonos*	Rafina	2 Std. 10 Min.	41 €	4–5-mal tgl.
Naxos	Piräus	4¾ Std.	30 €	4–5-mal tgl.
Naxos*	Piräus	3½ Std.	45 €	3-mal tgl.
Naxos*	Rafina	3 Std.	43 €	1-mal tgl.
Paros	Piräus	5 Std.	29–31 €	4-mal tgl.
Paros*	Piräus	2½ Std.	49,50 €	6-mal tgl.
Paros*	Rafina	2½ Std.	49,50 €	4-mal tgl.
Santorin (Thira)	Piräus	9 Std.	33,50 €	4–5-mal tgl.
Santorin (Thira)*	Piräus	5¼ Std.	47–65 €	3-mal tgl.
Santorin (Thira)*	Rafina	4¾ Std.	49 €	
Schinussa	Piräus	7½ Std.	30 €	1–2-mal tgl.
Serifos	Piräus	5 Std.	22,50 €	2-mal tgl.
Serifos*	Piräus	2¼ Std.	40 €	2-mal tgl.
Sifnos	Piräus	5¼ Std.	28 €	5-mal tgl.
Sifnos*	Piräus	3 Std. 25 Min.	44 €	3-mal tgl.
Sikinos	Piräus	12 Std.	29,69 €	4-mal wöchentl.
Syros	Piräus	4 Std.	26–29 €	4-mal tgl.
Syros*	Piräus	2½ Std.	44,50 €	3-mal tgl.
Syros*	Rafina	2 Std. 50 Min.	45 €	2-mal wöchentl.
Tinos	Piräus	4¾ Std.	28 €	1-mal tgl.
Tinos*	Piräus	3¾ Std.	44 €	3-mal tgl.
Tinos*	Rafina	2 Std.	40 €	4–5-mal tgl.
Tinos	Rafina	4 Std.	19 €	4-mal tgl.

*Schnellverbindungen

zu den nordostägäischen Inseln

Reiseziel	Hafen	Dauer	Preis	Häufigkeit
Chios	Piräus	6 – 9 Std.	25–33 €	2-mal tgl.
Fourni	Piräus	10 Std.	30 €	2-mal wöchentl.
Ikaria (Agios Kirykos)	Piräus	10½ Std.	35 €	3-mal wöchentl.
Ikaria (Agios Kirykos)	Piräus*	4¼ Std.	52 €	2-mal wöchentl.
Lesbos (Mytilini-Stadt)	Piräus	8½–13 Std.	27–37 €	2-mal tgl.
Limnos	Lavrio	9½–14 Std.	28,60 €	3-mal wöchentl.
Limnos	Piräus	21 Std.	30,50 €	1-mal wöchentl.
Samos (Vathy)	Piräus	7–13 Std.	41 €	1–2-mal tgl.

*Schnellverbindungen

zum Peloponnes

Reiseziel	Hafen	Dauer	Preis	Häufigkeit
Ermioni*	Piräus	2 Std.	30 €	4-mal tgl.

Kythira	Piräus	6½ Std.	23 €	2-mal wöchentl.
Methana	Piräus	2 Std.	12 €	1–3-mal tgl.
Porto Cheli*	Piräus	2 Std.	29,50 €	4-mal tgl.

*Schnellverbindungen

zu den Saronischen Inseln

Reiseziel	Hafen	Dauer	Preis	Häufigkeit
Ägina	Piräus	1 Std.	8 €	1-mal stündl.
Ägina*	Piräus	40 Min.	14 €	1-mal stündl.
Angistri*	Piräus	55 Min.	15 €	6-mal tgl.
Angistri	Piräus	1½ Std.	10 €	1–2-mal tgl.
Hydra*	Piräus	50 Min.	28,40 €	10-mal tgl.
Poros	Piräus	2¼ Std.	13,30 €	4-mal tgl.
Poros*	Piräus	1 Std.	25,20 €	4–6-mal tgl.
Spetses*	Piräus	2 Std. 10 Min.	39 €	7-mal tgl.

*Schnellverbindungen

FLUGVERBINDUNGEN

Olympic Air fliegt zu allen Inseln, auf denen es Flughäfen gibt, und die sehr beliebten Inseln werden auch von Aegean Airlines und Athens Airways angeflogen.

Aegean Airlines bietet täglich acht Flüge nach Rhodos, sieben Flüge täglich nach Iraklion, sechs Flüge nach Santorin (Thira), fünf Flüge täglich nach Chania, drei Flüge nach Lesbos (Mytilini) und Mykonos, mindestens zwei Flüge täglich nach Korfu und Kos und mindestens einen Flug täglich nach Chios, Kefallonia, Samos und Limnos an.

Athens Airways bietet Flüge nach Chania, Chios, Iraklion, Kefallonia, Lesbos, Mykonos, Rhodos und Santorin an.

Die folgende Tabelle nennt die Grundpreise (inklusive Steuern).

INLANDSFLÜGE VON ATHEN

Reiseziel	Dauer	Preis	Häufigkeit
Alexandroupolis	65 Min.	77 €	14-mal wöchentl.
Astypalea	1 Std.	54 €	5-mal wöchentl.
Chios	50 Min.	77 €	20-mal wöchentl.
Ikaria	55 Min.	60 €	6-mal wöchentl.
Kavala	1 Std.	77 €	13-mal wöchentl.
Kefallonia	65 Min.	111 €	13-mal wöchentl.
Korfu	1 Std.	77 €	14-mal wöchentl.
Kos	55 Min.	89 €	14-mal wöchentl.
Kreta (Chania)	50 Min.	77 €	30-mal wöchentl.
Kreta (Iraklion)	50 Min.	77 €	40-mal wöchentl.
Kreta (Sitia)	1 Std. 10 Min.	89 €	4-mal wöchentl.
Kythira	45 Min.	65 €	7-mal wöchentl.
Leros	1 Std.	68 €	7-mal wöchentl.
Lesbos (Mytilini)	50 Min.	89 €	27-mal wöchentl.
Limnos	55 Min.	77 €	14-mal wöchentl.
Milos	45 Min.	50 €	10-mal wöchentl.
Mykonos	40 Min.	77 €	27-mal wöchentl.
Naxos	45 Min.	80 €	8-mal wöchentl.
Paros	40 Min.	79 €	16-mal wöchentl.

Preveza	1 Std.	95 €	3-mal wöchentl.
Rhodos	1 Std.	77 €	35-mal wöchentl.
Samos	1 Std.	77 €	27-mal wöchentl.
Santorin (Thira)	50 Min.	77 €	35-mal wöchentl.
Skiathos	50 Std.	71 €	7-mal wöchentl.
Skyros	35 Min.	43 €	3-mal wöchentl.
Syros	35 Min.	95 €	2-mal wöchentl.
Thessaloniki	55 Min.	77 €	58-mal wöchentl.
Zakynthos	1 Std.	95 €	11-mal wöchentl.

Chalki

Dodekanes; siehe auch S. 610

FÄHRVERBINDUNGEN

Zwei örtliche Fähren – Nissos Chalki und Nikos Express – verkehren täglich zwischen Chalki und Skala Kamirou auf Rhodos (10 €, 30 Min.).

FÄHREN VON CHALKI

Reiseziel	Hafen	Dauer	Preis	Häufigkeit
Karpathos	Emborios	3 Std.	12 €	4-mal wöchentl.
Piräus	Emborios	19 Std.	63 €	2-mal wöchentl.
Rhodos	Emborios	2 Std.	10 €	4-mal wöchentl.
Rhodos*	Emborios	1¼ Std.	21 €	2-mal wöchentl.
Santorin (Thira)	Emborios	15 Std.	30 €	2-mal wöchentl.

*Schnellverbindungen

Chios

Nordostägäische Inseln; siehe auch S. 699

FÄHREN VON CHIOS

Reiseziel	Hafen	Dauer	Preis	Häufigkeit
Agios Efstratios	Mesta	4¼ Std.	35 €	1-mal wöchentl.
Inousses	Chios	1–1¼ Std.	4–10 €	1-mal tgl.
Kalymnos	Chios	6¾ Std.	21 €	1-mal wöchentl.
Kos	Chios	8 Std.	22 €	1-mal wöchentl.
Lavrio	Mesta	4 Std.	50 €	1-mal wöchentl.
Lesbos (Mytilini Town)	Chios	3 Std.	13–19 €	2-mal tgl.
Lesbos (Sigri)	Chios	3 Std.	15 €	1-mal wöchentl.
Limnos	Chios	10–12 Std.	22 €	4-mal wöchentl.
Limnos	Mesta	5 Std.	40 €	1-mal wöchentl.
Mykonos	Chios	3 Std.	28,50 €	2-mal wöchentl.
Piräus	Chios	6–9 Std.	25–33 €	2-mal tgl.
Psara	Chios	3½ Std.	10,70 €	1-mal tgl.
Psara	Mesta	45 Min.	6–13 €	2-mal wöchentl.
Rhodos	Chios	12 Std.	34 €	1-mal wöchentl.
Samos (Karlovassi)	Chios	2½ Std.	11 €	2-mal wöchentl.
Samos (Vathy)	Chios	3½ Std.	12 €	2-mal wöchentl.
Syros	Chios	3½ Std.	30,50 €	5-mal wöchentl.
Thessaloniki	Chios	13–20 Std.	37 €	3-mal wöchentl.

INSEL-HOPPING

INLANDSFLÜGE VON CHIOS

Reiseziel	Flughafen	Dauer	Preis	Häufigkeit
Athen	Chios	45 Min.	90 €	7-mal wöchentl.
Thessaloniki	Chios	50 Min.	80 €	5-mal wöchentl.

Donussa

Kykladen; siehe auch S. 479

FÄHREN VON DONUSSA

Reiseziel	Hafen	Dauer	Preis	Häufigkeit
Amorgos	Donussa	2 Std. 20 Min.	6,50 €	1–2-mal tgl.
Iraklia	Donussa	2 Std. 20 Min. –4 Std.	7,50 € –14,40 €	1–2-mal tgl.
Naxos	Donussa	3 Std.–3 Std. 50 Min.	11,50 € –14 €	2–3-mal tgl.
Paros	Donussa	2 Std. 30 Min.	10,30 –12,50 €	1–3-mal tgl.
Piräus	Donussa	7 Std. 10 Min.	30 €	4-mal wöchentl.
Schinussa	Donussa	2 Std.	7,50 €	1–2-mal tgl.
Syros	Donussa	4 Std. 20 Min.	15 €	4-mal wöchentl.

Euböa

Euböa & die Sporaden; siehe auch S. 746

FÄHREN VON EUBÖA

Reiseziel	Hafen	Dauer	Preis	Häufigkeit
Agia Marina	Euböa (Nea Styra)	45 Min.	3,50 €	6–8-mal tgl.
Arkitsa	Euböa (Loutra Edipsou)	40 Min.	3,30 €	10–12-mal tgl.
Glyfa	Euböa (Agiokambos)	20 Min.	2 €	8–12-mal tgl.
Rafina	Euböa (Marmari)	1 Std.	7 €	4–6-mal tgl.
Skala Oropou	Euböa (Eretria)	25 Min.	1,40 €	1-mal stündl.
Skyros	Euböa (Paralia Kymis)	1¾ Std.	9 €	1–2-mal tgl.

Folegandros

Kykladen; siehe auch S. 505

FÄHREN VON FOLEGANDROS

Reiseziel	Hafen	Dauer	Preis	Häufigkeit
Amorgos*	Folegandros	3 Std. 20 Min.	35,50 €	1-mal tgl.
Anafi	Folegandros	4¾ Std.	21,20 €	5-mal wöchentl.
Ios	Folegandros	1 Std. 20 Min.	11,50 €	1–2-mal tgl.
Kea	Folegandros	11 Std. 25 Min.	38,20 €	2-mal wöchentl.
Kimolos	Folegandros	1½ Std.	7 €	5-mal wöchentl.
Koufonissia*	Folegandros	3 Std.	35 €	1-mal tgl.
Kythnos	Folegandros	7¼ Std.	16 €	2-mal wöchentl.
Milos	Folegandros	2½ Std.	8 €	5-mal wöchentl.
Milos*	Folegandros	1¼ Std.	16 €	4-mal wöchentl.
Naxos	Folegandros	5 Std. 35 Min.	33,20 €	4-mal wöchentl.
Piräus	Folegandros	13 Std.	30,50 €	4-mal wöchentl.
Piräus*	Folegandros	4 Std.	55 €	1–3-mal tgl.
Paros	Folegandros	4–6 Std.	15–16,70 €	5-mal wöchentl.
Santorin (Thira)	Folegandros	2½ Std.	7,50 €	1–3-mal tgl.
Santorin (Thira)*	Folegandros	30 Min.	19 €	1-mal tgl.
Serifos	Folegandros	7 Std. 40 Min.	16 €	5-mal wöchentl.
Serifos*	Folegandros	1¾ Std.	23 €	4-mal wöchentl.
Sifnos	Folegandros	4½ Std.	13,50 €	1–3-mal tgl.
Sifnos*	Folegandros	1 Std.	18 €	4-mal wöchentl.
Sikinos	Folegandros	40 Min.	5,50 €	1–3-mal tgl.
Syros	Folegandros	5 Std.	23,90 €	4-mal wöchentl.

*Schnellverbindungen

Fourni-Inseln

Nordostägäische Inseln; siehe auch S. 677 für weitere Informationen.

FÄHREN VON FOURNI

Reiseziel	Hafen	Dauer	Preis	Häufigkeit
Ikaria (Agios Kirykos)	Fourni	1½ Std.	5 €	1–3-mal tgl.
Piräus	Fourni	10 Std.	30 €	2-mal wöchentl.
Samos (Karlovassi)	Fourni	1–3 Std.	5 €	1–3-mal tgl.
Samos (Vathy)	Fourni	3–5 Std.	8 €	1–2-mal tgl.*

*außer Fr

Hydra

Saronische Inseln; siehe auch S. 416 für weitere Informationen.

FÄHREN VON HYDRA

Reiseziel	Hafen	Dauer	Preis	Häufigkeit
Ermioni*	Hydra	50 Min.	9,50 €	7-mal tgl.
Piräus*	Hydra	1½ Std.	28,40 €	7-mal tgl.
Poros*	Hydra	1 Std. 50 Min.	12,50 €	7-mal tgl.
Porto Cheli*	Hydra	50 Min.	11,50 €	7-mal tgl.
Spetses*	Hydra	1 Std.	14,50 €	7-mal tgl.

*Schnellverbindungen

Igumenitsa

Nordgriechenland (Hafen auf dem Festland); siehe auch S. 405

FÄHRVERBINDUNGEN

Igumenitsa ist einer der Hauptverbindungshäfen nach Italien, und von dort laufen auch viele Schiffe zu den ionischen Inseln Korfu und Paxi sowie zum Athener Hafen Piräus aus. Die Abfahrzeiten sind in der Regel morgens und abends. Im Sommer verkehren in der Regel Tragflügelboote von und nach Korfu und Paxi, Details müssen vor Ort geprüft werden.

FÄHREN VON IGUMENITSA

Reiseziel	Hafen	Dauer	Preis	Häufigkeit
Korfu	Igumenitsa	1-2¼ Std.	7–9 €	15–20-mal tgl.
Paxi	Igumenitsa	3¾ Std.	8 €	1–2-mal tgl.
Patras	Igumenitsa	5–7¾ Std.	ab 33 €	2–6-mal tgl.
Sami	Igumenitsa	4¾ Std.	50 €	5-mal wöchentl.

Ikaria

Nordostägäische Inseln; siehe auch S. 677 für weitere Informationen.

FÄHREN VON IKARIA

Reiseziel	Hafen	Dauer	Preis	Häufigkeit
Chios	Agios Kirykos	4½ Std.	13 €	1-mal wöchentl.
Fourni	Agios Kirykos	1½ Std.	5 €	1–3-mal tgl.
Kavala**	Agios Kirykos	21½ Std.	37 €	1-mal wöchentl.
Lesbos (Mytilini-Stadt)	Agios Kirykos	8 Std.	21 €	1-mal wöchentl.
Limnos	Agios Kirykos	13¾ Std.	30 €	1-mal wöchentl.
Mykonos	Agios Kirykos	3½ Std.	15 €	3-mal wöchentl.
Piräus	Agios Kirykos	10½ Std.	35 €	3-mal wöchentl.
Piräus**	Agios Kirykos	4¼ Std.	52 €	2-mal wöchentl.
Samos (Karlovassi)	Agios Kirykos	2–3½ Std.	13 €	1–2-mal tgl.*
Samos (Vathy)	Agios Kirykos	3½ Std.	12 €	1–2-mal tgl.*

*außer Fr.
**Schnellverbindungen

INLANDSFLÜGE VON IKARIA

Reiseziel	Flughafen	Dauer	Preis	Häufigkeit
Athen	Ikaria	45 Min.	80 €	1-mal tgl.
Kreta (Iraklion)	Ikaria	55 Min.	127 €	2-mal wöchentl.

Inousses

Nordostägäische Inseln; siehe auch S. 708 für weitere Informationen.

FÄHREN VON INOUSSES

Reiseziel	Hafen	Dauer	Preis	Häufigkeit
Chios	Inousses	1¼ Std.	4–10 €	1-mal tgl.

Ios

Kykladen; siehe auch S. 484 für weitere Informationen.

FÄHREN VON IOS

Reiseziel	Hafen	Dauer	Preis	Häufigkeit
Amorgos	Ios	50 Min.	4,50 €	1–2-mal tgl.
Anafi	Ios	3 Std.	8,80 €	5-mal wöchentl.
Folegandros	Ios	1 Std. 20 Min.	11,50 €	1–2-mal tgl.
Iraklion*	Ios	2½ Std.	58 €	1-mal tgl.
Kera	Ios	10 Std. 40 Min.	40,40 €	2-mal wöchentl.
Kimolos	Ios	2½ Std.	20,80 €	5–6-mal wöchentl.
Kythnos	Ios	8½ Std.	16 €	2-mal wöchentl.
Lavrio	Ios	11 Std. 35 Min.	43,30 €	2-mal wöchentl.
Milos	Ios	3½ Std.	29,50 €	5–6-mal wöchentl.
Naxos	Ios	1 Std. 35 Min.	9,90–18 €	1–3-mal tgl.
Naxos*	Ios	50 Min.	20,50 €	1–2-mal tgl.
Paros	Ios	2½ Std.–3 Std. 10 Min.	11 €	2-mal tgl.
Paros*	Ios	1 Std.	27 €	1–2-mal tgl.
Piräus	Ios	7 Std.	31,50 €	4–5-mal tgl.
Piräus*	Ios	5½ Std.	46 €	3-mal tgl.
Santorin (Thira)	Ios	1¼ Std.	8 €	5-mal tgl.
Santorin (Thira)*	Ios	40–50 Min.	18 €	3-mal tgl.
Sifnos	Ios	6 Std.	13,50 €	4-mal wöchentl.
Serifos	Ios	7 Std. 10 Min.	16 €	4-mal wöchentl.
Sikinos*	Ios	10 Min.	12 €	1-mal wöchentl.
Sikinos	Ios	20 Min.	8 €	1–4-mal tgl.
Syros	Ios	5 Std. 35 Min.	30,80 €	4-mal wöchentl.

*Schnellverbindungen

Iraklia

Kykladen; siehe auch S. 475

FÄHREN VON IRAKLIA

Reiseziel	Hafen	Dauer	Preis	Häufigkeit
Amorgos	Iraklia	1¾–4 Std. 40 Min.	8,50 €–10.50 €	2–3-mal tgl.
Donussa	Iraklia	2 Std. 20 Min.–4 Std.	7,50 €–14,40 €	1–2-mal tgl.
Koufonissia	Iraklia	1 Std.	5 €	2–3-mal tgl.
Naxos	Iraklia	1 Std.	6,50 €	2–3-mal tgl.
Paros	Iraklia	2¼ Std.	12,50 €	1–2-mal tgl.
Piräus	Iraklia	7 Std. 20 Min.	30 €	1–2-mal tgl.
Schinussa	Iraklia	15 Min.	4,50 €	2–3-mal tgl.
Syros	Iraklia	3 Std. 35 Min.	22,70 €	4-mal wöchentl.

INSEL-HOPPING

INSEL-HOPPING

Ithaki

Ionische Inseln; siehe auch S. 809

FÄHREN VON ITHAKI

Reiseziel	Hafen	Dauer	Preis	Häufigkeit
Fiskardo	Frikes	55 Min.	3,80 €	1-mal tgl.
Nydri	Frikes	1½ Std.	7 €	1-mal tgl.
Patras	Vathy	3¾ Std.	17,60 €	2-mal tgl.
Patras	Piso Aetos	3 Std. 10 Min.	17,60 €	2-mal tgl.
Sami	Piso Aetos	30 Min.	2,60/15,90 €	2-mal tgl.
Sami	Vathy	45 Min.	5,60/26,70 €	2-mal tgl.

Kalymnos

Dodekanes; siehe auch S. 652

FÄHRVERBINDUNGEN

Auto- und Passagierfähren fahren drei Mal täglich von Pothia nach Mastichari auf Kos. Der Anna Express in Lipsi verbindet drei Mal in der Woche Pothia mit Leros und Lipsi. Es fährt täglich ein Kaik von Myrties nach Xirokambos (8 €) auf Leros und nach Emborios (8 €) im Norden von Kalymnos. Ein Kaik verkehrt den ganzen Tag zwischen Myrties und der Insel Telendos (2 €).

FÄHREN VON KALYMNOS

Reiseziel	Hafen	Dauer	Preis	Häufigkeit
Astypalea	Pothia	3½ Std.	11 €	3-mal wöchentl.
Kos*	Pothia	35 Min.	15 €	1-mal tgl.
Kos	Pothia	50 Min.	4 €	3-mal tgl.
Leros*	Pothia	50 Min.	20 €	1-mal tgl.
Leros	Pothia	1½ Std.	7 €	1-mal tgl.
Lipsi*	Pothia	1 Std. 20 Min.	20 €	6-mal wöchentl.
Patmos*	Pothia	1 Std. 40 Min.	26 €	6-mal wöchentl.
Piräus	Pothia	13 Std.	44 €	3-mal wöchentl.
Rhodos	Pothia	4½ Std.	20 €	3-mal wöchentl.

*Schnellverbindungen

FLUGVERBINDUNGEN

Olympic fliegt täglich nach Athen (65 €, 20 Min.).

Karpathos

Dodekanes; siehe auch S. 613

FÄHREN VON KARPATHOS

Reiseziel	Hafen	Dauer	Preis	Häufigkeit
Chalki	Diafani	2 Std.	17 €	4-mal wöchentl.
Kassos	Pigadia	1½ Std.	15 €	2-mal wöchentl.
Milos	Pigadia	16 Std.	36 €	2-mal wöchentl.
Piräus	Pigadia	17 Std.	58 €	2-mal wöchentl.
Rhodos	Pigadia	5 Std.	22 €	3-mal wöchentl.
Santorin (Thira)	Pigadia	11 Std.	25 €	2-mal wöchentl.
Sitia	Pigadia	4 Std.	18 €	2-mal wöchentl.

FLUGVERBINDUNGEN

Es gibt tägliche Flüge von Olympic Air nach Kassos (21 €) und Sitia (43 €), zwei Mal täglich nach Rhodos (28 €) und drei Mal pro Woche nach Athen (69 €).

Kassos

Dodekanes; siehe auch S. 620

FÄHREN VON KASSOS

Reiseziel	Hafen	Dauer	Preis	Häufigkeit
Karpathos	Fry	1½ Std.	15 €	2-mal wöchentl.
Piräus	Fry	19 Std.	35 €	3-mal wöchentl.
Rhodos	Fry	7 Std.	24 €	3-mal wöchentl.
Sitia	Fry	2½ Std.	12 €	3-mal wöchentl.

FLUGVERBINDUNGEN

Olympic bietet täglich Flüge nach Karpathos (21 €, 10 Min.) und Sitia (38 €, 40 Min.) sowie fünf Flüge pro Woche nach Rhodos (34 €, 1 Std.) an.

Kastellorizo (Megisti)

Dodekanes; siehe auch S. 624

FÄHREN VON KASTELLORIZO (MEGISTI)

Reiseziel	Hafen	Dauer	Preis	Häufigkeit
Piräus	Kastellorizo	23 Std.	53 €	1-mal wöchentl.
Rhodos	Kastellorizo	4 Std. 40 Min.	2-mal wöchentl.	
Rhodos*	Kastellorizo	2½ Std.	25 €	1-mal wöchentl.

*Schnellverbindungen

FLUGVERBINDUNGEN

Olympic fliegt drei Mal pro Woche nach Rhodos (22 €, 20 Min.), von dort gibt es Anschlüsse nach Athen.

Kavala/Keramoti

Nordgriechenland (Hafen auf dem Festland); siehe auch S. 355

FÄHRVERBINDUNGEN

Kavala ist einer der beiden Häfen, um nach Thassos zu gelangen. Im Sommer fahren von hier aus häufig Schiffe und Tragflügelboote zu den Inselhäfen von Skala Prinos und Limenas. Es ist auch eine Drehscheibe für Fähren auf die nordostägäischen Inseln. Nach Thassos (Limenas) gibt es im Sommer auch häufige Verbindungen von Keramoti aus, das 46 km östlich von Kavala und damit näher am Festlandflughafen liegt.

FÄHREN VON KAVALA/KERAMOTI

Reiseziel	Hafen	Dauer	Preis	Häufigkeit
Agios Efstratios	Kavala	7½ Std.	19 €	3-mal wöchentl.
Chios (Chios-Stadt)	Kavala	15 Std.	31 €	2-mal wöchentl.
Ikaria (Agios Kirykos)	Kavala	20¾ Std.	37 €	1-mal wöchentl.
Lavrio	Kavala	15½–19 Std.	39 €	3-mal wöchentl.
Lesbos (Mytilini-Stadt)	Kavala	11 Std.	26 €	2-mal wöchentl.
Lesbos (Sigri)	Kavala	11 Std.	26 €	1-mal wochentl.
Limnos	Kavala	5½ Std.	15 €	5-mal wöchentl.
Samos (Karlovassi)	Kavala	19 Std.	37 €	1-mal wöchentl.
Samos (Vathy)	Kavala	19 Std.	37 €	1-mal wöchentl.
Thassos (Limenas)	Keramoti	40 Min.	3,30 €	1-mal stündl.
Thassos (Limenas)*	Kavala	40 Min.	10 €	4-mal tgl.
Thassos (Skala Prinos)	Kavala	1¼ Std.	3,50 €	1-mal stündl.
Thassos (Skala Prinos)*	Kavala	40 Min.	10 €	4-mal tgl.

*Schnellverbindungen

FLUGVERBINDUNGEN

Vom Flughafen Alexander der Große in Kavala gibt es Flugverbindungen auf andere Inseln über Thessaloniki oder Athen. Paketpreise gibt's vor Ort oder auf den Websites der griechischen Fluggesellschaften.

Kea (Tzia)

Kykladen; siehe auch S. 521

FÄHREN VON KEA (TZIA)

Reiseziel	Hafen	Dauer	Preis	Häufigkeit
Andros	Kea	5 Std. 50 Min.	17,20 €	1-mal wöchentl.
Folegandros	Kea	7 Std. 40 Min.	16 €	5-mal wöchentl.
Ios	Kea	10 Std. 40 Min.	40 €	2-mal wöchentl.
Kimolos	Kea	13½ Std.	32 €	2-mal wöchentl.
Kythnos	Kea	1 Std.	12,80 €	7-mal wöchentl.
Lavrio	Kea	50 Min.	12,70 €	3–5-mal tgl.
Milos	Kea	14½ Std.	25,20 €	2-mal wöchentl.
Paros	Kea	7 Std. 50 Min.	31,20 €	2-mal wöchentl.
Naxos	Kea	8¾ Std.	31,20 €	2-mal wöchentl.
Sikinos	Kea	11 Std. 10 Min.	41,40 €	2-mal wöchentl.
Syros	Kea	2 Std. 50 Min.	20,40 €	4-mal wöchentl.
Tinos	Kea	4 Std.	22,20 €	4-mal wöchentl.

Kefallonia

Ionische Inseln; siehe auch S. 802

FÄHREN VON KEFALLONIA

Reiseziel	Hafen	Dauer	Preis	Häufigkeit
Astakos	Sami	3 Std.	10 €	1-mal tgl.
Igumenitsa	Sami	4¼ Std.	13 €	1-mal wöchentl.
Ithaki (Frikes)	Fiskardo	55 Min.	3,80 €	1-mal tgl.
Ithaki (Piso Aetos)	Sami	30 Min.	2,80 €	2-mal tgl.
Ithaki (Vathy)	Sami	45 Min.	5,60 €	2-mal tgl.
Kyllini	Argostoli	3 Std.	14 €	1-mal tgl.
Lefkada (Vasiliki)	Fiskardo	1 Std.	6,90 €	1-mal tgl.
Patras	Sami	2¾ Std.	16,90 €	2-mal tgl.
Poros	Kyllini	1½ Std.	9,90 €	3–5-mal tgl.
Zakynthos (Agios Nikolaos)	Pesada	1½ Std.	7 €	2 tgl.

INLANDSFLÜGE VON KEFALLONIA

Reiseziel	Flughafen	Dauer	Preis	Häufigkeit
Athen	Kefallonia	55 Min.	71 €	2-mal tgl.
Zakynthos	Kefallonia	20 Min.	32 €	3-mal wöchentl.
Preveza	Kefallonia	30 Min.	34 €	3-mal wöchentl.

Kimolos

Kykladen; siehe auch S. 513

FÄHREN VON KIMOLOS

Reiseziel	Hafen	Dauer	Preis	Häufigkeit
Folegandros*	Kimolos	1½ Std.	7 €	5-mal wöchentl.
Ios	Kimolos	2½ Std.	20,80 €	5–6-mal wöchentl.
Kea	Kimolos	13½ Std.	32 €	2-mal wöchentl.
Kythnos	Kimolos	5 Std. 50 Min.	11 €	2-mal wöchentl.
Milos	Kimolos	35 Min.	5,70–9,50 €	8-mal wöchentl.
Naxos	Kimolos	4 Std. 35 Min.	25,60 €	2-mal wöchentl.
Paros	Kimolos	3 Std. 20 Min.	20,80 €	2-mal wöchentl.
Piräus	Kimolos	9 Std. 20 Min.	24,50 €	5-mal wöchentl.
Piräus*	Kimolos	5¼ Std.	48 €	3-mal wöchentl.
Santorin (Thira)	Kimolos	3½ Std.	7,20 €	2-mal wöchentl.
Sifnos	Kimolos	3 Std.	6 €	5-mal wöchentl.
Serifos	Kimolos	4 Std. 10 Min.	8,50 €	5-mal wöchentl.
Syros	Kimolos	5¼ Std.	25,20 €	5-mal wöchentl.

*Schnellverbindungen

INSEL-HOPPING

INSEL-HOPPING

Korfu
Ionische Inseln; siehe auch S. 779

FÄHREN VON KORFU

Reiseziel	Hafen	Dauer	Preis	Häufigkeit
Igumenitsa	Korfu	1¼ Std.	7 €	1-mal stündl.
Igumenitsa	Lefkimmi	1 Std. 10 Min.	5,60 €	6-mal tgl.
Patras	Korfu	6½ Std.	30 €	2-mal wöchentl.
Paxi*	Korfu	40 Min.	16,40 €	1–3-mal tgl.
Paxi	Korfu	3½ Std.	8,50 € –57 €	3-mal wöchentl.
Zakynthos	Korfu	8¾ Std.	32 €	1-mal wöchentl.

*Schnellverbindungen

INLANDSFLÜGE VON KORFU

Reiseziel	Flughafen	Dauer	Preis	Häufigkeit
Athen	Korfu	1 Std.	60 €	2-mal tgl.
Kefallonia	Korfu	1 Std. 20 Min.	39 €	3-mal wöchentl.
Preveza	Korfu	30 Min.	39 €	3-mal wöchentl.
Thessaloniki	Korfu	55 Min.	69 €	3-mal wöchentl.

Kos
Dodekanes; siehe auch S. 639 für weitere Informationen.

FÄHREN VON KOS

Reiseziel	Hafen	Dauer	Preis	Häufigkeit
Leros	Kos-Stadt	1 Std. 40 Min.	22 €	1-mal tgl.
Kalymnos	Mastichari	1 Std.	4 €	3-mal tgl.
Kalymnos*	Kos-Stadt	30 Min.	15 €	1-mal tgl.
Nisyros	Kos-Stadt	1 Std. 20 Min.	8 €	4-mal wöchentl.
Nisyros*	Kos-Stadt	45 Min.	16 €	2-mal wöchentl.
Patmos	Kos-Stadt	4 Std.	13 €	2-mal wöchentl.
Patmos*	Kos-Stadt	2½ Std.	29 €	6-mal wöchentl.
Piräus	Kos-Stadt	10 Std.	46 €	4-mal wöchentl.
Rhodos	Kos-Stadt	3 Std.	26 €	1-mal tgl.
Rhodos*	Kos-Stadt	2½ Std.	30 €	1-mal tgl.
Samos	Kos-Stadt	5½ Std.	19 €	1-mal tgl.
Symi*	Kos-Stadt	1½ Std.	22 €	1-mal tgl.
Thessaloniki	Kos-Stadt	21 Min.	47 €	1-mal wöchentl.

*Schnellverbindungen

FLUGVERBINDUNGEN
Olympic Air bedient zwei Mal am Tag die Flugstrecke nach Athen (44 €, 55 Min.) und fliegt drei Mal pro Woche nach Rhodos (41 €, 20 Min.), Leros (41 €, 15 Min.) und Astypalea (47 €, 1 Std.).

Koufonissia
Kykladen; siehe auch S. 477

FÄHREN VON KOUFONISSIA

Reiseziel	Hafen	Dauer	Preis	Häufigkeit
Amorgos	Koufonissia	1 Std. 5 Min.– 1 Std. 40 Min.	7,50 €	3-mal tgl.
Donussa	Koufonissia	1¼ Std.	5,50 €	1–2-mal tgl.
Folegandros*	Koufonissia	3 Std.	35 €	1-mal tgl.
Iraklia	Koufonissia	1 Std.	5 €	2–3-mal tgl.
Milos*	Koufonissia	3 Std. 40 Min.	39 €	1-mal tgl.
Naxos	Koufonissia	2 Std. 20 Min.	7,50 €	1–2-mal tgl.
Paros	Koufonissia	4½ Std.	15,50 €	1–2-mal tgl.
Piräus	Koufonissia	8 Std.	30 €	2–3-mal tgl.
Piräus*	Koufonissia	7 Std.	58 €	1-mal tgl.
Schinussa	Koufonissia	40 Min.	4,50 €	2–3-mal tgl.
Syros	Koufonissia	4½ Std.	12,70 €	4-mal tgl.

*Schnellverbindungen

Kreta
Siehe auch S. 525.

FÄHRVERBINDUNGEN
Die Fahrpläne der Fähren von und nach Kreta verändern sich in der Regel weniger häufig als es bei anderen Inseln der Fall ist, aber man sollte sich auf jeden Fall immer vorher informieren, da Routen und Preise durchaus auch kurzfristig geändert werden können. Aufgrund der Größe der Insel entscheiden sich viele Urlauber dafür, ihr Fahrzeug mitzunehmen, die Fährpreise für ein Auto ab Athen beginnen bei etwa 90 €.

Kretas Hauptfährhäfen liegen alle an der Nordküste. Iraklion ist der wichtigste Hafen, es folgen Souda (für Chania), Rethymnon und Sitia im Osten. Der kleine Hafen Kissamos (Kastelli) im Westen wird ausschließlich von Gythio auf dem Peloponnes und der nahegelegenen Insel Kythira angefahren.

Auch im Süden Kretas gibt es Häfen. Von Paleochora und Chora Sfakion kann man in zwei Stunden zum südlichsten Punkt Europas fahren, der Insel Gavdos im Libyschen Meer. Es gibt auch eine wichtige Fährlinie, die zwischen Paleochora und Chora Sfakion mit Stopps in Sougia, Agia Roumeli und Loutro verkehrt, da die Orte hier von hohen Bergrücken getrennt werden.

Schließlich gibt es noch unzählige Ausflugsboote und Wassertaxis von örtlichen Reiseunternehmen, und auch mit Fischerbooten kann man zu kleinen Küstenorten und vorgelagerten Inseln wie Paximadia und Gaidouronisi (Chrysi) im Süden und Spinalonga im Norden fahren.

Die Informationen in der folgenden Tabelle beziehen sich nur auf Häfen an der Nordküste. Fahrpläne, Preise und weitere Infos zu Häfen an der Südküste sowie zu Ausflugsbooten finden sich in dem Kapitel über Kreta (siehe S. 525).

FÄHREN VON KRETA

Reiseziel	Hafen	Dauer	Preis	Häufigkeit
Gythio	Kissamos	7 Std.	23 €	5-mal wöchentl.
Ios	Iraklion	5¼ Std.	42 €	2-mal wöchentl.
Karpathos	Iraklion	7½ Std.	19,60 €	2-mal wöchentl.
Kassos	Iraklion	6¼ Std.	17,90 €	2-mal wöchentl.
Kythira	Kissamos	4 Std.	17 €	5-mal wöchentl.
Kythira	Rethymnon	6 Std.	20 €	1-mal wöchentl.
Mykonos	Iraklion	6¾ Std.	66,50 €	2-mal wöchentl.
Paros	Iraklion	6 Std.	65 €	2-mal wöchentl.
Piräus	Agios Nikolaos	12 Std.	30 €	2-mal wöchentl.
Piräus	Iraklion	8 Std.	36–37 €	2-mal tgl.
Piräus	Iraklion	6½ Std.	33,50 €	3-mal wöchentl.
Piräus	Rethymnon	10 Std.	30 €	2-mal tgl.
Piräus*	Rethymnon	6 Std.	57 €	1-mal tgl.
Piräus	Sitia	14½ Std.	32,10 €	2-mal wöchentl.
Piräus	Souda (Chania)	8½ Std.	30 €	2-mal tgl.
Piräus*	Souda (Chania)	4½ Std.	55 €	1-mal tgl.
Rhodos	Agios Nikolaos	12 Std.	26,40 €	2-mal wöchentl.
Rhodos	Iraklion	12 Std.	27,50 €	2-mal wöchentl.
Rhodos	Sitia	10 Std.	26,40 €	2-mal wöchentl.
Santorin (Thira)	Iraklion	4½ Std.	16,30 €	4-mal wöchentl.
Santorin (Thira)*	Iraklion	1¾ Std.	41 €	1-mal tgl.
Santorin (Thira)	Rethymnon	2 Std. 20 Min.	46 €	3-mal wöchentl.

*Schnellverbindungen

FLUGVERBINDUNGEN

Kretas Hauptflughafen ist der Nikos Kazantzakis Airport in Iraklion, auf dem die meisten nationalen und internationalen Flüge ankommen, aber auch zu dem Flughafen von Chania im Westen gibt es viele Verbindungen. Sitia im Nordosten der Insel soll zwar stetig ausgebaut werden, ist aber immer noch nicht stark frequentiert. Daher gibt es manchmal recht günstige Flugtickets vom Festland nach Sitia, wobei man aber auch die ungünstigere Lage und die umständlichere Weiterfahrt einberechnen

muss, wenn man nicht in dieser abgelegenen Region bleiben möchte.

Wer von anderen griechischen Inseln nach Kreta fliegen möchte, muss in der Regel in Athen umsteigen, Ausnahme sind einige Flüge der neuen Fluggesellschaft Sky Express; alle Direktflüge zwischen Kreta und anderen Inseln in dieser Tabelle werden von Sky Express angeboten, aber alle Reiseagenturen und die Online-Buchungssysteme der anderen Fluggesellschaften bieten auch Paketpreise für die entsprechenden Flüge über Athen an. Was unbedingt zu beachten ist: auf den Billigfluglinien von Sky Express sind nur 12,5 kg Gepäck erlaubt.

In der Hochsaison ist es am besten, im Voraus zu buchen, da Kreta ein sehr beliebtes Urlaubsziel ist und die Flugtickets für den Wunschtermin schnell ausverkauft sein könnten. Bemerkenswert ist, dass internationale Direktflüge nach Kreta manchmal billiger sind als Flüge mit griechischen Airlines von Griechenland aus. Aegean Airlines bietet Linienflüge von Iraklion nach Mailand, Rom in andere europäische Städte an, und Olympic bedient sogar noch mehr ausländische Flughäfen.

Häufig kann es sogar günstiger sein, einen billigen Flug als Teil einer Pauschalreise zu buchen, ohne jedoch die gesamten Leistungen der Pauschalreise (Unterkunft, Essen usw.) in die Buchung miteinzubeziehen. Dies muss jedoch genau mit dem Reisebüro abgesprochen werden.

Auch europäische Billigfluglinien fliegen mittlerweile in den Sommermonaten Kreta an.

INLANDSFLÜGE VON KRETA

Reiseziel	Hafen	Dauer	Preis	Häufigkeit
Alexandroupolis	Sitia	1½ Std.	100 €	3-mal wöchentl.
Araxos (Patras)	Iraklion	1 Std.	127 €	2-mal wöchentl.
Athen	Chania	1 Std.	100 €	1-mal tgl.
Athen	Iraklion	1 Std.	100 €	2-mal tgl.
Ikaria	Iraklion	55 Min.	127 €	2-mal wöchentl.
Kalamata	Iraklion	1 Std.	100 €	3-mal wöchentl.
Kos	Iraklion	35 Min.	110 €	4-mal wöchentl.
Lesbos (Mytilini)	Iraklion	50 Min.	110 €	2-mal wöchentl.
Mykonos	Iraklion	30 Min.	80 €	12-mal wöchentl.
Rhodos	Iraklion	45 Std.	110 €	11-mal wöchentl.
Samos	Iraklion	50 Min.	110 €	2-mal wöchentl.
Thessaloniki	Chania	1½ Std.	120 €	1-mal tgl.
Thessaloniki	Iraklion	1½ Std.	130 €	2-mal tgl.

INSEL-HOPPING

Kythira

Ionische Inseln; siehe auch S. 265 für weitere Informationen.

FÄHREN VON KYTHIRA

Reiseziel	Hafen	Dauer	Preis	Häufigkeit
Gythio	Kythira	2½ Std.	11 €	2-mal wöchentl.
Kalamata	Kythira	4½ Std.	17 €	1-mal wöchentl.
Kissamos (2 über Antikythira)	Kythira	4 Std.	17 €	3-mal wöchentl.
Neapoli (Diakofti)	Kythira	1 Std.	11 €	1-mal tgl.
Rethymnon	Kythira	6 Std.	20 €	1-mal wöchentl.

Kythnos

Kykladen; siehe auch S. 519 für weitere Informationen.

FÄHREN VON KYTHNOS

Reiseziel	Hafen	Dauer	Preis	Häufigkeit
Folegandros	Kythnos	11 Std. 25 Min.	38,20 €	2-mal wöchentl.
Ios	Kythnos	2½ Std.	20,80 €	5–6-mal wöchentl.
Kea	Kythnos	1 Std.	12,80 €	7-mal wöchentl.
Kimolos	Kythnos	8½ Std.	16 €	2-mal wöchentl.
Milos	Kythnos	3¼–4 Std.	16–18 €	1–2-mal tgl.
Paros	Kythnos	6 Std. 40 Min.	27,40 €	2-mal wöchentl.
Piräus	Kythnos	3 Std. 10 Min.	18 €	1–2-mal tgl.
Santorin (Thira)	Kythnos	8 Std. 10 Min.	16 €	2-mal wöchentl.
Serifos	Kythnos	1 Std. 20 Min.	15 €	1–2-mal tgl.
Sifnos	Kythnos	2½ Std.	13,50 €	1–2-mal tgl.
Syros	Kythnos	2 Std.	9,90 €	4-mal wöchentl.

Lefkada

Ionische Inseln; siehe auch S. 796 für weitere Informationen.

FÄHREN VON LEFKADA

Reiseziel	Hafen	Dauer	Preis	Häufigkeit
Fiskardo über Frikes	Nydri	2½ Std.	6,90 €	1-mal tgl.
Frikes	Nydri	1½ Std.	6,40 €	1-mal tgl.
Fiskardo	Vasiliki	1 Std.	6,90 €	1-mal tgl.
Frikes	Vasiliki	2 Std.	8 €	1-mal tgl.

INLANDSFLÜGE VON LEFKADA

Reiseziel	Flughafen	Dauer	Preis	Häufigkeit
Athen	Preveza /Lefkada	1 Std.	97 €	2-mal tgl.
Korfu	Preveza /Lefkada	25 Min.	39 €	3-mal wöchentl.

Leros

Dodekanes; siehe auch S. 658

FÄHRVERBINDUNGEN

Der in Lipsi beheimatete Anna Express (☎ 22479 41215) fährt in Agia Marina ab und verbindet drei Mal pro Woche Leros mit Kalymnos, mit einem Zwischenstopp in Arki einmal pro Woche. Das Kaik Katerina fährt jeden Morgen von Xirokambos nach Myrties auf Kalymnos (7 €).

FÄHREN VON LEROS

Reiseziel	Hafen	Dauer	Preis	Häufigkeit
Kalymnos*	Agia Marina	50 Min.	20 €	6-mal wöchentl.
Kos	Lakki	3¼ Std.	11 €	1-mal tgl.
Kos*	Agia Marina	1 Std.	22 €	6-mal wöchentl.
Lipsi*	Agia Marina	20 Min.	14 €	6-mal wöchentl.
Patmos*	Agia Marina	45 Min.	16 €	6-mal wöchentl.
Piräus	Lakki	8 Std.	35 €	1-mal tgl.
Rhodos	Lakki	3½ Std.	25 €	3-mal wöchentl.
Rhodos*	Agia Marina	4 Std.	41 €	6-mal wöchentl.

*Schnellverbindungen

FLUGVERBINDUNGEN

Olympic fliegt sechs Mal pro Woche von Leros nach Athen (55 €, 1 Std.) und drei Mal pro Woche nach Rhodos (47 €, 2 Std.), Kos (41 €, 20 Min.) und Astypalea (41 €, 15 Min.).

Lesbos (Mytilini)

Nordostägäische Inseln, siehe auch S. 712

FÄHREN VON LESBOS (MYTILINI)

Reiseziel	Hafen	Dauer	Preis	Häufigkeit
Chios	Mytilini-Stadt	2–3¼ Std.	13–20 €	2-mal tgl.
Kavala	Mytilini-Stadt	11 Std.	26 €	3-mal wöchentl.
Karlovassi (Samos)	Mytilini-Stadt	6½ Std.	22 €	2-mal wöchentl.
Limnos	Mytilini-Stadt	6 Std.	19 €	4-mal wöchentl.
Mykonos	Mytilini-Stadt	5½ Std.	36 €	2-mal wöchentl.
Piräus	Mytilini-Stadt	8½ –13 Std.	27–37 €	2-mal tgl.
Syros	Mytilini-Stadt	6½ Std.	34 €	5-mal wöchentl.
Thessaloniki	Mytilini-Stadt	14 Std.	36 €	3-mal wöchentl.
Vathy (Samos)	Mytilini-Stadt	7¼ Std.	17 €	2-mal wöchentl.

INSEL-HOPPING

INLANDSFLÜGE VON LESBOS (MYTILINI)

Reiseziel	Flughafen	Dauer	Preis	Häufigkeit
Athen	Mytilini-Stadt	55 Min.	110 €	7-mal wöchentl.
Thessaloniki	Mytilini-Stadt	45 Min.	105 €	7-mal wöchentl.
Kreta (Iraklion)	Mytilini-Stadt	50 Min.	110 €	2-mal wöchentl.

Limnos
Nordostägäische Inseln; siehe auch S. 725

FÄHREN VON LIMNOS

Reiseziel	Hafen	Dauer	Preis	Häufigkeit
Agios Efstratios	Limnos	1½ Std.	6–13 €	3-mal wöchentl.
Alonnisos	Limnos	3 Std.	37 €	1-mal wöchentl.
Chios	Limnos	11 Std.	22 €	3-mal wöchentl.
Chios (Mesta)	Limnos	5½ Std.	40 €	1-mal wöchentl.
Ikaria (Agios Kirykos)	Limnos	15½ Std.	30 €	1-mal wöchentl.
Kavala	Limnos	5 Std.	15 €	5-mal wöchentl.
Lavrio	Limnos	9½– 14 Std.	28,60 €	3-mal wöchentl.
Lesbos (Mytilini)	Limnos	6 Std.	19 €	3-mal wöchentl.
Lesbos (Sigri)	Limnos	5 Std.	13 €	1-mal wöchentl.
Piräus	Limnos	21 Std.	30,50 €	1-mal wöchentl.
Psara	Limnos	4¼ Std.	48,50 €	1-mal wöchentl.
Samos (Karlovassi)	Limnos	14½ Std.	30 €	1-mal wöchentl.
Samos (Vathy)	Limnos	14 Std.	28 €	2-mal wöchentl.
Skiathos	Limnos	5 Std.	39 €	1-mal wöchentl.
Skopelos	Limnos	4 Std.	38 €	1-mal wöchentl.
Thessaloniki	Limnos	8½ Std.	23 €	2-mal wöchentl.
Volos	Limnos	7¼ Std.	40 €	1-mal wöchentl.

INLANDSFLÜGE VON LIMNOS

Reiseziel	Flughafen	Dauer	Preis	Häufigkeit
Athen	Limnos	55 Min.	100 €	7-mal wöchentl.
Thessaloniki	Limnos	35 Min.	105 €	6-mal wöchentl.

Lipsi
Dodekanes; siehe auch S. 669

FÄHRVERBINDUNGEN
Der örtliche kleine, aber schnelle Anna Express (☎ 2247941215) verbindet drei Mal pro Woche Lipsi mit Kalymnos und Leros, mit einem Zwischenstopp in Arki zwei Mal pro Woche.

FÄHREN VON LIPSI

Reiseziel	Hafen	Dauer	Preis	Häufigkeit
Agathonisi	Lipsi	3 Std.	8 €	4-mal wöchentl.
Agathonisi*	Lipsi	40 Min.	13 €	1-mal wöchentl.
Kalymnos	Lipsi	1½ Std.	8 €	2-mal wöchentl.
Kalymnos*	Lipsi	20 Min.	20 €	1-mal tgl.
Kos*	Lipsi	5 Std. 50 Min.	29 €	6-mal wöchentl.
Leros	Lipsi	1 Std.	8 €	2-mal wöchentl.
Leros*	Lipsi	20 Min.	14 €	6-mal wöchentl.
Patmos	Lipsi	25 Min.	5 €	1-mal tgl.
Patmos*	Lipsi	10 Min.	13 €	5-mal wöchentl.
Piräus	Lipsi	12 Std.	42 €	2-mal wöchentl.
Rhodos*	Lipsi	5½ Std.	45 €	6-mal wöchentl.

*Schnellverbindungen

Milos
Kykladen; siehe auch S. 509

FÄHREN VON MILOS

Reiseziel	Hafen	Dauer	Preis	Häufigkeit
Folegandros	Milos	2½ Std.	8 €	5-mal wöchentl.
Folegandros*	Milos	1¼ Std.	16 €	4-mal wöchentl.
Ios	Milos	3½ Std.	29,50 €	5–6-mal wöchentl.
Iraklion	Milos	7 Std. 25 Min.	21,70 €	3-mal wöchentl.
Kea	Milos	14½ Std.	25,20 €	2-mal wöchentl.
Kimolos	Milos	35 Min.	9,50 €	8-mal wöchentl.
Kythnos	Milos	3¾ Std.– 4¼ Std.	16–18 €	1–2-mal tgl.
Naxos	Milos	2¼ Std.	13,60 €	4-mal wöchentl.
Paros	Milos	4¼ Std.	24,70 €	4-mal wöchentl.
Piräus	Milos	8 Std.	30,50 €	1–2-mal tgl.
Piräus*	Milos	2 Std. 50 Min.– 3 Std. 55 Min.	49–51 €	2–3-mal tgl.
Santorin (Thira)	Milos	4 Std.	17 €	2-mal wöchentl.
Santorin (Thira)*	Milos	2 Std.	34 €	1-mal tgl.
Sifnos	Milos	3 Std. 40 Min.	13,50 €	1–2-mal tgl.
Serifos	Milos	4 Std. 40 Min.	16 €	1–2-mal tgl.
Serifos*	Milos	1½ Std.	16 €	1–3-mal tgl.
Sifnos*	Milos	1 Std.	14 €	1–3-mal tgl.
Syros	Milos	4 Std. 20 Min.	25,20 €	5-mal wöchentl.

*Schnellverbindungen

INLANDSFLÜGE VON MILOS

Reiseziel	Flughafen	Dauer	Preis	Häufigkeit
Athen	Milos	40 Min.	41 €	2-mal wöchentl.

Mykonos
Kykladen; siehe auch S. 442

INSEL-HOPPING

FÄHREN VON MYKONOS

Reiseziel	Hafen	Dauer	Preis	Häufigkeit
Andros	Mykonos	2¾ Std.	13 €	3–4-mal tägl.
Chios	Mykonos	3 Std.	28,50 €	2-mal wöchentl.
Ios*	Mykonos	1½ Std.	28 €	2–3-mal tgl.
Iraklion*	Mykonos	1½ Std.	66,50 €	1–2-mal tgl.
Lesbos (Mytilini)	Mykonos	5 Std. 35 Min.	35,50 €	2-mal wöchentl.
Naxos	Mykonos	1¾ Std.	12 €	1-mal wöchentl.
Naxos*	Mykonos	40 Min.	18,50 €	2-mal tgl.
Paros*	Mykonos	1 Std.	19 €	3-mal tgl.
Piräus	Mykonos	4¾ Std.	30,50 €– 39,50 €	1-mal tgl.
Piräus*	Mykonos	3 Std.	43 €	3-mal tgl.
Rafina	Mykonos	4½ Std.	23 €	2–3-mal tgl.
Rafina*	Mykonos	2 Std. 10 Min.	41 €	4–5-mal tgl.
Santorin (Thira)*	Mykonos	2 Std. 10 Min.	38 €	2–3-mal tgl.
Syros	Mykonos	1½ Std.	8–11 €	2–3-mal tgl.
Syros*	Mykonos	30 Min.	13 €	3-mal tgl.
Tinos	Mykonos	30 Min.	4,50–6 €	5-mal tgl.
Tinos*	Mykonos	15 Min.	10,50 €	5–6-mal tgl.

*Schnellverbindungen

INLANDSFLÜGE VON MYKONOS

Reiseziel	Flughafen	Dauer	Preis	Häufigkeit
Athen	Mykonos	50 Min.	52–103 €	3–5-mal tgl.
Thessaloniki	Mykonos	1 Std.	100 €	3-mal wöchentl.
Santorin (Thira)		30 Min.	85 €	1–2-mal tgl.

Naxos
Kykladen; siehe auch S. 465

FÄHREN VON NAXOS

Reiseziel	Hafen	Dauer	Preis	Häufigkeit
Amorgos	Naxos	3 Std.– 3 Std. 50 Min.	11,50–14 €	2–3-mal tgl.
Anafi	Naxos	7¼ Std.	14,30 €	5-mal wöchentl.
Astypalea	Naxos	5½ Std.	23 €	5-mal wöchentl.
Donussa	Naxos	1–4 Std.	7,50 €	1–3-mal tgl.
Folegandros	Naxos	3¼ Std.	14,30– 20,20 €	5-mal wöchentl.
Ios	Naxos	1 Std. 35 Min.	9,90– 18,10 €	1–3-mal tgl.
Ios*	Naxos	50 Min.	20,50 €	1–2-mal tgl.
Iraklia	Naxos	1 Std.	6,50 €	2–3-mal tgl.
Kalymnos	Naxos	4¾ Std.	19,50 €	2-mal wöchentl.
Kastellorizo	Naxos	16 Std. 20 Min.	38,50 €	2-mal wöchentl.
Kea	Naxos	8¼ Std.	18,70 €	1-mal wöchentl.
Kimolos	Naxos	4 Std. 35 Min.	25,60 €	2-mal wöchentl.
Kos	Naxos	8¼ Std.	23 €	2-mal wöchentl.
Koufinissia	Naxos	2 Std.– 2 Std. 40 Min.	7,50–9 €	2-mal tgl.
Kythnos	Naxos	8 Std. 20 Min.	19,20 €	1-mal wöchentl.
Lavrio	Naxos	10 Std.	24 €	1-mal wöchentl.
Milos	Naxos	5 Std. 35 Min.	33,20 €	4-mal wöchentl.
Mykonos	Naxos	1¾ Std.	12 €	1-mal wöchentl.
Mykonos*	Naxos	40 Min.	18,50 €	2-mal tgl.
Paros	Naxos	1 Std.	7 €	6-mal tgl.
Paros*	Naxos	45 Min.	13 €	3-mal tgl.
Piräus	Naxos	4¾ Std.	30 €	4–5-mal tgl.
Piräus*	Naxos	3½ Std.	45 €	4-mal tgl.
Rafina*	Naxos	3 Std.	43 €	1-mal tgl.
Rhodos	Naxos	14 Std.	32 €	2-mal wöchentl.
Santorin (Thira)	Naxos	3 Std.	15,50 €	5-mal tgl.
Santorin (Thira)*	Naxos	1½ Std.	27,50 €	2–3-mal tgl.
Schinussa	Naxos	2 Std. 20 Min.	7,50 €	1–2-mal tgl.
Sikinos	Naxos	2¼ Std.	13,60 €	3–4-mal wöchentl.
Syros	Naxos	3 Std.	10,80 €	1-mal wöchentl.
Syros*	Naxos	1¾ Std.	20 €	4-mal wöchentl.
Tilos	Naxos	9 Std. 35 Min.	23 €	2-mal wöchentl.
Tinos	Naxos	4¼ Std.	13 €	2-mal wöchentl.

*Schnellverbindungen

INLANDSFLÜGE VON NAXOS

Reiseziel	Flughafen	Dauer	Preis	Häufigkeit
Athen	Naxos	45 Min.	62 €	1-mal tgl.

Nisyros
Dodekanes; siehe auch S. 635

FÄHRVERBINDUNGEN
Die kleine örtliche Fähre Agios Konstantinos verbindet Mandraki mit Kardamena auf Kos (8 €, 2 Std., tgl.), und die größere Panagia Spyliani verbindet Nisyros mit Kos-Stadt (10 €, tgl.).

FÄHREN VON NISYROS

Reiseziel	Hafen	Dauer	Preis	Häufigkeit
Kalymnos	Mandraki	2½ Std.	7 €	4-mal wöchentl.
Kos	Mandraki	1¼ Std.	8 €	1-mal wöchentl.
Kos*	Mandraki	45 Min.	16 €	1-mal wöchentl.
Piräus	Mandraki	18 Std.	46 €	3-mal wöchentl.
Rhodos	Mandraki	4½ Std.	15 €	3-mal wöchentl.
Rhodos*	Mandraki	2¾ Std.	28 €	2-mal wöchentl.
Symi	Mandraki	3¼ Std.	11 €	2-mal wöchentl.

*Schnellverbindungen

Paros

Kykladen; siehe auch S. 455 für weitere Informationen.

FÄHREN VON PAROS

Reiseziel	Hafen	Dauer	Preis	Häufigkeit
Amorgos	Paros	3–7 Std.	12,20–15 €	1–2-mal tgl.
Anafi	Paros	7 Std. 25 Min.	17,90 €	3–4-mal wöchentl.
Astypalea	Paros	4 Std. 50 Min.	28.50 €	5-mal wöchentl.
Donussa	Paros	2½ Std.	10,30–12,50 €	1–3-mal tgl.
Folegandros	Paros	4–6 Std.	15–16,70 €	5-mal wöchentl.
Ios	Paros	2½ Std.– 3 Std. 10 Min.	11 €	2-mal tgl.
Ios*	Paros	1 Std.	27 €	1–2-mal tgl.
Iraklia	Paros	2¼ Std.	12,50 €	1–2-mal tgl.
Iraklion*	Paros	3 Std. 40 Min.	65 €	1-mal tgl.
Kalymnos	Paros	7½ Std.	19,50 €	2-mal wöchentl.
Kastellorizo	Paros	17 Std. 35 Min.	40 €	2-mal wöchentl.
Kea	Paros	7 Std. 50 Min.	31,20 €	2-mal wöchentl.
Kimolos	Paros	3 Std. 20 Min.	20,80 €	2-mal wöchentl.
Kos	Paros	7–7½ Std.	23 €	2-mal wöchentl.
Koufinissia	Paros	4½ Std.	15,50 €	1–2-mal tgl.
Kythnos	Paros	6 Std. 40 Min.	27,40 €	2-mal wöchentl.
Milos	Paros	4¼ Std.	24,70 €	4-mal wöchentl.
Mykonos*	Paros	1 Std.	19 €	3-mal tgl.
Naxos	Paros	30 Min.	15 €	2-mal tgl.
Naxos	Paros	1 Std.	7 €	5-mal tgl.
Piräus	Paros	4¾ Std.	29–31 €	6-mal tgl.
Piräus*	Paros	2½ Std.	39,50 €	4-mal tgl.
Rafina*	Paros	2½ Std.	49,50 €	1-mal tgl.
Rhodos	Paros	13 Std. 20 Min.	32 €	2-mal wöchentl.
Santorin (Thira)	Paros	3–4 Std.	16,50 €	5-mal tgl.
Santorin (Thira)*	Paros	2¼ Std.	36 €	2–3-mal tgl.
Schinussa	Paros	2 Std. 20 Min.	10 €	1–2-mal tgl.
Serifos	Paros	2½ Std.	10,10 €	2-mal wöchentl.
Sifnos	Paros	2 Std.	5,40 €	3-mal wöchentl.
Sikinos	Paros	3 Std. 10 Min.	15,10 €	3–4-mal wöchentl.
Syros*	Paros	45 Min.	8,20 €	3-mal tgl.
Tilos	Paros	10 Std. 50 Min.	23 €	2-mal wöchentl.
Tinos	Paros	1¼ Std.	21,50–24,50 €	1-mal tgl.

*Schnellverbindungen

INLANDSFLÜGE VON PAROS

Reiseziel	Flughafen	Dauer	Preis	Häufigkeit
Athen	Paros	35 Min.	60 €	1-mal tgl.

Patmos

Dodekanes; siehe auch S. 663 für weitere Informationen.

FÄHRVERBINDUNGEN

Die örtliche Patmos Star fährt täglich von Patmos nach Lipsi und Leros (8 € hin und zurück), und die Delfini läuft in der Hochsaison jeden Morgen und in der Nebensaison zwei Mal pro Woche nach Marathi aus (15 € hin und zurück), mit Zwischenstopp in Arki zwei Mal pro Woche. Die örtliche Lambi II fährt drei Mal pro Woche nach Arki, Marathi und Lipsi. Der in Lipsi beheimatete Anna Express verbindet drei Mal pro Woche Patmos mit Lipsi und Leros.

FÄHREN VON PATMOS

Reiseziel	Hafen	Dauer	Preis	Häufigkeit
Agathonisi	Skala	55 Min.	8 €	4-mal wöchentl.
Kalymnos*	Skala	1 Std. 40 Min.	26 €	6-mal wöchentl.
Kos*	Skala	3 Std.	29 €	6-mal wöchentl.
Leros	Skala	2 Std.	8 €	1-mal wöchentl.
Leros*	Skala	40 Min.	16 €	6-mal wöchentl.
Lipsi*	Skala	25 Min.	13 €	1-mal wöchentl.
Piräus	Skala	7 Std.	34 €	4-mal wöchentl.
Rhodos	Skala	6 Std.	40 €	3-mal wöchentl.
Rhodos*	Skala	5 Std.	46 €	6-mal wöchentl.
Samos	Skala	5 Std.	9 €	4-mal wöchentl.
Symi*	Skala	4 Std.	44 €	5-mal wöchentl.

*Schnellverbindungen

Paxi

Ionische Inseln; siehe auch S. 792

FÄHREN VON PAXI

Reiseziel	Hafen	Dauer	Preis	Häufigkeit
Korfu*	Paxi	40 Min.	16,40 €	1–3-mal tgl.
Korfu	Paxi	3½ Std.	8,50 €	3-mal wöchentl.
Igumenitsa	Paxi	2 Std.	7,50 €	2-mal tgl.

*Schnellverbindungen

Peloponnes

Siehe auch S. 190.

FÄHRVERBINDUNGEN

Schiffe zwischen Galatas (Peloponnes) und der Insel Poros verkehren etwa alle 15 bis 30 Minuten.

INSEL-HOPPING

INSEL-HOPPING

FÄHREN VOM PELOPONNES

Reiseziel	Hafen	Dauer	Preis	Häufigkeit
Gythio	Kythira	2½ Std.	11 €	2-mal wöchentl.
Hydra*	Ermioni	25 Min.	15 €	4-mal tgl.
Hydra	Ermioni	1 Std.	9,50 €	4-mal tgl.
Hydra*	Porto Cheli	25 Min.	15 €	4-mal tgl.
Ithaki (Piso Aetos)	Patras	3¾ Std.	18 €	1-mal tgl.
Ithaki (Vathy)	Patras	5 Std.	18 €	1-mal tgl.
Kefallonia (Argostoli)	Kyllini	2 Std.	13 €	1-mal tgl.
Kefallonia (Lixouri)	Kyllini	2¼ Std.	14 €	1-mal tgl.
Kefallonia (Poros)	Kyllini	1½ Std.	8 €	5-mal tgl.
Kefallonia (Poros)	Kyllini	1 Std.	10 €	1-mal tgl.
Kefallonia (Poros; mit dem Bus)	Patras	3 Std.	18 €	
Kefallonia (Sami)	Patras	2¾ Std.	17 €	3-mal wöchentl.
Kefallonia (Sami)	Patras	2¾ Std.	18 €	2-mal tgl.
Korfu	Patras	6–7½ Std.	30 €	4-mal wöchentl.
Korfu	Patras	6–7½ Std.	33 €	1-mal wöchentl.
Kreta (Kissamos)	Gythio (über Kythira und Antikythira)	7 Std.	24 €	1-mal wöchentl.
Kreta	Kalamata (über Kythira)	7 Std.	40 €	1-mal wöchentl.
Kythira	Kalamata	4½ Std.	17 €	1-mal wöchentl.
Kythira (Diakofti)	Neapoli	1 Std.	11 €	1-mal tgl.
Lefkada (mit dem Bus)	Patras	3 Std.	14,50 €	2-mal wöchentl.
Piräus*	Ermioni	2 Std.	29,50 €	4-mal tgl.
Piräus*	Porto Cheli	3 Std. 20 Min.	35,50 €	4-mal tgl.
Poros*	Ermioni	1 Std.	15 €	3-mal tgl.
Poros	Methana	30 Min	4,20 €	2–3-mal tgl.
Poros*	Porto Cheli	1 Std. 40 Min.	19 €	2-mal tgl.
Spetses*	Ermioni	25 Min.	7,50 €	2-mal tgl.
Spetses*	Porto Cheli	15 Min.	5,50 €	4-mal tgl.
Zakynthos (mit dem Bus)	Kyllini	3½ Std.	15 €	3-mal am So.
Zakynthos	Kyllini	1¼ Std.	6,80 €	4–6-mal tgl.

*Schnellverbindungen

Preveza

Nordgriechenland (Flughafen auf dem Festland); siehe auch S. 400 für weitere Informationen.

INLANDSFLÜGE VON PREVEZA

Reiseziel	Flughafen	Dauer	Preis	Häufigkeit
Athen	Preveza	1 Std.	95 €	5-mal wöchentl.
Kefallonia	Preveza	30 Min.	34 €	3-mal wöchentl.
Korfu	Preveza	30 Min.	39 €	3-mal wöchentl.
Zakynthos	Preveza	1 Std. 20 Min.	43 €	3-mal wöchentl.

Poros

Saronische Inseln; siehe auch S. 413 für weitere Informationen.

FÄHREN VON POROS

Reiseziel	Hafen	Dauer	Preis	Häufigkeit
Ägina	Poros	1¼ Std.	8,60 €	4-mal tgl.
Hydra*	Poros	30 Min.	12,50 €	6-mal tgl.
Methana	Poros	30 Min.	4,20 €	4-mal tgl.
Piräus	Poros	2½ Std.	13,30 €	8–10-mal tgl.
Piräus*	Poros	1 Std.	25,20 €	4-mal tgl.
Spetses*	Poros	1 Std.	14,50 €	7-mal tgl.

*Schnellverbindungen

Psara

Nordostägäische Inseln; siehe auch S. 712 für weitere Informationen.

FÄHREN VON PSARA

Reiseziel	Hafen	Dauer	Preis	Häufigkeit
Agios Efstratios	Psara	3¼ Std.	35 €	1-mal wöchentl.
Chios	Psara	3½ Std.	11 €	6-mal wöchentl.
Lavrio	Psara	5 Std.	45 €	1-mal wöchentl.
Limnos	Psara	4 Std.	48,50 €	1-mal wöchentl.
Mesta (Chios)	Psara	45 Min. –2 Std.	6–13 €	2-mal wöchentl.

Rhodos

Dodekanes; siehe auch S. 592 für weitere Informationen.

FÄHRVERBINDUNGEN

Zusätzlich zu den unten aufgelisteten Verbindungen gibt es örtliche Fähren, die täglich zwischen Kamiros Skala an der Westküste von Rhodos und Chalki (10 €, 1 Std.) verkehren. Abfahrt von Kamiros Skala ist um 14.30 Uhr und von Chalki um 6 Uhr. Es gibt im Sommer auch täglich Ausflugsboote e nach Symi (22 € hin & zurück), die um 9 Uhr den Hafen in Mandraki verlassen und um 18 Uhr wieder dorthin zurückkehren. Tickets sind in den meisten Reisebüros erhältlich; aber am besten kauft man sie am Hafen, wo man dann auch gleich nachsehen kann, welches Boot fährt.

FÄHREN VON RHODOS

Reiseziel	Hafen	Dauer	Preis	Häufigkeit
Agathonisi*	Handelshafen (Rhodos-Stadt)	5 Std.	46 €	1-mal wöchentl.
Alexandroupolis	Handelshafen (Rhodos-Stadt)	29 Std.	46 €	1-mal wöchentl.
Astypalea	Handelshafen (Rhodos-Stadt)	10 Std.	30 €	1-mal wöchentl.
Chalki*	Handelshafen (Rhodos-Stadt)	1¼ Std.	21 €	2-mal wöchentl.
Chalki	Handelshafen (Rhodos-Stadt)	2 Std.	10 €	4-mal wöchentl.
Kalymnos*	Handelshafen (Rhodos-Stadt)	3 Std.	38 €	1-mal tgl.
Kalymnos	Handelshafen (Rhodos-Stadt)	4½ Std.	20 €	3-mal wöchentl.
Karpathos	Handelshafen (Rhodos-Stadt)	5 Std.	22 €	3-mal wöchentl.
Kassos	Handelshafen (Rhodos-Stadt)	8 Std.	25 €	4-mal wöchentl.
Kastellorizo*	Handelshafen (Rhodos-Stadt)	2½ Std.	25 €	1-mal wöchentl.
Kastellorizo	Handelshafen (Rhodos-Stadt)	4 Std. 40 Min.	17 €	2-mal wöchentl.
Kos*	Handelshafen (Rhodos-Stadt)	2½ Std.	30 €	1-mal tgl.
Kos	Handelshafen (Rhodos-Stadt)	3 Std.	26 €	1-mal tgl.
Leros*	Handelshafen (Rhodos-Stadt)	3½ Std.	41 €	6 mal wöchentl.
Leros	Handelshafen (Rhodos-Stadt)	5 Std.	25 €	3-mal wöchentl.
Lipsi*	Handelshafen (Rhodos-Stadt)	5½ Std.	45 €	6-mal wöchentl.
Lipsi	Handelshafen (Rhodos-Stadt)	8 Std.	40 €	2-mal wöchentl.
Nisyros*	Handelshafen (Rhodos-Stadt)	2¾ Std.	28 €	2-mal wöchentl.
Nisyros	Handelshafen (Rhodos-Stadt)	4½ Std.	15 €	3-mal wöchentl.
Patmos*	Handelshafen (Rhodos-Stadt)	5 Std.	46 €	6-mal wöchentl.
Patmos	Handelshafen (Rhodos-Stadt)	6 Std.	40 €	3-mal wöchentl.
Piräus	Handelshafen (Rhodos-Stadt)	13 Std.	53 €	1-mal tgl.
Sitia	Handelshafen (Rhodos-Stadt)	10 Std.	28 €	3-mal wöchentl.
Symi*	Handelshafen (Rhodos-Stadt)	50 Min.	15 €	1-mal tgl.
Symi	Mandraki	2 Std.	12 €	1-mal tgl.
Thessaloniki	Handelshafen (Rhodos-Stadt)	21 Std.	55 €	1-mal wöchentl.
Tilos*	Handelshafen (Rhodos-Stadt)	2 Std.	25 €	2-mal wöchentl.
Tilos*	Mandraki	1½ Std.	24 €	6-mal wöchentl.
Tilos*	Handelshafen (Rhodos-Stadt)	2½ Std.	15 €	4-mal wöchentl.

*Schnellverbindungen

FLUGVERBINDUNGEN

Olympic Air fliegt mindestens fünf Mal täglich nach Athen (58 €), etwa sechs Mal pro Woche nach Karpathos (28 €), drei Mal pro Woche nach Kassos (34 €), fünf Mal pro Woche nach Kastellorizo (22 €), drei Mal pro Woche nach Thessaloniki (110 €), drei Mal pro Woche nach Astypalea (47 €) und zwei Mal wöchentlich nach Samos (37 €). Aegean Airlines bietet auch tägliche Flüge nach Athen (64 €) und Thessaloniki (90 €) an.

Samos

Nordostägäische Inseln; siehe auch S. 688 für weitere Informationen.

FÄHREN VON SAMOS

Reiseziel	Hafen	Dauer	Preis	Häufigkeit
Chios	Karlovassi	2½ Std.	11 €	2-mal wöchentl.
Fourni	Vathy	1½–2 Std.	8 €	1–3-mal tgl.
Ikaria (Agios Kirykos)	Vathy	2 Std.	6 €	1–2-mal tgl.
Ikaria (Evdilos)**	Vathy	1 Std.	11,50 €	1-mal tgl.*
Kalymnos	Vathy	4 Std.	18 €	1-mal wöchentl.
Kavala	Vathy	18 Std.	37 €	1-mal wöchentl.
Kos	Vathy	5¼ Std.	19 €	1-mal wöchentl.
Lesbos (Mytilini)	Karlovassi	6¼ Std.	22 €	1-mal wöchentl.
Lesbos (Sigri)	Karlovassi	6 Std.	23,50 €	1-mal wöchentl.
Limnos	Vathy	13 Std.	30 €	1-mal wöchentl.
Mykonos	Vathy	6½ Std.	23 €	3-mal wöchentl.
Naxos**	Vathy	3½ Std.	29 €	1-mal tgl.*
Paros**	Vathy	4½ Std.	30 €	1-mal tgl.*
Piräus	Vathy	7–13 Std.	41 €	1–2-mal tgl.
Rhodos	Vathy	9¼ Std.	30 €	1-mal wöchentl.
Thessaloniki	Karlovassi	15½ Std.	42 €	1-mal wöchentl.

*außer Mo.
**Schnellverbindungen

INLANDSFLÜGE VON SAMOS

Reiseziel	Flughafen	Dauer	Preis	Häufigkeit
Athen	Samos	45 Min.	80 €	7-mal wöchentl.
Kreta (Iraklion)	Samos	50 Min.	110 €	2-mal wöchentl.
Thessaloniki	Samos	50 Min.	90 €	5-mal wöchentl.

INSEL-HOPPING

Samothraki

Nordgriechenland; siehe auch S. 731 für weitere Informationen.

FÄHREN VON SAMOTHRAKI

Reiseziel	Hafen	Dauer	Preis	Häufigkeit
Alexandroupolis	Samothraki	2 Std.		
13 €	2-mal tgl.			

Santorin (Thira)

Kykladen; siehe auch S. 490 für weitere Informationen.

FÄHREN VON SANTORIN (THIRA)

Reiseziel	Hafen	Dauer	Preis	Häufigkeit
Amorgos*	Santorin (Thira)	1 Std.	32 €	1-mal tgl.
Anafi	Santorin (Thira)	1 Std.	8 €	5-mal wöchentl.
Folegandros	Santorin (Thira)	2½ Std.	7,50 €	1–2-mal tgl.
Folegandros*	Santorin (Thira)	30 Min.	19 €	1-mal tgl.
Iraklion	Santorin (Thira)	4½ Std.	24 €	1-mal tgl.
Iraklion*	Santorin (Thira)	1¾ Std.	42 €	1-mal tgl.
Karpathos	Santorin (Thira)	8 Std.	25 €	5-mal wöchentl.
Kimolos	Santorin (Thira)	3½ Std.	7,20 €	2-mal wöchentl.
Kos	Santorin (Thira)	4¼ Std.	28,50 €	2-mal wöchentl.
Kythnos	Santorin (Thira)	8 Std.	16 €	2-mal wöchentl.
Lavrio	Santorin (Thira)	16 Std. 20 Min.	50 €	2-mal wöchentl.
Milos	Santorin (Thira)	4 Std.	17 €	2-mal wöchentl.
Milos*	Santorin (Thira)	2 Std.	34 €	1-mal tgl.
Mykonos*	Santorin (Thira)	2 Std. 10 Min.	38 €	2–3-mal tgl.
Naxos	Santorin (Thira)	3 Std.	15,50 €	5-mal tgl.
Naxos*	Santorin (Thira)	1½ Std.	30 €	2–3-mal tgl.
Paros	Santorin (Thira)	3–4 Std.	16,50 €	5-mal tgl.
Paros*	Santorin (Thira)	2¼ Std.	36 €	2–3-mal tgl.
Piräus	Santorin (Thira)	9 Std.	33,50 €	4–5-mal tgl.
Piräus*	Santorin (Thira)	5¼ Std.	47–65 €	3-mal tgl.
Rafina*	Santorin (Thira)	4¾ Std.	49 €	1-mal tgl.
Rethymnon	Santorin (Thira)	2 Std. 20 Min.	46 €	3-mal wöchentl.
Rhodos	Santorin (Thira)	13 Std. 10 Min.	27 €	1–2-mal tgl.
Serifos	Santorin (Thira)	9 Std.	16 €	2-mal wöchentl.
Sifnos	Santorin (Thira)	7 Std. 20 Min.	13,50 €	2-mal wöchentl.
Sikinos	Santorin (Thira)	2¾ Std.	14,10 €	1–4-mal tgl.
Sikinos*	Santorin (Thira)	55 Min.	18 €	1-mal wöchentl.
Syros	Santorin (Thira)	5¼ Std.	22 €	2-mal wöchentl.

*Schnellverbindungen

INLANDSFLÜGE VON SANTORIN (THIRA)

Reiseziel	Hafen	Dauer	Preis	Häufigkeit
Athen	Santorin (Thira)	45 Min.	68 €	10-mal tgl.
Iraklion	Santorin (Thira)	30 Min.	85 €	5-mal wöchentl.
Rhodos	Santorin (Thira)	1 Std.	112 €	2-mal tgl.

Schinoussa

Kykladen; siehe auch Flugplan für die Kleinen Kykladen S. 475 für weitere Informationen.

FÄHREN VON SCHINOUSSA

Reiseziel	Hafen	Dauer	Preis	Häufigkeit
Amorgos	Schinoussa	1 Std. 40 Min.	8–10,50 €	2–3-mal tgl.
Donoussa	Schinoussa	2 Std.	7,50 €	1–2-mal tgl.
Iraklia	Schinoussa	15 Min.	4,50 €	2–3-mal tgl.
Koufonissia	Schinoussa	40 Min.	4,50 €	2–3-mal tgl.
Naxos	Schinoussa	2 Std.– 2 Std. 40 Min.	7,50–9 €	1–2-mal tgl.
Paros	Schinoussa	2 Std. 20 Min.	10 €	1–2-mal tgl.
Piräus	Schinoussa	7½ Std.	30 €	1–2-mal tgl.
Syros	Schinoussa	4 Std.	22,20 €	4-mal wöchentl.

Serifos

Kykladen; siehe auch S. 517

FÄHREN VON SERIFOS

Reiseziel	Hafen	Dauer	Preis	Häufigkeit
Folegandros	Serifos	7 Std. 40 Min.	16 €	5-mal wöchentl.
Folegandros*	Serifos	1¾ Std.	23 €	4-mal wöchentl.
Ios	Serifos	7 Std. 10 Min.	16 €	4-mal wöchentl.
Kimolos	Serifos	4 Std. 10 Min.	8,50 €	5-mal wöchentl.
Kythnos	Serifos	1 Std. 20 Min.	15 €	1–2-mal tgl.
Milos	Serifos	4 Std. 40 Min.	16 €	1–2-mal tgl.
Milos*	Serifos	1½ Std.	16 €	1–3-mal tgl.
Paros	Serifos	2½ Std.	10,10 €	3-mal wöchentl.
Piräus	Serifos	5 Std.	22,50 €	2-mal tgl.
Piräus*	Serifos	2¼ Std.	40 €	3-mal tgl.
Santorin (Thira)	Serifos	9 Std.	16 €	2-mal wöchentl.
Sifnos	Serifos	50 Min.	11–13,50 €	1–2-mal tgl.
Sifnos*	Serifos	25 Min.	13 €	1–2-mal tgl.
Syros	Serifos	2 Std. 50 Min.	9,90 €	4-mal wöchentl.

*Schnellverbindungen

Sifnos

Kykladen; siehe auch S. 513

FÄHREN VON SIFNOS

Reiseziel	Hafen	Dauer	Preis	Häufigkeit
Folegandros	Sifnos	4½ Std.	13,50 €	1–3-mal tgl.
Folegandros*	Sifnos	1 Std.	18 €	4-mal wöchentl.
Ios	Sifnos	6 Std.	13,50 €	4-mal wöchentl.
Kythnos	Sifnos	2½ Std.	13,50 €	1–2-mal tgl.
Kimolos	Sifnos	3 Std.	6 €	5-mal wöchentl.
Milos	Sifnos	3 Std. 40 Min.	13,50 €	1–2-mal tgl.
Milos*	Sifnos	1 Std.	14 €	1–3-mal tgl.
Paros	Sifnos	2 Std.	5,40 €	3-mal wöchentl.
Piräus	Sifnos	5¼ Std.	28 €	2-mal tgl.
Piräus*	Sifnos	2 Std. 40 Min.	44 €	3 mal tgl.
Santorin (Thira)	Sifnos	7 Std. 20 Min.	13,50 €	2-mal wöchentl.
Serifos	Sifnos	50 Min.	11–13,50 €	1–2-mal tgl.
Serifos*	Sifnos	25 Min.	13 €	1–2-mal tgl.
Syros	Sifnos	4 Std. 10 Min.	17,70 €	5-mal wöchentl.

*Schnellverbindungen

Sikinos

Kykladen; siehe auch S. 503 für weitere Informationen.

FÄHREN VON SIKINOS

Reiseziel	Hafen	Dauer	Preis	Häufigkeit
Anafi	Sikinos	4 Std.	19,60 €	4-mal wöchentl.
Folegandros	Sikinos	40 Min.	5,50 €	1–3-mal tgl.
Ios	Sikinos	20 Min.	8 €	1–4-mal tgl.
Ios*	Sikinos	10 Min.	12 €	1-mal wöchentl.
Kea	Sikinos	12¼ Std.	40–41 €	2-mal wöchentl.
Kythnos	Sikinos	11 Std.	32 €	2-mal wöchentl.
Naxos	Sikinos	2¼ Std.	13,60 €	4-mal wöchentl.

Paros*	Sikinos	4 Std. 10 Min.	50–55 €	1–2-mal tgl.
Piräus	Sikinos	12 Std.	29,60 €	4-mal wöchentl.
Santorin (Thira)	Sikinos	2¾ Std.	8 €	4-mal wöchentl.
Santorin (Thira)*	Sikinos	55 Min.	19 €	1-mal wöchentl.
Syros	Sikinos	5 Std.	15 €	1–3-mal tgl.

*Schnellverbindungen

Skiathos

Euböa & die Sporaden; siehe auch S. 753

FÄHREN VON SKIATHOS

Reiseziel	Hafen	Dauer	Preis	Häufigkeit
Agios Konstantinos	Skiathos	2 Std.	32 €	1-mal tgl.
Agios Konstantinos*	Skiathos	2 Std.	33 €	2-mal tgl.
Alonnisos	Skiathos	2½ Std.	9,50 €	1-mal tgl.
Alonnisos*	Skiathos	1½ Std.	16 €	4–5-mal tgl.
Skopelos (Glossa)	Skiathos	40 Min.	5,50 €	1-mal tgl.
Skopelos (Glossa)*	Skiathos	20 Min.	9,50 €	3–4-mal tgl.
Skopelos (Skopelos-Stadt)*	Skiathos	45 Min.	16 €	4–5-mal tgl.
Skopelos	Skiathos	1¼ Std.	9 €	1-mal tgl.
Thessaloniki*	Skiathos	4¼ Std.	55 €	1-mal tgl.
Volos	Skiathos	2½ Std.	18 €	2-mal tgl.
Volos*	Skiathos	1½ Std.	30 €	3-mal tgl.

*Tragflügelboot

FLUGVERBINDUNGEN

Im Sommer gibt es einen Flug täglich von und nach Athen (49 €).

Skopelos

Euböa & die Sporaden; siehe auch S. 759

Skyros

Euböa & die Sporaden; siehe auch S. 710

FÄHREN VON SKOPELOS

Reiseziel	Hafen	Dauer	Preis	Häufigkeit
Agios Konstantinos*	Skopelos	3½ Std.	44 €	1-mal tgl.
Agios Konstantinos**	Skopelos**	2½ Std.	44 €	1–3-mal tgl.
Alonnisos	Skopelos (Skopelos-Stadt)	30 Min.	5 €	4–5-mal wöchentl.
Alonnisos**	Skopelos (Glossa)*	50 Min.	13 €	4–5-mal tgl.
Alonnisos**	Skopelos (Skopelos-Stadt)	20 Min.	8,50 €	4–5-mal tgl.
Skiathos	Skopelos (Skopelos-Stadt)	1 Std.	9 €	1-mal tgl.
Skiathos*	Skopelos (Skopelos-Stadt)	50 Min.	15,50 €	4–5-mal tgl.
Skiathos**	Skopelos (Glossa)	20 Min.	9,50 €	4–5-mal tgl.
Volos	Skopelos (Glossa)	3½ Std.	19,50 €	1-mal tgl.
Volos	Skopelos (Skopelos-Stadt)	4 Std.	23 €	1–2-mal tgl.

*Schnellverbindungen
**Tragflügelboot

INSEL-HOPPING

FÄHRVERBINDUNGEN

Einen Liniendienst bietet die Fähre Achileas zwischen dem Hafen von Kymi (Euböa) und Skyros an. Freitags und sonntags gibt es (in der Regel) zwei Überfahrten, an den übrigen Tagen fährt sie nur einmal.

FÄHREN VON SKYROS

Reiseziel	Hafen	Dauer	Preis	Häufigkeit
Alonnisos	Skyros	5 Std.	21 €	2-mal wöchentl.
Euböa (Paralia Kymis)	Skyros	1¾ Std.	9 €	1–2 tgl.
Skopelos	Skyros	6 Std.	22 €	2-mal wöchentl.

INLANDSFLÜGE VON SKYROS

Reiseziel	Hafen	Dauer	Preis	Häufigkeit
Athen	Skyros	25 Min.	40 €	3-mal wöchentl.
Thessaloniki	Skyros	35 Min.	68 €	3-mal wöchentl.

Spetses

Saronische Inseln; siehe auch S. 421 für weitere Informationen.

FÄHREN VON SPETSES

Reiseziel	Hafen	Dauer	Preis	Häufigkeit
Hydra	Spetses	30 Min.	13 €	7-mal tgl.
Ermioni*	Spetses	1 Std.	10 €	2-mal tgl.
Piräus*	Spetses	2 Std. 10 Min.	39 €	7-mal tgl.
Poros	Spetses	70 Min.	14,50 €	7-mal tgl.
Porto Cheli*	Spetses	10 Min.	7 €	5-mal tgl.

*Schnellverbindungen

Symi

Dodekanes; siehe auch S. 626 für weitere Informationen.

FÄHRVERBINDUNGEN

Im Sommer verkehren Ausflugsboote zwischen Symi und Rhodos (15 €). Die in Symi beheimateten Symi I und Symi II legen in der Regel auch in Panormitis an.

FÄHREN VON SYMI

Reiseziel	Hafen	Dauer	Preis	Häufigkeit
Kalymnos*	Gialos	2 Std.	31 €	1-mal tgl.
Kos*	Gialos	1½ Std.	22 €	1-mal tgl.
Leros*	Gialos	3 Std.	40 €	1-mal tgl.
Patmos*	Gialos	4 Std.	44 €	1-mal tgl.
Piräus	Gialos	15 Std.	64 €	2-mal wöchentl.
Rhodos	Gialos	2 Std.	132 €	1-mal tgl.
Rhodos*	Gialos	1 Std.	15 €	1-mal tgl.
Rhodos*	Gialos	50 Min.	21 €	1-mal tgl.
Tilos	Gialos	2 Std.	8 €	2-mal wöchentl.

*Schnellverbindungen

Syros

Kykladen; siehe auch S. 436 für weitere Informationen.

FÄHREN VON SYROS

Reiseziel	Hafen	Dauer	Preis	Häufigkeit
Anafi	Syros	9 Std.	36,30 €	2–3-mal wöchentl.
Amorgos	Syros	4½ Std.	19 €	4-mal wöchentl.
Andros	Syros	2 Std. 20 Min.	16 €	4-mal wöchentl.
Astypalea	Syros	6¼ Std.	20,50 €	3-mal wöchentl.
Chios	Syros	3 Std. 20 Min.	30,50 €	5-mal wöchentl.
Donussa	Syros	4 Std. 20 Min.	15 €	4-mal wöchentl.
Folegandros	Syros	6 Std.	15,10 €	3-mal wöchentl.
Ios	Syros	2¼ Std.	42 €	1-mal tgl.
Iraklia	Syros	3 Std. 35 Min.	22,70 €	3–4-mal wöchentl.
Kea	Syros	3 Std.	12,30 €	2-mal wöchentl.
Kimolos	Syros	3¾ Std.	15,10 €	4-mal wöchentl.
Kos	Syros	7 Std. 40 Min.	32 €	3-mal wöchentl.
Koufonissia	Syros	4½ Std.	12,70 €	4-mal wöchentl.
Kythnos	Syros	2 Std.	9,90 €	4-mal wöchentl.
Lavrio	Syros	3½ Std.	18,50 €	3-mal wöchentl.
Leros	Syros	4 Std. 35 Min.	28 €	3-mal wöchentl.
Milos	Syros	4 Std. 20 Min.	25,20 €	4-mal wöchentl.
Mykonos	Syros	1 Std. 20 Min.	8 €	1-mal tgl.
Mykonos*	Syros	40 Min.	14,50 €	4-mal tgl.
Naxos	Syros	1 Std. 25 Min.– 2 Std. 50 Min.	9,20– 11,50 €	2-mal tgl.
Paros	Syros	1¾ Std.	8,50 €	1–3-mal tgl.
Patmos	Syros	3 Std. 25 Min.	26 €	3-mal wöchentl.
Piräus	Syros	4 Std.	26–29 €	4-mal tgl.
Piräus*	Syros	2½ Std.	44,50 €	3-mal tgl.
Rafina*	Syros	2 Std. 50 Min.	45 €	2-mal wöchentl.
Rhodos	Syros	9 Std. 25 Min.	38,50 €	3-mal wöchentl.

*Schnellverbindungen

INLANDSFLÜGE VON SYROS

Reiseziel	Flughafen	Dauer	Preis	Häufigkeit
Athen	Syros	35 Min.	70 €	2-mal wöchentl.

Thassos

Nordostägäische Inseln; siehe auch S. 737 für weitere Informationen.

FÄHREN VON THASSOS

Reiseziel	Hafen	Dauer	Preis	Häufigkeit
Keramoti (Limenas)	Thassos	40 Min.	3,30 €	1-mal stündl.
Kavala* (Limenas)	Thassos	40 Min.	10 €	4-mal tgl.
Kavala (Skala Prinos)	Thassos	1¼ Std.	3,50 €	1-mal stündl.
Kavala* (Skala Prinos)	Thassos	40 Min.	10 €	4-mal tgl.

*Schnellverbindungen

Thessaloniki

FÄHRVERBINDUNGEN

Thessaloniki ist die zweitgrößte Stadt Griechenlands, und daher gibt es von dort viele Flug- und Fährverbindungen zu den Inseln; außerdem laufen alle wichtigen Verbindungen zu den nordostägäischen Inseln über den Hafen von Thessaloniki. Darüber hinaus gibt es Tragflügelboote zu den Sporaden; da sie aber nicht immer fahren, muss man vor Ort nachfragen. Siehe auch S. 339.

FÄHREN VON THESSALONIKI

Reiseziel	Hafen	Dauer	Preis	Häufigkeit
Chios	Thessaloniki	13–20 Std.	35 €	3-mal wöchentl.
Kalymnos	Thessaloniki	20 Std.	46 €	1-mal wöchentl.
Kos	Thessaloniki	19¼ Std.	47 €	1-mal wöchentl.
Lesbos (Mytilini)	Thessaloniki	15 Std.	35 €	2-mal wöchentl.
Lesbos (Sigri)	Thessaloniki	9½ Std.	33 €	2-mal wöchentl.
Limnos	Thessaloniki	8½ Std.	22 €	2-mal wöchentl.
Rhodos	Thessaloniki	25 Std.	57 €	1-mal wöchentl.
Samos (Karlovassi)	Thessaloniki	15½ Std.	42 €	1-mal wöchentl.
Samos (Vathy)	Thessaloniki	23 Std.	39 €	1-mal wöchentl.

FLUGVERBINDUNGEN

Einige Flüge von Thessaloniki auf die Inseln haben einen Zwischenstopp in Athen; in der folgenden Liste sind nur Direktflüge auf die Inseln aufgeführt. Zu beachten ist hier, dass manche Flüge mehrere Inseln bedienen, man aber das Flugzeug bei einer Zwischenlandung nicht verlassen muss.

INLANDSFLÜGE VON THESSALONIKI

Reiseziel	Flughafen	Dauer	Preis	Häufigkeit
Chios	Thessaloniki	55 Min.	90 €	4-mal wöchentl.
Kefallonia	Thessaloniki	1¾ Std.	100 €	3-mal wöchentl.
Korfu	Thessaloniki	50 Min.	75 €	4-mal wöchentl.

Kos	Thessaloniki	1¼ Std.	135 €	2-mal wöchentl.
Kreta (Chania)	Thessaloniki	1¼ Std.	100 €	7-mal wöchentl.
Kreta (Iraklion)	Thessaloniki	1¼ Std.	100 €	2-mal tgl.
Lesbos (Mytilini)	Thessaloniki	50 Min.	90 €	11-mal wöchentl.
Limnos	Thessaloniki	30 Min.	75 €	6-mal wöchentl.
Mykonos	Thessaloniki	1 Std.	100 €	3-mal wöchentl.
Rhodos	Thessaloniki	1¼ Std.	100 €	2-mal tgl.
Samos	Thessaloniki	1 Std.	90 €	3-mal wöchentl.
Santorin (Thira)	Thessaloniki	1¼ Std.	100 €	3-mal wöchentl.

Tilos

Dodekanes; siehe auch S. 631

FÄHREN VON TILOS

Reiseziel	Hafen	Dauer	Preis	Häufigkeit
Kos	Livadia	3 Std.	9 €	2-mal wöchentl.
Kos*	Livadia	1½ Std.	22 €	2-mal wöchentl.
Nisyros	Livadia	1 Std.	7 €	6-mal wöchentl.
Nisyros*	Livadia	40 Std.	13 €	2-mal wöchentl.
Piräus	Livadia	19½ Std.	46 €	2-mal wöchentl.
Rhodos	Livadia	2½ Std.	15 €	4-mal wöchentl.
Rhodos*	Livadia	1½ Std.	24 €	6-mal wöchentl.
Symi	Livadia	2 Std.	8 €	2-mal wöchentl.

*Schnellverbindungen

Tinos

Kykladen; siehe auch S. 432

FÄHREN VON TINOS

Reiseziel	Hafen	Dauer	Preis	Häufigkeit
Andros	Tinos	1 Std. 35 Min.	9,60 €	4-mal tgl.
Lavrio	Tinos	8¾ Std.	16 €	1-mal wöchentl.
Mykonos	Tinos	30–40 Min.	5,50–6 €	4-mal tgl.
Mykonos*	Tinos	15–25 Min.	7–10,50 €	5-mal tgl.
Naxos	Tinos	1 Std. 25 Min.	13 €	2-mal wöchentl.
Paros	Tinos	1 Std. 25 Min.	21,50–24,50 €	3-mal tgl.
Piräus*	Tinos	3¾ Std.	44 €	3-mal tgl.
Piräus	Tinos	4¾ Std.	28 €	1-mal tgl.
Rafina	Tinos	3 Std. 50 Min.	19 €	5-mal tgl.
Rafina*	Tinos	2 Std. 10 Min.	40 €	5-mal tgl.
Syros	Tinos	2 Std.	5 €	7-mal tgl.

*Schnellverbindungen

Volos

Zentralgriechenland (Hafen auf dem Festland); siehe auch S. 300

FÄHREN VON VOLOS

Reiseziel	Hafen	Dauer	Preis	Häufigkeit
Alonnisos	Volos	5 Std.	24 €	3-mal wöchentl.
Alonnisos*	Volos	3 Std.	40 €	2-mal tgl.

INSEL-HOPPING

Skiathos	Volos	2½ Std.	18,50 €	1–2-mal tgl.
Skiathos*	Volos	1½ Std.	31 €	2-mal tgl.
Skopelos (Skopelos-Stadt)	Volos	4 Std.	24 €	1-mal tgl.
Skopelos (Skopelos-Stadt)*	Volos	2½ Std.	40 €	2-mal tgl.
Skopelos (Glossa)	Volos	3 Std.	20,50 €	3-mal wöchentl.
Skopelos (Glossa)*	Volos	2 Std.	34 €	2-mal tgl.

*Tragflügelboot

Zakynthos

Ionische Inseln; siehe auch S. 812 für weitere Informationen.

FÄHREN VON ZAKYNTHOS

Reiseziel	Hafen	Dauer	Preis	Häufigkeit
Kefallonia (Pesada)	Agios Nikolaos	1½ Std.	7 €	2-mal tgl.
Korfu	Zakynthos Stadt	8¾ Std.	32 €	2-mal wöchentl.
Kyllini	Zakynthos Stadt	1 Std.	8,20 €	7-mal tgl.

INLANDSFLÜGE VON ZAKYNTHOS

Reiseziel	Flughafen	Dauer	Preis	Häufigkeit
Athen	Zakynthos	55 Min.	77 €	2-mal tgl.
Kefallonia	Zakynthos	20 Min.	32 €	3-mal wöchentl.
Preveza	Zakynthos	1 Std. 20 Min.	43 €	3-mal wöchentl.

Gesundheit

VOR DER REISE

Vorbeugung ist entscheidend, wenn man auf Reisen gesund bleiben möchte. Etwas Planung vor der Abreise, insbesondere im Hinblick auf bereits bestehende Krankheiten, erspart später Ärger. Medikamente sollten in den Originalverpackungen mitgenommen werden. Ein vom Hausarzt unterschriebener und datierter Arztbrief mit einer Beschreibung des gesundheitlichen Zustands und der notwendigen Medikamente mit Nennung von deren generischen Namen ist durchaus sinnvoll. Beispielsweise ist es streng verboten, Codeine nach Griechenland einzuführen, es sei denn, man hat eine ärztliche Anweisung dafür. Siehe auch S. 835.

Wer Spritzen oder Nadeln dabei hat, benötigt einen Arztbrief, in dem deren medizinische Notwendigkeit bestätigt wird. Wer lange Zeit unterwegs sein möchte, sollte vorher noch einmal seinem Zahnarzt einen Besuch abstatten und auch noch einmal die Augen kontrollieren lassen.

KRANKENVERSICHERUNG

EU-Bürger sind durch die European Health Insurance Card (EHIC; früher E111) in den meisten medizinischen Notfällen abgesichert. Diese deckt allerdings keinen Rücktransport nach Hause oder Behandlungen ab, die nicht als echter Notfall betrachtet

werden können. Das entsprechende Formular gibt es bei der Krankenkasse. Wer sich für eine zusätzliche Auslandsreisekrankenversicherung entscheidet, sollte eine Police abschließen, bei der im schlimmsten Fall auch ein Rücktransport nach einem Unfall oder ähnlichem abgedeckt ist. Häufig müssen die Kosten ausgelegt werden, die dann aber nach Vorlage der Rechnungen beim Versicherer erstattet werden. Auch dies sollte vor Reiseantritt geklärt werden.

EMPFOHLENE IMPFUNGEN

Wer aus der EU nach Griechenland reist, braucht keine besonderen Impfungen. Alle, die aus einem Gelbfiebergebiet kommen, müssen allerdings eine entsprechende Impfbescheinigung vorlegen. Die Weltgesundheitsorganisation (WHO) empfiehlt allen Reisenden, sich gegen Diphtherie, Tetanus, Masern, Mumps, Röteln und Polio (Kinderlähmung) impfen zu lassen.

INFOS IM INTERNET

Die Broschüre der WHO International Travel and Health wird jährlich aktualisiert und ist online unter www.who.int/ith erhältlich. Die Deutsche Verbindungsstelle Krankenversicherung im Ausland (DVKA) gibt Informationsbroschüren zu den einzelnen Ländern heraus, die auch im Internet als PDF-Datei heruntergeladen werden können (www.dvka.de/oeffentlicheSeiten/pdf_Dateien/Urlaubsmerkblaetter/Urlaub_Griechenland.pdf).

UNTERWEGS

VENENTHROMBOSE

Blutgerinnsel können sich während eines Flugs bedingt durch langes Sitzen (je länger der Flug, desto größer das Risiko) in den Beinen bilden. Das Hauptsymptom einer Venenthrombose ist das Anschwellen des Fußes, des Fußgelenks oder der Wade – meist, aber nicht immer, auf einer Seite – und Schmerzen. Wenn ein solches Blutgerinnsel in die Lungen wandert, kann dies Schmerzen in der Brust und Atemnot ver-

GESUNDHEIT

ursachen. Reisende, die solche Symptome bei sich bemerken, brauchen sofort medizinische Hilfe. Um während des Flugs einer Thrombose vorzubeugen, sollte man immer wieder aufstehen und laufen, im Sitzen die Beinmuskeln anspannen und entspannen, viel Flüssigkeit zu sich nehmen, aber keinen Alkohol trinken und nicht rauchen.

IN GRIECHENLAND

MEDIZINISCHE VERSORGUNG & KOSTEN

Wer in Griechenland einen Krankenwagen braucht, ruft ☎ 166 an. Auf jeder Insel gibt es mindestens einen Arzt, und die größeren Inseln haben ein oder mehrere Krankenhäuser. Apotheken dürfen Medikamente abgeben, die in vielen anderen europäischen Ländern rezeptpflichtig sind; es lohnt sich also, bei kleineren Beschwerden den Apotheker zu fragen.

Das klingt alles sehr gut, aber obwohl die Ausbildung der Ärzte in Griechenland ein hohes Niveau hat, ist das Gesundheitssystem deutlich unterfinanziert. Krankenhäuser können überfüllt sein, die Hygiene ist nicht immer so, wie sie sein sollte, und man erwartet von den Angehörigen, dass sie die Patienten mit Lebensmitteln versorgen – was bei Urlaubern ein Problem sein kann. Die Bedingungen und die Behandlung sind in privaten Krankenhäusern, die teuer sind, deutlich besser. All dies spricht für eine gute Krankenversicherung.

DURCHFALLERKRANKUNGEN

Wer an Durchfall leidet, sollte viel trinken, nach Möglichkeit eine entsprechende Glukose-Elektrolytmischung. Wer Blut ausscheidet, Fieber, Schüttelfrost oder starke Bauchschmerzen hat oder den Durchfall nach 72 Stunden nicht in den Griff bekommt, sollte einen Arzt aufsuchen.

GESUNDHEITSRISIKEN
Bisse, Stiche und von Insekten übertragene Krankheiten

An felsigen Stränden ist Vorsicht vor Seeigeln angesagt; Olivenöl hilft, einen Stachel aus der Haut zu lösen. Ein eingetretener Stachel muss komplett entfernt werden, sonst entzündet er sich. Vorsicht ist vor allem im September und Oktober vor Qual-

len geboten. Quallen stellen in Griechenland zwar keine tödliche Gefahr dar, aber dennoch kann eine Begegnung schmerzhaft sein. Mit reichlich Essig auf den betroffenen Stellen werden die noch intakten Nesselkapseln deaktiviert. Brandsalbe, Antihistamine und Schmerzmittel verschaffen Linderung. Weitaus schmerzhafter, aber zum Glück seltener ist die Begegnung mit einem Petermännchen. Dieser Fisch vergräbt sich in Strandnähe in den Sand, sodass nur noch seine Rückenstacheln herausschauen; und wer darauf tritt, bekommt ein starkes, schmerzhaftes Gift verabreicht. Am besten den Fuß in sehr heißes Wasser legen, um die Wirkung des Gifts zu verringern; wird ein Kind gestochen, sollte man auf jeden Fall einen Arzt aufsuchen. Der Stich eines Petermännchens kann schlimmstenfalls zu dauerhaften örtlichen Lähmungen führen.

Zu den gefährlichen Schlangen Griechenlands gehören die Kreuzottern sowie die selteneren Vipern und Korallennattern. Um Schlangenbisse zu vermeiden, sollte man geschlossene Schuhe, Socken und lange Hosen tragen, wenn man abseits befestigter Wege unterwegs ist. Man sollte nicht in Löcher oder Spalten greifen und beim Sammeln von Feuerholz vorsichtig sein. Schlangenbisse führen nicht unmittelbar zum Tod, und ein Antiserum ist fast überall verfügbar. Wer gebissen wurde, sollte sich ruhig verhalten, das verletzte Körperteil schienen und fest umwickeln (wie einen verstauchten Knöchel), um es ruhig zu halten. Dann sollte man sofort einen Arzt aufsuchen und, wenn möglich, die tote Schlange zwecks Identifikation mitbringen. Auf keinen Fall sollte man versuchen, die Schlange zu fangen, wenn die Gefahr besteht, dass sie noch einmal zubeißt. Abschnüren oder Aussaugen der Wunde ist nach neuesten Erkenntnissen nicht ratsam.

Wer in Zeckengebieten unterwegs ist, sollte sich regelmäßig am ganzen Körper gründlich nach Zecken absuchen, da Zeckenbisse Hirnhautentzündungen und andere ernsthafte Erkrankungen hervorrufen können. Zecken entfernt man am besten mit einer Pinzette, mit der man die Zecke möglichst nah an der Haut greift und sie dann vorsichtig herauszieht. Die Pinzette sollte dabei nicht zu fest zusammengedrückt werden, damit das Zeckengift nicht in die Wunde gelangt und eine Infektion auslöst.

Griechenland gilt offiziell als tollwutfrei; dennoch sollten alle Bisse von Tieren behandelt werden, damit sie sich nicht entzünden und es zu keiner Tetanusinfektion (Wundstarrkrampf) kommt.

Moskitos können eine Plage sein, weshalb man sich dagegen schützen sollte, aber es besteht nicht die Gefahr einer Malariainfektion. Elektrische Geräte zur Insektenabwehr sind in der Regel ausreichend – und angenehmer als Duftmittelchen, um sich in der Nacht die Plagegeister vom Leib zu halten. Dennoch ist es sinnvoll, sich eine Unterkunft zu suchen, bei der es Fenster mit Fliegengittern gibt. Es gibt sehr viele Arten von Stechmucken, und die Menschen reagieren auch sehr unterschiedlich auf die Stiche. Im Norden Griechenlands können Moskitostiche starke allergische Reaktionen auslösen. Die Asiatische Tigermücke (Aedes albopictus) kommt in den Bergregionen vor und ist tagsüber ein gefräßiger Blutsauger. Es ist nachgewiesen, dass diese Mücke eine Reihe von Viren überträgt, darunter eine Form der Hirnhautentzündung (östl. Pferdeenzephalitis), die das zentrale Nervensystem angreift und sogar tödlich sein kann. Schutz gegen Stiche bieten entsprechende Sprays oder Lotionen.

Winzige Wanzen in Betten haben unangenehme Bisse zur Folge. Die Symptome sind stecknadelkopfgroße rote Punkte auf der Haut, die man zunächst für Mückenstiche hält, obwohl man die Haut eigentlich bedeckt gehalten hatte. Abhilfe bietet hier nur der Umzug in ein anderes, nicht infiziertes Bett.

Hitzschlag
Wer viel schwitzt, nicht ausreichend trinkt und dem Körper keine Salze zuführt, kann einen Hitzschlag erleiden. Die Symptome sind Kopfschmerzen, Schwindelgefühle und Müdigkeit. Der Körper beginnt bereits auszutrocknen, wenn man Durst bekommt – daher sollte man immer so viel Wasser trinken, dass der Urin hellgelb und dünnflüssig ist. Wer einen Hitzschlag hat, sollte viel Wasser und/oder Fruchtsaft trinken und den Körper mit kaltem Wasser und einem Ventilator kühlen.

Unterkühlung
Bei einer Unterkühlung verliert der Körper schneller seine Wärme, als er sie produzie-

ren kann. Wie immer kann auch hier die richtige Vorsorge verhindern, dass es so weit kommt. Sogar an einem heißen Tag kann in den Bergen das Wetter schnell umschlagen, daher sollte man immer einen Regenschutz, warme Kleidung und eine Kopfbedeckung dabei haben und andere über die geplante Route informieren. Unterkühlung beginnt mit Zittern, Orientierungslosigkeit und Klammheit, danach folgen Apathie, Verwirrung und Koma. Um weiteren Wärmeverlust zu vermeiden, sollte man einen Unterschlupf suchen, warme trockene Kleidung anlegen, etwas Warmes, Süßes trinken und sich gegenseitig wärmen.

Wasser
In weiten Teilen Griechenlands kann man das Wasser aus der Leitung gefahrlos trinken, aber in kleinen Dörfern und auf manchen Inseln ist Vorsicht geboten. Daher sollte man vor Ort immer fragen und im Zweifel das Wasser abkochen oder in Flaschen kaufen. Auch wenn das Leitungswasser genießbar ist, sind darin doch Inhaltsstoffe und Mikrobakterien enthalten, die für den eigenen Körper ungewohnt sind und daher zu Durchfall oder Erbrechen führen können. Wer darunter leidet und das Wasser in Verdacht hat, sollte sich Wasser in Flaschen kaufen.

MIT KINDERN REISEN
Eltern sollten sicherstellen, dass ihre Kinder die empfohlenen, altersgerechten Impfungen erhalten haben, und mit ausreichendem Zeitvorlauf mögliche Impfungen für die Reise mit dem Arzt besprechen, da manche Impfungen für Kinder unter einem Jahr nicht geeignet sind. In der Lonely Planet Ausgabe Travel with Children (Brigitte Barta et. al.) gibt es viele Gesundheitstipps für das Reisen, auch mit kleinen Kindern. Kinder sind häufig anfälliger für Durchfallerkrankungen und dehydrieren schneller, auch Bisse und Stiche können bei Kindern aufgrund ihrer geringeren Körpermasse schlimmere Folgen haben. Ein-Erste-Hilfe Set sollte daher immer griffbereit sein.

SEX & GESUNDHEIT
Kondome gibt es überall in Griechenland zu kaufen, aber nicht die „Pille danach". Deshalb sollte entsprechend vorgesorgt werden.

GESUNDHEIT

Sprache

Die griechische Sprache ist eine der ältesten europäischen Sprachen überhaupt; sie wird seit 4000 Jahren gesprochen und seit etwa 3000 Jahren auch geschrieben. Die Entwicklung der Sprache in dieser viertausend Jahre alten Sprachgeschichte ist gekennzeichnet von ihrer Hochphase während des Goldenen Zeitalters von Athen und der Demokratie (Mitte des 5. Jhs. v. Chr.) und von ihrer Funktion als Verkehrssprache im gesamten Nahen Osten, nachdem Alexander der Große und seine Nachfolger sie während des hellenistischen Zeitalters (330 v. Chr. bis 100 n. Chr.) sogar bis Indien brachten. Später wurde Griechisch zur Sprache der neu entstandenen Religion des Christentums und zur Amtssprache des oströmischen Reichs. Auch im byzantinischen Reich (380–1453) wurde Griechisch als alleinige Amtssprache eingeführt.

Das Griechische behielt seinen Status und sein Ansehen auch in der Zeit der Renaissance in Europa und bildete die sprachliche Grundlage für sämtliche Wissenschaften und Fachwortschätze während des Zeitalters der Aufklärung. Heute sind viele griechische Wörter in das Vokabular zahlreicher indoeuropäischer Sprachen eingegangen und machen auch heute noch einen bedeutenden Teil des wissenschaftlichen Vokabulars aus.

Die moderne griechische Sprache ist ein südgriechischer Dialekt, der heute von den meisten Sprechern der griechischen Sprachen sowohl in Griechenland als auch außerhalb des Landes verwendet wird. So entstand ein Mix aus Wörtern der Antike und Wörtern aus einigen Regionalsprachen Griechenlands, insbesondere aus Kreta, Zypern und Makedonien.

Griechisch wird in ganz Griechenland von etwa 10 Mio. Menschen gesprochen, außerdem von etwa 5 Mio. Griechen, die im Ausland leben.

AUSSPRACHE

Alle griechischen Wörter mit zwei oder mehr Silben haben einen Akut (´) als Betonungsakzent. So wird zum Beispiel άγαλμα (Statue) *aghalma* ausgesprochen und αγάπη (Liebe) *aghapi*. In den folgenden Transliterationen zeigt die Kursivierung die betonte Silbe an, z. B. *a·ghal·ma*. Wichtig zu wissen, **dh** wird wie das englische „th" in „there" ausgesprochen; **gh** ist eine weichere, leicht gutturale Variante von „g". Weitere Einzelheiten im Kasten auf S. 884.

ESSEN

Weitere Infos zum Thema Essen und Trinken stehen auf S. 104.

Ich möchte für heute Abend einen Platz reservieren.

Θέλω να κλείσω ένα τραπέζι για απόψε.

*thä·*lo na *kli·*so ä·na tra·*pe·*zi ja a·*po·*psä

Einen Tisch für ... bitte.

Ενα τραπέζι για… παρακαλώ.

*ä·*na tra·*pä·*zi ya … pa·ra·ka·*lo*

Ich hätte gerne die Speisekarte.

Το μενού, παρακαλώ.   to me·*nu*, pa·ra·ka·*lo*

Gibt es die Speisekarte auch auf Englisch?

Εχετε το μενού στα αγγλικά?

ä·*chyä·*tä to mä·*nu* sta ang·li·*ka?*

Ich hätte gerne …

Θα ήθελα …   tha *i·*the·la

Die Rechnung, bitte.

Το λογαριασμό, παρακαλώ.

to lo·ghar·ya·*zmo* pa·ra·ka·*lo*

Ich bin Vegetarier/in.

Είμαι χορτοφάγος.   *i·*me hor·to·*fa·*ghos

Ich esse kein Fleisch und keine Milchprodukte.
Δε τρώω κρέας ή γαλακτοκομικά προϊόντα.
dhen *tro*-o *kre*-as i gha-la-kto-ko-mi-*ka* pro-i-*on*-da

FRAGEWÖRTER
Wer/Welche/r/s?
Ποιος/Ποια/Ποιο;   pi-*os*/pi-*a*/pi-*o* (sing. m/f/n)
Ποιοι/Ποιες/Ποια;   pi-*i*/pi-*äs*/pi-*a* (plur. m/f/n)
Wer ist da?
Ποιος είναι εκεί;   pi-*os* i-nä ä-*ki*
Welche Straße ist das?
Ποια οδός είναι αυτή;   pi-*a* o-*dhos* i-nä af-*ti*
Was?
Τι;   ti
Was ist das?
Τι είναι αυτό,   ti *i*-nä af-*to*
Wo?
Πού;   pu
Wann?
Πότε;   po-tä
Warum?
Γιατί;   ji-a-*ti*
Wie?
Πώς;   pos
Wie viel?
Πόσο;   po-sso
Wie viel kostet es?
Πόσο κάνει;   po-sso ka-ni

GESUNDHEIT
Ich bin krank.   Είμαι άρρωστος.   *i*-mä a-ro-stos
Hier tut es weh. Πονάει εδώ.   po-*na*-i ä-*dho*
Ich habe ...
Έχω ...   ä-cho ...
  Asthma
  άσθμα   asth-ma
  Diabetes
  ζαχαροδιαβήτη   sa-cha-ro-dhi-a-*wi*-ti
  Durchfall
  διάρροια   dhi-*a*-ri-a
  Epilepsie
  επιληψία   ä-pi-lip-*si*-a

Ich reagiere allergisch auf ...
Είμαι αλλεργικός/   *i*-mä a-lär-ji-*kos*/αλλεργική
...-a-lär-ji-*ki* ... (m/f)
  Antibiotika
  στα αντιβιωτικά   sta an-di-wi-o-ti-*ka*
  Aspirin
  στην ασπιρίνη   stin a-spi-*ri*-ni
  Bienenstiche
  στις μέλισσες   stis *mä*-li-ssäs
  Penizillin
  στην πενικιλλίνη   stin pä-ni-ki-*li*-ni

  Nüsse
  στα φυστίκια   sta fi-*sti*-ki-a

Medikamente   φάρμακο   *farm*-a-ko
Sonnencreme   κρέμα ηλίου   *krä*-ma i-*li*-u
Tampons   ταμπόν   tam-*bon*
Verhütungsmittel προφυλακτικό   pro-fi-lak-ti-*ko*

NOTFÄLLE

Hilfe!
  Βοήθεια!   wo-*i*-thia
Es hat einen Unfall gegeben.
  Έγινε ατύχημα.   *äy*-i-nä a-*ti*-chi-ma
Gehen Sie weg!
  Ψυγε!   *fi*-jä
Rufen Sie ...!   Φωνάξτε ...!   fo-*nak*-stä ...
  einen Arzt
  ένα γιατρό   *ä*-na ji-a-*tro*
  die Polizei
  την αστυνομία   tin a-sti-no-*mi*-a

KONVERSATION & NÜTZLICHES
Hallo
Γειά σας.   *ya*-ssas (höflich)
Γειά σου.   *ya*-ssu (locker)
Guten Morgen
Καλημέρα.   ka-li-*mä*-ra
Guten Abend
Καλησπέρα.   ka-li-*spä*-ra
Gute Nacht
Καληνύχτα.   ka-li-*nich*-ta
Auf Wiedersehen
Αντίο.   an-*di*-o
Ja
Ναι.   nä
Nein
Όχι.   o-chi
Bitte
Παρακαλώ.   pa-ra-ka-*lo*
Danke
Ευχαριστώ.   äf-cha-ri-*sto*
Gern geschehen/bitte
Παρακαλώ.   pa-ra-ka-*lo*
Entschuldigung
Συγγνώμη.   sigh-*no*-mi
Wie heißen Sie?
Πώς σας λένε;   pos sas *lä*-nä
Ich heiße ...
Με λένε ...   me *lä*-nä ...

SPRACHE

DAS GRIECHISCHE ALPHABET & DIE AUSSPRACHE

Griechisch	Aussprache		Beispiel		
A α	a	wie in „Vater"	αγάπη	a·*gha*·pi	Liebe
B β	v	wie in „wer"	βήμα	*wi*·ma	Schritt
Γ γ	gh	ein weiches, gutturales „g"	γάτα	*gha*·ta	Katze
	y	(vor e, i) wie in „jeder"	για	ya	für
Δ δ	dh	wie in englisch „there"	δέμα	*dhe*·ma	Paket
E ε	ä	wie in „Ente"	ένας	*ä*·nas	einer
Z ζ	s	wie in „sollen"	ζώο	*so*·o	Tier
H η	i	wie in „Winter"	ήταν	*i*·tan	war
Θ θ	th	wie auf Englisch „throw"	θέμα	*thä*·ma	Thema
Ι ι	i	wie in „Wiese"	ίδιος	*i*·dhios	derselbe
K κ	k	wie in „Kino"	καλά	ka·*la*	gut (Adv.)
Λ λ	l	wie in „liegen"	λάθος	*la*·thos	Fehler
M μ	m	wie in „Mann"	μαμά	ma·*ma*	Mutter
N ν	n	wie in „Netz"	νερό	nä·*ro*	Wasser
Ξ ξ	ks	wie in „Box"	ξύδι	*ksi*·dhi	Essig
O o	o	wie in „Trott"	όλα	*o*·la	alle
Π π	p	wie in „Post"	πάω	*pa*·o	ich gehe
P ρ	r	wie in „Roman",	ρέμα	*rä*·ma	Fluss
		leicht gerolltes r	ρόδα	*ro*·dha	Reifen
Σ σ, ς	s, ss	wie in „Eis"	σημάδι	si·*ma*·dhi	Markierung
T τ	t	wie in „Tisch"	τόπος	*to*·pos	Ort
Y υ	i	wie in „Wiese"	ύστερα	*is*·tä·ra	nach
Φ φ	f	wie in „finden"	φύλλο	*fi*·lo	Blatt
X χ	ch	wie in „Bach" oder	χάνω	*cha*·no	ich verliere
		wie in „Licht"	χέρι	*chä*·ri	Hand
Ψ ψ	ps	wie in „Psyche"	ψωμί	pso·*mi*	Brot
Ω ω	o	wie in „Trott"	ώρα	*o*·ra	Zeit

Buchstabenkombinationen

Die hier aufgelisteten Buchstabenkombinationen werden wie folgt ausgesprochen:

Griechisch	Aussprache		Beispiel		
ει	i	wie in „Wiese"	είδα	*i*·dha	ich sah
οι	i	wie in „Wiese"	οικόπεδο	i·*ko*·pä·dho	Land
αι	ä	wie in „Bett"	αίμα	*ä*·ma	Blut
ου	u	wie in „Mut"	πού	pu	wer/was/wo
μπ	b	wie in „Bier"	μπάλα	*ba*·la	Ball
	mb	wie in „Imbiss"	κάμπος	*kam*·bos	Wald
ντ	d	wie in „dunkel"	ντουλάπα	du·*la*·pa	Schrank
	nd	wie in „Wände"	πέντε	*pän*·de	fünf
γκ	g	wie in „Gott"	γκάζι	*ga*·si	Gas
γγ	ng	wie in „angeln"	αγγελία	an·gä·*li*·a	Ankündigung
γξ	ks	wie in „links"	σφιγξ	sfinks	Sphinx
τζ	dz	wie in „Bands"	τζάκι	*dza*·ki	Kamin

Die oben aufgelisteten Vokalpaare werden getrennt ausgesprochen, wenn der erste Vokal einen Akut (´) trägt oder der zweite ein Trema (¨), wie in den folgenden Beispielen:

Κάιρο	*kai*·ro	Kairo
γαΐδουράκι	gai·dhou·*ra*·ki	kleiner Esel

Für manche griechischen Konsonanten gibt es keine Entsprechung im Deutschen. Das υ in den Verbindungen αυ, ευ und ηυ wird im Allgemeinen als „f" ausgesprochen. Das griechische Fragezeichen ist als Semikolon (;) dargestellt.

TRANSKRIPTION & UNTERSCHIEDLICHE SCHREIBWEISEN: EINE ERKLÄRUNG

Die griechische Schrift korrekt in das lateinische Alphabet zu übertragen ist eine schwierige Sache mit vielen Ungereimtheiten und Fehlerquellen. Die Griechen selbst sind dabei nicht sehr konsequent, wobei es jedoch langsam besser wird. Für das Wort „Piräus" gibt es zum Beispiel die folgenden Übertragungen: *Pireas*, *Piraievs* and *Pireefs*, und in Straßennamen findet man auch *Pireos*!

Der Grund dafür ist der griechische Sprachdualismus – ein wahres linguistisches Minenfeld. Die reine Hochsprache wird *Katharevousa* und die Volkssprache *Dimotiki* (Demotisch) genannt. Das *Katharevousa* war schon immer kaum mehr als eine Kunstsprache und das *Dimotiki* immer die allgemein gesprochene Sprache, und somit gibt es häufig für ein deutsches Wort zwei griechische Wörter. So ist das Gebrauchswort für „Bäckerei" *„fournos"*, aber auf dem Ladenschild steht sehr häufig *artopoieion*. Was der Bäcker herstellt, heißt *psomi*, aber in der Kirche gibt es *artos*.

Schwierig sind auch die eingedeutschten Ortsnamen: Athina wird zu Athen, Patra zu Patras, Thiva zu Theben, Evia zu Euböa, und die Liste ließe sich noch weiter fortsetzen. Häufig gibt es auch einen offiziellen und einen umgangssprachlichen Ortsnamen, sodass man Corfu/Kerkyra, Zakynthos/Zante oder Santorini/Thira lesen kann. In diesem Führer werden in der Regel die heutigen Namen der Orte verwendet. Für die Stätten des Altertums, die Siedlungen oder Menschen aus der Antike werden hauptsächlich die vertrauteren klassischen Namen eingesetzt, also Thukydides statt Thoukididis, Mykene statt Mykines.

Probleme bei der Transkription gibt es insbesondere bei den Vokalen, da es im Griechischen sechs verschiedene Möglichkeiten gibt, ein langes „i" zu schreiben, zwei Möglichkeiten für ein „o" und zwei Möglichkeiten für ein „e". Meistens wird in diesem Buch **y** für den langen „i"-Laut benutzt, wenn im Griechischen ein *upsilon* (υ, Υ) steht, und ein **i** für das griechische *ita* (η, Η) und *iota* (ι, Ι). Wenn durch eine griechische Vokalkombination ein „i"-Laut entsteht, wie in οι, ει und υι, wird ebenfalls ein **i** geschrieben. Für die beiden griechischen „e"-Laute, αι und ε, stehen das **e** und **ä**.

Bei den Konsonanten steht in der Regel eher ein **g** statt ein **j** für den griechischen Buchstaben *gamma* (γ, Γ). So steht beispielsweise *agios* (Heiliger) statt *ayios* und *agia* (Heilige) statt *ayia*. Der Buchstabe fi (φ, Φ) kann als **f** oder **ph** umgeschrieben werden. In der Regel werden klassische Namen mit **ph** geschrieben und moderne Namen mit **f**. Somit heißt es eher Phaistos statt Festos, aber eher Folegandros statt Pholegandros. Das griechische *chi* (χ, Χ) wird in der Regel als **ch** wiedergegeben, um der griechischen Aussprache so nahe wie möglich zu kommen, daher auch Chania und Polytechnou.

Bei den Straßennamen wurde das griechische *odos* (Straße) weggelassen, aber die Worte für Prachtstraße oder Avenue (*leoforos*, mit der Abkürzung leof auf Karten) sowie Platz (*plateia*) sind stehengeblieben.

Woher kommen Sie?
Από πού είστε;   a·*po* pu *i*·stä
Ich komme aus ...
Είμαι από ...   *i*·mä a·*po* ...
Ich mag (nicht) ...
(Δεν) μ' αρέσει ...   (dhän) ma·*rä*·ssi ...
Einen Moment bitte.
Μισό λεπτό.   mi·*sso* läp·*to*

PAPIERKRAM
Ausweis
διαβατήριο   dhia·wa·*ti*·ri·o
Geburtsdatum
ημερομηνία   i·mä·ro·mi·*ni*·a
γεννήσεως   jän·*ni*·ssä·os
Geburtsort
τόπος γεννήσεως   *to*·pos jän·*ni*·ssä·os

Geschlecht
φύλον   *fi*·lon
Name
ονοματεπώνυμο   o·no·ma·tä·*po*·ni·mo
Staatsangehörigkeit
υπηκοότητα   i·pi·ko·*o*·ti·ta
Visum
βίζα   *wi*·sa

REISEN MIT KINDERN
Dürfen Kinder hinein?
Επιτρέπονται τα παιδιά;
ä·pi·*tre*·pon·dä ta pä·*dia*
Stört es Sie, wenn ich mein Kind hier stille?
Μπορώ να θηλάσω εδώ;
bo·*ro* na thi·*la*·so ä·*dho*

SPRACHE

Gibt es hier ein/e ...?

Υπάρχει ...;   *i·par·*chi ...

Ich brauche ein/e/en ...

Χρειάζομαι ...   chri·*a·zs·*mä ...

(Englisch sprechenden) Babysitter

μπέιμπι σίττερ   ba·bi sit·ter

(που μιλά   (pu mi·*la*

αγγλικά)   an·ghli·*ka)*

Hochstuhl

παιδική καρέκλα   pä·dhi·*ki* ka·*rek·*la

Kindersitz für das Auto

κάθισμα για   ka·*this·*ma ja

μωρό   mo·*ro*

Kinderwagen

καροτσάκι   ka·ro·*tsa·*ki

Speisekarte für Kinder

μενού για παιδιά   mä·*nu* jä pä·*dhia*

Töpfchen

γιογιό   jo·*jo*

(Wegwerf-)Windeln

πάνες Pampers   pan·näz pam·pers

Wickelraum

μέρος ν' αλλάξω   me·ros na·*lak·*so

το μωρό   to mo·*ro*

SHOPPEN & SERVICE

Ich möchte gerne ... kaufen.

Θέλω ν' αγοράσω ...   th·lo na·gho·*ra·*sso ...

Wie viel kostet es?

Πόσο κάνει;   po·sso ka·ni

Das gefällt mir nicht.

Δεν μου αρέσει.   dhän mu a·*rä·*ssi

Kann ich es sehen?

Μπορώ να το δω;   bo·*ro* na to dho

Ich schaue nur.

Απλώς κοιτάζω.   ap·*los* ki·*ta·*so

Das ist billig.

Είναι φτηνό.   i·nä fti·*no*

Das ist zu teuer.

Είναι πολύ ακριβό.   i·nä po·*li* a·kri·*wo*

Ich nehme das.

Θα το πάρω.   tha to *pa·*ro

Nehmen Sie?   Δέχεστε ...;   dhä·chä·stä ...

Kreditkarten   πιστωτική   pi·sto·ti·*ki*

                     κάρτα   kar·ta

Reisechecks   ταξιδιωτικές   tak·si·dhi·o·ti·*käs*

größer   μεγαλύτερο   mä·gha·*li·*tä·ro

kleiner   μικρότερο   mi·*kro·*tä·ro

mehr   περισσότερο   pä·ri·*so·*tä·ro

weniger   λιγότερο   li·*gho·*tä·ro

Ich suche ...   Ψάχνω για ...   psach·no ja ...

eine Bank   μια τράπεζα   mia tra·*pä·*sa

die ...   την ...   tin ...

Botschaft   πρεσβεία   präs·*wi·*a

einen Geldautomaten

μια αυτόματη   mia af·to·ma·ti

μηχανή   mi·kha·*ni*

ein Internetcafé

το τοπικό   to to·pi·*ko*

καφενείο με   ka·fä·*ni·*o mä

διαδίκτυο;   thi·a·*thik·*ti·o

die Kirche   την εκκλησία   tin äk·kli·*si·*a

den Markt   τη λαϊκή αγορά   ti lai·*ki* a·gho·*ra*

das Museum   το μουσείο   to mu·*ssi·*o

das Postamt   το ταχυδρομείο   to ta·chi·dhro·*mi·*o

das Stadtzentrum

το κέντρο της   to *kän·*dro tis

πόλης   po·lis

eine öffentliche Toilette

μια δημόσια   mja dhi·*mo·*ssia

τουαλέτα   tu·a·*lät·*ta

die Touristeninformation

το τουριστικό   to tu·ri·sti·*ko*

γραφείο   ghra·*fi·*o

TRANSPORT
Öffentliche Verkehrsmittel

Um wie viel Uhr   Τι ώρα φεύγει/   ti o·ra *fäf·*ji/

fährt... ab/   φτάνει το ...;   fta·ni to ...

kommt ... an?

(Stadt)Bus   αστικό   a·sti·*ko*

(Überland)Bus   λεωφορείο   lä·o·fo·*ri·*o

Flugzeug   αεροπλάνο   aä·ro·*pla·*no

Schiff   πλοίο   pli·*o*

Zug   τραίνο   trä·no

Ich hätte gerne (ein/e)

Θα ήθελα   tha *i·*thä·la ...

(ένα) ...   (ä·na) ...

Hinfahrkarte   απλό εισιτήριο   a·plo i·ssi·*ti·*ri·o

Rückfahrkarte   εισιτήριο με   i·ssi·*ti·*ri·o mä

                     επιστροφή   ä·pi·stro·*fi*

1. Klasse   πρώτη θέση   pro·ti thä·ssi

2. Klasse   δεύτερη θέση   *däf·*tä·ri thä·ssi

Ich möchte nach ... fahren.

Θέλω να πάω στο/στη ...

thä·lo na pao sto/sti ...

Der Zug fällt aus/hat Verspätung.

Το τραίνο ακυρώθηκε/καθυστέρησε

to trä·no a·ki·*ro·*thi·kä/ka·thi·*stä·*ri·ssä

der erste

το πρώτο   to *pro·*to

der letzte

το τελευταίο   to tä·läf·*tä·*o

Bahnhof
σιδηροδρομικός · si·dhi·ro·dhro·mi·kos
σταθμός · stath·mos
Bahnsteig Nummer
αριθμός αποβάθρας · a·rith·mos a·po·wa·thras
Fahrkartenschalter
εκδοτήριο εισιτηρίων · äk·dho·ti·ri·o i·ssi·ti·ri·on
Fahrplan
δρομολόγιο · dhro·mo·lo·gio

Private Verkehrsmittel
Ich möchte gerne ... mieten
θα ήθελα να νοικιάσω ...
tha i·thä·la na ni·ki·a·sso ...
einen Allradwagen
ένα τέσσερα · a·na täs·sä·ra
επί τέσσερα · e·pi täs·sä·ra
(einen Jeep) (ένα τζιπ) · (ä·na tsip)
ein Auto ένα αυτοκίνητο · ä·na af·ti·ki·ni·to
ein Fahrrad ένα ποδήλατο · ä·na po·dhi·la·to
ein Motorrad μια · mia
μοτοσυκλέττα · mo·to·ssi·klät·ta

Ist das die Straße nach ...?
Αυτός είναι ο δρόμος για ...
af·tos i·nä o dhro·mos ja ... ;
Wo ist die nächste Tankstelle?
Πού είναι το επόμενο βενζινάδικο;
pu i·nä to ä·po·meä no wän·si·na·dhi·ko
Bitte volltanken.
Γεμίστε το, παρακαλώ.
jä·mi·stä to pa·ra·ka·lo
Bitte für (30) Euro ...
θα ήθελα (30) ευρώ
tha i·thä·la (tri·an·da) äf·ro
Diesel
πετρέλαιο κίνησης · pät·rä·lä·o ki·ni·sis
verbleit
σούπερ · su·pär
unverbleit
αμόλυβδη · a·mo·liw·dhi
Darf ich hier parken?
Μπορώ να παρκάρω εδώ;
bo·ro na par·ka·ro ä·dho
Wo muss ich bezahlen?
Πού πληρώνω; · pu pli·ro·no

Das Auto/Motorrad ist liegengeblieben (in ...).
Το αυτοκίνητο/η μοτοσυκλέττα χάλασε στο ....
to af·to·ki·ni·to/i mo·to·ssi·klät·ta kha·la·ssä sto ...
Das Auto/Motorrad springt nicht an.
Το αυτοκίνητο/η μοτοσυκλέττα δεν παίρνει μπρος.
to af·to·ki·ni·to/i mo·to·ssi·klät·ta dhän per·ni· bros

Ich habe einen Platten.
Έπαθα λάστιχο.
ä·pa·tha la·sti·cho
Ich habe kein Benzin mehr.
Έμεινα από βενζίνη.
ä·mi·na a·po wän·zi·ni
Ich hatte einen Unfall.
Έπαθα ατύχημα.
ä·pa·tha a·ti·chi·ma

STRASSENSCHILDER

ΠΑΡΑΚΑΜΨΗ	Umleitung
ΑΠΑΓΟΡΕΥΕΤΑΙ Η ΕΙΣΟΔΟΣ	Einfahrt verboten
ΑΠΑΓΟΡΕΥΕΤΑΙ Η ΠΡΟΣΠΕΡΑΣΗ	Überholen verboten
ΑΠΑΓΟΡΕΥΕΤΑΙ Η ΣΤΑΘΜΕΥΣΗ	Parken verboten
ΕΙΣΟΔΟΣ	Einfahrt
ΜΗΝ ΠΑΡΚΑΡΕΤΕ ΕΔΩ	Abstand halten
ΔΙΟΔΙΑ	Zoll/Maut
ΚΙΝΔΥΝΟΣ	Gefahr
ΑΡΓΑ	Langsam fahren
ΕΞΟΔΟΣ	Ausfahrt

UHRZEIT & DATUM

Wie spät ist es?	Τι ώρα είναι;	ti o·ra i·nä
Es ist (zwei) Uhr.	είναι	i·nä
	(δύο η) ώρα.	(dhi·o i) o·ra
Wann?	Πότε;	po·tä
morgens	το πρωί	to pro·i
nachmittags	το απόγευμα	to a·po·jäf·ma
abends	το βράδυ	to wra·dhi
gestern	χθες	chthäs
heute	σήμερα	si·mä·ra
morgen	αύριο	af·ri·o
Montag	Δευτέρα	dhäf·tä·ra
Dienstag	Τρίτη	tri·ti
Mittwoch	Τετάρτη	tä·tar·ti
Donnerstag	Πέμπτη	pämp·ti
Freitag	Παρασκευή	pa·ras·kä·fi
Samstag	Σάββατο	sa·wa·to
Sonntag	Κυριακή	ki·ri·a·ki
Januar	Ιανουάριος	ia·nou·ar·i·os
Februar	Φεβρουάριος	fäw·rou·ar·i·os
März	Μάρτιος	mar·ti·os
April	Απρίλιοςα	a·pri·li·os
Mai	Μάιος	mai·os
Juni	Ιούνιος	i·u·ni·os
Juli	Ιούλιος	i·u·li·os
August	Αύγουστος	af·ghous·tos
September	Σεπτέμβριος	säp·täm·wri·os
Oktober	Οκτώβριος	ok·to·wri·os

SPRACHE

| November | Νοέμβριος | no-*äm*-wri-os |
| Dezember | Δεκέμβριος | dhä-*käm*-wri-os |

UNTERKUNFT

Ich suche ...
Ψάχνω για ... _psa_-chno ya ...
  ein Hotel
  ένα ξενοδοχείο _ä_-na ksä-no-dho-*chi*-o
  eine Jugendherberge
  έναν ξενώνα _ä_-nan ksä-*no*-na
  νεότητας nä-*o*-ti-tas
  ein Zimmer
  ένα δωμάτιο _ä_-na dho-*ma*-tjo

Ich hätte gerne ...
Θα ήθελα να κλείσω ... tha *i*-thä-la na *kli*-sso ...
  ein Bett
  ένα κρεββάτι _ä_-na krä-*wa*-ti
  ein Einzelzimmer
  ένα μονόκλινο _ä_-na mo-*no*-kli-no
  δωμάτιο dho-*ma*-tjo
  ein Zimmer mit einem Doppelbett
  ένα δωμάτιο με _ä_-na dho-*ma*-tjo mä
  δυό κρεββάτια dhi-*o* krä-*wa*-tja
  ein Zimmer mit Bad
  ένα δωμάτιο με _ä_-na dho-*ma*-tjo mä
  μπάνιο *ba*-njo
  ein Zweibettzimmer
  ένα δίκλινο _ä_-na *dhi*-kli-no
  δωμάτιο dho-*ma*-tjo

Wo ist ein billiges Hotel?
Πού είναι ένα φτηνό ξενοδοχείο;
pou *i*-nä _ä_-na fti-*no* ksä-no-do-*chi*-o
Wie ist die Adresse?
Ποια είναι η διεύθυνση; pia *i*-nä i dhi-*äf*-thin-si
Könnten Sie mir die Adresse bitte aufschreiben?
Παρακαλώ, μπορείτε να γράψετε τη διεύθυνση;
pa-ra-ka-*lo* bo-*ri*-te na *ghra*-psä-tä ti dhi-*äf*-thin-si
Sind noch Zimmer frei?
Υπάρχουν ελεύθερα δωμάτια;
i-*par*-chun e-*läf*-thä-ra dho-*ma*-tja
Ich würde gerne in einem Mehrbettzimmer übernachten.
Θα ήθελα να μοιράσω ένα κοινό δωμάτιο
με άλλα άτομα
tha *i*-thä-la na mi-*ra*-so _ä_-na ki-*no* dho-*ma*-tjo
mä *al*-la _a_-to-ma

Wie viel kostet es...?
Πόσο κάνει ...; _po_-sso *ka*-ni ...
  pro Nacht
  τη βραδυά ti -wra-*dhya*
  pro Person
  το άτομο to _a_-to-mo

Kann ich es sehen?
Μπορώ να το δω; bo-*ro* na to dho
Wo ist das Bad?
Πού είναι το μπάνιο; pou *i*-nä to *ba*-njo
Ich/Wir reise(n) heute ab.
Φεύγω/φεύγουμε *fäf*-gho/*fäf*-ghu-mä
σήμερα *si*-mä-ra

VERSTÄNDIGUNG

Sprechen Sie Deutsch/Englisch?
Μιλάτε Γερμανικά / αγγλικά;
mi-*la*-tä jär ma ni *ka* / an-gli-*ka*
Spricht jemand Deutsch/Englisch?
Μιλάει κανείς γερμανικά / αγγλικά;
mi-*lai* ka-*nis* jer ma ni *ka* / an-gli-*ka*
Wie sagt man ... auf Griechisch?
Πώς λέγεται ... στα pos *lä*-ghä-tä ... sta
ελληνικά; äl-li-ni-*ka*
Ich verstehe.
Καταλαβαίνω. ka-ta-la-we-no
Ich verstehe nicht.
Δεν καταλαβαίνω. dhän ka-ta-la-*wä*-no
Bitte schreiben Sie es auf.
Γράψτε το, παρακαλώ. *ghrap*-stä to pa-ra-ka-*lo*
Können Sie mir das auf der Karte zeigen?
Μπορείτε να μου το bo-*ri*-tä na mou to
δείξετε στο χάρτη; *dhi*-ksä-tä sto *char*-ti

WEGWEISER

Wo ist ...?
Πού είναι ...; pu *i*-nä ...
an der Ampel
στα φώτα sta *fo*-ta
an der nächsten Ecke
στην επόμενη γωνία stin ä-*po*-mä-ni gho-*ni*-a
geradeaus
Όλο ευθεία. *o*-lo ef-*thi*-a
links abbiegen
Στρίψτε αριστερά. *strips*-te a-ri-stä-*ra*
rechts abbiegen
Στρίψτε δεξιά. *strips*-te dhä-*ksja*
gegenüber	απέναντι	a-*pä*-nan-di
hinter	πίσω	*pi*-sso
vor	μπροστά	bro-*sta*
weit weg von/ nahe bei	μακριά/κοντά	ma-kri-*a*/kon-*da*
Akropolis	ακρόπολη	a-*kro*-po-li
Altstadt	παλιά πόλη	pa-li-*a* po-li
Brücke	γέφυρα	*jä*-fi-ra
Festung	κάστρο	*ka*-stro
Insel	νησί	ni-*ssi*
Markt	αγορά	a-gho-ra
Meer	θάλασσα	*tha*-las-sa
Museum	μουσείο	mu-*ssi*-o
Platz	πλατεία	pla-*ti*-a

Ruinen	αρχαία	ar·chä·a
Strand	παραλία	pa·ra·li·a
Tempel	αός	na·os

SCHILDER

ΕΙΣΟΔΟΣ	Eingang
ΕΞΟΔΟΣ	Ausgang
ΠΛΗΡΟΦΟΡΙΕΣ	Information
ΑΝΟΙΧΤΟ	offen
ΚΛΕΙΣΤΟ	geschlossen
ΑΠΑΓΟΡΕΥΕΤΑΙ	verboten
ΑΣΤΥΝΟΜΙΑ	Polizei
ΑΣΤΥΝΟΜΙΚΟΣ ΣΤΑΘΜΟΣ	Polizeiwache
ΓΥΝΑΙΚΩΝ	Toiletten (Damen)
ΑΝΔΡΩΝ	Toiletten (Männer)

ZAHLEN

0	μηδέν	mi·dhän
1	ένας (m)	ä·nas
	μία (f)	mi·a
	ένα (n)	ä·na

2	δύο	dhi·o
3	τρεις (m&f)	tris
	τρία (n)	tri·a
4	τέσσερεις (m&f)	tä·ssä·ris
	τέυυεμα (n)	tä·ssä·ra
5	πέντε	pän·dä
6	έξη	ä·ksi
7	επτά	äf·ta
8	οχτώ	och·to
9	εννέα	ä·nä·a
10	δέκα	dhä·ka
20	είκοσι	ik·o·ssi
30	τριάντα	tri·an·da
40	σαράντα	sa·ran·da
50	πενήντα	pä·nin·da
60	εξήντα	ä·ksin·da
70	εβδομήντα	äw·dho·min·da
80	ογδόντα	ogh·dhon·da
90	ενενήντα	ä·nä·nin·da
100	εκατό	ä·ka·to
1000	χίλιοι (m)	chi·li·i
	χίλιες (f)	chi·li·äz
	χίλια (n)	chi·li·a
2000	δύο χιλιάδες	dhi·o chi·li·a·dhäs

Glossar

Alles zum Thema Essen steht in einem eigenen Glossar auf S. 104, siehe auch Wohin zum Essen S. 88.

achäische Kultur – s. *mykenische Kultur*
Akropolis – Zitadelle; höchster Punkt einer antiken Stadt
agia (f), agios (m) – Heilige(r)
agora – Marktplatz einer antiken Stadt; Geschäftsviertel im modernen Griechenland
archaisches Zeitalter – auch das *mittlere Zeitalter* genannt (800–480 v. Chr.); nach der Phase des *dunklen Zeitalters* entstanden die Stadtstaaten, die durch Handel zu Reichtum und Macht gelangten. Gemeinsam war den Stadtstaaten das griechische Alphabet und eine Kultur als Grundlage für eine nationale Identität.
archon – führender Bürger einer Stadt, meist ein reicher Händler; Vorsteher des Magistrats
archontika – Herrenhaus aus dem 17. und 18. Jh. n. Chr., im Besitz eines *archon*
askitiria – Kleine Kapelle oder Klause, Ort der persönlichen Anbetung

baglamas – kleines Saiteninstrument, wie eine kleine *bouzouki*
Basilika – frühe christliche Kirche
bouleuterion – Rathaus
bouzouki – Saiteninstrument mit langem Hals, ähnlich einer Laute, auf der *rembetiko*-Musik gespielt wird
Bouzoukia – alle Bars, in denen *bouzouki*-Musik gespielt und dazu gesungen wird
Byzantinisches Reich – entstand nach dem Verschmelzen der hellenistischen und christlichen Kultur; benannt ist es nach Byzanz, der Stadt am Bosporus, die nach der Teilung des römischen Reiches 395 n. Chr. Hauptstadt des oströmischen Reiches wurde. Rom zerfiel, aber Byzanz, das in Konstantinopel umbenannt wurde, blühte auf. Das byzantinische Reich währte von 324 v. Chr. bis 1453 n. Chr., als Konstantinopel an die Türken fiel.

chora – Hauptort (meist einer Insel)
chorio – Dorf

domatio (s), domatia (pl) – Zimmer, meist in einem Privathaus; günstige Unterkunft
Dorer – (seltener Dorier) hellenistische Krieger, die 1200 v. Chr. nach Griechenland eindrangen, bestehende Siedlungen und die *mykenische Kultur* zerstörten; sie stehen am Beginn von Griechenlands *dunklem Zeitalter*, als die große Kunst und Kultur der *Mykener* und *Minorer* zum Erliegen kam; die Dorer entwickelten sich später zu einem Landadel und ermöglichten so das Aufleben der unabhängigen Stadtstaaten unter der Führung reicher Adliger.
dorisch – Ordnung in der griechischen Architektur, charakterisiert durch Säulen ohne Basis und mit einem bauchigen Schaft mit Kanneluren sowie einem relativ schlichten Kapitell im Vergleich zu den floralen Elementen der Kapitelle der *ionischen* und *korinthischen* Säulen
dunkles Zeitalter – 1200–800 v. Chr., Griechenland wurde von den *Dorern* beherrscht

Ellada oder Ellas – s. *Hellas*
ELTA – Ellinika Tahydromia; griechische Post
EOT – Ellinikos Organismos Tourismou; Touristeninformation (mit Büros in fast allen großen Städten), im Ausland auch bekannt unter *GNTO*

Filiki Eteria – Freundesgesellschaft; eine Gruppe Exilgriechen, die während der osmanischen Herrschaft zur Organisation des Widerstands gegen die Türken entstand
filoxenia – Gastfreundlichkeit
frourio – Befestigung, manchmal auch *kastro*

geometrisches Zeitalter – von 1200–800 v. Chr., in dem die Tongefäße mit geometrischen Mustern verziert wurden, manchmal auch Griechenlands *dunkles Zeitalter* genannt
GNTO – Greek National Tourist Organisation; s. auch *EOT*

Hellas – griechischer Name für Griechenland, auch *Ellada* oder *Ellas*
hellenistisches Zeitalter – Zeitalter des Reichtums und großen Einflusses der Griechen von 323–146 v. Chr. in der Folge der Eroberungen von Alexander dem Großen; es dauerte bis zur Eroberung von Korinth durch die Römer 146 v. Chr.

IC – Intercity-(auch Express-)Zug
ionisch – Ordnung in der griechischen Architektur, charakterisiert durch Säulen mit einem Schaft mit Kanneluren und Kapitellen mit gerollten Enden, vgl. auch *dorische* und *korinthische* Ordnung

Kaik – kleines, robustes Fischerboot, das auch oft Passagiere aufnimmt
kastro – befestigte Stadt, auch Burg oder Festung
katholikon – Hauptkirche einer Klosteranlage
klassisches Zeitalter – Zeitalter, in dem die Stadtstaaten nach dem Sieg über die Perser im 5. Jh. v. Chr. auf dem Höhepunkt ihres Reichtums und ihrer Macht waren; das klassische Zeitalter (480–323 v. Chr.) endete mit dem Nie-

dergang der Stadtstaaten aufgrund der Peloponnesischen Kriege und mit dem Expansionsdrang von Philipp II., König von Makedonien (regierte 359–336 v. Chr.), sowie seinem berühmten Sohn, Alexander dem Großen (regierte 336–23 v. Chr.).

kore – Statue einer Frau aus dem *archaischen Zeitalter*, s. auch *kouros*

korinthisch – Ordnung in der griechischen Architektur, charakterisiert durch Säulen mit glockenförmigen, reich verzierten Kapitellen auf Akanthusblättern; vgl. auch *dorisch* und *ionisch*

kouros – Statue eines Mannes aus dem *archaischen Zeitalter*, meist mit steifer Körperhaltung und rätselhaftem Lächeln; s. auch *kore*

KTEL – Koino Tamio Eispraxeon Leoforion; Nationale Buskooperative, Gesellschaft für Überlandbusse

kykladische Kultur – von 3000–1100 v. Chr., entstand durch die Besiedlung der Kykladen durch die Phönizier

Laika – wörtlich ‚beliebte (Lieder)‘; bekannte Lieder, die entweder seit Jahren häufig gespielt werden oder im Moment aktuell sind

leoforos – Hauptstraße, kurz auch ‘leof’ genannt

limenarchio – Hafenpolizei

meltemi – Nordostwind, weht fast den gesamten Sommer über großen Teilen Griechenlands

mittleres Zeitalter – s. *archaisches Zeitalter*

minoische Kultur – bronzezeitliche (3000–1100 v. Chr.) Kultur auf Kreta, nach dem mythischen König Minos benannt und bekannt für ihre großartigen und handwerklich hervorragenden Arbeiten aus Ton und Metall

moni – Kloster oder Konvent

mykenische Kultur – die erste große Zivilisation (1600–1100 v. Chr.) auf dem griechischen Festland, geprägt von mächtigen unabhängigen Burgen, in denen je-

weils ein König herrschte; auch bekannt als die *achaische Kultur*

nisi – Insel

odos – Straße

OSE – Organismos Sidirodromon Ellados; griechische Eisenbahngesellschaft

OTE – Organismos Tilepikoinonion Ellados; Griechenlands große Telekommunikationsgesellschaft

Panagia – Gottesmutter bzw. die Jungfrau Maria; viele Kirchen sind nach ihr benannt

panigyri (s), panigyria (p) – Feste; meist sind es Feste zu Ehren von Heiligen

Pantokrator – Gemälde oder Mosaik von Christus in der Mitte der Kuppel einer byzantinischen Kirche

periptero (s), periptera (pl) – Kiosk

plateia – Platz

rembetiko – häufig verglichen mit der Blues-Musik; entstand in den Subkulturen der 1920er-Jahre

Sarakatsani – Griechisch sprechende Nomaden und Hirten aus Nordgriechenland

Stele (s), Stelae (pl) – freistehende Steinsäule meist mit Inschriften oder figürlichen Darstellungen

Stoa – lange Säulenhalle, meist auf einer *agora*, überdachter Ort der Zusammenkunft im antiken Griechenland

Tholos – mykenisches Grabmal in Form eines Bienenkorbs

Wlache – alteingesessene, halbnomadische Hirten aus Nordgriechenland mit romanischer Sprache

Zyklop(en) – mythischer, einäugiger Riese

Die Autoren

KORINA MILLER Hauptautorin, Dodekanes, Insel-Hopping

Korina kam zum ersten Mal als Teenager und Rucksacktouristin nach Griechenland; sie schlief auf den Fähren und wanderte in den Bergen. Seither kommt sie immer wieder zurück, um die warme griechische Sonne aufzusaugen, an den Stränden auszuspannen, sich an griechischen Salaten satt zu essen und den starken Kaffee zu genießen. Korina wuchs auf Vancouver Island auf, reist seit ihrem 16. Lebensjahr durch die Welt, und durch Arbeit, Studium und Reisen kennt sie bereits 36 Länder. Sie lebt heute in Sussex auf dem Land und plant dort ihre nächsten Abenteuer. Korina hat in den vergangenen zehn Jahren bereits an 15 Lonely Planet Titeln mitgearbeitet. Von ihr stammen auch die Kapitel Reiseziel Griechenland, Bevor es losgeht, Veranstaltungskalender, Reiserouten, Natur & Umwelt, Allgemeine Informationen, Verkehrsmittel & -wege, Gesundheit und Glossar.

KATE ARMSTRONG Peloponnes

Kate Armstrong studierte Geschichte und Kunst; sie wollte einen *kouros* (Statue eines Mannes aus dem archaischen Zeitalter) in Griechenland sehen und verliebte sich in das Land. Bei späteren Besuchen machte sie Bekanntschaft mit Geistern der mythischen Wesen auf dem Peloponnes, ihrer Lieblingsregion. Hier aß sie reichlich Feta und Oliven (was den Griechen gefällt) und viel Schweinefleisch (was ihrem vegetarischen Partner nicht gefällt) und genießt eine Gastfreundschaft, die Aphrodite angemessen gewesen wäre. Wenn sie nicht voller Reiselust durch bergige Regionen wandert, lebt Kate Armstrong in Australien. Sie ist freiberufliche Reiseschriftstellerin, arbeitet auch an den Lonely Planet Ausgaben über Afrika, Südamerika und Portugal mit, schreibt für australische Zeitungen und ist Autorin vieler Sachbücher für Kinder.

MICHAEL STAMATIOS CLARK
Zentralgriechenland, Euböa & Sporaden

Michaels griechische Wurzeln reichen zurück ins Dorf Karavostamo auf der Insel Ikaria in der Ägäis, woher seine Großeltern mütterlicherseits stammen. Er selbst stammt aus Cambridge, Ohio, und wurde vor Kurzem griechischer Staatsbürger. Seine erste Reise nach Griechenland erarbeitete er sich auf einem griechischen Frachter, auf dem er bei Wein und Backgammon Englischunterricht gab und selbst Griechisch lernte. Wenn er nicht in Griechenland ist, unterrichtet er Englisch in Berkeley, Kalifornien, hört *rembetiko*-Musik und versucht, seine Freunde von den Vorzügen des Retsina zu überzeugen.

DIE AUTOREN VON LONELY PLANET

Warum unsere Reiseführer die besten der Welt sind? Ganz einfach: Unsere Autoren sind unabhängige und leidenschaftliche Globetrotter. Sie recherchieren nicht einfach nur übers Internet oder Telefon, und sie lassen sich nicht mit Werbegeschenken für positive Berichterstattung schmieren. Sie reisen weit, zu touristischen Highlights und entlegenen Orten. Sie besuchen persönlich Tausende von Hotels, Restaurants, Cafés, Bars, Galerien, Schlösser, Museen und mehr – und schildern ihre Eindrücke gnadenlos ehrlich, ohne Schönfärberei. Weitere Infos gibt's auf www.lonelyplanet.com im Autorenbereich.

CHRIS DELISO   Nordgriechenland, Nordostägäische Inseln, Kreta

Chris Deliso zeichnete bereits mit fünf Jahren Karten von der Ägäis und kam schließlich zwanzig Jahre später im Rahmen seines Studiums der byzantinischen Kunst in Oxford nach Griechenland. Seit er 1998 begonnen hat, in Thessaloniki Griechisch zu lernen, reist er häufig nach Griechenland und verbrachte auch ein Jahr auf Kreta und eine längere Zeit auf dem Berg Athos. Chris freut sich immer auf unerwartete Dinge auf entlegenen Inseln wie Psara, genießt in vollen Zügen die Angebote der Weinkeller von Makedonien, beobachtet gerne die Geier beim Aasfressen in Thrakien und liebt selbst jenen unvergleichlichen kretischen süßen Käsekuchen – den *mizithropitakia*.

DES HANNIGAN   Saronische Inseln, Kykladen, Ionische Inseln

Des Hannigan schwamm vor vielen Jahren bei seinem ersten Griechenlandbesuch im Hafen von Ägina an Land, nachdem er vom Schiff aus zunächst in unerwartet tiefes Wasser gesprungen war. Er durchstreift seither das Land, so oft er kann, wobei seine Heimat an der rauen Atlantikküste im schönen Cornwall ist. In einem früheren Leben arbeitete er auf See und kommt daher perfekt mit dem System der griechischen Fährschiffe klar. Eines Tages würde er gerne einmal mit einer schnellen Yacht unter vollen Segeln von Insel zu Insel schippern, aber er wäre auch schon mit einem alten Kaiki mit nur einem Segel mehr als zufrieden. Des arbeitete an den früheren Ausgaben von Lonely Planet über Griechenland und die Griechischen Inseln mit und hat Reiseführer über Korfu und Rhodos geschrieben.

VICTORIA KYRIAKOPOULOS   Kultur, Essen & Trinken, Athen

Victoria Kyriakopoulos ist Journalistin und lebt in Melbourne, wird aber wieder zu einer echten Athenerin, sobald sie ihr Heimatland betritt. Sie hat 269 010 Reisekilometer nach Griechenland zurückgelegt, ist viel im Land herumgekommen und lebte zwischen 2000 und 2004 dort, in der Hoffnung, sesshafter zu werden. Victoria schrieb 2001 den ersten Taschenreiseführer von Lonely Planet für Athen, war für die Zeitschrift Odyssey tätig, berichtete in internationalen Medien über die Olympischen Spiele von 2004 und arbeitete bei mehreren Fernsehshows über Griechenland mit. Für ihre Arbeit (und ihr Vergnügen) ist sie oft in Griechenland, so auch für den Lonely Planet Stadtführer Athen und den Reiseführer Kreta. Gelegentlich ist sie als Restauranttesterin unterwegs; und wenn sie keine Dokumentationen schreibt oder produziert, arbeitet sie sich durch ihre Sammlung griechischer Kochbücher.

DIE AUTOREN

DIE AUTOREN

BEITRÄGE VON ...

Gina Tsarouhas wurde in Melbourne geboren, in ihren Adern fließt griechisches Blut, und im zarten Alter von vier Jahren packte Gina ihren kleinen Koffer und flog nach Griechenland. Seither treibt sie das Fernweh durch viele Kontinente, bis sie entdeckte, dass sie als Herausgeberin von Reiseführern mittelbar auf Reisen gehen kann. Wenn sie selbst kein Buch herausgibt, schreibt sie über alles Griechische bei Lonely Planet, darunter auch für die Griechenland- und die Griechische-Inseln-Ausgabe oder kümmert sich um ihre geliebten Feigen- und Olivenbäume im Garten. Gina arbeitete an der vorangegangenen Griechenland-Ausgabe mit und schrieb die Kapitel Architektur und Geschichte für diesen Reiseführer.

Richard Waters kam auf den Geschmack, als er mit 21 Jahren in einer alten Klapperkiste durch Mittelamerika reiste; er erlebte den Bürgerkrieg in Guatemala, aber auch das Gefühl von Freiheit und Abenteuer. Seither reist der durch Südostasien, Europa, die USA und Afrika. Bei seinem ersten Besuch in Laos 1999 wurde er auf die Hmong-Guerillas aufmerksam, und 2002 gehörte er zu den ersten, die in der Sonderzone über deren Geschichte recherchierten. Bislang hat er an drei Lonely Planet Büchern über Laos mitgearbeitet. Er lebt mit seiner Partnerin, seinem Sohn und seiner Tochter in Brighton und arbeitet als freiberuflicher Schriftsteller und Fotograf für britische Zeitungen und Zeitschriften. Nähere Informationen über seine Arbeiten stehen auf www.richardwaters.co.uk. Richard schrieb das Who's Who des antiken griechischen Pantheons für dieses Buch.

Hinter den Kulissen

ÜBER DIESES BUCH

Diese 3. deutsche Auflage von Lonely Planet Griechenland basiert auf der mittlerweile 9. englischen Auflage von Korina Miller, Kate Armstrong, Michael Stamatios Clark, Chris Deliso, Des Hannigan, Victoria Kyriakopoulos sowie Gina Tsarouhas und enthält Beiträge von Richard Waters. Janet White schrieb den Kasten „Meteora: Geologie eines Felsenwalds". Paul Hellander war Mitautor der 8. Auflage des Lonely Planet Griechenland mit Beiträgen von Will Gourlay und Gina sowie Richard, Kate, Michael, Chris, Des und Victoria. Paul, Kate, Hannigan, Chris, Des und Victoria arbeiteten ebenso wie Miriam Raphael und Andrew Stone bei den vorangegangenen Ausgaben mit. Dieser Reiseführer wurde vom Lonely Planet Büro in London herausgegeben, beteiligt an der Produktion waren:

Verantwortliche Redakteurinnen Fiona Buchan, Joanna Potts, Sally Schafer
Leitende Redakteurin Gina Tsarouhas
Leitende Kartografin Diana Duggan
Leitende Layoutdesignerin Wendy Wright
Redaktion Annelies Mertens

Kartografie Adrian Persoglia, Herman So
Layoutdesign Indra Kilfoyle
Redaktionsassistenz Janice Bird, Monique Choy, Kate Evans, Paul Harding, Stephanie Pearson, Martine Power, Erin Richards, Fionn Twomey
Kartografieassistenz Anita Banh, Ildiko Bogdanovits, Dennis Capparelli, Birgit Jordan, Khanh Luu, Marc Milinkovic, Peter Shields
Layoutassistenz Carol Jackson, Cara Smith
Umschlagdesign Bildersuche bei lonelyplanetimages.com
Projektmanager Eoin Dunlevy
Redaktion Sprachführer Laura Crawford

Dank an Lucy Birchley, Chris Girdler, Mark Griffiths, Sally Darmody, Laura Jane, Rebecca Lalor, Trent Paton

DANK
KORINA MILLER

Ein ganz herzliches Dankeschön an die zahllosen Menschen, die wir auf der Reise trafen und die mir meine vielen Fragen beantworteten und uns – insbesondere meiner Tochter – das Gefühl gaben, willkommen zu sein. Ein großer Dank an all die

HINTER DEN KULISSEN

DIE LONELY PLANET STORY

Am Küchentisch fing alles an – nachdem Tony und Maureen Wheeler 1972 eine lange, abenteuerliche Reise durch Europa, Asien und Australien unternommen hatten, trugen sie all ihre Informationen und Notizen zusammen. So entstand der erste Lonely Planet Reiseführer *Across Asia on the Cheap*.

Der Reiseführer wurde von Travellern geradezu verschlungen. Ermutigt durch ihren Erfolg, veröffentlichten die Wheelers weitere Bücher über Südostasien, Indien und andere Länder. Die Nachfrage war so ungeheuerlich groß, dass die Wheelers ihr Unternehmen erweiterten. Über die Jahre deckten sie mit ihrer Reiseliteratur den ganzen Globus ab und sie dehnten ihre Berichterstattung auf die virtuelle Welt von lonelyplanet.com und das Lonely Planet Messageboard Thorn Tree aus.

Lonely Planet wurde ein immer beliebterer Reisebuchverlag und Tony und Maureen konnten sich vor Aufträgen kaum mehr retten. Doch erst 2007 fanden sie einen verlässlichen Partner, bei dem sie sich sicher sein konnten, dass er dem Prinzip abenteuerlustiger, aber umweltbewusster Reisen treu blieb. Im Oktober dieses Jahres erwarb BBC Worldwide 75 % der Anteile von Lonely Planet, mit dem Versprechen, die Grundsätze unabhängiges Reisen, vertrauenswürdige Auskünfte und redaktionelle Unabhängigkeit aufrechtzuerhalten.

Heute hat Lonely Planet Büros in Melbourne (Australien), London und Oakland (USA) mit über 500 Mitarbeitern und 300 Autoren. Tony und Maureen engagieren sich immer noch aktiv bei Lonely Planet. Sie reisen mehr als je zuvor und in ihrer Freizeit widmen sie sich wohltätigen Projekten. Das Unternehmen wird nach wie vor von der Philosophie von Across Asia on the Cheap getragen: „Wichtig ist, dass du dich entscheidest zu gehen, dann hast du den härtesten Teil geschafft. Also, los geht's!"

Menschen, die ihre Zeit und ihr Wissen so großzügig mit mir teilten: Anastasios Pissas von GNTO, London; Mary Thymianou von EOT, Rhodos; Adriana Miska in Rhodos-Stadt; Kalliope Karayianni vom Rathaus in Nisyros; Fokas Michellis in Skala, Patmos; Stavros, seinen Eltern und seiner Großmutter in Mandraki, Nisyros, sowie Thanasis Argyroudis in Krithoni, Leros. Bei Lonely Planet geht ein großer Dank an Jo Potts und Sally Schafer für ihre Geduld und Unterstützung, an Fiona Buchan, die mir diese Chance gab, und Michala Green für ihren Rat und ihre Hilfe. Ich danke auch Eoin Dunlevy und seinem Produktionsteam sowie Herman So in der Kartografieabteilung. Ebenfalls vielen Dank an meine Mitautoren, insbesondere Victoria Kyriakopoulos und Des Hannigan für ihr großes Wissen und ihre Unterstützung. Und schließlich ein liebevoller Dank an meinen Ehemann Paul und meine Tochter Simone, durch die ich meinen Zeitplan auf der Reise immer einhalten konnte und alles zu einem großartigen Abenteuer wurde.

KATE ARMSTRONG

Ευχαριστώ πολύ (vielen Dank) an die begeisternden Griechen, die ihre Heimat so sehr lieben und immer zum Teilen bereit sind, sowie an alle Griechenlandliebhaber, die ihr Wissen mit mir teilten. In Stemnitsa: Nena und Koula – danke, meine lieben, großzügigen Freunde; in Patras: Maria Dometiou und Andreas von der besten Touristeninformation in ganz Griechenland; in Korinth: Elena vom Hotel Ephira; in Gerolimenas: Alexandros Kyrimis; in Kalavryta: Marios vom Helmos Hotel; in Monemvasia: Isabelle und Christos für ihre Offenheit und meiner ganz besonderen Freundin Anne Sinclair, alias Annie Esmerelda, die mich in so vielen Dingen wie Schuhen, griechischen Salaten und Stränden beriet. Schließlich geht auch wieder mein Dank nach Nafplio an die freundlichen Brüder Zotos für einfach alles. Danke auch an mein Lonely Planet Team, die Redakteure, Kartografen und an Jo Potts sowie insbesondere an meine Mitautoren und Korina Miller für ihre Online-Unterstützung.

MICHAEL STAMATIOS CLARK

Ευχαριστώ (Danke) an jene, die meine Reisen durch Griechenland so wunderbar werden ließen, darunter Jay Melch, Tolis Choutzioumis (Athen); Jannis und Christos Christopoulos, Dr. Elena Partida (Delphi); Jannis Karakantas (Kalambaka); George Tsiotsis, Anastasia, Sissy (Volos); Keyrillos Sinioris (Euböa); Eirini-Georgia Kampouromyti (Alonnisos); Chrysanthi Zygogianni (Skyros). MJ Keown (Long Beach) war sehr hilfsbereit. Kostas und Nana Vatsis, ihre Hilfe war von unschätzbarem Wert, ganz zu

schweigen vom nichttropfenden Wein. Ganz besonderer Dank gilt meinen Mitautoren, Korina Miller und Jo Potts, die alles mit so viel Liebe zusammenfügten. Und Dank auch an meine großartige Familie – Janet, Melina und Alexander – griechische Küsschen auf beide Backen.

CHRIS DELISO

Ohne die Hilfe vieler wäre meine Arbeit weitaus weniger nützlich und interessant für die Leser. Von unschätzbarem Wert war die Unterstützung durch George, Apostolis, Grigoris, Anastasia, Vassilis und Roula. Weiterer Dank gilt auch Eri, 'Johnny Dendro' und dem Zigouris-Clan (Epiros); Ilias, Katerina, 'Billas', Stellios Boutaris und Vangelis Gerovassiliou (Makedonien); Anna, Nikos und Familie (Thasos); Jenny Ballis, den Mitarbeitern der Polytichniou Klinik, und den Muskelmännern von Loutra (Lesbos); Vassilis und Dimitra (Ikaria); Don (Chios); Stellios und Familie, und den Geniko Nosokomeio Samou (Samos); Toula und Manolis (Fourni); und auf Kreta Nikos Karellis, Dr. Giorgos Nikitas, Kyria Rena und Anna, Jannis, Costas, Eleftheris, Christos, Manolis, Nikolas, Giorgos und Chris in Plakias – ja mas! Danken möchte ich meinen Mitautoren, insbesondere unserer sehr geduldigen Hauptautorin Korina Miller, der verantwortlichen Redakteurin Jo Potts, Sally Schafer, Mark Griffiths und seinen fröhlichen Kartografen sowie der hart arbeitenden Produktionscrew. Schließlich danke ich Buba, die mir immer den Rücken freihält, und Marco, der mir Energie und Inspiration für die Arbeit gibt.

DES HANNIGAN

Ganz herzlichen Dank an die vielen Freunde und Bekannten, die mir mit dem typischen Humor, Witz und Geduld bei meiner Arbeit in Griechenland halfen und mir beratend zur Seite standen. Besonderer Dank gilt jenen, die sich besonders gut auskennen: John van Lerberghe und seine Mitarbeiter auf Mykonos, Lisos Zilelides auf Santorini, Flavio Facciolo auf Folegandros und Theresa Pirpinias-Ninou auf Milos. Ein ganz besonderer Dank geht wie immer an Kostas Karabetsos auf Mykonos für den Einblick in das Nachtleben. Danke auch an meine Mitautoren für den ständigen Kontakt und die Hilfe über das Internet und an Jo Potts im Londoner Lonely Planet Büro und die Hauptautorin Korina Miller für die Hilfen und die stoische Geduld, mit der sie alles zusammenhielten.

VICTORIA KYRIAKOPOULOS

Ganz herzlichen Dank an Vicky Valanos für ihre wertvolle Unterstützung und an meine liebe Gastgeberin und Freundin in Athen, Eleni Bertes. Athen wäre nur halb so schön ohne Antonis Bekiaris, Maria Zygourakis, Eleni Gialama, Mary Retiniotis und Xenia Orfanos. Vielen Dank auch an Georgios Xylouris, Vicki Theodoropoulou, Tobias Judmaier, Athena Lambrinidou, George Hatzimanolis, Colin Dodd, Maria Rota und Ray Jones. Bei Lonely Planet danke ich Sally Schafer und Jo Potts in London, der geduldigen Hauptautorin Korina Miller sowie den Mitautoren für deren Mühen. Schließlich danke ich meinem Liebsten Chris Anastassiades für seine Unterstützung und seine ermutigenden Worte sowie Rosanna De Marco, die immer für mich da ist.

GINA TSAROUHAS

Mein Dank gilt allen, die mir wertvolle Hinweise gaben. Ein Extragruß geht an das Lonely Planet Team in London, und danke an meine Mitautoren für deren Unterstützung. Ewig dankbar werde ich meiner Familie (alt und jung) sein, von ihnen lernte ich unser Erbe stolz und leidenschaftlich zu lieben. Ευχαριστώ an George und Vicki für ihre Liebe und μάκια (Küsschen) für Peter, Katerina und Chris, die so süß sind. Ich umarme auch all jene lieben Freunde und Familienmitglieder, die am Esstisch immer sehr engagiert mit mir über die griechische Geschichte diskutierten, philosophierten und manchmal auch monologisierten. Schließlich geht ein ganz herzlicher Dank an Lisa Baas, einfach für alles (όχι εσύ!).

UNSEREN LESERN

Vielen Dank an die, die reisen, dabei die letzte Ausgabe verwendeten und uns hilfreiche Hinweise und nützliche Ratschläge gaben und tolle Geschichten erzählten:

A Martin Andersen, Betsy Arthur, Yannis Assimakopoulos **B** Kevin Baglow, Dimos Birakos, Tormod Bjørnerud **C** Hilde Calberson, Elliot Capp, Gilly Carr, Jen Carter, Heather Chaplow, Andriana Chronopoulos, John Connelly, Bill Cook, Anastasia Corellis, Lawrence Court, Elisabeth Cox, John Cox **D** Line Dalene, Robert Derash, Eydokia Despotidou, Monica Devold, Karen Deyerle, Alain Diette, Lucia Donetti **E** Helen Ellis, Ruth Emerson **F** Norman Field, Rita Frumin **G** Ron Gabb, Heather Gabb, Saki Galaxidis, Stephanie Giannakeas, Sara Gordon **H** Michael Haluschak, Brendan Haynes, Stephen Hill, Christian Hoffmann, Theresa Hollers **I** Mustafa Ispir, Gerbert **J** José Jansen Groothuis, Jos Janssen **K** Iris Kaeslin Grogg, Jennifer Klein, Gordon Knight, Ira Koenig, Giorgos

WIR FREUEN UNS ÜBER EIN FEEDBACK

Post von Travellern zu bekommen ist für uns ungemein hilfreich – Kritik und Anregungen halten uns auf dem Laufenden und helfen, unsere Bücher zu verbessern. Unser reiseerfahrenes Team liest alle Zuschriften genau durch, um zu erfahren, was an unseren Reiseführern gut und was schlecht ist. Wir können solche Post zwar nicht individuell beantworten, aber jedes Feedback wird garantiert schnurstracks an die jeweiligen Autoren weitergeleitet, rechtzeitig vor der nächsten Nachauflage.

Wer uns schreiben will, schickt einfach eine Mail an lonelyplanet@mairdumont.com.

Hinweis: Da wir Beiträge möglicherweise in Lonely Planet Produkten (Reiseführer, Websites, digitale Medien) veröffentlichen, ggf. auch in gekürzter Form, bitten wir um Mitteilung, falls ein Kommentar nicht veröffentlicht oder ein Name nicht genannt werden soll. Wer Näheres über unsere Datenschutzpolitik wissen will, erfährt das unter www.lonelyplanet.com/privacy.

Koutsogiannopoulos **L** Michael Leese, Jens Jakob Legarth, Karine Ligneau, Paula Lyons **M** Olli Makila, Kristin Markay, Anne Matheson, Kate McLoughlin, Fin McNicol, Clare McNicol, Raene Mewburn, Brock Millet, Dennis Mogerman **N** Dylan Nichols, Simos Nikitas, Pelle **T** Nilsson, Lisa Nolan **O** Meaghan O'Brien **P** Sharon Pask, Emma Peacocke, Helena Pereira, Sandy Peters, Sundiep Phanse, Megan Philpot **R** Julie Rand, Kasper Rassmussen **S** Akis Sartzetakis, Roxane Schury, Colin Scott, Rob Seal, Lloyd Sethill, Penny Smith, Nick Smith, Tom Stockman **T** Klaas Tjoelker, Antonis Trohalakis **V** Katrine Voldby **W** Stuart Watson, Carol Weinrich, Ken West, James Wilkinson, Rita Williams, Sean Windsor **Z** Manuele Zunelli

QUELLENNACHWEISE

Vielen Dank an alle Folgenden, auf die wir uns als Quelle beziehen dürfen:

Weltkugel auf Seite 1 ©Mountain High Maps 1993 Digital Wisdom, Inc.

Register

000 Kartenseiten
000 Abbildungen

REGISTER

000 Kartenseiten
000 Abbildungen

REGISTER

REGISTER

000 Kartenseiten
000 Abbildungen

GREENDEX

Die hier aufgeführten Unternehmen, Shops und Restaurants wurden von Lonely Planet Autoren ausgewählt, weil sie umweltverträglich handeln. Sie zeichnen sie zum Beispiel durch die Verwendung von Produkten aus organischem Anbau oder durch den bewussten Umgang mit Wasser aus. Shops, die Bioprodukte von einheimischen Erzeugern verkaufen, finden sich in dieser Liste ebenso wie Anbieter von Freizeitaktivitäten, die im Einklang mit der Umwelt stehen, oder sich der Erziehung zu mehr Umweltbewusstsein verschrieben haben.

In Griechenland nimmt das Umweltbewusstsein von Tag zu Tag zu. Wenn Sie jemanden kennen, der hier gelistet werden sollte, schicken Sie uns eine E-Mail unter http://www.lonelyplanet.com/contact. Mehr Infos zum Thema finden sich auf S. 20–21, außerdem im Internet unter der Adresse www.lonelyplanet.com/responsibletravel.

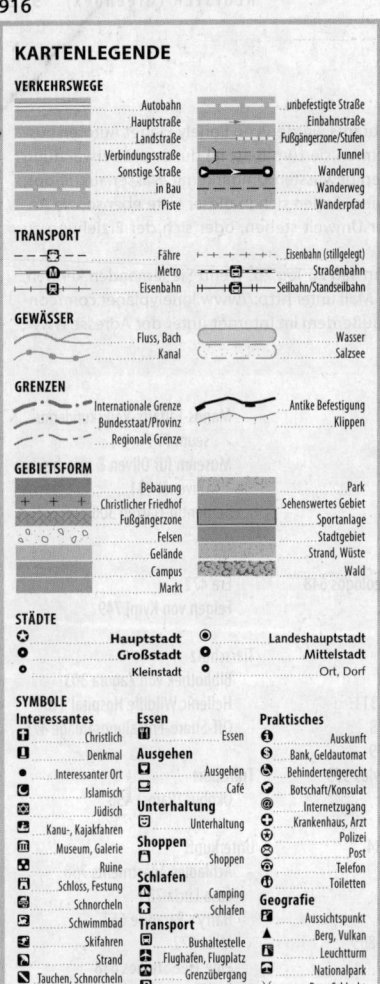

KARTENLEGENDE

VERKEHRSWEGE

Autobahn · Hauptstraße · Landstraße · Verbindungsstraße · Sonstige Straße · in Bau · Piste · unbefestigte Straße · Einbahnstraße · Fußgängerzone/Stufen · Tunnel · Wanderung · Wanderweg · Wanderpfad

TRANSPORT

Fähre · Metro · Eisenbahn · Eisenbahn (stillgelegt) · Straßenbahn · Seilbahn/Standseilbahn

GEWÄSSER

Fluss, Bach · Kanal · Wasser · Salzsee

GRENZEN

Internationale Grenze · Bundesstaat/Provinz · Regionale Grenze · Antike Befestigung · Klippen

GEBIETSFORM

Bebauung · Christlicher Friedhof · Fußgängerzone · Felsen · Gelände · Campus · Markt · Park · Sehenswertes Gebiet · Sportanlage · Stadtgebiet · Strand, Wüste · Wald

STÄDTE

Hauptstadt · Großstadt · Kleinstadt · Landeshauptstadt · Mittelstadt · Ort, Dorf

SYMBOLE

Interessantes
Christlich · Denkmal · Interessanter Ort · Islamisch · Jüdisch · Kanu-, Kajakfahren · Museum, Galerie · Ruine · Schloss, Festung · Schnorcheln · Schwimmbad · Skifahren · Strand · Tauchen, Schnorcheln · Wanderweg – Start · Weingut, Weinberg · Windsurfen · Zoo, Wildreservat

Essen
Essen
Ausgehen
Ausgehen · Café
Unterhaltung
Unterhaltung
Shoppen
Shoppen
Schlafen
Camping · Schlafen
Transport
Bushaltestelle · Flughafen, Flugplatz · Grenzübergang · Parkplatz · Radfahren, Radweg · Sonstiger Verkehr · Tankstelle · Taxistand

Praktisches
Auskunft · Bank, Geldautomat · Behindertengerecht · Botschaft/Konsulat · Internetzugang · Krankenhaus, Arzt · Polizei · Post · Telefon · Toiletten
Geografie
Aussichtspunkt · Berg, Vulkan · Leuchtturm · Nationalpark · Pass, Schlucht · Rastplatz · Strömungsrichtung · Unterstand, Hütte · Wasserfall

Lonely Planet Publications,
Locked Bag 1, Footscray,
Melbourne, Victoria 3011, Australia

Verlag der deutschen Ausgabe:
MAIRDUMONT, Marco-Polo-Str. 1, 73760 Ostfildern,
www.mairdumont.com, lonelyplanet@mairdumont.com

Chefredakteurin deutsche Ausgabe: Birgit Borowski
Producing: SAW Communications, Redaktionsbüro
Dr. Sabine A. Werner, Mainz
Übersetzung: SAW Communications – Birgit Bruder, Petra Dubilski, Martina Fischer, Karen Gerwig, Dr. Wolfgang Hensel, Norma Keßler, Stefanie Sendelbach, Sonja Häußler, Sabine Tessloff, Christa Trautner-Suder, Karin Weidlich
Redaktion: SAW Communications – Frauke Feuchter, Anna Ueltgesforth, Dr. Sabine A. Werner
Technischer Support: SAW Communications – Katrin Pfeil

Griechenland

3. deutsche Auflage Juli 2010, übersetzt von
Greece 9th edition, März 2010 Lonely Planet Publications Pty

Deutsche Ausgabe © Lonely Planet Publications Pty, Juli 2010

Fotos © wie angegeben 2010
Umschlagfoto: Karyatiden vom Erechteion auf der Akropolis,
Athen, George Tsafos/Lonely Planet Images
Die meisten Fotos in diesem Reiseführer können bei Lonely Planet
Images, www.lonelyplanetimages.com, auch lizensiert werden.

Printed in China